百衲本

金史

元·脫脫等撰

1

國家圖書館出版社

圖書在版編目（CIP）數據

百衲本金史：全二册／（元）脱脱等撰．—北京：國家圖書館出版社，2014.9（2020.11 重印）

ISBN 978－7－5013－5416－0

Ⅰ.①百… Ⅱ.①脱… Ⅲ.①中國歷史—金代—紀傳體 Ⅳ.①K246.404.2

中國版本圖書館 CIP 數據核字（2014）第 148367 號

書　　名	百衲本金史（全二册）
著　　者	（元）脱脱等撰
責任編輯	陳　卓
重印編輯	張珂卿
叢 書 名	百衲本二十四史
出版发行	國家圖書館出版社（北京市西城區文津街 7 號　100034） （原書目文獻出版社　北京圖書館出版社） 010－66114536　63802249　nlcpress@ nlc. cn（郵購）
網　　址	http：//www. nlcpress. com
印　　裝	北京華藝齋古籍印務有限公司
版次印次	2014 年 9 月第 1 版　2020 年 11 月第 2 次印刷
開　　本	710×1000 毫米　1/16
印　　張	78. 25
書　　號	ISBN 978－7－5013－5416－0
定　　價	240. 00 圓

百衲本二十四史影印出版説明

『二十四史』是中國古代各朝被政府納爲正統的二十四部史書的總稱，其上起《史記》，下迄《明史》，記載了從傳説中的五帝時代到清朝初年約四千餘年中政治、經濟、文化等諸多方面的歷史，是我國古代最權威、最詳細的史學著作。

清代最通行的『二十四史』，是乾隆年間刊行的『欽定武英殿本二十四史』，即『殿本』。殿本版式疏朗，刻印精良，但是校勘不夠審慎，存在誤字、衍字、缺字甚至整段文字脱失的情況。而且，由於殿本的編纂官皆屬御用史官，不得不爲帝王所左右，史實記録上存在竄改等原因造成的缺憾。晚清時，又出現了由各省官書局刊刻的局本，廣爲流傳，但仍以殿本爲依據，存在不少問題。

二十世紀二十年代起，張元濟先生耗費巨資搜訪宋元善本，通過採用當時最先進的攝影製版技術，歷經多年努力，至一九三六年，終於出齊了整套影印版的『二十四史』。因各書底本多殘缺不全，不得不通過許多版本相互參校、補綴而成，猶如僧侣之『百衲衣』，故名之曰『百衲本二十四史』。其中除《舊五代史》《元史》《明史》以明清時的版本作爲底本外，均以宋元版爲主要底本。百衲本對殿本、局本中的謬誤多有匡正，其對歷史研究的功績有目共睹，影響深巨，被史學界一致公認爲『中國最佳全本正史』，是中國史學史上的一座豐碑，具有極高的版本價值、研究價值和收藏價值。

百衲本二十四史自問世以來，曾數次被影印出版，其中的宣紙綫裝本，因價格不菲，不便學者購藏利用。而縮印本則多存在質量問題，其中質量較好的，當數二十世紀五十年代北京商務印書館的精裝二十四冊本。但年代既久，流傳亦少，已屬罕見。爲滿足文史工作者的研究需求，也讓更多的文史愛好者接觸到百衲本二十四史，我社決定將之再度影印出版。

本次影印，將每部正史單獨製作，採取每頁分上下雙欄的形式印製，並爲每部正史編製了分卷目録。需要説明的是，此次我社在編製目録時，爲更好地反映百衲本原貌，充分體現其與殿本、局本等其他系統傳本的差異，原則上均依原書卷端著録，部分保留了原書中使用的簡體字、俗體字及異體字等。對原書中有目無傳或有傳無目等情況，不予變動，僅對極個别處出現的明顯衍、漏、誤字等情況進行了修改。不當之處，請讀者批評指正。

國家圖書館出版社

二〇一四年七月

百衲本金史目録

皇帝聖旨裏江浙等處行中書省至正五年六月二十六日准
中書省咨至正五年四月十三日篤怜帖木兒怯
薛第二日沙嶺納鉢
斡脫褢有時分速古兒赤雅普化云都赤撒迪里迷
失殿中撒馬給事中也先不先等有來阿魯禿右
丞相帖木兒塔失大夫太平院使伯顏平章達世
帖木兒右丞等奏去歲教纂修遼金宋三代史書
即目遼金史書纂修了有如今將這史書令江浙
江西二省開板就彼有的學校錢內就用疾早教
各印造一百部來呵怎生奏呵奉
聖旨那般者欽此咨請欽依施行仍令行省委自文資正
官首領官各一員欽依提調疾早印造完備起解
准此本省咨委叅知政事秦中奉左右司都事徐
槃承德欽依提調及下江浙儒司委自提舉班惟
志奉政校正字畫杭州路委文資正官首領官提
調鋟梓印造裝褙

至正五年九月　日

都　事

承務郎江浙等處行中書省左右司都事臣馬黑麻
承德郎江浙等處行中書省左右司都事臣徐槃
奉政大夫江浙等處行中書省左右司員外郎臣鄭璠
奉訓大夫江浙等處行中書省左右司員外郎臣赫德尒
奉直大夫江浙等處行中書省左右司郎中臣崔敬
朝列大夫江浙等處行中書省左右司郎中臣禹剌沙
中奉大夫江浙等處行中書省叅知政事臣秦從德
資德大夫江浙等處行中書省叅知政事臣沙班
資善大夫江浙等處行中書省左丞臣李家奴
資政大夫江浙等處行中書省右丞臣忽都不花

平章政事

榮祿大夫江浙等處行中書省平章政事臣卜只兒
金紫光祿大夫江浙等處行中書省左丞相領行宣政院事提調江浙財賦都總管府事臣朶兒只

進金史表
開府儀同三司上柱國録軍國重事中書右丞相監修
國史領 經筵事提調太醫院廣惠司事臣阿魯圖言
竊惟漢高帝入關任蕭何而收秦籍唐太宗即祚命魏
徵以作隋書蓋曆數歸
真主之朝而簡編載前代之事國可滅史不可滅善吾
師惡亦吾師矧夫典故之源流章程之沿革不披往牒
曷蓄前聞維此金源起於海裔以滿萬之衆橫行天下
不十年之久專制域中其用兵也如縱燎而乘風其得
國也若置郵而傳令及熠興於禮樂乃煥有乎聲明嘗

循初而汔終因考功而論德非武元之英略不足以開
九帝之業非大定之仁政不足以固百年之基天會有
吞四海之勢而未有壹四海之規明昌能成一代之制
而亦能壞一代之法海陵無道自取覆敗宣宗輕動曷
濟中興迨夫浚郊多壘之秋汝水飛煙之日天人屬望
久有在矣君臣守義蓋足取焉我
太祖法天啓運聖武皇帝以有名之師而釋奕世之憾以
無敵之仁而收兆民之心勁卒擣居庸關北拊其背
大軍出紫荊口南搤其吭
指顧可成於雋功

操縱莫窺於
廟筭懲彼取遼之暴容其涉河以遷
太宗英文皇帝席卷雲朔而徇地并營囊括趙代而傳檄
齊魯滅夏國以蹴秦鞏通宋人以偪河淮
憲宗仁聖景襄皇帝冒萬險出饒風長驅平陸戰三峯乘
大雪遂定中原
太陽出而爝火熸
正音作而衆樂廢爰及
世祖聖德神功文武皇帝
恢弘至化勞來遺黎

燕地定都撤武靈之舊址遼陽建省撫肅慎之故墟于
時張柔歸金史於其先王鶚輯金事於其後是以纂修
之命見諸
敷遺之謀延祐申舉而未遑天曆推行而弗竟臣阿魯圖
誠惶誠懼頓首頓首欽惟
皇帝陛下緝熙
聖學
紹述
先猷當
邦家閒暇之時

治經史討論之務念彼泰和以來之事蹟涉我
聖代初興之歲年
太祖受帝號於丙寅先五載而朱鳳應
世皇毓聖質於乙亥蚤一歲而黃河清若此
貞符昭然
成命第以變故多而舊史闕者文沒而新說訛弗折衷於
大朝恐失真於他日於是
聖心獨斷盛事力行
申命臣阿魯圖以中書右丞相臣別兒怯不花以中書
左丞相領三史事臣脫脫以前中書右丞相仍都總裁
臣御史大夫帖睦爾達世臣中書平章政事賀惟一臣
翰林學士承旨張起巖臣翰林學士歐陽玄臣治書侍
御史李好文臣禮部尚書王沂臣崇文太監楊宗瑞為
總裁官臣江西湖東道肅政廉訪使沙剌班臣江西湖
東道肅政廉訪副使王理臣翰林待制伯顏臣國子博
士費著臣祕書監著作郎趙時敏臣太常博士商企翁
為史官集衆技以責成書佇
奏篇以
覽近監臣阿魯圖仰承
隆委俯竭微勞紬石室之文誠乏司馬遷之作獻金鏡

之錄願攄張相國之忠謹撰述本紀十九卷志三十九
卷表四卷列傳七十三卷目錄二卷裝潢成一百三十
七帙隨表以
聞上塵
天覽無任慚愧戰汗屏營之至臣阿魯圖誠惶誠懼頓
首頓首謹言
至正四年十一月　日開府儀同三司上柱國錄軍國重事中書右丞相監修國史領經筵事提調太醫院廣惠司臣阿魯圖上表

修史官員

領三史事

開府儀同三司上柱國錄軍國重事中書右丞相監修　國史領　經筵事臣阿魯圖

開府儀同三司上柱國錄軍國重事中書左丞相領　經筵事臣別兒怯不花

都總裁

開府儀同三司上柱國錄軍國重事前中書右丞相監修　國史領　經筵事臣脫脫

總裁官

銀青榮祿大夫御史大夫知　經筵事臣帖睦爾達世

光祿大夫中書平章政事知　經筵事臣賀惟一

翰林學士承旨榮祿大夫知　制誥兼修國史臣張起巖

翰林學士資善大夫知　制誥同修　國史臣歐陽玄

翰林侍講學士中奉大夫知　制誥同修　國史同知　經筵事臣揭傒斯

嘉議大夫治書侍御史臣李好文

正議大夫崇文太監檢校書籍事臣楊宗瑞

中大夫禮部尚書臣王沂

纂修官

江西湖東道肅政廉訪使臣沙剌班

江西湖東道肅政廉訪副使臣王理

翰林待制奉議大夫兼　國史院編修官臣伯顏

奉訓大夫監察御史臣趙時敏

奉訓大夫國子博士臣費著

承務郎太常博士臣商企翁

提調官

榮祿大夫中書平章政事知　經筵事臣伯顏

榮祿大夫中書右丞知　經筵事臣達世帖睦爾

資德大夫中書左丞臣董守簡

中奉大夫參議中書省事臣鎖南班

嘉議大夫參議中書省事臣壐子

亞中大夫參議中書省事臣丁元

奉議大夫右司郎中臣老老

承德郎右司郎中臣陳思謙

中順大夫左司郎中臣壐子

亞中大夫左司郎中臣何執禮

奉訓大夫左司員外郎臣倉赤

奉訓大夫左司都事臣趙公諒

朝請大夫吏部尚書臣拜住

通議大夫兵部尚書臣李獻

正議大夫戶部尚書臣秦從龍

正議大夫工部尚書臣路希賢

朝散大夫禮部侍郎臣靳義

亞中大夫刑部郎中臣顧恕

通議大夫僉太常禮儀院事臣杜秉彝

文林郎翰林國史院都事臣趙中

金史目錄上

本紀十九卷

表四卷

第一　宗室表　金史五十九

第二　交聘上　金史六十

第三　交聘中　金史六十一

第四　交聘下　金史六十二

列傳七十三卷

第一　后妃上　金史六十三

始祖明懿皇后　德帝思皇后
安帝節皇后　獻祖恭靖皇后
昭祖威順皇后　景祖昭肅皇后
世祖翼簡皇后　肅宗靖宣皇后
穆宗貞惠皇后　康宗敬僖皇后
太祖聖穆皇后　太祖光懿皇后
太祖欽憲皇后　太祖宣獻皇后
太祖崇妃蕭氏　太宗欽仁皇后
熙宗悼平皇后　海陵嫡母徒單氏

海陵母大氏　海陵后徒單氏
海陵諸嬖

第二　后妃下　金史六十四

睿宗欽慈皇后　睿宗貞懿皇后
世宗昭德皇后　世宗元妃張氏
世宗元妃李氏　顯宗孝懿皇后
顯宗昭聖皇后　章宗欽懷皇后
章宗元妃李氏　衛紹王后徒單氏
宣宗皇后王氏　宣宗明惠皇后
哀宗徒單皇后

第三　始祖以下諸子　金史六十五

始祖子斡魯　德帝子輩魯
安帝子謝庫德 孫拔達　謝夷保 子盆納
謝里忽　獻祖六子
昭祖子烏古出　跋黑
玄孫崇成 本名僕灰　景祖子劾孫 子蒲家奴
麻頗 子謾都　謾都訶
世祖子斡帶　斡賽 子宗永

金史目錄下

斡魯　金史七十一
婆盧火　斡魯古勃堇
闍母　吾札忽
宗叙本名德壽
第十　金史七十二
婁室　活女
謀衍　仲本名石古乃
海里　銀术可
縠英本名撻懶　麻吉子沃側

拔里速　習古乃
第十一　金史七十三
阿里合懣　晏本名斡論
宗尹本名阿里罕　宗寧本名阿土古
宗道本名八十　宗雄本名謀良虎
阿鄰　接荅海
希尹本名谷神　守貞本名左靨
守能本名胡剌
第十二　金史七十四

宗翰本名粘罕子斜哥　宗望本名斡离不子齊京文
第十三　金史七十五
盧彥倫子璣孫亨嗣　毛子廉
李三錫　孔敬宗
李師夔　沈璋
左企弓　虞仲文曹勇義康公弼附
左泌弟淵姪光慶
第十四　金史七十六
太宗諸子
宗磐本名蒲盧虎　宗固本名胡魯

宗本本名阿魯蕭王附　杲本名斜也
宗義本名孛吉　宗幹本名斡本
充本名神土懣子檀奴等　永元本名元奴
兖本名梧桐　襄本名永慶
衮本名蒲甲
第十五　金史七十七
宗弼本名兀术　亨本名孛迭
張邦昌　劉豫
撻懶
第十六　金史七十八

丁暐仁

第二十九　金史九十一

完顏撒改　龐迪

温迪罕移室懣　神土懣

移剌成　石抹卞

楊仲武　蒲察世傑本名阿撒

蕭懷忠　移剌按荅

孛术魯阿魯罕　趙興祥

石抹榮　敬嗣暉

第三十　金史九十二

毛碩　李上達

曹望之　大懷貞

盧孝儉　盧庸

李偲　徒單克寧本名習顯

第三十一　金史九十三

顯宗諸子

琮　瓌

從彝　從憲

玠

章宗諸子

洪裕　洪靖

洪熙　洪衍

洪輝　忒鄰

衛紹王子

從恪

宣宗三子

莊獻太子　玄齡

守純　獨吉思忠

承裕　僕散揆

抹撚史扢搭　宗浩

第三十二　金史九十四

夾谷清臣　內族襄

夾谷衡　完顏安國

瑶里孛迭

第三十三　金史九十五

移剌履　張萬公

蒲察通　粘割斡特剌

程煇　劉瑋

董師中　王蔚

馬惠迪　馬琪

楊伯通　尼厖古鑑

第三十四　金史九十六

黄久約　李晏

李仲略　李愈

王賁　許安仁

梁襄　路伯達

第三十五　金史九十七

裴滿亨　斡勒忠

張大節 子巖叟　張亨

韓錫　鄧儼

巨構　賀揚庭

閻公貞　焦旭

劉仲洙　李完

馬伯禄　楊伯元

劉璣 兄玩　康元弼

移剌益

第三十六　金史九十八

完顔匡 本名撒速　完顔綱 本名元奴

完顔定奴

第三十七　金史九十九

徒單鎰　賈鉉

孫鐸　孫即康

李革

第三十八　金史一百

孟鑄　宗端脩

完顔閭山　路鐸

完顔伯嘉　朮虎筠壽

張煒　高竑

李復亨

第三十九　金史一百一

承暉 本名福興　抹撚盡忠

僕散端 本名七斤　耿端義

李英　孛朮魯徳裕

烏古論慶壽

第四十　金史一百二

僕散安貞　田琢

完顔弼　蒙古綱

必蘭阿魯帶

第四十一　金史一百三

完顔仲元　完顔阿鄰

完顏霆　烏古論長壽
完顏佐　石抹仲溫
烏古論禮　蒲察阿禮
奧屯襄　完顏蒲剌都
夾谷石里哥　朮甲臣嘉
紇石烈桓端　完顏阿里不孫
完顏鐵哥　納蘭胡魯剌

第四十二　金史一百四

納坦謀嘉　鄒谷
高霖　孟奎

烏林荅與　郭俁
溫迪罕達　王擴
移剌福僧　奧屯忠孝
蒲察思忠　紇石烈胡失門
完顏寓　斡勒合打
蒲察移剌都

第四十三　金史一百五

程寀　任熊祥
孔璠 子拯　范拱
張用直　劉樞

王翛　楊伯雄 兄伯淵
蕭貢　溫迪罕締達
張翰　任天寵

第四十四　金史一百六

張暐　張行簡
賈益謙　劉炳
朮虎高琪　塔不也

第四十五　金史一百七

高汝礪　張行信

第四十六　金史一百八

胥鼎　侯摯
把胡魯　師安石

第四十七　金史一百九

完顏素蘭　陳規
許古

第四十八　金史一百一十

楊雲翼　趙秉文
韓玉　馮壁
李獻甫　雷淵
程震

第四十九　金史一百一十一
古里甲石倫　内族訛可
撒合輦　强伸
烏林荅胡土
紇石烈牙吾塔　内族思烈
第五十　金史一百一十二
完顔合達　移剌蒲阿
第五十一　金史一百一十三
賽不　白撒一名承裔
赤盞合喜

第五十二　金史一百一十四
白華　斜卯愛實合周附
第五十三　金史一百一十五
石抹世勣
完顔奴申　崔立
聶天驥　赤盞尉忻
第五十四　金史一百一十六
徒單兀典　石盞女魯歡
蒲察官奴　内族承立一名慶山奴
第五十五　金史一百一十七
徒單益都　粘合荆山劉均附
王賓王進等附　國用安
時青
第五十六　金史一百一十八
苗道潤　王福
移剌衆家奴　武仙
張甫　靖安民
郭文振　胡天作
張開　燕寧
第五十七　金史一百一十九

粘割奴申劉天起附　完顔婁室
烏古論鎬　張天綱
完顔仲德
第五十八　金史一百二十
世戚
石家奴　裴滿達
忽覩　徒單恭
烏古論蒲魯虎　唐括德温
烏古論粘沒合　蒲察阿虎迭
烏林荅暉　蒲察鼎壽

徒單思忠　徒單繹
烏林荅復　烏古論元忠 子誼
唐括貢　烏林荅琳
徒單公弼　徒單銘
徒單四喜

第五十九　金史一百二十一

忠義一

胡沙補　特虎雅
僕忽得　粘割韓奴
曹珪　温迪罕蒲覩

訛里也　納蘭綽赤
魏全　鄯陽
夾谷守中　石抹元毅
伯德梅和尚　烏古孫兀屯
高守約　和速嘉安禮
王維翰　移剌古與涅
宋扆　烏古論榮祖
烏古論仲温　九住
李演　劉德基
王毅　王晦

齊鷹揚　术甲法心
高錫

第六十　金史一百二十二

忠義二

吳僧哥　烏古論德升
張順　馬驤
伯德窊哥　奥敦醜和尚
從坦　孛术魯福壽
吳邦傑　納合蒲剌都
女奚烈斡出　時茂先

温迪罕老兒　梁持勝
賈邦憲　移剌阿里合
完顏六斤　紇石烈鶴壽
蒲察婁室　女奚烈資祿
趙益　侯小叔
王佐　黄摑九住
烏林荅乞住　駞滿斜烈
尼厖古蒲路虎　兀顏畏可
兀顏訛出虎　粘割貞

第六十一　金史一百二十三

褚承亮　王去非

趙質　杜時昇

郗天挺　薛繼先

高仲振　張潛

王汝梅　宋可

辛愿　王予可

第六十六　金史一百二十八

循吏

盧克忠　牛德昌

范承吉　王政

張奕　李瞻

劉敏行　傅慎微

劉煥　高昌福

孫德淵　趙鑑

蒲察鄭留　女奚列守愚

石抹元　張彀

趙重福　武都

紇石烈德　張特立

王浩

第六十七　金史一百二十九

酷吏

高閭山　蒲察合住

佞幸

蕭肄　張仲軻

李通　馬欽

高懷貞　蕭裕

胥持國

第六十八　金史一百三十

列女

阿鄰妻　李寶信妻

韓慶民妻　雷婦師氏

康住住　李文妻

李英妻　相琪妻

阿魯真　撒合輦妻

許古妻　馮妙真

蒲察氏　烏古論氏

素蘭妻　忙哥妻

尹氏　白氏

聶孝女　仲德妻

寶符李氏 張鳳奴附

第六十九　金史一百三十一

宦者

梁珫　宋珪（潘守恒附）

方技

劉完素　張從正

李慶嗣　紀天錫

張元素　馬貴中

武禎（子亢）

胡德新　李懋

第七十　金史一百三十二

逆臣

秉德　唐括辯

烏帶　大興國

徒單阿里出虎　僕散師恭（本名忽土）

徒單貞　李老僧

完顏元宜　紇石烈執中

第七十一　金史一百三十三

叛臣

張覺（子僅言）　耶律余覩

窩斡

第七十二　金史一百三十四

外國上

西夏

第七十三　金史一百三十五

外國下

高麗　國語解

金九帝起太祖收國元年乙未盡哀宗天興三年甲午百二十年

紀十九卷

志三十九卷

表四卷

列傳七十三卷

總一百三十五卷

校勘　臣彭衡　臣倪中　臣麥瀓

臣岳信　臣楊鑄　臣牟思善

臣卜勝　臣李源　臣揭模

臣丁士恒

金史目録卷終

本紀第一　　金史一

開府儀同三司上柱國錄軍國重事中書右丞相監修國史領經筵事都總裁臣脫脫奉

勅修

世紀

金之先出靺鞨氏靺鞨本號勿吉勿吉古肅慎地也元魏時勿吉有七部曰粟末部曰伯咄部曰安車骨部曰拂涅部曰號室部曰黑水部曰白山部隋稱靺鞨而七部並同唐初有黑水靺鞨粟末靺鞨其五部無聞粟末靺鞨始附高麗姓大氏李勣破高麗粟末靺鞨保東牟山後爲渤海稱王傳十餘世有文字禮樂官府制度有五京十五府六十二州黑水靺鞨居肅慎地東瀕海南接高麗亦附于高麗嘗以兵十五萬衆助高麗拒唐太宗敗于安市開元中來朝置黑水府以部長爲都督刺史置長史監之賜都督姓李氏名獻誠領黑水經略使其後渤海盛強黑水役屬之朝貢遂絕五代時契丹盡取渤海地而黑水靺鞨附屬于契丹其在南者籍契丹號熟女直其在北者不在契丹籍號生女直生女直地有混同江長白山混同江亦號黑龍江所謂白山黑水是也金之始祖諱函普初從高麗來年已六十餘矣兄阿古廼好佛留高麗不肯從曰後世子孫必有能相聚者吾不能去也獨與弟保活里俱始祖居

本紀　金史一　一

完顏部僕幹水之涯保活里居耶懶其後胡十門以曷蘇館歸太祖自言其祖兄弟三人相別而去蓋自謂阿古廼之後石土門迪古乃保活里之裔也及太祖敗遼兵于境上獲耶律謝十乃使梁福斡荅剌招諭渤海人曰女直渤海本同一家蓋其初皆勿吉之七部也始祖至完顏部居久之其部人嘗殺它族之人由是兩族交惡閧鬬不能解完顏部人謂始祖曰若能爲部人解此怨使兩族不相殺部有賢女年六十而未嫁當以相配仍爲同部始祖曰諾廼自往諭之曰殺一人而鬬不解損傷益多曷若止誅首亂者一人部內以物納償汝可以無鬬而且獲利焉怨家從之乃爲約曰凡有殺傷人者徵其家人口一馬十偶牸牛十黃金六兩與所殺傷之家即兩解不得私鬬曰謹如約女直之俗殺人償馬牛三十自此始既備償如約部衆信服之謝以青牛一并許歸六十之婦始祖乃以青牛爲聘禮而納之并得其貲產後生二男長曰烏魯次曰斡魯一女曰注思板遂爲完顏部人天會十四年追謚景元皇帝廟號始祖皇統四年號其藏曰光陵五年增謚始祖懿憲景元皇帝子德帝諱烏魯天會十四年追謚德皇帝皇統四年號其藏曰熙陵五年增謚淵穆玄德皇帝子安帝諱跋海天會十四年追謚安皇帝皇統四年號其藏建陵

本紀　金史一　二

五年增謚和靖慶安皇帝子獻祖諱綏可黑水舊俗無室廬負山水坎地梁木其上覆以土夏則出隨水草以居冬則入處其中遷徙不常獻祖乃徙居海古水耕墾樹藝始築室有棟宇之制人呼其地爲納葛里納葛里者漢語居室也自此遂定居于安出虎水之側矣天會十四年追謚定昭皇帝廟號獻祖皇統四年號其藏曰輝陵五年增謚獻祖純烈定昭皇帝子昭祖諱石魯剛毅質直生女直無書契無約束不可檢制昭祖欲稍立條教諸父部人皆不悅欲坑殺之已被執叔父謝里忽知部衆將殺昭祖曰吾兄子賢人也必能承家安輯部衆此輩柰何輒欲坑殺之

亟往彎弓注矢射於衆中刼執者皆散走昭祖乃得免昭祖稍以條教爲治部落寖強遼以惕隱官之諸部猶以舊俗不肯用條教昭祖耀武至于青嶺白山順者撫之不從者討伐之入于蘇濱耶懶之地所至克捷還經僕燕水僕燕漢語惡瘡也昭祖惡其地名雖已困憊不肯止行至姑里甸得疾迨夜寢于村舍有盜至遂中夜啓行至逼剌紀村止焉是夕卒載柩而行遇賊於路奪柩去部衆追賊與戰復得柩加古部人蒲虎復來襲之垂及蒲虎問諸路人曰石魯柩去此幾何其人曰遠矣追之不及也蒲虎遂止於是乃得歸葬焉生女直之俗至昭祖時稍用條教民頗

聽從尚未有文字無官府不知歲月晦朔是以年壽脩短莫得而考焉天會十五年追謚成襄皇帝廟號昭祖皇統四年藏號安陵五年增謚昭祖武惠成襄皇帝子景祖諱烏古廼遼太平元年辛酉歲生自始祖至此已六世矣景祖稍役屬諸部自白山耶悔統門耶懶土骨論之屬以至五國之長皆聽命是時遼之邊民有逃而歸者及遼以兵徙鐵勒烏惹之民鐵勒烏惹多不肯徙亦逃而來歸遼使曷魯林牙將兵來索逋逃之民景祖恐遼兵深入盡得山川道路險易或將圖之乃以計止之曰兵若深入諸部必驚擾變生不測逋戶亦不可得非計也曷魯以爲然遂止

其軍與曷魯自行索之是時隣部雖稍從孩懶水烏林荅部石顯尚拒阻不服攻之不克景祖以計告於遼主遼主遣使責讓石顯石顯乃遣其子婆諸刋入朝遼主厚賜遣還其後石顯與婆諸刋入見遼主於春蒐遼主乃留石顯於邊地而遣婆諸刋還所部景祖之謀也既而五國蒲聶部節度使拔乙門畔遼鷹路不通遼人將討之先遣同幹來諭旨景祖曰可以計取若用兵彼將走保險阻非歲月可平也遼人從之蓋景祖終畏遼兵之入其境也故自以爲功於是景祖陽與拔乙門爲好而以妻子爲質襲而擒之獻於遼主遼主召見于寢殿燕賜加等以爲生女直部

族節度使遼人呼節度使爲太師金人稱都太師者自此始遼主將刻印與之景祖不肯繫遼籍辭曰請俟他日遼主終欲與之遣使來景祖詭使部人揚言曰主公若受印繫籍部人必殺之用是以拒之遼使乃還既爲節度使有官屬紀綱漸立矣生女直舊無鐵鄰國有以甲胄來鬻者傾貲厚賈以與貿易亦令昆弟族人皆售之得鐵既多因之以修弓矢備器械兵勢稍振前後願附者衆斡泯水蒲察部泰神忒保水完顔部統門水溫迪痕部神隱水完顔部皆相繼來附景祖爲人寬恕能容物平生不見喜慍推財與人分食解衣無所吝惜人或忤之亦不念先時有畔

去者遣人諭誘之畔者曰汝主活羅也活羅吾能獲之吾豈能爲活羅屈哉活羅漢語慈烏也北方有之狀如大雞善啄物見馬牛橐駝脊間有瘡啄其脊間食之馬牛輒死若飢不得食雖砂石亦食之景祖嗜酒好色飲啗過人時人呼曰活羅故彼以此詘之亦不以介意其後詘者力屈來降厚賜遣還易懶水有率衆降者錄其歲月姓名即遣去俾復其故人以此益信服之遼咸雍八年五國沒撚部謝野勃堇畔遼鷹路不通景祖伐之謝野來禦景祖被重鎧率衆力戰謝野兵敗走拔里邁濼時方十月冰忽解謝野不能軍衆皆潰去乃旋師道中遇逋亡要遮險阻晝夜

拒戰比至部已憊即往見遼邊將達魯骨自陳敗謝野功行次來流水未見達魯骨疾作而復卒于家年五十四天會十四年追謚惠桓皇帝廟號景祖皇統四年藏號定陵五年增謚景祖英烈惠桓皇帝第二子襲節度使是爲世祖諱劾里鉢生女直之俗生子年長即異居景祖九子元配唐括氏生劾者次世祖次劾孫次肅宗次穆宗及當異居景祖曰劾者柔和可治家務劾里鉢有器量智識何事不成劾孫亦荏善人耳乃命劾者與世祖同居劾孫與肅宗同居景祖卒世祖繼之世祖卒肅宗繼之肅宗卒穆宗繼之穆宗復傳世祖之子至於太祖竟登大位焉世祖遼

重熙八年己卯歲生遼咸雍十年襲節度使景祖異母弟跋黑有異志世祖慮其爲變加意事之不使將兵但爲部長跋黑遂誘桓赧散達烏春窩謀罕爲亂及間諸部使貳于世祖世祖猶欲撫慰之語在跋黑桓赧等傳中世祖嘗買加古部鍛工烏不屯被甲九十烏春欲託此以爲兵端世祖還其甲語在烏春傳部中有流言曰欲生則附於跋黑欲死則附於劾里鉢頗刺淑世祖聞之疑焉無以察之乃佯爲具裝欲有所往者陰遣人揚言曰寇至部衆聞者莫知虛實有保於跋黑之室者有保於世祖之室者世祖乃盡得兄弟部屬向背彼此之情矣間數年烏春來攻世

祖拒之時十月已半大雨累晝夜冰凘覆地烏春不能進旣而悔曰此天也乃引兵去烏春舍於阿里矮村滓不乃家而以兵圍其弟勝昆於胡不村兵退勝昆執其兄滓不乃而請涖殺于世祖且請免其孥戮從之桓赧散達亦舉兵遣肅宗拒之當是時烏春兵在北桓赧兵在南其勢甚盛戒之曰可和則與之和否則決戰肅宗兵敗會烏春以久雨解去世祖乃以偏師涉舍很水經貼割水覆桓赧散達之家明日大霧晦冥失道至婆多吐水乃覺即還至舍很貼割之間升高阜望之見六騎來大呼馳擊之世祖射一人斃生獲五人問之乃知卜灰撒骨出使助桓赧散達者也世祖至桓赧散達所居焚蕩其室家殺百許人舊將主保亦死之比世祖還與肅宗會肅宗兵又敗矣世祖讓肅宗失利之狀遣人議和桓赧散達曰以爾盈歌之大赤馬辭不失之紫騮馬與我我則和二馬皆女直名馬不許桓赧散達大會諸部來攻過裴滿部以其附於世祖也縱火焚之蒲察部沙祇勃菫胡補答勃菫使阿喜來告難世祖使之詭從以自全曰戰則以旗鼓自別世祖往禦桓赧之衆將行有報者曰跋黑食於愛妾之父家肉張咽死矣乃遣肅宗求援於遼遂率衆出使辭不失取海姑兄弟兵已而乃知海姑兄弟貳於桓赧矣欲併取其衆徑至海姑偵

者報曰敵已至將戰世祖戒辭不失曰汝先陣於脫豁改原待吾三揚旗三鳴鼓即棄旗決戰死生惟在今日命不足惜使裴滿胡喜牽大紫騮馬以爲貳馬馳至陣時桓赧散達盛彊世祖軍吏未戰而懼皆植立無人色世祖陽陽如平常亦無責讓之言但令士卒解甲少憩以水沃面調麨水飲之有頃訓勵之軍勢復振乃避衆獨引穆宗執其手密與之言曰今日之事若勝則已萬一有不勝吾必無生汝今介馬遙觀勿預戰事若我死汝勿收吾骨勿顧戀親戚亟馳馬奔告汝兄頗剌淑于遼繫籍受印乞師以報此讎語畢袒袖不被甲以縕袍垂襴護前後心韔弓提劍三揚旗三鳴鼓棄旗搏戰身爲軍鋒突入敵陣衆從之辭不失從後奮擊大敗之乘勝逐之自阿不彎至于北隘甸死者如仆麻破多吐水水爲之赤棄車甲馬牛軍實盡獲之世祖曰今日之捷非天不能及此亦可以知足矣雖縱之去敗軍之氣沒世不振乃引軍還世祖視其戰地馳突成大路闊且三十隴手殺九人自相重積人皆異之桓赧散達自此不能復聚未幾各以其屬來降遼大安七年也初桓赧兄弟之變不术魯部卜灰蒲察部撒骨出助之至是招之不肯和卜灰之黨石魯遂殺卜灰來降撒骨出追躡亡者道傍人潛射之中口而死自是舊部悉歸景祖時

斡勤部人盃乃來屬及是有他志會其家失火因以縱火誣歡都世祖徵償如約盃乃不自安遂結烏春窩謀罕舉兵使肅宗與戰敗之獲盃乃世祖獻之於遼臘醅麻產侵掠野居女直略來流水牧馬世祖擊之中四創久之疾愈臘醅等復略穆宗牧馬交結諸部世祖復伐之臘醅等紿降乃旋臘醅得姑里甸兵百十有七人據暮稜水守險石顯子婆諸刋亦在其中世祖圍而克之盡獲姑里甸兵麻產遁去遂擒臘醅及婆諸刋皆獻之遼既已復請之遼人與之并以前後所獻罪人歸之歡都在破烏春等於斜堆故石拔石皆就擒世祖自將與歡都合兵嶺東諸軍皆至

是時烏春已前死窩謀罕請于遼願和解既與和復來襲乃進軍圍之窩謀罕棄城遁去破其城盡俘獲之以功差次分賜諸軍城始破議渠長生殺衆皆長跪遼使者在坐忽一人佩長刀突前咫尺謂世祖曰勿殺我遼使及左右皆走匿世祖色不少動執其人之手語之曰吾不殺汝也於是罰左右匿者曰汝等何敢失次耶罰既已乃徐使執突前者殺之其膽勇鎮物如此師還寢疾遂篤元娶拏懶氏哭不止世祖曰汝勿哭汝惟後我一歲耳肅宗請後事曰汝惟後我三年肅宗出謂人曰吾兄至此亦不與我好言乃叩地而哭俄呼穆宗謂曰烏雅束柔善若辦集契丹

事阿骨打能之遼大安八年五月十五日卒襲位十九年年五十四明年拏懶氏卒又明年肅宗卒肅宗病篤歎曰我兄真多智哉世祖天性嚴重有智識一見必識暫聞不忘凝寒不縮栗動止不回顧每戰未嘗被甲先以夢兆候其勝負嘗乘醉騎驢入室中明日見驢足跡問而知之自是不復飲酒襲位之初內外潰叛締交爲寇世祖乃因敗爲功變弱爲彊既破桓赧散達烏春窩謀罕基業自此大矣天會十五年追謚聖肅皇帝廟號世祖皇統四年號其藏曰永陵五年增謚世祖神武聖肅皇帝母弟頗剌淑襲節度使景祖第四子也是爲肅宗遼重熙十一年壬午歲

生在父兄時號國相國相之稱不知始何時初雅達爲國相雅達者桓赧散達之父也景祖以幣馬求之於雅達而命肅宗爲之肅宗自幼機敏善辯當其兄時身居國相盡心匡輔毋時叔父跋黑有異志及桓赧散達烏春窩謀罕石顯父子臘醅麻產作難用兵之際肅宗屢當一面尤能知遼人國政人情凡有遼事一切委之肅宗專心焉凡白事於遼官皆令遠跪陳辭譯者傳致之往往爲譯者錯亂肅宗欲得自前委曲言之故先不以實告譯者譯者惑之不得已引之前使自言乃以草木瓦石爲籌枚數其事而陳之官吏聽者皆愕然問其故則爲卑辭以對曰鄙陋無

文故如此官吏以爲實然不復疑之是以所訴無不如意桓赧散達之戰部人賽罕死之其弟活羅陰懷忿怨一日忽以劒脊置肅宗項上曰吾兄爲汝輩死矣斫汝以償則如之何久之因其兄柩至遂怒而攻習不出習不出走避之攻肅宗于家矢注次室之裾著于門扉復攻歡都歡都衷甲拒于室中既不能入持其門旗而去往附盃乃盃乃誘烏春兵度嶺世祖與遇于蘇素海甸世祖曰予昔有異夢今不可親戰若左軍中有力戰者則大功成矣命肅宗及斜列辭不失與之戰肅宗下馬名呼世祖復自呼其名而言曰若天助我當爲衆部長則今日之事神祇監之語畢再拜遂炷火束緼頃之大風自後起火益熾是時八月并青草皆焚之煙焰漲天我軍隨煙衝擊大敗之遂獲盃乃囚而獻諸遼并獲活羅肅宗釋其罪左右任使之後竟得其力焉大安八年自國相襲位是時麻産尚據直屋鎧水繕完營堡誘納亡命招之不聽遣康宗伐之太祖別軍取麻産家屬鍚釜無遺既獲麻産殺之獻馘于遼陶温水民來附二年癸酉遣太祖以偏師伐泥厖古部帥水抹離海村跋黑播立開平之自是寇賊皆息三年八月肅宗卒天會十五年追謚穆憲皇帝皇統四年藏號泰陵五年增謚肅宗明睿穆憲皇帝母弟穆宗諱盈歌字烏魯完景祖

第五子也南人稱揚割太師又曰揚割追謚孝平皇帝號孝平盈近揚歌近割南北音訛遼人呼節度使爲太師自景祖至太祖皆有是稱凡叢言松漠記張棣金志等書皆無足取穆宗遼重熙二十一年癸巳歲生肅宗時擒麻産遼命穆宗爲詳穩大安十年甲戌襲節度使年四十二以兄劾者子撒改爲國相三年丙子唐括部跋葛勃堇與温都部人跋忒有舊跋葛以事往跋忒殺跋葛使太祖率師伐跋忒跋忒亡去追及殺之星顯水紇石烈部阿踈毛睹禄阻兵爲難穆宗自將伐阿踈撒改以偏師攻鈍恩城拔之阿踈初聞來伐乃自訴于遼遂留劾者守阿踈城穆宗乃還會陶温水徒籠古水紇石烈部阿閤版及石魯阻五國鷹路執殺遼捕鷹使者遼詔穆宗討之阿閤版等據險立柵方大寒乃募善射者操勁弓利矢攻之數日入其城出遼使存者數人俾之歸統門渾蠢水之交烏古論部留可詐都與蘇濱水烏古論敵庫德起兵于米里迷石罕城納根涅之子鈍恩亦亡去於是兩黨作難八月撒改爲都統辭不失阿里合懣斡帶副之以伐留可詐都塢塔等謾都訶石土門伐敵庫德撒改欲先平邊地城堡或欲先取留可莫能決乃命太祖往鈍恩將援留可乘謾都訶兵未

集而攻之石土門軍既與謾都訶會迎擊鈍恩大敗之降米里迷石罕城獲鈍恩敵庫德釋弗薮太祖度盆搦嶺與撒改會攻破留可城留可已先往遼矣盡殺其城中渠長還圍塢塔城塢塔先已亡在外城降於軍詐都亦降於蒲家奴於是撫寧諸路如舊時太祖因致穆宗教統門渾蠢耶悔星顯四路及嶺東諸部自今勿復稱都部長命勝管醜阿等撫定乙離骨嶺注阿門水之西諸部居民又命斡帶及偏裨悉平二涅囊虎二蠢出等路寇盜而還七年庚辰勃者尚守阿踈城毛睹祿來降阿踈猶在遼遼使使來罷兵未到穆宗使烏林荅石魯往佐勃者戒之曰遼使來罷兵但換我軍衣服旗幟與阿踈城中無辨勿令遼使知之因戒勃者曰遼使可以計却勿聽其言遽罷兵也遼使果來罷兵穆宗使蒲察部胡魯勃堇邈遜孛堇與俱至阿踈城勃者見遼使詭謂胡魯邈遜曰我部族自相攻擊干汝等何事誰識汝之太師乃援劍刺殺胡魯邈遜所乘馬遼使驚駭遽走不敢回顧徑歸居數日破其城狄故保還自遼在城中執而殺之阿踈復訴於遼遼遣奚節度使乙烈來穆宗至來流水興和村見乙烈問阿踈城事命穆宗曰凡攻城所獲存者復與之不存者備償且徵馬數百匹穆宗與僚佐謀曰若償阿踈則諸部不復可號令任使也

盩改致

乃令主隈秃荅兩水之民陽為阻絕鷹路復使鼈故德部節度使言于遼曰欲開鷹路非生女直節度使不可遼不知其為穆宗謀也信之命穆宗討阻絕鷹路者而阿踈城事遂止穆宗聲言平鷹路畋於土溫水而歸是歲留可來降八年辛巳遼使使持賜物來賞平鷹路之有功者九年壬午使蒲家奴以遼賜給主隈秃荅之民且修鷹路而歸冬蕭海里叛入于係案女直阿典部遣其族人斡達剌來結和曰願與太師為友同往伐遼穆宗執斡達剌會遼命穆宗捕討海里穆宗送斡達剌于遼募軍得甲千餘女直甲兵之數始見于此蓋未嘗滿千也軍次混同水蕭海里再使人來復執之既而與海里遇海里遥問曰我使者安在對曰與後人偕來海里不信是時遼追海里兵數千人攻之不能克穆宗謂遼將曰退爾軍我當獨取海里遼將許之太祖策馬突戰流矢中海里首海里墮馬下執而殺之大破其軍使阿离合懣獻馘于遼金人自此知遼兵之易與也是役也康宗最先登於是以先登并有功者為前行次以諸軍護俘獲歸所部穆宗朝遼主于漁所大被嘉賞授以使相錫予加等十年癸未二月穆宗還遼使使授從破海里者官賞高麗始來通好十月二十九日穆宗卒年五十有一初諸部各有信牌穆宗用太祖議擅置牌號

盩改盩

者寘于法自是號令乃一民聽不疑矣自景祖以來兩世四主志業相因卒定離析一切治以本部法令東南至于乙離骨曷懶耶懶土骨論東北至于五國主隈禿荅金蓋盛于此天會十五年追謚孝平皇帝廟號穆宗皇統四年號其藏曰獻陵五年增謚章順孝平皇帝兄子康宗諱烏雅束字毛路完世祖長子也遼清寧七年辛丑歲生乾統五年癸未襲節度使年四十三穆宗末年阿踈使達紀誘扇邊民曷懶甸人執送之穆宗使石適歡撫納曷懶甸未行穆宗卒至是遣焉先是高麗通好旣而頗有隙高麗使來請議事使者至高麗拒而不納五水之民附于高麗執

團練使十四人語在高麗傳中二年甲申高麗再來伐石適歡再破之高麗復請和前所執團練十四人皆遣歸石適歡撫定邊民而還蘇濱水民不聽命使斡帶等至活羅海川召諸官僚告諭之舍國部蘇濱水居斡豁勃堇不至斡准部職德部旣至復亡去塢塔遇二部於馬紀嶺執之而來遂伐斡豁克之斡帶進至北琴海攻拔泓忒城乃還四年丙戌高麗遣黒歡方石來賀襲位遣盃魯報之高麗約還諸亡在彼者乃使阿聒勝昆往受之高麗背約殺二使築九城於曷懶甸以兵數萬來攻斡賽敗之斡魯亦築九城與高麗九城相對高麗復來攻斡賽復敗之高麗約以還逋逃之人退九城之軍復所侵故地九月乃罷兵七年己丑歲不登減盜賊徵償振貧乏者十一年癸酉康宗卒年五十三天會十五年追謚恭簡皇帝皇統四年號其藏曰喬陵五年增謚康宗獻敏恭簡皇帝

贊曰金之厥初兄弟三人亦微矣熈宗追帝祖宗定著始祖景祖世祖廟世世不祧始祖娶六十之婦而生二男一女豈非天耶景祖不受遼籍遼印取雅達國相以與其子世祖旣破桓赧散達遼政日衰而以太祖屬之穆宗其思慮豈不深遠矣夫

本紀第一

本紀第二　金史二

開府儀同三司上柱國錄軍國重事中書右丞相監修國史領經筵事都總裁臣脫脫奉

勑修

太祖

太祖應乾興運昭德定功仁明莊孝大聖武元皇帝諱旻
本諱阿骨打世祖第二子也母曰翼簡皇后拏懶氏遼道
宗時有五色雲氣屢出東方大若二千斛囷倉之狀司天
孔致和竊謂人曰其下當生異人建非常之事天以象告
非人力所能為也咸雍四年戊申七月一日太祖生幼時
與群兒戲力兼數輩舉止端重世祖尤愛之世祖與臘醅

麻產戰於野鵲水世祖被四創疾困坐太祖于膝循其髮
而撫之曰此兒長大吾復何憂十歲好弓矢甫成童即善
射一日遼使坐府中顧見太祖手持弓矢使射群鳥連三
發皆中遼使矍然曰奇男子也太祖嘗宴紇石烈部活离
罕家散步門外南望高阜使眾射之皆不能至太祖一發
過之度所至逾三百二十步宗室謾都訶最善射遠其不
及者猶百步也天德三年立射碑以識焉世祖伐卜灰太
祖因辭不失請從行世祖不許而心異之烏春既死窩謀
罕請和既請和復來攻遂圍其城太祖年二十三被短甲
免冑不介馬行圍號令諸軍城中望而識之壯士太峪乘

駿馬持槍出城馳刺太祖太祖不及備舅氏活臘胡馳出
其間擊太峪槍折刺中其馬太峪僅得免嘗與沙忽帶出
營殺略不令世祖知之且還敵以重兵追之獨行隘巷中
失道追者益急值高岸與人等馬一躍而過追者乃還世
祖寢疾太祖以事如遼統軍司將行世祖戒之曰汝速了
此事五月未半而歸則我猶及見汝也太祖往見曷魯驪
古統軍既畢事前世祖沒一日還至家世祖見太祖來所
請事皆如志喜甚執太祖手抱其頸而撫之謂穆宗曰烏
雅束柔善惟此子足了契丹事穆宗亦雅重太祖出入必
俱太祖遠出而歸穆宗必親迓之世祖已擒臘醅麻產尚

據直屋鎧水肅宗使太祖先取麻產家屬康宗至直屋鎧
水圍之太祖會軍親獲麻產獻馘於遼遼命太祖為詳穩
仍命穆宗辭不失歡都皆為詳穩久之以偏師伐泥厖古
部跋黑播立開等乃以達塗阿為鄉導沿帥水夜行襲之
鹵其妻子初溫都部跋忒殺唐括部跋葛穆宗命太祖伐
之太祖入辭謂穆宗曰昨夕見赤祥此行必克敵遂行是
歲大雪寒甚與烏古論部兵沿土溫水過末鄰鄉追及跋
忒於阿斯溫山北濼之間殺之軍還穆宗親迓太祖于霿
建村撒改以都統伐留可謾都訶合石土門伐敵庫德撒
改與將佐議或欲先平邊地部落城堡或欲徑攻留可城

議不能決願得太祖至軍中穆宗使太祖往曰事必有可疑軍之未發者止有甲士七十盡以畀汝謾都訶在米里迷石罕城下石土門未到土人欲執謾都訶以與敵使來告急遇太祖於斜堆甸太祖曰國兵盡在此矣使敵先得志於謾都訶後雖種誅之何益也乃分甲士四十與之太祖以三十人詣撒改軍道遇人曰敵已據盆搦嶺南路矣衆欲由沙偏嶺往太祖曰汝等畏敵邪既度盆搦嶺不見敵已而聞敵乃守沙偏嶺以拒我及至撒改軍夜急攻之遲明破其衆是時留可塢塔皆在遼既破留可還攻塢塔城城中人以城降初太祖過盆搦嶺經塢塔城下從騎有

後者塢塔城人攻而奪之釜太祖駐馬呼謂之曰毋取我炊食器其人謾言曰公能來此何憂不得食太祖以鞭指之曰吾破留可即於汝乎取之至是其人持釜而前曰奴輩誰敢毀詳穩之器也遣蒲家奴招詐都詐都乃降釋之穆宗將伐蕭海里募兵得千餘人女直兵未嘗滿千至是太祖勇氣自倍曰有此甲兵何事不可圖也海里來戰與遼兵合因止遼人自爲戰勃海留守以甲贈太祖太祖亦不受穆宗問何爲不受曰被彼甲而戰戰勝則是因彼成功也穆宗末年令諸部不得擅置信牌馳驛訊事號令自此始一皆自太祖啓之康宗七年歲不登民多流莩强者

轉而爲盜歡都等欲重其法爲盜者皆殺之太祖曰以財殺人不可財者人所致也遂減盜賊徵償法爲徵三倍民間多逋負賣妻子不能償康宗與官屬會議太祖在外庭以帛繫杖端麾其衆令曰今貧者不能自活賣妻子以償債骨肉之愛人心所同自今三年勿徵過三年徐圖之衆皆聽令聞者感泣自是遠近歸心焉歲癸巳十月康宗夢逐狼屢發不能中太祖前射中之旦日以所夢問僚佐衆皆曰吉兄不能得而弟得之之兆也是月康宗即世太祖襲位爲都勃極烈遼使阿息保來曰何以不告喪太祖曰有喪不能弔而乃以爲罪乎他日阿息保復來徑騎至康宗

殯所閱賵馬欲取之太祖怒將殺之宗雄諫而止既而遼命久不至遼主好畋獵淫酗怠于政事四方奏事往往不見省紇石烈阿疎既奔遼穆宗取其城及其部衆不能歸遂與族弟銀朮可辭里罕陰結南江居人渾都僕速欲與俱亡入高麗事覺太祖使夾古撒喝捕之而銀朮可辭里罕先爲遼戍所獲渾都僕速已亡去撒喝取其妻子而還二年甲午六月太祖至江西遼使使來致襲節度之命初遼每歲遣使市名鷹海東青于海上道出境內使者貪縱徵索無藝公私厭苦之康宗嘗以不遣阿疎爲言稍拒其使者太祖嗣節度亦遣蒲家奴往索阿疎故常以此二者

爲言縂至于滅遼然後已至是復遣宗室習古廼完顏銀朮可往索阿踈習古廼等還具言遼主驕肆廢弛之狀於是召官僚耆舊以伐遼告之使備衝要建城堡修戎器以聽後命遼統軍司聞之使節度使捏哥來問狀曰汝等有異志乎修戰具飭守備將以誰禦太祖荅之曰設險自守又何問哉遼復遣阿息保來詰之太祖謂之曰我小國也事大國不敢廢禮大國德澤不施而逋逃是主以此字小能無望乎若以阿踈與我請事朝貢茍不獲已豈能束手受制也阿息保還遼人始爲備命統軍蕭撻不野調諸軍於寧江州太祖聞之使僕聒剌復索阿踈實觀其形勢僕

聒剌還言遼兵多不知其數太祖曰彼初調兵豈能遽集如此復遣胡沙保往還言惟四院統軍司與寧江州軍及渤海八百人耳太祖曰果如吾言謂諸將佐曰遼人知我將舉兵集諸路軍備我我必先發制之無爲人制衆皆曰善乃入見宣靖皇后告以伐遼事后曰汝嗣父兄立邦家見可則行吾老矣無貽我憂汝必不至是也太祖感泣奉觴爲壽即奉后率諸將出門舉觴東向以遼人荒肆不歸阿踈并已用兵之意禱于皇天后土酹畢后命太祖正坐與僚屬會酒號令諸部使婆盧火徵移懶路迪古乃兵斡魯古阿魯撫諭斡忽急賽兩路係遼籍女直實不迭往完

睹路執遼障鷹官達魯古部副使辭列寧江州渤海大家奴於是達魯古部實里館來告曰聞舉兵伐遼我部誰從太祖曰吾兵雖少舊國也與汝鄰境固當從我若畏遼人自往就之九月太祖進軍寧江州次寥晦城婆盧火徵兵後期杖之復遣督軍諸路兵皆會于來流水得二千五百人致遼之罪申告于天地曰世事遼國恪修職貢定烏春窩謀罕之亂破蕭海里之衆有功不省而侵侮是加罪人阿踈屢請不遣今將問罪於遼天地其鑒佑之遂命諸將傳梃而誓曰汝等同心盡力有功者奴婢部曲爲良庶人官之先有官者叙進輕重視功茍違誓言身死梃下家屬

無赦師次唐括帶斡甲之地諸軍禳射介而立有光如烈火起於人足及戈矛之上人以爲兵祥明日次扎只水光見如初將至遼界先使宗幹督士卒夷塹既度遇渤海軍攻我左翼七謀克衆少却敵兵直犯中軍斜也出戰哲垤先驅太祖曰戰不可易也遣宗幹止之宗幹馳出斜也前控止哲垤馬斜也遂與俱還敵人從之耶律謝十墜馬遼人前救太祖射救者斃併射謝十中之有騎突前又射之徹扎洞胷謝十拔箭走追射之中其背飲矢之半僨而死獲所乘馬宗幹與數騎陷遼軍中太祖救之免冑戰或自傍射之矢拂于顙太祖顧見射者一矢而斃謂將士曰盡

敵而止衆從之勇氣自倍敵大奔相蹂踐死者十七八撒
改在別路不及會戰使人以戰勝告之而以謝十馬賜之
撒改使其子宗翰完顏希尹來賀且稱帝因勸進太祖曰
一戰而勝遂稱大號何示人淺也進軍寧江州諸軍填塹
攻城寧江人自東門出溫迪痕阿徒罕邀擊盡殪之十月
朔克其城獲防禦使大藥師奴陰縱之使招諭遼人鐵驪
部來送款次來流城以俘獲賜將士召渤海梁福斡荅剌
使之僞亡去招諭其鄉人曰女直渤海本同一家我興師
伐罪不濫及無辜也使完顏婁室招諭係遼籍女直師還
謁宣靖皇后以所獲頒宗室耆老以實里館貲產給將士

初命諸路以三百戶爲謀克十謀克爲猛安刪斡等撫定
讒謀水女直鼈古酋長胡蘇魯以城降十一月遼都統蕭
糺里副都統撻不野將步騎十萬會于鴨子河北太祖自
將擊之未至鴨子河既夜太祖方就枕若有扶其首者三
寤而起曰神明警我也即鳴鼓舉燧而行黎明及河遼兵
方壞凌道選壯士十輩擊走之大軍繼進遂登岸甲士三
千七百至者纔三之一俄與敵遇于出河店會大風起塵埃
蔽天乘風勢擊之遼兵潰逐至斡論濼殺獲首虜及車馬
甲兵珍玩不可勝計徧賜官屬將士燕犒彌日遼人嘗言
女直兵若滿萬則不可敵至是始滿萬云斡魯敗遼兵斬

其節度使撻不野僕虺等攻賓州拔之兀惹雛鶻室來降
遼將赤狗兒戰于賓州僕虺渾黜敗之鐵驪王回离保以
所部降吾睹補蒲察復敗赤狗兒蕭乙薛軍于祥州東斡
忽急塞兩路降斡魯古敗遼軍于咸州西斬統軍婁實于
陣完顏婁室克咸州是月吳乞買撒改辭不失率官屬諸
將勸進願以新歲元日恭上尊號太祖不許阿离合懣蒲
家奴宗翰等進曰今大功已建若不稱號無以繫天下心
太祖曰吾將思之

收國元年正月壬申朔群臣奉上尊號是日即皇帝位上
曰遼以賓鐵爲號取其堅也賓鐵雖堅終亦變壞惟金不

變不壞金之色白完顏部色尚白於是國號大金改元收
國丙子上自將攻黃龍府進臨益州州人走保黃龍取其
餘民以歸遼遣都統耶律訛里朶左副統蕭乙薛右副統
耶律張奴都監蕭謝佛留騎二十萬步卒七萬戍邊留婁
室銀朮可守黃龍上率兵趨達魯古城次寧江州西遼使
僧家奴來議和國書斥上名且使爲屬國庚子進師有火
光正圜自空而墜上曰此祥徵殆天助也酹白水而拜將
士莫不喜躍進逼達魯古城上登高望遼兵若連雲灌木
狀顧謂左右曰遼兵心貳而情怯雖多不足畏遂趨高阜
爲陣宗雄以右翼先馳遼左軍左軍却左翼出其陣後遼

右軍皆力戰婁室銀朮可衝其中堅凡九陷陣皆力戰而出宗翰請以中軍助之上使宗幹往爲疑兵宗雄已得利擊遼右軍遼兵遂敗乘勝追躡至其營會日已暮圍之黎明遼軍潰圍出逐北至阿婁岡遼步卒盡殪得其耕具數千以給諸軍是役也遼人本欲屯田且戰且守故併其耕具獲之二月師還三月辛未朔獵于寥晦城四月遼耶律張奴以國書來上以書辭慢侮留其五人獨遣張奴回報書亦如之五月庚午朔避暑于近郊甲戌拜天射柳故事五月五日七月十五日九月九日拜天射柳歲以爲常六月己亥朔遼耶律張奴復以國書來猶斥上名上亦斥遼主名以復之且諭之使降七月戊辰以弟吳乞買爲諳班勃極烈國相撒改爲國論勃極烈辭不失爲阿買勃極烈弟斜也爲國論勃極烈甲戌遼使辭剌以書來留之不遣九百奚營來降八月戊戌上親征黃龍府次混同江無舟上使一人道前乘赭白馬徑涉曰視吾鞭所指而行諸軍隨之水及馬腹後使舟人測其渡處深不得其底熙宗天眷二年以黃龍府爲濟州軍曰利涉蓋以太祖涉濟故也九月克黃龍府遣辭剌還遂班師至江徑渡如前丁丑至自黃龍府己卯黃龍見空中癸巳以國論勃極烈撒改爲國論忽魯勃極烈阿离合懣爲國論乙室勃極烈十一月

遼主聞取黃龍府大懼自將七十萬至駝門駙馬蕭特末林牙蕭查剌等將騎五萬步四十萬至斡鄰濼上自將禦之十二月己亥行次爻剌會諸將議皆曰遼兵號七十萬其鋒未易當吾軍遠來人馬疲乏宜駐于此深溝高壘以待上從之遣迪古乃銀朮可鎮達魯古丁未上以騎兵親候遼軍獲督餉者知遼主以張奴叛西還二日矣是日上還至熟結濼有光見于矛端戊申諸將曰今遼主既還可乘怠追擊之上曰敵來不迎戰去而追之欲以此爲勇邪衆皆慚愧願自効上復曰誠欲追敵約齎以往無事餽餉若破敵何求不得衆皆奮躍追及遼主于護步荅岡是役也兵止二萬上曰彼衆我寡兵不可分視其中軍最堅遼主必在焉敗其中軍可以得志使右翼先戰兵數交左翼合而攻之遼兵大潰我師馳之橫出其中遼師敗績死者相屬百餘里獲輿輦帟幄兵械軍資他寶物馬牛不可勝計是戰斜也援矛殺數十人阿离本被圍溫迪罕迪忽迭以四謀克兵出之完顏蒙刮身被數創力戰不已功皆論最蕭特末等焚營遁去遂班師夾谷撒喝取開州婆盧火下特鄰城辭里罕降

二年正月戊子詔曰自破遼兵四方來降者衆宜加優恤自今契丹奚漢渤海係遼籍女直室韋達魯古兀惹鐵驪

諸部官民巳降或爲軍所俘獲逃遯而還者勿以爲罪其酋長仍官之且使從宜居處閏月高永昌據東京使撻不野來求援高麗遣使來賀捷且求保州詔許自取之二月已巳詔曰比以歲凶庶民艱食多依附豪族因爲奴隸及有犯法徵償莫辦折身爲奴者或私約立限以人對贖過期則爲奴者並聽以兩人贖一爲良若元約以一人贖者即從元約四月乙丑以斡魯統內外諸軍與蒲察迪古乃會咸州路都統斡魯古討高永昌胡沙補等被害五月斡魯等敗永昌撻不野擒永昌以獻戮之于軍東京州縣及南路係遼女直皆降詔除遼法省稅賦置猛安謀克一如本朝之制以斡魯爲南路都統迭勃極烈阿徒罕破遼兵六萬于照散城九月巳亥上獵近郊乙巳南路都統斡魯來見于婆盧買水始製金牌十二月庚申朔諳班勃極烈吳乞買及羣臣上尊號曰大聖皇帝改明年爲天輔元年

天輔元年正月開州叛加古撒喝等討平之國論昊勃極烈斜也以兵一萬取泰州四月遼秦晉國王耶律捏里來伐迪古乃婁室婆盧火將兵二萬會咸州路都統斡魯古擊之五月丁巳詔自收寧江州巳後同姓爲婚者杖而離之七月戊申以完顏斡論知東京事八月癸亥高麗遣使來請保州十二月甲子斡魯古等敗耶律捏里兵于蒺藜山拔顯州乾懿豪徽成川惠等州皆降是月宋使登州防禦使馬政以國書來其略曰日出之分實生聖人竊聞征遼屢破勍敵若克遼之後五代時陷入契丹漢地願畀下邑

二年正月庚寅遼雙州節度使張崇降使散覩如宋報聘書曰所請之地今當與宋夾攻得者有之二月癸丑朔遼使耶律奴哥等來議和辛酉孛董迪古乃婁室來見上以遼主近在中京而敢輒來皆杖之劾里保雙古等言咸州都統斡魯古知遼主在中京而不進討芻糧豐足而不以實聞攻顯州時所獲生口財畜多自取三月癸未朔命闍哥代爲都統而鞫治之斡魯古坐降謀克壬辰遼使耶律奴哥以國書來庚子以婁室言黃龍府地僻且遠宜重戍守乃命合諸路謀克以婁室爲萬戶鎮之四月辛巳遼使以國書來五月丙申命胡突衮如遼六月甲寅詔有司禁民淩虐典雇良人及倍取贖直者甲戌遼通祺雙遼等州八百餘戶來歸命分置諸部擇膏腴之地處之七月癸未詔曰匹里水路完顏术里古渤海大家奴等六謀克貧乏之民昔嘗給以官糧置之漁獵之地今歷日巳久不知登耗可具其數以聞胡突衮還自遼耶律奴哥復以國書來丙申胡突衮如遼遼戶二百來歸處之泰州詔遣阿里骨

李家奴特里底招諭未降者仍詔達魯古部勃董辭列凡降附新民善爲存撫來者各令從便安居給以官糧毋輒動擾八月胡突袞還自遼耶律奴哥突迭復以國書來九月戊子詔曰國書詔令宜選善屬文者爲之其令所在訪求博學雄才之士敦遣赴闕閏月庚戌朔以降將霍石韓慶和爲千戸九百奚部蕭寶乙辛北部訛里野漢人王六兒王伯龍契丹特末高從祐等各率衆來降遼耶律奴哥以國書來十月癸未以龍化州降者張應古劉仲良爲千戸乙未咸州都統司言漢人李孝功渤海二哥率衆來降命各以所部爲千戸十二月甲辰遣孛堇朮孛以定遼地諭高麗耶律奴哥以國書來遼懿州節度使劉宏以戸三千并執遼候人來降以爲千戸川州寇二萬已降復叛紇石烈照里擊破之

三年正月甲寅東京人爲質者永吉等五人結衆叛事覺誅其首惡餘皆杖百沒入在行家屬資產之半詔知東京事斡論繼有犯者並如之丙辰詔鼈古孛堇酬斡曰胡魯古迭八合二部來送款若等先時不無交惡自今毋相侵擾三月耶律奴哥以國書來四月丙子朔日有食之五月壬戌詔咸州路都統司曰兵興以前曷蘇館回怕里與係遼籍不係遼籍女直戸民有犯罪流竄邊境或亡入于遼者本皆吾民遠在異境朕甚憫之今既議和當行理索可明諭諸路千戸謀克徧與詢訪其官稱名氏地里具錄以上六月辛卯遼遣太傅習泥烈等奉冊璽來上摘冊文不合者數事復之散覩還自宋宋使馬政及其子宏來聘散覩受宋團練使上怒杖而奪之宋使還復遣孛堇辭列曷魯等如宋七月辛亥遼人楊詢卿羅子韋各率衆來降命各以所部爲謀克八月己丑頒女直字九月以遼冊禮使失期詔諸路軍過江屯駐十一月習泥列等復以國書來曷懶甸長城高麗增築三尺詔胡剌古習顯愼固營壘

四年二月辭列曷魯還自宋宋使趙良嗣王瞕來議燕京西京地三月甲辰上謂羣臣曰遼人屢敗遣使求成惟飾虛辭以爲緩師之計當議進討其令咸州路統軍司治軍旅修器械具數以聞辛酉詔咸州路都統司曰朕以遼國和議無成將以四月二十五日進師令斜葛留兵一千鎮守閣毋以餘兵來會于渾河遼習泥烈以國書來四月乙未上自將伐遼以遼使習泥烈宋使趙良嗣等從行五月甲辰次渾河西使宗雄先趨上京遣降者馬乙持詔諭城中壬子至上京詔官民曰遼主失道上下同怨朕興兵以來所過城邑負固不服者即攻拔之降者撫恤之汝等必聞之矣今爾國和好之事反覆見欺朕不欲天下生靈久

雅塗炭遂決策進討比遣宗雄等相繼招諭尚不聽從今若攻之則城破矣重以弔伐之義不欲殘民故開示明詔諭以禍福其審圖之上京人恃禦備儲蓄爲固守計甲寅亟命進攻上謂習泥烈趙良嗣等曰汝可觀吾用兵以卜去就上親臨城督將士諸軍鼓譟而進自旦及巳闍母以麾下先登克其外城留守撻不野以城降趙良嗣等奉觴爲壽皆稱萬歲是日赦上京官民詔諭遼副統余覩壬戌次沃黑河宗幹率羣臣諫曰地遠時暑軍馬罷乏若深入敵境糧餽乏絕恐有後艱上從之乃班師命分兵攻慶州余覩襲闍母於遼河完顏背荅烏塔等戰却之完顏特虎死焉七月癸卯上至自伐遼九月獨隈水部實里古達等殺孛堇酬斡僕忽得以叛十月戊辰朔日有食之戊寅命斡魯分胡剌古烏春之兵以討實里古達十一月東京留守司乞本京官民質子增數番代上不許曰諸質子已各受田廬若復番代則往來動搖可並仍舊十二月宋復使馬政來請西京之地

五年春正月斡魯敗實里古達於合撻剌山誅首惡四人餘悉撫定二月遣昱及宗雄分諸路猛安謀克之民萬戶屯泰州以婆盧火統之賜耕牛五十四月乙丑朔宗翰請伐遼詔諸路預戒軍事五月遼都統耶律余睹等詣咸州降閏月辛巳國論胡魯勃極烈撒改薨六月癸巳余覩與其將吏來見丙申千戶胡离荅坐擅署部人爲蒲里衍杖一百罷之庚子詔諳版勃極烈吳乞買貳國政以吳勃極烈斜也爲忽魯勃極烈蒲家奴爲吳勃極烈宗翰爲移賚勃極烈七月庚辰詔咸州都統司曰自余睹來灼見遼國事宜已決議親征其治軍以俟師期尋以連雨罷親征命吳勃極烈昱爲都統移賚勃極烈宗翰副之師而西十一月辛丑以忽魯勃極烈杲爲內外諸軍都統以昱宗翰宗幹宗望宗盤等副之甲辰詔曰遼政不綱人神共棄今欲中外一統故命汝率大軍以行討伐爾其慎重兵事擇用善謀賞罰必行糧餉必繼勿擾降服勿縱俘掠見可而進無淹師期事有從權毋須申稟戊申詔曰若克中京所得禮樂儀仗圖書文籍並先次津發赴闕

六年正月癸酉都統杲克高州回紇三城乙亥取中京遂下澤州二月庚寅朔日有食之己亥宗翰等敗遼奚王霞末于北安州降奚部西節度使訛里剌以本部降壬寅都統杲遣使來奏捷并獻所獲貨寶詔曰汝等提兵于外克副所任攻下城邑撫安人民朕甚嘉之所言分遣將士招降山前諸部計悉以撫定續遣來報山後若未可往即營田牧馬俟及秋成乃圖大舉更當熟議見可則行如欲益

兵具數來上不可恃一戰之勝輒有弛慢新降附者當善
撫存宣諭將士使知朕意宗翰駐北安遣希尹等略地獲
遼護衛耶律習泥烈知遼主獵鴛鴦濼以其子晉王賢而
有人望惡而殺之衆益離心雖有西北西南兩路兵馬皆
羸弱遂遣耨盌溫都等報都統杲進兵襲之三月都統杲
出青嶺宗翰出瓢嶺追遼主于鴛鴦濼遼主奔西京宗翰
復追至白水濼不及獲其貨寶己巳至西京壬申西京降
希尹追遼主于乙室部不及乙亥西京復叛是月遼秦晉
國王耶律捏里即位于燕四月辛卯復取西京壬辰遣徒
單吴甲高慶裔如宋戊戌都統杲自西京趨白水濼吴勃
極烈昱襲毗室部于鐵呂川爲敵所敗還會察剌兵追至
黃水北大破之耶律坦招徠西南諸部西至夏其招討使
耶律佛頂降金肅西平二郡漢軍四千餘人叛去耶律坦
等襲取之闍母婁室招降天德雲內寧邊東勝等州獲阿
疎而還是時山西城邑諸部雖降人心未固遼主保陰山
耶律捏里在燕京都統杲遣宗望入奏請上臨軍五月辛
酉宗望來奏捷百官入賀賜宴歡甚先是獲遼樞密使得
里底節度使和尚雅里斯余里野等都統杲使阿隣護送
赴闕得里底道亡阿隣坐誅耶律捏里遣使請罷兵戊寅
使楊勉以書諭捏里使之降謀葛失遣其子菹泥刮失貢

方物六月戊子朔上親征遼發自上京諳班勃極烈吴乞
買監國辛亥詔諭上京官民曰朕順天弔伐已定三京但
以遼主未獲兵不能已今者親征欲由上京路進恐撫定
新民驚疑失業已出自鴛密呂其先降後叛逃入險阻者
詔後出首悉免其罪若猶拒命孥戮無赦是月耶律捏里
卒斡魯婁室敗夏人於野谷七月甲子詔諸將無得遠迎
以廢軍務乙丑上京漢人毛八十率二千餘戶降因命領
之丙寅以斡荅剌招降者衆命領八千戶以忽薛副之壬
午希尹以阿踈見杖而釋之八月己丑次鴛鴦濼都統杲
率官屬來見癸巳上追遼主于大魚濼昱宗望追及遼主
于石輦鐸與戰敗之遼主遁己亥次居延北辛丑中京將
完顏渾黜敗契丹奚漢六萬于高州孛董麻吉死之得里
得滿部降昱宗望追遼主于烏里質鐸不及九月庚申次
草濼闍母平中京部族之先叛者及招撫沿海郡縣節度
使耶律慎思領諸部入內地乙丑詔六部奚曰汝等既降
復叛扇誘衆心罪在不赦尚以歸附日淺恐綏懷之道有
所未孚故復令招諭若能速降當釋其罪官皆仍舊歸化
州降戊辰次歸化州甲戌宗雄薨丁丑奉聖州降十月丙
戌朔次奉聖州詔曰朕屢勑將臣安輯懷附無或侵擾然
愚民無知尚多逃匿山林即欲加兵深所不忍今其逃散

人民罪無輕重咸與矜免有能率衆歸附者授之世官或奴婢先其主降並釋爲良其布告之使諭朕意蔚州降庚寅余覩等遣蔚州降臣翟昭彥徐興田慶來見命昭彥慶皆爲刺史與爲團練使詔曰比以幽薊一方招之不服今欲帥師以往故先安撫山西諸部波等既已懷服宜加撫存官民未附已前罪無輕重及係官逋負皆與釋免諸官各遷敘之丁酉蔚州翟昭彥田慶殺知州事蕭觀寧等以叛丙午復降十一月詔諭燕京官民王師所至降者赦其罪官皆仍舊十二月上伐燕京宗望率兵七千先之迪古乃出得勝口銀朮哥出居庸關婁室爲左翼婆盧火爲右

翼取居庸關丁亥次嬀州戊子次居庸關庚寅遼統軍都監高六等來送款上至燕京入自南門使銀朮哥婁室陣于城上乃次于城南遼知樞密院左企弓虞仲文樞密使曹勇義副使張彥忠參知政事康公弼僉書劉彥宗奉表降辛卯遼百官詣軍門叩頭請罪詔一切釋之壬辰上御德勝殿羣臣稱賀甲午命左企弓等撫定燕京諸州縣詔西京官吏曰乃者師至燕都已皆撫定唯蕭妃與官屬數人遁去已發兵追襲或至彼路可執以來黃龍府叛宗輔討平之

七年正月丁巳遼奚王回离保僭稱帝甲子遼平州節度使時立愛降詔曲赦平州又詔諳班勃極烈曰比遣昂徒諸部民人于嶺東而昂悖戾騷動煩擾致多怨叛其進命失衆當寘重典若或有疑禁錮以待庚午詔中京都統斡論曰聞卿撫定人民各安其業朕甚嘉之回离保聚徒逆命汝宜計畫無使滋蔓壬申詔招諭回离保癸酉以時立愛言招撫諸部己卯宋使來議燕京西京地庚辰宜錦乾顯成川豪懿等州皆降甲申詔曰諸州部族歸附日淺民心未寧今農事將興可遣分諭典兵之官無縱軍士動擾人民以廢農業二月乙酉朔命撒八詔諭興中府降之遼來州節度使田顥隰州刺史杜師回遷州刺史高永福潤

州刺史張成皆降壬辰詔諳版勃極烈曰郡縣今皆撫定有逃散未降者已釋其罪更宜招諭之前後起遷戶民去鄉未久豈無懷土之心可令所在有司深加存恤毋輒有騷動衣食不足者官賑貸之癸巳詔曰頃因兵事未息諸路關津絶其往來今天下一家若仍禁之非所以便民也自今顯咸東京等路往來聽從其便其間被虜及鬻身者並許自贖爲良仍令馳驛布告興中宜州復叛宋使趙良嗣來請加歲幣以代燕稅及議畫疆與遣使賀正旦生辰置榷場交易并計議西京等事癸卯銀朮哥鐸剌如宋乙巳詔都統杲曰新附之民有材能者可録用之戊申詔平

州官與宋使同分割所與燕京六州之地癸丑大赦是月改平州爲南京以張覺爲留守三月甲寅朔將誅昂以習不失諫杖之七十仍拘泰州戊午都統杲等言耶律麻拈余覩吳十鐸剌等謀叛宜早圖之上召余覩從容謂之曰朕得天下皆我君臣同心同德以成大功固非汝等之力今聞汝等謀叛若誠然耶必須鞍馬甲冑器械之屬當悉付汝朕不食言若再爲我擒無望免死欲留事朕無懷異志吾不汝疑余覩皆戰慄不能對命杖鐸剌七十餘並釋之宋使盧益趙良嗣馬宏以國書來四月丁亥遣斡魯宗望襲遼主于陰山壬辰復書于宋師初入燕遼兵復犯奉

聖州林牙大石壁龍門東二十五里都統斡魯聞之遣照立婁室馬和尚等率兵討之生獲大石悉降其衆癸巳詔曰自今軍事若皆中覆不無留滯應此路事務申都統司餘皆取決樞密院契丹九斤聚黨興中府作亂擒之九斤自殺命習古乃婆盧火監護長勝軍及燕京豪族工匠由松亭關徙之內地己亥次儒州斡魯宗望等襲遼權六院司喝离質于白水濼獲之其宗屬秦王許王等十五人降聞遼主留輜重青塚以兵萬人往應州遣照里背荅宗望婁室銀朮哥等追襲之宗望追及遼主決戰大敗之獲其子趙王習泥烈及傳國璽五月甲寅南京留守張覺據城

叛丙寅次野狐嶺己巳次落藜濼斡魯等以趙王習泥烈林牙大石駙馬乳奴等來獻并上所獲國璽宗雋以所俘遼主子秦王許王女奧野等來見奚路都統撻懶攻速古啜里鐵尼所部十三巖皆平之又遣奚馬和尚攻下品達魯古并五院司諸部執其節度乙列田离保爲其下所殺辛巳詔諭南京官民六月壬午朔次鴛鴦濼是日闍母敗張覺于營州丙申上不豫將還上京命移賚勃極烈宗翰爲都統昊勃極烈昱迭勃極烈斡魯副之駐兵雲中以備遼己酉次斡獨山驛召諳班勃極烈吳乞買七月辛酉次牛山宗翰還軍中八月辛巳朔日有食之乙未次渾河北

諳班勃極烈吳乞買率宗室百官上謁戊申上崩于部堵濼西行宮年五十六九月癸丑梓宮至上京乙卯葬宮城西南寧神殿丙辰諳班勃極烈即皇帝位天會三年三月上尊謚曰武元皇帝廟號太祖立原廟于西京天會十三年二月辛酉改葬和陵立開天啓祚睿德神功之碑于燕京城南嘗所駐蹕之地皇統四年改和陵曰睿陵五年十月增謚應乾興運昭德定功睿神莊孝仁明大聖武元皇帝貞元三年十一月改葬于大房山仍號睿陵

贊曰太祖英謨睿略豁達大度知人善任人樂爲用世祖陰有取遼之志是以兄弟相授傳及康宗遂及太祖臨終

以太祖屬穆宗其素志蓋如是也初定東京即除去遼法減省租稅用本國制度遼主播越宋納歲幣以幽薊武朔等州與宋而置南京于平州宋人終不能守燕代卒之遼主見獲宋主被執雖功成于天會間而規摹運爲實自此始金有天下百十有九年太祖數年之間筭無遺策兵無留行底定大業傳之子孫嗚呼雄哉

本紀第二

本紀第三　金史三

開府儀同三司上柱國錄軍國重事中書右丞相監修國史領經筵事都總裁臣脫脫等修

太宗

太宗體元應運世德昭功哲惠仁聖文烈皇帝諱晟本諱吳乞買世祖第四子母曰翼簡皇后拏懶氏太祖母弟也遼大康元年乙卯歲生初爲穆宗養子收國元年七月命爲諳班勃極烈太祖征伐常居守天輔五年賜詔曰汝惟朕之母弟義均一體是用汝貳我國政凡軍事違者閱實其罪從宜處之其餘事無大小一依本朝舊制天輔七年六月太祖次鴛鴦濼有疾至斡獨山驛召赴行在詔曰今遼主盡喪其師奔于夏國遼官特列遙設等刼其子雅里而立之已留宗翰等措畫朕親巡已久功亦大就所獲州部政須綏撫是用還都八月中旬可至春州汝率內戚迎我若至豹子崖尤善八月乙未會于渾河北戊申太祖崩九月乙卯葬太祖于宮城西國論勃極烈杲鄆王昂宗峻宗幹率宗親百官請正帝位不許固請亦不許宗幹率諸弟以赭袍被體寘璽懷中丙辰即皇帝位己未告祀天地丙寅大赦中外改天輔七年爲天會元年癸酉發春州粟賑降人之徙于上京者戊寅詔諸猛安賦米給戶口在內

地匱乏者南路軍帥闍母敗張覺于樓峯口十月壬辰詔
以空名宣頭百道給西南西北兩路都統宗翰曰今寄爾
以方面如當遷授必待奏請恐致稽滯其以便宜從事己
亥上京慶元寺僧獻佛骨却之闍母及張覺戰于兎耳山
闍母敗績十一月壬子命宗望問闍母罪以其兵討張覺
壬戌復以空名宣頭及銀牌給上京路軍帥實古迺婆盧
火等癸亥宗望以闍母軍發廣寧下瀕海諸郡縣詔諭南
京割武朔二州入于宋婁室破朔州西山擒其帥趙公直
勅董幹魯别及勃剌速破走乙室白答於歸化己巳徙遷
潤來隰四州之民于瀋州庚午宗望及張覺戰于南京東

大敗之張覺奔宋城中人執其父及二子以獻戮之軍中
壬申張忠嗣張敦固以南京降遣使與張敦固入諭城中
復殺其使者以叛己卯詔女直人先有附於遼今復虜獲
者悉從其所欲居而復之其奴婢部曲昔雖逃背今能復
歸者並聽爲民十二月辛巳蠲民間貸息詔以咸州以南
蘇復州以北年穀不登其應輸南京軍糧免之甲午詔曰
比聞民間乏食至有鬻其子者其聽以丁力等者贖之是
日以國論勃極烈杲爲諳班勃極烈宗幹爲國論勃極烈
遣勃董李靖如宋告哀
二年春正月庚戌朔以謾都訶爲阿捨勃極烈參議國政

壬子命賞宗望及將士克南京之功赦闍母罪甲寅以空
名宣頭五十銀牌十給宗望戊午詔孛菫完顏阿實賚曰
先帝以同姓之人有自鬻及典質其身者命官爲贖今聞
尚有未復者其悉閲贖之癸亥以東京比歲不登詔減田
租市租之半甲戌西南西北兩路都統宗翰宗望請勿割
山西郡縣與宋上曰是違先帝之命也其速與之夏國奉
表稱藩以下寨以北陰山以南乙室耶剌部吐禄濼西之
地與之丙子貽宋書索俘虜叛亡丁丑始自京師至南京
每五十里置驛二月詔有盜發遼諸陵者罪死庚寅詔命
給宗翰馬七百疋田種千石米七千石以賑新附之民丁

酉命徙移懶路都勃菫完顏忠于蘇濒水乙巳詔諭南京
官僚小大之事必關白軍帥無得專達朝廷丙午宗翰乞
濟師詔有司選精兵五千給之丁未命宗望凡南京留守
及諸闕員可選勲賢有人望者就注擬之具姓名官階以
聞三月己酉朔命宗望以宋歲幣銀絹分賜將士之有功
者庚戌叛人活孛帶降詔釋之宗望請選良吏招撫遷潤
來隰之民保山砦者從之己未宗望以南京反覆凡攻取
之計乞與知樞密院事劉彥宗裁決之劉公胄王永福棄
家踰城來降以公胄爲廣寧尹永福爲奉先軍節度使辛
未夏國王李乾順遣使上誓表閏月戊寅朔賜夏國誓詔

辛巳命置驛上京春泰之間己丑烏虎里迪烈底兩部來
降丙午既許割山西諸鎮與宋以宗翰言罷之是月斜野
襲遥輦昭古牙走之獲其妻孥群從及豪族勃堇渾啜等
破奚七巖而撫其民人四月己酉以宗翰經略西夏及破
遼功賜以十馬使自擇其二餘以分諸帥賑上京路西北
路降者及新徙嶺東之人戊午以實古迺所築上京新城
名會平州乙亥詔贖上京路新遷寧江州戶口賣身者六
百餘人宋遣使來弔喪以高朮僕古等充遺留國信使高
興輔劉興嗣等充告即位國信使如宋五月丁丑朔上京
軍帥實古迺以所獲印綬二十二及銀牌來上癸未詔曰

新降之民訴訟者衆今方農時或失田業可俟農隙聽決
丁亥婆速路猛安僕盧古以贓罷以謀克習泥烈代之乙
巳曷懶路軍帥完顏忽剌古等言往者歲捕海狗海東青
鴉鶻於高麗之境近以二舟往彼乃以戰艦十四要而擊
之盡殺二舟之人奪其兵仗上曰以小故起戰爭甚非所
宜今後非奉命毋輒往闍母克南京殺都統張敦固七月
壬午皇子宗峻薨丙戌禁外方使介冗從多者壬辰鶻實
答言高麗納吾叛亡增其邊備必有異圖詔曰納我叛亡
而弗歸其曲在彼凡有通問毋違常式或來侵略整爾行
列與之從事敢先犯彼雖捷必罰乙未以烏虎部及諸營

叛以𡵂勃極烈昱等討平之八月乙巳朔以孛堇烏爪乃
等爲賀宋生辰使丁巳撒离改部猛安雛思以贓罷以奚
金家奴代之六部都統撻懶擊走昭古牙殺其隊將曷魯
燥白撒曷等又破降駱駝山金源興中諸軍詔增給銀牌
十十月甲辰朔夏國遣使謝誓詔戊午天清節宋夏遣使
來賀甲子詔發寧江州粟賑泰州民被秋潦者遥輦昭古
牙率衆來降興中府降丙寅詔有司運米五萬石于廣寧
以給南京潤州戍卒命南路軍帥闍母以甲士千人益合
蘇館路孛堇完顏阿實賚以備高麗戊辰西南西北兩路
權都統斡魯言遼詳穩撻不野來奔言耶律大石自稱爲

王置南北官屬有戰馬萬疋遼主從者不過四千戶有步
騎萬餘欲趨天德駐余都谷詔曰追襲遼主必酌事宜其
討大石則俟報下十一月癸未闍母下宜州拔杈枒山殺
節度使韓慶民癸卯詔以米五萬石給撻懶實古迺十二
月戊申以孛堇高居慶等爲賀宋正旦使
三年正月癸酉朔宋夏遣使來賀戊子同知宣徽院事韓
資正加尚書左僕射爲諸宮都部署乙未夏國遣使奠贈
及賀即位宋遣使賀即位二月壬戌婁室獲遼主于余睹
谷丁卯以厖葛城地分授所徙烏虎里迪烈二部及契丹
民三月乙亥阿捨勃極烈謾都訶薨丙子賑奚契丹新附

之民辛巳建乾元殿斡魯獻傳國寶以謀葛失来附請授
印綬是日賜完顏婁室鐵券四月壬寅朔詔以遼主赴京
師丁巳南路軍帥察剌以罪罷五月己丑蕭八斤獲遼玉
寶来獻六月庚申以獲遼主遣李用和等充告慶使如宋
七月壬申禁内外官宗室毋私役百姓己卯南京帥以錦
州野蠶成繭奉其絲綿来獻命賞其長吏詔權勢之家毋
買貧民爲奴其脅買者一人償十五人詐買者一人償二
人皆杖一百甲申詔南京括官豪牧馬以等第取之分給
諸軍以耶律固等爲宋報謝使八月癸卯斡魯以遼主至
京師甲辰告于太祖廟丙午遼主延禧入見降封海濱王

壬子詔有司揀閱善射勇健之士以備宋九月壬午廣寧
府獻嘉禾癸巳保州路都孛堇加古撒曷有罪伏誅以孛
堇徒單烏烈代之十月甲辰詔諸將伐宋以諳班勃極烈
杲兼領都元帥移賚勃極烈宗翰兼左副元帥先鋒經略
使完顏希尹爲元帥右監軍左金吾上將軍耶律余睹爲
元帥右都監自西京入太原六部路軍帥撻懶爲六部路
都統斜也副之宗望爲南京路都統闍母副之知樞密院
事劉彦宗兼領漢軍都統自南京入燕山詔建太祖廟于
西京召耶魯赴京師教授女直字戊申有司言權南路軍
帥鶻實荅官吏貪縱詔鞫之壬子天清節宋夏遣使来賀

丁巳以闍母爲南京路都統埽喝副之宗望爲闍母劉彦
宗兩軍監戰壬戌詔曰今大有年無儲蓄則何以備饑饉
其令牛一具賦粟一石每謀克爲一廩貯之宋易州戍將
韓民毅以軍降處之蔚州十一月庚辰以降封遼主爲海
濱王詔中外辛卯南路軍帥司請禁契丹奚漢人挾兵器
詔勿禁以張忠嗣權簽南京中書樞密院事十二月庚子
宗翰下朔州甲辰宗望諸軍及宋郭藥師張企徽劉舜仁
戰於白河大破之蒲莧敗宋兵于古北口丙午郭藥師降
燕山州縣悉平戊申宗翰克代州乙卯中山降丙辰宗望
破宋兵五千于真定戊午宗翰圍太原耶律余睹破宋河

東陝西援兵于汾河北甲子宗望克信德府
四年春正月丁卯朔始朝日降臣郭藥師董才皆賜姓完
顏氏戊辰宗弼取湯陰大㚖攻下濬州迪古補取黎陽己
巳諸軍渡河庚午取滑州宗望使吳孝民等入汴問宋取
首謀平山童貫譚稹詹度及張覺等宋太上皇帝出奔癸
酉諸軍圍汴甲戌宋使李棁来謝罪且請修好宗望許宋
修好約質割三鎮地增歲幣載書稱伯姪戊寅宋以康王
構少宰張邦昌爲質辛巳宋上誓書地圖稱姪大宋皇帝
伯大金皇帝癸未諸軍解圍二月丁酉朔夜宋將姚平仲
兵四十萬来襲宗望營敗之己亥復進師圍汴宋使宇文

盧中以書來改以肅王樞爲質遣康王構歸師還壬子以
滑濬二州與宋宗翰定威勝軍攻下隆德府丁巳次澤州
海濱王家奴誣其主欲亡去詔誅其首惡餘並杖之三月
癸未銀朮可圍太原宗翰還西京四月癸卯宗望使宗弼
來奏捷乙丑耿守忠等大敗宋兵于西都谷五月辛未宋
种師中以兵出井陘癸酉完顏活女敗之于殺熊嶺斬師
中於陣是日拔离速敗宋姚古軍於隆州谷六月丙申朔
高麗國王王楷奉表稱藩庚戌宗望獻所獲三象庚申以
宗望爲右副元帥七月丙寅遣高伯淑等宣諭高麗壬申
出金牌命孛堇大臬以所領勃海軍八猛安爲萬戶戊子

以鐵勒部長奪离剌不從其兄雙里本叛賜馬十一豕百
錢五百萬蕭仲恭使宋還以所持宋帝與耶律余睹蠟書
自陳八月庚子詔左副元帥宗翰右副元帥宗望伐宋宋
張灝率兵出汾州拔离速擊走之劉臻以兵出壽陽婁室
破之庚戌宗翰發西京辛亥婁室等破宋張灝軍于文水
癸丑宗望發保州是日耶律鐸破宋兵于雄州那野等敗
宋兵于中山甲寅新城縣進白烏庚申突撚取新樂九月
丙寅宗翰克太原執經略使張孝純鶻沙虎取平遙靈石
孝義介休諸縣己巳復以南京爲平州辛未宗望破宋种
師閔軍於井陘取天威軍克真定殺其守李邈十月婁室

克汾州石州降蕭察克平定軍遼州降丁未天清節高麗
夏遣使來賀中京進嘉禾十一月甲子宗翰自太原趨汴
丙寅宗望自真定趨汴戊辰宗翰下威勝軍癸酉撒剌荅
破天井關乙亥宗翰克隆德府活女渡盟津西京永安軍
鄭州皆降庚辰宗翰克澤州宗望諸軍渡河臨河大名二
縣德清軍開德府皆下丙戌克懷州是日宗望至汴閏月
壬辰朔宋出兵拒戰宗望等擊敗之癸巳宗翰至汴丙辰
克汴城庚申以高隨充高麗生日使辛酉宋主桓出居青
城十二月癸亥宋主桓降是日歸于汴城庚辰詔曰朕惟
國家四境雖遠而兵革未息田野雖廣而畎畝未闢百工

略備而祿秩未均方貢僅修而賓館未贍是皆出乎民力
苟不務本業而抑游手欲上下皆足其可得乎其令所在
長吏敦勸農功

五年正月辛卯朔高麗夏遣使來賀癸巳宗翰宗望使使
以宋降表來上乙未知樞密院事劉彥宗上表請復立趙
氏不聽丁巳回鶻喝里可汗遣使入貢二月丙寅詔降宋
二帝爲庶人三月丁酉立宋少宰張邦昌爲大楚皇帝割
地賜夏國四月乙酉克陝府取虢州丙戌以六部路都統
撻懶爲元帥左監軍南京路都統闍母爲元帥左都監宗
翰宗望以宋二帝歸己丑詔曰合蘇館諸部與新附人民

其在降附之後同姓爲婚者離之五月庚寅朔宋康王構
即位於歸德宋殺張邦昌婁室降解絳慈隰石河中晉嵐
寧化保德火山諸城撻懶徇地山東下密州迪虎下單州
廣信軍降六月庚申詔曰自河之北今既分畫重念其民
或見城邑有被殘者不無疑懼遂命堅守若即討伐生靈
可愍其申諭以理招輯安全之儻執不移自當致討若諸
軍敢利於俘掠輒肆蕩毀者厎于罰庚辰右副元帥宗望
薨漢國王宗傑繼薨七月甲午賜宗翰券書除反逆外咸
貰勿論以石州戍將烏虎棄城喪師杖之削其官八月戊
寅以宋捷遣耶律居謹等充宣慶使使高麗丙戌以宗輔

爲右副元帥詔曰河北河東郡縣職員多闕宜開貢舉取
士以安新民其南北進士各以所業試之九月丁未詔曰
內地諸路每耕牛一具賦粟五斗以備歉歲辛亥賜元帥
右監軍完顏希尹萬戶銀朮可券書除赦所不原餘並勿
論闍母取河間大敗宋兵于莫州雄州降撻懶克祁州永
寧軍保州順安軍皆降冬十月丁卯沙州回鶻活剌散可
汗遣使入貢辛未天清節高麗夏遣使來賀宋二帝自燕
徙居于中京十二月丙寅右副元帥宗輔伐宋徇地淄青
烏林荅泰欲敗宋將李成于淄州趙州降阿里刮徇地濬
州敗敵兵遂取滑州乙亥西南路都統斡魯薨己卯賽里

下汝州
六年正月丙戌朔高麗夏遣使來賀宗弼破宋鄭宗孟軍
于青州銀朮可取鄧州薩謀魯入襄陽拔离速入均州馬
五取房州癸巳克青州癸卯闍母克濰州丁未迪古補敗
宋將趙子昉兵撒离喝敗宋兵于河上甲寅宋將馬括兵
次樂安宗輔擊敗之聞宋主在維揚以農時還師宗弼敗
宋兵于河上二月乙卯朔拔离速取唐州癸亥取蔡州己
巳移剌古敗宋將臺宗雋等兵于大名庚午再破其軍獲
臺宗雋及宋忠甲戌拔离速取陳州癸未克潁昌府鄭州
叛入于宋復取鄭州遷洛陽襄陽潁昌汝鄭均房唐鄧陳

蔡之民于河北宗翰復遣婁室攻下同華京兆鳳翔擒宋
經制使傅亮阿鄰破河中斡魯入馮翊三月壬辰命南路
軍帥實古迺籍節度使完顏慎思所領諸部及未置猛安
謀克戶來上己酉撻懶下恩州五月戊戌移沙土古思以
本部來附六月己未詔求祖宗遺事撻懶遣兵徇下磁州
信德府真定賊自稱元帥秦王撒离喝討平之七月乙巳
宋主遣使奉表請和詔進兵伐之以宋二庶人赴上京八
月乙卯婁室敗宋兵于華州訛特剌破敵于渭水遂取下
邽丁丑以宋二庶人素服見太祖廟遂入見于乾元殿封
其父昏德公子重昏侯是日告于太祖廟以州郡職員名

穊及俸給因革詔中外九月辛丑繩果等敗宋兵于蒲城
甲申又破敵於同州乙丑取丹州十月丙寅天清節高麗
夏遣使來賀癸酉知樞密院事劉彦宗薨丁丑蒲察婁室
敗宋兵于臨真戊寅徙昏德公重昏侯于韓州庚辰宗翰
宗輔會于濮伐宋十一月庚寅蒲察婁室取延安府壬辰
賑移懶路乙未取濮州綏德軍降婁室再攻晉寧軍其守
徐徽言固守不能克十二月丙辰宗弼取開德府丁卯宗
輔克大名府鶻沙虎敗宋兵于鞏
七年正月庚辰朔高麗夏遣使來賀辛巳吳國王闍母薨
甲午以南京留守韓企先同中書門下平章事知樞密院

事二月戊辰宋麟府路安撫使折可求以麟府豐三州降
己巳婁室塞里鶻沙虎等破晉寧軍其守徐徽言據子城
拒戰庚午率衆潰圍走擒之使之拜不拜臨之以兵不動
命降將折可求諭之降指可求大罵出不遜語遂殺之其
統制孫昂及士卒皆不屈盡殺之甲戌詔禁醫巫閭山遼
代山陵樵採三月己卯朔日中有黑子壬寅詔軍興以來
良人被略爲驅者聽其父母夫妻子贖之尚書左僕射高
貞罷四月蒲察婁室取鄜坊二州五月乙卯拔离速等襲
宋主于揚州九月丙午朔日有食之庚午宗弼敗宋兵于
睢陽辛未降其城是月曹州降十月丙子朔京兆府降丁

丑鞏州降庚寅天清節高麗夏遣使來賀丁酉阿里當海
大臭破敵于壽春己亥安撫使馬世元以城降甲辰廬州
降十一月庚戌徙曷蘇館都統司治寧州乙卯高麗遣使
來貢丙辰宗弼取和州壬戌宗弼渡江敗宋副元帥杜充
軍于江寧丁卯守臣陳邦光以城降十二月丙戌宗弼取
湖州丁亥克杭州阿里蒲盧渾追宋主于明州越州降大
臭敗宋樞密使周望于秀州又敗宋兵于杭州東北戊戌
阿里蒲盧渾敗宋兵于東關遂濟曹娥江壬寅敗宋兵于
高橋宋主入于海
八年正月甲辰朔高麗夏遣使來賀丁巳以同中書門下

平章事韓企先爲尚書左僕射兼侍中己未阿里蒲盧渾
克明州執其守臣趙伯諤庚申詔曰避役之民以微直鬻
身權貴之家者悉出還本貫阿魯補斜里也下太平順昌
及濠州是月宋副元帥杜充以其衆降二月乙亥宗弼還
自杭州庚寅取秀州戊戌取平江汴京亂三月丁卯大迪
里復取之宗弼及宋韓世忠戰于鎮江不利四月丙申復
戰于江寧敗之諸軍渡江是日阿魯補戰于拓皐己亥周
企戰于壽春辛丑婁室戰于淳化皆勝之醴州降遂克邠
州五月癸卯禁私度僧尼及繼父繼母之男女無相嫁娶
戊申詔曰河北河東簽軍其家屬流寓河南被俘掠爲奴

婢者官爲贖之俾復其業六月壬申詔遣遼統軍使耶律
曷禮質節度使蕭別离剌等十人分治新附州鎮癸酉詔
以昏德公六女爲宗婦七月辛亥詔給泰州都統婆盧火
所部諸謀克甲冑各五十先遣婁室經略陝西所下城邑
叛服不常其監戰阿盧補請益兵帥府會諸將議曰兵威
非不足綏懷之道有所未盡誠得位望隆重恩威兼濟者
以往可指日而定若以皇子右副元帥宗輔往爲宜以聞
詔曰婁室往者所向輒克今使專征陝西淹延未定豈倦
于兵而自愛耶關陝重地卿等其戮力焉丁卯上如東京
溫湯徙昏德公重昏侯于鶻里改路九月戊申立劉豫爲

大齊皇帝世修子禮都大名府辛酉諳班勃極烈都元帥
杲薨癸亥宗輔等敗宋張浚軍于富平耀州降乙丑鳳翔
府降十月乙亥上至自東京齊帝劉豫遣使謝封冊甲申
天清節齊高麗夏遣使來賀以鐵驪突离剌同中書門下
平章事詔遼宋官上本國誥命等第換授十一月甲辰宗
輔下涇州丁未渭州降敗宋劉倪軍于瓦亭戊申原州降
宋涇原路統制張中孚知鎮戎軍李彥琦以衆降馬五等
擊宋吳玠軍于隴州庚戌以遥鎮節度使烏克壽等爲齊
劉豫生日使癸亥宗輔以陝西事狀聞詔獎諭之十二月
丁丑完顏婁室薨乙酉宗輔敗宋劉維輔軍壬辰熈州降

九年正月己亥朔齊高麗夏遣使來賀戊申命以徒門水
以西渾疃星顯僕蠢三水以北閑田給曷懶路諸謀克辛
亥蒲察鶻拔魯完顏忒里討張萬敵于白馬湖陷于敵癸
丑以同中書門下平章事時立愛爲侍中知樞密院張忠
嗣爲宣政殿大學士知三司使事宗弼阿盧補撫定鞏洮
河樂西寧蘭廓積石等州涇原熈河兩路皆平四月己卯
詔新徙戍邊戶匱于衣食有典質其親屬奴婢者官爲贖
之戶計其口而有二三者以官奴婢益之使戶爲四口又
乏耕牛者給以官牛別委官勸督田作戍戶及邊軍資糧
不繼糴粟于民而與賑卹其續遷戍戶在中路者姑止之

即其地種藝俟畢穫而行及來春農時以至戍所五月丙
午分遣使者諸路勸農六月壬辰賜昏德公重昏侯時服
各兩襲八月辛巳回鶻隈欲遣使來貢九月己酉和州回
鶻執耶律大石之黨撒八迪里突迭來獻十月戊寅天清
節齊高麗夏遣使來賀撒离喝攻下慶陽慕洧以環州降
宗弼與宋吳玠戰于和尚原敗績十一月己未遷趙氏踈
屬于上京以陝西地賜齊
十年正月癸巳朔齊高麗夏遣使來賀己酉齊表謝賜地
壬子詔曰昔遼人分士庶之族賦役皆有等差其悉均之
二月庚午賑上京路戍邊猛安民四月丁卯詔諸良人知

情嫁奴者聽如故爲妻其不知而嫁者去住悉從所欲移賚勃極烈左副元帥宗翰朝京師庚午以太祖孫亶爲諳班勃極烈皇子宗磐爲國論忽魯勃極烈國論勃極烈宗幹爲國論左勃極烈移賚勃極烈左副元帥宗翰爲國論右勃極烈兼都元帥右副元帥宗輔爲左副元帥庚寅聞鴨渌混同江暴漲命賑徙戍邊戶在混同江者閏月辛卯詔分遣鶻沙虎等十三人閲諸路丁壯調赴軍七月甲午賑泰州路戍邊戶上如中京九月元帥右都監耶律余睹謀反出奔其黨燕京統軍使蕭高六伏誅蔚州節度使蕭特謀葛自殺十月壬寅天清節大赦齊高麗夏遣使來賀

上如興中府齊使使來告母喪十一月癸亥以武良謨爲齊弔祭使癸未撒离喝請取劍外十三州從之部族節度使土古廝捕斬余睹及其諸子函其首來獻十二月庚子撒离喝克金州上至自興中府

十一年正月丁巳朔齊高麗夏遣使來賀丁卯撒离喝敗吳玠于饒峰關戊辰取洋州甲戌入興元府二月己亥元帥府言承詔賑軍士臣恐有司錢幣將不繼請自元帥以下有祿者出錢助給之詔曰官有府庫而取於臣下此何理耶其悉從官給八月甲申黃龍府置錢帛司戊子趙欔誣告其父昏德公謀反欔及其壻劉文彥伏誅戊戌詔曰比以軍旅未定嘗命帥府自擇人授官今並從朝廷選注十月丙申天清節齊高麗夏遣使來賀十一月丙寅賑移懶路宗弼克和尚原十二月癸未賑曷懶路

十二年正月辛亥朔齊高麗夏遣使來賀甲子初改定制度詔中外丙寅如東京二月丁酉撒离喝敗宋吳玠軍于固鎮四月至自東京六月甲午以阿盧補爲元帥右都監

十月庚寅天清節齊高麗夏遣使來賀

十三年正月丙午朔日有食之己巳上崩于明德宮年六十一庚午諳班勃極烈即皇帝位于柩前三月庚辰上尊謚曰文烈皇帝廟號太宗乙酉葬和陵皇統四年改號恭

陵五年增上尊謚曰體元應運世德昭功哲惠仁聖文烈皇帝貞元三年十一月戊申改葬于大房山仍號恭陵

贊曰天輔草創未遑禮樂之事太宗以斜也宗幹知國政以宗翰宗望總戎事既滅遼舉宋即議禮制度治曆明時纘以武功述以文事經國規摹至是始定在位十三年宮室苑籞無所增益末聽大臣計傳位熙宗使太祖世嗣不失正緒可謂行其所甚難矣

金史卷三

本紀第四　　金史四

開府儀同三司上柱國錄軍國重事前中書右丞相監修國史領經筵事都總裁臣脫脫奉

勅修

熙宗

熙宗弘基纘武莊靖孝成皇帝諱亶本諱合剌太祖孫景
宣皇帝子母蒲察氏天輔三年己亥歲生天會八年諳班
勃極烈杲薨太宗意久未決十年左副元帥宗翰右副元
帥宗輔左監軍完顏希尹入朝與宗幹議曰諳班勃極烈
虛位已久今不早定恐授非其人合剌先帝嫡孫當立相
與請於太宗者再三廼從之四月庚午詔曰爾為太祖之

嫡孫故命爾為諳班勃極烈其無自謂冲幼狎于童戲惟
敬厥德諳班勃極烈者太宗嘗居是官及登大位以命弟
杲杲薨帝定議為儲嗣故以是命焉十三年正月己巳太
宗崩庚午即皇帝位甲戌詔中外詔公私禁酒癸酉遣使
告哀于齊高麗夏及報即位仍詔齊自今稱臣勿稱子二
月乙巳追謚太祖后唐括氏曰聖穆皇后裴滿氏曰光懿
皇后追冊太祖妃僕散氏曰德妃烏古論氏曰賢妃辛酉
改葬太祖于和陵三月己卯齊高麗使來弔祭庚辰謚大
行皇帝曰文烈廟號太宗乙酉葬太宗于和陵甲午以國
論右勃極烈都元帥宗翰為太保領三省事封晉國王戊

戌詔諸國使賜宴不舉樂四月戊午齊高麗遣使賀即位
丙寅昏德公趙佶薨遣使致祭及賻贈是月甘露降于熊
岳縣五月甲申左副元帥宗輔薨九月壬申追尊皇考豐
王爲景宣皇帝廟號徽宗皇妣蒲察氏爲惠昭皇后戊寅
尊太祖后紇石烈氏太宗后唐括氏皆爲太皇太后詔中
外乙酉改葬徽宗及惠昭后于興陵十一月以尚書令宋
國王宗磐爲太師乙亥初頒曆己卯以元帥左監軍完顏
希尹爲尚書左丞相兼侍中太子少保高慶裔爲左丞平
陽尹蕭慶爲右丞己丑建天開殿于爻剌十二月癸亥始
定齊高麗夏朝賀賜宴朝辭儀以京西鹿囿賜農民十四

年正月己巳朔上朝太皇太后于兩宮齊高麗夏遣使來
賀癸酉頒曆于高麗丁丑太皇太后紇石烈氏崩乙酉萬
壽節齊高麗夏遣使來賀上本七月七日生以同皇考忌
日改用正月十七日二月癸卯上尊謚曰欽獻皇后葬睿
陵三月壬午以太保宗翰太師宗磐太傅宗幹並領三省
事丁酉高麗遣使來弔八月丙辰追尊九代祖以下曰皇
帝皇后定始祖景祖世祖太祖太宗廟皆不祧癸亥詔齊
國與本朝軍民訴訟相關者文移署年止用天會十月甲
寅以吳激爲高麗王生日使蕭仲恭爲齊劉豫回謝并生
日正旦使十五年正月癸亥朔上朝太皇太后于明德宮

齊高麗夏遣使來賀初用大明曆己卯萬壽節齊高麗夏遣使來賀六月庚戌尚書左丞高慶裔轉運使劉思有罪伏誅七月辛巳太保領三省事晋國王宗翰薨丙戌夜京師地震封皇叔宗雋宗固叔祖暈皆爲王丁亥汰兵興濫爵十月乙卯以元帥左監軍撻懶爲左副元帥封魯國王宗弼右副元帥封瀋王知樞密院事兼侍中時立愛致仕十一月丙午廢齊國降封劉豫爲蜀王詔中外置行臺尚書省于汴十二月戊辰劉豫上表謝封爵癸未詔改明年爲天眷元年大赦命韓昉耶律紹文等編修國史以𣈆爲尚書左丞同中書門下平章事徙蜀王劉豫臨潢府

天眷元年正月戊子朔上朝明德宮高麗夏遣使來賀頒女直小字封大司空昱爲王甲辰萬壽節高麗夏遣使來賀二月壬戌上如爻剌春水乙丑幸天開殿己巳詔罷來流水混同江護邏地與民耕牧三月庚寅以禁苑隙地分給百姓戊申以韓昉爲翰林學士四月丁卯命少府監盧彥倫營建宮室止從儉素壬午朝享于天元殿立裴滿氏爲貴妃五月己亥詔以經義詞賦兩科取士六月戊午上至自天開殿秋七月辛卯左副元帥撻懶東京留守宗雋來朝丁酉按出滸河溢壞廬舍民多溺死壬寅左丞相希尹罷八月甲寅朔頒行官制癸亥回鶻遣使朝貢己卯以河南地與宋以右司侍郎張通古等使江南以京師爲上京府曰會寧舊上京爲北京九月甲申朔以奭爲會寧牧封鄧王乙未詔百官誥命女直契丹漢人各用本字渤海同漢人丁酉改燕京樞密院爲行臺尚書省戊戌上朝明德宮甲辰以奕爲平章政事己酉省燕中西三京平州東西等路州縣辛亥權行臺左丞相張孝純致仕十月甲寅朔以御前管勾契丹文字李德固爲參知政事丙寅封叔宗強爲紀王宗敏邢王太宗子斛魯補等十三人爲王己巳始禁親王以下佩刀入宮辛未定封國制癸酉以東京留守宗雋爲尚書左丞相兼侍中封陳王十一月丙辰以

康宗以上畫像工畢奠獻于乾元殿十二月癸亥新宮成甲戌高麗遣使入貢丁丑立貴妃裴滿氏爲皇后

二年正月壬午朔高麗夏遣使來賀戊戌萬壽節高麗夏遣使來賀以左丞相宗雋爲太保領三省事進封兖國王興中尹完顏希尹復爲尚書左丞相兼侍中二月乙未上如天開殿三月丙辰命百官詳定儀制四月甲戌百官朝參初用朝服己卯宋遣使謝河南地五月戊子太白晝見乙巳上至自天開殿六月己酉朔初御冠服辛亥吳十謀反伏誅己未上從容謂侍臣曰朕每閱貞觀政要見其君臣議論大可規法翰林學士韓昉對曰皆由太宗溫顏訪

問房杜輩竭忠盡誠其書雖簡足以爲法上曰太宗固一代賢君明皇何如昉曰唐自太宗以來惟明皇憲宗可數明皇所謂有始而無終者初以艱危得位用姚崇宋璟惟正是行故能成開元之治末年怠于萬機委政李林甫姦諛是用以致天寶之亂苟能慎終如始則貞觀之風不難追矣上稱善又曰周成王何如主昉對曰古之賢君上曰成王雖賢亦周公輔佐之力後世疑周公殺其兄以朕觀之爲社稷大計亦不當非也七月辛巳宋國王宗磐兗國王宗雋謀反伏誅丙戌以右副元帥宗弼爲都元帥進封越國王丁亥以誅宗磐等詔中外己丑以左副元帥撻懶爲行臺左丞相杜充爲行臺右丞相蕭寶耶律暉行臺平章政事甲午咸州詳穩沂王暈坐與宗磐謀反伏誅辛丑以太傅領三省事宗幹爲太師領三省如故進封梁宋國王八月辛亥行臺左丞相撻懶翼王鶻懶及活離胡土撻懶子斡帶烏達補謀反伏誅丁丑太白晝見九月戊寅朔降封太宗諸子大司空昱罷丙申初居新宮立太祖原廟于慶元宮壬寅宋遣王倫等乞歸父喪及母韋氏等拘倫不遣以温都思忠諸路廉問十月癸酉夏國使來告喪十二月豫國公昱薨

三年正月丁丑朔高麗夏遣使來賀癸巳萬壽節高麗夏

遣使來賀以都元帥宗弼領行臺尚書省事四月乙巳朔温都思忠廉問諸路得廉吏杜遵晦以下百二十四人各進一階貪吏張軫以下二十一人皆罷之癸丑蜀國公完顏銀术哥薨丁卯上如燕京五月丙子詔元帥府復取河南陝西地己卯詔冊李仁孝爲夏國王命都元帥宗弼以兵自黎陽趨汴右監軍撒離合出河中趨陝西是月河南平六月陝西平上次涼陘大旱使蕭彥讓田瑴決西京囚秋七月癸卯朔日有食之乙卯宗弼遣使奏河南陝西捷丁卯詔文武官五品以上致仕給俸祿之半職三品者仍給傔人八月辛巳招撫諭陝西五路壬午初定公主郡縣主及駙馬官品九月壬寅朔宗弼來朝戊申上至燕京己酉親饗太祖廟庚申宗弼還軍中夏國遣使謝賻贈癸亥殺左丞相完顏希尹右丞相蕭慶及希尹子昭武大將軍把搭符寶郎漫帶戊辰夏國遣使謝封冊十一月癸丑以孔子四十九代孫璠襲封衍聖公癸亥以都點檢蕭仲恭爲尚書右丞前西京留守昂爲平章政事甲子行臺尚書右丞相杜充薨十二月乙亥都元帥宗弼上言宋將岳飛張俊韓世忠率衆渡江詔命擊之丁丑地震己亥以元帥左監軍阿離補爲左副元帥右監軍撒離合爲右副元帥

皇統元年正月辛丑朔高麗夏遣使來賀庚戌群臣上尊

號曰崇天體道欽明文武聖德皇帝初御袞冕癸丑謝太廟大赦改元丁巳萬壽節高麗夏遣使來賀己未初定命婦封號夏國請置榷場許之己巳封平章政事昂爲漆水郡王二月戊寅詔諸致仕官職俱至三品者俸祿人力各給其半宗弼克廬州乙酉改封海濱王耶律延禧爲豫王昏德公趙佶爲天水郡王重昏侯趙桓爲天水郡公戊午上親祭孔子廟北面再拜退謂侍臣曰朕幼年游佚不知志學歲月逾邁深以爲悔孔子雖無位其道可尊使萬世景仰大凡爲善不可不勉自是頗讀尚書論語及五代遼史諸書或以夜繼焉己未上宴羣臣于瑶池殿適宗弼遣

使奏捷侍臣多進詩稱賀帝覽之曰太平之世當尚文物自古致治皆由是也四月丙子以濟南尹韓昉參知政事辛巳宗弼請伐江南從之五月己酉太師領三省事梁宋國王宗幹薨庚戌上親臨日官奏戌亥不宜哭泣上曰君臣之義骨肉之親豈可避之遂哭之慟命輟朝七日六月甲戌詔都元帥宗弼與宰執同入奏事庚寅行臺平章政事耶律暉致仕壬辰有司請舉樂上以宗幹新喪不允甲午紀王宗強薨上親臨輟朝如宗幹喪七月癸卯以景宣皇帝忌辰命尚食徹肉丙午以宗弼爲尚書左丞相兼侍中都元帥領行臺如故己酉宗弼還軍中辛亥參知政事耶律讓罷九月戊申上至自燕京朝太皇太后于明德宮詔賜鰥寡孤獨不能自存者人絹二疋絮三斤是秋蝗都元帥宗弼伐宋渡淮以書讓宋宋復書乞罷兵宗弼以便宜畫淮爲界十一月己酉高麗國賀受尊號稽古殿火十二月癸巳夏國賀受尊號天水郡公趙桓乞本品俸詔賙濟之左丞勗進先朝實錄三卷上焚香立受之

二年正月乙未朔高麗夏遣使來賀己亥上獵于來流河乙巳命伐高麗丁未上至自來流河辛亥萬壽節高麗夏遣使來賀壬子衍聖公孔璠薨子拯襲二月丁卯上如天開殿甲戌賑熙河路戊子皇子濟安生辛卯宋使曹勛來

許歲幣銀絹二十五萬兩匹畫淮爲界世世子孫永守誓言改封蜀王劉豫爲曹王壬辰以皇子生赦中外三月辛丑還自天開殿大雪丙午以宗弼爲太傅丙辰遣左宣徽使劉筈以袞冕圭冊冊宋康王爲帝歸宋帝母韋氏及故妻邢氏天水郡王并妻鄭氏喪于江南戊午立子濟安爲皇太子丙寅以臣宋告中外庚午五雲樓重明等殿成五月癸巳朔不視朝上自去年荒于酒與近臣飲或繼以夜宰相入諫輒飲以酒曰知卿等意今既飲矣明日當戒因復飲乙卯賜宋誓詔辛酉宴群臣於五雲樓皆盡醉而罷七月甲午田鶻遣使來貢北京廣寧府蝗丁酉賜宗弼金

券八月丁卯詔歸朱弁張邵洪皓于宋辛未復太宗子胡盧爲王賑陝西九月壬辰詔給天水郡王子姪壻天水郡公子俸給十一月甲寅平章政事溱水郡王昂薨追封鄆王十二月乙丑高麗王遣使謝封冊庚午宋遣使謝歸三喪及母韋氏壬申上獵于核耶呆米路癸未還宮甲申皇太子濟安薨

三年正月己丑朔以皇太子喪不御正殿群臣詣便殿稱賀宋高麗夏使詣皇極殿遙賀乙巳萬壽節如正旦儀三月辛卯以尚書左丞勗爲平章政事殿前都點檢宗憲爲尚書左丞丁酉太皇太后唐括氏崩己酉封子道濟爲魏

王五月丁巳朔京兆進瑞麥癸亥上致祭太皇太后甲申初立太廟社稷六月己酉初置驍毅軍七月丙寅上致祭太皇太后庚辰太原路進獬豸并瑞麥八月辛卯詔給天水郡王孫及天水郡公壻俸祿丙申老人星見乙巳謚太皇太后曰欽仁皇后戊申葬恭陵十二月癸未朔日有食之

四年正月癸丑朔宋高麗夏遣使來賀甲寅詔以去年宋幣賜始祖以下宗室己未以宋使王倫爲平州轉運使既受命復辭罷其反覆誅之乙丑陝西進嘉禾十有二莖莖皆七穗己巳萬壽節宋高麗夏遣使來賀乙亥上祭欽仁皇后殿盡哀二月癸未上如東京丙申次百泊河春水丁酉田鶻遣使來賀以粘合韓奴報之五月辛亥朔次薰風殿六月辛巳朔日有食之七月庚午建原廟于東京八月癸未殺魏王道濟九月乙酉上如東京壬子畋于沙河射虎獲之十月乙卯遣使祭遼主陵辛酉詔薰風殿二十里內及巡幸所過五里內並復一歲癸酉行臺左丞相張孝純薨十一月壬辰立借貸飢民酬賞格甲辰以河朔諸郡地震詔復百姓一年其壓死無人收葬者官爲斂藏之陝西蒲鮮汝蔡等處因歲饑流民典顧爲奴婢者官給絹贖爲良放還其鄉十一月己酉上獵于海島十二月甲午至

東京

五年正月丁未朔宋高麗夏遣使來賀癸亥萬壽節宋高麗夏遣使來賀二月乙未次濟州春水三月戊辰次天開殿五月戊午初用御製小字壬申以平章政事勗讓上爲止酒仍布告廷臣六月乙亥朔日有食之八月戊戌發天開殿九月庚申至自東京十月辛卯增謚太祖閏月戊寅大名府進牛生麟壬辰懷州進嘉禾十二月戊申增謚始祖以下十帝及太宗徽宗丁巳赦

六年正月辛未朔宋高麗夏遣使來賀壬申封太祖諸孫爲王乙亥畋于謀勒甲申還京師丁亥萬壽節宋高麗夏

遣使来賀庚寅以邊地賜夏國壬辰如春水帝從禽導騎誤入大澤中帝馬陷因步出亦不罪導者乙未封偎喝爲王二月丙寅右丞相韓企先薨三月壬申以阿离補爲行臺右丞相四月庚子朔上至自春水以同判大宗正事宗固爲太保右丞相兼中書令戊午行臺右丞相阿离補薨五月壬申高麗王楷薨辛卯以左宣徽使劉筈爲行臺右丞相六月乙巳殺宇文虛中及高士談乙丑遣使弔祭高麗并起復嗣王晛九月戊辰朔以許王破汴睿宗平陝西鄭王克遼及妻室銀术可皆有大功並爲立碑戊寅曹王劉豫薨是歲遣粘割韓奴招耶律大石被害

七年正月乙丑朔宋高麗夏遣使来賀辛巳萬壽節宋高麗夏遣使来賀癸未以西京鹿囿爲民田丁亥太白經天三月戊寅高麗遣使謝弔祭起復四月戊午宴便殿上醉酒殺戶部尚書宗禮六月丁酉殺横海軍節度使田瑴左司郎中奚毅翰林待制邢具瞻及王植高鳳廷王傚趙益興龔夷鑑等七月己巳太白經天曲赦畿內九月太保右丞相宗固薨以都元帥宗弼爲太師領三省事都元帥行臺尚書省事如故平章政事勗爲左丞相兼侍中都點檢宗賢爲右丞相兼中書令行臺右丞相劉筈右丞蕭仲恭爲平章政事李德固爲尚書右丞秘書監蕭肄爲參知政事十月壬子平章行臺尚書省事奚寳薨十一月癸酉以工部侍郎僕散太彎爲御史大夫乙亥兵部尚書秉德進三角羊己卯詔減常膳羊豕五之二癸未以尚書左丞宗憲爲行臺平章政事同判大宗正事亮爲尚書左丞十二月戊午參知政事韓昉罷兵部尚書秉德爲參知政事

八年正月庚申朔宋高麗夏遣使来賀丙子萬壽節宋高麗夏遣使来賀二月壬子以哥魯葛波古等爲横賜高麗夏國使甲寅以大理卿宗安等爲高麗王晛封冊使乙卯上如天開殿四月戊子朔日有食之辛丑遣參知政事秉德等廉察官吏庚戌至自天開殿甲寅遼史成六月乙卯

平章政事蕭仲恭爲行臺左丞相左丞亮爲平章政事都點檢唐括辯爲尚書左丞高麗王遣使謝封冊七月乙亥御史大夫僕散太彎罷以侍衛親軍都指揮使阿魯帶爲御史大夫戊寅以尚書左丞唐括辯奉職不謹杖之八月戊戌宗弼進太祖實錄上焚香立受之庚子以尚書左丞相勗領行臺尚書省事右丞相宗賢爲太保尚書左丞相丙午以行臺左丞相蕭仲恭爲尚書右丞相閏月庚申宰臣以西林多鹿請上獵上恐害稼不允丙寅太廟成九月丙申尚書左丞唐括辯罷以左宣徽使宗禀爲尚書左丞十月辛酉太師領三省事都元帥越國王宗弼薨十一月壬

辰太白經天乙未左丞相宗賢左丞稟等言州郡長吏當
並用本國人上曰四海之內皆朕臣子若分別待之豈能
致一誼不云乎疑人勿使使人勿疑自今本國及諸色人
量才通用之辛丑以尚書左丞相宗賢爲左副元帥平章
政事亮爲尚書左丞相兼侍中參知政事秉德爲平章政
事庚戌左副元帥宗賢復爲太保左丞相左副元帥如故
十二月乙卯以右丞相蕭仲恭爲太傅領三省事左丞相
亮爲尚書右丞相乙亥以左丞相宗賢爲太師領三省事
兼都元帥
九年正月甲申朔宋高麗夏遣使來賀戊戌太師領三省

事都元帥宗賢罷領行臺尚書省事勗爲太師領三省事
同判大宗正事充爲尚書左丞相右丞相亮兼都元帥庚
子萬壽節宋高麗夏遣使來賀壬寅左丞相充薨丙午以
右丞相亮爲左丞相判大宗正事宗本爲尚書右丞相左
副元帥宗敏爲都元帥南京留守宗賢爲左副元帥兼西
京留守己酉宗賢復爲太保領三省事二月甲寅會寧牧
唐括辯復爲尚書左丞尚書左丞稟爲行臺平章政事三
月癸未朔日有食之辛丑以司空宗本爲尚書右丞相兼
中書令左丞相亮爲太保領三省事四月壬申夜大風雨
雷電震壞寢殿鴟尾有火入上寢燒幃幔帝趨別殿避之

丁丑有龍鬭於利州榆林河水上大風壞民居官舍瓦木
人畜皆飄颺十數里死傷者數百人五月戊子以四月壬
申丁丑天變肆赦命翰林學士張鈞草詔參知政事蕭肄
擿其語以爲誹謗上怒殺鈞是日曲赦上京囚庚寅出太
保領三省事亮領行臺尚書省事戊申武庫署令耶律八
斤妄稱上言宿直將軍蕭榮與胙王元爲黨誅之六月己
未以都元帥宗敏爲太保領三省事兼左副元帥左丞相
宗賢兼都元帥八月庚申以劉筈爲司空行臺右丞相如
故宰臣議徙遼陽渤海之民於燕南從之侍從高壽星等
當遷訴於后后以白上上怒議者杖平章政事秉德殺左

司郎中三合九月丙申以領行臺尚書省事亮復爲平章
政事戊戌以右丞相宗本爲太保領三省事左副元帥宗
敏領行臺尚書省事平章政事秉德爲尚書左丞相兼中
書令司空劉筈爲平章政事庚子以御史大夫宗甫爲參
知政事十月乙丑殺北京留守胙王元及弟安武軍節度
使查剌左衛將軍特思大赦癸酉以翰林學士京爲御史
大夫十一月癸未殺皇后裴滿氏召胙王妃撒卯入宮戊
子殺故鄧王子阿懶達懶癸巳上獵于忽剌渾土溫遣使
殺德妃烏古論氏及夾谷氏張氏十二月己酉朔上至自
獵所丙辰殺妃裴滿氏於寢殿而平章政事亮因群臣震

恐與所親駙馬唐括辯寢殿小底大興國護衛十人長忽土阿里出虎等謀爲亂丁巳以忽土阿里出虎當内直命省令史李老僧語興國夜二鼓興國竊符矯詔開宮門名辯等亮懷刃與其妹夫特厮隨辯入至宮門守者以辯駙馬不疑内之及殿門衛士覺抽刃刧之莫敢動忽土阿里出虎至帝前帝求榻上常所置佩刀不知已爲興國易置其處忽土阿里出虎遂進弑帝亮復前手刃之血濺滿其面與衣帝崩時年三十一左丞相秉德等遂奉亮坐羅拜呼萬歲立以爲帝降帝爲東昏王葬于皇后裴滿氏墓中貞元三年改葬于大房山蓼香甸諸王同兆域大定初追

謚武靈皇帝廟號閔宗陵曰思陵別立廟十九年升祔于太廟增謚弘基纉武莊靖孝成皇帝二十七年改廟號熙宗二十八年以思陵狹小改葬于峨眉谷仍號思陵詔中外

贊曰熙宗之時四方無事敬禮宗室大臣委以國政其繼體守文之治有足觀者末年酗酒妄殺人懷危懼所謂前有讒而不見後有賊而不知馴致其道非一朝一夕故也

本紀第四

本紀第五　　金史五

開府儀同三司上柱國録軍國重事前中書右丞相監修　國史領　經筵事都總裁臣脱脱奉

勅修

海陵

廢帝海陵庶人亮字元功本諱迪古乃遼王宗幹第二子也母大氏天輔六年壬寅歲生天眷三年年十八以宗室子爲奉國上將軍赴梁王宗弼軍前任使以爲行軍萬戶遷驃騎上將軍皇統四年加龍虎衛上將軍爲中京留守遷光祿大夫爲人僄急多猜忌殘忍任數初熙宗以太祖嫡孫嗣位亮意以爲宗幹太祖長子而已亦太祖孫遂懷

覬覦在中京專務立威以厭伏小人猛安蕭裕傾險敢決亮結納之每與論天下事裕揣知其意因勸海陵舉大事語在裕傳七年五月召爲同判大宗正事加特進十一月拜尚書右丞務攬持權柄用其腹心爲省臺要職引蕭裕爲兵部侍郎一日因召對語及太祖創業艱難亮因嗚咽流涕熙宗以爲忠八年六月拜平章政事十一月拜右丞相九年正月兼都元帥熙宗使小底大興國賜亮生日悼后亦附賜禮物熙宗不悅杖興國百追其賜物海陵由此不自安三月拜太保領三省事益邀求人譽引用勢望子孫結其驩心四月學士張鈞草詔忤旨死熙宗問誰使爲

之左丞相宗賢對曰太保實然熙宗不悅遂出為領行臺尚書省事過中京與蕭裕定約而去至良鄉召還海陵莫測所以召還之意大恐既至復為平章政事由是益危迫熙宗嘗以事杖左丞唐括辯及右丞相秉德辯乃與大理卿烏帶謀廢立而烏帶先以此謀告海陵他日海陵與辯語及廢立事曰若舉大事誰可立者辯曰胙王常勝乎問其次曰鄧王子阿懶亮曰阿懶屬疎安得立辯曰公豈有意邪海陵曰果不得已捨我其誰於是旦夕相與密謀護衛將軍特思疑之以告悼后曰辯等公餘每竊竊聚語竊疑之后以告熙宗熙宗怒召辯謂曰爾與亮謀何事將如

我何杖之亮因此忌常勝阿懶且惡特思因河南兵士孫進自稱皇弟按察大王而熙宗之弟止有常勝查剌海陵乘此構常勝查剌阿懶達懶熙宗使特思鞫之無狀海陵曰特思鞫不以實遂俱殺之護衛十人長僕散忽土舊受宗幹恩徒單阿里出虎與海陵姻家大興國給事寢殿時時乘夜從主者取符鑰歸家以為常興國嘗以李老僧屬海陵得為尚書省令史故使老僧結興國為內應而興國亦以被杖怨熙宗遂與亮約十二月丁巳忽土阿里出虎內直是夜興國取符鑰啓門納海陵秉德辯烏帶徒單貞李老僧等入至寢殿遂弒熙宗秉德等未有所屬忽土曰

始者議立平章今復何疑乃奉海陵坐皆拜稱萬歲詐以熙宗欲議立后召大臣遂殺曹國王宗敏左丞相宗賢是日以秉德為左丞相兼侍中左副元帥辯為右丞相兼中書令烏帶為平章政事忽土為左副點檢阿里出虎為右副點檢貞為左衛將軍興國為廣寧尹於是自太師領三省事勗以下二十人進爵增職各有差己未大赦改皇統九年為天德元年參知政事蕭肄除名鎮南統軍孛極為尚書左丞賜左丞相秉德右丞相辯平章政事烏帶廣寧尹興國點檢忽土阿里出虎左衛將軍貞尚書省令史老僧辯父刑部尚書阿里等錢絹馬牛羊有差甲子誓太祖

廟召秉德辯烏帶忽土阿里出虎興國六人賜誓券丙寅以燕京路都轉運使劉麟為參知政事癸酉太傅領三省事蕭仲恭尚書右丞亶罷以行臺尚書左丞溫都思忠為右丞乙亥追謚皇考太師憲古弘道文昭武烈章孝睿明皇帝廟號德宗名其故居曰興聖宮宋高麗夏賀正旦使中道遣還

二年正月辛巳以同知中京留守事蕭裕為秘書監癸巳尊嫡母徒單氏及母大氏皆為皇太后名徒單氏宮曰永壽大氏宮曰永寧乙巳以勵官守務農時慎刑罰揚側陋恤窮民節財用審才實七事詔中外遣侍衛親軍步軍都

指揮使完顏思恭等以廢立事報諭宋高麗夏國以左丞相兼左副元帥秉德領行臺尚書省事二月戊申朔封子元壽爲崇王庚戌降前帝爲東昏王給天水郡公孫女二人月俸甲子以兵部尚書完顏元宜等充賀宋生日使戊辰群臣上尊號曰法天膺運睿武宣文大明聖孝皇帝詔中外永壽永寧兩太后父祖贈官有差以右丞相唐括辯爲左丞相平章政事烏帶爲右丞相三月丙戌宋高麗遣使賀即位以弟充爲司徒兼都元帥詔以天水郡王玉帶歸宋四月戊午殺太傅領三省事宗本尚書左丞相唐括辯判大宗正府事宗美遣使殺領行臺尚書省事秉德東

京留守宗懿北京留守卞及太宗子孫七十餘人周宋國王宗翰子孫三十餘人諸宗室五十餘人辛酉以尚書省譯史蕭玉爲禮部尚書祕書監蕭裕爲尚書左丞司徒充領三省事封王都元帥如故右丞相烏帶爲司空左丞相兼侍中平章政事劉筈爲尚書右丞相兼中書令左丞宗義右丞溫都思忠爲平章政事參知政事劉麟爲尚書右丞殿前左副點檢僕散忽土爲殿前都點檢五月戊子以平章行臺尚書省事右副元帥大㚖爲行臺尚書右丞相元帥如故壬辰以左副元帥撒离喝爲行臺尚書左丞相元帥如故同判大宗正事宗安爲御史大夫六月丙午朔

高麗遣使賀即位甲子太廟初設四神門及四隅罘罳七月己丑司空左丞相兼侍中烏帶罷以平章政事溫都思忠爲左丞相尚書左丞蕭裕爲平章政事右丞劉麟爲左丞侍衛親軍步軍都指揮使完顏思恭爲右丞參知政事張浩丁憂起復如故戊戌夏國遣使賀即位及受尊號八月戊申以司徒充爲太尉領三省事都元帥如故以禮部尚書蕭玉爲參知政事九月甲午立惠妃徒單氏爲皇后十月癸卯太師領三省事勗致仕辛未殺太皇太妃蕭氏及其子任王隈喝使使殺行臺左丞相左副元帥撒离喝于汴幷殺平章政事宗義前工部尚書謀里野御史大夫

宗安皆夷其族以魏王斡帶之孫活里甲好脩飾亦族之十一月癸未尚書右丞相劉筈罷以會寧牧徒單恭爲平章政事尚書左丞劉麟右丞完顏思恭罷以參知政事張浩爲尚書右丞乙酉以行臺尚書左丞張通古爲尚書左丞丙戌白虹貫日丁亥以太后旨稱令旨戊子以十二事戒約官吏己丑命庶官許求次室二人百姓亦許置妾十二月癸卯朔詔去羣臣所上尊號丙午初定襲封衍聖公俸格命外官去所屬百里外者不許參謁百里內者往還不得過三日癸丑立太祖射碑于統石烈部中上及皇后致奠于碑下甲寅野人來獻異香却之乙卯有司奏慶雲

見上曰朕何德以當此自今瑞應毋得上聞若有妖異當以諭朕使自警焉己未罷行臺尚書省改都元帥府爲樞密院詔改定繼絶法以右副元帥大㚖爲尚書右丞相兼中書令參知行臺尚書省事張中孚爲參知政事都元帥宼爲樞密使太尉領三省事如故元帥左監軍昂爲樞密副使刑部尚書趙資福爲御史大夫

三年正月癸酉朔宋夏高麗遣使來賀乙亥參知政事蕭玉丁憂起復如故癸未立春觀擊土牛丁亥初造燈山于宮中戊子生辰宋高麗夏遣使來賀甲午初置國子監謂御史大夫趙資福曰汝等多徇私情未聞有所彈劾朕甚

不取自今百官有不法者必當舉劾無憚權貴乙未上出獵宰相以下辭於近郊上駐馬戒之曰朕不惜高爵厚祿以任汝等比聞事多留滯豈汝等苟圖自安不以民事爲念耶自今朕將察其勤惰以爲賞罰其各勉之丁酉白虹貫日二月丁巳還宮三月庚寅以翰林學士劉長言等爲宋生日使壬辰詔廣燕城建宮室己亥謂侍臣曰昨太子生日皇后獻朕一物大是珍異卿試觀之即出諸綵囊中乃田家稼穡圖后意太子生深宮之中不知民間稼穡之艱難故以爲獻朕甚賢之四月丙午詔遷都燕京辛酉有司圖上燕城宮室制度營建陰陽五姓所宜海陵曰國家

吉凶在德不在地使桀紂居之雖卜善地何益使堯舜居之何用卜爲丙寅罷歲貢鷹隼沂州男子吳真犯法當死有司以其母老疾無侍爲請命官與養濟著爲令閏月辛未朔命尚書右丞張浩調選燕京仍諭浩無私徇丙子命太官常膳惟進魚肉舊貢鵝鴨等悉罷之丁丑罷皇統間苑中所養禽獸歸德軍節度使阿魯補以撤官舍材木構私第賜死戊戌詔朝官稱疾不治事者尚書省令監察御史與太醫同診視無實者坐之五月壬子以戒敕宰相以下官詔中外戊辰宰臣請益嬪御以廣嗣續上命徒單貞語宰臣前所誅黨人諸婦人中多朕中表親欲納之宮中

平章政事蕭裕不可上不從遂納宗本子莎魯噉宗固子胡里剌胡失打秉德弟糺里等妻宮中六月丙子殺太府監完顏馮六宋遣使祈請山陵不許九月庚戌賜燕京役夫帛人一匹以東京路兵馬都總管府判官蕭子敏爲高麗生日使修起居注蕭彭哥爲夏國生日使十月己巳殺蕭子山猛安蕭拱以右副點檢不术魯阿海等爲宋正旦使十一月癸亥詔罷世襲萬户官前後賜姓人各復本姓十二月戊辰杖壽寧縣主徐輦癸酉獵于近郊乙酉還宮是歲子崇王元壽薨

四年正月丁酉朔宋高麗夏遣使來賀羣臣請立皇太子

從之戊戌初定東宮官屬立捕盜賞格癸卯太白經天壬子生辰宋高麗夏遣使來賀癸亥朝謁世祖太祖太宗徳宗陵甲子還宮二月丁卯立子光英爲皇太子庚午詔中外甲戌如燕京昭義軍節度使蕭仲宣家奴告其主怨謗上曰仲宣之姪迪輦阿不近以誹謗誅故敢妄愬命殺告者迪輦阿不者蕭拱也戊子次泰州三月丙申朔以刑部尚書田秀穎等爲宋生日使四月丙寅朔有司請今歲河南北選人並赴中京銓注從之壬辰上自泰州如涼陘五月丁酉獵于立列只山甲寅賜獵士人一羊乙卯次臨潢府丁巳太白經天六月甲子朔駐綿山戊寅權楚底部猛

安那野伏誅七月癸卯命崇義軍節度使烏帶之妻唐括定哥殺其夫而納之八月癸亥朔獵于途你山甲戌以侍御史保魯鞫事不實杖之丙子次于鐸瓦九月甲午次中京丙午尚書右丞相大臭罷殺太府少監劉景以都水使者完顏麻潑爲高麗生日使吏部郎中蕭中立爲夏國生日使十月壬戌朔使使奉遷太廟神主御史大夫趙資福罷甲申以太子詹事張用直等爲賀宋正旦使殺太祖長公主兀魯杖罷其夫平章政事徒單恭封其侍婢忽撻爲國夫人恭之兄定哥初尚兀魯定哥死恭強納焉而不相能又與侍婢忽撻不協忽撻得幸于后遂譖于上故見殺

而并罷恭十一月戊戌以咸平尹李德固爲平章政事辛丑買珠于烏古迪烈部及蒲與路禁百姓私相貿易仍調兩路民夫採珠一年戊申以前平章政事徒單恭爲司徒十二月甲子斬妄人敲仙于中京市辛未以汴京路都轉運使左瀛等爲賀宋正旦使庚寅太尉領三省事樞密使兗薨

貞元元年正月辛卯朔上不視朝詔有司受宋高麗夏回紇貢獻丙午生辰宋高麗夏遣使來賀以中京留守高楨爲御史大夫二月庚申上自中京如燕京三月辛亥上至燕京初備法駕甲寅親選良家子百三十餘人充後宮乙

卯以遷都詔中外改元貞元改燕京爲中都府曰大興汴京爲南京中京爲北京丙辰以司徒徒單恭爲太保領三省事平章政事蕭裕爲右丞相兼中書令右丞張浩左丞張通古爲平章政事參知政事張中孚爲左丞蕭玉爲右丞平章政事李德固爲司空左宣徽使劉蕚爲參知政事樞密副使昂爲樞密使工部尚書僕散師恭爲樞密副使四月辛酉以右宣徽使紇石烈撒合輦等爲宋賀生日使辛未特封唐括定哥爲貴妃戊寅皇太后大氏崩五月辛卯殺弟西京留守蒲家西京兵馬完顏謀盧瓦編修官圓福奴通進李迭坐與蒲家善并殺之乙卯以京城隙地賜

朝官及衛士六月乙丑以安國軍節度使耶律恕爲參知
政事七月戊子朔元賜朝官京城隙地徵錢有差八月壬
戌司空李德固薨禁中都路捕射麞兔戊寅賜營建宮室
工匠及役夫帛九月丁亥朔以翰林待制諜良虎爲夏國
生日使吏部郎中夾合山爲高麗生日使十月丁巳獵于
良鄉封料石岡神爲靈應王初海陵嘗過此祠持杯珓禱
曰使吾有天命當得吉卜投之吉又禱曰果如所卜他日
當有報否則毀爾祠宇投之又吉故封之戊午還宮壬戌
有司言太后園陵未畢合停冬享及祫祭從之丙子命內
外官聞大功以上喪止給當日假若父母喪聽給假三日

著爲令十一月丙戌朔定州獻嘉禾詔自今不得復進己
丑瑤池殿成丙申以户部尚書蔡松年等爲賀宋正旦使
戊戌左丞相耨盌溫都思忠致仕庚戌以樞密使昂爲左
丞相樞密副使僕散師恭爲樞密使十二月太白經天戊
午特賜貴妃唐括定哥家奴孫梅進士及第壬戌以簽書
樞密院事南撒爲樞密副使辛未封所納皇叔曹國王宗
敏妃阿懶爲昭妃丙子貴妃唐括定哥坐與舊奴奸賜死
閏月乙酉朔殺護衛特謨葛癸巳定社稷制度太白經天
癸卯以太保領三省事徒單恭爲太師領三省事如故命
西京路統軍撻懶西北路招討蕭懷忠臨潢府總管馬和

尚烏古迪烈司招討斜野等北巡
二年正月甲寅朔上不豫不視朝賜宋高麗夏使就館燕
庚申太白經天尚書右丞相蕭裕與前真定尹蕭馮家奴
前御史中丞蕭招折博州同知遥設等謀反伏誅詔中外
己巳生辰宋高麗夏遣使來賀二月甲申朔以平章政事
張浩爲尚書右丞相兼中書令甲午以尚書右丞蕭玉爲
平章政事前河南路統軍使張暉爲尚書右丞西北路招
討使蕭好胡爲樞密副使三月戊辰夏遣使賀遷都丙戌
幸大興府及都轉運使司遣薦舍桃于衍慶宮五月癸丑
朔日有食之避正殿勑百官勿治事己未詔自今每月上

七日不奏刑名尚食進饌不進肉丁卯始置交鈔庫設使
副貟丁丑太原尹徒單阿里出虎伏誅復命其子术斯剌
乘傳焚其骨擲水中七月庚申初設盬鈔香茶文引印造
庫使副丙子參知政事耶律恕罷八月丙午以左丞相昂
去衣杖其弟婦命杖之戊申以御史大夫高楨爲司空御
史大夫如故九月己未常武殿擊鞠令百姓縱觀辛酉以
吏部尚書蕭賾爲參知政事癸亥獵于近郊丁卯次順州
太師領三省事徒單恭薨是夜還宮乙亥復獵于近郊十
月庚辰朔殺廣寧尹韓王亨庚寅還宮庚子以左丞相致
仕溫都思忠起爲太傅領三省事以刑部侍郎白彥恭等

爲賀宋正旦使十一月戊辰上命諸從姊妹皆分屬諸妃出入禁中與爲淫亂卧内徧設地衣裸逐爲戲是月初置惠民局高麗遣使謝賜生日十二月乙酉以太傅溫都思忠爲太師領三省事如故平章政事張通古爲司徒平章政事如故

三年正月己酉朔宋高麗夏遣使來賀辛酉以判東京留守大㚖爲太傅領三省事甲子生辰宋高麗夏遣使來賀二月壬午以左丞相昂爲太尉樞密使右丞相張浩爲左丞相兼侍中樞密使僕散師恭爲右丞相兼中書令尚書左丞張中孚罷右丞張暉爲平章政事參知政事劉萼爲

左丞參知政事蕭賾爲右丞吏部尚書蔡松年爲參知政事三月壬子以左丞相張浩平章政事張暉每見僧法寶必坐其下失大臣體各杖二十僧法寶妄自尊大杖二百乙卯命以大房山雲峯寺爲山陵建行宮其麓庚午以左司郎中李通爲賀宋生日使夏四月丁丑朔昏霧四塞日無光凡十有七日五月丁未朔日有食之癸丑南京大内火乙卯命判大宗正事京等如上京奉遷太祖太宗梓宮丙寅如大房山營山陵六月丙戌登寶昌門觀角抵百姓縱觀乙未命右丞相僕散師恭大宗正丞胡拔魯如上京奉遷山陵及迎永壽宮皇太后七月癸丑太白晝見辛酉

如大房山杖提舉營造官吏部尚書耶律安禮等乙亥還宮八月壬午如大房山甲申啓土賜役夫人絹一匹是日還宮甲午遣平章政事蕭玉迎祭祖宗梓宮於廣寧乙未增置教坊人數庚子杖左宣徽使敬嗣暉同知宣徽事烏居仁及尚食官九月戊申平章政事張暉迎祭梓宮于宗州乙卯上謂宰臣及左司官曰朝廷之事尤在慎密昨授張中孚趙慶襲官除書未到先已知之皆汝等泄之也敢復爾者殺無赦己未如大房山庚申還宮丙寅以殿前都點檢納合椿年爲參知政事丁卯上親迎梓宮及皇太后于沙流河命左右持杖二束跽太后前曰某不孝久失溫

清願痛笞之太后掖起之曰凡民有子克家猶愛之況我有子如此叱持杖者退庚午獵親射麞以薦梓宮壬申至自沙流河十月丙子皇太后至中都居壽康宮戊寅權奉安太廟神主于延聖寺致奠梓宮于東郊舉哀己卯梓宮至中都以大安殿爲丕承殿安置壬午命省部諸司便服治事不奏死刑一月辛卯告于丕承殿乙未如蕆宮冊諡永寧皇太后曰慈憲皇后丁酉大房山行宮成名曰磐寧戊戌還宮己亥以翰林學士承旨耶律歸一等爲賀宋正旦使十一月乙巳朔梓宮發丕承殿戊申山陵禮成甲寅詔内外大小職官覃遷一重貞元四年租稅並與放免軍

士父於屯戍不經替換者人賜絹三匹銀三兩羣臣稱賀丙辰燕百官於泰和殿丁卯奉安神主于太廟戊辰群臣稱賀辛未獵于近郊十二月己丑還宮木氷乙未上朝太后于壽康宮己亥太傅領三省事大昊薨親臨哭之命有司廢務及禁樂三日

正隆元年正月癸卯朔宋高麗夏遣使來賀己酉羣臣奉上尊號曰聖文神武皇帝上自九月廢朝常數月不出有急奏召左右司郎中省于卧内庚戌始視朝戊午生辰宋高麗夏遣使來賀乙丑觀角抵戲罷中書門下省以太師領三省事温都思忠爲尚書令太尉樞密使昂爲太保右丞相僕散師恭爲太尉樞密使左丞劉蕚右丞蕭賾罷叅知政事蔡松年爲尚書右丞樞密副使蕭懷忠罷吏部尚書耶律安禮爲樞密副使平章政事蕭玉爲右丞相平章政事張暉罷不置平章政事官二月癸酉朔改元正隆大赦庚辰御宣華門觀迎佛賜諸寺僧絹五百匹綵五十段銀五百兩辛巳改定内外諸司印記乙未司徒張通古致仕庚子謁山陵辛丑還都三月壬寅朔始定職事官朝叅等格仍罷兵衛庚申以左宣徽使敬嗣暉等爲賀宋生日使四月太尉樞密使僕散師恭以父憂起復如故五月辛亥脩容安氏閤女御爲妖所憑舞譟宮中命殺之是月頒

行正隆官制六月庚辰天水郡公趙桓薨丙戌以尚書右丞蔡松年爲左丞樞密副使耶律安禮爲右丞駙馬都尉烏古論當海爲樞密副使七月己酉命太保昂如上京奉遷始祖以下梓宮八月丁丑如大房山行視山陵十月乙酉葬始祖以下十帝于大房山丁酉還宮閏月己亥朔山陵禮成羣臣稱賀甲辰回鶻使使寅术烏籠骨來貢庚寅杖右丞相蕭玉左丞蔡松年右丞耶律安禮御史中丞馬諷等十一月己巳朔以右司郎中梁銶等爲賀宋正旦使癸巳禁二月八日迎佛

二年正月戊辰朔宋高麗夏遣使來賀庚辰太白晝見癸未生辰宋高麗夏遣使來賀庚寅以工部侍郎韓錫同知宣徽院事錫不謝杖百二十奪所授官二月辛丑初定太廟時享牲牢禮儀癸卯改定親王以下封爵等第命置局追取存亡告身存者二品以上死者一品叅酌削降公私文書但有王爵字者皆立限毀抹雖墳墓碑志並發而毀之三月丙寅朔高麗遣使賀受尊號四月戊戌追降景宣皇帝爲遼王以簽書宣徽院事張喆爲横賜高麗使宿直將軍温敦斡喝爲横賜夏國使六月乙未叅知政事納合椿年薨以禮部尚書耶律守素等爲賀宋生日使八月癸卯始置登聞院甲寅罷上京留守司九月乙丑以宿直將

軍僕散烏里黑爲夏國生日使戊子罷護駕軍置龍翔虎步軍罷尚書省文資令史出爲外官是秋中都山東河東蝗十月壬寅命會寧府毀舊宮殿諸大族第宅及儲慶寺仍夷其址而耕種之丁未禁賣古器入他境乙卯初鑄銅錢十一月辛未以侍衛親軍副指揮使高助不古等爲賀宋正旦使十二月己亥以侍衛親軍都指揮使紇石烈良弼爲參知政事

三年正月壬戌朔宋高麗夏遣使來賀丙寅子矧思阿不死殺太醫副使謝友正及其乳母等丁丑生辰宋高麗夏遣使來賀己卯杖右諫議大夫楊伯雄二月壬辰朔都城及京兆初置錢監甲午遣使檢視隨路金銀銅鐵冶三月辛酉朔司天奏日食候之不見命自今遇日食面奏不須頒告辛巳以兵部尚書蕭恭等爲賀宋生日使四月丙辰樞密副使烏古論當海罷以北京留守張暉爲樞密副使六月壬辰蝗入京師七月庚申封子廣陽爲滕王甲申以右丞相蕭玉爲司徒尚書左丞蔡松年爲右丞相右丞耶律安禮爲左丞參知政事紇石烈良弼爲右丞左宣徽使敬嗣暉戶部尚書李通爲參知政事九月己未太白經天甲子滕王廣陽薨庚午以宿直將軍阿魯保爲夏國生日使丁丑以教坊提點高存福爲高麗生日使辛巳遷中都

屯軍二猛安於南京遣吏部尚書李惇等分地安置十月戊戌詔尚書省凡事理不當者許詣登聞檢院投狀院類奏覽訖付御史臺理問十一月辛酉以工部尚書蘇保衡等爲賀宋正旦使癸亥詔有司勸政安民癸未尚書左丞耶律安禮罷參知政事李通以憂制起復如故詔左丞相張浩參知政事敬嗣暉營建南京宮室十二月乙卯以樞密副使張暉爲尚書左丞歸德尹致仕高召和式起爲樞密副使

四年正月丙辰朔宋高麗夏遣使來賀上朝太后于壽康宮丁巳御史大夫高楨薨庚申更定私相越境法並論死辛酉罷鳳翔唐鄧潁蔡鞏洮膠西諸榷場置場泗州辛未生辰宋高麗夏遣使來賀二月己丑以左宣徽使許霖爲御史大夫丁未修中都城造戰船于通州詔諭宰臣以伐宋事調諸路猛安謀克軍年二十以上五十以下者皆籍之雖親老丁多亦不許留侍三月丙辰朔遣兵部尚書蕭恭經畫夏國邊界遣使分詣諸道總管府督造兵器四月辛丑命增山東路泉水畢括兩營兵士廩給庚戌詔諸路舊貯軍器並致于中都時方建宮室於南京又中都與四方所造軍器材用皆賦於民箭翎一尺至千錢村落間往往椎牛以供筋革至於烏鵲狗彘無不被害者辛亥尚書

左丞張暉御史大夫許霖罷以大興尹徒單貞爲樞密副
使以祕書監王可道等爲賀宋生日使八月詔諸路調馬
以戶口爲差計五十六萬餘疋富室有至六十疋者仍令戶
自養飼以俟己卯尚書右丞相蔡松年薨九月以翰林待
制完顏達紀爲高麗生日使宿直將軍加古撻懶爲夏國
生日使十月乙亥獵于近郊觀造船于通州賜尚書右丞
紇石烈良弼樞密副使徒單貞佩刀入宮十一月甲辰以
翰林侍講學士施宜生等爲賀宋正旦使十二月乙卯宋
遣使告母韋氏哀甲子太白晝見乙丑以左副點檢大懷
忠等爲宋弔祭使乙亥太醫使祈宰上疏諫伐宋殺之

五年正月庚辰朔宋高麗夏遣使來賀乙未生辰宋高麗
夏遣使來賀二月壬子宋遣使獻母后遺留物丁卯太白
晝見辛未河東陝西地震鎮戎德順軍大風壞廬舍人多
壓死甲戌遣引進使高植刑部郎中海狗分道監視所獲
盜賊並淩遲處死或鋸灼去皮截手足仍戒屯戍千戶謀
克等後有獲者並處死總管府官亦決罰三月辛巳東海
縣民張旺徐元等反遣都水監徐文步軍指揮使張弘信
同知大興尹事李惟忠宿直將軍蕭阿窊率舟師九百浮
海討之命之曰朕意不在一邑將試舟師耳庚子以司徒
判大宗正事蕭玉爲御史大夫司徒如故尚書右丞紇石
烈良弼爲左丞橫海軍節度使致仕劉長言起爲右丞四
月庚戌昭妃蒲察阿里忽有罪賜死甲寅宿州防禦使耶
律翼使宋失體杖二百除名甲戌太白晝見六月徐文等
破賊張旺徐元東海平七月辛巳詔東海縣徐元張旺詿
誤者並釋之壬午以張弘信被命討賊稱疾逗遛萊州與
妓樂飲燕杖之二百癸卯遣使簽諸路漢軍八月丙午朔
日有食之辛亥命榷貨務并印造鈔引庫起赴南京己巳
樞密副使徒單貞罷以太子少保徒單永年爲樞密副使
辛未謁山陵見田間穫者問其豐耗以衣賜之九月己卯
還宮十月庚午遣護衛完顏普連等二十四人督捕山東

河東河北中都盜賊籍諸路水手得三萬人十一月乙酉
以濟南尹僕散烏者等爲賀宋正旦使尚書右丞劉長言
罷命親軍司以所掌付大興府置左右驍騎都副指揮使
隸點檢司步軍都指揮使隸宣徽院十二月癸丑禁中都
河北山東河南河東京兆軍民網捕禽獸及畜養雕隼者
戊辰禁朝官飲酒犯者死三國人使燕飲者非
六年正月甲戌朔宋高麗夏遣使來賀丁丑判大宗正徒
單貞益都尹京安武軍節度使爽金吾衛上將軍阿速飲
酒以近屬故杖貞七十餘皆杖百壬午上將如南京以司
徒御史大夫蕭玉爲大興尹司徒如故樞密副使徒單永

年罷以都點檢紇石烈志寧爲樞密副使己丑生辰宋高
麗夏遣使來賀癸巳命叅知政事李通諭宋使徐度等曰
朕昔從梁王軍樂南京風土常欲巡幸今營繕將畢功期
以二月末先往河南帝王廵守自古有之以淮右多隙地
欲校獵其間從兵不踰萬人况朕祖宗陵廟在此安能久
于彼乎汝等歸告汝主令有司宣諭朕意使淮南之民無
懷疑懼庚子詔自中都至河南府所過州縣調從獵騎士
二千辛丑殺蒲察阿虎迭女叉察叉察慶宜公主出幼鞠
宮中上屢欲納之太后不可至是以罪殺之二月乙巳杖
衛王襄之妃及左宣徽使許霖甲寅以叅知政事李通爲

尚書右丞己未禁扈從縱獵擾民庚申徵諸道水手運戰
船癸亥發中都丙寅次安肅州三月己卯改河南北邙山
爲太平山稱舊名者以違制論丁亥將至獲嘉有男子上
書言事斬之所言莫得聞癸巳次河南府因出獵幸汝州
溫湯視行宮地自中都至河南所過麥皆爲空復禁扈從
毋輒離次及游賞飮酒犯者罪皆死而莫有從者詔內地
諸猛安赴山後牧馬俟秋並發弟兗之妻烏延氏有罪賜
死烏延氏之弟南京兵馬副都指揮使習泥亦以罪誅四
月丁未詔百官先赴南京治事尚書省樞密院大宗正府
勸農司太府少府皆從行吏戶兵刑部四方館都水監大

理司官各留一員以簽書樞密院事高景山等爲賀宋生
日使戊申詔汝州百五十里內州縣量遣商賈赴溫湯置
市詔有司移問宋人蔡潁壽諸州對境創置堡戍者庚戌
發河南府契丹不補自山馳下伏道左自陳破東海賊有
功爲李惟忠所抑立命斬之丁卯次溫湯諭扈從毋輒過
汝水上獵奔鹿突之墮馬嘔血數日遣使徵諸道兵五月
庚辰太師尚書令耨盌溫都思忠薨契丹諸部反遣右將
軍蕭禿剌等討之六月癸卯命樞密使僕散師恭西京留
守蕭懷忠將兵一萬討契丹諸部上自汝州如南京壬戌
次南京近郊左丞相張浩率百官迎謁是夜大風壞承天

門鴟尾癸亥上備法駕入于南京七月丁亥以左丞相張
浩爲太傅尚書令司徒大興尹蕭玉爲尚書左丞相吏部
尚書白彥恭爲樞密副使樞密副使紇石烈志寧爲開封
尹安武軍節度使徒單貞爲御史大夫己丑賜從駕從行
從軍及千戶謀克錢帛大括天下騾馬殺七遼耶律氏宋
趙氏子男凡百三十餘人八月壬寅單州賊杜奎據城叛
遣都點檢耶律湛右驍騎副都指揮使大磐討之以樞密
副使白彥恭爲北面兵馬都統開封尹紇石烈志寧副之
中都留守完顏穀英爲西北面兵馬都統西北路招討使
唐括孛古的副之討契丹癸丑以諫伐宋弒皇太后徒單

氏于寧德宮仍命即宮中焚之棄其骨水中并殺其侍婢
等十餘人癸亥殺右将軍蕭禿剌護衛十人長斡盧保族
樞密使僕散師恭北京留守蕭賾西京留守蕭懷忠杖尚
書令張浩左丞相蕭玉以太常博士張崇爲高麗生日使
蕭誼忠爲夏國生日使甲子封所幸太后侍婢高福娘爲
鄭國夫人九月庚午朔以太保判大宗正事昂爲樞密使
太保如故戊子殺前壽州刺史毛良虎庚寅大名府賊王
九據城叛衆至數萬所至盜賊蜂起大者連城邑小者保
山澤或以十數騎張旗幟而行官軍莫敢近上又惡聞盜
賊事言者輒罪之上自将三十二總管兵伐宋進自壽春以

太保樞密使昂爲左領軍大都督尚書右丞李通副之尚
書左丞紇石烈良弼爲右領軍大都督判大宗正烏延蒲
盧渾副之御史大夫徒單貞爲左監軍同判大宗正事徒
單永年爲右監軍左宣徽使許霖爲左都監河南尹蒲察
斡論爲右都監皆從工部尚書蘇保衡爲浙東道水軍都
統制益都尹鄭家副之由海道徑趨臨安太原尹劉蕚爲
漢南道行營兵馬都統制濟南尹僕散烏者副之進自蔡
州河中尹徒單合喜爲西蜀道行營兵馬都統制平陽尹
張中彥副之由鳳翔取散關駐軍以俟後命武勝武平武
捷三軍爲前鋒徒單貞别将兵二萬入淮陰甲午上發南

京詔皇后及太子光英居守尚書令張浩左丞相蕭玉參
知政事敬嗣暉留治省事丙申太白晝見将士自軍中亡
歸者相屬于道曷蘇館猛安福壽東京謀克金住等始授
甲于大名即舉部亡歸從者衆至萬餘皆公言於路曰我
輩今往東京立新天子矣十月乙巳陰迷失道二鼓始達
營所丙午慶雲見東京留守曹國公烏禄即位于遼陽改
元大定大赦數海陵過惡弒皇太后徒單氏殺太宗及宗
翰宗弼子孫及宗本諸王毀上京宮室殺遼豫王宋天水
郡王郡公子孫等數十事丁未大軍渡淮将至廬州獲白
鹿以爲武王白魚之兆漢南道劉蕚取通化軍蔣州信陽

軍徒單貞敗宋将王權于盱眙進取揚州前鋒軍至段寨
宋戍兵皆避去敗宋兵于蔚子橋敗宋兵于巢縣斬二百級
至和州王權夜以兵千餘來襲射却之翼日雨宋人夜焚
其積聚遁去詰旦追之宋人逆戰猛安韓棠軍却遂失利
温都奥剌奔北武捷軍副總管阿散率猛安謀克力戰却
之王權退保南岸癸亥上次和州阿散等進階賞賚有差
西蜀道徒單合喜駐散關宋人攻秦州臘家城德順州克
之浙東道蘇保衡與宋人戰于海道敗績副統制鄭家死
之十一月庚午左司郎中兀不喝等聞赦入白東京即位
改元事上拊髀歎曰我本欲滅宋後改元大定豈非天命

乎出其書示之即預志改元事也以勸農使完顏元宜爲浙西道兵馬都統制刑部尚書郭安國副之上駐軍江北遣武平總管阿隣先渡江至南岸失利上還和州遂進兵揚州甲午會舟師于瓜洲渡期以明日渡江乙未浙西兵馬都統制完顏元宜等軍反帝遇弑崩年四十海陵在位十餘年每飾情貌以御臣下卻尚食進鵝以示儉及游獵頓次不時需索一鵝一鶉民間或用數萬售之有以一牛易一鶉者或以弊衾覆衣以示近臣或服補綴令記注官見之或取軍士陳米飯與尚食同進先食軍士飯幾盡或見民車陷泥澤令衛士下挽俟車出然後行與近臣燕語

輒引古昔賢君以自況顯責大臣使進直言使張仲軻輩爲諫官而郗宰竟以直諫死比昵羣小官賞無度左右有曠僚者人或以名呼之即授以顯階常置黃金裀褥間有喜之者令自取之而淫嬖不擇骨肉刑殺不問有罪至營南京宮殿運一木之費至二千萬牽一車之力至五百人宮殿之飾徧傅黃金而後間以五采金屑飛空如落雪一殿之費以億萬計成而復毀務極華麗其南征造戰艦江上毀民廬舍以爲材煑死人膏以爲油殫民力如馬牛費財用如土苴空國以圖人國遂至於敗都督府以其柩置之南京班荊館大定二年降封爲海陵郡王諡曰煬二月世宗使小底婁室與南京官遷其柩於寧德宮四月葬于大房山鹿門谷諸王兆域中二十年熙宗既祔廟有司奏曰煬王之罪未正準晉趙王倫廢惠帝自立惠帝反正誅倫廢爲庶人煬帝罪惡過於倫不當有王封亦不當在諸王塋域乃詔降爲海陵庶人改葬于山陵西南四十里

贊曰海陵智足以拒諫言足以飾非欲爲君則弑其君欲伐國則弑其母欲奪人之妻則使之殺其夫三綱絕矣何暇他論至於屠滅宗族翦刈忠良婦姑姊妹盡入嬪御方以三十二總管之兵圖一天下卒之戾氣感召身由惡終使天下後世稱無道主以海陵爲首可不戒哉可不戒哉

本紀第五

本紀第六　金史六

開府儀同三司上柱國錄軍國重事前中書右丞相監修　國史領　經筵事都總裁臣　脫脫　奉

勑修

世宗上

世宗光天興運文德武功聖明仁孝皇帝諱雍本諱烏祿太祖孫睿宗子也母曰貞懿皇后李氏天輔七年癸卯歲生于上京體貌奇偉美鬚髯長過其腹胸間有七子如北斗形性仁孝沉靜明達善騎射國人推爲第一每出獵耆老皆隨而觀之皇統間以宗室子例授光祿大夫封葛王爲兵部尚書天德初判會寧牧明年判大宗正事改中京

留守俄改燕京未幾爲濟南尹貞元初爲西京留守三年改東京進封趙王正隆二年例降封鄭國公進封衛國三年再任留守徙封曹國六年五月居貞懿皇后喪一日方寢有紅光照室及黃龍見寢室上又嘗夜有大星流入留守第中是歲東梁水漲溢暴至城下水與城等決女墻石罅中流入城湍激如湧城中人惶駭上親登城舉酒酹之水退海陵南伐天下騷動是時籍契丹部人丁壯爲兵部人不願行以告使者使者燥合畏海陵不以告部人遂反至是咸平府謀克括里攻陷韓州據咸平將犯東京八月起復東京留守婆速路兵四百來會討括里復得城中子

弟願爲兵者數百人帝舅興中少尹李石以病免家居遼陽戊午發東京以石主留務賊覘者聞鼙鼓聲震天見旌旗蔽野傳言國公兵十萬且至賊衆至瀋州遁去會烏延查剌等敗賊兵還至常安縣海陵使婆速路總管完顏謀衍來討賊以兵屬之九月至東京副留守高存福其女在海陵後宮海陵使存福伺起居適以造兵器餘材造甲數十存福宣言留守何爲造甲密使人以白海陵遂與推官李彥隆詭爲擊毬謀不利存福家人以其謀來告平定知軍李蒲速越亦言其事海陵嘗聞上有疾即使近習來覘動靜至是又使謀良虎圖淮北諸王上知之心常隱憂及

討括里還至清河遇故吏六斤乘傳自南來具言海陵殺其母殺兄子檀奴阿里白及樞密使僕散忽土等又曰且遣人來害宗室兄弟矣上聞之益懼及聞存福圖己事且有迹李石勸上早圖之於是以議備賊事召官屬會清安寺彥隆先到存福累召始來並於座上執之是月復有雲來自西黃龍見雲中十月辛丑南征萬戶完顏福壽高忠建盧萬家奴等自山東率所領兵二萬完顏謀衍自長安率兵五千皆來附謀衍即以臣禮上謁乙巳諸軍入城共擊殺存福等是夜諸軍被甲環衛皇城丙午慶雲見官屬諸軍勸進固讓良久於是親告于太祖廟還御宣政殿即

皇帝位以完顏謀衍爲右副元帥高忠建元帥左監軍完顏福壽右監軍盧萬家奴顯德軍節度使丁未大赦改元大定下詔暴揚海陵罪惡數十事己酉饗將士賜官賞各有差仍給復三年會寧胡里改速頻等路南伐諸軍會尚書省奏請以從軍來者補諸局司承應人及官吏闕員上曰舊人南征者即還何以處之必不可闕者量用新人可也辛亥以利涉軍節度使獨吉義爲參知政事中都留守西北面行營都統完顏殼英將兵三萬駐歸化以爲左副元帥丁巳出內府金銀器物賂軍吏民出財物佐官用者甚衆壬戌以前臨潢尹晏爲左丞相癸亥詔諭南京太傅

尚書令張浩甲子興平軍節度使張玄素上謁尚書省奏正隆軍興之餘進錢粟者冝量授以官從之詔遣移剌札八招契丹諸部爲亂者以前肇州防禦使神土懣爲元帥右都監十一月己巳朔以左丞相晏兼都元帥辛未以戶部尚書李石爲參知政事己卯詔調民間馬充軍用事畢還主死者給價阿瑣璋殺同知中都留守事沙离只阿瑣自稱中都留守璋自稱同知留守事使后家奴等來上表賀辛巳以如中都期日詔群臣壬午詔中都都轉運使左淵曰凡宮殿張設毋得增置無役一夫以擾百姓但謹圍禁嚴出入而已以尚書右司員外郎完顏兀古出爲詔諭

高麗使癸未遣權元帥左都監吾札忽右都監神土懣廣寧尹僕散渾坦討契丹諸部甲申追尊皇考豳王爲皇帝謚簡肅廟號睿宗皇妣蒲察氏曰欽慈皇后李氏曰貞懿皇后群臣上尊號曰仁明聖孝皇帝乙酉追復東昏王帝號謚武靈廟號閔宗詔中外封子實魯剌爲許王胡土瓦爲楚王戊子辭謁太祖廟及貞懿皇后園陵己丑如中都次小口使中都留守宗憲先往壬辰次梁魚務樞密副使北面行營都統白彥敬南京留守北面行營副統紇石烈志寧以所統軍數來上安武軍節度使奕來歸乙未完顏元宜等弑海陵於揚州丙申次義州丁酉宋人破陜州防禦

使折可直降同知防禦使事李棐立死之十二月乙卯次三河縣左副元帥完顏殼英來朝丙辰次通州延安尹唐括德溫來朝丁巳至中都戊午謁太祖廟己未御貞元殿受群臣朝庚申以元帥左監軍高忠建等爲報諭宋國使壬戌詔軍士自東京扈從至京師者復三年同知河間尹高昌福上書陳便宜上覽之再三詔內外大小職官陳便宜丙寅詔左副元帥完顏殼英規措南邊及陝西等路事二年正月戊辰朔日有食之伐鼓用幣上徹樂減膳不視朝庚午上謂宰相曰進賢退不肖宰相之職也有才能高於己者或懼其分權往往不肯引置同列朕甚不取卿等

毋以此爲心以前翰林學士承旨致仕翟永固爲尚書左丞濟南尹僕散忠義爲右丞都統紇哥副統完顏布輝坐擅易置中都官吏紇哥除名布輝削兩階罷之辛未御太和殿宴百官宗戚命婦賜賚有差壬申勅御史臺檢察六部文移稽而不行行而失當皆舉劾之甲戌除迎賽神佛禁令乙亥如大房山丙子獻享山陵禮畢欲獵而還左丞相晏等諫曰邊事未寧不宜游畋戊寅還宮因諭晏等曰朕常慕古之帝王虛心受諫卿等有言即言毋緘默以自便辛巳以兵部尚書可喜等謀反伏誅詔中外是日賜扈從猛安謀克甲士下至阿里喜有差遣左副點檢蒲察阿

孛罕等賞賚河南將士以前勸農使移剌元宜爲御史大夫詔前工部尚書蘇保衡太子少保高思廉振賜山東百姓粟帛無妻者具姓名以聞庚寅行納粟補官法遣右副元帥完顏謀衍率師討蕭窩斡壬辰上謂宰執曰朕即位未半年可行之事甚多近日全無敷奏朕深居九重正賴卿等贊襄各思所長以聞朕豈有倦怠癸巳太白晝見甲午上謂宰執曰卿等當參民間利害及時事之可否以時敷奏不可公餘輒從自便優游而已命河北山東陝西等路征南步軍並放還家咸平濟州軍二萬入屯京師丙申以西南路招討使完顏思敬兵部尚書阿鄰督北邊將士

二月己亥前翰林待制大頴以言盜賊忤海陵杖而除名起爲秘書丞補闕馬欽以諂事海陵得幸除名庚子詔前戶部尚書梁球戶部郎中耶律道安撫山東百姓招諭盜賊或避賊及避徭役在他所者並令歸業及時農種無問罪名輕重並與原免壬寅太傅尚書令張浩來見癸卯以上初即位遣遼陽主簿石抹移迭東京麴院都監移剌葛補招契丹叛人爲白彥敬紇石烈志寧所害並贈鎮國上將軍令其家各食五品俸仍收錄其子甲辰以張浩爲太師尚書令如故御史大夫移剌元宜爲平章政事辛亥定世襲猛安謀克遷授格壬子以太保左領軍大都督奔睹

爲都元帥太保如故癸丑詔降蕭王敬嗣暉許霖等官放歸田里甲寅復用進士爲尚書省令史丙辰嵩州刺史石抹术也刺等敗宋兵於壽安縣丁巳鄭州防禦使蒲察世傑取陝州甲子詔都元帥奔睹開府山東經略邊事澤州刺史特末哥及其妻高福娘伏誅閏月甲戌上謂宰臣曰比聞外議言奏事甚難朕於可行者未嘗不從自今敷奏勿有所隱朕固樂聞之戊子上謂宰臣曰臣民上書者多勅尚書省詳閱而不即具奏天下將謂朕徒受其言而不行也其亟條具以聞庚寅詔平章政事移剌元宜泰州路規措邊事辛卯太和厚德殿火乙未尚書兵部侍郎溫敦

术突剌等與窩斡戰敗于勝州三月癸卯參知政事獨吉
義罷元帥左都監徒單合喜敗宋將吳璘于德順州甲辰
追削李通官職乙巳免南京正隆丁夫貸役錢辛亥以廉
平誠諭中外官吏癸亥詔河南陝西山東昨因捕賊良民
被虜爲賊者釐正之四月巳巳右副元帥完顏謀衍等敗
窩斡于長濼辛未降廢帝亮爲海陵郡王乙亥詔減御膳
及宮中食物之半夏國遣使來賀即位及進方物及賀萬
春節右副元帥完顏謀衍復敗窩斡於霿䨴河辛巳宴夏
使貞元殿故事外國使三節人從皆坐廡下賜食上察其
食不精腆曰何以服遠人之心掌食官皆杖六十癸未夏

使朝辭乞互市從之己丑以右丞相晏爲太尉壬辰詔征
契丹部將士曰應契丹與大軍未戰而降者不得殺傷仍
安撫之後招誘來降者除奴婢以已虜爲定其親屬使各
還其家仍官爲贖之五月丁酉朔以曷速館節度使白彥
敬爲御史大夫戊戌遣元帥左監軍高忠建會北征將帥
討契丹己亥以臨海軍節度使紇石烈志寧爲元帥右監
軍右副元帥完顏謀衍元帥右監軍完顏福壽坐逗遛召
還京師皆罷之壬寅立楚王允迪爲皇太子詔中外丁巳
押軍萬戶裴滿按剌猛安移剌沙里剌敗宋兵于華州六
月戊辰命御史大夫白彥敬西北路市馬庚午以尚書右

丞僕散忠義爲平章政事兼右副元帥經略契丹詔出內
府金銀給征契丹軍用戊寅詔居庸關古北口譏察契丹
姦細捕獲者加官賞己卯詔守禦古北口及石門關庚辰
宋遣使賀即位壬午右副元帥僕散忠義與窩斡戰于花
道戊子以南京留守紇石烈良弼爲尚書右丞右副元帥
庚寅僕散忠義大敗窩斡于裊嶺西陷泉獲其弟裊壬辰
以西南路招討使完顏思敬爲元帥右都監七月丁酉復
取原州丙午宋主傳位于子眘甲寅詔諭契丹丁巳速頻
軍士术里古等誣完顏謀衍子斜哥寄書其父謀反弁以
其書上之上覽書曰此誣也止訊告者訊之果誣也术里

古伏誅庚申太尉尚書左丞相晏致仕壬戌詔發濟州會
寧府軍在京師者以五千人赴北京都統府陝西都統璋
敗宋將吳璘于張義堡八月乙丑朔奚抹白謀克徐列等
降左監軍高忠建破奚于栲栳山及招降旁近奚六營有
不降者攻破之盡殺其男子以其婦女童孺分給諸軍丁
卯永興縣進嘉禾壬申萬戶溫迪罕阿魯帶與奚戰于古
北口敗焉詔同判大宗正事完顏謀衍等禦之癸酉上謂
宰臣曰百姓上書陳時政其言猶有所補卿等位居機要
略無獻替可乎夫聽斷獄訟簿書期會何人不能唐虞之
聖猶務兼覽博照乃能成治正隆專任獨見故取敗亡朕

早夜孜孜冀聞讜論卿等宜體朕意詔百司官吏凡上書言事或爲有司所抑許進表以聞朕將親覽以觀人材優劣夏國遣使賀尊號丁丑免齊國妃韓王亨樞密忽土留守曠等家親屬在宮籍者詔元帥右都監完顏思敬以所部軍與大軍會討窩斡乙酉詔左諫議大夫石琚監察御史爲仲尹廉察河北東路丁亥詔御史臺曰卿等所劾惟諸局行移稽緩及緩於赴局者耳此細事也自三公以下官僚善惡邪正當審察之若止理細務而略其大者將治卿等罪矣契丹老和尚降辛卯罷諸關征稅九月甲午朔完顏謀衍擒奚猛安合住元帥左都監徒單合喜大敗宋將吳璘于德順州乙未詔尚書右丞紇石烈良弼以便宜招撫奚契丹之叛者庚子元帥右都監完顏思敬獲契丹窩斡餘衆悉平以尚書左司員外郎完顏正臣爲夏國生日使壬寅獵于近郊乙巳以移剌窩斡平詔中外庚戌改葬睿宗皇帝壬子以元帥右都監完顏思敬爲右副元帥戊午詔思敬經略南邊辛酉奉遷睿宗皇帝梓宮于磐寧宮癸亥元帥左監軍徒單合喜等敗宋兵于德順州河南統軍使宗尹復取汝州十月丁卯以左副元帥完顏彀英爲平章政事戊辰如山陵謁睿宗皇帝梓宮哭盡哀平章政事右副元帥僕散忠義等還自軍上謁丙戌以僕散忠義爲尚書右丞相元帥左監軍紇石烈志寧爲左副元帥戊子葬睿宗皇帝于景陵大赦己丑詔左副元帥紇石烈志寧經略南邊壬辰華州防禦使蒲察世傑丹州刺史赤盞胡速魯改敗宋兵于德順州十一月癸巳朔詔右丞相僕散忠義伐宋丁酉第職官廉能汚濫不職各爲三等而黜陟之十二月乙酉遣尚書刑部侍郎劉仲淵等廉察宣諭東京北京等路

三年正月壬辰朔高麗夏遣使來賀庚子太白晝見壬子遣客省使烏居仁賞勞河南軍士癸丑復取德順州二月甲子詔太子少詹事楊伯雄等廉問山西路庚午上謂宰相曰灤州饑民流散逐食甚可矜恤移於山西富民贍濟仍于道路計口給食壬申詔撫諭陝西庚辰太保都元帥奔睹薨丙戌趙景元等以亂言伏誅庚寅高麗夏遣使來賀萬春節高麗遣使賀即位東京僧法通以妖術亂衆都統府討平之三月丙申中都以南八路蝗詔尚書省遣官捕之壬寅詔戶部侍郎魏子平等九人分詣諸路猛安謀克勸農及廉問詔臨潢漢民逐食於會寧府濟信等州庚戌詔免去年租稅四月辛酉朔右副元帥完顏思敬罷丁卯平章政事完顏彀英御史大夫白彥敬罷以參知政事李石爲御史大夫丁丑詔吏犯贓罪雖會赦不敘己卯以

引進使韓綱爲横賜高麗使乙酉賑山西路猛安謀克貧民給六十日糧是月取商虢環州宋所侵一十六州至是皆復五月辛卯朔右丞相僕散忠義朝京師乙未以重五幸廣樂園射柳命皇太子親王百官皆射勝者賜物有差上復御常武殿賜宴擊毬自是歲以爲常丙申宋人攻破靈壁虹縣己亥罷河南山東陝西統軍司置都統副統以太子詹事完顏守道從皇太子上召諭守道曰卿任執政所責非輕自今毋從行辛丑以右丞相僕散忠義兼都元帥癸卯僕散忠義還軍河南路都統奚撻不也叛入于宋丙午宋人攻破宿州辛亥更定出征軍逃亡法尚書省請

籍天德間被誅大臣諸奴隸及從窩斡亂者爲軍上以四方甫定民意稍蘇而復簽軍非長策不聽癸丑詔諭契丹餘黨蒲速越等如能自新并釋其罪若執蒲速越父子以來者仍官賞之左副元帥紇石烈志寧復取宿州河南副統孛术魯定方死于陣乙卯以北京留守完顏思敬復爲右副元帥中都蝗詔參知政事完顏守道按問大興府捕蝗官六月庚申朔日有食之以刑部尚書蘇保衡爲參知政事丙子詔曰正隆之末濟州路逃回軍士爲中都官軍所邀殺者官爲收葬己卯觀稼于近郊甲申太師尚書令張浩罷以宿直將軍阿勒根和衍爲横賜夏國使七月

庚戌太白晝見以太子太師宗憲爲平章政事以孔總爲襲封衍聖公八月丙寅太白經天庚午詔曰祖宗時有勞効未曾遷賞者五品以上聞奏六品以下及無職事者尚書省約量升除甲戌詔參知政事完顏守道招撫契丹餘黨戊寅詔罷契丹猛安謀克其戶分隸女直猛安謀克命諸官貟年老者許存馬一二疋餘並括買入官勅殿前都點檢唐括德温重九出獵國朝舊俗今扈從軍二千能無擾民可嚴爲約束仍以錢萬貫分賜之乙酉如大房山丁亥薦享于睿陵戊子還宮癸巳宿直將軍僕散習尼列爲夏國生日使九月丁酉秋獵以重九拜天于北郊丙午詔

翰林待制劉仲誨等廉問車駕所經州縣乙卯還宮十月甲子大享于太廟丙寅以許王府長史移剌天佛留爲高麗生日使癸酉冬獵十一月庚寅太白晝見經天壬辰還都戊申詔求仕官輒入權要之門追一官仍降除以請求有所饋獻及受之者具狀奏裁庚戌百官請上尊號不允詔中都平州及饑荒地并經契丹剽掠有質賣妻子者官爲收贖壬子尚書左丞翟永固罷癸丑罷貢金線段疋甲寅以尚書右丞紇石烈良弼爲左丞吏部尚書石琚爲參知政事十二月丁丑臘獵于近郊以所獲薦山陵自是歲以爲常詔流民未復業增限招誘己卯參知政事蘇保衡

至自軍辛巳以爲尚書右丞
四年正月丁亥朔高麗夏遣使來賀戊子罷路府州元日
及萬春節貢獻上謂侍臣曰秦王宗翰有功於國何乃無
嗣皆未知所對上曰朕嘗聞宗翰在西京坑殺匈者千人
得非其報耶癸巳百官復請上尊號不允丁酉如安州春
水壬寅至安州大雪詔扈從人舍民家者人日支錢一百
與其主甲辰元帥府言宋遣審議官胡昉致尚書右僕射
書來議和好以其言失信拘昉軍中以書荅之及以書進
上覽之曰宋之失信行人何罪當即遣還邊事令元帥府
從宜措畫乙巳尚書省奏徐州民曹珪討賊江志而子弼

亦在賊中并殺之法當補二官敘雜班上以所奏未當進
一官正班用之辛亥獲頭鵝遣使薦山陵自是歲以爲常
二月丁巳免安州今年賦役及保塞縣御城邊吴二村凡
扈從人嘗止其家者亦復一年辛酉獵于高陽之北庚午
還都庚辰以北京粟價踴貴詔免今年課甲三月丙戌朔
萬春節高麗夏遣使來賀詔免北京歲課段匹一年庚子
京師地震壬寅百官復請上尊號不允四月丁巳平章政
事完顏元宜罷甲戌出宮女二十一人五月旱癸卯勑有
司審寃獄禁宮中音樂放毬場役夫乙巳詔禮部尚書王
競禱雨于北岳己酉命參知政事石琚等於北郊望祭禱

雨壬子雨窩斡餘黨蒲速越伏誅六月甲寅朔日有食之
壬戌尚書左丞紇石烈良弼至自征南元帥府甲子以雨
足命有司祭謝嶽鎮海瀆于北郊己巳幸東宮視皇太子
疾庚午初定祭五嶽四瀆禮辛未觀稼于近郊庚辰詔諭
元帥府曰所請伐宋軍萬五千今以騎三千步四千赴之
詔陝西元帥府議入蜀利害以聞七月壬辰故衛王襄妃
及其子和尚以妖妄伏誅庚子以尚書左丞紇石烈良弼
爲平章政事辛丑大風雷雨拔木八月甲寅朔詔征南元
帥府曰前所請收復舊疆乞俟秋涼進發今已秋涼復俟
何時戊午以參知政事完顏守道爲尚書左丞大興尹唐

括安禮爲參知政事壬申上謂宰臣曰卿每奏皆常事凡
治國安民及朝政不便於民者未嘗及也如此則宰相之
任誰不能之己卯如大房山辛巳致祭于山陵九月癸未
朔還都乙酉上謂宰臣曰形勢之家親識訴訟請屬道達
官吏往往屈法徇情宜一切禁止己丑上謂宰臣曰北京
懿州臨潢等路嘗經契丹寇掠平薊二州近復蝗旱百姓
艱食父母兄弟不能相保多冐鬻爲奴朕甚閔之可速遣
使閱實其數出内庫物贖之乙未葦鷹房主者以鷹隼置
内省堂上上怒曰此宰相聽事豈置鷹隼處耶痛責其人
俾置他所己亥以宿直將軍烏里雅爲夏國生日使辛亥

以太子少詹事烏古論三合爲高麗生日使十月癸亥朔
獵于密雲縣丙寅還都己卯命泰寧軍節度使張弘信等
二十四人分路通撿諸路物力十一月乙酉征南都統徒
單克寧敗宋兵取楚州己丑封子永功爲鄭王辛卯冬獵
乙未詔進師伐宋戊戌次河間府辛丑尚書省火甲辰次
清州閏月壬子朔還都十二月丁亥尚書省奏都統高景
山取商州己丑臘獵于近郊辛卯太白晝見經天是歲大
有年斷死罪十有七人
五年正月辛亥朔高麗夏遣使來賀乙卯詔泰州臨潢接
境設邊堡七十駐兵萬三千己未宋通問使魏杞等以國

書來書不稱大稱姪宋皇帝稱名再拜奉書于叔大金皇
帝歲幣二十萬辛未詔中外復命有司旱蝗水溢之處與
免租賦癸酉命元帥府諸新舊軍以六萬人留戍餘並放
還以宋國歲幣悉賞諸軍二月壬午以左副都點檢完顏
仲等爲宋報問使壬寅罷納粟補官令三月戊申萬春節
宋高麗夏遣使來賀壬申羣臣奉上尊號曰應天興祚仁
德聖孝皇帝詔中外四月癸卯西京留守壽王京謀反獄
成特免死杖之除名嵐州安置乙巳右副元帥完顏思敬
罷丁未右丞相都元帥僕散忠義還自軍五月壬子左副
元帥紇石烈志寧以召入見丁巳以僕散忠義爲尚書左

丞相紇石烈志寧爲平章政事還軍乙丑以平章政事宗
憲爲尚書右丞相癸酉罷山東路都統府以其軍各隸總
管府六月甲辰芝產大安殿柱丙午京師地震雨毛七月
戊申朔京師地復震罷陝西都統府復置統軍司京兆徙
陝西元帥府河中八月己卯前宿州防禦使烏林荅剌撒
以與宋李世輔交通伏誅癸巳宋夏遣使賀尊號九月丁
未朔以吏部尚書高衎等爲賀宋生日使戊申秋獵庚戌
以宿直將軍术虎蒲查爲夏國生日使甲戌還都十月丁
丑朔地震辛巳以大宗正丞璋爲高麗生日使乙未冬獵
辛丑還都十一月丙午朔上謂宰臣曰朕在位日淺未能

徧識臣下賢否全賴卿等盡公舉薦今六品以下殊乏人
材何以副朕求賢之意癸丑華東宮戊午以右副都點檢
烏古論粘沒曷爲賀宋正旦使癸亥立諸路通檢地土等
第稅法癸酉大霧晝晦十二月己丑獵于近郊高麗遣使賀尊號
六年正月丙午朔宋高麗夏遣使來賀庚午勑有司
宮中張設毋以塗金爲飾二月丁亥尚書左丞相兼都
元帥沂國公僕散忠義薨三月壬寅萬春節宋高麗夏遣
使來賀甲寅上如西京庚申次歸化州西京留守唐括德
溫上謁戊辰至西京庚午朝謁太祖廟壬申擊毬百姓縱
觀四月甲戌朔詔月朔禁屠宰戊戌以尚書右司郎中移

剌道爲橫賜高麗使宿直將軍斜卯搧剌爲橫賜夏國使
辛丑太白晝見五月戊申華嚴寺觀故遼諸帝銅像詔
主僧謹視之壬子詔雲中大同縣及警巡院給復一年壬
戌詔將幸銀山諸扈從軍士賜錢五萬貫有敢損苗稼者
並償之六月辛巳太白晝見經天丙戌發自西京庚子獵
于銀山七月辛酉次三义口八月辛未朔次凉陘庚辰獵
于望雲之南山九月辛丑朔至自西京丁未以戶部尚書
魏子平爲賀宋生日使辛亥以翰林待制移剌熙載爲夏
國生日使澤州刺史劉德裕等以盜用官錢伏誅壬子太
白晝見癸丑尚書右丞相宗憲薨丙辰太白晝見經天十

月己卯以尚書兵部侍郎移剌按荅爲高麗生日使甲申
朝享于太廟詔免雄莫等州今年租壬辰太白晝見經天
丁酉如安肅州冬獵十一月丙午還都癸丑以右副都點
檢烏古論元忠爲賀宋正旦使上謂宰臣曰朝官當慎選
其人庶可激勵其餘若不當則啓覬覦之心卿等必知人
才優劣舉實才用之庚申太白晝見經天丁卯參知政事
石琚以母憂罷十二月甲戌詔有司每月朔望及上七日
毋奏刑名戊子太白晝見經天甲午泰州民合住謀反伏
誅丙申以平章政事紇石烈良弼爲尚書右丞相紇石烈
志寧爲樞密使

七年正月庚子朔宋高麗夏遣使來賀辛亥石琚起復參
知政事壬子上服袞冕御大安殿受尊號冊寶禮癸丑大
赦庚申以元帥左監軍徒單合喜爲樞密副使二月庚寅
尚書右丞蘇保衡薨丙申以參知政事石琚爲尚書右丞
三月己亥朔萬春節宋高麗夏遣使來賀四月戊辰朔日
有食之壬辰以御史大夫李石爲司徒大夫如故五月丙
午大興府獄空詔賜錢三百貫爲宴樂之用以勞之甲寅
以北京留守耨盌溫敦兀帶爲參知政事六月癸酉命地
衣用龍文者罷之七月戊申禁服用金線其織賣者皆抵
罪丙辰幸東宮己未幸東宮視皇太子疾閏月丁卯觀稼

于近郊戊辰越王永中進封許王鄭王永功封隨王永成
封瀋王甲戌詔遣秘書監移剌子敬經略北邊戊寅幸東
宮己卯慶雲環日壬午觀稼于近郊戊子觀稼于北郊八
月辛亥慶雲環日癸丑尚書右丞相監脩國史紇石烈良
弼進太宗實錄上立受之己未如大房山壬戌致祭睿陵
九月乙丑朔還宮己巳右三部檢法官韓贊以捕蝗受賂
除名詔吏人但犯贓罪雖會赦非特旨不叙以勸農使蒲
察莎魯窩等爲賀宋生日使辛未參知政事唐括安禮罷
乙亥以宿直將軍唐括鶻魯爲夏國生日使庚辰地震辛
巳以都水監李衛國爲高麗生日使乙酉秋獵庚寅次保

州詔修起居注王天祺察訪所經過州縣官十月乙未朔
上謂侍臣曰近聞朕所幸郡邑曾宴寢堂宇後皆避之此
甚無謂可宣諭令仍舊居止戊申還都丁巳上謂宰臣曰
海陵不辨人才優劣惟徇己欲多所升擢朕即位以來以
此爲戒止取實才用之近聞蠡州同知移剌延壽在官汚
濫詢其出身乃正隆時鷹房子如鷹房厨人之類可典城
牧民耶自今如此局分不得授以臨民職任以御史中丞
孟浩爲參知政事是日參知政事耨盌温敦兀帶薨辛酉
勅有司於東宮涼樓前增建殿位孟浩諫曰皇太子雖爲
儲貳宜示以儉德不當與至尊宮室相侔乃罷之十一月

乙丑朔上謂宰臣曰聞縣令多非其人其令吏部察其善
惡明加黜陟辛未以河間尹徒單克寧等爲賀宋正旦使
壬申太白晝見丁丑歲星晝見丁亥樞密副使徒單合喜
罷十二月戊戌東京留守徒單合喜北京留守完顏謀衍
肇州防禦使蒲察通朝辭賜通金帶諭之曰卿雖有才然
用心多詐朕左右須忠實人故命卿補外賜卿金帶者荅
卿服勞之久也又顧謂左宣徽使敬嗣暉曰如卿不可謂
無才所欠者純實耳甲辰以北京留守完顏思敬爲平章
政事是歲斷死囚二十人
八年正月甲子朔宋高麗夏遣使來賀乙丑上謂宰臣曰

朕治天下方與卿等共之事有不可各當面陳以輔朕之
不逮慎毋阿順取容卿等致位公相正行道揚名之時苟
或偷安自便雖爲今日之幸後世以爲何如群臣皆稱萬
歲辛未謂秘書監移剌子敬等曰昔唐虞之時未有華飾
漢惟孝文務爲純儉朕於宮室惟恐過度其或興修即損
宮人歲費以充之今亦不復營建矣如宴飲之事近惟太
子生日及歲元嘗飲酒往者亦止上元中秋飲之亦未嘗
至醉至於佛法九所未信梁武帝爲同泰寺奴遼道宗以
民戶賜寺僧復加以三公之官其惑深矣庚辰行皇太子
冊禮二月甲午朔制子爲改嫁母服喪三年上諭左宣徽

使敬嗣暉曰凡爲人臣上欲要君之恩下欲干民之譽必
虧忠節卿宜戒之三月癸亥朔萬春節宋高麗夏遣使來
賀己巳命以職官子補令史丁丑命護衛親軍百戶五十
戶非直日不得帶刀入宮己丑太白晝見四月丙午詔曰
馬者軍旅所用牛者農耕之資殺牛有禁馬亦何殊其令
禁之戊申擊毬常武殿司天馬貴中諫曰陛下爲天下主
繫社稷之重又春秋高圍獵擊毬危事也宜悉罷之上曰
朕以示習武耳五月甲子北望淀太震風雨雹廣十里長
六十里詔戶工兩部自今宮中之飾並勿用黃金乙丑上
如涼陘丁卯歲星晝見庚寅改旺國崖曰靜寧山曷里滸

東川曰金蓮川六月河决李固渡水入曹州七月甲子制盜群牧馬者死告者給錢三百貫戊辰上謂平章政事完顔思敬等曰朕思得賢士寤寐不忘自今朝臣出外即令體訪外任職官廉能者及草萊之士可以助治者具姓名以聞甲戌秋獵己卯次三义口上諭點檢司曰沿路禾稼甚佳其扈從人少有蹂踐則當汝罪八月乙卯至自涼陘九月辛酉上諭尚書右丞石琚參政孟浩曰聞蔚州採地蕈役夫數百千人朕所用幾何而擾動如此自今差役凡稱御前者皆須稟奏仍令附冊癸亥以右宣徽使移剌神獨斡等爲賀宋生日使己巳以引進使高希甫爲夏國生

日使庚午上幸東宮癸酉上諭宰臣曰卿等舉用人材凡己所知識必使他人舉奏朕甚不喜如其果賢何必以親疎爲避忌也以戶部尚書魏子平爲參知政事辛巳上謂御史大夫李石曰臺憲固在分別邪正然內外百司豈謂無人惟見卿等劾人之罪不聞舉善自今宜令監察御史分路剌舉善惡以聞上嘗命左衛將軍大磐訪求良弓而磐多自取護衛婁室以告上命點檢司鞫磐磐妹爲寶林磐屬內侍僧兒言之寶林寶林以聞命杖僧兒百出磐爲隴州防禦使十月己丑朔以戒諭官吏貪墨詔中外乙未命涿州刺史兼提點山陵每以朔望致祭朔則用素望則

用肉仍以明年正月爲首及命圖畫功臣於太祖廟其未立碑者立之以翰林待制靖爲高麗生日使上謂宰臣曰海陵時脩起居注不任直臣故所書多不實可訪求得實詳而錄之參政孟浩進曰良史直筆君舉必書自古帝王不自觀史意正在此辛亥詔罷復州歲貢鹿筋十一月乙丑幸東宮以同簽大宗正事闕合土等爲賀宋正旦使十二月戊子朔遣武定軍節度使移剌按等招諭阻韤

九年正月戊午朔宋高麗夏遣使來賀辛酉上與宣徽使敬嗣暉秘書監移剌子敬論古今事因曰亡遼日屠食羊三百亦豈能盡用徒傷生耳朕雖處至尊每當食常思貧

民飢餒猶在己也彼身爲惡而口祈福何益之有如海陵以張仲軻爲諫議大夫何以得聞忠言朕與大臣論議一事非正不言卿等不以正對豈人臣之道也庚午詔諸州縣和糴毋得抑配百姓戊寅契丹外失剌等謀叛伏誅丙戌制漢人渤海兄弟之妻服闋歸宗以禮續婚者聽二月庚寅制妄言邊關兵馬者徒二年丙申詔改葬漢二燕王於城東庚子以中都等路水免稅詔中外又以曹單二州被水尤甚給復一年甲寅詔女直人與諸色人公事相關只就女直理問三月丁巳朔萬春節宋高麗夏遣使來賀丁卯以尚書省定網捕走獸法或至徒上曰以禽獸之故

而抵民以徒是重禽獸而輕民命也豈朕意哉自今有犯可杖而釋之詔御史中丞移剌道廉問山東河南辛未禁民間稱言銷金條理內舊有者改作明金字辛巳以大名路諸猛安民戶艱食遣使發倉廪減價出之四月己丑謂宰臣曰朕觀在位之臣初入仕時競求聲譽以取爵位亦既顯達即徇默苟容爲自安計朕甚不取宜宣諭百官使知朕意癸巳遣翰林修撰蒲察兀虎監察御史完顏鶻沙分詣河北西路大名河南山東等路勸猛安謀克農五月丙辰朔以符寶郎徒單懷貞爲橫賜高麗使宿直將軍完顏賽也爲橫賜夏國使戊辰尚書省奏越王永中隋王永

功二府有所興造發役夫上曰朕見宮中竹有枯瘁者欲令更植恐勞人而止二王府各有引從人力又奴婢甚多何得更役百姓爾等但以例爲請海陵橫役無度可盡爲例耶自今在都浮役久爲例者仍舊餘並官給傭直重者奏聞六月庚寅冀州張和等反伏誅戊戌以久旱命宮中毋用扇庚子雨七月乙卯朔罷東北路採珠壬申觀稼于近郊八月甲申朔有司奏日食以雨不見伐鼓用幣如常禮九月甲寅朔以刑部尚書高德基等爲賀宋生日使宿直將軍僕散守中爲夏國生日使提點司天臺馬貴中爲高麗生日使罷皇太子月料歲給錢五萬貫上謂臺臣曰

比聞朝官內有攬中官物以規貨利者汝何不言皆對曰不知上曰朕尚知之汝有不知者乎朕若舉行汝將安用壬戌秋獵十月丁亥還都辛丑以尚書右丞相紇石烈良弼爲左丞相樞密使紇石烈志寧爲右丞相詔宗廟之祭以鹿代牛著爲令丙午大享于太廟辛亥以平章政事完顏思敬爲樞密使十一月己未以尚書左丞完顏守道爲平章政事右丞石琚爲左丞參知政事孟浩爲右丞庚申上幸東宮辛酉以京兆尹毅等爲賀宋正旦使壬戌冬獵丙子還都十二月丙戌詔賑臨潢泰州山東東路河北東路諸猛安民以東京留守徒單合喜爲平章政事丁酉太

白晝見辛丑獵于近郊丙午制職官犯公罪在官已承伏者雖去官猶論

十年正月壬子朔宋高麗夏遣使來賀甲子命宮中元宵無得張燈甲戌以司徒御史大夫李石爲太尉尚書令二月甲午安化軍節度使徒單子温副使老君奴以贓罪伏誅戊申上謂近臣曰護衛以後皆是治民之官其令教以讀書三月壬子朔萬春節宋高麗夏遣使來賀丙辰上因命護衛中善射者押賜宋使射弓宴宋使中五十押宴者纔中其七謂左右將軍曰護衛十年出爲五品職官每三日上直役亦輕矣豈徒令飽食安卧而已弓矢不習將焉

用之戊午以河南統軍使宗叙為參知政事庚午上謂參政宗叙曰卿昨為河南統軍時言黃河堤埽利害甚合朕意朕每念百姓差調官吏互為姦弊不早計料臨期星火率斂所費倍蓰為害非細卿既參朝政皆當革弊擇利行之又諭左丞石琚曰女直人徑居達要不知閭閻疾苦汝等自丞簿至是民間何事不知凡有利害宜悉敷陳四月丁酉制命婦犯姦不用夫廕以子封者不拘此法五月乙卯如柳河川閏月庚辰夏國任得敬脅其主李仁孝使上表請中分其國上問宰臣李石石等以為事繫彼國不如許之上曰彼劫於權臣耳詔不許并却其貢物七月壬午

秋獵戊戌放圍場役夫詔扈從糧食並從官給乙巳勅扈從人縱畜牧蹂踐禾稼者杖之仍償其直八月己未至自柳河川壬申遣參知政事宗叙北巡九月庚辰尚書左丞相紇石烈良弼丁憂起復如故壬午以簽書樞密院事移剌子敬為賀宋生日使庚寅以戶部郎中夾谷阿里補為夏國生日使十月己酉以大宗正丞紇為高麗生日使甲寅如霸州冬獵乙丑上謂大臣曰比因巡獵聞固安縣令高昌裔不職已令罷之霸州司候成奉先奉職謹恪可進一階除固安令辛未上謂宰臣曰朕凡論事有未能深究其利害者卿等宜悉心論列無為面從而退有後言十一

月辛巳制盜太廟物者與盜宮中物論同甲申上幸東宮丁亥以太子詹事蒲察蒲速越等為賀宋正旦使癸巳夏國以誅任得敬遣使來謝詔慰諭之十二月丙寅上謂宰臣曰比體中不佳有妨朝事今觀所奏事皆依條格殊無一利國之事若一朝行一事歲計有餘則其利博矣朕居深宮豈能悉知外事卿等尤當注意

十一年正月丙子朔宋夏遣使來賀丁丑封子永升為徐王永蹈為滕王永濟為薛王壬午詔職官年七十以上致仕者不拘官品並給俸祿之半丙申命賑南京屯田猛安被水災者戊戌尚書省奏汾陽軍節度副使牛信昌生日

受饋獻法當奪官上曰朝廷行事苟不自正何以正天下尚書省樞密院生日節辰饋獻不少此而不問小官饋獻即加按劾豈正天下之道自今宰執樞密饋獻亦宜罷去上謂宰臣曰往歲清暑山西近路禾稼甚廣殆無畜牧之地因命五里外乃得耕墾今聞民皆去之他所甚可矜憫其令依舊耕種事有類此卿等宜即告朕三月乙亥朔萬春節宋夏遣使來賀辛巳命有司以天水郡公旅櫬依一品禮葬於鞏洛之原四月丁未歸德府民臧安兒謀反伏誅大理卿李昌圖以廉問真定尹徒單貞咸平尹石抹阿沒剌受賕不法既得罪狀不即黜罷杖之四十癸亥參知

政事魏子平罷高麗國王晛弟晧廢其主自立詐稱讓國遣使以表來上五月辛卯詔遣吏部侍郎靖使高麗問故癸巳以南京留守移剌成為樞密副使六月乙酉詔曰諸路常貢數內同州沙苑羊非急用徒勞民爾自今罷之朕居深宮勞民之事豈能盡知似此當具以聞戊午觀稼于近郊甲子平章政事徒單合喜薨七月甲申參知政事宗叙薨八月癸卯朔太白晝見詔朝臣曰朕嘗諭汝等國家利便治體遺闕皆可直言外路官民亦嘗言事汝等終無一語凡政事所行豈能皆當自今直言得失毋有所隱乙巳上謂宰臣曰隨朝之官自謂歷一考則當得某職兩考

則當得某職第務因循碌碌而已自今以外路官與內除者察其公勤則升用之但苟簡於事不須任滿便以本品出之賞罰不明豈能勸勉庚戌詔曰應因窩斡被掠女直及諸色人未經刷放者官為贖放隱匿者以違制論其年幼不能稱說住貫者從便住坐上謂宰臣曰五品以下闕員甚多而難於得人三品以上朕則知之五品以下不能知也卿等曾無一言見舉者欲盡久安之計興百姓之利而無良輔佐所行皆尋常事耳雖日日視朝何益之有卿等宜勉思之己巳以尚書刑部侍郎烏林荅天錫等為賀宋生日使近侍局使劉玹為夏國生日使九月癸未獵于

橫山庚寅還都十月壬寅朔以左宣徽使敬嗣暉為參知政事甲寅上謂宰臣曰朕已行之事卿等以為成命不可復更但承順而已一無執奏且卿等凡有奏何嘗不從自今朕旨雖出宜審而行有未便者即奏改之或在下位有言尚書省所行未便亦當從而改之毋拒而不從丙寅尚書左丞相紇石烈良弼進睿宗實錄戊辰上謂宰臣曰衍慶宮圖畫功臣已命增為二十人如丞相韓企先自本朝興國以來憲章法度多出其手至於關決大政但與大臣謀議終不使外人知覺漢人宰相前後無比若褒顯之亦足示勸慎無遺之十一月丁丑以西南路招討使宗寧等

為賀宋正旦使戊寅幸東宮上謂皇太子曰吾兒在儲貳之位朕為汝措天下當無復有經營之事汝惟無忘祖宗純厚之風以勤修道德為孝明信賞罰為治而已昔唐太宗謂其子高宗曰吾伐高麗不克終汝可繼之如此之事朕不以遺汝如遼之海濱王以國人愛其子嫉而殺之此何理也子為衆愛愈為美事所為若此安有不亡唐太宗有道之君而謂其子高宗曰爾於李勣無恩今以事出之我死宜即授以僕射彼必致死力矣君人者焉用偽為受恩於父安有忘報於子者乎朕御臣下惟以誠實耳群臣皆稱萬歲丙戌朝享于太廟丁亥有事于圜丘大赦癸巳

群臣奉上尊號曰應天興祚欽文廣武仁德聖孝皇帝乙未詔中外十二月癸卯冬獵乙卯還宮丙辰參知政事敬嗣暉薨辛酉進封越王永中趙王隨王永功曹王審王永成幽王徐王永升虞王滕王永蹈徐王薛王永濟滕王乙丑趙王永中曹王永功俱授猛安仍命永功親治事以習爲政

本紀第六

本紀第七 金史七

開府儀同三司上柱國錄軍國重事前中書右丞相監修國史領經筵事都總裁臣脫脫 奉勅修

世宗中

十二年正月庚午朔宋高麗夏遣使來賀戊寅詔有司凡陳言文字皆國政利害自今言有可行以其本封送秘書監當行者錄副付所司丙申以水旱免中都西京南京河北河東山東陝西去年租稅二月壬寅上召諸王府長史諭之曰朕選汝等正欲勸導諸王使之為善如諸王所為有所未善當力陳之尚或不從則具某日行某事以奏若阿意不言朕惟汝罪丙午尚書省奏廉察到同知城陽軍事山和尚等清强官上曰此輩暗察明訪皆著政聲可第其政績各進官旌賞其速議升除庚戌上如順州春水癸丑還都丙辰詔自今官長不法其僚佐不能糾正又不言上者並坐之戶部尚書高德基濫支朝官俸錢四十萬貫杖八十三月己巳朔萬春節宋高麗夏遣使來賀乙亥詔尚書省贓汙之官已被廉問者仍舊職必復害民其遣使諸道即日罷之丁丑詔遣宿直將軍烏古論思列冊封王晧為高麗國王庚寅雨土癸巳以前西北路招討使移剌道為參知政事回紇遣使來貢丁酉北京曹貴等謀反伏

誅四月旱癸卯尚書右丞孟浩罷丁巳西北路納合七斤等謀反伏誅癸亥以久旱命禱祠山川詔宰臣曰諸府少尹多闕員當選進士雖資叙未至而有政聲者擢用之以宿直將軍唐括阿忽里爲橫賜夏國使乙丑大名尹荊王文以贓罪奪王爵降授德州防禦使回紇使使來貢丙寅尚書右丞相紇石烈志寧薨丁卯宋高麗遣使賀尊號阻䪁來貢五月癸酉上如百花川甲戌命賑山東東路胡剌溫猛安民饑丁丑次阻居以旱而雨戊寅觀稼禁扈從蹂踐民田禁百官及承應人不得服純黃油衣癸未諭宰臣曰朕每次舍凡秣馬之具皆假於民間多亡失不還其主此彈壓官不職可擇人代之所過即令詢問但亡失民間什物並償其直乙酉詔給西北路人戶牛六月甲寅如金蓮川九月丙子至自金蓮川辛巳以右副都點檢夾谷清臣等爲賀宋生日使右衛將軍粘割斡特剌爲夏國生日使丁亥太白晝見在日前鄜州李方等謀反伏誅十月高麗國王王晧遣使謝封冊乙未臨奠故右丞相紇石烈志寧喪志寧妻永安縣主進鎧甲弓矢鷹鶻重綵壬子召皇太子及趙王永中上殿上顧謂宰臣曰京嘗圖逆今不除之恐爲後患又曰天下大器歸於有德海陵失道朕乃得之但務脩德餘何足慮皇太子及永中皆曰誠如聖訓遂

釋之丙辰以德州防禦使文貫產賜其兄之子咬住且諭其母文之罪汝等皆當連坐念宋王有大功於國故置不問仍以家產賜汝子十一月甲戌上謂宰臣曰宗室中有不任官事者若不加恩澤於親親之道有所未弘朕欲授以散官量予廩祿未知前代何如左丞石琚曰陶唐之親九族周家之內睦九族見於詩書皆帝王美事也丙子上以曹國公主家奴犯事宛平令劉彥弼杖之主乃折辱令既深責公主又以臺臣徇勢偷安畏忌不敢言奪俸一月以陝西統軍使璋爲御史大夫以戶部尚書曹望之爲賀宋正旦使壬午同州民屈立等謀反伏誅戊子上屏侍臣與宰臣議事記注官亦退上曰史官記人君善惡朕之言動及與卿等所議皆當與知其於記錄無或有隱可以朕意諭之十二月乙未朔以濟南尹劉萼在定武軍貪墨不道命大理少卿張九思鞫之丁酉詔遣官及護衛二十人分路選年二十以上四十以下有門地才行及善射者充護衛不得過百人冀州王瓊等謀反伏誅德州防禦使文以謀反伏誅辛丑出宮女二十餘人己酉樞密副使移剌成罷辛亥禁審錄官以宴飲廢公務詔金銀坑冶聽民開採毋得收稅癸丑獵于近郊以殿前都點檢徒單克寧爲樞密副使己未詔自今除名人子孫有在仕者並取奏裁

十三年正月乙丑朔宋高麗夏遣使來賀癸酉尚書省奏南客車俊等因榷場貿易誤犯邊界罪當死上曰本非故意可免罪發還毋令彼國知之恐復治其罪詔有司嚴禁州縣坊里為民害者閏月壬子詔太子詹事曰東宮官屬尤當選用正人如行檢不脩及不稱職者具以名聞辛酉太白晝見洛陽縣賊聚衆攻盧氏縣殺縣令李庭才亡入于宋三月癸巳朔萬春節宋高麗夏遣使來賀乙卯上謂宰臣曰會寧乃國家興王之地自海陵遷都永安女直人寖忘舊風朕時嘗見女直風俗迄今不忘今之燕飲音樂皆習漢風蓋以備禮也非朕心所好東宮不知女直風俗

第以朕故猶尚存之恐異時一變此風非長久之計甚欲一至會寧使子孫得見舊俗庶幾習效之太子詹事劉仲誨請增東宮牧人及張設上曰東宮諸司局人自有常數張設已具尚何增益太子生於富貴易入於侈惟當導以淳儉朕自即位以來服御器物往往仍舊卿以此意諭之四月己巳定出繼子所繼財產不及本家者以所繼與本家財產通數均分制以有司言特授洺州孝子劉政太子掌飲丞乙亥上御睿思殿命歌者歌女直詞顧謂皇太子及諸王曰朕思先朝所行之事未嘗暫忘故時聽此詞亦欲令汝輩知之汝輩自幼惟習漢人風俗不知女直純實之風至於文字語言或不通曉是忘本也汝輩當體朕意至於子孫亦當遵朕教誡也辛巳更定盜宗廟祭物法五月壬辰朔日有食之戊戌禁女直人毋得譯為漢姓壬寅真定尹孟浩薨甲辰尚書省奏鄧州民范三毆殺人當死而親老無侍上曰在醜不爭謂之孝孝然後能養斯人以一朝之忿忘其身而有事親之心乎可論如法其親官與養濟六月樞密使完顏思敬薨七月庚子復以會寧府為上京庚戌罷歲課雉尾八月丁卯以判大興尹趙王永中為樞密使詔賜諸猛安謀克廉能三等官賞己卯御史大夫璋罷丙戌以左副都點檢襄等為賀宋生日使丁亥秋

獮九月辛卯朔以宿直將軍胡什賚為夏國生日使辛亥還都大名府僧李智究等謀反伏誅十月乙丑歲星晝見丙子以前南京留守唐括安禮為尚書右丞十一月以大興尹璋為賀宋正旦使引進使大洞為高麗生日使上謂宰臣曰外路正五品職事多闕員何也太尉李石對曰資考少有及者上曰苟有賢能當不次用之壬子吏部尚書梁肅請禁奴婢服羅綺上曰近已禁其服明金行之以漸可也且教化之行當自貴近始朕宮中服御常自節約舊服明金者已減太半矣近民間風俗比正隆時閒稍淳儉卿等當更務從儉素使民知所效也

十四年正月己丑朔宋高麗夏遣使來賀二月壬戌以大興尹璋使宋有罪杖百五十除名仍以所受禮物入官丙寅以刑部尚書梁肅等為宋詳問使庚午以太尉尚書令李石為太保致仕戊寅詔免去年被水旱百姓租稅三月戊子朔萬春節宋高麗夏遣使來賀甲午上謂大臣曰海陵純尚吏事當時宰執止以案牘為功卿等當思經濟之術不可狃于故常也又詔猛安謀克之民今後不許殺生祈祭若遇節辰及祭天日許得飲會自二月一日至八月終並禁絕飲燕亦不許赴會他所恐妨農功雖閑月亦不許痛飲犯者抵罪可徧諭之又命應衛士有不閑女直語

者並勤習學仍自後不得漢語辛丑太白歲星晝見甲辰上更名雍詔中外丙辰太白歲星晝見經天四月乙丑上諭宰臣曰聞愚民祈福多建佛寺雖已條禁尚多犯者宜申約束無令徒費財用戊辰有事于太廟以皇太子攝行事乙亥以勸農副使完顏蒲涅為橫賜高麗使上御垂拱殿顧謂皇太子及親王曰人之行莫大於孝弟孝弟無不蒙天日之祐汝等宜盡孝于父母友于兄弟自古兄弟之際多因妻妾離間以至相遠且妻者乃外屬耳可比兄弟之親乎若妻言是聽而兄弟相遠甚非理也汝等當以朕言常銘于心戊子以樞密副使徒單克寧兼大興尹五月丙戌朔詳問使梁肅等還自宋甲午如金蓮川六月己未太白晝見八月丁巳次冰里舌日中白龍見御帳東小港中須臾乘雲雷而去癸亥獵于彌離補己卯太白晝見九月丁亥還都乙未以兵部尚書完顏讓等為賀宋生日使宿直將軍崇肅為夏國生日使癸卯上退朝謂侍臣曰朕自在潛邸及踐阼以至于今於親屬舊知未嘗欺心有徇近御史臺奏樞密使永中嘗致書河南統軍使完顏仲託以賣馬朕知而不問朕之欺心此一事耳夙夜思之其如有疾己酉宋遣使報聘十月乙卯朔詔圖畫功臣二十人衍慶宮聖武殿之左右廡十一月甲申朔日有食之丙申

御史中丞劉仲誨等為賀宋正旦使戊戌召尚食局使諭之曰太官之食皆民脂膏日者品味太多不可徧舉徒為虛費自今止進可口者數品而已戊申以儀鸞局使曹士元為高麗國生日使十二月戊寅以平章政事完顏守道為右丞相樞密副使徒單克寧為平章政事

十五年正月此下闕七月丙午粘拔恩與所部康里孛古等內附九月戊子至自金蓮川辛卯高麗西京留守趙位寵叛其君請以慈悲嶺以西鴨淥江以東四十餘城內附不納丙申幸新宮閏月己酉朔定應禁弓箭槍刀路分品官家奴客旅等許帶弓箭制上謂左丞相良弼曰今之在

官者須職位稱愜所望然後始加勉力其或稍不如意則止以度日爲務是豈忠臣之道耶丁巳又謂良弼曰武靈時領省秉德左丞相言皆有能名然爲政不務遠圖止以苛刻爲事言及可喜等在會寧時一月之間杖而殺之者二十人罪皆不至於死於理可乎海陵爲人如虎此輩尚欲以術數要之以至賣直取死得爲能乎己未以歸德尹完顏王祥等爲賀宋生日使符寶郎斜卯和尚爲夏國生日使辛酉高麗國王奏告趙位寵伏誅詔慰荅之詔親王百官傔人所服紅紫改爲黑紫甲戌詔年老之人毋注縣令年老而任從政其佐亦擇壯者參用十月乙未冬獵丁

未還都十一月乙卯上幸東宮初唐古部族節度使移剌毛得之子殺其妻而逃上命捕之至是皇姑梁國公主請赦之上謂宰臣曰公主婦人不識典法罪尚可恕毛得請託至此豈可貸宥不許戊午以右宣徽使靖等爲賀宋正旦使甲子太白晝見戊辰以宿直將軍阿典蒲魯虎爲高麗生日使

十六年正月戊申朔宋高麗夏遣使來賀甲寅詔免去年被水旱路分租稅甲子詔宗屬未附玉牒者並與編次丙寅上與親王宰執從官從容論古今興廢事曰經籍之興其來久矣垂教後世無不盡善今之學者既能誦之必須行之然知而不能行者多矣苟不能行誦之何益女直舊風最爲純直雖不知書然其祭天地敬親戚尊耆老接賓客信朋友禮意款曲皆出自然其善與古書所載無異汝輩當習學之舊風不可忘也戊辰宮中火庚午上按鷹高橋見道側醉人墮驢而卧命左右扶而乘之送至其家辛未皇姑邀上至私第諸妃皆從宴飲甚歡公主每進酒上立飲之二月庚寅皇子瀋王妃徒單氏以姦伏誅己亥平章政事徒單克寧罷以女故三月丙午朔日有食之是日萬春節改用明日宋高麗夏遣使來賀戊申雨豆於臨潢之境戊午上御廣仁殿皇太子親王皆侍膳上從容訓之

曰大凡資用當務節省如其有餘可周親戚勿妄費也因舉所御服曰此服已三年未嘗更換尚爾完好汝等宜識之壬申復置吾都椀部禿里四月丙戌詔京府設學養士及定宗室宰相子程試等第戊子制商賈舟車不得用馬以東京留守崇尹爲樞密副使壬寅如金蓮川五月戊申南京宮殿火甲寅太白晝見庚申遣使禱雨靜寧山神有頃而雨六月山東兩路蝗七月壬子夏津縣令移剌山住坐贓伏誅八月辛巳次霹靂濼九月乙巳至自金蓮川己酉諭左丞相紇石烈良弼曰西邊自來不備儲蓄其令所在和糴以爲緩急之備癸丑以殿前都點檢蒲察通等爲

賀宋生日使宿直將軍完顏覿古速爲夏國生日使諭左丞相良弼曰海陵非理殺戮臣下甚可哀憫其孛論出等遺骸仰逐處訪求官爲收葬辛酉以南京宮殿火留守轉運兩司官皆抵罪十月丙申詔諭宰執曰諸王小字未嘗以女直語命之今皆當更易卿等擇名以上十一月壬寅朔參知政事王蔚罷尚書省奏河北東路胡剌温猛安所轄謀克孛朮魯舍厮以謀克讓其兄子蒲速列上賢而從之仍令議加舍厮恩賞戊午以同知宣徽院事劉珫等爲賀宋正旦使庚申以吏部尚書張汝弼爲參知政事甲子以粘割韓奴之子詳古爲尚輦局直長妻室爲武器直長

初韓奴被旨招契丹大石後不知所終至是因粘拔恩部長撒里雅寅特斯等來詢知其死節之詳故錄其後遣兵部郎中移剌子元爲高麗國生日使十二月壬申朔詔諸科人出身四十年方注縣令年歲大遠今後仕及三十二年別無負犯贓汙追奪便與縣令丙子詔諸流移人老病者官與養濟上諭宰臣曰凡已經奏斷事有未當卿等勿謂已行不爲奏聞改正朕以萬幾之繁豈無一失卿等但言之朕當更改必無吝也庚寅定榷場香茶罪賞法

十七年正月壬寅朔宋高麗夏遣使來賀高麗并表謝不納趙位寵丙午有司奏高麗所進玉帶乃石似玉者上曰小國無能辨識者誤以爲玉耳且人不易物惟德其物若復却之豈禮體耶戊申詔於衍慶宮聖武殿西建世祖神御殿東建太宗睿宗神御殿詔西北路招討司契丹民户其嘗叛亂者已行措置其不與叛亂及放良奴隸可徙烏古里石壘部令及春耕作尚書省奏吾都椀部體土胡魯雅里密斯請入獻許之庚戌詔諸大臣家應請功臣號者既不許其子孫自陳吏部考功郎其詳考其勞績當賜號者即以聞壬子上謂宰臣曰宗室中年高者往往未有官稱其先皆有功於國朕欲稍加以官使有名位可稱如何對曰親親報功先王之令則丁巳詔朝官嫁娶給假三日

不須申告壬戌詔宰臣海陵時大臣無辜被戮家屬籍沒者並釋爲良遼豫王宗天水郡王被害子孫各葬於廣寧河南舊塋其後復詔天水郡王親屬於都北安葬外咸平所寄骨殖官爲葬於本處遼豫王親屬未入本塋者亦遷祔之三月辛丑朔宋高麗夏遣使來賀辛亥詔免河北山東陝西河東西京遼東等十路去年被旱蝗租稅賑東京婆速曷速館三路乙丑尚書省奏三路之粟不能周給上曰朕嘗語卿等遇豐年即廣糴以備凶歉卿等皆言天下倉廩盈溢今欲賑濟乃云不給自古帝王皆以蓄積爲國家長計朕之積粟豈欲獨用之耶今既不給可於鄰道取

之以濟自今預備當以為常四月甲戌制世襲猛安謀克若出仕者雖年未及六十欲令子孫襲者聽戊寅諭宰臣曰郡縣之官雖以罪解一二歲後亦須再用猛安謀克皆太祖創業之際於國勤勞有功之人其世襲之官不宜以小罪奪免戊子以滕王府長史徒單烏者為橫賜高麗使五月尚書省奏定皇家袒免以上親燕饗班次並從唐制癸卯辛姚村淀閱七品以下官及宗室子諸局承應人射柳賞有差六月己卯謂宰臣曰朕年老矣恐因一時喜怒處置有所不當卿等即當執奏毋為面從成朕之失乙未以英王爽之子思列為忠順軍節度副使爽入謝上曰朕

以卿疾故特任卿子所冀卿因喜而愈也欲即加峻擢恐思列年幼未閑政事汝當訓之使有善可觀更當升擢七月壬子尚書省奏歲以羊三萬賜西北路戍兵上問如何運致宰臣不能對上曰朕雖退朝留心政務不遑安寧卿等勿謂細事非帝王所宜問以卿等於國家之事未嘗用心故問之耳是月大雨河決八月己巳觀稼于近郊壬申以監察御史體察東北路官吏輒受訟牒為不稱職笞之五十庚辰上謂宰臣曰今之在官者同僚所見事雖當理必以為非意謂從之則恐人謂政非己出如此者多朕甚不取今觀大理寺所斷雖制有正條理不能行者別具情

見朕惟取其所長夫爲人之理他人之善者從之則可謂善矣壬午上謂宰臣曰今在下僚豈無人材但在上者不為汲引惡其材勝己故耳丙戌上謂御史中丞紇石烈邈曰臺臣糾察吏治之能否務去其擾民且冀其得賢也今所至輒受訟牒聽其妄告使為政者如何則可也九月丁酉朔日有食之辛丑封子永德為薛王以右副都點檢完顏習尼列等為賀宋生日使癸卯以兵部郎中石抹忽土為夏國生日使戊申秋獵庚戌歲星熒惑太白聚於尾甲子還都十月己巳夏國進百頭帳詔郤之境上癸酉有司奏衍慶宮所畫功臣二十人惟五人有謚今考檢餘十五

人功狀擬定謚號以進詔可詔以羊十萬付烏古里石壘部畜牧其滋息以予貧民丁丑制諸猛安父任別職子須年二十五以上方許承襲辛巳上謂宰臣曰今在位不聞薦賢何也昔狄仁傑起自下僚力扶唐祚使既危而安延數百年之永仁傑雖賢非婁師德何以自薦乎癸未更護送罪人逃亡制上謂宰臣曰近觀上封章者殊無大利害且古之諫者既忠於國亦以求名今之諫者為利而已如戶部尚書曹望之濟南尹梁肅皆上書言事蓋覬覦執政耳其於國政竟何所補達官如此況餘人乎昔海陵南伐太醫使祁宰極諫至戮於市此本朝以來一人而已丁亥

上命宰臣曰監察御史田忠孺嘗上書言事今當升擢以勵其餘十一月戊戌以南京留守徒單克寧為平章政事庚戌上謂宰臣曰朕常恐重斂以困吾民自今諸路差科之煩細者亦具以聞有司奏夏國進御帳使因邊臣懇求進入乃許之以尚書左丞石琚為平章政事丙辰以延安尹完顏蒲剌睹等為賀宋正旦使十二月戊辰以渤海舊俗男女婚娶多不以禮必先攘竊以奔詔禁絶之犯者以姦論以宿直將軍僕散懷忠為高麗生日使己巳太白晝見壬申以尚書右丞唐括安禮為左丞殿前都點檢蒲察通為右丞上謂宰執曰朕今年已五十有五若年踰六十雖欲有為而莫之能矣宜及朕之康强其女直人猛安謀克及國家政事之未完與夫法令之未一者宜皆修舉之凡所施行朕不為怠

十八年正月丙申朔宋高麗夏遣使來賀壬寅定殺異居周親奴婢同居卑幼輒殺奴婢及妻無罪而輒毆殺者罪庚戌修起居注移剌傑上書言每屏人議事雖史官亦不與聞無由紀錄上以問平章政事石琚左丞唐括安禮對曰古者天子置史官於左右言動必書所以儆戒人君庶幾有所畏也庚申免中都河北河東山東河南陝西等路前年被災租稅壬戌如春水二月丙寅朔次管莊丙子次

華港己丑還宮三月乙未朔萬春節宋高麗夏遣使來賀乙巳命戍邊女直人遇祭祀婚嫁節辰許自造酒丁未上謂宰執曰縣令之職最為親民當得賢材用之邇來犯法者衆殊不聞有能者比在春水見石城玉田兩縣令皆年老苟祿而已畿甸尚爾遠縣可知平章政事石琚對曰良鄉令焦旭慶都令李伯達皆能吏可任上曰審如卿言可擢用之己酉禁民間無得剏興寺觀獻州人殷小二等謀反伏誅四月己巳上謂宰臣曰朕巡幸所至必令體訪官吏臧否向玉田知主簿石抹杳乃能吏也可授本縣令己丑以太子左贊善阿不罕德甫為橫賜高麗使五月丙午上如金蓮川六月庚午尚書左丞相紇石烈良弼薨閏月辛丑命賑西南西北兩招討司民及烏古里石壘部轉戶饑七月丙子上謂宰臣曰職官始犯贓罪容有過誤至於再犯是無改過之心自今再犯不以贓數多寡並除名八月乙巳至自金蓮川丙辰以尚書右丞相完顏守道為左丞相平章政事石琚為右丞相九月辛未以大理卿張九思等為賀宋生日使侍御史完顏蒲魯虎為夏國生日使癸酉以尚書左丞唐括安禮為平章政事乙亥以右丞蒲察通為左丞參知政事移剌道為右丞刑部尚書粘割斡特剌為參知政事十月庚寅朔陝州防禦使石抹靳家奴

以罪除名甲午御史中丞劉仲晦侍御史李瑜坐失糾察大長公主事各削官一階十一月庚申朔尚書省奏擬同知永寧軍節度使事阿可為刺史上曰阿可年幼於事未練授佐貳官可也平章政事唐括安禮奏曰臣等以阿可宗室故擬是職上曰郡守係千里休戚安可不擇人而私其親耶若以親親之恩賜與雖厚無害於政使之治郡而非其才一境何賴焉壬申以靜難軍節度使烏延查刺等為賀宋正旦使丙子尚書省奏崇信縣令石安節買車材於部民三日不償其直當削官一階解職上因言凡在官者但當取其貪污與清白之尤者數人黜陟之則人自知

懲勸矣夫朝廷之政太寬則人不知懼太猛則小玷亦將不免於罪惟當用中典耳戊寅上責宰臣曰近聞趙承元何故再任卿等言曹王嘗遣人言其才能幹敏故再任之官爵擬注雖由卿輩予奪之權當出于朕曹王之言尚從之假皇太子有所諭則其從可知矣此事因御言始知其不知者知復幾何且卿等公受請屬可乎蓋承元前為曹王府文學與王邸婢姦杖百五十除名而後用也丙戌以吏部尚書烏古論元忠為御史大夫以東上閤門使左光慶為高麗生日使十二月庚戌封孫吾都補溫國公麻達葛金源郡王承慶道國公壬子羣臣奉上大金受命萬世之寶

十九年正月庚申朔宋高麗夏遣使來賀丁卯如春水二月己酉還宮乙卯免去年被水旱民田租稅三月己未朔萬春節宋高麗夏遣使來賀乙丑尚書省奏虧課院務官顏葵等六十八人各合削官一階上曰以承廕人主榷沽此遼法也法弊則當更張唐宋法有可行者則行之己巳上與宰臣論史事且曰朕觀前史多溢美大抵史書載事貴實不必浮辭諂諛也辛未上謂宰臣曰姦邪之臣欲有規求往往私其黨與不肯明言託以他事陽不與而陰為之力朕觀古之姦人當國家建儲之時恐其聰明不利於

己往往風以陰事破壞其議惟擇昏懦者立之冀他日可弄權為功利也如晉武欲立其弟而姦臣沮之竟立惠帝以致喪亂此明驗也丁丑上謂宰臣曰朕觀前代人臣將諫於朝與父母妻子訣示以必死同列目覩其死亦不顧身又為之諫此盡忠於國者人所難能也己卯制糾彈之官知有犯法而不舉者減犯人罪一等科之關親者許回避上謂宰臣曰人多奉釋老意欲徼福朕蚤年亦頗惑之旋悟其非且上天立君使之治民若盤樂怠忽欲以僥倖祈福難矣果能愛養下民上當天心福必報之四月己丑朔詔賑西南路招討司所部民己酉以升祔閔宗詔中外

丁巳歲星晝見五月戊寅幸太寧宮六月戊子朔詔更定
制條七月辛未有司奏擬趙王子石古乃人從上不從謂
宰相曰兒輩尚幼若奉承太過使修心滋大卒難節抑此
不可長諸兒每入侍當其語笑娛樂之際朕必淵默涖之
以嚴燕其知朕儆戒之意使常畏慎而寡過也癸酉密州
民許通等謀反伏誅丙子太白晝見庚辰至自太寧宮八
月壬辰尚書右丞相石琚致仕戊戌以宋大觀錢當五用
丙午濟南民劉溪忠謀反伏誅九月戊午以左宣徽使蒲
察鼎壽等為賀宋生日使太子左衛率府率裴滿胡剌為
夏國生日使癸亥秋獵癸未還都十月辛卯西南路招討

使招典以贓罪伏誅辛亥制知情服內成親者雖自首仍
依律坐之十一月壬戌改葬昭德皇后大赦以御史中丞
移剌慥等為賀宋正旦使戊辰以西上閤門使盧拱為高
麗生日使壬申上如河間冬獵癸未至自河間
二十年正月甲寅朔宋高麗夏遣使來賀戊午定試令史
格壬戌命歲以錢五千貫造隨朝百官節酒及冰燭藥炭
視品秩給之己巳如春水丙子幸石城縣行宮丁丑以玉
田縣行宮之地偏林為御林大淀濼為長春淀二月丁未
還都三月癸丑朔萬春節宋高麗夏遣使來賀己未詔月
犯罪被問之官雖遇赦不得復職乙丑以新定猛安謀克

詔免中都西京河北山東河東陝西路去年租稅辛巳以
平章政事徒單克寧為尚書右丞相御史大夫烏古論元
忠為平章政事四月丁亥定冒廕罪賞己亥制宗室及外
戚并一品命婦衣服聽用明金以西上閤門使郭喜國為
橫賜高麗使太寧宮火乙巳上謂宰臣曰女直官多謂朕
食用太儉朕謂不然夫一食多費豈為美事況朕年高不
欲屠宰物命貴為天子能自節約亦不惡也朕服御或舊
常使澣濯至于破碎方始更易向時帳幕常用塗金為飾
今則不爾但令足用何必事紛華也庚戌如金蓮川五月
丙寅京師地震生黑白毛七月旱八月壬午秋獵九月壬

戌至自金蓮川以太府監李佾等為賀宋生日使少府少
監賽補為夏國生日使丙子蒲速椀群牧老忽謀叛伏誅
十月庚辰朔更定銓注縣令丞簿格詔西北路招討司每
進馬駝鷹鶻等輒率斂部內自今並罷之壬午上謂宰臣
曰察問細微非人君之體朕亦知之然以卿等殊不用心
故時或察問如山後之地皆為親王公主權勢之家所占
轉租於民皆由卿等之不察卿等當盡心勤事毋令朕之
煩勞也詔徙遙落河移馬河兩猛安於大名東平等路安
置戊戌上謂宰臣曰凡人在下位欲異升進勉為公廉賢
不肖何以知之及其通顯觀其施為方見本心如招討招

典初任定州同知繼爲都司未嘗少有私徇所至皆有清名及爲招討不固守人心險于山川誠難知也壬寅上謂宰臣曰近覽資治通鑑編次累代廢興甚有鑒戒司馬光用心如此古之良史無以加也校書郎毛麾朕屢問以事善於應對真該博老儒可除太常職事以備討論甲辰以殿前都點檢襄爲御史大夫十一月丁巳尚書右丞移剌道罷乙丑以真定尹徒單守素等爲賀宋正旦使癸酉以御史大夫襄爲尚書右丞乙亥上諭宰臣曰郡守選人資考雖未及廉能者則升用之以勵其餘以太常少卿任倜爲高麗生日使十二月辛巳上謂宰臣曰岐國用人但一

言合意便升用之一言之失便責罰之凡人言辭一得一失賢者不免自古用人咸試以事若止以奏對之間安能知人賢否朕之取人衆所與者用之不以獨見爲是也己亥河決衞州辛丑獵于近郊癸卯特授襲封衍聖公孔摠兖州曲阜令封爵如故

本紀第七

本紀第八　金史八

開府儀同三司上柱國錄軍國重事前中書右丞相監修國史領經筵事都總裁臣脫脫奉勅修

世宗下

二十一年正月戊申朔宋高麗夏遣使來賀壬子以夏國請詔復綏德軍榷場仍許就館市易上聞山東大名等路猛安謀克之民驕縱奢侈不事耕稼詔遣閱實計口授地必令自耕地有餘而力不贍者方許招人租佃仍禁農時飲酒丙辰追貶海陵煬王亮爲庶人詔中外甲子如春水丙子次永清縣有移剌余里也者契丹人也隸虞王猛安

有一妻一妾妻之子六妾之子四妻死其六子廬墓下更宿守之妾之子皆曰是嫡母也我輩獨不當守墳墓乎於是亦更宿焉三歲如一上因獵過而聞之賜錢五百貫仍令縣官積錢於市以示縣民然後給之以爲孝子之勸二月戊戌太白晝見庚子還都壬寅以河南尹張景仁爲御史大夫乙巳以元妃李氏之喪致祭興德宮過市肆不聞樂聲謂宰臣曰豈以妃故禁之耶細民日作而食若禁之是廢其生計也其勿禁朕前將詣興德宮有司請由蓟門朕恐妨市民生業特從他道顧見街衢門肆或有毀撤障以簾箔何必爾也自今勿復毀撤三月丁未朔萬春節宋

高麗夏遣使來賀上初聞薊平灤等州民乏食命有司發
粟糶之貧不能糴者貸之有司以貸貧民恐不能償止貸
有戶籍者上至長春宮聞之更遣人閲實賑貸以監察御
史石抹元禮鄭達卿不糾舉各笞四十前所遣官皆論罪
甲子太白晝見乙丑詔山後冒占官地十頃以上者皆籍
入官均給貧民遼州民朱忠等亂言伏誅上謂宰臣曰近
聞宗州節度使阿思懣行事多不法通州刺史完顏守能
既與招討職事猶不守廉達官貴要多行非理監察未嘗
舉劾斡覩只群牧副使僕散那也取部人二毬杖至細事
也乃便劾奏謂之稱職可乎今監察職事修舉者與遷擢

不稱者大則降罰小則決責仍不許去官閏月己卯恩州
民鄒明等亂言伏誅辛卯漁陽令夾谷移里罕司候判官
劉居漸以被命賑貸止給富戶各削三官通州刺史郭邦
傑總其事奪俸三月乙未上謂宰臣曰朕觀自古人君多
進用讒諂其間蒙蔽為害非細若漢明帝尚為此輩惑之
朕雖不及古之明君然近習讒言未嘗入耳至於宰輔之
臣亦未嘗偏用一人私議也癸卯以尚書左丞相完顏守
道為太尉尚書令尚書左丞蒲察通為平章政事右丞襄
為左丞參知政事張汝弼為右丞彰德軍節度使梁肅為
參知政事四月戊申以右丞相徒單克寧為左丞相平章

政事唐括安禮為右丞相增築泰州臨潢府等路邊堡及
屋宇庚戌奉安昭祖以下三祖三宗御容於衍慶宮行親
祀禮上諭宰臣曰朕之言行豈能無過常欲人直諫而無
肯言者使其言果善朕從而行之又何難也戊辰以滕王
府長史把德固為橫賜夏國使壬申幸壽安宮五月戊子
西北路招討使完顏守能以贓罪杖二百除名七月丙戌
還都丁酉樞密使趙王永中罷己亥以左丞相徒單克寧
為樞密使辛丑以太尉尚書令完顏守道復為左丞相太
尉如故八月乙丑以右副都點檢胡什賚等為賀宋生日
使吏部郎中奚胡失海為夏國生日使

二十二年三月辛未朔萬春節宋高麗夏遣使來賀丁丑命尚書
省申勑西北路招討司勤猛安謀克官督部人習武備甲申諭
戶部今歲行幸山後所須並不得取之民間雖所用人夫並以
官錢和雇違者杖八十罷職癸巳詔頒重修制條以吏部
尚書張汝霖為御史大夫四月乙卯行監臨院務官食直
法以削明肅尊號詔中外從皇太子請也甲子上如金蓮
川五月甲申太白晝見六月庚子朔制立限放良之奴限
內娶良人為妻所生男女即為良丁巳右丞相致仕石琚
薨七月辛巳宰臣奏事上頗違豫宰臣請退上曰豈以朕
之微爽於和而倦臨朝之大政耶使終其奏甲午秋獵八

月戊辰太白經天九月戊寅至自金蓮川以左衛將軍禪赤等爲賀宋生日使尚輦局使僕散曷速罕爲夏國生日使己丑以同知東京留守司事裔在任專恣失上下之分謫授復州刺史乙未壽州刺史訛里也同知查剌軍事判官孫紹先搉場副使韓仲英等以受商賂縱禁物出界皆處死十月辛丑徙河間宗室于平州庚戌袷享于太廟十一月丙子以吏部尚書孛术魯阿魯罕等爲賀宋正旦使東京留守徒單貞以與海陵逆謀伏誅妻永平縣主子慎思並賜死甲申以宿直將軍僕散忠佐爲高麗生日使玉田縣令移剌查坐贓伏誅戊子冬獵十二月庚子還都癸丑獵近郊辛酉立強取諸部羊馬法

二十三年正月丁卯朔宋高麗夏遣使來賀庚午詔有司但獲強盜迹狀既明賞隨給之勿得更待丁丑參知政事梁肅致仕辛巳廣樂園燈山火壬午如春水詔夾道三十里內被役之民與免今年租稅仍給傭直甲午大邦基伏誅二月乙巳還都戊申以尚書右丞張汝弼攝太尉致祭于至聖文宣王廟庚戌以戶部尚書張仲愈爲參知政事御史臺進所察州縣官罪上覽之曰卿等所廉皆細碎事又止錄其惡而不舉其善審如是其爲官者不亦難乎其併察善惡以聞三月丙寅朔萬春節宋高麗夏遣使來賀

丙子初製宣命之寶金玉各一尚書右丞相烏古論元忠罷潞州涉縣人陳圓亂言伏誅乙酉雨土丙戌詔戒諭中外百官辛丑更定奉使三國人從差遣格祁州刺史大磐坐無罪掠死染工妄認良人二十五口爲奴削官四階罷之癸丑地生白毛以大理正紇石烈术列速爲橫賜高麗使壬戌幸壽安宮勑有司爲民禱雨是夕雨五月庚午縣令大雛訛只等十人以不任職罷歸六十以上者進官兩階六十以下者進官一階並給半俸甲戌命應部除官嘗以罪罷而再叙者遣使按其治迹如有善狀方許授以縣令無治狀者不以任數多少並不得授丁亥雷雨雹地生白毛六月壬子有司奏右司郎中段珪卒上曰是人甚明正可用者也如知登聞檢院巨構每事但委順而已燕人自古忠直者鮮遼兵至則從遼宋人至則從宋本朝至則從本朝其俗詭隨有自來矣雖屢經遷變而未嘗殘破者凡以此也南人勁挺敢言直諫者多前有一人見殺後復一人諫之甚可尚也又曰昨夕苦暑朕通宵不寐因念小民比屋卑隘何以安處七月乙酉平章政事移剌道參知政事張仲愈皆罷御史大夫張汝霖坐失糾舉降授棣州防禦使八月乙未觀稼于東郊以女直字孝經千部付點檢司分賜護衛親軍癸卯還都乙巳大名府猛安人馬和

尚謀叛伏誅括定猛安謀克戶口田土牛具以戶部尚書程輝爲參知政事九月己巳以同僉大宗正事方等爲賀宋生日使宿直將軍完顏斜里虎爲夏國生日使譯經所進所譯易書論語孟子老子揚子文中子劉子及新唐書上謂宰臣曰朕所以令譯五經者正欲女直人知仁義道德所在耳命頒行之辛未秋獵十月癸巳還都庚戌幸東宮賜皇孫吾都補洗兒禮己未慶雲見辛酉太白晝見十一月壬戌朔日有食之丙寅平章政事蒲察通罷丁卯歲星晝見壬申以樞密副使崇尹爲平章政事閏月甲午上謂宰臣曰帝王之政固以寬慈爲德然如梁武帝專務寬

慈以至綱紀大壞朕嘗思之賞罰不濫即是寬政也餘復何爲以尚書左丞襄爲平章政事右丞張汝弼爲左丞參知政事粘割斡特剌爲右丞禮部尚書張汝霖爲參知政事以西京留守婆盧火等爲賀宋正旦使制外任官嘗爲宰執者凡吏牘上省部依親王例免書名戊午歲星晝見上謂宰臣曰女直進士可依漢兒進士補省令史夫儒者操行清潔非禮不行以吏出身者自幼爲吏習其貪墨至於爲官習性不能遷改政道興廢實由於此庚申尚書省左司員外郎徐偉奏事上謂宰臣曰斯人純而幹右司郎中郭邦傑直而頗躁十二月癸酉上謂宰臣曰海陵自以失道恐上京宗室起而圖之故不問疏近並徙之南豈非以漢光武宋康王之疏庶得繼大統故有是心過慮若此何其謬也乙酉高麗以母喪來告丁亥以真定尹烏古論元忠復爲尚書右丞相

二十四年正月辛卯朔宋夏遣使來賀徐州進芝草十有八莖真定進嘉禾二本六莖異畝同穎戊戌如長春宮春水二月壬申還都癸酉上曰朕將往上京念本朝風俗重端午節比及端午到上京則燕勞鄉閭宗室父老甲戌制一品職事官庶孽子承廕更不引見丙戌以東上閤門使完顏進兒等爲高麗勑祭使西上閤門使大仲尹爲慰問

使廣王府長史永明爲起復使以器物局使㐭爲橫賜夏國使三月庚寅朔萬春節宋夏遣使來賀甲午以上將如上京尚書省奏定皇太子守國諸儀丙申尚書省進皇太子守國寶上召皇太子授之且諭之曰上京祖宗興王之地欲與諸王一到或留二三年以汝守國譬之農家種田商人營財但能不墜父業即爲克家子況社稷任重尤宜畏慎常時觀汝甚謹今日能紓朕憂乃見中心孝也皇太子再三辭讓以不諳政務乞備扈從上曰政事無甚難但用心公正毋納讒邪久之自熟皇太子流涕左右皆爲之感動皇太子乃受寶丁酉如山陵己亥還都壬寅如上京

皇太子允恭守國癸卯宰執以下奉辭于通州上謂宰執曰卿輩皆故老皇太子守國宜悉心輔之以副朕意又謂樞密使徒單克寧曰朕巡省之後脫或有事卿必親之毋忽細微大難圖也又顧六部官曰朕聞省部文字多以小不合而駁之苟求自便致累歲不能結絶朕甚惡之自今可行則行可罷則罷毋使在下有滯留之歎時諸王皆從以趙王永中留輔太子四月己未朔太白晝見咸平尹移剌道薨庚申次廣寧府丙寅次東京丁卯朝謁孝寧宮給復東京百里内夏秋稅租一年在城隨闕年七十者補一官曲赦百里内犯徒二年以下罪乙酉觀漁于混同江五

月己丑至上京居于光興宮庚寅朝謁于慶元宮戊戌宴于皇武殿上謂宗戚曰朕思故鄉積有日矣今既至此可極歡飲君臣同之賜諸王妃主宰執百官命婦各有差宗戚皆霑醉起舞竟日乃罷六月辛酉獵按出虎水臨漪亭壬戌閱馬于綠野淀七月乙未上謂宰臣曰天子巡狩當舉善罰惡凡士民之孝弟婣睦者舉而用之其不顧廉恥無行之人則教戒之不悛者則加懲罰丙午獵于勃野淀乙卯上謂宰臣曰今時之人有罪不問既過之後則謂不知有罪必責則謂每事尋罪風俗之薄如此不以文德感化不能復于古也卿等以德輔佐當使復還古風八月癸亥以太府監張大節等爲賀宋生日使侍御史遥里特末哥爲夏國生日使乙亥詔免上京今年市稅九月甲辰歲星晝見十月丁卯獵于近郊十一月辛卯還宮甲午詔以上京天寒地遠宋正旦生日高麗夏國生日並不須遣使令有司報諭丙午尚書省奏徙速頻胡里改三猛安二十四謀克以實上京十二月丙辰獵于近郊己卯還宮

二十五年正月乙酉朔丁亥宴妃嬪親王公主文武從官于光德殿宗室宗婦及五品以上命婦與坐者千七百餘人賞賚有差二月癸酉以東平尹烏古論思列怨望殺之丁丑如春水四月己未至自春水癸亥幸皇武殿擊毬許

士民縱觀甲子詔於速頻胡里改兩路猛安下選三十謀克爲三猛安移置于率督畔窟之地以實上京壬申曲赦會寧府仍放免今年租稅百姓年七十以上者補一官甲戌以會寧府官一人兼大宗正丞以治宗室之政上謂群臣曰上京風物朕自樂之每奏還都輒用感愴祖宗舊邦不忍捨去萬歲之後當置朕于太祖之側卿等無忘朕言丁丑宴宗室宗婦于皇武殿大功親賜官三階小功二階緦麻一階年高屬近者加宣武將軍及封宗女賜銀絹各有差曰朕尋常不飲酒今日甚欲成醉此樂亦不易得也宗室婦女及羣臣故老以次起舞進酒上曰吾來數月未

有一人歌本曲者吾爲汝等歌之命宗室子弟叙坐殿下者皆坐殿上聽上自歌其詞道王業之艱難及繼述之不易至慨想祖宗宛然如睹慷慨悲激不能成聲歌畢泣下右丞相元忠率羣臣宗戚捧觴上壽皆稱萬歲於是諸夫人更歌本曲如私家之會既醉上復續調至一鼓乃罷己卯發上京庚辰宗室戚屬奉辭上曰朕久思故鄉甚欲留一二歲京師天下根本不能久於此也太平歲久國無征徭汝等皆奢縱往往貧乏朕甚憐之當務儉約無忘祖先艱難因泣數行下宗室戚屬皆感泣而退五月庚寅平章政事襄奏御平山等射懷孕兔上怒杖平山三十召襄誡

飭之遂下詔禁射兔壬寅次天平山好水川癸卯遣使臨潢泰州勸農丙午命尚書省奏事衣窄紫六月甲寅獵近山見田壠不治命笞田者庚申皇太子允恭薨丙寅尚書右丞相烏古論元忠罷庚午遣左宣徽使唐括鼎詣京師致祭皇太子戊寅命皇太子妃及諸皇孫執喪並用漢儀七月戊申發好水川九月辛巳朔次轄沙河賜百歲老嫗帛甲申次遼水召見百二十歲女直老人能道太祖開創事上嘉歎賜食并賜帛己酉至自上京是日上臨奠宣孝皇太子于熙春園十月丙辰尚書省奏親軍數多宜稍減損詔定額爲三千宰臣退上謂左右曰宰相年老艱于久

立可置小榻廊下使少休息甲子禁上京等路大雪及含胎時採捕上謂宰臣曰護衛年老出職而授臨民手字尚不能畫何以治民人胷中明暗外不能知精神昏耄已見於外是強其所不能也天子以兆民爲子不能家家而撫在用人而已知其不能而強授之百姓其謂我何丁丑命學士院諫院秘書監司天臺著作局閤門通進拱衛直武器署等官凡直宮中午前許退十一月庚辰朔詔曰豺未祭獸不許採捕冬月雪尺以上不許用網及速撒海恐盡獸類歲星晝見壬午太白晝見甲午以臨潢尹僕散守中等爲賀宋正旦使丙申夏國遣使問起居戊戌以曹王永

功爲御史大夫壬寅以禮部員外郎移剌履爲高麗生日使十二月戊午以皇孫金源郡王麻達葛判大興尹進封原王甲子太白晝見經天丙寅左丞相完顏守道左丞張汝弼右丞粘割斡特剌參知政事張汝霖坐擅增東宮諸皇孫食料各削官一階甲戌制增留守統軍總管招討都轉運府尹轉運節度使月俸上謂宰臣曰太尉守道論事止務從寬犯罪罷職者多欲復用若懲其首惡後來知畏罪而復用何以示戒是日命範銅爲禮信之寶凡賜外方禮物給信傚則用之丙子上問宰臣曰原王大興行事如何右丞斡特剌對曰聞都人皆稱之上曰朕令察于民間

咸言見事甚明予聾皆不失當曹豳二王弗能及也又聞有女直人訴事以女直語問之漢人訴事漢語問之大抵習本朝語為善不習則淳風將棄汝弼對曰不忘本者聖人之道也斡特剌曰以西夏小邦崇尚舊俗猶能保國數百年上曰事當任實一事有偽則喪百真故凡事莫如真實也

二十六年正月庚辰朔宋高麗夏遣使來賀甲辰如長春宮春水二月癸酉還都乙亥詔曰每季求仕人問以疑難令剖決之其才識可取者仍訪察政迹如其言行相副即加陞用三月己卯朔萬春節宋高麗夏遣使來賀丁亥以大理卿闕上問誰可右丞粘割斡特剌言前吏部尚書唐括貢可乃授以是職己丑尚書省擬奏除授上曰卿等在省未嘗薦士止限資級安能得人古有布衣入相者聞宋亦多用山東河南流寓疏遠之人皆不拘於貴近也以本朝境土之大豈無其人朕難徧知卿又不舉自古豈有終身為相者外官三品以上必有可用之人但無故得進耳左丞張汝弼曰下位雖有才能必試之乃見參政程輝曰外官雖有聲一旦入朝却不稱任亦在沙汰而已癸巳香山寺成幸其寺賜名大永安給田二千畝栗七千株錢二萬貫丁酉以親軍完顏乞奴言制猛安謀克皆先讀女直

字經史然後承襲因曰但令稍通古今則不肯為非前一親軍庵人乃能言此審其有益何憚而不從四月壬子尚書省奏定院務監官虧兑陪納法及横班格因曰朕常日御膳亦從減省嘗有一公主至至無餘膳可與當直官皆目睹之若欲豐腆雖日用五十羊亦不難矣然皆民之脂膏不忍為也監臨官惟知利己不知其利自何而來朕嘗歷外任稔知民間之事想前代之君雖享富貴不知稼穡艱難者甚多其失天下皆由此也遼主聞民間乏食謂何不食乾腊蓋幼失師保之訓及其即位故不知民間疾苦也隋煬帝時楊素專權行事乃不慎委任之過也與正人同處所知必正道所聞必正言不可不慎也今原王府官屬當選純謹秉性正直者充勿用有權術之人戊午尚書左丞張汝弼罷己未幸永安宮壬戌太尉左丞相完顏守道致仕以客省使李磐為横賜高麗使尚書省奏北京轉運使以贓除名尚書省奏事上曰比有上書言職官犯除名不可復用朕謂此言極當如軍期急速權可使用今天下無事復用此輩何以戒將來又奏年前以諸路水旱於軍民地土二十一萬餘頃內擬免稅四十九萬餘石從之詔曰今之稅考古行之但遇災傷常加蠲免五月甲申以司徒樞密使徒單克寧為太尉尚書左丞相判大宗正事

趙王永中復爲樞密使大興尹原王麻達葛爲尚書右丞相賜名璟參知政事程輝致仕戊子盧溝決於上陽村湍流成河遂因之庚寅御史大夫曹王永功罷以豳王永成爲御史大夫戊戌以尚書右丞粘割斡特剌爲左丞參知政事張汝霖爲右丞六月癸亥尚書省奏速頻胡里改世襲謀克事上曰其人皆勇悍昔世祖與之鄰苦戰累年僅能克復其後乍服乍叛至穆康時始服聲教近世亦嘗分徙朕欲稍還其民上京實國家長久之計己巳上謂宰執曰齊桓中庸主也得一管仲遂成霸業朕夙夜以思惟恐失人朕既不知卿等又不薦必俟全才而後舉蓋亦難矣

如舉其人長於某事朕亦量材用之朕與卿等俱老矣天下至大豈得無人薦舉人材當今急務也又言人之有幹能固不易得然不若德行之士最優也上謂右丞相原王曰爾嘗讀太祖實錄乎太祖征麻產襲之至泥淖馬不能進太祖捨馬而步歡都射中麻產遂擒之創業之難如此可不思乎甲戌詔曰凡陳言文字詣登聞撿院送學士院聞奏毋經省廷七月壬午詔給內外職事官兼職俸錢丙申御史中丞馬惠迪爲參知政事庚子上聞同知中都路都轉運使事趙曦瑞其在職應錢穀利害文字多不題署但思安身除授積石州刺史閏月己未還都八月丁丑上謂宰臣曰親軍雖不識字亦令依例出職若涉贓賄必痛繩之太尉左丞相克寧曰依法則可上曰朕於女直人未嘗不知優恤然涉於贓罪雖朕子弟亦不能恕太尉之意欲姑息女直人耳戊寅尚書省奏河決衛州壞命戶部侍郎王寀都水少監王汝嘉徙衛州胙城縣丁亥尚書省奏遣吏部侍郎李晏等二十六人分路推排諸路物力從之己丑以宿直將軍李達可爲夏國生日使辛卯以益都尹崇浩等爲賀宋生日使甲午秋獵九月庚子次薊州辛丑幸仙洞寺壬寅幸香林淨名二寺九月甲辰朔幸盤山上方寺因徧歷中盤天香感化諸寺庚申還都丙寅上謂宰

臣曰烏底改叛亡已遣人討之可益以甲士毀其船栰參知政事馬惠迪曰得其人不可用有其地不可居恐不足勞聖慮上曰朕亦知此類無用所以毀其船栰欲不使再窺邊境耳十月戊寅定職官犯贓同職相糾察法庚寅上謂宰臣曰西南西北兩路招討司地隘猛安人戶無處圍獵不能閑習騎射委各猛安謀克官依時教練其弛慢過期及不親監視並決罰之甲午詔增河防軍數戊戌寧昌軍節度使崇肅行軍都統忠道以討烏底改不待克敵而還崇肅杖七十削官一階忠道杖八十削官三階十一月甲辰朔定閔宗陵廟薦享禮上謂宰臣曰女直人中材傑

之士朕少有識者蓋亦難得也新進士如徒單鎰夾古阿里補尼厖古鑑輩皆可用之材也起身刀筆者雖才力可用其廉介之節終不及進士今五品以上闕員甚多必資級相當至老有不能得者况欲至卿相乎古來宰相率不過三五年而退罕有三二十年者卿等特不舉人甚非朕意上顧修起居注崇璧曰斯人孱弱付之以事未必能辦以其謹厚長者故置諸左右欲諸官効其爲人也辛亥以刑部尚書移剌子元等爲賀宋正旦使戊午以左警巡副使鶻沙通敏善斷擢殿中侍御史兼右三部司正庚申立右丞相原王璟爲皇太孫甲子上謂宰臣曰朕聞宋軍自來教習不輟今我軍專務游惰卿等勿謂天下既安而無豫防之心一旦有警軍不可用顧不敗事耶其令以時訓練丙寅上謂侍臣曰唐太子承乾所爲多非度太宗縱而弗檢遂至於廢如早爲禁止當不至是朕於聖經不能深解至於史傳開卷輒有所益每見善人不忘忠孝檢身廉潔皆出天性至於常人多喜爲非有天下者苟無以懲之何由致治孔子爲政七日而誅少正卯聖人尚爾况餘人乎戊辰上謂宰臣曰朕雖年老聞善不厭孔子云見善如不及見不善如探湯大哉言乎右丞張汝弼對曰知之非艱行之惟艱以拱衛直副都指揮使韓景懋爲高麗生日

使以近侍局直長尼厖古鑑純直通敏擢皇太孫侍丞己巳獵近郊庚午上謂宰臣曰朕方前古明君固不可及至於不納近臣讒言不受戚里私謁亦無愧矣朕嘗自思豈能無過所患過而不改過而能改庶幾無咎省朕之過頗喜興土木之工自今不復作矣十二月甲申上退朝御香閣左諫議大夫黄久約言遞送荔支非是上諭之曰朕不知也今令罷之丙戌上謂宰臣曰有司奉上惟沽辦事之名不問利害如何朕嘗欲得新荔支兵部遂於道路特設鋪遞比因諫官黄久約言朕方知之夫爲人無識一旦臨事便至顛沛宮中事無大小朕常親覽者以不得人故也如使得人寧復他慮丁亥上謂宰臣曰朕年來惟以省約爲務常膳止四五味已厭飫之比初即位十減七八宰臣曰天子自有制不同餘人上曰天子亦人耳枉費安用丙申上謂宰臣曰比聞河水泛溢民罹其害者貲產皆空今復遣官於彼推排何耶右丞張汝霖曰今推排皆非被災之處上曰必隣道也既隣水而居豈無驚擾遷避者乎計其貲產豈有餘哉尚何推排爲又曰平時用人宜尚平直至於軍職當用權謀使人不易測可以集事唐太宗自少年能用兵其後雖居帝位猶不能改吮瘡剪鬚皆權謀也二十七年正月癸卯朔宋高麗夏遣使來賀己酉以襄城

令趙渢爲應奉翰林文字渢入謝上問宰臣曰此党懷英所薦耶對曰諫議黄久約亦嘗薦之上曰學士院比舊殊無人材何也右丞張汝霖曰人材須作養若令久任練習自可得人庚戌如長春宮春水二月乙亥還都己卯改閔宗廟號曰熙宗癸未命曲陽縣置錢監賜名利通乙酉上謂宰執曰朕自即位以來言事者雖有狂妄未嘗罪之卿等未嘗肯盡言何也當言而不言是相疑也君臣無疑則謂之嘉會事有利害可竭誠言之朕見緘默不言之人不欲觀之矣丁亥命沿河京府州縣長貳官並帶管勾河防事己丑諭宰執曰近侍局官須選忠直練達之人用之朕

雖不聽讒言使佞人在側將恐漸漬聽從之矣上謂宰執曰朕聞寶坻尉蒙括特末也清廉其爲政何如左丞斡特剌對曰其部民亦稱譽之然不知所稱何事上曰凡爲官但得清廉亦可矣安得全才之人可進官一階升爲令又言朕時或體中不佳未嘗不視朝諸王百官但有微疾便不治事自今宜戒之丙申命罪人在禁有疾聽親屬入視三月癸卯朔萬春節宋高麗夏遣使來賀辛亥皇太孫受冊赦乙卯尚書省言孟家山金口閘下視都城百四十餘尺恐暴水爲害請閉之從之上謂大臣曰十室之邑必有忠信今天下之廣人民之衆豈得無人唐之顔真卿段秀實皆節義之臣也終不升用亦當時大臣固蔽而不舉也卿等當不私親故而不舉忠正之人朕將用之又言國初風俗淳儉居家惟衣布衣非大會賓客未嘗輒烹羊豕朕嘗念當時節儉之風不欲妄費凡宮中之官與賜之食者皆有常數四月丙戌以刑部尚書崇浩爲參知政事丙申上如金蓮川辛丑京師地震五月壬子詔罷曷懶路所進海葱及太府監日進時果曰葱果應用幾何徒勞人耳惟上林諸果三日一進庚午以所進御膳味不調適有旨問之尚食局直長言臣聞老母病劇私心憒亂如喪魂魄以此有失嘗視臣罪萬死上嘉其孝即令還家侍疾俟平愈

乃來六月戊寅免中都河北等路嘗被河決水災軍民租稅庚辰太白晝見七月丙午太白晝見經天壬子秋獵八月丙戌次雙山子九月己亥朔還都己酉上謂宰臣曰朕今歲春水所過州縣其小官多幹事蓋朕前嘗有賞擢故皆勉力以此見專任責罰不如用賞之有激勸也以河中尹田彦皐等爲賀宋生日使武器署令斜卯阿土爲夏國生日使十月乙亥宋前主構殂庚辰祫享于太廟庚寅上謂宰臣曰朕觀唐史惟魏徵善諫所言皆國家大事甚得諫臣之體近時臺諫惟指摘一二細碎事姑以塞責未嘗有及國家大利害者豈知而不言歟無乃亦不知也宰臣

無以對十一月庚戌以左副都點檢崇安爲賀宋正旦使甲寅詔河水泛溢農夫被災者與免差稅一年衛懷孟鄭四州塞河勞役并免今年差稅庚申平章政事崇尹致仕甲子上謂宰臣曰卿等老矣殊無可以自代者乎必待朕知而後進乎顧右丞張汝霖曰若右丞者亦石丞相所言也平章政事襄及汝霖對曰臣等苟有所知豈敢不言但無人耳上曰春秋諸國分裂土地褊小皆稱有賢卿等不舉而已今朕自勉庶幾致治他日子孫誰與共治者乎宰臣皆有慚色十二月庚午以翰林待制趙可爲高麗生日使丁丑獵于近郊壬午宋遣使告哀甲申上諭宰臣曰人皆以奉道崇佛設齋讀經爲福朕使百姓無寃天下安樂不勝於彼乎爾等居輔相之任誠能匡益國家使百姓蒙利不惟身享其報亦將施及子孫矣左丞斡特剌曰臣等敢不盡心第才不逮不能稱職耳上曰人亦安能每事盡善但加勉勵可也戊子禁女直人不得改稱漢姓學南人衣裝犯者抵罪

二十八年正月丁酉朔宋高麗夏遣使來賀癸卯遣宣徽使蒲察克忠爲宋弔祭使甲辰如春水二月乙亥還都己丑宋遣使獻先帝遺留物癸巳宋使朝辭以所獻禮物中玉器五玻璃器二十及弓劍之屬使還遺宋曰此皆爾國前主珍玩之物所宜寶藏以無忘追慕今受之義有不忍歸告爾主使知朕意也三月丁酉朔萬春節宋高麗夏遣使來賀御慶和殿受羣臣朝復宴于神龍殿諸王公主以次捧觴上壽上歡甚以本國音自度曲蓋言臨御久春秋高慨然思國家基緒之重萬世無窮之託以戒皇太孫當修身養德善于持守及命太尉左丞相克寧盡忠輔導之意於是上自歌之皇太孫及克寧和之極歡而罷戊申命隨朝六品外路五品以職事官舉進士已在仕才可居翰苑者試制詔等文字三道取文理優贍者補充學士院職任應赴部求仕人老病昏昧者勒令致仕止給半俸更不

遷官甲寅幸壽安宮四月癸酉命增外任小官及繁難局分承應人俸丁丑以陝西路統軍使孛朮魯阿魯罕爲參知政事癸未命建女直大學五月丙午制諸教授必以宿儒高才者充給俸與丞簿等戊申宋使來謝弔祭七月辛亥尚書左丞粘割斡特剌罷八月甲子朔日有食之辛未還都庚辰上謂宰臣曰近聞烏底改有不順服之意若遣使責問彼或抵捍不遜則邊境之事有不可已者朕嘗思之招徠遠人於國家殊無所益彼來則聽之不來則勿強其來此前世羈縻之長策也參知政事孛朮魯阿魯罕罷壬午以山東路統軍使完顏婆盧火爲參知政事甲申上

謂宰臣曰用人之道當自其壯年心力精強時用之若拘
以資格則往往至於耄老此不思之甚也阿魯罕使其早
用朝廷必得補助之力惜其已衰老矣凡有可用之材汝
等宜早思之九月甲午朔以鷹房使崇夔爲夏國生日使
安武軍節度使王克溫等爲賀宋生日使己亥秋獵乙卯
還都十月乙丑京府及節度州增置流泉務凡二十八所
禁糠禪瓢禪其停止之家抵罪乙酉尚書省奏擬除授而
拘以資格上曰日月資考所以待庸常之人若才行過人
豈可拘以常例國家事務皆須得人汝等不能隨才委使
所以事多不治朕固不知用人之術汝等但務循資守格

不思進用才能豈以才能見用將奪己之祿位乎不然是
無知人之明也羣臣皆曰臣等豈敢蔽賢才識不逮耳上
顧謂右丞張汝霖曰前世忠言之臣何多今日何少也汝
霖對曰世亂則忠言進承平則忠言無所施上曰何代無
可言之事但古人知無不言今人不肯言耳汝霖不能對
十一月戊戌以改葬熙陵詔中外上謂侍臣曰凡修身者
喜怒不可太極怒極則心勞喜極則氣散得中甚難是故
節其喜怒以思安身今宮中一歲未嘗責罰人也庚子太
白晝見詔南京大名府等處避水逃移不能復業者官與
津濟錢仍量地頃畝給以耕牛甲辰以河中尹田彥皋等

爲賀宋正旦使戊申上謂宰臣曰制條以拘於舊律間有
難解之辭夫法律歷代損益而爲之彼智慮不及而有乖
違本意者若行刪正令衆易曉有何不可宜修之務令明
白有司奏重修上京御容殿上謂宰臣曰宮殿制度苟務
華飾必不堅固今仁政殿遼時所建全無華飾但見它處
歲歲修完惟此殿如舊以此見虛華無實者不能經久也
今土木之工滅裂尤甚下則吏與工匠相結爲姦侵尅工
物上則戶工部官支錢度材惟務苟辦至有工役纔畢隨
即欹漏者姦弊苟且勞民費財莫甚於此自今體究重抵
以罪庚戌上謂宰臣曰朕近讀漢書見光武所爲人有所

難能者更始既害其兄伯升當亂離之際不思報怨事更
始如平日人不見戚容豈非人所難能乎此其度量蓋將
大有爲者也其他庸主豈可及哉右丞張汝霖曰湖陽公
主奴殺人匿主車中洛陽令董宣從車中曳奴下殺之主
入奏光武欲殺宣及聞宣言意遂解使宣謝主宣不奉詔
主以言激怒光武光武但笑而已更賜宣錢三十萬上曰
光武聞直言而怒解可謂賢主矣令宣謝主則非也高祖
英雄大度駕馭豪傑起自布衣數年而成帝業非光武所
及然及即帝位猶有布衣麤豪之氣光武所不爲也癸丑
幸太尉克寧第十二月丙寅以大理正移剌彥拱爲高麗

生日使乙亥上不豫庚辰赦天下乙酉詔皇太孫璟攝政居慶和殿東廡丙戌以太尉左丞相徒單克寧爲太尉兼尚書令平章政事襄爲尚書右丞相右丞張汝霖爲平章政事參知政事完顏婆盧火罷以戶部尚書劉暐爲參知政事戊子詔尚書令徒單克寧右丞相襄平章政事張汝霖宿於內殿

二十九年正月壬辰朔上大漸不能視朝詔遣宋高麗夏賀正旦使還癸巳上崩于福安殿壽六十七皇太孫即皇帝位己亥殯于大安殿三月辛卯朔上尊謚曰光天興運文德武功聖明仁孝皇帝廟號世宗四月乙酉葬興陵

贊曰世宗之立雖由勸進然天命人心之所歸雖古聖賢之君亦不能辭也蓋自太祖以來海內用兵寧歲無幾重以海陵無道賦役繁興盜賊滿野兵甲並起萬姓盻盻國內騷然老無留養之丁幼無顧復之愛顛危愁困待盡朝夕世宗久典外郡明禍亂之故知吏治之得失即位五載而南北講好與民休息於是躬節儉崇孝弟信賞罰重農桑慎守令之選嚴廉察之責却任得敬分國之請拒趙位寵郡縣之獻孳孳爲治夜以繼日可謂得爲君之道矣當此之時群臣守職上下相安家給人足倉廩有餘刑部歲斷死罪或十七人或二十人號稱小堯舜此其効驗也然舉賢之急求言之切不絕于訓辭而群臣偷安苟祿不能將順其美以底大順惜哉

本紀第八

本紀第九　金史九

開府儀同三司上柱國錄軍國重事前中書右丞相監修國史領經筵事都總裁臣脫脫奉

勑修

章宗一

章宗憲天光運仁文義武神聖英孝皇帝諱璟小字麻達葛顯宗嫡子也母曰孝懿皇后徒單氏大定八年世宗幸金蓮川秋七月丙戌次冰井上生翌日世宗幸東宮宴飲歡甚語顯宗曰祖宗積慶而有今日社稷之福也又謂司徒李石樞密使紇石烈志寧等曰朕子雖多皇后止有太子一人幸見嫡孫又生於麻達葛山朕嘗喜其地衍而氣

清其以山名之群臣皆稱萬歲十八年封金源郡王始習本朝語言小字及漢字經書以進士完顏匡司經徐孝美等侍讀二十四年世宗東巡顯宗守國上奉表詣上京問安仍請車駕還都世宗嘉其意賜勑書答諭二十五年三月萬春節復奉表朝賀六月顯宗崩世宗遣滕王府長史臺御院通進謇來護視十二月進封原王判大興府事入以國語謝世宗喜且為之感動謂宰臣曰朕嘗命諸王習本朝語惟原王語甚習朕甚嘉之諭旨曰朕固知汝年幼服制中未可付以職然政事亦須學京輦之任姑試爾才其勉之二十六年四月詔賜名璟五月拜尚書右丞相世宗謂曰宮中有輿地圖觀之可以具知天下遠近阨塞又謂宰臣曰朕所以置原王於近輔者欲令親見朝廷議論習知政事之體故也十一月詔立為皇太孫稱謝於慶和殿世宗諭之曰爾年尚幼以明德皇后嫡孫惟汝一人試之以事甚有可學之資朕從正立汝為皇太孫建立在朕保守在汝宜行正養德勿近邪佞事朕必盡忠孝無失衆望則惟汝嘉二十七年三月世宗御大安殿授皇太孫冊赦中外丁巳謁謝太廟及山陵始受百官賀二十八年十二月乙亥世宗不豫詔攝政聽授五品以下官丁亥受攝政之寶二十九年春正月癸巳世宗崩即皇帝位于柩

前丙申詔中外賜內外官覃恩兩重三品已上者一重免今歲租稅并自來懸欠係官等錢鰥寡孤獨人絹一匹米兩石己亥遷大行皇帝梓宮于大安殿癸卯以皇太后命為令旨甲辰以大理卿王元德等報哀于宋高麗夏己卯白虹貫日亘天丁巳參知政事宗浩罷山東統軍裔以私過都城不赴哭臨笞五十降授彰化軍節度使戊午名皇太后宮曰仁壽設衛尉等官二月辛酉朔日有食之癸亥始聽政追尊皇考為皇帝尊母為皇太后甲子命學士院進呈漢唐便民事及當今急務乙丑白虹亘天勑登聞鼓院所以達冤枉舊嘗鎖戶其令開之戊辰更仁壽宮名隆

慶詔宮籍監户舊係睿宗及大行皇帝皇考之奴婢者悉放爲良己巳勑御史臺自今監察令本臺辟舉任內不稱職亦從奏罷丁丑增定百官俸乙酉詔有司稽考典故許引用宋事是月宋主內禪子惇嗣立三月壬辰朝于隆慶宮是月凡五朝己酉詔以生辰爲天壽節癸丑夏國遣使來弔夏四月己巳夏國遣使來祭辛未宋遣使來弔祭乙酉葬世宗允天興運文德武功聖明仁孝皇帝於興陵戊子朝于隆慶宮五月庚寅朔太白晝見壬寅宋主遣使來報嗣位夏國遣使來賀即位丙午以祔廟禮成大赦丁未地生白毛庚戌詔罷送宣錢今後諸護衛考滿賜官錢二

千貫壬子勑收錄功臣子孫量材於局分承應戊午朝于隆慶宮以東北路招討使溫迪罕速可等爲賀宋主即位使河溢曹州閏月庚申朔封兄珣爲豐王琮鄆王瓌瀛王從彝沂王弟從憲壽王玠溫王辛酉制諸飢民賣身已贖放爲良復與奴生男女並聽爲良丙寅觀稼于近郊庚午以樞密副使唐括貢爲御史大夫壬申封乳母孫氏蕭國夫人姚氏莘國夫人丙子進封趙王永中漢王曹王永功冀王豳王永成吳王虞王永升隨王徐王永蹈衛王滕王永濟潞王薛王永德瀋王庚辰宋遣使來賀即位癸未朝于隆慶宮詔學士院自今誥詞並用四六乙酉詔諸有出

身承應人係將來受親民之職可命所屬諭使爲學其護衛符寶奉御奉職侍直近密當選有德行學問之人爲之教授六月己丑朔有司言律科舉人止知讀律不知教化之原必使通治論語孟子涵養器度遇府會試委經義試官出題别試與本科通定去留爲宜從之詔有司請親王到任各給錢二十萬辛卯脩起居注完顏烏者知登聞檢院孫鐸皆上書諫罷圍獵上納其言拾遺馬升上儉德箴乙未初置提刑司分按九路並兼勸農採訪事屯田鎮防諸軍皆屬焉丁酉幸慶壽寺作瀘溝石橋己亥朝于隆慶宮甲辰罷送赦禮物錢朝于隆慶宮乙卯高麗國王晧遣

使來弔祭及會葬勑有司移報宋高麗夏天壽節於九月一日來賀丁巳命提刑官除後於便殿聽旨每十月使副內一員入見議事如止一員則令判官入見其判官所掌煩劇可升同隨朝職任秋七月辛酉減民地稅十之一河東南北路十之二下田十之三甲子朝于隆慶宮乙丑勑近侍官授外任三品四品賜金帶一重幣有差丁卯以太尉尚書令東平郡王徒單克寧爲太傅改封金源郡王辛未高麗遣使來賀即位甲戌奉皇太后幸壽安宮辛巳詔京府節鎮防禦州設學養士初設經童科御史大夫唐括貢罷禮部尚書移剌履爲參知政事以刑部尚書完顏守

貞等爲賀宋生日使八月戊子朔奉皇太后于壽安宮辛
卯勑有司京府州鎭設學校處其長貳幕職內各以進士
官提控其事仍具入銜壬辰初定品官子孫試補令史格
及提刑司所掌三十二條左司諫郭安民上疏論三事曰
崇節儉去嗜欲廣學問丁酉如大房山戊戌謁奠諸陵己
亥還都庚子朝于隆慶宮是月凡三朝壬寅制提刑司設
女直契丹漢兒知法各一人甲辰參知政事劉瑋罷丙辰
宋高麗夏遣使來賀天壽節九月戊午朔天壽節以世宗
喪不受朝庚申詔增守山陵爲二十丁給地十頃壬戌詔
罷告捕亂言人賞甲子制諸盜賊聚集至十人或騎五人

以上所屬移捕盜官捕之仍逓言省部三十人以上聞奏
違者杖百是日朝于隆慶宮是月凡四朝丁卯制强族大
姓不得與所屬官吏交往違者有罪戊辰以隆慶宮衛尉
把思忠爲夏國生日使庚午以尚輦局使崇德爲横賜高
麗使丙子獵于近郊戊寅監察御史焦旭劾奏太傅克寧
右丞相襄不應請車駕田獵上曰此小事不須治之乙酉
如大房山冬十月丁亥朔謁奠諸陵己丑還都庚寅朝于
隆慶宮是月凡四朝辛卯上顧謂宰臣曰翰林闕人平章
政事汝霖對曰鳳翔治中郝俣可汝霖諫止田獵詔荅曰
卿能每事如此朕復何憂然時與事殊得中爲當丙申冬

獵己亥次羅山庚子次玉田辛丑沁州丹州進嘉禾丁未
次寶坻庚戌中侍石抹阿古誤帶刀入禁門罪應死詔杖
八十癸丑至自寶坻十一月己未朝于隆慶宮辛酉以右
宣徽院使裴滿餘慶等爲賀宋正旦使癸亥上謂宰臣曰
今之用人太拘資歷循資之法起於唐代如此何以得人
平章政事汝霖對曰不拘資格所以待非常之材上曰崔
祐甫爲相未踰年薦八百人豈皆非常之材歟甲子諭尚
書省曰太傅年高每趨朝而又赴省恐不易自今旬休外
四日一居休庶得調攝常事他相理問惟大事白之可也
戊辰諭尚書省自今五品以上官各舉所知歲限所舉之數

如不舉者坐以蔽賢之罪仍依唐制內五品以上官到任
即舉自代並從提刑司採訪之己巳初制轉逓文字法壬
申朝于隆慶宮乙亥命參知政事移剌履提控刊脩遼史
丁丑以西上閤門使移剌郝爲高麗生日使御史臺奏故
事臺官不得與人相見蓋爲親王宰執形勢之家恐有私
徇然無以訪知民間利病官吏善惡詔自今許與四品以
下官相見三品以上如故辛巳詔有司今後諸處或有饑
饉令總管節度使或提刑司先行賑貸或賑濟然後言上
十二月丙戌朔朝于隆慶宮是月凡五朝詔罷鑄錢丁亥
密州進白雉壬辰諭有司女直人及百姓不得用網捕野

物及不得放群鵰枉害物命亦恐女直人廢射也戊戌復
置北京遼東鹽使司仍罷巡鹽使以河東南北路提刑司
言賑寧化保德嵐州饑其流移復業給復一年是日禁宮
中上直官及承應人毋得飲酒乙巳祭薦興陵壬子諭臺
臣曰提刑司所舉劾多小過行則失大體不行則恐有所
沮其以此意諭之甲寅宋高麗夏遣使來賀正旦是冬無
雪
明昌元年春正月丙辰朔改元以世宗喪不受朝賀上朝
于隆慶宮是月凡四朝丁巳制諸王任外路者許游獵五
日過此禁之仍令戒約人從毋擾民辛酉諭尚書省宰執

所以總持國家不得受人餽遺或遇生辰受所獻毋過萬
錢若緦大功以上親及二品以上官不禁壬戌以知河中
府事王蔚爲尚書右丞刑部尚書完顏守貞爲參知政事
甲子如大房山乙丑薦謁興陵裕陵丙寅還都戊辰制禁
自披剃爲僧道者勅外路求世宗御書辛未如近畿春水己
卯如春水二月丁亥太白晝見丙申遣諭諸王凡出獵毋
越本境壬寅諭有司寒食給假五日著于令甲辰至自春
水朝于隆慶宮是月凡四朝癸丑地生白毛甲寅如大房
山三月乙卯朔謁薦興陵丙辰還都朝于隆慶宮是月凡
六朝己未勅點檢司諸試護衛人須身形及格若功臣子

孫善射出衆雖不及格亦令入見癸亥禮官言民或一產
三男內有才行可用者可令察舉量材叙用其驅婢所生
舊制官給錢百貫以資乳哺尚書省請更給錢四十貫贖
以爲良制可丙寅有司言舊制朝官六品以下從人輸庸
者聽五品以上不許輸庸恐傷禮體其有官職俱至三品
年六十以上致仕者人力給半乞不分內外願令輸庸者
聽從之己巳擊毬於西苑百寮會觀癸酉詔內外五品以
上歲舉廉能官一員不舉者坐蔽賢罪乙亥初設應制及
宏詞科丁丑制內外官并諸局承應人遇祖父母父母忌
日並給假一日辛巳詔修曲阜孔子廟學壬午如壽安宮

夏四月甲申朔朝于隆慶宮是月凡四朝戊戌如壽安宮
五月不雨乙卯祈于北郊及太廟朝于隆慶宮是月凡三
朝丙辰以鷹坊使移剌寧爲橫賜夏國使戊午拜天于西
苑射柳擊毬縱百姓觀壬戌祈雨于社稷甲子制省元及
四舉終場人許該恩己巳復祈雨于太廟庚午置知登聞
鼓院事一人丙子以祈雨望祭嶽鎮海瀆于北郊戊寅命
內外官五品以上任內舉所知才能官一員以自代壬午
以參知政事移剌履爲尚書右丞御史中丞徒單鎰爲參
知政事尚書右丞相襄罷六月己丑制定親王家人有犯
其長史府掾失覺察故縱罪壬辰奉皇太后幸慶壽寺甲

辰勅僧道三年一試秋七月己巳以禮部尚書王翛等爲賀宋生日使庚午朝于隆慶宮丁丑詔罷西北路蝦蟆山市場八月癸未朔禁指託親王公主奴隸占綱船侵商旅及妄徵錢債乙酉詔設常平倉丁亥至自壽安宮戊子朝于隆慶宮是月凡三朝己丑以判大睦親府事宗寧爲平章政事壬辰幸玉泉山即日還宮癸巳罷諸府鎮流泉務選才幹之官爲諸州刺史皆召見諭戒之戊戌上諭宰臣曰何以使民棄末而務本以廣儲蓄令集百官議戶部尚書鄧儼等曰今風俗侈靡宜定制度辨上下使服用居室各有差等抑昏喪過度之禮禁追逐無名之費用度有節

蓄積自廣矣右丞履參知政事守貞鎰曰凡人之情見美則願若不節以制度將見奢侈無極費用過多民之貧乏殆由此致方今承平之際正宜講究此事爲經久法上是履議壬寅勅麻吉以皇家袒免之親特收充尚書省祗候郎君仍爲永制丁未獵于近郊己酉宋高麗夏遣使來賀天壽節九月壬子朔天壽節以世宗喪不受朝丙辰以廉能進擢北海縣令張翺等十八人官己未以武衛軍副都指揮使烏林荅謀甲爲夏國生日使庚申朝于隆慶宮壬戌如秋山冬十月丁亥至自秋山戊子朝于隆慶宮丙申詔賜貴德州孝子翟巽遂州節婦張氏各絹十匹粟二十

石戊戌以有司言登聞鼓院同記注院勿有所隸制民庶聘財爲三等上百貫次五十貫次二十貫丁未獵于近郊十一月乙卯朝于隆慶宮是月凡五朝以惑衆亂民禁罷全真及五行毗盧以僉書樞密院事把德固等爲賀宋正旦使丁巳制諸職官讓蔭兄弟子姪者從其所請戊辰召禮部尚書王翛諫議大夫張暐詣殿門諭之曰朝廷可行之事汝諫官禮官即當辯析小民之言有可採者朕尚從之況卿等乎自今所議毋但附合於尚書省辛未以西上閤門使移剌撻不也爲高麗生日使丙子冬獵己卯次雄州判真定府事吳王永成判定武軍節度使隋王永升來

朝十二月壬午免獵地今年稅丁亥次饒陽己丑平章政事張汝霖薨丁酉至自饒陽甲辰幸太傅徒單克寧第視疾以克寧爲太師尚書令封淄王賜銀千五百兩絹二千匹乙巳朝于隆慶宮丙午詔有司正旦可先賀隆慶宮然後進酒丁未宋高麗夏遣使來賀正旦

二年春正月庚戌朔以世宗喪不受朝癸丑諭有司夏國使可令館內貿易一日尚書省言故事許貿易三日從之甲寅始許宮中稱聖主乙卯皇太后不豫自是日往侍疾丙夜乃還辛酉皇太后崩丙寅以左副都點檢回等報哀于宋高麗夏庚午太師尚書令淄王徒單克寧薨甲戌百

官表請聽政不許戊寅詔賜隨枯里部羊三萬口重幣五百端綃二千匹以振其乏吳王永成隋王永升以聞國喪奔赴失期罰其俸一月其長史笞五十己卯有司言漢王永中以疾失期上諭使回二月壬午百官復請聽政不許壬辰上始視朝勅親王及三品官之家毋許僧尼道士出入諭有司進士程文但合格者即取之毋限人數丙申以樞密副使夾谷清臣為尚書左丞戊戌更定奴誘良人法丙午初設王傅府尉官三月丁巳夏國遣使來弔癸亥勅有司國號犯漢遼唐宋等名不得封臣下有司議以遼為恒宋為汴秦為鎬晉為并漢為益梁為邵齊為彭殷為譙

唐為絳吳為鄂蜀為夔陳為宛隋為涇虞為澤制可丁卯夏國遣使來祭乙亥高麗遣使來弔祭丁丑宋遣使來弔祭四月戊寅朔尚書省言齊民與屯田戶往往不睦若令遞相婚姻實國家長久安寧之計從之乙酉葬孝懿皇太后于裕陵戊子制諸部內災傷主司應言而不言及妄言者杖七十檢視不以實者罪如之因而有傷人命者以違制論致枉有徵免者坐贓論妄告者戶長坐詐不以實罪計贓重從詐匿不輸法庚寅禁民庶不得服純黃銀褐色婦人勿禁著為永制辛卯上幸壽安宮諫議大夫張暐等上疏請止其行不允癸巳諭有司自今女直字直譯為漢

字國史院專寫契丹字者罷之甲午改封永中為并王永功為魯王永成兗王永升曹王永蹈鄭王永濟韓王永德豳王戊戌增太學博士助教員己亥學士院新進唐杜甫韓愈劉禹錫杜牧賈島王建宋王禹偁歐陽脩王安石蘇軾張耒秦觀等集二十六部庚子改壽安宮名萬寧壬寅如萬寧宮詔襲封衍聖公孔元措視四品秩五月庚戌勅自今四日一奏事仍免朝戊辰詔諸郡邑文宣王廟風雨師社稷神壇隳廢者復之詔御史臺令史並以終場舉人充六月戊子平章政事崇寧薨癸巳禁稱本朝人及本朝言語為蕃違者杖之丙午尚書右丞移剌履薨秋七月丁

巳以參知政事徒單鎰為尚書右丞御史中丞夾谷衡為參知政事己未觀稼于近郊己巳禁職官元日生辰受所屬獻遺仍為永制以同僉大睦親府事兗等為賀宋生日使庚午諭有司自今外路公主應赴闕其駙馬都尉非奉旨毋擅離職八月癸未至自萬寧宮己亥勅山東河北闕食等處許納粟補官諭有司自今親王所領如有軍處令佐貳總押軍事乙巳宋高麗夏遣使來賀天壽節九月丁未朔天壽節以皇太后喪不受朝甲寅如大房山乙卯謁奠裕陵丙辰還都丁巳以西上閤門使白琬為夏國生日使己未定詐為制書未施行制以尚書左丞夾谷清臣為

平章政事封芮國公參知政事完顏守貞為尚書左丞知
大興府事張萬公為參知政事庚申如秋山冬十月己丑
至自秋山甲午勅司獄毋得與府州司縣官筵宴還往
違者罪之禁以太一混元受籙私建庵室者壬寅以河北
山東旱應雜犯及強盜已未發覺減死一等釋徒以下十
一月丙午朔制諸女直人不得以姓氏譯為漢字甲寅禁
伶人不得以歷代帝王為戲及稱萬歲犯者以不應為事
重法科丁巳以豳王傳宗辟等為賀宋正旦使戊午夏人
殺我邊將阿魯帶甲子制投匿名書者徒四年丙寅以近侍
局副使完顏匡為高麗生日使壬申勅提刑司官自今每

十五日一朝十二月乙亥朔勅三品致仕官所得傔從毋
令輸庸己卯定鎮邊守將致盜賊罪甲申獵于近郊乙酉
詔罷契丹字己丑尚書右丞徒單鎰罷癸卯宋高麗夏遣
使来賀正旦

三年春正月乙巳朔以皇太后喪不受朝丙辰以孝懿皇
后小祥尚書省請依明昌元年世宗忌辰例諸王陪位服
慘紫去金玉之飾百官不視事禁音樂屠宰從之壬戌如
春水二月甲戌朔勅猛安謀克許於冬月率所屬戶畋獵
二次每出不得過十日壬辰至自春水丁酉獵于近郊辛
丑詔追復田穀等官爵閏月甲子以山東路統軍使烏林

答愿為御史大夫三月乙亥更定強盜徵贓品官及諸人
親獲強盜官賞制辛巳初設左右衛副將軍癸未瀘溝石
橋成幸熙春園丁亥如萬寧宮辛卯詔賜棣州孝子劉瑜
錦州孝子劉慶祐絹粟旌其門閭復其身上因問宰臣曰
從来孝義之人曾官使者幾何左丞守貞對曰世宗時有
劉政者嘗官之然若輩多淳質亦及事上曰豈必盡然孝
義之人素行已備稍可用即當用之後雖有希覬作偽者
然偽為孝義猶不失為善可檢勘前後所申孝義之人如
有可用者可具以聞癸巳尚書省奏言事者謂釋道之流
不拜父母親屬敗壞風俗莫此為甚禮官言唐開元二年

勅云聞道士女冠僧尼不拜二親是為子而忘其生傲親
而徇於末自今以後並聽拜父母其有喪紀輕重及尊屬
禮數一准常儀臣等以為宜依典故行之制可左丞守貞
言上嘗命臣問忻州陳毅上書所言事其一極論守令之
弊臣面問所以救之之道竟不能言上曰方今政欲知其
弊也彼雖無救弊之術但能言其弊亦足嘉矣如毅言及
隨處有司不能奉行條制為人傭雇尚須出力況食國家
祿而乃如是得無虧臣子之行乎其令檢會前後所降條
理舉行之是日溫王玠薨丁酉命有司祈雨望祀嶽鎮海
瀆于北郊四月壬寅朔定宣聖廟春秋釋奠三獻官以祭

酒司業博士充祝詞稱皇帝謹遣及登歌改用太常樂工其獻官并執事與享者並法服陪位學官公服學生儒服尚書省奏提刑司察舉涿州進士劉器博博州進士張安行河中府胡光謙光謙年雖八十三尚可任用勅劉器博張安行特賜同進士出身胡光謙召赴闕甲辰祈雨于社稷丙午罷天山北界外採銅戊申瀛王瓌薨戊午詔集百官議北邊開壕事詔賜雲内孝子孟興絹十匹粟二十石賜同州貞婦師氏謚曰節丙寅以旱災下詔責躬丁卯復以祈雨望祀嶽鎮海瀆山川于北郊戊辰勅親王衣領用銀褐紫緣遣御史中丞吴鼎樞等審決中都冤獄外路委提

刑司慮决左丞守貞以旱上表乞解職不允參知政事衡萬公皆入謝上曰前詔所謂罷不急之役省無名之費議冗官決滯獄四事其速行之五月壬申朔以尚書禮部員外郎李朮魯子元爲橫賜高麗使癸酉罷北邊開壕之役甲戌祈雨于社稷是日雨戊寅出宫女百八十三人尚書省奏近以山東河北之饑已委宣差所至安撫賑濟復遣右三部司正范文淵往視之乙酉以雨足致祭于社稷戊子百官賀雨足尚書左丞完顏守貞罷己丑以雨足望祀嶽鎮海瀆六月癸卯宰臣請罷提刑司上曰諸路提刑司官止三十餘員猶患不得其人州郡三百餘處其能盡得

人乎弗許甲寅以久雨命有司祈晴丁巳定提刑司條制辛酉詔定内外所司公事故作稽申呈罪罰格乙丑以知大名府事劉璋爲尚書右丞有司言河州災傷民乏食而租税有未輸詔免之諭戶部可預給百官冬季俸令就倉以時直糴與貧民秋成各以其貲糴之其所得必多矣而上下便之其承應人不願者聽秋七月戊寅勅尚書省曰饑民如至遼東恐難遽得食必有饑死者其令散糧官問其所欲居止給以文書命隨處官長計口分散令富者出粟養之限以兩月其粟充秋税之數己卯祁州刺史顏長壽安武軍節度副使胡刺坐賑濟不及四縣各杖五十癸

未詔增北邊軍千二百人分置諸堡丁亥胡光謙至闕命學士院以雜文試之稱旨上曰朕欲親問之辛卯以殿前都點檢僕散端等爲賀宋生日使己亥上謂宰臣曰聞諸王傅尉多苛細舉動拘防亦非朕意是職之設本欲輔導諸王使歸之正得其大體而已平章政事清臣曰請以聖意徧行之曰已諭之矣八月癸卯勅諸職官老病不肯辭避有司諭使休閑者不在給俸之列格前勿論上以軍民不和吏員姦弊詔四品以下六品以上集議于尚書省各述所見以聞甲辰集三品以下六品以上官問以朝政得失及民間利害令各書所對丁未以有司奏寧海州文登

縣王震孝行以嘗業進士并試其文特賜同進士出身仍注教授一等職任辛亥至自萬寧宮特賜胡光謙明昌二年進士第三甲及第授將仕郎太常寺奉禮郎官制舊設是職未嘗除人以光謙德行才能故特授之己未以烏林荅愿爲尚書左丞辛酉獵于近郊乙丑上謂宰臣曰朕欲任官令久於其事若今日作禮官明日司錢穀雖聞有異材然事能悉辦者鮮矣對曰使中材之人久於其職事既熟終亦得力上問太常卿張暐古有三恪今何無之暐具典故以聞丁卯宋高麗夏遣使來賀天壽節九月庚午朔天壽節以皇太后喪不受朝諭尚書省去歲山東河北被

災傷處所閣租稅及借貸錢粟若便徵之恐貧民未蘇俟豐收日以分數帶徵可也又諭宰臣曰隨路提刑司舊止察老病不任職及不堪親民者如得其實即改除他路若他路提刑司覆察得實勿復注親民之職卿等其議行之甲戌以郊社署令唐括合達爲夏國生日使己卯如秋山免圍場經過人户今歲夏秋租稅之半曾當差役者復一年冬十月壬寅至自秋山丙午勅御史臺提刑司自今保申廉能官勿復有乞升品語壬子有司奏增修曲阜宣聖廟畢勅党懷英撰碑文朕將親行釋奠之禮其檢討典故以聞甲寅勅置常平倉處並令州府官以本職提舉縣官

兼管句其事以所羅多寡約量升降以爲永制賜河南路提刑司所舉逸民游總同進士出身以年老不樂仕進特登仕郎給正八品半俸終身戊午諭尚書省訪求博物多知之士癸亥遣諭諸王府傅尉曰朕分命諸王出鎮蓋欲政事之暇安便優逸有以自適耳然慮其舉措之間或違於理所以分置傅尉使勸導彌縫不入於過失而已若公餘遊宴不至過度亦復何害今聞爾等或用意太過凡王門細碎之事無妨公道者一一干與贊助之道豈當如是宜各思職分事舉其中無失禮體仍就諭諸王使知朕意丙寅勅應保舉官及試中書判者委官覆察言行相副者

量與陞除隨朝及六品以上各隨所長用之己巳獵于近郊十一月庚午朔尚書省奏翰林侍講學士党懷英舉孔子四十八代孫端甫年德俱高談通古學濟南府舉魏汝翼有文章德誼嘗舉三十餘年已四舉終場蔚州舉劉震亨學行俱優嘗充舉首益都府舉王樞博學善書事親至孝勅魏汝翼特賜進士及第劉震亨等同進士出身並附王澤榜孔端甫俟春暖召之丙子詔臣庶名犯古帝王而姓復同者禁之周公孔子之名亦令回避戊寅升相州爲彰德府以前右副都點檢溫敦忠等爲賀宋正旦使壬午尚書省奏知河南府事程嶧乞進封父祖權尚書禮部郎中

党懷英言凡宰執改除外任長官其佐官以下相見禮儀
皆與他長官不同其子亦得試補省令史其子且爾父祖
封贈理當不同合與宰執一例封贈從之甲申改提刑司
令史爲書吏丙申以有司言河州定羌民張顯孝友力田
獎勸巳責又獻粟千石以賑饑棣州民榮楫賑米七百石
錢三百貫冬月散柴薪三千束皆别無希覬特各補兩官
仍正班敘十二月癸卯以東上閤門使張汝猷爲高麗生
日使辛亥諭有司祈雪癸丑獵于近郊丙辰有赤氣見于
北方丁巳勑華州下邽縣置武定鎮倉京兆櫟陽縣置粟
邑鎮倉許州舞陽縣置北舞渡倉各設倉草都監一人縣官
兼領之乙丑定到任告致仕格丁卯宋高麗夏遣使來賀
正旦

本紀第九

本紀第十　金史十

開府儀同三司上柱國錄軍國重事前中書右丞相監修國史領經筵事臣脫脫奉
勑修

章宗二

四年春正月己巳朔以皇太后喪不受朝辛未以平章政
事夾谷清臣爲尚書右丞相監修國史丁丑遣戶部侍郎
李獻可等分路勸農事癸未尚書省奏大興府推官蘇德
秀爲禮部主事上曰朕既嘗語卿百官當使久於其職彼
方任理官復改戶曹尋又除禮部人才豈能兼之若久於
其職但中材勝於新人事既經練亦必有濟後不可輕易
改除上又言凡稱政有異迹者謂其斷事有軼才也若止
清廉此乃本分以貪汙者多故顯其異耳宰臣又言近言
事者謂方今孝弟廉恥道缺乞正風俗此蓋官吏不能奉
宣教化使然今之察舉官吏者多責近效以幹辦爲上其
有秉心寬厚欲行德化者輒謂之迂闊故人人皆以教化
爲餘事此孝弟所以廢也若諭所司官吏有能務行德化
者擢而用之則教化可行孝弟可興矣今之所察舉皆先
才而後德巧猾之徒雖有贓汙一旦見用猶爲能吏此廉
恥所以喪也若諭所司察舉官吏必審眞僞使有才無行
者不能覬覦非道求進者加之糾劾則奔競之俗息而廉

恥可興矣辛卯賑河北諸路被水災者癸巳諭點檢司行
宮外地及圍獵之處悉與民耕雖禁地聽民持農器出入
丙申東京路副使三勝進鷹遣諭之曰汝職非輕民間利
害官吏邪正略不具聞而乃以鷹進此豈汝所職也後毋
復爾二月戊戌朔如春水始以春秋二仲月上戊日祭社
稷癸丑獵于姚村淀癸亥至自春水丙寅參知政事張萬
公罷三月戊辰朔諸路提刑司入見各問以職事仍誡諭
曰朕特設提刑司本欲安民于今五年効猶未著蓋多不
識本職之體而徒事細碎以致州縣例皆畏縮而不敢行
事洒者山東民艱于食嘗遣使賑濟蓋卿等不職故至於

此既往之失其思悛改庚午上將幸景明宮御史中丞董
師中等上書切諫不報壬申章再上補闕許安仁拾遺路
鐸皆諫迺止制定民習角觝槍棒罪以工部尚書胥持國
爲參知政事丙子特賜有司孔端甫及第授小學教授尋
以年老命食主簿半俸致事甲申幸香山永安寺及玉泉
山甲午定配享功臣勑自今御史臺奏事修起居注並令
回避夏四月丁酉朔幸興陵崇妃第是日始舉樂自己亥
至癸卯百官三表請上尊號上曰祖宗古先有受尊號者
蓋有其德故有其名比年五穀不登百姓流離正當戒懼
修身之日豈得虛受榮名耶不許仍斷來章戊申親禘于

太廟庚戌如萬寧宮辛亥右丞相清臣率百官及耆艾等
復請上尊號學官劉璣亦率六學諸生趙楷等七百九十
五人詣紫宸門請上尊號如唐元和故事不許丁巳賑河
州饑勑女直進士及第後仍試以騎射中選者升擢之乙
丑減尚廐食穀馬五月丙寅朔曹王永升及諸王請上尊
號不許以尚廐局使石抹貞爲橫賜夏國使己巳上以群
臣累上尊號不受詔諭中外徒罪以下遞降一等杖以下
原之甲戌觀稼于近郊辛巳諭左司徧諭諸路令月具雨
澤田禾分數以聞癸未以久雨禜六月癸丑賜有司所舉
德行才能之士安州崔秉仁兖州翟駒錦州齊文乙大名

孫可久陳信仁應州董戭並同進士出身丙辰以晴致祭
嶽鎮海瀆壬戌尚書右丞相夾谷清臣進封戴國公西京
留守完顏守貞爲平章政事封蕭國公尚書右丞劉瑋罷
秋七月辛巳南京路提刑司自許州遷治南京己丑制三
品以上官有故者若親賢勳舊尚書省即與聞奏議加追
贈命以銀改鑄禮信之寶仍塗以金以同判大睦親府事
襄爲樞密使以御史中丞董師中等爲賀宋生日使八月
己亥樞密使襄帥百僚再請上尊號不許是日歲星太白
晝見庚子大赦甲辰至自萬寧宮丁未釋奠孔子廟北面
再拜辛亥國史院進世宗實錄上服袍帶御仁政殿降座

立受之九月甲子朔天壽節御大安殿受親王百官及宋高麗夏使朝賀戊辰以參知政事夾谷衡爲尚書右丞戶部尚書馬琪爲參知政事勑尚書省大定二十九年以後士庶言事或係國家或邊關大利害已嘗施行者可特補一官有益於官民量給以賞以西上閤門使大磐爲夏國生日使庚午如山陵次奉先縣辛未拜天于縣西壬申致奠諸陵癸酉如秋山十一月庚午右丞相清臣參知政事持國上表丐閑優詔不許戊寅以翰林直學士完顏匡等爲賀宋正旦使命匡權易名弼以避宋諱壬午木氷丙戌詔諸職官以贓汚不職被罪以廉能獲升者令隨路京府州縣列其姓名揭之公署以示勸懲庚寅夏國嗣子李純佑遣使來訃告十二月甲午朔夏國李純佑遣使奉故王仁孝遺表以進諭大興府於暖湯院日給米五石以贍貧者戊戌定武軍節度使鄭王永蹈以謀反伏誅己亥諭有司以鄭王財產分賜諸王澤國公主財物分賜諸公主甲辰諸王府增置司馬一人以紇石烈珵爲高麗生日使西上閤門使大磐等爲夏國勑祭慰問使庚戌尚書省以科目近多得人乞是舉增取進士上然之詔有司會試毋限人數甲寅冊長白山之神爲開天弘聖帝丙辰獵于近郊是歲大有年邢洺深冀及河北十六謀克之地野蠶成繭

五年春正月癸亥朔宋高麗夏遣使來賀乙丑昭容李氏進位淑妃己巳初用唐宋典禮皇后忌辰皆廢務尚書省進區田法詔相其地宜務從民便又言遣官劭農之擾命提刑司禁止之乙亥以葉魯谷神始製女直字詔加封贈依倉頡立廟盩屋例祠於上京納里渾莊歲時致祭令其子孫拜奠本路官一人及本千戶春秋二祭辛巳前中都路都轉運使王寂薦三舉終場人蔡州文商經明行修足備顧問前河北西路轉運使李揚言慶陽府進士李燮純德博學鄉曲譽之絳州李天祺應州康晉俟屢赴廷試皆有才德上曰文商可令召之李燮給主簿半俸終身餘賜同進士出身遣國子祭酒劉璣冊李純佑爲夏國王丁亥幸城南別宮丁酉初定長吏勸課能否賞罰格尚書省奏禮官言孝懿皇后祥除已久宜易隆慶宮爲東宮慈訓殿爲承華殿從之詔購求崇文總目內所闕書籍戊戌祭社稷以宣獻皇后忌辰用熙寧祀儀樂縣而不作二月甲辰鄆王琮薨己酉宰臣請罷北邊屯駐軍馬不允癸丑以齊河縣民張淯濟陽縣王琛河州李錡急義好施詔復之終身仍著于令命宣徽使移刺敏戶部主事赤盞實理哥相視北邊營屯經畫長久之計三月壬申初定限錢禁庚辰初定日月風雨雷師常祀戊子置弘文院譯寫經書夏四

月壬辰朔幸北苑庚子詔各路所舉德行才能之士涿州
時琦雲中劉摯鄭州李升恩州傅礪濟南趙摯興中田邑
方六人並特賜同進士出身以文商爲國子教授特遷登
仕郎己酉詔自今篚櫝床榻之飾毋以金玉壬子特賜翰
林待制温迪罕迪輦翰林學士承旨中奉大夫乙卯幸景明
宮董師中賈守謙路鐸先後凡兩上封事切諫不報五月
庚午次烏十撒八戊子桓撫二州旱遣使禱于縉山六月
壬辰如氷井己亥出獵登胡土白山酹酒再拜曹王永升
以下進酒丙午拜天曲赦西北路己未如杳沙秋山是月
宋前主眘殂七月戊辰獵于豁赤火一發貫雙鹿是日獲

鹿二百二十二賜扈從官有差辛巳次魯温合失不是日
上親射獲黃羊四百七十一乙酉次氷井丙戌以天壽節
宴樞光殿凡從官及承應人遇覃恩遷秩者並受宣勅於
殿前時久雨初霽有龍曳尾于殿前雲間戊子御膳羹中
有鬉上舉視而棄之戒左右毋宣言八月辛亥至自景明
宮壬子何決陽武故堤灌封丘而東丁巳賜從幸山後親
軍銀絹有差九月戊午朔天壽節宋高麗夏遣使來賀壬
戌命增定捕盜官被殺賻錢及官賞格甲子都水監官王
汝嘉等坐河決各削官兩階杖七十罷之乙丑上御睿思
殿諸路提刑使入見戊辰初令民買撲隨處金銀銅冶命

參知政事馬琪往視河決仍許便宜從事壬申宋主遣使
來告哀戊寅以知大興府事尼厖古鑑等爲宋國弔祭使
勑尚書省集百官議備邊事壬午特推恩東宮舊人司經
王伯温等八人官有差甲申命上京等九路并諸抹及糺
等處選軍三萬俟來春調發仍命諸路并北阻韈以六年
夏會兵臨潢冬十月庚寅右丞相夾谷清臣等表請上尊
號不允宋遣使獻遺留物壬寅右丞相清臣復請上尊號
國子祭酒劉璣亦率六學諸生上表陳請不允遣戶部員
外郎何格賑河決被災人戶庚戌張汝弼妻高陀斡以謀
逆伏誅壬子尚書省奏升提刑司所察廉官南皮縣令史

肅以下十有二人而大興主簿蒙括蠻都亦在選中上知
其人曰蠻都澆浮人也升之可乎與其任澆浮孰若用淳
厚况蠻都常才才智過人猶不當用恐敗風俗况常才耶
其再察之閏月戊午朔宋主遣使來報即位甲子親王百
官各奉表請上尊號不允丙寅以代國公歡都等五人配
享世祖廟廷甲戌以河東南北提刑使王啓等爲賀宋主
即位使乙亥獵于近郊戊寅上問輔臣孔子廟諸處何如
平章政事守貞曰諸縣見議建立上因曰僧徒修飾宇像
甚嚴道流次之惟儒者於孔子廟最爲滅裂守貞曰儒者
不能長居學校非若僧道久處寺觀上曰僧道以佛老營

利故務在莊嚴閑後起人施利自多所以爲觀美也庚辰
參知政事馬琪自行省回具奏河防利害語載琪傳中丙
戌以翰林待制奥屯忠孝權户部侍郎太府少監温昉權
工部侍郎行户工部事修治河防以引進使完顔衷爲夏
國生日使十一月癸巳詔罷紫荆嶺所護圍場庚子以右
宣徽使移剌敏等爲賀宋正旦使癸丑太白晝見十二月
辛酉平章政事完顔守貞罷以知大興府事尼厖古鑑爲
參知政事以户部郎中李敬義爲賜高麗生日使丁卯免
被黄河水災今年秋税辛巳勑減修内司備營造軍千人
都城所五百人癸未勑尚書省自今獻靈芝嘉禾者賞

六年春正月丁亥朔受宋高麗夏使朝賀庚寅太白晝見
辛卯勑有司給天水郡公家屬田宅壬辰如春水庚戌罷
陝西括地辛亥諭胥持國河上役夫聚居恐生疾疫可廪
醫護視之乙卯次獵林二月丁巳朔勑有司行宫側及獵
所有農者勿禁己未始祭高禖庚午至自春水丁丑京師
地震大雨雹晝晦震應天門右鴟尾癸未宋遣使來報謝
三月丙戌朔日有食之甲午以翰林直學士李术魯子元
兼右司諫監察御史田仲禮爲左拾遺翰林修撰僕散訛
可兼右拾遺諭之曰國家設置諫官非取虚名蓋責其効
庶幾有所裨益卿等皆朝廷選擢置之諫職如國家利害

官吏邪正極言無隱近路鐸左遷本以他罪卿等勿以被
責遂畏縮不言其悉心戮力毋得緘默丙申如萬寧宫戊
戌以北邊糧運括群牧所三招討司猛安謀克隨糺及迭
剌唐古部諸抹西京太原官民駞五千充之惟民以駞載
爲業者勿括以銀五十萬两錢二十三萬六千九百貫以
備支給銀五萬两金盂二千八百两金牌百两銀盂八千
两絹五萬匹雜綵千端衣四百四十六襲以備賞勞庚子
以郡舉才行之士翟介然以下三人特賜進士及第李貞
固以下十五人同進士出身夏四月癸亥勑有司以增修
曲阜宣聖廟工畢賜衍聖公以下三獻法服及登歌樂一

部仍遣太常舊工往教孔氏子弟以備祭禮甲子以尚書
左丞烏林荅愿爲平章政事右丞夾谷衡爲尚書左丞丙
子幸玉泉山戊寅以修河防工畢參知政事胥持國進官
二階翰林待制奥屯忠孝以下三十六人各一階獲嘉令
王維翰以下五十六人各賜銀幣有差庚辰以尚書右丞
相夾谷清臣爲左丞相監修國史封密國公樞密使襄爲
尚書右丞相封任國公參知政事胥持國爲尚書右丞壬
午賜宰臣手詔以風俗不淳官吏苟且責之五月丙戌命
減萬寧宫陳設九十四所辛卯以出師遣禮部尚書張暐
告于廟社乙未判平陽府事鎬王永中以罪賜死并及二

子丁酉詔中外乙巳詔諸路猛安謀克農隙講武本路提
刑司察其情者罰之庚戌命左丞相夾谷清臣行省于臨
潢府六月丙辰右諫議大夫賈守謙右拾遺僕散訛可坐
鎬王永中事奏對不實削官二階罷之御史中丞孫即康
右補闕蒙括胡剌右拾遺田仲禮各罰金二十斤丙寅以
樞密副使唐括貢爲樞密使以久雨禜庚辰太白經天辛
巳左丞相清臣遣使來獻捷七月丙申幸曹王永升第甲
辰始定文武官六貫石以上承應人幷及蔭者若在籍儒
生章服制八月己未命兗州長官以曲阜新修廟告成于
宣聖癸亥至自萬寧宫己巳以温敦伯英言命禮部令學

官講經辛未以吏部尚書吴鼎樞等爲賀宋生日使壬申
行省都事獨吉永中來報捷乙亥勅宫中承應人出職後
三年内犯贓罪者元舉官連坐不在去官之限著爲令辛
巳禾波進馬九月壬午朔天壽節宋高麗夏遣使來賀甲
申冊靜寧山神爲鎮安公忽土白山神爲瑞聖公丙戌知
河間府事移剌仲方爲御史大夫辛卯如秋山以尚書左
司郎中粘割胡上爲夏國生日使冬十月丙辰至自秋山
丁巳以歲旱春水秋山五日一進起居表自今可十日一
進乙亥命尚書左丞夾谷衡行省于撫州命選親軍武衛
軍各五百人以從仍給錢五千萬十一月戊子左丞相夾

谷清臣罷右丞相襄代領行省事丙申以刑部尚書紇石
烈貞等爲賀宋正旦使壬寅初定猛安謀克鎮邊後放免
者授官格禁射粮軍應役但成隊伍不得持兵器及凡可
以傷人者甲辰報敗敵於望雲乙巳以樞密使唐括貢御
史大夫移剌仲方禮部尚書張暐等二十三人充計議官
凡軍事則議之戊申初定縣官增水田陞除制十二月乙
卯詔招撫北邊軍民以知登聞檢院賈益爲高麗生日使
戸部員外郎納蘭昉爲橫賜使戊午禮部尚書張暐等進
大金儀禮丁卯應奉翰林文字趙秉文上書論姦欺乙亥
詔加五鎮四瀆王爵庚辰上幸後園閱軍器是月右丞相

襄率駙馬都尉僕散揆等進軍大鹽濼分兵攻取諸營
承安元年春正月辛巳朔受宋高麗夏使朝賀甲申大鹽
濼群牧使移剌覩等爲廣吉剌部兵所敗死之丁亥國子
學齋長張守愚上平邊議三篇特授本學教授仍以其議
付史館二月甲子命有司祀高禖如新儀丁卯右丞相襄
左丞衡至自軍前己巳復命還軍幸都南行宫春水甲戌
至自行宫是月初造虎符發兵三月丁酉如萬寧宫不雨
遣官望祭嶽鎮海瀆于北郊癸卯勅尚書省刑獄雖已奏
行其間恐有疑枉其再議以聞人命至重不可不慎也甲
辰遣參知政事尼厖古鑑祈雨于社稷丁未復遣使就祈

于東嶽夏四月辛亥命尚書右丞胥持國祈雨于太廟壬子遣使審决冤獄京城禁繖扇戊午初行區種法民十五以上六十以下有土田者丁種一畝乙丑命御史大夫移剌仲方祈雨于社稷壬申命參知政事馬琪祈雨于太廟甲戌尚書省以趙承元言請追上孝懿皇太后冊寶然後行謚冊禮禮官執奏尊皇太后已詔示中外無追冊禮從之戊寅上以久不雨命禮部尚書張暐祈于北嶽己卯遣官望祭嶽鎮海瀆于北郊五月庚辰朔觀稼于近郊因閱區田乙酉以久旱徙市庚寅詔復市如常壬辰以尚藥局副使粘割忠爲横賜夏國使乙未參知政事尼厖古鑑薨

庚子雨足六月甲寅上以百姓艱食詔出倉粟十萬石減價以糶之乙丑平晉縣民利通家蠶自成綿段長七尺一寸五分濶四尺九寸詔賜絹十疋丁卯勅自今長老大師大德不限年甲長老大師許度弟子三人大德二人戒僧年四十以上者度一人其大定十五年附籍沙彌年六十以上並令受戒仍不許度弟子尼道士女冠亦如之御史大夫移剌仲方罷庚午幸環秀亭觀稼癸酉詔應禁軍器路分步弓手擬於射糧軍內選之馬弓手擬於猛安謀克軍戶餘丁內選之其有爲百姓害從本州縣斷遣無猛安戶於二百里內屯駐軍餘丁內取之依步弓手月給二貫

石七月庚辰御紫宸殿受諸王百官賀賜諸王宰執酒勅有司以酒萬尊置通衢賜民縱飲乙酉勅今後高麗夏使入見敷奏令新設各國通事具公服與閤門使上殿監聽命有司收瘞西北路陣亡骸骨八月己酉獵于近郊癸丑幸玉泉山甲子以郊祀日期詔中外戊辰至自萬寧宮以陝西西路轉運使董師中爲御史大夫癸酉左丞衡丁父憂九月丁丑朔天壽節宋高麗夏遣使來賀幸天長觀辛巳以右丞相襄爲左丞相監修國史封常山郡王壬午賜襄酒百尊太白晝見癸未都人進酒三千一百瓶詔以賜北邊軍吏以吏部尚書張嗣等爲賀宋生日使癸巳左丞

衡起復丁酉知大興府卞同知郭鑄以擅逮問宰臣各笞四十辛丑西南路招討使僕散揆至自軍乙巳以國子監丞烏古論達吉不爲夏國生日使冬十月丙午朔詔選親軍八百人戍撫州庚戌命左丞相襄行省于北京簽書樞密院事完顏匡行院於撫州丙辰祫享于太廟十一月戊子參知政事馬琪罷庚寅特滿郡牧契丹陁鎖德壽反泰州軍擊敗之御史大夫董師中北京留守裔並爲參知政事甲午以陝西路統軍使崇道等爲賀宋正旦使丁酉朝享于太廟戊戌有事于南郊大赦改元己亥曹王永升率親王百官賀癸卯命有司祈雪仍遣官祈于東嶽十二月

丙午樞密使唐括貢率百官請上尊號不允己酉遣提點
太醫近侍局使李仁惠勞賜北邊將士授官者萬一千人
授賞者幾二萬人凡用銀二十萬兩絹五萬疋錢三十二
萬貫庚戌以同知登聞檢院阿不罕德剛爲高麗國生日
使壬子樞密使唐括貢復率百官請上尊號不允
二年春正月乙亥朔宋高麗夏遣使來賀乙酉勑職官犯
贓私不得訴于同官丁亥如安州春水丁酉至自春水辛
丑宋主以母后喪遣使告哀二月丁巳勑自今職官犯贓
每削一官殿一年是日太白晝見經天是月特命襲封衍
聖公孔元措世襲兼曲阜令三月己卯親王百官復請上

尊號不允壬午命尚書戶部侍郎溫昉佩金符行六部尚
書於撫州庚寅幸西園閱軍器辛卯始定保舉德行才能
格癸巳平章政事烏林荅愿罷丁酉樞密使唐括貢率百
官請上尊號不允以參知政事裔代左丞省襄行省于北
京夏四月甲寅如萬寧宮丙辰命有司祈雨望祭嶽鎮海
瀆于北郊甲子祈雨于社稷尚書省奏比歲北邊調度頗
多請降僧道空名度牒紫褐師德號以助軍儲從之癸酉
親王宣勑始用女直字五月甲戌朔諭宰臣曰比以軍須
隨路賦調司縣不度緩急促期徵斂使民費及數倍胥克
又乘之以侵暴其令提刑司究察之丙子集官吏于尚書

省詔諭之曰今紀綱不立官吏弛慢遷延苟簡習以成弊
職官多以吉善求名計得自安國家何賴焉至於徇情賣
法省部令史尤甚尚書省其戒諭之丁丑北京行省參知
政事裔移駐臨潢府庚辰升撫州爲鎮寧軍以雨足報祭
于社稷甲申望祭嶽鎮海瀆于北郊丁亥左丞相襄詣臨
潢府己丑皇子生庚寅詔中外降死罪釋徒以下六月乙
巳命禮部尚書張暐報祀高禖丙午雨雹戊申以澄州刺
史王遵古爲翰林直學士仍勑無與撰述入直則奏聞或
霖雨免入直以遵古年老且嘗侍講讀也庚戌詔罷瑤光
殿工作甲寅置全州盤安軍節度使治安豐縣乙卯封皇

子爲壽王閏月甲午出西横門觀稼秋七月壬寅朔幸天
長觀建普天大醮禁屠宰七日無奏刑百司權停決罰己
未命西上閤門使劉頍賜參知政事裔宴于行省戊辰天
壽節御紫宸殿受朝八月庚辰勑討議官所進奏帖可直
言利害勿用浮辭辛巳以邊事未寧詔集六品以上官於
尚書省問攻守之計應中外臣僚不以職位高下或有方
略材武或長於調度各舉三五人以備選用無有顧望不
盡所懷期五日封章以進議者凡八十四人言攻者五守
者四十六且攻且守者三十三召對睿思殿論難久之癸
未至自萬寧宮丙戌以左丞相襄爲左副元帥參知政事

董師中尚書左丞左宣徽使胥尚書右丞戶部尚書楊伯通參知政事尚書左丞夾谷衡罷右丞胥持國致仕庚寅參知政事裔罷樞密使唐括貢致仕壬辰以左副元帥襄爲樞密使兼平章政事九月辛丑朔天壽節宋高麗夏遣使來賀壬寅遣官分詣上京東京北京咸平臨潢西京等路招募漢軍不足則簽補之乙巳以夏使朝辭詔荅許復保安蘭州榷場丁未以知歸德府事完顏愈爲賀宋生日使癸丑以上京留守粘割訛特剌爲平章政事辛酉以樞密使兼平章政事襄知大興府事胥持國爲樞密副使權參知政事行省于北京乙丑始置軍器監掌治戎器班少府監下設甲坊利器二署隸焉丁卯分遣官於東西北路河北等路中都二節鎮買牛五萬頭冬十月庚午朔初設講議所官十員共議錢穀以中都路轉運使孫鐸戶部侍郎高汝礪等爲之庚辰尚書省奏高麗國牒報其王以老疾令母弟晫權國事壬午尚書省行推排丁亥皇子壽王薨壬辰詔獎諭西南路招討使僕散揆等有功將士甲午大雪以米千石賜普濟院令爲粥以食貧民丙申以禮部員外郎蒙括仁本爲夏國生日使十一月甲辰冬至有事于南郊乙巳以薪貴敕圍場地內無禁樵採壬子諭尚書省猛安謀克旣不隸提刑司宜令監察御史察其臧否庚

申北京留守裔以行省失職杖一百除名右諫議大夫納蘭昉杖九十削官二階罷之甲子諭宰臣曰朕居九重民間難以徧知宰相不見賓客何以得知民間利害十二月己巳朔勑御史臺糾察諂佞趍走有實跡者己卯始鑄承安寶貨癸未遣戶部侍郎上官瑜體究西京逃亡勸率沿邊軍民耕種戶部郎中李敬義規措臨潢等路農務乙酉諭宰臣今後水潦旱蝗盜賊竊發令提刑司預爲規畫戊子諭西南路將士庚寅豫王永成進馬八十疋賜詔獎諭稱皇叔豫王而不名

本紀第十

開府儀同三司上柱國録軍國重事前中書右丞相監修國史領經筵事都總裁臣脫脫奉

勅修

章宗三

三年春正月己亥朔日有食之辛丑宋夏遣使來賀癸卯諭有司凡館接伴并奉使者毋以語言相勝務存大體奉使者亦必得其人乃可乙卯詔罷講議所丙辰如城南春水丁巳併上京東京兩路提刑司爲一提刑使副兼安撫使副安撫專掌教習武事毋令改其本俗己未以都南行宮名建春甲子至自春水乙丑宋主以祖無後遣使告哀

二月己巳朔幸建春宮辛巳諭宰臣曰自今内外官有闕有才能可任者雖資歷未及亦具以聞雖親故毋有所避以武衛軍都指揮使烏林荅天益等爲宋弔祭使甲申至自建春宮丙戌斜出内附辛卯平章政事粘割斡特剌薨三月戊戌以禮部尚書張暐爲御史大夫壬寅始榷醋甲寅如萬寧宮丁巳勅隨處盜賊毋以強爲竊以多爲少以有爲無嘯聚三十人以上奏聞違者杖百丙寅高麗王王晧以弟晫權國事遣使奉表來告夏四月戊辰朔諭有司宰相遇雨可循殿廡出入丙申諭御史臺曰隨朝大小官雖有才能率多苟簡朕甚惡之其察舉以聞提刑司所察廉能汙濫官皆當殿奏餘事可轉以聞以侍御史孫俣爲宣問高麗王王晧使庚子右宣徽使張汝方以漏泄廷議削官兩階五月壬寅射柳擊毬縱百姓觀戊申以客省使移剌郁爲夏國生日使甲子參知政事楊伯通表乞致仕不許秋七月丙午幸香山己酉如萬寧宮甲寅還宮八月辛未獵于近郊癸酉獵于香山戊寅如萬寧宮庚辰以護衛石和尚爲押軍萬户率親軍八百人武衛軍千六百人戍西北路癸未還宮宋遣使來報謝九月丙申朔天壽節宋夏遣使來賀以中都路都轉運使孫鐸等爲賀宋生日使乙巳獵于近郊庚戌參知政事楊伯通再表乞致政不

許戊午木波進馬冬十月庚午獵于近郊癸未行樞密院言斜出等請開榷場於轄里裊從之丁亥定官民存留見錢之數設回易務更立行用鈔法十一月丁酉樞密使兼平章政事襄至自軍癸卯以爲尚書左丞相監修國史丁未以太常卿楊庭筠等爲賀宋正旦使戊申詔獎諭樞密副使夾谷衡以下將士辛亥定屬託法定軍前官吏遷賞格以邊事定詔中外減死罪徒已下釋之賜左丞相襄以下將士金幣有差甲寅冬獵十二月甲子朔獵于酸棗林大風寒罷獵凍死者五百餘人己巳還都丙戌尚書右丞胥持國罷高麗權國事王晫遣使奉表來告

四年春正月癸巳朔宋夏遣使來賀乙巳尚書左丞董師中致仕辛酉監察御史姬端脩以妄言下吏尚書左丞相襄爲司空職如故樞密副使夾谷衡爲平章政事封英國公前知濟南府事張萬公起復爲平章政事封壽國公楊伯通爲尚書左丞簽樞密院事完顏匡爲尚書右丞二月乙丑如建春宮春水己巳還宮庚午御宣華門觀迎佛辛未如建春宮赦姬端脩罪令居家俟命司空襄言西南路招討使僕散揆治邊有功召赴闕以知興中府事紇石烈子仁代之壬申諭有司自三月一日爲始每旬三品至五品官各一人轉對六品亦以次對臺諫勿與有應奏事與

轉對官相見無面對者上章亦聽乙亥還宮戊寅如建春宮庚辰上諭點檢司曰自蒲河至長河及細河以東朕常所經行官爲和買其地令百姓畊之仍免其租稅甲申還宮乙酉以西南路招討使僕散揆爲參知政事起姬端脩爲太學博士如建春宮戊子還宮三月丁酉同判大睦親府事宗浩爲樞密使封崇國公己亥如建春宮遣使冊王晫爲高麗國王戶部尚書孫鐸郎中李仲略國子祭酒趙忱始轉對香閣丁未勅尚書官員必須歷除者議之其月日淺者毋數改易乙卯尚書省奏減親軍武衛軍額及太學女直漢兒生員罷小學官及外路教授詔學校仍舊武衛軍額再議餘報可司空襄右丞匡參知政事揆請罷諸路提點刑獄從之戊午雨雹夏四月癸亥改提刑司爲按察使司戊辰如萬寧宮壬申左丞楊伯通致仕御史大夫張暐以奏事不實追一官侍御史路鐸追兩官俱罷之姬端脩杖七十贖壬午英王從憲進封瀛王詔同州許州節度使罷兼陝西河南副統軍五月壬辰朔以旱下詔責躬求直言避正殿減膳審理寃獄命奏事於泰和殿戊戌命有司望祭嶽瀆禱雨己亥應奉翰林文字陳載言四事其一邊民苦于寇掠其二農民困于軍須其三審決寃滯一切從寬苟縱有罪其四行省官員例獲厚賞而沿邊司縣曽

不霑及此亦干和氣致旱災之所由也上是之壬寅以兵部郎中完顏撒里合爲夏國生日使戊申宰臣以京畿雨澤百官請御正殿復常膳不從尚書省奏上更定給發虎符制著于令庚戌諭宰臣曰諸路旱或關執政令惟大興宛平兩縣不雨得非其守令之過歟司空襄平章政事萬公參知政事揆上表待罪上以罪己荅之令各還職詔頒銅杖式壬子祈雨于太廟乙卯更定軍功賞格戊午司空襄以下再請御正殿復常膳不從庚申平章政事夾谷衡薨以宿直將軍徒單仲華爲横賜夏國使六月丁卯雨司空襄以下復表請御正殿復常膳從之甲戌以雨足命有

司報謝于太廟丁丑右補闕楊庭秀言自轉對官外復令
隨朝八品以上外路五品以上及出使外路有可言者並
許移檢院以聞則時政得失民間利病可周知矣從之己
卯以雨足報祭社稷辛巳遣官報祀嶽瀆癸未奉職醜和
尚進浮漏水稱影儀簡儀圖命有司依式造之丁亥定宮
中親戚非公事傳達語言轉遞諸物及書簡出入者罪七
月甲辰更定尚藥儀鸞局學者格辛亥勑宣徽院官天壽
節凡致仕宰執悉召與宴丙辰以久雨令大興府祈晴八
月己巳獵于近郊壬申獵于香山甲戌以皇嗣未立命有
司祈于太廟丁丑獵于近郊庚辰還宮九月庚寅朔天壽

節宋高麗夏遣使來賀己亥如薊州秋山己未以知東平
府事僕散琦等爲賀宋生日使冬十月丙寅至自秋山壬
午初定百官休假甲申初置審官院乙未勑京府州縣設
普濟院每歲十月至明年四月設粥以食貧民丙申平章
政事張萬公表乞致政不許庚戌命有司祈雪十一月甲
寅定護衛改充奉御格以知濟南府事范楫等爲賀宋正
旦使十二月己未除授文字初送審官院辛酉更定考試
隨朝檢知法條格右補闕楊庭秀請類集太祖太宗世宗
三朝聖訓以時觀覽從之仍詔增熙宗爲四朝癸未更定
科舉法增設國史院女直漢人同脩史各一人定親軍及

承應人退閑遷賞格是月淑妃李氏進封元妃
五年春正月戊子朔宋高麗夏遣使來賀乙未以尚書省
言會試取策論詞賦經義不得過六百人合格者不及其
數則闕之丙申如春水庚子命左右司五日一轉奏事辛
丑諭點檢司車駕所至仍令百姓市易庚戌定猛安謀克
軍前怠慢罷世襲制二月辛未至自春水辛巳有司奏應
奉翰林文字溫迪罕天興與其兄直學士思齊同僚學士
院定撰制誥文字合無迴避詔不須避仍爲定制癸卯定
進納粟補官之家存留弓箭制丁未上與宰臣論置相曰
徒單鎰朕志先定賈鉉如何皆曰知延安府事孫即康可

平章政事萬公亦曰即康及第先鉉一榜上曰至此安問
榜次特以賈才可用耳尚書省奏右補闕楊庭秀言乞令
尚書省及第左右官一人應入史事者編次日曆或一月
或一季封送史院上是其言仍令送著作局潤色付之三
月庚申大睦親府進重脩玉牒平章政事張萬公乞致政
不許壬戌命有司禱雨癸亥雨戶部尚書孫鐸大理卿完
顏撒剌國子司業蒙括仁本召對便殿丙寅如萬寧宮戊
辰定妻亡服內婚娶聽離制親王宰執百官再請上尊號
不許庚午以知大興府事卞爲御史大夫丙子尚書省奏
擬同知商州事蒲察西京爲濟南府判官上曰宰相豈可

止徇人情要當重惜名爵此人不堪朕常記之止與七品足矣庚辰以上京留守徒單鎰爲平章政事封濟國公辛巳定本國婚聘禮制改山東東路舊皇城猛安名曰合里哥阿鄰四月丙戌朔文武百官再請上尊號不許丙午尚書省進律義五月乙卯朔定猛安謀克鬬毆殺人遇赦免死罷世襲制以雨足遣使報祭社稷丁巳定策論進士及承廕人試弓箭格戊午勅來日重五拜天服公裳者拜禮仍舊諸便服者並用女直拜已勅諸路按察司糾察覲民官以大杖箠人者乙亥親王文武百官六學各上表請上尊號不許庚辰地震詔定進納官有犯決斷法六月乙巳

遣有司祈晴望祭嶽瀆七月乙卯朔以晴遣官望祭嶽鎮海瀆癸亥定居祖父母喪婚娶聽離法初置蒲思衍羣牧辛未平章政事萬公特賜告兩月甲戌獵于近郊八月壬辰幸香山乙未至自香山丁未勅審官院奏事其院官皆許升殿戊申更定鎮防軍犯徒配役法九月甲寅朔天壽節宋高麗遣使來賀戊午命樞密使宗浩禮部尚書賈鉉佩金符行省山東等路括地己未尚書省奏西北路招討使獨吉思忠言各路邊堡墻隍西自坦舌東至胡烈公幾六百里向以起築怨遽並無女墻副隄近令修完計工七十五萬止役戍軍未嘗動民今已畢功上賜詔奬諭修玉牒成定皇族收養異姓男爲子者徒三年姓同者減二等立嫡違法者徒一年癸亥如薊州秋山冬十月庚寅至自秋山庚子風霾宋遣使來告哀辛丑集百官于尚書省問間者亢旱近則久陰豈政有錯謬而致然歟各以所見對以禮部郎中劉公憲爲高麗生日使丁未獵于近郊以宿直將軍完顏觀音奴爲夏國生日使十一月癸丑朔日有食之乙卯以國史院編修官呂卿雲爲左補闕兼應奉翰林文字審官院以資淺駁奏上諭之曰明昌間卿雲嘗上書言宮掖事辭甚切直皆他人不能言者卿輩蓋不知也臣下言事不令外人知乃是謹密正當顯用卿宜悉之以

工部尚書烏古論誼等爲宋弔祭使初定品官過闕則下制已巳宋復遣使來告哀辛未以殿前右副點檢紇石烈忠定爲賀宋正旦使十二月癸未朔詔改明年爲泰和元年以河南路統軍使充等爲宋弔祭使乙未定管軍官受所部財物輒放離役及令人代役法辛丑詔宮籍監戶百姓自願以女爲婚者聽癸卯定造作不如法三年內有損壞者罪有差泰和元年正月壬子朔宋高麗夏遣使來賀壬戌宋遣使獻先帝遺留物己巳以太府監孫復言方今在仕者三萬七千餘員而門廕補敘居三之二諸司待闕動至累年蓋以補廕猥多流品混淆本末相舛至於進納

之人既無勞績又非科第而亦廕及子孫無所分別欲流
之清必澄其源乃更定廕叙法而頒行之尚書省奏今杖
式輕細民不知畏請用大杖詔不許過五分庚午如長春
宮春水辛未上以方春禁殺含胎兎犯者罪之告者賞之
甲戌初命文武官官職俱至三品者許贈其祖二月壬辰
去造土茶律丁未至自春水三月乙丑夏國遣使來謝壬
申幸天長觀癸酉如萬寧宮乙亥宋遣使來報謝丁丑更
定鎮防千戶謀克放老入除格辛巳勑官司私文字避始
祖以下廟諱小字犯者論如律夏四月甲辰詔諭契丹人
戶累經簽軍立功者官賞恩例與女直人同仍許養馬爲

章宗紀　金史十一　九

吏五月甲寅擊毬于臨武殿令都民縱觀丙辰樞密使宗
浩罷壬戌幸玉泉山戊寅削尊長有罪卑幼追捕律以直
東上閤門劉頍爲橫賜高麗使六月己卯幸香山乙酉平
章政事張萬公表乞致仕不許辛卯祈雨于北郊己亥用
尚書省言申明舊制猛安謀克戶每田四十畝樹桑一畝
毀樹木者有禁鬻地土者有刑其田多汙萊人戶闕乏并
坐所臨長吏按察司以時勸督有故慢者量決罰之仍減
牛頭稅三之一勑尚書省舉行風俗奢僭之禁乙巳初許
諸科徵鋪馬黃河夫軍須等錢折納銀一半願納錢鈔者
聽丁未詔有司修蓮花漏七月辛酉禁放良人不得應諸

科舉子孫不在禁限甲子諭刑部官凡上書人言及宰相
者不得申省乙丑更定右選注縣令丞簿格己巳初禁廟
諱同音字八月庚辰初命戶絕者田宅以三分之一付其
女及女孫戊子特改授司空襄河間府路筭注海世襲猛
安乙未至自萬寧宮丙申宋遣使來報謝壬寅制猛安謀
克並隸按察司監察御史止按部糾舉有罪則併坐監臨
之官詔推排西北京遼東三路人戶物力九月戊申朔天
壽節宋高麗夏遣使來賀更定贍學養士法生員給民佃
官田人六十畝歲支粟三十石國子生人百八畝歲給以
所入官爲掌其數以右宣徽使徒單懷忠等爲賀宋生日

章宗紀　本紀十一　十

使甲寅如秋山丙子至自秋山冬十月乙酉祫享于太廟
戊子平章政事張萬公乞致仕不許壬辰御史臺奏在制
按察司官比任終遣官考覈然後尚書省命官覆察之今
監察御史添設員多宜分路巡行每路女直漢人各一人
同往從之仍勑分四路丙申御史大夫卞乞致仕不許戊
戌以武衛軍都指揮使司判官納合鉉爲高麗生日使壬
寅勑有司購遺書宜尚其價以廣搜訪藏書之家有珍惜
不願送官者官爲謄寫畢復還之仍量給其直之半甲辰
以刑部員外郎完顏綱爲夏國生日使十一月庚戌司空
襄以下文武百官復請上尊號不許辛亥勑尚書省凡役

衆勞民之事勿輕行之丁巳諭工部曰比聞懷州有橙結
實官吏檢視已嘗擾民今復進柑得無重擾民乎其誠所
司還有則進無則已庚申以殿前右衛將軍紇石烈七斤
等爲賀宋正旦使十二月辛巳勑改原廟春秋祭祀稱朝
獻司空襄以下復請上尊號詔不允仍斷來章丁酉司空
襄等進新定律令勑條格式五十二卷辛丑詔頒行之壬
寅獵于近郊乙巳初定廉能官升注格
二年春正月丁未朔宋高麗夏遣使來賀乙卯始朝獻于
衍慶宮庚申幸芳苑觀燈癸酉歸德軍節度副使韓琛以
强市民布帛削一官罷之甲戌初建春宮二月戊戌初置

内侍寄祿官乙巳還宮三月甲寅初置宮苑司都同監各
一人甲子蔡王從彝母充等大師卒詔有司定喪禮葬儀
事載從彝傳四月庚辰幸昇國長公主第問疾己亥定遷
三品官格復撲買河濼法辛丑諭御史臺諸訴事于臺當
以實上聞不得輒稱察知癸卯如萬寧宮命有司祈雨五
月甲辰朔日有食之戊申如泰和宮辛亥初薦新于太廟
壬戌諭有司曰金井捺鉢不過二三日留朕之所止一涼
廈足矣苦加修治徒費人力其藩籬不急之處用圍幕可
也甲子更泰和宮曰慶寧長樂川曰雲龍己巳勑御史臺
京師拜廟及巡幸所過州縣止令洒掃不得以黃土覆道

違者糾之六月辛卯諭尚書省諸路禾稼及雨多寡令州
郡以聞七月辛亥有司奏還宮日請用黃麾仗不許乙卯
朝獻于衍慶宮八月丙申鳳凰見于磁州武安縣鼓山石
聖臺丁酉還宮皇子生九月壬寅朔天壽節宋高麗夏遣
使來賀甲寅以拱衛直都指揮使完顔瑭等爲賀宋生日
使且戒之曰兩國和好久矣不宜爭細故傷大體癸亥以
皇子生親謝南北郊庚午封皇子爲葛王冬十月戊寅報
謝于太廟及山陵甲申以鳳凰見詔中外丙戌獵近郊壬
辰遣尚輦局副使李仲元爲高麗國生日使以宿直將軍
紇石烈毅爲夏國生日使瀛王府司馬獨吉温爲横賜使

十一月甲辰更定德運爲土臘用辰以西京留守宗浩爲
樞密使戊申以更定德運詔中外庚申初命外官三品到
任進表稱謝甲子幸玉虛觀遣使報謝于太清宮十二月
癸酉以皇子晬日放僧道戒牒三千以武安軍節度使徒
單公弼等爲賀宋正旦使戊寅冬獵庚辰報謝于高禖丁
酉還都閏月庚戌司空襄薨癸丑初命監察御史非特旨
不許舉官辛酉遣使報謝于北嶽定人户物力隨時推收
法丁卯遣使報謝于長白山冬無雪
三年春正月辛未朔宋高麗夏遣使來賀癸酉遣官祈雪
于北嶽丁丑朝獻于衍慶宮己卯以樞密使宗浩爲尚書

右丞相右丞完顏匡爲左丞參知政事僕散揆爲右丞御
史中丞孫即康刑部尚書賈鉉並爲參知政事庚辰如建
春宮二月癸丑還宮甲子定諸職官省親拜墓給假例三
月壬申朔平章政事張萬公致仕庚辰如萬寧宮丁亥定
從人銅牌費毀罪賞制庚寅定職官應選三品格刺史以
上及朝資歷在刺史以上身故者每半年一次敷奏甲午
如玉泉山丙申以殿前都點檢僕散端爲御史大夫四月
乙巳禘于太廟勅點檢司致仕官入宮年高艱于步履者
並聽策杖仍令舍人護衛扶之丁巳勅有司祈雨仍頒土
龍法己未命吏部侍郎李炳國子司業蒙括仁本知登聞檢

院喬宇等再詳定儀禮庚申諭省司宮中所用物如民間
難得勿强市之癸亥尚書省奏遣官分路覆實御史所察
事五月壬午以重五拜天射柳上三發三中四品以上官
侍宴魚藻殿以天氣方暑命兵士甲者釋之丙戌以定律
令正上德鳳凰來皇嗣建大赦辛卯皇子葛王薨壬辰定
擅增減宮門鎖鑰罪丙申作太極宮六月己亥太白晝見
壬寅詔選聰明方正之士爲修起居注又詔點檢司諸親
軍所設教授及授業人若干其爲教何法通大義者幾人
各具以聞戊申定職官追贈法惟嘗犯贓罪者不在追贈
之列壬戌遣官行視中都田禾雨澤分數七月壬申朝獻

于衍慶宮乙亥定大臣薨百官奉慰禮庚辰獵于近郊丁
亥上諭宰臣凡奏事朕欲徐思或如已者若除授事可俟
三五日再奏餘並二十日奏之八月丙辰還宮庚申命編
修官左容充宮教賜銀幣九月丙寅朔天壽節宋高麗夏
遣使來賀壬申以刑部尚書承暉等爲賀宋生日使戊子
以萬寧宮提舉司隸工部壬辰詔定千戶謀克受隨處捕
盜官公移盜急不即以衆應之者罪有差召右丞相宗浩
還朝冬十月戊戌日將暮赤如赭己亥大風甲辰申酉間
天大赤夜將旦亦如之壬子右丞僕散揆至自北邊丙辰
召王香閣慰勞之以尚食局使師孝爲高麗生日使庚申

尚書左丞完顏匡等進世宗實錄上降座立受之壬戌以
薊州刺史完顏太平爲夏國生日使奉御完顏阿魯帶以
使宋還言宋權臣韓侂胄市馬厲兵將謀北侵上怒以爲
生事笞之五十出爲彰德府判官及淮平陷乃擢爲安國
軍節度副使丁卯諭尚書省士庶陳言皆從所司以聞自
今可悉令詣闕量與食直仍給官舍居之其言切直及繫
利害重者並三日內奏聞十一月辛未以簽樞密院事獨
吉思忠等爲賀宋正旦使丁丑冬獵以獲兎薦山陵甲午
詔監察等察事可二年一出十二月庚子諭宰臣曰賀正
宋使且至可令監察隨之以爲常壬寅還都己酉賜天長

觀額爲太極宮辛亥詔諸親王公主每歲寒食十月朔聽
朝謁興裕二陵忌辰亦如之癸丑詔遣監察御史分按諸
路所遣者女直人即以漢人朝臣偕所遣者漢人即以女
直朝臣偕戊午敕行宮名曰光春其朝殿曰蘭皐寢殿曰
輝寧

本紀第十一

本紀第十二　金史十二

開府儀同三司上柱國錄軍國重事中書右丞相監修國史領經筵事都總裁臣脫脫奉
敕修

章宗四

四年春正月乙丑朔宋高麗夏遣使來賀丁卯諭外方使
人不得佩刀入宮庚午幸豫王永成第視疾辛未如光春
宮春水壬申陰霧木冰丁丑行尚書省奏宋賀正使還至
慶都卒詔遣防禦使女奚列往祭致賻絹布各二百二十
疋仍命送伴使張雲石護喪以歸豫王永成薨辛卯高麗國
王王晫沒嗣子祦遣使來告哀二月乙未朔還宮丁酉以
山東河北旱詔祈雨東北二嶽己亥命贈豫王永成遺文
庚戌始祭三皇五帝四王癸丑詔刺史州郡無宣聖廟學
者並增修之三月丁卯日昏無光大風毀宣陽門鴟尾癸
酉命大興府祈雨戊寅幸太極宮詔定前代帝王合致祭
者尚書省奏三皇五帝四王已行三年一祭之禮若夏太
康殷太甲太戊武丁周成王康王宣王漢高祖文景武宣
光武明帝章帝唐高祖文皇一十七君致祭爲宜從之乙
酉祈雨于北郊丁亥如萬寧宮壬辰祈雨于社稷遼陽府
判官斜卯劉家以上書論列朝臣削官一階罷之夏四月
丙申詔定縣令以下考課法己亥祈雨于太廟庚子增定

闌防姦細格丙午定衣服制以祈雨望祀嶽鎮海瀆于北郊癸丑祈雨于社稷甲寅以久旱下詔責躬求直言避正殿減膳撤樂省御廐馬免旱災州縣徭役及今年夏稅遣使審繫囚理冤獄乙卯宰臣上表待罪詔荅曰朕德有愆上天示異卿等各趣乃職思副朕懷戊午以西上閤門使張僴等爲故高麗國王王晫勅祭使東上閤門使石懋等爲高麗國王王韺慰問起復橫賜使庚申祈雨于太廟壬戌萬寧宮端門災五月乙丑祈雨于北郊有司請雩詔三請嶽瀆社稷宗廟不雨乃行之癸酉平章政事徒單鎰尚書右丞完顏匡罷甲戌雨乙亥百官上表請御正殿復常儀乙酉謝雨于宗廟丁亥報祀社稷汰隨朝冗官定省令史闕決公務詭稱已稟擅退六部大理寺法狀及妄有所更易者罪辛卯報謝嶽鎮海瀆六月壬辰朔罷兼官俸給壬寅復行吏目移轉法乙巳始祭中霤戊申罷惠川高三州秀巖深陽徽川咸寧全安利民六縣及北京宮苑使諸群牧提舉居庸紫荆通會三關使西北路鎮防十三千戶諸路醫學博士壬子司天臺長行張翼進天象傳秋七月丁卯定申報盜賊制戊辰朝獻于衍慶宮庚午幸望京甸壬申如萬寧宮甲戌罷限錢法甲申改葬鎬王永中于威州八月大理丞姬端脩司直溫敦按帶論奏知大興府事

紇石烈執中坐所言不當各削一官罷職丁酉以尚書左丞相崇浩爲左丞相右丞僕散揆爲平章政事參知政事孫即康爲尚書右丞御史大夫僕散端爲左丞吏部尚書獨吉思忠爲參知政事庚子詔完顏綱喬宇宋元吉等編類陳言文字其言涉宮庭若大臣省臺六部各以類從凡二千卷辛丑以西京留守崇肅爲御史大夫癸卯更定閤門祗候出職格先詔以天旱詔求直言至是尚書省奏河南府盧顯達汝州王大材所陳言涉不遜請以情理切害論其罪從之仍徧諭中外命諸路學校生徒少者罷教授止以本州府文資官提控之丁未以安州軍事判官劉常言諸按察司體訪不實輒加糾劾者從故出入人罪論仍勒停若事涉私曲各從本法辛亥還宮乙卯以知真定府事完顏昌等爲賀宋生日使丁巳幸太極宮毬圍場遠地禁縱民耕捕樵採減教坊長行五十人渤海教坊長行三十人文繡署女工五十人出宮女百六十人九月庚申朔天壽節宋高麗夏遣使來賀丙寅如薊州秋山壬申定屯田戶自種及租佃法冬十月甲午定私鹽法丙申詔親軍三十五以下令習孝經論語癸卯至自秋山甲寅以提點尚衣局完顏爕爲夏國生日使十一月丁卯以殿前右副都點檢烏林荅毅等爲賀宋正旦使癸酉木冰凡三日丁

丑定收補承應人格十二月己丑朔新平等縣蝗蝻蟲生己亥左丞相崇浩等請上尊號不許辛丑勅陝西河南饑民所鬻男女官爲贖之乙卯百官再表乞受尊號不許

五年春正月己未朔大雪宋高麗夏遣使來賀庚申謁衍慶宮乙丑幸太極宮丁卯如光春宮春水壬申朝獻于衍慶宮乙亥詔有司自泰和三年郡縣三經行幸民嘗供億者賜今年租稅之半丁丑次霸州調山東河北軍夫改治漕渠二月己丑朔諭按察司近制以鎮靜而知大體爲稱職苛細而闇於大體爲不稱由是各路按察以因循爲事莫思舉刺郡縣以貪黷相尚莫能畏戢自今若糾察得實

民無冤滯能使一路鎮靜者爲稱職其或煩紊使民不得伸愬者是爲曠廢癸巳定鞫勘官受飲宴者罪己亥如建春宮甲寅制盜用及僞造都門契者罪視宮城門減一等三月庚申還宮癸亥更定兩稅輸限乙丑宋兵入秦川界庚午親王百官請上尊號不許甲戌諭有司進士名有犯孔子諱者避之仍著爲令命給米諸寺自十月十五日至次年正月十五日作糜以食貧民戊寅罷獄空錢辛巳宋兵入鞏州來遠鎮唐州得宋諜者言韓侂冑屯兵鄂岳將謀北侵四月戊子朔如萬寧宮癸巳命樞密院移文宋人依舊約撤新兵毋縱入境壬子定隨路轉運司及府官每季檢視庫物法五月甲子以平章政事僕散揆爲河南宣撫使籍諸道兵以備宋癸酉詔定遼東邑社人數戊寅更定檢知法勒留格己卯如慶寧宮制司屬丞凡遭父母喪止給卒哭假爲永制甲申宋人入漣水縣六月戊子復漣水縣丁酉制定本朝婚禮更定鬻米麫入外界法己酉制鎮防軍逃亡致邊事失錯陷敗戶口者罪甲寅詔拜禮不依本朝者罰召諸大臣問備宋之策皆以設備養惡爲言上以南北和好四十餘載民不知兵不忍先發七月戊辰如錦屏山壬申朝獻于衍慶宮乙亥宣撫使揆奏定姦細罪賞法丙子定圍場誤射中人罪壬午詔諸縣盜賊多所

選注巡尉八月辛卯詔罷宣撫司時宋殿帥郭倪濠州守將田俊邁誘虹縣民蘇貴等爲間河南將臣亦屢縱諜往往利俊邁之賂反爲遊說皆言宋之增戍本虞他盜及聞行臺之建益畏讋不敢去備且兵皆白丁自裹糧糒窮蹙飢疫死者十二三由是中外信之宣撫司以宋三省樞密院及盱眙軍牒來上又皆鐫黜邊臣爲辭宣撫使揆因請罷司從之揆又奏罷臨洮德順秦鞏新置弓箭手閏月乙卯朔典衛司丙子還宮九月甲申朔天壽節宋高麗夏遣使來賀戊子西北方黑雲間有赤氣如火色次及西南正南東南方皆赤有白氣貫其中至中夜赤氣滿天四更乃散以河南路統

軍使紇石烈子仁等爲賀宋生日使戊戌宋兵三百攻比
陽寺莊副巡檢阿里根寺家奴死之甲辰宋人焚黄澗虜
巡檢高顯冬十月庚申以刑部員外郎李元忠爲高麗生日
使丁丑宋人襲比陽唐州軍事判官撒覩死之十一月乙
酉宋人入內鄉攻洛南之商縣商州司獄壽祖追至冊河
擊敗之己丑以太常卿趙之傑等爲賀宋正旦使癸巳山
東闕食賜錢三萬貫以賑之乙未初定武舉格丁酉詔山
東陝西帥臣訓練士卒以備非常仍以銀十五萬兩分給
邊帥募民偵伺復遣武衛軍副都指揮使完顏太平殿前
右衛副將軍蒲察阿里赴邊伺其入伏兵掩之戊戌大雪
免朝參己亥更定宮中局署承應收補格宋吳曦擁衆與
元欲窺關隴皇甫斌益募兵擾淮北所掠即以與之使自
爲戰

六年春正月癸未朔宋高麗夏遣使來賀丁亥宋使陳克
俊等朝辭遣御史大夫孟鑄就館諭克俊等曰大定初世
宗皇帝許宋世爲姪國朕遵守遺法和好至今豈意爾國
屢有盜賊犯我邊境以此遣大臣宣撫河南軍民及得爾
國有司公移稱已罷黜邊臣抽去兵卒朕方以天下爲度
不介小嫌遂罷宣撫司未幾盜賊甚于前日比來群臣屢
以爾國渝盟爲言朕惟和好歲久委曲涵容恐姪宋皇帝

或未詳知若依前不息臣下或復有云朕雖兼愛生靈事
亦豈能終已卿等歸國當以朕意具言之汝主辛卯朝享
于衍慶宮丙申宋興元守將吳曦遣兵圍抹熟龍堡部將
蒲鮮長安擊走之斬其將辛丑更定保伍法癸卯始以沁
河縣官兼管句漕河事州府府官兼提控丁未如春水庚
戌宋人入撒牟谷陝西統軍判官完顏撾刺鞏州兵馬鈐
轄完顏七斤約宋西和州守將會境上俄伏發爲所襲木
波部長趙彥雄等七人死焉撾刺馬陷淖中中流矢七斤
僅以身免二月甲戌御史中丞孟鑄言提刑改爲按察司
又差官覆察權削而望輕非便參知政事賈鉉曰按察司
旣差監察體訪復遣官覆察之誠爲繁冗請自今差監察
時即遣官與俱更不覆察從之三月甲午尚書省奏商州
刺史烏古論兗州請聘押軍官與南兵戰沒者又奏遷右
振肅蒲察五斤官皆從之明昌初五斤嘗爲奉御出使山
東至河間以百姓飢輒移提刑司開倉賑之還具以聞上
初甚悅太傅徒單克寧言陛下始親大政不宜假近侍人
權乞正專擅之罪詔杖之二十克寧又以爲言乃罷之後
上思之由泰州都軍召爲振肅己亥如萬寧宮甲辰勑尚
書省祖父母父母無人侍養而子孫遠遊至經歲者甚傷
風化雖舊有徒二年之罪似涉太輕其考前律再議以聞

己酉宋人攻靈壁南京按察使行部至縣匿民舍得免四
月丙辰宋人圍壽春壽春告急于亳同知防禦使賢聖奴
將步騎六百赴之乃退癸亥尚書省奏河南統軍司言統
軍使紇石烈子仁等遣嚴整閻忠周秀輩入襄陽覘敵陰
事還言皇甫斌遣兵四萬規取鄧以我叛人田元爲鄉導
三萬人規取唐以張貟張勝爲鄉導俱授統領官故不敢
無備乃聚鄭汝陽翟之兵于昌武以南京副留守兼兵馬
副都總管紇石烈毅統之聚亳陳襄邑之兵于歸德以河
南路副統軍徒單鐸統之而自以所部兵駐汴及擬山東
東西路軍七千付統軍紇石烈執中駐大名河北東西路

軍萬七千屯河南皆給以馬有老弱者易其人皆從之甲
子宋人攻天水界乙丑入東柯谷部將劉鐸戰敗之丙寅
詔平章政事僕散揆領行省于汴許以便宜從事升諸道
統軍司爲兵馬都統府以山東東西路統軍使紇石烈執
中爲山東西路兵馬都統使定海軍節度使副都統軍使
完顔撒剌副之陝西統軍使充爲陝西五路兵馬都統使
通遠軍節度使胡沙知臨洮府事石抹仲溫副之河南皆
聽揆節制如故盡徵諸道籍兵辛未宋吳曦攻來遠鎮之
蘭家嶺丙子詔內外職官納馬各有數丁丑宋人入新息
內鄉又入泗州戊寅入褒信己卯入虹縣庚辰入潁上五

月壬午宋李爽圍壽州田俊邁入蘄縣秦詵攻蔡州防禦
使完顔佛住敗之又入金城海口殺長山尉執二巡檢以
去甲申太白晝見丙戌以宋畔盟出師告于天地太廟社
稷丁亥親告于衍慶宮戊子平章政事僕散揆兼左副元
帥陝西兵馬都統使充爲元帥右監軍知眞定府事烏古
論誼爲元帥左都監辛卯以征南詔中外賜唐州刺史吾
古孫兀屯總押鄧州軍馬事完顔江山爵各二級蔡州防
禦使完顔佛住爵一級餘賞賚有差又以非嚴整上變必
爲所誤授整嵩州巡檢使賜爵八級錢二百萬上以宋兵
方熾東北新調之兵未集河南之衆不足支命河北大名

北京天山之兵萬五千屯眞定河間清獻等以爲應壬辰
諭尚書省今國家多故凡言軍國利害五品以上官以次
奏陳朕將親問之六品以下則具帖子以進癸巳山東路
災赦死罪已下以樞密副使完顔匡爲右副元帥宋田俊
邁攻宿州安國軍節度副使納蘭邦烈等出兵擊之邦烈
中流矢宋郭倬李汝翼以衆繼至遂圍宿州壬寅納蘭邦
烈等擊敗之俊邁退保于蘄癸卯執俊邁于蘄甲辰皇甫
斌攻唐州刺史吾古孫兀屯拒之行省遣泌陽副巡檢納
合軍勝來援遂擊敗之庚戌太白經天六月辛亥朔左丞
僕散端以母憂罷平章政事揆報蘄之捷并送所獲宋將

田後邁至關上降詔褒諭賜紇石烈貞納蘭邦烈史扢搭等爵賞有差宋將李爽以兵圍壽州刺史徒單羲拒守踰月不能下壬子河南統軍判官乞住及買哥等以兵來援羲出兵應之爽大敗同知軍州事蒲烈古中流矢死乙卯初置急遞鋪腰鈴轉遞日行三百里非軍期河防不許起馬定軍前差發受贓罪除飛蝗入境雖不損苗稼亦坐罪法丁巳詔彰德府宋韓侂胄祖琦墳毋得損壞仍禁樵採庚申右翼都統完顏賽不敗宋曹統制于溱水辛酉詔有司有宋宗族所居各具以聞長官常加提控壬戌平章政事揆報壽州之捷戊辰詔升壽州爲防禦免今年租稅

諸科名錢釋死罪以下以徒單羲爲防禦使贈蒲烈古昭勇大將軍賜錢三百貫官其子圖剌擢乞住同知昌武軍節度使事買哥河南路統軍判官都統賽不副統蒲鮮萬奴各進爵一級賜金幣有差辛未木星晝見至七月戊申經天乙亥宋吳曦攻鹽川戍將完顏王喜敗之秋七月癸未宋商榮復攻東海縣令完顏卞僧復敗之還中伏矢死贈海州刺史以銀五百兩絹百疋給其家仍官其一子甲申朝獻于衍慶宮丁亥勅翰林直學士陳大任妨本職專修遼史甲午宋統制戚春以舟師攻邳州刺史完顏從正敗之春赴水死斬其副夏統制吳曦兵五萬入秦州陜西

路都統副使承裕等敗之丙申夏國王李純佑廢姪安全立遣使奉表來告詔禁賣馬入外境但至界欲賣而爲所捕即論死八月庚戌山東帥來報邳州之捷辛亥木星晨見乙卯以羌酋青宜可爲疊州副都總管己未太白晝見丙寅左丞僕散端起復前職詔設平南諸將軍辛未宋程松襲取方山原蒲察貞破走之壬申太白晝見經天甲戌至自萬寧宮乙亥敕唐鄧潁蔡宿泗六州免來年租稅三分之一九月己卯朔天壽節高麗遣使來賀辛巳元帥右都監蒲察貞取和尚原臨洮蕃部遵寧獻蜀栗戰馬以助軍乙酉將五鼓北方有赤白氣數道起于王良之下行至

北斗開陽搖光之東丙戌幸香山庚寅勅行尚書省有方略出衆武藝絶倫才幹辦事工巧過人者其招選之甲午參知政事賈鉉乞致政不許戊戌尚書左丞僕散端行省于汴己亥尚書戶部侍郎梁鏜行六部尚書事於山東辛丑遣尚書左司郎中溫迪罕思敬冊李安全爲夏國王甲辰宋吳曦將馮興楊雄李珪等入秦州陜西都統副使承裕等擊破之斬楊雄李珪冬十月戊申朔平章政事僕散揆督諸道兵伐宋庚戌揆以行省兵三萬出潁壽河南路統軍使紇石烈子仁以兵三萬出渦口元帥匡以兵二萬五千出唐鄧左監軍紇石烈執中以山東兵二萬出清口

右監軍充以關中兵一萬出陳倉右都監蒲察貞以岐隴兵一萬出成紀蜀漢路安撫使完顏綱以漢蕃步騎一萬出臨潭臨洮路兵馬都總管石抹仲温以隴右步騎五千出鹽川隴州防禦使完顏璘以本部兵五千出來遠甲子獵于近郊十一月戊寅朔詔定諸州府物力差役式壬午完顏匡攻下棗陽乙酉詔屯田軍戶與所居民爲昏因者聽丁亥僕散揆克安豐軍取霍丘縣紇石烈執中克淮陰遂圍楚州己丑尚書省奏減朝官及承應人月俸折支錢庚寅完顏匡克光化軍及神馬坡壬辰僕散揆次廬江宋督視江淮兵馬事丘崈遣劉祐來乞和紇石烈子仁克定遠縣乙未完顏匡取隨州丙申紇石烈子仁克滁州戊戌詔諸路行用小鈔完顏匡圍德安別以兵徇下安陸應城雲夢孝感漢川荊山等縣庚子日斜有流星二光芒如炬幾及一丈起東北没東南初定茶禁完顏綱圍祐州降之宋丘崈遣林拱持書乞和辛丑完顏匡攻襄陽破其外城僕散揆克含山蒲察貞克天水紇石烈子仁徇下來安全椒二縣壬寅完顏綱徇下蕩川閬川等城癸卯丘崈復遣宋顯等以書幣乞和乙巳完顏綱克宕昌丙午蒲察貞克西和州十二月丁未朔完顏匡克宜城僕散揆攻和州史抆措中流矢死壬子完顏綱次大潭縣降之蒲察貞克成

州癸丑宋太尉昭信軍節度使四川宣撫副使吳曦納款于完顏綱戊午右監軍充攻下大散關己未紇石烈子仁克真州丘崈復遣陳璧等奉書乞和辛酉右監軍充遣完顏拟合以兵趣鳳州城潰入焉完顏綱遣京兆録事張仔會吳曦于興州之置口曦具言所以歸朝之意仔請以告身爲報盡出以付之仍獻階州乙丑初設都提控急遞鋪官平章政事僕散揆班師完顏綱以朝命假太倉使馬良顯齎詔書金印立吳曦爲蜀王戊辰蒲察貞以西和天水等捷來報完顏匡進所掠女子百人己巳曦遣其果州團練使郭澄提舉仙人關使任辛奉表及蜀地圖志吳氏譜牒來上壬申詔完顏匡權尚書右丞行省事右副元帥如故以紇石烈執中縱下虜掠遣近臣杖其經歷阿里不孫等仍詔放還所掠

七年春正月丁丑朔高麗夏遣使來賀完顏匡進攻襄陽戊寅勑宰臣舉材幹官同議南征事辛巳詔御史大夫崇肅同判大睦親府事徒單懷忠吏部尚書范楫戶部尚書高汝礪禮部尚書張行簡知大興府事温迪罕思敬等十有四人同對于慶和殿壬午詔百官及前十四人同對于廣仁殿甲申朝獻于衍慶宮乙酉贈故壽州死節軍士魏全宣武將軍蒙城令封其妻鄉君子璘年至十五收充八貫石正班局分承應仍賜錢百萬初李

奕閭壽州刺史義募人往斫敵營全在選中而爲敵所執
敵令罵義則免全陽許及至城下反罵敵遂殺之至死罵
不絕聲故有是恩戊子召完顏綱赴闕庚寅僕散揆還駐
下蔡而病丙申以左丞相崇浩兼都元帥行省于南京以
代揆己亥有司奏更定茶禁辛丑完顏匡取穀城二月丙
辰潡鳳成西和階山五州丁己詔追復永中永蹈王爵宋
知樞密院張巖遣方信孺以書詣平章政事揆左丞端乞
和己未獵于近郊完顏匡克荊門軍癸亥如建春宮吳曦
遣使奉三表來謝封爵陳誓言貿全蜀內附丙寅還宮戊
辰平章政事兼左副元帥僕散揆薨于軍癸酉遣同知府

章宗　金史十二　十四　夏東淹

事朮虎高琪等冊吳曦爲蜀國王判平陽府事衛王永濟
改武定軍節度使兼奉聖州管內觀察使是月蜀國王吳
曦爲宋臣安丙所殺三月戊子幸太極宮庚寅詔撫諭陝
西軍士壬辰初定蟲蝻生發地主及隣主首不申之罪宋
復攻破階州癸巳復攻破西和州乙未宣撫副使完顏綱
至鳳翔詔徵五州之兵分保要害綱召諸軍還庚子以完
顏匡爲左副元帥壬寅如萬寧宮甲辰幸西園夏四月壬
子遣宮籍副監楊序爲橫賜高麗王使癸丑宋人攻破散
關鞏州鈐轄兀顏阿失死之丙辰以紇石烈子仁爲右副
元帥戊辰詔元帥府分遣諸將遊奕淮南諸州癸酉復下

散關五月己卯幸東園射柳己丑幸玉泉山丙申宋知樞
密院事張巖復遣方信孺以書至都元帥府增歲幣乞和
四川安撫使安丙遣西和州安撫使李孝義率步騎三萬
攻秦州圍皂角堡朮虎高琪以兵赴之七戰而解其圍是
月放宮女二十人六月乙巳朔詔朝官六品外官五品以
上及親王舉通錢穀官一人不舉者罰舉不當者論如律
己酉以山東盜制同黨能自殺捕出首官賞法戊午烏古
論誼爲元帥左監軍完顏撒剌爲元帥左都監乙丑遣使
捕蝗秋七月庚辰朝獻于衍慶宮壬午詔民間交易典質
一貫以上並用交鈔毋用錢乙酉敕尚書省自今初受監

章宗　金史卷十二　十五　夏永茂

察者令進利害帖子以待召見甲午左副元帥匡至自許
州乙未詔贖西夏人口盡贖放還敢有藏匿者以違制論
八月戊申宋張巖復遣方信孺齎其主誓書稾來乞和庚
戌割汝州襄城縣于許州戊辰至自萬寧宮九月甲戌朔
天壽節高麗夏遣使來賀左丞相兼都元帥崇浩薨于軍
甲申定西北京遼東鹽司判官諸場管句增虧升降格以
尚書左丞僕散端爲平章政事封申國公左副元帥完顏
匡爲平章政事兼左副元帥封定國公丙戌獵于近郊壬
辰還宮戊戌更定受制忘誤及誤寫制書事重加等罪壬
寅勅女直人不得改爲漢姓及學南人裝束冬十月甲辰

詔應廕之家旁正廕足其正廕者未出官而亡許補廕一人辛亥以武庫令朮甲法心爲高麗生日使丙辰獵于近郊己巳詔定隨軍遷賞格辛未陝西宣撫使徒單鎰分遣副統把回海攻下蘇嶺關是月定南征將士功賞格十一月癸酉詔新定學令內削去薛居正五代史止用歐陽脩所撰是日都統押剌技鶻嶺關新道口副統回海取小湖關敎倉進至營口鎮遂取其城丙子宋韓侂胄遣左司郎中王柟以書來乞和請稱伯復增歲幣犒軍錢誅蘇師旦函首以獻丙戌上聞陝州防禦使統石烈孛孫禁民糴命尚書省罪之壬辰宋參知政事錢象祖以誅韓侂胄移書

行省甲午獵于近郊戊戌參知政事賈鉉罷詔完顏匡檄宋函侂胄首以贖淮南故地十二月壬寅朔遼史成丙午以符寶郎烏古論福齡爲夏國生日使戊午詔策論進士免試弓箭擊毬庚申以尚書右丞孫即康爲左丞參知政事獨吉思忠爲右丞中都路都轉運使孫鐸爲參知政事八年春正月辛未朔高麗遣使來賀壬申朝謁于衍慶宮癸酉收毀大鈔行小鈔以元帥左都監完顏撒剌爲參知政事乙亥宋安丙遣兵襲鶻嶺關副統把回海完顏摑刺擊走之斬其將景統領丙子左司郎中劉昂通州刺史史肅監察御史王宇吏部主事曹元吏部員外郎徒單永

康太倉使馬良顯順州刺史唐括直思白坐與蒲陰令大中私議朝政皆杖之癸未如春水丙戌如光春宮二月乙巳宋參知政事錢象祖遣王柟來以書上行省復請川陝關隘甲寅如建春宮庚申諭有司曰方農作時雖在禁地亦令耕種己巳還宮三月丁亥幸瀛王第視疾庚寅以與宋和諭尚書省壬辰宰臣上表謝罪甲午瀛王從憲薨乙未上親臨祭夏四月癸卯日暈三重皆內黃外赤戊申祔于太廟庚戌如萬寧宮甲寅以北邊無事勑尚書省命東北路招討司還治泰州就兼節度使其副招討仍置于邊詔諭有司以苗稼方興宜速遣官分道巡行農事以備蟲

蝻詔更定猛安謀克承襲程試格宋錢象祖復遣王柟以書上行省庚申詔諸路按察司歲賜公用錢閏月辛未諭尚書省曰翰林侍講學士蒲察畏也言使宋官當選人其言甚當彼通謝使雖未到闕其報聘人當先議擇此乃更始凡有禮數皆在奉使今既行之遂爲永例不可不慎也甲戌制諸州府司縣造作不得役諸色人匠違者準私役之律計傭以受所監臨財物論甲申定承應人收補年甲格甲午雨雹定保甲軍殺獲南軍官賞乙未宋獻韓侂胄等首于元帥府五月丁未御應天門備黃麾立仗親王文武合班起居中路兵馬提控平南撫軍上將軍紇石烈貞

以宋賊臣韓侂胄蘇師旦首獻并奉元帥府露布以聞懸其首并畫像于市以露布頒中外丙辰平章政事匡至自軍己未更元帥府爲樞密院癸亥詔移天壽節於十月十五日丁卯遣使分路捕蝗六月癸酉宋通謝使朝議大夫試禮部尚書許奕福州觀察使右武衛上將軍吳衡等奉其主書入見甲戌詔謝于衍慶宮癸未以許宋平詔中外免河南山東陝西等六路今年夏稅河東河北大名等五路半之丁亥以元帥左都監烏古論誼爲御史大夫戊子飛蝗入京畿乙未定服飾明金象金制丁酉以副都點檢完顏侃爲宋諭成使禮部侍郎喬宇副之秋七月戊戌朔

太白晝見庚子詔更定蝗蟲生發坐罪法乙巳朝獻于衍慶宮詔頒捕蝗圖于中外戊申宋使朝辭致荅通謝書及誓書于宋主八月壬申更定遼東行使鈔法癸酉如建春宮己丑以戶部尚書高汝礪等爲宋生日使庚寅如秋山九月甲子遣吏部尚書賈守謙等一十三人與各路按察司官推排民戶物力乙丑至自秋山冬十月辛未以吏部郎中郭郛爲高麗生日使辛巳宋高麗夏遣使來賀夏國有兵遣使來告癸未更定安泊強竊盜罪格辛卯以軍民共譽爲廉能官條附善最法十一月丁酉朔詔諸路按察使並兼轉運使初設三司使掌判鹽鐵度支勸農事以樞密使紇石烈子仁兼三司使癸卯詔戒諭尚書省曰國家之治在於紀綱紀綱所先賞罰必信今廼上自省部之重下逮司縣之間律度弗循私懷自便遷延曠歲苟且成風習此爲恒從何致理朝廷者百官之本京師者諸夏之儀其勗自今各懲已往遵繩奉法竭力赴功無枉撓以循情無依違而避勢壹歸于正用範乃民是日御臨武殿試護衛丁未勅諭臨潢泰州路兵馬都總管承裔等修邊備乙卯上不豫丙辰崩于福安殿年四十一大安元年春正月謚曰憲天光運仁文義武神聖英孝皇帝廟號章宗二月甲申葬道陵

贊曰章宗在位二十年承世宗治平日久宇內小康乃正禮樂修刑法定官制典章文物粲然成一代治規又數問群臣漢宣綜核名實唐代考課之法蓋欲跨遼宋而比跡於漢唐亦可謂有志於治者矣然婣寵擅朝冢嗣未立疏忌宗室而傳授非人向之所謂維持鞏固於久遠者徒爲文具而不得爲後世子孫一日之用金源氏從此衰矣昔揚雄氏有云秦之有司負秦之法度秦之法度負聖人之法度蓋有以夫

本紀第十二

開府儀同三司上柱國錄軍國重事前中書右丞相監修國史領經筵事都總裁臣脫脫奉

勑修

衛紹王

衛紹王諱永濟小字興勝更諱允濟章宗時避顯宗諱詔改允爲永世宗第七子母曰元妃李氏衛王長身美髯鬚天資儉約不好華飾大定十一年封薛王是歲進封滕王十七年授世襲猛安二十五年加開府儀同三司二十六年爲秘書監明年轉刑部尚書又明年改殿前都點檢二十九年世宗崩章宗即位進封潞王起復判安武軍節度使五月至冀州以到任表謝賜詔優答明昌二年進封韓王四年改判興平軍五年改沁南軍承安二年改封衛王三年改昭義軍泰和元年改判彰德府事五年改判平陽府初章宗誅鄭王永蹈趙王永中久頗悔之七年下詔追復舊封仍賜謚而永蹈無後乃以衛王子按陳爲鄭王後賜衛王詔曰朕念鄭王自棄天常以干國憲藁瘞曠野忽諸不祀歷歲既久深用惻然親親之情有懷難置已詔追復舊爵改葬如儀稽考古禮以卿之子按陳爲鄭王後謹其祭祀卿其悉之已而改武定軍節度使八年十一月自武定軍入朝是時章宗已感嗽疾衛王且辭行而章宗意

留之章宗初年雅愛諸王置王傅府尉官以傅導德義及永中永蹈之誅由是疏忌宗室遂以王傅府尉檢制王家苛問嚴密門户出入皆有籍而衛王乃永蹈母弟柔弱鮮智能故章宗愛之既無繼嗣而諸叔兄弟多在章宗皆不肯立惟欲立衛王故於辭行留之無何章宗大漸元妃李氏黄門李新喜平章政事完顏匡定策章宗崩匡等傳遺詔立衛王衛王固讓乃承詔舉哀即皇帝位于柩前明日羣臣朝見于大安殿詔路府州縣爲大行皇帝服七日

大安元年正月辛丑飛星如火起天市垣有尾跡若赤龍壬戌改元大赦立元妃徒單氏爲皇后二月乙丑朔太白晝見經天壬辰章宗内人范氏損其遺腹以詔内外初章宗遺詔内人有娠者兩人生男則立爲儲貳至是平章政事僕散端等奏承御賈氏當以十一月免乳今則已出三月范氏産期合在正月醫稱胎氣有損用藥調治脉息雖和胎形已失范氏願削髮爲尼封皇子六人爲王三月甲辰道陵禮成大赦詔曰自今於朕名不連續及複詠等字不須別改以平章政事僕散端爲右丞相四月庚辰殺章宗元妃李氏及承御賈氏以平章政事完顏匡爲尚書令五月高麗賀即位試宏詞科七月幸海王莊臨奠魯國公主八月萬秋節宋遣使來賀九月如大房山謁奠睿陵裕

陵道陵百官表請建儲不允十月歲星犯左執法己卯詔
戒勵風俗十一月平陽地震有聲如雷自西北來十二月
詔平陽地震人户三人死者免租稅一年二人及傷者免
一年貧民死者給葬錢五千傷者三千尚書令申王完顏
匡薨右丞相僕散端爲左丞相進封兄越王永功爲譙王
御史大夫張行簡爲太保
二年正月庚戌朔日中有流星出大如盆其色碧向西行
漸如車輪尾長數丈没于濁中至地復起光散如火二月
客星入紫微垣光散爲赤龍地大震有聲如雷以禮部侍
郎耿端義爲參知政事四月校大金儀禮北方有黑氣如

大道東西亘天徐邳州河清五百餘里以告宗廟社稷五
月詔儒臣編續資治通鑑六月大旱下詔罪己振貧民闕
食者曲赦西京太原兩路雜犯死罪减一等徒以下免丙
寅地震七月地震八月地震乙丑立子胙王從恪爲皇太
子萬秋節宋遣使來賀獵于近郊夏人侵葭州九月地大
震乙未詔求直言招勇敢撫流亡庚子遣使慰撫宣德行
省軍士丙午京師戒嚴上日出巡撫百官請視朝不允辛
亥宣德行省罷癸丑詔撫諭中都西京清滄被兵民户十
一月獵于近郊中都大悲閣東渠内火自出逾旬乃滅閏
南刹竿下石罅中火自出人近之即滅俄復出如是者復

旬日中都火燬民居十二月辛酉朔日有食之是歲大饑
禁百姓不得傳說邊事
三年正月乙酉朔宋高麗夏遣使來賀熒惑入氐中二月
熒惑犯房宿有大風從北來發屋折木通玄門重關折東
華門重關折閏月熒惑犯鍵閉星三月大悲閣災延及民
居有黑氣起北方廣長若大堤内有三白氣貫之如龍虎
狀括民間馬令職官出馬有差四月我
大元
太祖法天啓運聖武皇帝來征遣西北路招討使粘合合
打乞和平章政事獨吉千家奴參知政事胡沙行省事備

邊西京留守紇石烈胡沙虎行樞密院事參知政事奥屯
忠孝爲尚書右丞户部尚書梁璫爲參知政事六月壬寅
更定軍前賞罰格八月詔獎諭行省官慰撫軍士千家奴
胡沙自撫州退軍駐于宣平河南大名路軍逃歸下詔招
撫之九月千家奴胡沙敗績于會河堡居庸關失守禁男
子不得輒出中都城門
大元前軍至中都中都戒嚴參知政事梁璫鎮撫京城十
月每夜初更正東西北天明如月初出經月乃滅熒惑犯
壘壁陣上京留守徒單鎰遣同知烏古孫兀屯將兵二萬
衛中都泰州刺史术虎高琪屯通玄門外上巡撫諸軍罷

宣德行省十一月殺河南陳言人郝贊以上京留守徒單
鎰爲右丞相發中都在城軍紇石烈胡沙虎棄西京走還
京師即以爲右副元帥權尚書左丞是時德興府弘州昌
平懷來縉山豐潤密雲撫寧集寧東過平灤南至清滄由
臨潢過遼河西南至忻代皆歸
大元矣徒單鎰請徙桓昌撫百姓入内地上信梁瑾議以
責鎰曰是自蹙境土也及
大元巳定三州上悔之至是鎰復請置行省事于東京備
不虞上不悅曰無故遣大臣動搖人心未幾東京不守上
乃大悔右副元帥胡沙虎請兵二萬屯宣德詔與三千人
屯嬀川平章政事千家奴參知政事胡沙坐覆全軍千家
奴除名胡沙責授咸平路兵馬總管萬戶低頭屯古北口
十二月發陝西兩路漢軍五千人赴中都太保張行簡左
丞相僕散端宿禁中議軍事左丞相僕散端罷
崇慶元年正月朔改元赦宋夏遣使來賀右副元帥胡沙
虎請退軍屯南口詔數其罪免之三月大旱遣使冊李遵
頊爲夏國王以御史大夫福興爲參知政事參知政事孟
鑄爲御史大夫夏人犯葭州延安路兵馬總管完顏奴婢
禦之五月發陝西勇敢軍二萬人射糧軍一萬人赴中都
括陝西馬武安軍節度使致仕賈鉉起復參知政事參知

政事福興爲尚書左丞詔賣空名勑牒河東陝西大饑斗
米錢數千流莩蔽野以南京留守僕散端爲河南陝西安
撫使提控軍馬七月有風自東來吹帛一段高數十丈飛
動如龍形墜於拱辰門八月萬秋節以兵事不設宴十月
曲赦西京遼東北京十一月振河東南路南京路陝西東
路山東西路衛州旱災十二月夏國王李遵頊謝封冊
至寧元年正月振河東陝西饑二月詔撫諭遼東知大名
府事烏古論誼謀不軌伏誅三月太陰太白與日並見相
去尺餘五月改元詔諭咸平路契丹部人之嘯聚者起胡
沙虎復爲右副元帥領武衛軍三千人屯通玄門外陝西
大旱六月夏人犯保安州殺刺史犯慶陽府殺同知府事
以戶部尚書胥鼎刑部尚書王維爲參知政事八月尚書
左丞完顏元奴將兵備邊詔軍官軍士賜賚有差大霧晝
晦治中福海别將兵屯城北辛卯胡沙虎矯詔以誅反者
招福海執而殺之奪其兵壬辰自通玄門入殺知大興府
徒單南平刑部侍郎徒單没撚於廣陽門西福海男符寶
郗陽都統石古乃率衆拒戰死之胡沙虎叩東華門遣人
呼守直親軍百戶冬兒五十戶蒲察六斤不應許以世襲
猛安三品官職亦不應都點檢徒單渭河縋而出護衛斜
烈㮀鐸啓門胡沙虎以兵入宫盡逐衛士代以其黨自稱

監國都元帥癸巳過上出宮以素車載至故邸以武衛軍二百人錮守之尚宮左夫人鄭氏爲内職掌寶璽聞難端居璽所待變胡沙虎遣黄門入收璽鄭曰璽天子所用胡沙虎人臣取將何爲黄門曰今天時大變主上猶且不保况璽乎御侍當思自脫計鄭厲聲罵曰若輩宫中近侍恩遇尤隆君難不以死報之反爲逆竪奪璽耶我死可必璽必不與遂瞑目不語黄門出胡沙虎卒取宣命之寶僞除其黨醜奴爲德州防禦使烏古論奪剌順天軍節度使提控宿直將軍徒單金壽永定軍節度使及其餘黨凡數十人皆遷官遂使宦者李思中害上於邸諡奉御和尚使作

書急召其父左丞元奴議事元奴以軍來并其子皆殺之九月甲辰宣宗即位丁未詣邸臨奠伏哭盡哀勑以禮改葬胡沙虎請廢爲庶人詔百官議于朝堂議者二百餘人太子少傅奥屯忠孝侍讀學士蒲察思忠請從廢黜户部尚書武都拾遺田庭芳等三十人請降爲王侯太子太保張行簡請用漢昌邑王晉海西公故事侍御史完顔訛出等十人請降復王封胡沙虎固執前議宣宗不得已乃降封東海郡侯昭雪道陵元妃李氏承御賈氏十月辛亥元帥右監軍朮虎高琪殺胡沙虎于其第胡沙虎者紇石烈執中也宣宗乃下詔削其官爵贈石古乃順州刺史鄯陽順天軍節度使凡從二人拒戰者千户賞錢五百貫謀克三百貫蒲輦散軍二百貫各遷官兩階戰没者贈賞付其家冬兒加龍虎衛上將軍再遷宿直將軍蒲察六斤加定遠大將軍武衛軍鈐轄石古乃子尚幼給俸八貫石勑有司俟其年十五以聞貞祐四年詔追復衛王諡曰紹

贊曰衛紹王政亂於内兵敗於外其滅亡已有徵矣身弑國蹙記注亡失南遷後不復紀載

皇朝中統三年翰林學士承旨王鶚有志論著求大安崇慶事不可得采摭當時詔令故金部令史竇祥年八十九耳目聰明能記憶舊事從之得二十餘條司天提點張正

之寫災異十六條張承旨家手本載舊事五條金禮部尚書楊雲翼日録四十條陳老日録三十條藏在史館條件雖多重複者三之二惟所載李妃完顔匡定策獨吉千家奴兵敗紇石烈執中作難及日食星變地震氛祲不相背盭今校其重出删其繁雜章宗實録詳其前事宣宗實録詳其後事又於金掌奏目女官大明居士王氏所紀得資明夫人援璽一事附著于篇亦可以存其梗槩云爾

本紀第十三

本紀第十四　金史十四

開府儀同三司上柱國錄軍國重事前中書右丞相監修國史領經筵事都總裁臣脫脫奉

勑修

宣宗上

宣宗繼天興統述道勸仁英武聖孝皇帝諱珣本名吾睹補顯宗長子母曰昭華劉氏大定三年癸未歲生世宗養于宮中十八年封温國公加特進二十六年賜今名二十九年進封豐王加開府儀同三司累判兵吏部又判永定彰德等軍承安元年進封翼王泰和五年改賜名從嘉八年進封邢王又封昇王所至著祥異至寧元年八月衛紹

王被弒徒單銘等迎于彰德府既至京親王百官上表勸進甲辰即皇帝位於大安殿以紇石烈胡沙虎為太師尚書令兼都元帥封澤王九月乙巳朔諭尚書省事有規畫者皆即規畫悉依世宗所行行之丙午以駙馬雄名第賜胡沙虎丁未諭宰臣曰朕即大位羣臣凡有所見各直言勿隱臨奠于衛紹王第有司奏舊禮當設坐哭上命撤坐伏哭盡哀勑有司以禮改葬戊申御仁政殿視朝賜胡沙虎坐胡沙虎不辭辛亥封皇子守禮為遂王守純為濮王

皇女温國公主薨王求升龕上親臨奠

大元遣乙里只來壬子改元貞祐大赦恩賚中外臣民有差丙辰左諫議大夫張行信上章言崇節儉廣聽納明賞罰三事尚書右丞相徒單鎰進左丞相封廣平郡王庚申澤王胡沙虎等議廢故衛王為庶人上曰朕徐思之以諭卿等壬戌授胡沙虎中都路和魯忽土世襲猛安丙寅詔諭六品以下官事有可言者言之無隱閏月戊辰朔拜日于仁政殿自是每月吉為常授尚書左丞相徒單鎰中都路迭魯猛安庚午上復舊名珣詔所司告天地廟社前所更名二字自今不須迴避辛未詔追尊皇妣為皇太后是日皇妃皇子至自彰德府遣使使宋己卯左諫議大夫張行信上疏請立皇太子甲申立子守忠為皇太子丙戌詔

降故衛王為東海郡侯甲午減定監察御史為十二員冬十月丁酉朔京師戒嚴辛丑

大元乙里只來乙巳詔應遷加官賞諸色人與本朝人一體庚戌勑有司皇太子冊禮俟邊事息然後舉行辛亥元帥右監軍朮虎高琪戰于城北凡兩敗績而歸就以兵殺胡沙虎于其第持其首詣闕待罪赦之仍授左副元帥壬子殿前都點檢紇石烈特末也等補外張行信上封事言正刑賞擇將帥及鄯陽石古乃之寃

大元兵下涿州設京城鎮撫彈壓官置招賢所癸亥放宮女百三十人十一月戊辰夏人攻會州徒單醜兒出兵擊

走之庚午將乞和于
大元詔百官議于尚書省以横海軍節度使承暉爲尚書
右丞耿端義爲參知政事癸未詔贈死事裴滿福興及鄯
陽石古乃官
大元兵徇觀州刺史高守約死之又徇河間府滄州乙未
定亡失告身文憑格十二月丁酉朔上御應天門詔諭軍
士仍出銀以賜之平章政事徒單公弼進尚書右丞相尚
書右丞承暉進都元帥兼平章政事左副元帥朮虎高琪
進平章政事兼前職
二年春正月丁卯朔以邊事未息詔免朝賀辛未

大元兵徇彰德府知府事黃摑九住死之宋人攻秦州統
軍使石抹仲溫擊却之癸未有司奏請權止今年禘享朝
獻原廟及皇太后册禮從之乙酉徵處士王澮不至
大元兵徇益都府命有司復議本朝德運乙未
大元兵徇懷州沁南軍節度使宋扆死之二月丙申朔壬
子
大元乙里只扎八來丙辰罷按察司壬戌
大元乙里只復來三月辛未遣承暉詣
大元請和丁丑赦國内癸未京師大括粟甲申
大元乙里只扎八來詔百官議于尚書省戊子以濮王守
純爲殿前都點檢兼侍衛親軍都指揮使權都元帥府事
庚寅奉衛紹王公主歸于
大元
太祖皇帝是爲公主皇后辛卯詔許諸人納粟買官京師
戒嚴壬辰
大元兵下嵐州鎮西軍節度使烏古論仲溫死之夏四月
乙未朔以知大興府事胥鼎爲尚書右丞戊戌奉遷昭聖
皇后柩于新寺時山東河北諸郡失守惟真定清沃大名
東平徐邳海數城僅存而已河東州縣亦多殘燬兵退命
僕散安貞等爲諸路宣撫使安集遺黎至是以

大元允和議大赦國内癸卯權厝昭聖皇后于新寺甲辰
詔有司具陣亡人子孫以備録用丁未以都元帥承暉爲
平章政事庚戌左丞相監修國史廣平郡王徒單鎰薨乙
卯尚書省奏巡幸南京詔從之己未葬衛紹王五月癸酉
承暉加金紫光禄大夫封定國公尚書左丞抹撚盡忠加
崇進封申國公甲戌霍王從彝薨乙亥輟朝上決意南遷
詔告國内太學生趙昉等上章極論利害以大計已定不
能中止皆慰諭而遣之詣原廟奉辭戊寅將發雨不果行
以南京留守僕散端等嘗請臨幸及行先詔諭之辛巳詔
遷衛紹鎬厲王家屬于鄭州壬午車駕發中都是日雨至

甲申止丙戌次定興禁有司扈從踐蹂民田丁亥次安肅
州元帥右監軍完顏弼以兵迎見癸巳次中山府勑扈從
軍所踐禾稼計直酬之六月甲午朔以按察轉運使高汝
礪爲參知政事癸丑次內丘縣
大元乙里只來戊午次彰德府曲赦其境內庚申次鉅橋
鎮是日南京行宮寶鎮閣災壬戌次宜村黃龍見西北秋
七月車駕至南京詔立元妃溫敦氏爲皇后八月甲午以
立后百官上表稱賀庚子皇太子至自中都丁未夏人入
邊命移文責之甲寅罷經略司應奉翰林文字完顏素蘭
上書言事九月壬戌朔日有食之皇孫生癸亥山東路鄆

萊州之捷辛未五監察御史陞黜格庚辰詔訓練軍士丁
亥諭宣徽院正旦生辰不須進物太白晝見于軫戊子禁
軍官圍獵冬十月甲午詔遣官市木波西羌馬陝西軍戶
戰死者給糧贍其家丁酉
大元兵徇順州勸農使王晦死之壬寅左副元帥兼尚書
左丞抹撚盡忠進平章政事以御史中丞孛术魯德裕爲
參知政事兼簽樞密院事曲赦中都路乙卯遣參知政事
孛术魯德裕行尚書省于大名府丙辰
大元兵收成州諭大名行省賑損用度德州防禦使完顏
醜奴伏誅十一月丁卯以御史大夫僕散端爲尚書左丞

相曲赦山東路辛未詔賜衛紹王家屬旣稟詔有司答夏
國牒丙子許諸色人試武舉蘭州譯人程陳僧叛西結夏
人爲援辛巳熒惑犯房宿鈎鈐星癸未曲赦遼東路勑罷
宣撫司劄擬官十二月戊戌遣眞定行元帥府事永錫等
援中都頒勸農詔丁未以和議旣定聽民南渡乙卯登州
刺史耿格伏誅流其妻孥
大元兵徇懿州節度使高閭山死之
三年春正月辛酉朔宋遣使來賀壬戌遣內侍諭永錫防
邊毋以和議爲辭癸亥曲宴群臣宋使定文武五品以上
侍坐員遂爲常制乙丑詔宣撫阿海總管合住討賊劉二

祖張汝楫戊辰尚書省言內外軍人入粟補官者多行伍
浸盛請俟平定應監差者與三酬門戶有職事者陞一等
其子弟應廕者罷之上可其奏乙亥夏人犯環州北京軍
亂殺宣撫使奧屯襄丁丑右副元帥蒲察七斤以其軍降
於
大元辛巳皇太子疾輟朝乙酉皇太子薨二月辛卯環州
刺史烏古論延壽及斜卯毛良虎等敗夏人于州境詔進
官有差
大元乙里只來壬辰上臨奠皇太子殯所有司奏辰日不
哭上曰父子至親何可拘忌命御史中丞李英元帥左都

監烏古論慶壽領兵護餽中都付以空名宣勑許視功遷
敘逗撓者治以軍律乙未改寧邊州隸嵐州丁酉詔諸色
人遷官並視女直人有司妄生分別以違制論從戶部郎
中奥屯阿虎請也辛丑勑宰臣饋乙里只酒饌壬寅頒獎
諭官吏軍民詔曲赦招撫北京作亂者丙午尚書省以南
遷後吏部秋冬置選南京春夏置選中都赴調者不便請
併選於南京從之武清縣巡檢梁佐柳口巡檢李咬住以
誅紅賊張暉劉永昌等功進官有差皆賜姓完顏丁未山
東宣撫使僕散安貞遣提控僕散留家等破賊楊安兒步
騎三萬殲其衆降僞頭目三百餘人脅從民三萬餘戶戊

申減沿邊州府官資考有差壬子立保城無廣及捕獲姦
叛遷賞格乙卯勑奏急事不拘假日丁巳日初出赤如血
欲沒復然戊午大風隆德殿鴟尾壞三月壬戌詔河北州
縣官令文武五品以上辟舉不聽以它事差占仍勒終任
有勞績者但升遷領之職應降罰者亦止本處居住時河
北殘燬吏治多苟且以求代易故著是令癸亥詔百官各
陳防邊利害封章以聞丙寅勑河東河北大名長貳官訓
練隨處義兵鄰境有警責其救援降人自拔歸國者遷職
仍列其姓名以招諭來者沿河州縣官罷軟不勝職任者
汰去令五品已上官公舉仍許今季到部人內先擇能者

量緩急易之丁卯安武軍節度使張行信上書言急務四
事庚午諭遼東宣撫使蒲鮮萬奴選精銳屯瀋州廣寧以
俟進止壬申長春節宋遣使來賀戊寅諭尚書省歲旱議
弛諸處碾磑以其水溉民田己卯雨自去冬不雨雪至是
始雨勸農事李華言河北州縣官吏多求河南差占以避
難宜發充任領戍兵者不可離則別注以往庚辰御史臺
言在京軍官及委差官剩粮勞例悉同征行乞減其給樞
密院委差有俸人吏非征行不必給皆從之勑尚書省入
粟補官者毋括其戶爲軍有司議賞軍功毋有所沮格壬
午山東宣撫司報大沫堌之捷夾谷石里哥及沒烈擒賊

渠劉二祖等斬之前後殪賊萬計西京軍民變遣官撫諭
之己丑禁州縣置刃於杖以決罪人前年京兆治中李友
直私逃華州結同知防禦使馮朝河州防禦判官郝遵甫
平涼府同知致仕楊庭秀水洛縣主簿宿徵等團集州民
號忠義扈駕都統府相挺爲亂殺其防禦判官完顏八斤
及城中女直人以書約都統楊珪爲府兵所得珪諱之請
自效誘友直等執之麾所招千餘人縱伏阬諸城下時京
師道路隔絕安撫司以便宜族友直等至是以狀聞乃贈
八斤及被害官軍十餘人各一官賻錢三百貫夏四月癸
巳河東宣撫使胥鼎言利害十三事長勝軍都統楊珪伏

誅丙申河南路蝗遣官分捕上諭宰臣曰朕在潛邸聞捕
蝗者止及道傍使者不見處即不加意當以此意戒之權
參知政事德升言舊制夏至後免朝四日一奏事上曰此
在平時可耳方今多故勿謂朕勞遂云當免但使國事無
廢則善矣己亥曲赦山東路癸卯籍赴選監當官爲軍乙
巳罷都南行尚書六部侯摯言九事曲赦蒲察七斤脅從
之黨募能殺獲七斤者以其官官之丙午以調度不給凡
隨朝六品以下官及承應人罷其從己人力輸傭錢經兵
州府其吏減半司縣吏減三之一其餘除開封府南京轉
運司外例減三之一有祿官吏被差不出本境者並罷給

券出境者以其半給之修內司軍夫亦減其半丁未故皇
太子啓蕆賜謚曰莊獻戊申權葬迎朔門外詔自今策論
詞賦進士第一甲第一人特遷奉直大夫第二人以下經
義第一人並儒林郎第二甲以下徵事郎同進士從仕郎
經童將仕郎壬子芮國公從㷲薨詔遣使同山西宣撫司
選其民勇健者爲軍諭有司勿拒河北避兵之民所至加
存卹用山東西路宣撫副使完顏弼言招大沫堌渠賊孫
邦佐張汝揖以五品職下詔滌洗其罪乙卯詔檢覈朝廷
差遣官券曆無故稽留中道者罪之丙辰諭田琢留山西
流民少壯者充軍老幼者令就食於邢洺等州欲趣河南

者聽上議遣親軍六千餘及所募二千七百人援中都宰
臣以爲行宮單弱親軍不可遣遂止五月庚申招撫山西
軍民仍降詔諭之是日中都破尚書右丞相兼都元帥定
國公承暉死之戶部尚書任天寵知大興府事高霖皆及
於難壬戌降空名宣敕紫衣師德號度牒以補軍儲辛未
立皇孫鏗爲皇太孫癸酉劉炳上書言十事辛巳上諭宰
臣多事之秋陳言者悉送省恐卿等不暇朕於宫中置局
命方正官數員擇可取者付出施行何如宰臣請如聖諭
詔削納馬補官恩例戊子誅伐西夏遣大臣鎮撫京兆秋
七月戊午朔

大元兵收濟源縣己未徵弓箭手内外品官三品以上三
副四品五品二副餘以等級徵之庚申置陳潁漕運提舉
官以戶部勾當官往來督察有星如太白色青白有尾出
紫微垣北極傍入貫索中上聞河北譏察官有要求民財
始聽民渡河者避兵民至或餓死自溺特命御史臺體訪
之又禁隨朝職官縱民碾磑以自營利詔河間孤城移其
軍民就粟清州括民間騾付諸軍與馬參用辛酉議括官
田及牧馬地以贍河北軍戶之徙河南者已爲民佃者俟
穫畢日付之群臣迭言其不便遂寢癸亥詔河北郡縣軍
須並減河南之半定尚書所造諸符樞密院鹿宣撫司魚

統軍司虎丙寅遣參知政事高汝礪往河南便宜措置糧儲制品官納弓箭之令丁亥致仕者免甲戌借平陽民租一年詔職官更兵亡失告身見任者保識即重給之妄冒者從詐僞法丙子尚書省奏給皇太孫歲賜錢上不從曰襁褓兒安所用之詔致仕官俸給比南征時減其半丁丑肅宗神主至自中都奉安于明俊殿戊寅月入畢宿中戊夜犯畢大星己卯明德皇后神主至自中都裁損宮中歲給有差甲申詔尚書省行六部太多其令各路運司兼之改交鈔名貞祐寶券八月戊子朔以陝西統軍使完顏合打簽樞密院事己丑制軍府庶事樞密院官須與經歷官裁決經歷議是而院官不從許直以聞癸巳詔遣官體究京西路新遷軍戶丙申諭尚書省職官犯罪大者即施行之小者籍之事定始論其罪諭樞密院撒合輦所募軍有具戒僧人可罷遣之己亥詔武舉官非見任及已從軍者隨處調赴京師別爲一軍以備用被薦未授官者量才任之庚子上慮平陽城大兵食不足議棄之宰臣持不可賞前冀州教授粘割忒鄰集義兵出方略遇土寇兵後攝州復立州治積芻粮招徠民戶至五萬置山東西路總管府于歸德府及徐邳二州特遷三官升正五品職以太常卿侯摯爲參知政事行中書省于河北東西兩路太祖御容

至自西京奉安于啓慶宮甲辰置行樞密院于徐州歸德府詔諸職官不拘何從出身其才可大用者尚書省具以聞丙午山東西路宣撫使完顏弼表遷授同知東平府事張汝楫將謀復叛密遣人招同知益都府事孫邦佐邦佐斬其人馳報弼弼殺汝楫及其黨萬餘承制升邦佐德州防禦使餘立功者賞有差上嘉弼功加崇進封密國公詔獎諭之丁未詔近臣舉良將加孫邦佐昭毅大將軍泰定軍節度使仍官其子戊申東平益都太原潞州置元帥府大赦己酉監察御史許古獻恢復中都之策紅襖賊掠成武宣撫副使顏盞天澤討走之斬首數百級進天澤一官將校有功者命就遷賞命侯摯招邢州賊程邦傑以官不從則誘其黨圖之減戶部幹辦官四員及委差官有差壬子置行省于陝西乙卯增沿河關糴之法十取其八以抑販粟之弊仍嚴禁私渡增步軍萬人戍京以西四萬人戍京以東選陝西騎兵二千增京畿之衛諭陝西堅守延安臨洮環慶蘭會保安綏德平涼德順鎮戎涇原鄜坊邠寧乾耀等處要害分渭南州郡步兵屯平涼令宣撫使治邠州副使治同州之澄城以統之更以步騎守沿渭諸津丙辰元帥左監軍兼知眞定府事永錫坐援中都失律削官爵杖之八十九月丁巳朔戶部侍郎奥屯阿虎言國家多

故職官往往不仕乞限以兩季違者勿復任用上嫌其太重命遣限者止奪三官降職三等仍永不升注辛酉除名永錮特遷信武將軍息州刺史甲子諭宰臣沿淮塘路以南地鄙授民業令爲豪勢拔奪者其令有司察之丙寅樞密院言陝西河東世襲蕃部巡檢昨與世襲猛安謀克例罷其俸今邊事方急宜仍給之庶獲其用又西邊弓箭手有才武出衆獲功未推賞者令宣撫司覈實以聞從之丁卯以秋稼未穫禁軍官圍獵詔授隱士王澮太中大夫右諫議大夫充遼東宣撫司參謀官戊辰遥授武寧軍節度副使徒單吾典告平章政事抹撚盡忠逆謀詔有司鞫之

設潼關提控總領軍馬等官辛未置河北東路行總管府於原武陽武封丘陳留延津通許杞諸縣以治所徙軍戶命司屬令和尚等護治鄆國公按春第上謂宰臣曰按春所爲不愼或至犯法含之則理所不容治之則失親親之道但當設官以防之耳按春尋以不法謫博州防禦使點衞紹王母李氏光獻皇后尊謚神主在太廟畫像在衍慶宮並遷出之陳州鎮防軍段仲連進牟三百詔遷三官命右丞汝礪詣陳州規畫糧儲壬申以蘇門縣爲輝州癸酉朝謁世祖太祖御容于啓慶宮行獻享禮始用樂賜東永昌姓爲溫敦氏包世顯包疙疸爲烏古論氏觀令孤爲和

速嘉氏何定爲必蘭氏馬福德馬柏壽爲夾谷氏各遷一官甲戌朝謁太宗熙宗睿宗御容行獻享禮詔開滑濬濟曹滕諸州置連珠寨如衞州乙亥詔河北山東等路及平凉慶陽臨洮府涇邠秦華德順諸州經兵四品以下職事官並以二十月爲滿募隨處主帥及官軍義軍將校有能率衆復取中都者封王遷一品階授二品職能戰却敵善誘降人取附都州縣者予本處長官散官隨職遷授餘州縣遞減二等紅襖賊周元兒陷深祁州東鹿安平無極等縣眞定帥府以計破之斬元兒及殺其黨五百餘人丁丑詔司縣官能募民進糧五千石以上減一資考萬石以上

遷一官減二資考二萬石以上遷一官升一等注見闕諸色人以功賜國姓者能以千人敗敵三千人賜及緦麻以上親二千人以上賜及大功以上親千人以上賜止其家庚辰陝西宣撫司來上第五將城萬戶楊再興擊走夏人之捷壬午以空名宣敕付陝西宣撫司凡夏人入寇有能臨陣立功者五品以下並聽遷授乙酉置大名府行總管府于柘城縣以治所徙軍戶冬十月丙戌朔翰林侍讀學士權參知政事烏古論德升出爲集義軍節度使兼亳州管內觀察使丁亥尚書右丞汝礪言河北軍戶之徙河南者宜以係官閑田及牧馬草地之可耕者賜之使自耕以

食而罷其月粮上從其請命右司諫馮開隨處按視人給
三十畝夏人入保安都統完顏國家奴破之攻延安戍將
又敗之是日捷至戊子以御史中丞徒單思忠爲參知政
事己丑平章抹撚盡忠下獄既久監察御史許古言盡忠
逮繫有司此必重罪而莫知其由甚駭衆聽乞遣公正重
臣鞫之如得其實明示罪目以厭中外之心書上不報庚
寅遂誅盡忠癸巳罪狀盡忠告中外詔樞密副使僕散安
貞行樞密院于徐州戊戌遼東宣撫司報敗留哥之捷甲
辰詔求廣平郡王承暉之後得其猶子歷亭縣丞永懷以
爲器物直長丙午夏人陷臨洮陝西宣撫副使完顏胡失

剌被執庚戌詔尚書左丞相僕散端兼都元帥行尚書省
于陝西辛亥蒙古綱奏昨被旨權山東路宣撫副使屯東
平行至徐北岸北兵已偪徐不可往詔樞密副使僕散安
貞權於沿河任使之壬子以同華舊屯陝西兵及河南所
移步騎舊隸陝州宣撫司者改隸陝西行省召中奉大夫
襲封衍聖公孔元措爲太常博士上初用元措於朝或言
宣聖墳廟在曲阜宜遣之奉祀既而上念元措聖人之後
山東寇盜縱橫恐罹其害是使之奉祀而反絕之也故有
是命遼東賊蒲鮮萬奴僭號改元天泰十一月丙辰朔河
北行尚書省侯摯入見詔河北西路宣撫副使田琢自濬

徙其兵屯陝戊午樞密院進王世安取盱眙楚州之策遂
以世安爲招撫使與泗州元帥府所遣人同往淮南計度
其事戊辰夏人犯綏德之克戎寨官軍敗之犯綏平又敗
之賞有功將士及來告捷者參知政事徒單思忠言今陳
言者多掇拾細故乞不送省止令近侍局度其可否發遣
上曰若爾是塞言路凡係國家者豈得不由尚書省乎庚
午上與尚書左丞汝礪商略遣官括田賜軍之利害汝礪
言不便者數端乃詔有司罷其令仍給軍粮之半其半給
詣實之價壬申遣參知政事侯摯祭河神于宜村甲戌移
剌塔不也以軍萬人破夏人數萬於熟羊寨丙子詔市民

間輓車羸疾牝馬置群牧中以圖滋息知臨洮府陀滿胡
土門破夏人八萬於城下丁丑監察御史陳規劾參知政
事侯摯上不允所言而慰答之庚辰上謂宰臣曰朕恐括
地擾民罷其令矣官荒牧馬地軍户願耕者聽已爲民承
種者勿徵舊例點檢左右將軍近侍局官護衛承應人秩
滿皆賜匹帛雖所司爲之製造然不免賦取於民近亦罷
之止給實券至於朕所服御亦以官絲付太府監織之自
今勿復及民也
大元兵徇彰德府知府陀滿斜烈死之十二月乙酉朔徙
朔州民分屯嵐石隰吉絳解等州戊子以軍事免樞密院

官朝拜己丑侯摯復行尚書省于河北庚寅太白晝見壬辰詔免元日朝賀乙未勑贈昭聖皇后三代官爵太康縣人劉全時溫東平府民李寧謀反伏誅戊戌陝西行元帥府乞益兵以田琢之衆隸之仍獎諭以詔壬寅詔林州刺史惟宏與都提控從坦同經理邊事諸將功賞次第便宜行之乙巳

大元兵徇大名府癸丑皇太孫薨以殤無祭享之制戒勿勞民諭宣徽院免元日親王公主進酒甲寅禮官奏正旦宋遣使來賀不宜輟朝命舉樂服色如常儀詔臨洮路兵馬都總管陀滿胡土門進官三階再任

四年春正月癸亥監察御史田迥秀條陳五事丙寅紅襖賊犯泰安德博等州山東西路行元帥府敗之丁卯諭御史臺曰今旦視朝百官既拜之後始聞開封府報衙聲四方多故之秋弛慢如此可乎中丞福興弼素謹于官事者當一詰之己巳尚書右丞高汝礪進左丞庚午

大元兵收曹州辛未參知政事侯摯進尚書右丞壬申太原元帥左監軍烏古論德升招其民降北者得四千三百餘人癸酉詔賜故皇太孫謚曰冲懷更定捕獲僞造寶券者官賞乙亥以殿前都點撿皇子遂王守禮爲樞密使樞密使濮王守純爲平章政事己卯立遂王守禮爲皇太子

庚辰詔免逃戶租壬午言者請遣官勸農至秋成考其績以甄賞宰臣言民恃農以生初不待勸但寬其力勿奪其時而已遣官不過督州縣計頃畝嚴期會而已吏卒因爲姦利是乃妨農何名爲勸上是其言不遣二月甲申朔日有食之上不視朝詔皇太子控制樞密院事

大元兵圍太原乙酉以信武將軍宣撫副使求錫簽樞密院事權尚書右丞皇太子既總樞務詔有司議典禮以金鑄撫軍之寶授太子啓稟之際用之平章政事高琪表乞致仕不允召樞密院官問所以備禦之策丁亥以河東南路宣撫使胥鼎爲樞密副使權尚書左丞行省于平陽鼎

方抗表求退詔勉諭就職因有是命行省左丞相僕散端先亦告老遣太醫往鎮護視其疾戊子宰臣以皇太子既立服御儀物悉與已受冊同今邊事未寧請少緩冊寶之禮從之戊戌免親王公主長春節入賀致禮己亥

大元兵攻下霍山諸隘甲辰命參知政事李革爲修奉太廟使禮部尚書張行信提控修奉社稷權祔肅宗神主于世祖室奉始祖以下神主于隨室祭器以宋代銅獻官以公服行事供張等物並從簡約庚戌詔凡死節之臣籍其數立廟致祭壬子任國公瑋薨輟朝是月同知觀州軍州事張開復河間府滄獻等州并屬縣十有三表請赦旁郡

扈從之臣又請以宣撫司空名宣勑二百道付之從權署
補仍以粮繼其軍食詔樞密措畫三月乙卯以將修太廟
遣李革奏告祖宗神主于明俊殿丁巳曲赦中都河北等
路識軍户給地事乙丑延州刺史温撒可喜上疏言皇太
子宜選正人爲師保丙寅長春節宋遣使來賀巳巳以將
修社稷遣太子少保張行信預告澮州經略副使張文破
趙福復恩州丙子曲赦遼東路巳卯匭士王澮以右諫議
大夫復還中奉大夫翰林學士仍賜詔褒諭庚辰復邢州
捷至夏四月巳丑陝西行省來報秦州官軍破妖賊趙用
劉高二之捷遣官鞫單州防禦使僕散倬之罪罷其城單

州之役癸巳張開奏復清州等十有一城詔遷官兩階賞
將士有差甲午改賜皇太子名守緒詔諭陝西路軍民丙
申河北行省侯摯言北商販粟渡河官遮糴其什八商遂
不行民饑益甚請罷其令從之河南陝西蝗丁酉太白晝
見于奎巳亥夏人跪嵬族都管汪三郎率其蕃户來歸以
千羊進詔納之優給其直辛丑侯摯言紅襖賊掠臨沂費
縣之境官軍敗之獲其黨訊之知其渠賊郝定僭號署官
巳陷滕兗單諸州萊蕪新泰等十餘縣時道路不通宰臣
請諭摯爲備仍詔樞密院招捕蔡息行元帥府兵援木陡
關斬首千級甲辰有司言扶風郿縣有蟲傷麥五月癸丑

朔禮官言太廟既成行都禮雖簡約惟以親行祔享爲敬
請權不用鹵簿儀仗及宮縣樂舞從之山東行省上沂州
之捷甲寅鳳翔及華汝等州蝗辛酉以尚書右丞侯摯行
省事于東平巳巳來遠鎮獲夏諜者陳岊等知夏人將圖
臨洮鞏州蘭長安命陝西行省嚴爲之備丙子上將以七
月行祔享禮慮時雨有妨詔改用十月夏人修來羌城界
河橋元帥右都監完顔賽不遣兵焚之俘馘甚多戊寅京
兆同華鄧裕汝亳宿泗等州蝗六月戊子詔凡進奏帖及
中尚書省樞密院關應密大事私發視者絞誤者減二等
制書應密者如之壬辰遼西僞瀛王張致遣完顔南合張

頑僧上表來歸詔授致特進行北京路元帥府事兼本路
宣撫使南合同知北京兵馬總管府頑僧同知廣寧府丙
申木星晝見于奎百有一日乃伏癸卯詔有司祈雨丁未
河南大蝗傷稼遣官分道捕之罷河北諸路宣撫司更置
經畧司壬子以旱部參知政事李革審決京師冤獄秋七
月癸丑朔昭義軍節度使必蘭阿魯帶復威州及獲鹿縣
飛蝗過京師甲寅山東行省撫賊郝定等至京師伏誅乙
卯以旱蝗詔中外巳未勑減尚食數品及後宮歲給繒帛
有差辛酉監察御史陳規上章條陳八事閏月壬午朔日
有食之辛卯復深州癸巳翰林學士完顔孛迭進中興事

跡甲午命掌軍官舉奇才絕力之人提控都副統等官互
舉其屬領舉官賞罰格許功過相除品官及草澤人有才
武者舉薦升降亦如之庚子詔河南陝西鎮防軍應廕及
納粟補官者當役如舊俟事定乃聽赴銓八月甲寅太子
少保兼禮部尚書張行信定祔享親祀之儀以進上嘉納
之三原縣僧廣惠進僧道納粟多寡與都副威儀及監寺
等格從其言鄜之夏人入安塞堡元帥左監軍烏古論慶
壽遣軍敗之壬戌賜張行信寶券二萬貫重幣十端旌其
議禮之當乙亥詔諭中都民命大名招撫使募人持詔以
往丙子

大元兵攻延安己卯夏人入結耶觜川官軍擊走之九月
辛巳朔
大元兵攻防州以簽樞密院事永錫為御史大夫領兵赴
陝西便宜從事壬辰
大元兵攻代州經略使奥屯醜和尚戰沒以中尉衛完顏
奴婢等充賀宋生日使冬十月己未親王百官奉迎祖宗
神主于太廟招射生獵戶練習武藝知山徑者分屯陝虢
要地命元帥左監軍必蘭阿魯帶守潼關遙授知歸德府
事完顏仲元軍盧氏
大元兵攻潼關西安軍節度使泥龐古蒲魯虎戰沒辛酉

上親行祔享禮甲子祔享禮成赦乙丑詔諭河南官吏軍
民以賞格募立功之士命參知政事徒單思忠提控鎮撫
京師移剌周剌阿不屯關陝丙寅詔京師具防城器械多
鑿坎穽築垣墻於隙地徙衛紹及鎬厲王家屬于京師丁
卯以奉安社稷遣官預告戊辰命張行信攝太尉奉安社
稷禮樂咸闕其數詔吏禮兵工四部尚書董防城之役
大元兵徇汝州己巳沿河唯存通報小舟餘皆焚之庚午
詔宿糧州縣屯兵其簽民為兵者就署隊長以自防遏河
南行省胥鼎遣潞州元帥左監軍必蘭阿魯帶以軍一萬
孟州經略使徒單百家以軍五千由便道濟河趣關陝自

將平陽精兵援京師命樞府督軍應之辛未置官領招賢
所事命內外官採訪有才識勇略能區畫防城者具以聞
得實超任仍賞舉主內負長才不為人所知者聽赴招賢
所自陳壬申以龍虎衛上將軍裴滿羊哥知歸德府事行
樞密院事癸酉詔罷遣有司所拘民間輸稅車牛以運軍
士衣糧者甲戌諭附京民盡徙其芻糧入城官儲併運之
丙子行樞密院知河南府事完顏合打以徵兵失應坐誅
戶部郎中魏琦以沒王事官其子己卯議禁京師糜穀近
侍以寶券方行恐滯其用不果吏部令史韓希祖陳言曾
以戰功致身者盡拘京師備用從之十一月庚辰朔增定

守禦官及軍人遷賞格辛巳詔止附京農民自撤其廬舍壬午河東行省胥鼎入援京師用其言以知平陽府王質權元帥左監軍同知完顏僧家奴權右監軍代鎮河東拜鼎爲尚書左丞兼樞密副使知歸德府完顏伯嘉簽樞密院事以完顏合打伏誅詔中外乙酉元帥右都監完顏賽不來獻其提控石盞合喜楊斡烈等大敗夏人于定西之捷命行省視其功賞之

大元兵至滹沱右副元帥蒲察阿里不孫軍潰而逃失其所佩虎符丙戌前臨潢府推官權元帥右監軍完顏合達率官軍老幼自北歸國升鎮南軍節度使進官三階詔出

公帑綿絹付有司償所括民服以衣軍者是夕月暈木星木在奎月在壁己丑定毀防城器具法辛卯詔立功五品以上官賜鏷御前六品以下官賜鏷近侍局癸巳上諭皇太子京城提控官有以文資充者彼豈知兵其速易之甲午放免諸職官傔從及諸司局射粮兵卒嘗選充軍者戊戌勅諸州縣籍軍民以備土寇華州元帥府復潼關庚子罷在京防城民軍遣御史陳規等充河南宣差安撫捕盜官河南路統軍使紇石烈掃合以發兵後期坐誅甲辰以尚書工部侍郎和尚等充賀宋正旦使丙午河南行樞密院從坦言其族人道哥願隸行伍以自效上嘉其忠許之內族承立進所獲馬駝上曰此軍士所得即以予之可也朕安用哉因徧諭諸道將帥後勿復如是十二月辛亥平章政事朮虎高琪加崇進尚書右丞相參知政事李革罷癸亥

大元兵攻平陽丙寅皇太子議伐西夏

大元兵徇大名府壬申

大元兵進自代州神仙橫城及平定承天鎮諸隘攻太原府宣撫使烏古論禮遣人間道齎蠟書至京師告急詔發潞州元帥府平陽河中絳孟宣撫司兵援之乙亥高琪請修南京裏城上曰民力已困此役一興病滋甚矣城雖完

固朕亦何能獨安此乎

本紀第十四

本紀第十五　金史十五

開府儀同三司上柱國録軍國重事前中書右丞相監修國史領經筵事都總裁臣脫脫奉

勑修

宣宗中

興定元年春正月己卯朔宋遣使來賀癸未宋使朝辭上謂宰臣曰聞息州南境有盜此乃彼界飢民沿淮為亂耳宋人何故攻我高琪請伐之以廣疆土上曰朕意不然但能守祖宗所付足矣安事外討乙未詔中都西京北京等路策論進士及武舉人權試于南京東平婆速上京等四路丙申東平行省言調兵以來吏卒因勞進爵多至五品例獲封贈及民年七十並該覃恩若人往自陳公私俱費請令本路為製誥勑類赴朝廷以求印署使受命者量輸諸物而給之人力不勞兵食少濟從之皇子平章政事濮王守純授世襲東平府路三屯猛安尚書左丞胥鼎進平章政事封莘國公癸卯議減庶官冗員乙巳

大元兵攻觀州二月戊申朔初用貞祐通寶凡一貫當貞祐寶券千貫己酉命樞密院汰罷軟軍士諭尚書省用官馬給驛傳以紓民力庚戌皇后生辰詔百官免賀仍諭旨曰時方多難將來長春節亦免賀禮辛亥以崇進元帥右都監完顏賽不簽樞密院事癸丑罷招賢所乙卯皇孫生

宣徽請稱賀詔無用樂己未

大元兵徇忻代詔定州縣官雖積階至三品坐乏軍儲者聽行部決遣壬戌尚書省以軍儲不繼請罷州府學生廩給上曰自古文武並用向在中都設學養士猶未嘗廢況今日乎其令仍舊給之丙子議置莊獻太子廟三月戊寅勑事關刑名當面議之勿聽轉奏以絳陽軍節度使李革知平陽府兼河東南路兵馬都總管權參知政事行尚書省壬午定民間收潰軍亡馬之法及以馬送官酬直之格乙酉上宮中見蝗遣官分道督捕仍戒其勿以苛暴擾民庚寅長春節宋遣使來賀辛卯詔罷平陽河中元帥乙未先徵山東兵接應苗道潤共復中都而石海據真定叛慮為所梗乃集粘割貞郭文振武仙所部精銳與東平軍為掎角之勢圖之己亥

大元兵攻新城庚子攻霸州甲辰威州刺史武仙率兵斬石海及其黨二百餘人降葛仲趙林張立等軍盡獲海僭擬之物尋進仙權知真定府事夏四月丁未朔以宋歲幣不至命烏古論慶壽完顏賽不等經略南邊戊申孟州經略司萬戶宋子玉率所部叛斬關而出經略使從坦等追敗之庚戌花帽軍作亂于滕州詔山東行省討之南陽五朵山盜發衆至千餘人節度副使移剌羊哥出討遇之方

城招之不從乃進擊之殺其衆殆盡癸丑以安化軍節度
使完顏寓權元帥左都監行元帥府事督經略使苗道潤
進復都城且令和輯河閒招撫使移剌鐵哥等軍鐵哥與
道潤不恊互言其有異志故命重臣臨鎮之戊午單州雨
雹傷稼詔遣官勸諭農民改蒔秋田官給其種平定州賊
閻德用之黨閻顯殺德用以其衆降己未以權參知政事
遼東路行省完顏阿里不孫爲參知政事行尚書省元帥
府于婆速路以權遼東路宣撫使蒲察五斤權參知政事
行尚書省元帥府于上京庚申李革請罷義軍總領使副
以昇州縣尚書省以秋防在邇改法非便姑如舊制州縣

各司察之甲子元帥完顏賽不破宋兵于信陽使來奏捷
乙丑濟南泰安滕兗等州賊並起侯摯遣棣州防禦使完
顏霆討平之降其壯士二萬人老幼五萬人完顏賽不復
奏敗宋軍于隴山等處俘馘甚衆戊辰太白晝見于井辛
未權孟州經略使從坦追賊宋子玉至輝州境上其黨邢
福殺子玉以衆來歸壬申以萬奴叛逆未殄詔諭遼東諸
將完顏賽不軍渡淮破光州兩關獲軍實分給將士五月
戊寅陝西行省破夏人于大北岔是日捷至丁亥民苑汝
濟上書陳利害上以示宰臣曰卑賤小人猶能盡言如此
有可采者即行之己丑賊宋子玉餘黨家屬悉放歸農尚

書右丞蒲察移剌都棄官擅赴京師降知河南府事行樞
密院兼行六部事壬辰延州原武縣雨雹傷稼詔官貸民
種改蒔癸巳宋人攻潁州焚掠而去戊戌行樞密院兵敗
宋人於泥河灣又敗之樊城縣山東行帥府事蒙古綱擅
械轉運使李秉鈞法當決秉鈞返詈綱應論贖詔兩釋之
宋人取漣水縣癸卯蘭州水軍千户李平等苦提控蒲察
燕京貪暴殺之構夏人以叛脅其徒張康俱行康以計盡
獲之陝西行省便宜遷康官四階授同知蘭州事賞士卒
有差以其事上聞甲辰
大元兵下沔城縣軍官任福死之丙午定河北求仕官渡

河之法曾經總兵者白樞密院餘驗據聽渡行樞密院事
烏古論慶壽南伐還奏不以實詔鞫之六月己酉苗道潤
表歸國人李琛復以衆叛琛亦表道潤異謀詔山東行省
察之修潼關遣中使持詔及暑藥勞夫匠權參知政事張
行信進參知政事庚戌詔捕治遼東受僞署官家屬得按
察使高禮妻子皆戮之壬子制鄜坊丹州四品以下州縣
官視環慶例以二十月終更甲寅招撫使惟宏言彰德府
守臣擅徙民山砦避兵上曰難保之城守之何益徒傷吾
民耳勿治乙卯顯宗忌日謁奠于啓慶宮丙辰詔樞密院
遣經歷官分諭行院嚴兵利器以守衝要仍禁飲宴違以

軍律論宋人合土寇攻東海境戊午以宋遣兵數犯境及歲幣不至詔諭沿邊單宋己未詔凡上書人其言已采用者上其姓名辛酉以進士朱蓋草澤人李維嶽論議可取詔給八貫石俸乙丑設潼關使副及三門集津提舉官尚書左丞相兼都元帥僕散端薨輟朝置南京流泉務遼東行省遣使來上正月中敗契丹之捷秋七月丙子朔日有食之辛巳宋人圍泗州壬午圍靈壁縣癸未陝州振威軍萬戶馬寬逐其刺史李策據城叛遣使招之乃降已而復謀變州吏擒戮之夷其族甲申詔諭遼東諸路乙酉宋人襲破東海縣丙申置提舉倉場使副癸卯太社壇產嘉禾

一莖十有五穗甲辰夏人犯黃鶴岔官軍敗之乙巳初置集賢院知院事同知院事等官宋人及土寇攻海州經略使擊破其衆夏人圍羊狼寨帥府發諸鎮兵擊走之八月戊申陝西行省報木波賊犯洮州敗績遁去木星晝見于昴六十有七日乃伏己酉海州經略司表官軍與宋人戰石湫南戰漣水縣戰中土橋宋兵敗績壬子削御史大夫永錫官爵有司論失律當斬上以近族特貰其死癸丑宋人攻確山縣爲官軍所敗詔諭國內軍士使知宋人渝盟之故仍命大臣議其事乙卯集賢院諮議官朱蓋上書陳禦敵三策壬戌海州經略使阿不罕奴失剌敗宋人于其

境提控李元與宋人戰屢捷多所俘獲徙欄通渡經略司於黃陵堈乙丑制增定擒捕逃軍賞格及居停人罪丙寅左司諫僕散毅夫乞更開封府號賜美名以尉氏縣爲刺郡睢州爲防禦使與鄭延二州左右前後輔京師上曰山陵在中都朕豈樂久居此乎遂止癸酉太祖忌日詣奠于啓慶宮甲戌元帥右都監承裔遣其部將納蘭記僧等合葩俄族都管尼厖古以兵掩襲瓜黎餘族諸蕃帳屢破之斬馘士卒禽其首領俘獲人畜甚多是日捷至九月丁丑更定監察御史失察法以元帥左監軍必蘭阿魯帶權參知政事行省于益都戊寅夏人犯綏德之克戎寨都統羅

世暉逆擊卻之己卯蔡州帥府偵宋人將窺息州以輕兵誘其進別以銳師邀擊之虜其將沈俊壬午以改元興定赦國內甲申罷規運所設行六部辛卯

大元兵徇隰州及汾西縣癸巳攻沁州遼東行省完顏阿里不孫爲叛人伯德胡土所殺月犯東井西扇北第二星乙未

大元兵攻太原藏箕掌寨丁酉薄太原城攻交城清源癸卯立沿河冰墻鹿角冬十月丁未以霖雨詔寬農民輸稅之限庚戌以將有事于宋詔帥臣整厲師徒辛亥遣官括市民馬紅賞格以示勸甲寅命高汝礪張行簡同脩章宗

實錄息州帥府獻破宋人于中渡之捷乙卯
大元兵徇中山府及新樂縣丙辰丹州進嘉禾異畝同穎
辛酉制定州府司縣官失覺姦細罪壬戌右司諫兼侍御
史許古上疏請先遣使與宋議和乙丑
大元兵下磁州丙寅定職官不求仕及規避不赴任法高
汝礪上疏言和議先發於我恐自示弱非便戊辰上命許
古草通宋議和牒既進以示宰臣宰臣以其言有祈哀之
意徒示微弱無足取者議遂寢辛未罷流泉務
大元兵收鄒平長山及淄州壬申改鄗國號為管避上嫌
名高汝礪表致仕不允壬午從宜移剌買奴言五朶山賊

魚張二等若悉誅之屢詔免罪恐乖恩信且其親屬淪落
宋境近在均州或相構亂乞貸其死徙之歸德睢陳鈞許
間為便詔許之癸未月暈木火二星木在胃火在昴丙戌
太白晝見遣翰林侍講學士楊雲翼祭之
大元兵收山東濱棣博三州己丑下淄州庚寅下沂州甲
午河西掬納籛納等族千餘戶來歸丁酉詔唐鄧蔡州行
元帥府舉兵伐宋戊戌
大元兵攻太原府庚子上謂宰臣曰朕聞百姓流亡逋賦
皆配見戶人何以堪又添徵軍須錢太多亡者詎肯復業
其并議除之宰臣請命行部官閱實鐲貸已代納者給以

恩例或除他役或減本戶雜征四之一上曰朕於此事未
嘗去懷其亟行之十二月甲辰朔
大元兵攻潞州都統馬甫死之戊申即墨移風砦於大船
中得日本國太宰府民七十二人因糴遇風飄至中國有
司覆驗無他詔給以粮俾還本國庚戌元帥左監軍蒲察
五斤進右副元帥權參知政事充遼東行省是日
大元兵平益都府辛亥陝西行省胥鼎諫伐宋不報甲寅
海州經略使報提控韓璧敗宋人于鹽倉己未
大元兵復攻沂州官民棄城遁辛酉下密州節度使完顏
寓死之壬戌侯摯兼三司使庚午免逃戶復業者差賦

二年春正月乙亥詔議賑恤辛巳勅南征將帥所至毋縱
殺掠壬午宋人攻淮北唐州元帥府擊敗之獲統領李雄
韜陳皐以歸癸未近侍局副使訛可遣使報南師之捷乙
酉陝西行省獲歸國人言
大元兵圍夏王城李遵頊命其子居守而出走西涼詔諭
諸帥府明斥候嚴守備戊子唐鄧元帥完顏賽不報連破
宋人之捷宋人攻泗州又戰却之二月癸卯宋人侵青口
行樞密院遣兵敗之甲辰免中京嵩汝等州逋租諭胥鼎
克宋散關可保則保不可保則焚毀而還定奴婢拔主法
丙午訛可敗宋人于防山紇石烈桓端亦遣使來上光州

信陽之捷庚戌海州經略敗宋兵于朐山表請總其軍儲
督東平帥府發兵護送資粮以應之許州長社縣何晃等
謀反伏誅辛亥張行信出爲彰化軍節度使兼涇州管內
觀察使壬子御史以北兵退請汰各處行樞密院元帥府
冗官尚書以爲非便上從尚書言仍舊制完顏賽不報棗
陽之捷癸丑完顏阿鄰報皂郊堡之捷丁巳壽州行樞密
院破宋人高柳橋水砦夷其砦而還壬戌詔可遣兵拔宋
柵碁盤嶺又破其衆於裴家莊寒山嶺龍門關等處得粟
二千餘石乙丑諭樞密曰中京商虢諸州軍人願耕屯田
比括地授之聞徐宿軍獨不願受意謂予田必絶其廩給

也朕肯爾耶其以朕意曉之丙寅諭尚書省曰聞中都納
粟官多爲吏部緻駁殊不思方闕乏之時利害爲如何又立
功戰陣人必責保官若輩皆義軍白丁豈識職官苟文牒
可信即當與之至若在都時規運薪炭入城者朕嘗植恩
授以官此豈容僞而間亦爲所沮格其悉諭之勿復若是
紇石烈牙吾塔破宋人于盱眙軍上俘獲之數己巳以侯
摯行省河北兼行三司安撫司事三月庚辰尚書集文資
官雜議進士之選詔依泰和例行之癸未訛可敗宋人于
光化軍甲申長春節戊子諭宰臣曰舊制廷試進士日晡
後出宮近欲復舊恐能文而思遲者不得盡其才其令日

沒乃出以御史中丞把胡魯爲參知政事陝西行六部尚
書楊貞削五官累杖一百七十解職訛可表言官軍自桐
柏入宋境所向多克捷癸巳宋人爭皂郊堡擊官軍軍潰
主將完顏阿鄰戰沒丙申更定京城捕告強盜官賞制辛
丑上京行省蒲察五斤表左監軍哥不靄誣防州宣撫副
使紇石烈按敦將叛而殺之事下尚書省宰臣以爲按敦
之死徐議卹典哥不靄亦姑牢籠使之上勉從其言夏四
月壬寅朔蒲察五斤表遼東便宜阿里不孫貸粮高麗不
應輒以兵掠其境上命五斤遣人以詔往諭高麗使知興
兵非上國意乙巳詔河南路行總管府節鎮以上官充宣

差捕盜使以防禦刺史以上長貳官及世襲猛安之才武
者爲之副又命濮王府尉完顏毛良虎爲宣差提控以巡
督之是日曲赦遼東等路以戶部尚書夾谷必蘭爲翰林
學士承旨權參知政事行省于遼東丁未承裔敗宋人于
皂郊堡庚戌御史劾集賢院諮議官李維嶽本中山府無
極縣進士趙孝選家奴乞正其事上曰國家用人奚擇貴
賤命以官銀五十兩贖放爲良任使仍舊壬子遣侍御史
完顏素蘭近侍局副使訛可同赴遼東察訪叛賊萬奴事
體行省侯摯督兵復密州提控朱琛復高密縣癸丑完顏
素蘭請宣諭高麗復開互市從之乙卯特賜武舉溫迪罕

織住以下一百四十人及第丁巳陝西行省兵破宋雞公
山取和州成州至河池縣黑谷關守者皆遁前後獲粮九
萬斛錢數千萬軍實不可勝計戊午紅襖賊犯徐邳行樞
密院兵大破之己未阿里不孫自潼關之敗失其所在變
姓名匿居柘城爲御史覺察繫其家屬將窮治之乃遣子
上書詣吏待罪臺臣力請誅之以懲不忠上卒赦其罪諭
以自效癸亥遣重臣審理京師寃獄丁卯河南諸郡蝗臨
洮路報敗宋人之捷東平行省敗黑旗賊拔膠西縣渠賊
李全來援併破之戊辰河北行省敗紅襖賊進至密州降
僞將校數十人士卒七百人悉復其業五月辛未朔鳳翔

元帥完顏閭山破宋人步落堝香爐堡諸屯甲戌招撫副
使黄摑阿魯荅襲破李全于莒州及日照縣之南三道擊
之追奔四十里丙子夏人自葭州入鄜延元帥承立遣兵
敗之馬吉峰是日捷至詔遣官督捕河南諸路蝗辛巳策
論詞賦經義進士及武舉人入見賜告命章服萊州民曲
貴殺節度經略使内族轉奴自稱元帥搆宋人據城叛山
東招撫司遣提控王庭玉招撫副使黄摑阿魯荅等討平
之斬僞統制白珍及牙校數十人生禽貴及僞節度使呂
忠等十餘人誅之乃命庭玉保萊朱琛保密阿魯荅保寧
海以安輯其民丙戌陝西行省言四月中鞏州行元帥承

裔遣提控烏古論長壽納蘭記僧分道伐宋長壽出鹽川
鎮記僧出鐵城堡皆克捷而還辛卯壽州行樞密院南城
軍攻辛城鎮一軍趣史河與宋人戰勝之壬辰河北行省
復黄縣乙未第鳳翔秦鞏三道南征將士功各遷其官丙
申增隨朝官及諸承應人俸戊戌陝西行省連報承裔等
入宋境之捷己亥
大元兵徇錦州元帥劉仲亨死之庚子陝州羣狼傷百餘
人立賞募人捕殺六月甲辰樞密院言諸道表稱
大元集兵應州飛狐將分道南下觀其意不在河北而在
陝西河東各路義士土兵蕃漢弓箭手宜於農隙教閱以

備緩急東平單州衝要豫徙其農民粮畜置可守之城修
近城水砦因以爲固潼谷遠連商虢宜令兩帥府選官按
視阨塞又言賈瑀等刺殺苗道潤乞治瑀等專殺之罪餘
州郡各以正職授頭目使分治一方上諭之曰道潤之衆
亟收集之瑀等是非未明姑置勿問諸頭目各制一方利
害至重更審處之石州賊馮天羽衆數千據臨泉縣爲亂
帥府命將討捕之爲賊所敗旁郡縣將謀應之州刺史紇
石烈公順赴以兵天羽等數十人迎降公順殺之餘賊走
保積翠山遣將王九思攻之不下詔國史院編修官馬季
良持告勑金幣往招之比至九思先破柵殺賊二千人餘

復走險已而其黨安國用等詣李良降者五千餘人就署
國用同知孟州防禦使事以次遷擢有差分其衆于絳霍
間丁未以參知政事把胡魯權左副元帥與平章政事胥
鼎協力防秋己酉苗道潤所部軍請隸潞州元帥府詔河
北行省審處之壬子紅襖賊犯沂州官軍敗之追至白里
港都提控齊信没於陣有司議贈䘏丙辰遣監察御史粘
割梭失往河中絳解等郡同守土官商度可保城池丁巳
上以久旱諭宰臣治京獄冤因及京城小民中納石炭既
給其價御史劾以過請官錢並繫之獄有論至極刑者欲
悉從寬宥何如高琪對不然遂止壬戌御史言户部員外

郎臧伯昇供億息州偶遇官軍戰勝亦冒遷一官乞論其
罪上曰軍前如此者何止伯昇今遽見罪餘皆不安且詰
所從來勢連及帥府多故之秋豈爲一官遂忘大計但令
釐正之癸亥遣高汝礪徙單思忠禱雨秋七月庚午朔日
有食之辛未詔賞南伐將士有差夏人犯龕谷提控夾谷
瑞及其副趙防擊走之甲戌以旱災詔中外己卯遣官望
祀嶽鎮海瀆于北郊享太廟祭太社太稷祭九宫貴神于
東郊以禱雨遣太子太保阿不罕德剛禮部尚書楊雲翼
分道審理冤獄癸未大雨太子親王百官表請御正殿復
常膳庚寅擇明幹官提控銓選無違失者與升擢令譯史

不任事者驗已歷俸月放滿别選能者甲午夏人復犯龕
谷夾谷瑞大破之用黠檢承玄言遣官詣諸道選寄居守
闕丁憂官及親軍入仕才堪總兵者得一百六人付樞密
任使八月庚子朔江北行省以苗道潤軍隸涿州刺史李
瘸驢副以張甫張柔戊申勑親軍百户以下授職待闕者
給本俸仍充役俟當赴任遣之己酉詔河北行省完顔霆
進軍援山東招撫使田琢自今將士立功聽琢先賞以聞
大元遣木華里等帥步騎數萬自太和嶺徇河東乙卯
大元兵收代州辛酉棣州提控紇石烈醜漢討賊張聚大
破其衆復濱棣二州姦人李宜伏誅復禁北歸民渡河戊

辰
大元兵收隰州九月乙亥下太原府元帥左監軍兼知樞
府事烏古論德升死之丙戌諭皇太子曰軍務之速動關
機會悉從中覆則或稽緩自今有當亟行者先行後聞以
户部尚書納合蒲剌都爲元帥右監軍行元帥府事于潞
州戊子置秦關等處九守禦使命完顔蒲察等分戍諸阨
議遷海州侯摯言不便止
大元兵徇汾州節度使兀顔訛出虎死之庚寅李全破密
州執招撫副使黄摑阿魯答同知節度使夾谷寺家奴辛
卯

大元兵下孝義縣乙未設隨處行六部官以京府節鎮長官充尚書次侍郎郎中員外郎防刺長官侍郎次郎中員外郎主事勾當官聽所屬任使州府官並充勸農事防刺長官及京府節鎮同知以下充副使丙申李全破壽光縣冬十月甲辰李全破鄒平縣戊申破臨朐縣己酉

大元兵徇絳潞壬子攻平陽提控郭用死之癸丑下平陽知府事權參知政事行尚書省李革及從坦死之甲寅權平定州刺史范鐸以棄城伏誅詔諸郡錄囚官凡坐軍期者皆奏讞山東路轉運副使兼同知沂州防禦使程戩及邳州副提控王汝霖等通宋人爲變伏誅宋人攻漣水縣

提控劉瑛敗之丁巳

大元兵攻澤州戊午尚書省言獲姦細叛亡率多僧道詔沿邊諸州惟本處受度聽依舊居止來自河北山東遣入內郡譏其出入己未李全據安丘提控王政屯昌樂侯王庭玉兵同進討宣差太府少監伯德玩擅率政兵攻全爲全所敗提控王顯死焉田琢上言乞正玩罪癸亥月犯軒轅左角之少民星甲子詔河東北路忻代寧化東勝諸州並受嵐州帥府節制十一月庚午大赦庚辰御登賢門召致政舊臣賜食訪以時政得失辛巳以行元帥府紇石烈桓端權簽樞密院事行院于徐州權右都監訛可行元帥府事于息州甲申河東南路隰吉等州聽絳州元帥府節制

大元兵收潞州元帥右監軍納合蒲刺都參議官修起居注王良臣死之戊子龜谷提控夾谷瑞敗夏人于質孤堡河北行省報海州之捷壬辰定經兵州縣職官子孫非本貫理蔭及過期不蔭等格丙申

大元兵下太原之韓村砦定京師失火法十二月己亥朔以御史中丞完顏伯嘉權參知政事元帥左監軍行河中府尚書省元帥府控制河東南北路便宜從事升絳州爲晉安府總管河東南路兵降平陽爲散府辛丑簽樞密院

事蒲察移剌都伏誅壬寅前山東西路轉運使致仕移剌福僧上章言時事癸卯詔大理卿溫迪罕達權同簽樞密院事行院于許州甲辰以誅移剌都詔中外乙巳命徒單思忠祈雪已而大雪甲寅以開封府治中呂子羽等使宋講和紅襖賊攻彭城之胡村寨徐州兵討敗之乙卯以禮部侍郎抹撚胡魯剌爲汾陽軍節度使權元帥右監軍與嵐州元帥古里甲完復河東丁巳籍潁河埽兵癸亥尚書省言樞密掌天下兵皇太子撫軍而諸道又設行院其有功及失律者須白院啓東宮至於奏可然後誅賞有司但奉行而已自今軍中號令關賞罰者皆明注詔旨教令毋

容軍司售其姦欺上從之以樞密副使駙馬都尉僕散安
貞爲左副元帥權參知政事行尚書省元帥府事伐宋甲
子上諭旨有司京師丐食死於祁寒朕甚憫之給以後苑
竹木令居獲煖所
三年春正月庚午呂子羽至淮宋人不納而還詔伐宋丙
子稅民種地畝議行均輸戊寅勅和市邊城軍需無至配
民定鎮戍征行軍官減資歷月日格壬午大雪上聞東掖
有撤瓦聲問左右知爲丁夫葺器物庫廡舍上惻然諭主
者曰雪寒役人不休可乎姑止之丙戌紇石烈牙吾塔上
濠州香山村之捷丁亥諭宣徽皇后生日免百官賀壬辰

以
大元兵已定太原河北事勢非復向日集百官議備禦長
久之計伐宋捷至上謂侍臣曰此事豈得已哉近日遣使
實欲講和彼旣不從安得不用兵也免單丁民户月輸軍
需錢甲午有司請立價以買南征軍士所獲馬上恐失衆
心因至敗事不聽乙未勅尚書省自今六部稟議常事但
可再送不得趣召辨正餘應入法寺定斷而再送猶未當
者具以聞下吏治之宰相執政以下皆不得召部寺官部
寺官亦不得詣省犯者論違制丁酉鄧州元帥府提控婁
室有罪減死削爵二月庚子上與太子謀南征帥不得其

人歎曰天下之廣緩急無可使者朕安得不憂紇石烈牙
吾塔敗宋人于滁甲辰胥鼎言軍中誅賞近制須聞朝廷
賞由中出示恩有歸可部分失律主將不得即治其罪不
可詔尚書樞密雜議宰臣請城守野戰將校有罪從七品
以下許便宜決罰餘悉奏裁上曰七品以下財令治之將
權太輕或至誤事自今四品以下聽決乙巳攻宋光山縣
俘其統制蔡從定等光州以兵來援復敗之丙午上謂宰
臣江淮之人號稱選愞然官軍攻蔓菁堝其衆困甚脅之
使降無一肯從者我家河朔州郡一遇北警往往出降此
何理也丁未勅凡立功將士有居喪者特起復遷授戊申

拔宋小江寨殺其統制王大蓮己酉取宋武休關庚戌元
帥右都監承立以綏德保安之境各獲夏人統軍司文移
來上其辭雖涉不遜而皆有保境息民之言詔尚書省議
之宰臣言鎮戎靈平等鎮近耗夏人數犯疆埸此文正緩
我耳宜嚴備禦以破姦計上然其言又曰頃近侍還自陝
西謂白撒已得鳳州如得武休關將遂取蜀朕意殊不然
假令得之亦何可守此舉蓋爲宋人渝盟初豈貪其土地
耶朕重惜生靈惟和議早成爲佳耳高汝礪乞致事優詔
不允甲寅詔陝西行省從七品以下官許注擬有罪許決
罰丁憂待闕隨宜任使軍官徒以上罪及軍事怠慢者廵

按御史治之已未行省安貞入宋境破梁縣等軍擒統制
李申之右副元帥完顏賽不左都監牙吾塔白石關平山
砦之捷俱至三月丁卯朔陝西兵破宋虎頭關取興元洋
州捷至上大悅庚午破宋人于七口倉甲戌高麗先請朝
貢因遣使撫諭之使還表言道路不通俟平定後議通款
命行省姑示羈縻勿絶其好戊寅蔡州行元帥府右都監
完顏合達破宋人于海林關擒統制張時已卯長春節免
朝賀提控奧屯吾里不敗宋人于上津縣軍還至濠州宋
人來拒牙吾塔擊走之乙酉河南路節鎮以上立軍器庫
設使副各一員防刺郡設都監同監各一員完顏合達敗

宋人于馬嶺堡丙戌行省安貞破宋人于石堌山己丑追
賜皇后父太尉汴國公彥昌姓溫敦庚寅攻宋麻城縣拔
之獲其令張偶等辛卯行省安貞破宋兵于塗山壬辰賽
不敗宋兵于老口鎮又敗宋人于石鸛崖甲午録用罪廢
官副元帥蒲察阿里不孫御史大夫永錫等七十人詔大
原等路州縣關正授官令民推其所愛爲長從行省量與
職任及運解鹽入陝西以濟調度命胥鼎兼領其事閏三
月丙申朔申明屠宰牛罪律以雄霸以東付權中都經略
李獨驢易州以西付權中都西路經略靖安民治之遥授
金安軍節度使完顏和尚故行軍副提控夾古吾典皆除

名庚子皇子平章政事濮王守純進封英王壬寅叛賊王
公喜構宋人取沂州甲辰以沂國公主薨輟朝丙午給空
名宣勑及金銀符付嵐州帥古里甲許便宜遷注以招脅
從丁未諭樞密院議晉安東平河中諸郡備兵之策庚戌
行省左副元帥僕散安貞至自軍前入見于仁安殿辛亥
少府少監粘割梭失言利害七事甲寅以南伐師還罷南
邊州郡籍民爲兵者戊午夏人破葭州之通秦砦刺史紇
石烈王家奴戰没壬戌治書侍御史蒲魯虎上書請選太
子師傅甲子胥鼎等各遷官賞南伐之功夏四月丙寅朔
裕宿等州置元帥府選陝西步騎精鋭六千人實京兆戊

辰選精鋭六萬分屯平涼涇邠乾耀等州庚午以秦州防
禦使女奚烈古里間行元帥府于平涼罷募民運解鹽築
京師裏城命侯摯董役高琪總監之甲戌以知臨洮府事
石盞合喜爲元帥左都監行元帥府事于鞏州壬午遣近
侍四人巡視築城丁夫時其飲食聽其更休督吏慘酷悉
禁止之癸未陝西黑風晝起有聲如雷地大震甲申詔河
北州縣官止令土著推其所愛者充朝廷已授者别議任
使乙酉夏人擾通秦寨提控納合買住擊敗之己丑林州
都統霍成以疑貳誣殺降人論罪當死元帥惟良不欲以
殺敵人誅邊將請寬其罰仍請立護送降民賞格以杜後

患上爲之赦成而命有司班賞格焉護送十人以上至者遷一官不及者每名賞錢二百緡五十人以上兩官百人以上兩官雜班任使庚寅以時暑詔朝臣四日一奏事高汝礪請備防秋之粮宜及年豐於河南州郡驗直立式募民入粟上與議定其法而行之同提舉榷貨司王三錫請榷油歲可入銀數萬兩高琪主之衆以爲不便遂止辛卯夏人犯通秦砦元帥完顏合達出兵安塞堡以擣其巢至隆州夏人逆戰官軍擊之衆潰進薄城俄陷其西南偶會日暮還壬辰以同知平陽府事胡天作充便宜招撫使五月乙未朔鳳翔元帥府遣兵敗宋人于黃牛等堡壬子太

白晝見于參六月甲子朔時暑給修城夫病者藥餌遣諭元帥合達曰以卿幹局故有唐鄧之委或有侵軼戰退不宜遠追第固吾圉以驃騎上將軍河南路統軍使石盞女魯歡爲元帥右都監行平涼元帥府事詔赴遼東等處行省金銀符及空名宣勅聽便宜處置壬申制沿河戍兵逃亡罪並同征行軍人例詔御史中丞完顏伯嘉行樞密院于許州甲戌定防秋將校擊毬飲燕之罰李全寇日照博興紇石烈萬奴敗之寇即墨完顏僧壽又敗之復萊州戊寅詔陝西簽軍如河南例曲赦河東南北路丁亥命防禦使徒單福定等帥所部義軍與沂州民老幼盡徙于邳戊

子遂州總領提控唐括狗兒帥師復太原府平涼等處地震詔右司諫郭著撫諭其軍民秋七月丁酉籍邳海等州義軍及脅從歸國而充軍者人給地三十畝有力者五十畝仍蠲差稅日支粮二升號決勝軍戊戌上進樞密臣僚諭之曰裏城久未畢功尚書欲增調民朕慮妨農況粮儲不繼將若之何盍改圖之樞臣言是役之興實爲大計今功已過半偶值霖潦成功差遲尚書議增丁夫勢必驗口不令妨業比及防秋當告成矣上曰卿等善爲計畫無貽朕憂庚子以地震曲赦陝西路甲辰置東西南三路行三司乙卯曲赦山東西路丁巳遣徒單忠以地震祭地祇

于上清宮八月丙寅補闕許古等削官解職丁卯木星犯輿鬼東南星戊辰遣禮部尚書楊雲翼祭社稷翰林侍讀學士趙秉文祭后土于河中府西京行三司李復亨言汝鄧冶鐵河南北食鹽之利木星晝見于柳百有九日乃滅壬申上勑臺臣朕處分尚書事或至數日不奉行及有問則巧飾次第以對大臣容有遺忘左右司玩弛臺臣當糾今後復尓併罪卿等乃定御史上下半月勾檢省中制勑文字

大元兵下武州軍事判官郭秀死之丁丑綏在京差徭中山治中王善殺權知府事李仲等以叛

大元兵下合河縣縣令喬天翼等死之乙酉命樞密遣官
簡嶺外諸軍之武健者養之彰德邢洛衛濬懷孟等城弱
者罷遣戊子勑侯摯諭三司行部官勸民種麥無種粒者
貸之九月甲午詔單州經略使完顏仲屯宿州與右都監
紇石烈德同行帥府事丙申唐州從宜夾谷天成敗宋人
于桐栢丁酉尚書省請申命侯摯廣營積貯上不許曰徵
斂已多今更規畫不過復取於民耳防秋稍緩當量減戍
兵用度幸足何至是耶甲辰
大元兵徇東勝州節度使伯德窊哥死之庚戌命行省胥
鼎領兵赴河中壬子眞定招撫使武仙請給金銀符賞有

功從之汾河造戰艦付行院帥府冬十月癸亥朔定保舉
縣令能否升黜舉主制乙丑用蒙古綱言招集義軍各置
都統副統等官如貞祐三年制平涼府先以地震被命醮
祭方行事慶雲見以圖來上遣官覆驗得實是日百官奉
表稱賀丁卯以完顏開權元帥左都監郭文振權右都監
並行元帥府事謀復太原壬申定贓吏計罪以銀爲則癸
酉以慶雲遣官告太廟甲戌以慶雲詔國內已卯
大元兵次單州境詔諸路民應遷避兵而不欲者亟遣人
以利害曉之癸未襄城畢工百官稱賀宴宰臣便殿遷右
丞摯官一階賜右丞相琪左丞汝礪參知政事思忠金鼎

各一重幣三是役上慮擾民募人能致甓五十萬者遷一
官百萬仍升一等平陽判官完顏阿剌左廂譏察霍定和
發宋蔡京故居得二百萬有奇准格遷賞甲申宰臣請以
襄城之功建碑會朝門從之丁亥
大元兵屯綿上壬辰命有司葺閒舍給薪米以濟貧民期
明年二月罷僕時平則贍之以爲常十一月癸巳朔前嵐
州倉使張祐自夏國來歸以樞密副使僕散安貞同簽院
事訛可行院事于河北乙未以官驢借朝士之無馬者乘
之仍給芻豆已亥
大元兵徇彰德府辛丑詔朝官七品外路六品以上官二

歲舉縣令一人戶部令史蘇唐催租封丘期限迫促民有
生刈禾輸租者上聞之遣吏按問杖唐五十縣令高希隆
減二等尚書以希隆罰輕上曰使臣至外路自非至剛者
孰能不從其依前詔甲寅徐州總領納合六哥大破紅襖
賊于狄山禮部郎中抹撚胡魯剌上疏言時事丁巳右丞
相高琪下獄泰安軍副使張天翼爲賊張林所執以歸宋
繫之楚州至是逃歸授睢州刺史超兩官進職一等戊午
大元兵平晉安府行元帥府事工部尚書粘割貞死之十
二月誅高琪
本紀第十五終

本紀第十六　　　金史十六

開府儀同三司上柱國録軍國重事前中書右丞相監修國史領經筵事都總裁臣脫脫奉

勑修

宣宗下

四年春正月壬辰朔詔免朝丙申金安軍節度使行元帥
府事古里甲石倫除名丁酉
大元兵下好義堡霍州刺史移剌阿里合等死之詔贈官
有差庚戌宋步騎十餘萬圍鄧州聞援軍至夜焚營去招
撫副使朮虎移剌答追及之奪其俘還壬子晝晦有頃大
雷電雨以風癸丑戶部侍郎張師魯上書請遣騎兵數千

及春淮蜀並進以撓宋丙辰以武仙遥領中京留守進官
一階三月辛丑議遷睢州治書侍御史蒲魯虎奉詔相視
京東城池還言勿遷便乃止癸卯長春節詔免朝乙巳林
州元帥惟良擒叛人單仲李俊誅之降其黨盧廣己酉以
吏部尚書李復亨參知政事南京兵馬使朮甲賽也行懷
孟帥府事辛亥進平章政事高汝礪爲尚書右丞相監修
國史封壽國公參知政事李復亨兼修國史平章政事陝
西行尚書省胥鼎進封温國公致仕壬子紅襖賊于忙兒
襲據海州經略使完顏陳兒以兵擊敗忙兒復取之甲寅
木星犯鬼宿積尸氣夏四月庚申朔詔御史中丞完顏伯
嘉提控防城事癸亥安武軍節度使柴茂破紅襖賊于棗
強祁州經略使段增順破叛賊甄全于唐縣夏人犯邊元
帥石盞合喜破之乙丑以彰德衛輝滑濬諸州隸河南路
轉運司以河南路轉運司爲都轉運視中都增置官吏戊
辰禘于太廟
大元遣趙瑞以兵攻孟州提控唐德王安復大名府以參
知政事把胡魯權尚書右丞左副元帥元帥左都監承立
爲右監軍權參知政事同行尚書省元帥府于京兆庚辰
東平元帥府總領提控蒲察山兒破紅襖賊于聊城壬午
命六部擬法以法狀親白部官聽其面議大理寺如之五

月壬辰定二品至三品立功遷官格癸巳紅襖賊寇樂陵
監山横海節度使王福連擊敗之張聚來寇又敗之甲午
上擊鞠于臨武殿丙申以時暑免常朝四日一奏事丁酉
諭工部暑月停土役癸卯
大元兵徇隰州丙辰
大元兵徇兗州泰定軍節度使兀顏畏可死之六月丙寅
遣人招張柔丁卯詔減監察御史四員戊辰山東民僑居
者募壯士五百人益東莒公燕寧軍月犯土星己巳太白
晝見于張百八十有四日乃伏甲戌制諸倉場庫院巡護
軍受提舉倉場司及監支納官彈壓京畿不雨勑有司閱

獄雜犯死罪以下皆釋之丁丑
大元遣楊在攻下大名又攻開州及東明長垣等縣己卯
祈雨庚辰宋人方子忻來歸有司處之鄭州上曰吾民奔
宋者復例衣食之彼來歸者不善視之或復逃歸漏泄機事
命增子忻廪給有司優遇之元帥右監軍權參知政事承
立上封事秋七月辛卯宋人及紅襖賊犯河朔諸郡皆降
獨滄州經略使王福固守會益都賊張林來攻福乃叛降
林帥府請討之是日兩癸丑林州行元帥府遣總領嚴祿
等討紅襖賊于彰德府生擒偽安撫使王九詔參知政事
李復亨爲宣慰使御史中丞完顏伯嘉副之循行郡縣勸

農以烏古論仲端等使
大元八月戊午朔嚴實成江王贇據濟南山東招撫高居
實遣人招嚴實于青崖砦獲其欵以聞李全犯東平府監
軍王庭玉敗之擒其偽安化軍節度使張林庚申高陽公
張甫請增兵守冀州上諭樞密穎州民渡淮爲宋軍者凡
十村可追索主者懲一二以誡其餘庚午勑掌兵官不聽
舉縣令夏人陷會州刺史烏古論世顯降甲戌陝西行省
報龕谷敗夏人之捷乙亥上諭宰臣河南水苗唐鄧尤甚
其被苗州縣已除其租餘順成之方止責正供和糴雜徵
並免仍自今歲九月始停周歲桑皮故紙折輸流民佃荒

田者如上優免丙子陝西行省與夏人議和戊寅定選補
親軍法己卯罷葭州招撫司壬午陝西路行省承裔報定
西州之捷丙戌以隨路諸軍户徙河南京東西南路各設
檢察使副恒山公武仙降
大元九月戊子詔遣官于河南陝西選親軍辛卯進章宗
實錄戊戌
大元木華里屯軍真定置總領元帥府于歸德以壽州陳
留兩鎮兵屬之庚子夏人入定西州壬寅宋人屯皂郊堡
行軍提控完顏益都擊敗之
大元遣塔忽等來癸卯夏人來侵甲辰滕州招捕提控夏

義勇討紅襖賊敗之乙巳詔參知政事李復亨提控芻粮
事己酉夏人陷西寧州尚書省都事僕散奴失不坐誅駙
馬都尉徒單壽春奪官一階杖六十癸丑更定安泊逃亡
出征軍人罪及捕獲賞格甲寅宋人出秦州及夏人來侵
丙辰鞏州行元帥府事石盞合喜報定西州之捷冬十月
壬戌
大元遣蒙古塔忽訛里刺等來己卯陝西東路行省報綏
德州之捷泗州元帥府言紅襖賊一月四入寇掠人畜而
去庚辰上擊鞠于臨武殿辛巳授紅襖賊時青滕陽公本
處兵馬總領元帥兼宣撫癸未京西山寨各設守禦使副

令本路帥府總之諭陝西行省圖復會州上擊鞠于臨武
殿十一月丁亥朔免越王永功朔望朝參易水公靖安民
爲其下所殺戊子黄陵堈經略使烏古論石虎等以戰陣
失律伏誅壬辰木星晝見于翼積六十有七日伏夜又犯
靈臺第一星甲午河南水遣官勸課更浮山縣名忠孝戊
戌詔復衛紹王王爵仍加開府儀同三司壬寅山東東路
軍户徙許州命行東平總管府治之判官一人分司臨潁
乙巳詔柴茂權元帥左都監蓋仁貴權右都監同行元帥
府于眞定是月
大元木華黎國王以兵圍東平十二月甲戌祈雪禮部郎

中權左司諫抹撚胡魯剌上封事戊寅詔軍官許月擊鞠
者三次以習武事庚辰臘享于太廟乙酉鎮南軍節度使
温迪罕思敬上書言鈔幣税賦二事
五年春正月丙戌朔免朝丁亥世宗忌日謁奠于啓慶宫
戊子括南京諸州逋户舊耕官田給軍户壬辰議禦西夏
及征南事諭皇太子以東平禦敵方略甲午諭樞密院南
伐事重當詳議其便撰故衛王事跡如海陵庶人例丁酉
大元兵攻天井關戊戌宋人襲泗州西城提控王禄死之
辛丑太白晝見于午二百三十有二日伏乙巳詔諸道兵
集蔡州己酉伐宋庚戌山東行省報東平之捷二月丙辰

朔置招撫司于單州曲赦東平府庚申下詔伐宋以内族
惟弼權同簽樞密院事行院于中京斡勒合打權元帥府
右都監行元帥府于蔡息納合降福權簽樞密院事行院
于宿州孛术魯達阿權元帥右都監完顔訛論副右都監
行元帥府于唐鄧戊辰罷懷州行元帥府復置招撫司與
孟州經略司並受中京行樞密院節制辛未僕散安貞以
兵出息州破宋人于淨居山寺拔黄土關癸酉以旱災曲
赦河南路丙子禁京城兵器元帥紇石烈牙吾塔破宋兵
復泗州進逼濠州至渦口乏糧而還西城癸未以旱災詔
中外三月丙戌朔上御仁安殿祈雨仍望祭于北郊庚寅

宋人圍唐鄧行元帥府事完顔訛論力戰却之前鄧州千
户孛术魯毛良虎自拔歸國訛論便宜遷其官三階授同
知唐州事乞正授以示信從之乙未罷河南路行三司丙
申參知政事徒單思忠進尚書右丞兼修國史以太子詹
事僕散毅夫爲參知政事諭宰臣曰今奉御奉職多不留
心采訪外事聞章宗時近侍人秩滿以所采事定升降今
亦宜預爲考覈之法以激勸之戊戌長春節免朝己亥夏
因叛人寶趙兒之招入據來羌城孛术魯合住以重賞誘
脅從人爲内應督兵急攻城拔之省試經義進士考官於
常額外多放喬松等十餘人有司奏請駁放上已允尋復

遣諭松等曰汝等中選而復黜不能無動于心方今久旱
恐傷和氣今特恩放汝矣庚子賜林州行元帥府經歷官
康琚進士及第琚以武階乞赴廷試故有是命丙午以旱
築壇祀雷雨師壬子雨四月己未山東行省蒙古綱言東
莒公燕寧戰敗而死寧所居天勝砦據險寧亡衆無所歸
變在朝夕權署其提控孫邦佐爲招撫使黃摑兀也爲總
領以撫其衆遣使請命勑有司議之辛酉禱雨于太廟丙
寅僕散安貞破宋黃斷等州壬申俘宋宗室男女七十餘
口獻于京師癸酉詔親軍中武舉第而授職需次者仍執
舊役廩給循常關至發遣辛巳監察御史劉從益以彈劾

失當奪官一階罷之詔定進士中下甲及監官散階至明
威者舉充縣令法五月甲申朔日有食之戊戌宋人據楚
丘官軍復之庚子納蘭記僧伏誅告人趙鋭升職四等壬
寅陝西元帥完顏賽不遣使來獻晉安平陽之捷方議其
賞御史烏古論胡魯劾其縱將士鹵掠不副上上除亂捄
民之意乞正其罪上以賽不有功詔勿問賞議亦寢癸卯
唐州守將訛論爲元帥賽不猶子與宋人戰唐州境上爲
宋人所敗死者七百餘人匿之而以捷聞御史納蘭發其
事上以賽不故亦不之罪而以是意諭之乃稱納蘭敢言
録其功付有司秩滿考最癸丑東平內徙命蒙古綱行省

于邳州王庭玉行帥府于黃陵堈六月甲寅朔尚書省奏
駙馬都尉安貞反狀上閱奏慮其不實謂平章政事英王
守純曰國家誅一大臣必合天下後世公議其令覆按之
乙丑遣使諭晉陽公郭文振上黨公完顏開各守疆土同
心濟難毋以細故啓釁端誤國事戊寅僕散安貞坐謀反
并其三子皆伏誅己卯越王永功薨庚辰輟朝壬午上親
奠于殯所秋七月己亥義勇軍叛據碭山縣庚子詔增給
徐州清口等處戍兵衣粮己酉碭山賊夜襲永城縣行軍
副總領高琥敗之命蒙古綱併力討捕辛亥單州招撫劉
瓊乞移河南粮濟其軍詔給之八月壬子朔罷黃陵堈招

撫司上諭尚書省碭山叛軍家屬因歸德旬餘不給粮恐
傷其生宰臣奏已給之矣又諭樞密河北艱食民欲南來
者日益多速令渡之毋致殍死癸亥林懷帥府邀擊紅襖
賊于伏恩村敗之甲子詔南征潰軍復歸而能力戰者依
出界立功格賞之乙丑宋人掠沈丘殺縣令甲戌命有司
除逋户負租毋徵見户九月甲申以京東歲饑多盗遣御
史大夫紇石烈胡失門爲宣慰使往撫安之更定監察御
史違犯的決法丁亥詔州府及軍官捕盗慢職四品以下
宣慰使決之三品以上奏裁戊子增授隰州招撫使軒成
官階受西省節制乙巳崇進駙馬都尉定國公徒單公弼

熒庚戌歲星犯左執法右丞相高汝礪表乞致仕詔溫留
之冬十月癸丑進汝礪官榮祿大夫命僕散毅夫行尚書
省于京東督諸軍芻糧乙卯太醫侯濟張子英治皇孫疾
用藥瞑眩皇孫不能任遂不療罪當死上曰濟等所犯誠
宜死然在諸叔及弟兄之子使應准法行之以朕孫故殺
人所不忍也命杖七十除名尚書省言司縣官貪暴不法
部民逃亡既有決罰他縣停匿亦宜定罪隨處土民久困
徭役客戶販鬻坐獲厚利官無所斂亦宜稍及客戶以寬
土民行院帥府幕職雖無部衆亦嘗贊畫戎功而推賞止
進官一階宜聽主將保奏第功行賞上皆從其請戊午遣

親軍討河南群盜辛酉
大元兵攻綏德州壬戌夏人復侵龕谷甲子勑監察所彈
事同列不可預聞著爲令丁卯夏人犯定西積石之境戊
寅分京畿戍卒萬二千河中民兵八千以許州元帥紇石
烈鶴壽將之屯潼關西十一月癸未陝西東路行省報安
塞堡敗夏人之捷甲申諭太府減損食品庚寅募民興南
陽水田壬辰太子親王百官表賀安塞堡之捷卻之乙未
夏人攻龕谷宋人攻蘄縣紅襖賊掠宿州辛丑詔蠲徐邳
宿泗等州逋租官民有能墾闢閒田除來年科徵歸德亳
壽潁停閣逋戶租外仍蠲三之一逋戶田廬有司募民承

業禁其毀損以俟來復蒲城縣民李文秀等謀反伏誅壬
寅宋人焚潁州執防禦判官而去是日相國寺火
大元兵攻延安十二月辛亥朔以
大元兵下潼關京兆詔省院議之壬子罷辟舉縣令法丁
巳禮部侍郎烏古孫仲端翰林待制安庭珍使北還各遷
一階庚申罷河南義軍丁卯詔罷新簽民軍減樞密院掌
兵官及京城戍兵仍諭行院帥府毋擅增設補簽辛未罷
行總管府及招討統軍檢察等司定宋人來歸賞格及詐
誘征防軍人逃亡罪法癸酉元帥合達買住及其將士以
延安功特賞賚之仍下詔獎諭閏月辛巳朔

大元兵徇鄜州保大軍節度使完顏六斤權元帥左都監
紇石烈鶴壽右都監蒲察婁室遥授金安軍節度使女奚
烈資祿皆死之乙酉提控术甲咬住破沈丘賊于陳瓦丙
戌頒詔撫諭河南土寇戊子熒惑犯軒轅己丑孫瑀及捕
盜官吾古出招降泰和縣賊二千人詔斬其首惡餘皆釋
之同知保靜軍節度使郭澍以徵糧失期誣殺平民坐誅
辛卯官軍復葭州癸巳通遠軍節度使孛术魯合住削官
甲午月犯熒惑丙申紅襖賊夜入蒙城縣縣官失其符印
軍民死者甚衆賊大掠而去戊戌鎮星晝見于軫己亥發
兵捕京東盜太白晝見于室壬寅發上林署粟賑貧民陳

亳等州鹿邑城父諸縣盜蠭起趣樞府遣官討之捕盜軍所過殘民遣御史一人按視軍所獲牛有司以官錢收贖戊申詔定招捕土寇官賞格己酉更造興定寶泉每一貫當通寶四百貫

元光元年春正月庚戌朔免朝辛亥世宗忌辰謁奠于啓慶宮元帥惟弼破紅襖賊于張驀店壬子遣官鑿種京東西南三路水田甲寅禁非邊關急速事無馳傳即濫乘者州縣徑白省部四方館從御史臺外路從分按御史治之詔陝西西路行省徙京兆者兵退還治平涼防州刺史把移失剌以棄城伏誅鄭州防禦使裴滿羊哥同知防禦使

古里甲石倫除名平西節度使把古咬住奪官一階丁卯詔撫諭京東百姓壬午詔徙中京唐鄧商虢許陝等州屯軍及諸軍家屬赴京兆同華就糧屯二月乙酉陝西西路行省請以厚賞募河西諸蕃部族寺僧圖復大通城命行省樞密院籌之癸巳上諭宰臣宋人以重兵攻平輿褒信我師力戰却之又偵知其事狀之詳若俟帥府上功推賞豈急於勸獎之道其遣清望官齎空名宣勑覈實給之乙未詔諭河南陝西

大元兵屯葭州壬寅權定行省樞府元帥府輒杖左右司經歷司官罪法甲辰上念鄜延被兵又延安受圍嘗發民粟給軍詔除延安鄜坊丹葭綏德稅租仍令有司償其粟直不足者許補官戊申恒州軍變萬户呼延棫等千餘人殺掠城中焚廬舍而去己酉遣元帥左監軍訛可行元帥府事節制三路軍馬伐宋同簽樞密院事時全行院事副之三月辛酉宋人掠確山縣之劉村丙寅歲星犯太微左執法戊辰樞密院奏差官賈天安上書言利害壬申尚書右丞徒單思忠以病馬輸官冒取高價御史劾之有司以監主自盜論死上顧惜大體降授陳州防禦使癸酉提控李師林敗夏人于永木嶺郭文振表近得俘者言南北合兵將攻河南陝西詔樞密備禦夏四月辛巳以金吾衛上

將軍勸農使訛可簽樞密院事置大司農司設大司農卿少卿丞京東西南三路置行司並兼採訪事壬午

大元兵攻陵川縣丁酉林懷路行元帥府事惟良削官西階罷之更定辟舉縣令之法而復行之戊戌籍丁憂待闕追殿等官備防秋丁未行樞密院報淮南之捷五月戊申朔

大元兵屯隰吉翼等州壬戌訛可時全軍大敗甲子訛可以敗績當死上面數而責之勉其後效命削官兩階丁卯召致政胥鼎等赴省議利害壬申時全伏誅六月戊寅朔造舟運陝西糧由大慶關渡抵湖城癸未大赦陳州防禦

使呂子羽坐乏軍興自盡制諸監官及八品以下職事丁憂待闕任滿遷授者試補侍衛親軍命各路司農司設捕盜方略丁酉紅襖賊掠柳子鎮驅百姓及驛馬而去提控張瑀追擊奪所掠還偽監軍王二據黎陽縣提控王泉討之復其城秋七月庚戌

大元將按察兒以其衆屯晉安冀州之境丙辰上黨公完顏開復澤州己未歸德行樞密院王庭玉報曹州破紅襖賊之捷庚申定監當官選法河北群盜犯封丘開封界令樞密院禦捕甲子京東總帥紇石烈牙吾塔請自今行院帥府幕職有過得自決之不允戊辰紅襖賊襲徐州之十

八里岦又襲古城桃園官軍破之乙亥太白晝見經天與日爭光八月丁丑定西征將士官賞有差己卯彗星見西方甲申增定藏匿逃亡親軍罪及告捕賞格積石州蕃族叛附于夏鞏州提控尼厖古三郎討之獲羊千口進尚膳詔却之以彗星見改元大赦諭旨宰臣曰赦書已頒時刻之間人命所係其令將命者速往計期而至以大司農把胡魯爲參知政事癸巳河間公移剌衆家奴高陽公張甫兵復河間府是日報捷者始達上以道途梗塞報者艱虞命厚賞之夏人入德順壬寅祈雨九月丙午朔以左右警巡使兼彈壓諭陝西行省備邊壬子牙吾塔請以兵由壽州渡淮擣宋人巢穴不從乙卯議經略淮南己巳宋人掠遂平縣之石岦店復侵南陽唐州提控夾谷九住敗之冬十月丁丑夏人掠德順之神林堡壬午宋張惠攻零子鎮爲斡魯朶所敗虜其裨將二人河中府萬户孫仲威執其安撫使阿不罕胡魯剌據城叛陝西行省遣將討平之癸未復曹州甲申上獵于近郊詔免百官送迎且勿令治道以勞百姓庚寅徙彰德招撫使杜先軍於衛州乙未

大元兵下棠州之胡壁堡及臨晉庚子詔所司巡護避兵民貲産甲辰以京兆官民避兵南山者多至百萬詔兼同知府事完顏霆等安撫其衆十一月丁未

大元兵徇同州定國軍節度使李復亨同知定國軍節度使訛可皆自盡甲寅京東總帥牙吾塔報臨淮破宋兵之捷戊辰

大元蒙古蒲花攻鳳翔府十二月乙亥朔上謂皇太子曰吾嘗夜思天下事必索燭以記明而即行汝亦當然以河中治中侯小叔權元帥元帥右都監便宜行事乙酉遷同知平陽府事史詠龍虎衛上將軍賜號守節忠臣權行平陽公府事丁亥疊州總管青宜可卒特命其子角襲職詔諭近侍局官曰奉御奉職皆少年不知書朕憶曩時置說書人日爲講論自古君臣父子之教使知所以事上者其

復置己丑蘭州提控唐括昉敗夏人于質孤堡
大元以大軍攻鳳翔
二年春正月甲辰朔詔免朝賀乙巳世宗忌日詣莫于啓
慶宮右丞相汝礪乞致政上面諭使留
大元兵下河中府權元帥右都監侯小叔復之壬子壽州
防禦使完顏乃剌奪官四階甲寅上諭宰臣曰向有人言
便宜事卿等屢奏乞作中旨行之帝王從諫足矣豈可掠
人之美以爲己出哉戊午四方館使李瘸驢以罪罷宰臣
請以散地羈縻之上曰此輩豪傑正須誠待若以術御適
使自疑但不畀軍政外補何害授瘸驢恒州刺史又謂諫南
爵恩例有丁憂官得起復者是教人以不孝也何爲著此

令哉丁卯
大元兵復下河中府二月甲戌朔皇后生辰詔免賀禮己
卯丞相汝礪朝會免拜設榻殿下久立賜休壬午詔軍官
犯罪舊例更不任用今多故之秋人才難得朕欲除大罪
外徒刑追配有武藝善掌兵者量才復用其令尚書省議
以聞丁亥大赦己亥鳳翔圍解石盞合喜加金紫光祿大
夫升左監軍特授大名府海谷忽申猛安完顏仲元加光
祿大夫升右監軍特授河北東路洮委必剌猛安各賜金
幣帶有差三月甲辰朔宋人襲汝陽壬子詔諭平章英王

守純崇歆癸丑以河中府推官籍阿外權元帥右都監代
領侯小叔軍甲寅上謂宰臣人有才堪任事其心不正者
終不足貴丞相汝礪對曰其心不正而濟之以才所謂虎
而翼者也雖古聖人亦未易知上以爲然丙辰長春節免
朝以户部尚書石盞畏忻爲參知政事兼修國史辛酉禁
茶壬戌詔以鳳翔戰功及頒賞等級徧諭諸郡甲子以完
顏伯嘉權參知政事行尚書省于河中府辛未詔職官犯
罪非死罪除名遇赦幸免有才幹者中外並用夏四月癸
酉朔復霍州汾西縣詔給空名宣勑還賞將士之有功者
丙子設京兆南山安撫司丁丑故鳳翔萬户完顏醜和以
死節贈懷遠大將軍授刺史職其父烑除以功例賞外遷

兩官升職二等己卯遣官閱河南帥府見兵籍閑官豪右
親丁及遼東河北客户爲軍庚子募西山獵户爲軍五月
癸卯朔始造元光重寶丙午復河中府及榮州遣人持檄
招前恒山公武仙乙卯權平陽公史詠復霍州及洪洞縣
丁巳始造元光珍貨同銀行用戊午以檄招東平嚴實己
未參知政事毅夫言脅從人號忠孝軍而置沿淮者所爲
多不法請防閑之上曰人心無常顧馭之何如耳馭之有
術遠方猶且聽命况此輩乎不然雖左右亦難防閑正在
廓開大度而已若是而不能致太平者命也庚申發河南

路寄居官民充軍辛酉徙晉陽公郭文振兵于孟州甲子
徙權平陽公史詠兵于解州河中府六月乙亥京東總帥
報淮南之捷丁亥罷行省所置監察御史兼彈壓之職戊
子議遣人招李全嚴實張林甲午詔罷河中行省置元帥
府辛丑遥授静難軍節度使顏盞蝦蟆等以保鳳翔功進
官秋七月壬寅朔夏人犯積石州羌界寺族多陷沒惟桑
逋寺僧看逋昭逋厮沒及答那寺僧奔鞠等拒而不從詔
賞諸僧鈐轄正將等官而給以廪祿乙巳遣兵守衛解州
鹽池庚戌以空名宣勑遷賞諸部降人壬子除市易用銀
及銀與寶泉私相易之禁癸丑勑諸御史曰瑣細事非人

主所宜詰然凡涉姦弊靡不有關國政者比聞朝官及承
應人月給俸粮多雜糠土有司所收曷甞有是物哉至于
出納斗斛亦小大不一此皆理所不容者而臺官初不聞
事事須朕言之安用汝曹也乙卯丹鳳門壞丁巳陰坡族
之胥鞠門等叛歸夏元帥夾谷瑞發兵討之以捷聞御史
中丞師安石言制敵二事戊午宰臣方對次有司奏前奉
御温敦太平卒上大駭曰朕屢欲授太平一職每以事阻
令僅授之未數日而亡豈非天耶因謂宰臣曰海陵時有
護衛二人私語一曰富貴在天一曰由君所賜海陵竊聞
之詔授言由君所賜者以五品職意謂誠由己也而其人

以疾竟不及授章宗秋　聞平章張萬公薨歎曰朕廻將
拜萬公丞相而遂不起命也乙丑詔籍陝西路僑居官民
爲軍八月辛未朔邳州從宜經略使納合六哥等率都統
金山顏俊以沂州百餘人最入省署殺行尚書省蒙古綱
據州反壬申詔賞京兆路官軍保全南山諸谷之功以所
全人數多寡爲等第千人以上官一階三千人以上兩階
五千人以上三階仍升職一等能以力戰護之者又增一
階戰没者就以贈之甲戌遣官持空名宣敕諭以重賞招
納合六哥拒命即命牙吾塔合行院兵討滅之乙亥火星
入鬼宿中掩積尸氣乙酉詔能捕獲反賊六哥者除見定

官外仍與世襲謀克丙戌遣官分行蔡息陳亳唐鄧裕諸
州泊司農司州縣吏同議凡民丁相聚立砦避兵與各巡
檢軍相依者五十户以上置砦長一員百户增副一員仍
先遷一官能安民弭盜勸農者論功注授九月庚子朔日
有食之宋人入壽州女奚烈蒲乃力戰却之壬寅樞密院
奏提控术甲剗只罕破宋人之功甲辰宋人攻南陽丙午
牙吾塔報桃園淮陽之捷并以納合六斤結構李全之狀
來告戊申降人孫邦佐自李全軍中歸遥授知東平府兼
山東西路兵馬都總管官軍與宋人力戰于胡陂而却之
提控术虎春兒爲所殺癸丑納合六哥所署僞都統烏古

論賽漢夾谷留住等來歸己未贈术虎春兒銀青榮祿大夫丙寅扎也胡魯等拔邳州南城丁卯權御史中丞師安石等劾英王守純不實付有司鞫治尋詔免罪而猶責諭之冬十月癸酉徙晉陽公郭文振等兵于衛州乙亥制行樞密院及元帥府農隙之月分番巡徼校獵月不過三次丁丑上獵于近郊己卯祫于太廟壬午火星犯靈臺乙酉上獵于近郊辛卯詔石壕店沔池永寧縣各屯兵千人壬辰滕州人時明謀反伏誅戊戌唐鄧行元帥府報淮南之捷十一月己亥紅襖賊偽監軍徐福等來降詔進牙吾塔官一階賜金幣有差辛丑總帥牙吾塔報邳州之捷函叛人

六哥首以獻開封縣境有虎咥人詔親軍百人射殺之賞射獲者銀二十兩而以內府藥賜傷者丙午邳州紅襖賊三千來降勑擬置諸陳許之間上以為若輩雖降家屬尚在河朔餘黨必殺之所得者寡而被害者衆亦復安忍不若命使撫諭加以官賞而遣之還果忠於我雖處河朔豈負我耶且餘衆感恩將有效順者矣戊午以上黨公完顏開之請諭開及郭文振史詠王遇張道盧芝等各與所鄰帥府相視可耕土田及瀕河北岸之地分界而種之以給軍餉辛酉鞏州行元帥府報會州破夏人之捷十二月己巳朔徙沿淮巡檢邊軍于內地癸酉以空名宣命金銀符

給完顏開賞功辛巳詔延安土人充司縣官義軍使者選人代之量免其民差稅邳州民丁死戰陣者各贈官一階歸德徐邳宿泗永亳潁壽等州復業及新地民免差稅二年見戶一年并供給邳州者復免一年之半睢州陳留杞縣免三之一丁亥上不豫免朝戊子皇太子率百官及王妃公主入問起居己丑復入問起居庚寅上崩于寧德殿壽六十有一上疾大漸暮夜近臣皆出惟前朝資明夫人鄭氏年老侍側上知其可託詔之曰速召皇太子主後事言絕而崩夫人秘之是夜皇后及貴妃龐氏問安寢閤龐氏陰狡機慧常以其子守純年長不得立心鞅鞅夫人恐

其爲變即紿之曰上方更衣后妃可少休他室伺其入遽鑰之急召大臣傳遺詔立皇太子始啓戶出后妃發喪皇太子方入宮英王守純已先入皇太子知之分遣樞密院官及東宮親衛軍官移剌蒲阿集軍三萬餘于東華門街部署既定命護衛四人監守純於近侍局乃即皇帝位於柩前壬辰宣遺詔是日詔赦中外明年正月戊戌朔改元正大謚大行曰繼天興統述道勤仁英武聖孝皇帝廟號宣宗三月庚申葬德陵

贊曰宣宗當金源末運雖乏撥亂反正之材而有勵精圖治之志迹其勤政憂民中興之業蓋可期也然而卒無成

功者何哉良由性本猜忌崇信暬御奬用吏胥苛刻成風舉措失當故也執中元惡此豈可相者乎顧乃懷其援立之私自除廉陛之分悖禮甚矣高琪之誅執中雖云除惡律以春秋之法豈逃趙鞅晉陽之責旣不能罪而遂相之失之又失者也遷汴之後北顧有道之朝日益隆盛智識之士孰不先知方且狃於餘威牽制群議南開宋衅西啓夏侮兵力旣分功不補患曾未數年昔也日闢國百里今也日蹙國百里其能濟乎再遷遂至失國豈不重可歎哉

本紀第十六卷

本紀第十七　金史十七

開府儀同三司上柱國錄軍國重事中書右丞相監修國史領經筵事都總裁臣脫脫奉

勑修

哀宗上

哀宗諱守緒初諱守禮又諱寧甲速宣宗第三子母曰明惠皇后王氏賜姓温敦氏仁聖皇后之女兄也承安三年八月二十三日生於翼邸仁聖無子養爲己子泰和中授金紫光祿大夫宣宗登極進封遂王授祕書監改樞密使貞祐初莊獻太子守忠薨立皇孫鏗爲皇太孫尋又薨四年正月己卯立守禮爲皇太子仍控制樞密院事詔略曰

子以母貴遂王守禮地鄰冢嫡慶集元妃立爲皇太子其典禮有司條具以聞四月甲午用太子少保張行信言更賜名守緒元光二年十二月庚寅宣宗崩辛卯奉遺詔即皇帝位于柩前壬辰詔大赦略曰朕述先帝之遺意有便於時欲行而未及者悉奉而行之國家已有定制有司往往以情破法使人罔遭刑憲今後有本條而不遵者以故入人罪罪之草澤士庶許令直言軍國利害雖涉譏諷無可采取者並不坐罪

正大元年春正月戊戌朔詔改元正大庚子上居廬百官始奏事祕書監權吏部侍郎蒲察合住改恒州刺史左司

員外郎泥厖古華山同知損州軍州事遂二姦臣大夫士相賀邠州節度使移剌朮納阿卜貢白兎詔曰得賢臣輔佐年穀豐登此上瑞也馬事此爲令有司給道里費縱之本土禮部其徧諭四方使知朕意丁巳詔朝臣議脩復河中府禮部尚書趙秉文太常卿楊雲翼等言陝西民方疲敝未堪力役遂止戊午上始視朝大司農守汝州防禦使李蹊爲太常卿權參知政事平章政事荊王守純罷判睦親府參知政事僕散五斤罷充大行山陵使尊皇后溫敦氏元妃溫敦氏皆爲皇太后號其宮一曰仁聖一曰慈聖百官入賀于隆德殿是日大風飄端門瓦赤盞合喜權樞

密副使有男子服麻衣望承天門且笑且哭詰之則曰吾笑笑將相無人吾哭哭金國將亡群臣請寘重典上持不可曰近詔草澤諸人直言雖涉譏訕不坐法司唯以君門非笑哭之所重杖而遣之南陽民布陳謀反伏誅三月癸惑犯左執法戊申奉安宣宗御容于孝嚴寺辛亥丞相高汝礪薨癸丑葬宣宗于德陵甲寅起復邠州節度使致仕張行信爲尚書左丞以延安帥臣完顏合達戰禦有功授金虎符權參知政事行尚書省事于京兆兼統河東兩路夏四月癸酉宣宗祔廟大赦中外熒惑犯右執法五月戊戌平章政事把胡魯薨癸卯樞密副使完顏賽不爲平章

政事權參知政事石盞尉忻爲尚書右丞太常卿李蹊爲翰林承旨仍權參政甲辰賜策論進士孛朮論長河以下十餘人及第經義進士張介以下五人及第戊申賜詞賦進士王鶚以下五十人及第詔刑部登聞檢鼓院毋鎖閉防護聽有冤者陳訴六月甲戌宰執請擊鞠上以心喪不許辛卯立妃徒單氏爲皇后遣樞密判官移剌蒲阿率兵至光州榜諭宋界軍民更不南伐秋七月己亥詔諭百官各勤乃職癸卯補修大樂九月樞密判官移剌蒲阿復澤潞獲馬千疋冬十月戊午夏國遣使來修好十二月乙巳恒州刺史蒲察合住有罪伏誅甲寅宣宗小祥燒飯于德

陵改定辟舉縣令法以六事課縣令京東西南陝西設大司農司兼採訪公事京師大司農總之左丞張行信言先帝詔國內刑不上大夫治以廉恥丞相高琪所定職官犯罪的決百餘條乞改依舊制上欲彰先帝之過略施行之二年春正月甲申有黃黑之祲夏四月辛卯朔恒山公武仙自真定府來奔起復平章政事致仕莘國公胥鼎爲平章政事行省事于衛州進封英國公甲午以京畿旱遣使慮囚鈞許州大雨雹丁酉宿鄭州雨傷麥五月丁丑以旱甚責己避正殿減常膳赦罪蘇椿自大名來奔詔置椿許州秋七月都水蒲察毛花輦殺人免死除名八月肇州元

師田瑞反行省軍圍之其母弟十哥殺瑞出降赦其罪以
爲涇州節度使世襲猛安九月夏國和議定以兄事金各
用本國年號遣使來聘奉國書稱弟冬十月以夏國修好
詔中外新軍政改總領爲都尉己酉以誅田瑞詔中外癸
亥遣禮部尚書奥敦良弼大理卿裴滿欽甫侍御史烏古
孫弘毅爲夏國報成使國書稱兄乙亥面諭臺諫完顏素
蘭陳規曰宋人輕犯邊界我以輕騎襲之冀其懲創通好
以息吾民耳夏人從來臣屬我朝今稱弟以和我尚不以
爲辱果得和好以安吾民尚欲用兵乎卿等宜悉朕意移
剌蒲阿及宋人戰于光州獲馬數千殺人千餘而還内族

王家奴故殺鮮于主簿權貴多救之者上曰英王朕兄敢
妄撻一人乎朕爲人主敢以無罪害一人乎國家衰弱之
際生靈有幾何而族子恃勢殺一主簿吾民無主矣特命
斬之詔有司爲死節士十有三人立褒忠廟禁宿泗青口
巡邊官兵毋復擅殺過淮紅衲軍詔趙秉文楊雲翼作龜
鏡萬年録
三年春正月丁巳朔夏國遣使來賀三月陝西旱平章政
事胥鼎復請致仕不許詔尚書省議省減用度夏四月辛
卯親享于太廟郕國夫人車經御路過廟前馭者乘馬二
婢坐車中俱不下詔繫獄杖之辛丑以旱遣官禱于濟瀆

癸卯祈于太廟禁繖扇河南大雨雹己酉遣使慮囚遣使
捕蝗五月己未大雨宋兵掠壽州境癸亥永州桃園軍失
利死者四百人乙丑大雨壬申詔諭陝州趙甫等能以土
地來歸當任使之六月辛卯京東大雨雹蝗盡死壬子詔
諭高麗及遼東行省葛不靄討反賊萬家奴赦脅從者秋
七月庚午平章政事英國公胥鼎薨八月移剌蒲阿復曲
沃及晉安辛卯詔設益政院于内廷以禮部尚書楊雲翼
等爲益政院說書官日二人直備顧問冬十月丁酉夏使
來報哀十一月庚申議與宋修好戊辰又議之己巳宋忠
義軍夏全自楚州來歸楚州王義深張惠范成進以城降

封四人爲郡王辛未改楚州爲平淮府以夏全等來降赦
諸路從宋及淮楚官吏軍民并其家屬甲戌遣使夏國賀
正旦丙子夏以兵事方殷來報各停使聘
大元兵征西夏平中興府召陝西行省及陝州總帥完顏
訛可靈寶總帥紇石烈牙吾塔赴汴議兵事詔諭陝西兩
省凡戎事三品以下官聽以功過賞罰之銀二十五萬兩
從其給賞遣中大夫完顏履信爲弔祭夏國使
四年春正月辛亥朔壬戌增築中京城浚汴城外濠二月
蒲阿牙吾塔復平陽執知府李七斤獲馬八千三月簽勞
效官充軍有怨言不果用以銀贖平陽虜獲男女分賜官

軍者聽自便
大元兵平德順府節度使愛申攝府判馬肩龍死之
大元兵復下平陽巳巳徵夏稅二倍夏五月丁丑議乞和
于
大元
大元兵平臨洮府總管陁蒲胡土門死之陝西行省進三
策上策自將出戰中策幸陝州下策棄秦保潼關不從六
月戊申朔遣前御史大夫完顏合周為議和使丙辰地震
太白入井賜詞賦經義盧亞以下進士第秋七月
大元兵自鳳翔徇京兆關中大震工部尚書師安石為尚

書右丞壬辰以中丞烏古孫卜吉祭酒裴滿阿虎帶兼司
農卿簽民軍勸率富民入保城聚兼督秋稅令百姓知避
遷之計丁酉赦陝西東西兩路賜民今年租八月庚戌詔
有司罷遣防備丁壯修城民夫軍須差發應不急者權停
巳巳萬年節同知集賢院史公奕進之定遺訓待制呂造
進尚書要略是日大風落左掖門鴟尾壞丹鳳門扉隕霜
禾盡損李全自益都復入楚州據之遣總帥完顏訛可元
帥慶山奴守盱眙與全戰于龜山敗績冬十月辛酉右拾
遺李大節右司諫陳規劾同判睦親府事撒合輦姦贓不
報壬戌外臺監察御史諫獵上怒以邀名賣直責之詔贈

德順府死事愛申馬肩龍等官以淮南王爵招李全十一
月乙未未時日上有二白虹貫之丁酉獵于近郊十二月
真授李蹊參知政事
大元兵下商州壬子遣使安撫陝西以牛千頭賜貧民
五年春正月丁丑親祭三廟庚辰遣知開封府事完顏麻
斤出如
大元弔慰丙戌議擊盱眙辛卯以龜山之敗降元帥慶山
奴為定國軍節度使二月乙巳朔大寒雷雨雪木之華者
盡死癸丑詔有司以臨洮總管陁蒲胡土門塑像入褒忠
廟書死節子孫于御屏量材官使之三月甲戌朔群臣請

依祖宗故事樞密院聽尚書省節制不從乙酉監察御史
烏古論不魯剌劾近侍張文壽張仁壽李麟之受饋遺曲
赦其罪而出之夏四月甲辰朔以御史言三姦不已凡四
日不視朝八日議放還西夏人口丙寅右丞師安石薨親
衛軍王咬兒酗酒殺其孫大理寺當以徒刑特命斬之五
月癸巳定國軍節度使慶山奴以受賂奪一官六月壬戌
以旱赦雜犯死罪巳下秋七月戊子同判睦親府事撒合
輦出為中京留守行樞密院事八月乙卯以旱遣使禱于
上清宮甲子參知政事白撒為尚書右丞太常卿顏盞世
魯權參知政事增築歸德行樞密院撥工役數百萬詔遣

權樞密院判官白華喻以農夫勞苦減其工三之二以節制不一併衛州帥府於恒山公府命白華往經畫之九月庚寅雨足始種麥冬十一月辛巳進宣宗實錄十二月庚子朔日有食之完顏麻斤出以奉使不職免死除名壬子完顏訥申改侍講學士充國信使以陝西大寒賜軍士柴炭銀有差京兆鳳翔府司竹監退竹令分給之

六年春二月丙辰樞密院判官移剌蒲阿權樞密副使耀州刺史李興有戰功詔賜玉兎鶻帶金器以丞相完顏賽不行尚書省事于關中召平章政事完顏合達還朝移剌蒲阿率忠孝軍總領完顏陳和尚忠孝軍一千騎駐邠州

遣白華馳喻蒲阿以用兵之意詔樞密吏給忠孝軍馬疋以漸調發都尉司步卒及忠孝馬軍屯京西以白華專備軍須三月乙亥忠孝軍總領陳和尚有戰功授定遠大將軍平涼府判官世襲謀克夏五月隴州防禦使石抹冬兒進黃鸚鵡詔曰外方獻珍禽異獸違物性損人力令勿復進秋七月罷陝西行省軍中浮費八月移剌蒲阿再復澤潞九月兆河蘭會元帥顏盞蝦蟆進西馬二疋詔曰卿武藝超絕此馬可充戰用朕乘此豈能盡其力既入進即尚廐物也今以賜卿其悉朕意冬十月移剌蒲阿東還令陳和尚率陝西歸順馬軍屯鈞許

大元兵駐慶陽界詔陝西行省遣使奉羊酒幣帛乞緩師請和十一月遣使鈞許選試陝西歸順人得軍二千以藝優者充忠孝軍次充合里合軍十二月詔副樞蒲阿總帥紇石烈牙吾塔權簽樞密院事完顏訛可救慶陽罷附京獵地百里聽民耕稼

七年春正月副樞蒲阿總帥牙吾塔權簽院事訛可解慶陽之圍以訛可屯邠州蒲阿牙吾塔還京兆夏五月詔釋清口宋敗軍三千人願留者五百人以屯許州餘悉縱遣之賜經義詞賦李瑭以下進士第秋七月以平章政事合達權樞密副使八月賜陝西死事之孫盬引及絹仍量材

任使

大元兵圍武仙于舊衛州冬十月平章合達副樞蒲阿引兵救衛州衛州圍解上登承天門犒軍合達蒲阿並世襲謀克移剌蒲阿權參知政事同合達行省事于閿鄉以備潼關

八年春正月

大元兵圍鳳翔府遣樞密院判官白華右司郎中夾谷八里門諭閿鄉行省進兵合達蒲阿以未見機會不行後遣白華諭合達蒲阿將兵出關以解鳳翔之圍又不行夏四月丁巳朔赦全免京西路軍需錢一年旱災州縣差稅從實減貸

大元兵平鳳翔府兩行省棄京兆遷居民於河南留慶山奴守之五月李全妻楊妙真以全陷没于宋搆浮梁楚州北欲復宋讎遣合達蒲阿屯桃源界溆河口以備侵軼宋八里莊人拒其主將納合達蒲阿詔改八里莊爲鎮淮府秋七月宋將焚浮梁九月丙申慈聖宫皇太后温敦氏崩遺詔園陵制度務從儉約

大元兵駐河中府慶山奴棄京兆東還召合達蒲阿赴汴議引兵趨河中府懼不敢行還陝州出師至冷水谷而歸

大元兵攻河中府合達蒲阿遣元帥王敢率兵萬人救之冬十月右丞相賽不致仕十一月丁未

大元進兵嶢峯關由金州而東省院議以逸待勞未可與戰上諭之曰南渡二十年所在之民破田宅鬻妻子竭肝腦以養軍今兵至不能逆戰止以自護京城縱存何以爲國天下其謂我何朕思之熟矣存與亡有天命惟不負吾民可也乃詔諸將屯軍襄鄧十二月己未葬明惠皇后河中府破權簽樞密院事草火訛可死之元帥板子訛可提敗卒三千走閿鄉詔赦將佐以下杖訛可二百以死合達蒲阿率諸軍入鄧州楊沃衍陳和尚武仙皆引兵來會出屯順陽戊辰

大元兵渡漢江而北丙子畢渡合達蒲阿將兵禦于禹山之前

大元兵分道趨汴京京師戒嚴是夜二鼓合達蒲阿引軍還鄧州

大元兵躡其後盡獲其輜重

天興元年是年本正大九年正月改元開興四月又改元天興春正月壬午朔日有兩珥

大元兵道唐州元帥完顏兩婁室與戰襄城之汝墳敗績兩婁室走汴京遣完顏麻斤出等部民丁萬人決河水衛京城癸未置尚書省樞密院于宫中以便召問起前元帥古里甲石倫權昌武軍節度使行元帥府事合達蒲阿引

軍自鄧州赴汴京乙酉以點檢夾谷撒合爲總帥將步騎三萬巡河渡權近侍局使徒單長樂監其軍起近京諸色軍家屬五十萬口入京丙戌

大元兵既定河中由河清縣白坡渡河丁亥長樂撒合引兵至封丘而還戊子左司郎中斜卯愛實上書請斬長樂撒合以肅軍政不從都尉烏林荅胡土一軍自潼關入援至偃師聞

大元兵渡河遂走登封少室山壬辰衛州節度使完顏斜捻阿不棄城走汴甲午修京城樓櫓及守禦備

大元兵薄鄭州與白坡兵合屯軍元帥馬伯堅以城降防

樂使烏林荅咬住死之乙未
大元游騎至汴城丁酉大雪
大元兵及兩省軍戰鈞州之三峯山兩省軍大潰合達陳
和尚楊沃衍走鈞州城破皆死之樞密副使蒲阿就執尋
亦死武仙走密縣自是兵不復振己亥徐州行省完顏慶
山奴引兵入援義勝軍校侯進杜正張興率所部北降慶
山奴入睢州庚子御端門肆赦改元開興辛丑潼關守將
李平以關降
大元壬寅扶溝民錢大亨李鈞叛殺縣令王浩及其簿尉
庚戌許州軍變殺元帥古里甲石倫粘合仝周蘇椿等以
城降
大元二月壬子朔慶山奴謀走歸德至陽驛店遇
大元兵徐帥完顏兀里力戰而死慶山奴被擒使招京城
不從睢州刺史張文壽棄城從慶山奴皆死之甲寅
大元兵徇臨渙攝縣令張若愚死之戊午次盧氏關陝行
省總帥兩軍及秦藍帥府軍棄潼關而東與之遇天又大
雪未戰而潰行省徒單兀典總帥納合合閏敗死完顏重
喜降斬于馬前都尉鄭倜殺都尉苗英亦降秦藍總帥府
經歷商衡死之
大元兵下睢州庚申翰林待制馮延登使北來歸乙丑

大元兵攻歸德庚午起復右丞相致仕賽不為左丞相括
京師民軍二十萬分隷諸帥人月給粟一石有五斗三月
丁亥
大元軍平中京留守撒合輦投水死甲午命平章政事白
撒宿上清宮樞密副使合喜宿大佛寺以備緩急
大元遣使自鄭州來諭降使者立出國書以授譯史譯史
以授宰相宰相跪進上起立受之以付有司書索翰林學
士趙秉文衍聖公孔元措等二十七家及歸順人家屬蒲
阿妻子繡女弓匠鷹人又數十人庚子封荊王子訛可為
曹王議以為質密國公璹以曹王幼請代行上慰遣之不
聽其代壬寅尚書左丞李蹊送曹王出質諫議大夫裴滿
阿虎帶太府監國世榮為講和使戶部侍郎楊慥權參知
政事分軍防守四城
大元兵攻汴城上出承天門撫西面將士千戶劉壽語不
遜詔釋勿問癸卯上復出撫東面將士親傅戰傷者藥于
南薰門下仍賜卮酒出內府金帛器皿以賞戰士乙巳鳳
翔府砲軍萬戶王阿驢樊喬來歸己酉造革車三千兩已
而不用置局養無家俘民夏四月癸丑兵士李新有功擢
四方館使元帥劉益叱其子戰死丁巳遣戶部侍郎楊仁
奉金帛詣

大元兵乞和戊午又以珍異往謝許和癸亥明惠皇后陵
被發失柩所在遣中官往視之至是始得以兵護宮女十
人出迎朔門奉柩至城下設御幄安置是夜復葬之戮鄭
倜妻子甲子御端門肆赦改元天興詔內外官民能完復
州郡者功賞有差出金帛酒炙犒餞軍士減御膳罷冗員
放宮女上書不得稱聖改聖旨為制旨釋鎬厲王衛紹王
二族禁錮聽自便乙丑百官初起居于隆德殿前丙寅以
尚書省兼樞密院事丁卯放宮女聽以衣裝自隨金珠留
犒士卒汴京解嚴步軍始出封丘門采薪蔬己巳建威都
尉完顏元論同

大元使没忒入城庚午見使臣於隆德殿放宮女如前辛
未開鄭門聽百姓男子出入甲戌御承天門大饗將士聞
有聲屈者乃還宮乙亥有詔止奏事許州進櫻桃五月辛
巳遷民告出城者以萬數賽不白撒不聽乙酉以南陽郡
王子思烈行尚書省于鄧州召援兵丙戌拜天於大慶殿
詔白撒致仕放京城四面軍李辛不奉詔丁亥鑿洧川漕
渠尋罷之馮延登以奉使有勞授禮部侍郎戊子裕州鎮
防軍將領賀都喜率西軍二千人入援放遷民出京辛卯
大寒如冬密國公璹薨汴京大疫凡五十日諸門出死者
九十餘萬人貧不能葬者不在是數癸巳楊春入據亳州

觀察判官劉均死之辛丑上御香閣面責宰相乙巳將相
受保城爵賞六月庚戌朔詔百官舉大將衆舉劉益不能
用癸丑飛虎軍二百人奪封丘門出奔甲寅以出師錮門
禁乙卯白撒開渠於私第東丙辰閱官馬擇瘠者殺以食
丁巳封仙據徐州徒單益都走宿州推張興行省事庚申
塞京城四門以便守禦壬戌國用安入徐州殺張興推封
仙為元帥以主州事己巳詔贈禦侮中郎將完顏陳和尚
鎮南軍節度使立褒忠廟碑權參知政事楊慥罷辛未復
修汴城以疫後園户僧道醫師粥棺者擅厚利命有司倍
征之以助其用甲戌宿州鎮防千户高臘哥李宣殺節度

使紇石烈阿虎父子請行省徒單益都主帥事益都不從
率其將吏西走至穀熟遇
大元軍死之乙亥左丞李蹊送曹王與其子全俱還丁丑
恒山公武仙殺士人李汾七月庚辰朔兵刃有火辛巳軍
士撾登聞鼓乞將劉益癸未尚書右丞顏盞世魯罷吏部
尚書完顏奴申為參知政事甲申飛虎軍士申福蔡元擅
殺北使唐慶等三十餘人于館詔貰其罪和議遂絕乙酉
都人揚言欲殺白撒密詔遣衛士護其家丙戌軍士毀白
撒別墅斜捻阿不妄殺市人之過其門者以靖亂丁亥拜
天于承天門下出內府及兩宮物賜軍士戊子下令招軍

辛卯發民爲兵鞏昌民百二十人赴援乙未宿州帥衆僧奴稱國安用降遣近侍直長因世英等持詔封安用爲兗王行京東等路尚書省事賜姓完顏改名用安新軍有撾登聞鼓者杖殺之乙巳金木火太陰會于軫翼丙午參知政事完顏思烈恒山公武仙鞏昌總帥完顏忽斜虎率諸將兵自汝州入援以合喜爲樞密使將兵一萬應之命左丞李蹊勸諭出師乃行八月己酉朔合喜屯杏花營又益兵五千人始進屯中牟故城庚戌發丁壯五千人運糧餉合喜軍辛亥完顏思烈遇

大元兵于京水遂潰武仙退保留山思烈走御寨中京元帥左監軍任守貞死之合喜棄輜重奔至鄭門聚兵乃入甲寅免合喜爲庶人籍其家以賜軍士降監軍長樂爲符寶郎丁巳釋奠孔子戊午括民間粟己未籍徒單兀典完顏重喜納合合閏家貲前儀封令魏璠上言鞏昌帥完顏仲德沉毅有遠謀臣請奉命往召不報戊辰免府試赴復前大司農侯摯爲平章政事進封蕭國公行京東路尚書省事己巳摯帥兵行至封丘將士將潰摯止之乃與衆還汴壬申聽撫軍家口戍京甲戌金木星交乙亥賣官及許買進士第丙子詔罷括粟復以進獻取之丁丑京城民楊興入貲授延州刺史戊寅劉仲溫入貲授許州刺史

本紀第十七

開府儀同三司上柱國録軍國重事前中書右丞相監修國史領經筵事都總裁臣脫脫奉

勑修

哀宗下

九月戊寅朔詔減親衛軍己丑軍士殺鄭門守者出奔壬辰起上黨公張開及臨淄郡王王義深廣平郡王范成進爲元帥以前御史大夫完顏合周權參知政事乙未以勝召民賣放下年軍需錢上户田租如之辛丑夜大雷工部尚書蒲乃速震死閏月戊申朔遣使以鐵券一虎符六大信牌十織金龍文御衣一越王玉魚帶一弓矢二賜兗王用安其父母妻皆贈封之又以世襲宣命十郡王宣命十王兔鶻帶十付用安其同盟可賜者即賜之辛亥遣張開温撒辛劉益高顯率步軍護陳留通許粮道罷貧民進獻糧戊午招御導己未有箭射入宮中書姦臣姓名兩日而再得之辛酉再括京城粟以御史大夫合周點檢徒單百家等主之丙寅括粟使者兵馬都總領完顏九住以粟有違捽杖殺孝婦于省門十月以前司農卿李渙飛語詔左丞李蹊戶部侍郎楊慥繫獄將以軍儲失計坐罪俄蹊慥並除名而止籍慥家貲渙遂權戶部尚書尋赦殘欠糧其應以糧事繫者皆釋之詔徵諸道軍期以十二月一日入

援十一月丁未朔賜貧民粥平章政事侯摯致仕左司郎中斜卯愛實以言事忤近侍送有司尋釋之己酉衛州軍校白晝取豐備倉米壬子京城人相食癸丑詔曹門宋門放士民出就食壬戌召諸將相入議事兗王用安率兵至徐州元帥王德全閉城不納會劉安國與宿帥衆僧奴引兵入援至臨渙用安使人刼殺之攻徐州久不能下退保漣水制使因世英以用安不赴援還至宿州西遇

大元兵死之丙寅河解元帥權興寳軍節度使趙偉襲據陝州以叛殺行省阿不罕奴十剌以下凡二十一人誣阿不罕奴十剌等反狀以聞上知其冤不能直其事就授偉元帥左監軍兼西安軍節度使行總帥府事偉尋亦歸北

十二月丙子朔以事勢危急遣近侍即白華問計華對以紀季以酅入齊之義遂以爲右司郎中甲申詔議親出乙酉再議於大慶殿上欲以官奴高顯劉益爲元帥不果是日除拜扈從及留守京城官以右丞相樞密使兼左副元帥賽不平章政事權樞密使兼右副元帥白撒右副元帥兼樞密副使權參知政事訛出兵部尚書權尚書左丞李蹊元帥左監軍行總帥府事徒單百家等率諸軍扈從參知政事兼樞密院副使完顏奴申樞密副使兼知開封府權參知政事習捏阿不裹城四面都總領戶部尚書完顏

珠顆外城東面元帥把撒合南面元帥朮甲咬住西面元帥崔立北面元帥孛朮魯買奴等留守除拜旣定以京城付之權魏璠爲翰林修撰如鄧州招武仙入援丁亥上御端門發府庫及兩府器皿宮人衣物賜將士戊戌官奴阿里合謀立荊王不果朝廷知其謀置不問庚子上發南京與太后皇后諸妃別大慟行次公主苑太后遣中官持羊肉犒軍士辛丑至開陽門外麾百官退詔諭戍兵曰社稷宗廟在此汝等壯士也毋以不預進發之數便謂無功若保守無虞將來功賞顧豈在戰士下聞者皆灑泣是日鞏昌元帥完顏忽斜虎至自金昌爲上言京西三百里之

間無井竈不可往東行之議遂決以爲尙書右丞從行遂次陳留壬寅次杞縣癸卯次黃城丞相完顏賽不之子按春有罪伏誅甲辰次黃陵岡乙巳諸將請幸河朔從之

二年正月丙午朔濟河北風大作後軍不克濟丁未

大元兵追擊于南岸元帥完顏猪兒賀都喜死之建威都尉完顏兀論出降己酉上哭祭戰死士于河北岸皆贈官斬兀論出二弟以徇敕河朔招集兵糧議取衛州元帥蒲察官奴將忠孝軍千人東面元帥高顯果毅都尉粘哥咬住領軍萬人爲前鋒至蒲城庚戌上次漚麻岡平章政事白撒元帥和速嘉兀底不繼至辛亥白撒引兵攻衛州不克乙卯聞

大元兵自河南渡河至衛之西南遂退師丁巳戰于白公廟白撒敗績棄軍東遁元帥劉益上黨公張開亦遁並爲民家所殺益部曲王全降戊午上進次蒲城復還魏樓村李辛自汴京出奔伏誅己未上以白撒謀夜棄六軍渡河與副元帥合里合六七人走歸德庚申諸軍始知上已往遂潰辛酉司農大卿蒲察世達元帥完顏忽土出歸德西門奉迎上入歸德赦在府囚軍民普覃一官賜進士終場王輔以下十六人出身遣奉御朮甲塔失不后弟徒單四喜往汴京奉迎兩宮白撒還自蒲城聚兵于大橋不敢入

壬戌遣使召白撒至數其罪下之獄仍籍其家財以賜將士曰汝輩宜竭忠力毋如斯人誤國人予金一兩七日白撒及其子忽土鄰皆死獄中右丞相賽不致仕右丞完顏忽斜虎行省事于徐州官奴再請率兵北渡女魯權不可遣歸德知府行戶部尚書蒲察世達都轉運使張俊民如陳蔡取糧以元帥李琦王璧護之戊辰安平都尉京城西面元帥崔立與其黨韓鐸藥安國等舉兵爲亂殺參知政事完顏奴申樞密副使完顏斜捻阿不勒兵入見太后傳令召衛王子從恪爲梁王監國卽自爲太師軍馬都元帥尚書令尋自稱左丞相都元帥尚書令鄭王弟侍平章政

事侃殿前都點檢其黨孛术魯長河御史中丞韓鐸副元帥兼知開封府折希顏藥安國張軍奴完顏合荅並元帥師肅左右司郎中賈良兵部郎中兼右司都事又署工部尚書温迪罕二十吏部侍郎劉仲周並爲參知政事宣徽使奥屯舜卿爲尚書左丞户部侍郎張正倫爲尚書右丞左右司都事張節爲左右司郎中尚書省掾元好問爲左右司員外郎都轉運知事王天祺懷州同知康瑭並爲左右司都事開封判官李禹翼棄官去户部主事鄭著召不起是日右副點檢温敦阿里左右司員外郎聶天驥御史大夫裴滿阿虎帶諫議大夫左右司郎中烏古孫奴申左副點檢完顏阿散奉御忙哥講議蒲察琦並死之遂送款

大元軍前癸酉

大元將碎不觧進兵汴京甲戌立閱隨駕官屬軍民子女於省署及禁民間嫁娶括京城財兩官值變不果行荅失不以其父咬住四喜以其妻奪門而出庚午至歸德上怒二人皆斬於市乙亥遣右宣徽提點近侍局事移剌粘古如徐州相地形察倉庫虛實白華如鄧州召兵二月丙子朔魚山張瓛殺元帥完顏忽土行省忽斜虎自率兵討之會從宜嚴禄誅瓛乃還括城中糧知歸德府事石盞女魯懽爲樞密副使權參知政事留元帥官奴忠孝軍四百五十人都尉馬用軍二百八十餘人發餘軍赴宿徐陳三州就糧三月乙丑石盞女魯懽乞盡散衛兵出城就食官奴秋與國用安謀邀上幸海州不從蔡帥烏古論鎬以糧四百餘斛至歸德表請臨幸上遣學士烏古論蒲鮮以幸蔡之意諭其州人戊辰官奴以忠孝軍爲亂攻殺馬用遂殺尚書左丞李蹊參知政事石盞女魯懽點檢徒單長樂從官右丞已下三百餘人上赦官奴暴女魯懽罪狀以官奴爲樞密副使權參知政事左右司郎中張天綱爲户部侍郎權參知政事辛卯官奴眞授參知政事兼左副元帥官奴以上居照碧堂禁近諸臣無一人敢奏對者上日悲泣言曰自古無不亡之國不死之主但恨朕不知用人致爲

此奴所囚耳遂與内局令宋珪等謀誅官奴夏四月壬午徐州行省完顏忽斜虎執王德全并其子誅之及其黨王琳揚璝斜卯延壽召經歷商瑀用之魚山從宜嚴禄叛歸連水庚寅陳州都尉李順兒殺行省粘葛奴申及招撫使劉天起送款于崔立張俊民李琦奔汴京王璧還歸德癸巳崔立以梁王從恪荊王守純及諸宗室男女五百餘人至青城皆及於難甲午兩宮北遷甲辰鄧州節度使移剌瑗以其城叛與白華俱亡入宋六月己卯官奴及其黨阿里合白進皆伏誅上御雙門赦忠孝軍以安反側遂決策

遷蔡詔蔡息陳潁各以兵來迓中京留守權參政烏林荅
胡土棄城奔蔡壬午中京破留守兼便宜總帥強伸死之
戊子召徐州行省完顏忽斜虎赴行在所以抹撚兀典代
行省事郭恩爲總帥兼節度使辛卯上發歸德留元帥王
璧守之壬辰次亳州癸巳以亳州節度使王進同知節度
使王賓徵民丁運鐵甲糗糧留權參政張天綱董之就遷
有功將士臨淄郡王王義深據靈壁皇口寨以叛遣近侍
直長女奚烈完出將徐宿兵討之義深敗走漣水入宋丙
申亳州鎮防軍崔復哥殺守臣王賓等張天綱以便宜授
復哥節度使罷運鐵甲糗糧州人乃安己亥上入蔡州詔
尚書省爲書召武仙會兵入援徐州行省抹撚兀典赴蔡
州起復右丞相致仕賽不代行省事七月癸卯朔曲赦蔡
州管內雜犯死罪以下官吏軍民普覃兩官經應辦者更
遷一官弛門禁通衆貨蔡人便之乙巳以烏古論鎬爲御
史大夫總帥如故張天綱爲御史中丞仍權參政完顏藥
師爲鎮南軍節度使兼蔡州管內觀察使戊申左右司郎
中烏古論蒲鮮兼息州刺史權元帥右都監行帥府事征
行元帥權總帥婁室簽樞密院事己酉選室女備宮中使
令已得數人以右丞忽斜虎諫留識文義者一人餘聽自
便乙卯遣魏璠徵武仙兵丁巳護衛蒲鮮石魯負祖宗御

容至自汴敕有司奉安于乾元寺前御史大夫蒲察世達
西面元帥把撒合自汴來歸辛酉武仙刼將士謀取宋金
州至淅水衆潰行六部尚書盧芝侍郎石玠謀歸蔡州仙
追芝不及遂殺玠丁卯定進馬遷賞格又定括馬罪格以
簽樞密院事權參政抹撚兀典領其事遣使分詣諸道選
兵會于蔡己巳以蒲察世達爲吏部侍郎權行六部尚書
八月癸酉朔以秦州元帥粘哥完展權參知政事行省事
於陝西諭以蠟書期九月中徵兵與上會于饒豐關欲出
宋不意以取興元甲戌
大元使王檝諭宋還宋以軍護其行青山招撫盧進得遷
吏言以聞上爲之懼丁丑上閱兵于見山亭癸未元帥楚
珊復立壽州於蒙城詔遷賞有差州縣官皆令真授乙酉
大元召宋兵攻唐州元帥右監軍烏古論黑漢死于戰主
帥蒲察某爲部曲兵所食城破宋人求食人者盡戮之餘
無所犯宋人駐兵息州南丙戌詔權參政抹撚兀典簽樞
密院事婁室行省院于息州丁亥烏古論鎬權參知政事
兀林荅胡土爲殿前都點檢庚寅初設四隅機察官壬辰
息州行省抹撚兀典以兵襲宋人于中渡店斬獲甚衆乙
未萬年節州郡以表來賀二十餘所辛丑設四隅和糴官
及惠民司以太醫數人更直病人官給以藥仍擇年老進

士二人爲醫藥官九月癸卯朔假蔡州都軍致仕內族阿虎帶同僉大睦親府事使宋借粮入辭上諭之曰宋人負朕深矣朕自即位以來戒飭邊將無犯南界邊臣有自請征討者未嘗不切責之向得宋一州隨即付與近淮陰來歸彼多以金幣爲贖朕若受財是貨之也付之全城秋毫無犯清口臨陣生獲數千人悉以資糧遣之今乘我疲敝據我壽州誘我鄧州又攻我唐州彼爲謀亦淺矣

大元滅國四十以及西夏夏亡及於我我亡必及於宋脣亡齒寒自然之理若與我連和所以爲我者亦爲彼也卿其以此曉之至宋宋不許戊申魯山元帥元志率兵入援

賜以大信牌升爲總帥庚戌以重九拜天于節度使廳群臣陪從成禮上面諭之曰國家自開創涵養汝等百有餘年汝等或以先世立功或以勞効起身被堅執鋭積有年矣今當厄運與朕同患可謂忠矣比聞北兵將至正汝等立功報國之秋縱死王事不失爲忠孝之鬼往者汝等立功常慮不爲朝廷所知今日臨敵朕親見之矣汝等勉之因賜卮酒酒未竟邏騎馳奏敵兵數百突至城下將士踴躍咸請一戰上許之是日分軍防守四面及子城以總帥孛术魯婁室守東面內族承麟副之參知政事烏古論鎬守南面總帥元志副之殿前都點檢兀林答胡土守西面

忠孝軍元帥蔡八兒副之忠孝軍元帥權殿前右副點檢王山兒守北面元帥紇石烈柏壽副之進授西安軍節度使兼殿前右衛將軍行元帥府事女奚烈完出守東南元帥左都監奧谷當哥副之殿前右衛將軍權左副都點檢內族斜烈守子城都尉王愛實副之辛亥

大元兵築長壘圍蔡城己未括蔡城粟辛酉禁公私釀酒十月戊辰更造天興寶會辛巳縱飢民老稚羸疾者出城癸未徐州守臣郭恩殺逐官吏以叛行省賽不死之甲申給飢民船聽採城壕菱芡水草以食戊子徵諸道兵辛卯上閱射于子城中者賞麥有差丙申殿前左副都點檢溫

敦昌孫戰歿戊戌賜義軍戰歿被創者麥十一月辛丑朔以右副都點檢阿勒根移失剌爲宣差鎮撫都彈壓別設彈壓四員副之四隅機察亦隸焉宋遣其將江海孟珙帥兵萬人獻糧三十萬石助

大元兵攻蔡十二月甲戌盡籍民丁防守括婦人壯捷者假男子衣冠運木石上親出撫軍丁丑

大元兵決練江宋兵決柴潭入汝水己卯

大元兵破外城宿州副總帥高剌哥戰歿辛巳以總帥孛术魯婁室殿前都點檢兀林答胡土皆權參政都尉完顏承麟爲東面元帥權總帥己丑

大元兵壖西城上謂侍臣曰我爲金紫十年太子十年人主十年自知無大過惡死無恨矣所恨者祖宗傳祚百年至我而絶與自古荒淫暴亂之君等爲亡國獨此爲介介耳又曰古無不亡之國亡國之君往往爲人囚縶或爲俘獻或辱於階庭閉之空谷朕必不至於此卿等觀之朕志決矣都尉王愛實戰殁砲軍總帥王銳殺元帥夾谷當哥率三十人降

大元庚寅以御用器皿賞戰士甲午上微服率兵夜出東城謀遁及柵不果戰而還乙未殺尚廄馬五十疋官馬一百五十疋犒將士

三年正月壬寅册柴潭神爲護國靈應王甲辰以近侍分守四城戊申夜上集百官傳位于東面元帥承麟承麟固讓詔曰朕所以付卿者豈得已哉以肌體肥重不便鞍馬馳突卿平日趫捷有將畧萬一得免祚胤不絶此朕志也己酉承麟即皇帝位百官稱賀禮畢亟出捍敵而南面已立宋幟俄頃四面呼聲震天地南面守者棄門大軍入與城中軍巷戰城中軍不能禦帝自縊于幽蘭軒末帝退保子城聞帝崩率群臣入哭謚曰哀宗哭奠未畢城潰諸禁近舉火焚之奉御絳山收哀宗骨瘞之汝水上末帝爲亂兵所害金亡

贊曰金之初興天下莫彊焉太祖太宗威制中國大槩欲效遼初故事立楚立齊委而去之宋人不競遂失故物熙宗海陵濟以虐政中原觖望金事幾去天厭南北之兵挺生世宗以仁易暴休息斯民是故金祚百有餘年由大定之政有以固結人心乃克爾也章宗志存潤色而秕政日多誅求無藝民力浸竭明昌承安盛極衰始至於衛紹紀綱大壞亡徵已見宣宗南度棄厥本根外狃餘威連兵宋夏内致困憊自速土崩哀宗之世無足爲者

皇元功德日盛天人屬心日出爝息理勢必然區區生聚圖存於亡力盡乃斃可哀也矣雖然在禮國君死社稷哀

宗無愧焉

本紀第十八

開府儀同三司上柱國錄軍國重事中書右丞相監修國史領經筵事都總裁臣脫脫　奉

勑修

世紀補

景宣皇帝諱宗峻本諱繩果太祖第二子母曰聖穆皇后唐括氏太祖元妃宗峻在諸子中最嫡天輔五年忽魯勃極烈杲都統諸軍取中京帝別領合扎猛安受金牌既克中京遂與杲俱襲遼主于鴛鴦濼遼主走陰山耿守忠救西京帝與宗翰等擊走之西京城南有浮圖敵先據之下射士卒多傷帝曰先取是則西京可下既而攻浮圖克之遂下西京太祖崩帝與兄宗幹率宗室羣臣立太宗天會二年薨熙宗即位追上尊謚曰景宣皇帝廟號徽宗改葬興陵海陵弒立降熙宗為東昏王降帝為豐王世宗復尊熙宗廟謚尊帝為景宣皇帝子合剌常勝查剌合剌是為熙宗

睿宗立德顯仁啓聖廣運文武簡肅皇帝諱宗堯初諱宗輔本諱訛里朶大定上尊謚追上今諱魁偉尊嚴人望而畏之性寬恕好施惠尚誠實太祖征伐四方諸子皆總戎旅帝常在帷幄天輔六年大祖親征太宗居守黃龍府安福哥誘新降之民以叛帝與烏古廼討平之南路軍帥鶻

實杏以贓敗帝往閱實之咸稱平允天會五年宗望薨帝為右副元帥駐兵燕京十一月分遣諸將伐宋帝發自河間徇地淄青宋馬括兵二十萬至樂安帝率師擊破之聞宋主在揚州時東作方興留大軍夾河屯田而還軍山西二月移剌古破宋臺宗雋宋忠軍五萬于大名明日再破之獲宗雋忠而還冀州人乘夜出兵襲照里營照里擊敗之宋主奉表請和密書以誘契丹漢人詔伐宋帝發自河北降滑州取開德府攻大名府克之河北平初伐宋河北河東諸將議不決或欲先定河北或欲先平陝西太宗兩用其策而宗翰來會于濮既平河北遂取東平及徐州盡得宋人江淮運致金幣在徐州官庫者分給諸軍而劉豫遂以濟南降使拔离速等襲宋主于揚州而宋主聞之比拔离速至揚州前夕已渡江矣宋主乃貶去帝號再以書來請存社稷語在宗翰傳中既而宗弼追宋主宋主渡江入于杭州復遯入海宗弼乃還於是婁室所下陝西城邑輒叛宗翰等曰前討宋故分西師合于東軍而陝西五路兵力雄勁當并力攻取今撻懶撫定江北宗弼以精兵二萬先往洛陽以八月往陝西或使宗弼遂將以行或宗輔宗翰希尹中以一人往上曰婁室往者所向輒辦今專征陝右豈倦于兵而自愛邪卿等其勠力焉由是詔帝往是

時宋張浚兵取陝西帝至洛水治兵張浚騎兵六萬步卒十二萬壁富平帝至富平婁室爲左翼宗弼爲右翼兩軍並進自日中至于昏暮凡六合戰破之耀州鳳翔府皆來降遂下涇渭二州敗宋經略使劉倪軍于尨亭原州降撒离喝破德順軍靜邊寨宋涇原路統制張中孚知鎮戎軍李彥琦以城降宋秦鳳路都統制吳玠軍于隴州境上招討都監馬五擊走之降一縣而還帝進兵降甘泉等三堡取保川城破宋熙河路副總管軍三萬獲馬千餘拔安西等二寨熙州降分遣左翼都統阿盧補右翼都統宗弼招撫城邑之未下者遂得鞏洮河樂西寧蘭廓積石等州定

遠和政甘峪寧洮安隴等城寨及鎮堡蕃漢營部四十餘於是涇原熙河兩路皆平撒离喝降慶陽府慕洧以環州降既定陝西五路乃選騎兵六千使撒离喝列屯衝要於是班師與宗翰俱朝京師立熙宗爲諳版勃極烈帝爲左副元帥十三年行次媯州薨年四十陪葬睿陵追封潞王謚襄穆皇統六年進冀國王正隆二年追贈太師上柱國改封許王世宗即位追上尊謚立德顯仁啓聖廣運文武簡肅皇帝廟號睿宗二年改葬于大房山號景陵

顯宗體道弘仁英文睿德光孝皇帝諱允恭本諱胡土瓦世宗第二子母曰明德皇后烏林荅氏皇統六年丙寅歲生體貌雄偉孝友謹厚大定元年十一月世宗即位于東京乙酉封楚王置官屬十二月從至中都二年四月己卯賜名允迪五月壬寅立爲皇太子世宗謂之曰在禮貴嫡所以立卿卿友于兄弟接百官以禮勿以儲以生驕慢日勉學問非有召命不須侍食帝上表謝尊心學問與諸儒臣講議於承華殿燕閑觀書乙夜忘倦翼日輒以疑字付儒臣校證九月庚子詔東宮三師對皇太子稱名少師以降稱臣十一月庚子生辰百官賀于承華殿世宗賜以襲衣良馬賜宴于仁政殿皇族百官皆與自後生辰世宗或幸東宮或宴內殿歲以爲常十二月辛卯奏曰東宮賀禮

親王及一品皇族皆北面拜伏臣但荅揖伏望天慈聽臣荅拜庶惇親親友愛之道世宗從之以爲定制世宗聞儒者鄭松賢松先爲同知博州防禦事致仕起爲左諭德詔免朝參令輔太子讀書松以友諭自處帝嘗顧松使取服帶松對曰臣忝諭德不敢奉命帝改容稱善自是益加禮遇每出獵獲鹿輒分賜之四年九月納妃徒單氏行親迎禮故事大駕鹵簿天子乘玉路皇太子鹵簿乘金路六年世宗行自西京還都禮官不知皇太子自有鹵簿金路乃請太子就乘大駕綴路行在天子之前上疑其非禮詳閱舊典禮官始覺其誤於是禮部郎中李邦直員外郎李山

削一階太常少卿武之才太常丞張子羽博士張檕削兩階頃之禮官議受冊謁謝太廟服常朝服乘馬世宗曰此與外官禮上後謁諸神廟無異海陵一時率意行之何足爲法大冊與三歲祫享當用古禮爲是孔子曰禮與其奢也寧儉不當輕易如此又曰右丞蘇保衡雖漢人不通經史參政石琚通經史而不言前日禮官既已削奪猶不懼邪其具前代典禮以聞朕將擇而處之乂之將授太子冊寶儀注備儀仗告太廟上曰朕受尊號謁謝乃用故宋真宗故事常朝服乘馬皇太子乃用備禮前後不稱甚無謂也謂右丞相良弼左丞守道曰此卿等不用心所致良弼

等謝曰臣愚慮不及此上復曰此文臣因循故也是年十月甲申祫享于太廟行亞獻禮七年帝有疾詔左丞守道侍湯藥從居瓊林苑臨芳殿調治八年正月甲戌改賜名允恭庚戌受皇太子冊寶帝上表謝九年五月世宗命避暑于草濼隋王惟功從行其應從行者皆給道路費帝奏曰遠去闕廷獨就涼地非臣子所安願罷行世宗曰汝體羸弱山後高涼故命汝往丁丑百官奉辭于都城之北再拜帝荅拜是月百官承詔具牋問起居六月百官問起居如前八月乙酉至自草濼百官迎謁于都城之北如送儀丙戌入見世宗曰吾兒相別經夏極甚思憶也九月詔皇

太子供膳勿月支歲給五千萬十年八月帝在承華殿經筵太子太保壽王爽啓曰殿下頗未熟本朝語何不屏去左右漢官皆用女直人帝曰諭德贊善及侍從官曷敢輒去爽乃揖而退帝曰宮官四員謂之諭德贊善義可見矣而反欲去之無學故也有使者自山東還帝問民間何所苦使者曰錢難最苦官庫錢滿有露積者而民間無錢以此苦之帝曰貯之空室雖多奚爲謂户部尚書張仲愈曰天子富藏天下何必獨在府庫也因奏曰錢在府庫何異銅鑛在野乞流轉使公私俱利世宗嘉納詔有司議行之十一月丁亥有事於圜丘帝行亞獻禮十二年五月世宗

聞德州防禦使胡剌謀叛因曰朕於親親之道未嘗不篤而輒敢如此帝徐奏曰叔胡剌性荒縱耽娛樂而無子嗣忽如此狂謀望更閲實之十月己未祫享于太廟帝攝行祀事十三年十月承詔與趙王惟中曹王惟功獵于保州定州十一月甲午還京師十四年四月乙亥世宗御垂拱殿帝及諸王侍側世宗論及兄弟妻子之際世宗曰婦言是聽而兄弟相違甚哉帝對曰思齊之詩曰刑于寡妻至于兄弟以御于家邦臣等愚昧願相勵而修之因引常棣華萼相承脊令急難之義爲文見意以諷兄弟焉十五年世宗詔五品職事官謝見皇太子十七年五月甲辰侍宴

于常武殿典食令涅合進粥帝將食有蜘蛛在粥盌中涅
合恐懼失措帝從容曰蜘蛛吐絲乘空忽墮此中爾豈汝
罪哉十月己卯祫享于太廟攝行祀事十九年四月戊申
有事于太廟攝行祀事丁巳詹事烏林荅愿入謝帝命取
幞頭腰帶宮屬請曰此見宰相師傅之禮也帝曰愿事陛
下久以此加敬耳皆曰非臣等所及十一月改葬明德皇
后于坤厚陵帝徒行輓靈車遇大風雪左右進雨具上却
之比至頓所衣盡霑濕觀者無不下淚海陵雖貶黜爲庶
人宗幹尚稱明肅皇帝議者以爲未盡帝具表奏論世宗
嘉納之於是宗幹削去帝號降封遼王二十四年世宗將

幸上京詔帝守國作守國之寶以授之其遣使祭享五品
以上官及事利害重者遣使馳奏六品以下官其餘常事
並聽裁決每三日一次於集賢殿受尚書省啓事京朝官
遇朔望具朝服問候車駕在路每二十日一遣使問起居
已達上京每三十日一問起居世宗曰今巡幸或能留一
二年以汝守國譬之農家種田商人營利但能不墜父業
即爲克家子也帝對曰臣在東宮二十餘年過失甚多陛
下以明德皇后之故未嘗見責臣誠愚昧不克負荷乞備
扈從世宗曰凡人養子皆望投老得力朕留太尉左右丞
參政輔汝彼皆國家舊人可與商議且政事無難但用心

公正無納讒邪一月之後政事自熟帝流涕堅辭左右爲
之感動三月世宗如上京帝守國留中都初帝在東宮或
勢中侍步于芳苑中侍出入禁中未嘗限阻此輩見帝守
國各爲得意帝知之謂諸侍中曰我向在東宮不親國政
日與汝輩語話今既守國汝等有召命然後得入五月世
宗至上京賜勑書曰朕以前月八日到遼陽此月二日達
上京翌日祀慶元廟省方觀民古之制也汝守國任重憂
暑方熾益當自愛無貽朕憂帝謂徒單克寧曰車駕巡幸
以國事見屬刑名最重人之死生繫焉凡有可議當盡至
公比主上還都勿有廢事自是凡啓稟刑名帝自披閱召

都事委曲折正移晷忘倦或賜之食近侍報瑤池位蓮開
當設宴帝曰聖上東巡命我守國何敢宴遊廢事採致數
花足矣七月遣子金源郡王麻達葛奉表問起居請世宗
還都十一月壬寅帝冬獵辛亥還都二十五年正月乙酉
免羣臣賀禮帝自守國深懷謙抑宮臣不庭拜啓事時不
侍立免朔望禮京朝朔望日當具公服問候並停免至是
羣臣當賀亦不肯受甲寅帝如春水二月庚申還都丁卯
遣子金源郡王麻達葛奉表賀萬春節四月久不雨帝親
禱即日雨足六月甲寅帝不豫庚申崩于承華殿世宗自
上京還次天平山好水川訃聞爲位臨奠于行宮之南大

慟者父之親五百官皇族命婦及侍衛皆會哭世宗號泣還宮比至中都爲位奠哭者凡七焉世宗以豳王永成爲中都留守來護喪遣滕王府長史再興御院通進阿里剌來保護金源郡王遣左宣徽使唐括鼎來致祭詔妃徒單氏及諸皇孫喪服並如漢制帝在儲位父恩德在人者深每日三時哭臨侍衛軍士皆爭入臨伏哭于承華殿下聲殷如雷中都百姓市門巷端爲位慟哭七月壬午朔賜謚宣孝太子九月庚寅殯于南園熙春殿己酉世宗至自上京未入國門先至熙春殿致奠慟哭父之比葬親臨者六

帝事世宗凡巡幸西京涼陘及上陵祭廟謁衍慶宮田獵觀稼拜天射柳未嘗去左右上有事于圜丘及親享于太廟則行亞獻禮不親祀則攝行祀事國有大慶則率百官上表賀正旦萬春節則總班上壽冬十月庚戌朔宰相以下朝見于慶和殿太尉完顏守道上壽世宗追悼悽愴者久之十一月甲申靈駕發引世宗路祭于都城之西庚寅葬于大房山世宗欲加帝號以問羣臣翰林修撰趙可對曰唐高宗追謚太子弘爲孝敬皇帝左丞張汝弼曰此蓋出于武后遂止乃建廟于衍慶宮後祭用三獻樂用登歌二十六年立子璟爲皇太孫二十九年世宗崩太孫即位是爲章宗五月甲午追謚體道弘仁英文睿德光孝皇帝廟號顯宗丁酉祔于太廟陵曰裕陵帝天性仁厚不忍刑殺梁櫝兒盜金銀葉憐其母老李福興盜段匹值坤厚陵禮成家令本把盜銀器值萬春節皆委曲全活之亡失物者責其償而不加罪聞四方饑饉輒先奏加賑贍因田獵出巡所過問民閒疾苦敬禮大臣友愛兄弟葬明德皇后于坤厚陵諸妃皆祔自磐寧宮發引趙王惟中以其母轜車先發令張黃蓋者前行帝呼執蓋者不應少府監張僅言欲奏其事帝止之嘗作重光座銘及刻左右銘于小玉碑并刻其碑陰皆深有理致最善射而不殫物嘗奉詔拜陵先獵射一麞獲之即命罷獵曰足奉祀事焉用多殺好

生蓋其天性云

贊曰遼王杲取中京宗翰宗望皆從景宣別領合扎猛安合扎猛安者太祖之猛安也宗翰請立熙宗宗翰不敢違太宗不能拒其義正其理直矣舊史稱睿宗寬恕好施惠熙宗不終海陵隕斃自時厥後得大位者皆其子孫有以夫顯宗孝友惇睦在東宮二十五年不聞有過承意開導四方陰受其賜天不假之年惜哉

本紀第十九

志第一　　金史二十

開府儀同三司上柱國錄軍國重事前中書右丞相監修國史領經筵事都總裁臣脫脫奉

勑修

天文　日薄食煇珥雲氣月五星凌犯及星變

自伏羲仰觀俯察黃帝迎日推策重黎序天地堯曆象日月星辰舜齊七政周武王訪箕子陳洪範協五紀而觀天之道備矣易曰天垂象見吉凶聖人象之故孔子因魯史作春秋於日星風雨霜雹雷霆皆書變而不書常所以明天道驗人事也秦漢而下洎日患少陰陽術違天象錯迕無代無之金百有十九年而日食四十一星辰風雨霜雹

志　金史卷二十　一　袁永茂

雷霆之變不知其幾金九主莫賢於世宗二十九年之間猶日食者十有一日珥虹貫者四五然終金之世慶雲環日者三皆見於世宗之世羲和之後漢有司馬唐有袁李皆世掌天官故其說詳且六合為一推步之術不見異同金宋角立兩國置曆法有差殊而日官之選亦有精粗之異今奉

詔作金史於志天文各因其舊特以春秋為準云

日薄食煇珥雲氣　太祖天輔三年夏四月丙子朔日食　四年冬十月戊辰朔日食　六年春二月庚寅朔日食　七年秋八月辛巳朔日食

太宗天會七年三月己卯朔日中有黑子九月丙午朔日食　十三年正月丙午朔日食

熙宗天會十四年十一月丙寅日中有黑子斜角交行

天眷三年七月癸卯朔日食

皇統三年十二月癸未朔日食　四年六月辛巳朔日食　五年六月乙亥朔日食　八年四月戊子朔日食　九年三月癸未朔日食

海陵庶人天德二年正月甲辰日有暈珥白虹貫之十一月丙戌白虹貫之十二月乙卯慶雲見狀如鸞鳳五彩　三年正月丁酉白虹貫日　貞元二年五月癸丑朔日食

志　金史卷二十　二　袁永茂

三年四月丁丑朔昏霧四塞日無光凡十有七日乃霽　五月丁未朔日食

正隆三年三月辛酉朔司天奏日食候之不見海陵勑自今日食皆面奏不須頒告中外　五年八月丙午朔日食庚午日中有黑子狀如人　六年二月甲辰朔日有暈珥戴背十月丙午慶雲見

世宗大定二年正月戊辰朔日食伐鼓用幣命壽王京代拜行禮為制凡遇日月虧食禁酒樂屠宰一日　三年六月庚申朔日食上不視朝命官代拜有司不治務過時乃罷後為常　四年六月甲寅朔日食　七年四月戊辰朔

日食上避正殿減膳伐鼓應天門內百官各於本司庭立
明復乃止閏七月己卯午刻慶雲環日八月辛亥午刻慶
雲環日　九年八月甲申朔有司奏日當食以雨不見爲
近奉安太社乃伐鼓于社用幣于應天門內　十三年五
月壬辰朔日食　十四年十一月甲申朔日食　十六年
三月丙午朔日食　十七年九月丁酉朔日食　二十三
年十月己未慶雲見於日側十一月壬戌朔日食　二十
八年八月甲子朔日食　二十九年正月乙卯巳初日有
暈左右有珥上有背氣兩重其色青赤而厚復有白虹貫
之亘天其東有戟氣長四尺餘五刻而散丁巳巳初日有

兩珥上有背氣兩重其色青赤而淡頃之背氣於日上爲
冠已而俱散二月辛酉朔日食甲子辰刻日上有重暈兩
珥抱而復背背而復抱凡二三次乙丑日暈兩珥有戟氣
承氣而白虹亘天左右有戟氣

章宗明昌三年十二月丙辰北方微有赤氣　四年九月
癸未日上有抱氣二戴氣一俱相連左右有珥其色鮮明
六年三月丙戌朔日食

承安三年正月己亥朔日食陰雲不見　五年十一月癸
丑日食（宋史作六月乙酉朔）

泰和二年五月甲辰朔日食　三年十月戊戌日將沒色
赤如赭甲辰申酉間天色赤夜將旦復然　四年三月丁
卯日昏無光　五年九月戊子戌時西北方黑雲間有赤
氣如火次及西南正南東南方皆赤中有白氣貫徹乍隱
乍見既而爲雨隨作風至二更初黑雲間赤氣復起於西
北方及正西正東東北往來遊曳內有白氣數道時復出
沒其赤氣又漸中天約四更皆散　六年正月北京中龍
山縣西見有雲結成車牛行帳之狀或如前後摧損之勢
晡時乃散二月壬子朔日食七月癸巳申刻日上有背氣
一內赤外青須臾散九月乙酉夜將曙北方有赤白氣數
道歷王良下徐行至北斗開陽揺光之東而散　八年四

月癸卯巳刻日暈二重內黃外赤移時而散

衛紹王大安元年四月壬申北方有黑氣如大道東西竟
天至五更散十二月辛酉朔日食　三年三月辛酉辰刻
北方有黑氣如堤內有白氣三似龍虎之狀十月己卯東
北西北每至初更如月將出之狀明至夜半而滅經月乃
已

宣宗貞祐元年十月丙午夜有白氣三衡紫微而不貫十
二月丙申白氣東西竟天移時散　二年九月壬戌朔日
食大星皆見　三年正月壬戌日有左右珥上有冠氣移
刻散二月丁巳日初出赤如血將沒復然六月戊申夜有

黑氣廣如大路自東南至于西北其長竟天　四年二月甲申朔日食閏七月壬午朔日食

興定元年七月丙子朔日食　二年七月庚午朔日食　三年七月庚申五色雲見十月乙丑平凉府慶雲見遣官驗實以告太廟詔國中　五年正月山東行省蒙古綱奏慶雲見命圖以進四月丙子日正午有黃暈四匝其色鮮明五月甲申朔日食六月戊寅日將出有氣如大道經丑未歷虛危東西不見首尾移時没十二月己巳北方有白氣廣三尺餘東西亘天

元光元年十一月丁未東北有赤雲如火　二年五月辛

未日暈不匝而有背氣九月庚子朔日食

哀宗正大二年二月甲寅有黃黑祲　三年三月庚午省前有氣微黃自東北亘西南其狀如虹中有白物十餘往來飛翔又有光倏見如二星移時方滅　四年十一月乙未日上有虹背而向外者二約長丈餘兩旁俱有白虹貫之是年六月丙辰有白氣經天或云太白入井　五年十二月庚子朔日食　八年三月庚戌酉正日忽白而失色乍明乍暗左右有氣似日而無光與日相凌而日光四出搖盪至没

天興元年正月壬午朔日有兩珥　三年正月己酉日大赤無光京索之間雨血十餘里是日蔡城陷金亡

月五星凌犯及星變　太宗天會七年十一月甲寅天旗明河鼓直　十年閏四月丙申熒惑入氐八月辛亥彗星出於文昌　十一年五月乙丑月忽失行而南頃之復故七月己巳昏有大星隕于東南如散火十二月丙戌月食昴

熙宗天會十三年十一月乙酉月食命有司用幣以救著爲令　十四年正月辛巳太白晝見凡四十餘日伏壬辰熒惑入月三月丁酉夜中星搖九月癸未有星大如缶起西南流于正西十一月己巳狼星搖　十五年正月戊辰

歲星犯積尸氣

天眷二年三月辛巳朔歲星留逆在太微五月戊子太白晝見八月丁丑太白晝見九月辛巳犯軒轅左星乙巳犯左執法十一月戊寅入氐　三年七月壬戌月犯畢十二月壬午月掩東井東轅南第一星

皇統元年二月甲戌月掩畢大星　二年十一月己酉月犯軒轅大星甲寅月犯氐東北星　三年正月己丑熒惑逆犯軒轅次北一星二月乙丑月犯畢大星閏四月癸巳月掩軒轅左角星八月丙申老人星見九月丁丑月犯軒轅大星　四年八月癸未熒惑入輿鬼　五年四月丙申

彗星見於西北長丈餘至五月壬戌始滅甲辰熒惑犯左執法　六年九月戊寅熒惑犯西垣上將己丑月犯軒轅第二星七年正月辛未彗星出東方長丈餘凡十五日滅丁亥太白經天七月己巳太白經天庚辰熒惑犯房第二星十一月壬戌歲星逆犯井東扇第二星　八年閏八月丙子熒惑入太微垣十月甲申太白晝見十一月壬辰經天十二月丙寅太白晝見　九年二月癸亥月掩軒轅第二星七月甲辰太白辰星歲星合于張丁未熒惑犯南斗第四星八月壬子又歷南斗第三星

海陵天德元年十二月甲子土犯東井東星　二年正月

乙酉月犯昴壬辰犯木乙未犯角二月丙寅犯心大星九月乙亥太白晝見至明年正月辛卯後不見丁酉月犯軒轅左角十月乙丑犯太微上將十二月癸丑犯昴　三年二月丙辰月食十月丁亥月犯軒轅左角　四年正月癸卯太白經天二月乙亥月掩鬼犯鎮星五月己亥太白經天丁巳又經天六月癸巳太白犯井東第二星八月辛未太白犯軒轅大星十一月甲辰熒惑犯鈎鈐丙午月犯井北第一星十二月乙卯朔太白經天丙子月食閏月己亥太白經天

貞元二年正月辛丑月犯井東第一星四月戊寅有星如杯自氐入於天市其光燭地十二月乙卯太白經天庚午月食閏月乙酉太白經天二年正月庚申太白經天是夜月掩昴二月辛丑犯心前星三月辛巳食七月癸丑太白晝見凡三十有三日伏八月戊戌熒惑入井凡十一日而出十一月甲子月食　三年八月乙酉月犯牛九月辛亥犯建星十一月戊午掩井鉞星

正隆二年正月庚辰太白晝見凡六十七日伏　三年正月丁亥有流星如杯長二丈餘其光燭地出太微沒於攝河之北二月己卯熒惑入鬼辛巳月食甲午月掩歲星六月丁酉犯氐九月己未太白經天至明年正月二十一日

不見十二月戊申月入氐　四年九月壬寅月掩軒轅右角十一月壬辰入畢犯大星十二月太白晝見凡七日　五年正月海陵聞司天提點馬貴中曰朕欲自將伐宋天道如何貴中對曰去年十月甲戌熒惑順入太微至屏星留退西出占書熒惑常以十月入太微庭受制出伺無道之國又去年十二月太白晝見經天占爲兵喪爲不臣爲更主又主有兵兵罷無兵兵起甲午月食二月丁卯太白晝見四月甲戌復見凡百六十有九日乃伏　六年七月乙酉月食九月丙申太白晝見先是海陵問司天馬貴中曰近日天道何如貴中曰前年八月二十九日太白入太

微右掖門九月二日至端門九日至左掖門出並歷左右執法太微爲天子南宮太白兵將之象其占兵入天子之庭海陵曰今將征伐而兵將出入太微正其事也貴中又言當端門而出其占爲受制歷左右執法爲受事此當有出使者或爲兵或爲賊海陵曰兵興之際小賊固不能無也是歲海陵南伐遇弒

世宗大定元年十月丙午熒惑入太微垣在上將東丁巳月犯井西扇北第二星　二年正月癸巳太白晝見閏二月戊寅月掩軒轅大星三月戊申掩太微東藩南第一星八月乙酉犯井西扇北第二星九月庚戌犯畢距星十月

戊辰有大星如太白起室壁間沒於羽林軍尾跡長丈餘　三年正月庚子太白晝見凡百有十日乃伏五月辛丑月入氐七月庚戌太白晝見百二十有七日乃伏八月丁未月犯井距星丙寅太白晝見經天十月庚辰月犯太微垣西上將星十一月庚寅太白晝見經天歲星入氐凡二十四日伏壬子月入氐　四年正月戊子熒惑歲星同居氐己丑熒惑出氐二月壬午歲星退入氐凡二十九日九月丙午月犯軒轅大星北次星十一月丙申月食既十二月辛卯太白晝見經天癸卯月掩房北第一星　五年正月癸亥月掩軒轅大星北次星八月丁酉犯井東扇第一星

十一月癸丑熒惑入氐凡二十一日　六年二月丙申月犯南斗東南第二星三月己未入氐四月辛丑太白晝見八十有八日伏六月太白晝見辛巳經天九月壬子太白晝見百有三日乃伏丙辰經天十月壬辰復晝見經天十一月辛亥金入氐凡七日庚申太白晝見經天十二月戊子復見經天癸巳月犯房北第二星　七年十月乙巳火入氐凡四日十一月壬申太白晝見九十有一日伏丁丑歲星晝見二日　八年正月癸未月掩心大星三月庚午掩軒轅大星北一星己丑太白晝見百五十有八日乃伏五月丁卯歲星晝見八月甲午太白犯軒轅大星十月庚

子月掩熒惑十一月庚午犯昴　九年正月戊寅月掩心後星四月庚子掩心前星八月癸卯掩昴十二月丙戌犯土丁酉太白晝見十有六日伏　十年正月丙寅月掩軒轅大星七月庚子犯五車東南星八月戊申朔木星掩熒惑在參畢間　十一年二月壬戌熒惑犯井東扇北第一星八月癸卯太白晝見　十二年五月辛巳月犯心後星八月癸卯犯心大星辛亥熒惑掩井東扇北第二星丁亥太白晝見在日前九十有八日伏十月己酉熒惑掩鬼西北星歲星晝見在日後四十有七日伏　十三年閏正月辛酉太白晝見四十有九日伏二月己丑熒惑犯鬼西北

星三月癸巳朔入鬼次日犯積尸氣六月辛未月犯心前
星十月乙丑歲星晝見於日後五十有三日伏　十四年
三月辛丑太白歲星晝見十有八日伏丙辰二星經天凡
二日六月巳未太白晝見三十有九日八月巳卯晝見又
百三十二日乃伏庚辰熒惑犯積尸氣十月丙寅歲星晝
見六日十一月甲子太白晝見八十有六日伏十二月乙
丑月掩井西扇北第一星　十六年三月庚申月食五月
甲寅太白晝見五十有四日伏庚午月掩太白七月丁未
犯角宿距星甲子掩畢宿距星八月丙子太白犯軒轅大
星九月丁巳月食十月丁丑熒惑入太微十一月甲寅月

掩畢距星戊辰熒惑犯太微上將十二月巳丑月掩太微
左執法　十七年春正月丙寅熒惑犯太微西藩上相九
月庚戌歲星熒惑太白聚於尾十二月巳巳太白晝見四
十有四日伏　十八年七月庚辰土星犯井東扇北第二
星九月己丑熒惑犯左執法十二月甲午鎮星掩井西扇
北第一星凡十日　十九年正月甲戌月食既三月甲戌
熒惑犯氐距星四月丁巳歲星晝見凡七日七月丙子太
白晝見四十有五日伏八月癸卯犯軒轅御女辛亥熒惑
掩南斗杓第二星九月壬申月掩畢大星十一月辛未熒
惑掩歲星十二月丁亥月犯歲星　二十年二月巳丑月

掩畢大星三月丙辰掩畢西第二星　二十一年二月戊
子月犯鎮星戊戌太白晝見三月甲子太白晝見四月壬
申熒惑掩斗魁第二星十有四日六月甲戌客星見于華
蓋凡百五十有六日滅七月乙亥朔熒惑順入斗魁中五
日戊下史闕　二十二年五月甲申太白晝見六十有四日伏
七月戊子歲星晝見二日八月戊辰太白晝見百二十有
八日其經天者六十四日十一月辛未熒惑行氐中乙亥
太白入氐辛巳夜月食既癸未熒惑太白皆出氐中十二
月戊戌熒惑犯鉤鈐　二十三年五月己卯月食既九月
甲申歲星晝見五十有五日伏十月辛酉太白晝見百四

十有九日乃伏十一月丁卯歲星晝見三十有三日伏閏
十一月庚申歲星晝見九十日伏　二十四年四月己未
朔太白晝見百四十有五日乃伏甲申月掩太白九月庚
子歲星犯軒轅太星甲辰晝見凡五十二日伏十月壬申
太白辰星同度　二十五年三月乙酉太白與月相犯九
月丁亥月在斗魁中犯西第五星十一月庚辰朔歲星晝
見在日後凡七十四日壬午太白晝見在日後百十有一
日乃伏十二月巳未月犯熒惑甲子太白晝見經天　二
十六年三月丙戌熒惑入井鎮星犯太微東藩上相壬辰
月食四月丁丑熒惑犯鬼西南星七月丙申月掩心前星

八月乙亥朔日月五星會于軫十二月乙未月掩心前大星又犯於後星　二十七年五月壬子月犯心太星六月庚辰太白晝見百七十有三日乃伏癸巳月掩昴七月丙午犯房南第一星是日太白晝見經天十月己丑太白入氐十二月丁丑月掩郊　二十八年正月己未歲星留於房甲寅守房北第一星十一月丙申鎮星入氐庚子太白晝見在日前四十有九日伏十二月壬申月掩昴　二十九年正月丁酉土星留氐中三十有七日逆行後七十九日出氐五月庚寅朔太白晝見在日後六月丙辰月犯太白月犯星南同在柳宿十一月己未熒惑守軒轅至戊辰退行其色稍怒十二月辛丑月食既

章宗明昌元年二月丁亥太白晝見六月丁酉月食既十二月乙未月食　二年六月壬辰月食十一月乙丑金木二星見在日前十三日方伏而順行危宿在羽林軍上壘壁陣下光芒明大十二月戊子木金相犯有光芒　三年三月戊戌熒惑順行犯太微西藩上將四月丁巳月食己未熒惑掩右執法色怒而稍赤　四年正月丙子月有暈白虹貫其中八月己亥卯初三刻歲星見未正二刻太白見俱在午位其夜歲星留胃十三度守天廩九月戊申月食　五年十月癸卯月食十一月癸丑太白晝見在日前三十有三日伏　六年正月庚寅太白晝見在日前百有二日乃伏六月庚辰復晝見在日後百六十七日唯是日經天

承安元年四月司天奏河津星象事上諭宰相曰天道不測當預防之八月壬戌月食九月壬午太白晝見在日前百有七日乃伏　二年二月丁巳太白晝見在日後百九十有五日乃伏己未經天是夜月食既　三年正月甲寅月食七月庚戌月食　五年五月庚午月食六月庚戌月掩太白

泰和元年十一月辛酉月食　二年五月己未月食　三

年三月癸未月食六月戊戌太白晝見在日後百有十日乃伏　四年九月乙亥月食　五年三月壬申月食八月己巳月食　六年五月甲申太白晝見在日前七十有六日庚戌經天六月辛未歲星晝見在日後七月戊申經天八月癸卯月暈圍太白熒惑二星辛亥歲星辰見至夜五更與東井距星相去七寸內癸丑夜半有流星如太白其色赤起於婁宿己未卯正初刻太白晝見在日前其夜五更熒惑與輿鬼積尸氣相犯在七寸內庚申卯正初刻太白晝見在日後其夜五更初熒惑在輿鬼積尸氣中壬申太白晝見經天在日後十月丙午歲星犯東井距星十一

月壬午太白入氐　七年正月丙戌初更月有暈圍歲鎮
二星在參畢閒辛卯月食三月癸丑月掩軒轅大星七月
戊子月食九月己卯初更月在南斗魁中曰歲星在輿鬼
中　八年正月丙戌月食七月戊戌朔太白晝見在日後
八月壬戌太白歲星光芒相及同在張一度十一月庚子
未刻有流星如太白者二光芒如炬幾一丈起東北沒東
南
衛紹王大安元年正月辛丑有飛星如火起天市垣尾跡
如赤龍之狀移刻散二月乙丑朔太白晝見經天六月丁
丑月食十月乙丑月食熒惑丙寅歲星犯左執法　二年

正月庚戌朔日中有流星出大如盆其色碧西行漸如車
輪尾長數丈沒于濁中至地復起光散如火移刻滅二月
客星入紫微中其光散如赤龍之狀　三年正月乙酉熒
惑入氐中凡十有一日乃出二月熒惑犯房閏月犯鍵閉
星十月癸巳犯壘壁陣
崇慶元年春三月日正午日月太白皆相去咫尺
宣宗貞祐元年十一月丙子熒惑入壘壁陣　二年二月
庚戌月食八月丁未月食九月丁亥太白晝見於軫十一
月庚辰鎮星犯太微東垣上相辛巳熒惑犯房鉤鈐　三
年七月庚申有流星如太白其色青白有尾出紫微垣北

極之旁入貫索中己卯月入畢至戊夜犯畢大星八月辛
丑月食既十二月庚寅太白晝見於危八十有五日伏
四年正月乙卯夜中天有流星大如斗色赤長丈餘墜於
西南其聲如雷二月己亥月食四月丁酉太白晝見於奎
百九十有六日乃伏六月丙申歲星晝見於奎百有一日
乃伏閏七月乙未月食辛丑犯畢十一月丙戌月暈歲星
歲在奎月在壁己丑犯畢大星十二月戊午復犯畢大星
興定元年正月乙酉月犯畢左股第二星四月戊辰太白
晝見於井百六十有二日乃伏八月戊申歲星晝見於昴
大十有七日伏九月癸巳月犯東井西扇第二星十月癸

丑夜有流星大如杯尾長丈餘自軒轅起貫太微沒於角
宿之上十一月癸未月暈歲星熒惑二星木在胃火在昴
丙戌太白晝見十二月戊午月食　二年六月乙卯月食
八月壬戌有流星大如杯尾長丈餘其光燭地起建星沒
尾中一云自東北至西北而墜其先如塔狀先有聲如風
後若雷者三牕紙皆震十月庚申月犯軒轅左角之少民
星十一月壬子月食既　三年五月庚戌月食既壬子太
白晝見於參三十有六日經天又百八十四日乃伏七月
壬寅初昏有星自西南來其光燭地狀如月而稍不圓色
青白有小星千百環之若迸火然墜於東北少頃有聲如

鼓八月丁卯歲星犯輿鬼東南星巳巳歲星晝見於柳百有九日乃伏十一月乙巳月食癸丑白虹二夾月尋復貫之　四年正月庚子月犯東井三月甲寅歲星犯鬼積尸氣五月甲辰月食六月戊辰犯鎮星己巳太白晝見於張百八十有四日乃伏十一月壬辰歲星晝見于翼六十有七日夜又犯靈臺北第一星　五年正月辛丑太白晝見於牛二百三十有二日乃伏司天夾谷德玉等奏以爲臣強之象請致祭以禳之宣宗曰斗牛吳分蓋宋境也他國有災吾禳之可乎九月庚戌歲星犯左執法閏十二月戊子熒惑犯軒轅甲午月犯熒惑戊戌鎮星晝見于軫己亥

太白晝見於室　六年正月辛酉月犯熒惑壬戌犯軒轅三月壬子月食太白四月癸亥月食丙寅歲星犯太微左執法七月乙亥太白經天與日爭光八月己卯彗星出於亢宿右攝提周鼎之閒指大角太史奏除舊布新之象宜改元修政以消天變於是改是年爲元光元年九月丁未滅壬申月食歲星

元光二年八月乙亥熒惑入輿鬼掩積尸氣十月壬午犯靈臺十一月又犯心大星

哀宗正大元年正月丙午月犯昴三月癸丑犯熒惑是月熒惑逆行犯左執法四月癸酉熒惑犯右執法乙未太白辰星相犯　三年十一月丙辰月掩熒惑丁巳熒惑犯歲星庚申犯壘壁陣癸酉五星並見於西南十二月熒惑入月　四年正月壬戌熒惑犯太白六月丙辰太白入井七月丁亥熒惑犯斗從西第二星　五年五月乙酉月掩心大星　七年十月己巳月暈至五更復有大連環貫之絡北斗內有戟氣十二月庚寅有星出天津下大如鎮星而色不明初犯輦道二日見於東北在織女南乙未入天市垣戊申方出癸丑歷房北復東南行入積薪凡二十五日而滅

天興元年七月乙巳太白歲星熒惑太陰俱會於軫翼司

天武亢極言天變上惟歎息竟亦不之罪也八月甲戌太白歲星交閏九月己酉彗星見東方色白長丈餘彎曲如象牙出角軫南行至十二日長二丈十六日月燭不見二十七日五更復出東南約長四丈餘至十月一日始滅凡四十有八日司天奏其咎在北哀宗曰我亦北人今日之事我當滅也何乃不先不後適丁此乎

志第一

金史二十一

志第二

開府儀同三司上柱國録軍國重事前中書右丞相監修國史領經筵事都總裁臣脫脫奉

勑修

曆上 步氣朔 步卦候 步日躔 步晷漏

昔者聖人因天道以授人時釐百工以熙庶政步推之法其來尚矣自漢太初迄于前宋治曆者奚啻七十餘家大槩或百年或數十年率一易焉蓋日月五星盈縮進退與夫天運至不齊也人方製器以求之以俾其齊積寡至多不能無爽故爾金有天下百餘年曆惟一易天會五年司天楊級始造大明曆十五年春正月朔始頒行之其法以

三億八千三百七十六萬八千六百五十七為曆元五千二百三十為日法然其所本不能詳究或曰因宋紀元曆而增損之也正隆戊寅三月辛酉朔司天言日當食而不食大定癸巳五月壬辰朔日食甲午十一月甲申朔日食加時皆先天丁酉九月丁酉朔食乃後天由是占候漸差乃命司天監趙知微重修大明曆十一年曆成時翰林應奉耶律履亦造乙未曆二十一年十一月望太陰虧食遂命尚書省委禮部員外郎任忠傑與司天曆官驗所食時刻分秒比校知微履及見行曆之親疎以知微曆為親遂用之明昌初司天又改進親曆禮部郎中張行簡言請俟他日月食覆校無差然後用之事遂寢是以終金之世惟用知微曆我

朝初亦用之後始改授時曆焉今其書存乎太史氏而録之以為曆志

步氣朔第一

演紀上元甲子距今大定庚子八千八百六十三萬九千六百五十六年

日法五千二百三十

歲實一百九十一萬二百二十四分

通餘二萬七千四百二十四分

朔實一十五萬四千四百四十五分

通閏五萬六千八百八十四分

歲策三百六十五日餘一千二百七十四分

朔策二十九日餘二千七百七十五分

氣策一十五日餘一千一百四十二分六十秒

望策一十四日餘四千 二分四十五秒

象策七日餘二千 二分二十二秒半

没限四千 八十七分三十秒

朔虛分二千四百五十五分

旬周三十一萬三千八百分

紀法六十

秒母九十

求天正冬至

置上元甲子以来積年歲實乘之為通積分滿旬周去之不盡以日法約之為日不盈為餘命甲子筭外即所求天正冬至日大小餘

求次氣

置天正冬至大小餘以氣策累加之秒盈秒母從分分滿日法從日即得次氣日及餘秒

求天正經朔

以朔實去通積分不盡為閏餘以減通積為朔積分滿旬周去之不盡如日法而一為日不盈為餘即所求天正經朔大小餘也

求弦望及次朔

置天正經朔大小餘以象策累加之即各得弦望及次朔經日及餘秒也

求沒日

置有沒之恒氣小餘如沒限已上為有沒之氣以秒母乘之內其秒用減四十七萬七千五百五十六餘滿六千八百五十六而一所得併恒氣大餘命為沒日

求滅日

置有滅之朔小餘（經朔小餘不滿朔虛分者）六因之如四百九十一而一所得併經朔大餘命為滅日

步卦候第二

候策五　餘三百八十　秒八十

卦策六　餘四百五十七　秒六

貞策三　餘二百二十八　秒四十八

秒母九十

辰法二千六百一十

半辰法一千三百七半

刻法三百一十三　秒八十

辰刻八　一百四分　秒六十

半辰刻四　五十二分　秒三十

秒母一百

求七十二候

置中氣大小餘命之為初候以候策累加之即次候及末候也

求六十四卦

置中氣大小餘命之為公卦以卦策累加之得辟卦又加之得侯內卦以貞策加之得節氣之初為侯外卦又以貞策加之得大夫卦又以卦策加之為卿卦

求土王用事

以貞策減四季中氣大小餘即土王用事日也

求發歛

置小餘以六因之如辰法而一為辰如不盡以刻法除之為刻命子正筭外即得加時所在辰刻及分如加半辰法即命子刻初

二十四氣卦候

恒氣	初候	次候	末候	始卦	中卦	終卦
冬至 十一月中 坎初六	蚯蚓結	麋角解	水泉動	公中孚	辟復	侯屯內
小寒 十二月節 坎九二	鴈北鄉	鵲始巢	野雞始雊	侯屯外	大夫謙	卿睽
大寒 十二月中 坎六三	雞始乳	鷙鳥厲疾	水澤腹堅	公升	辟臨	侯小過內
立春 正月節 坎六四	東風解凍	蟄蟲始振	魚上冰	侯小過外	大夫蒙	卿益
雨水 正月中 坎九五	獺祭魚	鴻鴈來	草木萌動	公漸	辟泰	侯需內
驚蟄 二月節 坎上六	桃始華	倉庚鳴	鷹化為鳩	侯需外	大夫隨	卿晉
春分 二月中 震初九	玄鳥至	雷乃發聲	始電	公解	辟大壯	侯豫內
清明 三月節 震六二	桐始華	田鼠化為鴽	虹始見	侯豫外	大夫訟	卿蠱
穀雨 三月中 震六三	萍始生	鳴鳩拂其羽	戴勝降于桑	公革	辟夬	侯旅內
立夏 四月節 震九四	螻蟈鳴	蚯蚓出	王瓜生	侯旅外	大夫師	卿比
小滿 四月中 震六五	苦菜秀	靡草死	小暑至	公小畜	辟乾	侯大有內
芒種 五月節 震上六	螳螂生	鵙始鳴	反舌無聲	侯大有外	大夫家人	卿井
夏至 五月中 離初九	鹿角解	蜩始鳴	半夏生	公咸	辟姤	侯鼎內
小暑 六月節 離六二	溫風至	蟋蟀居壁	鷹乃學習	侯鼎外	大夫豐	卿渙
大暑 六月中 離九三	腐草為螢	土潤溽暑	大雨時行	公履	辟遯	侯恒內
立秋 七月節 離九四	涼風至	白露降	寒蟬鳴	侯恒外	大夫節	卿同人
處暑 七月中 離六五	鷹乃祭鳥	天地始肅	禾乃登	公損	辟否	侯巽內
白露 八月節 離上九	鴻鴈來	玄鳥歸	群鳥養羞	侯巽外	大夫萃	卿大畜
秋分 八月中 兌初九	雷始收聲	蟄蟲坏戶	水始涸	公賁	辟觀	侯歸妹內
寒露 九月節 兌九二	鴻鴈來賓	雀入大水為蛤	菊有黃華	侯歸妹外	大夫無妄	卿明夷
霜降 九月中 兌六三	豺乃祭獸	草木黃落	蟄蟲咸俯	公困	辟剝	侯艮內
立冬 十月節 兌九四	水始冰	地始凍	野雞入水為蜃	侯艮外	大夫既濟	卿噬嗑
小雪 十月中 兌九五	虹藏不見	天氣上騰地氣下降	閉塞而成冬	公大過	辟坤	侯未濟內
大雪 十一月節 兌上六	鶡鳥不鳴	虎始交	荔挺出	侯未濟外	大夫蹇	卿頤

步日躔第三

周天分一百九十一萬二百九十三分五百三十秒

歲差六十九　五百三十秒秒母一萬

周天度三百六十五度二十五分六十八秒

象限九十一　三十分九秒

○二十四氣日積度及盈縮

恒氣	日積度分秒	損益率	初末率	日差	盈縮積
冬至	空	益七千五十九	初四百九十八八十六十五 末四百八十八八十三	四九十一七十九	盈空
小寒	十五九十二四十三	益六千四百六十	初四百五十五八十九七十二 末三百五十二二十四十一	五一十八九十九	盈七千五十九

恒氣	中積	損益率	初末率	日差	盈縮積
大寒	三十二 十三 四十八	益四千七百一十八	初三百四十八 八十四十 末三百七十二 十八 六十四	五 四十六 一十九	盈一萬二千九百七十九
立春	四十七 四十二 五十一	益三千四百五十三	初三百八十七 六十六 八十六 末三百六十六 二十一 六十六	五 七十三 九十六	盈一萬七千六百九十七
雨水	六十二 九十八 八十九	益二千一百二十六	初二百八十三 十七 三十八 末九十七 二十三 二十二	五 九十八 八十七	盈二萬一千一百五十
驚蟄	七十八 四十二 空	益七百三十九	初九十二 二十三 四十六 末五十九 十八 四十	五 九十八 八十七	盈二萬三千二百七十六
春分	九十二 二十二 二十四	損七百三十九	初五十九 十八 四十 末九十二 二十三 四十六	五 九十八 八十七	盈二萬四千一十五
清明	一百八 八十五 六十九	損二千一百二十六	初九十八 九十六 五十 末一百八十四 十三 三十	五 七十三 九十六	盈二萬三千二百七十六
穀雨	一百二十三 八十六 三十八	損三千四百五十三	初一百八十八 六十四 八 末二百六十五 四十三 五十四	五 四十六 一十九	盈二萬一千一百五十
立夏	一百三十八 七十三 六十	損四千七百一十八	初二百七十二 三十九 七 末三百四十六 九十四 三十二	五 一十八 九十九	盈一萬七千六百九十七
小滿	一百五十三 四十八 二十七	損五千九百二十	初三百五十四 四十三 七十九 末四百一十二 三十九 六十	四 九十一 七十九	盈一萬二千九百七十九
芒種	一百六十八 二十 九十三	損七千五十九	初四百二十一 八十六 十二 末四百九十八 八十六 五十五	四 九十一 七十九	盈七千五十九
夏至	一百八十二 六十二 二十八	益七千五十九	初四百九十八 八十六 五十五 末四百二十一 八十六 十二	四 九十一 七十九	縮空
小暑	一百九十七 二十三 四十三	益五千九百二十	初四百一十二 三十九 六十 末三百五十四 四十三 七十九	五 一十八 九十九	縮七千五十九
大暑	二百一十一 七十八 八	益四千七百一十八	初三百四十六 九十四 三十二 末二百七十二 三十九 七	五 四十六 一十九	縮一萬二千九百七十九
立秋	二百二十六 五十 七十六	益三千四百五十三	初二百六十五 四十三 五十四 末一百八十八 六十四 八	五 七十三 九十六	縮一萬七千六百九十七
處暑	二百四十一 三十八 七	益二千一百二十六	初一百八十四 十三 三十 末九十八 九十六 五十	五 九十八 八十七	縮二萬一千一百五十
白露	二百五十六 三十八 六十六	益七百三十九	初九十二 二十三 四十六 末五十九 十八 四十	五 九十八 八十七	縮二萬三千二百七十六
秋分	二百七十一 五十三 十二	損七百三十九	初五十九 十八 四十 末九十二 二十三 四十六	五 九十八 八十七	縮二萬四千一十五
寒露	二百八十六 八十二 三十五	損二千一百二十六	初九十八 九十六 五十 末一百八十四 十三 三十	五 七十二 九十六	縮二萬三千二百七十六
霜降	三百二 二十五 四十六	損三千四百五十三	初一百八十八 六十四 八 末二百六十五 四十三 五十四	五 四十六 一十九	縮二萬一千一百五十
立冬	三百一十七 八十一 八十四	損四千七百一十八	初二百七十二 三十九 七 末三百四十六 九十四 三十二	五 一十八 九十九	縮一萬七千六百九十七
小雪	三百三十二 五十 八十七	損五千九百二十	初三百五十四 四十三 七十九 末四百一十二 三十九 六十	四 九十一 七十九	縮一萬二千九百七十九
大雪	三百四十七 九十二 三十一	損七千五十九	初四百二十一 八十六 十二 末四百九十八 八十六 五十五	四 九十一 七十九	縮七千五十九

二十四氣中積及朓朒

恒氣	中積 約分 秒分	損益率	初末率	日差	朓朒積
冬至	空	益二百七十六	初十九 四十六 六十四 末十六 七十六 五十三	一十九 空	朒空
小寒	十五 二千一百八十四 六十 二十二 八十四	益二百三十二	初十六 六十六 七十 末十三 八十二 二十九	二十 二十九	朒二百七十六
大寒	三十 四千三百六十九 二十 四十三 六十九	益一百八十五	初十三 六十九 九十一 末十 六十三 二十四	二十一 五十九	朒五百八
立春	四十五 六千五百五十三 八十 六十五 五十四	益一百三十五	初十四 六十 七十 末七 二十七 四十五	二十二 四十五	朒六百九十三
雨水	六十 八千七百三十八 四十 八十七 三十九	益八十三	初七 二十 十四 末五 七十九 六十三	二十三 三十一	朒八百二十八
驚蟄	七十六 四百八十三 九 二十四	益二十九	初三 五十七 八十二 末六 三十二 四十八	二十三 三十一	朒九百一十一
春分	九十一 二千六百六十八 三十一 九	損二十九	初六 三十二 四十八 末三 五十七 八十二	二十三 三十一	朒九百四十
清明	一百六 四千八百五十二 六十 五十二 九十四	損八十三	初三 八十 五十一 末七 五 一	二十二 四十五	朒九百一十一
穀雨	一百二十一 七千三十七 二十 七十四 七十八	損一百三十五	初七 三十三 五十九 末十 四十四 五十六	二十一 五十九	朒八百二十八
立夏	一百三十六 九千二百二十二 八十 九十六 六十三	損一百八十五	初十 七十一 三十六 末十三 三十四 九十一	二十 二十九	朒六百九十三
小滿	一百五十二 九百六十六 四十 一十八 四十八	損二百三十二	初十三 五十八 九十四 末十六 九十三 五十三	一十九 空	朒五百八
芒種	一百六十七 三千一百五十一 四十 三十三	損二百七十六	初十六 七十八 六十四 末十九 四十八 六十四	一十九 空	朒二百七十六
夏至	一百八十二 五千三百三十六 六十 六十二 一十八	益二百七十六	初十九 四十六 六十四 末十六 七十六 五十三	一十九 空	朓空
小暑	一百九十七 七千五百二十 四十 八十四 二	益二百三十二	初十六 六十六 七十 末十三 八十二 二十九	二十 二十九	朓二百七十六
大暑	二百一十三 二百六十五 五 八十七	益一百八十五	初十三 六十九 九十一 末十 六十二 二十四	二十一 五十九	朓五百八
立秋	二百二十八 二千四百五十 二十七 七十二	益一百三十五	初十四 六十 七十 末七 二十七 四十五	二十二 四十五	朓六百九十三

處暑	二百四十三 三千七百廿一/六百四十五百六十四	益八十三	初七十二 一千四/末三千九百九十三	二十三三千二	朓八百二十八
白露	二百五十八 八千七百四十五/八千二百四十一	益二十九	初五十五六千二十一/末六十二十四八十	二十三三千二	朓九百一十一
秋分	二百七十二 四千八百二十八/九千三百二十七	損二十九	初六十三十四八十/末五十六三十三	二十三三千一	朓九百四十
寒露	二百八十九 七百九十八/千五十一	損八十三	初三十八十三十六/末七十五一	二十二四千五	朓九百一十一
霜降	三百四 一千九百三十五/十三千六九十六	損一百三十五	初七十三千三十九/末四十三千六	二十二五千九	朓八百二十八
立冬	三百一十九 三千七十六/五千八八十一	損一百六十五	初十七十三十六/末二十二五十九十一	二十二十九	朓六百九十三
小雪	三百三十四 四千二百七十八/八千一十六	損二百一十二	初十三八十九十四/末十六五十九十三	一十九空	朓五百八
大雪	三百四十一 一百二十三千/三 五十二	損二百四十六	初十六七十八五十二/末九十四十八六十四	一十九空	朓二百七十六

求每日盈縮朓朒

各置其氣損益率求盈縮用盈縮之損益求朓朒用朓朒之損益六因如象限而一為氣中率與後氣中率相減為合差半合差加減其氣中率為初末汎率至後加初減末分後減初加末又置合差六因如象限而一為日差半之加減初末汎率為初末定率至後減初加末分後加初減末以日差累加減其氣初末定率為每日損益分至後減分後加各以每日損益分加減氣下盈縮朓朒為每日盈縮朓朒二分前一氣無後率相減為合差者皆用前氣合差

求經朔弦望入氣

置天正餘以日法除為日不滿為餘如氣已下以減氣策為入大雪氣策已上去之餘亦減氣策為入小雪氣即得天正經朔入氣日及餘也以象策累加之滿氣策去之即得弦望入次氣日及餘因加後朔入氣日及餘也

求每日損益盈縮朓朒

以日差益加減損加減其氣初損益率為每日損益率馴積損益其氣盈縮朓朒積為每日盈縮朓朒積

求經朔弦望入氣朓朒定數

各以所入恒氣小餘以乘其日損益率乘如日法而以所得損益其下朓朒積為定數

赤道宿度

斗二十五度 牛七度少 女十一度少 虛九度少 秒六十八
危十五度半 室十七度 壁八度太

右北方七宿九十四度 秒六十八

奎十六度半 婁十二度 胃十五度 昴十一度少
畢十七度少 觜半度 參十度半

右西方七宿八十三度

井三十三度少 鬼二度半 柳十三度太 星六度太
張十七度少 翼十八度太 軫十七度

右南方七宿一百九度少

角十二度 亢九度少 氐十六度 房五度太
心六度少 尾十九度少 箕十度半

右東方七宿七十九度

求冬至赤道日度

置通積分以周天分去之餘日法而一為度不滿退除為分秒（以百為母）命起赤道虛宿七度外去之至不滿宿即所求年天正冬至加日躔赤道宿度及秒

求春分夏至秋分赤道日度

置天正冬至加時赤道日度累加象限滿赤道宿次去之即各得春分夏至秋分時日在宿及分秒

求四正赤道宿積度

置四正赤道宿全度以四正赤道日度及分減之餘為距後度以赤道宿度累加之各得四正後赤道宿積度及分

求赤道宿積度入初末限

視四正後赤道宿積度及分在四十五度六十五分秒五十四半已下為入初限已上者用減象限餘為入末限

求二十八宿黃道度

以四正後赤道宿入初末限度及分減一百一度餘以初末限度及分乘之進位滿百為分分滿百為度至後以減分後以加赤道宿積度為其宿黃道積度以前宿黃道積度減之（其四正之宿先加象限然後前宿減之）為其宿黃道度及分（其分就近約為太半少）

黃道宿度

斗 二十三度　牛 七度　女 十一度　虛 九度少 秒六十八
危 十六度　室 十七度少　壁 九度半
右北方七宿九十四度 六十八秒
奎 十七度太　婁 十二度太　胃 十五度半　昴 十一度　畢 十六度半
觜 半度　參 九度太
右西方七宿八十三度太 一百七十七七五六八
井 三十度半　鬼 二十度半　柳 十三度少　星 六度太　張 十七度太
翼 二十度　軫 十八度半
右南方七宿一百九度少 二百八十七
角 十二度太　亢 九度太　氐 十六度少　房 五度太　心 六度

尾 十八度少　箕 九度半
右東方七宿七十八度少 三百六十五二十五六十八

前黃道宿度依今曆歲差所在筭定如上考往古下驗將來當據歲差每移一度依術推變當時宿度然可步躔知其所在

求天正冬至加時黃道日度

以冬至加時赤道日度及分秒減一百一度餘以冬至赤道日度及分秒乘之進位滿百為分分滿百為度度命黃赤道差用減冬至加時赤道日度及分秒即所求年天正冬至加時黃道日度及分秒

求二十四氣加時黄道日度

置所求年冬至日躔黄赤道差以次年黄赤道差減之餘以所求氣數乘之二十四而一所得以加其氣中積及約分　又以其氣初日盈縮數盈加縮減之用加冬至加時黄道日度依宿次去之即各得其氣加時黄道日躔宿度及分秒（如其年冬至加時赤道加宿度空分秒在歲差已下者即加前宿全度然求黄赤道差餘依術算）

求二十四氣每日晨前夜半黄道日度

副置其氣小餘以其氣初日損益率乘之（盈縮之損益）萬約之為分應益者盈加縮減應損者盈減縮加其副日法除之為度不滿退除為分秒以減其氣加時黄道日度即各得其氣初日晨前夜半黄道日度每日加一度以百約每日損益率（盈縮之損益）應益者盈加縮減應損者盈減縮加為每日晨前夜半黄道日度及分秒

求每日午中黄道日度

置一萬分以所入氣日盈縮損益率應益者盈加縮減應損者盈減縮加皆加減損益率餘半之滿百為分不滿為秒以加其日晨前夜半黄道日度即其日午中日躔黄道宿度及分秒

求每日午中黄道積度

以二至加時黄道日度距至所求日午中黄道日度為入二至後黄道積度分秒

求每日午中黄道入初末限

視二至後黄道積度在四十三度一十二分秒八十七已下為初限已上用減象限餘為入末限其積度滿象限去之為二分後黄道積度在四十八度一十八分秒二十二已下為初限已上用減象限餘為入末限

求每日午中赤道日度

以所求日午中黄道積度入至後初限分後末限度及分秒進三位加二十萬二千五十少開平方除之所得減去四百四十九半餘在初限者直以二至赤道日度加而命之在末限者以減象限餘以二分赤道日度加而命之即每日午中赤道日度以所求日午中黄道積度入至後末限分後初限度及分秒進三位用減三十萬三千五十少開平方除之所得以減五百五十半其在初限者以所減之餘直以二分赤道日度加而命之在末限者以減象限餘以二至赤道日度加而命之即每日午中赤道日度

太陽黄道十二次入宫宿度

雨水　危十三度三十九分五十九秒外入衛分陬訾之次辰在亥

春分　奎二度三十五分八十五秒外入魯分降婁之次辰在戌

穀雨　胃四度二十四分二十三秒外入趙分大梁之次辰在酉

小滿　畢七度九十六分六秒外入晉分實沈之次辰在申

夏至　井九度四十七分一十秒外入秦分鶉首之次辰在未

大暑　柳四度九十五分二十六秒外入周分鶉火之次辰在午

處暑　張十五度五十六分三十五秒外入楚分鶉尾之次辰在巳

秋分　軫十度四十四分五秒外入鄭分壽星之次辰在辰

霜降　氐一度七十七分七十七秒外入宋分大火之次辰在卯

小雪　尾三度九十七分九十二秒外入燕分析木之次辰在寅

冬至　斗四度三十六分六十二秒外入吳越分星紀之次辰在丑

大寒　女二度九十分九十一秒外入齊分玄枵之次辰在子

求入宮時刻

各置入宮宿度及分秒以其日晨前夜半日度減之（相近一度之間者求之）餘以日法乘其分其秒從於下亦通乘之為實以其日太陽行分為法實如法而一所得依發斂加時求之即得其日太陽入宮時刻及分秒

步晷漏第四

中限一百八十二日六十二分一十八秒

冬至初限夏至末限六十二日二十分

夏至初限冬至末限一百二十日四十二分

冬至地中晷影常數一丈二尺八寸三分

夏至地中晷影常數一尺五寸六分

周法一千四百二十八

內外法一萬八百九十六

半法二千六百一十五

日法四分之三三千九百二十二半

日法四分之一一千三百七半

昏明分一百三十分七十五秒

昏明刻二刻一百五十六分九十秒

刻法三百一十三分八十秒

秒母一百

求午中入氣中積

置所求日大餘及半法以所入之氣大小餘減之為其日午中入氣以加其氣中積為其日午中中積（小餘以日法除為約分）

求二至後午中入初末限

置午中中積及分如中限已下為冬至後已上去中限為夏至後其二至後如在初限已下為初限已上覆減中限餘為入末限也

求午中晷影定數

視冬至後初限夏至後末限百通日內分自相乘副置之以一千四百五十除之所得加五萬三百八十折半限分併之除其副為分分滿十為寸寸滿十為尺用減冬至地

中晷影當數為所求晷影定數視夏至後初限冬至後末限百通日內分自相乘為上位下置入限分以二百五十乘百約之加一十九萬八千七十五為法夏至前後半限已上者減去半限列於上位下位置半限各百通日內分先相減後相乘以七千七百除之所得以加其法反除上位為分分滿十為寸寸滿十為尺用加夏至地中晷影常數為所求晷影定數

求四方所在晷影

各於其處測冬夏二至晷影乃相減之餘為其處二至晷差亦以地中二至晷數相減為地中二至晷差其所求日在冬至後初限夏至後末限者如在半限已下倍之半限已上覆減半限餘亦倍之併入限日三因折半以日為分十為寸以減地中二至晷差為法置地中冬至晷影常數以所求日地中晷影定數減之餘以其處二至晷差乘之為實實如法而一所得以減其處冬至晷數即得其處其日晷影定數所求日在夏至後初限冬至後末限者如在半限已下倍之半限已上覆減半限餘亦倍之併入限日三因四除以日為分十為寸以加地中二至晷差為法置所求日地中晷影定數以地中夏至晷影常數減之餘以其處二至晷差乘之為實實如法而一所得以加其處夏至晷數即得其處其日晷影定數

二十四氣陟降及日出分

恒氣	增損差	加減差	陟降率	初末率	日出分
冬至	增初九二十六 末七九十六	減十	陟一十四十	初空五五十 末一二十六四	一千五百七十七九十二
小寒	增初七八十九 末六五十九	減十	陟二十八七十三	初一三十六 末二十七三十六	一千五百五十七五十二
大寒	增初六五十二 末五二十二	減十	陟四十三五十六	初二四十三 末二十五一十八	一千五百一十八七十九
立春	增初五一十八 末三八十八	減十	陟五十五二十九	初三二十九 末三九十二四十二	一千四百八十五三十三
雨水	增初三八十二 末二五十二	減十	陟六十三九十	初三九十五五十 末四三十九八十八	一千四百三十四
驚蟄	增初二四十八 末一二十八	減十	陟六十九一十八	初四四十四 末四七十七一十八	一千三百六十六二十四
春分	損初一二十六 末二四十	加八	陟六十四六十九	初四二十七 末四十六十八	一千二百九十六八十六
清明	損初二五十 末三二十四	加八	陟五十九九	初四八五十 末三六十六二十二	一千二百二十三二十七
穀雨	損初三六十五 末四九十九	加八	陟五十八十四	初三六十二 末三三六十二	一千一百五十三二十八
立夏	損初四八十 末五八十四	加八	陟三十九八十六	初二九十八五十 末二二十四二	一千一百二十二三十四
小滿	損初五九十六 末七二	加八	陟二十六六	初二二十六 末一二十五	一千八十二四十八
芒種	損初七一十九 末八二十二	加八	陟九三十五	初一一十五 末七十七六	一千五十六四十二
夏至	增初八二十七 末七三十三	減八	陟九三十五	初七十四五十 末二二十四四十	一千四十七七
小暑	增初七二十 末六一十六	減八	降二十六六	初一二十三 末一二十六五十三	一千五十六四十二
大暑	增初六空 末四九十六	減八	降三十九八十六	初二二十二五十 末二九十九二十二	一千八十二四十八
立秋	增初四八十 末三七十六	減八	降五十八十四	初三三 末三六十二九十二	一千一百二十二三十四
處暑	增初三六十 末二五十六	減八	降五十九九	初三六十五五十 末四八六十二	一千一百五十三二十八
白露	增初二四十 末一三十六	減八	降六十四六十九	初四十五十 末四三十六八十二	一千二百二十三二十七

秋分　損初一六十末二六十　加十　降六十九千八　初四六十八末四四十四九十　一千三百九十六九十六

寒露　損初二六十二末三九十二　加十　降六十三九十　初四四十二末三十九十六二十二　一千三百六十六二十四

霜降　損初三九十八末五二十八　加十　降五十五二十九　初三九十四末三二十九十八　一千四百二十四

立冬　損初五三十二末六六十二　加十　降四十三五十六　初三二十七末二四十三四十二　一千四百八十五二十三

小雪　損初六六十六末七九十六　加十　降二十八七十三　初二二十九五十末一三十七十六　一千五百二十八七十九

大雪　損初八二末九三十二　加十　降一十四十　初一二十八五十末六十七二十三　一千五百五十七五十二

二分前後陟降率

春分前三日太陽入赤道内秋分後三日太陽出赤道外故其陟降與他日不倫今各別立數而用之

驚蟄十二日陟四六十七一十四此爲末率於常畢其減差亦止於此

十三日陟四四十一六十四日陟四三十六九十十五日陟一一

秋分初日降四三十八一日降四三十九二日降四五十七

三日降四六十八此爲初率如用之其加差亦始於此

求每日日出入晨昏半晝分

各以陟降初率陟減降加其氣初日日出分爲一日下日出分以增損差仍加減加減差增損陟降率馴積而加減之即爲每日日出分覆減日法餘爲日入分以出分減日入分而半之爲半晝分以昏明分減日出分爲晨分加日入分爲昏分

求日出入辰刻

置日出入分以六因之滿辰法而一爲辰數不盡刻法除之爲刻數不滿爲分命子正筭外即得所求

求晝夜刻

置日出分十二乘之刻法而一爲刻不滿爲分即爲夜刻覆減百刻餘爲晝刻

求更點率

置晨分四因退位爲更率二因更率退位爲點率

求更點所在辰刻

置更點率以所求更點數因之又六因内加昏明分滿辰法而一爲辰數不盡滿刻法除之爲刻數不滿爲分命其辰刻筭外即得所求

求四方所在漏刻

各於所在下水漏以定其處冬至或夏至夜刻乃與五十刻相減餘爲至差刻置所求日黄道去赤道内外度及分以至差刻乘之進一位加二百三十九而一爲刻不盡以刻法乘之退除爲分内減外加五十刻即所求日夜刻以減百刻餘爲晝刻其日出入辰刻及更點差率筭等並依術求之

求黄道内外度

置日出分如日法四分之一已上去之餘爲外分如出分四之一已下覆減之餘爲内分置内外分千乘之如内外

法而一爲度不滿退除爲分即爲黃道去赤道內外度內減外加象限即得黃道去極度

求距中度及更差度

置半法以晨分減之餘爲距中分百乘之如周法而一爲距中度用減一百八十三度一十二分八十四秒餘四因退位爲每更差度

求昏明五更中星

置距中度以其日午中赤道日度加而命之即昏中星所格宿次因爲初更中星以更差度累加之命赤道宿次去之即得逐更及明中星

志第二

志第三 金史二十二

開府儀同三司上柱國錄軍國重事前中書右丞相監修國史領經筵事都總裁臣脫脫奉

勑修

曆下 步月離 步交會 步五星 渾象

步月離第五

轉中分一十四萬四千一百一十秒六千六十六○轉終日二十七日餘二千九百秒六千六十六○轉中日一十三日餘四千六十五秒三千三十三○朔差日一餘五千一百四秒三千九百三十四○象策七日餘二千一分二十二秒半○秒母一萬○上弦九十一度

三十一分四十二秒○望一百八十二度六十二分八十四秒○下弦二百七十三度九十四分二十六秒○月平行度十三度三十六分八十七秒半○分秒母一百○七日初數四千六百四十八末數五百八十二○十四日初數四千六十五末數一千一百六十五○二十一日初數三千四百八十三末數一千七百四十七○二十八日初數二千九百一末數二千三百二十九

求經朔弦望入轉

置天正朔積分以轉終分及秒去之不盡以日法而一爲

日不滿為餘秒，即天正十一月經朔入轉日及餘秒。以象策累加之，去命如前，即得弦望經日加時入轉日及餘秒。

徑求次朔入轉，以朔差加之。

轉定分及積度朓朒率

日	轉定分	積度	遲疾度	損益率	朓朒積
一日	一千四百九十八	初度	疾初	益五百十二	朓初
二日	一千四百五十七	一十四度六十八	疾一度三十一	益四百八十九	朓五百十二
三日	一千四百四十一	二十九度五十一	疾二度五十一	益四百十一	朓九百八十二
四日	一千四百二十一	四十三度六十七	疾三度五十六	益三百二十二	朓一千三百九十三
五日	一千三百九十九	五十七度八十九	疾四度四十一	益二百四十三	朓一千七百一十五
六日	一千三百七十三	七十一度八十八	疾五度三	益一百五十一	朓一千九百五十八
七日	一千三百四十七	八十四度六十一	疾五度二十九	初益四十三 末損四	朓二千一百九
八日	一千三百二十一	九十七度八	疾五度一十九	損八十三	朓二千一百四十八
九日	一千二百九十五	一百一十度二十九	疾四度三十二	損一百四十四	朓二千六十五
十日	一千二百七十一	一百二十三度二十四	疾四度九十一	損一百五十八	朓一千九百二十一
十一日	一千二百四十七	一百三十五度九十五	疾四度二十五	損二百四十一	朓一千七百六十三
十二日	一千二百一十八	一百四十八度四十二	疾三度二十五	損三百五十七	朓一千五百二十一
十三日	一千二百一十四	一百六十度八十	疾二度二十六	損四百八十一	朓一千一百六十四
十四日	一千二百四	一百七十二度九十四	疾一度三	初損四百三 末益一百七	朓四百三
十五日	一千二百八	一百八十四度六十八	遲空三十	益五百五	朒一百七
十六日	一千二百一十九	一百九十六度七十六	遲一度五十九	益四百九十二	朒六百一十二
十七日	一千二百二十六	二百八度七十五	遲二度六十七	益三百九十五	朒一千一百四
十八日	一千二百三十八	二百二十一度五十	遲三度七十八	益三百九	朒一千四百九十九
十九日	一千二百六十一	二百三十三度九	遲四度五十七	益二百一十九	朒一千八百八
二十日	一千二百八十七	二百四十八度九十	遲五度一十三	益一百七十七	朒二千七
二十一日	一千三百一十三	二百六十一度九十七	遲五度四十二	初益二十七 末損五十	朒二千一百四
二十二日	一千三百三十九	二百七十五度二十	遲五度四十七	損八十六	朒二千八十一
二十三日	一千三百六十四	二百八十八度五十九	遲五度二十五	損一百六十四	朒一千九百九十五
二十四日	一千三百八十八	三百一度九十三	遲四度六十八	損二百七十八	朒一千八百三十一
二十五日	一千四百一十二	三百一十五度八十一	遲四度七	損三百六十八	朒一千五百五十三
二十六日	一千四百四十九	三百二十九度九十二	遲三度一十三	損四百五十八	朒一千一百八十五
二十七日	一千四百八十三	三百四十四度五十二	遲二度一	損四百九十三	朒七百八十六
二十八日	一千四百七十二	三百五十八度六十四	遲空七十七	損二百九十三	朒二百九十三

求朔弦望入轉朓朒定數

置入轉小餘，以其日算外損益率乘之，如日法而一，所得以損益朓朒積為定數。其四七日下餘如初數已下，初率乘之，初數而一，以損益朓朒積為定數。如初數已上，初數減之，餘乘末率，末數而一，用減初率，餘加朓朒為定數。其十四日下餘如初數已上者，初數減之，餘乘末率，末數而一，便為朓朒定數。

求朔望定日

置經朔弦望小餘朓減朒加入氣入轉朓朒定數滿與不足進退大餘命甲子筭外各得定朔弦望日辰及餘定朔前干名與後干名同者其月大不同者其月小月內無中氣者為閏視定朔小餘秋分後在日法四分之三已上者進一日春分後定朔日出分與春分日出分相減之餘三約之用減四分之三定朔小餘及此數已上者亦進一日或有交虧初在日入前者不進之

定弦望小餘在日出分已下者退一日望或有交虧初在日出前者小餘雖在日出後亦退之如十七日望者又視定朔小餘在四分之三已下之數春分後用減定之數與定望小餘在日出分已上之數相較之朔少望多者望不退而朔猶進之望少朔多者朔不進而望猶退之日月之行有盈有縮遲疾加減之數或有四大三小者隨常也當察其時早晚隨所近而進退之使不過三大二小

求定朔弦望中積

置定朔弦望大小餘與經朔弦望大小餘相減之餘以加減經朔弦望入氣日經朔弦望少即加之多即減之即為定朔弦望入氣以加其氣中積即為定朔弦望中積其餘以日法退除為分秒

求定朔弦望加時日度

置定朔弦望約餘以所入氣日損益率乘盈縮損益萬約之以損益其下盈縮積乃盈加縮減定朔弦望中積又以冬至加時日躔黃道宿度依宿次去之即得定朔弦望加時日所在度及分秒又置定朔弦望約餘副置之以乘其日盈縮之損益率萬約之應益者盈加縮減應損者盈減縮加其副滿百為分分滿百為度以加其日夜半日度命之各得其日加時日躔黃道宿次若先於曆注定每日夜半日度即為秒也

求定朔弦望加時月度

凡合朔加時日月同度其定朔加時黃道日度即為定朔加時黃道月度弦望各以弦望度加定弦望加時黃道月度依宿次去之即得定朔弦望加時黃道月度及分秒

求夜半午中入轉

置經朔入轉以經朔小餘減之為經朔夜半入轉又經朔小餘與半法相減之餘以加減經朔加時入經朔少如半法加之多如半法減之為經朔午中入轉若定朔大餘有進退者亦加減轉入否則因經為定每日累加一日滿終日及餘秒去命如前各得每日夜半午中入轉求夜半因定朔夜半入轉累加之求午中因定朔午中入轉累加之求加時入轉者如求加時入氣術

求加時及夜半月度

置其日入轉筭外轉定分以定朔弦望小餘乘之如日法而一為加時轉分分滿百為度減定朔弦望加時月度為夜半月度以所得轉定分累加之即得每日夜半月度或朔至弦望或

（至後朔皆可累加之然近則差少遠則差多置所求前後夜半相距月度為行度計其相距入轉積度與行度相減餘以相距日數除為日差行度多以日差加每日轉定分行度少以日差減每日轉定分然後用之可中或欲速求用此數如究其故宜用後術）

求晨昏月度

置其日晨分乘其日筭外轉定分日法而一為晨轉分用減轉定分餘為昏轉分又以朔弦望定小餘乘轉定分日法而一為加時分以減晨昏轉分為前不足覆減之為後乃前加後減加時月度即晨昏月所在宿度及分秒

求朔弦望晨昏定程

各以其朔昏定月減上弦昏定月餘為朔後昏定程以上弦昏定月減望昏定月餘為上弦後昏定程以望晨定月減下弦晨定月餘為望後晨定程以下弦晨定月減後朔晨定月餘為下弦後晨定程

求每日轉定度

累計每程相距日下轉積度與晨昏定程相減餘以相距日數除之為日差（定程多加之定程少減之）以加減每日轉定分為轉定度因朔弦望晨昏月每日累加之滿宿次去之為每日晨昏月度及分秒（凡注曆朔日以後注昏月望後一日注晨月）古曆有九道月度其數雖繁亦難削去具其術如後

求平交日辰

置交終日及餘秒其以月經朔加時入交汎日及餘秒減之為平交入其月經朔加時後日筭及餘秒以加其月經朔大小餘其大餘命甲子筭外即平交日辰及餘秒（求次交者以交終日及餘秒加之大餘滿紀法去之命如前即次平交日辰及餘秒）

求平交入轉朓朒定數

置平交小餘加其日夜半入轉餘以乘其日損益率日法而一所得以損益其下朓朒積為定數

求正交日辰

置平交小餘以平交入轉朓朒定數朓減朒加之滿與不足進退日辰即正交日辰及餘秒與定朔日辰相距即所在月日

求經朔加時中積

各以其月經朔加時入氣日及餘加其氣中積及餘其日命為度其餘以日法退除為分秒即其經朔加時中積度分秒

求正交加時黃道月度

置平交入經朔加時後日筭及餘秒以日法通日內餘進二位如三萬九千一百二十一分為度不滿退除為分秒以加其月經朔加時中積然以冬至加時黃道日度加而命之即得其月正交加時月離黃道宿度及分秒如求次

交者以受終度及秒加而命之即得所求

求黄道宿積度

置正交時黄道宿全度以正交加時月離黄道宿度及分秒減之餘為距後度及分秒以黄道宿度累加之即各得正交後黄道宿積度及分秒

求黄道宿積度入初末限

置黄道宿積度及分秒滿交象度及分秒去之如在半交象已下為初限已上者以減交象度及分秒餘為入末限入交積度交象度並在交會術中

求月行九道宿度

凡月行所交冬入陰曆夏入陽曆月行青道冬至夏至後青道半交在春分之宿當黄道東立夏後青道半交在立春之宿當黄道東南至所衝之宿亦如之冬入陽曆夏入陰曆月行白道冬至夏至後白道半交在秋分之宿當黄道西立冬立夏後白道半交在立秋之宿當黄道西北至所衝之宿亦如之春入陽曆秋入陰曆月行朱道春分秋分後朱道半交在夏至之宿當黄道南立春立秋後朱道半交在立夏之宿當黄道西南至所衝之宿亦如之春入陰曆秋入陽曆月行黑道春分秋分後黑道半交在冬至之宿當黄道北立春立秋後黑道半交在立冬之宿當黄道東北至所衝之宿亦如之四序離為八節至陰陽之所交皆與黄道相會故月行有九道各以所入初末限度及分秒減一百一度餘以所入初末限度及分乘之半而退位為分分滿百為度命為月道與黄道汎差凡日以赤道内為陰外為陽月以黄道内為陰外為陽故月行正交入夏至後宿度内為同名入冬至後宿度内為異名其在同名者置月行與黄道汎差九因八約之為定差半交後正交前以差減正交後半交前以差加此加減出入六度正如黄赤道相交同名之差若較之漸異則隨交所在遷變不同也仍以正交度距秋分度數乘定差如象限而一所得為月道與赤道定差前加者為減減者為加其在異名者置月行與黄道汎差七因八約為定差半交後正交前以差加正交後半交前以差減此加減出入六度與如黄道赤道相交異名之差較之漸同則隨交所在遷變不常仍以正交度距春分度數乘定差如象限而一所得為月行與赤道定差前加者為減減者為加各加減黄道宿積度為九道宿積度以前宿九道積度減之為其宿九道度及分其分就近約為太半少論春夏秋冬以四時日所在宿度為正

求正交加時月離九道宿度

以正交加時黄道日度及分減一百一度餘以正交度及分乘之半而退位為分分滿百為度命為月道與黄道汎差其在同名者置月行與黄道汎差九因八約之為定差以加仍以正交度距秋分度數乘定差如象限而一所得為月道與赤道定差以減其在異名者置月行與黄道汎差七因八約之為定差以減仍以正交度距春分度數乘

定差如象限而一所得為月道與赤道定差以加置正交加時黃道月度及分以二差加減之即為正交加時月離九道宿度及分

求定朔弦望加時月所在度

置定朔加時日躔黃道宿次凡合朔加時月行潛在日下與太陽同度是為加時月離宿次各以弦望度及分秒加其所當弦望加時月躔黃道宿度滿宿次去之命如前各得定朔弦望加時月所在黃道宿度及分秒

求定朔弦望加時九道月度

各以定朔弦望加時月離黃道宿度及分秒如前宿正交後黃道積度為定朔弦望加時正交後黃道積度如前求九道積度以前宿九道積度減之餘為定朔弦望加時九道月離宿度及分秒其合朔加時若非正交則日在黃道月在九道所入宿度雖多少不同考其兩極若應繩準故云月行潛在日下與太陽同度即為加時九道月度其求晨昏夜半月度並依前術

步交會第六

交終分一十四萬二千三百一十九秒九千三百六十八〇交終日二十七日餘一千一百九分秒九千三百六十八〇交中日十三餘三千一百六十九秒九千六百八十四〇交朔日二餘一千六百六十五秒六百三十二〇交望日十四餘四千二秒五千〇秒母一萬〇交終三百六十三度七千九分三十六秒〇交中一百八十一度八十九分六十八秒〇交象九十度九十四分八十四秒〇半交象四十五度四十七分四十二秒〇日蝕既前限二千四百定法二百四十八〇日蝕既後限三千一百定法三百二十〇月蝕限五千一百〇月蝕既一千七百定法三百四十〇分秒母一百

求朔望入交

置天正朔積分以交終分去之不盡如日法而一為日不滿為餘即天正十一月經朔加時入交汎日及餘秒交朔加之得次朔交望加之得次望再加交望亦得次朔各為朔望入交汎日及餘秒

求定朔每日夜半入交

各置入交汎日及餘秒減去經朔望小餘即為定朔望夜半入交汎日及餘秒若定朔望有進退者亦進退交日否則因經為定大月加二日小月加一日餘皆加四千一百二十秒六百三十二即次朔夜半入交累加一日滿交終日及餘秒去之即每日夜半入交汎日及餘秒

求交朔望加時入交

置經朔望加時入交汎日及餘秒以入氣入轉朓朒定數

朓減朒加之即定朔望加時入交汎日及餘秒

求定朔望加時入交積度及陰陽曆

置定朔望加時入交汎日以日法通之內餘進二位如三萬九千一百二十一而一為度不滿退除為分秒即定朔望加時月行入交積度以定朔望加時入轉遲疾度遲減疾加之即月行入交定積度如交中度已下入陽曆積度已上去之餘為入陰曆積度（每日夜準此求）

求月去黃道度

視月入陰陽曆積度及分如交象已下為少象已上覆減交中餘為老象置所入老少象度於上列交象度於下相

減相乘倍而退位為分滿百為度用減所入老少象度及分餘又與交中度相減相乘八因之以百一十除為分分滿百為度即得月去黃道度

求朔望加時入交常日及定日

置朔望入交汎日以入氣朓朒定數朓減朒加之為入交常日

又置入轉朓朒定數進一位一百二十七而一所得朓減朒加之常日為入交日及餘秒

求入交陰陽曆交前後分

視入交定日如交中已下為陽曆已上去之為陰曆如一日上下（以日法通日為分）為交後分十三日上下覆減交中為交前分

求日月蝕甚定餘

置朔望入氣入轉朓朒定數同名相從異名相消以一千三百三十七乘之定朔望加時入轉筭外轉定分除之所得以朓減朒加經朔望小餘為汎餘

日蝕視汎餘如半法已下為中前分半法已上去半法為中後分置中前後分與半法相減相乘倍之萬約為分曰時差中前以時差減汎餘為定餘覆減半法餘為午前分中後以時差加汎餘為定餘減去半法為午後分

月食視汎餘在日入後夜半前者如日法四分之三已下減去半法為酉前分四分之三已上覆減日法餘為酉後分又視汎餘在夜半後日出前者如日法四分之一已下為卯前分四分之一已上覆減半法餘為卯後分其卯酉前後分自相乘四因退位萬約為分以加汎餘為定餘各置定餘以發斂加時法求之即得日月所蝕之辰刻

求日月食甚日行積度

置定朔望食甚大小餘與經朔望大小餘相減之餘以加減經朔望入氣日小餘（經朔望日小餘少加多減）即為食甚入氣以加其氣中積為食甚中積又置食甚入氣小餘以所入氣日積

益率盈縮之損益之乘之日法而一以損益其日盈縮積盈加縮減食甚中積即爲食甚日行積度及分

求氣差

置日食甚日行積度及分滿中限去之餘在象限已下為初限已上覆減中限為末限皆自相乘進二位如四百七十八而一所得用減一千七百四十四餘為氣差恒數以午前後分乘之半晝分除之所得以減恒數為定數不及減覆減之為定數應加者減之減者加之春分後陽曆減陰曆加秋分後陽曆加陰曆減春分前秋分後各二日二千一百分為定氣於此加減之

求刻差

置日食甚日行積度及分滿中限去之餘與中限相減相乘進二位如四百七十八而一所得為刻差恒數以午前後分乘之日法四分之一除之所得為定數若在恒數已上者倍恒數以所得之數減之為定數依其加減冬至後午前陽加陰減午後陽減陰加夏至後午前陽減陰加午後陽加陰減

求日食為交前後定分

氣刻二差定數同名相從異名相消為食差依其加減去交前後分為去交前後定分視其前後定分如在陽曆即不食如在陰曆即有食之如交前陰曆不及減反減之反減食差為交後陽曆交後陰曆不及減反減之為交前陽曆即不食亦入交前陽曆不及減反減之為交後陰曆交後陽曆不及減反減之為交前陽曆即日有食之

求日食分

視去交前後定分如二千四百已下為既前分以二百四十八除為大分二千四百已上覆減五千五百不足減者不食為既後分以三百二十除為大分不盡退除為秒即得日食之分秒

求月食分

視去交前後分不用氣刻差者一千七百已下者食既已上覆減五千一百不足減者不食餘以三百四十除為大分不盡退除為

秒即為月食之分秒也去交分在既限已下覆減既限亦以三百四十除為既內之大分

求日食定用分

置日食之大分與三十分相減相乘又以二千四百五十乘之如定朔入轉筭外定分而一所得為定用分減定餘為初虧分加定餘為復圓分各以發斂加時法求之即得日食三限辰刻

求月食定用分

置月食之大分與三十五分相減相乘又以二千一百乘之如定朔入轉筭外轉定分而一所得為定用分加減定

餘為初虧復圓分各如發斂加時法求之即得月食三限辰刻

月食既者以既內大分與十五相減相乘又以四千二百乘之如定朔入轉筭外轉定分而一所得為既內分用減定用分為既外分置月食定餘減定用分為初虧因加既外分為食既又加既內分為食甚（即定餘分也）再加既內分為生光復加既外分為復圓各以發斂加時法求之即得月食五限辰刻

求月食入更點

置食甚所入日晨分倍之五約為更法又五約更法為點乃置月食初末諸分昏分已上減昏分晨分已下加晨分如不滿更法為初更不滿點法為一點依法以次求之即各得更點之數

求日食所起

食在既前初起西南甚於正南復於東南食在既後初起西北甚於正北復於東北其食八分已上皆起正西復於正東（此據正午地而論之）

求月食所起

月在陽曆初起東北甚於正北復於西北月在陰曆初起東南甚於正南復於西南其食八分已上皆起正東復於正西（此亦據午地而論之）

求日月出入帶食所見分數

各以食甚小餘與日出入分相減餘為帶食差以乘所食之分滿定用分而一（月食既者以既內分減帶食差餘乘所食分如既外分而一不及減者為帶食既出入）以減所食分即日月出入帶食所見之分（其食甚在晝晨為漸進昏為已退食甚在夜晨為已退昏為漸進）

求日月食甚宿次

置日月食甚日行積度（望即更加半周天）以天正冬至加時黃道日度加而命之依黃道宿次去之即各得日月食甚宿度及分

步五星第七

木星周率二百八萬六千一百四十二五十四秒○曆率二千二百六十五萬五百七○曆度法六萬二千一十四○周日三百九十八日八十八分○曆度三百六十五度二十四分八十二秒○曆中一百八十二度六十二分四十一秒○曆策一十五度二十一分八十七秒○伏見一十三度

段目	段日	平度	限度	初行率
合伏	十六日（八十六分）	三度（八十六）	二度（九十三）	二十三
晨順疾	二十八日	六度（二十一）	四度（六十四）	二十二

段目	段日	平度	限度	初行率
晨次疾	二十八日	五度五十一	四度二十九	二十一
晨順遲	二十八日	四度三十一	三度二十八	一十八
晨末遲	二十八日	一度九十一	一度四十五	一十二
晨留	二十四日			
晨退	四十六日五十八	四度八十八 一十八	空	三十二 八十二
夕退	四十六日五十八	四度八十八 一十八	空	三十二 八十二 一十八
夕留	二十四日			
夕末遲	二十八日	一度九十一	一度	四十五
夕順遲	二十八日	四度三十一	三度二十八	一十二
夕次疾	二十八日	五度五十一	四度二十九	一十八
夕順疾	二十八日	六度一十一	四度六十四	二十一
夕伏	二十八日八十六	三度八十六	二度九十三	二十三

策數	損益率	盈積度	損益率	縮積度
一	益一百五十九	初	益一百五十九	初
二	益一百四十二	一度五十九	益一百四十二	一度五十九
三	益一百二十	三度一	益一百二十	三度一
四	益九十三	四度二十一	益九十三	四度二十一
五	益六十一	五度一十四	益六十一	五度一十四
六	益二十四	五度七十五	益二十四	五度七十五
七	損二十四	五度九十九	損二十四	五度九十九
八	損六十一	五度七十五	損六十一	五度七十五
九	損九十三	五度一十四	損九十三	五度一十四
十	損一百二十	四度二十一	損一百二十	四度二十一
十一	損一百四十二	三度一	損一百四十二	三度一
十二	損一百五十九	一度五十九	損一百五十九	一度五十九

火星周率四百七萬九千四十一秒九十七○曆率三百五十九萬二千七百五十八秒三十二○曆度法九千八百三十六半○周日七百七十九日九十三分一十六秒○曆度三百六十五度二十四分七十六秒○曆中一百八十二度六十二分三十八秒○曆策一十五度二十一分八十六秒○伏見一十九度

段目	段日	平度	限度	初行率
合伏	六十七日	四十八度	四十五度四十八	七十三
晨順疾	六十三日	四十四度六十	四十一度二十六	七十二
晨次疾	五十八日	四十度九	三十七度九十九	七十
晨中疾	五十二日	三十四度六	三十一度二十三	六十八
晨末疾	四十五日	二十六度三十二	二十四度九十九	六十三
晨順遲	三十七日	一十六度九十八	一十五度八十	五十四
晨末遲	二十八日	五度七十五	五度四十五	三十七
晨留	一十日			

晨退	二十八日九十六秒八十六	八度	一十三六十	三度四十五
夕退	二十八日九十六秒八十六	八度一十三六十	三度四十五	四十二
夕留	一十一日			
夕末遲	二十八日	五度	七十五	五度四十五
夕順遲	三十七日	一十六度六十八	一十五八十	三十七
夕末疾	四十五日	二十六度三十二	二十四度九十九	五十四
夕中疾	五十二日	三十四度六	三十二度三十二	六十三
夕次疾	五十八日	四十一度九	三十七度九十九	六十八
夕順疾	六十三日	四十四度六十	四十二度三十六	七十
夕伏	六十七日	四十八度	四十五度四十八	七十二

策數	損益率	盈積度	損益率	縮積度
一	益一千一百六十	初	益四百五十八	初
二	益八百	一十一度六十	益四百五十三	四度五十八
三	益四百六十四	十九度六十	益四百三十三	九度一十一
四	益一百五十二	二十四度二十四	益三百九十六	十三度四十四
五	損五十七	二十五度七十六	益三百四十一	十七度四十
六	損一百七十二	二十五度一十九	益二百六十六	二十度八十一
七	損二百六十六	二十三度四十七	益一百七十二	二十三度四十七
八	損三百四十一	二十度八十一	益五十七	二十五度一十九
九	損三百九十六	十七度四十	損一百五十二	二十五度七十六
十	損四百三十三	十三度四十四	損四百六十四	二十四度二十四
十一	損四百五十三	九度一十一	損八百	十九度六十
十二	損四百五十八	四度五十八	損一千一百六十	十一度六十

土星周率一百九十七萬七千四百一十二秒四十六○曆率五千六百二十二萬三千二百二十九○曆度法一十五萬三千九百二十八○周日三百七十八日九分三秒○曆度三百六十五度二十五分六十六秒○曆中一百八十二度六十二分八十三秒◑曆策一十五度二十一分九十秒○伏見一十七度

段目	段日	平度	限度	初行率
合伏	十九日四十八	二度四十八	一度五十六	一十三
晨順疾	二十七日五十	三度二十三	二度二	一十二
晨次疾	二十七日五十	二度六十四	一度六十五	一十一
晨遲	二十七日九十	一度四十八	空度九十二	八
晨留	三十六日			
晨退	五十二日六五十二半	三度二十九六十六半	空度二十八三十三半	
夕退	五十二日六五十二半	三度二十九六十六半	空度二十八三十三半	九
夕留	三十六日			
夕遲	二十七日五十	一度四十八	空度九十二	
夕次疾	二十七日五十	二度六十四	一度六十五	八

夕順疾	二十七日五十	三度二十二	二度二	二十一
夕伏	一十九日四十八	二度四十八	一度五十六	二十二

策數	損益率	盈積度	損益率	縮積度
一	益二百一十三	初	益一百六十三	初
二	益一百九十七	二度一十三	益一百四十九	一度六十三
三	益一百六十八	四度一十	益一百二十八	三度一十二
四	益一百二十八	五度七十八	益一百	四度四十
五	益八十一	七度六	益六十五	五度四十
六	益三十三	七度八十七	益二十三	六度五
七	損三十三	八度二十	損二十三	六度二十八
八	損八十一	七度八十七	損六十五	六度五
九	損一百二十八	七度六	損一百	五度四十
十	損一百六十八	五度七十八	損一百二十八	四度四十
十一	損一百九十七	四度一十	損一百四十九	三度一十二
十二	損二百一十三	二度一十三	損一百六十三	一度六十三

金星周率三百五萬三千八百四秒二十三○曆率一百九十一萬二百四十一秒一十一○曆度法五千二百三十○周日五百八十三日九十分一十四秒()合日二百九十一日九十五分七秒○曆度三百六十五度二十四分六十八秒○曆中一百八十二度六十二分三十四秒○曆策一十五度二十一分八十六秒()伏見一十度半

段目	段日	平度	限度	初行率
合伏	三十九日二十五	四十九度七十五	四十七度七十六	一百二十七
夕順疾	四十二日七十五	六十度二十五五十	五十八度七十六	一百二十六
夕次疾	四十二日七十五	五十九度三十九	五十七度一	一百二十五
夕中疾	四十二日七十五	五十七度四十	五十四度七十二	一百二十三
夕末疾	三十九日二十五	四十一度三十九	四十度六十	一百一十五
夕順遲	二十六日七十五	二十四度三十三	二十三度三十二	一百
夕末遲	一十八日二十五	六度九十二五十	六度六十六	六十九
夕留	七日			
夕退	九日七十七	三度七十九九十三	一度六十九七	
夕退伏	六日	四度五十	二度二	六十八
合退伏	六日	四度五十	二度二	八十二
晨退	九日七十七	三度七十九九十三	一度六十九七	六十八
晨留	七日			
晨末遲	一十八日二十五	六度九十二五十	六度六十六	
晨順遲	二十六日七十五	二十四度三十二	二十三度三十二	六十九
晨末疾	三十九日二十五	四十一度二十九	四十度六十	一百
晨中疾	四十二日七十五	五十七度四十	五十四度七十二	一百一十五

晨次疾	四十一日七十五	五十九度七十九	五十七度一	一百二十三
晨順疾	四十一日七十五	六十度五十六半	五十七度七十六	一百二十五
晨伏	三十九日二十五	四十九度二十五	四十七度七十六	一百二十六

策數	損益率	盈積度	損益率	縮積度
一	益五十二	初	益五十二	初
二	益四十八	空度五十二	益四十八	空度五十二
三	益四十一半	一度空	益四十一半	一度空
四	益三十一半	一度四十一半	益三十一半	一度四十一半
五	益二十一	一度七十四	益二十一	一度七十四
六	益七	一度九十五	益七	一度九十五
七	損七	二度二	損七	二度二
八	損二十一	一度九十五	損二十一	一度九十五
九	損三十一半	一度七十四	損三十一半	一度七十四
十	損四十一半	一度四十一半	損四十一半	一度四十一半
十一	損四十八	一度空	損四十八	一度空
十二	損五十二	空度五十二	損五十二	空度五十二

水星周率六十萬六千三十一秒八十四○曆率一百九十一萬二百四十二秒三十五○曆度法五千二百三十○周日一百一十五日八十七分六十秒○合日五十七日九十三分八十秒○曆度三百六十五

度二十四分七十一秒○曆中一百八十二度六十二分三十五秒半○曆策一十五度二十一分八十六秒○晨伏夕見一十四度○夕伏晨見一十九度

段目	段日	平度	限度	初行率
合伏	一十五日	二十九度	二十四度三十六	二百五
夕順疾	一十五日	二十三度七十五	一十九度九十五	一百八十
夕順遲	一十五日	一十三度二十五	一十一度一十三	一百二十五
夕留	二日			
夕退伏	一十一日九十三八十	八度六二十	二度四十九八十	
合退伏	一十一日九十三八十	八度六二十	二度四十九八十	一百
晨留	二日			
晨順遲	一十五日	一十三度二十五	一十一度一十三	
晨順疾	一十五日	二十三度七十五	一十九度九十五	一百二十五
晨伏	一十五日	二十九度	二十四度三十六	一百八十

策數	損益率	盈積度	損益率	縮積度
一	益五十七	初	益五十七	初
二	益五十三	空度五十七	益五十三	空度五十七
三	益四十五	一度一十	益四十五	一度一十
四	益三十五	一度五十五	益三十五	一度五十五
五	益二十二	一度九十	益二十二	一度九十

六　益八　二度十二　益八　二度十二
七　損八　二度二十　損八　二度二十
八　損二十二　二度十二　損二十二　二度十二
九　損三十五　一度九十　損三十五　一度九十
十　損四十五　一度五十五　損四十五　一度五十五
十一　損五十三　一度一十　損五十三　一度一十
十二　損五十七　空度五十七　損五十七　空度五十七

求五星天正冬至後平合及諸段中積中星

置通積分各以其星周率去之不盡為前合分覆減周率餘為後合分如日法而一不滿退除為分秒即其星天正冬至後平合中積中星（命為日曰中積命為度曰中星）以段日累加中積即為諸段中積以平度累加中積經退減之即為諸段中星

求五星平合及諸段入曆

置前通積分各加其星後合分以曆率去之不盡各以其星曆度法除為度不滿退為分秒即為其星平合入曆度及分秒以諸段限度累加之即得諸段入曆

求五星平合及諸段盈縮差

各置其星其段入曆度及分秒如在曆中已下為在盈已上減去曆中餘為在縮以其星曆策除之為策數不盡為入策度及分命策數筭外以其策數下損益率乘之如曆策而一為分以損益其下盈縮積度即為其星其段盈縮定差

求五星平合及諸段定積

各置其星其段中積以其盈縮定差盈加縮減之即其段定積日及分以加天正冬至大餘及約分滿紀法六十去之不盡即為定日及加時分秒不滿命甲子筭外即得日辰

求五星及諸段所在日月

各置其段定積日及分以加天正閏日及分滿朔策及約分除之為月數不盡為入月已來日數及分其月數命天正十一月筭外即得其段入月經朔日數及分以日辰相距為所在定朔月日

求五星平合及諸段加時定星

各置中星以盈縮定差盈加縮減之（金星倍之水星三因之然可加減）即為五星諸段定星以加天正冬至加時黃道日度依宿命之即其星其段加時所在宿度及分秒

求五星諸段初日晨前夜半定星

各以其段初行率乘其段定積日下加時分百約之乃順減退加其日加時定星即為其段初日晨前夜半定星所

在宿度

求諸段日率度率

各以其段日辰距後段日辰為日率以其段夜半宿次與後段夜半宿次相減餘為度率

求諸段平行分

各置其段度率及分秒以其段日率除之即其段平行度及分秒

求諸段總差日差

以本段前後平行分相減餘為其段汎差（假令求木星次疾順遲平行分相減餘為次疾汎差他皆倣此）倍而退位為增減差加減其段平行分為初末日行分（前多後少者加為初減為末前少後多者減為初加為末）倍增減差為總差以日率減一除之為日差

求前後伏遲退段增減差

前伏者置後段初日行分加其日差之半為末日行分後伏者置前段末日行分加其日差之半為初日行分以減伏段平行分餘為增減差前遲者置前段末日行分倍其日差減之為初日行分後遲者置後段初日行分倍其日差減之為末日行分以遲段平行分減之餘為增減差（前後近留之遲段）

木火土三星退行者六因平行分退一位為增減差

金星前後伏退三因平行分半而退位為增減差前退者置後段初日行分以其日差減之為末日行分後退者置前段末日行分以其日差減之為初日行分以本段平行分減餘為增減之差

水星半平行分為增減差皆以增減差加減平行分為初末日行分（前多後少加初減末前少後多減初加末）又倍增減差為總差以日率減一除之為日差

求每日晨前夜半星行宿次

各置其段初日行分以日差累損益之（後少則損之後多則益之）為每日行度及分秒乃順加退減之滿宿次去之即得每日晨前夜半星行宿次（視前段末日後段初日行分相較之數不過一二日差為妙或多日差數倍或顛倒不倫當類會前後增減之差稍損益之使其有倫然後用之或前後平行俱多俱少則平注之或總差之秒不盈一分亦平注之若有不倫而平注之得倫者亦平注之）

求五星平合及見伏入氣

置定積以氣策及約分除之為氣數不滿為入氣日及分秒命天正冬至筭外即所求平合及伏見入氣日及分秒

求五星平合及見伏行差

各以其段初日星行分與其太陽行分相減餘為行差若金在退行水在退合者相併為行差如水星夕伏晨見者直以太陽行分為行差

求五星定合見伏汎積

木火土三星各以平合晨疾夕伏定積便爲定合定見定伏汎積金水二星置其段盈縮差（水星倍之）各以行差除之爲日不滿退除爲分秒若在平合夕見晨伏者盈減縮加如在退合夕伏晨見者盈加縮減皆以加減定積爲定合定見定伏汎積

求五星定合定積定星

木火土三星各以平合行差除其日太陽盈縮差爲距合差日以太陽盈縮差減之爲距合差度日在盈曆以差日差度減之在縮加之加減其星定合汎積爲定合定積定星

金水二星定合退合各以平合退合以差除其日太陽盈縮差爲距合差日順加退減太陽盈縮差爲距合差度順在盈曆以差日差度加之在縮減之退在盈曆以差日減之差度加之在縮以差日加之差度減之皆以加減其星定合及再定合汎積爲定合再定合定積定星以冬至大餘及約分加定積滿紀法去命即得定合日辰以冬至加時黃道日度加定星滿宿次去之即得定合所在宿次（其順退所在盈縮太陽盈縮也）

求木火土三星定見伏定積日

各置其星定見伏汎積晨加夕減象限日及分秒（半中限與象限）如中限已下自相乘已上覆減歲周日及分秒餘亦自相乘滿七千五而一所得以其星伏見度乘之十五除之爲差其差如其段行差而一爲日不滿退除爲分秒見加伏減汎積加命如前即得日辰也

求金水二星定見伏定日積

各以伏見日行差除其日太陽盈縮差爲日若晨伏夕見日在盈曆加之在縮減之如夕伏晨見日在盈曆減之在縮加之加減其星汎積爲常積視常積如中限已下爲冬至後已上去之餘爲夏至後其二至後如象限已下自相乘已上覆減中限亦自相乘各如法而一爲分（冬至後晨夏至後夕以一十八爲法冬至後夕夏至後晨以七十五爲法）

以伏見度乘之十五除之爲差滿行差而一爲日不滿退除爲分秒加減常積爲定積（冬至後晨見夕伏加之夕見晨伏減之夏至後晨見夕伏減之夕見晨伏加之也）加命如前即得定見伏日辰其水星夕疾在大暑氣初日至立冬氣九日三十五分已下者不見晨留在大寒氣初日至立夏氣九日三十五分已下者春不晨見秋不夕見者亦舊有之矣

渾象

古之言天者有三家一曰蓋天二曰宣夜三曰渾天漢靈帝時蔡邕於朔方上書言宣夜之學絕無師法周髀術數具存考驗天狀多所違失惟渾天爲近最得其情近世太

史候臺銅儀是也立八尺體圓而具天地之形以正黃道赤道之表裏以行日月之度數步五緯之遲速察氣候之推遷精微深妙百代所不可廢者也然傳歷久遠製造者衆測候占察互有得失張衡之制謂之靈憲史失其傳魏晉以來官有其器而無本書故前志亦闕吳中常侍王蕃云渾天儀者羲和之舊器謂之機衡積代相傳沿革不一宋太平興國中蜀人張思訓首剏其式造之禁中踰年而成詔置文明殿東鼓樓下題曰太平渾儀自思訓死機衡斷壞無復知其法制者景德中曆官韓顯符依倣劉曜時孔挺晁崇之法失之簡略景祐中冬官正舒易簡乃用唐

梁令瓚僧一行之法頗為詳備亦失之於密而難為用元祐時尚書右丞蘇頌與昭文館校理沈括奉敕詳定渾儀法要遂奏舉吏部勾當官韓公廉通九章勾股法常以推考天度與張衡王蕃僧一行梁令瓚張思訓法式大綱可以尋究若據筭術考案象器亦能成就請置局差官製造詔如所言奏鄭州原武主簿王沇之太史局官周日嚴于太古張仲宣同行監造制度既成詔置之集英殿總謂之渾天儀公廉將造儀時先撰九章勾股驗測渾天書一卷貯之禁中今失其傳故世無知者舊制渾儀規天矩地機隱於內上布經躔次具日月五星行度以察其寒暑進退

如張衡渾天開元水運銅渾儀者是也久而不合乖於施用公廉之制則為輪三重一曰六合儀縱置地渾中即天經環也與地渾相結其體不動二曰三辰儀置六合儀內三曰四游儀置三辰儀內植四龍柱於地渾之下又置鼇雲於六合儀下四龍柱下設十字水趺鑿溝道通水以平高下別設天常單環於六合儀內又設黃道赤道二單環皆置三辰儀內東西相交隨天運轉以驗列舍之行又為四象環附三辰儀相結於天運環黃赤道兩交為直距二縱置于四游儀內北屬六合儀地渾之上以正北極出地之度南屬六合儀地渾之下以正南極入地之度此渾儀

之大形也直距內夾置望筒一于筒之半設關軸附直距上使運轉低昂筒常指日日體常在筒竅中天西行一周日東移一度仍以窺測四方星度皆斟酌李淳風孔挺韓顯符舒易簡之制也三辰儀上設天運環以水運之水運之法始於漢張衡成于唐梁令瓚及僧一行復于太平興國中張思訓公廉今又變正其制設天運環下以天柱關軸之類上動渾儀此新制也舊制渾象張衡所謂置密室中者推步七曜之運以度曆象昏明之候校二十四氣考晝夜刻漏無出於渾象隋志稱梁秘府中有宋元嘉中所造者以木為之其圓如丸徧體布二十八宿三家星色黃

赤道天河等別為橫規繞於外上下半之以象地也開元中詔僧一行與梁令瓚更造銅渾象為圓天之象上具列宿周天度數注水激輪令其自轉一日一夜天轉一周又別置日月五星循繞絡在天外令得運行每天西轉一匝日正東行一度月行一十三度有奇凡二十九轉而日月會三百六十五轉而日行一匝仍置木櫃以為地平令象半在地上半在地下又立二木偶人於地平之前置鐘鼓使木人自然撞擊以使辰刻命之曰水運渾天俯視圖既成命置之武成殿宋太史局舊無渾象太平興國中張思訓準開元之法而上以蓋為紫宮旁為周天度而東西轉

之出新意也公廉乃增損隋志制之上列二十八宿周天度數及紫微垣中外官星以俯窺七政之運轉納於六合儀天經地渾之內同以木櫃載之其中貫以樞軸南北出渾象外南長北短地渾在木櫃面橫置之以象地天經與地渾相結縱置之半在地上半隱地下以象天其樞軸北貫天經上杠中末與杠平出櫃外三十五度稍弱以象北極出地南亦貫天經出下杠外入櫃內三十五度少弱以象南極入地就赤道為牙距四百七十八牙以銜天輪隨機輪地轂正東西運轉昏明中星既應其度分至節氣亦驗應而不差王蕃云渾象之法地當在天內其勢不便故

反觀其形地為外郭於已解者無異詭狀殊體而合於理可謂奇巧者也今地渾亦在渾象外蓋出於王蕃制也其下則思訓舊制有樞輪關軸激水運動以直神搖鈴扣鐘擊鼓置時刻十二神司辰像於輪上時初正至則執牌循環而出報隨刻數以定晝夜長短至冬水凝運轉遲澀則以水銀代之今公廉所製共置一臺臺中有二隔渾儀置其上渾象置其中激水運轉樞機輪軸隱於下內設晝夜時刻機輪五重第一重曰天輪以撥渾象赤道牙距第二重曰撥牙輪上安牙距隨天柱中輪轉動以運上下四輪第三重曰時刻鍾鼓輪上安時初時正百刻撥牙以扣鍾

擊鼓搖鈴第四重曰日時初正司辰輪上安時初十二司辰時正十二司辰第五重曰報刻司辰輪上安百刻司辰已上五輪並貫於一軸上以天束束之下以鐵杵臼承之前以木閣五層蔽之稍增異其舊制矣五輪之北又側設樞輪其輪以七十二輻為三十六洪束以三輞夾持受水三十六壺轂中橫貫鐵樞軸一南北出軸為地轂運撥地輪天柱中輪動機輪動渾象上動渾天儀又樞輪左設天池平水壺平水壺受天池水注入受水壺以激樞輪受水壺落入退水壺由壺下北竅引水入昇水下壺以昇水下輪運水入昇水上壺上壺內昇水上輪及河車同轉上下

輪運水入天河天河復流入天池每一晝一夜周而復始此公廉所製渾儀渾象二器而通三用總而名之曰渾天儀金既取汴皆輦致于燕天輪赤道牙距撥輪懸象鐘鼓司辰刻報天池水壺等器久皆棄毀惟銅渾儀置之太史局候臺但自汴至燕相去一千餘里地勢高下不同望筒中取極星稍差移下四度纔得窺之明昌六年秋八月風雨大作雷電震擊龍起渾儀鼇雲水趺下臺忽中裂而摧渾儀仆落臺下旋命有司營葺之復置臺上貞祐南渡以渾儀鎔鑄成物不忍毀拆若全體以運則艱於輦載遂委而去興定中司天臺官以臺中不置渾儀及測候人數不

足言之於朝宜鑄儀象多補生員庶得盡占考之實宣宗召禮部尚書楊雲翼問之雲翼對曰國家自來銅禁甚嚴雖罄公私所有恐不能給今調度方殷財用不足實未可行他日上又言之於是止添測候之人數員鑄儀之議遂寢初張行簡為禮部尚書提點司天監時嘗製蓮花星丸二漏以進章宗命置蓮花漏于禁中星丸漏遇車駕巡幸則用之貞祐南渡二漏皆遷于汴汴亡廢毀無所稽其製矣

志第三

志第四　　金史二十三

開府儀同三司上柱國錄軍國重事中書右丞相監修國史領經筵事都總裁臣脫脫奉

勑修

五行

五行之精氣在天為五緯在地為五材在人為五常及五事五緯志諸天文歷代皆然其形質在地性情在人休咎各以其類為感應於兩間者歷代又有五行志焉兩漢以來儒者若夏侯勝之徒專以洪範五行為學作史者多采其說凡言某徵之休咎則以某事之得失繫之而配之以五行謂其盡然其敝不免於傅會謂其不然肅時雨若蒙

恒風若之類箕子蓋嘗言之金世未能一天下天文災祥猶有星埜之說五行休咎見於國內者不得他諉乃彙其史氏所書仍前史法作五行志至於五常五事之感應則不必泥漢儒為例云

初金之興平定諸部屢有禎異故世祖每與敵戰嘗以夢寐卜其勝負烏春兵至蘇速海甸世祖曰予夙昔有異夢不可親戰若左軍有力戰者當克既而與肅宗等擊之敵大敗太祖之生也常有五色雲氣若二千斛囷廩之狀屢見東方遼司天孔致和曰其下當生異人建非常之事天以象告非人力所能為也溫都部跋忒畔穆宗遣太祖討

之入蜂奏曰昨夕見赤祥往必克遂與跋忒戰殺之穆宗
攻阿疎日辰巳間忽暴雨晦暗雷電環阿疎所居是夕有
巨火聲如雷墜阿疎城中遂攻下之太祖嘗往寧江夢幹
帶之禾場焚頃刻而盡覺而大戚即馳還幹帶已寢疾翌
日不起幹塞伐高麗太祖卧而得夢亟起曰今日捷音必
至乃爲具於毬場以待有二鹰渡水而至獲之太祖曰此
休徵也言未旣捷書至衆大異之他日軍寧江駐高阜撒
改仰見太祖體如喬松所乘馬如岡阜之大太祖亦視撒
改人馬異常撒改因白所見太祖喜曰此吉兆也即舉酒
酹之曰異日成功當識此地師次唐括帶幹甲之地諸軍
介而立有光起於人足及戈矛上明日至札只水光復如

初
收國元年上在寧江州有光正圜自空而墜八月己卯黄
龍見空中丁未上候遼軍還至孰結濼有光復見於矛端
天輔六年三月師攻西京有火如斗墜其城中是月城降
而復叛四月辛卯取之
太宗天會二年曷懶移鹿古水霖雨害稼且爲蝗所食秋
泰州潦害稼　三年七月錦州野蠶成繭九月廣寧府進
嘉禾　四年十月中京進嘉禾　六年冬移懶路飢　九
年七月丙申上御西樓聽政聞咸州所貢白鶻音忽異常
上起視之見東樓外光明中有像巍然高五丈許下有紅
雲承之若世所謂佛者乃擊鼓修虔久之而没　十年冬
移懶曷懶等路飢
熙宗天會十三年五月甘露降於廬州熊岳縣　十五年七
月辛巳有司進四足雀丙戌夜京師地震
天眷元年夏有龍見於熙州野水凡三日初於水面見一
蒼龍良久而没次日見金龍一爪承一嬰兒兒爲龍所戲
略無懼色三日如故又見一人乘白馬紅袍玉帶如少年
官狀馬前有六蟾蜍凡三時乃没郡人競往觀之七月丁
酉按出滸河溢壞民廬舍　三年十二月丁丑地震皇統

元年秋蝗十一月己酉稽古殿火　二年二月熙河路飢
三月辛丑大雪秋燕西東二京河東河北山東汴平州大
熟　三年陝西旱五月丁巳京兆府貢瑞麥七月丙寅太
原進獬豸及瑞麥　四年正月乙丑陝西進嘉禾十有二
莖一本七穎十月甲辰地震　五年閏月戊寅大名府進
牛生麟壬辰懷州進嘉禾　七年十一月完顔秉德進三
角牛　九年四月壬申夜大風雨雷電震寢殿鴟尾壞有
火入帝寢燒帷幔上懼徙別殿丁丑有龍鬬于利州榆林
河上大風壞民居官舍十六七木瓦人畜皆飄揚十餘里
死傷者數百同知州事石抹里壓死

海陵天德二年十二月野人採石炭獲異香　貞元二年五月癸丑南京大內災　三年十二月己丑雨木冰

正隆二年六月壬辰蝗飛入京師秋中都山東河東蝗　四年十一月庚寅霜附木　五年二月辛未河東陝西地震鎮戎德順等軍大風壞廬舍民多壓死海陵問司天馬貴中等曰何爲地震貴中等曰伏陽逼陰所致又問震而大風何也對曰土失其性則地以震風爲號令人君嚴急則有烈風及物之災　六年六月壬戌大風壞承天門鴟尾是歲世宗居貞懿皇后憂在遼陽一日方寢有紅光照其室及黃龍見於室上又夜有大星流入其邸八月復有雲氣自西來黃龍見其中人皆見之是時臨潢府閒空中有車馬聲仰視見風雲杳靄神鬼兵甲蔽天自北而南仍有語促行者未幾海陵下詔南征

世宗大定二年閏二月辛卯神龍殿十六位焚延及太和厚德殿　三年二月丙申中都以南八路蝗　四年三月庚子夜京師地震七月辛丑大風雷雨拔木臨潢府境禾黍穞生嵐州進白兔二八月求興進嘉禾異畝同穎中都南八路蝗飛入京畿十一月辛丑尚書省火是歲有年　五年六月戊子河南府進芝草十三本得於芝田石上薦之太廟六月甲辰大安殿楹產芝其色如玉丙午京師地震有聲自西北來殷殷如雷地生白毛七月戊申又震十一月癸酉大霧晝晦　七年九月庚辰地震　八年五月甲子北望淀大風雨雹廣十里長六十里六月河決李固渡水入曹州　十年正月鄜州進芝草　十一年六月戊申西南路招討司苾里海水之地雨雹三十餘里小者如雞卵其一最大廣三尺長丈餘四五日始消　十二年三月庚寅雨土四月旱　十三年正月尚書省奏宛平張孝善有子曰合得大定十二年三月旦以疾死至暮復活云是本良鄉人王建子喜兒而喜兒前三年已死建驗以家事能具道之此蓋假屍還魂擬付王建爲子上曰若是則姦僞小人競生詐僞瀆亂人倫止付孝善八月丁丑策試進士於憫忠寺夜半忽聞音樂聲起東塔上西達於宮考官完顏蒲捏李宴等以爲文運始開得賢之兆　十四年八月丁巳朔次乣里舌日午白龍見於御帳之東小港中既而乘雷雲而上尾猶曳地良久北去　十六年三月戊申雨豆於臨潢之境其形上銳而赤食之味頗苦五月戊申南京宮殿火是歲中都河北山東陝西河東遼東等十路旱蝗　十七年七月大雨滹沱盧溝水溢河決白溝　二十年四月己亥大寧宮門火五月丙寅京師地震生黑白毛七月旱秋河決衛州　二十一年五月慶都蝗蝝生

散漫十餘里一夕大風蝗皆不見　二十三年正月辛巳廣樂園燈山焚延及熙春殿三月乙酉氛埃雨土四月庚子亦如之五月丁亥雨雹地生白毛　二十四年正月辛卯朔徐州進芝十有八莖真定進嘉禾二本異畝同穎二十六年正月庚辰河南府進芝三本秋河決壞衛州城

二十七年四月辛丑京師地微震

章宗大定二十九年五月丁未地生白毛六月曹州河溢十二月密州進白鵲白雉各一河間府進嘉禾是冬無雪

明昌元年正月懷州河閒等處進芝草嘉禾二月地生白毛六月庚子都水進異卵夏旱七月淫雨傷稼　二年五

月桓撫等州旱秋山東河北旱飢　三年秋綏德蚄蟲生旱　四年三月御史中丞董師中奏曏者太白晝見京師地震北方有赤氣遲明始散天之示象冀有以警悟聖主也上問所言天象何從得之師中曰前監察御史陳元升得之於一司天長行上曰司天臺官不奏固有罪其以語人尤非朕欲令自今司天有事而不奏者長行得言之何如師中曰善五月霖雨命有司祈晴六月河決衛州魏清滄皆被害是歲河北山東南京陝西諸路大稔邢洺深冀及河北西路十六謀克之地野蠶成繭十一月壬午木冰　五年七月丙戌天壽節先陰雨連日至是開霽有龍曳尾於殿前雲間是月河決陽武故堤灌封丘而東　六年二月丁丑京師地震大雨雹晝晦大風震應天門右鴟尾壞　六年八月大雨震雹有龍起於渾儀鼇趺臺忽中裂而摧儀仆於臺下

承安元年五月自正月不雨至是月雨六月平晉縣民利通家蠶自成綿段長七尺一寸五分闊四尺九寸　二年自正月至四月不雨六月丙午雨雹　四年三月戊午雨雹五月旱　五年五月庚辰地震十月庚子天久陰是日雲色黃而風霾癸卯晨陰霧附木至日入亦如之　泰和二年八月丙申磁州武安縣鼓山石聖臺有大鳥十集於

臺上其羽五色爛然文多赤黃赭冠雞項尾闊而修狀若鯉魚尾而長高可逾人九子差小侍傍亦高四五尺禽鳥萬數形色各異或飛或蹲或步或立皆成行列首皆正向如朝拱然初自東南來勢如連雲聲如殷雷林木震動牧者驚愕即驅牛擊物以驚之殊不爲動俄有大鳥如鵰鶚者怒來搏擊之民益恐奔告縣官皆以爲鳳凰也命工圖上之留二日西北去按視其處糞迹數頃其色各異遺禽數千累日不能去所食皆巨鯉大者丈餘魚骨蔽地章宗以其事告宗廟詔中外　三年四月旱十月己亥大風

四年正月壬申陰霧木冰三月丁卯大風毀宣陽門鴟尾

四月旱壬戌萬寧宮端門災十一月丁卯陰木冰凡三日　五年夏旱　八年四月甲午雨雹河南路蝗六月戊子飛蝗入京畿八月乙酉有虎至陽春門外駕出射獲之時又有童謠云易水流汴水流百年易過又休休兩家都好住前後總成留至貞祐中舉國遷汴

衛紹王大安元年徐沛界黃河清五百餘里幾二年以其事詔中外臨洮人楊珪上書曰河性本濁而今反清是水失其性也正猶天動地靜使當動者靜當靜者動則如之何其爲災異明矣且傳曰黃河清聖人生假使聖人生恐不在今日又曰黃河清諸侯爲天子正當戒懼以銷災變而復誇示四方臣所未喻宰相以爲妖言議誅之慮絕言路即詔大興府鎖還本管十一月丙申平陽地震有聲自西北來戊戌夜又震自此時復震動浮山縣尤劇城廨民居圮者十七八死者凡二三千人　二年二月乙酉地大震有聲殷殷然六月七月至九月晦其震不一十一月京師民周修武宅前渠內火出高二尺焚其板橋又旬日大悲閣幡竿下石隙中火出高二三尺人近之即滅凡十餘日自是都城連夜燔爇二三十處是歲四月山東河北大旱至六月雨復不止民間斗米至千餘錢　三年二月乙亥夜大風從西北來發屋折木吹清夷門關折三月戊午

大悲閣災延燒萬餘家火五日不絕山東河北河東諸路大旱是歲有男子郝贊詣省言上即位之後天變屢見火焚萬家風折門關非小異也宜退位讓有德有司問爾狂疾乎贊大言曰我不狂疾但爲社稷計宰相皆非其才每日省前大呼凡半月上怒誅之隱處崇慶元年七月辛未未時有風從東來吹帛一段高數十丈宛轉如龍墜於拱辰門內是歲河東陝西山東南京諸路旱　二年二月放進士榜有狂僧公言殺天子求之不知所在是歲河東陝西大旱京兆斗米至八千錢

至寧元年宣宗彰德故園竹開白花如鷺鷥藤紫雲覆城上數日俄而入繼大統七月以河東陝西諸處旱遣工部尚書高汝礪祈雨于嶽瀆至是雨足時斗米有至萬二千者八月癸巳衛紹王遇弒是日海水不潮寶坻鹽司懼其虧課致禱無應九月丙午宣宗即位乃潮初衛王即位改元大安四年改曰崇慶既而又改曰至寧有人謂曰三元大崇至矣俄而有胡沙虎之變宣宗貞祐元年八月戊子夜將曙大霧昏黑跂步無所見至辰巳間始散十二月乙卯雨木冰時衛州有童謠曰團圞冬劈半年寒食節沒人煙明年正月

元兵破衛遂立墟矣二年六月潮白河溢漂古北口鐵裹

關門至老王谷庚申南京寶鎮閣災壬戌上次宜村有黄龍見於西北冬黄河自陝州界至衛州八柳樹清十餘日鐵鑄皆見十二月己酉雨木冰　三年二月戊午大風隆德殿鴟尾壞三月戊辰大風霾四月自去冬不雨至于是月五月河南大蝗六月京城中夜妄相驚逐狼月餘方息十月丙申昏西北有霧氣如積土至二更乃散　四年正月己未旦黑霧四塞巳時乃散是春河朔人相食五月河南陝西大蝗鳳翔扶風岐山郿縣螟蟲傷麥七月旱癸丑飛蝗過京師

興定元年三月宮中有蝗四月單州雹傷稼陳州商水縣

進瑞麥一莖四穗開封府進瑞麥一莖三穗二莖四穗五月乙丑河南大風吹府門署以去延州原武縣雹傷稼七月癸卯大社壇產嘉禾一莖十五穗秋霖雨十月邠州進白兔丹州進嘉禾異畝同穎　二年四月河南諸郡蝗五月秦陝狼害人六月旱是歲京師屢火遣禮部尚書楊雲翼禜之　三年春吏部火四月癸未陝右黑風晝起有聲如雷頃之地大震平涼鎮戎德順尤甚廬舍傾壓死者以萬計雜畜倍之夏旱十二月壬申雨木冰　四年正月戊辰二更天鳴有聲壬子晝晦有頃大雷風雨四月丁丑大風吹河南府署飛百餘步戶案門鑰開文牘飄散不知所在六月旱七月河南大水唐鄧尤甚十二月癸酉火是歲華州渭南縣民裴德寧家伐樹破其中有赤色太字表裏脗合有司言與唐大曆中成都瑞木有文天下太平者其事頗同蓋太平之兆也乞付史館　五年三月以久旱詔中外仍命有司祈禱十一月壬寅京師相國寺火十二月丁丑霜附木先是有童謠云青山轉轉山青耽誤盡少年人蓋言是時人皆爲兵轉鬬山谷戰伐不休當至老也

元光元年四月京畿旱十月上獵近郊獲白兔群臣以爲瑞明日御便殿置銘於項將縱之兔驚躍不已忽斃几上　二年正月辛酉日午有鶴千餘翔于殿庭移刻乃去七

月乙卯丹鳳門壞壓死者數人十一月開封有虎害人是時屢有妖怪二年之中白日虎入鄭門吏部及宮中有狐狼鬼夜哭于輦路烏鵲夜驚飛鳴蔽天十二月宣宗崩

哀宗正大元年正月戊午上初視朝尊太后爲仁聖宮皇太后太元妃爲慈聖宮皇太后是日大風飄端門瓦昏霾不見日黄氣塞天仁聖又夢乞丐萬數踵其後心惡之占者曰后爲天下母百姓貧窶將誰訴焉遂敕京城設粥與冰藥以應之人以爲壬辰癸巳之兆又有人衣麻衣望承天門大笑者三大哭者三有司拘而問之其人曰我先笑者笑許大天下將相無人後哭者哭祖宗家國破蕩至此

也有司以爲妖言處之重典上曰近詔草澤之士並許直言雖涉譏訕亦不治罪況此人言亦有理止不應哭笑颺下耳乃杖之　二年正月甲申有黄黑之祲四月旱京畿大雨雹　三年春大寒三月乙丑有火自吏部中出大如斛流行展轉人皆驚避踰時而滅四月旱蝗六月京東雨雹蝗死　四年六月丙辰地震八月癸亥大風吹左掖門鴟尾墜丹鳳門扉壞是日風霜損禾皆盡　五年春大寒二月雷而雪木之華者皆敗四月鄭州大雨雹桑柘皆枯京畿旱八月御座上聞若有言者曰不放搶則伺索之不見　七年十二月新衛州北三里許有影在沙上如舊衛

州城狀寺塔宛然數日乃滅

天興元年正月丁酉大雪二月癸丑又雪戊午又雪是時鈞州陽邑盧氏兵皆大敗五月大寒如冬七月庚辰兵刃有火閏八月己未有箭射入宫中九月辛丑夜大雷工部尚書蒲乃速震死　二年六月上遷蔡自發歸德連日暴雨平地水數尺軍士漂没及蔡始晴後大旱數月識者以爲不祥初南京未破一二年間市中有一僧不知所從來持一布囊貯棗百散與市人無窮所在兒童百十從之又有一人拾街中破瓦復以石擊碎之人皆以爲狂不曉其理後乃知之其意蓋欲使人早散國家將瓦解矣

志第四

開府儀同三司上柱國錄軍國重事前中書右丞相監修國史領經筵事臣脫脫等奉敕修

志第五

地理上 上京路 咸平路 東京路 北京路 西京路 中都路

金之壤地封疆東極吉里迷兀的改諸野人之境北自蒲與路之北三千餘里火魯火疃謀克地爲邊右旋入泰州婆盧火所浚界壕而西經臨潢金山跨慶桓撫昌淨州之北出天山外包東勝接西夏逾黃河復西歷葭州及米脂寨出臨洮府會州積石之外與生羌地相錯復自積石諸山之南左折而東逾洮州越鹽川堡循渭至大散關北並山入京兆絡商州南以唐鄧西南皆四十里取淮之中流爲界而與宋爲表裏襲遼制建五京置十四總管府是爲十九路其間散府九節鎮三十六防禦郡二十二刺史郡七十三軍十有六縣六百三十二後復盡升軍爲州或升城堡寨鎮爲縣是以金之京府州凡百七十九縣加於舊五十一城寨堡關百二十二鎮四百八十八雖貞祐興定危亡之所廢置既歸

大元或有因之者故凡可考必盡著之其所不載則闕之

上京路即海古之地金之舊土也國言金曰按出虎以按出虎水源於此故名金源建國之號蓋取諸此國初稱爲

內地天眷元年號上京海陵貞祐二年遷都于燕削上京之號止稱會寧府稱爲國中者以違制論大定十三年七月復爲上京其山有長白青嶺馬紀嶺完都魯水有按出虎水混同江來流河宋瓦江鴨子河府一領節鎮四防禦一縣六鎮一舊有會平州天會二年築契丹之周特成也後廢

其宮室有乾元殿天會三年建天眷元年更名皇極殿 慶元宮天會十三年建殿曰辰居門曰景暉天眷元年安太祖以下御容爲原廟 朝殿天眷元年建殿曰敷德門曰延光寢殿曰宵衣書殿曰稽古又有明德宮明德殿熙宗嘗享太宗御容於此太后所居也 涼殿皇統二年構門曰延福樓曰五雲殿曰重明東廡南殿曰東華次曰廣仁西廡南殿曰西清次曰明義重明後東殿曰龍壽西殿曰奎文時令殿及其門曰奉元有泰和殿有武德殿有薰風殿 其行宮有天開殿爻剌春水之地也 有混同江行宮 太廟社稷皇統三年建正隆二年毀 原

廟天眷元年以春亭名天元殿安太祖太宗徽宗及諸后御容春亭者太祖所嘗御之所也天眷二年作原廟皇統七年改原廟乾文殿曰世德正隆二年毀大定五年復建太祖廟 興聖宮德宗所居也天德元年名之 興德宮後更名永祐宮睿宗所居也 光興宮世宗所居也正隆二年命吏部郎中蕭彥良盡毀宮殿宗廟諸大族邸第及儲慶寺夷其趾耕墾之大定二十一年復修宮殿建城隍廟二十三年以甓束其城 有皇武殿擊毬校射之所也 有雲錦亭有臨漪亭爲籠鷹之所在按出虎水側

會寧府下初爲會寧州太宗以建都升爲府天眷元年置上京留守司以留守帶本府尹兼本路兵馬都總管後置上京曷懶等路提刑司戶三萬一千二百七十舊歲貢秦王魚大定十二年罷之又貢豬二萬二十五年罷之東至胡里改六百三十里西至肇州五百五十里北至蒲與路七百里東南至恤品路一千六百里至曷懶路一千八百里縣三

會寧倚與府同時置

有長白山青嶺馬紀嶺勃野淀綠野淀有按出虎河又書作阿朮滸有混同江涞流河有得勝陀國言忽土皚葛蠻太祖誓師之地也 曲江初名鎮東大定七年置十三年更今名 宜春大定七年置有鴨子河

肇州下防禦使舊出河店也天會八年以太祖兵勝遼肇基王績於此遂建爲州天眷元年十月置防禦使隸會寧府海陵時嘗爲濟州支郡承安三年復以爲太祖神武隆興之地陞爲節鎮軍名武興五年置漕運司以提舉兼州事後廢軍貞祐二年復陞爲武興軍節鎮置招討司以使兼州事户五千三百七十五 縣一 始興倚與州同時置有鴨子河黑龍江

隆州下利涉軍節度使古扶餘之地遼太祖時有黃龍見遂名黃龍府天眷三年改爲濟州以太祖來攻城時大軍徑涉不假舟楫之祥也置利涉軍天德三年置上京路都轉運司四年改爲濟州路轉運司大定二十九年嫌與山東路濟州同更今名貞祐初陞爲隆安府户一萬一百八十 縣一 利涉倚與州同時置有混同江涞流河 鎮一與縣同時置有混同館

信州下彰信軍刺史本渤海懷遠軍遼開泰七年建取諸路漢民置户七千三百五十九 縣一 武昌本渤海懷福縣地 鎮一八十户

蒲與路國初置萬户海陵例罷萬户乃改置節度使承安三年設節度副使南至上京六百七十里東南至胡里改一千四百里北至北邊界火魯火疃謀克三千里

合懶路置總管府貞元元年改總管爲尹仍兼本路兵馬都總管承安三年設兵馬副總管舊有海蔥大定二十七年罷之有移鹿古水西北至上京一千八百里東南至高麗界五百里

恤品路節度使遼時爲率賓府置刺史本率賓故地太宗天會二年以耶懶路都孛堇所居地瘠遂遷于此以海陵例罷萬户置節度使因名速頻路節度使世宗大定十一年以耶懶速頻相去千里既居速頻然不可忘

本遂命名親管猛安曰押懶猛安承安三年設節度副使西北至上京一千五百七十里東北至胡里改一千一百西南至合懶一千二百北至邊界斡可阿憐千户二千里○耶懶又書作押懶

曷蘇館路置節度使天會七年徙治寧州嘗置都統司明昌四年廢有化成關國言曰曷撒罕酉

胡里改路國初置萬户海陵例罷萬户乃改置節度使承安三年置節度副使西至上京六百三十里北至邊界合里賓忒千户一千五百里

烏古迪烈統軍司後升爲招討司與蒲與路近

咸平路府一領刺郡一 縣十

咸平府下總管府安東軍節度使本高麗銅山縣地遼

爲咸州國初爲咸州路置都統司天德二年八月陞爲咸平府後爲總管府置遼東路轉運司東京咸平路提刑司户五萬六千四百四縣八

平郭倚舊名咸平大定七年更

銅山遼同州鎮安軍本漢襄平縣遼太祖時以東平寨置因名東平軍曰鎮東章宗大定二十九年以與東平重故更南有柴河北有清河西有遼河

新興遼銀州富國軍本渤海富州熙宗皇統三年廢州更名來屬有范河北有柴河西有遼河

慶雲遼祺州祐聖軍本以所俘檀州密雲民建檀州密雲後更名有遼河

清安遼肅州信陵軍熙宗皇統三年降爲縣

榮安東有遼河

歸仁遼舊隸通州安遠軍本渤海強師縣遼更名金因之北有細河

玉山章宗承安三年以烏速集平郭林河之間相去六百餘里之地置貞祐二年四月陞爲節鎮軍曰鎮安

韓州下刺史遼置東平軍本渤海鄚頡府户一萬五千四百一十二舊有營縣二

臨津倚未詳何年置

柳河本渤海粵喜縣地遼以河爲名有狗河柳河

東京路領節鎮一刺郡四縣十七鎮五皇統四年二月立東京新宮寢殿曰保寧宴殿曰嘉惠前後正門曰天華曰乾貞七月建宗廟有孝寧宮七年建御容殿

遼陽府中東京留守司本渤海遼陽故城遼完葺之郡名東平天顯三年陞爲南京府曰遼陽十三年更爲東京太宗天會十年改南京路平州軍帥司爲東南路都統司之時嘗治於此以鎮高麗後置兵馬都部署司天德二年改爲本路都總管府後更置留守司產白兔師姑布鼠毫白鼠皮人參白附子户四萬六百四縣四鎮一

遼陽倚東梁河國名兀魯忽必剌俗名太子河

鶴野鎮一長宜曷蘇館在其地

宜豐遼舊衍州安廣軍皇統三年廢爲縣有東梁河

石城興定三年九月以縣之靈巖寺爲巖州名其倚郭縣曰東安置行省

澄州南海軍刺史下本遼海軍天德三年改州名户一萬一千九百三十五縣二鎮一

臨溟鎮一新昌

析木遼銅州廣利軍附郭析木縣也皇統三年廢州來屬有沙河

瀋州昭德軍刺史中本遼定理府地遼太宗時置軍曰興遼後爲昭德軍置節度明昌四年改爲刺史與通貴德澄三州皆隸東京户三萬六千八百九十二縣五

樂郊遼太祖俘三河之民建三河縣於此後改更今名有渾河

章義遼舊廣州皇統三年降爲縣來屬有遼河東梁河遼河大口

遼濱遼舊遼州東平軍遼太宗改爲始平軍皇統三年廢爲縣有遼河

挹婁遼舊興州興中軍常安縣遼嘗置定理府刺史於此本挹婁故地大定二十九年章宗更名有范河清河國名叩隈以刺

雙城遼雙州保安軍也皇統三年降爲縣章宗時廢

貴德州刺史下遼貴德州寧遠軍國初廢軍降爲刺郡户二萬八百九十六縣二

貴德倚有范河

奉集遼集州懷遠軍奉集縣本渤海舊縣有渾河

蓋州奉國軍節度使下本高麗蓋葛牟城遼辰州明昌四年罷曷蘇館建辰州遼海軍節度使六年以與陳同音更取蓋葛牟爲名户一萬八千四百五十六縣四鎮二

湯池遼鐵州建武軍湯池縣鎮一神鄉

建安遼縣鎮一大寧

秀巖本大寧鎮明昌四年陞泰和四年廢爲鎮貞祐四年復陞置

熊岳遼盧州玄德軍熊岳縣遼屬南

女直湯河司
復州下刺史遼懷遠軍節度明昌四年降爲刺史舊貢鹿筋
大定八年罷之戶一萬三千九百五十　縣二　鎮一　永康
倚舊名永寧大定七年更化成遼蘇州安復軍本高麗地興宗置皇統三年降爲縣來屬貞祐四年五月
陞爲金州興定二年陞爲防禦鎮一歸勝
來遠州下舊來遠城本遼熟女直地大定二十二年升
爲軍後升爲州
婆速府路國初置統軍司天德二年置總管府貞元元
年與曷懶路總管並爲尹兼本路兵馬都總管此路皆猛安戶
北京路府四領節鎮七　刺郡三　縣四十二　鎮七

寨一
大定府中北京留守司遼中京統和二十五年建爲中
京國初因稱之海陵貞元元年更爲北京置留守司都
轉運司警廵院產鼲鼠蝶盃茱萸琥珀瑙鞍酥乳餅五味子戶六萬四千四
十七　縣十一　鎮二　大定倚遼縣舊名有土河七金山陰涼河鎮一
恩化　長興有塗河　富庶有心河　鎮一文安　松山遼松山州廣安軍松山縣開泰
中置舊置刺史太祖天輔七年置觀察使皇統三年廢州來屬承安三年隸高州泰和四年復有陰涼河落馬
河　神山遼澤州神山縣遼太祖俘蔚州之民置章宗承安二年嘗置惠州陞孩兒館爲樂陽縣以隸之
泰和四年罷州及灤陽縣　惠和皇統三年以遼惠州惠和縣置　金源唐青山縣遼開泰二年置以地
有金甸爲名有駱駝山　和衆遼榆州和衆縣皇統三年罷州來屬　武平遼蒸城杏堝初名新州統

和間更爲武安州皇統三年降爲武安縣來屬大定七年更名承安三年隸高州泰和四年復來屬　靜封
承安二年以胡設務置隸全州三年隸高州泰和四年來屬　三韓遼伐高麗遷馬韓辰韓弁韓三國民
爲縣置高州太祖天輔七年以高州置節度使皇統三年廢爲縣承安三年復陞爲高州置刺史爲全州支郡
分武平松山靜封三縣隸焉泰和四年廢有落馬河塗河
利州下刺史遼統和十六年置戶二萬一千二百九十
六　縣二　鎮一　寨一　阜俗遼統和四年置金因之　龍山遼故
潭州廣潤軍縣故名県宗皇統三年廢州來屬有榆河　寨一蘭州　鎮一漆河
義州下崇義軍節度使遼宜州天德三年更州名戶三
萬二百三十三　縣三　鎮一　弘政有凌河　開義遼海北州
廣化軍縣故名県宗皇統三年廢州來屬　鎮一饒慶　同昌遼成州興府軍縣故名國初隸川州大定

六年罷川州隸懿州承安二年復隸川州泰和四年來屬
錦州下臨海軍節度使舊隸興中府後來屬戶三萬九
千一百二十三　縣三　永樂本慕容皝之西樂縣地　安昌　神
水遼開泰二年置皇統三年廢爲鎮大定二十九年復升爲縣有土河
瑞州下歸德軍節度使本來州天德三年更爲宗州泰
和六年以避睿宗諱謂本唐瑞州地故更今名戶一萬
九千九百五十三　縣三　鎮一　瑞安舊名來賓唐來遠縣也明
昌六年更爲宗安泰和六年復更今名　海陽遼潤州海陽軍故縣皇統三年廢州來屬　鎮一遷民
海濱本慕容皝集寧縣地遼隰州海平軍故縣皇統三年廢州來屬
廣寧府散下鎮寧軍節度使本遼顯州奉先軍漢望平

縣地天輔七年升爲府因軍名置節度天會八年改軍名鎮寧天德二年隸咸平後廢軍隸東京泰和元年七月來屬户四萬三千一百六十一 縣三舊有奉玄縣天會八年改爲鍾秀縣鎮六寨四 鎮二歡城遼西 廣寧舊名山東縣大定二十九年更名有遼世宗顯陵 鎮寨二閭城兔兒窩 望平大定二十九年升梁漁務置 鎮二有梁漁務山西店 閭陽遼乾州廣德軍以奉乾陵故名奉陵縣天會八年廢州更名來屬有凌河有遼景宗乾陵 鎮二閭陽衛家 寨二大斧山北川

懿州下寧昌軍節度使遼置更軍名慶懿又爲廣順後更今名金因之先隸咸平府泰和末來屬户四萬二千三百五十一 縣二大定六年罷川州以宜民同昌二縣來屬承安二年復以二縣隸川

州泰和四年罷川州以宜民隸興中同昌隸義州 順安 靈山本渤海靈峰縣地

興中府散下本唐營州城遼太祖遷漢民以實之曰霸州彰武軍重熙十一年升爲府更今名金因之户四萬九百二十七 縣四 鎮三 興中本唐柳城地南有凌河 鎮一黔城 永德遼安德州化平軍安德縣世宗大定七年更今名北有凌河 鎮一阜安 興城遼嚴州保肅軍縣故名皇統三年廢州隸錦州有桃花島 宜民遼川州長寧軍會同中嘗名白川州天祿五年去白字國初因之與同昌縣皆隸焉大定六年降爲宜民縣隸懿州承安二年復置川州改徽川寨爲徽川縣爲懿州支郡泰和四年罷州及徽川縣來屬 鎮一咸康遼縣也國初廢爲鎮

建州下保靖軍刺史遼初名軍曰武寧後更金因之户一萬一千四百三十九 縣一 永霸本唐昌黎縣地

全州下盤安軍節度使承安二年置改胡設務爲靖封縣黑河鋪爲盧川縣撥北京三韓縣烈虎等五猛安以隸焉貞祐二年四月嘗僑置于蓟州户九千三百一十九 縣一 安豐承安元年十月改豐州鋪爲安豐縣隸臨潢府二年置全州磐安軍節度使治有黄河黑河

臨潢府下總管府地名西樓遼爲上京國初因稱之天眷元年改爲北京天德二年改北京爲臨潢府路以北京路都轉運司爲臨潢府路轉運司天德三年罷貞元元年以大定府爲北京後但置北京臨潢路提刑司大定後罷路併入大定府路貞祐二年四月嘗僑置于平

州有天平山好水川行宮地也大定二十五年命名有撒里乃地熙宗皇統九年嘗避暑于此有陷泉國言曰落孛魯有合襃追古思阿不漢合沙地户六萬七千九百七 縣五 堡三十七大定間二十四後增 臨潢倚有金粟河 長泰有立列只山其北千餘里有龍駒河國言曰喝必刺有撒里葛覩地 盧川承安二年以黑河鋪升隸全州後復來屬有潢河 寧塞泰和元年五月置有滑河 長寧遼永州永昌軍縣故名太祖天輔七年嘗置節度使皇統三年廢州來屬

慶州下玄寧軍刺史境内有祖州天會八年改爲奉州皇統三年廢境内有遼懷州遼太祖祖陵在焉舊置奉陵軍天會八年更爲奉德軍皇統三年廢遼太宗穆宗懷陵北山有遼聖宗興宗道宗慶陵城中有遼行宫比他州爲富庶遼時刺此郡者非耶律蕭氏不與遼國寶

貨多聚藏於此北至界二十里南至盧川二百二十西至桓州九百東至臨潢一百六十户二千七　縣一（舊有孝安縣天會八年改爲慶民縣皇統三年廢）朔平（有榷場務）

興州寧朔軍節度使本遼北安州興化軍興化縣承安五年升爲興州置節度軍名寧朔改利民寨爲利民縣撥梅堅河徒門必罕寧江速馬剌三猛安隸焉貞祐二年四月僑置于密雲縣户一萬五千九百七十　縣二（又有利民縣承安五年以利民寨升泰和四年廢）興化（倚遼舊縣皇統三年降興化軍置隸大定府承安五年建興州於縣爲倚郭舊有白櫃鎮）宜興（本興化縣白櫃鎮泰和三年陞爲縣來屬）

泰州昌德軍節度使遼時本契丹二十部族牧地海陵

正隆間置德昌軍隸上京大定二十五年罷之承安三年復置于長春縣以舊泰州爲金安縣隸焉北至邊四百里南至懿州八百里東至肇州三百五十里户三千五百四　縣一（舊有金安縣承安三年置尋廢）堡十九　長春（遼長春州韶陽軍天德二年降爲縣隸肇州承安三年來屬有撻魯古河鴨子河有別里不泉）

邊堡大定二十一年三月世宗以東北路招討司十九堡在泰州之境及臨潢路舊設二十四堡障參差不齊遣大理司直蒲察張家奴等往視其處置於是東北自達里帶石堡子至鶴五河地分臨潢路自鶴五河堡子至撒里乃皆取直列置堡戍評事移剌敏言東北及臨潢所置土堠樵絶當令所徙之民姑逐水草以居分遣丁壯營畢開壕塹以備邊上令無水草地官爲建屋及臨潢路諸堡皆以放良人戍守省議臨潢路二十四堡堡置户三十共爲七百二十若營建畢官給一歲之食上以年飢權寢姑令開壕爲備四月遣吏部郎中奚胡失海經畫壕塹旋爲沙雪堙塞不足爲禦乃言可築二百五十堡堡日用工三百計一月可畢粮亦足備可爲邊防久計泰州九堡臨潢五堡之地斥鹵官可爲屋外自撒里乃以西十九堡舊戍軍

舍少可令大鹽濼官木三萬餘與直東堡近嶺求木每家官爲構室一椽以處之

西京路府二　領節鎮七　刺郡八　縣三十九　鎮九

（大定五年建宮室名其殿曰保安其門南曰奉天東曰宣仁西曰阜成天會三年建太祖原廟）大同府中西京留守司晉雲州大同軍節度遼重熙十三年升爲西京府名大同金因之皇統元年以燕京路隸尚書省西京及山後諸部族隸元帥府舊置兵馬都部署司天德二年改置本路都總管府後更置留守司置轉運司及中都西京路提刑司（貢瑪瑙數珠產白䃋安息香松明松脂黃連百藥煎芥子煎鹽礬鹽石綠綠礬鐵甘草枸杞銀玉砂地蕈）户九萬八千四百

四十四 縣七 鎮三 大同倚遼析雲中置金因之有牛皮關武周山方山奚望山盛樂城御河鬭雞臺平城外郭豐場如渾水桑乾河統眞山有遼帝后像在華嚴寺 鎮一奉義 雲中晉舊縣名 宣寧遼德州昭聖軍宣德縣大定八年更名有官山彌陀山石綠山產礬玉砂 鎮一富龍城 懷安晉故縣名 天城遼析雲中置 白登本名長清大定七年更有白登臺採掠山 懷仁遼析雲中置貞祐二年五月升爲雲州有黃花嶺錦屏山清涼山金龍山早起城日中城 鎮一安七臺

豐州下天德軍節度使遼嘗更軍名應天尋復金因之皇統九年升爲天德總管府置西北路招討司以天德尹兼領之大定元年降爲天德軍節度使兼豐州管內觀察使以元管部族直撒軍馬公事並隸西南路招討司產不灰木地蕈 戶二萬二千六百八十三 縣一 鎮一 富民晉舊名有黑山神山 鎮一振武

弘州下刺史遼名軍曰博寧本襄陰村統和中建國初置保寧軍後廢軍產瑪瑙 戶二萬二千二 縣二 鎮二 襄陰倚本名永寧大定七年改 順聖本安塞軍故地遼應曆中置金因之 鎮二陽門貞祐二年七月陞爲縣大羣

淨州下刺史大定十八年以天山縣升爲豐州支郡刺史兼權撒察北至界八十里戶五千九百三十八 縣一 天山舊爲榷場大定十八年置爲倚郭

桓州下威遠軍節度使軍兵隸西北路招討司明昌七年改置刺史北至舊界一里半戶五百七十八 縣一曷里滸東川更名金蓮川世宗曰蓮者連也取其金枝玉葉相連之義景明宮避暑宮也在涼陘有殿揚武殿皆大定二十年命名有查沙有白濼國言曰勺赤勒 清塞倚明昌四年以罷錄事司置

撫州下鎮寧軍節度使遼秦國大長公主建爲州章宗明昌三年復置刺史爲桓州支郡治柔遠明昌四年置司候司承安二年陞爲節鎮軍名鎮寧撥西北路招討司所管梅堅必剌王敦必剌拿憐朮花速宋葛斜忒渾四猛安以隸之戶一萬一千三百八十 縣四有旺國崖大定八年五月更名靜寧山有麻達葛山大定二十九年更名胡土白山有水井 柔遠倚大定十年置于燕子城隸宣德州明昌三年來屬有燕子城國言曰吉甫魯灣城北羊城國言曰火唵榷場查剌嶺沔山大漁濼行宮有樞光殿有雙山七里河石井蛾嫫山昂吉濼又名鴛鴦濼得勝口舊名北望淀大定二十年更 集寧明昌三年以春市場置北至界二百七十里 豐利明昌四年以泥濼置有蓋里泊 威寧承安二年以撫州新城鎮置

德興府晉新州遼奉聖州武定軍節度國初因之大安元年陞爲府名德興戶八萬八百六十八 縣六有僊天塲泰和二年更名拂雲平惡崖更名疊翠巖 鎮一 德興倚舊名永興縣大安元年更名有涿鹿定方水鎮有雞鳴山 嬀川遼可汗州清平軍本晉嬀州會同元年遼太祖嘗名可汗州縣舊曰懷戎更名懷來明昌六年更今名西北有合河龜頭館石橋明昌四年建 縉山遼儒州縉陽軍縣故名皇統元年廢州來屬崇慶元年陞爲鎮州 鎮一永安 望雲本望雲川地遼帝嘗居號曰御莊後更爲縣金因之 礬山晉故縣國初隸弘州明昌三年來屬 龍門晉縣國初隸弘州後來屬明昌三年割隸宣德州有

慶寧宮行宮也泰和五年以提舉兼龍門令

昌州天輔七年以狗濼復置隸撫州後來屬户一千二百四十一 縣一 寶山有狗濼國言曰押恩尼要其北五百餘里有日月山大定二十年更曰抹白山國言湿里塞一山

宣德州下刺史遼改晉武州爲歸化州雄武軍大定七年更爲宣化州八年復更爲宣德户三萬二千一百四十七 縣二 宣德舊文德縣大定二十九年更名 宣平承安二年以大新鎮置以北邊用兵嘗駐此地也

朔州中順義軍節度使貞祐三年七月嘗劉朔州廣武縣隸代州產鐵剃三羧枸杞户四萬四千八百九十 縣二 鄯陽晉故縣有桑乾河大和嶺天池鴈門關覇德山 馬邑晉故縣貞祐二年五月陞爲固州有洪濤山灅水又曰桑乾河

武州邊下刺史大定前仍置宣威軍户一萬三千八百五十一 縣一 寧遠晉故縣黃河

應州下彰國軍節度使户三萬二千九百七十七 縣三 金城晉故縣有黃瓜堆復宿山桑乾河渾河嶂川水黃花城 山陰本名河陰大定七年以與鄭州屬縣同故更爲貞祐二年五月陞爲忠州有黃花嶺桑乾河 渾源晉縣貞祐二年五月陞爲渾源州產鹽

蔚州下忠順軍節度使遼嘗更爲武安軍尋復貢地蕈户五萬六千六百七十四 縣五 靈仙北有桑乾河代王城薄家村 廣靈亦作陵遼統和三年析靈仙置 靈丘晉縣貞祐二年四月陞爲成州四年劃爲代州支郡 定安晉縣有桑乾河貞祐二年四月陞爲定安州 飛狐晉縣

雲內州下開遠軍節度使天會七年徙奚第一第三部來戍產青鎮鐵户二萬四千八百六十八 縣二 鎮一 柔服夾山在城北六十里 鎮一寧仁舊縣也大定後廢爲鎮 雲川本曷董館後陞爲裕民縣皇統元年復廢爲曷董館大定二十九年復陞更爲今名

寧邊州下刺史國初置鎮西軍貞祐三年隸嵐州四年二月陞爲防禦户六千七十二 縣一 寧邊正隆三年置

東勝州下邊刺史國初置武興軍有古東勝城户三千五百三十一 縣一 鎮一 東勝 鎮一寧化

部族節度使

烏昆神魯部族節度使軍兵事屬西北路招討司明昌三年罷節度使以招討司兼領

烏古里部族節度使

石壘部族節度使

助魯部族節度使

孛特本部族節度使

計魯部族節度使

唐古部族承安三年改爲部羅火扎石合節度使

迪烈又作迭刺女古部族承安三年改爲土魯渾扎石合

節度使

詳穩九處

咩乣詳穩貞祐四年六月改爲葛也阿鄰猛安

木典乣詳穩貞祐四年改爲抗葛阿鄰謀克

骨典乣詳穩貞祐四年改爲撒合輦必剌謀克

唐古乣詳穩

耶剌都乣詳穩

移典乣詳穩

蘇木典乣詳穩近北京

胡都乣詳穩

霞馬乣詳穩

群牧十二處

斡獨椀群牧大定四年改爲斡覩只群牧

蒲速斡群牧本斡覩只地大定七年分置

耶魯椀群牧

訛里都群牧

乣斡群牧

歐里本群牧

烏展群牧

特滿群牧

駝駝都群牧

訛魯都群牧

忒恩群牧承安四年剏置

蒲鮮群牧承安四年剏置

中都路遼會同元年爲南京開泰元年號燕京海陵貞元元年定都以燕乃列國之名不當爲京師號遂改爲中都

府一 領節鎮三刺史郡九 縣四十九天德三年始圖上燕城宮室制度三月命張浩等增廣燕城城門十三東曰施仁曰宣曜曰陽春南曰景風曰豐宜曰端禮西曰麗澤曰顥華曰彰義北曰會城曰通玄曰崇智曰光泰浩等取真定府潭園材木營建宮室及涼位十六應天門十一楹左右有樓門內有左右翔龍門及日華月華門前殿曰大安左右掖門內殿東廊曰敷德門大安殿之東北爲東宮正北列三

門中曰英爲壽康宮母后所居也西曰會通門門北曰承明門又北曰昭慶門東曰集禧門尚書省在其外其東西門左右嘉會門也門有二樓大安殿後門之後也其北曰宣明門則常朝後殿門也北曰仁政門傍爲朵殿朵殿上爲兩高樓曰東西上閤門內有仁政殿常朝之所也宮城之前廊東西各二百餘間分爲三節節爲一門將至宮城東西轉各有廊百許間馳道兩傍植柳廊脊覆碧瓦宮闕殿門則純用碧瓦應天門舊名通天門大定五年更七年改福壽殿曰壽安宮明昌五年復以隆慶宮爲東宮慈訓殿爲承華殿承華殿者皇太子所居之東宮也泰和殿泰和二年更名慶寧殿又有崇慶殿 魚藻池瑤池殿位貞元元年建有神龍殿又有觀會亭又有安仁殿隆德殿臨芳殿皇統元年有元和殿 有常武殿有廣武殿爲擊毬習射之所 京城北離宮有太寧宮大定十九年建後更爲壽寧又更爲壽安明昌二年更爲萬寧宮瓊林苑有橫翠殿寧德宮西園有瑤光臺又有瓊華島又有瑤光樓皇統元年有宣和門正隆三年有宣華門又有撫合門

大興府上晉幽州遼會同元年陞爲南京府曰幽都仍

號盧龍軍開泰元年更爲永安析津府天會七年析河
北爲東西路時屬河北東路貞元元年更今名户二十
二萬五千五百九十二大定四年十月命都門外夾道重行植柳各百里產金銀銅鐵
藥產滑石半夏蒼朮代赭石白龍骨薄荷五味子白牽牛縣十 鎮一 大興倚遼名析
津貞元二年更今名有建春宮鎮一廣陽宛平倚本晉幽都縣遼開泰二年有玉泉山行宮安
次晉舊名漷陰遼太平中以漷陰村置永清晉舊名寶坻本新倉鎮大定十二年置
以香河縣近民附之承安三年陞置盈州爲大興府支郡以香河武清隸焉尋廢州香河遼以武清縣之
孫村置昌平有居庸關國名查剌合攀武清晉縣良鄉有料石岡閻溝
通州下刺史天德三年陞潞縣置以三河隸焉興定二
年五月陞爲防禦户三萬五千九十九 縣二 潞晉縣

名有潞水三河晉縣名
薊州中刺史遼置上武軍户六萬九千一十五產栗縣五
舊又有永濟縣大定二十七年以永濟務置未詳何年廢又有黎谿縣廢置皆未詳鎮二 漁陽
倚遵化遼景州清安軍鎮一石門豐潤泰和間置玉田有行宮偏林大定二十年改爲
御林鎮一韓城平峪大定二十七年以漁陽縣大王鎮陞
易州下刺史遼置高陽軍户四萬一千五百七十七
縣二 易有易水淶水有淶水
涿州中刺史遼爲永泰軍貢羅户一十一萬四千九百一
十二 縣五 鎮一 范陽倚晉縣有湖梁河有劉李河鎮一政瀛固
安晉縣新城 定興大定六年以范陽縣黃村置割淶水易縣近民屬之有巨馬河奉先

大定二十九年置萬寧縣以奉山陵明昌二年更今名有房山龍泉河盤寧宮
順州下刺史遼置歸化軍户三萬三千四百三十三
縣二 温陽舊名懷柔明昌六年更有螺山漱水兎耳山密雲遼檀州武威軍古北口國
言曰留斡嶺
平州中興平軍節度使遼爲遼興軍天輔七年以灤西
地與宋遂以平州爲南京以錢帛司爲三司天會四年
復爲平州嘗置軍帥司天會十年徙軍帥司治遼陽府
後置轉運司貞元元年以轉運司併隸中都路貞祐二
年四月置東面經略司八月罷貢櫻桃綾户四萬一千七百
四十八 縣五 鎮一 盧龍倚撫寧本新安鎮大定二十九年置

海山本漢海陽故城遼以所俘望都縣民置故名望都大定七年更名遷安本漢令支縣故城遼
以所俘安喜縣民置因名安喜大定七年更今名鎮一建昌昌黎遼營州鄰海軍以所俘定州民
置廣寧縣皇統二年降州來屬大定二十九年以與廣寧府重故更今名
灤州中刺史本黃落故城遼爲永安軍天輔七年因置
節度使户六萬九千八百六 縣四松亭關國名斜烈只鎮二
義豐倚石城有長春行宮長春淀舊名大定淀大定二十年更鎮一榛子馬城
樂亭 鎮一新橋
雄州中天會七年置永定軍節度使賜名易陽郡隸河
北東路貞元二年來屬户二萬四百一十一 縣三
歸信倚有易水巨馬河容城泰和八年割隸安州貞祐二年隸安肅州有南易水大泥淀渾泥泊

保定宋保定軍後廢爲縣

霸州下刺史遼益津郡隸河北東路貞元二年來屬户

四萬一千二百七十六　縣四　益津倚大定二十九年剏置倚郭

文安　大城　信安國初因宋爲信安軍大定七年降爲信安縣隸霸州元光元年四月

陞爲鎮安府所以重高陽公張甫也

保州中順天軍節度使宋舊軍事天會七年置順天軍

節度使隸河北東路貞祐二年來屬海陵賜名清苑郡

户九萬三千二十一　縣二　清苑倚宋名保塞大定十六年更有抱陽

山沉水饋軍河　滿城大定二十八年以清苑縣塔院村置

安州下刺史宋順安軍治高陽天會七年陞爲安州隸

河北東路後置高陽軍大定二十八年徙治葛城因陞

葛城爲縣作倚郭泰和四年改混泥城爲渥城縣來屬

八年移州治於渥城以葛城爲屬縣户三萬五百三十

二　縣三　渥城倚泰和四年置　葛城大定二十八年置　高陽泰和八年正月

改隸莫州四月復有徐河百濟河

遂州下刺史宋廣信軍天會七年改爲遂州隸河北東

路貞元二年來隸號龍山郡泰和四年廢爲遂城縣隸

保州貞祐二年復置州户一萬一千一百七十四　縣

一　遂城倚有光春宮行宮有遂城山易水濡水鮑河

安肅州下刺史宋安肅軍天會七年陞爲徐州軍如舊

隸河北東路貞元二年來屬天德三年改爲安肅州軍

名徐郡軍大定後降爲刺郡廢軍户一萬二千九百八

十　縣一　安肅按金初州郡志雄霸保安遂安肅六州皆隸廣寧府太宗紀載天會七年

分河北爲東西路則隸河北東路豈以平州爲南京之後以六州隸廣寧也不然則郡志誤

金史二十五

儀同三司上柱國錄軍國重事前中書右丞相監修國史領經筵……脫脫等修

地理中 南京路 河北東路 河北西路 山東東路 山東西路

南京路國初曰汴京貞元元年更號南京府三領節鎮三防禦八刺史郡八縣一百五都城門十四曰開陽曰宣仁曰安利曰平化曰通遠曰宜照曰利川曰崇德曰迎秋曰廣澤曰順義曰迎朔曰順常曰廣智宮城門南外門曰南薰南薰北新城門曰豐宜橋曰龍津橋北門曰丹鳳其門三丹鳳北曰舟橋橋少北曰文武樓遵御路而北橫衢也東曰太廟西曰郊社正北曰承天門其門五雙闕前引東曰登聞檢院西曰登聞鼓院檢院東曰左掖門門南曰待漏院鼓院西曰右掖門門南曰都堂直承天門北曰大慶門東曰日精門又東曰左昇平門大慶門西曰月華門又西曰右昇平門正殿曰大

慶殿前有龍墀又南有丹墀又南曰沙墀東廡曰嘉福樓西廡曰嘉瑞樓大慶後曰德儀殿殿東曰左昇龍門西曰右昇龍門正門曰隆德內有隆德殿有蕭牆有丹墀隆德殿左曰東上閤門右曰西上閤門皆南向鼓樓在東鐘樓在西隆德之次曰仁安門仁安殿東則內侍局又東曰近侍局又東則嚴祗門宮中則稱曰撤合門少南曰東樓則授除樓也西曰西樓仁安之次曰純和殿正寢也純和西曰雪香亭亭北則后妃位也有樓樓西曰瓊香亭亭西曰涼位有樓樓北少西曰玉清殿純和之次曰福寧殿殿後曰苑門內曰仁智殿有二太湖石左曰敷錫神運萬歲峯右曰玉京獨秀太平巖殿曰山莊其西南曰翠微閣苑門東曰僊韶院院北曰翠峯峯之洞曰大滌湧翠東連長生殿又東曰湧金殿又東曰蓬萊殿長生西曰浮玉殿又西曰瀛洲殿長生殿南曰閱武殿又南曰內藏庫嚴祗門東曰尚食局又東曰宣徽院院北曰御藥院又北右藏庫東則左藏庫宣徽院東曰點檢司司北曰祕書監又北曰學士院又北曰諫院又北曰武器署又點檢司南曰儀鸞局又南曰尚輦局宣徽院又南曰拱衛司又南曰尚衣局其南為繁禧門又南曰安泰門門與左昇龍門相直東則壽聖宮兩宮太后位也本明俊殿試進士之所宮北曰徽音院又北曰燕壽殿殿垣後少西曰振肅衛司東曰中衛尉司儀鸞局東曰小東華門更漏在焉中衛尉司東曰祗肅門少東南曰將軍司徽音壽聖東曰大后苑苑殿曰慶春與燕壽殿並小東華與正東華門對東華門內正北尚廄局其西北曰臨武殿左掖門北尚食局南曰宮苑司其西北尚醞局湯藥局侍儀司少西曰符寶局器物局又西則撒合門也嘉瑞樓西曰三廟正殿曰德昌東曰文昭西曰光興德昌後宣宗廟也宮西門曰西華與東華相直北門曰安貞

開封府上留守司留守帶本府尹兼本路兵馬都總管

天德二年罷行臺尚書省置轉運司提刑司天德二年

置統軍司有藥市四榷場產蜜蠟香茶心紅朱紅地龍黃柏天德四年戶二十

三萬五千八百九十泰和末戶百七十四萬六千二百

一十縣十五鎮十五開封東附郭有古通津臨蔡關汴河鎮一延嘉祥符

西附郭有岳臺汝水沙臺崇臺夷門山蔡河金水河廣濟河寒泉河鎮三陳橋八角郭橋陽武有沙池黑陽山黃河汴河白溝河通許宋名咸平大定二十九年以與咸平府重更有牛首城襄亭泰

康有曹瀟蔡河渦河鎮一崔橋中牟有汴河鄭河中牟臺鎮四圃田陽武萬勝白沙鎮

杞宋雍丘縣杞國也正隆後更今名鎮一圉城鄢陵有洧水溟水太丘城鎮一馬欄橋

尉氏有惠民河長明溝鎮二朱家曲宋樓扶溝有邦耶山洧水白亭鎮二建雄義店

舊有赤倉鎮陳留有皇栢山狼丘汴河延津貞祐三年七月升為延州有土山黃河洧川

貞祐二年置惠民倉興定二年四月以尉氏縣之宋樓鎮陞長垣封丘

睢州下刺史宋拱州保慶軍國初猶稱拱州天德三年

更戶四萬六千三百六十縣三鎮一襄邑古襄牛地有汴河睢水渙

水承匡城鎮一重華考城宋隸南京正隆前隸曹州後來屬葵丘有黃河黃陵岡元光二年改為通

安堡 拓城古株林酋止地在焉有渙水泡水泓水
歸德府散中宣武軍故宋州宋南京應天府河南郡歸
德軍國初置宣武軍户七萬六千三百八十九 縣六
鎮四 睢陽宋名宋城承安五年更名有鷹鸛池汴水睢水渙水 鎮一葛驛 寧陵大定二十二年徙於汴河堤
南古城有汴水睢水渙水 下邑有汴水黄水 鎮一會亭 虞城有孟諸藪 穀熟有汴水穀水 鎮二營城洛場又有舊高辛鎮 楚丘國初隸曹州海陵後來屬
興定元年以限河不便改隸單州有景山京岡
單州中刺史宋碭郡貞祐四年二月升爲防禦興定五
年二月置招撫司以安集河北遺黎户六萬五千五百
四十五 縣四 單父有樓霞山泡溝 成武有堂溝 魚臺有泗水消溝五
丈溝 碭山興定元年以限河不便改隸歸德府有芒碭山古汴渠午溝

壽州下刺史宋隸壽春府貞元元年來屬泰和六年六
月升爲防禦户八千六百七十七 縣二 鎮一 下
蔡有硤石山潁水淮水 蒙城宋隸亳州國初來屬有狼山渦水 鎮一蒙館
陝州下防禦宋陝郡保平軍節度皇統二年降爲防禦
貞祐二年七月陞爲節鎮户四萬一千一十 縣四
鎮七 陝倚有號山峴頭山三崤山底柱山莫河橐水 鎮一石壕 靈寶有夸父山黄河
稠桑澤古函谷 鎮二乾壕關東 湖城有荆山鑄鼎原鳳林泉鼎湖 鎮二三門集津 閿鄉
太華山黄河玉澗水潼關太谷關 鎮二張店故鎮舊又有曹張鎮恐誤
鄧州武勝軍節度使宋南陽郡嘗置榷場户二萬四千

九百八十九 縣三 鎮六 穰城倚有五壟山覆釜山湍水朝水 鎮
四順陽新野穰東板橋 南陽有豫山百重山豐山梅溪水白水清冷水 鎮一張封 内鄉有高
前山縣耳山黄水菊水淅水富水 鎮一峽口
唐州中刺史宋淮安郡嘗置榷場户一萬一千三十一
縣四 鎮四 泌陽倚有泌水醴水 鎮一胡陽 比陽有大明湖中陽山比
水 鎮一羊栅 湖陽貞祐元年廢 鎮一畢渠 桐栢大定十年始置正官興定五年六月
廢有桐栢山淮水栢河 鎮一許封大定二十八年命規措界壕於唐鄧間
裕州本方城縣泰和八年正月陞置以方城縣爲倚郭
割汝州葉縣許州舞陽隸焉户八千三百 縣三 鎮
四 方城倚有方山城衡山堵水 鎮一青臺 葉本隸汝州泰和八年來屬有方城山石塘

河澧水 鎮一臨潁 舞陽本隸許州泰和八年來屬有伏牛山馬鞍山舞水汝水潕水滍水 鎮
二吳城北舞
河南府散中宋西京河南府雒陽郡初置德昌軍興定
元年八月升爲中京府曰金昌户五萬五千六百三十
五 縣九正隆郡志有壽安縣紀録皆無 鎮四 洛陽倚有北邙山正隆六年更名太
平山彌舊名者以違制論有伊洛瀍澗金水銅駝街金粟山金谷 鎮一龍門 澠池有天壇山廣陽
山黄河澠河 登封有太室山箕山陽城山少室山宣宗置御寨其上舊有潁陽鎮後廢 孟津貞祐
三年七月升爲陶州十二月復爲縣 鎮一長泉舊有清鎮後廢 芝田宋名永安貞元元年更有
轘轅山青龍山 新安有闕門山長石山金水穀水陂水 偃師有北邙山緱氏山半石山景山黄河
洛水 鎮一緱氏 宜陽有錦屏山鹿蹄山總鶴山女几山洛水昌水少水 鞏有侯山九黄河洛水

鎮一洛口
嵩州中刺史舊名順州天德三年更戶二萬六千六百
四十九 縣四 鎮四 伊陽宋隸河南府有三塗山陸渾山鼓鍾山伊水淯
陽水鎮一鳴皐舊有伊闕鎮後廢 永寧宋隸河南府正隆六年以前寄治於府後即鎮爲縣有三
青山熊耳山崤山天柱山黃河杜陽水鎮一府店 福昌宋隸河南府有女几山金門山鎮二
韓城三鄉長水宋隸河南府有壇山松陽山洛水松陽水
汝州上刺史宋臨汝郡陸海軍節度國初爲刺郡貞祐
三年八月升爲防禦戶三萬五千二百五十四 縣四
鎮二 梁有霍陽山崆峒山紫邏山汝水廣潤河正隆六年勑環汝州百五十里內州縣商賈
赴溫湯置市 郟城宋隸許州有汝水扈澗河鎮一黃道 魯山有堯山滍水鴉河 寶豐

有蔡龍城鎮一汝南
許州下昌武軍節度使宋潁昌府許昌郡忠武軍戶四
萬五千五百八十七 縣五 鎮七 長社倚有潩水潁水鎮
二許由椹澗 郾城有長沙河五溝水鎮二駝口新寨 長葛有小陘洧水 臨潁
鎮二合流繁城 襄城本隸汝州泰和七年來屬鎮一潁橋
鈞州中刺史舊陽翟縣僞齊升爲潁順軍大定二十二
年升爲州仍名潁順二十四年更今名戶一萬八千五
百一十 縣二 鎮一 陽翟倚有具茨山三封山荊山潁水 新鄭宋隸
鄭州有溱洧溪三水鎮一郭店
亳州上防禦使宋譙郡集慶軍隸揚州貞祐三年升爲

節鎮軍名集慶戶六萬五百三十五 縣六 鎮五舊有
福寧馬頭二鎮 譙倚有渦水泡水鎮一雙溝 鹿邑有渦水明水鎮一鄭城 衛真有洵
水沙水鎮一谷陽 城父有渦水泚水父水 酇有睢水汴河白龍潭鎮一酇陽 永城
興定五年十二月升爲永州以下邑碭山酇縣隸焉有芒山汴河鎮一保安
陳州下防禦使宋淮寧府淮陽郡鎮安軍戶二萬六千
一百四十五 縣五 鎮二 宛丘有蔡河潁水洧水 項城有潁
水百尺堰 南頓 鎮一珍寇 商水本溵水宋避宣祖諱改有商水潁水 西華有宜陽山
蔡河潁水鎮一長平
蔡州中防禦使宋汝南郡淮康軍泰和八年升爲節度
軍曰鎮南嘗置榷場戶三萬六千九十三 縣六 鎮

二 汝陽有溱水滍水鎮一保城 遂平有吳房山吳城山龍泉水灈水 上蔡
西平有九頭山滾水鄧艾陂 確山有確山沒水溱水鎮一毛宗 平輿
息州本新息縣泰和八年陞爲息州以新息爲倚郭割
眞陽褒信新蔡隸焉爲蔡州支郡戶九千六百八十五
縣四 鎮一 新息倚鎮一王務 眞陽本隸蔡州泰和八年來屬有淮
水汝水石塘陂 褒信本隸蔡州泰和八年來屬有汝水葛陂 新蔡本隸蔡州泰和八年來屬有汝
水
鄭州中防禦宋滎陽郡奉寧軍節度戶四萬五千六百
五十七 縣七 鎮三 管城倚貞祐四年更名故市有圃田澤 滎陽
有鴻溝京索二水 密有大騩山溱水洧水鎮二大騩鏁水 河陰 原武 鎮一

陳橋 汜水有虎牢關 榮澤有廣武禍舊有許橋賈谷二鎮在鄭境

潁州下防禦宋順昌府汝陰郡嘗置榷場正隆四年罷榷場戶一萬六千七百一十四 縣四 鎮十一舊有萬善鎮後廢 汝陰倚有潁水淮水汜水汝水 潁上元光二年十一月改隸壽州潁水淮水 鎮十永寧漕口王家市欒頭永清椒陂正陽江陂界溝斤溝 泰和有潁水 沈丘有武丘 鎮一永安

宿州中防禦宋符離郡保靜軍節度隸揚州國初隸山東西路大定六年來屬貞祐三年陞為節鎮軍曰保靜戶五萬五千五十八 縣四 鎮八舊有蘄山鎮 符離倚有諸陽山汴河睢水陴湖 鎮三曲溝符離黃團 臨渙有嵇山汴河肥山 鎮三柳子鄲澤桐墟 靈璧宋元祐元年置 鎮一西固 蘄有濉水渦水蘄水 鎮一靜安

泗州中防禦使宋臨淮郡正隆四年正月罷鳳翔府唐鄧潁蔡鞏洮等州并膠西縣諸榷場但置榷場於泗州先隸山東西路大定六年來屬戶八千九十二 縣四 鎮六 淮平舊盱眙縣明昌六年以宋有盱眙軍故更 虹有朱山汴河淮水廣濟渠 鎮二千仙通海 臨淮 鎮四安河兵城青陽翟家灣 睢寧興定二年四月以宿遷縣之古城置又有淮濱興定二年四月以桃園置元光二年四月廢

邊戍

皇統元年十月都元帥宗弼與宋約以淮水中流為界西自鄧州南四十里西南四十里為界泰和八年

設沿淮巡檢使及朐山縣完濱村刱立巡路置巡檢

河北東路天會七年析河北為東西路各置本路兵馬都總管府一 節鎮二 防禦一 刺郡五 縣三十 鎮三十五

河間府中總管府瀛海軍宋河間郡瀛海軍天會七年置總管府正隆間升為次府置瀛州瀛海軍節度使兼總管置轉運司後復置總管府河北東西大名等路提刑司產無縫綿滷鹽藺席馬藺花香附子錢魬蟹乾魚 戶三萬一千六百九十一 縣二 鎮三 河間倚有滹沱河君子館 鎮三束城永寧北林 肅寧

蠡州下刺史宋永寧軍國初因之天會七年陞為寧州博野郡軍天德三年更為蠡州戶二萬九千七百九十七 縣一 鎮一 博野倚有沙河唐河 鎮一新橋

莫州下刺史宋文安郡軍防禦治任丘貞祐二年五月降為鄚亭縣戶二萬二千九百三十三 縣一 鎮一 任丘 鎮一長豐

獻州下刺史本樂壽縣天會七年升為壽州天德三年更令名戶五萬六百三十二 縣二 鎮十 樂壽倚有徒駭河房淵漢獻王陵 交河大定七年以石家圈置 鎮十景城南大樹劉解槐家衆軍買河北望夾灘棗河沙渦

冀州上宋信都郡天會七年仍舊置安武軍節度戶三

千六百七十　縣五　鎮三　信都倚有胡盧河降水　鎮一來遠
後廢　南宮有降水枯瀆　鎮三唐陽後增寧化七公二鎮　衡水有長蘆河降水　武邑有漳
河長蘆河　鎮一觀津後廢　棗強　鎮一廣川後廢
深州上刺史宋饒陽郡防禦國初爲刺郡户五萬六千
三百四十　縣五　鎮一　靜安倚有衡漳水大陸澤　鎮一下博　束
鹿有衡漳滹沱河　武強置河倉有衡漳水武強泉　饒陽有滹沱河　安平有沙水滹沱河
清州中宋乾寧郡軍國初因置軍天會七年以守邊置
防禦户四萬七千八百七十五　縣三　鎮一　會川
本名乾寧貞元元年更名置河倉　鎮一范橋　興濟本隸滄州大定六年來屬　靖海明昌四年
以清州窩子口置
滄州上橫海軍節度宋景城郡貞元二年來屬户一十
萬四千七百七十四　縣五　鎮十一　清池置河倉有浮陽
水徒駭河　鎮五長蘆新饒安舊饒安乾符郭疃舊有郭橋後廢　無棣有老烏山鬲津河　鎮一
分水　鹽山有鹽山浮水　鎮四海豐海潤後增利豐撲頭二鎮　南皮置河倉有大小台山永濟
河潔河　鎮一馬明　樂陵有鬲津河篤馬河鉤盤河舊有會寧河永利東中三鎮後廢
景州上刺史宋永靜軍同下州治東光國初陞爲景州
貞元二年來屬大安間更爲觀州避章廟諱也户六萬
五千八百二十八　縣六　鎮四　東光倚置河倉有永濟渠漳河
鎮一建橋　阜城有衡水漳水河劉豫祖塋在縣南十二里　將陵置河倉有永濟渠鉤盤河　吳
橋有永濟渠　蓨宋隸冀州有津河蓨市　寧津　鎮三西保安廣平會津

河北西路天會七年析爲西路府三　鎮二　防禦　刺
郡五　縣六十一
眞定府上總管府成德軍宋常山郡鎮州成德軍節度
正隆間依舊次府置本路兵馬都總管府轉運司產甆器銅
鐵有丹粉場烏梨藥則有茴香零陵香御米榖天南星皂角木瓜芎井泉石　户一十三萬七
千一百三十七　縣九　鎮三　眞定倚有茂山滋水滹沱水　槀
城有滋水滹沱水　平山　欒城有泜水洨水　獲鹿興定三年三月升爲鎮寧州權河北
西路以經略使武仙駐焉有萆山滹沱水　行唐有玉女山常山　鎮二嘉祐北鎮舊有行臺新年二鎮
後廢　阜平明昌四年以北鎮置　靈壽　鎮一慈谷　元氏有封龍山槐河
威州下刺史天會七年以井陘縣升置陘山郡軍後爲
刺郡户八千三百一十　縣一　井陘
沃州上刺史宋徽宗升爲慶源府趙郡慶源軍治平棘
天會七年改爲趙州天德三年更爲沃州蓋取水沃火
之義軍曰趙郡軍後廢軍户三萬八千一百八十五
縣七　鎮一　平棘倚有洨水槐水　臨城有敦輿山彭山泜水　高邑有贊皇山
濟水　贊皇　寧晉有洨水寖水　鎮一奉城　栢鄉　隆平
邢州上安國軍節度宋信德府鉅鹿郡安國軍節度天
會七年降爲邢州仍置安國軍節度產玄精石　户八萬二百
九十二　縣八　鎮四　邢臺有石門山百巖山蓼水渦水　唐山有堯
山泜水　內丘有千言山內丘山泜水渚水　平鄉　鎮一道武　任有漆水任水　鎮

一新店 沙河有湯水滆水 鎮一蔡村 南和有任水泜水 鉅鹿有大陸澤漳河落漠
水 鎮一團城
洺州上防禦廣平郡治永年天會七年以守邊置防禦
使戶七萬三千七十 縣九 鎮四 永年有榆溪山洺水漳水
鎮一西臨洺 廣平本魏縣大定七年更 宗城 新安 成安 肥鄉
鎮一新安 雞澤有洺水漳水沙河 曲周 鎮二平恩白家灘 洺水
彰德府散下宋相州鄴郡彰德軍節度治安陽天會七
年仍置彰德軍節度明昌三年陞爲府以軍爲名戶七
萬七千二百七十六 縣五 鎮五 安陽倚有韓陵山龍山洹
水防水 鎮三天禧永和豐樂 林慮舊林慮鎮貞祐三年十月升爲林州置元帥府興定三年九月

升爲節鎮以安陽縣水治村爲輔嵓縣隸焉隆慮山洹山漳水 湯陰有年山羑水蕩水通漕羑里 鎮
一鶴壁 臨漳東山漳水 鎮一鄴鎮 輔巖本水冶村興定三年置
磁州中刺史宋滏陽郡國初置滏陽郡軍戶六萬三千
四百一十七 縣三 鎮八 滏陽有滏山磁山漳水滏水 鎮四
臺城觀城昭德後廢二祖增臨水鎮 武安有錫山武安山 鎮一固鎮 邯鄲有邯山靈山漳水牛
首山 鎮三大趙北陽邑城士民須知惟有邯山鎮
中山府宋府天會七年降爲定州博陵郡定武軍節度
使後復爲府戶八萬三千四百九十 縣七 鎮二
安喜倚有滱水盧奴水長星川 新樂有泒水木刀溝 無極有滹河 永平貞祐二年四月
升爲完州 慶都有堯山都山唐水 曲陽有常山曲防水 鎮一龍泉 唐有孤山唐山滱

水 鎮一軍城
祁州中刺史宋蒲陰郡國初置蒲陰郡軍戶二萬三千
三百八十二 縣三 蒲陰 鼓城 深澤
濬州中防禦宋大邳郡通利軍又改平川軍天會七年
以邊境置防禦使皇統八年嫌與宗雋音同更爲通州
天德三年復戶二萬九千三百一十九 縣二 鎮二
黎陽有大伾山枉人山 衛有蘇門山鹿臺糟丘酒池枋頭城 鎮二衛橋淇門
衛州下河平軍節度宋汲郡天會七年因宋置防禦使
明昌三年升爲河平軍節度治汲縣以滑州爲支郡大
定二十六年八月以避河患徙於共城二十八年復舊

治貞祐二年七月城宜村三年五月徙治于宜村新城
以胙城爲倚郭正大八年以石甃其城戶九萬一百一
十二 縣四 鎮二 汲有蒼山黃河 新鄉 蘇門本共城大定二
十九年改爲河平避顯宗諱也明昌三年改爲今名貞祐三年九月升爲輝州興定四年置山陽縣隸焉有白
鹿山天門山淇山百門波 鎮一早生 獲嘉 鎮一大寧 胙城本隸南京海陵時割隸滑
州泰和七年復隸南京八年以限河來屬貞祐五年五月爲衛州倚郭增置主簿興定四年以脩武縣重泉村
置縣來隸
滑州下刺史宋靈河郡武成軍本南京屬郡大定六年
割隸大名府戶二萬二千五百七十 縣二 鎮二
白馬 鎮二衛南武城 內黃本隸大名府大定六年來屬

山東東路為京東東路治益都府二 節鎮二 防禦二
刺郡七 縣五十三 鎮八十三
益都府上總管府鎮海軍國初仍舊置軍置南青州節
度使後升為總管府置轉運司大定八年置山東東西
路統軍司 產石器玉石沙魚皮天南星半夏澤瀉紫草 戶一十一萬八千七
百一十八 縣七 鎮七 益都 臨朐 有朐山九山洱水般水
穆陵 貞祐四年四月升臨朐之穆陵置 壽光 有甘水澠水 鎮一 廣陵鹽場 博興
有濟水時水 鎮二 博昌淳化 臨淄 有南郊山牛山天齊淵康浪水 樂安 鎮四 新鎮
高家港清河王家
濰州中刺史戶三萬九百八十九 縣三 鎮一 北
海 倚有浮煙山漑源山漑水汶水 鎮一 固底 昌邑 有霍侯山濰水 昌樂 有方山孳角山丹水
朐水
濱州中刺史宋軍事戶一十一萬八千五百八十九
縣四 鎮十 渤海 有黃河 鎮五 豐國寧海濱海蒲臺安平 利津 明昌
三年十二月以永和鎮升置 蒲臺 鎮二 安定合波 霑化 本名招安明昌六年更 鎮
三 永豐永阜永利
沂州上防禦宋琅邪郡戶二萬四千三十五 縣二
鎮三 臨沂 劇 鎮三 長任向城利城 費
密州宋為密州高密郡安化軍節度戶一萬一千八十
二 縣四 鎮七 諸城 劇有琅邪山濰水荊水盧水 鎮三 普慶信陽草橋

安丘 有安丘山劉山汶濰浯水 鎮一 李文 高密 有礪阜山密水膠水 膠西 鎮三
張倉梁鄉陳村
海州中刺史戶三萬六百九十一 縣五 鎮四 朐
山 贛榆 本懷仁大定七年更 鎮二 荻水臨洪 東海 漣水 本漣水軍皇統二年
降為縣來屬 鎮二 太平金城
莒州中刺史本城陽軍大定二十二年升為城陽州二
十四年更今名戶四萬三千二百四十 縣三 鎮三
莒 日照 鎮一 濤洛 沂水 鎮一 沂安舊有扶淇洛鎮二鎮後廢
棣州上防禦宋安樂郡戶八萬二千三百三 縣三
鎮九 厭次 鎮五 清河歸化達多泉利豁角 陽信 有黃河鉤盤河 鎮二 欽風
西界 商河 有黃河馬頰河商河 鎮二 歸仁官口
濟南府散上宋齊州濟南郡初置興德軍節度使後置
尹置山東東西路提刑司戶三十萬八千四百六十九
縣七 鎮二十九 歷城 鎮六 盤水中宮老僧口上洛口王舍人店
遥墻 臨邑 鎮三 新鎮安贏新市 齊河 鎮三 晏城劉宏新孫耿 章丘 有長
白山東陵山百脉水楊緒水 鎮四 普濟延安臨濟明水 禹城 有黃河濟河淇河漯水 鎮三
新安仁水寨黎濟寨 長清 劇有劘笄山隔馬山黃河清水 鎮六 赤莊莒鎮李家莊歸德豐齊陰河
濟陽 鎮四 回河曲堤舊孫耿仁豐
淄州中刺史宋淄川郡軍戶一十二萬八千六百二十
二 縣四 鎮六 淄川 倚有鬱山夾谷山商山淄水 鎮三 金嶺張店顏神

店長山有長白山栗水鄒平有系河濟河鎮三淄鄉介東孫家嶺舊有堅店鎮後廢高
苑有濟河
萊州上定海軍節度宋東萊郡戶八萬六千六百七十
五縣五鎮一掖倚有三山夜居山掖水萊陽有高麗山七子山鎮
一衡村舊有海倉西由移風三鎮即墨有牢山不其山天室山沽水曲褱鹽場膠水招
遠
登州中刺史宋東牟郡戶五萬五千九百一十三縣
四鎮二蓬萊有巨風鹽場福山鎮一孫大川黃有萊山蹲狗山
鎮一馬停棲霞
寧海州上刺史本寧海軍大定二十二年升爲州戶六

萬一千九百三十三縣二鎮二牟平有東牟山之罘山清
陽水鎮一湯泉文登劇有文登山成山昌陽山鎮一溫水
山東西路府一領節鎮二防禦二刺郡五
東平府上天平軍節度宋東平郡舊鄆州後以府尹兼
總管置轉運司產天麻全蝎阿膠薄荷防風絲綿綾錦絹戶一十一萬八千
四十六縣六鎮十九須城有梁山濟水清河東阿有吾山穀
城山黃河阿井鎮五景德木仁關山銅城陽劉陽穀有黃河碻磝津鎮二樂安定水汶上
本名中都貞元元年更爲汶陽泰和八年更今名有汶水大野陂鎮一柴城壽張大定七年河水
壞城遷於竹口鎮十九年復舊治鎮一竹口平陰有鬱葱山鶻夷山鎮九但歡安寧寧鄉
翔鸞固留滑口廣里石横澄空傅家岸

濟州中刺史宋濟陽郡舊治鉅野天德二年徙治任城
縣分鉅野之民隸嘉祥鄆城金鄉三縣戶四萬四百八
十四縣四鎮二任城倚有承山泗水新河鎮一魯橋金鄉有桓
溝鎮一昌邑嘉祥舊有合來山口二鎮後廢鄆城大定六年五月徙治盤溝村以避河決有
馬頰河濮水
徐州下武寧軍節度使宋彭城郡貞祐三年九月改隸
河南路戶四萬四千六百八十九縣三鎮五彭
城倚有九里山豬土泗水猴水沛澤鎮三呂梁利國下唐又有厥堌鎮元光二年陞爲永固縣蕭
有綏興山丁公山古汴渠鎮二白土安民舊有晉城雙溝二鎮豐有泡水大澤
邳州中刺史宋淮陽軍貞祐三年九月改隸河南路戶

二萬七千二百三十二縣三下邳有嶧陽山磬石山艾水沂水泗
水沐水睢水蘭陵本承縣明昌六年更名貞祐四年三月徙治土婁村宿遷元光二年四月廢有
泗水汜水
滕州上刺史本宋滕陽軍大定二十二年升爲滕陽州
二十四年更今名貞祐三年九月爲兗州支郡戶四萬
九千九縣三鎮一滕舊名滕陽大定二十四年更有桃山抱犢山漷水
沛有微山泗水泡水漷水鎮一陶陽鄒宋隸泰寧軍有嶧山鳧山泗水漷水
博州上防禦宋博平郡戶八萬八千四十六縣五
鎮十一聊城倚有茌山黃河金沙水鎮二王館武水堂邑鎮二回河
候固博平有漯河鎮一博平茌平鎮二廣平興利高唐有黃河鳴犢溝鎮

四固河齊城靈城夾灘

兗州中泰定軍節度使宋襲慶府魯郡舊名泰寧軍大定十九年更戶五萬九十九 縣四 嵫陽本瑕丘 曲阜宋名仙源有防山曲阜山泗洙沂水 泗水有陪尾山尼丘山泗水洙水 寧陽舊名龔縣大定二十九年以避顯宗諱改

泰安州上刺史本泰安軍大定二十二年升戶三萬一千四百三十五 縣三 鎮二 奉符倚有泰山社首山龜山徂徠山亭亭山有汶水梁水 鎮二太平靜封 萊蕪有萊蕪山安期山嬴汶水牟汶水 新泰

德州上防禦宋平原郡軍戶一萬五千五十三 縣三 鎮七 安德有鬲津河 鎮四磁博繫化盤河德安 平原有金河 鎮一水務 德平 鎮二懷仁孔家鎮

曹州中刺史宋興仁府濟陰郡彰信軍本隸南京泰和八年來屬大定八年城為河所沒遷州治于古乘氏縣戶一萬二千六百七十七 縣三 鎮一 濟陰倚有曹南山定濮岡左山沉丘荷水沉水灉城鄭城 鎮一濮水 定陶本宋廣濟軍熙寧間廢為定陶縣城中有梁王臺有髮山獨孤山 東明初隸南京後避河患徙河北宛句故地後以故縣為蘭陽儀封有舊東明城

志第七

開府儀同三司上柱國錄軍國重事前中書右丞相監修國史領經筵事都總裁脫脫奉

勅修

金史二十六

地理下 大名府路 河東南路 河東北路 京兆府路 鳳翔路 慶原路 鄜延路 臨洮路

大名府路宋北京魏郡府一領刺郡三縣二十鎮二十二

貞祐二年十月置行尚書省

大名府上天雄軍舊為散府先置統軍司天德二年罷以其所轄民戶分隸旁近總管府正隆二年陞為總管府附近十二猛安皆隸焉兼漕河事產縐縠絹梨肉櫻桃煎木耳硝戶三十萬八千五百一十一縣十鎮十三舊有柳林侯固二鎮 元城有愜山漕運御河屯氏河 鎮二安定安賢 大名倚 鎮一 魏縣 冠氏有弇山水沙河 鎮四普通清水博寧桑橋 南樂 鎮一南樂 館陶有漕運御河 鎮一館陶 夏津有屯氏河潤溝河 鎮一孫生 朝城 鎮一韓張 清平有新渠金堤 鎮一清平 莘 鎮一馬橋

恩州中刺史宋清河郡軍事治清河今治歷亭戶九萬九千一百一十九縣四鎮六 歷亭倚有永濟渠置河倉 鎮四漳南新安樂舊安樂王杲 武城有永濟渠沙河 鎮一武城 清河有永濟渠漳渠 臨清有河倉 鎮一曹仁

濮州下刺史宋濮陽郡戶五萬二千九百四十八縣二

鎮三 鄄城倚有旄丘陶丘金堤 鎮二臨濮雷澤皆舊縣貞元二年爲鎮 范 鎮一定安

開州中刺史宋開德府澶淵郡鎮寧軍節度降爲澶州皇統四年復更今名户三萬三千八百三十六縣四鎮一 濮陽倚有衛陽山鮎鮐山黃河淇河瓠子口 清豐有廣陽山黃河 觀城有泉源河 鎮一武鄉 長垣本隸南京泰和八年以限河不便來屬

河東北路宋河東路天會六年析河爲南北路各置兵馬都總管府一領節鎮三刺郡九縣三十九鎮四十堡十寨八

太原府上武勇軍宋太原郡河東軍節度國初依舊爲

次府復名并州太原郡河東軍總管府置轉運司有造墨場煉銀洞瑪瑙石藥產松脂白膠香五靈脂大黃白玉石户一十六萬五千八百六十二縣十一鎮八 陽曲倚有罕山蒙山汾水 鎮五陽曲百井赤塘關天門關陵井驛 太谷有大谷山蔣水 平晉貞祐四年七月廢興定元年復置有龍山晉水 鎮二晉寧晉祠 清源有清源水汾水 徐溝本清源縣之徐溝鎮大定二十九年升 榆次有麓臺山塗水 祁有憤山太谷水 鎮一團柏 文水有隱泉山汾水文水 交城有少陽山狐突山汾水 孟興定中升爲州聽絳州元帥府節制置刺史尋復有白馬山泉仇山滹沱水 壽陽興定二年九月嘗割隸平定州有方山洞過水

晉州興定四年正月以壽陽縣西張寨置

忻州下刺史舊定襄郡軍户三萬二千三百四十一縣二鎮四 秀容有程侯山雲母山忻水滹沱水 鎮四忻口雲內徒合石嶺 定襄

平定州中刺史本宋平定軍大定二年升爲州興定二年爲防禦十一月復降爲刺郡户一萬八千二百九十六縣二鎮三 平定倚有浮山浮樂水 鎮二承天東百井 樂平興定四年正月升爲皋州有樂平山清漳水 鎮一靜陽

汾州上宋西河郡軍事天會六年置汾陽軍節度使後又置河東南北路提刑司户八萬七千一百二十七縣五鎮二 西河有謁泉山比干山文水汾水 鎮一郭柵 孝義有勝水 介休有介山汾水 鎮一洪山 平遙有麓臺山汾水 靈石貞祐三年割隸霍州四年五月復來屬有靜巖山汾水

石州上舊昌化軍刺史興定五年復隸晉陽從郭文振之請也户三萬六千五百二十八縣六鎮四 離石倚有胡公山離石水 鎮一石窟 方山貞祐四年徙治于積翠山有方山赤洪水 孟門舊名定胡明昌六年更宋隸晉寧軍有黃河寧鄉水 鎮二吳保天澤 溫泉貞祐四年五月改隸汾州有遠望山溫泉 臨泉宋隸晉寧軍有黃河臨泉水 鎮一克明 寧鄉舊名平夷明昌六年更

葭州下刺史本晉寧軍貞元元年隸汾州大定二十二年升爲晉寧州二十四年更今名在黃河西興定二年五月以河東殘破改隸延安府户八千八百六十四寨八堡九神泉寨永作堡烏龍寨康定堡寧河寨寧河堡太和寨神木寨通津堡彌川寨暖川堡強川堡清川堡通秦寨通秦堡晉安堡吳堡寨已上皆在黃河西臨西夏界

代州中宋鴈門郡防禦天會六年置震武軍節度使貞祐二年四月僑置西面經略司八月罷户五萬七千六百九十縣五鎭十三 鴈門倚有夏屋山鴈門山滹沱水鎭三鴈門西陘胡谷 崞有崞山石鼓山滹沱河沙河鎭一樓板 五臺貞祐四年三月升爲臺州有五臺山虑虒水鎭二興善石觜 廣武貞祐三年七月來屬 繁畤貞祐三年九月升爲堅州鎭七茹越大石義興麻谷瓶形梅迴寶興

隩州下本宋舊火山軍大定二十二年升爲火山州後更今名興定二年九月改隸嵐州四年以殘破徙治于黄河灘許父寨户七千五百九十二縣一鎭一 河曲貞元元年置有火山黄河鎭一鄭鎭

寧化州下刺史本寧化軍大定二十二年陞爲州户六千百縣一鎭一 寧化 鎭一窰谷

嵐州下宋舊樓煩郡軍事天會六年置鎭西節度使户一萬七千五百五十七縣三鎭四宜芳 鎭一飛鳶 合河 鎭三合河津乳浪鹽院渡 樓煩

岢嵐州下刺史本宋岢嵐軍大定二十二年爲州貞祐三年九月升爲防禦四年正月升爲節鎭五月復爲防禦户五千八百五十一縣一堡一 嵐谷有嵐谷山雪山岢嵐山 堡一寒光

保德州下刺史本宋保德軍大定二十二年升爲州元光元年六月升爲防禦户三千一百九十一縣一 保德大定十一年置有大堡津汝谷津

管州下刺史本宋憲州靜樂郡天德三年更興定三年升爲防禦户五千八百八十一縣一 靜樂

河東南路府二節鎭三防禦一刺郡六縣六十八鎭二十九關六

平陽府上宋平陽郡建雄軍節度本晉州初爲次府置建雄軍節度使天會六年升總管府置轉運司興定二年十二月以殘破降爲散府有書籍産解鹽隰州綠卷子布龍門椒紫團參甘草蒼朮户一十三萬六千九百三十六縣十鎭一 臨汾天會六年定臨汾爲次赤餘並次畿置丞簿尉各一有姑射山平水壺口山汾水 襄陵倚有浮山汾水潏水鎭一故關 洪洞有霍水汾水 趙城有姑射山汾水霍水 霍邑貞祐三年七月升爲霍州以趙城汾西靈石隸焉興定元年七月升爲節鎭軍曰鎭定有霍山汾水彘水 汾西有汾西山汾水 岳陽有烏嶺山通軍水 浮山舊名神山大定七年更爲浮山興定四年更名曰忠孝 和川 冀氏

隰州上刺史宋大寧郡團練舊大寧郡軍刺史天會六年改爲南隰州以與北京隰州重也天德三年去南字户二萬五千四百四十五 縣六關四 隰川倚有石馬山石樓山 仵城興定五年正月陞隰川之午城鎭置 蒲興定五年正月升爲蒲州以大寧隸焉有孤石山横木嶺 大寧有孔山黄河白斤水關一馬門 永和有樓山黄河仙芝水關一永和

關

石樓有石樓山黃河龍泉關二永寧上平關

吉州下宋置團練舊名慈州天德三年改爲耿州置文成郡軍明昌元年更名吉戶一萬三千三百二十四縣二 吉鄉有壺口山孟門山黃河蒲水 鄉寧

河中府散上宋河東郡舊置護國軍節度使天會六年降爲蒲州置防禦使天德元年升爲河中府仍舊護國軍節度使大定五年置陝西元帥府戶十萬六千五百三十九縣七鎮四 河東倚有中條山五老山黃河嬀水汭水鎮二永樂合河 榮河貞祐三年升爲榮州以河津萬泉隸焉有黃河汾水脽丘鎮一北郎 虞鄉有雷首山中條山壇道山 萬泉鎮一胡壁 臨晉有三疑山黃河 河津 猗氏有涑水

絳州上宋置絳郡防禦天會六年置絳陽軍節度使興定二年十二月升爲晉安府總管河東南路兵馬三年三月置河東南路轉運司戶一十三萬一千五百一十縣七鎮五關一 正平倚劇有定境山汾水澮水鼓水鎮一澤掌 曲沃劇有絳山絳水汾水澮水鎮二柴村九王 稷山有稷山汾水 翼城興定四年七月升爲翼州以垣曲絳縣隸焉元光二年升爲節鎮軍曰翼安有澮高山清野山鳥嶺山 太平有汾水 垣曲有王屋山清廉山黃河清水鎮一皋落關一行臺 絳有太陰山教山絳水鎮一澮交 平水興定四年七月徙置汾河之西從平陽公胡天作之請也

解州上刺史宋慶成軍防禦國初置解梁郡軍後廢爲刺郡貞祐三年復升爲節鎮軍名寶昌興定四年徙治平陸縣戶七萬一千二百三十二縣六鎮四 解倚有壇道山鹽池 平陸有吳山黃河鎮一張店 芮城宋隸陝州有中條山黃河龍泉 夏有巫咸山中條山涑水鎮一曹張 安邑有中條山稷山鹽池涑水 聞喜有九龍山湯山涑水鎮二東鎮劉莊

澤州上刺史宋高平郡天會六年以與北京澤州同加南字天德三年復去南字貞祐四年隸潞州昭義軍後又改隸孟州元光二年升爲節鎮軍曰忠昌戶五萬九千四百一十六縣六鎮二 晉城倚有太行山丹水白水天井關鎮二周村巴公舊又置星軺鎮 端氏有石門山巨峻山 陵川有太行山九仙山 陽城元光二年十一月升爲勣州有王屋山濩澤 高平有頭顱山米山丹水 沁水有鹿臺山沁水馬邑山

潞州上宋隆德府上黨郡昭德軍節度使天會六年節度使兼潞南遼沁觀察處置使戶七萬九千二百三十二縣八鎮四 上黨倚鎮一八義 壺關有抱犢山紫團山赤壤山 屯留有盤秀山絳水鎮一寺底 長子有羊頭山發鳩山堯水鎮一橫水 潞城有三嵕山伏牛山潞水漳水 襄垣有鹿臺山涅水漳水鎮一攬亭 黎城有白巖山故壺關口 涉貞祐三年七月升爲崇州以黎城縣隸焉四年八月以殘破復爲縣興定五年九月復升爲州有崇山涉水

遼州中刺史宋本樂平郡刺史天會六年以與東京遼州同加南字天德三年復去南字戶一萬五千八百五

十縣四鎮一關一　遼山倚。有箕山、青谷水。鎮一平城，舊縣也，貞元間廢為鎮屬遼山縣。又廢舊芹泉鎮。關一黃澤　榆社有武鄉水、石勒漚麻池。　和順有九原山

儀城舊為平城縣，貞元二年廢入遼山為鎮，貞祐四年復升為縣，更今名。

沁州中，錦山郡，宋威勝軍。天會六年升為州，元光二年升為節鎮，軍曰義勝。戶一萬八千五十九。縣四、鎮二

銅鞮倚。有銅鞮山、石梯山、洹水、交水。　武鄉有胡甲山、武鄉水。鎮一南關。　沁源元光二年十一月升為穀州。有靈山、沁水。　綿上有羊頭山、沁水。

懷州上，宋河內郡防禦。天會六年以與臨潢府懷州同加南字，仍舊置沁南軍節度使。天德三年去南字。皇統三年閏四月置黃沁河堤都大管勾司。大定五年置行

元帥府。興定五年置招撫司。戶八萬六千七百五十六。縣四、鎮六

河內倚。有太行陘、太行山、黃河、沁水、湨水。鎮四武德、柏鄉、萬善、清化。　修武有濁鹿城。鎮一承恩。　山陽興定四年以修武縣重泉村為山陽縣，隸輝州。　武陟有太行山、天門山、黃河、沁水。鎮一宋郭。

孟州上，宋濟源郡節度。天會六年降河陽府為孟州，置防禦。守盟津。宣宗朝置經略司。戶四萬一千六百四十九。縣四、鎮二

河陽倚。有嶺山、黃河、湛水、同水。鎮二穀羅、汎河。　王屋有王屋山、天壇山、析城山、黃河。　濟源有太行山、孔山、濟水、湨水、沁水。　溫有黃河、溱水。

京兆府路，宋為永興軍路。皇統二年省併陝西六路為四，曰京兆，曰慶原，曰熙秦，曰鄜延。府一，領節鎮一、防禦一、刺郡四，縣三十六，鎮三十七。

京兆府上，宋京兆郡永興軍節度使。皇統二年置總管府，天德二年置陝西路統軍司、陝西東路轉運司。產白芷、麻黃、白蒺藜、茵香、細辛。戶九萬八千一百七十七。縣十二、鎮十舊又有中橋、臨涇二鎮，後廢。

長安倚。有終南山、龍首山、灃水、渭水、鎬水。鎮一子午。　咸寧倚。本萬年，後更名。泰和四年廢，尋復。鎮二鳴犢、乾祐。　興平有渭水、醴泉。　涇陽　臨潼有驪山、渭戲。鎮一零口。　藍田有藍田山、蕢山、灞水。　雲陽鎮一孟店。　高陵有涇、渭、白渠。鎮二毗沙、渭城。　終南宋清平軍。鎮一甘河。　櫟陽有渭水、沮河、清泉陂。鎮一粟邑。　鄠有終南山、牛首、渼陂、渭水。鎮一秦渡。　咸陽

商州下，刺史。宋上洛郡軍事。貞祐四年升為防禦，隸

陝州。興定二年正月復來屬。元光二年五月改隸河南路。戶三千九百九十九。縣二、鎮二舊又有西市、黃川、青雲三鎮，後廢。

上洛有楚山、熊耳山、丹水、嶢關。鎮二商洛、豐陽，皆舊為縣，貞元二年廢為鎮。　洛南有冢嶺山、洛水。

虢州下，刺史。宋虢郡軍事。貞祐二年割為陝州支郡，以備潼關。戶一萬二十二。縣三、鎮五

虢略有鹿蹄山、黃河、燭水。鎮三靖遠、王城、朱陽。　盧氏有朱陽山、熊耳山、洛水、鄩水。鎮二社管、灤川，舊為縣，海陵貞元二年廢為鎮。　朱陽海陵時嘗廢，後復置。有地肺山。

乾州中，刺史。宋嘗改為醴州。天德三年復。戶二萬六千八百五十六。縣四、鎮三

奉天有梁山、莫谷水、甘谷水。鎮一薛祿。　醴泉有九嵕山、浪水。鎮一甘北。　武亭本武功，大定二十九年以樊顯宗諱更。有敦物山、武功山。

渭水鎮一長寧好畤有梁山武亭河
同州中宋馮翊郡定國軍節度治馮翊後改安國軍節
度使舊貢圓筋䕃耳羊大定十一年罷之户三萬五千五百六十一縣六
鎮九馮翊倚有洛水渭水鎮二沙苑井藍朝邑有黃河渭水鎮四朝邑新市延祥
洿谷白水有五龍山洛水白水郃陽有非山水黃河瀵鎮一夏陽澄城有梁水洛
水韓城貞祐三年升為楨州以郃陽縣隸焉鎮二寺前良輔
耀州上刺史宋華原郡感德軍節度皇統二年降為軍
事後為刺史州户五萬二百一十一縣四鎮二華原
有土門山漆水沮水同官有白馬山同官川鎮一黃堡美原有頻陽山三原有堯
門山中白渠鎮一龍橋

華州中宋華陰郡鎮潼軍節度治鄭國初因之後置節
度使皇統二年降為防禦使貞祐三年八月升為節鎮
軍曰金安以商州為支郡户五萬三千八百縣五鎮六
鄭倚有少華山聖山渭水符禺水鎮一赤水華陰有太華山松果山黃河渭水潼關
鎮二關西敷水下邽有渭水太白渠鎮二素化新市蒲城有金粟山洛水鎮一荆姚
渭南有靈臺山渭水
鳳翔路宋秦鳳路治秦州府二防禦二刺郡二縣三十三
城一堡四寨十四鎮十五
鳳翔府中宋扶風郡鳳翔軍節度皇統二年升為府軍
名天興大定十九年更軍名為鳳翔大定二十七年升
總管府産芎藭獨活燈草無心草升麻秦艽骨碎補羗活户六萬二千三百三
縣九鎮四舊有横水驛店雀模麻務長清五鎮後廢鳳翔倚有杜陽山吳岳雍水舊名天興縣
大定十九年更寶雞有陳倉山渭水汧水大散關鎮一武城虢有楚山渭水鎮一
陽平郿有太白山渭水盩厔南至巡馬道二十里貞祐四年升為恒州以郿縣隸焉有終南山渭
水洛谷扶風國初作扶興有渭水漳山鎮一岐陽岐山有岐山終南山渭水姜水汧水
鎮一馬磧普潤有杜水漆水岐山麟遊有五將山黝土山
德順州上刺史宋德順軍國初隸熙秦路皇統二年升
為州大定二十七年來屬貞祐四年四月升為防禦十
月升為節鎮軍曰隴安户三萬五千四百四十九縣六
寨四堡一舊有上接鎮通安寨王家城牧龍城司家堡後廢隴平倚水洛本中安堡

城堡一中安威戎本威戎堡城隆德本隆德寨通邊本通邊寨寨三靜邊
舊為縣得勝寧安治平本治平寨寨一懷遠
平涼府散中宋渭州隴西郡平涼軍節度舊為軍後置
陝西西路轉運司陝西東西路提刑司大定二十六年
來屬户三萬一千三十三縣五鎮五寨一平涼倚有羊頭
山馬屯山潘原有烏鼠山銅城山崇信有閣川水鎮一西赤城華亭有小隴山化
平本名安化大定七年更鎮四安化安國白巖河耀武寨一瓦亭
鎮戎州下刺史本鎮戎軍大定二十二年為州二十七
年來屬户一萬四百四十七縣二堡三寨八東山本東
山寨三川本三水寨堡三彭陽乾興開遠寨八天聖飛泉熙寧靈平通峽蕩羌九羊張義

秦州下宋天水郡雄武軍節度後置秦鳳路國初置節度皇統二年置防禦使隸熈秦路大定二十七年來屬元光二年四月升爲節鎮軍曰鎮遠後罷貞祐三年復置户四萬四百四十八縣八城一寨三鎮二舊有甘谷城甘泉城結藏城定西寨西顧堡後廢 成紀倚有龍馬泉 治坊 甘谷 清水宋舊縣有中隴山嶓冢山渭水 雞川 隴城有大隴山尾亭山 寨一隴城 西寧貞祐四年十月升爲西寧州以甘谷雞川治平三縣隸焉 秦安城一伏羌 寨二三陽務弓門 鎮二靜戎床穰

隴州下宋汧陽郡防禦海陵時隸熈秦路大定二十七年來屬户一萬六千四百四十二縣三鎮五 汧陽倚有汧水喻麋澤 鎮二安化新興 汧源有吳嶽山白環水 鎮三吳山定戎隴西 隴安泰和八年以隴安寨升有秦嶺山渭水

鄜延路領節鎮一刺郡四縣十六鎮五城二堡四寨十八關二

延安府下宋延安郡彰武軍節度使皇統二年置彰武軍總管府户八萬八千九百九十四縣七寨四堡一鎮一 膚施倚有五龍山伏龍山洛水清水濯巾水 鎮一樂盤 延川有濯巾河黃河延水 寨一永平 延長有獨戰山濯巾水 臨真有庫利山 甘泉有洛水 敷政有三塠山洛水 門山有重覆山黃河濯牙川水 堡二安定置第六正將安塞 寨四萬安興定二年廢德安置第五副將招安永平有丹陽驛

丹州中刺史宋咸寧郡軍事國初因之户一萬三千七十八縣一鎮一關一 宜川有雲巖山孟門山黃河庫利山 鎮一雲巖 關一烏仁

保安州下刺史宋保安軍大定二十二年升爲州户七千三百四十縣一寨三鎮二堡一城一 保安大定十二年以保安軍置 寨三德靖順寧平戎 鎮二靜邊永和 堡一園林 城一金湯

綏德州下刺史唐綏州宋綏德軍大定二十二年升爲州户一萬二千七百二十縣一寨十城一堡一關一 清澗本宋清澗城大定二十二年升 寨十暖泉義合清邊臨夏白草米脂置第二將懷寧鎮邊綏平克戎置第四將 城一嗣武 堡一開光 關一永寧

鄜州下宋洛交郡康定軍節度國初因之置保大軍節度使户六萬二千九百三十一縣四鎮一 洛交倚有鄜畤山洛水華池水 鎮一三水 直羅有水盤山羅川水 鄜城有楊班湫 洛川有洛川水圁水

坊州中刺史宋中部郡軍事户二萬七百四十六縣二鎮一 中部有沮河橋山石堂山洛水蒲谷水 宜君有沮水 鎮一玉華

天會五年元帥府宗翰宗望奉詔伐宋若克宋則割地以賜夏及宋既克乃分割楚夏疆封自麟府路洛陽溝距黃河西岸西歷暖泉堡鄜延路米脂谷至累

勝寨環慶路威延寨踰九星原至委布谷口涇原路威川寨略古蕭關至北谷口秦鳳路通懷堡至古會州自此距黃河依見流分熙河路盡西邊以限楚夏之封或指定地名有懸邈者相地勢從便分畫

慶原路舊作陝西西路府一領節鎮二刺郡三縣十八鎮二十三城二堡四寨二十二邊將營八

慶陽府中宋安化郡慶陽軍節度本慶州軍事國初改安國軍後置定安軍節度使兼總管皇統二年置總管府戶四萬六千一百七十一縣三城二堡一寨三鎮七

安化倚有馬嶺山延慶水彭原有彭池原睦陽川鎮二董志赤城合水有子午山鎮五金櫃懷安華樂五交景山城二白豹大順寨三安強華池柔遠堡一荔原

環州上刺史宋軍事國初因之大定間升爲刺郡戶九千五百四縣一堡三寨六鎮三

通遠倚有鹹河馬嶺坂塔子平榷場堡三木瓜歸德興平舊有惠丁射香流井三堡後廢寨六定邊平遠永鄉洪德烏倫安邊鎮三合道馬嶺木波

寧州中刺史宋彭原郡興寧軍節度國初因之皇統二年降爲軍仍加西字天德二年去西字爲刺郡戶三萬四千七百五十七縣四鎮五

安定本名定安大定七年更倚有洛水九陵水鎮一交城定平鎮二棗社大昌真寧有午山羅川水鎮二要關山河襄樂有延川水

邠州中宋新平郡靖難軍節度使國初因之戶四萬七千二百九十一縣五鎮三寨一

新平倚有涇水潘水淳化有仲山車箱坂宜祿有涇水汭水鎮一亭口永壽宋隸醴州有高泉山鎮一永壽舊有邠寨鎮後割隸涇州寨一常寧三水有石門山涇水羅川水鎮一清泉

原州上刺史宋平涼軍事大定二十七年爲涇州支郡後復軍事戶一萬七千八百縣二鎮三寨五

臨涇倚有陽晉水朝那水彭陽有大胡河蒲川河鎮三蕭鎮柳泉新城寨五綏寧平安清安開邊西壕

涇州中彰化軍節度使本治涇州元光二年徙治長武戶二萬六千二百九十縣四寨一鎮二

涇川本保定縣大定七年更寨一官地長武良原靈臺鎮二百里邵寨

邊將

第二將營在荔原堡西白豹城南七十五里戶三千七百一十六　次西第四將營戶一千二百三十二　次西第三將營戶二千一百五　次西第八將營戶一千二百二十二　次西第七將營戶八百五十九百八十九　次西第五將營戶三百六十四　次西第九將營戶七百二十七　次西第六將營戶

皇統六年以德威城西安州定邊軍等沿邊地賜夏國從所請也正隆元年命與夏國邊界對立烽候以防侵軼

臨洮路皇統二年改熙州爲臨洮府置熙秦路總管府大定二十七年更今名府一領節鎮一防禦一刺郡四縣一十三鎮六城六堡十二寨九關二

臨洮府中宋舊熙州臨洮郡鎮洮軍節度後更爲德順軍皇統二年置總管府產甘草菴藺子大黃戶一萬九千七百二十一縣三鎮一城一堡四 狄道有白石山洮水浩亹河 鎮一慶平 城一景骨 當川 堡一通谷 康樂 堡三渭源臨洮南川臨宋界

積石州下刺史本宋積石軍溪哥城大定二十二年爲州戶五千一百八十五縣一城三堡三 懷羌西至生羌界八十里 城三循化西至生羌界一百里大通臨河夏界來羌臨夏邊 堡三通津臨灘來同

洮州下宋嘗置團練刺史舊軍事臨宋界至西生羌界八十里戶一萬一千三百三十七堡二通祐臨宋界無民戶置軍守鐵城臨宋界無民戶置軍守

蘭州上刺史宋金城郡軍事戶一萬一千三百六十縣三鎮三城二堡三關一 定遠兼第十將去質孤堡一十五里 龕谷宋舊寨 阿干宋舊寨 城二寧遠安羌 堡三東關八將質孤臨夏邊兼第西關臨黃河夏邊 鎮三京川猪嘴納米 關一京玉

鞏州下節度宋通遠軍皇統二年升軍事爲通遠軍節度使戶三萬六千三百一縣五寨四鎮一 隴西宋舊縣 通渭 定西貞祐四年六月升爲州以通西安西綠馬 鎮一鹽川舊有赤嘴鎮後廢 通西 安西 寨四熟羊臨宋界來遠去宋界二十五里舊爲鎮永寧去宋界三十里南川舊有平西寧遠二寨及南三分壘

會州上刺史宋前舊名汝遮戶八千九百一十八縣一舊有會川城 寨二關一 保川 寨二平西通安 關一會安舊作會寧

河州下防禦宋安鄉郡軍事至都四千七百一十里皇統二年升軍事爲防禦貞祐四年十月升爲節鎮軍曰平西戶一萬四千九百四十二縣二城一寨三鎮一 枹罕國初廢貞元二年復置 寧河 城一安鄉關 寨三南川關通會定羌城 鎮一積慶

志第七

金史二十七

志第八

司上柱國録軍國重事前中書右丞相監修國史領經筵事都總裁臣脫脫奉

河渠 黄河 漕渠 盧溝河 滹沱河 漳河

黄河金始克宋兩河悉畀劉豫豫亡河遂盡入金境數十年間或決或塞遷徙無定金人設官置屬以主其事沿河上下凡二十五埽六在河南十九在河北埽設散巡河官一員雄武滎澤原武陽武延津五埽則兼汴河事設黄汴都巡河官一員於河陰以涖之懷州孟津孟州及城北之四埽則兼沁水事設黄沁都巡河官一員於懷州以臨之

崇福上下衛南淇上四埽屬衛南都巡河官則居新鄉武城白馬書城教城四埽屬濬滑都巡河官則處教城曹甸都巡河官則總東明西佳孟華凌城四埽曹濟都巡河官則司定陶濟北寒山金山四埽者也故都巡河官凡六員後又特設崇福上下埽都巡河官兼石橋使凡巡河官皆從都水監廉舉總統埽兵萬二千人歲用薪百一十一萬三千餘束草百八十三萬七百餘束樁杙之木不與此備河之恒制也大定八年六月河決李固渡水潰曹州城分流于單州之境九年正月朝廷遣都水監梁肅往視之河南統軍使宗室宗叙言大河所以決溢者以河道積淤不能受水故也今曹單雖被其患而兩州本以水利爲生所害農田無幾今欲河復故道不惟大費工役又卒難成功縱能塞之他日霖潦亦將潰決則山東河患又非曹單比也又沿河數州之地驟興大役人心動揺恐宋人乘間構爲邊患而肅亦言新河水六分舊河水四分今若塞新河則二水復合爲一如遇漲溢南決則害於南京北決則山東河北皆被其害不若李固南築隄以防決溢爲便尚書省以聞上從之三月拜宗叙爲參知政事上諭之曰卿昨爲河南統軍時嘗言黄河隄埽利害甚合朕意朕每念百姓凡有差調吏互爲姦若不早計而迫期徵歛則民增十

倍之費然其所徵之物或委積經年至腐朽不可復用使吾民數十萬之財皆爲棄物此害非細卿既參朝政凡類此者皆當革其弊擇所利而行之十一年河決王村南京孟衛州界多被其害十二年正月尚書省奏檢視官言水東南行其勢甚大可自河陰廣武山循河而東至原武陽武東明等縣孟衛等州增築隄岸日役夫萬一千期以六十日畢詔遣太府少監張九思同知南京留守事紇石烈邈小字阿補孫監護工作十三年三月以尚書省請修孟津滎澤崇福埽堤以備水患上乃命雄武以下八埽並以類從事十七年秋七月大雨河決白溝十二月尚書省奏修築

河隄曰役夫一萬一千五百以六十日畢工詔以十八年二月一日發六百里內軍夫并取職官人力之半餘聽發民夫以尚書工部郎中張大節同知南京留守事高蘇董役先是祥符縣陳橋鎮之東至陳留潘崗黃河堤道四十餘里以縣官攝其事南京有司言乞專設埽官十九年九月乃設京埽巡河官一員二十年河決衛州及延津京東埽瀰漫至于歸德府檢視官南京副留守石抹輝者言河水因今秋霖潦暴漲遂失故道勢益南行宰臣以聞乃自衛州埽下接歸德府南北兩岸增築堤以捍湍怒計工一百七十九萬六千餘日役夫二萬四千餘期以七十日畢

工遂于歸德府刱設巡河官一員埽兵二百人且詔頻役夫之地與免今年稅賦二十一年十月以河移故道命築堤以備二十六年八月河決衛州堤壞其城上命戶部侍郎王寂都水少監王汝嘉馳傳措畫備禦而寂視被災之民不為拯救乃專集眾以網魚取官物為事民甚怨嫉上聞而惡之既而河勢泛濫及大名上於是遣戶部尚書劉瑋往行戶部事從宜規畫黜寂為蔡州防禦使冬十月上謂宰臣曰朕聞亡宋河防一步置一人可添設河防軍數它日又曰比聞河水泛溢民罹其害者貲產皆空今復遣官於被災路分推排何耶右丞張汝霖曰今推排者皆非被災之處上曰雖然必其鄰道也既鄰水而居豈無驚擾遷避者乎計其貲產豈有餘哉尚何推排為十一月又謂宰臣曰河未決衛州時嘗有言者既決之後有司何故不令朕知命詢其故二十七年春正月尚書省言鄭州河陰縣聖后廟前代河水為患屢禱有應嘗加封號廟額今因禱祈河遂安流乞加褒贈上從其請特加號曰昭應順濟聖后廟曰靈德善利之廟二月以衛州新鄉縣令張虡丞唐括唐古出主簿溫敦偎喝以河水入城閉塞救護有功皆遷賞有差御史臺言自來沿河京府州縣官坐視管內河防缺壞特不介意若令沿河京府州縣長貳官皆於名

銜管勾河防事如任內規措有方能禦大患或守護不謹以致疎虞臨時聞奏以議賞罰上從之仍命每歲將泛之時令工部官一員沿河檢視於是以南京府及所屬延津封丘祥符開封陳留胙城杞縣長垣歸德府及所屬宋城寧陵虞城河南府及孟津河中府及河東懷州河內武陟同州朝邑衛州汲新鄉獲嘉徐州彭城蕭豐孟州河陽溫鄭州河陰滎澤原武汜水濬州衛陝州閿鄉湖城靈寶曹州濟陰滑州白馬睢州襄邑滕州沛單州單父解州平陸開州濮陽濟州嘉祥金鄉鄆城四府十六州之長貳皆提舉河防事四十四縣之令佐皆管勾河防事初衛州為河

水所壞乃命增築蘇門遷其州治至二十八年水息居民稍還皆不樂遷於是遣大理少卿康元弼按視之元弼還奏舊州民復業者甚衆且南使驛道館舍所在向以不爲水備以故被害若但修其堤之薄缺者可以無虞比之遷治所省數倍不若從其民情修治舊城爲便乃不遷州仍勑自今河防官司怠慢失備者皆重抵以罪二十九年五月河溢于曹州小堤之北六月上諭旨有司曰比聞五月二十八日河溢而所報文字如此稽滯水事最急功不可緩稍緩時頃則難固護矣十二月工部言營築河堤用工六百八萬餘就用埽兵軍夫外有四百三十餘萬工當用

民夫遂詔命去役所五百里州府差顧於不差夫之地均徵顧錢驗物力科之每工百五十文外日支官錢五十文米升半仍命彰化軍節度使内族奇都水少監大齡壽提控五百人往來彈壓先是河南路提刑司言沿河居民多困乏逃移蓋以河防差役煩重故也竊惟禦水患者不過堤埽若土功從實計料薪藁椿杙以時徵歛亦復何難今春築堤都水監初料取土甚近及其興工乃遠數倍人夫懼不及程貴價買土一隊之間多至千貫又許州初科薪藁十八萬餘束旣而又配四萬四千是皆常歲必用之物農隙均科則易輸納自今堤埽興工乞令本監以實計度

量一歲所用物料驗數折税或令和買於冬月分爲三限輸納爲便詔尚書省詳議以聞明昌元年春正月尚書省奏臣等以爲自今凡興工役先量負土遠近增築高卑定功立限牓諭使人先知無令增加力役并河防所用物色委都水監每歲於八月以前先拘籍舊貯物外實闕之數及次年春工多寡移報轉運司計置於冬三月分限輸納如水勢不常夏秋暴漲危急則用相鄰埽分防備之物不足則復於所近州縣和買然復慮人户道塗泥淖艱于運納止依稅内科折他物更爲增價當官支付違者並論如律仍令所屬提刑司正官一員馳驛監視體究如此則役

作有程而河不失備制可之四年十一月尚書省奏河平軍節度使王汝嘉等言大河南岸舊有分流河口如可疏導足泄其勢及長堤以北恐亦有可以歸納排瀹之處乞委官視之濟北埽以北宜創起月堤臣等以爲宜從所言其本監官皆以諳練河防故注以是職當使從汝嘉等同往相視庶免異議如大河南北必不能開挑歸納其月堤宜依所料興修上從之十二月勑都水監官提控修築黄河堤及令大名府差正千户一員部甲軍二百人彈壓勾當五年春正月尚書省奏都水監丞田櫟同本監官講議黄河利害嘗以狀上言前代每遇古堤南决多經南北清

河分流南清河北下有枯河數道河水流其中者長至七八分北清河乃濟水故道可容三二分而已今河水趨北齧長堤而流者十餘處而堤外率多積水恐難依元料增修長堤與創築月堤也可於北岸墙村決河入梁山濼故道依舊作南北兩清河分流然北清河舊堤歲久不完當立年限增築大堤而梁山故道多有屯田軍户亦宜遷徙令擬先於南岸王村宜村兩處決隄導水使長堤可以固護姑宜仍舊如不能疏導即依上開決分爲四道俟見水勢隨宜料理尚書省以櫟等所言與明昌二年劉瑋等所案視利害不同及令陳言人馮德輿與櫟面對亦有不合

者送工部議復言若遷於墙村疏決緣瀕北清河州縣二十餘處兩岸連亘千有餘里其隄防素不修備恐所屯軍户亦卒難徙今歲先於南岸延津縣堤決堤洩水其北岸長堤自白馬以下定陶以上並宜加功築護庶可以遏將來之患若定陶以東三埽棄堤則不必修止決舊壓河口引導積水東南行流堤北張彪白塔兩河間凝水軍户可使遷徙及梁山濼故道分屯者亦當預爲安置宰臣奏曰若遽從櫟等所擬恐既更張利害非細比召河平軍節度使王汝嘉同計議先差幹濟官兩員行户工部事覆視之同則就令計實用工物量州縣遠近以調丁夫其督趣春

工官即充今歲守漲及與本監官同議經久之利詔以知大名府事内族裔尚書户部郎中李敬義充行户工部事以參知政事胥持國都提控又奏差德州防禦使李獻可尚書户部郎中焦旭於山東當水所經州縣築護城堤及北清河兩岸舊有堤處別率丁夫修築亦就令講究河防之計他日上以宋閭士良所述黄河利害一帙付參知政事馬琪曰此書所言亦有可用者令以賜卿二月上諭平章政事守貞曰王汝嘉田櫟專管河防此國家之重事也朕比問其曾於南岸行視否乃稱未也又問水決能行南岸乎又云不可知且水趨北久矣自去歲便當經畫今不

稱職如是耶可諭旨令往盡心固護無致失備及講究所以經久之計稍涉違慢當併治罪三月行省并行户工部及都水監官各言河防利害事都水監元擬於南岸王村宜村兩處開導河勢緣北來水勢去宜村堤稍緩唯王村岸向上數里卧捲可以開決作一河且無所犯之城市村落又擬於北岸墙村疏決依舊分作兩清河入梁山故道北清河兩岸素有小堤不完後當築大隄尚書省謂以黄河之水勢若於墙村決注則山東州縣膏腴之地及諸塩場必被淪溺設使修築壞堤而又吞納不盡功役至重虛困山東之民非徒無益而又害之也况長堤已加固護復

於南岸蹝決水勢已寢決河入梁山濼之議水所經城邑已勸率作護城堤矣先所修清河舊堤已遣罷之監丞田櫟言定陶以東三埽棄堤不當修止言決舊壓河口以導漸水入堤北張彪白塔兩河之間凡當水衝屯田戶須令遷徙臣等所見止當堤前作木岸以備之其間居人未當遷徙至夏秋水勢泛溢權令避之水落則當各復業此亦戶工部之所言也上曰地之相去如此其遠彼中利害安得悉知惟委行省盡心措畫可也四月以田櫟言河防事上諭旨參知政事持國曰此事不惟責卿要卿等同心規畫不勞朕心爾如櫟所言築堤用二十萬工歲役五十日

五年可畢此役之大古所未有況其成否未可知就使可成恐難行也遷徙軍戶四千則不爲難然其水特決尚不知所歸儻有潰走若何枝梧如今南岸兩處蹝決使其水趨南或可分殺其勢然水之形勢朕不親見難爲條畫雖卿亦然丞相左丞皆不熟此可集百官詳議以行百官咸謂櫟所言棄長堤無起新堤放河入梁山故道使南北兩清河分流爲省費息民長久之計臣等以爲黃河水勢非常變易無定非人力可以斟酌可以指使也況梁山濼淤塡已高而北清河窄狹不能吞伏兼所經州縣農民廬井非一使大河北入清河山東必被其害櫟又言乞許都水

監符下州府運司專其用度委其任責一切同於軍期仍委執政提控緣今監官已經添設又於外監署司多以沿河州府長官兼領之及令佐管勾河防其或怠慢已有同軍期斷罪的決之法凡櫟所言無可用遂寢其議八月以河決陽武故堤灌封丘而東尚書省奏都水監行部官有失固護詔命同知都轉運使高旭武衛軍副都指揮使女奚列奕（小字韓家奴）同往規措尚書省奏都水監官前來有犯已經戒諭使之常切固護今王汝嘉等殊不加意旣見水勢趨南不預經畫承留守司累報輒爲遷延以至害民卽是故違制旨私罪當的決詔汝嘉等各削官兩階杖七十

罷職上謂宰臣曰李愈論河決事謂宜遣大臣往以慰人心其言良是嚮慮河北決措畫堤防猶嘗置行省況今方橫潰爲害而止差小官恐失衆望自國家觀之雖山東之地重於河南然民皆赤子何彼此之間乃命參知政事馬琪往仍許便宜從事上曰李愈不得爲無罪雖都水監官非提刑司統攝若與留守司以便宜率民固護或申聞省部亦何不可使朕聞之徒能張皇水勢而無經畫及其已決乃與王汝嘉一往視之而還亦未嘗有所施行問王村河口開導之月則對以四月終其實六月也月日尚不知提刑司官當如是乎尋命戶部員外郎何格賑濟被浸之

民時行省參知政事胥持國馬琪言已至光祿村周視堤口以其河水浸漫堤岸陷潰至十餘里外乃能取土而堤面窄狹僅可數步人力不可施雖竭力可以暫成終當復毀而中道淤澱地有高低流不得泄且水退新灘亦難開鑿其孟華等四埽與孟陽堤道沿汴河東岸但可施功者即悉力修護將於農隙興役及凍畢工則京城不至爲害參知政事馬琪言都水外監員數冗多每事相倚或復邀功議論紛紜不一隳廢官事擬罷都水監掾設勾當官二員又自昔選用都散巡河官止由監官辟舉皆諸司人或有老疾避倉庫之繁行賄請託以致多不稱職擬升都巡

河作從七品於應入縣令廉舉人內選注外散巡河依舊亦於諸司及丞簿廉舉人內選注並取年六十以下有精力能幹者到任一年委提刑司體察若不稱職即日罷之如守禦有方致河水安流任滿從本監及提刑司保申量與升除凡河橋司使副亦擬同此選注繼而胥持國亦以爲言乃從其請閏十月平章政事守貞曰馬琪措畫河防事未見功役之數加之積歲興功民力將困今持國復病請別遣有材幹者往議之上曰堤防救護若能成功則財力固不敢惜第恐財殫力屈成而復毀如重困何宰臣對曰如盡力固護縱爲害亦輕若恬然不顧則爲害滋甚上

曰無乃因是致盜賊乎守貞曰宋以河決興役亦嘗致盜賊然多生於凶歉今時平歲豐少有差役未必至此且河防之役理所當然今之當役者猶爲可耳至於科徵薪芻不問有無督輸迫切則破產業以易之恐民益困耳上曰役夫須近地差取若遠調之民益艱苦但使津濟可也然當俟馬琪至而後議之庚辰琪自行省還入見言孟陽河堤及汴堤已填築補修水不能犯汴城自今河勢趨北來歲春首擬於中道疏決以解南北兩岸之危凡計工八百七十餘萬可於正月終興工臣乞前期再往河上監視上以所言付尚書省而治檢覆河堤并守漲官等罪有差他

日尚書省奏事上語及河防事馬琪奏言臣非敢不盡心然恐智力有所不及若別差官相度儻有奇畫亦未可知如適與臣策同方來興功亦庶幾稍寬朝廷憂顧上然之命翰林待制奧屯忠孝權尚書戶部侍郎太府少監温昉權尚書工部侍郎行戶工部事修治河防且諭之曰汝二人皆朕所素識以故委任冀副朕意如有錯失亦不汝容承安元年七月勑自今沿河傍側州府縣官雖部除者皆勿令員闕泰和二年九月勑御史臺官河防利害初不與卿等事然臺官無所不問應體究者亦體究之五年二月以崔守真言黃河危急芻藁物料雖云折稅每年不下五

六次或名爲和買而未嘗還其直勑委右三部司正郭澥御史中丞孟鑄講究以聞澥等言大名府鄭州等處自承安二年以來所科芻蒿未給價者計錢二十一萬九千餘貫遂命以各處見錢差能幹官同各州縣清強官一一酬之續令按察司體究宣宗貞祐三年壬申上遣參知政事侯摯祭河神於宜村三年四月單州刺史顏盞天澤言守禦之道當決大河使北流德博觀滄之境今其故堤宛然猶在工役不勞水就下必無漂没之患而難者若不以犯滄鹽場損國利爲說必以浸没河北良田爲解臣嘗聞河側故老言水勢散漫則淺不可以馬涉深不可以舟濟此

守禦之大計也若曰浸民田則河徙之後淤爲沃壤正宜耕墾收倍于常利孰大焉若失此計則河南一路兵食不足而河北山東之民皆尾解矣詔命議之四年三月延州刺史溫撒可喜言近世河離故道自衛東南而流由徐邳入海以此河南之地爲狹臣竊見新鄉縣西河水可決使東北其南有舊隄水不能溢行五十餘里與清河合則由濬州大名觀州清州柳口入海此河之故道也皆有舊隄補其缺罅足矣如此則山東大名等路皆在河南而河北諸郡亦得其半退足以爲禦備之計進足以壯恢復之基又言南岸居民既已籍其河夫修築河堰營作戍屋又使轉輸芻粮賦役繁殺倍於他所夏秋租稅猶所未論乞減其稍緩者以寬民力事下尚書省宰臣謂河流東南舊矣一旦決之恐故道不容衍溢而出分爲數河不復可收水分則淺狹易渡天寒輒凍禦備愈難此甚不可詔但令量宜減南岸郡縣居民之賦役五年夏四月勑樞密院沿河要害之地可壘石岸仍置撒星樁陷馬塹以備敵

漕渠金都於燕東去潞水五十里故爲牐以節高良河白蓮潭諸水以通山東河北之粟凡諸路瀕河之城則置倉以貯傍郡之稅若恩州之臨清歷亭景州之將陵東光清州之興濟會川獻州及深州之武強是六州諸縣皆置倉

之地也其通漕之水舊黃河行滑州大名恩州景州滄州會川之境漳水東北爲御河則通蘇門獲嘉新鄉衛州濬州黎陽衛縣彰德磁州洺州之饒衡水則經深州會于滹沱以來獻州清州之餉皆合于信安海壖泝流而至通州由通州入牐十餘日而後至于京師其它若霸州之巨馬河雄州之沙河山東之北清河皆其灌輸之路也然自通州而上地峻而水不留其勢易淺舟膠不行故常從事陸輓人頗艱之世宗之世言者請開盧溝金口以通漕運役衆數年竟無成功事見漕渠其後亦以牐河或通或塞而但以車輓矣其制春運以冰消行暑雨畢秋運以八月行

冰凝畢其綱將發也乃合衆以所載之粟苴而封之先以付所卸之地視與所封樣同則受凡綱船以前期三日修治日裝一綱裝畢以三日啓行計道里分泝流沿流爲限至所受之倉以三日卸又三日給收付凡輓漕脚直水運鹽每石百里四十八文米五十文一分二釐七毫粟四十文一分三毫錢則每貫一文七分二釐八毫陸運傭直米每石百里百一十二文一分五毫粟五十七文六分八釐四毫錢每貫三文九釐六毫餘物每百斤行百里平路則春冬百三十一文五分夏秋百五十七文八分山路則春冬百四十九文夏秋二百一文凡使司院務納課傭直春

冬九十文三分夏秋百一十四文諸民户射賃官船漕運者其脚直以十分爲率初年尅二分二年尅一分八釐三年尅一分七釐四年尅一分五釐五年以上尅一分初世宗大定四年八月以山東大熟詔移其粟以實京師十月上出近郊見運河湮塞召問其故主者云户部不爲經畫所致上召户部侍郎曹望之責曰有河不加濬使百姓陸運勞甚罪在汝等朕不欲即加罪宜悉力使漕渠通也五年正月尚書省奏可調夫數萬上曰方春不可勞民令宮籍監户東宮親王人從及五百里内軍夫濬治二十一年以八月京城儲積不廣詔沿河恩獻等六州粟百萬餘石

運至通州輦入京師明昌三年四月尚書省奏遼東北京路米粟素饒宜航海以達山東昨以按視東京近海之地自大務清口并咸平銅善館皆可置倉貯粟以通漕運若山東河北荒歉即可運以相濟制可承安五年邊河倉州縣可令折納菽二十萬石漕以入京驗品級養馬於俸内帶支仍漕麥十萬石各支本色乃命都水監丞田櫟相視運粮河道泰和元年尚書省以景州漕運司所管六河倉歲稅不下六萬餘石其科州縣近者不下二百里官吏取賄延阻人不勝苦雖近官監之亦然遂命監察御史一員往來糾察之五年上至霸州以故漕河淺澁勑尚書省發

山東河北河東中都北京軍夫六千改鑿之犯屯田户地者官對給之民田則多酬其價六年尚書省以凡漕河所經之地州縣官以爲無與於己多致淺滯使綱户以盤淺剥載爲名姦弊百出於是遂定制凡漕河所經之地州府官銜内皆帶提控漕河事縣官則帶管勾漕河事俾催檢綱運營護隄岸爲府三大興大名彰德州十二恩景滄清獻深衛濬滑磁洺通縣三十三大名元城館陶夏津武城歷亭臨清吴橋將陵東光南皮清池靖海興濟會川交河樂壽武強安陽湯陰臨漳成安滏陽内黄黎陽衛蘇門獲嘉新鄉汲潞武清香河漷陰十二月通濟河剏設巡河官

一息與天津河同爲一司通管漕河牐岸止名天津河巡河官隸都水監八年六月通州刺史張行信言船自通州入牐凡十餘日方至京師而官支五日轉脚之費遂增給之貞祐三年既遷于汴以陳潁二州瀕水欲借民船以漕不便遂依觀州漕運司設提舉官募船户而籍之命户部勾當官往來巡督四年從右丞侯摯言開沁水以便餽運上又念京師轉輸之勞命出尚厩牛及官車以助其力興定四年十月諭皇太子曰中京運粮護送官當擇其人萬有一失樞密官亦有罪矣其船當用毛花輦所造兩首尾者仍張幟如渡軍之狀勿令敵知爲粮也陝西行省把胡魯言陝西歲運粮以助關東民力浸困若以舟自渭入河順流而下可以紓民力遂命嚴其偵候如有警則皆維於南岸時朝廷以邳徐宿泗軍儲京東縣輓運者歲十餘萬石民甚苦之元光元年遂於歸德府置通濟倉設都監一員以受東郡之粟定國節度使李復亨言河南駐蹕兵不可闕粮不厭多比年少有匱乏即仰給陝西陝西地腴歲豐十萬石之助不難但以車運之費先去其半民何以堪宜造大船二十由大慶關渡入河東抵湖城往還不過數日篙工不過百人使舟皆容三百五十斛則是百人以數日運七千斛矣自夏抵秋可漕三千餘萬斛且無稽滯之

患上從之時又於靈壁縣潼郡鎮設倉都監及監支納以方開長直溝將由萬安湖舟運入汴至泗以貯粟也

盧溝河大定十年議決盧溝以通京師漕運上忻然曰如此則諸路之物可徑達京師利孰大焉命計之當役千里內民夫上命免被災之地以百官從人助役已而勅宰臣曰山東歲饑工役興則妨農作能無怨乎開河本欲利民而反取怨不可其姑罷之十一年十二月省臣奏復開之自金口疏導至京城北入壕而東至通州之北入潞水計工可八十日十二年三月上令人覆按還奏止可五十日上召宰臣責曰所餘三十日徒妨農費工卿等何爲慮不及此及渠成以地勢高峻水性渾濁峻則奔流漩洄齧岸善崩濁則泥淖淤塞積滓成淺不能勝舟其後上謂宰臣曰分盧溝爲漕渠竟未見功若果能行南路諸貨皆至京師而價賤矣平章政事駙馬元忠曰請求識河道者按視其地竟不能行而罷二十五年五月盧溝決於上陽村先是決顯通寨詔發中都三百里內民夫塞之至是復決朝廷恐枉費工物遂令且勿治二十七年三月宰臣以孟家山金口牐下視都城高一百四十餘尺止以射糧軍守之恐不足恃儻遇暴漲人或爲姦其害非細若固塞之則所灌稻田俱爲陸地種植禾麥亦非曠土不然則更立重牐

仍於岸上置埽官廨署及埽兵之室庶幾可以無虞也上是其言遣使塞之夏四月丙子詔封盧溝水神爲安平侯二十八年五月詔盧溝河使旅往來之津要令建石橋未行而世宗崩章宗大定二十九年六月復以涉者病河流湍急詔命造舟既而更命建石橋明昌三年三月成勅命名曰廣利有司謂車駕之所經行使客商旅之要路請官建東西廊令人居之上曰何必然民間自應爲耳左丞守貞言但恐爲豪右所占況罔利之人多止東岸若官築則東西兩岸俱稱亦便於觀望也遂從之六月盧溝隄決詔速遏塞之無令泛溢爲害右拾遺路鐸上疏言當從水勢分流以行不必補修玄同口以下丁村以上舊堤上命宰臣議之遂命工部尚書胥持國及路鐸同檢視其隄道

滹沱河大定八年六月滹沱犯真定命發河北西路及河間太原冀州民夫二萬八千繕完其隄岸十年二月滹沱河刱設巡河官二員十七年滹沱決白馬崗有司以聞詔遣使固塞發真定五百里內民夫以十八年二月一日興役命同知真定尹鶻沙虎同知河北西路轉運使徐偉監護

漳河大定二十年春正月詔有司修護漳河牐所須工物一切並從官給毋令擾民明昌二年六月漳河及盧溝隄

皆決詔命速塞之四年春正月癸未有司言修漳河隄埽計三十八萬餘工詔依盧溝河例招被水闕食人充夫官支錢米不足則調礙水人户依上支給

志第八

志第九　　金史二十八

開府儀同三司上柱國錄軍國重事前中書右丞相監修國史領經筵事都總裁臣脫脫奉

勅修

禮一 郊

金人之入汴也時宋承平日久典章禮樂粲然備具金人既悉收其圖籍載其車輅法物儀仗而北時方事軍旅未遑講也既而即會寧建宗社庶事草創皇統間熙宗巡幸析津始乘金輅導儀衛陳鼓吹其觀聽赫然一新而宗社朝會之禮亦次第舉行矣繼以海陵狼顧志欲并吞江南乃命官修汴故宮繕宗廟社稷悉載宋故禮器以還外而

黷武內而縱欲其猷既失奚暇議禮樂哉世宗既興復收嚮所遷宋故禮器以旋廼命官參校唐宋故典沿革開詳定所以議禮設詳校所以審樂統以宰相通學術者於一事之宜適一物之節文既上聞而始彙次至明昌初書成凡四百餘卷名曰金纂修雜錄凡事物名數支分派引珠貫棊布井然有序炳然如丹又圖吉凶二儀鹵簿十三節以備大葬小鹵簿九節以備郊廟而命尚書左右司春官兵曹太常寺各掌一本其意至深遠也是時寓內阜安民物小康而維持幾百年者實此乎基嗚呼禮之爲國也信矣夫而況關雎麟趾之化其流風遺思被於後世者爲何如也宣宗南播疆宇日蹙旭日方升而爝火之然蔡流弗東而餘燼滅矣圖籍散逸既莫可尋而其宰相韓企先等之所論列禮官張暐與其子行簡所私著自公紀亦亡其傳故書之存僅集禮若干卷其藏史館者又殘缺弗完姑掇其郊社宗廟諸神祀朝覲會同等儀而爲書若夫凶禮則略焉蓋自熙宗海陵衛紹王之繼弑雖曰鹵簿十三節以備大葬其行乎否耶蓋莫得而考也故宣孝之喪禮存亦不復紀寔告朔餼羊雖孔子所不去而史之缺文則亦慎之作禮志

南北郊金之郊祀本於其俗有拜天之禮其後太宗即位

乃告祀天地蓋設位而祭也天德以後始有南北郊之制大定明昌其禮寖備南郊壇在豐宜門外當闕之巳地圓壇三成成十二陛各按辰位壝牆三匝四面各三門齋宮東北廚庫在南壇壝皆以赤土圬之北郊方丘在通玄門外當闕之亥地方壇三成成爲子午卯酉四正陛方壝三周四面亦三門朝日壇曰大明在施仁門外之東南當闕之卯地門壝之制皆同方丘夕月壇曰夜明在彰義門外之西北當闕酉地掘地汙之爲壇其中常以冬至日合祀昊天上帝皇地祇於圜丘夏至日祭皇地祇於方丘春分朝日於東郊秋分夕月於西郊大定十一年始郊命宰臣

議配享之禮左丞石琚奏曰按禮記萬物本乎天人本乎祖此所以祖配上帝也蓋配之者侑神作主也自外至者無主不止故推祖考配天尊之也兩漢魏晉以來皆配以一祖至唐高宗始以高祖太宗崇配垂拱初又加以高宗遂有三祖同配之禮至宋亦嘗以三帝配後禮院上議以爲對越天地神無二主由是止以太祖配臣謂冬至親郊宜從古禮上曰唐宋以私親不合古不足爲法今止當以太祖配又謂宰臣曰本國拜天之禮甚重今汝等言依古制築壇亦宜我國家絀遼宋主據天下之正郊祀之禮豈可不行乃以八月詔曰國莫大于祀祀莫大于天振古所

行舊章咸在仰惟太祖之基命詒我本朝之燕謀奄有萬邦于今五紀因時制作雖增飾于國容推本奉承猶未遑于郊見況天休滋至而年穀屢豐敢不敷繹曠文明昭大報取陽升之至日將親享于圜壇嘉與臣工共圖熙事以今年十一月十七日有事于南郊咨爾有司各揚乃職相予肆祀罔或不欽乃於前一日遍見祖宗告以郊祀之事其日備法駕鹵簿躬詣郊壇行禮○儀注齋戒用唐制大祀散齋四日致齋三日中祀散齋二日致齋一日天子親祀皆前期七日攝太尉誓亞終獻官親王陪祀皇族於宮省皇族十五以上官雖不至七品者亦助祭受誓又誓百

官於尚書省攝太尉南向司徒北向監察御史在西監禮博士居東皆相向太常卿光祿卿在司徒後重行北向司天監光祿丞太廟令丞大樂令丞太官令丞良醞令廩犧令郊社丞司尊太祝奉禮郎協律郎諸執事官皆重行西上北向禮直官以誓文授攝太尉乃誓曰維某年歲次某甲其月某日某甲皇帝有事于南郊各揚其職其或不恭國有常刑禮直官贊曰七品以下官皆退餘皆再拜退誓於宮省之儀皆同於是皇帝散齋于別殿前致齋一日尚舍設御坐於大安殿當中南向設東西房於御坐之側設御幄於室內施簾於楹下享前三日陳設小次享前一日

設拜褥及皇帝版位皇帝飲福位及黃道褥自玉輅下至升輿所及致齋之日通事舍人引文武五品以上官陪位如式諸侍衛之官各服其器服並結珮俱詣閤奉迎上水二刻侍中版奏外辦皇帝服袞冕結珮乘輿出警蹕侍衛如常儀皇帝即御座東向坐通事舍人承傳殿上下俱拜訖西面贊各祗候一刻頃侍中跪奏臣某言請降就齋俛伏興還侍位皇帝降座入室羣官皆退諸執事官皆宿於正寢治事如故不弔喪問疾不判署刑殺文字不決罰罪人不與穢惡事致齋日惟祀事則行餘悉禁已齋而闕者通攝行事○陳設前祀五日儀鸞尚舍陳設齋宮有司設

扈從侍衛次於宮東西又設陪祀親王次宮東稍南西向北上宗室子孫位於其後又設司徒亞終獻行事執事官次於壇南外壝門之西東向北上重行異位又設天名房在壇南外壝門之東西向大禮使次於其後皆西向又設席大屋於壇外西北駐車輅以備風雪祀前三日尚舍設大次於東壝外門內道北南向又設小次於壇下卯陛之北南向有司設饌幔於東壝中門之北南向設兵衛各服其器服守衛壝門每門二人郊社令帥其屬掃除壇之上下及壝之內外乃爲燎位在南中壝東門之東壇之巳位又爲瘞坎在中壝內戌位祀前二日太樂令帥其屬設登

歌之樂於壇上稍南北向玉磬在午陛之西金鐘在午陛之東柷一在鐘前稍北敔一在磬前稍北東西相向歌工之次餘工各立於縣後琴瑟在前匏竹在後於壇下第一等上皆重行異位北向又設宮縣樂南壝外門之外八佾二舞表於樂前又設采茨樂於應天門前祀前一日奉禮郎升設皇帝版位於壇上辰巳之間北向又設皇帝飲福位於其左稍却北向又帥禮直官設亞終獻位於卯陛之東北西向北上司徒位於卯陛之東道南西向禮部尚書太常卿光祿卿禮部侍郎位各次之太常丞光祿丞又次之又設大禮使位於小次之左少却西向又設分獻官司

天監讀冊中書侍郎位於中壝門道北西向郊社令廩犧令太官令良醖令位於其後又設郊社丞太祝奉禮郎以下諸執事官於其後皆西向重行異位又設從祀文武羣官一品至五品位於中壝門內道南西向皆重行立又設助奠祝史齋郎位於東壝門外道北西向又設陪祀皇族於道南西向六品至九品從祀群官又於其南皆西向重行異位各依其品又設監察御史二員一員在午陛之西南一員在子陛之西北皆東向又設監禮博士二員一員在午陛之東南一員在子陛之東北皆西向又設太樂令位於樂簴之間稍東西向協律郎位於樂簴之西東向又

設奉禮郎於壇南稍東西向贊者次之司尊位於酌尊所俱北向又設牲牓於外壝東門之外西向饌牓於其北稍西南向牲牓之東牲位太史太祝各位於牲後俱西向又設禮部尚書太常卿光祿卿位於牲牓南稍北西向太常丞光祿丞太官令位於其後監祭御史監禮博士於禮部尚書位之西稍却北向廩犧令位在牲位西南北向又陳禮饌於饌牓之前案上未後三刻陳饌之時又設禮部尚書太常卿光祿卿位於案前稍東北上西向太常丞光祿丞太官令位於其後西向又設監祭御史監禮博士位於案前稍西北上東向又設異寶嘉瑞位於宮縣西北太府

少監位於寶後諸州歲貢位於宮縣東北戶部郎中位於其後天子八寶位於宮縣西南符寶郎八員各於寶後伐國毀寶位於宮縣東南少府少監位於其後又設大樂令位於宮縣之北稍東協律郎二在大樂令南東西相向司天監未後二刻同郊社令升設昊天上帝皇地祇神座於壇上北方南向地祇位在東稍却席皆以藁秸太祖配位座於東方西向席以蒲越五方帝日月神州地祇天皇大帝北極神座於壇上第一等席皆藁秸內官五十四座五神五官嶽鎮海瀆二十九座於壇第二等中官一百五十有八座崑崙山林川澤二十一座於壇上第三等外官一

百六座丘陵墳衍原隰三十座於內壝之內衆星三百六十座在內壝之外席皆以莞神座版各設於座首又設禮神玉俟告潔畢權徹去壇上及第一等神位祀日前五刻重設奉禮郎同司尊及執事者設天地配位各左十有一籩右十有一豆俱爲三行登三在籩豆間簠一簋一於登前簠在左簋在右各於神座前藉以席又設天地位太尊各二著尊各二犧尊各二山罍各二壇上東南隅配位著尊二犧尊二象尊二在天地位酒尊之東俱北向西上皆有坫加勺羃爲酌尊所又天地位象尊各二壺尊各二山罍各四在壇下午陛之南北向西上配位壺尊二山罍四

在酉陛之北東向北上皆有坫設而不酌亦左以明水右以玄酒又設五方帝日月神州地祇天皇大帝北極第一等皆左八籩右八豆登在籩豆間簠一簋一在登前爵坫一在神座前第二等內官五十四座五神五官嶽鎮海瀆二十九座每座籩二豆二簠一簋一俎一爵坫一第三等中官一百五十八座崑崙山林川澤二十一座及內壝內外官一百六十座丘陵墳衍原隰三十座內壝外衆星三百六十座每位籩二豆二簠一簋一俎一爵一又設第一等每位太尊二著尊二皆有坫加勺第二等每陛山尊二第三等每位蜃尊二內壝內外每辰概尊二皆加勺自第

二等已下皆用匏爵先洗拭訖置於尊所其尊所皆在神位之左凡祭器皆藉以席籩豆各加巾蓋又設天地及配位籩一豆一簠一簋一俎四及毛血豆各一并第一等神位每位俎二於饌幔內又設皇帝洗二於卯陛下道北南向盥洗在東爵洗在西匜在東巾在西篚南肆實玉爵坫又設亞終獻洗位在小次之東南向盥洗在東爵洗在西加勺篚在西南肆加巾又設第一等分獻官盥洗爵洗位及第二等分獻官盥洗位各於其辰陛道之左罍在洗左篚在洗右俱內向執罍篚者位於其後太府監少府監祀前一日未後二刻帥其屬升壇陳玉幣昊天上帝以蒼璧

蒼幣皇地祇以黃琮黃幣配位以蒼幣黃帝以黃琮青帝
以青珪赤帝以赤璋大明以青珪璧白帝以白琥黑帝以
玄璜北極以青珪璧天皇大帝以玄珪璧神州地祇以玄
色兩珪有邸皆置於匣五帝之幣各從其方色凡幣皆陳
於篚設訖俟告潔訖權徹去祀日重設祀日丑前五刻禮
部設祝冊神座之右皆藉以案太常卿明燈燎戶部郎中
設諸州歲貢於宮縣東北金為前列玉帛次之餘為從列
皆藉以席立於歲貢之後北向太府監少府監設異寶嘉
瑞於宮縣西北上瑞居前中下次之皆藉以席立於寶後
北向少府少監設伐國毀寶於宮縣東南皆藉以席立於

寶後北向符寶郎設八寶於宮縣西南各分立於寶南皆
北向司天監太府監少府監郊社令奉禮郎并設昊天上
帝皇地祇配位及壇上第一等神位又設玉幣各於其位
太祝取瘞玉加於幣以禮神之玉各置於神座前乃退光
祿卿帥其屬入實祭器昊天上帝皇地祇配位每位籩三
行以右為上形鹽在前魚鱐糗餌次之第二行榛實在前乾
桃乾橑乾棗次之第三行乾蔆在前乾芡乾栗鹿脯次之
豆三行以左為上芹菹在前筍菹葵菹次之第二行韭菹
在前菁菹魚醢兔醢次之第三行豚胎在前醓醢酏食鹿
臡次之簠黍簋稷登皆大羹第一等壇上一十位每位皆

實籩三行以右為上形鹽在前魚鱐次之第二行乾橑在
前桃棗次之第三行乾芡在前榛實鹿脯次之豆三行以
左為上芹菹在前筍菹次之第二行菁菹在前韭菹魚醢
次之第三行豚胎在前醓醢次之鹿臡次之簠黍簋稷登
大羹第二第三等每位籩二鹿脯乾棗豆二鹿臡菁菹俎
羊一段內壝內內壝外每位籩鹿脯豆鹿臡俎羊一段良
醞令帥其屬入實尊罍昊天上帝皇地祇大尊為上實以
汎齊著尊次之實以醴齊犧尊次之實以盎齊象尊次之
實以醍齊壺尊次之實以沈齊山罍為下實以三酒配位
著尊為上實以汎齊犧尊次之實以醴齊象尊次之實以

盎齊壺尊次之實以醍齊山罍為下實以三酒第一等每
位大尊實以汎齊著尊實以醴齊第二等山尊實以醍齊
第三等及內壝內蜃尊實以沈齊內壝外及衆星概尊實
以三酒○省牲器祀前一日午後八刻去壇二百步禁止
行人未後二刻郊社令丞帥其屬掃除壇之上下司尊彝
禮郎帥執事者以祭器入設於位司天監設神位太府監
少府監陳玉幣於篚未後三刻禮直官引廩犧令與諸太
祝祝史以牲就位又禮直官贊者分引禮部尚書太常卿
光祿卿禮部侍郎太常丞監祭御史監禮博士廩犧令太
官令太官丞詣內壝東門外省牲位立定乃引禮部尚書

侍郎太常丞及監祭御史監禮博士升自卯階視濯溉執事者皆舉冪告潔俱畢降復位禮直官稍前曰告潔畢請省牲禮部尚書侍郎及太常卿丞稍前省牲訖退復位次引光祿卿丞巡牲一匝光祿卿退光祿丞西向折身曰備訖乃復位次引廩犧令巡牲一匝西向躬身曰充又引諸祝史巡牲一匝首一員西向躬身曰腯畢俱復位禮直官稍前曰請省饌乃引禮部尚書以下各就位立定省饌訖禮直官引禮部尚書侍郎太常卿丞各還齋所餘官廩犧令與諸太祝祝史以次牽牲詣廚授太官令丞次引光祿卿丞監祭監禮詣廚省鼎鑊視滌濯畢乃還齋所晡後一

刻太官令帥宰人以鸞刀割牲祝史各取毛血實以豆置於饌幔遂烹牲祝史乃取瘞血貯於盤○奠玉幣祀日丑前五刻亞終獻司徒已下應行事陪從羣官各服其服就次司天監復設壇上及第一等神位太府監少府監陳玉幣太常卿郊社令丞明燭燎光祿卿丞實籩豆簠簋尊罍俟監祭監禮案視訖徹去巾蓋大樂令帥工人布於宮縣之內文舞八佾立於縣前表後武舞八佾各爲四佾立於宮縣左右引舞執纛等在前又引登歌樂工由卯陛而升各就其位歌擊彈者坐吹者立奉禮郎贊者先入就位餘禮直官贊者分引分獻官監祭御史監禮博士諸執事及

太祝祝史齋郎助奠執尊罍舉冪等官入自中壝東門當壇南重行西上北向立定奉禮郎贊拜分獻官以下皆再拜訖奉禮贊曰各就位贊者禮直官分引監祭御史監禮博士按視壇之上下糾察不如儀者退復位禮直官引司徒入就位西向立禮直官引博士博士引亞獻自東壝偏門入就位西向立又禮直官引終獻次於其位祀日未明一刻通事舍人引侍中詣齋殿跪奏請中嚴俛伏興又少頃乃跪奏外辦俟尚輦進輿乃跪奏稱具官臣某請皇帝降座升輿皇帝至大次乃跪奏稱具官臣某請皇帝降輿皇帝入次即位於大次外質明詣次前跪奏請中嚴少頃

又奏外辦訖太常卿乃當次前跪稱具官臣某請皇帝行事俛伏興凡跪奏准此皇帝出次乃前導至中壝門殿中監進大圭太常卿奏請執大圭入自正門皇帝入小次位西向立太常卿乃與博士分左右立定乃奏有司謹具請行事降神六成樂止太常卿別一員乃升煙瘞血訖乃奏拜訖俟侍中升壇詣盥洗位至位奏請搢大圭盥手訖奏請帨手皇帝帨手訖奏請執大圭乃引至壇上殿中監進鎮圭乃奏請搢大圭執鎮圭皇帝執鎮圭詣昊天上帝神座前奏請跪奠鎮圭皇帝奠訖執大圭俛伏興侍中進玉幣乃奏請搢大圭跪奠玉幣訖乃奏請執大圭俛伏興少

退又奏請再拜詣皇地祇及配位奠鎮圭玉幣並如儀配位唯奏請奠鎮圭及幣奠玉幣畢皇帝還版位乃奏請還小次釋大圭皇帝入小次乃立於小次之南稍東以俟皇帝將奠配位之幣也贊者分引第一等分獻官詣盥洗位搢笏盥手帨手執笏各由其陛升唯不由午陛詣神前搢笏跪太祝以玉幣授之奠訖俛伏興再拜訖各由本陛降復位初分獻將降也禮直官引諸祝史齋郎應助奠者再拜祝史各奉毛血之豆入各由其陛升諸太祝迎取於壇上奠訖退立於尊所○進熟奠玉幣訖降還小次有司先陳牛鼎三羊鼎三豕鼎三魚鼎三各在鑊右太官令丞帥

進饌者詣廚以匕升牛羊豕魚自鑊各實於鼎牛羊豕皆肩臂臑肫胳正脊各一長脅二短脅二代脅二九十一體牛豕皆三十斤羊十五斤魚十五頭一十五斤實訖冪之祝史二人以扃對舉一鼎牛鼎在前羊豕次之魚又次之有司執匕以從各陳於每位饌幔位從祀壇上第一等五方帝大明夜明天皇大帝神州地祇北極皆羊豕之體並同光祿卿帥祝史齋郎太官令丞各以匕升牛羊豕魚於俎肩臂臑在上端肫胳在下端脊脅在中魚即橫置頭在尊位設去鼎冪光祿卿丞同太官令丞實籩豆簠簋籩實以粉餈豆實以糝食簠實稻簋實粱俟皇帝還小次樂止

禮直官引司徒出詣饌幔所與薦籩豆簠簋俎齋郎各奉天地配位之饌司徒帥太官令以序入內壝正門樂作至壇下俟祝史進徹毛血豆降自卯陛以次出訖司徒與薦籩豆簠簋俎齋郎奉昊天上帝皇地祇之饌升自午陛太官令丞與薦籩豆簠簋俎齋郎奉配位及第一等神位之饌升自卯陛各位太祝迎於壇陛之道閒於昊天上帝位司徒搢笏北向跪奉粉餈籩在糗餌之前糝食豆在醓醢之前簠左簋右皆在登前牛俎在豆前羊豕魚俎次之以右爲上司徒俛伏興奉饌者奉訖皆出笏就位一拜司徒次詣皇地祇奉奠並如上儀配位亦同司徒及奉天地配

位饌者以次降太官令帥奉第一等神位之饌各於其位並如前儀俱畢樂止司徒太官令以下皆就位訖侍中升自卯陛立於昊天上帝酌尊所以俟太常卿乃當次前俛伏跪奏請皇帝詣盥洗位俛伏興皇帝出次殿中監進大圭乃奏請執大圭至盥洗位奏請搢大圭盥手皇帝盥手訖奏請帨手皇帝帨手訖奏請執大圭乃詣爵洗位至位奏請搢大圭受爵又奏請洗爵皇帝洗爵訖奏請拭爵皇帝拭爵訖奏請執大圭以爵授奉爵官皇帝詣昊天上帝酌尊所執爵良醞令舉冪侍中跪酌太尊之汎齊酌訖皇帝以爵授侍中皇帝乃詣昊天上帝神座前侍中進爵乃

奏請搢大圭跪執爵三祭酒訖奏請奠爵奠爵訖奏請執大圭俛伏興又奏請少退立俟中書侍郎讀冊文訖乃奏請再拜詣皇地祇位及配位並如上儀獻畢皇帝還版位乃奏請還小次釋大圭皇帝入小次太常卿立於小次東南禮直官引博士博士引亞獻詣盥洗位搢笏盥手帨手訖詣爵洗位搢笏洗爵拭爵訖以爵授執事者執笏升自卯陛詣昊天上帝酌尊所西向立執事者以爵授之乃搢笏執爵執尊者舉冪良醞令跪酌著尊之醴齊酌訖復以爵授執事者執笏詣昊天上帝神座前初亞獻至盥洗位文舞退武舞進樂作亞獻詣昊天上帝神座前搢笏跪執

事者以爵授之乃執爵三祭酒奠爵執笏俛伏興少退再拜次詣皇地祇及配位並如上儀獻畢降復位禮直官引博士博士引終獻詣盥洗位盥手洗爵升壇奠獻並如上儀初終獻將升壇禮直官分引第一等分獻官詣盥洗位搢笏盥手帨手執笏各由其陛唯不由午陛詣神位酌尊所執事者以爵授之乃酌沇齊訖以爵授執事者共詣神座前搢笏跪執事者以爵授之乃執爵三祭酒奠爵執笏俛伏興少退再拜訖各引還本位初第一等分獻官將升贊引引第二等第三等內壝內外衆星位分獻各詣盥洗位搢笏盥手帨手酌酒奠拜並同上儀祝史齋郎以次助

奠訖各還本位諸太祝各進徹籩豆各一少移故處樂作卒徹樂止初終獻禮畢降復位太常卿乃當次前俛伏跪奏請皇帝詣飲福位皇帝出次殿中監進大圭乃奏請執爵三祭酒又奏請啐酒皇帝啐酒訖以爵授侍中乃奏請受胙侍中再以爵酒進乃奏請受爵飲福皇帝飲福訖奏請執大圭俛伏興又奏請再拜訖乃導還版位西向立俟送神樂止乃奏請詣望燎位至位南向立俟火半柴乃跪奏具官臣某言禮畢皇帝還大次出中壝門外奏請釋大圭皇帝入大次初終獻禮畢司徒侍中太祝各升自卯陛太祝持胙俎進減天地配位前胙肉加於俎皆取前脚第

二節又以黍稷飯共置一籩奉詣司徒侍中後北向立俟皇帝至飲福位太常卿奏請皇帝搢大圭啐酒訖司徒乃進胙俎皇帝受胙訖奉禮郎贊曰賜胙贊者唱曰再拜在位者皆再拜送神樂一成止皇帝既入大次更通天冠絳紗袍升輿至齋宮乘金輅通事舍人引門下侍郎當輅前跪奏稱具官臣某請車駕進發至侍臣上馬所乃跪奏具官臣某請車駕少駐勅侍臣上馬侍中稱制可乃退傳制稱侍臣上馬侍臣上馬畢乃跪奏稱具官臣某請勅車右升千牛將軍升訖跪奏稱具官臣某請車駕進發車駕動前中後三部鼓吹凡十二隊齊作應行禮陪從祀官先詣

應天門奉迎再拜大樂令先詣應天門外准備奏樂如儀訖揖日稱賀

承安元年將郊禮官言禮神之玉當用眞玉燔玉當用次玉昔大定十一年天地之玉皆以次玉代之臣等疑其未盡禮貴有恒不能繼者不敢以獻若燔眞玉常祀用之恐有時或闕反失禮制若從近代之典及本朝儀禮眞玉禮神次玉燔瘞於禮爲當近代郊自第二等升天皇大帝北極於第一等前八位舊各有禮玉燔玉而此二位尚無之按周禮典瑞云以圭璧祀日月星辰近代禮九宮貴神大火星位猶用周禮之說其天皇大帝北極二位固宜用禮

神之玉及燔玉也上命俱用眞玉省臣又奏前時郊天地配位各用一犢五方帝日月神州天皇大帝北極十位皆大祀亦當用犢當時止以羊代第二等以下從祀神位則分割羊豕以獻竊意天地之祀籩豆尚多者以備陰陽之物鼎俎尚少者以人之烹薦無可以稱其德則貴質而已故天地日月星辰之位皆用一俎前時第一等神位偏用二俎似爲不倫今第一等神位亦當各用犢一餘位以羊豕分獻及朝享太廟則用犢十二上從之

志第九

志第十　金史二十九

開府儀同三司上柱國錄軍國重事前中書右丞相監修國史領經筵事臣脫脫奉

勑修

禮二　方丘儀　朝日夕月儀　高禖

方丘儀齋戒祭前三日質明有司設三獻以下行事官位於尚書省初獻南面監祭御史位於西東向監禮博士位於東西向俱北上司徒亞終獻位於南北向次光祿卿太常卿次第一等分獻官司天監次第二等分獻官光祿丞郊社令大樂令良醞令廩犧令司尊彝次內壝內外分獻官太祝官奉禮郎協律郎諸執事官就位立定次禮直官

引初獻就位初獻讀誓曰今年五月幾日夏至祭皇地祇於方丘所有攝官各揚其職其或不敬國有常刑讀畢禮直官贊七品以下官先退餘官對拜訖退散齋二日宿於正寢治事如故齋禁並如郊祀守壝門兵衛與大樂工人俱清齋一宿行禮官前期習儀於祠所陳設祭前三日所司設三獻官以下行事執事官次於外壝東門之外道南北向西上隨地之宜又設饌幕於內壝東門之外道北南向祭前二日所司設兵衛各服其服守衛壝門每門二人大樂令帥其屬設登歌之樂於壇上如郊祀郊社令帥其屬掃除壇之上下爲瘞坎在內壝外之壬地祭前一日司

天監郊社令各服其服帥其屬升設皇地祇神座於壇上北方南向席以藁秸又設配位神座於東方西向席以蒲越又設神州地祇神座於壇之第一等東南方席以藁秸又設五神五官嶽鎮海瀆二十九座於第四等階之間各依方位又設崑崙山林川澤二十一座於内壝之内又設丘陵墳衍原隰三十座於内壝外席皆以莞又設神位版各於坐首子陛之西水神玄冥北嶽北鎮北海北瀆於壇之第二等北山北林北川北澤於内壝内北丘北陵北墳北衍北原北隰於内壝外皆各爲一列以東爲上卯陛之北木神句芒東嶽長白山東鎮東海東瀆於壇之第二等

東山東林東川東澤於内壝内東丘東陵東墳東衍東原東隰於内壝外皆各爲一列以南爲上午陛之東神州地祇於壇之第一等火神祝融南嶽南鎮南海南瀆於壇之第二等南山南林南川南澤於内壝内南丘南陵南墳南衍南原南隰於内壝外皆各爲一列以西爲上午陛之西土神后土中嶽中鎮於壇之第二等中山中林中川中澤於内壝内中丘中陵中墳中衍中原中隰於内壝外皆各爲一列以南爲上酉陛之南金神蓐收西嶽西鎮西海西瀆於壇之第二等崑崙西山西林西川西澤於内壝内西丘西陵西墳西衍西原西隰於内壝外皆各爲一列以北

爲上其皇地祇及配位神州地祇之坐并禮神之玉設訖俟告潔畢權徹祭日早重設其第二等以下神坐設定不收奉禮郎禮直官又設三獻官位於卯陛之東稍北西向司徒位於卯陛之東道南西向太常卿光禄卿次之第一等分獻官司天監位於其東光禄丞郊社令太官令廪犧令位又在其東每等異位重行俱西向北上又設太祝奉禮郎及諸執事位於内壝東門外道南每等異位重行俱西向北上設監祭御史二位一於壇下午陛之西南一於子陛之西北俱東向設監禮博士二位一於壇下午陛之東南一於子陛之東北俱西向奉禮郎位於壇之東南西

向協律郎位於樂簴西北東向大樂令位於樂簴之間西向司尊彝位於酌尊所俱北向設望瘞位坎之南北向又設牲牓位於内壝東門之外西向太祝祝史各位於牲後俱西向設省饌位於牲西太常卿光禄卿太官令位於牲北南向西上監祭監禮位在太常卿之西稍却西上廪犧令位於牲西南北向又陳禮饌於内壝東門之外道北南向設省饌位於禮饌之南太常卿光禄卿太官令位在東西向監祭監禮位在西東向俱北上設祝版於神位之右司尊及奉禮郎帥其屬設玉幣篚於酌尊所次及籩豆之位正配位各左有十一籩右有十一豆俱爲三行登三在

籩豆間鉶三在登前簠一簋一各在鉶前又設尊罍之位皇地祇太尊二著尊二犧尊二山罍二在壇上東南隅配位著尊二犧尊二象尊二山罍二在正位酒尊之東俱北向西上皆有坫加勺羃爲酌尊所又設皇地祇位象尊二壺尊二山罍四在壇下午陛之西配位犧尊二壺尊二山罍四在酉陛之北東向北上皆有坫加羃設而不酌神州地祇位左八籩右八豆登一在籩豆間簠一簋一在登前爵坫一在神座前又設第二等諸神位每位籩二豆二簠一簋一俎一爵坫一內壝之內外諸神每位籩一豆一簠一簋一俎一爵坫一陳列皆與上同又設神州地祇太尊

二著尊二皆有坫第二等諸神每方山尊二內壝內外每方蜃尊二內壝內外每方概尊二皆加勺羃又設正配位籩一豆一簠一簋一俎三及毛血豆一幷神州地祇位俎一各於饌幕內又設二洗於壇下卯陛之東北向盥洗在東爵洗在西並有罍加勺篚在洗西南肆實以巾爵洗之篚實以匏爵加坫又設第一分獻官盥洗爵洗位第二等以下分獻官盥洗位各於其方道之左罍在洗左篚在洗右俱內向執爵篚者各於其後祭日丑前五刻司天監郊社令帥其屬升設皇地祇及配位神坐於壇上設神州地祇坐於第一等又設玉幣皇地祇玉以黃琮神州地祇玉

以兩圭有邸皆置於匣正配位幣並以黃色神州地祇幣以玄色五神五官嶽鎮海瀆之幣各從其方色皆陳於篚太祝取瘞玉加於幣以禮神之玉各置於神座前光祿卿帥其屬入實正配位籩豆籩三行以右爲上豆三行以左爲上其實並如郊祀登實以大羹鉶實以和羹又設從祭第一等神州地祇之饌籩三行以右爲上豆三行以左爲上其實並如郊祀登實以大羹簠實以稷簋實以黍第二等每位左二籩栗在前鹿脯次之右二豆菁菹在前鹿臡次之簠實以稷簋實以黍俎一羊一豕內壝內外每位左籩一鹿脯右豆一鹿臡簠稷簋黍俎以羊良醞令帥其屬

入實酒尊皇地祇太尊爲上實以汎齊著尊次之實以醴齊犧尊次之實以盎齊象尊次之實以醍齊壺尊次之實以沈齊山罍爲下實以三酒配位著尊爲上實以汎齊犧尊次之實以醴齊象尊次之實以盎齊壺尊次之實以醍齊山罍爲下實以三酒皆左實明水右實玄酒皆尚醞代次實從祭第一等神州地祇酒尊太尊爲上實以汎齊著尊次之實以醴齊第二等山尊實以醍齊內壝內蜃尊實以汎齊內壝外概尊實以三酒以上尊皆左以明水右以玄酒皆尚醞代之太常卿設燭於神座前省牲器祭前一日午後八刻去壇二百步禁止行者未後二刻郊社令帥

其屬掃除壇之上下司尊與奉禮郎帥執事者以祭器入設於位郊社令陳玉幣於篚未後三刻廩犧令與諸太祝祝史以牲就省位禮直官贊者分引太常卿光祿卿丞監禮祭太官令等詣內壝東門外省牲位其視滌濯告潔省牲饌並同郊祀俱畢廩犧令諸太祝祝史以次牽牲詣廚授太官令次引光祿卿以下詣廚省鼎鑊視滌溉乃還齋所晡後一刻太官令帥宰人以鸞刀割牲祝史各取毛血實以豆置於饌幔遂烹牲又祝史取瘞血貯於盤奠玉幣祭日丑前五刻獻官以下行事官各服其服有司設神位版陳玉幣實籩豆簠簋尊罍俟監祭監禮按視壇之上下乃徹去蓋冪大樂令帥工人及奉禮郎贊者先入禮直官贊者分引分獻官以下監祭監禮諸大祝祝史齋郎與執事者入自南壝東門當壇南重行北向西上立定奉禮郎贊拜獻官以下皆再拜訖以次分引各就壇陛上下位次引監祭監禮按視壇之上下訖退復位禮直官分引三獻官以下行事官俱入就位行禮官皆自南壝東門入禮直官進立初獻之左白曰有司謹具請行事退復位協律郎高舉笏執麾者舉麾俛伏興工鼓柷樂作坤寧之曲八成偃麾戛敔樂止俟太常卿瘞血訖奉禮郎贊拜在位者皆再拜又贊諸執事者各就位禮直官引諸執事各就其位

俟太祝跪取玉幣於篚立於尊所諸位太祝亦各取玉幣立於尊所禮直官引初獻詣盥洗位樂作肅寧之曲至位北向立樂止搢笏盥手帨手執笏詣壇樂作肅寧之曲九初獻升降皆作肅寧之曲升自卯階至壇樂止詣皇地祇神座前北向立樂作靜寧之曲搢笏跪太祝加玉於幣西向跪以授初獻初獻受玉幣奠訖執笏俛伏興再拜訖樂止次詣配位神座前東向立樂作億寧之曲奠幣如上儀樂止降自卯陛樂作復位樂止初獻將奠配位之幣贊者引第一等分獻官詣盥洗位搢笏盥手帨手執笏由卯陛詣神州地祇神座前搢笏跪太祝以玉幣授分獻官分獻官受玉幣奠訖執笏俛伏興再拜訖退初第一分獻官將升贊者引第二分獻官詣盥洗位盥手帨手執笏各由其陛升唯不由午陛詣於首位神座奠幣如上儀餘以次祝史齋郎助奠訖各引還位初獻奠幣將畢祝史奉毛血豆各由午陛升諸太祝迎於壇上進奠於正配位神座前太祝與祝史俱退立於尊所進熟初獻既升奠玉幣有司先陳牛鼎二羊鼎二豕鼎二於神廚各在鑊右太官帥進饌者詣廚以匕升牛羊豕自鑊實於各鼎牛羊豕各肩臂臑肫胳正脊一橫脊一長脇一短脇一代脇一皆二骨一並冪之祝史以扃各對舉鼎有司執匕以從陳於饌幔內從

祀之俎實以羊更陳於饌幔內光禄卿實以籩豆簠簋籩實以粉餈豆實以糝食簠實以稷簋實以黍實訖去鼎之扃冪匕加於鼎太官令以匕升牛羊豕載於俎肩臂臑在上端肫胳在下端脊脅在中俟初獻還位樂止禮直官引司徒出詣饌所同薦籩豆簠簋俎齋郎各奉皇地祇配位之饌升自卯陛諸太祝各迎於壇上司徒詣皇地祇神座前搢笏奉籩豆簠簋次奉俎北向跪奠訖執笏俛伏興設籩於糗餌之前豆於酏醓之前簠簋在登前俎右籩前次於卯陛奉配位之饌東向跪奠於神座前並如上儀各降自卯陛還位太官令又同齋郎奉神州地祇之饌升自卯

陛太祝迎於壇陛之道間奠於神座前左籩前訖樂止太官令進饌者降自卯陛還位禮直官引初獻官詣盥洗位樂作至位樂止北向立搢笏盥手帨手執笏詣爵洗位至位北向立搢笏洗爵拭爵以授執事者執笏詣壇樂作升自卯陛至壇上樂止詣皇地祇酌尊所西向立執事者以爵授初獻初獻搢笏執爵司尊舉冪良醞令跪酌太尊之汎齊酌訖初獻以爵授執事者執笏詣皇地祇神座前北向立搢笏跪執事者以爵授初獻初獻執爵三祭酒於茅苴奠爵（三獻奠爵皆執事者受以興）執笏俛伏興少退跪樂止舉祝官跪對舉祝版讀祝太祝東向跪讀祝訖俛伏興舉祝奠版

於案再拜興次詣配位酌尊所執事者以爵授初獻搢笏執爵司尊舉冪良醞令跪酌著尊之沈齊樂作太簇宮保寧之曲初獻以爵授執事者執笏詣配位神座前東向立搢笏跪執事者以爵授初獻初獻執爵三奠酒於茅苴奠爵執笏俛伏興少退跪樂止讀祝訖樂作就拜興拜興降自卯陛讀祝舉祝俱從樂作復位樂止次引亞獻詣盥洗位北向立搢笏盥手帨手執笏詣爵洗位北向立搢笏洗爵拭爵授執事者執笏升自卯陛詣皇地祇酌尊所西向立執事者以爵授亞獻亞獻搢笏執爵司尊舉冪良醞令酌著尊之醴齊酌訖以爵授執事者執笏詣皇地祇神座

前北向立搢笏跪執事以爵授亞獻亞獻執爵三祭酒於茅苴奠爵執笏俛伏興少退再拜次詣配位酌獻如上儀唯酌犧尊爲異樂止降復位次引終獻詣盥洗位盥手帨手洗爵拭爵以爵授執事者升壇正位酌犧尊之盎齊配位酌象尊之醴齊奠獻並如亞獻之儀禮畢降復位初終獻將升贊者引第一等分獻官詣盥洗位搢笏盥手帨手洗爵拭爵以爵授執事者執笏詣神州地祇酌尊所搢笏執事者以爵授獻官獻官執爵執事者酌太尊之汎齊酌訖以爵授執事者進詣神座前搢笏跪執事者以爵授獻官獻官執爵三祭酒於茅苴奠爵俛伏興少退跪再拜訖

還位初第一等分獻官將升賛者分引第二等分獻官詣盥洗位搢笏盥手帨手執笏詣酌尊所執事以爵授分獻官酌以授執事者進詣首位神座前奠獻並如上儀祝史齋郎以次助奠訖各引還位諸獻俱畢諸太祝進徹籩豆籩豆各一少移故處樂作豐寧之曲卒徹樂止奉禮官賛曰賜胙衆官再拜樂作一成止初送神樂止引初獻官詣望瘞位樂作太蔟宮肅寧之曲至位南向立樂止初在位官將拜諸太祝祝史各奉篚進詣神座前玉幣從祭神州地祇以下並以俎載牲體幷取黍稷飯爵酒各由其陛降壇北詣瘞坎實於坎中又以從祭之位禮幣皆從瘞禮直

官曰可瘞東西六行寘土半坎禮直官賛禮畢引初獻出禮官賛者各引祭官及監祭監禮太祝以下俱復壇南北向立定奉禮郎賛曰再拜監祭以下皆再拜訖奉禮以下及工人以次出光禄卿以胙奉進監祭監禮展視其祝版燔於齋坊

朝日夕月儀齋戒陳設省牲器奠玉幣進熟其節並如大祀之儀朝日玉用青璧夕月用白璧幣皆如玉之色牲各用羊一豕一有司攝三獻司徒行事其親行朝日金初用本國禮天會四年正月始朝日于乾元殿而後受賀天眷二年定朔望朝日儀皇帝服靴袍百官常服有司設爐案御褥位于所御殿前陛上設百官褥位于殿門外皆向日宣徽使奏導皇帝至位南向再拜上香又再拜閤門皆相應賛殿門外臣僚陪拜如常儀大定二年以無典故罷十五年言事者謂今正旦幷萬春節宜令有司定拜日之禮有司援據漢唐春分朝日升煙奠玉如圜丘之儀又按唐開元禮南向設大明神位天子北向皆無南向拜日之制今已奉勑以月朔拜日宜遵古制殿前東向拜詔姑從南向其日先引臣僚於殿門外立陪位立殿前班露臺左右皇帝於露臺香案拜如上儀十八年上拜日於仁政殿始行東向之禮皇帝出殿東向設位宣徽賛拜皇帝再拜上

香訖又再拜臣僚並陪拜依班次起居如常儀

高禖明昌六年章宗未有子尚書省臣奏行高禖之祀乃築壇於景風門外東南端當闕之卯辰地與圜丘東西相望壇如北郊之制歲以春分日祀青帝伏犧氏女媧氏凡三位壇上南向西上姜嫄簡狄位於壇之第二層東向北上前一日未三刻布神位省牲器陳御弓矢弓韣於上下神位之右其齋戒奠玉幣進熟皆如大祀儀青帝幣玉皆用青餘皆無玉每位牲用羊一豕一有司攝三獻司徒行事禮畢進胙倍於他祀之肉進胙官佩弓矢弓韣以進上命后妃嬪御皆執弓矢東向而射迺命以次飲福享胙

志第十

陳福

志第十一　金史三十

開府儀同三司上柱國錄軍國重事前中書右丞相監修國史領經筵事都總裁臣脫脫奉

敕修

禮三 宗廟 禘祫 朝享 時享儀

金初無宗廟天輔七年八月太祖葬上京宮城之西南建寧神殿于陵上以時薦享自是諸京皆立廟惟在京師者則曰太廟天會六年以宋二帝見太祖廟者是也或因遼之故廟安置御容亦謂之廟天眷三年熙宗幸燕及受尊號皆親享恭謝是也皇統三年初立太廟八年太廟成則上京之廟也貞元初海陵遷燕乃增廣舊廟奉遷祖宗神主于新都三年十一月丁卯奉安于太廟正隆中營建南京宮室復立宗廟南渡因之其廟制史不載傳志雜記或可槩見今附之汴京之廟在宮南馳道之東殿規一屋四注限其北為神室其前為通廊東西二十六楹為間二十有五每間為一室廟端各虛一間為夾室中二十三間為十一室從西三間為一室為始祖廟祔德帝安帝獻祖昭祖景祖祧主五餘皆兩間為一室或曰惟第二第三室兩間餘止一間為一室總十有七間世祖室祔肅宗穆宗室祔康宗餘皆無祔每室門一牖一門在左牖在右皆南向石室之龕於各室之西壁東向其世祖之龕六南向者五東向者一其二其三俱二龕

周壽

餘皆一室一龕總十八龕祭日出主於北墉下南向禘祫則並出主始祖東向群主依昭穆南北相向東西序列室戶外之通廊殿階二級列陛三前井亭二外作重垣四繚南東西皆有門內垣之隅有樓南門五闔餘皆三中垣之外東北冊寶殿也太常官一人季視其封緘謂之點寶內垣之南曰大次東南為神庖廟門翼兩廡各二十有五楹為齋郎執事之次西南垣外則廟署也神門列戟各二十有四植以木錡戟下以板為掌形畫二青龍下垂五色帶長五尺享前一日則縣戟上祭畢藏之

室次大定十二年議建閔宗別廟禮官援晉惠懷唐中宗

後唐莊宗升祔故事若依此典武靈皇帝無嗣亦合升祔然中宗之祔始則為虛室終則增至九室惠懷之祔乃遷豫章潁川二廟莊宗之祔乃祧懿祖一室今太廟之制除祧廟外為七世十一室如當升祔武靈即須別祧一廟荀子曰有天下者事七世若旁容兄弟上毀祖考則天子有不得事七世者矣伏覩宗廟世次自睿宗上至始祖凡七世別無可祧之廟晉史云廟以容主為限無拘常數東晉與唐皆用此制遂增至十一室康帝承統以兄弟為一室故不遷遠廟而祔成帝唐以敬文武三宗同為一代於太廟東間增置兩室定為九代十一室今太廟已滿此數如用不拘常數之說增至十二室可也然廟制已定復議增展其事甚重又與睿宗皇帝祏室昭穆亦恐更改春秋之義不以親親害尊尊漢志云父子不並坐而孫可從王父若武靈升祔太廟贈作十二室依春秋尊尊之典武靈當在十一室禘祫合食依孫從王父之典當在太宗之下而居昭位又當稱宗然前升祔睿宗已在第十一室累遇祫享睿宗在穆位與太宗昭位相對若更改祏室及昭穆序非有司所敢輕議宜取聖裁十九年四月禘祔閔宗遂增展太廟為十二室二十九年世宗將祔廟有司言太廟十二室自始祖至熙宗雖係八世然世宗與熙宗為兄弟不

相為後用晉成帝故事止係七世若特非世宗顯宗即係九世於是五月遂祧獻祖昭祖升祔世宗明德皇后顯宗于廟貞祐二年宣宗南遷廟社諸祀並委中都自抹撚盡忠棄城南奔時謂之禮盡廢四年禮官言廟社國之大事今主上駐蹕陪京列聖神主已遷于此宜重修太廟社稷以奉歲時之祭按中都廟制自始祖至章宗凡十二室而今廟室止十一若增建恐難卒成況時方多故禮宜從變今擬權祔肅宗主世祖室始祖以下諸神主于隨室奉安主用栗依唐制皇統九年所定也祏室旁及上下皆石門東向以木爲闔髹以朱室中有褥奠主訖帝主居左覆以

黃羅帕后主居右覆以紅羅帕　皺扆以紙木爲筐兩足如立屏狀覆以紅羅三幅繡金斧五十四裏以紅綃覆於屏上其半無文者垂於其後置北墉下南向前設几筵以坐神主　五席各長五尺五寸闊二尺五寸莞筵粉純以藺爲席緣以紅羅以白繡藻文及雲氣之狀復以紅綃裏之每位二繅席畫純以五色絨織青蒲爲之緣以紅羅畫藻文及雲氣狀亦以紅綃裏之每位二在莞上次席黼純以輕筠爲之亦曰桃枝席緣以紅綃繡黼色斧裏以紅綃每位二在繅席上虎席二大者長同惟濶增一尺以虎皮爲褥有緼以紅羅繡金色斧緣之又有小虎皮褥制同三

席時暄則用桃枝次席時寒則去桃枝加虎皮褥夏秋享則用桃枝次席二冬則去桃枝加小虎皮褥於繅席上臘冬則又添大虎皮褥二於繅上遷小虎皮褥二在大褥之上　曲几三足直几二足各長尺五寸以丹漆之帝主前設曲几后設直几

禘祫大定十一年尚書省奏禘祫之儀曰禮緯三年一祫五年一禘唐開元中太常議禘祫之禮皆爲殷祭祫爲合食祖廟禘謂禘序尊卑申先君逮下之慈成群嗣奉親之孝自異常享有時行之祭不欲數數則黷不欲踈踈則怠是以王者法諸天道以制祀典烝嘗象時禘祫象閏五歲再閏天道大成宗廟法之再爲殷祭自周以後並用此禮自大定九年已行祫禮若議禘祭當於祫後十八月孟夏行禮詔以三年冬祫五年夏禘爲常禮又言海陵時每歲止以二月十月遣使兩享三年祫享按唐禮四時各以孟月享于太廟季冬又臘享歲凡五享若依海陵時歲止兩享非天子之禮宜從典禮歲五享從之享日並出神主前廊序列昭穆應圖功臣配享廟廷各配所事之廟以位次爲序以太子爲亞獻親王爲終獻或並用親王或以太尉爲亞獻光祿卿爲終獻其月則停時享儀闕

朝享儀大定十一年十一月郊祀前一日朝享太廟齋戒

如親郊享前三日太廟令帥其屬掃除廟之內外點檢司於廟之前約度設兵衛旗幟尚舍於南神門之西設饌幔十一南向以西爲上殿中監帥尚舍陳設大次殿又設小次於阼階下稍南西向又設皇帝拜褥位殿上版位稍西又設黃道褥於廟門之內外自玉輅至升輦之所又自大次至東神門又設七祀位一於殿下橫街之北西街之西東向配享功臣位於殿下道東橫街之南西向北上前二日大樂令設宮縣之樂於庭中四方各設編鐘三編磬三東方編鐘起北編磬間之東向西方編磬起北編鐘間之西向南方編磬起西編鐘間之北方編鐘起西編磬間之

俱北向設特磬大鐘鎛鐘共十二於編縣之內各依辰位
樹路鼓路鼗於北縣之內道之左右晉鼓一在其後稍南
植建鼓鞞鼓應鼓於四隅建鼓在中鞞鼓在左應鼓在右
置柷敔於縣內柷一在道東敔一在道西立舞表於酇綴
之間設登歌之樂於殿上前楹間金鐘一在東玉磬一在
西俱北向柷一在金鐘北稍西敔一在玉磬北稍東搏拊
二一在柷北一在敔北東西相向琴瑟在前其匏竹者立
於階間重行北向諸工人各位於縣後前一日太廟令開
室奉禮郎帥其屬設神位於每室內北墉下各設黼扆一
莞席一繅席二次席二紫綾厚褥一紫綾蒙褥一曲几一

直几一又設皇帝版位於殿東間門內西向又設飲福位
於東序西向又設亞終獻位於殿下橫街之北稍東西向
助祭親王宗室使相位在亞終獻之後助祭宗室位在橫
街之南西向奉瓚官奉瓚盤官進爵酒官奉爵官等又在
其南奉匜盤巾篚官位於其後七祀獻官位在奉爵官之
南助奠讀祝奉罍洗爵洗等官位於其後司尊彝官位在
七祀獻官之南亞終獻司罍洗爵洗奉爵酒官等又在其
南並西向北上大禮使位於西階之西稍南與亞終獻相
對太尉司徒助祭宰相位在大禮使之南侍中執政官又
在其南禮部尚書太常卿太僕卿光祿卿功臣獻官在西

舉冊光祿丞太常博士又在其西功臣助奠罍洗爵洗等
官位於功臣獻官之後又設監祭御史位二於西階下俱
東向北上奉禮郎太廟令太官令太祝宮闈令祝史位於
亞獻終獻奉爵酒官之南薦籩豆簠簋官薦俎齋郎又在
太祝奉禮郎之南太廟丞太官丞各位於令後協律郎位
二一於殿上前楹間一於宮縣之西北俱東向大樂令於
登歌樂縣之北大司樂於宮縣之北良醞令於酌尊所俱
北向又設助祭文武群官位於橫街之南東向北上又設
光祿卿陳牲位於東神門外橫街之東西向以南為上設
廩犧令位於牲西南北向諸太祝位於牲東各當牲後祝

史各陪其後俱西向設禮部尚書省牲位於牲前稍北又
設御史位於禮部尚書之西俱南向禮部帥其屬設祝冊
案於室戶外之右司尊彝帥其屬設尊彝之位於室戶之
左每位斝彝一黃彝一犧尊二象尊二著尊二山罍二各
加勺冪坫為酌尊又設瓚槃爵坫於篚置于始祖尊彝所
又設壺尊二太尊二山罍四各有坫冪在殿下階間北向
西上設而不酌七祀功臣每位設壺尊二於座之左皆加
冪坫於內酌尊加勺皆藉以席奉禮郎設祭器每位四簋
在前四簠次之次以六㽅次以六鉶籩豆為後左十有二
籩右十有二豆皆濯而陳之藉以席籩豆加以巾蓋於內

籩一豆一簠一簋一幷俎四設於每室饌幔內又設御洗二於東階之東又設亞終獻罍洗於東橫街下東南北向罍在洗東篚在洗西南肆實以巾又設亞終獻爵洗於罍洗之西罍在洗東篚在洗西南肆實以巾爵幷坫執巾罍巾篚各位於其後享日丑前五刻太常卿帥執事者設燭於神位前及戶外光祿卿帥其屬入實籩豆籩之實魚鱐糗餌粉餈乾棗形鹽鹿脯榛實乾穣桃菱芡栗以序為次豆之實芹菹筍菹葵菹菁菹韭菹酏食魚醢兔醢豚拍鹿臡醓醢糝食以序為次又鉶實以羹加芼滑登實以大羹簠實以稻粱簋實以黍稷粱在稻前稷在黍前良醞令入

實尊彝斝彝黃彝實以鬱鬯犧尊象尊著尊實以玄酒外皆實以酒用香藥酒各加坫勺冪殿下之尊罍壺尊太尊山罍內除山罍上尊實以玄酒外皆實以酒加冪坫太廟令帥其屬設七祀功臣席褥於其次每位各設莞席一碧綃褥一又各設版位於其座前又籩豆簠簋各二俎一每位次各設壺尊二於神座之右北向玄酒在西良醞令以法酒實尊如常加勺冪置爵於尊下加坫光祿卿實饌左二籩栗在前鹿脯次之右二豆菁菹在前鹿臡次之俎實以羊熟簠簋實以黍稷太廟令又設七祀燎柴及開瘞坎於西神門外之北太府監陳異寶嘉瑞伐國之寶戶部陳諸州

歲貢金為前列玉帛次之餘為後皆於宮縣之北東西相向各藉以席凡祀神之物當時所無者則以時物代之○省牲器前一日未後廟所禁行人司尊彝奉禮郎及執事者升自西階以俟少頃諸太祝與廩犧令以牲就位禮直官贊者引禮部尚書光祿卿丞詣省牲位立定禮直官引禮部尚書贊引者引御史入就西階升遍視滌濯訖執事者皆舉冪曰潔俱降就省牲位禮直官稍前曰告潔畢請省牲次引禮部尚書侍郎稍前省牲訖退復位次引光祿卿丞出班巡牲一匝光祿丞西向曰充曰備廩犧令帥諸太祝巡牲一匝西向躬身曰腯禮直官稍前曰省牲畢請

就省饌位引禮部尚書以下各就位立定御史省饌具畢禮直官贊省饌訖俱還齋所光祿卿丞及太祝廩犧令以次牽牲詣廚授太官令禮直官引禮部尚書詣廚省鼎鑊視濯溉訖還齋所晡後一刻太官令帥宰人執鑾刀割牲祝史各取毛血每座共實一豆遂烹牲祝史洗肝於鬱鬯又取肝膋每座共實一豆俱還饌所　鑾駕出宮前一日有司設大駕鹵簿於應天門外尚輦進玉輅於應天門內南向其日質明侍臣直衛及導駕官於致齋殿前左右分班立俟通事舍人引侍中俛伏跪奏請中嚴皇帝服通天冠絳紗袍少頃侍中奏外辦皇帝出齋室即御座羣官起

居訖尚輦進輿侍中奏請皇帝升輿皇帝乘輿侍衛警蹕
如常儀太僕卿先詣玉輅所攝衣而升正立執轡導駕官
前導皇帝至應天門內玉輅所侍中進當輿前奏請皇帝
降輿升輅皇帝升輅太僕卿立授綏導駕官分左右步導
以裏爲上門下侍郎進當輅前奏請車駕進發奏訖俛伏
興退復位侍衛儀物止於應天門內車駕動稱警蹕至應
天門門下侍郎奏請車駕少駐勑侍臣上馬侍中奉旨退
稱曰制可門下侍郎退傳制稱侍臣上馬贊者承傳勑侍
臣上馬導駕官分左右前導門下侍郎奏請車駕進發車
駕動稱警蹕不鳴鼓吹將至太廟禮直官贊者各引享官

通事舍人分引從享羣官宗室子孫於廟門外立班奉迎
駕至廟門廻輅南向侍中於輅前奏稱侍中臣某言請皇
帝降輅步入廟門皇帝降輅導駕官前導皇帝步入廟門
稍東侍中奏請皇帝升輿尚輦奉輿侍衛如常儀皇帝乘
輿至大次侍中奏請皇帝降輿入就大次皇帝入就次簾
降繖扇侍衛如常儀太常卿太常博士各分立於大次左
右導駕官詣廟庭班位立俟。晨祼享日丑前五刻諸享
官及助祭官各服其服太廟令良醞令帥其屬入實尊罍
光祿卿太官令進饌者實籩豆簠簋並徹去蓋冪奉禮郎
贊者先入就位贊者引御史太廟令太祝宮闈令祝史與

執事官等各自東偏門入就位未明二刻禮直官引太常
寺官屬并太祝宮闈令升殿開始祖祏室太祝宮闈令捧
出帝后神主設於座以次逐室神主各設於內黼扆前置
定贊者引御史太廟令宮闈令太祝祝史與太常官屬於
當階間重行北向立奉禮郎於殿上贊奉神主訖奉禮曰
再拜贊者承傳御史以下皆再拜訖各就位大樂令帥工
人二舞入就位禮直官贊者各引享官通事舍人分引助
祭文武羣官宗室入就位符寶郎奉寶陳於宮縣之北皇
帝入大次少頃侍中奏請中嚴皇帝服袞冕侍中奏外辦
太常卿俛伏跪奏稱太常卿臣某言請皇帝行事俛伏興

簾捲皇帝出次太常卿太常博士前導繖扇侍衛如常儀
大禮使後從至東神門外殿中監跪進鎮圭太常卿奏請
執圭皇帝執鎮圭繖扇仗衛停於門外近侍者從入協律
郎跪伏舉麾興工鼓柷宮縣昌寧之樂作至阼階下偃麾
戛敔樂止升自阼階登歌樂作左右侍從量人數升至版
位西向立樂止前導官分左右侍立太常卿前奏請再拜
皇帝再拜奉禮曰衆官再拜贊者承傳凡在位者皆再拜
奉禮又贊諸執事者各就位禮直官贊者分引執事者各
就殿上下之位太常卿奏請皇帝詣罍洗位登歌樂作至
阼階樂止降自阼階宮縣樂作至洗位樂止內侍跪取匜

興沃水又內侍跪取盤興承水太常卿奏請搢鎮圭皇帝搢鎮圭盥手訖內侍跪取巾於篚興以進帨手訖奉瓚盤官以瓚跪進皇帝受瓚內侍奉匜沃水又內侍跪奉槃承水洗瓚訖內侍跪奉巾以進皇帝拭瓚訖內侍奠槃匜又奠巾於篚奉瓚槃官以槃受瓚太常卿奏請執鎮圭前導皇帝升殿宮縣樂作至阼階下樂止皇帝升自阼階登歌樂作太常卿前導詣始祖位酌尊所樂止奉瓚槃官以瓚涖鬯執尊者舉冪侍中跪酌鬱鬯訖太常卿前導入詣始祖室神位前北向立太常卿奏請搢鎮圭跪奉瓚槃官西向跪以瓚授奉瓚官西向以瓚跪進太常卿奏請執瓚以

鬯祼地皇帝執瓚以鬯祼地訖以瓚授奉瓚槃官太常卿奏請執鎮圭俛伏興前導出戶外太常卿奏請再拜皇帝再拜太常卿前導詣次位並如上儀祼畢太常卿奏請還版位登歌樂作至版位西向立樂止太常卿奏請還小次前導皇帝行登歌樂作降自阼階登歌樂止宮縣樂作將至小次太常卿奏請釋鎮圭殿中監跪受鎮圭皇帝入小次簾降樂止少頃宮縣奏來寧之曲以黃鍾為宮大呂為角大簇為徵應鍾為羽作仁豐道洽之舞九成止黃鍾三奏大呂太簇應鍾各再奏送神通用來寧之曲初晨祼將畢祝史各奉毛血及肝膋之豆先於南神門外齋郎奉爐

炭蕭蒿黍稷各立於肝膋之後皇帝既晨祼畢至樂作六成皆入自正門升自太階諸太祝於階上各迎毛血肝膋進奠於神座前祝史立於尊所齋郎奉爐置於室戶外之左其蕭蒿黍稷各置於爐炭下齋郎降自西階諸太祝各取肝燔於爐還尊所○進熟皇帝升祼太官令帥進饌者奉陳於南神門外諸饌幔內以西為上禮直官引司徒出詣饌所與薦俎齋郎奉俎并薦籩豆簠簋官奉籩豆簠簋禮直官太官令引以序入自正門宮縣豐寧之樂作徹豆通用至太階樂止祝史俱進徹毛血之豆降自西階以出饌升諸太祝迎於階上各設於神位前先薦牛次薦羊次薦豕

及魚禮直官引司徒以下降自西階復位諸太祝各取蕭蒿黍稷擩於脂燎於爐炭訖還尊所贊者引舉冊官升自西階詣始祖位之右進取祝冊置在版位之西置訖於祝冊案近南立太常卿跪奏請詣罍洗位簾捲出次宮縣樂作殿中監跪進鎮圭太常卿奏請執鎮圭前導詣罍洗位樂止盥手洗爵並如晨祼之儀盥洗訖太常卿奏請執鎮圭前導升殿宮縣樂作至阼階下樂止升自阼階登歌樂作太常卿前導詣始祖位尊彝所登歌樂作至尊彝所登歌樂止宮縣奏大元之樂文舞進奉爵官以爵涖尊執尊者舉冪侍中跪酌犧尊之泛齊訖太常卿前導入詣始祖

室神位前北向立太常卿奏請搢鎮圭跪奉爵官以爵授進爵酒官進爵酒官西向以爵跪進太常卿奏請執爵三祭酒三祭酒於茅苴訖以爵授進爵官進爵酒官以爵授奉爵官太常卿奏請執鎮圭與前導出户外太常卿奏請少立樂止舉冊官進舉祝冊中書侍郎搢笏跪讀祝舉祝官舉冊奠訖先詣次位太常卿奏請再拜再拜訖太常卿前導詣次位行禮並如上儀酌獻畢太常卿前導還版位登歌樂作至位西向立定樂止太常卿奏請還小次登歌樂作降自阼階登歌樂止宮縣樂作將至小次太常卿奏請釋鎮圭殿中監跪受鎮圭入小次簾降樂止文舞退武

舞進宮縣奏肅寧之樂作功成治定之舞舞者立定樂止

○皇帝酌獻訖將詣小次禮直官引博士博士引亞獻詣盥洗位北向立搢圭盥手帨手執圭詣爵洗位北向立搢圭洗爵拭爵以授執事者執圭升自西階詣始祖位尊彝所西向立宮縣樂作執事者以爵授亞獻亞獻搢圭執爵執尊者舉冪太官令酌彝尊之醴齊訖詣始祖神位前搢圭跪執事者以爵授亞獻亞獻執爵祭酒三祭酒於茅苴奠爵執圭俛伏興少退再拜訖博士前導亞獻詣次位行禮並如上儀禮畢樂止終獻除本服執笏外餘如亞獻之儀七祀功臣獻官行禮畢太常卿跪奏詣飲福位簾捲出

次宮縣樂作殿中監跪進鎮圭太常卿奏請皇帝執鎮圭前導至阼階下樂止升自阼階登歌樂作將至飲福位樂止初皇帝既獻訖太祝分神位前三牲肉各取前腳第二骨加於俎又以籩取黍稷飯共置一籩又酌上尊福酒合置一尊又禮直官引司徒升自西階東行立於阼階上前楹間北向皇帝既至飲福位西向立登歌福寧之樂作太祝酌福酒於爵以奉侍中侍中受爵捧以立太常卿奏請皇帝再拜訖奏請搢圭跪侍中以爵北向跪以進太常卿奏請執爵三祭酒於沙池又奏請啐酒皇帝啐酒訖以爵授侍中太常卿奏請受胙太祝以黍稷飯籩授司徒司徒

跪奉進皇帝受以授左右太祝又以胙肉俎跪授司徒司徒受俎訖跪進皇帝受以授左右禮直官引司徒退立侍中再以爵酒跪進太常卿奏請皇帝受爵飲福飲福訖侍中受虛爵以興以授太祝太常卿奏請執圭俛伏興又奏請皇帝再拜再拜訖樂止太常卿前導皇帝還版位登歌樂作俟至位樂止太祝各進徹籩豆登歌豐寧之樂作卒徹樂止奉禮曰賜胙行事助祭官再拜贊者承傳在位官皆再拜宮縣來寧之樂作一成止太常卿奏禮畢前導降自阼階登歌樂止宮縣樂作出門宮縣樂止繖扇仗衛如常儀太常卿奏請釋鎮圭殿中監跪受鎮圭皇帝還大次

通事舍人禮直官贊者各引享官宗室子孫及從享群官以次出及引導駕官東神門外大次前祗候前導如來儀贊者引御史已下俱復執事位立定奉禮曰再拜皆再拜贊者引工人舞人以次出大禮使帥諸禮官太廟令太祝宮闈令升納神主如常儀禮畢禮直官引大禮使已下降自西階至横街再拜而退其祝册藏於匱七祀功臣分奠如祫享之儀

時享有司行事前期太常寺舉申禮部關學士院司天臺擇日以其日報太常寺前七日受誓戒於尚書省其日質明禮直官設位版於都堂之下依已定誓戒圖禮直官引

三獻官并應行事執事官等各就位立定贊揖在位官皆對揖訖禮直官以誓文奉初獻官初獻官搢笏讀誓文某月某日孟春薦享太廟各揚其職不恭其事國有常刑讀訖執笏七品以下官先退餘官對拜訖乃退散齋四日治事如故宿於正寢唯不弔喪問疾作樂判署刑殺文字決罰罪人及預穢惡致齋三日於本司唯享事得行其餘悉禁一日於享所已齋而闕者通攝行事前三日兵部量設兵衛列於廟之四門前一日禁斷行人儀鸞司設饌幔十一所於南神門外西南向又設七祀司命户二位於横街之北道西東向又設群官齋宿次於廟門之東西舍前二日大樂局設登歌之樂於殿上太廟令帥其屬掃除廟殿門之内外於室内鋪設神位於北墉下當户南向設几於筵上又設三獻官拜褥位二一在室内一在室外學士院定撰祝文訖計會通進司請御署降付禮部置於祝案祠祭局濯溉祭器與尊彝訖鋪設如儀内太尊二山罍二在室犧尊五象尊五鷄彝一鳥彝一在室户外之左爐炭稍前著尊二犧尊二在殿上象尊二壺尊六在下俱北向西上加冪皆設而不酌并設獻官罍洗位禮部設祝按於室户外之右禮直官設位版并省牲位如式前一日諸太祝與廩犧令以牲就東神門外司尊彝與禮直官及執事皆入升自西

階以俟禮直官引太常卿贊者引御史自西階升遍視滌濯執尊者舉冪告潔訖引降就省牲位廩犧令少前曰請省牲退復位太常卿省牲廩犧令及太祝巡牲告備皆如郊社儀既畢太祝與廩犧令以次牽牲詣廚授太官令贊者引光禄卿詣廚請省鼎鑊申視滌溉贊者引御史詣廚省饌具訖與太常卿等各還齋所太官令帥宰人以鸞刀割牲祝史各取毛血每室共實一豆又取肝膋共實一豆置饌所遂烹牲光禄卿帥其屬入實祭器良醞令入實尊彝享日質明百官各服其品服禮直官贊者先引御史博士太廟令太官令諸太祝祝史司尊彝與執罍篚官等入

自南門當階間北面西上立定奉禮曰再拜贊者承傳皆
再拜訖贊者引太祝與宮闈令升自西階詣始祖室開祏
室太祝捧出帝主宮闈令捧出后主置於座（帝主在西后主在東）贊
者引太祝與宮闈令降自西階俱復位奉禮曰再拜贊者
承傳在位官皆再拜訖俱各就執事位大樂令帥工人入
禮直官贊者分引三獻官與百官俱自南東偏門入至廟
庭橫街上三獻官當中北向西上應行事執事官并百官
依品重行立奉禮曰拜贊者承傳應北向在位官皆再拜
（其先拜者不拜）拜訖贊者引三獻官詣廟殿東階下西向位其餘
行事執事官與百官俱各就位訖禮官詣初獻官前稱請

行事協律郎跪俛伏興樂作禮直官引初獻詣盥洗位北
向立定樂止搢笏盥手帨手執笏詣爵洗位北向立搢笏
洗瓚拭瓚以瓚受執事者執笏升殿樂作至始祖室尊彝
所西向立樂止執事者以瓚奉初獻官獻官搢笏執瓚執
尊者舉冪太官令酌鬱鬯訖初獻以瓚授執事者執笏詣
始祖室神位前樂作北向立搢笏跪執事者以瓚授初獻
官初獻官執瓚以鬯祼地訖以瓚授執事者執笏俛伏興
出戶外北向再拜訖樂止每室行禮並如上儀禮直官引
初獻降復位初獻將升祼祝史各奉毛血肝膋豆及齋郎
奉爐炭蕭蒿黍稷䈰各於饌幔內以俟初獻晨祼訖以次

入自正門升自太階諸太祝皆迎毛血肝膋豆於階上俱
入奠於神座前齋郎所奉爐炭蕭蒿䈰皆置於室戶外之
左與祝史俱降自西階以出諸太祝取肝膋洗於鬱鬯燔
於爐炭訖還尊所享日有司設羊鼎十一豕鼎十一於神
廚各在鑊右初獻既升祼光祿卿帥齋郎詣廚以匕升羊
於鑊實于一鼎肩臂臑肫胳正脊一橫脊一長脅一短脅
一代脅一皆二骨以並次升豕如羊實于一鼎每室羊豕
各一鼎皆設扃冪齋郎對舉入鑊放饌幔前齋郎抽扃委
于鼎右除冪光祿卿帥太官令以匕升羊載于一俎肩臂
臑在上端肫胳在下端脊脅在中次升豕如羊各載于一

俎每室羊豕各一俎齋郎以扃舉鼎先退置于神廚訖
復還饌幔所禮直官引司徒出詣饌幔前立以俟光祿卿
帥其屬實籩以粉餈實豆以糝食實簠以粱實簋以稷俟
初獻祼畢復位祝史俱進徹毛血之豆降自西階以出禮
直官引司徒帥薦籩豆簠簋官奉俎齋郎各奉籩豆簠簋
羊豕俎每室以序而進立於南神門之外以俟羊俎在前
豕俎次之籩豆簠簋又次之入自正門樂作升自太階諸
太祝迎引於階上樂止各設於神位前訖禮直官引司徒
以下降自西階樂作復位樂止諸太祝各取蕭蒿黍稷擩
於脂燔於爐炭還尊所禮直官引初獻詣盥洗位樂作至

位北向立樂止搢笏盥手帨手執笏詣爵洗位北向立搢笏洗爵拭爵以爵授執事者執笏升殿樂作詣始祖室酌尊所西向立樂止執事者以爵授初獻初獻搢笏執爵執事者舉冪太官令酌犧尊之泛齊訖次詣第二室酌尊所如上儀詣始祖神位前樂作北向立搢笏跪執事者以爵授初獻初獻執爵三祭酒於茅苴奠爵執笏俛伏興出室户外北向立樂止贊者引太祝詣室户外東向搢笏跪讀祝祝文讀訖執笏興次詣第二室次詣每室行禮並如上儀初獻降階樂作復位樂止禮直官次引亞獻詣盥洗位北向立搢笏盥手帨手執笏詣爵洗位北向立搢笏洗爵

拭爵以授執事官執笏升殿詣始祖酌尊所西向立執事者以爵授亞獻亞獻搢笏執爵執尊者舉冪太官令酌象尊之醴齊訖次詣第二室酌尊所如上儀詣始祖神位前樂作北向立搢笏跪執事者以爵授亞獻亞獻執爵三祭酒于茅苴奠爵執笏俛伏興出户外北向再拜訖樂止次詣每室行禮並如上儀降階樂作復位樂止禮直官次引終獻詣盥洗及升殿行禮並如亞獻之儀降復位次引太祝徹籩豆少移故處樂作卒徹樂止俱復位禮直官曰賜胙贊者承傳曰賜胙再拜在位者皆再拜禮直官引太祝宮闈令奉神主太祝搢笏納帝主於匱奉入祏室執笏退復位

次引宮闈令納后主於匱奉入祏室並如上儀退復位禮直官贊者引行事執事官各就位奉禮曰再拜贊者承傳應在位官皆再拜禮直官贊者引百官次出大樂令帥工人次出太官令帥其屬徹禮饌次引監祭御史詣殿監視卒徹訖還齋所太廟令闔户以降太常藏祝版於匱光祿以胙奉進監祭御史就位展視光祿卿望闕再拜乃退其七祀夏竈中霤秋門厲冬行鋪設祭器入實酒饌俟終獻將升獻獻官行禮并讀祝文并每歲四孟月臘五享並如上儀

志第十一

志第十二　金史三十一

開府儀同三司上柱國錄軍國重事前中書右丞相監修國史領經筵事都總裁臣脫脫　奉

勅修

禮志四　奏告儀　皇帝恭謝儀　皇后恭謝儀
皇太子恭謝儀　薦新　功臣配享
陳設寶玉
雜儀

奏告儀皇帝即位加元服受尊號納后冊命巡狩征伐封祀請謚營修廟寢凡國有大事皆告或一室或遍告及原廟並一獻禮用祝幣皇統以後凡皇帝受尊號冊皇后太子禘祫升祔奉安奉遷等事皆告郊祀則告配帝之室大定十四年三月十七日詔更御名命左丞相良弼告天地

平章守道告太廟左丞石琚告昭德皇后廟禮部尚書張景仁告社稷及遣官祭告五嶽前期二日太廟令掃除廟內外設告官以下次所前一日行事官赴祀所清齋告日前三刻禮直官引太廟令帥其屬入殿開室戶掃除鋪筵設几於北墉下如時享儀禮直官帥祀祭官陳幣篚於室戶之左陳祝版於室戶之右案上及設香案祭器皆藉以席每位各左一籩實以鹿脯右一豆實以鹿臡犧尊一置於坫加勺冪在殿上室戶之左北向實以酒每位一瓶設燭於神位前又設盥爵洗位橫街之南稍東設告官褥位於殿下東階之南西向餘官在其後稍南又設望燎位於西神門外之北告日未明禮直官引太廟令太祝宮闈令入當階間北面西上立定奉禮贊再拜訖升自西階太祝宮闈令各入室出神主設於座如常儀次引告官入就位禮直官稍前贊有司謹具請行事又贊再拜在位者拜訖禮直官引告官就盥洗位盥手訖詣神位前搢笏跪三上香執事者以幣授奉禮郎西向授告官告官受幣奠訖執笏俛伏興退就戶外位再拜詣次位行禮如上儀訖降復位少頃引告官再詣爵洗位讀祝舉祝官後從至位北向立搢笏洗拭爵訖授執事者執笏升詣酒尊所西向立執爵執尊者舉冪酌酒告官以授執事者詣神位前北向搢

笏跪執爵三祭酒執笏俛伏興退就戶外位北向立俟讀祝文訖再拜詣次位行禮如上儀訖與讀祝官皆復位禮直官贊曰再拜在位者皆再拜次引告官以下詣望燎位執事者取幣帛祝版置於燎禮直官曰可燎半柴禮直官贊禮畢告官以下退署令闔廟門瘞祝于坎貞元四年正月上尊號前三日遣使奏告天地於常武殿拜天臺設褥位昊天上帝居中皇地祇居西少却行一獻禮大定七年正月十一日上尊號前三日命皇子判大興尹許王告天地判宗正英王文告太廟於自來拜天處設昊天上帝位當中南向皇地祇位次西少却並用坐褥位牌及香酒脯臡

等祝版三學士院撰告祝文書寫訖進請御署訖以付禮部移文宣徽院并差控鶴官用案舁覆以黃羅帕隨所差告官詣祀所前一日告官等就局所致齋一日告日質明宣徽院太常寺鋪設供具如儀閤門舍人一員太常博士一員引告官各服其服以次就位禮直官舍人稍前贊有司謹具請行事贊者曰拜在位者皆再拜禮直官先引執事官各就位舍人博士次引告官詣盥洗爵洗位北向立搢笏盥手帨手洗爵拭爵執笏詣酒尊所搢笏執爵司尊者舉冪酌酒告官以爵授奉爵酒官執笏詣昊天上帝皇地祇神位前再拜每位三上香跪奠酒訖以爵授奉爵官執笏俛伏興舉祝官跪舉讀訖俛伏興告官再拜告畢引告官以下降復位再拜訖詣望燎位燔祝版再拜半燎告官已下皆退

皇帝恭謝儀大定七年正月世宗受尊號禮畢恭謝前三日太廟令帥其屬洒掃廟庭之內外及陳設尚舍於廟南門之西設饌幔一十一室殿中監帥尚舍視大次殿又設皇帝版位於始祖神位前北向又設飲福位於版位西南少卻又設隨室奠拜褥位於神座前大樂令設登歌於殿上宮縣於殿下又設皇太子位於阼階東南又設親王位於其南稍東宗室王使相位於其後又設太尉司徒以下行事官位於殿西階之西東向每等異位又設文武群官位於橫階之南東西向又設御洗位於阼階之東又設太尉洗位於西階下橫階之南又設齋郎位於東班群官之後又設盥洗等官并奉禮贊者大司樂協律郎大樂令等位各如祫享之儀又設尊彝祭器等於殿之上下如時享之儀前一日禮官御史帥其屬省牲視濯滌如常儀其日質明禮官御史帥太廟官太祝宮闈令出神主如時享儀有司列黃麾仗二千人於應天門外尚輦進金輅於應天門內午後三刻宣徽院奏請皇帝赴齋宿殿文武群官並齋宿於所司謝日質明侯諸衛各勤所部屯門列仗導

駕官分左右侍立於殿階下並朝服通事舍人引侍中詣齋殿俛伏跪稱臣某言請中嚴俛伏興凡侍中奏請准此皇帝服通天冠絳紗袍少頃侍中奏外辦皇帝出齋殿即御座群官起居訖侍中奏請升輦皇帝升輦以出侍衛警蹕如常儀導駕官前導至應天門侍中奏請降輦升輅皇帝升輅門下侍郎俛伏跪奏請車駕進發俛伏興凡門下侍郎奏請准此車駕動警蹕如常儀至應天門外門下侍郎奏請車駕少駐勅侍臣上馬侍中前承旨退稱曰制可門下侍郎退傳制稱侍臣上馬通事舍人承傳勅侍臣上馬導駕官分左右前導門下侍郎奏請車駕進發車駕動

稱警蹕不鳴鼓吹典贊儀引皇太子常服乘馬至廟中幕次更服遠遊冠朱明衣執圭通事舍人文武群官（並朝服）於廟門外班迎車駕至廟門侍中於輅前奏請降輅導駕官步入廟門稍東侍中奏請升輦皇帝升輦繖扇侍衛如常儀至大次侍中奏請降輦入就大次皇帝入大次通事舍人分引文武群官由南神東西偏門入廟庭東西相向立禮直官引太尉以下行事官詣橫街北向再拜訖禮直官引太尉詣盥洗位搢笏盥手帨手執笏詣爵洗位北向立搢笏洗瓚拭瓚以瓚授執事者執笏由西階升殿詣始祖尊彝所西向立執事者以瓚奉太尉太尉搢笏執瓚酌鬯詣神位前以鬯祼地訖以虛瓚授執事者執笏俛伏興出戶外北向再拜訖次詣隨室並如上儀禮畢降自西階復位禮直官引司徒出詣饌所引薦俎齋郎奉俎升薦籩豆簠簋官奉籩豆簠簋及太官令以序入自正門宮縣樂作至大階樂止諸太祝迎於階上各設於神座前先薦牛次薦羊次薦豕訖禮直官引司徒已下降階復位典贊儀引皇太子通事舍人引親王由南神東偏門入詣褥位禮直官引中書侍郎舉冊官等升自西階詣始祖室前東西立通事舍人引侍中詣大次前奏請中嚴皇帝服袞冕少頃侍中奏外辦侍中詣廟庭本位立皇帝將出大次禮儀使與太常卿贊導並博士前引俛伏跪稱臣某贊導皇帝行禮俛伏興前導至東神門撤繖扇近侍者從入殿中監跪進鎮圭禮儀使奏請執圭皇帝執圭宮縣樂作奏請詣罍洗位至位樂止內侍跪取匜興沃水又內侍跪取槃承水時寒預備溫水禮儀使奏請搢鎮圭皇帝搢鎮圭盥手內侍跪取巾於篚興進皇帝帨手訖奉爵官以爵跪進皇帝受爵內侍捧匜沃水又內侍跪捧槃承水皇帝洗爵訖內侍跪奉巾以進皇帝拭爵訖內侍奠槃匜又奠巾於篚奉爵官受爵禮儀使奏請執鎮圭前導皇帝升殿左右侍從量人數升宮縣樂作皇帝至阼階下樂止皇帝升自阼階登歌樂作禮儀使前導皇帝至版位樂止奏請再拜奉禮郎贊皇太子已下在位群官皆再拜贊者承傳皆再拜禮儀使前導皇帝詣始祖尊彝所樂作至尊所樂止奉爵官以爵涖尊執尊者舉冪侍中跪酌犧尊之泛齊訖禮儀使導皇帝至版位再拜訖禮儀使奏請詣始祖神位前褥位登歌樂作禮儀使奏請搢圭跪奉爵官以爵授奉爵酒官以進禮儀使奏請執爵皇帝執爵三奠酒訖以虛爵授奉爵酒官禮儀使奏請執圭興樂止奉爵酒官以爵授奉爵官禮儀使奏請詣隨室並如上儀禮直官先引司徒升自西階立於飲福位之側酌獻將

畢奉胙酌福酒太祝從司徒立於其側酌獻畢侍中亦立於其側禮儀使奏請皇帝詣版位北向立登歌樂作至位樂止中書侍郎跪讀冊訖舉冊官奠訖禮儀使奏請皇帝再拜拜訖禮儀使奏請詣飲福位登歌樂作至位太祝酌福酒於爵時寒預備溫酒以奉侍中侍中受爵奉以立禮儀使奏請搢圭跪侍中以爵北向跪以進禮儀使奏請執爵三祭酒禮儀使奏請飲福飲福訖以虛爵授侍中禮儀使奏請受胙司徒跪以黍稷飯籩進皇帝受以授左右司徒又跪以胙肉進皇帝受以授左右禮儀使請執圭興再拜訖樂止禮儀使前導皇帝還版位登歌樂作至位樂止

太祝各進徹籩豆登歌樂作卒徹樂止奉禮曰賜胙贊皇太子已下在位群官皆再拜贊者承傳皆再拜宮縣作一成止禮儀使奏請皇帝再拜奉禮郎贊皇太子已下在位官皆再拜拜訖禮儀使奏禮畢前導皇帝降阼階登歌樂作至階下樂止宮縣作前導皇帝出東神門樂止繖扇侍衛如常儀禮儀使奏請釋圭殿中監跪受鎮圭至大次轉仗衛於還途如來儀禮官御史帥其屬納神主藏冊如儀少頃通事舍人引侍中奏請中嚴皇帝服通天冠絳紗袍少頃侍中奏外辦俟尚輦進輦侍中奏請降座升輦皇帝升輦繖扇侍衛如常儀至南神門稍東侍中奏請降輦步出廟門皇帝步出廟門至輅侍中奏請升輅皇帝升輅門下侍郎奏請車駕少駐勑侍臣上馬侍臣前承旨退稱曰制可門下侍郎退傳制稱侍臣上馬通事舍人承傳勑侍臣上馬車駕還內鼓吹振作至應天門外百官班迎起居宮縣奏采茨之曲入應天門內侍中奏請降輅乘輦皇帝降輅乘輦以入繖扇侍衛警蹕如常儀皇帝入宮至致齋殿侍中奏解嚴通事舍人承旨勑群臣各還次將士各還本所

皇后恭謝儀皇后既受冊前一日齋戒於別殿內命婦應從入廟者俱齋戒一日其日未明二刻有司陳設儀仗於

后車之左右以次排列外命婦先自太廟後門入內命婦妃嬪已下俱詣殿庭起居訖宣徽使版奏中嚴少頃又奏外辦首飾褘衣御肩輿取便路至車所內侍奏請降輿升車既升車奏請進發車出元德東偏門內命婦妃嬪已下自殿門外上車由左掖門出從至太廟門外儀仗止於門外回車南向內侍奏請降車升輿后降車升輿就東神門外幄次下簾內命婦妃嬪已下降車入就階列位內侍引外命婦詣幄次前起居訖並赴殿庭陪列位少頃宣徽使詣幄次贊行朝謁之禮簾捲宣徽使前導詣殿庭階下西向褥位立宣徽使贊再拜內外命婦皆再拜宣徽使前導

升東階詣始祖皇帝神位香案前褥位宣徽使奏請三上香又奏再拜拜訖宣徽使前導次詣獻祖巳下十室並如上儀宣徽使奏禮畢導歸幄次宣徽使奏請解嚴內外命婦還幕次少頃轉仗還內如來儀外命婦退內侍奏請御輿出至車所奏請升車既升車奏請進發內命婦上車至元德東偏門內侍奏請降車升輿后御輿取便路還內內命婦從入冊禮畢百官上表稱賀并以牋賀中宫

皇太子恭謝儀其日質明東宫應從官各服朝服所司陳鹵簿金輅於左掖門外皇太子服遠游冠朱明衣升輿以出至金輅所降輿升輅左庶子巳下夾侍三師三少乘馬

導從餘官亦皆乘馬以從東行由太廟西階轉至廟不鳴鐃吹至廟西偏門外降輅步進由東偏門入幄次改服袞冕出次執圭自南神東偏門入宫官并太常寺官皆從皇太子入詣殿庭東階之東西向立典儀贊再拜訖升自西階詣始祖神位前北向再拜訖以次詣逐室行禮並如上儀訖降自西階復西向位俟典儀稱禮畢出東神北偏門詣別廟如上儀訖歸幄次改服遠游冠朱明衣出次步至廟門外升輅過廟門鳴鐃而行至左掖門外降輅升輿以入將士各還本所後一日於東宫受群官賀如元正受賀之儀

薦新天德二年命有司議薦新禮依典禮合用時物令太常卿行禮正月鮪明昌間用牛魚無則鯉代二月鴈三月韭以卵以葑四月薦氷五月筍蒲羞以含桃六月彘肉小麥仁七月嘗雛雞以黍羞以瓜八月羞以芡以菱以栗九月嘗粟與稷羞以棗以梨十月嘗麻與稻羞以兔十一月羞以鴈十二月羞以魚從之大定三年有司言每歲太廟五享若復薦新似涉繁數擬遇時享之月以所薦物附於籩豆薦之以合古者祭不欲數之義制可牛魚狀似鱣鮪之類也

功臣配享明昌五年閏十月丙寅以儀同三司代國公歡都銀青光祿大夫冶訶特進劾者開府儀同三司盆納儀

同三司拔達配享世祖廟庭天德二年二月太廟祫享有司擬上配享功臣詔以撒改辭不失斜也杲斡魯阿思魁忠東向配太祖位以粘哥宗翰斡里不宗望闍母婁室銀术可西向配太宗位大定三年十月祫享又以斜也斡魯撒改習失阿思魁配享太祖宗望闍母宗翰婁室銀术哥配享太宗其後次序屢有更易八年上命圖畫功臣於太祖廟有司第祖宗佐命之臣勳績之大小官資之崇卑以次上聞乃定左廡開府金源郡王撒改皇伯太師右副元帥宋王宗望開府金源郡王斡魯皇伯太師梁王宗弼開府金源郡王婁室皇叔祖元帥左都監魯王闍母開府隋

國公阿离合懣儀同三司兗國公劉彥宗右丞相齊國簡
懿公韓企先特進宗人辭不失右廡太師秦王宗翰皇叔
祖遼王杲開府金源郡王習失開府金源郡王完顏希尹
太傅楚王宗雄開府前燕京留守金源郡王完顏銀术哥
開府金源郡王完顏忠金源郡王完顏撒离喝特進宗人
斡魯古右丞相金源郡王紇石烈志寧十六年左廡遷梁
王宗弼於斡魯上十八年黜辭不失而次蒲家奴於阿离
合懣下二十二年增皇伯太師遼王斜也撒改宗幹宗翰
宗望其下以次列至明昌四年次序始定東廊皇叔祖遼
智烈王斜也杲皇伯太師遼忠烈王宗幹斡魯皇伯太師
右副元帥宋桓肅王訛魯補宗望開府儀同三司金源郡
毅武王習失開府儀同三司金源郡貞憲王完顏谷神希
尹太傅楚威敏王謀良虎宗雄開府儀同三司燕京留守
金源郡襄武王完顏銀术可開府儀同三司金源郡明毅
王完顏忠阿思魁金源郡莊襄王杲撒离喝特進宗人斡
里古莊翼特進完顏辭不失威敬太師尚書令淄忠烈王
徒單克寧太師尚書令南陽郡文康王張浩西廊開府儀
同三司金源郡忠毅王撒改太師秦桓忠王粘罕宗翰皇
伯太師梁忠烈王斡出宗弼開府儀同三司金源郡剛烈
王斡魯開府儀同三司金源郡莊義王完顏婁室皇叔祖

元帥左都監魯莊明王闍母開府儀同三司隋國剛憲公
阿离合懣開府儀同三司豫國襄毅公蒲家奴昱開府儀
同三司兗國英敏公劉彥宗右丞相齊國簡懿公韓企先
太保尚書令廣平郡襄簡王李石開府儀同三司右丞相
金源郡武定王紇石烈志寧開府儀同三司左丞相沂國
公僕散忠義儀同三司左丞相崇國公紇石烈良弼右丞
相莘國公石琚右丞相申國公唐括安禮開府儀同三司
平章政事徒單合喜參知政事宗敘每一朝爲一列著爲
令

寶玉凡天子大祀則陳八寶及勝國寶於庭所以示守也
金克遼宋所得寶玉及本朝所製今并載爲獲於遼者玉
寶四金寶二玉寶通天萬歲之璽一受天明命惟德乃昌
之寶一（自方三寸）嗣聖寶一御封不辨印文寶一金寶御前之
寶一書詔之寶一二寶金初用之獲於宋者玉寶十五金
寶七印一金塗銀寶五玉寶受命寶一咸陽所得三寸六
分文曰受命于天既壽永昌相傳爲秦璽白玉盖螭紐傳
國寶一螭紐二玉並碧色鎮國寶一文曰承天休延萬億
永無極又受命寶一文曰受命于天既壽永昌天子之寶
一天子信寶一天子行寶一皇帝之寶一皇帝信寶一皇
帝行寶一皇帝恭膺天命之寶二皆四寸八分螭紐御畫

之寶二一龍紐一螭紐宣和御筆之寶一螭紐金寶并印
天下同文之寶一龍紐御前之寶二御書之寶一宣和殿
寶一皇后之寶一皇太子寶一龜紐皇太子妃印一龜紐
金塗銀寶皇帝欽崇國祀之寶一天下合同之寶一御前
之寶一御前錫賜之寶一書詔之寶一外有宋內府圖書
印三十八內府圖書之印一御書三御筆一御畫一御書王寶一天子萬年一天子萬壽一龜龍上珍一河洛元瑞二雲漢之章一奎璧之文一華國之瑞一大觀中秘一大觀寶纂一政和一宣和三宣和御覽一宣和中秘一宣和殿制一宣和大寶一宣和書寶二宣和畫寶一常樂未央一古文二封四共二十五面並玉封字一御畫一二面並馬瑙政和御筆一係水晶玄圭一白玉圭一十九()本朝所製國
初就用遼寶皇統五年始鑄金御前之寶一書詔之寶一

大定十八年得美玉詔作大金受命萬世之寶其制徑四
寸八分厚寸四分盤龍紐高厚各四寸六分二十三年又
鑄宣命之寶其徑四寸二厘厚一寸四分紐高一寸九分
字深二分勅有司議所當用奏今所收八寶及皇統五年
造御前之寶賜宋國書及常例奏目則用之書詔之寶賜
高麗夏國詔并頒詔則用之大定十八年造大金受命萬
世之寶奉勅再議今所鑄金寶宜以進呈爲妣一品及王
公妣用玉寶二品以下用金宣命之寶又有禮信之寶用
銅歲賜三國禮物緘封用之明昌間更以銀又有太皇太
后皇太后皇后皇太妣寶又有皇太子及守國寶皆用金

大定二十四年皇太子寶金鑄龜紐有司定其文曰監國
上命以守易監比親王印廣長各加一分
雜儀大定三年八月有司議祫享犧牲品物按唐開元禮
宋開寶禮每室犢一羊一猪一五禮新儀每室復加魚十
有五尾天德貞元例與唐宋同有司行事則不用太牢七
祀功臣羊各二酒共二百一十缾正隆減定通用犢一兩
室共用羊一豕一酒百缾此於禮有闕今七祀功臣牲酒
請依天德制宗廟每室則用宋制加魚然每室一犢復恐
太豐世宗乃命每祭共用一犢羊豕如舊又以九月五日
祫享當用鹿肉五十斤獐肉三十五斤兔十四頭爲臡醢

以貞元正隆時方禁獵皆以羊代此禮殊爲未備詔從古
制十年正月詔宰臣曰古禮殺牛以祭後世有更者否其
檢討典故以聞有司謂自周以來下逮唐宋祫享無不用
牛者唐開元禮時享每室各用太牢一至天寶六年始減
牛數太廟每享用一犢宋政和五禮新儀時享太廟親祀
用牛有司行事則不用宋開寶二年詔昊天上帝皇地祇
用犢餘大祀皆以羊豕代之合二羊五豕足代一犢今三
年一祫乃爲親祠其禮至重每室一犢恐難省減遂命時
享與祭社稷如舊若親祠宗廟則共用一犢有司行事則
不用十二年十月祫享以攝官行事部共用三犢二十二

年十月詔祫禘共用三犢有司行事則以鹿代昭德皇后廟大定十九年禘祭不用犢

大定二十九年章宗即位禮官言自大定二十七年十月祫享至今年正月世宗升遐故四月不行禘禮按公羊傳閔公二年吉禘于莊公言吉者未可以吉謂未三年也注謂禘祫從先君數朝聘從今君數三年喪畢遇禘則禘遇祫則祫故事宜於辛亥歲爲大祥三月禫祭踰月則吉則四月一日爲初吉適當孟夏禘祭之時可爲親祠詔從之及期以孝懿皇后崩而止五月禮官言世宗升祔已三年尚未合食於祖宗若來冬遂行祫禮伏爲皇帝見居心喪

喪中之吉春秋譏其速恐冬祫未可行然周禮王有哀慘則春官攝事竊以世宗及孝懿皇后升祔以來未曾躬謁豈可令有司先攝事哉況前代令攝事者止施于常祀今乞依故事三年喪畢祫則祫禘則禘於明昌四年四月一日釋心喪行禘禮上從之明昌三年十二月尚書省奏明年親禘室當用犢一欽懷皇后祔于明德之廟按大定三年祫享明德皇后室未嘗用犢勅欽懷皇后亦用之上因問拜數右丞瑋具對上曰世宗聖壽高故殺其數亦不立於位今當從禮而已大定六年定晨祼行禮自大次至板位先見神之禮兩拜再至板位又兩拜祼鬯畢還板位再兩拜還小次酌獻時盥洗位盥訖至板位先兩拜酌獻畢還板位再兩拜上將始祖祝冊於板位西南安置讀冊訖又兩拜還小次又至飲福位升兩拜飲畢兩拜九十六拜

貞祐二年命參知政事李革爲修太廟使七月吉日親行祔享有司以故事用皇帝時享儀初至板位兩拜晨祼及酌獻則每位三拜飲福五拜總七十九拜今升祔則徧及祧廟五室則爲一百九拜也明昌間嘗減每位酌獻奠爵後一拜則爲九十二拜而已然大定六年世宗嘗令禮官通減爲十六拜又皇帝當散齋四日于別殿致齋三日于大慶殿今國事方殷宜權散齋二日致齋一日上曰拜數

從大定例餘准奏禮部尚書張行簡言近奉詔從世宗十六拜之禮臣與太常參定儀注竊有疑焉謹按唐宋親祠典禮皆有通拜及隨位拜禮世宗大定三年親行奉安之禮亦通七拜每室各五拜合七十二拜逮六年禘始勅有司減爲十六拜仍存七十二拜之儀其意亦可見矣蓋初年享禮以備故後從權更定通拜今陛下初廟見奉安而遽從此制是於隨室神位並無拜禮此臣之所疑一也大定間十有二室始從十六拜猶可今十有七室而拜數反不及之此臣之所疑二也況六年所定儀注惟於皇帝板位前讀始祖一室祝冊夫祭有祝辭本告神明今諸祝冊

各書帝后尊謚及高曾祖考世次不一皇帝所自稱亦自不同而乃止讀一冊餘皆虛設恐於禮未安此臣之所疑三也先王之禮順時施宜不可多寡惟稱而已今近年禮官酌古今別定四十四拜之禮初見神二拜晨祼通四拜隨室酌獻讀祝畢兩拜飲福四拜似爲得中上從之乃定祔享如時享十二室之儀又以祧廟五主始祖室不能容止於室戶外東西一列以西爲上神主闕者以升祔前三日廟內敬造以享日丑前題寫畢以次奉陞十月己未親王百官自明俊殿奉迎祖宗神主于太廟幄次辛酉行禮用四十四拜之儀無宮縣樂犧牲從儉十七室用犢三羊

豕九而已以皇太子爲亞獻濮王守純爲終獻皇帝權服靴袍行禮日服袞冕皇太子以下公服無鹵簿儀仗禮畢乘馬還宮

志第十二

志第十三　金史三十二

開府儀同三司上柱國錄軍國重事前中書右丞相監修國史領經筵事都總裁臣脫脫奉

勑修

禮五 上尊謚

天會三年六月諳班勃極烈杲等表請追冊先大聖皇帝十二月二十五日奉玉冊玉寶恭上尊謚曰大聖武元皇帝廟號太祖天會十三年三月七日遣攝太尉皇叔祖大司空昱奉玉冊玉寶上尊謚曰文烈皇帝廟號太宗九月追謚皇考曰景宣皇帝廟號徽宗十四年八月庚戌文武百僚太師宗磐等上議曰國家肇造區夏四征弗庭太祖武元皇帝受命撥亂光啓大業太宗文烈皇帝繼志卒伐奮張皇威原其積德累功所由來者遠矣且禮多爲貴固

前籍之美談德厚流光實本朝之先務伏惟皇九代祖廟君人之量挺御世之姿虞舜生馮遷於負夏太王避狄邑此岐山聖姥來歸天原肇發皇八代祖皇七代祖承家襲慶裕後垂芳不求赫赫之名終大振振之族皇六代祖徙居得吉播種是勤去暴露獲棟宇之安釋負載與車輿之利皇五代祖孛董雄姿邁世美略濟時成百里日辟之功戎車既飾著五教在寬之訓人紀肇修皇高祖太師質自天成德爲民望兼精騎射往無不摧始置官師歸者蓋衆

皇曾祖太師威稜震遠機警絶人雅善運籌未嘗矜甲臨
敵愈奮應變若神皇曾叔祖太師機獨運心公無私物四
方猶動諸部歸懷德威兩隆風俗大定皇伯祖太師友于
盡愛國爾惟忠謀必罔愆舉無不濟累代祖妣婦道警戒
王業艱難俱殫内助之勞寔著始基之漸是宜采群臣之
僉議酌故事以遵行欵帝于郊稱天以誄謹按謚法布義
行剛曰景主義行德曰元保民耆艾曰明温柔聖善曰懿
請上皇九代祖尊謚曰景元皇帝廟號始祖妣曰明懿皇
后中和純備曰德道德純一曰思請上皇八代祖尊謚曰
德皇帝妣曰思皇后好和不爭曰安好廉自克曰節請上

皇七代祖尊謚曰安皇帝妣曰節皇后安民治古曰定明
德有勞曰昭尊賢讓善曰恭柔德好衆曰靖請上皇六代
祖尊謚曰定昭皇帝廟號獻祖妣曰恭靖皇后愛民立政
曰成辟土有德曰襄強毅執正曰威慈仁和民曰順請上
皇五代祖字堇尊謚曰成襄皇帝廟號昭祖妣曰威順皇
后愛民好與曰惠辟土兼國曰桓明德有勞曰昭執心決
斷曰肅請上皇高祖太師尊謚曰惠桓皇帝廟號景祖妣
曰昭肅皇后大而化之曰聖剛德克就曰肅思慮深遠曰
翼一德不懈曰簡請上皇曾祖太師尊謚曰聖肅皇帝廟
號世祖妣曰翼簡皇后申情見貌曰穆博聞多能曰憲柔

德好衆曰靜聖善周聞曰宣請上皇曾叔祖太師尊謚曰
穆憲皇帝廟號肅宗妣曰靜宣皇后慈愛忘勞曰孝執事
有制曰平清白守節曰貞愛民好與曰惠請上皇曾叔祖
太師尊謚曰孝平皇帝廟號穆宗妣曰貞惠皇后愛民長
悌曰恭一德不懈曰簡夙夜共事曰敬小心畏忌曰僖請
上皇伯祖太師尊謚曰恭簡皇帝廟號康宗妣曰敬僖皇
后仍請以始祖景元皇帝景祖惠桓皇帝世祖聖肅皇帝
太祖武元皇帝太宗文烈皇帝爲永永不祧之廟須廟室
告成涓日備物奉上寶冊藏于天府施之罔極丙辰奉上
九代祖妣尊謚廟號是日百僚上表稱賀皇統五年增上

太祖尊謚禮官議自古辨祀以南北郊太社太稷太廟爲
序若太廟神主造畢即合題尊謚擇日奉安恐在郊社之
前於禮未倫候築郊兆畢擇日奏告昊天上帝皇地祇次
奉安社稷神主及奏告其次恭造太廟神主題號奉安入
室以此爲序元奉勑旨候到上京行禮不見元奏目内有
無指定候修建太廟奉安神主以後行禮或只於慶元宮
奉上謚號若候奉安太廟神主禮畢方奉上謚號冊寶即
百官並合法服兼於皇帝所御殿合立黄麾仗及殿中省
細仗太廟殿前亦合立黄麾仗其冊寶在路亦合量設儀
仗若太廟未奉安只於慶元宮上冊寶即行事及立班官

並用常服及依例量用大小旗甲騎門仗官供奉官引從冊寶綵服若奉安後發冊即御服通天冠絳紗袍若只就慶元宮即幞頭紅袍并慶元宮上冊寶即將來題太廟本室神主便可用新謚若於太廟先奉安神主即先題舊謚及至就本室上冊寶又須改題新謚有兩節不同五月九日擬奏告於太廟上冊寶籥應法物樂舞難辦只於慶元宮上冊寶從之十月三日奉上尊冊寶儀前期有司供張辰居殿神御床案少府監鈞盾署設燎薪于殿庭西南掘坎於其側儀鸞司設小次于辰居殿下東廂又設冊寶幄殿于景暉門外東仗舍殿前司宣徽院量差甲騎大小旗

鼓門仗官香輿自製造冊寶所迎奉冊寶奉安于幄殿行事官製造官皆騎馬引從門下中書侍郎在前侍中中書令在後大禮使又在其後舉捧奉冊寶官製造官分左右夾侍以北爲上皆給人從錦帽衫帶是日未明翰林使太官令丞鋪設香案酒果供具牲體膳羞於神御前儀鸞司設皇帝拜褥四一在阼階上面西一在香案南面北一在殿上東欄子內西面一在燎薪之東面西設黃道自小次至阼階褥位質明有司備常行儀仗駕頭扇筤常朝官常服騎馬執鞭前導以北爲上造冊寶官排辦官勾官常服於慶元宮門外立班迎駕再拜皇帝自宮中服靴袍御馬

至景暉門外下馬步入小次少頃御史臺催班大禮使行事官自幄殿奉冊寶入正門置于辰居殿西階下大禮使歸押班位閤門使奏班齊太常卿奏請皇帝行奉上冊寶之禮宣徽使太常卿分引前導皇帝由黃道升阼階上面西褥位立贊請再拜閤門使臚傳在位官皆再拜乃引皇帝由殿上正門入殿於香案前褥位再拜上香又再拜退稍東於欄子內面西褥位立定儀鸞司徹香案前拜褥設冊寶褥位於香案南舉冊舁冊官取冊匣子床對捧由西階升中書侍郎分左右前導奉冊中書令讀冊中書令並後從候於褥位置定奉冊中書令於褥位南再拜退就殿

階上西南柱外面東立讀冊官中書令稍前再拜舁冊官取匣蓋下寘于西階下冊床舉冊官對舉冊讀冊官中書令一拜起跪搢笏讀冊文曰孝孫嗣皇帝臣某謹拜手稽首奉玉冊玉寶恭上尊謚曰應乾興運昭德定功睿神莊孝仁明大聖武元皇帝讀冊畢就拜興又再拜退立于奉冊中書令之次奉冊官進與中書侍郎舉冊舁冊官奉冊匣由西階下引從如上儀復置于冊床置定舉寶官以寶盝進至侍中讀畢由西階下復置于床皆如冊匣之儀有司徹冊寶褥位復設香案南拜褥宣徽使太常卿導皇帝進就褥位再拜上香奠酒樂作三酹酒樂止太祝讀祝

文訖皇帝再拜復歸阼階褥位立定大禮使升殿於香案
南宣徽使跪授福酒臺盞行至皇帝阼階褥位前宣徽使
贊皇帝再拜飲福闔門臚傳賜胙再拜應在位官皆再拜
大禮使跪以酒盞進授皇帝樂作飲訖又再拜大禮使受
酒盞復以授宣徽使訖由西階下歸押班位太祝奉祝版
翰林使酌酒太官令丞量取牲羞自西階下置于燎薪之
上文武班皆回班向燎所立禮官贊請皇帝就望燎位宣
徽使取酒盞臺于翰林使以進授皇帝皇帝酹酒于燎薪
之上執事者舉燎半燎瘞于坎宣徽使贊皇帝再拜閤門
喝百官皆再拜太常卿宣徽使前導皇帝歸小次即御座
簾降太常卿俛伏興跪奏太常卿臣某言禮畢百官皆卷
班西出大禮使以下奉冊寶床納于慶元宮收掌去跪皇
帝進膳于別殿侍食官取旨有司轉仗由來路皇帝便服
還內教坊作樂前導次日大禮使率百官稱賀是歲閏十
一月增上祖宗尊謚始祖景元皇帝曰懿憲景元皇帝德
皇帝曰淵穆玄德皇帝安皇帝曰和靖慶安皇帝獻祖定
昭皇帝曰純烈定昭皇帝昭祖成襄皇帝曰武惠成襄皇
帝景祖惠桓皇帝曰英烈惠桓皇帝世祖聖肅皇帝曰神
武聖肅皇帝肅宗穆憲皇帝曰明睿穆憲皇帝穆宗孝平
皇帝曰章順孝平皇帝康宗恭簡皇帝曰獻敏恭簡皇帝

太宗文烈皇帝曰體元應運世德昭功哲惠仁聖文烈皇
帝徽宗景宣皇帝曰允恭克讓孝德玄功佑聖景宣皇帝
已上廟號如故十二月一日奏告如儀大定三年增上睿
宗尊謚先是元年十一月十六日追冊皇考曰簡肅皇帝
廟號睿宗皇妣蒲察氏欽慈皇后皇妣李氏貞懿皇后二
年八月一日有司奏祖宗謚號或十六字或十四字或十
二字即今睿宗皇帝更合增上尊謚於升祔前奉冊寶制
可十七日左平章元宜等奏請增上尊謚曰睿宗立德顯
仁啓聖廣運文武簡肅皇帝有司奏睿宗皇帝未經升祔
合無於衍慶宮聖武殿設神御床案奉旨崇聖閣借設正
位又奏皇帝親授冊寶太尉行事制可九月二十二日奏
告太廟二十八日大安殿置大樂閱習前一日自衍慶宮
奉迎冊寶於大安殿安置授冊日未明三刻有司各勤所
部整肅儀衛群臣集于殿門行事官各法服陪位官公服
皇帝自宮中常服乘輿侍衛如儀赴大安殿後更衣幄次
御史臺催班通事舍人引太尉及群臣就位侍中跪奏中
嚴少頃又跪奏外辦皇帝服通天冠絳紗袍出太常卿跪
奏稱太常卿臣某言請皇帝行奉上冊寶之禮奏訖俛伏
興宣徽使分左右前導皇帝步詣冊寶幄次將至幄次登
歌樂作至幄次前北向宣徽使贊拜皇帝再拜典儀贊在

位官再拜拜訖奏請皇帝搢圭三上香訖執圭奏請皇帝再拜與儀贊在位官再拜訖各分班東西序立奏請皇帝詣褥東褥位樂止中書令中書侍郎奉引冊侍中門下侍郎奉引寶行登歌樂作宣徽使贊導皇帝隨冊寶降自西階登歌樂止宮縣樂作至大安殿下當中褥位中書令侍中奉冊寶於皇帝褥位之西樂止宣徽使奏請皇帝再拜典儀贊在位官皆再拜拜訖中書令搢笏奉冊匣宮縣樂作至皇帝褥位前俛伏跪奉置訖執笏俛伏興退稍西立東向太常博士引太尉至褥位北向立宣徽使奏皇帝搢圭跪捧冊授太尉搢笏跪受訖執笏少東立宣徽使奏請

執圭俛伏興揖冊官捧冊匣中書侍郎奉冊匣置於冊床樂止侍中搢笏奉寶盝宮縣樂作至皇帝褥位前俛伏跪奉置訖執笏俛伏興退稍西立東向太常博士引太尉至褥位北向立宣徽使奏皇帝搢圭跪捧寶盝授太尉太尉搢笏跪受訖執笏少東立宣徽使奏請執圭俛伏興揖寶官捧寶盝門下侍郎奉置於寶床樂止宣徽使奏皇帝再拜典儀贊在位官再拜皇帝南向立宮縣樂作太常博士引太尉奉冊寶出主節者持節前導冊床在前寶床次之樂止中書門下侍郎各導於冊寶之前太尉居其後至大安門外太尉以次跪奉冊寶於玉輅中中書侍郎於輅旁夾侍所司迎衛如式太尉奉冊寶訖步出通天門外革車用本品鹵簿導從如儀鼓吹不振作俟冊寶出大安門太常卿跪奏稱太常卿臣某言禮畢奏訖俛伏興前導皇帝升自東階登歌樂作還大安殿後幄次樂止侍中跪奏解嚴乘輿還內侍衛如來儀十月一日攝太尉特進平章政事兼太子太師定國公臣完顏宗憲率百官赴衍慶宮行禮前一日設冊寶幄次於聖武殿門外西向其日質明太常寺官率所屬於聖武殿設神御床案宣徽院排備茶酒菓時饌茶食香花等並如太祖皇帝忌辰供備之數大樂署設登歌之樂於殿上前楹間稍南北向迎衛冊寶至衍

慶宮門外中書門下侍郎各奉冊寶降輅各置於床太尉至門外降車率中書令以下導從赴聖武殿門外幄次奉安如式其儀仗兵士並退次引文武百官各服其服以次就位大樂令率工人就位禮直官亦先就位應執事者並先入殿庭北向立禮直官贊再拜訖升殿次引太尉就東階下褥位西向立禮直官贊拜在位官俱再拜禮直官曰有司謹具請行事禮直官贊拜在位官俱再拜訖引太尉詣盥洗盥手升殿詣神座前搢笏跪三上香樂作奠茶奠酒訖執笏俛伏興樂止太尉再拜訖還位少立次引太尉出率中書門下侍郎等奉寶床入自殿門中書令侍中等

並導從登歌樂作冊寶床至殿庭列於西階之下承以席褥樂止太尉以下各就面北褥位立定禮直官贊拜在位官俱再拜訖太尉率中書令侍郎奉冊匣升殿登歌樂作至殿上冊匣置於食案之前仍設褥位樂止次引太尉詣神位前俛伏跪稱攝太尉臣某言謹上加尊謚冊寶奏訖俛伏興稍西立次引中書令立於冊匣南舉冊官舉冊中書令俛伏跪讀冊訖俛伏興中書令奉冊匣降自西階置于床登歌樂作置訖樂止次引侍中門下侍郎奉寶盝升殿樂作置于食案之前仍設褥位樂止舉寶官舉寶盝侍中俛伏跪讀寶訖俛伏興侍中奉寶盝降自西階置于床

登歌樂作置訖樂止太尉詣殿門外褥位再拜訖太尉而下俱降階以次就位禮直官贊拜在位官皆再拜訖以次出寺官署官率拱衛直擡冊寶床置于冊寶殿各退次日百官稱賀如常儀

大定十九年奉上孝成皇帝謚號元年十一月十六日詔曰前君乃太祖之長孫受太宗之遺命嗣膺神器十有五年垂拱仰成委任勳戚廢齊國以省徭賦柔宋人而息兵戈世格泰和俗躋仁壽混車書於南北一尉候於東西晚雖滛刑幾於恣意寬施弟后戮及良工虐不及民事猶可諫過之至此古或有焉右丞相岐國王亮不務弼諧反行篡弒妄加黜廢抑損徽稱違近傷嗟神人憤怒天方悔禍朕乃繼興受天下之樂推居域中之有大將撥亂而反正務在革非期事亡以如存聿思盡禮宜上謚號曰閔宗武靈皇帝十八年有司言本朝祖宗尊謚或十八字或十四字或十二字或四字今擬增上閔宗尊謚曰弘基纘武莊靖孝成皇帝仍加謚悼皇后曰悼平皇后又言大定三年追尊睿宗皇帝禮儀大安殿前立黃麾仗一千人應天門外行仗二千人皇帝服通天冠絳紗袍隨冊寶降自西階搢圭跪捧冊寶授太尉今擬大安殿行禮及依唐周典故降階捧冊寶授太尉所有冠冕儀仗擬依已行禮例上命

儀仗人數約量減之餘略同前儀明年四月十日奉上冊寶升祔太廟二十六年勑再議閔宗廟號禮官擬上襄威敬定桓烈熙七字奉旨用熙字乃以明年四月一日遣官奏告太廟及閔宗本室易新廟號

大定二十九年四月乙丑謚大行皇帝曰光天興運文德武功聖明仁孝皇帝廟號世宗五月丙午以祔廟禮成大赦

大定二十九年五月甲午上皇考尊謚曰體道弘仁英文睿德光孝皇帝廟號顯宗

大安元年二月丁卯謚大行皇帝曰憲天光運仁文義武

神聖英孝皇帝廟號章宗

正大元年正月戊戌謚大行皇帝曰繼天興統述道勤仁英武聖孝皇帝廟號宣宗

志第十三

志第十四　金史三十三

開府儀同三司上柱國錄軍國重事前中書右丞相監修國史領經筵事都總裁臣脫脫奉

勑修

禮六 原廟 朝拜儀 朝謁儀 別廟

太宗天會二年立大聖皇帝廟于西京熙宗天眷二年九月又以上京慶元宮爲太祖皇帝原廟皇統七年有司奏慶元宮門舊曰景暉殿曰辰居似非廟中之名今宜改殿名曰世德是歲東京御容殿成世宗大定二年十二月詔以會寧府國家興王之地宜就慶元宮址建正殿九間仍其舊號以時薦享海陵天德四年有司言燕京興建太廟復立原廟三代以前無原廟制至漢惠帝始置廟於長安渭北薦以時果其後又置於豐沛不聞享薦之禮今兩都告享宜止於燕京所建原廟行事於是名其宮曰衍慶殿曰聖武門曰崇聖

大定二年以睿宗御容奉遷衍慶宮五年會寧府太祖廟成有司言宜以御容安置先是衍慶宮藏太祖御容十有二法服一立容一戎衣一佩弓矢一坐容二巾服一舊在會寧府安置半身容二春衣容一巾而衣紅者二舊在中都御容殿安置今皆在此詔以便服容一遣官奉安擇日啓行前一日夙與告廟用酒饌差奏告官一員以所差使

亢進請御署祝板其日質明有司設龍車於衍慶宮門外少西東向宰執率百官公服詣本宮殿下班立再拜班首升殿跪上香奠酒教坊樂作少退再拜班首降階復位陪位官皆再拜奉送使副率太祝捧御容匣出宰執以下分左右前導出衍慶宮門外俟御容匣升車百官上馬後從旗幟甲馬錦衣人等分左右導香輿扇等前行至都門郊外俟御容車少駐導從官下馬車前立班再拜奉送使副側侍不拜班首詣香輿跪上香俛伏興還班再拜辭訖退使副遂行每程到館或廨舍內安駐其道路儀衛紅羅傘一龍車一其制以青布爲亭子狀安車上駕以牛又用馳

五旗鼓共五十擗香輿一十人導從六十人執扇八人兵士百人護衛二十人以宗室猛安謀克子孫充所過州縣官屬公服出郭香果奉迎再拜班首上香奠酒又再拜送至郊外再拜乃退至會寧府官屬備香輿奉迎如上儀東馬從至廟門外下馬分左右導引使副率太祝四員捧御容入廟於中門外東壁幄次內奉置定再拜訖退擇日奉安至日質明差去官與本府官及建廟官等並公服詣幄次前排立先再拜跪上香樂作奠酒訖又再拜太祝捧御容衆官前導引至殿下排立御容升殿奉安訖再拜班首升殿跪上香讀祝奠酒樂作少退再拜訖班首降階復位

同執事官再拜訖退十五年二月有司言東京開覺寺藏睿宗皇帝皁衣展裹真容勑遷本京祖廟奉祀仍易袍色明年四月詔依奉安睿宗禮奉安世祖御容於衍慶宮前期有司備香案酒果教坊樂至日質明親王宰執率百官公服迎引至衍慶宮凡用甲騎百人傘二人扇十二人香輿八人綵輿十六人從者二十四人執事官二人弩手控鶴各五十人贊者二人禮直官二人六品以下官三十員公服乘馬前導奉安訖百官再拜禮畢退立宮門之外迎駕朝謁十六年正月有司奏奉勑議世祖皇帝御容當於何處安置臣等參詳衍慶宮即漢之原廟每遇太祖皇帝

忌辰百官朝拜今世祖皇帝擇地修建殿位庶可副嚴奉之意從之乃勑於聖武殿東西興建世祖太宗睿宗殿位既而復欲擇地建太宗殿于歸仁館有司言山陵太祖太宗睿宗共一兆域太廟世祖太祖太宗睿宗亦同堂異室今於歸仁館興建太宗殿位似與山陵太廟之制不同詔從前議止於衍慶宮各建殿七間閣五間三門五間乃定世祖殿曰廣德閣曰燕昌太宗殿曰丕承閣曰光昭睿宗殿曰天興閣曰景福十九年五月六日奏告七日奉安執事禮官二人每位香案一祭器席一拜褥二盥洗一大勺篚巾全前一日太廟令率其屬掃除宮內外又各設神座

於殿上又設親王宰執以下百官拜位於殿庭又設盥洗位于東階下執罍篚者位于其後又於神位前各設北向拜褥位并各設香案香爐匙合香酒花果器皿物等依前來例又於聖武殿上設香案爐匙合香等又於殿下各設腰輿一舁士一十六人傘子各二人執扇各十二人導從弩手各三十人前一日清齋親王於本府百官於其第行禮官執事人等習儀就祠所清齋其日質明禮官率太廟署官等詣崇聖閣奉世祖御容每匣用內侍二人太祝一員禮官署官前導置於聖武殿神座禮直官引親王宰執百官公服於殿庭班立七品以下班于殿門之外贊者曰

拜在位官皆再拜禮直官引班首詣罍洗盥手訖升殿詣神座前跪上香訖少退再拜禮直官引班首降殿復位贊者曰拜在位官皆再拜訖禮官導世祖御容升腰輿儀衛依次序導從至廣德殿百官後從至庭下班位立禮官率太廟署官就腰輿內捧御容於殿上正面奉安訖百官於階下六品已下官於殿門外立班贊者曰再拜在位官皆再拜禮直官引班首詣盥洗盥手訖升殿執事官等從升詣御容前跪上香奠酒教坊樂作少退再拜訖樂止禮直官引班首降殿復位贊者曰拜在位官皆再拜訖禮官率太廟署官詣崇聖閣太祝內侍捧太宗御容禮官導太宗

御容於聖武殿行禮畢以次奉安於丕承殿行禮並如上儀次睿宗御容奉安於天慶殿禮亦如之俟奉安禮畢百官退二十一年閏三月奉旨昭祖景祖奉安燕昌閣上肅宗穆宗康宗奉安閣下明肅皇帝奉安崇聖閣下每位設黃羅幕一黃羅明金柱衣二紫羅地褥一龍牀一踏牀二衣全前期奏告四月一日奉安五日親祀是年五月遷聖安寺睿宗皇帝御容于衍慶宮皇太子親王宰執奉迎安置

朝謁儀大定十六年四月十九日奉安世祖御容行朝謁之禮皇帝前一日齋於內殿皇太子齋於本宮親王齋於本府百官齋於其第太廟令率其屬於衍慶宮內外掃除

設親王百官拜位於殿庭又設皇太子拜褥於親王百官位前宣徽院率其屬於聖武門外之東設西向御幄靈星門東設皇太子幄次其日有司列仗衛于應天門俟奉安御容訖有司於殿上并神御前設北向拜褥位安置香爐香案并香酒器物等皇太子比至車駕進發已前公服乘馬本官屬導從至衍慶宮門西下馬步入幄次親王百官於衍慶宮門外西向立班俟車駕將至典贊儀引皇太子出幄次於親王百官班前奉迎導駕官五品六品七品職官內差四十員於應天門外道南立班以俟皇帝服靴袍乘輦從官繖扇侍衛如常儀勅旨用大安輦儀仗一千人

出應天門閤門通喝導駕官再拜訖閤門傳勑導駕官上馬分左右前導至廟門外西偏下馬車駕至衍慶宮門外稍西降輦左右宣徽使前導皇帝步入御幄簾降閤門先引親王宰執四品已上執事官由東西偏門入至殿庭分東西班相向立典贊儀引皇太子入立於褥位之西東向進香進酒等執事官並升階於殿上分東西向以次立宣徽使跪奏請皇帝行朝謁之禮簾捲皇帝出幄宣徽使前導至殿上褥位北向立典贊儀引皇太子就褥位閤門引親王宰執四品已上職事官回班並北向立令中間歇空不礙奏樂五品以下聖武門外八品以下宮門外陪拜奏

請並宣徽使皇帝再拜教坊樂作皇太子已下群官皆再拜請皇帝詣神御前褥位北向立又請皇帝再拜皇太子已下群官皆再拜請皇帝跪三上香三奠酒俛伏興又請皇帝再拜皇太子已下群官皆再拜訖皇帝復位又請皇帝再拜皇太子已下群官皆再拜宣徽使奏禮畢已上擬八拜宣徽院奏過依舊例十二拜典贊儀引皇太子復立於褥位之西東向閤門引親王宰執以下群官東西相向立先引五品已下官出宣徽使前導皇帝還御幄簾降典贊儀引皇太子閤門分引殿庭百官以次出宣徽使跪奏請皇帝還宮簾捲步出廟門外升輦還宮如來儀十九年奉安禮同

朝拜儀初太祖忌辰皇帝至褥位立再拜稍東西向詣香案前又再拜上香訖復位又再拜進食奠茶辭神皆再拜而退二十一年五月十二日睿宗忌辰有司更定儀禮前一日宣徽院設御幄于天興殿門外稍西至日質明皇太子親王百官具公服于衍慶宮門外立班奉迎皇帝乘馬至衍慶宮門外下馬二宣徽前導步入宮門稍東皇帝乘輦繖扇侍衛如常儀至天興殿門外稍西皇帝降輦入幄次簾降典贊儀引皇太子閤門引親王宰執四品已上官由偏門入至于殿庭左右分班立定二宣徽使導皇帝由

天興門正門入自東階升殿詣褥位立定皇太子已下官合班五品以下班于殿門外宣徽使奏請皇帝先再拜請詣侍神位立俟有司置香案酒卓訖請詣褥位又再拜三上香奠酒復位再拜已上皇太子已下皆陪拜再奏請詣稍東侍神位立典贊儀引皇太子升殿赴褥位先兩拜奠酒再兩拜降復褥位次閤門引終獻官趙王上殿行禮宣徽使奏請皇帝詣褥位再兩拜皇太子已下官皆再拜禮畢百官依前分班立皇帝出殿門外入幄次簾降更衣引皇太子已下官出宮門外立班皇帝乘輦至宮門稍東降輦步出宮門外上馬還宮導從侍衛如來儀皇太子已下

官僕車駕行然後退大定五年奉旨太祖忌辰衍慶宮薦享止用素食諸京凡御容所在皆同又朔望皆行朝拜禮六年有司奏太祖皇帝忌辰車駕親奠百官陪拜今車駕巡幸合以宰臣爲班首率百官詣衍慶宮行禮從之十六年奉旨世祖太宗忌辰一體奉奠十八年八月太祖忌辰世祖太宗同在一處致祭有司言歷代無一聖忌辰列聖預祭之典擬議間勅遣太子一位行禮并就祭功臣二十六年以内外祖廟不同定擬太廟毎歲五享山陵朔望忌辰及節辰祭奠並依前代典故外衍慶宮自來車駕行幸遇祖宗忌辰百官行禮并諸京祖廟節辰忌辰朔望拜奠

雖無典故參酌恐合依舊以盡崇奉之意從之

別廟大定二年有司擬奏閔宗無嗣合別立廟有司以時祭享不稱宗以武靈爲廟號又奏唐立別廟不必專在太廟垣内今武靈皇帝旣不稱宗又不與祫享共廟擬於太廟東墉外隙地建立從之十四年廟成以武靈後謚孝成又謂之孝成廟十五年三月戊申奉安武靈皇帝及悼皇后前期一日奏告太廟十一室及昭德皇后廟餘如昭德過廟之儀四月十七日夏享太廟同時行禮命判宗正英王爽攝太尉充初獻官兵部尚書讓攝司徒差大理卿天錫攝太常卿充亞獻大興少尹高居中攝光祿卿充終獻

自是歲常五享十七年十月祫享太廟檢討唐禮孝敬皇帝廟時享用廟舞宮縣登歌讓皇帝廟至禘祫月一祭只用登歌其禮制損益不同今武靈皇帝廟庭與太廟地步不同難以容設宮縣樂舞并樂器亦是闕少看詳恐合依唐讓皇帝祫享典故樂用登歌所有牲牢樽俎同太廟一室行禮及契勘得自來祫享遇親祠每室一犢攝官行禮共用三犢今添武靈皇帝別廟行禮合無依已奏定共用三犢或增添牛數奏奉勅旨太廟別廟共用三犢武靈皇帝廟樂用登歌差官奏告並准奏大定十九年四月升祔太廟其舊廟遂毀

昭德皇后廟大定二年有司援唐典昭德皇后合立別廟擬於太廟内垣東北起建從之三年十月七日太廟祫享升祔睿宗皇帝并昭德皇后神主同時制造題寫奉詣殿庭謁畢祔於祖姑欽仁皇后之左享祀畢奉主還本廟十二月二十一日臘享禮官言唐禮別廟薦享皆準太廟一室之儀伏恐今廟享畢已過質明請別差官攝祭制可後以殿制小又於太廟之東別建一位十二年八月廟成正殿三間東西各空半間以兩間爲室從西一間西壁上安置祏室廟置一便門與太廟相通仍以舊殿爲册寳殿祏室奏毀十三年六月二十一日奏告太廟祭告別廟二十

三日奉安用前祫享過廟儀有司言當用鹵簿以廟相去不遠參酌擬用清道二人次團扇二人次職掌八人次衙官二十六人爲十三重供奉官充次腰輿輿士一十六人傘子二人次團扇十四爲七重方扇四次排列職掌六人燭籠十對輦官並錦襖盤裹仍令皇太子率百官行禮前一日行事執事官就祠所清齋一宿仍習儀執事者眡醴饌太廟令帥其屬掃除廟之內外禮直官設皇太子西向位執事官位皇太子後近南西向各依品從立監察殿西階下東向立及親王百官位於廟庭北向西上又設祝案於神位之右設尊彝之位於左各加勺冪坫又設祭器皆

藉以席左一籩實以鹿脯右一豆實以鹿臡又設盥洗爵洗位于橫街之南稍東罍在洗東加勺篚在洗西南肆實以巾執罍篚者位于其後太廟令又設神位於室內北墉下當户南向設直几一黼扆一莞席一繅席一次席二紫綾厚褥一紫綾蒙褥一并幄帳等諸物並如舊廟之儀又設望燎位于西神門外之北設燎柴于位之北預掘瘞坎于燎所所司陳儀衛於舊廟門之外奉安日未明二刻所司進方扇燭籠於舊廟殿門外設腰輿一繖一於殿階之下南向質明皇太子公服乘馬本宮官屬導從至廟門外下馬步入廟門至幕次引親王百官常服由廟門入於殿

庭北向西上重行立定次引皇太子於百官前絕席位立贊者曰再拜皆再拜宮闈令升殿捧昭德皇后神主置于座贊者曰再拜皆再拜次引內常侍北向俛伏跪奏請昭德皇后神主奉安于新廟降殿升輿奏訖俛伏興捧几內侍先捧几匱跪置於輿又宮闈令接神主內侍前引跪置于輿上几後覆以紅羅帕內常侍已下分左右前引皇太子步自舊廟先從行親王次之百官分左右後從儀衛導從至別廟殿下北向內常侍於腰輿前俛伏興跪奏請降輿升殿內侍捧几匱前宮闈令捧接神主升殿置于座禮直官引皇太子以下親王百官入殿庭北向西上重行立

皇太子在絕席立禮直官贊曰再拜皆再拜又贊曰行事官各就位禮直官引皇太子西向位立定禮直官少前贊曰有司謹具請行事即引皇太子就盥洗位北向搢笏盥手帨手執笏詣爵洗位北向立搢笏洗爵拭爵以授執事者執笏升詣酒尊所西向立執事者以爵授皇太子搢笏執爵執事者舉冪酌酒皇太子以爵授執事者詣神位前北向搢笏跪執事者以爵授皇太子執爵三祭酒反爵于坫執笏俛伏興少立次引太祝舉祝官詣讀祝位東北向舉祝官跪舉祝版太祝跪讀祝訖置祝于案俛伏興舉祝官皆却立北向贊者曰再拜皇太子就兩拜降階復位舉

祝讀祝官後從復本位禮直官曰再拜在位者皆再拜宮闈令納神主于室贊者曰再拜皆再拜禮畢退署令闔廟門瘞祝于坎儀物各還所司十一年郊祀前一日朝享與太廟同日用登歌樂行三獻禮有司攝事二十六年勅別建昭德皇后影廟于太廟内有司言宜建殿三間南面一屋三門垣周以甓外垣置靈星門一神厨及西房各三間然禮無廟中別建影廟之例今皇后廟西有隙地廣三十四步袤五十四步可以興建制可仍於正南別創正門門以坤儀爲名仍留舊有便門遇禘祫祔享由之每歲五享并影廟行禮於正南門出入又於廟外起齋廊房二十三間

宣孝太子廟大定二十五年七月有司奏依唐典故太子置廟設官屬奉祀擬於法物庫東建殿三間南垣及外垣皆一屋三門東西垣各一屋一門門設九戟齋房神厨度地之宜又奉旨太子廟既安神主宜別建影殿有司定擬制度於見建廟稍西中間限以墉牆内建影殿三間南面一屋三門垣周以甓無闕角及東西門外垣正南建三門一左右翼廊二十間神厨齋室各二屋三間是歲十月廟成十一日奉安神主十四日奉遷畫像神主用栗依唐制諸侯用一尺刻謚于背省部遣官於本廟西南隅面北設幄次監視製造於行禮前一日製造訖其日晚奉神主官奉承以箱覆以帕捧詣題神主幄中次日丑前五刻題神主官與典儀并禮官詣幄次前題神主官詣盥洗位盥手帨手訖奉神主官先以香湯奉沐拭以羅巾題神主官就褥位題謚號於背云宣孝太子神主墨書用光漆模訖授奉神主官承以箱覆以梅紅羅帕藉以素羅帕詣座置於匱乃下簾帷侍衛如式俟典儀俛伏跪請備腰輿傘扇詣神位導引侍衛皆減昭德廟儀祭儀有司言當隨祖廟四時祭享初獻於皇孫皇族亞獻於皇族或五品以下差樂用登歌今量減用二十五人其接神用無射宮升降徹豆

則歌夾鍾牲羊豕各一籩豆各八簠簋各二登鉶各一其餘祭食亦量減之二十六年十一月一日奏神主廟牲牢樂縣官給影廟皇孫奉祀

志第十四

開府儀同三司上柱國錄軍國重事前中書右丞相監修國史領經筵事都總裁臣脫脫奉
勑修

禮七 社稷 風雨雷師 嶽鎮海瀆

貞元元年閏十二月有司奏建社稷壇于上京大定七年七月又奏建壇于中都社爲制其外四周爲垣南向開一神門門三間內又四周爲垣東西南北各開一神門門三間各列二十四戟四隅連飾罘罳無屋於中稍南爲壇位令三方廣闊一級四陛以五色土各飾其方中央覆以黃土其廣五丈高五尺其主用白石下廣二尺剡其上形如

鐘埋其半壇南栽栗以表之近西爲稷壇如社壇之制而無石主四壝門各五間兩塾三門門列十二戟壝有角樓樓之面皆隨方色飾之饌幔四楹在北壝門西北向神廚在西壝門外南向廨在南圍墻內東西向有望祭堂三楹在其北雨則於是望拜堂之南北各爲屋二楹三獻及司徒致齋幕次也堂下南北相向有齋舍二十楹外門止一間不施鴟尾祭用春秋二仲月上戊日樂用登歌遣官行事太尉一司徒一已上奏差亞獻太常卿一終獻光祿卿一省差太常卿一光祿卿一郊社令一學士院官一請御署祝版大樂令一太官令二監祭御史二太常博士二

廩犧令一奉禮郎一協律郎二司尊彝二奉爵酒官一太祝七祝史四盥洗官二爵洗官二執巾篚官四齋郎四十八贊者一禮直官十已上部差守衛十二人各衣其方色其服官給舉麾四衣皂軍人內差其衣自備前三日質明行事官受誓戒於尚書省御史臺太常寺引衆官就位禮直官贊揖對揖訖太尉誓曰某月某日上戊祭于太社各揚爾職不恭其事國有常刑讀訖對拜訖退凡與祭官散齋二日致齋一日已齋而闕者通攝行事仍習禮於社宮諸衛令率其屬各以其方器服守衛社宮門大樂工人俱清齋一宿前三日陳設局設祭官公卿已下次於齋房之

內及設饌幔四於社宮西神門之外門南西向前二日郊社令率其屬掃除壇之上下大樂令設樂於壇上郊社令爲瘞坎二於壬地方深取足容物南出陛又設望瘞位於坎之北南向前一日奉禮郎帥禮直官設祭官公卿已下褥位於西神門之內道南執事官於道北每等異位俱重行東向南上設御史位二於壇下一在太社東北西向一在太稷西北東向博士各在其北設奉禮郎位於稷壇上西北贊者一在北東向設協律郎位二於壇上東北隅俱西向設大樂令位於兩壇之間南向設獻官褥位於逐壇上神座前設省牲位於西神門外設牲榜於當門黜牲二

居前又黝牲二少退（二牲皆用黝）北上設廩犧令位於牲東北南
向設諸太祝位於牲西各當牲後祝史陪其後俱東向設
太常卿省牲位於前近南北向又設御史位於太常卿之
東北向太常卿帥其屬設酒罇之位太罇二著罇二犧罇
二山罍二在壇上北隅南向象罇二壺罇二山罍二在壇
下北陛之西南向后土氏象罇二著罇二山罍二在太社
酒罇之西俱東南上設太稷后稷酒罇於壇之上下如太
社后土之儀設洗位二於社壇西北南向罍在洗東篚在
洗西北肆司罇罍篚冪者各位於其後設玉帛之篚於壇
上罇坫之所設四座各籩十豆十簠二簋二鉶三槃一俎

三坫四內籩一豆一簠一簋一俎三各設於饌幔內光祿
卿率其屬入實籩之實魚鱐乾棗形鹽鹿脯榛實乾𧄍桃
菱芡栗以序爲次豆之實芹菹筍菹葵菹菁菹韭菹魚醢
兔醢豚拍鹿臡醓醢以序爲次鉶實以羹加芼滑簠實以
稻粱簋實以黍稷粱在稻前稷在黍前太官令入實罇罍
以酒各一罇實以玄酒祭日未明五刻郊社令升設太社
太稷神座各於壇上近南北向設后土氏神座於太社神
座之左后稷氏神座於太稷神座之左俱東向席皆以莞
加裀褥如幣之色神位版各於座首前一日諸衛之屬禁
斷行人郊社令與其屬以罇坫罍洗篚冪入設於位司罇

罍奉禮郎及執事者升自太社壇西陛以俟其省牲器視
滌濯並如郊廟儀祭日未明十刻太官令率宰人以鸞刀
割牲祝史以豆取毛血各置於饌所以盤取血置神座前
遂烹牲未明三刻諸祭官各服其服郊社令太官令入實
玉幣罇罍太官令帥進饌者實諸籩豆簠簋未明一刻奉
禮郎贊者先入就位禮直官引光祿卿御史博士諸太祝
祝史司罇罍篚冪者入自西門當太社壇北重行南向東
上立定奉禮曰再拜贊者承傳御史以下皆再拜訖司罇
罍篚冪者皆就位奉盤血祝史與太祝由西陛升壇各於
罇所立祝史以俟瘞血大祝以俟取玉幣大樂令帥工人

入禮直官各引祭官入就位立定奉禮曰衆官再拜贊者
曰在位者皆再拜其先拜者不拜禮直官進太尉之左曰
有司謹具請行事退復位禮直官引光祿卿就瘞血所又
引祝史奉盤血降自西陛至瘞位光祿卿瘞血訖復位祝
史以盤還饌幔以俟奉毛血豆奉禮曰衆官再拜在位者
皆再拜諸太祝取玉幣於篚各立於尊所禮直官引太尉
詣盥洗位協律郎跪俛伏舉麾樂作太簇宮正寧之曲後
盥洗同至洗位南向立樂止搢笏盥手帨手訖詣太社壇
樂作應鍾宮嘉寧之曲後升壇同升自北陛樂止南向立
太祝以玉帛西向授太尉太尉受玉帛禮神之玉奠於神

前瘞玉加於幣配位不用玉玉用兩圭有邸盛以匣瘞玉以玉石爲之帛用黑繒長一丈八尺樂作太簇宮嘉寧之曲太稷同禮直官引太尉進南向跪奠於太社座前俛伏興引太尉少退詣禱位南向再拜太祝以幣授太尉太尉受幣西向跪奠於后土神座前俛伏興禮直官引太尉少退西向再拜訖樂止禮直官引太尉降自北陛詣太稷壇盥洗升奠玉幣如太社后土之儀祝史奉毛血入各由其陛升毛血豆係別置一豆諸太祝迎取於壇上俱進奠於神座前祝史退立於罇所太尉既升奠玉幣太官令出帥進饌者奉饌陳於西門外禮直官引司徒出詣饌所司徒

奉太社之俎諸太祝既奠毛血禮直官太官令引太社太稷之饌入自正門配座之饌入自左闥饌初入門樂作太簇宮正寧之曲饌至陛樂止祝史俱進徹毛血豆降自西陛以出太社太稷之饌升自北陛配座之饌升自西陛諸太祝迎引於壇上各於神座前設訖禮直官引司徒已下降自西陛樂作復位樂止諸太祝還罇所禮直官引太尉詣罍洗位樂作至位樂止盥手洗爵訖禮直官引太尉詣太社壇升自北陛樂作至太社酒罇所樂止執罇者舉冪執事者以爵授太尉執爵太官令酌酒訖樂作太簇宮阜寧之曲太稷同太尉以爵授執事者禮直官引太尉詣太社

神座前執事者以爵授太尉南向跪奠爵訖以爵授執事者俛伏興太尉少退樂止讀祝官與捧祝官進於神座前右西向跪讀祝讀訖讀祝官就一拜各還罇所太尉拜訖詣配位酒罇所執事者舉冪執事者以爵授太尉太尉執爵太官令酌酒訖樂作太簇宮昭寧之曲太尉以爵授執事者禮直官引太尉進后土神座前執事者以爵授太尉西向跪奠爵訖以爵授執事者俛伏興太尉少退樂止讀祝如上儀太尉再拜訖禮直官引太尉降自北陛樂作至罍洗位樂止盥手洗爵訖禮直官引太尉詣太稷壇升自北陛並如太社后土之儀樂曲同訖禮直官引太尉還本

位亞終獻盥洗升獻並如太尉之儀禮直官引終獻降復位樂止太祝各進徹豆樂作應鍾宮娛寧之曲還罇所樂止徹者籩豆各一少移於故處奉禮曰賜胙贊者曰衆官再拜在位者皆再拜禮直官進太尉之右請就望瘞位御史博士從南向立於衆官將拜之前太祝執篚進於神座前取玉幣齋郎以俎載牲體稷黍飯爵酒體謂牲之左髀各由其陛降壇以玉幣饌物置於坎訖奉禮曰可瘞坎東西各二人置土半坎訖禮直官進太尉之左曰禮畢遂引太尉出祭官以下以次出禮直官引御史博士以下俱復執事位立定奉禮曰再拜御史以下皆再拜訖出工人以

次出祝版燔於齋坊光禄卿以胙奉進御史就位展視光禄卿望闕再拜乃退其州郡祭享一遵唐宋舊儀

風雨雷師明昌五年禮官言國之大事莫重於祭王者奉神靈祈福祐皆爲民也我國家自祖廟禘祫五享外惟社稷嶽鎮海瀆定爲常祀而天地日月風雨雷師其禮尚闕宜詔有司講定儀注以聞尚書省奏天地日月或親祀或令有司攝事若風雨雷師乃中祀合令有司攝之且又州縣之所通祀者也合先舉行制可乃爲壇於景豐門外東南闕之巽地歲以立春後丑日以祀風師牲幣進熟如中祀儀又爲壇於端禮門外西南闕之坤地以立夏後申日

以祀雨師其儀如中祀羊豕各一是日祭雷神於位下禮同小祀一獻羊一無豕其祝稱天子謹遣臣某云

嶽鎮海瀆大定四年禮官言嶽鎮海瀆當以五郊迎氣日祭之詔依典禮以四立土王日就本廟致祭其在他界者遥祀立春祭東嶽于泰安州東鎮于益都府東海于萊州東瀆大淮于唐州立夏望祭南嶽衡山南鎮會稽山于河南府南海南瀆大江于萊州季夏土王日祭中嶽于河南府中鎮霍山于平陽府立秋祭西嶽華山于華州西鎮吳山于隴州望祭西海西瀆于河中府立冬祭北嶽恒山于定州北鎮醫巫閭山于廣寧府望祭北海北瀆大濟于孟州其封爵並仍唐宋之舊明昌間從沂山道士楊道全請封沂山爲東安王吳山爲成德王霍山爲應靈王會稽山爲永興王醫巫閭山爲廣寧王淮爲長源王江爲會源王河爲顯聖靈源王濟爲清源王每歲遣使奉御署祝板奩薌乘馹詣所在率郡邑長貳官行事禮用三獻讀祝官一捧祝官二盥洗官二爵洗官二奉爵官一司尊彝一禮直官四以州府司吏充前三日應行事執事官散齋二日治事如故宿於正寢如常儀前二日有司設行事執事官次於廟門外掌廟者掃除廟之内外前一日有司牽牲詣祠所享官以下常服閱饌物視牲充腯享日丑前五刻執事

者設祝版於神位之右置於坫及以血豆設於饌所次設祭器皆藉以席掌饌者實之左十籩爲三行以右爲上實以乾䕩乾棗形鹽魚鱐鹿脯榛實乾桃菱芡栗右十豆爲三行以左爲上實以芹菹筍菹韭菹葵菹菁菹魚醢兎醢豚拍鹿臡醓醢左簠二實以粱稻右簋二實以稷黍俎二實以牲體次設犧尊二象尊二在堂上東南隅北向西上犧尊在前實以法酒犧尊初獻官酌象尊亞終獻酌又設太尊一山尊一在神位前設而不酌有司設燭於神位前洗二在東階之下直東霤北向罍在洗東加勺篚在洗西南肆實以巾執罍篚者位於其後又設揖位於廟門外初

獻在西東向亞終及祝在東南向北上開瘞坎於廟內廷之壬地掌日丑前五刻執事官各就次掌饌者帥其屬實饌具畢凡祭官各服其服與執事官行止皆贊者引點視陳設訖退就次引初獻以下詣廟南門外揖位立定贊禮者贊揖次引祝升堂就位立次引初獻詣盥洗位北向立搢笏盥手帨手執笏詣爵洗位北向立搢笏洗爵以爵授執事者執笏升堂詣酌罇所西向立執事者以爵授初獻初獻搢笏執爵執罇者舉冪執事者酌酒初獻以爵授執事者執笏詣神位前北向立搢笏跪執事者以爵授初獻初獻執爵三祭酒奠爵訖執笏俛伏興少立次引祝詣神

位前東向立搢笏跪讀祝訖執笏興退復位初獻再拜贊禮者引初獻復位次引亞獻酌獻並如初獻之儀次引終獻並如亞獻之儀贊者引初獻官詣神位前北向立執事者以爵酌清酒進初獻之右初獻跪祭酒啐酒奠爵執事者以俎進減神座前胙肉前腳第二節共置一俎上以授初獻初獻以授執事者初獻取爵遂飲卒爵執事者進受爵復於坫初獻興再拜贊者引初獻復位贊者曰已飲福受胙者不拜亞獻官以下皆再拜拜訖次引初獻已下就望瘞位以饌物置於坎東西廂各二人贊者曰可瘞置土半坎又曰禮畢遂引初獻官已下出祝與執罇罍篚冪者俱復位立定贊者曰再拜再拜訖遂出祝板燔於齋所

志第十五

開府儀同三司上柱國錄軍國重事前中書右丞相監修國史領經筵事都總裁臣脫脫奉勅修

志第十六

禮八 宣聖廟 武成王廟 前代帝王 諸神雜祠 祈禜 拜天 本國拜儀

宣聖廟皇統元年二月戊午熙宗詣文宣王廟奠祭北面再拜顧儒臣曰為善不可不勉孔子雖無位以其道可尊使萬世高仰如此大定十四年國子監言歲春秋仲月上丁日釋奠於文宣王用本監官房錢六十貫止造茶食等物以大小楪排設用留守司樂以樂工為禮生率倉場等官陪位於古禮未合也伏覩國家承平日久典章文物當

粲然備具以光萬世況京師為首善之地四方之所觀仰擬釋奠器物行禮次序合行下詳定兼兖國公親承聖教者也鄒國公力扶聖教者也當於宣聖像左右列之今孟子以燕服在後堂宣聖像側還虛一位禮宜遷孟子像於宣聖右與顏子相對改塑冠冕粧飾法服一遵舊制禮官參酌唐開元禮定擬釋奠儀數文宣王兖國公鄒國公每位籩豆各十犧尊一象尊一簠簋各二俎二祝板各一皆設案七十二賢二十一先儒每位各籩一豆一爵一兩廡各設象尊二總用籩豆各一百二十三簠簋各六俎六犧尊三象尊七爵九十四其尊皆有坫罍二洗二篚勺各二冪六正位并從祀籍罇罍俎豆席約用三十幅尊席用葦俎豆席用莞牲用羊豕各三酒二十瓶禮行三獻以祭酒司業博士充分奠官二讀祝官一太官令一捧祝官二罍洗官一爵洗官一巾篚官二禮直官十一學生以儒服陪位樂用登歌大樂令一員本署官充樂工三十九人迎神三奏姑洗宮來寧之曲辭曰上都隆化廟堂作新神之來格威儀具陳穆穆凝旒巍然聖真斯文伊始群方所視初獻盥洗姑洗宮靜寧之曲辭曰偉矣素王風猷至粹垂二千年斯文不墜消辰維良爰修祀事沃盥于庭嚴禋備升階南呂宮肅寧之曲辭曰巍乎聖師道全德隆修明五

常彝教無窮增崇儒宮適追遺風嚴祀申虔登降有容奠幣姑洗宮和寧之曲辭曰天生聖人賢於堯舜仰之彌高磨而不磷新廟告成宮墻數仞遣使陳祠斯文復振降階姑洗宮安寧之曲辭曰稟靈尼丘垂芳闕里生民以來孰如夫子新祠巋然四方所視爵觴告成祇循典禮兖國公酌獻姑洗宮輯寧之曲辭曰聖師之門顏惟居上其殆庶幾是宜配饗桓圭袞衣有嚴儀象載之神祠增光吾黨鄒國公酌獻姑洗宮泰寧之曲辭曰有周之衰王綱既墜是生真儒宏才命世言而為經醇乎仁義力扶聖功同垂萬祀亞終獻姑洗宮咸寧之曲辭曰於昭聖能與天立極有

承其流皇仁帝德豈伊立言訓經王國煥我文明典祀千億送神姑洗宮來寧之曲辭曰吉蠲爲饎孔惠孔時正辭嘉言神之格思是饗是宜神保聿歸惟時肇祀太平極致

承安二年春丁章宗親祀以親王攝亞終獻皇族陪祀文武羣臣助奠上親爲贊文舊封公者升爲國公侯者爲國侯郕伯以下皆封侯宣宗遷汴建廟會朝門内歲祀如儀宣聖顔孟各羊一豕一餘同小祀共用羊八無豕其諸州釋奠並遵唐儀

武成王廟泰和六年詔建昭烈武成王廟于闕庭之右麗澤門内其制一遵唐舊禮三獻官以四品官巳下儀同中

祀用二月上戊七年完顔匡等言我朝創業功臣禮宜配祀於是以秦王宗翰同子房配武成王而降管仲巳下又躋楚王宗雄宗望宗弼等侍武成王坐韓信而下降立於廡又黜王猛慕容恪等二十餘人而增金臣遼王賽也等其祭武成王宗翰子房各羊一豕一餘共用羊八無豕宣宗遷汴於會朝門内闕庭之右營廟如制春秋上戊之祭仍舊

諸前代帝王三年一祭於仲春之月祭伏犧於陳州神農於亳州軒轅於坊州少昊於兗州顓頊於開州高辛於歸德府陶唐於平陽府虞舜夏禹成湯於河中府周文王武王於京兆府泰和三年尚書省奏太常寺言開元禮祭帝嚳堯舜禹湯文武漢祖祝板請御署開寶禮犧軒顓頊帝嚳陶唐女媧成湯文武請御署自漢高祖以下二十七帝不署平章政事鎰左丞臣太常博士温迪罕天興言方嶽之神各有所主有國所賴請御署固宜至于前古帝王寥落杳茫列于中祀亦已厚矣不須御署參知政事卽康及鉉以爲三皇五帝禹湯文武皆垂世立教之君唐宋致祭皆御署而今降祝板不署恐於禮未盡不若止從外路祭社稷及釋奠文宣王例不降祝板而令學士院定撰祝文頒各處爲常制勑命依期降祝板而不請署

長白山大定十二年有司言長白山在興王之地禮合尊崇議封爵建廟宇十二月禮部太常學士院奏奉勑旨封興國靈應王卽其山北地建廟宇十五年三月奏定封冊儀物冠九旒服九章玉圭玉冊函香幣冊祝遣使副各一員詣會寧府行禮官散齋二日致齋一日所司於廟中陳設如儀廟門外設玉冊袞冕幄次牙杖旗鼓從物等視一品儀禮用三獻如祭嶽鎮其冊文云皇帝若曰自兩儀剖判山嶽神秀各鍾于其分野國將興者天實作之對越神休必以祀事故肇基王迹有若岐陽望秩山川於稽虞典厥惟長白載我金德仰止其高實惟我舊邦之鎮混同流

光源所從出秩秩幽幽有相之道列聖蕃衍熾昌迄于太祖神武徵應無敵于天下爰作神主肆予冲人紹休聖緒四海之内名山大川靡不咸秩矧王業所因瞻彼旱麓可儉其禮服章爵號非位於公侯之上不足以稱焉今遣某官某持節備物冊命茲山之神爲興國靈應王仍勑有司歲時奉祀於戲廟食之享亘萬億年維金之禎與山無極豈不偉歟自是每歲降香命有司春秋二仲擇日致祭明昌四年十月備袞冕玉冊儀物上御大安殿用黃麾立仗八百人行仗五百人復冊爲開天弘聖帝

大房山大定二十一年勑封山陵地大房山神爲保陵公

冕八旒服七章圭冊香幣使副持節行禮並如冊長白山之儀其冊文云皇帝若曰古之建邦設都必有名山大川以爲形勝我國既定鼎於燕西顧郊圻巍然大房秀拔混厚雲雨之所出萬民之所瞻祖宗陵寢於是焉依仰惟嶽鎮古有秩序皆載祀典矧茲大房禮可闕歟其爵號服章俾列于侯伯之上庶足以稱今遣某官某備物冊命神爲保陵公申勑有司歲時奉祀其封域之内禁無得樵採弋獵著爲令是後遣使山陵行禮畢山陵官以一獻禮致奠

混同江大定二十五年有司言昔太祖征遼策馬徑渡江神助順靈應昭著宜修祠宇加賜封爵廼封神爲興國應聖公致祭如長白山儀冊禮如保陵公故事其冊文云昔我太祖武元皇帝受天明命掃遼季荒募成師以出至于大江浩浩洪流不舟而濟雖穆滿渡江而黿梁光武濟河而水氷自今觀之無足言矣執徐之歲四月孟夏朕時遹舊邦臨江永歎仰藝祖之開基佳江神之効靈至止上都議所以尊崇之典蓋古者五嶽視三公四瀆視諸侯至有唐以來遂享帝王之尊稱非直後世彌文而崇德報功理亦有當然者矧茲江源出於長白經營帝鄉實相興運非錫以上公之號則無以昭荅神休今遣某官某持節備物冊命神爲興國應聖公申命有司歲時奉祀於戲嚴廟貌

正封爵禮亦至矣惟神其衍靈長之德用輔我國家彌億年神亦享廟食於無窮豈不休哉

嘉蔭侯大定二十五年勑封上京護國林神爲護國嘉蔭侯毳冕七旒服五章圭同信圭遣使詣廟以三獻禮祭告其祝文曰蔚彼長林實壯天邑廣袤百里惟神主之廟貌有嚴侯封是享歆時祼相厥滋榮是後遇月七日上京幕官一員行香著爲令

瀘溝河神大定十九年有司言瀘溝河水勢泛決嚙民田乞官爲封冊神號禮官以祀典所不載難之已而特封安平侯建廟二十七年奉旨每歲委本縣長官春秋致祭如

令
昭應順濟聖后大定十七年都水監言陽武上埽黃河神
聖后廟宜依唐仲春祭五龍祠故事二十七年春正月尚
書省言鄭州河陰縣聖后廟前代河水爲患屢禱有應嘗
加封號廟額今因禱祈河遂安流乞加褒贈上從其請特
加號曰昭應順濟聖后廟曰靈德善利之廟每歲委本縣
長官春秋致祭如令
鎮安公舊名旺國崖太祖伐遼嘗駐蹕於此大定八年五
月更名靜寧山後建廟明昌六年八月以冕服玉冊冊山
神爲鎮安公冊文曰皇帝若曰古之名山咸在祀典軒皇

之世神靈所奉者七千虞氏之時望秩每及於五載蓋惟
有益于國是以必報其功逮乎後王申以徽冊至于嶽鎮
之外亦或封爵之加故太白有神應之稱而終南有廣惠
之號禮由義起事與時偕載籍所傳于今猶監朕脩和有
夏咸秩無文眷玆靜寧秀峙朔野緼澤布氣幽贊乎坤元
導風出雲協符乎乾造一方之表萬物所瞻南直都畿北
維障徼連延廣厚寶藏攸興盤固高明謠宮斯奠昔有遼
嘗恃以富國迄大定更爲之錫名洪惟世宗功昭列聖亦
越顯考德利生民爰即歲時駕言臨幸兵革不試遠人輯
寧雨暘常調品彙蕃庶此上帝無疆之貺亦英靈有相之

符比即輿情載修故事顧先皇帝駐蹕之地揖累世承平
之風迓續遺休式甄神祜肆象德以昇號仍班台而闡儀
宇像一新釆章具舉今遣使某副某持節備物冊命神爲
鎮安公仍勑歲時奉祀於戲容典焜燿精明感通惟永億
年翊我昌運神其受職豈不偉歟
瑞聖公即麻達葛山也章宗生於此世宗愛此山勢衍氣
清故命章宗名之後更名胡土白山建廟明昌四年八月
以冕服玉冊封山神爲瑞聖公建廟命撫州有司春秋二
仲擇日致祭爲常其冊文曰皇帝若曰國家之興命曆攸
屬天地元化惟時合符山川百神無不受職粹精薦瑞明

聖繼生著丕應於殊禎啓昌期於幽贊褒對信猶之典咸
脩望秩之文嘉乃名山奠玆勝地下緜乾分上直樞燿盤
析木之津達中原之氣廓除氛祲函毓泰和仰惟光烈昭
垂徽音如在即高明而清暑克靜壽以安仁周廬安寧厚
澤浹洽朕祗循祖武順講時巡感羡號以興懷佩聖謨而
介福言念誕彌之初度抑由翊衛之效靈然猶祀秩無章
神居不屋非所以盡報功崇德之義副追始樂原之心爰
飾名稱載新祠宇勑忱辭於貞琰涓良日於元龜彰服釆
以辨威褱衮縣而致祭闡揚茂實敷繹多儀今遣使某副
某持節備物冊命神爲瑞聖公仍勑有司歲時奉祀於戲

尚其聰明歆此誠意乎休惟永亦莫不寧

貞獻郡王廟明昌五年正月陳言者謂棻曾谷神二賢創製女直文字乞各封贈名爵建立祠廟令女直漢人諸生隨拜孔子之後拜之有司謂棻曾難以致祭若金源郡貞獻王谷神則既已配享太廟矣亦難特立廟也有旨令再議之禮官言前代無創製文字入孔子廟故事如於廟後或左右置祠令諸儒就拜亦無害也尚書省謂若如此恐不副國家厚功臣之意遂詔令依蒼頡立廟于盩厔例官為立廟于上京納里渾莊委本路官一員與本千户春秋致祭所用諸物從宜給之

祈禜大定四年五月不雨命禮部尚書王競祈雨北嶽以定州長貳官充亞終獻又卜日於都門北郊望祀嶽鎮海瀆有司行事禮用酒脯醢後七日不雨祈太社太稷又七日祈宗廟不雨仍從嶽鎮海瀆如初祈其設神座實樽罍如常儀其樽罍用瓢齊摽甘瓠去抵以為尊柷板惟五岳宗廟社稷御署餘則否後十日不雨乃徙市禁屠殺斷繖扇造土龍以祈雨足則報祀送龍水中十七年夏六月京畿久雨遣祈雨儀命諸寺觀啓道場祈禱

拜天金因遼舊俗以重五中元重九日行拜天之禮重五於鞠場中元於內殿重九於都城外其制刳木為盤如舟狀赤為質畫雲鶴文為架高五六尺置盤其上薦食物其中聚宗族拜之若至尊則於常武殿築臺為拜天所重五日質明陳設畢百官班俟於毬場樂亭南皇帝靴袍乘輦宣徽使前導自毬場南門入至拜天臺降輦至褥位皇太子以下百官皆詣褥位宣徽贊拜皇帝再拜上香又再拜排食拋盞畢又再拜飲福酒跪飲畢又再拜百官陪拜引皇太子以下先出皆如前導引皇帝回輦至幄次更衣行射柳擊毬之戲亦遼俗也金因尚之凡重五日拜天禮畢插柳毬場為兩行當射者以尊卑序各以帕識其枝去地約數寸削其皮而白之先以一人馳馬前導後馳馬以無

羽橫鏃箭射之既斷柳又以手接而馳去者為上斷而不能接去者次之或斷其青處及中而不能斷與不能中者為負每射必伐鼓以助其氣已而擊毬各乘所常習馬持鞠杖杖長數尺其端如偃月分其衆為兩隊共爭擊一毬先於毬場南立雙桓置板下開一孔為門而加網為囊能奪得鞠擊入網囊者為勝或曰兩端對立二門互相排擊各以出門為勝毬狀小如拳以輕韌木枵其中而朱之皆所以習蹺捷也既畢賜宴歲以為常

本國拜儀金之拜制先袖手微俯身稍復却跪左膝左右搖肘若舞蹈狀凡跪搖袖下拂膝上則至左右肩者凡四

如此者四跪復以手按右膝單跪左膝而成禮國言搖手而拜謂之撒速承安五年五月上諭旨有司曰女直漢人拜數可以相從者酌中議之禮官奏曰周官九拜一曰稽首拜中至重臣拜君之禮也乞自今凡公服則用漢拜若便服則各用本俗之拜主事陳松曰本朝拜禮其來久矣乃便服之拜也可令公服則朝拜便服則從本朝拜平章政事張萬公謂拜禮各便所習不須改也司空完顏襄曰今諸人袵髮皆從本朝之制宜從本朝拜禮松言是也上乃命公裳則朝拜諸色人便服則皆用本朝拜

志第十六

志第十七 金史三十六

開府儀同三司上柱國錄軍國重事前中書右丞相監修國史領經筵事都總裁臣脫脫奉敕修

禮九

國初即位儀 受尊號儀 上壽儀 朝參常朝儀 肆赦儀 臣下拜詔儀

國初即位儀收國元年春正月壬申朔諸路官民耆老畢會議創新儀奉上即皇帝位阿离合懣宗翰乃陳耕具九祝以闢土養民之意復以良馬九隊隊九疋別爲色并介冑弓矢矛劒奉上國號大金建元收國天會元年九月六日皇弟諳板孛極烈即皇帝位己未告祀天地丙寅大赦改元

受尊號儀皇統元年正月二日太師宗幹率百僚上表請上皇帝尊號凡三請詔允七日遣上京留守奭告天地社稷析津尹宗強告太廟十日帝服袞冕御元和殿宗幹率百僚恭奉冊禮冊文云云臣等謹奉玉冊玉寶上尊號曰崇天體道欽明文武聖德皇帝是日皇帝改服通天冠宴二品以上官及高麗夏國使十二日恭謝祖廟還御宣和門大赦改元大定七年恭上皇帝尊號前三日遣使奏告天地宗廟社稷前二日諸司停奏刑罰文字百官習儀於大安殿庭兵部帥其屬設黃麾仗於大安殿門之內外宣徽院帥儀鸞司於前一日設受冊寶壇於大安殿中間又

設御榻於壇上又設冊寶幄次於大安殿門外及設皇太
子幕次於殿東廊又設群官次于大安門外大樂令與協
律郎前一日設宮縣于殿庭又設登歌樂架于殿上立舞
表于殿下符寶郎其日俟文武羣官入奉八寶置于御座
左右候上冊寶訖復昇寶還所司其日質明奉冊太尉奉
寶司徒讀冊中書令讀寶侍中以次應行事官並集於尚
書省俟冊寶輿乘馬奉迎冊寶至應天門下馬由正門步
導入至大安殿門外置冊寶於幄次舁冊寶床弩手人等
分立於左右文武羣官並朝服入次攝太常卿與大樂令
帥工人入就位協律郎各就舉麾位舁冊寶案官由西偏

門先入置案於殿東西間褥位置訖各退于西階冊寶位
後捧冊官捧寶官舁冊匣官舁寶盝官由西偏門先入至
殿西階下冊寶褥位之西東向立俟閤門報通事舍人引
攝侍中版奏中嚴訖典儀贊者各就位閤門官引文武百
僚分左右入於殿階下塼道之東西相向立符寶郎奉八
寶由西偏門分入升置殿上東西間相向訖分左右立於
寶後通事舍人引攝侍中版奏外辦扇合服袞冕以出曲
直華蓋侍衛警蹕如常儀殿上鳴鞭訖殿下亦鳴鞭初索
扇協律郎跪俛伏興舉麾工鼓柷奏乾寧之曲出自東房
即座儀使副添香爐煙升扇開簾捲協律郎偃麾戛敔樂

止太常博士通事舍人自冊寶幄次分引冊太常卿前導
吏部侍郎押冊而行奉冊太尉讀冊中書令舉冊官於冊
後以次從之次太常博士通事舍人二員分引寶禮部侍
郎押寶而行奉寶司徒讀寶侍中舉寶官於寶後以次從
之由正門入宮縣奏歸美揚功之曲太常卿於冊床前導
至第一墀香案南籍冊寶褥位上少置太常卿與舉冊寶
官退於冊寶稍西東向立應博士舍人立於其後舁冊寶
床弩手繖子官等又於其後皆東向太尉司徒中書令侍
中皆於冊後面北以次立吏部侍郎禮部侍郎次立於其
後立定樂止閤門舍人分引東西两班群官合班轉北向

立中間少留班路俟立定太常博士通事舍人四員分引
太尉司徒中書令侍中吏部禮部侍郎以次各復本班訖
博士舍人退以俟初引時樂奏歸美揚功之曲至位立定
樂止典儀曰拜贊者承傳太尉以下應在位官皆舞蹈五
拜班首出班起居訖又贊再拜如朝會常儀太常博士通
事舍人四員再引太尉司徒中書令侍中吏禮部侍郎復
進至冊寶所稍南立定舁冊寶床弩手繖子官並進前舉
冊寶床與太常博士通事舍人二員分引冊太常卿前導
吏部侍郎押冊而行奉冊太尉讀冊中書令舉冊官於冊
後以次從之冊初行樂奏肅寧之曲次通事舍人太常博

士又二貟分引寳禮部侍郎押寳而行奉寳司徒讀寳侍中舉寳官於寳後以次從之詣西階下至册寳褥位少置（册北寳南）樂止舁册寳床㨫手𢽾子官等退於後稍西東向立捧册官與舁册官並進前取册匣升太常博士通事舍人分引册太常卿側身導册先升奉册太尉讀册中書令舉册官捧册官於册後以次從升册初行樂奏肅寧之曲進至殿上博士舍人分左右於前楹立以俟讀册中書令於欄子外前楹稍西立以俟舉册官捧册官立於其後奉册太尉從升至褥位搢笏少前跪置訖執笏俛伏興樂止退於前楹稍西立以俟太常博士立於後太常卿少退東向

立舁册官立於其後皆東向捧册官先入舉册官次入讀册中書令又次入捧册官四貟皆搢笏雙跪捧舉册官二貟亦搢笏兩邊單跪對舉中書令執笏進跪稱中書令臣某讀册讀訖俛伏興中書令俟册興先退通事舍人引降自東階復本班訖太常卿降復寳床前舁册官並進與捧册官等取册匣與置於殿東間褥位案上西向捧舉册官等降自東階還本班舁册官亦退太常博士引奉册太尉降自西階東向立以俟次捧寳官與舁寳官俟讀册中書令讀訖出並進前取寳盝升太常博士通事舍人分引寳太常卿側身導寳先升奉寳司徒讀寳侍中舉寳官捧寳官於寳後以次從升寳初行樂奏肅寧之曲進至殿上博士舍人俱退不升並於前楹稍西立俟讀寳侍中於欄子外前楹間稍西立以俟舉寳官捧寳官立於其後奉寳司徒從升至褥位搢笏少前跪置訖執笏俛伏興樂止司徒退於前楹西立以俟太常卿少退東向立舁寳官立於其後皆東向捧寳官先入舉寳官次入讀寳侍中又次入捧寳官四貟皆搢笏雙跪捧舉寳官二貟亦搢笏兩邊單跪對舉侍中執笏進跪稱侍中臣某讀寳讀訖俛伏興侍中俟寳興先退通事舍人引降自西階復本班訖舁寳官進前與捧寳舉寳官等取寳盝與置於殿之西間褥位案上

東向捧寳舉寳官等與太常卿俱降自西階及吏部侍郎皆復本班舁寳官亦退太常博士引奉寳司徒次奉册太尉東向立定博士舍人賛引太尉司徒進詣第一墀香案南褥位立定博士舍人稍退典儀曰拜賛者承傳在位官皆再拜訖博士舍人二貟引太尉詣東階升宫縣奏純誠享上之曲至階止閤門使二貟引太尉進至前立定樂止閤門使揖賛太尉拜跪賀殿下閤門揖百僚躬身太尉稱文武百僚具官臣等言致賀詞云云俛伏興退至階上博士舍人分引太尉降至東階初降宫縣作肅寧之曲復香案南褥位立定樂止博士舍人少退典儀曰拜賛者承傳

太尉司徒及在位群官俱再拜舞蹈三稱萬歲又再拜訖
通事舍人引攝侍中升自東階進詣前楹間躬承旨退臨
階西向稱有制典儀曰拜贊者承傳太尉司徒及在位群
官俱再拜躬身宣詞云云宣訖通事舍人引侍中還位典
儀曰拜贊者承傳階上下應在位群官俱再拜舞蹈三稱
萬歲又再拜訖博士舍人分引太尉司徒就百僚位初引
宮縣作肅寧之曲至位立定樂止閤門舍人分引應北面
位群官各分班東西相向立定通事舍人引攝侍中升自
東階當前楹間跪奏禮畢俛伏興引降還位扇合簾降協
律郎俛伏興舉麾工鼓柷奏乾寧之曲降座入自東房還

後閤進膳侍衛警蹕如儀扇開樂止捧冊官帥舁冊床人
捧寶官帥舁寶床人皆升殿取匣盝蓋訖置於床前引進
司官前導通事舍人贊引詣東上閤門上進通事舍人分
引文武百僚等以次出歸幕次賜食以俟上壽上冊寶禮
畢有司供辦御床及與宴群官位並如曲宴儀攝太常卿
與大樂令帥工人入并協律郎各就舉麾位俟舍人報通
事舍人引三師以下文武百僚親王宗室等分左右入至
殿階下稍南東西相向立通事舍人先引攝侍中版奏中
嚴少頃又奏外辦扇合鳴鞭協律郎跪俛伏興工鼓柷宮
縣奏乾寧之曲服通天冠絳紗袍即座簾捲内侍贊扇開

殿上下鳴鞭戛敔樂止儀使副等添香爐煙升通事舍人
引班首已下合班樂奏肅寧之曲至北向位重行立定中
間少留班路通事舍人引攝侍中詣東階升至殿上少立
閤門舍人引禮部尚書出班前北向俛伏跪奏稱禮部尚
書臣某言請允群臣上壽俛伏興躬身通事舍人引攝侍
中少退舍人贊禮部尚書再拜訖贊祗候復本班内侍局
進御床入次良醞令於殿下橫階南酌酒訖典儀曰拜贊
者承傳在位官皆再拜隨拜三稱萬歲訖平立太常博士
通事舍人分引攝上公由東階升初升宮縣奏肅寧之曲
殿上舍人少退二閤使揖上公進至進酒褥位樂止宣徽

使以爵授上公上公搢笏受爵詣褥前跪進受爵訖上公
執槃授宣徽使訖二閤使揖上公入欄子内贊拜跪殿下
閤門揖百僚皆躬身通事舍人揖攝侍中進詣前楹間躬
承旨退臨階西向稱有制典儀曰拜贊者承傳上公及在
位群官皆再拜隨拜三稱萬歲訖躬身宣曰得公等壽酒
與公等内外同慶閤門舍人贊宣諭訖上公與百僚皆舞
蹈五拜訖閤門舍人引百僚分班東西序北向立博士舍
人再引上公自東階升宮縣奏肅寧之曲至進酒褥位樂
止上公搢笏宣徽使授上公槃上公詣欄子内褥位跪舉
酒宮縣奏景命萬年之曲飲訖樂止上公進受虛爵訖復

褥位以爵授宣徽使訖二閤使揖上公退内侍局舁御床
出博士舍人並進前分引降自東階宮縣作肅寧之曲閤
門舍人分引東西兩班隨上公俱復北向位立定樂止典
儀曰拜贊者承傳在位官皆再拜三稱萬歲訖平立殿上
通事舍人揖攝侍中進詣前楹間躬承旨退臨階西向閤
門官先揖百僚躬身侍中稱有制典儀曰拜贊者承傳在
位官皆再拜訖躬身宣曰延王公等升殿典儀曰拜贊者
承傳在位官皆再拜訖搢笏舞蹈又再拜訖太常博士通
事舍人引王公以下合赴宴群官分左右升殿不與宴群
官分左右捲班出宮縣奏肅寧之曲百僚至殿上坐後立

樂止内侍局進御床入依尋常宴會再進第一爵酒登歌
奏聖德昭明之曲飲訖樂止執事者行群官酒宮縣作肅
寧之曲文舞入觴行一周樂止尚食局進食執事者設群
官食宮縣奏保大定功之舞三成止出又進第二爵酒登
歌奏天贊堯齡之曲飲訖樂止執事者行群官酒宮縣作
肅寧之曲武舞入觴行一周樂止尚食局進食執事者設
群官食宮縣奏萬國來同之舞三成止出又進第三爵酒
登歌奏慶雲之曲飲訖樂止執事者行群官酒宮縣作肅
寧之曲觴行一周樂止尚食局進食執事者設群官食宮
縣奏肅寧之曲食畢樂止閤門官分揖侍宴群官起立於

席後通事舍人引攝侍中詣榻前俛伏興跪奏侍中臣某
言禮畢俛伏興閤門舍人分引群官俱降東西階内侍局
舁御床出宮縣作肅寧之曲至北向位立定樂止典儀曰
拜贊者承傳在位官皆再拜訖搢笏舞蹈又再拜訖再分
班東西序立扇合簾降殿上下鳴鞭協律郎俛伏跪舉麾
興工鼓柷奏乾寧之曲降座入自東房還後閤侍衛如來
儀内侍贊扇開戞敔樂止通事舍人引攝侍中版奏解嚴
所司承旨放仗在位群官皆再拜以次出

元日聖誕上壽儀皇帝陞御座鳴鞭報時畢殿前班小起
居各復侍立位舍人引皇太子并臣僚使客合班入至丹

墀舞蹈五拜平立閤使奏諸道表目皇太子以下皆再拜
引皇太子升殿褥位搢笏捧盞盤進酒皇帝受置於案皇
太子退復褥位轉盤與執事者出笏二閤使齊揖入欄子
内拜跪致詞云元正啓祚品物咸新恭惟皇帝陛下與天
同休若聖節則云萬春令節謹上壽巵伏願皇帝陛下萬
歲萬歲萬萬歲祝畢拜興復褥位同殿下臣僚皆再拜宣
徽使稱有制在位皆再拜宣荅曰履新上壽與卿等内外
同慶聖節則曰得卿壽酒與卿等内外同慶詞畢舞蹈五
拜齊立皇太子搢笏執盤臣僚分班教坊奏樂皇帝舉酒
殿上下侍立臣僚皆再拜皇太子受虛盞退立褥位轉盤

盞與執事者出笏左下殿樂止合班在位臣僚皆再拜分引與宴官上殿次引宋國人從至丹墀再拜不出班奏聖躬萬福再拜喝有勑賜酒食又再拜各祗候平立引左廊立次引高麗夏人從如上儀畢分引左右廊立御果床入進酒皇帝飲則坐宴侍立臣皆再拜進酒官接盞還位坐宴官再拜復坐行酒傳宣立飲訖再拜坐次從人再拜坐三盞致語揖臣使并從人立誦口號畢坐宴侍立官皆再拜坐次從人再拜坐食入七盞曲將終揖從人立再拜畢引出閤曲時揖臣使起再拜下殿果床出至丹墀合班謝宴舞蹈五拜各祗候分引出

大定六年正月上御大安殿受皇太子以下百官及外國使賀賜宴文武五品以上侍坐者有定員為常制十七年詔以皇族袒免以上親雖無官爵封邑若與宴當有班次禮官言按唐典皇家周親視三品大功親小功尊屬視四品小功親緦麻尊屬視五品緦麻袒免以上視六品上命以此制為班次

朝參常朝儀天眷二年五月詳定常朝及朔望儀准前代制以朔日六日十一日十五日二十一日二十六日為六參日後又定制以朔望日為朝參餘日為常朝凡朔望朝參日百官卯時至幕次皇帝辰刻視朝供御弩手傘子直於殿門外分兩面排立司辰入殿報時畢皇帝御殿坐鳴鞭閤門報班齊執擎儀物內侍分降殿階兩傍面南立宿衛官自都點檢至左右親衛祗應官自宣徽閤門祗候先兩拜班首少離位奏聖躬萬福兩拜弩手傘子先於殿門外東西向排立俟奏聖躬萬福時即就位北面山呼聲喏起居畢即相向對立擎御傘直立左班內侍上都點檢以次陞殿副點檢在少南東西相向立左右衛在殿下東西相向立閤門乃引親王班贊班首名以下再拜訖班首少離位奏聖躬萬福歸位再拜畢先退次引文武百僚班首以下應合朝參官并府運六品以上官皆左入至丹墀之

東西向鞠躬畢閤門通唱復引至丹墀閤門贊班首名以下起居舞蹈五拜又再拜畢領省宰執陞殿奏事殿中侍御史對立於左右衛將軍之北少前修起居東西對立於殿欄子內副階下餘退右出初帝就坐置寶匣於殿堦上東南角後定制師傅起居畢御案始東入置定捧案內侍東西分下侍殿隅直日主寶捧寶當殿叩欄奏封全符寶郎及當監印郎中各一員監當手分令史用印訖主寶吏封捧主寶俟奏事畢進封訖內侍徹案若常朝則親王班退引七品以上職事官分左右班入丹墀再拜班首稍前起居畢復位再拜宰執升殿餘官分班退

大定二年五月命臺臣定朝叅禮五品已上官職趨朝朝服入局治事則展皂自來朝叅除殿前班外若遇朔望自七品已上職事官皆赴其餘朝日五品已上職事官得赴六品已下止於本司局治事如左右司員外郎侍御史記注院等官職雖不係五品亦赴朝叅若拜詔則但有職事并七品已上散官皆赴朝叅吏員令譯史通事檢法各於本局待官員朝退赴局簽押文字不得於宮内署押七品已下流外職遇朝日亦不合入宮如左右司都事有須合取奏事乃聽入宮七品已上職事官如遇使客朝辭見日依朔望日皆赴若元日聖節拜詔車駕出獵送迎詣祖廟

燒飯但有職事并七品已上散官皆赴凡親王宗室已命官者年十六以上皆隨班赴起居大定五年右諫議大夫移剌子敬言猛安謀克不得與州鎮官隨班入見非軍民一體之意上是其言責宣徽院令隨班入見凡班首遇朝參有故不赴以次押班凡五品以上及侍御史尚書諸司郎中太常丞翰林修撰起居注殿中侍御史補闕拾遺赴召或假一月以上若除官出使之類皆通班入見辭謝除官於殿門外見謝班皆舞蹈七拜辭班四拜門見謝辭並再拜

肆赦儀大定七年正月十一日上尊冊禮畢十四日應天門頒赦十一年制同前期宣徽院使率其屬陳設應天門之内外設御座于應天門上又設更衣御幄於大安殿門外稍東南向閤門使設捧制書箱案於御坐之左少府監設鷄竿於樓下之左竿上置大盤盤中置金鷄鷄口啣絳幡幡上金書大赦天下四字卷而啣之盤四面近邊安四大鐵鐶盤底四面近邊懸四大朱索以備四伎人攀緣又設捧制書木鶴仙人一以紅繩貫之引以轆轤置於御前欄干上又設捧鶴畫臺於樓下正中臺以弩手四人對舉大樂署設宮縣於樓下又設鼓一於宮縣之左稍北東向兵部立黄麾仗於門外刑部御史臺大興府以囚徒集於

左仗外御史臺閤門司設文武百官位於樓下東西相向又設典儀位於門下稍東西向宣徽院設承受制書案於畫臺之前又設皇太子侍立褥位於門下稍東西向又設皇太子致賀褥位於百官班前又設協律郎位於樓上前楹稍東西向尚書省委所司設制書位於百官班之北稍東西向司天臺鷄唱生於東闕樓之上尚衣局備皇帝常服如常日視朝之服尚輦設輦於更衣御幄之前躬謝禮畢皇帝乘金輅入應天門至幄次前侍中俛伏跪奏請降輅入幄俛伏興皇帝降輅入幄簾降少頃侍中奏中嚴又少頃侯典贊儀引皇太子就門下侍立位通事舍人引群

官就門下分班相向立侍中奏外辦皇帝服常朝服尚輦
進輦侍中奏請升輦繖扇侍衛如常儀由左翔龍門踏道
升應天門至御座東侍中奏請降輦升座宮縣樂作所司
索扇柄五十扇合皇帝臨軒即御座樓下鳴鞭簾捲扇開執
御繖者張於軒前以障日樂止東上閤門使捧制書置於
箱閤門舍人二員從以俟引繩降木鶴仙人通事舍人引
文武群官合班北向立宮縣樂作乃分班合班則樂作立
定即止典儀曰再拜在位官皆再拜訖分班相向立侍中
詣御座前承旨退稍前南向宣曰奉勑樹金雞通事舍人
於門下稍前東向宣曰奉勑樹金雞退復位金雞初立大

樂署擊鼓樹訖鼓止竿木伎人四人緣繩爭上竿取雞所
啣絳幡展示訖三呼萬歲通事舍人引文武群官合班北
向立樓上乘鶴仙人捧制書循繩而下至畫臺閤使奉承
置於案閤門舍人四員舉案又二員對捧制書閤使引至
班前西向稱有制典儀曰拜在位官皆再拜訖以制書授
尚書省長官稍前搢笏跪受訖以付右司官右司官搢笏
跪受訖長官出笏俛伏興退復位右司官捧制書詣宣制
位都事對捧右司官宣讀至咸赦除之所司帥獄吏引罪
人詣班南北向躬稱脫枷訖三呼萬歲以罪人過右司官
宣制訖西向以制書授刑部官跪受訖以制書加於笏上

退以付其屬歸本班典儀曰拜在位官皆再拜舞蹈又再
拜典贊儀引皇太子至班前褥位立定典儀曰拜皇太子
已下群官皆再拜典儀引皇太子稍前俛伏跪致詞俛伏
興典儀曰再拜皇太子已下群官皆再拜搢笏舞蹈又再
拜侍中於御座前承旨退臨軒宣曰有制典儀曰再拜皇
太子已下群官皆再拜侍中宣荅宣訖歸侍位典儀曰再
拜皇太子已下群官皆再拜搢笏舞蹈又再拜訖典贊儀
引皇太子至門下褥位通事舍人引群官分班相向立侍
中詣御座前俛伏跪奏禮畢俛伏興退復位所司索扇宮
縣樂作扇合簾降皇帝降座樂止樓下鳴鞭皇帝乘輦還
內繖扇侍衛如常儀侍中奏解嚴通事舍人承勑群臣各
還次將士各還本所

臣下拜赦詔儀宣赦日於應天門外設香案及設香輿於
案前又於東側設卓子自皇太子宰臣以下序班定閤門
官於箱內捧赦書出門置於案閤門官案東立南向稱有
勑贊皇太子宰臣百僚再拜皇太子少前上香訖復位皆
再拜閤門官取赦書授尚書省都事都事跪受及尚書省
令史二人齎捧同升於卓子讀在位官皆跪聽讀訖赦書
置於案都事復位皇太子宰臣百僚以下再拜搢笏舞蹈
執笏俛伏興再拜拱衛直以下三稱萬歲訖退其降諸書

禮亦准此惟不稱萬歲其外郡尚書省差官送赦書到京府節鎮先遣人報長官即率僚屬吏從備旗幟音樂綵輿香輿詣五里外迎見送赦書官即於道側下馬所差官亦下馬取赦書置綵輿中長官詣香輿前上香訖所差官上馬在香輿後長官以下皆上馬後從鳴鉦鼓作樂導至公廳從正門入所差官下馬執事者先設案并望闕褥位於庭中香輿置於案之前又設所差官褥位在案之側又設卓子於案之東南所差官取赦書置於案綵輿退所差官稱有勑長官以下皆再拜長官少前上香訖退復位又再拜所差官取赦書授都目都目跪受及孔目官二員三人齊捧赦書同高几上宣讀在位官皆跪聽讀訖都目等復位長官以下再拜舞蹈俛伏興再拜公吏以下三稱萬歲禮畢明日長官率僚屬音樂送至郭外

志第十七

志第十八　金史三十七

開府儀同三司上柱國錄軍國重事中書右丞相監修國史領經筵事臣脫脫等奉

勑修

禮十

冊皇后儀　冊皇太后儀　冊皇太子儀　皇太子生日受賀儀　皇太子與百官相見儀

冊皇后儀天德二年十月九日冊妃徒單氏爲皇后前一日儀鸞司設坐勤政殿南向設群臣次於朝堂大樂令展宮縣於殿庭設協律郎舉麾位於樂縣西北東向閤門設百官班位於庭並如常朝之儀又設典儀位於班位之東北贊者二人在南少却俱西向設冊使副位於殿門外之東又設冊使副受命位於百官班前又設冊寶幄次二於殿後東廂俱南向其日諸衛勒所部略列黃麾細仗於庭符寶郎奉八寶置於左右吏部侍郎奉冊禮部侍郎奉寶匣皆置於床訖出就門外班大樂令協律郎樂工典儀贊者各入就位群官等依時刻集朝堂俱就次各服朝服侍中約刻板奏請中嚴通事舍人引群官入就庭東西相向立以北爲上又引冊使副立於東偏門西向門下侍郎引主節奉節立於殿下東廊橫街北中書令中書侍郎帥舉捧冊官奉冊床立於節南侍中門下侍郎帥舉捧寶官奉寶床立於冊床之南俱西面侍中版奏外辦殿上索扇協律郎舉麾宮縣作皇帝服通天冠絳紗袍出自東房曲直

華蓋警蹕侍衛如常儀即座南向坐簾捲樂止通事舍人引冊使副入宮縣作使副就受命位侍中中書令門下侍郎中書侍郎舉捧官依舊西面立群臣合班橫行北面如常朝之儀立定典儀曰再拜贊者承傳班首已下群官在位者皆再拜班首問起居又再拜閤門官引攝侍中出班承制降詣使副東北西向稱有制使副稍前鞠躬再拜攝侍中宣制曰命公等持節授后冊寶宣制訖又俱再拜侍中還班門下侍郎引主節詣冊使所主節以節授門下侍郎門下侍郎執節西向授太尉太尉受付主節主節立於使副之左右門下侍郎退還班位中書侍郎引冊床門下

侍郎引寶床立於冊使東北西向以次授與太尉太尉皆捧受冊床置於北寶床置於南侍中中書令禮儀使舉捧冊寶官及舁床者退於東西塼道之左右相向立門下侍郎中書侍郎退還班位典儀曰再拜贊者承傳群官在位者皆再拜訖分班東西相向位舉捧舁冊寶床者進冊床先行讀冊官次之寶床次行讀寶官次之舉舁官各分左右通事舍人引冊使隨之以行持節者前導太尉初行宮縣樂作出殿門樂止攝侍中出班升殿奏侍中臣言禮畢殿上索扇簾降宮縣作降座入自東房樂止通事舍人引群官在位者以次出俟太尉司徒復命禮畢還內先是有

司預設太尉司徒本品華車鹵簿於門外至殿門左右排列俟使副出鼓吹振作禮儀使舉捧官執節者并擡舁人以冊寶少駐於泰和門太尉司徒及讀冊寶官暫歸幕次內侍閤門引入泰和殿俟至殿下位鼓吹止有司預供張泰和殿設皇后座於扆前殿上垂簾又設東西房於座之左右稍北又設受冊位於殿庭西階之南東向又設內命婦次於殿之左右大樂令設宮縣於庭協律郎設舉麾位於殿上又設冊寶次於門外又設行事官次於門左右又設外命婦次於門之內其日諸衛於殿門外略設黃麾細仗有司設二步障於殿之西階簾前設扇左右各十紅繖

一在西階欄干外又設舉冊寶案位於使副之前北向又設宣徽使位於北廂南向司贊設內外命婦以下陪列位於殿庭塼道之左右每等重行異位北向內命婦在後又設司贊位於東階東南贊者二人在南少退俱西向質明執事官大樂令等各就位皇后常服乘龍飾肩輿至泰和殿後閤近仗導衛如常儀宣徽使奏中嚴冊使副入門宮縣作俟冊使庭中立樂止冊在北寶在南使副立於床後禮儀使帥持節者立於前舉捧冊寶官立於冊寶床左右讀冊寶官各立於其後宣徽使奏外辦內侍閤門官引后出後閤宮縣作簾捲皇后降自西階左右步障繖扇從至

階下望勤政殿御閤所在立樂止冊使進立於右宣曰有制閤門使內侍贊再拜冊使宣曰制遣太尉臣某司徒臣某恭授后冊寶閤門使內侍贊再拜冊使少退中書令侍中及舉捧官率擡舁人奉冊寶以次進於前宮縣作冊寶床自東階升並置於殿之前楹間冊床在北寶床在南中嚴讀冊寶官立位並去帕及蓋擡舁人執之退立於西朶殿舉擡官分左右相向立讀冊寶官各立於床之東西向立既定樂止閤門使內侍贊再拜捧謝表官以表授左立內侍內侍以授后受訖以付右立內侍內侍持表立於右閤門使贊再拜訖冊使退宮縣作持表內侍以表付閤門

官隨冊使行冊使副至門鼓吹振作如來儀入西偏門鼓吹止冊使副至御閤所在俛伏跪奏太尉臣某司徒臣某奉制授冊寶禮畢俛伏興退持表閤門官進表近侍接入進讀訖退初冊使退及門樂止閤門內侍引后自西階升殿宮縣作繖扇止於簾外退於左右朶殿前步障止於階下卷之后於座前南向立樂止中書令詣冊床南立北向稱中書令臣某謹讀冊讀畢降自東階立於欄外第一墀上西向次侍中詣寶床南立北向搢稱侍中臣某讀寶讀畢降階立於中書令之北西向內侍閤門引升座宮縣作坐定樂止舉捧官以次招擡舁人持帕蓋覆匣床奉置殿

之左右冊床在東寶床在西置訖舉捧官以次降階立於中書令侍中之後立定合班北向閤門贊再拜拜訖降東階退出殿門其擡舁人置冊寶床於東西訖各由朶殿下階於侍中等班後直出殿門以俟復入擡舁入宮受冊表謝訖內侍跪奏禮畢閤門引內外命婦陪列者以次進就北向位班首初行宮縣作至位樂止閤門曰再拜命婦皆再拜閤門引班首自西階升樂作至階樂止進當座前北向躬致稱賀訖降自西階樂作至位樂止閤門曰再拜舍人承傳命婦等皆再拜閤門使前承令降自西階詣命婦前西北東向稱有教旨命婦等皆拜閤門使宣曰祗奉壼

恩授以冊寶榮幸之至兢厲增深所賀知舍人曰再拜命婦皆再拜訖內侍引內命婦還宮班首初行樂作出門樂止內侍引外命婦出次宣徽使奏稱禮畢降坐宮縣作入東房樂止歸閤宮縣作至閤樂止更常服內侍承教旨宣外命婦入會並如常儀會畢閤門引外命婦降階橫班北向舍人曰再拜訖以次出還宮如來儀中書門下侍郎復以引進司帥擡舁人進冊寶入內侍與都點檢司退別日會群官會妃主宗室等賜酒設食簪花教坊作樂如內宴之儀十一日朝永壽永寧兩宮皇后既受冊越二日內侍設座於所御殿南向其日夙興宣徽使版奏中嚴賀明諸

侍衛宫人俱詣寢殿奉迎宣徽使版奏外辦后首飾褘衣
御車内侍前導降自西階以出侍衛如常儀至太后之裹
門外降車障扇侍衛如常儀入立於西廂東向將至宣徽
使版奏請中嚴既降車宣徽使版奏外辦太后常服宣徽
使引升座南向宣徽使引后進升自西階北面再拜進跪
致謝詞存撫賜酒食並如家人之儀禮畢宣徽使贊再拜
訖宣徽使引降自西階以出出門宣徽使奏禮畢降座入
宫

奉册皇太后儀天德二年正月詔有司擇日奉册唐數國
妃岐國太妃仍别建宫名合行典禮禮官檢詳條具以聞

其日質明有司各具繖扇侍衛如儀及兵部約量差軍兵
并文武百官詣兩宫迎請引導皇太后入内並赴受册殿
入御幄侍衛如式次奉册太尉等俱以册置於案奉寶司
徒等俱以寶置於案皆盛以匣覆以帕詣别殿門外幄次
教坊提點率教坊入侍衛官各就列皇帝常服乘輿至别
殿後幄次通事舍人引宣徽使版奏中嚴復位少頃又奏
外辦幄簾卷教坊樂作扇合兩宫皇太后出自後幄並即
御座南向扇開樂止分左少退右通事舍人引文武百僚班左
入依品重行西向立定通事舍人喝起居班依常朝例起
居七拜訖引文武百僚班分東西相向立通事舍人太常
博士贊引太常卿前導押册官押册而行奉册太尉讀册
中書令舉册官等以次從之次押寶官押寶而行奉寶司
徒讀寶侍中舉寶官等以次從之俱自正門入教坊樂作
至殿庭西階下少東北向於褥位少置樂止册北寶南通
事舍人太常博士贊引太常卿前導押册官押册升樂作
奉册太尉等從之進至兩宫皇太后座前褥位樂止兩宫册寶
齊上讀舉册官夾侍奉册太尉各搢笏北向跪俛伏興退立
讀册中書令俱進向册前跪奏稱攝中書令具官臣某謹
讀册舉册官單跪對舉中書令各搢笏讀訖執笏俛伏興
搢笏捧册興於位東迴册函北向並進跪置於御座前褥

位中書令舉册官俱降還位奉册太尉並降階東向以俟
押寶官押寶升樂作奉寶司徒等從之進至兩宫皇太后
座前褥位樂止舉寶官夾侍奉寶司徒各搢笏北向跪俛
伏興退立讀寶侍中俱進當寶前跪奏稱攝侍中具官臣
某謹讀寶舉寶官單跪對舉侍中各搢笏讀訖執笏俛伏
興搢笏捧寶興於位東迴寶西北向並進跪置於御座前
褥位册之南通事舍人太常博士贊引太尉司徒以次應
行事官俱降自西階復本班序立宣徽使一員詣皇帝御
幄前俛伏跪奏臣某謹請皇帝詣兩宫皇太后前行稱賀
之禮俛伏興贊引皇帝再拜又奏請北向跪皇帝賀曰嗣

皇帝臣某言云云俛伏興又再拜訖又奏請皇帝少立內侍承旨退西向稱兩宮皇太后旨云云皇帝再拜宣徽使前引皇帝歸幄常服乘輿還內侍衛如來儀應階下文武百僚重行立定通事舍人喝拜在位皆再拜通事舍人引太師詣西階升俛伏跪奏稱文武百僚具官臣某等稽首言皇太后殿下顯對冊儀來安帝養仰祈福壽與天同休俛伏興降自西階復位立定通事舍人贊在位官皆再拜舞蹈三稱萬歲又再拜宣徽使升自東階取旨退臨階西向稱兩宮皇太后旨通事舍人贊在位官皆再拜畢宣曰公等忠徽盡心推崇協力膺茲令典感愧良深宣訖還位通事舍人贊謝宣諭拜在位官皆再拜舞蹈三稱萬歲又再拜通事舍人分引應北向官各分班東西立宣徽使升自東階奏稱具官臣等言禮畢降還位扇合皇太后並興教坊樂作降座還殿後幄次扇開樂止通事舍人引宣徽使奏解嚴中書侍郎等各帥捧冊床官升殿跪捧冊並置於床次門下侍郎等各帥捧寶床官升殿跪捧寶並置於床訖通事舍人引詣東上閤門投進所司文武百僚以次出皇太后常服乘輿各還本宮引導如來儀文武百僚詣東上閤門拜表賀皇帝退禮畢各赴本宮受內外命婦稱賀所司預於殿內設皇太后御座司賓引內外命婦於殿庭北向依序立尚儀奏請皇太后常服即座司贊曰再拜命婦皆再拜司賓引班首詣西階升跪賀稱妾某氏等言伏惟皇太后殿下天資聖善昭受鴻名凡在照臨不勝欣抃興降階復位司贊曰再拜內外命婦皆再拜尚宮承旨降自西階於命婦之北東向立司贊曰再拜在位者皆再拜尚宮乃宣答曰膺茲典禮感愧良深司贊曰再拜在位者皆再拜退赴別殿賀皇帝亦如賀皇太后之儀惟不致詞不宣答

冊皇太子儀大定八年正月冊皇太子禮官擬奏皇太子乘輿至翔龍門東宮官導從不乘馬冊皇太子前三日遣使同日奏告天地宗廟冊前一日宣徽院帥儀鸞司設御座於大安殿當中南向設皇太子次於門外之東西向又設文武百僚應行事官東宮官等次於門外之東西廊又設冊寶幄次於殿後東廂俱南向又設受冊位於殿庭橫階之南工部官與監造冊寶官公服自製造所導引冊寶床由宣華門入約宣徽院同進呈畢赴幄次安置大樂令帥其屬展樂縣於庭其日兵部帥其屬設黃麾仗於大安殿門之內外其日質明文武百僚應行事官並朝服入次東宮官各朝服自東宮乘馬導從至左翔龍門外下馬入就次通事舍人分引百官入立班東西相向次引侍中中

書令門下侍郎中書侍郎及捧舁冊寶官詣殿後幄次前立少頃奉冊寶出幄次由大安殿東降至庭中褥位權置訖奉引冊寶官立於其後皇太子服遠游冠朱明衣出次執圭三師三少已下導從立於門外侍中奏中嚴符寶郎奉八寶由東西偏門分入升置御座之左右侍中奏外辦內侍承旨索扇扇合皇帝服通天冠絳紗袍以出曲直華蓋侍衛如常儀鳴鞭宮縣樂作皇帝出自東序即御座爐煙升扇開簾捲樂止典贊儀引皇太子入門宮縣樂作至位樂止師少已下從人立於皇太子位東南西向典儀贊皇太子再拜搢圭舞蹈又再拜奏聖躬萬福又再拜引近

東西向立師少已下并奉引冊寶官等各赴百官東班樂作至位樂止通事舍人引百官俱橫班北向典儀贊拜在位官皆再拜搢笏舞蹈又再拜起居又再拜畢百官各還東西班師少已下并行事官各還立位典贊儀引皇太子復受冊位樂作至位樂止侍中承旨稱有制皇太子已下應在位官皆再拜躬身侍中宣制曰冊某王爲皇太子又再拜通事舍人太常博士引中書令詣讀冊位中書侍郎引冊匣置於前捧冊官西向跪捧皇太子跪讀畢俛伏興皇太子再拜中書令詣捧冊位奉冊授皇太子搢圭跪受冊以授右庶子右庶子跪受皇太子俛伏興右庶子以冊

興置於床中書令已下退復本班次通事舍人太常博士引侍中詣奉寶位門下侍郎引寶盝立於其右侍中奉寶授皇太子搢圭跪受以授左庶子左庶子跪受皇太子俛伏興左庶子以寶興置於床侍中已下退復本班典儀贊再拜畢引皇太子退初行樂作左右庶子帥其屬舁冊寶床匣以出出門樂止侍中奏禮畢內侍承旨索扇扇合簾降鳴鞭樂作皇帝降座入自西序還後閤侍衛如來儀扇開樂止侍中奏解嚴所司承旨放仗衛以次出皇太子入次改服公服還東宮導從如來儀冊後二日兵部設黃麾仗於仁政殿門之內外陳設並如大安殿之儀百官服朝

服皇太子公服至次改服遠游冠朱明衣通事舍人引百官入至階下立班東西相向典儀引皇太子執圭出次立於門外侍中奏中嚴少頃又奏外辦皇帝出自東序即座簾捲通事舍人引百官俱橫班北向典儀贊拜在位官皆再拜搢笏舞蹈又再拜起居又再拜訖分班皇太子捧表入至拜表位立俟閤門使將至單跪捧表閤門使接表皇太子俛伏興典儀贊再拜搢圭舞蹈又再拜俟讀表畢侍中承旨退稱有制典儀贊再拜興躬身侍中宣訖典儀贊再拜搢圭舞蹈又再拜引皇太子退侍中奏禮畢扇合鳴鞭入西序還後閤侍衛如來儀侍中奏解嚴放仗百官以

次出後二日百官奉表稱賀如常儀
正旦生日皇太子受賀儀大定二年世宗命有司議親王百官及妃主命婦見皇太子禮有司按唐宋舊儀擬親王宗室賀皇太子依冊畢受賀禮然唐禮元正復有降階見伯叔答群官再拜之文又無妃主命婦見太子之禮稽諸令文應致恭之官相見或貴賤殊隔或長幼親戚任從私禮自今若在東宮候皇太子便服則當從私禮接見若三師以下遇皇太子誕日在御前則候皇太子先進酒畢百官望皇太子再拜班首跪進酒又再拜若賜酒即當殿跪飲畢又再拜以爲定制命班行之十二月晦皇太子奏狀

曰按禮文親王升一品宗室皆北面拜伏臣但答揖而已雖曰尊宗子而在長幼惇叙之間誠所未安當時遷蒙須降未獲謙讓明日元正有司將舉此禮伏望聖慈許臣答拜庶敦親親友愛之義上從其請命尚書省頒下所司若皇太子生日則公服左上露臺欄子外先再拜二閤使齊揖入欄子內拜跪祝畢就拜興復位再拜又再拜接臺進酒退跪候飲畢接盞復位轉臺與執事者再拜宣徽使以酒進皇帝親賜酒接盞稍退跪飲畢宣徽使接盞復位再拜復揖入欄子內跪搢笏受賜物畢出笏興復位再拜退更衣入殿稍東西向立皇妃等進勸生日酒皇太子跪皇妃等亦跪飲畢各再拜群官致賀則其日質明皆公服集於門外少詹事奏請內嚴又奏外備典儀引升座文武官臣入就庭下重行北向立典儀曰再拜在位官皆再拜班首少前跪奏元正首祚生日則云慶誕令辰伏惟皇太子殿下福壽千秋賀畢復位典儀曰再拜宮臣皆再拜坐受分東西序立次引東宮三師於殿上三少於殿柱外北向東上立皇太子諮南向褥位典儀曰再拜師少皆再拜班首同前稱賀復位執事者酌酒一卮班首奉進樂作飲訖樂止回勸師少畢各復位典儀贊師少再拜皇太子答拜師少出皇太子就坐次引親王入欄子內一品宗室於欄

子外餘宗室序班庭下拜致賀進酒如上儀皇太子答拜畢就坐復引隨朝三師三公宰執於殿上三品以上職事官於露階上四品以下於庭下北向每等重行以東爲上立皇太子諮褥位典儀曰再拜上下皆再拜畢班首少前致賀復位執事者酌酒一卮班首奉進樂作飲畢樂止如有進獻如常儀回勸三師三公餘殿上群官則令執事者以盤行酒飲畢典儀曰再拜上下皆再拜乃答拜引群官以次出少詹事跪奏禮畢自是歲賀爲定制
皇太子與百官相見儀三師三公欄子內北向躬揖班首稍前問候皇太子離位稍前正南立答揖宰執及一品職

事官扣欄子北向躬揖答揖同前二品職事官欄子外稍南躬揖皇太子起揖三品職事官露階稍南躬揖皇太子坐揖四品以下職事官庭下躬揖跪問候皇太子坐受太子太師太傅太保與隨朝三師同東宮三少與隨朝二品同詹事已下並在庭下面北每品重行以東爲上再拜稍前問候又再拜皇太子坐受大定二年所定也七年定制皇太子赴朝許與親王宰執相見餘官宗室並迴避後亦許與樞密使副御史大夫判宗正東宮三師相見九年定制凡皇太子出於都門三里外設褥位三公宰執以下公服重行立皇太子便服三公宰執以下鞠躬班首致辭云青宮萬福再拜皇太子答拜退迎送皆同

志第十八

志第十九　金史三十八

開府儀同三司上柱國錄軍國重事中書右丞相監修國史領經筵事都總裁臣脫脫等奉

勅修

禮十一 外國使入見儀 曲宴儀 朝辭儀 新定夏使儀

外國使入見儀皇帝即御座鳴鞭報時畢殿前班小起居畢至侍立位引臣僚左右入丹墀小起居畢宰執上殿其餘臣僚分班出閤門使奏使者入見牓子先引宋使副出笏捧書左入至丹墀北向立閤使左下接書捧書者單跪授書拜起立閤使左上露階右入欄內奏封全轉讀畢引使副左上露階齊揖入欄內揖使副鞠躬使少前拜跪附奏畢拜起復位立待宣問宋皇帝時並鞠躬受勅旨再揖

鞠躬使少前拜跪奏畢起復位齊退却引使副左下至丹墀北嚮立禮物右入左出盡揖使副傍折通班再引至丹墀舞蹈五拜不出班奏聖躬萬福再拜揖使副鞠躬使出班謝面天顏復位舞蹈五拜再揖副使鞠躬使出班謝遠差接伴兼賜湯藥諸物等復位舞蹈五拜各祗候引右出賜衣次引宋人從入通名已下再拜不出班又再拜各祗候亦引右出次引高麗使左入至丹墀北嚮略立引使左上露階立定揖橫使鞠躬正使少前拜跪附奏畢拜起復位立閤使宣問高麗王時並鞠躬受勅旨畢再揖橫使鞠

躬正使少前拜跪奏畢拜起復位齊退卻引左下至丹墀
面殿立定禮物右入左出盡揖使傍折通班畢引至丹墀
通一十七拜各祗候平立引左階立次引夏使見如上儀
引右階立次再引宋使副左入至丹墀謝恩舞蹈五拜各
祗候平立次引高麗夏使並至丹墀三使並鞠躬有勅賜
酒食舞蹈五拜各祗候引右出次引宰執下殿禮畢
曲宴儀皇帝卽御座鳴鞭報時畢殿前班小起居到侍立
位引臣僚并使客左入傍折通班至丹墀舞蹈五拜不出
班奏聖躬萬福又再拜出班謝宴舞蹈五拜各上殿祗候
分引預宴官上殿其餘臣僚右出次引宋使從人入至丹

墀再拜不出班奏聖躬萬福又再拜有勅賜酒食又再拜
引左廊立次引高麗夏從人入分引左右廊立果床入進
酒皇帝舉酒時上下侍立官並再拜接盞畢候進酒官到
位當坐者再拜坐卽行臣使酒傳宣立飲畢再拜坐次從
人再拜坐至四盞餅茶入致語闋鼓笛時揖臣使并人從
立口號絶坐宴并侍立官並再拜坐次從人再拜坐食入
五盞歇宴教坊謝恩畢揖臣使起果床出皇帝起入閤臣
使下殿歸幕次賜花人從隨出戴花畢先引人從入左右
廊立次引臣使入左右上殿位立皇帝出閤坐果床入坐
立並再拜坐次從人再拜坐九盞將曲終揖從人至位再

拜引出閤曲時揖臣使起再拜下殿果床出至丹墀謝宴
舞蹈五拜分引出
朝辭儀皇帝卽御座鳴鞭報時畢殿前班小起居至侍立
位引臣僚合班入至丹墀小起居引宰執上殿其餘臣僚
分班出閤使奏辭牓子先引夏使左入傍折通班畢至丹
墀再拜不出班奏聖躬萬福又再拜揖使副鞠躬使出班
懇闕致詞復位又再拜喝各好去引右出次引高麗使如
上儀亦引右出次引宋使副左入傍折通班畢至丹墀依
上通六拜各祗候平立閤使賜衣馬鞠躬聞勅再拜賜衣
馬畢平身搢笏跪受別錄物過盡出笏拜起謝恩舞蹈

五拜有勅賜酒食舞蹈五拜引使副左上露階齊揖入欄
內揖鞠躬大使少前拜跪受書起復位揖使副齊鞠躬受
傳達畢齊退引左下至丹墀鞠躬喝各好去引右出次引
宰執下殿禮畢熙宗時夏使入見改爲大起居定制以宋
使列於三品班高麗夏列於五品班皇統二年六月定臣
使辭見臣僚服色拜數止從常朝起居三國使班品如舊
候殿前班及臣僚小起居畢宰執升殿餘臣分班畢乃令
行入見及朝辭之禮凡入見則宋使先禮畢夏使入禮畢
而高麗使入其朝辭則夏使先禮畢而高麗使入禮畢而
宋使入夏高麗朝辭之賜則遣使就賜於會同館惟宋使

之賜則庭授舊高麗使至闕皆有私進禮大定五年上以
宋夏使皆無此禮而小國獨有之不可遂命罷之六年詔
外國使初見朝辭則於左掖門出入朝賀賜宴則由應天
門東偏門出入大定二十九年三月章宗以在諒闇免宋
使朝辭太常寺言若不面授書及傳達語言恐後別有違
失遂令宋使先辭靈幄然後詣仁政殿朝辭授書時右丞
相襄言伏見熙宗聖誕七月七日以景宗忌辰避之更爲
翌日復用正月十七日受外國賀今聖誕節若依期令外
方人使過界恐爲雨潦所滯設能到闕或值陰雨亦難行
禮乞以正月十一日或三月十五日爲聖節定宋人過界
之期平章政事張汝霖參知政事劉瑋等言帝王當示信
以雨潦路阻輒改之或恐失信且宋帝生日亦五月也是
時都在會寧上國遣使賜生日萬里渡越江河尚不避霖
潦如期而至今久與宋好不可以小阻示以不實彼若過
界多作程頓亦不至留滯縱使雨水愆期而入見猶勝更
用他日也御史大夫唐括貢中丞李宴刑部尚書兼右諫
議大夫完顏居貞等亦皆言不可上初從之既而竟用襄
議令有司移報使明知聖誕之實特改其日以示優待行
人之意承安三年正月上諭旨有司曰比聞宋國花宴殿
上不設餚饌至其歇時乃備於廊下今花宴上賜食甚爲

拘束若依彼例可乎且向者人使見辭殿上亦嘗有酒禮
今已移在館宴矣有司奏曰曲宴之禮舊矣彼方酒一行
食一上必相須成禮而國朝之例酒既罷而食始進至於
花宴日宋使至客省幕次有酒禮而我使至其幕則有食
而無酒各因其舊不必相同古者宴禮設食以示慈惠今
遽更之恐遠人有疑失朝廷寵待臣子之意乃命止如舊
正大元年十月夏國遣使修好二年九月夏國和議定以
兄事金各用本國年號定擬使者見辭儀注云蓋夏人自
天會議和臣屬於金八十餘年無兵革事及貞祐之初小
有侵掠以至搆難十年兩國俱敝至是始以兄弟之國成
和十月遣禮部尚書奧敦良弼大理卿裴滿欽甫侍御史
烏古孫弘毅爲報成使三年十月夏人告哀遣中大夫完
顏履信爲弔祭使夏人以兵事方殷各停使聘四年遣王
立之來聘未復命而夏亡
新定夏使儀注夏國使副及參議各一謂之使都管三上
節中節各五下節二十四謂之三節人從報至行省差接
伴使與書表人迓於境入界則先具驛程腰宿之次始至
京兆行省翌日賜宴至河南行省亦然謂之來宴將至京
遣內侍一人以油絹複韜三銀盒貯湯藥二十六品迓於
近境尉氏縣賜之至恩華館舊名燕賓館承安三年更名更衣由宜照

門入預差館伴使副使二員書表四人牽攏官三十人以俟來使三節人從至會同館謂之聚廳先以館伴使名銜付之而使者亦以其銜呈然後使副都管上中節人從以次見館伴使接伴使初相見之儀亦然次以館伴所書表見人使館伴所牽攏官與下節人互相參見畢乃請館伴接伴人使副各公服齊出幕次對行上廳欄子外館伴在北對立先接伴揖次來使副與館伴互展狀揖各傳示再揖各就位請收笏坐先湯次酒三盞置果殺茶罷執笏近前齊起欄子外館伴在南對立先館伴揖次展接伴辭狀相別揖各傳示再揖通揖分位是日皇帝遣使撫問天使

至館轉銜如館伴初見之儀館伴與天使來使副各公服齊行至位對立請來使副升拜褥望闕立次請天使升拜褥稍前立來使副鞠躬天使言有勑乃再拜鞠躬天使口宣辭畢復位來使再拜舞蹈三拜復位立來使與天使各展狀相見揖次館伴揖來使令人傳示請館伴天使與來使對行上廳各赴椅子立通揖謹收笏坐湯酒殺茶並如前畢執笏近前齊請起至拜褥依前對立請來使副升褥位進表謝撫問再拜副使平立使跪奉表天使近前搢笏受之出笏復位來使就拜退復對立來使令人傳示館伴依例書送天使土物畢展天使辭狀相別揖次館伴揖各

請分位是後每旦暮傳示并牽攏官聲喏如儀到館之明日遣使賜酒果天使初至轉銜後望拜傳宣皆如撫問之儀使副單跪以酒果過其側拜舞蹈如儀上廳湯酒茶畢詣拜褥位跪進謝賜酒果表贈天使土物皆如撫問使禮押酒果軍亦有土物之贈乃命閤門副使至館習儀初轉銜前後皆如館伴相見之儀湯茶罷館伴閤副傳示使副來日入見例當習儀來使副回傳示習儀畢第二盞後當面勸習儀承受人酒一盞先揖飲酒再拜退三盞果茶罷執笏近前齊起欄子外南爲上對立以來日入見故但揖而不展辭狀分位乃以入見牓子付閤門持去以付禮進

司來使副以書送土物於引進使及交進物軍貪人等閤門副及習儀承受人各贈土物第三日入見其日質明都管三節人從皆裹帶館伴與來使副各公服齊請赴馬臺館伴牽攏官喝排馬來使牽攏官喝牽馬各上馬張蓋都管馬上奉書在使前至中門外以外爲上對立先來使牽攏官兩聲喏次館伴牽攏官亦然齊揖各傳示再揖請行至左掖門外五百步館伴與使副乃左右易位而行揖畢去門百步去傘下馬出笏對行凡後入稱賀曲宴皆同是儀來使人從持物者不得入門牽攏官權收之客省令二人傳示館伴與來使各令人回傳示至客省幕前館伴所

書表在上立齊揖乃入幕先館伴所書表傳示次來使書表傳示依前欄子外立先揖當面勸酒一盞再揖退引館伴來使入客省幕內爲上對立揖畢請分位立先館伴揖次展客省起居狀揖各傳示再揖通揖請赴位立再揖請收笏坐先湯次酒三盞各有果殽第二盞酒畢客省乃傳示來使請都管上中節勸酒回傳示畢引都管上中節於幕次前堦下排立先揖飲酒再揖引退第三盞酒畢茶罷執笏近前齊起幕次前立通揖畢各歸本幕次俟殿上小起居畢宰執升殿餘臣分班退閤使奏來使見牓子乃先請館伴入班俟閤門招引乃請客省與來使副對立於幕前外爲上使者奉書揖畢對行至三門外與引揖閤副揖使奉書副出笏後隨左上露臺殿簷柱外奉書單跪(舊儀於丹墀內奉書)閤使接書使副就拜立閤使右入欄子內奏封全轉讀畢(故事皆不讀)引使副入殿欄子內揖使副鞠躬再拜引少前跪奏弟大夏皇帝致問凡大金皇帝聖躬萬福再拜興復位皇帝乃宣問夏皇帝使副鞠躬受旨畢引使少前跪奏弟大夏皇帝聖躬萬福拜復位立齊退左下階至丹墀北向立以禮物右入左出盡揖使副傍折通班再引至丹墀舞蹈五拜不出班代奏聖躬萬福畢再拜引使副前雙跪皇帝遣入勞問復位謝恩舞蹈五拜再揖使副出班謝

面天顏復位舞蹈五拜再揖閤副鞠躬引使出班謝遠差接伴兼賜湯藥諸物復位舞蹈五拜喝各祗候引右出至三門階下與閤副揖別與客省同行至幕次前對揖各歸幕次引都管上中節左入丹墀立下節於門外階下立齊鞠躬通名先再拜不出班奏聖躬萬福再拜下節鞠躬聲喏初一拜呼萬歲次一拜呼萬歲臨起呼萬萬歲喝各祗候平立引右出乃賜使者衣拜舞皆如賜酒果之儀畢使者與天使對立次請都管三節人從望闕立天使稍前立都管人從鞠躬天使傳敕拜謝如使儀就拜畢謝恩再拜下節鞠躬聲喏如入見儀乃再引入賜以酒食閤門招客省皆如入見儀至丹墀謝賜衣物再拜舞蹈三拜鞠躬贊有敕賜酒食舞蹈五拜喝各祗候引右出如前儀歸幕乃請出館伴與使副幕前對立揖各傳示再揖請行至元下馬所復左右易位而行揖畢各收笏上馬至館又左右易位入門內爲上對立先來使褰攏官次館伴褰攏官各聲喏再拜揖畢請分位乃以押伴使賜宴於館押伴至館轉名銜回畢與館伴來使公服齊詣褥位對立押伴稍前立先請押伴館伴上褥位望闕拜謝坐再拜舞蹈三拜起先請押伴上副階上立乃引使副上褥位望闕亦謝坐儀同上乃與館伴對行上廳押伴在副階上與使副展參狀來

使副先令人報上閣押伴回傳示再揖請押伴先入於卓前椅位立館伴與使副對揖各就位立通揖請端笏坐湯入乃於拜席上排立都管人從湯盞出揖起押伴等離位立都管人從鞠躬拜下節人聲喏如入見儀呼萬歲畢喝押伴及使副皆就坐引三都管上中節分左右上廳南入北為上下節在西廊下立候押伴等初盞畢樂聲盡坐至三盞下食畢四盞下酒畢押伴傳示來使面勸都管上中節酒一盞來使答上閣以都管上中節於副階下排立先揖飲傳台旨勸再揖退至五盞下酒畢茶入都管人從於拜席上排立待茶罷揖押伴等起離位立都管人從鞠躬

喝謝恩拜下節聲喏如上儀就位立請押伴等齊下廳赴拜褥對立先請使副就褥位謝恩再拜舞蹈三拜復位乃請押伴館伴就褥位謝如上儀復位第四日命押宴官賜宴官就館宴先賜宴天使轉銜如前儀各公服請館伴天使與來使就褥位對立先請使副就褥位望闕立次請賜宴天使就褥位稍前使副鞠躬天使傳宣使副拜謝皆如前儀使副與天使互展狀起居揖次館伴揖使副令人傳示館伴依例請賜宴天使茶酒館伴暫歸幕來使副與天使主賓對行上廳於西間內各詣椅位揖收笏坐先湯次酒三盞果殽茶罷執笏近前請起賜宴天使暗退請押宴

使至褥位立次請館伴齊就褥位望闕再拜平身搢笏鞠躬三舞蹈跪左膝三叩頭出笏就拜興再拜復位對立請押宴上廳次請來使副詣褥位謝坐再拜舞蹈三拜請分階升廳欄子外內為上對立先館伴揖次互展押宴起居狀相見揖各傳示再揖通揖請就位詣椅位立通揖請端笏坐以御宴不敢用踏床湯入都管三節人從於拜席上排立湯盞出押宴離位立揖都管人從鞠躬下節人從聲喏呼萬歲如入見儀喝各就坐請押宴等坐引都管上中節分左右上廳北入南為上立下節於西廊下南入北為上立候押宴等初盞畢樂聲盡坐至五盞後食六盞七盞

雜劇八盞下酒畢押宴傳示使副依例請都管上中節當面勸酒使者答上閣復引都管上中節於欄子外階下排立先揖飲酒再揖退至九盞下酒畢教坊退乃請賜宴天使於幕次前候茶入乃於拜席排立都管三節人從茶盞出揖起押宴官等離位立揖都管人從鞠躬喝謝恩拜下節聲喏呼萬歲如入見儀且鞠躬喝各祗候請押宴等官齊出分階下廳與天使對行至拜褥前立請使副就位望闕謝恩再拜舞蹈三拜畢依位立請押宴館伴齊詣褥位謝恩來使乃進謝御宴表先再拜平身立使跪棒表天使近前搢笏受表出笏復位使就拜退復位立使副上閣依

例書送天使土物領畢天使即以物報之然後展天使辭
狀再揖次館伴揖通揖請分位是日來使於宴下監酒等
官及教坊人等皆有所贈第五日稱賀比至客省幕次對
立皆如入見儀至收笏坐先湯次酒三盞畢客省傳示來
使辭日請都管上中節當面勸酒四傳示畢引都管上中
節於幕次前階下排立先揖飲酒再揖引退至三盞酒畢
茶罷出笏近前齋請出幕次前外爲上對立通揖分位各
歸幕次候閤門招引時請客省與使副幕次前外爲上對
立揖對行至門外階下與引揖閤副揖引使副左入與臣
僚合班至丹墀北嚮立定同臣僚先再拜平身搢笏鞠躬

三舞蹈跪左膝三叩頭出笏就拜興再拜平立俟進酒致
辭畢再拜宣徽使稱有制又再拜宣答畢先再拜舞蹈平
立分班俟皇帝舉酒時再拜合班又再拜上殿夏使副在
御座右第二行北端立次引都管上中節左入至丹墀立
下節門外階下排立齊鞠躬通名畢先再拜鞠躬不出班
奏聖躬萬福喝拜又再拜下節聲喏呼萬歲如前儀喝各
祗候畢平立再鞠躬喝賜酒食聲喏再拜呼萬歲如前儀
引左廊立侍床入進酒皇帝飲酒時上下侍立皆再拜俟
進酒官至位合坐官再拜皆坐即行臣使酒普傳宣立飲
再拜復坐次人從鞠躬聲喏再拜呼萬歲之儀如前皆坐

至第三盞傳宣立飲畢再拜復坐次人從如前畢坐俟致
語聞鼓笛時揖臣使皆立俟口號絕臣使再拜坐次人從
如前儀復坐次至五盞將曲終人從立再如前儀畢先引
出臣使起再拜退至丹墀合班謝宴再拜舞蹈三拜喝各
祗候引出至三門階下與閤門副使相揖別與客省同行
至幕次前對立先揖各傳示再揖請分位就幕次少頃請
館伴與使副出幕次外爲上對立先揖各傳示再揖引行
至九下馬處請左右易位對立揖投笏上馬至館聲喏相
揖分位與初入見還禮同第六日賜分食并賜酒果禮天
使至館與第二日賜酒果禮同是日支押分食酒果軍士

物并在館隨局分官員承應人例物凡裏外門將軍監廚
直長館都監監酒食官承應班祗候衆廚子館子巡護軍
館伴所牽攏官皆溥及之第七日曲宴禮如前儀第八日
奏辭之儀至小起居畢閤使先奏來使辭牓子引使者左
入傍折通班至丹墀再拜不出班奏聖躬萬福又再拜揖
副鞠躬使出班懇闕致詞復位再拜喝各好去引右出次
引宰執下殿禮畢第九日衆廳送至恩華館更衣而行凡
使將至界報至則差接伴使至則差館伴使去則差送伴
使皆有副皆差書表以從凡行省來宴回宴之押宴官皆
從行省定差就借以文武高爵長官之職以爲轉銜之光

來回之賜宴天使皆以閤門祗候往詔書口宣皆稟命於都省以翰林院定撰焉夏使至或許貿易於市二日使至所差者館伴使副各一監察奉職省令史各一書表四總領提控官酒食官監厨稱肉官各一牽攏官三十尚食局直長知書都管接手湯藥直長長行各一厨子五奉飲直長一長行二奉珍二儀鸞直長一長行十把内外門官二館外巡防軍三十把館甲軍六十二雜役軍六十過位不通漢語軍十凡雜役皆衣皂過食司吏八十街市厨子四十方脉雜科醫各一醫獸一鞍馬二十四疋後止備八疋押馬官一員又差説儀承受禮直官一員凡在館鋪陳繖

絡器皿什物户部差官與東上直閤同點檢所經橋道皆先期命工部修治之凡賜衣使副各三對人從衣各二對使副幣帛百四十段舊又賜貂裘二無則使者代以銀三錠副代以帛六十疋後削之惟生餼則代以綾羅三十九疋帛六十二疋布四疋金帶三金鍍銀束帶三金塗銀閙裝鞍轡三金塗銀渾裹書匣閙金塗銀裝釘黒油詔匣及包書詔匣複各一朝辭賜人從銀二百三十五兩絹二百三十五疋賜宋高麗使之物其數則無所考

志第十九

金史三十九

志第二十

開府儀同三司上柱國録軍國重事前中書右丞相監修國史領經筵事都總裁脱脱奉勑修

樂上

雅樂 散樂 鼓吹樂 本朝樂曲 郊祀樂歌

傳曰王者功成作樂治定制禮豈二帝三王之彌文哉蓋有天下者將一軌度正民俗合人神和上下舍禮樂何以焉金初得宋始有金石之樂然而未盡其美也及乎大定明昌之際日修月葺粲然大備其隸太常者即郊廟祀享大宴大朝會宮縣二舞是也隸教坊者則有鐃歌鼓吹天子行幸鹵簿導引之樂也有散樂有渤海樂有本國舊音

世宗嘗寫其意度爲雅曲史録其一其俚者弗載云

雅樂凡大祀中祀天子受册寶御樓肆赦受外國使賀則用之初太宗取汴得宋之儀章鐘磬樂簴挈之以歸皇統元年熙宗加尊號始就用宋樂有司以鐘磬刻晟字者犯太宗諱皆以黄紙封之大定十四年太常始議歷代之樂各自爲名今郊廟社稷所用宋樂器犯廟諱宜皆刮去更爲製名於是命禮部學士院太常寺撰名乃取大樂與天地同和之義名之曰太和文武二舞皇統年間定文舞曰仁豐道洽之舞武舞曰功成治定之舞貞元儀又改文舞曰保大定功之舞武舞曰萬國來同之舞大定十一年又

有四海會同之舞於是一代之制始備明昌五年詔用唐宋故事置所講議禮樂有司謂雅樂自周漢以來止存大法魏晉而後更造律度訖無定論至後周保定中得古玉斗于地中以造尺律其後牛弘以爲不可止用蘇綽鐵尺至隋亦用之唐興因隋樂不改及黄巢之亂樂縣散失太常博士殷盈孫以周法鑄鎛鐘編鐘處士蕭承訓等校石磬合而奏之至周顯德以黍定律議者謂比唐樂高五律宋初亦用王朴所制樂時和峴以周顯德律音近哀思乃依西京銅望臬石尺重造十二管取聲下王朴一律景祐初李照取黍累尺成律以其聲猶高更用太府布帛尺遂

下太常樂三律皇祐中阮逸胡瑗改造上下一律或謂其聲弇鬱不和依舊用王朴樂元豐間楊傑參用李照鐘磬加四清聲下王朴樂二律以爲新樂元祐間范鎮又造新律下李照樂一律而未用至崇寧間魏漢津以范鎮知舊樂之高無法以下之乃以時君指節爲尺其所造鐘磬即今所用樂是也然以王朴所制聲高屢命改作李照以太府尺制律人習舊聽疑於太重其後范鎮等論樂復用李照所用太府尺即周隋所用鐵尺牛弘等以謂近古合宜者也今取見有樂以唐初開元錢校其分寸亦同則漢津所用指尺殆與周隋唐所用之尺同矣漢津用李照范鎮

之說而恥同之故用時君指節爲尺使衆人不敢輕議其尺雖爲詭說其制乃與古同而清濁高下皆適中非出於法數之外私意妄爲者也蓋今之鐘磬雖崇寧之所製亦周隋唐之樂也閲今所用樂律聲調和平無太高太下之失可以久用唯辰鐘辰磬自昔數缺宜補鑄辰鐘十五辰磬二十一通舊各爲二十四簴上曰嘗觀宋人論樂以爲律主於人聲不當泥於其器要之在聲和而已於是命禮部符下南京取宋舊工更鑄辰鐘十有二又以舊鐘姑洗夷則皆高五律無射高二律別鑄以補之乃協又琢辰磬各十有二以其半少劣擇其諧者而用之初正隆間海陵

營太廟于汴貞祐南遷宣宗修之以祔諸帝神主其地故宋景靈宮之址也掘其下得編鐘十三編磬八皆刻大晟字時朝廷多故禮器散亡竟亦不能備也大定十一年太常議按唐會要舊制南北郊宮縣用二十架周漢魏晉宋齊六朝及唐開元宋開寶禮其數皆同宋會要用三十六架五禮新儀用四十八架其數多似乎太侈今擬太常因革禮天子宮縣之樂三十六簴宗廟與殿庭同郊丘則二十簴宜用宮縣二十架登歌編鐘編磬各一簴又按周禮大司樂凡樂圜鐘爲宮黄鐘爲角太蔟爲徵姑洗爲羽雷鼓雷鼗孤竹之管雲和之瑟雲門之舞冬至日至地上之

圜丘奏之若樂六變則天神皆降可得而禮矣六變謂六成也唐宋因之蓋圜鍾夾鍾也用爲宫者以上應房心有天帝明堂之象也宫聲三奏角徵羽各一奏合陽之奇數欲神聽之也凡樂起於陽至少陰而止圜鍾自夘至午其數有六故六變而樂止則天神皆降可得而禮也樂曲之名唐以和宋以安本朝定樂曲以寧爲名今止有太廟祫享樂曲而郊祀樂曲未備皇統九年拜天用乾寧之曲今圜丘降神固可就用今太廟祫享皇帝升降行止奏昌寧之曲迎俎奏豐寧之曲酌獻舞出入奏肅寧之曲飲福奏福寧之曲宋開寶禮亦可就用餘有郊祀曲名皇帝入中

壝奠玉幣迎俎酌獻舞出入樂曲宜皆以寧字製名遂命學士院撰馬皇帝入中壝奏昌寧之曲降神送神奏乾寧之曲昊天上帝奏洪寧之曲皇地祇奏坤寧之曲配位奏永寧之曲飲福奏福寧之曲升降望燎出入大小次並與入中壝同餘載儀注及樂章又命太常議文武二舞所當先後太常議按唐宋郊廟之禮並先文後武本朝自行禘祫之禮亦然惟唐韋萬石建議謂先儒相傳以揖讓得天下則先奏文以征伐得天下則先奏武當時雖從尋復改之其以開元禮先文後武爲定方丘如圜丘之儀社稷則用登歌

宗廟皇帝入門宫縣以無射宫升殿登歌以夾鍾皆奏昌寧之曲迎神送神奏來寧之曲九成天德二年晨祼畢還小次方奏迎神曲大定十一年朝享奏依開元開寶禮至版位即奏黄鍾宫三大吕角二太蔟徵二應鍾羽二曲詞皆同進俎奏豐寧之曲酌獻宫縣奏無射大元之曲諸室之曲德帝曰大熙安帝曰大安獻帝曰大昭昭祖曰大成景祖曰大昌世祖曰大武肅宗曰大明穆宗曰大章康宗曰大康太祖曰大定太宗曰大惠熙宗曰大同睿宗曰大和昭德皇后廟曰儀坤世宗曰大鈞顯宗曰大寧章宗曰大隆宣宗曰大慶皇帝還板位及亞終獻皆奏無射宫肅

寧之曲飲福登歌奏夾鍾宫福寧之曲徹豆奏豐寧之曲皆用無射宫大定十二年制祫禘時享有司攝事初獻盥洗奏無射宫肅寧之曲升階登歌奏夾鍾宫嘉寧之曲餘並與親享同其別廟昭德皇后宣孝太子所用並載儀注樂章舊制太廟皇考廟樂工各三十九人大定二十九年升祔顯宗有司以爲宋之太廟別廟堂上樂各四十八人今之樂工少十八人擬令皇考廟舊樂工皆充兩廟堂上樂以應前代九十六人之數尚書省議古樂工無定數遂奏太廟別廟通以百人爲定明昌六年勑設宫縣樂工一百五十六人承安三年勑祭廟用教坊奏古樂非禮也其

自今召百姓材美者給以食直教閱以待用泰和元年命宮縣樂工月給錢粟二貫石遇正樂工闕驗色收補四年尚書省奏宮縣樂工總用二百五十六人而舊所設止百人時或用之即以貼部教坊閱習自明昌間以渤海教坊兼習而又創設九十二人且宮縣之樂須行大禮乃始用之若其數復闕但前期遣漢人教坊及大興府樂人習之亦可備用遂詔罷創設者宣宗南遷祔諸帝主於汴京太廟禮官言祔享禮畢車駕還宮至承天門外百官奉迎宮縣奏采茨以樂簴未備遂止用教坊樂哀宗遷蔡天興二年七月丁巳太祖太宗及后妃御容至自汴京奉安於乾

元寺左宣徽使温敦七十五奏當用樂上曰樂須太常奈何七十五曰市有優樂可假用之權左右司員外郎王鶚奏曰世俗之樂豈可施于帝王之前遂止

樂舞名數太廟登歌鐘一簴磬一簴歌工四篴二塤二篪二笛二巢笙二和笙二簫二七星匏一九曜匏一閏餘匏一搏拊二柷一敔一麾一一弦琴三弦琴五弦琴七弦琴九弦琴各二瑟四別廟登歌並同親祠則用金鐘玉磬攝祭則用編鐘編磬宮縣樂三十六簴編鐘十二簴編磬十二簴大鐘鎛鐘特磬各四簴建鼓應鼓鞞鼓各四路鼓二路鼗二晉鼓一巢笙竽笙各十簫十篴十篪十笛十塤八一絃琴三三絃五絃七絃九絃琴各六瑟十二柷一敔一麾一文舞所執籥翟各六十四武舞所執朱干玉戚各六十四引舞所執旌二纛二牙杖二單鼗二單鐸二雙鐸二金錞二金鉦二相鼓二雅鼓二有司攝祭宮縣二十簴編鐘四編磬四辰鐘十二建鼓四路鼓四路鼗二晉鼓一巢笙竽笙簫塤篪笛各八一絃琴三三絃五絃七絃九絃琴各六瑟八柷敔各一麾一登歌及二舞引舞所執與親祠同

皇帝受册寶前期大樂令與協律郎設樂縣於殿廷又設舉麾位二一於殿西階一於樂縣西北又設登歌樂架於

殿上至日侍中奏外辦宮縣樂作皇帝乃出即坐樂止奉寶入門樂作置褥位上樂止初引時宮縣樂作至位立定樂止寶初行樂作至御前置訖樂止皇帝受寶訖樂作侍中奏稱賀樂止皇太子升殿登歌樂作復位樂止侍中奏禮畢宮縣樂作皇帝還幕次樂止

御樓宣赦前期大樂署設宮縣於樓下又設鼓一於宮縣之左至日金鷄初立大樂署擊鼓立訖鼓止侍中奏外辦大樂令撞黃鐘之鐘右五鐘皆應昌寧之樂作皇帝乃出宣讀訖百官舞蹈禮畢大樂令撞蕤賓之鐘左五鐘皆應昌寧之樂作皇帝降座樂止凡皇帝出入升降及分班合

班皆樂作坐立定乃止其册命中宫皇太子太孫受外國使賀宴外國使皆用宫縣散樂元日聖誕稱賀曲宴外國使則教坊奏之其樂器名曲不傳皇統二年宰臣奏自古並無伶人赴朝衆之例所有教坊人員只宜聽候宣喚不合同百寮赴起居從之章宗明昌二年十一月甲寅禁伶人不得以歷代帝王爲戲及稱萬歲者以不應爲事重法科泰和初有司又奏太常工人數少即以渤海漢人教坊及大興府樂人兼習以備用

鼓吹樂爲上樂也天子鼓吹横吹各有前後部部又各分

二節金初用遼故物其後雜用宋儀海陵還燕及大定十一年鹵簿皆分鼓吹爲四節其他行幸惟用兩部而已

前部第一

鼓吹令二人

掆鼓十二　金鉦十二

大鼓百二十　長鳴百二十

鐃鼓一十二　歌二十四

拱辰管二十四　簫二十四

笳二十四　大横吹一百二十

前部第二

節鼓二　笛二十四

簫二十四　篳篥二十四

笳二十四　桃皮篳篥二十四

掆鼓十二　金鉦十二

小鼓百二十　中鳴百二十

羽葆鼓十二　歌二十四

拱辰管二十四　簫二十四

後部第一

鼓吹丞二人

掆鼓三　金鉦三

羽葆鼓十二　歌二十四

拱辰管二十四　簫二十四

笳二十四　節鼓二

鐃鼓十二　歌十六

簫二十四　笳二十四

小横吹百二十

後部第二

笛二十四　簫二十四

篳篥二十四　笳二十四

桃皮篳篥二十四

本朝樂曲

世宗大定九年十一月庚申皇太子生日上宴于東宮命奏新聲謂大臣曰朕製此曲名君臣樂今天下無事與卿等共之不亦樂乎辭律不傳十三年四月乙亥上御睿思殿命歌者歌女直詞顧謂皇太子曰朕思先朝所行之事未嘗暫忘故時聽此詞亦欲令汝輩知女直醇質之風至於文字語言或不通曉是忘本也二十五年四月幸上京宴宗室于皇武殿飲酒樂上諭之曰今日甚欲成醉此樂不易得也昔漢高祖過故鄉與父老歡飲擊筑而歌令諸兒和之彼起布衣尚且如是況我祖宗世有此土今天下一統朕巡幸至此何不樂飲于時宗室婦女起舞進酒畢群臣故老起舞上曰吾來故鄉數月矣今迴期已近未嘗有一人歌本曲者汝曹來前吾爲汝歌乃命宗室子叙坐殿下者皆上殿面聽上歌曲道祖宗創業艱難及所以繼述之意上既自歌至慨想祖宗音容如覩之語悲感不復能成聲歌畢泣下數行右丞相元忠暨群臣宗戚捧觴上壽皆稱萬歲於是諸老人更歌本曲如私家相會暢然歡洽上復續調歌曲留坐一更極歡而罷其辭曰

猗歟我祖聖矣武元誕膺明命功光于天拯溺救焚深根固蒂克開我後傳福萬世無何海陵淫昏多罪反易天道荼毒海內自昔肇基至于繼體積累之業淪胥且墜望戴所歸不謀同意宗廟至重人心難拒勉副樂推肆予嗣緒二十四年兢業萬幾億兆庶姓懷保安綏國家閑暇廓然無事乃眷上都興帝之第屬茲來游惻然予思風物減耗殆非昔時于鄉于里皆非初始雖非初始朕自樂此雖非昔時朕無異視瞻戀慨想祖宗舊宇屬屬音容宛然如睹童嬉孺慕歷歷其處壯歲經行恍然如故舊年從游依稀如昨懽誠契闊旦暮之若于嗟闊別兮云胡不樂

郊祀樂歌

皇帝入中壝宮縣黃鐘宮昌寧之曲凡步武同

袞服穆穆臨于中壝瞻言圜壇皇皇后帝禋祀肇稱馨香維德爰暨百神於昭受職

降神宮縣乾寧之曲仁豐道洽之舞圜鐘爲宮黃鐘爲角太蔟爲徵姑洗爲羽圜鐘三奏黃鐘太蔟姑洗皆一奏詞並同

我金之興皇天錫羨惟神之休爰茲郊見有玉其禮有牲其薦將受厥明來寧來燕

皇帝盥洗宮縣黃鐘宮昌寧之曲

因天事天惇宗將禮爰飭攸司奉時罍洗挹彼注茲延陛壇陛先事而虔神勞豈弟

皇帝升壇登歌大吕宫昌寧之曲
相在國南崇崇其趾烝哉皇王維時涖止至誠通神克禋
克祀於萬斯年昊天其子
昊天上帝奠玉幣登歌大吕宫洪寧之曲
穆穆君王有嚴有翼珮環鏘然圜壇是陟嘉德升聞馨非
黍稷高明降監百神受職
皇地祇坤寧之曲
肅敬明祇躬行奠贄其贄維何黄琮制幣從祀群靈咸秩
歆位惟皇能饗允集熙事
配位太祖皇帝永寧之曲

肇舉明禋皇天后土皇祖武元爰作神主功昭耆定歌以
大吕綏我思成有秩斯祜
司徒迎俎宫縣黄鍾宫豐寧之曲
穆穆皇皇天子躬祀群臣相之罔不敬止俎豆畢陳物其
嘉矣馨香始升明神燕喜
昊天上帝酌獻登歌大吕宫嘉寧之曲
郊禋展敬昭事上靈太尊在席有醑斯馨酌言獻之靈其
醉止福禄來宜以答明祀
皇地祇泰寧之曲
袞服穆穆臨彼泰折於昭神宫埋幣瘞血爰稱匏爵斟言

薦潔方輿常安扶我帝業
配位太祖皇帝燕寧之曲
烝哉高后肇迪丕基功與天合配天以推薦時清旨孔肅
其儀來寧來燕福禄綏之
文舞退武舞進宫縣黄鍾宫咸寧之曲
奉祀郊丘雲門變舞進秉朱干佇揮翟羽於昭睿文復肖
聖武無疆維烈天子受祜
亞終獻宫縣黄鍾宫咸寧之曲功成治定之舞
掃地南郊天神以娭於皇君王克禋克祀交於神明玄酒
陶器誠心靖純非貴食味

皇帝飲福登歌大吕宫福寧之曲
所以承天無過乎質天其祐之惟精惟一奉尊爰挹馨香
薦德惠我無疆子孫千億
徹豆登歌大吕宫豐寧之曲
大禮爰陳爲豆孔碩肅肅其容於顯百辟皇靈降監馨聞
在德明禋斯成孚休罔極
送神宫縣圜鍾宫乾寧之曲
赫赫上帝臨監禋祀居然來歆昭荅祖配圜壇四成神安
其位升歌贊送天人悦喜
方丘樂歌

迎神鎮寧之曲林鍾宮再奏太簇角再奏姑洗徵再奏南
呂羽再奏詞同
至哉坤儀萬彙資生稱物平施流謙變盈禮修泰折祭極
精誠皇皇靈貺來奠褱瀛
初獻盥洗太簇宮肅寧之曲
禮有五經無先祭禮即時伸虔惟時盥洗品物吉蠲威儀
濟濟錫之純嘏來歆愷悌
初獻升壇應鍾宮肅寧之曲
無疆之德至哉坤元沉潛剛克資生實蕃方丘之儀惟敬
無文神其來思時歆薦款

初獻奠玉幣太簇宮億寧之曲
禮行方澤文物備舉惟皇地祇昭假來下奠瘞玉帛純誠
內著神保是享陟降斯祐
司徒捧俎太簇宮豐寧之曲
四階秩儀壇於方澤昭事皇祇即陰以燕潔肆於祊孔嘉
且碩神其福之如幾如式
正位酌獻太簇宮溥寧之曲
蕩蕩坤德物無不載柔順利貞含洪光大籩豆既陳金石
斯在四海來寧福祿攸介
配位酌獻配太宗也太簇宮保寧之曲詞闕

亞終獻升壇太簇宮咸寧之曲
卓彼嘉壇奠玉方澤百辟祗肅八音純繹祀事孔明柔祇
感格
徹豆應鍾宮豐寧之曲
修理方丘吉蠲是宜籩豆靜嘉登於有司芬芬馨香來享
來儀郊儀將終聲歌徹之
送神林鍾宮鎮寧之曲
因地方丘濟濟多儀樂成八變靈祇格思薦餘徹豆神貺
昭垂億萬斯年永祐丕基
詣望瘞位太簇宮肅寧之曲詞同升壇

志第二十

同三司上柱國錄軍國重事前中書右丞相監修國史　脫脫　奉

樂下　宗廟樂歌　鼓吹導引曲　采茨曲　殿庭樂歌

禘祫親饗皇帝入門宮縣無射宮昌寧之曲出入步武同

惟時升平禮儀肇興鳴鑾至止穆穆造庭百辟卿士恪謹迎承恭款祖考神宇攸寧

皇帝升殿登歌夾鐘宮昌寧之曲升階及將還板位皆同登歌

笙鏞既陳罍樽在戶升降有容惟規惟矩恭敬明神上儀交舉永言保之承天之祜

皇帝盥洗宮縣無射宮昌寧之曲

惟水之功絜淨精微洗爵奠斝于德有煇皇皇穆穆宗廟之威宜其感格福祉交歸

皇帝降階宮縣無射宮昌寧之曲

於皇神宮象天清明有來肅肅相維公卿禮儀卒度君子攸寧孔時孔惠綏我思成

迎神宮縣來寧之曲黃鐘宮三奏大呂角二奏大蔟徵二奏應鍾羽二奏詞同

八音克諧百禮具舉明德維清至誠永慕神之格思雲軿風馭來止來臨千祀燕處

司徒引俎宮縣無射宮豐寧之曲

維牲維犧齊明致祠我將我享吉蠲奉之博碩肥腯神嗜為宜千秋歆此永綏黔黎

始祖酌獻宮縣無射宮大元之曲

惟酒既清惟殽既馨苾芬孝祀在廟之庭著於皇祖來燕來寧象功昭德先祖是聽

德皇帝大熙之曲

萬方欣戴鴻業創基瑶源垂裕綿瓞重熙式崇毖祀爰考成規籩豆有楚益臻皇儀

安皇帝大安之曲

爰圖造邦載德其昌皇儀允穆誕集嘉祥明誠昭格積厚流光秪嚴清廟鐘石琅琅

獻祖大昭之曲

惟聖興邦經始之初鳩民化俗還定攸居迪德純儉志規遠圖時哉顯祀精誠有孚

昭祖大成之曲

天啓璇源貽慶定基率義為勇施德為威耀武拓境功烈巍巍永昌皇祚均福黔黎

景祖大昌之曲

丕顯鴻烈基緒隆昌聖期誕集邦宇斯張尊嚴廟祏昭格

休祥煌煌纁典億載彌光

世祖大武之曲

桓桓伐功天監其明惟威震疊惟德綏寧神策無遺鴻圖以興曾孫孝祀適昭厥成

肅宗大明之曲

於皇神人武烈文謨左右世祖懷柔掃除威震遐邇化漸蟲魚垂光緜永成帝之孚

穆宗大章之曲

烝哉文祖欽聖弘淵慈愛忠信典策昭然歆此明祀繁祉綿綿時純熙矣流慶萬年

康宗大康之曲

惟明惟聽曄曄神功儀刑世業昭格上穹持盈孝孫薦芳斯豐錫我祉福皇化益隆

太祖大定之曲

功超殷周德配唐虞天人協應平統寰區開祥垂裕肇基永圖明明天子敬承典謨

太宗大惠之曲

巍巍德鴻無爲端扆作承神功究馴俗嬉清宮緝熙孝烋時祀欽真著誠犧樽嘉旨

熙宗大同之曲

昭顯令德神基丕承對越在天享用躋升於穆清廟來燕來寧神其醉止惟欽克誠

睿宗大和之曲

皇祖開基周武殷湯猗歟聖考嗣德彌光啓佑洪緒長發其祥嚴恭廟享萬世烝嘗

世宗大鈞之曲

神之來思肅登于堂祼圭有瓚秬鬯芬芳巍巍先功啓祐無疆萬年肆祀孝心不忘

顯宗大寧之曲

於皇神宫有嚴惟清吉蠲孝祀惟神之寧對越在天綏我

思誠敷祐億年邦家之慶

章宗大隆之曲

兩紀踐祚萬方寧康文經天地武服遐荒禮備制定德隆業昌居歆典祀億載無疆

宣宗大慶之曲

猗歟聖皇三代之英功光先后德被群生牲粢惟馨鼓鐘其鏗神兮來思歆于克誠

文舞退武舞進宮縣無射宮肅寧之曲

明明先皇神武維揚開基垂統萬世無疆干戚象功威儀有光神保是饗昭哉降康

亞終獻無射宮肅寧之曲
涓辰之休昭祀惟恭威儀陟降惟禮是從籩豆靜嘉於論
鼓鐘惟皇受祉監斯德容
皇帝飲福登歌夾鐘宮福寧之曲
犧牲充潔粢盛馨香來格來享精神用彰飲此純禧簡簡
穰穰文明天子萬壽無疆
徹豆登歌夾鐘宮豐寧之曲
孝祀肅睦明德以薦樂奏九成禮終三獻百辟卿士進徹
以時小大稽首神保聿歸
送神宮縣黃鐘宮來寧之曲
潔茲牛羊清茲酒醴三獻攸終神既燕喜神之去兮載錫

繁祉萬壽無疆永保禋祀
郊祀前朝享太廟樂歌
皇帝入門宮縣無射宮昌寧之曲
郊將升禋廟當告虔錫鑾戾止孝寔奉先祀事斯舉有序
無愆祇見祖考神意懽然
皇帝升殿登歌夾鐘宮昌寧之曲
皇皇天子升自阼階奠見祖禰肅然有懷百禮已洽八音
克諧既昌且寧萬福攸來
迎神宮縣來寧之曲黃鐘三奏大呂角二奏太簇徵二奏
應鐘羽二奏詞同
以實應天報本反始潔粢豐盛禮先肆祀風馬雲車神之
弔矣來止來宜而燕翼子
皇帝盥洗宮縣無射宮昌寧之曲
有水于罍有巾于篚帨手拭爵圭瓚有煒玄酒大羹德馨
維菲萬年昌寧皇皇貞康
皇帝陞階宮縣無射宮昌寧之曲降階同
巍巍京師有嚴神宮聖主戾止多士雲從來享來獻肅肅
其容將昭大報庸示推崇
司徒奉俎宮縣無射宮豐寧之曲
陳其犧牲惟純與精苾芬孝祀於昭克誠不疾瘯蠡或剥

或亨洋洋在上以交神明
始祖酌獻宮縣大元之曲
猗歟初基兆我王迹其命維新貽謀丕赫緜緜瓜瓞國步
日闢堂構之成焜煌今昔
獻祖大昭之曲
以聖繼興成王之孚民從其化咸奠攸居清廟觀德猗歟
偉歟金石備樂以奉神娛
昭祖大成之曲
東夷不庭皇祖震怒神武削平貽厥聖緒猶室有基垣墉

乃樹億萬斯年天保孔固

景祖大昌之曲

於皇藝祖其智如神修法施令百度惟新疆宇日廣海隅咸賓功高德厚耀耀震震

世祖大武之曲

於皇先王昭假于天長駕遠馭麾斥無前王業猶生孫謀有傳圜壇展禮敢先告虔

肅宗大明之曲

猗歟前人簡惠昭融相我世祖成茲伐功敷佑來葉帝國其隆將修禋事先款神宮

穆宗大章之曲

仁慈忠信惟祖之休功光岐下迹掩商丘言瞻清廟懷想前修神其來格歆茲庶羞

康宗大康之曲

猗歟前王惠我無疆儀刑典法日靖四方求言孝思於乎不忘昭告大祀祗率舊章

太祖大定之曲

天生聰明俾乂蒸人惟此二國爲我毆民撻彼威武萬邦咸賓明昭大報推而配神

太宗大惠之曲

維清緝熙於昭明德我其收之駿奔萬國南郊肇修大典增飾清廟吉蠲純禧申錫

睿宗大和之曲

維時祖功肇開神基昭哉聖考其德增輝上動天監明命攸歸謀貽翼子無疆之辭

文舞退武舞進宮縣肅寧之曲

先皇開基比迹殷湯功加天下武德彌光容舞象成干戈戚揚於昭報本懷哉不忘

亞終獻宮縣肅寧之曲

於皇宗祊朝獻維時芬芬酒醴棣棣威儀誠則有餘神之格思神孫千億神其相之

皇帝飲福登歌夾鍾福寧之曲

皇皇穆穆丕承丕基躬親于禋載肅載祗對越在天神歆其誠于以飲酒如川之增

徹豆登歌夾鍾宮豐寧之曲

物維其時既豐且旨苾苾德馨或將或肆神之居歆洽于百禮於萬斯年穰穰介祉

送神宮縣黃鍾宮來寧之曲

濟濟多儀皇皇雅奏獻終反爵薦餘徹豆神監昭回有秩斯祐無疆之福申錫厥後

昭德皇后别廟郊祀前薦享登歌樂曲

初獻盥洗夷則宫肅寧之曲

神無常享時歆精誠惟誠惟潔感通神明先事盥滌注兹清泠巾篚既奠尊彝薦馨

初獻升降殿中吕宫嘉寧之曲

有來肅肅登降以敬粲粲袨服鏘鏘佩聲金石節奏既協且平其儀不忒乃終有慶

司徒奉俎奏夷則宫豐寧之曲

馨我黍稷潔我牲牷降升有節薦是吉蠲工祝致告威儀肅然神之弔矣元吉其旋

酌獻奏夷則宫儀坤之曲

俔天之妹坤德利貞圜丘有事先薦以誠我酒既旨我殽既盈神其居饗福禄來成

徹豆奏中吕宫豐寧之曲

明昭祀事舊典無違樂既云闋神其聿歸禮之克成神保斯饗於萬斯年迓續丕貺

祫禘有司攝事

初獻盥洗宫縣無射宫肅寧之曲

祀事之大齊栗爲先潔精以獻沃盥于前既濯以升乃薦豆籩神其感格歆于吉蠲

升自西階登歌奏夾鐘宫嘉寧之曲餘並同親祀

國有太宫合食以禮躋階肅肅降陛濟濟鏘然純音節乃容止神之格思求綏福履

時享攝事登歌樂章

初獻盥洗無射宫肅寧之曲

酌彼行潦維挹其清潔齊以祀祀事昭明顯允辟公沃盥乃升神之至止歆于克誠

初獻升殿夾鐘宫嘉寧之曲餘同親祀惟不用宫縣

濟濟在庭秪薦有序雍容令儀旋規折矩爰徂于基鳴珮接武敬恭神明來寧來歆

昭德皇后時享登歌樂章

初獻盥洗無射宫肅寧之曲

時祀有章禮備樂舉爰潔其盥亦豐其俎俯仰升降中規中矩神其來格百福是與

初獻升殿夾鐘宫嘉寧之曲三獻及司徒降同

假哉神宫神宫有侐惟時吉蠲登降翼翼歌鐘鏘煌笙磬翕繹於昭肅恭靈鑒來格

司徒奉俎無射宫豐寧之曲

宫庭枚枚鐘磬喤喤既儀圭卣既奠臂薌齊莊奉饋籩豆大房靈之右饗流慶無疆

酌獻無射宮儀坤之曲
於皇坤德作合乾儀塗山懿範京室芳徽容聲如在典祀
惟時神其克享薦祉來宜
亞終獻無射宮儀坤之曲
嘉羞實俎高張在庭申獻合禮終獻改申為三坤德儀刑神其是
聽用毖清明清明既毖來享來寧
徹豆夾鐘宮豐寧之曲
禮成於終神心褾褾膋蕭發馨樂闋獻已徒馭孔多靈輿
載轙青玄悠悠歸且億矣
宣孝太子別廟登歌樂章

初獻升殿夾鐘宮承安之曲
有腯斯牲有馨斯齊美哉洋洋升降以禮禮容既莊樂亦
諧止神之格思式歆明祀
酌獻無射宮和寧之曲
於惟光靈孝德昭宣高驤有奕來寧來燕於薦惟祫既時
既蠲從我烈祖載享億年
亞終獻和寧之曲
金石和奏豆籩惟豐祠宮奉事齊敬精衷笙吟伊浦鶴駐
緱峯是保是饗靈德無窮
徹豆夾鐘宮和安之曲

禋成奕奕今兹其時明稱肇祀將禮之儀侯安以懌嘉
且時樂闋獻已神其饗思
大定三年十月追上睿宗冊寶應鐘宮顯寧之曲
天開休運積仁而昌命兹昭考敢忘顯揚上儀肇舉涓日
之良來格來享惠我無疆
大定十九年升祔熙宗冊寶樂曲
恢大帝業敉寧多方懿德茂烈金書發揚肇舉上儀涓擇
吉日鴻名赫赫與天無極
上冊寶宮縣靜寧之曲
日卜其吉承祀孔肅廣號追崇孝心克篤於乎悠哉來思

睟穆寶冊既陳委於宗祝
皇帝降殿宮縣鴻寧之曲
繼世隆昌臨朝靜默追謚鴻名發輝潛德玉質金章煌煌
簡冊涓辰展儀永傳無極
殿庭樂歌
大定七年正月上冊寶皇帝將升御座宮縣樂太簇宮泰
寧之曲降座同
德隆帝位承天而興侯邦來庭民居安寧歸美以報傳之
無極鴻名徽稱壽時萬億
冊寶入門奏天保報上之曲

四方既平功歸聖明定功巍巍丕享鴻名股肱良哉揄揚
元首儲精優游南山等壽

奉册寶官將復班位奏歸美揚功之曲

聖德高明萬邦咸休錙銖唐虞糠粃商周維時群臣對敭
稽首天子明明令聞不朽

册寶初行奏和寧之曲（册寶將升殿皇太子自侍立位至降階曲並同）

四方攸同昭哉成功時和年豐諸福來崇英聲昭騰和氣
充塞於乎皇王維壽時億

皇太子升殿賀奏同心戴聖之曲

穆清皇風遐方來同於昭于天物和歲豐丕受鴻名對揚
偉蹟純釐穰穰敷錫罔極

上壽皇帝將升御座宮縣和寧之曲（同前）

舉酒萬壽無疆之曲

四海太平吾皇之功群臣對揚誕受鴻名霞觴瓊腴君王
樂宜皇天畀休萬壽無極

皇太子升階降階及與宴官升殿並奏和寧之曲（同前）

進第一爵登歌奏王道明昌之曲

對天鴻休于以鋪張巍巍煌煌超冠百王皇圖皇綱時維
明昌祉福無疆于民敷揚

行群官酒宮縣和寧之曲文武入設群官食奏功成治定

之舞三成止

聖德高明如天強名多方治平功大有成流于聲音形于
蹈舞頌觴群臣以昭禮遇

進第二爵登歌奏天子萬年之曲

惟明后馭寰瀛躋升平飛英聲功三王德五帝游巖廊億
萬歲

行群官酒宮縣和寧之曲武舞入設群官食奏四海會同
之舞三成止

地平天成時和歲豐迓衡弗迷率惟敉功受天之祜四方
來荷於萬斯年不遐有佐

進第三爵登歌嘉禾之曲

景命赫斯歸吾皇仁風洋洋被遠荒琛贄旅庭趨明光氣
和薰蒸爲嘉祥殊本合穗眞異常庚如坻京歲且穰猗歟
鴻休超前王播爲聲詩傳無疆（行群官酒設群官食群官降階宮縣並奏和寧之曲）

（皇帝將降御座奏泰寧之曲並用太蔟宮）

大定十一年十一月行册禮皇帝升御座宮縣泰寧之曲

皇皇穆穆袞服玉趾如日之升如山仰止九賓在列媚茲
天子願言無疆介以繁祉

册寶入門奏天保報上之曲

穆穆元聖天迪子保相維臣工以奏丕號揚于路朝玉牒

神寶於萬斯年吾君壽考
奉冊寶官將復班位奏歸美揚功之曲
玉冊玉寶尊聖天子丕揚鴻名昭受帝祉闓休對天其隆孰比臣下同心翼戴歸美
皇太子升殿賀奏同心戴聖之曲
大矣我后徽冊膺受歡趨彤庭拜手稽首休明御辰無疆萬壽靈貺沓來天地長久
舉酒奏萬壽無疆之曲
聖德懋昭民歸天祐煌煌金書典冊光受備樂在庭八音諧奏群公奉觴天子萬壽

進第一爵登歌王道昌明之曲
明明我皇道光化溥百度惟新禮修樂舉藻飾太平爛然可覩超躋三王暉映千古
設群官食奏和寧之曲 功成治定之舞
穆穆我君威折群醜輝光日新仁洽九有容典葳蕤超前絕後端拱深嚴寶冊膺受
第二爵登歌奏天子萬年之曲
典禮修惟明后揚鴻名爍瓊玖羅華紳爲萬壽歌南山堅且久
行群官酒奏和寧之曲 四海會同之舞
道隆政平天開有德萬國和寧來王來極昭受鴻名俯徇列辟錫飲行觴歡心各得
第三爵登歌奏嘉禾之曲
衆瑞畢至昭升平爰生嘉禾廼合穗穮穮大田無南東稼茂如雲成豐歲既刈既穫百室盈擊壤歌沸野老聲陶唐之民茲其比帝力何有若自遂
大定十八年十二月上受命寶皇帝將升御座宮縣奏泰寧之曲 並大呂宮
上帝有赫懷此明德畀之神寶膺鎮萬國臨軒是膺登降維則群臣拜首年卜萬億

寶入門奏天保報上之曲
受命大寶昭荅眷佑珍符明貺人爲天授文物具舉韶濩送奏群臣上之天子萬壽
群臣合班奏歸美揚功之曲
德冒生民明明元后端冕臨軒神寶是受群工來賀咸拜稽首無疆無期享祚長久
皇太子升殿并自侍立位降階宮縣稱觴介壽之曲
上儀昭舉膺時瑞玉群辟在列蹌蹌肅肅袞衣桓圭歸美稽首升降惟時天子萬壽
舉酒登歌奏萬壽無疆之曲

上帝眷命純休茲至誕膺洪寶光臨大器稱觴對揚嵩嶽
萬歲其寧惟永無疆卜世
天德二年十月冊立中宮皇帝將升御座宮縣奏乾寧之
曲降座同
人道大倫王化所基明聖稽古陰教欲施臨軒發冊備舉
彝儀麟趾關雎宜播聲詩
冊寶入門奏昌寧之曲出門同
羽衛充庭淑旂徽章禮儀具舉涓辰以良相我內訓來儀
椒房億萬斯年邦家之光
將受冊寶以冊寶入門宮縣奏肅寧之曲命婦升降同
塗山興夏關雎美周坤儀之尊母臨九州瑤冊褘衣光配

凝旒地久天長福祿是遒
后出閤奏順寧之曲升降座同
天立厥配任姒比隆母儀四海化行六宮日月並明乾坤
合德於萬斯年作儷宸極
受冊奏坤寧之曲
風化之始由于壼闈禮文斯備爰正坤儀維順以慈儷聖
同德則百斯男垂統無極
天德四年二月冊皇太子皇帝將升御座宮縣奏乾寧之
曲皆用夾鍾宮

大君有爲先圖本固涓辰之吉禮成儲副文物備陳聲樂
皆具人心載寧克昌福祚
冊使入門昌寧之曲
在天成象煥乎前星惟聖時憲典禮以行一人有慶萬邦
以貞社稷之福寢昌寢明
皇太子入門奏元寧之曲出門同
皇矣上帝純佐明聖篤生元良日躋德性冊命主器萬邦
以正龍樓問寢億年之慶
大定八年正月冊皇太子
皇帝將升御座宮縣洪寧之曲並用太簇宮
會朝清明臨軒備禮天威皇皇臣工濟濟於昭元良膺茲

典冊對揚闕休卜年萬億
皇太子入門奏肅寧之曲
光昭前星惟天垂象稽古而行主器以長曲禮告成遹遐
屬望國本既隆繁祉永享
群臣合班奏嘉寧之曲
於皇臨軒禮崇上嗣維眷之祺儀方正位言觀其儀翔翔
濟濟美歸吾君太平萬歲
皇太子復受冊位奏和寧之曲
祖功艱難經營締構基牢根深枝繁葉茂於昭貽謀駢休

集佐元良斯貞吾皇萬壽

大定二十七年三月冊皇太孫

皇帝將升御座宮縣奏寧之曲 並姑洗宮

上天丕休申錫祚胤孫謀有詒臨軒體正煌煌上儀欣欣衆聽隆我邦本無疆惟慶

皇太孫入門奏慶寧之曲 出門同

寶源流光流光惟遠孫謀有貽慶序昭衍於樂衆望於皇備典動容周旋承茲嘉美

群臣合班奏順寧之曲

冕旒當宁徽章備舉綵仗克庭金石列簴濟濟多士翼翼就序海潤山暉傾聽樂府

皇太孫復受冊位奏保寧之曲

禮之攸聞丕建世嫡衆論恊從天心不易名崇震宮辭著瑞冊社稷宗廟無疆叓懌

鼓吹導引曲

天眷三年九月駕幸燕京導引曲 無射宮

五年一狩仙仗到人間問稼穡艱難蒼生洗眼秋光裏今日見天顔金戈玉斧臨香火馳道六龍閑歌謠到處皆相似天子壽南山

天德二年三月祫享迴鑾導引曲

禮成廟享御衛拱飛龍諸道起祥風太平天子多受福孝德與天通鳳簫龍管韶音奏聲在五雲中粲然文物昭治世萬億慶無窮

貞元元年三月駕幸中都導引曲 並姑洗宮

鑾輿順動嘉氣滿神京輦路宿塵清鈞陳萬旅隨天仗縹緲轉霓旌都人望幸傾堯日鼇抃溢歡聲臨觀八極辰居正家宇慶昇平

采茨曲

新都春色滿華蓋定全燕時運千齡恊星辰五緯連六龍承曉日丹鳳倚中天王氣盤山海皇居億萬年

貞元三年十一月祫享迴鑾采茨曲 並用

慶成迴大駕仙仗紫雲深龍衮輝千騎嵩呼間八音太平興縟禮萬國得懽心孝格迎遐福穰穰永降臨

正隆六年六月駕幸南京導引曲 並林鍾宮

神宮壯麗宮殿壓蓬萊向曉九門開聖明天子初巡幸遥駕六龍來五雲影裏排仙仗清蹕絶纖埃都人齊唱昇平曲更進萬年盃

采茨曲

雙闕層雲表澄景開清曉六龍天上來馳道平如掃虞巡五載合夏諺一遊同都人欣豫意寫入頌聲中

大定三年十月祫享廻鑾采茨導引曲皆應鍾宮自後親祀二曲並用

太宮崇烈考大禮慶初成綵仗廻雲步天階嚴蹕聲舜宮合至孝周頌詠維清介福應穰簡歡交萬國情

導引曲

禮行清廟華黍薦年豐聖孝與天通六龍廻馭千官衛玉振珮璆風黃麾金輅嚴天仗非霧鬱葱葱工歌疊奏升平曲福祿自來崇

大定二十七年三月皇太孫受冊謝廟

導引曲

璿源濬發衍慶自靈長聖運日隆昌震闈顯冊遵彝典基緒煥重光練時廟見嚴昭報禮樂綮成章精誠潛格神明助福祿永無疆

志第二十一

金史四十一

十二

儀同三司上柱國錄軍國重事前中書右丞相修國史領經筵事都總裁臣脫脫奉敕修

儀衛上

常朝儀衛 行仗法駕 內外立仗 黃麾仗 常行儀衛

金制天子之儀衛一曰立仗二曰行仗其衛士曰護衛曰親軍曰弩手曰控鶴曰傘子曰長行立仗則有殿庭內仗殿庭外仗凡大禮大朝會則用之其朔望常朝弩手百人分立兩階而已行仗則有法駕大駕黃麾仗凡行幸及郊廟祀享則用之其非大禮遠出則有常行儀衛宮中導從焉大抵模倣宋制錯綜增損而用之其宿衛則見兵志云

初國制凡朔望常朝日殿下列衛士簾下置甲兵正隆元年海陵去甲兵惟存錦衣弩手百人分立兩階其儀都副點檢公服偏帶常朝則展紫左右衛將軍宿直將軍展紫金束帶各執玉水晶及金飾骨朵左右親衛盤裹紫襖塗金束帶骨朵佩兵械供御弩手傘子百人並金花交脚幞頭塗金銅鈒襯花束帶骨朵左右班執儀物內侍二十人展紫塗金束帶朝參日弩手傘子直於殿門外分兩面排立司辰報時畢皇帝御殿坐鳴鞭閤門報班齊執擎儀物內侍分降殿階南向立點檢司起居弩手傘子於殿門外北面山呼聲喏訖即於殿門外東西相向排立都點檢以次三

負陛殿都點檢在東近南左副又少南右副在西東向對
立左右衛將軍在殿下東西對立省臣隨班起居畢左右
司侍郎從宰執奏事殿中侍御史隨班起居畢東西對立
於左右衛將軍之北少前修起居注分殿陛東西對立於
殿欄外副階下以俟奏事畢皇帝還閤侍衛者乃退
凡遇大禮大朝會則有內外立仗熙宗皇統元年正月上
冊寶立仗一千一百八十人自是以後至海陵時俱用三
千人世宗大定七年上冊寶頗損其數且以天德貞元不
設車輅遂并去之是後或減至二千或一千或八百或六
百人天德二年海陵立后發冊勤政殿設黃麾細仗用前

六部攝官七十一擎執六百七十八人受冊泰和殿用後
六部攝官三十六擎執三百二十二人大定八年正月冊
皇太子於大安殿用黃麾半仗二千二百六十五人奉表
于仁政殿用黃麾細仗一千四百二人二十七年冊皇太
孫亦如之

大定八年黃麾半仗攝官一百七十五人擎執二千八十
一人編排職掌九人 殿庭內仗以中心東西相向一重并面北旗幟為中道
左行自北西向排列黃麾幡一首執者三人碧襴官一大
雉扇二碧襴官一中雉扇六碧襴官一小雉扇六碧襴官
一朱團扇六碧襴官一畢睨四碧襴官一紅大傘一碧襴
官一紫方傘二碧襴官一華蓋一右行東向列者並同
面北第一行牙門旗八共二十四人分左右留中道第二
行監門校尉十二分左右第三行長壽幢一押旗大將軍
一居中次東五方龍旗十五次西五方鳳旗十五第四行
自內而東青龍旗五紅龍旗二十自內而西青龍旗五紅
龍旗二十第五行同上又君王萬歲旗一五人居中日旗
一五人在左月旗一五人在右第六行自內而東天下太
平旗苣紋旗日月合璧旗苣紋旗青龍旗赤龍旗河瀆旗
江瀆旗各一旗五人排仗通直官一排仗大將一未午巳
辰卯寅旗各一青天王旗白天王旗各一自內而西祥雲

旗五星連珠旗祥雲旗黃龍旗白龍旗黑龍旗淮瀆旗濟
瀆旗各一旗五人通直官一大將一申酉戌亥子丑旗各
一緋天王旗皂天王旗各一第七行自內而東孔雀旗一
五人蒼烏旗兕旗犛牛旗騼䮫旗赤熊旗白狼旗金鸚鵡
旗馴犀旗角端旗鵕鸃旗騶牙旗野馬旗瑞麥旗甘露旗
各一旗五人自內而西者同 外仗在門外 左邊西向自北
排列第一部第一行侍御史大將軍折衝都尉各一主帥
三第二行絳引幡五首十五人龍頭竿四弓矢五揭鼓二
龍頭竿四儀鍠斧五龍頭竿四朱刀盾五龍頭竿四綠刀
盾五龍頭竿四小戟五第三行與第一行同第四行與第

二行同第二部第三部第四部第五部以次而南各爲前
後四行其名數與第一部同惟無絳引幡右五部東向排
列色數皆同左第五行從北每大旗一均用小紅龍旗二
間之角宿旗一三人均用二亢宿旗一三人均用二氐宿
旗一三人均用二房宿旗一三人均用二心宿旗一三人
均用二尾宿旗一三人均用二箕宿旗一三人均用二斗
宿旗一三人均用二牛宿旗一三人均用二女宿旗一三
人龍旗并黃排欄旗各一虛宿旗一三人紅黃排欄旗二
危宿旗一三人紅紫排欄旗二室宿旗一三人黃紫排欄
旗二壁宿旗一三人紅黃排欄旗二重輪旗一三人紅紫

排欄旗二左攝提旗一三人黃紫排欄旗二青龍旗一三
人紅黃排欄旗二木星旗一三人紅紫排欄旗二火星旗
一三人黃紫排欄旗二土星旗一三人紅黃排欄旗二金
星旗一三人紅紫排欄旗二水星旗一三人吏兵并紫排
欄旗各一北岳旗一三人吏兵并龍君旗各一東岳旗一
三人龍君并黃熊旗各一中岳旗一三人黃熊并赤豹旗
各一西岳旗一三人赤豹并力士旗各一南岳旗一三人
力士并虎君旗各一朱雀旗一三人虎君并天馬旗各一
右第五行從北奎旗一三人婁旗一三人胃旗一三人昴
旗一三人畢旗一三人觜旗一三人參旗一三人井旗一

三人鬼旗一三人皆均用二旗如前柳宿旗一三人紅龍
并黃排欄旗各一星宿旗一三人紅黃排欄旗二張宿旗
一三人紅紫排欄旗二翼宿旗一三人紫黃排欄旗二軫
宿旗一三人紅黃排欄旗二重輪旗一三人紅紫排欄旗
二右攝提旗一三人紫黃排欄旗二白虎旗一三人紅黃
排欄旗二東方神旗一三人紅紫排欄旗二南方神旗一
三人黃紫排欄旗二中央神旗一三人紅龍排欄旗二西
方神旗一三人紅紫排欄旗二北方神旗一三人力士并
紫排欄旗各一風伯旗一三人力士并虎君旗各一雨師
旗一三人虎君并黃熊旗二雷公旗一三人黃熊并赤豹

旗二電母旗一三人赤豹并吏兵旗二北斗旗一三人吏
兵并龍君旗二玄武旗一三人龍君并天馬旗二三人執
一旗者重立二人各執小旗者亦重立　殿門外仗亦從
北留中道飛麟旗駃騠旗鸞旗麟旗馴象旗各二共十人
從中分列爲第一重鶡鷄旗貔旗玉馬旗三角獸旗黃鹿
旗各二共十人次外分列爲第二重其次第一部都尉三
員第二部至第五部俱二員爲第三重又其次五部各刀
盾二十爲第四重又其次五部各弓矢二十爲第五重左
右同
黃麾細仗攝官八十八人擎執一千三百五人編排職掌

九人　內仗中道左一行自北西向排列黃麾幡一首執
者三人大雉扇六中雉扇六小雉扇六朱團扇六睥睨四
紅大傘一紫方傘二華蓋一凡傘扇之上皆有碧襴官一
右行東向排次同　面北第一行長壽幢一居中牙門旗
八共二十四人分左右第二行君王萬歲旗五人居中日
旗五人監門校尉五人在左月旗五人監門校尉五人在
右第三行五方龍旗十五在左五方鳳旗十五在右第四
行紅龍旗三十四第五行紅龍旗三十四皆分左右第六
行自內而東太平萱紋合璧萱紋赤龍青龍旗各一旗五
人通直一人大將一人未午巳辰卯寅旗各一青天王旗

白天王旗各一自內而西祥雲連珠祥雲黃龍白龍黑龍
旗各一旗五人通直一人大將一人申酉戌亥子丑旗各
一緋天王旗皁天王旗各一第七行自內而東河瀆江瀆
兕赤熊馴犀角端鵕鸃綱子旗各一旗五人自內而西淮
瀆濟瀆兕赤熊馴犀角端鵕鸃綱子旗各一旗五人　外
仗左邊西向自北排列第一行五部侍御史大將軍折衝
都尉各一主帥各二第二行第一部絳引幡五首十五人
龍頭竿四弓矢五揭鼓二儀鍠斧五龍頭竿四弓矢五朱
刀盾五綠刀盾五龍頭竿四儀鍠斧五朱刀盾五綠刀盾
五龍頭竿四小戟五龍頭竿四小戟五第二部至五部無

絳引幡餘色並同以次相接而南右五部東向亦如之左
第三行從北角亢氐房心尾箕斗牛女虛危室壁旗各一
旗三人次重輪左攝提青龍旗各一木火土金水星旗各
一北東中南西岳旗各一旗三人次紫排襴四黃排襴四
紅排襴四吏兵旗二天馬旗一右第三行從北奎婁胃昴
畢觜參井鬼柳星張翼軫旗各一旗三人次重輪右攝提
白虎旗各一東南中西北方神旗各一風伯雨師雷公電
母北斗旗各一旗三人次紫排襴四黃排襴四紅排襴四
吏兵旗二天馬旗一
行仗天子非祀享巡幸遠出則用常行儀衛弩手二百人

軍使五人控鶴二百人首領四人俱服紅地藏根牡丹錦
襖金鳳花交脚幞頭塗金銀束帶控鶴或皁帽碧襖各執
金鍍銀蒜瓣骨朵長行四百人拳脚幞頭紅錦四䙆襖塗
金束帶二人紫衫前導無執物餘執列糸骨朵七十八瓜
八十八鐙三十四在控鶴前金吾仗八十金花大劍六十
俱垂紅絨結子儀鍠斧五十八在控鶴後其常朝御殿郊
廟臨幸凡步輦出入則有近侍導從執金鍍銀骨朵者二
人左右扇十人拂子四人香盒二人香毬二人節二人幢
二人盂一人唾壺一人淨巾一人鐁鑼一人水罐一人交
椅一人斧一人皇帝出閤則分立閤門之外導引至殿皇

帝升座則降階以俟入閤然後放仗
天眷三年熙宗幸燕始備法駕凡用士卒萬四千五十六
人攝官在外海陵遷都于燕用黃麾仗萬三百四十八人
天德二年祀廟用黃麾四千人世宗即位凡行幸祀享並
用三千人間亦不滿其數大定十一年前祀南郊朝享太
廟及至郊壇用大駕七千人此其大較也
天眷法駕人數攝官六百九十九人將軍大將軍四十三
人折衝果毅一百二十六人校尉五十六人郎將三十四
人帥兵官二百四十六人統軍六人都頭六人千牛一人
旅帥二人部轄指揮使二人押纛二人押衙四人四色官

四人押旗二人引駕官四人進馬四人押仗通直二人押
仗大將二人碧襴一十六人長史二人鼓吹令二人鼓吹
丞二人典事五人太史令一人太史正一人司丞一人府
牧一人刻漏生四人縣令一人御史大夫一人僚佐一十
人進輅職掌二人夾輅將軍二人陪輅將軍二人教馬官
二人四省局官八人導駕官四十八人抱駕頭官一人執
扇筤一人尚輦奉御二人殿中少監二人供奉職官二人
令史四人書令史四人押仗二人殿中侍御史二十四人
諸班直隊二千九百四十五人鈞容直三百六人人員六長行三
百執旗一百三十六人引駕六十二人人員二長行六十駕頭天

武官一十二人執從物茶酒班一十一人御龍直仗劒六
人天武把行門八人殿前班擊鞭一十人御龍直四十人
人員二長行三十八骨朶直一百三十四人部押二人殿前班行門
三十五人捧日馬隊七百人奉宸步隊七百人天武骨朶
大劒三百一十人人員一十長行三百東第四班三十一人人員一長行三
十扇筤天武二十人捧日隊從傾人員一十七人簇輦茶
酒班三十一人人員一長行三十鈞容直三十一人人員一長行三十招
箭班三十三人人員三長行三十天武約欄三百一十人人員一十長行
三百車輅下駕士六百三十八人玉輅下一百四十人控踏
路馬四駕士一百二十八挾輅八金輅下六十四人控馬踏路四駕士六十象輅下

駕士四十人革輅木輅耕根車駕士同上革車二共五十
人指南記里車各三十人輅車鸞旗皮軒車各十八人黃
鉞豹尾車各十五人屬車八共八十人
輦輿下六百八十五人小輿一長行二十四人逍遙一共
三十五人什將節級九長行二十六平輦下四十二人什將節級九人員七長行二十
六腰輿共一十九人人員一什將虞候二長行一十六大輦下三百七十
一人掌輦人員四什將十二長行三百五十五分五番芳亭輦一長行六十人御
馬三十二共百三十四人控馬天武官六十四挾馬騎御馬直長行六十四人押馬六人
騎御馬直人員三天武節級三人象二十三人擎執人士共八千七
百七十一人鼓吹樂工九百九十四人馬六千七十

八疋

天德五年海陵遷都于燕用黃麾仗一萬八百二十三人騎三千九百六十九分八節編官在內

第一節中道象二十二人御級二人銅鑼七寶瑜石銀鉤各一鐵鉤二小旗十五並服花腳幞頭青錦絡縫緋䄄衫金鍍銀雙鹿束帶第一引七十二人清道一武弁緋雲鶴袍袴革帶執黑柒杖幰弩一赤平巾幘緋辟邪衫革帶赤袴誕馬二控四人赤平巾幘緋繡寶相花衫銀革帶纓轡涼屜二副軺車一赤馬二駕士十八人武弁緋繡雉大袖衫白袴馬纓轡涼屜銅面包尾縣令一負朝服坐軺車僚佐四負並朝服控馬八人錦帽絡縫紫衫大珮銀帶紫方傘一黃抹額寶相花衫銀帶大口袴朱團扇一曲蓋一緋抹額寶相花衫革帶袴青衣二青平巾青衫袴革帶執青竹杖車輻棒二赤平巾緋

白澤衫革帶赤袴告止幡二執者六人緋抹額寶相花衫革帶袴傳教幡一信幡一各三人並黃抹額寶相花衫革帶大口袴小戟十六服同上第二引二百六十四人清道二幰弩一誕馬四控八人並服如前掆鼓一金鉦一平巾幘緋鸞衫抹帶袴錦螣蛇大鼓六黃雷花衫袴抹額抹帶節一幢一麾一夾矟二角四儀刀十並平巾幘緋繡寶相花衫銀革帶大口袴革車一赤馬四駕士二十五人武弁緋豸大袖勒帛馬飾如前府牧一負朝服坐車僚佐四負控馬八人服並如前鐃鼓一簫二笳二笛一篳篥一並平幘緋寶相花衫銀褐抹帶大橫吹一緋苣紋袍袴抹額抹帶青衣四車輻棒四紫方傘一朱團扇四曲蓋一告止幡二六人傳教幡二六人信幡二六人小戟四十服並如前刀盾三十六銀褐抹額寶花衫銀革帶袴弓

矢三十六錦帽青寶相花衫銀革帶袴矟三十六錦帽紫寶相花袍革帶袴朱雀旗隊三十四人折衝都尉三人平巾幘紫辟邪衫革帶大口袴錦螣蛇橫刀弓矢纛矟二平巾幘緋繡寶相花衫革帶袴朱雀旗一五人緋抹額寶花衫革帶大口袴橫刀引夾人加弓矢弩六弓矢六矟十二並平巾緋寶相花衫橫刀革帶袴龍旗隊七十一人大將軍一人朝服引旗四人黃抹額寶花衫革帶大口袴旗十二風伯旗一兩師旗一雷公旗一電母旗一北斗旗一五星旗五左右攝提旗二執夾共六十人皆五色寶相花衫抹額革帶袴橫刀引夾人加弓矢後凡執旗者並同副竿二錦帽黃寶花衫革帶袴護旗四人加黃抹額弓矢太僕三車八十一人指南車駕士三十人武弁緋絁繡孔雀大袖銀褐帶袴記里鼓車駕士三十人緋豸大袖鸞旗車駕士十八人

瑞鷹大袖駕車赤馬十二執黑杖者三人牙門旗隊二十八人分左右白澤旗二執夾各五人綠貝冠人馬甲錦臂韝橫刀引夾加弓矢金吾牙門旗第一門牙門旗四執夾十二人青寶相花抹額衫革帶大口袴橫刀引夾人加弓矢監門校尉六人長腳幞頭緋抹額獅子補襠銀帶橫刀弓矢烏皮靴後隊同前部馬隊第一隊七十人折衝果毅都尉二人錦帽緋辟邪袍袴革帶橫刀弓矢角宿亢宿斗宿牛宿旗四旗各五人並五色寶相花衫抹額革帶橫刀引夾加弓矢弩六弓矢十四正錦帽青寶相花衫革帶袴矟二十八緋色衫餘同上第二隊七十人折衝果毅都尉二人白澤衫氐宿女宿房宿虛宿旗四旗五人弩六弓矢十四矟二十八服執如前第三隊七十人折衝果毅都尉二人心宿危宿尾宿室宿

旗四旗五人弩六弓矢十四矟二十八(服執如前)第二節金吾引駕騎二十人折衛都尉二人(平巾幘緋辟邪衫華帶袴)(横刀弓矢)弩六弓矢六矟六(並平巾幘緋寶相花裲襠華帶袴)前部鼓吹五百四十七人鼓吹令二人(長脚幞頭綠公服角帶糸鞾烏皮靴)府史四人(長脚幞頭綠寬衫角帶黃絹半臂烏靴)部轄指揮使一人(平巾幘紫寶相花衫華帶錦縢蛇)主帥四十八人(分五項平巾幘緋鸞衫華帶袴執儀刀)掆鼓金鉦各十二(平巾幘緋鸞衫銀褐抹帶錦縢蛇)大鼓長鳴各百二十(黃雷花衫抹額抹帶)鐃鼓十二(緋苣紋衫抹額抹帶)歌二十四拱辰管二十四簫二十四笳二十四(服如鉦鼓無縢蛇)大横吹百二十(服如鐃鼓)馬部第四隊六十人(分左)右折衛都尉二人(緋麟衫)箕宿壁宿旗各一旗五人弩六弓

矢十四矟二十八(服執並如前隊)第五隊六十人折衛都尉二人奎宿井宿旗各一旗五人弩六弓矢十四矟二十八(服執並如前隊)第六隊六十人折衛都尉二人(緋瑞鷹袍)婁宿鬼宿旗各一旗五人弩六弓矢十四矟二十八(服執並如前隊)第七隊六十人折衛都尉二人胃宿栁宿旗各一旗五人弩六弓矢十四矟二十八(服執並如前隊)第八隊六十人折衛都尉二人昴宿星宿旗各一旗五人弩六弓矢十四矟二十八(服執並如前隊)第九隊六十人折衛都尉二人(赤豹袍)畢宿張宿旗各一旗五人弩六弓矢十四矟二十八(服執同前)第十隊七十人折衛都尉二人(瑞馬袍)觜宿翼宿參宿軫宿旗各一旗

五人弩六弓矢十四矟二十八(服執如前)步甲隊第一第二兩隊百一十人領軍衛將軍二人(平巾紫白澤袍袴帶錦縢蛇横刀弓矢)穳矟四(平巾幘緋寶相花袍大口袴)折衛都尉四人(服如將軍)鶡鷄旗二貔旗二旗各五人朱傘甲弓矢四十朱傘甲刀盾四十(兜牟甲身被錦臂鞲行縢鞋韈勒甲華帶)第三節中道前部鼓吹第二五百二十三人(侍御在外)節鼓二笛二十四簫二十四篳篥二十四笳二十四桃皮篳篥二十四(黑平巾幘緋對鸞衫銀褐勒帛大口袴)主帥二十六人(分四項華帶執儀刀服如上無勒帛)掆鼓金鉦各十二(黑平巾幘緋繡對鸞衫銀褐勒帛大口袴錦縢蛇)小鼓百二十中鳴百二十(黃雷花袍袴抹額抹帶)羽葆鼓十二(青苣紋袍抹額抹帶)歌二

十四拱辰管二十四簫二十四笳二十四(服如前色)侍御史二員(朝服)黃麾幡一三人(武弁緋寶相花衫銀褐勒帛大口袴執者馬渐者步)步甲第三隊五十二人折衛果毅都尉二人(紫瑞馬袍)玉馬旗二旗五人青傘甲弓矢四十(服執並同前隊)第四隊五十二人折衛果毅都尉二人(瑞鷹袍)三角獸旗二旗五人青傘甲刀盾四十第五隊五十二人折衛果毅都尉二人(白澤袍)黃鹿旗二旗五人黑傘甲弓矢四十

第六隊五十二人折衛果毅都尉二人(服同)飛麟旗二旗五人黑傘甲刀盾四十 第七隊五十二人折衛果毅都尉二人(赤豹袍)駃騠旗二旗五人銀褐傘甲弓矢四十 第八

隊五十二人折衝都尉二人服同鷹旗二旗五人銀褐牟甲刀盾四十　第九隊五十二人折衝果毅都尉二人瑞鷹袍麟旗二旗五人黃牟甲弓矢四十　第十隊五十二人馴象旗二旗五人黃牟甲刀盾四十服執如前　金吾牙門旗第二門牙門旗四執夾十二人監門校尉六人服執同第一門　左右屯衛將軍二人平巾幘紫飛麟袍大口袴錦螣蛇革帶橫刀弓矢　絳引幡二十執者六十人武弁緋繡寶相花衫銀褐勒帛大口袴　共八十人

第四節中道六軍儀仗二百五十二人統軍六人花脚幞頭紫繡抹額孔雀袍革帶橫刀鞘器仗珂馬　都頭六人長脚幞頭紫寶相花大袖革帶橫刀　神武軍旗二羽林軍旗二龍武軍旗二旗各五人執人錦帽引夾人金帽　排欄旗四十八吏兵旗四力士旗四赤豹旗四黃熊旗四龍君旗四虎君旗四掩尾天馬旗六旗一人錦帽五色寶相花衫革帶錦臂鞲　白榦槍九十交脚幞頭五色寶相花衫抹額革帶汗袴　柯舒二十四鐙杖十八並貼金帽五色寶相花衫革帶　引駕龍墀隊六十五人排仗通直二人排仗大將二人並長脚幞頭紫公服紅鞓帶絲鞋烏皮靴　天王旗四十二辰旗各一旗一人並錦帽五色寶相花衫革帶臂鞲　天下太平旗一五方龍旗五旗五人執人錦帽引夾人貼金帽服並如上橫刀弓矢　君王萬歲旗一日月旗各一旗五人執人錦帽引夾人貼金帽服執已見前例　御馬六十六人馬十六匹匹四人控馬三十二人貼金帽紫寶相花衫革帶夾馬三十二人皁帽青錦襖塗金銅束帶

廣武節級一人錦帽執黑杖服同控馬　管押騎御馬直人員一人皁帽

紅錦襖塗金銅束帶　中道隊三十二人大將軍一人朝服絲鞭　日月合璧旗一苣紋旗二五星連珠旗一祥雲旗三旗各五人服執見前例　長壽幢一平巾幘緋寶相花衫革帶大口袴　金吾細仗一百人青龍旗一白虎旗一五嶽神旗五五方神旗五旗各四人並四色寶相花衫青黃銀褐皁抹額抹帶橫刀引夾如前　押旗二人長脚幞頭紫公服紅鞓角帶烏皮靴　五方龍旗各三五方鳳旗各三旗一人並五色衫抹額革帶橫刀　四瀆旗四旗五人並皁寶相花衫抹額革帶橫刀引夾如前　黃麾前第一部二百七十二人殿中侍御史二人朝服　左右屯衛大將軍二人折衝都尉二人平巾幘紫飛麟袍革帶大口袴錦螣蛇橫刀弓矢　主帥二十人平巾幘緋寶相花衫革帶袴儀刀　龍頭竿一百掲鼓六儀鍠斧二十小戟二十弓矢四十朱縢絡刀盾二十矟二十綠縢絡刀盾二十並青寶相花衫抹額抹帶行縢鞋韈　第二部二百七十二人殿中侍御史二人左右領軍衛大將軍二人折衝都尉二人紫繡白澤袍　主帥二十人龍頭竿一百掲鼓六儀鍠斧二十小戟二十弓矢四十朱縢絡刀盾二十矟二十綠縢絡刀盾二十服並緋　第三部二百七十二人殿中侍御史二人左右屯衛大將軍二人折衝都尉二人紫瑞鷹袍　主帥二十人龍頭竿一百掲鼓六儀鍠斧二十小戟二十弓矢四十朱縢絡刀盾二十矟二十綠縢絡刀盾二十服並黃餘同上部

第五節中道八寶三百人轝士九十六人平巾幘緋寶相花衫大口袴塗

金銀束帶燭籠三十二大珮銀腰帶服同輿士行馬十六服同燭籠碧襴官十
六人弓脚幞頭碧襴衫金銅束帶烏皮鞾後四人執長刀符寶郎八人長脚幞頭綠公服角帶槐
簡步導援寶三十二人人負二人武弁紫寶相花衫革帶執黑漆杖長行三
十人緋寶相花衫執黑漆杖香案八轝士三十二人服同燭籠行馬案後金
吾仗六方傘二大雉扇四服並同碧襴官金吾仗十二人四色官
四人長脚幞頭綠公服大口袴金銅腰帶前二人執槐簡後二人執金銅儀刀押仗二人長脚幞頭
紫公服紅鞓帶烏皮鞾金甲二人披膊兜牟鉞斧錦臂韝勒甲縧進馬四人平巾紫犀牛裲
襠革帶袴刀弓矢金吾引駕四十九人千牛將軍一人千牛十人
郎將二人並緋繡抹額紫犀牛裲襠革帶大口袴橫刀弓矢珂馬將軍平巾幘無抹額千牛郎將花脚幞
頭餘同長史二人長脚幞頭綠公服金銅腰帶袴烏皮鞾引駕官四人長脚幞頭紫公
服紅鞓帶烏皮鞾中雉扇十二大傘二小雉扇四華蓋二香蹬
一座八人火燎一二人武弁緋寶相花大袖革帶大口袴腰輿人負什
將三人皁帽紅錦襖塗金銀束帶人負執杖長行十六人拳脚幞頭紅錦四䙆襖塗金銀腰帶
排列官二人長脚幞頭紫公服紅鞓帶烏皮鞾小輿二十四人白成銀束帶服同長
行人逍遙輦人負什將共十六人皁帽塗金銀束帶紅錦方勝練鵲人負執黑漆杖
長行二十六人紅地白獅錦襖塗金銀帶冠同平輦人負什將十六人皁帽
紅錦團襖塗金銀帶輿輦共一百三人諸班開道旗隊一百七十
七人開道旗一鐵甲兜牟紅背子劍緋馬甲皁纛旗十二旗一人黑漆鐵笠
皁皮人馬甲引駕六十二人皁帽紅錦團襖紅背子鐵人馬甲箭兵械骨朶輔龍直一
百二人皁帽紅背子骨朶鐵人馬甲黃麾前第四部二百七十二人

殿中侍御史二人左右武衛大將軍二人折衝都尉二人
主帥二十人龍頭竿一百揭鼓六儀鍠斧二十小戟二十
弓矢四十朱縢絡刀盾二十矟二十綠縢絡刀盾二十黃寶
相花衫餘並如前第一部第五部二百七十二人除左右驍衛大將軍與都尉服赤豹
袍龍竿以下服銀褐花衫餘名色並如前第二部第六部二百七十二人除將軍都
尉服瑞馬袍龍竿以下服皁花衫餘名色並如前第三部
第六節中道門旗隊一百二十三人騎執門旗四十五方
色龍旗十步執紅龍門旗六十纛旗一簇輦紅龍旗八日
月旗二麟旗一鳳旗一旗皆一人並鐵甲兜牟紅錦襖紅背子馬執者惟紅背子
步執門旗仍帶劍金輅皇太后乘之公主侍坐故在玉輅之前駕士九十四人赤平

巾幘緋繡對鳳大袖緋抹額赤袴鞋韈擊鞭內侍十人皁帽紅錦襖塗金銀束帶駕頭下
御床也抱駕頭內侍一人長脚幞頭紫羅公服塗金銀束帶控馬二人錦帽錦絡
縫寬衫銀大珮腰帶廣武官十二人錦帽白成銀束帶襖茶酒班執從物十一
人水罐二香毬二唾盂一廝羅一手巾一御椅三人踏床
一皁帽碧錦團襖紅錦背子塗金銀束帶共百三十人拱聖直人負二人
長行三十八人真珠頭巾紅錦四䙆襖塗金銀束帶導駕官四十二人朝服
從人八十四錦帽紫絡縫寬衫大佩銀腰帶仗劍六人皁帽紅錦團襖紅錦背子鐵甲弓矢
器械廣武把行門八人殿班把行門三十五人服並如仗劍玉
輅帝后同乘太子陪坐駕士百二十八人服如金輅惟用青色千牛將軍一人
具裝執長刀於輅右左右點檢二人披金甲夾輅大將軍二人陪輅將

軍二人（並朝服）進輅職掌二人（長脚幞頭紫寬衫塗金銀腰帶）教馬官二人
（長脚幞頭緋抹額紫寶相花衫塗金銀腰帶）部押二人（皁袍鐵甲紅錦襖執骨朶）挾輅八人
控踏路馬四人（馬二四銅面包尾涼屜人服如駕士）共一百五十三人 龍
翔馬隊二十隊六百二十人分左右每隊人員三人（皁帽鐵甲）
（紅錦襖紅背子弓矢劒骨朶甲馬）殿侍二十八人（鐵甲紅錦背子弓矢器械甲馬）東第
五班金槍六隊每隊旗三人鎗二十五人（內二十人佩弓矢）共一
百六十八人（並纍鐵兜牟金鎗）銀鎗六隊每隊旗三人鎗二十五
人（內二十人佩弓矢）共一百六十八人（並纍鐵笠銀鎗）東第四班二隊
每隊旗三人弩二十五人共五十六人（鐵笠兜牟）神勇步隊
七百人分左右作四重每重人員十（皁帽紅錦團襖弓矢器械骨朶）長行
六百六十人（並鐵兜牟甲）內拱聖骨朶直一百六十四人 拱聖
槍直一百六十四人（內執子旗者二人餘執槍）拱聖弓箭直一百六十
六人（弓矢器械執骨朶）拱聖弩直一百六十六人（挾弩鞬韇）廣武骨
朶大劒三百一十人 指揮使五人（紅錦襖紅背子）都頭五人（紅襖紅背
子並皁帽塗金腰帶骨朶）長行三百人（內一百人簇四金鵰錦帽紫孔雀寬襖白成銀束帶骨朶二百
人金鍍銀花朱紅笠緋對鳳寬襖銀帶執銀花大劒）導駕官四十二員從者八十四
人（服已見前）青龍白虎隊五十二人果毅都尉二人青龍旗
一白虎旗一旗五人弩六人弓矢十四稍二十（服已見前）
第七節中道駕後輔龍直等三十人 拍板一 篳篥十五笛十
四人負一人（長行三十人樂器自備並皁帽紅錦襖塗金束帶並馬人負執骨朶） 箜篌二

十五人執箜篌官一人控馬二人（服並如前例）紅龍扇二（長脚幞頭紫公
服塗金銀束帶）廣武二十人（錦帽繡寬襖白成銀束帶紫對鳳十領緋對鳳十領） 七寶輦
舉士四十二人什將人員十六人（皁帽紅錦團襖）長行二十六人
（盤裹幞頭紅錦四襆襖塗金束帶） 持鈒隊五十人旅帥二人（服如都尉）重輪
旗二旗五人（服同前例）紅羅大傘二大雉扇八小雉扇八紅羅
繡華蓋一（武弁緋寶相花衫華帶袴錦縢蛇）朱團扇八（黃寶相花衫）真武幢一
（皁寶相花衫）睥睨八（緋寶相花大袖）麾一幢一（紫寶相花衫銀褐抹帶） 後部鼓
吹三百三十七人鼓吹丞二人典士四人部轄指揮使一
人主帥十八人金鉦掆鼓各三羽葆鼓十二歌二十四拱
辰管二十四簫二十四笳二十四節鼓二鐃鼓十二歌十
六簫二十四笳二十四小橫吹一百二十（青苣紋袍抹額抹帶餘並與前
同） 金吾牙門第三門牙門旗四旗三人監門校尉六人
（服執同第一門） 黃麾後第一部二百七十二人 第二部二百
七十二人 第三部二百七十二人殿中侍御衛大將軍
折衝都尉龍頭竿以下名色並如前三部
第八節中道後部鼓吹第二百二十人笛二十四簫二十
四篳篥二十四笳二十四桃皮篳篥二十四（服並如前） 屬車
八牛二十四駕士八十人（武弁緋繡雲鶴大袖銀褐抹帶大口袴） 黃鉞車赤
馬二駕士十五人（武弁緋對鵝大袖銀褐抹帶大口袴）豹尾車赤馬二駕士
十五人（武弁緋立豹大袖銀褐抹帶大口袴） 玄武隊六十一人金吾折衝

都尉一人平巾幘紫辟邪袍革帶袴滕蛇橫刀弓矢犦矟二平巾幘緋寶相花衫革大帶仙
童旗一玄武旗一滕蛇旗一神龜旗一旗五人服執如前例矟
十九弓矢十五弩四平巾幘緋寶相花衫革帶袴黃麾後第四部二
百七十二人　第五部二百七十二人　第六部二百七
十二人攝官名數服色並如前第四第五第六部絳引幡
三十執者六十人並武弁緋繡寶相花衫銀褐抹帶大口袴諸從駕官並於仗
後陪從朝服不足者公服凡應乘馬者並同宋制

志第二十二

儀同三司上柱國錄軍國重事前中書右丞相監修國史領經筵事臣脫脫
修

儀衛下

大駕鹵簿　親王傔從　皇太后皇后鹵簿　諸妃嬪導從　皇太子鹵簿　百官儀從

大駕鹵簿世宗大定三年祫享用黃麾仗三千人分四節
第一節無縣令府牧即用黃麾前三部次前部鼓吹次金
吾牙門旗次駕頭次引駕龍墀隊次天王十二辰等旗第
二節黃麾第四第五部次君王萬歲日月旗次御馬內增
控馬司圍挾馬司圍各一十六人次日月合璧五星連珠
等旗次八寶內增執黑杖傳唱一十八人在香案前次七

寶輦第三節黃麾後第一第二部次玉輅次楮㧓隊次導
駕門仗官第四節黃麾後第三第四第五部次金輅次牙
門旗次後部鼓吹大定六年九月西京還都用黃麾仗二
千五百四十二人攝官在內騎七百六十二四分四節　第一
節攝官五十四人執擎三百二人樂工一百七十人第二
節攝官三十二人執擎三百七十六人第三節仗內攝官
四十四人導駕官四十二人門仗官一百人玉輅青馬八
駕士一百四十人護駕楮㧓隊五百人執擎二百四十二
人第四節攝官五十人金輅赤馬八駕士九十四人控鶴
二十二人樂工八十四人執擎二百九十人是歲上還自

西京有司備儀仗皇太子乘金輅上疑其非禮以問禮官無能知者上怒皆責降之明年將冊皇太子宰臣奏當備儀仗告廟上曰前朕受尊號謁謝但令朕用宋真宗故事朝服乘馬於禮甚輕今皇太子乃用備禮何耶丞相良弼謝上徐曰此文臣因循不加意爾先是凡行幸皆役民執仗是後詔以軍士易之大定十一年將有事於南郊朝享太廟右丞石琚奏其禮上曰前朝漢人祭天惟務整肅儀仗此自奉耳非敬天也朕謂祭天在誠不在儀仗之盛也其減半用之於是遂增損黃麾仗為大駕鹵簿凡用七千人（攝官在內）分八節 第一節第一引七十人縣令第二引二百六十四人府牧第三引二百二十九人御史大夫名色與府牧同頗損其數而增行止旗一 第二節金吾皁纛旗一十二人朱雀隊三十四人指南記里鼓車皆五十二人鸞旗車一十八人前部鼓吹一百二十九人清游隊七十二人內白澤旗二旗五人（緑具裝冠緑皮甲勒皮錦臂鞴橫刀引夾加弓矢緑皮馬甲包尾全）折衝都尉二人（黑平巾幘紫繡辟邪袍革帶銀褐大口袴錦縢蛇橫刀弓矢）弩六弓矢二十四稍三十（並錦帽青繡寶相花衫革帶銀褐大口袴）佽飛隊四十八人內果毅都尉二（黑平巾幘紫繡飛麟袍革帶銀合大口袴錦縢蛇佩橫刀弓矢）虞候佽飛三十人（鐵甲兜牟橫刀弓矢黑馬甲全）鐵甲佽飛一十六人（服執如上）前部馬隊第一隊六十四人第二第三隊皆六十人第四第五

志二十三　五百二　金史四十二　二

隊皆五十八人殳义仗五十四人內帥兵官二人（黑平巾幘緋寶相花衫革帶銀褐大口袴執儀刀）殳二十六义二十六（五色寶相花衫抹額抹帶行縢鞋襪）行止旗一（緋繡寶相花衫抹額銀褐抹帶大口袴） 第二節前部鼓吹第二三百六十九人前步甲隊第一至第五隊皆四十二人衙門旗二十人黃麾前第一部一百五十人第二部一百二十人殳义仗五十八人行止旗一 第四節黃麾幡三人六軍儀仗二百二十六人御馬三十三人黃麾前第三至第五部皆一百二十人青龍白虎隊五十二人殳义仗五十六人行止旗一 第五節八寶二百三十二人平頭輦三十人七寶輦四十二人班劍儀刀隊二百人內將軍二人折衝都尉二人（平巾幘緋辟邪袍革帶銀褐大口袴錦縢蛇執儀刀）班劍儀刀各九十八（並平巾幘緋繡寶相花衫革帶銀褐大口袴錦縢蛇執儀刀）驍衛翊衛隊六十人內供奉郎將二負（黑平巾幘緋繡瑞馬袍革帶銀褐大口袴執儀刀）鳳旗二旗五人（服執如前）弩弓矢稍皆一十六（服如班劍橫刀）夾轂隊第一隊九十二人內折衝都尉二人（平巾幘緋繡飛麟袍革帶銀褐六口袴執儀力）寶符旗二旗五人朱蹙甲刀盾八十（朱甲錦臂鞴行縢鞋襪）第二隊八十二人內果毅都尉二人（白澤袍）飛黃旗二旗五人銀褐蹙甲刀盾七十第三隊八十二人內果毅都尉二人（赤豹袍）吉利旗二旗五人皁蹙甲刀盾七十殳义仗五十六人行止旗一

第六節馬步門旗隊一百人駕頭一十五人廣武官茶

儀衛志二十三　五百三千　金史四十二　三　陳仁甫

酒班執從物者二十三人御龍直四十人（紅錦團襖鍍金束帶）內人員二（皁帽三十八人真珠頭巾）玉輅一百五十一人檑欉隊五百人內金槍隊一百二十六人分左右人員十八（並鐵甲皁帽紅錦背子執小旗馬甲紅錦包尾）長行一百八人（鐵甲兜牟紅錦背子錦臂韝甲馬紅錦包尾執金槍）銀槍隊一百二十六人人員十八長行一百八人（服並如上銀槍）弓箭直步隊一百二十四人人員四（鐵甲皁帽紅錦團花戰袍弓矢執銀骨朵馬甲全）長行一百二十人（鐵笠紅錦團花戰袍鐵甲弓矢骨朵）骨朵直步隊一百二十四人人員四長行一百二十人（服甲同上無弓矢）金吾牙門旗二十人黃麾後第一部一百五十人第二部一百二十人殳叉仗五十二人行止旗一　第七節扇筤二十五人金輅九十四人大安輦一百八十一人內尚輦奉御二人殿中少監二人奉職官二人（並公服）令史四人書令史四人（七人烏介幘緋四䙆素衫銀褐抹帶大口袴皁靴一人長腳幞頭紫羅公服角帶皁靴）掌輦四人（武弁黃繡寶相花衫銀褐抹帶大口袴）人員十二（皁帽紅錦團襖銅束帶內指揮使一人執銀骨朵）舁士一百五十一人（服同掌輦）御馬三十三人持鈒隊三十九人後部鼓吹一百六十人黃麾後第三至第五部皆一百二十人後步甲隊第一至第二隊皆四十二人殳叉仗五十六人行止旗一　第八節後部鼓吹第二一百四十人象輅輦車木輅皆五十人進賢車二十六人豹尾車一十八人屬車八十人玄武隊六十一人後步甲隊第三至第五隊皆

四十二人金吾牙門旗二十人後部馬隊第一隊七十六人第二隊六十四人第三隊六十人殳叉仗六十人行止旗一（後分行旗止旗為二）以上名數與黃麾同者不重述

章宗明昌五年六月尚書省奏大定六年世宗自西京還都採宋省方還京之儀用黃麾仗二千人及金玉輅檑欉隊甲騎五百人導駕官四十二員自後遂不復用今車駕幸景明宮還都之日宜依用之制可承安元年省臣奏南郊大禮大駕鹵簿當用人二萬一千二百一十八馬八千一百九十八世宗親行郊祀仗用七千人今擬大定制外量添甲卒三百檑欉隊執檛人二百四十八通七千五百四十八人仍分八節從之泰和六年上欲親行祫享命有司計其役費尚書省奏當用仗三千五百人錢一萬餘貫馬八百六十五疋舊例馬皆借取於民親軍班祇皆自備從事今軍旅方興官馬以備緩急不可借用民亦不可重擾宜令有司攝事上詔再議之八年四月禘于太廟依元年例用黃麾仗三千人屯門仗五百人

皇太后皇后鹵簿用唐宋制共二千八百四十人清游隊三十人清游旗一執一人引二人夾二人（並平巾幘緋裲襠大口袴佩弓矢橫刀執矟弩騎）次金吾衛折衝都尉一人（平巾幘紫裲襠大口袴錦螣蛇弓矢橫刀）領四十騎橫刀二十人執矟四

人弩十六人並平巾幘緋裲襠大口袴横刀弓矢次虞候佽飛二十八人並平巾幘緋裲襠大口袴弓矢横刀騶夾道分左右均布並黃麾仗次內僕令一人丞一人依本品服分左右各書令史二人平巾幘緋衫大口袴騎從次黃麾一執一人夾二人武弁朱衣革帶正道騎次左右廂黃麾仗廂各三行行百人從內第一行短戟五色氅執者並黃地白花綦襖帽行縢鞋襪次外第二行戈五色氅執人並赤地黃花綦襖帽行縢鞋襪次外第三行儀鍠五色幡並青地赤花綦襖帽行縢鞋襪次左右領軍衛左右威衛左右武衛左右驍衛左右衛等衛各三行行二十人分前後衛各主帥六人唯左右領軍衛各三人並平巾幘緋裲襠大口袴領軍衛前後獅子文袍帽餘衛豹文袍帽各執鍮石裝長刀騎領分前後每衛各果毅都尉一人檢校被繡袍以上各一名步從左右領軍衛有絳引幡引前掩後各三執者六人並平巾幘緋衫大口袴次內謁者監四人給事二人內常侍二人內侍少監二人並騎分左右以上各有內給使一人步從次內給使百二十人皆宮人並平巾幘緋衫大口袴分左右在車後次偏扇團扇方扇各二十四分左右以宮人執之皆服間綵大袖裙襦綵衣革帶履次香蹬一執輦內給使四人平巾幘緋裲襠大口袴在重翟車前次重翟車馬四駕士二十四人平巾幘青衫大口袴鞋襪次行障二坐障二分左右夾車宮人執之服同執扇次內寺伯二人領寺人六分左右平巾幘緋裲襠大口袴執御刀並騎夾重翟車次腰輿一舉士八人團雉扇二夾輿次大傘四次大雉扇八分左右横行為二重次錦華蓋二單行一正道次小雉扇朱團扇各十二並横行分左右次錦曲蓋二十四横行為二重次錦六柱

八扇分左右自腰輿以下並內給使執之服同前次宮人車次絳麾二分左右執各一人武弁朱衣革帶鞋襪次後黃麾一執一人夾二人並騎武弁朱衣革帶正道次供奉宮人在黃麾後次厭翟車馬四駕士二十四人次翟車安車皆四馬駕士各二十四人次四望車金根車皆駕牛三駕士各十二人服同前次左右廂牙門各二每門執二人夾四人並赤綦襖黃袍帽第一門在前黃麾前第二門在後黃麾後次左右領軍衛每廂各一百五十人執殳並赤地黃花綦襖帽行縢鞋襪前與黃麾仗齊後盡鹵簿廂各主帥四人檢校平巾幘緋衫大口袴被黃袍帽執鍮石長刀騎其服豹文者二在內服獅文者二一引前一護後次左右領軍衛折衝都尉各一人檢校殳仗以上各一人騎從次後殳仗內正道置牙門一每門監門校尉二人皆平巾幘緋裲襠大口袴執銀裝長刀騎每廂各巡檢校尉一人往來檢校服仗同前後部鼓吹金鉦掆鼓大鼓長鳴中鳴鐃吹羽葆鼓吹横吹節鼓御馬並減大駕之半是歲重翟等六車改用圓方輅輦及行障坐障錦六柱宮人等車其制度人數並見輿服志天德二年海陵立后皇后乘龍飾肩輿有司設二步障於殿之西階設扇左右各十繖一此蓋殿庭導引之儀也又設皇太后導從六十人傘子不在數內並服簇四盤鵰團花紅錦襖金花幞頭塗金銀束帶永壽永寧宮道蓋各三十人傘子各二人此亦常行之儀也

皇太子鹵簿受冊寶謝廟凡大禮大朝會則用之有司奏

當用唐宋儀禮詔止用千人中道清游隊二十四人折衝都尉一人白澤旗一五人弩四弓六矟八(並騎)清道直盪隊一十八人折衝都尉二人矟四弓矢十二(並騎)[illegible]四八人正直旗隊三十三人果毅都尉一人重輪旗一馴犀旗二野馬旗一馴象旗二旗各五人(並騎)細引隊一十四人果毅都尉二人弓矢六矟六(矟與弓矢相間並騎)前部鼓吹九十八人(並騎)府史二人金鉦㧌鼓各二大鼓十二長鳴八鐃鼓二簫六笳六帥兵官二節鼓二小鼓十二中鳴八桃皮篳篥四歌四拱辰管六篳篥六大橫吹十二羽葆鼓二帥兵官二繖扇八梅紅傘二大雉扇四中雉扇二小輿一十八人導引官一十二人中允二人諭德二人庶子二人詹事二人太師一人太傅一人太保一人少師一人在金輅後(並騎)親勳翊衛圍子隊七十四人郎将二人儀刀七十二(並騎)金輅七十人三衛隊一十八人(執儀刀)猳角隊六十二人郎将一人祥雲旗一五人弩三弓七矟十五(並騎)又郎将一人祥雲旗一五人弩三弓七矟十五(並騎)朱團扇一十六人司御率府校尉四人(騎)朱團扇三紫曲蓋三朱團扇三紫曲蓋三大角一十八後部鼓吹五十四人(並騎)管轄指揮一人金鉦㧌鼓各一鐃鼓二簫六歌六篳篥六節鼓一主帥二人笛六笳四拱辰管六小橫吹十主帥二人後拒隊四十六人

果毅都尉一人(騎)三角獸旗一五人弩四弓矢十六矟二十外仗左行二百四人牙門十六人(並騎)牙門旗一三人監門校尉三人郎将一人班劒九前第一隊二十七人司禦率府一人果毅都尉一人折衝都尉一人主帥一人(並騎)絳引幡三首九人麟頭竿二儀鍠斧二弓矢二麟頭竿二儀鍠斧二朱刀盾二小戟二第二第三第四第五隊各一十四人(與第一部麟頭竿已下同)後第一隊四十七人牙門旗一三人監門校尉三人果毅都尉一人主帥一人絳引幡三九人鶡鷄旗一五人矟四弩三矟四弓矢三矟四弓矢三朱刀盾二小戟二(並騎)後第二隊二十九人果毅都尉一人綱子旗一五人矟五弩三矟五弓矢三矟三弓矢四(並騎)後第三隊二十九人果毅都尉一人黄鹿旗一五人矟五弩三矟五弓矢三矟三弓矢四(並騎)右行二百四人排列同　太子常行儀衛導從六十二人傘子二人並服梅紅繡羅雙盤鳳襖金花幞頭塗金銀束帶凡從物鐁鑼唾盂水罐等事並用銀金飾傘用梅紅羅坐麒麟金浮圖椅用金鍍銀圈雙戲麒麟椅背紅絨縧結殿庭與宴檄用繡羅間金盤鳳卓衣則用繡羅獨角間金盤獸東宮視事朱緣飾椅塗金銀獸嘲紅絨縧結明金團花椅背索衣則用素羅色皆梅紅蒙帕踏脚同

親王儀從引接十人皁衫盤裹束帶乘馬擎擁官五十人首領紫羅襖素幞頭執銀裹牙杖傘子紫羅團荅繡芙蓉襖間金花交脚幞頭餘人紫羅四䙆繡芙蓉襖兩邊黃絹義襴並用金鍍銀束帶幞頭同邀喝四人傘用青表紫裏金鍍銀浮圖椅用銀裹圈背水罐鍬鑼唾盂並用銀郡王擎擁官三十人未出宮者二十人國公擎擁官二十人未出宮者十四人郡王引接六人國公四人未出宮者各減半人從儀物並依一品職事官制

諸妃嬪導從四十人幞頭繡盤蕉紫衫塗金束帶妃用偏扇方扇團扇各十六諸嬪各十四皆宮人執服雲脚紗帽

紫四䙆衫束帶綠鞾大傘各一傘子二人就用本服錦襖幞帶大長公主導從一十二人皇妹皇女一十人並服紫羅繡盲背葵花夾襖盤裹幞頭大佩銀腰帶牙杖各二其諸宗室女各以親疎差降之傘制皇太子三位妃皆青羅表紫裏金浮圖親王公主王妃金鍍銀浮圖郡主縣主夫人銀浮圖皆青表紫裏諸臣下母妻各從其夫子勳封品級用傘

百官儀從正一品三師三公尚書令朱衣直省各十人（三公府稱直）擎擁官各六十人並服紫衫帽銀偏帶內執藤棒二對骨朵三對牙杖三對簇馬六人傘子二人交椅水罐鍬鑼盂子唾盆等事以次執之服皁衫帽塗金銅束帶（後凡執色人並同）邀喝四人傘用青羅紫裏銀浮圖從一品尚書左右丞相平章政事都元帥樞密使直省同（樞密稱直院以班祗人充）擎擁官五十人邀喝四人判大宗正引接十人擎擁官四十人大興尹面前兩對餘並同以上交椅並用銀裹圈背紫絲絛結　正二品東宮三師左右副元帥尚書左右丞直省八人擎擁官四十人邀喝三人傘用朱浮圖從二品參知政事樞密副使御史大夫直省同（御史臺稱通引以縣使班祗人充）擎擁官三十六人邀喝數同　正三品東宮三少元帥左右監軍殿前都點檢六部尚書諸京留守宣徽勸農使翰林學

士承旨等官凡同品者各引接六人擎擁官二十人以上交椅並用直背銀間粧青絲絛結諸京都轉運使招討使諸路提刑使諸府尹兼本路兵馬都總管及留守擎擁官五十人外任統軍使都運招討使副使諸府尹兼總管擎擁官四十五人公使七十人從三品元帥左右都監勸農副使殿前副都點檢及御史中丞等官凡同品者各引接六人擎擁官一十八人內中丞引從則給緋衫外任運使節度使擎擁官四十人諸節鎮諸部族節度同公使上鎮七十人中鎮六十五人下鎮六十人以上外任官人從服色除諸招討總管部族節度群牧使自來無射粮軍人力

者並仍舊外留守統軍總管都運招討府尹轉運節度使人力亦仍舊其數雖多俱不得過四十人並服紫衫銀帶銀裹圈背交椅銀水罐鐁鑼盂盤牙杖內銀裹骨朶大劍各兩對及邀喝唯運使無骨朶大劍　正四品左右諫議大夫國子祭酒六部侍郎等官凡同品者各引接八人本破十二人外任留守同統軍都監提刑副使各撁攏官三十人從四品殿前左右衛將軍諸猛安千户親王府尉諸京同知轉運等官凡同品者各引接四人本破十二人外任撁攏官三十五人公使上防禦六十人中防禦五十五人下防禦五十人　正五品尚書左右司郎中翰林待制

太常少卿等官凡同品者各本破八人外任撁攏官三十人公使上州五十人中州四十五人下州四十人凡防禦刺史知軍并京府統軍司節鎮佐貳官人從並服紫衫角束帶直背銀交椅鐁鑼盂子唾盤牙杖傘用青表碧裏青浮圖防禦刺史知軍仍用銀裹骨朶大劍一對邀喝唯隨路副統軍則不邀喝從五品六部郎中侍御史大理少府等官凡同品者本破七人侍御引從則給緋衫外任本破十人以上職事官並許張蓋　正六品尚書左右司員外等官凡同品者本破六人外任本破九人從六品尚書六部員外等官凡同品者本破五人外任本破九人　正七品殿中侍御史等官凡同品者本破四人外任本破七人縣令公使十人都軍公使六人從七品應奉翰林文字等官凡同品者本破四人外任本破六人縣令公使十人正八品大理評事等官凡同品者本破二人外任本破六人從八品太常太祝等官凡同品者本破二人外任本破五人　正九品御藥都監等官凡同品者本破一人外任本破三人從九品隨殿位承應同監等官凡同品者本破一人外任本破一人　尚書省樞密院令譯史通事六部御史臺及統軍司通事諸院令史國史院書寫等職各設本破一人以上職官人力從物不得僭越其外任官人從服執以本處公用或贓罰錢置

凡內外官自親王以下傔從各有名數差等而朱衣直省不與其賤者一曰引接（亦曰引從）內官從四品以上設之二曰撁攏官內外正五品以上設之三曰本破內外正四品以下設之四曰公使外官正三品以下設之五曰從己人力外官正三品京都留守大興府尹以下等官設之本破如撁攏之職公使從公家之事從己執私家之役者也五等皆以射粮軍充其軍非驗物力以事攻討特招募民年十七以上三十以下魁偉壯健者收刺以資粮給之故曰射粮其首領則有將節承局什將等名而皆統於隨路都兵

馬總管府爲金之所以禮臣下足任使者其亦先代之遺法歟　外任官從己人力諸京留守大興府尹五十人統軍都轉運招討按察使諸路兵馬都總管四十五人轉運節度使四十人提控諸群牧防禦使三十五人外任親王傅同知留守副統軍按察副使諸州刺史知軍事三十人同知都轉運使事副招討副留守同知府尹兼總管提舉漕運司諸五品鹽使二十五人都轉運副使按察司簽事少尹副總管同知轉運節度使事二十人京都兵馬都指揮使一十八人轉運節度副使十七人兵馬都鈐轄十五人親王府尉諸京留守總判官同知防禦使事十三人警

巡使兵馬副都指揮同提舉漕運司正六品鹽副使從六品酒麴鹽稅使同知州軍事一十人統軍都轉運司京府總管散府等判官京推官九人親王府司馬招討判官赤劇縣令提舉上京皇城兵馬鈐轄正七品酒麴鹽稅副使都轉運判官府推官節度觀察判官八人京縣次劇縣令都巡檢使正將府軍都指揮使七人司屬令親王府文字招討司勘事官諸縣令警巡副使知城堡寨鎮從七品鹽判同提舉上京皇城節鎮軍都指揮使都巡河同七品酒使防禦判官六人市令錄事赤劇縣丞副都巡檢使副將都巡檢州軍判官五人統軍司知事親王府記室參軍司屬丞正八品酒使副京縣次劇縣丞諸司使四人大興府招討按察司知事京府運司節鎮司獄管勾河橋關度譏察官從八品鹽判官漕運司勾當官警巡判官諸縣丞市丞司候主簿錄事司判官縣尉副都巡檢諸巡檢巡河官正九品酒使諸司副使三人鹽場管勾防刺以下司獄部隊將同管勾河橋副譏察司候判官教授統軍按察司知法軍轄諸司都監節鎮以上知法二人鹽場同管勾防刺以下知法諸司同監統軍按察司書史統軍司譯書通事一人　婆速公使從己人力於附近東京澄州招募漢人百姓投充謂非猛安謀克所管者合懶恤品胡里改蒲與路並於各

管猛安謀克所管上中戶內輪差驅丁依射粮軍例支給錢粮周年一易部羅火土魯渾扎石合亦同其諸糺及群牧官員若猛安謀克應差本管戶民充人力者並上中戶輪當　諸內外官有兼職各應得人從者從多給餘各驗品類差　諸親王引接引從在都兵馬司差公主隨朝者從守部本破內差外路者并所在州府就差　諸王府引從相府擁攏官引接周年替代自餘十月滿代並以射粮軍充　諸隨朝六品以下職官并諸局承應者願令從己輸庸者聽仍具姓名申部本處官司周年內不得占使

諸職官之任以理去官者接送人力於從己人內給半取

接者皆於所在官司出給印券差取送還者須到本所給券發還如無驗者權閣支請候會問別無逃亡將帶然後放支　諸致仕官職俱至三品者從己人力於願往處給半不得輸庸身故應送還者又減半給之若年未六十而致仕及罷去者則不給

志第二十三

志第二十四　金史四十三

開府儀同三司上柱國錄軍國重事前中書右丞相監修國史領經筵事臣脫脫奉勅修

輿服上

天子車輅　皇后妃嬪車輦　皇太子車制　王公以下車制及鞍勒飾

古者車輿之制各有名物表識以祀以封以田以戎所以別上下明等威也歷代相承互有損益或因時創始或襲舊致文奇巧日滋浮靡益蕩加以後世便習騎乘車用蓋寡惟於郊廟祀享法駕導引爲一代令儀而不敢廢也其於先王經世立法之意寖乎闊哉金初得遼之儀物既而克宋於是乎有車輅之制熙宗幸燕始用法駕迨至世宗制作乃定班班乎古矣考禮文證國史以見一代之制度云

大定十一年將有事於南郊命太常寺檢宋南郊禮鹵簿當用玉輅金輅象輅革輅木輅耕根車明遠車指南車記里鼓車崇德車皮軒車進賢車黃鉞車白鷺車鸞旗車豹尾車軺車羊車各一革車五屬車十二除見有車輅外闕象木革輅耕根明遠皮軒進賢白鷺羊車大輦各一革車三屬車四按五禮新儀玉輅以青金輅以緋象輅以銀褐革輅以黃木輅以皁蓋其物有合隨輅之色者有當用別色者如玉輅用青絲繡雲龍絡帶青羅繡寶相花帶青畫

輪轅青氂牛尾此隨輅之色者也若象木革輅則當用緋用銀褐用黃及皂若至尊乘御步武所及非若餘物但爲美觀其踏床倚背踏道之褥皆用紅錦座褥及行馬褥透壁輭簾三用銀褐黃青羅錦三色又大輦宋陶穀創意爲之至祥符中以其太重減七百餘斤可見當時亦無定制各以意從長斟酌造之其制金玉輅闕可見者象輅革輅木輅耕根皮軒進賢明遠白鷺羊車革車大輦凡十有一

象輅黃質金塗銅裝以象飾諸末輪衣以銀褐建大赤餘同玉輅

革輅黃質鞔之以革金塗銅裝輪衣以黃建大白餘同玉輅

木輅黑質漆之輪衣以皂建大麾餘同玉輅

耕根車青質蓋三重制如玉輅而無玉飾

皮軒車赤質上有漆柱貫五輪相重畫虎紋一轅

進賢車赤質如革車緋輪衣絡帶門簾並鳳上設朱漆床香案紫綾衣一轅

明遠車制如屋銳頂重簷勾欄頂上有金四角垂鐸上層四面垂簾下層周以花板三轅

白鷺車赤質周施花板上有漆柱柱杪刻爲鷺鷥銜鵝毛筩紅綾帶柱貫五輪相重輪衣皂頂緋裙緋絡帶並繡飛鷺一轅

羊車赤質兩壁油畫龜紋金鳳翅幰衣結帶並繡瑞羊二轅

大輦赤質正方油畫金塗銀葉龍鳳裝其上四面施行龍雲朵火珠方鑑銀絲囊網珠翠結雲龍鈿窠霞子四角龍頭銜香囊頂輪施耀葉中有銀蓮花坐龍紅綾裏碧牙壓帖內設圓鑑香囊銀輪勾欄臺坐紫絲條網帉錔中施黃褥上置御座曲几香鑪錦結綬几衣輪衣絡帶並緋繡雲龍寶相花金綫壓長竿四飾以金塗銀龍頭畫梯托义行馬

七寶輦制如大輦飾以玉裙網七寶滴子用真珠宋欽宗爲上皇製海陵自汴取而用之

皇后之車六一曰重翟車青質金飾金塗銅鈒花葉段裝釘耀葉二十四明金立鳳一紫羅銷金生色寶相帷一青羅青油幰衣各一朱絲絡網紫羅明金生色雲龍絡帶各二兩廂明金五彩間裝翟羽二金塗碖石長轅鳳頭三橫轅立鸞八香鑪香寶子一副宜男錦帶結朱紅漆杌子踏床各一扶板扶魚一副紅羅明金衣褥紅羅襯褥一青羅行道褥四青羅明金生色雲鳳夾幔一紅羅明金緣紅竹簾二金塗銅葉斷行馬二朱紅漆金塗銀葉裝釘胡梯一

青羅胡梯尋儀褥二踏道褥十青絹褁大麻索二油蒙帕一二曰厭翟車赤質倒仙錦帷一紫羅紫油幰衣各一朱絲絡網宜男錦絡帶各二餘同重翟惟行道夾幔尋儀褥羅及褁索等用紅三曰翟車黃質金飾鍮石葉段裝釘宜男錦帷黃羅油幰衣鍮石長轅鳳頭三而無橫轅立鸞餘同厭翟而羅色用黃四曰安車赤質倒仙錦帷紫油幰衣朱絲絡網天下樂錦絡帶鍮石長轅鳳頭三無橫轅立鸞及香鑪香寶子餘同翟車而色皆用紅五曰四望車朱質宜男錦帷青油幰衣轅端鷁頭二餘並同安車六曰金根車朱質紫羅紫油幰衣朱絲倒仙錦絡帶各二踏床褥用

紅綾衣尋儀褥踏道褥並用綾餘並同安車造六車成後復改造圓輅重簷方輅五華亭頭平頭六等之制又增製九龍車一高二丈廣一丈一尺長二丈六尺五鳳車四各高一丈八尺長廣如之圓輅車一方輅車一重簷車一各高一丈七尺長一丈八尺廣八尺皆駕馬四駕士各五十人並平巾幘生色青緋黃三色寶相花衫銀褐抹帶大口袴平頭輦一五華輦一亭頭輦一各高一丈九尺廣丈五寸長三丈舁士各九十六人作兩番代並生色緋寶相花衫餘如前製管押人員三十五人長脚幞頭紫羅窄衫金銅帶束駕馬繁纓涼屜鈴拂包尾皆從車色金銅面插翟

尾朱繪朱總龍車合用紅羅傘一傘子二人用本服錦帽幞帶又檢定扇障等制偏扇如仙人羽扇行障六扇各長八尺高六尺用紅羅表朱裏畫雲鳳龍首竿銜筆結每障用宮人四坐障三扇各長七尺高五尺畫雲鳳紅羅表朱裏餘同行障錦六柱八扇各闊二尺高三尺冒以錦內給使八人執宮人車制如屬車駕士八人平巾幘緋衫大口袴鞋韈供奉宮人三十人雲脚紗帽紫衫束帶綠靴明昌元年三月定妃嬪車輦同鍍金鳳頭黃結御妻世婦用間金鳳頭梅紅結子

皇太子車制大定六年十二月奏皇太子金輅典故制度

及上用金輅儀式奉敕詳定輈旗旂首及應用龍者更以麟爲飾省去鄣塵等物上用金輅名件色數依上公以九爲節減四分之一上用輅軾前有金龍改爲伏鹿軾上坐龍改爲鳳旂十二旒減爲九駕赤騮六減爲四及簾褥用黃羅勵改用梅紅餘並具體成造其制赤質金飾諸末重較箱畫虡文鳥獸黃屋軾作赤伏鹿龍輈金鳳一軾前設障塵朱蓋黃裏輪畫朱牙左建九旒右載闟戟旂首銜金龍頭結綬及鈴綾八鸞在衡二鈴在軾駕赤騮四金鍐方釳插翟尾鏤錫鞶纓九就皇帝輅自頂至地高一丈七尺今網四分之一爲一丈三尺二寸備廣之網亦如之

王公以下車制一品輅用銀螭頭涼棚杆子月板並許以銀裝飾三品以上螭頭不得施銀涼棚杆子月板亦聽用銀爲飾五品以上輅獅頭六品以上輅雲頭庶人坐車平頭止用一色黑油

親王鞍塗金銀累仍鈒以閙花障泥用紫羅飾以錦襜以塗金銀裝束用絲結皇家小功以上太皇太后皇太后大功以上皇后期親以上并一品官及官職俱至三品以上者障泥許用金花若經賜或御毬場內不在禁限舊制親王宰執任外者與大興尹皆服小帽束帶銀鞍絲鞭大定中世宗以京尹亦外官三品而與親王無別遂命不得御

銀鞍絲鞭惟同外三品例幞頭帶展皂視事

承安二年制護衛銅裝鞍襜不得借人庶人馬鞍許用黑漆以骨角鐵爲飾不得用玉較具及金銀犀象飾鞍襜

輿服中 天子袞冕 視朝之服 皇后冠服 皇太子冠服 宗室外戚及一品命婦服 用 臣下朝服 祭服 公服

昔者聖人制爲玄黃黼黻之服以象天地之德以章貴賤之儀夏商損益至周大備不可以有加矣自秦滅棄禮法先王之制靡敝不存漢初猶服袀玄以從大祀歷代雖漸復古終亦不純而已金制皇帝服通天絳紗袞冕偪舄即前代之遺制也其臣有貂蟬法服即所謂朝服者章宗時禮官請參酌漢唐更製祭服青衣朱裳去貂蟬豎筆以別於朝服惟公朝則又有紫緋綠三等之服與夫窄紫展皂等事悉著于篇云

天眷三年有司以車駕將幸燕京合用通天冠絳紗袍據見闕名件依式成造禮服袍裳方心曲領中單蔽膝革帶大帶玉具劍綬佩舄韈乘輿服大綬六采黑黃赤白縹綠小綬三色同大綬間施三玉環大綬五百首小綬半之白玉雙佩革帶玉鉤鰈

冕制天板長一尺六寸廣八寸前高八寸五分後高九寸五分身圍一尺八寸三分幷納言並用青羅爲表紅羅爲

裏週迴用金稜天板下有四柱四面珎珠網結子花素墜子前後珠旒共二十四旒各長一尺二寸青碧線織造天河帶一長一丈二尺闊二寸兩頭各有眞珠金碧旒三節玉滴子節花紅線組帶二上有眞珠金翠旒玉滴子節花下有金鐸子二梅紅線款幔帶一黈纊二眞珠垂繫上用金葛子二簪窠款幔組帶鈿窠各二內組帶鈿窠四並玉鏤塵碾造玉簪一頂方二寸導長一尺二寸簪頂刻鏤塵雲龍

袞用青羅夾製五綵間金繪畫正面日一月一昇龍四山十二上下襟華蟲火各六對虎雌各六對背面星一昇龍

四山十二華蟲火各十二對虎蜼各六對中單一白羅單製羅領褾襈裳一帶褾襈紅羅八幅夾製繡藻三十二粉十六米十六黼三十二黻三十二蔽膝一帶褾襈並紅羅夾製繡昇龍二綬一幅大綬以赤黃黑白緑縹六綵織紅羅托裏小綬三色同大綬銷金黃羅綬頭上間施三玉環皆刻雲龍大綬五百首小綬半之緋白大帶一銷金黃羅帶頭鈿窠二十四紅羅勒帛一青羅抹帶一玉佩二白玉上中下璜各一半月各二皆刻雲龍玉滴子各二皆以眞珠穿製金篦鈎獸面水葉環釘涼帶一紅羅裹纏金上有玉鵝七鉈尾束各一金攀龍口以玳瑁板襯釘脚舄重底

紅羅面白綾托裏如意頭銷金黃羅緣口玉鼻仁飾以珠襪用緋羅加綿凡大祭祀加尊號受册寶則服袞冕行幸齋戒出宮或御正殿則通天冠絳紗袍

鎭圭大圭皇統九年十月二十四日禮部下太常畫鎭圭式様大禮使據三禮圖以進用之大定十一年太常寺按禮大圭長三尺抒上終葵首天子服之自西魏隋唐以來大圭長尺二寸與鎭圭同蓋鎭圭以鎭天下以四鎭山爲飾今其圭已依古制惟無大圭今御府有故宋白玉圭圓無上鋭及終葵首自西魏以來所制玉笏皆長尺有二寸方而不折雖非先王之法蓋後世玉難得隨宜故也擬合以御府所藏行禮就用

視朝之服初太宗即位始服赭黃自後視百官朝御袍帶章宗即位以世宗之喪有司請御純吉不從乃服淡黃袍烏犀帶常朝則服小帽紅襴偏帶或束帶

皇后冠服花珠冠用盛子一青羅表青絹襯金紅羅托裏用九龍四鳳前面大龍銜穗毬一朶前後有花珠各十有二及鸂鶒孔雀雲鶴王母隊仙人浮動插瓣等後有納言上有金蟬鑻金兩博鬢以上並用鋪翠滴粉縷金裝珍珠結製下有金圈口上用七寶鈿窠後有金鈿窠二穿紅羅鋪金欵幪帶一

褘衣深青羅織成翬翟之形素質十二等領褾襈並紅羅織成雲龍中單以素青紗製領織成黼形十二褾袖襈織成雲龍並織紅縠造裳八副深青羅織成翟文六等褾襈織成紅羅雲龍明金帶腰蔽膝深青羅織成翟文三等領緣緅色羅織成雲龍明金帶大綬一長五尺闊一尺黃赤白黑縹緑六彩織成小綬三色同大綬間七寶鈿窠施三玉環上碾雲龍撚金線織成大小綬頭紅羅花襯大帶青羅朱裏紕其外上以朱錦下以緑錦紐約用青組撚金線織成帶頭玉佩二朶每朶上中下璜各一半月墜子各二並玉碾縷金打鈒獸面篦鈎佩子各一水葉子眞珠穿綴

青衣華帶用縷金青羅裹造上用金打鈒水地龍鵜眼銙
尾龍口攀束子共八事以玳瑁襯金釘脚抹帶二紅羅青
羅各一並明金造各長一丈五寸舄以青羅製白綾裏如
意頭明金黃羅準上用玉鼻仁眞珠裝綴繫帶韈青羅表
裏綴繫帶
犀冠減撥花樣縷金裝造上有玉簪一下有玳瑁盤一
皇太子冠服冕用白珠九旒紅絲組爲纓青纊充耳犀簪
導衮青衣朱裳五章在衣山龍華蟲火宗彝四章在裳藻
粉米黼黻白紗中單青褾襈裾革帶塗金銀鉤䚢蔽膝隨
裳色爲火山二章瑜玉雙佩四采織成大綬間施玉環三
白襪朱舄舄加金塗銀釦謁廟則服之
遠遊冠十八梁金塗銀花飾博山附蟬紅絲組爲纓犀簪
導朱明服紅裳白紗中單方心曲領絳紗蔽膝白襪黑舄
餘同衮冕冊寶則服之
桓圭長九寸廣三寸厚半寸用白玉若屋之桓楹爲二稜
太子入朝起居及與宴則朝服紫袍玉帶雙魚袋其視事
及見師少賓客則服小帽皂衫玉束帶
宗室及外戚幷一品命婦衣服聽用明金期親雖別籍女
子出嫁並同又五品以上官母妻許披霞帔唯首飾霞帔
領袖腰帶許用明金籠金間金之類其衣服止用明銀象

金及金條壓繡正班局分承應帶官人雖未出職係班其
祖母及母妻子孫之婦同籍兄弟之妻及在室女孫姊妹
並同又禁私家用純黃帳幕陳設若曾經宣賜鑾輿服御
日月雲肩龍文黃服五箇鞘眼之鞍皆須更改
臣下朝服九導駕及行大禮文武百官皆服之正一品貂
蟬籠巾七梁額花冠貂鼠立筆銀立筆犀簪導佩劒緋羅
大袖緋羅裙緋羅蔽膝各一緋白羅大帶天下樂暈錦玉
環綬一白羅方心曲領白紗中單銀褐勒帛各一玉珠佩
二金塗銀革帶烏皮履白綾韈正二品七梁冠銀立筆犀
簪導不佩劒緋羅大袖雜花暈錦玉環綬餘並同正四品
五梁冠銀立筆犀簪白獅錦銀環綬珠佩銀革帶御史中
丞則獬豸冠青荷蓮綬餘並同正五品四梁冠簇四金鵰
錦銅環綬銀珠佩餘並同正六品至七品三梁冠黃獅錦
銅環綬珠佩銅束帶餘並同大定二十二年祫享攝官導
駕二品冠七梁三品四品冠六梁服有金花五品冠五梁
六品冠四梁七品冠三梁監察御史獬豸冠青綬八品九
品冠二梁餘製並同
祭服皇統七年太常寺言太廟成後奉安神主祫享行禮
凡行事執事助祭陪位官准古典當服衮冕九章畫降龍
隨品各有等差通典云虞夏殷並十二章日月星辰山龍

華蟲作繪於衣宗彝藻火粉米黼黻絺繡於裳周升三辰於旂登龍於山登火於宗彝作九章之服山龍華蟲火宗彝繪於衣藻粉米黼黻繡於裳公之服自袞冕而下如王之服侯伯之服自鷩冕而下如公之服又後魏帝服袞冕與祭者皆朝服又開元禮一品服九章又五禮新儀正一品服九旒冕犀簪青衣畫降龍今汴京舊禮直官言自宣和二年已後一品祭服七旒冕大袖無龍唐雖服九章服當時司禮少常伯孫茂道言諸臣之章雖殊然飾龍名袞尊卑相亂請三公服鷩冕八章爲宜臣等竊謂歷代衣服之制不同若從後魏則止服朝服或用宋服則爲七章若

遵唐九章則有飾龍名袞尊卑相亂之議尚書省乃奏用後魏故事止用燕京大冊禮時所服朝服以祭大定三年八月詔遵皇統制攝官則朝服散官則公服以皇太子爲亞獻服袞冕十四年用唐制若祭遇雨雪則服常服謂今之公服也泰和元年八月禮官言祭服所以接神朝服所以事君雖歷代損益不同然未嘗不有分別是以袞冕十二旒玄衣纁裳備十二章天子之祭服也通天冠絳紗袍紅羅裳天子之視朝服也臣下之服則用青衣朱裳以祭朱衣朱裳以朝國朝惟天子備袞冕通天冠二等之服今群臣但有朝服而祭服尚闕每有祀事但以朝服從事實於典禮未當請依漢唐故事祭服冕旒畫章然君冕服雖章數各殊而俱飾龍名袞而唐孫茂道已有尊卑相亂之論然三公法服有龍恐涉於僭國初禮官亦嘗駁議乞參酌古今改置祭服其冠則如朝冠而但去其貂蟬豎笔其服用青衣朱裳白襪朱履非攝事者則用朝服庶幾少有差別上曰朝祭之服固宜分也

公服大定官制文資五品以上官服紫三師三公親王宰相一品官服大獨科花羅徑不過五寸執政官服小獨科花羅徑不過三寸二品三品散搭花羅謂無枝葉者徑不過寸半四品五品服小雜花羅謂花頭碎小者徑不過一

寸六品七品服緋芝蔴羅八品九品服綠無紋羅應武官皆服紫凡散官職事皆從一高上得兼下下不得僭上窄紫亦同服色各依官制品格其諸局分承應人並服無紋素羅十五年制曰袍不加襴非古也遂命文資官公服皆加襴帶制皇太子玉帶佩玉雙魚袋親王玉帶佩玉魚一品玉帶佩金魚二品笏頭毬文金帶佩金魚三品四品荔枝或御仙花金帶並佩金魚五品服紫者紅鞓烏犀帶佩金魚服緋者紅鞓烏犀帶佩銀魚服綠者並皂鞓烏犀帶武官一品二品佩帶同三品四品金帶五品六品七品紅鞓烏犀帶皆不佩魚八品以下並皂鞓烏犀帶司天太醫

內侍教坊服皆同文武官惟不佩魚應殿庭承應五品以下官非入內不許金帶又展紫入殿庭者並許服紅鞓不佩魚又二品以上官許兼服通犀帶三品官若治事及見賓客許兼服花犀帶大定二年制百官趨朝赴省並須裹帶五品以上官趨朝則朝服赴省則展皂雨雪沾衣則從便凡朝參主寶主符展紫御仙花或太平花金束帶近侍給使供御筆硯直長符寶吏紫襖子塗金束帶輪直則近侍給使並常服常服則展紫閤門六尚遇朝參侍立則服本品服若宮中當直則服窄紫金帶學士院官修起居注補闕拾遺祕書丞祕書郎朝參侍立則服本品服色帶當直則窄紫金帶東宮左右衛率僕正副僕正典儀贊儀內直郎丞當直亦許服之太子太師出入宮中則展紫至東宮則展皂三少則展紫

輿服下 衣服通制

君子之服以稱德也故德之備者其文備古者王公及士庶人莫不各有一定之制而不敢相逾者蓋風俗之奢儉法令之齊一必於是而觀焉詩曰彼都人士狐裘黃黃其容不改出言有章其三章曰彼都人士充耳琇實彼君子女謂之尹吉此言都邑之盛人物之懿也明昌間章宗謂宰臣曰今風俗侈靡莫若律以制度使貴賤有等其令禮

部具典故以聞他日又謂參知政事張萬公曰山東風俗如何萬公對以奢左丞守貞因言衣服之制上曰如卿所言正恐失人心耳守貞曰止是商賈有不悅者萬公曰乞寬與之期三年之內當如制矣於是上以禮部所擬太繁以尚書省所擬而行之嗟乎人君以風俗為言其亦知所務矣

金人之常服四帶巾盤領衣烏皮靴其束帶曰吐鶻巾之制以皂羅若紗為之上結方頂折垂于後頂之下際兩角各綴方羅徑二寸許方羅之下各附帶長六七寸當橫額之上或為一縮襵積貴顯者於方頂循十字縫飾以珠其中必貫以大者謂之項珠帶旁各絡珠結綬長半帶垂之海陵賜大興國者是也其衣色多白三品以皁窄袖盤領縫腋下為襵積而不缺袴其胸臆肩袖或飾以金繡其從春水之服則多鶻捕鵝雜花卉之飾其從秋山之服則以熊鹿山林為文其長中骭取便於騎也吐鶻玉為上金次之犀象骨角又次之銙周鞓小者間置於前大者施於後左右有雙鉈尾納方束中其刻琢多如春水秋山之飾左佩牌右佩刀刀貴鑌柄尚雞舌木黃黑相半有黑雙距者為上或三事五事室飾以醬瓣樺鐔口飾以鮫或屑金鍮和漆塗鮫隙而礲平之醬瓣樺者謂樺皮班文色殷紫如

舊中豆辮也産其國故尚之初女直人不得改爲漢姓及學南人裝束違者杖八十編爲永制婦人服襜裙多以黑紫上編繡全枝花周身六襴積上衣謂之團衫用黑紫或皂及紺直領左衽掖縫兩傍復爲雙襴積前拂地後曳地尺餘帶色用紅黃前雙垂至下齊年老者以皂紗籠髻如巾狀散綴玉鈿於上謂之玉逍遥此皆遼服也金亦襲之許嫁之女則服綽子製如婦人服以紅或銀褐明金爲之對襟彩領前齊拂地後曳五寸餘

明昌六年制文武官六貫石以上承應人并及麿者許用牙領紫圓板皂條羅帶皂靴上得兼下係籍儒生止服白

衫領繫背帶並以紫圓條羅帶乾皂靴餘人用純紫領不得用緣雜色圓板條羅帶不得用紫靴用黃及黑油皂蠟等婦人各從便泰和四年以親王品官既分領緣而復有皂靴之禁似涉太煩遂聽親王用銀褐領紫緣品官皆紫領白緣餘從明昌制

書袋之制大定十六年世宗以吏員與士民之服無别潛入民間受賕鬻獄有司不能檢察遂定懸書袋之制省樞密院令譯史用紫紵絲爲之臺六部宗正統軍司檢察司以黑斜皮爲之寺監隨朝諸局并州縣並黃皮爲之各長七寸闊二寸厚半寸並於束帶上懸帶公退則懸於便服違者所司糾之

大定十三年太常寺擬士人及僧尼道女冠有師號并良閑官八品以上許服花紗綾羅絲紬在官承應有出身人帶八品以下官未帶官亦同許服花紗綾羅紵絲絲紬家屬同婦人許用珠爲首飾其都孔目與八品閑官同京府州縣司吏皆與庶人同庶人止許服絁紬絹布毛褐花紗無紋素羅絲綿其頭巾繫腰領帕許用芝蔴羅條用絨織成者不得以金玉犀象諸寶瑪瑙玻璃之類爲器皿及裝飾刀把鞘并銀裝釘床榻之類婦人首飾不許用珠翠鈿子等物翠毛除許裝飾花環冠子餘外並禁兵卒許服無

紋壓羅絁紬絹布毛褐奴婢止許服絁紬絹布毛褐倡優遇迎接公筵承應許暫服繪畫之服其私服與庶人同

志第二十四

志第二十五　　金史四十四

開府儀同三司上柱國錄軍國重事前中書右丞相監修國史領經筵事都總裁臣脫脫奉

敕修

兵　兵制　禁軍　養兵之法

金興用兵如神戰勝攻取無敵當世曾未十年遂定大業原其成功之速俗本鷙勁人多沉雄兄弟子姓才皆良將部落保伍技皆鋭兵加之地狹產薄無事苦耕可給衣食有事苦戰可致俘獲勞其筋骨以能寒暑徵發調遣事同一家是故將勇而志一兵精而力齊一旦奮起變弱爲彊以寡制衆用是道也及其得志中國自顧其宗族國人尚少乃割土地崇位號以假漢人使爲之效力而守之猛安謀克雜厠漢地聽與契丹漢人昏因以相固結迨夫國勢寖盛則歸土地削位號罷遼東渤海漢人之襲猛安謀克者漸以兵柄歸其内族然樞府簽軍募軍兼采漢制伐宋之役參用漢軍及諸部族而統以國人非不知制勝長策在於以志一之將用力齊之兵也第以土宇既廣豈得盡任其所親哉馴致極盛乃自患其宗族國人之多積其猜疑卒自戕賊遂致强本刋落醇風鍥薄將帥攜離兵士驕惰迄其亡也忠孝等軍構難于内紇軍雜人召禍于外向之所謂志一而力齊者不見可恃之勢焉豈非自壞其家

法而致是歟抑是道也可用於新造之邦不可以保長久之天下歟金以兵得國奉

詔作金史故於金之兵志考其興亡得失之跡特著於斯

兵制馬政養兵等法載諸舊史者胪列于篇

金之初年諸部之民無它徭役壯者皆兵平居則聽以佃漁射獵習爲勞事有警則下令部内及遣使詣諸孛堇徵兵凡步騎之仗糗皆取備焉其部長曰孛堇行兵則稱曰猛安謀克從其多寡以爲號猛安者千夫長也謀克者百夫長也謀克之副曰蒲里衍士卒之副從曰阿里喜部卒之數初無定制至太祖即位之二年既以二千五百破耶律謝十始命以三百户爲謀克謀克十爲猛安繼而諸部來降率用猛安謀克之名以授其首領而部伍其人出河之戰兵始滿萬而遼莫敵矣及來流鴨水鐵驪鱉古之民皆附東京既平山西繼定内收遼漢之降卒外籍部族之健士嘗用遼人訛里野以北部百三十户爲一謀克漢人王六兒以諸州漢人六十五户爲一謀克王伯龍及高從祐等並領所部爲一猛安至天會二年平州既平宗望恐風俗揉雜民情弗便乃罷是制諸部降人但置長吏以下從漢官之號五年伐宋之役調燕山雲中中京上京東京遼東平州遼西長春八路民兵隸諸萬户其間萬户亦有

專統漢軍者熙宗皇統五年又罷遼東漢人渤海猛安謀克承襲之制浸移兵柄於其國人乃分猛安謀克爲上中下三等宗室爲上餘次之至海陵庶人天德二年省併中京東京臨潢咸平泰州等路節鎮及猛安謀克削上中下之名但稱爲諸猛安謀克循舊制間年一徵發以補老疾死亡之數貞元遷都遂徙上京路太祖遼王宗幹秦王宗翰之猛安併爲合扎猛安及右諫議烏里補猛安太師勗宗正宗敬之族處之中都斡論和尚胡剌三國公太保昂詹事烏里野輔國勍魯骨定遠許烈故杲國公勃迭八猛安處之山東阿魯之族處之北京按達族屬處之河間二

年命兵部尚書蕭仲恭等與舊軍皆分隸諸總管府節度使授田牛使之耕食以蕃衛京國六年南伐立三道都統制府及左右領軍大都督將三十二軍以神策神威神捷神銳神毅神翼神勇神果神略神鋒武勝武定武威武安武捷武平武成武毅武銳武揚武翼武震威定威信威勝威捷威烈威毅威震威略威果威勇爲名軍置都總管副總管及巡察使副各一員而沿邊契丹恐妻孥被鄰寇鈔掠不可盡行遂皆背叛而大名續授甲之士還迎立世宗于東京及大定之初窩斡既平乃散契丹隸諸猛安謀克至三年詔河北山東等路所簽軍有父兄俱亡充甲軍子

弟又爲阿里喜恐其家更無丁男有誤農種與免一丁以驅丁充阿里喜無驅丁者於本猛安謀克内驗富强有驅丁者簽充十三年徙東北等路戍邊漢軍於内地十五年十月遣吏部郎中蒲察兀虎等十人分行天下再定猛安謀克户每謀克户不過三百七謀克至十謀克置一猛安十七年又以西南西北招討司契丹餘黨心素狠戾復恐生事它時或有邊隙不爲我用令遷之於烏古里石壘部及上京之地上謂宰臣曰北邊番戍之人歲冒寒暑往來千里甚爲勞苦縱有一二馬牛一往則無還理且奪其農時不得耕種故嘗命卿等議以何術得罷其役使安于田里

不知卿議何如也左丞相良弼對曰北邊之地不堪耕種不能長戍故須番戍耳上曰朕一日萬幾安能徧及卿等既爲宰相以此急務反以爲末事竟無一言甚勞朕慮往者参政宗敘屢爲朕言若以貧户永屯邊境使之耕種官給糧廪則貧者得濟富户免於更代之勞使之得勤農務若宗敘者可謂盡心爲國矣朕嘗思之宜以兩路招討司及烏古里石壘部族臨潢府泰州等路分定保戍具數以聞朕親覽焉十八年命部族紀分番守邊二十年以祖宗平定天下以來所建立猛安謀克因循既久其間有户口繁簡地里遠近不同又自正隆之後所授無度及大定間

亦有功多未酬者遂更定以詔天下復命新授者並令就封其謀克人內有六品以下職及諸局承應人皆為遷之三從以上族人願從行者猛安不得過十戶謀克不得過六戶詔戍邊軍士年五十五以上許以其子及同居弟姪承替以奴代者罪之二十一年三月詔遣大興尹完顏迪古速遷河北東路兩猛安上曰朕始令移此欲令與女直戶相錯安置久則自相姻親不生異意此長久之利也今者移馬河猛安相錯以居甚符朕意而遥落河猛安不如此可再遣兵部尚書張那也按視其地以雜居之二十二年以山東屯田戶鄰之於邊鄙命聚之一處俾協力蠶種

右丞相烏古論元忠曰彼方之人以所得之地為家雖兄弟不同處故貧者衆參政粘割斡特剌曰舊時兄弟雖析猶相聚種令則不然宜令約束之又以猛安謀克舊籍不明遇簽軍與諸差役及賑濟增減不以實命括其口以實籍之二十三年遣刑部尚書移剌慥還山東東路八謀克處之河間其棄地以山東東路忒黑河猛安下蘸荅謀克移里閔斡魯渾猛安下翕浦謀克什毋溫山謀克九村人戶徙於劉僧安和二謀克之舊地其未徙者之地皆薄瘠且鄰寇遣使詢願徙者相可居之地圖以進上嘗以速頻胡里改人驍勇可用海陵嘗欲徙之而未能二十四年以

上京率胡剌溫之地廣而腴遂遣刑部尚書烏里也出府庫錢以濟行資牛畜遷速頻一猛安胡里改二猛安二十四謀克以實之蓋欲上京兵多它日可為緩急之備也當是時多易置河北山東所屯之舊括民地而為之業戶頒牛而使之耕畜甲兵而為之備乃大重其權授諸王以猛安之號或新置者特賜之名制其奢靡禁其飲酒習其騎射儲其糧糒其備至嚴也是時宗室戶百七十猛安二百二謀克千八百七十八戶六十一萬五千六百二十四東北路部族乣軍曰迭剌部（承安三年改為土魯渾扎石合節度使）曰唐古部（承安三年改為部魯火扎石合節度使）二部五乣戶五千五百八十五其

它若助魯部族烏魯古部族石壘部族萌骨部族計魯部族孛特本部族數皆稱是西北西南二路之乣軍十曰蘇謨典乣曰耶剌都乣曰骨典乣唐古乣霞馬乣木典乣萌骨乣咩乣胡都乣凡九其諸路曰曷懶曰蒲與曰婆速曰恤頻曰胡里改曰移懶移懶後廢皆在上京之鄙或置總管府或置節度使至章宗明昌間欲國人兼知文武令猛安謀克舉進士試以策論及射以定其科甲高下承安四年上謂宰臣曰人有以八陣圖來上者其圖果何如朕嘗觀宋白所集武經具載攻守之法亦多難行右丞相清臣曰兵書一定之法難以應變本朝行兵惟用正奇二軍臨

敵制變以正為奇以奇為正故無往不克上曰自古用兵亦不出奇正二法耳且學古兵法如學弈棋未能自得於心欲用舊陣勢以接敵疎矣敵所應與舊勢異則必不可支然武經所述雖難遵行然知之猶愈不知泰和間又制武舉其制具在選舉志所謂渤海軍則渤海八猛安之兵也所謂奚軍者奚人遙輦昭古牙九猛安之兵也奚軍初徙于山西後分遷河東其漢軍中都永固軍大定所置者也所謂鎮防軍則諸軍中取以更代戍邊者也在西北邊則有分番屯戍軍及永屯軍驅軍之別驅軍則國初所免遼人之奴婢使屯守于泰州者也邊鋪軍則河南陝西居守邊界者河東三虞候順德軍及章宗所置諸路效節軍京府節鎮設三十人防刺設二十人掌同弓手者也諸路所募射粮軍五年一籍三十以下十七以上強壯者皆刺其　所以兼充雜役者也京師防城軍世宗大定十七年三月改為武衛軍則掌京師巡捕者也其曰牢城軍則嘗為盜竊者以充防築之役曰土兵則以司警捕之事凡漢軍有事則簽取於民事已則或亦放免初天會間郭藥師降有曰長勝軍者皆遼水側人也以鄉土歸金皆愁怨思歸宗望及令罷還正隆間又嘗罷諸路漢軍而所存者猶有威勇威烈威捷順德及韓常之軍之號凡邊境置兵之州三十八鳳翔延

安鄜鞏熙泗潁蔡隴秦河海壽唐商洮蘭會積石鎮戎保安綏德保德環葭澳寧邊東勝淨慶來遠桓昌曷懶婆速蒲與恤品胡里改置於要州者十一南京東京益都京兆太原臨洮臨潢豐泰撫蓋及宣宗南遷乣軍潰去兵勢益弱遂盡擁猛安戶之老稚渡河僑置諸總管府以統之器械既缺糧糒不給朘民膏血而不足乃行括粮之法一人從征舉家待哺又謂無以堅戰士之心乃令其家盡入京師不數年至無以為食乃聽其出而國亦屈矣然初南渡時盡以河朔戰兵三十萬分隸河南行樞密及帥府往往簽匿強壯驅羸弱使戰不能取勝後乃至以二十五人為謀克四謀克為猛安每謀克除旗鼓司火頭五人任戰者止十八人不足成隊伍但務存其名而已故混源劉祁謂金之兵制最弊每有征伐及邊釁輒下令簽軍使遠近騷動民家丁男若皆強壯或盡取無遺號泣動乎鄰里嗟怨盈於道路驅此使戰欲其勝敵難矣初貞祐時下令簽軍會一時任子為監當者春赴吏部選宰執命取為監軍官皆憤惋哀號交愬臺省至衝宰相鹵簿以告丞相僕散七斤大怒趣左右取弓矢射去已而上知其不可用命免之元光末備潼關黃河又簽軍諸使者歷縣邑自見居官外無文武小大職事官皆充軍至許州前侍御史劉元規年

幾六十亦選爲千户至陳州以祁父從益以前監察御史亦爲千户餘不可悉紀既立部伍必以軍律相臨物議紛然後亦罷之哀宗正大二年議選諸路精兵直隸密院先設總領六員分路揀閱因相合併每總領司率數萬人軍勢既張乃易總領之名爲都尉班在隨朝四品之列曰建威曰虎威曰破虜振威鷹揚虎賁振武折衝盪寇殄寇必以先嘗兼帥權者居是職雖帥府行院亦不敢以貴重臨之天興初元有十五都尉先六人陞授在京建威奧屯斡里卜許州折衝夾谷澤本姓樊陳州振武温撒辛本姓李蔡州盪寇蒲察打吉卜申裕安平完顔斜列萬汝振武唐括韓

僧續封金昌府虎威紇石烈乞兒宣權歸徳果毅完顔猪兒南京殄寇完顔阿拍宣權潼關都尉三虎賁完顔陳兒鷹揚内族大婁室全節復取河朔諸路歸正人不問鞍馬有無譯語能否悉送密院增月給三倍它軍授以官馬得千餘人歲時犒燕名曰忠孝軍以石抹燕山奴蒲察定住統之加以正大已後諸路所虜臨陣所獲皆放歸鄉土同忠孝軍給其犒賞使河朔俘係知之故此軍迄于天興至七千千户以上將帥尚不預焉又以歸正人過多乃係於忠孝籍中别爲一軍減忠孝所給之半不能射者令閲習一再月然後試補忠孝軍是所謂合里合軍也又以親衛馬軍舊時所選未精必加閲試直取武藝如忠孝軍者得五千人餘罷歸爲歩軍凡進征忠孝居前馬軍次之自正大改立馬軍隊伍鞍勒兵甲一切更新將相舊人自謂國家全盛之際馬數則有之至於軍士精鋭器仗堅整較之今日有不侔者中興之期爲有望矣一日布列曹門内教場忠孝軍七千馬軍五千京師所屯建威都尉軍萬人内族九住所統親衛軍三千及阿排所統四千皆哀宗控制樞密院時所選教場地約三十頃尚不能容餘都尉十三四軍猶不在是數此外招集義軍名曰忠義要皆燕趙亡命雖獲近用終不可制異時擅殺比使唐慶以速金亡者即此曹也

禁軍之制本於合扎謀克合扎者言親軍也以近親所領故以名焉貞元遷都更以太祖遼王宗幹秦王宗翰之軍爲合扎猛安謂之侍衛親軍故立侍衛親軍司以統之舊嘗選諸軍之材武者爲護駕軍海陵又名上京龍翔軍爲神勇軍正隆二年將南伐乃罷歸使就僉調復於侍衛親軍四猛安舊上日太祖遼王秦王猛安凡三今日四猛安未詳豈太祖兩猛安耶内選三十以下千六百人騎兵曰龍翔步兵曰虎步以備宿衛五年罷親軍司以所掌付太興府置左右驍騎所謂從駕軍也置都副指揮使隸點檢司步軍都副指揮使隸宣徽院大定

初親軍置四千人二十二年省爲三千五百上京亦設守
衛軍是年尚書省奏上京既設皇城提舉官亦當設軍守
衛上曰可設四百五十馬一百二十分三番更代異時朕
至上京即作兩番巡警限以半年交替人日給錢五十米
一升半馬給芻粟猛安謀克官可差年四十上下者軍士
並取三十以上者充章宗承安四年增爲五千又增至六
千又有威捷軍承安增簽弩手千人凡選弩手之制先以
營造尺度杖其長六尺立之謂之等杖取身與杖等能踏
弩至三石鋪弦解索登踏閑習射六箭皆上垛內二箭中
貼者又選親軍取身長五尺五寸善騎射者猛安謀克以

名上兵部移點檢司宣徽院試補之又設護衛二百人近
侍之執兵仗者也取五品至七品官子孫及宗室并親軍
諸局分承應人身長五尺六寸者選試補之又設控鶴二
百人皆以備出入者也大將府治之稱號收國元年十二
月始置咸州軍帥司以經略遼地討高永昌置南路都統
司且以討張覺天輔五年襲遼主始有內外諸軍都統之
名時以奚未平又置奚路都統司後改爲六部路都統司
以遥輦九營爲九猛安隷焉與上京及泰州凡六處置每
司統五六萬人又以渤海軍爲八猛安凡猛安之上置軍
帥軍帥之上置萬户萬户之上置都統然時亦稱軍帥爲

猛安而猛安則稱親管猛安者燕山既下循遼制立樞密
院于廣寧府以總漢軍太宗天會元年以襲遼主所立西
南都統府爲西南西北兩路都統府三年以伐宋更爲元
帥府置元帥及左右副及左右監軍左右都監金制都元
帥必以諳版孛極烈爲之恒居守而不出六年詔還二帥
以鎮方面諸路各設兵馬都總管府州鎮置節度使沿邊
州則置防禦使凡州府所募射粮軍牢城軍每五百人爲
一指揮使司設使分爲四都都設左右什將及承局押官
其軍數若有餘或不足則與近者合置不可合者以三百
人或二百人亦設指揮使若百人則止設軍使百人以上

立爲都不及百人止設什將及承局管押官各一員十年
改南京路都統司爲東南路都統司治東京以鎮高麗後
又置統軍司于大名府及海陵天德二年八月改諸京兵
馬都部署司爲本路都總管府九月罷大名統軍司而置
統軍司于山西河南陝西三路以元帥府都監監軍爲使
分統天下之兵又改烏古迪烈路統軍司爲招討司以婆
速路統軍司爲總管府三年以元帥府爲樞密院罷萬户
之官詔曰太祖開剏因時制宜材堪統衆授之萬户其次
千户及謀克當時官賞未定城郭未下設此職許以世襲
乃權宜之制非經久之利令子孫相繼專攬威權其户不

下數萬與留守總管無異而世擅過之可罷是官若舊無
千户之職者續思增置國初時賜以國姓若爲子孫者皆
令復舊正隆末復陞陝西統軍司爲都統府大定五年復
罷府降爲統軍司尋又設兩招討司與前凡三以鎮邊陲
東北路者初置烏古迪烈部後置于泰州泰和間以去邊
尚三百里宗浩乃命分司于金山西北路者置於應州西
南路者置於桓州以重臣知兵者爲使列城堡濠墻戍守
爲永制樞密院每行兵則更爲元帥府罷則復爲院宣宗
貞祐三年徵代州戍兵五千從胥鼎言留代以屏平陽興
定二年選募河南陝西弩手軍二千人爲一軍賜號威勇

及南遷河北封九公因其兵假以便宜從事沿河諸城置
行樞密院元帥府大者有便宜之號小者有從宜之名元
光間時招義軍以三十人爲謀克五謀克爲一千户四千
户爲一萬户四萬户爲一副統兩副統爲一都統此復國
初之名也然又外設一總領提控故時皆稱元帥爲總領
云金初因遼諸抹而置群牧抹之爲言無蚊蚋美水草之
地也天德間置迪河斡朶斡里保(保亦作本)蒲速斡燕恩尢者
五羣牧所皆仍遼舊名各設官以治之又於諸色人内選
家富丁多及品官家子猛安謀克蒲輦軍與司吏家餘丁
及奴使之司牧謂之羣子分牧馬駝牛羊爲之立蓄息衰

耗之刑賞後稍增其數爲九契丹之亂遂亡其五四所之
所存者馬千餘牛二百八十餘羊八百六十駝九十而已
世宗置所七曰特滿忒滿(在撫州)斡覩只蒲速椀(蒲速椀本斡覩只之
地大定七年分其地置之承安三年改爲板底因烏魯古)甌里本(承安三年改爲烏鮮烏魯古烏魯古者言
滋息也)合魯椀耶盧椀(在武平縣臨潢泰州之境)大定二十年三月更
定羣牧官詳穩脱朶知把羣牧人滋息損耗賞罰格二十
一年勑諸所馬三歲者付女直人牧之牛或以借民耕或
又令民畜羊或以賑貧户時遣使閲實其數缺則杖其官
而令牧人償之匿其實者監察舉覺之二十八年蓄息之
久馬至四十七萬牛十三萬羊八十七萬駝四千明昌五

年散騄馬令中都西京河北東西路驗民物力分畜之又
令它路民養馬者死則於前四路所養者給換若欲用則
悉以送官此金之馬政也然每有大役必括於民及取群
官之餘騎以供戰士焉宣宗興定元年定民間收潰軍亡
馬之法及以馬送官酬直之格上等馬一疋銀五十兩中
下遞減十兩不願酬直者上等二疋補一官雜班任使中
等三匹下等四匹如之令下十日陳首限外匿及殺並絞
又遣官括市民馬立賞格以示勸五百匹以上鈔千貫千
匹以上一官二千匹以上兩官

養兵之法熙宗天眷三年正月詔歲給遼東戍卒細絹有

差正隆四年命河南陝西統軍司并虞候司順徳軍官兵並增廪給六年將南征以絹萬疋于京城易衣襖穿膝一萬以給軍世宗大定三年南征軍士每歲可支一千萬貫官府止有二百萬貫外可取於官民户此軍須錢之所由起也時言事者以山東河南陝西等路循宋齊舊例州縣司吏弓手於民間驗物力均敷顧錢名曰免役請以是錢贍軍至是省具數以聞詔罷弓手錢其司吏錢仍舊四年六月奏元帥府乞降軍須錢上曰帥府支費無度例皆科取於民甚非朕意仰會計軍須支用不盡之數及諸路轉運司見在如實闕用則別具以聞十年四月命德順州建

營屋以處屯軍十七年七月歲以羊皮三萬賜西北路戍兵承安三年以軍須所費甚大乞驗天下物力均徵擬依黃河夫錢例徵軍須錢驗各路新籍物力每貫徵錢四貫西京北京遼東路每貫徵錢二貫臨潢全州則免徵周年三限送納恐期遠遂定制作半年三限輸納凡河南陝西山東放老千户謀克蒲輦正軍阿里喜等給賞之例舊軍千户十年以上賞銀五十兩絹三十疋不及十年比附十年以上謀克支謀克十年以上銀四十兩絹二十五疋不及十年銀三十兩絹二十疋蒲輦十年以上銀三十兩絹二十疋不及十年銀二十兩絹一十五疋馬步正軍阿里喜等勾當不拘年分放老正軍銀一十五兩絹一十疋阿里喜旗鼓吹笛本司火頭人等同銀八兩絹五疋三虞候千户十年以上銀四十兩絹二十五疋不及十年銀三十兩絹二十疋謀克二十年以上銀五十兩絹三十疋十年以上銀三十兩絹二十疋不及十年銀一十兩絹一十五疋蒲輦十年以上銀二十兩絹一十五疋不及十年銀一十五兩絹一十疋正軍阿里喜勾當不拘年分放老正軍銀一十兩絹七疋阿里喜旗鼓吹笛本司火頭人等同銀五兩絹四疋比邊萬户千户謀克等歷過軍功及年老放罷給賞之例遷官同吏部格從正千户管押萬户勾當過一十五

年遷兩官與從五品不及一十五年年老放罷遷一官與正六品若十年以下遷一官賞銀絹六十兩疋正謀克管押萬户勾當一十五年遷兩官與正六品不及一十五年年老放罷遷一官與正七品若十年以下遷一官賞銀絹五十兩疋正千户管押千户勾當過二十年遷一官與正六品不及二十年年老放罷遷一官與正七品若十年以下遷一官賞銀絹四十兩疋正謀克管押千户以下依河南陝西體例凡鎮防軍每年試射射若有出衆上等賞銀四兩特異衆者賞十兩銀馬盂氊充武衛軍挈家赴京者人日給六口粮馬四疋芻蒿諸招軍月給例物邊鋪軍錢

五十貫絹十疋軍匠上中等錢五十貫絹五疋下等錢四十貫絹四疋黄河埽兵錢三十貫絹五疋射粮軍及溝渠等處埽兵水手錢二十貫絹二疋土兵錢十貫絹一疋凡射粮軍指揮使及黄沁埽兵指揮使錢粟七貫石絹六疋軍使錢粟六貫石絹同上什將錢二貫粟三石春衣錢五貫秋衣錢十貫承局押官錢一貫五百文粟二石春衣錢五貫秋衣錢七貫牢城并土兵錢八百文粟二石春衣錢四貫秋衣錢六貫邊鋪軍請給與射糧軍同河南陝西山東路統軍司鎮防甲軍馬軍猛安錢八貫米五石二斗絹八疋六馬芻粟謀克錢六貫米二石八斗絹六疋五馬芻

粟蒲輦錢四貫米石七斗絹五疋四馬芻粟正軍錢二貫米石五斗絹四疋綿十五兩兩馬芻粟阿里喜錢一貫五百文米七斗絹三疋綿十兩步軍猛安馬二疋謀克馬一疋芻粟每馬給芻一束粟五升歲仲春野有青草馬可牧養則止惟每猛安當差馬七十二疋四時皆給又定制河南山東河東歲給五月陝西六月鎮防軍補買馬錢河南路正軍五伯文阿里喜隨色人二百文陝西山東路正軍三伯文阿里喜隨色人二百文諸屯田被差及緣邊駐扎捉殺軍猛安月給錢六貫米一石八斗五馬芻粟謀克錢四貫米一石二斗三馬芻粟蒲輦錢二貫米六斗二馬芻

粟正軍錢一貫五百文米四斗一馬芻粟阿里喜隨色人錢一貫米四斗一馬芻粟德順軍指揮使錢六貫米二石八斗絹六疋三馬芻粟軍使什將錢四貫米一石七斗絹五疋給兩馬料長行錢二貫米一石五斗絹四疋綿十五兩給一馬料奚軍謀克錢一貫五百文米一石五斗紬絹春秋各一疋給三馬料蒲輦錢一貫米二石七斗紬絹同上給二馬料長行錢一貫米一石八斗紬絹同上飼一馬北邊臨潢等處永屯駐軍千户錢八貫米五石二斗絹八疋飼馬六疋步軍飼兩馬地五頃謀克錢六貫米二石八斗絹六疋飼五馬地四頃蒲輦錢四貫米一石七斗絹五

疋飼四馬地三頃正軍錢二貫米一石四斗五升絹四疋飼兩馬綿十五兩地二頃阿里喜錢一貫五百米七斗絹三疋綿十兩地一頃旗鼓司人與阿里喜同交替軍錢二貫米四斗阿里喜錢一貫五百文米四斗上番漢軍千户月給錢三貫糧四石絹八疋飼四馬謀克錢二貫五百文糧一石絹六疋飼二馬正軍錢二貫米九斗五升絹四疋上京路永屯駐軍所除授千户月給錢粟十五貫石絹十疋綿二十兩飼三馬謀克錢六貫米二石八斗絹六疋飼二馬正軍月支錢二貫五百文米一石二斗絹四疋綿十五兩飼一馬阿里喜隨色人錢二貫米一石二斗絹四疋

緜十五兩諸北邊永駐軍月給補買馬錢四百文隨色人三百文貞祐三年軍前委差及掌軍官規圖糧料冒占職役皆無實貧又見職及遥授者已有俸給又與無職事者同支券糧故時議欲省減所給之數後征行則全給之及興定二年彰化軍節度使張行信言一軍充役舉家廩給蓋欲感悅士心使爲國盡力耳至於無軍之家復無丁男而其妻女猶受給何謂耶五年京南行三司官石抹斡魯言京南東西三路見屯軍户老幼四十萬口歲費糧百四十餘萬石皆坐食民租甚非善計語在田制諸屯田軍人如差防送日給錢一百五十文看管孝寧宮人月各給米五斗柴一車春秋衣麤布一段秋絹二疋緜一十五兩諸黃院子年滿者以元請錢糧三分内給一貫石養老

志第二十五

志第二十六　金史四十五

開府儀同三司上柱國録軍國重事前中書右丞相監修國史領經筵事都總裁臣脫脫奉

勑修

昔者先王因人之知畏而作刑因人之知恥而作法畏也恥也五性之良知七情之大閑也是故刑以治己然法以禁未然畏以懲小人恥以遇君子君子知恥小人知畏天下平矣是故先王養其威而用之畏可以教愛慎其法而行之恥可以立廉愛以興仁廉以興義仁義興刑法不幾於措乎金初法制簡易無輕重貴賤之別刑贖並行此可施諸新國非經世久遠之規也天會以來漸從吏議皇統頒制兼用古律厥後正隆又有續降制書大定有權宜條理有重修制條明昌之世律義勑條並修品式寖備既而泰和律義成書宜無遺憾然國脉紓蹙風俗醇醨世道升降君子觀一代之刑法每有以先知焉金法以杖折徒累及二百州縣立威甚者置刃於杖虐於肉刑季年君臣好用筐篋故習由是以深文傳致爲能吏以慘酷辦事爲長才百司姦贓眞犯此可決也而微過亦然風紀之臣失糾皆決考滿校其受決多寡以爲殿最原其立法初意欲以同踈戚壹小大使之咸就繩約於律令之中莫不齊手並足以聽公上之所爲蓋秦人強主威之意也是以待宗室

少恩待大夫士少禮終金之代忍恥以就功名雖一時名
士有所不免至於避辱遠引罕聞其人殊不知君子無恥
而犯義則小人無畏而犯刑矣是故論者於教愛立廉之
道往往致太息之意焉雖然世宗臨御法司奏讞或去律
援經或揆義制法近古人君聽斷言幾於道鮮有及之者
章宗宣宗嘗親民事當寧裁決寬猛出入雖時或過中迹
其矜恕之多猶有祖風焉簡牘所存可爲龜鑑者本紀刑
志詳略互見云

金國舊俗輕罪笞以柳葼殺人及盜刼者擊其腦殺之沒
其家貲以十之四入官其六償主并以家人爲奴婢其親

屬欲以馬牛雜物贖者從之或重罪亦聽自贖然恐無辨
於齊民則劓刵以爲別其獄則掘地深廣數丈爲之太宗
雖承太祖無變舊風之訓亦稍用遼宋法天會七年詔凡
竊盜但得物徒三年十貫以上徒五年刺字充下軍三十
貫以上徒終身仍以贓滿盡命刺字於面五十貫以上死
徵償如舊制熙宗天眷元年十月禁親王以下佩刀入宮
衞禁之法實自此始三年復取河南地乃詔其民約所用
刑法皆從律文罷獄卒酷毒刑具以從寬恕至皇統間詔
諸臣以本朝舊制兼採隋唐之制參遼宋之法類以成書
名曰皇統制頒行中外時制杖罪至百則臀背分決及海

陵庶人以春近心腹遂禁之雖主決奴婢亦論以違制又
多變易舊制至正隆間著爲續降制書與皇統制並行焉
然二君任情用法自有異於是者矣及世宗即位以正隆
之亂盜賊公行兵甲未息一時制旨多從時宜遂集爲軍
前權宜條理大定四年尚書省奏大興民男子李十婦人
楊仙哥並以亂言當斬上曰愚民不識典法有司亦未嘗
丁寧誥戒豈可遽加極刑以減死論五年命有司復加刪
定條理與前制書兼用七年左藏庫夜有盜殺都監郭良
臣盜金珠求盜不得命點檢司治之執其可疑者八人鞫
之掠三人死五人誣伏上疑之命同知大興府事移剌道

雜治既而親軍百夫長阿思鉢鬻金於市事覺伏誅上聞
之曰箠楚之下何求不得奈何鞫獄者不以情求之乎賜
死者錢人二百貫不死者五十貫於是禁護衞百夫長五
十夫長非直日不得帶刀入宮是歲斷死囚二十人八年
制品官犯賭博法贓不滿五十貫者其法杖聽贖再犯者
杖之且曰杖者所以罰小人也既爲職官當先廉恥既無
廉恥故以小人之罰罰之九年因御史臺奏獄事上曰近
聞法官或各執所見或觀望宰執之意自今制無正條者
皆以律文爲準復命杖至百者臀背分受如舊法已而上
謂宰臣曰朕念罪人杖不分受恐至深重乃令復舊今聞

民間有不欲者其令罷之十年尚書省奏河中府張錦自言復父讎法當死上曰彼復父讎又自言之烈士也以減死論十一年詔諭有司曰應司獄廨舍須近獄安置囚禁之事常親提控其獄卒必選年深而信實者輪直十二年尚書省言内丘令蒲察臺補自科部内錢立德政碑復有其餘錢二百餘貫罪當除名今遇赦當叙仍免徵贓上以貪偽勿叙且曰乞取之贓若以赦原爭者何辜自今可並追還其主惟應入官者免徵尚書省奏盜有發塚者上曰功臣墳墓亦有被發者蓋無告捕之賞故人無所畏自今告得實者量與給賞故咸平尹石抹阿泼剌以贓死於獄

上謂其不尸諸市已爲厚幸貧窮而爲盜賊蓋不得已三品職官以贓至死愚亦甚矣其諸子可皆除名先是詔自今除名人子孫有在仕者並取奏裁十三年詔立春後立秋前及大祭祀月朔望上下弦二十四氣雨未晴夜未明休暇并禁屠宰日皆不聽決死刑惟強盜則不待秋後十五年詔有司曰朕惟人命至重而在制竊盜贓至五十貫者處死自今可令至八十貫者處死十七年陳言者乞設提刑司以糾諸路刑獄之失尚書省議以謂久恐滋弊上乃命距京師數千里外懷冤上訴者集其事以待選官就問時濟南尹梁肅言犯徒者當免杖朝廷以爲今法已輕

於古恐滋姦惡不從嘗詔宰臣朝廷每歲再遣審錄官本以爲民伸冤滯也而所遣多不盡心但文具而已審錄之官非止理問重刑凡訴訟案牘皆當閱實是非囚徒不應囚繫則當釋放官吏之罪即以狀聞失糾察者嚴加懲斷不以贖論又以監察御史體察東北路官吏輒受訟牒爲不稱職笞之五十又謂宰臣曰比聞大理寺斷獄雖無疑者亦經旬月何耶參知政事移剌道對曰在法決死囚不過七日徒刑五日杖罪三日上曰法有程限而輒違之弛慢也罷朝御批送尚書省曰凡法寺斷重輕罪各有期限法官但犯皆的決豈敢有違但以卿等所見不一至於再

三批送其議定奏者書奏牘亦不下旬日以致事多滯留自今當勿復爾又曰故廣寧尹高楨爲政尚猛雖小過有杖而殺之者即罪至於死而情或可恕猶當念之况其小過者乎人之性命安可輕哉上以正隆續降制書多任己意傷於苛察而與皇統之制並用是非淆亂莫知適從姦吏因得上下其手遂置局命大理卿移剌慥總中外明法者共校正乃以皇統正隆之制及大定軍前權宜條理後續行條理倫其輕重刪繁正失制有闕者以律文足之制律俱闕及疑而不能決者則取旨畫定軍前權行條理内有可以常行者亦爲定法餘未應者亦別爲一部存之參

以近所定徒杖減半之法凡校定千一百九十條分爲十二卷以大定重修制條爲名詔頒行焉二十年上見有蹂踐禾稼者謂宰相曰今後有踐民田者杖六十盗人穀者杖八十並償其直二十一年尚書省奏肇州民馬俊妻安姐與管卓姦俊以斧擊殺之罪當死上曰可減死一等以戒敗風俗者二十二年上謂宰臣曰凡尚書省送大理寺文字一斷便可聞奏如烏古論公説事近取觀之初送法寺如法裁斷再送司直披詳又送閣寺參詳反覆三次妄生情見不得結絶朕以國政不宜滯留昨雖灸艾六百炷未嘗一日不坐朝欲使卿等知勤政也自今可止一次送

寺閣寺披詳苟有情見即具以聞毋使滯留也二十三年尚書省奏益都民范德年七十六爲劉祐毆殺祐法當死以祐父母年俱七十餘家無侍丁上請上曰范德與祐父母年相若自當如父母相待至毆殺之雖議末減其論如法尚書省奏招討司官及禿里乞取本部財物制上曰遠人止可矜恤若進貢不闕更以兵邀之強取財物與盗何異且或因而生事何可不懲又曰朕所行制條皆臣下所奏行者天下事多人力有限豈能一一盡之必因一事奏聞方知有所窒礙隨即更定今有聖旨條理復有制條是使姦吏得以輕重也大興府民趙無事帶酒亂言父千捕

告法當死上曰爲父不恤其子而告捕之其正如此人所甚難可特減死一等武器署丞奕直長骨赧坐受草畔子財奕杖八十骨赧笞二十監察御史梁襄等坐失糾察罰俸一月上曰監察人君之耳目事由朕發何以監察爲上以法寺斷獄以漢字譯女直字會法又復各出情見妄生穿鑿徒致稽緩遂詔罷情見二十五年二月上以婦人在囚輸作不便而杖不分決與殺無異遂命免死輸作者決杖二百而免輸作以臀背分決時后族有犯罪者尚書省引八議奏上曰法者公天下持平之器若親者犯而從減是使之恃此而横恣也昔漢文誅薄昭有足取者前二十

年時后族濟州節度使烏林達鈔兀嘗犯大辟朕未嘗宥今乃宥之是開後世輕重出入之門也宰臣曰古所以議親尊天子別庶人也上曰外家自異於宗室漢外戚權太重至移國祚朕所以不令諸王公主有權也夫有功於國議勳可也至若議賢既曰賢矣肯犯法乎脫或緣坐則固當減請也二十六年遂奏定太子妃大功以上親及與皇家無服者及賢而犯私罪者皆不入議上謂宰臣曰法有倫而不倫者其改定之監察御史陶鈞以攜妓遊北苑歌飲池島間迫近殿廷提控官石玠聞而發之鈞令其友閻恕屬玠得緩既而事覺法司奏當徒二年半詔以鈞耳目

之官携妓入禁苑無上下之分杖六十玠恕皆坐之二十八年上以制條拘於舊律間有難解之詞命删修明白使人皆曉之舊禁民不得收制書恐滋告訐之弊章宗大定二十九年言事者乞許民藏之平章張汝霖曰昔子産鑄刑書叔向譏之者蓋不欲預使民測其輕重也今著不刊之典使民曉然知之猶江河之易避而難犯足以輔治不禁爲便以衆議多不欲詔姑令仍舊禁之明昌元年上問宰臣曰令何不專用律文平章政事張汝霖曰前代律與令各有分其有犯令以律決之今國家制律混淆固當分也遂置詳定所命審定律令承安二年制軍前受財法一

貫以下徒二年以上徒三年十貫處死符寶典書北京奴盜符寶局金牌伏誅仍除屬籍婁虎阿虎帶失覺察各杖七十泰和二年御史臺奏監察御史史肅言大定條理自二十年十一月四日以前奴娶良人女爲妻者並準已娶爲定若夫亡拘放從其主離夫摘賣者令本主收贖依舊與夫同聚放良從良者即聽贖換如未贖換間與夫所生男女並聽爲良而泰和新格復以夫亡服除準良人例離夫摘賣及放夫爲良者並聽爲良若未出離再配與奴或雜姦所生男女並許爲良如此不同皆編格官妄爲增減以致隨處訴訟紛擾是涉違枉勑付所司正之初詔凡條

格入制文内者分爲别卷復詔制與律文輕重不同及律所無者各校定以聞如禁屠宰之類當著于令也愼之勿忽律令一定不可更矣三年七月右司郎中孫鐸先以詳定所校名例篇進既而諸篇皆成復命中都路轉運使王寂大理卿董師中等重校之四年七月上以諸路枷杖多不如法平章政事守貞曰枷杖尺寸有制提刑兩月一巡察必不敢違法也五年正月復令鈞校制律即付詳定所時詳定官言若依重修制文爲式則條目增減罪名輕重當異於律既定復與舊同頒則使人惑而易爲姦矣臣等謂用今制條參酌時宜準律文修定歴採前代刑書宜於

今者以補遺闕取刑統疏文以釋之著爲常法名曰明昌律義别編榷貨邊部權宜等事集爲勑條宰臣謂先所定令文尚有未完俟皆通定然後頒行若律科舉人則止習舊律遂以知大興府事尼厖古鑑御史中丞董師中翰林待制奥屯忠孝（小字牙哥）提點司天臺張嗣翰林修撰完顔撒剌刑部員外郎李庭義大理丞麻安上爲校定官大理卿闞公貞户部侍郎李敬義工部郎中賈鉉爲覆定官重修新律爲時奏獄而法官有獨出情見者上曰或言法官不當出情見故論者紛紛不已朕謂情見非出於法外但折衷以從法爾平章守貞曰是制自大定二十三年罷之然

律有起請諸條是古亦許情見矣上曰科條有限而人情無窮情見亦豈可無也明昌五年尚書省奏在制名例內徒年之律無決杖之文便不用杖緣先謂流刑非今所宜且代流役四年以上俱決杖而徒三年以下難復不用婦人比之男子雖差輕亦當例減遂以徒二年以下者杖六十二年以上杖七十婦人犯者並決五十著于勑條承安三年勑尚書省自今特旨事如律令程式者始可送部自餘勑行之事但召部官赴省議之四年四月尚書省請再覆定令文上因勑宰臣曰凡事理明白者轉奏可也文牘多者恐難偏覽其三推情疑以聞五月上以法不適平常

行杖樣多不能用遂定分寸鑄銅爲杖式頒之天下且曰若以笞杖太輕恐情理有難恕者訊杖可再議之五年五月刑部員外郎馬復言外官尚苛刻者不遵銅杖式輒用大杖多致人死詔令按察司糾劾黜之先嘗令諸死囚及除名罪所委官相去二百里外并犯徒以下逮及二十人以上者並令其官就讞之刑部員外郎完顔綱言自是制行如上京最近之地往還不下三二千里如北京留守司亦動經數月愈致稽留未便詔復從舊令委官追取鞫之十二月翰林修撰楊庭秀言州縣官往往以權勢自居喜怒自任聽訟之際鮮克加審但使譯人往來傳詞罪之輕

重成於其口貨賂公行寃者至有三二十年不能正者上遂命定立條約違者按察司糾之且謂宰臣曰長貳官委幕職及司吏推問獄囚命申御史臺聞奏之制當復舉行也又命編前後條制書之于冊以備將來考驗泰和元年正月尚書省奏以見行銅杖式輕細姦宄不畏遂命有司量所犯用大杖且禁不得過五分十二月所修律成凡十有二篇一曰名例二曰衞禁三曰職制四曰戶婚五曰廄庫六曰擅興七曰賊盜八曰鬭訟九曰詐僞十曰雜律十一曰捕亡十二曰斷獄實唐律也但加贖銅皆倍之增徒至四年五年爲七削不宜於時者四十七條增時用之制

百四十九條因而略有所損益者二百八十有二條餘百二十六條皆從其舊又加以分其一爲二分其一爲四者六條凡五百六十三條爲三十卷附注以明其事疏義以釋其疑名曰泰和律義自官品令職員令之下曰祠令四十八條戶令六十六條學令十一條選舉令八十三條封爵令九條封贈令十條宮衞令十條軍防令二十五條儀制令二十三條衣服令十條公式令五十八條祿令十七條倉庫令七條廄牧令十二條田令十七條賦役令二十三條關市令十三條捕亡令二十條賞令二十五條醫疾令五條假寧令十四條獄官令百有六條雜令四十九條

釋道令十條營繕令十三條河防令十一條服制令十一條附以年月之制曰律令二十卷又定制勑九十五條榷貨八十五條蕃部三十九條曰新定勑條三卷六部格式三十卷司空襄以進詔以明年五月頒行之貞祐三年上謂宰臣自今監察官犯罪其事關軍國利害者並笞決之貞祐四年詔凡監察失糾劾者從本法論外使入國私通本國事情宿衛近侍官承應人出入親王公主宰執家災傷乏食有司檢覈不實致傷人命轉運軍儲而有私載考試舉人而防閑不嚴其罰並決在京犯至兩次者臺官減監察一等治罪論贖餘止坐專差任滿日議定若任內曾以漏察被決依格雖爲稱職止從平常平常者從降罰興定元年八月上謂宰臣曰律有八議今言者或謂應議之人即當減等何如宰臣對曰凡議者先條所坐及應議之狀以請必議定然後奏裁也上然之曰若不論輕重而輒減之則貴戚皆將恃此以虐民民何以堪

志第二十六

金史四十六

志第二十七

開府儀同三司上柱國錄軍國重事前中書右丞相監修國史領經筵事都總裁臣脫脫奉修

食貨一 戶口 通檢推排

國之有食貨猶人之有飲食也人非飲食不生國非食貨不立然燧人庖犧能爲飲食之道以教人而不能使人無飲食之疾三王能爲食貨之政以遺後世而不能使後世無食貨之弊唯善養生者如不欲食啖而飲食自不關焉故能適飢飽之宜可以疾少而長壽善裕國者初不事貨殖而食貨自不乏焉故能制豐約之節可以弊少而長治金於食貨其立法也周其取民也審太祖肇造減遼租稅規模遠矣熙宗海陵之世風氣日開兼務遠略君臣講求財用之制切切然以是爲先務雖以世宗之賢儲積之志曷嘗一日而忘之章宗彌文煟興邊費亦廣食貨之議不容不急宣宗南遷國土日蹙汙池數罟往往而然政其立國以來所謂食貨之法犖犖大者曰租稅銅錢交鈔三者而已三者之法數變而數窮官田曰租私田曰稅租稅之外筭其田園屋舍車馬牛羊樹藝之數及其藏鏹多寡徵錢曰物力物力之徵上自公卿大夫下逮民庶無苟免者近臣出使外國歸必增物力錢以其受饋遺也猛安謀克

户又有所謂牛頭稅者宰臣有納此稅庭陛間諮及其增減則州縣徵求於小民蓋可知矣故物力之外又有鋪馬軍須輸庸司吏河夫桑皮故紙等錢名目瑣細不可殫述其爲户有數等有課役户不課役户本户雜户正户監户官户奴婢户二稅户有司始以三年一籍後變爲通檢又爲推排凡户隸州縣者與隸猛安謀克其輸納高下又各不同法之初行唯恐不密言事者謂其厲民即命罷之罷之未久會計者告用乏又即舉行其罷也志以便民而民未見德其行也志以足用而用不加饒一時君臣御用之言不絶告誡嘗自計其國用數亦浩瀚若足支歷年者郡

縣稍遇歲侵又遽不足竟莫詰其故焉至於銅錢交鈔之弊蓋有甚者初用遼宋舊錢雖劉豫所鑄豫廢亦兼用之正隆而降始議鼓鑄民間銅禁甚至銅不給用漸興窑冶凡産銅地脉遣吏境内訪察無遺且及外界而民用銅器不可闕者皆造於官而鬻之既而官不勝煩民不勝病乃聽民冶銅造器而官爲立價以售此銅法之變也若錢法之變則鼓鑄未廣斂散無方已見壅滯初恐官庫多積錢不及民立法廣布繼恐民多匿錢乃設存留之限開告訐之路犯者繩以重罰卒莫能禁州縣錢艱民間自鑄私錢苦惡特甚乃以官錢五百易其一千其策愈下及改鑄大

錢所準加重百計流通卒莫獲效濟以鐵錢鐵不可用權以交鈔錢重鈔輕相去懸絶物價騰踊鈔至不行權以銀貨銀弊又滋技亦無策遂罷銅錢專用交鈔銀貨然而二者之弊乃甚於錢在官利於用大鈔而大鈔出多民益見輕在私利於得小鈔而小鈔入多國亦無補於是禁官不得用大鈔已而恐民用銀而不用鈔則又責民以鈔納官以示必用先造二十貫至百貫例後造二百貫至千貫例先後輕重不倫民益眩惑及不得已則限以年數限以地方公私受納限以分數由是民疑日深其間易交鈔爲寶券寶券未久更作通寶準銀并用通寶未久復作寶泉寶

泉未久織綾印鈔名曰珍貨珍貨未久復作寶會汔無定制而金祚訖矣歷觀自古財聚民散以至亡國若鹿臺鉅橋之類不足論也其國亡財匱比比有之而國用之屈未有若金季之甚者金之爲政常有卹民之志而不能已苛征之令徒有聚斂之名而不能致富國之實及其亡也括粟闌糴一切掊克之政靡不爲之加賦數倍豫借數年或欲得鈔則豫賣下年差科高琪爲相議至搉油進納濫官輒售空名宣勑或欲與以五品正班僧道入粟始自度牒終至德號綱副威儀寺觀主席亦量其貲而鬻之甚而丁憂鬻以求仕監户鬻以從良進士出身鬻至及第又甚而

叛臣劇盜之效順無金帛以備賞激動以王爵固結其心重爵不蔇則以國姓賜之名實混淆倫法斁壞皆不暇顧國欲不亂其可得乎迨夫宋絶歲幣而不許和貪其淮南之蓄謀以力取至使樞府武騎盡於南伐訖可時全之出初志得粮後乃尺寸無補三軍僨亡我師壓境兵財俱困無以禦之故志金之食貨者不能不爲之掩卷而興嘅也傳曰作法於涼其弊猶貪作法於貪弊將若何金起東海其俗純實可與返古初入中夏兵威所加民多流亡土多曠閒遺黎惴惴何求不獲使於斯時縱不能復井地溝洫之制若用唐之永業口分以制民産倣其租庸調之法以

足國計何至百年之内所爲經畫紛紛然與其國相終始耶其弊在於急一時之利踵久壞之法及其中葉鄙遼儉朴襲宋繁縟之文懲宋寛柔加遼操切之政是棄二國之所長而併用其所短也繁縟勝必至於傷財操切勝必至於害民訖金之世國用易匱民心易離豈不由是歟作法不愼厥初變法以捄其弊秖益甚焉耳其他鹽筴酒麴常平和糴茶稅征商榷塲等法大槩多宋舊人之所建明息耗無定變易靡恒視錢鈔何異田制水利區田之目或驟行隨輟或屢試無效或熟議未行咸著于篇以備一代之制云

户口金制男女二歲以下爲黄十五以下爲小十六爲中十七爲丁六十爲老無夫爲寡妻妾諸篤廢疾不爲丁户主推其長充内有物力者爲課役户無者爲不課役户令民以五家爲保泰和六年上以舊定保伍法有司滅裂不行其令結保有匿姦細盜賊者連坐宰臣謂舊以五家爲保恐人易爲計搆而難覺察遂令從唐制五家爲鄰五鄰爲保以相檢察京府州縣郭下則置坊正村社則隨户衆寡爲鄉置里正以按比户口催督賦役勸課農桑村社三百户以上則設主首四人二百以上三人五十户以上二人以下一人以佐里正禁察非違置壯丁以佐主首巡警

盜賊猛安謀克部村寨五十户以上設寨使一人掌同主首寺觀則設綱首凡坊正里正以其户十分内取三分富民均出顧錢募強幹有抵保者充人不得過百貫役不得過一年（大定二十九年章宗嘗欲罷坊里正復以主首遠入城應代妨農不便乃以有物力謹愿者二年一更代）凡户口計帳三年一籍自正月初州縣以里正主首猛安謀克則以寨使詣編户家責手實具男女老幼年與姓名生者增之死者除之正月二十日以實數報縣二月二十日申州以十日内達上司無遠近皆以四月二十日到部呈省凡漢人渤海人不得充猛安謀克户猛安謀克之奴婢免爲良者止隸本部爲正户凡没入官良人隸宫籍

監爲監户没入官奴婢隷太府監爲官户當牧國二年時法制未定兵革未息貧民多依權右爲苟安多隱蔽爲奴婢者太祖下詔曰比以歲凶民飢多附豪族因陷爲奴隷及有犯法徵償莫辦折身爲奴或私約立限以人對贖過期則以爲奴者並聽以兩人贖一爲良元約以一人贖者從便天輔五年以境土既拓而舊部多瘠鹵將移其民于泰州乃遣皇弟昱及族子宗雄按視其地昱等苴其土以進言可種植遂摘諸猛安謀克中民户萬餘使宗人婆盧火統之屯種于泰州婆盧火舊居阿注滸水（又作按出虎）至是遷焉其居寧江州者遣拾得查端阿里徒歡奚撻罕等四

謀克挈家屬耕具徙于泰州仍賜婆盧火耕牛五十天輔六年既定山西諸州以上京爲内地則移其民實之又命耶律佛頂以兵護送諸降人于渾河路以皇弟昂監之命從便以居七年以山西諸部族近西北二邊且遼主未獲恐陰相結誘復命皇弟昂與孛堇稍喝等以兵四千護送處之嶺東惟西京民安堵如故且命昂鎮守上京路既而上聞昂已過上京而降人復苦其侵擾多叛亡者遂命孛堇出里底往戒諭之比至而諸部已叛去又以猛安詳穩留住所領歸附之民還東京命有司常撫慰且貸一歲之粮其親屬被虜者皆令聚居及七年取燕京路二月盡徙

六州氏族富強工技之民於内地太宗天會元年以舊徙潤隰等四州之民於瀋州之境以新遷之户艱苦不能自存詔曰比聞民乏食至鬻子者聽以丁力等者贖之又詔孛堇阿實賚曰先皇帝以同姓之人昔有自鬻及典質其身者命官爲贖今聞尚有未復者其悉閱贖之又命以官粟贖上京路新遷寧江州户口貧而賣身者六百餘人二年民有自鬻爲奴者詔以丁力等者易之三年禁内外官及宗室毋得私役百姓權勢家不得買貧民爲奴其脅買者一人償十五人詐買者一人償二人罪皆杖百七年詔兵興以來良人被略爲驅者聽其父母妻子贖之熙宗

皇統四年詔陝西蒲解汝蔡等州歲飢百姓流落典雇爲驅者官以絹贖爲良丁男三疋婦人幼小二疋世宗大定二年詔免二税户爲民初遼人佞佛尤甚多以良民賜諸寺分其税一半輸官一半輸寺故謂之二税户遼亡僧多匿其實抑爲賤有援左證以告者有司各執以聞上素知其事故特免之十七年五月省奏咸平府路一千六百餘户自陳皆長白山星顯禪春河女直人遼時簽爲獵户移居於此號移典部遂附契丹籍本朝義兵之興首詣軍降仍居本部今乞釐正詔從之二十年以上京路女直人户規避物力自賣其奴婢致耕田者少遂以貧乏詔定制禁

之又謂宰臣曰猛安謀克人户兄弟親屬若各隨所分土與漢人錯居每四五十户結爲保聚農作時令相助濟此亦勸相之道也二十一年六月徙銀山側民於臨潢又命避役之户舉家逃於他所者元貫及所寓司縣官同罪爲定制二十三年定制女直奴婢如有得力本主許令婚娉者須取問房親及村老給據方許娉於良人是年七月奏猛安謀克户口墾地牛具之數猛安二百二謀克千八百七十八户六十一萬五千六百二十四口六百一十五萬八千六百三十六（内正口四百八十一萬二千六百六十九奴婢口一百三十四萬五千九百六十七）墾田一百六十九萬三百八十頃有奇牛具三十八萬四千七百七十一在都宗室將軍司户一百七十口二萬八千七百九十（内正口九百八十二奴婢口二萬七千八百八）墾田三千六百八十三頃七十五畝牛具三百四迭剌唐古二部五糺户五千五百八十五口十三萬七千五百四十四（内正口十萬九千四百六十三奴婢口一萬八千八十一）墾田萬六千二十四頃一十七畝牛具五千六十六二十五年命宰臣禁有禄人一子及農民避課役爲僧道者大定初天下户纔三百餘萬至二十七年天下户六百七十八萬九千四百四十九口四千四百七十萬五千八十六章宗大定二十九年十一月上封事者言乞放二税户爲良省臣欲取公牒可憑者爲准參知政事

移剌履謂憑驗真僞難明凡契丹奴婢今後所生者悉爲良見有者則不得典賣如此則三十年後奴皆爲良而民且不病焉上以履言未當令再議省奏謂不拘括則訟終不絶遂遣大興府治中烏古孫仲和侍御史范楫分括北路及中都路二税户凡無憑驗其主自言之者及因通檢而知之者其税半輸官半輸主而有憑驗者悉放爲良明昌元年正月上封事者言自古以農桑爲本今商賈之外又有佛老與他游食浮費百倍農歲不登流殍相望此末作傷農者多故也上乃下令禁自披剃爲僧道者是歲奏天下户六百九十三萬九千口四千五百四十四萬七千九百而粟止五千二百二十六萬一千餘石除官兵二年之費餘驗口計之口月食五斗可爲四十四日之食上曰蓄積不多是力農者少故也其集百官議所以使民務本廣儲之道以聞六月奏北京等路所免二税户凡一千七百餘户萬三千九百餘口此後爲良爲驅皆從已斷爲定明昌六年二月上謂宰臣曰凡言女直進士不須稱女直字卿等誤作廻避女直契丹語非也今如分别户民則女直言本户漢户及契丹餘謂之雜户明昌六年十二月奏天下女直契丹漢户七百二十二萬三千四百口四千八百四十九萬四百物力錢二百六十萬四千七百四十二

費泰和七年六月勑中物力戶有役則多逃避有司令以次戶代之事畢則復業以致大損不逃之戶令省臣詳議宰臣奏舊制太輕遂命課役全戶逃者徒二年賞告者錢五萬先逃者以百日內自首免罪如實銷乏者內從御史臺外從按察司體究免之十二月奏天下戶七百六十八萬四千四百三十八口四千五百八十一萬六千七十九戶增於大定二十七年一百六十二萬三千七百一十五口增八百八十二萬七千六十五此金版籍之極盛也及衛紹王之時軍旅不息宣宗立而南遷死徙之餘所在爲虛戾戶口日耗軍費日急賦歛繁重皆仰給於河南民不堪命率棄廬田相繼亡去乃屢降詔招復業

者免其歲之租然以國用乏竭逃者之租皆令居者代出以故多不敢還興定元年十二月宣宗欲懸賞募人捕亡戶而復慮驋動遂命依已降詔書已免債逋更招一月違而不來者然後捕獲治罪而以所遺地賜人四年省臣奏河南以歲飢而賦役不息所亡戶令有司招之至明年三月不復業者論如律時河壖爲疆烽鞞屢警故集慶軍節度使温迪罕達言亳州戶舊六萬自南遷以來不勝調發相繼逃去所存者曾無十一碭山下邑野無居民矣

通檢推排通檢即周禮大司徒三年一大比各登其鄉之衆寡六畜車輦辨物行徵之制也金自國初占籍之後至大定四年承正隆師旅之餘民之貧富變更賦役不均世宗下詔曰粵自國初有司常行大比于今四十年矣正隆時兵役並興調發無度富者今貧不能自存版籍所無者今爲富室而猶幸免是用遣信臣泰寧軍節度使張弘信等十三人分路通檢天下物力而差定之以革前弊俾元元無不均之嘆以稱朕意凡規措條理命尚書省畫一以行又命凡監戶事產除官所撥賜之外餘凡置到百姓有稅田宅皆在通檢之數時諸使往往以苛酷多得物力爲功弘信檢山東州縣尤爲酷暴棣州防禦使完顏永元面責之曰朝廷以正隆後差調不均故命使者均之今乃殘

暴妄加民產業數倍一有來申訴者則血肉淋離甚者即殞杖下此何理也弘信不能對故惟棣州稍平五年有司奏諸路通檢不均詔再以戶口多寡貧富輕重適中定之既而又定通檢地土等第稅法十五年九月上以天下物力自通檢以來十餘年貧富變易賦調輕重不均遣濟南尹梁肅等二十六人分路推排二十年四月上謂宰臣曰猛安謀克戶富貧差發不均皆自謀克內科之暗者惟胥吏之言是從輕重不一自窩斡叛後貧富反復今當籍其夾戶推其家貲儻有軍役庶可均也詔集百官議右丞相克寧平章政事安禮樞密副使宗尹言女直人除猛安謀

克僕從差使餘無差役今不推奴婢孳畜地土數目止驗產業科差爲便左丞相守道等言止驗財產多寡分爲四等置籍以科差庶得均也左丞通右丞道都點檢襄言括其奴婢之數則貧富自見緩急有事科差與一例科差者不同請俟農隙拘括地土牛具之數各以所見上聞上曰一謀克戶之貧富謀克豈不知一猛安所領八謀克一例科差設如一謀克內有奴婢二三百口者有奴婢一二人者科差與同豈得平均正隆興兵時朕之奴婢萬數孳畜數千而不差一人一馬豈可謂平朕於庶事未嘗專行與卿謀之往年散置契丹戶安禮極言恐擾動朕決行之果

得安業安禮雖盡忠未審長策其從左丞通等所見拘括推排之十二月上謂宰臣曰猛安謀克多新強舊弱差役不均其令推排當自中都路始至二十二年八月始詔令集耆老推貧富驗土地牛具奴婢之數分爲上中下三等以同知大興府事完顏烏里也先推中都路續遣戶部主事按帶等十四人與外官同分路推排九月詔毋令富者匿隱畜產貧戶或有不敢養馬者昔海陵時拘括馬畜絕無等級富者倖免貧者盡拘入官大爲不均今並覈實貧富造籍有急即按籍取之庶幾無不均之弊張汝弼梁肅奏天下民戶通檢既定設有產物移易自應隨業輸納至

於浮財須有增耗貧者自貧富者自富似不必屢推排也上曰宰執家多有新富者故皆不願也肅對曰如臣者能推排中都物力臣以嘗爲南使先自添物力錢至六十餘貫視其他奉使無如臣多者但小民無知法出姦生數動搖則易駭如唐宋及遼時或三二十年不測通比則有之頻歲推排似爲難爾二十六年復以李晏等分路推排二十七年奏晏等所定物力之數上曰朕以元推天下物力錢三百五萬餘貫除三百貫外今減五萬餘貫今減不及數復續收二萬餘貫即是實二萬貫爾而曰續收何也對曰此謂舊脫漏而今首出者及民地舊無力耕種而今耕

種者也上曰通檢舊數止於視其營運息耗與房地多寡而加減之彼人賣地此人買之皆舊數也至如營運此強則彼弱強者增之弱者減之而已且物力之數蓋是定差役之法其大數不在多寡也朕恐實有營運富家所當出者反分與貧者爾章宗大定二十九年六月命爲國信使之副者免增物力又命農民如有積粟毋充物力錢慳之郡所納錢貨則許折粟帛九月以曹州河溢遣馬百祿等推排遣墊溺州縣之貧乏者明昌元年四月刑部郎中路伯達等言民地已納稅又通定物力比之浮財所出差役是爲重併也遂詳酌民地定物力減十之二尚書戶部言

中都等路被水詔委官推排比舊減錢五千六百餘貫明昌三年八月勑尚書省百姓當豐稔之時不務積貯一遇凶儉輙有阻飢何法可使民重穀而多積也宰臣對曰二十九年已詔農民能積粟免充物力明昌初命民之物力與地土通推者亦減十分之二此固其術也承安元年尚書省奏是年九月當推排以有故不克詔以冬已深比事畢恐妨農作乃權止之二年冬十月勑令議通檢宰臣奏曰大定二十七年通檢後距今已十年舊户貧弱者衆儻遲更定恐致流亡遂定制已典賣物業止隨物推收析户異居者許令別籍户絶及困弱者減免新强者詳審增之

止當從實不必數足元數邊城被寇之地皆不必推排於是令吏部尚書賈執剛吏部侍郎高汝礪先推排在都兩警巡院示爲諸路法每路差官一員命提刑司官一員副之三年九月奏十三路籍定推排物力錢二百五十八萬六千七百二貫四百九十文舊額三百二萬二千七百十八貫九百二十二文以貧乏除免六十三萬八千一百一十一貫除上京北京西京路無新强增者餘路計收二十萬二千九十五貫泰和二年閏十二月上以推排時既問人户浮財物力而又勸當比次期追事繁難得其實勑尚書省定人户物力隨時推收法令自今典賣事産者隨業

推收別置標簿臨時止拘浮財物力以增減之泰和四年十二月上以職官仕於遠方其家物力有應除而不除者遂定典賣實業逐時推收若無浮財營運應除免者令本家陳告集坊村人户推唱驗實免之造籍後如無人告一月内以本官文牒推唱定標附于籍五年以西京北京邊地常罹兵荒遣使推排之舊大定二十六年所定三十五萬三千餘貫遂減爲二十八萬七千餘貫五年六月簽南京按察司事李革言近制令人户推收物力置簿標題至通推時止增新强銷舊弱庶得其實令有司奉行滅裂恐臨時冗併卒難詳審可定期限立罪以督之遂令自今年

十一月一日令人户告諸推收標附至次年二月一日畢違期不言者坐罪且令諸處税務具税訖房地每半月具數申報所屬違者坐以怠慢輕事之罪仍勑物力既隨業通推時止令定浮財八年九月以吏部尚書賈守謙知濟南府事蒲察張家奴莒州刺史完顔百嘉南京路轉運使宋元吉等十三員分路同本路按察司官一員推排諸路上召至香閣親諭之曰朕選卿等隨路推排除推收外其新强消乏户雖集衆推唱然消乏者勿銷不盡如一户物力元三百貫今蠲免二百五十貫猶有未當者新强勿添盡量存其力如一户可添三百貫而止添二百貫之類卿

等各宜盡心一推之後十年利害所關苟不副所任罪當不輕也

志第二十七

志第二十八　　　　金史四十七

開府儀同三司上柱國錄軍國重事前中書右丞相監修國史領經筵事臣脫脫奉

勑修

食貨二

田制　租賦　牛具稅

田制量田以營造尺五尺爲步闊一步長二百四十步爲畝百畝爲頃民田業各從其便賣質於人無禁但令隨地輸租而已凡桑棗民戶以多植爲勤少者必植其地十之三猛安謀克戶少者必課種其地十之一除枯補新使之不闕凡官地猛安謀克及貧民請射者寬鄉一丁百畝狹鄉十畝中男半之請射荒地者以最下第五等減半定租八年始徵之作已業者以第七等減半爲稅七年始徵之自首冒比隣地者輸官租三分之二佃黃河退灘者次年納租太宗天會九年五月始分遣諸路勸農之使者熙宗天會十四年罷來流混同間護邏地以予民耕牧海陵正隆元年二月遣刑部尚書紇石烈婁室等十一人分行大興府山東真定府拘括係官或荒閑牧地及官民占射逃絶戶地戍兵占佃宮籍監外路官本業外增置土田及大興府平州路僧尼道士女冠等地蓋以授所遷之猛安謀克戶且令民請射而官得其租也世宗大定五年十二月上以京畿兩猛安民戶不自耕墾及伐桑棗爲薪鬻之命

大興少尹完顏讓巡察十年四月禁侵耕圍場地十一年謂侍臣曰往歲清暑山西傍路皆禾稼殆無牧地嘗下令使民五里外乃得耕墾今聞其民以此去之他所甚可矜憫其令依舊耕種毋致失業凡害民之事患在不知知之朕必不為自今事有類此卿等即告毋隱十三年勅有司每歲遣官勸猛安謀克農事恐有煩擾自今止令各管職官勸督弛慢者舉劾以聞十七年六月邢州男子趙迪簡言隨路不附籍官田及河灘地皆為豪強所占而貧民土瘠稅重乞遣官拘籍冒佃者定立租課復量減人戶稅數庶得輕重均平詔付有司將行而止復以近都猛安謀克

所給官地率皆薄瘠豪民租佃官田歲久往往冒為己業令拘籍之又謂省臣曰官地非民誰種然女直人戶自鄉土三四千里移來盡得薄地若不拘刷良田給之久必貧乏其遣官察之又謂參知政事張汝弼曰先嘗遣問女直土地皆云良田及朕出獵因問之則謂自起移至此不能種蒔斫蘆為席或斬芻以自給卿等其議之省臣奏官地所以人多蔽匿盜耕者由其罪輕故也乃更條約立限令人自陳過限則人能告者有賞遣同知中都路轉運使張九思往拘籍之十九年二月上如春水見民桑多為牧畜嚙毀詔親王公主及勢要家牧畜有犯民桑者許所屬縣

官立加懲斷十二月謂宰臣曰亡遼時所撥地與本朝九帥府已曾拘籍矣民或指射為無主地租佃及新開荒為己業者可以拘括其間播種歲久若遽奪之恐民失業因詔括地官張九思戒之復謂宰臣曰朕聞括地事所行極不當如皇后莊太子務之類止以名稱便為官地百姓所執憑驗一切不問其相鄰冒占官地復有幸免者能使軍戶稍給民不失業乃朕之心也二十年四月以行幸道隘扈從人不便詔戶部沿路頓舍側近官地勿租與民耕種又詔故太保阿里先於山東路撥地百四十頃大定初又於中都路賜田百頃命拘山東之地入官五月諭有司曰

白石門至野狐嶺其間淀濼多為民耕植者而官民雜畜往來無牧放之所可差官括元荒地及冒佃之數二十一年正月上謂宰臣曰山東大名等路猛安謀克戶之民往往驕縱不親稼穡不令家人農作盡令漢人佃蒔取租而已富家盡服紈綺酒食遊宴貧者爭慕效之欲望家給人足難矣近已禁賣奴婢約其吉凶之禮更當委官閱實戶數計口授地必令自耕力不贍者方許佃於人仍禁其農時飲酒又曰奚人六猛安已徙居咸平臨潢泰州其地肥沃且精勤農務各安其居女直人徙居奚地者菽粟得收穫否左丞守道對曰聞皆自耕歲用亦足上曰彼地肥美

異於他處惟附都民以水害稼者振之三月陳言者言豪強之家多占奪田者上曰前參政納合椿年占地八百頃又聞山西田亦多爲權要所占有一家一口至三十頃者以致小民無田可耕徙居陰山之惡地何以自存其令占官地十頃以上者皆括籍入官將均賜貧民省臣又奏椿年猛安三合故太師耨盌溫敦思忠孫長壽等親屬計七十餘家所占地三千餘頃上曰至秋除牛頭地外仍各給十頃餘皆拘入官山後招討司所括者亦當同此也又謂宰臣曰山東路所括民田已分給女直屯田人戶復有籍官閑地依元數還民仍免租稅六月上謂省臣曰近者大

興府平灤薊通順等州經水災之地免今年稅租不罹水災者姑停夏稅俟稔歲徵之時中都大水而濱棣等州及山後大熟命修治懷來以南道路以來糴者又命都城減價以糶又曰近遣使閱視秋稼聞猛安謀克人惟酒是務往往以田租人而預借三二年租課者或種而不耘聽其荒蕪者自今皆令閱實各戶人力可耨幾頃畝必使自耕耘之其力果不及者方許租賃如惰農飲酒勸農謀克及本管猛安謀克并都管各以等第科罪收獲數多者則亦以等第遷賞七月上謂宰臣曰前徙宗室戶於河間撥地處之而不迴納舊地豈有兩地皆占之理自今當以一處

賜之山東刷民田已分給女直屯田戶復有餘地當以還民而免是歲之租八月尚書省奏山東所刷地數上謂梁肅曰朕嘗以此問卿卿不以言此雖稱民地然皆無明據括爲官地有何不可又曰黃河已移故道梁山濼水退地甚廣已嘗遣使安置屯田民昔嘗恣意種之今官已籍其地而民懼徵其租逃者甚衆若徵其租而以冒佃不即出首罪論之固宜然若遽取之恐致失所可免其徵赦其罪別以官地給之御史臺奏大名濟州因刷梁山濼官地或有以民地被刷者上復召宰臣曰雖曾經通檢納稅而無明驗者復當刷問有公據者雖付本人仍須體問十月復

與張仲愈論冒占田事二十二年以附都猛安戶不自種悉租與民有一家百口壟無一苗者上曰勸農官何勸諭爲也其令治罪宰臣奏曰不自種而輒與人者合科違例上曰太重愚民安知遂從大興少尹王脩所奏以不種者杖六十謀克四十受租百姓無罪又命招復梁山濼流民官給以田時人戶有執契據指墳壠爲驗者亦拘在官先委恩州刺史奚晦招之後遣安肅州刺史張國基驗實給之如已撥係猛安則償以官田上曰工部尚書張九思執強不通向遣刷官田凡犯秦漢以來名稱如長城燕子城之類者皆以爲官田此田百姓爲已業不知幾百年矣所

見如此何不通之甚也八月以趙王永中等四王府冒占
官田罪其各府長史府掾及安次新城宛平昌平永清懷
柔六縣官皆罰贖有差九月遣刑部尚書移剌慥于山東
路猛安內摘八謀克民徙于河北東路酬斡青狗兒兩猛
安舊居之地無牛者官給之河間宗室未徙者令盡徙于
平州無力者官津發之土薄者易以良田先嘗令俟豐年
則括籍官地至是歲省臣復以爲奏上曰本爲新徙四猛
安貧窮須刷官田與之若張仲愈等所擬條約太刻但以
民初無得地之由自撫定後未嘗輸稅妄通爲己業者刷
之如此恐民苦之可爲酬直且先令猛安謀克人戶隨宜

分處計其丁壯牛具合得土田實數給之不足則以前所
刷地二萬餘頃補之復不足則續當議時有落兀者與婆
薩等爭懿州地六萬頃以皆無據驗遂沒入官二十七年
隨處官豪之家多請占官地轉與它人種佃規取課利命
有司拘刷見數以與貧難無地者每丁授五十畝庶不至
失所餘佃不盡者方許豪家驗丁租佃章宗大定二十九
年五月擬再立限令貧民請佃官地緣今已過期計已數
足其占而有餘者若容告訐恐滋姦弊況續告漏通地敕
旨已革今限外告者宜却之止付元佃兼平陽一路地狹
人稠官地當盡數拘籍驗丁以給貧民上曰限外指告多

佃官地者却之當矣如無主不願承佃方許諸人告請其
平陽路宜計丁限田如一家三丁已業止三十畝則更許
存所佃官地一頃二十畝餘者拘籍給付貧民可也七月
諭旨尚書省曰唐鄧潁蔡宿泗等處水陸膏腴之地若驗
等級量立歲租寬其徵納之限募民佃之公私有益今河
南沿邊地多爲豪民冒占若民或流移至彼就募令耕不
惟貧民有贍亦增羨官租其給丁壯者田及耕具而免其
租稅八月尚書省奏河東地狹稍凶荒則流亡相繼竊謂
河南地廣人稀若令招集他路流民量給閑田則河東飢
民減少河南且無曠地矣上從所請九月戊寅又奏在制

諸人請佃官閑地者免五年租課今乞免八年則或多墾
並從之十一月尚書省奏民驗丁佃河南荒閑官地者如
願作官地則免稅八年願爲己業則免稅三年並不許貿
易典賣若豪強及公吏輩有冒佃者限兩月陳首免罪而
全給之其稅則視其鄰地定之以三分爲率減一分限外
許諸人告詣給之制可明昌元年二月諭旨有司曰瀕水
民地已種蒔而爲水浸者可令以所近官田對給三月敕
當軍人所受田止令自種力不足者方許人承佃亦止隨
地所產納租其自欲折錢輸納者從民所欲不願承佃者
毋強六月尚書省奏近制以猛安謀克戶不務栽植桑果

已令每十畝須栽一畝今乞再下各路提刑及所屬州縣勸諭民户如有不栽及栽之不及十之三者並以事怠慢輕重罪科之詔可八月勑隨處係官閑地百姓已請佃者仍舊未佃者以付屯田猛安謀克三年六月尚書省奏南京陝西路提刑司言舊牧馬地久不分撥以致軍民起訟比差官往各路定之凡民户有憑驗已業及宅井墳園已改正給付而其中復有官地者亦驗數對易之矣兩路牧地南京路六萬三千五百二十餘頃陝西路三萬五千六百八十餘頃五年諭旨尚書省遼東等路女直漢兒百姓可並令量力爲蠶桑二月陳言人乞以長吏勸農立殿最

遂定制能勸農田者每年謀克賞銀絹十兩疋猛安倍之縣官於本等陞五人三年不怠者猛安謀克遷一官縣官陞一等田荒及十之一者笞三十分數加至徒一年三年皆荒者猛安謀克追一官縣官以陞等法降之爲永格六年二月詔罷括陝西之地又陝西提刑司言本路户民安水磨油栿所占步數在私地有稅官田則有租若更輸水利錢銀是重併也乞除之省臣奏水利錢銀以輔本路之用未可除也宜視實占地數除稅租命他路視此爲法承安二年遣户部郎中上官瑜往西京并沿邊勸舉軍民耕種又差户部郎中李敬義往臨潢等路規畫農事舊令軍

人所授之地不得租賃與人違者苗付地主泰和四年九月定制所撥地土十里内自種之數每丁四十畝續進丁同此餘者許令便宜租賃及兩和分種違者錢業還主上聞六路括地時其間屯田軍户多冒名增口以請官地及包取民田而民有空輸稅賦虛抱物力者應詔陳言人多論之五年二月尚書省奏若復遣官分往追照案憑訟言紛紛何時已乎遂令虛抱稅石已輸送入官者命於稅内每歲續剋之泰和七年募民種佃清河等處地以其租分爲諸春水處餌鶻鴨之食八年八月户部尚書高汝礪言舊制人户請佃荒地者以各路最下第五等減半定租仍

免八年輸納若作已業並依第七等稅錢減半亦免三年輸納自首冒佃比隣田定租三分納二其請佃黃河退灘地者次年納租向者小民不爲久計比至納租之時多巧避匿或復告退蓋由允限太遠請佃之初無人保識故用令請佃者可免三年作已業者免一年自首冒佃并請退灘地並令當年輸租以隣首保識爲長制宣宗貞祐三年七月以既徙河北軍户於河南議所以處之者宰臣曰當指官田及牧地分界之已爲民佃者則俟秋穫後仍日給米一升折以分鈔太常丞石抹世勣曰荒田牧地耕闢費力奪民素墾則民失所況軍户率無牛宜令軍户分人歸

守本業至春復還爲固守計上卒從宰臣議將括之侍御史劉九規上書曰伏見朝廷有括地之議聞者無不駭愕向者河北山東已爲此舉民之塋墓井竈悉爲軍有怨嗟爭訟至今未絕若復行之則將大失衆心荒田不可耕徒有得地之名而無享利之實縱得熟土不能親耕而復令民佃之所得無幾而使紛紛交病哉上大悟罷之八月先以括地事未有定論北方侵及河南由是盡起諸路軍户南來共圖保守而不能知所以得軍粮之術衆議謂可分遣官聚耆老問之其將益賦或與軍田二者孰便參政汝礪言河南官民地相半又多全佃官地之家一旦奪之何以自活小民易動難安一時避賦遂有捨田之言及與人能勿悔乎悔則忿心生矣如山東撥地時腴地盡入富家瘠者乃付貧户無益於軍而民有損惟當倍益官租以給軍食復以係官荒田牧地量數與之令其自耕則民不失業官不厲民矣從之三年十月高汝礪言河北軍户徙居河南者幾萬口人日給粟一升歲費三百六十萬石半以給直猶支三百萬河南租地計二十四萬頃歲租纔一百五十六萬乞於經費之外倍徵以給之遂命右司諫馮開等五人分諸郡就授以荒官田及牧地可耕者人三十畝十一月又議以括荒田及牧馬地給軍命尚書右丞高汝

礪總之汝礪還奏今頃畝之數較之舊籍甚少復瘠惡不可耕均以可耕者與人無幾又僻遠之處必徙居以就之彼皆不能自耕必以與人又當取租於數百里之外況今農田且不能盡闢豈有餘力以耕叢薄交固草根糾結之荒地哉軍不可仰此得食也審矣今詢諸軍户皆曰得半粮猶足自養得田不能耕復罷其廪將何所賴臣知初籍地之時未嘗按閱其實所以不如其數不得其處也若復考計州縣必各妄承風旨追呼究結以應命不足其數則妄指民田以充之則所在騷然矣今民之賦役三倍平時飛輓轉輸日不暇給而復爲此舉何以堪之且軍户暫遷行有還期何爲以此病民哉病民而軍獲利猶不可爲況無所利乎惟陛下加察遂詔罷給田但半給粮半給實直焉四年復遣官括河南牧馬地既籍其數上命省院議所以給軍者宰臣曰今軍户當給粮者四十四萬八千餘口計當口占六畝有奇繼來者不與焉但相去數百里者豈能以六畝之故而遠來哉兼月支口粮不可遽罷臣等竊謂軍户願佃者即當計口給之自餘僻遠不願者宜准近制係官荒地許軍民耕闢例令軍民得占蒔之院官曰牧馬地少且久荒難耕軍士復乏農器然不給之則彼自支粮外更無從得食非蓄銳待敵之計給之則亦未能遽減

其糧若得遲以歲月俟頗成倫次漸可以省官廩耳今奪於有力者即以授其無力者恐無以耕乞令司縣官勸率民户借牛破荒至來春然後給之司縣官能率民户以助耕而無騷動者量加官賞庶幾有所激勸宰臣復曰若如所言則司縣官貪慕官賞必將抑配以至擾民今民家之牛量地而畜之況比年以來農功甫畢則併力轉輸猶恐不及豈有暇耕它人之田也惟如臣等前奏爲便詔再議之乃擬民有能開牧馬地及官荒地作熟田者以半給之爲永業半給軍户奏可四年省奏自古用兵且耕且戰是以兵食交足今諸帥分兵不啻百萬一充軍伍咸仰於官至於婦子居家安坐待哺蓋不知屯田爲經久之計也願下明詔令諸帥府各以其軍耕耨亦以逸待勞之策也詔從之興定三年正月尚書右丞領三司事侯摯言按河南軍民田總一百九十七萬頃有奇見耕種者九十六萬餘頃上田可收一石二斗中田一石下田八斗十一取之歲得九百六十萬石自可優給歲支且使貧富均大小各得其所臣在東平嘗試行二三年民不疲而軍用足詔有司議行之四年十月移剌不言軍户自徙於河南數歲尚未給田兼以移徙不常莫得安居故貧者甚衆請括諸屯處官田人給三十畝仍不移屯它所如此則軍户可以得所

官糧可以漸省宰臣奏前此亦有言授地者樞密院以謂俟事緩而行之今河南罹水災流亡者衆所種麥不及五萬頃殆減往年太半歲所入殆不能足若撥授之爲永業俟有獲即罷其家糧亦省費之一端也上從之又河南水災逋户太半田野荒蕪恐賦入少而國用乏遂命唐鄧裕蔡息壽潁亳及歸德府被水田已燥者布種未滲者種稻復業之户免本租及一切差發能代耕者如之有司擅科者以違制論闕牛及食者率富者就貸五年正月京南行三司石抹斡魯言京南東西三路屯軍老幼四十萬口歲費糧百四十餘萬石皆坐食民租甚非善計宜括逋户舊耕田南京一路舊墾田三十九萬八千五百餘頃内官田民耕者九萬九千頃有奇今飢民流離者太半東西南路計亦如之朝廷雖招使復業民恐既復之後生計未定而賦斂隨之往往匿而不出若分給軍户人三十畝使之自耕或召人佃種可數歲之後畜積漸饒官糧可罷令省臣議之更不能行

租賦金制官地輸租私田輸稅租之制不傳大率分田之等爲九而差次之夏稅畝取三合秋稅畝取五升又納秸一束束十有五斤夏稅六月止八月秋稅十月止十二月爲初中末三限州三百里外紓其期一月屯田户佃官地

者有司移猛安謀克督之泰和五年章宗諭宰臣曰十月民獲未畢遽令納稅可乎改秋稅限十一月爲初中都西京北京上京遼東臨潢陝西地寒稼穡遲熟夏稅限以七月爲初凡輸送粟麥三百里外石減五升以上每三百里遞減五升粟折稭百稱者百里內減三稱二百里減五稱不及三百里減八稱三百里及輸本色槀草各減十稱計民田園邸舍車乘牧畜種植之資藏鏹之數徵錢有差謂之物力錢遇差科必按版籍先及富者勢均則以丁多寡定甲乙有橫科則視物力循大至小均科其或不可分摘者率以次戶濟之凡民之物力所居之宅不預猛安謀克

戶監戶官戶所居外自置民田宅則預其數墓田學田租稅物力皆免民愬水旱應免者河南山東河東大名京兆鳳翔彰德部內支郡夏田四月秋田七月餘路夏以五月秋以八月水田則通以八月爲限遇閏月則展期半月限外愬者不理非時之災則無限損十之八者全免七分免所損之數六分則全徵桑被災不能蠶則免絲綿絹稅諸路雨雪及禾稼收穫之數月以捷步申戶部凡叙使品官之家並免雜役驗物力所當輸者止出雇錢進納補官未至廕子孫及凡有出身者（謂司吏譯人等）出職帶官叙當身者雜班叙使五品以下及正品承應已帶散官未出職者子孫

與其同居兄弟下逮終場舉人係籍學生醫學生皆免一身之役三代同居已旌門則免差發三年後免雜役太宗天會九年敕有司輕徭賦勸稼穡十年以遼人士庶之族賦役等差不一詔有司命悉均之熙宗天眷五年十二月詔免民戶殘欠租稅皇統三年蠲民稅之未足者世宗大定二年五月謂宰臣曰凡有徭役均科強戶不得抑配貧民有言以用度不足奏預借河北東西路中都租稅上以國用雖乏民力尤艱遂不允三年以歲歉詔免二年租稅又詔曰朕比以元帥府從宜行事今聞河南陝西山東北京以東及北邊州郡調發甚多而省部又與他州一例征

取賦役是重擾也可憑元帥府已取者例蠲除之五年命有司凡罹蝗旱水溢之地蠲其賦稅六年以河北山東水免其租八年十月彰德軍節度使高昌福上書言稅租甚重上諭翰林學士張景仁曰今租稅法比近代甚輕而以爲重何也景仁曰今之稅斂殊輕非稅斂則國用何從而出二年二月尚書省奏天下倉廩貯粟二千七十九萬餘石上曰朕聞國無九年之蓄則國非其國朕是以括天下之田以均其賦歲取九百萬石自經費七百萬石外二百萬石又爲水旱之所蠲免及賑貸之用餘纔百萬石而已朕廣蓄積備飢饉也小民以爲稅重小臣沽民譽亦多議

之蓋不慮國家緩急之備也十二年正月以水旱免中都西京南京河北河東山東陝西去年租稅十三年謂宰臣曰民間科差計所免已過半矣慮小民不能詳知吏緣為姦仍舊徵取其令所在揭牓諭之十月勅州縣官不盡力催督稅租以致逋懸者可止其俸使之徵足然後給之十六年正月詔免去年被水旱路分租稅十七年上問宰臣曰遼東賦稅舊六萬餘石通撿後幾二十萬六萬時何以仰給二十萬後所積幾何戶部契勘謂先以官吏數少故能給今官吏兵卒及孤老數多以此費大上曰當察其實毋令妄費也十七年三月詔免河北山東陝西河東西京遼東等十路去年被旱蝗租稅十八年正月免中都河北

河東山東河南陝西等路前年被災租稅十九年秋中都西京河北山東河東陝西以水旱傷民田十三萬七千七百餘頃詔蠲其租二十年三月以中都西京河北山東河東陝西路前歲被災詔免其租稅以戶部尚書曹望之之言詔減鄜延及河東南路稅五十二萬餘石增河北西路稅八萬八千石又詔諸稅粟非關邊要之地者除當儲數外聽民從便折納二十一年九月以中都水災免租前時近官路百姓以牛夫充近運者復於它處未嘗就役之家徵錢償之二十三年宗州民王仲規告乞徵還所役牛夫

錢省臣以奏上曰此既就役復徵錢於彼前雖如此行之復恐所給錢未必能到本戶是兩不便也不若止計所役免租稅及鋪馬錢為便其預計實數以聞若和雇價直亦須裁定也有司上其數歲約給六萬四千餘貫計折粟八萬六千餘石上復命自今役牛夫之家以去道三十里內居者充役二十六年軍民地罹水旱之災者二十一萬頃免稅凡四十九萬餘石二十七年六月免中都河北等路嘗被河決水災軍民租稅十一月詔河水泛溢農田被災者與免差稅一年懷衛孟鄭四州塞河勞役并免今年差稅章宗大定二十九年赦民租十之一河東南北路則量

減之尚書省奏兩路田多峻阪磽瘠者往往再歲一易若不以地等級蠲除則有不均遂勅以赦書特免一分外中田復減一分下田減二分舊制夏秋稅納麥粟草三色以各處所須之物不一戶部復令以諸所用物折納上封事者言其不可戶部謂如此則諸路所須之物要當和市轉擾民矣遂命太府監應折納之物為祗承宮禁者治黃河薪芻增直二錢折納如黃河岸所用木石固非土產乃令所屬計置而罷它應折納者四月上封事者乞薄民之租稅恐廩粟積久腐敗省臣奏曰臣等議大定十八年戶部尚書曹望之奏河東及鄜延兩路稅頗重遂減五十二萬

餘石去年赦十之一而河東瘠地又減之今以歲入度支所餘無幾萬一有水旱之災既蠲免其所入復出粟以賑之非有備不可若復欲減將何以待之如慮腐敗令諸路以時曝凉毋令致壞違者論如律制可十一月尚書省奏河南荒閒官地許人計丁請佃願仍爲官者免租八年願爲己業者免稅三年詔從之明昌元年二月勑自今民有訴水旱災傷者即委官按視其實申所屬州府移報提刑司同所屬檢畢始令翻耕三年六月有司言河州災傷闕食之民猶有未輸租者詔蠲之九月以山東河北三路被災其權閣之租及借貸之粟令俟歲豐日續徵上如秋山

免圍場經過人戶今歲夏秋租稅之半四年冬十月上行幸諭旨尚書省曰海壖石城等縣地瘠民困所種惟黍稗而已及賦於官必以易粟輸之或令止課所産或依河東路減稅至還京當定議以聞五年勑免河決被菑之民秋租泰和四年四月以久旱下詔責躬免所旱州縣今年夏稅九月陳言者謂河閒滄州逃戶物力錢至數千貫而其差發有司止取辦於見戶民不能堪矣詔令按察司除地土物力隨其業而權止其浮財物力五年正月詔有司自泰和三年嘗所行幸至三次者被科之民特免半年租稅八年五月以宋請和詔天下免河南山東陝西六路今

年夏稅河東河北大名等五路半之八月詔諸路農民請佃荒田者與免租賦三年作己業者一年自首冒佃及請佃黃河退灘地者不在免例宣宗貞祐三年十月御史田迥秀言方今軍國所需一切責之河南有司不惜民力徵調太急促其期限痛其㮰楚民既罄其所有而不足遂使奔走傍求於它境力竭財殫相踵散亡禁之不能止也乞自今凡科徵必先期告之不急者皆罷庶民力寬而逋者可復詔行之十二月詔免逃戶租稅四年三月免陝西逃戶租五月山東行省僕散安貞言泗州被災道殣相望所食者草根木皮而已而邳州戍兵數萬急徵重役悉出三

縣官吏酷暴擅括宿藏以應一切之命民皆逋竄又別遣進納閑官以相迫督皆怙勢營私實到官者纔十之一而徒使國家有厚斂之名乞命信臣革此弊以安百姓詔從之興定元年二月免中京嵩汝等逋租十六萬石四年御史中丞完顏伯嘉奏亳州大水計當免租三十萬石而三司官不以實報止免十萬而已詔命治三司官虛妄之罪七月以河南大水下詔免租勸種且命參知政事李復亨爲宣慰使中丞完顏伯嘉副之十月以久雨令寬民輸稅之限十一月上曰聞百姓多逃而逋賦皆抑配見戶人何以堪軍儲既足宜悉除免今又添軍須錢太多亡者詎肯

復業乎遂命行部官閲實免之已代納者給以恩例或除屯役仍減桑皮故紙錢四之一三年令逃戶復業者但輸本租餘差役一切皆免能代耕者免如復戶有司失信擅科者以違制論四年十二月鎮南軍節度使温迪罕思敬上書言今民輸稅其法大抵有三上戶輸遠倉中戶次之下戶最近然近者不下百里遠者數百里道路之費倍于所輸而雨雪有稽違之責遇賊有死傷之患不若止輸本郡令有司檢筭倉之所積稱屯兵之數使就食之若有不足則增斂于民民計所斂不及道里之費將忻然從之矣五年十月上諭宰臣曰比欲民多種麥故令所在官貸易

麥種今聞實不貸與而虛立案簿反收其數以補不足之租其遣使究治元光元年上聞向者有司以徵稅租之急民不待熟而刈之以應限今麥將熟矣其諭州縣有犯者以慢軍儲治罪九月權立職官有田不納租罪京南司農卿李蹊言按齊民要術麥晚種則粒小而不實故必八月種之今南路當輸秋稅百四十餘萬石草四百五十餘萬束皆以八月爲終限若輸遠倉及泥淖往返不下二十日使民不暇趨時是妨來歲之食也乞寬徵斂之限使先盡力於二麥朝廷不從元光二年宰臣奏去歲正月京師見粮纔六十餘萬石今三倍矣計國用頗足而民間租稅徵

之不絕恐貧民無所輸而逋亡也遂以中旨遍諭止之

牛頭稅即牛具稅猛安謀克部女直戶所輸之稅也其制每耒牛三頭爲一具限民口二十五受田四頃四畝有奇歲輸粟大約不過一石官民占田無過四十具天會三年太宗以歲稔官無儲積無以偹飢饉詔令一耒賦粟一石每謀克別爲一廩貯之四年詔内地諸路每牛一具賦粟五斗爲定制世宗大定元年詔諸猛安不經遷移者徵牛具稅粟就命謀克監其倉虧損則坐之十二年尚書省奏唐古部民舊同猛安謀克定稅其後改同州縣履畝立稅頗以爲重遂命從舊制二十年定功授世襲謀克許以親

族從行當給以地者除牛九具以下全給十具以上四十具以下者則於官豪之家量撥地六具與之二十一年世宗謂宰臣曰前時一歲所收可支三年比聞今歲山西豐稔所獲可支三年此間地一歲所獲不能支半歲而又牛頭稅粟每牛一頭止令各輸三斗又多逋懸此皆近臣隱匿所致當令盡實輸之二十三年有司奏其事世宗謂左丞完顏襄曰卿家舊止七具今定爲四十具朕始令卿等議此而卿皆不欲蓋各顧其私爾是後限民口二十五筭牛一具七月尚書省復奏其事上慮版籍歲久貧富不同猛安謀克又皆年少不練時事一旦軍興按籍徵之必有

不均之患乃令驗實推排閱其戶口畜產之數其以上京二十二路來上八月尚書省奏推排定猛安謀克戶口田畝牛具之數猛安二百二謀克千八百七十八戶六十一萬五千六百二十四口六百一十五萬八千六百三十六內正口四百八十一萬二千六百六十九奴婢口一百三十四萬五千九百六十七田一百六十九萬三百八十頃有奇牛具三十八萬四千七百七十一在都宗室將軍司戶一百七十口二萬八千七百九十內正口九百八十二奴婢口二萬七千八百八田三千六百八十三頃七十五畝有奇牛具三百四迭剌唐古二部五糺戶五千五百八

十五口一十三萬七千五百四十四內正口十一萬九千四百六十三奴婢口一萬八千八十一田四萬六千二十四頃一十七畝牛具五千六十六後二十六年尚書省奏併徵牛頭稅粟上曰積壓五年一見併徵民何以堪其令民隨年輸納被災者蠲之貧者俟豐年徵還

志第二十八

志第二十九　金史四十八

開府儀同三司上柱國錄軍國重事前中書右丞相監修國史領經筵事都總裁臣脫脫奉

勑修

食貨三　錢幣

錢幣金初用遼宋舊錢天會末雖劉豫阜昌元寶阜昌重寶亦用之海陵庶人貞元二年遷都之後戶部尚書蔡松年復鈔引法遂製交鈔與錢並用正隆二年歷四十餘歲始議鼓鑄冬十月初禁銅越外界懸罪賞格括民間銅鍮器陝西南京者輸京兆他路悉輸中都三年二月中都置錢監二東曰寶源西曰寶豐京兆置監一曰利用三監鑄

錢文曰正隆通寶輕重如宋小平錢而肉好字文峻整過之與舊錢通用世宗大定元年用吏部尚書張中彥言命陝西路參用宋舊鐵錢四年浸不行詔陝西行戶部并兩路通檢官詳究其事皆言民間用錢名與鐵錢兼用其實不爲準數公私不便遂罷之八年民有犯銅禁者上曰銷錢作銅舊有禁令然民間猶有鑄鏡者非銷錢而何遂併禁之十年上諭戶部臣曰官錢積而不散則民間錢重貿易必艱宜令市金銀及諸物其諸路酤榷之貨亦令以物平折輸之十月上責戶部官曰先以官錢率多恐民間不得流通令諸處貿易金銀絲帛以圖流轉令知乃有以抑

配反害百姓者前許院務得折納輕賫之物以便民是皆朕思而後行者也此尚出朕安用若爲又隨處時有振濟往往近地無粮取於它處往返既遠人愈難之何爲不隨處起倉年豐則多糴以備振贍設有緩急亦豈不易辦乎而徒使錢充府庫將安用之天下之大朕豈能一一徧知凡此數事汝等何爲而使至此且户部與它部不同當從宜爲計若但務因循以守其職則户部官誰不能爲十一年二月禁私鑄銅鏡舊有銅器悉送官給其直之半惟神佛像鐘磬鈸鈷腰束帶魚袋之屬則存之十二年正月以銅少命尚書省遣使諸路規措銅貨能指坑冶得實者賞上與宰臣議鼓鑄之術宰臣曰有言所在有金銀坑冶皆可採以鑄錢臣竊謂工費過於所得數倍恐不可行上曰金銀山澤之利當以與民惟錢不當私鑄今國家財用豐盈若流布四方與在官何異所費雖多但在民間而新錢日增爾其遣能吏經營之左丞石琚進曰臣聞天子之富藏在天下錢貨如泉正欲流通上復問琚曰古亦有民自鑄錢者乎琚對曰民若自鑄則小人圖利錢益薄惡此古所以禁也十三年命非屯兵之州府以錢市易金帛運致京師使錢幣流通以濟民用十五年十一月上謂宰臣曰或言鑄錢無益所得不償所費朕謂不然天下如一家何公

私之間公家之費私家得之但新幣日增公私俱便也十六年三月遣使分路訪察銅礦苗脈十八年代州立監鑄錢命震武軍節度使李天吉知保德軍事高季孫往監之而所鑄斑駁黑澁不可用詔削天吉季孫等官兩階解職仍杖季孫八十更命工部郎中張大節吏部員外郎麻珪監鑄其錢文曰大定通寳字文肉好又勝正隆之制世傳其錢料微用銀云十九年始鑄至萬六千餘貫二十年詔先以五千進呈而後命與舊錢並用初新錢之未行也以宋大觀錢作當五用之二月上聞上京修内所市民物不即與直又用短錢責宰臣曰如此小事朕豈能悉知卿等何爲不察也時民間以八十爲陌謂之短錢官用足陌謂之長錢大名男子斡魯補者上言謂官私所用錢皆當以八十爲陌遂爲定制二十年十一月名代州監曰阜通設監一員正五品以州節度兼領副監一員正六品以州同知兼領丞一員正七品以觀察判官兼領設勾當官二員從八品給銀牌命副監及丞更馳驛經理二十二年十月以參知政事粘割斡特剌提控代州阜通監二十三年上以阜通監鼓鑄歲久而錢不加多蓋以代州長貳廳幕兼領而奪於州務不得專意綜理故也遂設副監監丞爲正員而以節度領監事二十六年上曰中外皆言錢難朕嘗

計之京師積錢五百萬貫亦不爲多外路雖有終亦無用諸路官錢非屯兵處可盡運至京師太尉丞相克寧曰民間錢固已艱得若盡歸京師民益艱得矣不若起其半至都餘半變折輕齎則中外皆便十一月上諭宰臣曰國家銅禁久矣尚聞民私造腰帶及鏡託爲舊物公然市之宜加禁約二十七年二月曲陽縣鑄錢别爲一監以利通爲名設副監監丞給驛更出經營銅事二十八年上謂宰臣曰今者外路見錢其數甚多聞有六千餘萬貫皆在僻處積貯既不流散公私無益與無等爾今中都歲費三百萬貫支用不繼若致之京師不過少有輓運之費縱所費多

亦惟散在民爾章宗大定二十九年十二月鴈門五臺民劉完等訴自立監鑄錢以來有銅鑛之地雖曰官運其顧直不足則令民共償乞與本州司縣均爲差配遂命甄官署丞丁用楫往審其利病還言所運銅鑛民以物力科差濟之非所願也其顧直既低又有刻剝之弊而相視苗脉工匠妄指人之垣屋及寺觀謂當開採因以取賄又隨冶夫匠日辦淨銅四兩多不及數復銷銅器及舊錢送官以足之今阜通利用兩監歲鑄錢十四萬餘貫而歲所費乃至八十餘萬貫病民而多費未見其利便也宰臣以聞遂罷代州曲陽二監初貞元間既行鈔引法遂設印造鈔引

庫及交鈔庫皆設使副判各一員都監二員而交鈔庫副則專主書押搭印合同之事印一貫二貫三貫五貫十貫五等謂之大鈔一百二百三百五百七百五等謂之小鈔與錢並行以七年爲限納舊易新猶循宋張詠四川交子之法而紓其期爾蓋亦以銅少權制之法也時有欲罷之者至是二監既罷有司言交鈔舊同見錢商旅利於致遠往往以錢買鈔蓋公私俱便之事豈可罷去止因有釐革年限不能無疑乞削七年釐革之法令民得常用若歲久字文磨滅許於所在官庫納舊換新或聽便支錢遂罷七年釐革之限交鈔字昏方換法自此始而收歛無術出多

入少民寖輕之厥後其法屢更而不能革弊亦始於此焉交鈔之制外爲闌作花紋其上衡書貫例左曰某字料右曰某字號料號外篆書曰僞造交鈔者斬告捕者賞錢三百貫料號衡闌下曰中都交鈔庫准尚書戶部符承都堂劄付戶部覆點勘令史姓名押字又曰聖旨印造逐路交鈔於某處庫納錢換鈔更許於某處庫納鈔換錢官私同見錢流轉其鈔不限年月行用如字文故暗鈔紙擦磨許於所屬庫司納舊換新若到庫支錢或倒換新鈔每貫剋工墨錢若干文庫掐攢司庫副副使使各押字年月日印造鈔引庫庫子庫司副使各押字上至尚書戶部官亦押

字其搭印支錢處合同餘用印依常例初大定間定制民間應許存留銅鍮器物若申賣入官每斤給錢二百文其棄藏應禁器物首納者每斤給錢百文非器物銅貨一百五十文不及斤者計給之在都官局及外路造賣銅器價令運司佐貳檢校鏡每斤三百十四文鍍金御仙花腰帶十七貫六百七十一文五子荔支腰帶十七貫九百七十一文撞鈒羅文束帶八貫五百六十文魚袋二貫三百九文鈸鈷鐃磬每斤一貫九百二文鈴杵坐銅者二貫七百六十九文鍮石者三貫六百四十六文明昌二年十月勅減賣鏡價防私鑄銷錢也舊嘗以夫匠逾天山北界外採

銅明昌三年監察御史李炳言頃聞有司奏在官銅數可支十年若復每歲令夫匠過界遠採不惟多費復恐或生邊釁若支用將盡之日止可於界内採煉上是其言遂不許出界五月勅尚書省曰民間流轉交鈔當限其數毋令多於見錢也四年上諭宰臣曰隨處有無用官物可為計置如鐵錢之類是也或有言鐵錢有破損當令所司以銅錢償之者參知政事胥持國不可上曰令償之尚壞不償將盡壞矣若果無用曷別為計持國曰如江南用銅錢江北淮南用鐵錢蓋以隔閡銅錢不令過界爾如陝西市易亦有用銀布薑麻若舊有鐵錢宜姑收貯以備緩急遂令

有司籍鐵錢及諸無用之數貯於庫八月提刑司言所降陝西交鈔多於見錢使民艱於流轉宰臣以聞遂令本路榷稅及諸名色錢折交鈔官兵俸許錢絹銀鈔各半之若錢銀數少即全給交鈔五年三月宰臣奏民間錢所以艱得以官豪家多積故也在唐元和間嘗限富家錢過五千者死王公重貶没入以五之一賞告者上令參酌定制令官民之家以品從物力限見錢多不過二萬貫猛安謀克則以牛具為差不得過萬貫凡有所餘盡令易諸物收貯之有能告數外留錢者奴婢免為良傭者出離以十之一為賞餘皆没入又諭旨有司凡使高麗還者所得銅器令

盡買之承安二年十月宰臣奏舊立交鈔法凡以舊易新者每貫取工墨錢十五文至大定二十三年不拘貫例每張收八文既無益於官亦妨鈔法宜從舊制便若以鈔買鹽引每貫權作一貫五十文庶得多售上曰工墨錢貫可令收十二文買鹽引者每貫可權作一貫一百文時交鈔所出數多民間成貫例者艱於流轉詔以西北二京遼東路從宜給小鈔且許於官庫換錢與它路通行十二月尚書省議謂時所給官兵俸及邊戍軍須皆以銀鈔相兼舊例銀每鋌五十兩其直百貫民間或有截鑿之者其價亦隨低昂遂改鑄銀名承安寶貨一兩至十兩分五等每兩

折錢二貫公私同見錢用仍定銷鑄及接受稽留罪賞格承安三年正月省奏隨處榷場若許見錢越境雖非銷毀即與銷毀無異遂立制以錢與外方人使及與交易者徒五年三斤以上死馹僧同罪捕告人之賞官先爲代給錢五百貫其逮及與接引館伴先排通引書表等以次坐罪仍令均償時交鈔稍滯命西京北京臨潢遼東等路一貫以上俱用銀鈔寶貨不許用錢一貫以下聽民便時既行限錢法人多不遵上曰已定條約不爲不重其令御史臺及提刑司察之九月以民間鈔滯盡以一貫以下交鈔易錢用之遂復減元限之數更定官民存留錢法三分爲率

親王公主品官許留一分餘皆半之其贏餘之數期五十日內盡易諸物違者以違制論以錢賞告者於兩行部各置回易務以綿絹物段易銀鈔亦許本務納銀鈔赴榷場出鹽引納鈔於山東河北河東等路從便易錢各降補官及德號空勅三百度牒一千從兩行部指定處限四月進納補換又更造一百例小鈔並許官庫易錢一貫二貫例並支小鈔三貫例則支銀一兩小鈔一貫若五貫十貫例則四分支小鈔六分支銀欲得寶貨者聽有阻滯及輒減價者罪之四年三月又以銀鈔阻滯乃榷止山東諸路以銀鈔與綿絹鹽引從便易錢之制令院務諸科名錢除京師河南陝西銀鈔從便餘路並許收銀鈔各半仍於鈔四分之一許納其本路隨路所收交鈔除本路者不復支發餘通行者並循環用之榷貨所鬻鹽引收納寶貨與鈔相半銀每兩止折鈔兩貫省許人依舊詣庫納鈔隨路漕司所收除額外羨餘者亦如之所支官錢亦以銀鈔相兼銀已零截者令交鈔庫不復支若寶貨數少可浸增鑄銀鈔既通則物價自平雖有禁法亦安所施遂除阻滯銀鈔罪制四年以戶部言命在都官錢榷貨務鹽引並聽收寶貨附近鹽司貼錢數亦許帶納民間寶貨有所歸自然通行不至銷毀先是設四庫印小鈔以代鈔本令人便賫小鈔

赴庫換錢即與支見錢無異今更不須印造俟其換盡可罷四庫但以大鈔驗錢數支易見錢時私鑄承安寶貨者多雜以銅錫寖不能行京師閉肆五年十二月宰臣奏比以軍儲調發支出交鈔數多遂鑄寶貨與錢兼用以代鈔本蓋權時之制非經久之法遂罷承安寶貨泰和元年六月通州刺史盧構言民間鈔固已流行獨銀價未平官之所定每鋌以十萬爲準而市肆纔直八萬蓋出多入少故也若令諸稅以錢銀鈔三分均納庶革其弊下省議宰臣謂軍興以來全賴交鈔佐用以出多遂滯頃令院務收鈔七分亦漸流通若與銀均納則彼增此減理必偏勝至礙

鈔法必欲銀價之平宜令諸名若鋪馬軍須等錢許納銀半無者聽便先是嘗行三合同交鈔至泰和二年止行於民間而官不收斂朝廷慮其病民遂令諸稅各帶納一分雖止係本路者亦許不限路分通納戶部見徵累年鋪馬錢亦聽收其半閏十二月上以交鈔事召戶部尚書孫鐸侍郎張復亨議於内殿復亨以三合同鈔可行鐸請廢不用既而復亨言竟詘自是而後國虛民貧經用不足專以交鈔愚百姓而法又不常世宗之業衰焉以至泰和三年其弊彌甚乃謂宰臣曰大定間錢至足今民間錢少而又不在官何耶其集問百官必有能知之者四年七月罷限

錢法從戶部尚書上官瑜所請也四年欲增鑄錢命百官議所以足銅之術中丞孟鑄謂銷錢作銅及盜用出境者不止宜罷其官及隣太府監梁瑭等言鑄錢甚費率費十錢可得一錢識者謂費雖多猶增一錢也乞採銅拘器以鑄宰臣謂鼓鑄未可遽行其銅冶聽民煎煉官爲買之凡寺觀不及十人不許畜法器民間鍮銅器期以兩月送官給價匿者以私法坐限外人告者以知而不糾坐其官寺觀許童行告者賞俟銅多別具以聞八月定從便易錢法聽人輸納於京師而於山東河北大名河東等路依數支取後鑄大錢一直十篆文曰泰和重寶與鈔參行五年上

欲罷交鈔工墨錢復以印時常費遂命貫止收六文六年四月陝西交鈔不行以見錢十萬貫爲鈔本與鈔相易復以小鈔十萬貫相參用之六年十一月復許諸路各行小鈔中都路則於中都及保州南京路則於南京歸德河南府山東東路則於益都濟南府山東西路則於東平大名府河北東路則於河間府冀州河北西路則於眞定彰德府河東南路則於平陽河東北路則於太原汾州遼東則於上京咸平西京則於西京撫州北京則於臨潢府官庫易錢令戶部印小鈔五等附各路同見錢用七年正月勅在官毋得支出大鈔在民者令赴庫以多寡制數易小鈔

及見錢院務商稅及諸名錢三分須納大鈔一分惟遼東從便時民以貨幣屢變往往怨嗟聚語於市上知之諭旨於御史臺曰自今都市敢有相聚論鈔法難行者許人捕告賞錢三百貫五月以戶部尚書高汝礪議立鈔法條約添印大小鈔以鈔庫至急切增副使一員汝礪又與中都路轉運使孫鐸言錢幣上命中丞孟鑄禮部侍郎喬宇國子司業劉昂等十人議月餘不決七月上召議于泰和殿且詢汝礪曰今後毋謂鈔多不加重而輒易之重之加於錢可也明日勅民間之交易典質一貫以上並用交鈔毋得用錢須立契者三分之一用諸物六盤山西遼河東以

五分之一用鈔東勳屯田户以六分之一用鈔不須立契者惟遼東錢鈔從便犯者徒二年告者賞有差監臨犯者杖且解職縣官能奉行流通者升除否者降罰集衆沮法者以違制論工墨錢每張止收二錢商旅賫見錢不得過十貫所司籍辨鈔人以防僞冒品官及民家存留見錢比舊減其數若舊有見錢多者許送官易鈔十貫以上不得出京又定制按察司以鈔法流通爲稱職而河北按察使斜不出巡按所給券應得鈔一貫以難支用命取見錢御史以沮壞鈔法劾之上曰糾察之官乃先壞法情不可恕杖之七十削官一階解職户部尚書高汝礪言鈔法務在

必行府州縣鎮宜各籍辨鈔人給以條印聽與人辨驗隨貫量給二錢貫例雖多六錢即止每朝官出使則令體究通滯以聞民間舊有宋會子亦令同見錢用十貫以上不許持行榷鹽許用銀絹餘市易及俸並用交鈔其奇數以小鈔足之應支銀絹而不足者亦以鈔給之上遣近侍諭旨尚書省今既以按察司鈔法通快爲稱職否則爲不稱職仍於州府司縣官給由内明書所犯之數但犯鈔法者雖監察御史舉其能幹亦不准用十月楊序言交鈔料號不明年月故暗雖令赴庫易新然外路無設定庫司欲易無所遠者直須赴都上以問汝礪對曰隨處州府庫内各

有辨鈔庫子鈔雖弊不僞亦可收納去都遠之城邑既有設置合同換錢客旅經之皆可相易更慮無合同之地難以易者令官庫凡納昏鈔者受而不支於鈔背印記官吏姓名積半歲赴都易新鈔如此則昏鈔有所歸而無滯矣十一月上諭户部官曰今鈔法雖行卿等亦宜審察少有壅滯即當以聞勿謂已行而憚改汝礪對曰今諸處置庫多在公廨内小民出入頗難雖有商賈易之然患鈔本不豐比者河北西路轉運司言一富民首其當存留錢外見錢十四萬貫它路臆或有如此者臣等謂宜令州縣委官及庫典於市肆要處置庫支換以出首之錢爲鈔本十萬

户以上州府給三萬貫以次爲差易鈔者人不得過二貫以所得工墨錢充庫典食直仍令州府佐貳及轉運司官一員提控上是之遂命移庫於市肆之會令民以鈔易錢是月勑捕獲僞造交鈔者皆以交鈔爲賞時復議更鈔法上從高汝礪言命在官大鈔更不許出聽民以五貫十貫例者赴庫易小鈔欲得錢者五貫内與一緡十貫内與兩緡惟遼東從便河南陝西山東及它行鈔諸路院務諸稅及諸科名錢並以三分爲率一分納十貫例者二分五貫例者餘並收見錢八年正月以京師鈔滯定所司賞罰格時新制按察司及州縣官例以鈔通滯爲陞降遂命監察

御史賞罰同外道按察司大興府警巡院官同外路州縣官是月收毀大鈔行小鈔八月從遼東察司楊雲翼言以咸平東京兩路商旅所集遂從都南例一貫以上皆用交鈔不得用錢十月孫鐸又言民間鈔多正宜收歛院務稅諸名錢可盡收鈔秋夏稅納本色外亦令收鈔不拘貫例農民知之則漸重鈔可以流通比來州縣抑配市肆買鈔徒增騷擾可罷諸處創設鈔局止令赴省庫換易令小鈔各限路分亦甚未便可令通用上命亟行之十二月宰臣奏舊制內外官兵俸皆給鈔其必用錢以足數者可以十分為率軍兵給三分官員承應人給二分多不過十貫九

前所收大鈔俟至通行當復計造其終須當精緻以圖經久民間舊鈔故暗者乞許於所在庫易新若官吏勢要之家有賤買交鈔而於院務換錢興販者以違制論復遣官分路巡察其限錢過數雖許奴婢以告乃有所屬默令其主藏匿不以實首者可令按察司察之若舊限已滿當更展五十日許再令變易鈔引諸物是制既行之後章宗尋崩衛紹王繼立大安二年濱河之役至以八十四車為軍賞兵衂國殘不遑救弊交鈔之輕幾於不能市易矣至宣宗貞祐二年二月思有以重之乃更作二十貫至百貫例交鈔又造二百貫至千貫例者然自泰和以來凡更交鈔

初雖重不數年則輕而不行至是則愈更而愈滯矣南遷之後國蹙民困軍旅不息供億無度輕又甚焉三年四月河東宣撫使胥鼎上言曰今之物重其弊在於鈔窒有出而無入也雖院務稅增收數倍而所納皆十貫例大鈔此何益哉今十貫例者民間甚多以無所歸故市易多用見錢而鈔每貫僅直一錢曾不及工墨之費臣愚謂宜權禁見錢且令計司以軍須為名量民力徵斂則泉貨流通而物價平矣自是錢貨不用富家內困藏鏹之限外弊交鈔屢變皆至窘敗謂之坐化商人往往舟運貿易于江淮錢多入于宋矣宋人以為喜而金人不禁也識者惜其既不

能重無用之楮而又棄自古流行之寶焉五月權西安軍節度使烏林達與言關陝軍多供億不足所仰交鈔則取於京師徒成煩費乞降板就造便又言懷州舊鑄錢鉅萬今既無用願貫為甲以給戰士時有司輕罪議罰率以錢贖而當罪不平遂命贖銅計贓皆以銀價為準六月勅議交鈔利便七月改交鈔名為貞祐寶券仍立沮阻罪九月御史臺言自多故以來全藉交鈔以助軍需然所入不及所出則其價浸減卒無法以禁此必然之理也近用貞祐寶券以革其弊又慮既多而民輕與舊鈔無異也乃令民間市易悉從時估嚴立罪賞期於必行遂使商旅不行四

方之物不敢入夫京師百萬之衆日費不貲物價寧不日貴耶且時估月再定之而民間價旦暮不一今有司強之而市肆盡閉復議搜括隱匿必令如估鬻之則京師之物指日盡而百姓重困矣臣等謂惟官和買計贓之類可用時估餘宜從便制可十二月上聞近京郡縣多糴於京師穀價翔踴令尚書省集户部講議所開封府轉運司議所以制之者户部及講議所言以五斗出城者可闌糴其半轉運司謂宜悉禁其出上從開封府議謂寶券初行時民甚重之但以河北陝西諸路所支既多人遂輕之商賈爭收入京以市金銀銀價昂穀亦隨之若令寶券路各殊制

則不可復入河南則河南金銀賤而穀自輕若直閉京城粟不出則外亦自守不復入京穀當益貴宜諭郡縣小民毋妄增價官爲定制務從其便四年正月監察御史田逈秀言國家調度皆資寶券行才數月又復壅滯非約束不嚴奉行不謹也夫錢幣欲流通必輕重相權散斂有術而後可今之患在出太多入太少爾若隨時裁損所支而增其所收庶乎或可也因條五事一曰省冗官吏二曰損酒使司三曰節兵俸四曰罷寄治官五曰酒稅及納粟補官皆當用寶券詔酒稅從大定之舊餘皆不從尋又更定捕獲僞造寶券官賞三月翰林侍講學士趙秉文言比者寶券滯塞蓋朝廷將議更張而已妄傳不用因之抑遏漸至廢絶此乃權歸小民也自遷汴以來廢回易務臣愚謂當復置令職官通市道者掌之給銀鈔粟麥縑帛之類權其低昂而出納之仍自選良監當官營爲之若半年無過及券法通流則聽所指任便差遣詔議行之四月河東行省胥鼎言交鈔貴乎流通今諸路所造不充所出不以術收之不無缺誤宜量民力徵歛以裨軍用河中宣撫司亦以寶券多出民不之貴乞驗民貧富徵之雖爲陝西若一體徵收則彼中所有日湊于河東與不歛何異又河北寶券以不許行于河南由是愈滯宰臣謂昨以河北寶券商旅

齎販纔踵南渡遂致物價翔踴乃權宜限以路分今鼎既以本路用度繁殷欲徵軍須錢宜從所請若陝西可徵與否詔令行省議定而後行五月上以河北州府官錢散失多在民間命尚書省經畫之八月平章高琪奏軍興以來用度不貲惟賴寶券然所入不敷所出是以浸輕今千錢之券僅直數錢隨造隨盡工物日增不有以救之弊將滋甚宜更造新券與舊券權爲子母而兼行之庶工物俱省而用不乏濮王守純以下皆憚改奏曰自古軍旅之費皆取於民向朝廷以小鈔殊輕權更寶券而復禁用錢小民淺慮謂楮幣易壞不若錢可久於是得錢則珍藏而券則

亟用之惟恐破裂而至於廢也今朝廷知支而不知收所以錢日貴而券日輕然則券之輕非民輕之國家致之然也不若量其所支復斂于民出入循環則彼知爲必用之物而知愛重矣今徒患輕而即欲更造不惟信令不行且恐新券之輕復同舊券也既而隴州防禦使完顏寓及陝西行省令史惠吉繼言券法之弊寓請姑罷印造以見在者流通之若滯塞則驗丁口之多寡物力之高下而徵之吉言券者所以救弊一時非可通流與見錢比必欲通之不過多斂少支爾然斂多則傷民支少則用不足二者皆不可爲今日計莫若更造以貞祐通寶爲名自百至三千

等之爲十聽各路轉運司印造仍不得過五千貫與舊券參用庶乎可也詔集百官議戶部侍郎奧屯阿虎禮部侍郎楊雲翼郎中蘭芝刑部侍郎馮鶚皆主更造戶部侍郎高夔員外郎張師魯兵部侍郎徒單歐里白皆請徵斂惟戶部尚書蕭貢謂止當如舊而工部尚書李元輔謂二者可並行太子少保張行信亦言不宜更造但嚴立不行之罪足矣侍御史趙伯成曰更造之法陰奪民利其弊甚於徵徵之爲法特徵於農民則不可若徵於市肆商賈之家是亦敦本抑末之一端刑部主事王壽寧曰不然今之重錢輕券者皆農爾其斂必先於民而後可轉運使王擴

曰凡論事當究其本今歲支軍士家口糧四萬餘石如使斯人地着少寬民力然後徵之則行之不難推貨司楊貞亦欲節無名之費罷閑冗之官或有請鑄大錢以當百别造小鈔以省費或謂縣官當擇人者獨吏部尚書温迪罕思敬上書言國家立法莫不備具但有司不克奉之而已誠使臣得便宜從事凡外路四品以下官皆許杖決三品以上奏聞仍付監察二人馳驛往來法不必變民不必徵一號令之可使上下無不奉法如其不然請就重刑上以示宰臣曰彼自許如此試委之可乎宰臣未有以處而監察御史陳規完顏素蘭交章以爲事有難行聖哲猶病之

思敬何爲者徒害人爾上以衆議紛紛月餘不決厭之乃詔如舊紓其徵斂之期焉未幾竟用惠吉言造貞祐通寶興定元年二月始詔行之凡一貫當千貫增重僞造沮阻罪及捕獲之賞五月以鈔法屢變隨出而隨壞製紙之桑皮故紙皆取于民至是又甚艱得遂令計價但徵寶券通寶名曰桑皮故紙錢謂可以免民輸輓之勞而省工物之費也高汝礪言河南調發繁重所徵租稅三倍於舊僅可供億如此其重也而今年五月省部以歲收通寶不充所用乃於民間斂桑皮故紙鈔七千萬貫以補之又太甚矣而近又以通寶稍滯又增兩倍河南人户農居三之二今

年租稅徵尚未足而復令出此民若不糴當納之租則賣
所食之粟舍此將何得焉今所急而難得者芻糧也出於
民而有限可緩而易爲者交鈔也出於國而可變以國家
之所自行者而強求之民將若之何向者大鈔滯則更爲
小鈔小鈔弊則改爲寶券寶券不行則易爲通寶變制在
我尚何煩民哉民既悉力以奉軍而不足又計口計稅計
物計生殖之業而加徵若是其剝彼不能給則有亡而已
矣民逃田穢兵食不給是軍儲鈔法兩廢矣臣非於鈔法
不加意非故與省部相違也但以鈔滯物貴之害輕民去
軍飢之害重爾時不能用三年十月省臣奏向以物重錢

輕犯贓者計錢論罪則太重於是以銀爲則每兩爲錢二
貫有犯通寶之贓者直以通寶論如因軍興調發受通寶
及三十貫者已得死刑準以金銀價纔爲錢四百有奇則
當杖輕重之間懸絕如此遂命准犯時銀價論罪三月參
知政事李復亨言近制犯通寶之贓者並以物價折銀定
罪每兩爲錢二貫而法當贖銅者止納通寶見錢亦乞令
依上輸銀既足以懲惡又有補於官詔省臣議遂命犯公
錯過悮者止徵通寶見錢贓汚故犯者輸銀四年十二月
鎮南軍節度使溫迪罕思敬上書言錢之爲泉也貴流通
而不可塞積於官而不散則病民散於民而不斂則闕用

必多寡輕重與物相權而後可大定之世民間錢多而鈔
少故貴而易行軍興以來在官殊少民亦無幾軍旅調度
悉仰于鈔日之所出動以萬計至于塡委市肆能無輕乎
不若弛限錢之禁許民自採銅鑄錢而官製模範薄惡不
如法者令民不得用則錢必日多鈔可少出少出則貴而
易行矣今日出益衆民日益輕有司欲重之而不得其法
至乃計官吏之俸驗百姓之物力以斂之而卒不能增重
曾不知錢少之弊也臣謂宜令民鑄錢而當斂鈔者亦聽
輸銀民因以銀鑄錢爲數等文曰興定元寶定直以備軍
賞亦救弊之一法也朝廷不從五年閏十二月宰臣奏向

者寶券既弊乃造貞祐通寶以救之迄今五年其弊又復
如寶券之末初通寶四貫爲銀一兩今八百餘貫矣宜復
更造興定寶泉子母相權與通寶兼行每貫當通寶四百
貫以二貫爲銀一兩隨處置庫許人以通寶易之縣官能
使民流通者進官一階陞職一等其或姑息以致壅滯則
亦追降的決爲差州府官以所屬司縣定罪賞命監察御
史及諸路行部官察之定撓法失糾舉法失舉則御史降
決行部官降罰集衆妄議難行者徒二年告捕者賞錢三
百貫元光元年二月始詔行之二年五月更造每貫當通
寶五十又以綾印製元光珍貨同銀鈔及餘鈔行之行之

未久銀價日貴寶泉日賤民但以銀論價至元光二年寶泉幾於不用乃定法銀一兩不得過寶泉三百貫凡物可直銀三兩以下者不許用銀以上者三分爲率一分用銀二分用寶泉及珍貨重寶京師及州郡置平準務以寶泉銀相易其私易及違法而能告者罪賞有差是令既下市肆晝閉商旅不行朝廷患之乃除市易用銀及銀寶泉私相易之法然上有限用之名而下無從令之實有司雖知莫能制矣義宗正大間民間但以銀市易天興二年十月印天興寶會于蔡州自一錢至四錢四等同見銀流轉不數月國亡

志第二十九

金史四十九

……儀同三司上柱國錄軍國重事中書右丞相監修國史領經筵事都總裁臣脫脫奉……修

食貨四 鹽 酒 醋 茶 諸征商 金銀稅

鹽金制榷貨之目有十曰酒麴茶醋香礬丹錫鐵而鹽爲稱首貞元初蔡松年爲户部尚書始復鈔引法設官置庫以造鈔引鈔合鹽司簿之符引會司縣批繳之數七年一釐革之初遼金故地濱海多產鹽上京東北二路食肇州鹽速頻路食海鹽臨潢之北有大鹽濼烏古里石壘部有鹽池皆足以食境内之民嘗征其稅及得中土鹽場倍之故設官立法加詳焉然而增減不一廢置無恒亦隨時救弊而已益都濱州舊置兩鹽司大定十三年四月併爲山東鹽司二十一年滄州及山東各務增羨冒禁鬻鹽朝論慮其久或隳法遂併爲海豐鹽使司十一月又併遼東等路諸鹽場爲兩鹽司大定二十五年更狗濼爲西京鹽司是後惟置山東滄寶坻莒解北京西京七鹽司山東滄寶坻斤三百爲袋袋二十有五爲大套鈔引公據三者俱備然後聽鬻小套袋十或五或一每套鈔一引如袋之數寶坻零鹽較其斤數或六之三或六之一又爲小鈔引給之以便其鬻解鹽斤二百有五十爲一席席五爲套鈔引則

與陝西轉運司同鬻其輸粟於陝西軍營者許以公牒易鈔引西京等場鹽以石計大套之石五小套之石三北京大套之石四小套之石一遼東大套之石十皆套一鈔石一引零鹽積十石亦一鈔而十引其行鹽之界各視其地宜山東滄州之場九行山東河北大名河南南京歸德諸府路及許亳陳蔡頴宿泗曹睢鈞單壽諸州莒之場十二濤洛場行莒州臨洪場行贛榆縣獨木場行海州司候司朐山東海縣板浦場行漣水沭陽縣信陽場行密州之五場又與大鹽場通行沂邳徐宿泗滕六州西由場行萊州録事司及招遠縣衡村場行即墨萊陽縣之二場鈔引及

半袋小鈔引聽本州縣鬻之寧海州五場皆鬻零鹽不用引目黄縣場行黄縣巨風場行登州司候司蓬萊縣福山場行福山縣是三場又通行旁縣棲霞寧海州場行司候司牟平縣文登場行文登縣寶坻鹽行中都路平州副使於馬城縣置局貯錢解鹽行河東南北路陝西東及南京河南府陝鄭唐鄧嵩汝諸州西京遼東鹽各行其地北京宗錦之末鹽行本路及臨潢府肇州泰州之境與接壤者亦預焉世宗大定三年二月定軍私煮鹽及盜官鹽之法命猛安謀克廵捕三年十一月詔以銀牌給益都濱滄鹽使司十一年正月用西京鹽判宋俱言更定狗濼鹽場作

六品使司以俱爲使順聖縣令白仲通爲副以是歲入錢爲定額四月以烏古里石壘民飢罷其鹽池稅十二年十月詔西北路招討司猛安所轄貧及富人奴婢皆給食鹽宰臣言去鹽濼遠者所得不償道里之費遂命計口給直富家奴婢二十口止十三年二月併榷永鹽爲寶坻使司罷平濼鹽錢滄州舊廢海阜鹽場三月州人李格請復置詔遣使相視有司謂是場興則損滄鹽之課且食鹽户仍舊而鹽貨歲增必徒多積而不能售遂寢其議三月大鹽濼設鹽稅官復免烏古里石壘部鹽池之稅二十一年八月參知政事梁肅言寶池及傍縣多闕食可減鹽價增粟

價而以粟易鹽上命宰臣議皆謂鹽非多食之物若減價易粟恐久而不售以至虧課今歲粮以七十餘萬石至通州北又以恩獻等六州粟百餘萬石繼至足以賑之不煩易也遂罷十二月罷平州椿配鹽課二十三年七月博興縣民李孜收日炙鹽大理寺具私鹽及刮鹹土二法以上宰臣謂非私鹽可比張仲愈獨曰私鹽罪重而犯者猶衆不可縱也上曰刮鹻非煎何以同私仲愈曰如此則渤海之人恣刮鹻而食将侵官課矣力言不已上乃以孜同刮鹻科罪後犯則同私鹽法論十一月張邦基言寶坻鹽課若每石收正課百五十斤應有風乾折耗遂令石加耗鹽

二十二斤半仍先一歲貸支價直以優竈户二十四年七月上在上京謂丞相烏古論元忠等曰會寧尹蒲察通言其地猛安謀克户甚艱奮速頻以東食海鹽蒲與胡里改等路食肇州鹽初定額萬貫今增至二萬七千若罷鹽引添竈户庶可易得元忠對曰已嘗遣使咸平府以東規畫矣上曰不須待此宜亟為之通又言可罷上京酒務聽民自造以輸税上曰先灤州諸地亦嘗令民煮鹽後以不便罷之今豈可令民自沽耶二十五年十月上還自上京謂宰臣曰朕聞遼東凡人家食鹽但無引目者即以私治罪夫細民徐買食之何由有引目可止令散辦或詢諸民從

其所欲因為之罷北京遼東鹽使司二十八年尚書省論鹽事上曰鹽使司雖辦官課然素擾民鹽官每出巡而巡捕人往往私懷官鹽所至求賄及酒食稍不如意則以所懷誣以為私鹽鹽司苟圖羡增雖知其誣亦復加刑宜令別設巡捕官勿與鹽司關涉庶革其弊五月拘巡捕使山東滄寶坻各二員解西京各一員山東則置於濰州招遠縣滄置於深州及寧津縣寶坻置於易州及永濟縣解置於澄城縣西京置於埤吾館秩從六品直隸省部各給銀牌取鹽使司弓手充巡捕人且禁不得於人家搜索若食鹽一斗以下不得究治惟盜販私煮則捕之在三百里內

者屬轉運司外者即隨路府提點所治罪盜課鹽者亦如之章宗大定二十九年十月上朝隆慶宮諭有司曰比因猟知百姓多有鹽禁獲罪者民何以堪朕欲令依平灤太原均辦倒令民自煎其令百官議之十二月户部尚書鄧儼等謂若令民計口定課民既輸乾辦錢又必別市而食是重費民財而徒增煎販者之利也且今之鹽價蓋昔日錢幣易得之時所定今日與向不同况太平日久户口蕃息食鹽歲課宜有羡增而反無之何哉緣官估高貧民利私鹽之賤致虧官課爾近已減寶坻山東滄鹽價斤為三十八文乞更減去八文歲不過減一百二十餘萬貫官價

既賤所售必多自有羡餘亦不全失所減之數况今府庫金銀約折錢萬萬貫有奇設使鹽課不足亦足補百有餘年之經用苟量入為出必無不足之患乞令平灤乾辦鹽課亦宜減價各路巡鹽弓手不得自專巡捕庶革誣罔之弊禮部尚書李晏等曰所謂乾辦者既非美名又非良法必欲杜絶私煮盜販之弊莫若每斤減為二十五文使公私價同則私將自已又巡鹽兵吏往往挾私鹽以誣人可令與所屬司縣期會方許巡捕違者按察司罪之刑部尚書郭邦傑等則謂平灤瀕海及太原鹵地可依舊乾辦餘同儼議御史中丞移剌仲方則謂私煎盜犯之徒皆知禁

而犯之者也可選能吏充巡捕使而不得入人家搜索同知大興府事王翛請每斤減爲二十文罷巡鹽官左諫議大夫徒單鎰則以乾辦爲便宰臣奏以每斤官本十文若減作二十五文似爲得中巡鹽弓手可減三分之一鹽官出巡須約所屬同往不同獲者不坐可自來歲五月一日行之上遂命寶坻山東滄鹽每斤減爲三十文已發鈔引未支者准新價足之餘從所請十二月遂罷西京解鹽巡捕使時既詔罷乾辦鹽錢十二月以大理司直移剌九勝奴廣寧推官宋扆議北京遼東鹽司利病遂復置北京遼東鹽使司北京路歲以十萬餘貫爲額遼東路以十三萬爲額罷西京及解州巡捕使明昌元年七月上封事者言河東北路乾辦鹽錢歲十萬貫太重以故民多逃徙乞緩其徵督上命俟農隙遣使察之十二月定禁司縣擅科鹽制二年五月省臣以山東鹽課不足蓋由鹽司官出巡不敢擅捕必約所屬同往人不畏故也遂詔自今如有盜販者聽鹽司官輒捕民私煮及藏匿則約所屬搜索巡尉弓兵非與鹽司相約則不得擅入人家三年六月孫即康等同鹽司官議軍民犯私鹽三百里內者鹽司按罪遠者付提點所皆徵捕獲之賞於販造者猛安謀克部人煎販及盜者所管官論贖三犯杖之能捕獲則免罪又濱州渤海

縣永和鎮去州遠恐藏盜及私鹽可改爲永豐鎮與曹子山村各勑設巡檢山東寶坻滄鹽司判官乞陞爲從七品用進士上命猛安謀克杖者再議餘皆從之尚書省奏山東濱益九場之鹽行於山東等六路濤洛等五場止行於沂邳徐宿滕泗六州各有定課方之九場大課不同若令與九場通比增虧其五場官恃彼大課恐不用力轉生姦弊遂定令五場自爲通比舊法與鹽司使副通比故至是始改焉五年正月八小場鹽官左華等以課不能及額繳進告勑遂遣使按視十三場再定除濤洛等五場係設管勾可即日恢辦乃以華所告八場從大定二十六年制自見管課依新例永相比磨户部郎中李敬義等言八小場令新定課有減其半者如使俱從新課而舊課已辦入官恐所減錢多因而作弊而所收錢數不復盡實附曆納官遂從明昌元年所定酒稅院務制令即日收辦十一月以舊制猛安謀克犯私鹽酒麴者轉運司按罪遂更定軍民犯私鹽者皆令屬鹽司私酒麴則屬轉運司三百里外者則付提點所若逮問犯人而所屬悋不遣者徒二年十二月尚書省議山東滄州舊法每一斤錢四十一文寶坻每一斤四十三文自大定二十九年赦恩并特旨減爲三十文計減百八十五萬四千餘貫後以國用不充遂奏定每

一斤後加三文爲三十三文至承安三年十二月尚書省奏鹽利至大今天下户口蕃息食者倍於前軍儲支引者亦甚多况日用不可闕之物豈以價之低昂而有多寡也若不隨時取利恐徒失之遂復定山東寶坻滄州三鹽司價每一斤加爲四十二文解州舊法每席五貫文增爲六貫四百文遼東北京舊法每石九百文增爲一貫五百文西京煎鹽舊石二貫文增爲二貫八百文撈鹽舊一貫五百文增爲二貫文既增其價復加其所鬻之數七鹽司舊課歲入六百二十二萬六千六百三十六貫五百六十六文至是增爲一千七十七萬四千五百一十二貫一百三

十七文二分山東舊課歲入二百五十四萬七千三百三十六貫增爲四百三十三萬四千一百八十四貫四百文滄州舊課歲入百五十三萬一千二百貫增爲二百七十六萬六千六百三十六貫寶坻舊入八十八萬七千五百五十八貫六百文增爲一百三十四萬八千八百三十九貫解州舊入八十一萬四千六百五十七貫五百文增爲一百三十二萬一千五百二十貫二百五十六文遼東舊入十三萬一千五百七十二貫八百七十文增爲三十七萬六千九百七十貫二百五十六文北京舊入二十一萬三千八百九十二貫五百文增爲三十四萬六千一百五

十一貫六百一十七文二分西京舊入十萬四百一十九貫六百九十六文增爲二十八萬二百六十四貫六百八文四月宰臣奏在法猛安謀克有告私鹽而不捕者杖之其部人有犯而失察者以數多寡論罪今乃有身犯之者與犯私酒麴殺牛者皆世襲權貴之家不可不禁遂定制徒年杖數不以贖論不及徒者杖五十八月命山東寶坻滄州三鹽司每春秋遣使督按察司及州縣巡察私鹽泰和元年九月省臣以滄濵兩司鹽袋歲買席百二十萬皆取於民清州北靖海縣新置滄鹽場本故獵地沮洳多蘆宜弛其禁令民時採而織之十一月陜西路轉運使高汝

礪言舊制捕告私鹽酒麴者計斤給賞錢皆徵于犯人然監官獲之則充正課巡捕官則不賞巡捕軍則減常人之半免役弓手又半之是罪同而賞異也乞以司縣巡捕官不賞之數及巡捕弓手所減者皆徵以入官則罪賞均矣詔從之三年二月以解鹽司使治本州以副治安邑十一月定進士授鹽使司官以榜次及入仕先後擬注四年六月以七鹽使司課額七年一定爲制每斤增爲四十四文時桓州刺史張煒乞以鹽易米詔省臣議之六月詔以山東滄州鹽司自增新課之後所虧歲積蓋官既不爲經畫而管勾監同與合干人互爲姦弊以致然也即選才幹者

代兩司使副以進士及部令史譯人書史譯史律科經童諸局分出身之廉慎者爲管勾而罷其舊官十月西北路有犯花鹹禁者欲同鹽禁罪宰臣謂若比私鹽則有不同詔定制收鹻者杖八十十斤加一等罪止徒一年賞同私礬例五年六月以山東滄州兩鹽司侵課遣户部員外郎石鉉按視之還言令兩司分辦爲便詔以周昂分河北東西路大名府恩州南京睢陳蔡許潁州隸滄鹽司以山東東西路開濮州歸德府曹單亳壽泗州隸山東鹽司各計口承課十月簽河北東西大名路按察司事張德輝言海壖人易得私鹽故犯法者衆可量户口均配之尚書省命

山東按察司議其利便言萊密等州比年不登計口賣鹽所斂雖微人以爲重恐致流亡且私煑者皆無籍之人豈以配買而不爲哉遂定制命與滄鹽司皆馳驛巡察境內六年三月右丞相内族宗浩參知政事賈鉉言國家經費惟賴鹽課今山東虧五十餘萬貫蓋以私煑盜販者成黨鹽司既不能捕統軍司按察司亦不爲禁若止論犯私鹽者之數罰俸降職彼將抑而不申愈難制矣宜立制以各官在職時所增虧之實令鹽司以達省部以爲陞降遂詔諸統軍招討司京府州軍官所部有犯者兩次則奪半月俸一歲五次則奏裁巡捕官但犯則的決令按察司御史

察之四月從涿州刺史夾谷蒲乃言以萊州民所納鹽錢聽輸絲綿銀鈔七年九月定西北京遼東鹽使判官及諸場管勾增虧陞降格凡文資官吏員諸局署承應人應驗資歷注者增不及分者陞本等首一分減一資二分減兩資遷一官四分減兩資遷兩官虧則視此爲降如任廻驗官注擬者增不及分陞本等首一分減一資二分減一資遷一階四分減兩資遷兩階虧者亦視此爲降十二月尚書省以盧附翼所言遂定制竈户盜賣課鹽法若應納鹽課外有餘則盡以中官若留者減盜一等若刮鹻土煎食之採黃穗草燒灰淋鹵及以酵粥爲酒者杖八十八年七

月宋克俊言鹽管勾自改注進士諸科人而監官有失超陞縣令之階以故怠而虧課乞依舊爲便有司以泰和四年改注時選當時到部人截替遂擬以秋季到部人注代八年七月詔沿淮諸榷場聽官民以鹽市易宣宗貞祐二年十月户部言陽武延津原武滎澤河陰諸縣饒鹹鹵民私煎不能禁遂詔置場設判官管勾各一員隸户部既而御史臺奏諸縣皆爲有力者奪之而商販不行遂勅御史分行申明禁約三年十二月河東南路權宣撫副使烏古論慶壽言絳解民多業販鹽由大陽關以易陝虢之粟及還渡河而官邀糴其八其旅費之外所存幾何而河南行

部復自運以易粟于陝以盡奪民利比歲河東旱蝗加以邀糴物價踊貴人民流亡誠可閔也乞罷邀糴以紓其患四年七月慶壽又言河中乏糧既不能濟而又邀糴以奪之夫鹽乃官物有司陸運至河復以舟達京兆鳳翔以與商人貿易艱得而甚勞而陝西行部每石復邀糴二斗是官物而自糴也夫轉鹽易物本濟河中而陝西復强取之非奪而何乞彼此壹聽民便則公私皆濟上從之興定二年六月以延安行六部員外郎盧進建言綏德之嗣武城義合克戎寨近河地多産鹽請設鹽場管勾一員歲獲十三萬餘斤可輸錢二萬貫以佐軍三年詔用其言設官鬻

鹽給邊用四年李復亨言以河中西岸解鹽舊所易粟麥萬七千石充關東之用尋命解鹽不得通陝西以北方有警河禁方急也元光二年内族訛可言民運解鹽有助軍食詔修石墻以固之

酒金榷酤因遼宋舊制天會三年始命榷官以周歲爲滿世宗大定三年詔宗室私釀者從轉運司鞫治三年省奏中都酒户多逃以故課額愈虧上曰此官不嚴禁私釀所致也命設軍百人隸兵馬司同酒使副合干人巡察雖權要家亦許搜索奴婢犯禁杖其主百且令大興少尹招復酒户八年更定酒使司課及五萬貫以上鹽場不及五萬貫者依舊例通注文武官餘並右職有才能累差不虧者爲之九年大興縣官以廣陽鎮務虧課而懼奪其俸乃以酒散部民使輸其稅大理寺以財非入己論以贖論上曰雖非私贓而貧民亦被其害若止從贖何以懲後特命解職二十六年省奏鹽鐵酒麴自定課後增各有差上曰朕頃在上京酒味不嘉朕欲如中都麴院取課庶使民得美酒朕日膳亦減省嘗有一公主至而無餘膳可與朕欲日用五十羊何難哉慮費用皆出於民不忍爲也監臨官惟知利己不知利何從來若恢辦增羨者酬遷虧者懲殿仍更定併增併虧之課無失元額如横班祗虧者與餘差一

例降罰庶有激勸且如功酬合辦二萬貫而止得萬七八千難迭兩酬者必止納萬貫而輒以餘錢入己令後可令見差使内不迭酬餘錢與後差使内所增錢通筭爲酬庶錢可入官及監官食直若不先與何以責廉令後及格限而至者即用此法又奏罷杓欄人二十七年議以天下院務依中都例改收麴課而聽民酤户部遣官詢問遼東來遠軍南京路新息虞城西京路西京酒使司白登縣迭剌部族天城縣七處除稅課外願自承課賣酒上曰自昔監官多私官錢若令百姓承辦庶革此弊其試行之明昌元年正月更定新課令即日收辦中都麴使司大定間歲獲

錢三十六萬一千五百貫承安元年歲獲四十萬五千一百三十三貫西京酒使司大定間歲獲錢五萬三千四百六十七貫五百八十八文承安元年歲獲錢十萬七千八百九十三貫七月定中都麴使司以大定二十一年至明昌六年爲界通比均取一年之數爲額五年四月省奏舊隨處酒稅務所設杓欄人以射糧軍歷過隨朝差役者充大定二十六年罷去其隨朝應役軍人各給添支錢粟酬其勞今擬將元收杓欄錢以代添支令各院務驗所收之數百分中取三隨課代輸更不入比歲約得錢三十餘萬以佐國用泰和四年九月省奏在都麴使司自定課以來

八年併增宜依舊法以八年通該課程均其一年之數仍取新增諸物一分稅錢併入通爲課額以後之課每五年一定其制又令隨處酒務元額上通取三分作糟酵錢六年制院務賣酒數各有差若數外賣及將帶過數者罪之宣宗貞祐三年十二月御史田迥秀言大定中酒稅歲及十萬貫者始設使司其後二萬貫亦設今河南使司亦五十餘員虛費月廩宜依大定之制元光元年復設麴使司

醋稅自大定初以國用不足設官榷之以助經用至二十三年以府庫充物遂罷之章宗明昌五年以有司所入不充所出言事者請榷醋息遂令設官榷之其課額俟當差官定之後罷承安三年三月省臣以國用浩大遂復榷之五百貫以上設都監千貫以上設同監一員

茶自宋人歲供之外皆貿易於宋界之榷場世宗大定十六年以多私販乃更定香茶罪賞格章宗承安三年八月以謂費國用而資敵遂命設官製之以尚書省令史承德郎劉成往河南視官造者以不親嘗其味但採民言謂爲溫桑實非茶也還即白上上以爲不幹杖七十罷之四年三月於淄密寧海蔡州各置一坊造新茶依南方例每斤爲袋直六百文以商旅卒未販運命山東河北四路轉運司以各路戶口均其袋數付各司縣鬻之買引者納錢及

折物各從其便五月以山東人戶造賣私茶侵侔榷貨遂定比煎私礬例罪徒二年泰和四年上謂宰臣曰朕嘗新茶味雖不嘉亦豈不可食也比令近侍察之乃知山東河北四路悉椿配於人旣曰強民宜抵以罪此舉未知運司與縣官孰爲之所屬按察司亦當坐罪也其閱實以聞自今其令每袋價減三百文至來年四月不售雖腐敗無傷也五年春罷造茶之坊三月上諭省臣曰今雖不造茶其勿伐其樹其地則恣民耕樵六年河南茶樹槁者命補植之十一月尚書省奏茶飲食之餘非必用之物比歲上下競啜農民尤甚市井茶肆相屬商旅多以絲絹易茶歲費

不下百萬是以有用之物而易無用之物也若不禁恐耗財彌甚遂命七品以上官其家方許食茶仍不得賣及饋獻不應留者以斤兩立罪賞七年更定食茶制八年七月言事者以茶乃宋土草芽而易中國絲綿錦絹有益之物不可也國家之鹽貨出於鹵水歲取不竭可令易茶省臣以謂所易不廣遂奏令兼以雜物博易宣宗元光二年三月省臣以國蹙財竭奏曰金幣錢穀世不可一日闕者也茶本出於宋地非飲食之急而自昔商賈以金帛易之是徒耗也泰和間嘗禁止之後以宋人求和乃罷兵興以來復舉行之然犯者不少衰而邊民又窺利越境私易恐因

泄軍情或盜賊入境今河南陝西凡五十餘郡郡日食茶率二十袋袋直銀二兩是一歲之中妄費民銀三十餘萬也奈何以吾有用之貨而資敵乎乃制親王公主及見任五品以上官素蓄者存之禁不得賣饋餘人並禁之犯者徒五年告者賞寶泉一萬貫

諸征商海陵貞元元年五月以都城隙地賜隨朝大小職官及護駕軍七月各徵錢有差大定二年制院務創虧及功酬格八月罷諸路關稅止令譏察三年尚書省奏山東西路轉運司言坊場河渡多逋欠詔如監臨制以年歲遠近爲差蠲減又以尚書工部令史劉行義言定城郭出賃房稅之制五年以前此河濼罷設官復召民射買兩界之後仍舊設官二十年正月定商稅法金銀百分取一諸物百分取三章宗大定二十九年戶部言天下河泊已許與民同利其七處設官可罷之委所屬禁豪強毋得擅其利明昌元年正月勑尚書省定院務課商稅額諸路使司院務千六百一十六處比舊減九十四萬一千餘貫遂罷坊場免賃房稅十月尚書省奏令天下使司院務既減課額而監官增虧既有陞遷追殿之制宜罷提點所給賞罰俸之制但委提刑司察提點官侵犯場務者則論如制詔從之三年詔減南京出賃官房及地基錢二年諭提刑司禁

勢力家不得固山澤之利又司竹監歲採入破竹五十萬竿春秋兩次輸都水監備河防餘邊刀筆皮等賣錢三千貫葦錢二千貫爲額明昌五年陳言者乞復舊置坊場上不許惟許增置院務詔尚書省參酌定制遂擬遼東北京依舊許人分辦中都等十一路差官按視量添設院務千二十三處自今歲九月一日立界制可大定間中都稅使司歲獲十六萬四千四百四十餘貫承安元年歲獲二十一萬四千五百七十九貫泰和六年五月制院務課虧令運司差官監榷

金銀之稅大定三年制金銀坑冶許民開採二十分取一

爲稅泰和四年言事者以金銀百分中取一諸物取三分物價視舊爲高除金銀則額所不能盡該自餘金銀可並添一分詔從之七年三月户部尚書高汝礪言舊制小商貿易諸物收錢四分而金銀乃重細之物多出富有之家復止三分是爲不倫亦乞一例收之省臣議以爲如此恐多匿隱遂止從舊

志第三十

志第三十一　　金史五十

開府儀同三司上柱國錄軍國重事前中書右丞相監修國史領經筵事都總裁臣脫脫奉

勑修

食貨五

榷場　和糴　常平倉　水田　區田　入粟　鬻度牒

榷場與敵國互市之所也皆設場官嚴厲禁廣屋宇以通二國之貨歲之所獲亦大有助於經用焉熙宗皇統二年五月許宋人之請遂各置於兩界九月命壽州鄧州鳳翔府等處皆置海陵正隆四年正月罷鳳翔府唐鄧潁蔡鞏洮等州并膠西縣所置者而專置于泗州尋伐宋亦罷之五年八月命榷場起赴南京國初於西北招討司之燕子城北羊城之間嘗置之以易北方牧畜世宗大定三年市馬於夏國之榷場四年以尚書省奏復置泗壽蔡唐鄧潁密鳳翔秦鞏洮諸場七年禁秦州場不得賣米麵及羊豕之腊并可作軍器之物入外界十七年二月上謂宰臣曰宋人喜生事背盟或與大石交通恐枉害生靈不可不備其陝西沿邊榷場可止留一處餘悉罷之令所司嚴察姦細前此以防姦細罷西界蘭州保安綏德二榷場二十一年正月夏國王李仁孝上表乞復置以保安蘭州無所産而且稅少惟於綏德爲要地可復設互市命省臣議之宰臣以陝西隣西夏邊民私越境盜竊緣有榷場故姦人得

往來權東勝可依舊設陝西者並罷之上曰東勝與陝西道路隔絕貿易不通其令環州置一場尋於綏德州復置一場十二月禁壽州権場受分例分例者商人贄見場官之錢幣也章宗明昌二年七月尚書省以泗州権場自前關防不嚴遂奏定從大定五年制官爲增修舍屋倍設闌禁委場官及提控所拘権以提刑司舉察惟東勝靜慶州來遠軍者仍舊餘皆修完之泗州場大定間歲獲五萬三千四百六十七貫承安元年增爲十萬七千八百九十三貫六百五十三文所須雜物泗州場歲供進新茶千胯荔支五百斤圓眼五百斤金橘六千斤橄欖五百斤芭蕉乾三百箇蘇木千斤温柑七千箇橘子八千箇沙糖三百斤生薑六百斤栀子九十稱犀象丹砂之類不與焉宋亦歲得課四萬三千貫秦州西子城場大定間歲三萬三千六百五十六貫承安元年歲獲十二萬二千九十九貫承安二年復置於保安蘭州三年九月行樞密院奏斜出等告開権場擬於轄里尼要安置許自今年十一月貿易尋定制隨路権場若以見錢入外界與外人交易者徒五年三斤以上死宋界諸場以伐宋皆罷泰和八年八月以與宋和宋人請如舊置之遂復置於唐鄧壽泗息州及秦鳳之地宣宗貞祐元年秦州権場爲宋人所焚二年陝西安撫

副使烏古論兗州復開設之歲所獲以十數萬計三年七月議欲聽権場互市用銀而計數税之上曰如此是公使銀入外界也平章盡忠権參知政事德升曰賞賜之用莫如銀絹而府庫不足以給之互市雖有禁而私易者自如若税之則斂不及民而用可足平章高琪曰小人敢犯法不行爾况許之乎今軍未息而産銀之地皆在外界不禁則公私指日罄矣上曰當熟計之興定元年集賢諮議官呂鑑言嘗監息州権場每場獲布數千匹銀數百兩兵興之後皆失之金銀之税世宗大定五年聽人射買寶山縣銀冶九年御史臺奏河南府以和買金銀抑配百姓且下其直上曰初朕欲泉貨流通故令行豈可反害民乎遂罷之十二年詔金銀坑冶恣民採毋收税二十七年尚書省奏聽民於農隙採銀承納官課明昌二年天下見在金千二百餘鋌銀五十五萬二千餘鋌三年以提刑司言封諸處銀冶禁民採煉五年以御史臺奏請令民採煉隨處金銀銅冶上命尚書省議之宰臣議謂國家承平日久户口增息雖嘗禁之而貧人苟求生計聚衆私煉上有禁之之名而無杜絶之實故官無利而民多犯法如令民射買則貧民壯者爲夫匠老稚供雜役各得均齊而射買之家亦有餘利如此則可以久行比之官役顧工糜費百端者有

間矣遂定制有治之地委講克縣令籍數召募射買禁權要官吏弓兵里胥皆不得與如舊場之例令州府長官一員提控提刑司訪察而禁治之上曰此終非長策參知政事胥持國曰今姑聽如此後有利然後設官可也譬之酒酤蓋先爲坊場而後官榷也上亦以爲然遂從之墳山西銀山之銀窟九百一十有三

和糴熙宗皇統二年十月燕西東京河東河北山東汴京等路秋熟命有司增價和糴世宗大定二年以正隆之後倉廩久匱遣太子少師完顏守道等山東東西路收糴軍糧除戶口歲食外盡令納官給其直三年謂宰臣曰國家

經費甚大向令山東和糴止得四十五萬餘石未足爲備自古有水旱所以無患者由蓄積多也山東軍屯處須急爲二年之儲若遇水旱則用賑濟自餘宿兵之郡亦須糴以足之京師之用甚大所須之儲其勑戶部宜急爲計五年責宰臣曰朕謂積貯爲國本當修倉廩以廣和糴今聞外路官文具而已卿等不留心甚不稱委任之意六年八月勑有司秋成之後可於諸路廣糴以備水旱九年正月諭宰臣曰朕觀宋人虛誕恐不能久遵誓約其令將臣謹飭邊備以戒不虞去歲河南豐宜令所在廣糴以實倉廩詔州縣和糴毋得抑配百姓十二年十二月詔在都和糴

以實倉廩且使錢幣通流又詔凡秋熟之郡廣糴以備水旱十六年五月諭左丞相紇石烈良弼曰西邊自來不備儲蓄其令所在和糴以備緩急十七年春尚書省奏先奉詔賑濟東京等路飢民三路粟數不能給上曰朕嘗諭卿等豐年廣糴以備凶歉卿等皆言天下倉廩盈溢今欲賑濟乃云不給自古帝王皆以蓄積爲國長計朕之積粟豈欲獨用即今不給可於鄰道取之自今多備當以爲常四月尚書省奏東京三路十二猛安尤闕食者已賑之矣尚有未賑者詔遣官詣復州曷蘇館路撿視富家蓄積有餘增直以糴令近地居民就往受糧十八年四月命泰州所

管諸猛安西北路招討司所管奚猛安咸平府慶雲縣霸鬆河等處遇豐年多和糴章宗明昌四年七月諭旨戶部官聞通州米粟甚賤若以平價官糴之何如於是有司奏中都路去歲不熟今其價稍減者以商旅運販繼至故也若即差官爭糴切恐市價騰踴貧民愈病請俟秋收日依常平倉條理收糴詔從之明昌五年五月上曰聞米價騰踴今官運至者有餘可減直以糶之其明告民不須貴價私糴也六年七月勑宰臣曰詔制內饑饉之地令減價糶之而貧民無錢者何以得食其議賑濟省臣以爲闕食州縣一年則當賑貸二年然後賑濟如其民實無恒產者雖

應賑貸亦請賑濟上遂命問隣飢荒之地可以辦錢收糴者減價糶之貧乏無依者賑濟宣宗貞祐三年十月命高汝礪糴於河南諸郡令民輸輓入京復命在京諸倉糴民輸之餘粟侍御史黄摑奴申言汝礪所糴足給歲支民既於租賦之外轉輓而來亦已勞矣止將其餘以爲歸貲而又強取之可乎且糴此有日矣而止得二百餘石此何濟也詔罷之十二月附近郡縣多糴於京師穀價騰踴遂禁其出境四年河北行省侯摯言河北人相食觀滄等州斗米銀十餘兩伏見沿河諸津許販粟北渡然每石官糴其八商人無利誰肯爲之且河朔之民皆陛下赤子旣罹兵

革又坐視其死臣恐弄兵之徒得以籍口而起也願止其糴縱民輸販爲便詔從之又制凡軍民客旅粟不於官糴處糶而私販渡河者杖百沿河軍及譏察權豪家犯者徙年杖數並的決從重以物没官上以河北州府錢多其散失民間頗廣命尚書省措畫之省臣奏已命山東河北榷酤及濵滄鹽司以分數帶納矣今河北艱食販粟北渡者衆宜權立法以遏糴之擬於諸渡口南岸選通練財貨官先以金銀絲絹等博易商販之糧轉之北岸以廻易糴本兼收見錢不惟杜姦弊亦使錢入京師從之又上封事者言比年以來屢艱食雖由調度征歛之繁亦兼并之家有

以奪之也收則乘賤多糴困急則以貸人私立券質名爲無利而實數倍飢民惟恐不得莫敢較者故場功甫畢官租未了而囤已空矣此富者益富而貧者益貧者也國朝立法舉財物者月利不過三分積久至倍則止今或不期月而息三倍願明勑有司舉行舊法豐熟之日增價和糴則在公有益而私無損矣詔宰臣行之是年權河東南路宣撫副使烏古論慶壽言邀糴事見鹽志下興定元年上頗聞百姓以和糴太重棄業者多命宰臣加意焉八月以戶部郎中楊貞權陝西行六部尚書收給潼陝軍馬之用奏糴販糧濟河者之半以寛民從之六月立和糴賞格

常平倉世宗大定十四年常定制詔中外行之其法尋廢章宗明昌元年八月御史請復設勑省臣詳議以聞省臣言大定舊制豐年則增市價十之二以糴儉歲則減市價十之一以出平歲則已夫所以豐則增價以收者恐物賤傷農儉則減價以出者恐物貴傷民增之損之以平粟價故謂常平非謂使天下之民專仰給於此也今天下生齒至衆如欲計口使餘一年之儲則不惟數多難辦又慮出不以時而致腐敗也況復有司抑配之弊殊非經久之計如計諸郡縣驗戶口例以月支三斗爲率每口但儲三月已及千萬數亦足以平物價救荒凶矣若令諸處自官兵

三年食外可充三月之食者免糴其不及者俟豐年糴之庶可久行也然立法之始貴在必行其令提刑司各路計司兼領之郡縣吏沮格者糾能推行者加擢用若中都路年穀不熟之所則依常平法減其價三之一以糶詔從之三年八月勑常平倉豐糴儉糶有司奉行勤惰賞罰之制其徧諭諸路其奉行滅裂者提刑司糾察以聞又謂宰臣曰隨處常平倉往往有名無實況遠縣人戶豈肯跋涉直就州府糴糶可各縣置倉命州府縣官兼提控管勾遂定制縣距州六十里内就州倉六十里外則特置舊擬備戶口三月之糧恐數多致損改令戶二萬以上備三萬石一

萬以上備二萬石一萬以下五千以上備萬五千石五千戶以下備五千石河南陝西屯軍貯糧之縣不在是數州縣有倉仍舊否則剏置郡縣吏受代所糴粟無壞一月内交割給由如無同管勾亦准上交割違限委州府并提刑司差官催督監交本處歲豐而收糴不及一分者本等内降提刑司體察直申尚書省至日斟酌黜陟九月勑置常平倉之地令州府官提舉之縣官兼董其事以所糴多寡約量升降爲永制又諭尚書省曰上京路諸縣未有常平倉如亦可置定其當備粟數以聞四年十月尚書省奏今上京蒲與速頻曷懶胡里改等路猛安謀克民戶計一十

七萬六千有餘每歲收税粟二十萬五千餘石所支者六萬六千餘石總其見數二百四十七萬六千餘石臣等以爲此地收多支少遇災足以賑濟似不必置遂止五年九月尚書省奏明昌三年始設常平倉定其永制天下常平倉總五百一十九處見積粟三千七百八十六萬三千餘石可備官兵五年之食米八百一十餘萬石可備四年之用而見在錢總三千三百四十三萬貫有奇僅支二年以上見錢既少且比年稍豐而米價猶貴若復預糴恐價騰湧於民未便遂詔權罷中外常平倉和糴俟官錢羨餘日舉行

水田明昌五年閏十月言事者謂郡縣有河者可開渠引以溉田詔下州郡既而八路提刑司雖有河者皆言不可溉惟中都路言安肅定興二縣可引河溉田四千餘畝詔命行之六年十月定制縣官任内有能興水利田及百頃以上者陞本等首注除謀克所管屯田能剏增三十頃以上賞銀絹二十兩疋其租税止從陸田承安二年勑放白蓮潭東閘水與百姓溉田三年又命勿毀高梁河閘從民灌溉泰和八年七月詔諸路按察司規畫水田部官謂水田之利甚大沿河通作渠如平陽掘井種田俱可灌溉比年邳沂近河布種豆麥無水則鑿井灌之計六百餘頃比

之陸田所收數倍以此較之它境無不可行者遂令轉運司因出計點就令審察若諸路按察司因勸農可按問開河或掘井如何爲便規畫具申以俟興作貞祐四年八月言事者程淵言碭山諸縣陂湖水至則畦爲稻田水退種麥所收倍於陸地宜募人佃之官取三之一歲可得十萬石詔從之興定五年五月南陽令李國瑞創開水田四百餘頃詔陞職二等仍録其最狀徧諭諸道十一月議興水田省奏漢召信臣於南陽灌溉三萬頃魏賈逵堰汝水爲新陂通運二百餘里人謂之賈侯渠鄧艾修淮陽百尺二渠通淮潁大治諸陂於潁之南穿渠三百餘里溉田二萬

頃今河南郡縣多古所開水田之地收穫多於陸地數倍勑令分治户部按行州郡有可開者誘民赴功其租止依陸田不復添徵仍以官賞激之陝西除三白渠設官外亦宜視例施行元光元年正月遣户部郎中楊大有等詣京東西南三路開水田

區田之法見嵇康養生論自是歷代未有天下通用如趙過一畝三甽之法者章宗明昌三年三月宰執嘗論其法於上前上曰卿等所言甚嘉但恐農民不達此法如其可行當遍諭之四年夏四月上與宰執復言其法久之參知政事胥持國曰今日方之大定間户口既多費用亦厚若區種之法行良多利益上曰此法自古有之若其可行則何爲不行也持國曰所以不行者蓋民未見其利今已令試種於城南之地乃委官往監督之若使民見收成之利當不率而自效矣參知政事夾谷衡以爲若有其利古已行矣且用功多而所種少復恐廢壟畝之田功也上曰姑試行之六月上問參知政事胥持國曰區種事如何對曰六七月之交方可見矣河東及代州田種今歲佳否曰比常年頗登是日命近侍二人馳驛廵視京畿禾稼五年正月勑諭農民使區種先是陳言人武陟高翌上區種法且請驗人丁地土多少定數令種上令尚書省議既定遂勑

令農田百畝以上如瀕河易得水之地須區種三十餘畝多種者聽無水之地則從民便仍委各千户謀克縣官依法勸率承安元年四月初行區種法男年十五以上六十以下有土田者丁種一畝丁多者五畝止二年二月九路提刑馬百禄奏聖訓農民有地一頃者區種一畝五畝即止臣以爲地肥瘠不同乞不限畝數制可泰和四年九月尚書省奏近奉旨講議區田臣等謂此法本欲利民或以天旱乃始用之倉卒施功未必有益也且五方地肥瘠不同使皆可以區種農民見有利自當勉以效之不然督責雖嚴亦徒勞耳勑遂令所在長官及按察司隨宜勸諭亦

竟不能行

入粟鬻度牒　熙宗皇統三年三月陜西旱饑詔許富民入粟補官世宗大定元年以兵興歲歉下令聽民進納補官又募能濟饑民者視其人數爲補官格五年上謂宰臣曰頃以邊事未定財用闕乏自東南兩京外命民進納補官及賣僧道尼女冠度牒紫褐衣師號寺觀名額今邊鄙已寧其悉罷之慶壽寺天長觀歲給度牒每道折錢二十萬以賜之明昌二年勅山東河北闕食之地納粟補官有差承安二年賣度牒師號寺觀額復令人入粟補官三年西京饑詔賣度牒以濟之宣宗貞祐二年從知大興府事胥

鼎所請定權宜鬻恩例格進官升職丁憂人許應舉求仕監户從良之類入粟草各有數三年制無問官民有能勸率諸人納物入官者米百五十石遷官一階正班任使七百石兩階除諸司千石三階除丞簿過此數則請於朝廷議賞推司縣官有能勸二千石遷一階三千石兩階以濟軍儲又定制司縣官能勸率進糧至五千石以上者减一資考萬石以上遷一官减二等考二萬石以上遷一官陞一等皆注見闕四年河東行省胥鼎言河東兵多民少倉廩空歲饑竊見潞州元帥府雖設鬻爵恩例然條目至少未盡勸率之術今擬凡補買正班依格止廕一名若願輸許增廕一名僧道已具師號者許補買本司官職官願納粟或不願給俸及券糧者宜量數遷加三舉終場人年五十以上四舉年四十五以上並許入粟該恩大小官及承應人令譯史吏員雖未係班亦許進納遷官其有品官應注諸司者聽獻物借注丞簿丞簿注縣令差使免一差掌軍官能自備芻糧者依職官例遷官如舊四年耀州僧廣惠言軍儲不足凡京府節鎮以上僧道官乞令納粟百石防刺郡副綱威儀等七十石者乃充三十月滿替諸監寺十石周年一代願復買者聽詔從之興定元年潞州行元帥府事粘割貞言近承奏格凡去歲鬻恩之官以品從差等

聽其入粟委帥府書空名宣勑授之則人無陳訴之勞而官有儲蓄矣比年屢降鬻恩凡覊縻軍職者多未暇授若止許遷新鬻則將隳越矣乞令計前後所該輸粟積遷詔從之

志第三十一

開府儀同三司上柱國錄軍國重事前中書右丞相監修國史領經筵事[illegible]脫脫　奉

勅修

選舉一

進士諸科　律科　經童科　制舉　武舉　試學士院官　司天醫學試科

自三代鄉舉里選之法廢秦漢以來各因一代之宜以盡一時之才苟足於用卽已故法度之不一其來遠矣在漢之世雖有賢良方正諸科以取士而推擇爲吏由是以致公卿公卿子弟入備宿衛因被寵遇以位通顯魏晉而下互有因革至於唐宋進士盛焉當時士君子之進不由是塗則自以爲慊此由時君之好尚故人心之趨向然也遼起唐季頗用唐進士法取人然仕於其國者攷其致身之所自進士纔十之二三耳金承遼後凡事欲軼遼世故進士科目兼採唐宋之法而增損之其及第出身視前代特重而法亦密焉若夫以策論進士取其國人而用女直文字以爲程文斯蓋就其所長以收其用又欲行其國字使人通習而不廢耳終金之代科目得人爲盛諸宮護衛及省臺部譯史令史通事仕進皆列於正班斯則唐宋以來之所無者豈非因時制宜而以漢法爲依据者乎金治紕駁議者於是每有別焉宣宗南渡吏習日盛苛刻成風殆亦多故之秋急於事功不免爾歟自時厥後仕進之歧既

廣僥倖之俗益熾軍伍勞效雜置令錄門廕右職迭居朝著科舉取士亦復氾濫而金治衰矣原其立經陳紀之初所爲升轉之格考察之方井井然有條而不紊百有餘年才具不乏豈非其效乎奉

詔作金史志其選舉因得而詳論之司天太醫內侍等法歷代所有附著于斯鬻爵進納金季之弊莫甚焉蓋由財用之不足而然也特載食貨志

金設科皆因遼宋制有詞賦經義策試律科經童之制海陵天德三年罷策試科世宗大定十一年剏設女直進士科初但試策後增試論所謂策論進士也明昌初又設制舉宏詞科以待非常之士故金取士之目有七焉其試詞賦經義策論中選者謂之進士律科經義中選者曰舉人凡養士之地曰國子監始置于天德三年後定制詞賦經義生百人小學生百人以宗室及外戚皇后大功以上親諸功臣及三品以上官兄弟子孫年十五以上者入學不及十五者入小學大定六年始置太學初養士百六十人後定五品以上官兄弟子孫百五十人曾得府薦及終場人二百五十人凡四百人府學亦大定十六年置凡十七處共千人初以嘗與廷試及宗室皇家袒免以上親并得解舉人爲之後增州學遂加以五品以上官曾任隨朝六

品官之兄弟子孫餘官之兄弟曾孫經府薦者同境內舉人試補三之一闕里廟宅子孫年十三以上不限數經府薦及終場免試者不得過二十人凡試補學生太學則禮部主之州府則以提舉學校學官主之曾得府薦及終場舉人皆免試凡經易則用王弼韓康伯註書用孔安國註詩用毛萇註鄭玄箋春秋左氏傳用杜預註禮記用孔穎達疏周禮用鄭玄註賈公彥疏論語用何晏集註邢昺疏孟子用趙岐註孫奭疏孝經用唐玄宗註史記用崔駰註前漢書用顏師古註後漢書用李賢註三國志用裴松之註及唐太宗晉書沈約宋書蕭子顯齊書姚思廉梁書陳

書魏收後魏書李百藥北齊書令狐德棻周書魏徵隋書新舊唐書新舊五代史老子用唐玄宗註疏荀子用楊倞註揚子用李軌宋咸柳宗元吳祕註皆自國子監印之授諸學校凡學生會課三日作策論一道又三日作賦及詩各一篇三月一私試以季月初先試賦間一日試策論中選者以上五名申部遇旬休節辰皆有假病則給假省親遠行則給程犯學規者罰不率教者黜遭喪百日後求入學者不得與釋奠禮凡國子學生三年不能充貢欲就諸局承應者學官試能粗通大小各一經者聽章宗大定二十九年上封事者乞興學校推行三舍法及鄉以八行貢

春官以設制舉宏詞事下尚書省集百官議戶部尚書鄧儼等謂三舍之法起于宋熙寧間王安石罷詩賦專尚經術太學生初補外舍無定員由外陞內舍限二百人由內陞上舍限百人各治一經每月考試或特免解或保舉補官其法雖行而多席勢力尚趨走之弊故蘇軾有三舍既興貨賂公行之語是以元祐間罷之後雖復而宣和三年竟廢臣等謂立法貴乎可久彼三舍之法委之學官選試啓僥倖之門不可為法唐文皇養士至八千人亡宋兩學五千人今策論詞賦經義三科取士而太學所養止百六十人外京府或至十人天下僅及千人今若每州設學專

除教授月加考試每舉所取數多者賞其學官月試定為三等籍之一歲中頻在上等者優復之不率教行惡者黜之庶幾得人之道也又成周鄉舉里選法卒不可復設科取士各隨其時八行者乃亡宋取周禮之六行孝友睦婣任恤加之中和為八也凡人之行莫大於孝廉今已有舉孝廉之法及民有才能德行者令縣官薦之今制犯十惡姦盜者不得應試亦六德六行之遺意也夫制舉宏詞蓋天子待非常之士若設此科不限進士并選人試之中選擢之臺閣則人自勉矣上從其議遂計州府戶口增養士之數於大定舊制京府十七處千人之外置節鎮防禦刺

史州學六十處增養千人各設教授一員選五舉終場或進士年五十以上者為之府學二十有四學生九百五人大興開封平陽真定東平府各六十人太原益都府各五十人大定河間濟南大名京兆府各四十人遼陽彰德府各三十人河中慶陽臨洮河南府各二十五人鳳翔平涼延安咸平廣寧興中府各二十人節鎮學三十九共六百一十五人絳定衛懷滄州各三十人萊密潞汾冀邢兗州各二十五人代同邠州各二十人奉聖州十五人餘二十三節鎮皆十人防禦州學二十一共二百三十五人博德洺棣亳各十五人餘十六州各十人凡千八百人女直學自大定四年以女直大小字譯尚書頒行之後擇猛安謀克內良家子弟為學生諸路至三千人九年取其尤俊秀者百人至京師以編修官溫迪罕締達教之十三年以策詩取士始

設女直國子學諸路設女直府學以新進士為教授國子學策論生百人小學生百人府州學二十二中都上京胡里改恤頻合懶蒲與婆速咸平泰州臨潢北京冀州開州豐州西京東京蓋州隆州東平益都河南陝西置之凡取國子學生府學生之制皆與詞賦經義生同又定制每謀克取二人若宗室每二十戶內無願學者則取有物力家子弟年十三以上二十以下者充凡會課三日作策論一道季月私試如漢生制大定二十九年勅凡京府鎮州諸學各以女直漢人進士長貳官提控其事具入官銜河南陝西女直學承安二年罷之餘如舊

凡諸進士舉人由鄉至府由府至省及殿廷凡四試皆中選則官之至廷試五被黜則賜之第謂之恩例又有特命及第者謂之特恩恩例者但考文之高下為第而不復黜落凡詞賦進士試賦詩策論各一道經義進士試所治一經義策論各一道其設也始於太宗天會元年十一月時以急欲得漢士以撫輯新附初無定數亦無定期故二年二月八月凡再行爲五年以河北河東初降職員多闕以遼宋之制不同詔南北各因其素所習之業取士號為南北選熙宗天眷元年五月詔南北選各以經義詞賦兩科取士海陵庶人天德二年始增殿試之制而更定試期三

年併南北選為一罷經義策試兩科專以詞賦取士貞元元年定貢舉程試條理格法正隆元年命以五經三史正文內出題始定為三年一闢大定四年勅宰臣進士文優則取勿限人數十八年謂宰臣文士有偶中魁選不問操履而輒授翰苑之職如趙承元朕聞其無士行果敗露自今榜首先訪察其鄉行可取則授以應奉否則從常調十九年謂宰臣曰自來御試賦題皆士人嘗擬作者前朕自選一題出人所不料故中選者多名士而庸才不及爲是知題難則名儒亦擅場題易則庸流易倖也平章政事唐括安禮奏曰臣前日言士人不以策論為意者正為此

尔宜各場通考選文理俱優者上曰并答時務策觀其議論材自可見卿等其議之二十年謂宰臣曰朕嘗諭進士不當限數則對以所取之外無合格文故中選者少豈非題難致然耶若果多合格而有司妄黜之甚非理也又曰古者鄉舉有行者授以官今其考滿察鄉曲實行出倫者擢之又曰舊不選策今兼選矣然自今府會兩試不須試策巳中策後則試以制策試學士院官二十二年謂宰臣曰漢進士魁例授應奉若行不副名不習制誥之文者即與外除二十三年謂宰臣曰漢進士皇統間人材殆不復見今應奉以授狀元蓋循資爾制誥文字各以職事鋪叙

皆有定式故易至撰赦詔則辭有能者參知政事粘哥斡特剌對曰舊人巳登第尚為學不輟今人一及第輒廢而不學故爾上於聽政之隙召參知政事張汝霖翰林直學士李晏讀新進士所對策至縣令闕員取之何道上曰朕夙夜思此未知所出晏對曰臣竊念久矣國朝設科始分南北兩選北選詞賦進士擢第一百五十人經義五十人南選百五十人計三百五十人嗣場北選詞賦進士七十人經義三十人南選百五十人計二百五十人以入仕者多故負不闕其後南北通選止設詞賦科不過取六七十人以入仕者少故縣令員闕也上曰自今文理可採者取之毋限以數二十八年復經義科章宗明昌元年正月言事者為舉人四試而鄉試似為虛設固當罷去其府會試乞十人取一人可以群經出題而註示本傳上是其言詔免鄉試府試以五人取一人仍令有司議外路添考試院及群經出題之制有司言會試所取之數舊止五百人比以世宗勑中格者取乞依此制行之府試舊六處中有地遠者命特添三處上京咸平府路則試於遼陽河東南北路則試於平陽山東東路則試於益都以六經十七史孝經論語孟子及荀揚老子内出題皆命於題下註其本傳又諭有司曰舉人程文所用故事恐考試官或遽不能憶

誤失人材可自注出處注字之誤不在塗注乙之數明昌二年勑官或職至五品者直赴御試平章政事守貞言國家官人之路惟女直漢人進士得人居多諸司局承應舊無出身自大定後始叙使至今鮮有可用者近来放進士第數稍多此舉更宜增取若會試止以五百人為限則廷試雖欲多取不可得也上乃詔有司會試毋限人數文合格則取六年言事者謂學者率恃有司全注本傳以示之故不勉讀書乞減子史注本傳之制又經義中選之文多膚淺乞擇學官及本科人充試官省臣謂若不與本傳恐碩學者有偶忘之失可令但知題意而已遂命擇前經義

進士為衆所推者才識優長者為學官遇差考試官之際則驗所治經參用詞賦進士題注本傳不得過五十字經義進士御試第二場試論日添試策第一道承安四年上諭宰臣曰一場放二狀元非是後場廷試令詞賦經義通試時務策止選一狀元餘雖有明經法律等科止同諸科而已至宋王安石為相作新經始以經義取人且詞賦經義人素所習之本業策論則兼習者也今捨本取兼習恐不副陛下公選之意遂定御試同日各試本業詞賦依舊分立甲次第一名為狀元經義魁次之恩例與詞賦第二人同餘分為兩甲中下人並在詞賦之下五年詔考試詞賦

官各作程文一道示為舉人之式試後赴省藏之時宰臣奏自大定二十五年以前詞賦進士不過五百人二十八年以不限人數取至五百八十六人先承聖訓合格則取故承安二年取九百二十五人兼令有四舉終場恩例若會試取人數過多則涉泛濫遂定策論詞賦經義人數雖多不過六百人少則聽其闕時太常丞郭人傑轉對言詞賦舉人不得作別名兼試經義及入學生精加試選無至濫補上勑宰臣曰近已奏定後場詞賦經義同日試之若府會試更不令兼試恐試經義者少是虛設此科也別名之弊則當禁之補試入學生員已有舊條恐行之滅裂尓

宜嚴防閑張行簡轉對言擬作程文本欲為考試之式今會試考試官御試讀卷官皆居顯職權第後雖筆硯久不復常習今臨試擬作之文稍有不工徒起謗議詔罷之泰和元年平章政事徒單鎰病時文之弊言諸生不窮經史唯事末學以致志行浮薄可令進士試策日自時務策外更以疑難經旨相參為問使發聖賢之微旨古今之事變詔為永制先嘗勑樂人不得舉進士而奴免為良者則許之尚書省奏舊稱工樂謂配隷之色及倡優之家今少府監工匠太常大樂署樂工皆民也而不得與試前代令諸選人身及祖父曾經免為良者雖在官不得居清貫及臨

民今反許試誠玷清論詔遂定制放良人不得應諸科舉其子孫則許之上又謂德行才能非進士科所能盡可適行保舉之制省臣奏在周禮大司徒以鄉三物教萬民而賓興之所謂萬民農工商賈皆是也前代立賢無方如版築之士鼓刀之叟垂光簡策者不可勝舉今草澤隱逸才行兼備者令諫克及司縣舉按察司具聞以旌用之既有已降令文矣上命復宣旨以申之宣宗貞祐二年御史臺言明年省試以中都遼東西北京等路道阻宜於中都南京兩處試之三年諭宰臣曰國初設科素號嚴密今聞會試至于雜坐諠譁何以防弊命治考官及監察罪與定二

年御史中丞把胡魯言國家數路取人惟進士之選最為崇重不求備數惟務得賢今場會試策論進士不及二人取一人詞賦經義二人取一前雖有聖訓當依大定之制中選即收無問多寡然大定間赴試者或至三千取不過五百泰和中策論進士三人取一詞賦經義四人取一向者貞祐初詔免府試赴會試者幾九千人而取八百有奇則是十之一而已時已有依大定之制亦何嘗二人取一哉今考官泛濫如此非所以為求賢也宜於會試之前奏請所取之數使恩出于上可也詔集文資官議卒從泰和之例又謂宰臣曰從來廷試進士日晡後即遣出宮恐文思遲者不得盡其才今待至暮時特賜經義進士王彪等十三人及第上覽其程文愛其辭藻咨歎久之因惟學者益少謂監試官左丞高汝礪曰養士學粮歲稍豐熟即以本色給之不然此科且廢矣五年省試經義進士考官於常格外多取十餘人上命以特恩賜第又命河北舉人令府試中選而為兵所阻者免後舉府試

策論進士選女直人之科也始大定四年世宗命頒行女直大小字所譯經書每謀克選二人習之尋欲興女直字學校猛安謀克內多擇良家子為生諸路至三千人九年選異等者得百人薦於京師廩給之命温迪罕締達教以古書作詩策後復試得徒單鎰以下三十餘人十一年始議行策選之制至十三年始定每場策一道以五百字以上成免鄉試府試止赴會試御試且詔京師設女直國子學諸路設女直府學擬以新進士充教授以教士民子弟之願學者俟行之久學者衆則同漢進士三年一試之制乃就憫忠寺試徒單鎰等其策曰賢生於世世資於賢世未嘗不生賢賢未嘗不輔世蓋世非無賢惟用與否若伊尹之佐成湯傳說之輔高宗呂望之遇文王皆起耕築漁釣之間而其功業卓然後世不能企及者蓋殷周之君能用其人盡其才也本朝以神武定天下聖上以文德綏海內文武並用言小善而必從事小便而不棄蓋取人之道盡矣而尚憂賢能遺於草澤者今欲盡得天下之賢而用之又俾賢者各盡其能以何道而臻此乎憫忠寺舊有雙塔進士入院之夜半聞東塔上有聲如音樂西入宮考試官侍御史完顏蒲涅等曰文路始開而有此得賢之祥也中選者得徒單鎰以下二十七人十六年命皇家兩從以上親及宰相子直赴御試皇家袒免以上親及執政官之子直赴會試至二十年以徒單鎰等教授中外其學大振遂定制今後以策詩試三場策用女直大字詩用小字程試之期皆依漢進士例省臣奏漢人進士來年三月二十

日鄉試八月二十日府試次年正月二十日會試三月十二日御試勑以來年八月二十五日於中都上京咸平東平府等路四處府試餘從前例上曰契丹文字年遠觀其所撰詩義理深微當時何不立契丹進士科舉今雖立女直字科慮女直字創製日近義理未如漢字深奧恐為後人議論丞相守道曰漢文字恐初亦未必能如此由歷代聖賢漸加修舉也聖主天姿明哲令譯經教天下行之久亦可同漢人文章矣上曰其同漢人進士例譯作程文俾漢官覽之二十二年三月策試女直進士至四月癸丑上謂宰臣曰女直進士試已久矣何尚未考定參知政事斡

特剌對曰以其譯付看故也上命速之二十三年上曰女直進士設科未久若令積習精通則能否自見矣二十八年諭宰臣曰女直進士惟試以策行之既久人能預備今若試以經義可乎宰臣對曰五經中書易春秋已譯之矣俟譯詩禮畢試之可也上曰大經義理深奧不加歲月不能貫通今宜於經內姑試以論題後當徐試經義也章宗大定二十九年詔許諸人試策論進士舉七月省奏如詩策論俱作一日程試恐力有不逮詩策作一日論作一日以詩策合格為中選而以論定其名次上曰論乃新添至第三舉時當通定去留明昌元年猛安謀克願試進士者

擬依餘人例不可令直赴御試上曰是止許女直進士毋令試漢進士也又定制餘官第五品散階令直赴會試官職俱至五品令直赴御試承安二年勑策論進士限丁習學遂定制內外官員諸局分承應人武衛軍若猛安謀克女直及諸色人戶止一丁者不許應試兩丁者許一人四丁二人六丁以上止許三人三次終場不在驗丁之限三年定制女直人以年四十五以下試進士舉於府試十日前委佐貳官善射者試射其制以六十步立垛去射者十五步對立兩竿相去二十步去地二丈以繩橫約之弓不限強弱不計中否以張弓巧便發箭迅正者為熟閑射十

箭中兩箭出繩下至垛者為中選餘路委提刑司在都委監察體究如當赴會試御試者大興府佐貳官試驗三舉終場者免之四年禮部尚書賈鉉言策論進士程試弓箭其兩舉終場及年十六以下未成丁者若以弓箭退落有失賢路乞於及第後試之中者別加任使或升遷否者降之省臣謂舊制三舉終場免試今兩舉亦免之未可若以未成丁免試必有妄匿年者如果幼使徐習未晚也至于及第後試驗升降則已有定格矣詔從舊制在泰和格後有以時務策參以故事及疑難經旨為問之制宣宗南遷興定元年制中都西京等路策論進士及武舉人權於南

京東平婆速上京四處府試五年上賜進士斡勒業德等二十八人及第上覽程文怪其數少以問宰臣對曰大定制隨處設學諸謀克貢三人或二人爲生員贍以錢米至泰和中人例授地六十畝所給既優故學者多今京師雖存府學而月給通寶五十貫而已若於諸路總管府及有軍戶處置學養之庶可加益京師府學已設六十人乞更增四十人中京亳州京兆府並置學官於總府以謀克內不隸軍籍者爲學生人畀地四十畝漢學生在京者亦乞同此餘州府仍舊制上從之

凡會試之數大定二十五年詞賦進士不得過五百人二十八年以不限人數遂至五百八十六人章宗令合格則取故承安二年至九百二十五人時以復加四舉終場者數大濫遂命取不得過六百人泰和二年上命定會試諸科取人之數司空襄言試詞賦經義者多可五取一策論絕少可四取一恩榜本以優老於場屋者四舉受恩則太優限以年則礙異材可五舉則受恩平章徒單鎰等言大定二十五年至明昌初率三四人取一平章張汝霖亦言五人取一府試百人中纔得五耳遂定制策論三人取一詞賦經義五人取一五舉終場年四十五以上四舉終場年五十以上者受恩

凡考試官大定間府試六處各差詞賦試官三員策論試官二員明昌初增爲九處路各差九員大興府則十一員承安四年又增太原爲十處有司請省之遂定策論進士女直經童千人以上差四員五百人以上三員不及五百二員各以職官高者一人爲考試官餘爲同考試官詞賦進士與律科舉人共及三千以上五員二千四員不及二千三員經義進士及經童舉人千人四員五百以上三員百人以上二員不及百人以詞賦考官兼之後又定制策論試官上京咸平東平各三員北京西京益都各二員律科監試官一員試律官二員隸詞賦試院經童試官一員隸經義考試院與會試同其彌封并謄錄官檢搜懷挾官自餘修治試院監押門官並如會試之制大定二十年上以住歲多以遠地官考試不便遂命差近者

凡會試知貢舉官同知貢舉官詞賦則舊十員承安五年爲七員經義則六員承安五年省爲四員詮讀官二員泰和三年上以彌封官渫語於舉人勅自今女直司則用右選漢人封漢人司則以女直司封宣宗貞祐三年以會試賦題已曾出而有犯格中選者復以考官多取所親上怒其不公命究治之

凡御試讀卷官策論詞賦進士各七員經義五員餘職事

官各二員制舉宏詞共三員泰和七年禮部尚書張行簡言舊例讀卷官不避親至有親人或有不敢定其去留或力加營護而為同列所疑若讀卷官不用與進士有親者則讀卷之際得平心商確上遂命臨期多擬其有親者汰之

凡府試策論進士大定二十年定以中京上京咸平東平四處至明昌元年添北京西京益都為七處兼試女直經童凡上京合懶速頻胡里改蒲與東北招討司等路者則赴會寧府試咸平隆州婆速東京蓋州懿州者則赴咸平府試中都河北東西路者則赴大興府試西京幷西南西

北二招討司者則赴大同府試北京臨潢宗州興州全州者則赴大定府試山東西大名南京者則赴東平府試山東東路則試於益都凡詞賦經義進士及律科經童府試之處大定間大興大定大同開封東平京兆凡六處明昌初增遼陽平陽益都為九處承安四年復增太原為十中都河北則試於大興府上京東京咸平府等路則試於遼陽府餘各試於其境

凡鄉試之期以三月二十日府試之期若策論進士則以八月二十日試策間三日試詩詞賦進士則以二十五日試賦及詩又間三日試策論經義進士又間詞賦後三日試經義又三日試策次律科次經童每場皆間三日試之會試則策論進士以正月二十日試策皆以次間三日同前御試則以三月二十日策論進士試策二十三日試詩論二十五日詞賦進士試賦詩論而經義進士亦以是日試經義二十七日乃試策論若試日遇雨雪則俟晴日御試唱名後試策則稟奏宏詞則作二日程試舊制試女直進士在幷試漢進士後大定二十九年以復設經義科更定是制

凡監檢之制大興府則差武衛軍餘府則於附近猛安內差摘平陽府則差順德軍凡府會試每四舉人則差一人

復以官一人彈壓御試策進士則差弩手及隨局承應人漢進士則差親軍人各一名皆用不識字者以護衛十人親軍百人長五十人長各一人巡護泰和元年省臣奏搜檢之際雖當嚴切然至于解髮袒衣索及耳鼻則過甚矣豈待士之禮哉故大定二十九年已嘗依前故事使就沐浴官置衣為之更之既可防濫且不虧禮上從其說命行之

恩例明昌元年定制省元直就御試不中者許綴榜末解元但免府試四舉終場依五舉恩例所試文卷惟犯御名廟諱不成文理者則黜之餘並以文之優劣為次仍一日

試三題其五舉者止試賦詩女直進士亦同此例承安五年勑進士四舉該恩詞賦經義當以各科為場數不得通數又恩榜人應授官者監試官於試時具數以奏特恩者授之泰和三年以經義會元與策論詞賦進士不同若御試被黜則附榜末為太優若同恩例又與四舉者不同遂定制依曾經府試解元免府試之例會試下第再舉直赴御試

律科進士又稱為諸科其法以律令内出題府試十五題每五人取一人大定二十二年定制會試每場十五題三場共通三十六條以上文理優擬斷當用字切者為中選

臨時約取之初無定數其制始見於海陵庶人正隆元年至章宗大定二十九年有司言律科止知讀律不知教化之源可使通治論語孟子以涵養其氣度遂令自今舉後復於論語孟子内試小義一道府會試別作一日引試命經義試官出題與本科通考定之

經童之制凡士庶子年十三以下能誦二大經三小經又誦論語諸子及五千字以上府試十五題通十三以上會試每場十五題三場共通四十一以上為中選所貴在幼而誦多者若年同則以誦大經多者為冣初天會八年時太宗以東平童子劉天驥七歲能誦詩書易禮春秋左氏傳及論語孟子上命教養之然未有選舉之制也熙宗即位之二年詔闕貢舉始備其列取至百二十二人天德間廢之章宗大定二十九年上謂宰臣曰經童豈遽無人其議復置明昌元年益都府申童子劉住兒年十一歲能詩賦誦大小六經所書行草頗有法孝行夙成乞依宋童子李淑賜出身且加以恩詔上召至内殿試鳳凰来儀賦魚在藻詩又令賦旱詩上嘉之賜本科出身給錢粟官舍令肄業太學明昌三年平章政事完顏守貞言經童之科非古也自唐諸道表薦或取五人至十人近代宋仁宗以為無補罷之本朝皇統間取及五十人因以為常天德時後

廢聖主復置取以百數恐乆積多不勝銓擬乞諭旨約省取之上曰若所誦皆及格何如守貞曰視最幼而誦不訛者精選之則人數亦不至多也復問參知政事胥持國對曰所誦通否易見豈容有濫上曰限以三十或四十人若百人皆通亦可覆取其精者持國曰是科蓋資教之術耳夫幼習其文長玩其義使之莅政人材出焉如中選者加之修習進士舉業則所記皆得為用臣謂可勿令遽登仕途必習舉業而後官使之可也若能擢進士第自同進士任用如中府薦或會試視其次數優其等級幾舉不得薦者從本出身又可以激勸而後得人矣詔議行之

制舉有賢良方正能直言極諫博學宏材達於從政等科試無常期上意欲行即告天下聽內外文武六品以下職官無公私過者從內外五品以上官薦於所屬詔試之若草澤士德行爲鄉里所服者則從府州薦之凡試則先投所業策論三十道於學士院視其詞理優者委官以羣經子史內出題一日試論三道如可則庭試策一道不拘常務取其無不通貫者優等遷擢之宏詞科試詔誥章表露布檄書則皆用四六誡諭頌箴銘序記則或依古今體或參用四六於每舉賜第後進士及在官六品以下無公私罪者在外官薦之令試策官出題就考通試四題分二等

遷擢之二科皆章宗明昌元年所刱者也

武舉嘗設於皇統時其制則見於泰和式有上中下三等能挽一石力弓以重七錢竹箭百五十步立貼十箭內府試欲中一箭省試中二箭程試中三箭又遠射二百二十步垛三箭內一箭至者又百五十步內每五十步設高五寸長八寸卧鹿二能以七斗弓二大鑿頭鐵箭馳射府試則許射四反省試三反程試二反皆能中二箭者又百五十步內每三十步左右錯置高三尺木偶人戴五寸方板者四以槍馳刺府試則許馳三反省試二反程試三反左右各刺落一板者又依廕例問律一條又問孫吴書十條能說五者爲上等凡程試若一有不中者皆黜之若射貼弓八斗遠射二百一十步射鹿弓六斗孫吴書十條通四爲中等射貼弓七斗遠射二伯伍步射鹿弓五斗孫吴書十條通三爲下等解律剌板皆欲同前凡不知書者雖上等爲中中則爲下凡試中中下願再試者聽舊制就試上等不中不許再試中下等泰和元年定制不分舊等但從所願試中則以三等爲次二年省奏武舉程式當與進士同時今年八月府試欲隨路設考試所臨期差官恐以刱立未見應試人數遂權令各處就考之宣宗貞祐三年同進士例賜勑命章服時以隨處武舉入試者自非見居職

任及已用於軍前者令郡縣盡遣詣京師別爲一軍以備緩急其被薦而未授官者亦量材任之元光二年東京總師紇石烈牙吾塔言武舉入仕皆授巡尉軍轄此曹雖善騎射不歷行陣不知軍旅一旦臨敵恐致敗事乞盡括付軍前爲長校俟有功則升之宰臣奏國家設此科與進士等而欲盡寘軍中非獎進人材之道遂籍丁憂待闕去職者付之

試學士院官大定二十八年勑設科取士爲學士院官禮部下太常按唐典初入學士院例先試令若於進士已仕者以隨朝六品外路五品職事官薦試制詔誥等文字三

道取文理優者充應奉由是翰苑之選爲精明昌五年以學士院撰文字人少命尚書省訪有文采者句取權試

凡司天臺學生女直二十六人漢人五十人聽官民家年十五以上三十以下試補又三年一次選草澤人試補其試之制以宣明曆試推步及婚書地理新書試合婚安葬并易筮法六壬課三命五星之術凡醫學十科大興府學生三十人餘京府二十人散府節鎭十六人防禦州十人每月試疑難以所對優劣加懲勸三年一次試諸太醫雖不係學生亦聽試補

志第三十二

金史五十二

開府儀同三司上柱國錄軍國重事中書右丞相監修國史領經筵事都總裁臣脫脫等奉敕修

志第三十三

選舉二 文武選

金制文武選皆吏部統之自從九品至從七品職事官部擬正七品以上呈省以聽制授凡進士則授文散官謂之文資官自餘皆武散官謂之右職又謂之右選文資則進士爲優右職則軍功爲優皆循資有陞降定式而不可越凡銓注必取求仕官解由撮所陳行績資歷之要爲銓頭以定其能否其有犯公私罪贓汚者謂之犯選格則雖遇恩而不得與舊制犯追一官以至追四官皆解任周年而

復仕之承安二年定制每追一官則殿一年凡罷職會赦當敘者及降殿當除者皆具罪以聞而後仕之凡增課陞至六品者任回復降既廉陞而再任覆察不同者任回亦降自進士舉人勞效廕襲恩例之外入仕之途尚多而所定之時不一若牌印護衞令史之出職則皇統時所定者也檢法知法國史院書寫則海陵庶人所置者也若宗室將軍宮中諸局承應人宰相書表太子護衞妃護衞王府祗候郎君內侍及宰相之子并譯史通事省祗候郎君親軍驍騎諸格則定於世宗之時及章宗所置之太常檢討

內侍寄祿官皆仕進之門户也凡官資以三十月爲考職事官每任以三十月爲滿群牧使及管課官以三周歲爲滿防禦使以四十月三品以上官則以五十月轉運則以六十月爲滿司天太醫內侍官皆至四品止凡外任循資官謂之常調選爲朝官謂之隨朝隨朝則每考陞職事一等若以廉察而陞者爲廉陞授東北沿邊州郡而陞者爲邊陞凡院務監當差使則皆同從九品凡品官任都事典事主事知事及尚書省令史覆實架閣司管勾直省直院局長副檢法知法院務監當差使及諸令史譯史掌書書史書吏譯書譯人通事并諸局分承應有出身者皆爲流

外職凡此之屬或以尚書省差遣或自本司判補其出職或正班雜班則莫不有當歷之名職既仕則必循陞降之定式雖或前後略有損益之殊而定制則莫能踰焉

凡門廕之制天眷中一品至八品皆不限所廕之人貞元二年定廕叙法一品至七品皆限以數而削八品用廕之制世宗大定四年五月詔皇家袒免以上親就廕者依格引試中選者勿令當傔使五年十月制亡宋官當廕子孫者並同亡遼官用廕又曰教坊出身人若任流內職者與文武同用廕自餘有勤勞者賞賜而已昔正隆時常使教坊輩典城牧民朕甚不取又更定冒廕及取廕官罪賞格

七年五月命司天臺官四品以上官改授文武資者並聽如太醫例廕其制凡正班廕亦正班雜班廕雜班明昌元年以上封事者乞六品官添廕吏部言天眷中八品用廕不限所廕之人貞元中七品用廕方限以數當是時文始於將仕武始於進義以上至七品儒林忠顯各七階許廕一名至六品承直昭信計九階許廕二人自大定十四年文武官從下各增二階其七品視舊爲九階亦廕一名至五品凡十七階方廕二人其五品至三品並無間越唯六品不用廕乞依舊格五品以上增廕一名六品廕子孫弟兄二人七品仍舊爲格時又以舊格雖有已子許廕兄弟

姪蓋所以崇孝悌也而新格禁之遂聽讓廕舊制司天太醫內侍長行雖至四品如非特恩換授文武官資者不許用廕以本人見充承應難使係班故也泰和二年定制以年老六十以上退與患疾及身故者雖至止官擬令係班除存習本業者聽廕一名止一子者則不須習即廕凡諸色出身文武官一品廕子孫至曾孫及弟兄姪孫六人因門廕則五人二品則子孫至曾孫及弟兄姪五人因門廕則四人三品子孫兄弟姪四人因門廕則三人四品五品三人因門廕則二人六品二人七品子孫兄弟一人因門廕則六品七品子孫兄弟一人舊格門廕惟七品一人餘

皆加一人明昌格自五品而上皆增一人凡進納官舊格正班三品廕四人雜班三人正班武略子孫兄第一人雜班明威一人懐遠以上二人鎮國以上三人司天太醫遷至四品詔換文武官者廕一人

凡進士所歷之階及所循注之職貞元元年制南選初除軍判丞簿(從八品)次除防判録事(正八品)三除下令(從七品)四中令推官節察判(正七品)五六皆上令(從六品)北選初軍判簿尉二下令三中令四上令巳後並上令通注節察判推官正隆元年格上甲者初上簿軍判丞簿尉中甲者初中簿軍判丞簿尉下甲者初下簿軍判丞簿尉第二任皆中簿軍

判丞簿尉三四五六七任皆縣令回呈省大定二年詔文資官不得除縣尉八年格歷五任令即呈省十三年制第二任權注下令舊制狀元授承德郎以十四年官制文武官皆從下添兩重命狀元更授承務郎次舊授儒林郎更爲承事郎第二甲以下舊授從仕郎更爲將仕郎十五年勑狀元除應奉兩考依例授六品十八年勑狀元行不顧名者與外除十九年命本貫察其行止美惡二十一年復命第三任注縣令二十二年勑進士受章服後再試時務策一道所謂策試者也內才識可取者籍其名歷任後察其政若言行相副則升擢任使是年九月復詔今後及第人策試中者初任即升之二十三年格進士上甲初録事防判二下令三中令中甲初中簿二上簿三下令下甲初下簿二中簿三下令試中策者上甲初録事防判二中令三上令中甲初上簿二下令三中令下甲初中簿二録事防判三中令又詔今後狀元授應奉一年後所撰文字無過人者與外除二十六年格以相次合爲令者減一資歷二十六年格三降兩降免一降文資右職外官減最後上令一任通五任回呈省遂定格上甲初録事防判二中令三四五上令中甲初中簿二下令三中令四五上令策試進士初録事防判二三四五上令其次初上簿二中令三

四五上令又次初中簿二下令三中令四五上令下甲初下簿二下令三中令四五上令二十七年制進士階至中大夫呈省明昌二年罷勘會狀元行止之制七年格縣令守闕各依舊格注授泰和格諸進士及第合授資任須歷遍乃呈省雖未盡歷官已至中大夫亦呈省又諸詞賦經義進士及第後策試中選合授資任歷遍呈省仍每任升本等首銓選貞祐三年狀元授奉直大夫上甲儒林郎中甲以下授徵事郎

經義進士皇統八年就燕京擬注六年與詞賦第一人皆擬縣令第二人當除察判以無闕遂擬軍判第二第三甲

隨各人住貫擬爲軍判丞簿舊制五經及第未及十年與關内差使巳下年者與關外差使四十年除下令正隆三年不授差使至三十年則除縣令大定二十八年始復設是科每舉專主一經

女直進士大定十三年皆除教授二十二年上甲第二第三人初除上簿中甲則除中簿下甲則除下簿大定二十五年上甲甲首遷四重餘各遷兩重第二第三甲授隨路教授三十月爲一任第二任注九品第三第四任注録事軍防判第五任下令尋復令第四任注縣令二十六年減一資歷注縣令二十八年添試論後皆依漢人格

宏詞上等遷兩官次等遷一官臨時取旨授之恩榜章宗大定二十九年勅令後凡五次御簾進士可一試而不黜落止以文之高下定其次謂之恩榜女直人遷將仕漢人登仕初任教授三十月任滿依本格從九品注授明昌元年勑四舉終場亦同五舉恩例直赴御試明昌五年勑神童三次終場同進士恩榜遷轉兩次終場全免差使第六任與縣令依本格遷官如一次終場初入仕則一除一差其餘並依本門戶仍使應三舉然後入仕每舉放四十人

凡恩例補廕同進士者謂大禮補致仕遺表陣亡等恩澤補承襲録用幷與國王幷宗室女爲婚者正隆二年格初下簿二中簿三上簿四下令五中令六七上令四呈省

凡特賜同進士者謂進粟出使四殁于王事之類皆同雜班補廕亦以雜班正隆元年格初授下簿二中簿三縣丞四軍判五六防判七八下令九中令十上令尋復更初注下等軍判丞簿尉次注中等軍判丞簿尉第三注上等軍判丞簿尉四下令五中令六上令

律科經童正隆元年格初授將仕郎皆任司候十年以上並一除一差十年外則初任主簿第二任司候第三主簿四主簿五警判六市丞七諸縣丞八次赤丞九赤縣丞十下縣令十一中縣令五任上縣令呈省三年制律科及第

及七年者與關内差使七年外者與關外差諸經及第人未十年者關内差巳十年關外差律科四十年除下令經童及第人視餘人復展十年然後理筭月日大定十四年以從下新增官階遂定制律科及第者授將仕佐郎十六年特旨以四十年除下令太遠其以三十二年不犯贓罪者授下令十七年勑諸科人仕至下令者免差二十年省擬無贓罪及廉察無惡者減作二十九年注下令經童亦同此二十六年省擬以相次當爲縣令者減一資歷選注勑命諸科人累任之餘月日至四十二月准一除一差又勑舊格六任縣令呈省遂減爲五任二十八年減赤縣丞

一任明昌五年制仕二十六年之上者如該廉升則注縣令六年減諸縣丞赤縣丞兩任後吏格十年內擬注差使十年外一除一差若歷八任或任至三十二年注下令則免差須遍歷而後呈省所歷之制初二下簿三四中簿五六七上簿犯選格者又歷上簿兩任第九則注下令十中令十一十二上令

凡武舉泰和三年格上甲第一名遷忠勇校尉第二第三名遷忠翊校尉中等遷修武校尉收充親軍不拘有無廕視舊格減一百月出職下等遷敦武校尉亦收充親軍減五十月出職承安元年格第一名所歷之職初都巡副將二下令三中令四五上令第二第三名初巡尉部將二上簿三下令四中令五六上令餘人初副巡軍轄二中簿三下令四中令五六上令

凡軍功有六一曰川野見陣最出當先殺退敵軍二曰攻打抗拒州縣山寨奪得敵樓三曰爭取船橋越險先登四曰遠探捕得喉舌五曰險難之間遠處報事情成功六曰謀事得濟越衆立功皇統八年格凡帶官一命昭信校尉(正七品)以上者初除主簿及諸司副使(正九品)二主簿及諸司使(正八品)三下令(從七品)四中令(正七品)五上令或通注鎮軍都指揮使(正十品)及正將其官不至昭信及無官者自初至三任通注丞簿四下令五中令六上令及知城寨(從七品)章宗二十九年遷至鎮國者取旨升除後吏格之所定女直人昭信校尉以上者初下簿二下令三中令四五上令女直一命遷至昭信校尉餘人至昭信已上者初下簿二中簿三下令四中令五六上令凡至宣武將軍以上者初下令二中令三四上令

凡勞效(謂年老千戶謀克也)大定五年制河南陝西統軍司千戶四十年以上擬從七品三十年千戶四十年以上之謀克從八品二十年以上千戶三十年以上謀克從九品二十年以上謀克與正班與差使十年以上賞銀絹皆以所歷千

戶謀克蒲輦月日通筭二十年制以先曾充軍管押千戶謀克蒲輦二十年以上六十五歲放罷者視其強健者與差除令係班不則量加遷賞後更定吏格若一命遷宣武將軍以上當授從七品職事者初下令二中令三四上令官不至宣武初授八品者授録事二赤劇丞三下令四中令五六上令初授九品官者初下簿二中簿三上簿四下令五中令六七上令大定九年格三虞候順德軍千戶四十年以上者與從八品三十年千戶四十年以上謀克從九品二十年以上千戶三十年以上謀克與正班以下賞銀絹大定十四年定隨路軍官出職以新制從下擬添兩

重舊遷忠武校尉者今遷忠勇校尉中都永固軍指揮使及隨路埽兵指揮使出職舊遷敦武校尉者今遷進義校尉武衛軍大定十七年定制其猛安曰都將謀克曰中尉蒲輦曰隊正都將三十月遷一官至昭信注九品職事以隊正陞中尉中尉陞都將

省令史選取之門有四曰文資曰女直進士曰右職曰宰執子其出仕之制各異文資者舊惟聽左司官舉用至熙宗皇統八年省臣謂若止循舊例舉勾人則善惡不分而多僥倖遂奏定制自天眷二年及第榜次姓名從上次第句年至五十已上官資自承直郎（從六品）至奉德大夫（從五品）

無公私過者一關勾二人試驗可則收補若皆可即籍名令還職待補官至承直郎以上一考者除正七品以上從六品以下職事兩考者除從六品已上從五品已下奉直大夫（從六品）以上一考者除從六品已上從五品以下兩考者除從五品以上正五品以下節運同正隆元年罷是制止於察院臺及六部吏人令史內選充大定元年世宗以胥吏既貪墨委之外路幹事又不知大體徒多擾動至二年罷吏人而復皇統選進士之制承直郎以上者一考正七品除軍判節察判軍刺同知兩考者從六品除京運判總府判防禦同知奉直大夫已上一考者從六品除同前兩考從五品除節運副京總管府留守司判官七年以散階官至五品亦勾充不願者聽十一年以進士官至承直者衆遂不論官資但以榜次勾補二十七年以外多闕官論者以為資考所拘難以升進乃命不論官資凡一考者與六品次任降除正七品第三任與六品第四任升為從五品兩考者與從五品次任降除六品第三四任皆與從五品五任升正五品承安二年以習學知除刑房知案及兵興時邊關令史三十月除隨朝闕泰和八年以習學知除十五月以上選充正知除一考後理筭資考大安三年以從榜次則各人所歷月日不齊遂以吏部等差其所歷

歲月多寡為次收補知除考滿則授隨朝職貞祐五年進士未歷任者亦得充補一考者除上縣令再任上縣令升正七品如已歷一任丞簿者舊制除六品乃更為正七品一任回降從七品再任正七品升六品如歷兩任丞簿者一考舊除六品乃更為正七品一任回免降復免正七一任即升六品曾歷令一任者依舊格六品再任降除七品遷升從五品興定二年勑初任未滿及未歷任者考滿升二等為從七品初任未滿者兩任未歷任者四任回升正七品兩任正七皆免回降凡不依榜次勾取者同隨朝升除俟榜次所及日聽再就補興定五年定進士令史與右

職令史同格考滿未應得從七者與正七品四降從七一任所勾諸府令史不及三考出職者除從七品四降除八品若一任應得從七品者除六品四降正七品若一任應得正七品者免降

女直進士令史二十七年格一考注正七品兩考注正六品二十八年勑樞密院等處轉省者並用進士明昌元年勑至三考者與漢人兩考者同除明昌三年罷契丹令史其闕內增女直令史五人五年以與進士令史辛苦既同資考難異遂定與漢進士一考與從六品兩考與從五品

宰執子弟省令史大定十二年制凡承廕者呈省引見除

特恩任用外並內奉班收仍於國史院署編寫太常署檢討秘書監置校勘尚書省准備差使每三十月遷一重百五十月出職如承應一考以上許試補省令譯史則以百二十月出職其已歷月日皆不細折如係終場舉人即驗尚書省試補十七年定制以三品職事官之子試補樞密院令史遂命吏部定制宰執之子并在省宗室郎君如願就試令譯史每年一就試令譯史考試院試補外緦麻袒免宗室郎君密院收補大定二十八年制以宗室第二從親并宰相之子出職與六品外宗室第三從親并執政之子出職與正七品其出職皆以百五十月若見已轉省之餘人則至兩考止與正七品二十九年四從親亦許試補

志第三十三

志第三十四　金史五十三

開府儀同三司上柱國錄軍國重事前中書右丞相監修國史領經筵事都總裁臣脫脫奉

敕修

選舉三　右職吏員雜選

右職省令史譯史皇統八年格初考遷一重女直人依本法外諸人越進義每三十月各遷兩重百二十月出職除正六品以下正七品以上職官正隆二年更爲五十月遷一重初考女直人遷敦武校尉餘人遷保義校尉百五十月出職係正班與從七品若自樞密院臺六部轉省者以前已成考月數通筭出職大定二年復以三十月遷一官

亦以百二十月出職與正從七品院臺六部及它府司轉省而不及考者以三月折兩月一考與從七兩考正七品三考與六品三年定格及七十五月出職者初上令二中令三下令四五録事六下令七中令八上令百五十月出職者初刺同運判推官等二三中令四上令回呈省大定二十七年制一考及不成考者除從七品須歷縣令三任第五任則升正七品兩考以上除正七品再任降除縣令三四皆與正七品第五任則升六品三考以上者除六品再任降正七品三任四任與六品第五任則升從五品

省女直譯史大定二十八年制以見任從七從八人内勾六十歲以上者相視用之明昌三年取見役契丹譯史内女直契丹字熟閑者無則以前省契丹譯史出職官及國史院女直書寫見任七品八品九品官充

省通事大定二十年格三十月遷一重百二十月出職一考兩考與八品三考者從七品餘與部令譯史一體免差

御史臺令史譯史皇統八年遷考之制百二十月出職正隆二年格百五十月出職皆九品係正班大定二年百二十月出職皆以三十月遷一官其出職一考兩考皆與九品三考與八品明昌三年截罷見役吏人用三品職事官子弟試中者及終場舉人本臺試補者若不足於密院六

部見役品官及契丹品官子孫兄弟選充承安三年敕凡補一人必詢於衆雖爲公選亦恐久漸生弊況又在書史之上不試而即用本臺出身門戶似涉太優遂令除本臺班内祗令譯史名闕外於試中樞密院令譯史人内以名次取用不足即於隨部班祗令譯史上名轉充若須用終場舉人之闕則令三次終場舉人每科舉後與它試書史人同程試驗榜次用之女直十三人内班内祗六人終場舉人七人漢人十五人内班内祗七人終場舉人八人譯史四人内班内祗二人終場舉人二人

樞密院令史譯史令史正隆二年制遷考與省同出職除

係正班正從八品大定二十一年定元帥府令譯史三十
月遷一官百二十月出職一考兩考與八品除授三考與
從七品十四年遂命內祗并三品職事官承廕人與四品
五品班祗及吏員人通試中選者用之十六年定一考兩
考者初錄事軍判防判再除上簿三中簿四同初五六下
令七八中令九十上令二十六年兩考者免下令一任三考以上初上令
二中令三下令四錄事軍防判二十六年免此除五下令二十六年亦免
此除六七中令八上令十七年制試補緫麻袒免以上宗室
郎君又定制三品職事子弟設四人吏員二人睦親府宗
正府統軍司令譯史遷考出職與臺部同部令史譯史皇

統八年格初考三十月遷一重女直人依本格餘人越進
義第二第三考各遷一重第四考並遷兩重百二十月出
職八品巳下正隆二年遷考與省右職令史同出職九品
大定二十一年宗正府六部臺統軍司令史番部譯史元
帥府通事皆三十月遷一重百二十月出職係班一考兩
考與九品三考巳上與八品除授十四年以三品至七品
官承廕子孫一混試充尋以爲不倫命以四品五品子孫
及吏員試中者依舊例補六品以下不與十五年命免差
使十六年格一考兩考者初除上簿再除中簿三下簿四
上簿五錄事防軍判六七下令八九中令十上令三考以

上者初除錄事軍防判再除上簿三中簿四如初五下令
後免此除六七下令八中令九上令
按察司書吏以終場舉人內選補遷加出職同臺部
凡內外諸吏員之制自正隆二年定知事孔目出身俸給
凡都目皆自朝差海陵初除尚書省樞密院御史臺吏員
外皆爲雜班乃召諸吏員於昌明殿諭之曰爾等勿以班
次稍降爲歉果有人才當不次擢用也又定少府監吏員
以內省司舊吏員及外路試中司吏補大定二年戶部郎
中曹望之言隨處胥吏猥多乞減其半詔胥吏仍舊但禁
用貼書又命縣吏闕則令推舉行止修舉爲鄉里所重者

充三年以外路司吏久不升轉往往交通豪右爲姦命與
孔目官每三十月則一轉移於它處七年勅隨朝司屬吏
員通事譯史勾當過雜班月日如到部者並不理算又詔
吏人但犯贓罪罷者雖遇赦而無特旨不許復叙又命京
府州縣及轉運司胥吏之數視其戶口與課之多寡增減
之十二年上謂宰臣曰外路司吏止論名次上下恐未得
人若其下有廉愼熟閑吏事委所屬保舉試不中程式者
付隨朝近下局分承應以待再試彼旣知不得免試必當
盡心以求進也章宗大定二十九年上封事者言諸州府
吏人不宜試補隨朝吏員乞以五品以上子孫試補蓋職

官之後清勤者多故爲可任也尚書省謂吏人試補之法行之已久若止收承廕人復恐不閑案牘或致敗事舊格惟許五品職官子孫投試今省部試者尚少以所定格法未寬故也遂定制散官五品而任七品散官未至五品而職事五品其兄弟子孫已承廕者並許投試而六部令史内吏人試補者仍舊泰和四年簽河東按察司事張行信言自罷移轉法後吏勢浸重恣爲豪奪民不敢言令又無朝差都目止令上名吏人兼管經歴六案文字與同類分受賄賂吏目通歴三十年始得出職常在本處侵漁不便遂定制依舊三十月移轉年滿出職以杜把握州府之弊

八年以僉東京按察司事楊雲翼言書吏書史皆不用本路人以别路書吏許特薦申部者類試取中選者補用

凡右職官天德制忠武以下與差使昭信以上兩除一差大定十二年勑鎭國以上即與省除十三年制明威注下令宣威注中令廣威注上令信武權注下令宣武顯武免差權注丞簿又制宣武顯武功酬與上簿無虧與中簿二十六年制遷至宣武顯武始令出職又以舊制通歴五任令呈省詔减爲四任明昌三年以諸司除授守闕近三十月於選調窒礙令後依舊兩除一差候員闕相副則復舊制泰和元年以縣令見闕近者十四月遠者至十六月蓋以見格官至明威者並注縣令或犯選并虧永人若帶明威人亦注是無别也遂令曾虧永及犯選格女直人展至廣威漢人至宣武方注縣令又以守闕簿丞近者十九月遠者二十一月依見格官至宣武顯武信武者合注丞簿遂命但曾虧永直至明威方注丞簿又吏格凡諸右職正雜班（謂無資歴者班内祗同）皆驗官資注授帶忠武以下者與監當差使昭信以上擬諸司除授仍兩除一差宣武以上與中簿（功酬人與上簿）明威注下令宣威注中令廣威注上令通歴縣令四任如帶定遠已歴縣令三任者皆呈省若但曾虧永及犯選格（諸曾犯公罪追官私罪解任及犯贓廉訪不好併體察不堪臨民謂之犯選格）女直人

遷至武義漢人諸色人武畧並注諸司除授皆兩除一差若至明威方注丞簿女直人遷至廣威漢人諸色人遷至宣威者皆兩任下令一任中令回呈省貞祐三年制遷至宣武者皆與諸司除授亦兩除一差凡不犯選格者若懷遠方注丞簿至安遠則注下令上令各一任呈省四年復以官至懷遠注下令定遠注中令安遠注上令四任呈省

檢法知法正隆二年嘗定六部所用人數及差取格法初考兩考皆除司候三考者除上簿五年定制十年内者初考除下簿兩考除中簿三考除警判十年外者初考除第二任司候兩考除上簿三考則除市丞大定二年制曾三

考者不拘十年内外皆與八品録事市令擬當合得本門戶除授舊授劄付大定三年始命給勑以律科人爲之七年定制驗榜次勾取如勾省令史之制二十六年命三考除録事以後則兩除一差

女直知法檢法大定三年格以臺部統軍司出職令譯史曾任縣佐市令差使人内奏差考滿比元出身陞一等依隨路知事例給勑以三十月爲任明昌五年以省院臺部統軍司令譯史書史内擬年五十以下無過犯慎行止試一月以能者充再勤留者升一等一考者初上令二三中令四上令兩考陞二等呈省

太常寺檢討二人正隆二年五十月遷一重女直遷敦武餘人進義百五十月出職係雜班大定二年制以三十月遷一重百二十月出職係正班九品

省祗候郎君大定三年制以祖免以上親願承應已試合格而無闕收補者及一品官子已引見止在班祗候三十月循遷初任與正從七品次任呈省内祗在班初次任注正從八品三四注從七品而後呈省班祗在班初九品三四從八品四五從七品而後呈省已上三等並以六十月爲滿各遷一重八年定制先役六十月以試驗其才不能幹者進一官黜之才幹者再理六十月每三十月遷加百二十月爲滿須用識女直字者十六年定制以制文試之能解説得制意者爲中選十八年制一品官子初都軍二録事軍防判三都軍四下令五六上令回呈省内祗初録事軍防判二上簿三同初四録事五都軍六下令七中令八上令回呈省班祗初上簿二中簿三同初四録事軍防判五録事六都軍七下令八中令九上令回呈省

國史院書寫正隆元年定制女直書寫試以契丹字書譯成女直字限三百字以上契丹書寫以熟於契丹大小字以漢字書史譯成契丹字三百字以上詩一首或五言七言四韻以契丹字出題漢人則試論一道遷考出職同太常檢討

宗室將軍六十月爲任初刺同二都軍三刺同四從六副將軍以七品出職人充明昌元年以九十月爲滿中都上京初從七二録事軍防判三入本門戶餘路初録事軍防判二上簿三入本門戶承安二年改司屬令作隨朝

内侍御直内直六十四人正隆二年格長行人五十月遷一重女直人遷敦武餘人遷進義無出身大定二年格同上大定六年更定收補内侍格能誦一大經及論語孟子内能誦一書并善書札者月給奉八貫石稍識字能書者七貫石不識字六貫石泰和二年以參用外官失防微之

道乃刱寄禄官名以專任之既足以酬其勞而無侵官之弊

凡宮中諸局分大定元年世宗謂諸局分承應[illegible]班叙俸給涉于太濫正隆時乃無出身涉于太刻又其官品不以勞逸爲制遂命更定之大定六年諭有司曰宮中諸局分承應人有年滿數差使者往往苦於稽留而卒不得其差者復多不解文字而不幹故公私不便今後願出局者聽願留者各增其秩依舊承應其十人長雖老願留者亦增秩作長行承應餘依例放還七年詔宰臣曰女直人自來諸局分不經妝充祗候可自今除太醫司天内侍外餘局

分並令妝充勾當

護衛正隆二年格每三十月遷一重初考女直遷敦武餘遷保義百五十月出職與從五品以下從六品以上除大定二年格更爲初遷忠勇百二十月出職大定十四年官制從下添兩重遂命女直初遷修武餘人敦武十八年制初除五品者次降除六品第三復除從五品初任六品者不降第四任始授從五品再勤留者各遷一官明昌元年資格初任不筭資歷不勤留者初從六品二三皆同上第四任陞從五勤留者初從五二三同上第四正五品再勤留者初正五品二同上三少尹四刺史明昌四年降作六品七品除貞祐制一考八品兩考除縣令三考正七品四考六品五年定一考者注上令兩考者一任正七品回降從七兩任正七回陞六品三考者正七一任回再任正七陞六品四考者三任六品陞從五品

符寶郎十二人正隆二年格皆同護衛出職與從七品除授大定二年格並同護衛十四年初妝餘人遷進義二十一年英俊者與六品除常人止與七品除

奉御十六人以内駙馬充舊名入寢殿小底大定十二年更今名正隆二年格同符寶郎大定二年出職從七品

奉職三十人舊名不入寢殿小底又名外帳小底大定十

二年更今名正隆二年格女直遷敦武餘人歷進義無出身大定二年格出職正班九品大定十四年定新官制從下添兩重女直初考進義餘人進義副尉十七年格有廕者初中簿二下簿無廕者注縣尉已後則依格明昌元年格有廕者每勤留一考則減一資二年以八品出職六年定格初録事軍防判正從八品丞二上簿三中簿四正從八品若不犯選格者則免此除五下令六七中令八上令勤留一考者陞下令四五中令六上令回呈省勤留兩考者陞上令二中令三四上令回呈省凡奉御奉職之出職大定十二年增爲百五十月二十九年復舊承安四年復

增

東宮護衛正隆二年出職正班從八品大定二年正從七品初收女直遷敦武餘人保義

閤門祗候正隆二年格女直初遷敦武餘人保義出職正班從八品大定二年格出職從七品八年定格初都軍二録事三軍防判四都軍五下令六中令七上令已帶明威者即與下令二録事軍防判三都軍四下令五中令六上令泰和四年格初都軍二録事軍防判三下令四中令五上令

筆硯承奉舊名筆硯令史大定三年更爲筆硯供奉後以

避睿宗諱復更令名正隆二年女直人遷敦武餘歷進義無出身大定二年格初考女直遷敦武餘保義出職正班從七品吏格初都軍二三下令四五中令六上令

妃護衛正隆二年格與奉職同大定二年出職與八品

符寶典書四人舊名牌印令史以皇家袒免以上親有服外戚功臣子孫爲之正隆二年格出職九品大定二十八年出職八品二上簿回驗官資注授

尚衣承奉天德二年格以班内袛人選充大定三年女直人遷敦武餘人遷進義出職九品

知把書畫十人正隆二年格與奉職同大定二年出職九品十四年格同奉職二十一年定格有廕者初中簿二軍器庫副後依本門戶差注無廕者與差使凡已上諸局分承應人正隆二年格有出身者皆以五十月爲一考五考出職無出身者五十月止遷一官大定二年三年格皆三十月爲考遷一重四考出職十二年復加爲五考大定二十九年又爲四考承安四年復爲五考自大定十二年凡增考者惟護衛則否隨局内藏四庫本把二十八人正隆二年格同奉職大定二年格十人長每三十月遷一重四考出職九品長行每五十月遷一重初考女直敦武餘人進義轉十人長者其後依親軍例轉五十人長者以三十

月遷加雖未至十人長而遷加至敦武者依本門戶出職十二年加爲五考二十一年格與知把書畫同二十八年以合數監同人内從下選差明昌元年如八貫石本把闕六貫石局内選六年半於隨局承應人内選

左右藏庫本把八人格同内藏大定二十九年設三十月遷一重百二十月出職

儀鸞局本把大定二十七年三人明昌元年設十五人格比内藏本把

尚食局本把四人大定二十八年設格同儀鸞

尚輦局本把六人二十八年設格同儀鸞

典客署書表十八人大定十二年以班內祗并終場舉人慎行止者試三國奉使接送禮儀并往復書表格同國史院書寫十四年以女直人識漢字班內祗一同試補大定二十四年終場舉人出職八品注上簿次下簿三任依本門戶明昌五年復許終場舉人材質端偉言語辯捷者與內班祗同試與正九除

捧案八人大定十九年以已承三品官廕人命宣徽院揀試儀觀修整者格同尚衣承奉二十一年格同知把書畫

擎執傔使大定四年以內職及承奉班內選明昌六年以皇家袒免以上親不足則於外戚并三品已上散官五品以上職事官應廕子孫弟兄姪以宣徽院選有德而美形

貌者

奉輦舊名拽輦兒大定二十九年更名格同擎執

妃奉事舊名不入寢殿小底大定十一年又名奉職大定十八年更今名格同知把書畫

東宮妃護衛十人大定十三年格同親王府祗候郎君二十八年有廕人與副巡撿譏察無廕人與司軍軍轄等除

東宮入殿小底三十月遷一重初考女直人遷敦武餘人遷保義吏格有廕無廕其出職初八品二上簿三中簿四八品五下令六中令八上令回呈省

東宮筆硯五十月遷一重百五十月出職正班九品無廕人差使有廕人二十一年格與二十一年知把書畫格同

正班局分　尚藥　果子本把　奉膳　奉飲　司裀　儀鸞　武庫本把　掌器　掌輦　習馭　群子都管　生料庫本把大定二十一年格有廕人知把書畫格同章宗大定二十九諸局分長行並歷三百月十人長九十月出職

雜班局分　鷹坊子　尚食局廚子　果子廚子　食庫車本把　儀鸞典幄　武庫槍寨　司獸　錢帛庫官　旗鼓笛角唱曲子人　弩手　傘子貞元元年制弩手傘

子尚廄局小底尚食局廚子並授府州作院都監大定二十九年長行三百月十人長九十月出職弩手傘子四百月出職其他局分若秘書監楷書及琴碁書院象戲話待詔尚廐局醫獸駞馬牛羊群子駱人皆無出身

侍衛親軍長行初收遷一重女直敦武餘人進義每五十月遷一重以次轉五十人長者則每三十月遷一重如五十人長內遷至武義者以五十人長本門戶出職五十人長每三十月遷一重六十月出職係正班與九品除授有廕者八品除授如轉百人長者則三十月遷一重六十月出職係正班八品有廕者七品大定六年百戶任滿有廕

者注七品都軍正將無廕及五十戶有廕者注八品刺郡都巡檢副將五十戶無廕者及長行有廕者注縣尉無廕注散巡檢十六年有廕百戶初中令二都軍正將三四録事五下令六中令七上令回呈省無廕者初都軍正將二録事三四副將巡檢五都軍正將六下令七中令八上令回呈省此言識字者也不識字者初止縣尉次主簿二十一年有廕者初中簿二縣尉無廕者初縣尉二散巡檢已後依本門戶識字不識字並用差注二十九年定女直二百五十月出職餘三百月出職吏格先察可親民及不可者驗其資歷若已任回帶明威懷遠者驗資擬注

拱衛直正隆名龍翔軍無出身大定二年改龍翔軍爲拱衛司定格軍使什將長行每五十月遷一重女直人敦武餘人進義遷至指揮使則三十月出職遷一重係正班與諸司都監雖未至指揮使遷至武義出職係雜班與差使

司天長行正隆二年定五十月遷一重女直敦武餘人進義無出身

太醫格同貝元元年嘗罷去六十餘人正隆二年格五十[illegible]重女直[illegible]敦武餘人進義無出身

[illegible]隆間[illegible]教民者大定間罷遂定格同上

十四

志第三十五　金史五十四

開府儀同三司上柱國録軍國重事前中書右丞相監修國史領經筵事都總裁臣脫脫奉

勑修

選舉四 部選 省選 廉察 薦舉 功酬虧求

凡吏部選授之制自太宗天會十二年始法古立官至天眷元年頒新官制及天德四年始以河南北選人並赴中京吏部各置局銓注又命吏部尚書蕭頤定河南北官通注格以諸司横班大解并大將軍合注差人依年例一就銓注餘求仕人分四季擬授遂爲定制貞元二年命擬注時依舊令求仕官明數謂面授也不許就本鄉若衰病年老者

毋授繁劇處世宗大定元年勑從八品以下除授不須奏聞又制求仕官毋入權門違者追一官降除有所餽獻而受之者奏之二年詔隨季選人如無過或有功酬者依格銓注有廉能及汚濫者約量升降呈省七年命有司自今每季求仕人到部令本部體問政跡出衆者及贓汚者申省核實以聞約量升擢懲斷年老者勿授縣令又謂宰臣曰隨朝官能否大率可知若外路轉運司幕官以至縣令但驗資考其中縱有忠勤廉絜者無路而進是此人終身不敢望三品矣豈進賢退不肖之道哉自今通三考視其能否以定升降爲格又曰今用人之法甚弊其有不求聞

達者入仕雖久不離小官至三四十年不離七品者而新進者結朝貴致顯達此豈示激勸之道卿等當審於用人以革此弊時清州防禦使常德輝上言吏部格法止敘年勞是以雖有才能拘於法而不得升以致人材多滯下位又刺史縣令親民之職多不得人乞加體察然後公行廉問廉使有懼心且今酒稅使尚選能者況承流宣化之官可不擇乎自今宜以能吏當任酒使者授親民之職從之十年上謂宰臣曰守令以下小官能否不能偏知比聞百姓或請留者類皆不聽凡小官得民悅上官多惡之能承事上官者必不得民悅自今民願留者許直赴部告呈省

遣使覆實其績果善可超升之如丞簿升縣令之類以示激勸二十六年以闕官勑見行格法合降資歷內三降兩降各免一降一降者勿降省令譯史合得縣令資歷內免錄事及下縣令各一任密院令史三考以上者全前免之臺部宗正府統軍司令譯史合歷縣令任數免下令一任外路右職文資諸科令歷縣令亦免一任當過檢法知法三考得錄事者已後兩除一差明昌三年上曰舊制每季到部求仕人識字者試以書判不識字者問以疑難三事體察言行相副者其令自今隨季部人並令依條試驗宰執奏曰既體察知與所舉相同又試中書判若不量與升

除無以示勸遂定制若隨朝及外路六品以上官則隨長任用外路正七品官擬升六品縣令一等除授任滿合降者免降從七品以下於各等資歷內減兩任擬注以後體察相同即依已升任使若體察不同者本等注授若見任縣令升中上令者并掌錢穀及丁憂去者候解由到部諸局分人亦候將來出職日準上擬注猛安謀克擬依前提刑司保舉到升任例施行時嘗令隨門戶減一資歷明昌七年勑復令如舊泰和元年上以縣令見守闕近者十四月遠者十六月又以縣令丞簿負闕不相副勑省臣右選官見格散官至明威者注縣令宣武者注丞簿雖曾犯選

格及斷求者亦注是無別也遂定制曾犯選格及斷求者廣威注令明威注丞簿衛紹王大安元年以縣令闕少令初入上中下令者與其守闕可令再注丞簿一任俟負闕相副則當復舊宣宗貞祐二年以播越流離官職多闕權命河朔諸道宣撫司得擬七品以下尋以所注吏部不知季放之闕多至重複乃奏罷之時李英言兵興以來百務煩冗政在用人舊雖有四善十七最之法而拔擢罕聞幾爲徒設大定間以監察御史及審錄官分詣諸路考覈以擬號爲得人可依已試之効庶幾使人自勵詔從之三年戶部郎中奥屯阿虎言諸色選官並與女直一體而有司

不奉安生分別以至上下相疑詔以違制禁之初宣宗之南遷也詔吏部以秋冬於南京春夏於中都置選而赴調者憚於北行率皆南來遂併於南京設之二年命汰不勝官者令五品以上官公舉令季赴部人內先擇材幹者量緩急易之興定元年詔有司議減冗員又詔自今吏部每季銓選差女直漢人監察各一員監視又盡罷前犯罪降除截罷及承應未滿解去而復爲隨處官司委使者又定制權依劇縣例俱作正七品令隨朝七品外路六品以上職事官舉正七品以下職事官年未六十無公私罪堪任使者歲一人仍令兼領樞密院彈壓之職以鎮軍人凡上

司不得差占及凌辱決罰到任半年委巡按官體訪具申籍記又半年覆察考滿日分等升用如六事備爲上等升職一等四事爲中等減二資歷其次下等減一資歷不稱者截罷

凡省選之制自熙宗皇統八年以上京僻遠始命詣燕京擬注歲以爲常貞元遷都始罷是制其常調制正七品兩任陞六品六品三任陞從五品從五品兩任陞正五品正五品三任陞刺史凡內外官皆以三十月爲考隨朝官以三十月爲任陞職一等自非制授尚書選在外官命左司移文勾取承安三年始命置簿勾取大定十五年制凡二品官及宰執樞密使不理任每及三十月則書于貼黃不及則附于闕滿簿內外三品官以五十月爲任泰和三年制凡文資右職官應遷三品職事者五品以上歷五十月六品以下及門廕雜流職事至四品以上而散官應至三品者皆歷六十月方許告遷七年自按察使副依舊三十月理考外內外四品以四十月理考通八十月遷三品泰和八年詔以門廕官職事至四品者甚少自今至刺史而散官應至三品者即許告遷三品此省選資考之制也世宗大定元年上謂宰臣曰朕昔歷外任不能悉知人之優劣每除一官必以不稱職爲憂夫薦賢乃相職卿等其各

盡乃心勿貽笑天下又曰凡擬注之際當爲官擇人勿徒任親舊庶無曠官矣又曰守令之職當擇材能比聞近邊殘破多用年老及罪降者是益害邊民也若資歷高者不當任邊遠可取以下之才能者升授回不復降庶可以完復邊陲也邊陲之制蓋始于此三年詔監當官遷散官至三品尚任縣令者與省除四年勑隨朝六品以繁劇局分官有闕者省不得擬注令具闕及人以聞六年制官至三品除朝廷約量勞績歲月特恩遷官七年制內外三品官遇擬注其歷過成考以上月日不曾遷加或經革撥可於除目內備書以聞又勑外路四品以上職事官并五品合

陞除官皆具闕及人以聞六品以下官命尚書省擬定而復奏上又謂宰臣曰擬注外官往往未當州縣之官良則政舉否則政隳卿宜辨論人材優劣參用則逅相勉勵庶幾成治矣又曰從來頓舍人例爲節副今宣徽院同簽銀术可以特收頓舍然後授以滄州同知此亦何功但其人有足任使故授以同簽也且如自護衛符寶頓舍考滿者與六品五品之職而與元苦辛特收頓舍者例除則是不倫也十年謂宰臣曰凡在官者若不爲隨朝職任便不能離常調若以卿等所知任使恐有滯如驗入仕名項或廉等第用之亦可若不稱職即與外除十一年上謂宰臣曰隨朝官多自計所歷一考謂當得某職兩考又當得某職故但務因循而已及被差遣又多稽遲近除大理司直李贇爲警巡使而奏謝言臣內歷兩考意謂合得五品而除六品也朕以此人幹事嘗除監察御史及爲大理司直未嘗言情見一事由是除長官欲視其爲政故授是職自今外路與內除者察其爲政公勤則升用若但務苟簡者不必待任滿即當依本等出之不明賞罰何以示勸勉也十二年上謂宰臣曰朕嘗取尚書省百官行止觀之應任刺史知軍者甚少近獨深州同知辭不習爲可故用之即今居五品者皆再任當例降之人故不可也護衛中有考滿

者若令出職慮其年幼不閑政事兼宿衛中如今日人材亦難得也若勒留承應累其資考令至正五品可乎皆曰善十六年勑宰臣選調擬注之際須引外路求仕人引至尚書省堂量材受職二十一年謂宰臣曰海陵時與人本官太濫今復太濫今散官小者奏之二十四年以舊資考太滯命各減一任臨時量人材辛苦資歷年甲以次奏稟章宗大定二十九年定制自正七品而上皆以兩任而後陞明昌四年以前制有職官已帶三品者不許告遷有司因之不舉以致無由遷敘上慮其滯遂定制已帶三品散官實歷五十月從有司照勘格前進官一階格後爲始再筭五年命宰臣擬注之際召赴選人與之語以觀其人六年命隨朝五品之要職及外路三品官皆具人闕進呈以聽制授七年勑隨朝除授必欲至三十月如有急闕則具闕及人奏稟尋復令不須待考滿後當通筭其所歷而已承安四年勑宰臣曰凡除授恐未盡當今無門下省雖有給事中而無封駁司若設之使於擬奏未受時詳審得當然後授之可也乃立審官院凡所送令詳審者以五日內奏或申省承安五年以六品從五品闕少勑命歷三任正七品而後陞六品泰和元年諭旨宰臣曰凡遇急闕與其用資歷未及之人何如止起復丁憂舊人也命內外官通

算合得升等而少十五月者依舊在職補足而後升除或有餘月日以後積算遇闕而無相應人則以資歷近者奏稟二年命少五月以下者本任補六月至十四月者本任或別除補之是制既行之後至六年以一例遍升復恐太濫命量材續稟衛紹王大安元年定文資本職出身內有至一品職事官應遷一品散官者實歷五十月方許告遷二品三品職事官應告本品循遷者亦歷五十月不得過本品外四品以下職事官如遷三品者亦歷五十月止許告遷三品一資六品以下職事官歷六十月告遷帶至三品更不許告犯選格者皆不許如已至三品以上職事者六十月亦聽凡遷三品官資及致仕并橫遷三品者則具行止以聞四品則六十月告遷雜班則否宣宗興定元年徒單頑僧言兵興以來恩命數出以勞進階者比年尤多賤職下僚散官或至極品名器之輕莫此爲甚自今非親王子及職一品餘人雖散官至一品乞皆不許封公若已封者雖不追奪其儀衛亦當降從二品之制從之凡選監察御史尚書省具才能者疏名進呈以聽制授任滿御史臺奏其能否仍視其所察公事具書於解由以送尚書省如所察事皆無謬戾爲稱職則有陞擢庸常者臨期取旨不稱者降除任未滿者不許改除大定二十七年前嘗令

六十以上者爲之後臺官以年老者多廢事爲言乃勅尚書省於六品七品內取六十以下廉幹者備選二十九年令臺官得自辟舉明昌三年復命尚書省擬注每一闕則具三人或五人之名取旨授之承安三年勅監察給由必經部而後呈省泰和四年制以給由具所察事之大小多寡定其優劣八年定制事有失糾察者以怠慢治罪貞祐二年定制以所察大事至五小事至十爲稱職數不及且無切務者爲庸常數內有二事不實者爲不稱職四年命臺官辟舉以名申省定其可否

廉察之制始見於海陵時故正隆二年六月有廉罷官復與差除之令大定三年命廉到廉能官第一等進官一階陞一等其次約量注授汚濫官第一等殿三年降二等次二年又次一年皆降一等詔廉問猛安謀克廉能者第一等遷兩官其次遷一官汚濫者第一等決杖百罷去擇其兄弟代之第二等杖八十第三等杖七十皆令復職蒲輦決則罷去永不補差八年省臣奏御史中丞移剌道所廉之官上曰職官多貪汚以致罪廢其餘亦有因循以苟歲月者今所察能實可甄獎若即與升除恐無以慰民愛留之意且可遷加候秩滿日升除十年正月上謂宰臣曰今天下州縣之職多闕貟朕欲不限資歷用人何以徧知其

能擬欲遣使廉問又慮擾民而未得其真若令行辟舉之法復恐久則生弊不若選人暗察明廉如其相同然後陞黜之何如宰臣曰當如聖訓十一年奏所廉善惡官上曰罪重者遣官就治所犯細微者蓋不能禁制妻孥耳其誡勵而釋之凡廉能官四品以下委官覆實同則升擢三品以上以聞朕自處之時陳言者有云每三年委宰執一員廉問者上以大臣出則郡縣動搖誰復敢行事者今黜察明問之制蓋得其中矣又謂宰臣曰朕以欲遍知天下官吏善惡故每使採訪其被升黜者多矣宜知勸也若常設訪察恐任非其人以之生弊是以姑罷之皆曰是官不設

何以知官吏之善惡也左丞相良弼曰自今臣等盡心親察之上曰宜加詳勿使名實淆混十二年以同知山陽軍山和尚等清強上曰此輩暗察明訪皆著政聲夫賞罰必信則善者勸惡者懼此道久行廉可得人也其第其政績旌賞之三月詔贓官既已被廉若仍舊在職必復害民其遣驛使遍諭諸道即日罷之大定二十八年制以閤門祗候筆硯承奉奉職妃護衛東宮入殿小底宗室郎君王府郎君省郎君始以選試才能用之不須體察內藏本把不入殿小底與入殿小底及知把書畫則亦不體察三年以所廉察則有清廉之聲而政績則平常者勑命不降注以

石仲淵等四人雖清廉爲百姓所喜而復有行事邀順人情之語則與公正廉能人不同勑命降注凡治績平常者奪元舉官俸一月明昌四年上曰凡被舉者或先察者不同其後爲人再舉而察者同或先察者同而後察者不同當何以處之其議可久通行無窒之術以聞省臣奏曰保舉與體察不一者可除不相攝提刑司境內職事再令體察如果同則依格用不同則還本資歷時有議凡當舉人之官歲限以數減資注受者是日省臣併奏以謂如此恐滋久長求請僥倖之弊遂擬被舉官如體察相同隨長陞用不如所舉者元舉官約量降除如自囑求舉或因勢要

及爲人請囑而舉之者各追一官受賄者以枉法論體察官亦同此歲舉不限數不舉不坐罪但不如所舉則有降罰如此則必不敢濫舉而實材可得上曰是可止作條理施行一二年當別思其法承安四年以按察司不兼採訪遂罷平倒別路除授之制泰和元年定制自第一等闕外第二等闕滿合注縣令者升上令少一任與中令少二任與下令少三任以上者與錄事軍防判仍減一資注令少五任以上者注丞簿第三等任滿合注縣令者升中令少一任與下令少二任以上者與錄事防判亦減一資注令少四任以上者並注丞簿已入縣令者秩滿日與上令仍

依各等資考內通減兩任呈省已任七品六品者減一資
注授經保充縣令明問相同依資考不待滿升除見隨朝
者考滿升注既升除後將來覆察公正廉能者不降宣宗
南遷嘗以御史巡察與定元年以縣官或非材監察御史
一過不能備知遂令每歲兩遣監察御史巡察仍別選官
巡訪以行黜陟之政哀宗正大元年設司農司自卿而下
迭出巡察吏治臧否以陞黜之
舉薦大定二年詔隨朝六品外路五品以上官各舉廉能
官一員三年定制若察得所舉相同者即議旌除若聲跡
穢濫所舉官約量降罰九年上曰朕思得忠廉之臣與之

共治故嘗命五品以上各舉所知于今數年矣以天下之
大豈無其人由在上者知而不舉也參知政事魏子平奏
曰可令當舉官者每任須舉一人視其當否以爲旌賞上
曰一任舉一人則人材或難恐涉於濫又必有所犯則罪
舉者故人益畏而不敢舉宋國被舉之官有犯罪者所舉
官雖宰執亦不免降黜若有能名則被遷賞且人情始慕
進故多廉慎既得任用或失所守宰執自掌黜陟之權豈
可因所舉而置罪耶左丞相紇石列良弼曰已申前令命
舉之矣十年上曰舉人之法若定三品官當舉幾人是使
小官皆諂媚於上也惟任滿詢察前政則得人矣十一年

上謂宰臣曰昨觀貼黃五品以上官多闕而難於得人凡
三品以上朕則自知五品以下不能盡識卿等曾無一言
見舉者國家之務朕豈能獨盡哉蓋嘗思之欲盡久安之
計興百姓之利而無良輔佐雖有所行皆尋常事耳十九
年時朝廷既取民所譽望之官而升遷之後上以隨路之
民赴都舉請者往往無廉能之實多爲所使而來沽名者
不須舉行章宗大定二十九年上以選舉十事命奉御合
魯諭尚書省定擬其一曰舊格進士軍功最高尚且初除
丞簿第五任縣令升正七品兩任正七品升六品三任六
品升從五品兩任從五升正五品正五三任而後升刺史

討四十餘年始得至刺史也其他資格出職者可知矣拘
於資格之滯至於如此其令提刑司採訪可用之才減資
考而用之庶使可用者不至衰老省臣遂擬凡三任升者
減爲兩任於此資歷內遇各品闕多則於第二任未滿人
內選人材苦辛可以超用者及外路提刑司所採訪者升
擢之其二曰舊格隨朝苦辛驗資考陞除者任滿回日而
復降之如正七滿回降除從七品從五品回降爲六品之
類今若其人果才能可爲免降尚書吏部遂擬令隨朝考
滿遷除外路五品以下職事并應驗考次職滿有才能者
以本官任滿已前十五月以上二十月以內察訪保結呈

省其三曰隨路提刑所訪廉能之官就令定其堪任職事從宜遷注其四曰從來宰相不得與求仕官相見如此何由知天下人材優劣其許相見以訪才能尚書刑部謂在制求仕官不得於私第謁見違官違者追一官降等奏除若有求請餽遺則以奏聞仍委御史糾察上遂命削此制其五曰舊時臣下雖知親友有可用者皆欲遠嫌而不引薦古者舉賢不避親讎如祁奚舉讎仁傑舉子崔祐甫除吏八百皆親故也其令五品以上官各舉所知幾人違者加以蔽賢之罪吏部議內外五品以上職事官每歲保廉能官一人外路五品隨朝六品願舉者聽若不如所舉者

各約量降罰今擬賢而不舉者亦當約量降罰其六曰前代官到任之後即舉可自代者其令自今五品以上官舉自代以備交承吏部按唐會要建中元年赦文文武常參官外節度觀察防禦軍使刺史赤令畿令并七品以上清官大理司直評事受命之三日於四方館上表讓一人以自代外官則馳驛奏聞表付中書門下每官闕即以所舉多者量授今擬內外官五品以上到任須舉所知才行官一員以自代太傅丞相平章謂自古人材難得若令舉以自代恐濫而不得實材參政謂自代非謂即令代其人也止類姓名取所舉多者約量授之爾此蓋辟官相讓周官

推賢之遺意上以參政所言與吏部同從之其七曰隨朝外路長官一任之內足知僚屬之能否每任可令舉幾人吏部擬令內外五品以上職事官長於僚屬內須舉才能官一人數外舉者聽其八曰人才隨色有之監臨諸物料及草澤隱逸之士不無人材宜薦舉用之吏部擬監臨諸物料內以外路五品隨朝六品以上舉廉能者直言所長移文轉申省差官察訪得實隨材任使草澤隱逸當遍下司縣以提刑司察訪呈省隨色人材令內外五品以上職官薦之其九曰親軍出職內有尤長武藝勇敢過人者其令內外官舉提刑司察如資考高者可參注沿邊刺史同

知縣令吏部擬若依本格資歷恐妨才能若舉察得實者依本格減一資歷擬注尚書省擬依旨升品擬注其十曰內外官所薦人材即依所舉試之委提刑司採訪處實若果能稱職更加遷擢如或碌碌即送常調古者進賢受上賞進不肖有罰其立定賞罰條格庶使人不敢徇私也省臣議隨款各欲舉人則一人內所舉不下五七人自古知人爲難人材亦自難得限數多則猥避責罰務苟簡不副聖主求賢之意擬以前項各款隨色能舉一人即充歲舉之數如此則不濫而實材得矣每歲貢人數尚書省覆察相同則置簿籍之如有闕則當隨材奏擬明昌元年勅齋

民之中有德行才能者司縣舉之特賜同四舉五舉人下
明昌元年制如所舉碌碌無過人跡者元舉官依例治罪
宣宗興定元年令隨朝七品外路六品以上職事官舉正
七品以下職事官年未六十不犯贓堪任使者一人三年
定辟舉縣令制稱職則元舉官減一資歷中平約量陞除
不稱罰俸一月犯免官免所居官及官當私罪解任杖罪
贓汚者約量降除汚贓至徒以上及除名者一任不理資
考三品以上舉縣令稱職者約量升除不稱奪俸一月若
被舉者犯免官等罪奪俸兩月贓汚至徒以上及除名者
奪俸三月獄成而會赦原者亦原之五年制辟舉縣令考

平者元舉者不得復舉他人舉之者聽又舊制保舉縣令
秩滿之後以六事論升降三事以下減一資歷四事減兩
資歷六事皆備則升職一等既而御史張升卿言進士中
下甲及第人及監官至明威當入縣丞主簿而三事以下
減一資歷注下令四事減注中令令皆七品也若復八品
矣輕重相戾宜更定之遂定制自今四事以下如前條六
事完者進士中下甲及第監官當入縣丞主簿人減三資
歷注上令餘出身者亦同此任二十月以上雖未秩滿若
以理去官六事之跡已經覆察論升如秩滿例五年以舉
官或私其親或徇於請求或謬於鑒裁而妄舉數歲之間

以濫去者九十餘人乃罷辟舉縣令之制至哀宗正大元
年乃立法命監察御史司農司官先訪察隨朝七品外路
六品以上官清慎明潔可爲舉主者然後移文使舉所知
仍以六事課殿最而升黜舉主故舉主既爲之盡心而被
舉者亦爲之盡力是時雖迫危亡而縣令號爲得人由作
法有足取云

功酬虧永之制凡諸提點院務官三十月還一官周歲爲
滿止取無虧月日用之大定四年定制一任內虧一分以
上降五人二分以上降十人三分以上降十五人若有增
羨則依此陞遷其陞降不盡之數於後任充折二十一年

以舊制監當官並責決而不顧廉耻之人以謂已決即得
赴調不以刑罰爲畏擬自今若虧永及一酬以上依格追
官殿一年外虧永不及酬者亦殿一年章宗大定二十九
年罷年遷之法更定制比永課增及一酬遷一官兩酬遷
兩官如虧課則削亦如之各兩官止又罷使司小都監與
使副一體論增虧者及罷餘錢陞降不盡之數後任充折
之制泰和元年制犯選及虧永者右職漢人至宣武將軍
從五品女直至廣威將軍正五品方注縣令又吏格曾犯
選及虧永者女直至武義從六漢人及諸色人至武略從
六皆注諸司亦兩除一差至明威方注丞簿貞祐三年制

曾虧永犯選者遷至宣武注諸司至懷遠從四下方注丞簿至安遠從四上注下令正大元年制曾犯選曾虧永者至廣威與諸司兩除一差至安遠注丞簿三任其至鎮國從三品下方注下令群牧官三周歲爲滿所牧之畜以十爲率駞增二頭馬增二疋牛亦如之羊增四口而大馬百死十五疋者及能徵前官所虧三分爲率能盡徵及徵二分半以上爲上等陞一品級駞增一馬牛增二羊增三大馬百死二十五徵前官所虧二分以上爲中等約量升除駞不增馬牛增一羊增二大馬百死三十徵虧一分以上爲下等依本等除餘畜皆依元數而大馬百死四十徵虧不及一分者降一等此明昌四年制也五年制馬牛羊虧元數十之一騍馬百死四十徵虧不及一分者降一等決四十若駞馬牛羊虧元數一分馬百死四十徵虧不得者杖八十降同前

志第三十五

金史五十五

志第三十六

開府儀同三司上柱國錄軍國重事前中書右丞相監修國史領經筵事都總裁臣脫脫奉敕修

百官一　三師　三公　尚書省　六部　都元帥府　樞密院　大宗正府　御史臺　宣撫司　勸農使司　司農司　三司　國史院　翰林院　審官院　太常寺

金自景祖始建官屬統諸部以專征伐嶷然自爲一國其官長皆稱曰勃極烈故太祖以都勃極烈嗣位太宗以諳版勃極烈居守諳板尊大之稱也其次曰國論忽魯勃極烈國論言貴忽魯猶總帥也又有國論勃極烈或左右置所謂國相也其次諸勃極烈之上則有國論乙室忽魯移賚阿買阿舍昊迭之號以爲陞拜宗室功臣之序焉其部長曰孛菫統數部者曰忽魯凡此至熈宗定官制皆廢其後惟鎮撫邊民之官曰禿里烏魯骨之下有掃穩脫朵詳穩之下有麽忽習尼昆此則具於官制而不廢皆踵遼官名也漢官之制自平州人不樂爲猛安謀克之官始置長吏以下天輔七年以左企弓行樞密院于廣寧尚踵遼南院之舊天會四年建尚書省遂有三省之制至熈宗頒新官制及換官格除拜內外官始定勳封食邑入銜而後其制定然大率皆循遼宋之舊海陵庶人正隆元年罷中書門下省止置尚書省自省而下官司之別曰院曰臺曰府

曰司曰寺曰監曰局曰署曰所各統其屬以修其職職有定位員有常數紀綱明庶務舉是以終金之世守而不敢變焉大定二十八年在仕官一萬九千七百員四季赴選者千餘歲數監差者三千明昌四年奏周歲官死及事故者六百七十新入仕者五百一十見在官萬一千四百九十九內女直四千七百五員漢人六千七百九十四員至泰和七年在仕官四萬七千餘四季部擬授者千七百監官到部者九千二百九十餘則三倍世宗之時矣若宣宗之招賢所經略司義宗之益政院雖危亡之政亦必列于其次以著一時之事云

三師太師太傅太保各一員皆正一品師範一人儀刑四海

三公太尉司徒司空各一員皆正一品論道經邦燮理陰陽

尚書省尚書令一員正一品總領紀綱儀刑端揆左丞相右丞相各一員從一品平章政事二員從一品為宰相掌丞天子平章萬機左丞右丞各一員正二品參知政事二員從二品為執政官為宰相之貳佐治省事左司郎中一員正五品國初置左右司侍郎天眷三年始更今名舊凡視朝執政官親執奏目天德二年詔以付左右司官為定制員外郎一員正六品掌本司奏事總察吏戶禮三部受事付事兼帶修起居注官迴避其間記述之事每月朔朝則先集是月秩滿者為簿名曰闕本及行止簿貼黃簿并官制同進呈御覽畢則受而藏之每有除拜凡尚書省所不敢擬注者則一闕具二三人以聽制授焉都事二員正七品貞元二年左右司官宮中出身并進士令史三色人內通選三年以監察御史相應人取次稟奏不復擬注掌本司受事付事檢勾稽失省署文牘兼知省內宿直檢校架閣等事右司所掌同右司郎中一員正五品員外郎一員正六品掌本司奏事總察兵刑工三部受事付事兼帶修注官迴避其間記述之事都事二員正七品

尚書省祗候郎君管勾官從七品掌祗候郎君謹其出入及差遣之事承安二年以前走馬郎君擬注泰和令以左右女直都事兼正大間改用親從人

架閣庫大定二十一年六月設仍以都事提控之管勾舊二員正大省一員正八品同管勾舊二員正大省一員從八品掌總察左右司大程官追付文牘并提控小都監給受紙筆餘管勾同女直省令史三十五人左二十人右十五人大定二十四年為三十人進士十人宰執子宗室子十人密院臺部統軍司令史十人漢令史三十五人左二十一人右十四人省譯史十四人左右各七人女直譯史同通事八人左右各四人高麗夏國回紇譯史四人左右各二人諸部通事六人走馬郎君五十人

提點歲賜所左右司郎中員外郎兼之掌提點歲賜出入錢幣之事

堂食公使酒庫使一員從八品掌受給歲賜錢總領庫
事副一員正九品掌貳使事
直省局局長從八品掌都堂之禮及官員參謝之儀副
局長正九品掌貳局長
管勾尚書省樂工從九品
行臺之制熙宗天會十五年罷劉豫置行臺尚書省于
汴天眷元年以河南地與宋遂改燕京樞密爲行臺尚
書省天眷三年復移置於汴京皇統二年定行臺官品
皆下中臺一等
六部國初與左右司通署天眷三年始分治

吏部尚書一員正三品侍郎一員正四品郎中二員從
五品（天德二年增作四員後省）員外郎從六品（天德二年增作四員後省）掌文武
選授勳封考課出給制誥之政以才行勞效比仕者之
賢否以行止文冊貼黄簿制名闕之機要正七品以上
以名上省聽制授從七品以下每至季月則循資格而
擬注自八品以上則奏以下則否侍郎以下皆爲尚書
之貳郎中掌文武選流外遷用官吏差使行止名簿封
爵制誥一員掌勳級酬賞承襲用廕循遷致仕考課議
謚之事員外郎分判曹務及參議事所掌與郎中同文
官九品階凡四十有二從一品上曰開府儀同三司中

曰儀同三司中次曰特進下曰崇進正二品上曰金紫
光祿大夫下曰銀青榮祿大夫從二品上曰光祿大夫
下曰榮祿大夫正三品上曰資德大夫中曰資政大夫
下曰資善大夫從三品上曰正奉大夫中曰通奉大夫
下曰中奉大夫正四品上曰正議大夫中曰通議大夫
下曰嘉議大夫從四品上曰太中大夫中曰中大夫
下曰少中大夫正五品上曰中議大夫中曰中憲大夫下
曰中順大夫從五品上曰朝請大夫中曰朝散大夫下
曰朝列大夫（舊曰奉德大夫天德二年更）正六品上曰奉政大夫下
曰奉議大夫從六品上曰奉直大夫下曰奉訓大夫正

七品上曰承德郎下曰承直郎從七品上曰承務郎下
曰儒林郎正八品上曰文林郎下曰承事郎從八品上
曰徵事郎下曰從仕郎正九品上曰登仕郎下曰將仕
郎從九品上曰登仕佐郎下曰將仕佐郎（此二階大定十四年創增）
武散官凡仕至從二品以上至從一品者皆用文資自
正三品以下階與文資同正三品上曰龍虎衛上將軍
中曰金吾衛上將軍下曰驃騎衛上將軍從三品上曰
奉國上將軍中曰輔國上將軍下曰鎮國上將軍正四
品上曰昭武大將軍中曰昭毅大將軍下曰昭勇大將
軍從四品上曰安遠大將軍中曰定遠大將軍下曰懷

遠大將軍正五品上曰廣威將軍中曰宣威將軍下曰明威將軍從五品上曰信武將軍中曰顯武將軍下曰宣武將軍正六名上曰武節將軍下曰武德將軍從六品上曰武義將軍下曰武略將軍正七品上曰承信校尉下曰昭信校尉從七品上曰忠武校尉下曰忠顯校尉正八品上曰忠勇校尉下曰忠翊校尉從八品上曰修武校尉下曰敦武校尉正九品上曰保義校尉下曰進義校尉從九品上曰保義副尉下曰進義副尉（此二階大定十四年創增）封爵正從一品曰郡王曰國公正從二品曰郡公正從三品曰郡侯正從四品曰郡伯（舊曰縣伯承安二年更）正

五品曰縣子從五品曰縣男凡勳級正二品曰上柱國從二品曰柱國正三品曰上護軍從三品曰護軍正四品曰上輕車都尉從四品曰輕車都尉正五品曰上騎都尉從五品曰騎都尉正六品曰驍騎尉從六品曰飛騎尉正七品曰雲騎尉從七品曰武騎尉凡食邑封王者萬户實封一千户郡王五千户實封五百户國公三千户實封三百户郡公二千户實封二百户郡侯一千户實封一百户郡伯七百户縣子五百户縣男三百户皆無實封自天眷定制凡食邑同散官入街司天翰林官舊制自從七品而下止五階至天眷定制司天自從

四品而下立爲十五階從四品上曰欽象大夫中曰正儀大夫下曰欽授大夫正五品上曰靈憲大夫中曰明時大夫下曰頒朔大夫從五品上曰雲紀大夫中曰協紀大夫下曰保章大夫正六品上曰紀和大夫下曰司玄大夫從六品上曰探賾郎下曰授時郎正七品上曰究微郎下曰靈臺郎從七品上曰明緯郎下曰候儀郎正八品上曰推策郎下曰司正郎從八品上曰校景郎下曰平秩郎正九品上曰正紀郎下曰挈壺郎從九品上曰司曆郎下曰司辰郎太醫官舊自從六品而下止七階天眷制自從四品而下立爲十五階從四品上曰

保宜大夫中曰保康大夫下曰保平大夫正五品上曰保順大夫中曰保安大夫下曰保和大夫從五品上曰保善大夫中曰保嘉大夫下曰保順大夫正六品上曰保合大夫下曰保冲大夫從六品上曰保愈郎下曰保全郎正七品上曰成正郎下曰成安郎從七品上曰成順郎下曰成和郎正八品上曰成愈郎下曰成全郎從八品上曰醫全郎下曰醫正郎正九品上曰醫效郎下曰醫候郎從九品上曰醫痊郎下曰醫愈郎内侍天德創制自從四品以下十五階從四品上曰中散大夫中曰中尹大夫下曰中侍大夫正五品上曰中列大夫中

曰中御大夫下曰中儀大夫從五品上曰中常大夫中曰中益大夫下曰中衛大夫正六品上曰中良大夫天德作中亮下曰中涓大夫從六品上曰通禁郎下曰通侍郎正七品上曰通掖郎下曰通御郎從七品上曰禁直郎下曰侍直郎正八品上曰掖直郎下曰內直郎從八品上曰司贊郎下曰司謁郎正九品上曰司闈郎下曰司僕郎從九品上曰司奉郎下曰司引郎教坊舊用武散官大定二十九年以爲不稱乃創定二十五階明昌三年自從四品以下更立爲十五階從四品上曰雲韶大夫中曰仙韶大夫下曰成韶大夫正五品上曰章德大夫中曰長寧大夫下曰德和大夫從五品上曰景雲大夫中曰雲和大夫下曰協律大夫正六品上曰慶喜大夫下曰嘉成大夫從六品上曰肅和郎下曰純和郎正七品上曰舒和郎下曰調音郎從七品上曰比音郎下曰司樂郎正八品上曰典樂郎下曰協樂郎從八品上曰掌樂郎下曰和樂郎正九品上曰司音郎下曰司律郎從九品上曰和聲郎下曰和節郎凡內外官之政績所歷之資考更代之期去就之故秩滿皆備陳於解由吏部據以定能否又撮解由之要於銓擬時讀之謂之銓頭又會歷任銓頭而書于行止簿行止簿者以姓爲

類而書各人平日所歷之資考功過者也又爲簿列百司官名有所更代則以小黃綾書更代之期及所以去就之故而制其銓擬之要領焉凡縣令則省除部除者通書而各疏之泰和四年定考課法准唐令作四善十七最之制四善之一曰德義有聞二曰清慎明著三曰公平可稱四曰勤恪匪懈十七最之一曰禮樂興行肅清所部爲政教之最二曰賦役均平田野加闢爲牧民之最三曰決斷不滯與奪當理爲判事之最四曰鈐束吏卒姦盜不滋爲嚴明之最五曰案簿分明評擬均當爲檢校之最以上皆謂縣令丞簿警巡使副錄事司候判官也六曰詳斷合宜咨執當理爲幕職之最七曰盜賊消弭使人安靜爲巡捕之最八曰明於出納物無損失爲倉庫之最九曰訓導有方生徒充業爲學官之最十曰檢察有方行旅無滯爲關津之最十一曰隄防堅固備禦無虞爲河防之最十二曰出納明敏數無濫失爲監督之最十三曰謹察禁囚輕重無怨爲獄官之最十四曰物價得實姦濫不行爲市司之最謂市令也十五曰戎器完肅扞守有方爲邊防之最謂正副部隊將鎮防官也十六曰議獄得情處斷公平爲法官之最十七曰差役均平盜賊止息爲軍職之最謂都軍軍轄也

凡縣令以下三最以上有四善或三善者為上陞一等三最以上有二善者為中減兩資歷三最以上有一善為下減一資歷節度判官防禦判官軍判以下一最而有四善或三善為上減一資歷一最而有二善為中陞為榜首一最而有一善為下陞本等首又以明昌四年所定軍民俱稱為廉能者是為廉能官之制參于其間而定其甄擢焉宣宗興定元年行辟舉縣令法以六事考之一曰田野闢二曰戶口增三曰賦役平四曰盜賊息五曰軍民和六曰詞訟簡六事俱備為上等升職一等兼四事者為中等減二資歷其次為下等減一資歷

否則為不稱職罷而降之平常者依本格凡封王大國號二十曰恒（舊為遼明昌二年以漢遼唐宋梁秦殷楚之類皆昔有天下者之號不宜封臣下遂皆改之）邵（舊為梁）汴（舊為宋）鎬（舊為秦）并（舊為漢）益（舊為蔡）彭（舊為齊）趙越譙（舊為殷）郢（舊為楚）魯冀豫絳（舊為唐）兗鄆（舊為吳）夔（舊為蜀）宛（舊為陳）曹次國三十曰涇（舊為隋）鄭衛韓潞豳瀋岐代澤徐滕薛紀杲（舊為原）邢翼豐畢鄧鄖霍蔡瀛（按金格蔡當在此）葛沂荊榮英壽溫小國三十濮遂（舊曰濟）道定景（後改為鄧）申崇宿昔莒鄅郜舒淄郟萊（舊為宗以避諱改）郇郯杞向管（舊曰鄶興定元年改）密胙任戴翟蔣（士民須知云舊為葛）蕭莘芮封王之郡號十金源廣平平原南陽常山太原平陽東平安定延安封公主之縣號三十樂安清平蓬萊榮安棲霞壽光靈仙壽陽鍾秀惠和永寧慶雲靜樂福山隆平德平文安福昌順安樂壽靜安靈壽太寧聞喜秀容宜芳眞寧嘉祥金鄉華原凡白號之姓完顏溫迪罕夾谷陀滿僕散朮虎移剌荅斡勒斡準把阿不罕卓魯回特黑罕會蘭沈谷塞蒲里吾古孫石敦卓陀阿厮準匹獨思潘朮古諳石剌石古苦緜罕光吉剌皆封金源郡裴滿徒單溫敦兀林荅阿典紇石烈納闌孛朮魯阿勒根納合石盞蒲鮮古里甲阿迭聶摸欒抹撚納坦兀撒惹阿鮮把古溫古孫耨盌撒合烈吾塞和速嘉能偃阿里班兀里坦聶散蒲速

烈皆封廣平郡吾古論兀顏女奚烈獨吉黃摑顏盞蒲古里必蘭斡雷獨鼎尼厖窟（窟亦作古）拓特盍散撒荅牙阿速撒剜準土谷納謀魯業速布安煦烈愛申拿可貴益昆溫撒梭罕霍域皆封隴西郡黑號之姓唐括（舊書作同古）蒲察朮甲蒙古蒲速粘割奧屯斜卯準葛諳蠻獨虎朮魯磨輦益輦帖暖蘇孛輦皆封彭城郡親王母妻封一字王者舊封王妃為正從一品次室封王夫人承安二年勅王妃止封王夫人次室封孺人郡王母妻封郡王夫人國公母妻封國公夫人郡公母妻封郡公夫人郡侯母妻封郡君（承安二年更為郡侯夫人）四品文散少中大夫武散

懷遠大將軍以上母妻封縣君（承安二年為郡君）五品文散朝列大夫武散宣武將軍以上母妻封鄉君（承安二年為縣君）皇統五年以古官曰牧曰長各有總名今庶官不分類為名於文移不便遂定京府尹牧留守知州縣令詳穩群牧為長官同知簽院副使少尹通判丞曰佐貳官判官推官掌書記主簿縣尉為幕職官兵馬司及它司軍者曰軍職官警巡市令録事司候諸參軍知律勘事勘判為鹽務官應管倉庫院務者曰監當官（監當官出大定制）知事孔目以下行文書者為吏凡除拜尚書令左右丞相以下品不同者則帶守字左右丞則帶行守字凡臺官御史部官京尹少尹守令丞簿尉録事諸卿少至協律評事諫官國子監學官諸監至丞郎符寶郎東宮詹事率府僕正副令丞王府官散官高於職事者帶行字職事高於散官一品者帶守字二品者帶試字品同者皆否猛安謀克翰林待制修撰判推勘事官都事典事知事內承奉押班通事舍人通進編修勾當頓舍部役廂官受給管勾巡河官直省直院長副諸檢法知法司正教授司獄司候東宮諭德贊善掌寶典儀以下王府文學記事參軍並帶充字樞密宣徽勸農諸軍都指揮統軍轉運使招討提刑節度群牧防禦客省引進四方館閣

門太醫教坊鷹坊警巡檢諸司局倉庫務使副皆帶充字及知其事凡帶知判簽書字者則不帶行守試字已上所帶字品同者則否自三師三公平章政事元帥以下至監軍東宮三師三少點檢至振肅承旨學士王傅副統招討及前所不載者皆不帶行守試知充字主事四員從七品掌知管差除校勘行止分掌封勳資考之事惟選事則通署及掌受事付事檢勾稽失省署文牘兼知本部宿直檢校架閣餘部主事自受事付事以下所掌並同此（皇統四年六部主事始用廣士人大定三年用進士非特旨不得擬吏人如寧執保奏人材不入常例承安五年增女直主事一員令史六十九人內女直二十九人譯史五人通事二人與令史同泰和八年令史增十人）架閣庫（大定二十一年六月設仍以主事提控之）管勾正八品掌吏兵兩部架閣兼檢校吏部行止（以識女直契丹字人充如無擬識女直漢字人充）同管勾一員官誥院提舉二員掌署院事（以吏部郎中翰林修撰各一人充）

戶部尚書一員正三品侍郎二員正四品（泰和八年減一員承安二年復增）郎中三員從五品（天德二年置五員泰和省作二員又作四員貞祐四年置八員五年作六員）員外郎三員從六品郎中而下皆以一員掌戶籍物力婚姻繼嗣田宅財業鹽鐵酒麴香茶礬錫丹粉坑冶榷場市易等事一員掌度支國用俸祿恩賜錢帛寶貨貢賦租稅府庫倉廩積貯權衡度量法式給授職田

拘收官物并照磨計帳等事泰和令作二員後增一員貞祐四年作六員又作八員五年作四員主事五員從七品女直司二員通掌戶度金倉
等事漢人司三員同員外郎分掌曹事泰和八年減一員貞祐四年作八員五年六員兼提控編附條格管勾架閣等事令史七十二人內女直十七人譯史五人通事二人泰和八年增八人架閣庫管勾一員正八品掌戶
禮兩部架閣大安三年以主事各兼之同管勾從八品檢法從八品
勾當官五員正八品貞元二年設幹辦官十員從七品
三年罷四員尋罷之四年更設爲勾當官專提控支納
管勾勘覆經歷交鈔及香茶鹽引照磨文帳等事承安二年作四員貞祐四年作十五員五年作十員興定元年五員二年復作十員

禮部尚書一員正三品侍郎一員正四品郎中一員從五
品員外郎一員從六品掌凡禮樂祭祀燕享學校貢舉
儀式制度符印表疏圖書冊命祥瑞天文漏刻國忌廟
諱醫卜釋道四方使客諸國進貢犒勞張設之事凡試僧尼道女冠三年一次限度八十人差京府幕職或節鎮防禦佐貳官二員僧官二人道官一人司吏一名從人各一人廚子二人把門官一名雜役三人僧童能讀法華心地觀金光明報恩華嚴等經共五部計八帙華嚴經分爲四帙每帙取二卷卷舉四題讀百字爲限尼童試經半部與僧童同道士女冠童行念道德救苦玉京山消災靈寶度人等經皆以誦成句依音釋爲通中選者試官給據以名報有司凡僧尼官見管人及八十道士女冠及三十人者放度一名死者令監壇以度牒申部毀之主事二員從七品令史十五人內女直五人譯史二人通事一人

左三部檢法司司正二員正八品掌披詳法狀興定二年右部額外設檢知法及掌法四年罷檢法二十二員從八品掌檢斷各司取
法文字右三部檢法職事同元受劄付大定三年命給勅
兵部尚書一員正三品侍郎一員正四品郎中一員從五
品員外郎二員從六品掌兵籍軍器城隍鎮戍廄牧鋪
驛車輅儀仗郡邑圖志險阻障塞遠方歸化之事凡給馬者從一品以上從八人馬十疋食錢三貫十四文從二品以上從五人馬七疋食錢二貫九十八文從三品以上從三人馬五疋錢一貫五伯十一文從五品以上從二人馬四疋錢九百六十八文從七品以上從一人馬三疋錢六百十七文從九品以上從一人馬二疋錢四百六十四文無從人減七十八文御前差無官者視從五品省差若有官者人支錢四百五十一文有從人加六十八文走馬人支錢百五十七文敕書日行五百里此天興近鑑所載之制也

泰和六年置遞鋪其制該軍馬路十里一鋪鋪設四人內鋪頭一人鋪兵三人以所轄軍射糧軍內差充腰鈴日行三百里凡元帥府六部文移以勅遞省遞牌子入鋪轉送主事二員從七品貞祐五年以承發司管勾兼漢人主事令史二十七人內女直十二人譯史三人通事二人
刑部尚書一員正三品侍郎一員正四品郎中一員從五
品員外郎二員從六品一員掌律令格式審定刑名關
津譏察赦詔勘鞫追徵給沒等事一員掌監戶官戶配
隸訴良賤城門啓閉官吏改正功賞捕亡等事主事二
員從七品令史五十一人內女直二十二人譯史五人通事二人架閣庫管勾一
員正八品掌刑工兩部架閣大安二年以主事各兼同管勾一員

從八品
工部尚書一員正三品侍郎一員正四品郎中一員從五品掌修造營建法式諸作工匠屯田山林川澤之禁江河隄岸道路橋梁之事員外郎一員從六品貞祐五年兼覆實司官天德三年增二員主事二員從七品令史十八人內女直四人譯史二人通事一人覆實司管勾一員從七品隸戶工部掌覆實營造材物工匠價直等事大安元年隸三司工部罷同管勾貞祐五年併罷之以二部主事兼興定四年復設從省擬不令戶工部舉
右三部檢法司司正二員正八品檢法從八品二十二員

都元帥府掌征討之事兵罷則省天會二年伐宋始置泰和八年復改為樞密院
都元帥一員從一品左副元帥一員正二品右副元帥一員正二品元帥左監軍一員正三品元帥右監軍一員正三品左都監一員從三品右都監一員從三品經歷一員都事一員知事一員見興定三年正七品檢法一員從八品元帥府女直令史十二人承安二年十六人漢人令史六人譯史三人女直譯史一人承安二年二人通事女直三人後作六人承安二年復作三人漢人二人正隆六年海陵南伐立三道都統制府及左右領軍大都督將三十二總管有神策神威神捷神銳神毅神翼神勇神果神畧神鋒武勝武定武威武安武捷武平武成武毅武銳武揚武翼武震威定威信威勝威捷威烈威毅威震威略威果威勇之號泰和六年伐宋權設平南撫軍上將軍正三品至殄寇果毅都尉從六品凡九階曰平南撫軍上將軍平南冠軍大將軍平南龍驤將軍平南虎威將軍平南盪江將軍殄寇中郎將殄寇郎將殄寇折衝都尉殄寇果毅都尉軍還罷置令譯史八十人正三十三人餘四十七人從本府選擢元光間招義軍置總領使從五品副使從六品訓練官從八品正大二年更總領名都尉陞秩為四品四年又陞為從三品有建威折衝振武盪寇果毅殄寇虎賁鷹揚破虜之名

樞密院天輔七年始置于廣寧府天會三年下燕山始以左企弓為使後以劉彥宗初猶如遼南院之制後則否泰和六年嘗改為元帥府樞密使一員從一品掌凡武備機密之事樞密副使一員從二品泰和四年置二人後不為例簽書樞密院事一員正三品同簽樞密院事一員正四品大定十七年增一員尋罷明昌初復增一員尋又省三年九月復增一員經歷一員從五品興定三年見都事一員正七品掌受事付事檢勾稽失省署文牘兼知宿直之事架閣庫管勾一員正八品知法二員從八品掌檢斷各司取法之事餘檢法同樞密院令史女直十二人漢人六人三品官子弟四人吏員轉補二人譯史三人通事三人回紇譯史一人曳剌十五人
大宗正府泰和六年避睿宗諱改為大睦親府判大宗正

事一員從一品以皇族中屬親者充掌敦睦糾率宗屬欽奉王命泰和六年改爲大睦親事同判大宗正事一員從二品泰和六年改爲同判大睦親事同簽大宗正事一員正三品宗室充（大定元年置）泰和六年改同簽大睦親事大宗正丞二員從四品一員於宗室中選能幹者充一員不限親疎分司上京長貳兼管治臨潢以東六司屬泰和六年改爲大睦親丞知事一員從七品檢法從八品諸宗室將軍正七品上京東溫忒二處皆有之世宗時始命遷官其户凡百二十明昌二年更名曰司屬設令丞承安二年以令同隨朝司令正七品丞正八品中都上京扎里瓜合古西南梅堅寨蒲與臨潢泰州金山等處置屬大宗正府

御史臺登聞檢院隸焉（見士民須知總格泰和令皆不載）御史大夫從二品（舊止三品大定十二年陞）掌糾察朝儀彈劾官邪勘鞫官府公事凡內外刑獄所屬理斷不當有陳訴者付臺治之御史中丞從三品貳大夫侍御史二員從五品以上官品皆大定十二年遞陞掌奏事判臺事治書侍御史二員從六品掌同侍御史殿中侍御史二員正七品每遇朝對立於龍墀之下專劾朝者儀矩凡百僚假告事具奏目進呈監察御史十二員正七品掌糾察內外非違刷磨

諸司察帳并監祭禮及出使之事（參注諸色人大定二年八員承安四年十二員承安五年兩司各添十二員）典事二員從七品架閣庫管勾一員從八品檢法四員從八品獄丞一員從九品（御史臺令史女直十三人內班內祗六人終場舉人七人漢人十五人內班內祗七人終場舉人八人譯史三人內班祗二人終場舉人二人通事三人）

宣撫司泰和六年置陝西路宣撫使節制陝西右監軍右都監兵馬公事八年改陝西宣撫司爲安撫司山東東西大名河北東西河東南北遼東陝西咸平隆安上京肇州北京凡十處置司使從一品副使正三品

勸農使司泰和八年罷貞祐間復置興定六年罷勸農司改立司農司使一員正三品副使一員正五品掌勸課天下力田之事

司農司興定六年置兼採訪公事大司農一員正二品卿三員正四品少卿三員正五品知事二員正七品興定六年陝西并河南三路置行司農司設官五員正大元年歸德許州河南陝西各置作三員卿一員正四品少卿一員正五品丞一員正六品卿以下迭出巡察官吏臧否而陞黜之使節所過姦吏屏息十年之間民政修舉實賴其力

三司泰和八年省户部官員置三司謂兼勸農鹽鐵度支

户部三科也貞祐罷之使一員從二品副使一員正三品簽三司事一員正四品同簽三司事一員正五品掌勸農鹽鐵度支判官三員從六品本參幹官大安元年更參議規措審計官三員正七品掌同參幹官知事二員從七品以識女直漢字人充勾當官二員正八品大安元年置三員照磨吏員七人管勾架閣庫一員正八品三司令史五十人内女直十人漢人四十人大安元年增八人譯史二人大安元年增一人通事二人知法三員從八品女直知法一員大安元年增二員

國史院先嘗以諫官兼其職明昌元年詔諫官不得兼恐於其奏章私溢已美故也

監修國史掌監修國史事修國史掌修國史判院事同修國史二員女直人漢人各一員承安四年更擬女直一員罷契丹同修國史編修官正八品女直漢人各四員明昌二年罷契丹編修三員添女直一員大定十八年用書寫出職人檢閱官從九品書寫女直漢人各五人修遼史刊修官一員編修官三員

翰林學士院天德三年命翰林學士院自侍讀學士至應奉文字通設漢人十員女直契丹各七員

翰林學士承旨正三品掌制撰詞命凡應奉文字銜内帶知制誥直學士以上同貞祐三年陞從二品翰林學士正三品翰林侍讀學士從三品翰林侍講學士從三品翰林直學士從四品不限員翰林待制正五品不限員分掌詞命文字分判院事銜内帶知制誥翰林修撰從六品

不限員掌與待制同應奉翰林文字從七品

審官院承安四年設大安二年罷之若注擬失當止令御史臺官論列知院一員從三品掌奏駮除授失當事國朝六品外路五品以上官除授並送本院審之補闕拾遺監察雜七品亦送本院或御札亦送稟惟部除不送同知審官院事一員從四品掌書四人女直漢人各二人以御史臺終場舉人辟充

太常寺皇統三年正月始置太廟廩犧郊社諸陵大樂等署隸焉卿一員從三品少卿一員正五品丞一員正六品掌禮樂郊廟社稷祠祀之事博士二員正七品掌檢討典禮檢閱官一員從九品掌同博士泰和元年置四年罷檢討二員從九品明昌元年置以品官子孫及終場舉人同國史院漢人書寫例試補太祝從八品掌奉

祀神主奉禮郎從八品掌設版位執儀行事協律郎從八品掌以麾節樂調和律呂監視音調太廟署皇統八年太廟成設署置令丞仍兼提舉慶元明德永祚三宮令一員從六品掌太廟衍慶坤寧宮殿神御諸物及提控諸門關鍵掃除守衛兼廩犧令事丞一員從七品兼廩犧署丞直長明昌三年罷廩犧署令丞以太廟令丞兼掌薦犧牲及養飼等事

郊社署承安三年設祝史齋郎百六十人作班祗候使周年一替大安元年奏兼武成王廟署令一員從六品丞一員從七品掌社稷祠祀祈禱并廳舍祭器等物直長明昌三年廢

武成王廟署大安元年置令從六品丞從七品掌春秋祀享以郊社令丞兼

諸陵署大安四年同隨朝 提點山陵正五品涿州刺史兼令從六品丞一員從七品掌守山陵直長正八品

園陵署令宛平縣丞兼貞祐二年以園陵遷大興縣境遂以大興縣令丞兼

大樂署兼鼓吹署樂工百人令一員從六品丞從七品掌調和律呂教習音聲并施用之法樂工部籍直長一員正八品大樂正從九品掌祠祀及行禮陳設樂縣大樂副正從九品

右屬太常寺

志第三十六

志第三十七 金史五十六

開府儀同三司上柱國錄軍國重事中書右丞相監修國史領……脫脫 奉

百官二

殿前都點檢司 宣徽院 秘書監 太府監 少府監 軍器監 都水監 諫院 大理寺 弘文院 登聞鼓院 登聞檢院 記注院 集賢院 益政院 武衛軍都指揮使司 衛尉司 六部所轄諸司 三路檢察及外路倉庫牧圍等職

殿前都點檢司天眷元年置 掌親軍總領左右衛將軍符寶郎宿直將軍左右振肅宮籍監近侍等諸局署鷹坊頓舍官隸焉殿前都點檢正三品兼侍衛將軍都指揮使掌行從宿衛關防門禁督攝隊仗總判司事殿前左副都

點檢從三品兼侍衛將軍副都指揮使殿前右副都點檢從三品兼侍衛將軍副都指揮使掌宮掖及行從殿前都點檢判官從六品大定十二年設 知事一員從七品殿前左衛將軍殿前右衛將軍殿前左衛副將軍殿前右衛副將軍掌宮禁及行從宿衛警嚴仍總領護衛右衛同此符寶郎四員掌御寶及金銀等牌舊名牌印祗候大定二年改為符寶祗候改牌印令史為符寶典書四人

左右宿直將軍從五品掌總領親軍凡宮城諸門衛禁并行從宿衛之事八員大定二十九年作十員復作十一員

左右振肅正七品掌妃嬪出入總領護衛導從本妃嬪護衛之

長大定二年改令名
宮籍監提點正五品監從五品副監從六品丞從七品
掌内外監户及地土錢帛小大差發直長二員正八品
掌同丞
近侍局提點正五品泰和八年剏設使從五品副使從
六品掌侍從承敕令轉進奏帖直長正八品大定十八年增二員
奉御十六人舊名入寢殿小底奉職三十人舊名不入寢殿小底又名外帳小底皆大定十二年更
器物局提點正五品使從五品副使從六品掌進御器
械鞍轡諸物直長正八品都監正九品明昌三年省罷同監從
九品泰和四年設

尚廐局提點正五品使從五品副使從六品掌御馬調
習牧養以奉其事大定二十九年添副使一員管小馬群直長一員司馬
牛群掌廐都轄正九品不限員副轄從九品不限員數資考
尚輦局使從五品副使從六品掌承奉輿輦等事直長
正八品不限資考大定十九年除年六十以下人充典輿都轄從九品不限資考
收支都監正九品大定二十年設掌給受之事同監泰
和四年設大安二年省本把四人
鷹坊提點正五品使從五品副使從六品掌調養鷹鶻
海東青之類直長正八品不限員管勾從九品不限員數資考
武庫署令從六品掌收貯諸路常課甲仗以曉軍器女直人充丞

從七品直長二員正八品大定二年省一員
武器署提點從五品令從六品丞從七品掌祭祀朝會
巡幸及公卿婚葬鹵簿儀仗旗鼓笛角之事直長正八
品或二員頓舍官二員泰和令總格作四員正八品直長見士民須知泰和令無
右屬殿前都點檢司
宣徽院左宣徽使正三品右宣徽使正三品同知宣徽院
事正四品同簽宣徽院事正五品宣徽判官從六品掌
朝會燕享凡殿庭禮儀及監知御膳所隸弩手傘子二百三十九人控鶴二百人
拱衛直使司威捷軍隸焉舊名龍翔軍正隆二年更爲

神衛軍大定二年更名爲拱衛司都指揮使從四品舊曰使
副都指揮使從五品舊曰副使掌總統本直謹嚴儀衛大
定五年詔以使爲都指揮使副使爲副都指揮使什將
長行威捷軍承安二年簽弩手千人泰和四年以之備邊事鈐轄正六品都轄
從九品不奏
客省使正五品副使從六品掌接伴人使見辭之事
引進使正五品副使從六品掌進外方人使貢獻禮物
事
閤門明昌五年閤門官以次排轉除授東上閤門使二員正五品明昌六年省一員作從五品西同副使二員正六品明昌六年省一員西同簽事一員

從六品掌簽判閤門事西同明昌六年以減副使置西上閤門使二員正五品副使二員正六品簽事一員從六品掌贊道殿庭禮儀西閤門副貳同餘閤門祗候二十五人正大間三十二人閤門通事舍人二員從七品掌通班贊唱承奏勞問之事承奉班都知正七品掌總率本班承奉之事舊置判官後罷內承奉班押班正七品掌總率本班承奉之事御院通進四員從七品掌諸進獻禮物及薦享編次位序尚衣局提點正五品使從五品副使從六品掌御用衣服冠帶等事都監正九品舊設後罷直長正八品同監從九品

儀鸞局泰和四年或以少府監官兼或兼少府監官提點正五品使從五品副使從六品掌殿庭鋪設帳幕香燭等事直長四員正八品泰和令三員收支都監正九品二員一員掌給受鋪陳諸物一員掌萬寧宮收支庫大定七年置明昌二年增一員同監二員從九品司吏二人如內藏庫知書例

尚食局元光二年參用近侍奉御奉職提點正五品使從五品副使從六品掌總知御膳進食先嘗兼管從官食直長一員正八品不限資考都監三員正九品不限資考生料庫都監同監各一員掌給受生料物色收支庫都監同監各一員掌給受金銀裹諸色器皿以外路差除人內選充

尚藥局提點正五品使從五品出職官內選除副使從六品掌進湯藥茶果直長正八品都監正九品果子都監同監各一員掌給受進御果子本局本把四人

太醫院提點正五品使從五品副使從六品判官從八品掌諸醫藥總判院事管勾從九品隨科至十人設一員以術精者充如不至十人併至十人置不限資考正奉上太醫一百二十月升除副奉上太醫不算月日長行太醫不算月日十科額五十人

御藥院提點從五品直長正八品掌進御湯藥明昌五年設以親信內侍人充都監正九品不限員泰和令四員同監從九品不常除泰和令無

教坊提點正五品使從五品副使從六品判官從八品掌殿庭音樂總判院事諧音郎從九品不限資考員數

內藏庫大定二年分為四庫使從五品副使從六品掌內府珎寶財物率隨庫都監等供奉其事直長一員承安三年增頭面庫都監正九品同監從九品本把七人大定二年定出身依不入寢殿小底例段匹庫都監正九品同監從九品本把十二人金銀庫都監正九品本把八人雜物庫都監正九品同監從九品本把八人每庫知書各二人

宮闈局舊名宮闈司大定二年改為局舊設令丞改為使副提點正五品使從五品副使從六品掌宮中閤門之禁率隨位都監同監及

内直各給其事直長正八品内直一百七十人後作百七十九人内侍局令二員從八品興定五年陞作從六品丞二員從九品興定五年陞從七品掌正位閤門之禁率殿位都監同監及御直各給其事局長二員從九品興定五年陞正八品御直内直共六十四人明昌元年分宮闈局正位内直置初隸宮闈局東門都監同監諸隨殿位承應都監同監掌各位承應及門禁管鑰

昭明殿都監同監大定二十九年設各一員

承徽殿都監同監麗妃位　隆徽殿都監同監本隆和殿係皇后位

鸞翔殿都監同監　崇儀殿都監同監

迎暉殿都監同監七妃充容泰和三年罷　藥珠殿都監同監

瑞寧殿都監同監　回春殿都監同監　芸香殿都監同監　瑞像殿都監同監係佛殿以上殿字下無位字

凝福改部景　温芳二位都監同監　瑤華柔則二位都監同監以上無殿字及承應字　嘉福等殿位都監同監四位

廣仁殿都監同監　睿思殿都監同監以上有承應字

滋福殿都監同監本以隆慶改無位字　洽正殿都監同監　邇英殿都監同監　長慶院都監同監

仙韶院都監同監　貞和門都監同監應係錢帛經此門出入明昌四年添一員

右昇平門都監同監　長樂門都監同監　瓊林苑都監同監各二員　廣樂園都監同監　順儀位提控都監同監昔寶林位　瑞華門俗名金骨朵門都監一員同監三員　太師位提控都監同監

寶昌門都監同監　會昌門都監同監　東京孝寧宮都監同監　崇妃位提控世宗夫人興陵　惠妃位提控都監同監裕陵　温妃位提控都監同監裕陵二位明昌四年添

報德寺提控都監同監世宗御容光泰門衛

報恩寺提控都監同監世宗御容清夷門衛明昌三年設三　孝嚴寺都監同監在南京安宣宗御容改興國威城寺正大元年設三以下皆在南京

寧福殿都監同監三　純和殿都監同監三

仁安殿都監同監三　真妃位都監同監二

麗妃位都監同監　宣儀位都監同監　莊獻妃位都監同監　三廟都監同監貞祐二年設　西華門都監同監　京後園都監同監

内侍寄祿官泰和二年設初隸宮闈局尋去隸宣徽院所以陞用内侍局御直内直有年勞者

中常侍正五品　給事中從五品　内殿通直正六品先名内殿給使　黃門郎從六品　内謁者正七品　内侍殿頭從七品　内侍高品正八品不限員　内侍高班從八品

典衛司大定二十九年世宗才人寶林位各設泰和五年閏八月以崇妃薨興定元年復設世宗妃才

人實林位各設防衛軍導從人令正七品丞從七品直長見士民須知

孝靖宮章宗五妃位大安元年以有監同無總領者故設令從八品丞正九品

端妃位同監真妃徒單氏慧妃位同監麗妃徒單氏貞

妃位同監柔妃唐括氏靚儀位同監昭儀夾谷氏才媛

位同監修儀吾古論氏

懿安家貞祐三年為莊獻太子設令從八品丞正九品

宮苑司令從六品丞從七品掌宮庭修飭灑掃啓閉門

户鋪設氈席之事直長正八品一員泰和令二員都監

同監二員泰和元年設泰和四年罷同監

尚醖署令從六品丞從七品掌進御酒醴直長正八品

二員

典客署令從六品丞從七品直長後罷書表十八人

侍儀司舊名擎執局大定元年改為侍儀局大定五年陞局為司令從六品舊日局使掌侍

奉朝儀率捧案擎執奉輦各給其事直長正七品舊設局副品從七

右屬宣徽院

秘書監著作局筆硯局書畫局司天臺隸焉監一員從三

品少監一員正五品丞一員正六品秘書郎二員正七

品泰和元年定為二員通掌經籍圖書校書郎一員從七品承安五年

二員泰和五年以翰林院官兼大安二年省一員專掌校勘在監文籍著作局

著作郎一員從六品著作佐郎一員正七品掌修日曆

至此六年著作局設著作郎佐郎各二員編修日曆以學士院兼領之

筆硯局直長二員正八品掌御用筆墨硯等事泰和七

年以女直應奉兼舊名筆硯令史大定三年改為筆硯供奉以避諱改為承奉

書畫局直長一員正八品掌御用書畫紙札都監正九

品二員或一員

司天臺提點正五品監從五品掌天文曆數風雲氣色

密以奏聞少監從六品判官從八品教授舊設二員正

大初省一員係籍學生七十六人漢人五十人女直二十六人試補長行司天管勾

從九品不限資考員數隨科十人設一員以藝業尤精者充長行人五十人未授職事

者試補管勾天文科女直漢人各六人算曆科八人三式科

四人測驗科八人漏刻科二十五人銅儀法物舊在法物庫貞元二年始

付本臺

右屬秘書監

國子監國子學太學隸焉祭酒正四品司業正五品掌學

校丞二員從六品明昌二年增一員兼提控女直學

國子學博士二員正七品分掌教授生員考藝業太學同明

昌二年添女直一員泰和四年減大安二年並罷助教二員正八品女直漢人各一員

教授四員正八品分掌教誨諸生明昌二年小學各添二員承安五年一員

不除國子校勘從八品掌校勘文字國子書寫官從八品

掌書寫實録

太學博士四員正七品大安二年減二員助教四員正八品明昌二年不除一員大安二年減二員

右屬國子監

太府監左右藏支應所太倉酒坊典給署市買司隸焉監正四品少監從五品丞二員從六品掌出納邦國財用錢穀之事左藏庫使從六品副使從七品興定三年增一員掌金銀珠玉寶貨錢幣本把四人右藏庫使從六品副使從七品興定三年添一員掌錦帛絲綿毛褐諸道常課諸色雜物本把四人

支應所又作支承所都監二員正九品掌宮中出入御前支賜金銀幣帛大安三年省

太倉使從六品掌九穀廩藏出納之事擬除人副使從七品

酒坊部除使從八品副使正九品掌醞造御酒及支用諸色酒醴

典給署本鈎盾署明昌三年更令從六品舊曰鈎盾使丞從七品舊曰鈎盾副使掌宮中所用薪炭冰燭并管官戶直長一員正八品

市買司天德二年更爲市買局使從八品副使正九品掌收買宮中所用果實生料諸物

右屬太府監

少府監尚方織染文思裁造文繡等署隸焉泰和四年選能幹官兼儀鸞局近上官監正四品少監從五品丞二員從六品大定十一年省二十一年復置掌邦國百工營造之事

尚方署令從六品丞從七品掌造金銀器物亭帳車輿牀榻簾席鞍轡傘扇及裝釘之事大定二十年令不專除人令人兼直長正八品

圖畫署明昌七年省入祗應司令從六品丞從七品掌圖畫縷金匠直長正八品明昌三年罷

裁造署令從六品丞從七品掌造龍鳳車具亭帳鋪陳諸物宮中隨位床榻屏風簾額絛結等及陵廟諸物并

省臺部内所用物泰和令有畫繪之事直長從八品明昌三年省裁造匠六人針工婦人三十七人

文繡署令從六品丞從七品掌繡造御用并妃嬪等服飾及燭籠照道花卉貞祐二年止設官一員直長正八品繡工一人都繡頭一人副繡頭四人女四百九十六人内上等七十人次等凡四各二十六人

織染署令從六品丞從七品直長正八品掌織絍色染諸供御及宮中錦綺幣帛紗縠

文思署明昌七年省入祗應司令從六品丞從七品掌造内外局分印合傘浮圖金銀等尚輦儀鸞局車具亭帳之物并

三國生日等禮物織染文繡兩署金線直長正八品明昌三年省去

右屬少府監

軍器監承安二年設泰和四年罷復併甲坊利器兩署爲軍器署置令丞直長直隸兵部至寧元年復爲軍器監軍器庫利器署隸焉舊轄甲坊利器兩署監從五品少監從六品丞從七品掌修治邦國戎器之事直長正八品泰和令無總務有

軍器庫至寧元年隸大興府貞祐三年來屬使正八品副使正九品省併不奏掌收支河南一路并在京所造常課橫添和買軍器大定五年設

甲坊署泰和四年廢舊置令丞直長

利器署本都作院興定二年更今名同隨朝來屬令從六品丞從七品掌修弓弩刀槊之屬直長正八品

右屬軍器監

都水監街道司隸焉分治監專規措黃沁河衛州置司監正四品掌川澤津梁舟楫河渠之事興定五年兼管勾沿河漕運事作從五品少監正六品以下皆同兼漕事少監從五品明昌二年增一員衛州分治丞二員正七品內一員外監分治貞元元年置掾正八品掌與丞同外監分治大定二十七年添一員明昌五年併罷之六年復置二員勾當官四員準備分治監差委明昌五年以罷掾故二員興定五年設四員

街道司管勾正九品掌灑掃街道修治溝渠舊南京街道司隸都水外監貞元二年罷歸京城所

都巡河官從七品掌巡視河道修完堤堰栽植榆柳凡河防之事分治監巡河官同此其盧溝崇福上下埽都巡河兼石橋使通濟河節巡官兼建春宮地分河道諸都巡河官掌提控諸埽巡河官明昌五年設以合得縣令人年六十者選充大定二年設崞滄河巡河官二員散巡河官於諸局及丞簿廉舉人并見勾當人六十以下者充

黃汴都巡河官下六處河陰雄武滎澤原武陽武延津各設散巡河官一員

黃沁都巡河官下四處懷州孟津孟州城北各設黃沁散巡河官各一員

衛南都巡河官下四處新鄉崇福上崇福下衛南淇上散巡河官各一員

滑濬都巡河官下四處武城白馬書城教城散巡河官各一員

曹甸都巡河官下四處東明西佳孟華陵城散巡河官各一員

曹濟都巡河官下四處定陶濟北寒山金山散巡河官各一員凡二十五埽埽兵萬二千人

諸埽物料場官掌受給本場物料分治監物料場官同此惟崇福上下埽物料場官與當界官通管收支

南京延津渡河橋官兼譏察事管勾一員同管勾一員掌橋船渡口譏察濟渡給受本橋諸物等事內譏察事隸留守司餘浮橋官同此

右屬都水監皇統三年四月懷州置黃沁河堤大管勾司未詳何年罷正大二年外監東置歸德西置于河陰

諫院左諫議大夫右諫議大夫皆正四品左司諫右司諫皆從五品左補闕右補闕正七品左拾遺右拾遺正七品

大理寺天德二年置自少卿至評事漢人通設六員女直契丹各四員卿正四品少卿從五品正正六品丞從六品掌審斷天下奏案詳讞疑獄司直四員正七品掌參議疑獄披詳法狀舊有契丹司直一員明昌二年罷評事三員正八品掌同司直明昌二年省契丹評事一員大安二年省漢人一員知法十一員從八品女直司五員漢人司六員掌檢斷刑名事明法二員從八品興定二年置同流外四年罷之

弘文院知院從五品同知弘文院事從六品校理正八品掌校譯經史

登聞鼓院知登聞鼓院從五品同知登聞鼓院事正六品掌奏進告御史臺登聞檢院理斷不當事承安二年以諫官兼知法二員從八品女直漢人各一

登聞檢院知登聞檢院從五品同知登聞檢院正六品掌奏御進告尚書省御史臺理斷不當事知法從八品女直漢人各一員

記注院修起居注掌記言動明昌元年詔毋令諫官兼或以左右衛將軍兼貞祐三年以左右司首領官兼爲定制

集賢院貞祐五年設知集賢院從四品正大元年受馬璘額外兼吏部郎中

同知集賢院從五品司議官正八品不限員諮議官正九品不限員

益政院正大三年置於內庭以學問該博議論宏遠者數人兼之日以二人上直備顧問講尚書通鑑貞觀政要名則經筵實內相也末帝出遂罷

武衛軍都指揮使司隸尚書兵部都指揮使從三品大定二十九年以武衛軍六十人兵馬一員副都二員其職低故設使品正四承安三年陞副都指揮使二員從四品副都一員從四品初正五品承安三年陞判官一員承安三年設掌防衛都城警捕盜賊

鈐轄司鈐轄十員正六品初設二員都鈐轄四員從七品興定

三年權設總把兩宅都將二十員，從九品大定十六年立名掌管轄軍人防衛警捕之事承安元年設萬人內軍八千九百四十九人忠衛二百人隊正四百人

右屬武衛軍都指揮使司

衛尉司大安元年擬隆慶宮人數定之中衛尉從三品掌總中宮事務副尉從四品左常侍從五品掌周護導從儀仗之事右常侍從五品常侍官護衛三十人同東宮奉引八十人同控鶴傘子四人同控鶴執旗二人同儀鸞

給事局使正七品副使正八品內謁者兼司寶二員從六品內直充奉閣一十人同東宮入殿小底閣直二十人同宮闈局內直

掖庭局令正九品內直充掌皇后宮事務丞從九品內直充

宮令宮苑司儀鸞局兼食官尚食局兼飲官尚醞署兼醫官尚藥局太醫院兼主藏內藏典給署兼主廩太倉兼

右屬衛尉司

權貨務在京諸稅係中運司見錢皆權於本務收使從六品副使從七品掌發賣給隨路香茶鹽鈔引

交鈔庫使舊正八品後陞從七品貞祐後掌諸路交鈔及檢勘錢鈔換易收支之事副使從八品掌書押印合同判官正九品貞祐二年作從九品都監二員見泰和令

印造鈔引庫大安二年兼抄紙坊使從八品副正九品判正九品掌監視印造勘覆諸路交鈔鹽引兼提控抄造鈔引紙承安四年罷四小庫併罷庫判四員至寧元年設二員貞祐二年作從九品

抄紙坊大安二年以印造鈔引庫兼貞祐二年復置仍設小都監二員使從八品貞祐二年同隨朝副使正九品判從九品

交鈔庫物料場至寧元年置場官舊正八品後作正九品掌收支交鈔物料隨處交鈔庫抄紙坊使從八品貞祐二年設於上京西京北京東平大名益都咸平真定河間平陽太原京兆平涼廣寧等府瑞蔚平清通順薊等州貞祐三年罷之

平準務元光二年五月設十月罷使從六品副使從七品勾當官六員

右自權貨務以下皆屬尚書戶部

惠民司令從六品掌修合發賣湯藥舊又設丞一員大定三年有司言惠民司入息錢不償官吏俸上曰設此本欲濟民官非人急於監視藥物財貫何足計哉可減員而已直長正

八品都監正九品

右屬尚書禮部

四方館使正五品副使從六品掌提控諸路驛舍驛馬并陳設器皿等事

法物庫元兼管大樂貞元二年改付太常寺使從六品副使從七品掌鹵簿儀仗車輅法服等事直長正八品泰和三年省

承發司管勾從七品同管勾從八品掌受發省部及外路文字

右屬尚書兵部

萬寧宮提舉司舊太寧宮更名壽安宮又更今名提舉從六品同提舉從

七品掌守護宮城殿位本把十五人

慶寧宮提舉司提舉正七品兼龍門縣令同提舉正八品兼儀鸞監

右屬尚書刑部

修內司大定七年設使從五品副使從六品掌宮中營造事匠兵一千六十五人兵夫二千人仍命少府監長官提控直長二員正八品部役官四員正八品掌監督工役受給官二員正八品掌支納諸物

都城所提舉從六品同提舉從七品掌修完廟社及城隍門鑰百司公廨係官舍屋并栽植樹木工役等事左右

廂官各二員正八品掌監督工役受給官二員正八品掌支納諸物及埏埴等事

祗應司提點從五品令從六品丞從七品掌給宮中諸色工作直長正八品收支庫都監同監泰和元年置

甄官署令從六品丞從七品直長正八品掌劖石及埏埴之事

上林署提點從五品泰和八年罷大安二年省令從六品掌諸苑囿池沼種植花木果蔬及承奉行幸舟船事丞從七品大定七年增一員分司南京以句判兼之大安三年復省一員直長二員正八品

花木局都監同監舊設接手官四人泰和元年罷復以諸司人內置都監同監二員貞祐三年罷都同監以同樂園管勾兼熙春園都監同監三員泰和四年置貞祐三年省

同樂園管勾二員每年額辦課程隸南運司宣宗南遷罷課改為隨朝職正八品

右皆屬尚書工部

京東西南三路檢察司興定四年置使從六品副使正七品掌檢察支散軍粮驗軍戶實給均軍戶差役勸農種毋犯私殺馬牛私鹽酒麴

南京豐衍東西庫隸運司貞祐二年同隨朝使正八品副使從八品判

二員正九品監支納各一員正八品

提舉南京榷貨司貞祐四年置提舉從五品同提舉從六品勾當官三員正九品

提舉倉場司貞祐五年置先隶部辟舉後省併使從五品副使從六品掌出納公平及毋致虧敗監支納官八品十六員以年六十以下廉幹人充女直漢人各一廣盈倉豐盈倉永豐廣儲倉富國倉廣衍倉三登倉常盈倉西一場西二場西三場東一場東二場南一場北一場北二場通濟倉與在京倉置監支納使副各一員豐備倉豐贍倉廣濟倉潼關倉興定五年刱置潼關倉監支納一員兼樞密院彈壓陳州倉四員洧川倉二員

八作左右院設官同上掌收軍須軍器

軍須庫至寧二年置使從八品副從九品

典牧司貞祐年置使正七品副從八品判官正九品

圍牧司興定二年置使正七品副正八品判官正九品

提舉圍牧所興定二年置隸各路統軍司河南東路河南西路陝西路

皆設提舉同提舉山東路止設提舉

志第三十七

志第三十八　　金史五十七

開府儀同三司上柱國錄軍國重事前中書右丞相監修國史領經筵事都總裁臣脫脫奉　修

百官三

内命婦　宫人女職　東宫官屬
親王府　太后两宫官屬　大興府
諸京留守司　諸京城宫苑提舉都監等職
按察司　諸路總管府
諸節鎮防禦刺史縣鎮等職
諸轉運泉穀等職　諸府鎮兵馬等職
諸猛安部族及群牧等職

内命婦品元妃貴妃淑妃德妃賢妃正一品昭儀昭容昭媛脩儀脩容脩媛充儀充容充媛曰九嬪正二品婕妤正三品美人正四品才人正五品各九員曰二十七世婦寶林正六品御女正七品采女正八品各二十七員曰八十一御妻按金格貞祐後之制貴妃下有真妃淑妃下有麗妃柔妃而無德妃賢妃九嬪同婕妤下有麗人才人爲正三品順儀淑華淑儀爲正四品尚宫夫人尚宫左夫人尚宫右夫人宫正夫人寶華夫人尚儀夫人尚服夫人尚寢夫人欽聖夫人資明夫人爲正五品尚儀御侍尚服御侍尚寢御侍尚正御侍寶符宸侍奉恩令人奉光令人奉徽令人奉美令人爲正六品司正御侍寶符御侍司儀御侍司符御侍司寢御侍司飾御侍司設御侍司衣御侍司膳御侍司樂御侍仙部使光訓良侍明訓良侍遵訓良侍從訓良侍爲正七品典儀御侍典膳御侍典寢御侍典飾御侍典設御侍典衣御侍典藥御侍仙韶副使承和良侍承惠良侍承宜良侍爲正八品掌儀御侍掌服御侍掌寢御侍掌飾御侍掌設御侍掌衣御侍掌膳御侍掌藥御侍仙部掌音祗肅良侍祗敬良侍祗愿良侍爲正九品

宫人女官職員品秩皆同唐制

尚宮二人掌導引皇后管司記司言司簿司闈仍總知五尚須物出納等事司記二人典記二人掌記二人掌在內諸文書出入目錄爲記審訖付行縣印等事女史六人掌職文簿司言二人典言二人掌言二人女史四人掌宣傳啓奏之事司簿二人典簿二人掌簿二人女史六人掌宮人名簿廩賜之事司闈六人典闈六人掌闈六人女史四人掌宮闈管鑰之事尚儀二人掌禮儀起居管司籍司樂司賓司贊事司籍二人典籍二人掌籍二人女史十人掌經籍教學紙筆几案之事司樂四人典樂四人掌樂四人女史二人掌音樂之事司賓二

人典賓二人掌賓二人女史二人掌賓客參見朝會引導之事司贊二人典贊二人掌贊二人女史二人彤史二人掌禮儀班序設板贊拜之事尚服二人掌司寶司衣司飾司仗之事司寶二人典寶二人掌寶二人女史四人掌珍寶符契圖籍之事司衣二人典衣二人掌衣二人女史四人掌御衣服首飾之事司飾二人典飾二人掌飾二人女史二人掌膏沐巾櫛服玩之事司仗二人典仗二人掌仗二人女史二人掌仗衛兵器之事尚食二人掌知御膳進食先嘗司膳司醞司藥司饎事司膳四人典膳四人掌膳四人女史四人掌膳羞器皿司

醞二人典醞二人掌醞二人女史二人掌酒醴司藥二人典藥二人掌藥二人女史二人掌醫藥司饎二人典饎二人掌饎二人女史二人掌宮人食并柴炭之事尚寢二人管司設司輿司苑司燈事司設二人典設二人掌設二人女史二人掌帷帳床褥枕席洒掃鋪設司輿二人典輿二人掌輿二人女史二人掌輿繖扇羽儀司苑二人典苑二人掌苑二人女史二人掌苑囿種植蔬果司燈二人典燈二人掌燈二人女史二人掌燈油火燭尚功二人掌女功管司製司珍司綵司計司製二人典製二人掌製二人女史二人掌裁縫衣服纂組之事

司珍二人典珍二人掌珍二人女史二人掌金珠玉寶財貨之事司綵二人典綵二人掌綵二人女史二人掌錦文緋綵絲帛之事司計二人典計二人掌計二人女史二人掌支度衣服飲食柴炭雜物之事宮正二人掌總知宮內格式糾正推罰之事司正二人同掌典正二人糾察違失女史四人

皇后位下女職依隆慶宮所設人數大安元年定 司闈一員八品掌宮內諸事并給散宮人俸給食料秉儀一員八品丞儀一員九品掌左右給事宣傳啓奏經籍紙筆之事直閤一員司陳一員九品掌帳幕床褥輿繖洒掃鋪陳薪炭燈燭

之事秉衣一員奉衣一員九品掌首飾衣服器玩諸寶財貨裁製縑綵之事掌饌一員八品奉饌一員九品掌飲食湯藥酒醴蔬果之事

東宮官宮師府太子太師太子太傅太子太保正二品太子少師太子少傅太子少保正三品掌保護東宮導以德義海陵天德四年始定制宮師府三師三少詹事院詹事三寺十率府皆隸焉左右諭德爲東宮僚屬

詹事院太子詹事從三品少詹事從四品掌總統東宮內外庶務左右衛率府從五品掌周衛導從儀仗左右監門正六品掌門衛禁鑰僕正正六品副僕正七品僕丞

正九品掌車馬廐牧弓箭鞍轡器物等事掌寶二人從六品掌奉寶謹其出入典儀從六品贊儀從七品司贊禮儀侍正正七品侍丞正八品掌冠帶衣服左右給使之事典食令正八品丞正九品承奉膳羞侍藥正八品奉藥正九品承奉醫藥掌飲令正八品丞正九品承奉賜茶及酒果之事家令正八品家丞正九品掌營繕栽植鋪設及燈燭之事司經正八品副正九品掌經史圖籍筆硯等事司藏從八品副從九品掌庫藏財貨出入之事司倉從八品副從九品掌倉廩出納薪炭等事中侍局都監正九品同監從九品掌東閤內之禁令省察宮人廩賜給納諸物轄侍人等左諭德右諭德正五品左贊善右贊善正六品掌贊諭道德侍從文章內直郎正七品

右屬宮師府

親王府屬官傅正四品掌師範輔導參議可否若親王在外亦兼本京節鎮同知府尉從四品本府長史從五品明昌三年改掌警嚴侍從兼總統本府之事司馬從六品同檢校門禁總統府事文學二人從七品掌贊道禮義資廣學問記室參軍正八品掌表牋書啓之事大定七年八月始置二十年不專除令文學兼之

諸駙馬都尉正四品

提舉衛紹王家屬提舉從六品同提舉從七品舊爲東海郡侯邑令丞

提舉鎬厲王家屬提舉同提舉以上二宅天興元年始聽自便

提控鞏國公家屬提控同提控

太后兩宮官屬正大元年置衛尉從三品副衛尉從四品左典禁右典禁從五品奉令正七品奉丞正八品太僕正六品副僕正七品門衛二員正六品典寶二員正六品謁者二員從六品閤正從七品閤丞正八品食官令正八品食官丞正九品宮令正八品宮丞正九品醫令

正八品醫丞正九品欽官令正八品欽官丞正九品主藏從八品副主藏主廪從八品副主廪

大興府尹一員正三品掌宣風導俗肅清所部總判府事餘府尹同兼領本路兵馬都總管府事車駕巡幸則置留守同知少尹判官惟留判不別置以總判兼之同知一員從四品掌通判府事餘府同知同此少尹一員正五品掌同同知總管判官一員從五品掌紀綱總府衆務分判兵案之事府判一員從五品掌諮議參佐糾正非違紀綱衆務分判吏禮工案事推官二員從六品掌同府判分判户刑案事内户推掌通檢推排簿籍舊一員大定五年增一員知事正八品掌付事勾稽省署文牘總録諸案之事都孔目官女直司一員漢人司一員職同知事掌監印監受案牘餘都孔目官同此不常置省則吏目攝六案司吏七十五人内女直十五人漢人六十人司吏分掌六案各置孔目官一員掌呈覆糾正本案文書餘分前後行其他處應設十人以下六人以上者置孔目官三人及置提點所處仍舊女直司吏若十二人以上分設六案不及者設三案五人以下設一案通掌六案事以上名充孔目官知法三員從八品女直一員漢人二員掌律令格式審斷刑名抄事一人掌抄事目寫法狀以前後行吏人選公使百人女直教授一員東京北京上京河東東西路山東東西路大名咸平臨潢陝西統軍司西南招討司西北路招討司婆速路曷懶路速頻蒲與胡

里改隆州泰州蓋州益同此皆置醫院醫正一人醫工八人

諸京留守司留守一員正三品帶本府尹兼本路兵馬都總管同知留守事一員正四品帶同知本府尹兼本路兵馬都總管副留守一員從四品帶本府少尹兼本路兵馬副都總管留守判官一員從五品都總管判官一員從五品掌紀綱總府衆務分判兵案之事推官一員從六品掌同府判分判刑案之事上京兼管林木事司獄一員正八品司吏女直司吏上京二十人北京十三人東京十人南京西京各五人漢人司吏三十萬户以上六十人二十五萬户五十五人十萬户以上四十人七萬户以上三十五人五萬户以上三十人三萬户以上二十四人不及萬户十人譯人上京北京各三人東京西京南京各二人通事二人知法女直漢人各一員南京漢人二員抄事一人掌抄錄事目書寫法狀公事百人

京城門收支器物使貞祐元年置每城一面設一員五年南京隨門添設舊有小都監後省正八品十四員户部辟舉

開陽門　宣仁門　安利門　平化門

通遠門　宜照門　利川門　崇德門　迎秋門

廣澤門　順義門　迎朔門　順常門　廣智門以巳上各門副尉兼職貞祐五年制乃罷小都監十四門尉從七品副尉

正九品

上京提舉皇城司提舉一員從六品同提舉一員從七品

司吏一人
南京提舉京城所提舉一員正七品同提舉一員從七品
掌本京城壁及繕修等事不常置上京同此管勾一員
正八品掌佐繕治受給官一員掌收支之事據察官一
員掌監督修造
皇城使一員正八品副使一員正九品掌宮闕繕修之事
不常置
管勾北太一宮同樂園二員正八品掌守宮園繕修之事
慶元宮小都監三員掌鋪陳祭器諸物餘宮同
花園小都監二員

東京宮苑使一員西京北京同
東京西京御容殿閤門各二員掌享祀禮數鋪陳祭器
東京萬寧宮小都監一員
按察司本提刑司承安三年以上京東京等提刑司併為
一提刑使兼宣撫使勸農採訪事為官稱副使判官以
兼宣撫副使判官為名復改宣撫為安撫各設安撫判
官一員提刑一員通四員安撫司掌鎮撫人民譏察邊
防軍旅審錄重刑事安撫判官則銜内不帶勸農採訪
事令專管千戶謀克安撫使副内差一員於咸平一員
於上京分司承安四年罷咸平分司使在上京副在東

京各設簽事一員承安四年改按察司貞祐三年罷上
委監察採訪使一員正三品掌審察刑獄照刷案牘糾
察濫官汙吏豪猾之人私鹽酒麴並應禁之事兼勸農
桑與副使簽事更出巡案副使正四品兼勸農事簽按
察司事正五品承安四年設判官二員從六品大定二
十九年設明昌元年以陝西地濶添一員知事正八品
承安三年上京者兼經歷安撫司使泰和八年十一月
省議以轉運司權輕州縣不畏不能規措錢穀遂詔中
都都轉運依舊專管錢穀事自餘諸路按察使並兼轉
運使副使兼同知簽按察並兼轉運副添按察判官一

員為從六品中都西京路按察司官止兼西京路轉運
司事遼東路惟上京按察安撫使及簽事依舊署本司
事遼東轉運使兼按察副使同知轉運使兼簽按察司
事轉運副使兼按察判官添知事一員知法二員從八
品書史四人書吏十人抄事一人公使四十人右中都西京並依此置陝西
上京兩路設簽按察司事二員上京簽安撫司事上京
東京等路按察司并安撫司使正三品鎮撫人民譏察
邊防軍旅之事仍專管猛安謀克教習武藝及令本土
純愿風俗不致改易副使二員正四品簽安撫司事正
五品簽按察司事正五品知事兼安撫司事正八品知

法四從八品書吏四人上京東京書吏十八人女直十二人漢人六人中都西京女直五人漢人五人北京臨潢女直三人漢人五人南京女直二人漢人七人山東女直三人漢人七人大名女直三人漢人六人抄事一人公使十人也右按察使於上京副使於東京各路設簽事一員分司勾當惟安撫司不帶勸農字內知事於上京自餘並於兩處分減存設

諸總管府謂府尹兼領者都總管一員正三品掌統諸城隍兵馬甲仗總判府事同知都總管一員從四品掌通判府事惟婆速路同知都總管兼來遠軍事兵馬副都總管一員正五品所掌與同知同總管判官一員從六品掌紀綱總府衆務分判兵案之事府判一員從六品

掌紀綱衆務分判戶禮案仍掌通檢推排簿籍推官一員正七品掌同府判分判工刑案事知法一員司吏女直山東西路十五人大名十四人山東東路咸平府臨潢府各十二人曷懶路河北西路各十人婆速路十一人河北東路八人河東南北路京兆慶陽臨洮鳳翔延安各四人漢人戶十八萬以上四十二人十五萬以上四十人十三萬以上三十八人十萬以上三十五人七萬以上三十二人五萬以上二十八人三萬以上二十二人不及三萬戶二十人婆速路曷懶路各二人譯人咸平三人河北東西山東東西曷懶大名臨潢各二人餘各一人通事婆速曷懶路高麗通事一人臨潢北部通事一人部落通事一人小部落通事二人慶陽府通事一人抄事一人公使八十人臨潢別置移剌十五人凡諸府置員並同惟曷懶路無府事

諸府謂非兼總管府事者尹一員正三品同知一員正四品少尹一員正五品府判一員從六品掌紀綱衆務分判吏戶禮案事專掌通檢推排簿籍推官一員正七品掌同府判兵刑工案事府教授一員知法一員司吏女直皆三人漢人若管十六萬戶四十人十四萬以上三十八人十二萬以上三十五人十萬以上三十二人七萬以上三十人五萬以上二十五人三萬以上二十人不及三萬戶十七人譯人一人通事一人抄事一人公使七十人

諸節鎮節度使一員從三品掌鎮撫諸軍防刺總判本鎮兵馬之事兼本州管內觀察使事其觀察使所掌並同府尹兼軍州事管內觀察使同知節度使一員正五品通判節度使事兼州事者仍帶同知管內觀察使副使一員從五品節度判官一員正七品掌紀綱節鎮衆務僉判兵馬之事兼制兵刑工案事觀察判官一員正七

品掌紀綱觀察衆務分判吏戶禮案事通檢推排簿籍知法一員州教授一員司獄一員正八品司吏女直隆州十四人蓋州十二人泰州十一人速頻胡里改各十人蒲與八平宗懿定行策容滄冀邢同雄保兖邠涇朔泰聖豐雲內許徐鄧肇鄜全華各三人餘各二人漢人依府尹數例譯人一人通事二人抄事一人公使人上鎮七十中六十五下六十惟蒲與胡里改速頻各二十人曷速館路蒲與路胡里改路速頻路四節鎮省觀察判官而無州事

諸防禦州防禦使一員從四品掌防捍不虞禦制盜賊餘同府尹同知防禦使事一員正六品掌通判防禦使事判官一員正八品掌簽判州事專掌通檢推排簿籍知法從九品州教授一員司軍從九品軍轄兼巡捕使從

九品司吏女直一人漢人管戶五萬以上二十人以率而減譯人一人通事一人抄事一人公使上州六十人中五十五人下五十人

諸刺史州刺史一員正五品掌同府尹兼治州事同知一員正七品通判州事判官一員從八品簽判州事專掌通檢推排簿籍司軍從九品知法一員軍轄兼巡捕使從九品司吏女直韓慶信濼蔚通澄復瀋貴德涿利建州來遠軍各二人餘各一人抄事一人公使上州五十中四十五下四十惟來遠軍同下州省同知凡諸州以上知印並於孔目官內輪差運司押司官並同無孔目官以上各司吏充司縣同此

諸京警巡院使一員正六品掌平理獄訟警察別部總判院事副一員從七品掌警巡之事判官二員正九品掌檢稽失簽判院事司吏女直中都各三人上東西三京各二人餘各一人漢人中都十五人南京九人西京八人東京六人北京五人上京四人惟東西北上京無副使

諸府節鎮錄事司錄事一員正八品判官一員正九品掌同警巡使司吏戶萬以上設六人以下為率減之凡府鎮二千戶以上則依此置以下則止設錄事一員不及百戶者並省

諸防刺州司候司司候一員正九品司判一員從九品司吏公使七人然亦驗戶口置

赤縣謂大興宛平縣令一員從六品掌養百姓按察所部宣導風化勸課農桑平理獄訟捕除盜賊禁止游惰兼管常平倉及通檢推排簿籍總判縣事丞一員從八品掌貳縣事主簿一員正九品掌同縣丞尉四員正八品專巡捕盜賊餘縣置四尉者同此司吏十人內一名取識女直漢字者充公使十人

次赤縣又曰劇縣令一員正七品丞一員正九品主簿一員正九品尉一員正九品

諸縣令一員從七品丞一員正九品主簿一員正九品尉一員正九品凡縣二萬五千戶以上為次赤為劇二萬以上為次劇在諸京倚郭者曰京縣自京縣而下以萬戶以上為上三千戶以上為中不滿三千為下中縣而下置丞以主簿與尉通領巡捕事下縣則不置尉以主簿兼之中縣司吏八人下縣司吏六人公使皆十人

諸知鎮　知城　知堡　知寨　皆從七品其設公使皆與縣同惟驗戶口置司吏

諸司獄司獄一員正九品提控獄囚司吏一人公使二人典獄二人防守獄四門禁啓閉之事獄子防守罪囚者

市令司唯中都置令一員正八品南遷以左右警使兼丞一員正九品掌平物價察度量權衡之違式百貨之估直司吏四人公使八人

軍器庫使一員正八品副使一員從九品掌甲冑兵仗司吏二人庫子掌出納之數看守巡護中都南京依此置西京省副使北京惟副使仍兼八作使隨府節鎮設使副若軍器兼作院軍資兼軍器庫及防刺郡則置都監一員以軍資監兼者如舊

作院使一員副使一員掌監造軍器兼管徒囚判院事都監一員掌妝支之事牢長監管囚徒及差設牢子中都南京依此置仍加都字南京省都監一員東京西京置使或副一員上京並省隨府節鎮作院使副並以軍器使副兼之其或置一員或以軍資庫兼之若元設甲院都監處并劄州事設使副者並仍舊

都轉運司使正三品掌稅賦錢穀倉庫出納權衡度量之制同知從四品副使正五品都句判官從六品紀綱衆務分判句案惟南京句判兼上林署丞戶籍判官二員從六品舊止一員承安四年增置一員不許別差專管拘收徵剋等事支度判官二員從六品掌勾判分判支度案事鹽鐵判官一員從六品都孔目官二員勾稽文

牘知法二員從八品都勾案戶籍案鹽鐵案支度案開拆案司吏女直八人漢人九十人抄事一人譯史三人通事一人押遞五十人監運諸物公使八十人惟中都路置都轉運司餘置轉運司省戶度判官各一員南京西京北京遼東山東西路河北東路則置女直知法漢知法各一員山東東路河東南路北路河北西路陝西東西路則置漢知法一員餘官皆同中都置女直司吏遼東路十人西京北京山東西路各五人餘路皆四人譯史遼東路三人餘各二人通事各一人漢人司吏課額一百八十萬貫以上者五十人百五十萬貫以上四十五人百二十萬貫以上四十人九十萬貫以上三十五人六十萬貫以上三十人三十萬貫以上二十五人不及三十萬貫二十人公使人各七十人押遞南京山東東西路河東南路河北西路各五十人西京河東北路河北東路各四十人餘路各三十人

山東鹽使司與寶坻滄解遼東西京北京凡七司使一員正五品他司皆同副使二員正六品它司皆一員判官三員正七品泰和作四員寶坻解州設二員餘司皆一員掌幹鹽利以佐國用管勾二十二員正九品寶坻解西京則設六員北京遼東滄州則設四員同管勾都同監皆省掌分管諸場發買收納恢辦之事同管勾五員都監八員監同各七員知法一員司吏二十二人女直三人漢人十九人譯人一人抄事公使四十人它司皆同

中都都麴使司酒使司院務　稅醋使司　榷場兼酒使司附使從六品副使正七品掌監知人戶醞造麴糵辦課以佐國用餘酒使監醞辦課同此都監二員正八品掌簽署文簿檢視醞造司吏四人公使十人凡京都及真定皆爲都麴酒使司設官吏同此它處置酒使司課及十萬貫以上者設使副小都監各一員五萬貫以上者設使副各一員已上皆設司吏三人二

萬貫以上者設使及都監各一員司吏二人不及二萬貫者爲院務設都監同監各一員不及千貫之院務止設都監一員其它稅醋使司及榷場與酒稅相兼者視課多寡設官吏皆同此諸酒稅使三萬貫以上者正八品諸酒榷場使從七品五萬貫以上副使正八品

提舉南京路榷貨事從六品

中都都商稅務司使一員正八品副使一員正九品正大元年陞爲從七品掌從實辦課以佐國用都監一員從九品掌簽署文簿巡察匿稅司吏四人公使十人餘置官吏同酒使司

中都廣備庫使一員從七品副使一員從八品判官一員正九品掌疋帛顏色油漆諸物出納之事攢典四人庫子十四人內十二人收支二人應辦掌排數出納看守巡護之事與庫官通管

永豐庫鍍鐵院都監隸焉使一員從七品副使一員從八品判官一員正九品掌泉貨金銀珠玉出納之事攢典三人庫子十二人內十人收支二人應辦凡歲收二十五萬貫者置庫子十人不及二萬貫者置二人

鍍鐵院都監二員管勾生熟鐵釘線攢典一人京府鎮通州並依此置判官都監皆省或兼軍器并作院或設使若副一員防刺郡設都監一員仍兼軍器庫

南京交鈔庫使一員正八品副使一員正九品掌出入錢鈔兌便之事攢典二人攢寫計帳類會合同庫子八人掌受納錢數辨驗交鈔毀舊注簿曆

中都流泉務大定十三年上謂宰臣曰聞民間質典利息重者至五七分或以利爲本小民苦之若官爲設庫務十中取一爲息以助官吏廩給之費似可便民卿等其

議以聞有司奏於中都南京東平真定等處並置質典庫以流泉爲名各設使副一員凡典質物使副親評價直許典七分月利一分不及一月者以日計之經二周年外又逾月不贖即聽下架出賣出帖子時寫質物人姓名物之名色金銀等第分兩及所典年月日錢貫下架年月之類若亡失者收贖日勒合干人驗元典官本并合該利息陪償入官外更勒庫子驗典物日上等時估償之物雖故舊依新價償仍委運司佐貳幕官識漢字者一員提控若有違犯則究治每月具數申報上司大定二十八年十月京府節度州添設流泉務凡二十八所明昌元年皆罷之二年在都依舊存設使一員正八品副使一員正九品掌解典諸物流通泉貨勾當官一員攢典二人

中都店宅務管勾四員正九品各以二員分左右廂掌官房地基徵收官錢檢料修造摧毀房舍攢典左右廂各五人掌徵收及檢料修造房屋之事庫子左右廂各三人催錢人左右廂各十五人又別設左廂平樂樓花園子一名右廂舘子四人南京店宅務同

中都左右廂別貯院使一員從八品副使一正九判官從九品拘收退朴等物及出給之事攢典庫子同前

中都木場使一員從八品副使一員判官一員皆正九

品掌拘收材木諸物及出給之事司吏一人庫子四人花料一人木匠一人

中都買物司使一員從八品副使一員正九品掌收買官中所用諸物都監四員從九品掌支應等事司吏二人

京兆府司竹監管勾一員從七品掌耨養竹園採斫之事司吏一人監兵百人給耨養採斫之役

諸綾錦院置於真定平陽太原河間懷州使一員正八品副使一員正九品掌織造常課疋段之事

規措京兆府耀州三白渠公事規措官正七品掌灌溉民田點檢渠堰官一員掌點檢啓閉涇陽等縣渠堰司吏二人

漕運司提舉一員正五品景州刺史兼領掌河倉漕運之

事同提舉一員正六品勾當官從八品掌催督起運綱
船司吏六人分掌課稅起運兩科各設孔目官前後行各一人課稅科掌吏戶禮案起運科掌兵刑工案公
使八十一人押綱官七十六人景州依此置肇州以提舉兼本州同知
同提舉兼州判
諸倉使正八品副使正九品掌倉廩畜積受納租稅支給
祿廩之事攢典掌收支文曆行署案牘歲收一萬石以上設二人倉子掌斛斗盤量出納看守之事
草場使副使掌儲積受給之事攢典二人場子掌積垛出納看守巡護之事歲收五
萬以上設四人中都南京歸德河南京兆鳳翔依此置西京省副使餘京節鎮科設使副一員防刺仍舊置都
監一員
南京諸倉監支納官草場監支納官正八品

南京提控規運柴炭使從五品副使正六品
京西規運柴炭場使從八品副使正九品
諸總管府節鎮兵馬司都指揮使一員正五品巡捕盜賊
提控禁夜糾察諸博徒屠宰牛馬總判司事副都指揮
使二員正六品貳使職通判司事分管內外巡捕盜賊
軍典十二人掌本庫名籍差遣文簿行署文書巡捕等事餘軍典同此司吏一人譯人一人公使十人指
揮使一員從六品鈐轄四都之兵以屬都指揮使專署
本指揮使事軍使一員正七品指揮之職左右什將各
一人共管一都軍典二人營典一人左右承局各一人左右押官各一人以上軍員每百人爲
一指揮使各一員分四都每都設左右什將承局押官各一若人數不及附近相合者並依上置如無可相合
者三百人以上爲一指揮二百人以上止設指揮使一百人上設軍使仍每百人以上立爲一都不及百人設
什將承局押官各一其指揮下軍使什將下軍典營典各同此置惟北京西京止設使副各一員
諸府鎮都軍司都指揮使一員正七品節鎮軍都指揮使則從七品掌
軍卒差役巡捕盜賊總判軍事仍與錄事同管城隍軍典
二人公使六人凡諸府及節鎮並依此置
諸防刺州軍轄一員掌同都軍兼巡捕仍與司候同管城
壁軍典二人
諸府州兵馬鈐轄一員從六品掌巡捕盜賊若有盜則總
押隨處巡尉併力擒捕司吏二人京兆咸平濟南鳳翔萊密懿肇州並依此置惟京兆
咸平府置兵馬都鈐轄餘並省

諸巡檢中都東北都巡檢使一員正七品通州置司分管
大興漷陰昌平通順薊盈州界盜賊事司吏一人掌行署文書馬軍十
五人於武衛馬軍內選少壯熟閑弓馬人充
西南都巡檢一員正七品良鄉縣置司分管良鄉宛平安
次永清縣并涿易州界盜賊事
諸州都巡檢使各一員正七品副都巡檢使各一員正八
品司吏各一人右宿泗唐鄧蔡壽陳潁德華河隴泰等州并西北路依此置餘不加使字
散巡檢正九品內泗州以管勾排岸兼之皆設副巡檢一
員爲之佐右地險要處置司唐鄧宿泗潁壽蔡等州及緣邊二十五處置大定二十二年廣寧府大
斧山置巡檢司明昌五年七月升祭州劉輝村置巡檢

潼關關使兼譏察官正七品掌關禁譏察姦僞及管鑰啓
閉副譏察正九品掌任使之事司吏二人女直漢人各一居庸關紫
荆關通會關會安關及他關皆設使從七品
大慶關管勾河橋官兼譏察事一員正八品掌䌫繫浮橋
濟渡舟楫巡視河道修完埽岸兼率埽兵四時功役栽
植榆柳預備物料譏察姦僞等事同管勾一員司吏二人女直
漢人各一人九鼎大陽津渡惟置譏察官一員
孟津渡譏察一員正八品掌譏察姦僞副譏察一員正九
品司吏二人
提舉譏察使正五品副使從五品陝西一員河南二員南遷置譏察

使從七品副使正八品南遷後陝西置於秦州河南置
於唐鄧息壽泗五州
提舉秦藍兩關提舉從五品同提舉正六品南遷後置
提舉三門集津南北岸正六品南遷後置
沿淮譏察使從五品
管勾泗州兼排岸巡檢正九品
諸邊將正將一員正七品掌提控部保將輪番巡守邊境
副將一員正八品部將一員正九品輪番巡守邊境隊
將正九品鄜延九將慶陽十將臨洮十四將鳳翔十六將河東三將並依此置
統軍司河南山東陝西益都使一員正三品督領軍馬鎮攝封陲分

營衛視察姦副統軍一員正四品判官一員從五品紀
綱庶務簽判司事大定九年置知事一員從七品知法二員
從八品女直漢人各一書史十三人女直八人漢人五人掌行署文牘上名監印守當
官四人譯書四人通事一人抄事一人公使五十人河南依此置山東不設判官知法以益都府知法兼之
招討司三處置西北路西南路東北路使一員正三品副招討使二員從
四品招懷降附征討携離判官一員從六品紀綱職務
簽判司事勘事官一員從七品知事一員正八品知法
二員從八品女直漢人各一司吏十九人譯人三人通事六人內諸部三人河西
一人務剌三十人以上名充都管抄事一人公使五十人西北路增勘事官一員東北路不置漢人知法
諸猛安謀克隸焉猛安從四品掌修理軍務訓練武藝勸課農

桑餘同防禦司吏四人譯一人撻馬差役人數並同舊例諸謀克從五品掌
撫輯軍户訓練武藝惟不管常平倉餘同縣令女直司吏一人
譯一人撻馬
諸部族節度使節度使一員從三品統制各部鎮撫諸軍
餘同州節度副使一員從五品判官一員知法一員司吏
四人女直漢人各半通事一人譯人一人撻馬右部羅大部族土魯渾部族並依此置
諸乣詳穩一員從五品掌守戍邊堡餘同謀克皇統八年
六月設本班左右詳穩定爲從五品麽忽一員從八品
掌貳詳穩司吏三人習尼昆掌本乣差役籌事撻馬隨從也咩乣唐古乣移剌乣木典乣骨典乣失
魯乣並依此置惟失魯乣添設譯人一名士民須知有蘇謨典乣胡都乣霞馬乣無失魯乣移典乣

諸移里菫司移里菫一員從八品分掌部族村寨事司吏女直一人漢人一人習尼昆掌本乣差役等事撻馬右土魯渾部族南北移里菫司依此置部羅大部族左右移里菫司置女直司吏一人

諸禿里禿里一員從七品掌部落詞訟防察違背等事女直司吏一人通事一人

諸群牧所又國言謂烏魯古提控諸烏魯古一員正四品明昌四年置是年以安遠大將軍尚廄局使石抹貞兼慶州刺史爲之設女直司吏二人譯一人通事一人使一員從四品國言作烏魯古使副使一員從六品掌檢校群牧畜養蕃息之事判官一員正八品掌簽判本所事知法一員從八品女直司吏四人譯人一人撻馬十六人使八人副五人判三人又設掃穩脫朶分掌諸畜所謂牛馬群子也惟板底因烏鮮忒恩蒲鮮群牧依此置

志第三十八

志第三十九　金史五十八

開府儀同三司上柱國錄軍國重事前中書右丞相監修國史領經筵事都總裁臣脫脫奉

勑修

百官四

符印　百官俸給　鐵券　官誥

符制初穆宗之前諸部長各刻信牌交互馳驛訊事擾人太祖獻議自非穆宗之命擅製牌號者寘重法自是號令始一收國二年九月始製金牌後又有銀牌木牌之制蓋金牌以授萬户銀牌以授猛安木牌則謀克蒲輦所佩者也故國初與空名宣頭付軍帥以爲功賞遞牌即國初之信牌也至皇統五年三月復更造金銀牌其制皆不傳大定二十九年製綠油紅字者尚書省文字省遞用之朱漆金字者勑遞用之並左右司掌之有合遞文字則牌送各部付馬鋪轉遞日行二百五十里如臺部別奉聖旨文字亦給如上制虎符之制承安元年製以禮官言漢與郡國守相爲銅虎符唐以銅魚符起軍旅易守長等用之至是斟酌漢唐典故其符用虎並五左一右左者留御前以侍臣親密者掌之其右付隨路統軍司招討司長官主之闕則次官主之若發兵三百人以上及徵兵召易本司長貳官從尚書省奏請左第一符近侍局以囊封付主奏者尚書備錄聖旨與符以函同封用尚書省印記之皆專使帶

牌馳送至彼主符者視其封以右符勘合然後奉行若一有參差者不敢承用主者復用囊封貯左符上用職印具發兵狀與符以本司印封即日還付使者送尚書省以進乃更其封以付內掌之人若復有事左符以次出周而復始仍各置曆注付受日月若盜賊急速不容先陳者雖三百人以上其掌兵官司亦許給付隨即言上詔即施行之貞祐三年更定樞密院用鹿符宣撫司用魚符統軍司用虎符若發銀牌若省付部及點檢司者左右司用匣封印驗封交受若發於他處並封題押以匣貯之

印制太子之寶大定二十二年世宗幸上京鑄守國之寶以授皇太子二十八年世宗不豫以皇太孫攝政鑄攝政之寶貞祐三年十二月以皇太子守緒控制樞密院詔以金鑄撫軍之寶如世宗時制於啓稟之際用之

百官之印天會六年始詔給諸司其前所帶印記無問有無新給悉上送官敢匿者國有常憲至正隆元年以內外官印新舊名及階品大小不一有用遼宋舊印及契丹字者遂定制命禮部更鑄焉三師三公親王尚書令並金印方二寸重八十兩駝紐一字王印方一寸七分半金鍍銀重四十兩鍍金三字諸郡王印方一寸六分半金鍍銀重三十五兩鍍金三字國公無印一品印方一寸六分半金鍍銀重三十五兩鍍金三字二品印方一寸六分金鍍銅重二十六兩東宮三師宰執與郡王同三品印方一寸五分半銅重二十四兩四品印方一寸五分銅重二十兩五品印方一寸四分銅重二十兩六品印一寸三分銅重十六兩七品印一寸二分銅重十六兩八品印一寸一分半銅重十四兩九品印一寸一分銅重十四兩凡朱記方一寸銅重十四兩天德二年行尚書省以其印小遂命擬尚書省印小一等改鑄大定二十四年二月鑄行尚書省御史臺并左右三部印以從幸上京泰和元年八月安國軍節度使高有鄰言本州所掌印三曰安國軍節度使之印曰邢州觀察使印吏户禮案用之曰邢州之印兵刑工案用之以名實不正乞改鑄宰臣奏謂節度使專行之事自當用節度使印觀察使亦如之其六曹提點所軍兵民訟則當用本州印著爲定制上從之泰和八年閏四月勅殿前都點檢司依總管府例鑄印以金木水火土五字爲號如本司差人則給之

鐵券以鐵爲之狀如卷瓦刻字畫欄以金填之外以御寶爲合半留內府以賞殊功也

官誥親王紅遍地雲氣翔鸞錦褾金鸞五色羅十五幅寶裝犀軸一品紅遍地雲鶴錦褾金雲鶴五色羅十四幅犀

軸二品三品紅遍地龜蓮錦標素五色綾十二幅玳瑁軸四品五品紅遍地水藻戲鱗錦標大白綾十幅銀裹間鍍軸元牙軸承安四年改之大安二年復改爲金縷角軸六品七品紅遍地草錦標小白綾八幅角軸大安加銀縷公主王妃與親王同郡主縣主夫人紅遍地瑞蓮鸂鶒錦標金蓮鸂鶒五色羅十五幅

郡王夫人國夫人紅遍地芙蓉花錦標金花五色綾十二幅玳瑁軸

縣君孺人鄉君紅遍地雜花錦標素五色小綾十幅銀裹間鍍軸軸之制如徑二寸餘大錢貫樞之兩端復以犀象爲鈿以轄之可圓轉如輪金格一品紅羅畫雲氣盤龍錦標金龍五色羅十七幅寶裝玉軸二品翔鳳標金鳳羅十六幅犀軸三品四品盤鳳標金鳳羅十五幅五品翔鸞錦標金鸞羅十四幅以上幅皆用五色羅軸皆用犀六品御仙花錦標金花五色綾十二幅七品八品九品太平花錦標金花五色小綾十幅軸皆用玳瑁凡標皆紅幅皆五色夫人以上制授餘勅授皆給本色錦囊

百官俸給正一品三師錢粟三百貫石麴米麥各五十稱石春衣羅五十匹秋衣綾五十匹春秋絹各二百匹綿千兩三公錢粟二百五十貫石麴米麥各四十稱石春衣羅四十疋秋衣綾四十疋春秋絹各一百五十疋綿七百兩親王尚書令錢粟二百二十貫石麴米麥各三十五稱石春衣羅三十五疋秋衣綾三十五疋春秋絹各一百二十疋綿六百兩皇統二年定制皇兄弟及子封一字王者爲親王給二品俸餘宗室封一字王者以三品俸給之天德二年以三師宰臣以下有以一官而兼數職者及有親王食其祿而復領他事者前此並給以俸令宜從一高其兼職之俸並不重給至大定二十六年詔有一官而兼數職其兼職得罪亦不能免而無廩給可乎遂以職務煩簡定爲分數給兼職之俸

從一品左右丞相都元帥樞密使郡王開府儀同錢粟二百貫石麴米麥各三十稱石春秋衣羅綾各三十匹絹各一百匹綿五百兩平章政事錢粟一百九十貫石麴米麥各二十八稱石春羅秋綾各二十五匹絹各九十五匹綿四百五十兩大宗正錢粟一百八十貫石麴米麥各二十五稱石羅綾同上絹各九十匹綿四百兩

正二品東宮三師副元帥左右丞錢粟一百五十貫石麴米麥各二十二稱石春羅秋綾各二十二匹絹各八十匹綿三百五十兩

從二品錢粟一百四十貫石麴米麥各二十稱石春羅秋綾各二十匹絹各七十五匹綿三百兩同判大宗正錢粟一百二十貫石麴米麥各十八稱石春羅秋綾各十八匹絹各七十匹綿二百五十兩

正三品錢粟七十貫石麴米麥各十六稱石春羅秋綾各

十二匹綃各五十五匹綿二百兩外官錢粟一百貫石麴米麥各十五稱石絹各四十匹綿二百兩公田三十頃統軍使招討使副使錢粟八十貫石麴米麥十三稱石絹各三十五匹綿百六十兩公田二十五頃都運府尹錢粟七十貫石麴米麥十二稱石綃各三十匹綿百四十兩天德二年省奏職官公田歲入有數前此百姓各隨公宇就輸而吏或貪冒多取以傷民宜送之官倉均定其數與月俸隨給

從三品錢粟六十貫石麴米麥各十四稱石春秋衣羅綾各十匹綃各五十匹綿百八十兩外官錢粟六十貫石麴米麥各十稱石絹各二十五匹綿一百二十兩公田二十

一頃皇統元年二月詔諸官職俱至三品而致仕者俸祿傔人各給其半

正四品錢粟四十五貫石麴米麥各十二稱石春秋衣羅綾各八匹絹各四十匹綿一百五十兩外官錢粟四十五貫石副統軍錢粟五十貫石絹各二十二匹綿八十兩職田十七頃餘同下麴米麥各八稱石絹各二十匹綿七十兩公田十五頃許帶酒三十瓶鹽三石

從四品錢粟四十貫石麴米麥各十稱石春秋羅綾各六匹綃各三十匹綿一百三十兩外官錢粟四十貫石麴米麥各七稱石絹各十八匹綿六十兩公田四十四頃猛安錢粟四十八貫石餘皆無烏魯古使同無職田大定二十年詔猛安謀克俸給令運司折支銀絹省臣議若估粟折支各路運司儲積多寡不均宜令依舊支請牛頭稅粟如遇凶年盡貸與民其俸則於錢多路府支放錢少則支銀絹亦未晚也從之

正五品錢粟三十五貫石麴米麥各八稱石春秋衣羅綾各五匹絹各二十五匹綿一百兩外官刺史知軍鹽使錢粟三十五貫石麴米麥各六稱石絹各十七匹綿五十五兩公田十三頃餘官錢粟三十貫石麴米麥同上絹各十

六匹綿五十兩職田十頃

從五品錢粟三十貫石麴米麥六稱石春秋羅綾各五匹絹各二十匹綿八十兩外官錢粟二十五貫石麴米麥各四稱石絹各十匹綿四十兩公田七頃謀克錢粟二十貫石餘皆無喬家部族都鈐轄無職田

正六品錢粟二十五貫石麥五石絹各十七匹綿七十兩外官與從六品皆錢粟二十貫石麴米麥三稱石絹各八匹綿三十兩公田六頃

從六品錢粟二十二貫石麥五石春秋絹各十五匹綿六十兩烏魯古副使同無職田

正七品錢粟二十二貫石麥四石衣絹各一十二匹綿五十五兩外官諸同知州軍都轉運判諸府推官諸節度判諸觀察判諸京縣令諸劇縣令提舉南京京城規措渠河官諸都巡檢諸酒麴鹽稅副諸正將錢粟一十八貫石麴米麥各二稱石春秋衣絹各七匹綿二十五兩諸司屬令諸府軍都指揮俸同上無職田潼關使錢粟一十八貫石麴米麥各一稱石衣絹各六匹綿三十兩無職田

從七品錢粟一十七貫石麥四石衣絹各一十匹綿五十兩外統軍司知事錢粟一十七貫石麥四石衣絹各一十匹綿五十兩諸鎮軍都指揮使錢粟一十八貫石麴米麥

各二稱石衣絹各七匹綿二十五兩諸招討司勘事官諸縣令諸警巡副京兆府竹監管勾五品鹽使司判諸部秃里同提舉上京皇城司同提舉南京京城所黃河都巡河官諸河稅権場使錢粟一十七貫石麴米麥各二稱石衣絹各七匹綿二十五兩職田五頃會安關使諸知鎮城堡寨錢粟一十五貫石麴米麥各一稱石衣絹各六匹綿二十兩職田四頃

正八品朝官錢粟一十五貫石麥三石衣絹各八匹綿四十五兩外官市令諸録事諸防禦判赤縣令諸劇縣令崇福埽都巡河官諸酒稅使醋使権場副諸都巡檢錢粟一十五貫石麴米麥各一稱石衣絹各六匹綿二十兩職田四頃烏魯古判官俸同上無職田按察司知事大興府知事招討司知事諸副都巡檢使錢粟一十三貫石麴米麥各一稱石衣絹各六匹綿二十兩職田二頃諸司屬丞俸同上無職田諸節鎮以上司獄諸副將錢粟一十三貫石衣絹各三匹綿一十兩職田二頃南京京城所管勾京府諸司使管勾河橋諸關渡譏察官同樂園管勾南京皇城使通州倉使錢粟一十二貫石衣絹各三匹綿一十兩節鎮諸司使中運司柴炭場使錢粟一十貫石衣絹各二匹綿八兩

從八品朝官錢粟一十三貫石麥三石衣絹各七匹綿四十兩外官南京交鈔庫使諸統軍按察司知法錢粟一十三貫石麥三石衣絹各七匹綿四十兩諸州軍判官諸京縣丞諸次劇縣丞諸三品鹽司判官漕運司管勾永豐廣備庫副使左右別貯院木場使錢粟一十三貫石麴米麥各一稱石衣絹各六匹綿二十兩職田三頃諸歷忽諸移里董錢粟一十三貫石麥二石衣絹各五匹綿一十五兩職田三頃

正九品朝官錢粟一十二貫石麥二石衣絹各六匹綿三十五兩外官南京交鈔庫副錢粟一十二貫石麥二石衣

絹六匹綿三十五兩諸警巡判官錢粟一十三貫石麴米麥各一稱石衣絹六匹綿一十兩職田三頃諸縣丞諸酒稅副使錢粟一十二貫石麥一石五斗衣絹各五匹綿一十七兩職田三頃市丞諸司候諸主簿諸録判諸縣尉散巡河官黃河埽物料場官錢粟一十二貫石麥一石衣絹各三匹綿一十兩職田二頃管勾泗州排岸兼巡檢副都巡檢諸巡檢俸例同上並無麥及職田諸鹽場管勾左右別貯院木場副來豐廣備庫判錢粟一十二貫石衣絹各三匹綿一十兩職田二頃諸都將隊將錢粟一十二貫石麥一石衣絹各三匹綿一十兩職田二頃店宅務管勾錢

粟一十二貫石綿絹同上京府諸司副南京皇城副通州倉副同管勾河橋諸副譏察錢粟一十一貫石衣絹各二匹綿八兩諸州軍司獄錢粟一十一貫石衣絹各二匹綿八兩職田二頃節鎮諸司副中運司柴炭場副錢粟一十貫石衣絹各二匹綿八兩

從九品朝官錢粟一十貫石麥二石衣絹各五匹綿三十兩外官諸教授錢粟一十二貫石麥一石衣絹各三匹綿一十兩職田二頃三品以上官司知法錢粟一十貫石麥一石衣絹各三匹綿一十兩司候判官錢粟一十貫石衣絹各二匹綿八兩職田二頃諸防次軍轄俸同上無職田諸權場同管勾左右別貯院木場判錢粟一十貫石衣絹各三匹綿六兩諸京作院都監通州倉判五品以上官司知法錢粟九貫石衣絹各二匹綿六兩諸府作院都監諸埽物料場都監錢粟八貫石衣絹各一匹綿六兩諸節鎮作院都監諸司都監錢粟八貫石衣絹各二匹諸司同監錢粟七貫石絹同上陝西東德州世襲蕃巡檢分例月支錢粟一十貫石衣絹各二匹綿一十兩陝西西京原州世襲蕃巡檢月支錢二貫三百九十文米四石五斗絹三匹河東北路葭州等處世襲蕃巡檢月支錢粟一十貫石絹二匹綿一十兩

宮闈歲給太后太妃宮每歲各給錢二千萬緡二百段絹千匹綿五千兩諸妃歲給錢千萬緡百段絹三百匹綿三千兩嬪以下錢五百萬緡五十段絹二百匹綿二千兩貞元元年妃嬪婕妤美人及供膳女侍并仙韶長春院供應人等歲給錢帛各有差

凡內職貞祐之制正一品歲錢八千貫幣百段絹五百匹綿五千兩正二品歲錢六千貫幣八十段絹三百匹綿四千兩正三品歲錢五千貫幣六十段絹二百匹綿三千兩正四品歲錢四千貫幣四十段絹百五十匹綿二千兩正五品尚宮夫人歲錢二千貫幣二十段絹百匹綿千兩尚

宫左右夫人至宫正夫人錢千五百貫幣十九段絹九十匹綿九百兩寶華夫人以下至資明夫人錢千貫幣十八段絹八十匹綿八百兩（有大小令人大小承御大小近侍俸各異）正六品尚儀御侍以下錢五百貫幣十六段絹五十匹綿二百兩正七品司正御侍以下錢四百貫幣十四段絹十四匹綿百五十兩正八品典儀御侍以下錢三百貫幣十二段絹三十匹綿百兩正九品掌儀御侍以下錢二百五十貫幣十段絹二十六匹綿百兩

百司承應俸給省令史譯史錢粟一十貫石絹四匹綿四十兩省通事樞密令史譯史錢粟十二貫石絹三匹綿三

十兩樞密通事六部御史臺令譯史錢粟一十貫石衣絹三匹綿三十兩六部等通事誥院令史國史院書寫隨府書表親王府祗候郎君典客署引接書表錢粟八貫石絹二匹綿二十兩走馬郎君一品子孫十貫石內祗八貫石班祗七貫石並絹二匹綿二十兩護衛長支正六品俸長行從六品俸符寶郎奉御東宮護衛長錢粟十七貫石絹八匹綿四十兩東宮護衛長行十五貫石絹四匹綿四十兩筆硯承奉閤門祗候侍衛親軍百户十二貫石絹四匹綿三十兩妃護衛奉職符寶典書東宮入殿小底十貫石絹三匹綿三十兩勤留則添二貫石尚衣奉御捧案擎執奉輦知把書畫隨庫本把左右藏庫本把儀鸞局本把尚輦局本把妃奉事八貫石絹三匹綿三十兩侍衛親軍五十户九貫石絹三匹綿三十兩未係班絹三匹綿二十兩長行七貫石絹二匹綿二十兩弩傘什將八貫石傘子五貫石太醫長行八貫石正奉上太醫十貫石副奉上同隨位承應都監未及十五歲者六貫石從八品七貫石從七品八貫石從六品九貫石從五品十貫石從四品十二貫石止掌文書者添支三貫石牌子頭等添支二貫石司天四科人九品六貫石八品七貫石六品九貫石五品十貫石四品十二貫石止教授管勾十貫石學生錢三貫米五

斗典客書表八貫石絹二匹綿二十兩東宮筆硯六貫石尚廄獸醫祕書監楷書六貫石祕書琴碁等待詔七貫石驗馬牛羊郡子擠酪人皆三貫石

諸使司都監食直二十萬貫以上六十貫十萬貫已上五十貫五萬貫已上四十貫三萬貫已上三十貫二萬貫已上二十五貫諸院務監官食直五千貫已上監官二十貫同監十五貫二千貫已上監官十五貫同監十貫一千貫已上監官十五貫一千貫已下監官十貫

舊制凡監臨使司院務之商稅增者有賞虧者尅俸大定九年上以吏非祿無以養廉於是止增虧分數爲殿最乃

罷尅俸給賞之制而監官酬賞仍舊二十年詔十萬貫以上鹽酒等使若虧額五厘尅俸一分奏隨處提點院務官賞格其省除以上提點官并運司親管院務若能增者十分爲率以六分入官二分與提點所官二分與監官充賞若虧亦依此例尅俸若能足數則全給大定二十二年定每月先支其半外如不虧則全支虧一分則尅其一分補足貼支隨路使司院務并坊場例多虧課上曰若其實可減處約量裁減亦公私兩便也二十三年以省除提控官與運司置司處虧課一分尅俸一分其罰涉重亦命先給月俸之半餘半驗所虧分數尅罰補公田則不在尅限二十六年四月奏定院務監官虧永陪償格

諸京府運司提刑司節鎮防刺等漢人女直契丹司吏譯史通事孔目官八貫押司官七貫前後行六貫諸防刺巳上女直契丹司吏譯史通事不問千里內外錢七貫公田三頃諸鹽使司都目十四貫司吏六貫諸巡院司縣司獄等司吏有譯史通事者同錢五貫（凡諸吏人月支大紙五十張小紙五百張筆二管墨二錠）

諸職官上任不過初二日罷任過初五日者給當月俸或受差及因公幹未能之官者計程外聽給到任祿若文牒未至前官在任及後官已到前官差出其祿兩支職田皆給後官凡職田畝取粟三斗草一稱倉場隨月俸支俸麪則隨直折價諸親王授任者祿從多職田從職朝官兼外者同六十以上及未六十而病致仕者給其祿半承應及軍功初出職未歷致仕雖未六十者亦給半祿內外吏員及諸局分承應人病告至百日則停給除程給假者俸祿職田皆以半給衣絹則全給皇家袒免以上親户別給（夫亡妻亦同）若同居兄弟收充猛安謀克及歷任承應人者不在給限大功以上錢粟一十三貫石春秋衣絹各四疋小功粟一十貫石春秋衣絹各三疋緦麻袒免錢粟八貫石春秋衣絹二疋

諸馳驛及長行馬職官日給（謂奉宣省院臺部委差或許差者下文置所等官同）一品三貫文二品二貫文三品一貫五百文四品一貫二百文五品一貫文六品八百文七品六百文八品九品四百文有職事官日給外路官往回口券依上款給一品二貫五百文二品一貫六百文三品一貫二百文四品一貫文五品九百文六品七百文七品六百文八品九品四百文無職事官並驗前職日給無前職者以應住及待闕職事給之四品一貫三百文五品一貫二百文六品九百文七品七百文八品九品五百文隨朝吏員（宣差及省部差委官踏逐者引者亦同）及統軍司按察司書吏譯人本局差委及隨逐者日給

錢各一百五十文燕賜各部官僚以下日給米粮分例無草地處內親王給馬二十五疋草料親王米一石宰執七㪷王府三㪷府尉二㪷員外郎司馬各一㪷六升監察御史尚書省都事大理司直六部主事各八升檢知法七升省令譯史六升院臺令譯史省通事各五升院臺通事六部令譯史通事省祗候郎君使庫都監各四升誥院令史樞密院移剌各三升王府直府王府及省知印直省御史臺通引王府教讀王傅府尉等下司吏外路通事省醫工調角匠格討司移剌各二升寫誥諸祗候人（本破人同）大程官院子酒匠柴火各一升萬户一㪷六升猛安八升謀克四升備鞏二升正軍阿里喜旗鼓吹笛司吏各一升諸外方進貢及回賜并人使長行馬每疋日給草一稱粟一斗宮中（東宮同）承應人因公差出皆驗見請錢粟貫石口給食料若係本職者住程不在給限其常破馬草料局分如被差長行馬公幹本支草料即聽驗日尅除若特奉宣差勾當者依本格十八貫石以上九百文十七貫石八百六十文十五貫石以上五百四十文七貫石以上四百六十文六貫石四百二十文五貫石三百八十文四貫石三百三十文三貫石二百八十文二貫石二百三十文

諸試護衛親軍聽自起發日為始計程至都比至試補其間各日給口券若揀退還家者亦驗因程給之（未起闕住口數不在支限）其正收之後再揀退者亦給人三口米糧錢一百文馬二疋草料諸簽軍赴鎮防處及班祗充押遞橫差別路勾當千里以上者沿路各日給米一升馬一疋草料（無馬有驢者各依本格支）車駕巡幸頓工馬夫三百文步夫二百三十文圍獵夫隨程幹辦人各二百文傳遞果子夫一百五十文車駕巡幸若於私家內安置行宮者約量給賜段匹太廟神廚祠祭度勾當人少府監隨色工匠部役官受給官司吏錢粟二貫石春秋衣絹各一匹

諸局作匠人請俸綉女都管錢粟五貫石都繡頭錢粟四貫石副繡頭三貫五百石中等細繡人三貫石次等細繡人二貫五百石習學本把正辦人錢支次等之半描繡五人錢粟三貫石司吏二人三貫石修內司作頭五貫石工匠四貫石春秋衣絹各二匹軍夫除錢糧外日支錢五十米一升半百姓夫每日支錢一百米一升半國子監雕字匠人作頭六貫石副作頭四貫石春秋衣絹各二匹長行三貫石射糧軍匠錢粟三貫石春秋衣絹各二匹習學給半初習學匠錢六百米六斗春秋絹各一匹布各一匹民匠日支錢一百八十文

諸隨朝五品以下職事官身故（因公差出及以理去任未給解由者身故同）驗

品從去鄉地里支給津遣錢並受職事給之下承應人准此若外路官貟在任依理身故者各依上官品地理減半給之若係五百里內不在給限五百里外五品一百貫六品七品八十貫八品九品六十貫一千里外五品一百二十貫六品七品一百貫八品九品八十貫二千里外五品一百七十貫六品七品一百五十貫八品九品一百貫三千里外五品二百五十貫六品七品二百貫八品九品一百五十貫諸隨朝承應人身故應給津遣錢者護衛東宮護衛同奉御符寶都省樞密院御史臺令譯史同九品官通事宗正府六部令譯史統司書吏譯書按察司書吏同親軍減九品官五分之二通事隨

朝書表吏貟譯人統軍司通事守當官按察司書吏譯人分治都水監典史同及諸局分承應人武衛軍同減五分之三天壽節設施老疾貧民錢數在都七百貫宮籍監給諸京二十五貫此以下並係省錢給諸府二十貫文諸節鎮一十五貫文諸防刺州軍一十貫文諸外縣五貫文城寨係保鎮同諸孤老幼疾人各月給米二斛錢五百文春秋衣絹各一疋五歲以下三分給二身死者給錢一貫埋殯諸因災傷或遭賊驚劫饑荒去處良民典顧冒賣為驅遇恩官贖為良分例若元價錢給男子一十五貫文婦人同老幼各減半六歲已下即聽出離不在贖換之限諸士庶陳言利害若有可採行之便於官民者依驗等第給賞上等銀絹三十兩匹中等二十兩

匹下等一十兩匹其陳數事止從一支若用大事應補官者從吏部格宜宗貞祐元年十二月以糧儲不足詔隨朝官承應人俸計口給之餘依市直折之諭旨省臣曰聞親軍俸粟每石以麥六斗折之所省能幾而失衆心令給本色二年八月始給京府州縣及轉運司吏人月俸有差舊制惟吏案孔目官有俸餘止給食錢故更定焉三年詔損官中諸位歲給有差監察御史田迥秀言國家調度行纔數月已後停滯所患在支太多收太少若隨時裁損所支而增其收庶可久也因條五事一曰朝官及令譯史諸司吏貟諸局承應人太冗濫宜省併之隨處屯軍皆設寄治官徒費俸給不

若令有司兼總之且沿河亭障各駐鄉兵彼皆白徒皆不可用不若以此軍代之以省其出四月以調度不及罷隨朝六品以下官及承應人從己人力輸傭錢減修內司所役軍夫之半經兵處州府司吏減半司縣三分減一其餘除開封府南京轉運司外例減三分之一有祿官吏而不出境者並罷給券出境者給其半興定二年正月詔陝州等處司縣官徵稅不足闕其俸給何以養廉自今不復闕俸彰化軍節度使張行信送宣之使其視五品而上各有定數後竟停罷令軍官以上奉待使者有所饋獻至六品以下亦不免如例而莫能辦則歛所部以與之至有獲罪

者保舉縣尹特增其俸然法行至今而關以西尚有未到任者豈所舉少而不敷耶宜廣選舉以補其闕且丞簿亦親民者也而獨不增安能禁其侵牟哉

志第三十九

宗室表第一　金史五十九

開府儀同三司上柱國錄軍國重事前中書右丞相監修國史領經筵事都總裁臣脫脫奉
勅修

古者太史掌叙邦國之世次辨其姓氏別其昭穆尚矣金人初起完顏十二部其後皆以部爲氏史臣記錄有稱宗室者有稱完顏者稱完顏者亦有二焉有同姓完顏蓋䟽族若石土門迪古乃是也有異姓完顏蓋部人若歡都是也大定以前稱宗室明昌以後避睿宗諱稱內族其實一而已書名不書氏其制如此宣宗詔宗室皆稱完顏不復識別焉大定泰和之間袒免以上親皆有屬籍以叙授官大功以上薨卒輒朝親親之道行焉貞祐以後譜牒散失大槩僅存不可殫悉今摭其可次第者著于篇其上無所係下無所承者不能盡錄也

斡魯		匡 本名撒速八世孫太師尚書令

右始祖子與德帝凡二人

輩魯	胡率	勧者 特進

右德帝子與安帝凡三人

信德

謝庫德

孩達 儀同三司

謝夷保

盆納 開府儀同三司

謝里忽

右安帝子與獻祖凡五人婆盧火稱安帝五代孫不稱誰子不可以世置之卷末

朴都

阿保寒

敵酷

敵古迺

撒里輦

撒葛周

右獻祖子與昭祖凡七人

烏骨出

辭不失 阿買勃極烈

宗亨 寧州刺史

宗賢 尚書左丞相

跋黑

昂 本名奔睹太保兼都元帥

崇浩 右丞相兼都元帥

跋里黑

斡里安

胡失答

右昭祖子與景祖凡六人付古稱昭祖曾孫崇成稱昭祖玄孫不稱誰子不可以世置之卷末

劾者 韓國公

撒改 國論忽魯勃極烈金源郡王

宗翰 本名粘沒喝太保領三省事晉國王

秉德 左丞相

斜哥

扎保迪 特進

宗憲 尚書右丞相

斡魯 西南路都統金源郡王
撒八 銀青光祿大夫
賽里

勗孫 沂國公
昱 本名蒲家奴大司空
阿魯

勗真保 代國公

麻頗 虞國公
謾都本 金紫光祿大夫

謾睹

賽也
宗尹 平章政事

宗寧 平章政事
亶 韓州刺史

阿离合懣
晏 本名斡論太尉左丞相
恧里乃
宗道 河南路統軍使

謾都訶 阿捨勃極烈鄭國公
謀里也 工部尚書

右景祖子與世祖肅宗穆宗凡九人治訶魯補稱
係出景祖不稱諱子不可以世置之卷末

斡帶 魏王

杲 本名斜也諳班勃極烈遼王
宗義 本名孛吉平章政事

蒲馬 龍虎衛上將軍

孛論出 龍虎衛上將軍

阿魯 龍虎衛上將軍

偎喝 龍虎衛上將軍

阿虎里 襲猛安

斡賽 鄭王
宗永 震武軍節度使

斡者 魯王
神土懣 驃騎上將軍
璋 本名胡麻愈御史大夫

烏故乃 漢王

闍母 魯王
宗敘 參知政事

查剌 沂王

昂 本名烏特平章政事鄆王
鄭家 益都尹
承暉 右丞相

鶻壽 耶魯瓦群牧使

右世祖子與康宗太祖太宗凡十一人

耨酷款 溫國公

蒲魯虎 崇國公

右肅宗子二人

勗 本名烏也太師領三省事
宗秀 刑部尚書

撻懶 左副元帥

蒲察 齊國公

蒲里迭 崇國公

撒祝 銀青光祿大夫

右穆宗子五人胡八魯稱穆宗孫不稱誰子不可以世置之卷末

謀良虎
余里也
蒲帶 上京路提刑使

蒲魯虎 襲猛安
桓端 金紫光祿大夫
裊頻

長荅海 太子太保金源郡王
燕京
阿鄰 兵部尚書
阿剌蔿 昭武大將軍
限可 龍虎衛上將軍

右康宗子三人史載常春胡里剌胡剌鶻魯茶札怕八訛出皆稱謀良虎孫不稱誰子不可以世

宗幹 太師領三省事遼王
充 左丞相代王
檀奴 歸德軍節度使
永元 本名元奴
耶補 同知濟南尹
阿里白 輔國上將軍

充 太尉領三省事
阿合 同知定武軍節度使
褒 輔國上將軍
和尚 應國公
袞 西京留守
宗望 本名斡魯不左副元帥宋王
齊
齡住 襲猛安
京 西京留守

文 大名尹荆王
宗弼 本名兀朮太師領三省事越王
亨 廣寧尹韓王
羊蹄
烏烈 豐王
宗傑 趙王
爽 會寧牧鄭王
阿懶

撻懶

宗雋 右丞相陳王

訛魯 潞王

訛魯朵 豳王

宗強 衛王

爽 本名阿鄰太子太傅榮王

可喜 兵部尚書

阿瑣 濟南尹

宗敏 左丞相曹王

襄 舒國公

阿里罕 密國公

習泥烈 紀王

寧吉 息王

燕孫 莒王

斡忽 鄴王

右太祖子與景宣肅宗凡十六人遼王宗幹子與海陵五人

宗盤 太師領三省事宋王

宗固 左丞相豳王

宗雅 代王

阿魯補 虞王

斛沙虎 滕王

宗懿 薛王

宗本 左丞相原王　阿里虎

鶻懶 翼王

宗美 豐王

神土門 鄆王

斛孛束 霍王

斡烈 蔡王

宗哲 畢王

宗順 徐王

右太宗子十四人史載北京留守卞平陽尹稟皆

太宗孫不稱誰子不可以世

元 本名常勝 胙王

查剌 安武軍節度使

右景宣子與熙宗凡三人

濟安 皇太子

道濟 魏王

右熙宗子二人

光英 皇太子

元壽 崇王

矧思阿不 宿王

廣陽 滕王

右海陵子四人

吾里補 齊王

右睿宗子與世宗凡二人

子	孫
永中 鎬王	瑜 石古乃
	璋 神土門
	玘 阿思懣
	瑑 阿離合懣
孰輦 越王	
斜魯 越王	
永功 越王	璐 福孫 奉國上將軍
	璹 壽孫 密國公
	琳 拈沒曷
永成 豫王	瑋 仁壽

子	孫
	瑭 仁安
永升 夔王	璡 歡睹
永蹈 鄭王	按春
	阿辛
永德 曹王	琰 斡論

右世宗子與顯宗衛紹王凡十人

子
琮 承慶 鄆王
瓌 歡睹 瀛王
瓚 阿鄰 霍王
琦 吾里補 瀛王

珎 諱良虎 溫王

右顯宗子與章宗宣宗凡七人

洪裕 絳王

洪靖 阿虎懶 荊王

洪熙 斡魯不 榮王

洪衍 撒改 英王

洪輝 訛論 壽王

忒鄰 葛王

右章宗子凡六人

從恪 皇太子

琚 猛安

瑄 按出

瑑 按辰

右衛紹王子史稱六子可以名見者四人

守忠 皇太子 謚莊獻

鏗 皇太孫 謚沖懷

玄齡

守純 荊王 — 訛可 曹王

孛德 鞏王

右宣宗子與末帝凡四人他書載守純子三人可以名見者二人

阿古迺 始祖兄 — 不知世次 — 撻不也 遼太尉 — 胡十門 驃騎衛上將軍 — 鉤室

			保活里始祖弟	
不知世次			四世孫渾不乃	
合住遼領辰復二州			石土門金源郡王	
蒲速越遼中正節度使	余里也曹州防禦使	布輝順天軍節度使	習失特進	思敬平章政事

		婆盧火安帝五代孫泰州都統	胡特孛婆盧火族兄弟	什古昭祖曾孫東京留守
		婆速	杲本名撒離喝行臺尚書左丞相	阿魯帶參知政事
阿斯懣	迪古乃同中書門下平章事	吾扎忽	宗安御史大夫	襄尚書左丞相

崇成昭祖玄孫武衛軍都指揮使	治訶係出景祖銀青光祿大夫			
	阿魯補元帥右監軍	骨赧天德軍節度使	訛古乃西南路招討使	撒答
		喜哥		蒲查西南路招討使

阿魯補係出景祖行臺左丞相		胡八魯穆宗孫寧州刺史	拔离速宗室子元帥左監軍	
烏帶尚書左丞相	方簽書樞密院事	齊利涉軍節度使		銀术可拔离速族子同中書門下平章事
				榖英平章政事

宗賢本名阿魯太祖從姪遼遼路兵馬都總管	麻吉銀术可弟銀青光祿大夫	沃側西北路招討使

右諸宗室可譜者凡十一族雖稱係出某帝而不能世次不譜于各帝之下所以慎也

宗室表第一

交聘表上第二

開府儀同三司上柱國錄軍國重事前中書右丞相監修國史領經筵事都總裁臣脫脫奉

勑修

天下之勢曷有常哉金人日尋干戈撫制諸部保其疆圉以求逞志於遼也豈一日哉及太祖再乘勝已即帝位遼乃招之使降是猶龍蒸虎變欲誰何而止之厥後使者八九往反終不能定約束何者取天下者不徇小節成筭既定矣終不爲卑辭厚禮而輟攻遼人過計宋人亦過計海上之書曰克遼之後五代時陷入契丹漢地願畀下邑此何計之過也血刃相向百戰而得之卑辭厚幣以求之難

得而易與人豈人之情哉宋之失計有三撤三關故塞不能固燕山塞汴京城下之盟竭公私之帑以約質立楚而不力戰而江左稱臣金人豈愛宋人而爲和哉策既失矣名既屈矣假使高宗立歸德不得河北可保河南山東不然亦不失爲晉元帝其孰能亡之金不能奄有四海而宋人以尊稱與之是誰強之邪金人出于高麗始通好爲敵國後稱臣夏國始稱臣末年爲兄弟於其國自爲帝宋於金初或以臣禮稱表終以姪禮往復稱書故識其通好與聞有兵爭之歲其盛衰大指可觀也已使者或書本階或用借授兩國各因舊史不必強同云

	宋	夏	高麗
始通好			穆宗時高麗醫者自完顏部歸謂高麗人曰女直居黑水部族日強兵益精悍年穀屢稔高麗王聞之乃遣使來通好
太祖收國元年			
二年			正月高麗遣使來賀捷且請保州太祖曰爾自取之高麗遣蒲馬請保州詔諭高麗曰保州近爾邊境聽爾自取
天輔元年	十二月宋遣登州防禦使馬政來聘請石晉時陷入契丹漢地		
二年	正月遣散覩報聘于宋所請之地與宋夾攻得者有之本朝自取不在分割之議		十二月遣孛堇术董以勝遼報諭高麗仍賜馬一疋
三年	六月宋遣馬政及其子宏來聘		
四年	二月宋復遣趙良嗣以書來議		詔使胥顯以獲遼國州郡諭高

	五年	六年	七年
燕京西京之地			正月宋復遣趙良嗣来議燕京西京地答書如初約合攻隨得着有之今自我得理應有報趙
		六月夏遣李良輔率兵三萬救遼斡魯婁室敗之于野谷	
麗高麗使謂習顯曰此與先父國王之書習顯詭館即依舊禮接見而以表来賀并貢方物			

良嗣言奉命若得燕京即納銀絹二十萬匹綾二萬匹以代燕地之租稅二月宋復遣趙良嗣来定議加歲幣代燕地租稅并議畫疆遣使置榷場復請西京等事癸卯遣李董銀朮可鐸剌報聘于宋許以武應朔蔚奉聖歸化儒嬀等州其太西北一帶接連山川及州縣不在許與之限戊申詔平州與

年	宋	夏	高麗
	宋使一同分割所與燕京六州之地　三月宋使盧益趙良嗣馬宏以誓書來　四月復誓書于宋　五月甲寅南京留守張覺以南京叛入于宋		
太宗天會元年	十一月割武朔二州與宋　是月庚午宗望敗張覺于南京城東覺夜遁奔于宋　十二月遣孛菫李靖告哀于宋	宗望至陰山以便宜與夏國議和許以割地	十二月高隨斜野奉使高麗至境上接待之禮不遜隨等不敢往太宗曰高麗世臣於遼當以事遼之禮事我而我國有新喪

年	宋	夏	高麗
二年	四月宋始遣太常少卿連南夫等來弔以高朮僕古等充遺留國信使高興輔劉興嗣充告即位國信使如宋	正月夏人奉誓表請以事遼之禮稱藩　三月夏使把里公亮等來上誓表	遼主未獲勿遣强之命隨等還
三年	八月以孛菫烏朮乃李用弓爲賀宋生日使　十月戊午宋使賀天清節　十二月孛菫高居慶大理卿丘忠爲賀宋正旦使	閏三月遣王阿海楊天吉賜誓詔于夏　十月夏使謝賜誓詔　戊午夏使賀天清節	

正月癸酉朔宋使賀正旦　辛丑宋龍圖閣直學士許亢宗等賀即位　六月遣李用和等以滅遼告慶于宋　七月以耶律固等爲報謝宋國使　十月壬子宋使賀天清節是月詔諸將伐宋　十二月宋給事中李鄴等奉金百鋌請復修好　是月甲辰宗望敗宋兵于白河遂取燕山州縣

正月癸酉朔夏使賀正旦　乙未夏使奉表致奠于和陵　十月壬子夏使賀天清節

四年

正月己巳宗望諸軍渡河使吳孝民入汴問宋取首謀平山者　癸酉諸軍圍汴　甲戌宋知樞密院事李棁等奉書謝罪且請修好　丙子宗望許宋修好約質割三鎮地增歲幣載書稱伯姪　戊寅宋以康王構少宰張邦昌爲質　辛巳宋使沈晦等賫所上誓書三鎮地圖至軍

正月丁卯朔夏使賀正旦　十月丁未夏使賀天清節

六月高麗使奉表稱藩優詔答之仍以保州地賜　七月遣高伯淑烏至忠使高麗　十月丁未高麗賀天清節　十一月遣高隨等爲賜高麗生日使

中

癸未諸軍解圍二月丁酉朔夜宋姚平仲以兵四十萬襲宗望軍己亥復進兵圍汴辛丑宋遣資政殿學士宇文虛中以書來辯姚平仲兵非出宋主意改肅王樞爲質遣康王構歸壬子宗望渡河以滑州濬州與宋七月戊子宋以蠟書陰構右都監耶律余睹蕭仲恭獻其書

八月諸軍復伐宋元帥府遣楊天吉王汭以書責宋十一月丙戌宗望軍至汴閏月壬辰朔宗望敗宋兵于汴城下癸巳宗翰至汴辛酉宋帝詣宗翰宗望軍舍青城十二月癸亥以表降是日歸于汴城

五年

正月庚子宋帝復至青城二月丁卯宋上皇至青城是月降宋二帝爲庶

正月辛卯朔夏使賀正旦十月辛未夏使賀天清節

正月辛卯朔高麗使賀正旦八月以耶律居謹張淮爲宣慶高麗使十月辛未高麗

	人四月執宋二帝以歸五月庚寅朔宋康王構即位于歸德十二月丙寅宗翰伐宋		使賀天清節
六年	正月宋康王奔揚州七月乙巳宋康王貶號稱臣遣使奉表十月宗輔宗會軍于濮	正月丙戌朔夏使賀正旦十月丙寅夏使賀天清節	正月丙戌朔高麗使賀正旦十月丙寅高麗使賀天清節
七年	十月丁酉宋壽春安撫使馬世元以城降	正月庚寅朔夏使賀正旦	正月庚寅朔高麗使賀正旦十月庚寅高麗

	十一月壬戌宗弼渡江丁卯宋知江寧府陳邦光以城降十二月丁亥宗弼克杭州阿里蒲盧渾追宋康王于明州宋康王入于海	十月庚寅夏使賀天清節	使賀天清節
八年		正月甲辰朔夏使賀正旦十月甲申夏使賀天清節	正月甲辰朔高麗使賀正旦十月甲申高麗使賀天清節
九年		正月己亥朔夏使賀正旦	正月己亥朔高麗使賀正旦，二月乙亥高麗

年	宋	夏	高麗
		十月戊寅夏使賀天清節	使上表乞免索保州已入邊戶事 十月戊寅高麗使賀天清節
十年		正月癸巳朔夏使賀正旦 十月壬寅夏使賀天清節	正月癸巳朔高麗使賀正旦 十月壬寅高麗使賀天清節
十一年		正月丁巳朔夏使賀正旦 十月丙申夏使賀天清節	正月丁巳朔高麗使賀正旦 十月丙申高麗使賀天清節
十二年		正月辛亥朔夏	正月辛亥朔高麗使賀正旦

年	宋	夏	高麗
		使賀正旦 十月庚寅夏使賀天清節	十月庚寅高麗使賀天清節
熙宗天會十三年		正月遣使如夏報哀	正月遣使如高麗報哀 三月己卯高麗使祭奠弔慰 四月戊午高麗使賀登寶位
十四年		正月己巳朔夏使賀正旦 乙酉夏使賀萬壽節	正月己巳朔高麗使賀正旦 乙酉高麗使賀萬壽節 十月甲寅以乾文閣待制吳激爲賜高麗生日

年	宋	夏	高麗
			使
十五年		正月癸亥朔夏使賀正旦　己卯夏使賀萬壽節	正月癸亥朔高麗使賀正旦　己卯高麗使賀萬壽節
天眷元年	八月以河南地賜宋右司侍郎張通古等詔諭江南	正月戊子朔夏使賀正旦　甲辰夏使賀萬壽節	正月戊子朔高麗使賀正旦　甲辰高麗使賀萬壽節　十二月甲戌高麗使入貢
二年	四月己卯宋遣其端明殿大學士韓肖冑等奉表謝賜河南地　九月壬寅宋端	正月壬午朔夏使賀正旦　戊戌夏使賀萬壽節	正月壬午朔高麗使賀正旦　戊戌高麗使賀萬壽節

年	宋	夏	高麗
	明殿學士王倫保信軍節度使藍公佐奉表乞歸父喪	十月癸酉夏國王李乾順薨子仁孝嗣位遣使来告喪	
三年	四月癸亥宋禮部尚書莫將等来迎護梓宮　五月己卯詔復取河南陝西　十二月乙亥復伐宋淮南	正月丁丑朔夏使賀正旦　癸巳夏使賀萬壽節　九月夏使謝賻贈復謝封冊	正月丁丑朔高麗使賀正旦　癸巳高麗使賀萬壽節
皇統元年	二月宗弼克廬州　九月宗弼渡淮　宋乞罷兵宗弼以便宜與宋畫	正月辛丑朔夏使賀正旦　壬寅夏使請上尊號	正月辛丑朔高麗使賀正旦　壬寅高麗使請上尊號　丁巳高麗使賀

	二年	
淮為界	二月辛卯宋端明殿學士何鑄容州觀察使曹勛來進誓表三月丙辰遣光祿大夫左宣徽	使劉筈冊宋康王為宋帝以故天水郡王等三喪及宋帝母韋氏歸于宋五月乙卯遣使賜宋誓詔八月丁卯詔遣宋使宋弁張邵洪皓等歸
丁巳夏使賀萬壽節	正月乙未朔夏使賀正旦辛亥夏使賀萬壽節	
萬壽節十一月己酉高麗使賀尊號	正月乙未朔高麗使賀正旦乙巳詔加高麗國王王楷開府儀同三司上柱國	辛亥高麗使賀萬壽節十二月乙丑高麗使謝賜封冊

	三年	四年	五年
十二月庚午宋使上表謝歸三喪及母韋氏	正月己丑朔宋使賀正旦乙巳宋使賀萬壽節	正月癸卯朔宋使賀正旦己巳宋使賀萬壽節	正月丁未朔宋使賀正旦癸亥宋使賀萬壽節
	正月己丑朔夏使賀正旦乙巳夏使賀萬壽節	正月癸卯朔夏使賀正旦己巳夏使賀萬壽節	正月丁未朔夏使賀正旦癸亥夏使賀萬壽節
	正月己丑朔高麗使賀正旦乙巳高麗使賀萬壽節	正月癸卯朔高麗使賀正旦己巳高麗使賀萬壽節	正月丁未朔高麗使賀正旦癸亥高麗使賀萬壽節

年	宋	夏	高麗
		壽節 四月庚辰以右衛將軍撒海兵部郎中耶律福爲橫賜夏國使	
六年	正月辛未朔宋使賀正旦 丁亥宋使賀萬壽節	正月辛未朔夏使賀正旦 丁亥夏使賀萬壽節	正月辛未朔高麗使賀正旦 丁亥高麗使賀萬壽節 五月壬申高麗國王王楷薨子晛嗣位遣使來報喪 六月乙丑遣使祭弔高麗
七年	正月乙丑朔宋使賀正旦	正月乙丑朔夏	正月乙丑朔高麗使賀正旦

年	宋	夏	高麗
	辛巳宋使賀萬壽節	賀正旦 辛巳夏使賀萬壽節	辛巳高麗使賀萬壽節 三月戊寅高麗使來謝弔祭
八年	正月庚申朔宋使賀正旦 丙子宋使賀萬壽節	正月庚申朔夏使賀正旦 丙子夏使賀萬壽節	正月庚申朔高麗使賀正旦 丙子高麗使賀萬壽節 六月高麗使謝賜封冊
九年	正月甲申朔宋使賀正旦 庚子宋使賀萬壽節	正月甲申朔夏使賀正旦 庚子夏使賀萬壽節	正月甲申朔高麗使賀正旦 庚子高麗使賀萬壽節
海陵天德元年	十二月宋賀正		十二月高麗賀

	宋	夏	高麗
	旦使至廣寧遣人諭以廢立之事於中路遣還	十二月夏賀正旦使至廣寧遣人諭以廢立之事於中路遣還	正旦使至廣寧遣人諭以廢立之事於中路遣還
二年	正月辛巳以名諱告諭宋是月遣侍衛親軍步軍都指揮使完顏思恭翰林直學士翟永固爲報諭宋國使 二月甲子以兵部尚書完顏元宜修起居注高懷貞爲賀宋生日使	正月辛巳以名諱告諭夏再遣使報諭夏國 七月戊戌夏御史中丞雜辣公濟中書舍人李崇德賀登寶位 再遣開封尹蘇執義秘書監王舉賀受尊號	正月辛巳以名諱告諭高麗再遣使報諭高麗 三月丙戌高麗遣知樞密院事文公裕殿中監朴純沖賀登寶位

百四十　月

	宋	夏	高麗
	三月丙戌宋參知政事余唐弼保信軍節度使鄭藻賀即位余唐弼等回以天水郡王玉帶歸于宋主		
三年	正月癸酉朔宋使賀正旦 三月庚寅以翰林學士中奉大夫劉長言少府監耶律五哥爲賀宋生日使 六月宋使奉表祈請山陵地不許 十月以右副點檢不朮魯阿海	正月癸酉朔夏使賀正旦 九月甲子夏使上表請不去尊號 以經武將軍修起居注蕭彭哥爲夏生日使	正月癸酉朔高麗使賀正旦 九月以東京路兵馬都總管府判官蕭子敏爲高麗生日使

任德章

年	宋	夏	高麗
	翰林侍講學士蕭永祺爲賀宋正旦使		
四年	正月丁酉朔宋使賀正旦　壬子宋使賀生辰　三月刑部尚書田秀穎東上閤門使大瑊爲賀宋生日使　十月甲申以太子詹事張用直左司郎中溫都斡帶爲賀宋正旦使　十二月辛未以張用直卒改遣汴京路都轉運	正月丁酉朔夏使賀正旦　壬子夏使賀生辰　九月吏部郎中蕭中立爲夏生日使	正月丁酉朔高麗使賀正旦　壬子高麗使賀生辰　九月都水使者完顏麻潑爲高麗生日使

交聘表上　百七十五　金史六十　二十四　任刊

年	宋	夏	高麗
	使左瀛爲賀宋正旦使		
貞元元年	正月辛卯以皇弟充薨不視朝命有司受宋貢獻　四月以右宣徽使紇石烈撒合輦廣威將軍兵部郎中蕭簡爲賀宋生日使　十一月以户部尚書蔡松年右司郎中婁室爲賀宋正旦使	正月辛卯以皇弟充薨不視朝命有司受夏貢獻　九月丁亥朔以翰林待制謀良虎爲夏生日使	正月辛卯以皇弟充薨不視朝命有司受高麗貢獻　九月以吏部郎中宗合山充高麗生日使
二年	正月甲寅朔以疾不視朝宋使就館燕	正月甲寅朔以疾不視朝賜夏	正月甲寅朔以疾不視朝賜高麗使就館燕

交聘表上　二百十三　金史六十　廿五

己巳宋使賀生辰　四月辛卯工部尚書耶律安禮吏部侍郎許霖爲賀宋生日使　十月以刑部侍郎白彥恭爲賀宋正旦使　十二月丁未宋使貢方物

使就館燕　己巳夏使賀生辰　三月戊辰夏使王公佐賀遷都　九月辛亥朔夏使謝恩且請市儒釋書　十二月丁未夏使貢方物

己巳高麗使賀生辰　六月己亥高麗使謝横賜　十一月戊辰高麗使謝賜生日　十二月丁未高麗使貢方物

三年

正月己酉朔宋使賀正旦　甲子宋使賀生辰　三月庚午以左司郎中李通同知南京路都轉運司事耶律隆爲賀宋生日使　十月己亥翰林學士承旨耶律歸一爲賀宋正旦使

正月己酉朔夏使賀正旦　甲子夏使賀生辰　五月癸亥夏使謝恩

正月己酉朔高麗使賀正旦　甲子高麗使賀生辰

正隆元年

正月癸卯朔宋使賀正旦　戊午宋使賀生辰　三月庚申以左宣徽使敬嗣暉大理卿蕭中立爲賀宋生日使　十一月己巳朔以右司郎中梁銶左將軍耶律湛爲賀宋正旦使

正月癸卯朔夏使賀正旦　戊午夏使賀生辰

正月癸卯朔高麗使賀正旦　戊午高麗使賀生辰

年	宋	夏	高麗
二年	正月戊辰朔宋使賀正旦 癸未宋使賀生辰 六月以禮部尚書耶律守素刑部侍郎許竑爲賀宋生日使 十一月侍衛親軍馬步軍副都指揮使高肋不古戶部侍郎阿勒根突虡爲賀宋正旦使	正月戊辰朔夏使賀正旦 癸未夏使賀生辰 四月宿直將軍溫敦幹喝爲橫賜夏國使 九月乙丑以宿直將軍僕散烏里黑爲夏生日使	正月戊辰朔高麗使賀正旦 癸未高麗使賀生辰 三月丙寅朔高麗使賀受尊號 四月以簽書宣徽院事張誥爲橫賜高麗使
三年	正月壬戌朔宋使孫道夫賀正旦 丁丑宋使賀生	正月壬戌朔夏使賀正旦 丙寅夏奏告使	正月壬戌朔高麗使賀正旦 丁丑高麗使賀生辰

年	宋	夏	高麗
	辰 三月辛巳以兵部尚書蕭恭太府監魏子平爲賀宋生日使 十一月辛酉以工部尚書蘇保衡吏部侍郎阿典和實懃爲賀宋正旦使	還命左宣徽使敬嗣暉諭之士五 丁丑夏使賀生辰 九月庚午以宿直將軍阿魯保爲夏生日使	九月丁丑以敕坊提點高存福爲高麗生日使
四年	正月丙辰朔宋使賀正旦 辛未宋使賀生辰 四月遣資德大夫秘書監王可道朝散大夫左司郎中王蔚爲賀宋生日使	正月丙辰朔夏使賀正旦 辛未夏使賀生辰 三月丙辰朔遣兵部尚書蕭恭經畫夏國邊界 九月昭毅大將軍宿直將軍加	正月丙辰朔高麗使賀正旦 辛未高麗使賀生辰 九月遣宣武將軍翰林待制完顏達紀爲高麗生日使

	宋	夏	高麗
（四年，續）	七月甲辰宋使上表謝賜戒諭 十一月甲辰以翰林侍講學士施宜生宿州防禦使耶律闢里剌爲賀宋正旦使 十二月乙卯宋使來告其母韋氏哀 乙丑以左副點撿大懷忠大興少尹耨盌溫都謙爲宋弔祭使	古搓懶爲夏生日使	
五年	正月庚辰朔宋使賀正旦 乙未宋使賀生辰	正月庚辰夏使賀正旦 乙未夏使賀生辰	正月庚辰朔高麗使賀正旦 乙未高麗使賀生辰

	宋	夏	高麗
（五年，續）	二月壬子宋參知政事賀允中等爲韋后遺獻使 四月宋使葉義問等來謝弔祭 十一月以濟南尹僕散烏者翰林直學士韓汝嘉爲賀宋正旦使		
六年	正月甲戌朔宋使賀正旦 己丑宋使賀生辰 四月以簽書樞密院事高景山爲賀宋生日使 九月以三十二	正月甲戌朔夏使賀正旦 己丑夏使賀生辰	正月甲戌朔高麗使賀正旦 己丑高麗使賀生辰 八月遣太常博士張崇爲高麗生日使

總管兵伐宋甲午發南京十月丁未渡淮癸亥次和州宋人陷德順州十一月上駐軍江北遣武平總管阿鄰先渡至南岸失利上進兵揚州

甲午會師瓜洲渡乙未遇弑

交聘表上第二

交聘表中第三

開府儀同三司上柱國錄軍國重事前中書右丞相監修國史領經筵事臣脫脫等奉

勅修

	宋	夏	高麗
世宗大定元年	十一月宋人破陝州十二月元帥左監軍高忠建德昌軍節度使張景仁以罷兵歸正隆所侵地報諭宋國		十一月壬午尚書右司員外郎完顏兀古出報諭高麗
二年	三月徒單合喜敗宋吳璘于德順州六月宋翰林學士洪邁鎮東軍	四月夏左金吾衛上將軍梁元輔翰林學士焦景顏押進樞密	十二月高麗衛尉少卿丁應起賀正旦

節度使張掄賀上書詞不依舊式詔諭洪邁使歸諭宋主
七月丁酉復取原州
丙午宋主內禪
九月大敗吳璘于德順州宗尹復取汝州

副都承旨任紘忠賀登寶位冊遣武功大夫賀義忠宣德郎高慎言賀萬春節
八月癸酉夏左金吾衛上將軍蘇執禮匭押使王琪押進御史

十月己丑詔左副元帥紇石烈志寧伐宋
十一月癸巳朔右丞相僕散忠義節制伐宋諸軍志寧務書張浚使依皇統舊式通好浚復書曰謹遣使者至

中丞趙良賀尊號
九月庚子以尚書左司員外郎完顏正臣爲夏生日使
十二月辛未以夏乞兵復宋侵地遣尚書吏部

陳元亨

麾下議之

郎中完顏達吉體究陝西利害
夏武功大夫芭里昌祖宣德郎揚彥敬等賀正旦

三年

五月宋人破宿州是月志寧復取宿州宋洪遵與志寧書約爲叔姪國志寧渡淮取盱眙濠廬和滁等州宋使胡昉以湯思退與忠義書稱姪國不肯加世字忠義執胡昉詔釋之

三月壬辰朔夏武功大夫訛留元智宣德郎程公濟賀萬春節
五月以宿直將軍阿勒根和衍爲橫賜夏國使
七月甲寅詔市馬於夏國九月癸巳以宿直將

二月庚寅高麗守司空金永胤尚書禮部侍郎金淳夫進奉使禮賓少卿許勢脩賀登寶位秘書少監金居實謝宣諭
三月壬辰朔高麗衛尉少卿李公老賀萬春節
四月己卯以引

義

軍僕散習尼爲夏生日使十月己巳夏遣金吾衛上將軍蘇執禮匭匣使李子美謝橫賜

進使韓綱爲橫賜高麗使十月丙寅以許王府長史移剌天佛留爲高麗生日使十二月乙酉高麗使殿中少監金存夫謝橫賜

交聘表中

金史六十一

四

陳大義

四年

十一月徒單克寧敗宋兵于十八里口克楚州宋周葵王之望與忠義書約世爲姪國書仍書名再拜不稱大字并以宋書副本來上和議始定

正月丁亥朔夏遣武功大夫嵬㖤執信宣德郎李師白賀正旦三月丙戌朔夏武功大夫紐卧文忠宣德郎陳師古賀萬春節九月以宿直將

正月丁亥朔高麗禮賓少卿高慶約賀正旦三月丙戌朔高麗遣祕書少監崔孝溫進奉使朝散大夫衛尉少卿鄭孝偁賀萬春節九月以太子詹

軍宗室烏里雅爲夏生日使十二月夏奏告使殿前太尉梁惟忠翰林學士樞密都承旨焦景顏上章奏告乞免徵索正隆末年所虜人口

事烏古論三合爲高麗生日使十二月高麗禮賓少卿金莊謝賜生日

交聘表中

金史六十一

五

五年

正月癸亥宋通問使禮部尚書魏杞崇信軍承宣使康湑奉國書及誓書入見二月以殿前左副都點檢完顏仲太子詹事揚伯雄報問宋國

正月辛亥朔夏武功大夫訛羅世宣德郎高嶽賀正旦三月庚戌夏使賀萬春節九月以宿直將軍朮虎蒲查爲

正月辛亥朔高麗衛尉少卿高珍縉賀正旦三月庚戌高麗殿中少監陳力升進奉使祕書少監元順沖賀萬春節十月以大宗正

年	宋	夏	高麗
	三月庚戌宋禮部尚書洪适崇信軍承宣使龍大淵賀萬春節　八月宋吏部尚書李若川寧國軍承宣使曾覿等賀尊號　九月以吏部尚書高衎移剌道	夏生日使	丞瑋爲高麗生日使　十二月高麗遣吏部尚書李知深中書舍人尹敦信賀尊號衛尉少卿王輔謝賜生日
	爲宋生日使　十一月以殿前右副都點檢烏古論粘沒曷尚書禮部侍郎劉仲淵爲賀宋正旦使		
六年	正月丙午朔宋户部尚書方滋	正月丙午朔夏	正月丙午朔高麗太府少卿李

年	宋	夏	高麗
	福州觀察使王抃賀正旦　三月甲辰朔吏部尚書王曮利州觀察使魏仲昌賀萬春節　九月以户部尚書魏子平殿前左衛將軍夾谷查剌爲賀宋生	武功大夫高遵義宣德郎安世等賀正旦　三月甲辰朔夏武功大夫曹公達宣德郎孟伯達押進知中興府趙衎賀萬春節	世儀賀正旦　三月甲辰朔高麗國子司業趙仁貴進奉使祕書少監李復基等賀萬春節　四月戊戌以尚書右司郎中移剌道爲横賜高麗使
	日使　十一月以殿前右副都點檢駙馬都尉烏古論元忠少府監張仲愈爲賀宋正旦使	戊申夏御史中丞李克勤翰林學士焦景顏奏告乞免索正隆末年所虜人口許之　四月戊戌以宿直將軍斜卯擱剌爲横賜使	十月己卯以尚書兵部侍郎移剌按荅爲高麗生日使　十二月戊戌高麗禮賓少卿崔椿謝賜生日衛尉少卿金資用謝横賜

年	宋	夏	高麗
		九月辛亥以翰林待制移剌熙載爲夏生日使　十二月戊戌夏御史中丞賀義忠翰林學士揚彥敬謝橫賜	
七年	正月庚子朔宋試工部尚書薛良朋昭慶軍承宣使張詵賀正旦　三月己亥朔宋翰林學士渠克家安慶軍承宣使趙應熊等賀萬春節　九月以勸農使渀察莎魯窩東上閤門使梁彬爲賀宋生日使	正月庚子朔夏武功大夫劉志真宣德郎李師白等賀正旦　三月己亥朔夏武功大夫任得仁宣德郎李澄等賀萬春節　九月乙亥以宿直將軍膺招鶻魯爲夏生日使　十二月壬戌夏遣殿前太尉芭里昌祖樞密都承旨趙衍奏告以其臣任得敬有疾乞遣良醫診治詔賜之醫	正月庚子朔高麗司宰少卿潘咸有賀正旦　三月己亥朔高麗尚書戶部侍郎柳德容賀萬春節　十二月壬戌高麗禮賓少卿崔傑謝賜生日使

年	宋	夏	高麗
八年	正月甲子朔宋試戶部尚書唐琢保寧軍承宣使宋鈞賀正旦　三月癸亥朔試工部尚書王瀹賀萬春節　九月以右宣徽使移剌神獨斡太府監高彥佐	正月甲子朔夏武功大夫利守信宣德郎李穆賀正旦　三月癸亥朔夏武功大夫咩布師道宣德郎嚴立本等賀萬春節	正月甲子朔高麗司宰少卿金起賀正旦　三月癸亥朔高麗尚書戶部侍郎金光利進奉使朝散大夫秘書少監趙湜賀萬春節　十月乙未以翰

爲賀宋生日使。十一月以同簽大宗正事宗室闞合土尚書右司郎中李昌圖爲賀宋正旦使

四月戊午夏遣任德聰謝恩使詔却其禮物九月丁卯以引進使高希甫爲夏生日使

林待制兼同修國史宗室請爲高麗生日使

九年

正月戊午朔宋試工部尚書鄭聞明州觀察使董誠等賀正旦三月丁巳朔宋翰林學士胡元質保康軍承宣使宋直溫等賀萬春節九月以刑部尚書高德基爲賀宋生日使十一月以京兆尹宗室敎尚書左司郎中牛德昌爲賀宋正旦使

正月戊午朔夏武功大夫莊浪義顯宣德郎劉裕等賀正旦三月丁巳朔夏武功大夫渾進忠宣德郎王德昌等賀萬春節五月丙辰以宿直將軍完顏賽也爲橫賜夏國使九月以宿直將軍僕散忠爲夏生日使

正月戊午朔高麗司宰少卿陳玄光禮賓少卿俆諏等賀正旦三月丁巳朔高麗祕書少監金利誠賀萬春節朝散大夫衛尉少卿崔僭爲進奉使五月以符寶郎徒單懷貞爲橫賜高麗使九月丙辰以提點司天臺馬貴中爲高麗生日使十二月戊戌高麗邊報稱王晛誕得繼孫欲遣使奏告庚戌高麗太府少卿裴衎謝賜生日司宰少卿李世美謝橫賜

十年

正月壬子朔宋試吏部尚書汪大猷寧國軍承宣使曾覿賀正旦三月壬子朔宋

正月壬子朔夏武功大夫劉志直宣德郎韓德容等賀正旦三月壬子朔夏

正月壬子朔高麗禮賓少卿陳升賀正旦三月壬子朔高麗衛尉少卿崔侁進奉使尚書

試工部尚書司馬伋泉州觀察使馬定遠等賀萬春節閏五月丁酉尚書省奏宋祈請使赴闕日期詔以九月十一日朝見九月以簽書樞密院事移剌子敬宮籍監張僅言爲賀宋生日使丙戌宋祈請使資政殿大學士范成大崇信軍節度使康湑至求免起立接受國書詔不許

武功大夫張兼善宣德郎李師白等賀萬春節丁丑詔以夏奏告使於閏五月十六就行在閏五月乙未夏權臣任得敬中分其國脅其主李仁孝遣左樞密使浪訛進忠參知政事楊彥敬押進翰林學士焦景顏等上表爲得敬求封詔不許遣使詳問七月庚子宋人

禮部侍郎崔光涉等賀萬春節十月己酉以大宗正丞宗室弘爲高麗生日使十一月己卯高麗翼陽公晧廢晛自立不肯接受賜王晛生日使王晧稱兄晛讓國求封冊詔遣使詳問

十一月以太子詹事蒲察通越同知宣徽院事韓綱爲賀宋正旦使

以蠟丸書遣任得敬夏執其人并書以來庚寅以尚書戶部郎中夾古阿里補爲夏生日使十一月癸巳夏以誅任得敬遣其殿前太尉芭里昌祖樞密直學士高岳等上表陳謝

十一年

正月丙子朔宋試工部尚書呂正己利州觀察使辛堅之賀正

正月丙子朔夏遣武功大夫煞執直宣德郎馬

正月壬辰高麗王晧報稱前王久病昏耗不治以母弟晧權攝

旦
三月乙亥宋翰林學士趙雄泉州觀察使趙伯驌等賀萬春節
八月以尚書刑部侍郎駙馬都尉烏林荅天錫御史中丞李文蔚爲賀宋生日使
十一月以西南路招討使宗室崇寧戶部侍郎程輝爲賀宋正旦使

子才賀正旦
三月乙亥夏使賀萬春節
丁卯以近侍局使劉玧爲夏生日使

國事
四月丁卯權軍國事王晧上表并以兄晛表求封
五月以尚書吏部侍郎宗室靖爲宣問高麗王晛使靖至高麗晧稱晛避位出居他所病加無損不能就位拜命往復險遠非使者所宜往乃以王晛表附奏其表大槩與前表同
丁卯權高麗國事王晧告奏使

尚書禮部侍郎張明翼以王晧表求封

十二年

正月庚子朔宋試工部尚書莫濛利州觀察使孫顯祖賀正旦
三月己巳朔宋龍圖閣學士翟紱宜州觀察使祖士棨等賀萬春節
四月宋試吏部尚書姚憲安德軍承宣使曾覿賀加上尊號
九月以殿前右副都點檢夾谷清臣尚書左司

正月庚午朔武功大夫嵬恧執忠宣德郎劉昭等賀正旦
三月己巳朔夏武功大夫党得敬宣德郎田公懿賀萬春節
殿前馬步軍太尉訛羅紹甫樞密直學士呂子溫押進匭匣使芭里直信等賀加上尊號

正月庚午朔高麗使賀正旦
三月己巳朔權高麗國王晧遣尚書戶部侍郎金黃裕等賀萬春節衛尉少卿蔡祥正賀加上尊號
丁丑宿直將軍烏古論思列尚書右司員外郎張亨爲封册王晧使
四月丁卯高麗戶部尚書李著

	十三年
郎中張汝弼爲賀宋生日使 十一月以戶部尚書曹望之尚書右司郎中紇石烈哲爲賀宋正旦使	正月乙丑朔宋試吏部尚書馮樽泉州觀察使龍雲等賀正旦
四月癸亥以宿直將軍唐括阿忽里爲橫賜夏國使 九月辛巳以殿前右衛將軍粘割斡特剌爲夏生日使 十二月癸亥夏殿前太尉罔榮忠樞密直學士嚴立本等謝橫賜	正月乙丑朔夏武功大夫卧落紹昌宣德郎張
國子祭酒崔諸賀尊號 十月高麗檢校太尉金于蕃太府少卿金瓘謝封冊	正月乙丑朔高麗國王王晧遣司宰少卿史正儒賀正旦

	十四年
三月癸巳朔宋試禮部尚書韓元吉利州觀察使鄭興裔等賀萬春節 八月以殿前左副都點檢兼侍衛將軍副都指揮使宗室襄國子司業兼尚書戶部郎中張汝霖爲賀宋生日使 十一月以大興尹璋客省使兼東上閤門使高翊爲賀宋正旦使	正月己丑朔宋
希道等賀正旦 三月癸巳朔夏武功大夫芭里安仁宣德郎焦蹈等賀萬春節 九月乙未以宿直將軍宗室崇肅爲夏生日使	
三月癸巳朔高麗太府少卿李應求賀萬春節 十一月甲午以引進使大淵爲高麗生日使	正月己丑朔高

翰林學士留正
利州觀察使張
嶷等賀正旦
癸巳宋使朝辭
尚書省奏宋來
書語涉平易遣
人就館諭宋使
大興尹璋至宋
宋人就館奪其
國書璋乃赴其
宴受其私物璋
坐除名
二月以刑部尚
書梁肅越王府
長史蒲察訛里
剌爲詳問宋國
使
三月戊子朔宋
遣戶部尚書韓
彥直保信軍承

正月己丑朔夏
武功大夫煞進
德宣德郎李師
旦賀正旦
三月戊子朔夏
武功大夫芭里
安仁宣德郎焦
蹈等賀萬春節
九月乙未宿直
將軍宗室崇肅
爲夏生日使

麗遣尚書吏部
侍郎崔均等賀
正旦
丙戌高麗遣尚
書刑部侍郎車
仁揆進奉
三月戊子朔高
麗尚書戶部侍
郎金鍊光等賀
萬春節
乙亥以勸農副
使完顏蒲涅爲
横賜高麗使
十一月戊申以
儀鸞局使曹士
元爲高麗生日
使

宣使劉炎等賀
萬春節
梁肅等至宋宋
主接書如舊儀
五月梁肅等還
宋主以謝書附
奏
九月以兵部尚
書完顏讓祕書
少監賈少沖爲
賀宋生日使
己酉宋試工部
尚書張子顏明
州觀察使劉宦
爲報聘使仍求
免起立接書詔
不許
十一月以御史
中丞劉仲誨殿
前左衛將軍蒲

	修起居注紇石烈興也等爲賀宋正旦使		
十五年	正月宋試戶部尚書蔡洸江州觀察使趙益等賀正旦 九月以歸德尹完顏王祥客省使燕東上閤門使盧璣爲賀宋生日使 十一月以右宣徽使宗室靖拱衞直都指揮使高運國爲賀宋正旦使	正月夏武功大夫李嗣卿宣德郎白慶嗣等賀正旦 九月己未以符寶郎斜也和尚爲夏生日使 十二月丙午夏遣中興尹訛羅紹甫翰林學士王師信等謝橫賜	七月丙申曷懶路奏得高麗邊報以其西京留守趙位寵作亂欲遣告奏而義州路梗不通欲由定州入曷懶路詔許之 九月高麗西京留守趙位寵遣徐彥等進表欲以慈悲嶺以西鴨淥江以東內附詔不許 辛酉高麗國王王晧以平趙位寵之亂遣祕書少監朴紹奏表告奏 十一月戊辰以宿直將軍阿典蒲魯虎爲高麗生日使 十二月丙午高麗遣朝散大夫禮賓少卿趙永仁謝賜生日
十六年	正月戊申朔宋試戶部尚書謝廓然泉州觀察使黃夷行等賀正旦 三月丙午朔宋試工部尚書張宗元利州觀察	正月戊申朔夏武功大夫嵬宰師憲宣德郎宋弘等賀正旦 三月丙午朔夏武功大夫骨勒文昌宣德郎王	正月戊申朔高麗尚書吏部侍郎李章賀正旦 三月丙午朔高麗遣尚書戶部侍郎蔡順禧賀萬春節 十一月以尚書

年	宋	夏	高麗
	使謝純孝等賀萬春節 壬子宋翰林學士知制誥朝散大夫湯邦彥略信軍承宣使陳雷等奉書申請 丙辰宋申請使朝辭上以書答之	禹珪賀萬春節 九月癸酉以宿直將軍完顏覩古遠爲夏生日使	兵部郎中移剌子元爲高麗生日使 十二月庚子高麗遣禮賓少卿王珪謝賜生日戶部尚書吳先陟尚書工部侍郎尹崇誨等以不許趙位寵內

年	宋	夏	高麗
	九月以殿前都點檢蒲察通尚書左司郎中張亨爲賀宋生日使 十一月以同知宣徽院事劉珫近侍局使烏林荅愿爲賀宋正旦使		附陳謝

年	宋	夏	高麗
十七年	正月壬寅朔宋遣試吏部尚書閻蒼舒江州觀察使李可久等來賀正旦 三月辛丑朔宋遣試戶部尚書張子正明州觀察使趙士蓧等	正月壬寅朔夏武功大夫訛勞德昌宣德郎楊彥和等賀正旦 三月辛丑朔夏武功大夫芭里慶祖宣德郎梁宇等賀萬春節	正月壬寅朔高麗尚書戶部侍郎吳淑夫賀正旦 二月己亥高麗遣朝散大夫尚書戶部侍郎丁守弼進奉 三月辛丑朔高

年	宋	夏	高麗
	賀萬春節 九月以殿前右副都點檢完顏習尼烈提點太醫院兼儀鸞使曹士元爲賀宋生日使 十一月以延安尹完顏蒲剌覩左諫議大夫兼	九月丁酉朔以尚書兵部郎中石抹忽土爲夏生日使 十月夏國獻百頭帳詔不受 十一月仁孝再以表上曰若不包納則下國深	麗遣尚書工部侍郎崔光遠賀萬春節 四月戊子以滕王府長史徒單烏者爲橫賜高麗使 十二月戊辰以宿直將軍僕散懷忠爲高麗生

		十八年
宋	翰林直學士鄭子聃爲賀宋正旦使	正月丙申朔宋翰林學士錢良臣嚴州觀察使延璽等賀正旦 三月乙未朔宋遣試禮部尚書趙思宜州觀察使鄭槐等賀萬春節 九月以大理卿張九思殿前左衛將軍宗室崇
夏	誠無所展効詔許與正旦使同來 十二月甲午夏遣東經略使蘇執禮横進	正月丙申朔夏武功大夫惡惡存忠宣德郎武用和等賀正旦 三月乙未朔夏武功大夫嵬茗仁顯宣德郎趙崇道等賀萬春節 四月己丑以太
高麗	日使 甲午遣禮賓少卿崔美謝横賜	正月丙申朔高麗尚書户部侍郎孫應時賀正旦 二月癸巳高麗遣吏部侍郎崔孝求進奉 三月乙未朔高麗尚書刑部侍郎李仁成等賀萬春節 十一月丙戌以

			十九年
宋	肅爲賀宋生日使 十一月以靜難軍節度使烏延查剌太府監王汝揖爲賀宋正旦使		正月庚申朔宋遣户部侍郎宇文价江州觀察使趙雍等賀正旦 三月己未朔宋
夏	子左贊善兼翰林修撰阿不罕德甫爲横賜夏國使 九月辛未以侍御史完顏蒲魯虎爲夏生日使 十二月戊午夏遣殿前太尉浪	訛元智翰林學士劉昭謝横賜	正月庚申朔夏武功大夫張兼善宣德郎張希聖等賀正旦 三月己未朔夏
高麗	東上閤門使左光慶爲賜高麗生日使 十二月戊午高麗禮賓少卿奇世謝賜生日		正月庚申朔高麗刑部侍郎金節賀正旦 二月丁巳高麗尚書吏部侍郎柳得仁進奉

年	宋	夏	高麗
	龍圖閣學士錢沖之潭州觀察使劉沓等賀萬春節 九月以左宣徽使蒲察鼎壽尚書刑部郎中高德裕爲賀宋生日使 十一月以御史中丞移剌㦤東上閤門使左光慶爲賀宋正旦使	遣武功大夫来子敬宣德郎梁介等賀萬春節 九月戊午以太子左衛率府裴蒲胡剌爲夏生日使	三月乙未朔高麗尚書户部侍郎盧卓儒賀萬春節 十一月戊辰以西上閤門使盧拱爲賜高麗生日使 十二月壬子高麗遣朝散大夫禮賓少卿柳得義謝賜生日
二十年	正月庚申朔宋試禮部尚書陳峴宜州觀察使孔異賀正旦 三月癸丑朔宋	正月庚申朔夏武功大夫安德信宣德郎呉日休賀正旦	正月庚申朔高麗尚書户部侍郎尹東輔賀正旦 二月辛亥高麗

年	宋	夏	高麗
	試工部尚書傅淇婺州觀察使王公弼等賀萬春節 九月以太府監李偷尚書左司郎中完顏烏里也爲賀宋生日使 十一月以真定尹駙馬都尉徒單守素左諫議大夫楊仁爲賀宋正旦使	三月癸丑朔夏武功大夫罔進忠宣德郎王禹玉賀萬春節 九月壬戌少府監宗室賽補爲夏生日使 十二月癸卯詔有司夏使入界如遇當月小盡限二十五日至都二十七朝見 丙午夏遣奏告使御史中丞罔永德樞密直學士劉昭等入見	尚書吏部侍郎金鉉公進奉 三月癸丑朔高麗尚書户部侍郎孫碩賀萬春節 四月己亥以西上閤門使郭喜國爲橫賜高麗使 十一月乙亥以太常卿任倜爲高麗生日使 十二月丙午高麗禮賓少卿沈晉升謝生日禮賓少卿王度等謝橫賜
二十一年	正月戊申朔宋		正月戊申朔高

金史六十一　交聘表中

龍圖閣學士葉宏福州觀察使張詔賀正旦三月丁未朔宋試戶部尚書蓋經閬州觀察使裴良能等賀萬春節八月以殿前右副點檢宗室胡

正月戊申朔夏遣武功大夫謀寧好德宣德郎郝慶俊賀正旦三月丁未朔夏武功大夫蘇志純宣德郎康忠義等賀萬春節四月戊辰以滕

麗尚書禮部侍郎賀正旦二月甲辰高麗尚書吏部侍郎李德基進奉三月丁未朔高麗尚書戶部侍郎申寶至賀萬春節

什賚尚書左司郎中鄭儼爲賀宋生日使

王府長史把德固爲橫賜夏使八月乙丑以尚書吏部郎中奚胡失海爲夏生日使

二十二年

三月辛未朔宋使賀萬春節

三月辛未朔夏

三月辛未朔高麗使賀萬春節

九月以殿前左衛將軍宗室禪赤翰林直學士呂忠翰爲賀宋生日使十一月以昭毅大將軍吏部尚書孛朮魯罕中大夫都水監宋中爲賀宋正旦

使賀萬春節九月乙酉以尚輦局使僕散昌遠罕爲夏生日使

十一月甲申以宿直將軍僕散忠佐爲高麗生日使

使

二十三年

正月丁卯朔宋試吏部尚書王藺明州觀察使劉弢賀正旦三月丙寅朔宋試工部尚書賈選武奉軍承宣使鄭興裔等賀

正月丁卯朔夏武功大夫劉進忠宣德郎李國安等賀正旦三月丙寅朔夏武功大夫吳德昌宣德郎劉思

正月丁卯朔高麗尚書禮部侍郎崔永濡賀正旦二月甲子高麗戶部侍郎文章煒進奉三月丙寅朔高

萬春節九月以同簽大宗正事宗室方同知宣徽院事劉瑋爲賀宋生日使十一月以西京留守宗室婆盧火尚食局使李瀌爲賀宋正旦

忠等賀萬春節九月己巳以宿直將軍完顏斜里虎爲夏生日使

麗戶部侍郎盧孝敦賀萬春節四月癸丑以大理正紇石烈述列速爲横賜高麗使十二月丁亥高麗使崔孝著朝辭以詔答王晧是歲晧母任氏

二十四年

使

正月辛卯朔宋顯謨閣學士余端禮宜州觀察使王德顯等賀正旦三月庚寅朔宋試吏部尚書陳居仁隨州觀察

正月辛卯朔夏武功大夫劉執中宣德郎李昌輔賀正旦二月甲戌以器物局使宗室亩爲横賜夏國使

薨

二月甲戌高麗王王晧以母憂未卒哭請免今年萬春節及進貢詔以王晧未經起復不當陳賀其進貢方物宜令隨明

使賀萬春節八月以太府監張大節尚書左司郎中完顏婆盧火爲賀宋生日使十一月甲午詔上京地遠天寒行人跋涉艱苦

三月庚寅朔夏武功大夫晁直信宣德郎王庭彥等賀萬春節五月丙申尚書省奏夏國王以車駕幸上京願遣使入賀上曰往復萬里暑雨

年賀正旦使同來

丙戌以高麗王晧母喪遣東上閤門使完顏進兒翰林修撰郝俣爲勑祭使西上閤門使大仲尹爲慰問使夔王府長史永明

來歲宋國正旦生日並不須遣使

泥滓不須遣使令諭止之八月癸亥以侍御史遙里特末哥爲夏生日使十月丙辰朔詔上京地遠天寒行人跋涉艱苦來歲賀正旦生

爲起復使十月丙辰朔詔上京地遠天寒行人跋涉艱苦來歲高麗賀正旦生辰進奉使權止一年其謝勑祭慰問起復三番人使令以後隨朝賀人使

		日謝横賜使權止一年	同來
二十五年	十一月以臨潢尹僕散守中御史中丞馬惠迪爲賀宋正旦使十二月宋遣試禮部尚書王信明州觀察使吳璟賀萬春節	十一月丙申夏國以車駕還京賀尊安使御史大夫李崇懿中興尹米崇吉押進匭匣使李嗣卿等朝見	十一月壬寅以尚書禮部員外郎移剌履爲高麗生日使十二月戊寅高麗戶部尚書梁翼京府少監卿崔綮謝勅祭司宰少卿康勇儒謝慰問禮賓少卿崔仁謝起復
二十六年	正月庚辰朔宋使賀正旦三月己卯朔宋試戶部尚書章	正月庚辰朔夏武功大夫麻骨進德宣德郎劉	正月庚辰朔尚書工部侍郎崔仁請賀正旦以宣孝太子未大

	森容州觀察使吳曦等賀萬春節	光國等賀正旦三月己卯朔夏武功大夫麻骨	燒飯詔禮侍三日曲宴禮三國人使各賜在館宴
	八月以益都尹崇浩左諫議大夫黃久約爲賀宋生日使十一月以刑部尚書移剌子元尚書左司郎中馬琪爲賀宋正旦使	德懋宣德郎王慶崇等賀萬春節八月己丑以宿直將軍李達可爲夏生日使	二月丁丑高麗戶部侍郎門義赫進奉三月己卯朔高麗禮部侍郎柳公權賀萬春節四月壬戌以客省使李磐爲横賜高麗使十二月庚子高麗禮部侍郎任濡謝横賜禮賓少卿盧元謝生日
二十七年	正月癸卯朔宋		正月癸卯朔高

年	宋	夏	高麗
	遣試刑部尚書李獻漳州觀察使趙多才賀正旦 三月癸卯朔宋遣試兵部尚書張淑春鄂州觀察使謝卓然等賀萬春節 九月以河中尹	正月癸卯朔夏武功大夫嵬德昭宣德郎索遵德賀正旦 三月癸卯朔夏武功大夫遇忠輔宣德郎呂昌齡等賀萬春節 九月己酉以武	麗司宰少卿崔匡輔賀正旦 二月辛丑高麗禮賓少卿車若松進奉 三月癸卯朔高麗戶部侍郎李公鈞賀萬春節 十二月庚午以翰林待制趙可
	田彥皋近侍局使宗室鶻殺虎爲賀宋生日使 十月乙亥宋前主殂 十一月以殿前左副都點檢崇安翰林侍講學士兼御史中丞李晏爲賀宋正	器署令斜卯阿土爲夏生日使 十二月夏殿前太尉訛羅紹先樞密直學士嚴立本謝橫賜	爲高麗生日使 甲午高麗禮賓少卿崔存謝賜生日

年	宋	夏	高麗
	旦使 十二月壬午宋敷文閣學士韋璞鄂州觀察使特立來告哀		
二十八年	正月丁酉朔宋試工部尚書萬鍾冝州觀察使趙不違賀正旦	正月丁酉朔夏武功大夫麻奴紹文宣德郎安	正月丁酉朔高麗司宰少卿崔迪元賀正旦 二月乙未高麗
	是月以左宣徽使駙馬都尉蒲察克忠戶部尚書劉瑋爲宋弔祭使 二月宋試戶部尚書顏師魯福州觀察使高震來進其前主遺留禮物	惟敬賀正旦 三月丁酉朔夏武功大夫渾進忠宣德郎鄧昌祖等來賀萬春節 九月甲午朔以鷹坊使崇夔爲夏國生日使	禮賓少卿吉仁進奉 三月丁酉朔高麗戶部侍郎李禧賀萬春節 十二月丙寅以大理正移剌彥拱爲高麗生日使 庚寅高麗戶部

三月丁酉朔宋試戶部尚書胡晉臣鄂州觀察使鄭康孫賀萬春節 五月甲辰宋試禮部尚書京鏜容州觀察使劉端仁來報謝 九月丙申以武安軍節度使王克溫近侍局使䴏殺虎爲賀宋生日使 十一月以河中尹田彥皐吏部侍郎移剌仲方爲賀宋正旦使

侍郎周匡美謝賜生日

二十九年

正月壬辰朔宋

正月壬辰朔高

顯謨閣學士鄭僑廣州觀察使張時脩等賀正旦上大漸宋正旦使遣還 甲辰遣大理卿王元德等報哀于宋 二月宋主內禪子惇嗣立 四月辛未宋葛廷瑞趙不慢來弔祭 五月壬寅宋遣羅點譙熙載來報嗣位 戊午遣東北路招討使溫迪罕速可等使宋賀即位

正月壬辰朔夏武功大夫紐尚德昌宣德郎宇得賢賀正旦上大漸夏使遣還 三月夏殿前太尉李元貞翰林學士餘良來陳慰 四月進奉使御史中丞鄒顯忠樞密直學士李國安入莫 五月夏知興中府事廼令思敬祕書少監梁介賀登位知中興府事田周臣押

麗禮賓少卿李尚儒賀正旦上大漸高麗使遣還 六月乙卯高麗檢校尚書右僕射戶部尚書李英搢檢校工部尚書戶部侍郎黃清來奏會葬并祭奠 七月辛未高麗檢校太尉鄭存實殿中監任冲來賀登位 八月高麗遣戶部尚書崔膺廣賀天壽節 十二月高麗禮部侍郎閔湜謝生日戶部侍郎

宋	閏月庚辰宋遣沈撥韓佖曹來賀登位 六月乙卯勅有司移報宋天壽節 七月辛巳遣刑部尚書完顏守貞等為賀宋生辰使 八月丙辰宋遣禮部尚書謝深甫觀察使趙昂賀天壽節 十一月辛酉遣右宣徽使裴滿餘慶等為賀宋正旦使
夏	進使 八月丙辰夏嵬名彥劉文慶賀天壽節
高麗	孫价謝橫賜

交聘表中第三

交聘表下第四　金史六十二

開府儀同三司上柱國錄軍國重事前中書右丞相監修國史領經筵事都總裁臣脫脫奉
勅修

	章宗明昌元年
宋	正月丙辰朔宋試戶部尚書鄭德麟宜州觀察使蔡錫賀正旦 七月己巳遣禮部尚書王翛等為賀宋生辰使 八月己酉宋顯謨閣學士丘宗福州觀察使蔡必勝賀天壽節 十一月乙卯遣簽書樞密院事把德固等為賀
夏	正月丙辰朔夏武節大夫唐彥超宣德郎楊彥直賀正旦 八月己酉夏武節大夫拽税守節宣德郎張仲文賀天壽節知中興府罔進忠謝橫賜
高麗	八月己酉高麗戶部侍郎陳克修及進奉使戶部鄭世髦賀天壽節 十二月丁未高麗戶部侍郎盧湜謝生日

年	宋	夏	高麗
二年	宋正旦使正月庚戌朔宋試吏部尚書蘇山瀰州觀察使劉詢賀正旦丙寅遣左副都點檢完顏亩等使宋告哀三月丁丑宋遣試禮部尚書宋之端嚴州觀察使宋嗣祖爲皇太后弔祭使太常少卿王叔簡讀祭文七月己巳遣同簽大睦親府事完顏充等爲賀宋生辰使	正月庚戌朔夏武節大夫王全忠宣德張思義賀正旦許使貿易三日三月丁巳夏左金吾衛正將軍李元膺御史中丞高俊英爲陳慰使丁卯夏進奉使知中興府李嗣御樞密直學士永昌奉奠皇太后八月丁丑朔夏	正月庚戌朔高麗禮賓少卿鄭克温賀正旦三月乙亥高麗檢尚書右僕射工部尚書韓正修吏部侍郎崔敦禮奉慰檢校尚書文得品禮部侍郎李世長祭奠八月乙巳高麗戶部侍郎柳光壽來賀天壽節戶部侍郎宋弘迪進奉十二月癸卯高麗戶部侍郎李

年	宋	夏	高麗
	八月乙巳宋試戶部尚書趙廱婺州觀察使田皐賀天壽節十一月丁巳遣幽王傅完顏宗璧等爲賀宋正旦使	武節大夫執鬼英宣德郎焦元昌賀天壽節	至純謝賜生日
三年	正月乙巳朔宋煥章閣學士黃申明州觀察使張宗益賀正旦七月辛卯遣殿前都點檢僕散端等爲宋生辰使八月宋工部尚書錢之望廣州觀察使楊大節	正月乙巳朔夏武節大夫趙好德郎史從禮賀正旦八月丁卯夏武節大夫罔敦信宣德郎韓伯容賀天壽節	正月乙巳朔高麗禮賓少卿洪彝忠賀正旦八月辛丑朔高麗衛尉少卿朴初賀天壽節秘書少監師威謝撗賜禮賓少卿石城柱進奉十二月丁卯高麗遣戶部侍郎

賀天壽節十一月戊寅遣右副都點撿湯敦忠等爲賀宋正旦使

丁光敘謝賜生日

四年

正月己巳朔宋顯謨閣學士鄭汝諧均州觀察使譙令雍賀正旦七月己丑遣御史中丞董師中等爲賀宋生辰使八月辛酉宋吏部尚書許及之明州觀察使蔣介賀天壽節十一月庚寅遣

正月己巳朔夏武節大夫吳嵒遂良宣德郎高崇德賀正旦八月辛酉夏武節大夫龐靜師德宣德郎張崇師賀天壽節御史中丞迺令思聰謝橫賜九月仁孝薨子純佑立

正月己巳朔高麗司宰少卿揚淑節賀正旦八月辛酉高麗禮賓少卿蘇良黃賀天壽節吏部侍郎門侯軾進奉十二月庚申高麗戶部侍郎陳光卿等謝賜生日

翰林直學士完顏匡更名弼爲賀宋正旦使

十一月壬申夏御史大夫李元吉翰林學士李國安來訃告十二月甲午朔夏殿前太尉咩銘友直副使樞密直學士李昌輔奉遺進禮物

五年

正月癸亥朔宋翰林學士倪思知閤門使王知新賀正旦六月戊戌宋前主眘殂七月甲子宋主禪位于子擴八月乙卯宋試

正月癸亥朔夏武節大夫恧恧世忠宣德郎劉思問等賀正旦辛巳命中憲大夫國子祭酒劉璣尚書右司郎中烏古論慶裔

正月癸亥朔高麗衛尉少卿李居正賀正旦八月己丑朔高麗禮賓少卿權信賀天壽節太府少監柳澤進奉十二月丁巳朔

工部尚書梁總明州觀察使戴勳賀天壽節九月壬申宋顯謨閣學士薛叔似廣州觀察使謝淵來告哀戊寅以知大興府事尼厖古鑑爲宋弔祭使

等充夏國王李純佑封冊起復使四月壬寅夏御史中丞浪訛文廣副使樞密直學士劉俊才押進知中興府野過克忠來報

高麗戶部侍郎劉邦氐謝賜生日

十月庚寅宋戶部尚書林湜泉州觀察使游謙獻遺留物閏十月戊午朔宋翰林學士鄭湜廣州觀察使范仲任報即位甲戌以河東南北路提刑使王

謝八月乙卯夏武節大夫野遇思文宣德郎張公輔賀天壽節

啓廣威將軍斡前左副都點檢石抹仲溫爲賀宋即位國信使十一月庚子以廣威將軍右宣徽使移剌敏山東東路轉運使高世忠爲賀宋正旦使

六年

正月丁亥朔宋試禮部尚書曾三復賀正旦二月癸未宋煥章閣學士林季友明州觀察使郭正己報謝八月辛未遣吏部尚書吳鼎樞

正月丁亥朔夏武節大夫王彥才宣德郎高大節賀正旦三月丙申夏御史大夫李彥崇知中興府事鄧庭俊謝賜生日

正月丁亥朔高麗戶部侍郎白存儒賀正旦八月己卯高麗禮部侍郎徐諿賀天壽節衛尉少卿周元迪謝橫賜十二月丁丑高

宋	等爲賀宋生辰使 己卯宋試吏部尚書汪義端福州觀察使韓侂冑賀天壽節 十一月丙申遣刑部尚書紇石烈貞等爲賀宋正旦使
夏	八月己卯夏武節大夫宋克忠宣德郎吳子正賀天壽節
高麗	麗尚書戶部侍郎孫弘謝賜生日

承安元年	
宋	正月辛巳朔宋遣翰林學士黃艾均州觀察使柳正一賀正旦 八月甲戌宋試工部尚書吳宗旦湖州觀察使張卓賀天壽節 九月癸未遣吏
夏	正月辛巳朔夏武節大夫貟元亨宣德郎元叔等賀正旦
高麗	正月辛巳朔高麗禮賓少卿宋躔賀正旦 八月甲戌高麗尚書禮部侍郎

宋	部尚書張嗣等爲賀宋生辰使 十一月甲午遣陝西路統軍使完顏崇道等爲賀宋正旦使
夏	八月甲戌夏武節大夫同崇義宣德郎呂昌邦賀天壽節
高麗	趙冲賀天壽節 太府監卿劉應舉進奉 十二月丙午朔高麗戶部侍郎金光當謝賜生日

二年	
宋	正月乙亥朔宋煥章閣學士張貴謨嚴州觀察使郭倪賀正旦 辛丑宋試禮部尚書趙介利州觀察使朱龜年以母喪告哀 八月戊戌宋試工部尚書衛涇泉州觀察使陳奕賀天壽節
夏	正月乙亥朔夏武節大夫嵬名世安宣德郎李師廣賀正旦 八月戊戌夏武節大夫羅略守忠宣德郎王彥國賀天壽節 知中興府事李德冲樞密直學
高麗	正月乙亥朔高麗禮賓少卿牙應卿賀正旦 八月戊戌高麗禮部侍郎趙謙賀天壽節戶部侍郎梁元進奉

	三年
九月丁未遣知歸德府事完顏愈等爲賀宋生辰使	正月己亥朔宋煥章閣學士曾炎鄂州觀察使鄭挺賀正旦 乙丑宋試禮部尚書趙介利州觀察使朱龜年以宋祖母喪告哀 八月癸未宋試刑部尚書湯碩
士劉思問等奏告権場 十二月丁酉夏殿前太尉李嗣卿知中興府事高德崇謝復権場	正月己亥朔夏武功大夫隗敏脩宣德郎鍾伯達賀正旦 八月甲午夏武節大夫折嵬俊又宣德郎羅世昌賀天壽節
	三月丙寅王晧以國讓其弟晫禮賓少卿趙通來奏告求封冊晫遣使宣問 是歲晧薨晫嗣立遣禮賓少卿白汝舟來奏告

	四年
福州觀察使李汝翼等報謝 九月丙申宋顯謨閣學士王休利州觀察使李安禮賀天壽節 遣中都路都轉運使孫鐸等爲賀宋生辰使 十一月丁未遣太常卿楊庭筠等爲賀宋正旦使	正月癸巳朔宋工部尚書馬覺廣州觀察使鄭藎賀正旦 八月己丑宋試工部尚書李大
	正月癸巳朔夏武節大夫李慶源宣德郎鄧昌祖賀正旦 八月己丑夏武
	正月丁酉高麗告哀 三月遣使冊高麗王王晫 八月己酉高麗王晫遣户部侍

性泉州觀察使金湯楫賀天壽節九月已未遣知東平府事僕散琦等爲賀宋生辰使十一月甲寅遣知濟南府事范楫等爲賀宋正

節大夫紐尚德昌宣德郎李公達賀天壽節殿前太尉迺令思聰樞密直學士楊德先謝橫賜

郎劉元愼賀天壽節戶部侍郎鄭邦輔進奉十二月乙酉高麗知樞密院金陟侯太府卿王儀謝封冊

五年

旦使

正月戊子朔宋煥章閣學士朱致知福州觀察使李師夔賀正旦八月壬子宋戶部尚書趙善義鄂州觀察使厲

正月戊子夏武節大夫連都敦信宣德郎丁師周賀正旦附奏爲母疾求醫詔遣太醫時德元王利貞往診治

正月戊子朔高麗禮賓少卿白元軾來賀正旦八月壬子高麗戶部侍郎池資源賀天壽節戶部侍郎申周錫等進奉

仲詳賀天壽節是月宋前主惇殂十月庚子宋試刑部尚書吳旰利州觀察使林可大來告母喪十一月己未宋煥章閣學士李寅仲福州觀察

仍以御劑藥賜焉八月壬子夏武節大夫連都敦信宣德郎丁師周賀天壽節南院宣徽使劉忠亮知中興府高永昌來謝恩

使張良顯來告前主喪乙卯遣工部尚書烏古論誼等宋弔祭使辛未遣殿前右副點檢紇石烈忠定等爲宋正旦使十二月癸未遣

年	宋	夏	高麗
	河南路統軍使完顏充等爲宋弔祭使		
泰和元年	正月壬子朔宋顯謨閣學士林桶利州觀察使王康成賀正旦壬戌宋試工部尚書丁常任攝州觀察使郭倓進遺留物三月乙亥宋試刑部尚書虞儔泉州觀察使張仲舒等來報謝八月丙申宋試戶部尚書俞烈福州觀察使李言等報謝	正月壬子朔夏武節大夫卧德忠宣德郎劉筠國賀正旦三月乙丑夏左金吾衛上將軍野遇思文知中興府田文徵等來謝恩八月戊寅朔夏武節大夫柔思義宣德郎焦思元等賀天壽節	正月壬子朔高麗禮賓少卿李惟卿賀正旦八月高麗戶部侍郎鄭公順賀天壽節禮賓少卿趙溆進奉衛尉卿秦彦匡謝賜生日十二月乙巳高麗禮賓少卿崔南敷進奉

年	宋	夏	高麗
	丙申宋遣試吏部尚書陳宗召廣州觀察使寶夔賀天壽節九月戊申遣右宣徽使徒單懷忠等爲宋生辰使十一月庚申遣殿前右衛將軍紇石烈七斤等爲賀宋正旦使		
二年	正月丁未朔宋煥章閣學士李景和福州觀察使陳有功賀正旦八月庚子宋試工部尚書趙不艱鄂州觀察	正月丁未朔夏武節大夫白克忠宣德郎蘇寅孫賀正旦八月庚子夏武節大夫天籍辣	正月丁未朔高麗司宰少卿門孝軾賀正旦八月庚子高麗戶部侍郎史洪祐賀天壽節禮賓少卿韓氏

使黃卓然賀天壽節丙辰以完顏璹張行簡為賀宋生日使十二月癸酉遣武安軍節度使公弼等為賀宋正旦使

忠毅宣德郎王安道賀天壽節殿前太尉李建德知中興府事楊紹直等謝橫賜

謝賜生日閏十二月己巳高麗禮賓少卿宋弘烈進奉

三年

正月辛未朔宋試吏部尚書曹寔利州觀察使王處久賀正旦甲子宋試禮部尚書劉甲泉州觀察使郭倬賀天壽節九月壬申遣刑部尚書承暉等為賀宋生辰使

正月辛未朔夏武節大夫崔元佐宣德郎劉彥輔賀正旦八月甲子夏武節大夫嵬德元宣德郎高大亨賀天壽節

正月辛未朔高麗戶部侍郎郭公儀賀天壽節禮賓少卿師公直謝賜生日十二月癸亥高麗禮賓少卿林德元進奉是歲王晫薨子譔嗣位

十一月辛未遣簽樞密院事獨吉思忠等為賀宋正旦使

四年

正月乙丑朔宋試吏部尚書張孝曾容州觀察使林伯成賀正旦丁丑張孝曾廻至慶都縣卒賻贈絹布各二百二十疋差防禦使女奚烈元充勑祭使管伴使張雲護送以還八月癸丑宋試禮部尚書張嗣古廣州觀察使

正月乙丑朔夏武節大夫梅訛宇文宣德郎韓師正賀正旦八月己丑夏武節大夫李德廣宣德郎韓承慶賀天壽節

正月乙丑朔高麗司宰少卿李延壽賀正旦三月庚寅禮部侍郎王永齡來告哀八月乙丑高麗國王譔遣戶部侍郎曹光壽賀天壽節戶部侍郎李儆謝賜生日十二月丁巳高麗禮賓少卿姜植林進奉司宰

陳渙賀天壽節　乙卯遣知真定府事完顏昌等爲賀宋生辰使　十一月丁卯遣殿前右副都點檢烏林荅毅等爲宋正旦使　癸未賓難部縣諸社屢被宋抄

少卿車冨民謝横賜户部尚書金慶夫禮部侍郎崔克遇謝勅祭衛尉少卿門存謝慰問禮賓少卿黄孝卿謝起復

五年

掠

正月己未朔宋試吏部尚書鄧友龍利州觀察使皇甫斌賀正旦　庚申宋兵入遂平縣縱掠出獄囚火官舍害令

正月己未朔夏武功大夫邁惟德宣德郎高大倫賀正旦　閏八月辛巳夏武節大夫趙公良宣德郎米元

正月己未朔高麗司宰少卿林仁碩賀正旦　閏八月辛巳高麗司宰少卿崔義賀天壽節　十一月辛巳高麗衛尉卿吳應

尉而去　二月己酉宋兵掠泌陽剽巡檢家貲害其家人　三月戊午朔宋兵焚平氏鎮剽民財　四月命樞密院移文宋人依誓約撤新兵毋縱

懿賀天壽節殿前太尉婖来思聽知中興府通判劉俊德来謝横賜

天進奉

入境　庚午宋兵掠鄧州白亭巡檢家貲持其印去　辛巳宋兵犯鞏州來遠鎮　丁亥唐州獲宋諜言韓侂胄屯兵鄂州將謀北侵

五月甲子平章政事僕散揆宣撫河南籍諸道兵備宋宣撫司移文宋三省樞密問用兵之故宋以鐫諭邊臣爲辭乃罷宣撫司僕散揆還京師

甲申宋楚州安撫使成拱遣其將高顯以兵五百人破漣水縣

閏八月辛巳宋試吏部尚書李壁廣州觀察使林仲虎賀天壽節

九月甲申遣河

南路統軍使紇石烈子仁等爲賀宋生辰使

十一月乙酉宋兵入內鄉己丑遣太常卿趙之傑等爲賀宋正旦使

十二月宋吳曦擁衆興元欲窺關隴皇甫斌擾淮北

六年

正月癸未朔宋試刑部尚書陳景俊知閤門事吳琯賀正旦

四月丙寅詔平章政事僕散揆行省于汴督諸

正月癸未朔夏武節大夫紐尚德宣德郎鄭昺賀正旦

乙丑夏李安全廢其主純佑自

正月癸未朔高麗禮賓少卿崔甫淳賀正旦

八月丙子高麗遣衛尉少卿李迪儒賀天壽節衛尉卿金升謝

道兵伐宋
十月庚戌僕散
揆出頴壽
十一月丁亥克
安豐軍壬辰次
廬江宋主密諭
丘崈使歸罪韓
侂胄將乞盟密
既送韓元靚歸
遣忠訓郎林拱

立令純佑母羅
氏爲表遣御史
大夫罔佐執中
等來奏求封冊
六月戊戌詔宣
問羅氏所以廢
立之故安全復
以羅氏表來
辛丑以朝議大

賜生日禮賓卿
李佾謝起復知
樞密事韓奇太
府卿李承白等
來謝封冊
十二月乙亥高
麗衛尉少卿慶
裕升進奉

持書乞和於僕
散揆
癸夘丘崈復遣
武翼郎宋顯等
以書幣乞和於
揆
十二月癸丑宋
吳曦納款于都
大提舉完顔綱
賜詔褒諭

夫尚書左司郎
中溫迪罕思敬
朝請大夫太常
少卿黃震爲夏
國王李安全封
冊使
十二月乙丑夏
御史大夫謀寧
光祖翰林學士

宋簽書樞密院
事丘崈復遣陳
璧奉書詣揆乞
和揆以其辭尚
倨不見乙丑僕
散揆班師封吳
曦爲蜀國王吳
曦遣郭澄任辛
奉表及蜀地圖
志吳氏譜牒來

張公甫謝封冊
押進使知中興
府梁德樞等入
見

七年

上
正月庚寅僕散
揆還至下蔡有
疾丙申以左丞
相崇浩代揆行
省于汴
二月宋安炳殺
吳曦宋方信孺
詣行省以書乞

丁丑朔夏
武節大夫隈敏
修宣德郎鄧昌
福賀正旦
八月甲辰朔夏
武節大夫囉㖃
思忠宣德郎安

正月丁丑朔高
麗戶部侍郎師
應瞻賀正旦
四月壬子以昭
勇大將軍官籍
副監楊序爲橫
賜高麗使
八月壬申高麗

	七年	八年
宋	和 五月丙申宋張巖復遣方信孺詣都元帥府請增歲幣 九月崇浩薨以平章政事完顏匡行省于汴 十一月丙子宋韓侂冑遣王柟以書詣元帥府 壬辰宋錢象祖李壁移書行省議和	二月乙巳宋錢象祖復遣王柟以書上行省乞未宋函韓侂冑蘇師旦首贖淮
夏	禮賀天壽節	正月辛未朔夏武節大夫渾光中宣德郎梁德懿賀正旦
高麗	遣衛尉少卿徐珖賀天壽節衛尉少卿企義元謝賜生日 十二月壬寅朔高麗遣户部侍郎鄭光習進奉	正月辛未朔高麗户部侍郎林柱材賀正旦 十月己酉高麗禮部侍郎林永

	八年
宋	南故地元帥府露布以聞宋請改叔姪爲伯姪增歲幣至三十萬 六月癸酉宋試禮部尚書許奕福州觀察使吳衡奉誓書通謝 七月戊申答宋誓書以左副點檢完顏侃爲宋諭成使 己酉宋户部尚書鄒應龍泉州觀察使李謙賀天壽節 八月己丑遣户部尚書高汝礪等爲賀宋生辰
夏	三月甲申夏樞密使李元吉觀文殿大學士羅世昌等奏告 五月辛亥夏殿前太尉習勒遵義樞密都承旨蘇寅孫謝賜生日 十月己酉夏武節大夫李世昌宣德郎米元傑賀天壽節御史大夫權鼎雄樞密直學士李文政謝橫賜參知政事浪訛德光光祿大夫田文
高麗	祖賀天壽節禮賓卿池利中謝賜生日

年	宋	夏	高麗
	使	徹等来奏告	
衛紹王大安元年	八月宋使賀萬秋節		五月高麗来賀即位
二年	八月宋使賀萬秋節		
三年			
	正月乙酉朔宋使賀正旦	正月乙酉朔夏使賀正旦	正月乙酉朔高麗使賀正旦
崇慶元年	正月宋使賀正旦	正月夏使賀正旦　三月遣使冊李遵頊爲夏國王　十二月夏國王	

年	宋	夏	高麗
至寧元年		李遵頊謝封冊	
宣宗貞祐元年	閏九月辛未奉國上將軍武衛軍都指揮使烏林荅與尚書户部侍郎高霖爲	十二月癸亥夏人陷涇州節度使夾谷守中死之	
	報諭宋使　十一月宋賀正旦使入境有期以大兵在近姑停之令有司移報		
二年	正月丁丑宋刑部尚書真德秀等賀即位駐境	十一月乙卯蘭州譯人程陳僧	

上以中都被圍諭罷之

叛入于夏自是連歲與夏交兵矣

三年

正月辛酉朔宋遣顯謨閣學士聶子述廣州觀察使周師銳賀正旦三月壬申宋寶謨閣學士丁焴利州觀察使侯忠信賀長春節是月丙子宋使朝辭因言宋主請減歲幣如大定例上以本自稱賀不宜別有祈請諭遣之

九月己巳以左諫議大夫把胡魯尚書工部侍郎徒單歐里白爲賀宋生日使十一月庚辰以拱衛直都指揮使蒲察五斤尚書禮部侍郎楊雲翼爲賀宋正旦使

四年

正月己卯朔宋試工部尚書施累廣州觀察陳萬春賀正旦三月甲子宋遣華文館學士留筠宜州觀察使右武衛上將軍

師亮賀長春節九月乙未以榮祿大夫中衛尉完顏奴婢太子少詹事納坦謀嘉爲賀宋生日使十一月甲辰以尚書工部侍郎內族和尚尚書右司郎中僕散毅夫爲賀宋正旦使

興定元年

正月己卯朔宋煥章閣學士陳伯震福州觀察使霍儀賀正旦三月己丑宋試工部尚書錢撫

潭州觀察使馮柄賀長春節四月丁未朔以宋歲幣不至命烏古論慶壽經略南邊

二年

十二月甲寅朝議乘勝與宋議和以開封治中呂子羽南京路轉運副使馮璧爲詳問宋國使行至淮中流宋人拒止之自此和好遂絕

癸丑以詔付行省必蘭出諭高麗貸糧開市二事遣典客署書表劉丙從行

三年

正月戊辰朔遼東行省報高麗有奉表朝貢之

意詔行省受其表章以聞朝貢之禮俟他日徐議

四年

五年

元光元年

二年

哀宗正大元年

三月以邊帥意遣忠孝軍三百送省令史李唐英往滁州通好宋人宴犒旬日以奏稟爲辭和事竟不成六月遣樞密判官移剌蒲阿以文榜遍諭宋界

十一月夏遣使議和

二年

軍民更不南伐自是宋人亦歛兵

九月夏國和議定夏稱弟各用本國年號遣光祿大夫吏部尚書李仲諤南院

宣徽使羅世昌中書省左司郎李紹膺來聘十月遣禮天驥張天綱使夏講和事十二月夏使朝辭國書報聘稱兄大金皇帝致

年	宋	夏	高麗
三年		書於弟大夏皇帝闕下遣禮部尚書輿敦良弼大理卿裴滿欽甫侍御史烏古孫弘毅充報成使	
		正月丁巳朔夏遣精鼎匭匣使武紹德副儀增御史中丞咩元禮賀正旦十月夏使報哀十一月甲戌遣人使夏賀正旦丙子夏以兵事	

年	宋	夏	高麗
四年		方殷來報各停使是月遣中奉大夫完顏履信昭毅大將軍太府監徒單居正爲弔祭夏國使	
		夏遣精方匭匣使王立之來未復命國亡	
五年			
六年			
七年	揚州制置趙善湘遣黃譓詣京東帥府約和朝		

宋以寧陵令王渥往議凡再往約竟不成

天興元年

二年　八月己卯假蔡州都軍致仕內族阿虎帶同簽大睦親府事如宋借粮宋人不許

三年　正月己酉國亡

交聘表下第四

列傳第一　金史六十三

開府儀同三司上柱國錄軍國重事前中書右丞相監修國史領經筵事都總裁臣脫脫奉

敕修

后妃上

始祖明懿皇后　德帝思皇后

安帝節皇后　獻祖恭靖皇后

昭祖威順皇后　景祖昭肅皇后

世祖翼簡皇后　肅宗靖宣皇后

穆宗貞惠皇后　康宗敬僖皇后

太祖聖穆皇后　太祖光懿皇后

太祖欽憲皇后　太祖宣獻皇后

太祖崇妃蕭氏　太宗欽仁皇后

熙宗悼平皇后　海陵嫡母徒單氏

海陵母大氏　后徒單氏 諸嬖附

古者天子娶后三國來媵皆有娣姪凡十二女諸侯一娶九女所以正嫡妾廣繼嗣息妒忌防淫慝塞禍亂也后亡則媵爲繼室各以其叙無三媵則娣姪繼室亦各以其叙繼室者治其內政不敢正其位號禮廟無兩祔不並尊也魯成風始兩祔宋國三媵齊管氏三歸春秋皆譏之周禮內宰其屬則內小臣閽人寺人次之九嬪世婦女御女祝

女史典婦功典絲典枲內司服又次之昏義稱后立六宮
三夫人九嬪二十七世婦八十一御妻不與春秋周禮合
後世因仍其說後宮遂至數千金代后不娶庶族甥舅之
家有周姬齊姜之義國初諸妃皆無位號熙宗始有貴妃
賢妃德妃之號海陵淫嬖後宮寖多元妃姝妃惠妃貴妃
賢妃宸妃麗妃淑妃德妃昭妃溫妃柔妃凡十二位大定
後宮簡少明昌以後大備內官制度諸妃視正一品 三
夫人昭儀昭容昭媛脩儀脩容脩媛充儀充容充媛視正
二品 九嬪婕妤九人視正三品美人九人視正四品才
人九人視正五品 二十七世婦寶林二十七人視正六

品御女二十七人視正七品采女二十七人視正八品比
八十一御妻又有尚宮尚儀尚服尚食尚寢尚功皆內官
也太祖嫡后聖穆生景宣光懿生宗幹有定策功欽憲有
保佑之功故自熙宗時聖穆光懿欽憲皆祔宣獻生睿宗
大定祔焉故太祖廟祔四后睿世顯宣皆祔兩后惟太宗
景宣熙宗章宗室祔一后貞慈光獻昭聖雖庶姓皆以子
貴宣宗冊溫敦氏乃賜姓變古甚矣故自初起至于國亡
列其世次著其族里可考鑒焉其無與於世道者置不錄
始祖明懿皇后完顏部人年六十餘嫁始祖天會十五年
追謚

德帝思皇后不知何部人天會十五年追謚
安帝節皇后不知何部人天會十五年追謚
獻祖恭靖皇后不知何部人天會十五年追謚
昭祖威順皇后徒單氏諱烏古論都葛活剌渾水敵魯鄉
徒單部人其父拔炭都魯海后性剛毅人莫敢以爲室獻
祖將爲昭祖娶婦曰此子勇斷異常柔弱之女不可以爲
配乃爲昭祖娶焉天會十五年追謚
景祖昭肅皇后唐括氏帥水隈鴉村唐括部人諱多保真
父石批德撒骨只巫者也后有識度在父母家好待賓客
父母出則多置酒饌享隣里迨于行旅景祖飲食過人時

人名之活羅解在景祖紀昭祖曰儉嗇之女吝惜酒食不
可以配烏古廼聞后性度如是乃娶焉遼使同幹來伐五
國蒲聶部景祖使后與劾孫爲質於拔乙門而與同幹襲
取之遼主以景祖爲節度使后雖喜賓客而自不飲酒景
祖與客飲后專聽之翊日枚數其人所爲無一不中其察
肯有醉而喧呶者輒自歌以釋其忿爭軍中有被笞罰者
每以酒食慰諭之景祖行部輒與偕行政事獄訟皆與決
焉景祖没後世祖兄弟凡用兵皆稟於后而後行勝負皆
有懲勸農月親課耕耘刈穫遠則乘馬近則策杖勤於事
者勉之晏出蚤休者訓勵之后往邑屯村世祖肅宗皆從

會桓赧散達偕來是時已有隙被酒語相侵不能平遂舉刃相向后起兩執其手謂桓赧散達曰汝等皆吾夫時舊人奈何一旦遽忘吾夫之恩與小兒子輩忿爭乎因自作歌桓赧散達怒乃解其後桓赧兄弟起兵來攻當是時肅宗先已再失利矣世祖已退烏春兵與桓赧戰于北隘甸部人失束寬逃歸袒甲而至告后曰軍敗矣后方憂懣會康宗來報捷后乃喜既而桓赧散達皆降后不妬忌閨略女工能輯睦宗族當時以爲有丈夫之度云天會十五年追謚

世祖簡翼皇后拏懶氏大安元年癸酉歲卒天會十五年

追謚

肅宗靖宣皇后蒲察氏太祖將舉兵入告于后后曰汝邦家之長見可則行吾老矣無貽我憂汝亦必不至是太祖奉觴爲壽即奉后出門酹酒禱天后命太祖正坐號令諸將自是太祖每出師還輒率諸將上謁獻所俘獲天會十五年追謚

穆宗貞惠皇后烏古論氏天會十五年追謚

康宗敬僖皇后唐括氏天會十五年追贈

太祖聖穆皇后唐括氏天會十三年追謚仍贈后父留速太尉榮國公祖迭胡本司徒英國公曾祖劾魏司空温國公

太祖光懿皇后裴滿氏天會十三年追謚

太祖欽憲皇后紇石烈氏天會十三年尊爲太皇太后宮號慶元十四年正月己巳朔熙宗朝于慶元宮然後御乾元殿受羣臣賀是月丁丑崩于慶元宮二月癸卯祔葬睿陵

太祖宣獻皇后僕散氏睿宗母也天會十三年追策曰德妃大定元年追謚

崇妃蕭氏熙宗時封貴妃天德二年正月封元妃是月尊封太妃海陵母大氏事蕭氏甚謹海陵篡立尊大氏爲皇

太后居永寧宮每有宴集太妃坐上坐大氏執婦禮海陵積不能平及殺宗義等誣太妃以隱惡殺之併殺所生子任王隈喝大定十九年詔改葬大宗正丞宗安監護葬事遣使致祭上欲復太妃舊號下禮官議前代稱太妃者皆以子貴古者入稱后繫夫在朝稱太繫子與今蕭妃事不同恐不得稱太止當追封妃號詔從之乃封崇妃云

太宗欽仁皇后唐括氏熙宗即位與太祖欽憲皇后俱尊爲太皇太后號明德宮贈后父阿魯束太尉宋國公祖實匹司徒英國公曾祖阿魯瑣司空温國公十四年正月己巳朔上朝兩宮太后然後御乾元殿受賀自後歲以爲常

皇統元年上自燕京還京師朝謁于明德宮明年上如天開殿皇子生使使馳報太后太后至天開殿上與皇后親迎之二年崩于明德宮謚曰欽仁皇后祔葬恭陵

熙宗悼平皇后裴滿氏熙宗即位封貴妃天眷元年立爲皇后父忽達拜太尉贈曾祖斜也司空祖鶻沙司徒皇統元年熙宗受尊號册爲慈明恭孝順德皇后二年太子濟安生是歲熙宗年二十四喜甚乃肆赦告天地宗廟彌月册爲皇太子未一歲薨熙宗在位宗翰宗幹宗弼相繼秉政帝臨朝端默雖初年國家多事而廟筭制勝齊國就廢宋人請臣吏清政簡百姓樂業宗弼既没舊臣亦多物故

后干預政事無所忌憚朝官徃徃因之以取宰相濟安薨後數年繼嗣不立后頗掣制熙宗熙宗內不能平因無聊縱酒酗怒手刃殺人左丞相亮生日上遣大興國以司馬光畫像玉吐鶻廐馬賜之后亦附賜生日禮物熙宗聞之怒遂杖興國而奪回所賜海陵本懷覬覦因之疑畏愈甚蕭墻之變從此萌矣近侍高壽星隨例遷屯燕南入訴於后后激怒熙宗殺左司郎中三合杖平章政事秉德而壽星竟得不遷秉德唐括辯之姦謀起焉海陵乘之以成逆亂之計久之熙宗積怒遂殺后而納胙王常勝妃撒卯入宮繼之又殺德妃烏古論氏妃夾谷氏張氏裴滿氏明日熙宗遇弑海陵已弑熙宗欲收人心以后死無罪降熙宗爲東昏王追謚后爲悼皇后封后父忽達爲王大定間復熙宗帝號加謚后爲悼平皇后祔葬思陵

海陵嫡母徒單氏宗幹之正室也徒單無子次室李氏生長子鄭王充次室大氏生三子長即海陵庶人也徒單氏賢遇下有恩意大氏事之甚謹相得歡甚徒單雖養充爲已子充與海陵俱爲熙宗宰相充嗜酒徒單常責怒之尤愛海陵海陵自以其母大氏與徒單嫡妾之分心常不安及弑熙宗徒單與太祖妃蕭氏聞之相顧愕然曰帝雖失道人臣豈可至此徒單入宮見海陵不賀海陵銜之天

德二年正月徒單與大氏俱尊爲皇太后徒單居東宮號永壽宮大氏居西宮號永寧宮天德二年太后父蒲帶與大氏父俱贈太尉封王徒單太后生日酒酣大氏起爲壽徒單方與坐客語大氏跽者久之海陵怒而出明日召諸公主宗婦與太后語者皆杖之大氏以爲不可海陵曰今日之事豈能尚如前日耶自是嫌隙愈深天德四年海陵遷中都獨留徒單於上京徒單常憂懼每中使至必易衣以俟命大氏在中都常思念徒單太后謂海陵曰永壽宮待吾母子甚厚慎毋相忘也十二月十四日徒單氏生日海陵使秘書監納合椿年往上京爲太后上壽貞元元年

大氏病篤恨不得一見臨終謂海陵曰汝以我之故不令永壽宮偕來中都我死必迎致之事永壽宮當如事我三年右丞相僕散師恭大宗正丞胡拔魯往上京奉遷山陵海陵因命永壽宮太后與俱來繼使平章政事蕭玉迎祭祖宗梓宮於廣寧海陵謂玉曰醫巫閭山多佳致祭奠禮畢可奏太后於山水佳處遊覽及至沙流河海陵迎謁梓宮遂謁見太后海陵命左右約杖二束自隨跪於太后前謝罪曰亮不孝久闕溫清願太后痛笞之不然且不安太后親扶起之叱約杖者使去太后曰今庶民有克家子立百金之產尚且愛之不忍笞我有子如此寧忍笞乎十月

太后至中都海陵帥百官郊迎入居壽康宮是日海陵及後宮宰臣以下奉觴上壽極歡而罷海陵侍太后于宮中外極恭順太后坐起自扶腋之常從輿輦徒行太后所御物或自執之見者以為至孝太后亦以為誠然及謀伐宋太后諫止之海陵心中益不悅每謁太后還必忿怒人不知其所以及至汴京太后居寧德宮太后使侍婢高福娘問海陵起居海陵幸之因使伺太后動靜凡太后動止事無大小福娘夫特末哥教福娘增飾其言以告海陵及樞密使僕散師恭征契丹撒八辭謁太后太后與師恭語久之大槩言國家世居上京既徙中都又自中都至汴今又興兵涉江淮伐宋疲弊中國我嘗諫止之不見聽契丹事復如此奈何福娘以告海陵海陵意謂太后以充為子充四子皆成立恐師恭將兵在外太后或有異圖乃召點檢大懷忠翰林待制斡論尚衣局使虎特末武庫直長習失使殺太后于寧德宮命護衛高福辭勒蒲速斡以兵士四十人從且戒之曰汝等見太后但言有詔令太后跪受即擊殺之勿令艱苦太后同乳妹安特多口必妄言當令速死及指名太后左右數人皆令殺之太后方樗蒲大懷忠等至令太后跪受詔太后愕然方下跪虎特末從後擊之仆而復起者再高福等縊殺之年五十三并殺安特及郡

君白散阿魯瓦乂察乳母南撒侍女阿斯斡里保寧德宮護衛溫迪罕查剌直長王家奴撒八小底忽沙等海陵命焚太后于宮中棄其骨於水并殺充之子檀奴阿里白元奴耶補兒逃匿歸于世宗自軍中召師恭還殺之及殺阿斯子孫撒八二子忽沙二子封高福娘為鄖國夫人以特末哥為澤州刺史海陵許福娘征南回以為妃賜銀二千兩勑戒特末哥無酗酒毆福娘毆福娘必殺汝大定間謚徒單氏曰哀皇后自澤州械特末哥福娘至中都誅之其後貶海陵為庶人宗幹去帝號復封遼王徒單氏降封遼王妃云

海陵母大氏天德二年正月與徒單氏俱尊爲皇太后大氏居永寧宮曾祖堅嗣贈司空祖臣實贈司徒父昊天贈太尉國公兄興國奴贈開府儀同三司衛國公十一月昊天進封爲王三年正月十六日海陵生日宴宗室百官於武德殿大氏懽甚飲盡醉明日海陵使中使奏曰太后春秋高常日飲酒不過數杯昨見飲酒沉醉兒爲天子固可樂若聖體不和則子心不安其樂安在至樂在心不在酒也及還中都永壽宮獨留上京大氏常以爲言貞元元年四月大氏有疾詔以錢十萬貫求方藥及病篤遺言海陵當善事永壽宮戊寅崩詔尚書省應隨朝官至五月一日

方治事中都自四月十九日爲始禁樂一月外路自詔書到日後官司三日不治事禁樂一月聲鐘七晝夜貞元三年大祥海陵率後宮奠哭于菆宮海陵將遷山陵于大房山故大氏猶在菆宮也九月太祖太宗德宗梓宮至中都尊謚曰慈憲皇后海陵親行冊禮與德宗合葬于大房山升祔太廟大定七年降封海陵太妃削去皇后謚號及宗幹降帝號封遼王詔以徒單氏爲妃而大氏與順妃李氏寧妃蕭氏文妃徒單氏並追降爲遼王夫人

廢帝海陵后徒單氏太師斜也之女初爲岐國妃天德二年封爲惠妃九月立爲皇后三年十一月二十一日后生日百僚稱賀於武德殿父之海陵後宮寖多后寵頗衰希得進見沈璋妻張氏嘗爲光英保母耶律徹在北京與海陵游從海陵使璋妻及徹妻侯氏入宮侍后徹本名神涅負官錢二千六百餘萬海陵皆免之正隆六年海陵幸南京六月癸亥左丞相張浩率百官迎謁海陵備法駕乘玉輅與后及太子光英共載而入海陵伐宋后與光英居守海陵遇害陁滿訛里也殺光英于汴后至中都居于海陵母大氏故宮頃之世宗憐其無依詔歸父母家于上京歲賜錢二千貫奴婢皆給官廩大定十年卒

海陵爲人善飾詐初爲宰相妾媵不過三數人及踐大位

逞欲無厭後宮諸妃十二位又有昭儀至充媛九位婕妤美人才人三位殿直最下其他不可舉數初即位封岐國妃徒單氏爲惠妃後爲皇后第二娘子大氏封貴妃第三娘子蕭氏封昭容耶律氏封脩容其後貴妃大氏進封惠妃貞元元年進封姝妃正隆二年進封元妃昭容蕭氏天德二年特封淑妃貞元二年進封宸妃脩容耶律氏天德四年進昭媛貞元元年進昭儀三年進封麗妃即位之初後宮止此三人爵卑之敘等威之辨若有可觀者及其侈心既萌淫肆蠱惑不可復振矣

昭妃阿里虎姓蒲察氏駙馬都尉没里野女初嫁宗盤子

阿虎迭阿虎迭誅再嫁宗室南家南家死是時南家父突葛速為元帥都監在南京海陵亦從梁王宗弼在南京欲取阿里虎突葛速不從遂止及篡位方三日詔遣阿里虎歸父母家閱兩月以婚禮納之數月特封賢妃再封昭妃阿里虎嗜酒海陵責讓之不聽由是寵衰昭妃初嫁阿虎迭生女重節海陵與重節亂阿里虎怒重節批其頰頗有詆訾之言海陵聞之愈不悅阿里虎以衣服遺前夫之子海陵將殺之徒單后率諸妃嬪求哀乃得免凡諸妃位皆以侍女服男子衣冠號假廝兒有勝哥者阿里虎與之同卧起如夫婦廚婢三娘以告海陵海陵不以為過惟戒阿

里虎勿笞箠三娘阿里虎榜殺之海陵聞昭妃閤有死者意度是三娘曰若果爾吾必殺阿里虎問之果然是月光英生月海陵私忌不行戮阿里虎聞海陵將殺之也即不食日焚香禱祝冀脫死逾月阿里虎已委頓不知所為海陵使人縊殺之并殺侍婢擊三娘者

貴妃定哥姓唐括氏有容色崇義節度使烏帶之妻海陵舊嘗有私侍婢貴哥與知之烏帶在鎮每遇元會生辰使家奴葛魯葛温詣闕上壽定哥亦使貴哥候問海陵及兩宮太后起居海陵因貴哥傳語定哥曰自古天子亦有兩后者能殺汝夫以從我乎貴哥歸具以海陵言告定哥定哥曰少時醜惡事已可恥今兒女已成立豈可為此海陵聞之使謂定哥汝不忍殺汝夫我將族滅汝家定哥大恐乃以子烏荅補為辭曰彼常侍其父不得便海陵即召烏荅補為符寶祗候定哥曰事不可止矣因烏帶醉酒令葛温葛魯縊殺烏帶天德四年七月也海陵聞烏帶死詐為哀傷已葬烏帶即納定哥宮中為娘子貞元元年封為貴妃大愛幸許以為后每同輦遊瑤池諸妃步從之海陵嬖寵愈多定哥希得見一日獨居樓上海陵與他妃同輦從樓下過定哥望見號呼求去詛罵海陵海陵陽為不聞而去定哥自其夫時與家奴閻乞兒通嘗以衣服遺乞兒及

為貴妃乞兒以妃家舊人給事本位定哥既怨海陵疎已欲復與乞兒通有比丘尼三人出入宮中定哥使比丘尼向乞兒索所遺衣服以調之乞兒識其意笑曰妃今日富貴忘我耶定哥欲以計納乞兒宮中恐閽者索之乃令侍兒以大篋盛褻衣其中遣人載之入宮閽者索之見篋中皆褻衣固已悔懼定哥使人詰責閽者曰我天子妃親體之衣爾故敢視何也我且奏之閽者惶恐曰死罪請後不敢定哥乃使人以篋盛乞兒載入宮中閽者果不敢復索乞兒入宮十餘日使衣婦人衣雜諸宮婢抵暮遣出貴哥以告海陵定哥縊死乞兒及比丘尼三人皆伏誅封貴哥

華國夫人初海陵既使定哥殺其夫烏帶使小底藥師奴傳旨定哥告以納之之意藥師奴知定哥與閻乞兒有姦定哥以奴婢十八口賂藥師奴使無言與乞兒私事定哥敗杖藥師奴百五十先是藥師奴嘗盜玉帶當死海陵釋其罪遂去及遷中都復召爲小底及藥師奴既以匿定哥姦事被杖後與秘書監文俱與靈壽縣主有姦文杖二百除名藥師奴當斬海陵欲杖之謂近臣曰藥師奴於朕有功再杖之即死矣丞相李睹等執奏藥師奴於法不可恕遂伏誅海陵以葛温葛魯爲護衛葛温累官常安縣令葛魯累官襄城縣令大定初皆除名

麗妃石哥者定哥之妹秘書監文之妻也海陵私之欲納宮中乃使文庶母按都瓜主文家海陵謂按都瓜曰必出而婦不然我將別有所行按都瓜以語文文難之按都瓜曰上謂別有所行是欲殺汝也豈以一妻殺其身乎文不得已與石哥相持慟哭而訣是時海陵遷都至中京遣石哥至中都俱納之海陵召文至便殿使石哥褻談戲文以爲笑定哥死遣石哥出宮不數日復召入封爲修容貞元三年進昭儀正隆元年進封柔妃二年進麗妃

柔妃彌勒姓耶律氏天德二年使禮部侍郎蕭拱取之于汴過燕京拱父仲恭爲燕京留守見彌勒身形非若處女者嘆曰上必以疑殺拱矣及入宮果非處女明日遣出宮海陵心疑蕭拱竟致之死彌勒出宮數月復召入封爲充媛封其母張氏華國夫人伯母蘭陵郡君蕭氏爲鞏國夫人蕭拱妻擇特懶彌勒女兄也海陵既奪文妻石哥却以擇特懶妻文既而詭以彌勒之召召擇特懶入宮亂之兵後彌勒進封柔妃云

昭妃阿懶海陵叔曹國王宗敏妻也海陵殺宗敏而納阿懶宮中貞元元年封爲昭妃大臣奏宗敏屬近尊行不可乃令出宮脩儀高氏秉德弟糺里妻也海陵殺諸宗室釋其婦女宗本子莎魯剌妻宗固子胡里剌妻胡失來妻及糺里妻皆欲納之宮中諷宰相奏請行之使徒單貞諷蕭

裕曰朕嗣續未廣此黨人婦女有朕中外親納之宮中何如裕曰近殺宗室中外異議紛紜奈何復爲此邪海陵曰吾固知裕不肯從乃使貞自以已意諷裕必欲裕等請其事貞謂裕曰上意已有所屬公固止之將成疾矣裕曰必不肯已唯上擇焉貞曰必欲公等白之裕不得已乃具奏遂納之未幾封高氏爲脩儀加其父高耶魯瓦輔國上將軍母完顏氏封密國夫人高氏以家事訴於海陵自熙宗時見悼后干政心惡之故自即位不使母后得預政事於是遣高氏還父母家詔尚書省凡后妃有請于宰相者收

其使以聞

昭媛察八姓耶律氏嘗許嫁奚人蕭堂古帶海陵納之封爲昭媛堂古帶爲護衛察八使侍女習撚以軟金鵪鶉袋數枚遺之事覺是時堂古帶謁告在河間驛召問之堂古帶以實對海陵釋其罪海陵登寶昌門樓以察八徇諸后妃手刃擊之墮門下死幷誅侍女習撚

壽寧縣主什古宋王宗望女也靜樂縣主蒲剌及習撚梁王宗弼女也師姑兒宗雋女也皆從姊妹混同郡君莎里古真及其妹餘都太傅宗本女也再從姊妹郕國夫人重節宗盤女孫再從兄之女及母大氏表兄張定安妻奈剌忽麗妃妹蒲魯胡只皆有夫唯什古喪夫海陵無所忌恥使高師姑內哥阿古等傳達言語皆與之私凡妃主宗婦嘗私之者皆分屬諸妃出入位下奈剌忽出入元妃位蒲魯胡只出入麗妃位莎里古真餘都出入貴妃位什古重節出入昭妃位蒲剌師姑兒出入淑妃位海陵使內哥召什古先於暖位小殿置琴阮其中然後召之什古已色衰常譏其衰老以爲笑唯習撚莎里古真最寵恃勢笞決其夫海陵使習撚夫稍喝押護衛直宿莎里古真夫撒速近侍局直宿謂撒速曰爾妻年少遇爾直宿不可令宿於家常令宿於妃位每召入必親伺候廊下立久則坐於高師

姑膝上高師姑曰天子何勞苦如此海陵曰我固以天子爲易得耳此等期會難得乃可貴也每於卧內遍設地衣倮逐以爲戲莎里古真在外爲淫泆海陵聞之大怒謂莎里古真曰爾愛貴官有貴如天子者乎爾愛人才有才兼文武似我者乎爾愛娛樂有豐富偉岸過於我者乎怒甚氣咽不能言少頃乃撫慰之曰無謂我聞知便爾慚恧遇燕會當行立自如無爲衆所測度也恐致非笑後亦屢召入焉餘都牌印鬆古剌妻也海陵嘗曰餘都貌雖不揚而肌膚潔白可愛蒲剌進封壽康公主什古進封昭寧公主莎里古真進封壽陽縣主重節進封蓬萊縣主重節即昭妃蒲察氏所生蒲察怒重節與海陵淫批其頰海陵怒蒲察氏終殺之者也

凡宮人在外有夫者皆分番出入海陵欲率意幸之盡遣其夫往上京婦人皆不聽出外常令教坊番直禁中每幸婦人必使奏樂撤其幃帳或使人說淫穢語於其前嘗幸室女不得遂使元妃以手左右之或妃嬪列坐輒率意淫亂使共觀或令人效其形狀以爲笑凡坐中有嬪御海陵必自擲一物於地使近侍環視之他視者殺誡宮中給使男子於妃嬪位舉首者刓其目出入不得獨行便旋須四人偕往所司執刀監護不由路者斬之日入後下階砌行

者死告者賞錢二百萬男女倉猝誤相觸先聲言者賞三品官後言者死齊言者皆釋之女使闢懶有夫在外海陵封以縣君欲幸之惡其有娠飲以麝香水躬自揉拉其腹欲墮其胎闢懶乞哀欲全性命苟得乳免當不舉海陵不顧竟墮其胎蒲察阿虎迭女义察海陵姊慶宜公主所生嫁秉德之弟特里秉德誅當連坐太后使梧桐請于海陵由是得免海陵白太后欲納义察太后曰是兒始生先帝親抱至吾家養之至于成人帝雖舅猶父也不可其後嫁宗室安達海之子乙剌補海陵數使人諷乙剌補出之因而納之义察與完顔守誠有姦守誠本名遏里來事覺海

陵殺守誠太后爲义察求哀乃釋之义察家奴告义察語涉不道海陵自臨問責义察曰汝以守誠死詈我邪遂殺之同判大宗正阿虎里妻蒲速碗元妃之妹因入見元妃海陵逼淫之蒲速碗自是不復入宮世宗爲濟南尹海陵召夫人烏林荅氏夫人謂世宗曰我不行上必殺王我當自勉不以相累也夫人行至良鄉自殺是以世宗在位二十九年不復立后焉

列傳上第一

列傳下第二　　金史六十四

開府儀同三司上柱國錄軍國重事中書右丞相監修國史領經筵事都總裁臣脫脫奉

勅修

后妃下

睿宗欽慈皇后蒲察氏睿宗元配后之母太祖之妹也睿宗爲左副元帥天會十三年薨追封潞王后封潞王妃皇統六年進號冀國王妃天德間進國號正隆例親王止封一字王睿宗封許王后封許王妃世宗即位睿宗升祔追謚欽慈皇后贈后曾祖賽補司空韓國公祖蒲剌司徒鄭國公父按補太尉曹國公大定二年祔葬景陵世宗嘗曰今之女直不比前輩雖親戚世叙亦不能知其詳太后之母太祖之妹人亦不能知也謂宗叙曰亦是卿父譚王之妹知之乎宗叙曰臣不能知也上曰父之妹且不知其如

跡遠何十九年后族人勸農使莎魯窩請致仕宰相以莎魯窩未嘗歷外請除一外官以均勞佚上曰莎魯窩不閑政事不可使治民雖太后戚屬富貴之可也不聽

貞懿皇后李氏世宗母遼陽人父雛訛只仕遼官至桂州觀察使天輔間選東京士族女子有姿德者赴上京后入睿宗邸七年世宗生天會十三年睿宗薨世宗時年十三后教之有義方嘗密謂所親曰吾兒有奇相貴不可言居上京內治謹嚴臧獲皆守規矩衣服飲食器皿無不精潔敦睦親族周給貧乏宗室中甚敬之后性明敏剛正有決容貌端整言不妄發舊俗婦女寡居宗族接續之后乃祝

髮為比丘尼號通慧圓明大師賜紫衣歸遼陽營建清安禪寺別為尼院居之貞元三年世宗為東京留守正隆六年五月后卒世宗哀毀過禮以喪去官未幾起復為留守是歲十月后弟李石定策世宗即位于東京尊謚為貞懿皇后其寢園曰孝寧宮大定二年改葬睿宗於景陵初后自建浮圖于遼陽是為垂慶寺臨終謂世宗曰鄉土之念人情所同吾已用浮屠法置塔于此不必合葬也我死毋忘此言世宗深念遺命乃即東京清安寺建神御殿詔有司增大舊塔起奉慈殿於塔前勑禮部尚書王競為塔銘以敘其意贈后曾祖參君司空潞國公祖波司徒衛國公父雛訛只太尉隋國公四年封后妹為邢國夫人賜銀千兩錦綺二十端絹五百匹九年神御殿名曰報德殿詔翰林學士張景仁作清安寺碑其文不稱旨詔左丞石琚共修之十三年東京垂慶寺起神御殿寺地褊狹詔買傍近民地優與其直不願鬻者以官地易之二十四年世宗至東京幸清安垂慶寺

世宗昭德皇后烏林荅氏其先居海羅伊河世為烏林荅部長率部族來歸居上京與本朝為婚姻家曾祖勝管康宗時累使高麗父石土黑騎射絕倫從太祖伐遼領行軍猛安雖在行伍間不嗜殺人以功授世襲謀克為東京留

守后聰敏孝慈容儀整肅在父母家宗族皆敬重之既歸世宗事舅姑孝謹治家有敘甚得婦道睿宗伐宋得白玉帶蓋帝王之服御也睿宗沒後世宗寶畜之后謂世宗曰此非王邸所宜有也當獻之天子世宗以為然獻之熙宗於是悼后大喜熙宗晚年頗酒酗獨於世宗無間然海陵篡立深忌宗室為帶諸秉德以為意在葛王秉德誅死后勸世宗多獻珍異以說其心如故遼骨睹犀佩刀吐鶻良玉茶器之類皆奇寶也海陵以世宗恭順畏已由是忌刻之心頗解后不妬忌為世宗擇後房廣繼嗣雖顯宗生後而此心不移后嘗有疾世宗為視醫藥數日不離去后曰

大王視妾過厚其知者以爲視疾不知者必有專妬之嫌又曰婦道以正家爲大第恐德薄無補内治安能効嬪妾所爲惟欲已厚也世宗在濟南海陵召后來中都后念若身死濟南海陵必殺世宗惟奉詔去濟南而死世宗可以免謂世宗曰我當自勉不可累大王也召王府臣僕張謹言諭之曰汝王之腹心人也爲我禱諸東嶽我不負王使皇天后土明監我心召家人謂之曰我自初年爲婦以至今日未嘗見王有違道之事今宗室往往被疑者皆奴僕不良傲恨其主以誣陷之耳汝等皆先國王時舊人當念舊恩無或妄圖也違此言者我死後於冥中觀汝所爲衆皆泣下后既離濟南從行者知后必不肯見海陵將自爲之所防護甚謹行至良鄉去中都七十里從行者防之稍緩后得間即自殺海陵猶疑世宗教之使然世宗自濟南改西京留守過良鄉使魯國公主葬后于宛平縣土魯原大定二年追冊爲昭德皇后立別廟贈三代曾祖勝管司空徐國公曾祖母完顏氏徐國夫人祖术思黑司徒代國公祖母完顏氏代國夫人父石土黑太尉瀋國公母完顏氏瀋國夫人勅有司改葬命皇太子致奠以后兄暉子天錫爲太尉石土黑後授世襲猛安上謂天錫曰朕四五歲時與皇后定婚乃祖太尉置朕于膝上曰吾壻七人此壻最幼後來必大吾門今卜葬有期疇昔之言驗矣六年利涉軍節度副使烏林荅釗兀捕逃軍受贓當死有司奏釗兀后大功親當議詔論如法八年七月章宗生世宗喜甚謂顯宗曰得社稷冢嗣朕樂何極此皇后貽爾以陰德也十年十月將改葬太尉石土黑有司奏禮儀援唐葬太尉李良器司徒馬燧故事百官便服送至都門外五里上曰前改葬太后父母未嘗用此故事但以本朝禮改葬之惟親戚皆送詔皇太子臨奠十一年皇太子生日世宗宴於東宮酒酣命豫國公主起舞上流涕曰此女之母皇后婦道至矣朕所以不立中宮者念皇后之德今無其比故也

十二年四月立皇后別廟于太廟東北隅是歲五月車駕葬土魯原致奠十九年改卜于大房山十一月甲寅皇后梓宮至近郊百官奉迎乙卯車駕如楊村致祭丙辰上登車送哭之慟戊午奉安于磐寧宮庚申葬于坤厚陵諸妃祔焉二十九年祔葬興陵章宗時有司奏太祖謚有昭德字改謚明德皇后

元妃張氏父玄徵母高氏與世宗母貞懿皇后葭莩親世宗納爲次室生趙王永中而張氏卒大定二年追封宸妃是歲十月追進惠妃十九年追進元妃大定二十五年皇太子薨永中於諸子最長而世宗與徒單克寧議立章宗

為太孫世宗嘗曰克寧與永中有親而建議立太孫真社稷臣也尚書左丞汝弼者玄徵子永中母舅汝弼妻高陀斡屢以邪言怵永中畫元妃像朝夕事之覬望徼福及挾左道明昌二年高陀斡誅死事連汝弼及永中汝弼以死後事覺得不追削官爵而章宗心疑永中累年不釋諫官賈守謙路鐸上疏欲寬解上意章宗愈不悅平章政事完顏守貞持其事不肯決章宗怒守貞罷知濟南府諸諫官皆斥外賜永中死金代外戚之禍惟張氏云

元妃李氏南陽郡王李石女生鄭王允蹈衛紹王允濟潞王允德豫王允成母昭儀梁氏早卒上命允成為妃養子

大定元年封賢妃二年進封貴妃七年進封元妃世宗即位感念昭德皇后不復立后嘗曰朕所以不復立后者今後宮無皇后之賢故也元妃下皇后一等在諸妃上石有定策功世宗厚賞而深制之寵以尚書令之位而責成左右丞相以下妃雖貴不得預政宮壼無事大定二十一年二月上如春水次長春宮戊子妃以疾薨詔允成允蹈允濟允德皆服衰絰居喪己丑皇太子及扈從臣僚奉慰于芳明殿辛卯留守官平章政事唐括安禮曹王允功等上表奉慰御史中丞張九思提控殯事少府監左光慶大興少尹王脩典領鹵簿儀仗宮籍監別治殯所還殯京師乙未入自崇智門百官郊迎親戚迎奠道路殯于興德宮西位別室庚子上至京師幸興德宮致奠比葬三致奠焉詔平章政事烏古論元忠監護葬事癸未啓菆上輟朝皇太子親王宗戚百官送葬甲申葬於海王莊丙戌上如海王莊燒飯二十八年九月與賢妃石抹氏德妃徒單氏柔妃大氏俱陪葬于坤厚陵衛紹王即位追謚光獻皇后贈妃弟獻可特進貞祐三年九月削皇后號

顯宗孝懿皇后徒單氏其先忒里闢剌人也曾祖抄從太祖取遼有功命以所部為猛安世襲之祖婆盧火以戰功多累官開府儀同三司贈司徒齊國公父貞尚遼王宗幹

女梁國公主加駙馬都尉贈太師廣平郡王后以皇統七年生於遼陽母夢神人授以寶珠光焰滿室既寤而生紅光燭于庭后性莊重寡言父母嘗令總家事細大畢辦諸男不及也世宗初即位貞為御史大夫自南京馳見世宗喜謂之曰卿雖廢主腹心臣然未嘗助彼為虐況卿家法可尚其以卿女為朕子妃及顯宗為皇太子大定四年九月備禮親迎於貞第世宗臨宴盡歡而罷是年十一月顯宗生辰初封為皇太子妃八年七月上遣宣徽使移剌神獨斡以名馬寶刀御饍賜太子及妃仍諭之曰妃今臨蓐願平安得雄有慶之後宜以此刀賔左右既而皇孫生是

為章宗時上幸金蓮川次冰井翌日上臨幸撫視宴甚歡又賜御服佩刀等物謂顯宗曰祖宗積慶且皇后陰德至厚而有今日社稷之洪福也又謂李石紇石烈志寧曰朕諸子雖多皇后止有太子一人而已今幸得嫡孫觀其骨相不凡又生麻達葛山山勢衍氣清朕甚嘉之因以山名為章宗小字后素謙謹每畏其家世崇寵見父母流涕而言曰高明之家古人所忌願善自保持其後家果以海陵事敗蓋其遠慮如此世宗嘗謂諸王妃公主曰皇太子妃容止合度服飾得中爾等當法效之章宗即位尊為皇太后更所居仁壽宮名曰隆慶宮詔有司歲奉金千兩銀五

千兩重幣五百端絹二千疋綿二萬兩布五百疋錢五萬貫他所應用內庫奉之毋拘其數上月或五朝六朝而后愈加敬儉見諸大長公主禮如平時惇睦九族恩紀皆洽尤惡聞人過諛佞之言無所得入怨以容物未嘗見喜慍然御下公平雖至親無所阿徇嘗誡諸姪曰皇帝以我故乃推恩外家當盡忠圖報勿謂小善為無益而弗為小惡為無傷而弗去毋藉吾之貴輒肆非違以干國家常憲一日妹并國夫人嫂涇國夫人等侍側因諭之曰爾家累素重且非豐厚宜節約財用勿以吾為可恃吾受天下之養豈有所私積哉況財用者天下之財用也吾終不能多取以富爾之私室家人有以玉盃進者卻之且曰貴異物而殫財用非我所欲也況我之賜予有度今爾以此為獻何以自給徒費汝財我實無用後勿復爾明昌元年禮官議以五月奉上冊寶后弗許上屢為之請后曰今世宗服未終遽衣錦繡佩珠玉於禮何安當俟服闋行之上諭有司曰太后執意甚堅其待來年明昌二年正月崩於隆慶宮年四十五謚曰孝懿祔葬裕陵后好詩書尤喜老莊學純淡清懿造次必於禮逮嬪御以和平其有生子而母亡者視之如己所生慈訓無間上時問安見事有未當者必加之嚴誡云

昭聖皇后劉氏遼陽人天眷二年九月己亥夜后家若見有黃衣女子入其母室中者俄頃后生性聰慧凡字過目不忘初讀孝經旬日終卷最喜佛書世宗為東京留守因擊毬見而奇之使見貞懿皇后于府中進退閑雅無恣睢之色大定元年選入東宮時年二十三三年三月十三日宣宗生是日大雨震電后驚悸得疾尋卒承安五年贈裕陵昭華宣宗即位追尊為皇太后升祔顯宗廟追謚昭聖皇后

章宗欽懷皇后蒲察氏上京路曷速河人也曾祖太神國初有功累階光祿大夫贈司空應國公祖阿胡迭官至特

進贈司徒譙國公父鼎壽尚熙宗鄭國公主授駙馬都尉中都路昬得渾山猛安曷速木單世襲謀克累官至金吾衞上將軍贈太尉越國公后之始生有紅光被體移時不退就養於姨冀國公主既長孝謹如事所生大定二十三年章宗爲金源郡王行納采禮世宗遣近侍局使徒單懷忠就賜金百兩銀千兩廐馬六匹重綵三十端拜命閒慶雲見于日側觀者異之是年十一月備禮親迎詔親王宰執三品已上官及命婦會禮封金源郡王夫人後進封妃崩后性淑明風儀粹穆知讀書爲文帝即位遂加追冊仍詔告中外奉安神主于坤寧宮歲時致祭大安初祔葬于

道陵

元妃李氏師兒其家有罪沒入宮籍監父湘母王盼兒皆微賤大定末以監戶女子入宮是時宮教張建教宮中師兒與諸宮女皆從之學故事宮教以青紗隔障蔽內外宮教居障外諸宮女居障內不得面見有不識字及問義皆自障內映紗指字請問宮教自障外口說教之諸女子中惟師兒易爲領解建不知其誰但識其音聲清亮章宗嘗問建宮教中女子誰可教者建對曰就中聲音清亮者最可教章宗以建言求得之宦者梁道譽師兒才美勸章宗納之章宗好文辭妃性慧黠能作字知文義尤善伺候顏色迎合旨意遂大愛幸明昌四年封爲昭容明年進封淑妃父湘追贈金紫光祿大夫上柱國隴西郡公祖父嘗祖父皆追贈兄喜兒舊嘗爲盜與弟鐵哥皆擢顯近勢傾朝廷風采動四方射利競進之徒爭趨走其門南京李炳中山李著與通譜系超取顯美胥持國附依以致宰相怙財固位上下紛然知其姦蠹不敢擊之雖擊之莫能去也紇石烈執中貪愎不法章宗知其跋扈而屢斥屢起終亂天下自欽懷皇后沒世中宮虛位久章宗意屬李氏而國朝故事皆徒單唐括蒲察拏懶僕散紇石烈烏林荅烏古論諸部部長之家世爲姻婚娶后尚主而李氏微甚至是章

宗果欲立之大臣固執不從臺諫以爲言帝不得已進封爲元妃而勢位熏赫與皇后侔矣一日章宗宴宮中優人瑇瑁頭者戲于前或問上國有何符瑞優曰汝不聞鳳皇見乎其人曰知之而未聞其詳優曰其飛有四所應亦異若鄉上飛則風雨順時鄉下飛則五穀豐登鄉外飛則四國來朝鄉裏飛則加官進祿上笑而罷欽懷后及妃姬嘗有子或二三歲或數月輒夭承安五年帝以繼嗣未立禱祀太廟山陵少府監張汝猷因轉對奏皇嗣未立乞聖主親行祀事之後遣近臣詣諸岳觀廟祈禱詔司空襄往亳州禱太清宮既而止之遣刑部員外郎完顏匡往馬泰和

二年八月丁酉元妃生皇子忒隣群臣上表稱賀宴五品以上于神龍殿六品以下宴于東廡下詔平章政事徒單鎰報謝太廟右丞完顏匡報謝山陵使使亳州報謝太清宮既彌月詔賜名封爲葛王葛王世宗初封大定後不以封臣下由是三等國號無葛尚書省奏請於瀛王下附葛國號上從之十二月癸酉忒隣生滿三月勑放僧道度牒三千道設醮于玄真觀爲忒隣祈福丁丑御慶和殿浴皇子詔百官用元旦禮儀進酒稱賀五品以上進禮物生凡二歲而薨兄喜兒累官宣徽使安國軍節度使弟鐵哥累官近侍局使少府監至大定八年承御賈氏及范氏皆有娠未及乳月章宗已得嗽疾頗困是時衛王永濟自武定軍來朝章宗於父兄中最愛衛王欲使繼體立之語在衛紹王紀衛王朝辭是日章宗力疾與之擊毬謂衛王曰叔王不欲作主人遽欲去邪元妃在傍謂帝曰此非輕言者十一月乙卯章宗大漸衛王未發元妃與黃門李新喜議立衛王使內侍潘守恒召之守恒頗知書識大體謂元妃曰此大事當與大臣議遍使守恒召平章政事完顏匡匡顯宗侍讀最爲舊臣有征伐功故獨召之匡至遂與定策立衛王丙辰章宗崩遺詔皇叔衛王即皇帝位詔曰朕之內人見有娠者兩位如其中有男當立爲儲貳如皆是男

子擇可立者立之衛紹王即位大安元年二月詔曰章宗皇帝以天下重器畀于眇躬遺旨謂掖庭內人有娠者兩位如得男則立爲儲貳申諭多方皎如天日朕雖涼菲實受付託思克副於遺意每曲爲之盡心擇靜舍以俾居遣懿親而守視欽懷皇后母鄭國公主及乳母蕭國夫人晝夜不離䏚闈有奕於安養已用軫憂而弗寧爰命大臣專爲調護今者平章政事僕散端左丞孫即康奏言承御賈氏當以十一月免乳今則已出三月來事未可度知范氏產期合在正月而太醫副使儀師顏言自年前十一月診得范氏胎氣有損調治迄今脉息雖和胎形已失及范氏自願於神御前削髮爲尼重念先皇帝重屬大事豈期闕此深用怛然今范氏既已有損而賈氏猶或可冀告於先帝願降靈禧默賜保全早生聖嗣尚恐衆庶未究端由要不匿於播敷使咸明於吾意四月詔曰近者有訴元妃李氏潛計負恩自泰和七年正月章宗暫嘗違豫李氏與新喜竊議爲儲嗣未立欲令宮人詐作有身計取他兒詐充皇嗣遂於年前閏月十日因賈承御病嘔吐腹中若有積塊李氏與其母王盼兒及李新喜謀令賈氏詐稱有身俟將臨月於李家取兒以入月日不偶則規別取以爲皇嗣章宗崩謀不及行當先帝彌留之際命平章政事完顏匡

都提點中外事務明有勑旨我有兩宮人有娠更令召平章左右並聞斯語李氏并新喜乃敢不依勑旨欲殺喜兒鐵哥事既不克竊呼提點近侍局烏古論慶壽與計因品藻諸王議復不定知近侍局副使徒單張僧遣人召平章已到宣華門外始發勘同平章入內一遵遺旨以定大事方先帝疾危數召李氏李氏不到及索衣服李氏承召亦不即來猶與其母私議先皇平昔或有幸御李氏嫉妬令女巫李定奴作紙木人鴛鴦符以事魘魅致絕聖嗣所爲不軌莫可殫陳事既發露遣大臣按問俱已款服命宰臣往審亦如之有司議法當極刑以其久侍先帝欲免其死

王公百僚執奏堅確令賜李氏自盡王盻兒李新喜各正典刑李氏兄安國軍節度使喜兒弟少府監鐵哥如律仍追除復係監籍於遠地安置諸連坐並依律令施行承御賈氏亦賜自盡蓋章宗崩三日而稱范氏胎氣有損章宗疾彌留亦無完顏匡都提點中外事務勑旨或謂完顏匡欲專定策功搆致如此自後天下不復稱元妃但呼曰李師兒及胡沙虎弑衛王立宣宗請貶降衛王降爲東海郡侯其詔曰大安之初頒諭天下謂李氏與其母王盻兒及李新喜同謀令賈氏虛稱有身各正罪法朕惟章宗皇帝聖德聰明豈容有此欺紿近因集議武衛軍副使蒲提點近侍局完顏達霍王傅大政德皆言賈氏事內有寃此時達職在近侍政德護賈氏所以知之朕親臨問左證其事曖昧據當時被罪貶責者可俱令放免還家由是李氏家族皆得還

衛紹王后徒單氏大安元年立爲皇后至寧元年胡沙虎亂與衛王俱遷于衛邸帝遇弑宣宗即位衛王降爲東海郡侯徒單氏削皇后號貞祐二年遷都汴詔凡衛紹王及鄗厲王家人皆徙鄭州仍禁錮不得出入男女不得婚嫁者十九年天興元年詔釋禁錮是時河南已不能守子孫不知所終

宣宗皇后王氏中都人明惠皇后妹也其父微時嘗夢二玉梳化爲月已而生二后及沒有芝生于柩初宣宗封翼王章宗詔諸王求民家子以廣繼嗣是時后與龐氏皆入王邸及見后姊有姿色又納之貞祐元年九月封后爲元妃姊爲淑妃龐氏爲真妃淑妃生哀宗真妃生守純后無子養哀宗爲己子貞祐二年七月賜姓温敦氏立爲皇后追封后曾祖得壽司空冀國公曾祖母劉氏冀國夫人祖璞司徒益國公祖母楊氏益國夫人父彥昌太尉汴國公母馬氏汴國夫人三年莊獻太子薨哀宗爲皇太子宣宗崩哀宗即位正大元年尊后爲皇太后號其宮曰仁聖進

封后父曰南陽郡王或曰宣宗爲諸王時莊獻太子母爲正妃及即位尊爲皇后貞祐元年九月詔曰元妃某氏父奉侍於潛藩已賜封於國號可立爲皇后其名氏盖不可考也或又曰自王氏姊妹入宫而后寵衰尋爲尼王氏遂立爲后皆后姊明惠之謀也初王氏姊妹受封之日大風昏霾黄氣充塞天地已而后夢丐者數萬踵其後心甚惡之占者曰后者天下之母也百姓貧窶將誰訴焉后遂勑有司京城設粥與冰藥及壬辰癸巳歲河南饑饉

大元兵圍汴加以大疫汴城之民死者百餘萬后皆目覩焉哀宗釋服將禘饗太廟先期有司奏袞服成上請仁聖

慈聖兩宫太后御内殿因試衣之以見兩宫大悦上更便服奉觴爲兩宫壽仁聖太后諭上曰祖宗初取天下甚不易何時使四方承平百姓安樂天子服此法服於中都祖廟行禘饗乎上曰阿婆有此意臣亦何嘗忘慈聖太后亦曰恒有此心則見此當有期矣遂酌酒爲上壽歡然而罷天興元年冬哀宗遷歸德二年正月遣近侍徒單四喜术甲咨失不奉迎兩宫后御仁安殿出鋌金及七寶金洗分賜從行忠孝軍是夜兩宫及柔妃裴滿氏等乘馬出宫行至陳留城左右火起疑有兵不敢進后亟命還宫明日入京遣四喜家以頂輦迎入宫方謀再行京城破后及諸妃嬪北遷不知所終惟寶符李氏從至宣德州居摩訶院李氏自入院止寢佛殿中作爲幡旆會當同后妃北行將發佛像前自縊死且自書門紙曰寶符御侍此處身故

宣宗明惠皇后王皇后之姊也生哀宗宣宗即位封爲淑妃及妹立爲后進封元妃哀宗即位詔尊爲皇太后號其宫曰慈聖后性端嚴頗達古今哀宗已立爲皇太子有過尚切責之及即位始免檟楚一日宫中就食尚器有玉盌楪三一奉太后二奉帝及中宫荆王母真妃龐氏以瑪瑙器進食后見之怒召主者責曰誰令汝妄生分别荆王母豈卑我兒婦耶非飲食細故已令有司杖殺汝矣是後宫

中奉真妃有加或告荆王謀不軌者下獄議已決帝言于后后曰汝止一兄柰何以讒言欲害之章宗殺伯與叔享年不永皇嗣又絶何爲欲效之耶趣赦出使來見我移時不至吾不見汝矣帝起后立待王至涕泣慰撫之哀宗甚寵一宫人欲立爲后后惡其微賤固命出之上不得已命放之出宫語使者曰爾出東華門不計何人首遇者即賜之於是遇一販繒者遂賜爲妻點檢撒合輦教上騎鞠后傳旨戒之云汝爲人臣當輔主以正顧乃教之戲耶再有聞必大杖汝矣比年小捷國勢頗振文士有奏賦頌以聖德中興爲言者后聞不悦曰帝年少氣鋭無懼心則驕怠

生今幸一勝何等中興而若輩謟之如是正大八年九月丙申后崩遺命園陵制度務從儉約十二月巳未葬汴城迎朔門外五里莊獻太子墓之西謚明惠皇后

哀宗皇后徒單氏宣宗及后有疾后嘗刲膚以進宣宗聞而嘉之興定四年后父鎮南軍節度使頑僧有罪宣宗以后純孝因曲赦之聽其致仕正大元年詔立爲皇后哀宗遷歸德遣后弟四喜等詣汴奉迎夜至陳留不敢進復歸于汴未幾城破北遷不知所終

賛曰周禮九嬪掌婦學之法婦德婦言婦容婦功班昭氏論之曰婦德不必才明絶異也婦言不必便口利辭也婦

容不必顏色美麗也婦功不必功巧過人也清閑貞靜守節整齊行己有恥動靜有法是謂婦德擇辭而說不道惡語時然後言不厭於人是謂婦言盥浣塵穢服飾鮮潔沐浴以時身不垢辱是謂婦容專心紡績不好戲笑潔齊酒食以奉賓客是謂婦功後世婦學不脩䴡色以相高巧言以相傾術能以市恩逢迎以固寵是故悼平擊頓皇統以隕其身海陵蠱惑羣嬖幾亡其國道陵李氏擅寵蠹政卒僨其宗嗚呼可不戒哉

列傳第二

列傳第三　　金史六十五

開府儀同三司上柱國録軍國重事前中書右丞相監修國史領經筵事都總裁臣脫脫 奉

勅修

始祖以下諸子

斡魯　輩魯　謝庫德孫拔達

謝夷保子盆納　謝里忽

烏古出　跋黑　崇成本名僕灰

劾孫子蒲家奴　麻頗子謾都

謾都訶　斡帶　斡賽子宗永

斡者孫璋　昂本名吴都補子鄭家

始祖明懿皇后生德帝烏魯季曰斡魯女曰注思版皆福壽之語也以六十後生子異之故皆以嘉名名之焉

德帝思皇后生安帝季曰輩魯輩魯與獻祖俱徙海姑水置屋宇焉輩魯之孫胡率胡率之子劾者與景祖長子韓國公劾者同名韓國公前死所謂肅宗納劾者之妻加古氏者是也穆宗四年伐阿踈阿踈走遼遼使使來止伐阿踈軍穆宗陽受遼帝約束先歸國留劾者守阿踈城凡三年卒攻破之天會十五年贈特進

安帝節皇后生獻祖次曰信德次曰謝庫德次曰謝夷保次曰謝里忽

謝庫德之孫拔達謝夷保之子盆納皆佐世祖有功盆納勇毅善射當時有與同名者嘗有貳志目之曰惡盆納天會十五年拔達贈儀同三司盆納贈開府儀同三司在世祖時歡都冶訶及劾者拔達盆納五人者不離左右親若手足元勳之最著者也明昌五年皆配饗世祖廟廷准德束里保者皆加古部人申乃因醜阿皆駞滿部人富者粘沒罕完顏部人阿庫德白達皆雅達瀾水完顏部勃堇此七人者當攜離之際能一心竭力輔戴者也達紀胡蘇皆术甲部勃堇勝昆主保皆术虎部人阿庫德溫迪痕部人此五人者又其次者也世祖初年跋黑爲變烏春盛強使

人召阿庫德白達阿庫德曰吾不知其他死生與太師共之太師謂世祖也白達大喜曰我心亟如此耳烏春兵來堅壁自守勿與戰可也達紀胡蘇居琵里郭水烏春兵出其間不爲變終拒而不從勝昆居胡不干村其兄滓不乃勃堇烏春止其家而以兵圍勝昆烏春解去世祖殺滓不乃勝昆請無孥戮世祖從之世祖破桓赧散達主保死焉天會十五年准德申乃因阿庫德白達皆贈金紫光祿大夫束里保醜阿富者粘沒罕達紀胡蘇勝昆主保溫迪痕阿庫德皆贈銀青光祿大夫皆天會十五年追贈又有胡論加古部勝昆勃堇蟬春水烏延部富者郭赧畏烏春彊請世祖兵出其間以爲重也世祖使斜列躍盤將別軍過之郭赧教斜列取先在烏春軍中二十二人烏春覺之殺二人得二十人郭赧又以土人益斜列軍穆宗他日嘉此功不能忘以斜烈之女守寧妻郭赧子胡里罕爲婆多吐水裴滿部斡不勃堇附於世祖桓赧焚之斡不卒世祖厚撫其家因倂録之以見立國之艱難云

謝里忽者昭祖將定法制諸父國人不悅已執昭祖將殺之謝里忽亟往彎弓注矢射於衆中衆乃散去昭祖得免國俗有被殺者必使巫覡以詛祝殺之者迺繫刃于杖端與衆至其家歌而詛之曰取爾一角指天一角指地之牛

無名之馬向之則華面背之則白尾橫視之則有左右翼者其聲哀切悽婉若蒿里之音既而以刃畫地劫取畜產財物而還其家一經詛祝家道輒敗及來流水烏薩扎部殺完顏部人昭祖往烏薩扎部以國俗治之大有所獲頒之於諸父昆弟而不及謝里忽謝里忽曰前日免汝於死者吾之力往治烏薩扎部者吾之謀也今不及我何邪昭祖於是早起自齎閭金列鞢往饋之時謝里忽猶未起擁寢衣而問曰爾爲誰昭祖曰石魯先擇此寶而後頒及他人敢私布之謝里忽既揚言初不自安至是乃大喜列鞢者腰佩也

獻祖恭靖皇后生昭祖次曰朴都次曰阿保寒次曰敵酷次曰敵古廼次曰撒里輦次曰撒葛周

昭祖威順皇后生景祖次曰烏骨出次室達胡末烏薩扎部人生跋黑僕里黑斡里安次室高麗人生胡失荅

烏古出初昭祖久無子有巫者能道神語甚驗乃往禱焉巫良久曰男子之魂至矣此子厚有福德子孫昌盛可拜而受之若生則名之曰烏古廼是爲景祖又良久曰女子之魂至矣可名曰五鵶忍又良久曰女子之兆復見可名曰斡都拔又久之復曰男子之兆復見然性不馴良長則殘忍無親親之恩必行非義不可受也昭祖方念後嗣未立乃曰雖不良亦願受之巫者曰當名之曰烏古出既而生二男二女其次第先後皆如巫者之言遂以巫所命名名之景祖初立烏骨出酗酒屢悖威順皇后后曰巫言驗矣悖亂之人終不可留遂與景祖謀而殺之部人怒曰此子性如此在國俗當主父母之業奈何殺之欲殺景祖后乃匿景祖出謂衆曰爲子而悖其母率是而行將焉用之吾割愛而殺之烏古廼不知也汝輩寧殺我乎衆乃罷去烏古出之子習不失自有傳

跋黑及同母弟二人自幼時每爭攘飲食昭祖見而惡之曰吾娶此妾而生子如此後必爲子孫之患世祖初立跋黑果有異志誘桓赧散達烏春窩謀罕離間部屬使貳於世祖世祖患之乃加意事之使爲勃菫而不令典兵跋黑既陰與桓赧烏春謀計國人皆知之而童謠有欲生則附於跋黑欲死則附於劾里鉢頗剌淑之語世祖亦以策探得兄弟部人向背烏春桓赧相次以兵來攻世祖外禦強兵而內畏跋黑之變將行聞跋黑食於其愛妾之父家肉張咽而死且喜且悲乃迎尸而哭之

崇成本名僕灰泰州司屬司人昭祖玄孫也大定十八年收充奉職改東宮入殿小底轉護衛二十五年章宗爲原王充本府祗候郎君明年上爲皇太孫復爲護衛上即位

授河間府判官以憂去職起復爲宿直將軍累遷武衛軍都指揮使泰和三年卒賻贈有加崇成謹飭有守宿衛二十餘年未嘗有過故久侍密近云

景祖昭肅皇后生韓國公劾者次世祖次沂國公劾孫次肅宗次穆宗次室注思灰契丹人生代國公劾真保次室溫迪痕氏名敵本生虞國公麻頗隋國公阿離合懣鄭國公謾都訶劾者阿離合懣別有傳

劾孫天會十四年大封宗室劾孫追封王爵正隆例降封鄭國公子蒲家奴又名昱嘗從太祖伐留可塢塔太祖使蒲家奴招詐都詐都即降康宗八年係遼籍女直紇石烈

部阿里保太彎阻兵招納亡命邊民多亡歸之蒲家奴以偏師夜行晝止抵石勒水襲擊破之盡俘其孥而還邊堡自此無復亡者後與宗雄視泰州地土太祖因徙萬家屯田于其地天輔五年蒲家奴爲昊勃極烈遂爲都統使襲遼帝而以雨潦不果行既而忽魯勃極烈杲都統内外諸軍以取中京蒲家奴等皆爲之副遼帝西走都統杲使蒲家奴以兵一千助撻懶擊遼都統馬哥與撻懶不相及蒲家奴與賽里斜野降其西北居延之衆而降民稍復逃散毗室部亦叛遂率兵襲之至鐵呂川遇敵八千遂力戰兵敗察刺以兵来會追及敵兵于黄水獲畜産甚衆是役也

奥敦按打海被十一創竟敗敵兵而還軍于旺國崖西賽里亦以兵會太祖自草濼追遼帝蒲家奴宗望為前鋒戒之曰彼若深溝高壘未可與戰即偵伺廵邏勿令遯去以俟大軍若其無備便可擊也上次胡离畛川吳十馬和尚至小魚濼夜潛入遼主營執新羅奴以還遂知遼帝所在蒲家奴等晝夜兼行追及于石輦鐸我兵四千至者才千人遼兵圍之余睹指遼帝麾蓋騎兵馳之遼帝遯去兵遂潰所殺甚衆宗翰爲西北西南兩路都統蒲家奴斡魯爲之副烏虎部叛蒲家奴討平之天會間爲司空封王天眷二年宗磐等誅辭及蒲家奴詔奪司空是年薨天德初配享太祖廟廷正隆二年例封豫國公

麻頗天會十五年封王正隆例封虞國公長子謾都本孝友恭謹多謀而善戰年十五隷軍中從攻窩盧歡及係遼女直胡失荅等爲變謾都本自爲質遂從胡失荅歸中途以計殺守者而還攻寧江州取黄龍府破高永昌取春泰州皆有功多受賞賚遂爲謀克討嶺東未服州郡過土河東山敗賊三千人奚契丹寇土河西與猛安蒙葛麻吉擊之謾都本對敵之中推鋒力戰破其衆九萬人奚衆萬餘保阿隣甸復擊敗之降其旁近居人復以五百騎破遼兵一千生擒其將以歸與闍母攻興中府中流矢卒年三十

七天眷中贈金紫光祿大夫謚英毅

謾都訶屢從征伐天會二年為阿捨勃極烈參議國政明年薨天會十五年大封宗室追封王正隆例封鄭國公明昌五年謚定濟

蠻覩襲父麻頗猛安蠻覩卒子掃合襲掃合卒子撒合輦襲撒合輦卒子惟鎔襲惟鎔本名沒烈字子鑄驕勇多力喜周急人至寧初守楊文闌有功兼都統護漕運貞祐二年佩金牌護親軍家屬還汴遷授同知祁州軍州事充提控貞祐三年破紅襖賊於大沫堌惟鎔入自北門諸軍繼進生獲劉二祖功最遷泰安軍節度副使改遂王府尉都

水少監東平府治中坐誤以刃傷同知府事紇石烈牙吾塔當削降殿年仍從軍自効討花帽賊于曹濟間行省蒙古綱奏其功復前職遷邳州經略使卒子從傑襲猛安累功遷授鎮南軍節度副使

世祖翼簡皇后生康宗次太祖次魏王斡帶次太宗次遼王斜也次室徒單氏生衛王斡賽次魯王斡者次室僕散氏生漢王烏故乃次室朮虎氏生魯王闍母次室朮虎氏生沂王査剌次室烏古論氏生鄆王昂

斡帶年二十餘撒改伐留可斡帶與習不失阿里合懣等俱爲裨將諸將議攻取斡帶主攻城便太祖將至軍斡帶

迎之謂太祖曰留可城且下勿惑他議太祖從之至軍中衆議乃決斡帶急起治攻具其夜進兵攻城遲明破之及二涅囊虎路二蠢出路寇盜斡帶盡平之康宗二年甲申蘇濱水諸部不聽命康宗使斡帶等往治其事行次活羅海川撒阿村召諸部諸部皆至惟含國部斡豁勃堇不至斡准部狄庫德勃堇職德部厮故速勃堇亦皆遁去遇塢塔於馬紀嶺塢塔遂執二人以降於是使斡帶將兵伐斡豁募軍于蘇濱水斡豁完聚固守攻而拔之進師北琴海闢登路攻拔泓忒城取畔者以歸太祖於母弟中最愛斡帶斡帶歸自泓忒城太祖以事如寧江州欲與斡帶偕行斡帶曰兵役久勞未及息也遂不果行太祖還晝寢于來流水傍夢斡帶之場圃火禾盡焚不可撲滅覺而深念之以爲憂是時斡帶已寢疾太祖至聞之過家門不下馬徑至斡帶所問疾未幾薨年三十四太祖每哭之慟謂人曰予強與之偕行未必死也斡帶剛毅果斷服用整肅臨戰決策有世祖風世祖之世軍旅之事多專任之太祖平遼歎曰恨斡帶之不及見也天會十五年追封儀同三司魏王謚曰定肅

斡賽穆宗初斡准部族相鈔略遣納根涅孛菫以其兵往治納根涅擅募蘇濱水人爲兵不聽輒攻略之其人來告

穆宗使斡賽及冶訶往問狀納根涅雖伏而不肯償所取因遁去冶訶等皆不欲追斡賽督軍而進至把忽嶺西毛睿水及之大破其衆納根涅死焉斡賽撫定蘇濱水民部執納根涅之母及其妻子而歸穆宗曰斡賽年尚幼已能集事可嘉也康宗二年甲申斡帶治蘇濱水諸部斡賽斡魯佐之定諸部而還久之高麗殺行人阿聒勝昆而築九城於曷懶甸斡賽將內外兵劾古浩你茁蒲察狄古廼佐之高麗兵數萬來拒斡賽分兵爲十隊更出迭入遂大破之斡賽母和你隈疾篤召還以斡魯代之未幾斡賽復至軍再破高麗軍進圍其城七月高麗請和盡歸前後亡命

及所侵故地退九城之戍遂與之和皇統五年追封衛國王

宗永本名挑撻斡賽子長身美髯忠確勇毅天眷初以宗室子預誅宗磐擢寧遠大將軍皇統初充牌印祗候五年出為趙州刺史秩滿再任轉興平軍節度使改大名尹貞元三年復為興平軍節度使歷昭德軍臨洮鳳翔尹大定二年入為工部尚書與蘇保衡完顏余里也還加伐宋士官賞宗永性滯不習事凡與士賦戰者一槩加之世宗久乃知之謂宰相曰若一槩追還必生怨望若因循不問則爵賞濫矣其與士賦戰者有能以寡敵衆一人敵三十人

以上者依已遷為定改同簽大宗正事震武軍節度使卒

斡者天會十五年大封宗室追封魯王正隆例改封公子神土懣驃騎衛上將軍子璋本名胡麻愈多勇略通女直契丹漢字年十八左副元帥撒离喝引在麾下以事如京師見梁王宗弼與語宗弼悅之皇統六年父神土懣卒宗弼奏璋可襲謀克詔從之天德三年充牌印祗候以罪免尋其謀克萬居中都海陵伐宋左衛將軍蒲察沙离只同知中都留守佩金牌掌留府事世宗即位于遼陽璋勸沙离只歸世宗沙离只不從璋與守城軍官烏林荅石家奴烏林荅愿徒單三勝蒲察蒲查等以兵晨入留守府遂殺沙离只及判官漫撚撒离喝推宗强子阿瑣為留守璋行同知留守事遣石家奴佩沙离只金牌與愿蒲查中都轉運使左淵子貽慶大興少尹李天吉子磐奉表如東京賀即位世宗嘉之以愿蒲查為武義將軍充護衛貽慶賜及第授從仕郎磐充閤門祗候就以璋為同知中都事璋以殺沙离只自攝同知留守世宗因而授之心常不自安遂與兵部尚書可喜謀因世宗謁山陵作亂大定二年上謁山陵璋等九人會于可喜家説萬户高松不從璋知事不成乃與可喜共執斡論詣有司陳上誅可喜李惟忠等以璋為彰化軍節度使宋將吳璘出散關據寶雞以西詔璋

赴元帥都監徒單合喜軍前任使於是宋人據原州寧州刺史顏盞門都以兵四千攻之不克宋將姚良輔以兵十萬至原州權副統完顏習尼列以千騎拒門都兵而姚良輔兵多諸將皆不敢與戰及璋至軍會平涼涇州潘原長武等戍兵合二萬人璋使押軍猛安石抹許里阿補以兵二千軍於城北習尼列以兵三千軍於城西北十里麥子原皆據高阜為陣璋以本部兵陣於城西姚良輔出自北嶺先遣萬人攻許里阿補自以軍九萬陣麥子原下捍以劔盾行馬外列騎士步卒居其中敢死士鎖足行馬間持大刀為拒分為八陣而別以騎二千襲璋軍璋方出迎戰

習尼列來報曰宋之重兵皆在麥子原吳璘遣萬戶特里失烏也以押軍猛安奚慶喜照撒兵二千援許里阿補遣撒屋出崔尹以兵二千益習尼列許里阿補與宋人接戰良久敗之宋兵在麥子原者寂堅習尼列與移剌補奧屯撒屋出崔尹僕根撒屈出以兵五千沿壕為伏餘兵皆捨馬步戰擊其前行騎士走之於是行馬以前衝以長槍行馬以後射以勁弓良輔兵稍挫習尼列乘勝麾兵撤其行馬破其七陣良輔復整兵出習尼列少卻而璋已破城下宋兵與習尼列會使僕根以伏兵擊良輔習尼列亦整兵與戰奮擊之大破良輔軍斬首萬餘級墜壕死者不可勝

數鎖足行馬者盡殪之獲甲二萬餘器仗稱是良輔亦中兩創脫去遂圍原州穴其西城城圮宋人宵遯璋等入原州宋戍軍在寶雞以西聞之皆自散關遯去京兆尹烏延蒲离黑寧州刺史赤盞胡速魯改已去德順州宋吳璘復據之都監合喜以璋權都統與習尼列將兵二萬救德順璋率騎兵前行與璘騎兵二萬戰于張義堡遂沙山下敗之追北四十餘里璘軍遇隘不得前斬首數十級璋至德順璘據城北險要為營璋亦築營與璘相望可三里許兩軍遇於城東凡五接戰璘軍敗走璋追至城下璘軍已據城北岡阜與其城上兵相應以弩夾射璋軍璋軍陽卻城

中出兵來追璋反旆與戰大敗之合喜遣統軍都監泥河以兵七千來會與璘軍復戰敗之璘遣兵據東山堡欲樹柵璋與習尼列泥河議曰敵若據東山堡此城亦不可拔宜急擊之於是璋先據要地習尼列以兵逼東山堡璘兵恃濠相拒短兵接璘兵退走習尼列追擊之璘城北營兵可六千人登北岡來戰璋之漢軍少卻傷者二百人璘遂焚璋軍攻城具璋率移剌補猛安兵踰北岡擊走之璘軍隔小塹射璋軍移剌補少卻習尼列望見北原火發乃止攻東山堡亟與將士來赴引善射者先登率劉安漢軍三百人擊敗之璘軍皆走險璘以軍三萬據險作三陣皆環

以劍盾行馬璋遣萬戶石抹迭勃由別路自後擊之特里失烏也移剌補以二千人當其前以強弓射之璘兵大敗墮壍死者甚衆璋軍度澗追之斬數千級而還璘軍雖敗猶恃其衆都監合喜使武威軍副總管夾古查剌來問策諸將皆曰吳璘恃險不善野戰我退軍平涼彼必棄險躡平地然後可圖也璋曰不然彼恃其衆非特恃險也昔人有言寧棄千軍不棄寸地故退兵不如濟師我退軍平涼彼軍深入吾地固壘以拒我則如之何查剌還報合喜於是親率四萬人赴之吳璘詰旦乘陰霧晦冥分兵四道來襲戰于城東離而復合者數四漢軍千戶李展率麾下兵

先登奮擊之璘軍陣動璋乘勝蹕擊璘軍復敗追至北岡璘走險璋急擊之殺略殆盡璘分半軍守秦州合喜駐軍水洛城東自六盤山至石山頭分兵守之斷其餉道璘乃引歸宋經略使荊皐以步騎三萬自德順西去璋以兵八千習尼列以兵五千追擊之習尼列兵乃出其前還自赤觜遇其前鋒敗之于高赤崖下復與其中軍戰自日昃至暮乃罷荊皐乘夜來襲營爲退軍八十里明日習尼列追之璋兵至上八節宋兵據險爲陣璋捨馬步戰地險不得接相拒至曙宋兵動璋乘之追至甘谷城習尼列兵亦至宋兵宵遯璋遂班師習尼列追至伏羌城不及而還上使

御史中丞達吉視諸軍功狀達吉舊與璋有隙故損其功詔璋將士賞比諸軍半之璋兼陝西路都統進官一階及元帥府上功璋居多詔達吉削官兩階杖八十解職上復賞璋及將士如諸軍以璋爲西北路招討使召爲元帥左都監兼安化軍節度使賜以弓矢衣帶佩刀改益都尹左都監如故宋人棄海州遯去焚官民廬舍且盡璋至海州得所棄糧三萬六千餘石安集其人復其也戍五年宋人約和罷三路都統復置陝西路統軍司璋爲統軍使上曰監軍合喜年老故授卿此職邊境無事且召卿矣以本官兼京兆尹召爲御史大夫璋奏竊觀文武百官有相爲朋黨者今在臺自目外無女直人乞不限資考量材奏擬上曰朋黨爲誰即糾治之朕選女直人未得其人豈以資考爲限論其人材而已頃之璋奏曰太祖武元皇帝受天明命太宗皇帝奄定宋土自古帝王之興必稱受命當製大金受命之寶以明示萬世上曰卿言正合朕意乃遣使夏國市玉十八年受命寶成奏告天地宗廟社稷上御正殿改大興尹爲賀宋正旦使十三年璋受命使宋既行上遣人馳諭璋曰宋人若不遵舊禮愼勿付書如不令卿等入見即持書歸若迫而取之亦勿赴宴其回書及禮物一切勿受璋至臨安宋人請以太子接書不從宋人就館迫取

書璋與之且赴宴多受禮物有司以聞上怒欲寘之極刑左丞相良弼奏曰璋爲將大破宋軍宋人讎之久矣將因此陷之死地未可知也今若殺璋或者墮其計中耳上以爲然乃杖璋百五十除名副使客省使高翊杖百沒入其所受禮物後歲餘上念璋有征伐功起爲景州刺史遷武定軍節度使授山東西路蒲底山拏兀魯河謀克改臨洮尹十九年卒

鄆王昂本名吾都補世祖最幼子也常從太祖征伐天輔六年昂與稍喝以兵四千監護都部降人處之嶺東就以兵守臨潢府昂不能撫御降人苦之多叛亡者上聞之使

出里底戒諭昂已過上京諸部皆叛去惟章愍宫小室韋二部達內地詔諳版勃極烈吳乞買曰比遣昂徙諸部多致怨叛稍喝駐兵不與討襲致使降人復歸遼主遣命失衆當寘重法若有所疑則禁錮之俟師還定議是時太宗居守辭不失副之辭不失勸太宗因國慶可薄其罰於是杖昂七十拘之泰州而殺稍喝天會六年權元帥左都監十五年爲西京留守天眷三年爲平章政事皇統元年封漆水郡王二年制詔昂署銜帶皇叔祖字封鄆王是歲薨子鄭家鶴壽鶴壽累官耶魯瓦群牧使死于契丹撒八之難語在忠義傳

鄭家皇統初以宗室子授定遠大將軍除磁州刺史天德間爲右諫議大夫累遷會寧尹安化軍節度使改益都尹海陵伐宋爲浙東道副統制與工部尚書蘇保衡以舟師自海道趨臨安至松林島阻風泊島間詰旦舟人望見敵舟請爲備鄭家問去此幾何舟人曰以水路測之且三百里風迅行即至矣鄭家不曉海路舟楫不之信有頃敵果至見我軍無備即以火砲擲之鄭家顧見左右舟中皆火發度不得脫赴水死時年四十一

列傳第三

列傳第四　金史六十六

開府儀同三司上柱國録軍國重事前中書右丞相監修國史領經筵事都總裁臣脫脫奉
勅修

始祖以下諸子

勗〔本名烏野 子宗秀〕　隈可　宗室胡十門
合住〔子布輝〕　摑保　褭〔本名醜漢〕
齊〔本名掃合〕　朮魯　胡石改
宗賢〔本名阿魯〕　撻懶　卞〔本名吾母〕
膏〔本名阿里刺〕　弈〔本名三寶〕　阿喜

勗字勉道本名烏野穆宗第五子好學問國人呼爲秀才

年十六從太祖攻寧江州從宗望襲遼主于石輦鐸太宗嗣位自軍中召還與謀政事宗翰宗望定汴州受宋帝降太宗使勗就軍中往勞之宗翰等問其所欲曰惟好書耳載數車而還女直初無文字及破遼獲契丹漢人始通契丹漢字於是諸子皆學之宗雄能以兩月盡通契丹大小字而完顏希尹乃依倣契丹字製女直字女直既未有文字亦未嘗有記録故祖宗事皆不載宗翰好訪問女直老人多得祖宗遺事太宗初即位復進士舉而韓昉輩皆在朝廷文學之士稍拔擢用之天會六年詔書求訪祖宗遺事以備國史命勗與耶律迪越掌之勗等採摭遺言舊事

自始祖以下十帝綜爲三卷凡部族既曰某部復曰某水之某又曰某鄉某村以別識之凡與契丹往來及征伐諸部其間詐謀詭計一無所隱事有詳有略咸得其實自太祖與高麗議和凡女直入高麗者皆索之至十餘年索之不已勗上書諫曰臣聞德莫大於樂天仁莫先於惠下所索户口皆前世姦宄叛亡烏蠢訛謨罕阿海阿合束之緒裔先世綏懷四境尚未賓服自先君與高麗通聞我將大困謂本自同出稍稍款附高麗既不聽許遂生邊釁因致交兵父方連和葢三十年當時壯者今皆物故子孫安於土俗婚姻膠固徵索不已彼固不敢稽留骨肉乖離誠非

衆願人情然甚可愍者而必欲求爲已有特彼我之蔽非一視同仁之大也國家民物繁夥幅員萬里不知得此果何益耶今索之不還我以強兵劫卒取之無難然兵凶器戰危事不得已而後用高麗稱藩職貢不闕國且臣屬民亦非外聖人行義不責小過理之所在不俟終日臣愚以爲宜施惠下之仁弘樂天之德驗免徵索則彼不謂已有如自我得之矣從之十五年爲尚書左丞加鎮東軍節度使同中書門下平章事預平宗盤之難賜與甚多加儀同三司以皇叔祖字冠其銜勗皆力辭不受皇統元年撰定熙宗尊號册文上召勗飲於便殿以玉帶賜之所撰祖宗

實録成凡三卷進入上焚香立受之賞賚有差制詔左丞勗平章政事奕職俸外別給二品親王俸傔舊制皇兄弟皇子爲親王給二品俸宗室封一字王者給三品俸勗等別給親王俸皆異數也宴群臣于五雲樓勗進酒稱謝帝起立宰臣進曰至尊爲臣下屢起於禮未安上曰朕屈己待臣下亦何害是日上及羣臣盡歡俄同監修國史進拜平章政事光懿皇后忌辰熙宗將出獵勗諫而止熙宗獵于海島三日之間親射五虎獲之勗獻東狩射虎賦上悅賜以佩刀玉帶良馬能以契丹字爲詩文凡游宴有可言者輒作詩以見意時上日與近臣酣飲或繼以夜莫能諫

之勗上疏諫乃爲止酒進拜左丞相兼侍中監修如故八年奏上太祖實録二十卷賜黄金八十兩銀百兩重綵五十端絹百匹通犀玉鈎帶各一出領行臺尚書省事召拜太保領三省領行臺如故封魯國王勗剛正寡言海陵方用事朝臣多附之者一日大臣會議海陵後至勗面責之曰吾年五十餘猶不敢後爾少年強健乃敢如此海陵跪謝九年進拜太師進封漢國王海陵篡立加恩大臣以收人望封秦漢國王領三省監修如故及宗本無罪誅勗鬚髮頓白因上表請老海陵不許賜以玉帶優詔諭之有大事令宰臣就第商議入朝不拜勗遂稱疾篤不言表請愈

切海陵不憚從之以本官致仕進封周宋國王正隆元年與宗室俱遷中都二年例降封金源郡王薨年五十九撰定女直郡望姓氏譜及他文甚衆大定二十年詔曰太師昂諫表詩文甚有典則朕自即位所未嘗見其諫表可入實録其射虎賦詩文等篇什可鏤版行之子宗秀

宗秀字實甫本名斷里忽涉獵經史通契丹大小字善騎射與平宗磐宗雋之亂授定遠大將軍以宗磐世襲猛安授之宗弼復取河南宗秀與海陵俱赴軍前任使宋將岳飛軍于亳宿之間宗秀率步騎三千扼其衝要遂與諸軍逆擊敗之師還爲太原尹改婆速路統軍使不受高麗遣

使以土産獻却之入爲刑部尚書改御史中丞授翰林學士天德初轉承旨封宿國公賜玉帶歷平陽尹昭義軍節度使封廣平郡王正隆二年卒官年四十二是歲例降二品以上封爵改贈金紫光禄大夫

康宗敬僖皇后生楚王謀良虎次室温都氏生昭武大將軍同刮茁次室僕散氏坐事早死生龍虎衞上將軍偎可偎可亦作偎喝美髯鬚勇健有材略從太祖伐遼取寧江州戰出河店天眷二年授驃騎上將軍除迭魯苾撒糺詳穩遷忠順軍節度使興平軍節度使天德二年入爲大宗正丞四年出爲昭德軍節度使以兄謀良虎子喚端合扎謀克餘户授偎喝上京路扎里瓜猛安所屬世襲謀克改德昌軍節度使封廣平郡王正隆二年例奪王爵改曷速館節度使再改忠順軍節度使大定元年封宗國公爲勸農使卒官年六十五

始祖兄弟三人保活里之後爲神土懣迪古乃別有傳胡十門者曷蘇館人也父撻不野事遼爲太尉胡十門善漢語通契丹大小字勇而善戰高永昌據東京招曷蘇館人衆畏高永昌兵彊且欲歸之胡十門不肯從召其族人謀曰吾遠祖兄弟三人同出高麗今大聖皇帝之祖入女直吾祖留高麗自高麗歸于遼吾與皇帝皆三祖之後皇帝

受命即大位遼之敗亡有徵吾豈能爲永昌之臣哉始祖兄阿古迺留高麗中胡十門自言如此蓋自謂阿古迺之後云於是率其族屬部衆詣撒改烏蠢降營于駞回山之下永昌攻之胡十門力戰不能敵奔于撒改及攻開州胡十門以糧餉給軍後攻保州遼將以舟師邀胡十門邀擊敗之降其士卒賞賜甚厚以爲曷蘇館七部勃菫給銀牌一木牌三天輔二年卒贈監門衞上將軍再贈驃騎衞上將軍子鉤室貲從攻顯州領四謀克軍破魚梁務攻最以其父所管七部爲曷蘇館都勃菫有合住者亦稱始祖兄苗裔但不知與胡十門相去幾從耳

合住昌速館苾里海水人也仕遼領辰復二州漢人渤海子蒲速越襲父職再遷靜江中正軍節度使佩金牌爲昌速館女直部長子余里也與胡十門同時歸朝屢以糧餉助伐高永昌及高麗新羅後從宗望伐宋以功遷真定府路安撫使兼曹州防禦使佩金牌授苾里海水世襲猛安旻子布輝識女直契丹漢字善騎射年十八宗弼選爲扎也從阿里蒲盧渾追宋康王于明州睿宗聞其才召置麾下從經略山東河北陝西襲其父猛安授昭勇大將軍海陵伐宋以本猛安兵從半道與南征萬户完顏福壽等俱亡歸謁世宗于遼陽世宗即位除同知昌蘇館節度使事

刑部侍郎斜哥爲都統布輝副之坐擅署置官吏私用官中財物削兩階解職未浹旬世宗獻享山陵兵部尚書可喜昭毅大將軍斡論中都同知完顏璋等謀反欲因上謁山陵舉事斡論與布輝親舊與之謀議事具可喜傳既知事不可成乃與可喜璋執斡論等上變可喜不肯以始謀盡首遂并誅之而賞布輝璋除布輝濬州防禦使累遷順天軍節度使致仕卒年六十七

昭祖族人摑保者從昭祖耀武于青嶺白山還至姑里甸昭祖得疾寢于村舍洞無門扉乃以車輪當門爲蔽摑保卧輪下爲扞禦已而賊至刃穴於輪輻間摑保洞腹見膏恐昭祖知之乃然薪取膏以爲炙問之以他肉對昭祖心知之遂中夜啓行

衷本名醜漢中都司屬司人世祖曾孫祖霸合布里封鄆王父悟烈官至特進大定中收充閤門祗候授代州宣欽軍都指揮使歲旱州委禱雨于五臺靈潭步致其水雨隨下人爲刻石紀之四遷引進使兼典客署令改尚輦局使扈從北幸賜廐馬二以旌其勤尋爲夏國王李仁孝封册使歷寧海蠡州刺史入爲大睦親府丞除順義軍節度使陛辭賜金幣特寵異之移鎮鎮西泰和六年致仕卒衷孝悌貞謹深悉本朝婚禮皇族婚嫁每令衷相之治復有能稱其在寧海蠡州平賦役無擾民立石頌遺愛大安初追

贈輔國上將軍

齊本名掃合穆宗曾孫父胡八魯寧州刺史大定中以族次充司屬司將軍授同知復州軍州事累遷刑部員外郎上諭曰本朝以來未嘗有内族爲六部郎官者以卿歷職廉能故授之先是復州合厮罕關地方七百餘里因圍獵禁民樵捕齊言其地肥衍令賦民開種則公私有益上然之爲弛禁即牧民以居田收甚利因名其地曰合厮罕猛安章宗立改户部員外郎出爲磁州刺史治以寬簡未嘗留獄屬邑武安有道士視觀宇不謹吏民爲請鄰郡王師

者代主之道士忿奪其利告王私置禁銅器法當徙縣令惡其爲人反坐之具獄上齊審其誣又以王有德不忍坐之問同寮無以對齊曰道士同請即同居也當准首俱釋其罪其寬明有體皆此類也磁名郡刺史皆朝廷遴選郡人以前政有聲如劉徽柔程輝高德裕皆不及也河北提刑司以治狀聞明昌三年始議置諸王傅頗難其選乃以齊傅兗王王將至任郡猛安迎接齊峻却之王怪問故曰王國藩輔猛安皆總戎職於王何利焉却之以遠嫌也王悅服王府家奴爲不法輒發還本猛安終更無敢犯者明年授山東東西路副統軍兼同知益都府事有惠愛郡人

爲之立碑轉彰化軍節度使六年移利涉軍召見勞慰有加詔留守上京承安二年致仕卒齊明法識治體所至有聲内族中與丞相承暉並稱云

朮魯宗室子從鄭王斡賽敗高麗于曷懶取亞魯城克寧江州取黃龍府出河店之役達魯古城之役護步答岡之役皆力戰有功東京降爲本路招安副使敗遼兵破同刮營蘇州漢民叛走朮魯追復之以功爲謀克天輔四年卒年四十一皇統中贈鎮國上將軍

胡石改宗室子也從太祖攻寧江敗遼兵於達魯古城破遼主親兵皆有功遼軍來援濟州胡石改與其兄實古乃以兵迎擊敗之還攻濟州中流矢戰益力克其城軍中稱其勇從攻春泰州降之并降境内諸部族其不降者皆攻拔之遼主西走胡石改追至中京獲其宮人輜重凡八百兩有思泥古者復以本部叛去胡石改以兵五百追及之獲其親屬部人以還德州復叛胡石改以兵五千克其城從婁室擊敗敵兵二萬於歸化之南并降歸化從取居庸關并燕之屬縣及其山谷諸屯移失部既降復叛去胡石改引兵追及戰敗之俘獲甚衆澤州諸部有逃者皆追復之又敗叛人於臨潢誅其酋領而安撫其人民天眷二年遷永定軍節度使改武定軍徙汴京留守天德三年授世

襲猛安卒年六十八

宗賢本名阿魯太祖伐遼從攻寧江州臨潢府太宗監國選侍左右甚見親信臨潢復叛從宗望復取之爲内庫都提點再遷歸德軍節度使政寬簡境内大治秩滿士民數百千人相率詣朝廷請留及改武定軍百姓扶老携幼送數十里悲號而去改永定軍秉德廉訪官吏士民持盆水與鏡前拜言曰使君廉明清直類此民實賴之秉德曰吾聞郡僚廉能如一汝等以爲如何衆對曰公勤清儉皆法則於使君耳因謂宗賢曰人謂君善治當在甲乙果然賢使君也用是超遷兩階天德初授世襲謀克馳驛召之雄

州父老相率張青繩懸明鏡於公署老幼塡門三日乃得去封定國公再除忠順軍節度使賜以玉帶捕盜司執數人至府宗賢問曰罪狀明白否對曰獄具矣宗賢閱其案謂僚佐曰吾察此輩必冤不數日賊果得人服其明改曷懶路兵馬都總管歷廣寧尹封廣平郡王改崇義軍節度使兼領北京宗室事正隆例奪王爵加金紫光祿大夫改臨海軍大定初遣使召之宗賢率諸宗室見於遼陽除同簽大宗正事封景國公致仕起爲婆速路兵馬都總管復致仕卒

特進撻懶宗室子年十六事太祖未嘗去左右出河店之

役太祖欲親戰撻懶控其馬而止之曰主君何爲輕敵臣請效力即挺槍前手殺七人已而槍折騎士曳而下者九人太祖壯之曰誠得此輩數十雖萬衆不能當也及戰于達魯古城遼兵一千陣于營外太祖遣撻懶往擊之撻懶衝出敵陣大敗其衆攻臨潢府春泰州中西二京皆有功天輔六年授謀克天會四年從伐宋屢以功受賞明年再舉至汴宗望聞宋人會諸路援兵于睢陽遣撻懶與阿里刮將兵二千往拒之敗其前鋒軍三萬于杞縣又破三寨擒宋京東路都總管胡直孺南路都統制隋師元及其三將并直孺二子遂取拱州降寧陵復破二萬于睢陽進取

亳州聞宋兵十萬且至會宗望益兵四千合擊大敗之其卒二千陣而立馳之不動即麾軍去馬擊之盡殪擒其將石瑱而還帥府嘉其功賞賚優渥睿宗駐兵熙州分遣諸將略地撻懶以軍五百入六盤山十六寨降其官八十餘民户四千獲馬二千延皇統中累加銀青光祿大夫天德初加特進授世襲猛安卒年六十五海陵遷諸陵於大房山以撻懶嘗給事太祖命作石像置睿陵前

卞本名吾母上京司屬司人大定二年收充護衛積勞授彰化軍節度副使入爲都水監丞累遷中都西京路提刑使徙知歸德府河平軍節度使王汝嘉奏卞前在都水監

導河有勞除北京留守未幾改知大興府事時有言尚書左丞夾谷衡在軍不法詔刑部問狀事下大興府卞輒令追攝上以爲失體杖四十久之乞致仕不許拜御史大夫先是左司諫赤盞高門上言御史大夫久闕憲紀不振宜選剛正疾惡之人肅清庶務上由是用卞前時孫鐸賈鉉俱爲尚書鉉拜參知政事而鐸再任對賀客誦唐張在詩有鬱鬱意卞劾奏之鐸坐降黜既而復申前請遂以金吾衛上將軍致仕薨

壽本名阿里剌隸上京司屬司大定十年以皇家近親收充東宮護衛轉十人長授御院通進從世宗幸上京會皇

太子守國豈世宗以膏親密可委特命與滕王府長史臺馳驛往護喪時章宗爲金源郡王亦留中都且命膏等保護諭之曰郡王遭此家難哀哭當以禮節之飲食尤宜謹視世宗還都遷符寶郎除吏部郎中章宗即位坐與御史大夫唐括貢爲壽犯夜禁奪官一階罷明昌元年起爲同知棣州防禦使事上書歷詆宰執帝以小臣敢譏訕宰輔杖八十削一官罷之發還本猛安明年降授同知宣德州事召授武衛軍副都指揮使四遷知大興府事轉左右宣徽使承安二年拜尚書右丞出爲泰定軍節度使移知濟南府卒

弈本名三寶隸梅堅塞吾司屬司大定七年以近親充東宮護衛十人長轉爲尚廐局使章宗即位遷左衛副將軍累遷右副都點檢兼提點尚廐局使諭旨曰汝非有過人才第以久次遷授當謹乃職勿復有非違事使朕聞之未幾坐廐馬瘦決三十承安二年改左司都點檢兼職如舊俄授同簽大睦親府事卒奕爲人貪鄙數以贓敗帝愛其能治圍場故進而委信之

阿喜宗室子好學問襲父北京路苦栢山猛安聽訟明決人信而愛之察廉能除彰國軍節度副使改上京留守判官提刑司奏彰國軍治狀遷同知速頻路節度事改歸德軍歷海邳二州刺史皆兼總押軍馬宋統領劉文謙以兵犯宿遷阿喜逆擊破之復破咸春夏興國舟兵萬餘人斬夏興國于陣遷鎮國上將軍再賜銀幣爲元帥左監軍紇石列執中前鋒渡淮破寶應天長二縣師還遷同知歸德府事改泗州防禦使丁母憂起復大安二年改華州防禦使遷鎮南軍節度使貞祐二年改知大名府充馬軍都提控歷橫海安化軍節度使充宣差山東路左翼都提控尋知濟南府事徙沁南軍節度使遷河南統軍使兼昌武軍節度使卒

贊曰金諸宗室自始祖至康宗凡八世獻祖徙居海姑水

納葛里村再徙安出虎水世祖稱海姑兄弟蓋指其所居也完顏十二部皆以部爲氏宣宗詔宗室皆書姓氏然亦有部人以部爲氏非宗室同姓者遂不可辨矣

列傳下第四

列傳第五　　金史六十七

開府儀同三司上柱國錄軍國重事前中書右丞相監修國史領經筵事都總裁臣脫脫奉

勑修

石顯　桓赧弟散達　烏春溫敦蒲剌附

臘醅弟麻產　鈍恩　留可

阿疎　奚王回离保

石顯孩懶水烏林荅部人昭祖以條教約束諸部石顯陸梁不可制及昭祖沒于逼剌紀村部人以柩歸至孩懶水石顯與完顏部窩忽窩出邀於路攻而奪之柩揚言曰汝輩以石魯爲能而推尊之吾今得之矣昭祖之徒告于蒲馬太彎與馬紀嶺劾保村完顏部蒙葛巴土等募軍追及之與戰復得柩衆推景祖爲諸部長自山耶悔統門耶懶土骨論五國皆從服及遼使曷魯林牙來索逋人石顯皆拒阻不聽命景祖攻之不能克景祖自度不可以力取遂以詭計取之乃以石顯阻絕海東路請於遼遼帝使人讓之曰汝何敢阻絕鷹路審無他意遣其酋長來石顯使其長子婆諸刋入朝曰不敢違大國之命遼人厚賜遣還謂婆諸刋曰汝父信無他宜身自入朝石顯信之明年入見於春蒐婆諸刋從遼主謂石顯曰罪惟在汝不在汝子乃命婆諸刋還而流石顯於邊地盖景祖以計除石顯而欲撫有其子與部人也婆諸刋蓄怨未發會活剌渾水紇石烈部臘醅麻產起兵婆諸刋往從之及敗於暮稜水麻產先遯去婆諸刋與臘醅就擒及其黨與皆獻之遼主乆之世祖復使人言曰婆諸刋不還則其部人自知罪重因此恐懼不肯歸服遼主以爲然遂遣婆諸刋及前後所獻罪人皆還之

桓赧散達兄弟者國相雅達之子也居完顏部邑屯村雅達稱國相不知其所從來景祖嘗以幣與馬求國相於雅達雅達許之景祖得之以命肅宗其後撒改亦居是官焉桓赧兄弟嘗事景祖世祖初季父跋黑有異志陰誘桓赧欲與爲亂昭肅皇后往邑屯村世祖肅宗皆從行遇桓赧散達各被酒言語紛爭遂相毆擊舉刃相向昭肅皇后親觧之乃止自是謀益甚是時烏春窩謀罕亦與跋黑相結詭以烏不屯賣甲爲兵端世祖不得已而與之和閒數年烏春以其衆涉活論來流二水世祖親往拒之桓赧散達遂起兵肅宗以偏師拒桓赧散達世祖畏其合勢也戒之曰可和則和否則戰至斡魯紺出水既陣成列肅宗使盆德勃堇議和桓赧亦恃烏春之在北也無和意盆德報肅宗曰敵欲戰或曰戰地迫近村墟雖勝不能盡敵宜退軍誘之寬地肅宗惑之乃令軍少却未能成列桓赧散達乘

之肅宗敗焉桓赧乘勝大肆鈔略是役也烏春以久雨不
能前乃罷兵世祖聞肅宗敗乃自將經舍很貼割兩水取
桓赧散達之家桓赧散達不知也世祖焚其所居殺略百
許人而還未至軍肅宗之軍又敗世祖至責讓肅宗失利
之狀使歡都治訶以本部七謀克助之復遣人議和桓赧
散達欲得盈歌之大赤馬辭不失之紫騮馬世祖不許遂
與不朮魯部卜灰蒲察部撒骨出及混同江左右匹古敦
水北諸部兵皆會厚集爲陣鳴鼓作氣馳騁桓赧恃其衆
有必勝之心下令曰今天門開矣悉以爾車自隨凡烏古
廼夫婦寶貨財產恣爾取之有不從者俘略之而去於是

婆多吐水裴滿部斡不勃堇附於世祖桓赧等從火焚之
斡不死世祖厚撫其家既定桓赧以舊地還之桓赧軍復
來蒲察部沙秖勃堇胡補答勃堇使阿喜間道來告且問
曰寇將至吾屬何以待之世祖復命曰事至此不及謀矣
以衆從之自救可也惟以旗幟自別耳每有兵至則輒遣
阿喜穿林潛來令與畢察往還大道即故潛往來林中路
也桓赧至北隘甸世祖將出兵聞跋黑食于馳滿村死矣
乃沿安朮虎水行且欲并取海故朮烈速勃堇之衆而後
戰覘者來報曰敵至矣世祖戒辭不失整軍速進使待於
脫豁改原當是時桓赧兵衆世祖兵少衆寡不敵比世祖

至軍士氣𢧐甚世祖心知之而不敢言但令解甲少憩以
水洗面飲麨水頃之士氣稍蘇息是時肅宗求救於遼不
在軍中將戰世祖屏人獨與穆宗私語兵敗則就與肅宗
乞師以報讎仍令穆宗勿預戰事介馬以觀勝負先圖去
就乃袒袖韔弓服矢以縕袍下幅護前後心三揚旗三掐
鼓棄旗提劍身爲軍鋒盡銳搏戰桓赧步軍以干盾進世
祖之衆以長槍擊之步軍大敗辭不失從後奮擊之桓赧
之騎兵亦敗世祖乘勝逐北破多退水水爲之赤世祖止
軍勿追盡獲所棄車甲馬牛軍實以戰勝告于天地頒所
獲於將士各以功爲差未幾桓赧散達俱以其屬來降卜

灰猶保撒阿辣村招之不出撒骨出據阿曾紺出村世祖
遣人與之議和撒骨出讓言爲戲荅之曰我本欲和壯士
巴的懣不肯和泣而謂我曰若果與和則羨衣肥羊不可
復得是以不敢從命遂縱兵俘略隣近村墅有人從道傍
射之中口死卜灰之屬曰石魯石魯之母嫁于馳滿部達
魯罕勃堇而爲之妾達魯罕與族兄弟抹腮引勃堇俱事
世祖世祖欲間石魯於卜灰謂達魯罕曰汝之事我不如
抹腮引之堅固也蓋謂石魯母子一彼焉一此焉以此撼
石魯石魯聞之遂殺卜灰而降石魯通於卜灰之妾常懼
得罪及聞世祖言惑之使告于達魯罕曰將殺卜灰而來

汝待我于江伺卜灰睡熟剸刃於胷而殺之追者急白日露鼻匿水中逮夜至江方游以濟達魯罕使人待之乃得免久之醉酒而與達魯罕很爭達魯罕殺之

烏春阿跋斯水温都部人以鍛鐵爲業因歲歉策杖負檐與其族屬來歸景祖與之處以本業自給旣而知其果敢善斷命爲本部長仍遣族人盆德送歸舊部盆德烏春之甥也世祖初嗣節度使叔父跋黑陰懷覬覦間誘桓赧散達兄弟及烏春窩謀罕等烏春以跋黑居肘腋爲變信之由是頗貳於世祖而虐用其部人部人訴於世祖世祖使人讓之曰吾父信任汝以汝爲部長今人告汝有實狀殺

無罪人聽訟不平自今不得復爾爲也烏春曰吾與汝父等輩舊人汝爲長能幾日于汝何事世祖內畏跋黑恐羣朋爲變故曲意懷撫而欲以婚姻結其歡心使與約婚烏春不欲笑曰狗彘之子同處豈能生育胡里改與女直豈可爲親也烏春欲發兵而世祖待之如初無以爲端加古部烏不屯亦鐵工也以被甲九十來售烏春聞之使人來讓曰甲吾甲也來流水以南匹古敦水以北皆吾土也何故輙取吾甲其亟以歸我世祖曰彼以甲來市吾與直而售之烏春曰汝不肯與我甲而爲和解則使汝叔之子斜葛及厮勒來斜葛蓋跋黑之子也世祖度其意非真肯議

和者將以有爲也不欲遣衆固請曰不遣則必用兵不得已遣之謂厮勒曰斜葛無害彼且執汝矣半途辭疾勿往旣行厮勒曰我疾作將上不往斜葛曰吾亦不能獨往矣同行者強之使行旣見烏春烏春與斜葛厚爲禮而果執厮勒曰得甲則生否則殺汝世祖與其甲厮勒乃得歸烏春自此益無所憚後數年烏春舉兵來戰道斜寸嶺涉活論來流水舍於朮虎部阿里矮村滓布乃勃堇家是時十月中大雨累晝夜不止冰澌覆地烏春不能進乃引去於是桓赧散達亦舉兵世祖自拒烏春而使肅宗拒桓赧已而烏春遇雨歸叔父跋黑亦死故世祖得併力於桓赧散

達一戰而遂敗之斡勒部人盃乃舊事景祖至是亦有他志徙于南畢懣忒村遂以縱火誣歡都欲因此除去之語在歡都傳中世祖獲盃乃釋其罪盃乃終不自安徙居吐窟村與烏春窩謀罕結約烏春舉兵度嶺世祖駐軍屋闢村以待之進至蘇素海甸兩皆陣將戰世祖不親戰命肅宗以左軍戰斜列辭不失助之徵異夢也肅宗東緼縱火大風從後起火熾烈時八月野草尚青火盡燎烟焰張天烏春軍在下風肅宗自上風擊之烏春大敗復獲盃乃獻于遼而城蘇素海甸以據之紇石烈臘醅麻產與世祖戰於野鵲水世祖中四創軍敗臘醅使舊賊禿罕等過青嶺

見烏春賂諸部與之交結臘醅麻産求助於烏春烏春以姑里甸兵百十七人助之世祖擒臘醅獻于遼主并言烏春助兵之狀仍以不脩鷹道罪之遼主使人至烏春問狀烏春懼乃爲譎言以告曰未嘗與臘醅爲助也德隣石之北姑里甸之民所管不及此臘醅既敗世祖盡得烏春姑里甸助兵一百十七人而使其卒長斡善斡脫往招其衆繼遣斜鉢勃堇撫定之斜鉢不能訓齊其人蒲察部故石跋石等誘三百餘人入城盡陷之世祖治鷹道還斜列來告世祖使歡都爲都統破烏春窩謀罕於斜堆故石跋石皆就擒世祖自将過烏紀嶺至窩謀海村胡論加古部勝

昆勃堇居烏延部富者郭赧請分一軍由所部伐烏春蓋以所部與烏春近欲以自蔽故也乃使斜列躍盤以支軍道其所居世祖自将大軍與歡都合至阿不塞水嶺東諸部皆會石土門亦以所部兵來是時烏春前死窩謀罕聞知世祖來伐訴於遼人乞與和解使者已至其家世祖軍至窩謀罕請緩師盡以前所納亡人歸之世祖使烏林荅故德黑勃堇往受所遣亡者窩謀罕以三百騎乘懈來攻世祖敗之遼使惡其無信不復爲主和乃進軍圍之太祖衣短甲行圍號令諸軍窩謀罕使太峪潛出城攻之太峪馳馬援槍将及太祖活臘胡擊斷其槍太祖乃得免斜列

至斜寸水用郭赧計取先在烏春軍者二十二人烏春軍覺之殺二人餘二十人皆得之益以土軍來助窩謀罕自知不敵乃遁去遂克其城盡以貲産分賚軍中以功爲次諸部皆安輯焉穆宗嘗嘉郭赧功後以斜列之女守寧妻其子胡里罕烏春之後爲温敦氏裔孫曰蒲剌

温敦蒲剌始居長白山阿不辛河徙隆州移里閔河蒲剌初從希尹征伐攝猛安謀克事遇賊突出力擊敗之手殺二十餘人用是擢脩武校尉天德初充護衛遷宿直将軍與衆護衛射遠皆莫能及海陵以玉鞍銜賞之徙曷懶路選可充護衛者使還稱旨遷耶盧椀群牧使改遂州刺史

正隆伐宋召爲武翼軍副都總管将兵二千至汝州南遇宋兵二萬餘邀擊敗之手殺将士十餘人是時嵩汝兩州百姓多逃去蒲剌招集使之復其業改莫州刺史徵爲太子左衛率府率再遷隴州防禦使歷鎮西胡里改顯德軍節度使致仕卒

臘醅麻産兄弟者活剌渾水訶隣鄉紇石烈部人兄弟七人素有名聲人推服之及烏春窩謀罕等爲難故臘醅兄弟乘此際結陶温水之民浸不可制其同里中有避之者徙於苾罕村野居女直中臘醅怒将攻之乃約烏古論部騷臘勃堇富者撻懶胡什滿勃堇海羅勃堇斡茁火勃堇

海羅斡茁火間使人告野居女直野居女直有備臘醅等
敗歸臘醅乃由南路復襲野居女直勝之俘略甚衆海羅
斡茁火胡什滿畏臘醅求援于世祖斜列以輕兵邀擊臘
醅等于屯睦吐村敗之盡得所俘臘醅麻產驅掠來流水
牧馬世祖至混同江與穆宗分軍世祖自姤骨魯津倍道
兼行馬多乏皆留之路傍從五六十騎遇臘醅于野鵲水
日已曛臘醅兵衆世祖兵少歡都鏖戰出入數四馬中創
死者十數世祖突陣力戰中四創不能軍穆宗自庵吐渾
津度江遇敵于蒲蘆買水敵問爲誰應之曰歡都問者射
穆宗矢著于弓箙是歲臘醅麻產使其徒舊賊禿罕及馳

朶剽取户曾不濼牧馬四百及富者粘罕之馬合七百餘
匹過青嶺東與烏春窩謀罕交結世祖自將伐之臘醅等
僞降還軍臘醅復求助於烏春窩謀罕窩謀罕以姑里甸
兵百有十七人助之臘醅據暮稜水保固險阻石顯子婆
諸刋亦往從之世祖率兵圍之克其軍麻產遁去遂擒臘
醅及婆諸刋皆獻之遼盡獲其兵使其卒長斡善斡脱招
撫其衆使斜鉢撫定之復使阿离合懣察暮稜水人情并
募兵與斜鉢合語在烏春傳世祖既没肅宗襲節度使麻
產據直屋鎧水繕完營堡招納亡命杜絶往來者詩陶溫
水民爲之助招之不聽使康宗伐之是歲白山混同江大

溢水與岸齊康宗自阿隣岡乘舟至於帥水舍舟沿帥水
而進使太祖從東路取麻產家屬盡獲之康宗圍麻產急
太祖來會軍於是麻產先亡在外其人乘夜突圍遁去太
祖曰麻產之家蕩盡矣走將安歸追之麻產不知太祖急
求己也與三騎來伺軍其一人墜馬下太祖識之問狀其
人曰我隨麻產來伺軍彼走者二人麻產在焉麻產與其
人分道走太祖命劾曾古追東走者而自追西走者至直
屋鎧水失麻產不見急追之得遺甲於路迹而往前至大
澤海淖麻產棄馬入萑葦太祖亦棄馬追及之與之挑戰
烏古論壯士活臘胡乘馬來問曰此何人也太祖初不識

麻產佯應曰麻產也活臘胡曰今亦追及此人邪遂下馬
援槍進戰麻產連射活臘胡活臘胡中二矢不能戰有頃
軍至圍之歡都射中麻產首遂擒之無有識之者活臘胡
乃前扶其首而視之見其齒豁曰眞麻產也麻產張目曰
公等事定矣遂殺之太祖獻馘於遼

鈍恩阿里民忒石水紇石烈部人祖曰劾曾古父納根涅
世爲其部勃堇斡准部人冶剌勃堇海葛安勃堇暴甚族
人斡達罕勃堇及諸弟屋里黑屋徒門抄略其家及抄略
阿活里勃堇家侵及阿根涅所部穆宗使納根涅以本部
兵往治治剌等行至蘇濱水輙募人爲兵主者拒之輙抄

略其人遂攻烏古論部敵庫德入米里迷石罕城及斡賽
冶訶來問狀止蘇濱水西納木汗村納根涅止蘇濱水東
屋邁村納根涅雖欵伏而不肯徵償時甲戌歲十月也明
年八月納根涅遯去斡賽追而殺之執其母及其妻子以
歸而使鈍恩復其所

留可統門渾蠢水合流之地烏古論部人忽沙渾勃堇之
子詐都渾蠢水安春之忽沙渾之子也間誘與純塢塔兩
部之民作亂敵庫德鈍恩皆叛而與留可詐都合兩黨揚
言曰徒單部之黨十四部爲一烏古論部之黨十四部爲
一蒲察部之黨七部爲一凡三十五部完顔部十二而已

以三十五部戰十二部三人戰一人也勝之必矣世祖降
附諸部亦皆有離心當是時惟烏延部斜勒勃堇及統門
水温迪痕部阿里保勃堇撒葛周勃堇等皆使人來告難
斜勒達紀保之子也先使其兄保骨臘來既而以其甲來
歸阿里保等曰吾等必不從亂但乞兵爲援耳穆宗使撒
改伐留可使謾都訶伐敵庫德既而太祖以七十甲諸撒
改軍中道以四十甲與謾都訶石土門之軍與謾都訶會
于米里迷石罕城下而鈍恩將援留可聞謾都訶之兵寡
以爲無備而未知石土門之來會也欲先攻謾都訶謾都
訶石土門迎擊大破鈍恩米里迷石罕城遂降獲鈍恩敵

庫德皆釋弗誅太祖至撒改軍明日遂攻破留可城城中
渠師皆誅之取其孥累貲産而還塢塔城亦撤守備而降
留可先在遼塢塔已脫身在外由是皆未獲詐都亦詣蒲
家奴降太祖釋之於是諸部皆安業如故久之留可塢塔
皆來降

阿疎星顯水紇石列部人父阿海勃堇事景祖世祖世祖
破烏春還阿海率官屬士民迎謁于雙宜大濼獻黃金五
斗世祖喩之曰烏春本微賤吾父撫育之使爲部長而忘
大恩乃結怨於我遂成大亂自取滅亡吾與汝等三十部
之人自今可以保安休息吾大數亦將終我死汝等當念

我竭力以輔我子弟若亂心一生則滅亡如烏春矣阿海
與衆跪而泣曰太師若有不諱衆人賴誰以生勿爲此言
未幾世祖沒阿海亦死阿疎繼之阿疎自其父時常以事
來昭肅皇后甚憐愛之每至必留月餘乃遣歸阿疎既爲
勃堇嘗與徒單部詐都勃堇爭長肅宗治之乃長阿疎穆
宗嗣節度聞阿疎有異志乃召阿疎賜以鞍馬深加撫諭
陰察其意趣阿疎歸謀益甚乃斥其事復召之阿疎不來
遂與同部毛睹祿勃堇等起兵穆宗自馬紀嶺出兵攻之
撒改自胡論嶺往略定潺春星顯兩路攻下鈍恩城穆宗
略阿茶檜水益募軍至阿疎城是日辰巳間忽暴雨晦曀

雷霆下阿踈所居既又有大光聲如雷墜阿踈城中識者
以謂破亡之徵阿踈聞穆宗來與其弟狄故保往訴于遼
遼人來止勿攻穆宗不得已留劾者勃堇守阿踈城而歸
金初亦有兩劾者其一撒改父贈韓國公其一守阿踈城
者後贈特進云劾者以兵守阿踈城者二年矣阿踈在遼
不敢歸毛睹祿乃降遼使復爲阿踈來穆宗聞之使烏林
荅石魯濟師且戒劾者令易衣服旗幟與阿踈城中同色
使遼使不可辨遼使至乃使蒲察部胡魯勃堇邈遜勃堇
與俱至劾者軍而軍中已易衣服旗幟與阿踈城中如一
遼使果不能辨劾者詭曰吾等自相攻干汝何事誰識汝

之太師乃剌殺胡魯邈遜所乘馬遼使驚怖走去遂破其
城狄故保先歸殺之阿踈聞穆宗以計却遼使破其城殺
狄故保復訴於遼遼使奚節度使乙烈來問狀且使備償
阿踈穆宗復使主隈禿荅水人僞阻絶鷹路者而使鼈故
德部節度使言於遼平鷹路非己不可遼人不察也信之
穆宗畋於土溫水謂遼人曰吾平鷹路也遼人以爲功使
使來賞之穆宗盡以其物與主隈禿荅之人而不復備償
阿踈遼人亦不復問阿踈在遼無所歸後二年使其徒達
紀至生女直界上曷懶甸人畏穆宗執而送之阿踈遂終
于遼及太祖伐遼底遼之罪告于天地而以阿踈亡命遼

人不與爲言凡與遼往復書命必及之天輔六年闍母婁
室略定天德雲内寧邊東勝等州獲阿踈軍士問之曰爾
爲誰曰我破遼鬼也
贊曰金之興也有自來矣世祖擒臘醅麻諸刋既獻之遼
以爲功則又曰若不遣還其部人疑懼且爲亂階遼人不
察盡以前後所獻罪人歸之景祖止曷魯林牙止同幹穆
宗止遼使阿踈城始終以鷹路誤之而遼人不悟景祖有
黄馬服乘如意景祖没遼貴人爭欲得之世祖弗與曰難
未息也馬不可以與人遂割其兩耳謂之禿耳馬遼貴人
乃弗取其削平諸部則借遼以爲己重既獻而求之則市
以爲己重戰陣一良馬終弗與遼人而遼人終不悟豈輿

亡有數蓋天奪其魄歟
奚與契丹俱起在元魏時號庫莫奚歷宇文周隋唐皆號
兵強其後契丹破走奚奚西保冷陘其留者臣服于契丹
號東西奚厥後遼太祖稱帝諸部皆内屬矣鐵勒者古部
族之號奚有其地號稱鐵勒州又書作鐵驪州奚有五王
族世與遼人爲昏因附姓述律氏中事具遼史今不載奚
有十三部二十八落一百一帳三百六十二族甲午歲太
祖破耶律謝十諸將連戰皆捷奚鐵驪王回离保以所部
降未幾遯歸于遼及遼主使使請和太祖曰歸我叛人阿

疎降人回离保迪里等餘事徐議之乂之遼主至鴛鴦濼都統杲襲之亡走天德回离保與遼大臣立秦晉國王耶律捏里于燕京捏里死蕭妃權國事太祖入居庸關蕭妃自古北口出奔回离保至盧龍嶺遂留不行會諸奚吏民于越里部僭稱帝改元天復改置官屬籍渤海奚漢丁壯爲軍太祖詔回离保曰聞汝脅誘吏民僭竊位號遼主越在草莽大福不再汝之先世臣服于遼今來臣屬與昔何異汝與余睹有隙故難其來余睹設有睚眦朕豈從之儻能速降盡釋汝罪仍俾主六部族緫山前奚衆還其官屬財産若尚執迷遣兵致討必不汝赦回离保不聽天輔七年五月回离保南寇燕地敗於景薊間其衆奔潰耶律奥古哲及甥八斤家奴白底哥等殺之其妻阿古聞之自剄而死先是速古部人據劾山奚路都統撻懶招之不服往討之鐵泥部兼拒險拒戰殺之殆盡至是速古啜里鐵泥三部所據十三巖皆討平之達曾古部節度使乙列已降復叛奚馬和尚討達曾古幷五院司等諸部諸部皆降遂執乙列杖之一百其父及其家人先被獲者皆還之初太祖破遼兵于達曾古城九百奚營來降至是回离保死奚人以次附屬亦各置猛安謀克領之

贊曰庫莫奚契丹起於漢末盛於隋唐之間俱彊爲隣國合幷爲君臣壓八百餘年相爲終始奚有五大定問類族著姓有遙里氏伯德氏奥里氏梅知氏揣氏

列傳第五

列傳第六　　金史六十八

開府儀同三司上柱國録軍國重事前中書右丞相監修國史領經筵事都總裁臣脫脫奉

勑修

歡都 子謀演　冶訶 子阿魯補　骨赧

訛古乃　蒲查

歡都完顏部人祖石魯與昭祖同時同部同名交相得誓曰生則同川居死則同谷葬土人呼昭祖爲勇石魯呼石魯爲賢石魯初烏扎薩部有美女名罷敵悔青嶺東混同江蜀東水人掠而去生二女長曰達回幼曰滓賽昭祖與石魯謀取之遂偕至嶺右炷火於箭端而射蜀東水人怪之皆走險阻久之無所復見却還所居昭祖及石魯以衆至攻取其貲産虜二女子以歸昭祖納其一賢石魯納其一皆以爲妾是時諸部不肯用條教昭祖耀武于青嶺白山入于蘇濱耶懶之地賢石魯佐之也其後别去至景祖時石魯之子劾孫舉部來歸居於安出虎水源胡凱山南胡凱山者所謂和陵之地是也歡都劾孫子世祖初襲節度使而跋黑以屬尊蓄異謀不可制諸部不肯受約束相繼爲變歡都入與謀議出臨戰陣未嘗去左右斡勒部人盃乃自景祖時與其兄弟俱居安出虎水之北及烏春作難盃乃將與烏春合間誘斡魯紺出水居人與之相結欲先除去歡都會其家被火陰約隸人不歌東詭稱放火乃歡都胡土二人使汪都來謂世祖曰不歌東來告曰前日之火歡都等縱之若不棄舊好其執縱火之人以來世祖疑之石盧斡勒勃堇曰盃乃兄弟也豈以一二人之故而與兄弟構怨乎彼自取之又將尤誰不如與之便歡都被甲執戟而起曰彼爲亂之人也若取太師兄弟則亦與之乎今取我輩我輩決不可往若必用戰當盡力致死穆宗曰壯哉歡都以我所見正如此爾贈歡都以馬曰戰則乘此衆皆稱善世祖乃往見盃乃隔鼈剌水而與之言曰不歌東既告縱火由歡都等謹當如約當先遣不歌東來不歌東至世祖於馬前殺之使盃乃見之既而聞之放火者盃乃家人阿出胡山也盃乃欲開此釁故以誣歡都云臘醅麻産與世祖遇于野鵲水日已曛惟從五六十騎歡都入敵陣鏖擊之左右出入者數四世祖中創乃止烏春窩謀罕擾活剌渾水世祖既許之降遂還軍於是臘醅勃堇富者撻懶觀勝負不助軍而臘醅撻懶先曾與臘醅麻産合世祖欲因軍還而遂滅之馳馬前進撻懶者貞惠皇后之弟也歡都下馬執轡而諫曰獨不念愛弟蒲陽温與弟婦乎世祖感其言遂止蒲陽温者漢語云幼弟也世祖母弟中穆宗最少故云然穆宗德歡都言後以撻懶女爲羅

哂妻其子谷神太祖追麻產歡都射中其首遂獲之遼人命穆宗太祖辭不失歡都俱爲詳穩斡善斡脫以姑里甸兵來歸使斜鉢勃堇撫定之蒲察部故石拔石等誘其衆入城陷三百餘人歡都爲都統往治斜鉢失軍之狀盡解斜鉢所將軍大破烏春窩謀罕於斜堆擒故石拔石初耶悔水納喝部撒八之弟曰阿注阿與人爭部族官不得直來歸穆宗阿注阿之甥曰三濱曰撒達辭不失破烏春窩謀罕城獲三濱撒達并獲其母以爲次室撫其二子撒達告阿注阿必爲變不信而殺之撒達臨刑歎曰後必知之至是阿注阿果爲變因穆宗晨出獵斜率七八人操兵入

宅奪據寢門劫貞惠皇后及家人等歡都入見阿注阿曰汝輩所謀之事柰何閨門眷屬豈足劫質徒使之驚恐耳汝固識我盍以我爲質也再三言之阿注阿從之貞惠皇后乃得解而質歡都而撒改辭不失使人告急于獵所穆宗亦心動罷獵中途逢告者日午至阿注阿謂穆宗曰可使係案女直知名官僚相結送我兄弟親屬由咸州路入遼國庫金廐馬與我勿惜歡都亦當送我至遼境然後還而要穆宗盟穆宗皆從之遂執歡都及阿魯太彎阿魯不太彎等七人以衣裾相結與阿注阿俱行至遼境乃釋歡都歡都至濟州實黃龍府使人馳驛要遮阿注阿黨屬惟

縱其親人使去遂殺三濱并其母具報於遼乞還阿注阿遼人流之曷董城其後阿注阿懷思鄉土亡歸附于係案女直因亂其官僚之室捕之不伏乃見殺穆宗襲位之初諸父之子習烈斜鉢及諸兄有異言曰君相之位皆渠輩爲之柰何歡都曰汝輩若紛爭則吾必不默默但已衆聞之遂帖然自是不復有異言者歡都事四君出入四十年征伐之際遇敵則先戰廣廷大議多用其謀世祖嘗曰吾有歡都則何事不成肅宗時委任冠於近僚穆宗嗣位凡圖遼事皆專委之康宗以爲父叔舊人尤加敬禮多所補益康宗十一年癸巳二月得疾避痰於米里每水薨年六

十三喪歸康宗親迓於路送至其家親視葬事天會十五年追贈儀同三司代國公明昌五年贈開府儀同三司謚曰忠敏子谷神謀演谷神别有傳謀演當阿注阿之難從歡都代爲質後與宗峻俱侍太祖宗峻坐謀演上上怒命坐其下孛堇老孛論拔合汝轄拔速三人爭千户上曰汝輩能如歡都父子有勞於國者乎乃命謀演爲千户三人者皆隸焉其眷顧如此天輔五年十二月卒天會十五年贈太子少傅

冶訶系出景祖居神隱水完顏部爲其部勃堇與同部人把里勃堇斡泯水蒲察部胡都化勃堇厮都勃堇泰神忒

保水完顏部安團勃菫統八門水温迪痕部活里蓋勃菫
俱來歸金之爲國自此益大肅宗拒桓赧巳再失利世祖
命歡都治訶以本部謀克之兵助之治訶與歡都常在世
祖左右居則與謀議出則從行陣未嘗不在其間天會十
五年贈銀青光祿大夫明昌五年贈特進謚忠濟與代國
公歡都特進劾者開府儀同三司盆納儀同三司拔達俱
配享世祖廟廷治訶子阿魯補骨赧訛古乃散答散答子
蒲査
阿魯補治訶之子爲人魁偉多智略勇於戰未冠從軍下
咸州東京遼人來取海州從勃菫麻吉往援道遇重敵力

戰斬首千級從斡魯古攻豪懿州以十餘騎破敵七百進
襲遼主阿魯補徇北地招降營帳二十四民户數千時已
下西京闍母攻應州未下退營於州北十餘里夜遣阿魯
補率兵四百伺敵城中果出兵三千來襲阿魯補道與之
遇斬首百餘獲馬六十後遼兵三萬出馬邑之境以千兵
擊之斬其將於陣天會初宋王宗望討張覺於平州聞應
州有兵萬餘來援遣阿魯補與阿里帶迎擊之斬馘數千
而還遂復從其兄虞劃率兵三千攻乾州虞劃道病卒代領
其衆至乾州降其軍及營帳三千獲印四十與僕虺攻下
義州宗望伐宋與郭藥師戰于白河宗望命阿魯補以二

謀克先登奮戰賞賚特異至汴破淮南援兵斬其二將大
軍退次孟陽姚平仲夜以重兵來襲阿魯補適當其中力
戰敗之既還聞大名開德合兵十餘萬來爭河至河上知
去敵尚遠乃以輕兵夜發詰旦至衛縣遇敵斬首數千級
餘皆潰去師次邢州滹沱橋已焚阿魯補先以偏師營於
水上比軍至而橋成宗望嘉其功出真定庫物賞之爲長
勝軍千户及再伐宋從宗望破敵於井陘遂下欒城師自
大名濟河阿魯補屯於洺州之境時康王留相州大名府
以兵來攻我營阿魯補乘夜以騎二百潛出其後反擊敗
之居數日敵復來蘇統制以兵二萬先至阿魯補乘其未

集以三百騎出戰大敗其衆生擒蘇統制殺之大軍既克
汴京攻洺州敗大名救兵遂下洺州從撻懶攻恩州還洺
人復叛阿魯補先至城下城中出兵來戰敗之執其守佐
遂與蒲魯懽取信德軍梁王宗弼取開德阿魯補以步兵
五千赴之大名境内多盜命阿魯補留屯其地賊犯莘縣
聞阿魯補至即潰去追襲一晝夜至館陶及之皆俘以歸
從宗弼襲康王既渡淮阿魯補以兵四千留和州總管江
淮閒戍將以討未附郡縣遂攻下太平州聽其城廬州叛
以偏師討之敗其騎六千擒三校明日復破敵二萬於慎
縣斬首五百張永合步騎數萬來戰阿魯補兵止二千敵

圍之阿魯補潰圍力戰竟敗之追殺四十里獲馬三百而還再攻廬州與迪古不敗敵萬衆於拓皐至廬州騎兵五百出戰敗之斬其二校師還宗弼趨陜西道聞大名復叛遣阿魯補經畧之獨與譯者至城下招之大名果降翌日下令民間兵器悉上送官於是吏民按堵如故爲大名開德路都統齊國建阿魯補屯兵於汴城外天會十五年詔廢齊國已執劉麟阿魯補先入汴京備變明年除歸德尹割河南地與宋入爲燕京内省使宗弼復河南阿魯補先濟河撫定諸都再爲歸德尹河南路都統宋兵来取河南地宗弼召阿魯補與許州韓常潁州大㚖陳州赤盞暉皆

會於汴阿魯補以敵在近獨不赴而宋將岳飛劉光世等果乘間襲取許潁陳三州旁郡皆響應其兵犯歸德阿魯補連擊敗之復取亳宿等州河南平阿魯補功最皇統五年爲行臺參知政事授世襲猛安兼合扎謀克改元帥右監軍婆速路統軍歸德軍節度使累階儀同三司其在汴時嘗取官舍材木搆私第於恩州至是事覺法當議勳議親海陵嘗在軍中惡阿魯補詔曰若論勳勞更有過於此者況官至一品足以酬之國家立法貴賤一也豈以親貴而有異也遂論死年五十五阿魯補以將家子從征伐屢立功歷官有惠愛得民心及死人皆惜之大定三年贈儀同三司詔以其子爲右衛將軍襲猛安及親管謀克賜銀五百兩重綵二十端絹三百匹

骨赧冶訶子善騎射有材幹從討桓赧散達烏春窩謀罕留可之叛皆有功從太祖伐遼骨赧從軍戰寧江州出河店破遼主親軍皆以力戰受賞襲其父謀克領秦王宗翰千戶攻下中西兩京宗翰伐宋圍太原未下宗翰還西京骨赧以右翼軍佐銀术可守太原是時汾州團柏榆次嵐憲潞皆有兵來援骨赧凡四戰皆破之大軍圍汴骨赧引萬戶軍屢敗其援兵憲潞等州復叛骨赧引兵復取之弃牧撫保德火山而還後領軍鎮夏邊在職十二年天會八

年授世襲猛安天眷初爲天德軍節度使致仕累遷開府儀同三司卒年八十五子喜哥襲猛安加宣武將軍

訛古乃冶訶子姿貌魁偉年十四隸秦王宗翰軍中常領兵行前爲偵候及大軍襲遼主訛古乃以甲騎六十追遼招討徒山獲之又以七騎追獲遼公主牙不里以獻有軍來爲遼援方臨陣中有躍馬而出者軍帥謂之曰爾能爲我取此乎訛古乃曰諾果生擒而還問其名曰同瓜蓋北部中之勇者也訛古乃善馳驛日能千里及伐宋屢遣將命以行天會八年從秦王在燕聞余睹反於西北秦王令訛古乃馳驛以往訛古乃黎明走天德及至日未曛也皇

統元年以功授寧遠大將軍豪刺唐古部節度使五年授千戶六年遷西北路招討使九年再遷天德尹西南路招討使天德二年召見四年遷臨洮尹加金紫光祿大夫卒官年五十三

蒲查自上京梅堅河徙屯天德初為元帥府扎也使於四方稱職按事能得其實領猛安皇統間除同知開遠軍節度使斥候嚴整邊境無事正隆初為中都路兵馬判官是時京畿多盜蒲查捕得大盜四十餘人百姓稍安改安化軍節度副使大定二年領行軍萬戶充邳州刺史知軍事領本州萬戶管所屯九猛安軍昌武軍節度使山東副都統撒改南征元帥府以蒲查行副統事入為太子少詹事再遷開遠軍節度使襲伯父骨赧猛安歷婆速路兵馬都總管西北路招討使卒蒲查性廉潔忠直臨事能斷凡被任使無不稱云

贊曰賢石魯與昭祖為友歡都事景祖世祖為之臣蓋金自景祖始大諸部君臣之分始定故傳異姓之臣以歡都為首治訶雖宗室與歡都同功故列敘焉

胡保

列傳第六

列傳第七　金史六十九

開府儀同三司上柱國錄軍國重事前中書右丞相監修國史領經筵事臣脫脫奉

勑修

太祖諸子

宗雋本名訛魯觀　宗傑本名沒里野　宗強本名阿魯

宗敏本名阿魯補　元

奭本名阿鄰　可喜　阿瑣

太祖聖穆皇后生景宣帝豐王烏烈趙王宗傑光懿皇后生遼王宗幹欽憲皇后生宋王宗望陳王宗雋瀋王訛魯宣獻皇后生睿宗豳王訛魯朵元妃烏古論氏生梁王宗弼衛王宗強蜀王宗敏崇妃蕭氏生紀王習泥烈息王寧吉莒王燕孫娘子獨奴可生鄴王斡忽宗幹宗望宗弼自有傳

宗雋本名訛魯觀天會十四年為東京留守天眷元年入朝與左副元帥撻懶建議以河南陝西地與宋俄為尚書左丞相加開府儀同三司兼侍中封陳王二年拜太保領三省事進封兗國王既而以謀反誅

宗傑本名沒里野天會五年薨天會十三年謚孝悼天眷元年追封越王以其長子奭為會寧牧封鄧王後為上京留守再改燕京西京皇統三年薨子阿楞撻楞海陵為相

余長壽

將謀弒立搆而殺之海陵篡立幷殺宗傑妻大定間贈宗傑太師進封趙王

宗強本名阿魯天眷元年封紀王三年代宗固爲燕京留守封衛王太師皇統二年十月薨輟朝七日喪至上京上親臨哭之慟仍親視喪事子阿鄰可喜阿瑣

爽本名阿鄰天德三年授世襲猛安正隆二年除橫海軍節度使改安武軍留京師奉朝請海陵將伐宋嚴酒禁爽坐與其弟阿瑣及從父兄京徒單貞會飲被杖下遷歸化州刺史奪猛安未幾復除安武軍節度使海陵渡淮分遣使者翦滅宗室爽憂懼不知所出會世宗即位東京宗室

璋推爽弟阿瑣行中都留守遣人報爽爽棄妻子來奔與弟忻州刺史可喜俱至中都東迎車駕至梁魚務入見世宗大悅即除殿前馬步軍都指揮使封溫王改秘書監毋憂尋起復遷太子太保進封壽王頃之世宗第五女蜀國公主下嫁唐括鼎賜宴神龍殿謂爽曰朕與卿兄弟在正隆時朝夕常懼不保豈意今日賴爾兄弟之福可以享安樂矣爽泣下頓首謝未幾判大宗正事太子太保如故爽有疾詔除其子符寶祗候思列爲忠順軍節度副使爽入謝上曰朕以卿疾使卿子遷官冀卿因喜而愈也思列年少未閒政事卿訓以義方使有善可稱别加升擢爽疾少間將從上如涼陘賜錢千萬進封英王轉太子太傅復世襲猛安進封榮王改太子太師顯宗長女鄴國公主下嫁烏古論誼賜宴慶和殿爽坐西向迎夕照面發赤似醉上問曰卿醉邪對曰未也臣面迎日色非酒紅也上悅顧羣臣曰此弟出言未嘗不實自小如此因謂顯宗兄弟曰汝等可以爲法以爽貲用有闕特賜錢一萬貫二十三年爽疾久不愈勑有司曰榮王告滿百日當給以王俸既薨上悼痛輟朝遣官致祭賻銀千兩重綵四十端絹四百匹陪葬山陵親王百官送葬他日謂大臣曰榮王之葬朕以不果親送爲恨其見友愛如此

可喜以宗室子累官唐括部族節度使降忻州刺史海陵遣使殺之可喜聞世宗即位即棄州來歸與其兄歸化州刺史阿鄰會于中都是時弟阿瑣權中都留守事可喜謂阿鄰曰阿瑣愚騃恐不能撫治欲少留以助之阿鄰乃行可喜留中都聞世宗發東京乃迎見于麻吉鋪除兵部尚書佩金牌將兵往南京行至中都聞南京已定遂止可喜材武過人狠戾好亂自以太祖孫頗有異志世宗初至中都倥傯多事扈從諸軍未暇行賞或有怨言昭武大將軍斡論正隆末被詔佩金牌取河南兵四百人監完顏彀英軍于歸化次彰德會獨吉和尚持大定赦文至和尚使人

招之斡論不聽率兵來迎和尚亦以所將蒲輦兵列陣待之斡論兵皆不肯戰遂請降和尚邀之入相州收其甲兵置酒相勞斡論託腹疾不肯飲至夜已張燈時時出門與其心腹密謀欲執和尚稍具弓矢和尚覺之佯爲不知使其從者迫而伺之斡論不得發上至中都近郊斡論上謁上亦撫慰之斡論自慊初無降志及河南統軍司令史斡里朶爲人狡險喜圖事斡論取兵于河南統軍使阤蒲訛里也斡里朶與俱來俱不自安同知延安尹李惟忠與熙宗弑逆構殺韓王亨世宗昳斥之同知中都留守璋初自領其職因而授之完顏布輝爲副統以罪解職居京師

於是可喜斡論李惟忠斡里朶璋布輝謀欲因扈從軍士怨望作亂斡論曰押軍猛安沃窟剌必不違我惟忠曰惟忠嘗爲神翼軍總管有兩銀牌尚在可以矯發內藏賞士萬户高松與我舊必見聽衆曰若得此軍舉事無難矣斡論往約沃窟剌沃窟剌從之惟忠往說高松高松不聽語在松傳大定二年正月甲戌上謁山陵可喜中道稱疾而歸乙亥夜召斡論惟忠斡里朶璋布輝會其家沃窟剌以兵赴之璋曰今不得高松軍事不可成矣可喜璋布輝乃擒斡論惟忠斡里朶沃窟剌詣有司自首既下詔獄可喜不肯自言其始謀及與斡論面質然後款伏上念兄弟少太祖孫惟數人在惻然傷之詔罪止可喜一身其兄弟子孫皆不緣坐遂誅斡論惟忠斡里朶沃窟剌等其沃窟剌下謀克士卒皆釋之除璋彰化軍節度使布輝濬州防禦使辛巳詔天下是日賜扈從萬户銀百兩猛安五十兩謀克絹十匹甲士絹五匹錢六貫阿里喜以下賜各有差

阿瑣宗強之幼子也長身多力天德二年以宗室子授奉國上將軍累加金吾衛上將軍居於中都海陵伐宋以左衛將軍蒲察沙离只同知中都留守事佩金牌守管籥世宗即位東京阿瑣與璋率守城軍官烏林荅石家奴等入留守府殺沙离只府判扺攏撒离喝衆以阿瑣行留守事

璋自署同知留守事即遣謀克石家奴烏林荅愿蒲察蒲查大興少尹李天吉子磐等奉表東京大定二年授橫海軍節度使賜以名鷹詔曰卿方年少宜自戒慎留心政事改武定軍以毋憂去官起復興平軍節度使賜以襲衣廐馬遷廣寧尹坐贓一萬四千餘貫詔杖八十削兩階解職入見于常武殿上曰朕謂汝有才力使之臨民今汝在法當死朕以親親之故曲爲全貸當思自今戒懼勿復使惡聲達于朕聽改平涼濟南尹卒官年三十七上命有司致祭賻銀千兩重綵四十端絹四百匹

宗敏本名阿魯補天眷元年封邢王皇統三年爲東京留

守拜左副元帥燕會寧牧進拜都元帥兼判大宗正事再
進太保領三省事兼左副元帥領行臺尚書省事封曹國
王海陵謀弑立畏宗敏屬尊且材勇欲構誣以除之時熈
宗屢殺大臣宗敏憂之謂海陵曰主上喜殘殺而國家事
重柰何宗敏言時適左右無人海陵將以此爲指斥構害
之自念無證不可發乃止及弑熈宗使葛王召宗敏葛王
者世宗初封也宗敏聞海陵召疑懼不敢往葛王曰叔父
今不即往至明日如何與之相見宗敏入宮海陵欲殺之
尚猶豫以問左右烏帶曰彼太祖子也不殺之衆人必有
異議不如除之乃使僕散忽土殺之忽土刃擊宗敏宗敏

左右走避膚髮血肉狼藉遍地葛王見殺宗敏問於衆曰
國王何罪而死烏帶曰天許大事尚已行之此蟣蝨耳何
足道者天德三年海陵追封宗敏為大師進封爵妃蒲察
氏進國號封子撒合輦舒國公賜名褒進封王阿里罕封
密國公正隆六年契丹撒八反海陵遣使殺諸宗室阿里
罕遂見殺大定間詔復官爵

胙王元景宣皇帝宗峻子也本名常勝爲北京留守弟查
剌爲安武軍節度使皇統七年四月戊午左副點檢蒲察
阿虎特子尚主進禮物賜宴便殿熈宗被酒酌酒賜元元
不能飲上怒仗劍逼之元逃去命左丞宗憲召元宗憲與
元俱去上益怒是時戶部尚書宗禮在側使之跪手殺之
海陵與唐括辯謀廢立海陵曰若舉大事誰當立者海陵
意謂己乃太祖長房之孫當立而辯與秉德初意不在海
陵常勝乃熈宗之弟辯荅曰無胙王常勝乎海陵復問其
次辯曰鄧王子阿楞海陵曰阿楞屬疏由是海陵謂胙有
人望不除之將不得立故心忌常勝并阿楞是時阿楞方
爲奉國上將軍河南軍士孫進自稱皇弟按察大王熈宗
疑皇弟二字或在常勝也使特思鞫之無狀特思乃嘗疑
海陵與唐括辯時時竊議告之悼后者海陵知熈宗有疑
常勝心因此可以除之謂熈宗曰孫進反有端不稱他人

乃稱皇弟大王陛下弟止有常勝查剌特思鞫不以實故
出之矣熈宗以爲然使唐括辯蕭肄按問特思特思自誣
服故出常勝罪於是乃殺常勝及其弟查剌并殺特思海
陵秉此并擠阿楞殺之阿楞弟撻楞熈宗本無意殺之海
陵曰其兄既已伏誅其弟安得獨存又殺之熈宗以海陵
爲忠愈益任之而不知其詐也海陵篡立追封常勝查剌阿
楞官爵親臨葬所致祭大定十三年六月丁巳世宗召皇
太子諸王侍食于清輝殿曰或稱海陵多能何也海陵譎
詐睢盱殺人空盡天下三分之二太祖諸孫中惟胙王元
天性賢者也元子育本名合住大定二十七年自南京副

留守遷大宗正丞兼勸農副使上問宰臣曰合住為人如何平章政事襄參政宗浩對曰為人清廉幹治上曰乃父亦然又曰蒲陽温胙王元外若愚訥臨事明敏過人朕於兄弟間於元尤款密

贊曰太祖躬擐甲冑以定國家舉無遺策而諸子勇畧材識足以遂父之志傳及太宗而諸孫享其成矣

列傳第七

列傳第八　金史七十

開府儀同三司上柱國録軍國重事前中書右丞相監修國史領經筵事都總裁臣脫脫奉

勅修

撒改　宗憲本名阿懶　習不失

宗亨本名撻不也　宗賢本名賽里　石土門

忠本名迪古乃　習室　思敬本名撒改

撒改者景祖孫韓國公劾者之長子世祖之兄子也劾者於次最長景祖方計定諸部愛世祖膽勇材畧及諸子長國俗當異宫居而命劾者與世祖同邸劾者專治家務世祖主外事世祖襲節度使越劾孫而傳肅宗穆宗皆景祖志也穆宗初襲位念劾者長兄不得立遂命撒改爲國相穆宗復藉父兄趾業鋤除強梗不服已者使撒改取馬紀嶺道攻阿踈穆宗自將期阿踈城下會軍撒改行次阿不塞水烏延部斜勒勃堇來謁謂撒改曰聞國相將與太師會軍阿踈城下此爲深入必取之策宜先撫定潺蠢星顯之路落其黨附奪其民人然後合軍未晚也撒改從之攻鈍恩城請濟師穆宗與之撒改遂攻下鈍恩城而與穆宗來會阿踈城下鈍恩在南阿踈在北穆宗初遣撒改分道即會攻阿踈聞其用斜勒計先取鈍恩城與初議不合頗不然之及遼使來止勿攻阿踈然後深以先取鈍恩城爲

功也及以國相都統討留可詐都塢塔等軍而阿踈亡入于遼終不敢歸留可詐都塢塔鈍恩皆降康宗沒太祖稱都勃極烈與撒改分治諸部匹脫水以北太祖統之來流水人民撒改統之明年甲午嗣節度命方至遼主荒于遊畋政事怠廢太祖知遼可伐遂起兵九月與遼人戰于界上獲謝十太祖使告克于撒改賜以所獲謝十乘馬撒改及將士皆驩呼曰義兵始至遼界一戰而勝滅遼必自此始矣遣子宗翰及完顔希尹來賀捷因勸進太祖未之從也十月師克寧江州破遼師十萬于鴨子河師還十二月太宗及撒改辭不失率諸將復勸進收國元年正月朔太

祖即位撒改行國相如故伐遼之計決於廸古廼贊成大計實自撒改啓之撒改自以宗室近屬且長房繼肅宗爲國相既貴且重故身任大計贊成如此諸人莫之或先也太祖即位後羣臣奏事撒改等前跪上起泣止之曰今日成功皆諸君協輔之力吾雖處大位未易改舊俗也撒改等感激再拜謝凡臣下宴集太祖嘗赴之主人拜上亦荅拜天輔後始正君臣之禮焉七月太宗爲諳版勃極烈撒改國論勃極烈辭不失阿買勃極烈杲國論昊勃極烈勃極烈女直之尊官也太祖自正位號凡半歲未聞有封拜太宗介弟優禮絕等杲母弟之最幼者撒改辭不失以宗

室同封拜九月加國論胡魯勃極烈天輔五年薨太祖往弔乘白馬剺額哭之慟及葬復親臨之賵以所御馬撒改爲人敦厚多智長于用人家居純儉好稼穡自始爲國相能馴服諸部訟獄得其情當時有言不見國相事何從決及舉兵伐遼撒改每以宗臣爲內外倚重不以戰多爲其功也天會十五年追封燕國王正隆降封陳國公大定三年改贈金源郡王配饗太祖廟廷謚忠毅十五年詔圖像于衍慶宮子宗翰宗憲宗翰別有傳

宗憲本名阿懶頒行女直字書年十六選入學太宗幸學宗憲與諸生俱謁宗憲進止恂雅太宗召至前令誦所習語音清亮善應對侍臣奏曰此左副元帥宗翰弟也上嗟

賞久之兼通契丹漢字未冠從宗翰伐宋汴京破衆人爭趨府庫取財物宗憲獨載圖書以歸朝廷議制度禮樂往往因仍遼舊宗憲曰方今奄有遼宋當遠引前古因時制宜成一代之法何乃近取遼人制度哉希尹曰而意甚與我合由是器重之撻懶宗雋唱議以齊地與宋宗憲廷爭折之當時不用其言其後宗弼復取河南陝西地如宗憲策以捕宗磐宗雋功授昭武大將軍修國史累官尚書左丞熈宗從容謂之曰卿以河南陝西地與宋人卿以爲不當與今復取之是猶用卿言也卿識慮深遠自今以往其

盡言無隱宗憲拜謝遂攝門下侍郎初熙宗以疑似殺左丞相希尹久之察其無罪深閔惜之謂宗憲曰希尹有大功于國無罪而死朕將録用其孫如之何宗憲對曰陛下深念希尹録用其孫幸甚若不先明死者無罪生者何由得仕上曰卿言是也即日復希尹官爵用其孫守道爲應奉翰林文字皇統五年將肆赦議覃恩止及女直人宗憲奏曰莫非王臣慶幸豈可有間邪遂改其文使均被焉轉行臺平章政事天德初爲中京留守安武軍節度使封河内郡王改太原尹進封鉅鹿郡王正隆例奪王爵再遷震武武定軍節度使世宗即位遣使召之詔曰叔若能來宜

速至此若爲紇石烈志寧白彦敬所遏亦不煩叔憂宗憲聞世宗即位先已棄官來歸與使者遇於中都遂見上于小遼口除中都留守即遣赴任詔與元帥完顔穀英同議軍事明年改西京留守八月改南京僕散忠義自行臺朝京師宗憲攝行臺尚書省事召爲太子太師上謂宗憲曰卿年老舊人更事多矣皇太子年尚少謹訓導之俄拜平章政事太子太師如故詔以太祖實録賜宗憲及平章政事完顔元宜左丞紇石烈良弼判秘書監温王爽各一本移剌高山奴前爲寧州刺史以貪汚免世宗以功臣子孫宗族中無顯仕者以爲秘書少監是時母喪未除有司奏其事宗憲曰高山奴傲很貪墨不可致之左右世宗曰朕以其父祖有功耳既爲人如此豈可玷職位哉追還制命因顧右丞蘇保衡參政石琚曰此朕之過舉不可不改卿等當盡心以輔朕也有司言諸路猛安謀克怙其世襲多擾民請同流官以三十月爲考詔下尚書省議宗憲乃上議曰昔太祖皇帝撫定天下誓封功臣襲猛安謀克今若改爲遷調非太祖約臣謂凡猛安謀克當明核善惡進賢退不肖有不職者其弟姪中更擇賢者代之上從其議進拜右丞相大定六年薨年五十九上輟朝悼惜者久之命百官致奠賻銀一千五百兩重綵五十端絹五百匹

習不失本作辭不失後定爲習不失昭祖之孫烏骨出之次子也初昭祖久無繼嗣與昭順皇后徒單氏禱於巫而生景祖及烏骨出烏骨出長而酗酒屢悖其母昭祖没徒單氏與景祖謀而殺之部人怒欲害景祖徒單氏自以爲事而景祖乃得免習不失健捷能左右射世祖襲節度肅宗與拒桓赧散達戰於斡魯紺出水已再失利世祖至軍吏士無人色世祖使習不失先陣於脱豁改原而身出搏戰敗其步軍習不失自陣後奮擊之敗其騎軍所乘馬中九矢不能馳遂步趨而出方戰其外兄烏葛名善射居敵騎中將射習不失熟視識之呼曰此小兒是汝一人之事

予何為推鋒居前如此以弓弰擊馬首而去是役也習不失之功居多桓赧散達既敗習不失馬棄陣中者亦自歸世祖嘗疑朮甲孛里篤或與烏春等為變遣習不失單騎往覲孛里篤與忽魯置酒樓上以飲之習不失聞其私語晲晲若將執己者一躍下樓傍出藩籬之外棄馬而歸其勇趫如此盃乃約烏春舉兵世祖至蘇素海甸與烏春遇肅宗前戰斜列習不失佐之東縕縱火煙焰蔽天大敗烏春執盃乃以歸太祖獲麻產獻馘于遼遼人賞功穆宗太祖歡都習不失皆為詳穩焉後與阿里合懣斡帶俱佐撒改攻留可城下之太祖伐遼使領兵千人夾侍左右出河

店之役惟習不失之策與太祖合卒破十萬之師挫其軍鋒遂與太宗撒改等勸進收國元年七月與太宗撒改杲俱為勃極烈習不失為阿買勃極烈云天輔七年太宗與習不失居守鄆王昂違紀律失衆法當死於是遼人以燕京降宋人約歲幣三月世宗生習不失謂太宗曰兄弟骨肉以恩掩義寧屈法以全之今國家迭有大慶可減昂以無死若主上有責言以我為說太宗然之遂杖昂以聞太祖每伐遼輒命習不失與太宗居守雖無方面功而倚任與撒改比侔矣是歲七月薨會太祖班師道病太宗奉迎謁見恐太祖感動而疾轉甚不敢以薨告太祖輒問曰阿買勃極烈安在太宗紿對曰今即至矣正隆二年贈開府儀同三司追封曹國公大定三年進封金源郡王配饗太祖廟廷謚曰忠毅子鶻沙虎國初有功天會間為真定留守子捷不也

宗亨本名捷不也性忠謹天輔初以宗室子充護衛撿宗磐宗雋有功加忠勇校尉遷昭信校尉尚廐局直長三年陞本局副使丁父憂時宗正官屬例以材選宗亨在選中遂起復為淑溫特宗室將軍改會寧府少尹歷登州刺史改獻州刺史澤州定爲特滿羣牧使同知北京路轉運使改澤州定國軍節度使海陵庶人南伐以本職領武勝軍

都總管過淮世宗即位以手詔賜宗亨宗亨得詔即入朝大定二年授右宣徽使未幾爲西北路兵馬都統以討契丹賊右副元帥僕散忠義與窩斡遇于花道宗亨與左翼萬户蒲察世傑等以七謀克軍與之戰失利及窩斡敗其黨括里扎八率衆南奔宗亨追及之扎八詐降宗亨信之扎八詭曰括里道願往邀宗亨聽其去大縱軍士取賊所棄費索人畜多自有之括里扎八亡入于宋坐是降為寧州刺史

宗賢本名賽里習不失之孫也從都統杲取中京襲遼帝于鴛鴦濼宗翰使撻懶襲耶律馬哥都統使蒲家奴及賽

里等以兵助之蒲家奴使賽里斜野裴蒲胡撻達會古廝列耶律吾十等各率兵分行招諭獲遼留守迪越家人輜重幷降羣牧官木盧瓦得馬甚多使逐水草牧之賽里等趨業迭遂以偏師深入敵邀擊之撒合戰没蒲家奴至旺國崖西賽里兵會之累官至左副點檢天眷二年方捕宗雋賽里坐會飲其家奪官爵未幾復官皇統四年授世襲謀克轉都點檢封豳國公拜平章政事進拜右丞相兼中書令進拜太保左丞相監修國史罷爲左副元師無何復爲太保左丞相左副元帥如故進太師領三省事兼都元帥監修國史出爲南京留守領行臺尚書省事復爲左副

元帥兼西京留守再爲太保領三省事復爲左丞相兼都元帥賽里自護衛未十年位兼將相常感激思自効以報朝廷雖於悼后爲母黨后專政大臣或因之以取進用賽里未嘗附之皇太子濟安薨魏王道濟死熙宗未有嗣子賽里勸熙宗選後宮以廣繼嗣不少顧忌於后后以此怨之與海陵同在相位未嘗少肯假借海陵雖專而心憚賽里外以屬尊加禮敬而內常忌之海陵知悼后怨賽里因與后共力排出之賽里亦不以是少變胙王常勝死熙宗納其妻宮中頃之殺悼后及妃數人將以常勝妻爲后未果也及海陵弒熙宗詭以熙宗將議立后召諸王大臣賽

里聞召以爲信然將入宮謂人曰上必欲立常勝妻爲后我當力爭之及被執猶以爲熙宗將立常勝妻而先殺之也曰誰能爲我言者我死固不足惜獨念主上左右無助耳遂遇害

石土門漢字一作神徒門耶懶路完顏部人世爲其部長父直离海始祖弟保活里四世孫雖同宗屬不相通問久矣景祖時直离海使部人邈孫來請復通宗系景祖留邈孫歲餘厚其饋稟飲食善遇之及還以幣帛數篚爲贈結其厚意久之耶懶歲饑景祖與之馬牛爲助糴貸使世祖往致之會世祖有疾石土門日夕不離左右世祖疾愈辭

歸與握手爲別約它日無相忘石土門體貌魁偉勇敢善戰質直孝友彊記辯捷臨事果斷世祖襲位交好益深鄰部不悅遂合兵攻之石土門使弟阿斯懣率二百人禦下拒敵敵兵千人已出其東據高泉石土門將五千人迎擊之敵將斡里本者勇士也出挑戰石土門射中其馬斡里本反射射中石土門腹石土門拔箭戰愈力阿斯懣與勇士七人步戰殺斡里本諸部兵遂敗石土門因招諭諸部使附於世祖世祖嘉之後伐烏春窩謀罕及鈍恩狄庫德等皆以所部從戰有功弟阿斯懣卒及終喪大會其族太祖率官屬往焉就以伐遼之議訪之方會祭有飛烏自

東而西太祖射之矢貫左翼而墜石土門持至上前稱慶曰烏爲人所甚惡今射獲之此吉兆也即以金版獻之後以本部兵從擊高麗及伐遼功尤多王師攻下西京賜以金牌其子蟬蠢從行上語之曰吾妃之妹白散者在遼俟其獲當以爲汝婦竟如其言上之西征諸將皆從石土門乃率善射者三百人來衛京師時太宗居守喜其至親出迎勞繼聞黃龍府叛與睿宗討平之睿宗賜以奴婢五百人師還賞賚良渥至是卒年六十一正隆二年封金源郡王子習失思敬

完顏忠本名迪古乃字阿思魁石土門之弟太祖器重之將舉兵伐遼而未決也欲與迪古乃計事於是宗翰宗幹完顏希尹皆從居數日少間太祖與迪古乃馮肩而語曰我此來豈徒然也有謀於汝汝爲我決之遼名爲大國其實空虛主驕而士怯戰陣無勇可取也吾欲舉兵扶義而西君以爲如何迪古乃曰以王公英武士衆樂爲用遼帝荒于畋獵政令無常易與也太祖然之明年太祖伐遼使婆盧火來徵兵迪古乃以兵會師收國元年十二月上禦遼主兵次爻剌迪古乃與銀朮哥守達魯古路二年與斡魯蒲察會斡魯古討高永昌破其兵東京降遂與斡魯古等禦耶律捏里敗之于蒺藜山拔顯州乾懿等州降天輔

二年與婁室俱入見上曰遼主近在中京而敢輙來各杖之三十太祖駐軍草濼迪古乃取奉聖州破其兵五千于鷄鳴山奉聖州降太祖入燕京迪古乃出德勝口以代石土門爲耶懶路都勃董二年以耶懶地薄斥鹵遷其部於蘇濱水仍以朮實勤之田益之熙宗即位加太子太師十四年加保大軍節度使同中書門下平章事薨天德二年迪古乃配饗太祖廟廷大定二年追封金源郡王

習室康宗時高麗築九城于曷懶甸習室從斡賽軍太祖攻寧江州習室推鋒力戰授猛安後從斜也克中京襲遼主于鴛鴦濼略定山敗夏將李良輔兵與婁室俱獲遼帝于余睹谷宗翰伐宋與銀朮可圍守太原明年攻襄垣下潞城降西京至汴元帥府以懷孟北阻太行南瀕河控制險要使習室統十二猛安軍鎮撫之於是殄平寇盜招集流亡四境以安天會五年薨熙宗時贈特進大定間謚威敏世宗思太祖太宗創業艱難求當時羣臣勳業最著者圖像于衍慶宮遼王斜也金源郡王撒改遼王宗幹秦王宗翰宋王宗望梁王宗弼金源郡王習不失金源郡王斡魯金源郡王希尹金源郡王婁室楚王宗雄魯王闍母金源郡王銀朮可隋國公阿离合懣金源郡王完顏忠豫國公蒲家奴金源郡王撒离喝兗國公劉彥宗特進斡魯古

豳國公韓企先幷習室凡二十一人初海陵罷諸路萬戶置蘇濱路節度使世宗時近臣奏請改蘇濱爲耶懶節度使不忘舊功上曰蘇濱耶懶二水相距千里節度使治蘇濱不必改石土門親管猛安子孫襲封者可改爲耶懶猛安以示不忘其初

思敬本名撒改押懶河人金源郡王神土懣之子辭不失弟也初名思恭避顯宗諱改焉體貌雄偉美鬚髯純直有材幹年十一從其父謁見太祖太祖在納鄰淀方獵因詔從獵射黃羊獲之太祖賜以從馬宗翰自太原伐宋從其兄習室攻太原宗翰取河南思敬從完顏活女涉渡河下

洛陽圍汴皆有功師還隸遼王宗幹麾下太宗幸東京溫湯思敬權護衛押衛卒百人從行領謀克從征木虎麟有功遂充護衛天眷二年以補宗磐宗雋功遷顯武將軍熙宗捕魚混同江網索絕曹國王宗敏乘醉鞭馬入江手引繫網大繩沉於水中熙宗呼左右救之倉卒莫有應者思敬躍入水引宗敏出熙宗稱嘆賞賚甚厚擢右衛將軍襲押懶路萬戶授世襲謀克七年召見賜以襲衣廏馬錢萬貫及歸復遣使賜弓劍是年入爲工部尚書改殿前都點檢無何爲吏部尚書天德初爲報諭宋國使宋人以舊例請觀錢塘江潮思敬不觀曰我國東有巨海而江水有大於錢塘者竟不往使還拜尚書右丞罷爲真定尹用廉封河內郡王從封鉅鹿丁母憂起復本官改益都尹正隆二年例奪王爵改慶陽尹大定二年授西南路招討使封濟國公兼天德軍節度使俄爲北路都統佩金牌及銀牌二西北路招討使唐括孛古底副之將本路兵二千會孛古底視地形衡要或于狗濼屯駐伺契丹賊出沒之地置守禦遠斥候賊至則戰不以晝夜爲限詔孛古底曰爾兵少思敬未至不得先戰僕散忠義敗窩斡於陷泉詔思敬選新馬三千備追襲窩斡入于奚中思敬爲元帥右都監以舊領軍入奚地張哥宅會大軍討之敗偽節度特末也獲

二百餘人賊降將稍合住與其黨神獨斡執窩斡幷其母徐輦妻子弟姪家屬及金銀牌印詣思敬降思敬獻俘于京師賜金百兩銀千兩重綵四十端玉帶廏馬名鷹拜右副元帥經略南邊駐山東罷爲北京留守復拜右副元帥仍經略山東初猛安謀克屯田山東各隨所受地土散處州縣世宗不欲猛安謀克與民戶雜處欲使相聚居之遣戶部郎中完顏讓往元帥府議之思敬與山東路總管徒單克寧議曰大軍方進伐宋宜以家屬權寓州縣量留軍衆以爲備禦俟邊事寧息猛安謀克各使聚居則軍民俱便還奏上從之其後遂以猛安謀克自爲保聚其田土與

民田犬牙相入者互易之三年四月召還京師以爲北京留守賜金鞍勒馬七年召爲平章政事先是省併猛安謀克及海陵時無功授猛克者皆罷之失職者甚衆思敬請量才用之上從其請思敬前爲真定尹其子取部民女爲妾至是其兄乞離異其妾畏思敬在相位不敢去詔還其家九年拜樞密使上䟽論五事其一女直人可依漢人以文理選試其二契丹人可分隸女直猛安其三鹽濼官可罷去其四與猛安同勾當副千户官亦可罷其五親王府官屬以文資官擬注教以女直語言文字上皆從之其後女直人試進士夾谷衡尼厖古鑑徒單鎰完顔匡輩皆由

此致宰相實思敬啓之也久之上謂思敬曰朕欲修熙宗實録卿甞爲侍從必能記其事跡對曰熙宗時内外皆得人風雨時年穀豐盜賊息百姓安此其大槩也何必餘事上大悅世宗喜立事故其微諫如此大定十三年薨上輟朝親臨喪哭之慟曰舊臣也賻贈加厚葬禮悉從官給孫吾偎木特大定二十四年除明威將軍授速濵路賓鄰山猛安

贊曰劾者讓國世祖以開帝業撒改治國家定社稷尊立太祖深謀遠略爲一代宗臣賢矣哉習不失蓋前人之愆著勲五世易曰有子考無咎其此之謂乎始祖與季弟異部而處子孫俱爲強宗而取遼之策卒定于迪古乃豈天道陰有以相之邪

列傳第八卷

列傳第九　金史七十一

開府儀同三司上柱國錄軍國重事中書右丞相監修國史領經筵事都總裁臣脫脫奉

勅修

斡魯　斡魯古勃堇　婆盧火

吾扎忽　闍母　宗敘本名德壽

斡魯韓國公劾者第三子康宗初蘇濱水含國部斡豁勃堇及斡准職德二部有異志斡帶治之斡賽斡魯爲之佐遂伐斡豁拔其城以歸高麗築九城於曷懶甸斡賽母疾病斡魯代將其兵者數月斡魯亦對築九城與高麗抗出則戰入則守斡賽用之卒城高麗收國二年四月詔斡魯

統諸軍與闍母蒲察迪古乃合咸州路都統斡魯古等伐高永昌詔曰永昌誘脅戍卒竊據一方直投其隙而取之耳此非有遠大計其亡可立而待也東京渤海人德我舊矣易爲招懷如其不從即議進討無事多殺高永昌渤海人在遼爲裨將以兵三千屯東京八甔口永昌見遼政日敗太祖起兵遼人不能支遂覬覦非常是時東京漢人與渤海人有怨而多殺渤海人永昌乃誘諸渤海并其戍卒入據東京旬月之閒遠近響應有兵八千人遂僭稱帝改元隆基遼人討之久不能克永昌使撻不野杓合以幣求救於太祖且曰願併力以取遼太祖使胡沙補往諭之曰同力取遼固可東京近地汝輒據之以僭大號可乎若能歸款當處以王爵仍遣係遼籍女直胡突古來高永昌使撻不野與胡沙補胡突古偕來而永昌表辭不遜且請還所俘渤海人太祖留胡突古不遣遣大藥師奴與撻不野往招諭之斡魯方趨東京遼兵六萬來攻照散城阿徒罕勃堇烏論石準與戰於益褪之地大破之五月斡魯與遼軍遇於瀋州敗之進攻瀋州取之永昌聞取瀋州大懼使家奴鐸剌以金印一銀牌五十來願去名號稱藩斡魯使胡沙補撒八往報之會渤海高楨降言永昌非眞降者特以緩師耳斡魯進兵永昌遂殺胡沙補等率衆來拒遇于

沃里活水我軍既濟永昌之軍不戰而却逐北至東京城下明日永昌盡率其衆來戰復大敗之遂以五千騎奔長松島初太祖下寧江州獲東京渤海人皆釋之往往中道亡去諸將請殺之太祖曰既以克敵下城何爲多殺昔先太師嘗破敵獲百餘人釋之皆亡去既而往往招其部人來降今此輩亡後日當有効用者至是東京人恩勝奴仙哥等執永昌妻子以城降即寧江州所釋東京渤海人也先太師蓋謂世祖云未幾撻不野執永昌及鐸剌以獻皆殺之於是遼之南路係籍女直及東京州縣盡降以斡魯爲南路都統迭勃極烈留烏蠢知東京事詔除遼法省賦

稅置猛安謀克一如本朝之制九月斡魯上謁于婆盧買
水上慰勞之辛亥幸斡魯第張宴官屬皆預賜賚有差燭
偎水部實里古達殺酬斡僕忽得斡魯分胡剌古烏蠢之
兵討之酬斡宗室子魁偉善戰年十五隸軍中多見任用
以兵五百敗室韋獲其民衆及招降燭偎水部以功爲謀
克僕忽得初事撒改從討蕭海里降燭偎水部領行軍千
户從破黃龍府戰達魯古城皆有功其破寧江州渤海乙
塞補叛去僕忽得追獲之至是與酬斡同被害斡魯至石
里罕河實里古達遁去追及于合撻剌山誅其首惡四人
撫定餘衆詔曰汝討平叛亂不勞師衆朕甚嘉之酬斡等

死於國事聞其尸棄于河侯水釋必求以葬其民可三百
户爲一謀克以衆所推服者領之仍以其子弟等爲質斡
魯乃還天眷中酬斡贈奉國上將軍僕忽得贈昭義大將
軍斡魯從都統襲遼主遼主西走西京已降復叛敵據城
西浮圖下射攻城者斡魯與鶻巴魯攻浮圖奪之復以精
銳乘浮圖下射城中遂破西京夏國王使李仁輔將兵三
萬來救遼次于天德之境婁室與斡魯合軍擊敗之追至
野谷殺數千人夏人渡澗水水暴至漂溺者不可勝計遼
主在陰山青塚之間斡魯爲西南路都統往襲之使勃剌
淑撒曷懣以兵二百襲遼權六院司喝离質於白水濼獲

之遼主留輜重於青塚領兵一萬往應州遣照里背荅各
率兵邀之宗望奄至遼主營盡俘其妻子宗族得其傳國
璽斡魯使使奏捷曰賴陛下威靈屢敗敵兵遼主無歸勢
必來降已嚴戒鄰境毋納宋人合饋軍糧令銀术可往代
州受之詔偏諭有功將士俟朕至彼當次第推賞遼主戚
屬勿去其輿帳善撫存之遼主伶傳去國懷悲負恥恐隕
其命輦雖自作而嘗居大位深所不忍如招之肯來以其
宗族付之已遣楊璞徵糧於宋銀术可不須往矣遼趙王
習泥烈及諸官吏並釋其罪且撫慰之太祖還京師宗翰
爲西北西南兩路都統斡魯及蒲家奴副之宗翰朝京師

詔以夏人言宋侵略新割地以便宜決之斡魯奏曰夏人
不盡歸户口資帑又以宋人侵賜地求援兵宋之邊臣將
取所賜夏人疆土蓋有異圖詔曰夏人屢求援兵者或不
欲歸我户口沮吾追襲遼主事也宋人敢言自取疆土于
夏誠有異圖宜謹守備盡索在夏户口通聞兩國事審處
之斡魯復請弗割山西與宋則遼主不能與宋郭藥師交
通復詔曰宗翰請毋與宋山西地卿復及此疆場之事當
慎毋忽及宗翰等伐宋斡魯行西南西北兩路都統事天
會五年薨皇統五年追封鄭國王天德二年配享太祖廟
廷子撒八銀青光祿大夫子賽里

斡魯古勃堇宗室子也太祖伐遼使斡魯古阿魯撫諭斡忽急賽兩路係遼女直與遼節度使撻不也戰敗之斬撻不也酷輦嶺阿魯臺罕等十四太彎皆降斡忽急賽兩路亦降與遼都統實婁戰于咸州西敗之斬實婁于陣與婁室克咸州陁滿忽吐以所部降于斡魯古鄰部户七千亦來歸遂與遼將喝補戰破其軍數萬人太祖嘉之以爲咸州軍帥斡魯伐高永昌于東京斡魯古以咸州軍佐之遼秦晉國王耶律捏里來伐迪古乃婁室婆盧火等將二萬救合斡魯古咸州兵往擊之胡突古嘗叛入于遼居于東京高永昌據東京太祖索之以歸斡魯古伐永昌以便宜

署胡突古爲千户散都魯訛魯補皆無功亦以便宜除官及以便宜解權謀克斛拔魯黃哥達及保等職皆非其罪太祖聞之盡復斛拔魯等謀克胡突古等皆罷去太祖聞斡魯古軍中往往關馬而官馬多匿於私家遂檢括之耶律捏里佛頂遺斡魯古書請和斡魯古以捏里書并所答書來上且請曰復有書問宜如何報之詔曰若彼再來請和汝當以阿踈等叛亡索而不獲至於交兵我行人賽剌亦不遣還若歸賽剌及送阿踈等則和好之議方敢奏聞仍恐議和非實無失備禦耶律捏里軍蒺藜山斡魯古以兵一萬戍東京太祖使迪古乃婁室復以兵一萬益之詔曰遼主失道肆命徂征惟爾將士當體朕意拒命者討之服者撫安之毋貪俘掠毋肆殺戮所賜捏里詔書可傳致也詔捏里曰汝等誠欲請和當廢黜昏主擇立賢者副朕弔伐之意然後可議和約不然當盡并爾國其審圖之捏里復書斡魯古云降去人痕孛見還則當送阿踈等上曰痕孛等乃交兵之後來降阿踈則平日以罪亡去其事特異復詔捏里令此月十三日送阿踈至顯州各遣重臣議疆場事斡魯古等攻顯州知東京事完顏斡論以兵來會即以兵三千先渡遼水得降户千餘遂薄顯州郭藥師乘夜來襲斡論擊走之斡魯古等遂與捏里等戰于蒺藜山

大敗遼兵追北至阿里真陂獲佛頂家屬遂圍顯州攻其城西南軍士神篤踰城先入燒其佛寺煙焰撲人守陴者不能立諸軍乘之遂拔顯州於是乾懿豪徽成川惠等州皆降乾州後爲閭陽縣遼諸陵多在此禁無所犯徙成川州人于同銀二州居之捏里再以書來請和斡魯古承前詔以阿踈爲言答之駐軍顯州以聽命賜斡魯古等馬十匹詔曰汝等力摧大敵攻下諸城朕甚嘉之遼主未獲人心易搖不可恃戰勝而失備禦遼雙州節度使張崇降斡魯古以便宜命復其職仍令世襲斡魯古久在咸州多立功亦多自恣劾里保雙古等告斡魯古不法事遼帝在中

京可追襲而不追襲咸州糧草豐足而奏數不以實攻顯州獲生口財畜多自取捏里孛剌東等亦告孛董晉葛麻吉窩論赤閭阿剌本乙剌等多取生口財畜遂以闍哥代爲咸州路都統闍哥亦宗室子也既代斡魯古治咸州初迪古乃婁室奏攻顯州新降附之民可遷其富者于咸州路其貧者徙內地於是詔使闍哥擇其才可幹事者授之謀克其豪右誠心歸附者擬爲猛安錄其姓名以聞饑貧之民官賑給之而使闍母爲其副統去久之遼通祺雙遼四州之民八百餘家詣咸州都統降上曰遼人賦斂無度民不堪命相率求生不可使失望分置諸部擇善地以處

之太祖召斡魯古自問之斡魯古引伏闍哥鶻窩論等詔降斡魯古爲謀克而禁錮窩論等天輔六年討賊于牛心山道病卒天眷中贈特進天德二年配享太祖廟廷大定十五年諡莊翼

婆盧火安帝五代孫太祖伐遼使婆盧火徵迪古乃兵失期杖之後與渾黜以四千人往助婁室銀朮哥攻黃龍府辭勒罕轍孛得兄弟直攔里部人皆寇耶懶路穆宗遣婆盧火討之至阿里門河辭勒罕僞降遂略馬畜三百而去復兀勤部掠二十五寨太祖復使婆盧火討之婆盧火渡蘇蔑河招降旁近諸部因籍丁壯爲軍至特滕吴水轍孛得僞降復叛去執而殺之婆盧火至特鄰城圍之辭勒罕遁去婆盧火破其城執其妻子辭勒罕遂降曰我之馬牛財貨盡矣何以爲生婆盧火與之馬十匹直攔里部產良馬太祖使紇石烈阿習罕掌其畜牧婆盧火及子婆速俱爲謀克天輔五年摘取諸路猛安中萬餘家屯田于泰州婆盧火爲都統賜耕牛五十婆盧火舊居按出虎水自是徙居泰州而遣拾得查端阿里徒歡奚撻罕等俱徙焉唯族子撒剌喝皆爲世祖養子獨得不徙太祖取燕京婆盧火爲右翼兵出居庸關大敗遼兵遂取居庸蕭妃避去都監高六等來送款乞降習古乃追蕭妃至古北口蕭妃已

過三日不及而還上令婆盧火胡實賚率輕騎追之蕭妃已遠去獲其從官統軍察剌宣徽查剌并其家族及銀牌二印十有一及迭剌叛婆盧火石古乃討平之其群官率衆降者就使領其所部太宗以空名宣頭及銀牌給之同時有婆盧火者婁室平陝西婆盧火纔果監戰後爲平陽尹西南路招討使終於慶陽尹泰州婆盧火守邊屢有功太宗賜衣一襲并賜其子剖叔八年以甲胄賜所部諸謀克天會十三年加同中書門下平章事天眷元年駐烏骨迪烈地薨贈開府儀同三司謚剛毅子剖叔襲猛安天眷二年爲泰州副都統子斡帶廣威將軍婆速官特進子吾

扎忽

吾扎忽善騎射年二十以本班祗候郎君都管從征伐有功授修武校尉皇統二年權領泰州軍平陝西至涇州大破宋兵於馬西鎮超遷寧遠大將軍襲猛安復以本部軍從宗弼權都統正隆末從海陵伐宋契丹反與德昌軍節度使移室懣同討契丹許以便宜從事大定初除咸平尹駐軍泰州俄改臨潢尹攝元帥左都監與廣寧尹僕散渾坦俱從元帥右都監神土懣解臨潢之圍契丹引衆東行吾扎忽追及于窊歷山押軍猛安契丹忽剌叔以所部助敵攻官軍官軍失利泰州節度使烏里雅來救未至臨潢

與敵遇烏里雅敗僅以數騎脫歸敵攻泰州其勢大振城中震駭將士不敢出戰敵四面登城押軍猛安烏古孫阿里補率軍士數人持鎚刀循城應敵力戰斫刈甚衆敵乃退泰州得完吾扎忽迺使諜克蒲盧渾徙百姓旁邑及險阨之地以俟大軍明年聚甲士萬三千於濟州會元帥謀衍敗窩斡於長樂戰霿鬆河戰陷泉皆有功改胡里改節度使卒吾扎忽性聰敏有才智善用軍常出敵之不意故能以寡敵衆而所往無不克號爲鶻軍云

闍母世祖第十一子太祖異母弟也高永昌據東京斡魯往伐之闍母等爲之佐已克瀋州城中出奔者闍母邀擊殆盡與永昌隔沃里活水衆遇淖不敢進闍母以所部先濟諸軍畢濟軍東京城下城中人出城來戰闍母破之于首山殲其衆獲馬五百匹及斡魯古以罪去咸州闍母代之於是闍母爲咸州路副統遼議和久不成太祖進兵詔咸州路都統司令斜葛留兵一千鎮守闍母以餘兵會于渾河太祖攻上京會臨潢府諭之不下遼人恃儲蓄自固上親臨陣闍母以衆先登克其外城留守撻不野率衆出降都統杲兵至中京闍母自城西沿土河以進城中兵尚餘三千皆不能守遂克之宗翰等攻西京闍母婁室等於城東爲木洞以捍蔽矢石於北隅以芻茭塞其隍城中出

兵萬餘將燒之温迪罕蒲匣率衆力戰執旗者被創蒲匣自執旗奮擊卻之又爲四輪革車高出於堞闍母與麾下乘車先登諸軍繼之遂克西京與遼步騎五千戰于朔州之境斬首三百級復敗遼騎三百于河陰遼兵五千屯于馬邑縣南復擊破之隳其營壘盡得其車馬器械遼兵三萬列營于西京之西闍母以三千擊之闍母使士卒皆去馬陣於溝塹之間曰以一擊十不致之死地不可使戰也謂衆曰若不勝敵不可以求生於是人皆殊死戰遼兵遂敗追至其營而止明日復敗其兵七百餘人興中府宜州復叛闍母討之并下詔招諭詔闍母曰遼之土地皆爲我

有彼雖復叛終皆吾民可縱其耕稼毋得侵掠勃堇蒙刮
斜鉢吾撻等獲契丹九斤與中平闍母為南路都統討回
離保詔曰回離保以烏合之眾保據險阻其勢必將自斃
若彼不出掠毋庸攻討耶律奧古哲等殺回離保于景薊
之間其眾遂潰張覺據平州叛入于宋闍母自錦州往討
之覺將以兵脅遷來潤隰四州之民闍母至潤州擊走張
覺軍逐北至榆關遣俘持書招之復敗覺兵於營州東北
欲乘勝進取南京時方暑雨退屯海壖逐水草休息使僕
虺蒙刮兩猛安屯潤州制未降州縣不得與覺交通九月
闍母破覺將王孝古於新安敗覺軍於樓峯口復與覺戰

於兔耳山闍母大敗太宗使宗望問闍母敗軍之狀宗望
遂以闍母軍討覺及宗望破張覺太宗乃赦闍母召宗望
赴闕闍母連破偽都統張敦固遂克南京執敦固殺之上
遣使迎勞之詔曰聞下南京撫定兵民甚善諸軍之賞卿
差等以給之又詔曰南京疆場如舊屯兵以鎮之命有司
運米五萬石于廣寧給南京潤州戍卒遂下宜州拔叉牙
山殺其節度使韓慶民得糧五千石詔以南路歲饑許田
獵其後宋童貫郭藥師治兵闍母輒因降人知之即具奏
語在宋事中而宗翰宗望皆請伐宋於是闍母副宗望伐
宋宗望以闍母屬尊先皇帝任使有功請以為都統己監

戰事於是闍母為都統掃喝副之敗郭藥師兵于白河遂
降燕山以先鋒渡河圍汴宋人請盟將士分屯于安肅雄
霸廣信之境宗望還山西闍母與劉彥宗留燕京節制諸
軍八月復伐宋大軍克汴州諸軍屯于城上城中諸軍潰
而西出者十三萬人闍母撻懶分擊大敗之師還闍母為
元帥左都監攻河間下之大破敵兵萬餘於莫州宗輔為
右副元帥徇地淄青闍母與宗弼分兵破山谷諸屯宋李
成兵圍淄州烏林荅泰欲破之闍母克濰州迪古補朮烈
速連破趙子昉等兵至于河上烏林荅泰欲破敵于靈城
鎮及議伐康王闍母欲先定河北然後進討太宗乃酌取

羣議之中使婁室取陝西宗翰宗輔南伐天會六年薨年
四十熙宗時追封兵國王天德二年配享太祖廟廷正隆
改封譚王大定二年徙封魯王謚莊襄子宗敘
宗敘本名德壽闍母第四子也奇偉有大志喜談兵天德二年充護
衛授武義將軍明年授世襲謀克擢御院通進遷翰林待
制兼修起居注轉國子司業兼左補闕正隆初轉符寶郎
在宮職凡五年皆帶劍押領宿衛遷大宗正丞以母憂去
官以本官起復未幾還侍衛親軍馬軍都指揮使改左驍
騎都指揮使明年海陵幸南京宗敘至汴奚丹撒八反宗
敘為咸平尹兼本路兵馬都總管以甲仗四千付之許以

便宜宗敘出松亭關取牛遁于廣寧聞世宗即位將歸之
廣寧尹按荅海弟燕京勸宗敘乃還興中白彥敬紇石烈
志寧使宗敘奉表降宗敘見世宗於梁魚務授寧昌軍節
度使明年二月契丹攻寧昌宗敘止有女直渤海騎兵三
十漢兵百二十人自將擊之遇賊千餘騎漢兵皆散走宗
敘與女直渤海三十騎盡銳力戰身被二創所乘馬中箭
而仆遂爲所執居百餘日會賊中有臨潢民移剌阿塔等
盜馬授之得脫歸宗敘陷賊久盡得其虛實見元帥完顏
謀衍平章政事完顏元宜謂之曰賊衆烏合無紀律破之
易耳於是帥府欲授軍職宗敘見謀衍貪鹵掠失事幾欲

歸白上不肯受職曰我有機密須面奏是夕乃遁去至廣
寧矯取驛馬馳至京師而帥府先事以聞上遣中使詰之
曰汝爲節度不度衆寡戰敗被獲幸得脫歸乃拒帥府命
輒自乘傳赴都朕姑置汝罪可速還軍併力破賊宗敘附
奏曰臣非辭難者事須面奏不得不來遂召入乃條奏賊
中虛實及諸軍進退不合事機狀詔大臣議皆以其言爲
然是時已詔僕散忠義代謀衍爲元帥進討於是拜宗敘
爲兵部尚書以本職領左翼都統率宗寧烏延查剌烏林
荅剌撒兵各千人號三萬佐忠義軍至花道遇賊與戰右
翼都統宗亨先敗走忠義亦引却宗敘勒本部邀擊之麾

帳下士三百捨馬步戰賊不得退大軍整列復至合勢擊
之賊遂敗去而元帥右監軍紇石烈志寧率軍至追及窩
斡於陷泉大破之復與志寧及徒單克寧追至七渡河復
大敗之元帥忠義遂留宗敘自從賊平入爲右宣徽使宋
兵據海州將謀深入詔以宗敘爲元帥右監軍往禦之宗
敘駐山東分兵扼守要害敵不得西尋奉詔與左副元帥
紇石烈志寧參議軍事四年宗敘入朝奏曰暑月在近頓
兵邊陲飛輓煩艱乞俟秋涼進發上從其請及還軍授以
成算賜襲衣弓矢九月渡淮宗敘出唐鄧比至襄陽屢戰
皆捷明年宋人請和軍還除河南路統軍使河決李固渡

分流曹單之間詔遣都水監梁肅視河決宗叙言河道填
淤不受水故有決溢之患今欲河復故道卒難成功幸而
可塞它日不免決溢山東非曹單比也沿河數州驟興大
役人心動搖恐宋人乘間扇誘爲邊患梁肅亦請聽兩
河分流以殺水勢遂止不塞十年召至京師拜參知政事
上曰卿奏黃河利害甚合朕意朕念百姓差調官吏爲姦
率斂星火所費倍蓰委積經年腐朽不可復用若此等類
百孔千瘡百姓何以堪之卿參朝政擇利而行以副朕心
及與上論南邊事宗敘曰南人遣諜來多得我事情我遣
諜人多不得其實蓋彼以厚賞故也上曰彼以厚利資諜

人徒費其財何能爲也十一年奉詔巡邊六月至軍中將戰有疾詔以右丞相紇石烈志寧代宗敘還七月病甚遺表朝政得失及邊防利害力疾使其子上之薨年四十六上見其遺表傷悼不已輟朝遣宣徽使敬嗣暉致祭賻銀千兩綵四十端絹四百匹上謂宰臣曰宗敘勤勞國家他人不能及也初宗敘嘗請募貧民戍邊屯田給以廩粟既貧者無艱食之患而富家免更代之勞得專農業上善其言而未行也十七年上謂宰臣曰戍邊之卒歲冒寒暑往來番休以馬牛往戍往往皆死且奪其農時敗其生業朕甚閔之朕欲使百姓安于田里而邊圉彊固卿等何術可以致此左丞相良弼曰邊地不堪耕種不能久戍所以番代耳上曰卿等以此急務爲末事耶往歲參政宗敘嘗爲朕言此事若宗敘可謂盡心於國者矣今以兩路招討司烏古里石壘部族臨潢泰州等路分置堡戍詳定以聞朕將親覽上追念宗敘聞其子孫家用不給詔賜錢三千貫明昌五年配享世宗廟廷

列傳第九

金史七十二

列傳第十

開府儀同三司上柱國錄軍國重事中書右丞相監修國史領經筵事臣脫脫　奉　勅修

婁室　活女　謀衍

仲本名石古乃　海里　銀术可

毂英本名撻懶　麻吉子沃側　拔里速

習古迺

婁室字斡里衍完顏部人年二十一代父白答爲七水諸部長太祖克寧江州使婁室招諭係遼籍女直遂降移懶益海路太彎照撒等敗遼兵于婆刺赶山復敗遼兵擒兩將軍既而益改捺末懶兩路皆降進兵咸州克之諸部相繼來降獲遼北女直係籍之戶遼都統耶律訛里朶以二十餘萬衆來戍邊太祖趨達魯古城次寧江州西召婁室婁室見上于軍中上見婁室馬多疲乏以三百給之使隷左翼宗翰軍與銀术可縱兵衝其中堅凡九陷陣皆力戰而出復與銀术可戍邊及九百奚營等部來降則與銀术可攻黃龍府上使完顏渾黜婆盧火石古乃以兵四千助之敗遼兵萬餘于白馬濼宗雄等下金山縣使婁室分兵二千招沿山逃散之人耶律捏里軍蒺藜山斡魯古婁室等破之遂取顯州太祖取黃龍府婁室請曰黃龍一都會

且僻遠苟有變則鄰郡相扇而起請以所部屯守太祖然之仍合諸路謀克命婁室為萬戶守黃龍府進都統從杲取中京與希尹等襲走迪六和尚雅里斯等敗奚王霞末降奚部西節度訛里剌遼主自鴛鴦濼西走婁室等追至白水濼獲其內庫寶物婁室遂與闍母攻破西京復與闍母至天德雲內寧邊東勝其官吏皆降獲阿疎夏人救遼兵次天德婁室使突撚補攧以騎二百為候兵夏人敗之幾盡阿土罕復以二百騎往遇伏兵獨阿土罕脫歸時久雨諸將欲且休息婁室曰彼再破吾騎兵我若不復往彼將以我怯即來攻我矣乃選千騎與習失拔離速往斡魯

壯其言從之婁室遲明出陵野嶺留拔離速以兵二百據險守之獲生口問之其帥李良輔也將至野登高望之夏人恃眾而不整方濟水為陣乃使人報斡魯婁室分軍為三迭出迭入進退轉戰三十里過宜水斡魯軍亦至合擊敗之遼都統大石犯奉聖州壁龍門東二十五里婁室照里馬和尚等以兵取之生獲大石其眾遂降遼闍里剌守奉聖州棄城遁去後與宗望追遼帝婁室蒲察以二十騎候敵敗其軍三千人于三山有千人將趨奉聖州蒲察復敗之擒其主帥而還夏人屯兵於可敦館宗翰遣婁室戍朔州築城於霸德山西南二十里遂破朔州西山兵二萬

擒其帥趙公直其後復襲遼帝于余都谷獲之賜鐵券惟死罪乃笞之餘罪不問銀朮可圍太原宋統制劉臻救太原率眾十萬出壽陽婁室擊破之繼敗宋兵數千於榆次宋張灝軍出汾州拔离速擊走之灝復營文水婁室與突葛速拔离速與戰灝大敗宗翰定太原婁室取汾石二州及其屬縣溫泉方山離石蒲察降壽陽取平定軍及樂平復招降遼州及榆社遼山和順諸縣宗翰趨汴州使婁室等自平陽道先趨河南曰若至澤州與賽里婁盧火習失遇當與俱進習失之前軍三謀合敗宋兵三千于襄垣遇伏兵二千又敗之撒剌荅破天井關復破步兵於孔子廟

南遂降河陽婁室軍至既渡河遂薄西京城中兵來拒戰習失逆擊敗之西京降婁室取偃師永安軍鞏縣降撒剌荅敗宋兵於氾水於是滎陽滎澤鄭州中牟相次皆降宗翰已與宗望會軍于汴使婁室率師趨陝津攻河東郡縣之未下者阿离土罕敗敵于河上撒按敗敵于陝城下鶻沙虎降虢州守陴卒三百人遂克陝府習古乃桑衮破陝之散卒于平陸西北活女別破敵於平陸婁室破蒲解之軍二萬盡獲之安邑解州皆降遂克河中府降絳慈隰石等州宗翰往洛陽使婁室取陝西敗宋將范致虛軍下同華二州克京兆府獲宋制置使傅亮遂克鳳翔阿鄰等破

宋大兵於河中斡魯破宋劉光烈軍於馮翊詔特剌桑衮
敗敵於渭水遂取下邽宗翰會宗輔伐康王命婁室蒲察
專事陝西以婆盧火繩果監戰繩果等遇敵於蒲城及同
州皆破之婁室蒲察克丹州破臨真進克延安府遂降綏
德軍及靜邊懷遠等城寨十六復破青澗城宋安撫使折
可求以麟府豐三州及堡寨九降于婁室晉寧所部九寨
皆降而晉寧軍久不下婁室欲去之賽里不可曰此與夏
鄰且生他變城中無井日取河水以為飲乃決渠于東泄
其水城中遂困李位石乙啓郭門降諸將率兵入城守將
徐徽言據子城戰三日衆潰徽言出奔獲之使之拜不聽

臨之以兵不為動繫之軍中使先降者諭之使降徽言大
罵與統制孫昂皆不屈乃并殺之遂降定安堡渭平寨及
鄜坊二州於是婁室婆盧火守延安折可求屯綏德蒲察
還守蒲州延安鄜坊州皆殘破人民存者無幾婁室置官
府輯安之別將斡論降建昌軍京兆府叛婁室復討平之
遂與阿盧補謀里也至三原訛哥金阿骨欲擊淳化兵敗
之婁室攻乾州已築甬道列礮具而州降遂進兵克邠州
軍于京兆陝西城邑已降定者輒復叛於是睿宗以右副
元帥總陝西征伐時婁室已有疾睿宗與張浚戰于富平
宗弼左翼軍已却婁室以右翼力戰軍勢復振張浚軍遂

敗睿宗曰力疾鏖戰以徇王事遂破巨敵雖古名將何以
加也以所用犀玉金銀器及甲冑并馬七匹與之天會八
年薨十三年贈泰寧軍節度使兼侍中加太子太師皇統
元年贈開府儀同三司追封莘王以正隆例改贈金源郡
王配享太宗廟廷謚莊義子活女謀衍石古乃
活女年十七從攻寧江州力戰創甚扶出陣間太祖憑高
望見問之知是婁室子親撫慰賜藥歎曰此兒他日必為
名將其攻濟州敗敵八千與敵遇于信州移剌本陷于陣
活女力戰出之敵遂北敗耶律佛頂等兵于瀋州及宗翰
以兵襲奚王霞末活女以兵三百敗敵二千從攻乙室部

敗之破其二營迭剌部族叛率二謀克突入大破之活女
常從婁室圍太原宋將种師中以兵十萬來援活女擊敗
之大軍至河無船不得渡婁室遣活女循水上下活女率
軍三百自孟津而下度其可渡遂引軍以濟大軍於是皆
繼之宋將郭京出兵數萬趨婁室營活女從旁奮擊敵亂
遂破之師還破敵於平陸渡得其船以濟又以兵破敵於
張店原時屯留大平翼城皆有重敵並破之又分兵取陝
西蒲州降留活女鎮之攻鳳翔活女先登睿宗定陝西活
女為都統進攻涇州敗其兵王閞山以兵拒歸路邀戰再
擊再敗之遂降京兆鳳翔諸縣婁室薨襲合扎猛安代為

黃龍府路萬戶天眷三年為元帥右都監遷左監軍元帥
府罷改安化軍節度使歷京兆尹封廣平郡王以正隆例
改封代國公進封隋國公謚貞濟卒年六十一
謀衍勇力過人善用長矛突戰天眷間充牌印祗候授顯
武將軍權符寶郎皇統四年其兄活女襲濟州路萬戶以
親管奥吉猛安讓謀衍朝廷從之權濟州路萬戶八年為
元帥右都監天德三年為順天軍節度使歷河間臨潢尹
數月改婆速路兵馬都總管撒八反謀衍往討之是時世
宗為東京留守自將討括里還遇謀衍于常安縣盡以甲
士付之世宗還東京完顏福壽高忠建率所部南征軍亡

歸東京謀衍亦率其軍來附即以臣禮上謁遂殺高存福
李彥隆等謀衍福壽忠建及諸將吏民勸進世宗即位拜
右副元帥都統白彥敬副統紇石烈志寧在北京拒不受
命謀衍伐之遇其衆于建州之境皆不肯戰彥敬志寧遂
降二年正月謀衍率諸軍討窩斡會兵於濟州合甲士萬
三千人過泰州至术虎崖乃捨輜重持數日糧輕騎追之
是時窩斡新敗于泰州將走濟州謀衍兵至長濼南獲其
諜者知敵將由別路邀糧運遂分軍往迎之敵吏糺者來
降謀衍用其計因夜亟往邀敵輜重忽大風不能燧火路
暗莫相辨比曉纔行三十餘里將至敵營將士少憩謀衍

率善射者數十騎往覘之而都統志寧克寧等已敗敵衆
二萬餘於長濼追殺甚衆敵遂西遁志寧軍先追及於霿
鬆河急擊敗之而謀衍貪鹵掠不復追以故敵得縱去遂
涉懿州界陷靈山同昌惠和等縣窺取北京西攻三韓縣
惟克寧軍追躡謀衍託馬弱引還懿州上聞之下詔切責
謀衍以僕散忠義為右副元帥代之紇石烈志寧為右監
軍代完顏福壽而謀衍子斜哥暴橫軍中詔勒歸本貫謀
衍至京師以為同判大宗正事世宗責之曰朕以汝為將
汝不追賊當正汝罪以汝父妻室有大功特免汝死汝雖
非宗室而授此職汝其勉之未幾速頻路軍士朮里古告

斜哥寄書與謀衍謀反有司并上其書世宗察其誣詔鞫
告者朮里古款伏遂誅之召謀衍謂之曰人有告卿子為
反謀者朕知卿必不為此今告者果自服罪宜悉此意初
窩斡方熾上使溫迪罕阿魯帶守古北口及窩斡敗于陷
泉入于奚中率諸奚攻古北口阿魯帶因其妻生日輒離
軍六十里賊衆聞之來襲殺傷士卒甚衆阿魯帶坐除名
詔謀衍蒲察烏里雅蒲察通以兵三千會舊屯兵擊之擒
賊黨猛安合住未幾窩斡平乃還七年出為北京留守上
御便殿賜食及御服衣帶佩刀謂之曰以卿故老欲以均
勞逸故授此職卿其勉之改東京留守封榮國公大定十

一年薨年六十四謀衍性忠厚善擊毬射獵時論以為雖智略不及其父而勇敢肖之云

仲本名石古乃體貌魁偉通女直契丹漢字其兄斡魯為統軍愛仲才欲使通吏事每視事常在左右遇事輒問之應對如響斡魯嘆曰此子必為令器皇統初充護衛授世襲謀克天德元年稱其兄活女濟州萬戶部內稱治除濱州刺史以母憂去官起復知積石軍事轉同知河南尹正隆六年伐宋為神勇軍副都總管與大軍北還除同知大興尹將兵二千益遷化屯軍備契丹還西南路招討使兼天德軍節度使政尚忠信決獄公平蕃部不敢寇邊召為

左副都點檢宿衛嚴謹每事有規矩後來者守其法莫能易也世宗常謂侍臣曰石古乃入直朕寢益安五年宋人請和為姪國不稱臣仲為報問使仲請與宋主相見禮儀世宗曰宋主親起立接書則授之及至宋一一如禮正隆用兵宋人執商州刺史完顏守能以歸至是仲取守能與俱還上嘉之轉都點檢兼侍衛親軍都指揮使遷河南路統軍使上曰卿在禁近小心畏慎河南控制江淮為國重地卿益勉之賜廐馬金帶玉吐鶻後有罪解職久之起為西北路招討使改北京留守卒

海里婁室族子體貌豐偉善用稍婁室為黃龍府萬戶海里從徙於孰吉訛母從婁室追及遼主於朔州阿敦山遼主從數十騎逸去婁室遣海里及朮得往見遼主諭之使降遼主已窮蹙待於阿敦山之東婁室因獲之賞海里金五十兩銀五百兩幣帛二百匹綿三百兩睿宗經略陝西海里戰却吳玠軍於涇邠之南尋遣修棧道宋人恐棧道成以兵來拒破其兵賞銀百五十兩奴婢十人天眷元年擢宿直將軍與定宗磐宗雋之亂再遷廣威將軍除都水使者改西北路招討都監歷復州灤州刺史耶盧椀群牧使迭刺部族節度使同知大興尹兼中都路兵馬都總管改武寧軍節度使廣寧尹卒年六十二

銀朮可宗室子太祖嗣位使蒲家奴如遼取阿踈事久不決乃使習古廼銀朮可繼往當是時遼主荒于政上下解體銀朮可等還具以遼政事人情告太祖且言遼國之狀太祖決意伐遼蓋自銀朮可等發之太祖與耶律訛里朶戰于達魯古城遼兵二十餘萬銀朮可婁室率眾衝其中堅凡九陷陣輒戰而出大敗遼軍銀朮可為謀克遂與婁室戍邊復與婁室渾黜婆盧火石古乃等攻黃龍府敗遼兵萬餘于白馬濼太祖拒遼兵銀朮可守達魯古城收國二年分鴨撻阿懶所遷謀克二千戶以銀朮可為謀克屯寧江州遼大冊使習泥烈遣回約以七月半至而盡九月

習泥烈朱来上使諸軍過江屯駐遼曳刺麻荅十三人兵士八人縱火於渾河以絶芻牧銀术可獲之乃知遼邊吏乙薛使之太祖命釋之從都統杲克中京銀术可與習古迺蒲察胡巴魯率兵三千擊奚王霞末于京西七十里霞末棄兵遁遼主西奔天德銀术可以兵絶其後遼主遂見獲後從宗翰伐宋圍太原宗翰進兵至澤州及宗翰還西京太原未下皆命銀术可留兵圍之招討都監馬五破宋兵於文水節度使耿守忠等敗宋黄迪兵於西都谷所殺不可勝計宋樊夔施詵高豐等軍来救太原分據近部銀术可與習失孟魯完速大破之索里乙室破宋兵於太谷

宋兵據太谷祁縣阿鶻懶拔离速復取之种師中出井陘據榆次救太原銀术可使斡論擊之破其軍活女斬師中於殺熊嶺進攻宋制置使姚古軍于隆川谷大敗之撒里土敗宋軍於回馬口郭企忠殲宋軍於五臺及宗翰定太原與宗望會兵于汴銀术可等攻汴城克之師還銀术可降岢嵐寧化等軍攻嵐州拔之招降火山軍與希尹同賜鐵券宗翰趨洛陽賽里取汝州銀术可取鄧州殺其將李操等薩謀魯入襄陽拔离速入均州馬五取房州擒轉運使劉吉鄧州通判王彬拔离速破唐蔡陳三州克潁昌府沙古質别克舊潁昌宗翰會伐康王銀术可守太原天會

十年爲燕京留守天會十三年致仕加保大軍節度使同中書門下平章事遷中書令封蜀王天眷三年薨年六十八以正隆例贈金源郡王配饗太宗廟庭大定十五年謚武襄改配享太祖廟庭子穀英

穀英本名撻懶幼警敏有志膽初丱角太祖見而奇之年十六父銀术可授以甲使從伐遼常爲先鋒授世襲謀克宗翰自太原還西京銀术可圍守之穀英在行間屢有功宋兵數萬救太原至南關銀术可與弟拔离速完顏婁室等擊之當隘巷間一卒揮刀向拔离速穀英以刀斷其腕一卒復從旁以槍刺之穀英斷其槍追殺之拔太原下河

東諸州攻汴京皆有功與都統馬五徇地漢上至上蔡以先鋒破孔家軍睿宗攻開州穀英先登流矢中其口睿宗親視之創未愈強起之攻大名府第功宗弼第一穀英次之攻東平穀英居冣拔离速襲宋康王于揚州穀英爲先鋒拔离速追宋孟后於江南穀英前行趨潭州宋大兵在常武穀英以選兵薄其城敗千餘人明日城中出兵来戰穀英以五百騎敗之獲馬二百匹遂攻常武拔离速以諸軍爲大陣居其後穀英以五百騎爲小陣當前行即麾兵馳宋軍宋軍亂遂大敗之拔离速觀其周旋嘆賞之其後河東郡縣多叛穀英以先鋒攻絳州克之復攻沁州飛砲

擊其右脅昇歸營中諸軍攻沁州三日不能下别將骨赧強起彀英指麾士卒遂克之攝河東路都統從左監軍移剌余睹招西北諸部彀英將騎三千五百平其九部獲生口三千馬牛羊十五萬以先鋒破宋吴山軍再戰再勝遂屻宋兵于隘死者不可勝計宋兵遯去宗弼再取和尚原彀英以本部破宋五萬人遂奪新叉口宗弼留兵守之是夜大雪道路皆冰和尚原宋兵勢重不可徑取宗弼用彀英策入自傍近高山叢薄翳薈間出其不意遂取和尚原彀英請速入大散關自以本部為殿以備伏兵宗弼至仙人關彀英先攻之宗弼止之彀英不止宗弼以刀背擊其

兜鍪使之退彀英曰敵氣已沮不乘此而取之後必悔之已而果然宗弼嘆曰既往不咎乃班師彀英殿且戰且却遂達秦中齊國初廢元帥右監軍撒离喝馳驛撫治諸郡至同州故齊觀察使李世輔出迎陽墜馬稱折臂舁歸撒离喝入城世輔詐使通判獻甲以壯士十人被甲上廳事世輔自擗後突出執撒离喝彀英方索馬于外變起倉卒不得入城門已閉皆有兵衛至東門合荅雅領騎三十餘與彀英遇遂斬門者出而世輔擁衆自西門出彀英與合荅雅襲之一進一退以綴世輔使不得速世輔慮救兵至乃要撒离喝與之盟勿使追之留撒离喝於道側彀英識

其聲與騎而歸除安遠大將軍攝太原尹四境咸治兼攝河東南北兩路兵馬都總管朝廷以河南陝西與宋已而復取之師至耀州宋人每旦出城張旗閱隊抵暮而還道隘騎不得逞彀英請兵五百薄暮先使五十人趨山巔令之曰旦日視敵出舉幟指其所向乃以餘兵伏山谷間明日城中人出閱如前山巔旗舉伏兵發宋兵爭馳入城彀英麾軍登城拔宋幟立金軍旗幟宋兵後者望見之不敢入遂降城中人亦降宋吴玠擁重兵據涇州涇原以西多應之元帥撒离喝欲退守京兆俟河南河東軍彀英曰我退守吴玠必取鳳翔京兆同華據潼關吾屬無類矣撒离

喝曰計將安出彀英曰事危矣不如速戰我軍陣涇之南原宋兵必自西原來彀英與斜補出各以選騎五百擁其兩翼元帥當其中擊之可以得志監軍拔离速曰二子當其左右拔离速願當其中元帥據岡阜多張旗幟為疑兵可以得志撒离喝從之吴玠兵果自西原來彀英斜補出擊其左右自旦至午吴玠左右軍少退拔离速當其前衝擊之遂敗玠軍僵尸枕藉大澗皆滿自此蜀人喪氣不敢復出關陝遂定歷行臺吏部工部侍郎從宗弼巡邊遷刑部尚書轉元帥左都監天德二年遷右監軍元帥府罷改山西路統軍使領西南西北兩路招討兵馬坐無功降臨

海軍節度使歷平陽太原尹正隆末為中都留守燕西北
面都統討契丹撒八駐軍歸化州世宗即位於遼陽使㲄
英姪阿魯瓦持詔往歸化命㲄英為左副元帥就遣使召
陝西統軍徒單合喜宣大定改元詔赦于西南西北招討
司河東河北山東諸路州鎮調猛安軍屯京畿阿魯瓦見
㲄英㲄英猶豫未決士卒皆欲歸世宗㲄英不得已乃受
詔以元帥令下諸路亟泥馬槽二萬具諸路聞之以為大
軍且至然後遣人宣赦所至皆聽命大定元年十一月㲄
英以軍至中都同知留守璋請至府議事㲄英疑璋有謀
乃陽許諾排節仗若將往者遂率騎從出施仁門駐兵通

州見世宗于三河詔㲄英以便宜規措河南陝西山東邊
事二年正月至南京遂復汝潁嵩等州縣授世襲猛安入
拜平章政事罷為東京留守未行改濟南尹初㲄英宿將
恃功在南京頗瀆貨不恤軍民詔使問以邊事㲄英不荅
謂詔使曰爾解何事待我到闕奏陳及召入竟無一語及
邊事者在相位多自專己所欲輒自奏行之除留守輙忿
忿不接賔客雖近臣往亦不見上怒遂改濟南上數之曰
朕念卿父有大功于國卿舊將亦有功故改授此職卿宜
知之若復不悛非但不保官爵身亦不能保也㲄英頓首
謝久之改平陽尹致仕起為西京留守以母憂去官尋以

本官起復俄復為東京歷上京詔曰上京王業所起風俗
日趨詭薄宗室聚居號為難治卿元老大臣衆所聽服當
正風俗檢制宗室持以大體十五年致仕久之史臣上太
宗睿宗實録上曰當時舊人親見者惟㲄英在詔修撰溫
迪罕締達往北京就其家問之多更定焉十九年薨年七
十四最前後以功被賞者十有一金為兩二百五十銀為
兩六千五百絹為疋八百綿為兩二千馬三百十有四牛
羊六千五百奴婢百三十人
麻吉銀朮可之母弟也年十五隷軍中從破高麗兵下寧
江州平係遼女直克黃龍府皆身先力戰以功為謀克繼

領猛安破奚兵千餘自斡魯古攻下咸信瀋州及東京諸
城麻吉皆有功都統杲取中京與稍合胡拾荅別降楚里
迪部屯兵高州以兵援蒙刮孛堇大破敵兵復敗恩州兵
五萬人討平遼人聚中京山谷者降三千餘人戰于高州
境上伏矢射之中目遂卒麻吉大小三十餘戰所至皆捷
皇統中贈銀青光祿大夫謚毅敏子沃側
沃側年十七隷軍中從拔离速擊遼將馬五敗之麻吉死
領其職宗望伐宋至河上宋兵屯于河外以二舟來伺我
師乃遣沃側率勇士數輩以一舟往迎之盡俘以還襲康
王於江淮間沃側皆與焉師還駐東平及廢齊屯兵河北

招降旁近諸營多獲畜産兵仗軍帥嘉之賞以甲馬從攻陝西爲右翼都統攻城破敵皆與有功師還遷正授謀克遷華州防禦使屬關中歲飢盜賊充斥沃側募兵討平之部以無事郡人列狀丐留不報未幾除迪列部族節度使改迭剌部用廉入爲都水使者秩滿同知燕京留守事爲西北路招討使撒八秩滿已數月冒其俸祿不即解去沃側發其事撒八反沃側遇害

拔离速銀术可弟天輔六年宗翰在北安州將會斜也于奚王嶺遼兵奄至古北口使婁室盧火渾黜各領兵二百擊之渾黜請濟師宗翰欲自往希尹婁室曰此易與耳請以千人爲公破之渾黜以騎士三十人前行至古北口遇其游兵逐入山谷遼人以步騎萬餘追戰亡騎五人渾黜退據關口希尹婁室至拔离速訛謀罕胡實海推鋒奮擊大破之斬馘甚衆盡獲甲胄輜重希尹與撒里古獨裴滿突撚敗其伏兵殺千餘人獲馬百餘匹婁室拒夏人出陵野嶺留拔离速以兵二百據險守之銀术可圍太原近縣先已降宋軍來救太原者復據太谷祁縣拔离速阿鶻懶復取之宋姚古軍隆州谷拔离速敗之張灝兵出汾州又擊走之天會四年克太原拔离速爲管勾太原府路兵馬事復與婁室敗宋兵于文水遂從宗翰圍汴與銀术可略地

襄鄧入均州還攻唐蔡陳三州皆破之克潁昌府遂與泰欲馬五襲宋康王于揚州康王渡江入于建康天會十五年遷元帥左都監宗弼再定河南撒离喝經略陝西至涇州拔离速大破宋軍于渭州渭州德順軍皆降陝西平遷元帥左監軍加金吾衛上將軍卒謚敏定

習古迺亦書作實古迺嘗與銀术可俱往遼國取阿踈還言遼人可取之狀太祖始決意伐遼矣婁盧火取居庸關蕭妃自古北口出奔太祖使習古迺追之不及後爲臨潢府軍帥討平迭剌其群官率衆降者請使就領諸部太宗賜以空名宣頭及銀牌使以便宜授之獲遼許王莎邏駙馬都尉蕭乙辛遼梁王在紇里水稚里自立不知果在何處至是始知之於是徙遼降人於泰州時暑未可徙習古迺請姑處之嶺西及習古迺築新城於契丹周特城詔置會平州烏虎里部人迪烈劃沙率部族降朝廷以撻僕野爲本部節度使烏虎爲都監習古迺封還撻僕野等宣誥以便宜加撻僕野散官塡空名告身授之及錄上降附有勞故官八百九十三人朝廷從之於是迪烈加防禦使爲本部節度使劃沙加諸司使爲節度副使知迪烈底部事撻离荅加左金吾衛上將軍節度副使知奚鞠部事阿臬加觀察使爲本部節度使其餘遷授有差以庬葛城地分

踢烏虎里迪烈底二部及契丹人其未壓者聽任力占射父之領咸州烟火事天輔六年完顏慎思所部及其餘未置猛安謀克戶口命習古迺通閱具籍以上天會十年改南京路軍帥司爲東南路都統司習古迺爲都統移治東京鎮高麗

贊曰金啓疆土斡魯斡魯古方面功最先著婁室火婁室最先封泰州之邊圉黃龍之衝要奇亦重矣若闍母之勤勞南路婁室之經營陝西銀术可之圍守太原勞亦至矣斡魯古之不治闍母之敗譴罰之亟諸將懾焉夫能以弱小終制疆大其效驗與銀术可習古迺觀人之國而知其可伐古語云國有人觀善矣夫

列傳第十

列傳第十一　金史七十三

開府儀同三司上柱國錄軍國重事中書右丞相監修國史領經筵事都總裁臣脫脫奉

勑修

阿里合懣　晏本名斡論　宗尹本名阿里罕

宗寧本名阿土古　宗道本名八十　宗雄本名謀良虎

阿鄰　挼荅海　希尹本名谷神

守貞本名左靨　守能本名胡剌

阿离合懣景祖第八子也健捷善戰年十八臘醅麻產起兵據暮稜水烏春窩謀罕以姑里甸兵助之世祖擒臘醅暮稜水人尚反側不自安使阿离合懣往撫察之與斜鉢合兵攻窩謀罕烏春已死窩謀罕棄城遯去後從撒改討平留可阿离合懣功居多太祖擒蕭海里使阿离合懣獻馘于遼太祖謀伐遼阿离合懣實贊成之及舉兵阿离合懣在行間屢戰有功及太宗等勸進太祖未之許也阿离合懣旦宗翰等曰今大功已集若不以時建號無以繫天下心太祖曰吾將思之收國元年太祖即位阿离合懣與宗翰以耕具九爲獻祝曰使陛下毋忘稼穡之艱難太祖敬而受之頃之爲國論乙室勃極烈爲人聰敏辨給凡一聞見終身不忘始未有文字祖宗族屬時事並能默記與斜葛同修本朝譜牒見人舊未嘗識聞其父祖名即能道

其部族世次所出或積年舊事偶因他及之人或遺忘輒一一辨析言之有質疑者皆釋其意義世祖嘗稱其強記人不可及也天輔三年寢疾宗翰日往問之盡得祖宗舊俗法度疾病上幸其家問疾問以國家事對曰馬者甲兵之用今四方未平而國俗多以良馬殉葬可禁止之乃獻平生所乘戰馬及以馬獻太宗使其子蒲里迭代爲奏奏有誤語即哂之宗翰從傍爲改定進奏訖薨年四十九上聞阿离合懣臨薨有奏事曰臨終不亂念及國家眞賢臣也哭之慟及葬上親臨熙宗時追封隋國王天德中改贈開府儀同三司隋國公大定間配饗太祖廟廷謚曰剛

憲子賽也斡論賽也子宗尹

晏本名斡論景祖之孫阿里合懣次子也明敏多謀略通契丹字天會初烏底改叛太宗幸北京以晏有籌策召問稱旨乃命督扈從諸軍往討之至混同江諭將士曰今叛衆依山谷地勢險阻林木深密吾騎卒不得成列未可以歲月破也乃具舟楫牋江令諸軍據高山連木爲柵多張旗幟示以持久計聲言俟大軍畢集而發乃潛以舟師浮江而下直擣其營遂大破之據險之衆不戰而潰月餘一境皆定師還授左監門衛上將軍爲廣寧尹入爲吏禮兩部尚書皇統元年爲北京留守改咸平尹徙東京天德初封葛王入拜同判大宗正事進封宋王授世襲猛安海陵遷都晏留守上京授金牌一銀牌二累封豫王許王又改越王貞元初進封齊時近郊禁圍獵特畀晏三百人從獵在上京凡五年正隆二年例削王爵改西京留守未幾爲臨潢尹遂致仕還居會寧海陵南伐世宗爲東京留守將士皆自淮南來歸晏之子恧里乃亦自軍前率衆來歸世宗白彥敬等在北京聞恧里乃等逃還使會寧同知高國勝拘晏家族上既即位遣使召晏既又遣晏兄子鶻魯補馳驛促之晏遂率宗室數人入見即拜左丞相封廣平郡王宴勞彌日未幾兼都元帥大定二年正月上如山陵禮畢上將獵有司已夙備晏諫曰邊事未寧畋游非所宜也上嘉納之因謂晏等曰古者帝王虛心受諫朕常慕之卿等盡言毋隱進拜太尉復致仕還鄉里是歲薨詔有司致祭賻贈銀幣甚厚

宗尹本名阿里罕以宗室子充護衛改牌印祗候授世襲謀克爲右衛將軍歷順天歸德彰化唐古部族橫海軍節度使正隆南伐領神略軍都總管先鋒渡淮取揚州及瓜洲渡大定二年改河南路副都統駐軍許州之境是時宋陷汝州殺刺史烏古孫麻潑及漢軍二千人宗尹遣萬户孛术魯定方完顏阿喝懶夾谷清臣烏古論三合渠雛訛

只將騎四千往攻之遂復取汝州除大名尹副統如故頃之爲河南路統軍使遷元帥左都監除南京留守上曰卿年少壯而心力多滯前任點檢京尹勤力不怠而處事迷錯勉修職業以副朕意賜通犀帶廐馬八年置山東路統軍司宗尹爲使遷樞密副使錄其父功授世襲蒲輿路屯河猛安并親管謀克除太子太保樞密副使如故上問宰臣曰宗尹雖才無大過人者而性行淳厚且國之舊臣昔爲達官卿等尚未仕也朕欲以爲平章政事何如宰執皆曰宗尹爲相甚協衆望即日拜平章政事封代國公兼太子太傅是時民間苦錢幣不通上問宗尹對曰錢者有限

之物積於上者滯於下所以不通海陵軍興爲一切之賦有菜園房稅養馬錢大定初軍事未息調度不繼故因仍不改今天下無事府庫充積悉宜罷去上曰卿留意百姓朕復何慮太尉守道老矣捨卿而誰於是養馬等錢始罷他日上謂宰臣曰宗尹治家嚴密他人不及也顧謂宗尹曰政事亦當如此矣有頃北方歲饑軍食不足廷議輸粟賑濟或謂此雖不登而舊積有餘秋成在近不必更勞輸輓宗尹曰國家平時積粟本以備凶歲也必待秋成則憊者衆矣人有捐瘠其如防戍何上從之宗尹乞令子銀术可襲其猛安會太尉守道亦乞令其子神果奴襲其謀克

凡承襲人不識女直字者勒令習學世宗曰此二子吾識其一習漢字未習女直字自今女直契丹漢字曾學其一者即許承襲遂著于令宗尹有疾不能赴朝上問宰臣曰宗尹何爲不入朝太尉守道以疾對上曰丞相志寧嘗言若詔遣征伐所不敢辭宰相之職實不敢當宗尹亦豈此意耶二十四年世宗將幸上京上曰臨潢烏古里石壘歲皆不登朕欲自南道往三月過東京謁太后陵寢五月可達上京春月鳥獸孳孕東作方興不必蒐田講事卿等以爲何如宗尹曰南道歲熟芻粟賤宜如聖旨遂由南道往焉世宗至上京聞同簽大宗正事宗寧不能撫治上京宗

室宗室子往往不事生業上謂宗尹曰汝察其事宜懲戒之宗尹奏曰隨仕之子父沒不還本土以此多好游蕩上命召還宴宗室于皇武殿擊毬爲樂上曰賞賜宗室亦是小惠又不可一槩遷官欲令諸局分收補其間人材孰可者宗尹對曰奉國斡準之子按出虎豫國公昱之曾孫阿魯可任使上曰度可任何職吏訪其餘以聞詔以按出虎阿魯爲奉御二十七年乞致仕世宗曰此老不事事從其請可也宰臣奏曰舊臣宜在左右上曰宰相總天下事非養老之地若不堪其職朕亦有愧焉如賢者在朝利及百姓四方瞻仰朕亦與其光美宰臣無以對宗尹入謝上曰

卿父任外官不聞有過失但恨用卿稍晚今精力似衰矣省事至煩若勉留卿則四方以朕爲私卿亦不自安也頃之上問宗尹子汝父致仕將居何所其子曰聚屬既多不能復在京師上遣使問宗尹曰朕欲留卿時相從游卿子之言如此今定何如宗尹曰臣豈不欲在此但餘閑之年猶在輦下恐聖主心困耳既衰老臣不忍擯棄時時得瞻望天顔臣豈敢他往鄉里故老無存者雖到彼尚將與誰游乎於是賜甲第一區凡宴集畋獵皆從焉二十八年薨

宗寧本名阿土古系出景祖太尉阿离合懣之孫性勤厚有大志起家爲海陵征南都統戰瓜洲渡功最歷祁州刺

史大定二年爲會寧府路押軍萬户擢歸德軍節度使時方旱蝗宗寧督民捕之得死蝗一斗給粟一斗數日捕絶移鎭寧昌軍改知臨潢府事移天德軍世宗嘗謂宰臣曰宗寧智慮雖淺然所至人皆愛之即命爲行軍右翼都統爲賀宋正旦使累遷兵部尚書授隆州路和團猛安烈里没世襲謀克出知大名府事徙鎭利涉軍俄同簽大睦親府事宗寧多病世宗欲以京地處之俾知咸平詔以其子符寶郎面爲韓州刺史以便養無幾入授同判大睦親府事拜平章政事明昌二年薨宗寧居家約儉如寒素臨事明敏其鎭臨潢鄰國有警宗寧聞知乏粮即出倉粟令以牛易之敵知得粟即遁去邊人以爲幹濟後苦無牛宗寧復令民入粟易牛既而民得牛而倉粟倍於舊其經畫如此

宗道本名八十上京司屬司人系出景祖太尉訛論之少子也通周易孟子善騎射大定五年充閤門祗候累除近侍局使右丞相烏古論元忠左將軍僕散揆等嘗與集有所竊議宗道即密以聞世宗嘉之授右衛將軍出爲西南路副招討章宗即位改同知平陽府事陝西路副統軍左宣徽使移剌仲方舉以自代除西北路招討使故事諸部賀馬八百餘疋宗道辭不受諸部悅服邊鄙順治提刑司

察廉召爲殿前右副都點檢尋除陝西路統軍使以鎭靜得軍民心特遷三階兼知京兆府事時夏旱俾長安令取太白湫水步迎於遠郊及城而雨是歲大稔人以爲精意所感刋石紀之承安二年爲賀宋正旦使尋授河南路統軍使泗州民張偉獲宋人王萬言彼界事情宗道疑其寃乃廉問得實萬楚州賈人偉負萬貨五千餘貫三年不償萬理索爲偉所誣乃坐偉而歸萬時人服其明後乞致仕朝廷知非本心改知河中府有惠政民立像於層觀以時祭之移知臨洮以病解泰和四年卒贈龍虎衛上將軍

宗雄本名謀良虎康宗長子其始生也世祖見而異之曰

此兒風骨非常他日必爲國器因解佩刀使常置其側曰俟其成人則使佩之九歲能射逸兎年十一射中奔鹿世祖坐之膝上曰兒幼已然異日出倫輩矣以銀酒器賜之旣長風表奇偉善談辯多智略孝敬謙謹人愛敬之康宗沒遼使阿息保來乘馬至靈帷階下擇取賵贈之馬太祖怒欲殺阿息保宗雄諫太祖乃止太祖將擧兵宗雄曰遼主驕侈人不知兵可取也不能擒一蕭海里而我兵擒之太祖善其言攻寧江州渤海兵銳甚宗雄以所部敗渤海兵以功授世襲千户謀克太祖敗遼兵于出河店宗雄推鋒力戰功多達魯古城之役宗雄將右軍身先士卒戰遼

兵當右軍者已却上命宗雄助左軍擊遼兵宗雄繞遼兵後擊之遼兵遂大潰乘勝逐北日已暮圍之黎明遼兵突圍出追殺至乙呂白石而還上撫其背曰朕有此子何事不濟以御服賜之及遼帝以七十萬衆至駝門諸將皆曰遼軍勢甚盛不宜速戰宗雄曰不然遼兵雖衆而皆庸將士卒惴惴不足畏也戰則破之掌握間耳上曰善追及遼帝于護步荅岡宗雄率衆直前短兵接宗雄令前行持挺擊遼兵馬首後行者射之大敗遼兵上嘉宗雄功執其手勞之以御介冑及御戰馬寶貨奴婢賜之斜也攻春州宗雄與宗幹婁室取金山縣行近白鷹林獲侯者七人縱其

一人使歸縣人聞大軍至廼潰遂下金山縣與斜也俱取泰州太祖自將取臨潢府遣宗雄先啓行遇遼兵五千宗雄與戰大軍亦至大破之及留守撻不野降上以其女與宗雄賞其啓行破遼援兵之功也旣而與蒲家奴按視泰州地土宗雄包其土來奏曰其土如此可種植也上從之由是徙萬餘家屯田泰州以宗雄等言其地可種藝也西京旣降復叛時糧餉垂盡議欲罷攻宗雄曰西京都會也若委而去之則降者離心遼之餘黨與夏人得以窺伺矣乃立重賞以激士心旣而夜中有火大如斗墜于城中宗雄曰此城破之象也及克西京賜宗雄黃金百兩衣十襲

及奴婢等與宗幹等擊取守忠兵七千于西京之東四十里大破之迎謁太祖于鴛鴦濼從至歸化州疾篤宗幹問所欲言宗雄曰國家大業旣成主上壽考萬年肅清四方死且無恨天輔六年薨年四十太祖來問疾不及見哭之慟謂群臣曰此子謀略過人臨陣勇決少見其比賻贈加等詔令扎千户駙馬石家奴護喪歸葬於歸化州仍於死所建佛寺宗雄好學嗜書嘗從上獵誤中流矢而神色不變恐上知之而罪及射者旣拔去其矢託疾歸家卧兩月因學契丹大小字盡通之凡金國初建立法定制皆與宗幹建白行焉及與遼議和書詔契丹漢字宗雄與宗翰希

尹主其事而材武蹻捷挽強射遠幾三百步嘗走馬射三麞已中其二復彎弓馬蹶躍而下控弦如故逐轂滿步射獲之宗雄方逐兔撻懶亦從後射之已發矢撻懶大呼曰矢及矣宗雄反顧以手接其矢就射兔中之其輕健如此天眷中追封太師齊國王天德二年加秦漢國王正隆二年改太傅金源郡王大定二年追封楚王謚威敏配享太祖廟廷十五年詔圖像于衍慶宮子蒲魯虎按荅海阿鄰孫常春胡里剌胡剌鶻魯茶札怕八訛出初宗幹納宗雄妻海陵銜之及篡位使宿直將軍蕭(晁)霞牌印閭山往河間因宗雄妻於府署明日與其子婦及常春兄弟茶札之子

七人皆殺而焚之棄其骨於濠水大定十七年詔有司收葬初蒲魯虎襲猛安蒲魯虎卒贈金紫光祿大夫子桓端襲之官至金吾衛上將軍桓端卒子裊頻乖襲而死章宗命宗雄孫蒲帶襲之蒲帶大定末累官同簽大睦親府事章宗即位初置九路提刑司蒲帶為北京臨潢提刑使詔曰朕初即位憂勞萬民每念刑獄未平農桑未勉吏或不循法度以隳吾治朝廷遣使廉問事難周悉惟提刑勸農采訪之官自古有之今分九路專設是職爾其盡心往懋乃事自熙宗時遣使廉問吏治得失世宗即位凡數歲輒一遣黜陟之故大定之間郡縣吏皆奉法百姓滋殖號為

小康或謂廉問使者頗以愛憎立殿最以問宰相宰相曰臣等復為陛下察之是以世宗嘗欲立提刑司而未果章宗追述先朝遂於即位之初行之及九路提刑使朝辭于慶和殿上曰建立官制當寬猛得中凡軍民事相涉者均平決遣鈐束家人部曲勿使沮擾郡縣事今以司獄隸提刑司惟冀獄犴無冤耳既退復遣近臣諭之曰卿等皆妙簡才良付以專責盡心舉職別有旌賞否則有罰明年蒲帶乃襲猛安云

阿鄰穎悟辯敏通女直契丹大小字及漢字幼時嘗入宮熙宗見而奇之曰是兒他日必能宣力國家年十八授定

遠大將軍為順天軍節度使天德二年用廉遷益都尹兼山東東路兵馬都總管歷泰寧定海鎮西安國等軍節度海陵南伐以為神勇武平等軍都總管由壽州道渡淮與勸農使移剌元宜合兵三萬為先鋒是歲十月至廬州與宋將王權軍十餘萬戰于柘皐鎮渭子橋敗之至和州南復與王權軍八萬餘會戰又敗之追殺至江上斬首數千級上即位于遼陽海陵死大軍北還將渡淮而舟楫甚少軍士爭舟不得亟渡阿鄰得生口知可涉處識以柳枝命本部涉濟既至北岸而諸軍之爭渡者果為宋人邀擊之及入見上聞阿鄰淮上戰功又以全軍還遷兵部尚書監

督經畫征窩斡諸軍糧餉授以金牌一銀牌四窩斡敗還
至懿州以疾卒喪至京師上命致祭于永安寺百官赴弔
賻銀五百兩重綵三十端絹百匹
按荅海又名阿魯綰宗雄次子也性端重不輕發有父之
風年十五太祖賜以一品傘二十餘御毬場分朋擊毬連
勝三籌宗工舊老咸異之進呈所勝禮物按荅海爲班首
太宗喜曰今日之勝此孫之力也賞之獨厚天眷二年襲
父猛安除大宗正丞以猛安讓兄子喚端加武定軍節度
使奉朝請改侍衛親軍都指揮使封金源郡王進封譚王
遷同判大宗正事別授世襲猛安海陵將遷中都按荅海

諫曰棄祖宗興王之地而他徙非義也海陵不悅留之上
京久之進封鄆王改封魏王除濟南尹按荅海不堪卑濕
多在病告海陵聞之改西京留守正隆例奪王爵改廣寧
尹世宗即位于東京赦令至廣寧弟燕京勸按荅海拒弗
受按荅海受之會海陵遣使至城下按荅海登城告使者
曰此府迫近遼陽勢不能抗聊且從命非得已也燕京亦
登譙樓與使者語指斥不遜及諸郡皆詣東京按荅海兄
弟亦上謁有司議既拜赦令復有異言持兩端請併誅之
上曰正隆翦刈宗室朕不可效尤按荅海爲弟所惑耳於
是釋按荅海乃誅燕京不數日復判大宗正事再遷太子

太保封蘭陵郡王改勸農使海陵時自上京徙河間土瘠
詔按荅海一族二十五家從便遷居近地乃徙平州詔給
平州官田三百頃屋三百間宗州官田一百頃進金源郡
王致仕大定八年召見上曰宗室耆老如卿者能幾人邪
賜錢萬貫甲第一區留京師使預巡幸燕獵宴會十四年
薨年六十七臨終戒諸子曰汝輩勿以生富貴中而爲暴
戾宜自謙退海陵以猜忌翦滅宗室我以純謹得免死耳
汝輩惟日爲善勿墜吾家
完顏希尹本名谷神歡都之子也自太祖舉兵常在行陣
或從太祖或從撒改或與諸將征伐比有功金人初無文

字國勢日強與鄰國交好迺用契丹字太祖命希尹撰本
國字備制度希尹乃依倣漢人楷字因契丹字制度合本
國語製女直字天輔三年八月字書成太祖大悅命頒行
之賜希尹馬一匹衣一襲其後熙宗亦製女直字與希尹
所製字俱行用希尹所撰謂之女直大字熙宗所撰謂之
小字遼人迪六和尚雅里斯棄中京走希尹與迪古乃婁
室余睹襲之迪六等聞希尹兵復走遂降其旁近人民而
還奚人落虎來降希尹使落虎招其父西節度使訛里剌
訛里剌以本部降宗翰駐軍北安使希尹經略近地獲遼
護衛耶律習泥烈知遼主獵于鴛鴦濼宗翰遂請進兵宗

斡將會都統杲于奚王嶺遼兵屯古北口使婆盧火將兵
二百擊之渾黜亦將二百人爲後援渾黜聞遼兵衆請益
兵宗翰欲親往希尹妻室曰此小寇請以千兵爲公破之
渾黜至古北口遇遼遊兵逐之入谷中遼步騎萬餘迫戰
死者數人渾黜據關口希尹等至大破遼兵斬馘甚衆盡
獲甲冑輜重復敗其伏兵殺千餘人獲馬百餘匹遂與宗
翰至奚王嶺期會於羊城濼宗翰襲遼帝于五院司希尹
爲前驅所將纔八騎與遼主戰一日三敗之明日希尹得
降人麻哲言遼主在漠委輜重將奔西京幾及遼主于白
水濼南遼主以輕騎遯去盡獲其內庫寶物遂至西京西

京降使蒲察守之希尹至乙室部不及遼主而還及宗翰
入朝希尹權西南西北兩路都統是時夏人已受盟遼主
已獲耶律大石自立而夏國與妻室書責諸帥棄盟軍入
其境多掠取者希尹上其書且奏曰聞夏使人約大石取
山西諸郡以臣觀之夏盟不可信也上曰夏事酌宜行之
軍入其境不知信與否也大石合謀不可不察其嚴備之
及大舉伐宋希尹爲元帥右監軍再伐宋執二主以歸師
還賜希尹鐵券除常赦不原之罪餘釋不問宗翰代康王
希尹追之于揚州康王遯去後與宗翰俱朝京師請立熙
宗爲儲嗣太宗遂以熙宗爲諳班勃極烈熙宗即位希尹

爲尚書左丞相兼侍中加開府儀同三司希尹爲相有大
政皆身先執谷天眷元年乞致仕不許罷爲興中尹二年
復爲左丞相兼侍中俄封陳王與宗幹共誅宗盤宗雋三
年賜希尹詔曰師臣密奏姦狀已萌心在無君言宣不道
逮燕居而竊議謂神器以何歸稔於聽聞遂致章敗遂賜
死并殺右丞蕭慶并希尹子同修國史把荅符寶郎漫帶
是時熙宗未有皇子故嫉希尹者以此言譖之皇統三年
上知希尹實無他心而死非其罪贈希尹儀同三司邢國
公改葬之蕭慶銀青光祿大夫天德三年追封豫王正隆
二年例降金源郡王大定十五年謚貞憲孫守道守貞守

能守道自有傳

守貞本名左靨貞元二年襲祖谷神謀克大定改元收充
符寶祗候授通進除彰德軍節度副使遷北京留守移上
京坐安置契丹戶民部內娶妻杖一百除名二十五年起
爲西京警巡使世宗愛其剛直授中都左警巡使遷大興
府治中進同知改同知西京留守事御史臺奏守貞治有
善狀世宗因謂侍臣曰守貞勳臣子又有材能全勝其兄
守道它日可用也章宗即位召爲刑部尚書兼右諫議大
夫守貞與修起居注張暐奏言唐中書門下入閣諫官隨
之欲其預聞政事有所開說又起居郎起居舍人每皇帝

視朝左右對立有命則臨階俯聽退而書之以爲起居注緑侍從官每遇視朝正合侍立自來左司上殿諫官修起居注不避或侍從官除授及議便遣始令避之比來一例令臣等廻避及香閤奏陳言文字亦不令臣等侍立則凡有聖訓及所議政事臣等無緣得知何所記錄何所開說似非本設官之義若漏泄政事自有不密罪上從之尋爲賀宋生日使還拜參知政事時上新即政頗銳意於治嘗問漢宣帝綜核名實之道其施行之實果何如守貞誦樞機周密品式詳備以對上曰行之果何始守貞曰在陛下屬精無倦耳久之進尚書左丞授上京世襲謀克明昌三

年夏旱天子下詔罪已守貞惶恐表乞解職詔曰天當時雨荐歲爲災所以警懼不逮方與二三輔弼圖回遺闕宜思有以助朕修政上荅天戒消沴召和以康百姓卿達機務朕所親倚而引咎求去其如思助何守貞懇辭乃出知東平府事命參知政事夾谷衡諭之曰卿勳臣之裔早登膴仕才用聲績朕所素知故嗣位之初擢任政府于今數載毗贊寔多既久任繁劇宜均適逸安列内外之職亦當更治今特授卿是命東平素號雄藩兼比年飢歉正賴經畫卿其爲朕往綏撫之仍賜金幣廐馬以寵其行它日上問宰臣守貞治東平如何對曰亦不勞力上曰以彼之才

治一路誠有餘矣右丞劉瑋曰方今人材無出守貞者淹留于外誠可惜也上黙然尋改西京留守監察御史蒲刺都劾奏守貞前宴賜北部有取受事不報右拾遺路鐸上章辯之四年召拜平章政事封蕭國公上御後閣召守貞曰朕以卿乃太師所舉故特加委用然比者行事多太過門下人少慎擇復與丞相不協以是令卿補外載念我昭祖太祖開創以來乃祖佐命積有勳勞玆故召用卿其勉盡乃心與丞相議事宜相和諧率循舊章無輕改革因賜王帶併以蒲刺都所彈事與之曰朕度卿必不爾故以示卿舊制監察御史凡八員漢人四員皆進士而女直四員

則文資右職參注守貞曰監察乃清要之職流品自異俱宜一體純用進士一日奏事次上問司吏移轉事守貞曰今吏權重而積弊深移轉爲便上嘗歎文士卒無如党懷英者守貞奏進士中若趙渢王庭筠甚有時譽上曰出倫者難得耳守貞曰間世之才自古所難然國家培養久則人材將自出矣守貞因言國家選舉之法惟女直漢人進士得人居多此舉更宜增取其諸司局承應人舊無出身大定後才許敘使經童之科古不常設唐以諸道表薦或取五人至十人近代以爲無補罷之本朝皇統間取及五十人因爲常選天德間尋以停罷陛下即位復立是科朝

廷寬大放及百數誠恐積久不勝銓擬宜稍裁減以清流品又言節用省費之道並嘉納焉先是鄭王允蹈等伏誅上以其家産均給諸王戶部郎中李敬義言恐因之生事上又以董壽爲宮籍監都管勾並下尚書省議守貞奏陛下欲以允蹈等家産分賜懿親恩命已出恐不可改今已減諸王弓矢府尉司其出入臣以爲賜之無害如董壽罪人也特恩釋之已爲幸矣不宜更加爵賞上是守貞所言自明昌初北邊屢有警或請出兵擊之上曰今方南議塞河而復用兵於北可乎守貞曰彼屢突軼吾圉今一懲之後當不復來明年可以見矣上因論守禦之法守貞曰惟

有皇統以前故事捨此無法耳守貞讀書通法律明習國朝故事時金有國七十年禮樂刑政因遼宋舊制雜亂無貫章宗即位乃更定修正爲一代法其儀式條約多守貞裁訂故明昌之治號稱清明又喜推轂善類接援後進朝廷正人多出入門下先是上以疑忌誅鄭王允蹈後張汝弼妻高陀斡獄起意又若在鎬王允中時右諫議大夫賈守謙上疏陳時事思有以寬解上意右拾遺路鐸繼之言尤切直帝不悅守貞持其事獄久不決帝疑有黨乃出守貞知濟南府事仍命即辭前舉守貞者董師中路鐸等皆補外上語宰臣曰守貞固有才力至其讀書方之眞儒則

未也然太邀權譽以彼之才而能平心守正朝廷豈可少離今茲令出蓋思之熟矣俄以在政府日嘗與近侍竊語宮掖事而妄稱奏下上命有司鞫問守貞款伏奪官一階解職遣中使持詔責諭之曰挾姦罔上古人常刑結援養交臣之大戒孰謂予相乃蹈厥辜爾本出勳門寖登膴仕朕初嗣位亟欲用卿未閱歲時升爲宰輔每期納誨共致太平盍求所長不考其素援擢不爲不峻任用不爲不專曾報效之弗思輒私權之自樹交通近侍密問起居窺測上心預圖趨向豫患失之心重故欺君之罪彰指所無之事而妄以肆誣實未始有言而謂之嘗諫義豈知於歸美

意專在於要君其飾詐之若然豈爲臣之當耳復觀彈奏益見私情求親識之援而列布宮中縱罪廢之餘而出入門下而又凡有官使歛爲已恩謂皆涉於回邪不宜任之中外質之清議固所不容揆之乃心烏得無愧姑從輕典庸示薄懲仍以守貞不公事宣諭百官於尚書省承安元年降授河中防禦使五年改部羅火扎石合節度使過闕上賜手詔責諭之令赴職久之遷知都府事時南鄙用兵上以山東重地須大臣安撫乃移知濟南府卒上聞而悼之勑有司致祭賻贈禮物依故平章政事蒲察通例謚曰肅守貞剛直明亮凡朝廷論議及上有所問皆傳經以對

上嘗與之論人材守貞乃迹其心術行事臧否無少隱故
爲胥持國輩所忌竟以直罷後趙秉文由外官入翰林遷
上書言願陛下進君子退小人上問君子小人謂誰秉文
對君子故相完顏守貞小人今參知政事胥持國其爲天
下推重如此

守能本名胡刺累官商州刺史正隆末宋人陷商州守能
被執大定五年宋人請和誓書曰俘虜之人盡數發還完
顏仲爲報問國信使求守能及新息縣令完顏按辰於宋
遂與俱歸守能等至京師入見詔給舊官之俸大定十九
年爲西北路招討使是時詔徙窩斡餘黨于臨潢泰州押

刺民列嘗從窩斡其弟闍敵也當徙僞稱身亡以馬賂守
能固匿不遣及受賕補賽也蕃部通事事覺是時烏古里
石壘部族節度副使奚沙阿補杖殺無罪鎭邊猛安尚書
省俱奏其事上曰守能由刺史超擢至此敢恣貪墨向者
招討司官多進良馬橐駝鷹鶻等物蓋假此以率斂爾自
今並罷之因責其兄守道曰守能自刺史躐遷招討外官
之尊無以踰此前招討哲典以貪墨伏誅守能豈不知乃
敢如此其意安在爾之親弟何不先訓戒之也上謂宰臣
曰監察專任糾彈宗州節度使阿思懣物之官途中侵擾
百姓到官舉動皆違法度完顏守能爲招討使貪冒狼籍
凡達官貴人皆未嘗舉劾斡睹只群牧副使僕散那也取
部人毬杖兩枝即便彈奏自今監察御史職事修舉然後
遷除不舉職者大則降罰小則決責仍不得去職尚書省
奏守能兩贓俱不至五十貫抵罪奚沙阿補解見居官并
解世襲謀克上曰此舊制之誤居官犯除名者與世襲併
罷之非犯除名者勿罷遂著于令特詔守能杖二百除名

贊曰阿离合懣之善頌宗雄之強識希尹之敏學益之以
征伐之功豈不偉哉

列傳第十一

百衲本

金史

元・脫脫等撰

2

國家圖書館出版社

開府儀同三司上柱國錄軍國重事前中書右丞相監修國史領經筵事都總裁臣脫脫奉

勅修

宗翰本名粘罕子斜哥

宗望本名斡离不子齊京文

宗翰本名粘沒喝漢語訛為粘罕國相撒改之長子也年十七軍中服其勇及議伐遼宗翰與太祖意合太祖敗遼師于境上獲耶律謝十撒改使宗翰及完顏希尹來賀捷即稱帝為賀及太宗以下宗室群臣皆勸進太祖猶謙讓宗翰與阿离合懣蒲家奴等進曰若不以時建號無以繫天下心太祖意乃決遼都統耶律訛里朶以二十餘萬戍邊太祖逆擊之宗翰為右軍大敗遼人于達魯古城天輔五年四月宗翰奏曰遼主失德中外離心我朝興師大業既定而根本弗除後必為患今乘其釁可襲取之天時人事不可失也太祖然之即命諸路戒備軍事五月戊戌射柳宴群臣上顧謂宗翰曰今議西征汝前後計議多合朕意宗室中雖有長於汝者若謀元帥無以易汝汝當治兵以俟師期上親酌酒飲之且命之釂解御衣以衣之群臣言時方暑月乃止無何為移賚勃極烈副蒲家奴西襲遼帝不果行十一月宗翰復請曰諸軍久駐人思自奮馬亦

壯健宜乘此時進取中京群臣言時方寒太祖不聽竟用宗翰策於是忽魯勃極烈杲都統內外諸軍蒲家奴宗翰宗幹宗盤副之宗峻領合扎猛安皆受金牌余睹為鄉導取中京實北京既克中京宗翰率偏師趨北安州與婁室徒單綽里合兵大敗奚王霞末北安遂降宗翰駐軍北安遣希尹經略近地獲遼護衛耶律習涅烈廼知遼主獵于鴛鴦濼殺其子晉王敖魯斡衆益離心西北西南兩路兵馬皆羸弱不可用宗翰使耨盌温都移剌保報都統杲曰遼主窮迫於山西猶事畋獵不恤危亡自殺其子臣民失望攻取之策幸速見諭若有異議此當以偏師討之杲使奔睹與移剌保同來報曰頃奉詔旨不令便趨山西當審詳徐議當時宗翰使人報杲即整衆俟兵期及奔睹至知杲無意進取宗翰恐待杲約或失機會即決策進兵使移剌保復往報都統曰初受命雖未令便取山西亦許便宜從事遼人可取其勢已見一失機會後難圖矣今已進兵當與大軍會于何地幸以見報宗幹勸杲當如宗翰策杲意乃決約以奚王嶺會議宗翰至奚王嶺與都統杲會杲軍出青嶺宗翰軍出瓢嶺期于羊城濼會軍宗翰以精兵六千襲遼主閘遼主自五院司來拒戰宗翰倍道兼行一宿而至遼主遁去乃使希尹等追之西京復叛耿守忠以

兵五千来救至城東四十里蒲察烏烈谷赧先擊之斬首千餘宗翰宗雄宗幹宗峻繼至宗翰率麾下自其中衝擊之使餘兵去馬從旁射之守忠敗走其衆殲焉宗翰弟扎保迪沒于陣天眷中贈扎保迪特進云宗翰已撫定西路州縣部族謁上于行在所遂從上取燕京燕京平賜宗翰希尹撻懶耶律余睹金器有差太祖既以燕京與宋人還軍次鴛鴦濼不豫將歸京師以宗翰為都統昃勃極烈昱迭勃極烈斡魯副之駐軍雲中太宗即位詔宗翰曰寄爾以方面當遷官資者以便宜除授因以空名宣頭百道給之宋人來請割諸城宗翰報以武朔二州宗翰請曰宋人

不歸我叛亡阻絕燕山往來道路後必敗盟請勿割山西郡縣太宗曰先皇帝嘗許之矣當與之諸將獲耶律馬哥宗翰歸之京師詔以馬七百匹給宗翰軍以田種千石米七千石賑新附之民詔曰新附之民比及農時度地以居之宗翰請分宗望撻懶石古乃精兵討諸部詔曰宗望軍不可分別以精銳五千給之宗翰朝太祖陵入見上奏曰先皇帝時山西南京諸部漢官軍帥皆得承制除授今南京皆循舊制惟山西優以朝命詔曰一用先皇帝燕京所降詔敕從事卿等度其勤力而遷授之宗翰復奏曰先皇帝征遼之初圖宋協力夾攻故許以燕地宋人既盟之後

請加幣以求山西諸鎮先皇帝辭其加幣盟書曰無容匿逋逃誘擾邊民今宋數路招納叛亡厚以恩賞累疏叛人姓名索之童貫嘗期以月日約以誓書一無所致盟未朞年今已如此萬世守約其可望乎且西鄙未寧割付山西諸郡則諸軍失屯據之所將有經略或難持久請姑置勿割上悉如所請上以宗翰破遼經略夏國奉表稱藩深嘉其功以馬十四匹使宗翰自擇二匹餘賜群帥及斡魯奏宋不遣歲幣戶口事且將渝盟不可不備太宗命宗翰取諸路戶籍按籍索之而闍母再奏宋敗盟有狀宗翰宗望俱請伐宋於是諳班勃極烈杲領都元帥居京師宗翰為左

副元帥自太原路伐宋宗翰發自河陰遂降朔州克代州圍太原府宋河東陝西軍四萬救太原敗于汾河之北殺萬餘人宗望自河北趨汴久不聞問遂留銀术可等圍太原宗翰率師而南降定諸縣及威勝軍下隆德府實潞州軍至澤州宋使至軍中始知割三鎮講和事路允迪以宋割太原詔書来太原人不受詔宗翰取文水及盂縣復留銀术可圍太原宗翰乃還山西宋少帝誘蕭仲恭貽書余睹以興復遼社稷以動之蕭仲恭獻其書詔復伐宋八月宗翰發自西京九月丙寅宗翰克太原執宋經略使張孝純等鶻沙虎取平遙降靈石介休孝義諸縣十一月甲子

宗翰自太原趨汴降威勝軍克隆德府遂取澤州撒刺荅等先已破天井關進逼河陽破宋兵萬人降其城宗翰攻懷州克之丁亥渡河閏月宗翰至汴與宗望會兵宋約畫河爲界復請脩好不克和丙辰銀术可等克汴州辛酉宋少帝詣軍前會靑城十二月癸亥少帝奏表降詔元帥府曰將帥士卒立功者第其功之高下遷賞之其殞身行陣沒於王事者厚䘏其家賜贈官爵務從優厚使昂就軍中勞賜宗翰宗望使皆執其手以勞之四月以宋二主及其宗族四百七十餘人及珪璋寶印袞冕車輅祭器大樂靈臺圖書與大軍北還七月賜宗翰鐵券除反逆外餘皆不

問賜與甚厚宗翰奏河北河東府鎮州縣請擇前資官良能者任之以安新民上遣耶律暉等從宗翰行詔黃龍府路南路東京路於所部各選如耶律暉者遣之宗翰遂趨洛陽宋董植以兵至鄭州鄭州人復叛宗翰使諸將擊董植軍復取鄭州遂遷洛陽襄陽潁昌汝鄭均房唐鄧陳蔡之民於河北而遣婁室平陝西州郡是時河東寇盜尚多宗翰乃分留將士夾河屯守而還師山西啓德公致書請立趙氏奉職修貢民心必喜萬世利也宗翰受其書而不荅康王遣王師正奉表密以書招誘契丹漢人獲其書奏之太宗下詔伐康王河北諸將欲罷陝西兵併力南伐河東諸將不可曰陝西與西夏爲鄰事重體大兵不可罷宗翰曰初與夏約夾攻宋人而夏人弗應而耶律大石在西北交通西夏吾舍陝西而會師河北彼必謂我有急難河北不足虞宜先事陝西略定五路既弱西夏然後取宋宗翰蓋有意于夏人也議久不決奏請于上上曰康王構當窮其所往而追之俟平宋當立藩輔如張邦昌者陝右之地亦未可置而不取於是婁室蒲察帥師繩果婆盧火監戰平陝西銀术可守太原耶律余睹留西京宗翰會東軍于黎陽津遂會睿宗于濮進兵至東平宋知府權邦彥棄家宵遯降其城駐軍東平東南五十里復取徐州先是宋

人運江淮金幣皆在徐州官庫盡得之分給諸軍襲慶府來降宋知濟南府劉豫以城降于撻懶乃遣拔离速烏林荅泰欲馬五襲康王于揚州未至百五十里馬五以五百騎先馳至揚州城下康王聞兵來已於前一夕渡江矣於是康王以書請存趙氏社稷先是康王嘗致書元帥府稱大宋皇帝構致書大金元帥帳前至是乃貶去大號自稱宋康王趙構謹致書元帥閤下其四月七月兩書皆然元帥府荅其書招之使降於是撻懶宗弼拔离速馬五等分道南伐宗弼之軍渡江取建康入于杭州康王入海阿里蒲盧渾等自明州行海三百里追之弗及宗弼乃還其後

宗翰欲用徐文策伐江南睿宗宗弼議不合乃止語在劉
豫傳歸德叛都統大乣里平之初太宗以斜也爲諳班勃
極烈天會八年斜也薨久虛此位而熙宗宗峻子太祖嫡
孫宗幹等不以言太宗而太宗亦無立熙宗意宗翰朝京
師謂宗幹曰儲嗣虛位頗久合剌先帝嫡孫當立不早定
之恐授非其人宗翰日夜未嘗忘此遂與宗幹希尹定議
入言於太宗請之再三太宗以宗翰等皆大臣義不可奪
乃從之遂立熙宗爲諳班勃極烈於是宗翰爲國論右勃
極烈兼都元帥熙宗即位拜太保尚書令領三省事封晋
國王乞致仕詔不許天會十四年薨年五十八追封周宋

國王正隆二年例封金源郡王大定間改贈秦王謚桓忠
配享太祖廟廷孫秉德斜哥秉德別有傳
斜哥累官同知曷蘇館節度使事大定初除刑部侍郎充
都統與副統完顏布輝自東京先赴中都輒署置官吏私
用官中財物世宗至中都事覺斜哥當死布輝當除名詔
寬減斜哥除名布輝削兩階解職二年起爲太宗正丞除
祁州刺史坐贓枉法當死詔杖一百五十除名遣左衛將
軍夾谷查剌諭斜哥曰卿何面目至鄉中與宗族相見今
徙鄜州以家人自隨俟汝身死聽家人從便久之起同知
興中尹遷唐括部族節度使歷開遠順義軍斜哥前在雲

內受賕御史臺劾奏上謂宰臣曰斜哥今三犯矣蓋其資
質鄙惡如此令強幹吏鞫之獄成法當死上曰斜哥祖父
秦王宗翰有大功特免死杖一百五十除名久之復起爲
勸農副使
贊曰宗翰內能謀國外能謀敵決策制勝有古名將之風
臨潢既捷諸將皆有怠忽之心而請伐不已越千里以襲
遼主諸將皆有畏顧之心而請期不已觀其欲置江淮專
事陝服當時無有能識其意者甫釋干戈欵祇歸朝以定
熙宗之位精誠之發孰可掩哉
宗望本名斡魯補又作斡离不太祖第二子也每從太祖

征伐常在左右都統杲已克中都宗翰在北安州獲遼護
衛習泥烈知遼主在鴛鴦濼宗翰請襲之杲出青嶺遼兵
三百餘掠降人家貲宗望曰若生致此輩可審得遼主所
在虜實遂與宗弼率百騎進騎多罷乏獨與馬和尚逐越
盧孛古野里斯等留一騎趣後軍即馳擊敗之生擒五人
因審遼主尚在鴛鴦濼未去無疑也於是進兵宗翰倍道
兼行追遼主于五院司不及婁室等追之至白水濼遼主
走陰山遼秦晋國王捏里自立于燕京新降州部人心不
固杲使宗望請太祖臨軍宗望至京師百官入賀上曰宗
望與十餘騎經涉兵冦數千里可嘉也上宴群臣歡甚宗

望奏曰今雲中新定諸路遼兵尚數萬遼主尚在陰山天德之間而捏里自立于燕京新降之民其心未固是以諸將望陛下幸軍中也上曰懸軍遠伐授以成算豈能盡合機事朕以六月朔啓行既次大濼西南杲使希尹奏請徙西南招討司諸部于內地上顧謂羣臣曰徙諸部人當出何路宗望對曰中京殘弊芻糧不給由上京爲宜然新降之人遽爾騷動未降者必皆疑懼勞師害人所失多矣上京謂臨潢府也上廼下其議命軍帥度宜行之上聞遼主在大魚濼自將精兵萬人襲之蒲家奴宗望率兵四千爲前鋒晝夜兼行馬多乏追及遼主于石輦驛軍士至者才千人遼軍餘二萬五千方治營壘蒲家奴與諸將議余睹曰我軍未集人馬疲劇未可戰宗望曰今追及遼主而不亟戰日入而遯則無及遂戰短兵接遼兵圍之數重士皆殊死戰遼主謂宗望兵少必敗遂與嬪御皆自高阜下平地觀戰余睹示諸將曰此遼主麾蓋也若萃而薄之可以得志騎兵馳赴之遼主望見大驚即遯去遼兵遂潰宗望等還上曰遼主去不遠亟追之宗望以騎兵千餘追之蒲家奴爲後繼太祖已定燕京斡魯爲都統宗望副之襲遼主于陰山青冢之間宗望婁室銀术可以三千軍分路襲之將至青冢遇泥濘衆不能進宗望與當海四騎以繩繫

遼都統林牙大石使爲鄉導直至遼主營時遼主往應州其嬪御諸女見敵兵奄至驚駭欲奔命騎下執之有頃後軍至遼太叔胡盧瓦妃國王捏里次妃遼漢夫人并其子秦王許王女骨欲餘里衍斡里衍大奧野次奧野趙王妃斡里衍招討迪六詳穩六斤節度使孛迭赤狗兒皆降得車萬餘乘惟寧王雅里及其長女乘軍亂亡去婁室銀术可獲其左右輿帳進至掃里門爲書以招遼主遼主自金城來知其族屬皆見俘率兵五千餘決戰宗望以千兵擊敗之遼主相去百步遯去獲其子趙王習泥烈及傳國璽追二十餘里盡得其從馬而照里特末胡巴魯背荅別獲牧馬萬四千匹車八千乘及獻傳國璽于行在太祖曰此羣臣之功也遂寘璽于懷中東面恭謝天地乃大錄諸帥功加賞焉遼主乃使謀盧瓦持兔紐金印請降宗望受之視其文乃元帥燕國王之印也宗望復以書招之諭以石晉北遷事遂使使諭夏國示以和好所以沮疑其救遼之心也宗望趨天德遼耶律慎思降及候人吳十回皆言夏國迎護遼主度大河矣宗望乃傳檄夏國曰果欲附我當如前諭執送遼主若猶疑貳恐有後悔及遼秦王等以俘見太祖太祖嘉宗望功以遼蜀國公主餘里衍賜之闍母與張覺戰大敗於兔耳山上使宗望問狀就以闍母軍討

張覺降瀕海郡縣遂與覺戰于南京城東覺敗宵遁奔宋語在覺傳城中人執覺父及其二子來獻宗望殺之使以詔書宣諭城中張敦固等出降使使與敦固俱入城收兵仗城中人殺使者立敦固爲都統刼府庫掠居民乘城拒守太宗賞破張覺功及有功將士各有差初張覺奔宋入于燕京宗望責宋人納叛人且徵軍糧久不聞問宗望欲移書督之請空名宣頭千道增信牌安撫新降之民詔以新附長吏職員仍舊已命諸路轉輸軍糧勿督於宋給銀牌十空名宣頭五十道及遷潤來隰四州人徙于瀋州者俟畢農各復其業乃詔咸州輸粟宗望軍張敦固以兵八千分四隊出戰大敗宗望再三開諭敦固等曰屢嘗拒戰不敢遽降宗望許其望闕遥拜敦固乃開其一門宗望使闍母奏其事乃下詔赦南京官民大小罪皆釋之官職如舊別勑有司輕徭賦勸稼穡疆埸之事一決於宗望又曰議索張覺及逋亡戶口於宋聞比歲不登若如舊徵歛恐民匱乏度其糧數賦之射糧軍願爲民者使復田里小大之事關白軍帥無得專達朝廷詔宗望曰選勳賢及有民望者爲南京留守及諸闕員仍具姓名官階以聞是時遷潤來隰四州之民保山砦者甚衆宗望乞選良吏招撫上從之上召宗望赴闕而闍母克南京兵執僞都統張敦固殺之南京平赴京師於是宗翰請無割山西地與宋斡魯亦言之闍母論奏宋渝盟有驗不可不備及宗望還軍上曰徵歲幣於宋以銀二十萬兩絹三十萬匹分賜爾軍及六部東京諸軍宗望至軍宋兵三千自海道來破九寨殺馬城縣戍將節度使盧幹取其銀牌兵仗及馬而去宗望索戶口宋人弗遣且聞童貫郭藥師治軍燕山宗望奏請伐宋曰苟不先之恐爲後患宗翰亦以爲言故伐宋之策宗望實啓之宗望爲南京路都統闍母副之自燕山路伐宋宗望奏曰闍母於臣爲叔父請以闍母爲都統臣監戰事上從之以宗望監闍母劉彥宗兩軍戰事宗望至三河破郭藥師兵四萬五千于白河蒲莧敗宋兵三千于古北口郭藥師降遂取燕山府盡收其軍實馬萬匹甲冑五萬兵七萬州縣悉平宋中山戍將王彥劉璧率兵二千來降蒲察繩果以三百騎遇中山三萬人於阨隘之地力戰死之朮烈速活里改軍繼至殺二萬餘人宗望破宋真定兵五千人遂克信德府次邯鄲宋李鄴請修舊好宗望留軍中不遣自郭藥師降益知宋之虛實宗望請以爲燕京留守及董才降益知宋之地里宗望請任以軍事太宗俱賜姓完顏氏皆給以金牌四年正月己巳諸軍渡河取滑州使吳孝民入汴以詔書問納平州張覺事令執送童貫

譚積磨度以黃河為界納質奉貢癸酉諸軍圍汴宋少帝請為伯姪國効質納地增歲幣請和遂割太原中山河間三鎮書用伯姪禮以康王構太宰張邦昌為質沈晦以誓書三鎮地圖至軍中歲幣割地一依定約語在宋事中二月丁酉朔與宋平退軍孟陽是夜姚平仲兵四十萬來襲候騎覺之分遣諸將迎擊大破平仲軍復進攻汴城問舉兵之狀少帝大恐使宇文虛中來辨曰初不知其事且將加罪其人宗望輟弗攻改肅王樞為質康王構還歸師還河北兩鎮不下遂分兵討之宗望罷常勝軍給還燕人田業命將士分屯安肅雄霸廣信之境宗望還山西未幾為

右副元帥有功將士遷賞有差頃之宋少帝以書誘余睹蕭仲恭獻其書詔復伐宋八月宗望會諸將發自保州耶律鐸破敵兵三萬于雄州殺萬餘人那野敗宋軍七千於中山高六董才破宋兵三千於廣信宋种師閔軍四萬人駐井陘宗望大破之遂取天威軍東還遂克真定殺知府李邈得戶三萬降五縣遂自真定趨汴十一月戊辰宗望至河上降魏縣諸軍渡河留諸將分出大名之境降臨河縣至大名縣德清軍開德府皆克之阿里刮以騎兵三千先趨汴破宋軍六千于路取胙城抵汴城下獲宋兵千人擒數將宗望至汴分遣諸將邀宋援兵奔睹那野賽剌臺

實連破宋援兵閏月壬辰朔宋兵一萬出自汴城來戰宗望選勁勇五千使當海忽魯雛鶻失擊敗之癸巳宗翰自太原會軍于汴丙辰克汴州辛酉宋少帝詣軍前十二月癸亥宋帝奉表降上使勗就軍中勞賜宗翰宗望使皆執其手以勞之四月以宋二主及其宗族四百七十餘人及珪璋寶印袞冕車輅祭器大樂靈臺圖書與大軍北還宗望乃分諸將鎮守河北董才降廣信軍及旁近縣鎮宗望乃西上凉陘詔宗望曰自河之北今既分畫重念其民見城邑有被殘者遂阻命堅守其申諭招輯安全之儻堅執不移自當致討若諸軍敢利於俘掠輒肆毀蕩者當底於

罰是月宗望薨天會十三年封魏王皇統三年進許國王又徙封晉國王天德二年贈太師加遼燕國王配享太宗廟廷正隆二年例降封大定三年改封宋王謚桓肅子齊京文初遼帝之奔陰山也遼節度使和尚與林牙馬哥男慎思俱被擒都統杲使阿鄰護送得底和尚雅里斯等入京師得里底道亡太祖誅阿鄰和尚弟道溫為興中尹太祖使謾都本以兵千人與和尚往招之和尚欲亡去不克至興中城下以矢繫書射城中教道溫毋降事泄謾都本責之曰汝何反覆如此對曰以忠報國何反覆之有雖死不恨乃殺之既而宗望軍遇遼都統李迭等道溫在其中

相與隔水而語宗望承制招之幸迭唯諾無降意宗望謂道溫曰汝兄和尚因戰而獲未嘗加罪後以叛誅能無痛悼道溫曰吾兄辱於見獲榮於死國宗望顧馬和尚曰能爲我取此乎對曰能遂以所部渡水擊敗其衆直趨道溫射中其臂獲而殺之

齊本名受速長身美髯天眷三年以宗室子授鎮國上將軍皇統元年遷光祿大夫正隆六年遷銀青榮祿大夫大定初遷特進加安武軍節度使留京師奉朝請齊以近屬上所寵遇而性庸滯無材能大定三年罷節度官給隨朝三品俸累官特進卒弟京弟文皆以謀反誅世宗盡以其

家財產與齊之子斂住詔齊妻曰汝等皆當緣坐有至大辟及流竄者朕念宋王故置而不問且以其家產賜汝子宜悉朕意十五年上名英王爽謂曰卿於諸公主女子中爲斂住擇婚其禮幣命有司給之俄襲叔父京山東西路徒母堅猛安

京本名忽魯以宗室子累遷特進天德二年除翰林學士承旨兼修國史加開府儀同三司遷工部尚書改禮部兵部判大宗正事封曹王除河間尹正隆二年例封瀋國公北京留守以喪去官起復益都尹六年坐違制立春日與徒單貞飲酒降灤州刺史未幾改絳陽軍節度使海陵遣護衛忽魯往絳州殺之京由間道走入汾州境得免世宗即位來見于桃花塢復判大宗正事封壽王二年正月戊辰朔日食伐鼓用幣上不視朝減膳徹樂詔京代拜行禮世宗懲創海陵疎忌宗室加禮京兄弟情若同生謂京等曰朕每見天象變異輒思政事之闕寤寐自責不遑凡事必審思而後行猶懼獨見未能盡善每令群臣集議庶幾無過舉也是時伐宋未罷兵用度不足百官未給全俸京家人數百口財用少上聞之賜金一百五十兩重綵百端絹五百匹改西京留守賜佩刀廐馬京到西京京妻嘗召日者孫邦榮推京祿命邦榮言留守官至太師爵封王京

問此上更無否邦榮曰止於此京曰若止於此所官何爲邦榮察其意乃詐爲圖讖作詩中有鶻魯爲之語以獻於京京曰後誠如此乎遂受其詩再使卜之邦榮稱所得卦有獨權之兆京復使邦榮推世宗當生年月家人孫小哥妄作謠言誑惑京如邦榮指京信之京妻公壽具知其事大定五年三月孫邦榮上變詔刑部侍郎高德基戶部員外郎完顏兀古出往鞫之京等皆款伏獄成還奏上曰海陵無道使光英在朕亦保全之況京等哉於是京夫婦特免死杖一百除名嵐州樓煩縣安置以奴婢百口自隨官給上田遣兀古出劉玹宣諭京詔曰朕與汝皆太祖之孫

海陵失道翦滅宗支朕念兄弟無幾於汝尤爲親愛汝亦自知之何爲而懷此心朕念骨肉不忍盡法汝若尚不思過朕雖不加誅天地豈能容汝也十年四月詔于婁煩縣爲京作第一區月給節度廩俸十二年兄德州防禦使文謀反上聞皇太子趙王允中及宰臣曰京謀不軌朕特免死今復當緣坐何如宰臣或言京圖逆今不除之恐爲後患上曰天下大器歸於有德海陵失道朕乃得之但務修德餘何足慮太子曰誠如聖訓乃遣使宣諭京詔曰卿兄文舊封國公不任職事朕進封王爵委以大藩頃在大名以贓得罪止削左遷不知恩幸乃蓄怨心謀不軌罪及兄

弟朕念宋王皆免緣坐文之家產應没入者盡與卿兄子歛住卿宜悉此意二十年十一月上問宰臣曰京之罪始於其妻妄卜休咎太祖諸孫存者無幾朕欲名置左右不使任職但廩給之卿等以爲何如皆曰置之近密臣等以爲非宜上曰朕若修德何必豫懷疑忌久之上復欲名京宰臣曰京不赦之罪也赦之以爲至幸矣豈可復上默良久乃止

文本名胡剌皋統間授世襲謀克加奉國上將軍居中京海陵篡立賜錢二萬貫是時左淵爲中京轉運使市中有織術敲仙者文與淵皆與之游海陵還中京聞名敲仙詰問窮竟本末旣而殺之于市責讓文淵貞元元年除祕書監坐與靈壽縣主阿里虎有姦杖二百除名俄復爲祕書監封王正隆例封鄭國公以喪去官起復翰林學士承旨同判大宗正事昌武軍節度使大定初改武定軍留京師奉朝請三年賜上常御條服佩刀而遣之謂文曰朕無兄弟見卿徃外郡惻然傷懷卿頗自放宜加檢束除廣寧尹召爲判大宗正事封英王是時弟京得罪上謂文曰朕待京不薄乃包藏禍心圖不軌不忍刑及骨肉遂從輕典卿亦驕縱無度宋王有社稷功武靈封太祖諸孫爲王卿獨不封朕即位封卿兄弟爲王自今懲咎悔過赤心事朕無患

朕不知也除真定尹賜以衣帶改大名尹徙封荆王文到大名多取猛安謀克良馬或以駑馬易之買民物與價不盡其直尋常占役弓手四十餘人詭納稅草十六萬束公用闕取民錢一萬九千餘貫坐是奪爵降德州防禦使僚佐皆坐不矯正解職監察御史董師中按文事失糾察已除尚書省都事降沁南軍節度副使詔曰自今長官不法僚佐不矯正又不言上並嚴行懲斷文既失職居常怏怏日與家奴石抹合住忽里者爲怨言合住揣知其意因言南京路猛安阿古合住謀克頗里銀术可與大王厚善累欲舉大事彼皆顧從文信其言乃召日者康洪占休咎密

以謀告洪洪言來歲甚吉文厚謝洪使家僮剛哥等徃南京以書幣遣阿古等剛哥問合住何以知阿古等必從合住曰阿古等與大王善以此意其必從耳剛哥到南京見阿古等不言其本來之事及還紿文曰阿古從大王矣文乃造兵仗使家奴斡敵畫陣圖家奴重喜詣河北東路上變府遣總管判官孛特駞往德州捕文孛特至德州日已晚會文出獵名防禦判官酬越謀就獵所執之酬越言文兵衛甚衆且暮夜明日文生日可就會上執之孛特乃止是夜文知本府使至意其事覺乃與合住忽里者等俱亡去河間府使奏文事詔遣右司郎中紇石烈哲典翰林修

撰阿不罕訛里也往德州鞫問上聞文亡命謂宰臣曰海陵翦滅宗室殆盡朕念太祖孫存者無幾人曲為寬假而文曾不知幸尚懷異圖何狂悖如此上恐文久不獲詿誤者多督所在捕之詔募獲文者遷官五階賜錢三千貫文以大定十二年九月事覺亡命凡四月至十二月被獲伏誅康洪論死餘皆坐如律詔釋其妻术實懶孛特酬越不即捕致文亡去孛特杖二百除名酬越杖一百削兩階詔曰德州防禦使文北京曹貴鄜州李方皆因術士妄談祿命陷于大戮凡術士多務苟得肆為異說自今宗室宗女有屬籍者及官職三品者除占問嫁娶修造葬事不得推算相命違者徒二年重者從重上以文家財產賜其故兄特進齊之子畋住并以西京留守京沒入家產賜之

贊曰宗望啓行平州戰勝白河席卷而南風行電舉兵無留難再閱月而汴京圍矣所謂敵不能與校者耶既取信德留兵守之以為後距此豈輕者耶管子曰徑於絕地攻於恃固獨出獨入而莫之能止其宗望之謂乎

開府儀同三司上柱國錄軍國重事前中書右丞相監修國史領經筵事都總裁臣脫脫　奉敕修

盧彥倫子璣 孫亨嗣　毛子廉
李三錫　孔敬宗
李師夔　沈璋
左企弓　虞仲文曹勇義 康公弼
左泌弟淵 姪光慶

盧彥倫臨潢人遼天慶初蕭貞一留守上京置爲吏以材幹稱是時臨潢之境多盜而城中兵無統屬者府以彥倫爲材薦之於朝即授殿直勾當兵馬公事遼兵敗於出河店還至臨潢散居民家令給養之而軍士縱恣侵擾無所不至百姓殊厭苦之留守耶律赤狗兒不能禁戢乃召軍民諭之曰契丹漢人久爲一家今邊方有警國用不足致使兵士久溷父老間有侵擾亦當相容衆皆無敢言者彥倫獨曰兵興以來民間財力困竭今復使之養士以國家多故義固不敢辭而此輩恣爲強暴人不能堪且番漢之民皆赤子也奪此與彼謂何初取臨潢軍中有辛訛特剌者舊爲臨潢驛吏與彥倫善使往招諭彥倫殺之遼授彥倫團練使勾當留守司公事天輔四年彥倫從留守撻不

野出降授夏州觀察使權發遣上京留守事師還撻不野以城叛彥倫乃率所部逐撻不野盡殺城中契丹遣使來報未幾遼將耶律馬哥以兵取臨潢彥倫拒守者七月會援兵至敵解圍去因赴闕天會二年知新城事城邑初建彥倫爲經畫民居公宇皆有法改靜江軍節度留後知咸州煙火事未幾遷靜江軍節度使天眷初行少府監兼都水使者充提點京城大內所改利涉軍節度使未閱月還復爲提點大內所彥倫性機巧能迎合悼后意由是頗見寵用歲餘遷侍衛親軍馬步軍都指揮使爲宋國歲元使改禮部尚書加特進封鄃國公天德二年出爲大名尹明年詔彥倫營造燕京宮室以疾卒年六十九子璣

璣字正甫以廕補閤門祗候累遷客省使兼東上閤門使改提點太醫教坊司天充大定十五年宋主生日副使遷同知宣徽院事丁母憂起復太府監改開遠軍節度使入爲右宣徽使章宗即位轉左宣徽使致仕明昌四年起復左宣徽使改定武軍節度使復爲左宣徽使是時璣年已七十詔許朝參得坐於廊下復致仕泰和初詔璣天壽節預宴二年元妃李氏生皇子滿三月章宗以璣老而康強命以所策杖爲洗兒禮物章宗幸玉泉山詔璣與致仕宰相俱會食許策杖給扶後預天壽節上命璣與大臣握槊

戲璣獲勝焉從上秋山賜名馬上曰酬卿博直其眷遇如此泰和六年卒年八十子亨嗣

亨嗣字繼祖以廕補閤門祇候内供奉調同監平涼府酤務改同監天山鹽場丁母憂服闋監萊州酒課累調監豐州任丘汲縣東平酒務課最遷白登縣令明昌四年行六部差規措軍前糧料入爲典給直長改西京户籍判官歷官西京中都太倉使中都户籍判官尚醞署丞丁父憂大安初復爲典給署丞兼太子家令崇慶元年遷同知順天軍節度使事是時兵興徵調煩急亨嗣以辦最遷定遠大將軍入爲户部員外郎貞祐二年遷莒州刺史三年山東

宣撫司討楊安兒亨嗣行六部兵罷還州興定二年卒年六十一亨嗣與弟亨益盡友愛之道亨嗣初以祖廕得官大定十六年父璣爲同知宣徽院事當廕子亨嗣以讓弟亨益亨益早卒子兟兟幼稚亨嗣盡以舊業田宅奴畜財物與之

毛子廉本名八十臨潢長泰人材勇善射遼季群盜起募勇士子廉應募遼主召見賜甲仗率百人會所在官兵捕盜以功授東頭供奉官賜良馬天輔四年遣謀克辛斡特剌移剌窩斜招諭臨潢子廉率户二千六百來歸令就領其衆佩銀牌招未降軍民盧彦倫恐子廉先降殺子廉妻及二子使騎兵二千伺取子廉子廉與窩斜經險阻中騎兵圍之兩騎突出直犯子廉子廉引弓斃其一人其一人挺槍幾中子廉脇子廉避其槍與搏戰生擒之乃彦倫健將孫延壽也餘衆潰去天會三年除上京副留守久之兼鹽鐵事天眷中除燕京麴院都監遼王宗幹問宰相曰子廉有功何爲下遷宰相以例對宗幹曰盧彦倫何不除此職子廉之功十倍彦倫在臨潢十餘年吏民畏愛如一日誰能及此是時盧彦倫已以少府監除節度使故宗幹引以爲比除寧昌軍節度使海陵弑熙宗子廉聞之歎曰曾不念國王定策之功耶乃致仕大定二年卒

李三錫字懷邦錦州安昌人以貲得官遼季盜攻錦州州人推三錫主兵事設機應變城賴以完録功授左承制遼主走天德劉彦宗辟三錫將兵保白雲山金兵次萊州三錫以其衆降攝臨海軍節度副使絫預元帥府軍事改知嚴州宗望伐宋三錫領行軍猛安敗郭藥師軍於白河進官安州防禦使再克汴京三錫從闍母護宋二主北歸復知嚴州改歸德軍節度副使詔廢齊國擇吏三十人與俱行三錫在選中還爲慶州刺史三遷武勝軍節度使察廉第一遷三階改安國軍節度使除河北西路轉運使致仕三錫政事强明所至稱治世宗舊聞其名大定初起爲北

京路都轉運使制下而三錫已卒

孔敬宗字仲先其先東垣人石晉末徙遼陽遼季敬宗爲寧昌劉宏幕官斡魯古兵至境上敬宗勸劉宏迎降遂以敬宗爲鄉導授顯州以功補順安令天輔二年詔敬宗與劉宏率懿州民徙内地授世襲猛安知安州事將兵千人從宗望伐宋汴京平宗望命敬宗守汴嘗自汴馳驛至河北還至河上會日暮無舟敬宗策馬亂流遂達南岸遷靜江軍節度使歷石辰信磁四州刺史階光祿大夫海陵問張浩曰卿識孔敬宗否何階高職下也浩對曰國初敬宗勸劉宏以懿州効順其後從軍積勞有司不知故一槩常

調耳明日除寧昌軍節度使徙歸德軍致仕大定二年卒

李師夔字賢佐奉聖永興人少倜儻有大志以廕入仕爲本州麴監天輔六年太祖襲遼主于鴛鴦濼郡守委城遁去衆無所屬相與叩門請師夔主郡事師夔許之乃捜卒治兵迪古乃兵至奉聖州師夔與其故人沈璋密謀出降曰一城之命懸於此舉璋曰君言是矣如軍民不從奈何師夔即率親信十數輩詣旦出城見余睹與之約曰今已服從願無以兵入城及俘掠境内余睹許諾詔以師夔領節度以璋佐之賜師夔駿馬二俾招未附者許以便宜從事明年加左監門衛大將軍劇賊張勝以萬人逼城師夔度衆寡不敵乃偽與之和日致饋給勝信之師夔乘其不備使人刺勝殺之以其首徇曰汝輩皆良民脅從至此今元惡已誅可棄兵歸復其所賊衆大驚皆散去别賊焦望天尹智穆率兵數千來寇師夔以兵臨之設伏歸路使人反間之智穆果疑望天先引去智穆勢孤亦還遇伏而敗遂執斬之是後賊衆不敢入境以勞遷靜江軍節度留後累遷武平軍節度使改東京路轉運使徙陜西東路轉運使致仕封任國公卒年八十五

沈璋字之達奉聖州永興人也學進士業迪古乃軍至上谷璋與李師夔謀開門迎降明日擇可爲守者衆皆推璋

璋固稱李師夔於是授師夔武定軍節度使以璋副之授太常少卿遷鴻臚卿丁母憂起復山西路都轉運副使加衛尉卿從伐宋汴京平衆爭趨貲貨璋獨無所取惟載書數千卷而還太行賊陷潞州殺其守姚璠官軍討平之命璋權知州事璋至招復逋逃賑養困餓收其横屍葬之未幾民頗安輯初賊黨據城潞之軍卒當緣坐者七百人帥府牒璋盡誅之璋不從帥府聞之大怒召璋呵責且欲殺璋左右震恐璋顏色不動從容對曰招亡撫存璋之職也此輩初無叛心蓋爲賊所脅有不得已者故招之復來今欲殺之是殺降也苟利於衆璋死何憾少頃怒解因召潞

軍曰吾始命劉汝令汝使君活爾矣皆感泣而去朝廷聞而嘉之拜左諫議大夫知潞州事百姓爲之立祠移知忻州改同知太原尹加尚書禮部侍郎時介休人張覺聚黨亡命山谷鈔掠邑縣招之不肯降曰前嘗有降者皆殺之今以好言誘我是欲殺我耳獨得侍郎沈公一言我乃無疑於是命璋往招之覺即日降轉尚書吏部侍郎西京副留守同知平陽尹遷利涉軍節度使爲東京路都轉運使改鎮西軍節度使天德元年以病致仕卒年六十子宜中天德三年賜楊建中牓及第

贊曰危難之際兩軍方爭專城之將國家之輕重繫焉李師夔非有君命爲衆所推又能全活其人猶有説也盧彥

倫之降雖云城潰初志不確何尤乎毛子廉至如子廉不仕海陵沈璋以片言降張覺一善足稱何可掩也

左企弓字君材八世祖皓後唐棣州刺史以行軍司馬戍燕遂家燕使守薊因家焉企弓讀書通左氏春秋中進士再遷來州觀察判官蕭英弼賊昭懷太子窮治黨與多連引企弓辨析其寃免者甚衆自御史知雜事出爲中京副留守按刑遼陽有獄本輕而入之重者已奏待報企弓釋之以聞累遷知三司使事天慶末拜廣陵軍節度使同中書門下平章事知樞密院事金兵已拔上京北樞密院恐忤旨不以時奏遼故事軍政皆關決北樞密院然後奏御企弓以聞遼主曰兵事無乃非卿職邪對曰國勢如此豈敢循例爲自容計因陳守備之策拜中書侍郎平章事監脩國史時遼主聞金已克中京將西幸以避之企弓諫不聽遼主自鴛鴦濼亡保陰山秦晉國王耶律捏里自立于燕廢遼主爲湘陰王改元德興企弓守司徒封燕國公虞仲文參知政事領西京留守同中書門下平章事內外諸軍都統曹勇義中書侍郎平章事樞密使燕國公康公弼參知政事簽樞密院事賜號忠烈翊聖功臣德妃攝政企弓加侍中宋兵襲燕奄至城中已而敗走或疑有內應者欲根株之企弓爭之乃止太祖至居庸關蕭妃自古北口

遁去都監高六等送款于太祖太祖徑至城下高六等開門待之太祖入城受降企弓等猶不知太祖駐蹕燕京城南企弓等奉表降太祖俾復舊職皆受金牌企弓守太傅中書令仲文樞密使侍中秦國公勇義以舊官守司空公弼同中書門下平章事樞密副使權知院事簽中書省封陳國公遼致仕宰相張琳進上降表詔曰燕京應琳田宅財物並給還之琳年高不能入見止令其子弟來太祖既定燕從初約以與宋人企弓獻詩略曰君王莫聽捐燕議一寸山河一寸金太祖不聽是時置樞密院于廣寧府企

弓等將赴廣寧張覺在平州有異志太祖欲以兵送之企弓等辭兵曰如此是促之亂也及過平州舍于栗林下張覺使人殺之企弓年七十三謚恭烈天會七年贈守大師遣使致奠正隆二年改贈特進濟國公

虞仲文字質夫武州寧遠人也七歲知作詩十歲能屬文日記千言刻苦學問第進士累仕州縣以廉能稱舉賢良方正對策優等擢起居郎史館修撰三遷至太常少卿寧相有左降仲文獨出餞之或指以爲黨仲文乃求養親久之召復前職宰相薦文行第一權知制誥除中書舍人討平白霫拜樞密直學士權翰林學士爲翰林侍講學士年五十五卒謚文正天會七年贈兼中書令正隆二年改贈特進濮國公

曹勇義廣寧人第進士除長春令樞府辟令史上書陳時政累擢館閣遷樞密副都丞旨權燕京三司使加給事中召爲樞密副使加太子少保與大公鼎虞仲文龔誼友善與虞仲文同在樞密群小擠之復出爲三司使加宣政殿大學士卒謚文莊天會七年贈守太保正隆二年改贈特進定國公

康公弼字伯迪其先應州人曾祖胤遼保寧間以戰功授晉券家于燕之宛平公弼好學年二十三中進士除著作

郎武州軍事判官辟樞府令史求外補出爲寧遠令縣中隕霜殺禾稼漕司督賦急繫之獄公弼上書朝廷乃釋之因免縣中租賦縣人爲立生祠監平州錢帛庫調役粮于川州大盜侯槩陷川州使護送公弼出境曰良吏也權乾州節度使卒謚忠肅天會七年贈侍中正隆二年改贈特進道國公企弓子泌瀛淵

泌字長源企弓長子也仕遼官至棣州刺史太祖平燕泌從企弓歸朝既而東遷至平州企弓爲張覺所害泌復還燕是時以燕與宋宣撫司遣至汴泌以平州仇人在是乃間道奔還朝廷嘉之擢西上閤門使從宋王宗望南伐破真定有功知祁州歷刺澤隰等州貞元初爲濬州防禦使遷陝西路轉運使封戴國公泌性夷澹好讀莊老年六十一即請致仕親友或以爲早泌嘆曰予年三十乘旄鉞侵尋仕路又三十年名遂身退可矣時人高之卒年七十四

淵累官燕京副留守中京路都轉運使歷河北東路中都路都轉運使淵貪鄙三任漕事務以錢穀自營在中都凡八年不求遷與李通許霖交關賄賂詭納漕司諸物規取財利世宗即位淵使其子貽慶詣東京上表特賜貽慶任忠傑牓第三甲進士授從仕郎貽慶還中都世宗詔淵曰凡殿位張設悉依舊毋增益不得役使一夫以擾百姓謹

官禁出入而已大定二年改沁南軍節度使世宗素知其爲人戒之曰卿宰相子練習朝政前爲漕司朕甚鄙之毋或刻削百姓若復敢爾勿思再用淵到懷州未幾坐前爲中都轉運嘗盜用官材木除名子光慶

光慶字君錫幼頴悟沉厚少言淵嘗謂所親曰世吾家者此子也以廕補閤門袛候遷西上閤門副使丁父憂起復東上閤門副使再轉西上東上閤門使兼太廟署令光慶好古讀書識大義喜爲詩善篆隷尤工大字世宗行郊禮受尊號及受命寶皆光慶篆凡宮廟牓署經光慶書者人稱其有法典領原廟坤厚陵壽安宮工役不爲苛峻使勞

逸相均身兼數職勤愼周密未嘗自伐世宗獨察之初御史大夫璋請製大金受命寶有司以秦璽文進上命以大金受命萬世之寶爲文徑四寸八分厚一寸四分蟠龍紐高厚各四寸六分有半禮部尚書張景仁少府監張僅言典領工事詔光慶篆之遷同知宣徽院事改少府監丁母憂起復右宣徽使世宗幸上京光慶往上京治儀仗制度時人以爲得宜二十五年卒年五十一上遣使致祭賻銀三百兩重綵十端絹百匹時喜爲善言善篆號善善道人晚信浮屠法自作眞賛語皆任達云

賛曰左企弓虞仲文曹勇義康公弼四子者皆有才識之士其事遼主數有論建及其受爵僭位委質二君隕身逆黨三者胥失之哀哉

列傳第十三

列傳第十四

開府儀同三司上柱國錄軍國重事前中書右丞相監修國史領經筵事都總裁臣脫脫奉

勑修

太宗諸子

宗磐本名蒲盧虎　宗固本名胡魯

宗本本名阿魯蕭王附

杲本名斜也　宗義本名孛吉

宗幹本名斡本　充本名神土懣子檀奴等

永元本名元奴　充本名梧桐

襄本名永慶　袞本名蒲甲

太宗子十四人蒲魯虎胡魯斜魯補阿魯帶阿魯補斜沙虎阿鄰阿魯鶻懶胡里甲神土門斜孛束斡烈鶻沙

宗磐本名蒲魯虎天輔五年都統杲取中京宗磐與斡魯宗翰宗幹皆為之副天會十年為國論忽魯勃極烈熙宗即位為尚書令封宋國王未幾拜太師與宗幹宗翰並領三省事熙宗優禮宗室宗翰沒後宗磐日益跋扈甞與宗幹爭論於上前即上表求退烏野奏曰陛下富於春秋而大臣不恊恐非國家之福熙宗因為兩解宗磐愈驕恣其後於熙宗前持刀向宗幹都點檢蕭仲恭呵止之既而左副元帥撻懶東京留守宗雋入朝宗磐陰相黨與而宗雋遂為右丞相用事撻懶屬尊功多先薦劉豫立為齊帝至是唱議以河南陝西與宋使稱臣熙宗命群臣議宗室大臣言其不可宗磐宗雋助之卒以與宋其後宗磐宗雋撻懶謀作亂宗幹希尹發其事熙宗下詔誅之坐與宴飲者皆貶削決責有差赦其弟斜魯補等九人并赦撻懶出為行臺左丞相皇后生日宰相諸王妃主命婦入賀熙宗命去樂曰宗磐等皆近屬輒構逆謀情不能樂也以黃金合及兩銀鼎獻明德宮太皇太后并以金合銀鼎賜宗幹希尹焉

宗固本名胡魯天會十五年為燕京留守封豳王宗雅本名斜魯補封代王宗偉本名阿魯補封虞王宗英本名斜沙虎封滕王宗懿本名阿鄰封薛王宗本本名阿魯封原王鶻懶封翼王宗美本名胡里甲封豐王神土門封鄆王斜孛束封霍王斡烈封蔡王宗哲本名鶻沙封畢王皆天眷元年受封宗順本名阿魯帶天會二年薨皇統五年贈金紫光祿大夫後封徐王宗磐既誅熙宗使宗固子京往燕京慰諭宗固既而翼王鶻懶復與行臺左丞相撻懶謀反伏誅詔曰燕京留守豳王宗固等或謂當絕屬籍朕所不忍宗固等但不得稱皇叔其母妻封號從而降者當依舊典皇統二年復封宗雅為代王宗固為判大宗正三年

爲太保右丞相兼中書令是歲薨海陵在熙宗時見太宗諸子勢彊而宗磐宪跋扈與鶻懶相繼皆以逆誅心忌之熙宗厚於宗室禮遇不衰海陵嘗與秉德唐括辯私議主上不宜寵遇太宗諸子太甚及篡立謁奠太廟韓王亨素號材武使攝右將軍密諭之曰爾勿以此職爲輕朕疑太宗諸子太彊得卿衛左右可無慮耳遂與秘書監蕭裕謀去宗本兄弟太宗子孫於是焉盡語在宗本傳中

宗本本名阿魯皇統九年爲右丞相兼中書令進太保領三省事海陵篡立進太傅領三省事初宗幹謀誅宗宪故海陵心忌太宗諸子熙宗時海陵私議宗本等勢強主上

不宜優寵太甚及篡立猜忌益深遂與秘書監蕭裕謀殺太宗諸子誣以秉德出領行臺與宗本別因會飲約內外相應使尚書省令史蕭玉告宗本親謂玉言以汝於我故舊必無它意可布腹心事須省臨行言彼在外諭說軍民無以外患爲慮若太傅爲內應何事不成又云長子鎖里虎當大貴因是不令見主上宗本又言左丞相於我及我妃處稱主上近日見之輒不喜故心常恐懼若太傅一日得大位此心方安唐括辯謂宗本言內侍張彥善相相太傅有天子分宗本荅曰宗本有兄東京留守在宗本何能爲是時宗美言太傅正是太宗主家子秪太傅便合爲北京留守卞臨行與宗本言事不可遲宗本與玉言大計只於日近圍場內予決宗本因以馬一匹袍一領與玉充表識物玉恐圍場日近身縻於外不能親奏遂以告秘書監蕭裕裕具以聞蕭玉出入宗本家親信如家人海陵既與蕭裕謀殺宗本秉德詔天下恐天下以宗本秉德輩皆懿親大臣本無反狀裕構成其事而蕭玉與宗本厚人所共知使玉上變庶可示信於是使人召宗本等擊鞠海陵先登樓命左衛將軍徒單特思及蕭裕妹壻近侍局副使耶律闢离剌小底密伺宗本及判大宗正事宗美至即殺之宗美本名胡里甲臨死神色不變宗本已死蕭裕使人召

蕭玉是日玉送客出城醉酒露髮披衣以車載至裕第點檢蕭祚家遠日暮玉酒醒見軍士圍守之意爲人所累得罪故至此以頭觸屋壁號咷曰臣未嘗犯罪老母年七十願哀憐之裕附耳告之曰主上以宗本諸人不可留已誅之矣欲加以反罪令汝主告其事今書汝告款已具上即問汝汝但言宗本輩反如狀勿復異詞恐禍及汝家也裕乃以巾服與玉引見海陵海陵問玉玉言宗本反具如裕所教海陵遣使殺東京留守宗懿北京留守卞及還益都尹畢王宗哲平陽尹禀左宣徽使京等家屬分置別所止聽各以奴婢五人自隨既而使人要之於路并其子男無

少長皆殺之而中京留守宗雅喜事佛世稱善大王海陵知其無能將存之以奉太宗後召至闕不數日竟殺之太宗子孫死者七十餘人太宗後遂絕卞本名可喜亶本名胡离改京宗固子本名胡石賚蕭玉既如蕭裕教對海陵海陵遂以宗本秉德等罪詔天下以玉上變賞之海陵使太府監完顏馮六籍宗本諸家戒之曰珠玉金帛入於官什器吾將分賜諸臣馮六以此不復拘籍什器往往爲人持去馮六家童亦取其檀木屏風少監劉景前爲監丞時太府監失火案牘盡焚毀數月方取諸司簿帳補之監吏坐是稽緩當得罪景爲吏倒署年月太倉都監焦子忠與

景有舊坐逋負久不得調景爲盡力出之久之馮六與景就宮中相忿爭馮六言景倒署年月及出焦子忠事御史劾奏景景黨誘馮六家奴發盜屏事馮六自陳於尚書省海陵使御史大夫趙資福大理少卿許竑雜治資福等奏馮六非自盜又嘗自首海陵素惡馮六與宗室游從謂宰臣曰馮六嘗用所盜物其自首不及此法盜宮中物者死諸物已籍入官與宮中物何異謂馮六曰太府掌宮中財賄汝當防制姦欺而自用盜物於是馮六棄市資福竑坐鞫獄不盡決杖有差景亦伏受焦子忠賂金海陵曰受金事無左驗景倒署年月以免吏罪是不可恕遂殺之大定二年追封宗固魯王宗雅曹王宗順隋王宗懿鄭王宗美衞王宗拓韓王宗本潞王神土門幽王斛孛束瀋王斡烈鄂王胡里改胡什賚可喜並贈金吾衞上將軍惟宗磐阿魯補斛沙虎鶻懶四人不復加封

蕭玉奚人既從蕭裕誣宗本罪海陵喜甚自尚書省令史爲禮部尚書加特進賜錢二千萬馬五百匹牛五百頭羊千口數月爲參知政事丁母憂以參政起復俄授猛安子尚公主海陵謂玉曰朕始得天下常患太宗諸子方彊賴社稷之靈卿發其姦朕無以報此功使朕女爲卿男婦代朕事卿也賜第一區分宗本家貲賜之頃之代張浩爲尚

書右丞拜平章政事進拜右丞相封陳國公文思署令閻拱與太子詹事張安妻坐姦事獄具不應訊而訊之海陵怒玉與左丞蔡松年右丞耶律安禮御史中丞馬諷決杖有差玉等入謝罪海陵曰爲人臣以己意愛憎妄作威福使人畏之如唐魏徵狄仁傑姚崇宋璟豈肯立威使人畏哉楊國忠之徒乃立威使人畏耳顧謂左司郎中吾帶右司郎中梁球曰往者德宗爲相蕭斛律爲左司郎中趙德恭爲右司郎中除吏議法多用己意汝等能不以己意愛憎爲予奪輕重不亦善乎朕信任汝等有過則決責之亦非得已古者大臣有罪貶謫數千里外往來疲於奔走有

死道路者朕則不然有過則杖之已杖則任之如初如有不可恕或處之死亦未可知汝等自勉正隆三年拜司徒判大宗正事五年玉以司徒兼御史大夫使參知政事李通諭旨曰判宗正之職固重御史大夫尤難其人朕將行幸南京官吏多不法受賕卿宜專糾劾細務非所責也御史大夫與宰執不相遠朕至南京徐當思之繼以司徒判大興尹玉固辭司徒海陵曰朕將南巡京師地重非大臣不能鎮撫留卿居守無爲多讓海陵至南京以玉爲尚書左丞相進封吳國公海陵將伐宋因賜羣臣宴顧謂玉曰卿嘗讀書否對曰亦嘗觀之中宴海陵起即召玉至內閣

因以漢書一册示玉既而擲之曰此非所問也朕欲與卿議事朕今欲伐江南卿以爲如何玉對曰不可海陵曰朕視宋國猶掌握間耳何爲不可玉曰天以長江限南北舟楫非我所長苻堅百萬伐晉不能以一騎渡以是知其不可海陵怒叱之使出及張浩因周福兒附奏海陵杖張浩并杖玉因謂羣臣曰浩大臣不面奏因人達語輕易如此玉以苻堅比朕朕欲斷其舌釘而磔之以玉有功隱忍至今大臣決責痛及爾體如在朕躬有不能已者汝等悉之及海陵自將發南京玉與張浩留治省事世宗即位降奉國上將軍放歸田里奪所賜家產久之起爲孟州防禦使

世宗戒之曰昔海陵欲殺太宗子孫借汝爲證遂被進用朕思海陵肆虐先殺宗本諸人然後用汝質成其事豈得專罪汝等今復用汝當思改過若謂嘗居要地以今日爲不足必罰無赦轉定海軍節度使改太原尹與少尹烏古論掃喝互訟不公事各削一官解職尋卒子德用大定二十四年尚書省奏玉子德用當升除上曰海陵假口于玉以快其毒玉子豈可升除邪

贊曰宗磐嘗從斜也取中京不可謂無勞伐者世祿鮮禮自古有之在國家善爲保全之道耳熙宗殺宗磐而存恤其母后雖去矯情猶畏物論海陵造謀殺宗本兄弟不遺

餘力太宗舉宋而有中原金百世不遷之廟也再傳而無噍類於是太祖之美意無復幾微存者春秋之世宋公舍與夷而立其弟禍延數世害及五國識是爲後世監乎

杲本名斜也世祖第五子太祖母弟收國元年太宗爲諳班勃極烈杲爲昊勃極烈天輔元年杲以兵一萬攻泰州下金山縣女固脾室四部及渤海人皆來降遂克泰州城中積粟轉致烏林野賑先降諸部因徙之內地天輔五年爲忽魯勃極烈都統內外諸軍取中京實北京也蒲家奴宗翰宗幹宗磐副之宗峻領合扎猛安皆受金牌耶律余睹爲鄉導詒曰遼政不綱人神共棄今欲中外一統故命

汝率大軍以行討伐爾其慎重兵事擇用善謀賞罰必行糧餉必繼勿擾降服勿縱俘掠見可而進無淹師期事有從權毋煩奏禀復詔曰若克中京所得禮樂圖書文籍並先次津發赴闕當是時遼人守中京者聞知師期焚芻糧欲徙居民遯去奚王霞末則欲視我兵少則迎戰若不敵則退保山西杲知遼人無鬬志乃委輜重以輕兵擊之六年正月克高恩回紇三城進至中京遼兵皆不戰而潰遂克中京獲馬一千二百牛五百駞一百七十羊四萬七千車三百五十兩乃分兵屯守要害之地駐兵中京使使奏捷獻俘詔曰汝等提兵于外克副所任攻下城邑撫安人

民朕甚嘉之分遣將士招降山前諸部計已撫定山後若未可往即營田牧俟秋大舉更當熟議見可則行如欲益兵具數來上無恃一戰之勝輒自弛慢善撫存降附宣諭將士使知朕意完顏歡都游兵出中京南遇騎兵三十餘給曰乞明旦來降于此杲信之使温迪痕阿里出納合鈍恩蒲察婆羅偎諸甲拔剔隣往迎之奚王霞末兵圍阿里出等遂據坂去馬皆殊死戰敗霞末兵追殺至暮而還是役納合鈍恩功為多宗翰降北安州希尹獲遼護衛習泥烈言遼主在鴛鴦濼畋獵可襲取之宗翰移書于杲請進兵使者再往曰一失機會事難圖矣杲意尚未決宗幹勸

杲當從宗翰策杲乃約宗翰會奚王嶺既會始定議杲出青嶺宗翰出瓢嶺期羊城濼會軍時遼主在草濼使宗翰與宗幹率精兵六千襲之遼主西走其都統馬哥趨攜里撻宗翰遣撻懶以兵一千往擊之撻懶請益兵于都統杲而獲遼樞密使得里底父子西京已降復叛杲使招之不從遂攻之留守蕭察剌踰城降四月復取西京杲率大軍趨白水濼分遣諸將招撫未降州郡及諸部族於是遼秦晉國王耶律捏里自立于燕京山西諸城雖降而人心未固杲遣宗望奏事仍請上臨軍耶律坦招西南招討司及所屬諸部西至夏境皆降耶律佛頂亦降于坦金肅西平

二郡漢軍四千叛去坦與阿沙兀野撻不野簡料新降丁壯追夜襲之詰旦戰于河上大敗其衆皆委仗就擒耶律捏里移書于杲請和杲復書責以不先禀命上國輒稱大號若能自歸當以燕京留守處之捏里復以書來其略曰昨即位時在兩國絶聘交兵之際奚王與文武百官同心推戴何暇請命今諸軍已集儻欲加兵未能束手待斃也昔我先世未嘗殘害大金人民寵以位號曰益強大今忘此施欲絶我宗祀於義何如也儻蒙惠顧則感戴恩德何有窮已杲復書曰閤下向為元帥摠統諸軍任非不重竟無尺寸之功欲據一城以抗國兵不亦難乎所任用者前

既不能死國今誰肯爲閤下用者而去主辱臣死欲侍此以成功計亦踈矣幕府奉詔歸者官之逆者討之若執迷不從期于殄滅而後已捏里乃遣使請于太祖賜捏里詔曰汝遼之近屬位居將相不能與國存亡乃竊據孤城僭稱大號若不降附將有後悔六月上發京師詔都統曰汝等欲朕親征已於今月朔旦啓行遼主今定何在何計可以取之其具以聞杲使馬和尚奉迎太祖于撻魯河斡魯妻室敗夏將李良輔杲使完顏希尹等奏捷且請徙西南招討司諸部于內地希尹等見上于大濼西南上嘉賞之上至鴛鴦濼杲上謁上追遼主至回离畛川南伐燕京次

奉聖州詔曰自今諸訴訟書付都統杲決遣若有大疑即令聞奏太祖定燕京還次鴛鴦濼以宗翰爲都統杲從上還京師太宗即位杲爲諳班勃極烈與宗幹俱治國政天會三年伐宋杲領都元帥居京師宗翰宗望分道進兵四年再伐宋獲宋二主以歸天會八年薨皇統三年追封遼越國王天德二年配享太祖廟庭正隆例封遼王大定十五年謚曰智烈子孛吉

宗義本名孛吉斜也之第九子天德間爲平章政事海陵已殺太宗子孫尤忌斜也諸子勢強欲盡除宗室勳舊大臣是時左副元帥撒离喝在汴京與撻不野有隙撻不野女爲海陵妃海陵陰使撻不野圖撒离喝於是都元帥府令史遥設迎合風指詐爲撒离喝與其子宗安家書宗安誤遺宮外遥設因拾得之以上變其書契丹小字其封題已開其中白帋一幅有白字隱約狀若經水浸致字畫可讀者上有撒离喝手署及其王印書辭云阿渾汝安樂否早晚到闕下前者走馬來時曾議論我教汝阿渾平章謀里野阿渾等處覰事勢再通往來緩急圖謀知汝已嘗備細言之謀里野阿渾所言輒是只殺撻不野則南路無憂慮矣詳略互見撒离喝傳中女直謂子阿渾前阿渾謂撒离喝子其子宗安後阿渾平章指宗義宗義本宗室子猶

有舊稱以是殺宗義謀里野并殺宗安及太祖妃蕭氏任王隈喝及魏王斡帶孫活里甲遥設詐書無活里甲海陵見其坦率善脩飾惡之大臣以無罪爲請海陵曰第殺之無復言也殺斜也子孫百餘人謀里野子孫二十餘人謀里野景祖孫謾都訶次子斜也有幼子阿虎里其妻撻不野女海陵妃大氏女兄將殺阿虎里使者不忍見其面以衾覆而縊之當其顚久不死及去被再縊之海陵遣使赦其死遂得免後封爲王授世襲千户大定初追復宗義官爵贈特進弟蒲馬孛論出阿魯隈唱並贈龍虎衛上將軍

宗幹本名斡本太祖庶長子太祖伐遼遼人來禦遇于境

上使宗幹率衆先往塡壍士卒畢度渤海軍馳突而前左翼七謀克少却遼犯中軍杲輒出戰太祖曰遇大敵不可易也使宗幹止杲宗幹馳出杲前控止導騎括垤之馬杲乃還達魯古城之戰宗幹以中軍爲疑兵太祖既攻下黄龍府即欲取春州遼主聞黄龍不守大懼即自將籍宗戚豪右少年與四方勇士及能言兵者皆隸軍中宗幹勸太祖毋攻春州休息士卒太祖以爲然遂班師宗幹得降人言春泰州無守備可取於是斜也取春泰州宗雄宗幹等下金山縣宗雄即以兵三千屬宗幹招集未降諸部宗幹擇士人之材幹者以詔書諭之於是女固脾室四部及渤

海人皆降太祖克臨潢府至沃黑河宗幹諫曰地遠時暑士罷馬乏若深入敵境糧餉不繼恐有後艱上從之遂班師從都統杲取中京宗翰自北安州移書于杲是時希尹獲遼人知遼主在鴛鴦濼可襲取之杲不能決宗翰使再至宗幹謂杲曰移賚勃極烈灼見事機再使來請彼必不輕舉且彼已發兵不可中止請從其策再三言之杲乃報宗翰會奚王嶺當時無宗幹杲終無進兵意既會軍于羊城濼杲使宗幹與宗翰以精兵六千襲遼至五院司遼主已遯去與遼將耶守忠戰于西京城東四十里守忠敗走太宗即位宗幹爲國論勃極烈與斜也同輔政天會三年

獲遼主于應州西余睹谷始議禮制度正官名定服色興庠序設選舉治曆明時皆自宗幹啓之四年官制行詔中外十年熙宗爲諳班勃極烈宗幹爲國論左勃極烈熙宗即位拜太傅與宗翰等並領三省事天眷二年進太師封梁宋國王入朝不拜策杖上殿仍以杖賜之宗幹有足疾詔設坐奏事無何監修國史皇統元年賜宗幹肇輿上殿制詔不名上幸燕京宗幹從有疾上親臨問自燕京還至野狐嶺宗幹疾亟不行上親臨問語及軍國事上悲泣不已明日上及后同往視后親與宗幹饋食至暮而還因赦罪囚與宗幹禳疾居數日薨上哭之慟輟朝七日大臣死

輟朝自宗幹始上致祭是日庚戌太史奏戌亥不宜哭上不聽曰朕幼冲時太師有保傅之力安得不哭哭之慟上生日不舉樂上還上京幸其第視殯事及喪至上京上臨哭之及葬臨視之海陵簒立追謚憲古弘道文昭武烈章孝睿明皇帝廟號德宗以故第爲興聖宮大定二年除去廟號改謚明肅皇帝及海陵廢爲庶人二十二年皇太子允恭奏略曰追惟熙宗世嫡統緒海陵無道弑帝自立崇正昭穆削其煬王俾齒庶人之列瘞之閒曠不封不樹既已申大義而明至公矣海陵追崇其親逆配於廟今海陵既廢爲庶人而明肅猶竊帝尊之名列廟祧之數海陵大

逆正名定罪明肅亦當緣坐是時明肅已殂不與於亂臣以謂當削去明肅帝號止從舊爵或從太祖諸王有功例加以官封明詔中外俾知大義書奏世宗嘉納下尚書省議於是追削明肅帝號封爲皇伯太師遼王謚忠烈妻子諸孫皆從降明昌四年配享太祖廟庭子充亮兖襄袞亮是爲海陵庶人

充本名神土懣母李氏徒單氏以爲己子熙宗初加光祿大夫天眷間爲汴京留守皇統間封淄國公爲吏部尚書進封代王遷同判大宗正事九年拜右丞相是歲薨追封鄭王大定二十二年追降儀同三司左丞相子檀奴元奴

耶補兒阿里白

檀奴爲歸德軍節度使阿里白定遠大將軍和魯忽土猛安忽隣河謀克海陵弑徒單氏以充嘗爲徒單養子因幷殺檀奴及阿里白元奴耶補兒逃歸于世宗檀奴贈榮祿大夫阿里白輔國上將軍詔有司改葬世宗時元奴爲宗正丞耶補兒爲鎮國上將軍後爲同知濟南尹事

永元字惇禮本名元奴幼聰敏日誦千言皇統元年試宗室子作詩永元中格善左氏春秋通其大義天德初授百女山世襲謀克海陵伐宋已渡淮軍士多亡歸而契丹叛由是疑宗室益甚已殺永元弟檀奴阿里白永元與弟耶補兒逃匿得免世宗即位于遼陽與耶補兒俱來歸上慰勞甚厚授宗正丞改符寶郎爲灤州刺史授世襲猛安乞以謀克與耶補兒詔許之轉棣州防禦使泰寧軍節度使張弘信通檢山東專以多得民間物力爲功督責苛急永元面責弘信曰朝廷以差調不均立通檢法令使者所至以殘酷妄加農民田產箠擊百姓有至死者市肆賈販貿易有贏虧田園屋宇利入有多寡故官子孫閉門自守使與商賈同處上役豈立法本意哉弘信無以對於是棣州賦稅得以實自占遷震武軍節度使大定六年丁母憂起復崇義軍節度使徙順義軍朔州西境多盜而猾吏大姓

囊獄訟瞀亂賦役永元剔其宿姦百姓安之坐賣馬與驛人取贏利及濬州防禦使斡論坐縱孳畜踐民田俱解職頃之永元起爲保大軍節度使歷昭義絳陽震武軍還濟南尹北京副留守寧國家婢醜底與咸平人化胡有姦醜底於主印處紿取印署空紙與化胡遂寫作永元寧國生日時辰誣告永元寧國謀逆詔有司鞫問乃醜底意望爲良使化胡爲之上曰化胡與醜底有姦造作惡言誣害宗室化胡斬醜底處死改興中尹爲彰德軍節度使卒官年五十一喪過中都遣使致祭賻銀三百兩綵十端絹百匹永元歷典大藩多知民間利害所至稱治相棣順義政迹

尤著其民並為立祠
兗本名梧桐皇統七年為左副點檢轉都點檢九年為會
寧牧改左宣徽使海陵篡立兗使宋還拜司徒兼都元帥
領三省事進拜太尉及殺太祖妃蕭氏盡以其財產賜兗
罷都元帥府立樞密院兗為樞密使太尉領三省事如故
天德四年十二月薨明日貞元元年元旦海陵為兗輟
朝不受賀宋夏高麗回鶻賀正旦使命有司受其貢獻追
進兗王爵大定二十二年追降特進兗妻烏延氏正隆六
年坐與奴有姦海陵殺之其弟南京兵馬副都指揮使習
涅烈私于族弟屋謀魯之妻屋謀魯之奴謀欲執習涅烈

習涅烈乃殺其奴海陵聞之遂殺習涅烈兗子阿合大定
中為符寶祗候俄遷同知定武軍節度使上曰汝歲秩未
滿朕念乃祖乃父為汝遷官勿為不善當盡心學之
襄本名永慶海陵母弟為輔國上將軍卒天德二年追封
衛王再贈司徒大定二十二年追降銀青光祿大夫子和
尚封應國公賜名樂善左宣徽使許霖之子知彰與和尚
鬬爭其母妃命家奴捽入凌辱之使人曳霖至第毆詈之
明日霖訴于朝詔大興尹蕭玉左丞良弼權御史大夫張
忠輔左司員外郎王全雜治妃杖一百殺其家奴為首者
餘決杖有差霖嘗蹺于妃前失大臣體及所訴有妄笞二

十大定間家奴小僧月一妄言和尚熟寢之次有異徵襄
妃僧酷以為信然召日者李端卜之端云當為天子司天
張友直亦云當大貴家奴李添壽上變僧酷和尚下吏驗
問有狀皆伏誅上曰朕嘗痛海陵翦滅宗族今和尚所為
如此欲貸其罪則妖妄誤惑愚民者便以為真不可不滅
朕於此子蓋不得已也傷閔者久之
袞本名蒲甲亦作蒲家桀驁強悍海陵不喜其為人初為
輔國上將軍天德初加特進封王為吏部尚書判大宗正
事坐語禁中起居狀兵部侍郎蕭恭首問護衛張九具言
之海陵親問恭奪官解職張九對不以實特處死袞與翰

林學士承旨宗秀護衛麻吉小底王之章皆決杖有差海
陵自是愈忌之未幾稜猛安及遷中都道中以蒲家為西
京留守西京兵馬完顏謨盧瓦與蒲家有舊同在西京遂
相往來蒲家嘗以玉帶遺之蒲家稱謨盧瓦驍勇不減尉
遲敬德編修官圓福奴之妻與蒲家姻戚圓福奴嘗戒蒲
家曰大王名太彰著宜少謙晦蒲家心知海陵忌之嘗召
日者問休咎家奴喝里知海陵疑蒲家乃上變告之言與
謨盧瓦等謀反嘗召日者問天命御史大夫高楨刑部侍
郎耶律慎須呂就西京鞫之無狀海陵怒使使者往械蒲
家等至中都不復究問斬之于市謨盧瓦圓福奴并日者

皆淩遲處死

贊曰金議禮制度班爵祿正刑法治曆明時行天子之事成一代之典杲宗幹經始之功多矣杲子宗義爲海陵所殺宗幹之後又不幸而有海陵故其子孫之昌熾旣鮮而亦不免於僇辱焉秦漢而下宗臣世家與國匹休者何其少歟君子於此可以觀世變矣

列傳第十四

列傳第十五　金史七十七

開府儀同三司上柱國錄軍國重事前中書右丞相監修國史領經筵事都總裁 脫脫 奉

勑修

宗弼本名兀朮　亨本名孛迭　劉豫　撻懶　張邦昌

宗弼本名斡啜又作兀朮亦作斡出或作晃斡出太祖第四子也希尹獲遼護衛習泥烈問知遼帝獵鴛鴦濼都統杲出青嶺宗望宗弼率百騎與馬和尚逐越盧孛古野里斯等馳擊敗之宗弼矢盡遂奪遼兵士槍獨殺八人生獲五人遂審得遼主在鴛鴦濼畋獵尚未去可襲取者及宗望伐宋宗弼從軍取湯陰縣降其卒三千人至御河宋人已焚橋不得渡合魯索以七十騎涉之殺宋焚橋軍五百人宗望還吳孝民先入汴諭宋人宗弼以三千騎薄汴城宋上皇出奔選百騎追之弗及獲馬三千而還宗望薨宗輔爲右副元帥徇地淄青宗弼敗宋鄭宗孟數萬衆遂克青州復破賊將趙成于臨朐大破黃瓊軍遂取臨朐宗輔軍還遇敵三萬衆于河上宗弼擊敗之殺萬餘人詔伐宋康王宗輔發河北宗弼攻開德府糧乏轉攻濮州前鋒烏林荅泰欲破王善二十萬衆遂克濮州降旁近五縣攻開德府宗弼以其軍先登奮擊破之攻大名府宗弼軍復先

登破其城河北平宋主自揚州奔于江南宗弼等分道伐之進兵歸德城中有自西門北門出者當海後敗之乃絕隍築道列礮隍上將攻之城中人懼遂降先遣阿里蒲盧渾至壽春宗弼軍繼之宋安撫使馬世元率官屬出降進降盧州再降巢縣王善軍當海等破酈瓊萬餘衆于和州遂自和州渡江將至江寧西二十里宋杜充率步騎六萬來拒戰鶻盧補當海迪虎大臭合擊破之宋陳邦光以江寧府降留長安奴斡里也守江寧使阿魯補斡里也別將兵徇地下太平州濠州及句容溧陽等縣泝江而西屢敗張永等兵杜充遂降宗弼自江寧取廣德軍路追襲宋主

于越州至湖州取之先使阿里蒲盧渾趨杭州具舟于錢塘江宗弼至杭州官守巨室皆逃去遂攻杭州取之宋主聞杭州不守遂自越奔明州宗弼留杭州使阿里蒲盧渾以精兵四千襲之訛魯補术列速降越州大臭破宋周汪軍阿里蒲盧渾破宋兵三千遂渡曹娥江去明州二十五里大破宋兵追至其城下城中出兵戰失利宋主走入于海宗弼中分麾下兵會攻明州克之阿里蒲盧渾泛海至昌國縣執宋明州守趙伯諤伯諤言宋主奔温州將自温州趨福州矣遂行海追三百餘里不及阿里蒲盧渾乃還宗弼還自杭州遂取秀州赤盞暉敗宋軍于平江遂取平

江阿里率兵先趨鎮江宋韓世忠以舟師扼江口宗弼舟小契丹漢軍沒者二百餘人遂自鎮江泝流西上世忠襲之奪世忠大舟十艘於是宗弼循南岸世忠循北岸且戰且行世忠艨艟大艦數倍宗弼軍出宗弼軍前後數里擊柝之聲自夜達旦世忠以輕舟來挑戰一日數接將至黃天蕩宗弼乃因老鸛河故道開三十里通秦淮一日一夜而成宗弼乃得至江寧撻懶使移剌古自天長趨江寧援宗弼烏林荅泰欲亦以兵來會連敗宋兵宗弼發江寧將渡江而北宗弼軍渡自東移剌古渡自西與世忠戰于江渡世忠分舟師絕江流上下將左右掩擊之世忠舟皆張

五緉宗弼選善射者乘輕舟以火箭射世忠舟上五緉五緉著火箭皆自焚煙焰滿江世忠不能軍追北七十里舟軍殲焉世忠僅能自免宗弼渡江北還遂從宗輔定陝西與張浚戰于富平宗弼陷重圍中韓常流矢中目怒拔去其矢血淋漓以土塞創躍馬奮呼搏戰遂解圍與宗弼俱出既敗張浚軍于富平遂與阿盧補招降熙河涇原兩路及攻吳玠于和尚原扼險不可進乃退軍伏兵起且戰且走行三十里將至平地宋軍陣于山口宗弼大敗將士多戰沒明年復攻和尚原克之天會十五年爲右副元帥封瀋王天眷元年撻懶宗磐執議以河南之地割賜宋詔遣

張通古等奉使江南明年宋主遣端明殿學士韓肖胄奉表謝遣王倫等乞歸父喪及母韋氏兄弟宗弼自軍中入朝進拜都元帥宗弼察撻懶與宋人交通賂遺遂以河南陜西與宋奏請誅撻懶復舊疆是時宗磐已誅撻懶在行臺復與鶻懶謀反會置行臺於燕京詔宗弼爲太保領行臺尚書省都元帥如故往燕京誅撻懶撻懶自燕京南走將亡入于宋追至祁州殺之詔諸州郡軍旅之事決于帥府民訟錢穀行臺尚書省治之宗弼兼總其事遂議南伐太師宗幹以下皆曰搆蒙再造之恩不思報德妄自鴟張祈求無厭今若不取後恐難圖上曰彼將謂我不能奄有

河南之地且都元帥久在方面深究利害宜即舉兵討之遂命元帥府復河南疆土詔中外宗弼由黎陽趨汴右監軍撒離喝出河中趨陜西宋岳飛韓世忠分據河南州郡要害復出兵涉河東駐嵐石保德之境以相牽制宗弼遣孔彥舟下汴鄭兩州王伯龍取陳州李成取洛陽自率衆取亳州及順昌府嵩汝等州相次皆下時暑宗弼還軍于汴岳飛等軍皆退去河南平時天眷三年也上使使勞問宗弼以下將士凡有功軍士三千並加忠勇校尉攻嵐石保德皆克之宗弼入朝是時上幸燕京宗弼見於行在所居再旬宗弼還軍上起立酌酒飲之賜以甲胄弓矢及馬

二匹宗弼已啓行四日召還至日希尹誅越五日宗弼還軍進伐淮南克廬州上幸燕京宗弼朝燕京乞取江南上從之制詔都元帥宗弼比還軍與宰臣同入奏事俄爲尚書左丞相兼侍中太保都元帥領行臺如故詔以燕京路隸尚書省西京及山後諸部族隸元帥府乃還軍遂伐江南既渡淮以書責讓宋人宋人荅書乞加寬宥宗弼令宋主遣信臣來稟議宋主乞先斂兵許弊邑拜表闕下宗弼以便宜約以畫淮水爲界上遣護衛將軍撒改往軍中勞之三年二月宗弼朝京師兼監修國史宋主遣端明殿學士何鑄等進誓表其表曰臣構言今來畫疆合以淮水中

流爲界西有唐鄧州割屬上國自鄧州西四十里并南四十里爲界屬鄧州其四十里外並西南盡屬光化軍爲弊邑沿邊州城既蒙恩造許備藩方世世子孫謹守臣節每年皇帝生辰并正旦遣使稱賀不絕歲貢銀絹二十五萬兩匹自壬戌年爲首每春季差人般送至泗州交納有渝此盟明神是殛墜命亡氏踣其國家臣今既進誓表伏望上國蚤降誓詔庶使弊邑永有憑焉宗弼進拜太傅遣左宣徽使劉筈使宋以袞冕圭寶佩璲玉冊冊康王爲宋帝其冊文曰皇帝若曰咨爾宋康王趙構不弔天降喪于爾邦亟瀆齊盟自貽顛覆俾爾越在江表用勤我師旅蓋

十有八年于茲朕用震悼斯民其何罪今天其悔禍誕誘
爾衷封奏狎至願身列于藩輔今遣光祿大夫左宣徽使
劉筈等持節冊命爾爲帝國號宋世服臣職永爲屏翰嗚
呼欽哉其恭聽朕命仍詔天下賜宗弼人口牛馬各千駝
百羊萬仍每歲宋國進貢內給銀絹二千兩匹宗弼表乞
致仕不許優詔答之賜以金券皇統三年爲太師領三省
事都元帥領行臺尚書省事如故皇統八年薨大定十五
年謚忠烈十八年配享太宗廟廷子孛迭
亨本名孛迭熙宗時封芮王爲猛安加銀青光祿大夫天
德初加特進海陵忌太宗諸子將謁太廟以亨爲右衛將

軍語在太宗諸王傳海陵賜良弓亨性直材勇絕人喜自
負辭曰所賜弓弱不可用海陵遂忌之出爲真定尹謂亨
曰太宗諸子方強多在河朔山東真定據其衝要如其有
變欲倚卿爲重耳其實忌亨也歷中京東京留守家奴梁
遵告亨與衛士符公弼謀反考驗無狀遵坐誅海陵益疑
之改廣寧尹再任李老僧使伺察亨動靜且令構其罪狀
亨初除廣寧諸公主宗婦往賀其母徒單氏太祖長女兀
魯曰孛迭雖稍下遷勿以爲嫌國家視京府一也況孛迭
年富何患不貴顯乎是時兀魯與徒單斜也爲室斜也妾
忽撻得幸於徒單后忽撻謟后告兀魯語涉怨望且指斥

又言孛迭當大貴海陵使蕭裕鞫之左驗皆不敢言遂殺
兀魯而杖斜也免其官以兀魯怨望斜也不先奏聞故也
乃封忽撻爲莘國夫人久之亨家奴六斤頗黠給使總諸
奴老僧謂六斤曰爾渤海大族不幸坐累爲奴寧不念爲
良乎六斤識其意六斤嘗與亨侍妾私通亨知之怒曰必
殺此奴六斤聞之懼密與老僧謀告亨謀逆亨有良馬將
因海陵生辰進之以謂生辰進馬者衆不能以良馬自異
欲他日入見進之六斤言亨奏海陵不識馬不足進亨之
奴有自京師來者具言徒單阿里出虎誅死亨曰彼有貸
死誓券安得誅之奴曰必欲殺之誓券安足用哉亨曰然

則將及我矣六斤即以爲怨望遂誣亨欲因間刺海陵老
僧即捕繫亨以聞工部尚書耶律安禮大理正忒里等鞫
之亨言嘗論鐵券事實無反心而六斤亦自引伏與妾私
通亨嘗言欲殺之狀安禮等還奏海陵怒復遣與老僧同
鞫之與其家奴並加搒掠皆不伏老僧夜至亨因所使人
蹴其陰間殺之亨比至死不勝楚痛聲達於外海陵聞亨
死佯爲泣下遣人諭其母曰爾子所犯法當考掠不意飲
水致死亨擊鞠爲天下第一常獨當數人馬無良惡皆如
意馬方馳輒投杖馬前側身附地取杖而去每畋獵持鐵
連鎚擊狐兎一日與海陵同行道中遇群豕亨曰吾能以

鏈殺之即奮鏈遙擊中其腹穿入之終以勇力見忌焉正
隆六年海陵遣使殺諸宗室於是殺亨妃徒單氏次妃大
氏及子羊蹄等三人大定初追復亨官爵封韓王十七年
詔有司改葬亨及妻子

贊曰宗弼蹙宋主于海島卒定畫淮之約熙宗舉河南陝
西以與宋人矯而正之者宗弼也宗翰死宗磐宗雋撻懶
湛溺富貴人人有自爲之心宗幹獨立不能如之何時無
宗弼金之國勢亦曰殆哉世宗嘗有言曰宗翰之後惟宗
弼一人非虛言也

張邦昌宋史有傳天會五年宗望軍圍汴宋少帝請割三
鎮地及輸歲幣納質修好於是邦昌爲宋太宰與肅王樞
俱爲質以來而少帝以書誘耶律余睹宗翰宗望復伐宋
執二帝以歸劉彥宗乞復立趙氏太宗不許宋吏部尚書
王時雍等請邦昌治國事天會五年三月立邦昌爲大楚
皇帝初少帝以康王構與邦昌爲質既而肅王樞易之康
王乃歸及宗望再舉兵少帝復使康王奉玉冊玉寶袞冕
增上太宗尊號請和康王至磁州而宗望已自魏縣渡河
圍汴矣及二帝出汴州從大軍北來而邦昌至汴康王入
于歸德邦昌勸進于歸德康王已即位罪以隱事殺之邦
昌死太宗聞之大怒詔元帥府伐宋宋主走揚州事具宗
翰等傳其後太宗復立劉豫繼邦昌號大齊

劉豫字彥游景州阜城人宋宣和末仕爲河北西路提刑
從浙西抵儀真喪妻翟氏繼值父憂康王至揚州樞密使
張愨薦知濟南府是時山東盜賊滿野豫欲得江南一郡
宰相不與忿忿而去撻懶攻濟南有關勝者濟南驍將也
屢出城拒戰豫遂殺關勝出降遂爲京東東西淮南安撫
使知東平府兼諸路馬步軍都總管節制河外諸軍以豫
子麟知濟南府撻懶屯兵衝要以鎮撫之初康王既殺張
邦昌自歸德奔揚州詔左右副元帥合兵討之詔曰俟宋
平當援立藩輔以鎮南服如張邦昌者及宋主自明州入

海亡去宗弼北還乃議更立其人衆議折可求劉豫皆可
立而豫亦有心撻懶爲豫求封太宗用封張邦昌故事以
九月朔旦授策受策之後以藩王禮見使者臣宗翰臣宗
輔議既策爲藩輔稱臣奉表朝廷報諭詔命避正位與使
人抗禮餘禮並從帝者詔曰今立豫爲子皇帝既爲鄰國
之君又爲大朝之子其見大朝使介惟使者始見躬問起
居與面辭有奏則立其餘並行皇帝禮天會八年九月戊
申備禮冊命立豫爲大齊皇帝都大名仍號北京置丞相
以下官赦境内復自大名還居東平以東平爲東京汴州
爲汴京降宋南京爲歸德府降淮寧永昌順昌興仁府俱

爲州張孝純等爲宰相弟益爲北京留守母翟氏爲皇太
后妾錢氏爲皇后錢氏宣和內人也以辛亥年爲阜昌元
年以其子麟爲尚書左丞相諸路兵馬大總管宋人畏之
待以敵國禮國書稱大齊皇帝豫宰相張孝純鄭億年李
鄴家人皆在宋宋人加意撫之阜昌二年豫遷都于汴睿
宗定陝西太宗以其地賜豫從張邦昌所受封略故也元
帥府使蕭慶如汴與豫議以伐宋事豫報曰宋主軍帥韓
世忠屯潤州劉光世屯江寧今舉大兵欲往采石渡江而
劉光世拒守江寧若出宿州抵揚州則世忠必聚海船載
瓜洲渡若輕兵直趨采石彼未有備我必徑渡江矣光世

海船亦在潤州韓世忠必先取之二將由此必不知以此
遏宋主其可以也未幾宋主閤門宣贊舍人徐文將大小
船六十隻軍兵七百餘人來奔至密州界中率將佐至汴
豫與元帥府書曰徐文一行久在海中盡知江南利害文
言宋主在杭州其候潮門外錢塘江內有船二百隻宋主
初走入海時於此上船過錢塘江别有河入越州向明州
定海口迤邐前去昌國縣其縣在海中宋人聚船積糧之
處今大軍可先往昌國縣攻取船糧還趨明州城下奪取
宋主御船直抵錢塘江口今自密州上船如風勢順可五
日夜到昌國縣或風勢稍慢十日或半月可至初宗弼自

江南北還宗翰將入朝再議以伐宋事宗翰堅執以爲可
伐宗弼曰江南卑濕今士馬困憊糧儲未豐足恐無成功
宗翰曰都監務偷安爾及豫以書報而睿宗亦不肯用豫
策使撻懶帥師至瓜洲而還天會十四年制詔齊國與本
朝軍民相訴關涉文移署年止用天會天會十五年詔廢
齊國降封豫爲蜀王豫稱大號凡八年於是置行臺尚書
省於汴除去豫弊政人情大悅以故齊宰相張孝純權行
臺左丞相遂遷豫家屬於臨潢府皇統元年賜豫錢一萬
貫田五十頃牛五十頭三年進封曹王皇統三年薨子麟
麟字元瑞豫之子也宋宣和間父蔭補將仕郎累加承務

郎天會七年豫以濟南降麟因從軍討水賊王江破降之
豫節制東平以麟知濟南府事齊國建以濟南爲興平軍
麟爲節度使開府儀同三司梁國公充諸路兵馬大總管
判濟南府事明年爲齊尚書左丞相明年從豫遷汴罷判
濟南依前開府聽置參謀豫請立麟爲太子朝廷不許曰
若與我伐宋有功則立之於是麟連歲帥兵南伐皆無功
而還及朝廷議廢齊報以南伐之期俾豫先遣兵駐淮上
撻懶以軍廢豫止刀馬河麟從數百騎出迎撻懶諭麟止
從騎南岸獨召麟渡河因執麟豫廢麟遷臨潢頃之授北
京路都轉運使歷中京燕京路都轉運使參知政事尚書

左丞復爲興平軍節度使上京路轉運使開府儀同三司封韓國公薨年六十四正隆間降二品以上官封改贈特進息國公

昌本名撻懶穆宗子宗翰襲遼主于鴛鴦濼遼都統馬哥奔攜里撻懶收其群牧宗翰使撻懶追擊之不及獲遼樞密使得里底及其子磨哥那野以還太祖自將襲遼主于大魚濼留輜重于草濼使撻懶牙卯守之奚路兵官渾黜不能安輯其衆遂以撻懶爲奚六路軍帥鎮之習古廼婆盧火護送常勝軍及燕京豪族工匠自松亭關入内地上戒之曰若遇險阨則分兵以往習古廼婆盧火廼合於撻懶久之討劾山速古部奚人奚人據險戰殺且盡速古啜里鐵尼十三巖皆平之詔曰朕以奚路險阻經略爲難命汝往任其事而克副所託良用嘉歎今回离保部族來附餘衆奔潰無能爲已比命習古廼婆盧火護送降人若遇險阻即分兵以行餘衆悉與汝合降詔二十招諭未降汝當審度其事從宜處之其後撫定奚部及分南路邊界表請設官鎮守上曰依東京渤海列置千户謀克遼外戚遥輦昭古牙部族在建州斜野襲走之獲其妻孥及官豪之族撻懶復擊之擒其隊將曷魯燥白撒曷殺之降民户千餘進降金源縣詔增賜銀牌十又降遥輦二部再破興中

兵降建州官屬得山砦二十村堡五百八十阿忽復敗昭古牙降其官民尤多昭古牙勢蹙亦降興中建州皆平詔第將士功賞撫安新民撻懶請以遥輦九營爲九猛安上以奪鄰有功使領四猛安昭古牙仍爲親管猛安五猛安之都帥命撻懶擇人授之撻懶與劉彦宗舉蕭公翊爲興中尹郡府各以契丹漢官攝治上皆從之及宗翰宗望伐宋撻懶爲六部路都統宗望已受宋盟軍還撻懶乃歸中京八月復伐宋閏月宗翰宗望軍皆至汴州撻懶阿里刮破宋兵二萬於杞覆其三營獲京東路都總管胡直孺及其二子與南路都統制隋師元及其三將遂克拱州降寧陵破睢陽下亳州宋兵來復睢陽又擊走之擒其將石瑱宋二帝已降大軍北還撻懶爲元帥左監軍徇地山東取密州迪虎取單州撻懶取鉅鹿阿里刮取宗城迪古不取清平臨清蒙刮取趙州阿里刮徇下濬滑恩及高唐分遣諸將趣磁信德皆降之劉豫以濟南府降詔以豫爲安撫使治東平撻懶以左監軍鎮撫之大事專決焉後爲右副元帥天會十五年爲左副元帥封魯國王初宋人既誅張邦昌太宗詔諸將復求如邦昌者立之或舉折可求撻懶力舉劉豫豫立爲帝號大齊豫爲帝數年無尺寸功遂廢豫爲蜀王撻懶與右副元帥宗弼俱在河南宋使王倫求

河南陝西地予撻懶明年撻懶朝京師倡議以廢齊舊地與宋熙宗命群臣議會東京留守宗雋來朝與撻懶合力宗幹等爭之不能得宗雋曰我以地與宋宋必德我宗憲折之曰我俘宋人父兄怨非一日若復資以土地是助讎也何德之有勿與便撻懶弟勗亦以爲不可既退撻懶責勗曰他人尚有從我者汝乃異議乎勗曰苟利國家豈敢私邪是時太宗長子宗磐爲宰相位在宗幹上撻懶宗雋附之竟執議以河南陝西地與宋張通古爲詔諭江南使久之宗磐跋扈尤甚宗雋亦爲丞相撻懶持兵柄謀反有狀宗磐宗雋皆伏誅詔以撻懶屬尊有大功因釋不問出

爲行臺尚書左丞相手詔慰遣撻懶至燕京愈驕肆不法復與翼王鶻懶謀反而朝議漸知其初與宋交通而倡議割河南陝西之地宗弼請復取河南陝西會有上變告撻懶者熙宗乃下詔誅之撻懶自燕京南走追而殺之于祁州并殺翼王及宗人活离胡土撻懶二子斡帶烏達補而赦其黨與宗弼爲都元帥再定河南陝西伐宋渡淮宋康王乞和遂稱臣畫淮爲界乃罷兵

贊曰君臣之位如冠屨定分不可頃刻易也五季亂極綱常斁壞遼之太宗慢褻神器倒置冠屨援立石晉以臣易君宇宙以來之一大變也金人效尤而張邦昌劉豫之事出焉邦昌雖非本心以死辭之孰曰不可豫乘時徼利金人欲倚以爲功豈有是理哉撻懶初薦劉豫後以陝西河南歸宋視猶儻來初無固志以處此也積其輕躁終陷逆圖事敗南奔適足以實通宋之事爾哀哉

列傳第十五

開府儀同三司上柱國錄軍國重事前中書右丞相監修國史領經筵事都總裁臣脫脫奉

勅修

劉彥宗　劉萼　劉筈

劉仲誨　劉頍　時立愛

韓企先 子鐸

劉彥宗字魯開大興宛平人遠祖怦唐盧龍節度使石晉以幽薊入遼劉氏六世仕遼相繼爲宰相父霄至中京留守彥宗擢進士乙科天祚走天德秦晉國王耶律捏里自立于燕擢彥宗留守判官蕭妃攝政遷簽書樞密院事太

祖至居庸關蕭妃自古北口遯去都監高六送款于太祖太祖奄至駐蹕城南彥宗與左企弓等奉表降太祖一見器遇之俾復舊遷左僕射佩金牌張覺爲南京留守太祖聞覺有異志使彥宗斜鉢宣慰之太祖至鴛鴦濼不豫還上京留宗翰都統軍事留彥宗佐之及張覺敗奔于宋聚推張敦固爲都統殺使者乘城拒守攻之不肯下彥宗同中書門下平章事知樞密院事加侍中佐宗望軍宗望奏方圖攻取凡州縣之事委彥宗裁決之天會二年詔彥宗曰中京等兩路先多拒命故遣使撫諭貰其官民之罪所犯在降附前者勿論卿等選官與使者往諭之使勸于稼穡未幾大舉伐宋彥宗畫十策詔彥宗兼領漢軍都統蔡靖以燕山降詔彥宗凡燕京一品以下官皆承制注授遂進兵伐宋至汴宋少帝割地納質師還宗望分將士屯安肅雄霸廣信之境留闍母彥宗于燕京節制諸軍明年再伐宋已圍汴京彥宗謂宗翰宗望曰蕭何入關秋毫無犯惟收圖籍遼太宗入汴載路車法服石經以歸皆令則也二帥嘉納之執二帝以歸天會六年薨年五十三追封鄆王正隆二年例降封開府儀同三司大定十五年追封兗國公謚英敏子萼筈

萼彥宗季子也遼末以蔭補閤門祗候天輔七年授禮賓

使累官德州防禦使天德初稍加擢用歷左右宣徽使拜參知政事進尚書左丞爲沁南軍節度使歷臨洮太原尹正隆南伐爲漢南道行營兵馬都統制大定初除興中尹封任國公歷順天定武軍節度使濟南尹萼滛縱無行所至貪墨狼籍廉使劾之詔遣大理少卿張九思就濟南鞫問既就逮不測所以引刃自殺不死詔削官一階罷歸田里卒子仲誨天德三年賜王彥潛榜及第

筈彥宗次子幼時以廕隸閤門不就去從學遼末調兵而筈在選中遼兵敗左右多散亡乃選筈爲扈從授左承制遼主西奔蕭妃攝政賜筈進士第授尚書左司員外郎寄

班閤門天輔七年太祖取燕筈從其父兄出降遷尚書左
司郎中八年授殿中少監太祖崩宋夏遣使弔慰凡館見
禮儀皆筈詳定遷衛尉少卿授西上閤門使仍從事元帥
府元帥府以便宜從事凡約束廢置及四方號令多從筈
之畫焉天會二年遷太常少卿東上閤門使從宗翰伐宋
圍太原遷衛尉卿權簽宣徽院事四年授左諫議大夫秋
復南征權中書省樞密院事丁父憂明年起復直樞密院
事加給事中七年為禮部侍郎十年改彰信軍節度使權
簽中書省樞密院事天眷二年改左宣徽使熙宗幸燕法
駕儀仗筈討論者為多皇統元年充江南封冊使假中書

侍郎既至臨安而宋人牓其居曰行宮筈曰未受命而名
行宮非也請去牓而後行禮宋人驚服其有識欲厚賄說
之奉金珠三十餘萬而筈不之顧皆嘆曰大國有人焉五
年為行臺尚書右丞相兼判左宣徽使事留京師或請釐
革河南官吏之濫雜者筈曰廢齊用兵江表求一切近効
其所用人不必皆以章程故有不由科目而為大吏不試
弓馬而握兵柄者今撫定未久姑收人心奈何為是紛更
也遂仍其舊七年帥府議於館陶築三城以為有警即令
北軍入居之筈曰今天下一家孰為南北設或有變軍人
入城獨能安耶當嚴武備以察姦無示彼此之間也其後

竟從筈議初以河外三州賜夏人或言秦之在夏者數千
人皆願來歸諸將請約之筈曰三小州不足為輕重恐失
朝廷大信且秦人之在蜀者倍多於此何獨捨彼而取此
乎遂從筈議陝西邊帥請完治邊城郭以備南寇筈曰我
利車騎而不利城守今城之則勞民而結怨況盟已定豈
可妄動遂罷之九年八月拜司空九月拜平章政事封吳
國公行臺右丞相如故天德元年封滕王二年拜尚書右
丞相兼中書令進封鄭王未幾以疾求解政務授燕京留
守進封曹王居數月乞致仕筈自為宣徽使以能得悼后
意致位宰相海陵即位意頗鄙之及筈求致仕詔略曰不

為暗於臨事不為諂於事君未許告歸姑從解職筈因慚
懼而死年五十八子仲誨
仲誨字子忠皇統初以宰相子授忠勇校尉九年賜進士
第除應奉翰林文字海陵嚴暴臣下應對多失次嘗以時
政訪問在朝官仲誨從容數奏無懼色海陵稱賞之貞元
初丁父憂起復翰林修撰大定二年遷待制尋兼修起居
注左補闕三年詔仲誨與左司員外郎蒲察蒲速越廉問
所過州縣仲誨等還奏狀詔玉田縣令李方進一階順州
知法權密雲縣事王宗永擢密雲縣尉順州司候張璘密
雲縣尉石抹烏者皆免去丁母憂起復太子右諭德遷翰

林直學士改棣州防禦使猷次縣捕得強盜數十人詣州欲以全獲希賞仲誨疑其有寃緩其獄同僚曰縣境多盜請寘之法以懲其餘仲誨乃擇老稚者先釋之未幾乃獲真盜入爲禮部侍郎兼左諭德遷太子詹事兼左諫議大夫上曰東宮官屬尤當選用正人如行撿不修及不稱位者具以名聞又曰東宮講書或論議間當以孝儉德行正身之事告之頃之東宮請增牧人及張設什用上謂仲誨曰太子生於富貴毋教之恭儉朕服御未嘗妄有增益卿以此意諭之改御史中丞十四年爲宋國歲元使宋主欲變親起接書之儀遣館伴王抃來議曲辨強說欲要以必

從仲誨曰使臣奉命遠來修好固欲成禮而信約所載非使臣輒敢變更公等宋國腹心毋僥倖一時失大國歡往復再三竟用舊儀親起接書成禮而還復爲太子詹事遷吏部尚書轉太子少師兼御史中丞坐失糾舉大長公主事與侍御史李瑜各削一階仲誨前後爲東宮官且十五年多進規戒顯宗特加禮敬大定十九年卒仲誨立朝峻整容色莊重世宗嘗曰朕見劉仲誨嘗若將切諫者其以剛嚴見知如此

頔字元矩以大臣子孫充閤門祗候調莘縣令召爲承奉班都知遷西上閤門副使兼宮苑令累遷西上東上閤門使泰和二年宋盱眙軍報明年賀正旦使魯詧楊明輝及過界副使乃王處久入見魯詧殿上不雙跪詔頔就閤詰問先報名銜楊明輝不復報改王處久之故及不雙跪者魯詧對拜時並雙跪有足疾似單跪者初南苑有唐舊碑書貞元十年御史大夫劉怦葬上見之曰苑中不宜有墓頔家本怦後詔賜頔錢三百貫改葬之三遷右宣徽使貞祐二年轉左宣徽使明年致仕遷一官上曰卿舊人也今朝廷多故豈宜去位朕自東宮甍後思慮不周俟稍寧息即以上郡處卿頃之起爲知開封府四年正月元日攝左宣徽使再請老未半歲復起爲御史中丞詔安撫河南路

捕盜賊坐與保靜軍節度使會飲解職起爲太子詹事遷太子少師詹事院欲闢廣東宮周墻頔請於皇太子曰師旅饑饉之際何爲興此役遂止尋卒

時立愛字昌壽涿州新城人父承謙以財雄鄉里歲飢發倉廩賑貧乏假貸者與之折券遼太康九年中進士第調泰州幕官丁父憂服除調同知春州事未逾年遷雲內縣令再除文德令樞密院選爲吏房副都承旨轉都承旨累遷御史中丞剛正敢言忤權貴除燕京副留守丁母憂起復舊職遷遼興軍節度使兼漢軍都統太祖已定燕京訪求得平州人韓詢持詔招諭平州是時奚王回离保在盧

龍嶺立愛未敢即朝見先使人來送款曰民情愚執不即順從願降寬恩以慰反側詔曰朕親巡西土底定全燕號令所加城邑皆下爰嘉忠款特示優恩應在彼大小官員可皆充舊職諸囚禁配隸並從釋免於是遼帝尚在天德平州雖降民心未固奚王回离保軍所在保聚薊州已降復叛民間流言謂金人所下城邑始則存撫後則俘掠時立愛雖開諭而不肯信乃上表乞下明詔遣官分行郡邑宣諭德義他日兵臨于宋順則撫之逆則討之兵不勞而天下定矣上覽表嘉之詔荅曰卿始率吏民歸附復條利害悉合朕意嘉歎不忘山西部族緣遼主未獲恐陰相連

結故遷處于嶺東西京人民既無異望皆按堵如故或有將卒貪悍冒犯紀律輒掠降人者已諭諸部及軍帥約束兵士秋豪有犯必刑無赦令遣斡羅阿里等為鄉副貳以撫斯民其告諭所部使知朕意其後以平州為南京用張覺為留守時立愛遂去平州而張覺遂因燕京人東徙其衆怨望覺遂叛入于宋立愛既去平州歸鄉里太祖以燕薊與宋新城入于宋宋累詔立愛立愛見宋政日壞不肯起戒其宗族不得求仕及宗望再取燕山立愛詣幕府上謁拜同中書門下平章事任其子姪數人立愛從宗望軍數年謀畫居多封陳國公表求解機務不從九年為侍中知樞密院事久之加中書令天會十五年致仕加開府儀同三司鄭國公薨于家年八十二賻贈錢布繒帛有差詔同簽書燕京樞密院事趙慶襲護喪事葬用皆官給之

韓企先燕京人九世祖知古仕遼為中書令徙居柳城世貴顯乾統間企先中進士第回翔不振都統杲定中京擢樞密副都承旨稍遷轉運使宗翰為都統經略山西表署西京留守天會六年劉彥宗薨企先代之同中書門下平章事知樞密院事七年遷尚書左僕射兼侍中封楚國公初太祖定燕京始用漢官宰相賞左企弓等置中書省樞密院于廣寧府而朝廷宰相自用女直官號太宗初年無

所改更及張敦固伏誅移置中書樞密于平州蔡靖以燕山降移置燕京凡漢地選授調發租稅皆承制行之故自時立愛劉彥宗及企先輩官為宰相其職大抵如此斜也宗幹當國勸太宗改女直舊制用漢官制度天會四年始定官制立尚書省以下諸司府寺十二年以企先為尚書右丞相召至上京入見太宗甚驚異曰朕疇昔嘗夢此人今果見之於是方議禮制度損益舊章企先博通經史知前代故事或因或革咸取折衷企先為相每欲為官擇人專以培植獎勵後進為己責任推轂士類甄別人物一時臺省多君子彌縫闕漏密謨顯諫必咨於王宗翰宗幹雅

敬重之世稱賢相焉皇統元年封濮王六年薨年六十五

正隆二年例降封齊國公大定八年配享太宗廟庭十年

司空李德固孫引慶求襲其祖猛安世宗曰德固無功其

猛安且關之漢人宰相惟韓企先最賢他不及也十一年

将圖功臣像于衍慶宮上曰丞相企先本朝典章制度多

出斯人之手至於關決大政與大臣謀議不使外人知之

由是無人能知其功前後漢人宰相無能及者置功臣畫

像中亦足以示勸後人十五年謚簡懿

韓鐸字振文企先次子也皇統末以大臣子授武義將軍

熙宗聞其有儒學賜進士第除宣徽判官再遷刑部員外

郎海陵遣中使諭之曰郎官高選也汝勳賢之子行已莅

官能世其家故以命汝苟能夙夜在公當不次擢用雖公

相可到鐸感奮獄或有疑據經議讞海陵伐宋改兵部員

外郎大定初遷本部郎中累官河州防禦使求養親解去

召為左諫議大夫遷中都路都轉運使頃之上謂宰臣曰

韓鐸年高不任繁劇且其母老矣可與之便郡於是改順

天軍節度使卒

贊曰太祖入燕始用遼南北面官僚制度是故劉彥宗時

立愛規為施設不見于朝廷之上軍旅之暇治官政庀民

事務農積穀內供京師外給轉餉此其功也韓企先入相

兩朝幾二十年成功著業世宗稱其賢焉

列傳第十六

開府儀同三司上柱國錄軍國重事前中書右丞相監修國史領經筵事臣脫脫　奉
修

酈瓊　李成　孔彥舟
徐文　施宜生　張中孚
張中彥　宇文虛中　王倫

酈瓊字國寶相州臨漳人補州學生宋宣和間盜賊起瓊乃更學擊刺挽強試弓馬隸宗澤軍駐于磁州未幾告歸括集義軍七百人復從澤澤署瓊爲七百人長澤死調戍滑州時宗望伐宋將渡河戍軍亂殺其統制趙世彥而推

瓊爲主瓊因誘衆號爲勤王行且收兵比渡淮有衆萬餘康王以爲楚州安撫使淮南東路兵馬鈐轄累遷武泰軍承宣使未幾率所領步騎十餘萬附于齊授靜難軍節度使知拱州齊國廢以爲博州防禦使用廉遷驃騎上將軍宗弼復河南以瓊爲山東路弩手千户知亳州事丁母憂去官宗弼再伐江南以瓊素知南方山川險易召至軍與計事從容語同列曰瓊嘗從大軍南伐每見元帥國王親臨陣督戰矢石交集而王免胄指麾三軍意氣自若用兵制勝皆與孫吳合可謂命世雄材矣至於親冒鋒鏑進不避難將士視之孰敢愛死乎宜其所向無前日閱國千里也江南諸帥才能不及中人每當出兵必身居數百里外謂之持重或督召軍旅易置將校僅以一介之士持虛文諭之謂之調發制敵決勝委之偏裨是以智者解體愚者喪師幸一小捷則露布飛馳增加俘級以爲已功斂怨將士縱或親臨亦必先遁而又國政不綱纔有微功已加厚賞或有大罪乃置而不誅不即覆亡已爲天幸何能振起耶衆以爲確論元帥謂宗弼也及宗弼問瓊以江南成敗誰敢相拒者瓊曰江南軍勢怯弱皆敗亡之餘又無良帥何以禦我頗聞秦檜當國用事檜老儒所謂亡國之大夫兢兢自守惟顛覆是懼吾以大軍臨之彼之君臣方且心

破膽裂將哀鳴不暇蓋傷弓之鳥可以虛弦下也既而江南果稱臣宗弼喜瓊爲知言初瓊去亳未幾宋兵陷之而不守復棄去乃以州人宋超守之及大軍至超復以州事委其鈐轄衛經而遁去帥府使人招經經不下及城潰百姓惶懼待命瓊請於元帥曰城所不下者酋堅劫之也民何罪願慰安之元帥以瓊先嘗守亳因止戮經而釋其州人復命瓊守亳凡六年亳人德之遷武寧軍節度使八年爲泰寧軍節度使九年遷歸德尹貞元元年加金紫光祿大夫卒于官年五十

李成字伯友雄州歸信人勇力絕倫能挽弓三百斤宋宣

和初試弓手挽強異等累官淮南招捉使成乃聚衆爲盜鈔掠江南宋遣兵破之成遂歸齊累除知開德府從大軍伐宋齊廢再除安武軍節度使成在降附諸將中最勇鷙號令甚嚴衆莫敢犯臨陣身先諸將士卒未食不先食有病者親視之不持雨具雖沾濕自如也有告成反者宗弼察其誣使成自治成杖而釋之其不校如此以此士樂爲用所至克捷宗弼再取河南宋李興據河南府成引軍入孟津興率衆薄城鼓譟請戰成不應日下昃興士卒倦且飢成開門急擊大破之興走漢南成遂取洛陽嵩汝等河南平宗弼奏成爲河南尹都管押本路兵馬嘗取官羨粟

充公費坐奪兩官解職正隆間起爲真定尹封郡王例封濟國公卒年六十九

孔彥舟字巨濟相州林慮人亡賴不事生産避罪之汴占籍軍中坐事繫獄說守者解其縛乘夜踰城遯去已而殺人亡命爲盜宋靖康初應募累官京東西路兵馬鈐轄聞大軍將至山東遂率所部刼殺居民燒廬舍掠財物渡河南去宋人復招之以爲沿江招捉使彥舟暴橫不奉約束宋人將以兵執之彥舟走之齊從劉麟伐宋爲行軍都統改行營左總管齊國廢累知淄州從宗弼取河南克鄭州擒其守劉政破孟邦傑於登封授鄭州防禦使討平太行車轅嶺賊從征江南渡淮破孫暉兵萬餘人下安豐霍丘及攻濠州以彥舟爲先鋒順流薄城擒其水軍統制邵青遂克濠州師還累官工部尚書河南尹封廣平郡王正隆例降金紫光祿大夫改南京留守彥舟荒于色有禽獸行妾生女姿麗彥舟苦虐其母使自陳非已女遂納爲妾其官屬負官錢私其妻與折券惟破濠州時諸軍凡係獲皆殺之彥舟號令毋輒殺免者數千人人頗以此稱之然自幼至老常在行伍習兵事知利鈍海陵欲以爲征南將佐正隆五年除南京留守彥舟有疾朝臣有傳彥舟死者而彥舟尚無恙海陵盡杖妾傳彥舟死者以激勵之無何

竟死於汴年五十五遺表言伐宋當先取淮南云

徐文字彥武萊州掖縣人徙膠水少時販鹽爲業往來瀕海數州剛勇尚氣儕輩皆憚之宋季盜起募戰士爲密州板橋左十將勇力過人揮巨刀重五十斤所向無前人呼爲徐大刀後隷王龍圖麾下與夏人戰生擒一將補進武校尉東還破群賊楊進等轉承信郎宋康王渡江召文爲樞密院准備將擒苗傅及韓世績以功遷淮東浙西沿海水軍都統制諸將忌其材勇是時李成孔彥舟皆歸齊宋人亦疑文有北歸志大將閻皐與文有隙因而譖之宋使統制朱師敏來襲文文乃率戰艦數十艘泛海歸于齊齊

以文為海密二州滄海都招捉使兼水軍統制遷海道副都統兼海道總管賜金帶文以策干劉豫欲自海道襲臨安豫不能用齊國廢元帥府承制以文為南京步軍都虞候權馬步軍都指揮使天眷元年破太行賊梁小哥以本職兼水軍統制朝廷以河南與宋除文山東路兵馬鈐轄宗弼復取河南文破宋將李寶於濮陽孟邦傑於登封宋蔣知軍據河陽文遲明至其城下使別將攻城東北自將精銳潛師襲南門城中悉衆救東北文乃自南門斬關入城宋軍潰去追擊敗之破郭清郭遠於汝州鄭州叛復取之擊走宋將戚方河南既平宗弼勞賞將士賞文銀幣鞍

馬充行軍萬户從宗弼取廬濠等州超換武義將軍知濟州在職七年移知泰安軍海陵即位録舊功累遷中都兵馬都指揮使賜金帶改濬州防禦使未幾海陵謀伐宋改行都水監監造戰船於通州東海縣人徐元張旺作亂縣人房真等三人走海州及走總管府上變州府皆遣使劾隨真等詣東海觀賊形勢皆為賊所害州府合兵攻之累月不下海陵且欲伐宋惡聞其事詔文與步軍指揮使張弘信同知大興尹李惟忠宿直將軍蕭阿窊率舟師九百浮海討之謂文等曰朕意不在一邑將以試舟師耳文等至東海與賊戰敗之斬首五千餘級獲徐元張旺餘衆請

降是役也張弘信行至萊州稱疾留止日與妓樂飲酒海陵聞之師還杖弘信二百文遷定海軍節度使房真三人官賞有差死賊者皆贈官三級以銀百兩絹百匹賜其家大定二年詣闕自陳年老目昏懇求致仕許之以覃恩遷龍虎衛上將軍卒于家

施宜生字明望邵武人也博聞強記未冠由鄉貢入太學宋政和四年擢上舍第試學官授潁州教授及王師入汴宜生走江南復以罪北走齊上書陳取宋之策齊以為大總管府議事官失意於劉麟左遷彰信軍節度判官齊國廢擢為太常博士遷殿中侍御史轉尚書吏部員外郎為

本部郎中尋改禮部出為隰州刺史天德二年用參知政事張浩薦宜生可備顧問海陵召為翰林直學士撰太師梁王宗弼墓銘進官兩階正隆元年出知深州召為尚書禮部侍郎遷翰林侍講學士四年冬為宋國正旦使宜生自以得罪北走恥見宋人力辭不許宋命張燾館之都亭因間以首丘風之宜生顧其介不在旁為廋語曰今日北風甚勁又取几間筆扣之曰筆來筆來於是宋始警其副使耶律闢離剌使還以聞坐是烹死初宜生困于場屋過僧善風鑑謂之曰子面有權骨可公可卿而視子身之毛皆逆上且覆腕必有以合乎此而後可貴也宜生聞其言

大喜竟從范汝爲於建劒已而汝爲敗變服爲傭泰之吳翁家三年翁異之一日屏人詰其姓名宜生曰我服傭事惟謹主人乃亦實疑邪翁固詰之則請其故翁曰日者燕客執事咸餕而汝獨孫諸儕且撤器有歎聲是以識汝非真傭也宜生遂告之故翁贐之金夜濟淮以歸試一日獲能三十六賦擢第一其後竟如僧言

張中孚字信甫其先自安定徙居張義堡父達仕宋至太師封慶國公中孚以父任補承節郎宗翰圍太原其父戰歿中孚泣涕請迹父尸乃獨率部曲十餘人入大軍中竟得其尸以還累官知鎮戎軍兼安撫使屢從吳玠張浚以兵拒大軍浚走巴蜀中孚權帥事天會九年睿宗以左副

元帥次涇州中孚率其將吏來降睿宗以爲鎮洮軍節度使知渭州兼涇原路經略安撫使齊國建以什一法括民田籍丁壯爲鄉軍中孚以爲涇原地瘠無良田且保甲之法行之已習今遽紛更人必逃徙秖見其害未見其利也竟執不行時齊政甚急莫敢違人爲中孚懼而中孚不之顧未幾齊國廢一路獨免掊克之患天眷初爲陝西諸路節制使知京兆府朝廷賜地江南中孚遂入宋宗弼再定河南陝西移文宋人使歸中孚至汴就除行臺兵部尚書遷除參知行臺尚書省事明年拜參知政事貞元元年遷

尚書左丞封南陽郡王三年以疾告老乃爲濟南尹加開府儀同三司封宿王移南京留守又進封崇王卒年五十九加贈鄧王中孚天性孝友剛毅與弟中彥居未嘗有間言喜讀書頗能書翰其御士卒嚴而有恩西人尤畏愛之葬之日老穉扶柩流涕蓋數萬人至爲罷市其得西人之望如此正隆例封崇進原國公

張中彥字才甫中孚弟少以父任仕宋爲涇原副將知德順軍事睿宗經略陝西中彥降除招撫使從下熙河階成州授彰武軍承宣使爲本路兵馬鈐鍺遷都總管宋將關師古圍鞏州與秦鳳李彥琦會兵攻之王師下饒風關得金洋諸州以中彥領興元尹撫輯新附師還代彥琦爲秦

鳳經略使秦州當要衝而城不可守中彥徙治北山因險爲壘今秦州是也築臘家諸城以扼蜀道帥秦凡十年改涇原路經略使知平涼府朝廷以河南陝西賜宋中孚以官守隨例當留關中熙河經略使慕洧謀入夏將關關陝中彥與環慶趙彬會兩路兵討之洧敗入于夏中彥與兄中孚俱至臨安彼留以爲龍神衞四廂都指揮使清遠軍承宣使提舉佑神觀靖海軍節度使皇統初恢復河南詔徵中彥兄弟北歸爲靜難軍節度使歷彰化軍鳳翔尹改尹慶陽兼慶原路兵馬都總管寧州刺史宗室宗淵毆死

傔佐梁郁郁遠人家貧無能赴告者中彥力爲正其罪竟實于法改彰德軍節度使均賦調法姦豪無所蔽匿人服其明正隆營汴京新宮中彥採運關中材木青峰山巨木最多而高深阻絕唐宋以來不能致中彥使構崖駕壑起長橋十數里以車運木若行平地開六盤山水洛之路遂通汴梁明年作河上浮梁復領其役舟之始製匠者未得其法中彥手製小舟纔數寸許不假膠漆而首尾自相鉤帶謂之鼓子卯諸匠無不駭服其智巧如此浮梁巨艦畢功將發旁郡民曳之就水中彥召役夫數十人治地勢順下傾瀉于河取新秫稭密布於地復以大木限其旁淩晨

督衆乘霜滑曳之殊不勞力而致諸水俄遷平陽海陵將伐宋驛召赴闕授西蜀道行營副都統制賜細鎧使先取散關俟後命世宗即位赦書至鳳翔諸將惶惑不能決去就中彥曉譬之諸將感悟受詔上召中彥入朝以軍付統軍合喜及見上賜以所御通犀帶封宗國公尋爲吏部尚書上疏曰古者關市譏而不征今使掌關市者征而不譏苛留行旅至披剔囊笥甚於剽掠有傷國體乞禁止從之踰年除南京留守時淮楚用兵土民與戍兵雜居訟牒紛紜所司皆依違不決中彥得戍兵爲盜者悉論如法帥府怒其專決劾奏之朝廷置而不問秩滿轉真定尹兼河北西路兵馬都總管未幾致仕西歸京兆明年起爲臨洮尹兼熙秦路兵馬都總管鞏州劉海構亂既敗籍民之從亂者數千人中彥惟論爲首者戮之西羌吹折密臧隴逋厖拜四族恃險不服使侍御史沙醇之就中彥論方略中彥曰此羌服叛不常若非中彥自行勢必不可即至積石達南寺酋長四人來與之約降事遂定賞而遣之還奏上大悅遣張汝玉馳驛勞之賜以毬文金帶用郊恩加儀同三司以疾卒官年七十五百姓哀號輟市立像祀之

贊曰自古健將武夫其不才者遭世變遷賣降恐後此其常態君子之所不責也酈瓊徐文是已旋宜生反覆壬人

李成盜賊之靡孔彥舟漁色親出自絕人類又何責也張中孚中彥雖有小惠足稱然以宋大臣之子父戰没於金若金若齊義皆不共戴天之讎金以地與齊則甘心臣齊以地歸宋則忍恥臣宋金取其地則又比肩臣金若趨市然唯利所在於斯時也豈復知所謂綱常也哉吁

宇文虛中字叔通蜀人初仕宋累官資政殿大學士天會四年宋少帝已結盟宗望班師至孟陽宋姚平仲乘夜來襲明日復進兵圍汴少帝使虛中詣宗望軍告以襲兵皆將帥自爲之復請和議如初且視康王安否頃之臺諫以和議歸罪虛中罷爲青州復下遷祠職建炎元年貶韶州

二年康王求可爲奉使者虛中自貶中應詔復資政殿大
學士爲祈請使是時與兵伐宋巳留王倫朱弁不遣虛中
亦被留實天會六年也朝廷方議禮制度頗愛虛中有才
藝加以官爵虛中即受之與韓昉輩俱掌詞命明年洪皓
至上京見虛中甚鄙之天會十三年熙宗即位宗翰爲太
保領三省事封晉國王乞致仕批答不允其詞虛中作也
天眷間累官翰林學士知制誥兼太常卿封河內郡開國
公書太祖睿德神功碑進階金紫光祿大夫皇統二年宋
人請和其誓表曰自來流移在南之人經官陳說願自歸
者更不禁止上國之於弊邑亦乞並用此約於是詔尚書

省移文宋國理索張中孚張中彥鄭億年杜充張孝純宇
文虛中王進家屬發遣李正民畢良史還宋惟孟庾去留
聽其所欲時虛中子師瑗仕宋至轉運判官携家北來四
年轉承旨加特進遷禮部尚書承旨如故虛中恃才輕肆
好譏訕凡見女直人輒以礦鹵目之貴人達官往往積不
能平虛中嘗撰宮殿牓署本皆嘉美之名惡虛中者摘其
字以爲謗訕朝廷由是媒蘖以成其罪矣六年二月唐括
酬斡家奴杜天佛留告虛中謀反詔有司鞫治無狀乃羅
織虛中家圖書爲反具虛中曰死自吾分至於圖籍南來
士大夫家家有之高士談圖書尤多於我家豈亦反耶有

司承順風旨幷殺士談至今冤之士談字季默高瓊之後
宣和末爲忻州戶曹參軍入朝官至翰林直學士虛中士
談俱有文集行于世

王倫字正道故宋宰相王旦弟王勉玄孫俠邪無賴年四
十餘尚與市井惡少羣游汴中天會五年宋人以倫爲假
刑部侍郎與閤門舍人朱弁充通問使是時方議伐宋凡
宋使者如倫及宇文虛中魏行可顧縱張邵等皆留之不
遣居數年倫久困乃唱爲和議求歸元帥府使人謂之曰
此非江南情實特汝自爲此言耳倫曰使事有指不然何
爲來哉惟元帥察之天會十年劉豫連歲出師皆無功撻

懶爲元帥左監軍經略南邊密主和議乃遣倫歸先此宋
巳遣使乞和朝廷未之許也倫見康王言和議事康王大
喜遷倫官并官其子弟宋方與齊用兵未可和天會十五
年康王聞天水郡王巳薨以倫假直學士來請其喪使倫
請撻懶曰河南之地上國既不自有與其封劉豫曷若歸
之趙氏是歲劉豫受封巳八年不能自立其國尚勤屯戍
朝廷厭其無能爲也乃廢劉豫撻懶以左副元帥守汴京
於是倫適至撻懶太祖從父兄弟於熙宗爲祖行太宗長
子宗磐以太師領三省事位在宗幹上宗翰薨巳久宗幹
不能與宗磐獨抗明年天眷元年撻懶與東京留守宗雋

俱入朝熙宗以宗雋為左丞相宗雋太祖子也撻懶宗磐宗雋三人皆跋扈嗜利陰有異圖遂合議以齊地與宋自宗幹以下爭之不能得以侍郎張通古為詔諭江南使遣倫先歸明年宋以倫為端明殿學士簽書樞密院事進金器千兩銀器萬兩復來請天水郡王喪柩及請母韋氏兄弟宗族等保信軍節度使藍公佐副之是歲宗磐宗雋撻懶皆以謀反屬吏熙宗誅宗磐宗雋以撻懶屬尊赦其死以為行臺尚書省事左丞相奪其兵權右副元帥宗弼奏曰撻懶宗磐陰與宋人交通遂以河南陝西地與宋人會撻懶復謀反捕而殺之於祁州倫至上京有司詳讀康王表文不書年閏進奉狀稱禮物不言職貢上使宰相責問倫曰汝但知有元帥豈知有上國耶遂留不遣遣其副藍公佐歸三年五月宗弼復取河南陝西地遂伐江南已渡淮皇統元年宋人請和二年二月宋端明殿學士何鑄容州觀察使曹勛進誓表三月遣左副點檢賽里山東西路都轉運使劉祹送天水郡王喪柩及宋帝母韋氏還江南五月李正民畢良史南歸七月朱弁張邵洪皓南歸四年以倫為平州路轉運使倫已受命復辭遜上曰此反覆之人也遂殺之於上京年六十一

贊曰孔子云行已有恥使於四方不辱君命可謂士矣宇文虛中朝至上京夕受官爵王倫紈袴之子市井為徒此豈行己有恥之士可以專使者耶二子之死雖冤其自取亦多矣

列傳第十七

開府儀同三司上柱國錄軍國重事前中書右丞相監修國史領經筵事都總裁臣脫脫奉

勅修

熙宗二子

濟安　道濟

斜卯阿里　突合速　烏延蒲盧渾

赤盞暉　大臭本名塔不也　磐本名蒲速越

阿里補子方

熙宗諸子悼平皇后生太子濟安賢妃生魏王道濟

濟安皇統二年二月戊子生於天開殿上年二十四始有皇子喜甚遣使馳報明德宮太皇太后五日命名大赦天下三月甲寅告天地宗廟丁巳翦髻奏告天地宗廟戊午冊爲皇太子封皇后父太尉胡塔爲王賜人口馬牛五百駞五十羊五千隨朝職官並遷一資皆有賜巳未詔天下十二月濟安病劇上與皇后幸佛寺焚香流涕哀禱曲赦五百里内罪囚是夜薨謚英悼太子葬興陵之側上送至烏只黑水而還命工塑其像于儲慶寺上與皇后幸寺安置之海陵毀上京宮室寺亦隨毀

道濟皇統三年命爲中京留守以直學士阿懶爲都提點張玄素爲同提點左右輔導之俄封魏王封其母爲賢妃

初居外至是養之宮中未幾熙宗怒殺之

贊曰國初制度未立太宗熙宗皆自諳班勃極烈即帝位諳班勃極烈者漢語云最尊官也熙宗立濟安爲皇太子始正名位定制度焉

斜卯阿里父渾坦穆宗時内附數有戰功阿里年十七從其伯父胡麻谷討詐都獲其弟沙里只高麗築九城於曷懶甸渾坦攻之遇敵於木里門甸力戰久之阿里挺槍馳刺其將於陣中敵遂潰渾坦與石適歡合兵於徒門水阿里首敗敵兵取其二城高麗入寇以我兵屯守要害不得進乃還阿里追及于曷懶水高麗人爭走氷上阿里乘之殺略幾盡遂合兵于石適歡道遇敵兵五萬擊走之又與石適歡遇敵七萬阿里先登奮擊大敗之石適歡曰汝一日之間三破重敵功豈可忘乃厚賜之斡塞烏睹本攻駞吉城阿里鑿墉爲門日巳暮不可入以兵守之旦日遂取其城烏睹本以被甲并乘馬賜之從攻下寧江州授猛安又從攻信州賓州皆克之遼人來攻孛堇忽沙里城阿里率百餘騎救之遼兵數萬阿里兵少乃令軍士裂衣多爲旗幟出山谷間遼兵望見遯去蘇復州叛衆至十萬旁近女直皆保於太尉胡沙家築壘爲固敵圍之數重守者糧芻俱盡牛馬相食其騌尾人易子而食夜縋二人出告急

於阿里阿里越之內外合擊之破其衆於闢离密罕水上勦殺幾盡水爲之不流蒲离古胡什吉水馬韓島凡十餘戰破數十萬衆契丹奚人聚舟千艘將入于海阿里以二十七舟邀之中流矢卧舟中中夜始蘇敵船已入王家島即夜取海路追及之敵走險以拒阿里以騎兵邀擊再中流矢力戰不退竟破之盡獲其舟於是蘇復州婆速路皆平攻顯州下靈山縣取梁魚務敗余睹兵功皆最後與散睹魯也高州契丹昭古牙九斤合興中兵數萬攻胡里特寨阿里以八謀克兵救之胡里特先往敗於城下阿里指陣前緋衣者二十餘人曰此必賊酋也麾兵奮擊皆殺之

餘衆大潰來州隰州兵圍胡里特城聞阿里來救即解圍去闍母討張覺有兵出樓峯口山谷間阿里散篤魯忽盧補三猛安擊敗之宗望代闍母討張覺阿里再敗平州兵及伐宋阿里別擊宋兵敗之孟陽之役阿里扼橋渡力戰明年再伐宋至保州中山累破之進圍眞定阿里與婁室豁魯乘風縱火焚其樓櫓諸軍畢登克其城師至河上粘割胡撒擊走宋人扼河津兵數千遂渡河諸將分出大名境阿里破敵四百盡殪遂圍汴汴中夜出兵來焚攻具阿里與謀克常孫陽阿禦之其衆大潰還攻趙州降之六年伐宋主取陽穀莘縣敗海州兵八萬人海州降破賊船萬

餘於梁山泊招降滕陽東平泰山羣盜攻范縣擊走之獲船七百艘宗弼攻下睢陽與烏延蒲盧渾先以二千人往招壽春具舟淮水上時康民聚賈船四百與壽春相近术列速以騎四百破康民斬馘數千與當海大臭破賊十萬於淮南比至江連破宋兵獲舟二百艘宗弼至江寧阿里蒲盧渾別降廣德軍先趣杭州去杭十餘里遇宋伏兵二千取我前驅甲士三十人阿里使諸軍去馬搏戰伏兵敗皆逼死於水宗弼至餘杭而宋主走明州阿里與蒲盧渾以精騎四千襲之破東關兵濟曹娥江敗宋兵於高橋鎭至明州頗失利宋主已入于海乃退軍餘姚宗弼使當

海濟師遂下明州執宋守臣趙伯諤進至昌國縣宋主自昌國走溫州由海路追三百餘里弗及遂還明州與宗弼俱北歸睿宗經略陝西駐涇州阿里先取渭州睿宗趨熙河阿里斜喝韓常三猛安爲前軍十二年與高彪監護水運宋以舟師阻亳州河路擊敗之追殺六十餘里獲其將蕭通破漣水水寨賊盡得其大船遂取漣水軍招徠安輯之天眷間盜據石州阿里討之粘割胡撒與所部先登遂克其城石州平宗弼再伐宋阿里已老督造戰船宋稱臣詔賜阿里錢千萬自結髮從軍大小數十戰尤習舟楫江淮用兵無役不從時人以水星目之爲迭里部節度使歷

順義泰寧軍歸德濟南尹天德初致仕加特進封王正隆例封韓國公召赴闕命造戰船以疾薨年七十八謚智敏

阿里性忠直多智略兄弟相友愛家故饒財以已猛安及財物盡與弟愛拔里愛拔里不肯受逃避歲餘阿里終與之

突合速宗室子挐罕塞人初隸萬户石家奴麾下嘗領偏師破雲中諸山寇盜宗望攻平州遣突合速討應州賊平之撫安其民而還及伐宋在宗翰軍以八謀克破石嶺關屯兵數萬殺戮幾盡師至太原祁縣降而復叛突合速攻下之進取文水縣後從諸帥列屯汾州之境宋河東軍帥

郝仲連張思正陝西軍帥張關索及其統制馬忠合兵數萬來援皆敗之宗翰南伐至潞還太原猶未下即留完顏銀术可總督諸軍經略其地於是宋援兵大至突合速從馬五沃魯破宋兵四千于文水聞宋將黃迪等以兵三十萬柵于縣之西山復與耿守忠合兵九千擊之殺八萬餘人獲馬及資粮甚衆宋制置使姚古率兵至隆州谷突合速與拔离速以步騎萬餘禦之种師中兵十萬據榆次銀术可乃召突合速使中分其兵而還與活女等合兵八千擊敗之斬師中于殺熊嶺宋將張灝以兵十萬營于文水近郊復與拔离速擊破之潞州復叛宋兵號十七萬胥赦

突合速拔离速皆被圍突合速麾軍士下馬力戰遂潰圍而出及再舉伐宋宗翰命婁室率軍先趨汴婁室至澤州突合速沃魯以五百騎爲前驅往招河陽先據黃河津宋兵萬餘背水陣進擊敗之皆擠于水遂降河陽汴京平諸將西趣陝津略定河東郡縣突合速取憲州遇其援軍擊敗之生擒其將孛堇濃瑰朮魯等攻保德未下突合速進兵助擊梯衝並進遂克其城孛堇烏谷攻石州屢敗亡其三將軍士歿者數百人突合速謂烏谷曰敵皆步兵吾不可以騎戰烏谷曰聞賊挾妖術盡馬以繫其足疾甚奔馬步戰豈可及之突合速笑曰豈有是耶乃令諸軍去馬戰

盡殪之六年宗輔駐師鄧州突合速馬五拔离速西取均房遂下其城攻唐蔡陳州及潁昌府皆克之天眷初除彰德軍節度使三年爲元帥左監軍皇統八年改濟南尹天德間封定國公授世襲千戶卒年七十二正隆二年贈應國公初突合速以次室受封次室子因得襲其猛安及分財異居次室子取奴婢千二百口正室子得八百口久之正室子爭襲連年不決家貲費且盡正室子奴婢存者二百口次室子奴婢存者纔五六十口世宗聞突合速諸子貧窘以問近臣具以爭襲之故爲對世宗曰次室子豈當受封邪遂以嫡妻長子襲

烏延蒲盧渾曷懶路烏古敵昏山人父孛古剌龍虎衛上將軍蒲盧渾膂力絕人能挽強射二百七十步與兄鶻沙虎俱以勇健隸闍母軍居帳下攻黃龍府力戰有功闍母敗于兔耳山張覺復整兵來諸將皆不敢戰蒲盧渾登山望之乃紿諸將曰敵軍少急擊可破也若入城不可復制遂合戰破之郭藥師蔡靖以燕京降蒲盧渾率九十騎先伺察城中居民去就遂將漢兵千隸完顏蒙适攻眞定進攻贊皇取之獲人畜甲仗萬餘汴城破日已暮宋人猶力戰槍刺中蒲盧渾手戰益力遂敗宋軍賜金五十兩睿宗爲右輔元帥已定關陜議取劍外諸州遂拔和尚原元帥

府承制以蒲盧渾爲河北西路兵馬都總管及宋主在揚州蒲盧渾與蒙适將萬騎襲之宋主已渡江破其餘兵後與斜卯阿里俱從宗弼自淮西渡江取江寧宗弼入杭州宋主走明州再走溫州由海道追三百餘里襲明州而歸語在阿里傳天眷二年授鎭國上將軍除安國軍以疾去官皇統六年授世襲謀克起爲延安尹賜尚衣一襲尋致仕海陵遷中都起爲歸德尹就其家授之賜銀牌襲衣玉吐鶻馳驛之官蒲盧渾留數十日已違程復聽致仕召赴京師至薊州見海陵于獵所明日從獵獲一狐海陵曰卿年老尚能馳逐擊獸健捷如此賜以御服封豳國公除太子少師進太子太保改眞定尹入判大宗正事頃之伐宋以本官行右領軍副都督事師次西采石海陵欲渡江蒲盧渾曰宋軍船高大我船庳小恐不可遽渡海陵怒曰汝昔從梁王追趙構於海島皆大舟耶今乃沮吾兵事設不能遽渡江不過有少損耳爾年已七十縱自愛豈有不死理耶明日當與奔睹先濟既而復止之乃遣別將先渡江舟小不可戰遂失利兩猛安及兵士二百餘人皆陷沒海陵遇害軍還大定二年至中都上謁除東京留守世宗召問年幾何對曰臣今年七十三矣上曰卿宿將久練兵事年雖老精神不衰因命到官每旬月一視事賜衣一襲進

階開府儀同三司仍封豳國公是歲卒十八年孫扎虎遷廣威將軍襲烏古敵昏山世襲猛安幷親管謀克

赤盞暉字仲明其先附於遼居張皇堡故嘗以張爲氏後家萊州暉體貌雄偉慷慨有志略少遊鄉校遼季以破賊功授禮賓副使領萊隰遷潤四州屯兵天輔六年降仍命領其衆從闍母定興中府義錦等州及破張覺皆與有功以粟萬五千石助軍授洺州刺史宗望初伐宋孟陽之戰敵之中軍徑薄宗望營暉與諸將擊敗之追殺至城下訖師還數立戰功明年再舉伐宋攻下保州眞定暉皆與焉進圍汴宋人夜出兵二萬焚我攻具暉以二謀克兵擊走

之凡城中出兵拒戰暉之所當無不勝捷旣克宋還從攻河間敵將李成以雄莫之兵來援暉與所部迎擊馬傷而墮暉輙奮起步鬬竟敗成兵是日凡七戰皆勝敵人多逼死濠隍間暉兩臂亦數中流矢賊將劉先生以兵二萬夜襲營暉力戰達旦賊始敗走皆溺死于水暉復傅城力戰如是連月諸軍四面合攻遂克之加桂州管内觀察使因留撫河間時居民皆爲軍士所掠老幼存者亡幾暉下令軍中聽贖還之未幾皆按堵如故從睿宗經畧山東旣攻下青州復從闍母攻濰州暉督其裨校先登而城中積芻茭乘風縱火發機石暉率將士衝冒而下力戰敗之軍還

復以三十騎破敵于范橋帥府承制加静江軍節度使進攻城中砲出幾中暉拂其甲裳裂之暉益奮攻卒破其城又從攻泗州克之還屯汝陽破賊衆于梁山濼獲舟千餘移軍攻濟州旣敗敵兵因傅城諭以禍福乃舉城降暉約東軍士無秋毫犯自是曹單等州皆聞風而下從攻壽春歸德及渡淮爲先鋒遇重敵于秀州蘇州皆擊敗之遂至餘杭通糧餉治橋道暉之力爲多乃還載資治通鑑版以歸大軍過江寧從其官民北渡時暑多疾疫老弱轉死道路其知府陳邦光者訴于宗弼怒將殺之暉曰此義士也力營救之竟得免富平之戰暉在右翼遇寧而敗睿宗念

其前功杖而釋之師至熙河暉別降諸寨將鈐轄及吐蕃酋長等并民户萬五千餘蘭州叛與訛魯補等攻下之獲河州安撫使白常熙河路副都總管劉維輔以獻還攻慶陽兩敗重敵殺其將戴巢師還遷歸德軍節度使宋州舊無學暉爲營建學舍勸督生徒肄業者復其身人勸趨之屬縣民家奴王夔者嘗業進士暉以錢五十萬贖之使卒其業夔後至顯官密州吏龐乙卒於官其孤貧不克葬暉爲營治葬事且資給其家十三年復從大軍渡淮還鎮丁母憂尋以舊職起復旣廢齊爲安化軍節度使天眷三年復河南宋人乘間陷海州帥府以登萊沂密四州委暉經

畫敵無敢窺其境者爲定海軍節度使尋改濟南尹累遷光禄大夫俄以罪罷久之起爲昌武軍節度使天德二年遷南京留守尋改河南路統軍使授世襲猛安拜尚書右丞封河内郡王歲餘拜平章政事封戴王正隆初出爲興平軍節度使正隆降王爵爲樞密副使封景國公未幾復爲左丞封濟國公尋除大興尹封榮國公薨年六十五大定間謚曰武康子師直登進士第

大㚖本名撻不野其先遼陽人世仕遼有顯者太祖伐遼遼人徵兵遼陽時㚖年二十餘在選中遼兵敗㚖脫身走寧江寧江破㚖越城而逃爲軍士所獲太祖問其家世因

牧養之牧國二年爲東京奚民謀克是時初破高永昌東京旁郡邑未盡服屬使臯伺察反側有聞必達太祖以爲忠實授猛安兼同知東京留守事取中西兩京隸闍母軍遼軍二十萬來戰吳王使臯以本部守營臯堅請出戰不許或謂臯曰戰危事獨若請何也臯曰丈夫不得一決勝負尚何爲苟臨戰不捷雖死猶生也吳王聞而壯之乃遣出戰既合戰闍母軍少却遼兵後躡之臯麾本部兵橫擊殺數百人由是顯名軍中天會三年宗望伐宋信德府居燕汴之中可駐軍以濟緩急欲遂攻之恐不能亟下議未決臯獨率本部兵選善射者射其城樓別以輕銳潛升於

樓角之間遂克其城軍至濬州宋人已燒河橋宗望下令軍中有能先濟者功爲上臯捕得十餘舟使勇悍者徑渡擊其守者而奪其戍柵由是大軍俱濟明年再伐宋授萬戶賜金牌既破汴京臯爲河間路都統已克河間闍母怒其不早降因縱軍大掠臯諫止之已掠者官爲贖還除河間尹從攻襲慶府先一日臯命軍士預備畚鍤及薪既傳城諸將方經營攻具未鳴鼓臯軍有素備遂先登軍帥以臯未鳴鼓輒戰不如軍令請罪臯朝廷釋弗問仍優賞之宗弼伐江南濟淮宋將時康民率兵十七萬來拒臯率本部從擊敗之復以騎二千與當海擊敗淮南賊十萬殺萬

餘人王善來降將渡江臯軍先渡舟行去岸尚遠宋列兵江口臯視其水可涉則麾兵捨舟趨岸疾擊之宋兵走大軍相繼而濟俄遇杜充兵六萬於江寧之西臯與鶻盧補擊走之師還臯留爲揚州都統經畧淮海高郵之間再爲河間尹兼總河北東路兵馬十一年入見太宗賜坐慰勞甚久特遷太子太保賜衣一襲馬二匹及鞍轡鎧甲改元帥右都監齊國廢臯守汴京熙宗念臯久勞降御書寵異之天眷三年罷漢渤海千戶謀克以臯舊臣獨命依舊世襲千戶是歲拜元帥右監軍宗弼再伐宋宋人稱臣乞和遂班師臯獨留汴行元帥府事皇統三年加開府儀同三

司八年進左監軍天德二年改右副元帥兼行臺左丞遷平章行臺省事進行臺右丞相右副元帥如故海陵疑左副元帥撒离喝以爲行臺左丞相使臯伺察之詔軍事不令撒离喝與聞撒离喝不知海陵意旨每與臯爭軍事不能得遂與臯有隙海陵竟殺撒离喝召臯入朝拜尚書右丞相封神麓郡王四年請老爲東京留守貞元三年拜太傅領三省事累封漢國王十二月有疾海陵幸其第問之是歲薨年六十八海陵親臨哭之詔有司廢務三日禁樂三日其三日當賜三國使館燕以不賜教坊樂命左宣徽使敬嗣暉宣諭之贈太師晉國王謚僖忠遣使護喪歸葬

正隆奪王爵贈太傅梁國公子磐

磐本名蒲速越以大臣子累官登州刺史襲猛安大定三年除嵩州刺史從僕散忠義伐宋有功五年召爲符寶郎遷拱衛直都指揮使初磐以伐宋功進官一階磐心少之頗形于言上聞之下吏按問杖一百五十改左衛將軍詔求良弓磐多自取及護衛入直者輒以己意更代護衛妻室告其事詔點檢司詰問磐有妹在宫中爲寳林磐屬内侍僧兒貟思忠使言于寳林曰我無罪問事者迫我使自誣服寳林許于上上怒杖僧兒一百磐責隴州防禦使上戒之曰汝在近密執迷自用朕以卿父之功不忍廢棄姑

令補外其思勉之改亳州防禦使遷武寧軍節度使坐事除名起爲韓州刺史改祁州刺史復坐事削四官解職久之尚書省奏大磐以年當叙上曰剛暴之人屢冒刑章不可復用太傅大臭别無嫡嗣其世襲猛安謀克不可易也

阿离補宗室子系出景祖屢從征伐滅遼舉宋皆有功天會九年睿宗經略陝西阿离補爲左翼都統與右翼都統宗弼撫定鞏洮河西寧蘭廓等州軍來賓定遠和政甘峪寧洮安隴等城寨及鎮堡蕃漢營部四十餘處漢官軍民蕃部酋長甚衆於是涇原熙河兩路皆平詔以兄猛安沙离質親管謀克之餘户以阿离補爲世襲謀克天會十二年爲元帥右都監十五年遷左監軍天眷三年從宗弼復河南遷左副元帥皇統三年封譚國公六年爲行臺左丞相元帥如故是歲薨大定間大褒功臣圖像衍慶宫歡都死康宗時不及與馳騖遼宋之郊然而異姓之臣莫先焉故定衍慶亞次功臣代國公歡都金源郡王石土門徐國公渾黜鄭國公謾都訶濮國公石古乃濟國公蒲查韓國公斜卯阿里元帥左監軍拔离速魯國公蒲察石家奴銀青光禄大夫蒙适隨國公活女特進突合速齊國公婆盧火開府儀同三司烏延蒲盧渾儀同三司阿魯補鎮國上將軍烏林荅泰欲太師領三省事勗太傅大臭大興尹赤

盞暉金吾衛上將軍耶律馬五驃騎衛上將軍韓常并阿离補咸著勲焉子言方言别有傳

方以宗室子累官京兆少尹遷陝西路統軍都監方專事財賄不恤軍旅詔戒之曰卿宗室舊人乃縱肆敗法惟利是營朕甚惡之自今至於後日萬一爲之必罰無赦大定三年遷元帥右都監轉元帥左監軍改順天軍節度使上曰卿本無功歷顯仕不能接僚友往往交惡在京兆貪鄙彰聞至無謂也朕念卿已過中年必能悛改慎勿復爾除西南路招討使朝廷以兵部郎中高通爲招討都監以佐之詔通曰卿到天德毋以其官長曲從之也簡閱沿邊士

辛毋用孱弱之人毋以僕隷代役女直舊風凡酒食會聚以騎射爲樂今則奕碁雙陸宜悉禁止令習騎射從其居處之便亦不可召集擾之久之方坐强買部人馬二匹削一階解職降耀州刺史通亦坐贓除名方後遷横海軍節度使入爲同簽大宗正事簽書樞密院事初阿魯當授謀克未封而薨烏帶受之烏帶死兀荅補襲之兀荅補死烏也阿補當襲是時已降海陵爲庶人世宗以烏帶在熙宗逆黨中其子孫不合受封停封者久之而阿离補功亦不可廢絶特詔方襲之云

贊曰斜卯阿里突合速烏延蒲盧渾赤盞暉大臭阿离補等六人皆收國以來所謂熊羆之士不二心之臣也其功有可録者焉

列傳第十八

列傳第十九　金史八十一

開府儀同三司上柱國録軍國重事前中書右丞相監修國史領經筵事都總裁臣脫脫奉

勑修

鶻謀琶　迪姑迭　阿徒罕
夾谷謝奴　阿勒根沒都魯
黄摑敵古本　蒲察胡盞　夾谷吾里補
王伯龍　高彪　温迪罕蒲里特
伯德特里補　耶律懷義　蕭王家奴
田顥　趙隇

鶻謀琶朮吉水斜卯部人也性忠直寬厚重節義勇於戰父阿鶻土贈金吾衛上將軍穆宗時鶻謀琶內附先遣子寧吉從間道送款遂使浩里瞳與鶻謀琶合軍攻降諸部因領其衆與弟胡麻谷渾坦姪阿里等攻下諸城從撒改破鵜塔城穆宗屢賞之破高麗戍兵與石適歡討平諸部蒲察部雅里李董與其兄弟胡八雙括等欲叛歸遼鶻謀琶執之送于康宗賜賚甚厚破高麗曷懶甸及下阤魯城有功天輔六年卒年七十二天眷中贈銀青光禄大夫

迪姑迭温迪罕部人祖扎古廼父阿胡迭世爲胡論水部長迪姑迭年二十餘代領父謀克攻寧江州敗遼援兵獲甲馬財物攻破奚營四至韓州遇敵二千人擊走之斡魯

古與遼人戰于咸州兵已却迪姑迭以本部兵力戰諸軍復振遂大破之護步苔岡之役乙里補孛堇陷敵中迪姑迭援出之攻黄龍府身被數創授猛安天輔七年從上至山西病卒年四十七天眷中贈光禄大夫

阿徒罕温迪罕部人年十七從撒改斡帶等討平諸部皆身先力戰高麗築九城于曷懶甸斡塞禦之阿徒罕爲前鋒高麗有屯于海島者阿徒罕率衆三十人夜渡焚其營柵戰艦大破之遂下駞吉城既而八城皆下功最遼兵自寧江州東門出阿徒罕逆擊盡殪之以功授謀克從攻黄龍府力戰身被數十創竟登其城後與烏論石準援照散城阿徒罕請乘不備急擊之遂夜過益褪水詰朝大敗之斡魯上其功賜幣與馬天輔四年五月疾病賜良馬一匹詔曰汝安則乘之年六十五卒上悼惜之遣使弔祭以馬爲贈阿徒罕爲人孝弟好施惠健捷善弋獵至角觝擊鞠咸精其能

夾谷謝奴隆州納魯悔河人也國初祖阿海率所部來歸獻器用甲仗父不剌速襲本部勃堇從太祖伐遼授世襲猛安親管謀克爲曷懶路都統謝奴其長子也長身多髯善騎射通女直契丹大小字及漢字既冠隨其父見太祖命佩金牌總領左翼護衛西京未下謝奴獲城中生口乃

知城中潛遣人求救於外都統府得爲之備却其救兵西京乃下自燕京還過判泥恩納阿遇敵於隘謝奴身先士卒射殺敵中先鋒二人敵潰走總管蒲魯虎以甲及馬贈之後領其父猛安從攻和尚原出仙人關宋兵據險猛安雛訛只突戰不克謝奴選麾下五十人戰克之與吴玠相拒烏里雅行陣不整吴玠乘之謝奴領兵逆戰遂大破敵討前後功襲其父猛安謀克宗弼復取河南陝西宋人欲潛兵襲取石閭諸營謝奴自渭南大禹鎮掩其伏兵射中其軍帥宋兵敗走多獲旗幟兵仗帥府厚賞之除華州防禦使入爲工部侍郎遷本部尚書改平涼尹昭義軍節度使大定初卒

阿勒根沒都魯上京納鄰河人也後徙咸平路梅黒河雄偉美鬚髯勇毅善射國初伐遼沒都魯在軍中領謀克猛安每遇敵往來馳突人莫敢當故所戰皆克皇統元年計功擢宣威將軍明年授同知通遠軍節度使改移剌都糺詳穩授世襲本路寧打渾河謀克爲滑州刺史改華州防禦使蒲與路節度使遷驃騎上將軍是歲以年老致仕卒累官金吾衛上將軍年七十三

黄摑敵古本世居星顯水從破寧江取咸州平東京路及諸山寨柵皆有功從麻吉破遼將和尚節使兵七千於上

京復破那野軍二萬再從麻吉遇敵於阿鄰甸麻吉被創不能戰敵古木率兵擊敗之勦殺殆盡從攻回鶻城破其兵九萬敗木匠直撒兵於山後俘獲甚衆敗昭古牙之兵三千獲其家屬而還攻平州張覺吾春被圍於西山敵古本引兵救之解其圍并獲粮五千斛招降戶口甚衆從平興中撫安其民人天會間大軍伐宋敵古本從取濬開德大名及取濟南高唐棣密等州皇統間以功襲謀克移屯於壽光縣界爲千戶六年授世襲千戶棣州防禦使卒

蒲察胡盞案出滸水人年十八從軍其父特厮死襲爲謀克天輔間夏以兵三萬出天德路胡盞從婁室迎戰以兵

三百敗敵二千天會三年大軍攻太原城中出兵萬餘來戰胡盞以所領千戶軍擊之復敗敵兵三萬餘於榆次境六年從婁室攻京兆以所部兵屢與宋人接戰皆先登有功七年取邠州遇宋人二十餘萬我軍右翼少却時胡盞爲左翼千戶摧鋒陷陣敵遂敗去敗張浚富平復有功十三年擊關師古於臨洮衆三萬餘從攻涇州從破德順秦鞏臨洮河蘭等州破吳璘兵胡盞皆有力焉授德順州刺史改隴州防禦使鳳翔尹卒年五十五

夾谷吾里補暗土渾河人徙天德父兀屯討烏春窩謀罕有功吾里補隷婁室帳下攻係遼女直招降太彎照三等從婁室救斡魯古于咸州敗遼兵于押魯虎城遼軍營遼水吾里補五謀克軍乘夜擊之遼軍驚潰殺獲幾盡斡魯伐高永昌吾里補以數騎奮擊于遼水之上復以四十騎伏于津要遇其候騎擊之獲生口因盡知永昌虛實太祖嘉之賞奴婢八人永昌駐軍於兎兒堝先據津要軍不得渡吾里補與撒八射殺其先鋒二人永昌衆稍却大軍遂渡遼水及攻廣寧軍帥選勇士先登吾里補與赤盞忽沒渾各領所部突入其陣大軍繼之遂拔廣寧太祖攻臨潢吾里補面被重創奮擊自若賞以遼宮女二人遼主杲已取中京吾里補以四十騎覘敵獲遼候舌人因知遼主所

在後從都統斡魯定雲中從宗翰屯應州遼軍在近境吾里補以所部擊敗之宗望伐宋宋安撫使蔡靖詣吾里補降婁室攻陝西諸郡往往復叛吾里補攻敗之敗張浚軍于富平吾里補先登睿宗賞以金器名馬遂以先鋒攻蘭州下其城加昭武大將軍授世襲猛安累官孛特本部族節度使以老致仕封芮國公吾里補多智略膂力過人雖甚老勇健不少衰大定初劇賊嘯聚出特鄙關吾里補率鄉里年少逆擊之賊黨遂潰事聞賞賚甚厚大定二十六年卒一百有五歲

王伯龍瀋州雙城人也遼末聚黨爲盜天輔二年率衆二

萬及其輜重來降授世襲猛安知銀州兼知雙州三年太祖攻臨潢伯龍與韓慶和以兵護粮餉輓夫千五百人皆授甲慶和已將兵行前伯龍從粮居後遇遼兵五千餘邀於路伯龍率輓夫擊敗之獲馬五百匹四年從攻下中京并克境內諸山寨爲靜江軍節度留後五年眞授節度使從宗望討張覺於平州伯龍先登馳擊手殺數十百人遷右金吾衛將軍白河之戰伯龍當其左軍麾兵疾馳蹂之宋軍亂我師乘勝奮擊敗之宗望伐宋伯龍爲先鋒次保州遇敵五萬破之招降新樂軍民十餘萬大軍圍汴宋太尉何㮚以軍數萬出酸棗門伯龍以本部邀擊多所斬獲

及破汴伯龍以治攻具有功進破孔彥舟酈瓊衆三萬於洺州是年同知保州兵馬安撫司事將兵數千攻北平拔之復取保州河間睿宗經略山東伯龍從攻青州未下城中夜出兵襲伯龍營伯龍不及甲獨被衣挺刃拒營門敵不得入因奮擊殺數十人已而軍士皆甲出殺傷宋兵不可勝計并獲其一將斬之及下青州第功伯龍第一六年還攻莫州降之加太子少保莫州安撫使破李固寨衆十餘萬於濮州濮城守城中鎔鐵揮我軍攻之不能克伯龍被重甲首冠大釜挺槍先登殺守陴者二十餘人大軍相繼而上遂克之進攻徐州伯龍復先登克徐宿邳三路軍

馬都統敗高托山之衆十五餘萬於清河進擊韓世忠於邳州走之與大軍會於宿遷追世忠至揚州還攻泗州泗州守將以城降屯軍臨陽破陳宏賊衆四十餘萬破黃戩於單州進攻歸德軍帥遣伯龍立攻具伯龍從二十餘騎行視地形城中忽出兵千餘欲生得伯龍伯龍縱騎馳之敵兵亂墮隍而死者幾二百人破王善之衆於巢縣取廬州和州伯龍之功多軍渡釆石擊敗岳飛劉立路尚等獲芻粮數百萬計還過眞揚道遇酈瓊韓世忠軍復戰敗之復爲莫州安撫改知澤州太行群賊往往嘯聚伯龍皆平之天眷元年爲燕京馬軍都指揮使從元帥府復收河

南權武定軍節度使兼本路都統宋兵據許州伯龍擊走之招復其人民是年秋泰安卒徒張貴驅脅良民據險作亂伯龍討平之皇統元年以本部從宗弼南伐攻破濠州而還三年爲武定軍節度使改延安尹寧昌軍節度使天德三年改河中尹從益都尹封廣平郡王卒年六十五正隆間例贈特進定國公

高彪本名召和失辰州渤海人祖安國遼興辰開三鎮節度使父六哥左承制官至刺史彪始生其父用術者言爲其時日不利於己欲不舉其母爲營護居數歲竟逐之彪匿於外家遼人調兵東京時六哥已老當從軍悵然謂所

親曰吾兒若在可勝兵矣所親具以實告因代其父行戰於出河店遼兵敗走彪獨力戰軍帥見之曰此勇士也令生致之斡魯攻東京六哥率其鄉人迎降以爲渝河州千户久之告老彪代領其衆都統杲攻中京彪領謀克從斡魯破遼將合魯燥及韓慶民於高惠之境已而駐軍武安合魯燥以勁兵二萬來襲從斡魯出戰與所部皆去馬先登奮擊敗之奚人負險拒命所在屯結彪屢戰有功宗望攻平州彪徇地西北道破敵招降石家山寨再從宗望伐宋爲猛安師次真定彪率兵士七十人臨城築甬道賊中夜出兵焚攻具彪擊走之大軍圍汴以五十騎屯於東南

水門宋人再以重兵出戰彪皆敗之師還屯鎮河朔復破敵於霸州擒其裨將祝昂河間夜出兵二萬襲我營壘彪率三謀克兵擊敗之天會五年授静江軍節度使壽州刺史明年伐宋從帥府徇地山東攻城克敵數被重賞七年師至睢彪以所部招誘京西人民次柘縣其官吏出降彪獨與五十餘騎入城繼而城中三千餘人復叛彪率其衆力戰敗之撫安其民而還從梁王宗弼襲康王至杭州師還宋將韓世忠以戰艦數百扼於江北宗弼引而西將至黄天蕩敵舟三十餘來逼南岸其一先至者載兵士二百餘彪度垂及以鉤拽之率勇士數十躍入敵舟所殺甚衆餘皆逼死於水中明年從攻陝西師至箏州彪與宗人昂率兵三千取鄜州始至有來降者言城東北隅守兵將謀爲内應彪即夜從家奴二人以登左右守者覺之彪與從者皆殊死戰諸軍繼進遂克其城從攻和尚原及仙人關與阿里監護漕粮并戰艦至亳州宋人以舟五十艘阻河路擊敗之擒其將蕭通擊漣水賊水寨進取漣水軍其官民已逋去悉招降之彪勇捷絶人能日行三百里身被重鎧歷險如飛及臨敵身先士卒未嘗反顧大小數十戰率以少擊衆無不勝捷齊國既廢攝滕陽軍以東諸路兵馬都統撫諭徐宿曹單滕陽及其屬邑皆按堵如故爲武寧

軍節度使頗黷貨嘗坐贓海陵以其勲舊杖而釋之改沂州防禦使歷安化安國武勝軍節度使遷行臺兵部尚書改京兆尹封鄧國公以憂去官起復爲武定軍節度使歸德尹正隆例授金紫光禄大夫久之致仕復起爲樞密副使舒國公賜名彪卒年六十七謚桓壯彪性機巧通音律人無貴賤皆温顔接之

温迪罕蒲里特隆州移离閔阿胡勒出寨人也魁梧美髯有謀略以智勇聞都統杲取中京蒲里特權猛安領軍五千過契丹賊萬餘與戰敗之出衮古里道敗敵八千餘至臘門華道復以伏兵敗敵萬人太祖定燕自儒州至居庸

闕執其喉舌入有頃賊三千餘人復冦朧門華道蒲里特整隊先登賊識其旗幟望風而遁遂奮擊之親執賊帥皇統元年從梁王宗弼伐宋留軍唐州敵衆奄至蒲里特擊之大名軍萬四千號二十萬蒲里特率親管猛安身先士卒衝擊敵少却乃張左右翼併擊之敵衆散走而別遇兵二萬來援復以兵三千擊走之時邳州土賊嘯聚幾二十萬蒲里特軍三千分爲數隊急攻之賊潰去南京路遇敵軍二萬蒲里特以軍三千擊敗之是日有兵自城中出者復擊敗之皇統二年遷定遠大將軍同知鳳翔尹六年改京兆尹轉寧州刺史改西北路招討都監遷永定軍節度

使海陵南征改武衛軍都總管大定三年授開遠軍節度使改泰寧軍卒十九年以功授其子兀帶武功將軍本猛安奚出痕世襲謀克

伯德特离補奚五王族人也遼御院通進天會初與父撻不也歸朝授世襲謀克後以京兆尹致仕特离補招降松山等州未附軍民及招降平州薊州境内督之耕作宗望伐宋特离補爲軍馬猛安與諸將留規取保遂安三州攻安肅軍河間雄保等兵十餘萬來救特离補率所部先戰大軍繼之大破其兵遂拔安肅特离補攝通判事降將胡愈陰結衆謀亂特离補勒兵擒愈及其衆五十餘人安肅

軍改爲州就除同知州事改磁州捕獲太行群盜元帥府以磁相二州屯兵屬之擒王會孫小十苗清等群盜遂平遷濱州刺史廉入優等以母憂去官起復本職改涿州刺史入爲工部郎中從張浩營繕東京宫室及田穀黨事起朝省爲之一空特离補攝行六部事遷大理卿出爲同知東京留守天德三年復爲大理卿同知南京留守丁父憂起復洺州防禦使正隆盜起州縣無兵不能禦洺舊有河附于城下特离補乃引水注濠中以爲固盜弗能近州賴以安遷崇義軍節度使未幾告老歸田里卒特离補爲人孝謹爲政簡静不積財常曰俸禄已足養廉衣食之外何

用蓄積凡調官行李止車一乘婢僕數人而已

耶律懷義本名孛迭遼宗室子年二十四以戰功累遷同知點檢司事宗翰已取西京遼主謀奔于夏懷義諫止之不見聽乃竊取遼主廐馬來降太祖自燕還師留宗翰幹魯經略西方懷義領謀克從軍天會初帥府以新降諸部大小遠近不一令懷義易置之承制以爲西南路招討使乃擇諸部衝要之地建城市通商賈諸部兵革之餘人多匱乏自是衣食歲滋畜牧蕃息矣從宗翰伐宋降馬邑破鴈門屯兵進攻太原以所部別降清源縣徐溝鎮遂與諸將列屯汾州之境時河東陝西路兵來救太原劉光世折

可求柵于文水西山懷義捕得生口盡知宋兵屯守要害乃分兵襲敗之明年再伐宋從婁室取汾州及其屬邑遂過平陽出澤潞以趨河陽所至皆降及大軍圍汴懷義屯京西汴城既下宋兵之出奔者邀擊盡之從攻鄭鄧州及討平鄭州叛者攻下濮州及雷澤縣從破大名東平府徐兗等州皆有功七年還鎮十年加尚書左僕射改西北路招討使懷義在西陲幾十年撫御有恩及去老幼遮道攀戀數日不得發天眷初爲太原尹治有能聲改中京留守從宗弼過烏納水還中京以老乞致仕不許改大名尹命不赴治所止以俸傔給之每歲春水扈從餘聽自便明年

再請老得謝給俸傔之半海陵即位封漆水郡王進封莘王又之進封蕭王正隆例封景國公其子神都斡爲西北路招討都監迎侍之官神都斡從海陵南征懷義卒于雲中年八十二

蕭王家奴奚人也居庫黨河爲人魁偉多力未冠仕遼爲太子率府率天輔七年都統杲定奚地王家奴率其鄉人來降命爲千户領之奚王回离保既死其親黨金臣阿古者猶保撒葛山王家奴與突撚往討之生擒金臣阿古者降其餘衆時平濼多盜王家奴以所部屢破賊兵斬馘執俘數被賞賚宗望伐宋敗郭藥師於白河亦與有功至河上宋兵扼津要與諸將擊敗之進圍汴破其東門兵明年再伐宋宗望軍至中山諸門分兵出戰焚我攻具祈州河間各以兵來援皆敗之師還屯鎮河朔濱州賊葛進聚衆數萬臨淄李董照里以騎兵二千討之王家奴領謀克先登力戰大破其衆明年攻滄州宋兵拒戰復從照里擊走之宋將徐文以舟百艘泊海島即以商船十八進襲斬首七百級獲舟二十天會八年除静江軍節度使授世襲千户從梁王宗弼征伐爲萬户還爲五院部節度使天德二年改烏古迪烈招討都監卒

田顥字默之興中人遼天慶八年進士歷官金部員外郎

權歸德節度使太祖定燕顥舉四州版圖歸朝加都官郎中權節度使事四遷知真定府事招降齊博游貴等賊衆五千餘人已而貴復叛去顥遣齊博僞叛從貴因令伺間殺之降其衆賊壘悉平三遷行臺左丞彰德軍節度使是時新定力役顥蠲籍之半而上之故相之賦比他州獨輕徙同知河北東路都總管改同簽燕京留守司事民遮留不得出易服夜去改河東南路轉運使尋改絳陽軍節度使居三年以疾請謝事徑解印歸數奏不允移鎮振武軍入爲刑部尚書居三月請老卒于家

趙隇字德固遼陽人其婦翁以優伶得倖於遼主隇補閤

門祗候累遷太子左衛率後居灤州宗望討張覺賊踰城出降授洛苑副使爲灤州千户遷洛苑使檢校工部尚書從伐宋至汴遷棣州刺史侍衛步軍都虞候及再伐宋攻眞定與有功改商州刺史檢校尚書右僕射五年同知信德府路統押軍兵兼沿邊安撫司事明年權知濟州事八年從定河南授隴州團練使十年改知石州賊久在兵間不善治民坐謗議謫監平州甜水鹽齊國廢河南皆以宿將守之授賊宿州防禦使統本路軍兵賊重義接儒士嘗以事至汴有故人子負官錢百萬賊以橐金贈之其子悉爲私費復代輸之頃之有訟徐帥不法者朝廷使賊鞫治

賊委曲營護坐是廢罷寓居於燕海陵出領行臺省至燕賊往見之因訴其事及海陵即位起爲保大軍節度使貞元初改内省使未幾爲中都路都轉運使明年再從順義興平入爲太子詹事鎮沁南以疾卒年六十六後十餘年賊子孫司徒張通古子孫皆不肖蕩破貲產賣田宅世宗聞之詔曰自今官民祖先亡没子孫不得分割居第止以嫡幼主之母致鬻賣仍著于令

列傳第十九

列傳第二十　金史八十二

開府儀同三司上柱國錄軍國重事前中書右丞相監修國史領經筵事臣脫脫等修

郭藥師 子安國　耶律塗山　烏延胡里改
烏延吾里補　蕭恭　完顏習不主
紇石烈胡刺　耶律恕　郭企忠
烏孫訛論　顏盞門都　僕散渾坦
鄭建充　烏古論三合　移剌溫
蕭仲恭 子拱　蕭仲宣　高松
海陵諸子
光英　矧思阿補　廣陽

郭藥師渤海鐵州人也遼國募遼東人爲兵使報怨于女直號曰怨軍藥師爲其渠帥幹魯古攻顯州敗藥師于城下遼帝亡保天德耶律捏里自立改怨軍爲常勝軍擢藥師諸衛上將軍捏里死其妻蕭妃稱制藥師以涿易二州歸于宋藥師以宋兵六千人奄至燕京甄五臣以五千人奪迎春門皆入城蕭妃令閉城門與宋兵巷戰藥師大敗失馬步走踰城以免宋人猶厚賞之太祖割燕山六州與宋人宋使藥師副王安中守燕山及安中不能庇張覺而殺之函其首以與宗望藥師深尤宋人而無自固之志矣

宗望軍至三河藥師等拒戰于白河兵敗藥師乃降宗望遂取燕山太宗以藥師爲燕京留守給以金牌賜姓完顏氏從宗望伐宋凡宋事虛實藥師盡知之宗望能以懸軍深入駐兵汴城下約質納幣割地全勝以歸者藥師能測宋人之情中其肯綮故也及兩鎮不受約束命諸將討之藥師破順安軍營殺三千餘人海陵即位詔賜諸姓者皆復本姓故藥師子安國仍姓郭氏

郭安國藥師子也累遷奉國上將軍南京副留守貞元三年南京大內火海陵使右司郎中梁銶同知安武軍節度事王全按問失火狀留守馮長寧都轉運使左瀛各杖一

百除名安國及留守判官大良順各杖八十削三官火起處句當官南京兵馬都指揮使吳濬杖一百五十除名失火位押宿兵吏十三人並斬諭之曰朕非以宮闕壯麗也自即位以來欲巡省河南汝等不知防慎致外方姦細燒延殆盡本欲處爾等死罪特以舊人寬貸之押宿人兵法當處死疑此輩容隱姦細故皆斬也安國性輕躁本無方略海陵將伐宋以安國將家子擢拜兵部尚書改刑部尚書軍興領武捷軍都總管與武勝武平軍爲前鋒海陵授諸將方略安國前奏曰趙構聞王師至其勢必逃竄臣等不以遠近追之獲而後已但置之何地海陵大喜曰卿言是也得構即置之寺觀嚴兵守之及聞世宗即位海陵謀北還更置浙西道兵馬都統制府以完顏元宜爲都統安國副之及海陵遇弒衆惡安國所爲與李通輩皆殺之

贊曰郭藥師者遼之餘孽宋之厲階金之功臣也以一臣之身而爲三國之禍福如是其不侔也魏公叔痤勸其君殺衛鞅豈無所見歟

耶律塗山系出遥輦氏在遼世爲顯族塗山仕至金吾衛大將軍遥里相温遼帝奔天德塗山以所部降宗翰承制授尚書爲西北路招討使宗翰伐宋塗山率本部爲先鋒至汾州遇宋將折家軍請濟師併力破之從攻太原隆德

府從入汴克洛陽及從婁室平陝右天會七年授太子少保十年遷尚書左僕射致仕卒年九十一正隆例贈特進鄗國公

烏延胡里改曷懶路星顯水人也後授愛也窟謀克因家焉從闍母圍平州有功及伐宋圍汴五謀克與宋兵萬人遇于城南胡里改先馳擊敗之元帥府遂賞良馬一匹五年攻宗城縣敵棄城走恩州胡里改追殺千餘人獲車四百兩帥府賞牛三十頭馬一匹七年討泰山群盜平之毀其營柵兗州群寇三千餘保據山險胡里改復破之賞牛二十二頭馬四匹八年攻盧州至柘皋鎮胡里改領甲士

三十爲前鋒執宋所遺持書與劉四廂錡者七人復以先
鋒軍攻和州比至含山縣五里獲甲士二人乃知宋三將
將兵且至胡里改伏其軍遂獲姚觀察帥府賞馬二匹九
年定陜右胡里改以所部遇敵千人敗之生擒甲士一人
盡得敵之虛實又從蒲魯渾徇地熙秦敗敵兵二千於秦
州賞馬一匹宋人屯襄陽府監軍按補遣胡里改領四猛
安往攻之宋兵三千已渡江方營壁壘乘其未就突戰破
之梁王宗弼復河南將攻陳州遣胡里改以甲士三十捕
偵候人至蔡州西遇兵八十餘戰敗之獲南頓縣令及攻
陳州夜將四更忽聞敵開門潰走胡里改亟領二謀克軍

追及之而猛安突葛速亦領軍繼至大敗之皇統二年遷
定遠大將軍八年授臨洮少尹兼熙秦路兵馬副都總管
九年改同知京兆尹兼本路兵馬都總管天德改同知平
陽尹兼河東南路兵馬都總管貞元三年改同知曷懶路
總管大定四年授胡里改節度使七年改歸順軍節度使
十年移鎮顯德卒官年六十九十九年詔授其子五十六
武功將軍世襲本路婆朶火河謀克

烏延吾里補曷懶路禪嶺人也從大名路天會中從其父
達吉補隸元帥右監軍麾下撻懶以事赴闕以達吉補自
隨吾里補領其父謀克從大軍攻滄州方夷濠隍城中兵
來拒吾里補以本部擊却之王師下青州力戰有功獲馬
百匹以獻降獲賊黨甚衆青州戍將覩吉補以萊州兵衆
請濟於帥府吾里補將十二謀克兵往救之遂降其四營
援其一營得户四千又敗賊兵五萬于恩州攻破其營降
户五萬獲牛畜萬餘將至臨清縣遇敵兵三千又敗之俘
獲甚衆生擒賊首以獻帥府嘉其功以奴婢百牛三十賞
之時覩吉補敗于恩州之境吾里補復以兵四千往救之
破敵萬餘宋兵十萬在單父間總管宗室移剌屋選步卒
一萬騎兵四千往討之吾里補領其親管謀克以從遇敵
先登力戰有功大軍經略密州吾里補將兵二千爲前鋒

遇敵萬人于高密遂敗其衆追至城下殺戮殆盡獲馬牛
三千餘吾里補與孛太欲敗賊王義軍十餘萬于州南是
夜賊兵數千來襲營吾里補以兵橫擊走之後從大軍攻
楚揚通泰等州天眷二年襲其父世襲猛安授寧遠大將
軍皇統七年益以親管謀克天德三年除同知歸德尹正
隆初爲唐古部族節度使大定二年爲保大軍節度使是
歲改鎮通遠是時宋軍十萬餘入阿隴據險要攻郡邑元
帥左都監合喜奏益兵詔益兵七千遣吾里補與彰化軍
節度使宗室璋等七人偕往以備任使進階龍虎衛上將
軍卒于軍中

蕭恭字敬之乃烈奚王之後也父翊天輔間歸朝從攻興
中遂以爲興中尹師還以恭爲質子宗望伐宋翊當領建
興成川懿五州兵爲萬户軍帥以恭材勇使代其父行時
年二十三至中山宋兵出戰恭先以所部擊敗之經山東
及渡淮襲康王皆在軍中師還帥府承制授德州防禦使
奚人之屯濵棣間者皆隷焉改棣州防禦使皇統間改同
知横海軍節度使丁父憂起復爲太原少尹用廉遷同知
中京留守事累遷兵部侍郎授世襲謀克坐閤禁中起居
狀决杖奪一官貞元二年爲同知大興尹歲餘遷兵部尚
書爲宋國生日使以母憂去官起復爲侍衛親軍馬步軍

都指揮使四年遷光禄大夫復爲兵部尚書是歲經畫夏
國邊界還過臨潼失所佩金牌至太原憂恚成疾時已具
其事驛聞於朝海陵復命給之仍遣諭恭曰汝失信牌亦
猶不謹朕方倚汝欲有委使乃稱疾耶必以去日身佩信
牌歸則無以爲辭欲朕先知耳使至恭已疾篤稽顙受命
俄頃而卒海陵方遣使與其子護衛九哥馳視乃戒府官
使善護之至保州已聞訃矣海陵深悼惜之命九哥護喪
以還所過州府設奠喪至都命百官致祭親臨奠賻贈甚
厚并賜廐馬一謂九哥曰爾父銜命卒於道途甚可悼惜
朕秉此馬十年今賜汝父可常控至柩前既葬汝則秉之

完顔習不主年十六從伐宋攻下懷仁縣功居最從睿宗
經略陝西以兵七百人入丹州諸山遇盗三千擊敗之又
破賊四千生擒其將帥出隴州以兵四百敗敵數千宋兵
七千來取華州復擊走之又以五千兵敗吴玠之衆三萬
白塔口遇敵五千復敗之别降定遠等寨皇統二年授同
知臨洮尹以憂去官未期以舊職起復改孟州防禦使遷
臨洮尹復以罪罷正隆三年起爲京兆尹改河南尹卒年
五十八

紇石烈胡剌晦發川唵敦河人徙西北路識契丹字爲帥
府小吏梁王宗弼復陝西久不通問睿宗在燕京遣胡剌

往使之是時宗弼自鳳翔攻和尚原使胡剌覘彼中地形
修道築城十二年往濵州密訪南邊事體及觀劉豫治齊
狀盡得其實睿宗甚嘉之皇統初從宗弼渡淮及下廬
和二州大破張浚韓世忠等軍遣胡剌馳奏賞以金盂重
綵五端絹五匹七年授同知景州軍州事以廉加忠武校
尉天德初以監察御史分司行臺歷同知濟州防禦使事
入爲監察御史秩滿再任大定二年遷刑部員外郎與御
史大夫白彦敬往西北部族市馬累轉泗州防禦使三遷
蒲與路節度使移寧昌軍卒

耶律恕字忠厚本名驀里遼横帳秦王之族也爲人謹愿

有志喜讀書通契丹大小字與耶律高八來歸婁室問高
八曰與爾同來者誰可任用治軍旅事高八對曰辯里可
婁室與宗翰伐宋恕隸前鋒取和尚原攻仙人關特爲睿
宗所知再除太原眞定少尹撒离喝辟署陝西參謀委以
軍務遷行臺兵部侍郎再遷尚書左司郎中海陵爲平章
政事謂恕曰君亦有黨乎恕正色曰窮則獨善其身達則
兼善天下不以其道得之非恕之志也何朋黨之有海陵
徐曰前言戲之耳久之爲沁南軍節度使遷行臺工部尚
書行臺罷改安國軍節度使爲參知政事以疾求解爲興
中尹入爲太子少保正隆元年致仕封廣平郡王薨年六

十九二年例贈銀青光祿大夫
郭企忠字元弼唐汾陽王子儀之後郭氏自子儀至承勳
皆節鎭北方唐季承勳入于遼子孫繼爲天德軍節度使
至昌金降爲副使企忠幼孤事母孝謹年十三居母喪哀
毁如成人服除襲父官加左散騎常侍天輔中大軍至雲
中遣耶律坦招撫諸部企忠來降軍帥命同勾當天德軍
節度使事徙所部居于韓州及見太祖問知其家世禮遇
優厚以白鷹賜之天會三年伐宋領西南諸部番漢軍兵
爲猛安從破鴈門屯兵加桂州管內觀察留後鎭代州明
年賊楊麻胡等聚衆數千于五臺企忠與同知州事迪里

討平之遷知汾州事是時汾州初下居民多爲軍士掠去
城邑蕭然企忠詣帥府力請願聽其親舊贖還帥府從之
未幾完實如故石州賊閻先生衆數萬至城下僚屬慮有
內變請爲備企忠曰吾於汾人有德保無他乃率吏民城
守會援至合擊破之六年改靜江軍節度留後遷天德軍
節度使汴京步軍都指揮使累遷金吾衛上將軍秩滿權
沁州刺史到官歲餘卒年六十八
烏孫訛論善騎射襲父撒改謀克從蒙刮攻東京及廣寧
擊北京山賊皆有功蕭霸哲來攻恩州訛論以六十騎偵
之遠夜遇敵數百騎掩擊之生獲三人知霸哲衆九萬且

至故蒙刮得以爲備遂破霸哲宗望伐宋已至汴訛論破
尉氏中牟援兵取其城久之以兵百五十人破敵一千於
滄州西明年再伐宋蒙刮戍開州訛論以騎四百守河後
敗千餘人斬首七百餘宗弼渡淮阿里先具舟于江上聞
王善兵扼其前宗弼使訛論濟師敗王善于和州北李成
以兵七萬據烏江訛論帥二千人直前敗之宗弼遂渡江
至江寧十五年沂州賫防禦叛訛論敗之獲賫防禦錄前
後功授猛安加昭武大將軍宗弼再取河南訛論以五十
騎敗揚家賊五百於徐州東以功受賞不可勝計天德二
年除唐州刺史移淄州遷石壘部族節度使行至北京病

卒

顏盞門都隆州帕里干山人也身長美鬚髯天會間從其兄羊艾在軍中方取汴京其兄戰歿遂擐甲代其兄充軍睿宗定陝右以門都爲蒲輦隸監軍杲親管萬户攻鐃風關至坊州杲欲與總管蒲魯虎會於鳳翔遣門都領六十騎先往期會及還備得地形險阨賞銀五十兩其後梁王宗弼駐軍山東遣人詣陝西特召門都至令齎廢齊及安撫百姓詔書往諭監軍宗室杲門都既還宗弼賞以良馬銀絹事畢復遣從杲天眷初叛將定國軍節度使李世輔僞邀杲至私署以獻甲爲名遂以兵劫執而去門都突出

以告押軍猛安完顏撻懶同率兵追及首出與戰杲由此得脫以功遷明威將軍復從杲招復陝西進至鳳翔齊國初廢諸路多反覆不一杲授門都牌劄令往撫定門都所至多張甲兵從者安之違者討之帖然無復叛者杲甚嘉之皇統初遷廣威將軍四年授同知通遠軍節度使事改知保安軍事天德三年爲丹州刺史兼知軍事正隆初爲寧州刺史大定初宋將吳璘等以軍數十萬人據秦隴元帥府承制以門都爲勇烈軍都總管領軍討之宋人保據德順都監合喜遣武威軍副都總管夾谷查剌會宗室璋議征討之策璋與門都曰須都監親至敵必退矣合喜領軍四萬來赴遂復德順州明年秦隴平以功遷金吾衛上將軍授通遠軍節度使五年改慶陽尹兼本路兵馬都總管卒于官十九年録功以子六哥世襲本路曷懶兀主猛安敵骨論窟申謀克授武功將軍門都性忠厚謹慤安置營壁尤能慎密有敵忽來雖矢石至前泰然自若迺號令上卒如平時由是人益安附而功易成焉

僕散渾坦蒲與路挾懣人也身長七尺勇健有力善騎射年十六從其父胡没速征伐初授脩武校尉爲宗弼扎也天眷二年與宋岳飛相拒渾坦領六十騎深入覘伺至鄗陵敗宋護糧餉軍七百餘人多所俘獲皇統九年除慈州

刺史再遷利涉軍節度使授世襲濟州和术海鸞猛安涉里斡設謀克貞元初以憂去官起復舊職歷泰寧永定軍改咸平尹海陵殺渾坦弟樞密使忽土召渾坦至南京既見沈思久之謂之曰汝有功舊不因忽土得官以此致罪甚可矜憫遂釋之改興平軍節度使世宗即位以爲廣寧尹窩斡反爲行軍都統與曷懶路總管徒單克寧俱在左翼敗窩斡於長濼改臨潢尹賊平賜金帛改曷懶路兵馬都總管徙顯德軍慶陽尹致仕大定十二年上思舊功起爲利涉軍節度使復以金紫光禄大夫致仕卒年七十二渾坦歷一十七官未嘗爲佐貳性沈厚有識雖未嘗學問

明於聽斷所至有治聲云

鄭建充字仲實其先京兆人占籍鄜州仕宋累官知延安府事天會七年來降仍知延安府屯兵三千宋劉光烈兵八萬來攻建充相距四十餘日攻益急建充遣人會斜喝軍夾擊破之俘其裨將賀貴遷節制司統制軍馬改京兆府路兵馬都監敗宋曲端於彭原高昌宗據延安爲宋守建充擊之盡復城邑復知延安軍府事齊國建累遷博州團練使知寧州齊國廢朝廷以地賜宋爲宋環慶路經略安撫副使仍知寧州天眷復取陝西仍以爲經略安撫使知慶州從破甘谷城改平涼尹是時營建南京宮室大發

河東陝西材木浮河而下經砥柱之險筏工多沉溺有司不敢以聞乃誣以逃亡錮其家建充白其事請至砥柱解筏順流散下令善游者下流接出之而錮者得釋正隆軍興括筋角造軍器百姓往往椎牛取之或生拔取其角牛有泣下者建充白其事於朝建充性剛暴常畜猘犬十數奴僕有罪既笞已復嗾犬嚙之骨肉都盡雖謙遜下士於敵已上一無所屈省部文移有不應法度輒置之坐下或即毁裂由是在位者銜之軍胥李換竊用公帑自度不得免乃誣建充藏甲欲反吏再鞫皆無狀方奏上攝事者素與建充有隙恐其得釋使吏持文書紿建充曰朝省有命

奈何建充曰惟汝所爲是夜死于獄中長子翹亦死焉

烏古論三合曷懶路愛也窟河人後徙真定睿宗爲右副元帥聞三合勇略選充扎也後從宗弼征伐補麴院都監未幾從伐宋與宋兵遇於潁州三合先登破之皇統元年領漢軍千户帥府再以軍四千隸焉除同知鄭州防禦使事再遷太子少詹事大定六年改洺州防禦使上曰卿昔事睿宗積勞苦速事朕輔佐太子宣力多矣今典名郡所以勞卿也遷永定軍節度使歷臨潢鳳翔尹陝西路統軍使東平尹節制州郡躬行儉約政先寬簡邊庭久寧人民獲安召爲簽書樞密院事卒十八年世宗追録三合舊勞

授其子大興河北西路愛也窟河世襲猛安阿里門河謀克階武功將軍

移剌温本名阿撒遼橫帳人工契丹小字睿宗爲左副元帥伐宋温從大臭渡江辟江寧府都巡檢江寧太平初下宋遣諜人扇搆百姓應者數萬人温擒其諜者遂不敢竊發宗弼嘉之賜銀千兩重綵百端絹二百匹宗弼每出征伐未嘗不在行間除同知河北西路轉運使事會宗弼巡邊温從軍不之官宗弼入朝熙宗宴群臣宗弼欲有奏請已被酒失次温掖而出宮明日熙宗謂宗弼曰阿撒事叔甚謹不可去左右由是宗弼益親信之嘗謂女壻紇石烈

志寧曰汝可効阿撒之爲人也可以幾古人矣未幾除同知中京路都轉運使事累遷左諫議大夫兼修起居注正隆伐宋以本官爲濟州路行軍萬户從至揚州軍還除同知宣徽院事世宗御饌不適口召温嘗之奏曰味非不美也蓋南北邊事未息聖慮有所在耳上意遂釋歷永定震武崇義節度使移臨海軍州治近水秋雨水潦暴至城下城頗决百姓惶駭不知所爲温躬督役夫繕完之雖臨不測無所避僚屬或止温温曰爲政疵癘水泛溢爲災守臣之罪當以此身爲百姓謝雖死不恨移鎮武定歲旱且蝗温割指以血瀝酒中禱而酹之既而雨霑足有群鴉啄蝗且盡由是歲熟人以爲至誠之感云以老致仕卒

贊曰軍旅之事鋒鏑在前不計其死耳屬金鼓目屬旌旗心屬號令此行列之任也自收國用兵至于大定和宋以前用命之士雖細必録所以明功也

蕭仲恭本名术里者祖撻不也仕遼爲樞密使守司徒封蘭陵郡王父特末爲中書令守司空尚主仲恭性恭謹動有禮節能被甲超槖馳遼故事宗戚子弟别爲一班號孩兒班仲恭嘗爲班使歷宮使本班詳穩遼帝西奔天德仲恭爲護衛太保兼領軍事至霍里底泊大軍奄至倉卒走仲恭母馬乏不能進謂仲恭兄弟曰汝等盡節國家無以

我爲也仲恭母遼道宗季女也遼主傷之命弟仲宣留侍其母仲恭從而西時大雪寒甚遼主乏食仲恭進衣并進乾糒遼主困仲恭伏冰雪中遼主藉之以憩凡六日乃至天德始得食後與遼主俱獲太宗以仲恭忠於其主特加禮待天會四年仲恭使宋且還宋人意仲恭耶律余睹皆有亡國之感而余睹爲監軍有兵權可誘而用之乃以蠟丸書令仲恭致之余睹使爲内應仲恭素忠信無反覆志但恐宋人留不遣遂陽許還見宗望即以蠟丸書獻之宗望察仲恭無他薄罰之於是再舉伐宋執二帝以歸累遷右宣徽使改都點檢宗磐與宗幹争辯於熙宗前宗磐拔刀向宗幹仲恭呵之乃止既而宗磐以反罪誅仲恭衛禁有備以功加銀青光禄大夫遷尚書右丞皇統初封蘭陵郡王授世襲猛安進拜平章政事同監修國史封濟王詔葬遼豫王於廣寧仲恭請往會葬熙宗義而許之改行臺左丞相居無何入爲尚書右丞相拜太傅領三省事封曹王天德二年封越國王除燕京留守海陵親爲書以玉山子賜之是歲薨年六十一謚貞簡正隆例降王爵改儀同三司鄭國公子拱

拱本名迪輦阿不初爲蘭子山猛安海陵爲宰相徵取人譽爲大臣子以爲達官遂以拱爲禮部侍郎耶律彌勤拱

妻女弟也海陵將納爲妃使拱自汴取之還過燕是時仲恭爲燕京留守見彌勒身形不類處子竊憂之曰上多猜嫌拱其及禍矣拱去不數日仲恭卒拱至上京聞訃以本官起復佩信牌往燕京治葬事未行彌勒入宮果如仲恭所相度即遣出宮夜半召拱至禁中詰問無狀海陵終疑之乃罷拱禮部侍郎奪其信牌拱待命踰年不報歸蘭子山治猛安事是時蕭恭張九坐語禁中事得罪拱至蘭子山與客會語及之有阿納與拱有隙乃誣拱言張九無罪被誅語涉怨謗海陵遣使鞫之戒使者曰此子狂妄宜有此語不然彼中安得知此事使者不復問拱但榜掠其左驗使如告語證之拱遂見殺

仲宣本名野里補仲恭母弟聰敏好學沉厚少言五歲遥授郡刺史累加太子少師爲本班詳穩從天祚西爲護衛太保左右班詳穩至石輦鐸遼主留仲宣侍母遂與其母皆見獲太宗嘉之且謂仲宣能知遼國故事命權宣徽使從睿宗伐康王師還家居者久之皇統二年特授鎮國上將軍歷順義永定昭義武寧四鎮節度使爲政平易小吏不敢爲姦賄賂禁絶奴婢入郡人莫識其面朔潞百姓皆爲立祠刻石頌之正隆二年卒六十四

高松本名檀朶澄州析木人年十九從軍爲蒲輦有力善戰宗弼聞其名召置左右從破汴京及和尚原累官咸平總管府判官世宗即位充管押東京路渤海萬戶兵部尚書可喜謀反前同知延安尹李老僧曰我與萬戶高松謀之必從我矣衆曰若得此軍舉事易矣老僧往見松説松曰君有功舊人至今不得大官何也松曰我一縣令也每念聖恩累世不能報尚敢有望乎老僧遂不敢言可喜布輝阿瑣知事不可成遂上變共捕斡論赴有司松從征窩斡以功遷咸平少尹四遷崇義軍節度使卒年七十四

贊曰忠信行己豈不大哉蕭仲恭盡心故主而富貴福澤嚮之與宗室舊臣等矣仲恭廷叱宗磐而朝廷尊高松詛遏李老僧而社稷安皆有古烈丈夫之風焉

海陵后徒單氏生太子光英元妃大氏生崇王元壽柔妃唐括氏生宿王矧思阿補才人南氏生滕王廣陽

光英本名阿魯補徒單后所生是時燕京轉運使趙襲慶多男故又名曰趙六養于同判大宗正方之家故崇德大夫沈璋妻張氏嘗爲光英保母於是贈璋銀青光祿大夫賜宗正方錢千萬天德四年二月立光英爲皇太子是月安置太祖畫像于武德殿盡召國初嘗從太祖破寧江州有功者得百七十六人並加宣武將軍賜酒帛其中有忽里罕者解其衣進光英曰臣今年百歲矣有子十人願太

子壽考多男子與小臣等海陵使光英受其衣海陵即以所服弁佩刀賜忽里罕答其厚意後以英字與鷹隼字聲相近改鷹坊爲馴鷙坊國號有英國又有應國遂改英國爲壽國應國爲杞國宋亦改光州爲蔣州光山縣爲期思縣光化軍爲通化軍云太醫院保全郎李中保和大夫薛遵義俱以醫藥侍光英李中超換宣武將軍太子左衛副率薛遵義丁憂起復宣武將軍太子右衛副率光英襁褓時養于宗正方家其後養于永寧宮及徒單斜也家貞元元年詔朝官京官五品以下奉引自通天門入居于東宮正隆元年三月二十七日光英生日宴百官于神龍殿賜

京師大酺一日四年八月光英射獐獲之海陵大喜命薦原廟賜光英馬一匹黃金三斤班賜從者有差正隆六年海陵行幸南京次安肅州光英獲二兎遣使薦于山陵居數日復獲麞兎從官皆稱賀賜光英名馬弓矢復遣使薦于山陵六月海陵至南京羣臣迎謁海陵與徒單后光英共載而入海陵嘗言俟太子年十八以天下付之朕當日遊宴於宮掖苑囿中以自娛樂光英頗警悟海陵謂侍臣曰上智不學而能中性未有不由學而成者太子宜擇碩德宿學之士使輔導之庶知古今防過失詩文小技何必作耶至於騎射之事亦不可不習恐其懦柔也及將親征后與光英挽衣號慟海陵亦泣下曰吾行歸矣後誦孝經一日忽謂人曰經言三千之罪莫大於不孝何爲不孝對者曰今民家子博弈飲酒不養父母皆不孝也光英默然良久曰此豈足爲不孝耶盖指言海陵弑母事及伐宋光英居守以陁滿訛里也爲太子少師兼河南路統軍使以衛護之完顏元宜軍變海陵遇害都督府移文訛里也殺光英于汴京死時年十二後與海陵俱葬於大房山諸王墓次訛里也咸平路窟吐忽河人襲其父忽土猛安除邳州刺史三遷昌武軍節度使歸德尹南京留守河南路統軍使太子少師大定二年遷元帥右都監宋人陷陳蔡訛

里也師久無功已而兵敗于宋解職俄起爲京兆尹世宗謂之曰卿爲河南統軍門多私謁百姓惡之其後經略陳蔡不惟無功且復致敗以汝舊勞故復用汝京兆地近南邊宜善理之大定三年卒

元壽天德元年封崇王三年薨

矧思阿補正隆元年四月生小底東勝家保養之賜東勝錢千萬仍爲起第五月己酉彌月封其母唐括氏爲柔妃賜京師貧者五千人錢人錢二百二年矧思阿補生日海陵與永壽太后及皇后太子光英幸東勝家三年正月五日矧思阿補薨海陵殺太醫副使謝友正醫者安宗義及

其乳母杖東勝一百除名明日追封矧思阿補爲宿王葬大房山諫議大夫楊伯雄入直禁中因與同直者相語伯雄曰宿王之死葢養于宮外供護雖謹不若父母膝下豈國家風俗素尚如此或以此言告海陵海陵大怒謂伯雄曰爾臣子也君父所爲豈得言風俗宮禁中事豈爾當言朕或體中不佳間不視朝秪是少得人幾拜耳而庶事皆奏決便殿縱有死刑不即論決蓋使囚者得緩其死至於除授宣勑雖復稽緩有何利害朕每當閒暇頗閱教坊聲樂聊以自娛書云内作色荒外作禽荒酣酒嗜音峻宇雕墻有一於此未或不亡此戒人君不恤國事溺於此者耳如我雖使聲樂喧動天地宰相敢有濫與人官而吏敢有受賕者乎外間敢有竊議者乎爾諫官也有可言之事當公言之言而不從朕之非也而乃私議可乎伯雄對曰陛下至德明聖固無竊議者愚臣失言罪當萬死惟陛下哀憐海陵曰本欲殺汝今秪杖汝二百既決杖至四十使近臣傳詔諭伯雄曰以爾潘邸有舊今特釋之

滕王廣陽母南氏本大臭家婢隨元妃大氏入宮海陵幸之及有娠即命爲殿直正隆二年九月二十六日生廣陽十月滿月海陵分施在京貧民凡用錢千貫三年二月封南氏爲才人七月封廣陽爲滕王九月薨

贊曰海陵伐宋光英居守使陁滿訛里也以宮師兼統軍之任計至悉也豈料死其手乎荀首有言不以人子吾子其可得耶海陵貺人之子不翅魚肉而獨己子之謀安不可得矣

列傳第二十

士良

儀同三司上柱國錄軍國重事前中書右丞相監修國史領經筵事都總裁臣脫脫奉修

張通古　張浩　張汝霖

張玄素　張汝弼　耶律安禮

納合椿年　祁宰

張通古字樂之易州易縣人讀書過目不忘該綜經史善屬文遼天慶二年進士第補樞密院令史丁父憂起復懇辭不獲因遯去屏居興平太祖定燕京割以與宋宋人欲收人望召通古通古辭謝隱居易州太寧山下宗望復燕京侍中劉彥宗與通古素善知其才召爲樞密院主奏改兵刑房承旨天會四年初建尚書省除工部侍郎兼六部事高慶裔設磨勘法仕宦者多奪官通古亦免去遼王宗幹素知通古名惜其才遣人諭之使自理通古不肯曰多士皆去而已何心獨求用哉宗幹爲論理之除中京副留守爲詔諭江南使宋主欲南面使通古北面通古曰大國之鄉當小國之君天子以河南陜西賜之宋宋約奉表稱臣使者不可以北面若欲貶損使者使者不敢傳詔遂索馬欲北歸宋主遽命設東西位使者東面宋主西面受詔拜起皆如儀使還聞宋已置戍河南謂送伴韓肖胄曰天子裂壤地益南國南國當思圖報大恩今輒置守戍自取嫌疑若興師問罪將何以爲辭江左且不可保况齊乎肖胄惶恐曰敬聞命矣即馳白宋主宋主遽命罷戍通古至上京具以白宗幹且曰及其部置未定當議收復宗幹喜曰是吾志也即除參知行臺尚書省事未幾詔宗弼復取河南通古請先行至汴諭之比至汴宋人已去矣或謂通古曰宋人先退詐也今聞將自許宿來襲我通古曰南人宣言來者正所以走耳廼使人覘之宋人果潰去宗弼撫髀笑曰誰謂書生不能曉兵事哉河南卒孫進詐稱皇弟按察大王謀作亂是時海陵爲相内懷覬覦欲先除熈宗弟胙王常勝因孫進稱皇弟大王遂指名爲胙王以誣搆之熈宗自太子濟安薨後繼嗣未定深以爲念裴蒲后多專制不得肆意後宮頗鬱鬱因縱酒往往迷惑妄怒手刃殺人及海陵中傷胙王熈宗以爲信然不疑遣護衛特思就汴京鞫治行臺知熈宗意在胙王導引孫進連屬之通古執其咎極力辯止及孫進引服盡假託名稱將以惑衆規取財物耳實無其人也特思奏狀海陵譖之曰特思且將徼福於胙王熈宗益以海陵爲信遂殺胙王并特思殺之行臺諸人乃責通古曰爲君所誤今坐死矣通古曰以正獲罪死賢於生海陵既殺胙王不復緣害他人由是坐

止特恩行臺不坐天德初遷行臺左丞進拜平章政事封
譚王改封鄆王以疾求解機務不許拜司徒封瀋王海陵
御下嚴厲收威柄親王大臣未嘗少假以顏色惟見通古
必以禮貌會磁州僧法寶欲去張浩張暉欲留之不可得
朝官又有欲留之者海陵聞其事詔三品以上官上殿責
之曰聞卿等每到寺僧法寶正坐卿等皆坐其側朕甚不
取佛者本一小國王子能輕舍富貴自苦修行由是成佛
令人崇敬以希福利皆妄也況僧者往往不第秀才市井
游食生計不足乃去爲僧較其貴賤未可與簿尉抗禮閭
閻老婦迫於死期多歸信之卿等位爲宰輔乃復效此失

大臣體張司徒老成舊人三教該通足爲儀表何不師之
召法寶謂之曰汝既爲僧去住在己何乃使人知之法寶
戰懼不知所爲海陵曰汝爲長老當有定力今乃畏死耶
遂於朝堂杖之二百張浩張暉杖二十正隆元年以司徒
致仕進封曹王是年薨年六十九通古天資樂易不爲表
襮雖居宰相自奉如寒素焉子沉天德三年賜楊建中牓
及第

張浩字浩然遼陽渤海人本姓高東明王之後曾祖霸仕
遼而爲張氏天輔中遼東平浩以策干太祖太祖以浩爲
承應御前文字天會八年賜進士及第授秘書郎太宗將

幸東京浩提點繕修大內超遷衛尉卿權簽宣徽院事管
勾御前文字初定朝儀求養親去職起爲趙州刺史官制
行以中大夫爲大理卿天眷二年詳定內外儀式歷戶工禮
三部侍郎遷禮部尚書田瑴黨事起臺省一空以浩行六
部事簿書叢委決遣無留人服其才以疾求外補除彰德
軍節度使遷燕京路都轉運使俄改平陽尹平陽多盜臨
汾男子夜掠人婦浩捕得榜殺之盜遂衰息近郊有淫祠
郡人頗事之廟祝田主爭香火之利累年不決浩撤其祠
屋投其像水中強宗黠吏屏迹莫敢犯者郡中大治乃繕
葺堯帝祠作擊壤遺風亭海陵召爲戶部尚書拜參知政

事天德二年丁母憂起復參知政事進拜尚書右丞天德
三年廣燕京城營建宮室浩與燕京留守劉筈大名尹盧
彥倫監護工作命浩就擬差除既而暑月工役多疾疫詔
發燕京五百里內醫者使治療官給藥物全活多者與官
其次給賞下者轉運司舉察以聞貞元元年海陵定都燕
京改燕京爲中都改析津府爲大興府浩進拜平章政事
賜金帶玉帶各一賜宴于魚藻池浩請凡四方之民欲居
中都者給復十年以實京城從之拜尚書右丞相兼侍中
封潞王賜其子汝霖進士及第未幾改封蜀王進拜左丞
相正隆二年改封魯國公表乞致仕海陵曰人君不明諫

不行言不聽則宰相求去宰相老病不能任事則求去卿於二者何居浩對曰臣羸病不堪任事宰相非養病之地也是以求去不許海陵欲伐宋將幸汴而汴京大內失火於是使浩與敬嗣暉營建南京宮室浩從容奏曰往歲營治中都天下樂然趨之今民力未復而重勞之恐不似前時之易成也不聽浩朝辭海陵問用兵利害浩不敢正諫乃婉詞以對欲以微止海陵用兵奏曰臣觀天意欲絕趙氏久矣海陵愕然曰何以知之對曰趙構無子樹立疏屬其勢必生變可不煩用兵而服之海陵雖喜其言而不能從也浩至汴海陵時時使宦者梁珫來視工役凡一殿之

成費累鉅萬珫指曰某處不如法式輒撤之浩不能抗而與之均禮汴宮成海陵自燕來遷居之浩拜太傅尚書令進封秦國公海陵至汴累月不視朝日治兵南伐部署諸將浩欲奏事不得見會海陵遣周福兒至浩家浩附奏曰諸將皆新進少年恐誤國事宜求舊人練習兵者以爲千戶謀克而海陵部署已定惡聞其言乃杖之海陵自將發汴京皇后太子居守浩留治尚書省事世宗即位于遼陽揚州軍變海陵遇害都督府使使殺太子光英于南京浩遣戶部員外郎完顏謀衍上賀表明年二月浩朝京師入見世宗謂曰朕思天位惟艱夙夜惕懼不遑寧處卿國之元老當戮力贊治宜令後世稱揚德政毋失委注之意也俄拜太師尚書令封南陽郡王世宗曰卿在正隆時爲首相不能匡救惡得無罪營建兩宮殫竭民力汝亦嘗諫故天下不以咎汝惟怨正隆而卿在省十餘年練達政務故復用卿爲相當自勉毋負朕意浩頓首謝居數日世宗謂浩曰卿爲尚書令凡人材有可用者當舉用之浩舉紇石烈志寧等其後皆爲名臣浩有疾在告者久之遣左司郎中高衎及浩姪汝弼宣諭浩力疾入對即詔入朝毋拜許設座殿陛之東若有咨謀然後進對或體中不佳不必日至省中大政可就第裁決浩雖受詔然每以退爲請三年

夏復申前請乃除判東京留守疾不能赴任因請致仕初近侍有欲罷科舉者上曰吾見太師議之浩入見上曰自古帝王有不用文學者乎浩對曰有曰誰歟浩曰秦始皇上顧左右曰豈可使我爲始皇乎事遂寢是歲薨上輟朝一日詔左宣徽使趙興祥率百官致奠賻銀千兩重綵五十端絹五百匹謚曰文康明昌五年配享世宗廟廷泰和元年圖像衍慶宮子汝爲汝霖汝能汝方汝猷

汝霖字仲澤少聰慧好學浩嘗稱之曰吾家千里駒也貞元二年賜呂忠翰牓下進士第特授左補闕擢大興縣令再遷禮部員外郎翰林待制大定八年除刑部郎中召見

於香閤諭之曰卿以待制除郎中勿以爲降朕以刑部闕漢官故以授卿且卿入仕未久姑試其能耳如職事修舉當有陞擢爾父太師以户部尚書升諸相位由崇德大夫躐遷金紫卿所自見也當既厥心無忝乃父明年授太子左諭德兼禮部郎中先是知登聞檢院王震改禮部郎中世宗諭宰臣曰此除未允人望禮官當選有學術士如張汝霖者可也於是命汝霖兼之而除震别職擢刑部侍郎以憂解起復爲太子詹事遷太子少師兼御史中丞世宗召謂曰卿嘗言監察御史所察州縣官多因沽買以得名譽良吏奉法不爲表襮必無所稱朕意亦然卿今爲臺官

可革其弊尋改中都路都轉運使太子少師兼禮部尚書俄轉吏部爲御史大夫時將陵主簿高德温大收税户米逮御史獄汝霖具二法上世宗責之曰朕以卿爲公正故登用之德温有人在宫掖故朕頗詳其事朕肯以宫掖之私撓法耶不謂卿等顧徇如是汝霖跪謝久之上顧左諫議大夫楊伯仁曰臺官不正如此伯仁奏曰罪疑惟輕故具二法上請在陛下裁斷耳且人材難得與其材智而邪不若用愚而正者上作色曰卿輩皆愚而不正者也未幾復坐失出大興推官高公美罪謫授棣州防禦使頃之復爲太子少師兼禮部尚書拜參知政事太子少師如故是

日汝霖兄汝弼亦進拜尚書左丞時人榮之後因朝奏日論事上前世宗謂曰朕觀唐史見太宗行事初甚厲精晚年與群臣議多飾辭朕不如是也又曰唐太宗明天子也晚年亦有過舉朕雖不能比迹聖帝明王然常思始終如一今雖年高敬慎之心無時或怠汝霖對曰古人有言靡不有初鮮克有終有始有卒者其惟聖人乎魏徵所言守成難者正謂此也上以爲然二十五年章宗以原王判大興府事上命汝霖但消視事日且加輔導尋坐擅支東宫諸皇孫食料奪官一階久之遷尚書右丞是時世宗在位久熟悉天下事思得賢材與圖致治而大臣皆依違苟且

無所薦達一日世宗召宰臣謂曰卿等職居輔相曾無薦舉何也且卿等老矣殊無可以自代者乎惟朕嘗言某人可用然後從而言之卿等既無所言必待朕知而後進用將復有幾因顧汝霖曰若右丞者亦因右丞相言而知也汝霖對曰臣等苟有所知豈敢不薦但無人耳上曰春秋諸國分裂土地褊小皆稱有賢今天下之大豈無人才但卿等不舉而已今朕自勉庶幾致治他日子孫誰與共治乎汝霖等皆有慙色二十八年進拜平章政事兼修國史封芮國公世宗不豫與太尉徒單克寧右丞相襄同受顧命章宗即位加銀青榮禄大夫進封莘先是右丞相襄言

熙宗聖節蓋七月七日爲係景祖忌辰更用五月受外國賀今天壽節在七月雨水淫暴外方人使赴闕有礙行李乞移他月爲便汝霖言帝王之道當示信於天下昔宋主搆生日亦係五月是時都在會寧上國遣使賜禮不聞有霖潦礙阻之說今與宋搆好日久遠以暑雨爲辭示以不實萬一雨水踰常愆期到闕猶愈更用別日參知政事劉瑋御史大夫唐括貢中丞李晏刑部尚書兼右諫議大夫完顏守道修起居注完顏烏者同知登聞檢院事孫鐸亦皆言其不可帝初從之既而竟用襄議時帝在涼陘初出獵諫院職童言心喪中未宜其後冬獵汝霖諫之詔荅曰

卿能每事如此朕復何憂然時異事殊難同古昔如能酙酌得中斯爲當矣一日帝謂宰臣曰今之用人太拘資歷如此何能得人汝霖奏曰不拘資格所以待非常之材帝曰崔祐甫爲相未踰年薦八百人豈皆非常材耶時有司言民間收藏制文恐因而滋訟乞禁之汝霖謂王者之法譬猶江河欲使易避而難犯本朝法制坦然明白今已著爲不刊之典天下之人無不聞誦若令私家收之則人皆曉然不敢爲非亦助治之一端也不禁爲便詔從之明昌元年三月表乞致仕不許十二月卒時帝獵饒陽訃聞勅百官送葬賻禮加厚謚曰文襄汝霖通敏習事凡進言必揣上微意及朋附多人爲説故言不忤而似忠也初章宗新即位有司言改造殿庭諸陳設物日用繡工一千二百人二年畢事帝以多費意輟造汝霖曰此非上服用未爲過侈將來外國朝會殿宇壯觀亦國體也其後奢用浸廣蓋汝霖有以導之云

張玄素字子真與浩同曾祖祖祐父匡仕遼至節度使玄素初以廕得官高永昌據遼陽玄素在其中斡魯軍至乃開門出降特授世襲銅州猛安天會間歷西上閤門使客省使東宫計司天眷元年以靜江軍節度使知涿州察廉最進官一階皇子魏王道濟遙領中京以玄素爲魏王府

同提點尋改鎮西軍節度使還東京路都轉運使改興平軍節度使正隆末年天下盜起玄素發民夫增築城郭同僚諫止之不聽未幾寇掠鄰郡皆無備而興平獨安世宗即位玄素來見于東京玄素在東京希海陵旨言世宗嘗取在官黃糧及撫其數事至是來見世宗一切不問玄素與李石力言宜早幸燕京上深然之還戸部尚書出鎮定武遂致仕年八十四卒玄素厚而剛毅人畏憚之往往以片紙署字其上治瘧疾輒愈人皆異之

汝弼字仲佐父玄徵彰信軍節度使玄素之兄也汝弼初以父廕補官正隆二年中進士第調潘州樂郊縣主簿玄

徽妻高氏與世宗母貞懿皇后有屬世宗納玄徽女爲次室是爲元妃張氏生趙王允中世宗即位于遼陽汝弼與叔玄素俱往歸之擢應奉翰林文字世宗御翠微閣召左司郎中高衎及汝弼問曰近日除授外議何如宜以實奏毋少隱也有不可用者當改之衎汝弼皆無以對自皇統以來內藏諸物費用無度吏胥緣爲姦多亡失汝弼與宮籍直長高公穆入殿小底王添兒閱實之以類爲籍作四庫以貯之於是內藏庫使王可道等皆杖一百汝弼等各進階頃之兼修起居注轉右司員外郎母憂去官起復吏部郎中累遷吏部尚書拜參知政事詔從女直猛安謀克

于中都給以近郊官地皆塉薄其腴田皆豪民久佃遂專爲己有上出獵猛安謀克人前訴所給地不可種藝詔拘官田在民久佃者與之因命汝弼議其事請條約立限令百姓自陳過限許人首告實者與賞上可其奏仍遣同知中都轉運使張九思拘籍之上問高麗夏皆稱臣使者至高麗與王抗禮夏王立受使者拜何也左丞襄對曰故遼與夏爲甥舅夏王以公主故受使者拜本朝與夏約和用遼故禮所以然耳汝弼曰誓書稱一遵遼國舊儀今行之已四十年不可改也上曰卿等言是也上聞尚書省除授小官多不稱職召汝弼至香閣謂之曰他宰相年老卿等宜盡心汝弼對曰材薄不足以副聖意耳進拜尚書右丞於是戶部糴官倉粟汝弼請使暖湯院得糴之上讓曰汝欲積陰德邪何區區如此左丞相徒單克寧得解政務爲樞密使是日汝弼亦懷表乞致仕上使人止之曰卿年未老未可退也進左丞與族弟參知政事汝霖同日拜族里以爲榮有年未六十而乞致仕者上不許汝弼曰聖旨嘗許六十致仕上責之曰朕嘗許至六十者致仕不許未六十者且朕言六十致仕是則可行否則當言卿等不言皆此類也久之坐擅增諸皇孫食料與丞相守道右丞粘割斡特剌參政張汝霖各削官一階上曰准法當解職但示

薄責耳汝弼在病告上謂宰相曰汝弼久居執政練習制度頗能斟酌人材而用心不正乃罷爲廣寧尹賜通犀帶汝弼爲相不能正諫上所欲爲則順而導之所不欲爲則微言以覘其意上責之則婉辭以引過終不忤之也而上亦知之且黷貨以計取諸家名園甲第珍玩奇好士論薄之二十七年薨汝弼既與永中甥舅陰相爲黨章宗即位汝弼妻高氏每以邪言怵永中覬非望畫永中母像侍奉祈祝使術者推算永中有司鞫治高氏伏誅事連汝弼上以事覺在汝弼死後得免削奪

耶律安禮本名納合系出遙輦氏幼孤事母以孝聞遼季

間關避難未嘗一日怠溫凊入朝當路者重其行義使主
帥府文字授左班殿直天眷初從元帥於山西母喪不克
歸葬主帥憐之賻禮甚厚安禮冒大暑挽柩行千餘里哀
毀骨立行路嗟嘆服除由行臺吏禮部主事累遷工部侍
郎改左司郎中天德間罷行臺尚書省入為工部侍郎累
遷本部尚書明年冬為宋國歲元使被詔治鞫韓王亨獄
于廣寧亨無反狀安禮還奏海陵怒疑安禮梁王宗弼故
吏乃責安禮曰亨迭有三罪其論阿里出虎有誓券不當
死既引伏其謂不足進馬及密遣刺客二者安得無之汝
等來奏欲測我喜怒以為輕重耳乃遣安禮再往與李老

僧同鞫之老僧由是殺亨于獄海陵猶謂安禮輒殺亨以
絕滅事迹親戚得以不坐安禮之不附上刻下乃如此改
吏部尚書護大房山諸陵工作拜樞密副使封譚國公遷
尚書右丞進封郯國公轉左丞議降累朝功臣封爵密諫
伐江南忤海陵意罷為南京留守封溫國公安禮長於吏
事廉謹自將從帥府再伐宋賓貨人口一無所取貴為執
政奴婢止數人皆有契券時議賢之薨年五十六

納合椿年本名烏野初置女直字立學官於西京椿年與
諸部兒童俱入學最號警悟久之選諸學生送京師俾上
京教授耶魯教之椿年在選中補尚書省令史累官殿中

侍御史改監察御史海陵為相薦為右司員外郎編定新
制海陵篡立以為諫議大夫椿年有酒失海陵使之戒酒
遂終身不復飲改秘書監修起居注授世襲猛安為翰林
學士兼御史中丞正隆初起上京諸猛安於中都山東等
路安置以勞賜玉帶閑廄馬奉遷山陵還為都點檢賜今
名拜參知政事海陵謂椿年曰如卿吏材甚難得復有如
卿者乎椿年薦大理丞紇石烈婁室海陵以婁室為右司
員外郎未旬日海陵謂椿年曰吾試用婁室果如卿言惟
賢知賢信矣婁室後賜名良弼有宰相才世宗時至左丞
相號賢相焉正隆二年椿年薨海陵親臨哭之追封特進

譚國公謚忠辯賻銀二千兩綵百端絹千匹錢千萬以長
子參謀合為定遠大將軍襲猛安次子合荅為忠武校尉
及歸葬再賜錢百萬仍給道路費椿年有宰相才好推轂
士類然頗營產業為子孫慮冒占西南路官田八百餘頃
大定中括撿田土百姓陳言官豪占據官地貧民不得耕
種溫都思忠子長壽椿年子猛安參謀合等三十餘家凡
冒占三千餘頃詔諸家除牛頭稅地各再給十頃其餘盡
賦貧民種佃世頗以此譏椿年云

祁宰字彥輔江淮人宋季以醫術補官王師破汴得之後
隸太醫累遷中奉大夫太醫使數被賞賚常感激欲自效

海陵將伐宋宰欲諫不得見會元妃有疾召宰診視旣入見即上疏諫其略言國朝之初祖宗以有道伐無道曾不十年蕩遼戡宋當此之時上有武元文烈英武之君下有宗翰宗雄謀勇之臣然猶不能混一區宇舉江淮巴蜀之地以遺宋人況今謀臣猛將異於曩時且宋人無罪師出無名加以大起徭役營中都建南京繕治甲兵調發軍旅賦役煩重民人怨嗟此人事之不修也間者晝星見於牛斗熒惑伏於翼軫已歲自刑害氣在揚州太白未出進兵者敗此天時不順也舟師水涸舳艫不繼而江湖島渚之間騎士馳射不可驅逐此地利不便也言甚激切海陵怒

命戮於市籍其家產天下哀之綦戩宰壻也海陵疑奏疏戩爲之辭曰實不知也海陵猶杖戩召禁中諸司局官至咸德門諭以殺宰事明年世宗即位於遼東四年詔贈資政大夫復其田宅章宗即位詔訪其子忠勇校尉平定州酒監公史擢尚藥局都監泰和初詔定功臣謚尚書省掾李秉鈞上言事有宜緩而急若輕而重者名教是也伏見故贈資政大夫祁宰以忠言被誅慕義之士盡傷厥心世宗即位贈之以官陛下録用其子甚大惠也雖武王封比干之墓孔子譽夷齊之仁何以異此而有司拘文以職非三品不在議謚之例臣竊疑之若職至三品方得請謚當時居高官食厚祿者不爲無人皆畏罪淟涊曾不敢申一喙畫一策以爲社稷計卒使立名死節之士顧出於醫卜之流亦可以少愧矣臣以謂非常之人當以非常之禮待之乞詔有司特賜謚以旌其忠斯亦助名教之一端也制曰可下太常謚曰忠毅

贊曰异哉海陵之爲君也舞智御下而不卹焉君子仕於朝動必以禮然後免於恥張通古耶律安禮位不及張浩進退始終其賢遠矣浩無事不爲無役不從爲相最久用之厚遇之薄豈亦自取之邪海陵伐宋浩安禮位皆大臣一以婉辭一以密諫賢於不諫而已祁宰一醫流獨能極

諫其後皆如所言海陵戕之足以成其百世之名耳納合椿年援引善類有君子風其死適在宋兵未舉之前然觀其好營產殖亦未必忘身徇國之士也祁宰卓乎不可及也夫

列傳第二十一

開府儀同三司上柱國錄軍國重事前中書右丞相監修國史領經筵事都總裁臣脫脫奉

勅修

杲本名撒里喝　耨盌温敦思忠子乙迭

温敦兀帶　奔睹　高楨

白彥敬　張景仁

杲本名撒離喝安帝六代孫泰州婆盧火之族胡魯補山之子雄偉有才略太祖愛之常在軍中及婆盧火爲泰州都統宗族皆隨遷泰州撒離喝嘗爲世祖養子獨得不遷仍居安出虎水宗翰宗望已再克汴執宋二主北還宗望

分遣諸將定河北左都監闍母攻下河間雄州李成棄城走撒離喝邀擊大破之雄州遂降睿宗經略山東留撒離喝于河上而眞定境内有賊衆自稱元帥秦王撒離喝擊破其衆執而戮之從平陝西撒離喝徇地自渭以西降德順軍又降涇原路鎮戎軍進平熙河降甘泉等三堡遂取保川城明年同奔覩討平河外降寧洮安隴二寨并降下河及樂州至西寧盡降其都護官屬於是木波族長等皆迎降攻慶陽敗其拒者遂降其城慕洧以環州來降得城寨十三步騎一萬於是宗弼軍敗于和尚原上褒美撒離喝而戒勵宗弼睿宗已定陝西留兵屯衛要使撒離喝總之居無何請收斂外十三州與宋王彥之軍七千人遇于沙會濼敗之遂克金州連破吳玠諸軍于饒峰關遂取眞符縣取洋州入興元府敗吳玠兵于固鎮擒其兩將撒葛枧等破宋兵盡下諸砦及仙人關天會十四年爲元帥右監軍天眷二年宗弼復取河南撒離喝自河中出陝西既至鳳翔擊走宋軍是時宋軍在京兆西者甚衆諸將以暑雨欲駐軍且聞宋兵九萬會于涇州都元帥遣河南步卒來會軍撒離喝留諸將屯環慶獨以輕騎取涇州六月敗宋兵于涇州宋兵走渭州拔離速追擊大敗之未幾爲右副元帥皇統三年封應國公錫賚甚厚熙宗出獵賜具裝

馬二命射于圍中加開府儀同三司將還軍命宰臣餞之海陵升蒲州爲河中府撒離喝爲河中尹左副元帥如故自陝西入朝因從容言曰唐建成不道太宗以義除之即位之後力行善政後世稱賢陛下以前主失德大義廢絶力行善政則如唐太宗矣海陵聞其言色變撒離喝亦悔其言既而進封國王從行官吏皆官賞之海陵忿撒離喝久握兵在外頗得士心忌之以爲行臺左丞相兼左副元帥又恐不奉命陽尊以殊禮使係屬籍以玉帶璽書賜之撒離喝至汴詔諭行臺右丞相右副元帥撻不野無使撒離喝預軍事撒離喝不知每事輒爭之撻不野詭曰太師

梁王以陝西事屬公以河南事屬撻不野今未嘗別奉詔
命陝西之事撻不野固不敢干涉撻不野久在河南將帥
畏而附之撒离喝始至勢孤爭之不得白於朝大臣知上
旨報曰如梁王教及詔使至汴諭旨於撻不野使還撻不
野獨有附奏撒离喝不得與聞人皆知海陵使撻不野圖
之矣會海陵欲除遼王斜也子孫及平章政事宗義等元
帥府令史遙設希海陵旨誣撒离喝父子謀反并平章宗
義尚書謀里野等遙設學撒离喝手署及印文詐為契丹
小字家書與其子宗安從左都監奔覩上變封題作巳經
開折者書紙隱約有白字作曾經水浸致字畫分明者稱
御史大夫宗安於宮門外遺下此書遙設拾得之其書略
曰撻不野自來於我不好凡事常有隄防應是知得上意
移剌補丞相於我不好若遲緩分豪猜疑必落他手也又
曰阿渾每見此書約定月日教掃胡令史却寫白字書來
有司鞫問宗安不服曰使真有此書我剖肌肉藏之猶恐
漏泄安得於朝門下遺之有司掠笞楚毒宗安神色不變
乃寘掃胡爐炭上掃胡不能堪自誣服宗安謂掃胡曰爾
苦矣宗義被掠笞不能當亦自誣服曰我輩知不免矣不
早決徒自苦宗安曰今雖無以自明九泉之下當有宛對
吾終不能引屈竟不服而死使斷魯渾殺撒离喝于汴族

其家而無寫書及傳書者主名有折哥者能契丹小字舊
嘗從撒离喝特末者陝西舊將嘗以左副元帥事馳驛赴
闕兩人者皆族誅撒离喝親屬坐是死者二十餘人潞王
斡者孫耶魯候撒离喝于汴斷魯渾執之耶魯曰願付有
司若法當同坐雖死不恨斷魯渾亦殺之其家訟于朝海
陵不問但賜錢二百萬奔覩還元帥左監軍加開府儀同
三司遙設為同知博州事賜錢三百萬謂之曰爾無自比
老人老人親告朕爾以告有司設有撒离喝黨人在其間
敗吾事矣老人指蕭王也蕭王名老人故云然遙設在博
州數歲後與蕭裕謀反伏誅大定初詔復撒离喝官爵三
年追封金源郡王謚莊襄以郡王品秩官為營葬十七年
配享太宗廟庭

耨盌温敦思忠本名乙剌補阿補斯水人太祖伐遼是時
未有文字凡軍事當中覆而應密者諸將皆口授思忠思
忠面奏受詔還軍傳致詔辭雖往復數千言無少誤及遼
人議和思忠與烏林荅贊謨往來專對其間號閘剌閘剌
者漢語云行人也自收國元年正月遼人遣僧家奴來使
者三往反議不決使者賽剌至遼遼人殺之遼主自將至
駞門大敗歸復遣使議和太祖使胡突衮往書曰若不從
此胡突衮但使人送至界上或如賽剌殺之惟所欲者天

輔三年六月遼大冊使太傅習泥烈以冊璽至上京一舍先取冊文副錄閱視文不稱兄不稱大金稱東懷國太祖不受使宗翰宗雄宗幹希尹商定冊文義指楊朴潤色胡十荅阿撒高慶裔譯契丹字使贊謨與習泥烈偕行贊謨至遼見遼人再撰冊文復不盡如本國旨意欲見遼主自陳閤者止之贊謨不顧直入閤者相與捽搣折其信牌遼人懼遼遣贊謨歸太祖再遣贊謨如遼遼人前後十三遣使和議終不可成太祖自將遂克臨潢其後伐宋思忠從宗翰軍封劉豫爲齊帝思忠爲傳宣使俄授謀克從宗弼克和尚原還爲同知西京留守事天眷初改蒲州防禦使

元帥府在陝西者其官屬往往豪壓貧民爲奴起遣工匠千人東來至河上思忠留止其人以聞詔皆還之爲行臺尚書左丞是時贊謨爲行臺參知政事思忠黷貨無厭贊謨鄙之兩人由是交惡海陵殺左丞相秉德于行臺贊謨妻秉德乳母也思忠因搆謨殺之是歲思忠入爲尚書右丞俄進平章政事封鄗國公進拜左丞相兼侍中封沂國公天德三年致仕貞元二年十月海陵率三品以上官幸思忠第使以家禮見謂思忠曰卿神氣康實習先朝舊事舍卿無能知者當爲朕起共治國政對曰君之命臣敢不敬從但恨老病踈謬無以塞責耳遂命思忠乘馬從入宮

拜太傅領三省事封齊國王尋拜太師兼勸農使已而罷中書門下省不置領三省事置尚書令位丞相上思忠爲尚書令特置散從八人聽隨至宮省奏賜坐海陵欲定封爵制度風思忠建白之封王者皆降封異姓或封公或一品二品階惟封思忠廣平郡王賜以玉帶思忠言百官不當封妻海陵從之惟封思忠次室爲郡夫人而思忠亦自謂太祖舊臣頗自任雖海陵遂非拒諫而思忠盡言無所避海陵將伐宋問諸大臣皆不敢對思忠曰不可海陵不悅謂思忠曰汝勿論可否但云何時克之思忠曰以十年爲期海陵曰何久也朞月耳思忠曰太祖伐遼猶且數年

今百姓愁怨師出無名江淮間暑熱湫濕不堪久居未能以歲月期也海陵怒顧視左右若欲取兵刃者思忠無所畏恐復曰老臣歷事四朝位至公相苟有補於國家死亦何憾有頃海陵曰自古帝王混一天下然後可爲正統爾耄夫固不知此汝子乙迭讀書可往問之思忠曰臣昔見太祖取天下此時豈有文字耶臣年垂七十更事多矣彼乳臭子安足問哉海陵既不用思忠言運四方甲仗于中都思忠曰州郡無兵何以備盜賊海陵盡籍丁壯爲兵思忠曰山後契丹諸部恐未可盡起皆不聽其後州郡盜起守令不能制契丹撒八斡窩果反期年乃克之當是時海

陵伐宋祁宰諫而死張浩進言被杖思忠見疎孔彥舟畫
策先取兩淮他無及者正隆六年思忠薨年七十三海陵
深悼惜之親臨奠賻贈加等賜金蟠頭車使者監護給道
路費大定十二年詔復烏林荅贊謨官爵贈特進上謂宰
臣曰贊謨忠實剛毅雖古人無以過與思忠有隙遂勸海
陵殺之今思忠子孫皆不肖亦陰報也初思忠已構殺贊
謨遂納其妻曹氏盡取其家財產章宗即位贊謨女五十
九乞改葬詔賜葬地于懷州并以思忠元取家貲付之
謙本名乙迭累官御史中丞世宗謂之曰省部官受請託
有以室家傳達者官刑不肅士風頹弊如此其糾正之初

世宗至中都多放宮人還家有稱心等數人在放遣之例
所司失於檢照不得出宮心常怏怏大定二年閏二月癸
巳夜遂於十六位放火延燒太和神龍殿上命近臣迹火
之所發十六位宮人袁六娘等六人告實稱心等為之稱
心等伏誅賞賜袁六娘六人放出宮為良謙意宮殿被火
將復興工役勞民傷財乃上表乞權紓修建上使張汝弼
詔謙曰朕思正隆比年繇役百姓瘡痍未復邊事未息豈
遽有營繕也卿可悉之久之襲父思忠濟州猛安利涉軍
節度副使烏林荅鈔兀追捕逃軍至猛安中謙畏其擾乃
醵民財買銀賂鈔兀事覺鈔兀抵罪謙坐奪猛安遇赦求

叙上曰乙迭無自與贓使復其所
彝盤溫敦兀帶太師思忠姪也天會間充女直字學生學
問通達觀書史工為詩選為尚書省令史除右司都事轉
行臺右司郎中入為左司員外郎累官同知大興尹京師
盜賊止息事無留滯再遷刑部尚書改定海軍節度使除
兵部尚書改吏部正隆伐宋為武定軍都總管世宗即位
遣使召之授咸平尹為北邊行軍都統改會寧尹都統如
故是時初定寓斡人心未安兀帶為治寬簡多備禦謹斥
候邊郡以寧改北京留守以廉察舉兀帶所在有能名無
私過由是入拜參知政事世宗諭之曰凡在卿上者行事

或不當理咨稟不從卿以所見奏聞下位有可用之才當
推薦之久之屬疾上命左宣徽使敬嗣暉往視遣醫治療
薨年四十七上聞悼惜之賻銀千兩重綵四十端絹四百
匹勅有司致祭久之上謂侍臣曰故參知政事兀帶刑部
尚書彥忠滄州節度使兀不喝侍郎敵斡郎中骨赧皆為
人忠直後進中少有能及之者朕樂得忠直之人有如兀
帶輩者乎卿等為朕舉之其見思如此
昂本名奔睹景祖弟孛黑之孫斜斡之子幼時侍太祖太
祖令數人兩兩角力時昂年十五太祖顧曰汝能此乎對
曰有命敢不勉遂連仆六人太祖喜曰汝吾宗弟也自今

勿遠左右居數日賜金牌令佩以侍年十七太祖伐遼謂
之曰汝可擐甲從軍矣昂遂佩所賜金牌從軍太祖平燕
策功賜甲第一區天輔六年宗翰駐北安州聞遼主延禧
在鴛鴦濼遣轉盌温敦思忠請於國論勃極烈杲願以所
部軍追之杲不能決乃遣昂與思忠詣宗翰議其事遂定
天會二年南京叛軍帥闍母遣昂劉彥宗分兵討之宗望
伐宋承制以爲河南諸路兵馬都統稱金牌郎君及攻汴
州宗弼與昂以兵三千爲前鋒比暮昂先以兵千人馳至
其北門時軍中遣使入城宋人不納昂諭之以事遂得入
宗望至汴令闍母撻懶等屯于城之東北隅慮宋主遁去

遣昂等率輕騎環城巡邏昂所領止八謀克遇敵萬人與
戰敗之其步軍溺死於汴者過半七年大軍濟江敗宋兵
於江上帥府遣昂等以兵追宋主宋主入會稽若爲堅守
計有兵數千列陣於郭東竹葦間諸將欲擊之昂曰此詐
也不若急攻城不然將由他門逸去諸將猶豫未決而宋
主果於他門以單舟入海不獲而還宗輔定陝西宗弼經
畧熙秦遣昂與撒离喝領兵八千攻取河西郡縣昂等遂
取寧洮安隴二寨進至河州其通判率士民迎降攻樂州
其都護及河州安撫使鄭寧偕降復進取三寨至西寧州
都護許居簡以城降吐蕃酋長之孫趙鈐轄率其所部木

波酋領五人來降昂別領軍四千往積石軍降其軍及所
部五寨官吏追吐蕃鈐轄等十二人至廓州招之不下攻
取之天眷元年授鎮國上將軍除東平尹明年夏宋將岳
飛以兵十萬號稱百萬來攻東平東平有兵五千倉卒出
禦之時桑柘方茂昂使多張旗幟於林間以爲疑兵自以
精兵陣于前飛不敢動相持數日而退昂勒兵襲之至清
口飛艘泛舟逆水而去時霖雨晝夜不止昂乃附水屯營
夜將半忽促衆北行諸將諫曰軍士遠涉泥淖饑憊未食
恐難遽行昂怒不應鳴鼓督之下令曰鼓聲絶而敢後者
斬遂棄營去幾二十里而止是夜宋人來劫營無所得而

去諸將入賀且問其故昂曰沿流而下者走也泝流而上
者誘我必追也今大雨泥淖彼舟行安我陸行勞士卒饑
乏弓矢敗弱我軍居其下流勢不便利其襲我必矣衆皆
稱善岳飛以兵十萬圍邳州甚急城中兵才千餘守將懼
遣人求救昂曰爲我語守將我嘗至下邳城中西南隅有
塹深丈餘可速實之守將如其教塡之岳飛果自此究地
以入知有備遂止昂舉兵以爲聲援飛乃退在東平七年
改益都尹還東北路招討使改崇義軍節度使還會寧牧
天德初改安武軍節度使遷元帥右都監轉左監軍授上
京路移里閔斡魯渾河世襲猛安海陵曰汝有大功一猛

安不足酬也益以四謀克昂受親管謀克餘三謀克讓其族兄弟拜樞密副使轉太子少保進樞密使尚書左丞相昂怒族弟妻去衣杖其脊海陵聞之杖昂五十久之拜太尉封潘國公進太保判大宗正事封楚國公累進封莒衛齊兼樞密使太保如故海陵南伐分諸路軍爲三十二總管分隸左右領軍大都督府遂以昂爲左領軍大都督海陵築臺于江上召昂及右領軍副大都督蒲盧渾謂之曰舟楫已具可以濟矣蒲盧渾曰舟小不可濟海陵怒詔昂與蒲盧渾明日先濟昂懼欲亡去抵暮海陵遣人止之曰前言一時之怒耳既而至揚州軍變海陵死世宗即位遼陽昂使人殺皇太子光英于南京遣其子寢殿小底宗浩與其將牌印祗候回海等奉表賀登寶位大軍北還昂恐宋人躡兵後即以罷兵移書于宋二年入見世宗深慰勞之進封漢國公拜都元帥太保如故置元帥府於山東經略邊事未幾奉遷睿宗皇帝梓宮於山陵以昂爲勅葬使車駕還山東三年召至京師以疾薨年六十四上爲輟朝親臨奠賻銀千兩重綵五十端絹五百匹昂在海陵時縱飲沉酣輒數日不醒海陵聞之常面戒不令飲得閒輒飲如故大定初還自揚州妻子爲置酒私第未數行輒卧不飲其妻大氏海陵庶人從母姊也怪而問之昂曰吾本非

嗜酒者但向時不以酒自晦則汝弟殺我久矣今遇遭明時正當自愛是以不飲聞者稱之睦於兄弟尤善施予其親族有貧困者必厚給之至於茵帳衣衾器皿僕馬之屬常預設於家即命駕相就爲具歡樂終日盡以遺之即日使富足人或以子孫計爲言荅曰人各有命但使其能自立爾何至爲子孫奴耶君子以爲達

贊曰撒离喝温敦思忠奔睹皆有功舊臣當天會皇統之際戰勝攻取可謂壯哉及海陵之世崎嶇嫌忌撒离喝既自以言致疑猶與大臭辨爭軍事何見幾之不早也烏林荅贊謨廉直自奮思忠擿之於死自謂固結海陵堅若金石豈意執議不合而遽棄耶始之不以道未有能終者也且思忠之最可罪者構害贊謨又納其室而殺其訾此何異於殺越人于貨者乎陰報不在其身在其子孫亦已晚矣正隆之末奔睹位三公居上將内不肯與謀外不肯與戰逼側趑趄苟免自全大臣之道固若是乎

高楨遼陽渤海人五世祖牟翰仕遼官至太師楨少好學嘗業進士斡魯討高永昌已下瀋州永昌懼僞送款以緩師是時楨母在瀋州遂來降告以永昌降款非誠斡魯乃進攻既破永昌遂以楨同知東京留守事授猛安天會六年遷尚書左僕射判廣寧尹加太子太傅在鎮八年政令

清肅吏畏而人安之十五年加太子太師提點河北西路錢帛事天眷初同簽會寧牧及熙宗幸燕兼同知留守封戴國公改同知燕京留守魏王道濟出守中京以楨爲同判俄改行臺平章政事爲西京留守封任國公是時奚霫軍民皆南徙謀克別术者因之嘯聚爲盜海陵患之卽以楨爲中京留守命乘驛之官責以平賊之期賊平封河内郡王海陵至中京楨警夜嚴肅有近侍馮僧家奴李街喜等皆得幸海陵嘗夜飲干禁楨杖之瀕死由是權貴皆震慴遷太子太保行御史大夫封莒王策拜司空進封代王太子太保行御史大夫如故楨久在臺彈劾無所避每進

對必以區別流品進善退惡爲言當路者忌之薦張忠輔馬諷爲中丞二人皆險詖深刻欲令以事中楨正隆例封冀國公楨因固辭曰臣爲衆小所嫉恐不能免尚可受封爵耶海陵知其忠直慰而遣之及疾革書空獨語曰某事未決某事未奏死有餘恨薨年六十九海陵悼惜之遣使致奠賻贈加等楨性方嚴家居無聲伎之奉雖甚暑未嘗解衣緩帶對妻孥危坐終日不一談笑其簡默如此

白彥敬本名遏設部羅火部族人初名彥恭避睿宗諱改焉祖屋僕根父阿斯仕遼爲率府率彥敬善騎射起家爲吏補元帥府令史伐宋爲錢帛司都管勾立三省選爲尚書省令史除都元帥府知事招諭諸部授以金牌行數千里有功超遷兵部郎中熙宗罷統軍司改招討司遣彥敬分僚屬收牌印諭諸部隸招討司還爲本部侍郎遷大理卿出爲通州防禦使改刑部侍郎怨家告誣開府慎思與西北路部族謀叛彥敬鞫得其實海陵嘉之遷簽書樞密院事以便宜措置邊防正隆六年調諸路兵伐宋及調民馬使彥敬主會寧蒲與胡里改三路事改吏部尚書充南征萬戶遷樞密副使契丹撒八反樞密使僕散忽土等以無功坐誅以彥敬爲北面行營都統與副統紇石烈志寧以便宜往賜御服皮襖行至北京聞南征諸軍逃歸者皆

奔東京欲推戴世宗彥敬與志寧謀陰結會寧尹完顏蒲速賚利涉軍節度使獨吉義以圖之世宗已卽位使石抹移迭移剌曷補等九人招彥敬志寧彥敬拒之使移迭跪移迭不屈皆殺之及完顏謀衍將兵攻北京彥敬使偏將率兵拒於建州之境而獨吉義先歸世宗蒲速賚稱疾不至世宗密遣人乘夜揭牓於北京市購以官賞彥敬志寧恐爲人圖己遂降以爲曷速館節度使不數月召爲御史大夫窩斡僭帝號諸軍馬瘦弱遣彥敬往西北路招討司市馬得六千餘匹窩斡敗西走山後完顏思敬以新馬三千備追襲彥敬屯于夏國兩界間窩斡平召還爲兵部尚

書出爲鳳翔尹改太原尹兼河北東路兵馬總管尋改河中尹大定九年卒于官

張景仁字壽甫遼西人累官翰林待制貞元二年與翟永固俱試禮部進士以尊祖配天爲賦題忤海陵旨語在永固傳大定二年僕散忠義伐宋景仁掌其文辭宋人議和朝廷已改奉表爲國書稱臣爲姪但不肯世稱姪國往復凡七書然後定其書皆景仁爲之世宗稱其能嘗曰今之文章如張景仁與宋人往復書指事達意辨而裁眞能文之士也五年罷兵入爲翰林直學士七年遷侍講八年爲詳讀官宋國書中有寶鄰字景仁奏鄰字太涉平易上問

累年國書有鄰字否命一一校勘六年書中亦有之上責問六年詳讀官劉仲淵右丞石琚亦請罪曰臣嘗預六年詳讀上曰此有司之過安得一一責宰臣耶詔有司就諭宋臣王綸使歸告其主後日國書不得復爾仲淵時爲禮部侍郎降石州刺史景仁遷翰林學士兼同修國史久之上召景仁讀陳言文字上問事款幾何景仁率易少周密對曰二十餘事復曰其中如其事某事十事可行餘皆無謂也明日上召景仁責之曰卿昨言可行者朕覽之中復有不可行者卿謂無謂者中亦有可行者朕未嘗使卿分別可否卿輒專可否何也自今戒之十年兼太常卿學士同修國史如故轉承旨兼修國史改河南尹二十一年召爲御史大夫仍兼承旨修國史世宗謂景仁曰卿博學老儒未如古之御史大夫然後行之斯爲稱矣不能如古之人衆人不獨誚卿亦謂朕不能知人卿醉中頗輕脫失言當以酒爲戒初朝臣言景仁有文藝而頗率易不可任臺察景仁被詔就臺中治監察罪輒以便服視決罰上聞之責景仁曰朕初用卿爲大夫或言卿不可居此官今果不用故事率易如此卿自愼不然黜罰及矣景仁頓首謝未幾詔葬元妃李氏于海王莊平章政事烏古論元忠提控葬事都水監丞高杲壽治道路不如式元忠不奏決之四

十景仁劾奏元忠輒斷六品官無人臣禮上曰卿劾奏甚當使左宣徽使蒲察鼎壽傳詔戒勑元忠曰監丞六品有罪聞奏今乃一切趣辦擅決六品官法當如是耶御史在尊朝廷汝當自咎勿復再元忠尚豫國公主怙寵自任倨慢朝士景仁劾之朝廷肅然是歲薨

贊曰高楨以舊勞爲御史大夫剛明自任繩治無所避幾不免於怨憎之荼毒直己而行自古難之白彥敬不受大[illegible]而世宗[illegible]嚮使久在此位其深謀讜論必有諫[illegible]張景[illegible]之勇廷論元忠正矣

[illegible]傳第二十二

列傳第二十三　金史八十五

開府儀同三司上柱國錄軍國重事前中書右丞相監修國史領經筵事都總裁臣脫脫奉

勑修

世宗諸子

永中　永蹈　永功子璹

永德　永成　永升

世宗昭德皇后生顯宗趙王孰輦越王斜魯元妃張氏生
鄗王允中越王允功元妃李氏生鄭王允蹈衛紹王允濟
潞王允德昭儀梁氏生豫王允成才人石抹氏生夔王允
升孰輦斜魯皆早卒

傳

鎬王永中本名實魯剌又名萬僧大定元年封許王五年
判大興尹七年進封越王十一年進封趙王十三年拜樞
密使十九年子石古乃加光祿大夫是歲改葬明德皇后
于坤厚陵永中母元妃張氏陪葬十一月庚申自磐寧宮
發引永中以元妃柩先發使執黃繖者前導俄頃皇后柩
出磐寧宮顯宗徒跣少府監張僅言呼執黃繖者不應既
葬僅言欲奏其事顯宗解之曰是何足校哉或繖人誤耳
僅言乃止二十一年改判大宗正事永中不悅顯宗勸之
曰宗正之職自親及疏自近及遠此親賢之任也且皇子
之貴豈以官職閑劇為計耶永中乃喜二十四年世宗幸
上京顯宗居守并留永中顯宗先遣章宗宣宗奉表問起
居于上京既而遣永中子光祿大夫石古乃奉表世宗喜
謂豫國公主曰皇太子孝德天成先遣二子繼遣此子兄
弟之際相友愛如此也二十五年六月世宗在天平山好
水川清暑顯宗薨于中都詔曹王永功視章宗召永中赴
行在是歲與章宗及永功等並加開府儀同三司二十六
年復為樞密使是歲世宗賜諸孫名石古乃曰瑜神土門
曰璋阿思懣曰玭阿离合懣曰瑑二十七年玭年十五以
上加奉國上將軍章宗即位起復判西京留守進封漢王
與諸弟各賜金五百兩銀五千兩錢二千貫重幣二百端

絹二千匹再賜永中偦公廨錢三百萬特加石古乃銀青
榮祿大夫阿离合懣奉國上將軍明昌二年正月辛酉孝
懿皇后崩判真定府事豳王永成判定武軍節度使隋王
永升奔喪後期各罰俸一月杖其長史五十永中適有寒
疾不能至上怒頗意諸王有輕慢心遣使責永中曰已近
公除亦不須來二月丙戌禫祭永中始至入臨辛卯始克
行燒飯禮壬辰永中及諸王朝辭賜遺留物禮遇雖在而
嫌忌自此始矣四月進封并王三年判平陽府事進封鎬
王初置王傅府尉官名為官屬實檢制之也府尉希望風
旨過為苛細永中自以世宗長子且老矣動有掣制情思

不堪殊禮爵乃表乞閑居詔不許四年鄭王永蹈以謀逆誅增置諸王司馬一員檢察門戶出入毬獵游宴皆有制限家人出入皆有禁防河東提刑判官把里海坐私謁永中杖一百解職前近侍局副使裴滿可孫嘗受永中請託爲石古乃求除官可孫已改同知西京留守猶坐免故尚書右丞張汝弼永中母舅也汝弼妻高陀斡自大定間畫永中母像奉之甚謹挾左道爲永中求福希覬非望明昌五年高陀斡坐詛祝誅上疑事在永中未有以發也會鎬王傅尉奏永中第四子阿离合懣因防禁嚴密語涉不道詔同簽大睦親府事𦐇御史中丞孫即康鞫問幷求得第二子神徒門所撰詞曲有不遜語家奴德哥首永中嘗與侍妾瑞雪言我得天下子爲大王以爾爲妃詔遣官覆按狀同再遣禮部尚書張暐兵部侍郎烏古論慶裔覆之上謂宰臣曰鎬王秖以語言得罪與永蹈罪異參知政事馬琪曰永中與永蹈罪狀雖異人臣無將則一也上曰大王何故輒出此言左丞相清臣曰素有妄想之心也詔以永中罪狀宣示百官雜議五品以下附奏四品以上入對便殿皆曰請論如律惟宮籍監丞盧利用乞貸其死詔賜永中死神徒門阿离合懣等皆棄市勅有司用國公禮收葬永中平陽府監護官給葬具妻子威州安置泰和七年詔

復永中王爵賜謚曰厲勅石古乃於威州擇地以禮改葬歲時祭奠貞祐二年詔徙永中妻子石古乃等鄭州安置貞祐三年太康縣人劉全嘗爲盜亡入衛眞界詭稱愛王所謂愛王指石古乃石古乃實未嘗有王封小人妄以此目之劉全欲爲亂因假託以惑衆誘王氏女爲妻且言其子方聚兵河北東平人李寧居嵩山有妖術全同縣人時温稱寧可論大事乃使范元書僞號召之寧至推爲國師議僣立事覺全温寧皆伏誅貞祐四年潼關破徙永中子孫于南京興定二年亳州譙縣人孫學究私造妖言云愛王終當奮發今匿跡民間自號劉二衛眞百姓王深等皆信以爲誠然有劉二者出而當之遣歐榮輦結構逆黨市兵仗大署旌旗謀僣立事覺誅死者五十二人緣坐者六十餘人永中子孫禁錮自明昌至于正大末幾四十年天興初詔弛禁錮未幾南京亦不守云

鄭王永蹈本名銀朮可初名石狗兒大定十一年封滕王未期月進封徐王二十五年加開府儀同三司二十六年爲大興尹章宗即位判彰德軍節度使進封衛王明昌二年徙封鄭王三年改判定武軍初崔温郭諫馬太初與永蹈家奴畢慶壽私說讖記災祥畢慶壽以告永蹈郭諫頗能相人永蹈乃召郭諫相已及妻子諫說永蹈曰大王相

覩非常王妃及二子皆大貴又曰大王元妃長子不與諸
王比也永蹈召崔溫馬太初論讖記天象崔溫曰丑年有
兵災屬兎命者來年春當收兵得位郭諫曰昨見赤氣犯
紫微白虹貫月皆注丑後寅前兵戈僣亂事永蹈深信其
說乃陰結內侍鄭雨兒伺上起居以崔溫為謀主郭諫馬
太初往來游說河南統軍使僕散揆尚永蹈妹韓國公主
永蹈謀取河南軍以為助與妹澤國公主長樂謀使駙馬
都尉蒲剌覩致書于揆且先請婚以覘其意揆拒不許結
婚使者不敢復言不軌事永蹈家奴董壽諫永蹈不聽董
壽以語同輩奴千家奴上變是時永蹈在京師詔平章政

事完顏守貞參知政事胥持國戶部尚書楊伯通知大興
府事尼厖古鑑鞫問連引甚衆久不能決上怒召守貞等
問狀右丞相夾谷清臣奏曰事貴速絕以安人心於是賜
永蹈及妃卞玉二子按春阿辛公主長樂自盡蒲剌覩崔
溫郭諫馬太初等皆伏誅僕散揆雖不聞問猶坐除名董
壽免死隸監籍千家奴賞錢二千貫特遷五官雜班敘使
自是諸王制限防禁密矣泰和七年詔復王封備禮改葬
賜謚曰剌以衛王永濟子按辰為永蹈後奉其祭祀
越王永功本名宋葛又名廣孫貞元二年生沉默寡言笑
勇健絕人涉書史好法書名畫大定四年封鄭王七年進

封隋王十一年進封曹王十五年除刑部尚書上曰侍郎
張汝霖汝外舅行也可學為政十七年授活活土世襲猛
安十八年改大興尹世宗幸金蓮川始出中都親軍二蒼
頭縱馬食民田詔永功蒼頭各杖一百彈壓百戶二人失
覺察勒停上次望京淀永功奏曰親軍人止一蒼頭兩彈
壓服勤為日久矣臣昧死違詔量決蒼頭使彈壓待罪可
使償其田直惟陛下憐察上皆從之老嫗與男婦憩道傍
婦與所私相從亡去或告嫗曰向見年少婦人自水邊小
徑去矣嫗告伍長蹤跡之有男子私殺牛手持血刃望見
伍長意其捕己即走避之嫗與伍長疑是殺其婦也捕送

縣不勝楚毒遂誣服問尸安在詭曰棄之水中矣求之水
中果獲一尸已半腐縣吏以為是男子真殺若婦矣即具
獄上永功疑之曰婦死幾何日而尸遽半腐哉頃之嫗得
其婦於所私者永功曰是男子偶以殺人就獄其榜掠足
以償殺牛之科矣遂釋之而去武清黃氏望雲王氏豪猾
不逞永功發其罪藏內肅然二十三年判東京留守是月
改河間尹閏月改北京留守居無何上謂宰臣曰朕聞永
功到北京為政無良雖朕子萬一敗露法可廢乎朕已戒
勅永功卿等可諭其長史俾匡正之到北京凡七月改東
京留守世宗幸上京過東京永功從明年上還至天平山

好水川皇太子薨詔永功護喪事尋拜御史大夫章宗封原王加開府儀同三司趙王永中及永功凡弟皆加開府儀同三司明年判大宗正事應州僧與永功有舊將訴事于彰國軍節度使移剌胡剌求永功手書與胡剌爲地胡剌得書奏之上謂宰臣曰永功以書囑事胡剌此雖細微不可不懲也凡人小過不治遂至大咎有犯必懲庶幾能改是亦教也皆曰陛下用法無私臣下敢不敬畏於是永功解職未幾復判大宗正事章宗即位除判平陽府事進封冀王永功之官隨引醫人沈思存過制限當解職上曰朕知此事當痛斷監奴及治府掾長史管轄府事者罪仍

著于令家奴王唐犯罪至徒永功曲庇之平陽治中高德裔失覺察笞四十於是永功改判濟南府詔永功曰所坐雖細事法令不得不如此今已釋矣後毋復然濟南先帝舊治風土甚好可悉此意也改授山東西路把魯古世襲猛安二年判廣寧府事進封魯王明年判彰德府事承安元年進封鄆王明年判太原府事泰和七年改西京留守八年復判平陽府事大安元年進封譙王判中山府事明年進封越王宣宗即位免常參明年從遷汴京久之詔永功每月朔一朝興定四年詔永功無朝五年有疾賜御藥疾革賜尚醫診視一日五遣使候問是歲薨上哭之慟謚曰忠簡子福孫壽孫粘役曷大定二十六年詔賜福孫名璐壽孫名璹粘沒曷名琳是年璐加奉國上將軍章宗即位加銀青榮祿大夫封蕭國公初爲興陵崇妃養子常居京師奉朝請泰和五年卒章宗輟朝百官進名奉慰

璹本名壽孫世宗賜名字仲實一字子瑜資質簡重博學有俊才喜爲詩工真草書大定二十七年加奉國上將軍明昌初加銀青榮祿大夫衛紹王時加開府儀同三司貞祐中封胙國公正大初進封密國公璹奉朝請四十年日以講誦吟詠爲事時時潛與士大夫唱酬然不敢明白往來永功薨後稍得出游與文士趙秉文楊雲翼雷淵元好

問李汾王飛伯輩交善初宣宗南遷諸王宗室顛沛奔走璹乃盡載其家法書名畫一帙不遺居汴中家人口多俸入少客至貧不能具酒肴蔬飯共食焚香煮茗盡出藏書談大定明昌以來故事終日不聽客去樂而不厭也天興初璹已卧疾論及時事嘆曰兵勢如此不能支止可以降全完顏氏一族歸吾國中使女直不滅則善矣餘復何望是時曹王出質璹見哀宗於隆德殿上問叔父欲何言璹奏曰聞訛可欲出議和訛可年幼不諳練恐不能辦大事臣請副之或代其行上慰之曰南渡後國家比承平時有何奉養然叔父亦未嘗沾溉無事則置之冷地無所顧

籍緩急則置于不測叔父盡忠固可天下其謂朕何叔父
休矣於是君臣相顧泣下未幾以疾薨年六十一平生詩
文甚多自刪其詩存三百首樂府一百首號如菴小藁第
五子守禧字慶之風神秀徹琦特鍾愛嘗曰平日所著書
畫將以付斯子及汴城降守禧病卒年未三十
潞王永德本名訛出大定二十五年與章宗及諸兄俱加
開府儀同三司二十七年封薛王明年除秘書監二十九
年進判秘書監進封瀋王明昌元年授山東東路把魯古
必剌猛安三年進封豳王五年遷勸農使承安二年進封
潞王承安三年再任勸農使泰和元年有司劾永德元日

進酒後期有詔勿問衛紹王時累遷太子太師宣宗即位
改同判大睦親府事興定五年遷判大睦親府事子斡論
賜名琰
豫王永成本名鶴野又曰婁室母昭儀梁氏永成風姿奇
偉博學善屬文世宗尤愛重之大定七年始封瀋王以太
學博士王彥潛為府文學永成師事之十一年進封豳十
五年就外第十六年判秘書監明年授世襲山東東路把
魯古猛安判大睦親府事既而改中都路胡土靄哥蠻猛
安二十年改授翰林學士承旨二十三年判定武軍節度
使事尋改判廣寧府二十五年世宗幸上京命留守中都
判吏部尚書進開府儀同三司為御史大夫章宗即位起
復進封吳判真定府事明昌元年改山東西路益買必剌
猛安明年進封兖坐率軍民圍獵解職奉表謝罪上賜手
詔曰卿親實肺腑夙著忠純侍顯考於春宮曲盡友于之
愛洎沖人之繼統愈明忠赤之心艱難之中多所裨益朕
心簡在寔楮莫窮用是起之苫塊之中授以維城之任自
典藩服歲月荐更蕞爾趙邦知驕足之難展恥哉鎮府固
牛刀之莫施方思驛召以赴朝何意遽罹於國憲偶因時
獮頗擾部民法所不寬憲臺聞上朕尚含容累月未忍即
行雖欲遂於私恩竟莫違於公議解卿前職即乃世封噫

祖宗立法非一人之敢私骨肉至親豈千里而能間以此
退閑之小誡欲成終始之洪恩經云在上不驕高而不危
是以知節慎者脩身之本驕矜者敗德之源朕每自勵今
以戒卿昔東平樂善能成不朽之名梁孝奢溢卒致憂疑
之悔前人所行可為龜鑑卿兼資文武多藝多才履道而
行何施不可如能德業日新無慮牽復之晚朕素不工詞
翰臨文草草直寫所懷冀不以辭害意也未幾授沁南軍
節度使三年改判咸平府事未赴移判太原府事上以永
成誕日親為詩以賜有美譽自應爛王牒忠誠不待啓金
縢之語當世榮之七年改判平陽府事承安改元以覃恩

進封豫明年冬進馬八十疋以資守禦之備上賜詔獎諭曰卿夙有雋望時惟茂親通達古今砥礪忠義方分憂於外服來輸駿於上閑欲助邊防以增武備惟盡心於體國乃因物以見誠載念懇勤良深嘉獎五年再任俄召還以疾不能入見上親幸其第臨視泰和四年薨訃聞上爲之震悼賻贈甚厚謚曰忠獻永成自幼喜讀書晚年所學益醇每暇日引文士相與切磋接之以禮未嘗見驕色自號曰樂善居士有文集行于世云

夔王允升改名永升本名斜不出一名鶴壽大定十一年封徐王進封虞王二十六年加開府儀同三司明年判吏部尚書授山東西路按察使虎必剌猛安章宗即位加恩宗室徙封隋王除定武軍節度使明昌二年改封曹王久之改封宛王衛紹王即位徙今封貞祐元年九月宣宗以允升年高素羸疾詔宮中聽扶杖尋薨既殯燒飯上親臨奠

贊曰世宗保全宗室無所不至雖矯海陵之失亦由天資仁厚而然也其子永中永蹈皆死章宗之手其理蓋有不可詰者章宗無後則厥報不爽矣

列傳第二十三

列傳第二十四　金史八十六

開府儀同三司上柱國錄軍國重事前中書右丞相監修國史領經筵事都總裁臣脫脫奉敕修

李石子獻可　完顏福壽　獨吉義
烏延蒲里黑　烏延蒲轄奴　烏延查剌
李師雄　尼厖古鈔兀　孛朮魯定方
夾谷胡剌　蒲察斡論　夾谷查剌

李石字子堅遼陽人貞懿皇后弟也先世仕遼爲宰相高祖仙壽嘗脫遼主之舅於難遼帝賜仙壽遼陽及湯池地千頃佗物稱是常以李舅目之父雛訛只桂州觀察使高永昌據東京率衆攻之不勝而死石敦厚寡言而器識過人天會二年授世襲謀克爲行軍猛安睿宗爲右副元帥引置軍中屬之宗弼八年除禮賓副使轉洛苑副使天眷九年置行臺省於汴石爲汴京都巡檢使歷大名少尹汴京馬軍副都指揮使累官景州刺史海陵營建燕京宮室石護役皇城端門海陵遷都燕京石隨例入見海陵指石曰此非葛王之舅乎葛王謂世宗也未幾除興中少尹石知海陵忌宗室頗歎前日之言秩滿託疾還鄉里世宗留守東京契丹括里石留東京巡察城中海陵使副留守高存福伺察世宗動靜知軍李蒲速越知存福謀以告世

宗石因勸世宗先除存福然後舉事世宗從之大定九年
以定策功爲户部尚書無何拜參知政事阿瑣殺同知中
都留守蒲察沙离只遣使奉表東京而群臣多勸世宗幸
上京者石奏曰正隆遠在江淮寇盜蠭起萬姓引領東向
宜因此時直赴中都據腹心以號令天下萬世之業也惟
陛下無牵於衆惑上意遂決即日啓行世宗納石女後宮
生鄭王永蹈衛紹王永濟是爲元妃李氏三年户部尚書
梁銶上言大定以前官吏士卒俸粟支帖眞僞相雜請一
切停罷石買華去舊貼下倉支粟倉司不敢違以新粟與
之上聞其事以問梁球梁銶對不以實上命尚書左丞翟

永固鞫之梁銶削官四階降知火山軍石罷爲御史大夫
久之封道國公六年上幸西京石與少詹事烏古論三合
守衛中都宮闕詔曰京師巡禦不可不嚴近都猛安内選
士二千人巡警仍給口糗芻粟謂宰臣曰府庫錢幣非徒
聚貨也若軍士貧弱百姓困乏所費雖多豈可已哉故事
凡行幸留守中都官每十日表問起居上以使傳頻煩命
二十日一進表七年拜司徒兼太子太師御史大夫如故
賜第一區安化軍節度使徒單子温平章政事合喜之姪
也贓濫不法石即劾奏之方石奏事宰相下殿立俟良久
既退宰相或問石奏事何久石正色曰正爲天下姦汚未

盡誅耳聞者悚然一日上謂石曰御史分别庶官邪正卿
等惟劾有罪而未嘗舉善也宜令監察分路刺舉善惡以
聞石司憲既久年寖高御史臺奏事有在制前斷定乞依
新條改斷者上曰若在制前行者豈可改也上御香閤召
中丞移剌道謂之曰李石耄矣汝等宜盡心向所奏事甚
不當豈涉於私乎他日又謂石曰卿近累奏皆常事臣下
善惡邪正無語及之卿年老矣不能久居此若能舉一二
善事亦不負此職也九年進拜太尉尚書令詔曰太后兄
弟惟卿一人故命領尚書事軍國大事涉於利害議其可
否細事不煩卿也進封平原郡王平章政事完顏守道奏

事石神色不懌世宗察之謂石曰守道所奏既非私事卿
當共議可否在上位者所見有不可順而從之在下位者
所見雖當則遽不從乎豈可以與己相違而蓄怒哉如此
則下位者誰敢復言石對曰不敢上曰朕欲於京府節鎮
運司長佐三員内任文臣一員尚未得人石奏曰資考未
至不敢擬上曰近觀節度轉運副使中才能者有之海陵
時省令史不用進士故少尹節度轉運副使中乏人大定
以來用進士亦頗有人矣節度轉運副使中有廉能者具
以名聞朕將用之朝官不歷外任無以見其才外官不歷
隨朝無以進其才中外更試庶可得人他日上復問曰外

任五品職事多闕何也石對曰資考少有及者上曰苟有
賢能當不次用之對不稱旨上表乞骸骨以太保致仕進
封廣平郡王十六年薨上輟朝臨弔哭之慟賻錢萬貫官
給葬事少府監張僅言監護親王宰相以下郊送謚襄簡
石以勳戚久處腹心之寄內廷獻替外罕得聞觀其劾奏
徒單子溫退答宰臣之問氣岸宜有不能堪者時論得失
半之亦豈以是耶舊史載其少貧貞懿后周之不受曰國
家方急用人正宜自勉何患乎貧后感泣曰汝苟能此吾
復何憂及中年以冐粟見斥衆議貪鄙如出二人史又稱
其未貴人有慢之者及為相其人以事見石惶恐石曰吾

豈念舊惡者待之彌厚能為長者言如是又與他日氣岸
迥殊山東河南軍民交惡爭田不絕有司謂兵為國根本
姑宜假借石持不可曰兵民一也孰輕孰重國家所恃以
立者紀綱耳紀綱不明故下敢輕冒惟當明其疆理示以
法禁使之無爭是為長久之術趣有司拯問自是軍民之
爭遂息北京民曹貴謀反大理議廷中謂貴等陰謀久不
能發在法詞理不能動衆威力不足率人罪止論斬石是
之又議從坐久不能決石曰罪疑惟輕入詳奏其狀上從
之緣坐皆免死北鄙歲警朝廷欲發民穿深塹以禦之石
與丞相紇石烈良弼皆曰不可古築長城備北徒耗民力

無益於事北俗無定居出沒不常惟當以德柔之若徒深
塹必當置戍而塞北多風沙曾未期年塹已平矣不可癈
中國有用之力為此無益議遂寢是皆足稱云世宗在位
幾三十年尚書令凡四人張浩以舊官完顏守道以功徒
單克寧以顧命石以定策他無及者明昌五年配享世宗
廟廷子獻可遼可

獻可字仲和大定十年中進士第世宗喜曰太后家有子
孫舉進士甚盛事也累官戶部員外郎坐事降清水令召
為大興少尹遷戶部侍郎累遷山東提刑使卒衛紹王即
位以九舅贈特進追封道國公子道安擢符寶郎

完顏福壽曷速館人也父合住國初來歸授猛安天眷二
年福壽襲父合住職授定遠大將軍累加金吾衛上將軍
海陵省併猛安謀克遂停封正隆末海陵伐宋福壽領婁
室臺答藹二猛安由山東道進至泰安既受甲福壽乃誘
將校北還而高忠建盧萬家奴等亦各率衆萬餘俱歸東
京欲共立世宗至遼口世宗遣徒單思忠府吏張謀魯瓦
等來迎察其去就思忠等以數騎馳入軍中見福壽等問
曰將軍何為至此福壽等向南指海陵而言曰此人失道
不能保天下國公乃太祖皇帝親孫我輩欲推戴為主以
此來耳諸軍皆東向拜呼萬歲為書以授思忠於是督諸

軍渡遼水徑至東京城下即諭軍士擐甲入衛宮城殺高
存福等明日與諸將及東京吏民從婆速路兵馬都總管
完顏謀衍勸進世宗即位以福壽爲元帥右監軍賜以銀
幣御馬初謀衍之至也大會諸軍以福壽之軍居左高忠
建軍居右忠建曰何以我軍爲右軍謀衍曰樹置在我爾
曷敢言福壽曰始建大事左右軍高下何足爭也遂讓忠
建爲左軍世宗聞而賢之未幾從完顏謀衍討白彥敬紇
石烈志寧于北京是冬上聞臨潢尹兼元帥左都監吾扎
忽等與窩斡戰不利命福壽將兵進討已敗賊俘獲生口
萬計世宗以紇石烈志寧代之召還授興平軍節度使復

其世襲猛安尋領濟州路諸軍事大定三年卒
獨吉義本名鶻魯補曷速館人也徙居遼陽之阿米吉山
祖回海父秘刺收國二年曷速館來附秘刺領户三百遂
爲謀克秘刺長子照屋次子忽史與義同母秘刺死忽史
欲承謀克義曰長兄雖異母不可奪也忽史乃以謀克歸
照屋人咸義之義以質子至上京善女直契丹字爲管勾
御前文字天會十五年擢右監門衛大將軍除寧化州刺
史察廉遷迭刺部族節度使復州防禦使改卓魯部族節
度使河南路統軍都監爲武勝軍節度使邊郡妄稱寇至
統軍司徙居民於汴義獨不聽日與官屬擊毬游宴統軍

司使人責之義曰太師梁王南伐淮南死者未葬亡者未
復彼豈敢先發此城中有摧場若自動彼將謂我無人既
而果無事統軍謝之請以沿邊唐州等處諸軍猛安皆隸
于義貞元元年改唐古部族節度使爲彰化軍改利涉軍
節度使是時海陵伐宋諸軍往往逃歸而世宗在東京得
衆心都統白彥敬自北京使人陰結義欲與共圖世宗頃
之世宗即位義即日來歸具陳所以與彥敬密謀者世宗
嘉其不欺以爲參知政事上謂義曰正隆率諸道兵伐宋
若反旆北指則計將安出義曰正隆多行無道殺其嫡母
阻兵虐衆必將自斃陛下太祖之孫即位此其時也上曰

卿何以知之義曰陛下此舉若太早則正隆未渡淮太遲
則窩斡必太熾今正隆已渡淮窩斡未至太盛將士在南
家屬皆在此惟早幸中都爲便上嘉納之次榛子嶺世宗
聞海陵死于軍中謂義曰信如卿所料大定二年罷爲益
都尹兼本路兵馬都總管賜金五十兩銀五百兩三年以
疾致仕四年薨于家年七十一子和尚大定初除應奉翰
林文字佩金牌陁滿訛里也子撒曷輦充護衛司吏王得
兒加保義校尉皆佩銀牌持詔書宣諭中都以南州郡及
往南京諭太傅張浩中道聞海陵遇害南京及都督府皆
奉表賀乃止和尚爲奉使擅廢置州縣官輒行殺戮詔尚

書省鞫治之十九年詔以義孫引壽爲紏魯苔阿世襲謀克義性辯給善談論服玩不尚奢侈食不兼味云

贊曰章宗嘗問群臣世宗初起東京大臣爲誰完顏守貞對曰止有李石一人章宗歎曰苟如此信有天命也完顏謀衍部署諸軍高忠建爭長完顏福壽讓忠建而已下之其功多矣當是時獨吉義最先至諸將尚未肯附由是言之果天也非人力也

烏延蒲离黑速頻路哲特猛安人改屬合懶路祖思列預平烏春窩謀罕之亂及伐遼宋皆有功追授猛安贈銀青光祿大夫父國也襲猛安蒲离黑從太祖伐遼勇聞軍中

列傳 四百三十七 金史八十六 八 刘侍者

天眷三年襲猛安授寧遠大將軍累官武寧軍節度使遷京兆尹海陵伐宋行武威軍都總管軍還爲順義軍節度使徒單合喜定秦隴蒲离黑統完顏習尼列顏盞門都兵救德順州改延安平涼尹致仕封任國公大定十九年卒

烏延蒲轄奴速頻路星顯河人也後改隸曷懶路父忽撒渾天輔初追授猛安親管謀克蒲轄奴身長有力多智畧襲其父猛安謀克階寧遠大將軍天德二年授陳州防禦使貞元元年改昌武軍節度使以善綏撫再任海陵南征改歸德尹爲神策軍都總管屯濟州比至山東盜已擾其城蒲轄奴領十餘騎往覘之忽爲其衆所圍乃與軍士皆下馬立而射之殺百餘人賊敗走迺還襲之至暮而還明日攻破其城號令士卒毋害居民郡中獲安民感其惠爲立祠以祭大定二年爲慶陽尹元帥左都監徒單合喜奏宋軍十萬餘據險阻剽掠郡邑請益師詔益兵七千與舊兵合爲二萬遣蒲轄奴與延安尹高景山等分領其軍以往卒于軍年六十一子查剌

烏延查剌銀青光祿大夫蒲轄奴子也力兼數人勇果無敵正隆六年伐宋諸猛安謀克兵皆行州縣無備契丹括里陷韓州圍信州遠近震駭查剌道出咸平遂率本部亟還信州與戰敗之已而賊復整兵環攻且登其城查剌下

列傳 四百三十七 金史八十六 九 刘侍者

巨木壓之殺賊甚衆括里乃解去查剌左右手持兩大鐵簡簡重數十斤人號爲鐵簡萬户追及括里于韓州東八里許賊方就平野爲陣查剌身率銳士以鐵簡左右揮擊之無不僵仆賊不能成列乃易馬督軍復擊之賊衆大敗遂走東京咸平隆州民復怗然世宗即位查剌謁見克護衛爲驍騎副都指揮使領萬户擊窩斡戰于花道大軍未集查剌在左翼領六百騎與賊戰殺賊三千餘人宗亨蒲察世傑七謀克戰不利世傑走查剌軍賊合圍攻之查剌圍拒而戰宗亨軍來援賊乃引去西過裊嶺追及於陷泉賊先犯右翼查剌迎擊之賊退走窩斡募人刺之僞護衛

阿不沙身長有力奮大刀自後斫查剌查剌回顧以簡背擊阿不沙折其右臂與紇石烈志寧軍合擊賊遂大敗窩斡平以爲宿直將軍賜銀三百兩重綵二十端丁父憂以本官起復襲其父猛安除蔡州防禦使改宿州遷昌武軍節度使徙鎮邠州爲賀宋歲元使射淮上柳樹矢入其樹飲羽宋人素聞其名甚異之改鳳翔尹入爲右副點檢出爲興中尹改婆速路總管高麗憚其威名凡以事至婆速路者望見而跪之二十五年爲興平軍節度使卒官查剌貞慤寡言平居極和易及臨戰奮勇見者無不辟易雖重圍萬衆出入若無人之境云

李師雄字伯威應門人也有材力喜談兵慕古之英雄故名師雄宋宣和中以騎射登科累官大名清平尉王師至大名師雄與府僚出降攝本路兵馬都監齊國建以爲大總管府先鋒都統制知淄州齊廢爲汴京馬軍都虞候歷知寧海軍曹州刺史皇統二年爲武勝軍節度使正隆末爲河州防禦使宋將吳璘軍攻秦隴會師雄以事就逮臨洮宋兵至城下州人乘城拒守謀欲出降師雄止之宋將權儀鞭馬方上浮橋師雄射之墜于橋下遂擒權儀宋師退後從元帥左監軍徒單合喜以兵攻河州有功未幾以疾歸仆卒

尼厖古鈔兀曷速館人初爲大臭扎也補元帥府通事宋將韓世忠率軍數萬圍邳州鈔兀將輕騎數百與偵人數輩間道往救之敗敵兵六千翌日宋兵復圍下邳鈔兀復敗之宋人攻濟州奪戰艦略盡是時鈔兀往宿州分蒲魯虎軍還至大河與敵遇力戰敗之盡復戰艦王師復河南宋別將田胡陵夜襲亳董布輝營士卒盡沒鈔兀從東平總管併力戰卻之元帥府賞以銀幣鈔兀勇敢善伺敵虛實以此屢捷帥府承制加忠顯校尉爲蕃部禿里賜錢萬貫幣帛三百匹衣一襲馬二匹將之官河間尹大臭白于元帥請留鈔兀以給邊事許之復賜錢萬貫銀二百五十

兩重綵三百端馬三匹錄功授慶陽少尹海陵將伐宋而契丹反召入諭之曰汝久在邊陲屢立戰功昨遣樞密使僕散忽土留守石抹懷忠等討契丹師久無功已實諸法今命汝與都統白彥敬副統紇石烈志寧進討因賜具裝廄馬四疋鈔兀與彥敬等至北京未能進會世宗即位遼陽鈔兀迎謁遷輔國上將軍與都統吾札忽副統渾討窩斡鈔兀行至窊歷與窩斡遇左軍小卻鈔兀挺槍馳入其陣手殺二十餘人賊乃退元帥僕散忠義自花道追之鈔兀以前鋒追及于陷泉遂大敗之事平遷西北路招討使改東北路鈔兀與完顏思敬有隙思敬爲東京留守奉詔

至招討司鈔兀不出餞世宗聞之遣使切責之曰卿本大臭扎也起身細微受國厚恩累歷重任乃以私憾不餞詔使當內省自訟後勿復爾朕不能再三曲恕汝也既而思欲爲平章政事北路格討使鈔兀以私取諸部進馬事覺被逮將走京師鈔兀爲人尚氣次海濱縣慨然曰吾豈能爲思敬辱哉遂縊而死十九年詔以鈔兀舊功授其子和尚世襲布輝猛安徒胡眼謀克

孛朮魯定方本名阿海内吉河人也材勇絶倫海陵素聞其名天德初召授武義將軍充護衛數月轉十人長遷宿直將軍賜予甚厚尋爲殿前右衛將軍又三月擢殿前右

副點檢世襲猛安改左副點檢出爲河南尹改彰德軍節度使海陵南伐定方爲神勇軍都總管大定二年宋人陷汝州河南統軍使宗尹遣定方將兵四千往取之汝州東南及北面皆山林險阻不可以騎軍戰是時宋兵由鵶路出没定方至襄城得敵虜實遂牒諭汝州屬縣曰我率許州戍兵十二萬徑取汝州爾等可備糧草二十萬使人揚言欲據要路絶宋兵往來既而定方引兵趨鵶路宋人聞之果棄城遁去定方至魯山境知宋兵已去遂遣輕騎二百追至布袴叉擊敗之遂復汝州授鳳翔尹宋人阻邊以本職行河南道軍馬副統率步騎六萬將由壽州進軍次亳州宋李世輔陷宿州定方從左副元帥志寧戰於城下時天大暑定方督戰馳突敵陣中出入數四渴甚因出陣下馬取水爲人所害年四十四上聞而閔之詔有司致祭賻銀五百兩重綵二十端贈金紫光禄大夫

夾古胡剌上京宋葛屯猛安人初在左副元帥撻懶帳下有戰功授武德將軍襲其父謀克正隆末山東盜起胡剌爲行軍猛安討賊遇賊千五百人於徐州南敗之山東路統軍司選諸軍八百人作十謀克胡剌將之與驍騎軍皆隸點檢司行至淮南海陵遣以騎兵三百二十往揚州敗宋兵千五百人於宣化鎮僕散忠義伐宋胡剌領萬户由

泗州進戰遇敵於宿州殁于陣贈鎮國上將軍

蒲察斡論上京益速河人徙臨潢祖忽土華父馬孫俱贈金紫光禄大夫斡論剛毅有技能天輔初以功臣子充護衛遷左衛將軍定武軍節度使召爲右副都點檢天德初授世襲臨潢府路曷呂斜魯猛安改東平尹賜錢千萬累除河南尹海陵伐宋以本官爲右領軍都監大定二年仍爲河南尹兼河南路都統軍使宋以萬人據壽安縣嵩州刺史石抹突剌押軍萬户徒單賽補以騎兵三百巡邏遇于縣東請師於斡論斡論使猛安完顏鶻沙虎率七百人助之宋兵多突剌使士卒下馬跪而射之宋兵不能當走

入縣城突刺進逼之宋人棄城去追及于鐵索口復大敗
之遂復壽安改北京留守大定尹卒官
夾古查剌隆州失撒古河人也祖不剌速國初授世襲曷
懶兀主猛安曷懶路總管父謝奴官至工部尚書查剌狀
貌魁偉善女直契丹書天德初以功臣子充護衛二年授
武義將軍未幾擢符寶郎凡再考出爲灤州刺史改知平
定軍事海陵南征爲武威軍副都總管軍還大定二年授
景州刺史遷同知京兆尹時彰化軍節度使宗室璋等與
宋將吳璘相拒於德順州元帥左都監徒單合喜遣查剌
與諸將議破敵策璋等議曰我兵雖屢勝而敵兵不退者
知我軍少故也須都監親至方可破敵於是合喜領兵四
萬至遂下德順州入爲殿前右衛將軍龐父猛安改左衛
將軍遷右副點檢有疾丞相良弼視之謂所親曰此人國
器也他人有疾吾未嘗往焉九年出爲東北路招討使兼
德昌軍節度使仍賜金帶到官治有勤績邊境以安其斷
獄公平道不拾遺遷臨潢尹兼本路兵馬都總管蕃部畏
服改西北路招討使上遣使宣諭曰今諸部初附命汝撫
綏當使治聲達於朕聽大定十二年卒查剌性忠實內明
敏每論大事超越倫輩太師勗嘗曰查剌不學而知方之
古人如此者鮮矣

贊曰陷泉之捷震電燁燁符離之克我勢攸赫隴坻擾攘
淮過鈎鉥成矣故列叙諸將之功焉

列傳第二十四

列傳第二十五　金史八十七

開府儀同三司上柱國錄軍國重事前中書右丞相監修國史領經筵事臣脫脫奉

勑修

紇石烈志寧　僕散忠義

徒單合喜

紇石烈志寧本名撒曷輦上京胡塔安人自五代祖太尉韓赤以來與國家世爲甥舅父撒八海陵時賜名懷忠爲泰州路頗河世襲謀克轉猛安嘗爲東平尹開遠軍節度使志寧沉毅有大略娶梁王宗弼女永安縣主宗弼於諸壻中最愛之皇統間爲護衛海陵以爲右宣徽使出爲汾陽軍節度使入爲兵部尚書改左宣徽使都點檢遷樞密副使開封尹契丹撒八反樞密使僕散忽土北京留守蕭賾西京留守蕭懷忠皆以征討無功坐誅於是志寧爲西北面副統與都統白彥敬以北京臨潢泰州三路軍討之志寧至北京而海陵伐宋已渡淮彥敬志寧聞世宗有異志乃陰結會寧尹完顏蒲速賚利涉軍節度使獨吉義將攻之而世宗已即位使石抹移迭移剌曷補來招彥敬志寧殺其使者九人世宗使完顏謀衍來伐衆不肯戰乃與彥敬俱降世宗問曰正隆暴虐人望既絕朕以太祖之孫即大位汝殺我使者又不能爲正隆死節恐爲人所圖然

後來降朕今殺汝等將何辭彥敬未有以對志寧前奏曰臣等受正隆厚恩所以不降罪當萬死上曰汝輩初心亦可謂忠於所事自今事朕宜勉忠節世宗使扎八招窩斡扎八乃勸之遂稱帝世宗使右副元帥完顏謀衍征之志寧以臨海節度使都統右翼軍窩斡敗于長濼西走志寧追及于霿䨓河賊已先渡依岸爲陣毀橋岸以爲阻志寧與賊夾河爲疑兵與萬户夾谷清臣徒單海羅於下流涉渡已渡前有支港岸斗絕其中泥濘乃束柳填藉士卒畢濟行數里得平地將士方食賊奄至賊據南岡三馳下志寧陣陣堅力戰流矢中左臂戰自若賊據上風縱火乘煙勢馳擊志寧步軍繼至轉戰十餘合火益熾風煙突人不可當會雨作風煙乃熄遂奮擊大破之於是元帥謀衍右監軍福壽不急擊賊久無功右丞僕散忠義請自討賊而志寧擊賊有功上以忠義代謀衍志寧代福壽封定國公使蒲察通至軍中宣諭之賊略懿州界陷靈山同昌慶和三縣睥睨北京會土河水漲賊不得渡乃西趨三韓縣志寧方追躡之元帥忠義與賊遇于花道軍頗失利賊見志寧踵其後不敢乘勝遂西走是時大軍馬瘦弱不堪追襲諸將欲止軍勿追志寧獲賊候人知賊自選精銳與老小輜重分道期山後會集可擊其輜重忠義以爲然遂過移

馬嶺進及梟嶺西陷泉賊見左翼據南岡爲陣不敢犯右翼萬户烏延查剌擊賊少却志寧與夾谷清臣等擊之賊衆大敗涉水走窩斡母徐輦舉營由落括岡西去志寧追及之盡獲其輜重俘五萬餘人雜畜不可勝計僞節度使六及其部族皆降窩斡走奚中至七渡河志寧復敗之賊過渾嶺入于奚中志寧獲賊將稍合住釋弗殺許以官賞縱之歸約以捕窩斡自効稍合住既去見窩斡祕不言見獲事乃反間奚人于窩斡曰陷泉失利奚人有貳志不可不察當是時窩斡屢敗其下亦各有心稍合住乃與賊帥神獨斡執窩斡詣右都監完顏思敬降志寧與萬户清臣

宗寧速哥等追捕餘黨至燕子城盡得所畜善馬因至抹拔里達之地悉獲之逆黨既平入朝爲左副元帥賜以玉帶經略宋事駐軍睢陽都元帥忠義居南京節制諸軍宋將黄觀察據蔡州楊思據潁昌志寧使完顏王祥復取蔡州黄觀察遯去完顏襄攻潁州拔之獲楊思乃移牒宋樞密使張浚使依皇統以來舊式浚復書曰謹遣使者至麾下議之是時宋得窩斡黨人括里扎八用其謀攻靈壁虹縣都統奚撻不也叛入于宋遂陷宿州括里等謀曰北人恃騎射戰勝攻取今夏月久雨膠解弓不可用故李世輔與之來攻宿州歸德尹术甲撒速宿州防禦使烏林荅剌

撒萬户温迪罕速可裴滿婁室不守約束不肯堅壁俟大軍輒出與戰由是軍敗城陷剌撒嘗遣人入宋界貿易交通李世輔受其賂遺久之事覺伏誅謀克賽一坐故知不舉除名撻不也母斡里懶緣坐當死上曰撻不也背國棄母殺之何益朕閔其老遂原其死詔撒速剌撒速可婁室各杖有差撒速剌撒仍解職世輔自以爲得志日與括里扎八置酒高會志寧以精兵萬人發自睢陽趨宿州中使來督軍志寧附奏曰此役不煩聖慮臣但恐世輔遯去耳世輔聞志寧軍止萬人甚易之曰當令十人執一人也括里等間候人所見上將旗幟知是志寧謂世輔曰此撒合

輦監軍也軍至萬人慎毋輕之五月二十日志寧將至宿州乃令從軍盡執旗幟駐州西爲疑兵三猛安兵駐州南志寧自以大軍駐州東南阨其歸路世輔望見州西兵旌旗蔽野果謂大軍在州西而謂東南兵少不足慮先擊之以步騎數萬皆執盾背城爲陣外以行馬捍之使別將將兵三千出自東門欲自陣後攻志寧軍萬户蒲查擊敗之右翼萬户夾谷清臣爲前行撒毁行馬短兵接戰世輔軍亂諸將乘之追殺至城下是夕世輔盡按敗將將斬之其統制常吉懼而來奔盡得城中虛實明日世輔悉兵出戰騎兵居前志寧使夾谷清臣當之世輔別將以五六千騎

爲一隊與清臣遇清臣踵擊之宋將不能反旆志寧麾諸軍力戰世輔復大敗走者自相蹈藉僵尸相枕爭城門而入門塡塞人人自阻遂緣城而上我軍自濠外射之往往墮死於隍間殺騎士萬五千步卒三萬餘人世輔乘夜脫走明日夾谷清臣張師忠追及世輔斬首四千餘赴水死者不可勝計獲甲三萬他兵仗甚衆上以御服金線袍玉吐鶻賓鐵佩刀使移剌道就軍中賜之凡有功將士猛安謀克並如陜西遷賞蒲輦進官三階重綵三端絹六匹旗鼓笛手吏人各賜錢十貫詔志寧曰卿雖年少前征契丹戰功居最今復破大敵朕甚嘉之宋人議和不能決都元

帥僕散忠義移軍泰和志寧移軍臨渙遂渡淮徒單克寧取盱眙濠廬和滁等州宋人懼乃決意請和使者六七往反議遂定宋世爲姪國約歲幣二十萬兩匹魏杞奉誓書入見復通好志寧還軍睢陽上以御服玉佩刀通犀御帶賜之詔曰靈壁虹縣宿州兵士死者朕寔閔焉宜歸葬鄉里官爲齎送人賻錢三十貫鳳翔尹孛朮魯定方以下猛安謀克官爲致祭定方賻銀五百兩重綵二十端猛安三百貫謀克二百貫蒲里衍一百貫權猛安二百貫權謀克一百五十貫權蒲里衍七十貫五年三月忠義朝京師志寧駐軍南京五月志寧召至京師拜平章政事左副元帥

如故志寧復還軍賜玉束帶上曰卿壯年能立功如此朕甚嘉之南服雖定日月尚淺須卿一往規畫六年二月志寧還京師拜樞密使七年十一月八日皇太子生日宴羣臣於東宮志寧奉觴上壽上悅顧謂太子曰天下無事吾父子今日相樂皆此人力也使太子取御前玉大杓酌酒上手飲志寧即以玉杓及黃金五百兩賜之以第十四女下稼志寧子諸神奴八年十月進幣宴百官于慶和殿皇女以婦禮謁見志寧夫婦坐而受之歡飲終日夜乆乃罷九年拜右丞相十一年代宗叙北征既還遣使者迎勞賜以弓矢玉吐鶻入見上慰勞良乆是日封廣平郡王復遣

使就第慰勞之皇太子生日宴羣臣於東宮以玉帶賜志寧上曰此梁王宗弼所服者故以賜卿郊祀覃恩從征護衛皆有賜進封金源郡王十二年志寧有疾中使看問日三四輩疾亟賜金丹三十粒詔曰此丹未嘗以賜人也使者至志寧已不能言但稽首而已是歲薨上輟朝臨其喪行哭而入哀動左右將葬上致祭見陳甲柩前復慟哭之賻銀千五百兩重綵五十端絹五百匹葬事祠堂皆從官給謚武定十五年圖像衍慶宮志寧妻永安縣主妬甚嘗殺孕妾及志寧薨後諸神奴兄弟皆病亡世宗甚惜之遣使諭永安縣主曰丞相有大功三先朝舊臣惟秦宋二王

功大餘不及也今養其孽子當如親子視之二十二年上
問宰臣僕散忠義紇石烈志寧孰愈尚書左丞襄奏曰忠
義兵權精緻此其所長也上曰不然志寧臨敵身先士卒
勇敢之氣自太師梁王未有如此人者也明昌五年配享
世宗廟廷
僕散忠義本名烏者上京拔盧古河人宣獻皇后姪元妃
之兄也高祖斡魯補曾祖斑覲祖胡闌父背魯國初世襲
謀克婆速路統軍使致仕忠義魁偉長髯喜談兵有大略
年十六領本謀克兵從宗輔定陝西行間射中宋大將宋
兵遂潰由是知名帥府録其功承制署爲謀克宗弼再取

河南表薦忠義爲猛安攻冀州先登攻大名府以本部兵
力戰破其軍十餘萬賞以奴婢馬牛金銀重綵從宗弼渡
淮攻壽廬等州宗弼稱之曰此子勇略過人將帥之器也
賞馬五四牛一百五十頭羊五百口領親軍萬戸超寧遠
大將軍承其父世襲謀克皇統四年除博州防禦使公餘
學女直字及古筭法閲月盡能通之在郡不事田獵燕游
以職業爲務郡中翕然稱治忽一夕陰晦囚徒謀爲反獄
倉猝閒將校皆惶駭失措忠義從容但使守更吏撾鼓鳴
角囚徒以爲天且曉不敢出自就桎梏及考郡民詣闕願
留詔從之八年改同知真定尹兼河北西路兵馬都總管

遷西北路招討使入爲兵部尚書僕散忽土嘗與海陵篡
立恃勢陵傲同列忠義因會飲衆辱之海陵不悅出爲震
武軍節度使火山賊李鐵槍乘暑來攻忠義單衣從一騎
迎擊之射殺數人賊乃退改臨洮尹兼熙秦路兵馬都總
管海陵召至京師謂之曰洮河地接吐蕃木波異時剽害
良民州縣不能制汝宿將故以命汝賜條服玉具佩刀閲
再考徙平陽尹再徙濟南尹以本官爲漢南路行營副統
制伐宋克通化軍世宗立海陵死揚州罷兵入朝京師拜
尚書右丞移剌窩斡僭號兵久不決右副元帥完顔謀衍
既敗之于霿䨓河乃擁衆貪鹵掠不追討而縱其子斜哥

暴横軍中士卒不用命賊得水草善地官軍踵其遺餘水
草乏馬益弱賊軼出山西久無功忠義請曰契丹小寇不
時殄滅致煩聖慮臣聞主憂臣辱願効死力除之世宗大
悅即召還謀衍勒歸斜哥本貫拜忠義平章政事兼右副
元帥封榮國公賜以御府貂裘賓鐵吐鶻弓矢大刀具裝
對馬及安山鐵甲金牌詔曰軍中將士有犯連職之外並
以軍法從事有功者依格遷賞詔諸將士曰兵久駐邊陲
蠹費財用百姓不得休息今以右丞忠義爲平章政事右
副元帥宜同心勠力無或弛慢忠義至軍賊陷靈山同昌
惠和等縣陣而西行忠義追之及于花道宗亨爲左翼宗

敘爲右翼與賊夾河而陣賊渡河先攻左翼偏敗右翼救之賊引去窩斡乃以精銳自隨以羸兵護其母妻輜重由別道西走期於山後會集追及于梟嶺西陷泉與賊遇時昏霧四塞跬步莫覩物色忠義禱曰狂寇肆暴殺戮無辜天不助惡當爲開霽奠已昏霧廓然及戰忠義左據南岡爲偃月陣右迤而北大敗之獲其弟裊俘生口三十萬獲雜畜十餘萬車帳金珍以鉅萬計悉分諸軍賊走趨奚地遣將追躡至七渡河又敗之既踰渾嶺復進軍襲之望風奔潰遁入奚中降者相屬於路詔忠義曰卿材能素著果能大破賊衆朕甚嘉之今遣勞卿如朕親往賜卿御衣

及骨睹犀具佩刀通犀帶等就以俘獲均散軍士窩斡既敗遂入于奚中高忠建敗奚于栲栳山移剌道取抹白諸奚之家抹白奚乃降窩斡勢益弱紇石烈志寧獲賊將稍合住縱之使歸約以捕窩斡自贖仍許以官賞稍合住與其黨執窩斡詣完顏思敬降契丹平忠義朝京師拜尚書右丞相改封沂國公以玉帶賜之自海陵遇弒大軍北還而窩斡鶻張命將徂征及窩斡敗其黨括里扎八奔入于宋宋人用其謀侵掠邊鄙攻取泗壽唐海州於是宋主傳位于宗室子眘是爲宋孝宗雖嘗遣使來而欲用敵國禮世宗以紇石烈志寧經略宋事制詔忠義以丞相揔戎事

居南京節制諸將時大定二年也忠義將行陛辭上諭之曰彼若歸侵疆貢禮如故則可罷兵既至南京簡閱士卒分屯要害飭諸將嚴守備使左副元帥志寧移牒宋樞密使張浚其略曰可還所侵本朝內地各守自來畫定疆界凡事一依皇統以來舊約帥府亦當解嚴如必欲抗衡請會兵相見宋宣撫使張浚復書志寧曰疆埸之一彼一此兵家之或勝或負何常之有當置勿道謹遣官寮敬造麾下議之是時已復泗壽鄧州請隳其城遷其民于宿亳蔡州上曰三州本吾土也得之則已忠義使將士擇善水草休息且牧馬俟來歲取淮南初世宗詔諸將由泗壽唐鄧

三道進發宋人聞之即自方城葉縣以來田野皆燒夷之使無所芻牧忠義命唐鄧道軍芻牧許汝間三年忠義入奏事遂以丞相兼都元帥無何還軍中忠義與宋相持日久慮夏久雨弓力易減宋或乘時見攻豫選勁弓萬張於別庫及自汴赴闕議事次濬州宋將李世輔果掩取靈璧虹縣遂陷宿州忠義使人還汴發所貯勁弓給志寧軍與宋人戰遂大捷竟復宿州忠義還以書責宋宋同知樞密院事洪遵計議官盧仲賢遣使二輩持與志寧書及手狀歸海泗唐鄧州所侵地約爲叔姪國報書期十一月使入境宋又使人來言禮物未備請俟十二月行成忠義以其

事馳奏請定書式且言宋書如式則許其入界如其不然勢須遣還本國復禀其主若是往復動經七八十日恐誤軍馬進取世宗以詔諭之曰若宋人歸疆歲幣如昔可免奉表稱臣許世爲姪國忠義乃貽書宋人前後凡七宋人他託未從忠義移大軍壓淮境遣志寧率偏師渡淮取盱眙濠廬和滁等州宋人懼而世宗意天下厭苦兵革思與百姓休息詔忠義度宜以行四年正月忠義使右監軍宗叙入奏將近暑月乞俟秋涼進發詔從之宋使胡昉以右僕射湯思退書來宋稱姪國不肯加世字忠義執昉留軍中荅其書使使以聞詔曰行人何罪遣胡昉還國邊事從

宜措畫八月詔忠義曰前請俟秋涼進發今已八月復俟何時先是忠義乞增金銀牌上曰太師梁王兼數職未嘗增也至是增都元帥金牌一銀牌二十左右副元帥金牌各一銀牌各十左右監軍金牌各一銀牌各六左右都監金牌各一銀牌各四三路都統府銀牌各二乃定南界官貟百姓歸附遷賞格元帥府獲宋諜人符忠忠前嘗至中都大興府官詰問忠執文據及與泗州防禦判官張德亨知識由是獲免厚謝德亨德亨受之忠具款服乃奏其事于朝於是大興少尹王全解職德亨除名和議始于張浚中更洪遵湯思退及徒單克寧敗宋魏勝于十八里莊取

楚州世宗下詔進師於是宋知樞密院周葵同知樞密院事王之望書一一如約和議始定宋遣試禮部尚書魏杞崇信軍承宣使康湑充通問國信使取到宋主國書式幷國書副本宋世爲姪國約歲幣爲二十萬兩匹國書仍書名再拜不稱大字大定五年正月魏杞康湑入見其書曰姪宋皇帝眘謹再拜致書于叔大金聖明仁孝皇帝闕下魏杞還復書叔大金皇帝不名不書謹再拜但曰致書于姪宋皇帝不用尊號不稱闕下和好已定罷兵詔天下以左副都點檢完顔仲爲報問國信使太子詹事楊伯雄副之忠義奏官軍一十七萬三千三百餘人留馬步軍一十

一萬六千二百屯戍上曰今已許宋講好而屯戍尚多可除舊軍外選馬一萬二千阿里喜稱是步軍虞候司軍共選一萬五千及簽軍一萬與舊軍通留六萬富強丁多者摘留貧難者阿里喜官給富者就用其奴其存留馬步軍於河北東西大名府速頻胡里改會寧咸平府濟州東京曷速館等路軍内約量揀取其西南西北招討司臨潢府泰州北京婆速曷懶山東東西路並行放還詔近侍局使裴滿子寧佩金牌護衛醜底符寶祗候駞滿田海佩銀牌諭諸路將帥以宋國進到歲幣銀絹二十萬兩匹盡數給與見存留及放散軍充賞曾過界者人給絹二匹銀二兩

不曾過界者銀二兩絹一匹阿里喜絹一匹謀克倍軍人猛安倍謀克押軍猛安謀克年老有勞績者量與除授又詔曰其令一路全罷者先發遣之賜忠義玉束帶三月詔曰如大軍已放還丞相忠義宜先還左副元帥志寧右監軍宗叙留駐南京餘官非急用者並勒還任忠義朝京師上勞之曰宋國請和偃兵息民皆卿力也拜左丞相兼都元帥大定初事多權制詔有司删定上謂宰臣曰凡已奏之事朕嘗再閱卿等毋懷懼朕於大臣豈有不相信者但軍國事不敢輕易恐或有誤也忠義對曰臣等豈敢竊意陛下但智力不及耳陛下留神萬幾天下之福也大定六

年正月忠義有疾上遣太醫診視賜以御用藥物中使撫問相繼於道是月薨上親臨哭之慟輟朝奠祭賻銀千五百兩重綵五十端絹五百匹世宗將幸西京復臨奠焉命參知政事唐括安禮護喪事凡葬祭從優厚官爲給之大宗正丞竟充勑祭使中都轉運副使王震充勑葬使百官送葬具一品儀物建大將旗鼓送至墳域謚武莊忠義動由禮義謙以接下敬儒士與人極和易侃侃如也善御將士能得其死力及爲宰輔知無不言自漢唐以來外家多緣恩戚以致富貴又多不克其終未有兼任將相功名始終如忠義者十一年詔曰故左丞相忠義族人及昭德皇后親族人材可用者左副點檢烏古論元忠體察以聞二十一年上思忠義功勳銘墓碑泰和元年圖像衍慶宮配享世宗廟廷子揆别有傳

徒單合喜上京速蘇海水人也父蒲涅世襲猛安合喜魁偉膂力過人一經聞見終身不忘天輔間從金源郡王婁室爲扎也甚愛之天會六年以功爲謀克尋領婁室親管猛安元帥府聞其才命權左翼軍事皇統二年爲隴州防禦使以兵十五人敗宋兵二百於高陵以兵五百人敗宋兵二千於秦州以兵八百人敗宋兵三千五百於鳳翔以二謀克拒饒風關宋兵二千來奪其關口奮擊敗之諸軍

乃得過險遷平涼尹再徙臨洮延安尹是時關陝以西初去兵革百姓多失業合喜守之以靜民多還歸者天德二年爲元帥左都監陝西統軍使貞元二年以本官兼河中尹正隆六年爲西蜀道兵馬都統世宗即位以手詔賜合喜曰岐國失道殺其母后横虐兄弟流毒兆庶朕惟太祖創業之艱難勉膺大位卿之子弟皆自軍中來歸卿國家舊臣豈不知天道人事卿軍不多未宜深入當領軍屯境上陝右重地非卿無能措畫者俟兵革既定即當召卿宜自勉之大定二年復爲陝西路統軍使未幾改元帥右都監表陳伐宋方略詔許以便宜從事轉左都監破宋兵千

華州是時宋吳璘侵古鎮分據散關和尚原神义口玉女潭大蟲嶺石壁寨寶雞縣兵十餘萬陷河州鎮戎軍合喜乞濟師詔以河南兵萬人益之合喜遣丹州刺史赤盞胡速魯改以兵四千守德順吳璘以二十萬人圍之統軍都監石抹迭勒將兵萬人破宋兵于河州還過德順駐兵平涼求益兵于合喜以鮮德順之圍合喜遣萬户完顏習尼列大良順寧州刺史顏盞門都各將本部兵合二萬人以順義軍節度使烏延蒲离黑統押之與迭勒會吳璘聞之使偏將將兵五千人來迎前鋒特里失烏也奚王和尚擊敗之追至德順城南小溪邊璘自將大軍蔽岡阜而出烏也等馳擊之迭勒蒲离黑繼至併力戰日已暮兩軍不相辨乃解已而璘報云宋主遣使至兩國講和請各罷兵璘遂遁去蒲离黑亦引軍還自宋兵圍城至是凡四十餘日乃解初德順在圍中押軍猛安溫敦蒲里海身先士卒力戰未嘗少挫及救兵至圍解蒲里海之功為多頃之吳璘復來犯陝西州郡兵十餘萬詔以兵七千益合喜兵號二萬人慶陽尹烏延蒲轄奴延安尹高景山分領之彰化軍節度使璋通遠軍節度使烏延吾里補寧州刺史移剌高山奴京兆少尹宗室泥河恩州刺史完顏謀良虎皆備軍前任使宋人驅率商虢及華山南山之民五萬人來圍華

州押軍萬户裴滿按剌欲堅壁守之猛安移剌沙里剌曰宋兵雖多半是居民不習戰不如擊之於是按剌以騎兵千人敗宋前鋒追至其大軍亦敗斬首五千餘級已而璋敗宋姚良輔軍于原州宋戍軍自寶雞以西至于大蟲嶺皆自散關遯去頃之吳璘聞赤盞速魯改烏延蒲里黑軍已去德順率兵號二十萬復據德順陷鞏州臨洮府臨洮少尹紇石烈騷洽死之詔贈官一階賜錢五百貫合喜以璋權都統習尼列權副統將兵二萬攻之連戰宋兵雖敗璘恃其衆不肯去分其兵之半守秦州合喜乃自行駐水洛城東自六盤山西抵石山頭分兵守之當德順秦州之兩間斷其餉道璘乃引去都統璋副統習尼列邀擊宋經略使荆皐自上八節至甘谷城殺數千人習尼列擒宋將朱永以下將校十二人宋張安撫守德順亦棄城遯速魯改邀擊之所殺過半擒將校十餘人遂復德順州宋之守秦州者亦自退高景山定商虢宗室泥河取環州於是臨洮鞏秦河隴蘭會原洮積石鎮戎德順商虢環華等州府一十六盡復之陝西平詔書獎諭賜以玉帶詔陝西將士猛安階昭毅以下遷兩資昭武以上遷一資謀克階六品以下遷兩資五品以上遷一資押軍猛安階昭武以上者遷一資昭毅以下武義以上遷兩資昭信以下女直人遷

宣武餘人遷奉信無官者女直人授敦信餘人授忠武押軍謀克武功以下忠顯以上遷兩資忠勇以下女直人遷昭信餘人遷忠顯無官者女直人授忠顯餘人授忠翊正軍有官者遷一資無官者授兩資猛安賞銀五十兩重綵五端絹十四權正同之正軍人給錢三十貫阿里喜十貫戰没軍官軍士長行贈官賜錢有差五年置陝西路統軍使兼京兆尹元帥府移治河中府統軍使璋朝辭上曰合喜年老以陝西軍事委卿凡鎮防利害可訪問合喜也七年入為樞密副使改東京留守賜以衣帶佩刀詔曰卿年老以此職優佚宜勉之九年入為平章政事奏睿宗收復

陝西功數事上嘉納之藏之祕府封定國公十年薨上方擊毬聞訃遂罷有司致祭備禮以葬賻銀一千二百五十兩及重綵幣帛二十一年上念其功遷其孫三合武功將軍授世襲本猛安曷懶若窩申謀克泰和元年配享世宗廟廷

贊曰大定之初兵連於江淮難作於契丹謀衍挾功窩斡橫噬有弗戢之畏焉世宗獨斷召還謀衍僕散忠義受任責成矣故曰兵主於將將賢則士勇其此之謂邪紇石烈志寧有言受詔征伐則不敢辭為宰相則誠不能如知為相之難固所謂賢也秦隴之兵殆哉岌岌乎徒單合喜料敵應變若此之審亦難矣哉

列傳第二十五

開府儀同三司上柱國錄軍國重事前中書右丞相監修國史領經筵事都總裁臣脫脫奉

勑修

紇石烈良弼　完顔守道本名習尼列

石琚　唐括安禮

移剌道本名趙三子光祖

紇石烈良弼本名婁室回怕川人也曾祖忽懶祖忒不魯父太宇世襲蒲輦徙宣寧天會中選諸路女直字學生送京師良弼與納合椿年皆童丱俱在選中是時希尹為丞相以事如外郡良弼遇之途中望見之嘆曰吾輩學丞相

文字千里來京師固當一見乃入傳舍求見拜於堂下希尹問曰此何兒也良弼自贊曰有司所薦學丞相文字者也希尹大喜問所學良弼應對無懼色希尹曰此子他日必為國之令器留之數日年十四為北京教授學徒常二百人時人為之語曰前有谷神後有婁室其從學者後皆成名年十七補尚書省令史簿書過目輒得其隱奧雖大文牒口占立成詞理皆到時學希尹之業者稱為第一除吏部主事天德初累官吏部郎中改右司郎中借秘書少監為宋主歲元使是時納合椿年為參知政事薦良弼才出己右用是為刑部尚書賜今名丁父憂以本官起復海陵嘗曰左丞相張浩練達事務而頗不實刑部尚書婁室言行端正無所阿諂因謂椿年曰卿可謂舉能矣常人多嫉勝己者卿舉勝於己者賢於人遠矣改侍衛親軍馬步軍都指揮使良弼音吐清亮海陵詔諭臣下必令良弼傳旨聞者莫不聳動以故常被召問不踰年拜參知政事進尚書右丞賜佩刀入宮轉左丞海陵伐宋良弼諫不聽以為右領軍大都督海陵在淮南詔良弼與監軍徒單貞撫定上京遼右既而諸軍往往道亡北歸而世宗即位于遼陽良弼乃還汴京海陵死世宗就以良弼為南京留守兼開封尹再兼河南都統召拜尚書右丞世宗謂良弼曰卿

嘗諫正隆伐宋不用卿言以至廢殞當時懷祿偷安之人朕皆黜之矣今復用卿凡於國家之事當盡言無復顧忌也良弼頓首謝窩斡敗于陷泉入奚中詔良弼佩金牌及銀牌四往北京招撫奚契丹還拜尚書左丞上言祖宗以來未錄功賞者臣考按得凡三十二人宜差第封賞詔曰已有五品已上官者聞奏六品以下及無官者尚書省約量遷除自是功勞畢賞矣進拜平章政事封宗國公初山東兩路猛安謀克與百姓雜居詔良弼度宜易置使與百姓異聚與民田互相犬牙者皆以官田對易之自是無復爭訟六年十一月皇太子生日上置酒于東宮良弼志寧

同賜酒上曰邊境無事中外晏然將相之力也良弼奏曰臣等不才備位宰相敢不竭犬馬之力上悅進拜右丞相監修國史世宗謂良弼曰海陵時記注皆不完人君善惡爲萬世勸戒記注遺逸後世何觀其令史官旁求書之又曰五從以上宗室在省祗候者才有可用具名聞奏其猥冗不足蒞官者亦聞奏罷去左丞完顏守道奏近都兩猛安父子兄弟往往析居其所得之地不能贍日益困乏上以問宰臣良弼對曰必欲父兄聚居宜以所分之地與土民相換易雖暫擾然經久甚便右丞石琚曰百姓各安其業不若依舊便上竟從良弼議太宗實録成賜良弼金帶

重綵二十端同修國史張景仁曹望之劉仲淵以下賜有差世宗與侍臣論古今爲臣孰賢不肖因謂宰相曰皇統正隆多殺臣僚往往死非其罪朕委卿等以大政毋違道以自陷毋曲從以誤朕惟忠惟孝匡救輔益期致太平良弼對曰臣等過蒙嘉惠雖譾薄敢不盡心聖諭諄諄臣等不勝萬幸良弼請於榷場市馬毋拘牝牡令官馬甚少一旦邊境有警乃調於民不亦晚乎上從之八年選侍衛親軍世宗聞其中多不能弓矢詔使習射頃之問良弼及平章政事思敬曰女直人習射尚未行耶良弼對曰已行之矣同知清州防禦事常德暉上書言吏部格法止叙年勞

雖有材能拘滯下位刺史縣令多不得人乞密加訪察然後廉問今酒稅使尚選能吏縣令可不擇人才乞以能吏當任酒稅使者任親民之職上是其言謂宰相曰朕思庶職多不得人中夜而寤或達旦不能寐卿等注意選擇朕亦密加體察良弼對曰女直契丹人須是曾習漢人文字然後可方今大率多爲黨與或稱譽於此或見毁於彼所以難也上曰朕所以密令體察也上謂良弼曰猛安謀克牛頭稅粟本以備凶年凡水旱之糧廩就賑給之進拜左丞相監修國史如故良弼爲相既久練達朝政上所詢訪盡誠開奏垂紳正笏不動聲氣議政多稱上意以母憂去

起復舊職是時夏國王李仁孝乞分國之半以封其臣任得敬上以問群臣群臣多言此外國事從之可也上曰此非是仁孝本心不可從良弼議與上意合既而夏國果誅任得敬上表來謝參知政事宗叙請置沿邊壕塹良弼曰敵國果來伐此豈可禦哉上曰卿言是也高麗國王王晛表讓國於其弟晧上疑之以問宰相良弼良弼策以爲讓國非王晛本心其後趙位寵求以四十州來附其表果言王晧弑其兄晛如良弼策語在高麗傳中世宗罷採訪官謂宰臣曰官吏之善惡何由知之良弼對曰臣等當爲陛下訪察之以進睿宗實録賜通犀帶重綵二十端是年有

事南郊良弼爲大禮使自收國以來未嘗講行是禮歷代典故又多不同良弼討論損益各合其宜人服其能上與良弼守道論猛安謀克官多年幼不習教訓無長幼之禮纍時鄉里老者輒教導之今鄉里中耆老有能教導者或謂事不在己而不問或非其職而人不從可依漢制置鄉老選廉絜正直可爲師範者使教導之良弼奏曰聖慮及此億兆之福也他日上問曰朕覩前史有在下位而存心國家直言爲民者今無其人何也良弼曰今豈無其人哉蓋以直道而行反被謗毀禍及其身是以不爲也大定十四年歲在甲午大興尹璋爲賀宋正旦使宋人就館奪其

國書詔梁肅詳問衆議紛紛謂凡午年必用兵上以問良弼對曰太祖皇帝以甲午年伐遼太宗皇帝以丙午年克宋今玆宋人奪我國書而適在午年故有此語未必然也旣而梁肅至宋宋主起立授受國書如舊儀梁肅旣還宋主遣工部尚書張子顏知閤門事劉宓來祈請其書曰言念眇躬夙承大統荷上國照臨之惠尋盟遂閱於十年修兩朝聘問之勤繼好靡忘于一日惟是函書之受當新賓接之儀甞空臆以屢陳飭行人而再請仰祈睿顧俯賜矜從上與大臣議良弼奏曰宋國免稱臣爲姪免奉表爲書恩賜亦已多矣今又乞免親接國書是無厭也必不可從

平章政事完顏守道參知政事移剌道與良弼議合左丞石琚右丞唐括安禮以爲不從所請必至于用兵上謂琚等曰卿等所言非也所請有大於此者更欲從之乎遂從良弼議荅其書略曰弗循定分之常復有授書之請謂承大統愈見自尊奈何以若所爲尚求其欲矧曰已行之禮廉得而更其授受禮儀終不復改上問宰臣嘗求内外官舉賢能未聞有舉者何也參政魏子平請當舉者每任須舉一人視其當不以爲賞罰上曰宋制薦舉其人犯私罪者舉主雖至宰執亦坐降罰人心有恒者鮮財利怵于前或喪其所守宰臣任大責重豈坐是以爲升黜耶良弼曰

前詔朝官六品以上外官五品以上各舉所知盍申明前詔從之上曰朕欲周知官吏善惡若尋常遣官采訪恐用非其人然則官吏善惡何以知之良弼曰臣等當爲陛下訪察上曰然但勿使名實混淆耳上欲徙窩斡逆黨分散置之遼東良弼奏此輩已經赦宥徙之生怨望上曰此目前利害朕爲子孫後世慮耳良弼曰非臣等所及也於是以嘗預亂者徙居烏古里石壘部上問宰臣曰堯有九年之水湯有七年之旱而民不病飢今一二歲不登而人民乏食何也良弼對曰古者地廣人淳崇尚節儉而又惟農是務故蓄積多而無饑饉之患也今地狹民衆又多棄本

遂末耕之者少食之者衆故一遇凶歲而民已病矣上深然之於是命有司懲戒荒縱不務生業者十七年以疾辭相位不許告滿百日詔賜告遣太醫診視屢使中使問疾良弼在告既久省多滯事上以問宰相參政張汝弼對曰無之上曰豈曰無之自今疑事久不能决者當具以聞十八年表乞致仕歸田里上遣使慰諭之曰卿比以疾在告朕甚憂之今聞卿將往西京養疾彼中風土非老疾所宜京師中倦於人事若就近都佳郡居處待疾少間速令朕知之良弼奏曰臣遭遇聖明濫膺大任夙夜憂懼以至成疾比蒙聖恩數遣使存問賜以醫藥臣之苟活至今皆陛

下之賜也臣豈敢望到鄉里便可愈疾臣去鄉歲久親識多已亡沒惟老臣獨在鄉土之戀誠不能忘臣竊惟自來人臣受知人主無逾臣者臣雖粉骨碎身無以圖報若使一還鄉社得見親舊則死無恨矣上問宰相曰丞相良弼必欲歸鄉里朕以世襲猛安封其子符寶局荅偈之侍行何如右丞相完顏守道曰不若以猛安授良弼使其子攝事上從之於是授胡論宋葛猛安給丞相俸傔良弼乃致仕歸上謂宰相曰卿等非不盡心但才力不及良弼所以惜其去也其後尚書省奏差除上曰丞相良弼擬注差除未嘗苟與不當得者而薦舉往往得人粘割斡特剌移剌

慥裴滿餘慶皆其所舉至于私門請託絶然無之嘗問良弼每旦暮日色皆赤何也良弼曰旦而色赤應在東高麗當之暮而色赤應在西夏國當之願陛下修德以應天則災變自弭矣既而夏國有任德敬之亂高麗有趙位寵之難其言皆驗云是歲薨年六十上悼惜之遣太府監移剌慥同知西京留守王佐爲勅葬祭奠使賻白金綵幣加等喪葬皆從官給追封金源郡王命翰林待制移剌履勒銘墓碑謚誠敏良弼性聰敏忠正善斷决言論器識出人意表雖起寒素致位宰相朝夕惕惕盡心於國謀慮深遠薦舉人材常若不及居家清儉親舊貧乏者周給之與人交

久而愈敬居位幾二十年以成太平之功號賢相焉大定十五年圖像衍慶宮謚武定明昌五年配饗世宗廟廷

守道本名習尼列以祖谷神功擢應奉翰林文字皇統九年同知盧龍軍節度使事歷獻祁濱薊四州刺史世宗幸中都過薊父老遮道請留再任平章政事移剌元宜舉以自代於是遷昭毅大將軍授左諫議大夫內族晏以恩舊拜左丞相守道諫曰陛下初即位天下略定邊警未息方大有爲之時恐晏非其材必欲親愛莫若厚與之祿俾勿事事乃授以太尉致仕世宗録扈從將士之勞欲行賞賚而帑藏空竭議貸民財以與之守道曰人罹虐政方喜更

生今仁恩未及而徵斂遽出如羣望何寧出宮中所有無取於民遂從其言契丹叛遼東猛安謀克在其境者或附從之朝議欲從之内地守道極陳其不可右副元帥謀衍將兵討賊不即擊守道力言於朝詔遣僕散忠義紇石烈志寧往代之東方以平大定二年宮中十六位火方事完葺時巳入夏頗妨民力守道諫而罷未幾改太子詹事兼右諫議大夫馳驛規畫山東兩路軍粮及賑民饑守道籍大姓戶口限以歲儲使盡輸其贏入官後給其直以是軍民皆足拜參知政事兼太子少保守道懇辭世宗諭之曰乃祖勳在王室朕亦悉卿忠謹以是擢用無爲多讓時契

丹餘黨未附者尚衆北京臨潢泰州民不安詔守道佩金符往安撫之給羣牧馬千疋以備軍用守道招致契丹骨迭聶合等內附民以寧息還進尚書左丞兼太子少師嘗從獵近郊有虎傷獵夫帝欲親射之守道叩馬極諫而止俄拜平章政事十四年宋人遣使因陳請手接書事左丞石琚等議從其請帝意未決守道等以爲不可許帝卒從之詳在紇石烈良弼傳中既而遷右丞相監修國史復遷左丞相授世襲謀克二十年修熙宗實録成帝因謂曰卿祖谷神行事有未當者尚不爲隱見卿直筆也尋請避賢路帝不許進拜太尉尚書令改授尚書左丞相諭之曰丞相之位不可虛曠須用老成人故復以卿處之卿宜悉此未幾復乞致仕帝曰以卿先朝勳臣之後特委以三公重任自秉政以來效竭忠勤朕甚嘉之今引年求退甚得宰相體然未得代卿者以是難從汝勉之哉二十五年坐擅支東宮諸皇孫食廩奪官一階尋改兼太子太師特録其子珪襲謀克充符寶祗候章宗爲原王詔習騎鞠守道諫曰哀制中未可帝曰此習武備耳自爲之則不可從朕之命庸何傷乎然亦不可數也二十六年懇求致仕優詔許之特賜宴於慶春殿帝手飲以巵酒錫與甚厚以其子珪侍行又賜次子璋進士第明昌四年卒年七十四上聞之

震悼遣其弟點檢司判官蒲帶致祭賻銀千兩重綵五十端絹五百疋太常議諡曰簡憲上改曰簡靖蓋重其能全終始云

石琚字子美定州人沉厚好學父皐補郡吏廉潔自將稱爲長者從魯王闍母攻青州州人堅守不降闍母怒之及城破命皐計州民之數將使諸軍分掠有之皐緩其事闍母讓之皐曰大王將爲朝廷撫定郡縣當使百姓按堵無或侵苦之若取城邑而殘其民則未下者必死守以拒我皐之稽緩安敢逃罪闍母感悟乃下令曰敢有犯州人者以軍法論指其坐謂皐曰汝之子孫必有居此坐者皐隨

守定州唐縣人王八謀爲亂書其縣人姓名于籍無慮數千人其黨持其籍詣州發之皐主鞫治是時冬月皐抱籍上廳事佯爲頓仆覆其籍爐火中盡焚之不可復得其姓名止坐爲首者餘皆得釋琚生七歲讀書過目即成誦旣長博通經史工詞章天眷二年中進士第一再調弘政邢臺縣令邢守貪暴屬縣掊取民財以奉所欲琚獨一物無所與旣而守以贓敗他令佐皆坐累琚以廉辦改秀容令復擢行臺禮部主事召爲左司都事累遷吏部郎中貞元三年以父喪去官尋起復爲本部侍郎世宗舊聞其名大定二年擢左諫議大夫侍郎如故奉命詳定制度琚上疏

六事大槩言正紀綱明賞罰近忠直遠邪佞省不急之務罷無名之役上嘉納之遷吏部尚書琚自員外郎至尚書未嘗去吏部且十年典選久凡宋齊換授官格南北通注銓法能僂指而次第之當時號爲詳明頃之拜參知政事琚辭讓再三上曰卿之材望無不可者何以辭爲右丞蘇保衡監護十六位工役詔共典其事給銀牌二十四許從宜規畫上謂琚曰此役不欲煩民丁匠皆給僱直毋使貪吏夤緣爲姦利以興民怨卿等勉力稱朕意焉徙單合喜定陝西琚請曲赦秦隴以安百姓上從之丁母憂尋起復進拜尚書右丞天長觀災詔有司營繕有司闢民居以廣

大之費錢三十萬貫蔚州采地蕈役數百千人琚奏之上曰自今凡稱御前者皆稟奏琚與孟浩對曰聖訓及此百姓之福也是時議禁網捕狐兔等野物累計其獲或至徒罪琚奏曰捕禽獸而罪至徒恐非陛下意杖而釋之可也上曰然久之進拜左丞兼太子少師上問宰相古有居下位能憂國爲民直言無忌者今何以無之琚對曰是豈無之但未得上達耳上曰宜盡心采擢之世宗將行郊祀議配享琚曰配者侑神作主也自外至者無主不止故推祖考以配天同尊之也孝經曰郊祀后稷以配天漢魏晉皆以一帝配之唐高宗始以高祖太宗崇配垂拱初以高祖

太宗高宗並配玄宗開元十一年罷同配之禮以高祖配宋太宗時以宣祖太祖配眞宗時以太祖太宗配仁宗時有司請以三帝並侑遂以太祖太宗眞宗並配其後禮院議對越天地神無二主當以太祖配此唐宋變古以三帝配天終竟依古以一祖配也將來親郊合依古禮以一祖配之上曰唐宋不足爲法止當奉太祖皇帝配之琚嘗請命太子習政事或譖之曰琚希恩東宮世宗察其無他以此言告之琚對曰臣本孤生蒙陛下拔擢備位執政兼師保之任臣愚以爲太子天下之本當使知民事遂言及之因乞解少師十年二月祭社有司奏請御署祝版上問琚

曰當暑乎琚曰故事有之上曰祭祀典禮卿等慎之無使後世譏誚熙宗尊謚太祖宇文虛中定禮儀以常朝服行事當時朕雖童稚猶覺其非琚曰祭祀大事也非故事不敢行上謂琚曰女直人往往徑居要達不知閭閻疾苦卿嘗爲丞簿民間何事不知凡利害極陳之上與宰臣議鑄錢或以鑄錢工費數倍欲采金銀坑冶上曰山澤之利可以與民惟錢幣不當私鑄若財貨流布四方與在官何異琚進曰臣聞天子之富藏於天下正如泉源欲其流通耳上問琚曰古亦有百姓鑄錢者乎對曰使百姓自鑄則小人圖厚利錢愈薄惡古所以禁也時民間往往造作妖言

相爲黨與謀不軌事覺伏誅上問宰臣曰南方尚多反側何也琚對曰南方無賴之徒假託釋道以妖幻惑人愚民無知遂至犯法上曰如僧智究是也此輩不足卹但軍士討捕利取民財害及良民不若杜之以漸也智究大名府僧同寺僧苑智義與智究言蓮華經中載五濁惡世佛出魏地心經有夢想究竟涅槃之語汝法名智究正應經文先師藏瓶和尚知汝有是福分亦作頌子付汝智究信其言遂謀作亂歷大名東平州郡假託抄化誘惑愚民潛結姦黨議以十一年十二月十七日先取兗州會徒嶧山以應天時三字爲號分取東平諸州府及期嚮夜使逆黨胡

智愛等刼旁近軍寨掠取甲仗軍士擊敗之會傳識劉宣亦於陽穀東平上變皆伏誅連坐者四百五十餘人宗室子或不勝任官事世宗欲授散官量與廩祿以贍足之以問宰臣曰於前代何如琚對曰堯親九族周家內睦九族皆帝王盛事也琚之將順多此類十三年上表乞致仕十六年再表乞致仕皆不許參知政事唐括安禮忤上意出爲橫海軍節度使數年不復召琚對便殿從容進曰唐括安禮忠直久在外官世宗深然之遂自南京留守召爲尚書右丞琚嘗舉室紹先以爲右司員外郎紹先中風暴卒上甚惜之謂琚曰卿之所舉也感歎者再三十七年拜平

章政事封莘國公明年拜右丞相修起居注移剌傑上書言朝奏屏人議事史官亦不與聞無由紀錄上以問宰相琚與右丞唐括安禮對曰古者史官天子言動必書以徵戒人君庶幾有畏也周成王翦桐葉爲圭戲封叔虞史佚曰天子不可戲言言則史書之以此知人君言動史官皆得記錄不可避也上曰朕觀貞觀政要唐太宗與臣下議論始議如何後竟如何此政史臣在側記而書之耳若恐漏泄幾事則擇慎密者任之朝奏屏人議事記注官不避自此始以年老衰病固辭上曰朕知卿年老勉爲朕留俟一二年朕將思之上謂宰臣曰朕爲天子未嘗敢專行獨

斷每事徧問卿等可行則行之不可則止也琚與平章政事唐括安禮奏曰好問則裕自用則小陛下行之天下幸甚居一年復表致仕乃許詔以一孫爲閤門祗候即命駕歸鄉里久之世宗謂宰臣知人最爲難事近來左選多不得人惟石琚爲相時往往舉能其官左丞移剌道參政粘割斡特剌舉右選頗得之朕常以不能徧識人材爲不足此宰相事也左右近侍雖常有言朕未敢輕信又曰近日刺史縣令多闕員當擇幹濟者除之資級不到庸何傷又曰惟石琚最爲知人唐括鼎爲定武軍節度使上謂鼎曰久不見石琚精力比舊何如汝到官往視之顯宗亦思之

因琚生日寄詩以見意二十二年以疾薨于家年七十二謚文憲泰和元年圖像衍慶宮配享世宗廟庭

唐括安禮本名斡魯古字子敬好學通經史工詞章知爲政大體貞元中累官臨海軍節度使入爲翰林侍讀學士改濬州防禦使彰化軍節度使大定初遷益都尹召爲大興尹上曰京師好訛言府中姦吏爲民患卿雖年少有治才去其宿敝毋爲因仍察廉入第一等進階榮祿大夫七年五月大興府獄空詔錫宴勞之凡州郡有獄空者皆賜錢爲錫宴費大興府錫宴錢三百貫其餘有差久之拜參知政事罷爲横海軍節度使歷河間尹南京留守以喪去

官起復尚書右丞詔曰南路女直戶頗有貧者漢戶租佃田土所得無幾費用不給不習騎射不任軍旅凡成丁者簽入軍籍月給錢米山東路沿邊安置其議以聞浹旬上問曰宰臣議山東猛安貧戶如之何奏曰未也乃問安禮曰於卿意如何對曰猛安人與漢戶今皆一家彼耕此種皆是國人即日簽軍恐妨農作上責安禮曰朕謂卿有知識每事專傚漢人若無事之際可務農作度宋人之意且起爭端國家有事農作奚暇卿習漢字讀詩書姑置此以講本朝之法前日宰臣皆女直拜卿獨漢人拜是邪非邪所謂一家者皆一類也女直漢人其實則二朕即位東京

契丹漢人皆不往惟女直人偕來此可謂一類乎又曰朕夙夜思念使太祖皇帝功業不墜傳及萬世女直人物力不困卿等悉之因以有益貧窮猛安人數事詔左司郎中粘割斡特剌使書之百官集議于尚書省十七年詔遣監察御史完顏覿古速行邊從行契丹押剌四人授剌招得雅魯斡列阿自邊亡歸大石上聞之詔曰大石在夏國西北昔窩斡爲亂契丹等響應朕釋其罪俾復舊業遣使安輯之反側之心猶未已若大石使人間誘必生邊患遣使徙之俾與女直人雜居男婚女聘漸化成俗長久之策也於是遣同簽樞密院事紇石烈奧也吏部郎中裴滿餘慶

翰林修撰移剌傑徙西北路契丹人嘗預窩斡亂者上京濟利等路安置以兵部郎中移剌子元爲西北路招討都監詔子元曰卿可省諭徙上京濟州契丹人彼地土肥饒可以生殖與女直人相爲婚姻亦汝等久安之計也卿與奥也同催發徙之仍遣猛安一負以兵護送而東所經道路勿令與群牧相近脫或有變即便討滅俟其過嶺卿即還鎮上已遣奥也子元等謂宰臣曰海陵時契丹人尤被信任終爲叛亂群牧使鶴壽駙馬都尉賽一昭武大將軍朮魯古金吾衛上將軍蒲都皆被害賽一等皆功臣之後在官時未嘗與契丹有怨彼之野心亦足見也安禮對曰

聖主溥愛天下子育萬國不宜有分別上曰朕非有分別但善善惡惡所以爲治異時或有邊釁契丹豈肯與我一心也哉他日上又曰薦舉大臣之職外官五品猶得舉人宰相無所舉何也安禮對曰孔子稱才難賢人君子世不多有陛下必欲得人當廣取士之路區別器使之斯得人矣上曰除授格法不倫奉職皆閥閱子孫朕所知識有資考出身月日親軍不以門第收補無廕者不至武義不得出職但以女直人有超遷官資故出職反在奉職上天下一家獨女直有超遷格何也安禮對曰祖宗以來立此格恐難輒改轉左丞與右丞蒲察通同日拜上謂之曰朕今

年五十有五若過六十必倦於政事宜及朕之康彊凡女直猛安謀克當修舉政事改定法令宗族中鮮有及朕之壽者朕頗習女直舊風子孫豈能知之況政事乎卿等宜悉此意上又曰大理寺事多留滯宰執不督責之何也安禮對曰案牘疑難者舊例給限上曰舊例是邪非邪今不究其事輒給以限邪參政移剌道曰臣在大理時未嘗有滯事上曰卿在大理無滯事爲宰執而不能檢治何也道無以對而退上問宰臣曰御史臺官亦與親知往來否皆曰往來殊少上曰臺官當盡絕人事諫官記注官與聞議論亦不可與人游從安禮對曰親知之間恐不可盡絕也

上曰職任如是何恤人之言進拜平章政事封芮國公授世襲謀克上諭安禮前代史書詳備今祖宗實錄太簡略對曰前代史皆成書有帝紀列傳他日修史時亦有帝紀列傳其詳自見于列傳也安禮嘗議科目言于上曰臣觀近日士人不以策論爲意今若詩賦策論各場考試文理俱優者爲中選以時務策觀其器識庶得人也上曰卿等議之上謂宰臣曰賞有功不可緩緩賞無以勸善安禮對曰古所謂賞不踰時者正謂此也二十一年拜右丞相進封申國公固辭曰臣備位宰相無補於國家夙夜憂懼惟恐得罪上負陛下下負百姓臣實不敢受丞相位惟陛下

擇賢於臣者用之上曰朕知卿正直與左丞相習顯無異且練習政事無出卿之右者其母多讓安禮頓首謝是歲薨泰和元年配享世宗廟廷

移剌道本名趙三其先乙室部人也初徙咸平爲人寬厚有大志以篤孝著名通女直契丹漢字皇統初補刑部令史轉尚書省令史再遷大理司直丁母憂起復遷户部員外郎正隆三年從臨潢咸平路畢沙河等三猛安屯戍斡蘆速還奏海陵謂侍臣曰道骨相異常他日必登公輔明年遷本部郎中海陵伐宋爲都督府長史海陵死師還無復紀律士卒掠淮南百姓若之有男女二百餘人自願與

道爲奴道受之至淮侯諸軍畢濟乃悉遣還大定二年復爲户部郎中與梁銶安撫山東招諭盜賊民或避盜避役者並令歸業不問罪名輕重皆原之軍人不得並緣虜掠僕散忠義討窩斡道參謀幕府事賊平元帥府以俘獲生口分給官僚道悉縱遣之還京師入見既退世宗目送之曰此人有幹才可大用也遷翰林直學士兼修起居注頃之世宗曰道清廉有幹局翰林文雅之職不足以盡其才中都轉運繁劇乃改同知中都路都轉運事詔道送河北山東等路廉察善惡升降官員制敕上曰卿從討契丹不貪俘獲其志可嘉故命卿爲使卿其勉之是歲以廉升者磁州刺史完顏蒲速列爲北京副留守濰州刺史蒲察蒲查爲博州防禦使威州刺史完顏兀答補爲磁州刺史治狀不善下遷者登州刺史大磐爲萬州刺史同知南京留守高德基爲同知北京轉運事衛州防禦使完顏阿鄰爲陳州防禦使真定尹徒單拔改爲興平軍節度使安國軍節度使唐括重國爲彰化軍節度使仍具功過善惡宣諭毋受饋獻遷大理卿五年宋人請和罷兵道往山東閱實軍器振贍戍兵妻子再除同知大興尹親軍百人長完顏阿思鉢非禁直日帶刀入宫其夜入左藏庫殺都監郭良臣盜取金珠點檢司執其疑似者八人掠笞三人死五人

者自誣其贓不可得上疑之命道參問道持久其獄既而阿思鉢鬻金事覺伏誅上曰箠楚之下何求不得柰何點檢司不以情求之乎賜掠死者錢人二百貫周其家不死者人五十貫詔自今護衛親軍百人長五十人長非直日不得帶刀入宫遷户部尚書上曰朕初即位卿爲户部員外郎聞卿孳孳爲善進卿郎中果有可稱及貳京尹亦能善治户部經治國用卿其勉之道頓首謝改西北路招討使賜金帶故事招討使到官諸部皆獻駝馬多至數百道皆却之數月皆復貢職父喪去官起復參知政事初諸部有獄訟招討司例遣胥吏按問往往爲姦利道請專設一

官上嘉納之招討司設勘事官自此始上謂宰臣曰比聞大理寺斷獄輒經旬月何邪道奏曰在法決死囚不過七日徒刑五日杖刑三日上曰法有程限而輒違之此官吏之責也嚴戒約以去其弊進尚書右丞乞致仕上曰卿孝於家忠於朕通習法令政事雖踰六十心力未衰未可退也乃除南京留守賜通犀帶上曰河南統軍烏古論思列為人少戇凡邊事須與卿共議卿以朕意諭思列也入拜平章政事道弟臨潼令幼阿補犯罪至死道待罪于家皇太子生日宴于慶和殿上問道何故不在參知政事粘割斡特剌奏曰其弟犯死刑據制不合入内上曰此何傷也

即詔道起視事是時縣令多闕上以問宰相道奏曰散官宣武以上借除以充之上曰廉察八品以下已去官者録事丞簿有清幹之譽者縣尉入優等者皆與縣令散官至五品無貪汙曠職之名者亦可與之俟縣令不闕即如舊制二十三年罷為咸平尹封莘國公上曰卿數年前嘗乞致仕朕不許卿卿今老矣咸平卿故鄉地凉事少老者所宜賜通犀帶明日復遣近侍曹淵諭旨曰咸平自窩斡亂後民業尚未復舊朕聽卿歸鄉里所以安輯一境也二十四年薨上聞之悼惜良久是歲幸上京道過咸平遣使致祭賻贈有加詔圖象藏祕府擢其子八狗為閤門祇候

光祖字仲禮幼名八狗以蔭補閤門祇候調平晉令衛州都巡河内承奉押班累轉東上閤門使兼典客署令大安中改少府少監丁母憂起復儀鸞局使同知宣徽院使事祕書監右宣徽使興定二年十一月詔集百官議所以為長久之利者光祖等三人議曰募土人假以方面權任俾人自勸各保一方由是公府封建之論興焉語在九公傳三年轉左宣徽使五年卒

贊曰良弼守道琚安禮道皆無聞正隆時及其遭逢治朝佐明主諫行言聽膏澤下於民豈非遇其時邪官序無闕上下相安君享其名臣終其禄可謂盛哉海陵能知移剌道

有公輔之器而不能用故其治績亦待大定而後著焉人才之顯晦有係於世道之汚隆也尚矣金世内燕惟親王公主駙馬得與世宗一日特召琚入諸王以下竊語心蓋易之世宗覺之即語之曰使我父子家人輩得安然無事而有今日之樂者此人力也乃歷舉近事數十顯著為時所知者以曉之皆俯伏謝罪君臣相知如此有不竭忠者乎大定末世宗將立元妃為后以問琚琚屏左右曰元妃之立本無異辭如東宫何世宗愕然曰何謂也琚曰元妃自有子元妃立東宫摇矣世宗悟而止且人主家事人臣之所難言者許敬宗以一言幾亡唐祚琚之對其為金謀

者至矣

列傳第二十六

列傳第二十七　　　　金史八十九

開府儀同三司上柱國錄軍國重事前中書右丞相監修國史領經筵事都總裁臣脫脫奉

勅修

蘇保衡　翟永固　魏子平

孟浩田穀附　梁肅　移剌慥

移剌子敬

蘇保衡字宗尹雲中天成人父京遼進士爲西京留守宗翰兵至西京京出降久之京病薦以保衡屬宗翰京死宗翰薦之於朝賜進士出身補太子洗馬調解州軍事判官左監軍撒离喝駐軍陝西辟幕府參議軍事累官同知興中尹天德間繕治中都張浩舉保衡分督工役改大興少尹督諸陵工役再遷工部尚書海陵治兵伐宋與徐文等造舟於通州海陵獵近郊因至通州視工作兵興保衡爲浙東道水軍都統制率舟師泛海徑趨臨安宋兵來襲敗于海中副統制鄭家死之大定二年召赴中都是時山東盜賊嘯聚契丹攻掠臨潢等州郡百姓困弊詔保衡安撫山東前太子少保高思廉安撫臨潢發倉粟以賑之無衣者賜以幣帛或官粟有闕則收糴以給之無妻室者具姓名以聞還除刑部尚書與工部尚書宗永兵部侍郎完顏余里也往河南山東陝西宣問屯田軍人有曾破大敵及

攻城野戰立功者具姓名以聞或以寡敵衆或與敵相當能先登敗敵者正軍及摐甲阿里喜補官一階猛安謀克以功狀上尚書省曾隨海陵軍至淮上破敵者亦准上遷賞僕散忠義伐宋保衛行户部於關中兼糾察許以便宜黜守令不法者十餘人邠守傅慎微忤用事者被讒構下獄且死保衛力救之得免入爲太常卿遷禮部尚書拜參知政事三年宋人請和詔保衛往南京與僕散忠義斟酌事宜行之入奏進右丞四年宋人請和師還保衛朝京師初宮女稱心縱火十六位延燒諸殿上以方用兵國用不足不復營繕及宋和詔保衛監護役事遣少府監張仲愈取南京宮殿圖本上聞之謂保衛曰追仲愈還民間將謂朕效正隆華侈也六年冬有疾求致仕不許遣敬嗣暉傳詔曰卿以忠直擢居執政齒髮未衰遽以小疾求退善加攝養以俟疾間視事未幾薨年五十五世宗將放鷹近郊聞之乃還爲輟朝賻贈命有司致祭

翟永固字仲堅中都良鄉人太祖與宋約攻遼事成以燕歸宋宋人以經義兼策取士永固中第一授開德府儀曹參軍金破宋永固北歸中天會六年詞賦科授懷安丞遷望雲令補樞密院令史辟左副元帥宗翰府掾永固家貧求外補宗翰愛其能不許以錢三千貫周之薦於朝攝左

司郎中除定武軍節度副使歷同知清州防禦使入爲工部員外郎以母憂去官起復禮部郎中遷翰林直學士海陵篡立宋國賀正旦使至廣寧海陵使使以廢立事諭宋使遣還之以侍衛親軍都指揮使完顏思恭爲報諭宋使永固爲副且令永固伺察宋人動靜使還改禮部侍郎久之分護燕京宮室役事永固請寫無逸圖於殿壁不納俄遷太常卿考試貞元元年進士出尊祖配天賦題海陵以爲猜度己意召永固問曰賦題不稱朕意我祖在位時祭天拜乎對曰拜海陵曰豈有生則致拜死而同體配食者乎對曰古有之載在典禮海陵曰若桀紂曾行亦欲我行之乎於是永固張景仁皆杖二十而進士張汝霖賦第八韻有曰方今將行郊祀海陵詰之曰汝安知我郊祀乎亦杖之三十頃之永固遷禮部尚書賜笏頭毬文金帶改永定軍節度使正隆二年例降二品以上官爵永固階光祿大夫不降以寵異之遷翰林學士承旨與直學士韓汝嘉俱召至內殿問以將親伐宋事永固對曰宋人事本朝無釁隙伐之無名縱使可伐亦無煩親征遣將帥可也由是大忤海陵意永固即請致仕正隆四年正月丁巳海陵朝永壽宮四品以上官賜宴永固至殿門外海陵即以致仕宣命授之永固歸卧于家大定二年起拜尚書左丞請依

舊制廉察官吏華正隆守令之汙從之明年表乞致仕詔不許罷爲眞定尹賜通犀帶尚書省奏永固自執政爲眞定尹其繖蓋當用何制度上曰用執政制度遂著爲令五年懇乞致仕許之六年薨

魏子平字仲均弘州人登進士第調五臺主簿累除爲尚書省令史除大理丞歷左司都事同知中都轉運使事太府監正隆三年爲賀宋主生日副使是時海陵謀伐宋子平使還入見海陵問江左事且曰蘇州與大名孰優子平對曰江湖地卑濕夏服蕉葛猶不堪暑安得與大名比也海陵不悅世宗即位除戸部侍郎大定二年丞相僕散忠

義伐宋置元帥府於南京子平掌餽運給金牌一銀牌六糧道給辦進戸部尚書六年復爲賀宋主生日使上曰使宋無再往者卿昔年供河南軍儲有勞用此優卿耳久之拜參知政事上問子平曰古者稅什一而民足今百一而民不足何也子平對曰什一取其公田之入今無公田而稅其私田爲法不同古有一易再易之田中田一年荒而不種下田二年荒而不種今乃一切與上田均稅之此民所以困也上又問曰戍卒逋亡物故今按物力高者補之可乎對曰富家子弟騃懦不可用守戍歲時求索無厭家產隨壞若按物力多寡賦之募材勇騎射之士不足則調兵家子弟補之庶幾官收實用人無失職之患上從之海州捕賊八十餘人賊首海州人其兄今爲宋之軍官上聞之謂宰相曰宋之和好恐不能久其宿泗間漢軍以女直軍代之子平曰誓書稱沿邊州城除自來合設置射糧軍數并巡尉外更不得屯軍守戍上曰此更代之非增戍也上曰前日令內任官六品以上外任五品以上並舉所知未聞有舉之者豈無其才蓋知而不舉也子平曰請令當舉之官每任須舉一人澤州刺史劉德裕祁州刺史斜哥滄州同知訛里也易州同知訛里剌楚丘縣令劉春哥以贓汙抵罪上欲詔示中外丞相守道以爲不可上以問子平曰卿意何如子平曰臣聞懲一戒百陛下固宜行之上

曰然遂降詔焉宋人於襄陽漢江上造舟爲浮梁三南京統軍司聞而奏之上問宰臣曰卿等度之以爲何如子平曰臣聞襄陽薪芻皆於江北取之殆爲此也上曰朕與卿等治天下當治其未然及其有事然後治之則亦晚矣河南統軍使宗敘求入見奏邊事上使修起居注粘割斡特剌就問狀宗敘言得邊報及宋來歸者言宋國調兵募民運糧餉完城郭造戰船浮橋兵馬移屯江北自和議後即罷制置司今復置矣商虢海州皆有姦人出沒此不可不備嘗報樞密院彼視以爲文移故欲入見言之斡特剌召

凡言邊事者詰問皆無實狀行至境上問知襄陽浮橋乃樵采之路如子平策還奏詔凡妄說邊關兵事者徒二年告人得實賞錢五百貫上問宰臣曰祭宗廟用牛牛盡力稼穡有功於人殺之何如子平對曰惟天地宗廟用之所以異大祀之禮也十一年罷爲南京留守未幾致仕十五年起爲平陽尹復致仕二十六年薨于家

孟浩字浩然灤州人遼末年登進士第天會三年爲樞密院令史除平州觀察判官天眷初選入元帥府備任使承制除歸德少尹充行臺吏禮部郎中入爲户部員外郎郎中韓企先爲相拔擢一時賢能皆置機要浩與田瑴皆在

尚書省瑴爲吏部侍郎浩爲左司員外郎既典選善銓量人物分別賢否所引用皆君子而蔡松年曹望之許霖皆小人求與瑴相結瑴薄其爲人拒之松年蔡靖子靖將兵不能守燕山終敗宋國瑴頗以此譏斥松年松年初事宗弼於行臺省以微巧得宗弼意宗弼當國引爲刑部員外郎望之爲尚書省都事霖爲省令史皆怨瑴等時時毀短之於宗弼凡與瑴善者皆指以爲朋黨韓企先疾病宗弼往問之是日瑴在企先所聞宗弼至知其惡己乃自屏以避宗弼曰丞相年老且疾病誰可繼丞相者企先舉瑴而宗弼先入松年譖言謂企先曰此輩可誅瑴聞流汗浹背企先薨瑴出爲横海軍節度使選人龔夷鑑除名值赦赴吏部銓得預覃恩瑴已除横海部吏以夷鑑白瑴瑴乃倒用月日署之許霖在省典覃恩行臺省工部員外郎張子周素與瑴有怨以事至京師微知夷鑑覃恩事嗾許霖發之詆以專擅朝政詔獄鞫之擬瑴與奚毅邢具瞻王植高鳳庭王效趙益興龔夷鑑死其妻子及所往來孟浩等三十四人皆徙海上仍不以赦原天下冤之世宗在熙宗時知田瑴黨事皆松年等搆成之而浩等三十二人遇天德赦令還鄉里多物故惟浩與瑴兄穀王補馮煦王中安在大定二年召見復官爵浩爲侍御史穀爲大理丞補爲工部

員外郎煦爲兵部主事中安知火山軍事而浩尋復爲右司員外郎浩篤實遇事輒言無所隱上嘉其忠每對大臣稱之有疾求外補除祁州刺史致仕歸七年起爲御史中丞而浩已年老世宗以不次用之再閱月拜參知政事故事無自中丞拜執政者浩辭曰不次之恩非臣所敢當上曰卿自刺史致仕除中丞國家用人豈拘階次卿公正忠勤雖年高猶可宣力數年朕思之久矣浩頓首謝世宗勅有司東宮涼樓增建殿位浩諫曰皇太子義兼臣子若所居與至尊宮室相侔恐制度未宜固宜示以儉德上曰善遂罷其役因謂太子曰朕思漢文純儉心常慕之汝亦可

以為則也未幾皇太子生日上宴羣臣于東宮以大王杓黃金五百兩賜丞相志寧顧謂羣臣曰卿等能立功朕亦褒賞如此又曰參政孟浩公正敢言自中丞為執政卿等能如是朕亦不次用之世宗嘗曰女直本尚純朴今之風俗日薄一日朕甚憫焉浩對曰臣四十年前在會寧當時風俗與今日不同誠如聖訓上曰卿舊人固知之上謂宰臣曰宋前廢帝呼其叔湘東王為豬王食之以牢納之泥中以為戲笑書于史策所以勸善而懲惡也海陵以近習掌記注記注不明當時行事實錄不載衆人共知之者求訪書之浩對曰良史直筆君舉必書帝王不自觀史記注之臣乃得盡其直筆浩復奏曰歷古以來不明賞罰而能治者未之聞也國家賞善罰惡蓋亦多矣而天下莫能知乞自今凡賞功罰罪皆具事狀頒告之使君子知勸以遷善小人知懼以自警從之進尚書右丞兼太子少傅罷為眞定尹上曰卿年雖老精神不衰善治軍民毋遽言退以通犀帶賜之十三年薨田穀自大理丞累官同知中京留守終于利涉軍節度使二十九年章宗詔尚書省曰故吏部侍郎田轂等皆中正之士小人以朋黨陷之由是得罪世宗用孟浩為右丞當時在者俱已用之亡者未加追復其議以聞張汝霖奏曰轂專權樹黨先朝已正罪名莫不稱當今追贈官爵恐無懲勸汝霖先朝大臣嘗與顧命上初即位不肯輒逆其意謂之曰卿既以為不可姑置之蓋張浩與蔡松年友善故汝霖猶擠之也汝霖死後章宗復詔尚書省曰蓋自田轂黨事之後有官者以為戒惟務苟且習以成風先帝知轂等無罪錄用生存之人有擢至宰執者其次有為節度防禦刺史者其死者猶未追復子孫猶在編戶朕甚憫焉惟旌賢顯善無間存沒宜推先帝所以褒錄忠直之意並加恩䘏以勵風俗據田轂一起人除已敘用外但未經任用身死並與復舊官爵其子孫當時已有官職以父祖坐黨因而削除者亦與追復應合追復爵位人等子孫不及廕敘者亦皆量與恩例

梁肅字孟容奉聖州人自幼勤學晝夜讀書往往達旦母葛氏常滅燭止之天眷二年擢進士第調平遙縣主簿遷望都絳縣令以廉入為尚書省令史除定海軍節度副使改中都警巡使遷山東西路轉運副使營治汴宮肅分護役事攝大名少尹正隆末境內盜起驅百姓平人陷賊中不能自辨者數千人皆繫大名獄肅到官考驗得其情識出者十八九大定二年宛平趙植上書曰頃者正隆任用閹寺少府少監兼上林署令胡守忠因緣巧倖規取民利前薊州刺史完顏守道前中都警巡使梁肅勤恪清廉顯

加進權於是守忠落少監守道自濱州刺史召爲諫議大夫肅中都轉運副使改大興少尹肅上疏言方今用度不足非但邊兵耗費而已吏部以常調除漕司僚佐皆年老資高者爲之類不稱職臣謂凡軍功進士諸科門蔭人知錢穀利害能使國用饒足而不傷民者許上書自言就擇其可用授以職事每五年委吏部通校有無水旱屯兵視其增耗而黜陟之自漢武帝用桑弘羊始立榷酤法民間粟麥歲爲酒所耗者十常二三宜禁天下酒麴自京師及州郡官務仍舊不得酤販出城其縣鎮鄉村權行停止不報三年坐捕蝗不如期貶川州刺史削官一階解職上御

便殿召左諫議大夫奚纈翰林待制劉仲誨祕書少監移剌子敬訪問古今事少間纈從容請曰梁肅材可惜解職太重上曰卿言是也乃除河北東路轉運副使是時窩斡亂後兵食不足詔肅措置沿邊兵食移牒肇州北京廣寧鹽場許民以米易鹽兵民皆得其利四年通檢東平大名兩路户籍物力稱其平允他使者所至皆以苛刻增益爲功百姓訴苦之朝廷勑諸路以東平大名通檢爲準於是始定七年父憂去官起復都水監河決李固詔肅視之還奏決河水六分舊河水四分今障塞決河復故道爲一再決而南則南京憂再決而北則山東河北皆可憂不若止

於李固南築隄使兩河分流以殺水勢便上從之改大理卿尚輦局本把石抹阿里哥與釘校匠陳外兒共盜宮中造車銀釘葉肅以阿里哥監臨當首坐他寺官以陳外兒爲首抵死上曰罪疑惟輕各免死徒五年除名於時東京久不治上自擇肅爲同知東京留守事遷中都都轉運使轉吏部尚書上疏論臺諫其大旨謂臺官自大夫至監察諫官自大夫至拾遺陛下宜親擇不可委之宰相恐樹私恩塞言路也上嘉納之復請奴婢不得服羅上曰近已禁奴婢服明金矣可漸行之肅舉同安主簿高旭除平陽酒使肅奏曰明君用人必器使之旭儒士優於治民若使坐

列肆榷酒酤非所能也臣愚以爲諸道鹽鐵使依舊文武參注其酒稅使副以右選三差俱最者爲之上曰善改刑部尚書宋主屢請免立受國書之儀世宗不從及大興尹璋爲十四年正旦使宋主使人就館奪其書而重賂之璋還杖一百五十除名以肅爲宋國詳問使其書略曰盟書所載止於帝加皇字免奉表稱臣稱名再拜量減歲幣便用舊儀親接國書茲禮一定於今十年今知歲元國信使到彼不依禮例引見輒令迫取於館姪國禮體當如是耶往問其詳宜以誠報肅至宋宋主一一如約立接國書肅還附書謝其略曰姪宋皇帝謹再拜致書于叔大金應天

興祚欽文廣武仁德聖孝皇帝闕下惟十載遵盟之久無
一豪成約之違獨顧禮文宜存折衷矧辱函封之貺尚循
躬受之儀既俯迫于輿情嘗屢伸于誠請因歲元之來使
遂商榷以從權敢勞將命之還先布鄙悰之懇自餘專使
肅控請祈肅還至泗州先遣都管趙王府長史馳蒲蒲馬
入奏世宗大喜欲以肅爲執政左丞相良弼曰梁肅可相
但使宋還即爲之宋人自此輕我矣上乃止久之爲濟南尹
上疏曰刑罰世輕世重自漢文除肉刑罪至徒者帶鐐居
役歲滿釋之家無兼丁者加杖准徒今取遼季之法徒一
年者杖一百是一罪二刑也刑罰之重於斯爲甚今太平

曰久當用中典有司猶用重法臣實痛之自今徒罪之人
止居作更不決杖不報未幾致仕起復彰德軍節度使召
拜參知政事上謂侍臣曰梁肅以治入異等遂至大任廉
吏亦可以勸矣肅奏漢之羽林皆通孝經今之親軍即漢
之羽林也臣乞每百戶賜孝經一部使之教讀庶知臣子
之道其出職也可知政事上曰善人之行莫大於孝亦由
教而後能詔與護衛俱賜焉復上奏曰方今斗米三百人
已困饑以錢難得故也計天下歲入二千萬貫以上一歲
之用餘千萬院務坊場及百姓合納錢者通減數百萬院
務坊場可折納穀帛折支官兵俸給使錢布散民間稍稍

易得上曰懸欠院務許折納可也肅上疏論生財舒用八
事一曰罷隨司通事二曰罷酒稅司杓欄人三曰天水郡
王本族已無在者其餘皆遠族可罷養濟四曰裁減隨司
契丹吏員五曰罷榷醋以利與民六曰量減鹽價使私鹽
不行民不犯法七曰隨路酒稅許折納諸物八曰今歲大
稔乞廣糴粟麥使錢貨流出上曰趙氏養濟一事乃國家
美政不可罷其七事宰相詳議以聞上又曰朕在位二十
餘年鑒海陵之失屢有改作亦不免有繆戾者卿等悉心
奏之肅論正員官被差權攝官有公罪及正員還任皆准
去官勿論往往其人苟且不事其事乞于縣令中留十人

備差無差正員官上曰自今權攝有公罪正員雖還而本
職未替者勿以去官論之肅曰誠如聖旨肅與宰相奏事
既罷肅跪而言曰四時畋獵雖古禮聖人亦以爲戒陛下
春秋高屬時嚴寒馳騁於山林之間法宮燕處亦足怡神
願爲宗社自重天下之福也上曰朕諸子方壯使之習武
故時一往爾同知震武軍節度使鄧秉鈞陳言四事其一
言外多闕官及循資擬注不得人上以問宰相張汝弼曰
循資格行已久仍舊便肅曰不然如亡遼固不足道其用
人之法有仕及四十年無敗事即與節度使豈必循資哉
上曰仕四十年已衰老察其政蹟善者升之後政再察之

善又升之如此可以得人亦無曠事肅曰誠如聖訓肅論盜賊不息請無禁兵器上曰所在有兵器其利害如何肅曰他路則已中都一路上農夫聽置之似乎無害上曰朕將思之凡使宋者宋人致禮物大使金二百兩銀二千兩副使半之幣帛雜物稱是及推排物力肅自以身爲執政昔嘗使宋所得禮物多當爲庶民率先乃自增物力六十餘貫論者多之二十三年肅請老上謂宰臣曰梁肅知無不言正人也卿等知而不言朕實鄙之雖然肅老矣宜從其請遂再致仕詔以其子汝翼爲閤門祗候二十八年薨謚正憲

移剌慥本名移敵列契丹虞呂部人通契丹漢字尚書省辟契丹令史攝知除擢右司都事正隆南伐兼領契丹漢字兩司都事大定二年除眞定少尹入爲侍御史母憂去官起復右司員外郎累官陳州防禦使左丞相紇石烈良弼致仕上問誰可代卿者對曰陳州防禦使移剌慥清幹忠正臣不及也遂召爲太府監改刑部侍郎十九年以按出虎等八猛安自河南徙置大名東平之境還爲大理卿被詔典領更定制條初皇統間參酌隋唐遼宋律令以爲皇統制條海陵虐法率意更改或同罪異罰或輕重不倫或共條重出或虛文贅意吏不知適從奸緣舞法慥取皇統舊制及海陵續降通類校定通其窒礙略其繁碎有例該而條不載者用例補之特闕者用律增之凡制律不該及疑不能參決者取旨畫定凡特旨處分及權宜條例內有可常行者收爲永格其餘未可削去者別爲一部大凡一千一百九十餘爲十二卷書奏詔頒行之賜銀幣有差頃之擿徙山東猛安八謀克于河北東路置之酬斡青狗兒兩猛安舊居之地詔無牛耕者買牛給之攝御史大夫數月改御史中丞兼同修國史遷刑部尚書改吏部尚書尋改大興尹駕幸上京顯宗守國使人諭之曰自大駕東巡京尹所治甚善我將有春水之行當益勤乃事還以所獲鵝鴨賜之有疾在告遣官醫診視復爲刑部尚書上還自上京以爲西京留守改臨洮尹卒

移剌子敬字同文本名屋骨朶魯遼五院人曾祖霸哥同平章事父拔魯准備任使官都統杲克中京遼主西走留拔魯督輜重已而輜重被掠拔魯乃自髡逃于山林子敬讀書好學皇統間特進移剌固修遼史辟爲掾屬遼史成除同知遼州事舊本廳自有占地歲入數百貫州官歲取其課地主以爲例未嘗請辯子敬曰已有公田何爲更取民田竟不取秩滿郡人請留于行臺省不許天德三年入爲翰林修撰遷禮部郎中正隆元年諸將巡邊詔子敬監

戰軍帥以戰獲分將士亦以遺子敬子敬不受及還入見海陵謂之曰汝家貧而不苟得不受俘獲朕甚嘉之凡同行官僚所取者皆没入于官其後詔子敬宴賜諸部諭之曰凡受進例遣宰臣以汝前能稱職故特命汝使還遷翰林待制大定二年以待制同修國史是時窩斡餘黨散居諸猛安謀克中詔子敬往撫之仍宣諭猛安謀克及州縣漢人無以前時用兵相殺傷挾怨輒害契丹人使還改祕書少監兼修起居注修史如故詔曰以汝博通古今故以命汝常召入講論古今及時政利害或至夜半子敬有良馬平章政事完顏元宜索之子敬以元宜爲相也不與至

是元宜乞致仕罷爲東京子敬乃以此馬贐行識者韙之是時僕散忠義伐宋宋請和而書式疆界未定子敬與祕書少監石抹頤修起居注張汝弼侍便殿上曰宋主求成反覆無信喜爲夸大子敬對曰宋人自來浮辭相欺來書言海陵敗于采石大軍北歸按兵不襲俾全師而還海陵未嘗敗于采石其譎詐多此類也回書宜言往者大軍若令渡江宋國境土必爲我有上曰彼以詭詐我以誠實但當以理折之遷右諫議大夫起居注如故上幸西京州縣官入見猛安謀克不得隨班子敬奏軍民一體合令猛安謀克隨班入見上嘉納之於是責讓宣徽院及端午朝會詔

依子敬奏行之子敬言山後禁獵地太廣有妨百姓耕墾上用其言遂以四外獵地與民遷祕書監諫議起居如故子敬舉同知宣徽院事移剌神獨斡兵部侍郎移剌按答太子少詹事烏古論三合自代上不許子敬與同簽宣徽院事移剌神獨斡侍上曰亡遼不忘舊俗朕以爲是海陵習學漢人風俗是忘本也若依國家舊風四境可以無虞此長久之計也世宗將如涼陘子敬與右補闕粘割斡特剌左拾遺楊伯仁奏曰車駕至曷里滸西北招討司囿於行宮之内地矣乞遷之於界上以屏蔽環衛上曰善詔尚書省曰招討斜里虎可徙界上治蕃部事都監撒八仍於

燕子城治猛安謀克事上與侍臣論古之人君賢否子敬奏曰陛下凡與宰臣謀議不可不令史官知之上曰卿言是也轉簽書樞密院事同修國史出爲河中尹請老河中地熱上恐子敬不耐暑改興中尹子敬女自懿州來興中省謁遇盜途中剽掠其行李且盡既而還之謝曰我輩初不知爲府尹家也尹有德于民尚忍侵犯邪徙咸平廣寧尹二十一年致仕卒于家年七十一子敬嘗使宋及受諸部進貢所受禮物皆散之親舊及卒家無餘財其子貿宅以營葬事

贊曰金制尚書令左右丞相平章政事是謂宰相左右丞

參知政事是謂執政大抵因唐官而稍異焉因革不同無足疑者書曰元首明哉股肱良哉庶事康哉又曰元首叢脞哉股肱惰哉萬事墮哉宰相執政豈異道邪蘇保衡翟永固魏子平孟浩梁肅皆當時之賢執政也移剌慥子敬有其才適其時而位不及者亦命也夫

列傳第二十七

列傳第二十八　金史九十

開府儀同三司上柱國錄軍國重事前中書右丞相監修國史領經筵事都總裁臣脫脫奉

勅修

趙元　移剌道本名按　高德基

馬諷　完顏元不喝　劉徽柔

賈少冲子益　移剌斡里朶　阿勒根彦忠

張九思　高衎　楊邦基

丁暐仁

趙元字善長涿州范陽人遼天慶八年登進士第仕至尚書金部員外郎遼亡郭藥師爲宋守燕以元掌機宜文字王師取燕藥師降樞密使劉彦宗辟元爲本院令史天會間同知薊州事有賊殺人橫道官吏圍視莫知所爲路人耕夫聚觀甚衆元指田中釋耒而來者曰此賊也叱左右縛之遂伏僚吏問其故元曰偶得於眉睫間耳其後朝廷立磨勘格凡嘗仕宣和者皆除名籍元在磨勘中齊國廢置行臺省于汴選名士十餘人備官屬元在選中授行兵部郎中行臺從大名再從祁州及宗弼再取河南元皆攝户部事賦調兵食取辦天眷三年爲行臺右司員外郎囚有殺人當死者行臺欲宥之元不從反覆數四勢不可奪乃仰天嘆曰如殺人者可宥死者復何辜何欲徼己福而

亂天下法乎行臺竟不能奪改左司員外郎攝吏部事在行臺九十年吏事明敏宗弼深知之行臺或有事上相府宗弼必問曾經趙元未也其見重如此爲同簽汴京留守事改同知大名尹用廉遷河北西路轉運使歷彰德武勝等軍節度使以老致仕卒于家

移剌道本名按宗室移剌古爲山東東路兵馬都總管辟掌軍府簿書往來元帥府計議邊事右副元帥宗弼愛其才召爲元帥府令史補尚書省令史特除監察御史再遷大理丞兼工部員外郎海陵南伐使督運芻糧所在盜起道路梗澁間關僅至淮南上謁承問具言四方盜賊狀海陵惡聞其言杖之七十使督戰艦渡江會海陵死軍還大定二年除工部郎中奉詔招撫諸奚是時抹白猛安下謀克徐列等皆欲降制於猛安合住不敢即降道發兵掩襲合住子婦孫男女甥及謀克留住及蒲輦白撒妻孥是日適窩斡遣白撒發抹白猛安軍白撒聞其家人被獲遂來降改禮部郎中從討窩斡佩金牌與應奉翰林文字訛里也招降叛奚奉使河南勸課農桑密訪吏治得失累遷御史中丞同修國史廉問職官殿最還奏上曰職官貪汙罪廢其餘因循以苟歲月今廉能即與升除無以慰百姓愛留之意可就遷秩秩滿升除於是廉能官景州刺史耶律

補進一階箪州刺史石抹靳家奴泰寧軍節度副使尹昇卿寧陵縣令監邦彥濬州司候張匡福各進兩階貪汙官同知濬州防禦使事蒲速越真定縣令特謀葛並免死杖一百五十除名同知睢州事烏古孫阿里補杖一百削四階非奉旨不得録用於是道改同知大興尹事詔曰京師士民輻湊犯法者衆罪狀自實毋爲文所持斷之以公可也朕嘗諭執政矣必不以小苛譴卿勉副朕意遷刑部尚書尚廄局使宗夔副使石抹青狗私用官芻事覺尚廄局隷點檢司刑部當自問點檢烏林荅天錫屬刑部使輕其罪刑部以付大興府鞫治於是道及天錫郎中丁暐仁皆坐解職尋起爲大理卿兼簽書樞密院事再遷西京留守

卒

高德基字元履遼陽渤海人皇統二年登進士第六年爲尚書省令史海陵爲相專恣自用人莫敢拂其意德基每與之詳辨及篡位命左司郎中賈昌祚諭旨曰卿公直果敢今委卿南京行省勾當未行會海陵欲都燕京命德基攝燕京行臺省都事改攝右司員外郎除户部員外郎改中都路都轉運副使遷户部郎中正隆三年詔左丞相張浩參知政事敬嗣暉營建南京宮室明年德基與御史中丞李籌刑部侍郎蕭中一俱爲營造提點海陵使中使謂

德基等曰汝等欲乘傳往邪欲乘己馬往邪銀牌可於南京尚書省取之籌乞先降銀牌復遣中使謂籌曰牌之與否當出朕意爾敢輒言豈以三人中官獨高邪遂杖之三十遣乘己馬往德基中一乘傳往轉同知開封尹大定三年以察廉治狀不善下遷同知北京路都轉運使事是年秋土河泛濫水入京城德基遽命開長樂門疏分使入御溝以殺其勢水不能爲害遷刑部侍郎七年改中都路都轉運使九年轉刑部尚書有犯罪當死者宰相欲從末減德基曰法無二門失出猶失入也不從及奏上曰刑部議是也因召諸尚書諭之曰自朕即位以來以政事與宰相

爭是非者德基一人而已自今部上省三議不合即具以聞爲宋主生日使及還宋人禮物外附進臘茶三千胯不親封署德基曰姪獻叔而不署是無名之物也卻之十一年改戶部尚書德基上疏乞免軍須房稅等錢減農稅及鹽酒等課未報隨朝官俸粟折錢增高市價與之多出官錢幾四十萬貫上使人諭之曰卿爲尚書取悅宰執近臣濫出官錢卿之官爵一出於朕柰何如此於是決杖八十戶部郎中王佐員外郎盧彥沖同知中都轉運使劉銑副使石抹長壽支度判官韓鎮左警巡使李克勤右警巡使李寶判官強鋭昌姚宗奭尼厖古達吉不皆決杖有差詔

自大定十一年八月郊祀赦後尚書省御史臺戶部轉運司警巡院多支俸粟折錢皆追還之德基降蘭州刺史王佐降大興府推官盧彥沖河北西路戶籍判官劉銑東京警巡使石抹長壽東京留守推官韓鎮河東南路戶籍判官李克勤通遠縣令李寶清水縣令強鋭昌姚宗奭尼厖古達吉不皆除司候大定十二年德基卒年五十四子錫

馬諷字良弼大興漷陰人國初以燕與宋諷游學汴梁登宣和六年進士第宗翰克汴京諷歸朝復登進士第調蔚州廣靈丞遷雄州歸信令境有河曰八尺口每秋潦漲溢害民田諷視地高下疏決之其患遂息召爲尚書省令史

除獻州刺史天德初改寧州民有告謀不軌者株連數十百人諷察其無狀乃究問告者告者具伏其誣衆懽呼感泣再遷南京副留守入爲大理少卿是時高楨爲御史大夫素貴重繩治無所避權貴憚其威嚴乃以諷及張忠輔爲中丞欲有以中傷之者諷忠輔皆文吏巧法不能與楨絲髮相假借楨畏其害己因訴于海陵海陵以楨太祖舊臣每慰安之諷改大理卿歲餘出爲順天軍節度使大定二年復爲大理卿遷刑部尚書改忠順軍節度使致仕卒

完顏兀不喝會寧府海姑寨人年十三選充女直字學生補上京女直吏再習小字兼通契丹文字充尚書省令史

天德初除吏部主事鞫問押懶路詐襲謀克事人稱其能擢右拾遺海陵謂之曰始聞汝名試以吏部主事今計其實優於所聞遠矣累遷右司郎中從海陵伐宋至淮南聞世宗即位于遼陽兀不喝入白其事海陵沉思良久曰卿等始聞之邪我已知之遣人往矣此大事勿泄于外大定二年秩滿當代世宗嘉其善敷奏特詔再任謂宰臣曰兀不喝爲人公忠後來有如斯人者卿等宜薦舉之其見知如此窩斡已平詔罷契丹猛安謀克其元管户口及從窩斡作亂來降者皆隸女直猛安謀克遣兀不喝於猛安謀克人户少處分置未經罷去猛安謀克合承襲者仍許承襲賑贍其貧乏者仍括買契丹馬匹官員年老之馬不在括限頃之世宗以諸契丹未嘗爲亂者與來降者一槩隸女直猛安中非是未嘗從亂可且仍舊平章政事完顏元宜奏已遷契丹所棄地可遷女直人與不從亂契丹雜處上以問右丞蘇保衡參政石琚皆不能對上責之曰卿等每事先熟議然後奏有問即對豈容不知此保衡琚頓首謝上曰分隸契丹以本猛安租稅給贍之所棄地與附近女直人及餘户願居者聽其猛安謀克官選契丹官員不預亂者充之改同知大興尹遷橫海軍節度使初到官讞囚能得其情人以爲不冤五年卒官

劉徽柔字君美大興安次人天眷二年擢進士第初爲真定藁城主簿轉開遠軍節度掌書記遷洪洞令徽柔明敏善聽斷縣人楊遠者投牒于縣以爲夜雨屋壞壓其姪死號訴哀切徽柔熟視而笑曰汝利姪財而殺之乃誣雨耶叱付獄其人立伏曰公神明也不敢延死遂寘于法秩滿縣人遮戀不得去者彌日爲立生祠刻石頌德正隆二年入爲大理評事遷司直大定二年同知河東南路轉運使事以廉第一改知平定軍入爲大理少卿七年知磁州改同知南京留守事十年遷中都路轉運使卒官

賈少冲字若虛通州人勤學日誦數百千言家貧甚嘗道中獲遺金訪其主歸之天會中再伐宋調及民兵少冲甫冠代其叔行雖行伍間未嘗釋卷中天眷二年進士劉筈欲以妹妻之少冲辭不就曰富貴當自致之調營州軍事判官遷定安令蔚州刺史侍貴不法屬吏畏之每事輒曲從其意少冲守正不阿用廉進官一階再遷吏部主事定武軍節度副使河中府判官海陵寖以失道少冲謂所親曰天下且亂不可仕也秩滿乃不求仕大定二年調御史臺典事累遷刑部郎中往北京決獄奏誅首惡誤牽連其中者皆釋不問全活凡千人以本職攝右司員外郎嘗執奏刑名甚堅既退上謂侍臣曰少冲居下位有守如此除

同知河間尹數月入爲祕書少監兼起居注左補闕少沖外柔内剛每從容進諫世宗稱美之十四年爲宋主生日副使宋國方有祈請上以意諭少沖少沖對曰臣有死無辱宋人別致珍異少沖笑謂其人曰行人受賜自有常數寧敢以賂辱君命乎遂不受使還世宗嘉之遷右諫議大夫祕書起居注如故十七年請老除衛州防禦使遷河東南路轉運使召爲太常卿兼祕書少監復請致仕不許改順天軍節度使卒少沖性夷簡不喜言利嘗教諸子曰蔭所以庇身筦庫不可爲也聞者尚之子益

益字損之少穎悟如成人大定十四年父少沖爲祕書少

監充宋主生日副使益侍行是時宋人常爭起立接受國書之禮少沖問益曰即宋人欲變禮持議不決柰何益曰守死無辱可謂使矣少沖大奇之中大定十九年進士調河津主簿丁父憂去官察廉起復磐山令補尚書省令史丁母憂服闋除定海軍節度副使監察御史治書侍御史轉侍御史知登聞鼓院兼少府少監未幾改禮部郎中兼知登聞鼓院看讀陳言文字遷左司郎中改吏部侍郎兼蔡王傅以病免除鄭州防禦使陝西東路轉運使順天軍節度使大安初召爲吏部尚書有疾改安國軍節度使益調民夫修完城郭爲戰守備按察司止之不聽曰治城守臣事也按察何預既而兵至以有備解去改横海定國軍節度使道阻不赴宣宗初爲吏部尚書益爲侍郎相得歡甚貞祐二年至汴京訪益所在召爲太常卿上防秋十三事與户部尚書李革論遷河北軍民不便不報貞祐三年致仕元光元年卒

移剌斡里朶一名八斤系出遼五院司通契丹字天會三年伐宋隸軍中遇戰輒先登屢獲偵人有司上其功補尚書省令史十五年籍發諸部兵於山後將與右丞蕭慶會時官軍竄而南者凡數千斡里朶以兵邀擊之盡獲其輜重財物悉送有司而去一毫弗取以勞遷修武校尉宗弼

復河南斡里朶督諸路帥臣進討事定以勞遷宣武將軍時六部未分乃以爲兵刑二部主事未幾遷右司都事皇統二年授大理正歷同知昭德軍節度使事以廉陞孟州防禦使正隆間轉同知北京留守事會遊古河閘子山等猛安契丹謀亂時方發兵討之別遣斡里朶押軍南下至松山縣爲賊黨江哥所執且欲推爲主盟要以契約斡里朶怒曰我受國厚恩豈能從汝反耶寧殺我契約不可得也賊知不可屈乃困辱之使布衣草履逐馬而行且欲害之斡里朶說其監奴因得脫還六年九月改北京路轉運使大定初爲博州防禦使再遷利涉軍節度使先是有農

民避賊入保郡城以錢三十千寄之鄰家賊平索之鄰人諱不與訴于縣縣官以無契驗却之乃訴于州斡里朶陽怒械繫之捕其鄰人鞫以三木詰之曰汝鄰乙坐刼殺人指汝同盜鄰人大懼始自陳有欺錢之隙乃責歸所隱錢而釋之郡人駭服改通遠軍節度使卒

阿勒根彦忠本名窊合山曷速館人也好學通吏事天會十四年選充尚書兵部孔目官陞尚書省令史除右司都事七年改大理丞爲會寧少尹進同知會寧府事入爲尚書吏禮部郎中貞元二年進本部侍郎海陵廢人凡有所疑常使彦忠裁決彦忠據法以對間有不合則召讓之彦

忠執奏如前終無阿屈同列咸爲懼彦忠固執不變海陵壯之明年除御史中丞歷尚書户部侍郎侍衛親軍副都指揮使海陵南伐除南京路都轉運使大定二年改大名尹兼本路兵馬都總管四年入爲刑部尚書詔規措北邊艱食户口及泰州臨潢接境度宜安置堡戍七駐兵萬三千芻糧之用就經畫之還朝未及入對以疾卒年五十三彦忠性孝友嘗使宋所得金帛盡分兄弟親友贈榮禄大夫命有司致祭并以銀絹賜其家

張九思字全行錦州人皇統初補行臺省女直譯史除同知易州事三遷亳州防禦使歸德尹劉仲延受宋國歲貢於泗州九思副之往歲受歲貢者每以幣物不精責宋使者宋使者私饋銀幣各直數百千以爲常九思獨不肯受仲延從之自是私饋遂絕自大理評事再遷大理少卿清池令雙申自陳父虔夭眷初知永安軍遇叛寇孟邦傑執而脅之不從遂被害乞正班用廕大理寺議虔子止合雜班敘九思曰虔奮不顧身守節以死其子正班用廕以勸忠孝世宗從九思議改工部郎中大興少尹同知中都都轉運使事轉刑部侍郎改工部九思所守清約然急於進取一切以功利爲務率意任情不恤百姓詔檢括官田凡地名疑似者如皇后店太子莊燕樂城之類不問民田契

驗一切籍之復有鄰接官地冒占幸免者世宗聞其如是召還戒之曰如邊時支撥地土及國初元帥府拘刷民間指射租田近歲冒爲已業此類當拘籍之其餘民田一旦奪之則百姓失業朕意豈如此也轉御史中丞九思言屯田猛安人爲盜徵償家貧輒賣所種屯地凡家貧不能徵償者止令事主以其地招佃收其租入估賈與徵償相當即以其地還之臨洮尹完顏讓亦論屯田貧人徵償賣田乞用九思議詔從之遷工部尚書年高愈自用上謂左丞張汝弼曰九思耄矣頗執強自用欲令外補何如於是九思男若拙爲尚書省令史冒塡詔勑事覺亡命汝弼因奏

其事上曰九思豈不知若拙處邪可免其官捕若拙獲日授職九思聞命惶懼因感疾卒

高衎字穆仲遼陽渤海人敏而好學自少有能賦聲同舍生欲試其才使一日賦十題戲之衎執筆怡然未暮十賦皆就彬彬然有可觀年二十六登進士第乞歸養逾二年方調潞陰丞召爲尚書省令史除右司都事母喪去官起復吏部員外郎攝左司員外郎王彥潛常大榮李慶之皆在吏部選中吏部擬彥潛大榮皆進士第一次當在慶之上彥潛洺州防禦判官大榮臨海軍節度判官慶之瀋州觀察判官左司郎中賈昌祚挾私欲與慶之洺州詭曰洺

雖佳郡防禦幕官在節鎮下乃改擬彥潛臨海軍大榮瀋州慶之洺州慶之初赴選昌祚以慶之爲會試銓讀官而慶之第慶雲爲尚書省令史多與權貴游海陵心惡之嘗謂左右司昌祚必與慶之善闞大奉國臣者遼陽人永寧太后族人先爲東京警巡院使以贓免去欲因太后求見海陵不許衎與奉國臣有鄉里舊擬爲貴德縣令海陵大怒於是昌祚衎吏部侍郎馮仲等各杖之有差慶雲決杖一百五十罷去未幾仲昌祚慶雲皆死衎降爲清水縣主簿兵部員外郎攝吏部主事楊邦基降宜君縣主簿吏部主事宋仝降潞陰縣主簿尚書省知除楊伯傑降閭陽縣主簿居二年爲大理司直遷戶部員外郎同知中都都轉運使太常少卿吏部郎中大定初轉左司郎中世宗孜孜求諫羣臣承順旨意無所匡正上曰朕初即位庶政多未諳悉實賴將相大臣同心輔佐百姓且上書言事或有所補夫聽斷獄訟簿書期會何人不能如唐虞之聖猶曰稽于衆舍己從人正隆專任獨見不謀臣下以取敗亂卿等其體朕意使衎傳詔臺省百司曰凡上書言事或爲有司沮遏許進表以聞遷吏部尚書每季選人至吏部託以檢閱舊籍謂之檢卷有滯留至後季猶不得去者衎三爲吏部知其弊歲餘銓事修理選人便之五年爲賀宋國生日使中道得疾去職大定七年卒

楊邦基字德懋華陰人父絢宋末爲易州佐宗望伐宋蔡靖以燕山降易州即日來附絢被殺邦基年十餘歲匿僧舍中得免既長好學天眷二年登進士第調灤州軍事判官遷太原交城令太原尹徒單恭貪汙不法託名鑄金佛命屬縣輸金邦基獨不與徒單恭怒召至府將以手持鐵柱杖撞邦基面邦基不動秉德廉察官吏尹與九縣令皆免去邦基以廉爲河東第一召爲禮部主事以兵部員外郎攝吏部差除坐銓注李慶之大興國奴與高衎等皆貶官邦基降坊州宜春簿轉高密令大定初尚書省擬邦

基刑部郎中世宗曰縣官即除郎中如何太師張浩對曰邦基前爲兵部員外郎矣且其人材可用上許之改太府少監知登聞檢院爲秘書少監遷翰林直學士再遷秘書監兼左諫議大夫修起居注中都警巡使張子衍與邦基姻家子衍道中遇皇太子衛仗立馬市門不去繖衛士訶之子衍以鞭鞭衛士訶已者御史臺劾奏子衍邦基見臺官爲子衍求解及入見顯宗求脫子衍罪詔削子衍官兩階邦基坐削官一階出爲同知西京留守事徙山東東路轉運使求定軍節度使致仕大定二十一年卒邦基能屬文善畫山水人物尤以畫名當世云

丁暐仁字藏用大興府宛平人曾祖顗祖惟壽父鈞以吏補州縣所至有治聲其後致仕杜門不出鄉里有鬬訟者不之官而就鈞質焉暐仁沖澹寡欲讀書之外無他好遼季避難雖間關道塗未嘗釋卷皇統二年登進士第調武清縣丞縣經兵革後無學校暐仁召邑中俊秀子弟教之學百姓欣然從之調磁州軍事判官是時詔使廉察官吏暐仁以廉稱守事遷和川令前令罷耎不事事羣小越法干禁無所憚暐仁申明法禁皆屏息或走入他縣以避之有董祐者最強悍畏服暐仁以刀斷指誓終身不復犯法乃祖賦與百姓前爲期率比他邑先辦歷北京推官再遷大理司直以憂去官尋起復大定三年除定武軍節度副使而節度使同知皆闕暐仁爲政無留訟改大理丞吏部員外郎轉戶部郎中於是賈少沖爲刑部郎中上謂左丞相紇石烈良弼曰少沖爲人柔緩不稱刑部之職其議易之乃以暐仁爲刑部郎中坐尚廐局官私用官錫違格付大興府鞫問解職改祈州刺史祈州爲定武支郡士民聞暐仁之官相率歡迎界上相屬不絕改同知西京留守事首興學校以明養士之法陝西西路轉運使大定二十一年卒官

贊曰吏之興其秦之季邪吏有選試其遼金之際邪其文

從一從史守法不貳之謂邪守法不貳斯真吏矣巧者舞文以亂法窒者執一而弗通此皆吏道之自失者也高衎高德基張九思之徒皆詭法以自失者矣

列傳第二十八

列傳第二十九　　金史九十一

開府儀同三司上柱國錄軍國重事前中書右丞相監修　國史領　經筵事都總裁臣脫脫奉

敕修

完顏撒改　龐迪　溫迪罕移室懣

神土懣　移剌成　石抹卞

楊仲武　蒲察世傑本名阿撒　蕭懷忠

移剌按荅　孛术魯阿魯罕　趙興祥

石抹榮　敬嗣暉

完顏撒改上京納魯渾河人也其先居於兀冷窟河身長多力善用槍王師南征睿宗爲右副元帥置之麾下佩以金牌使督軍事天德元年授本班祗候郎君詳穩其後從軍泰州路軍帥以撒改爲萬户領銀术可等猛安戍北邊數有戰功二年正月海陵庶人遣使夏國諭以即位事因令伺彼之意既還稱旨爲尚書兵部郎中改同知會寧尹還迭剌部族節度使改甌里本群牧使爲曷懶路都總管海陵伐宋授衛州防禦使爲武震軍都總管世宗即位遣使召撒改既至除昌武軍節度使已而爲山東路元帥副都統改安化軍節度使兼副都統如故四年徙鎮安武仍兼副統領山東大名東平三路軍八萬餘渡淮會大軍伐宋進至楚州宋遣使奉歲幣還邳州卒

龐迪字仲由延安人少倜儻喜讀兵書習騎射學推步孤虛之術無所効用應募隸涇原路第三副將破賊有功授保義郎嘗從百餘騎經行山谷遇夏人數千衆皆駭懼請避迪遂躍馬犯陣敵皆披靡身被重創神色自若完軍以還自是知名擢爲正將權發遣涇原路兵馬都監齊國建涇原路經略使張中孚舉迪權知懷德軍兼沿邊安撫使夏人合軍五萬薄懷德城迪開門待之夏人不敢入因以數千騎分門突出遂破之斬首五百級獲軍資羊馬甚衆復破關師古兵擢知涇州未到官改知鎮戎軍沿邊安撫使已而權淮南東路馬步軍副總管總制沂密淮陽兼權知沂州丁父憂去官尋起復爲環慶路兵馬都鈐轄權知邠州齊國廢改華州防禦使頃之軍變被執入山已而賊衆悔曰公爲政素善豈宜劫辱遂縱之還復領州事天眷元年除永興軍路兵馬都總管兼知京兆府徙臨洮尹兼熙秦路兵馬都總管陝右大饑流亡四集迪開渠溉田流民利其食居民藉其力各得其所郡人立碑紀其政績官制行吏部以武功大夫博州團練使特授定遠大將軍七年除慶陽尹歷三考不易以治最聞詔書褒美西人榮之正隆元年遷鳳翔尹屢上章求退不許海陵南伐徵斂煩急官吏因緣爲姦富者用賄以免貧者破產益困迪悉召

民使共議增減不加威督而役力均人情大悦五年徙汾陽軍節度使大定初復爲臨洮尹遷南京路都轉運使以省事惜費安静爲政河南稱之徙絳陽軍節度使卒官年七十迪性純孝父病醫藥弗効迪仰天泣禱刲股作羹由是獲安昆弟析家財迪盡以與之一無所取官爵之廕率先諸姪疾革沐浴朝服而逝

温迪罕移室懣速頻也懣歡春人徙上京忽論失懶兄术輦國初有功授世襲謀克移室懣性忠正強毅善騎射膂力過人皇統初襲其兄謀克積戰功爲洮州刺史謂人曰謀克兄職也兄子斡魯古今已長矣遂以謀克讓還兄子

宗弼聞而嘉之曰能讓世襲可謂難矣除貴德州刺史改移典糺詳穩遷烏古里部族節度使改德昌軍正隆四年大徵兵南伐泰州猛安定遠阿補以所部叛還移室懣以七謀克執定遠阿補勒其衆付大軍契丹反敗會寧六猛安於締毋嶺屯於信韓二州之境移室懣率數千人殺賊萬餘于伊改河以功遷臨潢尹世宗即位賜手詔曰南征諸路將士及鄉子姪安遠斡魯古斜普兄弟具甲仗悉來推戴朕勉即大位卿累世有功耆舊之臣緣邊事未寧臨潢劇任姑仍舊職聞樞密副使白彦敬南京留守紇石烈志寧來討契丹今已遣人往招之其家皆在南京恐或遯去兼起異謀若至則已若不至卿當以計執而獻之兩次遣人招誘招討都監老和尚去人不知彼之所在久而不還兼老和尚不知朕已即位卿可使人諭以朕意如來降悉令復舊邊關之事可設耳目是時窩斡已反領兵數萬來攻臨潢諸路軍未至窩斡勢益大移室懣領城中軍士六百人邀擊窩斡凡數接戰動殺甚衆所乘馬中流矢而仆爲賊所執賊使移室懣招城中人曰爾生死在頃刻能使城中出降官爵如故不然殺汝矣移室懣怒罵賊曰我受國家爵禄肯從汝叛賊乎賊執之至城下迫脅之使招城中其妻子官屬將士皆登城臨望移室懣厲聲曰我恨

軍少不能滅賊人生會有一死耳汝輩慎勿降賊一旦開門納賊城中百姓皆被殺掠毋以我故敗國家事賊無能爲也賊怒殺之城中人皆爲之感激推官麻珪益繕完城郭右監軍神土懣輔國上將軍阿思懣乘城固守賊不克攻遂引衆東行

神土懣本諸宗室贈銀青光禄大夫胡速魯改子也年十五事太宗爲左奉宸皇統二年充護衛除武器署丞累官肇州防禦使大定初除元帥右都監與咸平尹吾扎忽率泰州兵及曷懶路兵千五百人會臨潢尹移室懣討契丹契丹犯臨潢移室懣死攻之不能克乃引衆東行神土懣

表乞濟師十二月甲辰世宗次海濵縣得奏上曰神土懣吾扎忽軍不少可以從長攻襲矣會右副元帥謀衍以大軍至神土懣改曷速館節度使隷右翼與紇石烈志寧敗賊於長濼戰霿鬆河皆有功改婆速路兵馬都總管卒

移剌成本名落兀其先遼横帳人也沉勇有謀通契丹漢字天會間隷撻懶下爲行軍猛安與宋人戰於楚泗之間成以所部先登大破宋軍功最諸將劉麟約會天長軍議進止成與夾古查合你俱爲撻懶前鋒得宋生口爲鄉導遂達天長睿宗薨之後從宗弼將兵廢齊國及再伐宋攻濠州每戰輒先登多所摧破宗弼再取河南成及蕭懷忠等八猛安先渡河南平第功授宣武將軍除威州刺史用廉擢同知延安尹再遷昭義軍節度使正隆南伐爲武毅軍都總管撒八反海陵以事誅契丹名將成以本軍守磁即遣妻子還汴海陵用是不疑時人高其有識改神武軍都總管與李术魯定方爲淛東道先鋒使由淮陰進兵以所部護糧赴揚州敵兵乘夜來攻成整兵奮擊斬刈甚衆會海陵廢人死軍還復鎮昭義大定二年以廉在優等改河中尹再除臨洮尹招降喬家等族首領結什角遷南京留守召拜樞密副使封任國公改北京留守卒訃聞上悼惜之授其子順思阿不武功將軍世襲咸平路鈔赤隣猛

安下查不魯謀克

結什角者西蕃既衰其苗裔曰董氈其子曰巴氈角始附宋賜姓趙改名順忠順忠子永吉永吉子世昌皆受宋官爲左武大夫遙領萊州防禦使襲把羊族長朝廷定陝西世昌換忠翊校尉既而鬼蘆族長京臧殺世昌朝廷遣兵執京臧斬之臨洮市以世昌子鐵哥爲把羊族都管大定四年宋人破洮州鐵哥弟結什角與其母走入喬家族避之喬家族首領播逋與鄰族木波隴逋厖拜丙離四族耆老大僧等立結什角爲木波四族長號曰王子其地北接洮州積石軍其南隴逋族南限大山八百餘里不通人行東南與疊州羌接其西丙離族西與盧甘羌接其北厖拜族與西夏容魯族接地高寒無絲枲五穀惟産青稞與野菜合酥酪食之其疆境共八千里合四萬餘户其居隨水草畜牧遷徙不常結什角念朝廷爲其父報讎欲棄四族歸朝四族不許成至臨洮使人招結什角乃率四族來附進馬百四仍請每年貢馬詔曰遠人慕義朕甚嘉之其遣能吏往撫其衆厚其賞賜初天會中詔以舊積石地與夏人夏人謂之祈安城有莊浪四族一曰吹折門二曰密臧門三曰隴逋門四曰厖拜門雖屬夏國叛服不常大定六年夏人破滅吹折密臧二門其逋隴厖拜二門與喬家族相鄰遂歸結什角夏國遣使來告莊浪

族逋命作亂欲興兵剪除朝廷不知隴逋庬拜二門舊屬夏國報以將檢會其地舊所隸屬毋擅出兵結什角之母居于莊浪族中大定九年結什角往省其母夏人伺知之遂出兵圍結什角招之使降結什角不從率所部力戰潰圍出夏人斫斷其臂虜其母去部兵亦多亡者結什角尋亦死遺言請命朝廷復立喬家族首領陝西奏聞知夏國王李仁孝與其臣任得敬中分其國發兵四萬役夫三萬築祈安城殺喬家等族首領結什角屢獲宋諜人言宋欲結夏國謀犯邊境詔遣大理卿李昌圖左司員外郎粘割斡特剌往按之且止夏人毋築祈安城及處置喬家等族別立首領夏國報云祈安本積石舊城久廢邊臣請設戍兵鎮撫莊浪族所以備盜非有他也結什角以兵入境以是殺之不知爲喬家族首領也李昌國等按視殺結什角之地本在夏境築祈安城已畢工皆罷歸不得宋夏交通之狀乃於熙秦迫近宋夏衝要量添戍兵及問喬家等族民戶願以結什角姪趙師古爲首領於是詔以趙師古爲本波喬家丙離隴逋庬拜四族都鈐轄加宣武將軍

石抹卞本名阿魯古列五代祖王五遼駙馬都尉父五斤爲羣牧使從睿宗秋山卞年十三已能射連獲二鹿睿宗奇之賜以良馬及金吐鶻天會末宗弼爲右監軍召卞隸

帳下丁父憂是時宗磐爲太師撻懶爲左副元帥人爭附之使人召卞卞不往宗磐撻懶皆以罪誅人多其有識宗弼復取河南與宋人戰於潁州漢軍少却卞身被七創率勇士十餘騎奮擊敗之及宋稱臣宗弼選嘗有勞者與俱入朝授卞忠勇校尉遷宣武將軍除河間少尹察廉升遂州刺史改壽州再改唐州丁母憂去官起復唐州刺史海陵伐宋卞爲武毅軍都總管由別道進兵遇宋伏兵數百人以三十騎擊敗之遂下信陽軍及羅山縣至樊州宋守將棄城遯因取其城頃之軍士皆欲逃歸闌子山猛安結漢軍三猛安謀克劫卞還舍於樊水之曲卞乃陰約漢軍將吏乘夜掩殺闌子山猛安復將其軍大定二年除鄭州防禦使以本官領行軍萬戶伐宋遷武勝軍節度使宋人請和明年有水牛數百頭自淮南走入州境僚佐欲收之充官用卞不聽復驅過淮還之遷河南尹轉西南路招討使改大名尹大名多盜而城郭不完卞請修大名城奏可城完葺盜賊不得發徙臨洮尹卒官年六十三

楊仲武字德威保安人父遇以勇聞關西爲宥州團練使宋末仲武謁經略使王庶求自効遂用爲先鋒婁室入關仲武與鄜延路兵馬都監鄭建充俱降爲安塞堡環慶路兵馬都監皇統初復陝西將兵戍鳳翔屢却宋軍除知寧

州關中荐饑境內盜賊縱橫仲武悉平之改坊州刺史復知寧州遷同知臨洮尹改同知河中府海陵營繕南京典浮橋工役臨洮地接西羌與木波雜居邊將貪暴木波苦之遂相率爲寇掠仲武前治臨洮乃從數騎入其營諭之曰此皆將校侵漁汝等以至此爾今懲治此輩不復擾害汝也并以禍福曉之羌人喜悅寇掠遂息至是木波復掠熙河熙河主帥使人諭之不肯去曰楊總管來我乃解去熙河具奏詔復遣仲武當是時木波謂仲武不能復來及仲武至與其酋帥相見責以負約對曰邊將苦我今之來求訴於上官耳今幸見公願終身不復犯塞乃舉酒酹天

折箭爲誓仲武因以卮酒飲之曰當更爲汝請若復背約必用兵矣羌人羅拜而去及伐宋以仲武爲威定軍都總管駐兵歸德大定三年除武勝軍節度使改陝西西路轉運使卒

蒲察世傑本名阿撒曷速館斡篤河人徙遼陽初在梁王宗弼軍中爲人多力每與武士角力賭羊輒勝之能以拳擊四歲牛折脅死之有糧車陷淖中七牛挽不能出世傑手挽出之宗敏爲東京留守召置左右海陵篡立即以爲護衛海陵謂世傑曰汝勇力絶倫今我兄弟有異志者期以十日除之則有非常之賞仍盡以各人家產賜汝世傑受詔而不肯爲已過十日海陵怒面責之世傑曰臣自誓不以非道害物雖死不敢奉詔海陵愛其勇不之罪也正隆四年調諸路兵伐宋年二十以上五十以下皆籍之他使者唯恐不如詔書得數多世傑往曷懶路得數少海陵怪問之對曰曷懶地接高麗今若多籍其丁即有緩急何以爲備海陵喜曰他人用心不能及也除同知安國軍節度使事賜銀二百五十兩絹綵六百匹馬二疋是時徵發不已民不堪命犯法者衆州久無長吏獄囚積四百餘人世傑到官月餘決遣略盡入爲宿直將軍以事往胡里改路還奏契丹部族大抵皆叛百姓驚擾不安今舉國南伐

賊若乘虛入據東土根本之地雖得江淮無益也宜先討平契丹南伐未晚海陵不悅曰詔令已出矣今以三萬兵選將屯中都以北足以鎮壓世傑又曰若東土大族附於賊恐三萬衆未易當也海陵不聽及發汴京授鄭州防禦使領武捷軍副總管大軍渡淮世傑以軍三千護糧餉東下敗宋兵數千人奪其戰船甚衆至和州境擊宋兵五萬人走之明日使其子兀迭領二百八十騎爲應兵自領八百騎前戰連射六十餘人皆應弦而斃宋兵遂奔潰海陵欲觀水戰使世傑領水軍百人試之宋人舟大而多世傑舟小乃急進至中流取勝而還大定初世傑復取陝州敗

宋兵石壕鎮復敗宋援兵三千人遂圍陜州宋兵二千自潼關來世傑以兵二百四十迎擊之射殺十餘人宋兵敗走復敗之於土壕山生擒一將復以兵三百至斗門城遇宋兵萬餘宋將三人挺槍來刺世傑世傑以刀斷其鎗宋兵乃退復以四謀克軍敗宋兵於土華復圍陜州世傑嘗擐甲佩刀腰箭百隻持鎗躍馬往來軍中敵人見而異之曰真神將也親率選卒二百餘人穴地以入城遂拔再破宋軍三萬人復虢州未幾爲衛州防禦使改河南路統軍都監召赴闕上慰勞良久除西北路副統賜廐馬弓矢佩刀從僕散忠義討契丹賊平改華州防禦使與徒單合喜

經略隴右合喜復德順至東山堡宋兵捍絶樵路世傑擊走之追至城下城中出兵約二萬餘敗之殺傷甚衆宋經略使荊皐棄德順走世傑與左都監璋追破其軍改亳州防禦使四遷通遠軍節度使宋人輒入鞏州境糴米麵有司執之世傑署案作歸附人縱遣之譯吏蔡松壽誣府主謀叛坐斬十八年起爲弘州刺史毋憂去職累遷亳州防禦使卒世傑少貧然疏財尚氣每臨陣敵衆既敗必戒士卒毋縱殺掠平居非忠孝不言親賢樂善甚獲當世之譽云

蕭懷忠本名好胡奚人也爲西北路招討使蕭裕等謀立遼後使蕭招折往西北路結懷忠并結節度使耶律朗爲助懷忠與朗有隙遂執招折并執朗遣使上變裕等既誅懷忠爲樞密副使賜今名復爲西北路招討使西京留守封王改南京留守契丹撒八反復以懷忠爲西京留守西南面兵馬都統與樞密使僕散思恭北京留守蕭賾右衛將軍蕭禿剌護衛十人長斡盧保往討之蕭禿剌戰無功大軍追撒八不及而海陵意謂懷忠與蕭裕皆契丹人本同謀逾年乃執招折上變而撒八亦契丹部族恐其合以師恭與太后密語而禿剌無功懷忠賾師恭逸賊既殺師恭族滅其家使使即軍中殺賾懷忠皆族之斡魯保禿剌

初爲罪首但誅之而已大定三年追復賾懷忠禿剌斡盧保官爵賾弟安州刺史顒求襲賾之謀克上不許謀克而以賾家産付之

移剌按荅遼横帳人也父留斡與耶律余睹俱來降西京下復叛留斡遇害按荅以死事之子授左奉宸熈宗初充護衛除安州刺史累官東京副留守參知政事完顏守道經略北方攝咸平路屯軍都統入爲兵部侍郎徙西北西南兩路舊設堡戍迫近内地者于極邊安置仍與泰州臨潢邊堡相接除武定軍節度使以招徠邊部功遷東北路招討使改臨潢尹卒按荅騎射絶倫善相馬嘗論及善射

者世宗曰能如卿乎閱馬于市見良馬雖羸瘦輒與善價取之他日果良馬也

孛术魯阿魯罕隆州琵琶葛山人年八歲選習契丹字再選習女直字既壯爲黄龍府路萬户令史貞元二年試外路胥吏三百人補隨朝阿魯罕在第一補宗正府令史累擢尚書省令史僕散忠義討窩斡辟置幕府掌邊關文字甚見信任窩斡既平阿魯罕招集散亡復業者數萬人復從忠義伐宋屢入奏事論列可否上謂宰相曰阿魯罕所言可行者即行之宋人請和忠義使阿魯罕往和議定阿魯罕入奏賜銀百兩重綵十端忠義薦阿魯罕有才幹可

任尚書省都事詔以爲大理司直未幾授尚書省都事除同知順天軍節度事紇石烈志寧北巡阿魯罕攝左右司郎中還朝除刑部員外郎再遷侍御史上問紇石烈良弼曰阿魯罕何如人也對曰有幹材持心忠正出言不阿順數日遷勸農副使兼同修國史侍御史如故改右司郎中奏請徙河南戍軍屯營城中者於十里外從之遷吏部侍郎除山東統軍都監從置河南八猛安遷武勝節度使入爲吏部尚書改西南路招討使有司督本路猛安人户所貸官粟阿魯罕乞俟豐年從之軍人有以甲葉貿易諸物天德推場及界外歲采銅礦或因私挾兵鐵與之市易皆一切禁絶之上番軍不許用親戚奴婢及傭雇者管軍損圮以時葺治不與所部猛安謀克會宴故兵民皆畏愛之上謂太尉守道曰阿魯罕及上京留守完顏烏里也皆起身胥吏阿魯罕爲人沉厚其賢過之改陝西路統軍使兼京兆尹陝西軍籍有闕舊例用子弟補充而材多不堪用阿魯罕於阿里喜旗鼓手内選補軍人以春牧馬經夏不收飼瘠弱多死阿魯罕命以時收秣之故死損者少仍春秋督閱軍士騎射以嚴武備終南采漆者節其期限檢其出入以防姦細上謂宰相曰阿魯罕所至稱治陝西政蹟尤著用之雖遲亦可得數年力也召爲參知政事命條上

天德陝西行事上稱善以疾乞致仕除北京留守卒

贊曰記曰君子聽磬聲則思死封疆之臣傳曰疆埸之事愼守其一而備其不虞故守戍邊圉之臣不可以不論焉

趙興祥平州盧龍人六世祖思温遼燕京留守封天水郡王父瑾遼静江軍節度使興祥以父任閤門祗候謁告省親于白霫會遼季土賊據郡作亂興祥携母及弟妹奔燕京不能進乃自柳城涉砂磧夜視星斗而行僅達遼軍而不知遼主所向遂還柳城及妻室獲遼主興祥乃歸國從宗望伐宋爲六宅使天眷初累官同知宣徽院事母憂去官熙宗素聞興祥孝行及英悼太子受册以本官起復護

視太子轉右宣徽使天德初改左宣徽使海陵嘗問興祥欲使子弟爲官當自言興祥辭謝海陵善之賜以玉帶詔曰汝官雖未至一品可佩此侍立爲濟南尹賜車馬金幣金銀器皿改絳陽軍節度使召爲太子少保封廣平郡王改封鉅鹿正隆初例奪王爵遷太子少傅封中國公起爲定武軍節度使海陵伐宋興祥二子從軍世宗即位海陵尚在淮南二子未得還興祥來見於平州世宗嘉其誠款以爲祕書監復爲左宣徽使上曰尚食庖人猥多徒費廩祿朕在藩邸時家務皆委執事者自即位以來事皆留心俸祿出於百姓不可妄費庖人可約量損減近臣獻琵琶

世宗却之謂興祥曰朕憂勞天下未嘗以聲技爲心自今勿復有獻宜悉諭朕意有司奏南北邊事未息恐財用未給乞罷修神龍殿涼位工役上即日使興祥傳詔罷之久之以其孫珣爲閤門祗候十五年上幸安州春水召興祥赴萬春節上謁于良鄉賜銀五百兩感風眩賜醫藥未幾卒官

石抹榮字昌祖七世祖仕遼封順國王遼主奔天德榮父惕益挺身赴之是時榮方六歲母忽土特滿携之流離道路宗室神谷得之納爲次室榮就養於神谷家惕益既見遼主委以軍事軍敗被執將殺之金源郡王銀朮可白彼忠於所事殺之何以勸後遂釋之後從伐宋卒於軍中榮年長事泰王宗斡居幕府天眷二年充護衛熙宗宴飲命胙王元與榮角力榮勝之連仆力士六七人熙宗親飲之酒賜以金幣遷宿直將軍天德初除開遠軍節度使入謝不覺泣下海陵問其故對曰老母在神谷家違去膝下是以感泣乃詔其母與之俱行仍賜錢萬貫改天德尹徙泰寧軍再除延安東平尹海陵南征爲神果軍都總管留駐泗州以過通卒大定初還鎮東平與戶部尚書梁銶按治山東盜賊二年以本官充山東東西大名等路都統有疾改太原尹徙益都尹丁母憂起復召爲簽書樞密院事北

京東京留守陝西路統軍使南京西京留守榮與河南尹婁室陝州防禦使石抹靳家奴皆坐高買責私物抑買實民物得罪靳家奴前爲單州刺史廉察官行郡乃刼制民使作盧譽用是得遷同知太原尹後多取民利及爲陝州尚書省奏其事法當解職削階上以靳家奴鼓盧譽以誑朝廷不可恕特詔除名榮與婁室削兩階解職久之榮除臨潢尹改臨洮尹卒年六十三

敬嗣輝字唐臣易州人登天眷二年進士第調懷安丞遷弘政令補尚書省令史有才辯海陵爲宰相愛之及篡立擢起居注歷諫議大夫吏部侍郎左宣徽使貞元三年八

月尚食烹飪失宜庖官各杖二百嗣暉與同知宣徽院事烏居仁各杖有差久之拜參知政事正隆六年伐宋留張浩及嗣暉于南京治尚書省事世宗即位惡嗣暉巧佞御史大夫完顏元宜劾奏蕭玉嗣暉許霖等六人不可用嗣暉降通議大夫放歸田里嗣暉練習朝儀進止應對閑雅由是起爲丹州刺史戒諭之曰卿爲正隆執政阿順取容朕甚鄙之今當竭力奉職以洗前日之咎苟或不悛必罰無赦未幾丁母憂起復爲左宣徽使世宗頗好道術謂嗣暉曰尚食官毋於禁中殺羊豕朔望上七日有司毋奏刑名七年蒲察通除肇州防禦使上責其飾詐因顧嗣暉曰如卿不可謂無才但純實不足耳久之有牓匿名書于通衢者稱海陵舊臣不得用者有怨望心將圖不軌上曰豈有是哉謂嗣暉曰正隆時卿爲執政今指卿以爲怨望朕極知其不然卿性明達能辨但頗自衒釣衆人之譽所以致此媒蘗後當改之大定十年將有事南郊廷議嗣暉在海陵時凡宗廟禘祫輒行太常事復拜參知政事詔以執政冠服攝太常禮成薨

贊曰趙興祥石抹榮自拔流離艱阨中而克有所樹立固其識之過人亦其所遭際致然也迹世宗之却聲技減庖人仁愛若是而其下孰不興起哉

列傳第二十九

列傳第三十　金史九十二

開府儀同三司上柱國錄軍國重事前中書右丞相監修國史領經筵事都總裁臣脫脫奉

勅修

毛碩　李上達　曹望之

大懷貞　盧孝儉　盧庸

李偲　徒單克寧本名習顯

毛碩字仲權甘陵人宋末試弓馬子弟碩中選調高陽關路安撫司准備差使尋辟河間尉再辟兵馬都監宗望軍至碩以本部迎降齊國建由淮東路第一副將擢知滑州劉麟伐宋充行營中軍統制軍馬天眷間歷汴京路山東西路兵馬都監皇統元年權知拱州宋將張俊據亳州而柘城酒監房人傑叛以應俊碩發兵討之至柘城躬和城門呼耆老以諭意縣人縛人傑以降碩徑入縣署召百姓慰安之衆皆感悅刻石紀其事四年眞授拱州刺史元帥梁王宗弼承制超武義將軍改知曹州有書生投書于碩辭涉謗訕僚屬皆不能堪碩延之上座謝曰使碩常聞斯言庶乎寡過士論以故嘉之遷鄭州防禦使尋改通州天德二年充陝西路轉運使碩以陝右邊荒種藝不過麻粟蕎麥賦入甚薄市井交易惟川絹乾薑商賈不通酒稅之入耗減請視汴京燕京例給交鈔通行而鞏會德順道路多險鹽引斤數太重請一引分作三四以從輕便朝廷皆從之秦州倉粟陳積而百姓有支移者止就本州折納其直公私便之改河東南路轉運使上言頃者定立商酒課不量土産厚薄戶口多寡及今昔物價之增耗一槩理責之故監官披繫失身破家折傭逃竄或爲姦吏盜有實錢而以賖券輸官故河東有積負至四百餘萬貫公私苦之請自今禁約酒官不得折准賖貸惟許收用實錢則官民俱便至今行之秩滿除南京路都轉運使大定六年致仕卒于家碩文雅好事性謹飭每見古人行事有益於時者常書置座右以爲莅官之戒云

李上達字達道曹州濟陰人在宋時以蔭補官累東平府司戶參軍撻懶取東平上達給軍須號辦治齊國建爲吏部員外郎攝戶部事劉豫行什一之法樂歲輸多歉歲寡取之蓋古人助法也收斂之時蓄積蓋藏民或不以實輸官官亦不肯盡信於是告訐起而獄訟繁公私苦之上達論其弊豫改定爲五等之制齊國廢以河南與宋人上達隨地人宋宗弼復取河南上達爲同知大名尹按察陝西河南是時關陝蒲解汝蔡民饑上達輒以便宜發倉粟賑百姓累遷知山東西路轉運使上達到官再期比舊增三十餘萬貫戶部以其法頒之鄰路上達長於吏事能治繁

劇猾吏不能欺所至稱之卒官年六十一
曹望之字景蕭其先臨潢人遼季移家宣德天會間以秀民子選充女直字學生年十四業成除西京教授爲元帥府書令史補正令史轉行臺省令史録教授資補修武校尉除右司都事吏部侍郎田瑴素薄望之望之顧交不肯納遂與蔡松年許霖構致黨獄改行臺吏部員外郎海陵爲相嘗以書致其私望之不從天德元年調同知石州軍州事坐事免丁母憂久之除絳陽軍節度副使入爲戶部員外郎詔買牛萬頭給按出虎八猛安徙居南京者望之主給之撒八反轉致甲仗八萬自洺州輸燕子城運米八

十萬斛由蔡水入淮饋伐宋諸軍期以一日望之如期集事進本部郎中特賜進士及第大定初討窩斡望之主軍食給與有節凡省糧三十萬石省剉草五十萬石帥府以捷入告議者欲遂罷轉輸望之以爲元惡未誅不可弛備既而大軍追討果賴以濟以勞進一階兼同修國史請於大鹽濼設官榷鹽聽民以米貿易民成聚落可以固邊圉其利無窮從之其後凡貯米二十餘萬石及東北路歲饑賴以濟者不可勝數三年上曰自正隆兵興農桑失業猛安謀克屯田多不如法詔遣戶部侍郎魏子平大興少尹同知中都轉運事李滌禮部侍郎李愿工部郎中移剌道

戶部員外郎完顏兀古出監察御史夾谷阿里補及望之分道勸農廉問職官臧否望之還言乞汰諸路胥吏可減其半詔胥吏如故於是始禁用貼書云遷本部侍郎領覆實繕修大內財用費用大省復以勞進階上召見諭勉之望之家奴袁一言涉妖妄大興府鞫治望之恐使戶部令史劉公輔問其事于大興少尹王全全具其事語公輔公輔以語望之御史臺劾奏劉公輔言泄獄情上曰妖妄之言交相傳説何也於是望之決杖一百王全杖八十劉公輔杖一百五十除名頃之運河堙塞世宗出郊見之問其故主者奏曰戶部不肯經畫歲久以致如此上責望之曰

有水運不濬治乃用陸運煩費民力罪在汝等其往治之尚書省奏當用夫役數萬人上曰方春耕作不可勞民以宮籍監戶及摘東宮諸王人從充役若不足即以五百里内軍夫補之太宗實録成監修國史紇石烈良弼賜金帶一重綵二十端同修國史張景仁劉仲淵望之皆賜銀幣有差望之嘆賞薄謂人曰栽花接木乃加爵命勤勞者不遷官無何張景仁遷翰林學士望之又曰止與他人便遣獨不及我哉世宗聞之出望之德州防禦使謂之曰汝爲人能幹而心不忠實朕前往安州春水人言汝無事君之義朕敕臣下有過即當諫爭汝但面從退則謗議此不忠

不孝也汝自五品起遷四品太宗皇帝實録成優賜銀幣不思盡心竭力惟官賞是覬今出汝於外宜改心滌慮不然則身亦莫保望之到德州有惠政百姓爲立生祠改同知西京留守事上書論便宜事其一論山東河北猛安謀克與百姓雜處民多失業陳蔡汝潁之間土廣人稀宜徙百姓以實其處復數年之賦以安輯之百姓亡命及避役軍中者闕實其人使還本貫或編近縣以爲客戶或留爲佃戶者亦籍其姓名州縣與猛安事干涉者無相黨匿庶幾軍民協和盜賊弭息其二論薦舉之法虛文無實宰相援擢及其所識不及其所不識內外官所舉亦輒不用或

指以爲朋黨遂不敢復舉宜令宰執歲舉三品二人御史大夫以下內外官終秩舉二人自此以下以品殺爲差等終秩不舉者遇轉官勒不遷三品者削後任俸三月其舉者已改除吏部以類品第季而上之三品闕則於類第四品中補授四品五品以下視此爲差其待以不次者宰執具才行功實以聞舉當否罪當如律廉介之士老於今幕無舉主者七考無贓私罪者准朝官三考勞敘吏部每季圖上外路職官姓名路爲一圖大書贓汙者於其名下使知畏慎外任五品以上官改除令代之者具功過以聞年六十以上者終更赴調有司察其視聽精力老疾不堪釐

務給以半祿罷遣其三論守邊將帥及沿邊州縣官漁剥軍民擅興力役宜歲遣監察御史周行察之邊部有訟招討司無得輒遣白身人徵斷宜於省部有出身女直契丹人及縣令丞簿中擇廉能者因其風俗略定科條務爲簡易徵斷羊馬入官籍數如邊部遇饑饉即以此賑給之招討及都監視事宜限邊部饋送駞馬招討司女直人戶或擷野菜以濟艱食而軍中舊籍馬死則一村均錢補買往往鬻妻子賣耕牛以備之臣恐數年之後邊防困弊臨時賑濟費財十倍而無益早爲之所則財用省而邊備實矣官給軍箭用盡則市以補之皆朽鈍不堪用可每歲給官

箭一分以補其闕邊民闕食給米地遠負重往往就倉賤賣而去可計口支錢則公私兩便陝西正副宜如猛安謀克用土人一員隊將亦宜參用土人久居其任增弓箭田復其賦役以廉吏爲提舉舉察總管府以下官農隙校閱以嚴武備則太平之時有經略之制矣又論六鹽場用人宜令戶部公議辟舉論漕運先計河倉見在幾何通州容受幾何京師歲費幾何令近河州縣歲稅或六七萬石小民有入資之費富室收轉輸之利宜計實數以科稅入論民間私錢苦惡宜以官錢五百易私錢千期以一月易之過期以銷錢法坐之論州府力役錢物戶部須印署白簿

使盡書之以俟審閱有畏避不書者坐之論工部營造調發妨民生業諸路射糧軍約量人數習武藝期以三年成以息調民書奏多見采納以本官行六部事於北邊召拜戶部尚書上數之曰汝前爲侍郎以不忠外補頗能練習錢穀故任以尚書之重宜改前非以圖新効也是時戶部尚書高德基坐高估俸粟責降世宗念望之吝出納或懲德基也既出使人諭之曰勿以高德基下粟直要在平估而已十五年新宮成世宗幸新宮勑望之曰新宮中所須毋取于民間也有良民夫婦質身於東宮留守完顏穀英家期終而不遣尚書省下東京鞫治望之言穀英爲留守

其同官必且阿徇不肯窮竟當移他州望之久習事有治錢穀名性剛愎頗沾沾自露希覬執政而刑部尚書梁肅自詳問宋國使還世宗嘗欲以爲執政久而未用亦頗衒耀求進世宗謂左丞相紇石烈良弼曰曹望之梁肅急於見知涉於躁進遂出梁肅爲濟南尹數年乃召拜參知政事而望之終於戶部尚書年五十六世宗惜其未及用賜錢三千貫勑使致祭賻銀五百兩重綵二十端絹二百匹以其子淵爲奉御澤爲筆硯承奉其後尚輦局舉出身人年六十餘可以臨事世宗曰豈爲此輩惜官邪但此輩專以盜取官錢爲謀生計不可用也由是欲更改監臨格式以問戶部尚書劉瑋瑋恐監官謗已不肯實對世宗因思望之嘆曰不如望之之敢行也望之初不學及貴稍知讀書遂刻苦自致有詩集三十卷

大懷貞字子正遼陽人皇統五年除閤門祗候三遷東上閤門使丁母憂起復符寶郎累官右宣徽使正隆伐宋爲武勝軍都總管大定二年除洺州防禦使兼押軍萬戶改沂州再遷彰國安武軍節度使縣尉獲盜得一旗上圖亢宿詰之有謀叛狀株連幾萬人懷貞當以亂民之刑請誅其首亂者十八人餘皆釋之嘗以私忌飯僧數人就中一僧異常懷貞問曰汝何許人也對曰山西人復問曾爲盜

殺人否對曰無之後三日詰盜果引此僧皆服其明察改興中尹錦州富民蕭鶴壽塗中殺人匿府少尹家有司捕不得懷貞以計取之寘於法改彰德軍節度使卒

盧孝儉宣德州人登天眷二年第調憲州軍事判官補尚書省令史累官太原少尹大定二年陝西用兵尚書省發本路稅粟赴平涼充軍實期甚嚴迫孝儉輒易以金帛馳至平涼用省而不失期并人稱之用廉進官二階遷同知廣寧尹廣寧大饑民多流亡失業乃借僧粟留其一歲之用使平其價市與貧民既以救民僧亦獲利累遷山東東路轉運使孝儉素褊躁與同僚王公謹失歡其子嘗私用

官帑孝儉不知也既而改河北西路轉運使公謹乃發其事孝儉聞被逮莫測所以行至章丘自縊死

盧庸字子憲薊州豐潤人大定二十八年進士調唐州軍事判官再調定平縣令庸治舊堰引涇水溉田民賴其利補尚書省令史除南京轉運副使改中都戶籍判官察廉遷禮部主事累官鳳翔治中大安三年徵陝西屯田軍銜中都以庸簽三司事主兵食至潞州放還屯田軍庸改乾州刺史入爲吏部郎中至寧元年改陝西按察副使夏人犯邊庸繕治平涼城池積芻粟團結土兵爲備十一月夏人掠鎮戎陷涇邠遂圍平涼庸矢盡募人取夏兵射城上

箭以濟急用出府庫賞有功者人樂爲死平涼賴以完貞祐二年庸移書陝西行省僕散端大槩謂慶陽平涼德順陝西重地長安以西邠爲院塞當重兵屯守詔賞平涼功庸進官四階遷按察轉運使三年詔諸道按察司講究防秋庸陳便宜曰自鄜延至積石雖多溝坂無長河大山爲之屏蔽恃弓箭手以禦侮其人皆剛猛善鬭熟于地利夏人畏之向者徙屯他所夏人即時犯邊此近年深患也人情樂土且耕且戰緩急將自奮又曰防秋之際宜先清野又曰掌軍之官不宜臨時易代兵家所忌將非其人屢代何益無何有言庸老不勝任者即罷之未幾改定海軍節度使山東亂不能赴按察司劾之當奪兩官審理官直之庸以病請求醫藥遂致仕興定三年卒

李偲字子友定州安喜人中天眷二年進士調遼山簿累官戶部主事丁母憂起復舊職除同知河東南路轉運使事大定初改同知中都路都轉運使事僕散忠義行省事於汴京奏偲幕府世宗曰李偲方治京畿漕事行省者可他選也三年權知登聞檢院再遷戶部侍郎上曰戶部財用出入朕難其人卿非舊勞資叙尚淺勿以秩滿例升三品因循歲月若不自勉必不汝貸偲每朝會與高德基屏人私語上聞而怪之問右丞石琚曰李偲果何如人琚曰亦

幹事吏耳改同知北京留守沂州防禦使沂南邊郡戶部符借民閑田種禾取藁秸備警急用度偲曰如此則農民失業具奏止之轉運司牒郡輸粟朐山調急夫數萬人是時久雨泥濘輓運不能前進偲遣吏往朐山刺取其官廩見儲糧數可支半歲即具其事牒運司請緩期毋自困百姓先是郡縣街陌閒聽民作屋舍取其僦直至是罷投僦直屋舍一切撤毀他郡奉承號令督百姓必盡撤去使街陌繩齊矢棘如初時然後止偲獨教民撤治前却不齊一者三五所使巷道端正即已民便之改陝西西路轉運使卒

贊曰毛碩李上達曹望之李偲之流皆金之能吏也望之

悻悻然以求大用君子無取焉

徒單克寧本名習顯其先金源縣人徙居比古土之地後徙置猛安于山東遂占籍萊州父況者官至汾陽軍節度使克寧資質渾厚寡言笑善騎射有勇略通女直契丹字左丞相希尹克寧毋舅熙宗問希尹表戚中誰可侍衛者希尹奏曰習顯可用以爲符寶祗侯是時悼后干政后弟裴滿忽土侮克寧克寧毆之明日忽土以告悼后后曰習顯剛直必汝之過也已而充護衛轉符寶郎遷侍衛親軍馬步軍都指揮使改忠順軍節度使克寧娶宗幹女嘉祥縣主同母兄蒲甲判大宗正事海陵心忌之出爲西京留

守搆致其罪誅之因降克寧知滕陽軍歷宿州防禦使胡里改路節度使曷懶路兵馬都總管大定初詔克寧以本路兵會東京遷左翼都統詔與廣寧尹僕散渾坦同知廣寧尹完顏巖雅肇州防禦使唐括烏也從右副元帥完顏謀衍討契丹窩斡趣濟州謀衍用契丹降吏糺者計策襲賊輜重克寧與紇石烈志寧爲殿與賊遇于長濼謀衍使伏兵于左翼之側賊二萬餘躡吾後又以騎四百餘突出左翼伏兵之間欲繞出陣後攻我克寧與善射二十餘人拒之衆曰賊衆我寡不若與伏兵合擊或與大軍相依可以萬全克寧曰不可若賊出陣後則前後夾擊我敗矣大軍不可俟也於是奮擊賊乃却左翼萬戶襄與大軍合擊之賊遂敗追奔十餘里二年四月一日也越九日復追及賊于霿𩄤河左翼軍先與賊戰克寧以騎二千追掩十五里賊迫澗不得亟渡殺傷甚衆賊收軍返旆大軍尚未至克寧令軍士下馬射賊賊遂引而南是時窩斡已再北元帥謀衍利鹵掠駐師白濼世宗詡其持久遣問之謀衍曰賊騎壯我騎弱此必駐所以完養馬力也不然非益萬騎不可勝克寧奮然而言曰吾馬固不少但帥不得人耳其意常利虜掠賊至則引避賊去則緩躡之故賊常得善牧而我常拾其蹂踐之餘此吾馬所以弱也今誠能更置良

帥雖不益兵可以有功不然騎雖十倍未見其利也朝廷知其議召還謀衍以平章政事僕散忠義兼都元帥師將發賊聲言乞降克寧曰賊初困蹙且無降意所以揚言者是欲緩吾師期也不若攻其未備賊若挫衄則其降必速如其不降乘其怠而急擊之可一戰而定也忠義以爲然乃與克寧出中路遂敗賊兵于羅不魯之地賊奔七渡河負險爲柵克寧覘知賊柵之背其勢可上乃潜師夜登俯射之大軍自下攻賊潰皆遁去契丹平克寧除太原尹未閱月宋吳璘侵陝右元帥左都監徒單合喜乞益兵遣克寧佩金牌駐軍平涼詔合喜曰朕遣克寧參議軍事此其

智勇足敵萬人不必益軍也克寧至下令安輯未幾民皆完聚治兵伐宋右丞相僕散忠義駐南京節制諸軍左副元帥紇石烈志寧經略邊事克寧改益都尹兼山東路兵馬都總管行軍都統四年元帥府欲遣左都監璋以兵四千由水路進詔曰可付都統徒單習顯仍益兵二千擇良將副之璋可經略山東於是克寧出軍楚泗之間與宋將魏勝相拒丁楚州之十八里口魏勝取弊舟鑿其底貫以大木列植水中別以船載巨石貫以鐵鏁沉之水底以塞十八里口及淮渡舟路以步兵四萬人屯於淮渡南岸運河之間克寧使紏卯和尚選善游者沒水繫大繩植木上

數百人於岸上引繩曳一植木皆拔出之徹去沉船進至淮口宋兵來拒隔水矢石俱發紏卯和尚以竹編籬捍矢石復拔去植木沉船師遂入淮與宋兵奪渡口合戰數四猛安長壽先行薄岸水淺先率勁卒數人涉水登岸敗其津口兵五百人餘衆皆潰宋兵四百餘自清河口來鎮國上將軍蒲察阿离合懣以步兵百人禦之克寧自與扎也銀朮可五騎先行六七里與戰銀朮可先登奮擊敗之宋大兵整陣來拒克寧麾兵前戰自旦至午宋兵敗踰運河爲陣餘衆數千皆走入營中克寧使以火箭射其營舍盡焚踰河撤橋與其大軍相會隔水射之宋兵不能爲陣猛

安鈔兀以六十騎擊宋騎兵千餘不利少却克寧以猛安賽剌九十騎横擊之宋兵大敗追至楚州射殺魏勝遂取楚州及淮陰縣是役也賽剌功居多是時宋屢遣使請和僕散忠義紇石烈志寧約以世爲叔姪國割還海泗唐鄧四州宋人尚遷延有請及克寧取楚州宋人乃大懼一一如約兵罷改大名尹歷河間東平尹召爲都點檢十一年從丞相志寧北伐還師十一月皇太子生日世宗置酒東宮賜克寧金帶明年遷樞密副使兼知大興府事改太子太保樞密副使如故拜平章政事封密國公克寧女嫁爲瀋王永成妃得罪克寧不悅求致仕不許罷爲東京留守

明年上將復相克寧改南京留守兼河南統軍使遣使者諭之曰統軍使未嘗以留守兼之此朕意也可過京師入見克寧至京師復拜平章政事授世襲不扎土河猛安兼親管謀克世宗欲以制書親授克寧主者不知上意及克寧已受制上謂克寧曰此制朕欲親授與卿誤授之於外也又曰朕欲盡徙卿宗族在山東者居之近地卿族多官田少無以盡給之乃選其最親者徙之十九年拜右丞相徙封譚國公克寧辭曰臣無功不明國家大事更內外重任當自愧乞歸田里以盡餘年上曰朕念衆人之功無出卿右者卿愼重得大臣體毋復多讓克寧出朝上使徒單

懷忠諭之曰凡人醉時醒時處事不同卿今日親賓慶會可一飲過今日可勿飲也克寧頓首謝曰陛下念臣及此臣之福也克寧爲相持正守大體至於簿書期會不屑屑然也世宗嘗曰習顯在樞密未嘗有過舉謂克寧曰宰相之職進賢爲上克寧謝曰臣愚幸得備位宰輔但不能明於知人以此爲恨耳二十一年左丞相守道爲尚書令克寧爲左丞相徙封定國公懇求致仕上曰汝立功立事延登相位朝廷是賴年雖及未可去也後三日與守道奏事俱跪而請曰臣等齒髮皆衰幸陛下賜以餘年上曰上相坐而論道不惟其官惟其人豈可屢改易之邪頃之克寧

改樞密使而難其代復以守道爲左丞相虛尚書令位者數年其重如此未幾以司徒兼樞密使二十二年詔賜令名二十三年克寧復以年老爲請上曰卿昔在政府勤勞夙夜除卿樞密使亦可以優逸矣朕念舊臣無幾人萬一邊隅有警選將帥授方略山川險要兵道軍謀舍卿誰可與共者勉爲朕留克寧乃不敢復言二十四年世宗幸上京皇太子守國詔左丞相守道與克寧俱留中都輔太子上謂克寧曰朕巡省之後萬一有事卿必躬親之毋忽細微圖難於其易可也二十五年左丞相守道賜宴北部詔克寧行左丞相事是時世宗自上京還次天平山清暑皇

太子薨於京師諸王妃主入宮弔哭奴婢從入者多頗喧雜不嚴克寧遣出之身護宮門嚴飭殿廷宮門禁衛如法然後聽宗室外戚入臨從者有數謂東宮官屬曰主上巡幸未還宮闕太子不幸至于大故汝等此時能以死報國乎吾亦不敢愛吾生也辭色俱厲聞者肅然敬憚章宗時爲金源郡王哀毀過甚克寧諫曰哭泣常禮也郡王身居冢嗣豈以常禮而忘宗社之重乎召太子侍讀完顏匡曰爾侍太子日久親臣也郡王哀毀過甚爾當固諫謹視郡王勿去左右世宗在天平山皇太子訃至哀慟者屢矣聞克寧嚴飭宮衛謹護皇孫嘉其忠誠而愈重之九月世宗

還京師十一月克寧表請立金源郡王爲皇太孫以係天下之望其略曰今宣孝皇太子陵寢已畢東宮虛位此社稷安危之事陛下明聖超越前古寧不察此事貴果斷不可緩也緩之則起覬覦之心來讒佞之言讒佞之言起雖欲無疑得乎茲事深可畏大可慎而不畏不慎豈惟儲位久虛而骨肉之禍自此始矣臣愚不避危身之罪伏願亟立嫡孫金源郡王爲皇太孫以釋天下之惑塞覬覦之端絕搆禍之萌則宗廟獲安臣民蒙福臣備位宰相不敢不盡言惟陛下裁察踰月有詔起復皇孫金源郡王判大興尹封原王世宗諸子中趙王永中最長其母張玄徵女玄

徵子汝弼爲尚書左丞二十六年世宗出汝弼爲廣平尹於是左丞相守道致仕遂以克寧爲太尉兼左丞相原王爲右丞相因使克寧輔導之原王爲丞相方四日世宗問之曰汝治事幾日矣對曰四日京尹與省事同乎對曰不同上笑曰京尹浩穰尚書省總大體所以不同也數日復謂原王曰宮中有四方地圖汝可觀之知遠近阨塞也世宗與宰相論錢幣上曰中外皆患錢少今京師積錢正五百萬貫除屯兵路分其他郡縣錢可運至京師克寧曰郡縣錢盡入京師民間錢益少矣若起運其半其半變折輕齎庶幾錢貨流布也上嘉納之章宗雖封原王爲丞相克

寧猶以未正太孫之位屢請於世宗世宗嘆曰克寧社稷之臣也十一月戊午宰相入見于香閣既退原王已出克寧率宰臣屏左右奏立太孫世宗許之庚申詔立原王右丞相爲皇太孫明日徒單公弼尚息國公主納幣賜六品以上宴于慶和殿上謂諸王大臣曰太尉忠實明達漢之周勃也稱嘆再三克寧進酒上舉觴爲之釂有詔給太尉假三日明年正月復求解機務上曰卿遽求去邪豈朕用卿有未盡乎或因喜怒用刑賞乎其他宰相未有能如卿者宜勉留以輔朕卿若思念鄉土可以一往不必謝政事三月一日朕之生辰卿不必到從容至暑月還京師相見

四月克寧還朝入見上上問曰卿往鄉中百姓皆安業否克寧曰生業頗安然初起移至彼未能滋殖耳未幾以丞相監修國史上問史事奏曰臣聞古者人君不觀史願陛下勿觀上曰朕豈欲觀此深知史事不詳故問之耳初盧溝河決久不能塞加封安平侯久之水復故道上曰鬼神雖不可窺測即獲感應如此克寧奏曰神之所佑者正也人事乖則弗享矣報應之來皆由人事上曰卿言是也世宗頗信神仙浮圖之事故克寧及之宋前主殂宋主遣使進遺留物上恠其禮物薄克寧曰此非常貢責之近於好利上曰卿言是也乃以其玉器五事玻瓈器大小二十事

及茶器刀劍等還之二十八年十一月癸丑上幸克寧第初上欲以甲第賜克寧克寧固辭乃賜錢因其舊居宏大之畢工上臨幸賜金器錦繡重綵克寧亦有獻上飲懽甚解御衣以衣之詔畫克寧像藏内府十二月乙亥世宗不豫甲申克寧率宰執入問起居上曰朕疾殆矣謂克寧曰皇太孫年雖弱冠生而明達卿等竭力輔之又曰尚書省政務權聽於皇太孫克寧奏曰陛下幸上京時宣孝太子守國許除六品以下官令可權行也上曰五品以下亦何不可乙酉詔皇太孫攝行政事注授五品以下官詔太孫與諸王大臣俱宿禁中克寧奏曰皇太孫與諸王宜別嫌

疑正名分宿止同處禮有未安詔太孫居慶和殿東廡丙戌詔克寧以太尉兼尚書令封延安郡王平章政事襄爲右丞相右丞張汝霖爲平章政事戊子詔克寧襄汝霖宿於內殿二十九年正月癸巳世宗崩于福安殿是日克寧等宣遺詔立皇太孫爲皇帝是爲章宗徙封爲東平郡王詔克寧朝朔望朝日設坐殿上克寧固辭詔近臣勉諭克寧涕泣謝曰憐憫老臣幸免常朝豈敢當坐禮其後每朝必爲克寧設坐克寧侍立益敬即位詔文凡除名開落官吏並量材錄用張汝霖奏貟盜枉法不可恕克寧曰陛下初即位行非常之典贓吏誤沾恩宥其害小國之大信不

 吉良

可失也章宗深然之無何進拜太傅兼尚書令賜尚衣玉帶乞致仕不許詔譯諸葛孔明傳賜之詔尚書省曰太傅年高旬休外四日一居休大事錄之細事不須親也賜金五百兩銀五千兩錢千萬重綵二百端絹二千匹尚書省奏猛安謀克願試進士者聽之上曰其應襲猛安謀克者學於太學可乎克寧曰承平日久今之猛安謀克其材武已不及前輩萬一有警使誰禦之習辭藝忘武備於國弗便上曰太傅言是也章宗初即位頗好辭章而疆場方有事故克寧言及之明昌二年克寧屬疾章宗往視之克寧頓首謝曰臣無似嘗蒙先帝任使陛下即位屬以上相今臣老病將先犬馬塡溝壑無以輔明主綏四方陛下念臣駑怯親枉車駕臨幸死有餘罪矣是日即榻前拜太師封淄王加賜甚厚是歲二月薨遺表其大槩言人君往往重君子而反疎之輕小人而終昵之願陛下愼終如始安不忘危而言不及私詔有司護喪事歸葬于萊州謚曰忠烈明昌五年配享世宗廟廷圖像衍慶宮大安元年改配享章宗廟廷

贊曰徒單克寧可謂大臣矣功高而身愈下位盛而心愈勞經曰在上不驕高而不危制節謹度滿而不溢所以長守富貴故曰忠信匪懈不施其功屢盛滿而不忘德之上

 原良

也孜孜勉勉恪守職業不居不可成不事不可行人主知之次也諫期必行言期必聽爲其事必有其功者又其次也

列傳第三十

開府儀同三司上柱國錄軍國重事前中書右丞相監修國史領經筵事都總裁臣脫脫　奉
敕修

顯宗諸子

琮　瓌　從彝　從憲

玠

章宗諸子

洪裕　洪靖　洪熙　洪衍

洪輝　忒鄰

衛紹王子

從恪

宣宗三子

莊獻太子　玄齡　守純

獨吉思忠　承裕　僕散揆

抹撚史扢搭　宗浩

顯宗孝懿皇后生章宗昭聖皇后生宣宗諸姬田氏生鄆王琮瀛王瓌霍王從彝劉氏生瀛王從憲王氏生溫王玠

鄆王琮本名承慶母田氏其後封裕陵充華琮儀觀豐偉機警清辯性寬厚好學世宗選進士之有名行者納坦謀嘉教之女直小字及漢字皆通習及長輕財好施無慍色

善吟詠不喜聞人過至于騎射繪塑之藝皆造精妙大定十八年封道國公二十六年加崇進章宗即位遷開府儀同三司封鄆王明昌元年授婆速路獲火羅合打世襲猛安留京師五年薨上輟朝親臨奠于殯所謚曰莊靖改莊惠

瀛王瓌本名桓篤鄆王琮之同母弟也重厚寡言內行修飭工詩精于騎射書藝女直大小字大定二十二年封崇國公二十六年加崇進章宗即位遷開府儀同三司封瀛王明昌三年薨勑葬事所須皆從官給命工部侍郎胥持國等典喪事比葬帝三臨奠哭之慟謚曰文敬其後帝謂輔臣曰王性忠孝兄弟中最爲善人故朕嘗令在左右溫王雖幼亦佳不二旬俱逝良可哀悼

霍王從彝本名阿憐母田氏早卒溫妃石抹氏養爲己子大定二十五年封宿國公加崇進二十六年賜名瓚章宗即位封沂王明昌元年諭旨有司曰豐鄆瀛沂四王府各賜奴婢七百人四年詔追封故魯王永功爲趙王以從彝爲趙王後承安元年爲兵部尚書改封蔡四年除祕書監泰和五年賜今名八年封霍貞祐二年薨

瀛王從憲本名吾里不母劉氏後封裕陵茂儀大定二十六年賜名琦章宗即位加開府儀同三司封壽王承安元

年以郊祀恩進封英四年改封瀛泰和五年更賜今名六年授秘書監八年薨從憲風儀秀峙性寬厚善騎射待府僚以禮秩滿去者皆有贐帝尤愛重初以病聞即臨問之賜錢五百萬還宮詔府僚上其疾增損狀仍勑門司夜一鼓即奏比五更重言之及薨上哭之慟爲輟朝臨奠者再諭旨判大睦親府事宛王永升曰瀛王家事叔宜規畫聞其二姬方孕若生子即以付之以右宣徽使移剌都護其喪葬歛以內庫之服其餘所須亦從官給謚曰敦懿

溫王玠本名謀良虎母王氏後封裕陵婉儀玠幼穎秀性溫厚好學大定二十九年章宗即位加開府儀同三司封溫王明昌三年薨年十一訃聞上爲輟朝親臨奠哭之謚曰悼敏

章宗欽懷皇后生絳王洪裕資明夫人林氏生荊王洪靖諸姬生榮王洪熙英王洪衍壽王洪輝元妃李氏生葛王忒隣

洪裕大定二十六年生是時顯宗薨逾年世宗深感及聞皇曾孫生喜甚滿三月宴于慶和殿賜曾孫金鼎金香合重綵二十端骨覩犀吐鶻玉山子兎兒垂頭一副名馬二匹章宗進玉雙馳鎮紙玉琵琶撥玉鳳鈎骨覩犀具佩刀衣服一襲世宗御酒歡乙夜方罷二十八年十月丙寅薨明昌三年追封絳王賜名

洪靖本名阿虎懶明昌三年生生而警秀上所鍾愛四年薨承安四年追封荊王賜名加開府儀同三司

洪熙本名訛魯不明昌三年生未彌月薨承安四年追封榮王賜名加開府儀同三司

洪衍本名撒改明昌四年生未幾薨承安四年追封英王賜名加開府儀同三司

洪輝本名訛論承安二年五月生彌月封壽王閏六月壬午病急風募能醫者加宣武將軍賜錢五百萬甲申疾愈印無量壽經一萬卷報謝衍慶宮作普天大醮七日無奏刑名仍禁屠宰十月丁亥薨備禮葬

忒隣泰和二年八月生上久無皇嗣祈禱于郊廟衍慶宮亳州太清宮至是喜甚彌月將加封三等國號無愜上意者念世宗在位最久年最高初封葛王遂封爲葛王十二月癸酉生滿百日放僧道度牒三千道設醮玄真觀宴于慶和殿百官用天壽節禮儀進酒稱賀三品以上進禮物泰和三年薨

衛紹王六子大定二十六年賜名猛安曰琚按出曰瑄按辰曰璪泰和七年詔按辰出繼鄭王永蹈後詔曰朕追惟鄭邸誤蹈非彝藁葬原野多歷歲年怛然軫懷有不能已

乃詔追復王爵備禮改葬令稽式古典命汝爲鄭王後守其祭祀大安元年封子六人爲王從恪胙王有任王輩王餘弗傳是歲從恪爲左丞相二年八月立從恪爲皇太子至寧末胡沙虎殺衛王從恪兄弟皆廢居中都貞祐二年從鄭州四年徙居南京天興元年崔立以從恪爲梁王汴京破死焉

賛曰章宗晚年繼嗣不立遂屬意衛紹王衛紹歷年不永諸子凡禁錮二十餘年鎬厲王諸子禁錮四十餘年長女鰥男皆不得婚嫁天興初方弛其禁金亡祚後可知矣

莊獻太子名守忠宣宗長子也其母未詳說在王后傳胡

沙虎既廢衛王時上未至即迎守忠入居東宮貞祐元年閏九月甲申立爲皇太子詔曰朕以眇躬嗣服景命念祖宗之遺統方夙夜以靡遑將上以承九廟之靈而下以係多方之望皇太子守忠性秉温良地居長嫡以次第言之則宜升儲嗣以典禮質之則足愜群情其立爲皇太子十月己未以鎮國上將軍太子少保阿魯罕爲太子少師庚申上遺諭曰朕宮中每事裁減汝亦宜知時難斟酌撙節也又謂曰時方多艱每事當從貶損吾已放宮人百餘矣東宮無用者亦宜出之汝讀書人必能知此也二年四月宣宗遷汴留守中京七月召至汴三年正月薨上臨奠殯所凡四次四月葬迎朔門外五里諡莊獻五月立其子鏗爲皇太孫始二歲十二月薨四年正月賜諡沖懷太孫玄齡或曰莊獻太子母弟早卒未封爵或曰麗妃史氏所生

荆王守純本名盤都宣宗第二子也母曰真妃龐氏貞祐元年封濮王二年爲殿前都點檢兼侍衛親軍都指揮使權都元帥上諭帥府曰濮王年幼公事殊未諳卿等毋以朕子故不相規戒凡見將校令謙和接遇可也三年爲樞密使四年拜平章政事興定元年授世襲東平府路三屯猛安三年以知管差除令史梁瓛誤書轉運副使張正倫

宣命奏乞治罪上曰令史有犯宰臣自當治之何必關朕耶是年三月進封英王時監察御史程震言其不法宣宗切責杖司馬及大奴尤不法者數人四年九月守純欲發丞相高琪罪密召知案蒲鮮石魯剌令史蒲察胡魯負外郎王阿里謀之且屬令勿泄而石魯剌胡魯輒以告都事僕散奴失不奴失不白高琪及高琪伏誅守純劾三人者泄密事奴失不憂死除名石魯剌胡魯各杖七十勒停元光二年三月壬子上戒諭守純曰始吾以汝爲相者庶幾相輔不至爲人譏病耳汝乃惟飲酒耽樂公事漫不加省何耶吾常聞人言已過雖自省無之亦未敢容易去懷也

又曰吾所以責汝者但以崇飲不事事之故汝勿過慮遂至奪權今諸相皆老臣每事與之商略使無貽物議足矣是年十二月庚寅宣宗病喉痺危篤將夕守純趣入侍哀宗後至東華門已閉聞守純在宮分遣樞密院官及東宮親衛軍總領移剌蒲阿集軍三萬餘屯東華門外部署定扣門求見都點檢駙馬都尉徒單合住奏中宮得旨領符鑰開門哀宗入宰相把胡魯已遣人止丞相高汝礪不聽入宮以護衛四人監守純於近侍局是夕宣宗崩明日哀宗即位正大元年正月進封荊王罷平章政事判睦親府封真妃龎氏爲荊國太妃三月或告守純謀不軌下獄推

問慈聖宮皇太后有言於帝由是獲免語在皇后傳守純三子長曰訛可封肅國公天興元年三月進封曹王出質於軍前次曰某封戴王次曰孛德封鞏王天興初守純府第產肉芝一株高五寸許色紅鮮可愛既而枝葉津流濡地成血臭不可聞剗去復生者再夜則房榻間群狐號鳴秉燭逐捕則失所在未幾訛可出質哀宗遷歸德明年正月崔立亂四月癸巳守純及諸宗室皆死青城

贊曰詩云天難忱斯不易維王天位殷適使不挾四方信哉守忠立爲太子未幾而薨其子鏗立又薨哀宗復之嗣豈非天乎正大間國勢日蹙本支殆盡哀宗尚且踈忌骨肉非明惠之賢荊王幾不能免豈宗子維城之道哉

獨吉思忠本名千家奴明昌六年爲行省都事累遷同簽樞密院事承安三年除興平軍節度使改西北路招討使初大定間修築西北屯戍西自坦舌東至胡烈么幾六百里中間堡障工役促迫雖有墻隍無女墻副堤思忠增繕用工七十五萬止用屯戍軍卒役不及民上嘉其勞賜詔獎諭曰直乾之維扼邊之要正資守備以靖翰藩垣壘弗完營屯未固卿督茲事役唯用戍兵民不知勞時非淹久已臻休畢仍厎工堅賴爾忠勤辦茲心畫有嘉乃力式副予懷賜銀五百兩重幣十端入爲簽樞密院事轉吏部尚

書拜參知政事泰和五年宋渝盟有端平章政事僕散揆宣撫河南揆奏宋人懦弱韓侂胄用事請遣使詰問上召大臣議左丞相崇浩曰宋久敗之國必不敢動思忠曰宋雖羈栖江表未嘗一日忘中國但力不足耳其後果如思忠策六年四月上召大臣議伐宋事大臣猶言無足慮者或曰鼠竊狗盜非用兵也思忠執前議曰不早爲之所彼將誤也上深然之七年正月元帥左監軍紇石烈執中圍楚州久不能下宰臣奏請命大臣節制其軍及益兵攻之思忠請行上曰以執政將兵攻一小州克之亦不武乃用唐宰相宣慰諸軍故事以思忠充淮南宣慰使持空名宣

勑賞立功者詔大臣宿于祕書監各具奏帖以聞明日詔百官集議于廣仁殿問對者久之旣而宋人來請和議遂寢頃之進拜尚書右丞大安初拜平章政事三年與參知政事承裕將兵屯邊方繕完烏沙堡思忠等不設備

大元前兵奄至取烏月營思忠不能守乃退兵思忠坐辭職衛紹王命參知政事承裕行省旣而敗績于會河堡云

承裕本名胡沙頗讀孫吳書以宗室子充符寶祗候除中都左警巡副使通括戶籍百姓稱其平遷殿中侍御史改右警巡使彰德軍節度副使刑部員外郎轉本部郎中歷會州惠州刺史遷同知臨潢府事改東北路招討副使以

病免起爲西南招討副使泰和六年伐宋遷陝西路統軍副使俄改通遠軍節度使陝西兵馬都統副使與秦州防禦使完顏璘屯成紀界宋兵驍兵五萬由保岔姑蘇等谷襲秦州承裕璘以騎兵千餘人擊走之追奔四十里凡六戰宋兵大敗斬首四千餘級詔承裕曰昔乃祖乃父戮力戎旅汝年尚少善於其職故命汝與完顏璘同行出界昔汝自言得兵三萬足以辦事今以石抹仲溫术虎高琪及青宜可與汝軍相合計可六萬斯亦足以辦矣仲溫高琪兵道險阻汝兵道甚易也自秦州至仙人關纔四百里耳從長計畫以副朕意詔完顏璘曰汝向在北邊以幹勇見稱頃以過失逮問有司近知與宋人奮戰故特赦免仍充副統如能佐承裕立功業朕於官賞豈復吝惜聞汝臨事頗黠若復自速罪且不赦汝矣宋吳曦使其將馮興楊雄李珪以步騎八千入赤谷承裕璘及河州防禦使蒲察秉鉉逆擊破之宋步兵保西山騎兵走赤谷承裕遣部將唐括按荅海率騎二百馳擊宋步兵甲士蒙括挺身先入衆之宋步兵大潰追奔至皂郊城斬二千餘級猛安把添奴追宋騎兵殺千餘人斬楊雄李珪于陣馮興僅以身免承裕進兵克成州八年罷兵遷河南東路統軍使兼知歸德府事俄改知臨潢府事賜金帶重幣十端銀百五十兩大

安初召爲御史中丞三年拜參知政事與平章政事獨吉思忠行省戍邊烏沙堡之役不爲備失利朝廷獨坐思忠詔承裕主兵事八月

大元大兵至野狐嶺承裕喪氣不敢拒戰退至宣平縣中土豪請以土兵爲前鋒以行省兵爲聲援承裕畏怯不敢用但問此去宣德間道而已士豪嗤之曰溪澗曲折我輩諳知之行省不知用地利力戰但謀走耳今敗矣其夜承裕率兵南行

大元兵踵擊之明日至會河川承裕兵大潰承裕僅脫身走入宣德

大元游兵入居庸關中都戒嚴識者謂金之亡決於是役
衛紹王猶薄其罪除名而已崇慶元年起為陝西安撫使
至寧元年遷元帥右監軍兼咸平府路兵馬都總管與契
丹留可戰敗績改同判大睦親府事遼東宣撫使貞祐初
改臨海軍節度使卒

贊曰曹劌有言一鼓作氣再而衰三而竭夫兵以氣為主
會河堡之役獨吉思忠承裕沮喪不可復振金之亡國兆
於此焉

僕散揆本名臨喜其先上京人左丞相兼都元帥沂國武
莊公忠義之子也少以世冑選為近侍奉御大定十五年

尚韓國大長公主擢器物局副使特授臨潢府路赫沙阿
世襲猛安歷近侍局副使尚衣局使拱衛直副都指揮使
為殿前左衛將軍罷職世宗諭之曰以汝宣獻皇后之親
故令尚主置之宿衛謂當以忠孝自勵日者乃與外人竊
議汝腹中事朕不能測其罷歸田里尋起為灤州刺史改
蠡州入為兵部侍郎大理卿刑部尚書章宗即位出為泰
定軍節度使改知臨洮府事以政蹟聞升河南路統軍使
陝西提刑司舉揆剛直明斷獄無冤滯禁戢家人百姓莫
識其面積石洮二州舊寇皆遁商旅得通於是進官一階
仍詔褒諭明昌四年鄭王永蹈謀逆事覺揆坐嘗私品藻
諸王獨稱永蹈性善靜好事乃免死除名未幾復五品階
起為同知崇義軍節度使事以戰功遷西北路副招討進
官七階賜金馬盂一銀二百兩重綵一十端復以戰功升
西南路招討使兼天德軍節度使賜金五十兩重綵一十
端復出禦邊嘗轉戰出塞七百里至赤胡覩地而還優詔
褒諭遷一官仍許其子安貞尚邢國長公主且許揆入謝
禮成歸鎮會韓國大長公主薨揆來赴上諭之曰北邊之
事非卿不能辦乃賜戰馬二即日遣還揆沿徼築壘穿塹
連亘九百里營柵相望烽候相應人得恣田牧北邊遂寧
復以手詔褒諭且欲大用以知興中府事紇石烈子仁代

之敕盡以方略授子仁既入拜參知政事改授中都路胡
土愛割蠻世襲猛安進拜尚書右丞尋出經略邊事還拜
平章政事封濟國公泰和五年宋人渝盟以揆為宣撫河
南軍民使上諭之曰朕即位以來任宰相未有如卿之久
者若非君臣道合一體同心何以及此先丞相亦嘗總師
南邊効力先朝今復委卿諒無過舉朕非好大喜功務要
寧靜內外宋人屈服無復可議若怙不改可整兵渡淮掃
蕩江左以繼爾先公之功即以尚廐名馬玉束帶內府重
綵及御藥賜之揆至汴蒐練將士軍聲大振會天壽節特
遣其子安貞賜宴且命持白玉杯以飲揆及上秋獮所親

獲鹿尾舌爲賜宋人服罪即罷宣撫使召揆還六年春宋人復數路來侵取泗州取靈壁圍壽春命揆爲右副元帥以討之揆至軍前集諸將校告以朝廷弔伐之意分遣將士禦敵復取臨淮蘄縣而符離壽春之圍亦解去敵屢敗衂悉遁出境上即遣提點近侍局烏古論慶壽持手詔勞問征討事宜仍賜玉具劒一玉荷蓮盞一金器一百兩重綵一十端尋復以詔褒諭賜玉鞍勒馬二及玉具佩刀內府重綵御藥以旌其功宋人既敗退上欲進討乃召揆赴闕戒以師期宴于慶和殿親諭之曰朕以趙擴背盟侵我疆埸命卿措畫曾未期月諸處累報大捷振我國威挫彼

賊鋒皆卿之力朕不能忘是日寵錫甚厚特收其次子寧壽爲奉御乃密授以成算俾還軍十一月揆總大軍南伐分兵爲九路進揆以行省兵三萬出潁壽至淮宋人旅拒于水南揆密遣人測淮水惟八疊灘可涉即遣奥屯驤揚兵下蔡聲言欲渡宋師何汝礪姚公佐悉銳師屯花靨鎭以備揆乃遣右翼都統完顏賽不先鋒都統納蘭邦烈潛渡八疊駐南岸揆麾大軍直壓其陣敵不虞我卒至皆潰走自相蹂踐死于水者不可勝計進奪潁口下安豐軍遂攻合肥取滁州盡獲其軍實上遣使諭之曰前得卿奏先鋒已奪潁口偏師又下安豐斬馘之數各以萬計近又西帥

奏捷棗陽光化既爲我有樊城鄧城亦自潰散又聞隨州闔城歸順山東之衆久圍楚州隴右之師剋期出界卿提大兵攻合肥趙擴聞之料已破膽失其神守度彼之計乞和爲上昔嘗畫三事付卿以今事勢計之徑渡長江亦其時矣淮南既爲我有際江爲界理所宜然如使趙擴奉表稱臣歲增貢幣縛送賊魁還所俘掠一如所諭亦可罷兵卿宜廣爲渡江之勢使彼有必死之憂從其所請而縱之僅得餘息偷生豈敢復萌他慮卿於此時經營江北勞倈安集除其虐政橫賦以良吏撫字疲民以精兵分守要害雖未係趙擴之頸而朕前所畫三事上功已成矣前入見

時已嘗議定今復諄諄者欲決卿成功爾機會難遇卿其勉之既而宋師丘崈果奉書乞和揆以前五事諭而遣之復進軍圍和州敵以騎萬五千駐六合揆偵知之即以右翼掩擊斬首八千級進屯于瓦梁河以控眞揚諸路之衝乃整列軍騎畢張旗幟沿江上下皆金兵焉於是江表震恐宋眞州兵數萬保河橋復遣統軍紇石烈子仁往攻之分軍涉淺潛出敵後敵見之大驚不戰而潰斬首二萬餘級生擒其帥劉侹常思敬蕭從德莫子容皆宋驍將也遂下眞州宋復遣陳璧來告和揆以乞辭未誠徒欲緩師卻之宋人既喪敗不獲請成乃決巨勝成公雷塘諸積水以

爲阻盡焚其廬舍儲積過江遁去揆以方春地濕不可久留且欲休養士馬遂振旅而還次下蔡遇疾詔遣宣徽使李仁惠及其子寧壽引太醫診視仍遣中使撫問泰和七年二月薨訃聞上哀悼之輟朝遣使迎喪殯于都城之北百官會弔車駕臨奠哭之賻銀一千五百兩重幣五十端絹五百疋其葬祭物皆從官給謚曰武肅揆體剛內和與物無忤臨民有惠政其爲將也軍門鎭靜賞罰必行初渡淮即命徹去浮梁所至皆因糧于敵無餽運之勞未嘗輕用士卒而與之同甘苦人亦樂爲之用故南征北伐爲一名將云

抹撚史扢搭臨潢路人也其先以功授世襲謀克史扢搭幼襲爵守邊有勞泰和六年南鄙用兵授同知蔡州防禦使事五月宋將李爽圍壽州田俊邁陷蘄縣平章政事僕散揆謂諸將曰符離彭城齊魯之蔽符離不守是無彭城彭城陷則齊魯危矣乃遣安國軍節度副使納蘭邦烈與史扢搭以精騎三千戍宿州俊邁果率步騎二萬來襲邦烈史扢搭逆擊大破之邦烈中流矢郭倬李汝翼以衆五萬繼至遂圍城攻之甚力城中叢射敵不能逼會淫雨潦溢敵露處勞倦邦烈遣騎二百潛出敵後突擊之敵亂史扢搭率騎蹂之殺傷數千人敵復聞援軍將至遂夜遁邦烈史扢搭躡其後黎明合擊大破之獲田俊邁十月揆以行省兵三萬出潁壽史扢搭爲驍騎將中軍副統克安豐軍戰霍丘花靨功居多十二月從攻和州中流矢卒史扢搭形不過中人而拳勇善鬬所用槍長二丈軍中號爲長槍副統又工用手箭箭長不盈握每用百數散置鎧中遇敵抽箭以鞭揮之或以指鉗取飛擲數矢齊發無不中敵以爲神其箭皆以智創雖子弟亦不能傳其法在北部守厭山營敵尤畏之不敢近及死將士皆惋惜之

內族宗浩字師孟本名老昭祖四世孫太保兼都元帥漢國公昂之子也貞元中爲海陵廢人入殿小底世宗即位

遼陽昂遣宗浩馳賀世宗見之喜命充符寶祗候大定二年冬昂以都元帥置幕山東宗浩領萬戶從行仍授山東東路兵馬都總管判官丁父憂起復承襲因閼斡魯渾猛安授河南府判官以母喪解服闋授同知陝州防禦使事察廉能第一等進官一階陞同知彰化軍節度使事累遷同簽樞密院事改曷蘇館節度使世宗謂宰臣曰宗浩有才幹可及者無幾二十三年徵爲大理卿踰年授山東路統軍使兼知益都府事陛辭世宗諭之曰卿年尚少以卿近屬有治迹故以此授卿宜體朕意因賜金帶遣之二十六年爲賜宋主趙眘生日使還授刑部尚書俄拜參知政

事章宗即位出為北京留守三轉同判大睦親府事北方有警命宗浩佩金虎符駐泰州便宜從事朝廷發上京等路軍萬人以戍宗浩以糧儲未備且度敵未敢動遂分其軍就食隆肇間是冬果無警北部廣吉剌者尤桀驁屢脅諸部入塞宗浩請乘其春暮馬弱擊之時阻䪁亦叛內族襄行省事于北京詔議其事襄以謂若攻破廣吉剌則阻䪁無東顧憂不若留之以牽其勢宗浩奏國家以堂堂之勢不能掃滅小部顧欲藉彼為捍乎臣請先破廣吉剌然後提兵北滅阻䪁章再上從之詔諭宗浩曰將征北部固卿之誠更宜加意毋致後悔宗浩覘知合底忻與婆速火

等相結廣吉剌之勢必分彼旣畏我見討而復掣肘仇敵則理必求降可呼致也因遣主簿撒領軍二百為先鋒戒之曰若廣吉剌降可就徵其兵以圖合底忻仍偵餘部所在速使來報大軍當進與汝擊破之必矣合底忻者與山只昆皆北方別部恃強中立無所羈屬往來阻䪁廣吉剌間連歲擾邊皆二部為之也撒入敵境廣吉剌果降遂徵其兵萬四千騎馳報以待宗浩北進命人齎三十日糧報撒會于移米河共擊敵而所遣人誤入婆速火部由是東軍失期宗浩前軍至忒里葛山遇山只昆所統石魯渾灘兩部擊走之斬首千二百級俘生口車畜甚衆進至呼歇

水敵勢大蹙於是合底忻部長白古帶山只昆部長胡必剌及婆速火所遣和火者皆乞降宗浩承詔諭而釋之胡必剌因言所部迪列土近在移米河不肯偕降乞討之乃移軍趨移米與迪列土遇擊之斬首三百級赴水死者十四五獲牛羊萬二千車帳稱是合底忻等恐大軍至西渡移米棄輜重遁去撒與廣吉剌部長忒里虎追躡及之於窊里不水縱擊大破之婆速火九部斬首溺水死者四千五百餘人獲駝馬牛羊不可勝計軍還婆速火乞內屬并請置吏上優詔褒諭遷光祿大夫以所獲馬六千置牧以勵之明年宴賜東北部尋拜樞密使封榮國公初朝廷置

東北路招討司泰州去境三百里每敵入比出兵追襲敵已遁去至是宗浩奏徙之金山以據要害設副招討二員分置左右由是敵不敢犯會中都山東河北屯駐軍人地土不贍官田多為民所冒占命宗浩行省事詣諸道括籍凡得地三十餘萬頃還坐以倡女自隨為憲司所糾出知真定府事徙西京留守復為樞密使進拜尚書右丞相超授崇進時懲北邊不寧議築壕壘以備守戍廷臣多異同平章政事張萬公力言其不可宗浩獨謂便乃命宗浩行省事以督其役功畢上賜詔褒賚甚厚撒里部長陀括里入塞宗浩以兵追躡與僕散揆軍合擊之殺獲甚衆敵

遣去詔徵還入見優詔獎諭躐遷儀同三司賜玉束帶一金器百兩重幣二十端進拜左丞相宋人畔盟王師南伐會平章政事揆病乃命宗浩兼都元帥往督進討宗浩馳至汴大張兵勢親赴襄陽巡師而還宋人大懼乃命知樞密院事張巖以書乞和宗浩以辭旨未順却之仍諭以稱臣割地縛送元謀姦臣等事巖復遣方信孺齎其主趙擴誓藁來且言擴併發三使將賀天壽節及通謝仍報其祖母謝氏殂致書于都元帥宗浩曰方信孺還遠貽報翰及所承鈞旨仰見以生靈休息爲重曲示包容矜軫之意聞命踊躍私竊自喜即具奏聞備述大金皇帝天覆地載之

仁與都元帥海涵春育之德旋奉上旨亟遣信使通謝宸庭仍先令信孺再詣行省以請定議區區之愚實恃高明必蒙洞照重布本末幸垂聽焉兵端之開雖本朝失于輕信然痛罪姦臣之蔽欺亦不爲不早自去歲五月編竄鄧友龍六月又誅蘇師旦等是時大國尚未嘗一出兵也本朝即捐已得之泗州諸軍屯于境外者盡令徹戍而南悔艾之誠于茲可見惟是名分之諭今昔事殊本朝皇帝本無佳兵之意況関繫至重又豈臣子之所敢言江外之地恃爲屏蔽儻如來諭何以爲國大朝所當念察至于首事人鄧友龍等誤國之罪固無所逃若使執縛以送是本朝不得自致其罰于臣下所有歲幣前書已增大定所減之數此在上國初何足以爲重輕特欲藉手以見謝過之實儻上國諒此至情物之多寡必不深計矧惟兵興以來連歲創殘賦入屢蠲若又重取于民豈基元元無窮之困竊計大朝亦必有所不忍也於通謝禮幣之外別致微誠庶幾以此易彼其歸投之人皆雀鼠偷生一時竄匿往往不知存亡本朝既無所用豈以去來爲意當隆興時固有大朝名族貴將南來者洎和議之定亦嘗約各不取索況茲瑣瑣誠何足云儻大朝必欲追求尚容拘刷至如泗州等處驅掠人悉當護送歸業夫締新好者不念舊惡成大功

者不較小利欲望力賜開陳捐棄前過闊略他事玉帛交馳歡好如初海內寧謐長無軍兵之事功烈昭宣德澤洋溢鼎彝所紀方册所載垂之萬世豈有既乎重惟大金皇帝誕節將臨禮當修賀兼之本國多故又言合遣人使接續津發已具公移企望取接伏冀鑒其至再至三有加無已之誠亟賜請盟之諾即底于成感戴恩德永永無極誓書副本慮往復遷延就以録呈初信孺之來自以和議遂成輒自稱通謝使所參議官大定中宋人乞和以王抃爲通問使所參議官信孺援以爲例宗浩怒其輕妄囚之以聞朝廷亦以其爲行人而不能孚兩國之情將留之遣使

問宗浩宗浩曰今信孺事既未集自知還必得罪拘之適使他日有以藉口不若數其恌易而釋遣之使歸自窮無辭以白其國人則擴侂胄必擇謹厚者來矣於是遣之而復張巖書曰方信孺重以書來詳味其辭於請和之意雖若婉遜而所畫之事猶未悉從惟言當還泗州等驅掠而已至於責貢幣則欲以舊數爲增追叛亡則欲以横恩爲例而稱臣割地縛送姦臣三事則並飾虛説弗肯如約豈以爲朝廷過求有不可從將度德量力足以背城借一與我軍角一日勝負者哉既不能彊又不能弱不深思熟慮以計將來之利害徒以不情之語形于尺牘而勤郵傳何

也兵者凶器佳之不祥然聖人不得已而用之故三皇五帝所不能免夫豈不以生靈爲念蓋犯順負義有不可恕者乃者彼國犯盟侵我疆埸帥府奉命征討雖未及出師姑以逐處戍兵隨宜捍禦所向摧破莫之敢當執俘折馘不可勝計餘衆震懾靡然奔潰是以所侵疆土旋即底平爰及泗州亦不勞而復今乃自謂捐其已得斂軍徹戍以爲悔過之効是豈誠實之言據陜西宣撫司申報今夏宋人犯邊者十餘次並爲我軍擊退梟斬捕獲蓋以億計夫以悔艾罪咎移書往來丙和之間乃暗遣賊徒突我守圉冀乘其不虞以徼倖毫末然則所爲來請和者理安在哉

其言名分之諭今昔事殊者蓋與大定之事固殊矣本朝之於宋國恩深德厚莫可彈述皇統謝章可槩見也至于世宗皇帝俯就和好三十年間恩澤之渥夫豈可忘江表舊臣于我大定之初以失在正隆致南服不定故特施大恩易爲姪國以鎮撫之今以小犯大曲在於彼既以絶大定之好則復舊稱臣於理爲宜若爲非臣子所敢言在皇統時何故敢言而今獨不敢是又誠然乎哉又謂江外之地將爲屏蔽割之則無以爲國夫藩籬之固當守信義如不務此雖長江之險亦不可恃區區兩淮之地何足屏蔽而爲國哉昔江左六朝之時淮南屢嘗屬中國矣至後周

顯德間南唐李景獻廬舒蘄黄畫江爲界是亦皆能爲國既有如此故實則割地之事亦奚不可自我師出疆所下州軍縣鎮已爲我有未下者即當割而獻之今方信孺齎到誓書乃云疆界並依大國皇統彼之隆興年已畫爲定若是則既不言割彼之地又翻欲得我之已有者豈理也哉又來書云通謝禮幣之外別備錢一百萬貫折金銀各三萬兩專以塞再增幣之責又云歲幣添五萬兩疋其言無可准況和議未定輒前具載約擬爲誓書又直報通謝等三番人使其自專如是豈恊禮體此方信孺以求成自任臆度上國謂如此徑往則事必可集輕瀆誑紿理不可

容尋具奏聞欽奉聖訓昔宣靖之際棄信背盟我師問罪嘗割三鎮以乞和今既無故興兵蔑棄信誓雖盡獻江淮之地猶不足以自贖況彼國嘗自言叔父姪子與君臣父子略不相遠如能依應稱臣即許以江淮之間取中爲界如欲世爲子國即當盡割淮南直以大江爲界陝西邊面並以大軍已占爲定據元謀姦臣必使縛送緣彼懇欲自致其罰可令函首以獻外歲幣雖添五萬兩疋止是復皇統舊額而已安得爲增可令更添五萬兩疋以表悔謝之實向汴陽乞和時嘗進賞軍之物金五百萬兩銀五千萬表段裹絹各一百萬牛馬騾各一萬駞一千書五監今即

江表一隅之地與昔不同特加矜憫止令量輸銀一千萬兩以充犒軍之用方信孺言語反覆不足取信如李大性朱致知李壁吳琯輩似乎忠實可遣詣軍前禀議據方信孺詭詐之罪過於胡昉然自古兵交使人容在其間姑放令回報伏遇主上聖德寬裕光大天覆地容包荒宥罪其可不欽承以仰副仁恩之厚儻猶有所稽違則和好之事勿復冀也夫宋國之安危存亡將繫于此更期審慮無貽後悔泰和七年九月薨于汴其後宋人竟請以叔爲伯增歲幣備犒軍銀函姦臣韓侂胄蘇師旦首以獻而乞盟焉訃聞上震悼輟朝命其子宿直將軍天下奴奔赴喪所仍命葬畢持繪像至都將親臨奠以南京副留守張巖叟爲勅祭兼發引使莒州刺史女奚列孛菁速爲勅葬使仍摘軍前武士及旗鼓笛角各五十人外隨行親屬官員親軍送至葬所賻贈甚厚謚曰通敏

贊曰金自宗弼渡江而還既而畫淮爲界厥後海陵咈衆舉兵國用虛耗上下離心內難先作故世宗之初章宗之末有事于南皆非得已而詳問之使每先發焉侂胄狂謀誤國動非其時取敗宜也揆宗浩雖師出輒捷而行成之使不拒其來儀幣書辭抑揚增損之際有可藉口即許其平矣函首之事宋人亦欲因是以自除其禍耳雖然揆宗

浩常勝之家史扢搭驍勇之將三人相繼而死和議亦成天意蓋已休息南北之人歟

列傳第三十一

開府儀同三司上柱國錄軍國重事前中書右丞相監修國史領經筵事都總裁臣脫脫奉　勑修

夾谷清臣　內族襄　夾谷衡

完顏安國　瑤里孛迭

夾谷清臣本名阿不沙胡里改路桓篤人也姿狀雄偉善騎射皇統八年襲祖駁達猛安大定元年聞世宗即位率本部軍六千赴中都會之以功遷昭武大將軍從右副元帥紇石烈志寧爲管押萬户接應左都監完顏思敬逐窩斡餘黨敗之柔遠至抹拔里達悉獲之賊平遷鎮國上將

軍知潁順軍事會宋兵二萬襲陷汝州殺刺史烏古孫麻發及漢軍二千河南統軍宗正遣萬户孛术魯定方與清臣等領騎兵四千往擊之宋人棄城遁遂復汝州三年五月從志寧復取宿州宋將李世輔大敗遁去志寧復遣清臣等以兵追襲又敗之捷聞授宿州防禦使移博州改西北路招討都監遷烏古十壘部族節度使十二年授右副都點檢遷左副都點檢出爲陝西路統軍使兼知京兆府事朝辭賜以金帶廐馬仍諭之曰卿典禁兵日侍左右勤勞久矣兹以是授卿宜益思勉二十六年改西京留守閱三歲遷樞密副使明昌元年初議出師以本職充東北路兵馬都統制使旣而詔止之俄以其女爲昭儀眷倚益重二年拜尚書左丞頃之進平章政事封芮國公賜同本朝人四年遷右丞相監修國史時議簽軍戍邊上問漢人與夏人孰勇清臣曰漢人勇上曰昔元昊擾邊宋終不能制何也清臣曰宋馭軍法不可得知今西南路人殊勝彼也未幾遷崇進改封戴一日上謂宰臣曰人有以八陣圖來上者其圖果何如朕嘗觀宋白所集武經然其載攻守之法亦多難行清臣曰兵書皆定法難以應變本朝行兵之術惟用正奇二軍臨敵制變以正爲奇以奇爲正故無往不克上曰自古用兵亦不出奇正二法耳且學古兵法如

學奕碁未能自得於心而欲用舊陣勢以接敵亦以踈矣尋上表乞閒不許固請乃賜告省覲諭之曰聞卿母老欲令歸省故特給假五十日馳驛以往至彼可爲一月留也五年二月上御凝和殿清臣省覲還謁上上問卿母健否其壽幾何相别幾年矣清臣對曰臣母年八十三矣别十年幸頗強健上曰何不來此曰急於家務故不欲離耳上曰老人多如是所謂血氣旣衰戒之在得也復謂清臣胡里改路風俗何如對曰視舊則稍知禮貌而勇勁不及矣因言西南西北等路軍人其閑習弓矢亦非復曩時六年遷儀同三司進拜左丞相改封密受命出師行尚書省事

於臨潢府清臣遣人偵知虛實以輕騎八千令宣徽使移
剌敏爲都統左衛將軍充招討使完顏安國爲左右翼分
領前隊自選精兵一萬以當後隊進至合勤河前隊敏等
於栲栳濼攻營十四下之回迎大軍屬部斜出掩其所獲
羊馬資物以歸清臣遣人責其贓罰北阻轐由此叛去大
侵掠上遣責清臣命右丞相襄代之承安五年降授橫海
軍節度使兼滄州管内觀察使初上諭宰臣曰清臣舊有
勞效罪狀未甚明若降授應須告致仕耳初擬知廣寧府
上曰姑與滄州既而又曰與則與之第恐有人言也尋復
致仕泰和二年薨年七十子么查剌襲猛安初議征討清

臣主其事既而領軍出征雖屢獲捷而貪小利遂致北邊
不寧者數歲天下尤之

丞相襄本名唵昭祖五世孫也祖什古迺從太祖平遼以
功授上京世襲猛安歷東京留守父阿魯帶皇統初北伐
有功拜參知政事襄幼有志節善騎射多勇略年十八襲
世爵大定初契丹叛從左副元帥謀衍以本部兵討賊戰
于肇州之長濼襄先登鏖擊足中流矢裹創以戰氣愈厲
七戰皆勝謀衍握其手曰今日之捷皆公力也賊走渡霿
鬆河追及之所駐地多草賊乘風縱火襄亦縱火立空地
以竢戰十餘合賊益困襄謂謀衍曰今不乘此平殄後將
有悔謀衍然之襄率衆搏戰大敗之俘獲萬計會朝廷遣
平章政事僕散忠義代謀衍將襄復從忠義追賊至裊嶺
西之陷泉及之率右翼身先奮擊賊大潰人馬相蹂而死
陷泉幾平賊酋窩斡僅與數十騎遁去卒就擒論功爲第
一有司擬淄州刺史詔特授亳州防禦使時年二十三宋
人犯南鄙襄爲潁壽都統率甲士二千人渡潁水敗敵兵
五千復潁州生擒宋帥楊思次濠州宋將郭太尉退保橫
澗山襄攻之伏弩射中其膝督攻愈急拔之獲郭太尉既
而趨滁州襄爲先鋒將至清流關得宋偵者知敵欲三道
夜出掩我不備左副元帥紇石烈志寧問計襄曰今兵少

地隘儻不得關敵至我無所據必先取之曰我與若孰往
襄曰元帥國家大臣詎宜輕動襄當爲公往取志寧韙之
襄率騎二千分二道一由衛路自以千兵間道潛登既近
敵始覺襄攻克之據其關志寧履行戰地顧謂曰克敵於
不可勝之地真天下英傑也及宋乞盟班師召爲拱衛直
都指揮使改殿前右衛將軍轉左衛出爲東北路招討都
監遷速頻路節度使移曷懶路兵馬都總管左丞相志寧
疾甚世宗臨問之志寧薦襄智勇兼濟有經世才他人莫
及異時任用殆勝于臣即召授殿前左副都點檢爲宋生
日使宋方祈免親接國書襄至宋人屢來議皆折之迄成

禮而還授陝西路統軍使賜之尚服廐馬鞍勒佩刀改河南統軍使入爲吏部尚書轉都點檢賜錢千萬世宗謂宰執曰襄爲人甚蘊藉非直日亦入宮規畫諸事事有所付乃退其公勤如此若襄之才豈多得哉擢御史大夫踰月拜尚書右丞諭之曰卿在河南經制邊事甚有統紀及在吏部至爲點檢尤奉公守法朕甚嘉之近長憲臺亦以剛直聞是用委以政機其益勉之未幾進拜左丞襄在外任治有異効至是朝廷以褒賞廉吏詔天下列其名以示獎厲二十三年進拜平章政事封蕭國公世宗以金源郡王世嫡皇孫將加王爵詔擇國號襄曰爲天下大計必先正

其本原者本也請封原從之故事諸部族節度使及其僚屬多用糺人而頗有私縱不法者議改用諸色人襄曰北邊雖無事恒須經略之若杜此門其後有勞績何以處之請如舊他日議及古有監軍之事襄曰漢唐初無監軍將得專任故戰必勝攻必克及叔世始以内臣監其軍動爲所制故多敗而少功若將得其人監軍誠不必置並嘉納之詔受北部進貢使還世宗問邊事具圖以進因上羈縻屬部鎮服大石之策詔悉行之進拜右丞相徙封戴世宗不豫與太尉徒單克寧平章政事張汝霖宿内殿同受顧命章宗初即政議罷僧道奴婢太尉克寧奏曰此盖成俗

日久若遽更之於人情不安陛下如惡其數多宜嚴立格法以防濫度則自少矣襄曰出家之人安用僕隸乞不問從初如何所得悉放爲良若寺觀物力元係奴婢之數推定者並合除免詔從襄言由是二稅户多爲良者明昌元年同知棣州防禦使嗇上封事歷詆宰執太傅克寧奏嗇所言襄預知之於是詔嗇還本猛安而襄出知平陽府事移知鳳翔歷西京留守召授同判大睦親府事進樞密使復拜右丞相改封任時左丞相夾谷清臣北禦邊措畫乖方屬邊事急命襄代將其衆佩金牌便宜從事臨宴慰遣賜以貂裘安山細鎧及戰馬二時胡疋糺亦叛嘯聚北京

臨潢之間襄至遣人招之即降遂屯臨潢頃之出師大鹽濼復遣右衛將軍完顏充進軍斡魯速城欲屯守俟隙進兵繪圖以聞議者異同即召面論厚賜遣還未幾遣西北路招討使完顏安國等趨多泉子密詔進討乃命支軍出東道襄由西道而東軍至龍駒河爲阻轐所圍三日不得出求援甚急或請俟諸軍集乃發襄曰我軍被圍數日馳救之猶恐不及豈可後時即鳴鼓夜發或請先遣人報圍中使知援至襄曰所遣者儻爲敵得使知我兵寡而糧在後則吾事敗矣乃益疾馳遲明距敵近衆請少憩襄曰吾所以乘夜疾馳者欲掩其不備爾緩則不及嚮晨壓敵突

擊之圍中將士亦鼓譟出大戰獲輿帳牛羊衆皆奔斡里扎河遣安國追躡之衆散走會大雨凍死者十八九降其部長遂勒勳九峯石壁捷聞上遣使厚賜以勞之別詔許便宜賞賚士卒九月赴闕拜左丞相監修國史封常山郡王宴慶和殿上親舉酒飲解所服玉具佩刀以賜俾即服之十月阻䪁復叛襄出屯北京會群牧契丹德壽陀鎖等據信州叛僞建元曰身聖衆號數十萬遠近震駭襄閑暇如平日人心乃安初襄之出鎮也至石門鎮密謂僚屬曰北部犯塞兵足應第恐姦人乘隙而動北京近地軍少當預爲之備即遣官發上京等軍六千至是果得其用臨潢

總管烏古論道遠咸平總管蒲察守純分道進討擒德壽等送京師契丹之亂廷臣議罷郊祀又欲改用正月上辛上遣使問之對曰郊爲重禮且先期詔天下又藩國已報表賀今若中罷何以副四方傾望之意若改用正月上辛乃祈穀之禮非郊見上帝之本意也大禮不可輕廢請決行之臣乞於祀前滅賊既而賊破果如所料郊禮成進封南陽郡王始討契丹自龍虎衛上將軍節度使以下許承制授之襄以爲賞罰之柄非人臣所預不敢奉詔賊平請委近臣諭旨將士使知上恩乃遣李仁惠持宣三十勑百五十視功給之方德壽之叛諸乣亦剽略爲民患襄慮其

與之合乃移諸乣居之近京地撫慰之或曰乣人與北俗無異今置內地或生變柰何襄笑曰乣雖雜類亦我之邊民若撫以恩焉能無感我在此必不敢動後果無患尋詔參知政事裔代領其軍入見賜錢五千萬明年以內艱免翌日起復視事時議以契丹戶之驅奴尚衆乞盡鬻以散其黨襄以爲非便奏請量存口數餘悉官贖爲良上納之北部復叛裔戰失律復命襄爲左副元帥莅師尋拜樞密使兼平章政事屯北京民方艱食乃減價出糶倉粟以濟之或以兵食方闕爲言襄曰烏有民足而兵不足者卒行之民皆悅服時議北討襄奏遣同判大睦親府事宗浩出

軍泰州又請左丞衡於撫州行樞密院出軍西北路以邀阻䪁而自帥兵出臨潢上從其策賜內庫物即軍中用之其後斜出部族詣撫州降上尊使問襄襄以爲受之便賜寶劍詔度宜窮討乃令士自賚糧以省輓運進屯於汚移剌烈烏淵掃等山以逼之因請就用步卒穿壕築障起臨潢左界北京路以爲阻塞言者多異同詔問方略襄曰今茲之費雖百萬貫然功一成則邊防固而戍兵可減半歲省三百萬貫且寬民轉輸之力實爲永利詔可襄親督視之軍民並役又募飢民以傭即事五旬而畢於是西北西南路亦治塞如所請無何泰州軍與敵接戰宗浩督其後

殺獲過半諸部相率送款襄納之自是北陲遂定襄還臨潢碱屯兵四萬馬二萬疋上以信符召還遣近臣迎勞于途既至復撫問于第入獻邊機十事皆為施行仍厚賜之復拜左丞相初襄至自軍上諭宰臣曰樞密使襄築立邊堡完固古來立一城一邑尚有賞賚即欲拜三公三公非賞功官如左丞相亦非賞功者雖然可特授之遣左司郎中阿勒根阿海降詔褒諭四年正月進拜司空領左丞相如故襄重厚寡言務以鎮靜守法每掾有所禀必問曰諸相云何掾對某相如是某相如是襄曰從某議其事無有興者識者謂襄誠得相體時上頗更定制度初置提刑司

又議設清閑職位如宋朝宮觀使以待年高致仕之官襄言年老致仕朝廷養以俸廩恩禮至渥老不為退復有省會之法所以抑貪冒長廉節若擬別設恐涉于濫又言省事不如省官今提刑官吏多無益於治徒亂有司事議者以謂斯乃外臺不宜罷臣恐混淆之辭徒煩聖聽且憲臺所掌者察官吏非違正下民冤枉亦無提點刑獄舉薦之權若已設難以遽更其採訪廉能不宜隸本司宜令監察御史歲終體究仍不時選官廉訪上皆聽納俄乞致仕不許時方旱命有司祈雨襄及平章政事張萬公參政僕散揆等上表待罪上召翰林學士党懷英草罪己詔仍慰諭襄等視事泰和元年春承命馳禱于亳州太清宮及后土方嶽以其世封遠特改授河間府路算朮海猛安明年皇子生襄復自請報謝既祀嵩嶽還次芝田之府店遂以疾薨年六十三訃聞輟朝遣使祭于路葬禮依太師淄王克寧謚曰武昭命張行簡銘其碑襄明敏才武過人上親待之厚故所至有功其駐軍臨潢也有以偽書遺西京留守徒單鎰欲構以罪書聞上以書還畀襄其明信如此既而果獲為偽書者在政府二十年明練故事簡重能斷器局尤寬大待掾吏盡禮用人各得所長為當世名將相大安閒配享章宗廟庭

夾谷衡本名阿里不山東西路三土猛安益打把謀克人也大定十三年剏設女直進士舉衡中第四人補東平府教授調范陽簿選充國史院編脩官改應奉翰林文字世宗嘗謂宰臣曰女直進士中才傑之士蓋亦難得如徒單鎰夾谷衡尼厖古鑑皆有用材也遷修起居注章宗立為侍御史轉右司員外郎敷奏稱旨升左司郎中明昌二年擢御史中丞未幾拜參知政事三年八月以病表乞致仕詔撫慰不許衡父在告承詔始出上見其羸瘠復賜告一月四年詔賜今名諭之曰朕選大臣俾參機務必資謀畫協贊治平其或得失晦而未形利害膠而未决正須識見

純直方能去取合公比来議事之臣鮮有一定之論蓋以
内無所守故臨事而惑致有中失朕將何賴卿忠實公方
審其是則執而不回見其非則去而能果度其事勢有若
權衡汝之所長衡實似之可賜名衡古者命名將以責實
汝先有實可謂稱名行之克終乃副朕意參知政事胥持
國言區種法衡曰若苟有利古已行之且用功多而所種
少復恐荒廢土田徒勞民無益也進尚書右丞舊制久歷
隨朝職任者得奉使江表衡未使而拜執政特賜錢六千
貫六年遷尚書左丞尋出行省于撫州洎還入朝聞父憂
去上亟召回起復本職承安二年出爲上京留守尋改樞
密副使行院規畫邊事三年以修完封界賜詔褒諭四年
正月就拜平章政事封英國公薨年五十一上聞之惻然
爲輟朝命官致祭賻贈有加遣使勑葬謚曰貞獻

完顏安國字正臣本名閭母其先占籍上京世有戰功祖
斜婆授西南路世襲合札謀克安國沉雄有謀畫尤善騎
射正隆元年從軍爲謀克常以少擊衆大定中爲常山薄
轉虹縣令會王府新建選充虞王府掾再遷儀鸞局副使
明昌元年改本局使會大石部長有乞修歲貢者朝廷許
其請詔安國往使之至則率衆遠迓至帳望闕羅拜執禮
無惰容時北阻𨍏迫近塞垣隣部欲立功以誇雄上國議
邀安國俱行討之安國以未奉詔爲辭強之不可或以危
言怵之安國曰大丈夫豈以生死易節暴骨邉庭不猶愈
於病死牖下衆壯其言餽贐如禮既還以奉使稱旨升武
衛軍都指揮使出爲東北路副招討未赴改西北路副招
討六年左丞相夾谷清臣用兵以安國爲先鋒都統適臨
潢泰州屬部叛安國先討定之以功遷本路招討使兼威
遠軍節度使承安元年大鹽濼之戰殺獲甚衆詔賜金幣
既而右丞相襄總大軍進安國爲兩路都統大捷於多泉
子襄遣安國追敵僉言糧道不繼不可行也安國曰人得
一羊可食十餘日不如驅羊以襲之便遂從其計安國統

所部萬人疾驅以薄之降其部長捷聞進官四級遷左翼
都統承安二年以營邊堡功召簽樞密院事賜虎符還邊
得以便宜從事時並塞諸部降諭使輸貢如初進拜樞密
副使泰和元年特授世襲西南路延晏河猛安兼合札謀
克帝幸慶寧宮命安國嚴飭邊備奏西南路邊戍私竄者
乞招誘以安人心上是其言三年以疾致仕封道國公四
年起復前職卒上聞之輟朝勑有司葬以執政禮贈特進
安國在軍旅幾十五年號令嚴明指麾卒伍如左右手又
善伺知敵人虛實及山川險易戰必身先士卒故所向輒
克諸部入貢安國能一一呼其祖先弟姪名字以戒諭之

諸部皆震慄甚爲隣國所畏服

瑶里孛迭北京路窟白猛安陀羅山謀克人也以軍功歷海濱令遷徐王府掾以稱職再任御史臺察廉升同知震武軍節度使事明昌初爲唐州刺史尋授西北路招討副使未幾改東北路六年正月北邊有警聚兵圍慶州急孛迭率本路軍往救敵解去州竟無患承安元年丞相襄北伐孛迭爲先鋒副統進軍至龍駒河受圍會襄引大軍至得解後授鎮寧軍節度使以六群牧人叛改寧昌軍孛迭爲都統領步騎萬次懿州敵數萬來逆戰兵勢甚張孛迭親陷陣奮力鏖擊卻之身中二創捷聞遷一官承安二年

糺軍千餘出没剽掠錦懿間孛迭追敗之復獲所掠悉還本戸三年從同判大睦親府事宗浩爲左翼都統戰移密河勝戰胷堡子西殺獲甚衆五年授知廣寧府事俄改東北路招討使以捍邊有功賜詔褒諭三遷爲崇義軍節度使泰和六年卒訃聞遣官致祭賜銀五百兩贈金紫光禄大夫孛迭勇決善戰自幼以軍功顯任兵鎮十餘年所向克捷凡再遷官賜金幣甚爲上倚注云

贊曰易師之初六師出以律否臧凶蓋初爲師之始出師之道當慎其始清臣首議出師遽以貪小利敗襄雖賢竭力而後勝其任衛安國孛迭之功又亞於襄者也然而兵連禍結以終金世故兵無常勝制勝在勢勢制兵者強兵制勢者亡迹襄之開築壕塹以自固其猶元魏北齊之長城歟金之勢可知矣勢屈而兵勝亡國之道也金以兵始亦以兵終嗚呼用兵之始可不慎歟可不慎歟

列傳第三十二

列傳第三十三　金史九十五

開府儀同三司上柱國錄軍國重事前中書右丞相監修國史領經筵事都總裁臣脫脫奉

勅修

移剌履　張萬公　蒲察通

粘割斡特剌　程輝　劉瑋

董師中　王蔚　馬惠迪

馬琪　楊伯通　尼厖古鑑

移剌履字履道遼東丹王突欲七世孫也父聿魯早亡聿魯之族兄興平軍節度使德元無子以履爲後方五歲晚卧廡下見微雲往來天際忽謂乳母曰此所謂卧看青天

行白雲者耶德元聞之驚曰是子當以文學名世及長博學多藝善屬文初舉進士惡搜檢煩瑣去之廕補爲承奉班祗候國史院書寫世宗方興儒術詔譯經史擢國史院編修官兼筆硯直長一日世宗召問曰朕比讀貞觀政要見魏徵嘉謀忠節良可稱歎近世何故無如徵者履曰忠嘉之士何代無之但上之人用與不用耳世宗曰卿不見劉仲晦張汝霖耶朕超用二人者以嘗居諫職屢有忠言故也安得謂之不用第人材難得耳履曰臣未聞其諫也且海陵杜塞言路天下緘口習以成風願陛下懲艾前事開諫諍之門天下幸甚初議以時務策設女直進士科禮部以所學不同未可槩稱進士詔履定其事乃上議曰進士之科起于隋大業中始試以策唐初因之高宗時雜以箴銘賦詩至文宗始專用賦且進士之初本專試策今女直諸生以試策稱進士又何疑焉世宗大悅事遂施行十五年授應奉翰林文字兼前職俄遷修撰二十年詔提控衍慶宮畫功臣像過期降應奉踰年復爲修撰轉尚書禮部員外郎章宗爲金源郡王喜讀春秋左氏傳聞履博洽召質所疑履曰左氏多權詐駁而不純尚書孟子皆聖賢純全之道願留意焉王嘉納之二十六年進本部郎中兼同修國史翰林修撰表進宋司馬光古文孝經指解曰臣竊觀近世皆以兵刑財賦爲急而光獨以此進其君有天

下者取其辭施諸宇內則元元受賜俄以疾乞補外世宗曰履多病可與便州遂授薊州刺史無幾召爲翰林待制同修國史明年擢尚書禮部侍郎兼翰林直學士世宗崩遺詔移梓宮壽安宮章宗詔百官議皆謂當如遺詔履獨曰非禮也天子七月而葬同軌畢至其可使萬國之臣朝大行於離宮乎上曰朕日夜思之捨正殿而奠於別宮情有所不忍且於禮未安遂殯於大安殿二十九年三月進禮部尚書兼翰林直學士賜大定三年孟宗獻牓下進士及第七月拜參知政事提控刊修遼史明昌元年進尚書

右丞初河溢曹州帝問曰春秋二百四十二年不言河決何也履曰春秋止是魯史所以鮮及他國事二年六月薨年六十一是日履所生也謚曰文獻履秀峙通悟精曆筭書繪事先是舊大明曆舛誤履上乙未曆以金受命于乙未也世服其善初德元未有子以履為後既而生子震德元歿盡推家貲與之其自禮部兼直學士為執政乃舉前代光院故事以錢五十萬送學士院學者榮之

張萬公字良輔東平東阿人也幼聰悟喜讀書父彌學夢至一室牓曰張萬相公讀書堂已而萬公生因以名焉登正隆二年進士第調新鄭簿以憂去服闋除費縣簿大定

四年為東京辰渌鹽副使課增遷長山令時土寇未平一旦至城下者幾萬人萬公登陴諭以鄉里親舊意衆感悟相率而去邑人賴之為立生祠久之補尚書省令史擢河北西路轉運司都勾判官改大理評事就陞司直四遷侍御史尚書右司員外郎丞相徒單克寧嘗謂曰後代我者必汝也俄授郎中數奏明敏世宗嘉之謂侍臣曰張萬公純直人也尋遷刑部侍郎章宗即位初置九路提刑司選為南京路提刑使以治最遷御史中丞會北邊屢有警上命樞密使夾谷清臣發兵擊之萬公言勞民非便詔百官議於尚書省遂罷兵尋為彰國軍節度使明昌二年知大

興府事拜參知政事踰年以母老乞就養詔不許賜告省親還上問山東河北粟貴賤今春苗稼萬公具以實對上謂宰臣曰隨處雖得雨尚未霑足柰何萬公進曰自陛下即位以來興利除害凡益國便民之事聖心孜孜無不舉行至於旱災皆由臣等若依漢典故皆當免官上曰卿等何罪殆朕所行有不逮者對曰天道雖遠實與人事相通唯聖人言行可以動天地昔成湯引六事自責周宣遇災而懼側身修行莫不修飾人事方今宜崇節儉不急之務無名之費可俱罷去上曰災異不可專言天道蓋必先盡人事耳故孟子謂王無罪歲左丞完顏守貞曰陛下引咎

自責社稷之福也上由是以萬公所言下詔罪己進士李邦乂者上封事因論世俗侈靡譏涉先朝有司議言者罪上謂宰臣曰昔唐張玄素以桀紂比文皇今若方我為桀紂亦不之罪至於世宗功德豈容譏毀顧問萬公曰卿為何如萬公曰譏斥先朝固當治罪然舊無此法今宜定立使人知之乃命免邦乂罪惟殿三舉其奏對詳敏多類此四年復申前請授知東平府事諭之曰卿在政府非不稱職以卿母老乞侍養特畀鄉郡以遂孝養朕心所屬不汝忘也萬公謝且捧書言曰臣狂妄有一言欲今日以聞會受除未及耳夫內外之職憂責如一畎畝之臣猶不忘君

芻蕘之言明主所擇伏望聖聰省察上嘉納之六年改知河中府時軍興調發叢劇悉爲寬假使民力易辦人爲繪像於薰風樓又建去思堂移鎮濟南以母憂去職卒哭詔起復拜平章政事躐遷資善大夫封壽國公時李淑妃有寵用事帝意惑之欲立爲后大臣多不可御史姬端修上書論之帝怒御史大夫張暐削一官侍御史路鐸削兩官端修杖七十以贖論淑妃竟進封元妃又大兵雖罷而邊事方殷連歲旱暵災異數見又多變更制度民以爲弗便而又改之紛紛無定萬公素沉厚深謹務安靜少事以爲治與同列議多不合然頗嫌畏不敢犯顏強諫須帝有問然後審晝利害而質言之帝雖從而弗行也萬公於是兩上表以衰病乞閒詔諭曰近卿言數事朕未嘗行乃朕之過卿年未老而遽告病今特賜告兩月復起視事初明昌間有司建議自西南西北路沿臨潢達泰州開築壕塹以備大兵役者三萬人連年未就御史臺言所開旋爲風沙所平無益於禦侮而徒勞民上因旱災問萬公所由致萬公對以勞民之久恐傷和氣宜從御史臺所言罷之爲便後丞相襄師還卒爲開築民甚苦之主兵者又言比歲征伐軍多敗衂蓋屯田地寡無以養贍至有不免飢寒者故無闘志願括民田之冒稅者分給之則戰士氣自倍矣朝

臣議已定萬公獨上書言其不可者五大略以爲軍旅之後瘡痍未復百姓拊摩之不暇何可重擾一也通檢未久田有定籍括之必不能盡適足以增猾吏之敝長告訐之風二也浮費侈用不可勝計推之以養軍可斂不及民而無待於奪民之田三也兵士失於選擇強弱不別而使同田共食振厲者無以盡其力疲劣者得以容其姦四也奪民而與軍得軍心而失天下心其禍有不可勝言者五也必不得已乞以冒地之已括者召民蒔之以所入贍軍則軍有坐獲之利而民無被奪之怨矣皆不報一日奏事上謂萬公曰卿昨言天久陰晦亦由人君用人邪正不分君子當在内小人當在外甚有理也然孰謂小人萬公奏張煒田櫟張嘉貞等雖有才幹無德可稱上即命三人補外泰和元年連章請老不許遷榮禄大夫賜其子進士及第明年章再上有旨得非卿有所言朕有不從者乎或同列情見不一而多違卿意邪不然何求去如是之數也萬公謝無他第以病言三年正月章再上不允加銀青光禄大夫三月歷舉朝臣有名者以自代求去甚力上知其不能留諭曰朕初即位擢卿執政繼遷相位以卿先朝舊人練習典故朕甚重之且年雖高而精力未衰故以機務相勞爲卿屢求退去故勉從之甚非朕意也加金紫光禄大夫

致仕六年南鄙用兵上以山東重地須大臣鎮撫之先任完顏守貞卒於是特起萬公知濟南府山東路安撫使山東連歲旱蝗沂密萊莒濰五州尤甚萬公慮民飢盜起當預備賑濟時兵興國用不給萬公乃上言乞將僧道度牒師德號觀院名額并鹽引付山東行部於五州給賣納粟易換又言督責有司禁戢盜賊之方上皆從之宋人請和復乞致仕許之加崇進仍給平章政事俸之半泰和七年薨命依宰臣故事燒飯賻塟贈儀同三司謚曰文貞萬公淳厚剛正門無雜賓典章文物多所裁正上嘗與司空襄言秋山之樂意將有事於春蒐也顧視萬公萬公曰動何

如靜上斂容而止輔政八年其所薦引多廉讓之士爲大安元年配享章宗廟庭

蒲察通本名蒲魯渾中都路胡土愛割蠻猛安人也熙宗選護衛見通名以筆識之通以父老懇乞就養衆許之曰得充侍衛終身榮貴今乃辭過人遠矣朝廷義而從之後因會塟宋王宗望於房山以門閥加昭信校尉授頓舍改御院通進海陵伐宋隆州諸軍尤精銳付通總之兵壓淮令通率騎二百先濟覘敵及岸中敵兵躍出通挾兵直前傍有舞槊來刺者回身射之應弦而斃諸軍併擊敗之海陵召見喜形於色曰兵事定汝勿憂爵賞至揚州遍營別

屯是夜海陵遇弒有來告者通欲執而殺之續聞其實哀慟仆地衆掖而起徑入營門哭之軍還入見世宗顧謂近臣曰朕素知是人幼嘗從游性溫厚有識慮又精騎射授尚廄局副使又諭近臣曰常令見朕欲問以事而考其言朕將用之窩斡反命通佩金符詣軍前督戰賊破以功授世襲謀克奚人亂承詔繼往滋軍還本局使以母喪免起爲殿前右衛將軍兼領閑廄尋命其子蒲速烈尚衛國公主出爲肇州防禦使賜以金仍諭以補外之意因戒敕之語在世宗紀中尋擢蒲與路節度使移鎮歸德軍遷西南路招討入知大興府事除殿前都點檢初大理卿闕世宗

欲令通爲之問宰臣對曰通點檢器也上曰點檢繁冗無由顯其能通明敏才幹正掌法之官又曰通之機識崇尹不及也大定十七年拜尚書右丞轉左丞詔議推排猛安謀克事大臣皆以爲止驗見在產業定貧富依舊科差爲便通言必須通括各謀克人户物力多寡則貧富自分貧富分則版籍定如有緩急驗籍科差富者不得隱貧者不重困與一例科差者大不侔矣上是通言謂宰臣曰議事當如通之盡心也閱三歲進平章政事封任國公世宗將幸上京以通朝廷舊人命爲上京留守先往鎮撫之二十五年除知真定府事世宗曰朕復欲相卿惜卿老矣故以

此授御仍賜錢千貫未幾改知平陽府事移鳳翔致仕明昌四年上諭宰臣曰通先朝重臣年雖高而未衰因命知廣寧府事累表請老復以開府儀同三司致仕承安三年薨諭旨於其弟曰舊制致仕宰相無祭葬禮通舊臣懿戚故特命勑祭及葬初通在政府舉太子率府完顏守貞監察御史裔俱可大用其後皆爲名臣世多其知人云

粘割斡特剌蓋州別里賣猛安奚屈謀克人也貞元初以習女直字試補户部令史轉尚書省令史大定七年選授吏部主事歷右補闕修起居注九年河南路統軍使宗叙以宋人欲啓兵釁上言求入見世宗遣斡特剌就問之仍

究其實至汴問宗叙及召九嘗言邊事者詰之皆無狀還報世宗喜曰朕固知妄也授左司員外郎十年以夏國發兵築祁安城及襲殺喬家族首領結什角又諜者言夏與宋人通謀犯邊詔大理卿李昌圖與斡特剌往按其事夏人報言結什角以兵犯夏境故殺之祁安城本上國所賜舊積石地發兵修築以備他盜耳又察知宋夏無交通狀及喬家族民户願令結什角姪趙師古爲首領具以聞世宗甚悅轉右將軍賜衣馬車牛弓矢器仗十二年爲夏國生日使還授右司郎中遷右副都點檢久之出爲河南路統軍都監賜金帶及具裝馬十七年授昌武軍節度使兼領前職明年入爲刑部尚書拜參知政事世宗嘗諭平章政事唐括安禮曰朕思爲治之道考擇人材最爲難事其餘常務各有程式非此比也如斡特剌所舉者頗稱朕意時右三部檢法冢括蠻都告斡特剌與招討哲典朋黨乞付刑部詰問世宗曰若哲典免死則可謂朋黨今已伏誅乃誣謗耳又謂宰臣曰朕素知此人極有識慮貌雖柔而心甚剛直所行不率易也二十二年委提控代州阜通監召見諭之曰朕自任卿以來悉卿材幹故擢爲執政卿亦體朕待遇之意能勉盡所職九謀議奏對多副朕心莫倚上有宰相而自嫌外蓋舊人年老新人未苦經練是以委

責於卿但有所見悉心以言勿持嫌以爲不知也二十三年進尚書右丞兼樞密副使表乞解一職詔許解樞密世宗以猛安謀克拋留土田責宰臣曰此事皆卿輩所當陳舉乃俟朕言而後行蓋卿輩以爲細務非天子所親朕嘗思之獄訟簿書有斡特剌在餘事卿輩略不介意朕亦安能置而不問邪俄坐事削一階令視事如故二十六年轉尚書左丞世宗謂曰朕昨與宰臣議可授執政者卿不在焉今阿魯罕年老斡魯也多病吾欲用宗浩何如斡特剌奏曰彼二人者恐不得力獨宗浩幹能可任遂用宗浩又謂曰朕於天下事無不用心一如草創時斡特剌曰自古

人君始勤終怠者多矣有始有終惟聖人能之上曰唐太宗至明之主也然魏徵諫以十事謂其不能有終是則有終始者實爲難矣二十八年爲上京留守賜通犀帶及射生馬一明昌二年致仕承安初有事北方朝廷欲得舊臣任之乃起爲東京留守遣監察御史完顏綱諭旨曰知汝精神尚徤故復用也明年改上京留守又諭之曰上京祖先基業之地卿馳驛之任到彼便宜行事邊事稍息即召卿還二年九月還朝拜平章政事封芮國公在位數月薨年六十九訃聞上傷悼久之遣官致祭賻贈銀千二百五十兩重幣四十五端絹四百五十疋錢二千貫謚曰成肅

斡特剌性温厚醖藉嘗爲丞相紇石烈良弼所薦後世宗謂宰臣曰良弼善知人如斡特剌輩其才眞可用也在相位十餘年甚見寵遇唯奏定五品官子與外路司吏同試部令史及令隨朝吏員得試國史院書寫世宗以爲非云

程輝字日新蔚州靈仙人也皇統二年擢進士第由尚書省令史升左司都事久之爲南京路轉運使以宮殿火降授磁州刺史有呉僧者殺州人張善友而取其妻輝督捕之命張母以長錐刺僧與其妻無完膚以死改陝西東路轉運使再遷户部尚書大定二十三年拜參知政事世宗諭之曰卿年雖老猶可宣力事有當言毋或隱默卿其勉之一日輝侍朝世宗曰人嘗謂卿言語荒唐今遇事輒言過於王蔚顧謂宰臣曰卿等以爲何如皆曰輝議政可否略無隱情輝對曰臣年老耳聵第患聽聞不審或失奏對苟有所聞敢不盡心舊廟祭用牛世宗晚年欲以他牲易之輝奏曰凡祭用牛者以牲之最重故號太牢語曰犂牛之子騂且角雖欲勿用山川其舍諸古禮不可廢也二十四年世宗幸上京尚書省奏來歲正旦外國朝賀事世宗曰上京地遠天寒朕甚憫人使勞苦欲即南京受宋書何如輝對曰外國使來必面見天子今半途受書異時宋人託事效之何以辭爲世宗曰朕以誠實彼若相詐朕自有

處置耳輝以爲不可於是議權免一年會有司市麵不時酬直世宗怒監察不舉劾杖責之以問輝輝對曰監察君之耳目所犯罪輕不贖而杖亦一時之怒也世宗曰職事不舉是故犯也杖之何不可輝對曰往者不可諫來者猶可追二十六年以老致仕次年復起知河南府事輝辭以衰老不任召入香閣諭之曰卿年老而精力尚強雖久歷外未嘗得嘉郡河南地勝事簡故以處卿卿可優游頤養輝曰臣猶老馬也芻豆待養豈可責以筋力向者南京宮殿火非聖恩寬貸臣死久矣今河之徑河南境上下千餘里河防之責視彼尤重此臣所以憂不任也於是特詔不

預河事章宗立時輝年七十六復乞致仕詔許之仍給參知政事半俸承安元年卒謚曰忠簡輝性倜儻敢言喜雜學尤好論醫從河間劉守眞說率用涼藥神童常添壽者方數歲輝召之因書醫非細事四字添壽塗細字改書作相輝頗慙人亦以此爲中其病云

劉瑋字德玉咸平人也唐盧龍節度使仁恭之裔祖弘遼季鎮懿州王師至弘以州降太祖俾知咸州後以同平章政事致仕父君詔同知宣徽院事瑋幼警悟業進士舉熙宗録其舊特賜及第調安次丞由遵化縣令補尚書省令史歷户部主事監察御史累轉尚書省都事宰臣奏擬瑋

經畫軍民田土世宗見其名曰劉瑋尚淹此乎遷户部員外郎時將東巡命瑋同工部郎中宋中往營行宫就陞郎中改同知宣徽院事爲使宋國信副使瑋父兄皆以是官使江左當時榮之還授户部侍郎初世宗器瑋材幹以爲無施不可及將幸上京以行在所須皆隸太府欲瑋領其事嫌其稍下故移户部侍郎張大節於工部而以户部授瑋上還謂宰臣曰劉瑋極有心力臨事閑暇第用心不正耳若心正當其人才不可得也明年擢户部尚書時河決于衛自衛抵清滄皆被其害詔兼工部尚書往塞之或以謂天災流行非人力所能禦惟當從民以避其衝瑋曰不然天生五材遞相休王今河決者土不勝水也俟秋冬之交水勢稍殺以漸興築庶幾可塞明年春瑋齋戒禱于河功役齊舉河乃復故召還增秩以爲宋弔祭副使世宗不豫拜參知政事仍領户部既而爲山陵使尋上表請外出知濟南府事移鎮河中明昌二年徙知大明府仍領河防事三年入拜尚書右丞上嘗問考課法今可行否右丞相夾谷清臣曰行之亦可但格法繁則有司難於承用耳瑋曰考課之法本於總核名實今提刑司體察廉能贓濫以行賞罰亦其意也若別議設法恐涉太繁上問唐代何如瑋對以四善二十七最明年六月卒是日上將擊毬於臨

武殿聞瑋卒而止謚曰安敏後上謂宰臣曰人爲小官或稱才幹及其大用則不然如劉瑋固甚幹然自世宗朝逮輔朕於事多有知而不言者若實愚人則不足論知及之而不肯盡心可乎平章政事完顏守貞曰春秋之法責備賢者上曰夫爲宰相而欲收恩避怨使人人皆稱己是賢者固若是乎

董師中字紹祖洺州人也少敏贍好學強記擢皇統九年進士第調澤州軍事判官改平遙丞縣有劇賊王乙素凶悍不可制師中捕得杖殺之一境遂安時大軍後野多枯胔縣有遺櫬寓于驛舍者悉爲瘞之遷綿上令補尚書省

令史右相唐括訛魯古尤器重之撫其座曰子議論英發襟度開朗他日必居此座再考擢監察御史遷尚書省都事初師中為監察時漏察大名總管忽剌不公事及忽剌以罪誅世宗怒曰監察出使郡縣職在彈糾忽剌親貴尤當用意乃徇不以聞削官一階降授沁南軍節度副使累遷坊州刺史明昌元年初置九路提刑司師中選為陝西路副使坐修公廨濫支官錢罪以贖論及御史臺言其寬和有體召為大理卿御史中丞吳鼎樞舉以自代尚書省亦奏其才行遂擢中丞時西北路招討使宗肅以平章夾谷清臣薦知大興府事師中上言宗肅近以贓罪鞫于有

司獄未竟不宜改除上納其言曰朕知之矣有功不賞有罪不罰雖唐虞不能化天下命復送有司四年上將幸景明宮師中及侍御史賈鉉治書侍御史粘割遵古諫以謂勞人費財蓋其小者變生不虞所繫非輕聖人法天地以順動故萬舉萬全今邊鄙不馴反側無定必里哥孛瓦貪暴強悍深可為慮陛下若問諸左右必有容悅而言者謂堂堂大國何彼之恤夫蠭蠆有毒患起所忽今都邑壯麗內外苑囿足以優佚皇情近畿山川飛走充牣足以閱習武事何必千車萬騎草居露宿逼介邊陲遠煩偵候以冒不測之悔哉上不納師中等又上疏曰近年水旱為沴明

詔罷已求言罷不急之役省無名之費天下欣幸今方春東作而亟遣有司修建行宮揆之於事似為不急況西北二京臨潢諸路比歲不登加以民有養馬簽軍挑壕之役財力大困流移未復米價甚貴若扈從至彼又必增價日糴升合者口以萬數舊籍北京等路商販給之倘以物貴或不時至則飢餓之徒將復有如曩歲殺太尉馬毀太府瓜果出忿怨言起而為亂者矣書曰民情大可見小人難保況南北兩屬部數十年捍邊者今為必里哥孛瓦誘脅傾族隨去邊境蕩搖如此可慮若忽之而往豈聖人萬舉萬全之道哉廼者太白晝見京師地震又北方有赤色邇

明始散天之示象冀有以警悟聖意脩德銷變矧夫逸遊古人所戒遠自周秦近逮隋唐與遼皆以是生釁可不慎哉可不畏哉左補闕許安仁右拾遺路鐸亦皆上書論諫是日上御後閤召師中等賜對即從其奏仍遣諭輔臣曰朕欲巡幸山後無他不禁暑熱故也今臺諫官咸言民間缺食處甚多朕初不盡知既已知之暑雖可畏其忍私奉而重民之困哉廼罷北幸尋為宋生日國信使還以所得金帛分遺親舊五年上復如景明宮師中及臺諫官各上疏極諫上怒遣近侍局直長李仁愿詣尚書省召師中等諭之曰卿等所言非無可取然亦有失君臣之體者今命

平章諭旨其往聽焉户部尚書馬琪表舉自代擢吏部尚書初完顔守貞改爲西京留守朝京師上欲復用監察御史蒲剌都等糾彈數事師中辨其誣而舉守貞正人可用守貞由是復拜平章政事及守貞以罪斥上曰向薦守貞者應降黜如董師中言臺省無此人不治路鐸李敬義亦當推舉可左遷於外然三人者後俱可用今姑出之以正失舉罪除陝西西路轉運使歲餘徵爲御史大夫命與禮部尚書張暐看讀陳言文字踰三月拜參知政事進尚書左丞他日奏事上語輔臣曰御史姬端脩言小人在側果誰歟師中曰應謂李喜兒輩上默然師中通古今善敷奏

練達典憲處事精敏嘗言曰宰相不當事細務要在知人才振綱紀但一心正兩目明足矣承安四年表乞致仕詔賜宅一區留居京師以寒食乞過家上冢許之且命賦寒食還家上冢詩每節辰朝會召入侍宴其眷禮如此泰和二年薨年七十四上聞之甚悼惜顧謂大臣曰凡正人多執方而不通獨師中正而通詔依見任宰執例葬祭仍賻贈之謚曰文定師中工文性通達踈財尚義平居則樂易眞率其臨事則剛決挺然不可奪弟師儉初業進士欲籍其資廕師中保任之密令人代給堂帖使之肄業師儉感其義方力學後遂登第方在政府近侍傳詔將録用其子師中奏曰臣有姪孤幼若蒙恩録勝于臣子上義之以其姪爲筆硯承奉與胥持國同輔政頗相親附世以此少之

王蔚字叔文香河人也登皇統二年進士第調良鄉丞治績優等補尚書省令史知管差除蔚性通敏曉析吏事尋授都事以丧去起復行左司員外郎遷郎中大定二年超授河東北路轉運使諭旨曰汝在海陵時行事多不法然朕素知爾才幹欲授以内除而憲臺有言以是補外如能滌心易行必當升擢否則勿望再用既而察廉爲第一授中都路都轉運使改吏部尚書以斷護衛出職事不當奪官一階頃之出知河中府事遷南京留守十五年拜參知

政事蔚懇辭不任負荷勑諭之曰卿但履正奉公無或阿順何以辭爲十六年出知眞定府事累轉知河中府明昌元年召拜尚書右丞致仕卒

馬惠迪字吉甫漷陰人也擢天德三年進士第再調昌邑令察廉第一補尚書省令史大定中出爲西京留守判官以治最擢同知崇義軍節度事累遷左司郎中先是鄧儼居是職世宗愛其明敏惠迪一日奏事退上謂宰臣曰人之聰明多失於浮衒若惠迪聰明而朴實甚可喜也朕嘗與論事五品以下朝官少有如者未幾超授御史中丞拜參知政事時烏底改叛亡世宗已遣人討之又欲益以甲

士毀其船栰惠迪奏曰得其人不可用有其地不可居恐不足勞聖慮上曰朕固知之所以毀其船栰正欲不使再窺邊境耳尋以憂去起爲昭義軍節度使明昌元年爲南京留守致仕卒

馬琪字德玉大興寶坻人正隆五年擢進士第調清源主簿三遷永清令永清畿縣號難治前令要介有能聲琪繼以治聞補尚書省令史以永清治最授同知定武軍節度使事與中府治中召爲户部員外郎改侍御史世宗謂宰臣曰比者馬琪主奏高德温獄其於富户寄錢事皆略不奏朕以琪明法律而正直所爲乃尒稱職之才何其難也

古人雖云罪疑惟輕非爲全尚寬縱也尋轉左司員外郎扈從東巡還右司郎中移左司時擇使宋國者世宗欲命琪宰臣言其資淺詔特遣之還授吏部侍郎改户部章宗即位除中都路都轉運使時户部闕官上命宰臣選可任者或舉同知大興府事烏古孫仲和上曰仲和雖有智力恐不能主錢穀理財安得如劉晏者官用足而民不困唐以來一人而已或舉琪上然之曰琪不肯欺官亦不肯害民是可用也遂擢爲户部尚書久之削官一階初琪病告近侍傳旨不具服曳履而出有司議當徒二年減外猶追官解任大理少卿閻公貞以爲琪本荒遽失措與非病告有違不同宜減徒二年三等論之上從公貞議任職如故明昌四年拜參知政事詔諭之曰户部選難得人顧無以代卿者故用卿晚耳一日上謂琪曰卿在省久矣比來事少於往時何也琪曰昔宰職多有異同今情見不同者甚少上曰往多情見爲是耶今無者爲是耶琪曰事狀明者不假情見便用情見亦要歸之是而已五年河決陽武灌封丘而東琪行尚書省事往治之訖役而還遷中大夫承安元年北邊用兵而連歲旱暵表乞致仕不許明年出鎮安武軍致仕卒子師周閤門祗候當給假以聞上悼之以不奏聞責諭有司後二品官卒皆具以聞自琪始琪性明敏習吏事其治錢穀尤長然性吝好利頗爲上所少云

楊伯通字吉甫弘州人擢大定三年進士第由尚書省令史爲吏部主事順義軍節度副使以憂去吏部侍郎馬琪表薦伯通廉幹尚書省覆察如所舉召爲尚書省都事授同知定武軍節度使事明昌元年擢左司員外郎轉郎中累遷吏部尚書尋移户部承安二年拜參知政事監察御史路鐸劾奏伯通引用鄉人李浩以公器結私恩左司郎中賈益承望風旨不復檢詳言之臺端欲加糾劾大夫張暐輒尼不行上命同知大興府事賈鉉詰之伯通居家待罪鉉奏暐言彈糾大臣須有實跡所劾不當徒壞臺綱益

言除授皆宰執公議不言伯通私枉詔責鐸言事輕率而慰諭伯通治事伯通再上表辭不許四年進尚書左丞致仕卒

尼厖古鑑本名外留隆州人也識女直小字及漢字登大定十三年進士第調隆安教授改即墨主簿召授國子助教擢近侍局直長世宗器其材謂宰臣曰新進士中如徒單鎰夾谷衡尼厖古鑑皆可用也改太子侍丞踰年遷應奉翰林文字兼右三部司正世宗復謂宰臣曰鑑嘗近侍朕知其正直幹治及爲東宫侍丞保護太孫禮節言動猶有國俗純厚舊風朕甚嘉之章宗立累遷尚書户部侍郎兼翰林直學士俄轉同知大興府用大臣薦改知大興府事明昌五年拜參知政事薨謚曰文肅

贊曰移剌履從容進說信乎於君至論經純傳駮以孝行爲治本其得古人遺學歟昔臧孫達忠諫於魯君子知其有後信矣張萬公引正守己質言無華開壕括地之議明灼利害如指諸掌閑於群説而不忒致仕而歸理勢然也蒲察通之哭海陵君臣大義死生一之其志烈矣程輝幹特剛之鯁直劉瑋董師中之通敏才皆足以發聞然師中有附胥之譏劉瑋見避事之責其視前人多有愧矣王蔚馬惠迪之徒何足算也

列傳第三十三

開府儀同三司上柱國錄軍國重事中書右丞相監修國史領經筵事都總裁臣脫脫奉
修

黃久約　李晏　李仲略
李愈　王貴　許安仁
梁襄　路伯達

黃久約字彌大東平須城人也曾祖孝綽有隱德號潛山先生父勝通判濟州母劉氏尚書右丞長言之妹一夕夢鳳銜明珠寘而久約生歲實在子也擢進士第調鄆城主簿三遷曹州軍事判官有盜竊民財訴者以爲強郡守欲傳以重辟久約閱實因得免死累擢禮部員外郎兼翰林修撰升待制授磁州刺史磁並山素多盜既獲而款伏者審錄官或不時至繫者多以杖殺或死獄中久約惻然曰民雖爲盜而不死于法可乎乃盡請讞之而後行久之復入翰林爲直學士尋授左諫議大夫兼禮部侍郎爲賀宋生日副使至臨安適館伴使病宋人議欲以副使代行使事久約曰設副使亦病又將使都轄掌儀輦行禮乎竟令國信使獨前行副使與館伴副使聯騎如故乃終禮而還道經宿泗見貢新枇杷子者州縣調民夫遞進還奏罷之時以貧富不均或欲令富民分貸貧者下有司議久約曰

物之不齊物之情也貧富不均亦理之常若從或者言適足以斂怨非損有餘補不足之道章宗時領右丞相踰其議尋上章請老詔諭之曰卿忠直敢言匡益甚多未可使去左右遷太常卿仍兼諫職時郡縣多闕官久約言世豈乏材闕於資格故也明詔每責大臣以守格法而滯人材乞斷自宸衷而力行之世宗曰此事宰相不屬意而使諫臣言之歟即日授刺史者數人久約又言宜令親王以下職官遞相推舉世宗曰薦舉人材惟宰相當爲耳他官品雖高豈能皆有知人之監方今縣令最闕宜令刺史以上舉可爲縣令者朕將察其實能而用之又謂久約曰近日察舉好官皆是諸科監臨全無進士何也豈薦舉之法已有姦弊不可久行乎久約曰諸科中豈無廉能人不因察舉有終身不至縣令者此法未可廢也上曰爾舉孫必福是乎久約曰臣頃任磁州時必福爲武安丞臣見其廉潔向公無所顧避所以保舉不謂必福既任警巡使處決凝滯上曰必福非獨遲緩亦全不解事所以罪不及保官者幸其無贓汙耳久約無以對必福五經出身蓋諸科人故上問及之翌日侍朝故事宰相奏事則近臣退避久約欲趨出世宗止之自是諫臣不避以爲常章宗即位久約以國富民貧本輕末重任人太雜吏權太重官鹽價高坊場

害民與夫選左右擇守令八事爲獻皆嘉納之再乞致仕
不許授横海軍節度使以優佚之明昌二年致仕卒久約
雋朗敢言性友弟爲文典贍有外祖之風云
李晏字致美澤州高平人性警敏倜儻尚氣皇統六年登
經義進士第調岳陽丞再轉遼陽府推官歷中牟令會海
陵方營汴京運木於河晏領之晏以經三門之險前後失
敗者衆乃馳白行臺以其木散投之水使工取於下流人
皆便之丁内艱服除召補尚書省令史辭去爲衛州防禦
判官世宗素識其才名尋召爲應奉翰林文字特令詣閤
謝上顧謂左右曰李晏精神如舊慰勞甚悉時方議郊禮

命攝太常博士俄而真授爲高麗讀册官五遷祕書少監
兼尚書禮部郎中除西京副留守世宗謂侍臣曰翰林舊
人少新進士類不學至於詔赦册命之文鮮有能者可選
外任有文章士爲之左右舉晏上曰李晏朕所自識於是
召爲翰林直學士兼太常少卿以母老乞歸養授鄭州防
禦使未赴母卒起復爲翰林直學士世宗御後閤召晏讀
新進士所對策至縣令闕員取之何道上曰朕夙夜思此
未知所出晏對曰臣伏念久矣但無路不敢言今幸待罪
侍從得承大問願竭所知上曰然則何如對曰國朝設科
取士始分南北兩選北選百人南選百五十人合二百五

十人詞賦經義入仕之人既多所以縣令未嘗闕員其後
南北通選止設詞賦一科每舉限取六七十人入仕之人
既少縣令闕員蓋由此也上以爲然詔後取人毋限以數
尋擢吏部侍郎兼前職諭旨曰卿性果敢有激揚之意故
以授卿宜加審慎毋涉荒唐俄爲中都路推排使遷翰林
侍講學士兼御史中丞會朝士以病謁告世宗意其詐謂
晏曰卿素剛正今某詐病以宰相親故畏而不糾歟晏跪
對曰臣雖老平生所恃者誠與直爾百官病告監察當視
臣爲中丞官吏姦私則當言之病而在告此小事臣容有
不知其畏宰相何圖焉既出世宗目送之曰晏年老氣猶

未衰一日御史臺奏請增監察員上曰採察内外官吏固
係監察然爾等有所聞知亦當彈劾況糾正非違臺官職
也苟不能正其身如正人何顧謂晏曰幽王年少未練朕
以臺事委卿當一一用意初錦州龍宮寺遼主撥賜户民
俾輸税于寺歲久皆以爲奴有欲訴者害之島中晏乃具
奏在律僧不殺生況人命乎遼以良民爲二税户此不道
之甚也今幸遇聖朝乞盡釋爲良世宗納其言於是獲免
者六百餘人故同判大睦親府事謀衍家有民質券積其
息不能償因没爲奴屢訴有司不能直至是投匭自言事
下御史臺晏檢擿案狀得其情遂奏免之尋爲賀宋正旦

國信副使及世宗不豫命宿禁中一時詔册皆晏爲之章宗立晏畫十事以上一曰風俗奢僭宜定制度二曰禁游手三曰宜停鑄錢四曰免上戸管庫五曰太平宜興禮樂六曰量輕租稅七曰減鹽價八曰免監官陪納虧欠九曰有司尚苛且乞申明經久遠圖十曰禁網差密宜尚寬大又奏乞委侍制党懷英修撰張行簡更直進讀陳言文字以廣視聽皆採納之以年老乞致仕改禮部尚書兼翰林學士承旨越二年復申前請授沁南軍節度使久之致仕上念其先朝舊人復起爲昭義軍節度使明昌六年歸老得疾詔除其子左司員外郎仲略爲澤州刺史以便侍養

承安二年卒年七十五謚曰文簡

仲略字簡之聰敏力學登大定十九年詞賦進士第調代州五臺主簿以母憂去服闋轉韓州軍事判官遷澤州晉城令補尚書省令史除翰林修撰兼太常博士改授左司都事爲立夏國王讀册官還權領左司一日奏事退上顧謂侍臣曰仲略精神明健如俊鶻脫帽又曰李仲略健吏也未幾轉員外郎以親病求侍特授澤州刺史以便祿養先是晏領沁南軍節度使澤於懷爲支郡父子相繼鄉人榮之以父喪免起爲戸部郎中時上命六品以上官十日以次轉對乃進言曰凡救其末不若正其本所謂本者厚風俗去冗食養財用而已厚風俗在乎立制度禁奢僭去冗食在乎寵力農抑游墮養財用在乎廣儲蓄時斂散商賈不通難得之貨工匠不作無用之器則下知重本下知重本則末息矣又條陳制度之宜上嘉納之俄授翰林直學士兼前職因命充經義讀卷官上問曰有司以謂經義不若詞賦罷之何如仲略奏曰經乃聖人之書明經所以適用非詞賦比乞自今以經義進士爲考試官庶得碩學之士上可其奏改吏部郎中遷侍郎兼翼王傅俄兼宛王傅時知大興府事紇石烈執中坐贓上命仲略鞫之罪當削解權要競言太重上頗然之仲略奏曰教化之行自近

者始京師四方之則也郡縣守令無慮數百此而不懲何以勵後況執中凶殘很愎慢上虐下豈可宥之上曰卿言是也未幾授山東東西路按察使尋以病訪醫京師泰和五年卒上聞之歎曰此人於國家宣力多矣何遽止是耶贈朝列大夫謚曰襄獻仲略性豪邁有父風剛介特立不阿權貴臨事明敏無留滯故所任以幹濟稱云

李愈字景韓絳之正平人業儒術中正隆五年詞賦進士第調河南澠池主簿察廉優等爲平陽酒副使遷冀氏令累遷解州刺史章宗即位召授同知中都路都轉運使事改同知濟南府明昌二年授曹王傅兼同知定武軍節度

使事王奉命宴賜北部愈從行還過京師表言諸部所貢之馬止可委招討司受於界上量給廻賜務省費以廣邊儲擬自臨潢至西夏沿邊創設重鎮十數仍選猛安謀克勳臣子孫有材力者使居其職田給於軍者許募漢人佃種不必遠輓牛頭粟而兵自富彊矣上覽其奏謂宰臣曰愈一書生耳其用心之忠如是以表下尚書省議會愈遷同知西京留守過闕復上言以為前表儻可採乞斷自宸衷上納用焉自是命五年一宴賜人以為便改棣州防禦使未幾授大興府治中上諭之曰卿資歷應得三品以是負方闕而卿能幹故用之當知朕意北京提刑副使范楫

知歸德府事鄧儼各舉愈以自代由是擢河南路提刑使上言隨路提刑司乞留官一員餘分部巡按又言本司見置許州乞移治南京為便並從之憲臺廉察九路提刑司以愈為最五年入見尚書省以聞上問宰執有何議論平章政事守貞曰李愈言河決事上曰愈嚮陳備禦北邊策言甚荒唐守貞曰愈於見職甚幹上曰蓋以其敢為耳又曰李愈論河決事謂宜遣大臣視護以慰人心其言良是明年改河平軍節度使承安二年從順義軍奏陳屯田利害上遣使宣諭仍降金牌俾領其事四年召為刑部尚書先是刑部尚書闕上以愈為可用令議之或言愈病上曰

愈比陳言有退地千里而爭言其功之語卿等定惡此人多言耶特召用之舊制陳言者漏所言事於人並行科罪仍給告人賞愈言此蓋所以防閑小人也比年以來詔求直言及命朝臣轉對又許外路官言事此皆聖言樂聞忠讜之意請除去舊條以廣言路上嘉納焉尋為賀宋正旦副使泰和二年春上將幸長樂川愈切諫曰方今戍卒貧弱百姓騷然三叉尤近北陲恒防外患兼聞泰和宮在兩山間地形狹隘雨潦遄集固不若北宮池臺之勝優游閑適也上不從夏四月愈復諫曰北部侵我舊疆千有餘里不謀雪恥復欲北幸一旦有警臣恐丞相襄樞密副使闍

母等不足恃也況皇嗣未立群心無定豈可遠事逸游哉上異其言未幾授河平軍節度使改知河中府事致仕泰和六年卒年七十二謚曰清獻自著狂愚集二十卷

王賁字文孺其先自臨潢移貫宛平曾祖士方正直敢言遼道宗信樞密使耶律乙辛之譖殺其太子世無敢白其寃者士方擊義鍾以訴遼主感悟卒誅乙辛厚賞士方擢承奉官父中安擢進士第坐田瑴黨事廢世宗即位黨禁解終沂州防禦使賁性孝友勤敏好學第進士由復州軍事判官補尚書省令史擢右三部檢法司正侍御史賈鉉舉賁安靜有守不尚奔競政府亦言其廉素善論議擢河

北東西大名府路提刑判官選授尚書省都事以丧去用薦者多起復刑部員外郎侍御史累遷南京路按察使卒賁敦厚尚義篤於親朋不營産業比殁家甚窶上聞憫惜之贈朝列大夫仍厚卹其家弟賀字敬叔登大定二十五年進士第累官吏部主事以才幹舉遷昭義軍節度副使章宗問賀臨事若何張萬公對曰勝其兄賁章宗曰及其兄亦可矣後以禮部尚書致仕終

許安仁字子靜獻州交河人幼孤能自刻苦讀書善屬文登大定七年進士第調河間縣主簿累遷太常博士兼國史院編修官章宗爲皇太孫安仁以講學被選東宫轉左

補闕應奉翰林文字上即位改國子監丞兼補闕徙翰林修撰同知制誥兼職如故侍御史賈鉉以安仁守道端慤薦于朝同知濟南府事路伯達繼上章稱其立已純正宜加顯任超授禮部郎中兼左補闕適朝議以流人實邊安仁言昔漢有募民實邊之議蓋度地營邑制爲田宅使至者有所居作者有所用於是輕去故鄉而易於遷徙如使被刑之徒寒餓困苦無聊之心靡所顧藉與古之募民實塞不同非所宜行上然之明昌四年春上將幸景明宫安仁與同列諫曰昔漢唐雖有甘泉九成避暑之行然皆去京師不遠非如金蓮千里之外鄰沙漠隔關嶺萬一有警何以應變此不可不慮也疏奏遂罷卒出爲澤州刺史作無隱論上之凡十篇曰本朝曰情欲曰養心曰田獵曰公道曰養源曰冗官曰育材曰限田曰理財在郡二年徙同知河南府事升汾陽軍節度使致仕泰和五年卒年七十七謚曰文簡安仁質實無華澹然有古君子風故爲時人所稱云

梁襄字公贊絳州人少孤養於叔父寧性穎悟日記千餘言登大定三年進士第調耀州同官主簿三遷邠州淳化令有善政察廉升慶陽府推官召爲薛王府掾世宗將幸金蓮川有司具辦襄上疏極諫曰金蓮川在重山之北地

積陰冷五穀不殖郡縣難建蓋自古極邊荒棄之壤也氣候殊異中夏降霜一日之間寒暑交至特與上京中都不同尤非聖躬將攝之所凡奉養之具無不遠勞飛輓越山踰嶮其費數倍至於頓舍之處軍騎闐塞主客不分馬牛風逸以難收藏獲逋逃而莫得奪攘蹂躪未易禁止公卿百官衛士富者車帳僅容貧者穴居露處輿臺皁隷不免困踣飢不得食寒不得衣一夫致疾染及衆人夭傷無辜何異刃殺此特細故耳更有大於此者臣聞高城峻池深居邃禁帝王之藩籬也壯士健馬堅甲利兵帝王之爪牙也今行宫之所亦有高殿廣宇城池之固是廢其藩籬也

擐甲常坐之馬日暴雨蝕臣知其必羸瘠矣禦侮待用之軍穴居野處冷啖寒眠臣知其必疲瘵矣衛宮周廬才容數人一旦霖潦積旬衣甲弓刀霑濕柔脆豈堪爲用是失其爪牙也秋杪將歸人已疲矣馬已弱矣裹粮已空褚衣已弊猶且遠幸松林以從畋獵行於不測之地往來之間動踰旬月轉輸移徙之勞更倍於前矣以陛下神武善騎射舉世莫及若夫銜橛之變猛摯之虞姑置勿論設於行獵之際烈風暴至塵埃漲天宿霧四塞跬步不辨以致翠華有崤陵之避襄城之迷百官狼狽於道途衛士參錯於隊伍當此宸衷寧無悔夫神龍不可以失所人主不可

以輕行良謂此也所次之宮草略尤甚殿宇周垣唯用氈布押宿之官上番之士終日驅馳加之飢渴已不勝倦更使徹曙巡警露坐不眠精神有限何以克堪雖陛下悅以使人勞而不怨豈若不勞之爲愈也故君人者不可恃人無異謀要在處己於無憂患之域也燕都地處雄要北倚山嶮南壓區夏若坐堂隍俯視庭宇本地所生人馬勇勁亡遼雖小止以得燕故能控制南北坐致宋幣燕蓋京都之選首也況今又有宮闕井邑之繁麗倉府武庫之充實百官家屬皆處其內非同曩日之陪京也居庸古北松亭榆林等關東西千里山峻相連近在都畿易於據守皇天

本以限中外開大金萬世之基而設也柰何無事之日越居草萊輕不貲之聖躬愛沙磧之微涼忽祖宗之大業此臣所惜也又行幸所過山徑阻脩林谷晻靄上有懸崖下多深壑垂堂之戒不可不思臣聞漢唐離宮去長安才百許里然武帝幸甘泉遂中江充之姦太宗居九成幾致結社之變太康畋於洛汭后羿拒河而失邦魏帝拜陵近郊司馬懿竊權而篡國隋煬海陵雖惡德貫盈人誰敢議止以離棄宮闕遠事巡征其禍遂速皆可爲殷鑒也臣嘗論之安民濟衆唐虞猶難之而今日之民賴陛下之英武無兵革之憂賴陛下之聖明無官吏之虐賴陛下之寬仁無

刑罰之枉賴陛下之節儉無賦斂之繁可謂能安濟矣而遊畋納涼之樂出於富貴之餘靜而思動非如衣食切身有不可去者罷之至易耳唐太宗將行闕南畏魏徵而停漢文帝欲馳霸陵爰盎諫而遽止是陛下能行唐虞之難行而未能罷中主之易罷臣所未諭也且燕京之涼非濟南之比陛下牧濟南日每遇炎蒸不離府署今九重之內臺榭高明宴安穆清何暑得到議者謂陛下北幸久矣每歲隨駕大小前歌後舞而歸今茲再出寧有還不可乎臣愚以爲患生於不戒者多矣西漢崇用外戚而有王莽之禍梁武好納叛降而有侯景之變今者累歲北幸狃於無

虞往而不止臣甚懼焉夫事知其不可猶冒爲之則有後難必矣議者又謂往年遼國之君春水秋山冬夏捺鉢舊人猶喜談之以爲真得快樂之趣陛下效之耳臣愚以謂三代之政令有不可行者况遼之過舉哉且本朝與遼室異遼之基業根本在山北之臨潢臣知其所遊不過臨潢之旁亦無重山之隔冬猶處於燕京契丹之人以逐水草牧畜爲業穹廬爲居遷徙無常又壤地褊小儀物殊簡輜重不多然隔三五歲方能一行非歲歲皆如此也我本朝皇業根本在山南之燕豈可捨燕而之山北乎上京之人棟宇是居不便遷徙方今幅員萬里惟奉一君承平日久

制度殊異文物增廣輜重浩穰隨駕生聚殆逾於百萬如何歲歲而行以一身之樂歲使百萬之人困於役傷於財不得其所陛下其忍之歟臣又聞陛下於合圍之際麋鹿充牣圍中大而壯者才取數十以奉宗廟餘皆縱之不欲多殺是陛下恩及於禽獸而未及於隨駕衆多之臣庶也議者謂前世守文之主生長深宮畏見風日彎弧上馬皆所不能志氣銷懦筋力拘柔臨難戰懼束手就亡陛下監其如此不憚勤身遠幸金蓮至於松漠名爲坐夏打圍實欲服勞講武臣愚以爲戰不可忘畋獵不可廢宴安鴆毒亦不可懷然事貴適中不可過當今過防驕惰之患先爲

萬有一危之途何異無病而服藥也况欲習武不必度關涿易雄保順薊之境地廣又平且在邦域之中獵田以時誰曰不可伏乞陛下發如綸之旨回北轅之車塞雞鳴之路安處中都不復北幸則宗社無疆之休天下莫大之願也方今海内安治朝廷尊嚴聖人作事固臣下將順之時而臣以螻蟻之命進危切之言仰犯雷霆之威陷於吏議小則名位削除大則身首分磔其爲身計豈不愚謬惟陛下深思博慮不以人廢言以宗廟天下爲心俯垂聽納則小臣素願遂獲雖死猶生他非所覬望也世宗納之遂爲罷行仍諭輔臣曰梁襄諫朕毋幸金蓮川朕以其言可取

故罷其行然襄至謂隋煬帝以巡游敗國不亦過乎如煬帝者蓋由失道虐民自取滅亡民心既叛雖不巡幸國將安保爲人上者但能盡君道則雖時或巡幸庸何傷乎治亂無常顧所行何如耳豈必深處九重便謂無虞巡游以時即兆禍亂者哉襄由是以直聲聞擢禮部主事太子司經選爲監察御史坐失察宗室弈事罰俸一月世宗責之曰監察人君耳目風聲彈事可也至朕親發其事何以監察爲轉中都路都轉運户籍判官未幾遷通遠軍節度副使以喪去服闋授安國軍節度副使同知定武軍節度事避父諱改震武軍太常卿張暐曹州刺史段鐸薦襄學問

該博練習典故可任禮官轉同知順義軍節度使事東勝州刺史坐歎揚倖粟責倉典使償爲按察司所劾以贖論歷陝州刺史累遷保大軍節度使卒襄長于春秋左氏傳至于地理氏族無不該貫自蚤達至晚貴騰服常淡薄然議者譏其太儉云

贊曰金起東海始立國即設科取士蓋亦知有文治也漸摩培養至大定間人材輩出文義蔚然加以世宗之聽納人各盡其所能論議書既有可傳者惜史無全文僅存梁襄諫北幸一書辭雖過繁而意亦切至故備載之以見當時君明臣直不以言爲忌金之致治於斯爲盛嗚呼休哉

路伯達字仲顯冀州人也性沉厚有遠識博學能詩登正隆五年進士第調諸城主簿由泗州榷場使補尚書省掾除興平軍節度副使入爲大理司直大定二十四年世宗將幸上京伯達上書諫曰人君以四海爲家豈獨舊邦是思空京師而事遠巡非重慎之道也書奏不報閱歲改秘書郎兼太子司經時章宗初嚮學伯達以文行知名選爲侍讀居無何以憂去會安軍節度使王克溫舉伯達行義起爲同知西京路轉運使事召爲尚書禮部員外郎兼翰林修撰勅與張行簡進讀陳言文字先是右丞相襄奏移賀天壽節於九月一日伯達論列以其非時平章政事張汝霖右丞劉瑋及臺諫亦皆言其不可下尚書省議伯達曰上始即政當行正信之道今易生辰非正以紿四方非信且賀非其時是輕禮重物也因陳正名從諫之道升尚書刑部郎中上問群臣曰方今何道使民務本業廣儲蓄伯達對曰布德流化必自近始請罷畿內採獵之禁廣農郊以示敦本輕幣重穀去奢長儉遵月令開籍田以率先天下如是而農不勸粟不廣者未之有也是時採捕禁嚴自京畿至真定滄冀北及飛狐數百里內皆爲禁地民有盜殺狐兎者有罪故伯達及之累遷刑部侍郎太常卿拜安國軍節度使未幾改鎮安武嘗使宋回獻所得金二百

五十兩銀一千兩以助邊表乞致仕未及上而卒其妻傅氏言之上嘉其誠贈太中大夫仍以金銀還之傅泣請弗許傅以伯達嘗修冀州學乃市信都棗強田以贍學有司具以聞上賢之賜號成德夫人子鐸鈞鈞字和叔登大定二十五年進士第終萊州觀察判官鐸最知名別有傳

贊曰金詘宋稱臣稱姪受其歲幣禮也使聘於其國燕享禮也納其重賂其可乎哉時人貪利忘禮習以爲常莫有知其爲非者故去則云酬勞効還則户增物力上下交征惟利是事此何誼耶伯達獨能明其非禮田獻所饋齎志未畢傅氏又能成之及歸所獻竟以買田贍學婦人秉心

之烈制事之宜乃能如是士大夫溺於世俗之見者寧不
愧哉賜號成德不亦宜乎

列傳第三十四

列傳第三十五　金史九十七

開府儀同三司上柱國錄軍國重事前中書右丞相監修國史領經筵事都總裁臣脫脫奉

敕修

裴滿亨　斡勒忠　張大節子巖叟
張亨　韓錫　鄧儼
巨構　賀揚庭　閻公貞
焦旭　劉仲洙　李完
馬伯祿　楊伯元　劉璣兄玠
康元弼　移剌益

裴滿亨字仲通本名河西臨潢府人其先世居遼海祖諱

虎山者天輔間移屯東受降城以禦夏人後徙居臨潢亨
性敦敏習儒大定間收充奉職世宗謂曰爾業進士舉
其勿忘爲學也二十八年擢第世宗嘉之升爲奉御一日
問以上古爲治之道亨奏陛下欲與唐虞之治要在進賢
退不肖信賞罰薄徵斂而已章宗即位諭之曰朕左右侍
臣多以門第顯惟爾繇科甲進且先朝信臣國家利害爲
朕盡言俄擢監察御史内侍梁道兒恃恩驕横朝士側目
亨劾奏其姦遷鎬王府尉出爲定國軍節度副使三遷同
知大名府事先是豪猾從衡前政莫制亨下車宣明約束
闔境帖然承安四年改河南路按察副使就遷本路副統

軍中都西京等路按察使時世襲家豪奪民田亨檢其實悉還正之泰和五年改安武軍節度使歲大雪民多凍殍亨輸己俸爲之賙贍及勸率僚屬大姓同出物以濟轉河東南北路按察使卒於官上聞而惜之贈嘉議大夫賻物甚厚亨性尤謹密出入宮禁數年讜議忠言多所裨益有藁則焚之雖家人輩莫知也所歷州郡皆有政績可紀云

斡勒忠本名宋浦蓋州人也習女直契丹字歷兵部樞密院尚書省令史再轉大理寺知法遷右三部司正練達邊事嘗奉命使北歸致馬四千餘匹詔褒諭之大定二十六年爲監察御史轉尚書省都事章宗立遷尚書兵部員外

郎出爲滄州刺史河東路提刑副使徙單移剌古舉以自代改滕州刺史嘗調發黃河船數以稽期聽贖授北京副留守入爲同簽樞密院事兼沂王傅承安二年拜武寧軍節度使致仕泰和三年卒年七十一忠性敦慤通法律以直自守不交權貴故時譽歸之

張大節字信之代州五臺人擢天德三年進士第調崞縣丞改東京市令世宗判留務甚愛重之海陵修汴京以大節領其役世宗改元於遼東或勸赴之富貴可一朝遂大節曰自有定分何遽爾隨例補尚書省令史擢祕書郎大理司直會左警巡使闕世宗謂宰臣曰朕得其人矣遂授大節俄以杖殺豪民爲有司所劾削一階解職未幾授同知洺州防禦使事入爲太府丞工部員外郎盧溝水齧安次承詔護視堤城擢修內司使推排東京路戶籍人服其平進工部郎中時阜通監鑄錢法弊與吏部員外郎麻珪涖其事積銅皆窳惡或欲徵民先所給直大節曰此有司受納之過民何與焉以其事聞卒得免徵就改戶部郎中定襄退吏誣縣民匿銅者十八村大節廉得其實抵吏罪民斲石頌之召授工部侍郎改戶部世宗東巡徙太府監諭之曰侍郎與太府監品同以從行支應籍卿辦耳壽爲宋生日使還授橫海軍節度使過闕謁謝東宮顯宗撫慰

良久曰萬事惟中可也因牓其公堂曰惟中郡境有巨盜久不獲大節以方略擒之後河決於衛橫流而東滄境有九河故道大節即相宜繕堤水不爲害章宗即位擢中都路都轉運使因言河東賦重宜減議者或不同大節以他路田賦質之遂命減焉乞致仕不許徙知太原府以并代鄉郡故優寵之近郭有男子被殺者聞其妻哭聲不哀召而審之果爲姦夫所殺人以爲神西山有晉叔虞祠舊以施錢輸公使庫大節還其廟以給營繕選授河東路提刑使未赴留知大興府事治有能名閱歲移知廣寧府復請老授震武軍節度使部有銀冶有司以爲爭盜由此生付

河東西京提刑司與州同議皆以官推爲便大節曰山澤之利當與民共且貧而無業者雖嚴刑能禁其竊取乎宜明諭民授地輸課則其游手者有所資於官亦便上從其議復乞致仕許之仍擢其子尚書刑部員外郎巖叟爲忻州刺史以便禄養承安五年卒年八十大節素廉勤好學能勵勉後進自以得學于任倜待倜子如親而加厚又善奕碁當世推爲第一嘗被召與禮部尚書張景仁奕世宗嘗謂宰臣曰人多稱王脩能官以朕觀之凡事不肯盡心一老姦耳張大節賦性剛直果於從政遠在王脩之上惜乎用之太晚又屢語近臣曰某某非不幹然不及張大節忠實也其見知如此

巖叟字孟弼大節子也大定十九年進士調葭州司候判官再除雄州觀察判官補尚書省令史除大理評事再遷監察御史同知河東北路轉運使事中都路都轉運副使刑部員外郎忻州刺史以父憂去官起復大理少卿河北東西大名等路按察轉運副使累遷刑部侍郎兼襲王傅太常卿兼國子祭酒大安三年朝廷欲塞諸城門以爲兵備集三品官議於尚書省巖叟曰塞門所以受兵是任城而不任人莫若遣兵擇將背城疾戰時議多之除鎮西軍節度使移定國軍貞祐二年改昭義復移沁南逾年按察司言其年老不任邊要乃致仕退寓洛陽卒

張亨字彦通大興漷陰人登皇統六年進士第調樊山丞以廉幹聞授弘州軍事判官歷鉅鹿宜川令大定二年補尚書省令史除大理司直累遷尚書左司郎中授戶部侍郎移吏部擢中都路都轉運使坐草場使鄧汝霖盜草失舉劾解職削一官起授戶部尚書世宗問宰臣曰御史中丞馬惠迪與張亨人才孰優平章政事張汝霖曰惠迪爲人雖正於事不敏亨吏才極高上曰如汝父浩於事明敏少有及者但臨事多徇若無此過則誠難得之賢相也時車駕東巡費用百出自遼以東泉貨甚少計司患其不給

欲輦運以支調度亨謂上京距都四千里若輓錢而行是率三而致一也不獨枉費國用無乃重勞民力乎不若行會便法使行旅便於囊橐國家無轉輸之勞而用自足矣出爲絳陽軍節度使已而復謂宰臣曰漢人三品以上官常少得人如張亨近令補外頗爲衆議所歸以朕觀之無甚過人小官中豈無才能之士第未知耳又曰亨嘗爲左司奏事多有脫略是亦謬庸人也章宗即位初置九路提刑司時方重其選上以亨爲河東南北路提刑使兼勸農採訪事訪其利病條爲十三事以聞上嘉納之亨在職每事存大體略苛細御史以寬緩不事事劾之降授蔡州防

禦使明年遷南京路轉運使轉知歸德府事致仕泰和二年卒年七十八亨才識強敏明達吏事終始有可稱云

韓錫字難老其先自析津徙薊之漁陽祖貽愿遼宣徽北院使父秉休歸朝領忠正軍節度使錫以廕補閤門祗候天會中南伐錫從軍掌禮儀俄以母老洒就監差久之授神銳軍都指揮使入爲宮苑使天德元年擢尚書工部員外郎領燕都營繕特賜胡礪榜進士及第四遷尚書户部侍郎以母喪解旋起復舊職付金牌一銀牌十籍水手於山東時蘇保衡爲水軍都統制趨杭州俾錫部船三百會廣陵適保衡敗還喪船過半令錫補足之時水淺船不得

進海陵遣使急責之衆稍亡錫召諸豪諭之曰今連保法嚴逃將安往縱一身偶脱其如妻子何衆悟亡者稍止大定改元於遼東錫奔赴行在詔復前職明年授同知河間府事引見於香閤誡之曰閒皇族居彼者縱甚卿當以法繩之錫下車宣布詔言後無有撓政害民者遷孟州防禦使累拜絳陽軍節度使改知濟南府事告老許之明昌五年卒年八十三

鄧儼字子威懿州宜民人也天德三年擢進士第大定中爲左司員外郎右司郎中尋轉左司掌機務者數年有司奏使宋者世宗命選漢官一人參知政事梁肅以户部侍郎王脩工部侍郎張大節左司郎中鄧儼對世宗曰王脩張大節苦無資歷與左右司官辛苦不同其命儼往嘗謂宰臣曰人言鄧儼用心不正朕視儼奏事其心識甚明在太府監心亦向公宰臣因奏儼明事機有心力於是擢户部侍郎翌日復謂宰臣曰吏部掌銓選當得通練人可寘儼於吏部因改命焉累遷中都路都轉運使明昌初爲户部尚書上命尚書省集百官議如何使民棄末務本以廣儲蓄儼言今之風俗競爲侈靡莫若定立制度使貴賤上下衣冠車馬室宇器用各有等差裁抑婚姻喪葬過度之禮罷去鄉社追逐無名之費用度有節則蓄積日廣矣尋

知歸德府事致仕卒初儼致仕復寅緣求進上問左右鄧儼可復用乎平章政事完顏守貞曰儼有才力第以謀身爲心上曰朕亦知之然儼可以譙比守貞曰臨事則不後於人但多務自便耳儼前乞致仕陛下以其頗黠故許之甚合衆議今使復列于朝恐風化從此壞矣上然之遂不復用云

巨構字子成薊州平谷人幼篤學年二十登進士第由信都丞察廉爲石城令補尚書省令史授振武軍節度副使改同提舉解鹽司事以課增入爲少府監丞再遷知登聞檢院兼都水少監時右司郎中段珪卒世宗曰是人甚明

正可用如巨構每事但委順而已二十五年除南京副留守上謂宰臣曰巨構外淳質而内明悟第乏剛鯁耳佐貳之任貴能與長官辨正恐此人不能爾若任以長官必有可稱章宗即位擢横海軍節度使承安五年致仕卒構性寬厚寡言所治以鎮静稱性尤恬退故人既貴不復往來先遣以書則裁荅寒温而已大定中詔與近臣同經營香山行宮及佛舍其近臣私謂構曰公今之德人我欲舉奏公行將大任矣構辭之以廉慎守法在考功籍始終無過云

賀揚庭字公叟曹州濟陰人也登天德三年經義進士第調范縣主簿兼尉籍有治聲大定十三年由安肅令補尚書省令史授沁南軍節度副使入爲監察御史歷右司都事戸部員外郎侍御史右司員外郎世宗喜其剛果謂揚庭曰南人獷直敢爲漢人性姦臨事多避難異時南人不習詞賦故中第者少近年河南山東人中第者多殆勝漢人爲官儀以廉能遷戸部郎中進官二階頃之授左司郎中改刑部侍郎山東東路轉運使章宗即位初置九路提刑司驛召赴闕授山東東西路提刑使揚庭性疾惡纖介不少容明昌改元詔諸路提刑使入見親問所察事條至揚庭則斥之曰爾何治之煩也明年下除洺州防禦使時歳歉民飢揚庭諭蓄積之家令出所餘以糶之飢者獲濟洺人爲之立石頌德改陜西西路轉運使表乞致仕上曰揚庭能幹者也當何如右丞劉瑋言其疾遂許之卒年六十七

贊曰裴滿亨以進士選奉御能陳唐虞致治之道於宮庭燕私之地又能斥中貴梁道兒之姦斡勤忠以吏道致身始終不交權貴世宗自立於遼東歸者如市張大節獨守正不赴韓錫出守河間面諭皇族之居彼者恣睢不道俾繩以法佞者必希旨以市權錫下車宣布告戒而已是皆有識之士不爲富貴所移者也巨構戇戇賀揚庭骨鯁大定於二人而屢評南北士習之優劣豈其然乎張亨始以繆庸見薄晩以論列稱賞亦砥礪之功歟鄧儼專務謀身上下稱黠致仕又求進用弗可改也夫

閻公貞字正之大興宛平人大定七年擢進士第調朝邑主簿由普潤令補尚書省令史察廉升同知亳州防禦事改中都左警巡使以政績聞遷同知武定軍節度使明昌初召爲大理正累進大理卿承安元年遷翰林侍讀學士仍兼前職命與登聞檢院賈益同看讀陳言文字公貞居法寺幾十年詳慎周密未嘗有過舉被命校定律令多所是正金人以爲法家之祖云

焦旭字明銳沃州栢鄉人第進士調安喜主簿再轉大興令攝左警巡事以杖親軍百人長有司議其罪當杖決世宗曰旭親民吏也若因杖有官人復行杖之何以行事其令收贖改良鄉令世宗幸春水見石城玉田令皆年老不治謂宰臣曰縣令最親民當得賢才畿甸尚如此天下可知矣平章政事石琚薦旭幹能可甄用上然之召爲右警巡使旭爲人剛果自任不避權勢初旭部民訴良旭以無文據付本主道逢監察御史訴其事語涉訛亂即收付旭旭釋之不問爲御史所劾削官兩階杖百八十出爲大名府推官尋授右三部檢法司正代韓天和爲監察御史時

御史臺言監察糾彈之司天和諸科出身難居是職上命別舉中丞李晏薦旭剛正可任遂授之而改天和獲鹿令章宗初即位太傅克寧右丞相襄請上出獵旭劾奏其非上慰諭之爲罷獵明昌元年登聞鼓院初設官宰執奏司諫郭安民補闕許安仁及旭皆堪擢用改侍御史四遷都水監以治河防勞進官一階授西京路轉運使卒旭性警敏練達時政與王翛劉仲洙輩世稱能吏云

劉仲洙字師魯大興宛平人大定三年登進士第歷龍門主簿香河酒稅使再調深澤令縣近滹沱河時秋成水忽暴溢仲洙極力護塞竟無害有盜夜發居民震驚仲洙率縣卒生執其一餘衆遂潰旦日掩捕皆獲尋以廉能進官一階陞河北西路轉運司支度判官入爲刑部主事六遷右司員外郎俄轉吏部世宗謂宰臣曰人有言語敏辯而庸常不正者有語言拙訥而才智通達存心向正者如劉仲洙頗以才行見稱然而口語甚訥也右丞張汝霖曰人之若是者多矣願陛下深察之二十九年出爲祁州刺史以六善爲教民化之章宗即位除中都西京等路提刑副使先是田瑴等以黨罪廢錮者三十餘家仲洙知其冤上書力辨帝從之砥復瑴官爵而黨禁遂解明昌二年授弁王傅兼同知大同府事尋改平陽移德州防禦使轉運郭

邦傑節度李晏皆舉仲洙以自代陞爲定海軍節度使歲饑仲洙表請開倉未報先爲賑貸有司劾之罪以贖論時仲洙兄仲淵以罪責石州仲洙上書請以萊易石朝廷義而不許久之以年老乞致仕累表方聽泰和八年卒年七十五仲洙性剛直果於從政尤長於治民所在皆有功迹蓋一時之能吏云

李完字全道朔州馬邑人經童出身復登詞賦進士第調澄城主簿有遺愛民爲立祠用廉遷定襄令召補尚書省令史時以縣令闕人廉問世宗選能吏八人按行天下完其一也明昌初爲監察御史故事臺令史以六部令史久

次者補吏皆同類莫肯舉劾完言尚書省令史正隆間用
雜流大定初以太師張浩奏請始純取進士天下以爲當
今乞以三品官子孫及終場舉人委臺官辟用上納其言
擢尚書省都事出爲同知横海軍節度使事河間府治中
提刑司言完習法律有治劇材軍民無間語陞沁州刺史
仍以璽書褒諭遷同知廣寧府初遼濱民崔元入城飲不
歸求得尸於水中有司執同飲者訊之皆誣服提刑司疑
其冤以獄畀完完廉得其賊乃舟師也遂免同飲人改北
京臨潢路提刑副使承安二年遷陝西西路轉運使尋授
南京路按察使卒完長於吏治所至姦惡屏迹民皆便之

馬百禄字天錫通州三河人父柔德天會初第進士累遷
翰林脩撰坐田穀黨免官迨世宗朝解黨禁復召用馬百
禄幼志學事繼母以孝聞登大定三年詞賦進士第調武
清主簿由龍山令召補尚書省令史不就改權貨副使平
陽府判官入爲國子博士朝廷以宰縣日清白有治迹特
遷官一階升同知北京路轉運事委録南北路刑獄所至
無冤召爲尚書戸部員外郎與同知河北東路轉運事李
京爲中都等路推排使明昌初遷耀州刺史吏民畏愛提
刑司以狀聞授韓王傅同知安武軍節度事俄改兼同知
興平軍以提刑司復舉廉升孟州防禦使再遷南京路提

刑使御史臺以剛直能幹聞轉知河中府承安四年致仕
卒謚曰貞忠

楊伯元字長卿開封尉氏人登大定三年進士第調鄢城
主簿升榆次令召爲大理評事累除定海軍節度副使用
廉超授同知河東北路轉運事入爲尚書刑部員外郎以
憂免起爲遼州刺史明昌元年移涿州久之擢工部侍郎
四遷安武軍節度使泰和三年致仕卒伯元以才幹多被
委注凡兩爲推排定課使累爲審録官人稱其平每有疑
獄必專遣決明辯多中理賜謚曰達

劉璣字仲璋益都人也登天德三年進士第大定初爲太

常博士改左拾遺兼許王府文學璣奏王府事世宗責之
曰汝職掌教道何預奏事因命近侍諭旨永中曰卿有長
史而令文學奏事何也後勿復尔累除同知漕運司事嘗
奏言漕戸顧直太高虛費官物宜約量裁損若減三之一
歲可省官錢一十五萬餘貫世宗是其言授戸部員外郎
條上便宜數事世宗謂宰臣曰璣言河堤種柳可省每歲
隄防之費及言官錢利害甚可取前後戸部官往往偷延
歲月如璣者不可多得卿等議其可者行之璣向言漕運
省費事盡心公家不厚賞無以勸來者乃賜錢三千貫擢
濰州刺史徙知濟州未幾遷同知北京留守事坐曲法放

免奴婢訴良者左降管州刺史世宗謂宰臣曰璣爲人何如參知政事程輝曰璣執強跋扈嘗追濟南府官錢以至委曲生意而害及平民上曰朕聞璣在北京凡奴隸訴良不問契券真僞輒放爲良意欲徼福於冥冥則在巳之奴何爲不放又曰璣放朕之家奴意欲以此邀福存心若是不宜再用明昌二年入爲國子司業乞致仕不許轉國子祭酒尋擢太常卿以昏耄不任職爲御史臺所糾罷承安二年卒年八十二兄　琉

琉字伯玉幼名太平以功臣子補閤門祗候遭父喪求終制會海陵篡立不許改充護衛海陵忌宗室琉坐與往來斥居鄉里世宗即位琉晝夜兼馳上謁世宗大悅以爲護衛十人長往招宗敘白彦敬紇石烈志寧皆相繼來附還報上喜其有功呼其小字而謂之曰太平所至庶幾能贊朕致太平矣改御院通進與烏居仁等往南京發遣六宮百司琉建議留尚書右丞紇石烈良弼經略淮右餘皆北來詔從之丁毋憂起復三遷武庫署令車駕幸西京留琉爲中都總管判官再轉近侍局使遷太子少詹事兼引進使賜襲衣未幾爲陝西統軍都監賜廐馬金帶皇太子以馬與幣爲贐召爲同知宣徽院事遷太子詹事右宣徽使與張僅言典領昭德皇后園陵襄事太子贈以廐馬轉左宣徽使以疾求補外除定海軍節度使以其弟太府監璋爲同知宣徽院事琉朝辭上曰卿舊臣今補外寧不惻然東萊瀕海風物亦佳卿到必得調養朕用卿弟在近密如見卿也仍賜廐馬金帶綵十端絹百匹卒官年五十七琉樞過京畿敕有司致祭賻銀三百兩重綵三十端

康元弼字輔之大同雲中人幼敏學善屬文登正隆二年進士第調汝陽簿改崇義軍節度判官由垣曲縣令補尚書省令史累遷同知河北西路轉運使事召爲大理丞大定二十七年河決曹濮間瀕水者多墊溺朝廷遣元弼往視相其地如盆而城在盆中水易爲害請命於朝以徙之

卒改築於北原曹人賴焉出爲弘州刺史閱歲授大理少卿先是衛州爲河所壞增築蘇門以寓州治水既退民不樂遷欲復歸衛於是遣元弼按視還言治故城便遂復其舊轉祕書少監兼著作郎改通州刺史兼領漕事章宗立尊孝懿皇后爲皇太后以元弼舊臣詔充副衛尉再轉大理卿以喪去起復爲尚書刑部侍郎兼鄆王傅遷南京路轉運使承安三年致仕卒

移剌益字子遷本名特末阿不中都路胡魯土猛安人也以廕補國史院書寫積勞調徐州錄事召爲樞密院知法三遷翰林修撰時北邊有警詔百官集尚書省議之太尉

克寧銳意用兵益言天時未利宜俟後圖御史臺舉益剛正可任遂兼監察御史未幾改户部員外郎明昌三年饑内饑擢授霸州刺史同授刺史者十一人既入謝詔諭之曰親民之職惟在守令比歲民饑故遣卿等往撫育之其資序有過者有弗及者朕不計此但以材選爾其知之既至首出俸粟以食饑者于是倅以下及郡人遞出粟以佐之且命屬縣視以為法多所全活郡東南有堤久頹圮水屢為害益增修之民以為便為益立祠升遼東路提刑副使五年宋主新立詔以泗州當使客所經守臣宜擇人宰臣進擬數人皆不合上意上曰特末阿不安在此人可也

即授防禦使召為尚書户部侍郎尋轉兵部屬群牧人叛命益同殿前都點檢兖往招降之承安二年邊鄙弗寧上御便殿召朝官四品以上入議益謂守為便天子之兵當取萬全若王師輕出少有不利非惟損大國之威恐啓敵人侵玩之心出為山東西路轉運使有勑使按鷹于山東益奏乞止令調於近甸何必驚遠方耳目書聞上命有司治使者罪遷河東南北路按察使舊制在位官有不任職委所屬上司體訪州府長貳幕職許互相舉申益上言以為傷禮讓之風亦恐同官因之不睦別生姦弊乞止令按察司糾劾似為得體又言隨路點軍官與富人飲會公通獻遺宜依准監臨官於所部内犯罪究治上皆納焉泰和二年卒于官

贊曰閻公貞定金律令楊伯元定金推排人皆以平稱之難矣焦旭饑内小官聽斷不受御史風指遂罹深憲大臣請人主遊獵劾奏其非為之罷獵誠有古人之風焉李完康元弼無他足稱究論臺令史一事元弼論曹衛兩城各當其可馬百祿初坐黨廢晚著治跡劉璣初以理財得幸晚以曲法得罪人有前後遭遇不同而百祿求福不回非璣所及也劉玧以大定之立馳赴行在雖終身榮寵蓋一趨時之士耳劉仲洙剛而訥於言移剌益剛而敢言益以

志寧北伐為不可仲洙釋田穀黨禍三十家語曰剛毅木訥近仁豈不信哉

列傳第三十五

開府儀同三司上柱國錄軍國重事前中書右丞相監修國史領經筵事都總裁脫脫奉

勑修

完顏匡　完顏綱　完顏定奴

完顏匡本名撒速始祖九世孫事豳王允成爲其府教讀大定十九年章宗年十餘歲顯宗命詹事烏林荅愿擇德行淳謹才學該通者使教章宗兄弟閱月愿啓顯宗曰豳王府教讀完顏撒速徐王府教讀僕散訛可二人可使教皇孫兄弟顯宗曰典教幼子湏用淳謹者已而召見于承華殿西便殿顯宗問其年對曰臣生之歲海陵自上京遷

中都歲在壬申顯宗曰二十八歲爾詹事乃云三十歲何也匡曰臣年止如此詹事謂臣出入宮禁故增其歲言之耳顯宗顧謂近臣曰篤實人也命擇日使皇孫行師弟子禮七月丁亥宣宗章宗皆就學顯宗曰每日先教漢字至申時漢字課畢教女直小字習國朝語因賜酒及綵幣頃之世宗詔匡訛可俱充太子侍讀寢殿小底駞滿九住問匡曰伯夷叔齊何如人匡曰孔子稱夷齊求仁得仁九住曰汝輩學古惟前言是信夷齊輕去其親不食周粟餓死首陽山仁者固如是乎匡曰不然古之賢者行其義也行其道也伯夷思成其父之志以去其國叔齊不苟從父之志亦去其國武王伐紂夷齊叩馬而諫紂死殷爲周夷齊不食周粟遂餓而死正君臣之分爲天下後世慮至遠也非仁人而能若是乎是時世宗如春水顯宗從二人者馬上相語遂後顯宗遲九住至問曰何以後也九住以對顯宗嘆曰不以女直文字譯經史何以知此主上立女直科舉教以經史乃能得其淵奥如此哉稱善者良久謂九住曰論語知之爲知之不知爲不知是知也汝不知不達務辯口以難人由是觀之人之學不學豈不相遠哉顯宗嘗謂中侍局都監蒲察查剌曰入殿小底完顏訛出侍讀完顏撒速與我同族汝知之乎對曰不知也顯宗曰撒速始

祖九世孫訛出保活里之世也始祖兄弟皆非常人汝何由知此顯宗命匡作睿宗功德歌教章宗歌之其詞曰我祖睿宗厚有陰德國祚有傳儲嗣當立滿朝疑懼獨先啓策徂征三秦震驚來附富平百萬望風奔仆靈恩光被時雨春暘神化周浹春生冬藏蓋取宗翰與睿宗定策立熙宗及平陜西大破張浚于富平也二十三年三月萬春節顯宗命章宗歌此詞侑觴世宗愕然曰汝輩何因知此顯宗奏曰臣伏讀睿宗皇帝實錄欲使兒子知創業之艱難命侍讀撒速作歌教之世宗大喜顧謂諸王侍臣曰朕念睿宗皇帝功德恐子孫無由知皇太子能追念作歌以教

其子嘉哉盛事朕之樂豈有量哉卿等亦當誦習以不忘祖宗之功命章宗歌數四酒行極歡乙夜乃罷二十五年匡中禮部策論進士是歲世宗在上京顯宗監國三月甲辰御試前一日癸卯讀卷官吏部侍郎李晏棣州防禦使把内剌國史院編修官夾古衡國子助教尼厖古鑑進禀策題問契敷五教臯陶明五刑是以刑措不用比屋可封今欲興教化措刑罰振紀綱施之萬世何術可致匡已試明日入見顯宗問對策云何匡曰臣熟觀策問敷教措刑兩事不詳振紀綱一句秪作兩事對策必不能中顯宗命匡誦所對策終篇曰是亦當中匡曰編修衡助教鑑長於

選校必不能中已而匡果下第顯宗惜之謂侍臣曰我只欲問教化刑罰兩事乃添振紀綱一句命删去李晏固執不可今果誤人矣謂侍正石敦寺家奴唐括曷答曰侍讀二十一年府試不中我本不欲侍讀再試恐傷其志今乃下第使人意不樂是歲初取止四十五人顯宗命添五人僕散訛可中在四十五人後除書畫直長匡與訛可俱爲侍讀匡被眷遇特異顯宗謂匡曰汝無以訛可登第怏怏但善教金源郡王何官不可至哉是歲顯宗薨章宗判大興尹封原王拜右丞相立爲皇太孫匡仍爲太孫侍讀二十八年匡試詩賦漏寫詩題下注字不取特賜及第除中

都路教授侍讀如故章宗即位除近侍局直長歷本局副使局使提點太醫院遷翰林直學士使宋上令權更名弼以避宋祖諱事載本紀遷祕書監仍兼太醫院近侍局事再兼大理少卿遷簽書樞密院事兼職如故承安元年行院于撫州河北西路轉運使温昉行六部事主軍中餽餉屈意事匡以馬幣爲獻及私以官錢佐匡宴會費監察御史姬端修劾之上方委匡以邊事遂寢其奏三年入奏邊事居五日還軍尋入守尚書左丞兼修國史進世宗實錄章宗立提刑司專糾察黜陟當時號爲外臺匡與司空襄參政揆奏息民不如省官聖朝舊無提刑司皇統大定間

每數歲一遣使廉察郡縣稱治自立此官冀達下情今乃是非混淆徒煩聖聽自古無提點刑獄專薦舉之權者若陛下不欲遽更不宜使兼採訪廉能之任歲遣監察體究仍不時選使廉訪上從其議於是監察體訪之使出矣初匡行院于撫州障葛將攻邊境會西南路通事黄摑按出使烏都椀部知其謀奔告行院爲之備迎擊障葛敗其兵按出與八品職遷四官匡遷三官匡奏乞以所遷三官讓其兄奉御賽一上嘉其義許之改樞密副使授世襲謀克宋主相韓侂胄侂胄嘗再爲國使頗知朝廷虚實及爲相與蘇師旦倡議復讎身執其咎繕器械增屯戍初未敢公

言征伐乃使邊將小小寇鈔以嘗試朝廷泰和五年正月入確山界奪民馬三月焚平氏鎮剽民財物掠鄧州白亭巡檢家貲持其印去遂平縣獲宋人王俊唐州獲宋諜者李忭俊襄陽軍卒忭建康人俊言宋人於江州鄂岳屯大兵貯甲仗修戰艦期以五月入寇忭言侂胄謂大國西北用兵連年公私困竭可以得志命修建康宮勸宋主都建康節制諸道河南統軍司奏請益兵爲之備詔平章政事僕散揆爲河南宣撫使籍諸道兵括戰馬臨洮德順秦鞏各置弓手四千人詔揆遺書宋人曰奈何興兵宋人辭曰盜賊也邊臣不謹今黜之矣宋人將啓邊釁太常卿趙之

傑知大興府承暉中丞孟鑄皆曰江南敗衂之餘自救不暇恐不敢敗盟匡曰彼置忠義保捷軍取先世開寶天禧紀元豈忘中國者哉大理卿畏也曰宋兵攻圍城邑動輒數千不得爲小寇上問參政思忠思忠極言宋人敗盟有狀與匡畏也合上以爲然及河南統軍使紇石烈子仁使宋還奏宋主修敬有加無他志上問匡曰於卿何如匡曰子仁言是上愕然曰卿前議云何今乃中變邪匡徐對曰子仁守疆圉不妄生事職也書曰有備無患在陛下宸斷耳於是罷河南宣撫司僕散揆還朝六年二月宋人陷散關取泗川虹縣靈壁四月復詔僕散揆行省事于汴制諸

軍頃之以匡爲右副元帥揆請匡先取光州還軍懸瓠與大軍合勢南下匡奏僕散揆大軍渡淮宋人聚兵襄沔以窺唐鄧汴京留兵頗少有掣肘之患請出唐鄧從之遣前鋒都統烏古論慶壽以騎八千攻棗陽遣左翼提控完顏江山以騎五千取光化右翼都統烏古孫兀屯取神馬坡皆克之匡軍次白虎粒都統完顏按帶取隨州烏古論慶壽扼赤岸斷襄漢路宋隨州將雷太尉遁去遂克隨州於是宋鄧城樊城戍兵皆潰賜詔奬諭戒諸軍毋虜掠焚壞城邑匡進兵圍德安分遣諸將徇下安陸應城雲夢漢川荆山等縣副統蒲察攻宜城縣取之十二月敗宋兵二萬

人于信陽之東詔曰卿總師出疆屢捷殄寇撫降日闢土宇彼恃漢江以爲險阻策馬而渡如涉坦途荆楚削平不爲難事雖天佑順亦卿籌畫之効也益宏遠圖以副朕意匡進所獲女口百人詔匡權尚書右丞行省事右副元帥如故呉曦以蜀漢內附詔匡先取襄陽以屏蔽蜀漢完顏福海破宋援襄陽兵於白石峪遂取穀城縣僕散揆得疾遂班師至蔡疾革詔右丞相宗浩代之七年二月揆薨匡久圍襄陽士卒疲疫會宗浩至汴匡乃放軍朝京師轉左副元帥賜宴于天香殿還軍許州九月宗浩薨匡爲平章政事兼左副元帥封定國公代宗浩總諸軍行省于汴京

初僕散揆初至汴既定河南諸盜乃購得韓侂胄族人元
靚使行間於宋元靚渡淮宋督視江淮兵馬事丘崈奏之
宋主是時宋主侂胄見兵屢敗以爲憂欲乞盟無以爲請
得崈奏即命遣人護元靚北歸因請議和崈使其屬劉祐
送元靚申和議于揆揆曰稱臣割地獻首禍之臣然後可
宋主因密諭丘崈使歸罪邊將以請焉及宗浩代揆方信
孺至宗浩以方信孺輕佻不可信移書宋人果欲請和當
遣朱致和吳琯李大性李壁來侂胄得報大喜過望乃召
張巖于建康罷爲福建觀察使歸罪蘇師旦貶之嶺南是
時李壁已爲參政不可遣朱致和吳琯已死李大性知福

州道遠不能遽至乃遣左司郎中王柟來至濠州匡使人
責以稱臣等數事柟以宋主侂胄情實爲請依靖康二年
正月請和故事世爲伯姪國增歲幣爲三十萬兩匹犒軍
錢三百萬貫蘇師旦等俟和議定當函首以獻柟至汴以
侂胄書上元帥府匡復詰之柟懇請曰此事實出朝旨非
行人所專匡察其不妄乃具奏章宗詔匡移書宋人當函
侂胄首贖淮南地改犒軍錢爲銀三百萬兩於是宋吏部
侍郎史彌遠定計殺韓侂胄彌遠知國政和好自此成矣
於是廷議諸軍已取關隘不可與王柟以宋參政錢象祖
書來略曰竊惟昔者修好之初蒙大金先皇帝許以畫淮

爲界今大國遵先皇帝聖意自盱眙至唐鄧畫界仍舊是
先皇帝惠之于始今皇帝全之于後也然東南立國吳蜀
相依今川陝關隘大國若有之則是撤蜀之門戶不能保
蜀何以固吳已增歲幣至三十萬通謝爲三百萬貫以連
歲師旅之餘重以喪禍豈易辦集但邊隙既開和議區區
悔艾之實不得不黽勉遵承又蒙聖畫改輸銀三百萬兩
在本朝宜不敢固違然傾國資財竭民膏血恐非大金皇
帝棄過圖新兼愛南北之意也主上仁慈寬厚謹守信誓
豈有意於用兵止緣侂胄啓釁生事迷國罔上以至於斯
是以奮發英斷大正國典朋附之輩誅斥靡貸今大國欲

使斬送侂胄是未知其亡死也侂胄實本庸愚怙權輕信
有誤國事而致侂胄誤國者蘇師旦也師旦既貶侂胄尚
力庇之囑方信孺妄言已死近推究其事師旦已行斬首
儻大國終惠川陝關隘所畫銀兩悉力祗備師旦首函亦
當傳送以謝大國本朝與大國通好以來譬如一家叔姪
本自協和不幸奴婢交鬭其間遂成嫌間一旦猶子翻然
改悟斥逐奴隸引咎謝過則前日之嫌便可銷釋矣必較
錙銖豪末反傷骨肉之恩乎惟吳蜀相爲首尾關隘蠶觸
安危望敢備奏始終主盟使南北遂息肩之期四方無兵
革之患不勝通國至願是時陝西宣撫司請增新得關隘

戍兵萬人王柟狀稟如蒙歸川陜關隘韓侂胄首必當函
送遵上國之命臣奏曰關隘之事臣初亦惑之今當增戍
萬人壁壘之役餽餫之勞費用必廣祖宗所以不取者以
關隘僅能自保耳非有益於戰也設能入寇縱之平地以
鐵騎蹂之無一得脫彼衰祈不已者以前日負固尚且摧
覆今遂失之是無一日之安也必謂兵力得之不可還賜
則漢上諸郡皆膏腴耕桑之地棗陽光化歸順之民數萬
戶較之陜右輕重可知獨在陛下決之耳詔報曰侂胄渠
魁既請函首宋之悔服可謂誠矣臣乃遣王柟還復書曰
宋國負渝盟之罪自陳悔艾主上德度如天不忍終絕優

示訓諭許以更成所以覆護鎮撫之恩至深至厚昨奉聖
訓如能斬送韓侂胄徐議還淮南地來書言韓侂胄已死
將以蘇師旦首易之飾辭相紿如此至于犒軍銀兩欲俟
歸關隘然後祗備是皆有悖聖訓及王柟狀稟如蒙歸還
川陜關隘其韓侂胄首必當函送聖訓令斬送侂胄首者
本欲易南地陜西關隘不預焉王柟所陳亦非元畫事理
不敢專決具奏奉旨朕以生靈為念已貰宋罪關隘區區
豈足深較既能函送韓侂胄首陜西關隘可以還賜今恩
訓如此其體大國寬仁矜恤曲從之意脩追誓書賚遣通
謝人使赴闕王柟之歸也臣要以先送叛亡驅掠然後割

賜淮南川陜及彼誓書草本有犯廟諱字及文義有不如
體製者諭令改之宋人以叛亡驅掠散在州縣一旦拘刷
未易聚集今已四月農事已晚邊民連歲流離失所扶攜
道路即望復業過此農時遂失一歲之望歲幣犒軍物多
非旬月可辦錢象祖復以書來略曰竊見大金皇帝前日
聖旨如能斬送韓侂胄首沿淮之地並依皇統大定已畫
為定又睹今來聖旨既能送侂胄首陜西關隘可併還賜
以此仰見聖慈寬大初無必待發遣驅掠官兵然後退兵
交界之語誓書草本添改處先次錄本賚呈并將侂胄首
函送及管押納合道僧李全家口一併發還欲望上體大

金皇帝畫定聖旨先賜行下沿邊及陜西所屬候侂胄首
到界上即便抽回軍馬歸還淮南及川陜關隘地界所有
驅掠官兵留之何益見已從實刷勘發還其使人禮物歲
幣等已起發至真揚間伺候嘉報迤邐前去界首以俟取
接臣得錢象祖書即具奏詔報曰朕以生靈之故已從請
稱臣割地尚且闊略區區小節何足深較其侂胄師旦首
函及諸叛亡至濠州即聽通謝人使入界軍馬即當徹還
川陜關隘俟歲幣犒軍銀綱至下蔡畫日割賜臣得詔書
即以諭宋人使如詔書從事泰和八年四月乙未宋獻韓
侂胄蘇師旦首函至元帥府臣遣平南撫軍上將軍紇石

烈貞以佤胄師旦首函露布以聞五月丁未遣戶部尚書
高汝礪禮部尚書張行簡奏告天地武衛軍都指揮使徒
單鏞奏告太廟御史中丞孟鑄告社稷是日上御應天門
立黃麾仗受宋馘尚書省奏露布親王百官起居上表稱
賀獻馘廟社以露布頒中外竿佤胄師旦首并二人畫像
于通衢百姓縱觀然後漆其首藏之軍器庫丙辰匡朝京
師進官兩階賜玉帶金一百兩銀一千五百兩重幣三十
端罷元帥府仍爲樞密院六月癸酉宋通謝使許弈吳衡
等入見癸未以宋人請和詔天下十一月丙辰章宗崩匡
受遺詔立衛紹王其遺詔略曰皇叔衛王承世宗之遺體

鍾厚慶於元妃人望所歸歷數斯在今朕上體太祖皇帝
傳授至公之意付畀寶祚即皇帝位於柩前載惟禮經有
嫡立嫡無嫡立庶今朕之內人見有娠者兩位已詔皇帝
如其中有男當立爲儲貳如皆是男子擇可立者立之丁
巳衛紹王即位戊午章宗內人范氏胎氣有損大安元年
四月平章政事僕散端左丞孫即康奏承御賈氏產期已
出三月有人告元妃李氏令賈氏詐稱有身詔元妃李氏
承御賈氏皆賜死初章宗大漸匡與元妃俱受遺詔立衛
王匡欲專定策功遂搆殺李氏數日匡拜尚書令封申王
大安元年十二月薨匡事顯宗深被恩遇自章宗幼年侍

講讀最親幸致位將相怙寵自用官以賄成承安中撥賜
家口地土匡乃自占濟南眞定代州上腴田百姓舊業輒
奪之及限外自取上聞其事不以爲罪惟用安州邊吳泊
舊放圍場地奉聖州在官閑田易之以向自占者悉還百
姓宣宗嘗謂侍臣曰撒速往年嘗受人玉吐鶻然後與之
官此豈宰相所爲哉

完顏綱本名元奴字正甫明昌中爲奉御累官左拾遺詔
三叉口置捺鉢綱上疏諫疏中有云賊出沒其間詔尚書
省詰問所言不實章宗以綱諫官不之罪遷刑部員外郎
綱言諸犯死罪除名移推相去二百里并犯徒罪連逮二

十人以上者並令就問曾經所屬按察司審讞者移推別
路官亦依上就問凡告移推之人皆已經本路按察審訖
即當移推別路按察司部分廣闊如上京路移推臨潢路
最近亦往復二三千里北京留守司移推西北路招討司
最近亦須數月乞依舊制令移推官司追取其人歸問從
之故事使夏國者夏人饋贈禮物視書幾道以爲多寡泰
和元年綱爲賜夏主生日使章宗命齎三詔左司員外郎
孫椿年詔奏爲一道尋自陳首上責宰臣曰椿年忽略卿
等奈何不奏也轉工部郎中上言太府監官兼尚食局官
乞於少府監依此例注能幹官一員兼儀鸞局官儀鸞局

官一員兼少府監官相須檢治從之四年詔綱與喬宇宋元吉編類陳言文字綱等奏凡關涉宮庭及大臣者摘進其餘以省臺六部各爲一類凡二十卷遷同簽宣徽院事六年與宋連兵陝西諸將頗相異同以綱爲蜀漢路安撫使都大提舉兵馬事與元帥府參決西事調羌兵之未附者於是知鳳翔府事完顏昱同知平涼府事蒲察秉鉉分駐鳳翔諸隘通遠軍節度使承裕秦州防禦使完顏璘屯成紀界知臨洮府事石抹仲溫駐臨洮同知臨洮府事术虎高琪彰化軍節度副使把回海備鞏州諸鎮乾州刺史完顏思忠扼六盤陝西路都統副使斡勒牙剌京兆府推官蒲察秉彝戍虢華扼潼關蒲津陝西都統完顏忠本名曇懶同知京兆府事烏古論兗州守京兆要害以鳳翔臨洮路蕃漢弓箭手及緋翮翅軍散據邊陲緋翮翅軍名也元帥右監軍充右都監蒲察貞分總其事宋吳曦以兵六千攻鹽川鞏州戍將完顏王善隊校僕散六斤猛安龍延常擊走之斬首二百級七月吳曦兵五萬由保岔姑蘇等路寇秦州承裕璘以騎千餘擊之曦兵大敗追奔四十里曦別兵萬人入來遠鎮术虎高琪破之青宜可者吐蕃之種也宋取河湟夏取河西四郡部落散處西鄙其酋豨族帥曰冷京據古疊州有四十三族十四城三十餘萬戶東

鄰宕昌北接臨洮積石南行十日至筝竹大山蓋蠻境也西行四十日至河外俗不論道里而以日計之云冷京卒子耳骨延嗣宋不能制縻以官爵傳六世至青宜可尤勁勇得衆以宋政令不常有改事中國之意曹佛留爲洮州刺史佛留材武有智策能結諸羌青宜可畏慕佛留以父呼之請舉國內附朝廷以宋有盟不許厚賜金帛以撫之明昌間屬羌巳彪殺郡佐及是時綱爲奉御奉詔與曹佛留計事因召青宜可會兵擊破巳彪曹佛留遷同知臨洮尹兼洮州刺史子普賢爲洮州管內廵檢使綱屢以事至洮佛留每謂綱言青宜可願內屬出其至情綱輒奏之上終不納及綱部署陝西上密勑經略西事於是曹佛留巳死普賢爲懷羌廵檢使綱至洮馳召普賢攝同知洮州事普賢傳箭入羌中青宜可大喜率諸部長籍其境土人民詣綱請內屬綱奏其事上以青宜可爲疊州副都總管加廣威將軍詔青宜可曰卿統有部人世爲雄長嚮風慕義背僞歸朝願效純誠恒輸忠力緬懷嘉矚式厚褒旌覽卿進上所受僞牌朝廷之馭諸蕃固無此例欲使卿有以鎮撫部族增重觀望是以時加改命賜金牌一銀牌二到可祗承服我新恩永爲藩衛曹普賢員授同知洮州事綱遷拱衛直都指揮使遷三階安撫都大提舉如故以商州刺

史烏古論兗州領曹普賢押領青宜可勾當詔曰完顏綱初行時汝未知朝廷有青宜可之事獨言可以招撫必獲其用既而果來效順今汝勿以青宜可兵勢重大卑屈失體亦勿以蕃部而藐視之九月詔安慰陝西略曰京兆鳳翔臨洮三路應被宋兵逼脅背國從僞或没落外境若能自歸者官吏依舊勾當百姓各令復業元拋地土依數給付及受宋人旗牓結構等或值驚擾因而避役逃亡來發覺者許令所在官司陳首並行釋免更不追究軍前可用之人隨宜任使限外不首復罪如初宋程松遣別將曲昌世襲方山原自率兵數萬分道襲和尚原西山寨龍門等關是日大霧四塞既又暴雨和尚原西山寨龍門關戍兵不知宋兵來松遂據之蒲察貞遣行軍副統裴滿阿里同知隴州事完顏孛論以兵千人伏方山原下萬戶奧屯撒合門美原縣令术虎合沓別將壯士五百取間道潛登出宋兵上自高而下宋兵大駭伏兵合擊遂破之貞乃分遣术虎合沓部將完顏出軍奴率兵千人出黃兒谷取和尚原同知會州事女奚列南家押軍猛安粘割撒改率兵千人出大寧谷取西山寨貞自以兵七百由中路取龍門等關程松已焚閣道貞且脩道且進兵至小關松將楊廷據險注射貞不得前令行軍副統裴滿阿里爲疑兵潛遣猛安

胡信率甲士五十人繞出其後反擊之宋兵大亂遂斬廷于陣宋兵走二里關復敗宋將彭統領宋兵走龍門追擊大破之合沓乘夜潛登和尚原絕頂宋人驚以爲神皆散走破其衆二千生獲數十人南家斬木開道以登西山再與宋兵遇皆敗遂盡復故地宋吳曦將馮興楊雄李珪以步騎八千人入赤谷將寇秦州承裕完顏璘河州防禦使蒲察秉鉉逆擊破之宋步兵趨西山騎兵走赤谷承裕分兵躡宋步兵宋步兵據山搏戰部將唐括按荅海率二百騎馳擊之甲士蒙葛挺身先入其陣衆乘之宋步兵大潰殺數百人追者至皂郊城斬首二千級猛安把添奴追宋騎兵殺千餘人馮興僅以身免楊雄李珪皆爲金軍所殺十月綱以蕃漢步騎一萬出臨潭充以關中兵一萬出陳倉蒲察貞以岐隴兵一萬出成紀石抹仲温以隴右步騎五千出鹽川完顏璘以本部兵五千出來遠初吳玠吳璘俱爲宋大將兄弟父子相繼守西土得梁益間士衆心璘孫曦太尉昭武軍節度使成都潼川府夔利等州路宣撫副使泰和六年出兵興元有窺關隴之志誘募邊民爲盜遣諜以利餌鳳翔卒温昌結三虞候軍爲內應昌詣府上變曦遣諸將出秦隴間與綱等諸軍相拒上聞韓侂胄忌曦威名可以間誘致之梁益居宋上游可以得志于宋封

曦蜀國王鑄印賜詔詔綱經略之其賜曦詔曰宋自佶桓失守構竄江表僭稱位號偷生吳會時則乃祖武安公玠捍禦兩川洎武順王璘嗣有大勳固宜世胙大帥遂荒西土長爲藩輔誓以河山後裔縱有驕蹇之汰猶當十世宥之然威略震主者身危功蓋天下者不賞自古如此非止于今卿家專制蜀漢積有歲年猜嫌既萌進退維谷代之而不受召之而不赴君臣之義已同路人譬之破桐之葉不可以復合騎虎之勢不可以中下矣此事流傳稔於朕聽每一思之未嘗不當饋歎息而卿猶偃然自安且卿自視翼贊之功孰與岳飛飛之威名戰功暴于南北一旦見忌遂被參夷之誅可不畏哉故智者順時而動明者因機而發與其負高世之勳見疑于人惴惴然常懼不得保其首領曷若順時因機轉禍爲福建萬世不朽之業哉今趙擴昏孱受制強臣比年以來頓違誓約增屯軍馬招納叛亡朕以生靈之故未欲遽行討伐姑遣有司移文復因來使宣諭而乃不顧道理愈肆憑陵虔劉我邊陲攻剽我城邑是以忠臣扼腕義士痛心家與爲讎人百其勇失道至此雖欲不亡得乎朕已分命虎臣臨江問罪長驅並騖飛渡有期此正豪傑分功之秋也卿以英偉之姿處危疑之地必能深識天命洞見事機若按兵閉境不爲異同使我

師併力巢穴而無西顧之虞則全蜀之地卿所素有當加封冊一依皇統冊構故事更能順流東下助爲掎角則旌麾所指盡以相付天日在上朕不食言今送金寶一鈕至可領也綱次臨江被詔進至水洛訪得曦族人端署爲水洛城廵檢使遣持詔間行諭曦曦得詔意動程松尚在興元未敢發詐稱杖殺端以蔽匿其事松兵既敗曦乃遣掌管機宜文字姚圓與端奉表送款綱遣前京兆府録事張仔會吳曦于興州之置口曦言歸心朝廷無他張仔請以告身爲報曦盡出以付之仍獻階州朝廷以曦初附恃中國爲援欲先取襄陽以爲蜀漢屏蔽乃詔右副元帥匡先攻襄陽詔略曰陝西一面雖下四州吳曦之降朕所經略自大軍出境惟卿所部力戰爲多方之前人無所愧謝今南伐之事責成卿等區區俘獲不足羨慕果能爲國建功豈止一身榮寵後世子孫亦保富貴匡得詔乃移兵趨襄陽十二月曦遣果州團練使郭澄仙人關使任辛奉表及蜀地圖志吳氏譜牒來上七年正月召綱赴京師以爲陝西宣撫副使進三階還軍吳曦遣郭澄進謝恩表誓表賀全蜀歸附三表親王百官稱賀朝廷以詔答之并賜誓詔郭澄朝辭諭澄曰汝主效順以全蜀歸附朕甚嘉之然立國日淺恐宋兵侵軼人心不安凡有當行事務已委宣撫完顏

綱移文計議或有緊急即差人就去講究文定間汝主嘗以事入覲今亦多歲朕嘉汝主之義懷想不忘欲得其繪像如見其面今已遣使封冊俟回日附進可以此意歸諭汝主詔以同知臨洮府事朮虎高琪爲封冊使翰林直學士喬宇副之詔高琪曰卿以邊面宣力加之讀書蜀人識卿威名勿以財賄動心失大國體檢制隨去奉職勿有違枉生事頃之宋安丙殺吳曦上聞曦死遣使責綱詔曰曦之降自當進據仙人關以制蜀命且爲曦重既不據關復撤兵使丙無所憚是宜有今日也於是詔贈曦太師命德順州刺史完顏思忠招魂葬于水洛縣以曦族兄端之子

爲曦後詔諭陝西軍士略曰汝等爰自去冬出疆用命擐披甲冑冒涉艱險直取山外數州比之他軍實有勤效界外屯駐日久負勞苦恩賞未行有司申奏不明以致如此朕已令增給賞物以酬爾勞惟是餘賊未殄猶須經略眷我師徒久役未解深懷惻念寤寐弗忘汝等益思體國之忠奮敵愾之勇協心畢力建立功勳高爵厚祿朕所不吝宋人復陷階州西和州綱至鳳翔詔徹五州之兵退保要害五州之民願徙內地者厚撫集之以近侍局直長爲四川安撫使蒲察貞撤黃牛戍宋安丙乘之連兵來襲遂陷散關華州鈐轄兀顏阿失死之詔奪綱官一階降兵部侍郎權宣撫副使遣戶部侍郎尼厖古懷忠按治綱以下將吏懷忠未至陝西綱貞遣兵潛自昆谷西山養馬澗入四面攻之復取散關斬宋將張統領于團練綱遣使奏捷詔書獎諭貞等釋不問八年宋獻韓侂胄蘇師旦首詔以陝西關隘還之宋罷兵綱還京師是歲章宗崩衛紹王即位除陝西路按察使累官尚書左丞至寧元年綱行省事于縉山徒單鎰使人謂綱曰高琪駐兵縉山甚得人心士皆思奮與其行省親往不若益兵爲便綱不聽徒單鎰復使人止之曰高琪措畫已定彼之功即行省之功綱不從綱至縉山遂大敗胡沙虎斬關入中都遷衛紹王于衛邸命

綱子安和作家書使親信人召綱綱至囚之憫忠寺明日押至市中使張霖卿數以失四川敗縉山之事殺之貞祐四年綱子權復州刺史安和上書訟父冤略曰先臣綱在章宗時招懷西羌青宜可等十八部族取宋五州與曦以全蜀歸朝胡沙虎無故見殺奪其官爵詔下尚書省議謹按元年詔書云胡沙虎屢害良將正謂綱輩也乃追復尚書左丞弟定奴

定奴與兄綱俱知名充護衛除平涼府判官累官同知真定府從平章政事僕散揆伐宋加平南虎威將軍兵罷還河南東路副統軍三遷武勝軍節度使入爲右副點檢大

安二年遷元帥右都監救西京改震武軍節度使元帥輿屯襄敗績定奴坐失期及不以軍敗實奏降河州防禦使遷鎮西軍節度使河東北路按察轉運使宣宗即位改知歸德府貞祐二年改知河南府兼河南副統軍尋遷河南統軍使兼昌武軍節度使請內外五品以上舉能幹之士充河北州縣官改簽樞密院事殿前都點檢兼侍衛親軍都指揮使復爲簽樞密院事行院事兼知歸德府事改兼武寧軍節度使行院于徐州召爲刑部尚書參知政事興定三年薨

贊曰章宗伐宋之役三易主帥兵家所忌也宋不知秉此

以爲功猶曰有人焉韓侂胄心彊智踈蘇師旦謀淺任狹函首燕薊南北皆曰賊臣何哉完顏匡完顏綱皆秦和終功之臣然匡曠忠于大安綱罔難于至寧富貴之惑人乃如此邪

列傳第三十六

列傳第三十七　金史九十九

開府儀同三司上柱國錄軍國重事前中書右丞相監修國史領經筵事都總裁臣脫脫奉

勑修

徒單鎰　賈鉉　孫鐸

孫即康　李革

徒單鎰本名按出上京路速速保子猛安人父烏輦北京副留守鎰頴悟絕倫甫七歲習女直字大定四年詔以女直字譯書籍五年翰林侍講學士徒單子溫進所譯貞觀政要白氏策林等書六年復進史記西漢書詔頒行之選諸路學生三十餘人令編修官溫迪罕締達教以古書習作詩策鎰在選中最精詣遂通契丹大小字及漢字該習

經史久之樞密使完顏思敬請教女直人舉進士下尚書省議奏曰初立女直進士科且免鄉府兩試其禮部試廷試止對策一道限字五百以上成在都設國子學諸路設府學並以新進士充教授士民子弟願學者聽歲久學者當自衆即同漢人進士三年一試從之九年八月詔策女直進士問以求賢爲治之道侍御史完顏蒲涅太常博士李晏應奉翰林文字阿不罕德甫移剌傑中都路都轉運副使奚𤸫考試鎰等二十七人及第鎰授兩官餘授一官上三人爲中都路教授四名以下除各路教授十五年詔

譯諸經著作佐郎溫迪罕締達編修官宗璧尚書省譯史
阿魯吏部令史楊克忠譯解翰林修撰移剌傑應奉翰林
文字移剌履講究其義鎰自中都路教授選爲國子助教
左丞相紇石烈良弼嘗到學中與鎰談論深加禮敬丁母
憂起復國史院編修官世宗嘗問太尉完顏守道曰徒單
鎰何如人也守道對曰有材力可任政事上曰然當以劇
任處之又曰鎰容止溫雅其心平易久之兼修起居注累
遷翰林待制兼右司員外郎獻漢光武中興賦世宗大悅
曰不設此科安得此人章宗即位遷左諫議大夫兼吏部
侍郎明昌元年爲御史中丞無何拜參知政事兼修國史

鎰言人生有欲不限以制則侈心無極今承平日久當慎
行此道以爲經久之治章宗銳意于治平鎰上書其略曰
臣竊觀唐虞之書其臣之進言於君曰戒哉懋哉曰吁曰
都既陳其戒復導其美君之爲治也必曰稽于衆舍己從
人既能聽之又能行之又從而興起之君臣上下之間相
與如此陛下繼興隆之運撫太平之基誠宜稽古崇德留
意於此無因物以好惡喜怒無以好惡喜怒輕忽小善不
卹人言夫上下之情有通塞天地之運有否泰唐陸贄嘗
陳隔塞之九弊上有其六下有其三陛下能慎其六爲臣
子者敢不慎其三哉上下之情旣通則大綱舉而羣目張

矣進尚書右丞修史如故三年罷爲橫海軍節度使改定
武軍節度使知平陽府事先是鄭王永蹈判定武軍鎬王
永中判平陽府相繼得罪連引者衆上疑其有黨或命節
度定武繼又知平陽焉改西京留守承安三年改上京留
守五年上問宰臣徒單鎰與崇浩孰優平章政事張萬公
對曰皆才能之士鎰似優者鎰有執守崇浩多數耳上曰
何謂多數萬公曰崇浩微似趨合上曰鄉言是也頃之鎰
拜平章政事封濟國公淑妃李氏擅寵兄弟恣橫朝臣往
往出入其門是時烈風昏曀連日詔問變異之由鎰上疏
略曰仁義禮智信謂之五常父義母慈兄友弟敬子孝謂

之五德今五常不立五德不興縉紳學古之士棄禮義忘
廉恥細民違道畔義迷不知返背毀天常骨肉相殘動傷
和氣此非一朝一夕之故也今宜正薄俗順人心父父子
子夫夫婦婦各得其道然後和氣普洽福祿荐臻矣因論
爲政之術其急有二一曰正臣下之心竊見羣下不明禮
義趨利者衆何以責小民之從化哉其用人也德器爲上
才美爲下兼之者待以不次才下行美者次之雖有才能
行義無取者抑而下之則臣下之趨向正矣其二曰導學
者之志教化之行興于學校今學者失其本眞經史雅奧
委而不習藻飾虛詞釣取祿利乞令取士兼問經史故實

使學者皆守經學不惑於近習之靡則善矣又曰凡天下之事叢來者非一端形似者非一體法制不能盡隱於近似乃生異論孔子曰義者天下之斷也記曰義爲斷之節伏望陛下臨制萬機事有異議少凝聖慮尋繹其端則裁斷有定而疑可辨矣鎰言皆切時弊上雖納其說而不能行上問漢高帝光武優劣平章政事張萬公對曰高祖優甚鎰曰光武再造漢業在位三十年無沉湎冒色之事高祖惑戚姬卒至于亂由是言之光武優上默然鎰蓋以元妃李氏隆寵過盛故微諫云泰和四年罷知咸平府五年改南京留守六年徙知河中府兼陝西安撫使僕散揆行

省河南陝西元帥府雖受揆節制實顓方面上思用謀臣制之由是升宣撫使一品鎰改知京兆府事充宣撫使陝西元帥府並受節制詔曰將帥雖武悍久歷行陣而宋人狡獪亦資筭勝卿之智略朕所深悉且股肱舊臣故有此寄宜以長策御敵厲兵撫民稱朕意焉鎰言初置急遞鋪本爲轉送文牒今一切乘驛非便上深然之始置提控急遞鋪官自中都至眞定平陽置者達于京兆京兆至鳳翔置者達于臨洮自眞定至彰德置者達于南京自南京分至歸德置者達于泗州壽州分至許州置者達于鄧州自中都至滄州置者達于益都府自此郵達無復滯焉七年

兵職死宋安丙分兵出秦隴間十月詔鎰出兵金房以分掣宋人梁益漢沔兵勢鎰遣行軍都統斡勒葉祿瓦副統把回海完顏掴剌以步騎五千出商州十一月葉祿瓦拔鶻嶺關掴剌別將攻破燕子關新道口回海取小湖關敖倉至營口鎮破宋兵千餘人追至上津縣斬首八百餘級遂取上津縣葉祿瓦破宋兵二千于平溪將趨金州宋王柟以書乞和詔鎰召葉祿瓦軍退守鶻嶺關八年正月宋安丙遣景統領由梅子溪新道口朱砂谷襲鶻嶺關回海掴剌擊走之斬景統領于陣是歲罷兵鎰遷特進賜賚有差改知眞定府事大安初加儀同三司封濮國公改東京

留守過闕入見衛紹王謂鎰曰卿兩朝舊德欲用卿爲相太尉匡卿之門人朕不可屈卿下之遷開府儀同三司佩金符充遼東安撫副使三年改上京留守平章政事獨吉思忠敗績于會河堡中都戒嚴鎰曰事急矣乃選兵二萬遣同知烏古孫兀屯將之入衛中都朝廷嘉之徵拜尚書右丞相監修國史鎰言自用兵以來彼聚而行我散而守以聚攻散其敗必然不若入保大城併力備禦昌桓撫三州素號富貴人皆勇健可以內徙益我兵勢人畜貨財不至亡失平章政事移剌參知政事梁瑭曰如此是自蹙境土也衛紹王以責鎰鎰復奏曰遼東國家根本距中都數

千里萬一受兵州府顧望必須報可誤事多矣可遣大臣行省以鎮之衛紹王不悅曰無故置行省徒搖人心耳其後失昌桓撫三州衛紹王乃大悔曰從丞相之言當不至此頃之東京不守衛紹王自誦曰我見丞相恥哉朮虎高琪駐兵縉山甚得人心士樂爲用至寧元年尚書左丞完顏綱將行省于縉山鎰謂綱曰行省不必自往不若益兵爲便綱不聽且行鎰遣人止之曰高琪之功即行省之功也亦不聽綱至縉山遂敗績焉頃之鎰墜馬傷足在告聞胡沙虎難作命駕將入省或告之曰省府相幕皆以軍士守之不可入矣少頃兵士索人于閭巷鎰乃還第胡沙虎

意不可測方猶豫不能自定乃詣鎰問疾從人望也鎰從容謂之曰翼王章宗之兄顯宗長子衆望所屬元帥決策立之萬世之功也胡沙虎默然而去乃迎宣宗于彰德胡沙虎既殺徒單南平欲執其弟知真定府事銘鎰說之曰車駕道出真定鎬王家在威州河北人心易搖徒單銘有變朝廷危矣不如與之金牌奉迎車駕銘必感元帥之恩胡沙虎從之至寧貞祐之際轉敗爲功惟鎰是賴焉宣宗即位進拜左丞相封廣平郡王授中都路遷魯都世襲猛安蒲魯吉必剌謀克鎰尚有足疾詔侍朝無拜明年鎰建議和親言事者請罷按察司鎰曰今郡縣多殘毀正須按察司撫集不可罷遂止宣宗將幸南京鎰曰鑾輅一動北路皆不守矣今已講和聚兵積粟固守京師策之上也南京四面受兵遼東根本之地依山負海其險足恃備禦一面以爲後圖策之次也不從是歲薨詔賻贈從優厚鎰明敏方正學問該貫一時名士皆出其門多至卿相嘗嘆文士委頓雖巧拙不同要以仁義道德爲本乃著學之急道之要二篇太學諸生刻之于石有弘道集六卷

賈鉉字鼎臣博州博平人性純厚好學問中大定十三年進士調滕州軍事判官單州司候補尚書省令史章宗爲右丞相深器重之除陝西東路轉運副使入爲刑部主事

遷監察御史遷侍御史改右司諫上疏論邊戍利害上嘉納之遷左諫議大夫兼工部侍郎與党懷英同刊修遼史鉉上書曰親民之官任情立威所用決杖分徑長短不如法式甚者以鐵刃置於杖端因而致死間者陰陽愆戾和氣不通未必不由此也願下州郡申明舊章檢量封記按察官其檢察不如法者具以名聞内庭勅斷亦依已定程式制可復上書論山東採茶事其大槩以爲茶樹隨山皆有一切護邏已奪民利因而以揀茶樹執誣小民嚇取貨賂宜嚴禁止仍令按察司約束上從之承安四年遷禮部尚書諫議如故是時有詔凡奉敕商量照勘公事皆期日

聞奏鉉言若如此恐官吏迫於限期姑務苟簡反害事體況簿書自有常程御史臺治其稽緩如事有應密三月未絕者令具次第以聞下尚書省議如省部可即定奪者須三月擬奏如取會案牘卒難補勘者先具次第奏知更限一月結絕違者准稽緩制書罪之上議置相欲用鉉宰臣薦孫即康張萬公曰即康及第在鉉前上曰用相安問榜次朕意以為賈鉉才可用也然竟用即康焉泰和二年興陵崇妃薨上欲成服苑中行登門送喪之禮以問鉉鉉對曰故宋嘗行此禮古無是也遂已改刑部尚書泰和三年拜參知政事亳州醫者孫士明輒用黃紙大書敕賜神針

先生等十二字及於紙尾年月間摹作寶樣朱篆青龍二字以誑惑市人有司捕治款伏值赦大理寺議宜准偽學御寶雖遇赦不應原已奏可矣鉉奏天子有八寶其文各異若偽造不限用泥及黃蠟令用筆描成青龍二字既非八寶文論以偽造御寶非本法意上悟遂以赦原明日上謂大臣曰已行之事賈鉉猶執奏甚可嘉也羣臣亦當如此矣泰和六年御試鉉為監試官上曰丞相崇浩嘗言試題頗易由是進士例不讀書朕令以日合天統為賦題鉉曰題則佳矣恐非所以牢籠天下士也上曰帝王以難題窘舉人固不可欲使自令積致學業而已遂用之久之鉉

與審官院掌書大中漏言除授事上謂鉉曰卿罪自知之矣然卿久參機務補益弘多不深罪也乃出為安武軍節度使改知濟南府致仕貞祐元年薨

孫鐸字振之其先滕州人徙恩州歷亭縣鐸性敏好學遼陽王遵古一見器之期以公輔登大定十三年進士第調海州軍事判官衛縣丞補尚書省令史章宗為右丞相語人曰治官事如孫鐸必無錯失初即位問鐸安在有司奏為右都管使宋及還除同知登聞檢院事鐸言凡上訴者皆因尚書省斷不得直若上訴者復送省則必不行矣乞自宸衷斷之上以為然詔登聞檢院凡上訴者每朝日奏

十事詔刊定舊律鐸先奏名例一篇承安元年遷左諫議大夫改河東南路轉運使召為中都路都轉運使初置講議錢穀官十人鐸為選首承安四年遷戶部尚書鐸因轉對奏曰比年號令或已行而中輟或既改而復行更張太煩百姓不信乞自今凡將下令再三講究如有益于治則必行無恤小民之言國子司業紇石烈善才亦言頒行法令絲綸既出尤當固守上然之泰和二年十二月上召鐸戶部侍郎張復亨議交鈔復亨曰三合同鈔可行鐸請廢不用詰難久之復亨議詘上顧謂侍臣曰孫鐸剛正人也雖古魏徵何加焉三年御史中丞孫即康刑部尚書賈鉉

皆除參知政事鐸再任戶部尚書鐸心少之對賀客誦古
人詩曰唯有庭前老柏樹春風來似不曾來御史大夫卞
劾鐸怨望降同知河南府事改彰化軍節度使復爲中都
轉運使泰和七年拜參知政事蒲陰縣令大中與左司郎
中劉昂通州刺史史肅前監察御史王宇吏部主事曹元
戶部員外郎李著監察御史劉國樞尚書省都事曹温雄
州都軍馬師周吏部員外郎徒單永康太倉使馬良顯順
州刺史唐括直思白坐私議朝政下獄尚書省奏其罪鐸
進曰昂等非敢議朝政但如鄭人游鄉校耳上悟乃薄其
罪鐸上言民間鈔多宜收歛院務課程及諸窠名錢須要

全收交鈔秋夏稅本色外盡令折鈔不拘貫例農民知之
迤漸重鈔比來州縣抑配行市買鈔無益徒擾之耳乞罷
諸處鈔局惟省庫仍舊小鈔無限路分可令通行上覽奏
即詔有司曰可速行之大安初議誅黃門李新喜鐸曰此
先朝用之太過耳衛紹王不察即曰卿今日始言之何耶
既而復曰後當盡言勿以此介意頃之遷尚書左丞兼修
國史議鈔法忤旨猶以論李新喜降濬州防禦使改安國
軍節度使徙絳陽軍宣宗即位召赴闕以兵道阻宣宗遷
汴鐸上謁于宜村除太子太師有疾累遣使候問貞祐三
年致仕是歲薨

孫即康字安伯其先滄州人石晉之末遼徙河北實燕薊
八代祖延應在徙中占籍析津實大興仕至涿州刺史延
應玄孫克構遼檢校太傅啓聖軍節度使即康克構曾孫
中大定十年進士第章宗爲右丞相是時即康爲尚書省
令史由是識其人章宗即位累遷戶部員外郎講究鹽法
利害語在食貨志除耀州刺史入爲吏部左司郎中上謂
宰臣曰孫即康向爲省掾言語拙訥今才力大進非向時
比也宰臣因曰即康年已高幸及早用之上問年幾何矣
對曰五十六歲上復問其才何如張萬公平章政事守貞
對曰即康才過之上曰視萬公爲通耳由是遷御史中丞

初張汝弼妻高陀斡不道伏誅汝弼鎬王永中舅也上由
是頗疑永中永中府傅尉奏永中第四子阿离合懣語涉
不軌詔同簽大睦親府事稾與即康鞫之第二子神土門
嘗撰詞曲頗輕肆遂以語涉不遜就逮家奴德哥首永中
嘗與侍妾瑞雲言我得天下以爾爲妃子爲大王章即康
還奏詔禮部尚書張暐覆訊永中父子皆死時論冤之頃
之遷泰寧軍節度使改知延安府事承安五年上問宰相
令漢官誰可用者司空襄舉即康上曰不輕薄否襄曰可
再用爲中丞觀之上乃復召即康爲御史中丞泰和三年
除參知政事明年進尚書右丞六年宋渝盟有端大臣猶

以爲小盜竊發不足恤即康與左丞僕散端參政獨吉思忠以爲必當用兵上以爲然上問即康參知政事賈鉉曰太宗廟諱同音字有讀作成字者旣非同音便不當缺點畫睿宗廟諱改作崇字其下却有本字全體若將示字依蘭亭帖寫作未字充字合缺點畫如統傍之充似不合缺即康奏曰唐太宗諱世民偏傍犯如葉字作𦯧字泯字作泯字乃擬熙宗廟諱從面從且睿宗廟諱上字從未下字從世世宗廟諱從糸顯宗廟諱如正犯字形止書斜畫沇字銳字各從口兌悅之類各從本傳從之自此不勝曲避矣進左丞宋人請和進官一階舊制尚書省令史考滿優調次任回降崔建昌已優調興平軍節度副使未回降即除大理司直詔知除郭邦傑李蹊杖七十勒停左司員外郎高庭玉決四十解職即康待罪有詔勿問章宗崩衛紹王即位即康進拜平章政事封崇國公大安三年致仕是歲薨遣使致祭

李革字君美河津人父餘慶三至廷試不遂因棄去革穎悟讀書一再誦輒記不忘大定二十五年進士調眞定主簿察廉遷韓城令同知州事納富商賂以歲課軍須配屬縣革獨不聽提刑司以爲能遷河北東路轉運都勾判官太原推官丁母憂起復遷大興縣令中都左警巡使南京提刑判官監察御史同知昭義軍節度事丁父憂起復簽南京按察事泰和六年伐宋尚書省奏軍興隨路官差占者别注闕者選補老不任職者替罷及司縣各存留強幹正官一員革與簽陝西高霖簽山東孟子元俱被詔體訪三路官員能否籍存留正官行省行部元帥府差占員數及事故闕員老不任職赴闕奏事改刑部員外郎調觀州刺史兼提舉漕運陝西西路按察副使大興府治中知府徒單南平貴幸用事勢傾中外遣所親以進取誘革革拒之貞祐二年遷戶部侍郎宣宗遷汴行河北西路六部事遷知開封府事河南勸農使戶部吏部尚書陝西行省參

議官四年拜參知政事革奏有司各以情見引用斷例牽合附會實啓倖門乞凡斷例勅條特旨奏斷不爲永格者不許引用皆以律爲正詔從之是歲

大元兵破潼關革自以執政失備禦之策上表請罪不許罷爲絳陽軍節度使興定元年胥鼎自平陽移鎭陝西革以知平陽府事權參知政事代鼎爲河東行省是時興兵伐宋革上書曰今之計當休兵息民養銳待敵宋雖造釁止可自備若不忍小忿以勤遠略恐或乘之不能支也不納太原兵後闕食革移粟七萬石以濟之二年宣差粘割梭失至河東於是晚禾未熟牒行省耕毀清野革奏今歲

雨澤及時秋成可待如令耕毀民將不堪詔從華奏十月平陽被圍城中兵不滿六千屢出戰旬日間傷者過半徵兵吉隰霍三州不時至裨將李懷德縋城出降兵自城東南入左右請華上馬突圍出華歎曰吾不能保此城何面目見天子汝輩可去矣乃自殺贈尚書右丞

贊曰傳曰君子之言其利博哉徒單鎰拱把一語而宣宗立厥功懋矣賈鉉孫鐸皆舊臣鉉乞致仕鐸忤旨衛王皆不復見用徒單鎰亦外官惟孫即康詭隨乃驟至宰相古所謂斗筲之人即康之謂矣鐸論李新喜其言似漢耿育有旨哉貞祐執政李革可謂君子其進退之際有古人爲相之風焉

列傳第三十七

列傳第三十八　金史一百

開府儀同三司上柱國錄軍國重事前中書右丞相監修國史領經筵事都總裁臣脫脫奉

勅修

孟鑄　宗端脩　完顏閭山

路鐸　完顏伯嘉　朮虎筠壽

張煒　高竑　李復亨

孟鑄大定末補尚書省令史明昌元年御史臺奏薦户部員外郎李獻可完顏掃合太府丞徒單繹宮籍監丞張庸右警巡使袞禮部主事蒲察振壽户部主事郭蚍應奉翰林文字移剌益中都鹽鐵判官趙暠尚書省令史劉昂及

鑄十一人皆剛正可用詔除獻可右司諫掃合磁州刺史繹秘書丞庸中都右警巡使袞彰國軍節度副使振壽治書侍御史蚍同知定武軍節度使事益翰林修撰暠都水丞昂户部主事鑄刑部主事累遷中都路按察副使南京副留守河平軍節度使泰和四年入爲御史中丞召見於香閤上謂鑄曰朕自知卿非因人薦舉也御史責任甚重往者臺官乃推求細故彈劾小官至於巨室重事則畏徇不言其勤乃職無廢朕命是歲自春至夏諸郡少雨鑄奏今歲愆陽已近五月比至得雨恐失播種之期可依種麻菜法擇地形稍下處撥畦種穀穿土作井隨宜灌溉上從

其言區種法自此始無何奏彈知大興府事紇石烈執中過惡其文略曰京師百郡之首四方取則知府執中貪殘專恣不奉法令自奉聖州罷解以後怙罪不悛蒙朝廷恩貸轉生跋扈雄州詐奪人馬平州冒支己俸無故破魏廷碩家發其冢墓拜表以調鷹不赴祈雨聚妓戲嬉毆詈同僚擅令住職失師帥之體乞行黜退以厭人望上以執中東宮舊人頗右之謂鑄曰執中麤人似有跋扈者鑄曰明天子在上豈容有跋扈之臣上悟詔尚書省問之泰和五年唐鄧河南屢有警議者謂宋且敗盟六年正月宋賀正旦使陳克俊等朝辭上使鑄就館諭克俊以國家涵容之

意果不詳此旨恐兵未可息也使以上言達宋主章宗本無意用兵故再三諭之鑄論提刑司改按察司差官覆察權削望輕下尚書省議參知政事賈鉉奏乞差監察時即別遣官偕往更不覆察諸疑獄並令按察司從正與決庶幾可慰人望從之永豐庫官不守宿因而被盜上召登聞鼓院官欲有所問皆不在上諭鑄曰此輩慢法如此御史臺所職何事也復諭御史大夫宗肅及鑄曰朕聞唐宰相宿省中卿等所知也臺官六部官其餘司局亦嘗宿直今尚書省左右司官宿直餘亦當準此八年除絳陽軍節度使至寧元年復爲御史中丞紇石烈執中作亂召鑄及右諫議大夫張行信俱至大興府問曰汝輩向來彈我者耶鑄等各以正言答之執中乃遣還家曰且須後命既而執中死鑄亦尋卒

宗端脩字平叔汝州人章宗避睿宗諱上一字凡太祖諸子皆加山爲崇改宗氏爲姬氏端脩好學喜名節中大定二十二年進士第明昌間補尚書省令史承安元年監察御史孫椿年武簡職事不修舉詔以端脩及范鐸代之是時元妃李氏兄弟干預朝政端脩上書乞遠小人上遣李喜兒傳詔問端脩小人爲誰其以姓名對端脩對曰小人者李仁惠兄弟仁惠喜兒賜名也喜兒不敢隱具奏之上

雖責喜兒兄弟而不能去也四年復上書言事宰相惡之坐以不經臺官直進奏帖准上書不以實削一官朞年後敘章宗知端脩不爲衆所容釋之改大理司直泰和四年遷大理丞召見于香閣上謂端脩曰汝前爲御史以幹能見用汝言多細碎不究其實嘗令問汝亦不汝罪及爲大理司直乃能稱職用是擢汝爲丞盡乃心力惟法是守勿問上位宰執所見何如汝其志之知大興府紇石烈執中陳言下大理寺議端脩謂執中言事涉私治罪詔以端脩別出情見不當與司直溫敦按帶各削一官解職久之爲節度副使卒官端脩終以直道不振於時自守愈篤妻死

不復更娶獨居二十年士論高之汝州司候游彥哲將之官問爲政端脩曰爲政不難治氣養心而已彥哲不逹端脩曰心正則不私氣平則不暴爲政之術盡於此矣

完顏閭山葢州猛安人明昌二年進士累調觀察判官補尚書省令史知管差除授都轉運都勾判官改河東南路轉運都勾判官南京警巡使丁母憂起復南京按察判官累遷沁南軍節度使入爲工部尚書貞祐三年知京兆府事充行省參議官四年知鳳翔府事興定元年冬詔陝西行省伐宋閭山權元帥右都監參議諸軍事宋兵千餘人伏吳寨谷閭山率騎兵掩擊敗之追襲十五里殺三百餘

獲牛羊以千計改知平凉府敗宋人于步落堝遷官一階三年召爲吏部尚書廷議選户部官往往舉聚歛苛刻以應詔閭山曰民勞至矣復用此輩將何以堪識者稱之三年朝廷以晉安行元帥府陁滿胡土門暴刻以閭山代之是歲十月卒

路鐸字宣叔伯逹子也明昌三年爲左三部司正上書言事召見便殿遷右拾遺明年盧溝河決鐸請自玄同口以下丁村以上無修舊堤縱使分流以殺減水勢詔工部尚書胥持國與鐸同檢視章宗將幸景明宮是歲民饑不可行御史中丞董師中上書諫鐸與左補闕許安仁繼之賜對御閤詔尚書省曰朕不禁暑熱欲往山後今臺諫言民間多闕食朕初不盡知既已知之其忍自奉以重困民哉乃罷行尚書左丞完顏守貞每論政事守正不移與同列不合罷知東平府事臺諫因而擠之鐸上書論守貞賢可復用其言太切召對于崇政殿既而章宗以鐸書語大臣於是尚書左丞烏林荅愿參知政事夾谷衡胥持國奏路鐸以梁冀比右丞相夾谷清臣也上曰周昌以桀紂比漢高祖高祖不以爲忤路鐸以梁冀比丞相耳頃之守貞入爲平章政事五年復與禮部尚書張暐御史中丞董師中右諫議大夫賈守謙翰林修

撰完顏撒剌諫幸景明宮語多激切章宗不能堪遣近侍局直長李仁愿召凡諫北幸者詣尚書省詔曰卿等諫北幸甚善但其間頗失君臣之體耳是歲郝忠愈獄起事寄諫官不能察其詳議者頗謂事涉鎬王永中思有以寬解上意右諫議大夫賈守謙上封事鐸繼之尤切直上優容之謂鐸曰汝言諸王皆有覬心游其門者不無橫議是何言也但朕不罪諫官耳頃之尚書省奏擬鐸同知河北西路轉運使事詔再任右拾遺謂宰相曰鐸敢言但識短耳朕嘗詰責而氣不沮鐸因召對論宰相權太重上曰凡事由朕宰相安得權重既而復奏曰乞陛下勿泄此言泄則

臣虀粉矣上曰宰相安能虀粉人至是章宗並以此言告
宰相雖留再任宰相愈銜之改右補闕自完顏守貞再入
相以政事為己任胥持國方幸尤忌守貞并忌鐸輩鐸輩
雖嘗為守貞論辨而不相附鐸論邊防守貞以為掇拾唐
人餘論皆不行及守貞持鎬王永中事久不決鐸等亦上
言切諫並指以為黨上乃出守貞知濟南府凡曾薦守貞
者皆黜降謂宰臣曰董師中謂臺省無守貞不可治路鐸
李敬義皆稱舉之者然三人者後俱可用今姑出之上復
曰路鐸敢言甚有時名一旦外補人將謂朕不能容直臣
可選敢言及才識慮鐸右者參知政事馬琪奏曰鐸雖知

無不言然亦多不當理上曰諫官非但取敢言亦須間有
出朕意表者乃有裨益耳於是吏部尚書董師中出為陝
西西路轉運使鐸為南京留守判官戶部郎中李敬義方
使高麗還即出為安化軍節度副使詔曰卿等昨來交薦
守貞公正可用今坐所舉失實耳承安二年召為翰林修
撰同看讀陳言文字上召禮部尚書張暐大理卿麻安上
及鐸問趙晏所言十事因問董師中張萬公優劣鐸奏師
中附胥持國以進趙樞張復亨張嘉貞皆出持國門下嘉
貞復趨走襄之門持國不可復用若再相必亂綱紀上曰
朕豈復相此人但遷官二階使致仕何為不可持國黨闓

之怒愈甚改監察御史參知政事楊伯通引用鄉人李浩
鐸劾奏伯通以公器結私恩左司郎中賈益知除武都承
望風旨不詳檢起復條例涉妄冒大夫張暐抑之不行上
命同知大興府事賈鉉詰問張暐伯通待罪于家賈鉉奏
近詔書詰問御史大夫張暐暐言路鐸嘗稟會楊伯通私
用鄉人李浩暐以為彈糾大臣須有阿曲實迹恐所劾不
當臺綱愈壞今再體察賈益言除授皆宰執公議奏稟不
見伯通私任形迹於是詔責鐸言事輕率慰諭伯通治事
知故頃之遷侍御史主奏事監察御史姬端修以言事下
吏使御史臺令史郭公仲達意于大夫張暐及鐸暐與鐸

奏事殿上上問姬端修彈事嘗申臺官否對曰嘗來面議
端修款伏乃云秖曾與侍御私議大夫不知也既而端修
杖七十收贖公仲杖七十替罷暐鐸坐奏事不實暐追一
官鐸兩官皆解職頃之起為泰定軍節度副使上謂宰臣
曰凡言事者議及朕躬亦無妨語涉宰相間有憎嫌何以
得進詔左司計鐸資考至正五品即除東平府治中未幾
景州闕刺史尚書省已奏郭歧為之詔特改鐸為景州刺
史仍勿送審官院鐸述十二訓以教民詔曰路鐸十二訓
皆勸人為善遍諭州郡使知之遷陝西路按察副使坐以
糾彈之官與京兆府治中蒲察張鐵總管判官辛孝儉推

官愛刺宴飲奪一官解職泰和六年召爲翰林待制兼知登聞鼓院累除孟州防禦使貞祐初城破投沁水死鐸剛正歷官臺諫有直臣之風爲文尚奇詩篇溫潤精緻號虛舟居士集云

完顏伯嘉字輔之北京路訛魯古必刺猛安人明昌二年進士調中都左警巡判官孝懿皇后妹晉國夫人家奴買漆不酬直伯嘉鉤致晉國用事奴數人繫獄晉國白章宗章宗曰姨酬其價則奴釋矣由是豪右屏迹改寶坻丞補尚書省令史除太學助教監察御史劾奏平章政事僕散揆或曰與宰相有隙柰何伯嘉曰職分如此遷平涼治中

累官莒州刺史轄屬縣盜伯嘉曰飢寒爲盜得錢二千經月不使一錢云何此必官兵捕他盜不獲誣以準罪耳詰之果然詔與按察官俱推排物力召見于香閣大安中三遷同知西京留守權本路安撫使貞祐初遷順義軍節度使居父母喪卒哭起復震武軍節度使兼宣撫副使提控太和嶺諸隘副統李鵬飛誣殺彰國軍節度使牙改詔伯嘉治之貞祐四年三月伯嘉奏西京副統程琢智勇過人持心忠孝以私財募集壯士二萬復取渾源白登有恢復山西之志已命駐于弘州矣近者靖大中完顏毛吉打以三千人歸國各遷節度副使今山西已不守琢收合餘衆盡忠於國百戰不挫臣恐失機會輒擬琢昭勇大將軍同知西京留守事兼領一路義軍給以空名勑二十道許擇有謀略者充州縣制可仍賜琢姓夾谷氏琢請曰前代皆賜國姓不繫他族如蒙更賜榮莫大焉詔更賜完顏氏是月伯嘉還元帥左監軍知太原府事河東北路宣撫使以同知太原府幹勤合打爲彰國軍節度使宣撫副使六月幹勤合打奏同知西京留守完顏琢恃與宣撫使伯嘉雅善徙居代州肆爲侵掠遇授太原治中權堅州刺史完顏斜烈私離邊面臣白伯嘉伯嘉不悅遣臣護送糧運于代州臣請益兵乃以羸卒數百見付半無鎧仗臣復爲言伯

嘉怒臣挎掠幾死臣立功累年頗有寸効伯嘉挾私陵轢無復宣撫同僚之禮臣欲不言恐他日反爲所誣無以自明上問宰臣奏曰太原重鎮防秋在邇請勑諭和解詔曰太原兵衛若以私忿廢國事國家何賴焉卿等同心戮力以分北顧之憂無執前非誤大計也七月伯嘉改知歸德府事合打改武寧軍節度使御史臺奏宣撫副使合打許元帥伯嘉以私忿加箠楚今本臺廉問既得其事遂不復窮治若合打奏實伯嘉安得無罪伯嘉無罪合打合坐欺罔乞審正是非明示黜陟宣宗曰今正防秋且已初河東行省胥鼎奏完顏伯嘉屢言同知西京留守兼臺州刺史

完顏琢可倚之以復山西朝廷遷官賜姓令屯代北捍太和嶺今聞諸監悉無琢兵蓋琢挈太原之衆保五臺剽掠耳如尚以伯嘉之言爲可信乞遣琢出太原或徙之内地分處其衆以備不測之變宰臣奏已遣官體究琢軍且令太原元帥府烏古論德升召琢使之矣當以此意報鼎無何德升奏琢兵數萬分屯代州諸險拒戰甚力其衆烏合非琢不可制胥鼎復奏宣差提控古里甲石倫言琢方招降人謀復山西盤桓于忻代定襄間恣爲侵擾無復行意發掘民粟戕殺無辜雖曰不煩官廩博易爲名實則攘刼欺國害民無如琢者石倫之言如此臣已令帥府禁止之矣宰臣奏所遣官自忻代來云不見刼掠之迹惟如德升言便從之伯嘉至歸德上言乞雜犯死罪以下納粟贖免宰臣奏伯嘉前在代州嘗行之蓋一時之權不可爲常法遂寢俄改簽樞密院事未閱月改知河南府事是時甫經兵後乏兵食伯嘉令輸棗栗菜根足之皆以爲便興定元年知河中府充宣差都提控未幾召爲吏部尚書二年改御史中丞初貞祐四年十月詔以兵部尚書簽樞密院事蒲察阿里不孫爲右副元帥備禦潼關陝州次沔池土濠村兵不戰而潰阿里不孫逸去亡所佩虎符變易姓名匿柘城縣與其妻妹前韓州刺史合喜男婦紇石烈氏及僕婢三人僦民舍居止合喜母徒單氏聞之捕執紇石烈斷其髮拘之佛寺中阿里不孫復亡去監察御史完顏藥師劾奏乞就詰紇石烈及僕婢當得所在其妻子見在京師亦無容不知請窮治有司方繫其家人特命釋之詔曰阿里不孫若能自出當免極罪阿里不孫乃使其子上書請圖後効尚書省奏阿里不孫幸特赦死當詣闕自陳乃令其子上書猶懷顧望伯嘉劾之曰古之爲將者受命之日忘其家臨陣之日忘其身服喪衣鑿凶門而出以示必死進不求名退不避罪惟民是保阿里不孫膺國重寄握兵數萬未陣而潰委棄虎符既不得援枹鼓以死敵又不能負斧鑕而請罪逃命竄伏猥居里巷挾匿婦人爲此醜行聖恩寬大曲赦其死自當奔走闕庭皇恐待命安坐要君略無忌憚迹其情罪實不容誅此而不懲朝綱廢矣乞尸諸市以戒爲臣之不忠者宣宗曰中丞言是業已赦之矣阿里不孫乃除名五月充宣差河南提控捕蝗許決四品以下宣宗憂旱伯嘉奏曰日者君之象陽之精旱熯乃人君自用亢極之象宰執以爲究獄所致夫燮和陰陽宰相之職而猥歸咎於有司高琪武弁出身固不足論汝礪輩不知所職其罪大矣漢制災異策免三公顧歸之有司邪臣謂今日之旱聖主自用宰相諂諛百司失職實此之由

高琪汝礪深怨之禮部郎中抹撚胡魯剌以言事忤旨集五品以上官顯責之明日伯嘉諫曰自古帝王莫不欲法堯舜而恥爲桀紂蓋堯舜納諫桀紂拒諫也故曰納諫者昌拒諫者亡胡魯剌所言是無益於身所言不是無損於國陛下廷辱如此獨不欲爲堯舜乎近日言事者語涉謗訕有司當以重典陛下釋之與其釋之以爲恩曷若置之而不問宰相請修山寨以避兵伯嘉諫曰建議者必曰據險可以安君父獨不見陳後主之入井乎假令入山寨可以得生能復爲國乎人臣有忠國者有媚君者忠國者或拂君意媚君者不爲國謀臣竊論之有國可以有君有君

未必有國也高琪汝礪聞之怒愈甚十二月以御史中丞權參知政事元帥左監軍行尚書省元帥府于河中控制河東南北路便宜從事興定三年伯嘉至河中奏曰本路衝要不可闕官凡召辟者每以艱險爲辭乞凡檄召無故不至者宜令降罰悉心幹當者視所歷升遷詔召不至者決杖一百餘如所請廷議欲棄河東徙其民以實陝西伯嘉上書諫曰中原之有河東如人之有肩背古人云不得河東不雄萬一失之恐未易取也大忤宰執意頃之召還罷爲中丞伯嘉入見奏曰如臣駑鈍固宜召還更須速遣大臣鎮撫宣宗深然之伯嘉上疏曰國家兵不強力不足

以有爲財不富賞不足以周衆獨恃官爵以激勸人心近日以功遷官赴都求調者有司往往駁之冒濫者固十之三既與而復奪之非所以勸功也乞應軍功遷官宣勑無僞者即準用之又曰自兵興以來河北桀黠往往聚衆自保未有定屬乞賜招撫署以職名無爲他人所先又曰河東河北有能招集餘民完守城寨者乞無問其門地皆超踰等級授以本處見任之職又曰河中晉安被山帶河保障關陝此必爭之地今雖殘破形勢猶存若使他人據之因鹽池之饒聚兵積糧則河津以南太行以西皆不足恃矣四年秋河南大水充宣慰副使按行京東奏曰亳州災

最甚合免三十餘萬石三司止奏除十萬石民將重困惟陛下憐之詔治三司奏災不以實罪伯嘉行至蘄縣聞前有紅襖賊不敢至泗州監察御史烏古孫奴申劾伯嘉逗詔不遍按視又曰伯嘉知永城縣主簿蒙古訛里剌不法沈丘令夾谷陶也受賄匿而不發前穀城縣令獨吉鼎朮可嘗受業伯嘉伯嘉諷御史辟之詔有司鞫問會赦免五年起爲彰化軍節度使改翰林侍講學士伯嘉純直不能與時低昂嘗曰生爲男子當益國澤民其他不可學也高汝礪方希寵固位伯嘉論事輒與之忤由是毀之者衆元光元年坐言事過切降遥授同知歸德府事二年三月遥

授集慶軍節度使權參知政事行尚書省于河中率陝西精鋭與平陽公史詠共復河東頃之伯嘉有疾六月薨伯嘉去太原後完顔琢寓軍平定石仁寨權平定州刺史范鐸以閻德用充本州提控德用桀驁蓄姦謀鐸不能制委曲容庇之興定二年德用率所部掩襲殺琢及官屬程硅等百餘人遂據石仁寨鐸懼挈家奔太原德用遂據平定州十月詔誅范鐸

朮虎筠壽貞祐間爲器物局直長遷副使貞祐三年七月工部下開封市白牯取皮治御用鞠仗筠壽以其家所有鞠仗以進因奏曰中都食盡遠棄廟社陛下當坐薪懸膽之日奈何以毬鞠細物動摇民間使屠宰耕牛以供不急之用非所以示百姓也宣宗不懌擲仗籠中明日出筠壽爲橋西提控

贊曰孟鑄宗端修路鐸盡言於章宗皆擯斥不遂鑄劾胡沙虎可謂先知雖行其言弗究厥罰厥後胡沙虎逆謀胥持國終至于誤國而不悟也宣宗時完顔素蘭許古皆敢言者亦挫于高琪汝礪之手蕢土不能塞河決有以也夫完顔伯嘉以著功參大政亦不能一朝而安言之難也如是哉朮虎筠壽所謂執藝事以諫者邪

張煒字子明洺州永年人本名熚避章宗嫌名改爲大定二十五年進士調葭州軍事判官再遷中都左警巡使煒喜言功利寡廉節交通部民閻元暈縉紳薄之累官户部員外郎承安五年天色久陰晦平章政事張萬公奏此由君子小人邪正不分所致君子宜在内小人宜在外章宗問孰爲小人萬公對曰户部員外郎張暐文繡署丞田櫟都水監丞張嘉貞雖有幹才無德而稱好奔走以取勢利大抵論人當先德後才詔三人皆與外除煒出爲同知鎮西軍節度使事轉同知西京轉運使事是時大築界墻被行户工部牒主役事丁母憂起復桓州刺史奏請以鹽易米事且所言利害甚多恐涉細碎不敢盡上詔尚書省曰張暐通曉人也朕不敢縷詰卿等詳問之毋爲虚文充宣差西北路軍儲自言斂不及民可以足用大抵募商賈縱其貶易不問所從來姦人往往投牒妄指産業踈隣保姓名煒信之多與之錢已而亡去即逮繫隣保使之代償一路爲之疲弊以故舊積蜀繒絮皮革折給軍士皆棄於道而去歲餘改户部郎中遷翰林直學士俱兼規措職事左丞相崇浩奏張暐長於恢辦比户部給錢三十萬已增息十四萬矣請給錢通百萬令從長恢辦乞不隸省部委臣專一提控有應奏者許暐專達歲差幹事官計本息具奏上從其請泰和八年伐宋煒進銀五千兩詔曰汝幹集資

儲固其職也毋令軍士有議國家人之短汝朕皆知之惟能興利斯惟汝功自西北路召還勾計諸道倉庫除簽三司事上問誰可代卿規措者煒舉中都轉運户籍判官王謙謙至西北路盡發煒前後散失錢物以鉅萬計對獄者積年大安三年起爲同簽三司事會河東兵敗軍士猶云張宣差刻我欲倒戈殺之累遷户部侍郎貞祐初遷河北西路按察轉運使貞祐二年春中都乏糧詔同知都轉運使事邊源以兵萬人護運通州積粟軍敗死焉平章政事高琪舉煒代源行六部事以勞進官一階改河北東路轉運使宣宗遷汴佐尚書右丞胥鼎前路排頓及修南京宮

闕無何坐事降孟州防禦使三年遷安國軍節度使致仕宣宗初以煒有才既察其無實遂不復用貞祐四年卒

高竑渤海人以廕補官累調貴德縣尉提刑司舉任繁劇遷奉聖州録事察廉遷内黄令累官左藏庫副使元妃李氏以皁幣易紅幣竑獨拒不肯易元妃奏之章宗大喜遣人諭之曰所執甚善今姑與之後不得爲例轉儀鸞局少府少監改户部員外郎安州刺史大安中越王永功判中山竑以王傅同知府事改同知河南府充安撫使徙同知大名府兼本路安撫使貞祐二年遷河北西路按察轉運使録大名功遷三官致仕興定四年卒

李復亨字仲修榮州河津人年十八登進士第復中書判優等調臨晉主簿護送官馬入府宿逆旅有盜殺馬復亨曰不利而殺之必有仇者盡索逆旅商人過客同邑人槖中盛佩刀謂之曰刀蝕馬血火煆之則刃青其人款服果有仇以提刑薦遷南和令盜割民家牛耳復亨盡召里中人至使牛家牽牛徧過之至一人前牛忽驚躍詰之乃引伏察廉遷臨洮府判官改陝西東路户籍判官轉河東北度支判官泰和中伐宋充宣撫司經歷官遷解鹽副使歷保大震武同知節度事丁母憂起復同知震武節度加通授忻州刺史貞祐閒歷左司員外郎郎中遷翰林直學士

行三司事興定三年上言近日興師伐宋恐宋人乘虚掩襲南鄙故籍邊郡民爲軍今大軍已還乞罷遣歸本業從之復亨舉陳留縣令程震等二十九人農桑有効徵科均一朝廷皆遷擢之是歲七月置京東京西京南三路行三司掌勸農催租軍須科差及鹽鐵酒榷等事户部侍郎張師魯攝東路治歸德户部侍郎完顔麻斤出攝南路治許州復亨攝西路治中京實河南府三司使侯摯總之復亨奏民間銷毁農具以供軍器臣竊以爲未便汝州魯山寶豐鄧州南皆産鐵募工置冶可以獲利且不厲民又奏陽武設賣鹽官以佐軍用乞禁止滄濱鹽勿令過河南食

陽武解鹽河北食滄濱壚南北俱濟詔尚書省行之九月以勸農有勞遷兵部尚書再閱月轉吏部尚書權參知政事四年三月眞拜參知政事兼修國史七月河南雨水害稼復亨爲宣慰使御史中丞完顏伯嘉副之循行郡縣凡官吏貪汙不治者得廢罷推治復亨奏乞禁宣慰司官吏不得與州府司縣行總管府及管軍官會飲又奏曰詔書令臣民間差發可免者免之民養驛馬此役最甚使者求索百端皆出養馬之家人多逃竄職此之由可依舊設圉馬官使者食料皆官給之歲給會計均賦於民又奏河南閑田多可招河東河北移民耕種被災及沿邊郡縣租稅

全免內地半之以救塗炭之民資蓄積之用詔有司議行馬還奏南陽禾麥雖傷土性宜稻今因久雨乃更滋茂田凡五百餘頃畝可收五石都得二十五萬餘石可增直糴稻給唐鄧軍食緣詔書不急科役即令免罷臣不敢輒行如以臣言爲然乞付有司計之制可無何被詔提控軍興糧草復亨奏河渡不通陝西鹽價踊貴乞以粟互易足兵食詔户部從長規措復亨有會計才號能吏當時推服故驟至通顯既執政頗矜持以私自營譽望頓減五年三月廷試進士復亨監試進士盧元謬誤濫放及第讀卷官禮部尚書趙秉文翰林待制崔禧歸德治中時戩應奉翰林文字程嘉善當奪三官降職復亨當奪兩官趙秉文嘗請致仕宣宗憐其老降兩階以禮部尚書致仕復亨罷爲安國軍節度使元光元年十一月城破自殺年四十六贈資德大夫知河中府事

贊曰大凡兵興則財用不足是故張煒李復亨乘時射利聚斂爲功大安軍士欲倒戈殺煒復亨宣慰南陽還奏稻熟可糴所謂聚斂之臣者二子之謂矣高竑之守蔵君子頗有取焉

列傳第三十八

列傳第三十九

開府儀同三司上柱國錄軍國重事前中書右丞相監修國史領經筵事都總裁臣脫脫 奉 敕修

承暉本名福興 抹撚盡忠 僕散端本名七斤
耿端義 李英 孛朮魯德裕
烏古論慶壽

承暉字維明本名福興好學淹貫經史襲父益都尹鄭家塔割剌訛沒謀克大定十五年選充符寶祗候遷筆硯直長轉近侍局直長調中都右警巡使章宗為皇太孫選充侍正章宗即位遷近侍局使孝懿皇后妹夫吾也藍世宗

時以罪斥去乙夜詔開宮城門召之承暉不奉詔明日奏曰吾也藍得罪先帝不可召章宗曰善未幾遷兵部侍郎兼右補闕初置九路提刑司承暉東京咸平等路提刑副使改同知上京留守事御史臺奏承暉前為提刑豪猾屏息遷臨海軍節度使歷利涉遼海軍遷北京路提刑使歷知咸平臨潢府為北京留守副留守李東陽素貴承暉自非公事不與交一言改知大名府召為刑部尚書兼知審官院惠民司都監余里痕都遷織染署直長承暉駁奏曰痕都以蔭得官別無才能前為大陽渡譏察纔八月擢惠民司都監已為太優依格兩除之後當再入監差今乃超

授隨朝八品職任況痕都乃平章鎰之甥不能不涉物議上從承暉議召徒單鎰深責之改知大興府事宦者李新喜有寵用事借大興府妓樂承暉拒不與新喜愬章宗聞而嘉之豪民與人爭種稻水利不直厚賂元妃兄左宣徽使守仁惠仁惠使人屬承暉右之承暉即杖豪民而遣之謂其人曰可以此報宣徽也復改知大名府事兩濼害稼承暉決引濼水納之濠隍及伐宋遷山東路統軍使山東盜賊起承暉言捕盜不即獲比奏報或遷官去官請權行的決尚書省議猛安依舊收贖謀克奏報其餘鈐轄都軍巡尉先決奏聞俟事定復舊從之及罷兵盜賊渠魁稍就

招降猶往往潛匿泰山巖穴間按察司請發數萬人刋除林木則盜賊無所隱矣承暉奏曰泰山五岳之宗故曰岱宗王者受命封禪告代國家雖不行此事而山亦不可赭也齊人易動驅之入山必有凍餓失所之患此誨盜非止盜也天下之山亦多矣豈可盡赭哉議遂寢是時行限錢法承暉上疏略曰貨聚於上怨結於下不報改知興中府事衛紹王即位召為御史大夫拜參知政事駙馬都尉徒單沒烈與其父南平干政事大為姦利承暉面質其非進拜尚書左丞行省于宣德參知政事承裕敗績于會河堡承暉亦坐除名至寧元年起為橫海軍節度使貞祐初召

拜尚書右丞承暉即日入朝妻子留滄州滄州破妻子皆死紇石烈執中伏誅進拜平章政事兼都元帥封鄒國公中都被圍承暉出議和車駕宣宗遷汴進拜右丞相兼都元帥徙封定國公與皇太子留守中都承暉以尚書左丞抹撚盡忠久在軍旅知兵事遂以赤心委盡忠悉以兵事付之己乃總持大綱期於保完都城頃之莊獻太子去之右副元帥蒲察七斤以其軍出降中都危急詔以抹撚盡忠爲平章政事兼左副元帥三年二月詔元帥左監軍永錫將中山真定兵元帥左都監烏古論慶壽將大名軍萬八千人西南路步騎萬一千河北兵一萬御史中丞李英運糧

參知政事大名行省孛朮魯德調遣繼發救中都承暉聞遣人以礬寫奏曰七斤既降城中無有固志臣雖以死守之豈能持久伏念一失中都遼東河朔皆非我有諸軍倍道來援猶冀有濟詔曰中都重地廟社在焉朕豈一日忘也已趣諸路兵與糧俱往卿會知之及詔中都官吏軍民曰朕欲紓民力遂幸陪都天未悔禍時尚多虞道路久梗音問難通汝等朝暮矢石暴露風霜思惟報國靡有貳心俟兵事之稍息當不愛於旌賞令已會合諸路兵馬救援故茲獎諭想宜知悉永錫慶壽等軍至霸州北三月乙亥李英被酒軍無紀律

大元兵攻之英軍大敗是時高琪居中用事忌承暉成功諸將皆顧望既而以刑部侍郎阿典宋阿爲左監軍行元帥府于清州同知真定府事女奚烈胡論出爲右都監行元帥府爲保州戶部侍郎侯摯行尚書六部往來應給終無一兵至中都者慶壽軍聞之亦潰承暉與抹撚盡忠會議于尚書省承暉約盡忠同死社稷盡忠謀南奔承暉怒即起還第亦無如盡忠何召盡忠腹心元帥府經歷官完顏師姑至謂曰始我謂平章知兵故推心以權畀平章嘗許與我俱死今忽異議行期且在何日汝必知之師姑曰今日向暮且行曰汝行李辦未曰辦矣承暉變色曰社稷

若何師姑不能對叱下斬之承暉起辭謁家廟召左右司郎中趙思文與之飲酒謂之曰事勢至此惟有一死以報國家作遺表付尚書省令史師安石其表皆論國家大計辨君子小人治亂之本歷指當時邪正者數人曰平章政事高琪賦性陰險報復私憾竊弄威柄包藏禍心終害國家因引咎以不能終保都城爲謝復謂妻子死于滄州爲書以從兄子永懷爲後從容若平日盡出財物召家人隨年勞多寡而分之皆與從良書舉家號泣承暉神色泰然方與安石舉白引滿謂之曰承暉於五經皆經師授謹守而力行之不爲虛文既被酒取筆與安石訣最後倒寫二

字投筆歎曰遽爾謬誤得非神志亂邪謂安石曰子行矣安石出門聞哭聲復還問之則已仰藥薨矣家人匆匆瘞庭中是日暮盡忠出奔中都不守貞祐三年五月二日也師安石奉遺表奔赴行在奏之宣宗設奠於相國寺哭之盡哀贈開府儀同三司太尉尚書令廣平郡王謚忠肅詔以永懷爲器物局直長永懷子撒速爲奉御承暉生而貴富居家類寒素常置司馬光蘇軾像於書室曰吾師司馬而友蘇公平章政事完顏守貞素敬之與爲忘年交

抹撚盡忠本名彖多上京路猛安人中大定二十八年進士第調高陽朝城主簿北京臨潢提刑司知事御史臺舉

廉能遷順義軍節度副使以憂去官起復翰林修撰同知德昌軍節度事簽北京按察司滑州刺史改恩州上言凡買賣軍器乞令告給憑驗以防盜賊私市尚書省議止聽係籍人匠貨賣有知情售不應存留者同私造法從之遷山東按察副使坐虛奏田稼豐收請糴常平粟詐稱宣差和糴降號州刺史改乾州泰和六年伐宋爲元帥右監軍完顏充經歷官坐奏報稽滯杖五十八年入爲吏部郎中累遷中都西京按察使是時紇石烈執中爲西京留守與盡忠爭私意不協盡忠陰伺執中過失申奏執中雖跋扈善撫御其部曲密於居庸北口置腹心刺取按察司文字

及執中自紫荊關走還中都詔盡忠爲左副元帥兼西京留守以保全西京功進官三階賜金百兩銀千兩重綵百段絹二百疋未幾拜尚書右丞行省西京貞祐初進拜左丞詔曰卿總領行省鎮撫陪京守禦有功人民攸賴朕新嗣祚念爾重臣益勉乃力以副朕懷二年五月自西京入朝加崇進封申國公賜玉帶金鼎重幣二年進拜都元帥左丞如故宣宗遷汴與右丞相承暉守中都承暉爲都元帥盡忠復爲左副元帥十月進拜平章政事監修國史左副元帥如故宣宗詔盡忠善撫糺軍盡忠不察殺糺軍數人已而中都受圍承暉以盡忠久在軍旅付以兵事嘗約

同死社稷及烏古論慶壽等兵潰外援不至中都危急密與腹心元帥府經歷官完顏師姑謀棄中都南奔已戒行李期以五月二日向暮出城是日承暉盡忠會議于尚書省承暉無奈盡忠何徑歸家召師姑問之知將以其夜出奔乃先殺師姑然後仰藥而死是日凡在中都妃嬪聞盡忠出奔皆束裝至通玄門盡忠謂之曰我當先出與諸妃啓途諸妃以爲信然盡忠乃與愛妾及所親者先出城不復顧矣中都遂不守盡忠行至中山謂所親曰若與諸妃偕來我輩豈能至此盡忠至南京宣宗釋不問棄中都事仍以爲平章政事盡忠言記注之官奏事不當回避可令

左右司官兼之宣宗以爲然盡忠奏應奉翰林文字完顏素蘭可爲近侍局宣宗曰近侍局例注本局人及宮中出身雜以他色恐或不和盡忠曰若給使左右可止注本局人既令預政固宜慎選宣宗曰何謂預政盡忠曰中外之事得議論訪察即爲預政矣宣宗曰自世宗章宗朝許察外事非自朕始也如請謁營私擬除不當臺諫不職非近侍體察何由知之盡忠乃謝罪參政德升繼之曰固當慎選其人宣宗曰朕於庶官曷嘗不慎有外似可用而實無才力者視之若忠孝而包藏悖逆者蒲察七斤以刺史立功驟升顯貴輒懷異志蒲鮮萬奴委以遼東乃復肆亂知人之難如此朕敢輕乎衆以蒲察五斤爲公幹乃除副使衆以斜烈爲淳直乃用爲提點若烏古論石虎乃汝等共舉之朕豈不盡心哉德升曰比來訪察開決河隄水損田禾等覆之皆不實上曰朕自令不敢問若輩外間事皆不知朕幹何事但終日默坐聽汝等所爲矣方朕有過汝等不諫令乃面訐此豈爲臣之義哉德升亦謝罪紇石烈執中之誅近侍局嘗先事啓之遂以爲功陰秉朝政高琪託此輩以自固及盡忠德升面責愈無所忌未幾德升罷相盡忠下獄自是以後中外蔽隔以至于亡盡忠與高琪素不相能疑宣宗頗踈己高琪間之其兄吾里也爲許州監

酒秩蒲朮調南京盡忠與吾里也語及中都事曰逋來上頗踈我此高琪所爲也若再主兵必不置此胡沙虎之子執爲爲之吾里也曰然九月尚書省奏遷授武寧軍節度副使徒單吾典告盡忠謀逆上憮然曰朕何負彖多彼棄中都凡祖宗御容及道陵諸妃皆不顧獨與其妻偕來此固有罪乃命有司鞫治問得與兄吾里也相語事遂并吾里也誅之

僕散端本名七斤中都路火魯虎必刺猛安人事親孝選充護衛除太子僕正滕王府長史宿直將軍邳州刺史尚廐局副使右衛將軍章宗即位轉左衛章宗朝隆慶宮護衛花狗邀駕陳言端叔父胡覩預弑海陵端不宜在侍衛詔杖花狗六十代撰章奏人杖五十丁憂起復東北路招討副使改左副點檢轉都點檢歷河南陜西統軍使復召爲都點檢承安四年上如薊州秋山獵端射鹿誤入圍杖之解職泰和三年起爲御史大夫明年拜尚書左丞泰和六年詔大臣議伐宋皆曰無足慮者左丞相崇浩參知政事賈鉉亦曰狗盜鼠竊非舉兵也端曰小寇當晝伏夜出豈敢白日列陳犯靈壁入渦口攻壽春邪此宋人欲多方誤我不早爲之所一旦大舉入寇將墮其計中上深然之未幾丁母憂起復尚書左丞平章政事僕散揆伐宋發兵

南京詔端行省主留務僕散揆已渡淮次廬州宋使皇甫拱奉書乞和端奏其書朝議諸道兵既進疑宋以計緩師詔端遣拱還宋七年僕散揆以暑雨班師端還朝初婦人阿魯不嫁爲武衛軍士妻生二女而寡常託夢中言以惑衆頗有驗或以爲神乃自言夢中屢見白頭老父指其二女曰皆有福人也若侍掖廷必得皇嗣是時章宗在位久皇子未立端請納之章宗從之既而京師久不雨阿魯不復言夢見白頭老父使己祈雨三日必大澍足過三日雨不降章宗疑其誕妄下有司鞫問阿魯不引伏詔讓端曰昔者所奏今其若何後人謂朕信其妖妄實由卿啓其端

倪欝于予懷念之難置其循省于往咎思善補于將來恪整乃心式副朕意端上表待罪詔釋不問頃之進拜平章政事封申國公八年宋人請盟端遷一官章宗遺詔内人有娠者兩位生子立爲儲嗣衛紹王即位命端與尚書左丞孫即康護視章宗内人有娠者泰和八年十一月二十日章宗崩二十二日太醫副使儀師顔狀診得范氏胎氣有損明年四月有人告元妃李氏教承御賈氏詐稱有身元妃承御皆誅死端進拜右丞相授世襲謀克貞祐二年五月判南京留守與河南統軍使長壽按察轉運使王質表請南遷凡三奏宣宗意乃決百官士庶皆言其不可太學生趙昉等四百人上書極論利害宣宗慰遣之乃下詔還都明年中都失守宣宗至南京以端知開封府事頃之爲御史大夫無何拜尚書左丞相三年兼樞密副使未幾進兼樞密使數月以左丞相兼都元帥行省陝西給親軍三十人騎兵三百爲衛次子宿直將軍納丹出侍行賜契紙勘同曰緩急有事以此召卿端招選領通安軍節度使完顔狗兒即日來歸奏遷知平涼府事諸將聞之莫不感激遣納蘭伴僧招諭臨洮芃黎五族都管青覺兒積石州章羅謁蘭冬及鐸精族都管阿令結蘭州葩俄族都管汪三郎等皆相繼内附汪三郎賜姓完顔後爲西方名將四

年以疾請致仕不許遣近侍與太醫診視端雖癃老凡朝廷使至必遠迓宴勞不懈故讒搆不果行宣宗聞之詔自今專使酒三行别于儀門他事經過者一見而止初同華舊屯陝西軍及河南步騎九千餘人皆隸陝州宣撫副使永錫端奏潼關之西皆陝西地請此軍隸行省緩急可使朝廷從之及

大元兵入潼關永錫坐誅而罪不及端興定四年朝廷以知臨洮府事承裔爲元帥左都監行元帥府於鳳翔端奏隴外十州介宋夏之間與諸蕃雜處先於鞏州置元帥府以鎮之今承裔以隴外萬兵移居鳳翔臣恐一旦有警援

應不及乞令承裔行元帥府於鞏州若以鳳翔密邇宋界則本路屯兵已多但令總管攝行帥事與京兆鞏相為首尾足以備緩急矣從之是歲薨訃聞宣宗震悼輟朝贈延安郡王謚忠正正大三年配享宣宗廟廷子納坦出為定國軍節度使天興元年十一月納坦出之子忙押門與兄石里門及護衛顏盞宗阿同飲忙押門詐以事出投北兵省以刑部郎中趙楠推其家屬及同飲人時上下迎合必欲以知情處之至於忙押門妻皆被訊掠其母完顏氏曰忙押門逼其父妾父殺此妾忙押門不自安遂叛求脫命而已委曲推問無知情之狀省中微聞之召小吏郭從革

喻以風旨從革言之楠方食擲匕筯於案大言曰寧使趙楠除名亦不能屈斷無辜人遂以不知情奏且以妾事上聞上曰丞相功臣納坦出父子俱受國恩吾已保其不知情也立命赦出之楠字才美進士高平人

耿端義字忠嗣惇州惇平人大定二十八年進士調滑州軍事判官歷上洛縣令安化順義軍節度判官補尚書省令史除汾陽軍節度副使改都轉運司戶籍判官轉太常博士遷太常丞兼秘書郎再除左司員外郎歷太常少卿兼吏部員外郎同修國史戶部郎中河北東路按察副使同知東平府事充山東安撫使宣宗判汾陽軍是時端義為副使宣宗即位召見訪問時事遷翰林侍講學士兼戶部侍郎未幾拜參知政事貞祐二年中都被圍將帥皆不肯戰端義奏曰今日之患衛王啓之士卒縱不可使城中軍官自都統至謀克不啻萬餘遣此輩一出或可以得志議竟不行中都解圍端義請遷南京既而僕散端三表皆言遷都事宣宗意遂決是歲薨宣宗輟朝賻贈甚厚遣使祭葬

李英字子賢其先遼陽人徙益都中明昌五年進士第調淳化主簿登州軍事判官封丘令丁父憂服除調通遠令蕃部取民物不與直攝之不時至即捶捕之論如法補尚

書省令史大安三年集三品以上官議兵事英上疏曰軍旅必練習者朮虎高琪烏古孫兀屯納蘭[illegible]頭抹撚盡忠先朝嘗任使可與商略餘者紛紛恐誤大計又曰比來增築城郭修完樓櫓事勢可知山東河北不大其聲援則京師為孤城矣不報除吏部主事貞祐初攝左司都事遷監察御史右副元帥朮虎高琪辟為經歷官乃上書高琪曰中都之有居庸猶秦之崤函蜀之劍門也邇者撤居庸兵我勢遂去今土豪守之朝廷當遣官節制失此不圖忠義之士將轉為他矣又曰可鎮撫宣德德興餘民使之從戎所在自有宿藏足以取給是國家不費斗糧尺帛坐收所

失之關隘也居庸咫尺都之北門而不能衛護英實恥之高琪奏其書即除尚書工部員外郎充宣差都提控居庸等關隘悉隸焉二年正月乘夜與壯士李雄郭仲元郭興祖等四百九十人出城緣西山進至佛巖寺令李雄等下山招募軍民旬日得萬餘人擇衆所推服者領之詭稱土豪時時出戰被創召還遷翰林待制因獻十策其大槩謂居中土以鎮四方委親賢以守中都立藩屏以固關隘集人力以防不虞養馬力以助軍威愛禾稼以結民心明賞罰以勸百官選守令以復郡縣併州縣以省民力頗施行之宣宗南遷與左諫議大夫把胡魯俱爲御前經歷官詔

曰邑從軍馬朕自總之事有利害可因近侍局以聞宣宗次真定以英爲國子祭酒充宣差提控隴右邊事無何召爲御史中丞英言兵興以來百務皆弛其要在于激濁揚清獎進人材耳近年改定四善二十七最之法徒爲虛文大定間數遣使者分道考察廉能當時號爲得人願改前日徒設之文遵大定已試之効庶幾人人自勵爲國家用矣宣宗嘉納之自兵興以來亟用官爵爲賞程陳僧敗官軍于龕谷遣僞統制董九招西關堡都統王狗兒狗兒立殺之詔除通遠軍節度使加榮祿大夫賜姓完顏氏英言名器不可以假人上恩以難得爲貴比來醲於用賞實駭

聞聽帑藏不足惟恃爵命今又輕之何以使人伏見蘭州西關堡守將王狗兒向以微勞既蒙甄錄頃者堅守關城誘殺賊使論其忠節誠有可嘉若官之五品命以一州亦無負矣急於勸奬遂擢節鉞加階二品賜以國姓若取蘭州又將何以待之陝西名將項背相望曹記僧包長壽東求昌徒單醜兒郭祿大皆其著者狗兒藐然賤卒一朝處衆人之右爲統領之官恐衆望不厭難得其死力宣宗以英奏示宰臣宰臣奏狗兒奮發如此賞以異恩殆不爲過上然其言中都久圍丞相承暉遣人以礬寫奏告急詔元帥右監軍永錫左都監烏古論慶壽將兵英收河間清滄

義軍自清州督糧運救中都英至大名得兵數萬馭衆素無紀律貞祐三年三月十六日英被酒與
大元兵遇于霸州北大敗盡失所運糧英死士卒殲焉慶壽永錫軍聞之皆潰歸五月中都不守宣宗猶加恩贈通奉大夫謚剛貞官護葬事録用其子云

孛朮魯德裕本名蒲剌都隆安路猛安人樞密院尚書省令史右三部檢法監察御史遷少府監丞明昌末修北邊壕塹立堡塞以勞進官三階授大理正丁母憂起復廣寧治中歷順州濱州刺史坐前在順州市物虧直遇赦改刺瀋州累官北京路按察使太子詹事元帥左都監遷左

監軍兼臨潢府路兵馬都總管坐士馬物故多及都統按帶私率官兵救護家屬德裕赦之御史劾奏逮獄遇赦謫寧海州刺史稍遷泗州防禦使武勝軍節度使貞祐二年改知臨洮府事兼陝西路副統軍召爲御史中丞拜參知政事兼簽樞密院事行省大名詔發河北兵救中都凡真定中山保涿等兵元帥左監軍永錫將之大名河間清滄觀霸河南等兵德裕將之并護清滄糧運德裕不時發及李英至霸州兵敗糧盡亡失坐弛慢兵期責授沂州防禦使尋知益都府事興定元年二月卒

烏古論慶壽河北西路猛安人由知把書畫充奉御除近

侍局直長再轉本局使禦邊有勞進一階賜金帶泰和四年還本局提點是時議開通州漕河詔慶壽按視漕河成賜銀一百五十兩重幣十端泰和六年伐宋從右副元帥完顏匡出唐鄧爲先鋒都統賜御弓二以騎兵八千攻下棗陽頃之完顏匡軍次白虎粒遣都統完顏按帶取隨州遣慶壽以兵五千扼赤岸斷襄漢路行與宋兵遇斬首五百級宋隨州將雷太尉遁去遂克隨州於是宋鄧城樊城戍兵皆潰遂與大軍渡漢江圍襄陽元帥匡表薦慶壽謀略出衆上嘉之進一官遷拱衛直都指揮使提點如故初慶壽上書云汝州襄城縣去汝州遠於許州兩舍請割隸許州便尚書省議汝州南有鵶路舊屯四千其三千在襄城令割襄隸許州道里近便仍食用解鹽其屯軍三千依舊汝州總押從之八年罷兵還兩階賜銀二百五十兩重幣十端有疾賜御藥衛紹王即位改左副點檢近侍局如故未幾坐與黃門李新喜題品諸王免死除名久之起爲保安州刺史歷同知延安府西北西南招討副使棣州防禦使興平軍節度使貞祐二年遷元帥右都監以保全平州功進官五階賜金吐鶻重幣十端頃之宣宗遷汴改右副點檢兼侍衛親軍副都指揮使閱月知大興府事未行改左副點檢兼親軍副都指揮數月知彰德府事三年中

都危急改元帥左都監將大名兵萬八千西南路步騎萬一千河北兵一萬救中都次霸州北兵潰頃之中都不守改大名府權宣撫使未幾知河中府權河東南路宣撫副使四年遷元帥右監軍兼陝西統軍使駐兵延安敗夏人于安塞堡戰于鄜州之倉曲谷有功興定元年與簽樞密院事完顏賽不經略伐宋敗宋兵于泥河灣石壕村斬首三千級獲馬四百匹牛三百頭器械稱是復破宋兵七千於樊城縣既而以軍士多被傷奏不以實詔有司鞫問已而釋之歷鎮南集慶軍節度使卒

贊曰承暉守中都暮年相爲存亡臨終就義古人所難也

大抵宣宗旣遷則中都必不能守中都不守則土崩之埶決矣僕散端耿端義似忠而實愚抹撚盡忠委中都庸何議焉高琪忌承暉成功李术魯德裕綏師期致人之黨於是何誅李英被酒敗軍雖死不能贖也烏古論慶壽無罰貞祐之刑政從可知矣

列傳第三十九

列傳第四十　金史百二

開府儀同三司上柱國錄軍國重事前中書右丞相監修國史領經筵事都總裁臣脫脫奉
勑修

僕散安貞　田琢　完顏弼
蒙古綱　必蘭阿魯帶

僕散安貞本名阿海以大臣子充奉御父揆尚韓國公主鄭王永蹈同母妹也永蹈誅安貞罷歸召爲符寶祗候復爲奉御尚邢國長公主加駙馬都尉襲胡土愛割蠻猛安歷尚衣直長御院通進尚藥副使丁母憂起復轉符寶郎除同知定海軍節度使事歷邳淄涿州刺史拱衛直都指揮使貞祐初改右副點檢兼侍衛親軍副都指揮使遷元帥左都監二年中都戒嚴河北州郡未破者惟眞定大名東平清沃徐邳海州而已朝廷遣安貞與兵部尚書裴滿子仁刑部尚書武都分道宣撫於是除安貞山東路統軍安撫等使初益都縣人楊安國自少無賴以鬻鞍材爲業市人呼爲楊鞍兒遂自名楊安兒泰和伐宋山東無賴往往相聚剽掠詔州郡招捕之安兒降隸諸軍累官刺史防禦使大安三年招鐵尾敢戰軍得千餘人以唐括合打爲都統安兒爲副統戍邊至雞鳴山不進衛紹王驛召問狀安兒乃曰平章參政軍數十萬在前無可慮者屯駐雞鳴

山所以備間道透漏者耳朝廷信其言安兒乃亡歸山東與張汝楫聚黨攻刼州縣殺略官吏山東大擾安貞至益都敗安兒于城東安兒奔萊陽萊州徐汝賢以城降安兒賊勢復振登州刺史耿格開門納偽鄒都統以州印付之郊迎安兒發帑藏以勞賊安兒遂僭號置官屬改元天順凡符印詔表儀式皆格草定遂陷寧海攻濰州偽元帥郭方三據密州略沂海李全略臨朐扼穆陵關欲取益都安貞以沂州防禦使僕散留家為左翼安化軍節度使完顏訛論為右翼七月庚辰安貞軍昌邑東徐汝賢等以三州之衆十萬來拒戰自午抵暮轉戰三十里殺賊數萬獲器

械不可勝計壬午賊棘七率衆四萬陣于辛河安貞令留家由上流膠西濟繼以大兵殺獲甚衆甲中安貞軍至萊州偽寧海州刺史史潑立以二十萬陣于城東留家先以輕兵薄賊諸將繼之賊大敗殺獲且半以重賞招之不應安貞遣萊州黥卒曹全張德田貴宋福詐降于徐汝賢以為內應全與賊西南隅戍卒姚雲相結納官軍丁亥夜全縋城出潛告留家留家募勇敢士三十人從全入城姚雲納之大軍畢登遂復萊州斬徐汝賢及諸賊將以徇安兒脫身走訛論以兵追之耿略史潑立皆降留家略定膠西諸縣宣差伯德玩襲殺方郭三復密州餘賊在諸州者

皆潰去安兒嘗遣衆居實黃縣甘泉鎮監酒石抹充浮海赴遼東構留哥已具舟皆捕斬之十一月戊辰曲赦山東除楊安兒耿格及諸故官家作過驅奴不赦外劉二祖張汝楫李思温及應脅誘從賊并在本路自為寇盜罪無輕重並與赦免獲楊安兒者官職俱授三品賞錢十萬貫十二月辛亥耿格伏誅妻子皆遠徙諸軍方攻大沫堌赦至宣撫副使知東平府事烏林荅與即引軍還賊衆乘之復出為患詔以陝西統軍使完顏弼知東平府事權宣撫副使其後楊安兒與汲政等乘舟入海欲走岠嵎山舟人曲成等擊之墜水死三年二月安貞遣提控紇石烈牙吾塔

破巨蒙等四堌及破馬耳山殺劉二祖賊四千餘人降餘黨八千擒偽宣差程寬招軍大使程福招降脅從百姓三萬餘人安貞遣兵會宿州提控夾谷石里哥同攻大沫堌賊千餘逆戰石里哥以騎兵擊之盡殪提控沒烈奪其北門以入別軍取賊水寨諸軍繼進殺賊五千餘人劉二祖被創獲之及偽參謀官崔天祐楊安兒偽太師李思温餘衆保大小峻角子山前後追擊殺獲以萬計斬劉二祖詔還賞沒烈等有差詔尚書省曰山東東西路賊黨猶嘯聚作過者詔書到日並與免罪各令復業在處官司盡心招撫優加存卹無令失所十月安貞遷樞密副使行院于徐

州四年二月楊安兒餘黨復擾山東詔安貞與蒙古綱完顏弼以近詔招之五月安貞遣兵討郝定連戰皆克殺九萬人降者三萬餘郝定僅以身免獲偽金銀牌器械甚衆來歸且萬人皆安慰復業自楊安兒劉二祖敗後河北殘破干戈相尋其黨往往復相團結所在寇掠皆衣紅納襖以相識別號紅襖賊官軍雖討之不能除也大槩皆李全國用安時青之徒焉興定元年十月詔安貞曰防河卒多老幼疲軟不勝執役之人其令速易之二年十月開封治中呂子羽等以國書議和于宋宋人不受以安貞爲左副元帥權參知政事行尚書省元帥府及唐息壽泗行元帥

府分道各將兵三萬安貞總之畫定期日下詔伐宋安貞至安豐宋兵七千拒戰權都事完顏胡魯剌衝擊敗之追至淝水死者二千餘人安貞至大江乃班師三年閏月安貞至自軍中入見于仁安殿胡魯剌進一階久之安貞燕見奏曰淝水之捷胡魯功第一臣之兵事皆咨此人功厚賞薄乞加賞以勸來者尚書省奏凡行省行院帥府參議左右司經歷官都事以下皆遷一官所以絶求請之路塞姦倖之門也安貞之請不可從遂止五年復伐宋二月安貞出息州軍于七里鎮宋兵據淨居山遣兵擊敗之宋兵保山寺縱火焚寺乘勝追至洪門山宋兵方浚濠立柵安

貞軍亟戰奪其柵宋黃統制團兵五千保黃土關關絶險素有備堅壁不出安貞遣輕兵分爲左右軍潛登別以兵三千直逼關門翼日左右軍會于山顛俯瞰關内宋人守關者望之駭愕不能立中軍急攻宋兵潰遂奪黃土關遂入梅林關拔麻城縣抵大江至黃州克之進克蘄州前後殺略不可勝計獲宋宗室男女七十餘口獻之師還安貞每獲宋壯士輒釋不殺無慮數萬因用其策輒有功宣宗謂宰臣曰阿海將略固善矣此輩得無思歸乎南京密邇宋境此輩既不可盡殺安所置之朕欲驅之境上遣之歸如何宰臣不對六月甲寅朔尚書省奏安貞謀叛宣宗謂

平章政事英王守純曰朕觀此奏皆飾詞不實其令覆案之戊寅并其二子殺之以祖忠義父揆有大功免兄弟緣坐詔曰銀青榮祿大夫左副元帥兼樞密副使駙馬都尉僕散阿海早藉世姻寖馳仕軌屬當軍旅之事益厚朝廷之恩爰自帥藩擢居樞府頃者南伐時乃奏言是俾行鱗介之誅而盡露梟獍之狀二城雖得多罪捴彰念勝負之靡常肯刑章之輕用始自晝因糧之計乃更嚴横斂之期督促計司彫弊民力信其私意或失防秋顧利害之實深尚優容而弗問頃因近侍悉露姦謀蓋虞前後罪之上聞迺以金玉帶而夜獻審事情之詭秘命信臣而鞫推迫致

歘詞乃詳實狀自以積愆之著必非公憲所容欲結近臣之歡心俾伺内庭之指意如釁端之少露得先事而易圖因其方握兵權得以謀危廟祏事或不濟計即外奔前日之俘隨時誅戮獨於宋族曲活全門示其悖德于敵讎豫冀全身而納用初安貞破蘄州獲宋宗室不殺而獻之遂以爲罪安貞憂讒以賄近侍局乃以質成其誣安貞典兵征伐嘗曰三世爲將道家所忌自忠義撥至安貞凡三世大將馬初安貞破蘄州所得金帛分給將士南京都轉運使行六部事李特立金安軍節度副使紇石烈蒲剌都大名路總管判官銀朮可因而欺隱事覺特立當死蒲剌都銀朮可當杖一百除名詔薄其罪特立奪三官降三等蒲剌都銀朮可奪兩官降二等云

田琢字器之蔚州定安人中明昌五年進士調寧邊柱平主簿潞州觀察判官中都商稅副使丁父憂起復懷安令補尚書省令史貞祐二年中都被圍琢請由間道往山西招集義勇以爲宣差兵馬提控同知忠順軍節度使事經略山西琢與弘州刺史魏用有隙琢自飛狐還蔚州用伏甲於路將邀而殺之琢知其謀自別道入定安用入蔚州殺觀察判官李宜録事判官馬士成來興縣令張福劫府庫倉廩以兵攻琢於定安琢與戰敗之用脫身走易州刺史蒲察縛送中都元帥府殺之是時勸農副使侯摯提控紫荊等關隘朝廷聞蔚州亂欲以摯就代琢守蔚州令軍中推可爲管押者即以魏用金牌佩之以安其衆丞相承暉奏田琢實得軍民心諳練山西利害魏用將士本無勞効以用弄兵死禍遽爾任用恐開倖門詔從之琢至蔚州誅與用同惡數人募兵旬日得二萬人十月琢兵敗僅以身免招集散亡得三萬餘入中山界屯駐而遣沈思忠招集西京蕩析百姓得萬餘人皆願從河南琢上書此輩與河南鎮防往往鄉舊若令南渡擇壯健爲兵自然和協且可以招集其餘也從之加沈思忠同知深州軍州事琢復

遣沈思忠宫楫招弘州蔚州百姓得五萬餘人可充軍者萬五千人分屯蔚州諸隘皆願得沈思忠爲將詔加思忠順天軍節度副使提控弘蔚州軍馬宫楫副之頃之西山諸隘皆不能守琢移軍沃州沃州刺史完顏僧家奴奏田琢軍二千五百人官廩不足發民窖粟猶不能贍其中多女直人均爲一軍不可復有厚薄可令於衛輝大名就食制可加琢河北西路宣撫副使遥授濬州防禦使屯濬州琢欲陂西山諸水以衛濬州貞祐三年十一月河北行省侯摯入見奏河北兵食少請令琢汰遣老弱就食歸德琢奏此輩嶺外失業父子兄弟合爲一軍若離而分之定生

他變乞以全軍南渡或徙衛州防河詔盡徙屯陝琢復奏臣幸徙安地然濬乃河北要郡今見糧可支數月乞俟來春乃行數日琢復奏濬不可守惟當遷之宰臣劾琢前後奏陳不一請逮鞫問宣宗不許琢至陝上書曰河北失業之民僑居河南陝西蓋不可以數計百司用度三軍調發一人耕之百人食之其能贍乎春種不廣收成失望軍民俱困實繫安危臣聞古之名將雖在征行必須屯田趙充國諸葛亮是也古之良吏必課農桑以足民黃霸虞詡是也方今曠土多游民衆乞明勅有司無蹈虛文嚴升降之法選能吏勸課公私皆得耕墾富者備牛出種貧者傭力

服勤若又不足則教之區種期于盡闢而後已官司圉牧勢家兼并亦籍其數而授之農民寬其負算省其徭役使盡力南畝則蓄積歲增家給人足富國強兵之道也宣宗深然之陝西元帥府請益兵詔以琢衆與之興定元年朝廷易置諸將遷山東西路轉運使二年改山東東路轉運使權知益都府事行六部尚書宣差便宜招撫使李旺據膠西琢遣益都治中張林討之生擒李旺八月萊州經略使朮虎山壽襲破李旺黨偽鄒元帥于小堌獲其前鋒于水等三十人追擊偽陳萬戶斬首八百級明日復破之于朱寒寨膠西高密官軍亦屢破之于諸村及海島間是月

棣州裨將張聚殺防禦使斜卯重興遂據棣州襲濱州其衆數千人琢遣提控紇石烈醜漢會兵討之聚棄濱復保棣州諸軍趣棣聚出戰敗之斬首百級生擒偽都統王仙等十三人餘衆奔潰追及于别寨攻拔之聚僅以身免遂復二州李全據安丘琢遣總領提控王政王庭玉討之宣差提控太府少監伯德玩率政兵攻安丘敗焉提控王顯死之琢奏伯德玩本相視山東山堌水寨未嘗徧行獨留密州輒爲此舉乞治其罪詔遣官鞫玩會赦而止既而昌樂縣令朮虎桓都臨朐縣令兀顏吾丁福山縣令烏林荅石家奴壽光縣巡檢紇石烈醜漢破李全于日照縣琢承

制各遷官一階進職一等詔許之三年沂州注子堌王公喜構宋兵據沂州防禦使徒單福定徙跣脫走百姓潰散琢奏去歲顧王二嘗據沂州邳州總領提控納合六哥前爲同知沂州防禦事招集餘衆攻取之百姓歸心可用六哥取沂州今方在行省侯摯麾下乞發還取便道進討制可既而莒州提控燕寧復沂州王公喜復保注子堌琢奏沂州須知兵者守之徒單福定已衰老納合六哥善治兵識沂形勢詔福定專治州事以六哥爲沂州總領琢奏濰州刺史致仕獨吉世顯能招集猛安餘衆及義軍却李全保濰州六哥破灰山堌沂境以安守兖州觀察判官梁昱

嘗攝淄州刺史率軍民力田徵科有度饋餉不乏保全淄州土賊不敢發前猗氏主簿張亞夫嘗權行部官主餉密州委曲購得糧二萬斛兵儲乃足行至高密徵他州兵拒李全詔世顯升職從四品遥授同知海州事六哥遷一官升一等充沂州宣差都提控梁昱遷一官同知淄州事張亞夫遷兩官密州觀察判官初張林本益都府卒有復立府事之功遂爲治中而兇險不逞恥出琢下琢在山東徵求過當頗失衆心林欲因衆以去琢未有間也會于海年佐據萊州琢遣林分兵討之林既得兵伺琢出即率衆譟入府中琢倉猝入營領兵與林戰不勝欲就外縣兵且戰

且行至章丘兵變求救於鄭道不時至東平行省蒙古綱以狀聞宣宗度不能制林而欲馴致之乃遣人召琢還行至壽張疽發背卒

完顏弼本名達吉不蓋州猛安人充護衛轉十人長從丞相襄戍邊功最除同知德州防禦使事武衛軍鈐轄轉宿直將軍深州刺史泰和六年從左副元帥完顏匡攻襄陽破雷大尉兵積功加平南盪江將軍丁母憂起復八年除南京副留守壽州防禦使大安二年入爲武衛軍副都指揮使三年以本官領兵駐宣德會河之敗弼被創馬中流矢押軍千户夾谷王家奴以馬授弼遂得免遷右副都點

檢至寧元年東京不守弼爲元帥左監軍扞禦遼東請自募二萬人爲一軍萬一京師有急亦可以回戈自救今驅市人以應大敵往則敗矣衛紹王怒曰我以東北路爲憂卿言京師有急何邪就如卿言我自有策以卿皇后連姻故相委寄乃不體朕意也弼曰陛下勿謂皇后親姻俱可恃也時提點近侍局駙馬都尉徒單没烈侍側弼意竊譏之衛紹王怒甚顧謂没烈曰何不叱去没烈乃引起付有司論以奏對無人臣禮詔免死杖一百責爲雲内州防禦使貞祐初宣宗驛召弼赴中都是時雲内已受兵弼善馬稍與數騎突出由太原出澤潞將從清滄赴闕會有詔除

定武軍節度使尋爲元帥左都監駐真定弼奏賞罰所以勸善懲惡有功必賞有罪必罰而后人可使兵可強今外兵日增軍無鬬志亦有逃歸而以戰潰自陳者有司從而存恤之見聞習熟相傚成風又曰村寨城邑兵退之後有心力勇敢可使者乞招用之又曰河朔郡縣皆以拘文不相應救由此殘破乞勑州府凡有告急徵兵即須赴救違者坐之又曰河北軍器乞權宜弛禁仍令團結堡寨以備外兵又曰今雖議和萬一輕騎復來則吾民重困矣願速講防禦之策及勸遷都南京阻長淮拒大河扼潼關以自固宣宗將遷汴弼兼河北西路兵馬都總管宣宗次真定

弼言皇太子不可留中都蓋軍少則難守軍多則難養又奏將帥以閫外爲威今生殺之權皆從中覆又奏瑞州軍頓狡左丞盡忠多疑乞付他將宣宗頗采用其言大名軍變殺蒲察阿里詔弼鎮撫之未幾改陝西路統軍使京兆兵馬都總管宣撫副使烏古論兗州置秦州榷場弼以擅置移文問之兗州曰近日入見許山外從宜行事秦州自宋兵焚蕩榷場幾一年矣今既安帖復宜開設彼此獲利歲收以十萬計對境天水軍移文來請如俟報可實慮後時弼奏其事宰臣以兗州雖擅舉而無違失苟利於民專之亦可宣宗曰朕固嘗許其從宜也三年改知東平府事

山東西路宣撫副使是時劉二祖餘黨孫邦佐張汝楫保濟南勸子堌弼遣人招之得邦佐書云我輩自軍興屢立戰功主將見忌陰圖陷害竄伏山林以至今日實畏死耳如蒙湔洗便當釋險面縛餘賊未降者保盡招之弼奏方今多故此賊果定亦一事畢也乞明以官賞示之詔曰孫邦佐果受招各遷五官職於是邦佐汝楫皆降邦佐遙授濰州刺史汝楫遙授淄州刺史皆加明威將軍頃之弼薦邦佐汝楫改過用命招降甚衆稍收其兵仗放歸田里詔邦佐遙授同知益都府事汝楫遙授同知東平府事皆加懷遠大將軍梁聚寬遙授泰定軍節度副使加宣武將軍

四年弼遷宣撫使已而汝楫復謀作亂邦佐密告弼弼饗汝楫伏甲廡下酒數行鍾鳴伏發殺汝楫幷其黨與手詔褒諭封密國公其後邦佐屢立功元光末累官知東平府事山東西路兵馬都總管充宣差招撫使弼上書曰山東河北河東數鎮僅能自守恐長河之險有不足恃者河南嘗招戰士率皆游惰市人不閑訓練若選簽驅丁監戶數千別爲一軍立功者全戶爲良必將爭先效命以取勝矣武衛軍家屬嘗苦于兵人人懷憤若擇驍悍千餘加以爵賞亦可得其死力又曰老病之官例許致仕居河北者嫌于避難居河南者苟于尸祿職事曠廢乞徧諭覈實其精

力可用者仍舊年高昏聵不事事者罷之又曰賦役頻煩河南百姓新強舊乏諸路豪民行販市易侵土人之利未有定籍一無庸調乞權宜均定如知而輒避事過後來者許諸人捕告以軍興法治之詔下尚書省議惟老病官從所言餘皆不允

大元兵圍東平弼百計應戰久之乃解圍去宣宗賜詔獎諭將士賞賚有差是歲五月疽發于腦詔太醫診視賜御藥俄卒弼平生無所好惟喜讀書閑暇延引儒士歌詠投壺以爲常所辟如承裔陀滿胡土門紇石烈牙古塔皆正方面功治東平愛民省費井邑之間軍民無相訟有古良

將之風焉
蒙古綱本名胡里綱咸平府猛安人承安五年進士累調
補尚書省令史除國子助教貞祐初自請招集西山兵民
進官一階賜錢二百萬遷都水監丞尋加遙授永定軍節
度副使招捕有功遷太子左諭德除順州刺史遷同知大
興府事三年知河間府事權河北東路宣撫使屯冀州軍
食不足徙濟南綱欲徙河南行至徐州未渡河尚書省奏
東平宣撫使完顏弼行事多不盡乃以綱權山東宣撫副
使改山東路統軍使兼知益都府事權元帥右都監宣撫
如故四年十月行元帥府事綱奏山東兵後楊安兒黨內

有故淄王習顯故留守朮羅等家奴不在赦原據險作亂
至今未息民多歸之乞普賜恩宥宣宗即命赦之仍贖為
良興定元年徙知東平府事遷元帥右監軍久之拜右副
元帥權參知政事行尚書省先是東平治中沒烈坐事削
降殿年詔仍從軍有功復用綱遣沒烈討花帽賊于曹濟
間捷報乃沒烈復前職興定二年詔曰卿以忠貞為國捍
難保完城邑朕甚嘉之可進官二階賜金帶一重幣十端
興定三年奏曰濟南介山東兩路之間最為衝要被兵日
久雖與東平鄰接不相統屬緩急不相應乞權隸本路且
差近於益都詔從之綱奏恩州武城縣艾家凹水濼清河

縣淵口河濼其深一丈廣數十里險固可恃因其地形少
加浚治足以保禦請遷州民其中多募義軍以實之綱以
山東恃東平為重鎮兵卒少守城且不足況欲分部出戰
是安坐以待困也乃上奏曰伏見貞祐三年古里甲石倫
招義軍設置長校各立等差都統授正七品職副統正八
品萬户正九品千户正班任使謀克雜班仍三十人為一
謀克五謀克為一千户四千户為一萬户四萬户為一副
統兩副統為一都統設一總領提控今乞依此格募選以
益兵威制可是歲益都桃林寨總領張林號張大刀據險
為亂自稱安化軍節度使綱奏林勢甚張乞遣河南馬軍

千人單州經略司以衆接應左司郎中李蹊請令綱約燕
寧同力殄滅單州經略使完顏仲元分兵三千人同往寧
相以糧運不給益都以東嘯聚不止一張林宜令綱設備
俟來春議之四年張林侵掠東平綱遣元帥右監軍行
樞密院事王庭玉討之至舊縣遇張林衆萬餘人據嶺為
陣庭玉督兵踰嶺搏戰林衆少却且欲東走庭玉踵擊大
破之殺數千人生擒張林獲雜畜兵仗萬計招降虎窟諸
寨悉令歸業詔賜空名宣勑聽綱第功遷賞遣樞密院令
史劉顒泣殺張林于東平張林乞貰死自効請曰臣兄演
在宋為統制有衆三千駐即墨萊陽之境請以書招之使

轉致諸賊之欵密者相爲表裏然後以檄招益都張林不從則合擊之山東不足平也所謂益都張林即據府事逐田琢者也事見琢傳綱以林策請于朝樞密院請羈縻使之制可以爲萊州兵馬幹轄久之山東不能守林乃降于宋云初東平提控鄭倜生擒宋將李資綱奏賞倜宰臣謂李資自稱宋將無所憑據請詳究其實綱奏臣自按問俱獲宋將統制十餘人皆以資爲將無異辭此輩力屈就擒豈肯虛稱僞將以重獲者之功今多故之際賞功後時將士且解體凡行賞必求形迹過爲逗遛甚未可也詔即賞之綱奏遼東渡海必由恩博二州之間乞置經略司鎮撫從之興定五年二月東平解圍宣宗曲赦境内凡東平府試諸科中選人嘗被任使已逾省試期日特免省試惟經童律科即爲及第似涉太優别日試之皆從綱所請也詔以綱王庭玉東莒公燕寧保全東平各遷一階是歲燕寧戰死綱奏寧所居天勝寨乃益都險要之地寧嘗招降羣盜胡七胡八用爲牙校委以腹心羣盜皆有歸志及寧死後懷顧望胡七胡八亦反側不安臣以提控孫邦佐世居泰安衆心所屬遂署招撫使以提控黄摑兀也充總領副之此當先奏可顧事勢危迫故輒授之燕寧死而綱勢孤矣綱奏請移軍於河南詔百官議御史大夫紇石烈胡失門以下皆曰金城湯池非粟不守東平孤城四無應援萬一失之則官吏兵民俱盡徙之河南以助防秋翰林待制林楙阿虎德奏曰車駕南遷恃大河以爲險大河以東平爲藩籬今乃棄之則大河不足恃矣兵以將爲主將以心爲主蒙古綱既欲棄之決不可使之守矣宜就選將士之願守者擢用之别遣官爲行省付以兵馬鎧仗從宜規畫軍食樞密院請用胡失門議焚其樓櫓廨舍而徙之宣宗曰此事朕不能決擇衆議可者行之樞密院頗采阿虎德議許綱内徙率所部女直契丹漢軍五千人行省邳州元帥左監軍王庭玉將餘軍屯黄陵岡行元帥府事於是綱

改兼靜難軍節度使行省邳州自此山東事勢去矣是歲六月以歸德邳宿徐泗乏軍食詔綱率所部就食睢州綱奏宿州連年饑饉加之重斂百姓離散鎮防軍逼徵逋課窘迫陵辱有甚于官衆不勝其酷皆懷報復之心近日高羊哥等苦其佃户佃户憤怒執羊哥等投之井中武夫不識緩急乃至于此乞一切所負並令停止俟夏秋收成徵還軍人量增廪給可也詔議行之元光二年三月以邳州經略司隸綱令募勇敢收復山東初碭山首領數人以減罷懷怨誘脅餘衆作亂引水環城以自固構浮橋於河上結紅襖賊爲援同簽樞密院事徒單牙剌哥會諸道兵

討之綱云碭山北近大河南近汴堤東西二百里大河分泒其間乾灘泥淖步騎俱不可行惟宜輕舟往來可選銳卒數千與水軍埽兵以舟二百艘由便道斷浮梁絕紅襖之援募膽勇有口辯者持牒密諭之以離間其黨與臣已遣三人入賊中復分兵屯要害別以三百人巡邏乞賜空名告身從便遷賞樞密院奏已委監軍王庭玉駐歸德寧陵備之矣仍令牙刺哥水陸並進先行招誘不從乃合擊之其空名告身宜從所請以責成功無何碭山賊夜襲永城縣行軍副總領高琬萬戶麻吉擊走之殺傷及溺死者甚衆奪其所俘掠而還詔綱併力討之綱遣降人陳松持

牒招李全全縛松將斬之已而但黥其面遣還綱奏全有歸國意嚴實張林亦可招之此謂益都張林也詔擬實一品官職封國公仍世襲全階正三品職正二品林山東西路宣撫使兼知益都府事與全皆賜田百頃受命往招者先授正七品官職賜銀二十五兩事成遷五品會綱遇害而止綱御下嚴信賞必罰邳州軍不樂屬綱八月辛未朔邳州從宜經略使納合六哥都俊金山顏俊辛沂州軍士百餘人晨入行省殺綱及僚屬于省署遂據州反樞密院奏請出空名宣勅設重賞招誘丞相高汝礪曰懸重賞募死士必有能取之者宣宗不得已下詔罪綱以撫諭六哥

六哥遣人送綱尸及虎符牌印終不肯出乃升經略司爲元帥府加六哥泗州防禦使權元帥左監軍副使烏古論老漢加邳州刺史權右監軍頃之邳州卒逃歸詣總帥牙吾塔言六哥已結李全爲助遣總領李术魯留住等毀其橋梁攻破承安青陽寨留兵戍守六哥惶懼乃言待李全兵入邳州誘而殺之以圖報効宣宗曰李全豈無心者六哥能誘而殺之殆詐耳十月壬辰牙吾塔圍邳州急攻之紅襖賊高顯等殺六哥函首以獻詔加顯三品官職授世襲謀克侯進四品陳榮邢進邊全魏興孫仲皆五品賞銀有差

必蘭阿魯帶貞祐初累官寧化州刺史二年同知真定府事權河北大名宣撫副使三年保全贊皇加遙授安武軍節度使改昭義軍節度使充宣撫副使閏月權元帥左都監行元帥府事節度宣撫如故遣都統奥屯喜哥復取威州及獲鹿縣既而詔擇義軍爲三等阿魯帶奏自去歲初置帥府已按閱本軍去其冗食部分既定上下既親故能所向成功此皆血戰屢試而可者父子兄弟自相救援各顧其家心一力齊勢不可離今必析之將互易其處不相諳委矣國家糧儲常患不繼豈容僥冒其間但本府之兵不至是耳事勢方殷分別如此彼居中下將氣挫心懈而

不可用且義軍率皆農民已散歸田畝趨時力作徵集旬
日農事廢而歲計失矣乞本府所定無輕變易詔許之阿
魯帶繕完州縣之可守者其不可守者遷徙其民依險爲
栅以備緩急澤州舊隸昭義軍近年改隸孟州阿魯帶奏
澤州城郭堅完器械具備若屯兵數千臣能保守之今聞
議遷于青蓮寺山寨距州既遠地形狹隘所容無幾一旦
有急所保者少所遺者多徒棄名城以失太行之險則沁
南昭義不通問矣詔澤州復隸昭義軍是歲潼關失守阿
魯帶趨備藍田商州乃陳河北利害略曰今忻代撤戍太
原帥府衆纔數千平陽行省兵亦不多河東河北之勢全

恃潞州潞州兵強則國家基本漸可復立臣已將兵離境
乞復置潞州帥府阿魯帶行次沔池右副元帥蒲察阿里
不孫敗績逃匿不知所在阿魯帶亦被創收集潰卒卧沔
池詔還潞州興定元年改僉樞密院事數月以元帥左監
軍兼山東路統軍使知益都府事未幾權參知政事行尚
書省于益都阿魯帶復立潞州最有功識遼州刺史郭文
振舉以爲將既而去潞州張開代領其衆與郭文振不相
得文振漸不能守矣

贊曰貞祐之時僕散安貞定山東僕散端鎮陝西胥鼎控
制河東侯摯經營趙魏其措注施設有可觀者故田琢撫
青齊完顏弼保東平必蘭阿魯帶守上黨皆號用有功焉
高琪忌功汝礪固位西啓夏釁南挑宋兵宣宗道諛是用
昫昫以爲慈皦皦以爲明孑孑以爲強既而潼關破毀崤
澠喪敗汴州城門不啓連月高琪方且增陴浚隍爲自守
計繕御寨以祈逃死然後田琢走益都而青齊裂蒙古綱
去東平而兗魯蹙僕散安貞死而南伐無功雖曰天道亦
由人事自是以往無足言者矣

開府儀同三司上柱國錄軍國重事前中書右丞相監修國史領經筵事都總裁臣脫脫奉勑修

完顏仲元　完顏阿鄰　完顏霆
烏古論長壽　完顏佐　石抹仲溫
烏古論禮　蒲察阿里　奧屯襄
完顏蒲剌都　夾谷石里哥　朮甲臣嘉
紇石烈桓端　完顏阿里不孫　完顏鐵哥
納蘭胡魯剌

完顏仲元本姓郭氏中都人大安中李雄募兵仲元與完顏阿鄰俱應募數有功貞祐三年與阿鄰俱累功至節度仲元爲永定軍節度使賜姓完顏氏仲元在當時兵最強號花帽軍人呼爲郭大相公以與阿鄰相別頃之兼本路宣撫使八月遷授知河間府事數月改知濟南府事權山東東路宣撫副使貞祐四年山東之糧仲元軍三萬欲於黃河之側或陝右分屯上書乞補京官且言恢復河朔之策嘗詣闕面陳詔曰卿兄弟鳩集義旅所在立功忠義之誠皎然可見朕以參政侯摯與卿素厚命於彼中行省應悉朕心卿來入見其意固嘉東平方危正賴卿等相爲犄援俟兵勢稍緩即從軍附河屯駐此時卿來蓋未晚也尚

思戮力朕不汝忘未幾改河北宣撫副使仲元部將李霆等積功至刺史提控仲元奏賜金牌霆等皆爲名將功名與仲元相埒仲元屢有功以本職爲從宜招撫使計約從坦等軍圖恢復詔以仲元軍猥多差爲三等上等備征伐中下給戍守儒弱者皆罷去紅襖賊千餘人據漣水縣仲元遣提控婁室率兵擊破之斬首數百敗祝春擒郭偉餘衆奔潰遂復漣水縣仲元兼單州經略使婁室遷兩階升職一等未幾仲元遷授知歸德府事是歲十月從軍盧氏改商州經略使權元帥右都監詔曰商虢潼關實相連屬卿思爲萬全之計未幾潼關失守仲元軍趨商虢後至萬汝皆弗及仲元上書曰去年六月臣嘗請於朝廷乞選名將督諸軍臣得推鋒身先士卒糧儲不繼竟不果行今將坐甲待敵則師老財殫日就困弊其大槩欲伐西夏以張兵勢又曰陝西一路最爲重地潼關禁坑及商州諸隘俱當預備向者中都居庸最爲要害乃由小嶺紫荆逸出我軍腹背受兵卒不能守近日由禁坑出遂失潼關可選精兵分地戍之其後乃置秦藍守禦及用兵西夏矣興定元年復爲單州經略使敗宋人二千于龜山復敗步騎千餘于盱眙敗紅襖于白里港獲老幼萬餘人皆縱遣之宋人圍海州仲元軍高橋令提控兀顏阿憐領騎繞出其後夾

擊之宋兵解去賜金帶優詔奬諭紅襖賊陷曹馬城剽掠徐單之間提控高琬等分兵擊之俘生口二千三年仲元奏州城既固積糧二十萬石集鄉義軍萬餘人並閑訓練足以守禦乞以所部渡河詔屯宿州與右都監紇石烈德同行帥府事仲元有足疾滿百日詔曰卿處置機務撫存將士出兵使李辛可也四年兼保靜軍節度使尋爲勸農使五年爲鎮南節度使元光元年知鳳翔府事鳳翔被圍左監軍石盞合喜來濟軍仲元讓合喜總兵事合喜曰公素得衆心不必以官位見讓仲元請身先士卒諭諸將士曰凡有奇功者即承制超擢及危急乃輒注四品以下頗

盞蝦蟆力戰功最輒授通遠軍節度使園解奏請擅除拜之罪宣宗嘉其功皆許之遷元帥右監軍授河北東路兆委必剌猛安賜金五十兩重幣十五端通犀帶優詔褒諭正大間爲兵部尚書皇太后衛尉卒仲元爲將沈毅有謀南渡後最稱名將云

完顏阿鄰本姓郭氏以功俱賜姓完顏大安中李雄募兵阿鄰與完顏仲元等俱應募數有功宣宗即位遷通州防禦使宣宗遷汴阿鄰攺同知河間府事兼清州防禦使將所部兵駐清滄控扼山東遷横海軍節度使賜以國姓阿鄰與山東路宣撫副使頬盞天澤不相能詔阿鄰當與天澤共濟國事無執偏見妄分彼此尋攺泰定軍節度使山東西路宣撫使是時仲元亦積功勞知濟南府賜姓完顏與阿鄰俱加從宜招撫使詔書奬諭且令計約涿州刺史從坦等軍恢復中都於是仲元阿鄰部兵猥多詔以三等差第之上等備征伐中下戍守懦弱者罷去量給地以贍其家阿鄰所部黄鶴袖軍駐魚臺者桀驁不法掠平民劫商旅道路不通有司乞徙于滕州詔阿鄰就處置之頃之破紅襖賊郝定于泗水縣柘溝村生擒郝定送京師斬之近制賜本朝姓者凡以千人敗敵三千者賜及緦麻以上敗二千人以上者賜及大功以上敗千人以上者賜止其

家阿鄰既賜姓以兄守楫及從父兄弟爲請宰臣奏阿鄰功止賜一家宣宗特詔許之至是仲元上奏曰臣頃在軍旅纔立微功遽蒙天恩賜之國姓非臣殺身所能仰報族兄徐州機察副使僧喜前汾州酒同監三喜前解州鹽管勾漆童守興平縣監酒漆福猶姓郭氏念臣與僧喜等昔同一家今爲兩族完顏阿鄰與臣同功皇恩所加併及本族僧喜等四人乞依此例不許攺輝州經略使阿鄰有衆萬五千詔分五千隷東平行省其衆泣訴云我曹以國家多難奮義相從捐田宅離親戚轉戰至此誓同立功偕還鄉里今將分配他軍心實艱苦乞以全軍分駐懐衛輝州

之間捍蔽大河惟受阿隣節制阿隣亦不欲分之因以爲
請宰臣奏若遂聽之非唯東平失備他將傚効皆不可使
矣宣宗以爲然加遥授知河南府事應援陝西阿隣將兵
八千西赴至潼關聞京兆已被圍游騎至華州陝西行院
欲令阿隣駐軍商虢拒東向之路阿隣上奏臣本援陝西
遇難而止豈人臣之節夫自古用兵步騎相參乃可以得
志今乃各有所屬臨難不救互分彼此今臣所統皆步卒
願賜馬軍千人則京兆之圍不足解矣宣宗謂皇太子曰
阿隣赴難不回固善矣而軍勢單弱且駐内地以觀事變
併以虢州兵五千付之使乘隙而進卿以此意諭之也興

定元年遷元帥右都監出秦州伐宋宋統制吳鋐守皂角
（角又作郊）堡城三重據山之巔阿隣分兵絶其汲路克其外城
再克其次城宋兵縱火而出阿隣以騎兵邀之遣步卒襲
其後宋兵敗生獲吳鋐及將校二百人馬數百匹糧萬石
又兵甲衣襖復敗宋兵于裴家莊六谷中斬五百級墜澗
死者甚衆又敗之于寒山嶺龍門關大石渡得粟二千餘
石復敗之于稍子嶺斬首二千餘級生擒百人是時三月
宿麥方滋阿隣留兵守之已而宋兵大至金兵敗阿隣戰
没贈金紫光禄大夫西京留守
完顔霆本姓李氏中都寶坻人粗知書善騎射輕財好施

得鄉曲之譽貞祐初縣人共推霆爲四鄉部頭霆招集離
散糾合義兵衆賴以安招撫司奏其事遷兩官霆與弟雲
率衆數千巡邏固安永清間遥授寶坻縣丞充義軍都統
劉璋說霆使出降霆縛送經略司遷三階攝寶坻令升都
提控遥授同知通州軍州事中都食盡霆遣軍分護清滄
河路召募賈船通餉道遥授同知清州防禦事從河北路
宣撫使完顔仲元保清滄遥授通州刺史河北東路行軍
提控佩金牌舊制宣撫副使乃佩金牌仲元奏臣軍三萬
管軍官三人皆至五品乞各賜金牌廷議霆輩忠勇絶人
遂與之改大名路提控復取玉田三河香河三縣徙屯濵

棣淄留副將孫江守滄州江以滄州降于王檝而江將兵
圍觀州霆乃詐作書與孫江約同取滄州者王檝得其書
果疑孫江與霆有謀召江還殺之霆乃定觀州而還進官
三階充濵棣行軍都提控未幾遥授同知益都府事加宣
差都提控遷棣州防禦使賜姓完顔氏屯海州俄權單州
經略司事充宣差總領都提控興定元年泰安滕兖土寇
蠭起東平行省侯摯遣霆率兵討之降石花五夏全餘黨
二萬人老幼五萬口充權海州經略副使紅襖賊于忙兒
寇海州霆擊走之二年宋高太尉兵三萬駐朐山霆軍乏
糧采野菜麥苗雜食之宋兵柵朐山下隔湖港霆作港中

暗橋遣萬户胡仲珪副統劉鑽率死士由暗橋登山霆率
兵四千人趨山下約以昏時舉火爲期上下夾擊宋兵大
敗墜澗溺水死者不可勝計斬高太尉彭元帥于陣餘衆
潰去遷安化軍節度使經略副使如故以其子爲符寶典
書逾月宋兵復至霆逆戰駐兵城外夜半宋人乘虛踰城
而入經略使阿不罕奴失剌率兵扼戰都統温迪罕五兒
副統蒲察永成蒲察只魯身先士卒殺二百餘人城賴以
完詔五兒等各遷兩階四年改集慶軍節度使兼同知歸
德府事五年改定國軍節度使兼同知京兆府事擢其子
爲護衛元光元年陝西行省白撒奏京兆南山密邇宋境

官民遷避其間者無慮百萬人可遣官鎮撫庶幾不生他
變宣宗以爲然十月霆以本官爲安撫使守同知歸德府
惟宏大司農丞郭皓爲副使分護百姓之遷南山者元光
二年卒

烏古論長壽臨洮府第五將突門族人也本姓包氏襲父
永本族都管泰和伐宋克緋翮翅軍千户取床川寨及祐
州宕昌辛城子以功進官二階貞祐初夏人攻會州統軍
使署征行萬户升副統與夏人戰於窄土峽先登陷陣賞
銀五十兩戰東關堡以功署都統兼充安定定西保川西
寧軍馬都彈壓詔録前後功遥授同知隴州防禦事世襲

本族都巡檢三年賜今姓攻蘭州程陳僧爲先鋒都統夏
人圍臨洮拒渭堡内外不通統軍司募人偵候臨洮消息
長壽應募馘二人擒一人問得臨洮及夏兵事勢以勞還
宣武將軍遥授通遠軍節度副使招降諸蕃族及熟羊寨
秦州逋亡者復還懷遠大將軍升提控興定元年夏人大
入隴西長壽拒戰還平凉府治中兼節度副使充宣差鞏
州規措官頃之遥授同知鳳翔府事兼同知通遠軍節度
事提控如故興定二年遷同知臨洮府事與提控洮州刺
史納蘭記僧分兵伐宋長壽由鹽川鎮進兵宋人守戍者
走保馬頭山合諸部族兵來拒長壽擊敗之復破其援兵

四千於蕩川寨即趨宕昌縣破宋兵二千于八斜谷拔宕
昌縣進攻西和州先敗其州兵明日木波兵三千與宋兵
合依川爲陣長壽奮擊宋兵入保城堅壁不復出長壽乃
還凡斬馘八千獲馬二百餘牛羊三萬器械軍實甚多納
蘭記僧出洮州鐵城堡屢敗宋人完軍而還詔賞鳳翔秦
鞏伐宋將士長壽遥授隴安軍節度使同知通遠軍提控
如故頃之長壽升總領都提控改通遠軍節度使夏人攻
定西是時弟世顯已降夏人夏人執世顯至定西城下謂
長壽曰若不速降即殺汝弟長壽不顧奮戰夏兵退加榮
禄大夫賜金二十五兩重幣三端世顯既降二子公政重

壽當緣坐宣宗嘉長壽守定西功釋公政兄弟有司廩給之詔長壽曰汝父在戎行盡忠國事世顯之降必不得已汝求念國恩益思自效未幾夏人復攻會州行元帥府事石盞合喜發兵救未至夏人移兵臨洮長壽伏精兵五千于定西險要間敗夏兵三萬騎殺千餘人獲馬數百夏人已破西寧乃犯定西長壽擊却之斬首三百級既而三萬騎復至攻城甚急長壽乘城拒戰矢石如雨夏兵死者數千被創者衆乃解去是歲卒

完顏佐本姓梁氏初爲武清縣巡檢完顏䥫住本姓李氏爲柳口鎮巡檢久之以佐爲都統䥫住副之戍直沽寨貞

祐二年紅軍遣張暉等三人來招佐佐執之翌日劉永昌率衆二十人持文書來署其年曰天賜佐擲之麾衆執永昌及暉等併斬之宣宗嘉其功遷佐奉國上將軍遙授德州防禦使䥫住鎮國上將軍遙授同知河間府事皆賜姓完顏氏詔曰自今有忠義如是者並一體遷授

贊曰古者天子胙土命氏漢以來乃有賜姓宣宗假以賞一時之功郭仲元郭阿鄰以功皆賜國姓女奚烈資禄爲古論長壽皆封疆之臣而賜以他姓貞祐以後賜姓有格夫以名使人用之貴則貴用之賤則賤使人計功而得國姓則以其貴者反賤矣完顏霆完顏佐皆賜國姓者併附于此

石抹仲温本名老斡懿州胡土虎猛安人充護衛十人長太子僕正除同知武寧軍節度使事宿直將軍器物局使坐前在武寧造馬鞍虧直章宗原之改左衛將軍遷左副點檢坐征契丹逗遛降蔡州防禦使復召爲左副點檢遷知臨洮府事泰和伐宋青宜可內附進爵二級賜銀二百五十兩重幣十端詔曰青宜可之來乃汝管內與有勞焉比與青宜可相合其間諸事量宜而行頃之諸道進兵仲温以隴右步騎五千出鹽川八年罷兵改知河中府崇慶初遷陝西統軍使貞祐二年宋人攻秦州仲温率兵敗之

尋充本路安撫使改鎮南軍節度使致仕興定三年卒

烏古論禮本名六斤益都猛安人充習騎累擢近侍局直長轉本局副使左衛副將軍坐授沁南軍節度使兗王永成名馬玉帶杖一百削官解職起爲蒲速椀羣牧副使改武庫署令宿直將軍復爲左衛副將軍順州刺史累遷武寧軍節度泰和伐宋爲山東路兵馬都統副使兼副統軍安化軍節度八年宋人請盟罷兵馬都統官仍以節度兼副統軍大安三年改知歸德府兼河南副統軍歷知河南府至寧初改知太原府事貞祐二年兼河東北路安撫使三年充本路宣撫使頃之兼左副元帥四年太原被圍未

幾圍解進官二階興定三年卒

蒲察阿里興州路人以廕補官充護衛十人長武器署令轉宿直將軍遷右衛副將軍宋兵犯分道鋪馳驛赴邊伺其入以伏兵掩之改提點器物局泰和伐宋從右副元帥匡爲副統攻宜城縣取之八年以功遷武衛軍副都指揮使大安元年同知南京留守事從壽州防禦使遷興平軍節度使崇慶初遷元帥右都監明年轉左都監時都城被圍道路梗塞阿里由太原至真定率師赴援抵中山不克進貞祐二年移駐大名徵河南鎮防軍圖再舉衆既憚于行而阿里遇之有厚薄軍變遇害衆因逃散宣宗詔元帥

左都監完顏弼安集其軍赦首惡以下河南統軍司更加撫諭

奥屯襄本名添壽上京路人大定十年襲猛安承相襄舉通練邊事授崇義軍節度副使改烏古里糺詳穩召爲都水少監石州刺史未幾爲平南盪江將軍以功陞壽州防禦使遷河南路副統軍兼同知歸德府事昌武軍節度使仍兼副統軍崇慶改元爲元帥左都監救西京至墨谷口一軍盡殪襄僅以身免坐是除名明年授上京兵馬使宣宗即位擢遼東路宣撫副使未幾改速頻路節度使兼同知上京留守事二年二月爲元帥右都監行元帥府事于北京五月改留守兼前職俄遷宣撫使兼留守十一月詔諭襄及遼東路宣撫使蒲鮮萬奴宣差蒲察五斤曰上京遼東國家重地以卿等累效忠勤故委腹心意其協力盡公以徇國家之急及詳來奏乃大不然朕將何賴自今每事同心併力備禦機會一失悔之何及且師克在和善鈞從衆尚懲前過以圖後功三年正月襄爲北京宣差提控完顏習烈所害未幾習烈復爲其下所殺詔曲赦北京

完顏蒲剌都西南路按出灰必剌罕猛安人充護衛除泰定軍節度副使以憂去官起復唐古部族節度副使從安國軍移糺詳穩累官原州刺史坐買部内馬虧直奪官一

階降北京兵馬都指揮使寧遠軍刺史歷同知臨洮府西京留守事崇慶元年遷震武軍節度使備禦有功遷一官初置東西面經略司就充西面經略使上言管内大和嶺諸隘屯兵控制邊要行元帥府輒分臣兵萬二千戍眞定餘衆不足守禦近日復簡精鋭二千七百人以往今見兵不滿萬老羸者十七八臣死固不足惜顧國家之事不可不慮新設經略移文西京太原河東取軍馬大數並稱非臣所統詔眞定元帥府還其精鋭二千七百人西京太原嵐州有警急約爲應援州郡皆不欲屬經略司遂罷經略官入爲僉樞密院事改左副點檢四年遷兵部尚書興定元

年致仕四年卒
夾谷石里哥上京路猛安人明昌五年進士泰州防禦判
官補尚書省令史歷臨潢婆速路都總管判官累除刑部
主事改薊州副提控駐軍大名俄遷翰林待制爲宿州提
控與山東宣撫完顏弼攻大沫堌賊衆千餘逆戰石里哥
以騎兵擊之盡殪提控沒烈入自北門遂擒劉二祖以功
遷武衛軍副都指揮使坐前在宿州掠良人爲生口當死
特詔決杖八十徙洺州防禦使山東路副統軍坐不時進
兵往宿遷取妻子解職起爲東平行軍提控興定元年破
宋兵于宿州以功遙授安化軍節度使移定海軍卒

术甲臣嘉北京路猛安人襲父謀克泰和伐宋隸陝西完
顏綱麾下歷通州海州同知軍州事貞祐二年除武器署
丞救集寧有功遷河南統軍判官拱衛直副都指揮使河
南治中遥領綏州刺史兼延安治中就遷同知府事改同
知河間府事興定元年行樞密院于壽州由壽泗渡淮伐
宋二月破宋兵三千於漸湖灘斬三百級有詔蹂踐宋境
上毋深入臣嘉駐霍丘檜岡村縱輕騎鈔掠焚毀積聚獲
宋諜者張聰知宋兵二千屯高柳橋老幼甚衆其寨兩城
環之以水臣嘉遣張聰持牒招之不從先令水軍徑渡攻
之軍士牛青操戈刺門卒皆披靡散去遂登陴大軍繼之

奪其寨而還遇宋兵數千於梅景村臣嘉伏兵林間以步
卒誘致之伏發宋兵潰追奔十餘里生擒其將阮世安等
五人獲器仗甚衆二年賞征南功升職一等遷元帥右都
監充陝西行省參議官四年兼金安軍節度使五年改知
延安府事轉左都監駐兵京兆元光元年卒
紇石烈桓端西南路忽論宋割猛安人襲兄銀术可謀克
泰和伐宋充行軍萬户破宋兵二千於蔡州加宣武將軍
自壽州渡淮敗宋步騎一萬五千于鵓子嶺遂克安豐軍
軍還除同知懷遠軍節度事權木典糺詳穩大安三年西
京行省選充合扎萬户遥授同知清州防禦事改興平軍

節度副使遥授顯德軍節度副使從東路宣撫司都統敗
移剌留哥萬五千衆于御河寨奪車數千兩降萬餘人加
驃騎衛上將軍遥授同知順天軍節度事貞祐二年爲宣
差副提控同知婆速路兵馬都總管行府事貞祐三年蒲
鮮萬奴取咸平東京瀋澄諸州及猛安謀克人亦多從之
者三月萬奴步騎九千侵婆速近境桓端遣都統溫迪罕
怕哥輦擊却之四月復掠上古城遣都統兀顏鉢轄拒戰
萬奴別遣五千人攻望雲驛都統奧屯馬和尚擊之都統
夾谷合打破其衆數千于三义里五月都統溫迪罕福壽
攻萬奴之衆于大寧鎮拔其壘其衆殲焉九月萬奴衆九

千人出宜風及湯池桓端率兵與戰其衆潰去因招唵吉斡都麻渾賓哥出臺荅愛顏哥不灰活㧌按出孛德烈隣十一猛安復來附擇其丁男補軍攻城邑之未下者貞祐四年桓端遣王汝弼由海道奏事宣宗嘉其功桓端遷遼海軍節度使同知行府事宣差提控如故婆速路温甲海世襲猛安權同知府事溫迪罕哥不靄遷顯德軍節度使兼婆速府治中權判官前修起居注裴滿按帶遷兩階升二等王汝弼遷四階升四等餘將士有功者詔遼東宣撫承制遷賞是歲改邳州刺史充徐州界都提控紅襖賊數萬攻邳州桓端破之于黄山賊復來桓端薄其營走保北

山追擊敗之溺沂水死者甚衆賊數萬圍沂州同知防禦事僕散撒合突圍出求救桓端率兵赴之撒合還入沂州與桓端内外夾擊之殺萬餘人賊乃去樞密副使僕散安貞上其功因奏曰桓端天資忠實深有計畫曉習軍事撒合勇而有謀皆得軍民心乞加擢用桓端進金紫光祿大夫兼同知武寧軍節度事提控如故召爲勸農副使充都提控屯陳州興定元年自新息渡淮伐宋破中渡店至定城以少擊衆戰不留行未幾充宣差參議官復渡淮遼破宋兵獲其將沈俊遷武衛軍副都指揮使宋人城守不出分兵攻其山寨水堡殺獲甚衆興定二年遷鎮南軍節度使權元帥右都監數月改武衛軍都指揮使仍權右都監行元帥府于息州徐州行樞密院石盞女魯歡剛愎自用詔桓端以本官權簽樞密院事往代之四年冬上言竊聞宋人與李全將併力來攻當預爲之防樞密院奏可召桓端與朝臣面議尋有疾賜太醫御藥五年正月召至京師疾病不能入見力疾草奏大略以南北皆用兵當豫防其患及防河數策無何卒年四十五勅有司給喪事

完顏阿里不孫字彥成曷懶路泰申必刺猛安人明昌五年進士調易州忻州軍事判官安豐縣令補尚書省令史除興平軍節度副使應奉翰林文字轉修撰充元帥左監

軍紇石烈執中經歷官執中圍楚州縱兵大掠坐不諫正決杖五十大安初改户部員外郎鈞州刺史執中行樞密院於西京復以爲經歷官改威州刺史貞祐初累遷國子祭酒歷越王濮王傅改同知平陽府事兼本路宣撫副使召爲兵部侍郎遷翰林侍講學士改陝西路宣撫副使遷元帥左都監改河平軍節度使河北西路宣撫副使改御史中丞遼東宣撫副使再閱月權右副元帥參知政事遼東路行尚書省事賜御衣廐馬安山甲上京行省蒲察五斤奏其功賜金百兩綃百匹興定元年真拜參知政事權右副元帥行尚書省元帥府于婆速路承制除拜刺史以

下不恊是時蒲鮮萬奴據遼東侵掠婆速之境高麗畏其強助糧八萬石上京行省蒲察五斤入朝遼東兵勢愈弱五斤留江山守肇州江山亦頗懷去就及上京宣撫使蒲察移剌都改陝西行省參議官而伯德胡土遂有異志宣撫使海奴不迎制使坐而受詔阿里不孫械繫之頃之阿里不孫輒矯制大赦諸道衆乃稍安而請罪于朝初留哥據廣寧知廣寧府事溫迪罕青狗居蓋州妻子留廣寧與伯德胡土約爲兄弟青狗兵隸阿里不孫內猜忌不恊蒲察移剌都嘗奏青狗無隸阿里不孫宣宗乃召青狗青狗不受詔阿里不孫殺之胡土乃怨阿里不孫既而胡土率

衆伐高麗乃以兵戕殺阿里不孫權左都監納坦裕與監軍溫迪罕哥不靄逕授東平判官參議軍事郭澍謀誅胡土未敢發會上京留守蒲察五斤遣副留守夾谷愛荅左右司員外郎抹撚獨魯詣裕計事裕以謀告二人二人許諾遂召胡土至帳中殺之阿里不孫已死朝廷始得矯赦奏疏詔有司獎諭未幾聞阿里不孫死于亂詔贈平章政事芮國公納合裕真授左都監哥不靄進一階愛荅獨魯郭澍遷官升職有差阿里不孫寬厚愛人敏於吏事能治劇要識者以爲用之未盡云

完顏鐵哥性淳直體貌雄偉粗通書年二十四襲父速頻路曷懶合打猛安授廣威將軍御下惠愛察廉除臨海軍節度副使改庇剌紇詳穩丞相襄行省于北京鐵哥爲先鋒萬户有功丁母憂服除還同知武勝軍節度使事充右副元帥完顏匡副統號平南盪江將軍攻光化軍王統制以步騎出東門逆戰鐵哥擊却之拔鹿角奪門以入遂克之進攻襄陽爲前驅獲生口知江渡可涉處陰植標以識之大軍至鐵哥導之濟屢戰皆捷以勞進官兩階匡圍德安鐵哥總領攻城築壘于德安南鳳凰臺並城作甬道立鵝車對樓攻之擊走張統制兵時暑還屯鄧州兵罷進官兩階遷同知臨潢府事改西南路副招討宿州防禦使貞

祐二年樞密使徒單度移剌以鐵哥充都統入衛中都還東北路招討使兼德昌軍節度使蒲鮮萬奴在咸平忌鐵哥兵強牒取所部騎兵二千又召泰州軍三千及户口還咸平鐵哥察其有異志不遣宣撫使承充召鐵哥赴上京命伐蒲與路既還適萬奴代承充爲宣撫使撫前不發軍罪下獄被害謚勇毅

納蘭胡魯剌大名路怕魯歡猛安人性淳直寡言笑好讀書博通今古承安二年進士第一除應奉翰林文字被詔括牛于臨潢上京等路丞相襄有田在肇州家奴匿牛不以實聞即械繫正其罪而盡括之於是豪民皆懼無敢匿

者使還襄稱能居父喪盡禮御史舉其清節服除轉修撰平章政事僕散端舉廉能有文采遷同知順天軍節度使事從伐宋以勞加朝請大夫改禮部員外郎曹州刺史豪民僕散掃合立私渡於定陶間逃兵盜劫皆籍爲囊橐累政莫敢問胡魯剌捕治之窮竟其黨闔郡肅然改沃州改南京路按察副使貞祐二年改泗州防禦使召爲吏部侍郎遷絳陽軍節度使權河東南路宣撫副使是時兵興胡魯剌完城郭繕器械料才壯爲鄉兵延問耆老招致儒士咨以備禦之策鹽米儲偫勸富民出粟郡賴以完賜詔褒諭加資善大夫官其次子吾申改權經略使被召以疾不

能行卒于絳州

贊曰泰和貞祐其間相去五年耳故將遺老往往在焉高琪得君宿將皆斥外矣高汝礪任職舊臣皆守藩矣假以重任其實疎之故石抹仲溫以下以見當時之將校焉

列傳第四十一

列傳第四十二　金史一百四

開府儀同三司上柱國錄軍國重事中書右丞相監修國史領經筵事都總裁臣脫脫奉

勑修

納坦謀嘉　鄒谷　高霖

孟奎　烏林荅興　郭俁

溫迪罕達　王擴　移剌福僧

奥屯忠孝　蒲察思忠　紇石烈胡失門

完顏寓　斡勒合打　蒲察移剌都

納坦謀嘉上京路牙塔懶猛安人初習策論進士大定二十六年選入東宮教鄆王琮瀛王瓌讀書以終場舉人試

補上京提刑司書史以廉能著稱承安元年契丹陀鎖寇掠韓州信州提刑司問諸書史誰入奏者皆難之謀嘉請行五年特賜同進士出身調東京教授湯池主簿太學助教丁母憂服闋累除翰林修撰兼修起居注監察御史貞祐初遷吏部員外郎翰林待制侍御史完顏寓舉謀嘉才行志在匡國可預軍政充元帥府經歷官中都被圍食且盡胥鼎奏京師官民能贍足貧民者計所贍遷官皆先給據謀嘉不受據而去中都危急謀嘉曰帥臣統數萬衆不能出城一戰何如自縛請降邪宣宗議遷都謀嘉曰不可河南地狹土薄他日宋夏交侵河北非我有矣當選諸王

分鎮遼東河南中都不可去也不聽頃之除唐州刺史入爲太常少卿兼左拾遺遷鄭州防禦使改左諭德轉少詹事攝御史中丞未幾攝太子詹事興定元年潼關失守遷河南統軍使兼昌武軍節度使攝簽樞密院事行院許州汰去冗食軍士二千餘人上書諫伐宋不聽三年降潁州防禦使有告宋人將襲潁州者已而宋兵果至謀嘉有備乃引去有司上功不及告者謀嘉請而賞之四年召爲翰林侍講學士兼兵部侍郎同修國史五年卒

鄒谷字應仲密州諸城人中大定十三年進士第累官灊王府文學尚書省奏擬大理司直上曰司直爭論情法折

正疑難谷非所長也宰臣曰谷有吏才陝西河南訪察及定課皆稱職上以谷爲同知曹州軍州事召爲刑部主事轉北京臨潢提刑判官入爲大理寺丞尚書省點差接送伴宋國使官令史周昂具數員呈請左司都事李炳乘醉見之怒曰吾口舉兩人即是安用許爲命左右攬昂衣欲杖之會左司官召昂去乃已詈諸令史爲奴畜明日語權令史李秉鈞曰吾豈惟箠罵汝進退去留亦皆在我羣吏將陳訴會官劾奏事下大理寺議差接送伴官事當奏聞炳謂口舉兩人當科違制谷曰口舉兩人一時之言當杖贖攬昂衣欲加杖當決三十上曰李炳讀書人何乃至是宰臣對曰李炳疾惡衆人不能容耳上曰炳誠過矣告者未必是也乃從谷議歷濟南彰德府治中吏部郎中河東按察副使沂州防禦使歷定海泰寧軍節度使泰和六年致仕貞祐初卒

高霖字子約東平人大定二十五年進士調符離主簿察廉遷泗水令再調安國軍節度判官以父憂還鄉里教授生徒恒數百人服除爲絳陽軍節度判官用薦舉召爲國史院編修官建言黃河所以爲民害者皆以河流有曲折適逢隘狹故致湍決按水經當疏其阮塞行所無事今若開雜爪河以殺其勢可免數埽之勞凡捲埽工物皆取於

民大爲時病乞並河隄廣樹榆柳數年之後隄岸既固埽材亦便民力漸省朝廷從之遷應奉翰林文字兼前職改監察御史丁母憂起復太常博士改都水監丞簽陝西路按察司事體訪官員能否仍赴闕待對時南征調發繁急民稍稽滯有司皆坐失誤軍期罪霖言其枉悉出之授都水少監大安初爲耀州刺史三年遷河北東路按察副使改韓王傅兼翰林直學士崇慶初改工部侍郎兼直學士至寧元年八月霖奉儲禕迎宣宗至新城勑霖南迎諸妃既至賜錢千貫遷官三階二年除河平軍節度使兼都水監霖請城宜村爲衛州以護北門上從之入爲兵部尚書

知大興府事俄權參知政事與右丞相承暉行省于中都尋改中都留守兼本路兵馬都總管平章政事抹撚盡忠棄中都南奔霖與子義傑率其徒夜出不能進謂義傑曰汝可求生吾死於此矣霖死義傑伏群屍中以免贈翰林學士承旨令立碑鄉里歲時致祭訪其子孫録用謚文簡

孟奎字元秀遼陽人也大定二十一年進士調黎陽主簿丁毋憂服闋調淄州軍事判官遷汲縣令察廉改定興令補尚書省令史從參知政事馬琪塞澶淵決河改中都左警廵使平章政事完顔守貞禮接士大夫在其門者號冷巖十俊奎其一也改都轉運司度支判官上京等路提刑

判官初遼東契丹判余里也嘗殺驛使大理司直有契丹人同名者有司輒繫之獄奎按因逮頻路讞而出之既而果獲其殺司直者遷同知西京路轉運使事置行樞密院于鎮寧充宣差規措所官給軍用改簽河東南北路按察司事武州刺史上言三事其一曰親民之寄令吏部之選頗輕使武夫計資而得權歸胥吏每縣宜參用士人使紀綱其事未幾改曹州刺史再調同知中都路都轉運使事旱詔審録中都路寃獄多平反大安初除博州防禦使凡屬縣事應赴州者不得泊於逆旅以防吏姦人便之改山東東西路安撫副使遷北京臨潢等路按察轉運使以本官爲行六部侍郎劾奏監軍完顔訛出虛造功狀訛出坐免官詔以奎爲宣差都提控貞祐初以疾卒謚莊肅

烏林荅與本名合住大名路納鄰必剌猛安人充奉職奉御尚食局直長兼頓舍除監察御史累官武勝軍節度使北京按察轉運使太子詹事武衛軍都指揮使貞祐二年知東平府事權宣撫副使改西安軍節度使入爲兵部尚書上言按察轉運司拘榷錢穀糾彈非違此平時之治法今四方兵動民心未定軍士動見刻削乞權罷按察及勸農使又曰東平屯兵萬餘可運濵鹽易糧爲給之又曰潼關及黄河津要將校皆出卒伍類庸懦不可用乞選材武

者代之又曰兖曹濮濬諸郡皆可屯重兵勅州縣官勸民力穡至於防秋則清野保城下尚書省竟不施行新制科買軍器材物稽緩者並的決與奏有司必督責趣辦民將不堪可量罰月俸從之坐前在陝州市物虧直降鄭州防禦使尋召爲拱衛直都指揮使復爲兵部尚書興定三年卒

郭俁字伯有澤州人大定二十二年進士調長子主簿萊州觀察判官萊陽縣令補尚書省令史知管差除除大理司直丁毋憂起復太常博士左司都事御史臺舉俁及前應奉翰林文字張檝吏部主事王質刑部主事抹撚居中

通事舍人完顏合住弘文校理把掃合吏部架閣管勾烏古論和尚尚書省令史溫迪罕思敬皆才幹可用詔各升一等遷除俱平陽府治中張檝國子博士王質昭義軍節度副使抹撚居中大理司直完顏合住侍儀司令把掃合同知弘文院事烏古論和尚利涉軍節度副使溫迪罕思敬同知定武軍節度事從之俱召爲同知登聞鼓院兼祕書丞遷禮部郎中滕州刺史同知真定府事上言每季合注巡尉官吏刑兩部斟酌盜賊多寡處選注詔議行之改中都西京按察副使遷國子祭酒泰和六年伐宋充宣差山東安撫副使七年遷山東宣撫副使大安元年遷遼東

按察轉運使改中都路都轉運使泰定軍節度使陝西東路按察轉運使貞祐三年罷按察司仍充本路轉運使行六部尚書改河北西路轉運使致仕元光二年卒

溫迪罕達字子達本名謀古魯蓋州按春猛安人性敦厚寡言笑初舉進士廷試捜閱官易達貌小謂之曰汝欲求作官邪達曰取人以才學不以年貌衆咸異之明昌五年中第調固安主簿以憂去官服除調信州判官丞相襄辟行省幕府改順州刺史補尚書省令史除南京警巡使居父喪是時伐宋兵興起復給事行尚書省大安初遷德興府判官再遷監察御史宣宗遷汴以本職護送衛士妻子復被詔運大名粟由御河抵通州事集遷一官轉戶部員外郎左司郎中遇繼母憂起復太常少卿充陝西元帥府經歷官興定元年召還攝侍御史上疏論伐宋略曰天時向暑士馬不利宜俟秋涼無不可者又曰遼東興王之地移剌都不能守走還南京度今之勢可令濮王守純行省蓋州駐兵合思罕以繫一方之心昔祖宗封建諸王錯峙相維以定大業今乃委諸疎外非計也宣宗曰一子非所愛但幼不更事詎能辦此踰月復上言天下輕重係于宰相邇來每令權攝甚無謂也今之將帥謀者不能戰戰者不能謀今豈無其人但用之未盡耳宣宗曰人才難知故

先試其稱否卿何患焉所謂用之未盡者爲誰對曰陝西統軍使把胡魯忠直幹略知延安府古里甲石倫深沉有謀能得士心雖有微過不足以累大宰相高琪高汝礪惡其言俄充陝州行樞密院參議官二年召爲戶部侍郎改刑部兼左司諫同知集賢院改大理卿兼越王傅尋遷河南統軍使昌武軍節度使行六部攝同簽樞密院行院許州改集慶軍節度使是時東方荐饑達上疏曰亳州戶舊六萬今存者無十一何以爲州且今調發數倍于舊乞量爲減免是歲大水碭山下邑野無居民轉運司方憂兵食達謾聞二縣無主稻田且萬頃收可數萬斛即具奏朝廷

大駭詔户部尚書高夔佩虎符專治其事所獲無幾夔坐
累抵罪達自念失奏因感愧發病尋卒
王擴字充之中山永平人明昌五年進士調鄧州録事潤
色律令文字遷懷安令猾吏張執中誣敗二令擴到官執
中挈家避去改徐州觀察判官補尚書省令史除同知德
州防禦使事被詔賑貸山東西路饑民棣州尤甚擴輒限
數外給之泰和伐宋山東盜賊起被安撫使張萬公牒提
控督捕擴行章丘道中遇一男子舉止不常捕訊果歷城
大盜也衆以爲有神再遷監察御史被詔詳讞冤獄是時
凡鬬殺奏決者章宗輒減死由是中外斷獄皆以出罪爲

賢擴謂同輩曰生者既讞地下之冤云何是時置三司治
財擴上書曰大定間曹望之爲户部財用殷阜亦存乎人
而已令三司職掌皆户部舊式其官乃户部之舊官其吏
亦户部之舊吏何愚於户部而智於三司乎既而三司亦
竟罷張煒職辦西北路糧草者數年失亡多尚書省奏擴
考按會煒亦舉王謙自代王謙發其姦蠹擴按之無所假
借煒舊與擴厚使人誘擴曰君不念同舍邪擴曰既奉詔
安得顧故人哉大安中同知横海軍節度事簽河東北路
按察事貞祐二年上書陳河東守禦策大槩謂分軍守隘
兵散而不成軍聚之隘内軍合則勢重饋餉一塗以逸待

勞以主待客此上策也又曰軍校猥衆分例過優萬户一
員其費可給兵士三十人本路三從宜萬户二百餘員十
羊九牧類例可知乞以千人爲一軍擇望重者一人萬户
兩猛安四謀克足以教閱約束矣豈不簡易而省費哉又
曰按察兼轉運本欲假糾劾之權以檢括錢穀邇來軍興
糧道軍府得而制之令太原代嵐三軍皆其州府長官如
令通掌資儲則弊立革按察之職舉矣又曰數免租税科
糴益繁民不爲恩徒增廩給教練無法軍不足用書奏不
見省遷汴後召爲户部侍郎遷南京路轉運使太府監奏
羊瘦不可供御宣宗召擴詰問擴奏曰官無羊皆取於民

今民心未安宜崇節儉廷議肥瘠紛紛非所以示聖德也
宣宗首肯之平章政事高琪閲尚食物謂擴曰聖主焦勞
萬機賴膳羞以安養臣子宜盡心擴曰此自食監事何勞
宰相高琪默然衛之有司奪市人衣以給往戍潼關軍士
京師大擾擴白宰相請三日造之高琪怒不從潼關已破
大元兵至近郊遣擴行六部事規辦潼關芻糧户部員外
郎張好禮往商號過中牟不可進高琪奏擴畏避下吏論
死宣宗薄其責削兩階杖七十張好禮削三階杖六十降
爲遥授隴州防禦使行六部侍郎規辦秦鞏軍食踰月權
陝西東路轉運使行六部尚書致仕興定三年卒謚剛毅

擴博學多才梗直不容物以是不振於時云

移剌福僧東北路烏連苦河猛安人以廕補吏部令史轉樞密院調滕州軍事判官歷甄官署直長豳王府司馬順義軍節度副使部內世襲猛安术吞掠民婦女藏之窟室人頗聞之無敢發其罪者福僧請于節度使願自効旣跡得其所在率衆入索之得婦女四十三人术吞抵罪從橫海軍轉同知開遠軍節度事簽北京臨潢按察事與中治中莫州刺史上言沿邊軍官私役軍人邊防不治及擾動等事按察司專一體究各路宣差提控嚴勸禁治詔尚書省行之大安初改沃州同知興中府事福僧督民繕治城

郭浚濠爲禦守備百姓頗怨頃之兵果至攻其北城福僧戰其北使備其西薄暮果攻其西以有備乃解去尋改廣寧崇慶元年秋福僧被牒如鄰郡大兵薄城其子銅和尚率家奴拒戰廣寧賴之以完福僧還悉放奴爲良終不言子之功識者多之未幾充遼東宣撫副使歲大饑福僧出沿海倉粟先賑其民而後奏之優詔獎諭至寧元年除鞏王傅兼吏部郎中胡沙虎作難福僧稱疾不出宣宗封胡沙虎澤王百官皆賀福僧不往胡沙虎欲擠而罪之詔除福僧壽州防禦使貞祐三年遷山東西路按察轉運使是歲按察司罷仍充轉運使久之致仕興定二年十一月庚辰宣宗御登賢門召致仕官兵部尚書完顏蒲剌都戶部尚書蕭貢刑部尚書僕散偉工部尚書與屯扎里吉翰林學士完顏孛迭轉運使福僧河東北路轉運使趙重福沁南軍節度使豬糞鎮南軍節度使石抹仲溫泰定軍節度使李元輔中衛尉完顏奴婢原州刺史紇石烈孛吉賜食訪問時政得失福僧乃上書曰爲今之計惟先招徠糺人選擇糺人舊有宿望雄辨者諭以恩信彼若內附然後中都可復遼東可通今西北多虞而南鄙不敢撤戍餽糧調度仰給河南賦役頻繁民力疲弊宜開宋人講和之端撫定河朔養兵蓄銳策之上也又曰山東殘破羣盜滿野官

軍旣少且無騎兵若宋人資以糧餉假以官爵爲患愈大當選才幹官充宣差招捕以恩賞諭使復業募其壯悍爲兵亦致勝之一也又曰自承安用兵軍中設監戰官論議之間動相矛盾不懲其失反以爲法若輩平居皆選材勇自衛一旦有急驅疲懦出戰寧不敗事罷之爲便書奏朝廷略施用焉元光元年卒

贊曰宣宗急於求賢而使小人間之悅於直言而使邪說亂之貞祐興定之間豈無其人哉是故直言蔽於所惑羣才詘於見忌耳自納坦謀嘉以下可致見焉

與屯忠孝字全道本名牙哥懿州胡土虎猛安人幼孤事

毋孝中大定二十二年進士科調蒲州司候察廉遷一官
除校書郎兼太子司經三遷禮部員外郎遷翰林待制權
户部侍郎佐參知政事胥持國治决河以勞進一階除河
平軍節度使兼都水監遂疏七祖佛河及王村周平道口
雞爪孫家港復開東明南陽岡馬蹄孫村諸河忠孝常曰
河之爲患不免勞民復壘石爲岸十餘里民不勝其病矣
改沁南軍坐前在衛州勾集妨農軍借民錢不令償由是
貧富不相假貸軍民不相安降寧海州刺史改滑州歷同
知南京留守遷定國軍節度使復爲沁南軍入爲太子少
傅兼禮部尚書貞祐初議降衛紹王忠孝與蒲察思忠附

胡沙虎議語在思忠傳頃之拜參知政事中都圍急糧運
道絶詔忠孝搜括民間積粟存兩月食用悉令輸官酬以
銀鈔或僧道戒牒是時知大興府事胥鼎計晝軍食奏許
人納粟買官鼎已籍者忠存再括之令百姓兩輸欲爲已
功左諫議大夫張行信上疏論之曰民食止存兩月而又
奪之使當絶食不獨歸咎有司而亦怨朝廷之不察也宣
宗善行信言命近臣與忠孝同審取焉謂忠孝曰國家本
欲得糧今既得矣姑從民便可也頃之行信復奏曰參政
奥屯忠孝平生矯僞不近人情急於功名詭異要譽慘刻
害物忍而不恤勾當河防河朔居民不勝其病軍負民錢

抑不令償東海欲用胡沙虎舉朝皆曰不可忠孝獨力薦
及胡沙虎作難忠孝自謂有功詔議東海爵號忠孝請籍
没其子孫及論特末也則云不當籍没其偏黨不公如此
無事之時猶不容一相非才况今多故乃使此人與政如
社稷何宣宗曰朕初即位當以禮進退大臣卿語其親知
諷之求去可也行信以語右司郎中把胡魯把胡魯以宣
宗意白忠孝忠孝靦然不聽頃之罷爲太子太保出知濟
南府事改知中山府尋薨年七十謚惠敏
蒲察思忠本名畏也隆安路合懶合兀主猛安人大定二
十五年進士調文德鄉陰主簿國子助教應奉翰林文字

太學博士累遷涿州刺史吏部郎中遷潞王傅被詔與翰
林侍讀學士張行簡討論武成王廟配等列思忠奏曰伏
見武成王廟配享諸將不以世代爲先後按唐祀典李靖
李勣居吳起樂毅上聖朝太祖以二千之衆破百萬之師
太宗克宋成此帝業秦王宗翰宋王宗望婁室谷神與前
代之將各以功德間列可也思忠論多矯飾不盡録録其
頗有理者云遷大理卿兼左司諫同修國史泰和六年平
章政事僕散揆宣撫河南詔以備禦攻守之法集百官議
于尚書省廷臣尚多異議思忠曰宋人攻圍城邑動至數
千不得爲小寇但當選擇賢將宜攻宜守臨時制變無不

可者上以爲然頊之遷翰林侍講學士兼左諫議大夫大理卿同修國史如故再閱月兼知審官院正職外兼四職自思忠始宋人請和賜銀五十兩重綵十端丁母憂起復侍講學士兼諫議修史知審官院轉侍讀兼兵部侍郎貞祐初胡沙虎請廢衛紹王爲庶人思忠與奧屯忠孝阿附胡沙虎曰竊人之財猶謂之盗況偷天位以私己乎宣宗不從頊之遷太子太保兼侍讀修國史二年春享于太廟思忠攝太尉醉毆禮直官御史臺劾奏降祕書監兼同修國史頊之遷翰林學士同修國史卒

紇石烈胡失門上京路猛安人明昌五年進士累官補尚

書省令史除中都路度支判官調河北東路都勾判官累官翰林直學士大理卿右諫議大夫興定二年伐宋充元帥左都監紇石烈牙吾塔參議官牙吾塔至楚州不待行省僕散安貞節制輒進兵宋人堅壁不出野無所掠軍士疲乏餓死相望直前至江而復安貞劾奏之牙吾塔坐不奉詔約胡失門不矯正特詔原之改同知彰德府事五遷吏部尚書五年拜御史大夫元光元年兼大司農二年薨宣宗輟朝百官致奠

完顏寓本名訛出西南路猛安人大定二十八年進士累調河東北路提刑司知事改同知遼州軍州事召爲國史院編修官遷應奉翰林文字南京路轉運副使丁父憂起復太府監丞改吏部員外郎大安初除知登聞檢院累遷右司郎中翰林待制兼侍御史貞祐初議衛紹王事語在衛紹王紀中都圍急詔於東華門置招賢所内外士庶皆得言事或不次除官由是閭閻細民往往衒鬻求售王守信者本一村夫敢爲大言以諸葛亮爲不知兵寓薦于朝詔署行軍都統募市井無賴爲兵教閲進退跳擲大槩似童戲其陣法大書古今相對四字於旗上作黄布袍緇巾鐵牌各三十六事牛頭響環六十四枚欲以怖敵而走之大率皆誕妄因與其衆出城殺百姓之樵採者以爲功賈

耐兒者本歧路小說人俚語詼嘲以取衣食製運糧車千兩是時材木甚艱所費浩大觀者皆竊笑之草澤李棟在衛紹王時嘗事司天監李天惠依附天文假託占卜趨走貴臣俱爲司天官棟嘗密奏白氣貫紫微主京師兵亂幸不貫徹得不成禍既而高琪殺胡沙虎宣宗愈益信之左諫議大夫張行信奏曰狂子庸流猥蒙拔擢參預機務甚無謂也司天之官占見天象據經陳奏使人主飭己修政轉禍爲福如有天象乞令諸監官公同陳奏所見或異則各以狀聞不宜偏聽也上召行信與寓面訂守信事復與近侍就決于高琪高琪言守信不可用上乃以行信之言

爲然頃之寓遷禮部侍郎改東京副留守隴州防禦使遷安化軍節度使兼山東路統軍副使興定元年四月詔寓以本官權元帥左都監行元帥府事和輯苗道潤移剌鐵哥軍事語在道潤傳十二月密州破寓爲亂軍所殺

斡勒合打蓋州本得山猛安人以蔭補官充親軍調陰山尉縣當兵衝合打率土豪官兵身先行陣貞祐初以功遷本縣令縣升爲忠州合打充刺史州被兵久耕桑俱廢詔徙其民于太和嶺南合打遥授同知太原府事仍領其衆俄以本官遥授彰國軍節度使權河東北路宣撫副使督糧餉往代州合打不欲行因與宣撫使完顔伯嘉爭辨合

打恐伯嘉奏聞乃先奏伯嘉辱己御史臺廉得其事未及奏伯嘉合打皆改遷合打改武寧軍節度使數月召爲勸農使久之爲金安軍節度使興定元年復爲勸農使歷知河間府權元帥右都監行元帥府事駐兵蔡息間權同簽樞密院事守河清改知歸德府事合打屢守邊要無他將略雖未嘗敗北亦無大功元光元年卒

蒲察移剌都東京猛安人父吾迭太子太傅致仕移剌都勇健多力充護衛十人長調同知秦州防禦使事武衛軍鈐轄以憂去官起復武器署令從軍兵潰被執貞祐二年與降兵萬餘人俱脱歸遷隆安府治中賜銀百兩重幣六端遥授信州刺史有功遷蒲與路節度使兼同知上京留守事進三階改知隆安府事逾年充遼東上京等路宣撫使兼左副元帥再閲月就拜尚書右丞移剌都與上京行省蒲察五斤爭權及貸隆安戰馬擅造銀牌睚眦殺人已而矯稱宣召棄隆安赴南京宣宗皆釋不問除知河南府事俄改元帥左監軍權左副元帥充陝西行省參議官無何兼陝西路統軍使興定二年四月改簽樞密院事權右副元帥行樞密院於鄧州御史臺奏移剌都在軍中買沙覆道盗用官銀矯制收禁書指斥鑾輿使親軍守門護衛押宿擬前後衛仗娉妾効内人粧飾等數事詔吏部尚書

阿不罕斜不失鞫之坐是誅

贊曰讀金史至張行信論奥屯忠孝事曰嗟乎宣宗之不足與有爲也如此夫進退宰執豈無其道也哉語其親知諷之求去豈禮邪是故奥屯忠孝蒲察思忠之黨比紇石烈胡失門之疲泉完顔寓之輕信誤國斡勒合打之詆訟上官於是曾不之罪失政刑矣豈小懲大誡之道哉

列傳第四十二

列傳第四十三　金史一百五

開府儀同三司上柱國錄軍國重事前中書右丞相監修國史領經筵事都總裁臣脫脫奉

勑修

程寀　任熊祥　孔璠子拯

范拱　張用直　劉樞

王僘　楊伯雄兄伯淵　蕭貢

溫迪罕締達　張翰　任天寵

程寀字公弼燕之析津人祖冀仕遼廣德軍節度使冀凡六男父子皆擢科第士族號其家爲程一舉冀次子四穆遼崇義軍節度使寀四穆之季子也自幼如成人及冠篤學中進士甲科累遷殿中丞天輔七年太祖入燕授尚書都官員外郎錦州安昌令累加起居郎爲史館修撰以從軍有勞加少府少監熙宗時歷翰林待制兼右諫議大夫寀上疏言事其略曰殿前點檢司古殿巖環衛之任所以肅禁籞尊天子備不虞也臣幸得近清光從天子觀時畋之禮比見陛下校獵凡羽衛從臣無貴賤皆得執弓矢馳逐而聖駕崎嶇沙礫之地加之林木叢鬱易以迷失是日自卯及申百官始出沙漠獨不知車駕何在瞻望久之始有騎來報皇帝從數騎已至行在竊惟古天子出入警蹕清道而行至於楚畋雲夢漢獵長楊皆大陳兵衛以備非

常陛下膺祖宗付託之重奈何獨與數騎出入林麓沙漠之中前無斥候後無羽衛甚非肅禁籞之意也臣願陛下熟計之後若復獵當預戒有司圖上獵地具其可否然後下令清道而行擇衛要稍平之地爲駐蹕之所簡忠義爪牙之士統以親信腹心之臣警衛左右俟其麋鹿既來然後馳射仍先遣搜閱林藪明立幖幟爲出入之馳道不然後恐貽宗廟社稷之憂又曰臣伏讀唐史追尊高祖以下謚號或加至十八字前宋大中祥符間亦加至十六字亡遼因之近陛下亦受崇天體道欽明文武聖德十字臣竊謂人臣以歸美報上爲忠天子以追崇祖考爲孝太祖武元皇帝受命開基八年之間奄有天下功德茂盛振古無前止謚武元二字理或未安何以示將來臣願詔有司定議謚號庶幾上慰祖宗在天之靈使耿光丕烈傳于無窮又曰古者天子皆有巡狩無非事者或省察風俗或審理冤獄或問民疾苦以布宣德澤皆巡狩之名也國家肇興誠恐郡國新民逐末棄本習舊染之汙奢侈詐僞或有不明之獄僭濫之刑或力役無時四民失業今鑾輅省方將憲古行事臣願天心洞照委之長貳釐正風俗或置匭匣以申冤枉或遣使郡國問民無告皆古巡狩之事昔漢昭帝問疾苦光武求民瘼如此則和氣通天下丕平可坐而

待也又曰臣聞善醫者不視他人之肥瘠察其脉之病否而已善計天下者不視天下之安危察其紀綱理否而已天下者人也安危者肥瘠也紀綱者脉也脉不病雖瘠不害脉病而肥者危矣是故四肢雖無故不足恃也脉而已矣天下雖無事不足矜也紀綱而已矣尚書省天子喉舌之官綱紀在焉臣願詔尚書省戒勵百官各揚其職以立綱紀如吏部天官以進賢退不肖爲任誠使升黜有科任得其人則綱紀理而民受其賜前代興替未始不由此者虞舜不告而娶二妃帝嚳娶四妃法天之四星周文王一后三夫人嬪御有數選求淑媛以充後宮帝王之制也然女無美惡入宮見妬陛下欲廣嗣續不可不知而告戒之又曰臣伏見本朝富有四海禮樂制度莫不一新宮禁之制尚未嚴密胥吏健卒之輩皆得出入莫有呵止至淆混而無別雖有闌入之法久尚未行甚非嚴禁衛明法令之意陛下不可不知而必行疏奏上嘉納之於是始命有司議贈上太祖尊謚皇統八年十二月由翰林侍講學士爲橫海軍節度使移彰德軍節度使卒官年六十二寀剛直耿介不諂奉權貴以希苟進有古君子之風云

任熊祥字子仁八代祖圜爲後唐宰相圜孫睿隨石晉北遷遂爲燕人熊祥登遼天慶八年進士第爲樞密院令史大祖平燕以其地畀宋熊祥至汴授武當丞宋法新附官不釐務熊祥言於郡守揚晳曰既不與事請止給半俸以養親晳雖不許而喜其廉金人取均房州熊祥歸朝復爲樞密院令史時西京留守高慶裔攝院事無敢忤其意者熊祥未嘗阿意事之其後杜充劉筈同知燕京行省法制未一日有異論熊祥爲折衷之歷深磁州刺史開封少尹行臺工部郎中同知汴京留守事天德初爲山東東路轉運使改鎮西軍節度使是時詔徐文張弘信討東海縣弘信逗遛稱疾不進決杖二百熊祥被詔爲會試主文以事不避難臣之職爲賦題及御題熊祥復以賞罰之令信如

四時爲賦題海陵大喜以爲翰林侍讀學士大定初起爲太子少師時契丹賊窩斡竊號北鄙用兵未息上以爲憂詔公卿百官議所以招伐之宜衆皆異議熊祥徐進曰陛下以勞民爲憂用兵爲重莫若以恩信招懷之上問孰可使者對曰臣雖老憑國威靈尚堪一行上曰卿老矣無煩爲此七年復致仕熊祥事母以孝聞母沒時熊祥年已七十不食三日人皆稱之卒于家

孔璠字文老至聖文宣王四十九代孫故宋朝奉郎襲封端友弟端操之子齊阜昌三年補迪功郎襲封衍聖公主管祀事天會十五年齊國廢熙宗即位興制度禮樂立孔

子廟於上京天眷三年詔求孔子後加璠承奉郎襲封衍聖公奉祀事是時熙宗頗讀論語尚書春秋左氏傳及諸史通曆唐律乙夜乃罷皇統元年三月戊午上謁奠孔子廟北面再拜顧謂侍臣曰朕幼年游佚不知志學歲月逾邁深以爲悔大凡爲善不可不勉孔子雖無位其道可尊萬世高仰如此皇統三年璠卒子拯襲封加文林郎

拯字元濟天德二年定襲封衍聖公俸格有加于常品是歲立國子監久之加拯承直郎大定元年卒弟總襲封加文林郎總字元會大定二十年召總至京師欲與之官尚書省奏總主先聖祀事若加任使守奉有闕上曰然乃授

曲阜縣令明昌元年卒子元措襲封加文林郎元措字夢得三年四月詔曰衍聖公視四品階止八品不稱可超遷中議大夫永著于令四年八月丁未章宗行釋奠禮北面再拜親王百官六學生員陪位承安二年正月詔元措兼曲阜縣令仍世襲元措歷事宣宗哀宗後歸

大元終焉四十八代端甫者明昌初學士党懷英薦其年德俱高讀書樂道該通古學召至京師特賜王澤榜及第除將仕郎小學教授以主簿奉致仕

范拱字清叔濟南人九歲能屬文深於易學宋末登進士第調廣濟軍曹權邦彥辟爲書記攝學事劉豫鎮東拱撰謁廟文豫奇之深加賞識拱獻六箴齊國建累擢中書舍人上初政録十五篇一曰得民二曰命將三曰簡禮四曰納諫五曰遠圖六曰治亂七曰舉賢八曰守令九曰延問十曰畏慎十一曰節祥瑞十二曰戒雷同十三曰用人十四曰御將十五曰御軍豫納其說而不能盡用也久之權尚書右丞進左丞兼門下侍郎豫以什一稅民名爲古法其實裒斂而刑法嚴急吏夤緣爲暴民久罹兵革益窮困陷罪者衆境內苦之右丞相張孝純及拱兄侍郎巽極言其弊請仍因履畝之法豫不從巽坐貶官自是無復敢言者拱曰吾言之則爲黨兄不言則百姓困弊吾執政也寧

爲百姓言之乃上疏其大略以爲國家懲亡宋重斂弊什一稅民本務優恤官吏奉行太急驅民犯禁非長久計也豫雖未即從而亦不加譴拱令刑部條上諸路以稅抵罪者凡千餘人豫見其多乃更爲五等稅法民猶以爲重也齊廢梁王宗弼領行臺省事拱爲官屬宗弼訪求百姓利病拱以減稅爲請宗弼從之減舊三分之一民始蘇息拱慎許可而推轂士李南張輔劉長言皆拱薦也長言自汝州郟城酒監擢省郎人不知其所以進拱亦不自言也以久病乞近郡除淄州刺史皇統四年以疾求退以通議大夫致仕齋居讀書罕對妻子世宗在濟南聞其名大定初

拱上封事七年召赴闕除太常卿議郊祀或有言前代都長安及汴洛以太華等山列爲五岳今既都燕當別議五岳名寺像取嵩高䟽周都酆鎬以吳嶽爲西岳拱以爲非是議略曰軒轅居上谷在恒山之西舜居蒲坂在華山之北以此言之未嘗據所都而改岳祀也後遂不改拱嘗言禮官當守禮法官當守法若漢張釋之可謂能守法矣故其議論確然不可移奪九年復致仕卒于家年七十四

張用直臨潢人少以學行稱遼王宗幹聞之延置門下海陵與其兄充皆從之學天眷二年以教宗子賜進士及第除禮部郎中皇統四年爲宣徽判官歷横海軍節度副使

改寧州刺史海陵即位召爲簽書徽政院事太常卿太子詹事海陵嘗謂用直曰朕雖不能博通經史亦粗有所聞皆卿平昔輔導之力太子方就學宜善道之朕父子並受卿學亦儒者之榮也爲賀宋國正旦使卒于汴海陵深悼惜之遣使迎護其喪官給道途費喪至親臨奠賜錢千萬其養子始七歲特受武義將軍

劉樞字居中通州三河人少以良家子從軍屯河間同輩皆騎射獨樞刻意經史登天眷二年進士調唐山主簿改飛狐令蔚州刺史恃功貪汙無所顧忌屬邑皆厭苦之樞一無所應乃撫以他事繫獄將致之死郡人有憐樞者道樞脫走訴於朝會廉察使至守倅而下皆抵罪廢獨樞治狀入優等躐遷奉直大夫張浩營建燕京宮室選樞分治工役遷尚書刑部員外郎鞫治太原尹徒單阿里虎出反狀旬日獄具轉工部郎中進本部侍郎正隆末從軍還自江上大定初與左司郎中王蔚右司員外郎王全俱出補外樞爲南京路轉運使事初世宗欲復用樞等御史臺奏樞等在正隆時皆以巧進敗法蠹政人多怨嫉之上以樞等頗幹濟猶用之戒之曰能悛心改過必加升擢不然則斥汝等矣是時阿勒根彥忠爲南京都轉運使不閑吏事故用樞以佐之遷山東路轉運使改中都路轉運使大定

四年卒于官

王翛字翛然涿州人也登皇統二年進士第由尚書省令史除同知霸州事累遷刑部員外郎坐請囑故人姦罪杖四十降授泰定軍節度副使四遷大興府治中授戶部侍郎世宗謂宰臣曰王翛前爲外官聞有剛直名今聞專務出罪爲陰德事多非理從輕又巧倖偷安若果剛直則當忘身以爲國履正以無偏何必賣法以徼福耶尋命賑濟密雲等三十六縣猛安人戶冒請粟三萬餘石爲尚書省奏奪官一階出爲同知北京留守事上曰人多言王翛能官以朕觀之九事不肯盡力直一老姦耳二十四年遷遼

東路轉運使歲餘改顯德軍節度使以前任轉運使拽厚倉使王祺致死追兩官解職勑杖七十降授鄭州防禦使章宗即位擢同知大興府事審録官奏脩前任顯德絜廉剛直軍吏斂迹無訟獄遷禮部尚書兼大理卿使宋還會改葬太師廣平郡王徒單貞貞章宗母孝懿皇后父也帝欲用前代故事班劒鼓吹羽葆等儀衛宰臣以貞與弑熙宗誅死意難之於是詔下禮官議脩言晉葬丞相王導給前後羽葆鼓吹武賁班劒百人唐以來大駕鹵簿有班劒其王公以下鹵簿並無班劒兼羽葆非臣下所宜用國朝葬大臣亦無之上先知唐葬大臣李靖等皆用班劒羽葆

怒曰典故所無固可從然用之亦不過禮一日詔脩及諫議大夫兼禮部侍郎張暐詣殿門諭之曰朝廷之事汝諫官禮官即當辯析且小民言可採朕尚從之況卿等乎自今議事毋但附合尚書省明昌二年改知大興府事時僧徒多游貴戚門脩惡之乃禁僧午後不得出寺嘗一僧犯禁皇姑大長公主爲請脩曰奉主命即令出之立召僧杖一百死京師肅然後坐故出人罪復削官解職明年特授定海軍節度使諭旨曰卿賦性太剛率意行事乃自陷於刑若殿年降叙念卿入仕久頗有執持故特起於罪謫之中授以見職且彼歲歉民飢盜賊多須用舊人鎮撫庶得安治勉盡乃心以圖後效未幾表乞致仕上曰脩能幹者得力爲多不許復申請從之泰和七年卒年七十五脩性剛嚴臨事果決吏民憚其威雖豪右不敢犯承安間知大興府事闕詔諭宰臣曰可選極有風力如王脩輩者用之其爲上所知如此

楊伯雄字希雲真定藁城人八世祖彥稠後唐清泰中爲定州兵馬使後隨晉主北遷遂居臨潢父丘行太子左衛率府率伯雄登皇統二年進士海陵留守中京丘行在幕府伯雄來省視海陵見之深加器重久之調韓州軍事判官有二盜詐稱賈販逆旅主人見欺至州署陳訴實欲刼

取伯雄伯雄心覺其詐執而詰之并獲其黨十餘人一郡駭服還應奉翰林文字是時海陵執政自以舊知伯雄屬之使時時至其第伯雄諾之而不往也日海陵怪問之對曰君子受知於人當以禮進附麗奔走非素志也由是愈厚待之海陵篡立數月遷右補闕改修起居注海陵鋭於求治講論每至夜分嘗問曰人君治天下其道何貴對曰貴靜海陵默然明日復謂曰我遷諸部猛安分屯邊戍前夕之對豈指是爲非靜邪對曰徙兵分屯使南北相維長策也所謂靜者乃不擾之耳乙夜復問鬼神事伯雄進曰漢文帝召見賈生夜半前席不問百姓而問鬼神後世頗

識之陛下不以臣愚陋擢及天下大計鬼神之事未之學也海陵曰但言之以釋朕疑伯雄不得已乃曰臣家有一卷書記人死復生或問冥官何以免罪答曰汝置一曆白日所爲暮夜書之不可書者是不可爲也海陵爲之改容夏日海陵登瑞雲樓納涼命伯雄賦詩其卒章云六月不知蒸鬱到清涼會與萬方同海陵忻然以示左右曰伯雄出語不忘規戒爲人臣當如是矣再遷兵部員外郎丁父憂起復翰林待制兼修起居注遷直學士再遷右諫議大夫兼著作郎修起居注如故皇子慎思阿不薨伯雄坐與同直者竊議被責語在海陵諸子傳海陵議征江南伯雄奏晉武平呉皆命將帥何勞親總戎律不聽乃落起居注不復召見大定初除大興少尹丁母憂顯宗爲皇太子選東宮官屬張浩薦伯雄起復少詹事兄子蟠爲左贊善言聽諫從時論榮之集古太子賢不肖爲書號瑤山往鑒進之及進羽獵保成等箴皆見嘉納復爲左諫議大夫翰林直學士會太子詹事闕宰相復舉伯雄上曰伯雄不可去朕左右而東宮亦須輔導遂以太子詹事兼諫議六年上幸西京欲因往涼陘避暑伯雄率衆諫官入諫上曰朕徐思之伯雄言之不已同列皆引退久之乃起是年至涼陘徼巡果有踈虞上思伯雄之言及還遷禮部尚書謂

近臣曰群臣有幹局者衆矣如伯雄忠實皆莫及也上謂伯雄曰龍逢比干皆以忠諫而死使遇明君豈有是哉伯雄對曰魏徵願爲良臣正謂遇明君耳因顧謂宰相曰書曰汝無面從退有後言朕與卿等共治天下有事可否即當面陳卿等致位卿相正行道揚名之時偷安自便徼倖一時如後世何群臣皆稱萬歲十二年改沁南軍節度使召爲翰林學士承旨丞相石琚致仕上問誰可代卿者琚對曰伯雄可時論以琚舉得其人復權詹事伯雄知無不言匡救弘多後宮僚有詭隨者人必稱楊詹事以愧之除定武軍節度使改平陽尹先是張浩治平陽有惠政及伯雄爲尹百姓稱之曰前有張後有楊徙河中尹卒年六十五謚莊獻弟伯傑伯仁族兄伯淵

伯淵字宗之父丘文遼中書舍人伯淵早孤事母以孝聞踈財好施喜收古書天會初以名家子補尚書省令史十四年賜進士第歷吏禮二部主事御前承應文字秩滿除同知永定軍節度使事召爲司計郎中知平定軍用廉遷平州路轉運使知泰安軍有惠政百姓刻石紀其事四遷山東東路轉運使正隆末群盜蠭起州郡往往罹害獨濟南賴伯淵保全大定三年致仕卒于家

蕭貢字眞卿京兆咸陽人大定二十二年進士調鎭戎州

判官涇陽令涇州觀察判官補尚書省令史舊例試補兩月乃補用貢至數日執政以爲能即用之擢監察御史提刑司奏涇州有美政遷北京轉運副使親老歸養左丞董師中右丞楊伯通薦其文學除翰林修撰上書論比年之弊人才不以器識操履巧于案牘不涉吏議者爲工用人不務因才授官惟泥資叙名器不務慎與人多僥倖守令不務才實民罹其害伏望擢眞才以振澆俗核功能以理職業愼名器以抑僥倖重守令以厚邦本然後政化可行百事可舉矣詔詞臣作唐用董重質誅郭誼得失論貢爲第一賜重幣四端貢論時政五弊言路四難詞意切至改

治書侍御史丁父憂起復改右司員外郎尋轉郎中遷國子祭酒兼太常少卿與陳大任刊修遼史改刑部侍郎歷同知大興府事德州防禦使三遷河東北路按察轉運使大安末改彰德軍節度使坐兵興不能守城亡失百姓降同知通遠軍節度事未幾改靜難軍節度使歷河東北路南京路轉運使御史中丞户部尚書南京戒嚴坐乏軍儲詔釋不問興定元年致仕元光二年卒謚文簡貢好學讀書至老不倦有注史記一百卷

溫迪罕締達該習經史以女直字出身累官國史院編修官初丞相希尹制女直字設學校使訛离剌等教之其後學者漸盛轉習經史故納合椿年紇石烈良弼皆由此致位宰相締達最號精深大定十二年詔締達所教生員習作詩策若有文采量才任使其自願從學者聽十三年設女直進士科是歲徒單鎰等二十七人登第十五年締達遷著作佐郎與編修官宗璧尚書省譯史阿魯吏部令史張克忠譯解經書累遷祕書丞十九年改左贊善以母老求養顯宗使内直丞六斤謂締達曰贊善初未除此官天子謂孤曰朕得一出倫之才學問該貫當令輔汝德義既數日贊善除此官自謂親炙德義不勝其喜未可去也勿難于懷久之轉翰林待制卒明昌五年贈翰林學士承旨

謚文成子二十章宗即位以爲符寶典書累官左諫議大夫貞祐四年上疏略曰今邊備未撤征調不休州縣長吏不知愛養其民督責徵科鞭箠逼迫急於星火文移重複不勝其弊宜敕有司務從簡易兵興以來忠臣烈士孝子順孫義夫節婦湮没無聞者甚衆乞遣史官一員廣爲采訪以議褒嘉興定元年遷武勝州節度使改吏部尚書知開封府坐縱軍人家屬出城當杖詔解職四年復知開封府復坐以事囑警巡使完顔金僧奴降爲鄭州防禦使未幾復爲知開封府事

張翰字林卿忻州秀容人大定二十八年進士調隰州軍

事判官有誣民第三人爲刼者翰微行廉得其狀白于州釋之歷東勝義豐會川令補尚書省令史除户部主事遷監察御史丁母憂服闋調山東路鹽使丁父憂起復尚書省都事户部員外郎大安間平章政事獨吉思忠參知政事承裕行省輸充左右司郎中論議不相叶處置乖方翰屢爭之不見省承裕就逮衛紹王知翰嘗有言召見撫慰之改知登聞鼓院兼前職遷侍御史貞祐初爲翰林直學士充元帥府經歷官中都戒嚴調度方殷改户部侍郎宣宗遷汴翰規措扈從粮草至真定上書言五事一曰強本謂當裒兵徒徙豪民以實南京二曰足用謂當按蔡汴舊

渠以通漕運三曰防亂謂當就集義軍假之官印使相統攝以安反側四曰省事謂縣邑不能自立者宜稍併之既以省官且易於備盜五曰推恩謂當推恩以示天子所在稱幸之意上略施行之翰雅有治劇才所至輒辦遷河平軍節度使都水監提控軍馬使俄改户部尚書是時初至南京庶事草略翰經度區畫皆有條理是歲卒謚達義

任天寵字清叔曹州定陶人也明昌二年進士調考城主簿再遷威戎縣令縣故堡寨無文廟學舍天寵以廢署建有兄弟訟田者天寵諭以理義委曲周至皆感泣而去調泰定軍節度判官丁父憂服闋調崇義軍節度判官補尚書省令史右三部檢法司正遷監察御史改右司都事遷員外郎改左司諫轉左司郎中遷國子祭酒貞祐初轉秘書監兼吏部侍郎改中都路都轉運使時京師戒嚴粮運艱阻天寵悉力營辦曲盡勞弊出家貲以濟飢者全活甚衆監察御史高夔劉元規舉天寵二十人公勤明敏有材幹可安集百姓遷户部尚書三年中都不守天寵繼走南京中道遇兵死之謚純肅

贊曰程寀任熊祥遼之進士孔璠范拱事宋事齊太祖皆見禮遇而金之文治日以盛矣張用直父子並列舊學劉樞之練達王翛之彊敏於事楊伯雄之善諷諫工辭藻蕭

貢温迪罕締達之文藝適時之數人者迭用於正隆大定明昌之間張翰任天寵之經理調度宣宗南遷猶賴其用焉金源氏百餘年所以培植人才而獲其效者於斯可槩見矣

列傳第四十三

列傳第四十四　金史一百六

開府儀同三司上柱國錄軍國重事中書右丞相監修國史領經筵事都總裁臣脫脫奉

勑修

張暐　張行簡　賈益謙

劉炳　朮虎高琪　塔不也

張暐字明仲莒州日照縣人博學該通登正隆五年進士調陳留主簿淄州酒稅副使課增羨遷昌樂令改永清令補尚書省令史除太常博士兼國子助教丁父憂服除調山東東路轉運副使入爲太常丞兼左贊善大夫章宗封原王兼原王府文學章宗冊爲皇太孫復爲左贊善轉左諭德兼太常丞充宋國報諭使至盱眙宋人請赴宴暐曰大行在殯未可及受賜不舞蹈宋人服其知禮使還遷太常少卿兼修起居注改禮部郎中修起居注如故遷右諫議大夫兼禮部侍郎明昌元年大傅徒單克寧薨章宗欲親爲燒飯是時孝懿皇后梓宮在殯暐奏仰惟聖慈追念勲臣恩禮隆厚孰不感勸太祖時享尚且權停若爲大臣燒飯禮有未安今已降恩旨聖意至厚人皆知之乞俯從典禮則兩全矣章宗從之上封事者言提刑司可罷暐上疏曰陛下即位因民所利更法立制無慮數十百條提刑之設政之大者若爲浮議所揺則內外無所取信唐開元中或請選擇守令停採訪使姚崇奏十道採訪猶未盡得人天下三百餘州縣多數倍安得守令皆稱其職然則提刑之任誠不可罷擇其人而用之生民之大利國家之長策也因舉漢刺史六條以奏上曰卿言與朕意合禮部尚書孫即康鞫治鎬王永中事還奏有詔復訊羣臣舉暐及兵部侍郎烏古論慶壽上使參知政事馬琪諭暐曰百官舉閣實鎬王事要勿屈抑其人亦不可虧損國法上因謂宰臣曰鎬王視永蹈爲輕馬琪曰人臣無將由是永中之獄決矣霍王從彝母早死温妃石抹氏養之明昌六年温妃薨上問從彝喪服暐奏慈母服齊衰三年桐杖布冠禮也從彝近親至尊壓降與臣下不同乞於未葬以前服白布衣絹巾既葬止用素服終制朝會從吉上從其奏承安元年八月壬子上召暐至內殿問曰南郊大祀今用度不給俟他年可乎暐曰陛下即位于今八年大禮未舉宜亟行之上曰北方未寧致齋之際有不測奏報何如對曰豈可逆度而妨大禮今河平歲豐正其時也上復問曰僧道三年一試八十而取一不亦少乎對曰此輩浮食無益有損不宜滋益也上曰周武帝唐武宗後周世宗皆賢君其壽不永雖曰偶然似亦有因也對曰三君矯枉太過今不毀除不崇奉是爲得中矣是歲郊見上帝爲頌之翰林修

撰路鐸論胥持國不可再用因及董師中趨走持國及丞
相襄之門上曰張暐父子必不如是也三年爲御史大夫
懇辭不許明年坐奏事不實奪一官解職起爲安武軍節
度使致仕例給半俸久之暐不復請遂止暐自妻卒後不
復娶亦無姬侍齋居與子行簡講論古今諸孫課誦其側
至夜分乃罷以爲常歷太常禮部二十餘年最明古今禮
學家法爲士族儀表子行簡行信行信自有傳
行簡字敬甫穎悟力學淹貫經史大定十九年進士第一
除應奉翰林文字丁母憂歸葬益都杜門讀書人莫見其
面服除復任章宗即位轉修撰進讀陳言文字攝太常博

士夏國遣使陳慰欲致祭大行靈殿行簡曰彼陳慰非專
祭不可廷議遣使橫賜高麗比遣使報哀彼以細故邀阻
且出嫚言俟移問還報橫賜未晚徒單克寧韙其言深器
重之轉翰林修撰與路伯達俱進讀陳言文字累遷禮部
郎中同天臺劉道用改進新曆詔學士院更定曆名行簡
奏乞覆校測驗俟將來月食無差然後賜名詔翰林侍講
學士党懷英等覆校懷英等校定道用新曆明昌三年不
置閏即以閏月爲三月二年十二月十四日金木星俱在
危十三度道用曆在十三日差一日三年四月十六日夜
月食時刻不同道用不曾考驗古今所記比證事迹輒以

上進不可用道用當徒一年收贖長行彭徵等四人各杖
八十罷去羣臣屢請上尊號章宗不從將下詔以示四方
行簡奏曰往年飢民棄子或匄以與人其後詔書官爲收
贖或其父母衣食稍充即識認官亦斷與之自此以後饑
歲流離道路人不肯收養肆爲捐瘠餓死溝中伏見近代
禦災詔書皆曰以後不得復取今乞依此施行上是其言
詔書中行之久之兼同修國史改禮部侍郎提點司天臺
直學士同修史如故行簡言唐制僕射宰相上日百官通
班致賀降階荅拜國朝皇太子元正生日三師三公宰執
以下須羣官同班拜賀皇太子立受再荅拜今尚書省宰

執上日分六品以下別爲一班揖賀宰執坐荅揖左右司
郎中五品官廷揖亦坐荅之臣謂身坐舉手荅揖近於坐
受也宰執受賀其禮乃重於皇太子恐於義未安別嫌明
微禮之大節伏請宰執上日令三品以下官同班賀宰執
起立依見三品官儀式通荅揖上曰此事何不早辨正之
如都省擅行卿論之是矣行簡對曰禮部蓋嘗參酌古今
典禮擬定儀式省廷不從輒改以奏下尚書省議遂用之
宰執上日三品以下羣官通班賀起立荅拜自此始行簡
轉對因論典故之學乞於太常博士之下置檢閱官二員
通禮學資淺者使爲之積資乃遷博士又曰今雖有國朝

集禮至於食貨官職兵刑沿革未有成書乞定會要以示無窮承安五年遷侍講學士同修史提點司天如故泰和二年爲宋主生日副使上召生日使完顏瑭戒之曰卿過界勿飲酒每事聽於行簡謂行簡曰宋人行禮好事末節苟有非是皆須正之舊例所有不可不至上復曰頗聞前奉使者過淮每至中流即以分界爭渡船此殊非禮卿自戒舟人且語宋使曰兩國和好久矣不宜爭細故傷大體丁寧諭之使悉此意也四年詔曰每奏事之際須令張行簡常在左右五年羣臣復請上尊號上不許詔行簡作批荅因問行簡宋范祖禹作唐鑑論尊號事行簡對曰司馬

光亦嘗諫尊號事不若祖禹之詞深至以謂臣子生謚君父頗似慘切上曰卿用祖禹意荅之仍曰太祖雖有尊號太宗未嘗受也行簡乞不拘對偶引祖禹以微見其意從之其文深雅甚得代言之體改順天軍節度使上謂行簡曰卿未更治民今至保州民之情僞卒難臆度如何治之則可對曰臣奉行法令不敢違失獄訟之事以情察之鈐制公吏禁抑豪猾以鎮靜爲務庶幾萬分之一上曰在任半歲或一年所得利害上之行簡到保州上書曰比者括官田給軍旣一定矣有告欲別給者輒從其告至今未巳名曰官田實取之民以與之奪彼與此徒啓爭端臣所管

巳撥深澤縣地三百餘頃復告水占沙鹹者三之二若悉從之何時可定臣謂當限以月日不許再告爲便下尚書省議奏請如實有水占河塌不可耕種本路及運司佐官按視尚書省下按察司覆同然後改撥若沙鹹瘠薄當準巳撥爲定制曰可六年召爲禮部尚書兼侍講同修國史祕書監進太一新曆詔行簡校之七年上遣中使馮賢童以實封御札賜行簡曰朕念鎬鄭二王誤干天常自貽伊戚藁葬郊野多歷年所朕甚悼焉欲追復前爵備禮改葬卿可詳閱唐貞觀追贈隱巢并前代故事密封以聞又曰欲使石古乃於威州擇地營葬歲時祭奠兼命衛王諸子

中立一人爲鄭王後謹其祭祀此事旣行理須降詔卿草詔文大意一就封進行簡乃具漢淮南厲王長楚王英唐隱太子建成巢刺王元吉譙王重福故事爲奏幷進詔草遂施行焉累遷太子太保翰林學士承旨尚書修史如故貞祐初轉太子太傅上書論議和事其略曰東海郡侯嘗遣約和較計細故遷延不決今都城危急豈可拒絕臣願更留聖慮包荒含垢以救生靈或如遼宋相爲敵國歲奉幣帛或二三年以繼選忠實辨捷之人往與議之庶幾有成可以紓患是時百官議者雖有異同大槩以和親爲主焉莊獻太子葬後不置官師官升承旨爲二品以寵行簡

兼職如故三年七月朝廷備防秋兵械令內外職官不以丁憂致仕皆納弓箭行簡上書曰弓箭非通有之物其清貧之家及中下監當丁憂致仕安有所謂如法軍器令繩以軍期補弊修壞以求應命而已與倉猝製造何以異哉若於隨州郡及猛安謀克人戶拘括擇其佳者買之不足則令職輸所買之價庶不擾而事可辦左丞相僕散端平章政事高琪盡忠右丞賈益謙皆曰丁憂致仕者可以免此權參政烏古論德升曰職官久享爵祿軍興以來曾無寸補況事已行而復改天下何所取信是議也丁憂致仕官竟得免是歲卒贈銀青榮祿大夫謚文正行簡端慤慎

密爲人主所知自初入翰林至太常禮部典貢舉終身縉紳以爲榮與弟行信同居數十年人無間言所著文章十五卷禮例纂一百二十卷會同朝獻禘祫喪葬皆有記錄及清臺皇華戒嚴爲善自公等記藏于家

贊曰張暐行簡世爲禮官世習禮學其爲禮也行於家庭講於朝廷施用於鄰國無不中度古者官有世掌學有專門金諸儒臣唯張氏父子庶幾無愧於古乎

賈益謙字彥亨沃州人也本名守謙避哀宗諱改焉大定十年詞賦進士歷仕州郡以能稱明昌間入爲尚書省令史累遷左司郎中章宗諭之曰汝自知除至居是職左司事不爲不練凡百官行止資歷固宜照勘勿使差繆若武庫署直長移剌郝自平定州軍事判官召爲典輿副轄在職才五月降授門山縣簿尉朕比閱貼黃行止乃俱書作一十三月行止尚如此失實其如選法何蓋是汝不用心致然爾今姑杖知除掾汝勿復犯之五年爲右諫議大夫上言提刑司官不須遣監察體訪宜據其任內行事考其能否而升黜之上曰卿之言其有所見乎守謙對曰提刑官若不稱職衆所共知且其職與監察等臣是故言之上嘉納焉是年夏上將幸景明宮清暑守謙連上疏極諫之上御後閣召守謙入對稱旨進兼尚書吏部侍郎時鎬王

以疑忌下獄上怒甚朝臣無敢言者守謙上章論其不可言極懇切上諭之曰汝言諸王皆有覬心而游其門者不無橫議此何等語固當罪汝以汝前言事亦有當處故免既而以議衛王事有違上意解職削官二階承安元年七月降爲寧化州刺史五年八月改爲山東路按察使轉河北西路轉運使泰和三年四月召爲御史中丞四年三月出爲定武軍節度使八年六月復爲御史中丞八月改吏部尚書九月詔守謙等一十三員分詣諸路與本路按察司官一員同推排民戶物力上召見於香閣諭之曰朕選卿等隨路推排除推收外其新強銷乏戶雖集衆推唱然

銷乏者勿銷不盡如一戶元物力三百貫今蠲減二百五十貫猶有不能當新強者勿添盡量存氣力如一戶添三百貫而止添二百貫之類卿等宜各用心百姓應當賦役十年之間利害非細苟不稱所委治罪當不輕也尋出知濟南府移鎮河中大安末拜參知政事貞祐二年二月改河東南路安撫使俄知彰德府三年召為尚書省右丞會宣宗始遷汴梁益謙乃建言汴之形勢惟恃大河今河朔受兵群盜並起宜嚴河禁以備不虞凡自北來而無公憑者勿聽渡是時河北民遷避河南者甚衆侍御史劉元規上言僑戶宜與土民均應差役上留中而自以其意問宰

臣丞相端平章盡忠以為便益謙曰僑戶應役甚非計也蓋河北人戶本避兵而來兵稍息即歸矣今旅寓倉皇之際無以為生若又與地著者並應供億必騷動不能安居矣豈主上矜恤流亡之意乎上甚嘉賞曰此非朕意也因出元規章示之三年八月進拜尚書左丞四年正月致仕居鄭州興定五年正月尚書省奏章宗實錄已進呈衛王事迹亦宜依海陵庶人實錄纂集成書以示後世制可初胡沙虎弒衛王立宣宗一時朝臣皆謂衛王失道天命絕之虎實無罪且有推戴之功獨張行信抗章言之不報舉朝遂以為諱及是史官謂益謙嘗事衛王宜知其事乃遣

編修一人就鄭訪之益謙知其旨謂之曰知衛王莫如我然我聞海陵被弒而世宗立大定三十餘年禁近能暴海陵蟄惡者輒得美仕故當時史官修實錄多所附會衛王為人勤儉慎惜名器較其行事中材不及者多矣吾知此而已設欲飾吾言以實其罪吾亦何惜餘年朝議偉之正大三年年八十薨三子賢卿顯卿翔卿皆以門資入仕

贊曰賈益謙於衛紹王可謂盡事君之義矣海陵之事君子不無憾焉夫正隆之為惡暴其大者斯亦足矣中冓之醜史不絕書誠如益謙所言則史亦可為取富貴之道乎噫其甚矣傳曰不有廢者其何以興

劉炳葛城人每讀書見前古忠臣烈士為國家畫策應萬世安輒歎息景慕貞祐三年中進士第即日上書條便宜十事其一曰任諸王以鎮社稷臣觀往歲王師屢戰屢衄率皆自敗承平日久人不知兵將帥非才既無靖難之謀又無効死之節外託持重之名而內為自安之計擇驍果以自隨委疲懦以臨陣陣勢稍動望塵先奔士卒從而大潰朝廷不加詰問輒為益兵是以法度日紊倉庾日虛閭井日凋土地日蹙自大駕南巡遠近相望益無固志吏任河北者以為不幸逡巡退避莫之敢前昔唐天寶之末洛陽潼關相次失守皇輿夜出向非太子迴趨靈武率先諸

將則西行之士當終老於劍南矣臣願陛下擇諸王之英明者總監天下之兵北駐重鎮移檄遠近飛以軍政則四方聞風者皆將自奮前死不避折衝厭難無大於此夫人情可以氣激不可以力使一卒先登則萬夫齊奮此古人所以先身教而後威令也二曰結人心以固基本天子惠人不在施予在于除其同患因所利而利之今艱危之後易於爲惠因其欲安而慰撫之則忠誠親上之心當益加於前日臣願寬其賦役信其號令凡事不便者一切停罷時遣重臣按行郡縣延見耆老問其疾苦選廉正黜貪殘拯貧窮恤孤獨勞來還定則効忠徇義無有二志矣故曰安民可與行義危民易與爲亂惟陛下留神三曰廣收人材以備國用備歲寒者必求貂狐適長塗者必畜騏驥河南陝西車駕臨幸當有以大慰士民之心其有操行爲民望者稍擢用之平居可以勵風俗緩急可以備驅策昭示新恩易民觀聽陰係天下之心也四曰選守令以安百姓郡守縣令天子所恃以爲治百姓所依以爲命者也今衆庶已弊官吏庸暗無安利之才貪暴昏亂與姦爲市公有斗粟之賦私有萬錢之求遠近囂囂無所控告自今非才器過人政迹卓異者不可使在此職親勳故舊雖望隆資高不可使爲長吏則賢者喜於殊用益盡其能不肖者愧

慕而思自勵矣五曰褒忠義以勵臣節忠義之士奮身効命力盡城破而不少屈事定之後有司略不加省棄職者顧以恩貸死事者反不見錄天下何所慕憚而不爲自安之計邪使爲臣者皆知殺身之無益臨難可以苟免甚非國家之利也六曰務農力本以廣蓄積此最強兵富民之要術當今之急務也七曰崇節儉以省財用今海內虛耗田疇荒蕪廢奢從儉以紓生民之急無先於此者八曰去冗食以助軍費兵革之後人物凋喪者十四五郡縣官吏署置如故甚非審權救弊之道九曰修軍政以習守戰自古名將料敵制勝訓練士卒故可使赴湯蹈火百戰不殆孔子曰以不教民戰是謂棄之兵法曰器械不利以其卒與敵也卒不服習以其將與敵也將不知兵以其主與敵也主不擇將以其國與敵也可不慎哉十曰修城池以備守禦保障國家惟都城與附近數郡耳北地不守是無河朔矣黃河豈足恃哉書奏宣宗異焉復試之曰河北城邑何術可保兵民雜居何道可和鈔法如何而通物價如何而平炳對大略以審擇守將則城邑固兵不侵民則兵民和斂散相權則鈔法通勸農薄賦則物價平宣宗雖異其言而不能用但補御史臺令史而已

論曰劉炳可謂能言之士矣宣宗召試旣不失對而以一

臺令史賞之足以倡士氣乎
术虎高琪或作高乞西北路猛安人大定二十七年充護
衛轉十人長出職河間都總管判官召爲武衛軍鈐轄遷
宿直將軍除建州刺史改同知臨洮府事泰和六年伐宋
與彰化軍節度副使把回海備鞏州諸鎮宋兵萬餘自鞏
州轆轤嶺入高琪奮擊破之賜銀百兩重綵十端青宜可
內附詔知府事石抹仲溫與高琪俱出界與青宜可合兵
進取詔高琪曰汝年尚少近聞與宋人力戰奮勇朕甚嘉
之今與仲溫同行出界如其成功高爵厚祿朕不吝也詔
封吳曦爲蜀國王高琪爲封冊使詔戒諭曰卿讀書解事

蜀人亦識威名勿以財賄動心失大國體如或隨去奉職
有違禮生事卿與喬宇體察以聞使還加都統號平南虎
威將軍宋安丙遣李孝義率步騎三萬攻秦州先以萬人
圍皂角堡高琪赴之宋兵列陣山谷以武車爲左右翼伏
弩其下來逆戰既合宋兵陽却高琪軍見宋兵伏不得前
退整陣宋兵復來凡五戰宋兵益堅不可以得志高琪分
騎爲二出者戰則止者俟止者出則戰者還還者復出以
更乆之遣蒲察挑思剌潛兵上山自山馳下合擊大破宋
兵斬首四千級生擒數百人李孝義乃解圍去宋兵三千
致馬連寨以窺湫池遣夾谷福壽擊走之斬七百餘級大

安三年累官泰州刺史以糺軍三千屯通玄門外未幾升
縉山縣爲鎮州以高琪爲防禦使權元帥右都監所部糺
軍賞賚有差至寧元年八月尚書左丞完顏綱將兵十萬
行省於縉山敗績貞祐初遷元帥右監軍閏月詔高琪曰
聞軍事皆中覆得無失機會乎自今當即行之朕但責成
功耳是月被詔自鎮州移軍守禦中都迤南次良鄉不得
前乃還中都每出戰輒敗紇石烈執中戒之曰汝連敗矣
若再不勝當以軍法從事及出果敗高琪懼誅十月辛亥
高琪自軍中入遂以兵圍執中第殺執中持其首詣闕待
罪宣宗赦之以爲左副元帥一行將士遷賞有差丙寅詔

曰胡沙虎畜無君之心形迹露見不可盡言武衛副使提
點近侍局慶山奴近侍局使斜烈直長撒合輦累曾陳奏
方愼圖之斜烈漏此意於按察判官胡魯胡魯以告翰林
待制訛出訛出達於高琪今月十五日將胡沙虎戮訖惟
茲臣庶將恐有疑肆降札書不匿厥旨論者謂高琪專殺
故降此詔頃之拜平章政事宣宗論馬政顧高琪曰往歲
市馬西夏今肯市否對曰木波畜馬甚多市之可得括緣
邊部落馬亦不少矣宣宗曰盡括邊馬緩急如之何闕三
日復奏曰河南鎮防二十餘軍計可得精騎二萬緩急亦
足用宣宗曰馬雖多養之有法習之有時詳諭所司令加

意也貞祐二年十一月宣宗問高琪曰所造軍器往往不可用此誰之罪也對曰軍器美惡在兵部材物則户部工匠則工部宣宗曰治之且將敗事宣宗問楊安兒事高琪對曰賊方據險臣令主將以石墻圍之勢不得出擒在旦夕矣宣宗曰可以急攻或力戰突圍我師必有傷者應奉翰林文字完顏素蘭自中都議軍事還上書求見乞屏左右故事有奏密事輒屏左右先是太府監丞游茂以高琪威權太重中外畏之常以爲憂因入見屏人密奏請裁抑之宣宗曰既委任之權安得不重茂退不自安復欲結高琪詣其第上書曰宰相自有體豈可以此生人主之疑招

天下之議恐高琪不相信復曰茂嘗聞見主上實惡相公權重相公若能用茂當使上不疑而下無所議高琪聞茂嘗請間屏人奏事疑之乃具以聞游茂論死詔免死杖一百除名自是凡屏人奏事必令近臣一人侍立及素蘭請密召至近侍局給筆札使書所欲言少頃宣宗御便殿見之惟留近侍局直長趙和和侍立素蘭奏曰日者元帥府議削伯德文哥兵權朝廷乃詔領義軍改除之命拒而不受元帥府方欲討捕朝廷復赦之且不令隸元帥府不知誰爲陛下畫此計者臣自外風聞皆出平章高琪宣宗曰汝何以知此事出於高琪素蘭曰臣見文哥與永清副提

控劉溫牒云差人張希韓至自南京道副樞平章處分已奏令文哥隸大名行省毋遵中都帥府約束溫即具言於帥府然則文哥與高琪計結明矣上頷之素蘭復奏曰高琪本無勳望嚮以畏死擅殺胡沙虎計出於無聊耳妬賢能樹黨與竊弄威權自作威福去歲都下書生樊知一詣高琪言糺軍不可信恐生亂高琪以刀杖決殺之自是無復敢言軍國利害者使其黨移剌塔不也爲武寧軍節度使招糺軍已而無功復以爲武衛軍使以臣觀之此賊滅亂紀綱戕害忠良實有不欲國家平治之意惟陛下斷然行之社稷之福也宣宗曰朕徐思之素蘭出復戒曰慎無

泄也四年十月

大元大兵取潼關次嵩汝間待闕臺院令史高嶷上書曰向者河朔敗績朝廷不時出應此失機會一也及深入吾境都城精兵無慮數十萬若効命一戰必無今日之憂此失機會二也既退之後不議追襲此失機會三也今已度關不亟進禦患益深矣乞命平章政事高琪爲帥以厭衆心不報御史臺言兵踰潼關崤澠深入重地近抵西郊彼知京師也宿重兵不復叩城索戰但以遊騎遮絶道路而別兵攻擊州縣是亦困京師之漸也若專以城守爲事中都之危又將見於今日況公私蓄積視中都百不及一此

臣等所爲寒心也不攻京城而縱其别攻州縣是猶火在腹心撥置于手足之上均一身也願陛下察之請以陝西兵扼拒潼關與右副元帥蒲察阿里不孫爲犄角之勢選在京勇敢之將十數人各付精兵數千隨宜伺察且戰且守復諭河北亦以此待之詔付尚書省高琪奏曰臺官素不習兵備禦方略非所知也遂寢高琪止欲以重兵屯駐南京以自固州郡殘破不復恤也宣宗惑之計行言聽終以自斃未幾進拜尚書右丞相奏曰凡監察有失糾彈者從本法若人使入國私通言語說知本國事情宿衛近侍官承應人出入親王公主宰執之家災傷闕食體究不實

致傷人命轉運軍儲而有私載及考試舉人關防不嚴者並的杖在京犯至兩次者臺官減監察一等論贖餘止坐專差者任滿日議定升降若任內有漏察之事應的決者依格雖爲稱職止從平常平常者從降罰制可高琪請修南京裏城宣宗曰此役一興民滋病矣城雖完固能獨安乎初陳言人王世安獻攻取盱眙楚州策樞密院奏乞以世安爲招撫使選謀勇二三人同往淮南招紅襖賊及淮南宋官宣宗可其奏詔泗州元帥府遣人同往興定元年正月癸未宋賀正旦使朝辭宣宗曰聞息州透漏宋人此乃彼界饑民沿淮爲亂宋人何敢犯我高琪請伐之以廣

疆土上曰朕但能守祖宗所付足矣安事外討高琪謝曰今雨雪應期皆聖德所致而能包容小國天下幸甚臣言過矣四月遣元帥左都監烏古論慶壽簽樞密院事完顏賽不經略南邊尋復下詔罷兵然自是與宋絕矣興定元年十月右司諫許古勸宣宗與宋議和宣宗命古草牒以示宰臣高琪曰辭有哀祈之意自示微弱不足取遂寢集賢院諮議官呂鑑言南邊屯兵數十萬自唐鄧至壽泗沿邊居民逃亡殆盡兵士亦多亡者亦以人煙絕少故也臣嘗比監息州榷場每場所獲布帛數千匹銀數百兩大計布帛數萬匹銀數千兩兵興以來俱失之矣夫軍民有逃

亡之病而國家失日獲之利非計也今隆冬冱寒吾騎得騁當重兵屯境上馳書諭之誠爲大便若俟春和則利在於彼難與議矣昔燕人獲趙王趙遣辯士說之不許一牧豎請行趙王乃還孔子失馬馭卒得之人無貴賤苟中事機皆可以成功臣雖不肖願効牧豎馭卒之智伏望宸斷詔問尚書省高琪曰鑑狂妄無稽但其氣岸可尚宜付陝西行省備任使制可十二月胥鼎諫伐宋語在鼎傳高琪曰大軍已進無復可議遂寢二年胥鼎上書諫曰錢穀之冗非九重所能兼天子總大綱責成功而已高琪曰陛下法上天行健之義憂勤庶務夙夜不遑乃太平之階也鼎

言非是宣宗以南北用兵深以爲憂右司諫呂造上章乞
詔内外百官各上封事直言無諱或時召見親爲訪問陛
下博采兼聽以盡群下之情天下幸甚宣宗嘉納詔集百
官議河北陝西守禦之策高琪心忌之不用一言是時築
汴京城裏城宣宗問高琪曰人言此役恐不能就如何高
琪曰終當告成但其濠未及浚耳宣宗曰無濠可乎高琪
曰苟防城有法正使兵來臣等愈得效力宣宗曰與其臨
城曷若不令至此爲善高琪無以對高琪自爲宰相專固
權寵擅作威福與高汝礪相唱和高琪主機務高汝礪掌
利權附己者用不附己者斥凡言事忤意及負材力或與

己頡頏者對宣宗陽稱其才使幹當於河北陰置之死地
自不兼樞密元帥之後常欲得兵權遂力勸宣宗伐宋置
河北不復爲意凡精兵皆置河南苟且歲月不肯輙出一
卒以應方面之急平章政事英王守純欲發其罪密召右
司員外郎王阿里知案蒲鮮石魯剌令史蒲察胡魯謀之
石魯剌胡魯以告尚書省都事僕散奴失不僕散奴失不
以告高琪英王懼高琪黨與遂不敢發頃之高琪使奴賽
不殺其妻乃歸罪於賽不送開封府殺之以滅口開封府
畏高琪不敢發其實賽不論死事覺宣宗久聞高琪姦惡
遂因此事誅之時興定三年十二月也尚書省都事僕散

奴失不以英王謀告高琪論死蒲鮮石魯剌蒲察胡魯各
杖七十勒停初宣宗將遷南欲置糺軍于平州高琪難之
及遷汴戒彖多厚撫此軍彖多輒殺糺軍數人以至于敗
宣宗末年嘗曰壞天下者高琪彖多也終身以爲恨云

移剌塔不也東北路猛安人明昌元年累官西上閤門使
二年襲父謀克泰和伐宋有功遷授同知慶州事權迪列
糺詳穩丁父憂起復西北路招討判官改尚輦局使曹王
傅貞祐二年遷武寧軍節度使招徠中都糺軍無功平章
高琪託之召爲武衛軍都指揮使應奉翰林文字完顔素
蘭嘗面奏高琪黨比語在高琪傳尋知河南府事兼副統

軍徙彰化軍節度使上言盡籍山東河間大名猛安人爲
兵老弱城守壯者捍禦又言河東地險人勇步兵爲天下
冠可盡調以戍諸隘從之自是河東郡縣屯兵少不可守
矣改知臨洮府事兼陝西副統軍貞祐三年十一月破夏
兵于熟羊寨平章高琪率宰臣入賀曰塔不也以少敗衆
蓋陛下威德所致宣宗曰自古興國皆賴忠賢今茲立功
皆將率諸賢之力也乃以塔不也爲勸農使兼知平涼府
事進階銀青榮祿大夫四年伐西夏攻威靈安會等州興
定元年知慶陽府事三年遷元帥左都監卒

論曰高琪擅殺執中宣宗不能正其罪又曲爲之說以詔

臣下就其事論之人君欲誅大臣而與近侍密謀于宫中已非其道謀之不密又爲外臣所知以告敗軍之將因殺之以爲説此可欺後世邪金至南渡譬之尩羸病人元氣無幾琪喜吏而惡儒好兵而厭静沮遷汴之議破和宋之謀正猶瞽者投以烏喙附子祇速其亡耳使宣宗於擅殺之日即能伸大義而誅之何至誤國如是邪

列傳第四十四

列傳第四十五　金史一百七

開府儀同三司上柱國録軍國重事前中書右丞相監修國史領經筵事都總裁臣脫脫奉　勅修

高汝礪　張行信

高汝礪字巖夫應州金城人登大定十九年進士第蒞官有能聲明昌五年九月章宗詔宰執舉奏中外可爲刺史者上親閲闕黜注蓋取兩員同舉者升用之於是汝礪自同知絳陽軍節度事起爲石州刺史承安元年七月入爲左司郎中一日奏事紫宸殿時侍臣皆廻避上所御涼扇忽墮案下汝礪以非職不敢取以進奏事畢上謂宰臣曰高汝礪不進扇可謂知體矣未幾擢爲左諫議大夫以賦調軍須郡縣有司或不得人追胥走卒利其事急規取貨賂深爲民害建言自今若因兵調發有犯者乞權依推排受財法治之庶使小人有所畏懼二年六月定制因軍前差發受財者一貫以下徒二年以上徒三年十貫處死從汝礪之言也時遇奏事臺臣亦令廻避汝礪乃上言國家置諫臣以備侍從蓋欲周知時政以參得失非徒使排行就列而已故唐制凡中書門下及三品以上入閣必遣諫官隨之俾預聞政事冀其有所開説今省臺以下遇朝奏事則一切廻避與諸侍衛之臣旅進旅退殿廷論事初莫

得聞及其已行又不詳其始末遂事而諫斯亦難矣顧諫職爲何如哉若曰非材擇人可也豈可置之言責而疎遠若此乞自今以往有司奏事諫官得以預聞庶望少補且修注之職掌記言動俱當一體上從之又言年前十月嘗舉行推排之法尋以踰時而止誠知聖上愛民之深也切聞周制以歲時定民之衆寡辨物之多少入其數于小司徒以施政教以行徵令三年則天下大比按爲定法伏自大定四年通檢前後迄今三十餘年其間雖兩經推排其浮財物力惟憑一時小民之語以爲增减有司惟務速定不復推究其實由是豪強有力者符同而幸免貧弱寡援

者抑屈而無訴況近年以來邊方屢有調發貧户益多如止循例推排緣去歲條理已行人所通知恐新強之家預爲請囑狡獪之人冀望至時同辭推唱或虛作貧乏故以産業低價質典及將財物徙置他所權止營運如此姦弊百端欲望物力均一難矣欲革斯弊莫若據實通檢預令有司照勘大定四年條理嚴立罪賞截日立限關防禁約其間有可以輕重者斟酌行之去煩碎而就簡易戒擾攘而事鎮靜使富者不得以苟避困者有望於少息則賦稅易辦人免不均之患矣詔尚書省俟邊事息行之是歲十月上諭尚書省遣官詣各路通檢民力命户部尚書賈執

剛與汝礪先推排在都兩警巡院令諸路所差官視以爲法焉尋爲同知大興府事四年十二月爲陝西東路轉運使泰和元年七月改西京路轉運使二年正月爲北京臨潢府路按察使四年二月遷河北西路轉運使十一月進中都路都轉運使六年六月拜户部尚書時鈔法不能流轉汝礪隨事上言多所更定民甚便之語在食貨志上嘉其議勑尚書省曰内外百官所司不同比應詔言事者不啻千數俱不達各司利害汗漫陳説莫能詳盡近惟户部尚書高汝礪論本部數事並切事情皆已行之其喻内外百司各究利害舉明若可舉而不即申聞以致上司舉行

者量制其罰貞祐二年六月宣宗南遷次邯鄲拜汝礪爲參知政事次湯陰上聞汴京穀價騰踊慮扈從人至則愈貴問宰臣何以處之皆請命留守司約束汝礪獨曰物價低昂朝夕或異然糴多糴少則貴蓋諸路之人輻湊河南糴者既多安得不貴若禁止之有物之家皆將閉而不出商旅轉販亦不復入城則糴者益急而貴益甚矣事有難易不可不知今少而難得者穀也多而易致者鈔也自當先其所難後其所易多方開誘務使出粟更鈔則穀價自平矣上從之三年五月朝廷議從河北軍户家屬於河南留其軍守衛郡縣汝礪言此事果行但便於豪強家耳貧

户豈能徙且安土重遷人之情也今使盡赴河南彼一旦去其田園扶携老幼驅馳道路流離失所豈不可憐且所過百姓見軍户盡遷必將驚疑謂國家分别彼此其心安得不揺況軍人已去其家而令護衛他人以情度之其不肯盡心必矣民至愚而神者也雖告以衛護之意亦將不信徒令交亂俱不得安此其利害所繫至重乞先令諸道元帥府宣撫司總管府熟論可否如無可疑然後施行不報軍户既遷將括地分授之未有定論上勑尚書省曰北兵將及河南由是盡起諸路軍户共圖保守今既至矣粮食所當必與然未有以處之可分遣官聚耆老問之其將

益賦或與之田二者孰便又以諭汝礪既而所遣官言農民並稱比年以来租賦已重若更益之力實不足不敢復佃官田願以給軍於是汝礪奏遷徙軍户一時之事也民佃官田久遠之計也河南民地官田計數相半又多全佃官田之家墳塋莊井俱在其中率皆貧民一旦奪之何以自活夫小民易動難安一時避賦遂有此言及其與人即前日之主今還為客能勿悔乎悔則忿心生矣如山東撥地時腴田沃壤盡入勢家瘠惡者乃付貧户無益於軍而民則有損至於互相憎疾今猶未已前事不遠足為明戒惟當倍益官租以給軍粮之半復以係官荒田牧馬草地

量數付之令其自耕則百姓免失業之艱而官司不必為厲民之事矣且河南之田最宜麥今雨澤霑足正播種之時誠恐民疑以誤歲計宜早决之上從其請尋遷尚書右丞時上以軍户地當撥付使得及時耕墾而汝礪復上奏曰在官荒田及牧馬地民多私耕者今正藝麥之時彼知將以與人必皆棄去軍户雖得亦已逾時徒成曠廢若俟畢功而後撥量收所得以補軍儲則公私俱便乞盡九月然後遣官十月汝礪言今河北軍户徙河南者幾百萬口人日給米一升歲率三百六十萬石半給其直猶支粟三百萬石河南租地計二十四萬頃歲徵粟纔一百五十六

萬有奇更乞於經費之外倍徵以給仍以係官閑田及牧馬地可耕者畀之奏可乃遣右司諫馮開等分詣諸郡就給之人三十畝以汝礪總之既而括地官還皆曰頃畝之數甚少且瘠惡不可耕計其可耕者均以與之人得無幾又僻遠處不免徙就之軍人皆以為不便汝礪遂言於上詔有司罷之但給軍粮之半而半折以實直焉四年正月拜尚書左丞連上表乞致仕皆優詔不許會朝廷議發兵河北護民芟麥而民間流言謂官將盡取之上聞以問宰職曰為之柰何高琪等奏若令樞密院遣兵居其衝要鎮遏土寇仍許收逃户之田則軍民兩便或有警急軍士亦

必盡心汝礪曰甚非計也蓋河朔之民所恃以食者惟此麥耳今已有流言而復以兵往是益使之疑懼也不若聽其自便令宣撫司禁戢無賴不致侵擾足矣逃户田令有司收之以充軍儲可也乃詔遣户部員外郎裴滿蒲剌都閱視田數及訪民願發兵以否還奏臣西由懷孟東抵曹單麥苗若亦無多訊諸農民往往自爲義軍臣即宣布朝廷欲發兵之意皆感戴而不願也於是罷之汝礪以數乞致仕不從乃上言曰立非常之功必待非常之人今大兵既退正完葺關隘簡練兵士之時須得通敏經綸之才預爲籌畫俾濟中興伏見尚書左丞兼行樞密副使胥鼎才

擅衆長身兼數器乞召還朝省不從時高琪欲從言事者歲閱民田徵租朝廷將從之汝礪言臣聞治大國者若烹小鮮最爲政之善喻也國朝自大定通檢後十年一推物力惟其貴簡靜而重勞民耳今言者請如河北歲括實種之田計數徵歛即是常時通檢無乃駭人視聽使之不安乎且河南河北事體不同河北累經劫掠户口亡匿田疇荒廢差調難依元額故爲此權宜之法蓋軍儲不加多且地少而易見也河南自車駕巡幸以來百姓湊集凡有閑田及逃户所棄耕墾殆徧各承元户輸租其所徵歛皆準通推之額雖軍馬益多未嘗闕誤詎宜一槩動擾若恐豪

右蔽匿而逋征賦則有司檢括亦豈盡實但嚴立賞罰許其自首及聽人告捕犯者以盜軍儲坐之地付告者自足使人知懼而賦悉入官何必爲是紛紛也抑又有大不可者三如每歲檢括則夏田春量秋田夏量中間雜種亦且隨時量之一歲中略無休息民將厭避耕種失時或止耕膏腴而棄其餘則所收仍舊而所輸益少一不可也檢括之時縣官不能家至户到里胥得以暗通貨賂上下其手虛爲文具轉失其真二不可也民田與軍田犬牙相錯彼或陰結軍人以相冒亂而朝廷止憑有司之籍儻使臨時少於元額則資儲闕誤必矣三不可也夫朝廷舉事務在

必行既行而復中止焉是豈善計哉議遂寢興定元年十月上䟽曰言者請姑與宋人議和以息邊民切以爲非計宋人多詐無實雖與文移往來而邊備未敢遽撤備既不撤則議和與否蓋無以異或復蔓以浮辭禮例之外別有求索言涉不遜將若之何或曰大定間亦嘗先遣使今何不可切謂時殊事異難以例言昔海陵師出無名曲在於我是以世宗即位首遣高忠建等報諭宋主罷淮甸所侵以修舊好彼隨遣使來書辭慢易不復奉表稱臣願還故疆爲兄弟國雖其樞密院與我帥府時通書問而侵軼未嘗已也既而征西元帥合喜敗宋將吳璘姚良輔於德順

原州右丞相僕散忠義右副元帥紇石烈志寧敗李世輔于宿州斬首五萬兵威大振世宗謂宰臣曰昔宋人言遣使請和乘吾無備遂攻宿州今爲我軍大敗殺戮過當故不敢復通問朕哀南北生靈久困于兵本欲息民何較細故其令帥府移書宋人以議和好宋果遣使告和以當時堂堂之勢又無邊患竟免其奉表稱臣之禮今宋棄信背盟侵我邊鄙是曲在彼也彼若請和於理爲順豈當先發此議而自示弱耶恐非徒無益反招謗侮而已十一月汝礪言臣聞國以民爲基民以財爲本是以王者必先愛養基本國家調發河南爲重所徵稅租率常三倍于舊今省

部計歲收通寶不敷所支乃于民間科歛桑皮故紙錢七千萬貫以補之近以通寶稍滯又加兩倍河南人户農民居三之二今稅租猶多未足而此令復出彼不糴所當輸租則必減其食以應之夫事有難易勢有緩急今急用而難得者芻粮也出於民力其來有限可緩圖而易爲者鈔法也行于國家其變無窮向者大鈔滯更爲小鈔小鈔弊改爲寶券寶券不行易爲通寶從權制變皆由于上尚何以煩民爲哉彼悉力以奉軍儲已患不足而又添徵通寶苟不能給則有逃亡民逃亡則農事廢兵食何自而得有司不究遠圖而貪近効不固本原而較末節誠恐軍儲鈔

法兩有所妨臣非於鈔法不爲意也非與省部故相違也但以鈔法稍滯物價稍增之害輕民生不安軍儲不給之害重耳惟陛下外度事勢俯察臣言特命有司減免則群心和悅而未足之租有所望矣時朝廷以買全苗道潤等相攻不和將分界州縣別署名號以慰之汝礪上書曰甚非計也蓋河北諸帥多本土義軍一時權爲隊長亦有先嘗叛亡者非若素宦於朝知禮義識名分之人也貪暴不法蓋無足恠朝廷以時方多故姑牢籠用之庶使遺民少得安息彼互相攻劫則勢寝弱勢力既弱則朝廷易制今若分地而與之州縣官吏得輒署置民户稅賦得擅徵收

則地廣者日益強狹者日益弱久之弱者皆併於強強者之地不可復奪是朝廷愈難制也昔唐分河朔地授諸叛將史臣謂其護養孽萌以成其禍此可爲今日大戒也不若姑令行省羈縻和輯多方牽制使之不得逞異時邊事稍息氣力漸完若輩又何足患哉議遂寝上嘗謂汝礪曰朕每見卿侍朝恐不任其勞許坐殿下而卿然不從何哉夫君臣相遇貴在誠實小謹區區朕固不較也汝礪以君臣之分甚嚴不敢奉命三年河南頗豐稔民間多積粟汝礪乃奏曰國家之務莫重於食今所在屯兵益衆而修築新城其費亦廣若不及此豐年多方營辦防秋之際或乏

軍興乞於河南州府驗其物價低昂權宜立式凡內外四品以下雜正班散官及承廕人免當儤使監官功酬或僧道官師德號度牒寺觀院額等並聽買之司縣官有能勸誘輸粟至三千石者將來注授升本膀首五千石以上遷官一階萬石以上升職一等並注見闕庶幾人知勸慕多所收獲上從之同提舉榷貨司王三錫建議榷油高琪以用度方急勸上行之汝礪上言曰古無榷法自漢以來始置鹽鐵酒榷均輸官以佐經費末流至有筭舟車稅閒架其征利之術固已盡矣然亦未聞榷油也蓋油者世所共用利歸於公則害及於民故古今皆置不論亦厭苛細而

重煩擾也國家自軍興河南一路歲入稅租不啻加倍又有額徵諸錢橫泛雜役無非出於民者而更議榷油歲收銀數十萬兩夫國以民為本當此之際民可以重困乎若從三錫議是以舉世通行之貨為權貴私家常用之物為禁物自古不行之法為良法切為聖朝不取也若果行之其害有五臣請言之河南州縣當立務九百餘所設官千八百餘員而胥隸工作之徒不與焉費既不貲而又創搆屋宇奪買作具公私俱擾殆不勝言至於提點官司有升降決罰之法其課一虧必生抑配之弊小民受病益不能堪其害一也夫油之貴賤所在不齊惟其商旅轉販有無相易所以其價常平人易得之今既設官各有分地輒相侵犯者有罪是使貴處常貴而賤處常賤其害二也民家日用不能躬自沽之而轉鬻者增取利息則價不得不貴而用不得不難其害三也鹽鐵酒醋公私所造不同易於分別惟油不然莫可辨記今私造者有刑捕告者有賞則無賴輩因之得以誣搆良民枉陷於罪其害四也油戶所置屋宇作具用錢已多有司按業推定物力以給差賦今奪其具廢其業而差賦如前何以自活其害五也惟罷之便上是之然重違高琪意乃詔集百官議于尚書省戶部尚書高夔工部侍郎粘割荊山知開封府事溫迪罕二十

等二十六人議同高琪禮部尚書楊雲翼翰林侍讀學士趙秉文南京路轉運使趙瑄吏部侍郎趙伯成刑部郎中姬世英右司諫郭著提舉倉場使時戩皆以為不可上曰古所不行者而今行之是又生一事也其罷之十月賜金鼎一重幣三四年三月拜平章政事俄而進拜尚書右丞相監修國史封壽國公五年二月上表乞致政不許九月上諭汝礪曰昨日視朝至午方罷卿老矣不任久立奏事畢用賓之際可先退坐恐以勞致疾反妨議政也是月復乞致仕上諭之曰丞相之禮盡矣然今廷臣誰如丞相者而必欲求去乎姑留輔朕可也十月躐遷榮祿大夫仍諭

曰丞相數求去朕以社稷事重故堅留之丞相老矣而官猶未至二品故特陞兩階十二月上復諭曰向朕以卿年老視朝之日侍立爲勞令用寶時退坐廊下而卿違之復侍立終朝豈有司不爲設榻耶卿其勉從朕意元光元年四月汝礪跪奏事上命起曰卿大臣也所言皆社稷計朕之責卿惟在盡誠何事小謹自今勿復爾也七月上謂宰臣曰昔有言世宗太儉者或曰不爾則安得廣畜積章宗時用度甚多而得不闕之者蓋先朝有以遺之也汝礪因進言曰儉乃帝王大德陛下言及此天下福也九月上又謂宰臣曰有功者雖有微過亦當貸之無功者豈可貸耶

然有功者人喜謗議凡有以功過言於朕者朕必深求其實雖近侍爲言不敢輕信亦未嘗徇一己之愛憎也汝礪因對曰公生明偏生暗凡人多徇愛憎不合公議陛下聖明故能如是耳二年正月復乞致政上面諭曰今若從卿始終之道俱盡於卿甚安在朕亦爲美事但時方多故而朕復不德正賴舊人輔佐故未能遂卿高志耳汝礪固辭竟不許因謂曰朕每聞人有所毀譽必求其實汝礪對曰昔齊威王封即墨大夫烹阿大夫及左右之嘗毀譽者由是群臣恐懼莫敢飾非齊國大治陛下言及此治安可期也二月上以汝礪年高免朝拜侍立久則憩于殿下仍敕有司設榻焉三月又乞致仕復優詔不許上謂群臣曰人有才堪任事而處心不正者終不足貴汝礪對曰其心不正而濟之以才所謂虎而翼者也雖古聖人亦未易知上以爲然他日復謂宰臣曰凡人處心善良而行事忠實斯爲難得若言巧心僞亦復何用然善良者人又多目爲平常汝礪對曰人材少全亦隨其所長取之耳上然之五月上問宰執以修完京城樓櫓事汝礪奏所用皆大木顧今難得方令計置上曰朕宮中別殿有可用者即用之汝礪對以不宜毀上曰所居之外毀亦何害不愈於勞民遠致乎哀宗初即位諫官言汝礪欺君固位天下所共嫉宜黜

之以厲百官哀宗曰昔惠帝言我不如高帝當守先帝法耳汝礪乃先帝立以爲相者又可黜歟又有投匿名書云高某不退當殺之汝礪因是告老優詔不許正大元年三月薨年七十一配享宣宗廟爲人慎密廉絜能結人主知然規守格法循嘿避事故爲相十餘年未嘗有譴訶貪戀不去當時士論頗以爲譏云

張行信字信甫先名行忠避莊獻太子諱改焉行簡弟也登大定二十八年進士第累官銅山令明昌元年以廉擢授監察御史泰和三年同知山東西路轉運使攝簽河東路按察司事四年四月召見于泰和殿行信因言二事一

依舊移轉吏目以除民害一徐邳地下宜麥稅粟許納麥以便民上是其言令尚書省議行之崇慶二年爲左諫議大夫時胡沙虎已除名爲民賂遺權貴將復進用舉朝無敢言者行信乃上章曰胡沙虎殘忍凶悖跋扈强梁媚結近習以圖稱譽自其廢黜士庶莫不忻悅今若復用惟恐爲害更甚前日況利害之機更有大於此者書再上不報及胡沙虎弑逆人甚危之行信坦然不顧也是歲九月宣宗即位改元貞祐行信以皇嗣未立無以係天下之望上疏曰自古人君即位必立太子以爲儲副必下詔以告中外竊見皇長子每遇趨朝用東宮儀衛及至册撣還列諸王班況已除侍臣而今未定其禮可謂名不正言不順矣昔漢文帝元年首立子啓爲太子者所以尊祖廟重社稷也願與大臣詳議酌前代故事蚤下明詔以定其位愼選宮僚輔成德器則天下幸甚上嘉納之胡沙虎誅上封事言正刑賞辭載胡沙虎傳又言自兵興以來將帥甚難其人願陛下令重臣各舉所知才果可用即賜召見褒顯奬諭令其自效必有奮命報國者昔李牧爲趙將軍功爵賞皆得自專出攻入守不從中覆遂能北破大敵西抑强秦今命將若不以文法拘繩中旨牽制委任責成使得盡其智能則克復之功可望矣上善其言時方擢任王守信賈

耐兒者爲將皆鄙俗不材不曉兵律行信懼其誤國上疏曰易稱開國承家小人勿用聖人所以垂戒後世者其嚴如此今大兵縱橫人情恟懼應敵興理非賢智莫能狂子庸流猥蒙拔擢參預機務甚無謂也於是上皆罷之權元帥右都監内族訛可率兵五千護糧通州遇兵輒潰行信上章曰御兵之道無過賞罰使其臨敵有所慕而樂於進有所畏而不敢退然後將士用命而功可成若訛可敗衂宜明正其罪朝廷寬容一切不問臣恐御兵之道未盡也詔報曰卿意具悉訛可等已下獄矣時中都受兵方遣使請和握兵者畏縮不敢戰曰恐壞和事行信上言和與戰二事本不相干奉使者自專議和將兵者惟當主戰豈得以和事爲辭自崇慶來皆以和誤若我軍時肯進戰稍挫其鋒則和事成也久矣頃北使既來然猶破東京略河東今我使方行將帥輒按兵不動於和議卒無益也事勢益急芻粮益艱和之成否蓋未可知豈當閉門坐守以待弊哉宜及士馬尚壯擇猛將銳兵防衛轉輸往來拒戰使之少沮則附近蓄積皆可入京師和議亦不日可成矣上心知其善而不能行二年三月以朝廷括粮恐失民心上書言近日朝廷令知大興府胥鼎便宜計畫軍食鼎因奏許人納粟買官既又遣參知政事奥屯忠孝括官民粮户存

兩月餘悉令輸官酬以爵級銀鈔時有粟者或先具數于鼎未及入官忠孝復欲多得以明己功凡鼎所籍者不除其數民甚苦之今米價踴貴無所從糴民粮止兩月又奪之將不獨歸咎有司亦怨朝廷不察也大兵在邇人方危懼若復無聊或生他變則所得不償所損矣上深善其言即命與近臣往審處焉仍諭忠孝曰極知卿盡心于公然國家本欲得粮今既得矣姑從人便可也四月遷山東東路按察使兼轉運使仍權本路宣撫副使將行求入見上御便殿見之奏曰臣伏見奥屯忠孝飾詐不忠臨事慘刻與胡沙虎爲黨歷數其罪且曰無事時猶不容一相非才況今多故可使斯人與政乎願即罷之上曰朕始即位進退大臣自當以禮卿語其親知諷令求去可也行信以告右司郎中把胡魯白忠孝忠孝不恤也三年二月改安武軍節度使兼冀州管內觀察使始至即上書言四事其一曰楊安兒賊黨旦暮成擒蓋不足慮今日之急惟在收人心而已向者官軍討賊不分善惡一槩誅夷刼其資產掠其婦女重使居民疑畏逃聚山林今宜明勑有司嚴爲約束毋令刼掠平民如此則百姓無不安之心姦人誑脅之計不行其勢漸消矣其二曰自兵亂之後郡縣官豪多能糾集義徒摧擊土寇朝廷雖授以本處職任未幾遣人代

之夫舊者人所素服新者未必皆才緩急之間啓釁敗事自今郡縣闕員乞令尚書省選人擬注其舊官民便安者宜就加任使如資級未及令攝其職待有功則正授庶幾人盡其才事易以立其三曰掌軍官敢進戰者十無一二其或有之即當責以立功不宜更授他職其四曰山東軍儲皆鬻爵所獲及或持勑牒求仕選曹以等級有不當鬻者往往駮退夫鬻所不當有司罪也彼何責焉況海岱重地羣寇未平田野無所收倉廩無所積一旦軍餉不給復欲鬻爵其誰信之朝廷多用其議八月召爲吏部尚書九月改戶部尚書十二月轉禮部尚書兼同修國史四年二月爲太子少保兼前職時尚書省奏遼東宣撫副使完顏海奴言參議官王澮嘗言本朝紹高辛黃帝之後也昔漢祖陶唐唐祖老子皆爲立廟我朝迄今百年不爲黃帝立廟無乃愧於漢唐乎又云本朝初興旗幟尚赤其爲火德明矣主德之祀闕而不講亦非禮經重祭祀之意臣聞於澮者如此乞朝廷議其事詔問有司行信奏曰按始祖實錄止稱自高麗而來未聞出於高辛今所據欲立黃帝廟黃帝高辛之祖借曰紹之當爲木德今乃言火德亦何謂也況國初太祖有訓因完顏部多尚白又取金之不變乃以大金爲國號未嘗議及德運近章宗朝始集百僚議之

而以繼亡宋火行之絶定爲土德以告宗廟而詔天下焉顧淪所言特狂妄者耳上是之八月上將祔享大廟詔依世宗十六拜之禮行信與禮官參定儀注上言宜從四十四拜之禮上嘉納焉語在禮志祭畢賜行信寶券二萬貫重幣十端諭之曰太廟拜禮朕初欲依世宗所行卿進奏章備述隨室讀祝殊爲中理向非卿言朕幾失之故特以是旌賞自今每事更宜盡心是年十二月行信以父暐卒去官興定元年三月起復舊職權參知政事六月真拜參知政事時高琪爲相專權用事惡不附已者衣冠之士動遭窘辱惟行信屢引舊制力抵其非會宋兵侵境朝廷議

遣使詳問高琪等以爲失體行信獨上疏曰今以遣使爲不當臣切惑之議者不過曰遣使則爲先示弱其或不報報而不遜則愈失國體臣獨以爲不然彼幸吾釁隙數肆侵掠邊臣以兵却之復來我大國不責以辭而敵以兵茲非示弱乎至於問而不報報而不遜曲自在彼何損於我昔大定之初彼嘗犯順世宗雖遣丞相烏者行省于汴實令元帥撒合輦先爲辭詰之彼遂伏罪其後宋主奪取國書朝廷復欲加兵丞相襄獨以爲不可及刑部尚書梁肅銜命以往尋亦屈焉在章宗時猖狂最甚猶先理問而後用兵然則遣使詳問正國家故事何失體之有且國步

多艱戍兵滋久不思所以休息之如民力何臣書生無甚高論然事當機會不敢不罄其愚惟陛下察之上復令尚書省議高琪等奏行信所言固遵舊制然今日之事與昔不同詔姑待之已而高汝礪亦上言先遣使不便議遂寢語在汝礪傳時監察御史多被的決行信乃上言曰大定間監察坐罪大抵收贖或至奪俸重則外降而已間有的決者皆有爲而然當時執政程輝已嘗面論其非是又有勑旨監察職主彈劾而或看循者非謂凡失察皆然也近日無問事之大小情之輕重一槩的決以爲大定故實先朝明訓過矣於是詔尚書省更定監察罪名制史館修章

宗實録尚書省奏舊制凡修史宰相執政皆預焉然女直漢人各一員崇慶中旣以參知政事梁璫兼之復命翰林承旨張行簡同事蓋行簡家學相傳多所考據今修章宗實録左丞汝礪已充兼修宜令參知政事行信同修如行簡例制可二年二月出爲彰化軍節度使兼涇州管内觀察使諭之曰初朕以朝臣多稱卿才乃令參決機務而廷議之際每不據正妄爲異同甚非爲相之道復聞邇來殊不以幹當爲意豈欲求散地故耶今授此職卿宜悉之初内族合周避敵不擊且詭言密奉朝旨下獄當誅諸皇族多抗表乞從末減高琪以爲自古犯法無告免者行信獨

曰事無古今但合周平昔忠孝或可以免又以行信族弟行貞居山東受紅襖賊僞命樞密院得宋人書有干涉行信事故出之其子莒時爲尚書省令史亦命別加注擬焉初行信言今法職官論罪多從的決伏見大定間世宗勑旨職官犯故違聖旨徒年杖數並的決然其後三十餘年有司論罪未嘗引用蓋非經久爲例之事也乞詳定之行信既出上以其章付尚書省至是宰臣奏自今違奏條之所指揮及諸條格當坐違制旨者其徒年杖數論贖可也特奉詔旨違者依大定例制可行信去未久上嘗諭宰臣曰自張行信降黜卿等遂緘默此殊非是行信事卿等具知豈以言之故耶自今宜各盡言毋復畏忌行信始至涇即上書曰馬者甲兵之本方軍旅未息馬政不可緩也臣自到涇閱陝右豪民多市於河州轉入內地利蓋百倍及見省差買馬官平涼府判官烏古論桓端市于洮州以銀百鋌幾得馬千疋云生羌木波諸部蕃族人戶畜牧甚廣蓋前所遣官或抑其直或以勢陵奪遂失其和且常患銀少所以不能多得也又聞蕃地今秋薄收鬻馬得銀輒以易粟冬春之交必艱食馬價甚低乞令所司輦銀粟于洮河等州選委知蕃情達時變如桓端者貿易之若捐銀萬兩可得良馬千疋機會不可失惟朝廷亟圖之又曰比者

沿邊戰士有功朝廷遣使宣諭賜以官賞莫不感戴聖恩願出死力此誠得激勸之方也然贈遺使者或馬或金習以爲常臣所未諭也大定間嘗立送宣禮自五品以上各有定數後竟停罷況今時務與昔不同而六品以下及止遷散官者亦不免饋獻或莫能辦則斂所部以應之至有因而獲罪者彼軍士効死立功僅蒙恩賞而反以饋獻爲苦是豈朝廷之意哉乞令有司依大定例參以時務明立等夷使取予有限無傷大體則上下兩得矣又曰近聞保塞縣令特增其俸此朝廷爲民之善意也然自關以西尚未有到任者遠方之民不能無望且舉者猶寡而有所不敷耶乞詔內外職事官益廣選舉以補其闕使天下均受其賜且丞簿尉亦皆親民而獨不增俸疲既不足以自給安能禁其侵牟乎或謂國用方闕不宜虛費是大不然夫重吏祿者固使之不擾民也民安則國定豈爲虛費誠能裁減冗食不養無用之人亦何患乎不足今一軍充役舉家廩給軍既物故給其子弟感悅士心爲國盡力耳至於無男丁而其妻女猶給之此何謂耶自大駕南巡存贍者已數年張頤待哺以困農民國家粮儲常患不及顧乃久養此老幼數千萬口冗食虛費正在是耳如即罷之恐其失所宜限以歲月使自爲計至期而罷復將何辭上多採

納焉元光元年正月遷保大軍節度使兼鄜州管內觀察使二月改靜難軍節度使兼邠州管內觀察使未幾致仕哀宗即位徵用舊人起爲尚書左丞言事稍不及前人望頗減尋復致仕家居惟以抄書教子孫爲事葺園池汴城東築亭號靜隐時時與侯摯輩游詠其間正大八年二月乙丑薨于嵩山崇福宮年六十有九初遊嵩山嘗曰吾意欲主此山果終于此爲人純正真率不事修飾雖兩登相位殆若無官然遇事輒發無所畏避每奏事上前旁人爲動色行信處之坦如也及薨之日雖平昔甚媢忌者亦曰正人亡矣初至汴父暐以御史大夫致仕猶康健兄行簡爲翰林學士承旨行信爲禮部尚書諸子姪多中第居官當世未之有也

贊曰高汝礪提身清慎練達事宜久居相位雖爲大夫士所鄙而人主寵遇不衰張行信礪志蹇諤言無避忌然一進政塗便多坎壈及其再用論事稍不及前豈以汝礪爲真可法耶宣宗伐宋本非萬全之策行信諫汝礪不諫又沮和議胡沙虎之惡未著行信兩疏擊之汝礪與高琪共事人疑其黨附優劣可槩見於斯矣

列傳第四十五

列傳第四十六　金史一百八

開府儀同三司上柱國錄軍國重事前中書右丞相監修國史領經筵事臣脫脫等奉勑修

胥鼎　侯摯　把胡魯

師安石

胥鼎字和之尚書右丞持國之子也大定二十八年擢進士第入官以能稱累遷大理丞承安二年持國卒去官四年尚書省起復爲著作郎上曰鼎故家子其才如何宰臣奏曰爲人甚幹濟上曰著作職閑緣今無他闕姑授之未幾遷右司郎中轉工部侍郎泰和六年鼎言急遞鋪轉送文檄之制上從之時以爲便至寧初中都受兵由戶部尚

書拜參知政事貞祐元年十一月出爲泰定軍節度使兼兗州管內觀察使未赴改知大興府事兼中都路兵馬都總管二年正月鼎以在京貧民闕食者衆宜立法振救乃奏曰京師官民有能贍給貧人者宜計所贍遷官升職以勸獎之遂定權宜鬻恩例格如進官升職丁憂人許應舉求仕官監戶從良之類入粟草各有數全活甚衆四月拜尚書右丞仍兼知府事五月宣宗將南渡留爲汾陽軍節度使兼汾州管內觀察使十一月改知平陽府事兼河東南路兵馬都總管權宣撫使三年四月建言利害十三事

若積軍儲備黃河選官讞獄簡將練卒鈔法版籍之類上頗採用焉又言平陽歲再被兵人戶散亡樓櫓修繕未完衣甲器械極少廪無兩月食夏田已爲兵蹂復不雨秋種未下雖有復業殘民皆老幼莫能耕種豈足徵求比聞北方劉伯林聚兵野狐嶺將深入平陽絳解河中遂抵河南戰禦有期儲積未備不速錯置實關社稷生靈大計乞降空名宣勑一千紫衣師德號度牒三千以補軍儲上曰鼎言是也有司其如數亟給之七月就拜本路宣撫使兼前職朝廷欲起代州戍兵五千鼎上言嶺外軍已皆南徙代爲邊要正宜益兵保守今更損其力一朝兵至何以待

之平陽以代爲藩籬豈可撤去尚書省奏宜如所請詔從之又言近聞朝廷令臣清野切謂臣所部乃河東南路太原則北路也大兵若來必始於北故清野當先北而後南況北路禾稼早熟其野既清兵無所掠則勢當自止不然南路雖清而穀草委積於北是資兵而召之南也臣已移文北路宣撫司矣乞更詔諭之既而大兵果出境賜詔獎諭曰卿以文武之才膺兵民之寄往鎮方面式固邊防坐釋朕憂孰如卿力益懋忠勤之節以收綏靜之功佇副予心嗣有後寵尋以能設方畧退兵進官一階十月鼎上言臣所將義軍皆從來背本趨末勇猛忼悍盜竊亡命之徒

苟無訓練統攝官以制之則朋聚黨植無所不至乞許臣便宜置總領義軍使副及彈壓仍每五千人設訓練一員不惟預爲防閑使有畏忌且令武藝精熟人各爲用上從之四年正月大兵略霍吉隰三州已而步騎六萬圍平陽急攻者十餘日鼎遣兵屢却之且上言臣以便宜立官賞預張文牓招還脅從人七千有奇續至者又六千餘俱令復業竊謂凡被俘未歸者更宜多方招誘已歸者所居從便優加存恤無致失所制可二月拜樞密副使權尚書左丞行省于平陽時鼎方抗表求退上不許因進拜爲且遣近侍諭曰卿父子皆朕所知向卿執政時因有人言遂以

河東事相委果能勉力以保無虞方國家多難非卿孰可倚者卿退易耳能勿慮社稷之計乎今特授卿是任咫尺防秋更宜悉意時河南粟麥不令興販渡河鼎上言曰河東多山險平時地利不遺夏秋荐熟猶常藉陝西河南通販物斛況今累值兵戎農民寖少且無雨雪闕食爲甚又解州屯兵數多粮儲僅及一月伏見陝州大陽渡河中大慶渡皆邀阻粟麥不令過河臣恐軍民不安或生內患伏望朝廷聽其輸販以紓解州之急從之又言河東兵革之餘疲民稍復然丁牛既少莫能耕稼重以亢旱蝗螟而餽餉所須徵科頗急貧無依者俱已乏食富戶宿藏亦爲盜

發蓋絶無而僅有焉其憔悴亦已甚矣有司宜奉朝廷德
意以謀安集而潞州帥府遣官於遼沁諸郡搜括餘粟懸
重賞誘人告訐州縣憚帥府鞭箠械繫所在騷然甚可憐
憫今大兵既去惟宜汰冗兵省浮費招集流亡勸督農事
彼不是務而使瘡痍之民重罹茲苦是兵未來而先自弊
也願朝廷亟止之如經費果闕以恩例勸民入粟不猶愈
於強括乎又言霍州回牛鳳棲嶺諸陁戍卒幾四千今兵
既去而農事方興臣乞量留偵候餘悉遣歸有警復徵既
休民力且省縣官萬一兵來亦足禦遏舉一事而獲二利
臣敢以爲請詔趣行之又言河東兩路農民寖少而兵戍

益多是以每歲糧儲常苦不繼臣切見潞州元帥府雖設
鬻爵恩例然條目至少未盡勸誘之術故進獻者無幾宜
增益其條如中都時仍許各路宣撫司俱得發賣庶幾多
獲貯儲以濟不給於是尚書省更定制奏行焉又言交鈔
貴於通流今諸路所造不敷所出苟不以術收之不無闕
誤宜從行省行部量民力徵歛以裨軍用河中宣撫司亦
以寶券所支已多民不貴乞驗民貧富徵之雖然陝西若
一體徵收則彼中所有日湊于河東其與不歛何異又河
北寶券以不許行于河南由是愈滯將誤軍儲而啓釁端
時以河北寶券商旅賫販南渡致物價翔貴權限路分行

用因鼎有言罷之又言比者朝廷命擇義軍爲三等臣即
檄所司而潞帥必蘭阿魯帶言自去歲初置帥府時已按
閱本軍去其冗者部分既定上下既親故能所向成功此
皆血戰之餘屢試可者且又父子兄弟自相赴援各顧其
家心一而力齊勢不可離今必析之將互易而不相諳矣
國家糧儲常恐不繼豈容僥冒但本府兵不至是耳況潞
州北即爲異境日常備戰事務方殷而分別如此彼居中
下者皆將氣挫心懈而不可用慮恐因得測吾虛實且義
軍率皆農民已各散歸田畝趣時力作若徵集之動經旬
日農事廢而歲計失矣乞從本府所定無輕變易臣切是

其言時阿魯帶奏亦至詔遂許之又言近偵知北兵駐同
耀竊慮梗吾東西往來之路遂委河中經畧使陁滿胡土
門領軍赴援今兵勢將叩關矣前此臣嘗奏關北兵非止
欲攻河東陝西必將進取河南雖已移文陝州行院及陝
西鄰境俱令設備恐未即遵行乞詔河南行院統軍司議
所以禦備之策上以示尚書省宰臣奏兵已踰關惟宜嚴
責所遣帥臣趣迎擊之及命鼎益兵渡河以掣其肘制可
既而鼎聞大兵已越關乃急上章曰臣叨蒙國恩擢列樞府
凡有戎事皆當任之今入河南將及畿甸豈可安據一方
坐視朝廷之急而不思自奮以少寬陛下之憂乎去歲須

降聖訓以向者都城被圍四方無援爲恨明勑將帥若京
師有警即各提兵奔赴其或不至自有常刑臣已奉詔先
遣潞州元帥左監軍必蘭阿魯帶領軍一萬孟州經畧使
徒單百家領兵五千由便道濟河以趨關陝臣將親率平
陽精兵直抵京師與王師相合又奏曰京師去平陽千五
百餘里儻俟朝廷之命方圖入援須三旬而後能至得無
失其機耶臣以身先士卒倍道兼行矣上嘉其意詔樞府
督軍應之初鼎以將率兵赴援京師奏乞委知平陽府事
王質權元帥左監軍同知府事完顏僧家奴權右監軍以
鎮守河東從之至是鼎拜尚書左丞兼樞密副使是時大

兵已過陝州自關以西皆列營柵連亘數十里鼎慮近薄
京畿遂以河東南路懷孟諸兵合萬五千由河中入援又
遣遥授河中府判官僕散掃吾出領軍趨陝西併力禦之
且慮北兵扼河移檄絳解吉隰孟州經畧司相與會兵以
爲夾攻之勢已而北兵果由三門集津北渡而去鼎復上
言自兵興以來河北潰散軍兵流亡人户及山西河東老
幼俱徙河南在處僑居各無本業易至動摇竊慮有司妄
分彼此或加迫遣以致不安今兵日益盛將及畿甸儻復
誘此失職之衆使爲鄉導或驅之攻城豈不益資其力乞
朝廷遣官撫慰及令所司嚴爲防閑庶幾不至生釁上從

其計遣監察御史陳規等充安撫捕盜官廵行郡邑大兵
還至平陽鼎遣兵拒戰不利乃去興定元年正月上命鼎
選兵三萬五千付陁滿胡土門統之西征至是鼎馳奏以
爲非便畧曰自北兵經過之後民食不給兵力未完若又
出師非獨饋運爲勞而民將流亡愈至失所或宋人乘隙
而動復何以制之此繫國家社稷大計方今事勢止當禦
備南邊西征未可議也遂止是月進拜平章政事封莘國
公又上奏曰臣近遣太原汾嵐官軍以備西征而太原路
元帥左監軍烏古論德升以狀白臣甚言其失計臣愚以
爲德升所言可取敢具以聞詔付尚書省議之語在德升

傳三月鼎以祖父名章乞避職詔不從朝廷詔鼎舉兵伐
宋且令勿復有言以沮成筭鼎已分兵由秦鞏鳳翔三路
並進乃上書曰竊懷愚悃不敢自默謹條利害以聞昔泰
和間蓋嘗南伐時太平日久百姓富庶馬蕃軍鋭所謂萬
全之舉也然猶亟和以偃兵爲務大安之後北兵大舉天
下騷然者累年然軍馬氣勢視舊纔十一耳至于器械之
屬亦多損弊民間差役重繁寢以疲乏而日勤師旅遠近
動揺是未獲一敵而自害者衆其不可一也今歲西北二
兵無入境之報此非有所憚而不敢也意者以去年北還
姑自息養不然則別部相攻未暇及我如聞王師南征兼

隙併至雖有潼關大河之險殆不足恃則三面受敵者首尾莫救得無貽後悔乎其不可二也凡兵雄于天下者必其士馬精強器械犀利且出其不備而後能取勝也宋自秦和再修舊好練兵峙粮繕修營壘十年于兹矣又車駕至汴益近宋境彼必朝夕憂懼委曲爲防況聞王師已出唐鄧必徙民渡江所在清野止留空城使我軍無所得徒自勞費果何益哉其不可三也宋我世讎比年非無恢復舊疆洗雪前耻之志特畏吾威力不能窺其虛實故未敢輕舉今我軍皆山西河北無依之人或招還逃軍脅從歸國大抵烏合之衆素非練習而遽使從戎豈能保其決勝

哉雖得其城内無儲蓄亦何以守以不練烏合之軍深入敵境進不得食退無所掠將復遁逃嘯聚爲腹心患其不可四也發兵進討欲因敵粮此事不可必者隨軍轉輸則又非民力所及沿邊人户雖有恒產而賦役繁重不勝困憊又凡失業寓河南者類皆衣食不給貧窮之迫盜所由生如宋人陰爲招募誘以厚利使爲鄉導伺我不虞突而入寇則内有叛民外有勍敵未易圖之其不可五也今春事將興若進兵不還必違農時以誤防秋之用此社稷大計豈特疆埸利害而已哉其不可六也臣愚以爲止當遴選材武將士分布近邊州郡敵至則追擊去則力田以實

儲蓄至于士氣益強民心益固國用豐饒自可恢廓先業成中興之功一區區之宋何足平乎詔付尚書省宰臣以爲諸軍既進無復可議遂寢既而元帥承裔等取宋大散關上諭鼎曰所得大散關可保則保不可則焚毀而還於是鼎奏臣近遣官問諸帥臣皆曰散關至蕃開諸隘其地遠甚中間堡壘相望如欲分屯非萬人不可而又有恒州虢縣所直數關宋兵皆固守如舊緩急有事當復分散關之兵餘衆數少必不能支而鳳翔恒隴亦無應援恐兩失之且比年以來民力困於調度今方春農事已急恐妨耕墾不若焚毀此關但屯邊隘以張其勢彼或來侵亙相應

援易爲力也制可二年四月鼎乞致仕上遣近侍諭曰卿年既耄朕非不知然天下事方有次第卿舊人也姑宜勉力以終之鼎以宣宗多親細務非帝王體乃上奏曰天下之大萬機之衆錢穀之冗非九重所能兼則必付之有司天子操大綱責成功而已況今多故豈可躬親細務哉惟陛下委任大臣坐收成算則恢復之期不遠矣上覽其奏不悅謂宰臣曰朕惟恐有怠而鼎言如此何耶高琪奏曰聖主以宗廟社稷爲心法上天行健之義憂勤庶政夙夜不遑乃太平之階也鼎言非是上喜之三年正月上言沿邊州府官既有減定資歷月日之格至于掌兵及守禦邊

隘者征行暴露備歷艱險宜一體减免以示激勸從之二月上言近制軍前立功犯罪之人行省行院帥府不得輒行誅賞夫賞由中出則恩有所歸茲固至當至于部分犯罪主將不得施行則下無所畏而令莫得行矣宰臣難之上以問樞密院官對如鼎言乃下詔自今四品以下皆得裁決時元帥內族承裔移剌粘何伐宋所下城邑多所焚掠於是鼎上言承裔等奉詔宣揚國威所謂弔民伐罪者也今大軍已克武休將至興元興元乃漢中西蜀喉衿之地乞諭帥臣所得城邑姑無焚掠務慰撫之誠使一郡帖然秋毫不犯則其餘三十軍將不攻自下矣若拒王師乃

宜有戮上甚是其言遂詔諭承裔鼎以年老屢上表求致仕上謂宰臣曰胥鼎以老求退朕觀其精力未衰已遣人往慰諭之鼎嘗薦把胡魯以為過已遠甚欲以自代胡魯固佳至于駕馭人材處決機務不及鼎多矣俄以伐宋有功遷官一階八月上言臣奉詔兼節制河東近晉安帥府令百里內止留桑棗果木餘皆伐之方今秋收乃爲此舉以奪其事既不能禦敵而又害民非計也且一朝警急其所伐木豈能盡去使不資敵乎他木雖伐桑棗舍屋獨非木乎此殆徒勞臣已下帥府止之而左都監完顏閭山乃言嘗奉旨清野臣不知其可詔從鼎便宜規畫是時

大元兵大舉入陝西鼎多料敵之策朝臣或中沮之上諭樞密院官曰胥鼎規畫必無謬誤自今卿等不須指授也尋又遣喻曰卿專制方面凡事得以從宜規畫又何必一一中覆徒爲逗遛也四年進封温國公致仕詔諭曰卿屢求退朕初不許者俟其安好復爲朕用爾今從卿請仍可來居京師或有大事得就諮決也五年三月上遣近侍諭鼎及左丞賈益謙曰自去冬至今雨雪殊少民心不安軍用或闕爲害甚重卿等皆名臣故老今當何以處之欲召赴尚書省會議恐與時相不合難於面折故令就第延問其悉意以陳毋有所隱元光元年五月上勑宰相曰前平

章胥鼎左丞賈益謙工部尚書札里吉翰林學士孛迭皆致政老臣經練國事當邀赴省與議利害仍遣侍官分詣四人者諭意焉六月晉陽公郭文振奏河朔受兵有年矣向皆秋來春去今已盛暑不迴且不嗜戕殺恣民耕稼此殆不可測也樞府每檄臣會合府兵進戰蓋公府雖號分封力實單弱且不相統攝方自保不暇朝廷不即遣兵爲援臣恐人心以謂舉棄河北甚非計也伏見前平章政事胥鼎才兼將相威望甚隆向行省河東人樂爲用今雖致政精力未衰乞付重兵使總制公府同力戰禦庶幾人皆響應易爲恢復惟陛下圖之明年宣宗崩哀宗即位正大

二年起復拜平章政事進封英國公行尚書省于衛州鼎以衰病辭上諭曰卿向在河東朝廷倚重今河朔州郡多歸附須卿圖畫卿先朝大臣必濟吾事大河以北卿皆節制鼎乃力疾赴鎮來歸者益衆鼎病不能自持復申前請優詔不許三年復上章請老且舉朝賢練軍政者自代詔荅曰卿往在河東殘破孤危殆不易保卿一至而定迄卿移鎮敵不復侵何乃過爲嫌避且君臣均爲一體朕待下亦豈自殊自外之語殆爲過計況餘人才力孰可副卿者卿年高久勞於外朕豈不知但國家百年積累之基河朔億萬生靈之命卿當勉出壯圖同濟大事鼎奉詔惶懼不

敢退是年七月薨鼎通達吏事有度量爲政鎮靜所在無賢不肖皆得其懽心南渡以來書生鎮方面者惟鼎一人而已

侯摯初名師尹避諱改今名字莘卿東阿人明昌二年進士入官慷慨有爲承安間積遷山東路鹽使司判官泰和元年以課增四分特命遷官二階八年七月追官一階降授長武縣令初摯爲户部主事與王謙規措西北路軍儲以代張煒摯上章論本路財用不實至是降除焉貞祐初大兵圍燕都時摯爲中都麴使請出募軍已而嬰城有功權爲右補闕二年正月詔摯與少府監丞李迥秀分詣西山招撫宣宗南渡轉勸農副使提控紫荆等關俄遷行六部侍郎三年四月同簽樞密院阿勒根訛論等以謂今車駕駐南京河南兵不可易動且兵不在多以將爲本侯摯有過人之才儻假以便宜之權使募兵轉粮事無不克可升爲尚書以總制永錫慶壽兩軍於是以摯爲大常卿行尚書六部事往來應給之摯遂上章言九事其一曰省部所以總天下之紀綱今隨路宣差便宜從宜往往不遵條格輒劄付六部及三品以下官其於紀綱豈不紊亂宜革其弊其二曰近置四帥府所統兵校不爲不衆然而弗克取勝者蓋一處受敵餘徒傍觀未嘗發一卒以爲援稍見

小却則棄戈遁去此師老將怯故也將將之道惟陛下察之其三曰率兵禦寇督民運粮各有所職本不可以兼行而帥府每令雜進累遇寇至軍未戰而丁夫已遁行伍錯亂敗之由也夫前陣雖勝而後必更者恐爲敵所料耳況不勝哉用兵尚變本無定形今乃因循不改覆轍臣雖素不知兵妄謂率由此失其四曰雄保安肅諸郡據白溝易水西山之固今多闕員又所任者皆罷懦不武宜亟選勇猛才幹者分典之其五曰漳水自衛至海宜沿流設備以固山東使力穡之民安服田畝其六曰近都州縣官吏往往逋逃蓋以往來敵中失身者多兼轉輸頻併民力困弊

應給不前復遣責罰秩滿乃與他處一體計資考實召其人乞詔有司優定等級以別異之其七曰兵威不振罪在將帥輕敵妄舉如近日李英爲帥臨陣之際酒猶未醒是以取敗臣謂英既無功其濫注官爵並宜削奪其八曰大河之北民失稼穡官無俸給上下不安皆欲逃竄加以潰散軍卒還相剽掠以致平民愈不聊生宜優加矜恤亟招撫之其九曰從來掌兵者多用世襲之官此屬自幼驕惰不任勞苦且心膽懦怯何足倚辦宜選驍勇過人衆所推服者不考其素用之上略施行焉時元帥蒲察七斤以通州叛累遣諜者間摯摯恐爲所陷上章自辯詔諭之曰卿

朕素知豈容間耶其一意於職無以猜嫌自沮也八月權參知政事俄拜參知政事行尚書省于河北先是摯言河北東西兩路最爲要地而貢定守帥胡論出輒棄城南奔州縣危懼今防秋在邇甚爲可憂臣願募兵與舊部西山忠義軍往安撫之制可故有是命十一月入見壬申遣祭河神于宜村十二月復行省于河北四年正月進拜尚書右丞嘗上言宜開沁水以便饋運至是詔有司開之是時河北大飢摯上言曰今河朔饑甚人至相食觀滄等州斗米銀十餘兩殍殣相屬伏見沿河上下許販粟北渡然每石官糴其八彼商人非有濟物之心也所以涉河往來者

特利其厚息而已利既無有誰復爲之是雖有濟物之名而實無所渡之物其與不渡何異昔春秋列國各列疆界然晉饑則秦輸之粟及秦饑晉閉之糴千古譏之況今天下一家河朔之民皆陛下赤子而遭罹兵革尤爲可哀其忍坐視其死而不救歟人心惟危臣恐弄兵之徒得以藉口而起也願止其糴縱民輸販爲便詔尚書省行之時紅襖賊數萬人入臨沂費縣之境官軍敗之生擒僞宣徽使李壽甫訊之則云其衆皆楊安兒劉二祖散亡之餘今復聚及六萬賊首郝定者兗州泗水人署置百官僭稱大漢皇帝已攻泰安滕兗單諸州及萊蕪新泰等十餘縣又破

邳州硇子堌得船數百艘近遣人北構南連皆成約行將跨河爲亂摯以其言聞于上且曰今邳滕之路不通恐實有此謀遂詔摯行省事于東平權本路兵馬都總管以招誘之若不從即率兵捕討興定元年四月濟南泰安滕兗等州土賊並起肆行剽掠摯遣提控遙授棣州防禦使完顏霆率兵討之前後斬首千餘招降僞元帥石花五夏全餘黨壯士二萬人老幼五萬口是年冬陞資德大夫兼三司使二年二月摯上言山東河北數罹兵亂遺民嗷嗷實可哀卹近朝廷遣官分往撫輯其惠大矣然臣忝預執政敢請繼行以宣布國家德信使疲瘵者得以少蘇是亦圖

報之一也宰臣難之無何詔遣摰行省于河北兼行三司安撫事既行又上言曰臣近歷黄陵崗南岸多有貧乏老幼自陳本河北農民因敵驚擾故南遷以避今欲復歸本土及春耕種而河禁邀阻臣謂河禁本以防閑自北來者耳此乃由南而往安所容姦乞令有司驗實放渡詔付尚書省宰臣奏宜令樞府講究上曰民饑且死而尚爲次第何耶其令速放之四月招撫副使黄摑阿魯答破李全於密州初賊首李全據密州及膠西高密諸縣摰督兵討之會高密賊陳全等四人默白招撫副使黄摑阿魯答願爲内應阿魯答乃遣提控朱琛率兵五百赴之時李全暨其

黨于忙兒者皆在城中聞官軍且西來全潛逸去忙兒不知所爲阿魯答馳抵城下鼓譟逼之賊守陴者八百人皆下乞降餘賊四千出走進軍邀擊之斬首千級俘百餘人所獲軍實甚衆遂復其城是夜琛又用陳全計拔高密焉六月上遣諭摰曰卿勤勞王家不避患難身居相職而往來山堌水寨之間保庇農民收穫二麥忠恪之意朕所具知雖然大臣也防秋之際亦須擇安地而處不可墮其計中摰對曰臣蒙大恩死莫能報然承聖訓敢不奉行擬駐兵于長清縣之靈巖寺有屋三百餘間且連接泰安之天勝寨介於東平益都之間萬一兵來足相應援上恐分其

兵粮乃詔權移邳州行省九月摰上言東平以東累經殘毁至于邳海尤甚海之民户曾不滿百而屯軍五千邳户僅及八百軍以萬計夫古之取兵以八家爲率一家充軍七家給之猶有傷生廢業疲於道路之歎今兵多而民不足使蕭何劉晏復生亦無所施其術況於臣者何能爲哉伏見邳海之間貧民失業者甚衆日食野菜無所依倚恐因而嘯聚以益敵勢乞募選爲兵自十月給粮使充戍役至二月罷之人授地三十畝貸之種粒而驗所收穫量數取之逮秋復隸兵伍且戰且耕公私俱利亦望被俘之民易于招集也詔施行之是時樞密院以海州軍食不足艱

于轉輸奏乞遷于内地詔問摰摰奏曰海州連山阻海與沂莒邳密皆邊隅衝要之地比年以來爲賊淵藪者宋人資給之故若棄而他徙則直抵東平無非敵境地大氣增後難圖矣臣未見其可且朝廷所以欲遷者止慮粮儲不給耳臣請盡力規畫勸喻農民趨時耕種且令煮鹽易粮或置場宿遷以通商旅可不勞民力而辦仍擇沭陽之地可以爲營屯者分兵護邏雖不遷無患也上是其言乃止十月先是邳州副提控王汝霖以州廪將乏扇其軍爲山東東路轉運副使兼同知沂州防禦使程戩懼禍及己遂與同謀因結宋兵以爲外應摰聞即遣兵捕之訊竟具伏

汝霖及戩幷其黨彈壓崔榮副統韓松萬户威誼等皆就誅至是以聞三年七月設汴京東西南三路行三司詔韓居中總其事焉十月以裹城畢工遷官一階四年七月遷榮禄大夫致仕天興元年正月起復爲大司農四月歸大司農印復致仕八月復起爲平章政事封蕭國公行京東路尚書省事以軍三千護送就舟張家渡行至封丘敵兵覺不能進諸將卒謀倒戈南奔留數騎衛摯摯知其謀遂下馬坐語諸將曰敵兵環視進退在我汝曹不思持重吾寧死於汝曹之手不忍爲亂兵所蹂以辱君父之命諸將諸而止得全師以還聞者壯之十一月復致仕居汴中有

圍亭蔡水濵日與耆舊讌飲及崔立以汴城降爲大兵所殺摯爲人威嚴御兵人莫敢犯在朝遇事敢言又喜薦士如張文舉雷淵麻九疇輩皆由摯進用南渡後宰執中人望最重

把胡魯不詳其初起貞祐二年五月宣宗南遷由左諫議大夫擢爲御前經歷官上面諭之曰此行軍馬朕自總之事有利害可因近侍局以聞三年十一月出爲彰化軍節度使兼涇州管内觀察使四年五月改知京兆府事兼本路兵馬都總管充行省參議官興定元年三月授陝西路統軍使兼前職二年正月召爲御史中丞三月上言國家取人惟進士之選爲重不求備數務在得賢竊見今場會試考官取人泛濫非求賢之道也宜革其弊依大定舊制詔付尚書省集文資官雜議卒依泰和例行之是月拜參知政事六月詔權左副元帥與平章胥鼎同事防秋三年六月平涼等處地震胡魯因上言皇天不言以象告人災害之生必有其故乞明諭有司敬畏天戒上嘉納之遣右司諫郭著往閱其迹撫諭軍民焉四年四月權尚書右丞左副元帥行尚書省元帥府于京兆時陝西歲運糧以助關東民力寖困胡魯上言若以舟楫自渭入河順流而下庶可少紓民力從之時以爲便五年正月朝議欲復取會

州胡魯上言臣竊計之月當費米三萬石草九萬稱轉運丁夫不下十餘萬人使此城一月可拔其費已如此況未必耶臨洮路新遭劫掠瘡痍未復所須芻糧決不可辦雖復取之慶陽平涼鳳翔及邠涇寧原恒隴等州亦恐未能無闕今農事將興沿邊常費已不暇給豈可更調十餘萬人以餉此軍果欲行之則數郡春種盡廢矣政使此城必得不免留兵戍守是飛輓之役無時而已也止宜令承裔軍于定西鞏州之地護民耕稼俟敵意怠然後取之詔付省院曰其言甚當從之可也三月上言禦敵在乎強兵強兵在乎足食此當今急務也竊見自陜以西州郡置帥府

者九其部衆率不過三四千而長校猥多虛糜廩給甚無謂也臣謂延安鳳翔鞏州邊隅重地固當仍舊德順平涼等處宜皆罷去河南行院帥府存沿邊並河者餘亦宜罷之制可是年十月西北兵三萬攻延安胡魯遣元帥完顏合達元帥納合買住禦之遂保延安先是胡魯以西北兵勢甚大屢請兵於朝上由是惡之元光元年正月遂罷參知政事以河中府事權安撫使於是陝西西路轉運使夾谷德新上言曰臣伏見知河中府把胡魯廉直忠孝公家之利知無不爲寔朝廷之良臣也去歲兵入延安胡魯遣將調兵城賴以完不爲無功今合達買住各授世封而胡

魯改知河中府切謂方今用人之時使謀略之臣不獲展力緩急或失事機誠宜復行省之任使與承裔共守京兆令合達買住捍禦延安以藩衛河南則內外安矣不報六月召爲大司農既至汴遂上言曰邇來羣盜擾攘侵及內地陳潁去京不及四百里民居稀闊農事半廢蔡息之間十去八九甫經大赦賊起益多動計數百驅牛焚舍恣行剽掠田穀雖熟莫敢獲者所在屯兵率無騎士比報至而賊已遁叢薄深惡復難追襲則徒形跡而已今向秋成柰何不爲處置也八月復拜參知政事上謂之曰卿頃爲大司農巡行郡縣盜賊如何可息對曰盜賊之多以賦役多也賦役省則盜賊息上曰朕固省之矣胡魯曰如行院帥府擾之何上曰司農官既兼採訪自今其令禁止之初胡魯拜命日延護衛紹王宅都將把九斤來賀御史粘割阿里言九斤不當遊執政門胡魯亦不當受其賀請併案之於是詔諭曰卿昔行省陝西擅出繫囚此自人主當行非臣下可專人苟有言其罪豈特除名朕爲卿地因而肆赦以弭衆口卿知之乎今九斤有職守且握兵柄而縱至門下法當責降朕重卿素有直氣故復曲留公家事但當履正而行要取人情何必爾也卿其戒之是年十二月進拜尚書右丞元光二年正月上諭宰臣曰陝右之兵將退當

審後圖不然今秋又至矣右丞胡魯深悉彼中利害其與共議之尋遣胡魯往陝西與行省賽不合達從宜規畫焉哀宗即位以有册立功進拜平章政事正大元年四月薨詔加贈右丞相東平郡王胡魯爲人忠實憂國奉公及亡朝廷公宰下迨吏民皆嗟惜之

師安石字子安清州人本姓尹氏避國諱更焉承安五年詞賦進士爲人輕財尚義初補尚書省令史適宣宗南遷留平章完顏承暉守燕都承暉將就死以遺表託安石使赴行在安石間道走汴以聞上嘉之擢爲樞密院經歷官時哀宗在春宮領密院事遂見知遇元光二年累遷御史

中丞其七月上章言備禦二事其一曰自古所以安國家息禍亂不過戰守避和四者而已爲今之計守和爲上所謂守者必求智謀之士使内足以得戍卒之心外足以挫敵人之鋭不惟彼不能攻又可以伺其隙而敗之其所謂和則漢唐之君固嘗用此策矣豈獨今日不可用乎乞令有司詳議而行其二曰今敵中來歸者頗多宜豐其粮餉厚其接遇度彼果肯爲我用則擇有心力者數十人潛往以誘致其餘來者既衆彼必轉相猜貳然後徐起而圖之則中興之功不遠矣上嘉納之九月坐劾英王守純附奏不實決杖追官及哀宗即位正大元年擢爲同簽樞密院

事二年復御史中丞三年工部尚書權左參政四年進尚書右丞五年臺諫劾近侍張文壽張仁壽李麟之安石亦論列三人不已上怒甚有旨謂安石曰汝便承取賢相朕爲昏主止矣如是數百言安石驟蒙任用遽遭摧折疽發腦而死上甚悼惜之

贊曰宣宗南遷天命去矣當是時雖有忠良之佐謀勇之將亦難爲也然而汝礪行信拯救于内胥鼎侯摯守禦于外訖使宣宗得免亡國而哀宗復有十年之久人才有益于人國也若是哉胡魯養兵惜穀之論善矣安石不負承暉之託遂見知遇以論列近侍觸怒而死悲夫

列傳第四十六

列傳第四十七　金史一百九

開府儀同三司上柱國錄軍國重事前中書右丞相監修國史領經筵事都總裁臣脫脫奉

勑修

完顏素蘭　陳規　許古

完顏素蘭一名翼字伯揚至寧元年策論進士也貞祐初累遷應奉翰林文字權監察御史二年宣宗遷汴留皇太子於燕都既而召之素蘭以爲不可平章高琪曰主上居此太子宜從且汝能保都城必完否素蘭曰完固不敢必但太子在彼則聲勢俱重邊隘有守則都城可無虞昔唐明皇幸蜀太子實在靈武蓋將以繫天下之心也不從竟召太子從七月車駕至汴素蘭上書言事略曰昔東海在位信用讒諂踈斥忠直以致小人日進君子日退紀綱紊亂法度益隳風折城門之關火焚市里之舍蓋上天垂象以儆懼之也言者勸其親君子遠小人恐懼修省以荅天變東海不從遂至亡滅夫善救亂者必迹其亂之所由生善革弊者必究其弊之所自起誠能大明黜陟以革東海之政則治安之效可指日而待也陛下龍興不思出此輙議南遷詔下之日士民相率上章請留啓行之日風雨不時橋梁數壞人心天意亦可見矣此事既往豈容復追但自今尤宜戒慎覆車之轍不可引轅而復蹈也又曰國家

不可一日無兵兵不可一日無食陛下爲社稷之計宮中用度皆從貶損而有司復多置軍官不恤妄費甚無謂也或謂軍官之衆所以張大威聲臣竊以爲不然不加精選而徒務其多緩急臨敵其可用乎且中都惟其粮乏故使車駕至此稍獲安地遂忘其危而不之備萬一再如前日未知有司復請陛下何之也三年正月素蘭自中都計議軍事廻上書求見乞屛左右上遣人諭之曰屛人奏事朕固常爾近以游茂因緣生疑間之語故凡有所引見必令一近臣立侍汝有封章亦無患不密也尋召至近侍局給紙劄令書所欲言書未及半上出御便殿見之悉去左右惟近侍局直長趙和和在焉素蘭奏曰臣聞興衰治亂有國之常在所用之人如何耳用得其人雖衰亂尚可扶持一或非才則治安亦亂矣向者乣軍之變中都帥府自足勦滅朝廷乃令移剌塔不也等招誘之使帥府不敢盡其力既不能招愈不可制矣至於伯德文哥之叛帥府方議削其權而朝廷傳旨俾領義軍文哥由是益肆改除之令輙拒不受不臣之狀亦顯矣帥府方且收捕而朝廷復赦之且不令隸帥府國家付方面於重臣乃不信任顧養叛賊之姦不知誰爲陛下畫此計者臣自外風聞皆平章高琪之意惟陛下裁察上曰汝言皆是文哥之事朕所未悉

誠如所言朕肯赦之乎且汝何以知此事出於高琪素蘭曰臣見文哥牒永清副提控劉温云所差人張希韓至自南京道副樞平章處分已奏令文哥隸大名行省勿復遵中都帥府約束温即具言於帥府然則罪人與高琪計結明矣上頷之素蘭續奏曰高琪本無勲勞亦無公望向以畏死故擅誅胡沙虎蓋出無聊耳一旦得志媢賢能樹姦黨竊弄國權自作威福去歲都下書生樊知一者詣高琪言乣軍不可信恐終作亂遂以刀杖決殺之自是無復敢言軍國利害者寢聰之不通下情之不達皆此人罪也及乣軍爲變以黨人塔不也爲武寧軍節度使往招之已而

無成則復以爲武衛軍使塔不也何人且有何功而重用如此以臣觀之此賊變亂紀綱戕害忠良實有不欲國家平治之意昔東海時胡沙虎跋扈無上天下知之而不敢言獨臺官烏古論德升張行信彈劾其惡東海不察卒被其禍今高琪之姦過於胡沙虎遠矣臺諫職當言責迫於兇威噤不敢忤然内外臣庶見其恣横莫不扼腕切齒欲一剸刃陛下何惜而不去之耶臣非不知言出而患至顧臣父子迭仕聖朝久食厚禄不敢偷安惟陛下斷然行之社稷之福也上曰此乃大事汝敢及之甚善素蘭復奏丞相福興國之勲舊乞召還京以鎮雅俗付左丞彖多以留後事足矣上曰如卿所言二人得無相惡耶素蘭曰福興彖多同心同德無不恊者上曰都下事殷恐丞相不可輟素蘭曰臣聞朝廷正則天下正不若令福興還以正根本上曰朕徐思之素蘭出上復戒曰今日與朕對者止汝二人慎無泄也厥後上以素蘭屢進直言命再任監察御史四年三月言臣近被命體問外路官廉幹者擬不差遣若懦弱不公者罷之具申朝廷别議擬注臣伏念彼懦弱不公之人雖令罷去不過止以待闕者代之其能否又未可知或反不及前官蓋徒有選人之虚名而無得人之實跡古語曰縣令非其人百姓受其殃今若後官更劣則爲患

滋甚豈朝廷恤民之意哉夫守令治之本也乞令隨朝七品外路六品以上官各舉堪充司縣長官者仍明著舉官姓名他日察其能否同定賞罰庶幾其可議者或以闕選法素資品爲言是不知方今之事與平昔不同豈可拘一定之法坐視斯民之病而不權宜更定乎詔有司議行之時哀宗爲皇太子春宫所設師保贊諭之官多非其人於是素蘭上章言臣聞太子者天下之本也欲治天下先正其本正本之要無他在選人輔翼之耳夫生于齊者能齊言而不能楚語未習之故也人之性亦在夫習之而已昔成王在襁褓中即命周召以爲師保戒其逸豫之心告以

持守之道終之功光文武垂休無窮欽惟陛下順天人之心預建春宮皇太子仁孝聰明出于天資總制樞務固已綽然有餘儻更選賢如周召之儔者使之夾輔則成周之治不足侔矣上稱善未幾擢爲内侍局直長尋遷諫議大夫進侍御史興定二年四月以蒲鮮萬奴叛遣素蘭與近侍局副使内族訛可同赴遼東詔諭之曰萬奴事竟不知果何如卿等到彼當得其詳然宜止居鐵山若復遠去則朕難得其耗也又曰朕以訛可性頗率易故特命卿偕行每事當詳議之素蘭將行上言曰臣近請宣諭高麗復開互市事聞以詔書付行省必闌出若令行省就遣諭之不過鄰境領受恐中間有所不通使聖恩不達於高麗高麗亦無由知朝廷本意也況彼世爲藩輔未嘗闕臣子禮如遣信使明持恩詔諭之儻糧開市二者必有一濟苟俱不從則其曲在彼然後别議圖之可也上是其言於是遣典客署書表劉丙從行及還授翰林待制正大元年正月詔集羣臣議修復河中府素蘭與陳規等奏其未可語在規傳是月轉刑部郎中時南陽人布陳謀反坐繫者數百人司直白華言於素蘭曰此獄詿誤者多新天子方務寬大他日必再詔推問比得昭雪死於榜笞之下者多矣素蘭命華及檢法邊澤分别當死當免者素蘭以聞止坐首惡

及擬僞將相者數人餘悉釋之八月權戶部侍郎二年三月授京西司農卿俄改司農大卿轉御史中丞七年七月權元帥右都監參知政事行省於京兆未幾遷金安軍節度使兼同華安撫使既而召還朝行至陝被圍久之亡奔行在道中遇害素蘭莅官以修謹得名然苛細不能任大事較之輩流頗可稱自擢爲近侍局直長每進言多有補益其居父喪不飲酒廬墓三年時論以爲難

陳規字正叔絳州稷山人明昌五年詞賦進士南渡爲監察御史貞祐三年十一月上章言參政侯摯初以都西立功獲不次之用遂自請鎮撫河北陛下遷授以執政蓋欲責其報効也既而盤桓西山不能進退及召還闕自當辭避乃恬然安居至於按閱倉庫規畫榷酤豈大臣所宜親方今疆土日蹙將帥乏人士不選練冗食猥多守令貪殘百姓流亡盜賊滋起災變不息則當日夜講求其故啓告陛下者也而摯未嘗及之伏願陛下特賜省察量其才分別加任使無令負天下之謗不報又言警巡使馮祥進由刀筆無他才能第以慘刻督責爲事由是升職恐長殘虐之風乞黜退以勵餘者詔即罷祥職且諭規曰卿知臣子之分敢言如此朕甚嘉之四年正月上言伏見沿河悉禁物斛北渡遂使河北艱食人心不安昔秦晉爲讎一遇年

饑則互輸之粟今聖主在上一視同仁豈可以一家之民自限南北坐視困餒而不救哉況軍民効死禦敵使復乏食生亦何聊人心一搖爲害不細臣謂宜於大陽孟津等渡委官閲視過河之物每石官收不過其半則富有之家利其厚息輻湊而往庶幾公私俱足宰執以河南軍儲爲重詔兩渡委官取其八二以與民至春澤足大兵北還乃依規請制可三月上言臣因巡按至徐州去歲河北紅襖盜起州遣節度副使紇石烈鶴壽將兵討之而乃大掠良民家屬爲驅甚不可也乞明勅有司凡鶴壽所虜俱放免之餘路軍人有掠本國人爲驅者亦乞一體施行庶幾河

朔有所係望上恩無有極已事下尚書省命徐州歸德行院拘括放之有隱匿者坐掠人爲奴婢法仍許諸人告捕依令給賞被虜人自訴者亦賞之四月上言河北瀕河州縣率距一舍爲一寨籍居民爲兵數寨置總領官一人並以宣差從宜爲名其人大抵皆閑官義軍之長偏裨之屬尤多無賴輩徼逐宴飲取給于下日以爲常及敵至則伏匿不出敵去騷擾如初此輩小人假以重柄朝廷號令威權無乃太輕乎臣謂宜皆罷之第委宣撫司從宜措畫足矣制可七月上章言陛下以上聖寬仁之姿當天地否極之運廣開言路以求至論雖狂妄失實者亦不坐罪臣忝

耳目之官居可言之地苟爲緘默何以仰酬洪造謹條陳八事願不以人微而廢之卽無可採乞放歸山林以懲尸祿之罪一曰責大臣以身任安危今北兵起自邊陲深入吾境大小之戰無不勝捷以致神都覆没翠華南狩中原之民肝腦塗地大河以北莽爲盜區臣每念及此驚怛不已況宰相大臣皆社稷生靈所繫以安危者豈得不爲陛下憂慮哉每朝奏議不過目前數條特以碎末互生異同俱非救時之急者況近詔軍旅之務專委樞府尚書省坐視利害泛然不問以爲責不在已其於避嫌周身之計則得矣社稷生靈將何所賴古語云疑則勿任任則勿疑又

曰謀之欲衆斷之欲獨陛下既以宰相任之豈可使親其細而不圖其大者乎伏願特出睿斷若軍伍器械常程文牘卽聽樞府專行至于戰守大計征討密謀皆須省院同議可否則爲大臣者知有所責而天下可爲矣二曰任臺諫以廣耳目人主有政事之臣有議論之臣政事之臣者宰相執政和陰陽遂萬物鎭撫四夷親附百姓與天子經綸於廟堂之上者也議論之臣者諫官御史與天子辨曲直正是非者也二者豈可偏廢哉昔唐文皇制中書門下入閤議事皆令諫官隨之有失輒諫國朝雖設諫官徒備員耳每遇奏事皆令迴避或無他職或爲省部所差有終

任不覩天顏不出一言而去者雖有御史不過責以糾察官吏照刷案牘廵視倉庫而已其事關利害或政令更革則皆以爲機密而不聞萬一政事之臣專任胸臆威福自由或掌兵者以私見敗事機陛下安得而知之伏願遴選學術該博通曉世務骨鯁敢言者以爲臺諫凡事關利害皆令預議其或不當悉聽論列不許兼職及充省部委差苟畏徇不言則從而黜之三曰崇節儉以荅天意昔衛文公乘狄人滅國之餘徙居楚丘緣華車三十兩乃躬行儉約冠大帛之冠衣大布之衣季年致騋牝三千遂爲富庶漢文帝承秦項戰爭之後四海困窮天子不能具鈞駟乃示以敦朴身衣弋綈足履革舄未幾天下富安四夷咸服國家自兵興以來州縣殘毀存者復爲土寇所擾獨河南稍完然大駕所在其費不貲舉天下所奉責之一路顧不難哉賴陛下慈仁上天眷佑蝗災之餘而去歲秋禾今年夏麥稍得支持夫應天者要在以實行儉者天必降福切見宮中及東宮奉養與平時無異隨朝官吏諸局承應人亦未嘗有所裁省至於貴臣豪族掌兵官莫不以奢侈相尚服食車馬惟事紛華今京師鬻明金衣服及珠玉犀象者日增於舊俱非克已消厄之道願陛下以衛文公漢文帝爲法凡所奉之物痛自撙節罷冗員減浮費戒豪侈禁

戢明金服飾庶皇天悔禍太平可致四曰選守令以結民心方今舉天下官吏軍兵之費轉輸營造之勞皆仰給河南陝西加之連年蝗旱百姓荐饑行賑濟則倉廩懸乏免征調則用度不足欲其實惠及民惟得賢守令而已當賦役繁殷期會促迫之際若措畫有方則百姓力省而易辦一或乖謬有不勝其害者況縣令之弊無甚于今由軍衛監當進納勞效而得者十居八九其桀黠者乘時貪縱庸懦者權歸猾吏近雖遣官廉察治其姦濫易其疲軟然代者亦非選擇所謂除狼得虎也伏乞明勑尚書省公選廉潔無私才堪牧民者以補州府官仍清縣令之選及責隨朝七品外任六品以上官各保堪任縣令者一員如他日犯贓並從坐其資歷已係正七品及見任縣令者皆聽寄理俟秩滿升遷復令監察以時廵按有不法及不任職者究治之則實惠及民而民心固矣五曰博謀羣臣以定大計比者徙河北軍户百萬餘口于河南雖革去冗濫而所存猶四十二萬有奇歲支粟三百八十餘萬斛致竭一路終歲之斂不能贍此不耕不戰之人雖無邊事亦將坐困況兵事方興未見息期耶近欲分布沿河使自種殖然游惰之人不知耕稼羣飲賭博習以成風是徒煩有司徵索課租而已舉數百萬衆坐糜廩給緩之則用闕急之則民

疲朝廷惟此一事已不知所處又何以待敵哉是蓋不審於初不計其後致此誤也使初遷將去留從其所願則欲來者是足以自贍之家何假官廩其留者必有避難之所不必强遣當不至今日措畫之難古昔人君將舉大事則謀及乃心謀及卿士庶人卜筮乞自今凡有大事必令省院臺諫及隨朝五品以上官同議爲便六曰重官賞以勸有功陛下即位以來屢沛覃恩以均大慶不吝官爵以激人心至有未滿一任而併進十級承應未出職而已帶驃騎榮祿者冗濫之極至于如此復開鬻爵進獻之門然則被堅執銳効死行陣者何所勸哉官本虛名特出於人主

之口而天下之人極意趨慕者以朝廷愛重耳若不計勲勞朝授一官暮升一職人亦將輕之而不慕矣已然之事既不可咎伏願陛下重惜將來無使公器爲尋常之具功賞爲僥倖所乘又今之散官動至三品有司艱於遷授宜於减罷入資内量增階數易以美名庶幾歷官者不至于太驟而國家恩權不失之太輕矣七曰選將帥以明軍法夫將者國之司命天下所賴以安危者也舉萬衆之命付之一人呼吸之間以決生死其任顧不重歟自北兵入境野戰則全軍俱殃城守則闔郡被屠豈皆士卒單弱守備不嚴哉特以庸將不知用兵之道而已古語云三辰不軌

取士爲相四夷交侵拔卒爲將今之將帥大抵先論出身官品或門閥膏粱之子或親故假託之流平居則意氣自高遇敵則首尾退縮將帥既自畏怯士卒夫誰肯前又居常裒刻納其饋獻士卒因之以擾良民而莫可制及率之應敵在途則前後亂行頓次則排門擇屋恐逼小民恣其求索以此責其畏法死事豈不難哉况今軍官數多自千户而上有萬户有副統有都統有副提控十羊九牧號令不一動相牽制切聞國初取天下元帥而下惟有萬户所統軍士不下數萬人專制一路豈在多哉多則難擇少則易精今之軍法每二十五人爲一謀克四謀克爲一千户

謀克之下有蒲輦一人旗鼓司火頭五人其任戰者纔十有八人而已又爲頭目選其壯健以給使令則是一千户所統不及百人不足成其隊伍矣古之良將常與士卒同甘苦今軍官既有俸廩又有券糧一日之給兼數十人之用將帥則豐飽有餘士卒則飢寒不足曷若裁省冗食而加之軍士哉伏乞明勑大臣精選通曉軍政者分詣諸路編列隊伍要必五十人爲一謀克四謀克爲一千户五千户爲一萬户謂之散將萬人設一都統謂之大將總之帥府數不足者皆併之其副統副提控及無軍虛設都統萬户者悉罷省仍勑省院大臣及内外五品以上各舉方略

優長武勇出衆材堪將帥者一二人不限官品以充萬户以上都統元帥之職千户以下選軍中有謀略武藝爲衆所服者充申明軍法居常教閲必使將帥明於奇正虛實之數士卒熟于坐作進退之節至于弓矢鎧仗須令自負習於勞苦若有所犯必刑無赦則將帥得人士氣日振可以待敵矣八曰練士卒以振兵威昔周世宗常曰兵貴精而不貴多百農夫不能養一戰士柰何朘民脂膏養此無用之卒苟健懦不分衆何以勸因大蒐軍卒遂下淮南取三關兵不血刃選練之力也唐魏徵曰兵在以道御之而已御壯健足以無敵于天下何取細弱以增虛數比者凡

戰多敗非由兵少正以其多而不分健懦故爲敵所乘懦者先奔健者不能獨戰而遂潰此所以取敗也今莫若選差習兵公正之官將已籍軍人隨其所長而類試之其武藝出衆者别作一軍量增口糧時加訓練視等第而賞之如此則人人激厲爭効所長而衰懦者亦有可用之漸矣昔唐文皇出征常分其軍爲上中下凡臨敵則觀其强弱使下當其上而上當其中中當其下敵乘下軍不過奔逐數步而上軍中軍已勝其二軍用是常勝蓋古之將帥亦有以懦兵委敵者要在預爲分别不使混淆耳上覽書不悦詔付尚書省詰之宰執惡其紛更諸事謂所言多不當

於是規惶懼待罪詔諭曰朕始以規有放歸山林之語故令詰之乃辭以不識忌諱意謂朕惡其言而怒也朕初無意加罪其令御史臺諭之尋出爲徐州帥府經歷官正大元年召爲右司諫數上章言事尋權吏部郎中時詔羣臣議修復河中府規與楊雲翼等言河中今爲無人之境陝西民力疲乏修之亦不能守不若以見屯軍士量力補治待其可守即修之未晚也從之未幾坐事解職初吏部尚書趙伯成坐銓選吏員出身王京與進士王著填開封警巡判官見闕爲京所訟免官規亦坐之是年十一月改充補闕十二月言將相非材且薦數人可用者二年正月規

及臺諫同奏五事一乞尚書省提控樞密院如大定明昌故事二簡留親衛軍三沙汰冗軍減行樞密院帥府四選大臣爲宣撫使招集流亡以實邊防五選官置所議一切省減略施行之四月以大旱詔規審理冤滯臨發上奏今河南一路便宜行院帥府從宜凡二十處陝西行尚書省二帥府五皆得以便宜殺人冤獄在此不在州縣又曰雨水不時則責審理然則職爕理者當何如上善其言而不能有爲也十一月上召完顔素蘭及規入見面諭曰宋人輕犯邊界我以輕騎襲之冀其懲創告和以息吾民耳宋果行成尚欲用兵乎卿等當識此意規進曰帝王之兵貴

於萬全昔光武中興所征必克猶言每一出兵頭須爲白
兵不妄動如此上善之四年三月上召羣臣諭以陝西事
曰方春北方馬漸羸瘠秋高大勢併來何以支持朕已諭
合達盡力決一戰矣卿等以爲如何又言和事無益撒合
輦力破和議賽不言今已遣和使可中輟乎餘皆無言規
獨進曰兵難遙度百聞不如一見臣嘗任陝西官近年又
屢到陝西兵將冗懦恐不可用未如聖料言未終烏古論
四和曰陳規之言非是臣近至陝西軍士勇銳皆思一戰
監察御史完顏習顯從而和之上首肯又泛言和事規對
曰和事固非上策又不可必成然方今事勢不得不然使

彼難從猶可以激厲將士以待其變上不以爲然明日又
令集議省中欲罷和事羣臣多以和爲便乃詔行省斟酌
發遣而事竟不行十月規與右拾遺李大節上章劾同判
大睦親事撒合輦諂佞招權納賄及不公事由是撒合輦
竟出爲中京留守朝廷快之五年二月又與大節言三事
一將帥出兵每爲近臣牽制不得專輒二近侍送宣傳旨
公受賂遺失朝廷體可一切禁絕三罪同罰異何以使人
上嘉納焉初宣宗嘗召文繡署令王壽孫作大紅半身繡
衣且戒以勿令陳規知及成進名壽孫問曰曾令陳規輩
知否壽孫頓首言臣侍禁庭凡宮省大小事不敢爲外人

言況親被聖訓乎上因嘆曰陳規若知必以華飾諫我我
實畏其言蓋規言事不假借朝望甚重凡宮中舉事上必
曰恐陳規有言一時近臣切議惟畏陳正叔耳挺然一時
直士也後出爲中京副留守未赴卒士論惜之規博學能
文詩亦有律度爲人剛毅質實有古人風篤於學問至老
不廢渾源劉從益見其所上八事歎曰宰相材也每與人
論及時事輒憤惋蓋傷其言之不行也南渡後諫官稱許
古陳規而規不以訐直自名尤見重云死之日家無一金
知友爲葬之子良臣

許古字道真汾陽軍節度使致仕安仁子也登明昌五年

詞賦進士第貞祐初自左拾遺拜監察御史時宣宗遷汴
信任丞相高琪無恢復之謀古上章曰自中都失守廟社
陵寢宮室府庫至于圖籍重器百年積累一朝棄之惟聖
主痛悼之心至爲深切夙夜思懼所以建中興之功者未
嘗少置也爲臣子者食祿受責其能無愧乎且閭閻細民
猶顒望朝廷整訓師徒爲恢復計而今纔闘拒河自保又
盡徙諸路軍户河南彼既棄其恒產無以自生土居之民
復被其擾臣不知誰爲此謀者然業已如是但當議所以
處之使軍無妄費民不至困窮則善矣臣聞安危所繫在
於一相孔子稱危而不持顛而不扶則將焉用事勢至此

不知執政者每對天顏何以仰荅清問也今之所急莫若
得人如前御史大夫裴滿德仁工部尚書孫德淵忠諒明
敏可以大用近皆許告老願復起而任之必能有所建立
以利國家太子太師致仕孫鐸雖頗衰疾如有大議猶可
賜召或就問之人才自古所難凡知治體者皆當重惜況
此耆舊豈宜輕棄哉若乃臨事不盡其心雖盡心而不明
於理得無益失無損者縱其尚壯亦安所用方時多難固
不容碌碌之徒備員尸素以塞賢路也惟陛下宸衷剛斷
黜陟一新以幸天下臣前爲拾遺時已甞備論擇相之道
乞取臣前奏并今所言加審思焉臣又聞將者民之司命

國家安危所繫故古之人君必重其選爲將者亦必以天
下爲己任夫將者貴謀而賤戰必也賞罰使人信之而不
疑權謀使人由之而不知三軍奔走號令以取勝然後中
心誠服而樂爲之用邇來城守不堅臨戰輒北皆以將之
不才故也私於所暱賞罰不公至於衆怨而懼其生變則
撫摩慰藉一切爲姑息之事由是兵輕其將將畏其兵尚
能使之出死力以禦敵乎願令腹心之臣及閑於兵事者
各舉所知果得真才優加寵任則戰功可期矣如河東宣
撫使胥鼎山東宣撫使完顏弼涿州刺史内族從坦昭義
節度使必蘭阿魯帶或忠勤勇幹或重厚有謀皆可任之

以扞方面又曰河北諸路以都城既失軍戶盡遷將謂國
家舉而棄之州縣官往往逃奔河南乞令所在根括立期
遣還違者勿復錄用未甞離任者議加恩賚如願自効河
北者亦聽陳請仍先賞之減其日月州縣長貳官並令兼
領軍職許擇軍中有才略膽勇者爲頭目或加爵命以收
其心能取一府者即授以府長官州縣亦如之使人懷復
土之心別遣忠實幹濟者以文檄官賞招諸脅從人彼既
苦於敵役來者必多敵勢當自削有司不知出此而但爲
清野計事無緩急惟期速辦今晩禾十損七八遠近危懼
所謀可謂大戾矣又曰京師諸夏根本況今常宿重兵緩

急征討必由于此平時尚宜優於外路使百姓有所蓄積
雖在私室猶公家也今有司搜括餘粮致轉販者無復敢
入宜即止之臣頃看讀陳言見其盡心竭誠以吐正論者
率皆草澤疎賤之人況在百僚豈無爲國深憂進章疏者
乎誠宜明勑中外使得盡言不諱則太平之長策出矣詔
付尚書省略施行焉尋遷尚書左司員外郎兼起居注無
何轉右司諫時丞相高琪立法職官有犯皆的決古及左
司諫抹撚胡魯剌上言曰禮義廉恥以治君子刑罰威獄
以治小人此萬世不易論也近者朝廷急於求治有司奏
請從權立法職官有犯應贖者亦多的決夫爵祿所以馭

貴也貴不免辱則卑賤者又何加焉車駕所駐非同征行而凡科徵小過皆以軍期罪之不已甚乎陛下仁恕決非本心殆有司不思寬靜可以措安而專事督責故耳且百官皆朝廷遴選多由文行武功閥閱而進乃與凡庶等則享爵祿者亦不足爲榮矣抑又有大可慮者爲上者將曰官猶不免民復何辭則苛暴之政日行爲下者將曰彼既亦然吾何耻則陵犯之心益肆其弊豈勝言哉伏願依元年赦恩刑不上大夫之文削此一切之法幸甚上初欲行之而高琪固執以爲不可遂寢四年以右司諫兼侍御史時大兵越潼關而東詔尚書省集百官議古上言曰兵

踰關而朝廷甫知此蓋諸將欺蔽罪也雖然大兵駐閿鄉境數日不動意者恐吾河南之軍逆諸前陝西之衆議其後或欲先令覘者伺趨向之便或以深入人境非其地利而自危所以觀望未遽進也此時正宜選募銳卒併力擊之且開其歸路彼既疑惑過敵必走我衆從而襲之其破必矣上以示尚書省高琪沮其議遂不行是月始置招賢所令古等領其事興定元年七月上聞宋兵連陷贛榆漣水諸縣且獲僞檄辭多詆斥因諭宰臣曰宋人構禍久矣朕姑含容者衆應開兵端以勞吾民耳今數見侵將何以處卿等其與百官議於是集衆議于都堂古曰宋人孱弱

畏我素深且知北兵方强將恃我爲屏蔽雖時跳梁計必不敢深入其侮嫚之語特市井屠沽兒所爲烏足較之止當命有司移文諭以本朝累有大造及聖主兼愛生靈意彼若有知復尋舊好則又何求其或怙惡不悛舉衆討之顧亦未晚也時預議者十餘人雖或小異而大略則一既而丞相高琪等奏百官之議咸請嚴兵設備以逸待勞此上策也上然之時朝廷以諸路把軍官時有不和不聽更相訴訟古上言曰臣以爲善者有勸惡者有懲國之大法也苟善惡不聞則上下相蒙懲勸無所施矣上嘉納之古以朝廷欲舉兵伐宋上疏諫曰昔大定初宋人犯宿州已

而屢敗世宗料其不敢遽乞和乃勅元帥府遣人議之自是太平幾三十年泰和中韓侂胄妄開邊釁章宗遣駙馬僕散揆討之揆慮兵興費重不能久支陰遣侂胄族人賫乃祖琦畫像及家牒僞爲歸附以見丘崈因之繼好振旅而還夫以世宗章宗之隆府庫充實天下富庶猶先俯屈以即成功告之祖廟書之史册爲萬世美談今其可不務乎今大兵少息若復南邊無事則太平不遠矣或謂專用威武可使宋人屈服此殆虛言不究實用借令時獲小捷亦不足多賀彼見吾勢大必堅守不出我軍倉猝無得須還以就糧彼復乘而襲之使我欲戰不得欲退不能則休

兵之期殆未見也況彼有江南蓄積之餘我止河南一路征斂之弊可爲寒心願陛下隱忍包容速行此策果通和則大兵聞之亦將斂跡以吾無掣肘故也河南既得息肩然後經略朔方則陛下享中興之福天下賴涵養之慶矣惟陛下略近功慮後患不勝幸甚上是其言即命古草議和牒文既成以示宰臣宰臣言其有哀祈之意自示微弱遂不用監察御史粘割梭失劾榷貨司同提舉毛端卿貪汙不法古以詞理繁雜輒爲刪定頗有脫漏梭失以聞削官一階解職特免殿年三年正月尚書省奏諫官闕員因以古爲請上曰朕昨暮方思古而卿等及之正合朕意其

趨召之後拜左補闕八月削官四階解職初朝廷遣近侍局直長温敦百家奴暨刑部侍郎奧屯胡撒合徙吉州之民於州以避兵鋒州民重遷遮道控訴百家奴諭以天子恐傷百姓之意且令名晉安兵將護老幼以行衆意兵至則必見强也迺譟入州署索百家奴殺之胡撒合畏禍矯徇衆情與之會飲歌樂盡日衆肩舁導擁讙呼拜謝而去既還詔古與監察御史紇石烈鐵論鞫之諭旨曰百家奴之死皆胡撒合所賣也其閱實以聞奧屯胡撒合既下獄上怒甚亟欲得其情以正典刑而古等頗寬縱之胡撒合自縊死有司以故出論罪遂有是罰哀宗初即位名爲補闕俄遷左司諫言事稍不及昔時未幾致仕居伊陽郡守爲起伊川亭古性嗜酒老而未衰每乘舟出村落間留飲或十數日不歸及泝流而上老稚爭爲挽舟數十里不絶其爲時人愛慕如此正大七年卒年七十四古平生好爲詩及書然不爲士大夫所重時論但稱其直云天興間有右司諫陳岢者遇事輒言無少隱上嘗面獎及汴京被兵屢上封事言得失請戰一書尤爲剴切其略云今日之事皆出陛下不斷將相怯懦若因循不決一旦無如之何恐君臣相對涕泣而已可謂切中時病而時相赤盞合喜等沮之策爲不行識者惜焉岢字和之滄州人大安元年進

士

贊曰宣宗即位孜孜焉以繼述世宗爲志而其所爲一切反之大定講和南北稱治貞祐用兵生民塗炭石琚爲相君臣之間務行寬厚高琪秉政惡儒喜吏上下苛察完顏素蘭首攻琪惡謂琪必亂紀綱陳規力言刀筆吏殘虐恐壞風俗許古請與宋和辭極忠愛三人所言皆切中時病有古諍臣之風焉宣宗知其爲直而不用其言如是而欲比隆世宗難矣

列傳第四十七

列傳第四十八　金史一百十

開府儀同三司上柱國錄軍國重事前中書右丞相監修國史領經筵事臣脫脫奉勑修

楊雲翼　趙秉文　韓玉

馮璧　李獻甫　雷淵

程震

楊雲翼字之美其先贊皇檀山人六代祖忠客平定之樂平縣遂家焉曾祖青祖郁考恒皆贈官于朝雲翼天資穎悟初學語輙畫地作字日誦數千言登明昌五年進士第一詞賦亦中乙科特授承務郎應奉翰林文字承安四年

出爲陝西東路兵馬都總管判官泰和元年召爲太學博士遷太常寺丞兼翰林修撰七年簽上京東京等路按察司事因召見章宗咨以當世之務稱旨大安元年翰林承旨張行簡薦其材且精術數召授提點司天臺兼翰林修撰俄兼禮部郎中崇慶元年以病歸貞祐二年有司上官簿宣宗閱之記其姓名起授前職兼吏部郎中三年轉禮部侍郎兼提點司天臺四年

大元及西夏兵入鄜延潼關失守朝議以兵部尚書蒲察阿里不孫爲副元帥以禦之雲翼言其人言浮於實必誤大事不聽後果敗興定元年六月遷翰林侍講學士兼修國史知集賢院事兼前職詔曰官制入三品者例外除以卿遇事敢言議論忠讜故特留之時右丞相高琪當國人有請榷油者高琪主之甚力詔集百官議戶部尚書高夔等二十六人同聲曰可雲翼獨與趙秉文時戩等數人以爲不可議遂格高琪後以事譖之雲翼不卹也二年拜禮部尚書兼職如故三年築京師子城役兵民數萬夏秋之交病者相籍雲翼提舉醫藥躬自調護多所全濟四年改吏部尚書凡軍興以來入粟補官及以戰功遷授者事定之後有司苛爲程式或小有不合輙罷去雲翼奏曰賞罰國之大信此輩宜從寬録以勸將來是年九月上召雲翼

及戶部尚書夔翰林學士秉文於内殿皆賜坐問以講和之策或以力戰爲言上俯首不樂雲翼徐以孟子事大事小之說解之且曰今日奚計哉使生靈息肩則社稷之福也上色乃和十一月改御史中丞宗室承立權參知政事行尚書省事於京兆大臣言其不法詔雲翼就鞫之獄成廷奏曰承立所坐皆細事不足問向大兵掠平涼以西數州皆破承立坐擁彊兵瞻望不進鄜延帥臣完顏合達以孤城當兵衝屢立戰績其功如此而承立之罪如彼願陛下明其功罪以誅賞之則天下知所勸懲矣自餘小失何足追咎承立由是免官合達遂掌機務哀宗即位首命雲

翼攝太常卿尋拜翰林學士正大三年二月復爲禮部尚書兼侍讀詔集百官議省費雲翼曰省費事小户部司農足以辦之樞密專制軍政蔑視尚書尚書出政之地政無大小皆當總領今軍旅大事社稷繫焉宰相乃不得預聞欲使利病兩不相蔽得乎上嘉納之明年設益政院雲翼爲選首每召見賜坐而不名時講尚書雲翼爲言帝王之學不必如經生分章析句但知爲國大綱足矣因舉任賢去邪與治同道與亂同事有言逆於汝心有言遜於汝志等數條一皆本於正心誠意敷繹詳明上聽忘倦尋進龜鑑萬年録聖學聖孝之類凡二十篇當時朝士廷議之際

多不盡言顧望依違寖以成俗一日經筵畢因言人臣有事君之禮有事君之義禮不敢齒君之路馬蹴其芻者有罰入君門則趨見君之几杖則起君命召不俟駕而行受命不宿於家是皆事君之禮人臣所當盡者也然國家之利害生民之休戚一一陳之則向所謂禮者特虚器耳君曰可而有否者獻其否君曰否而有可者獻其可言有不從雖引裾折檻斷鞅軔輪有不恤焉者當是時也姑徇事君之虚禮而不知事君之大義國家何賴焉上變色曰非卿朕不聞此言雲翼嘗患風痺至是稍愈上親問愈之之方對曰但治心耳心和則邪氣不干治國亦然人君先正其心則朝廷百官莫不一於正矣上矍然知其爲醫諫也夏人既通好遣其徽猷閣學士李弁來議互市往返不能決朝廷以雲翼往議乃定五年卒年五十有九謚文獻雲翼天性雅重自律甚嚴其待人則寬與人交分一定死生禍福不少變其於國家之事知無不言貞祐中主兵者不能外禦而欲取償於宋故頻歲南伐有言之者不謂之與宋爲地則疑與之有謀至於宰執他事無不言者獨南伐則一語不敢及雲翼乃建言曰國家之慮不在於未得淮南之前而在於既得淮南之後蓋淮南平則江之北盡爲戰地進而爭利於舟楫之間恐勁弓良馬有不得騁者矣

彼若扼江爲屯潛師於淮以斷饟道或決水以瀦淮南之地則我軍何以善其後乎及時全倡議南伐宣宗以問朝臣雲翼曰朝臣率皆諛辭天下有治有亂國勢有弱有彊今但言治而不言亂言彊而不言弱言勝而不言負此議論所以偏也臣請兩言之夫將有事於宋者非貪其土地也第恐西北有警而南又綴之則我三面受敵矣故欲我師乘勢先動以阻其進借使宋人失淮且不敢來此戰勝之利也就如所料其利猶未可必然彼江之南其地尚廣雖無淮南豈不能集數萬之衆伺我有警而出師耶戰而勝且如此如不勝害將若何且我以騎當彼之步理宜萬

全臣猶恐其有不敢恃者蓋今之事勢與泰和不同泰和以冬征今我以夏往此天時之不同也冬則水涸而陸多夏則水潦而塗淖此地利之不同也泰和舉天下全力驅糺軍以爲前鋒今能之乎此人事之不同也議者徒見泰和之易而不知今日之難請以夏人觀之向日弓箭之手在西邊者一遇敵則搏而戰袒而射彼已奔北之不暇今乃陷吾城而虜守臣敗吾軍而禽主將曩則畏我如彼今則侮我如此夫以夏人旣非前日奈何以宋人獨如前日哉願陛下思其勝之之利又思敗之之害無悅甘言無貽後悔章奏不報時全果大敗於淮上一軍全沒宣宗責諸

將曰當使我何面目見楊雲翼耶河朔民十有一人爲游騎所迫泅河而南有司論罪當死雲翼曰法所重私渡者防姦僞也今平民爲兵所迫奔入於河爲逭死之計耳今使不死於敵而死於法後惟從敵而已宣宗悟盡釋之哀宗以河南旱詔遣官理寃獄而不及陝西雲翼言天地人通爲一體今人一支受病則四體爲之不寧豈可專治受病之處而置其餘哉朝廷是之司天有以太乙新歷上進者尚書省檄雲翼參訂摘其不合者二十餘條曆家稱焉所著文集若干卷校大金禮儀若干卷續通鑑若干卷周禮辨一篇左氏莊列賦各一篇五星聚井辨一篇縣象賦一篇勾股機要象數雜說等著藏于家

趙秉文字周臣磁州滏陽人也幼穎悟讀書若夙習登大定二十五年進士第調安塞簿以課最遷邯鄲令再遷唐山丁父憂用薦者起復南京路轉運司都勾判官明昌六年入爲應奉翰林文字同知制誥上書論宰相胥持國當罷宗室守貞可大用章宗召問言頗差異於是命知大興府事内族膏等鞫之秉文初不肯言詰其僕歷數交游者秉文乃曰初欲上言嘗與修撰王庭筠御史周昂省令史潘豹鄭贇道高坦等私議庭筠等皆下獄決罰有差有司論秉文上書狂妄法當追解上不欲以言罪人遂特免焉

當時爲之語曰古有朱雲今有秉文朱雲攀檻秉文攀人士大夫莫不恥之坐是久廢後起爲同知岢嵐軍州事轉北京路轉運司度支判官承安五年冬十月陰晦連日宰相張萬公入對上顧謂萬公曰卿言天日晦冥亦猶人君用人邪正不分極有理若趙秉文曩以言事降授聞其人有才藻工書翰又且敢言朕非棄不用以北邊軍事方興姑試之耳泰和二年召爲戶部主事遷翰林修撰十月出爲寧邊州刺史三年改平定州前政苛於用刑每聞赦將至先掊賊死乃拜赦而盜愈繁秉文爲政一從寬簡旬月盜悉屛跡歲飢出祿粟倡豪民以賑全活者甚衆大安初

北兵南嚮召秉文與待制趙資道論備邊策秉文言今我軍聚於宣德城小列營其外涉暑雨器械弛敗人且病俟秋敵至將不利矣可遣臨潢一軍擣其虛則山西之圍可解兵法所謂出其不意攻其必救者也衛王不能用其秋宣德果以敗聞尋爲兵部郎中兼翰林修撰俄轉翰林直學士貞祐初建言時事可行者三一遷都二導河三封建朝廷略施行之明年上書願爲國家守殘破一州以宣布朝廷恤民之意且曰陛下勿謂書生不知兵顏眞卿張巡許遠輩以身許國亦書生也又曰使臣死而有益於國猶勝坐縻廩祿爲無用之人上曰秉文志固可尚然方今翰

苑尤難其人卿宿儒當在左右不許四年拜翰林侍講學士言寶券滯塞蓋朝廷初議更張市肆已妄傳其不用因之抑遏漸至廢絕臣愚以爲宜立回易務令近上職官通市道者掌之給以銀鈔粟麥縑帛之類權其低昂而出納詔有司議行之興定元年轉侍讀學士拜禮部尚書兼侍讀學士同修國史知集賢院事又明年知貢舉坐取進士盧亞重用韻削兩階因請致仕金自泰和大安以來科舉之文其弊益甚蓋有司惟守格法所取之文卑陋陳腐苟合程度而已稍涉奇峭卽遭黜落於是文風大衰貞祐初秉文爲省試得李獻能賦雖格律稍疎而詞藻頗麗擢爲

第一舉人遂大喧噪愬於臺省以爲趙公大壞文格且作詩謗之久之方息俄而獻能復中宏詞入翰林而秉文竟以是得罪五年復爲禮部尚書入謝上曰卿春秋高以文章故須復用卿秉文以身受厚恩無以自效願開忠言廣聖慮每進見從容爲上言人主當儉勤愼兵刑所以祈天永命者上嘉納焉哀宗卽位再乞致仕不許改翰林學士同修國史兼益政院說書官以上嗣德在初當日親經史以自裨益進無逸直解貞觀政要申鑒各一通正大九年正月汴京戒嚴上命秉文爲赦文以布宣悔悟哀痛之意秉文指事陳義辭情俱盡及兵退大臣欲稱賀且命爲表

秉文曰春秋新宮火三日哭今園陵如此酌之以禮當慰不當賀遂已時年已老日以時事爲憂雖食息頃不能忘每聞一事可便民一士可擢用大則拜章小則爲當路者言殷勤鄭重不能自已三月草開興改元詔閭巷間皆能傳誦洛陽人拜詔畢舉城痛哭其感人如此是年五月壬辰卒年七十四積官至資善大夫上護軍天水郡侯正大間同楊雲翼作龜鑑萬年錄上之又因進講與雲翼共集自古治術號君臣政要爲一編以進焉秉文自幼至老未嘗一日廢書著易叢說十卷中庸說一卷揚子發微一卷太玄箋贊六卷文中子類說一卷南華畧釋一卷列子補

注一卷刪集論語孟子解各一十卷貢暇録一十五卷所著文章號滏水集者三十卷秉文之文長於辨析極所欲言而止不以繩墨自拘七言長詩筆勢縱放不拘一律律詩壯麗小詩精絶多以近體爲之至五言古詩則沉欝頓挫字畫則草書尤遒勁朝使至自河湟者多言夏人問秉文及王庭筠起居狀其爲四方所重如此爲人至誠樂易與人交不立崖岸未嘗以大名自居仕五朝官六卿自奉養如寒士楊雲翼嘗與秉文代掌文柄時人號楊趙然晚年頗以禪語自汚人亦以爲秉文之恨云

贊曰楊雲翼趙秉文金士巨擘其文墨論議以及政事皆

有足傳雲翼諫伐宋一疏宣宗雖不見聽此心何愧景略庭筠之累秉文所爲茲事大愧高允

韓玉字温甫其先相人曾祖錫仕金以濟南尹致仕玉明昌五年經義辭賦兩科進士入翰林爲應奉應制一日百篇文不加點又作元勳傳稱旨章宗嘆曰勳臣何幸得此家作傳耶泰和中建言開通州路水漕渠船運至都陞兩階授同知陝西東路轉運使事大安三年都城受圍夏人連陷邠涇陝西安撫司檄玉以鳳翔總管判官爲都統府募軍旬日得萬人與夏人戰敗之獲牛馬千餘時夏兵五萬方圍平涼又戰于北原夏人疑大軍至是夜解去當路者忌其功辟奏玉與夏寇有謀朝廷疑之使使者授玉河平軍節度副使且覘其軍先是華州李公直以都城隔絶謀舉兵入援而玉恃其軍爲可用亦欲爲勤王之舉乃傳檄州郡云事推其本禍有所基始自賊臣貪容姦賂繼緣二帥貪固威權又云裹糧坐費盡膏血於生民棄甲復來竭資儲於國計要權力而望形勢連歲月而守妻孥又云人誰無死有臣子之當然事至于今忍君親之弗顧勿謂百年身後虚名一聽史臣只如今日目前何顔以居人世公直一軍行有日矣將有違約國朝人有不從者輙以軍法從事京兆統軍便謂公直擾華州反遣都統楊珪襲取

之遂寘極刑公直曾爲書約玉玉不預知其書乃爲安撫所得及使者覘玉軍且疑預公直之謀即實其罪玉道出華州被囚死於郡學臨終書二詩壁間士論寃之子不疑字居之以父死非罪誓不禄仕藏其父臨終時手書云此去冥路吾心皓然剛直之氣必不下沉兒可無慮世亂時艱努力自護幽明雖異寧不見爾讀者惻然

馮璧字叔獻眞定縣人幼頴悟不凡弱冠補大學生承安二年經義進士制策復優等調莒州軍事判官宰相奏留校祕書未幾調遼濱主簿縣有和糴粟未給價者餘十萬斛散貯民居以富人掌之有腐敗則責償於民民殊苦之

壁白漕司即日罷之民大悅四年調鄜州録事明年伐蜀行部檄充軍前檢察帥府以書檄委之章宗欲招降吳曦詔先以文告曉之然後用兵蜀人守散關不下金兵殺獲甚衆壁言彼軍拒守而并禍其民無乃與詔旨相戾乎主帥憾之以壁招兩當潰卒壁即日率鳳州已降官屬淡剛李果偕行道逢軍士所得子女金帛牛馬皆奪付剛使歸其家軍士則以違制決遣之比到兩當軍民三萬餘衆皷舞迎勞壁以朝旨慰遣之及還主帥嘉其能奏遷一官五年自東阿丞召補尚書省令史用宗室承暉薦授應奉翰林文字兼韓王府記室參軍俄轉太學博士至寧初忽沙

虎弑逆遂去官宣宗南遷壁時避兵東方由單父渡河詣汴梁時相奏復前職貞祐三年遷翰林修撰時山東河朔軍六十餘萬口仰給縣官率不逞輩竄名其間詔壁攝監察御史汰逐之總領撒合問冒券四百餘口劾案以聞詔杖殺之故所至爭自首減幾及於半復進一官初監察御史本温被命汰宗室從坦軍於孟州軍士欲謀變本温懼不知所爲尋有旨北軍沈思忠以下四將屯衛州餘衆果叛入太行於是密院奏以壁代本温竟其事壁馳至衛召四將喻以上意思忠等捄叛者請還奏之壁責以大義將士慚服不日就汰者三千人六月改大理丞與臺官行關

中劾奏姦贓之尤者商州防禦使宗室重福等十數人自是權貴側目四年以宋人拒使者於淮上遣兵南伐詔京東總帥紇石烈牙吾塔攻盱眙牙吾塔不從命乃率精騎由滁州略宣化縱兵大掠故兵所至原野蕭條絶無所資宋人堅壁不戰乃無功而歸行省奏牙吾塔故違節制詔壁佩金符鞫之壁馳入牙吾塔軍奪其金符易以他帥攝牙吾塔入獄兵士譁譟以吾帥無罪爲言壁怒責牙吾塔曰元帥欲以兵抗制使耶待罪之禮恐不如此使者還奏獄能竟乎牙吾塔伏地請死壁曰兵法進退自專有失機會以致覆敗者斬即擬以聞時議壯之十月改禮部員外

郎權右司諫治書侍御史詔問時務所當先者壁上六事大略言減冗食備選鋒緩疑似以慎刑擇公廉以檢吏屯戍革腹削之弊權貴嚴請託之科又條自治之策四謂別賢佞信賞罰聽覽以通下情貶損以謹天戒詔以東方飢饉盜賊並起以御史中丞完顏伯嘉爲宣慰使監察御史道遠從行道遠發永城令簿姦贓伯嘉與令有違付令有司釋簿不問燕語之際又許參佐克忠等臺職壁皆劾之伯嘉竟得罪去初諜者告歸德行樞密院言河朔叛軍有竊謀南渡者行院事胡土門都水監使毛花輦易其人不爲備一日紅衲數百聯筏南渡殘下邑而去命壁鞫之壁

以二將託疾營私聞冦弛備且來不戰去不追在法皆當斬或以爲言二將皆寵臣而都水者皆累巨萬若求援禁近必從輕典君徒結怨權貴果何益耶璧嘆曰睢陽行闕東藩重兵所宿門廷之冦且不能禦有大於此者復何望乎即具所擬聞四年遷刑部郎中關中旱詔璧與吏部侍郎畏忻審理寃獄時河中帥阿虎帶及僚屬十數人皆以棄城罪當死繫同州獄待報同州官僚承望風旨問璧何以處之璧曰河中今日重地朝議擬爲駐蹕之所若失此則河南陝西有唇亡之憂以彼宗室勲貴故使鎮之平居無事竭民膏血爲浚築計一旦有警乃遽焚蕩而去此而

不誅三尺法無用矣竟以無寃上之冬十月出爲歸德治中未幾改同知保静軍節度使又改同知集慶軍節度使到官即上章乞骸骨進一官致仕正大九年河南破北歸又數年卒年七十有九

李獻甫字欽用獻能從弟也博通書傳尤精左氏及地理學爲人有幹局心所到則絶人遠甚故時人稱其精神滿腹興定五年登進士第歷咸陽簿辟行臺令史正大初夏使來請和朝廷以翰林待制馮延登往議時獻甫爲書表官從行夏使有口辯延登不能折往復數日不定至以歲幣爲言獻甫不能平從旁進曰夏國與我和好百年今雖易君臣之名爲兄弟之國使兄輸幣寧有據耶使者曰兄弟且不論宋歲輸吾國幣二十五萬疋典故具在君獨不知耶金朝必欲脩舊好非此例不可獻甫作色曰使者尚忍言耶宋以歲幣餌君家而賜之姓岸然以君父自居夏國君臣無一悟者誠謂使者當以爲諱乃今公言之使者果能主此議以從賜姓之例弊邑雖歲捐五十萬獻甫請以身任之夏使語塞和議乃定後朝廷録其功授慶陽總帥府經歷官尋辟長安令京兆行臺所在供億甚繁獻甫處之常若有餘縣民賴之以安入爲尚書省令史天興元年充行六部員外郎守備之策時相倚任之以功遷鎮南

軍節度副使兼右警廵使死於蔡州之難年四十所著文章號天倪集留汴京獻甫死其家亦破同年華陰王元禮購得之傳于世

雷淵字希顔一字季默應州渾源人父思名進士仕至同知北京轉運使註易行于世淵庶出年最幼諸兄不齒父殁不能安於家乃發憤入太學衣弊履穿坐榻無席自以跣露恒兀坐讀書不迎送賓客人皆以爲倨其友商衡每爲辯之且賙卹焉後從李之純游遂知名登至寧元年詞賦進士甲科調涇州録事坐高庭玉獄幾死後改東平河朔重兵所在驕將悍卒倚外敵爲重自行臺以下皆摩撫

之淵出入軍中偃然不爲屈不數月間巷間多畫淵像雖大將不敢以新進書生遇之尋還東阿令轉徐州觀察判官興定末召爲英王府文學兼記室參軍轉應奉翰林文字拜監察御史言五事稱旨又彈劾不避權貴出巡郡邑所至有威譽奸豪不法者立箠殺之至蔡州杖殺五百人時號曰雷半千坐此爲人所訟罷去久之用宰相侯摯薦起爲太學博士南京轉運司戶籍判官遷翰林修撰一夕暴卒年四十八正大庚寅倒廻谷之役淵嘗上書破朝臣孤注之論引援深切灼然易見主兵者沮之策竟不行爲人軀幹雄偉髯張口哆顏渥丹眼如望洋遇不平則疾惡

之氣見於顏間或嚼齒大罵不休雖痛自懲創然亦不能變也爲文章詩喜新奇善結交凡當塗貴要與布衣名士無不往來居京師賓客踵門未嘗去舍家無餘貲及待賓客甚豐腆蒞官喜立名初登第攝遂平縣事年少氣銳擊豪右發姦伏一邑大震稱爲神明嘗擅笞州魁吏州檄召之不應罷去後凡居一職輒震耀亦坐此不達

程震字威卿東勝人與其兄鼎俱擢第震入仕有能聲興定初召百官舉縣令震得陳留治爲河南第一召拜監察御史彈劾無所撓時皇子荊王爲宰相家僮輦席勢侵民震以法劾之奏曰荊王以陛下之子任天下之重不能上贊君父同濟艱難顧乃專恃權勢蔑棄典禮開納貨賂進退官吏縱令奴隸侵漁細民名爲和市其實脅取諸所不法不可枚舉陛下不能正家而欲正天下難矣於是上責荊王出內府銀以償物直杖大奴尤不法者數人未幾坐爲故吏所訟罷官歲餘嘔血卒震爲人剛直有材幹忘身徇國不少私與及爲御史臺綱大振以故小人側目者衆不能久留於朝士論惜之

贊曰韓玉馮璧李獻甫雷淵皆金季豪傑之士也邠涇之變王募兵旬日而得萬人牙吾塔之凶暴璧以王度繩之卒不敢動夏人援宋例以邀歲幣獻甫以宋賜夏姓一事

折之夏使語塞而和議定淵爲御史權貴斂避古之國士何加焉玉以疑見冤璧淵疾惡太甚議者以酷議之瑕豈可以掩瑜哉程震劾荊抵罪比縱馮雷然亦以群小齟齬而死直士之不容於世也久矣吁

列傳第四十八

開府儀同三司上柱國錄軍國重事前中書右丞相監修國史領經筵事都總裁臣脫脫奉
勅修

古里甲石倫　内族訛可　撒合輦
強伸　烏林荅胡土　内族思烈
紇石烈牙吾塔

古里甲石倫隆安人以武舉登第爲人剛悍頗自用所在與人不合宣宗以其勇善戰每任用之貞祐二年累遷副提控太原府判官與從宜都提控振武軍節度使完顔蒲剌都議拒守不合措置乖方敵因大入幾不可禦既乃交章論列以自辯其無罪上惡其不和詔分統其兵未幾遷同知太原府事奏請招集義軍設置長校各立等差都統授正七品職副統正八品萬戸正九品千戸正班任使謀克雜班仍三十人爲一謀克五謀克爲一千戸四千戸爲一萬戸四萬戸爲一副統兩副統爲一都統外設一總領提控制可四年遷河東宣撫副使上章言宣撫使烏古論禮不肯分兵禦敵且所行多不法詔禮罷職石倫遷絳陽軍節度使權經略使尋知延安府事兼鄜延路兵馬都總管大元兵圍忻州石倫率兵往援以兵護其民入太原所保軍民甚衆興定元年七月改河平軍節度兼衛州管内觀

察使詔諭曰朕初謂汝勇果爲國盡力故倚以濟事尋聞汝嗜酒不法而太原知府烏古論德升亦屢嘗爲朕言之然皆瑣屑乃若不救汾州豈細事哉有司議罪如此汝其悉之益當戮力以掩前過是年十一月遷鎮西軍節度使兼嵐州管内觀察使行元帥府事二年四月石倫言去歲北兵破太原游兵時入嵐州境而官民將士悉力扞禦卒能保守無虞向者河東内郡皆駐以精甲實以資儲視邊城尤爲完富然兵一至相繼淪沒嵐兵寡而食不足惟其上下恊同表裏相應遂獲安帖當大軍初入郡縣倉皇非此帥府控制則隩管保德岢嵐寧化皆不可知矣今防秋

不遠乞朝廷量加旌賞務令益盡心力易以鎮守詔有功者各遷官一級仍給降空名宣勑令樞密院遣授之三年二月石倫奏向者并汾既破兵入内地臣謂必攻平陽平陽不守將及潞州其還當由龍州谷以入太原故臣嘗請兵欲扼其歸路朝廷不以爲然既而皆如臣所料始敵入河東時郡縣民皆攜老幼徙居山險後雖太原失守而衆卒不從其意謂敵不久留且望官軍復至也今敵居半歲遣步騎擾諸保聚而官軍竟無至者民其能久抗乎夫太原河東之要郡平陽陝西河南之藩籬也若敵兵久不去居民盡從屯兵積糧以固基本而復擾吾郡縣未殘者則

邊城指日皆下矣北路不守則南路爲邊去陝西河南益近臣竊憂之故復請兵以圖戰守而樞府檄臣弁将權太原治中郭遹祖義軍李天禄等萬餘人就其粮五千石會汾州權元帥右都監抹撚胡剌復太原臣召遹祖欲號令其衆遹祖不從尋得胡剌報曰嘗問軍數於遹祖但稱天禄等言之未嘗親閲問粮則曰散在數處盖其情本欲視朝廷以己有兵粮冀或見用以取重職不可指爲實用也雖然臣已遣提控石盞吾里忻等領軍以往矣但敵勢頗重而往者皆新集白徒絶無精鋭恐不能勝乞於河南陝西量分精兵以增臣力仍令陝西州郡近河東者給之資

粮更令南路諸軍綴敵之南以分其勢如此庶幾太原可復也詔陝西河東行省分粮與之請兵之事以方伐宋不從三月石倫復上言曰頃者大兵破太原招民耕稼為久駐之基臣以太原要鎮所當必争遣提控石盞吾里忻引官兵義兵共圖收復又以軍士有功者宜速賞之故擬令吾里忻得注授九品之職以是請于朝而執政以為賞功罰罪皆須中覆夫河東去京師甚遠移報往返不睱數十日官軍皆敗亡之餘鋒鋭略盡而義兵亦不習行陣無異烏合以重賞誘之猶恐不為用况有功而久不見報乎夫衆不可用則不能退敵敵不退則太原不可復太原不可復則平陽之勢日危而境土日蹙矣今朝廷抑而不許不過慮其濫賞耳借使有濫賞之弊其與失太原之害孰重於是詔從其請自太原治中及他州從七品以下職四品以下散官並聽石倫遷調焉是月石倫復言日者遣軍潛擣敵壘欲分石州兵五百權屯方山勦殺土寇且備嵐州而同知蒲察桓端拒而不發又召同知寧邊軍節度使姚里鴉鶻與之議兵竟不聽命近領兵將取太原委石州刺史納合萬家權行六部而辭以他故幾誤軍粮約武州刺史郭憲率所領併進憲亦不至臣猥當方面之任而所統官屬並不禀從乞朝廷嚴為懲誡庶人知職分易以責辦

宰臣惡之乃奏曰桓端鴉鶻已經奏改無復可議石倫身兼行部不自規畫而使萬家往来應給石州無人恐亦有失武州邊郡正當兵衝使憲率軍離城敵或乘之孰與守禦萬家等不從未爲過也上以爲然因遣諭石倫曰卿嘗行院于歸德衛州防備之事非不素知乃屢以步騎為請何耶比授卿三品且數免罪譴卿嘗自誓以死報國今所為如此豈報國之道哉意謂河南之衆必不可分但圖他日得以藉口耳卿果赤心為國盡力經畫亦足自効萬家等若必懲戒彼中誰復可使者姑爲容忍可也閏三月石倫駐兵太原之西俟諸道兵至進戰聞脅從人頗有革心

上言于朝乞降空名宣勑金銀符許便宜遷注以招誘之
上從其請並給付之仍聽注五品以下官職六月保德州振威軍萬戸王章弩軍萬戸齊鎮殺其刺史李术魯銀术哥仍滅其家脅官吏軍民同狀白嵐州帥府言銀术哥專恣慘酷私造甲仗將謀不軌石倫密令同知州事把蒲刺都圖之蒲刺都乃與兵吏置酒召章等飲擒而族誅之至是朝廷命行省胥鼎量宜遷賞仍令蒲刺都攝州事撫安其衆焉六月遷金安軍節度使行帥府事於葭州時鄜州元帥内族承立鷹夏人入寇遣納合買住以兵駐葭州石倫輙分留買住兵千八百人令以餘兵屯綏德而後奏之

有司論罪當絞既而遇赦乃止除名元光元年起為鄭州同知防禦使與防禦使裴滿羊哥部内酤酒不償直皆除名三月上諭元帥監軍内族訛可曰石倫今以罪廢欲再起之恐生物議汝軍前得無用之乎此人頗善戰果可用便當遣去古亦有白衣領職者渠雖除名何害也十月
大元兵圍青龍堡詔以石倫權左都監將兵會上黨公晉陽公往援之兵次彈平寨東三十里敵兵梗道不得進會青龍堡破召還既而復以罪免正大八年大兵入河南州郡無不下者朝議以權昌武軍節度使粘葛仝周不知兵事起石倫代之石倫初赴昌武詔諭曰卿先朝宿將甚有威望故起拜是職元帥蘇椿武監軍皆曉兵事今在昌武宜與同議勿復不睦失計也時北兵已至許石倫赴鎮幾為游騎所獲數日知兩省軍敗潰軍踵来有忠孝軍完顏副統入城兩手皆拆血污滿身州人憂怖不知所出石倫遣歸順軍提控嵐州人高珪往斥候珪因特在州軍馬粮草數日奔
大元軍仍告以城池深淺俄大兵至城下以鳳翔府韓壽孫持檄招降言三峰敗狀石倫蘇椿不詰問即斬之市中既而武監軍偏裨何魏輩開東門内族按春開南門夾谷太守開西門

大元軍入城擒蘇椿問以大名南奔之事椿曰我本金朝人無力故降我歸國得為大官何謂反耶大將怒其不屈即殺之石倫投廨後井中仝周自縊州廨武監軍者初不預開門之謀何魏輩欲保全之故言於大將曰監軍令我輩獻門然亦怒其不迎軍而降亦殺之仝周名暉字子陽策論進士興定間為徐州行樞密院參議官上章言惟名與器不可假人自古帝王靡不為重今之金銀牌即古符節也其上有太祖御畫往年得佩者甚難兵興以来授予頗濫市井道路黄白相望恐非所以示信於下也乞寶惜之有所甄別上以語宰臣而丞相高琪等奏時方多難急

於用人駕馭之方此其一也如故爲便蘇椿大名人初守大名歸順于

大元正大二年九月自大名奔汴詔置許州至是見殺

完顔訛可内族也時有兩訛可皆護衛出身一曰草火訛可每得賊好以草火燎之一曰板子訛可嘗誤以宮中牙牌報班齋者爲板子故時人各以是目之正大八年九月

大兵攻河中初宣宗議遷都朝臣謂可遷河中河中背負關陝五路士馬全盛南阻大河可建行臺以爲右翼前有絳陽平陽太原三大鎭敵兵不敢輕入應三鎭郡縣之民皆聚之山寨敵至則爲晝攻夜刼之計也重軍中條則行

在有萬全之固矣主議者以河中在河朔又無宮室不及汴梁議遂寢宣宗既遷河南三二年之後詔元帥都監内族阿祿帶行帥府事阿祿帶恇怯不能軍竭民膏血爲浚築之計未幾絳州破阿祿帶益懼馳奏河中孤城不可守有旨覲視果不可守則弃之無至資敵阿祿帶遂棄河中燒民戶官府一二日而盡尋有言河中重鎭國家基本所在棄之爲失策設爲敵人所據則大河之險我不得專恃矣宣宗悔悟繫阿魯帶同州獄累命完復之隨守隨破至是以内族兩訛可將兵三萬守之大兵謀取宋武休關未幾鳳翔破

睿宗分騎兵三萬入散關攻破鳳州徑過華陽屠洋州攻武休關開生山截焦崖出武休東南遂圍興元興元軍民散走死於沙窩者數十萬分軍而西西軍由別路入沔州取大安軍路開魚鼈山撤屋爲筏渡嘉陵江入關堡並江趨葭萌略地至西水縣而還東軍止屯興元洋州之間遂趨饒峯宋人棄關不守大兵乃得入初大兵期以明年正月合南北軍攻汴梁故自將攻河中河中告急合打蒲阿遣王敢率步兵一萬救之十二月河中破初河中主将知大兵将至懼軍力不足截故城之半守之及被攻行帳命築松樓高二百尺下瞰城中土山地穴百道並進至十一

月攻愈急自王敢救軍至軍士殊死鬪日夜不休西北樓櫓俱盡白戰又半月力盡乃陷草訛可戰數十合始被擒尋殺之板訛可提敗卒三千奪船走北兵追及鼓譟北岸上矢石如雨數里之外有戰船橫截之敗軍不得過船中有賁火砲名震天雷者連發之砲火明見北船軍無幾人力斫横船開得至潼關遂入閿鄉尋有赦詔将佐以下責訛可以不能死車載入陝州決杖二百識者以爲河中城守不下德順力竭而陷非戰之罪故訛可之死人有冤之者初訛可以元帥右監軍邠涇總帥權參知政事奉旨於邠涇鳳翔往來防秋奉御六兒監戰於訛可爲孫行而訛可動爲

所制意頗不平漸生猜隙七年九月召赴京師改河中總帥受京兆節制此時六兒同赴召謂訛可奉旨往來防秋而乃畏怯避遠正與朝旨相違上意頗罪訛可及河中陷苦戰力盡而北兵百倍臨之人謂雖至不守猶可以自贖竟杖而死蓋六兒先入之言主之也劉祁曰金人南渡之後近侍之權尤重蓋宣宗喜用其人以爲耳目伺察百官故奉御輩採訪民間號行路御史或得一二事即入奏之上因所責臺官漏泄皆抵罪又方面之柄雖委將帥又差一奉御在軍中號曰監戰每臨機制變多爲所牽制遇敵輒先奔故師多喪敗哀宗因之不改終至亡國

論曰古里甲石倫善戰而好犯法故見廢者屢晚起爲將卒死於難金運將終又用數奇之李廣其乏絶不亦宜乎草訛可力戰而死板訛可亦力戰不死於陣而死於刑論者以爲有近侍先入之言夫以暬御治軍既掣之肘又信其讒以殺人金失政刑矣唐之亡坐以近侍監軍金蹈其轍哀哉

撒合輦字安之内族也宣宗朝累遷同簽樞密院事元光二年十二月庚寅夜宣宗病篤英王盤都先入侍哀宗後至東華門已閉聞英王在宮遣樞密院官及東宮親衛軍總領移剌蒲阿勒兵東華門都點檢駙馬都尉徒單合住奏中宮得旨領符鑰啓門合住見上上命撒合輦解合住刀佩之哀宗遂入明日即位由是見親信正大元年正月庚申以輦同判大睦親府事兼前職刑部完顏素蘭言把胡魯策功第一非超拜右丞相無以酬之然同功數人亦有不次之望故胡魯之命中輟輦猶升二品云四年

大元既滅西夏進軍陝西四月丙申召尚書温迪罕壽孫中丞烏古孫卜吉祭酒裴滿阿虎帶直學士蒲察世達右司諫陳規監察烏古論四和完顏習顯同判睦親府事撒合輦同議西事上曰已諭合達盡力決一戰矣群臣多主和事獨輦力破和議語在陳規傳八月朝廷得清水之報

令有司罷防城及修城丁壯凡軍需租調不急者權停初聞大兵自鳳翔入京兆關中大震以中丞卜吉祭酒阿忽帶兼司農卿簽民兵督秋稅令民入保爲避遷計當時議者以謂大兵未至而河南先亂且曰御史監察城洛陽治書供帳北使中丞下兼司農簽軍督稅臺政可知矣至是上謂撒合輦曰諺云水深見長人朝臣或欲我一戰汝獨言當靜以待之與朕意合今日有太平之望皆汝謀也先帝嘗言汝可用可謂知人矣未幾右拾遺李大節右司諫陳規言撒合輦諂佞納賄及不公事奏帖留中不報明惠皇后嘗傳旨戒曰汝諂事上上之騎鞠皆汝所教尉忻亦

極言之上頗悟出爲中京留守兼行樞密院事初宣宗改
河南府爲金昌府號中京又擬少室山頂爲御營命移剌
粘合築之至是撒合輦爲留守九年正月北兵從河清徑
渡分兵至洛出沒四十餘日二月乙亥立砲攻城洛中初
無軍得三峯潰卒三四千人與忠孝軍百餘守禦時輦疽
發于背不能軍同知温迪罕斡朶羅主軍務有大事則就
輦稟之三月甲申忠孝軍百餘騎入使宅強擁輦出奔輦
不得已從之舁以官屬及其子自隨才出南裏城門城上
軍覺閉之壅城中矢石亂下人馬多死傷輦知不能出仰
呼求救軍士知出奔非輦意以繩引而上送入其宅不敢

出鎮撫官縛出奔之黨欲殺之已斬三人輦親爲乞命得
免乙酉斡朶羅貴金帛出北門如前日巡城犒軍之狀既
出即沿城而西直出外壕城上人呼曰同知講和去矣軍
士及將領隨而下者三四百人少之輦傳令云同知叛降
有再下城者斬凡斬三四人乃定丙戌夜城東北角破輦
奪南門出不得投濠水死已而大兵退強伸復立帥府
強伸本河中射粮軍子弟貌極寢陋而膂力過人興定初
從華州副都統安寧復潼關以勞任使嘗監部陽醋後客
洛下選充官軍戍陝鐵嶺軍潰被虜從都尉兀林荅胡土
竄歸中京時中京已破留守兼行樞密院使內族撒合輦

死之元帥任守真復立府事以便宜署伸警巡使後守真
率部曲軍從行省思烈入援鄭州之敗守真死天興元年
八月中京人推伸爲府簽事領所有軍二千五百人傷殘
老幼半之甫三日北兵圍之東西北三面多樹大砲伸括
衣帛爲幟立之城上率士卒赤身而戰以壯士五千人往
來救應大叫以憨子軍爲號其聲勢與萬衆無異兵器已
盡以錢爲鏃得大兵一箭截而爲四以筒鞭發之又創遏
砲用不過數人能發大石於百步外所擊無不中伸奔走
四應所至必捷得二駝及所乘馬皆殺之以犒軍士人不
過一啗而得者如百金之賜九月大兵退百里外閏月復

攻兵數倍於前又一月不能拔事聞哀宗降詔褒諭以伸
爲中京留守元帥左都監世襲謀克行元帥府事十月參
知政事內族思烈自南山領軍民十餘萬入洛行省事二
年二月伸建一堂於洛川驛之東名曰報恩刻詔文於石
願以死自效三月中使至以伸便宜從事是月大兵自汴
驅思烈之子於東門下誘思烈降思烈即命左右射之既
而知崔立之變病不能語而死總帥忽林荅胡土代行省
事伸行總帥府事月餘粮盡軍民稍稍散去五月大兵復
來陣於洛南伸陣水北有韓帥者匹馬立水濱招伸降伸
謂帥曰君獨非我家臣子耶一日勤王猶遺令名于世君

既不能乃欲誘我降耶我本一軍卒今貴為留守誓以死報國耳遂躍而射之帥奔陣率步卒數百奪橋伸軍一旗手獨出拒之殺數人伸乃手解都統銀符與之佩士卒氣復振初築戰壘於城外四隅至五門內外皆有屏謂之迷魂墻大兵以五百騎迫之伸率卒二百鼓譟而出大兵退六月行省胡土率衆走南山鷹揚都尉獻西門以降伸知城不能守率死士數十人突東門出轉戰至偃師力盡就執載以一馬擁迫而行伸宛轉不肯進強掖之將見大帥塔察及中京七里河伸語不遜兵卒相謂曰此人乖角如此若見大帥其能降乎不若殺之因好語誘之曰汝能北

面一屈膝吾貸汝命伸不從左右力持使北面伸拗頭南向遂殺之

烏林荅胡土正大九年正月戊子北兵以河中一軍由洛陽東四十里白坡渡河白坡故河清縣河有石底歲旱水不能尋丈國初以三千騎由此路趨汴是後縣廢為鎮宣宗南遷河防上下千里常以此路為憂每冬日命洛陽一軍戍之河中破有言此路可徒涉者已而果然北兵既渡奪河陰官舟以濟諸軍時胡土為破虜都尉戍潼關以去冬十二月被旨入援至偃師聞白坡徑渡之耗直趨少室夜至少林寺時登封縣官民已遷太平頂御寨明日胡土使人紿縣官云吾軍中家屬輜重欲留此山即

率兵赴汴京因攝縣官下山使之前導一軍隨之而上山既險固粮亦充足遂有久住之意尋縱軍下山劫掠居民甚於盜賊旁近一二百里無不被害胡土畏變知而不禁又所劫牛畜粮糗亦分有之七月恒山公武仙參政思烈兩行省軍屯登封城南大林下遣人約之入京胡土百計不肯下不得已乃分其軍四千與思烈俱東八月三日兩行省軍潰於中牟胡土狼狽上山殘卒三二十人外偏裨無一人至者十二月思烈自留山行省於中京徵兵同保洛陽又遷延不行思烈以檄來言若依前逗遛自有典憲吾不汝容矣胡土懼乃挈妻子及軍往中京留其半山上

以為巢穴天興二年三月思烈病卒留語胡土代行省事六月敵勢益重強伸方盡力戰禦而胡土即領輕騎挈妻子棄城南奔遂失中京初胡土在太平頂既顧望不進又懼人議已乃出榜募人為救駕軍云一旅之衆可以興復國家諸人有能奮發許國捐軀者豈不濟大事乎於是不逞之徒隨募而出得澤人緝麻背武錄事等二十餘人促令赴京行及盧店即行劫掠至杖之二百人無不竊笑既而走蔡州上召見慰問而心薄之會宋人攻唐州元帥烏古論黑漢屢遣人告急即命胡土領忠孝軍百人就徵西山招撫烏古論換住黃八兒等軍赴之胡土率兵至唐宋

人欽避縱其半入城夾擊之胡土大敗僅存三十騎以還換住死焉既而以胡土為殿前都點檢罷權參政大兵圍蔡分軍防守胡土守西面十一月胡土之奴竊其金牌夜縋城降朝士喧播謂胡土縱之往將有異志胡土聞之內不自安乞解軍職上慰之曰卿父子昆弟皆為帥臣受恩不為不厚顧肯降耶且卿向在洛陽不即降而千里遠来降於蔡豈人情也哉聞卿遇奴太察且其衣食不常給之此蓋往求溫飽耳卿何慊焉因賜饌以安其心初胡土罷機政頗有怨言左右勸上誅之上不聽及令守西城尤怏怏不樂至是始感恩無他慮矣尋以總帥孛朮魯婁室與

胡土皆權參政婁室與右丞仲德同事胡土防守如故復以都尉承麟為東面元帥權總帥先是攻東城婁室隨機備禦二日移攻南城烏古論鎬易之砲擊城樓幾仆右丞仲德率軍救援乃罷攻俄而四面受敵仲德艱於獨援遂薦承麟代婁室東面而乞與婁室同救應初胡土失外城頗慚恨聲言力小不能令衆仲德亦薦之故有是命蔡城破投汝水死

贊曰撒合輦本以佞進烏林荅胡土戰陣不武付以孤城俾其捍禦大難豈得為知人乎強伸一射狼卒耳及授以兵乃能應變制勝遠過二人力盡乃斃猶有烈丈夫之風焉古人有言四郊多壘擇士為將使金運未去伸足以建功名矣夫

內族思烈南陽郡王襄之子也資性詳雅頗知書史自五六歲入宮充奉御甚見寵幸世號曰自在奉御當宣宗入承大統胡沙虎跋扈思烈尚在髫齓嘗涕泣跪抱帝膝致誠曰願早誅權臣以靖王室帝急顧左右掩其口自是帝甚器重之後由提點近侍局遷都點檢天興元年汴京被圍哀宗以思烈權參知政事行省事于鄧州會武仙引兵入援於是思烈率諸軍發自汝州過密縣遇

大元兵不用武仙阻澗之策遂敗績于京水語在武仙傳

中京留守元帥左監軍任守真死之上聞罷思烈行省之職以守中京無何大兵圍中京未能下崔立遣人監思烈子於中京城下招之使降思烈不顧令軍士射之既而知崔立已以汴京歸順病數日而死初思烈會武仙等軍入援即與仙論議不同仙以思烈方得君每假借之思烈謂仙本無入援意特以朝廷遣一參政召兵迫於不得已乃行耳然仙知兵頗以持重為事思烈急於入京不聽仙策於是左右司員外郎王渥乃勸思烈曰武仙大小數百戰經涉不為不多兵事當共議思烈疑其與仙有謀幾斬之渥自以無愧於內不懼也已而思烈果敗渥歿於陣渥字

仲澤後名仲澤太原人性明俊不羈博學善談論工尺牘字畫清美有晉人風少遊太學長於詞賦登興定二年進士第為時帥與屯邦獻完顏斜烈所知故多在兵間後辟寧陵令有治迹入為尚書省令史因使宋至揚州應對敏給宋人重之及還為太學助教轉樞密院經歷官俄遷右司都事稍見信用及思烈往鄧州以渥為左右司員外郎從行

贊曰思烈鳳惠請誅權奸以立主威有甘羅辟疆之風所謂茂良不必父祖者也中京之圍崔立脅其子使招之降不顧而趣射之何愧乎橋玄至如不從武仙之言以至於敗此蓋時人因惜王仲澤之死而有是言仙無入援之意則非誣也

紇石烈牙吾塔一名志本出親軍性剛悍喜戰貞祐間僕散安貞為山東路宣撫使以牙吾塔為軍中提控是時山東群盜蜂起安貞遣牙吾塔破巨蒙等四堌又破馬耳山皆殺劉二祖賊黨四千餘人降賊八千虜其偽宣差程寬招軍大使程福又降脅從民三萬餘人貞祐四年六月積功累遷襧通渡經略使十月為元帥左都監十二月行山東西路兵馬都總管府事兼武寧軍節度使徐州管內觀察使興定二年正月宋兵萬餘攻泗州牙吾塔赴援至臨淮遇宋人三百掩殺殆盡及泗州宋兵八千圍甚急督眾進戰大破之溺水死者甚眾獲馬三百餘匹俘五十餘人又圍盱眙宋人閉門堅守不敢出以騎兵分掠境內而時遣羸卒薄城誘之宋人出騎數百來拒牙吾塔麾兵佯北發伏擊之斬首二百宋人復出步騎八千來援合擊敗之殺一太尉斬首三百尋獲覘者稱青平宋兵甚眾將救盱眙牙吾塔移兵赴之宋兵步騎七千入突出兵少卻旋以輕騎抗其後初逗遛不與戰縱之走東南薄諸河斬首千餘溺死者無筭獲馬牛數百甲仗以千計師還遇宋兵三千於連塘村斬首千餘級俘五十人獲馬三十五疋宣宗

以其有功賜金帶一三年正月敗宋人於濠州之香山村二月又敗於滁州斬首千級拔小江寨殺統制王大蓮等斬三萬俘萬餘人又拔輔嘉平山寨斬首數千俘五百餘人獲馬牛數百粮萬斛三月提控奧敦吾里不大敗宋人于上津縣兵還至濠州宋人以軍八千拒戰牙吾塔迎擊敗之獲馬百餘疋五年正月上以紅襖賊助宋為害邊兵久勞苦詔牙吾塔遺宋人書求戰略曰宋與我國通好百年於此頃歲以來納我叛亡絕我貢幣又遣紅襖賊乘間竊出跳梁邊疆使吾民不得休息彼國若以此曹為足恃請悉眾而來一決勝負果能當我之鋒沿邊城邑當以相

奉度不能即宜安分保境何必狐號鼠竊乘陰伺夜以為此態耶且彼之將帥亦自受鉞總戎而臨敵則望風遠遁被攻則閉壘深藏逮吾師還然後現形耀影以示武夫小民尚氣女子有志者猶不爾也切為彼國羞之先是宋將時青襲破泗州西城二月牙吾塔將兵取之宋兵拒守甚力乃募死士以梯衝並進大敗宋兵時青乘城指麾射中其目遂拔衆南奔乃陳兵横絶走路擊之宋兵大潰遂復泗州西城三月復出兵宋境以報其役破團山賈家等諸寨進逼濠州牙吾塔慮州人出拒躬率勁兵逆之遇邏騎二百于城東擊殺過半會偵者言前路芻粮甚艱乃西掠

定遠由渦口而還九月又率兵渡淮大破宋兵於團山詔遷官升職有差元光元年五月以京東便宜總帥兼行戶工部事上因謂宰臣曰牙吾塔性剛人皆畏之委之行部無不辦者至於御下亦頗有術提控有胡論出者渠厚待之常同器而食其人感奮遂以戰死英王守純曰凡為將帥駕馭人材皆當如此上曰然未幾宋人三千潛渡淮至聊林盡伐隄柳塞汴水以斷吾粮道牙吾塔遣精甲千餘破之獲其舟及渡者七百人汴流由是復通二年四月上言賞罰國之大信帝王所以勸善而懲惡其令一出不可中變向官軍戰歿者皆廩給其家恩至厚也臣近抵宿州

乃知例以楮幣折支往往不給至于失所此殆有司出給之吝不能奉行朝廷德意之過也自今願支本色令得贍濟以粮儲方艱詔有司給其半紅襖賊寇壽潁剽掠數日而去牙吾塔聞之率兵渡淮偵知朱村孝義村有賊各數百分兵攻之連破兩柵及焚其村塢數十還遇宋兵數百陣淮南岸擊殺其半尋有兵千餘自東南來追復大敗之先是納合六哥殺元帥蒙古綱據邳州以叛十月牙吾塔圍之焚其樓櫓斬首百餘於是宋鈐轄高顯統制侯進正將陳榮等知不能守共誅六哥持其首縋城降六哥既誅衆猶拒守方督兵進攻宋總領劉斌提控黄温等縛首亂

顏俊威誼完顏乞哥及梟提控金山八打首遣其校馬俊吴珪來獻既而紅襖監軍徐福統制王喜等亦遣其總領孫成總押徐琦納款劉斌等遂率軍民出降牙吾塔入城撫慰其衆各使安集又招獲紅襖統制十有五人將官訓練百三十有九人十一月遣人來報仍函六哥首以獻宣宗大喜進牙吾塔官一階賜金三百兩内府重幣十端將士遷賞有差正大三年十一月北兵猝入西夏攻中興府甚急召陝西行省及陝州靈寶二總帥訛可牙吾塔議兵又詔諭兩省曰儻邊方有警内地可憂若不早圖恐成噬臍旦夕事勢不同隨機應變若遂旋申奏恐失事機並從

行省從宜規畫四年牙吾塔復取平陽獲馬三千是歲大兵既滅夏國進攻陝西德順秦州清水等城遂自鳳翔入京兆關中大震五年圍慶陽六年十月上命陝省以羊酒及幣赴慶陽犒北帥為緩師計北中亦遣唐慶等往來議和尋遣斡骨欒為小使徑來行省十二月詔以牙吾塔與副樞蒲阿權簽樞密院事内族訛可將兵救慶陽七年正月戰于大昌原慶陽圍解詔以牙吾塔為左副元帥屯京兆初斡骨欒來行省恐泄事機因留之蒲阿等既解慶陽之圍志氣驕滿乃遣還謂使者曰我已準備軍馬可戰鬭來語甚不孫斡骨欒以此言上聞

太宗皇帝大怒至應州以九日拜天即親統大兵入陝西八年遷居民於河南棄京兆東還五月至閿鄉得寒疾汗不出死塔亦作太亦曰牙忽帶盖女直語無正字也是歲九月國信使内族乘慶自北使還始知牙吾塔不孫激怒之語且言慶等在旁心魄震蕩殆不忍聞當時以帥臣不知書悮國乃耳塔為人鷙狠狼戾好結小人不聽朝廷節制嘗入朝詣省堂詆毀宰執宰執亦不敢言而上倚其鎮東方亦優容之尤不喜文士僚屬有長裾者輒以刀截去又喜凌侮使者凡朝廷遣使來必以酒食困之或辭以不飲因併食不給使餓而去司農少卿張用章以行戶部過宿塔飲以酒張辭以寒疾塔笑曰此易治耳趣左右持艾來卧張於床灸之數十又以銀符佩妓屢往州郡取賕州將之妻皆遠迎迓號省差行首厚賄之御史康錫上章劾之且曰朝廷容之適所以害之欲保全其人宜加裁制朝廷竟不治其罪以屢敗宋兵威震淮泗好用鼓椎擊人世呼曰盧鼓椎其名可以怖兒啼大槩如呼麻胡云有子名阿里合世目曰小鼓椎嘗為元帥從哀宗至歸德與蒲察官奴作亂伏誅康錫字伯禄趙州人至寧元年進士正大初由省掾拜御史劾侯摯師安石非相材近侍局宗室撒合輦聲勢熏灼請托公行不可使在禁近時論韙之轉右司都事京南路司農丞為河中路治中河中破從時帥率兵南奔濟河船敗死為人氣質重厚公家之事知無不為與雷淵輿禹錫齊名

贊曰金自胡沙虎高琪用事風俗一變朝廷矯寬厚之政好為苛察然為之不果反成姑息將帥鄙儒雅之風好為粗豪然用非其宜終至跋扈牙吾塔戰勝攻取威行江淮而矜暴不法肆侮王人此豈可制者乎棄陝而歸死於道[illegible]章歟[illegible]允竟陷大僇君子乃知康錫之言不

[illegible]四十[illegible]

開府儀同三司上柱國錄軍國重事前中書右丞相監修國史領經筵事臣脫脫奉

勅修

完顏合達　移剌蒲阿

完顏合達名瞻字景山少長兵間習弓馬能得人死力貞祐初以親衛軍送岐國公主充護尉三年授臨潢府推官權元帥右監軍時臨潢避遷與全慶兩州之民共壁平州合達隸其經畧使烏林荅乞住乞住以便宜授軍中都統累遷提控佩金符未幾會燕南諸帥將兵復中都城行至平州遷安縣臨潢全慶兩軍變殺乞住擁合達還平州推

爲帥統乞住軍合達以計誅首亂者數人其年六月北兵大將喊得不遣監戰提軍至平州城下以州人黃裳入城招降父老不從合達引兵逆戰知事勢不敵以本軍降於陣監戰以合達北上留半歲令還守平州已而謀自拔歸乃遣奉先縣令紇石烈布里哥北京教授蒲察胡里安右三部檢法蒲察蒲女涉海來報四年十一月合達果率所部及州民並海西南歸國詔進官三階升鎮南軍節度使駐益都與元帥蒙古綱相應接充宣差都提控十二月大元兵徇地博興樂安壽光東涉濰州之境蒙古綱遣合達率兵屢戰於壽光臨淄興定元年正月轉通遠軍節度使兼鞏州管內觀察使七月改平西軍節度使兼河州管內觀察使二年正月知延安府事兼鄜延路兵馬都總管三年正月詔伐宋以合達爲元帥右都監三月破宋兵於梅林關擒統領張時又敗宋兵於馬嶺堡獲馬百匹又拔麻城縣獲其令張倜幹辦官郭守紀四月夏人犯通秦合達出兵安塞堡抵隆州夏人自城中出步騎二千逆戰進兵擊之斬首數十級俘十人遂攻隆州陷其西北隅會日暮乃還六月行元帥府事於唐鄧上遣諭曰以卿才幹故委卿無使敵人侵軼第固吾圉可也四年正月復爲元帥右都監屯延安十月夏人攻綏德州駐兵于柱天山合達

將兵擊之別遣先鋒提控樊澤等各率所部分三道以進畢會于山巔見夏人數萬餘傅山而陣即縱兵分擊澤先登摧其左軍諸將繼攻其右敗之五年五月知延安府事兼前職上言諸軍官以屢徙故往往不知所居地形迂直險易緩急之際恐至敗事自今乞勿徙又言河南陝西鎮防軍皆分屯諸路在營惟老稚而已乞選老成人爲各路統軍以鎮撫之且督其子弟習騎射將來可用皆從之十一月夏人攻安塞堡其軍先至合達與征行元帥納合買住禦之合達策之曰比北方兵至先破夏人則後易爲力於是潛軍裹糧倍道兼進夜襲其營夏人果大潰追殺四

十里墜崖谷死者不可勝計上聞之賜金各五十兩重幣十端且詔諭曰卿等克成大功朕聞之良喜經畫如此彼當知畏期之數年卿等可以休息矣仍詔以合達之功徧諭河南帥臣是月與元帥買住又戰延安皆被重創十二月以保延安功賜金帶一玉吐鶻一重幣十端元光元年正月遷元帥左監軍授山東西路吾改必剌世襲謀克權參知政事行省事於京兆未幾真拜是年五月上言頃河中安撫司報北將按察兒率兵入隰吉翼州寝及榮解之境今時已暑猶無回意蓋將蹂吾禾麥儻如此則河東之土非吾有也又河南陝西調度仰給解鹽今正漉鹽之時

而敵擾之將失其利乞速濟師臣已擬分兵二萬與平陽上黨晉陽三公府兵同力禦之竊見河中榮解司縣官與軍民多不相諳守禦之間或失事機乞從舊法凡司縣官使兼軍民庶幾上下相得易以集事又言鹽利今方敵兵迫境不厚以分人孰肯冒險而取之若自輸運者十與其八則人爭赴以濟國用從之葭州提控王公佐言於合達曰去歲十月北兵既破葭州構浮梁河上公佐寓治州北石山子招集餘衆得二千餘人欲復州城以士卒皆自北逃歸者且無鎧仗故嘗請兵於帥府將焚其浮橋以取葭州帥府不聽又請兵援護老幼稍徙內地而帥府亦不應

今葭州之民迫於敵境皆有動搖之心若是秋敵騎復來則公佐力屈死於敵手而遺民亦俱膂矣合達乃上言臣願馳至延安與元帥買住議以兵護公佐軍民來屯吳堡伺隙而動詔省院議之於是命合達率兵取葭州行至鄜州千户張子政等殺萬户陳紋將掠城中合達已勒兵爲備子政等乃出城走合達追及之衆復來歸斬首惡數十人軍乃定六月合達上言累獲諜者皆云北方已約夏人將由河中葭州以入陝西防秋在近宜預爲計今陝西重兵兩行省分制之然京兆抵平涼六百餘里萬一敵梗其閒使不得通是自孤也宜令平涼行省內族白撒領軍東

下與臣協力禦敵以屏潼陝敵退後復議分司爲便詔許之二年二月以保鳳翔之功進官賜金幣及通犀帶一是時河中已破合達提兵復取之正大二年七月陝西旱甚合達齋戒請雨雨澍是歲大稔民立石頌德延安既殘毀合達令於西路買牛付主者招集散亡助其耕墾自是延安之民稍復耕稼之利八月鞏州田瑞反合達討之諸軍進攻合達移文諭之曰罪止田瑞一身餘無所問不數日瑞弟濟殺瑞以降合達如約撫定一州民賴以寧三年詔遷平涼行省四年二月徵還拜平章政事芮國公七年七月庚寅朔以平章政事妨職樞密副使初蒲阿面奏合達

在軍中久今日多事之際乃在於省用違其長臣等欲與樞密協力軍務擢之相位似亦未晚故有此授十月己未朔詔合達及樞密副使蒲阿救衛州初朝廷以恒山公仙屯衛州公府節制不一欲合而一之至是河朔諸軍圍衛内外不通已連月但見塔上時舉火而已合達等既至先以親衛兵三千嘗之北兵小退翼日圍解上登承天門犒軍皆授世襲謀克賜良馬玉帶全給月俸本色蓋異恩也未幾以蒲阿權參知政事同合達行省事於閿鄉以備潼關先是陝省言備禦策朝官集議上策親征中策幸陝下策棄秦保潼關議者謂止可助陝西軍以決一戰使陝西

不守河南亦不可保至是自陝以西亦不守矣八年正月北帥速不䚟攻破小關殘盧氏朱陽散漫百餘里間潼關總帥納合買住率夾谷移迪烈都尉高英拒之求救於二省省以陳和尚忠孝軍一千都尉夾谷渾軍一萬往應北軍退追至谷口而還兩省輒稱大捷以聞既而北軍攻鳳翔二省提兵出關二十里與渭北軍交至晚復收兵入關鳳翔遂破二省遂棄京兆與牙古塔起遷居民於河南留慶山奴守之九月北兵入河中時二相防秋還陝量以軍馬出冷水谷以爲聲援十一月鄧州報北兵道饒峯關由金州而東於是兩省軍入鄧遣提控劉天山以劄付下襄

陽制置司約同禦北兵且索軍食兩省以前月癸卯行留楊沃衍軍守閿鄉沃衍尋被旨取洛南路入商州屯豐陽川備上津與恒山公仙相掎角合達復留禦侮中郎將完顔陳和尚於閿鄉南十五里乃行陳和尚亦隨而往沃衍軍八千及商州之木瓜平一日夜馳三百里入桃花堡知北兵由豐陽而東亦東還會大軍於鎮平恒山公仙萬人元駐胡陵關至是亦由荆子口順陽來會十二月朔俱至鄧下屯順陽乃遣天山入宋初宋人於國朝君之伯之叔之納歲幣將百年南渡以後宋以我爲不足慮絶不往來故宣宗南伐士馬折耗十不一存雖攻陷淮上數州徒使

驕將悍卒恣其殺虜飽其私欲而已又宣徽使奥敦阿虎使北方北中大臣有以輿地圖指示之曰商州到此中軍馬幾何又指興元云我不從商州則取興元路入汝界矣阿虎還奏宣宗甚憂之哀宗即位羣臣建言可因國喪遣使報哀副以遺留物因與之講解盡撤邊備共守武休之險遂下省院議之而當國者有仰而不能俯之疾皆以朝廷先遣人則於國體有虧爲辭元年上諭南鄙諸帥遣人往滁州與宋通好宋人每以奏禀爲辭和事遂不講然十年之間朝廷屢勑邊將不妄侵掠彼我稍得休息宋人始信之遂有繼好之意及天山以劄付至宋劄付者指揮之

别名宋制使陳該怒辱天山且以惡語復之報至識者皆爲竊嘆戊辰北兵渡漢江而北諸將以爲可乘其半渡擊之蒲阿不從丙子兵畢渡戰於禹山之前北兵小却營於三十里之外二相以大捷驛報百官表賀諸相置酒省中左丞李蹊且喜且泣曰非今日之捷生靈之禍可勝言哉蓋以爲實然也先是河南聞北兵出饒峰百姓往往入城壁保險固及聞敵已退至有晏然不動者不二三日游騎至人無所逃悉爲捷書所誤九年正月丁酉兩省軍潰於陽翟之三峯山初禹山之戰兩軍相拒北軍散漫而北金軍懼其乘虛襲京城乃謀入援時北兵遣三千騎趨河上

已二十餘日泌陽南陽方城襄陝至京諸縣皆破所有積聚焚燬無餘金軍由鄧而東無所仰給乃並山入陽翟既行北兵即襲之且行且戰北兵傷折亦多恒山一軍爲突騎三千所衝軍殊死鬭北騎退走追奔之際忽大霧四塞兩省命收軍少之霧散乃前前一大澗長闊數里非此霧則北兵人馬蒲中矣明日至三峯山遂潰事載蒲阿傳合達知大事已去欲下馬戰而蒲阿已失所在合達以數百騎走鈞州北兵塹其城外攻之走門不得出匿窟室中城破北兵發而殺之時朝廷不知其死或云已走京兆賜以手詔募人訪之及攻汴乃揚言曰汝家所恃惟黃河與合達耳今合達爲我殺黃河爲我有不降何待合達熟知敵情習於行陣且重義輕財與下同甘苦有俘獲即分給遇敵則身先之而不避衆亦樂爲之用其爲人亦可知矣左丞張行信嘗薦之曰完顏合達今之良將也

移剌蒲阿本契丹人少從軍以勞自千户遷都統初哀宗爲皇太子控制樞密院選充親衛軍總領佩金符元光二年冬十二月庚寅宣宗疾大漸皇太子異母兄英王守純先入侍疾太子自東宮扣門求見令蒲阿衷甲聚兵屯於艮嶽以備非常哀宗即位嘗謂近臣言向非蒲阿何至於此遂自遥授同知睢州軍州事權樞密院判官自是軍國

大計多從決之正大四年十二月河朔軍突入商州殘朱陽盧氏蒲阿逆戰至靈寶東至游騎十餘獲一人餘即退蒲阿輒以捷聞賞世襲謀克仍厚賜之人共知其罔上而無敢言吏部郎中楊居仁以微言取怒六年二月丙辰以蒲阿權樞密副使自去年夏北軍之在陝西者駸駸至涇州且阻慶陽糧道蒲阿奏陝西設兩行省本以藩衛河南今北軍之來三年於茲行省統軍馬二三十萬未嘗對壘亦未嘗得一折箭何用行省院官亦俱奏將來須用密院軍馬勾當上不語者久之是後以丞相賽不行尚書省事於關中召平章政事合達還朝白撒亦召至闕蒲阿率完

類陳和尚忠孝軍一千駐邠州且令觀北勢八月丙申蒲阿再復潞州十月乙未朔蒲阿東還十二月乙未詔蒲阿與總帥牙吾塔權簽樞密院事訛可救慶陽七年正月戰北兵於太昌原北軍還慶陽圍解詔以訛可屯邠州蒲阿牙吾塔還京兆未幾以權參知政事與合達行省于閿鄉八年正月北軍入陝西鳳翔破兩行省棄京兆而東至洛陽驛被召議河中事語在白華傳十二月北兵濟自漢江兩省軍入鄧州議敵所從出謂由光化截江戰爲便放之渡而戰爲便張惠以截江爲便縱之渡我腹空虛能不爲所潰乎蒲阿麾之曰汝但知南事於北事何知我向於裕州得制旨云使彼在沙磧且當往求之況今自來乎汝等更勿似太昌原舊衛州扇車回縱出之定住高英皆謂蒲阿此言爲然合達乃問按得木木以爲不然軍中以木北人知其軍情此言爲有理然不能奪蒲阿之議順陽留二十日光化探騎至云千騎已北渡兩省是夜進軍比曉至禹山探者續云北騎已盡濟癸酉北軍將近兩省立軍高山各分據地勢步迎於山前騎屯於山後甲戌日未出北兵至大帥以兩小旗前導來觀觀竟不前散如鴈翅轉山麓出騎兵之後分三隊而進輜重外餘二萬人合達令諸軍觀今日事勢不當戰且待之俄而北騎突前金兵不得

不戰至以短兵相接戰三交北騎少退北兵之在西者望蒲阿親繞甲騎後而突之至於三爲蒲察定住力拒而退大帥以旗聚諸將議良久合達知北兵意向時高英軍方北顧而北兵出其背擁之英軍動合達幾斬英英復督軍力戰北兵稍却觀變英軍定復擁樊澤軍合達斬一千夫長軍殊死鬬乃却之北兵回陣南向來路兩省復議彼雖號三萬而輜重三之一焉又相持二三日不得食乘其却退當擁之張惠主此議蒲阿言江路已絶黄河不冰彼入重地將安歸乎何以速爲不從乙亥北兵忽不知所在營火寂無一耗兩省及諸將議四日不見軍又不見營鄧州津送及路人不絶而亦無見者豈南渡而歸乎己卯邏騎乃知北軍在光化對岸棗林中晝作食夜不下馬望林中往來不五六十步而不聞音響其有謀可知矣初禹山戰罷有二騎迷入營問之知北兵九七頭項大將統之復有詐降者十人弊衣羸馬泣訴艱苦兩省信之易以肥馬飲之酒及煖衣食而置之陣後十人者皆鞭馬而去始悟其爲覘騎也庚辰兩省議入鄧就粮辰巳間到林後北兵忽來突兩省軍迎擊交綏之際北兵以百騎邀輜重而去金兵幾不成列逮夜乃入城懼軍士迷路鳴鍾招之樊澤屯城西高英屯城東九年正月壬午朔耀兵於鄧城下北兵

不與戰大将使來索酒兩省與之二十瓶癸未大軍發鄧州趨京師騎二萬步十三萬騎帥蒲察定住蒲察荅吉卜郎将按忒木忠孝軍總領夾谷愛荅内族達魯歡總領夾谷移特剌提控步軍臨淄郡王張惠殄寇都尉完顔阿排高英樊澤中軍陳和尚與恒山公武仙楊沃衍軍合是日次五朶山下取鵶路北兵以三千騎尾之遂駐營待楊武楊武至知申裕兩州已降七日至夜議北騎明日當復襲我彼止騎三千而我示以弱将爲所輕當與之戰乃伏騎五十於鄧州道明日軍行北騎襲之如故金以萬人擁之而東伏發北兵南避是日雨宿竹林中庚寅頓安皐辛卯

宿鵶路魯山河西軍已獻申裕擁老幼牛羊取鵶路金軍適值之奪其牛羊餉軍癸巳望鈞州至沙河北騎五千待於河北金軍奪橋以過北軍即西首斂避金軍縱擊北軍不戰復南渡沙河金軍欲盤營北軍復渡河來襲金軍不能得食又不得休息合昏雨作明旦變雪北兵增及萬人且行且戰至黄榆店望鈞州二十五里雨雪不能進盤營三日丙申一近侍入軍中傳旨集諸帥聽處分制旨云兩省軍悉赴京師我御門犒軍换易御馬然後出戰未晚復有密旨云近知張家灣透漏二三百騎已還衛孟兩州兩省當常切防備領旨訖蒲阿拂袖而起合達欲再議蒲阿

言止此而已復何所議蓋已奪魄矣軍即行北軍自北渡者畢集前後以大樹塞其軍路沃衍軍奪路得之合達又議陳和尚先擁山上大勢比再整頓金軍已接竹林去鈞州止十餘里矣金軍遂進北軍果却三峯之東北西南武高前鋒擁其西南楊樊擁其東北北兵俱却止有三峯之東張惠按得木立山上望北兵二三十萬約厚二十里按得木與張惠謀曰此地不戰欲何爲耶乃率騎兵萬餘乘上而下擁之北兵却須臾雪大作白霧蔽空人不相覿時雪已三日戰地多麻田往往耕四五過人馬所踐泥淖没脛軍士被甲胄僵立雪中槍槊結凍如椽軍士有不食至

三日者北兵與河北軍合四外圍之熾薪燔牛羊肉更迭休息乘金困憊乃開鈞州路縱之走而以生軍夾擊之金軍遂潰聲如崩山忽天氣開霽日光皎然金軍無一人得逃者武仙率三十騎入竹林中楊樊張三軍爭路北兵圍之數重及高英殘兵共戰於柿林村南沃衍澤英皆死惟張惠步持大槍奮戰而殁蒲阿走京師未至追及擒之七月械至官山召問降否往復數百言但曰我金國大臣惟當金國境内死耳遂見殺

贊曰金自南渡用兵克捷之功史不絶書然而地不加闢殺傷相當君子疑之異時伐宋唐州之役喪師七百主将

訛論匿之而以捷聞御史納蘭紏之宣宗奬御史而不罪
訛論是君臣相率而爲虛聲也禹山之捷兩省爲欺遂致
誤國豈非宣宗前事有以啓之耶至於三峯山之敗不可
收拾上下睽貽而金事已去十九
天朝取道襄漢懸軍深入機權若神又獲天助用能犯兵
家之所忌以建萬世之儁功合達雖良将何足以當之蒲
阿無謀獨以一死無媿猶足取焉爾

列傳第五十

列傳第五十一　金史一百一十三

開府儀同三司上柱國録軍國重事前中書右丞相監修國史領經筵事都總裁臣脫脫奉

勑修

完顔賽不　白撒一名承裔　赤盞合喜

完顔賽不始祖弟保活里之後也狀貌魁偉沉厚有大畧
初補親衛軍章宗時選充護衛明昌元年八月由宿直将
軍爲寧化州刺史未幾遷武衛軍副都指揮使泰和二年
轉胡里改路節度使四年升武衛軍都指揮使尋爲殿前
左副都點檢及平章僕散揆伐宋爲右翼都統六年六月
宋将皇甫斌遣率步騎數萬由確山褒信分路侵蔡聞郭
倬李爽之敗阻溱水不敢進於是揆遣賽不及副統尚廐
局使蒲鮮萬奴深州刺史完顔達吉不等以騎七千往擊
之會溱水漲宋兵扼橋以拒賽不等謀潜師夜出達吉不
以騎涉水出其右萬奴等出其左賽不度其軍畢渡乃率
副統阿魯帶以精兵直趨橋宋兵不能遏比明大潰萬奴
以兵斷眞陽路諸軍追擊至陳澤斬首二萬級獲戰馬雜
畜千餘兵還進爵一級賜金幣甚厚貞祐初拜同簽樞密
院事三年遷知臨洮府事兼陜西路副統軍上召見諭曰
卿向在西京盡心爲國及治華州亦嘗宣力今始及三品
特升授汝此職者以陜西安撫副使烏古論兖州不尊安

撫使達吉不節制多致敗事今已責罰兗州命卿副之宜益務盡心其或不然復當別議行之八月知鳳翔府事兼本路兵馬都總管俄為元帥右都監四年四月調兵拔宋木陡關五月夏人於來羌城界河修折橋以兵守護賽不遣兵焚之八月夏人冦結耶觜川遣兵擊走之尋又破其衆于車兒堡興定元年二月轉簽樞密院事時上以宋歲幣不至且復侵盜詔賽不討之四月與宋人戰於信陽斬首八千生擒統制周光獲馬數千牛羊五百又遇宋人於隴山七里山等處前後六戰斬獲甚衆尋遣兵渡淮略中渡店拔光山羅山定城等縣破光州兩關斬首萬餘獲馬

牛及布分給將士詔賜玉兎鶻一內府重幣十端七月上章言京都天下之根本其城池宜極高深今外城雖堅然周六十餘里倉猝有警難於拒守竊見城中有子城故基宜於農隙築而新之為國家久長之利及九河南陝西州府皆乞量修從之二年正月破宋人於鐵山及上石店唐縣四月進兼西南等路招討使西安軍節度使陝州管內觀察使奉詔攻棗陽宋出兵三萬拒戰稍誘擊之宋兵敗走城薄諸濠殺及溺死者三千餘人遂進兵圍之宋騎兵千步卒萬來援逆戰復大敗之七月遷行山東西路兵馬都總管兼武寧軍節度使三年二月奪宋白石關殺其守

者千餘人獲鎧仗千計三月破宋兵於七口倉又奪宋小鶻倉獲粮九千石兵仗三十餘萬是月復敗宋兵三千于石鶻崖四年三月奉詔出兵河北招降晉安權府事皇甫珪正平縣令席永堅率五千餘人來歸得粮萬石時河北所在義軍官民堅守堡寨力戰破敵者衆賽不上章言此類忠赤可嘉若不旌酬無以激人心乞朝廷量加官賞萬一敵兵復來將爭先効用矣上覽奏召樞密官曰朕與卿等亦嘗有此議以不見彼中事勢故一聽帥臣規畫今觀此奏甚稱朕意其令有司遷賞之是年四月遷樞密副使五年五月奉詔引兵救河東戰屢捷復晉安平陽二城監

察御史言其不能檢束士衆縱之虜略請正其罪上以有功詔勿問元光二年五月復河中六月詔諭宰臣曰樞密副使賽不本皇族先世偶然脫遺朕重其舊人且久勞王家已命睦親府附于屬籍矣卿等宜知之正大元年五月拜平章政事未幾轉尚書右丞相雅與參知政事李蹊相得及蹊以公罪出尹京洛賽不數薦蹊比唐魏徵以故蹊得復相三年宣宗廟成將禘祭議配享功臣論者紛紜賽不為大禮使因言丞相福興死王事七斤謹守河南以迎大駕功宜配享議遂定四年吏部郎中楊居仁上封事言宰相宜擇人上語大臣曰相府非其人御史諫官當言彼

吏曹何與于此尚書左丞頹盞世魯素嫉居仁亦以爲僣賽不徐進曰天下有道庶人猶得獻言况在郎官陛下有寬弘之德故不應言者猶言使其言可用則行之不可用不必示臣下也上是之居仁字行之大興人泰和三年進士天興末時北渡舉家投黃河死五年行尚書省于京兆謂都事商衡曰古來宰相必用文人以其知爲相之道賽不何所知使居此位吾恐他日史官書之某時以某爲相而國乃亡卽促衡草表乞致仕平章政事侯摯朴直無蘊藉朝廷鄙之天興九年兵事急自致仕起爲大司農未幾復致仕徐州行尚書省無敢行者復拜摯平章政事都堂

會議摯以國勢不支因論數事曰只是更無擘劃白撒怒曰平章出此言國家何望耶意在置之不測賽不顧謂白撒曰侯相言甚當白撒遂含憤而罷時

大元兵薄汴白撒策後日講和或出質必首相當行力請賽不領省事拜爲左丞相尋復致仕是年冬哀宗遷歸德起復爲右丞相樞密使兼左副元帥封壽國公扈從以行河北兵潰從至歸德又請致仕二年七月復詔行尚書省事於徐州既至以州乏粮遣郎中王萬慶會徐宿靈壁兵取源州令元帥郭恩統之九月恩至源州城下敗績而還再命卓翼攻豐縣破之初郭恩以敗爲恥託疾不行乃密與河北諸叛將郭野驢輩謀歸國用安執元帥商瑀父子元帥左都監紇石烈善住併殺之又遂都尉斡轉留奴泥厖古桓端蒲察世謀元帥右都監李居仁員外郎常忠自是防城與守門者皆河北義軍出入自恣賽不先病疽久不視事重爲賊黨所制束手聽命而已初源徐交攻郭野驢者每辭疾不行賽不遂授野驢徐州節度副使兼防城都總領實羈之也野驢既見徐州空虛乃約源州叛將麻琮內外相應十月甲申詰旦襲破徐州時蔡已被圍徐州將士以朝命阻絕且逼大兵議出降賽不弗從恐被執至是投河求死流三十餘步不沒軍士援出之又五日自縊

于州第麻琮乃遣人以州降

大元子按春正大中充護衛坐與宗室女姦杖一百收係居許州大兵至許按春開南門以降從攻京師曹王出質朝臣及近衛有從出者按春極口大罵以至指斥是冬復自北中逃廻詔令押入省問事情按春隨近侍登階作揮涕之狀詔問丞相云按春自北中來丞相好與問彼中息耗賽不附奏曰老臣不幸生此賊事至今日恨不手刃之恐與對面語乎十二月車駕東狩留後二相下開封擒捕斬之獄中

贊曰賽不臨陣對壘旣有將略洎秉鈞衡觀其救解楊居

仁侯摯等言殊有相度按春之事尤有古人之風焉晚以老病受制叛臣致修匹夫匹婦之節此猶大厦將傾非一木之所能支也悲夫

内族白撒名承裔末帝承麟之兄也系出世祖諸孫自幼爲奉御貞祐間累官知臨洮府事兼本路兵馬都總管興定元年爲元帥左都監行帥府事於鳳翔是年詔陝西行省伐宋白撒出鞏州鹽井遇宋兵于皂郊堡敗之又遇宋兵于天水軍掩擊宋兵大潰二年四月復敗宋兵至雞公山遂拔西和州毀其諸隘營屯遣合扎都統完顏習涅阿不率軍趨成州宋帥羅參政統制李大亨焚廬舍棄城遁

留千餘人城守督兵赴之遂克焉獲粮七萬斛錢數千萬河池縣守將楊九鼎亦焚縣舍走保清野原統制高千據黑谷關甚固遣兵襲之千遁去獲粮二萬斛器械稱是因夷其險而還三年破虎頭關敗宋兵于七盤子雞冠關褒城縣官民自焚城宇遁因取其城興元府提刑兼知府事趙希昔聞兵將至率官民遁於是白撒遂取興元以駐兵焉命提控張秀華馳視洋州官民亦遁又取其城尋聞漢江之南三十里宋兵二千據山而陣遣提控唐括移失不擊走之行省以捷聞宣宗大悦進白撒官一階時朝議以蘭州當西夏之衝久爲敵據將遣白撒復之白撒奏曰臣近入宋境略河池下鳳州破興元抵洋州而還經涉險阻數千里士馬疲弊未得少休而欲重爲是舉甚非計也不若息兵養士以備從之未幾權參知政事行省事于平涼四年上言宋境山州宕昌東上拶一帶蕃族昔嘗歸附分處德順鎮戎之間其後有司不能存撫相繼亡去近聞復有歸心然不招之亦無由自至誠得其衆可以助兵寧謐一方臣以同知通遠軍節度使事烏古論長壽及通遠軍節度副使溫敦永昌皆本蕃屬且久鎮邊鄙深得彼心已命遣人招之其所遣及諸來歸者皆當甄奬請預定賞格以待之上是其言是年夏兵三萬由高峯嶺入寇定西州

環城爲柵白撒遣刺史愛申阿失剌與行軍提控烏古論長壽溫敦永昌出戰大敗之斬首千餘獲馬仗甚衆五年五月白撒言近詔臣遣官諭諸蕃族以討西夏臣即令臨洮路總管女奚烈古里閭計約喬家丙令族首領以諭餘族又别遣權左右司都事趙梅委差官遙授合河縣尉劉貞同往撫諭未幾梅貞報溪哥城等處諸族與先降族共願助兵七萬八千餘人本國蕃族願助兵九千若更以官軍繼爲聲援勝夏必矣臣已令古里閭將鞏州兵三萬宜更擇勇略之臣副之梅貞等既悉事勢當假以軍前之職蕃僧納林心波亦招誘有功乞遷官授職以奬勵之上皆

從其請元光元年二月行省上言近與延安元帥完顏合達納合買住議河北郡縣俱已殘毀陝西河南亦經抄掠比者西北二敵併攻鄜延城邑隨陷惟延安孤墉僅得保全若今秋復至必長驅而深入雖京兆鳳翔慶陽平涼已各益軍而率皆步卒且相去闊遠卒難應援儻關中諸鎮不支則河南亦不安矣今二敵遠去西北少休宜乘此隙徑取蜀漢寔國家基業萬全之計詔樞密議之先是夏兵數十萬分寇龕谷鄜延大通諸城上召白撒等授以方略命發兵襲其浮橋遂趨西涼別遣將取大通城出溪哥路略夏地白撒徐出鎮戎合達出環州以報三道之役白撒

馳至臨洮遣總管女奚烈古里間積石州刺史徒單牙武各攝帥職率兵西入遇夏兵千餘於踏南寺擊走之夏人據大通城因圍之分兵奪其橋與守兵七千人戰大敗之幾殺其半入河死者不可計餘兵焚其橋西遁乃還軍攻大通克之斬首三千因招來諸寺族被脅僧俗人皆按堵如故以河梁既焚塞外地寒少草師遂還十二月行省言近有人自北來者稱國王木華里悉兵沿渭而西謀攻鳳翔鳳翔既下乃圖京兆京兆卒不可得留兵守之至春蹂踐二麥以困我未幾大兵果圍鳳翔帥府遣人告急臣以爲二鎮脣齒也鳳翔蹉跌則京兆必危而陝右大震矣然

平川廣野寔騎兵馳騁之地未可與之爭鋒已遣提控羅桓將兵二千循南山而進伺隙攻其柵壘以紓城圍更乞發河南步騎以備潼關詔付尚書省樞密院議之二年冬哀宗即位邊事益急正大五年八月召白撒還朝拜尚書右丞未幾拜平章政事白撒居西垂幾十年當宋夏之交雖頗立微效皆出諸將之力然本恇怯無能徒以儀體爲事性愎貪鄙及入爲相專愎尤甚嘗惡堂食不適口每以家膳自隨國家顛覆初不恤也九年正月諸軍敗績於三峯山大兵與白坡兵合長驅趨汴令史楊居仁請乘其遠至擊之白撒不從且陰怒之遂遣完顏麻斤出邵公茂等

部民萬人開短堤決河水以固京城功未畢而騎兵奄至麻斤等皆被害丁壯無二三百人得反者壬辰棄衛州運守具入京初大兵破衛州宣宗南遷移州治於宜村渡築新城於河北岸去河不數步惟北面受敵而以石包之歲屯重兵於此大兵屢至不能近至是棄之隨爲大兵所據甲午修京城樓櫓初宣宗以京城闊遠難守詔高琪築裏城公私力盡僅乃得成至是議所守朝臣有言裏城決不可守外城決不可棄大兵先得外城粮盡救絕走一人不出裏城或不測可用於是決計守外城時在城諸軍不滿四萬京城周百二十里人守一乳口尚不能徧故議避遷

之民充軍又召在京軍官於上清宮平日防城得功者如内族按出虎大和兒劉伯綱等皆隨召而出截長補短假借而用得百餘人又集京東西沿河舊屯兩都尉及衛州巳起義軍通建威得四萬人益以丁壯六萬分置四城每面別選一千名飛虎軍以專救應然亦不能軍矣三月京城被攻大臣分守四面白撒主西南受攻最急樓櫓垂就輒摧傳令取竹爲護簾所司馳入城大索竟無所得白撒怒欲斬之負外郎張衮附所司耳語曰金多則濟矣胡不即平章府求之所司懷金三百兩徑往賂其家僮果得之巳而兵退朝廷議罷白撒白撒不自安乃謂令史元好問

曰我妨賢路久矣得退是幸爲我撰乞致仕表頃之上巳遣使持詔至其第令致仕既廢軍士恨其不戰誤國揚言欲殺之白撒懼一夕數遷上以親軍二百陰爲之衛軍士無以泄其憤遂相率毀其別墅而去其黨元帥完顔斜捻阿不領本部軍戍汴聞之徑詣其所斬經其垣下者一人以鎮之是時速不䚟等兵散屯河南汴城粮且盡累召援兵復無至者冬十月乃復起白撒爲平章政事權樞密使兼右副元帥於是羣臣爲上畫出京計以賽不爲右丞相樞密使兼左副元帥内族訛出右副元帥兼樞密副使權參知政事李蹊兵部尚書權尚書左丞徙單百家元帥左

監軍行總帥府事東面元帥高顯副以果毅都尉粘合咬住兵五千南面元帥完顔猪兒副以建威都尉完顔斡論出兵五千西面元帥劉益上黨公張開副以安平都尉紇綱軍五千北面元帥内族婁室副以振威都尉張閏軍五千中翼都尉賀都喜軍四千隸總帥百家都尉内族久住副都尉王簡總領王福胤神臂軍三千五百左翼元帥内族小婁室親衛軍一千右翼元帥完顔按出虎親衛軍一千總領完顔長樂副帥温敦昌孫馬軍三百郡王王義深馬軍一百五十郡王范成進總領蘇元孫圭軍三千隸總帥百家飛騎都尉兼合刺合總領术虎只魯歡總領夾谷

得伯纠軍田衆家奴等百人及諸臣下發京師十二月甲辰車駕至黄陵岡白撒先降大兵兩寨得河朔降將上赦之授以印及金虎符羣臣議以河朔諸將前導鼓行入開州取大名東平豪傑當有響應者破竹之勢成矣温敦昌孫曰太后中宮皆在南京北行萬一不如意聖主孤身欲何所爲若往歸德更五六月不能還京不如先取衛州還京爲便白撒奏曰聖體不便鞍馬且不可令大兵知上所在今可駐歸德臣等率降將往東平俟諸軍到可一鼓而下因而經略河朔且空河南之軍上以爲然時上巳遣官奴將三百騎探漚麻岡未還上將御船賜白撒劍得便宜

從事奕東平之策官奴遂奏衛州有粮可取上召白撒問之白撒曰京師且不能守就得衛州欲何爲耶以臣觀之東平之策爲便上主官奴之議明年正月朔次黄陵岡是日歸德守臣以粮糗三百餘船來餉遂就其舟以濟南岸未濟者萬人

大元將回古乃率四千騎追擊之賀都喜揮一黄旗督戰身中十六七箭軍殊死鬬得卒千餘人大兵少却上遣送酒百壺勞之須臾北風大作舟皆吹著南岸諸兵復擊之溺死者近千人元帥猪兒都尉紇石烈訛論等死之建威都尉完顔訛論出降於

大元上於北岸望之震懼率從官爲猪兒等設祭哭之皆贈官錄用其子姪斬訛論出二弟以徇遂命白撒攻衛州上駐兵河上留親衛軍三千護從都尉高顯步軍一萬元帥官奴忠孝軍一千郡王范成進王義深上黨公張開元帥劉益等軍總帥百家總之各賫十日粮聽承裔節制發自蒲城上時已遣賽不將馬軍北向矣白撒以三十騎追及謂賽不曰有旨令我將馬軍賽不謂上曰北行議已決不可中變上曰丞相當與平章和同完顔仲德持御馬銜苦諫曰存亡在此一舉衛州決不可攻上麾之曰參政不知白撒遂攻衛州兵至城下御旗黄繖招之不下其夜北

騎三千奄至官奴和速嘉兀地不按出虎與之戰北兵却六十里然自發蒲城遷延八日始至衛而猝無攻具縛槍爲雲梯州人知不能攻守益嚴凡攻三日不克及聞河南大兵濟自張家渡至衛西南遂班師大兵踵其後戰於白公廟敗績白撒等棄軍遁劉益張開皆爲民家所殺車駕還次蒲城東三十里白撒使人密奏劉益一軍叛去點檢末撚兀典總領温敦昌孫時侍行帳中請上登舟上曰正當決戰何遽退乎少頃白撒至倉皇言於上曰今軍已潰大兵近在堤外請聖主幸歸德上遂登舟侍衛皆不知廵警如故時夜已四更矣遂狼狽入歸德白撒收潰兵大橋

得二萬餘人懼不敢入上聞遣近侍局提點移剌粘古紇石烈阿里合護衛二人以舟往迎之既至不聽入見并其子下獄諸都尉司軍以白撒不戰而退發憤出怨言上乃暴其罪曰惟汝將士明聽朕言我初提大軍次黄陵岡得捷白撒即奏宜渡河取衛州可得粮十萬石乘勝恢復河北我從其計令率諸軍攻衛去蒲城二百餘里白撒遷延八日方至又不預備攻具以致敗衂白撒棄軍竄還蒲城便言諸軍已潰北兵勢大不可當信從登舟幾死于水若當時知諸軍未嘗潰只河北戰死亦可垂名於後今白撒已下獄不復録用籍其家産以賜汝衆其盡力國家無效

此人因白撒七日而餓死發其第承麟子徇兒徐州安置當時議者衛州之舉本自官奴歸之白撒則亦過矣初瀕河居民聞官軍北渡築垣塞戶潛伏洞穴及見官奴一軍號令明肅撫勞周悉所過無絲髮之犯老幼婦子坦然相視無復畏避俄白撒輩縱軍四出剽掠俘虜挑掘焚炙靡所不至哭聲相接屍骸盈野都尉高祿謙苗用秀輩仍掠人食之而白撒誅斬在口所過官吏殘虐不勝一飯之費有數十金不能給者公私皇皇日皆俟大兵至矣白撒目不知書姦黠有餘簿書政事聞之即解善談議多知接人則煦煦然好貨殖能押闔中人主心遂浸潰以取將相既

富貴起第於汴之西城規模擬宮掖婢妾百數皆衣金縷奴隸月廩與列將等猶以爲未足也上嘗遣中使責之曰卿汲汲於此將無北歸意耶白撒終不悛以及於禍

贊曰白撒本非將才恇怯誤國徒能阿合以取富貴性慢貪鄙當此危亡方謀封殖以自逸此猶大廈將焚而燕雀不悟者歟

赤盞合喜性剛愎好自用朝廷以其有才幹任之宣宗時累遷蘭州刺史提控軍馬貞祐四年十一月夏人四萬餘騎圍定西鞏致攻具將取其城合喜及楊斡烈等率兵鏖戰走之斬首二千級俘數十人獲馬八百餘匹器械稱是餘悉遁去興定元年正月以屢敗夏人遷授同知臨洮府事兼前職是冬陝西行省奉詔伐宋合喜權行元帥府駐來遠寨以張聲勢既而獲捷二年四月宋兵數千侵臨洮合喜擊走之斬獲甚衆三年四月遷元帥左都監行元帥府事于鞏州四年四月夏人犯邊合喜討之師次鹿兒原遇夏兵千人遣提控烏古論世鮮率偏師敗之都統王定亦破其衆一千五百于新泉城九月夏人攻鞏州合喜遣兵擊之一日十餘戰夏人退據南岡遣精兵三萬傅城又擊走之生擒夏將劉打甲玉等訊知夏大將你思丁兀名二人謀以爲鞏帥府所在鞏既下則臨洮積石河洮諸城

不攻自破故先及鞏耳構宋統制程信等將兵四萬來攻合喜聞之飭兵嚴備俄而兵果至合喜督兵搏戰却之殺數千人攻益急將士殊死戰殺傷者以萬計夏人焚其攻具拔柵而去合喜已先伏甲要地邀之復率衆躡其後斬首甚衆十月以功遷授平西軍節度使元光元年大將萌古不花攻鳳翔朝廷以主將完顏仲元孤軍不足守禦命合喜將兵援之二年二月木華黎國王斜里吉不花等及夏人步騎數十萬圍鳳翔東自扶風岐山西連汧隴數百里間皆其營柵攻城甚急合喜盡力僅能禦之於是合喜以同知臨洮府事顏盞蝦蟆戰尤力遂以便宜升爲通遠

軍節度使上嘉其功許之是歲升簽樞密院事哀宗即位
拜參知政事權樞密副使正大八年十一月鄧州馳報
大元兵破峣峯關由金州東下報至時日已暮省院官入
奏上曰事至於此奈何上即位至是八年從在東宮日立
十三都尉每尉不下萬人彊壯趫捷極爲精練步卒負擔
器甲糧糗重至六七斗一日夜行二百里忠孝軍萬八千
人皆回紇河西及中州人被掠而逃歸者人有從馬以騎
射選之乃得補親衛騎兵武衛護衛選外諸軍又二十餘
萬故頻年有大昌原倒回谷之捷士氣既振遂有一戰之
資至是院官同奏北軍冒萬里之險歷二年之久方入武

休其勞苦已極爲吾計者以兵屯睢鄭昌武歸德及京畿
諸縣以大將守洛陽潼關懷孟等處嚴兵備之京師積粮
數百萬斛令河南州郡堅壁清野百姓不能入城者聚保
山砦彼深入之師欲攻不能欲戰不得師老食盡不擊自
歸矣上太息曰南渡二十年所在之民破田宅鬻妻子以
養軍士且諸軍無慮二十餘萬今敵至不能迎戰徒以自
保京城雖存何以爲國天下其謂我何又曰存亡有天命
惟不負民可也乃詔合達蒲阿等屯軍襄鄧九年正月兩
省軍潰于三峯山北兵進薄京師三月庚子議曹王出質
大兵北行留速不解攻城攻具已辦既有納質之請即又

云我受命攻城但曹王出則退不然不罷也壬辰曹王入
辭宴於宮中癸卯北兵立攻具沿壕列木柵以薪草填壕
頃刻平十餘步主兵者以議和之故不敢與戰但於城上
坐視而已城中喧鬨上聞之從六七騎出端門至舟橋時
新雨淖車駕忽出人驚愕失措但跪於道傍亦有望而拜
者上自麾之曰勿拜恐泥汚汝衣倉皇中市肆米豆狼藉
於地上勑衛士令各歸其家老幼遮擁至有悞觸御衣者
少頃宰相從官皆至進笠不受曰軍士暴露我何用此爲
所過慰勞軍士皆踴躍稱萬歲臣等戰死無所恨至有感
泣者 西南軍士五六十輩聚而若有言者上就問之跪曰

大兵劚土填壕功已過半平章傳令勿放一鏃恐壞和事
想豈有計耶上顧謂其中長者云朕爲生靈稱臣進奉無
不從順止有一子養來成長今往作質子矣汝等略忍待
曹王出大兵不退汝等死戰未晚復有拜泣者曰事急矣
聖主毋望和事乃傳旨城上放箭西水門千戶劉壽控御
馬仰視曰聖主無信賊臣賊臣盡大兵退矣衛士欲擊之
上止之曰醉矣勿問是日曹王出詣軍前大兵併力進攻
甲辰上復出撫東門將士太學生楊奐等前白事上問何
所欲言曰臣等皆太學生今執砲夫之役恐非國家百年
以來待士之意勑記姓名即免其役過南薰門值被創者

親傳以藥手酌卮酒以賜且出內府金帛以待有功者是日大兵驅漢俘及婦女老幼負薪草塡壕塹城上箭鏃四下如雨頃刻壕爲之平龍德宮造砲石取宋太湖靈壁假山爲之小大各有斤重其圓如燈毬之狀有不如度者杖其工人大兵用砲則不然破大磑或碌碡爲二三皆用之攢竹砲有至十三稍者餘砲稱是每城一角置砲百餘枝更遞下上晝夜不息不數日石幾與裏城平而城上樓櫓皆故宮及芳華玉谿所拆大木爲之合抱之木隨擊而碎以馬糞麥秸布其上綱索旃褥固護之其懸風板之外皆以牛皮爲障遂謂不可近大兵以火砲擊之隨即延爇不可撲救父老所傳周世宗築京城取虎牢土爲之堅密如鐵受砲所擊唯凹而已大兵壕外築城圍百五十里城有乳口樓櫓壕深丈許闊亦如之約三四十步置一鋪鋪置百許人守之初白撒命築門外短牆委曲陿隘容二三人得過以防大兵奪門及被攻諸將請乘夜斫營軍乃不能猝出比出已爲北兵所覺後又夜募死士千人穴城由壕徑渡燒其砲坐城上懸紅紙燈爲應約燈起渡壕又爲圍者所覺又放紙鳶置文書其上至北營則斷之以誘被俘者識者謂前日紙燈今日紙鳶宰相以此退敵難矣右丞世魯命作江水曲使城上之人靜夜唱之蓋河朔先有此

曲以寄謳吟之思其謬計如此合喜先以守鳳翔自誇及令守西北隅其地受攻最急而合喜當之語言失措面無人色軍士特以車駕數出慰勞人自激昂爭爲效命耳其攻城之具有火砲名震天雷者鐵罐盛藥以火點之砲起火發其聲如雷聞百里外所爇圍半畝之上火點著甲鐵皆透大兵又爲牛皮洞直至城下掘城爲龕間可容人則城上不可奈何矣人有獻策者以鐵繩懸震天雷者順城而下至掘處火發人與牛皮皆碎迸無迹又飛火槍注藥以火發之輒前燒十餘步人亦不敢近大兵惟畏此二物云四月罷攻至是十六晝夜矣內外死者以百萬計大兵知不可下乃謾爲好語云兩國已講和更相攻耶朝廷亦就應之明日遣戶部侍郎楊居仁出宜秋門以酒炙犒師於是營幕稍稍外遷遂退兵壬午合喜以大兵退議入賀諸相皆不欲獨合喜以守城爲己功持論甚力呼令史元好問曰罷攻已三日而不入賀何也速召翰苑官作表好問以白諸相權參政內族思烈曰城下之盟諸侯以爲恥況以罷攻爲可賀歟合喜怒曰社稷不亡帝后免難汝等不以爲喜耶明日近侍局直長張天任至省好問私以賀議告之天任曰人不知恥乃若是耶因謂諸相曰京城受兵上深以爲辱聞百官欲入賀誠有此否會學士趙秉文

不肯撰表議遂寢是月以尚書省兼樞密院事合喜罷樞
密合喜旣失兵柄意殊不樂欲銷院印諸相謂院事仍在
印有用時不宜毀合喜怒欲笞其掾有投匿名書於御路
云副樞合喜總帥撒合輦參政訛出皆國賊朝廷不殺俺軍
亦須殺之爲國除害衛士以聞撒合輦飲藥死訛出稱疾不
出惟合喜坦然若無事者上亦無所問由是軍國之事盡
決于合喜矣初大兵圍汴司諫陳岢屢上封事言得失切
中時病合喜大怒召入省呼其名責之曰子爲陳山可耶
果如子言能退大敵我當世世與若爲奴聞者無不竊笑
蓋不識岢字至分爲兩耳天興元年七月權參知政事思

烈恒山公武仙合軍自汝州入援詔以合喜爲樞密使統
京城軍萬五千應之且命賽不爲之助八月己酉朔駐於
近郊候益兵乃進屯中牟古城凡三日聞思烈軍潰即夜
棄輜重馳還黎明至鄭門聚軍乃入言者謂合喜始則抗
命不出中則逗遛不進終則棄軍先遁委棄軍資不可勝
計不斬之無以謝天下上貸其死免爲庶人旣而籍其家
以賜軍士旣廢居汴中常鞅鞅不樂會大將速不䚟遣人
招之合喜卽治裝欲行崔立邀至省酌酒餞送且以白金
二百兩爲臚明日復詣省別立方對語適一人自歸德持
文書至發視之乃行省傳哀宗語以諭合喜者其言曰卿
朕老臣中間雖廢出未嘗忘卿今崔立已變卿處舊人尚
多若能反正與卿世襲公相立怒叱左右縶之獄是日斬
之

論曰合喜初年用兵西夏屢著勞效要亦諸將石盞蝦蟆
等功也旣當大任遂自矜伐汴城之役舉措煩擾貿出兵
退卽圖稱賀此豈有體國之誠心者乎中牟之潰衆怒所
歸幸逭一死猶懷異圖卒殞猜疑天蓋假手於崔立也

列傳第五十一

開府儀同三司上柱國錄軍國重事前中書右丞相監修國史領經筵事都總裁臣脫脫奉

勅修

白華　斜卯愛實 合周附　石抹世勣

白華字文舉隩州人貞祐三年進士初為應奉翰林文字正大元年累遷為樞密院經歷官二年九月武仙以真定來歸朝廷方經理河北宋將彭義斌乘之遂由山東取邢洺磁等州華上奏曰北兵有事河西故我得少寬今彭義斌招降河朔郡縣驟及於真定宜及此大舉以除後患時院官不欲行即遣華相視彰德實擣之也事竟不行三

年五月宋人掠壽州永州桃園軍失利死者四百餘人時夏全自楚州來奔十月庚申集百官議和宋上問全所以來華奏全初在盱眙從宋帥劉卓往楚州州人訛言劉大帥來欲屠城中北人耳衆軍怒殺卓以城來歸全終不自安跳走盱眙盱眙不納城下索妻孥又不從計無所出乃狼狽而北止求自免無他慮也華因是為上所知全至後盱眙楚州王義深張惠范成進相繼以城降詔改楚州為平淮府以全為金源郡王平淮府都總管張惠臨淄郡王義深東平郡王成進膠西郡王和宋議寢四年李全據楚州衆皆謂盱眙不可守上不從乃以淮南王招全全曰王義深范成進皆我部曲而受王封何以處我竟不至是歲慶山奴敗績于龜山五年秋增築歸德城擬工數百萬宰相奏遣華往相役華見行院温撒辛語以民勞朝廷愛養之意減工三之一温撒李辛賜姓也六年以華權樞密院判官上召忠孝軍總領蒲察定住經歷王仲澤戶部郎中刁壁及華諭之曰李全據有楚州睥睨山東久必為患今北事稍緩合乘此隙令定住權監軍率所統軍一千別遣都尉司步軍萬人以壁仲澤為參謀同往沂海界招之不從則以軍馬從事卿等以為何如華對曰臣以為李全借大兵之勢要宋人供給餽餉特一猾寇耳老狐穴塚待夜

而出何足介懷我所慮者北方之強耳今北方有事未暇南圖一旦事定必來攻矣與我爭天下者此也全何預焉若北方事定全將聽命不暇設不自量更有非望天下之人寧不知逆順其肯去順而從逆乎為今計者姑養士馬以備北方使全果有不軌之謀亦當發於北朝息兵之日當此則我易與矣上沉思良久曰卿等且退容我更思明日遣定住還屯尉氏時陝西兵大勢已去留脫或欒駐慶陽以擾河朔且有攻河中之耗而衛州帥府與恒山公府並立慮一旦有警節制不一欲合二府為一又恐其不和命華往經畫之初華在院屢承面諭云汝為院官不以軍

馬責汝汝辭辯特以合喜蒲阿皆武夫一語不相入便為齟齬害事非細今以汝調停之或有乖忤罪及汝矣院中事當一一奏我汝之職也今衛州之委亦前日調停之意國制凡樞密院上下所倚任者名奏事官其目有三一曰承受聖旨二曰奏事三曰省院議事皆以一人主之承受聖旨者凡院官奏事或上處分獨召奏事官付之多至一二百言或直傳上旨辭多者即與近侍局官批寫奏事者謂事有區處當取奏裁者殿奏其奏每嫌辭費必欲言簡而意明退而奉行即立文字謂之檢目省院官殿上議事則默記之議定歸院亦立檢目呈覆有疑則復稟無則付

掾史施行其赴省議者議既定留奏事官與省左右司官同立奏草圓覆諸相無異同則右司奏上此三者之外又有難者曰備顧問如軍馬糧草器械軍帥部曲名數與夫屯駐地里阨塞遠近之類凡省院一切事務顧問之際一不能應輒以不用心被譴其職為甚難故以華處之五月以丞相賽不行尚書省事於關中蒲阿率完顏陳和尚忠孝軍一千駐邠州且令審觀北勢如是兩月上謂白華曰汝往邠州六日可往復否華自量日可馳三百應之曰可上令密諭蒲阿纔候春首當事慶陽華如期而還上一日顧謂華言我見汝從來凡語及征進必有難色今此一舉

特銳於平時何也華曰向日用兵以南征及討李全之事梗之不能專意北方故以北向為難今日異於平時況事至於此不得不一舉大軍入界已三百餘里若縱之令下秦川則何以救終當一戰摧之與其戰於近裏之平川不若戰於近邊之險隘上亦以為然七年正月慶陽圍解大軍還白華上奏凡今之計兵食為急除密院已定忠孝軍及馬軍都尉司步軍足為一戰之資此外應河南府州亦須簽揀防城軍秋聚春放依古務農講武之義各令防本州府城以今見在九十七萬無致他日為資敵之用五月華真授樞密判官上遣近侍局副使七斤傳旨云朕用汝

為院官非責汝將兵對壘第欲汝立軍中綱紀發遣文移和睦將帥究察非違至於軍伍之閱習器仗之修整皆汝所職其悉力國家以稱朕意八年大軍自去歲入陝西翶翔京兆同華之間破南山砦柵六十餘所已而攻鳳翔金軍自閿鄉屯至澠池兩行省晏然不動宰相臺諫皆以樞院瞻望逗遛為言京兆士庶橫議蜂起以至諸相力奏上前上曰合達蒲阿必相度機會可進而進耳若督之使戰終出勉強恐無益而反害也因遣白華與右司郎中夾谷八里門道宰相百官所言并問以目今二月過半有怠歸之形諸軍何故不動且詔華等往復六日華等既到同諭

兩行省以上意合達言不見機會見則動耳蒲阿曰彼軍
絕無糧餉使欲戰不得欲留不能將自斃矣合達對蒲阿
及諸帥則言不可動見士大夫則言可動人謂合達近嘗
得罪又畏蒲阿方得君不敢與抗而亦言不可動華等觀
二相見北兵勢大皆有懼心遂私問樊澤定住陳和尚以
為何如三人者皆曰他人言北兵疲困故可攻此言非也
大兵所在豈可輕料是真不敢動華等還以二相及諸將
意奏之上曰我故知其怯不敢動矣即復遣華傳旨諭二
相云鳳翔圍久恐守者力不能支行省當領軍出關宿華
陰界次日及華陰次日及華州略與渭北軍交手計大兵

聞之必當奔赴且以少紓鳳翔之急我亦得為掣肘計耳
二相廻奏領旨華東還及中牟已有兩行省納奏人追及
華取報密院副本讀之言領旨提軍出關二十里至華陰
界與渭北軍交是晚收軍入關華為之仰天浩嘆曰事至
於此無如之何矣華至京奏章已達知所奏為徒然不二
三日鳳翔陷兩行省遂棄京兆與牙古塔起遷居民於河
南留慶山奴守之夏五月楊妙真以夫李全死於宋構浮
橋於楚州之北就北帥梭魯胡吐乞師復讎朝廷覘知之
以謂北軍果能渡淮淮與河南跬步間耳遣合達蒲阿駐
軍桃源界滶河口備之兩行省乃約宋帥趙范趙葵為夾

攻之計二趙亦遣人報聘俱以議和為名以張聲勢二相
屢以軍少為言而省院難之因上奏云向來附關屯駐半
年適還舊屯喘不及息又欲以暑月東行實無可圖之事
徒自疲而已況兼桃源青口蚊虻湫濕之地不便牧養自
今非征進時月決不敢妄動且我之所慮特楚州浮梁耳
姑以計圖之已遣提控王銳往視可否奏上上遣白華以
此傳諭二相兼領王銳行二相不悅蒲阿遣水軍虹縣所
屯王提控者以小船二十四隻令華順河而下必到八里
莊城門為期且曰此中望八里莊如在雲間天上省院端
坐徒事口吻今樞判親來可以相視可否歸而奏之華力

辭不獲遂登舟及淮與河合流處纔及八里莊城門相直
城守者以白鵰大船五十泝流而上占其上流以截華歸
路華幾不得還昏黑得徑先歸乃悟兩省怒朝省不益軍
謂皆華輩主之故擠之險地耳是夜二更後八里莊次將
遣人送款云早者主將出城開船截大金歸路某等商議
主將還即閉門不納渠已奔去楚州乞發軍馬接應二相
即發兵騎開船赴約明且入城安慰又知楚州大軍已還
河朔宋將燒浮橋二相附華納奏上大喜初合達謀取宋
淮陰五月渡淮淮陰主者胡路鈐往楚州計事於楊妙真
比還提正官郭恩送款于金胡還不納慟哭而去合達遂

入淮陰詔改歸州以行省烏古論葉里哥守之郭恩爲元帥右都監旣而宋人以銀絹五萬兩匹來贖盱眙龜山宋使留館中郭恩謀刼而取之或報之于盱眙帥府卽以軍至恩不果發明日宋將劉虎湯孝信以船三十艘燒浮梁因遣其將夏友諒來攻盱眙未下泗州總領完顏矢哥利館中銀絹遂反防禦使徒單塔剌聞變拒眾小亭甬路好謂之曰容我拜辭朝廷然後死遂取朝服望闕拜慟良久投亭下水死矢哥遂以州歸楊妙真總帥納合買住亦以盱眙降宋九月陝西行省防秋時大兵在河中

睿宗已領兵入界慶山奴報糧盡將棄京兆而東一日白

華奏偵候得

睿宗所領軍馬四萬行營軍一萬布置如此爲今計者與其就潼關之諸軍比到可行半月不若徑往河中目今沿河屯守一日可渡如此中得利襄漢軍馬必當遲疑不進在北爲投機在南爲掣肘臣以爲如此便上曰此策汝盡之爲得之他人華曰臣愚見如此上平日銳於武事聞華言若欣快者然竟不行未幾合達自陝州進奏帖亦爲此事上得奏甚喜蒲阿時在洛陽驛召之蓋有意於此矣蒲阿至奏對之間不及此止言大兵前鋒忒木䚟統之將出冷水谷口且當先禦此軍上曰朕不問此只欲問河中可擣否蒲阿不獲已始言

睿宗所領兵騎雖多計皆冗雜大兵軍少而精無非選鋒金軍北渡大兵必遣輜重屯於平陽之北匿其選鋒百里之外放我師渡然後斷我歸路與我決戰恐不得利上曰朕料汝如此果然更不須再論且還陝州蒲阿曰合達樞密使所言此間一面華撥恐亦未盡乞召至同議可否上曰見得合達亦止此而已往復遲滯轉致悞事華奏合達必見機會召至同議爲便副樞赤盞合喜亦奏蒲阿白華之言爲是上乃從之召合達至上令先與密院議定然後入見旣議華執合達奏帖舉似再三竟無一先發言者移

時蒲阿言且勾當冷水谷一軍何如合達曰是矣遂入見上問卿等所議若何合達敷奏其言甚多大槩言河中之事與前日上奏時勢不同所奏亦不敢自主議遂寢二相還陝量以軍馬出冷水谷奉行故事而已十二月河中府破九年京城被攻四月兵退改元天興是月十六日併樞密院歸尚書省以宰相兼院官左右司首領官兼經歷官惟平章白撒副樞合喜院判白華權院判完顏忽魯剌退罷忽魯有口辯上愛幸之朝議罪忽魯剌而書生輩妬華得君先嘗以語撼之用是而罷金制樞密院雖主兵而節制在尚書省兵興以來茲制漸改凡在軍事省官不得預

院官獨任專見往往敗事言者多以爲將相權不當分至
是始併之十二月朔上遣近侍局提點曳剌粘古即白華
所居問事勢至於此計將安出華附奏今耕稼已廢糧斛
將盡四外援兵皆不可指擬車駕當出就外兵可留皇兄
荆王使之監國任其裁處聖主既出遣使告語
北朝我出非他處收整軍馬止以軍卒擅誅唐慶和議從
此斷絕京師今付之荆王乞我一二州以老耳如此則太
后皇族可存正如春秋紀季入齊爲附庸之事聖主亦得
少寬矣於是起華爲右司郎中初親巡之計決諸將皆預
其議將退首領官張衮聶天驥奏尚有舊人諳練軍務者

乃置而不用今所用者皆不見軍中事體此爲未盡上問
未用者何人皆曰院判白華上領之故有是命明日召華
諭之曰親巡之計已決但所往羣議未定有言歸德四面
皆水可以自保者或言可沿西山入鄧或言設欲入鄧大
將速不䚟今在汝州不如取陳蔡路轉往鄧下卿以爲如
何華曰歸德城雖堅久而食盡坐以待斃決不可往欲往
鄧下既汝州有速不䚟斷不能往以今日事勢博徒所謂
孤注者也孤注云者止有背城之戰爲今之計當直赴汝
州與之一決有楚則無漢有漢則無楚汝州戰不如半塗
戰半塗戰又不如出城戰所以然者何我軍食力猶在馬

則豆力猶在若出京益遠軍食日減馬食野草事益難矣
若我軍便得戰存亡決此一舉外則可以激三軍之氣內
則可以慰都人之心或止爲避遷之計人心顧戀家業未
必毅然從行可詳審之遂召諸相及首領官同議禾速嘉
兀地不元帥豬兒高顯王義深俱主歸德之議丞相賽不
主鄧議竟不能決明日制旨京城食盡今擬親出聚集軍
士於木慶殿諭以此意諭訖諸帥將佐合辭奏曰聖旨不
可親出正可命將三軍欣然願爲國家効死上猶豫欲以
官奴爲馬軍帥高顯爲步軍帥劉益副之蓋採輿議也而
三人者亦欲奉命權參政內族訛出大罵云汝輩把鋤不

知高下國家大事敢易承耶衆默然惟官奴曰若將相可
了何至使我輩事亦中止明日民間聞傳車駕欲奉皇太
后及妃后往歸德軍士家屬留後自今食盡坐視城中俱
餓死矣縱能至歸德軍馬所費支吾復得幾許日上聞之
召賽不合周訛出烏古孫卜吉完顏正夫議餘人不預移
時方出見首領官丞相言前日巡守之議已定止爲一白
華都改却今往汝州就軍馬索戰去矣遂擇日祭太廟誓
師擬以二十五日啓行是月晦車駕至黃陵岡復有北幸
之議語在白撒傳天興二年正月朔上次黃陵岡就歸德
餽船北渡諸相共奏京師及河南諸州聞上幸河北恐生

他變可下詔安撫之是時在所父老僧道獻食及牛酒犒軍者相屬上親爲拊慰人人爲之感泣乃赦河朔招集兵糧赦文條畫十餘款分道傳送二日或有云昨所發河南詔書儻落大軍中奈泄事機何上悤委近侍局官傳旨謂首領官張袞白華內族訛可當發詔時不爲後慮皆量決之是時衛州軍兩日至蒲城而大軍徐躡其後十五日宰相諸帥共議上前郎中完顏胡魯剌秉筆書其軍前鋒某軍殿後餘事皆有條畫書畢惟不言所往華私問胡魯剌訛以不知是晚平章及諸帥還蒲城軍中夜半訛可袞就華帳中呼華云上已登舟君不知之耶華遂問其由訛可

云我昨日已知上欲與李左丞完顏郎中先下歸德令諸軍並北岸行至鳳池渡河今夜平章及禾速嘉元帥官奴等來言大軍在蒲城曾與金軍接戰勢莫能支遂擁主上登舟軍資一切委棄止令忠孝軍上船馬悉留營中計舟已行數里矣華又問公何不從往云昨日擬定首領官止令胡魯剌登舟餘悉隨軍用是不敢是夜總帥百家領諸軍舟往鳳池大軍覺之兵遂潰上在歸德三月崔立以汴京降右宣徽提點近侍局移剌粘古謀之鄧上不聽時粘古之兄瑗爲鄧州節度使兼行樞密院事其子與粘古之子並從駕爲衛士適朝廷將召鄧兵入援粘古因與華謀

同之鄧且拉其二子以往上覺之獨命華行而粘古改之徐州華既至鄧以事久不濟淹留于館遂若無意於世者會瑗以鄧入宋華亦從至襄陽宋署爲制幹又改均州提督後范用吉殺均之長吏送款于
北朝遂因而北歸士大夫以華夙儒貴顯國危不能以義自處爲貶云用吉者本姓孛术魯名久住初歸入宋謁制置趙范將以計動其心故更姓名范用吉趙怒其觸諱斥之用吉猶應對如故趙良久方悟且利其事與已符遂擢置左右凡所言動略不加疑遂易其姓曰花使爲太尉改鎮均州未幾納款于北後以家人誣以欲叛爲同列所害

贊曰白華以儒者習吏事以經生知兵其所論建屢中事機然三軍敗衄之餘士氣不作其言果可行乎從瑗歸宋聲名掃地而猶得列於金臣之傳者援蜀譙周等例云

斜卯愛實字正之策論進士也正大間累官翰林直學士兼左司郎中天興元年正月聞大兵將至以點檢夾谷撒合爲總帥率步騎三萬巡河渡命宿直將軍內族長樂權近侍局使監其軍行至封丘而還入自梁門樞密副使合喜遇之笑語撒合曰吾言信矣當爲我作主人蓋世俗酬謝之意也明日金兵遂合朝廷置而不問於是愛實上言曰撒合統兵三萬本欲乘大兵遠至喘息未定而擊之

出京纔數十里不逢一人騎已畏縮不敢進設遇大兵其肯用命乎乞斬二人以肅軍政不報蓋合喜輩以京師倚此一軍爲命初不敢俾之出戰特以外議閧然故暫出以應之云衞紹鎬厲二王家屬皆以兵防護且設官提控巡警之嚴過於獄犴至是衞紹宅四十年鎬厲宅二十年正大閒朝臣屢有言及者不報愛實乃上言曰二族衰微無異匹庶假欲爲不善孰與同惡男女婚嫁人之大欲豈有幽囚終世永無伉儷之望在他人尚且不忍况骨肉乎哀宗感其言始聽自便未幾有青城之難愛實憤時相非其人嘗歷數曰平章白撒固權市恩擊丸外百無一能丞相

賽不菽麥不分更謂乏材亦不至此人爲相參政兼樞密副使赤盞合喜麤暴一馬軍之材止矣乃令兼將相之權右丞顏盞世魯居相位已七八年碌碌無補備員而已患難之際倚注此類欲冀中興難矣於是世魯罷相賽不乞致仕而白撒合喜不恤也是年四月京城罷攻大兵退既而以害唐慶事和議遂絕於是再簽民兵爲守禦備八月括京城粟以轉運使完顏珠顆張俊民曳剌克忠等置局以推舉爲名珠顆諭民曰汝等當從實推唱果如一旦糧盡令汝妻子作軍食復能吝否既而罷括粟令復以進獻取之前御史大夫內族合周復冀進用建言京城括粟可得百餘萬石朝廷信之命權參知政事與左丞李蹊總其事先令各家自實壯者存石有三斗幼者半之仍書其數門首敢有匿者以升斗論罪京城三十六坊各選深刻者主之內族完顏久住尤酷暴有寡婦二口實豆六斗內有蓬子約三升久住笑曰吾得之矣執而以令于衆婦泣訴曰妾夫死於兵姑老不能爲養故雜蓬粃以自食耳非敢以爲軍儲也且三升六斗之餘不從竟死杖下京師聞之股栗盡投其餘于糞溷中或白於李蹊蹊顰蹙曰白之參政其人即白合周周曰人云花又不損蜜又得成予謂花不損何由成蜜且京師危急今欲存社稷耶存百姓耶當

時皆莫敢言愛實遂上奏大槩言罷括粟則改虐政爲仁政散怨氣爲和氣不報時所括不能三萬斛而京城益蕭然矣自是之後死者相枕貧富束手待斃而已上聞之命出太倉米作粥以食餓者愛實聞之歎曰與其食之寧如勿奪爲奉御把奴所告又近侍干預朝政愛實上章諫曰今近侍權太重將相大臣不敢與之相抗自古僕御之臣不過供給指使而已雖名僕臣亦必選擇正人今不論賢否惟以世冑或吏員爲之夫給使令之材使預社稷大計此輩果何所知乎章既上近侍數人泣訴上前曰愛實以臣等爲奴隸置至尊何地耶上益怒送有司近侍局副使

李大節從容開釋乃赦之出爲中京留守後不知所終合
周者一名永錫貞祐中爲元帥左監軍失援中都宣宗削
除官爵杖之八十已而復用四年以御史大夫權尚書右
丞總兵陝西合周留沔池數日進及京兆而大兵已至合
周竟不出兵遂失潼關有司以敵至不出兵當斬諸皇族
百餘人上章救之上曰向合周救中都未至而軍潰使宗
廟山陵失守罪當誅朕特寬貸以全其命尋復重職今鎮
陝西所犯乃爾國家大法豈敢私耶遂再奪爵免死除名
至是爲參知政事性好作詩詞語鄙俚人采其語以爲戲
笑因自草括粟榜文有雀無翅兒不飛蛇無頭兒不行等
語以而作兒掾史知之不敢易也京城目之曰雀兒參政

哀宗用而不悟竟致敗事
石抹世勣字景略幼勤學爲文有體裁承安二年以父元
毅死王事收充擎執五年登詞賦經義兩科進士第貞祐
三年累官爲太常丞預講議所事時朝廷徙河北軍户河
南宰職議給以田世勣上言曰荒閑之田及牧馬地其始
耕墾費力當倍一歲斷不能熟若奪民素蒔者與之則民
將失所且啓不和之端況軍户率無耕牛雖或有之而廪
給未敢遽減彼既南來所捐田宅爲人所有一旦北歸能
無爭奪切謂宜令軍户分人歸守本業收其晚禾至春復

還爲固守計會侍御史劉元規亦言給田不便上大悟乃
罷之未幾遷同知金安軍節度使興定二年選爲華州元
帥府參議官初右都監完顏合達行帥府于楨州嘗以前
同知平涼府事卓魯回蒲乃速爲參議及移駐華州陝西
行省請復用蒲乃速令世勣副之上曰蒲乃速但能承奉
人耳餘無所長非如世勣可任以事華爲要鎮而輕用其
人或致敗事遂獨用世勣焉尋入爲尚書省左司郎中元
光元年奪一官解職初世勣任華州有薦其深通錢穀者
覆察不如所舉未籍行止中從主者舉覺平章英王以世
勣避都司之繁私屬治籍吏冀改他職奏下有司故有是
責久之起爲禮部侍郎轉司農改太常卿正大中爲禮部

尚書兼翰林侍講學士天興元年冬哀宗將北渡世勣率
朝官劉肅田芝等二十人求見仁安殿上問卿等欲何言
世勣曰臣等聞陛下欲親出切謂此行不便上曰我不出
軍分爲二一軍守一軍出戰我出則軍合爲一世勣曰陛
下出則軍分爲三一守一戰一中軍護從不若不出爲愈
也上曰卿等不知我若得完顏仲德恒山公武仙付之兵
事何勞我出我豈不知今日將兵者官奴統馬兵三百止
矣劉益將步兵五千止矣欲不自將得乎上又指御榻曰
我此行豈復有還期但恨我無罪亡國耳我未嘗奢後未

嘗信任小人世勣應聲曰陛下用小人則亦有之上曰小人謂誰世勣歷數曰移剌粘古溫敦昌孫兀撒惹完顏長樂皆小人也陛下不知爲小人所以用之肅與世勣復多有言良久君臣涕泣而別初肅等求見本欲數此四人至是世勣獨言之於是哀宗以世勣從行自蒲城至歸德明年六月走蔡州次新蔡縣之姜寨世勣子嵩時爲縣令拜上於馬前兵亂後父子始相見上嘉之授嵩應奉翰林文字以便養親蔡城破父子俱死嵩字企隆興定二年經義進士

贊曰愛實言衛紹家屬禁錮之虐京城括粟之暴近侍干政之橫世勣言河北軍户給田之不便親出渡河之非計皆藥石之言也然金至斯時病在膏肓間奚會扁何施焉其爲忠讜則不可廢也

列傳第五十二

列傳五十三　金史一百十五

開府儀同三司上柱國錄軍國重事中書右丞相監修國史領經筵事都總裁臣脫脫奉

勑修

完顏奴申　崔立　聶天驥

赤盞尉忻

完顏奴申字正甫素蘭之弟也登策論進士第仕歷清要正大三年八月由翰林直學士充益政院說書官五年轉吏部侍郎監察御史烏古論石魯剌劾近侍張文壽仁壽李麟之受敵帥饋遺詔奴申鞫問得其姦狀上曲赦其罪皆斥去朝論快之九月改侍講學士以御史大夫奉使

大元至龍駒河朝見

太宗皇帝十二月還明年六月遷吏部尚書復往八年春還朝廷以勞拜參知政事天興元年春大兵駐鄭州海灘寺遣使招哀宗降復以奴申往乞和不許攻汴益急汴受圍數月倉庫匱乏召武仙等入援不至哀宗懼以曹王訛可出質請罷攻冬十月哀宗議親出捍禦以奴申參知政事兼樞密副使完顏習捏阿不樞密副使兼知開封府權參知政事總諸軍留守京師又以翰林學士承旨烏古孫卜吉提控諸王府同判大睦親府事兼都點檢內族合周管宮掖事左副點檢完顏阿撒右副點檢溫敦阿里副之

戶部尚書完顏珠顆兼裏城四面都總領御史大夫裴滿阿虎帶兼鎮撫軍民都彈壓諫議大夫近侍行省左右司郎中烏古孫奴申兼知宮省事又以把撒合爲外城東面元帥朮甲咬住南面元帥崔立西面元帥孛朮魯買奴北面元帥乙酉除拜定以京城付之又以戶部侍郎刁璧爲安撫副使總招撫司規運京外粮斛設講議所受陳言文字以大理卿納合德輝戶部尚書仲平中京副留守愛失等總其事十二月辛丑上出京服絳紗袍乘馬導從如常儀留守官及京城父老從至城外奉辭有詔撫諭仍以鞭揖之速不䚟聞上已出復會兵圍汴初上以東面元帥李

辛跋扈出怨言罷爲兵部侍郎將出密喻奴申等羈縶之上既行奴申等召辛辛懼謀欲出降棄馬踰城而走奴申等遣人追及之斬於省門汴民以上親出師日聽捷報且以二相持重率以無事俄聞軍敗衛州蒼黃走歸德民大恐以爲不救時汴京內外不通米升銀二兩百姓粮盡殍者相望縉紳士女多行乞於市至有自食其妻子者至於諸皮器物皆煮食之貴家第宅市樓肆館皆撤以爨及歸德遣使迎兩宮人情益不安於是民間有立荆王監國以城歸順之議而二相皆不知也天興二年正月戊辰省令史許安國詣講議所言古者有大疑謀及卿士謀及庶人今事勢如此可集百官及僧道士庶問保社稷活生靈之計左司都事元好問以安國之言白奴申奴申曰此論甚佳可與副樞議之副樞亦以安國之言爲然好問曰自車駕出京今二十日許又遣使迎兩宮民間洶洶皆謂國家欲棄京城相公何以處之阿不曰吾二人惟有一死耳好問曰死不難誠能安社稷救生靈死而可也如其不然徒欲一身飽五十紅衲軍亦謂之死耶阿不歎語曰今日惟吾二人何言不可好問乃曰聞中外人言欲立二王監國以全兩宮與皇族耳阿不曰我知之矣我知之矣即命召京城官民明日皆聚省中諭以事勢危急當如之何有父

老七人陳詞云云二相命好問受其詞白之奴申顧曰亦爲此事也且問副樞此事謀議今幾日矣阿不屈指曰七日矣奴申曰歸德使來去慎勿泄或曰是時外圍不解如在陷穽議者欲推立荆王以城出降是亦春秋紀季入齊之義況北兵中已有曹王也衆憤二人無策但曰死守而已忽聞召京城士庶計事奴申拱立無語獨阿不反覆申諭國家至此無可奈何凡有可行當共議之且繼以涕泣明日戊辰西面元帥崔立與其黨孛朮魯長哥韓鐸藥安國等爲變率甲卒二百橫刀入省中拔劍指二相曰京城危困已極二公坐視百姓餓死恬不爲慮何也二相大駭

曰汝輩有事當好議之何遽如是立麾其黨先殺阿不次殺奴申及左司郎中納合德暉等餘見崔立傳劉祁曰金自南渡之後爲宰執者往往無恢復之謀臨事相習低言緩語互相推讓以爲養相體每有四方災異民間疾苦將奏必相謂曰恐聖主心困事至危處輒罷散曰俟再議已而復然或有言當改革者輒以生事抑之故所用必擇愞熟無鋒鋩易制者用之每北兵壓境則君臣相對泣下或殿上發長吁而已兵退則大張具會飲黄閣中矣因循苟且竟至亡國又多取渾厚少文者置之台鼎宣宗嘗責丞相僕散七斤近來朝廷紀綱安在七斤不能對退謂郎官

曰上問紀綱安在汝等自來何嘗使紀綱見我故正人君子多不見用雖用亦未久而遽退也祁字京叔渾源人

贊曰劉京叔歸潛志與元裕之壬辰雜編二書雖微有異同而金末喪亂之事猶有足徵者焉哀宗北禦以孤城弱卒託之奴申阿不二人可謂難矣雖然即墨有安平君玉壁有韋孝寬必有以處此

崔立將陵人少貧無行嘗爲寺僧負鈸鼓秉兵亂從上黨公開爲都統提控積階遥領太原知府正大初求入仕爲選曹所駁每以不至三品爲恨圍城中授安平都尉天興元年冬十二月上親出師授西面元帥性淫姣常思亂以快其欲藥安國者管州人年二十餘有勇力嘗爲嵐州招撫使以罪繫開封獄既出貧無以爲食立將爲變潛結納之安國健啖日飽之以魚遂與之謀先以家置西城上事不勝則挈以逃日與都尉揚善入省中候動靜布置已定召善以早食殺之二年正月遂帥甲卒二百撞省門而入二相聞變趨出立援劍曰京城危困二公欲如何處之二相曰事當好議之立不顧麾其黨張信之孛术魯長哥出省二相遂遇害馳往東華門道遇點檢溫屯阿里見其衷甲殺之即諭百姓曰吾爲二相閉門無謀今殺之爲汝一城生靈請命衆皆稱快是日御史大夫裴滿阿忽帶諫議

大夫左右司郎中烏古孫奴申左副點檢完顏阿散奉御忙哥講議蒲察琦户部尚書完顏珠顆皆死立還省中集百官議所立曰衛紹王太子承恪其妹公主在北兵中可立之乃遣其黨韓鐸以太后命往召承恪須臾入以太后誥命梁王監國百官拜舞山呼承恪受之遂遣送二相所佩虎符詣速不斛納款凡除拜皆以監國爲辭立自稱太師軍馬都元帥尚書令鄭王出入御乘輿稱其妻爲王妃弟倚爲平章政事侃爲殿前都點檢其黨孛术魯長哥御史中丞韓鐸都元帥兼知開封府事折希顏藥安國張軍奴並元帥師肅左右司郎中賈良兵部郎中兼右司都

事內府之事皆主之初立假安國之勇以濟事至是復忌
之聞安國納一都尉夫人數其違約斬之壬申速不解至
青城立服御衣儀衛往見之大帥喜飲之酒立以父事之
既還悉燒京城樓櫓火起大帥大喜始信其實降也立託
以軍前索隨駕官吏家屬聚之省中人自閱之日亂數人
猶若不足又禁城中嫁娶有以一女之故殺數人者未幾
遷梁王及宗室近族皆置宮中以腹心守之限其出入以
荊王府爲私第取內府珍玩實之二月乙酉以天子袞冕
后服上進又括在城金銀搜索薰灌訊掠慘酷百苦備至
鄭國夫人及內侍高祐京民李民望之屬皆死杖下溫屯

衛尉親屬八人不任楚毒皆自盡白撒夫人右丞李蹊妻
子皆被掠死同惡相濟視人如讎期於必報而後已人人
竊相謂曰攻城之後七八日之中諸門出葬者開封府計
之凡百餘萬人恨不早預其數而值此不幸也立時與其
妻入宮兩宮賜之不可勝計立因諷太后作書陳天時人
事遣皇乳母招歸德當時冒進之徒爭援劉齊故事以冀
非分者比肩接武三月壬辰立以兩宮梁王荊王及諸宗
室皆赴青城甲午北行立妻王氏備仗衛送兩宮至開陽
門是日宮車三十七兩太后先中宮次之妃嬪又次之宗
族男女凡五百餘口次取三教醫流工匠繡女皆赴北四

月北兵入城立時在城外兵先入其家取其妻妾寶玉以
出立歸大慟無如之何李琦者山西人爲都尉在陳州與
粘哥奴申同行省事陳州變入京附崔立妹壻折希顏娶
夾谷元之妻妻年二十餘有姿色立初拘隨駕官之家屬
妻與病而往得免琦娶之後有言其美者立欲強之琦每
見立欲奪人妻必差其夫遠出一日差琦出京琦以妻自
隨如是者再三立遂欲殺琦琦又數爲折希顏所折辱乃
首建殺立之謀李伯淵者寶坻人本安平都尉司千戶美
姿容深沉有謀每憤立不道欲仗義殺之李賤奴者燕人
嘗以軍功遷領京兆府判壬辰冬車駕東狩以都尉權東

面元帥立初反以賤奴舊與敵體頗貌敬之數月之後勢
已固遂視賤奴如部曲然賤奴積不能平數出怨言至是
與琦等合三年六月甲午傳近境有宋軍伯淵等陽與立
謀備禦之策翌日晚伯淵等燒外封丘門以警動立是夜
立殊不安一夕百卧起比明伯淵等身來約立視火立從
苑秀折希顏數騎往諭京城民十五以上七十以下男子
皆詣太廟街點集既還行及梳行街伯淵欲送立還二王
府立辭數四伯淵必欲親送立不疑倉卒中就馬上抱立
立顧曰汝欲殺我耶伯淵曰殺汝何傷即出匕首橫刺之
洞而中其手之抱立處再刺之立墜馬死伏兵起元帥黃

摑三合殺苑秀折希顏後至不知見立墜馬謂與人鬬欲
前解之隨爲軍士所斫被創走梁門外追斬之伯淵係立
屍馬尾至內前號于衆曰立殺害劫奪烝淫暴虐大逆不
道古今無有當殺之不萬口齊應曰寸斬之未稱也乃梟
立首望承天門祭哀宗伯淵以下軍民皆慟或剖其心生
啖之以三尸掛闕前槐樹上樹忽拔人謂樹有靈亦厭其
爲所汙已而有告立匿宮中珍玩遂籍其家以其妻王花
兒賜丞相鎮海帳下士初立之變也前護衛蒲鮮石魯負
祖宗御容五走蔡前御史中丞蒲察世達西面元帥把撒
合挈其家亦自拔歸蔡七月己巳以世達爲尚書吏部侍
郎權行六部尚書世達嘗爲左司郎中同簽樞密院事兗
王益政院官皆稱上意及上幸歸德遣世達督陳糧運陳變
世達亦與脅從尋間道之汴至是徒徃行在上念其舊錄
用之左右司官因奏把撒合石魯亦宜任用上曰世達曲
從非出得已然朕猶少降資級以示薄罰彼撒合掌軍一
面石魯宿衛九重崔立之變曾不聞發一矢束手於人今
雖來歸待以不死足以示恩又安得與世達等撒合老矣
量用其子可也石魯但當酬其負御容之勞未幾以撒合
爲北門都尉其子爲本軍都統石魯復充護衛世達字正
夫泰和三年進士

論曰崔立納款使其封府庫籍人民以俟
大朝之命可也乘時僭竊大肆淫虐徵索暴横輒以供備
大軍爲辭逞欲由己歛怨歸國其爲罪不容誅矣而其志
方且要求劉豫之事我
大朝豈肯效尤金人者乎金俘人之主帝人之臣百年之
後適啓崔立之狂謀以成青城之烈禍曾子曰戒之戒之
出乎爾者反乎爾者也豈不信哉

聶天驥字元吉五臺人至寧元年進士調汝陰簿歷睢州
司候封丘令興定初辟爲尚書省令史時胥吏擅威士人
往往附之獨天驥不少假借彼亦不能害也尋授吏部主
事權監察御史夏使賀正旦互市於會同館外戚有身貿
易于其間者天驥上章曰大官近利失朝廷體且取輕外
方遂忤太后旨出爲同知汝州防禦使事未赴陝西行尚
書省驛召特旨遥領金安軍節度副使兼行尚書省都事
未幾入爲右司員外郎轉京兆治中尋爲衛州行尚書六
部事慶陽園急朝廷遣宿州總帥牙古塔救之以天驥充
經歷官園解從別帥守邠帥欲棄州而東天驥力勸止之
不從帥坐是被繫逮天驥降京兆治中尋有訟其冤者即
召爲開封簽事旬月復右司員外郎丁母憂未卒哭奪哀
復職哀宗遷歸德天驥留汴中崔立變天驥被創甚卧一

十餘日其女舜英謁醫救療天驥嘆曰吾幸得死兒女曹乃爲謁醫尚欲我活耶竟鬱鬱以死舜英葬其父明日亦自縊有傳天驥沉靜寡言不妄交起於田畝能以雅道自將踐歷臺省若素宦然諸人多自以爲不及也

赤盞尉忻字大用上京人當襲其父謀克不願就中明昌五年策論進士第後選爲尚書省令史吏部主事監察御史言諸王駙馬至京師和買諸物失朝廷體有詔禁止遷鎮南軍節度副使息州刺史耕鞠場種禾兩禾合穗進於朝特詔褒諭改丹州遷鄭州防禦使權許州統軍使丞相高汝礪嘗薦其才可任宰相元光二年正月召爲戶部侍

郎未幾權參知政事二月爲戶部尚書權職如故三月拜參知政事兼修國史詔諭近臣曰尉忻資禀純質事可倚任且其性孝朕今相之國家必有望汝輩當效之也正大元年五月拜尚書右丞哀宗欲修宮室尉忻極諫至以卧薪嘗膽爲言上悚然從之同判睦親府內族撒合輦交結中外久在禁近哀宗爲太子有定策功由是頗惑其言復倚信日深臺諫每以爲言太后嘗戒敕曰上之騎鞠舉樂皆汝教之再犯必杖汝哀宗終不能去尉忻諫曰撒合輦姦諛之最日在天子左右非社稷福上悔悟出爲中京留守朝論快之五年致仕居汴中崔立之變明日召家人付以後事望睢陽慟哭以弓弦自縊而死時年六十三一子名董七沒於兵間弟秉甫字正之

贊曰聶天驥素履清慎赤盞尉忻天資忠諒在治世皆足爲良臣不幸仕亂離之朝以得死爲願欲哀哉

列傳第五十三

開府儀同三司上柱國錄軍國重事中書右丞相監修國史領經筵事都總裁臣脫脫 奉

勅修

徒單兀典　石盞女魯歡　蒲察官奴

內族承立 一名慶山奴

徒單兀典不知其所始累官爲武勝軍節度使駐鄧州尋遷中京留守知金昌府事駐洛陽鄧及洛陽兀典皆城之且招亡命千人號熊虎軍以剽掠南鄙爲事宋人亦時時報復邊民爲之擾動兀典資性深刻而以大自居好設耳目凡諸將官屬下及民家細事令覘邏日報之務爲不可

欺正大間以兵部尚書權參知政事行省事於徐州自恃得君論議之際不少假貸同列皆畏之天興元年正月朝廷聞大兵入饒風移兀典行省閿鄉以備潼關徒單百家爲關陝總帥便宜行事百家馳入陝榜州民云淮南透漏軍馬慮其道由潼關勢不能守縣鎭遷入大城糧斛輜重聚之陝州近山者入山寨避兵會阿里合傳旨召兀典入援兀典遂與潼關總帥納合合閏秦藍總帥都點檢完顏重喜高平都尉苗秀蕩寇都尉朮甲其振武都尉張翼及虎威鷹揚葭州劉趙二帥軍十有一萬騎五千盡撤秦藍諸隘之備從號入陝同華閿鄉一帶軍糧數十萬斛備關船二百餘艘皆順流東下俄聞大兵近糧皆不及載船悉空下復盡起州民運靈寶硤石倉粟游騎至殺掠不勝計又遣陝州觀察副使兼規措轉運副使抹撚速也以船八十往運潼關閿鄉糧行及靈寶北河夾灘義軍張信侯三集壯士三百餘保老幼立水柵北將忽魯罕只乘淺攻之不能克遇速也船至即降大兵得此船遂破侯張殺戮殆盡是時陝州同知內族探春願從行省征進兀典授以帥職聽招在城民充軍探春厚擬官賞數日無一人乃以兀典命招之得壯士八百嘗差趙三三名偉亦依探春招募偉人所知識不二日得軍八百餘號破敵軍兀典忌偉得

衆欲挾詐坑之完顏素蘭時爲同華安撫使力諫乃止尋以偉權興寶軍節度使兼行元帥府事領軍三百屯金鷄堡大兵既知潼關焚棄長驅至陝賀都喜不待命出城迎戰馬蹶幾爲所獲兀典易以一馬遂下令不復令一人出大兵亦去自此潼關諸渡船筏俱盡偉亦無船可渡矣初兀典發閿鄉拜天賞軍人白金三兩將校有差州之庫藏軍資器械爲之一空期日進發已而不行日造銀器及兵幕牌印陝州及鹽司牌亦奪取之又欲刮州民財物以資軍素蘭諫之而止二月戊午乃行有李先生者諫曰方今大兵俱在河南河北空虛相公可先取衛州出其不意彼

知我軍在北必分兵北渡京師即得少寬相公入援亦易爲矣兀典大怒以爲泄軍機斬之於市遂行軍士各以老幼自隨州中亦有關中河中遷避商賈老幼亦倚兵力從行婦女皆嫁士卒軍中亦有强娶奪者是日軍出西東門及南門不遵洛陽路乃由州西南徑入大山冰雪中薛州劉趙兩帥即日叛去大兵以數百騎邀躡其後明日張翼軍叛往朱陽入鹿盧關大兵追及降之山路積雪晝日凍釋泥淖及脛隨軍婦女棄擲幼稚哀號盈路軍至鐵嶺大兵潛召洛陽大軍從西三縣過盧氏所至燒官民廬舍積聚慮爲金軍所據又反守鐵嶺以斷歸路金兵知必死皆

有鬭志然已數日不食行二百里許困憊不支頗亦散走於是完顏重喜先降大軍斬於馬前鄭倜刼苗英降英不從殺之斬其首以降於是士卒大潰兀典合閭提數十騎走山間追騎禽得皆殺之先是兀典嘗爲鄧州節度使世襲謀克黄摑三合時爲宣差都總領與兀典親厚故決計入鄧是役也安平盪冠鷹揚振威諸都尉及西安金雞等軍脫走者百才一二二月素蘭竄歸有報徒單百家言行省至百家欲出迎父老遮馬前哀訴云行省復來吾州碎矣願無出迎百家曉之曰前日兀典欲刼此州爲素蘭力勸而止此行省非兀典乃素蘭也父老乃聽百家出城陝州自軍出日有逃還者百家皆撫納之所得及萬人百家又募收所棄甲仗若獲二副即以一與之其一官出直買之由是軍稍振五月總帥副點檢顏盞領軍復立商州總帥華州人王某立號州權刺史七月制旨召百家入援以權西安軍節度使行元帥府事阿不罕奴十剌爲金安軍節度使關陝總帥九月鞏昌知府元帥完顏忽斜虎入陝州詔拜參知政事行尚書省事以河中總帥府經歷李獻能充左右司員外郎獻能字欽叔貞祐三年進士後立山寨安撫軍民十月朔制旨召忽斜虎赴南陽留山寺以阿不罕奴十剌權參知政事行省時趙偉爲河解元帥屯金

雞堡軍務隷陝省行省月給糧以贍其軍明年五月麥熟省劄令偉計置兵食權罷月給十月偉軍食又盡屢白陝省云無糧可給偉私謂其軍言我與李員外郎有隙坐視我軍飢餓不爲存恤於是自往永寧勸喻偉頗爲小民所信往往獻糧或導其發藏南縣把隘軍提控以偉橫恣言於行省行省遣趙提控者權元帥守永寧元村寨偉還金雞十一月冬至大兵已攻破元村寨偉攻解州不能下於是密遣總領王茂軍士三十人入陝州匿菜園中凡三四日乘夜王茂殺此城邏卒舉號召偉軍八百渡河入城刼殺阿不罕奴十剌李獻能提控蒲鮮某總領來道安因誣

奏奴十剌等欲反臣誅之矣朝廷知其寃而莫敢詰就授偉元帥左監軍兼西安軍節度使行總帥府事食盡括粟粟又盡以明年三月降大兵或謂偉軍餉不繼以刼掠自資一日詣李獻能獻能斬之曰從宜破敵不易由是憾之乃乘奴十剌宴飲不設備選死士二十八人夜由後河灘踰城而上取餅爐碎石擲屋瓦門窮爲箭鏃聲州人疑叛軍多不敢動遂開門納軍殺行省以下官屬二十一人獻能最爲所恨故被害尤酷偉之變絳州録事張升字進之大同人戶工部令史出身曾爲漁陽簿遷絳州録事謂知識者曰我本小人受國家官祿今日國家遭不幸我不能從反賊言訖赴水死岸上數百人皆嗟惜之及徒單百家鄭西之敗單騎間道數百里入京爲上言兀典等鐵嶺敗狀於是籍重喜合閏兀典家貲懸兀典爲罪首牓通衢云

石盞女魯歡本名十六興定三年以河南路統軍使爲元帥右都監行平涼元帥府事先是陝西行省胥鼎言平涼控制西垂實爲要地都監女奚烈古里間材識凡庸不閑軍務且以入粟補官遂得升用握重兵當方面豈能服衆防秋在邇宜選才謀有宿望善將兵者代之故以命女魯歡十一月女魯歡上言鎮戎赤溝川東西四十里地無險阻當夏人往來之衝比屢侵突金兵常不得利明年春當城鎮戎彼必出兵來撓乞於二三月間徵傍郡兵聲言防護且令鄜鞏各屯兵境上示進伐之勢以掣其肘臣領平涼之衆由鎮戎而入攻其心腹彼自救之不暇安能及我如此則鎮戎可城而彼亦不敢來犯又所在官軍多河北山西失業之人其家屬仰給縣官每患不足鎮戎土壤肥沃又且平衍臣裨將所統幾八千人每以遷徙不常爲病若授以荒田使耕且戰則可以禦備一方縣官省費而食亦足矣其餘邊郡亦宜一體措置上嘉納焉遷昌武軍節度使元光二年九月又言商洛重地西控秦陝東接河南軍務繁密宜選才幹之士爲防禦使攝帥職以鎮之又舊

來諸隘守禦之官並從帥府辟置其所辟者多其親暱殖產營私專事漁獵及當代去又復保留此最害之甚者宜令樞府選舉以革其弊又州之戍兵艱於餽運亦合依上屯田以免轉輸之費又言每年防秋諸隘守者不過數十人餘衆盡屯保安石門大荆洛南以爲應援中間相距遠至百里倉猝豈能徵集宜近隘築營徙見兵居之以待緩急又南邊所設巡檢十員兵率千人此乃平時以詰姦細者已有大軍宜悉罷去朝廷略施行之正大九年二月以行樞密院事守歸德乙丑

大元將忒木觧率真定信安大名東平益都諸軍來攻是

日無雲而雷有以神武秘略占之者曰其城無害人心稍安適慶山奴潰軍亦至城中得之頗有鬬志己巳提控張定夜出斫營發數砲而還定平日好談兵女魯歡令自募一軍使爲提控小試而勝上下遂恃以爲可用初患砲少欲以泥或甎爲之議者恐爲敵所輕不復用父老有言北門之西一菜圃中時得古砲云是唐張巡所埋掘之得五千有奇上有刻字或大吉字者大兵晝夜攻城駐營于南城外其地勢稍高相傳是安祿山將尹子奇於此攻巡遠得睢陽時經歷冀禹錫及官屬王壁李琦傳瑜極力守禦城得不拔方大兵圍城議決鳳池大橋水以護城都水官

言去歲河決敖游堌時曾以水平量之其地與城中龍興塔平果決此口則無城矣及大兵至不得已遣招撫陳貴往決之纔出門爲游騎所鈔無一返者三月壬午朔攻城不能下大軍中有獻決河之策者主將從之河既決水從西北而下至城西南入故濉水道城反以水爲固來獻策者欲殺之而不知所在四月以女魯歡爲總帥佩金虎符罷司農司以其官蒲察世達爲集慶軍節度使行六部侍郎温特罕道僧歸德府同知李無黨府判五月圍城稍緩頗遷民出城就食十二月哀宗次黄陵岡遣奉職术甲搭失不奉職權奉御粘合斜烈來歸德徵糧女魯歡遣侍郎

世達治中王元慶權郎中儀封從宜完顔胡土權元帥護送載糧千五百石是月晦二更發船二年正月達蒲城東二十里六軍給糧盡因留船不聽歸且命張布爲幄上遂用此舟以濟及上來歸德隨駕軍往往出城就糧時城中止有馬用一軍近七百人用山西人與李辛同鄉里嘗爲辛軍彈壓在歸德權果毅都尉車駕至授以帥職此軍外復有官奴忠孝軍四百五十人河北潰軍至者皆縱遣之故城中惟此兩軍上時召用計事而不及官奴官奴有異心朝廷知兩人不協恐生變二月戊辰朔制旨令宰相錫宴省中和解之是夜用撤備官奴以兵乘之爲亂明日

攻用軍用敗走被殺衆下城投水奪船而去者斯須而盡官奴在雙門驅知府女魯歡至言汝自車駕到府上供不給好醬亦不與汝罪何辭遂以一馬載之令軍士擁至其家撿其家雜醬凡二十甕且出所有金貝然後殺之即提兵入見言石盞女魯歡等反臣殺之矣上不得已就赦其罪且暴女魯歡之惡後其姪大安入蔡上言求湔雪上復其官語在烏古論鎬傳禾速嘉兀底代女魯歡爲總帥軍變官奴無意害兀底使二卒召之道官奴有善意兀底喜各以金十星與之同見官奴二卒復恐受金事泄亦殺之初河北潰軍至歸德糧餉不給朝廷命宰术魯阿海行總

帥府事以親軍武衛皆隸之往宿州就食軍士有不願者辞語道中朝廷聞之使問其故或言願入京或陳州阿海請從其願以券給之軍心稍定既而令求辞語者阿海得四人斬之國子監前由是諸軍洶洶二月庚子夜刼府民武邦傑及蒲察臧住等凡九家一軍遂散數日遂有官奴之變

蒲察官奴少嘗為北兵所虜往來河朔後以姦事繫燕城獄刼走夏津殺回紇使者得鞍馬資貨即自拔歸朝廷以其種人特恩收充忠孝軍萬户此軍月給甚優官奴日與羣不逞博為有司所劾事聞以其新自河朔來未知法禁

詔勿問移剌蒲阿攻平陽官奴請行論功第一遷本軍提控佩金符三峯山之敗走襄陽說宋制使以取鄧州自効制使信之至與同燕飲已而知汴城罷攻復謀北歸遣移剌留哥入鄧說鄧帥粘合稱欲刼南軍為北歸計留哥以情告粘合官奴繼以騎卒十餘入城議事粘合欲就覓城中擒之官奴知事泄即馳還見制使得騎兵五百掠鄧之邊面小城獲牛羊數百宋人不疑官奴掩宋軍得馬三百至鄧州城下移書粘合辨理屈直留馬於鄧而去乃縛忠孝軍提控姬旺詐為唐州太守械送北行隨營帳取供給因得入汴有言其出入南北軍行數千里而不懾其智略有可取者宰相以為然乃使權副都尉未幾提軍數百馳入北軍攙騎中生挾一回紇而還遂巡黄陵八谷等處刼牛羊糧貨甚衆尋轉正都尉又以軍至黄陵幾獲鎮州大將於是中外皆以為可用遂拜為元帥統馬軍天興元年十二月從哀宗北渡上次黄陵岡平章白撒率諸將戰官奴之功居多及渡河朔惟官奴一軍號令明肅秋毫無犯明年正月上至歸德知府石盞女魯歡以軍衆食寡懼不能給請於上令河北潰軍至者就糧於徐宿陳三州親衛軍亦遣出城就食上不得已從之乃召諭官奴曰女魯歡盡散衛兵卿當小心是時惟官奴忠孝軍四百五十人馬

用軍七百人留府中用本果毅都尉上至歸德始升為元帥又嘗召之謀事而不及官奴故官奴始有圖用之志是時

大元將忒木䚟守歸德官奴既總兵柄私與國用安謀欲邀上幸海州及近侍局直長阿勒根兀惹使用安廻附奏帖謂海州可就山東豪傑以圖恢復且已具舟楫可通遼東上覽奏不從又嘗請上北渡再圖恢復女魯歡沮之自是有異心矣且一軍倚外兵肆為剽掠官奴不之禁於是左丞李蹊左右司郎中張天綱近侍局副使李大節俱為上言官奴有反狀上竊憂之以馬軍總領紇石烈阿里合

內族習顯陰察其動靜與朝臣言及則曰我從官奴微賤
中起爲大帥何負而反耶卿等勿過慮阿里合習顯知官
奴漸不能制反泄上意上亦懼官奴馬用相圖因以爲亂
命宰執置酒和解之用撒備餞官奴乘隙率其軍攻用用
軍敗走官奴亂殺軍民以卒五十人守行宮刼朝官皆聚
於都水毛花輦宅以兵監馬驪參知政事石盞女魯歡至
其家悉出所有金貝然後殺之乃遣都尉馬實被甲持刃
刼直長把奴申於上前上初握劍見實擲劍於地曰爲我
言於元帥我左右止有此人且留侍我實不敢迫逡巡而
退凡殺朝官左丞李蹊已下三百餘人軍將禁衛民庶死

者三千郎中完顏胡魯刺都事冀禹錫赴水死禹錫字京
甫龍山人至寧元年進士仕歷州郡有能聲歸德受兵禹
錫爲行院都事經畫守禦一府倚重聞變或勸以微服免
不從見害是日薄暮官奴擁兵入見言赤盞女魯歡等反
臣殺之矣上不得已赦其罪以爲樞密副使權參知政事
初官奴之母自河北軍潰北兵得之至是上乃命官奴因
其母以計請和故官奴密與忒木䚟議和事令阿里合往
言欲刼上以降忒木䚟信之還其母因定和計官奴乃日
往來講議或乘舟中流會飲其遣來使者二十餘輩皆女
直契丹人上密令官奴以金銀牌與之勿令還營因知王

家寺大將所在故官奴畫斫營之策先是忠孝軍都統張
姓者謂官奴決欲刼上北降遂率本軍百五十人圍官奴
之第數之曰汝欲獻主上我輩皆
大朝不赦者使安歸乎官奴懼乃以其母出質云汝等若
以吾母自北中來疑我與北有謀即殺之我不恨張意稍
解即以好語與之約曰果如參政所言今後勿復言講和
北使至即當殺之官奴曰殺亦可不殺亦可奏而殺之亦
可張乃退官奴即聚軍北草場自言無反情今勿復相疑
也遂畫斫營之策五月五日祭天軍中陰備火槍戰具率
忠孝軍四百五十人自南門登舟由東而北夜殺外堤邏

卒遂至王家寺上御北門繫舟待之慮不勝則入徐州而
遁四更接戰忠孝初小却再進官奴以小船分軍五七十
出柵外腹背攻之持火槍突入北軍不能支即大潰溺水
死者凡三千五百餘人盡焚其柵而還遂真拜官奴參知
政事兼左副元帥仍以御馬賜之槍制以勅黃紙十六重
爲筒長二尺許實以柳灰鐵滓磁末硫黃砒霜之屬以繩
繫槍端軍士各懸小鐵罐藏火臨陣燒之燄出槍前丈餘
藥盡而筒不損蓋汴京被攻已嘗得用今復用之兵既退
官奴入亳州留習顯總其軍上御照碧堂無一人敢奏對
者日悲泣云自古無不亡之國不死之君但恨我不知用

人故爲此奴所囚耳於是内局令宋乞奴與奉御吾古孫愛實納蘭圪荅女奚烈完出密謀誅官奴或言官奴密令兀惹計搆國用安脅上傳位恢復山東事不成則獻上於宋自贖反復之罪官奴以己未往亳州辛酉召之還不至再召乃以六月己卯還上諭以幸蔡事官奴憤憤而出至於扼腕頓足意趣叵測上決意欲誅之遂與内侍宋乞奴處置令裴蒲抄合召宰相議事完出伏照碧堂門間官奴進見上呼參政官奴即應完出從後刺其肋上亦拔劒斫之官奴中創投城下以走完出吃忔荅愛實追殺之忠孝軍聞難皆擐甲完出請上親撫慰之名呼李泰和授以虎

符使往勞軍因召范陳僧王山兒白進阿里合進先至殺之堂下阿里合中路覺其事悔發之晚爲亂箭所射而死乞奴愛實忔荅皆授節度使世襲千戶完出兼殿前右衛將軍范陳僧王山兒忠孝軍元帥於是上御雙門赦忠孝軍以安反側除崔立不赦外其餘常所不原者咸赦之初官奴解睢陽之圍侍從官屬乏苦飢窘聞蔡州城池堅固兵衆糧廣咸勸上南幸惟官奴以嘗從點檢内族斜烈過蔡知其備禦不及睢陽力爭以爲不可故號於衆曰敢言南遷者斬衆以官奴爲無君諷上早爲計會其變遂以計誅之後遣烏古論蒲鮮如蔡還言其城池兵糧果不足恃

上已在道無可奈何及蔡受兵始悔不用官奴之言特詔尚書省月給其母妻糧俾無失所習顯既黨官奴一日率忠孝軍劫官庫金四千兩上命歸德治中温特罕道僧帥府經歷把奴申鞫問顯伏罪下獄官奴變顯脫走殺總領完顏長樂於宫門殺道僧奴申於其家遂奔亳及官奴伏誅詔點檢阿勒根阿失荅即亳州斬顯及忠孝軍首領數人兀惹使用安未還伺於中路數其罪殺之

内族慶山奴名承立字獻甫統軍使枴山之子平章白撒之從弟也爲人儀觀甚偉而内懦怯無所有至寧初宣宗自彰德赴闕慶山奴迎見于臺城宣宗喜遣先還中都觀

變宣宗既即位以承立爲西京副留守權近侍局直長進官五階賜錢五千貫且詔曰汝雖授此職姑留侍朕遇闕赴之仍給汝副留守祿此朕特恩宜知悉也貞祐初遷武衛軍副都指揮使兼提點近侍局胡沙虎專權僭竊嘗爲宣宗言之後胡沙虎伏誅慶山奴愈見寵幸以爲殿前右副都點檢三年

大元兵圍中都詔以慶山奴爲宣差便宜都提控率所募兵往援俄爲元帥右都監行帥府事兼前職四年知慶陽府事兼慶原路兵馬都總管以所獲馬驢進詔諭曰此皆軍士所得即以與之可也朕安用哉後勿復進因令徧諭

諸道帥府焉興定元年正月
大元兵及夏人廻經寧州慶山奴以兵邀擊敗之以功進
元帥左都監兼保大軍節度使行帥府事於鄜州二年五
月夏人率步騎三千由葭州入寇慶山奴以兵逆之戰于
馬吉峯殺百餘人斬酋首二級生擒數十人獲馬三十餘
疋三年四月夏人據通秦寨慶山奴遣提控納合買住討
之夏人以步騎二萬逆戰買住擊敗之夏人由葭蘆川遁
去凡斬首八百級俄而復攻寨據之慶山奴率兵與戰斬
首五千級復其寨詔賜慶山奴金帶一將士賞賚有差四
年四月破夏兵于宥州斬首千餘級遂圍神堆府慶山奴

四面攻之士卒方登陴援兵大至復擊走之正大四年李
全據楚州詔以慶山奴爲元帥同總帥完顏訛可將兵守
盱眙且令城守勿出戰已而全軍盱眙界二帥迎敵大敗
死者萬餘人委棄資仗甚衆時軍無見糧轉輸不繼民疲
奔命愁嘆盈路諸相不肯正言樞密判官白華拜章乞斬
之以謝天下不報降爲定國軍節度使又以受賂奪一官
八年正月鳳翔破兩行省徙京兆居民於河南令慶山奴
以行省守之時京兆行省止有病卒八百瘦馬二百承立
懼不能守屢上奏請還每奏一帖附其兄白撒一書令爲
地朝廷不許十月慶山奴棄京兆還朝留同知乾州軍州

事保義軍提控苟琪守之慶山奴行至閺鄉哀宗遣近侍
裴蒲七斤授以黃陵岡從宜不聽入見未幾代徒單兀典
行省事於徐州九年正月自徐引兵入援選精鋭一萬五
千與徐帥完顏兀論統之將趨歸德義勝軍總領侯進杜
政張興等率所部三千人降大兵慶山奴留睢州三日不
敢進聞大兵且至懼此州不可守退保歸德二月行次楊
驛店遇小乃觧軍遂潰兀論戰死慶山奴馬躓被擒惟元
帥郭恩都尉烏林荅阿督率三百餘人走歸德大兵以一
馬載慶山奴擁迫而行道中見真定史帥承立問曰君爲
誰史帥言我真定五路史萬户也承立曰是天澤乎曰然

曰吾國已殘破公其以生靈爲念及見大帥忒木觧誘之
使招京城不從又偃蹇不屈左右以刀斫其足折亦不降
即殺之議者以承立累敗不能解其軍職死有餘責而能
以死報國亦足稱云初睢州刺史張文壽聞大兵將至遷
旁縣居民入城大聚芻粟然無固守意日夜謀走以自便
既而聞承立入援即以州事付其僚佐託以應援徐兵夜
啓關挈家走歸德慶山奴以爲行部郎中死楊驛俄大兵
圍睢州以無主將故殘破之甚也兀論丞相賽不之姪元
光間例以諸帥爲總領兀論以丞相故獨不罷金朝防近
族而用疎屬故白撒承立兀論輩皆腹心倚之

贊曰官奴素行反側倏南倏北若龍斷然哀宗一旦倚爲腹心終爲所制照碧之愬何異幽囚其事與梁武侯景大同而小異徒單兀典慶山奴爲將皆貪且數取敗女魯歡無大失行而死於官奴哀宗猶暴其罪冤哉

列傳第五十四

列傳第五十五　金史一百十七

開府儀同三司上柱國録軍國重事前中書右丞相監修國史領經筵事都總裁臣脫脫奉

勑修

徒單益都　粘哥荆山劉均附　王賓王進等附

國用安　時青

徒單益都不詳其履歷嘗累官爲延安總管正大九年正月行省事於徐州時慶山奴撤東方之備入援未至睢州徐邳義勝軍總領侯進杜政張興率本軍降大兵於永州辛丑大兵守徐張盆渡益都到官才三日懼兵少不能守即令移剌長壽率甲士千人迎大兵長壽軍無紀律大兵掩之一軍皆覆徐危甚益都籍州人及運糧埽兵得萬人乙巳大兵傅城燒南關而去侯進既降北即以爲京東行省進遂請千人來襲二月庚申未明大兵坎南城而上守者皆散走城中大呼曰大兵入南門矣益都聞之不及甲率州署夜直兵三百由黃樓而南力戰禦敵亂定遷賞有差由是軍勢稍振復奪張盆渡取蕭縣破白塔戰於土山救被俘老幼五千還徐既而侯進亡命駐靈璧杜政張興亦屢爲北所害窮窘自歸益都撫而納之與留徐杜政還邳州益都資稟仁厚持大體二子兩姪爲軍將頗侵漁軍民青州人王祐爲埽兵總領將兵千七百人益都常倚之

雖有過亦不責以故祐亦橫恣與河間張祚下邑令李閏義勝都統封仙遥授永州刺史成進忠輩秉軍政廢弛城中空虛以六月丁巳夜燒草塲作亂時張興卧病祐恐事不成起興與同行益都疑左右皆叛挈妻子縋城而出就從宜衆僧奴及東面總領劉安國軍張興推祐爲都元帥復懼祐圖己遂誅祐并張祚殺之因大掠城中壬戌國用安以行山東路尚書省事率兵至徐張興率甲士迎之用安輕騎而入執興與其黨十餘人斬之于市遂以封仙爲元帥兼節度使主徐州益都窘無所歸乃奔宿州節度使紇石烈阿虎以益都爲人所逐不納乃與諸將駐于城南

時宿之鎮防軍有逃還者阿虎以爲叛歸亦不納城中鎮防千户高臘哥結小吏郭仲安謀就徐州將士内外相應以取宿因歸楊妙真甲戌夜半開門納徐州總領王德全及妻弟高元哥軍劉安國尋亦入城縛阿虎父子殺之州中請益都主帥府事益都不從曰吾國家舊人爲將帥亦久以資性踈迂不能周防遂失重鎮今大事已去方逃罪不暇豈有攺易髻髮奪人城池以降外方乎即日率官吏而行至穀熟東遇大兵不屈而死徐州既歸海州邳帥兀林荅其亦讓印於杜政遂送款於用安已而宿州王德全劉安國亦送款海州惟安國不攺髻髮以至於死云

粘哥荆山不知其所始正大中累官亳州節度使九年正月己丑游騎自鄧至亳鈔鹿邑管於衛真西北五十里鹿邑令高昂霄知太康已降即夜趍亳道出衛真呼縣令楚珩約同行珩知勢不支即明諭縣人以避遷之意遂同走亳丁未二邑皆降是日軍至亳州城下州止有單州兵四百人號鎮安軍提控楊春邢其都統戴興屯已六年荆山悉籍城中丁壯爲軍修守具而大兵亦不暇攻四月擁降民而北城門閉不之知也五月縱遷民收麥老幼得出丁壯悉留之民往往不肯留而遁數日城爲之空荆山遣將領各詣所屬招之并將領亦不返鎮安者皆紅襖餘黨力

盡來歸變詐反覆朝廷終以盗賊待之荆山以遷民爲軍蓋防之也及召外兵不至乃請於歸德得甲騎百餘兩總領統之既至鎮安疑其謀已乃乘將士新到不設備至夜掩殺殆盡荆山出走衛真楚珩與之馬而去州中豪貴悉被剽略劉堅者初爲大兵守城父亳州復擒之囚之於獄楊春謀欲北降乃出之使爲宣差乙巳大兵石總管入州改州爲順天府春爲總管戴興爲同知劉順治中留党項軍千人戍之屬縣皆下惟城父令李用宜不降其妻子在亳春以爲質竟不屈而死春既據州與劉堅坐樓上召副提控邢某邢剛直循理將士嚴憚之時卧病聞春亂流涕

不自禁春遣人昇致之邢指春大罵春慚恧無言春欲殺荆山家邢力勸止之且令給道路費送之出城邢尋病卒二年夏四月北省忒木觧攻歸德春以戴興提精卒以往獨與疲弱者守城州人王賓遂反正春渡河北道既而崔七斤爲亂殺王賓朝廷不得已以七斤爲節度使就其兵伏入蔡八月劉順攻亳州破之七斤爲城父令所殺未幾單州軍以州人殺其家屬召大兵來攻不能拔殺屬縣民而去既渡河知亳人不疑復來攻州竟爲春所破是年六月宋人來攻春出降劉堅北走劉均者林慮人時爲亳州觀察判官春既遂荆山納款大兵脅均同降均佯應之歸

其家取朝服服之顧謂妻子曰我起身刀筆仰荷上知始列朝著又佐大藩死亦足矣今頭顱已如此假使有十年壽何以見先帝於地下乎即仰藥而死

王賓字德卿亳州人貞祐二年進士外若曠達而深有謀晝初調蘭陵主簿辟虹縣令尋入爲尚書省令史坐事罷歸鄉里天興元年正月亳州軍變節度使粘哥荆山出走楊春以州出降既而自以羸兵守之賓與前譙縣尉王進魏節亨呂鈞約城中軍民復其州楊春遂遁遣節亨詣歸德以聞哀宗嘉之授進節度使賓同知節度使節亨節度副使鈞觀察判官楊春復以兵來攻月餘不能拔即渡河

而北六月哀宗遷蔡賓奉迎於州北之高安上與語大悅恨用之晚擢爲行部尚書世襲謀克上初至亳賓等適徵民丁負鐵甲入蔡及會計忠孝軍家屬口糧故留參知政事張天綱董之就遷有功將士時亳之糧儲不廣賓等常吝惜軍士以此歸怨及運甲之役復不欲行會天綱與賓等於一樓上銓次立功等第鎮防軍崔復哥王六十之徒擐甲譁譟登樓天綱問曰即欲見殺容我望闕拜辭賊曰無預相公即捽賓及呂鈞往市中鈞且行且跪涕淚俱下賓岸然不懼大呼曰不過殺我但殺但殺乃並害之節度副使魏節亨節度判官孫良觀察副使孫九住皆被害又

數日殺節度使王進進嘗應荆山之募由間道入汴京納奏賞以物不受又散家所有濟貧民以死自勵至汴以勞遷本州節度判官賜以白金亦不受一時甚稱之有李喜住者本宿州衆僧奴下宣差天興二年四月進糧入歸德將還聞亳州王進反正制旨以喜住爲振武都尉將兵三千應援是時太赤圍亳步騎十萬喜住以衆寡不敵獨與三人間道入城王進方議遷左軍林喜住不可進即以兵付喜住大兵攻八日不能下五月壬子兵退巳未官奴與阿里合提忠孝軍百人至亳與諸將議遷可否以爲不可當留輜重於蔡選軍扈從入聖烈就武仙軍遂入關中關

中地利可恃又有郭蝦蟆等軍在西可恃五月甲子召官
奴還歸德不赴再召留其軍半於亳乃赴六月壬辰車駕
舟行至亳王進奏臣本軍伍不知治體如李喜住扈從入
蔡則亳不守矣乞留治此州詔以喜住爲集慶軍節度使
便宜從事進領帥職七月進死喜住先往城父督糧餫聞
亂遂不敢入亳後投宋

論曰金季之亂軍士欲代其偏裨偏裨欲代其主將即羣
起而僨之無復忌憚益都荆山皆忠亮之士賔進才略尤
足取焉而並不免於難惜哉

國用安先名安用本名咬兒淄州人紅襖賊楊安兒李全

餘黨也嘗歸順
大元爲都元帥行山東路尚書省事天興元年六月徐州
埽兵總領王祐義勝軍都統封仙總領張興等夜燒草場
作亂逐元帥徒單益都安用率兵入徐執張興與其黨十
餘人斬之以封仙爲元帥兼節度使主徐州宿州鎮防軍
千户高騰哥與東面總帥劉安國搆徐州總帥王德全殺
宿帥紇石烈阿虎以其州歸海州邳州從宜兀林荅其亦
讓州於杜政送欵海州既而皆歸安用北大將阿术魯聞
安用據徐宿邳大怒曰此三州我當攻取安用何人輒受
降遣信安張進等率兵入徐欲圖安用奪其軍安用懼謀

於德全劫殺張進及海州元帥田福等數百人與楊妙真
絶乃還邳州會山東諸將及徐宿邳主帥刑馬結盟誓歸
金朝既盟諸將皆散去安用無所歸遂同德全安國託從
宜衆僧奴自通於朝廷衆僧奴遣人上奏安用以數州反
正功甚大且其兵力強盛材略可稱國家果欲倚用非極
品重權不足以堅其許國之心未報安用率兵萬人攻海
州未至衆稍散去安國因勸安用當赤心歸國安用亦自
知反復失計事已無可柰何於是復金朝衣冠妙真怒其
叛已又懼爲所圖悉屠安用家走益都安用遂選兵分將
期必得妙真自此淮海之上無寧歲矣未幾朝廷遣近侍

局直長因世英都事高天祐持手詔至邳以安用爲開府
儀同三司平章政事兼都元帥京東山東等路行尚書省
事特封兖王賜號英烈戡難保節忠臣錫姓完顏附屬籍
改名用安賜金鍍銀印駝紐金印金虎符世襲千户宣命
勑様牌様御畫體宣空頭河朔山東赦文便宜從事且以
彭王妃誥委用安招妙真用安始聞使者至猶豫未決以
總領楊懋迎使者入監于州廨問所以來世英對以封建
事意頗順諸帥王杜輩皆不欲宣言欲殺使者明日用安
乃出見使者跪揖如等夷坐定語世英曰子向隨大兵攻
汴嘗於開陽門下與侯摯議内外夾擊此時大兵病死者

衆十七頭項皆在京城若從吾計出軍中興父矣朝廷乃
無一人敢決者今日悔將何及言竟而起既而選人取朝
廷賜物遍觀之喜見顏色復與使者私議欲不以朝禮受
之世英等不可即設宴拜授如儀以主事常謹等隨使者
奉表入謝上復遣世英天祐賜以鐵券一虎符六龍文衣
一玉魚帶一弓矢二封贈其父母妻誥命及郡王宣世襲
宣大信牌玉兔鶻帶各十聽同盟可賜者賜之使者至邳
用安迎受如禮始有入援意及聞上將遷蔡州乃遣人以
蠟書言遷蔡有六不可大率以謂歸德環城皆水卒難攻
擊蔡無此險一也歸德雖乏糧儲而魚芡可以取足蔡若

受圍廩食有限二也大兵所以去歸德者非畏我也縱之
出而躡其後舍其難而就其易者攻焉三也蔡去宋境不
百里萬一資敵兵糧禍不可解四也歸德不保水道東行
猶可以去蔡若不守去將安之五也時方暑雨千里泥淖
聖體豐澤不便鞍馬倉卒遇敵非臣子所敢言六也雖然
陛下必欲去歸德莫如權幸山東山東富庶甲天下臣略
有其地東連沂海西接徐邳南扼盱楚北控淄齊若鑾輿
少停臣仰賴威靈河朔之地可傳檄而定惟陛下審察上
以其言示宰臣宰臣奏用安反復本無匡輔志此必參議
張介等議之業已遷蔡議遂寢初世英等過徐王德全劉

安國說之曰朝廷恩命豈宜出自用安郡王宣吾二人最
當得者乞就留之世英乃留郡王宣世襲宣玉帶各二由
是與用安有隙又懼爲所圖皆不聽其節制十郡王者李
明德封仙張瑀張友卓翼康琮杜政吳歪頭王德全劉安
國也用安必欲取山東累徵徐宿兵止以勤王爲辭二帥
不應用安怒令杜政等率兵三千以取糧爲名襲徐宿既
入城德全覺之就留杜政封仙不遣用安愈怒謂德全安
國必有謀乃執桃園帥吳某等八九人下獄鞫問二帥遣
溫特罕張哥以杜政封仙欲襲取徐州白用安不聽驅吳
帥張哥輩九人併斬之張哥將死大呼曰國安兒汝無尺

寸功受國家大封爵何負於汝而從杜政等變亂又殺無
罪之人今雖死當與汝辨於地下矣會上遣撒國昌以密
詔徵兵東方故用安假朝命聲言入援檄劉安國爲前鋒
親率兵三千駐徐州城下招德全德全終疑見圖不出係
封仙於獄殺之遣杜政出城安國既至宿州用安復召安
國還安國不從獨與衆僧奴赴援行及臨渙龍山寺用安
使人刼殺之遂攻徐州踰三月不能下退歸漣水於是因
世英以用安終不赴援乃還朝至宿州西遇大兵不屈而
死事聞贈汝州防禦使既而用安軍食不給乞糧於宋宋
陽許之即改從宋衣而私與朝使相親尋益乏食軍民多

士去乃命蕭均以嚴刑禁士者血流滿道
大元東平萬户查剌將兵至漣水遂降焉查剌既渡河趨
蔡州用安以詭計還漣水復叛歸於宋受淛東總管忠州
團練使隸淮閫甲午正月聞大兵圍沛用安往救之敗走
徐州會移兵攻徐用安投水死求得其尸剜面繫馬尾為
怨家田福一軍臠食而盡用安形狀短小無須喜與輕薄
子游日擊鞠衢市閒顧眄自矜無將帥大體介字介甫平
州人正大元年經義進士第一時為用安參議初天祐等
出汴微服間行經北軍管幕至通許崔橋始有義軍招撫
司官府去京師二百里矣至陳州防禦使粘葛奴申始立

州事留二日至項城縣令朱珎立縣事有士卒千二百人
至泰和縣縣令王義立縣已五月矣八月至宿州衆僧奴
得報且知朝廷授以權宿州節度使兼元帥左都監之命
且彩輿儀衛出城五里奉迎時東方不知朝廷音問已八
月矣官民見使者至且拜且哭有張顯者任俠尚氣知義
理即謂天祐曰東方不知朝廷音問已數月今見使者百
姓皆感動若不以聖旨撫慰之恐失東民之心我欲矯稱
制旨宣諭如何天祐書生守規矩不敢從但以宰相旨集
州民慰撫之州民復大哭明日往徐州
時青滕陽人 初與叔父全俱為紅襖賊及楊安兒劉二祖

敗承赦來降隸軍中興定初青為濰州義軍萬户是時叔
父全為行樞密院經歷官興定二年冬全馳驛過東平青
來見因告全將叛入宋全祕之頃之青率其衆入于宋宋
人置之淮南屯龜山有衆數萬興定四年泗州行元帥府
紇石烈牙吾塔遣人招之青以書來書曰青本滕陽良民
遭時亂離扶老攜幼避地草莽官吏不明此心目以叛逆
無所逃死竄匿淮海離親舊去鄉邑豈人情之所樂哉僕
雖偷生寄食他國首丘之念未嘗一日忘之如朝廷赦青
之罪乞假邳州以屯老幼當襲取盱眙盡定淮南以贖往
昔之過牙吾塔復書曰公等初亦無罪誠能為國建功全

軍來歸即吾人也邳州吾城以吾人居之亦何不可易曰
君子見幾而作不俟終日公其亟圖之生還父母之邦富
貴終身傳芳後世與其羈縻異域目以兵屬孰愈哉牙吾
塔奏其事十月詔加青銀青榮祿大夫封滕陽公仍為本
處兵馬總領元帥兼宣撫使青潛表陳謝復以邳州為請
樞密院奏恐青意止欲得邳州可諭牙吾塔若青誠實來
歸即當授之如審其詐可使人入宋境宣布往來之言及
所授官爵亦行間之術也青既不得邳州復為宋守興定
五年正月二十五日夜青襲破泗州西城提控王祿遇害
是時時全為同簽樞密院事朝廷不知青襲破西城止稱

宋人而已詔全往督泗州兵取西城全至泗州獲紅襖賊一人詰問之乃知青爲宋京東鈐轄襲破西城全頗喜乃殺其人以滅口牙吾塔晝夜力戰募死士以梯衝逼城青縋兵出拒不得前牙吾塔遣提控王應孫完城東北隅青夜出兵來襲擊却之越二日復出又却之攻城益急青以舟兵二千合城中兵來犯牙吾塔營提控斡魯朵先知設伏掩擊青兵大敗溺淮水死者千人自是不復出矣王應孫完城將及城中青隧地然薪逼出之青棄城指麾流矢中其目餘衆往往被創樓堞相繼摧壞城中恟懼遂無固志二月二十六日夜青援衆走遂復西城元光元年二月

全與元帥左監軍訛可節制三路軍馬伐宋詔曰卿等重任毋致不和以貽喪敗其資糧可取規取失宜不能得之罪在訛可既已得之不能運致以爲我用罪在全全與訛可由潁壽進渡淮敗宋人于高塘市攻固始縣破宋廬州將焦思忠兵無何獲生口言時青受宋詔與全兵相拒全匿其事五月兵還距淮二十里諸軍將渡全矯稱密詔諸軍且留收淮南麥遂下令人獲麥三石以給軍衆惑之訛可及諸將佐勸之不聽軍留三日訛可謂全曰今淮水淺狹可以速濟時方暑雨若值暴漲宋乘其後將不得完歸矣全力拒之從宜達阿移失不斜烈李辛稍稍不平全怒曰訛可一帥耳汝曹黨之汝曹致身至此皆吾之力吾院官也於汝無不可者衆乃不敢言是夜大雨明日淮水暴漲乃爲橋渡軍宋兵襲之軍遂敗績橋壞全以輕舟先濟士卒皆覆没宣宗乃下詔誅之遣官招集潰軍詔曰大軍渡淮每立功効諸將謬誤部曲散亡流離憂苦朕甚閔焉各歸舊營勉圖自効又詔曰陣亡把軍品官子孫十五以上者依品官子孫例隨局承應十五以下十歲以上者依品從隨局給俸至成人本局差使無子孫官依例給俸應贈官賻錢軍人家口當養贍者並如舊制

贊曰金自章宗季年宋韓侂胄構難招誘鄰境亡命以撓

中原事竟無成而青徐淮海之郊民心一摇歲遇饑饉盜賊蠭起相爲長雄又自屠滅害及無辜十餘年糜沸未息宣宗不思靖難復爲伐宋之舉迄金之亡其禍尤甚簡書所載國用安時青等遺事至今仁人君子讀之猶蹙頞終日當時烝黎如魚在釜其何以自存乎兵凶器也金以兵得國亦以兵失國可不慎哉可不慎哉

列傳第五十五

開府儀同三司上柱國錄軍國重事前中書右丞相監修國史領經筵事都總裁臣脫脫奉

勑修

苗道潤　王福　移剌衆家奴

武仙　張甫　靖安民

郭文振　胡天作　張開

燕寧

苗道潤貞祐初爲河北義軍隊長宣宗遷汴河北土人往往團結爲兵或爲群盗道潤有勇略敢戰鬬能得衆心比戰有功略定城邑遣人詣南京求官封宰相難其事宣宗召河南轉運使王擴問曰卿有智慮爲朕决道潤事今即以其衆使爲將肯終爲我盡力乎擴對曰兼制天下者以天下爲度道潤得衆有功因而封之使自爲守羈縻使之策之上也今不許彼負其衆何所不可爲宣宗顧謂宰執曰王擴之言實契朕心於是除道潤宣武將軍同知順天軍節度使事貞祐四年復以功遷懷遠大將軍同知中山府事再閱月復戰有功遷驃騎上將軍中都路經略使兼知中山府事頃之加中都留守兼經略使道潤前後撫定五十餘城興定元年詔道潤恢復中都以山東兵益之道潤奏去年十一月臣遣總領張子明招降蠡州獨吉七斤

近日河北東路兵馬都總管移剌鐵哥移軍蠡州襲破子明軍殺數百人子明亦被創臣將提兵問罪重以鐵哥自拔來歸但備之而已今欲復取都城乞無罪鐵哥直令受臣節制庶可集事宣宗以問宰相奏曰道潤鐵哥不協不可相統屬詔以完顏寓行元帥府事督道潤復中都和輯鐵哥軍初道潤與順天軍節度使李琛不相能兩軍士兵因之相攻琛遣兵攻蒲城完州道潤軍拒戰殺琛兄榮及弟明等琛奏路州提控烏林荅吾典承道潤風指日謀侵害山東行省數諭道潤與臣通和竟不見從且殺臣兄榮弟明等恣横如此將爲後患又奏乞令河北州府官不相統攝並聽帥府節制仍遣官増減諸路兵力使權均勢敵無相併吞則百姓安農畝矣道潤奏李琛以衆叛陷蒲城攻完州琛亦奏道潤叛廷議以爲兩人失和故至于此令山東行省樞密院諭琛行省在彼自當俱聽節制何待帥府土兵本以義團結且耕且戰今乃聚之城寨遂相併吞百姓不安皆由官長無所忌憚使之然也嚴爲約束依時樹藝無致生事有詔道潤與移剌鐵哥合兵撫定河北令諸道兵互相應援既而道潤與賈全賈瑀互相攻擊詔道潤賈全王福武仙賈瑀分畫各路元帥府控制之彰德衛輝招撫司隸樞密院賈瑀既與道潤相攻已而詐爲約和

道潤信之遂伏兵刺殺道潤朝廷不能問一軍彷徨無所依提控靖安民乞權隸潞州行元帥府聽其節制時興定二年也右丞侯摯乞以保蠡完三州隸真定而蠡州舊受移剌衆家奴節制一旦改隸真定恐因而交爭靖安民等願隸潞州乃令河北行省審處之經略副使張柔奏賈瑀攻易州寨殺刺史馬信及其裨校奪所佩金符而去頃之張柔攻賈瑀殺之道潤既死靖安民代領其衆是後乃封建矣初貞祐四年右司諫朮甲直敦乞封建河朔詔尚書省議事寢不行興定三年太原不守河北州縣不能自立詔百官議所以爲長久之利者翰林學士承旨徒單鎬等十有六人以謂制兵有三一曰戰二曰和三曰守今欲戰則兵力不足欲和則彼不肯從唯有守耳河朔州郡既殘毀不可一繫守之宜取願就遷徙者屯于河南陝西其不願者許自推其長保聚險阻刑部侍郎奧屯胡撒合三人曰河北於河南有輔車之勢蒲解於陝西有襟喉之要盡徙其民是撤其藩籬也宜令諸郡選才幹衆所推服能糾衆還徙者願之河南或晉安河中及諸險隘量給之食授以曠土盡力耕稼置僑治之官以撫循之擇其壯者教之戰陣勅晉安河中守臣墩石嵐汾霍之兵以謀恢復莫大之便兵部尚書烏林荅與等二十一人曰河朔諸州親民

掌兵之職擇土人嘗居官有材略者授之急則走險無事則耕種宣徽使移剌光祖等三人曰度太原之勢雖暫失之須亦可復當募土人威望服衆者假以方面重權能克復一道即以本道總管授之能捍州郡即以長佐授之必能各保一方使百姓復業提點尚食局石抹穆請以高爵募民大與同光祖議宰臣欲置公府宣宗意未決御史中丞完顏伯嘉曰宋人以虛名致李全遂有山東實地苟能統衆守土雖三公亦何惜焉宣宗曰他日事定公府無乃多乎伯嘉曰若事定以三公就節鎮何不可者宣宗意乃決四年二月封滄州經略使王福爲滄海公河間路招撫使移剌衆家奴爲河間公眞定經略使武仙爲恒山公中都東路經略使張甫爲高陽公中都西路經略使靖安民爲易水公遼州從宜郭文振爲晉陽公平陽招撫使胡天作爲平陽公昭義軍節度使完顏開爲上黨公山東安撫副使燕寧爲東莒公九公皆兼宣撫使階銀青榮祿大夫賜號宣力忠臣總帥本路兵馬署置官吏徵斂賦稅賞罰號令得以便宜行之仍賜詔曰乃者邊防不守河朔失寧卿等自總戎昭備殫忠力若能自効朕復何憂宜膺茅土之封復賜忠臣之號除已畫定所管州縣外如能收復鄰近州縣者亦聽管屬

王福本河北義軍積戰功累遷同知橫海軍節度使事滄州經略副使興定元年福遣提控張聚王進復濱棣二州以聚攝棣州防禦使進攝濱州刺史久之福與聚有隙聚以棣州附於益都張林興定三年九月福上言滄州東濱滄海西連眞定北備大兵可謂要地乞選重臣爲經略使得便宜從事以鎮撫軍民朝廷以福初率義兵復滄州招集殘民今有衆萬餘器甲完具自雄一方與益都張林棣州張聚皆爲鄰境今利津已不守遼東道路艱阻且其意本欲自爲使但託詞耳因而授之使招集濱棣之人通遼東音問令若不許宋人或以大軍迫脅或以官爵招之將

貽後悔宣宗以爲然乃以福爲本州經略使仍令自擇副使會福有戰功遷遙授同知東平府事權元帥右都監經略節度如故興定四年封爲滄海公以清滄觀州鹽山無棣樂陵東光寧津吳橋將陵阜城蓨縣隸焉四月紅襖賊李二太尉寇樂陵棣州張聚來攻福皆擊却之李二復寇鹽山經略副使張文與戰李二大敗擒其統制二人斬首二千級獲馬三十匹七月宋人與紅襖賊入河北福嬰城固守益都張林棣州張聚日來攻掠滄州危蹙福將南奔爲衆所止遂納款於張林東平元帥府請討福乞益河南步卒七千騎兵五百滑濬衛州資助芻糧先定賞格以待有功朝廷以防秋在近河南兵不可往東平兵少不能獨成功待至來年春使東平帥府與高陽公併力討之乃止

移剌衆家奴積戰功累官河間路招撫使遙授開州刺史權元帥右都監賜姓完顏氏興定四年與張甫俱封衆家奴封河間公以獻蠡安深州河間肅寧安平武強饒陽六家雄郎山寨隸焉興定末所部州縣皆不可守元光元年移屯信安本張甫境內張甫因奏信安本臣北境地當衝要乞權改爲府以重之詔改信安爲鎮安府是歲與甫合兵復取河間府及安蠡獻三州與張甫皆遷金紫光祿大夫二年衆家奴及張甫同保鎮安各當一面別遣總領提

領孫汝楫楊壽提控袁德李成分保外垣遂全鎮安未幾衆家奴奏鎮安距迎樂堌海口二百餘里實遼東往來之衝高陽公甫有海船在鎮安西北可募人直抵遼東以通中外之意若賞不重不足以使人今擬應募者特遷忠顯校尉授八品職仍賞寶泉五千貫如官職已至忠顯八品以上者遷兩官升職一等回日再遷兩官升職二等詔從之

武仙威州人或曰嘗爲道士時人以此呼之貞祐二年仙率鄉兵保威州西山附者日衆詔仙權威州刺史興定元年破石海于眞定宣差招撫使惟宏請加官賞眞授威州

刺史兼眞定府治中權知眞定府事遷洺州防禦使兼同知眞定府事遥授河平軍節度使興定四年遷知眞定府事兼經略使遥領中京留守權元帥右都監無何封恒山公以中山眞定府沃冀威鎮寧平定州抱犢寨欒城南宮縣隸焉同時九府財富兵強恒山最盛是歲歸順于

大元副史天倪治眞定仙兄貴爲安國軍節度使史天祥擊之貴亦歸順于

大元仙與史天倪俱治眞定且六年積不相能懼天倪圖己嘗欲南走宣宗聞之詔樞密院牒招之仙得牒大喜正大二年仙賊殺史天倪復以眞定來降

大元大將笑乃鮮討仙仙走閱月乘夜復入眞定笑乃鮮復擊之仙乃奔汴京五年召見哀宗使樞密判官白華導其禮儀復封爲恒山公置府衛州七年仙圍上黨已而大兵至仙遯歸未幾衛州被圍內外不通詔平章政事合達樞密副使蒲阿救之徙仙兵屯胡嶺關扼金州路八年十一月

大元兵涉襄漢合達蒲阿駐鄧州仙由荆子口會鄧州軍天興元年正月丁酉合達蒲阿敗績於三峯山仙從四十餘騎走密縣趨御寨都尉烏林荅胡土不納幾爲追騎所得乃舍騎步登嵩山絶頂清涼寺謂登封蘭若寨招撫使霍琢僧秀曰我豈敢入汴京一旦有急縛我獻

大國矣遂走南陽留山收潰軍得十萬人屯留山及威遠寨立官府聚糧食修器仗兵勢稍振三月汴京被圍哀宗以仙爲參知政事樞密副使河南行省詔與鄧州行省思烈合兵入救八月至密縣東遇

大元大將速不鮮兵過之仙即按軍眉山店報思烈曰阻澗結營待仙至俱進不然敗矣思烈急欲至汴不聽行至京水大兵乘之不戰而潰仙亦令其軍散走期會留山仙至留山潰軍至者益衆哀宗罷思烈爲中京留守詔仙曰思烈不知兵向使從卿阻澗之策豈有敗哉軍務一以付

卿日夕以待勠力一心以圖後舉十一月遣刑部主事烏古論忽魯召仙仙不欲行乃上疏陳利害請緩三月生死入援初思烈至鄧州承制授宣差總領黄擱三合五朶山一帶行元帥府事兼行六部尚書及仙還留山惡三合權威攺爲征行元帥屯比陽三合怨仙奪其權乃歸順于

大元大將速不鮮署三合守裕州三合乃詐以書約仙取裕州可以得志仙信之三合乃報

大元大將遣兵夾擊敗仙于柳河仙跳走聖朶寨初沘丘尉曹政承制召兵西山裕州防禦使李天祥不用命政斬之以徇仙至聖朶謂政曰何故擅誅吾將政曰天祥違詔

逗遛不行政用便宜斬之仙怒曰今日宣差來起軍明日宣差來起軍因此軍卒戰亡殆盡矣自今選甚人來亦不聽且教兒郎輩山中休息又曰天祥果有罪待我來處置汝何人輒敢殺之政曰參政柳河失利不知存亡天祥逗留何為不殺仙大怒叱左右奪政所佩銀牌令總領楊全械繫之會赦猶囚之及仙敗始得釋與楊全俱降宋是時哀宗走歸德遣翰林修撰魏璠間道召仙行至裕州會仙敗于柳河璠矯詔招集潰軍以待仙仙疑璠圖己二年正月仙閱兵選鋒尚十萬璠曰主上旦夕西首望公公不宜久留於此仙怒幾殺璠璠及忽魯剌還歸德仙乃奏請誅

璠哀宗不聽以璠為歸德元帥府經歷官璠字邦彥渾源人貞祐二年進士云仙部將董祐有戰功詔賜虎符仙畏其偪己久不與佩祐憾之乃結官奴欲殺仙猶豫未敢發近侍局使完顏四和有謀敢斷嘗徵兵鄧州彈牧使移剌杲合有異志四和以計誅之祐使謂四和曰仙終不肯入援祐等位卑力不能誅惟君為國家圖之四和曰已殺杲合復殺武仙他日使者來人誰肯信不從仙知祐嘗有此謀使祐使河北其後竟殺之三月仙以聖采軍食不足徙軍鄧州仰給于鄧州總帥移剌瑗鄧州倉廩亦乏乃分軍新野順陽淅川就食民家遣講議官朱槩劉琢往襄陽借

糧于宋制置使史嵩之琢槩持兩端畏留廼以情告史嵩之曰仙兵勢不復振矣且曰名為借糧實欲納款待將軍一諾耳嵩之以為實然遣田俊持書報仙四月仙遣大理少卿張伯直取糧于襄陽屯軍小江口以待之嵩之聞張伯直至大喜謂仙送款矣發書乃謝狀也大怒留伯直不遣仙自順陽入鄧州移剌瑗畏逼以女女仙仙不疑納之乃還順陽鄧州糧盡瑗終疑仙五月瑗舉城降宋嵩之益知仙軍虛實使孟珙率兵五千襲仙軍于順陽是時仙令士卒刈麥供軍未至二里許始覺仙率帳下百餘人迎擊之孟珙不敢前俄頃軍士稍集有五六百人大敗珙兵珙

與數百人脫走生擒其統制統領數十人獲馬千餘至是槩琢妄謂將納款于嵩之之語泄矣仙皆誅之移剌瑗本名粘合字廷玉世襲契丹猛安累功鄧州便宜總帥既至襄陽使更姓名稱歸正人劉介具將校禮謁制置使瑗大悔恨明年三月疽發背死孟珙雖敗而去仙懼宋兵復來七月徙淅川之石穴是時哀宗在蔡州遣近侍兀顏責仙赴難詔曰朕平日未嘗負卿國家危難至此忍擁兵自恃坐待滅亡耶將士聞之相視哽咽皆願赴難與國同生死仙懼衆心有變乃殺馬牛與將士三千人歃血盟誓不負國家衆乃大喜無何仙復謂衆曰蔡州道梗吾兵食少恐

不能到且蔡不可堅守縱到亦無益近遣人覘視宋金州百姓據山爲柵極險固廣袤百里積糧約三百萬石令與汝曹共圖之可不勞而下留老弱守此寨以爲根本然後選勁勇趨蔡迎上西幸未晚也衆未及應即令戒行李取淅川泝流而上山路險阻霖雨旬日水湍悍老幼溺死者不可勝數糧食絕軍士亡者八九仙計無所出八月乃由荆子口東還自內鄉將入聖朶寨至峽石左右八疊秋林聞總領楊全已降宋留秋林十日乃遷大和九月至黑谷泊進退失據遂謀北走行部尚書盧芝侍郎石玠不從芝字庭瑞河東人任子補官以西安軍節度使行尚書玠字

子堅河中人崇慶二年進士以汝州防禦使行侍郎二人相與謀曰吾等知仙不卹國家久矣諫之不從去之未可事至今日正欠蔡州一死耳假若不得到蔡州死於道中猶勝死於仙也既去仙始覺追玠殺之芝走至南陽爲土賊所害甲午蔡州破糧且盡將士大怨皆散去仙無所歸乃從十八人北渡河又亡五人五月趨澤州爲澤之戍兵所殺

張甫賜姓完顏氏初歸順
大元涿州刺史李瘸驢招之興定元年正月甫與張進俱來降東平行省蒙古綱承制除甫中都路經略使進經略副使二年苗道潤死河北行省侯摯承制以李瘸驢權道潤中都路經略使甫與張柔爲副頃之苗道潤之衆請以靖安民代道潤是時張柔安民實分掌道潤部衆朝廷乃以瘸驢爲中都東路經略使自雄霸以東皆隸之甫進與永定軍節度使賈仝不協以兵相攻奪據仝地取仝馬以遺經略使李瘸驢瘸驢受之朝廷怪瘸驢不能和輯州府乃有向背召瘸驢別與官職詔東平蒙古綱講睦甫與賈仝綱遣同知安武軍王郁博野令高常往往平之輒留瘸驢不遣因奏曰張甫本受瘸驢招降情意厚善今遣郁先與瘸驢議所以平之者然後可況甫等不識禮義之人瘸

驢就徵則皆自疑恐生他變故不避專擅之罪詔從綱奏未幾賈仝復以兵捕甫部民殺甫參議官邢瑋甫率兵攻之賈仝敗走遂自縊死甫請符印以安輯部衆詔與之無何李瘸驢歸順
大元甫爲中都東路經略使遥授同知彰德府事權元帥右都監三年張進爲中都南路經略使甫奏眞定兵衝乞遣重臣與恒山公武仙併力守之不報及眞定不守甫復奏權元帥右都監柴茂保蠡州水寨孤立無援若不益兵非臣之所知也四年甫封高陽公以雄莫霸州高陽信安文安大成保定靜海寶坻武清安次縣隸焉元光元年移

剌衆家奴不能守河間甫居之信安是歲以功進金紫光祿大夫始賜姓完顔二年二月張進亦遷元帥左監軍賜姓完顔

靖安民德興府求興縣人貞祐初充義軍歷謀克千戶總領萬戶都統皆隸苗道潤麾下以功遥授定安縣令遷涿州刺史遥授順天軍節度使充提控興定元年遥授安武軍節度使興定二年遷知德興府事中都路總領招撫使是歲苗道潤死安民代領其衆行省承制以涿州刺史李瘸驢權中都路經略使三年詔瘸驢自雄霸以東爲中都東路經略使自易州以西安民爲中都西路經略使西山

義軍屯壘諸招撫皆隸焉四年遥授知德興府事權元帥左監軍行中都西路元帥府事三月安民上書曰苗道潤撫定州縣五十餘城其功甚大西京路經略使劉鐸嫉其功反間賈瑀李瑔與道潤不協轉相攻伐竟以陰謀殺道潤鐸令所部劉智元等掠鎮撫孫資孫招撫楊德勝家人二十餘口錮之山寨若鐸常居此恐致敗事劉鐸亦遣副使劉璋詣南京自訴且言安民侵入飛狐之境冒濫封拜誘惑人心強抑總領馮通等輸銀粟索飛狐總領王彥暉彈壓劉智元杜貴欲充偏裨彥暉等拒之輒殺貴而杖智元竟驅彥暉而去又言經略職卑以致從宜李栢山等日謀見害乞許罷去廷議劉鐸本行招誘通亡今乃與安民互相論列以起爭端苗道潤死安民實代領其衆彥暉等軍本隸道潤當聽安民節制乃召鐸還頃之封易水公以涿易安肅保州君氏川李鹿三保河北江礬山寨青白口朝天寨水谷幢谷東安寨隸焉十月安民出兵至礬山復取檐車寨

大元兵圍安民所居山寨守寨提控馬豹等以安民妻子及老弱出降安民軍中聞之駭亂衆議欲降以保妻子安民及經歷官郝端不肯從遂遇害詔贈金紫光祿大夫

郭文振字拯之太原人承安二年進士累官遼州刺史貞

祐四年昭義節度使必蘭阿魯帶請升遼州爲節鎮廷議遼州城郭人戶不稱節鎮而文振有功當遷乃以本官充宣差從宜都提控興定元年詔文振接應苗道潤恢復中都會道潤與賈仝相攻而止文振治遼州深得衆心興定三年遷遥授中都副留守權元帥左都監行河東北路元帥府事刺史從宜如故文振招降太原東山二百餘村遷老幼于山寨得壯士七千分駐營柵防護秋穫文振奏若秋高無兵直取太原河東可復優詔許之十月權元帥右都監行元帥府事與張開合堅臺州兵復取太原四年詔升樂平縣爲臯州壽陽縣西張寨爲晉州從文振之請也

文振上疏曰揚子雲有言御得其道則天下狙詐咸作使御失其道則天下狙詐咸作敵有天下者審所御而已河朔自用兵之後郡邑蕭然並無官長武夫悍卒因緣而起以爲得志僭越名位瓜分角競以相侵攘雖有内除之官亦不得領其職所爲不法可勝言哉乞行帥府擅請便宜妄自誇張以尊大其權包藏之心蓋可知也朝廷因而撫之假權傳授至與各路帥府力侔勢均不相統屬陝西行省總爲節制相去遼遠道路梗塞卒難聞知故飛揚跋扈無所畏憚鄰道相望莫敢誰何自平陽城破以來河北不置行省朝廷信臣不復往來布揚聲教但令曳剌行報而

已所司勞以酒食悅以貨財借其聲譽共欺朝廷姦倖既行遂至驕恣變故之生何所不有此臣所以夙夜痛心而爲之憂懼也乞分遣公廉之官徧詣訪察庶知所在利害之實伏見澤潞等處芻糧猶廣人民猶衆地多險阻乞選重臣復置行省皆聽節制上下相維可臂指使之則國勢日重姦惡不萌矣是時澤潞已詔張開規畫不能盡用文振之言但令南京兵馬使术甲賽也行帥府於懷孟而已是歲封晉陽公河東北路皆隸焉文振奏孟州每以豪猾不逞之人攝行州事朝廷重於更代就令主之去年伯德和攝刺史提控伯德安殺之奪其職河東行省以陳景璠

代安安内不能平因誣告景璠死罪朝廷未及按問安輒逐之恥受臣節制宣言手衆待道路稍通當隸恒山公節制今眞定已不守安猶向慕不已臣徵兵諸郡安輒詭辭不遣臣若興師是自生一敵非國家之便也聞安有女臣輒違律令爲姪孫述娶之安遂見許臣非願與安爲姻爲公家計屑就之耳自結親以來安頗循率以從王事法不當娶而輒娶之敢以此罪爲請宣宗嘉其意遣近臣慰諭之文振復奏武仙所統境土甚大雖與林州元帥府共招撫之乞更選本土州縣官重其職任同與安集可使還定宣宗用其策五年文振奏臣所統嵐管隩石寧化保德諸

州境土闊遠不能周知利害恐誤軍國大計伏見葭州刺史古里甲蒲察智勇過人深悉河東事勢乞令行元帥府事或爲本路兵馬都總管與臣分治詔文振就擇可者處之便地仍受文振節制上黨公張開以厚賞誘文振將士頗有亡歸者詔分遼潞粟賑太原饑民張開不與文振奏其事詔遣使慰諭之文振復申前請以葭州刺史古里甲蒲察分治嵐管以西諸州制可仍令防秋後再度其宜文振請分上黨粟以贍太原詔文振與張開計度頃之詔以石州隸晉陽公府元光元年林州行元帥府惟良得罪召還文振奏近聞惟良召還臣竊以爲不可惟良在林州五

歲政尚寬厚大得民心今茲被召軍民遮路泣留其去未幾義兵之衆作亂遂招撫使康瑭乞遣惟良還林州爲便不許文振上書乞遣前平章政事胥鼎行省河北諸公府帥府並聽節制詔諭百姓使知不忘遺黎之意然後以河南陝西精銳併力恢復不報文振復奏河朔百姓引領南望臣再四請於樞府但以會合府兵爲言公府雖號分封力實單弱且不相統攝所在被兵朝廷不即遣兵復河北人心將以爲舉河朔而棄之甚非計也文振大抵欲起胥鼎爲行省定河北朝廷不能用二年詔文振應援史詠復河東是歲遼州不能守徙其軍于孟州以部將郝安等爲

文振副護汾山諸寨文振辭公府詔不許頃之文振部將汾州招撫使王遇與孟州防禦使納蘭謀古魯不相能復徙衛州然亦不可以爲軍迄正大間寓于衛而已

胡天作字景山管州人初以鄉兵守禦本州累功少中大夫管州刺史興定二年遙授同知太原府事刺史如故是歲平陽失守改同知平陽府事三年復取平陽天作言汾潞皆置帥府平陽大鎮今稍完復所管州縣不下十萬户復業者相繼不絕其過汾潞遠甚宜一體置之是時晉安嵐州皆有帥府乃以天作充便宜招撫使權元帥左都監四年封平陽公以平陽晉安府隰吉州隸焉天作請以晉安府之翼城縣爲翼州以垣曲絳縣隸焉置平水縣于汾河之西朝廷皆從之初軒成本隸程琢麾下琢死成率衆保隰州以爲同知隰州軍州事兼提控軍馬成增繕器甲招納亡命頗有他志是時隰州方用兵未可制天作請增置要害州縣以分其勢隰州之境蒲縣最居其衝可改爲州隰川之仵城鎮可改爲縣選官守備詔升蒲縣爲蒲州以大寧縣隸之仵城鎮爲仵城縣天作守平陽凡四年屢有功詔錄其子定哥爲奉職元光元年十月青龍堡危急詔遣古里甲石倫會張開郭文振兵救之次彈平寨東三十里不得進知府事朮虎忽失來總領提控王和各以兵

歸順臨城索其妻子兵民皆潰執天作出天作已歸順詔誅忽失來子之南京者命天作子定哥承應如故天作已受

大元官爵佩虎符招撫懷孟之民定哥聞之乃自經死贈信武將軍同知睢州軍州事詔張開郭文振招天作天作至濟源欲脫走先遣人奏表南京

大元大將惡其反覆遂誅之天作死後宣宗以同知平陽府事史詠權行平陽公府事後封平陽公平陽初破詠父祚母蕭氏藏於窟室索出之使祚招詠祚乃自縊死蕭氏逃歸詠妻梗氏亦自死宣宗贈祚榮祿大夫京兆郡公謚

成忠蕭氏封京兆郡太夫人賜號歸義梗氏贈京兆郡夫
人謚義烈未幾詠乞內徙從其軍于解州河中府
張開賜姓完顏氏景州人至寧末河北兵起開團結鄉兵
爲固守累功遥授同知清州防禦事兼同知觀州事貞祐
四年開率所部復取河間府及滄獻二州十有三縣開有
宣撫司留付空名宣敕二百道奏乞從權署置就任所復
州縣舊官闕者補之詔遷同知觀州軍州事開復清州乞
輸鹽易糧詔與之糧遷觀州刺史權本州經略使至是始
賜姓完顏氏開奏乞許便宜及論淇門安陽黎陽皆作堰
塞水河運不通乞開發水道不報觀州糧盡是歲秋徙軍

輝州乞麥種三千石驢鸁三百或寳券二百貫戶部不與
御史臺奏開自觀州轉戰來此久著勞績欲令其軍耕種
以自給有司計小費拒不與乞斷自宸衷與之麥種若無
牛可與給以寳券制可是歲潼關不守被召入衛南京興
定元年遥授澤州刺史二年遥授同知彰德府兼總領提
控三年充潞州招撫使林州元帥府徙潞人實林州旣復
遺還開乞隸晉安元帥府或與林州並置元帥府各自爲
治十月開以權昭義軍節度使遥授孟州防禦使權元帥
左都監行元帥府事與郭文振共復太原四年封上黨公
以澤潞沁州隸焉五年詔復以涉縣爲崇州從開請也元

光元年復取高平縣及澤州二年大戰壺關有功旣而潞
州危急開奏封建公府以固屏翰今胡天作出平陽郭文
振南徙河東公府獨臣與史詠而已乞升澤沁二州爲節
鎮以重守禦詔以澤爲忠昌軍沁爲義勝軍林州義尖寨
衆亂遂招撫使康瑭推杜仙爲招撫使開請以盧芝瑞爲
副代領其衆又奏比聞郭文振就食懷孟史詠徙解州高
倫遷葛伯寨各自保守民安所仰哉臣領孤軍內無儲峙
外無應援臣不敢避失守之罪恐益重朝廷之憂正大間
潞州不守開居南京部曲離散名爲舊公與匹夫無異天
興初起復與劉益爲西面元帥領安平都尉紀綱軍五千

攻衛州敗績于白公廟是時哀宗走歸德開與劉益謀收
潰兵從衛不果遂與承裔西走皆爲民家所殺初置公府
開與恒山公武仙最強後駐兵馬武山遣人間道請糧二
萬石用事者難之止給二千石公府將佐得報皆不敢白
將問故曰須以糧竭爲請祈二萬而得二千是吾君相不
以武仙輩待我也是時郭文振處開西北當兵之衝民貧
地瘠開又不奉命以糧振文振軍文振窮竄開勢愈孤以
至於敗
燕寧初爲莒州提控守天勝寨與益都田琢東平蒙古綱

相依爲輔車之勢山東雖殘破猶倚三人爲重紅襖賊五公喜據注子堌率衆襲據沂州寧擊走之遂復沂州語在田琢傳寧旣屢破紅襖賊招降胡七胡八引爲腹心賊中聞之多有欲降者累官遥授同知安化軍節度使事山東安撫副使興定四年封東莒公益都府路皆隸焉五年與蒙古綱王庭玉保全東平以功遷金紫光祿大夫還天勝戰死蒙古綱奏寧克盡忠孝雖位居上公祖考未有封爵身没之後老稚無所衣食乞降異恩以勵節義之士詔贈故祖皐銀青榮祿大夫祖母張氏范陽郡夫人父希遷金紫光祿大夫母彭氏繼母許氏妻霍氏皆爲范陽郡夫人族屬五十二人皆廩給之自益都張林逐田琢繼而寧死蒙古綱勢孤徙軍邳州山東不復能守矣

贊曰苗道潤死中分其地靖安民有其西之半中分以東者其後張甫有之然無北境矣大凡九公封建宣宗實録所載如此他書載滄海公張進河間公移剌中哥易水公張進晉陽公郭棟此必正大間繼封如史詠繼胡天作者然不可攷矣

列傳五十六

列傳第五十七　　金史百十九

開府儀同三司上柱國録軍國重事前中書右丞相監修國史領經筵事臣脫脫奉

敕修

粘葛奴申 劉天起附　完顏婁室

烏古論鎬 張天綱　完顏仲德

粘葛奴申由任子入官或曰策論進士天興初倅開封府以嚴幹稱其年五月擢爲陳州防禦使時兵戈搶攘道路不通奴申受命毅然策孤騎由間道以往陳自兵興軍民皆避遷他郡奴申爲之擇官吏明號令完城郭立廬舍實倉廩備器械未幾聚流亡數十萬口米一斛直白金四兩市肆喧鬨如汴之闤闠京城危困之民望而歸者不絶遂指以爲東南生路明年哀宗走歸德改陳州爲金興軍馳使褒諭以奴申爲節度使兼參知政事行尚書省于陳於是奴申立五都尉以將其兵建威來豬糞虎威蒲察合達振武李順兒振威王義果毅完顏其凡招撫司至者皆使隸都尉司是時交戰無虚日州所也軍十萬有餘奴申與官屬謀曰大兵日至而吾州糧有盡奈何乃減軍所給月一斛五斗者作一斛又作八斗又作六斗將領則不給人心稍怨故李順兒崔都尉因而有異志劉提控及完顏不如哥提控者預焉奴申知其謀常以兵自防及聞

大元兵往朱仙鎮市易奴申遣五都尉軍各二百人以李順兒副都尉崔某將之龍項城寨令孫鎮撫者名順兒議兵事孫至其家順兒已擐甲孫欲觀其刀順兒拔示之孫色動即出門奔去順兒追殺之乃上馬引兵二百人入省說軍士曰行省尅減軍粮汝輩欲飽食則從我不欲則從行省於是省中軍士皆坐不起奴申聞變走後堂追殺之提控劉某加害解其虎符以與順兒并殺其子姪壻及鄉人王都尉順兒令五都尉軍皆甲守街曲自稱行省署元帥都尉以劉提控語不順斬之坐中明日遣尅石烈正之送款于汴崔立乃遣其弟倚就加順兒淮陽軍節度使

行省如故未幾虎威都尉蒲察合達與高元帥者盡殺順兒之徒舉城走蔡州大兵覺追及孫家林老幼數十萬少有脫者初奴申聞崔立之變遣人探其事情而順兒崔都尉亦竊令人結構崔立適與奴申所遣者同往同還順兒懼其謀泄故發之益速奴申亦知其謀故遣龍項城欲因其行襲殺之然已為所先劉天起者起於匹夫初甚庸鄙汴京戒嚴嘗上書以千君相願暫假一職以自效每言戰國兵法平章白撒等信之令景德寺監造革車三千兩天興元年授都招撫使佩金符召見乞往陳州運糧上從之一時皆竊笑其僥倖及至陳行軍殊有方略每出戰數有

功陳人甚倚重之順兒之變天起偃蹇不從為所殺同時一唐括招撫者亦不屈而死

完顏婁室三人皆內族也時以其名同故各以長幼別之正大八年慶山奴棄京兆適鷹揚都尉大婁室運軍器至白鹿原遇大兵與戰兵刃既盡以條鐵掉金牌力戰而死九年正月大兵至襄城元帥中婁室小婁室以馬軍三千遇之於汝墳時大兵以三四十騎入襄城驅驛馬而出又入東營殺一千夫長金人始覺之兩婁室以正旦飲將校皆醉不能軍遂敗退走許州會中使召入京師天興二年正月河朔軍潰哀宗走歸德中婁室為北面總帥小婁室

左翼元帥收潰卒及將軍夾谷九十奔蔡州蔡帥烏古論栲栳知其跋扈不納遂走息州息帥石抹九住納之時白華以上命造虎符於九住為息州行帥府事九住出近侍好自標致驕從盜路三人者妬之各以招集勤王軍士為名得五六百人州以甲仗給之久之漸生猜貳九住亦招負販牙儈數百人為虎子軍夜則擐甲為備一日九住使一萬戶巡城三帥執而駐之使大呼云勿學我欲開西門反即斬之乃召九住九住欲不往懼州人及禍乃從三百卒以往三帥令甲士守街曲九住從者過廡廡執之九住獨入三帥問汝何為欲反九住曰我何緣反三帥怒欲殺

者久之小婁室意稍解頗爲救護得不殺使人鎖之以夾谷九十爲帥無權息州蔡帥栲栳聞九住爲三師所誣上奏辨之三師亦捃摭九住之過上聞朝廷主栲栳之辨且不直三師六月赦至蔡栲栳懼九住爲三師所誅遣二卒馳詣書於息乃得免及上將葬蔡密召中婁室引兵來逆婁室遲疑久之乃率所部卒奉迎七月上遣近侍局使入息州括馬即名九住九住至與中婁室辨於上前時中婁室已授同簽樞密院事上不欲使之終訟乃罷九住帥職授户部郎中以烏古論忽魯爲息州刺史時有土豪劉禿兒馬安撫者自蔡朝還以軍儲不給叛入宋州之北關爲所焚毁是時城中軍無幾日有叛去者且覘知宋人有窺息之意息帥懼上奏請益兵爲備朝廷以參知政事抹撚兀典行省事于息州中婁室以同簽樞密院事爲總帥小婁室以副點檢爲元帥王進爲彈壓帥夾谷九十爲都尉以忠孝馬軍二百步軍五百屬之行省院於息將行上諭之曰北兵所以常取全勝者恃北方之馬力就中國之技巧耳我實難與之敵至於宋人何足道哉朕得甲士三千縱横江淮間有餘力矣卿等勉之八月壬辰行省遣人奏中渡店之捷初兀典等赴息既至之夜潛遣忠孝軍百餘騎襲宋營於中渡我軍皆北語又散漫似之宋人望之

駭愕奔潰斬獲甚衆復奏元帥張閏不遵約束失亡軍士乞正典刑婁室表閏無罪上遣人赦之比至已死獄中蓋閏爲婁室腹心九住之獄皆閏發之兀典惡得其事因其失律而誅之也九月以忽魯退縮不能撫御民多叛去奪其職以夾谷九住權息州事十一月宋人以軍二萬來攻城中食盡乃和糴既而括之每石止留一斗并括金帛衣物城中皆無聊矣前兩月蔡州以軍護老幼萬口來就食北兵覺之追及於二十里之外至息者才十餘人至是蔡問不通行省及諸帥日以歌酒爲事聲樂不絶下及軍士强娶寡婦幼女絶滅人理無所不至三年甲午正月蔡凶問至諸帥殺之以滅口然民間亦頗有知者初諸帥欲北降而迹相猜忌無敢先發者數日蔡信闕然諸帥屏人聚議皆言送款南中爲便時李裕爲睦親府同僉桓端國信使下經歷官乃使送款于宋遂發喪設祭謚哀宗曰昭宗州民奉行省爲領省丞相總帥左平章皆娶婦十三日舉城南遷宋人焚州樓櫓州人老幼渡淮南行入羅山委曲之信陽北兵見火起追及之無有免者且誅索行省已下官屬于宋宋人令官屬入城詫以犒賞從萬户以上六七百人皆殺之軍中亦有奪命死敵者宋人諭諸軍行省已下有罪已赴置汝等就迷魂寨安屯遂以軍防之既而與

北軍接南軍欲避一軍悉爲所殺

烏古論鎬本名栲栳東北路招討司人由護衛起身累官慶陽總管天興初遷蔡息陳潁等州便宜總帥二年哀宗在歸德蒲察官奴國用安欲上幸海州未決會鎬餫米四百餘斛至歸德且請幸蔡上意遂決先遣直學士烏古論蒲鮮如蔡告蔡人以臨幸之意六月徵蔡息軍馬來迓以蔡重鎮且慮有不測詔鎬勿遠迎辛卯車駕發歸德時久兩朝士扈從者徒行泥水中掇青棗爲糧數日足脛盡腫參政天綱亦然壬辰至亳上黃衣皂笠金兎鶻帶以青黃旗二導前黃繖擁後從者二三百人馬五十餘匹而已行

次城中僧道父老拜伏道左上遣近侍諭以國家涵養汝輩百有餘年今朕無德令爾塗炭朕亦無足言者汝輩無忘祖宗之德可也皆呼萬歲泣下留一日進至亳之南六十里避雨雙溝寺中蒿艾滿目無一人迹上太息曰生靈盡矣爲之一慟是日小婁室自息來迓得馬二百己亥入蔡蔡之父老千人羅拜於道見上儀衛蕭條莫不感泣上亦歔欷者久之七月以鎬爲御史大夫總帥如故初鎬守蔡門禁甚嚴男女樵采必以墨識其面人有以錢出者十取一分有半以贍軍上至蔡或言其非便卽弛其禁時大兵去遠商販頗集小民鼓舞以爲復見太平公私宿釀一日

俱盡鄢城土豪盧進殺其長吏自稱招撫使以前關陝帥府經歷范天保爲副至是天保來見進麥三百石及獐鹿脯茶蜜等物遂賜進金牌加天保官自是進物者踵至既而遣內侍殿頭宋珪與鎬妻選室女備後宮已得數人右丞忽斜虎諫曰小民無知將謂陛下駐蹕以來不聞恢復遠略而先求處女以示久居民愚而神不可不畏上曰朕以六宮失散左右無人故令揀擇今承規誨敢不敬從止留解文義者一人餘皆放遣是時從官近侍率皆窮乏悉取給於鎬鎬亦不能人滿其欲日夕交譖於上甚以尙食闕供爲言上怒雖擢拜大夫而召見特疎小婁室之在息

州也與石抹九住有隙愬鎬爲九住辨曲直及上幸蔡婁室見於雙溝因厚誣鎬罪上頗信之鎬自知被讒憂憤鬱抑常稱疾在告會前參知政事石盞女魯懽姪大安來以女魯懽無反狀爲官奴所殺白尚書省求改正尚書省以聞上曰朕嘗謂女魯懽反邪而無迹可尋謂不反邪朕方暴露遣人徵援兵彼留精銳自防發其羸弱者以來既到睢陽彼厚自奉養使朕醯醬有闕朕爲人君不當語此細事但四海郡縣孰非國家所有坐保一城臣子之分彼乃自負而有驕君上之心非反而何然朕方駕馭人材以濟艱難錄功忘過此其時也其督正之羣臣知上意之在鎬

也數爲右丞仲德言之仲德每見上必稱鎬功業宜令預參機務又薦以自代上怒少解及參政抹撚兀典行省息州鎬遂以御史大夫權參知政事九月大兵圍蔡鎬守南面忠孝軍元帥蔡八兒副之未幾城破被執以招息州不下殺之烏古論先生者本貴人家奴爲全真師佯爲狂態裸顛露足綴麻爲衣人亦謂之麻帔先生宣宗嘗名入宫問以祕術因出入大長主家殊有穢迹上微聞之勑有司掩捕已逃去正大末從鎬來官汝南人皆知與其妻通而鎬不知生不自安求出鎬爲營道宇親率僧道送使居之車駕將至蔡生欲遁無所往因自言能使軍士服氣不費

糧右丞仲德知其妄乃奏欲如田單假神師退敵之意授一真人之號旋出奇計北兵信巫必駭異之或可以有成功參政天綱以爲不可遂止後求入見言有詭計可以退敵及見長揖不拜且多大言欲出說大帥實欲爲脫身計時郎中移剌克忠員外郎王鶚具以向者麻帔爲言上怒殺之

贊曰晉劉越石長於撫納短於駕馭以故取敗粘葛奴申陳州之事殆類之矣三婁室皆金内族唯大婁室死得其所其兩婁室讒賊人也襄城事急醉不能軍乃追一死金失政刑一至於是烏古論鎬辜蔡之請雖非至謀區區效忠以讒見忌哀宗之明蓋可知矣

張天綱字正卿霸州益津人也至寧元年詞賦進士性寬厚端直論議醇正造次不少變累官咸寧臨潼令入補尚書省令史拜監察御史以鯁直聞陞户部郎中權左右司員外郎哀宗東遷遷左右司郎中扈從至歸德改吏部侍郎知元帥官奴有反狀屢爲上言之上不從官奴果變遂擢天綱權參知政事及從上遷蔡留亳州適軍變天綱以便宜授作亂者官州賴之以安及蔡轉御史中丞仍權參政扶溝縣招撫司知事劉昌祖上封事請大舉伐宋其略云官軍在前飢民在後南踐江淮西入巴蜀頗合上意上

命天綱面詰其蘊藉名與語無可取者然重違上命且恐閉塞言路奏以爲尚書省委差官護衛女奚烈完出近侍局直長粘合斜烈奉御陳謙權近侍局直長内族泰和四人以食不給出怨言乞往陳州就食天綱奏令監之出門任所往才出及汝南岸遇北兵皆見殺時人快之妖人烏古論先生者自言能使軍士服氣可不費糧右丞仲德援田單故事欲假其術以駭敵語在烏古論傳上頗然之天綱力辨以爲不可遂止且曰向非張天綱幾爲此賊所誑軍吏石抹虎兒者求見仲德自謂有奇計退敵出馬面具如獅子狀而惡別制青麻布爲足尾因言北兵所恃者馬

而已欲制其人先制其馬如我軍進戰尋少郤彼必來追我以馴騎百餘皆此狀仍繫大鈴于頸壯士乘之以突彼騎騎必驚逸我軍鼓譟繼其後此田單所以破燕也天綱曰不可彼衆我寡此不足恃縱使驚去安保其不復來乎恐徒費工物祇取敵人笑耳乃罷之棗城破爲宋將孟珙得之檻車檻至臨安備禮告廟既而命臨安知府薛瓊問曰有何面目到此天綱對曰國之興亡何代無之我金之亡比汝二帝何如瓊大叱曰曳去明日遂奏其語宋主召問曰天綱真不畏死耶對曰大丈夫患死之不中節爾何畏之有因祈死不已宋主不聽初有司令供狀必欲書虜

主天綱曰殺即殺焉用狀爲有司不能屈聽其所供天綱但書故主而已聞者憐之後不知所終

完顏仲德本名忽斜虎合懶路人少穎悟不羣讀書習策論有文武才初試補親衛軍雖備宿衛而學業不輟中泰和三年進士第歷仕州縣貞祐用兵辟充軍職嘗爲大元兵所俘不踰年盡解其語尋率諸降人萬餘來歸宣宗名見奇之授邳州刺史兼從宜增築城壁匯水環之州由是可守哀宗即位遥授同知歸德府事同簽樞密院事行院於徐州徐州城東西北三面皆黃河而南獨平陸仲德疊石爲基增城之半復浚隍引水爲固民賴以安正大五年詔關陝以南行元帥府事以備小關及扇車回時北兵叩關仲德適與前帥奧屯阿里不酌酒更代而兵猝至遂驅而東阿不里素無守禦之策爲有司所劾罪當死仲德上書引咎以謂北兵越關之際符印已交安得歸罪前帥臣請受戮上義之止杖阿里不而貰其死六年移知鞏昌府兼行總帥府事時陝西諸郡已殘仲德招集散亡得軍數萬依山爲柵屯田積穀人多歸焉一方獨得小康號令明肅至路不拾遺八年四月詔授仲德鞏昌行省及虎符銀印天興元年九月拜工部尚書參知政事行尚書省事於陝州時兀典新敗陝州殘破仲德復立山寨安撫軍

民會上以蠟丸書徵諸道兵入援行省院帥府往往觀望不進或中道遇兵而潰惟仲德提孤軍千人歷秦藍商鄧擷果菜爲食間關百死至汴至之日適上東遷妻子在京師五年矣仲德不入其家趨見上於宋門間東幸之意知欲北渡力諫云北兵在河南而上遠徇河北萬一無功得完歸乎國之存亡在此一舉願加審察臣嘗屢遣人奏秦鞏之間山巖深固糧餉豐贍不若西幸依險固以居命帥臣分道出戰然後進取與元經略巴蜀此萬全策也上已與白撒議定不從然素重仲德且嘉其赴難進拜尚書省右丞兼樞密副使軍次黃陵二年正月車駕至歸德以仲

德行尚書省于徐州旣至遣人與國用安通問沛縣卓翼孫璧冲者初授用安用安封翼爲東平郡王璧冲博平公升沛縣爲源州已而翼璧冲來歸仲德畀之舊職令統河北諸砦行源州帥府事用安累檄王德全入援不赴仲德至徐德全大恐求赴歸德仲德留之遣人納奏帖云徐州重地德全不宜離鎭仲德處州廨不居亦無兵衛自防日以觀書爲事而德全自疑益甚二月魚山總領張瓛作亂殺元帥完顏胡土降北仲德累議討之德全不從即領麾下十許人親勸民兵得三百人徑往魚山而從宜嚴祿已誅瓛反正仲德撫慰軍民而還有曹總領者盜御馬東行

制旨諭行省討之仲德旣殺賊德全欲功出已殺曹黨四十八人三月阿术魯攻蕭縣游騎至徐德全馬悉爲所邀仲德時往宿州德全以失馬故始議救蕭縣遣張元哥苗秀昌率騎八百以往未及交戰元哥退走北兵掩之皆爲所擒殺之蕭縣遂破四月仲德陽以閱糧往邳州州官出迎就執德全幷其子殺之餘黨之外一無所問闔郡稱快初完顏胡土以遥授徐州節度往帥嚴祿軍於永州北保安鎭時祿已爲從宜在碭山數年又得士心忽土到軍士不悅二月辛卯夜遂爲總領張瓛崔振所害吏部郎中張敏修忽土下經歷官乃以軍變脅嚴祿降北祿佯應之陰召永州守陳立副招撫郭昇會諸義軍赴保安鎭誅作亂者軍夜至祿遣敏修召瓛振計事二人不疑介胄而至及其黨與皆爲祿所殺徐州去保安百里行省聞之來討會祿已反正乃以便宜授祿行元帥左都監就佩忽土虎符

朝廷復授祿遥領歸德知府兼行帥府事未幾

大元將阿术魯兵至保安祿夜遁後祿聞官奴變一軍頓徐宿間幾一月遂投漣水敏修入徐五月詔仲德赴行在時官奴已變官屬懼爲所紿勸勿往仲德曰君父之命豈辨真僞耶死亦當行尋使者至果官奴之詐六月官奴誅詔仲德議遷蔡仲德雅欲奉上西幸因贊成之及蔡領省

院事無鉅細率親爲之選士括馬繕治甲兵未嘗一日無西志近侍左右久困睢陽幸即汝陽之安皆娶妻營業不願遷徙日夕爲上言西行不便未幾大兵梗路竟不果行仲德每深居燕坐瞑目太息以不得西遷爲恨是月上至蔡命有司修見山亭及同知衙爲遊息之所仲德諫曰自古人君遭離播越于外必痛自刺苦貶損然後可以克復舊物況今諸郡殘破保完者獨一蔡耳蔡之公廨固不及宮闕萬一方之野處露宿則有加矣且上初行幸已嘗勞民葺治今又興土木之役以求安逸恐人心解弛不足以濟大事上遽命止之八月定進馬遷賞格每甲馬一匹或

二匹以上遷賞有差自是西山帥臣范真姬汝作等各以馬進凡得千餘匹以來撒阿典領之又遣使分詣諸道徵兵赴蔡得精銳萬人又以器甲不完命工部侍郎术甲咬住監督修繕不踰月告成軍威稍振扈從諸人苟一時之安遂以蔡爲可守矣魯山元帥元志領軍千餘來援時諸帥往往擁兵自固志獨冒險數百里且戰且行比至蔡幾喪其半上表異之賜以大信牌升爲總帥息州忠孝軍帥蔡八兒王山兒亦來援壬午忠孝軍提控李德率十餘人乘馬入省大呼以月糧不優幾於罵詈郎中移剌克忠白之仲德仲德大怒縛德堂下杖之六十上諭仲德曰此軍

得力方欲倚用卿何不容忍責罰乃爾仲德曰時方多故録功隱過自陛下之德至于將帥之職則不然小犯則決大犯則誅强兵悍卒不可使一日不在紀律蓋小人之情縱則驕驕則難制睢陽之禍豈獨官奴之罪亦有司縱之大過耳今欲更易前轍不宜愛克厥威賞必由中罰則臣任其責軍士聞之至于國亡不敢有犯九月蔡城戒嚴行六部尚書蒲察世達以大兵將至請諭民併收晚田不及者蹂毁之毋資敵制可丙辰詔裁冗員汰冗軍及定官吏軍兵月俸自宰執以下至于皂隸人月支六斗初有司定減糧人頗怨望上聞之欲分軍爲三上軍月給八斗中七

斗下六斗人復怨不均乃立射格而上中軍輙多受賞連中者或面賜酒人益爲勸且陰有所增而人不知仲德之謀也甲子分軍防守四面十月壬申朔大兵壕壘成耀兵城下旗幟蔽天城中駭懼及暮焚四關夷其墻而退十一月辛丑大兵以攻具傅城有司盡籍民丁防守不足則括婦女壯健者假男子衣冠使運木石蔡既受圍仲德晝警備未嘗一至其家拊存軍士無不得其懽心將校有戰亡者親爲賻祭哭之盡哀己丑西城破城中前期築柵浚濠爲備雖克之不能入也但於城上立柵南北相去百餘步而已仲德摘三面精鋭日夕戰禦終不能拔三年正月

庚子朔大兵以正旦會飲鼓吹相接城中飢窘愁嘆而已圍城以來戰歿者四帥三都尉其餘總帥以下不可勝紀至是盡出禁近至於舍人牌印省部掾屬亦皆供役戊申大兵鑿西城爲五門整軍以入督軍鏖戰及暮乃退聲言來日復集己酉大兵果復來仲德率精兵一千巷戰自卯及巳俄見子城火起聞上自縊謂將士曰吾君已崩吾何以戰爲吾不能死於亂兵之手吾赴汝水從吾君矣諸君其善爲計言訖赴水死將士皆曰相公能死吾輩獨不能耶於是參政孛术魯婁室兀林荅胡土總帥元志元帥王山兒紇石烈柏壽烏古論桓端及軍士五百餘人皆從死

焉仲德狀貌不踰常人平生喜怒未嘗妄發聞人過常護諱之雖在軍旅手不釋卷門生故吏每以名分教之家素貧敝衣糲食終其身晏如也雅好賓客及薦舉人材人有寸長極口稱道其掌軍務賞罰明信號令嚴整故所至軍民爲用至危急死生之際無一士有異志者南渡以後將相文武忠亮始終無瑕仲德一人而已

贊曰金之亡不可謂無人才也若完顏仲德張天綱豈非將相之器乎昔者智伯死又無後其臣豫讓不忘國士之報君子謂其無所爲而爲之眞義士也金亡矣仲德天綱諸臣不變所守豈愧古義士哉

列傳第五十七

列傳第五十八　金史百二十

開府儀同三司上柱國録軍國重事前中書右丞相監修國史領經筵事都總裁臣脫脫奉

勅修

世戚

石家奴　裴滿達　忽覩

徒單恭　烏古論蒲魯虎　唐括德溫

烏古論粘沒合　蒲察阿虎迭　烏林答暉

蒲察鼎壽　徒單思忠　徒單繹

烏林答復　烏古論元忠子誼　唐括貢

烏林答琳　徒單公弼　徒單銘

徒單四喜

金昭祖娶徒單氏后妃之族自此始見世祖時烏春爲難世祖欲求昏以結其驩心烏春曰女直與胡里改豈可爲昏世宗時賜夾谷清臣族同國人清臣胡里改人也然則四十七部之中亦有不通昏因者矣其故則莫能詰也有國家者昏因有恒族能使風氣淳固親義不渝而貴賤等威有別焉蓋良法也歟作世戚傳

石家奴蒲察部人世居案出虎水祖斛魯短世祖外孫桓赧散答之亂昭肅皇后父母兄弟皆在敵境斛魯短以計迎還之石家奴自幼時撫養于太祖家及長太祖以女妻

之年十五從攻寧江州敗遼主親軍攻臨潢府皆有功襲謀克其後自山西護齊國王謀良虎之喪歸上京道由興中是時方攻興中未下石家奴置柩于驛率其所領猛安兵助王師遂破其城從宗望討張覺再從宗翰伐宋宗翰聞宗望軍已圍汴遣石家奴計事抵平定軍遇敵兵數萬敗之遂見宗望已還報宗翰聞其平定之戰甚嘉之明年復伐宋石家奴隸婁室軍婁室討陝西未下石家奴領所部兵援之既而以本部屯戍西京會契丹大石出奔以余睹爲元帥石家奴爲副襲諸部族以還未幾有疾退居鄉里天眷間授侍中駙馬都尉再以都統定邊部熙宗賜御書嘉獎之封蘭陵郡王除東京留守以病致仕卒年六十三加贈鄆王正隆奪王爵封魯國公

裴滿達本名忽撻婆盧木部人爲人淳直孝友天輔六年從蒲家奴追叛冦於鐵呂川力戰有功熙宗娶忽撻女是爲悼平皇后天眷元年授世襲猛安明年以皇后父拜太尉封徐國公皇統元年除會寧牧居數歲以太尉奉朝請九年悼后死無何海陵弑熙宗欲邀後譽揚熙宗過惡以悼后死非罪於是封忽撻爲王天德三年薨子忽覩爲燕京留守以罪免居中都海陵命馳驛赴之及葬使祕書監納合椿年致祭賻銀五百兩

忽覩天眷三年襲猛安皇統元年爲行軍猛安歷横海崇義軍節度使以后戚怙勢贓汙不法其在横海拜富人爲父及死爲之行服而分其資在崇義諷寺僧設而受其施及留守中京益驕恣苟可以得財無不爲者選諸猛安富人子弟爲扎野規取財物時號閑郎君朝廷以忽覩與徒單恭等汙濫至甚命秉德黜陟天下官吏忽覩以贓罷海陵以忽覩所至縱家奴擾民乃定禁外官任所闌雜人條約天德三年復起爲鄭州防禦使改安國軍節度使卒年三十九

徒單恭本名斜也天眷二年爲奉國上將軍以告吳十反事超授龍虎衛上將軍爲戶部侍郎出爲濟南尹遷會寧牧封譚國公復出爲太原尹斜也貪鄙使工繪一佛像自稱嘗見佛其像如此當以金鑄之遂賦屬縣金而未嘗鑄佛盡入其家百姓號爲金總管秉德廉訪官吏斜也以贓免海陵篡立海陵后徒單氏斜也女由是復用爲會寧牧封王未幾拜平章政事海陵獵於胡刺渾水斜也編列圍場凡平日不相能者輒杖之海陵謂宰相曰斜也爲相朕非私之今聞軍國大事凡斜也所言卿等一無取豈千慮無一得乎他宰相無以對温都思忠舉數事對曰某事本當如此斜也輒以爲如彼皆妄生異議不達事宜臣逮事康

宗累朝宰相未嘗有如斜也專恣者海陵默然斜也於都堂脊杖令史馮仲尹御史臺劾之海陵杖之二十斜也猛安部人撒合出者言斜也強率取部人財物海陵命侍御史保魯鞫之保魯鞫不以實海陵杖保魯而以撒合出爲符寶祗候改隸合扎猛安斜也兄定哥尚太祖長女兀魯定哥死無子以季弟之子查剌爲後斜也謀取其兄家財強納兀魯爲室而不相能兀魯嘗怨詈斜也斜也妾忽撻與兀魯不叶乃譖兀魯於海陵后徒單氏曰兀魯怨上殺其兄宗敏有怨望語會韓王亨改廣寧尹諸公主宗婦往賀其母兀魯以言慰亨母忽撻亦以怨望指斥誣兀魯海

陵使蕭裕鞫之忽撻得幸于徒單后左驗皆不敢言遂殺兀魯斜也因而盡奪查剌家財大定間皆追正之海陵以兀魯有怨望語斜也不奏遂杖斜也免所居官俄復爲司徒進拜太保領三省事兼勸農使再進太師封梁晉國王貞元二年九月斜也從海陵獵于順州方獵聞斜也薨即日罷獵臨其喪親爲擇葬地遣使營治及葬賜轀輬車上及后率百官祭之賜謚曰忠正隆間改封趙國公再進齊國公其妻先斜也卒海陵嘗至其葬所致祭起復其子率府率吾里補爲諫議大夫大定間海陵降爲庶人徒單氏爲庶人妻斜也降特進輩國公

烏古論蒲魯虎父當海國初有功蒲魯虎通契丹大小字娶宋王宗望女昭寧公主什古熙宗初爲護衛改牌印當侍左右轉通進襲父謀克再遷臨海軍節度使改衛州防禦使海陵賜食内殿謂之曰衛州風土甚佳勿以防禦爲降也對曰頗聞衛州官署不利守者即日改汾陽軍節度使賜衣服佩玉帶鍬入爲太子詹事卒年四十一海陵親臨哭之后妃皆弔祭賻贈甚厚有司給喪事贈特進駙馬都尉正隆例贈光祿大夫

唐括德温本名阿里上京率河人也曾祖石古從太祖平臘醅麻産領謀克祖脫孛魯領其父謀克從太祖伐遼攻

寧江泰州戰有功父撻懶尚康宗女從宋王宗望以軍二萬收平州至城東十里許遇敵兵甚衆戰敗之太祖賞賚甚厚授行軍猛安皇統初遷龍虎衛上將軍歷興平臨海等軍節度使德温善射尚睿宗皇帝女楚國長公主天眷三年授宣武將軍皇統元年從都元帥宗弼南征以善突戰遷廣威將軍六年遷定遠大將軍七年授殿前右副都點檢天德初改殿前左副都點檢遷兵部尚書出爲大名尹兼本路兵馬都總管改横海軍節度使延安尹兼鄜延路兵馬都總管世宗即位封道國公爲殿前都點檢駙馬都尉大定二年以父祖功授按出虎猛安所管世襲謀克

三年九月九日世宗以故事出獵謂德温曰邑從軍士二千飲食芻秣能無擾百姓乎嚴爲約束仍以錢一萬貫分給之四年爲勸農使出爲西京留守賜羣弓玉帶召入爲皇太子太傅卒上輟朝親臨喪奠祭賻贈甚厚十八年追録其父撻懶并德温前後功授其長子駙馬都尉鼎世襲西北路沒里山猛安從隸泰州

烏古論粘沒曷上京胡剌温屯人也移屯河閒祖喚端太祖伐遼常侍左右追遼主延禧却夏人援兵皆有功授世襲謀克父歡覩官至廣威將軍粘沒曷尚睿宗女冀國長公主初爲護衛天德二年襲謀克海陵伐宋爲押軍猛安

世宗即位軍還授侍衛親軍步軍都指揮使加駙馬都尉歷左副點檢禁直被酒不親視扃鑰杖四十遷右宣徽使勸農使出爲興平軍節度使改廣寧尹賜錢三千貫粘沒曷至廣寧嗜酒不視事上以兵部員外郎宗安爲少尹詔宗安戒諭之上謂宗安曰汝能繼修前政朕不忘汝勉之大定中粘沒曷卒上聞之遣其子駙馬都尉公説馳驛奔喪賜錢三千貫沿路祭物並從官給

蒲察阿虎迭初授信武將軍尚海陵姊遼國長公主迪鉢爲駙馬都尉遼國薨繼尚鄧國長公主崔哥皇統三年爲右副點檢五年使宋爲賀正旦使改左副點檢禮部工部尚書廣寧咸平臨潢尹武定軍節度使封葛王薨年二十八海陵親臨葬贈譚王正隆例贈特進楚國公

烏林荅暉本名謀良虎明德皇后兄也天眷初充護衛以捕宗磐宗雋功授忠勇校尉遷明威將軍從宗弼北征遷廣威將軍賞以金幣尚廄擊毬馬久之除殿中侍御史兼除蒲速碗羣牧使謹畜牧不事遊宴孳産蕃息進秩改特滿羣牧使世宗即位召見行在除中都兵馬都指揮使世宗至中都將遣使於宋以暉爲使世宗曰暉嘗私用官錢五百貫緬數其罪而罷之遣高忠建往因謂宰臣曰朕於賞罰豪髮無所假借果公廉辦治雖素所不喜必加升擢

若抵冒公法雖至親不少恕遷都點檢兼侍衛親軍副都指揮使卒遣官致祭皇太子諸王百官會喪賻銀千兩重綵四十端絹四十匹詔以暉第三子天錫世襲鄰河猛安親管謀克

蒲察鼎壽本名和尚上京曷速河人欽懷皇后父也賦性沉厚有明鑑通契丹漢字長於吏事尚熙宗女鄭國公主貞元三年以海陵女弟慶宜公主子加定遠大將軍爲尚衣局使累官器物局使大定二年加駙馬都尉職如故歷符寶郎蠡州刺史濼州防禦使有惠政兩州百姓刻石紀之遷泰寧軍節度使歷東平府橫海軍入爲右宣徽使改

左宣徽授中都路昏得渾山猛安曷速木單世襲謀克改河間尹號令必行豪右屛跡有宗室居河間侵削居民鼎壽奏徙其族于平州郡內大治卒官上聞之深加悼惜喪至香山皇太子往奠百官致祭賻銀綵縮明昌三年以皇后父贈太尉越國公鼎壽旣世連姻戚女爲皇后長子辭不失凡三尚定國景國道國公主其寵遇如此未嘗以富貴驕人當時以爲外戚之冠云

徒單思忠字良弼本名寧慶曾祖賽補尚景祖女從太祖伐遼戰殁于臨潢之渾河父賽一尚熙宗妹正隆末爲糺梳群牧使契丹賊窩斡擾北邊賽一與戰死之大定初贈

金吾衛上將軍思忠通敏有才頗通經史世宗在潛邸撫養之賦性寬厚十有二歲從上在濟南一日與姻戚公子出遊近郊有醉人腰弓矢策馬突過諸公子怒欲鞭之思忠曰醉人昏昧又何足責遂釋之其人行數十步忽執弓矢思忠恐欲傷人遽馳至其傍奪其弓弛而還之上聞之嘉有識量由是常使侍側尚皇第二女唐國公主大定初世宗使思忠迎南征萬户高忠建完顏福壽于遼口察其去就思忠知其誠意乃與俱至東京世宗即位如中都思忠從行軍國庶事補益弘多大定元年十月拜殿前左衛將軍二年加駙馬都尉卒上爲輟朝即喪所臨奠命有司備禮葬之營葬費從官給十九年上追念思忠輔立功贈驃騎衛上將軍仍授其子鐸武功將軍世襲中都路烏獨渾謀克

徒單繹本名术蠻其先上京按出虎達阿人祖撒合懣國初有功授隆安府路合扎謀克奪古阿隣猛安繹美姿儀通諸國語尚熙宗第七女瀋國公主充符寶祗候遷御院通進授符寶郎歷宣德泰安淄州刺史有廉名改同知廣寧府事以母鄂國公主憂不赴世宗特許以憂制中襲父封服闋授同知濟南府事二十六年遷棣州防禦使以政迹聞升臨海軍節度使卒繹家世貴寵自曾祖照至繹尚公

主者凡四世云

烏林荅復本名阿里剌東平人也奉御出身大定七年尚世宗第七女宛國公主授駙馬都尉改引進使兼符寶郎出爲蠡州刺史三遷歸德軍節度使明昌三年轉知興中府事久之爲曷懶路兵馬都總管承安四年拜絳陽軍節度使卒

烏古論元忠本名訛里也其先上京獨拔古人父訛論尚太祖女畢國公主元忠幼秀異世宗在潛邸以長女妻之後封魯國大長公主正隆末從海陵南伐世宗即位遼陽時太保昂爲海陵左領軍大都督遣元忠朝于行在遂授

定遠大將軍擢符寶郎諭之曰朕初即位親密無如汝者侍從宿衛宜戒不虞大定二年加駙馬都尉除近侍局使遷殿前左衛將軍從世宗獵上欲射虎元忠諫止之進殿前右副都點檢爲賀宋正旦使還轉左副都點檢坐家奴結攬民稅免官十一年復舊職明年升都點檢十五年北邊進獻命元忠往受之及還詔諭曰朕每遇卿直宿其寢必安今夏幸景明宮卿去久朕甚思之會大興府守臣闕遂以元忠知府事有僧犯法吏捕得寘獄皇姑梁國大長公主屬使釋之元忠不聽主奏其事世宗召謂曰卿不徇情甚可嘉也治京如此朕復何憂秩滿授吏部尚書以其

子誼尚顯宗長女辥國公主十八年擢御史大夫授撒巴山世襲謀克世宗問左丞相紇石烈良弼孰可相者良弼以元忠對乃拜平章政事封任國公進尚書右丞相策論進士之科設元忠贊成之世宗將幸會寧元忠進諫不聽出知真定府尋復詔爲右丞相世宗欲甃上京城元忠曰此邦遭正隆軍興百姓凋弊陛下休養二十餘年尚未完復況土性踈惡甃之恐難經久風雨摧壞歲歲繕完民將益困矣駕東幸久之未還元忠奏曰鑾輿駐此已閱歲倉儲日少市買漸貴禁衛暨諸局署多逃者有司捕寘諸法恐傷陛下仁愛世宗嘉納之尋出爲北京留守責諭之曰

汝強悍自用頗權而結近密汝心叵測其速之官後左丞張汝弼奏事世宗惡其阿順謂左右曰卿等每事依違苟避不肯盡言高爵厚祿何以勝任如烏古論元忠爲相剛直敢言義不顧身誠可尚也於是改知真定府事移知河間明昌二年知廣寧府以河間修築毬場擾民會赦下除順義軍節度使乞致仕不許特加開府儀同三司北京留守徙知濟南府過闕令預宴班平章政事之上承安二年移守南京尋改知彰德府卒訃聞上遣宣徽使白琬燒飯賻物甚厚元忠素貴性麤豪而內深忌世宗嘗責之又所至不能戢奴僕世以此爲訾云子誼

誼本名雄名大定八年尚海陵女宴宗室及六品以上官命婦預焉上曰此女亦太祖之曾孫猶朕之女乃父廢亡非其女之罪也海陵女卒大定二十一年尚顯宗女廣平郡主誼歷仕宮衛爲人麤豪類其父二十六年上謂原王曰元忠勿望其可復相也雄名又不及乃父朕嘗宥待殊不知恩汝宜知其爲人謂平章政事襄曰雄名可令補外自今宮掖官已有旨補外者比及庭授即毋令入宮於是誼除同知澄州軍州事章宗即位廣平郡主進封鄴國長公主誼改順天軍節度副使加駙馬都尉承安元年累遷祕書監兼吏部侍郎改刑部遷工部尚書泰和元年遇父

元忠憂二年以本官起復三年知東平府事改知真定府事六年伐宋遷元帥左都監七年轉左監軍八年拜御史大夫大安中知大名府至寧初以謀逆伏誅

唐括貢本名達哥太傅阿里之子也尚世宗第四女昇國公主授駙馬都尉充奉御特授拱衛直副都指揮使五遷刑部侍郎坐擅離職削官一階出爲德州防禦使升順天軍節度使移鎮橫海召爲左宣徽使遷兵部尚書改吏部轉禮部尚書兼大理卿先是大理卿闕世宗命宰臣選可授者左丞張汝弼舉西京副留守楊子益法律詳明上曰子益雖明法而用心不正豈可任之以分別天下是非也

大理須用公正人右丞粘割斡特剌舉貢可任以閑簡部分而兼領是職遂以貢爲之二十八年拜樞密副使章宗立爲御史大夫會貢生日右丞相襄參知政事劉瑋吏部郎中亶中都兵馬都指揮使和喜爲貢壽遂犯夜禁和喜遣軍人送襄至第監察御史徒單德勝劾其事下刑部逮亶等問狀上以襄瑋大臣釋之而貢等各解職尋知大興府事復爲樞密副使乞致仕不許進樞密使封華國公改封蕭復上表乞退上曰向已嘗告續知意欲外除今之告將復若何遂優詔許之尋起知真定府事泰和二年薨

烏林荅琳本名留住尚鄯國公主加駙馬都尉貞祐元年爲靜難軍節度使夏人犯邠州琳降會延安府遣通事張福孫至夏國夏人使福孫見琳時已中風公主令人以狀付福孫屬以懇禱朝廷冀早太平得還鄉之意福孫具以聞詔賜以藥物

徒單公弼本名習烈河北東路算主海猛安人父府君奴尚熙宗女加駙馬都尉終武定軍節度使公弼初充奉御大定二十七年尚世宗女息國公主加定遠大將軍駙馬都尉改器物局直長轉副使兼近侍局直長丁父憂起復本局副使章宗秋山射中虎虎怒突而前侍衛皆避去公弼不動虎亦隨斃詔責侍衛而慰諭公弼除濱州刺史再

遷兵部侍郎累除知大名府事是時伐宋軍興有司督逋租及牛頭稅甚急公弼奏軍士從戎民亦疲弊可幾微以紓民朝廷從之大安初知大興府事讞武清盜疑其有冤已而果獲真盜歲餘拜參知政事進右丞轉左丞至寧初拜平章政事封定國公貞祐初進拜右丞相罷知中山府事是時中都圍急不可行圍解宣宗曰中山新被兵不如河中善乃改知河中府歷定國軍節度使兼太孫太師同判大睦親府事興定五年薨宣宗輟朝賻贈謚恪愿

徒單銘字國本顯宗賜名重泰祖貞別有傳父特進涇國公性重默寡言粗通經史事毋盡孝大定末充奉御章宗

即位特勑襲中都路渾特山猛安明昌五年授尚醞署直長累遷侍儀司令宿直將軍尚衣局使兵部郎中與大理評事孫人鑑爲採訪使覆按提刑司事改右衛將軍轉左衛出爲永定軍節度使移河東北路按察使轉運使大安三年改知大名府就陞河北東西大名路安撫使大名荐饑重困爲乞大出交鈔以賑之崇慶初移知眞定府復充河北東西大名路宣撫使至寧元年九月奉迎宣宗于彰德府餞拜尚書右丞出爲北京留守以路阻不能赴貞祐二年卒

贊曰天子娶后王姬下嫁豈不重哉秦漢以來無世世甥舅之家關雎之道缺外戚驕盈何彼襛矣不作王姬肅雝之義幾希矣蓋古者異姓世爵公侯與天子爲昏因他姓不得參焉女爲王后已尚王姬而自貴其貴富厚不加焉寵榮不與焉使漢唐行此道則無呂氏王氏武氏之難公主下嫁各安其分各得其所矣金之徒單拏懶唐括蒲察裴滿紇石烈僕散皆貴族也天子娶后必于是公主下嫁必于是與周之齊紀無異此昏禮之最得宜者盛於漢唐矣

徒單四喜哀宗皇后之弟也正大九年正月丁酉夜四喜內侍馬福惠至自歸德時河朔已失利京城猶未知二人被旨迎兩宮遂託以報捷執小黃旗以入至則奏兩宮以奉迎之意是日召二相入議二相及烏古孫奴申諫不可行四喜作色曰我奉制旨迎兩宮有敢言不行者當以別勑從事矣二相不復敢言行議遂決制旨所取兩宮柔妃裴滿氏及令人張秀蕖都轄承御湯藥皇乳母鞏國夫人等十餘人外皆放遣之又取宮中寶物馬蹄金四百枚大珠如栗黃者七千枚生金山一龍腦板二及信瑞御璽仍許賜忠孝軍以兩宮隨行物之半壬寅太后御仁安殿出錠金及七寶金洗分賜忠孝軍是夜兩宮騎而出至陳留見城外二三處火起疑有兵遲回間奴申初不欲行即承太后旨馳還癸卯入京頓四喜家少頃還宮復議以是夜再往太后備心於鞍馬不能動遂止明日崔立變四喜术甲塔失不及塔失不之父咬住四喜妻完顏氏以忠孝卒九十七騎奪曹門而出將往歸德不得出轉陳州門亦爲門卒所止門帥裕州防禦使阿不罕斜合已遁去經歷官完顏合住權帥職麾門卒放塔失不等去且曰罪在我非汝等之過明日立以數十騎召合住合住自分必死易衣冠而往立左右扼腕欲加刃立遙見問汝是放忠孝軍出門者耶合住曰然天子使命某實放之罪在某立忽若有所省顧群卒言此官人我識之前築裹城時與我同事我所部

十餘卒盜官木罪當死此官人不之問但笞數十而已此家能殺人能救人因好謂合住曰業已放出吾不汝罪也四喜等至歸德上驚問兩宮何如二人奏京城軍變不及入宮上曰汝父汝妻獨得出耶下之獄皆斬於市

贊曰四喜奉迎兩宮而值崔立之變智者居此與兩宮周旋兵間以俟事變之定而徐圖之萬一不然以一死徇之耳他無策也四喜奉其私親以歸而望人主貸其死豈非愚乎

列傳第五十八

列傳第五十九

開府儀同三司上柱國錄軍國重事前中書右丞相監修國史領經筵事都總裁臣脫脫奉敕修

忠義一

胡沙補　特虎雅　僕忽得
粘割韓奴　曹珪　温迪罕蒲覩
訛里也　納蘭綽赤　魏全
鄯陽　夾谷守中　石抹元毅
伯德梅和尚　烏古孫兀屯　高守約
和速嘉安禮　王維翰　移剌古與涅
宋扆　烏古論榮祖　烏古論仲温
九住　李演　劉德基
王毅　王晦　齊鷹揚
术甲法心　高錫

欒共子曰民生於三事之如一唯其所在則致死焉公卿大夫居其位食其祿國家有難在朝者死其官守郡邑者死城郭治軍旅者死行陣市井草野之臣發憤而死皆其所也故死得其所則所欲有甚於生者焉金代褒死節之臣既贈官爵仍錄用其子孫貞祐以來其禮有加立祠樹碑歲時致祭可謂至矣

聖元詔修遼金宋史史臣議凡例凡前代之忠於所事者
請書之無諱
朝廷從之烏虖仁哉
聖元之爲政也司馬遷記豫讓對趙襄子之言曰人主不
掩人之美而忠臣有成名之義至哉斯言
聖元之爲政足爲萬世訓矣作忠義傳
胡沙補完顏部人年三十五從軍頗見任用太祖使僕刮
剌往遼國請阿踈實觀其形勢僕刮剌還言遼兵不知其
數太祖疑之使胡沙補往還報曰遼方調兵尚未大集及
見統軍使其孫被甲立於傍統軍曰人謂汝輩且反故爲

備耳及行道中遇渤海軍渤海軍向胡沙補且笑且言曰
聞女直欲爲亂汝輩是耶具以告太祖又曰今舉大事不
可後時若俟河凍則遼兵盛集來攻矣乘其未集而蚤伐
之可以得志太祖深然之及破寧江州戰于達魯古城皆
有功賜以旗鼓并御器械高永昌請和胡沙補往招之取
胡突古以歸高永昌詐降于斡魯斡魯使胡沙補撒八往
報會高楨降言永昌非真降者斡魯乃進兵永昌怒遂殺
胡沙補撒八皆支解之胡沙補就執神色自若罵永昌曰
汝叛君逆天今日殺我明日及汝矣罵不絕口至死年五
十九天會中與撒八俱贈遙鎮節度使

特虎雅撻瀾水人軀幹雄偉敢戰鬬達魯古城之役活女
陷敵特虎救出之攻照散城遼兵三千來拒特虎先登敗
之攻盧葛營麻吉墮馬特虎獨殺遼兵數輩掖而出之賞
賚逾渥自臨潢班師至遼河余睹來襲婁室已引去特虎
獨殿馬憊乃步鬬婁室與數騎來救特虎止之曰我以一
死捍敵公勿來俱斃無益遂沒于陣皇統間贈明威將軍
僕忽得宗室子初事國相撒改伐蕭海里有功與酬斡俱
招降燭偎水部族酬斡爲謀克僕忽得領行軍千户從破
黃龍府戰于達魯古城皆有功寧江州渤海乙塞補叛僕
忽得追復之天輔五年九月酬斡僕忽得往鱉古河籍軍

馬燭偎水部實里古達等七人殺酬斡僕忽得投其尸水
中俱年四十三太祖悼惜遣使弔賻加等六年正月斡魯
伐實里古達于石里罕河追及於合撻剌山殺四人撫定
餘衆詔斡魯求酬斡僕忽得尸以葬天眷中贈酬斡奉國
上將軍僕忽得昭義大將軍酬斡亦宗室子也年十五隸
軍從太祖伐遼寧濟溫路兵招撫三坦石里很跋苦三水
鱉古城邑皆降之敗室韋五百于阿良葛城獲其民衆至
是死焉
粘割韓奴以護衛從宗弼征伐賜鎧甲弓矢戰馬初太祖
入居庸關遼林牙耶律大石自古北口亡去以其衆來襲

奉聖州壁于龍門東二十五里婁室往取之獲大石并降其衆宗望襲遼主輜重于青塚以大石爲鄉導詔曰遼趙王習泥烈林牙大石北王喝里質節度使訛里剌孛董赤狗兒招討迪六詳穩六斤同知海里及諸官民並釋其罪復詔斡魯曰林牙大石雖非降附其爲鄉導有勞可明諭之時天輔六年也既而亡去不知所往天會二年遼詳穩撻不野來降言大石稱王於北方署置南北面官僚有戰馬萬匹畜産甚衆詔曰追襲遼主必酌事宜而行攻討大石須俟報下三年都統完顔希尹言聞夏人與耶律大石約曰大金既獲遼主諸軍皆將歸矣宜合兵以取山西諸

部詔荅曰夏人或與大石合謀爲釁不可不察其嚴備之七年泰州路都統婆盧火奏大石已得北部二營恐後難制且近群牧宜列屯戍詔荅曰以二營之故發兵諸部必擾當謹斥候而已八年遣耶律余睹石家奴拔离速追討大石徵兵諸部諸部不從石家奴至兀納水而還余睹報元帥府曰聞耶律大石在和州之域恐與夏人合當遣使索之夏國報曰小國與和州壤地不相接且不知大石所往也皇統四年回紇遣使入貢言大石與其國相鄰大石已死詔遣韓奴與其使俱往因觀其國風俗加武義將軍奉使大石韓奴去後不復聞問大定中回紇移習覽三人至西南招討司貿易自言本國回紇鄒括番部所居城名骨斯訛魯朶俗無兵器以田爲業所獲十分之一輸官耆老相傳先時契丹至不能拒因臣之契丹所居屯營乘馬行自旦至日中始周匝近歲契丹使其女壻阿本斯領兵五萬北攻葉不輦等部族不克而還至今相攻未已詔曰此人非隸朝廷番部不須發遣可於咸平府舊有回紇人中安置毋令失所是歲粘拔恩君長撒里雅寅特斯率康里部長孛古及户三萬餘求内附乞納前大石所降牌印受朝廷牌印詔西南招討司遣人慰問且觀其意秃里余睹通事阿魯帶至其國見撒里雅具言願歸朝廷乞降牌

印無他意也因曰往年大國嘗遣粘割韓奴自和州往使大石既入其境大石方適野與韓奴相遇問韓奴何人敢不下馬韓奴曰我上國使也奉天子之命來招汝降汝當下馬聽詔大石曰汝單使來欲事口舌耶使人捽下使韓奴跪韓奴罵曰反賊天子不忍於爾加兵遣招汝爾縱不能面縛請罪闕下亦當盡敬天子之使乃敢反加辱乎大石怒乃殺之此時大石林牙已死子孫相繼西方諸部仍以大石呼之余睹阿魯帶還奏并奏韓奴事世宗嘉韓奴忠節贈昭毅大將軍召其子永和縣商酒都監詳古汝州巡檢婁室諭之曰汝父奉使萬里不辱君命能盡死節朕

甚閔之以詳古爲尚輦局直長遷武義將軍妻室爲武器署直長

曹珪徐州人大定四年州人江志作亂珪子彌在賊黨中珪謀誅志并彌殺之尚書省議當補二官雜班敘詔曰珪赤心爲國大義滅親自古罕聞也法雖如是然未足以當其功更進一官正班用之

溫迪罕蒲睹爲兀者群牧使西北路契丹撒八等反諸群牧皆應之蒲睹聞亂作選家奴材勇者數十人給以兵仗陰爲之備賊不得發乃紿諸奴曰官閱兵器願借兵仗以應閱諸奴以爲實然遂借與之明旦賊至蒲睹無以禦之

賊執蒲睹而問之曰今欲反未蒲睹曰吾家世受國厚恩子姪皆仕宦不能從汝反而累吾族也賊怒臠而殺之子與孫皆與害是時迪斡群牧使徒單賽里副使赤盞胡失荅耶魯瓦群牧使鶴壽歐里不群牧完顏术里骨副使完顏辭不失卜迪不部副使赤盞胡失賴速木典紇詳穩加古買住胡睹紇詳穩完顏速没葛轄木紇詳穩高彭祖等皆遇害鶴壽鄆王昂子本名吾都不五院部人老和尚率衆來招鶴壽與俱反鶴壽曰吾宗室子受國厚恩寧殺我不能與賊俱反遂與二子皆被殺

訛里也契丹人爲尚廐局直長大定初招諭契丹窩斡叱令訛里也跪見訛里也不從謂曰我朝廷使也豈可屈節於汝汝等早降可全性命若大軍至汝輩悔將何及窩斡怒曰汝本契丹人而不我從敢出是言遂害之從行驍騎軍士閏孫史大習馬小底頗荅皆被害三年贈訛里也宣武將軍録其子阿不沙爲外帳小底閏孫史大皆贈修武校尉頗荅贈忠翊校尉

納蘭綽赤咸平路伊改河猛安人契丹括里使人招之綽赤不從括里兵且至綽赤遂團結旁近村寨爲兵出家馬百餘匹給之教以戰陣擊刺之法相與拒括里于改渡口由是賊衆月餘不得進既而括里兵四萬人大至綽赤拒

戰賊兵十倍遂見執臠而殺之詔贈官兩階二子皆得用廕

魏全壽州人泰和六年宋李爽圍壽州刺史徒單義盡籍城中兵民及部曲廝役得三千餘人隨機拒守堅甚義善撫御得衆情雖婦人皆樂爲用同知蒲烈古中流矢卒義益勵不衰募人往斫爽營全在選中爲爽兵所執爽謂全曰若爲我罵金主免若死全至城下反罵宋主爽乃殺之至死罵不絕口僕散揆遣河南統軍判官乞住及買哥等以騎二千人救壽州去壽州十餘里與爽兵遇乞住分兩翼夾擊爽兵大破之斬首萬餘級追奔至城下拔其三柵

焚其浮梁義出兵應之奭兵大潰赴淮死者甚衆奭與其
副田林僅脫身去餘兵脫者十之四詔遷義防禦使乞住
同知昌武軍節度使事賈哥河南路統軍判官贈蒲烈古
昭勇大將軍官其子圖剌贈全宣武將軍蒙城縣令封其
妻爲鄉君賜在州官舍三間錢百萬俟其子年至十五歲
收充八貫石正班局分承應用所贈官蔭仍以全死節送
史館鏤版頒諭天下
鄯陽宗室子爲符寶祗候完顏石古乃爲護衛十人長至
寧元年八月紇石烈執中作亂入自通玄門是日變起倉
猝中外不知所爲鄯陽石古乃往天王寺召大漢軍五百

人赴難與執中戰於東華門外執中揚言曰大漢軍反矣
殺一人者賞銀一定執中兵衆大漢軍少二人不勝而死
須史執中兵殺五百人殆盡執中死詔削官爵詔曰宣武
將軍護衛十人長完顏石古乃修武校尉符寶祗候鄯陽
忠孝勇果沒于王事石古乃贈鎮國上將軍順州刺史鄯
陽贈宣武將軍順天軍節度副使嘗從拒戰猛安賞錢五
百貫謀克三百貫蒲輦散軍二百貫各遷兩階戰沒者贈
賞付其家石古乃子尚幼以八貫石俸給之俟年十五以
聞
夾谷守中咸平人本名阿土古大定二十二年進士歷清
池閱喜主簿補尚書省令史除刑部主事監察御史修起
居注轉禮部員外郎大名治中歷嵩琢北京臨洮路按察
副使以憂去官起復同知曷懶路兵馬都總管府事坐事
謫韓州刺史尋復同知平凉府事大安二年爲秦州防禦
使遷通遠軍節度使至寧末移彰德軍未行夏兵數萬入
鞏州守中乘城備守兵少不能支城陷官吏盡降守中獨
不屈夏人壯之且誘且脅守中益堅遂載而西至平凉要
以招降府人守中佯許至城下即大呼曰外兵矢盡且遁
矣愼勿降夏人交刃殺之興定元年監察御史郭著按行
秦中得其事以聞詔贈資善大夫東京留守仍收其子元

毋爲筆硯承奉
石抹元毅本名神思咸平府路酌赤烈猛安莎果歌仙謀
克人也以廕補吏部令史再調景州寧津令有劇盜白晝
恣刼爲民害元毅以術防捍賊散去入爲大理知法除同
知亳州防禦使事被省檄錄陜右五路刑獄無冤人復委
受宋歲幣故事有私遺物元毅一無所受明昌初驛召爲
大名等路提刑判官以最遷汾陽軍節度副使時石嵐間
賊黨嘯聚肆行剽掠朝廷命元毅捕之賊畏而遁元毅追
襲盡殪之二境以安遷同知武勝軍節度使事別郡有殺
人者屢鞫不伏元毅訊不數語即具服河東北路田多山

坂磽瘠大比時定爲上賦民力乆困朝廷命相地更賦元毅以三壤法平之民賴其利改彰德府治中尋以邊警授撫州刺史會邊將失守芻糧馬牛焚剽殆盡元毅率吏卒三十餘人出州經畫軍餉卒與敵遇州倅暨從吏堅請還元毅曰我輩責任邊守遇敵而奔其如百姓何縱得自安復何面目朝廷乎遂執弓矢令衆衆感其忠爭爲效死元毅力戰射無不中敵去而復合元毅氣愈厲鏖戰乆之衆寡不敵遂遇害時年四十七事聞上深驚悼贈信武將軍召用其子世勣侍儀司承應世勣後登進士第奏名之日上謂宰臣曰此神思子耶歎賞者乆之元毅性沈厚武勇過人每讀書見古人忠義事未甞不嗟歎賞慕喜動顏色故臨難能死所事云

伯德梅和尚泰州人也性鯁直尚氣節正隆五年收充護衛授曷魯椀群牧副使未幾復召爲護衛十人長改尚廐局副使遷本局使轉右衛將軍拱衛使典尚廐者十餘年積勞特遷官二階除復州刺史明昌初爲西北路副招討改秦州防禦使升武勝軍節度使六年移鎭崇義軍時有事北邊左丞相夾谷清臣行省于臨潢檄爲副統會敵入臨潢梅和尚暨護衛斛合土等領軍逆擊之敵積陣以待梅和尚直擣其陣殺傷甚衆敵知孤軍無繼聚兵圍之度不能免乃下馬相背射復殺百餘人矢盡猶以弓提擊爲流矢所中死斛合土等皆没上聞之震悼詔贈龍虎衛上將軍蹴遷十階特賜錢二十萬命以禮葬之物皆官給以其子都奴爲軍前猛安中奴護喪就差權同知臨潢府事李達可爲勑祭使同知德昌軍節度使事石抹和尚爲勑葬使承安五年上諭尚書省曰梅和尚死王事其子都奴從軍乆有功其議所以酬之乃命爲典署丞

烏古孫兀屯上京路人大定末襲猛安明昌七年以本兵充萬户備邊有功除歸德軍節度副使改盤安軍察廉遷同知速頻路節度使事以憂去官起復歸德府治中遷唐州刺史泰和六年四月宋皇甫斌步騎萬人侵唐州兀屯兵甚少遣泌陽尉白撒不怨檢蒲鬨各以五十人乘城拒守兀屯見宋兵在城東北者可破令軍事判官撒虎帶以精兵百人自西門出繞出東北宋兵營後掩擊之殺數十百人宋兵大亂殆夜乃遁去五月皇甫斌復以兵數萬來攻行省遣泌陽副巡檢納合軍勝救唐州兀屯出兵與軍勝合兵城東北設伏兵以待之乃分騎兵爲三一出一入以致宋兵宋兵陷于淖伏兵發中衝宋兵爲二遂大潰追奔至湖陽斬首萬餘級獲馬三百匹宋别將以兵三千來襲過之竹林寺殪之納合軍勝手殺宋將取其金帶印章

以獻詔遷兀屯同知河南府事軍勝遷梁縣令各進兩階兀屯賞銀三百五十兩重綵十端爲右副元帥完顏匡右翼都統匡取棗陽遣兀屯襲神馬坡宋兵五萬人夾水陣以強弩拒岸兀屯分兵奪其三橋自辰至午連拔十三柵遂取神馬坡從攻襄至漢江兀屯亂流徑度復進一階號平南虎威將軍宋人請和遷河南副統軍大安初遷昌武軍節度使副統軍如故遷西南路招討使兀屯御下嚴酷軍士多亡秩六十除同知上京留守事大安三年將兵二萬入衛中都遷元帥右都監轉左都監兼北京留守有功賜金吐鶻重綵十端遷元帥左監軍留守如故貞祐元年

閏月以兵入衛中都詔以兵萬六千人守定興軍敗兀屯戰没

高守約字從簡遼陽人大定二十八年進士累官觀州刺史

大元兵徇地河朔郭邦獻已歸順從至城下呼守約曰從簡當計全家室守約弗顧至再三守約厲聲曰吾不汝識也城破被執使之跪守約不屈遂死詔贈崇義軍節度使謚忠敬

和速嘉安禮字子敬本名酌大名路人穎悟博學淹貫經史大定二十八年進士至寧末爲泰安州刺史貞祐初山東被兵郡縣望風而遁或勸安禮去之安禮曰我去城誰與守且避難負國家之恩乎乃團練繕完爲禦守計已而

大元兵至戰旬日不能下謂之曰此孤城耳內無糧儲外無兵援不降無遺類矣安禮不聽城破被執初不識其爲誰或妄以酒監對安禮曰我刺史也何以諱爲使之跪安禮不屈遂以戈撞其胸而殺之詔贈泰定軍節度使謚堅貞

王維翰字之翰利州龍山人父庭遼季率縣人保縣東山後以衆降維翰好學不倦中大定二十八年進士調貴德州軍事判官察廉遷永霸令縣豪欲嘗試維翰設事陳訴

維翰窮竟之遂伏其詐杖殺之健訟衰息歷弘政獲嘉令佐胥持國治河決有勞遷一階改北京轉運戶籍判官補尚書省令史除同知保靜軍節度使事檢括戶籍一郡稱平屬縣有奴殺其主人者誣主人弟殺之刑部疑之維翰審讞乃微行物色之得其狀奴遂引服改中都轉運副使攝侍御史奏事殿中章宗曰佳御史就除侍御史改左司員外郎轉右司郎中僕散揆伐宋維翰行省左右司郎中泰和七年河南旱蝗詔維翰體究田禾分數以聞七月雨復詔維翰曰雨雖霑足秋種過時使多種蔬菜猶愈於荒萊也蝗蝻遺子如何可絕舊有蝗處來歲宜菽麥諭百姓

使知之八年宋人受盟還爲右司郎中進官一階上問宋人請和復能背盟否維翰對曰宋主怠于政事南兵佻弱兩淮兵後千里蕭條其臣懲韓侂胄蘇師旦無復敢執其咎者不足憂也唯北方當勞聖慮耳久之遷大理卿兼潞王傅同知審官院事新格教坊樂工階至四品換文武正資服金紫維翰奏伶優賤工衣縉紳之服非所以尊朝廷也從之大安初權右諫議大夫三司欲稅間架維翰諫不聽轉御史中丞無何遷工部尚書兼大理卿改刑部尚書拜參知政事貞祐初罷爲定海軍節度使是時道路不通維翰舟行遇盜呼謂之曰爾輩本良民因亂至此財物不

惜勿恐吾家盜感其言而去至鎮無兵備鄰郡皆望風奔潰維翰謂吏民曰孤城不可守此州阻山浮海當有生地無俱爲魚肉也乃縱百姓避難維翰率吏民願從者奔東北山結營堡自守力窮被執不肯降妻姚氏亦不肯屈與維翰俱死詔贈中奉大夫姚氏芮國夫人謚貞潔

移剌古與涅安化軍節度使貞祐初

大元兵取密州古與涅率兵力戰流矢連中其頸既拔去復中其頰死焉貞祐三年詔贈安遠大將軍知益都府事

宋扆中都宛平人也正隆五年進士歷辰州寧化州軍事判官曹王府記室參軍陝西西路轉運都勾判官補尚書省令史除武定軍節度副使中都右警巡使時固安縣丞劉昭與部民裴原爭買鄰田扆用昭屬抑原使毋爭御史臺劾奏奪一官解職降廣寧府推官改遼東路鹽使丁父憂起復吏部員外郎歷蘇曹景州刺史同知中都路轉運使事遷北京臨潢等路按察使改安國軍節度使河東南路轉運使御史劾其前任按察侵民舍不稱職降沂州防禦使移濬州遷山東西路轉運使改定海軍節度使貞祐二年改泌南軍正月

大元兵至懷州城破死焉扆天資刻酷所至不容物以是蹭蹬於世云

烏古論榮祖本名福興河間人明昌二年進士歷官補尚書省令史除都轉運司都勾判官轉弘文校理升中都總管府判官察廉除震武軍節度副使彰德府司馬累遷戶部員外郎寧海州刺史貞祐二年城破榮祖猶力戰死之贈安武軍節度使賜謚毅勇

烏古論仲溫本名胡刺蓋州按春猛安人大定二十五年進士累官太學助教應奉翰林文字河東路提刑判官改河北東路轉運副使御史薦前任提刑稱職遷同知順天軍節度使事簽上京東京等路按察司事改提舉肇州漕運兼同知武興軍節度使事東勝州刺史坐前在上京不

稱職降鎮寧軍節度副使改滑州刺史河東南路按察副使壽州防禦使貞祐初遷鎮西軍節度使是時中都被圍遂至太原移書安撫使賈益謙約以鄉兵救中都因馳驛如平陽將與益謙會于絳不能進抵平陽而還仲温嘗治平陽吏民爭留之仲温曰平陽巨鎮易爲守禦於私計得矣如嵐州何遂還鎮已而

大元兵大至城破不屈而死贈資德大夫婆速路兵馬都總管謚忠毅歲時致祭

九住宗室子爲武州刺史唐括孛果速爲軍事判官貞祐二年十一月

大元兵取九住子姪抵城下謂之曰山東河北今皆降我汝之家屬我亦得已苟不速降且殺之也九住曰當以死報國遑恤家爲無何城破力戰而死孛果速亦不屈死焉詔贈九住臨海軍節度使加驃騎衛上將軍孛果速建州刺史加鎮國上將軍仍令樹碑歲時致祭

李演字巨川任城人泰和六年進士第一除應奉翰林文字再丁父母憂居鄉里貞祐初任城被兵演墨衰爲濟州刺史畫守禦策召集州人爲兵搏戰三日衆皆市人不能戰逃散演被執大將見其冠服非常且知其名問之曰汝非李應奉乎演荅曰我是也使之跪不肯以好語撫之亦不聽許之官禄演曰我書生也本朝何負於我而利人之官禄哉大將怒擊折其脛遂曳出殺之時年三十餘贈濟州刺史詔有司爲立碑云

劉德基大興人貞祐元年特賜同進士出身守官邊邑夏兵攻城德基坐廳事積薪其傍謂家人曰城破即焚我及城破其家人不忍縱火遂被執脅使跪降德基不屈同僚故人紿夏人曰此人素病狂故敢如此德基曰爲臣子當如此爾吾豈狂耶夏人壯其義乃繫諸獄冀其改圖已而召問德基大罵終不能從曰吾豈苟生者哉遂害之贈朝列大夫同知通遠軍節度使事

王毅大興人經義進士累官東明令貞祐二年東明圍急毅率民兵願戰者數百人拒守城破毅猶率衆抗戰力窮被執與縣人王八等四人同驅之郭外先殺二人王八即前跪將降毅以足蹋之厲聲曰忠臣不佐二主汝乃降乎驅毅者以刃斫其脛毅不屈而死贈曹州刺史

王晦字子明澤州高平人少負氣自憙常慕張詠之爲人友妻與人有私晦手刃殺之中明昌二年進士調長葛主簿有能聲察廉除遼東路轉運司都勾判官提刑司舉其能轉北京轉運户籍判官遷安陽令累除簽陝西西路按察司事改平涼治中召爲少府少監遷户部郎中貞祐初

中都戒嚴或舉晦有將帥才俾募人自將得死士萬餘統之率所統衛送通州粟入中都有功遷霍王傅以部兵守順州通州圍急晦攻牛欄山以解通州之圍賜賚優渥遷翰林侍讀學士加勸農使九月順州受兵晦有別部在滄景遣人突圍召之衆皆踊躍思奮而主者不肯發王臻晦之故部曲也免胄出見且拜曰事急矣自苦何爲苟能相從可不失富貴晦曰朝廷何負汝耶臻曰臻雖負國不忍負公因泣下晦叱曰吾年六十致位三品死則吾分詎從汝耶將射之臻掩泣而去無何將士縋城出降晦被執不肯降遂就死初晦就執謂其愛將牛斗曰若能死乎曰斗

蒙公見知安忍獨生併見殺詔贈榮祿大夫樞密副使仍命有司立碑歲時致祭錄其子汝霖爲筆硯承奉

齊鷹揚淄州軍事判官楊敏中屯留縣尉致仕張乞驢淄州民貞祐初

大元兵取淄州鷹揚等募兵備禦城破率衆巷戰鷹揚等三人創甚被執欲降之鷹揚伺守者稍怠即起奪槊殺數人敏中乞驢皆不屈以死詔贈鷹揚嘉議大夫淄州刺史仍立廟于州以時致祭敏中贈昭勇大將軍同知橫海軍節度使事乞驢特贈宣武將軍同知淄州軍州事

术甲法心薊州猛安人官至北京副留守貞祐二年爲提控與同知順州軍州事溫迪罕咬查剌俱守密雲縣法心家屬在薊州

大元兵得之以示法心曰若速降當以付汝否則殺之法心曰吾事本朝受厚恩戰則速戰終不能降也豈以家人死生爲計耶城破死于陣咬查剌被執亦不屈而死盤安軍節度判官蒲察糺舍與雞澤縣令溫迪罕十方奴同守薊州衆潰而出糺舍十方奴死之詔贈法心開府儀同三司樞密副使封宿國公咬查剌鎮國上將軍順州刺史糺舍金紫光祿大夫薊州刺史十方奴鎮國上將軍薊州刺史仍命樹碑以時致祭

高錫字永之德基子以廕補官積勞調淄州酒使課最遷萍鄉令察廉遷遼東路轉運度支判官太倉使法物庫使兼尚林署直長提舉都城所歷北京遼東轉運副使同知南京路轉運使事貞祐初累遷河北東路按察轉運使城破遂自投城下而死

列傳第五十九

列傳第六十　金史百二十二

開府儀同三司上柱國錄軍國重事前中書右丞相監修國史領經筵事都總裁臣脫脫奉

勅修

忠義二

吳僧哥　烏古論德升　張順

馬驤　伯德窊哥　輿敦醜和尚

從坦　孛朮魯福壽　吳邦傑

納合蒲剌都　女奚烈斡出　時茂先

温迪罕老兒　梁持勝　賈邦憲

移剌阿里合　完顏六斤　紇石烈鶴壽

蒲察婁室　女奚烈資禄　趙益

侯小叔　王佐　黄摑九住

烏林荅乞住　駞滿斜烈　尼厖古蒲路虎

兀顏畏可　兀顏訛出虎　粘割貞

吳僧哥西南路唐古乙剌紀上沙鷰部落人拳勇善騎射大安間選籍山西人爲兵僧哥充馬軍千户有功貞祐初遷萬户權順義軍節度使朔州失守僧哥復取之貞授同知節度使事弟權同知節度使事迪剌貞授節度副使權節度副使燕曹兒貞授節度判官提控馬壽兒以下遷授有差衆苦乏食僧哥乞賜糧十五萬斛朝廷以爲應州已破朔爲孤城其勢不可守乃遷朔之軍民九萬餘口分屯於嵐石隰吉絳解之間未行

大元兵至朔州戰七晝夜有功加遥授同知太原府事兼同知節度使事迪剌石州刺史曹兒同知嵐州防禦使事四年始遷其民南行且戰且行者數十里僧哥力憊馬蹶死焉時年三十詔贈鎮國上將軍順義軍節度使

烏古論德升本名六斤益都路猛安人明昌二年進士累官補尚書省令史知管差除除吏部主事絳陽軍節度副使丁父憂起復太常博士東平治中大安初知弘文院改侍御史論西京留守紇石烈執中姦惡衛紹王不聽遷肇

州防禦使宣宗遷汴召赴闕上言泰州殘破東北路招討司猛安謀克人皆寓于肇州凡徵調往復甚難乞升肇州爲節度使以招討使兼之置招討副使二員分治泰州及宜春詔從之進翰林侍讀學士兼户部侍郎俄以翰林侍讀權參知政事與平章政事抹撚盡忠論近侍局預政宣宗怒語在盡忠傳無何出爲集慶軍節度使改汾陽軍節度使河東北路宣撫副使復改知太原府事權元帥左監軍興定元年

大元兵急攻太原糧道絶德升屢出兵戰糧道復通詔遷官一階德升上言皇太子聰明仁孝保訓之官已備更宜

選德望素著之士朝夕左右之日聞正言見正行此社稷之洪休生民之大慶也宣宗嘉納之二年眞授左監軍行元帥府事

大元兵復圍太原環之數帀巳破濠垣德升植柵爲拒出其家銀幣及馬賞戰士北軍壞城西北隅以入德升聯車塞之三却三登矢石如雨守陴者不能立城破德升至府署謂其姑及其妻曰吾守此數年不幸力窮乃自縊而死其姑及其妻皆自殺詔贈翰林學士承旨子兀里偉尚幼詔以奉御俸養之

張順淄州士伍淄州被圍行省侯摯遣總領提控王庭玉

將兵救之庭玉募順等三十人往覘兵勢且欲令城中知援兵之至乘夜潛至城下順爲所得執之使宣言行省軍敗績庭玉亦死宜速降順陽許諾旣乃呼謂城中曰外兵無多王節度軍且至堅守毋降兵刃交下順曰得爲忠孝鬼足矣遂死淄人知救兵至以死守城賴以完後贈宣武將軍同知棣州防禦使事詔有司給養其親且訪其子孫優加任用

馬驤禹城人也登進士歷官有聲貞祐三年爲曹州濟陰令四月

大元克曹州驤被執軍卒搒掠求金驤曰吾書生何從得是又使跪驤曰吾膝不能屈欲殺卽殺得死爲大金鬼足矣遂死贈朝列大夫泰定軍節度副使仍樹碑于州時致祭貞祐四年七月詔以其男惟賢予八貫石局分收補

伯德窊哥西南路咩乣奚人壯健沉勇

大元兵克西南路鄰郡皆降窊哥獨不屈貞祐五年東勝州巳破窊哥與姚里鴉胡姚里鴉兒招集義軍披荆棘復立州事河東北路行元帥府承制除窊哥武義將軍寧遠軍節度副使姚里鴉胡武義將軍節度判官姚里鴉兒武義將軍觀察判官窊哥等以恩不出朝廷頗懷觖望縱兵剽掠興定元年詔窊哥遙授武州刺史權節度使姚里鴉

胡權同知節度使事姚里鴉兒權節度副使各遷官兩階興定三年窊哥特遷三官遙授同知晉安府事尋眞授東勝軍節度使東勝被圍城中糧盡援兵絶窊哥率衆潰圍走保長寧寨詔各進一官戰没者贈三官九月復被圍窊哥死之

輿也醜和尚爲代州經略使貞祐四年八月

大元兵攻代州和尚禦戰敗績身被數創被執欲降之不屈遂死

從坦宗室子大安中充尚書省祗候郎君貞祐二年自募義兵數千充宣差都提控詔從提舉奉先范陽三都統兵

除同知涿州事遷刺史佩金牌經略海州頃之充宣差都提控安撫山西軍民應援中都上書曰絳解二州僅能城守而村落之民皆嘗被兵重以連歲不登人多艱食皆恃鹽布易米今大陽等渡乃不許粟麥過河願罷其禁官稅十三則公私皆濟矣又曰絳解河中必爭之地惟令寶昌軍節度使從宜規畫鹽池之利以實二州則民受其利兵可以強矣又曰中條之南垣曲平陸芮城虞鄉河東之形勢陝洛之襟喉也可分陝州步騎萬二千人爲一提控四都統分戍四縣此萬全之策也又曰平陸產銀鐵若以鹽易米募工鍊冶可以廣財用備戎器小民傭力爲食可以

息盜又曰河北貧民渡河逐食已而復還濟其饑者艱苦殊甚苛暴之吏抑止誅求弊莫大焉又曰河南陝西調度未急擇騎軍牝馬群牧不二三年可增數萬騎軍勢自振矣又曰諸路印造寶券久而益多必將積滯止於南京印造給降庶可久行又曰河北職任雖除授不次而人皆不願者蓋以物價十倍河南祿廪不給飢寒且至若實給俸粟之半少足養廉則可責其効力又曰河北之官朝廷減資遷秩躐等以荅其勞閒河南官吏以貶逐目之彼若以爲信然誰不解體書奏下尚書省議惟許放大陽等渡宣撫司量民力給河北官俸目河北爲貶所者有禁而已四

年行樞密院于河南府上書曰用兵累年出軍無功者兵不素勵也士庶且充行伍況於皇族與國同休戚哉皆當從軍親冒矢石爲士卒先少寬聖主之憂族人道哥實同此心願隸臣麾下宣宗嘉其忠許之興定元年改輝州刺史權河平軍節度使孟州經略使初御史大夫權尚書右丞永錫被詔經略陝西宣宗曰敵兵強則謹守潼關毋使得東永錫既行留澠池數日至京兆駐兵不動頃之潼關破

大元兵次近郊由是永錫下獄久不決從坦乃上疏救之略曰竊聞周祚八百漢享國四百餘載皆以封建親戚犬

牙相制故也孤秦曹魏亡國不永晉八王相魚肉猶歷過秦魏自古同姓之親未有不與國存亡者本朝胡沙虎之難百僚將士無敢誰何鄯陽石古乃奮身拒戰盡節而死御史大夫永錫才不勝任而必用之是朝廷之過也國之枝葉已無幾矣伏惟陛下審圖之於是宗室四百餘人上書論永錫皆不報久之永錫杖一百除名當是時諸路兵皆入城自守百姓耕稼失所從坦上書曰養兵所以衛民方今河朔惟真定河間之衆可留扞城其餘府州皆當散屯于外以爲民防俟稼穡畢功然後移于屯守之地是爲長策從之加遥授同知東平府事權元帥左監軍行元帥

府事與參知政事李革俱守平陽興定二年十月從坦上奏太原已破行及平陽河東郡縣皆不守大抵屯兵少援兵不至故耳行省兵不滿六千平陽河東之根本河南之藩籬也乞併懷孟衞州之兵以實潞州調澤州沁水端氏高平諸兵並山爲營爲平陽聲援惟祈聖斷以救倒懸之急是月壬子

大元兵至平陽提控郭用戰于城北濠垣被執不屈而死癸丑城破從坦自殺贈昌武軍節度使

李术魯福壽爲唐邑主簿

大元兵攻唐邑福壽與戰死之贈官三階賻錢五百貫

吳邦傑登州軍事判官邦傑寓居日照之村墅爲

大元兵所得驅令攻城邦傑曰吾荷吾國恩詎忍攻吾君之城與之酒食不顧乃殺之詔贈朝列大夫定海軍節度副使

納合蒲剌都大名路猛安人承安二年進士調大名教授累除比陽令補尚書省令史除彰德軍節度副使以憂去官貞祐二年調同知西安軍節度使事歷同知臨洮平凉府事河州防禦使三年夏人圍定羌蒲剌都擊走之以功加遥授彰化軍節度使四年升河州爲平西軍就以蒲剌都爲節度使上言古者一人從軍七家奉之興十萬之師不得操事者七十萬家今籍諸道民爲兵者十之七八奉之者纔二三民安得不困夫兵貴精不在衆寡擇勇敢謀略者爲兵脆懦之徒使歸農畝是亦紓民之一端也又請補官贖罪以足用及請許人射佃陝西荒田開採礦冶不報改知平凉府事入爲戶部尚書是時伐宋大捷蒲剌都奏宋人屢敗其氣必沮可乘此遣人諭說以尋舊盟若宋人不從然後伐之疾雖怒頑易以成功朝廷不能用蒲剌都又言諸軍當汰去老弱妙選精鋭庶可取勝陝西弓箭手不習騎射可選善騎者代之延安屯兵甚衆分徙萬人駐平凉關中元帥猥多除京兆重鎮其餘皆可罷鄜鞏以

北黃河南岸及金鈎弔橋虎牢關虢州崤嶺凡斜徑僻路俱當置兵防守詔下尚書省樞密院議竟不施行未幾改元帥右監軍兼昭義軍節度使行元帥府事興定二年潞州破力戰而死贈御史大夫

女奚烈斡出仕至楨州刺史被行省牒從州人于金勝堡已而大兵至斡出拒戰中流矢病創卧花帽軍張提控言兵勢不可當宜速降斡出曰吾曹坐食官禄可忘國家恩乎汝不聞趙坊州乎以金帛子女與敵人終亦不免我輩但當力戰而死耳至夜張提控引數人持兵仗以入劫斡出使出降斡出曰聽汝所爲吾終不屈也遂殺之執其妻

子出降初楨州人遷金勝堡多不能至軍事判官王謹收遺散之衆别屯周安堡周安堡不繕完樓堞置戰守之具兵至謹拒戰十餘日內潰被執不屈而死詔幹出謹各贈官六階升職三等

時茂先日照縣沙溝酒監寓居諸城紅襖賊方郭三據密州過其村居民相率迎之賊以元帥自稱茂先怒謂衆曰此賊首耳何元帥之有方郭三聞而執之斷其腕茂先大罵賊不勝忿復劓其目亂刃剉之至死罵不絶詔贈武節將軍同知沂州防禦使事

温迪罕老兒爲同知上京留守事蒲鮮萬奴攻上京其子鐵哥生獲老兒脅之使招餘人不從鐵哥怒亂斫而死贈龍虎衛上將軍婆速兵馬都總管以其姪黑厮爲後特授四官

梁持勝字經甫本名詢誼避宣宗嫌名改焉保大軍節度使襄之子多力善射泰和六年進士復中宏詞累官太常博士遷咸平路宣撫司經歷官與定初宣撫使蒲鮮萬奴有異志欲棄咸平徙曷懶路持勝力止之萬奴怒杖之八十持勝走上京告行省太平是時太平已與萬奴通謀口稱持勝忠而心實不然署持勝左右司員外郎既而太平受萬奴命焚毀上京宗廟執元帥承充奪其軍持勝與提控咸平治中裴滿賽不萬户韓公恕約殺太平復推承充行省事共伐萬奴事泄俱被害詔贈持勝中順大夫韓州刺史賽不鎮國上將軍順德軍節度使公恕明威將軍信州刺史

賈邦獻霍州霍邑縣陳村人也舉進士第質直有勇略大元攻河東邦憲集居民爲守禦計既而兵大至居民悉降邦憲棄其家獨與子懿保於松平寨是時權知州事劉珍在寨與之共守竟能成功珍每欲辟之邦獻輒以衰老爲辭與定四年十月兵復大至病不能避與懿俱被執欲以爲鎮西元帥且持刃脅之邦獻不屈密遣懿歸松平遂自剄贈奉直大夫本縣令

移剌阿里合遼人與定間累遷霍州刺史與定四年正月移霍州治好義堡

大元兵至阿里合力戰不能敵兵敗被執誘使降阿里合曰吾有死無貳叱使跪但向闕而立於是叢矢射殺之寶昌軍節度副使孔祖湯同時被獲既又令祖湯跪祖湯不從亦死詔贈阿里合龍虎衛上將軍泰定軍節度使祖湯資善大夫同知平陽府事祖湯泰和三年進士

完顔六斤中都路胡土愛割蠻猛安人大安中以廕補官選充親軍調阜平尉遷方城令改通州軍事判官以功遷

本州刺史頃之元帥右都監蒲察七斤執之以去未幾挈家脫歸除同知臨洮府事從慶陽還保大軍節度使興定五年鄜州破六斤自投崖下死焉贈特進知延安府事詔陜西行省訪其子孫以聞

紇石烈鶴壽河北西路山春猛安人性淳質軀幹雄偉初充親軍中泰和三年武舉調褒信縣副巡檢六年宋人圍蔡州鶴壽請于防禦使與勇士五十人夜斫宋營使諸軍譟于城上斬三百餘級宋兵自相蹂踐死者千餘人遲明宋人解圍去鶴壽追之使殿卑柴宋人顧塵起以爲大兵且至遂奔追至陳寨而還已而宋兵復據新蔡新息褒信

三縣鶴壽皆復取之得馬三百匹充行軍萬戶從大軍出壽春敗宋人于渦口奪馬千餘匹攻下眞滁二州及盱眙軍軍還進九官遷同知息州軍州事改萬寧宮同提舉大安三年充西南路馬軍萬戶夏人五萬圍東勝鶴壽救之突圍入城夏兵解去遷兩階賜銀百兩重綵十端遷尚方署令充行軍副統升充行省左翼都統轉武衛軍都統充馬軍副提控轉鈐轄充都城東面宣差副提控貞祐二年丁父憂起復武寧軍節度副使破紅襖賊于蘭陵石城堌一切掠良人爲生口監察御史陳規奏乞勑有司凡鶴壽所獲俱從放免詔徐州歸德行院拘括放之尋遥授同知武寧軍節度使事兼節度副使坐出獵縱火延燒官草杖一百改同知河平軍節度使事興定元年充馬軍都提控入宋襄陽界遥授同知武勝軍節度使事改遥授睢州刺史二年攻棗陽三敗宋兵改遥授同知歸德府事三年奪宋石渠寨决去棗陽濠水加宣差鄧州路軍馬從宜遥授汝州防禦使四年宋扈太尉步騎十萬圍鄧州鶴壽分兵拒守出府庫金帛賞士許以遷官加爵自將餘衆日出搏戰宋兵焚營去鶴壽被創不能騎馬遣招撫副使朮虎移剌荅追及之殺數十人奪其俘而還詔所散金帛勿問將士優遷官爵鶴壽遷金紫光祿大夫遥授武勝軍節度使

俄丁母憂以本官起復權元帥左都監行元帥府于鄜州興定五年十月鄜州破鶴壽與數騎突出城追及之鶴壽據土山力戰而死謚果勇

蒲察婁室東北路按出虎割里罕猛安人泰和三年進士調慶都牟平主簿以廉能遷中都右警巡副使補尚書省令史知管差除貞祐初除吏部主事監察御史丁母憂服闋充行省經歷官改京兆治中遥授定西州刺史充元帥參議官興定二年與元帥承裔攻下西和州白撒由秦州進兵抵棧道宋人悉銳來拒婁室乘高立幟策馬旋走揚塵爲疑兵別遣精騎掩出其後宋兵大潰乘勝遂拔興元

進一階除丹州刺史再遷同知河中府事權元帥右都監河東路安撫使復取平陽晉安優詔褒寵進一階賜銀二百兩重幣二十端遥授孟州防禦使權都監如故將兵救鄜州轉戰而至城破死之贈資德大夫定國軍節度使謚襄勇勑行省求其尸以葬

女奚烈資禄本姓張氏咸平府人泰和伐宋從軍有功調易縣尉遷潞縣主簿貞祐初遥授同知德州防禦事改秦州三年遥授同知通遠軍節度事興定元年改西寧州刺史賜今姓久之遥授同知臨洮府事兼定西州刺史從元帥右都監完顏阿鄰破宋兵于梢子嶺三年攻破武休關

資禄功最詔比將士遷五官職二等外資禄更加官職一等遥授通遠軍節度使刺史如故五年遥授隴安軍節度使俄改金安軍詔曰陝西行省奏軍官闞貞卿久在行陣御下有法舊隸士卒多在京兆今正防秋關河要衝悉心備禦將兵救鄜州閏十二月鄜州破被執不肯降遂死贈銀青榮禄大夫中京留守元光元年言事者謂資禄褒贈尚薄詔録其二子烈山林泉升職一等陝西行省軍中用之

胡益太原人讀書肄業

大元兵入境益鳩合土豪保聚山陝屢戰有功晉陽公郭文振署爲壽陽令駐兵榆次重原寨遂率衆收復太原夜登其城斬馘甚衆所獲馬仗不可計護老幼二萬餘口以出升太原治中復擢同知府事兼招撫使元光元年八月

大元兵大至攻城益急知不可支廼自焚其府庫殺妻子沉其符印于井遂自殺宣宗聞之嘉歎贈銀青榮禄大夫河東北路宣撫使仍諭有司求其子孫録用

侯小叔河東縣人爲河津水手貞祐初籍充鎮威軍以勞補官元光元年遷河中府判官權河東南路安撫副使小叔盡護農民入城以家財賞戰士河中圍解遷治中安撫如故樞密院奏小叔才能可用權位輕不足以威衆乞假

符節十二月詔權元帥左都監便宜從事提控吳德說小叔出降叱出斬之表兄張先從容言大兵勢重可出降以保妻子小叔怒謂先曰我舟人子致身至此何謂出降縛先於柱而殺之飯僧祭葬以盡戚黨之禮頃之樞密院遣都監訛論與小叔議兵事小叔出城與訛論會石天應乘之取河中府作浮橋通陝西小叔駐樂李山寨衆兵畢會夜半坎城以登焚樓櫓火照城中天應大驚不知所爲盡棄輜重牌印馬牛雜畜死于雙市門小叔燒絶浮橋撫定其衆還昭毅大將軍遥授孟州防禦使同知府事監軍安撫如故二年正月

大元軍騎十萬圍河中總帥訛可遣提控孫昌率兵五千樞密副使完顏賽不遣李仁智率兵三千俱救河中小叔期以夜中鳴鉦內外相應及期小叔出兵戰昌仁智不敢動小叔斂衆入城圍益急衆議出保山寨小叔曰去何之密遣經歷官張思祖潰圍出奔告于汴京明日城破小叔死不得其尸總帥訛可以河中府推官籍阿外代小叔權右都監樞密院奏小叔功卓異或疑尚在遷令阿外代之絕歸向之路至是小叔已亡四十餘日中條諸寨無所統領乃詔阿外權領宣宗思小叔功下詔褒贈切責訛可不救河中之罪

王佐字輔之霍州農家子豁略不事産業輕財好施善騎射興定中聚兵數千人權領霍州事平陽胡天作承制加忠勇校尉趙城丞遷霍邑令同知蒲州軍事權招撫副使蒲州經略使詔遷宣武將軍遙授寶昌軍節度副使

大元兵取青龍堡佐被獲署霍州守將隸元帥崔環質其妻子招撫使成天祐與環有隙佐與天祐謀殺環天祐曰君妻子爲質柰何佐曰佐豈顧家者邪元光二年七月因環出獵殺之率軍民數萬請命加龍虎衛上將軍元帥右監軍兼知平陽府事佐與平陽公史詠素不協請從沁州王女寨詔從之仍令聽上黨公完顏開節制是歲七月救襄垣中流矢卒贈金吾衛上將軍以其子爲符寶典書

黃摑九住臨潢人大定間以廕補部令史轉樞密院令史調安肅州軍事判官明昌四年爲大理執法同知薊州軍事再遷潞王府司馬累官河東北路按察使轉運使改知彰德府事戰殁贈榮祿大夫南京留守仍録用其子孫

烏林荅乞住大名路猛安人大定二十八年進士累官補尚書省令史除山東提刑判官英王府司馬御史臺舉前在山東稱職改太原府治中簽陝西按察司事歷汝州沁州刺史北京臨潢按察副使遷蒲與路節度使未幾以罪奪三官解職降德昌軍節度副使崇慶初戍邊有功遷一

官賞銀百兩重幣十端轉利州刺史貞祐初改同知咸平府事遷歸德軍節度使改興平軍就充東面經略使尋罷經略司改元帥右都監赴援中都戰殁贈榮祿大夫參知政事以參政半俸給其家

陀滿斜烈咸平路猛安人襲父猛安明昌中以所部兵充押軍萬戶戍邊承安中討契丹有功除陳州防禦使遷知平涼府事改保大軍節度使徙知彰德府事貞祐四年

大元兵復取彰德斜烈死焉

尼厖古蒲魯虎中都路猛安人明昌五年進士累官補尚書省令史從平章政事僕散揆伐宋兵罷除同知崇義軍

節度使事察廉改東平府治中歷環州裕州刺史翰林待制開封府治中大理卿尋擢知河南府事兼河南路副統軍貞祐四年急備京西爲陝州宣撫副使兼西安軍節度使是歲

大元兵取潼關戍卒皆潰蒲魯虎禦戰兵敗死焉

兀顏畏可隆安路猛安人補親軍充護衛除益都總管府判官中都兵馬副都指揮使累官會州刺史貞祐初爲左衛將軍拱衛直都指揮使山東副統軍安化軍節度使土賊據九仙山爲巢穴畏可擁衆不擊賊愈熾東平行省蒙古綱劾奏畏可不任將帥朝廷不問改鎮西軍權經略副使歷全安武勝軍興定四年改泰定軍是歲五月兗州破死焉

兀顏訛出虎隆安府猛安人大定二十八年進士累官補尚書省令史除順天軍節度副使召爲治書侍御史刑部員外郎單州刺史戶部郎中河東北路按察副使同知大興府事泰州防禦使丁母憂起復泗州防禦使遷武寧軍節度使徙河平軍兼都水監坐前在武寧奏軍功不實降沂州防禦使遷汾陽軍節度使兼經略使興定二年九月城破死焉

粘割貞本名抄合西南路招討司人大定二十八年進士

歷教授主簿用薦舉除河北大名提刑知事察廉遷都轉運戶籍判官累官泰定軍節度副使丁父憂服闋除德興治中宣德州刺史貞祐元年十二月貞以禮部郎中攝國子祭酒與恩州刺史攝武衛軍副都指揮使粘割合達河間府判官攝同知順天軍節度使事梅只乞奴保州録事攝永定節度副使伯德張奴出議和事二年和議成賞銀二百兩重幣十端玉吐鶻改戶部侍郎歷沁南河平鎮南集慶汾陽軍節度使貞祐四年改昭義軍充潞州經略使興定二年入爲工部尚書由壽州伐宋攻正陽有功權元帥左都監守晉安府興定三年十一月城破貞與府官十餘人皆死之

列傳第六十

開府儀同三司上柱國録軍國重事前中書右丞相監修國史領經筵事都總裁臣脫脫奉

修

忠義三

徒單航　完顏陳和尚　楊沃衍

烏古論黑漢　駝滿胡土門　姬汝作

愛申 附馬肩龍　禹顯

徒單航一名張僧駙馬樞密使某之子也父號九駙馬衛王有事北邊改授都元帥仍權平章殊不允人望張僧時爲吏部侍郎力勸其父請辭帥職遂拜平章至寧元年胡沙虎弑逆降航爲安州刺史會北兵大至城下聲言都城已失守汝可速降航謂其民曰城守雖嚴萬一攻破汝輩無孑遺矣我家兩世駙馬受國厚恩決不可降汝輩計將安出其民曰太守不屈我輩亦何忍降願以死守航乃盡出家財以犒軍民軍民皆盡力備禦又五日城危航度不可支謂其妻拏曰今事急矣惟有死爾乃先縊其妻拏謂其家人曰我死即撤屋焚之遂自縊死城破人猶力戰曰太守旣死我輩不可獨降死者甚衆

完顏陳和尚名彝字良佐世以小字行豐州人系出蕭王諸孫父乞哥泰和南征以功授同知階州軍事及宋復階

州乞哥戰歿於嘉陵江貞祐中陳和尚年二十餘爲北兵所掠大帥甚愛之置帳下時陳和尚母留豐州從兄安平都尉斜烈事之甚謹陳和尚在北歲餘託以省母乞還大帥以卒監之至豐乃與斜烈劫殺監卒奪馬奉其母南奔大兵覺合騎追之由他路得免旣而失馬母老不能行載以鹿角車兄弟共輓南渡河宣宗奇之斜烈以世官授都統陳和尚試補護衛未幾轉奉御及斜烈行壽泗元帥府事奏陳和尚自隨詔以充宣差提控佩金符斜烈辟太原王渥爲經歷渥字仲澤文章論議與雷淵李獻能相上下故得師友之陳和尚天資高明雅好文史自居禁衛日人以秀才目之至是渥授以孝經小學論語春秋左氏傳略通其義軍中無事則窗下作牛毛細字如寒苦之士其視世味漠然正大二年斜烈落帥職例爲總領屯方城陳和尚隨以往凡兄軍中事皆預知之斜烈時在病軍中李太和者與方城鎭防軍葛宜翁相毆訴於陳和尚宜翁事不直即量笞之宜翁素凶悍恥以理屈受杖竟鬱鬱以死留語其妻必報陳和尚妻訟陳和尚以私忿侵官故殺其夫訴於臺省於近侍積薪龍津橋南約不得報則自焚以謝其夫以故陳和尚繫獄議者疑陳和尚狃於禁近倚兵閫之重必橫恣違法當以大辟奏上久不能決陳和尚聚書

獄中讀之凡十有八月明年斜烈病愈詔提兵而西入朝
哀宗怪其瘦甚問卿寧以方城獄未決故耶卿但行吾今
赦之矣以臺諫復有言不敢赦未幾斜烈卒上聞始馳赦
陳和尚曰有司奏汝以私忿殺人汝兄死失吾一名將今
以汝兄故曲法赦汝天下必有議我者他日汝奮發立功
名國家得汝力始以我爲不妄赦矣陳和尚且泣且拜悲
動左右不能出一言爲謝乃以白衣領紫微軍都統踰年
轉忠孝軍提控五年北兵入大昌原平章合達問誰可爲
前鋒者陳和尚出應命先已沐浴易衣若將就木然者擐
甲上馬不反顧是日以四百騎破八千衆三軍之士踴躍

思戰蓋自軍興二十年始有此捷奏功第一手詔褒諭授
定遠大將軍平涼府判官世襲謀克一日名動天下忠孝
一軍皆回紇乃滿羌渾及中原被俘避罪來歸者鷙狠淩
突號難制陳和尚御之有方坐作進退皆中程式所過州
邑常料所給外秋毫無犯街曲間不復喧雜每戰則先登
陷陣疾若風雨諸軍倚以爲重六年有衛州之勝八年有
倒回谷之勝自刑徒不四五遷爲禦侮中郎將副樞移剌
蒲阿無持重之略嘗一日夜馳二百里趨小利軍中莫敢
諫止陳和尚私謂同列曰副樞以大將軍爲剽略之事今
日得生口三百明日得牛羊一二千士卒喘死者則不復

計國家數年所積一旦必爲是人破除盡矣或以告蒲阿
一日置酒會諸將飲酒行至陳和尚蒲阿曰汝曾短長我
又謂國家兵力當由我盡壞誠有否陳和尚飲畢徐曰有
蒲阿見其無懼容漫爲好語云有過當面論無後言也九
年正月三峯山之敗走鈞州城破大兵入即縱軍巷戰陳
和尚趨避隱處殺掠稍定乃出自言曰我金國大將欲見
白事兵士以數騎夾之詣行帳前問其姓名曰我忠孝軍
總領陳和尚也大昌原之勝者我也衛州之勝亦我也倒
回谷之勝亦我也我死亂軍中人將謂我負國家今日明
白死天下必有知我者時欲其降斫足脛折不爲屈豁口

吻至耳噀血而呼至死不絕大將義之酹以馬湩祝曰好
男子他日再生當令我得之時年四十一是年六月詔贈
鎮南軍節度使塐像褒忠廟勒石紀其忠烈

斜烈名鼎字國器畢里海世襲猛安年二十以善戰知名
自壽泗元帥轉安平都尉鎮商州威望甚重敬賢下士有
古賢將之風初至商州一日搜伏於大竹林中得歐陽脩
子孫問而知之併其族屬鄉里三千餘人皆縱遣之

楊沃衍一名斡烈賜姓兀林荅朔州靜邊官莊人本屬唐
括迪剌部族少嘗爲北邊屯田小吏會
大元兵入境朝命徙唐括族內地沃衍留不從率本部族

願從者入保朔州南山茶杞灘有衆數千推沃衍爲招撫使號其灘曰府故殘破鎭縣徒黨日集官軍不能制又與大兵戰連獲小捷及乏食遂行剽劫官軍捕之拒戰不下轉走寧陝武朔寧邊諸州民以爲病朝廷遣人招之沃衍即以衆來歸時宣宗適南遷次淇門聞之甚喜遂以爲武州刺史武州屢經殘毀沃衍入州未幾而大兵來攻死戰二十七晝夜不能拔乃退時貞祐二年二月也既而朝廷以武州終不可守令沃衍遷其軍民駐岢嵐州以武州功擢爲本州防禦使俄升岢嵐爲節鎭以沃衍爲節度使仍詔諭曰卿於國盡忠累有勞績今特升三品恩亦厚矣其

益勵忠勤與宣撫司輯睦以安軍民沃衍自奉詔即以身許國曰爲人不死王事而死於家非大丈夫也三年奉旨屯涇邠隴三州沃衍分其軍九千人爲十翼五都統親統者十之四是冬西夏四萬餘騎圍定西州元帥右都監完顏賽不以沃衍提控軍事率兵與夏人戰斬首幾二千生擒數十人獲馬八百餘疋器械稱是餘悉遁去詔陝西行省視功官賞之興定元年春上以沃衍累有戰功賜今姓未幾遷授通遠軍節度使兼鞏州管內觀察使是冬詔陝西行省伐宋沃衍與元帥左都監内族白撒通遠軍節度使温迪罕婁室同知通遠軍節度使事烏古論長壽平西

軍節度副使和速嘉兀迪將兵五千出鞏州鹽井至故城逢夏兵三百擊走之又入西和州至岐山堡遇兵六千凡三隊遣軍分擊逐北三十餘里斬首四百級生獲十人馬二百疋甲仗不勝計尋復得散關二年正月捷報至上大喜詔遷沃衍官一階遙授知臨洮府事三年武休關之捷沃衍功居多詔特遷一官元光元年正月遙授中京留守六月進拜元帥右監軍仍世襲納古胡里愛必剌謀克二年春北兵游騎數百掠延安而南沃衍率兵追之戰于野猪嶺獲四人而還俄而兵大至駐德安寨復擊走之未幾大兵攻鳳翔還道出保安沃衍遣提控完顏查剌破千石

樓臺前後獲馬二百符印數十詔有司論賞初聞野猪嶺有兵沃衍約陀滿胡土門以步軍會戰胡土門宿將常輕沃衍至是失期沃衍戰還會諸將欲斬胡土門諸將哀請乃釋之時大兵聲勢益振陝西行省檄沃衍淸野不從曰我若淸野明年民何所得食遂隔大澗持勢使民畢麥事正大二年進拜元帥左監軍遥領中京留守八年冬平章合達參政蒲阿由鄧州而西沃衍自豐陽川遇於五朶山下問禹山之戰如何合達曰我軍雖勝而大兵已散漫趣京師矣沃衍憤去平章參政蒙國厚恩握兵柄失事機不能戰禦乃縱兵深入尚何言耶三峯山之敗沃衍走鈞州

其部曲白留奴呆劉勝既降請于大帥願入鈞招沃衍大帥貿留奴令勝入鈞見沃衍道大帥意降則當授大官沃衍善言慰撫之使前拔劍斫之曰我起身細微蒙國大恩汝欲以此污我耶遂遺語部曲後事望汴京拜且哭曰無面目見朝廷惟有一死耳即自縊部曲舉火并所寓屋焚之從死者十餘人沃衍死時年五十二初大兵破西夏長驅而至關輔千里皆洶洶不安雖智者亦無如之何沃衍與其部將劉興哥者率兵往來邠隴間屢戰屢勝故大軍猝不能東下興哥鳳翔虢縣人起於羣盜人呼曰熱劉後於清化戰死大兵至酹酒以弔西州耆老語之至爲泣下

烏古論黑漢初以親軍入仕嘗爲唐鄧元帥府把軍官天興二年唐州刺史內族斜魯病卒鄧州總帥府以蒲察都尉權唐州事宋軍兩來圍唐又唐之粮多爲鄧州所取以故乏食六月遣萬户夾谷定住入歸德奏請軍粮不報七月鎮防軍馮總領甄改住爲變殺蒲察都尉時朝廷道梗帥府承制以黑漢權刺史行帥府事既而鎮防軍有歸宋之謀時裕州大成山聶都統一軍五百人在州獨不欲歸宋與鎮防軍爲敵鎮防不能勝棄老幼奔棗陽宋人以故知唐之虛實會鄧帥移瑗以城叛歸于宋遺書招黑漢黑漢殺其使者不報宋王安撫率兵攻唐鄂司王太尉繼至

攻益急黑漢聞哀宗遷蔡遣人求救上命權參政兀林荅胡土將兵以往宋人設伏縱其半入城邀擊之胡土大敗僅存三十騎以還城中粮盡人相食黑漢殺其愛妾啖士士爭殺其妻子官屬聚議欲降黑漢與聶都統執議益堅馮總領乃私出城與王安撫會飲約明日宋軍入城馮歸宋軍不得入聶都統請馮議事即坐中斬之及其黨皆死總領趙醜兒者初與馮同謀內不自安開西門納宋軍黑漢率大成山軍巷戰自辰至午宋軍大敗而出殺傷無數宋人城下大呼趙醜兒約併力殺大成山軍大成軍敗宋人獲黑漢脅使降黑漢不屈爲所殺其得脫走者十餘人總領移剌望軍女奚烈軍醜兒走蔡州皆得遷賞後俱死於甲午之難

陀滿胡土門字子秀策論進士也累官翰林待制貞祐二年遷知中山府三年改知臨洮府兼本路兵馬都總管叛賊蘭州程陳僧等誘夏人入寇圍臨洮凡半月城中兵數千而粟且不支衆皆危之胡土門日爲開諭逆順禍福皆自奮因捕其黨欲爲內應者二十人斬之擲首城外賊四面來攻乃夜出襲賊壘夏兵大亂金軍乘之遂大捷夏人遁去四年知河中府事權河東南路宣撫副使十月進元帥右監軍兼前職興定二年爲絳陽軍節度使兼絳州管

內觀察使十月遷元帥左監軍行元帥府事兼知晉安府河東南路兵馬都總管於是修城池繕甲兵積芻糧以備戰守民不悅行省胥鼎聞之遣以書曰元帥始鎮河中惠愛在民移旆晉安遠近忻仰去歲兵入平陽不守河東保完者惟絳而已蓋公坐籌制勝威德素著故不動聲氣以至無虞也邇來傳聞治政太剛科徵太重鼎切憂之古人有言御下不寬則人多懼禍用人有疑則士不盡心況大兵在邇鄰境已虛小人易動誠不可不慮也願公以謙虛待下忠孝結人明賞罰平賦稅上以分聖主宵旰之憂下以爲河東長城之託胡土門得書懼民不從且或生變乃

上言臣本瑣材猥膺重寄方將治隍陴積芻糧爲捍禦之計而小民難與慮始以臣政令煩急皆有怨言遂貽行省之憂自聞訓諭措身無所內自悛悔外加寬撫庶幾少慰衆心而近以朝命分軍過河則又譁言帥臣不益兵保守而反助河南將棄我也人心如此恐一旦遂生他變向者李革在平陽人不安之而革隱忍不言以至于敗臣實拙緣無以服人敢以鼎書上聞惟朝廷圖之朝廷以鼎言遣吏部尚書完顏閭山代之或曰胡土門欲以計去晉安乃大興役恣爲殺戮務失民心故鼎言及之未幾晉安失守死者幾百萬人遂失河東三年八月改太常卿權簽樞密院事知歸德府事元光二年二月坐上書不實削一官正大三年七月復爲臨洮府總管四年五月城破被執誘之降不應使之跪不從以刀亂斫其膝脛終不爲屈遂殺之五年詔贈中京留守立像褒忠廟錄用其子孫其妻烏古論氏亦死節有傳

姬汝作字欽之汝陽人全州節度副使端脩之姪孫也父懋以蔭試部掾轉尚書省令史汝作讀書知義理性豪宕不拘細行平日以才量稱正大末避兵崧山保鄉鄰數百家衆以長事之後徙居交牙山砦會近侍局使烏古論四和撫諭西山以便宜授汝作北山招撫使佩銀符遂遷入

汝州初汝州殘破之後天興元年正月同知宣徽院事張楷授防禦使自汴率襄郟縣土兵百餘人入青陽壩時呼延實者領青陽砦事實趙城人本楊沃衍部曲以戰功至寶昌軍節度使閒居汝之西山楷自揣不能服衆乃以州事託實尋往鄧州從恒山公武仙後

大元兵至城破殺數千人乃許降以張宣差者管州事三月鈞州潰軍柳千户者入州張逃去柳遂據之未幾城復破及汝作至北兵雖去但空城爾汝作招集散亡復立市井北兵屢招之不從數戰互有勝負已而北兵復來攻汝作親督士卒以死拒之兵退間道納奏哀宗宣諭此州無

險固可恃汝乃能爲國用命今授以同知汝州防禦使便宜從事是時此州南通鄧州西接洛陽東則汴京使傳所出供億三面傳通音耗然呼延實在青陽爲總帥忌汝作城守之功不能相下州事動爲所制實欲遷州入山謂他日必爲大兵所破汝作以爲倉中粮尚多四面潰軍日至此輩經百死激之皆可用朝廷倚我守此州總帥乃欲棄之何心哉讒間既行有相圖之隙詳議官楊鵬釋之曰外難未解而顧私忿語甚諄切實乃還山鵬因勸汝作納奏乞死守此州以堅軍民之心其冬戰于襄郏得馬百餘士氣頗振遂以汝作爲總帥不復與實相關矣天興二年六

月哀宗在蔡州遣使徵兵入援州人爲邏騎所擾農事盡廢城中粮亦垂盡是月中京破部曲私議有唇亡之懼謀以城降懼汝作不敢言乃以遷州入山白之汝作怒曰吾家父祖食祿百年今朝廷又以州事師職委我吾生爲金民死爲金鬼汝輩欲避於山非欲降乎有再言遷者吾必斬之八月塔察將大兵攻蔡經汝州州人梁皋作亂與故吏溫澤王和七八人徑入州廨汝作不爲備遂爲所殺時宣使石珪體究洛陽所以破及强伸死節事以路阻留汝州驛梁皋既殺汝作走告珪曰汝作私積粮斛不䘏軍民衆怒殺之矣皋不圖汝作官職惟宣使裁之珪懼乃以皋

權汝州防禦使行帥府事脫走入蔡以皋殺汝作事聞哀宗甚嗟惜之遣近侍張天錫贈汝作昌武軍節度使子孫世襲謀克仍詔峴山帥呼延實登封帥范眞併力討皋天錫避峴山遠先約范眞眞以麾下李芾者往以撫諭軍民爲名皋率軍士迎於東門知朝廷圖己陰爲之備李猶豫不敢發皋館天錫于望嵩樓隱毒於食天錫遂中毒而死皋後爲

大元兵所殺楊鵬字飛卿能詩

愛申逸其族與名或曰一名忙哥本魏縣鎭防軍累功遷軍中總領李文秀據秦州宣宗詔鳳翔軍討之軍圍秦州

城時愛申在軍中有罪當死宣宗問之樞帥有知其名者奏此人將帥材忠實可倚宣宗命馳赦之以爲德順節度使行元帥府事正大四年春大兵西來擬以德順爲坐夏之所德順無軍人甚危之愛申識鳳翔馬肩龍舜卿者可與謀事乃遣書招之肩龍得書欲行鳳翔總管禾速嘉國鑑以大兵方進吾城可恃德順決不可守勸勿往肩龍曰愛申平生未嘗識我一見許爲知己我知德順不可守往則必死然以知己故不得不爲之死耳乃舉行橐付族父明爲死别冒險而去既至不數日受圍城中惟有義兵鄉軍八九千人大兵舉天下之勢攻之愛申假舜卿鳳翔總

管府判官守櫟一與共之凡攻百二十晝夜力盡乃破愛申以劍自剄時年五十三軍中募生致肩龍而不知所終臺諫有言當贈德順死事者官以勸中外詔各贈官配食褒忠廟肩龍字舜卿宛平人先世遼大族有知興中府者故人號興中馬氏祖大中金初登科節度全錦兩州父成誼明昌五年登科仕爲京兆府路統軍司判官肩龍在太學有賦聲宣宗初有誣宗室從坦殺人將置之死人不敢言其冤肩龍上書大略謂從坦有將帥材少出其右者臣一介書生無用於世願代從坦死留爲天子將兵書奏詔問汝與從坦交分厚歟肩龍對曰臣知有從坦從坦未嘗

識臣從坦寃人不敢言臣以死保之宣宗感悟赦從坦授肩龍東平録事委行省試驗宰相侯摯與語不契留數月罷歸將渡河與排岸官紛競搜篋中得軍馬粮料名數及利害數事疑其爲姦人偵伺者繫歸德獄根勘適從坦至立赦出之正大三年客鳳翔元帥愛申深器重之至是同死於難

禹顯鴈門人貞祐初隸上黨公張開累以戰功授義勝軍節度使兼沁州招撫副使元光二年四月大帥達兒解按察兒攻河東張開遣顯扼龍猪谷夾攻敗之擒元帥韓光國獲輜重甲仗甚衆追至祁縣而還所歷州縣悉復之顯將軍三百人守襄垣八年不遷大帥嘗集河朔步騎數萬攻之至於數四不能拔既而戰於玉女寨大獲開言於朝權元帥右都監正大六年冬十二月軍內變城破被擒帥義之不欲加害初以鐵繩鈐之既而密與舊部曲二十人遁去聞上黨公軍復振將往從之大兵四向來追顯適與負釜一兵相失乞飯山寺中僧走報爲被執不屈死時年四十一

秦州人張邦憲字正叔登正大中進士第爲永固令天興二年避兵徐州卓翼率兵至城邦憲被執將驅之北邦憲罵曰我進士也悞蒙朝廷用爲邑長可從汝曹反耶遂遇害

劉全者彭城民也率鄉隣數百避兵沫灊推爲

砦主北兵至徐盡俘其老幼全父亦在其中北兵質之以招全全縛其人送徐州因竊其父以歸徐帥益都嘉其忠承制以爲昭信校尉遥領彭城縣尉後遇國用安懋其不附已見殺

列傳第六十一

列傳第六十二　金史百二十四

開府儀同三司上柱國録軍國重事前中書右丞相監修國史領經筵事都總裁臣脱脱奉

勑修

忠義四

馬慶祥　商衡　术甲脱魯灰

楊達夫　馮延登　烏古孫仲端

烏古孫奴申　蒲察琦　蔡八兒

温敦昌孫　完顔絳山　畢資倫

郭蝦蟆

馬慶祥字瑞寧本名習禮吉思先世自西域入居臨洮狄道以馬爲氏後徙家淨州天山泰和中試補尚書省譯史大安初衛王始通問

大元選使副上曰習禮吉思智辯通六國語往必無辱也使還授開封府判官内城之役充應辦使不擾而事集未幾

大元兵出陝右朝廷命完顔仲元爲鳳翔元帥舉慶祥爲副上曰此朕志也且築城有勞即拜鳳翔府路兵馬都總管判官元光元年冬十一月聞大將萌古不花將攻鳳翔行省檄慶祥與治中胥謙分道清野將行命畫工肖其貌付其家人或曰君方壯何乃爲此不祥慶祥曰非汝所知

也明日遂行遇先鋒于澮水戰不利且行且戰將及城會

大兵邀其歸路度不能脱令其騎曰吾屬荷國厚恩竭力効死乃其職也諸騎皆曰諾人殊死戰良久矢盡大兵圍數匝欲降之軍擁以行語言往復竟不屈而死年四十有六元帥郭仲元輿其尸以歸葬鳳翔普門寺之東事聞詔贈輔國上將軍恒州刺史謚忠愍胥謙及其子嗣亨亦不屈死謙贈輔國上將軍彰化軍節度使嗣亨贈威遠將軍鳳翔府判官楨州金勝堡提控僕散胡沙亦死贈銀青榮禄大夫正大二年哀宗詔褒死節士若馬習禮吉思王清田榮李貴王斌馮萬奴張德威高行中程濟姬玘張山等十有三人爲立褒忠廟仍録其孤二人者逸其名餘亦無所考

商衡字平叔曹州人至寧元年特恩第一人授鄜州洛郊主簿以廉能換鄠縣尋辟威戎令興定三年歲飢民無所於糴衡白行省得開倉賑貸全活者甚衆後因地震城圮夏人乘釁入侵衡率蕃部土豪守禦應敵保以無虞秩滿縣人爲立生祠再辟原武令未幾入爲尚書省令史轉户部主事兩月拜監察御史哀宗姨郕國夫人不時出入宮闈干預政事聲跡甚惡衡上章極言自是郕國被召乃敢進見内族慶山奴將兵守盱眙與李全戰敗朝廷置而不

問衡上言自古敗軍之將必正典刑不爾則無以謝天下詔降慶山奴爲定國軍節度使户部侍郎權尚書曹温之女在掖庭親舊干預權利其家人塡委諸司貪墨彰露臺臣無敢言者衡歷數其罪詔罷温户部改太后府衛尉再上章言温果可罪當貶逐無罪則臣爲妄言豈有是非不別而兩可之理哀宗爲之動容乃出温爲汝州防禦使未幾爲右司都事改同知河平軍節度使未赴改樞密院經歷官遥領昌武軍同知節度使事丞相完顔賽不領陝西行省奏衡爲左右司員外郎密院表留有旨行省地重急於得人可從丞相奏明年召還行省再奏留之正大八年

以母喪還京師十月起復爲秦藍總帥府經歷官天興元年二月關陝行省徒單兀典等敗於鐵嶺衡未知諸帥存歿招集潰軍以須其至遂爲兵士所得欲降之不爲屈監至長水縣東岳祠前誘之使招洛陽衡曰我洛陽識何人爲汝招之耶兵知不可誘欲捽其巾衡瞋目大呼曰汝欲脅從我耶終不肯降望闕瞻拜曰主將無狀亡兵失利臣之罪責亦無所逃但以一死報國耳遂引佩刀自剄年四十有六正大初河間許古詣闕拜章言八座率非其材省寺小臣有可任宰相者不大升黜之則無以致中興章奏詔古赴都堂問孰爲可相者古以衡對則衡之材可知矣

术甲脫魯灰上京人世爲北京路部長其先有開國功授北京路宗阿荅阿猛安脫魯灰自幼襲爵貞祐二年宣宗遷汴率本部兵赴中都扈從上喜特授御前馬步軍都總領宋人略南鄙命同簽樞密院事時全將大軍南伐脫魯灰率本部屢摧宋兵破城寨以功遷授武昌軍節度使元帥右都監行蔡息等路元帥府事既而宋人有因畜牧越境者邏卒擒之法當械送朝廷脫魯灰曰國家自遷都以來境土日蹙民力彫耗幸邊無事人稍得息若戮此曹則邊釁復生兵連禍結矣不如釋之以絶兵端哀宗即位授鎭南軍節度使蔡州管内觀察使行户工部尚書時

大元兵入陝西乃上章曰宋人與我爲讎敵頃以力屈自保非其本心今陝西被兵河南出師轉戰連年不絶兵死于陣民疲于役國力竭矣壽泗一帶南接盱楚紅襖賊李全巢穴也萬一宋人諜知與全乘虛而入復背受敵非計之得者也臣已令所部沿邊警斥以備非常宜勅壽泗帥臣謹斥候嚴烽燧常若敵至此兵法所謂無恃其不來恃吾有以待之之道也上是而行之二年秋傳言宋人將入侵農司令民先期刈禾脫魯灰曰夫民所恃以仰事俯育及供億國家者秋成而已今使秋無所獲國何以仰民何以給遂遣軍巡邏聽民待熟而刈宋人卒不入寇諜者又

報光州汪太尉將以八月發兵來取眞陽議者請籍丁男以備脫魯灰曰汪太尉恇怯人耳寧敢爲此必姦人聲言來寇欲使吾民廢務也不可信已而果然叛人焦風子者沿河南北屢爲反覆朝廷授以提控之職令將三千人戍遂平四年春風子謀率其衆入宋脫魯灰策之以兵數千伏鄧陽道賊果夜出此途伏發殪之七年

大元兵攻藍關至八渡倉退舉朝皆賀以爲無事脫魯灰獨言曰潼關險隘兵精足用然商洛以南瀕於宋境大山重複宋人不知守國家亦不能逾宋境屯戍大兵若由散關入與元下金房繞出襄漢北入鄧鄴則大事去矣宜與

宋人釋怨諭以輔車之勢脣亡齒寒彼必見從據其險要以備不然必敗是秋改授小關子元帥屯商州大吉口九年春從行省參政徒單吾典將潼關兵入援至商山遇雪大兵邀擊之士卒饑凍不能戰而潰脫魯灰被執不屈拔佩刀自殺

楊達夫字晉卿耀州三原人泰和三年進士有才幹所至可紀召補省掾草奏章坐字誤降平凉府判官嘗主鄠縣簿事一從簡吏民樂之達夫亦愛其山水之勝因家焉日以詩酒自娛了無宦情會有詔徙民東入關達夫與衆行及鄧避兵于州北之横嶺爲游騎所執將褫衣害之達夫挺然直立馬首略無所懼稍侵辱之即大言曰我金國臣子既爲汝所執不過一死忍裸袒以黷天日耶遂見殺兩山潛伏之民竊觀之者皆相告曰若此好官異日祠之當作我横嶺之神

馮延登字子俊吉州吉鄉人世業醫延登幼穎悟既長事舉業承安二年登詞賦進士第調臨眞簿德順州軍事判官泰和元年轉寧邊令大安元年秋七月霜害稼民艱于食延登發粟賑貸全活甚衆貞祐二年補尚書省令史尋授河中府判官兼行尚書省左右司員外郎興定五年入爲國史院編修官改太常博士元光二年知登聞鼓院兼

翰林修撰奉使夏國充接送伴使正大七年十二月遷國子祭酒假翰林學士承旨充國信使以八年春奉國書朝見於虢縣御營有旨問汝識鳳翔帥否對曰識之又問何如人曰敏於事者也又問汝能招之使降即貰汝死不則殺汝矣曰臣奉書請和招降豈使職乎招降亦死還朝亦死不若今日即死爲愈也明日復問汝曾思之不對如前問至再三執義不回又明日乃諭旨云汝罪應死但古無殺使者理汝愛汝須髯猶汝命也叱左右以刀截去之延登岸然不動乃監之豐州二年後放還哀宗撫慰久之復以爲祭酒歷禮吏二部侍郎權刑部尚書明年

大元兵圍汴京倉猝逃難爲騎兵所得欲擁而北行延登辭情慷慨義不受辱遂躍城旁井中年五十八

烏古孫仲端本名卜吉字子正承安二年策論進士宣宗時累官禮部侍郎與翰林待制安延珍奉使乞和于大元謁見太師國王木華黎於是安延珍留止仲端獨往並大夏涉流沙踰葱嶺至西域進見太祖皇帝致其使事乃還自興定四年七月啓行明年十二月還至朝廷嘉其有奉使勞進官兩階延珍進一階歷裕州刺史正大元年召爲御史中丞奉詔安撫陝西及歸權參知政事正大五年十二月知開封府事完顏麻斤出

吏部郎中楊居仁以奉使不職尚書省具獄有旨釋之備再使仲端言曰麻斤出等辱君命失臣節大不敬宜償禮幣誅之奏上麻斤出等免死除名會議降大軍事及諍太后奉佛涉亡家敗國之語上怒貶同州節度使哀宗將遷歸德召爲翰林學士承旨兼同簽大睦親府事留守汴京及大元兵圍汴日久食盡諸將不相統一仲端自度汴中事變不測一日與同年汝州防禦裴滿思忠小飲談太學同舍事以爲笑樂因歎言人死亦易事耳思忠曰吾兄何故頻出此語仲端因寫一詩示之其詩大槩謂人生大似巢燕或在華屋杏梁或在村居茅茨及秋社甫臨皆當逝去人生雖有富貴貧賤不同要之終有一死耳書畢連飲數杯送思忠出門曰此别終天矣思忠去仲端即自縊其妻亦從死明日崔立變仲端爲人樂易寬厚知大體奉公好善獨得士譽一子名愛實嘗爲護衛奉御以誅官奴功授節度世襲千户思忠名正之本名蒲剌篤亦承安二年進士

烏古孫奴申字道遠由譯史入官性伉特敢爲有直氣嘗爲監察御史時中丞完顏百家以酷烈聞奴申以事糾罷朝士聳然後爲左司郎中近侍局使皆有名哀宗東遷爲

諫議大夫近侍局使行省左右司郎中兼知宫省事留汴京居守崔立變之明日同御史大夫裴滿阿虎帶自縊死於臺中是日户部尚書完顏珠顆亦自縊阿虎帶字仲寧珠顆字仲平皆女直進士時不辱而死者奉御完顏忙哥大睦親府事吾古孫端大理裴滿德輝右副點檢完顏阿撒叅政完顏奴申之子麻因可知者數人餘各有傳

蒲察琦本名阿憐字仁卿棣州陽信人試補刑部掾兄世襲謀克兄死琦承襲正大六年秦藍總帥府辟琦爲安平都尉粘葛合典下都統兼知事其冬小關破事勢已迫琦常在合典左右合典令避矢石琦不去曰業已從公死生

當共之尚安所避耶哀宗遷歸德汴京立講議所受陳言文字其官則御史大夫納合寧以下十七人皆朝臣之選而琦以有論議預焉時左司都事元好問領講議兼看讀陳言文字與琦甚相得崔立變後令改易巾髻琦謂好問曰今日易巾髻在京人皆可獨琦不可琦一刑部譯史襲先兄世爵安忍作此令以一死付公然死則即死付公一言亦剩矣因泣涕而別琦既至其家母氏方晝寢驚而寤琦問阿母何爲母曰適夢三人潛伏梁間故驚寤仁卿跪曰梁上人鬼也兒意在懸梁阿母夢先見耳家人輩泣勸曰君不念老母歟母止之曰勿勸兒所處是矣即自縊時年四十餘琦性沉靜好讀書知古今事其母完顏氏以孝謹稱

蔡八兒不知其所始趫捷有勇性純質可任時爲忠孝軍元帥天興二年自息州入援會大將奔盞遣數百騎䮕城東令人大呼曰城中速降當免殺戮不然無噍類矣於是上登城遣八兒率挽強兵百餘潛出暗門渡汝水左右交射之自是兵不復薄城築長壘爲久困計上令分軍防守四城以殿前都點檢兀林荅胡土守西面八兒副之已而哀宗度蔡城不守傳位承麟群臣入賀班定八兒不拜謂所親曰事至於此有死而已安能更事一君乎遂戰死

毛佺者恩州人貞祐中爲盜宣宗南渡率衆歸國署爲義軍招撫哀宗遷蔡以佺爲都尉圍城之戰佺力居多城破自縊其子先佺戰歿時死事者則有閤忠郝乙王阿驢樊喬爲忠滑州人衛王時開州刺史賽哥叛忠單騎入城縛賽哥以出由是漸被擢用乙磁州人同日戰死哀宗贈官阿驢樊喬皆河中人初爲砲軍萬戶鳳翔破北降從軍攻汴司砲如故即紿主者曰砲利於短不利於長信之使截其木數尺綆十餘握由是機雖起伏所擊無力即日二人皆挈家走城是時女直人無死事者長公主言於哀宗曰近來立功效命多諸色人無事時則自家人爭強有事則他人盡力焉得不怨上默然餘各有傳

溫敦昌孫皇太后之姪衛尉七十五之子爲人短小精悍性復豈弟累遷諸局分官上幸蔡授殿前左副點檢圍城中數引軍潛出巡邏時尚食須魚汝河魚甚美上以水多浮尸惡之城西有積水曰練江魚大且多往捕必軍衛乃可昌孫常自領兵以往所得動千餘斤分賜將士後知其出左右設伏伺而邀之力戰而死蔡城破前御史監察納坦胡失打聞之慟哭投水而死

完顏絳山哀宗之奉御也系出始祖天興二年十月蔡城被圍城中飢民萬餘訴於有司求出有司難之民大呼於

道上聞之遣近侍官分監四門門日出千人必老稚羸疾者聽其出絳山時在北門憫人之飢出過其數命杖之四十然出者多泄城中虛實尋止之三年正月己酉蔡城破哀宗傳位承麟即自縊于幽蘭軒權點檢內族斜烈矯制召承御石盞氏近侍局大使焦春和內侍局殿頭宋珪赴上前曉以名分大義及侍從官巴良弼阿勒根文卿皆從死斜烈將死遺言絳山使焚幽蘭軒火方熾子城破大兵突入近侍左右皆走避獨絳山留不去爲兵所執問曰汝爲誰絳山曰吾奉御絳山也兵曰衆皆散走而獨後何也曰吾君終于是吾候火滅灰寒收瘞其骨耳兵笑曰若狂

者耶汝命且不能保能瘞而君耶絳山曰人各事其君吾君有天下十餘年功業弗終身死社稷忍使暴露遺骸與士卒等耶吾逆知君輩必不遺吾吾是以留果瘞吾君之後雖寸斬吾不恨矣兵以告其帥奔盞曰此奇男子也許之絳山乃掇其餘燼裹以弊衾瘞于汝水之旁再拜號哭將赴汝水死軍士救之得免後不知所終

畢資倫縉山人也泰和南征以傭雇從軍軍還例授進義副尉崇慶元年改縉山爲鎮州术虎高琪爲防禦使行元帥府事于是州選資倫爲防城軍千户至寧元年秋

大元兵至鎮州高琪棄城遁資倫行及昌平收避遷民兵轉戰有功擢授都統軍軍數千與軍中將領沈思忠甯子都輩同隸一府屯鄭州及衛州時號沈畢軍積功至都總領思忠爲副都尉僕散阿海南征軍次梅林關不得過阿海問諸將誰能取此關者資倫首出應命問須軍士幾何曰止用資倫所統足矣不煩餘軍明日遲明出宋軍不意引兵薄之萬衆崩遂取梅林關阿海軍得南行留提控王禄軍萬人守關不數日宋兵奪關守之阿海以梅林歸途爲敵據計無所出復問誰能取梅林者以帥職賞之資倫復出應命以本軍再奪梅林阿海破蘄黄按軍而還論功資倫第一授遥領同知昌武軍節度使宣差總領都提控

既而樞密院以資倫思忠不相能恐敗事以資倫統本軍屯泗州興定五年正月戊戌提控王禄湯餅會軍中宴飲宋龜山統制時青乘隙襲破泗州西城資倫知失計墮南城求死爲宋軍所執以見時青青說之曰畢宣差我知爾好男子亦宜相時達變金國勢已衰弱爾肯降我宋亦不負爾若不從見劉大帥即死矣資倫極口罵曰時青逆賊聽我言我出身至貧賤結柳器爲生自征南始得一官今職居三品不幸失國家城池甘分一死尚不能報肯從汝反賊求生耶青知無降意下盱眙獄時臨淮令李某者亦被執後得歸爲泗州從宜移剌羊哥言其事羊哥以資倫

惡語罵時青必被殺即以死不屈節聞于朝時資倫子牛兒年十二居宿州收充皇后位奉閤舍人宋人亦賞資倫忠憤不撓欲全活之鈐以鐵繩囚于鎮江府土獄畧給衣食使不至寒餓脅誘百方時一引出問云汝降否資倫或罵或不語如是十四年及盱眙將士降宋宋使總帥納合買住已下北望哭拜謂之辭故主驅資倫在旁觀之資倫見買住罵曰納合買住國家未嘗負汝何所求死不可乃作如此觜鼻耶買住俯首不敢仰視及蔡州破哀宗自縊宋人以告資倫資倫歎曰吾無所望矣容我一祭吾君乃降耳宋人信之為屠牛羊設祭鎮江南岸資倫祭畢伏地

大哭乘其不防投江水而死宋人義之宣示四方仍議為立祠鎮江之囚有方士者親嘗見之以告元好問及言泗州城陷資倫被執事且曰資倫長身面赤色顴頰微高鬚疏而黃資稟質直重然諾故其堅忍守節卓卓如此宣宗實錄載資倫為亂兵所殺當時傳聞不得其實云

郭蝦蟆會州人世為保甲射生手與兄祿大俱以善射應募興定初祿大以功遷遥授同知平凉府事兼會州刺史進官一階賜姓顏盞夏人攻會州祿大遥見其主兵者人馬皆衣金出入陣中約二百餘步一發中其吭殪之又射一人矢貫兩手於樹敵大駭城破祿大蝦蟆俱被禽夏人憐其技囚之兄弟皆誓死不屈朝廷聞之議加優奬而未知存没乃特遷祿大子伴牛官一階授巡尉職以旌其忠其後兄弟謀奔會自拔其鬚事覺祿大竟為所殺蝦蟆獨拔歸上思祿大之忠命復遷伴牛官一階遥授會州軍事判官蝦蟆遥授鞏州鈐轄會言者乞奬用祿大弟遂遷蝦蟆官兩階授同知蘭州軍州事興定五年冬夏人萬餘侵定西蝦蟆敗之斬首七百獲馬五十匹以功遷同知臨洮府事元光二年夏人步騎數十萬攻鳳翔甚急元帥赤盞合喜以蝦蟆總領軍事從巡城濠外一人坐胡床以箭力不及氣貌若蔑視城守者合喜指似蝦蟆云汝能射此人

否蝦蟆測量遠近曰可蝦蟆平時發矢伺腋下甲不掩處射之無不中即持弓矢伺坐者舉肘一發而斃兵退升遥授靜難軍節度使尋改通遠軍節度使授山東西路斡可必剌謀克仍遣使賞賚徧諭諸郡焉是年冬蝦蟆與鞏州元帥田瑞攻取會州蝦蟆率騎兵五百皆被赭衲蔽州之南山而下夏人猝望之以為神城上有舉手於懸風版者蝦蟆射之手與版俱貫凡射死數百人夏人震恐乃出降蓋會州為夏人所據近十年至是復焉正大初田瑞據鞏州叛詔陝西兩行省併力擊之蝦蟆率衆先登瑞開門突出為其弟濟所殺斬首五千餘級以功遷遥授知鳳翔府

事本路兵馬都總管元帥左都監兼行蘭會洮河元帥府
事六年九月蝦蟆進西馬二疋詔曰卿武藝超絕此馬可
充戰用朕乘此豈能盡其力既入進即尚廐物也就以賜
卿仍賜金鼎一玉兔鶻一并所遣郭倫哥等物有差天興
二年哀宗遷蔡州慮孤城不能保擬遷鞏昌以粘葛完展
爲鞏昌行省三年春正月完展聞蔡已破欲安衆心城守
以待嗣立者乃遣人稱使者至自蔡有旨宣諭綏德州帥
汪世顯者亦知蔡凶問且嫉完展制己欲發矯詔事因以
兵圖之然懼蝦蟆威望乃遣使約蝦蟆併力破鞏昌使者
至蝦蟆謂之曰粘葛公奉詔爲行省號令孰敢不從今主

上受圍於蔡擬遷鞏昌國家危急之際我輩既不能致死
赴援又不能叶衆奉迎乃欲攻粘葛公先廢遷幸之地上
至何所歸乎汝帥若欲背國家任自爲之何及於我世顯
即攻鞏昌破之劫殺完展送款於
大元復遣使者二十餘輩諭蝦蟆以禍福不從甲午春金
國已亡西州無不歸順者獨蝦蟆堅守孤城丙申歲冬十
月大兵併力攻之蝦蟆度不能支集州中所有金銀銅鐵
雜鑄爲砲以擊攻者殺牛馬以食戰士又自焚廬舍積聚
曰無至資兵日與血戰而大兵亦不能卒拔及軍士死傷
者衆乃命積薪於州廨呼集家人及城中將校妻女閉諸

一室將自焚之蝦蟆之妾欲有所訴立斬以徇火既熾率
將士於火前持滿以待城破兵填委以入鏖戰既久士卒
有弓盡矢絕者挺身入火中蝦蟆獨上大草積以門扉自
蔽發二三百矢無不中者矢盡投弓劍于火自焚城中無
一人肯降者蝦蟆死時年四十五土人爲立祠完展字世
昌泰和三年策論進士初爲行省以蠟丸爲詔期以天興
二年九月集大軍與上會於饒峯關出宋不意取興元既

……傳第六十二

開府儀同三司上柱國錄軍國重事前中書右丞相監修國史領經筵事都總裁臣脫脫奉

勅修

文藝上

韓昉　蔡松年子珪　吳激

馬定國　任詢　趙可

郭長倩　蕭永祺　胡礪

王競　楊伯仁　鄭子聃

党懷英

金初未有文字世祖以來漸立條教太祖既興得遼舊人用之使介往復其言已文太宗繼統乃行選舉之法及伐宋取汴經籍圖宋士多歸之熙宗款謁先聖北面如弟子禮世宗章宗之世儒風丕變庠序日盛士繇科第位至宰輔者接踵當時儒者雖無專門名家之學然而朝廷典策鄰國書命粲然有可觀者矣金用武得國無以異於遼而一代制作能自樹立唐宋之間有非遼世所及以文而不以武也傳曰言之不文行之不遠文治有補於人之家國豈一日之效哉作文藝傳

韓昉字公美燕京人仕遼累世通顯昉五歲喪父哭泣能盡哀天慶二年中進士第一補右拾遺轉史館修撰累遷少府少監乾文閣待制加衛尉卿知制誥充高麗國信使高麗雖舊通好天會四年奉表稱藩而不肯進誓表累使要約皆不得要領而昉復至高麗移督再三高麗徵國中讀書知古今者商榷辭旨使酬荅專對凡涉旬乃始置對謂昉曰小國事遼宋二百年無誓表未嘗失藩臣禮今事上國當與事遼宋同禮而屢盟長亂聖人所不與必不敢用誓表昉曰貴國必欲用古禮舜五載一巡狩羣后四朝周六年五服一朝又六年王乃時巡諸侯各朝于方岳今天子方事西狩則貴國當從朝會矣高麗人無以對乃曰徐議之昉曰誓表朝會一言決耳於是高麗乃進誓表如約昉乃還宗幹大說曰非卿誰能辦此因謂執事者曰自今出疆之使皆宜擇人明年加昭文館直學士兼堂後官再加諫議大夫遷翰林侍講學士改禮部尚書遷翰林學士兼太常卿修國史尚書如故昉自天會十二年入禮部在職凡七年當是時朝廷方議禮制度或因或革故昉在禮部兼太常甚久云除濟南尹拜參知政事皇統四年表乞致仕不許六年再表乞致仕乃除汴京留守封鄆國公復請如初以儀同三司致仕天德初加開府儀同三司薨年六十八昉性仁厚待物甚寬有家奴誣告昉以馬資送叛人出境考之無狀有司以奴還昉昉待之如初曰奴誣

主人以罪求爲良耳何足怪哉人稱其長者昉雖貴讀書未嘗去手善屬文最長於詔册作太祖睿德神功碑當世稱之自使高麗歸後高麗使者至必問昉安否云

蔡松年字伯堅父靖宋宣和末守燕山松年從父來管勾機宜文字宗望軍至白河郭藥師敗靖以燕山府降元帥府辟松年爲令史天會中遼宋舊有官者皆換授松年爲太子中允除真定府判官自此爲真定人嘗從元帥府與齊俱伐宋是時初平鎮定西山群盜山中居民爲賊汙者千餘家松年力爲辨論竟得不坐齊國廢置行臺尚書省於汴松年爲行臺刑部郎中都元帥宗弼領行臺事伐宋

松年兼總軍中六部事宋稱臣師還宗弼入爲左丞相薦松年爲刑部員外郎皇統七年尚書省令史許霖告田㲄黨事松年素與㲄不相能是時宗弼當國㲄性剛正好評論人物其黨皆君子韓企先爲相愛重之而松年許霖曹望之欲與㲄相結㲄拒之由是構怨故松年許霖構成㲄等罪狀勸宗弼誅之君子之黨熄焉是歲松年遷左司員外郎松年前在宗弼府而海陵以宗室子在宗弼軍中任使用是相厚善天德初擢吏部侍郎俄遷戶部尚書海陵遷中都徙榷貨務以實都城復鈔引法皆自松年啓之海陵謀伐宋以松年家世仕宋故亟擢顯位以聳南人觀聽

遂以松年爲賀宋正旦使使還改吏部尚書尋拜參知政事是年自崇德大夫進銀青光祿大夫遷尚書右丞未幾爲左丞封郜國公初海陵愛宋使人山呼聲使神衛軍習之及孫道夫賀正隆三年正旦入見山呼聲不類往年來者道夫退海陵謂宰臣曰宋人知我使神衛軍習其聲此必蔡松年胡礪泄之松年皇恐對曰臣若懷此心便當族滅久之進拜右丞相加儀同三司封衛國公正隆四年薨年五十三海陵悼惜之奠于其第命作祭文以見意加封吳國公謚文簡起復其子三河主簿珪爲翰林修撰璋賜進士第遣翰林待制蕭籲護送其喪歸葬真定四品以下

官離都城十里送之道路之費皆從官給松年事繼母以孝聞喜周恤親黨性復豪侈不計家之有無文詞清麗尤工樂府與吳激齊名時號吳蔡體有集行于世子珪

珪字正甫中進士第不求調久乃除澄州軍事判官遷三河主簿丁父憂起復翰林修撰同知制誥在職八年改戶部員外郎兼太常丞珪號爲辨博凡朝廷制度損益珪爲編類詳定檢討刪定官初兩燕王墓舊在中都東城外海陵廣京城圍墓在東城內前嘗有盜發其墓大定九年詔改葬於城外俗傳六國時燕王及太子丹之葬及啓壙其東墓之柩題其和曰燕靈王舊舊古柩字通用乃西漢

高祖子劉建葬也其西墓蓋燕康王劉嘉之葬也珪作兩燕王墓辯據葬制名物款刻甚詳安國軍節度判官高元鼎坐監臨姦事求援於太常博士田居實大理司直呂長行吏部主事高震亨大理評事王元忠震亨以屬鞫問官御史臺典事李仲柔仲柔發之珪與刑部員外郎王翛宛平主簿任詢前衛州防禦判官閻恕承事郎高復亨文林郎翟詢敦武校尉王景晞進義校尉任師望坐與居實等轉相傳教或令元鼎逃避居實長行震亨元忠各杖八十翛珪詢恕復亨翟詢各笞四十景晞師望各徒二年官贖外並的決久之除河東北路轉運副使復入為脩撰遷禮

部郎中封真定縣男珪已得風疾失音不能言乃除濰州刺史同輩已奏謝珪獨不能入見世宗以讓右丞唐括安禮參政王蔚曰卿等閱書史亦有不能言之人可以從政者乎又謂中丞劉仲誨曰蔡珪風疾不能奏謝卿等何不糾之人言卿等相為黨蔽今果然邪珪乃致仕尋卒珪之文有補正水經五篇合沈約蕭子顯魏收宋齊北魏志作南北史志三十卷續金石遺文跋尾十卷晉陽志十二卷文集五十五卷補正水經晉陽志文集今存餘皆亡

吳激字彥高建州人父栻宋進士官終朝奉郎知蘇州激米芾之壻也工詩能文字畫俊逸得芾筆意尤精樂府造語清婉哀而不傷將宋命至金以知名留不遣命為翰林待制皇統二年出知深州到官三日卒詔賜其子錢百萬粟三百斛田三頃以周其家有東山集十卷行于世東山其自號也

馬定國字子卿茌平人自少志趣不群宣政末題詩酒家壁坐譏訕得罪亦因以知名阜昌初遊歷下以詩撼齊王豫豫大悅授監察御史仕至翰林學士石鼓自唐以來無定論定國以字畫考之云是宇文周時所造作辯萬餘言出入傳記引據甚明學者以比蔡正甫燕王墓辯初學詩未有入處夢其父與方寸白筆從是文章大進有集傳于

世

任詢字君謨易州軍市人父貴有才幹善畫喜談兵宣政間游江浙詢生於虔州為人慷慨多大節書為當時第一畫亦入妙品評者謂畫高於書書高於詩詩高於文然王庭筠獨以其才具許之登正隆二年進士第歷益都都勾判官北京鹽使年六十四致仕優游鄉里家藏法書名畫數百軸年七十卒

趙可字獻之高平人貞元二年進士仕至翰林直學士博學高才卓犖不羈天德貞元間有聲場屋後入翰林一時詔誥多出其手流輩服其典雅其歌詩樂府尤工號玉峯

散人集

郭長倩字曼卿文登人登皇統丙寅經義乙科仕至秘書少監兼禮部郎中修起居注與施朋望王無競劉嵒老劉無黨相友善所撰石決明傳爲時輩所稱有昆侖集行于世

蕭永祺字景純本名蒲烈少好學通契丹大小字廣寧尹耶律固奉詔譯書辟置門下因盡傳其業固卒永祺率門弟子服齊衰喪固作遼史未成永祺繼之作紀三十卷志五卷傳四十卷上之加宣武將軍除太常丞海陵爲中京留守永祺特見親禮天德初擢左諫議大夫遷翰林侍講

學士同脩國史再遷翰林學士明年遷承旨尚書左丞耶律安禮出守南京海陵欲以永祺代之召見于內閣諭以旨意永祺辭曰臣材識卑下不足以辱執政海陵曰今天下無事朕方以文治卿爲是優矣永祺固辭既出或問曰公遇知人主進取爵位以道佐時何多讓也永祺曰執政繫天下休戚縱欲貪冒榮寵如蒼生何海陵嘗選廷臣十人備諮訪獨永祺議論寬厚時稱長者卒年五十七

胡礪字元化磁州武安人少嗜學天會間大軍下河北礪爲軍士所掠行至燕亡匿香山寺與傭保雜處韓昉見而異之使賦詩以見志礪操筆立成思致清婉昉喜甚因館置門下使與其子處同教育之自是學業日進昉嘗謂人曰胡生才器一日千里他日必將名世十年舉進士第一授右拾遺權翰林修撰久之改定州觀察判官定之學校爲河朔冠士子聚居者常以百數礪督教不倦經指授者悉爲場屋上游稱其程文爲元化格皇統初爲河北西路轉運都勾判官礪性剛直無所屈行臺平章政事高禎之汴道真定撫于漕司礪欲就坐禎責之礪曰公在政府則禮絕百僚今日之會自有賓主禮禎曰汝他日爲省吏當何如礪曰當官而行亦何所避禎壯其言改謝之改同知深州軍州事加朝奉大夫郡守暴戾蔑視僚屬礪常以禮

折之守愧服郡事一委于礪州管五縣例置弓手百餘少者猶六七十人歲民錢五千餘萬爲顧直其人皆市井無賴以迹盜爲名所至擾民礪知其弊悉罷去繼而有飛語曰某日賊發將殺通守或請爲備礪曰盜所利者財耳吾貧如此何備爲是夕令公署撤關竟亦無事再補翰林修撰遷禮部郎中一時典禮多所裁定海陵拜平章政事百官賀於廟堂礪獨不跪海陵問其故礪以令對且曰朝服而跪見君父禮也海陵深器重之天德初再遷侍講學士同修國史以母憂去官起復爲宋國歲元副使刑部侍郎白彥恭爲使海陵謂礪曰彥恭官在卿下以其舊勞故使

卿副之遷翰林學士改刑部尚書扈從至汴得疾海陵數遣使臨問卒深悼惜之年五十五

王競字無競彰德人警敏好學年十七以廕補官宋宣和中太學兩試合格調屯留主簿入國朝除大寧令歷寶勝鹽管轉河内令時歲饑盜起競設方略以購賊不數月盡得之夏秋之交沁水泛溢歲發民築隄豪民猾吏因緣爲姦競覈實之減費幾半縣民爲之諺曰西山至河岸縣官兩人半蓋以前政韓希甫與競相繼治縣皆有幹能絳州正平令張元亦有治績而差不及故云然天眷元年轉固安令皇統初參政韓昉薦之召權應奉翰林文字兼太常

博士詔作金源郡王完顏婁室墓碑競以行狀盡其實乃請國史刊正之時人以爲法二年試館閣競文居最遂爲眞遷尚書禮部員外郎時海陵當國政由己出欲令百官避堂諱競言人臣無公諱遂止蕭仲恭以太傅領三省事封王欲援遼故事親王用紫羅傘事下禮部競與郎中翟永固明言其非是事竟不行海陵由是重之天德初轉翰林待制遷翰林直學士改禮部侍郎遷翰林侍講學士改太常卿同修國史權禮部尚書同修國史如故大定二年春從太傅張浩朝京師詔復爲禮部尚書是歲奉遷睿宗山陵儀注不應典禮競削官兩階詔改創五龍車兼翰林學士承旨修國史四年卒官競博學而能文善草隸書工大字兩都宮殿牓題皆競所書士林推爲第一云

楊伯仁字安道伯雄之弟也天性孝友讀書一過成誦登皇統九年進士第事親不求調天德二年除應奉翰林文字初名伯英避太子光英諱改今名海陵嘗夜召賦詩傳趣甚亟未二鼓奏十詠海陵喜解衣賜之海陵射烏伯仁獻獲烏詩以諷丁父憂起復賜金帶襲衣及賜白金以奉母改左拾遺進士呂忠翰廷試已在第一未唱名海陵以忠翰程文示伯仁問其優劣伯仁對曰當在優等海陵曰此令試狀元也伯仁自以知忠翰姓名在第一遂宿諫省

俟唱名乃出海陵嘉其慎密轉翰林修撰孟宗獻發解第一伯仁讀其程文稱之此人當成大名是歲宗獻府試省試廷試皆第一號孟四元時論以爲知文故事狀元官從七品階承務郎世宗以宗獻獨異等與從六品階授奉直大夫改著作郎居母喪服除調鎮西節度副使入爲起居注兼左拾遺上書論時務六事改大名少尹郡中豪民橫恣甚莫可制民受其害伯仁窮竟渠黨凶境帖然讞館陶大辟得其冤狀館陶人爲立祠府尹荆王文坐贓削封降德州防禦使同知裴滿子寧及伯仁判官謝奴皆以不能匡正解職伯仁降南京留守判官改同知安化軍節度使

到官三日召爲太子右諭德兼侍御史改翰林待制復兼
右諭德除濵州刺史郡俗有遣奴出亡捕之以規賞者伯
仁至責其主而杖殺其奴如是者數輩其弊遂止入爲左
諫議大夫兼禮部侍郎翰林直學士故事諫官詞臣入直
禁中上閔其勞特免入直改吏部侍郎直學士如故鄭子
聃卒宰相舉伯仁代之乃遷侍講兼禮部侍郎伯仁久在
翰林文詞典麗上曰自韓昉張鈞後則有翟永固近日則
張景仁鄭子聃今則伯仁而已其次未見能文者呂忠翰
草降海陵庶人詔黜竄再四終不能盡朕意狀元雖以詞
賦甲天下至於辭命未必皆能凡進士可令補外考其能

文者召用之不數月兼左諫議大夫俄兼太常卿大臣舉
可修起居注者數人上以伯仁領之從幸上京伯仁多病
至臨潢地寒因感疾還中都明年上還幸中都遣使勞問
賜以丹劑是歲卒

鄭子聃字景純大定府人父宏遼金源令二子子京子聃
楊丘行嘗謂人曰金源二子鳳毛也小者尤特達後必名
世子聃及冠有能賦聲天德三年丘行爲太子左衛率府
率廷試明日海陵以子聃程文示丘行對曰可入甲乙及
拆卷果中第一甲第三人調翼城丞遷贊皇令召爲書畫
直長子聃頗以才望自負常慊不得爲第一甲第一人正
隆二年會試畢海陵以第一人程文問子聃子聃少之海
陵問作賦何如對曰甚易因自矜且謂他人莫已若也海
陵不悅乃使子聃與翰林修撰綦戩楊伯仁宣徽判官張
汝霖應奉翰林文字李希顏同進士雜試七月癸未海陵
御寶昌門臨軒觀試以不貴異物民乃足爲賦題忠臣猶
孝子爲詩題憂國如飢渴爲論題上謂讀卷官翟永固曰
朕出賦題能言之或能行之未可知也詩論題庶戒臣下
丁亥御便殿親覽試卷中第者七十三人子聃果第一海
陵奇之有頃進官三階除翰林修撰改侍御史京畿旱詔
子聃決囚遂澍雨人以比顏真卿遷待制兼吏部郎中改

祕書少監遷翰林直學士兼太子左諭德顯宗深器重之
以疾求補外遂爲沂州防禦使皇太子幣贐甚厚命以安
輿之官召還爲左諫議大夫兼直學士改吏部侍郎同修
國史直學士如故遷侍講兼修國史上曰修海陵實録知
其詳無如子聃者蓋以史事專責之也二十年卒年五十
五子聃英俊有直氣其爲文亦然平生所著詩文二千餘
篇

党懷英字世傑故宋太尉進十一代孫馮翊人父純睦泰
安軍録事參軍卒官妻子不能歸因家焉應舉不得意遂
脫略世務放浪山水間簞瓢屢空晏如也大定十年中進

士第調莒州軍事判官累除汝陰縣尹國史院編修官應奉翰林文字翰林待制兼同修國史懷英能屬文工篆籀當時稱爲第一學者宗之大定二十九年與鳳翔府治中郝俣充遼史刊修官應奉翰林文字移剌益趙渢等七人爲編修官凡民間遼時碑銘墓誌及諸家文集或記憶遼舊事悉上送官是時章宗初即位好尚文辭旁求文學之士以備侍從謂宰臣曰翰林闕人如之何張汝霖奏曰郝俣能屬文宦業亦佳上曰近日制詔惟党懷英最善移剌履進曰進士擢第後止習吏事更不復讀書近日始知爲學矣上曰今時進士甚滅裂唐書中事亦多不知朕殊不喜上謂宰臣曰郝俣賦詩頗佳舊時劉迎能之李晏不及也明昌元年懷英再遷國子祭酒二年遷侍講學士明年議開邊防濠塹懷英等十六人請罷其役詔從之遷翰林學士六年有事于南郊攝中書侍郎讀祝册上曰讀册至朕名聲微下雖曰尊君然在郊廟禮非所宜當平讀之承安二年乞致仕改泰寧軍節度使明年召爲翰林學士承旨泰和元年增修遼史編修官三員詔分紀志列傳刊修官有改除者以書自隨久之致仕大安三年卒年七十八謚文獻懷英致仕後章宗詔直學士陳大任繼成遼史云

列傳第六十三

列傳第六十四　金史一百二十六

開府儀同三司上柱國録軍國重事前中書右丞相監修國史領經筵事都總裁臣脫脫奉

勑修

文藝下

趙渢　周昂　王庭筠

劉昂　李經　劉從益

吕中孚 張建附　李純甫　王鬱

宋九嘉　龐鑄　李獻能

王若虛　王元節　麻九疇

李汾　元德明 子好問

趙渢字文孺東平人大定二十二年進士仕至禮部郎中性沖澹學道有所得尤工書自號黄山趙秉文云渢之正書體兼顏蘇行草備諸家體其超放又似楊凝式當處蘇黄伯仲間党懷英小篆李陽冰以來鮮有及者時人以渢配之號曰党趙有黄山集行於世

周昂字徳卿眞定人父伯禄字天錫大定進士仕至同知沁南軍節度使昂年二十四擢第調南和簿有異政遷良鄉令入拜監察御史路鐸以言事被斥昂送以詩語涉謗訕坐停銓久之起爲龍州都軍以邊功復召爲三司官大安兵興權行六部員外郎其甥王若虛嘗學於昂昂教之

曰文章工於外而拙於内者可以驚四筵而不可以適獨坐可以取口稱而不可以得首肯又云文章以意爲主以言語爲役主强而役弱則無令不從今人往往驕其所役至跋扈難制甚者反役其主雖極辭語之工而豈文之正哉昂孝友喜名節學術醇正文筆高雅諸儒皆師尊之既歷臺省爲人所擠竟坐詩得罪謫東海上十數年始入翰林言事愈切出佐三司非所好從宗室承裕軍承裕失利跳走上谷衆欲徑歸昂獨不從城陷與其從子嗣明同死於難嗣明字晦之

王庭筠字子端河東人生未期視書識十七字七歲學詩十一歲賦全題稍長涿郡王翛一見期以國士登大定十六年進士第調恩州軍事判官臨政即有聲郡民鄒四者謀爲不軌事覺逮捕千餘人而鄒四竄匿不能得朝廷遣大理司直王仲軻治其獄庭筠以計獲鄒四分別詿誤坐預謀者十二人而已再調館陶主簿明昌元年三月章宗諭旨學士院曰王庭筠所試文句太長朕不喜此亦恐四方傚之又謂平章張汝霖曰王庭筠文藝頗佳然語句不健其人才高亦不難改也四月召庭筠試館職中選御史臺言庭筠在館陶嘗犯贓罪不當以館閣處之遂罷乃卜居彰德買田隆慮讀書黄華山寺因以自號是年十二月上因語及學士歎其乏材參政守貞曰王庭筠其人也三年召爲應奉翰林文字命與秘書郎張汝方品第法書名畫遂分入品者爲五百五十卷五年八月上顧謂宰執曰應奉王庭筠朕欲以詔誥委之其人才亦豈易得近覺懷英作長白山冊文殊不工聞文士多妬庭筠者不論其文顧以行止爲訾大抵讀書人多口頰或相黨昔東漢之士與宦官分朋固無足怪如唐牛僧孺李德裕宋司馬光王安石均爲儒者而互相排毀何耶遂遷庭筠爲翰林修撰承安元年正月坐趙秉文上書事削一官杖六十解職語在秉文傳二年降授鄭州防禦判官四年起爲應奉翰林

文字泰和元年復爲翰林修撰扈從秋山應制賦詩三十餘首上甚嘉之明年卒年四十有七上素知其貧詔有司賻錢八十萬以給喪事求生平詩文藏之秘閣又以御製詩賜其家其引云王遵古朕之故人也乃子庭筠復以才選直禁林者首尾十年今兹云亡玉堂東觀無復斯人矣庭筠儀觀秀偉善談笑外若簡貴人初不敢與接既見和氣溢於顔間殷勤慰藉如恐不及少有可取極口稱道他日雖百負不恨也從游者如韓溫甫路元亨張進卿李公度其薦引者如趙秉文馮璧李純甫皆一時名士世以知人許之爲文能道所欲言暮年詩律深嚴七言長篇尤工

險韻有藂辨十卷文集四十卷書法學米元章與趙渢趙秉文俱以名家庭筠尤善山水墨竹云子曼慶亦能詩并書仕至行省右司郎中自號澹游云

劉昂字之昂興州人大定十九年進士曾高而下七世登科昂天資警悟律賦自成一家作詩得晚唐體尤工絶句李純甫故人外傳云昂早得仕年三十三爲尚書省掾調平涼路轉運副使時術士有言昂官止五品昂不信俄以母憂去職連蹇十年卜居洛陽有終焉之志有薦其才於章宗者泰和初自國子司業擢爲左司郎中會掌書大中與賈鉉漏言除授事爲言者所劾獄辭連昂章宗震怒一

時聞人如史肅李著王宇宗室從郁皆譴逐之鉉尋亦罷政昂降上京留守判官道卒竟如術者之言

李經字天英錦州人作詩極刻苦喜出奇語不蹈襲前人李純甫見其詩曰真今世太白也由是名大震再舉不第拂衣去南渡後其鄉帥有表至朝廷士大夫識之曰此天英筆也朝議以武功就命倅其州後不知所終

劉從益字雲卿渾源人其高祖撝天會元年詞賦進士子孫多由科第入仕從益登大安元年進士第累官監察御史坐與當路辨曲直得罪去久之起爲葉縣令修學勵俗有古良吏風葉自兵興戶減三之一田不毛者萬七千畝有奇其歲入七萬石如故從益請於大司農爲減一萬民甚賴之流亡歸者四千餘家未幾被召百姓詣尚書省乞留不聽入授應奉翰林文字踰月以疾卒年四十四葉人聞之以端午罷酒爲位而哭且立石頌德以致哀思從益博學強記精於經學爲文章長於詩五言尤工有蓬門集子祁字京叔爲太學生甚有文名值金末喪亂作歸潛志以紀金事修金史多採用焉

呂中孚字信臣冀州南宮人張建字吉甫蒲城人皆有詩名中孚有清漳集建明昌初授絳州教官召爲宮教應奉翰林文字以老請致仕章宗愛其純素不欲令去授同知

華州防禦使仍賜詩以寵之自號蘭泉有集行于世

李純甫字之純弘州襄陰人祖安上嘗魁西京進士父采卒於益都府治中純甫幼穎悟異常初業詞賦及讀左氏春秋大愛之遂更爲經義學擢承安二年經義進士爲文法莊周列禦寇左氏戰國策後進多宗之又喜談兵慨然有經世心章宗南征兩上疏策其勝負上奇之給送軍中後多如所料宰執愛其文薦入翰林及

大元兵起又上疏論時事不報宣宗遷汴再入翰林時丞相高琪擅威福柄擢爲左司都事純甫審其必敗以母老辭去既而高琪誅復入翰林連知貢舉正大末坐取人踰

新格出倅坊州未赴改京兆府判官卒於汴年四十七純甫爲人聰敏少自負其材謂功名可俯拾作矮柏賦以諸葛孔明王景略自期由小官上萬言書援宋爲證甚切當路者以迂闊見抑中年度其道不行益縱酒自放無仕進意得官未成考旋即歸隱日與禪僧士子游以文酒爲事嘯歌袒裼出禮法外或飲數月不醒人有酒見招不擇貴賤必往往輒醉雖沉醉亦未甞廢著書然晚年喜佛力探其奥義自類其文凡論性理及關佛老二家者號内藁其餘應物文字爲外藁又解楞嚴金剛經老子莊子中庸集解鳴道集解號中國心學西方父教數十萬言以故爲名教所貶云

王鬱字飛伯大興人儀狀魁奇目光如鶻少居釣臺閉門讀書不接人事乆之爲文法柳宗元閎肆奇古動輒數千言歌詩俊逸效李白甞作王子小傳以自叙天興初元汴京被圍上書言事不報四月圍稍解挺身突出爲兵士所得其將遇之甚厚鬱經行無機防爲其下所忌見殺臨終懷中出書曰是吾平生著述可傳付中州士大夫曰王鬱死矣年三十餘同時以詩鳴者雷琯侯冊王元粹云

宋九嘉字飛卿夏津人爲人剛直豪邁少遊太學有能賦聲長從李純甫讀書爲文有奇氣與雷淵李經相伯仲中至寧元年進士第歷藍田高陵扶風三水四縣令咸以能稱入爲翰林應奉正大中以疾去没于癸巳之難

龐鑄字才卿遼東人少擢第仕有聲南渡後爲翰林待制遷户部侍郎坐游貴戚家出倅東平改京兆路轉運使卒博學能文工詩造語奇徤不凡世多傳之

李獻能字欽叔河中人先世有爲金吾衛上將軍者時號李金吾家迨獻能昆弟皆以文學名從兄獻卿獻誠從弟獻甫相繼擢第故李氏有四桂堂獻能苦學博覽於文尤長於四六貞祐三年特賜詞賦進士廷試第一人宏詞優等授應奉翰林文字在翰苑凡十年出爲鄜州觀察判官

用薦者復爲應奉俄還修撰正大末以鎮南軍節度副使充河中帥府經歷官

大元兵破河中奔陝州行省以權左右司郎中值趙三三軍變遇害年四十三獻能爲人眇小而墨色頗有鬚善談論每敷説今古聲鏗亮可聽作詩有志於風雅又刻意樂章在翰院應機敏捷號得體趙秉文李純甫甞曰李獻能天生今世翰苑材故每薦之不令出館家故饒財盡於貞祐之亂在京師無以自資其母素豪奢厚於自奉小不如意則必訶譴人視之殆不堪憂獻能處之自若也時人以純孝稱之甞謂人云吾幼夢官至五品壽不至五十後竟

如其言

王若虛字從之藳城人也幼穎悟若夙昔在文字間者擢承安二年經義進士調鄜州録事歷管城門山二縣令皆有惠政秩滿老幼攀送數日乃得行用薦入為國史院編脩官遷應奉翰林文字奉使夏國還授同知泗州軍州事留為著作佐郎正大初章宗宣宗實録成遷平涼府判官未幾召為左司諫後轉延州刺史入為直學士天興元年哀宗走歸德明年春崔立變群小附和請為立建功德碑翟奕以尚書省命召若虛為文時奕輩恃勢作威人或少忤則讒構立見屠滅若虛自分必死私謂左右司員外郎

元好問曰今召我作碑不從則死作之則名節掃地不若死之為愈雖然我姑以理諭之乃謂奕輩曰丞相功德碑當指何事為言奕輩怒曰丞相以京城降活生靈百萬非功德乎曰學士代王言功德碑謂之代王言可乎且丞相既以城降則朝官皆出其門自古豈有門下人為主帥誦功德而可信乎後世哉奕輩不能奪乃召太學生劉祁麻革輩赴省好問張信之喻以立碑事曰衆議屬二君且已白鄭王矣二君其無讓祁等固辭而別數日促迫不已祁即為草定以付好問好問意未愜乃自為之既成以示若虛乃共删定數字然止直叙其事而已後兵入城不果立

也金亡微服北歸鎮陽與渾源劉郁東游泰山至黄峴峯憩萃美亭顧謂同游曰汨没塵土中一生不意晚年乃造仙府誠得終老此山志願畢矣乃令子忠先歸遣子恕前行視夷險因垂足坐大石上良久瞑目而逝年七十所著文章號慵夫集若干卷滹南遺老若干卷傳於世

王元節字子元弘州人也祖山甫遼戶部侍郎父詡海陵朝左司員外郎元節幼穎悟雖家世貴顯而從學甚謹渾源劉撝愛其才俊以女妻之遂傳其賦學登天德三年詞賦進士第雅尚氣節不能隨時俯仰故仕不顯及還密州觀察判官既罷即逍遥鄉里以詩酒自娱號曰遯齋年五

十餘卒有詩集行於世弟元德亦第進士有能名於時終南京路提刑使孫國綱字正之業儒術尤長吏事為人端重簡易或有忤者畧不與校亦未嘗形于怒色大安三年試補尚書吏部掾未幾轉御史臺令史宣宗聞其材幹興定三年特召為近侍奉職承應甚見寵遇勤留凡三考出為同知申州事無何召為筆硯直長擢監察御史秩滿勑留再任蓋知其材器故也開興元年關陝完顏總帥屯河中府與

大元軍戰敗績哀宗遣國綱乘上廐馬經詣河中問敗軍之由還至中途值

大兵見殺時年四十四

麻九疇字知幾易州人三歲識字七歲能草書作大字有及數尺者一時目爲神童章宗召見問汝入宮殿中亦懼怯否對曰君臣父子也子寧懼父耶上大奇之弱冠入太學有文名南渡後寓居郾蔡間入遂平西山始以古學自力博通五經於易春秋爲尤長興定末試開封府詞賦第二經義第一再試南省復然聲譽大振雖婦人小兒皆知其名及廷試以誤出士論惜之已而隱居不爲科舉計正大初門人王說王采苓俱中第上以其年幼怪而問之乃知嘗師九疇平章政事侯摯翰林學士趙秉文連章薦之特賜盧亞牓進士第以病未拜官告歸再授太常寺太祝權博士俄遷應奉翰林文字九疇性資野逸高蹇自便與人交一語不相入則逕去不返顧自度終不能與世合頃之復謝病去居郾城天興元年

大元兵入河南挈家走確山爲兵士所得驅至廣平病死年五十九九疇初因經義學易後喜邵堯夫皇極書因學筭數又喜卜筮射覆之術晚更喜醫與名醫張子和游盡傳其學且爲潤色其所著書爲文精密奇健詩尤工殲後以避謗忌持戒不作明昌以來稱神童者五人太原常添壽四歲能作詩劉滋劉微張漢臣後皆無稱獨知幾能自樹

立者耆舊如趙秉文以徵君目之而不名

李汾字長源太原平晉人爲人尚氣跌宕不覊性褊躁觸之輒怒以是多爲人所惡喜讀史工詩雄健有法避亂入關京兆尹子容愛其材招致門下留二年去之涇州謁左丞張行信一見即以上客禮之元光間游大梁舉進士不中用薦爲史館書寫書寫特抄書小史耳凡編修官得日録纂述既定以藁授書寫書寫録潔本呈翰長汾既爲之殊不自聊時趙秉文爲學士雷淵李獻能皆在院刊脩之際汾在旁正襟危坐讀太史公左丘明一篇或數百言音吐洪暢旁若無人既畢顧四坐漫爲一語云看秉筆諸人積不平而雷李尤切齒乃以嫚罵官長訟于有司然時論亦有不直雷李者尋罷入關明年來京師上書言時事不合去客唐鄧間恒山公武仙署行尚書省講議官既而仙與參知政事完顏思烈相異同頗謀自安懼汾言論欲除之汾覺遁泌陽仙令總帥王德追獲之鎖養馬平絕食而死年未四十汾平生詩甚多不自收集世所傳者十二三而已

元德明系出拓拔魏太原秀容人自幼嗜讀書口不言世俗鄙事樂易無畦畛布衣蔬食處之自若家人不敢以生理累之累舉不第放浪山水間飲酒賦詩以自適年四十

八年有東巖集三卷子好問最知名好問字裕之七歲能詩年十有四從陵川郝晉卿學不事舉業淹貫經傳百家六年而業成下太行渡大河爲箕山琴臺等詩禮部趙秉文見之以爲近代無此作也於是名震京師中興定五年第歷内鄉令正大中爲南陽令天興初擢尚書省掾頃之除左司都事轉行尚書省左司員外郎金亡不仕爲文有繩尺備衆體其詩奇崛而絶雕劌巧縟而謝綺麗五言高古沈鬱七言樂府不用古題特出新意歌謡慷慨挾幽并之氣其長短句揄揚新聲以寫恩怨者又數百篇兵後故老皆盡好問蔚爲一代宗工四方碑板銘志盡趨其門其所著文章詩若干卷杜詩學一卷東坡詩雅三卷錦機一卷詩文自警十卷晚年尤以著作自任以金源氏有天下典章法度幾及漢唐國亡史作己所當任時金國實録在順天張萬户家乃言於張願爲撰述既而爲樂夔所沮而止好問曰不可令一代之跡泯而不傳乃構亭於家著述其上因名曰野史凡金源君臣遺言往行采摭所聞有所得輒以寸紙細字爲記録至百餘萬言今所傳者有中州集及壬辰雜編若干卷年六十八卒纂修金史多本其所著云

贊曰韓昉吳激楚材而晉用之亦足爲一代之文矣蔡珪馬定國之該博胡礪揚伯仁之敏贍鄭子聃麻九疇之英儁王鬱宋九嘉之邁往三李卓犖純甫知道汾任氣獻能尤以純孝見稱王庭筠党懷英元好問自足知名異代王競劉從益王若虚之吏治文不掩其所長蔡松年在文藝中爵位之最重者莇金人言利興黨獄殺田瑴文不能掩其所短者歟事繼母有至行其死家無餘貲有足取云

列傳第六十四

開府儀同三司上柱國錄軍國重事前中書右丞相監修國史領經筵事都總裁臣脫脫奉

勑修

孝友

溫迪罕斡魯補　陳顔　劉瑜
孟興　王震　劉政

孝友者人之至行也而恒性存焉有子者欲其孝有弟者欲其友豈非人之恒情乎爲子而孝爲弟而友又豈非人之恒性乎以人之恒情責人之恒性而不副所欲者恒有焉有竭力於是豈非難乎天生五穀以養人五穀之有恒

性也服田力穡以望有秋農夫之有恒情也五穀熟人民育豈異事乎然以唐虞之世黎民阻飢不免以命稷百姓不親五品不遜不免以命契以是知順成之不可必猶孝友之不易得也是故有年大有年以異書於聖人之經孝友以至行傳於歷代之史劭農與孝之敎不廢於歷代之政孝弟力田自漢以來有其科章宗嘗言孝義之人素行已備雖有希覬猶不失爲行善庶幾帝王之善訓矣夫金世孝友見於旌表載於史冊者僅六人焉作孝友傳

溫迪罕斡魯補西北路宋葛斜斯渾猛安人年十五居父喪不飲酒食肉廬于墓側母疾刲股肉療之疾愈詔以爲護衛

陳顔衛州汲縣人世業農父光宋季擢武舉第調壽陽尉未赴值金兵取汴光病圍城中顔鬻關渡河徃省其父因扶疾北歸光家奴諜良不可誣告光與賊殺人光繫獄榜掠不勝因自誣服顔詣郡請代父死太守徐某哀之不敢決適帥臣至郡以其狀白帥曰此眞孝子也遂併釋之天會七年詔旌表其門閭

劉瑜棣州人家貧甚母喪不能具葬乃質其子以給喪事明昌三年詔賜粟帛復其終身

孟興蚤喪父事母孝謹母沒喪葬盡禮事兄如事其父明

昌三年詔賜帛十匹粟二十石

王震寧海州文登縣人爲進士學母患風疾刲股肉雜飲食中疾遂愈母沒哀泣過禮目生翳服除目不療而愈皆以爲孝感所致特賜同進士出身詔尚書省擬注職任

劉政洺州人性篤孝母老喪明政每以舌舐母目逾旬母能視物母疾晝夜侍側衣不解帶刲股肉啖之者再三母死負土起墳鄉隣欲佐其勞政謝之葬之日飛鳥哀鳴翔集立木間廬於墓側者三年防禦使以聞除太子掌飲丞

隱逸

褚承亮　王去非　趙質

杜時昇　郝天挺　薛繼先
高仲振　張潛　王汝梅
宋可　辛愿　王予可

孔子稱逸民伯夷叔齊夷逸朱張柳下惠少連其立心造行之異同各有所稱謂而柳下惠則又嘗仕於當世者也長沮桀溺之徒則無所取焉後世凡隱遯之士其名皆列於史傳何歟蓋古之仕者其志將以行道其爲貧而仕下列者猶必先事而後食焉後世干祿者多其先人尚人之志與歎老嗟卑之心能去是者鮮矣故君子於士之遠引高蹈者特稱述之庶聞其風猶足以立懦廉頑也作隱逸傳

褚承亮字茂先真定人宋蘇軾自定武謫官過真定承亮以文謁之大爲稱賞宣和五年秋應鄉試同試者八百人承亮爲第一明年登第調易州户曹未赴會金兵南下天會六年斡離不既破真定拘藉境内進士試安國寺承亮名亦在藉中匿而不出軍中知其才嚴令押赴與諸生對策策問上皇無道少帝失信舉人承風旨極口詆毀承亮詣主文劉侍中曰君父之罪豈臣子所得言耶長揖而出劉爲之動容餘悉放第凡七十二人遂號七十二賢榜狀元許必仕爲郎官一日出左掖門墮馬首中闔石死餘皆無顯者劉多承亮之誼薦知槀城縣漫應之即棄去年七十終門人私謚曰玄貞先生子席珍正隆二年進士官州縣有聲

王去非字廣道平陰人嘗就舉不得意即屏去督妻孥耕織以給伏臘家居教授束脩有餘輒分惠人弟子班忱貧不能朝夕一女及笄去非爲辦資裝嫁之北隣有喪忌東出西與北皆人居南則去非家去非壞蠶室使喪南出遂得葬焉大定二十四年卒年八十四

趙質字景道遼相思温之裔大定末舉進士不第隱居燕城南教授爲業明昌間章宗遊春水過焉聞絃誦聲幸其

齋舍見壁間所題詩諷詠久之賞其志趣不凡召至行殿命之官固辭曰臣僻性野逸志在長林豐草金鑣玉絡非所願也況聖明在上可不容巢由爲外臣乎上益奇之賜田畝千復之終身泰和二年卒年八十五

杜時昇字進之霸州信安人博學知天文不肯仕進承安泰和間宰相數薦時昇可大用時昇謂所親曰吾觀正北赤氣如血東西亘天天下當大亂亂而南北當合爲一消息盈虛循環無端察往者來孰能違之是時風俗侈靡紀綱大壞世宗之業遂衰時昇乃南渡河隱居嵩洛山中從學者甚衆大抵以伊洛之學教人自時昇始正大間

大元兵攻潼關拒守甚堅衆皆相賀時昇曰大兵皆在秦鞏間若假道於宋出襄漢入宛葉鐵騎長驅勢如風雨無高山大川爲之阻土崩之勢也頃之大元兵果自饒峯關涉襄陽出南陽金人敗績于三峯山汴京不守皆如時昇所料云正大末卒

郝天挺字晉卿澤州陵川人早衰多疾厭於科舉遂不復充賦太原元好問嘗從學進士業天挺曰今人賦學以速售爲功六經百家分磔緝綴或篇章句讀不之知幸而得之不免爲庸人又曰讀書不爲藝文選官不爲利養唯通人能之又曰今之仕多以貪敗皆苦飢寒不能自持耳丈

夫不耐飢寒一事不可爲子以吾言求之科舉在其中矣或曰以此學進士無乃戾乎天挺曰正欲渠不爲舉子爾貞祐中居河南往來淇衛間爲人有崖岸耿耿自信寧落魄困窮終不一至豪富之門年五十終于舞陽

薛繼先字曼卿南渡後隱居洛西山中課童子讀書事母孝與人交謙遜和雅所居化之子純孝字方叔有父風有詐爲曼卿書就方叔取物者曼卿年已老狀貌如少者客不知其爲曼卿而以爲方叔也而與之書曼卿如所取付之監察御史石玠行部過曼卿曼卿不之見或言君何無卿曲情曼卿曰君未之思耳凡今時政未必皆善御史一有所劾將謂自我發之同惡相庇他日介鄰里必有受禍者其畏甚皆此類壬辰之亂病沒宜陽

高仲振字正之遼東人其兄領開封鎮兵仲振依之以居旣而以家業付其兄挈妻子入嵩山博極羣書尤深易皇極經世學安貧自樂不入城市山野小人亦知敬之嘗與其弟子張潛王汝梅行山谷間人望之翩然如仙或自仲振嘗遇異人教以養生術嘗終日燕坐骨節戛戛有聲所談皆世外事有扣之者輒不復語云

張潛字仲升武清人幼有志節慕荆軻聶政爲人年三十始折節讀書時人高其行誼目曰張古人後客崧山從仲

振受易年五十始娶魯山孫氏亦有賢行夫婦相敬如賓負薪拾穗行歌自得不知其貧也鄰里有爲潛種瓜者及熟讓潛潛弗許竟分而食之嘗行道中拾一斧夫婦計度移時乃持歸訪其主還之里有兄弟分財者其弟曰我家如此獨不畏張先生知耶遂如初天興間潛挈家避兵少室乃不食七日死孫氏亦投絕澗死焉

王汝梅字大用大名人始由律學爲伊陽簿秩滿遂隱居不仕性嗜書動有禮法生徒以法經就學者兼授以經學諸生服其教無敢爲非義者同業嘗憫其貧時周之皆謝不受後不知所終

宋可字予之武陟人其姑適大族槀氏貞祐之兵夫及子皆死於難姑以白金五十笏遺可可受不辭其後姑得槀氏疎族立爲後挈之省外家可乃置酒會鄉鄰謂姑曰姑往時遺可以金可以槀氏無子故受之今有子矣此金槀氏物非姑物也可何名取之因呼妻子舁金歸之鄉里用是重之未幾北兵駐山陽軍中有聞可名者訪知所在質其子使人招之曰從我者禍福共之不然汝子死矣親舊競勸之往可皆謝不從曰吾有子無子與吾兒死生皆有命焉豈以一子故併平生所守者亡之後竟以無子

辛愿字敬之福昌人年二十五始知讀書取白氏諷諫集

自試一日便能背誦乃聚書環堵中讀之至書伊訓詩河廣頗若有所省欲罷不能因更致力焉由是博極書史作文有繩尺詩律精嚴有自得之趣性野逸不修威儀貴人延客麻衣草屨足脛赤露坦然於其間劇談豪飲傍若無人甞謂王鬱曰王侯將相世所共嗜者聖人有以得之亦不避得之不以道與夫居之不能行已之志是欲澡其身而伏於廁也是難與他人道子宜保之其志趣如此後爲河南府治中高廷玉客廷玉爲府尹温迪罕福興所誣愿亦被訊掠幾不得免自是生事益狼狽愿雅負高氣不能從俗俯仰迫以飢凍流離往往見之于詩有詩數千首常貯竹槀中正大末歿洛下其詩有云黄綺暫来爲漢友巢由終不是唐臣真處士語也

王予可字南雲河東吉州人父本軍校予可亦甞隸籍年三十許大病後忽發狂久之能把筆作詩文及說世外恍惚事南渡後居上蔡遂平郾城之間遇文士則稱大成將軍於佛前則稱諦摩龍什於道則稱騶天玄後於貴游則稱威鋤堂主人爲人軀幹雄偉貌奇古戴青葛巾項後垂雙帶若牛耳一金鑲環在頂額之間兩頰以青涅之爲翠靨衣長不能掩脛落魄嗜酒每入城市人爭以酒食遺之夜宿土室中夏月或尸穢在傍蛆蟲狼藉不恤也人與之

紙落筆數百言或詩或文散漫碎雜無句讀無首尾多六經中語及韻學家古文奇字字畫峭勁遇宋諱亦時避之或問以故事其應如響諸所引書皆世所未見談說之際稍若有條貫則又以誕幻語亂之麻九疇張瑴與之游最狎言其詩以百分爲率可曉者才二三耳壬辰兵亂爲順天將領所得知其名竊議欲挈之北歸館於州之瑞雲觀子可明日見將領自言曰我不能住君家瑞雲觀也不數日卒後復有見於淮上者

贊曰金世隱逸不多見今於簡冊所有得十有二人焉其卓爾不羣者三人褚承亮宋人動試進士主司發策問宋

徽欽之罪承亮長揖而去之方金人重舉業杜時昇居山中首以伊洛之學教後進宋可不願仕人執其子爲質寧棄而不就遂以無子雖制行過中豈不賢於殺妻以求大將者乎大夫士見善明用心剛故能爲人所難爲者如此

列傳六十五

列傳六十六　金史百二十八

開府儀同三司上柱國錄軍國重事前中書右丞相監修國史領經筵事都總裁臣脫脫奉勅修

循吏

盧克忠　牛德昌　范承吉
王政　張奕　李瞻
劉敏行　傅慎微　劉煥
高昌福　孫德淵　趙鑑
蒲察鄭留　女奚烈守愚　石抹元
張彀　趙重福　武都
紇石烈德　張特立　王浩

金自穆宗號令諸部不得稱都孛堇於是諸部始列於統屬太祖命三百戶爲謀克十謀克爲猛安一如郡縣置吏之法太宗既有中原申畫封疆分建守令熙宗遣廉察之使循行四方世宗承海陵彫弊之餘休養生息迄于明昌承安之間民物滋殖循吏迭出焉泰和用兵郡縣多故吏治衰矣宣宗尚刀筆之習嚴考核之法能吏不乏而豈弟之政罕見稱述焉金百餘年吏治始終可攷於是作循吏傳

盧克忠貴德州鳳集人高永昌據遼陽克忠走詣金源郡

王斡會營降遂以撤屋出爲鄉導斡會克東京永昌走長松島克忠與渤海人撻不也追獲之收國二年授世襲謀克其後定燕伐宋皆與有功除登州刺史改刺澶州天德間同知保大軍節度使綏德州軍卒數人道過鄜城求宿民家是夜有賊剽主人財而去有司報假宿之卒繫獄榜掠誣服克忠察其冤獨不肯署未幾果得賊假宿之卒遂釋大定二年除北京副留守會民艱食克忠下令凡民有蓄積者計留一歲悉平其價糶之由是無捐瘠之患轉陝州防禦使後以靜難軍節度使致仕卒

牛德昌字彥欽蔚州定安人父鐸遼將作大監德昌少孤其母教之學有勸以就廕者其母曰大監遺命不使作承奉也中皇統二年進士第調礬山簿遷萬泉令屬蒲陝荐饑群盜充斥州縣城門晝閉德昌到官即日開城門縱百姓出入牓曰民苦飢寒剽掠鄉聚以偷旦夕之命甚可憐也能自新者一不問賊皆感激解散縣境以安府尹王伯龍嘉之禮待甚厚累官刑部吏部侍郎中都路都轉運使廣寧太原尹卒贈中奉大夫

范承吉字寵之好學問屬遼季盜賊起雖避地未嘗廢書天慶八年中進士丙科授秘書省校書郎至大定府金源令歸朝爲御前承應文字天眷初遷殿中少監四年從攻太原遷少府監五年宗翰克宋所得金珠承吉司其出入無毫髮欺及還犢車載書史而已尋遷昭文館直學士知絳州先是軍興民有爲將士所掠而逃歸者承吉使吏遍諭俾其自實凡數千人具白元帥府許自贖爲良或貧無貲者以公廚代輸六年改河東北路轉運使時承宋季之弊民賦繁重失當承吉乃爲經畫立法簡便所入增十數萬斛官既足而民有餘歷同知平陽尹西京副留守遷河東南路轉運使改同簽燕京留守事順天軍節度使屬地震壞民廬舍有欲爭先營葺者工匠過取其直承吉命官屬董其役先後以次不問貧富民賴以省費歷鎮西軍節度使行臺禮部尚書泰寧軍節度使復鎮順天奚卒散居境內率數千人爲盜承吉繩以法不少貸懼而不敢犯貞元二年以光祿大夫致仕卒年六十六

王政辰州熊岳人也其先仕渤海及遼皆有顯者政當遼季亂浮沈州里高永昌據遼東知政材略欲用之政度其無成辭謝不就永昌敗渤海人爭縛永昌以爲功政獨逡巡引退吳王闍母聞而異之言於太祖授盧州渤海軍謀克從破白霫下燕雲及金兵伐宋滑州降留政爲安撫使前此數州既降復殺守將反爲宋守及是人以爲政憂政曰苟利國家雖死何避宋王宗望壯之曰身沒王事利及

子孫汝言是也政從數騎入州是時民多以饑為盜坐繫政皆釋之發倉廩以賑貧乏於是州民皆悅不復叛傍郡聞之亦多降者宋王召政至轅門撫其背曰吾以汝為死矣乃復成功耶慰諭者久之天會四年為燕京都麴院同監未幾除同知金勝軍節度使事改權侍衛親軍都指揮使兼掌軍資是時軍旅始定筦庫紀綱未立掌吏皆因緣為姦政獨明會計嚴扃鐍金帛山積而出納無錙銖之失吳王闍母戲之曰汝為官久矣而貧不加富何也對曰政以楊震四知自守安得不貧吳王笑曰前言戲之耳以黃金百兩銀五百兩及所乘馬遺之六年授左監門將軍歷

安州刺史檀州軍州事户吏房主事天眷元年遷保靜軍節度使致仕卒年六十六政本名南撒里嘗使高麗因改名政子遵仁遵義遵古遵古有傳

張奕字彥微其先澤州高平人以廕補官仕齊為歸德府通判齊國廢齊兵之在郡者二萬人謀為亂約夜半舉燎相應奕知之選市人丁壯授以兵結陣扼其要巷闢小南門以示生路亂不得作比明亡匿略盡擒其首惡誅之後五日都統完顏魯補以軍至歸德欲根株餘黨奕以闔門保郡人無他遂止行臺承制除同知歸德尹天眷元年以河南與宋改同知沂州防禦使事三年宗弼復取河南徵奕赴行省既定汴京授汴京副留守歷陳秦州防禦使同知太原尹晉寧軍報夏人侵界詔奕往征之奕至境上按籍各歸所侵土還奏曰折氏世守麟府以抗夏人本朝有其地遂以與夏夏人夷折氏墳壠而戮其屍折氏怨入骨髓而不得報也今復使守晉寧故激怒夏人使為亂侵而條上其罪狀欲開邊釁以雪私讎耳獨可徙折氏他郡則夏人自安朝廷從之遂移折氏守青州正隆間同知西京留守事遷河東北路轉運使大定二年徵為户部尚書甫視事得疾卒

李瞻薊州玉田人遼天慶二年進士為平州望雲令張覺

據平州叛以瞻從事宗望復平州覺亡去城中復叛瞻踰城出降其子不能出為賊所害宋王宗望嘉之承制以為興平府判官天會三年遷大理少卿從宗望南伐為漢軍糧料使四年金兵圍汴宋人請割河北三鎮瞻與禮部侍郎李天翼安撫河北東西兩路略定懷濬衛等州衛湯陰等縣七年知寧州累遷德州防禦使為政寬平民懷其惠相率詣京師請留者數百千人貞元三年還濟州路轉運使改忠順軍節度使正隆末盜賊蠭起瞻增築城壘為備薊人賴之以安大定初卒于官

劉敏行平州人登天會三年進士除太子校書郎累遷肥

鄉令歲大饑盜賊掠人為食諸縣老弱入保郡城不敢耕種農事廢畎畝荒蕪敏行白州借軍士三十護縣民出耕多張旗幟為疑兵敏行率軍巡邏日暮則閱民入城由是盜不敢犯而耕稼滋殖轉高平令縣城圮壞久不修大盜橫恣掠縣鎮不能禦敏行出己俸率僚吏出錢顧役繕治百姓欣然從之凡用二千人版築遂完鄉村百姓入保賊至不能犯凡九遷為河北東路轉運使致仕卒

傅慎微字幾先其先泰州沙溪人後徙建昌慎微遷居長安宋末登進士累官河東路經制使宗翰已克汴京使婁室定陝西慎微率衆迎戰兵敗被獲送至元帥府元帥宗

翰愛其才學弗殺羈置歸化州希尹收置門下宗弼復取河南地起為陝西經略使尋權同州節度使事明年陝西大旱饑死者十七八以慎微為京兆鄜延環慶三路經濟使許以便宜慎微募民入粟得二十餘萬石立養濟院飼餓者全活甚衆改同知京兆尹權陝西諸路轉運使復修三白龍首等渠以溉田募民屯種貸牛及種子以濟之民賴其利轉中京副留守用廉改忻州刺史累遷太常卿除定武軍節度使移靜難軍忤用事者蘇保衡救之得免大定初復為太常卿遷禮部尚書與翰林侍講學士徒單子溫翰林待制移剌熙載俱兼同修國史卒官年七十六慎

微博學喜著書嘗奏興亡金鏡録一百卷性純質篤古喜談兵時人以為迂闊云

劉煥字德文中山人宋末兵起城中乏食煥尚幼煮糠覈而食之自飲其清者以醲厚者供其母鄉里異之稍長就學天寒擁糞火讀書不怠登天德元年進士調任丘尉縣令貪汙煥每規正之秩滿令持盃酒謝曰尉廉慎使我獲考調中都市令樞密使僕散忽土家有絛結工年利於市不肯從市籍役煥繫之忽土召煥煥不往暴工罪而笞之煥初除市令過謝鄉人吏部侍郎石琚琚不悅曰京師浩穰不與外郡同棄簡就煩吾所不曉也至是始重之以

廉升京兆推官再遷北京警巡使捕二惡少杖于庭中戒之曰孝弟敬慎則為君子暴戾隱賊則為小人自今以往毋狃于故習國有明罰吾不得私也自是衆皆畏憚毋敢犯者召為監察御史父老數百人或臥車下或挽其靴鐙曰我欲復留使君期年不可得也以本官攝戶部員外郎代州錢監雜青銅鑄錢錢色惡類鐵錢民間盜鑄抵罪者衆朝廷患之下尚書省議煥奏曰錢寶純用黃銅精治之中濡以錫若青銅可鑄歷代無緣不用自代州取二分與四六分青黃雜糅務省銅而功易就由是民間盜鑄陷罪者衆非朝廷意也必欲為天下利宜純用黃銅得數少而

利遠其新錢已流行者宜驗數輸納準換從之再遷管州刺史耆老數百人疏其著蹟十一事詣節鎮請留煥曰刺史守職奉法乞留之以㢘升鄭州防禦使遷官一階轉同知北京留守事世宗幸上京所過州郡大發民夫治橋梁馳道以希恩賞煥所部惟平治端好而已上嘉其意遷遼東路轉運使卒

高昌福中都宛平人父履遼御史中丞致仕太宗聞其名召之未及入見而卒特詔昌福釋服應舉登天會十年進士第補樞密院令史明年辟元帥府令史皇統初宗弼復河南元帥府治汴人有疑似被獲皆目為宋諜者即殺之昌福讞得其實釋去者甚衆許州都統韓常用法嚴好殺人遣介送囚於汴或道亡監吏自度失囚恐得罪欲盡殺諸囚以滅口昌福識監吏意窮竟其狀免死者十七八而諸吏遂怨昌福欲構害之是時方用兵梁楚間夜多陰雨元帥府選人偵宋兵動靜諸吏遣昌福昌福不辭即行蓋得敵軍虛實報元帥府師還除震武軍節度副使轉行臺禮部員外郎天德間行臺罷改絳陽軍節度副使入為兵部員外郎改河間少尹世宗即位上書陳便宜事上披閱再三因謂侍臣曰內外官皆上書言事可以知人材優劣不然朕何由知之三除同知東京留守事治最遷山東西

路轉運使工部尚書改彰德軍節度使上書言賦稅太重上問翰林學士張景仁曰稅法比近代為輕而以為重何也景仁曰今之稅殊輕若復輕之國用且不足事遂寢累遷河中尹致仕卒

孫德淵字資深興中州人也大定十六年進士調石州軍事判官淶水丞察廉遷沙河令有盜秋桒者主逐捕之盜以叉自刺其足而曰秋桒例不禁採汝何得刺我主懼賂而求免盜不從訟之縣德淵曰若逐捕而傷瘡必在後今在前乃自刺也盜遂引服選尚書省令史不就丁父憂去官民為刻石祠之察廉起復北京轉運司都勾判官以累薦遷中都左警巡使監察御史山東東路轉運副使累官大理丞兼左拾遺審官院奏德淵剛正幹能可任繁劇遂再任丁母憂服除特遷恩州刺史入為右司郎中滕州刺史遷同知河間府事歷大興治中同知府事大安初遷鎮安軍節度使改河北西路按察轉運使改昭義軍節度使潞州破被執俄有拜于前者皆沙河舊民也密護德淵由是得脫貞祐二年拜工部尚書權御史中丞是時山東之兵食有司請鬻恩例舉人居喪者亦許納錢就試德淵奏此大傷名教事遂寢尋致仕監察御史許古論德淵忠亮明敏可以大用近許告老士大夫竊歎望朝廷起復必能

建明以利國家宣宗嘉納未及用而卒
趙鑑字擇善濟南章丘人宋建炎二年進士調廬州司理參軍是時江淮方用兵鑑棄官還鄉里齊國建除歷城丞轉長清令皆劇邑難治鑑政甚著劉豫召見遷直秘閣提舉涇原路弓箭手兼提點本路刑獄公事誡之曰邊將多不法可痛繩之原州守將武悍自用以鑑年少易之鑑發其姦守將坐免郡縣聞風無敢犯者齊廢除知城陽軍改山東東路轉運副使攝行臺左司郎中行臺宰相欲以故宋宦者權都水監鑑曰誤國閹豎汴人視為寇讎付以美官將失人望遂不用以母憂解職天德初起為濟州刺史

移涿州海陵名鑑入朝應對失旨遣還郡俄除知火山軍以病免大定初起知寧海軍秋禾方熟子方蟲生鑑出城行視蟲乃自死再遷鎮西軍節度使改河北西路轉運使致仕卒
蒲察鄭留字文叔東京路斡底必剌猛安人大定二十二年進士調高苑主簿濬州司候補尚書省令史除監察御史累遷北京臨潢按察副使戶部侍郎御史臺奏鄭留前任北京稱職遷陝西路按察使改順義軍節度使西京人李安兄弟爭財府縣不能決按察司移鄭留平理月餘不問會釋奠孔子廟鄭留乃引安兄弟與諸生敘齒列坐會酒陳說古之友悌數事安兄弟感悟謝曰節使父母也誓不復爭乃相讓而歸朔州多盜鄭留禁絕游食多蓄兵器因行春撫諭之盜乃衰息獄空賜錫宴錢以褒之改利涉軍節度使詔括馬鄭留使百姓飼養以須御史劾之既而伐宋諸路括馬皆瘦惟隆州馬肥乃釋鄭留大安初從安國軍二年知慶陽府事三年夏人犯邊鄭留擊走之至寧元年改知平涼府是時平涼新被兵夏人復來攻鄭留招潰卒為禦守計夏兵退遷官四階貞祐二年改東京留守致仕貞祐四年卒鄭留重厚寡言笑人不見其喜慍臨終取奏藁盡焚之

女奚烈守愚字仲晦本名胡里改門真定府路吾直克猛安人也六歲知讀書既齔或謂食肉昏神識乃戒而不食性至孝父沒時年十五營葬如禮治家有法鄉人稱之中明昌二年進士調深澤主簿治有聲遷懷仁令改弘文校理秩滿為臨沂令有不逞輩五百人結為黨社大擾境內守愚下車其黨散去蝗起莒密間獨不入臨沂境先是朝廷括河朔山東地隱匿者沒入官告者給賞莒州刺史教其奴告臨沂人冒地積賞錢三百萬先給官錢乃徵于民民甚苦之守愚列其冤狀白州州不為理即聞于戶部而徵還之流民歸業縣人勸其事于石改秘書郎母喪勺飲

不入口三日終喪未嘗至內寢太常寺勸農司交辟守愚皆不聽服除除同知登聞檢院改著作郎永定軍節度副使泰和伐宋守愚為山東行六部員外郎改大興府都總管判官大安元年除修起居注轉刑部員外郎戶部郎中太子左諭德貞祐初除戶部侍郎數月拜諫議大夫提點近侍局二年除保大軍節度使改翰林學士參議陝西路安撫司事安撫完顏弼重其為人每事咨而後行未幾有疾詔賜御藥三年卒守愚為人忠實無華孜孜于公蓋天性然也

石抹元字希明懿州路胡土虎猛安人七歲喪父號泣不食者數日十三居母喪如成人嘗為擊鞠戲馬踣歎曰生無兄弟而數乘此險設有不測柰何由是終身不復為之補樞密院尚書省譯史調同知恩州軍州事遷監察御史為同知淄州軍州事劇盜劉奇久為民患一日捕獲方訊鞫聞赦將至亟命杖殺之闔郡稱快改大興府判官沂王府司馬沁南軍節度副使河內民家有多美橙者歲獲厚利仇家夜入殘毀之主人捕得乃以刼財誣其人仇家引服贓不可得元攝州事究得其情尋改河北西路轉運副使累遷山東西路按察轉運使貞祐初黃摑吾典徵兵東平擁衆不進大括民財衆皆忿怨副統僕散掃合殺吾典於坐取其符佩之縱恣尤甚元密疏劾掃合擅殺近臣無上不道掃合坐誅移知濟南府到官六月卒元生平寡言笑尚節儉居官自守不交權要人以是稱之

張轂字伯英許州臨潁人大定二十八年進士調寧陵縣主簿改泰定軍節度判官率儒士行鄉飲酒禮改同州觀察判官是時出兵備邊州徵箭十萬限以鵰鴈羽為之其價翔踊不可得轂曰矢去物也何羽不可節度使曰當須省報轂曰州距京師二千里如民急何萬一有責下官身任其咎一日之間價減數倍尚書省竟如所請補尚書省令史除同知鄭州防禦使事改北京鹽使丁父憂服除再遷監察御史從伐宋遷武寧軍節度副使居母憂貞祐二年改惠民司令歷河南治中隰州刺史刑部郎中同知河南府事遷河東南路轉運使權行六部尚書安撫使興定元年以疾卒轂天性孝友任子悉先諸弟俸入所得亦委其弟掌之未嘗問有無云

趙重福字履祥豐州人通女直大小字試補女直誥院令史轉兵部譯史陝西提刑知法遷陝西東路都勾判官右藏庫副使同知陳州防禦事宋諜人蘇泉入河南重福迹之至魚臺將渡河見前一舟且渡令從者大呼泉姓名前舟中忽有蒼惶失措者執之果泉也改滄州鹽副使歲饑

民煮鹵為鹽賣以給食鹽官往往杖殺之重福曰寧使課殿不忍殺人歲滿課殿當降尚書右丞完顏匡三司使按出虎知其事乃以歲荒薄其罰除織染署令大安三年佐戶部尚書張煒調兵食于古北口遷都水少監行西北路六部郎中治密雲縣俄兼戶部員外郎貞祐二年以守密雲功遷同知河間府事行六部侍郎權清州防禦使攝河北東路兵馬都總管三年河間被圍有劉中者嘗與重福密雲聯事勸重福出降重福不聽是時河間兵少多羸疾不任戰欲亡去重福勸其父老率其子弟强者戰弱者守會久雨圍乃解去遷河東北路轉運使致仕元光二年卒

武都字文伯東勝州人大定二十二年進士調陽穀主簿遷商水令縣素多盜凡姦民嘗縱火行劫椎埋發冢者都皆廉得姓名牓之通衢約毋再犯悉奔他境察廉遷南京路轉運度支判官累遷中都路都轉運副使以親老與弟監察御史都俱乞侍尋丁憂服除調太原治中復為都轉運副使遷灤州刺史充宣差北京路規措官都拘括散逸官錢百萬入為戶部郎中權右司郎中奏事稱旨被詔由海道漕遼東粟賑山東都高其價直募人入粟招海賈船致之三遷中都西京按察副使大安三年充宣差行六部侍郎以勞遷本路按察使行西南路六部尚書佐元帥抹撚盡忠備禦西京有勞名為戶部尚書賞銀二百兩絹一百匹宣宗即位議衛紹王降封語在衛紹王紀頃之中都戒嚴都知大興府佩虎符便宜行事彈壓中外軍民都醉酒以褻衣見詔使坐是解職起為刑部尚書中都解圍為河東路宣撫使俄以參知政事胥鼎代之興定元年以疾卒

紇石烈德字廣之真定路山春猛安人明昌二年進士調南京教授察廉能遷廐次令補尚書省令史除同知泗州防禦事監察御史大名治中安曹裕三州刺史歷同知臨潢大興府事貞祐二年遷肇州防禦使是歲肇州升為武

興軍節度使為節度使宣撫司署都提控肇州圍急食且盡有糧三百船在鴨子河去州五里不能至德乃浚濠增陴築甬道導濠水屬之河鑿陷馬穽伏甲其傍以拒守一日兵數接士殊死戰渠成船至城下兵食足圍乃解改遼東路轉運使軍民遮道挽留乘夜乃得去蒲鮮萬奴逼上京德與部將劉子元戰却之遷東京留守歷保靜武勝軍節度使興定二年以本官行六部事三年以節度權元帥右都監與左都監單州經略使完顏仲元俱行元帥府于宿州四年遷工部尚書明年名還中都是歲卒

張特立字文舉曹州東明人泰和三年中進士第調宣德

州司侯郡多皇族巨室特立律之以法闔境肅然調萊州節度判官不赴躬耕杞之章城以經學自樂正大初左丞侯摯參政師安石薦其才授洛陽令四年拜監察御史拜章言鎬厲二宅久加禁錮棘圍柝警如防冦盜近降赦恩謀反大逆皆蒙湔雪彼獨何罪幽囚若是世宗神靈在天得無傷其心乎聖嗣未立未必不由是也又言方今三面受敵百姓凋敝宰執非才臣恐中興之功未可以歲月期也又言尚書右丞顔盞世魯遣其奴與小民爭田失大臣體參知政事徒單兀典諂事近習得居其位皆宜罷之當路者忌其直陰有以擠之因劾省掾高楨輩受請託飲娼

家時平章政事白撒犒軍陝西歸楨等泣訴于道以當時同席并有省掾王賓張爲其進士故不劾白撒以其私且不實并治特立及賓特立左遷邳州軍士判官杖五十賓亦勒停士論皆惜特立之去後卒癸丑歲年七十五

王浩由吏起身初辟涇陽令廉白爲關輔第一時西臺檄州縣增植棗果督責嚴急民甚被擾浩獨無所問主司將坐之浩曰是縣所植已滿其數若欲增植必盜他人所有取彼置此未見其利其愛民多此類所在有善政民絲毫無所犯秦人爲立生祠歲時思之南遷後爲扶溝令開興元年正月民錢大亨等執縣官送款于北大亨以浩有恩於民不忍加刃日遣所知勸之降浩終不聽於是殺之無血主簿劉坦尉宋乙並見害棄屍道路自春徂夏獨浩屍儼然如生目且不瞑烏犬莫敢近殆若有神護者初辟舉法行縣官甚多得人如咸寧令張天綱長安令李獻甫洛陽令張特立三人有傳餘如興平師夔臨潼武天禎汜水党君玉偃師王登庸高陵宋九嘉登封薛居中長社李天翼河津縣鼎臣郾城李無黨滎陽李過庭尉氏張瑜長葛張子玉猗氏安德璋三原蕭邦傑藍田張德直葉縣劉從益皆清慎才敏極一時之選而能扶持百年將傾之祚者亦曰吏得其人故也

列傳第六十六

儀同三司上柱國錄軍國重事前中書右丞相監修　國史領　經筵事都總裁臣　脫脫　奉

修

酷吏

高閭山　蒲察合住

太史公有言法家嚴而少恩信哉斯言也金法嚴密律文雖因前代而增損之大抵多準重典熙宗迭興大獄海陵翦滅宗室鉤棘傅會告姦上變者賞以不次於是中外風俗一變咸尚威虐以爲事功而讒賊作焉流毒遠邇惨矣金史多闕逸據其舊録得二人焉作酷吏傳

高閭山澄州析木人選充護衛調順義軍節度副使轉唐括移剌都糺詳穩改震武軍節度副使曹王府尉大名治中遷汝州刺史改單州制禁不依法用杖決人者閭山見之笑曰此亦難行是日特用大杖杖死部民楊仙坐削一官解職久之降鳳翔治中歷原州濟州泗州刺史改鄭州防禦使遷蒲與路節度使移臨海盤安軍寧昌軍貞祐二年城破死之

蒲察合住以吏起身久爲宣宗所信聲勢烜赫性復殘刻人知其蠹國而莫敢言其子充護衛先逐出之繼而合住爲恒州刺史需次近縣後大兵入陝西關中震動或言合住赴恒州爲北走計朝廷命開封羈其親屬合住出怨言曰殺却我即太平矣尋爲御史所劾初議笞贖宰相以爲情理斬於開封府門之下故當時有宣朝三賊之目謂王阿里蒲察咬住合住其一也興定中駙馬僕散阿海之獄京師宣勘七十餘所阿里輩乘時起事以肆其毒朝士喘喘莫克自保惟獨吉文之在開封府幕明其不反竟不署字阿海誅文之亦無所問咬住正大初致仕居睢陽潰軍變與其家皆被殺初宣宗喜刑罰朝士往往被笞楚至用刀杖決殺言者高琪用事威刑自恣南渡之後習以成風雖士大夫亦爲所移如徒單右丞思忠好用麻椎擊人號

麻椎相公李運使特立號半截劍言其短小鋒利也馮內翰璧號馮劊雷淵爲御史至蔡州得奸豪杖殺五百人號曰雷半千又有完顏麻斤出皆以酷聞而合住王阿里李渙之徒胥吏中尤狡刻者也

佞幸

蕭肄　張仲軻　李通

馬欽　高懷貞　蕭裕

胥持國

世之有嗜慾者何嘗不被其害哉龍天下之至神也一有嗜慾見制於人故人君亦然嗜欲不獨柔曼之傾意也征

伐畋獵土木神仙彼爲佞者皆有以投其所好焉金主内蠱聲色外好大喜功莫甚於熙宗海陵而章宗次之金史自蕭肄至胥持國得佞臣之尤者七人皆被寵遇於三君之朝以亡其身以蠹其國其禍皆始於此可不戒哉作佞幸傳

蕭肄本奚人有寵於熙宗復諂事悼后累官參知政事皇統九年四月壬申夜大風雨雷電震壞寢殿鴟尾有火自外入燒内寢幃幔帝徙別殿避之欲下詔罪己翰林學士張鈞視草鈞意欲奉答天戒當深自貶損其文有曰惟德弗類上干天威及顧茲寡昧眇予小子等語肄譯奏曰弗類是大無道寡者孤獨無親昧則於人事弗曉眇則目無所見小子嬰孩之稱此漢人託文字以詈主上也帝大怒命衛士拽鈞下殿榜之數百不死以手劒剺其口而醢之賜肄通天犀帶憑恃恩倖倨視同列遂與海陵有惡及篡立加大臣官爵例加銀青光祿大夫數日召肄詰之曰學士張鈞何罪被誅爾何功受賞肄不能對海陵曰朕殺汝無難事人或以我報私怨也於是詔除名放歸田里禁錮不得出百里外

張仲軻幼名牛兒市井無賴說傳奇小說雜以俳優詼諧語爲業海陵引之左右以資戲笑海陵封岐國王以爲書

表及即位爲秘書郎海陵嘗對仲軻與妃嬪褻瀆仲軻但稱死罪不敢仰視又嘗令仲軻倮形以觀之侍臣往往令倮裎雖徒單貞亦不免此兵部侍郎完顏普連大興少尹李惇皆以贓敗海陵置之要近伶人于慶兒官五品大氏家奴王之彰爲秘書郎之彰置珠偏僻海陵親視之不以爲褻唐括辯家奴和尚烏帶家奴葛温葛魯皆置宿衛有僥倖至一品者左右或無官職人或以名呼之即授以顯階海陵語其人曰爾復能名之乎常置黃金裀褥閒喜之者令自取之其濫賜如此宋余唐弼賀登寶位且還海陵以玉帶附賜宋帝使謂宋帝曰此帶卿父所常服今以爲賜使卿如見而父當不忘朕意也使退仲軻曰此希世之寶可惜輕賜上曰江南之地他日當爲我有此置之外府耳由是知海陵有南伐之意俄遷秘書丞轉少監是時營建燕京宮室有司取真定府潭園材木仲軻乘間言其中材木不可用海陵意仲軻受請託免仲軻官未幾復用爲少監海陵獵于途你山次于鐸瓦酹天而拜謂群臣曰朕幼時習射至一門下默祝曰若我異日大貴當使一矢横加門脊上又射果横加門脊上後爲中京留守嘗大獵于此地圍未合禱曰我若有大位百步之内當獲三鹿若止爲公相獲一而已於是不及百步連獲三鹿又祝曰若統

一海內當復獲一大鹿於是果獲一大鹿此事嘗與蕭㩦言之朕今復至此地故拜莫馬海陵意欲取江南故先設禨祥以諷羣臣是以仲軻每先逢其意導之南伐貞元二年正月宋賀正旦使施巨朝辭海陵使左宣徽使敬嗣暉問施巨曰宋國幾科取士對曰詩賦經義策論兼行又問秦檜作何官年今幾何對曰檜爲尚書左僕射中書門下平章事年六十五矣復謂之曰我聞秦檜賢故問之正隆二年仲軻爲左諫議大夫修起居注但食諫議俸不得言事三年正月宋賀正使孫道夫陛辭海陵使左宣徽使敬嗣暉諭之曰歸白爾帝事我上國多有不誠今略舉二事

爾民有逃入我境者邊吏皆即發還我民有逃叛入爾境者有司索之往往託辭不發一也爾於沿邊盜買鞍馬備戰陣二也且馬待人而後可用如無其人得馬百萬亦奚以爲我亦豈能無備且我不取爾國則已如欲取之固非難事我聞接納叛亡盜買鞍馬皆爾國楊大尉所爲常因俘獲問知其人無能爲者也又曰聞秦檜已死果否道夫對曰檜實死矣陪臣亦檜所薦用者又曰爾國比來行事殊不似秦檜時何也道夫曰容陪臣還國一一具聞宋帝海陵蓋欲南伐故先設納叛亡盜買馬二事而雜以他辭言之海陵召仲軻右補闕馬欽校書郎田與信直長習失

入便殿侍坐海陵與仲軻論漢書謂仲軻曰漢之封疆不過七八千里今吾國幅員萬里可謂大矣仲軻曰本朝疆土雖大而天下有四主南有宋東有高麗西有夏若能一之乃爲大耳海陵曰彼且何罪而伐之仲軻曰臣聞宋人買馬修器械招納山東叛亡豈得爲無罪海陵喜曰向者梁珫嘗爲朕言宋有劉貴妃者姿質艷美蜀之華蕊吳之西施所不及也今一舉而兩得之俗所謂因行掉手也江南聞我舉兵必遠竄耳欽與與信俱對曰海島蠻越臣等皆知道路彼將安往欽又曰臣在宋時嘗帥軍征蠻所以知也海陵謂習失曰汝敢戰乎對曰受恩日久死亦何避

海陵曰汝料彼敢出兵否彼若出兵汝果能死敵乎習失良久曰臣雖懦弱亦將與之爲敵矣海陵曰彼將出兵何地曰不過淮上耳海陵曰然則天與我也既而曰朕舉兵滅宋遠不過二三年然後討平高麗夏國一統之後論功遷秩分賞將士彼必忘勞矣四年三月仲軻死冬至前一夕海陵夢仲軻求酒既覺嗟悼良久遣使者奠其墓

李通以便辟側媚得幸於海陵累官右司郎中遷吏部尚書請謁賄賂輻湊其門正隆二年正月乙酉詔左右司御史中丞以下奏事便殿海陵曰知子莫若父知臣莫若君朕嘗試之矣朕詢及人材汝等若不舉同類必舉其相善

者朕聞女直契丹之仕進者必賴刑部尚書烏帶簽書樞
密遥設爲之先容左司員外郎阿里骨列任其事渤海漢
人仕進者必賴吏部尚書李通戸部尚書許霖爲之先容
左司郎中王蔚任其事凡在仕版朕識者寡不識者衆莫
非人臣豈有遠近親踈之異哉苟奉職無愆尚書侍郎節
度使便可得萬一獲罪必罰無赦頃之拜參知政事海陵
恃累世強盛欲大肆征伐以一天下嘗曰天下一家然後
可以爲正統通揣知其意遂與張仲軻馬欽宦者梁珫近
習羣小輩盛談江南富庶子女玉帛之多逢其意而先道
之海陵信其言以通爲謀主遂議興兵伐江南四年二月

海陵諭宰相曰宋國雖臣服有誓約而無誠實比聞沿邊
買馬及招納叛亡不可不備遣使籍諸路猛安部族及州
縣渤海丁壯充軍仍括諸道民馬於是遣使分往上京速
頻路胡里改路曷懶路蒲與路泰州咸平府東京婆速路
曷蘇館臨潢府西南招討司西北招討司北京河間府真
定府益都府東平府大名府西京路凡年二十以上五十
以下者皆籍之雖親老丁多求一子留侍亦不聽五年十
一月使益都尹京等三十一人押諸路軍器於軍行要會
處安置俟軍至分給之其分給之餘與繕完不及者皆聚
而焚之六年正月海陵使通諭旨宋使徐度等曰朕昔從

梁王嘗居南京樂其風土帝王巡狩自古有之淮右多隙
地欲校獵其間從兵不踰萬人汝等歸告汝主令有司宣
諭朕意使淮南之民無懷疑懼二月通進拜右丞詔曰卿
典領繕完兵械今已畢功朕嘉卿忠謹故有是命俟江南
事畢別當旌賞四月簽書樞密院事高景山爲賜宋帝生
日使右司員外郎王全副之海陵謂全曰汝見宋主即面
數其焚南京宮室沿邊買馬招致叛亡之罪當令大臣某
人某人來此朕將親詰問之且索漢淮之地如不從即厲
聲詆責之彼必不敢害汝海陵蓋使王全激怒宋主將以
爲南伐之名也謂景山曰回日以全所言奏聞全至宋一

如海陵之言詆責宋主宋主謂全曰聞公北方名家何乃
如是全復曰趙桓今已死矣宋主遽起發哀而罷海陵至
南京宋遣使賀遷都海陵使韓汝嘉就境上止之曰朕始
至此比聞北方小警欲復歸中都無庸來賀宋使乃還於
是大括天下驘馬官至七品聽留一馬等而上之并舊籍
民馬其在東者給西軍在西者給東軍東西交相往來晝
夜絡繹不絕死者狼籍于道其亡失多者官吏懼罪或自
殺所過蹂踐民田調發牽馬夫役詔河南州縣所貯糧米
以備大軍不得他用而驘馬所至當給芻粟無可給有司
以爲請海陵曰此方比歲民間儲畜尚多今禾稼滿野可

馬可就牧田中借令再歲不獲亦何傷乎及徵發諸道工
匠至京師疫死者不可勝數天下始騷然矣調諸路馬以
戶口爲率富室有至六十匹者凡調馬五十六萬餘匹仍
令本家養飼以俟師期海陵因出獵遂至通州觀造戰船
籍諸路水手得三萬餘人及東海縣人張旺徐元反遣都
水監徐文等率師浮海討之海陵曰朕意不在一邑將試
舟師耳於是民不堪命盜賊蠭起大者連城邑小者保山
澤遣護衛普連二十四人各授甲士五十人分往山東河
北河東中都等路節鎮州郡屯駐捕捉盜賊以護衛顏犀
爲定武軍節度副使尚賢爲安武軍節度副使蒲甲爲昭

義軍節度副使皆給銀牌使督責之是時山東賊犯沂州
臨沂令胡撒力戰而死大名府賊王九等據城叛衆至數
萬契丹邊六斤王三輦皆以十數騎張旗幟白晝公行官
軍不敢誰何所過州縣開劫府庫物置于市令人攘取之
小人皆喜賊至而良民不勝其害太府監高彥福大理正
耶律道翰林待制大穎出使還朝皆言盜賊事海陵惡聞
怒而杖之穎仍除名自是人人不復敢言海陵自將分諸
道兵爲神策神威神捷神銳神毅神翼神勇神果神略神
鋒武勝武定武威武安武捷武平武成武毅武銳武揚武
翼武震威定威信威勝威捷威烈威毅威震威略威果威

勇三十二軍置都總管副總管各一員分隸左右領軍大
都督及三道都統制府置諸軍巡察使副各一員以太保
奔睹爲左領軍大都督通爲副大都督海陵以奔睹舊將
使帥諸軍以從人望實使通專其事海陵召諸將授方略
賜宴于尚書省海陵曰太師梁王連年南伐淹延歲月今
舉兵必不如彼遠則百日近止旬月惟爾將士無以征行
爲勞戮力一心以成大功當厚加旌賞其或弛慢刑茲無
赦海陵恐糧運不繼命諸軍渡江無以僮僕從行聞者莫
不怨咨徒單后與太子光英居守尚書令張浩左丞相蕭
玉參知政事敬嗣暉留治省事九月甲午海陵戎服乘馬

具裝啓行明日妃嬪皆行宮中慟哭久之十月乙巳陰晦
失路是夜二更始至蒙城丁未大軍渡淮至中流海陵拜
而酹之至宿次見築繚垣者殺四方館使張永鈐將至廬
州見白兔馳射不中旣而後軍獲之以進海陵大喜以金
帛賜之顧謂李通曰昔武王伐紂白魚躍於舟中今朕獲
此亦吉兆也癸亥海陵至和州百官表奉起居海陵謂其
使汝等欲伺我動靜邪自今勿復來俟平江南始進賀表
是時梁山濼水涸先造戰船不得進乃命通更造戰船督
責苛急將士七八日夜不得休息壞城中民居以爲材木
煑死人膏爲油用之遂築臺於江上海陵被金甲登臺殺

黑馬以祭天以一羊一豕投於江中召都督昂副都督蒲
盧渾謂之曰舟楫已具可以濟江矣蒲盧渾曰臣觀宋舟
甚大我舟小而行遲恐不可濟海陵怒曰爾昔從梁王追
趙構入海島豈皆大舟邪明日汝與昂先濟昂聞令已渡
江悲懼欲亡去至暮海陵使謂昂曰前言一時之怒耳不
須先渡江也明日遣武平軍都總管阿隣武捷軍副總管
阿撒率舟師先濟宿直將軍温都奧剌國子司業馬欽武
庫直長習失皆從戰海陵置黃旗紅旗於岸上以號令進
止紅旗立則進黃旗仆則退既渡江兩舟先逼南岸水淺
不得進與宋兵相對射者良久兩舟中矢盡遂爲所獲亡

一猛安軍士百餘人海陵遂還和州於是尚書省使右司
郎中吾補可員外郎王全奏報世宗即位於東京改元大
定海陵前此已遣護衛謀良虎特离補往東京欲害世宗
行至遼水遇世宗詔使撒八執而殺之遂還軍中海陵拊
髀嘆曰朕本欲平江南改元大定此豈非天乎乃出素所
書取一戎衣天下大定改元事以示羣臣遂召諸將帥謀
北歸且分兵渡江議定通復入奏曰陛下親師深入異境
無功而還若衆散於前敵乘於後非萬全計若留兵渡江
車駕北還諸將亦將解體今燕北諸軍近遼陽者恐有異
志宜先發兵渡江斂舟焚之絕其歸望然後陛下北還南

北皆指日而定矣海陵然之明日遂趨揚州過烏江縣觀
項羽祠嘆曰如此英雄不得天下誠可惜也海陵至揚州
使符寶郎律沒荅護神果軍扼淮渡凡自軍中還至淮上
無都督府文字皆殺之乃出內箭飾以金龍題曰御箭繫
帛書其上使人乘舟射之南岸其書言宋國遣人焚毀南
京宮室及沿邊買馬招誘軍民今興師問罪義在弔伐大
軍所至必無秋毫之犯以此招諭宋人於是宋將王權亦
縱所獲金軍士三人齎書數海陵罪過奏其書即命焚之
海陵怒亟欲渡江驍騎高僧欲誘其黨以亡事覺命衆刃
剉之乃下令軍士亡者殺其蒲里衍蒲里衍亡者殺其謀

克謀克亡者殺其猛安猛安亡者殺其總管由是軍士益
危懼甲午令軍中運鴉鶻船及糧船於瓜洲渡期以明日
渡江敢後者死乙未完顏元宜等以兵犯御營海陵遇弒
都督府以南伐之計皆通等贊成之徒單永年乃其姻戚
郭安國衆所共惡皆殺之大定二年詔削通官爵人心始
快

馬欽幼名韓哥嘗仕江南故能知江南道路正隆三年海
陵將南伐遂召用欽自貴德縣令爲右補闕欽爲人輕脫
不識大體海陵每召見與語欽出宮輒以語人曰上與我
論某事將行之矣其視海陵如僚友然累遷國子司業海

陵至和州欲遣蒲盧渾渡江蒲盧渾言舟小不可濟海陵
使人召欽先戒左右曰欽若言舟小不可渡江即殺之欽
至問曰此舟可渡江否欽曰臣得秕亦可渡也大定二年
除名是日起前翰林待制大穎爲秘書丞穎在正隆間嘗
言山東盜賊海陵惡其言杖之除名世宗嘉穎忠直惡欽
巧佞故復用穎而放欽焉

高懷貞爲尚書省令史素與海陵狎昵海陵乆蓄不臣之
心嘗與懷貞各言所志海陵曰吾志有三國家大事皆自
我出一也帥師伐國執其君長問罪於前二也得天下絶
色而妻之三也由是小人佞夫皆知其志爭進諛說大定

縣丞張忠輔謂海陵言夢公與帝擊毬公乘馬衝過之帝
墜馬下海陵聞之大喜會熙宗在位乆委政大臣海陵以
近屬爲宰相專威福柄遂成弑逆之計皆懷貞輩小人從
史導之海陵簒立以懷貞爲修起居注懷貞故父濵州刺
史贈中奉大夫懷貞累遷禮部侍郎大定二年降奉政大
夫放歸田里五年與許霖俱賜起復懷貞爲定國軍節度
使上戒之曰汝等在正隆時姦佞貪私物論鄙之朕念汝
身不齒則無以自新若怙舊不悛必不貸汝矣

蕭裕本名遥折奚人初以猛安居中京海陵爲中京留守
與裕相結每與論天下事裕揣海陵有覬覦心密謂海陵
曰留守先太師太祖長子德望如此人心天意宜有所屬
誠有志舉大事願竭力以從海陵喜受之遂與謀議海陵
竟成弑逆之謀者裕啓之也海陵爲左丞除裕兵部侍郎
改同知南京留守事改北京海陵領行臺尚書省事道過
北京謂裕曰我欲就河南兵建立位號先定兩河舉兵而
北君爲我結諸猛安以應我定約而去海陵雖自良鄉召
還不能如約遂弑熙宗簒立以裕爲秘書監海陵心忌太
宗諸子欲除之與裕密謀裕傾險巧詐因構致太傅宗本
秉德等反狀海陵殺宗本唐括辯遣使殺秉德宗懿及太
宗子孫七十餘人秦王宗翰子孫三十餘人宗本已死裕

乃求宗本門客蕭玉教以具款反狀令作主名上變海陵
既詔天下天下寃之海陵賞誅宗本功以裕爲尚書左丞
加儀同三司授猛安賜錢二千萬馬四百匹牛四百頭羊
四千口再閱月爲平章政事監修國史舊制首相監修國
史海陵以命裕謂裕曰太祖以神武受命豐功茂烈光於
四海恐史官有遺逸故以命卿乆之裕爲右丞相兼中書
令裕在相位任職用事頗專恣威福在己勢傾朝廷海陵
倚信之他相仰成而已裕與高藥師善嘗以海陵密語告
藥師藥師以其言奏海陵且曰裕有怨望心海陵召裕戒
諭之而不以爲罪也或有言裕擅權者海陵以爲忌裕者

衆不之信又以爲人見裕弟蕭祚爲左副點檢妹夫耶律闢离剌爲左衛將軍勢位相憑藉遂生忌嫉乃出祚爲益都尹闢离剌爲寧昌軍節度使以絶衆疑裕不知海陵意遽見出其親表補外不令己知之自是深念恐海陵疑己海陵弟太師兗領三省事共在相位以裕多自用頗防閑之裕乃謂海陵使兗備之也而海陵猜忍嗜殺裕恐及禍遂與前眞定尹蕭馮家奴前御史中丞蕭招折博州同知遥設裕女夫遏剌補謀立亡遼豫王延禧之孫裕使親信蕭屯納往結西北路招討使蕭好胡好胡即懷忠懷忠依違未決謂屯納曰此大事汝歸遣一重人來裕乃使招折

往招折前爲中丞以罪免以此得詣懷忠懷忠問招折與謀者復有何人招折曰五院節度使耶律朗亦是也懷忠舊與朗有隙而招折嘗上撻懶變事懷忠疑招折反覆因執招折收朗繫獄遣使上變遥設亦與筆硯令史白荅書使白荅助裕以取富貴白荅奏其書海陵信裕不疑謂白荅構誣之命殺白荅於市執白荅出宣華門點檢徒單貞得蕭懷忠上變事入奏遇見白荅問其故因止之徒單貞已奏變事以白荅爲請海陵遽使釋之海陵使宰相問裕裕即款伏海陵甚驚愕猶未能盡信引見裕親問之裕曰大丈夫所爲事至此又豈可諱海陵復問曰汝何怨於朕

而作此事裕曰陛下凡事皆與臣議及除祚等乃不令臣知之領省國王每事謂臣專權頗有提防恐是得陛下指意陛下與唐括辯及臣約同生死辯以強忍果敢致之死地臣皆知之恐不得死所以此謀反幸苟免耳太宗子孫無罪皆死臣手臣之死亦晩矣海陵復謂裕曰朕爲天子若於汝有疑雖汝弟輩在朝豈不能施行以此疑我汝實錯誤太宗諸子豈獨在汝朕爲國家計也又謂之曰自來與汝相好雖有此罪貸汝性命惟不得作宰相令汝終身守汝祖先墳壠裕曰臣子既犯如此罪逆何面目見天下人但願絞死以戒其餘不忠者海陵遂以刀刺左臂取血

塗裕面謂之曰汝死之後當知朕本無疑汝心裕曰久蒙陛下非常眷遇仰戀徒切自知錯繆雖悔何及海陵哭送裕出門殺之并誅遥設及馮家奴馮家奴妻豫王女也與其子穀皆與反謀并殺之遣護衛厖葛往西北路招討司誅朗及招折而屯納遏剌補皆出走捕得屯納棄市遏剌補自縊死屯納出走過河間少尹蕭之詳之詳初不知裕事留之三日屯納往之詳茶扎家茶扎遣人詣之詳告公引得之付屯納遣之他所茶扎家奴發其事吏部侍郎宗產鞫之之詳曰屯納宿二日而去法家以之詳隱其間欺尚書省罪當贖海陵怒命殺之杖宗產及議法者茶扎杖

四百死尨葛殺招折等并殺無罪四人海陵不問杖之五十而已以裕等罪詔天下賞上變功懷忠遷樞密副使以白荅爲牌印云高藥師遷起居注進階顯武將軍藥師嘗奏裕有怨望至是賞之云

胥持國字秉鈞代州繁畤人經童出身累調博野縣丞上書者言民間冒占官地如太子務大王莊非私家所宜有部委持國按覈之持國還言此地自異代已爲民有不可取也事遂寢尋授太子司倉轉掌飲令兼司倉皇太子識之擢祗應司令章宗即位除宮籍副監賜宮籍庫錢五十萬宅一區俄改同簽宣徽院事工部侍郎並領宮籍監閱

三月遷工部尚書使宋明昌四年拜參知政事賜孫用康榜下進士第會河決陽武持國請督役遂行尚書省事明年進尚書右丞持國爲人柔佞有智術初李妃起微賤得幸於上持國久在太子宮素知上好色陰以秘術干之又多賂遺妃左右用事人妃亦自嫌門地薄欲藉外廷爲重乃數稱譽持國能由是大爲上所信任與妃表裏筦擅朝政誅鄭王永蹈鎬王永中罷黜完顏守貞等事皆起於李妃持國士之好利躁進者皆趨走其門下四方爲之語曰經童作相監婢爲妃惡其卑賤庸鄙也承安三年御史臺劾奏右司諫張復亨右拾遺張嘉貞同知安豐軍節度使事趙樞同知定海軍節度使事張光庭戶部主事高元甫刑部員外郎張巖叟尚書省令史傅汝梅張翰裴元郭邪皆趨走權門人戲謂胥門十哲復亨嘉貞尤卑佞苟進不稱諫職俱宜黜罷奏可於是持國以通奉大夫致仕嘉貞等皆補外頃之起知大名府事未行改樞密副使佐樞密使襄治軍於北京一日上召翰林修撰路鐸問以他事因語及董師中張萬公優劣鐸曰師中附胥持國進持國姦邪小人不宜典軍馬以臣度之不惟不允人望亦必不能服軍心若回日再相必亂天下上曰人臣進退人難人君進退人易朕豈以此人復爲相耶第遷官二階使之致仕

耳尋卒于軍謚曰通敏後上問平章政事張萬公曰持國今已死其爲人竟如何萬公對曰持國素行不純謹如貨酒平樂樓一事可知矣上曰此亦非好利如馬琪位參政私鬻省醞乃爲好利也子鼎別有傳

列傳第六十七

開府儀同三司上柱國錄軍國重事前中書右丞相監修國史領經筵事都總裁臣脫脫奉

勅修

列女

阿鄰妻　李寶信妻　韓慶民妻

雷婦師氏　康住住　李文妻

李英妻　相琪妻　阿魯真

撒合輦妻　許古妻　馮妙真

蒲察氏　烏古論氏　素蘭妻

忙哥妻　尹氏　白氏

聶孝女　仲德妻　寶符李氏 張鳳奴附

漢成帝時劉向始述三代賢妃淑女及淫泆奢僭興亡盛衰之所由彙分類別號列女傳因以諷諫範曄始載之漢史古者女子生十年有女師漸長有麻枲絲繭之事有祭祀助奠之事既嫁職在中饋而已故以無非無儀爲賢若乃嫠居寡處患難顛沛是皆婦人之不幸也一遇不幸卓然能自樹立有烈丈夫之風是以君子異之

阿鄰妻沙里質者金源郡王銀术可之妹天輔六年黃龍府叛卒攻鈔旁近部族是時阿鄰從軍沙里質糾集附近居民得男女五百人樹營柵爲保守計賊千餘來攻沙里質以氊爲甲以裳爲旗男夫授甲婦女鼓譟沙里質仗劒督戰凡三日賊去皇統二年論功封金源郡夫人大定間以其孫樂師爲謀克

李寶信妻王氏寶信爲義豐縣令張覺以平州叛王氏陷賊中賊欲逼室之王氏罵賊賊怒遂支解之大定十二年贈貞烈縣君

韓慶民妻者不知何許人亦不知其姓氏慶民事遼爲宜州節度使天會中攻破宜州慶民不屈而死以其妻配將士其妻誓死不從遂自殺世宗讀太宗實錄見慶民夫婦事嘆曰如此節操可謂難矣

雷婦師氏夫亡孝養舅姑姑病刲臂肉飼之姑即愈舅姑既殁兄師逵與夫姪規其財產乃僞立媒證致之官欲必嫁之縣官不能辨曲直師氏畏逼乃投縣署井中死詔有司祭其墓賜謚曰節

康住住鄜州人夫蚤亡服闋父取之歸家許嚴沂爲妻康氏誓死弗聽欲還夫家不可得乃投崖而死詔有司致祭其墓

李文妻史氏同州白水人夫亡服闋誓死弗嫁父強取之歸許邑人姚乙爲妻史氏不聽姚訴之官被逮遂自縊死詔有司致祭其墓

李英妻張氏英初爲監察御史在中都張居濰州貞祐元年冬大元兵取濰州入其家張氏盡以所有財物與之既而令張氏上馬張曰我盡以物與汝猶不見贖耶咎曰汝品官妻當復爲夫人張曰我死則爲李氏鬼頓坐不起遂見殺追封隴西郡夫人謚莊潔英仕至御史中丞有傳

相琪妻欒氏有姿色琪爲萊州掖縣司吏貞祐三年八月紅襖賊陷掖縣琪與欒氏及子俱爲所得賊見欒悅之殺琪及其子而誘欒欒奮起以頭觸賊而仆罵曰我豈爲犬彘所汙者哉賊怒殺之追封西河縣君謚莊潔

阿魯真宗室承充之女胡里改猛安夾谷胡山之妻夫亡寡居有衆千餘興定元年承充爲上京元帥上京行省太平執承充應蒲鮮萬奴阿魯真治廢壘修器械積芻糧以自守萬奴遣人招之不從乃射承充書入城阿魯真得而碎之曰此詐也萬奴兵急攻之阿魯真衣男子服與其子蒲帶督衆力戰殺數百人生擒十餘人萬奴兵乃解去後復遣將擊萬奴兵獲其將一人詔封郡公夫人子蒲帶視功遷賞承充已被執衆間謂其二子女胡蒲速乃曰吾起身宿衛致位一品死無恨矣若輩亦皆通顯未嘗一日報國家當思自處以爲後圖二子乃冒險自拔南走是年四月至南京

獨吉氏平章政事千家奴之女護衛銀术可妹也自幼動有禮法及適內族撒合輦閨門肅如撒合輦爲中京留守大兵圍之撒合輦疽發背不能軍獨吉氏度城必破謂撒合輦曰公本無功能徒以宗室故嘗在禁近以至提點近侍局同判睦親府今又爲留守外路第一等官受國家恩最厚今大兵臨城公不幸病不能戰禦設若城破公當率精銳奪門而出携一子走京師不能則獨赴京師又不能戰而死猶可報國幸無以我爲慮撒合輦出巡城獨吉氏乃取平日衣服粧具玩好布之卧榻資貨悉散之家人艷

粧盛服過於平日且戒女使曰我死則扶置榻上以衾覆面四圍舉火焚之無使兵見吾面言訖閉門自經而死家人如言卧尸榻上以衾覆之撒合輦從外至家人告以夫人之死撒合輦拊榻曰夫人不辱我我肯辱朝廷乎因命焚之年三十有六少頃城破撒合輦率死士欲奪門出不果投壕水死有傳

許古妻劉氏定海軍節度使仲洙之女也貞祐初古挈家僑居蒲城後留劉氏母子于蒲仕于朝既而兵圍蒲劉謂二女曰汝父在朝而兵勢如此事不可保若城破被驅一爲所汙奈何不若俱死以自全已而攻城益急於是劉氏

與二女相繼自盡有司以聞于朝四年五月追封劉氏爲郡君謚曰貞潔其長女謚曰定姜次肅姜以其事付史館

馮妙真刑部尚書延登之女也生十有八年適進士張楷興定五年楷爲洛川主簿大元兵破葭州綏德遂入鄜延鄜人震恐其守備臣以西路輸芻粟不時至檄楷詰平涼督之時延登爲平涼行省員外郎楷欲俟妙真以往妙真辭曰舅姑老矣雖有叔姒妾能安乎子行妾留奉養十一月洛川破妙真從舅姑匿窟室兵索得之妙真泣與舅姑訣曰婦生不辰不得終執箕箒義不從辱即携乃三子赴井死縣人從而死者數十人明年春楷發井得屍殯于縣之東郭外死時年二十四

蒲察氏字明秀鄜州帥訥申之女完顏長樂之妻也哀宗遷歸德以長樂爲總領將兵扈從將行屬蒲察氏曰無他言夫人慎毋辱此身明秀曰君第致身事上無以妾爲念妾必不辱長樂一子在幼出妻柴氏所生也明秀撫育如已出崔立之變驅從官妻子于省中人自閟之蒲察氏聞以幼子付婢僕且與之金幣親具衣棺祭物與家人訣曰崔立不道強人妻女兵在城下吾何所逃惟一死不負吾夫耳汝等惟善養幼子遂自縊而死欣然若不以死爲難者時年二十七

烏古論氏伯祥之妹臨洮總管陀滿胡土門之妻也伯祥朝貴中聲譽藉甚胡土門死王事崔立之變衣冠家婦女多爲所汙烏古論氏謂家人曰吾夫不辱朝廷我敢辱吾兄及吾夫乎即自縊一婢從死

參政完顏素蘭妻亡其姓氏當崔立之變謂所親曰吾夫有天下重名吾豈肯隨衆陷身以辱吾夫乎今日一死固當但不可無名而死亦不可離吾家而死即自縊于室

温特罕氏夫完顏忙哥五朵山宣差提控田里不之子也系出蕭王忙哥叔父益都節度秦州爲

大元兵所攻適病不能軍忙哥爲提控獨當一面兵退而益都死忙哥以城守功世襲謀克收充奉御及崔立之變忙哥義不受辱與其妻訣妻曰君能爲國家死我不能爲君死乎一婢曰主死婢將安歸是日夫婦以一繩同縊婢從之

尹氏完顏豬兒之妻也豬兒系出蕭王天興二年正月從哀宗爲南面元帥戰死黃陵岡其妻金源郡夫人聞豬兒死聚家資焚之遂自縊年三十一豬兒贈官弟長住即日詔補護衛

白氏蘇嗣之之母許州人宋尚書右丞子由五世孫婦也初東坡頴濱叔黨俱葬郟城之小峨嵋山故五世皆居許

邑白氏年二十餘即寡居服除外家迎歸兄嫂竊議改醮白氏微聞之牽車徑歸曰我爲蘇學士家婦又有子乃欲使我失身乎自是外家非有大故不往也嘗於宅東北爲祭室畫兩先生像圖黃州龍川故事壁間香火嚴潔躬自洒掃士大夫求瞻拜者往往過其家冀之天興元年正月庚戌許州被兵嗣之爲汴京廟官白拜辭兩先生前曰兒子往京師老婦死無恨矣敢以告即自縊於室側家人弃屋焚之年七十餘嗣之本名宗之避諱改焉

聶孝女字舜英尚書左右司員外郎天驥之長女也年二十三適進士張伯豪伯豪卒歸父母家及哀宗遷歸德天

驥留汴崔立劫殺宰相天驥被創甚日夜悲泣恨不即死舜英謁醫救療百方至刲其股雜他肉以進而天驥竟死時京城圍久食盡閭巷間有嫁妻易一飽者重以崔立之變剽奪暴凌無復人理舜英頗讀書知義理自以年尚少又夫既亡父又死非命比爲兵所汙何若從吾父于地下乎葬其父之明日絕脰而死一時士女賢之有爲泣下者其家以舜英合葬張伯豪之墓

完顏仲德妻不知其族氏崔立之變妻自毀其容服攜妾及二子給以采蔬自汴走蔡蔡被圍丁男皆乘城拒守謂仲德曰事勢若此丈夫能爲國出力婦人獨不能耶率諸命婦自作一軍親運矢石於城下城中婦女爭出繼之城破自盡

哀宗寶符李氏國亡從后妃北遷至宣德州居摩訶院日夕寢處佛殿中作幡旃會當赴龍庭將發即於佛像前自縊死且自書門紙曰寶符御侍此處身故後人至其處見其遺跡憐而哀之

天興元年北兵攻城矢石之際忽見一女子呼於城下曰我倡女張鳳奴也許州破被俘至此彼軍不日去矣諸君努力爲國堅守無爲所欺也言竟投濠而死朝廷遣使馳祭于西門

正大天興之際婦人節義可知者特數人耳鳳奴之事別史錄之蓋亦有所激云

列傳第六十八

開府儀同三司上柱國錄軍國重事前中書右丞相監修國史領經筵事都總裁臣脫脫奉

勑修

宦者

梁珫　宋珪潘守恒附

古之宦者皆出於刑人刑餘不可列於士庶故掌宮寺之
事謂之婦寺焉東漢以來宦者養子以繼世唐世繼者皆
為閹人其初進也性多巧慧便僻善固恩寵及其得志黨
比糾結不可制東漢以宦者亡唐又甚焉世儒論宦者之
害如毒藥猛虎之不可拯也金法置近侍局嘗與政事而
宦者少與焉惟海陵時有梁珫章宗時有梁道李新喜干
政二君為所誤多矣世傳梁道勸章宗納李妃後宮金史
不載梁道始末弗得而論次之惟宋珪潘守恒頗能諷諫
宣哀時有裨益蓋傭之佼佼鐵之錚錚者也作宦者傳

梁珫本大臭家奴隨元妃入宮以閹豎事海陵珫性便佞
善迎合特見寵信舊制宦者惟掌掖廷宮闈之事天德三
年始以王光道為內藏庫使衛愈梁安仁皆以宦官領內
藏海陵謂光道等曰人言宦者不可用朕以為不然後唐
莊宗委張承業以軍竟立大功此中豈無人乎卿等宜悉
此意繕藏之物皆出民力費十致一當糾察姦弊犯者必
罰無赦宦者始與政事而珫委任尤甚累官近侍局使及
營建南京宮室海陵數數使珫往視工役是時一殿之費
巳不可勝計珫或言其未善即盡撤去雖丞相張浩亦曲
意事之與之均禮海陵欲伐宋珫因極言宋劉貴妃絕色
傾國海陵大喜及南征將行命縣君高師姑兒貯衾褥之
新潔者俟得劉貴妃用之議者言珫與宋通謀勸帝伐宋
徵天下兵以疲弊中國海陵至和州聞珫與宋人交通有
狀謂珫曰聞汝與宋國交通傳泄事情汝本奴隸朕拔擢
至此乃敢爾耶若至江南詢得實迹殺汝亦未晚也又謂
校書郎田與信曰爾面目亦可疑必與珫同謀者皆命執
於軍中海陵遇弒珫與信皆為亂軍所殺

宋珪本名乞奴燕人也為內侍殿頭宣宗嘗以元夕欲觀
燈戲命乞奴監作乞奴諫語云社稷棄之中都南京作燈
戲有何看耶宣宗微聞之杖之二十既而悔之有旨宣諭
哀宗放鷂後苑鷂逸去敕近侍追訪之市中一農民臂此
鷂近侍不敢言宮中所逸者百方索之農民不與與之物
直僅乃得事聞哀宗欲送其人於有司乞奴從旁諫曰貴
畜賤人豈可宣示四方哀宗惡其太訐又杖之尋亦悔賜
物慰遣之及哀宗至歸德馬軍元帥蒲察官奴為變殺左
丞李蹊參政石盞女魯歡以下從官三百餘人倉皇之際

哀宗不得已以官奴權參知政事既爲所制含恨欲誅之未能也及官奴往亳州珪陰與奉御吾古孫愛實納蘭忔荅護衛女奚烈完出范陳僧王山兒等謀誅之官奴自亳還哀宗御臨漪亭召參政張天綱及官奴議事官奴入見珪等即從旁殺之及其黨阿里合白進習顯及蔡城破哀宗自縊於幽蘭軒珪與完顏斜烈焦春和等皆從死有潘守恒者亦內侍也素稱知書南遷後規益甚多及哀宗自蒲城走歸德道次民家守恒進擲曰願陛下還宮之日無忘此草廬中更加儉素以濟大業上聞其言悽惋咨嗟久之

方伎

劉完素　張從正　李慶嗣

紀天錫　張元素　馬貴中

武禎 子亢　李懋　胡德新

太史公敘九流述日者龜策扁鵲倉公列傳劉歆校中祕書以術數方技載之七略後世史官作方技傳蓋祖其意焉或曰素問內經言天道消長氣運贏縮假醫術託岐黃以傳其秘奧耳秦人致以周易列之卜筮斯豈易言哉第古之爲術以吉凶導人而爲善後世術者或以休咎導人爲不善古之爲醫以活人爲功後世醫者或因以爲利而誤殺人故爲政於天下雖方技之事亦必慎其所職掌而務旌別其賢否焉金世如武禎武亢之信而不誣劉完素張元素之治療通變學其術者皆師尊之不可不記云

劉完素字守真河間人嘗遇異人陳先生以酒飲守真大醉及寤洞達醫術若有授之者乃撰運氣要旨論精要宣明論慮庸醫或出妄說又著素問玄機原病式特舉二百八十八字注二萬餘言然好用涼劑以降心火益腎水爲主自號通元處士云

張從正字子和睢州考城人精於醫貫穿難素之學其法宗劉守真用藥多寒涼然起疾救死多取效古醫書有汗下吐法亦有不當汗者汗之則死不當下者下之則死不當吐者吐之則死各有經絡脈理世傳黃帝岐伯所為書也從正用之最精號張子和汗下吐法妄庸淺術習其方劑不知察脈原病往往殺人此庸醫所以失其傳之過也其所著有六門二法之目存於世云

李慶嗣洺人少舉進士不第棄而學醫讀素問諸書洞曉其義天德間歲大疫廣平尤甚貧者往往闔門臥病慶嗣携藥與米分遺之全活者衆慶嗣年八十餘無疾而終所著傷寒纂類四卷改證活人書三卷傷寒論三卷針經一卷傳於世

紀天錫字齊卿泰安人早棄進士業學醫精於其技遂以醫名世集註難經五卷大定十五年上其書授醫學博士

張元素字潔古易州人八歲試童子舉二十七試經義進士犯廟諱下第乃去學醫無所知名夜夢有人用大斧長鑿鑿心開竅納書數卷於其中自是洞徹其術河間劉完素病傷寒八日頭痛脉緊嘔逆不食不知所為元素往候完素面壁不顧元素曰何見待之卑如此哉既為診脉謂之曰脉病云云曰然初服某藥用某味乎曰然元素曰子誤矣某味性寒下降走太陰陽亡汗不能出今脉如此當服某藥則效矣完素大服如其言遂愈元素自此顯名平

素治病不用古方其說曰運氣不齊古今異軌古方新病不相能也自為家法云

馬貴中天德中為司天提點與校書郎高守元奏天象災異忤旨海陵皆杖之黜貴中為大同府判官久之遷司天監正隆三年三月辛酉朔日當食是日候之不食海陵謂貴中曰自今凡遇日食皆面奏不須頒示內外海陵伐宋問曰朕欲自將伐宋天道何如貴中對曰去年十月甲戌熒惑順入太微至屏星留退西出占書熒惑常以十月入太微庭受制出伺無道之國十二月太白晝見經天占為兵喪為不臣為更主又主有兵兵罷無兵兵起鎮戎軍地震大風海陵以問貴中對曰伏陰逼陽所以震也又問曰當震大風何也對曰土失其性則地震風為號令人君命令嚴急則有烈風及物之災六年二月甲辰朔日有暈珥戴背海陵問近日天道何如貴中對曰前年八月二十九日太白入太微右掖門九月二日至端門九日至左掖門出並歷左右執法太微為天子南宮太白兵將之象其占兵入天子之廷海陵曰今將征伐而兵將出入太微正其事也貴中又曰當端門而出其占為受制歷左右執法為受事此當有出使者或為兵或為賊海陵曰兵興之際小盜固不能無也及被害于揚州貴中之言皆驗大定八年

世宗擊毬於常武殿貴中上疏諫曰陛下為天下主守宗廟社稷之重圍獵擊毬皆危事也前日皇太子墜馬可以為戒臣願一切罷之上曰祖宗以武定天下豈以承平遽忘之邪皇統嘗罷此事當時之人皆以為非朕所親見故示天下以習武耳十年十一月皇太子生日世宗宴百官于東宮上飲歡甚貴中被酒前跪欲言事錯亂失次上不之罪但令扶出

武禎宿州臨渙人祖官太史靖康後業農後畫界屬金禎深數學貞祐間行樞密院僕散安貞聞其名召至徐州以上客禮之每出師必資爲其占如響正大初徵至汴京待

詔東華門其友王鉉問禎曰朝廷若問國祚修短子何以對禎曰當以實告之但更言周過其歷秦不及期亦在修德耳時久旱祈禱不應朝廷爲憂禎忽謂鉉曰足下今日早歸恐爲雨阻鉉曰萬里無雲赤日如此安得有雨禎笑曰若是則天不誠也天何嘗不誠既而東南有雲氣須臾蔽天平地雨注二尺衆皆驚嘆尋除司天臺管勾子亢寡言笑不妄交嘗與一學生終日相對握籌布畫目炯炯若有所營見者莫測也哀宗至蔡州右丞完顏仲德薦其術乃至屏人與語大悅除司天長行賞賚甚厚上書曰比者有星變于周楚之分彗星起于大角西掃軫之左軸蓋除

舊布新之象又言鄭楚周三分埜當赤地千里兵凶大起王者不可居也又曰蔡城有兵喪之兆楚有亡國之徵三軍蒼戰於西垣前後有日矣城壁傾頹內無見糧外無應兵君臣數盡之年也聞者悚然奪氣哀宗惟嗟嘆良久不以爲罪性頗倨傲朝士以此非之天興二年九月蔡州被圍亢奏曰十二月三日必攻城及期果然末帝問曰解圍當在何日對曰明年正月十三日城下無一人一騎矣帝不知其由乃喜圍解有期日但密計糧草使可給至其日不闕者明年甲午正月十日蔡州破十三日
大元兵退是日亢赴水死云

李懋不知何許人有異術正大間游京兆行省完顏合達愛其術與俱至汴京薦於哀宗遣近侍密問國運否泰言無忌避居之繁臺寺朝士日走問之或能道隱事及吉凶之變人以爲神帝惡其言太洩遣使者殺之使者乃持酒肴入寺懋出迎笑曰是矣使者曰何謂也懋曰我數當盡今日尚復何言遂索酒痛飲就死

胡德新河北士族也寓居南陽往來宛葉間耆酒落魄不羈言禍福有奇驗正大七年夏與燕人王鉉邂逅於葉縣村落中與鉉初不相識坐中謬以兵官對胡曰此公在吾法中當登科甲何以謂之兵官衆愕然遂以實告二人相

得甚歡即命家人具雞酒以待酒酣舉大白相屬曰君此去事業甚遠不必置問某有所見久不敢對人言今欲告子遂邀至野田密謂曰某自去年來行宛葉道中見往來者十且八九有死氣今春至陳許間見其人亦有太半當死者若吾目可用則時事可知矣鉉驚問應驗遲速曰不過歲月間耳某亦不逃此厄請密誌之明年
大元兵由金房入取峭石灘浸淫所過廬舍蕭然胡亦舉家及難其精驗如此

列傳第六十九

開府儀同三司上柱國錄軍國重事前中書右丞相監修國史領經筵事都總裁臣脫脫奉修

逆臣

秉德本名乙辛　唐括辯　烏帶
大興國　徒單阿里出虎　李老僧
僕散師恭本名忽土　徒單貞
完顏元宜　紇石烈執中本名胡沙虎

昔者孔子作春秋而亂臣賊子懼其法有五焉微而顯志而晦婉而成章盡而不汙懲惡而勸善夫懲惡乃所以勸善也作逆臣傳

秉德本名乙辛初爲西南路招討使改汴京留守丁母憂起復爲兵部尚書拜參知政事皇統八年與烏林荅蒲盧虎等廉察郡縣使還拜平章政事廷議欲徙遼陽渤海人於燕南秉德及左司郎中三合議其事近侍高壽星在徙中壽星訴於悼后后以白帝帝怒杖秉德而殺三合是時熙宗在位久悼后干政而繼嗣未立帝無聊不平屢殺宗室箠辱大臣秉德以其故懷怨乃與唐括辯烏帶等謀廢立烏帶以其謀告海陵海陵乃與秉德謀弒熙宗皇統九年十二月九日遂與唐括辯烏帶烏土阿里忽出大興國李老僧海陵妹夫特廝弒熙宗于寢殿秉德初意不在海陵已弒熙宗未有所屬忽土奉海陵坐秉德等皆拜稱萬歲殺曹國王宗敏左丞相宗賢時秉德位在海陵上因被杖怨望謀廢立而海陵因之以爲亂既立以秉德爲左丞相兼侍中左副元帥封蕭王賜鐵券與錢二千萬絹一千匹馬牛各三百羊三千久之爲烏帶所譖出領行臺尚書省事時秉德方在告亟召之限十日內發行會海陵欲除太宗諸子并除秉德以秉德首謀廢立及弒熙宗不即勸進銜之烏帶因言秉德與宗本謀反有狀曰昨來秉德曾於宗本家飲酒海州刺史子忠言秉德有福貌類趙太祖秉德偃仰笑受其言臣妻言秉德妻嘗指斥主上語皆不順及秉德與宗本相別時指斥尤甚且謂曆數有歸秉德招刑部侍郎漫獨曰已前曾說那公事頗記憶否漫獨曰不存性命事何可對衆便說似此逆狀甚明海陵遣使就行臺殺秉德并殺前行臺參知政事烏林荅贊謀贊謀妻秉德乳母也初贊謀與前行臺左丞溫敦思忠同在行臺思忠黷貨無厭贊謀薄之由是有隙故思忠乘是并誣贊謀及其子殺之贊謀不肯跪受刑行刑者立而縊殺之海陵以贊謀家財奴婢盡賜思忠秉德與烏帶以口語致怨既死遂并殺其弟特里糺里及宗翰子孫死者三十餘人

宗翰之後遂絶世宗即位追復秉德官爵贈儀同三司初撒改薨宗翰襲其猛安親管謀克秉德死海陵以賞烏帶傳其子兀答補大定六年世宗憫宗翰無後詔以猛安謀克還撒改曾孫盆買遣使改葬撒改宗翰於山陵西南二十里百官致奠其家產給近親以奉祭祀秉德既死其中都宅第左副元帥杲居之杲死海陵遷都迎其嫡母徒單氏居之徒單遇害世宗惡其不祥施為佛寺

唐括辯本名斡骨剌尚熙宗女代國公主為駙馬都尉累官參知政事尚書左丞與右丞相秉德謀廢立而烏帶以告海陵海陵謂辯曰我輩不能匡救旦暮且及禍若行大

事誰可立者辯曰無乃胙王常勝乎海陵問其次辯曰鄧王子阿楞海陵曰阿楞屬疎安得立辯曰公豈有意邪海陵曰若不得已捨我其誰於是旦夕相與密謀護衛將軍特思疑之以告悼后曰辯等因閒每竊竊偶語不知議何事悼后以告熙宗熙宗怒召辯責之曰爾與亮謀何事將如我何杖而遣之自是謀益甚十二月九日代國公主為其母悼后作佛事居寺中故海陵秉德等俱會於辯家至夜辯等以刀藏衣下相隨入宮門者以辯駙馬不疑皆內之至殿門直宿護衛覺之辯舉刀呵之使無動既弑熙宗立海陵辯為尚書右丞相兼中書令封王賜錢二千萬絹千匹馬牛各三百羊三千并鐵券進拜左丞相父彰德軍節度使重國還東平尹初辯與海陵謀逆辯嘗言其家奴多可用者海陵固已懷之及行弑之夕會於辯家待興國出宮辯因設饌衆皆恇懼不能食辯獨飽食自若海陵由此知其恢忍畏忌之及即位嘗與辯觀太祖畫像海陵指示辯曰此眼與爾相似辯色動海陵亦色動由是疑辯益忌之及與蕭裕謀致宗本罪并致辯嘗與宗本謀反即殺之重國坐奪官正隆二年起為沂州防禦使改清州防禦使大定初重國與徒單拔改俱以政跡著聞歷安國彰化橫海軍節度使後辯子孫上書言辯死天德間祖重國亦

坐追削正隆初重國已復官職乞追復辯官爵是時海陵已降為庶人以辯與弑逆不許言本名

烏帶行臺左丞相阿魯補子也熙宗時累官大理卿熙宗晚年喜怒不常大臣往往危懼右丞相秉德左丞唐括辯謀廢立烏帶即詣海陵啓之遂與俱弑熙宗海陵即位烏帶為平章政事封許國王賜錢絹馬牛羊鐵券並如其黨烏帶妻唐括氏淫泆舊與海陵通又私其家奴閻乞兒秉德嘗對熙宗斥其事烏帶銜之未發也時海陵多忌會有疾少間烏帶遂誣奏秉德有指斥語曰主上數日不視朝若有不諱誰當繼者臣曰主上有皇子秉德曰嬰兒豈能勝天下大任必也

葛王乎海陵以為實然故出秉德已而殺之以秉德世襲猛安謀克授烏帶進右丞相烏帶與宗本有親海陵以烏帶告秉德事故宗本之禍烏帶獨免遂以秉德千户謀克及其子婦家產盡賜之進司空左丞相兼侍中居數月烏帶早朝以日陰晦將雨意海陵不視朝先趨出朝百官皆隨之去已而海陵御殿知烏帶率百官出朝惡之遂落司空出為崇義軍節度使後海陵思慕唐括容色因其侍婢來候問起居海陵許立為后使殺烏帶海陵詐為烏帶哀傷使其子兀荅補佩金符乘驛赴喪追封為王仍詔有司送其靈車賜絹三百為道途費納唐括於宮中封貴妃兀荅補襲猛安謀克大定六年以猛安謀克還撒改曾孫以阿魯補謀克授兀荅補終同知大興尹子璫本名烏也阿補以曾祖阿魯補功充筆硯祗候

大興國事熙宗為寢殿小底權近侍局直長最見親信未嘗去左右每遠夜熙宗就寢興國時從主者取符鑰歸家主者即以付之聽其出入以為常皇統九年海陵生日熙宗使興國以宋司馬光畫像及他珍翫賜海陵悼后亦以物附賜熙宗不悅杖興國一百海陵謀弒意先得興國延可伺間入宮行大事且度興國無罪被杖必有怨望心可乘此說之乃因李老僧結興國既而知無異心可與謀乃召至臥內令解衣欲與之俱臥意有所屬者興國固辭不敢曰即有使惟大王之命海陵曰主上無故殺常勝又殺皇后乃以常勝家產賜阿楞既又殺阿楞遂以賜我我深以為憂柰何興國曰是固可慮也海陵曰朝臣旦夕危懼皆不自保向者我生日因皇后附賜物君遂被杖我亦見疑主上嘗言會須殺君我與君皆將不免寧坐待死何如舉大事我與大臣數人謀議已定爾以為如何興國曰如大王言事不可緩也乃約十二月九日夜起事興國取符鑰開門矯詔召海陵入夜二更海陵秉德等入熙宗常置佩刀於御榻上是夜興國先取投榻下及亂作熙宗求佩刀不得遂遇弒海陵既立以興國為廣寧尹賜奴婢百口犀玉帶各一錢絹馬牛鐵券如其黨進階金紫光祿大夫

再賜興國錢千萬黃金四百兩銀千兩良馬四匹駝車一乘橐駝三頭真珠巾玉鉤帶玉佩刀及玉校鞍轡天德四年改崇義軍節度使賜名邦基再授絳陽武寧節度使改河間尹世宗即位廢于家凡海陵所賜皆奪之大定中邦基兄邦傑自京兆判官還世宗曰大邦傑因其弟進濫廁縉紳豈可復用併罷其子弟與所贈父官及海陵降為庶人詔曰大邦基與海陵同謀弒逆適誅至今為幸多矣遂磔于思陵之側

徒單阿里出虎會寧葛馬合窟申人徙懿州父拔改太祖
時有戰功領謀克昌速館軍帥皇統四年爲兵部侍郎歷
天德軍節度使改興中尹與宗幹世爲姻家皇統九年阿
里出虎與僕散忽土俱爲護衛十人長海陵將弒熙宗欲
得二人者爲内應遂許以女妻阿里出虎子而以逆謀告
之阿里出虎素凶暴聞其言喜甚曰阿家此言何晚邪廢
立之事亦男子所爲主上不能保天下人望所屬惟在阿
家今日之謀乃我素志也遂與忽土俱以十二月九日直
禁中海陵故以是夜二更入宮至寢殿阿里出虎先進刃
忽土次之熙宗顛仆海陵復刃之血濺其面及衣海陵旣

立以阿里出虎爲右副點檢賜錢絹馬牛羊如其黨子术
斯剌尚榮國公主合女加昭毅大將軍駙馬都尉天德二
年留守東京加儀同三司八月改河間尹世襲臨潢府路
斜剌阿猛安領親管謀克以憂去職起復爲太原尹封王
阿里出虎自謂有佐立功受鐵券凶狠益甚奴視僚屬少
忤其意輒箠辱無所恤嘗問休咎於卜者高鼎遂以鼎所
占問張王乞王乞以謂當有天命阿里出虎喜以王乞語
告鼎鼎上變阿里出虎伏誅并殺其妻及王乞海陵使其
子术斯剌焚其尸投骨水中拔改自西京留守歷西南路
招討使忠順軍節度使入爲勸農使復爲河間尹改臨洮

尹入爲工部尚書改興平軍節度使濟南尹卒
僕散師恭本名忽土上京老海達葛人本微賤宗幹嘗周
恤之擢置宿衛爲十人長海陵謀逆以忽土出自其家有
恩欲使爲内應謂之曰我有一言欲告君久矣恐泄於人
未敢也忽土曰肌肉之外皆先太師所賜苟有補於國王
死不敢辭先太師謂宗幹也海陵曰主上失道吾將行廢
立事必得君爲助乃可忽土許之十二月九日忽土直宿
海陵因之入宮至寢殿熙宗聞步屧聲咄之衆皆却立不
敢動忽土曰事至此不進得乎乃相與排闥而入旣弒熙
宗秉德等尚未有所屬忽土曰始者議立平章今復何疑

乃奉海陵坐衆前稱萬歲遂召曹國王宗敏至即使忽土
殺之旣即位忽土爲左副點檢賜錢絹馬牛羊鐵券轉都
點檢改名思恭遷會寧牧拜太子少師工部尚書封王頃
之以憂解職起復爲樞密副使進拜樞密使貞元三年爲
右丞相正隆初拜太尉復爲樞密使無何以憂去起復爲
太尉樞密使海陵至汴京賜忽土第一區隣寧德宮宮徒
單太后所居也忽土時時入見太后及契丹撒八反海陵
命忽土與蕭懷忠北伐比行忽土入辭寧德太后與語久
之海陵聞而惡之疑其與太后有異謀是時蕭禿剌斡盧
補與契丹撒八連戰皆無功糧運不繼乃退軍臨潢而撒

八閒師恭以大軍且至乃謀歸大石沿龍駒河西去師恭
至臨潢追之不及海陵使樞密副使白彥敬等討撒八師
恭還遣其子忽殺虎乘傳逆之至則執而戮于市師恭臨
刑繩枚窒口不能言但擧首視天日而已遂族滅之并誅
滅蕭禿剌蕭賾蕭懷忠家大定初皆復官爵及海陵降爲
庶人師恭以預弑復削之世宗幸上京過老海達葛師恭
族人臨潢尹守中定遠大將軍阿里徒等皆奪官二十八
年上謂宰臣曰海陵遣僕散師恭蕭禿剌蕭懷忠追撒八
不及皆坐誅遂夷其族虐之甚也平章政事襄對曰是時
臣在軍中忽土賾有精甲一萬三千有餘賊軍雖多皆脅

從之人以氈紙爲甲易與也忽土等恇怯遷延賊乃遁去
上曰審如是則誅之可也兄渾坦
徒單貞本名特思忒黑闌剌人也祖抄從太祖伐遼有功
授世襲猛安父婆盧火以戰功累官開府儀同三司貞娶
遼王宗幹女海陵同母女弟也皇統九年貞與海陵俱弑
熙宗海陵既立以貞爲左衛將軍封貞妻平陽長公主貞
爲駙馬都尉殿前左副點檢轉都點檢兼太子少保封王
改大興尹都點檢如故俄授臨潢府路昏斯魯猛安居二
年海陵召貞易之曰汝自幼常在左右頗著微勞而近日
乃怠忽縱有罪樹私恩凡人富貴而驕皆死徵也汝若不

制汝心將無所不至賜之死復何辭朕念弟襄及公主與
朕同胞故少示懲戒貞但號泣即日解點檢職仍爲大興
尹復戒之曰今而後能以勤自勵朕當思之不然黜尒歸
田里矣逾月復爲都點檢大興尹如故正隆二年例封瀋
遷樞密副使賜佩刀入宮轉同判大宗正事海陵將伐宋
詔朝官除三國人使宴飲其餘飲酒者死六年正月四日
立春節益都尹京安武節度使奕金吾上將軍阿速飲於
貞第海陵使周福兒賜土牛至貞第見之以告海陵召貞
詰之曰我事方殷禁百官飲酒卿等知之乎貞等伏地請
死海陵數之曰汝等若以飲酒殺人太重固當諫古人三

諫不聽亦勉從君命魏武帝軍行令曰犯麥者死已而所
乘馬入麥中乃割髮以自刑犯麥微事也然必欲以示信
朕爲天下主法不能行于貴近乎朕念慈憲太后子四人
惟朕與公主在而京等皆近屬曲貸死罪於是杖貞七十
京等三人各杖一百降貞爲安武軍節度使京爲灤州刺
史奕歸化州刺史無何拜貞御史大夫以本官爲左監軍
從伐宋至揚州海陵死比還見世宗于中都詔以貞女爲
皇太子妃除貞爲太原尹改咸平貞在咸平貪汙不法累
贓鉅萬徙眞定尹事覺世宗使大理卿李昌圖鞫之貞即
引伏昌圖還奏上問之曰貞停職否對曰未也上怒抵昌

圖罪復遣刑部尚書移剌道往眞定問之徵其贓還主有司徵給不以時詔先以官錢還其主而令貞納官凡還主贓皆準此例降貞爲博州防禦使降貞妻爲清平縣主頃之遷震武節度使遣使者往戒勑之詔曰朕念卿懿戚不待終考更遷大鎮非常之恩不可數得卿勿蹈前過轉河中尹進封其妻爲任國公主賜黃金百兩重綵二十端賜貞鞶毬馬二匹改東京留守賜玉吐鶻弓矢賜貞妻錢萬貫有司奏海陵已貶爲庶人宗幹不當猶稱帝於是以宗幹有社稷功詔追封爲遼王其子孫及諸女皆降貞妻降永平縣主貞自儀同三司降特進奪猛安不稱駙馬都尉

再從臨潢尹初與弒熙宗凡九人海陵以暴虐自斃秉德辯忽土阿里出虎以疑見殺言以妻殞裕老僧以反誅至是貞與大興國尚在而興國擯棄不用獨貞以世姻籍恩寵雖夫婦降削爵號而世宗慮久遠終不以私恩曲庇久之詔誅貞及其妻與二子愼思十六而宥其諸孫俄而興國亦誅皇統逆黨盡矣章宗即位尊母皇太子妃爲皇太后追封貞爲太尉梁國公貞祖抄司空魯國公父婆盧火司徒齊國公貞妻梁國夫人子陁補火愼思十六俱爲鎮國上將軍無何再贈貞太師廣平郡王謚莊簡貞妻進封梁國公主

李老僧舊爲將軍司書吏與大興國有親素相厚海陵秉政與興國屬諸海陵海陵以爲省令史及將舉事使老僧結興國興國終爲海陵取符鑰納海陵宮中成弒逆者老僧爲之也海陵既立以老僧爲同知廣寧尹事賜錢千萬絹五百匹馬牛各二百羊二千久之海陵惡韓王亨將殺之求其罪不可得遂以亨爲廣寧尹再任老僧同知使伺察亨構致其罪亨喜博及至廣寧常與老僧博待之甚厚老僧由是不忍致亨死罪遲疑者久之海陵再使小底訛論促老僧老僧乃與亨家奴六斤謀殺亨獄中語在亨傳及耶律安禮自廣寧還朝海陵謂之曰李迭三罪伏其一已

見觖望爾乃梁王故吏若亨伏辜必罪及親族故搒殺之海陵以老僧於亨有遲回意遂降老僧爲易州刺史久之遷同知大興尹賜名惟忠改延安府同知大定二年與兵部尚書可喜謀反誅

論曰書曰王左右常伯常任準人綴衣虎賁周公曰嗚呼休茲知恤鮮哉穆王告伯冏曰愼簡乃僚其無以巧言令色便辟側媚其惟吉士金人所謂寢殿小底猶周之綴衣所謂護衞猶周之虎賁也則皆羣僕侍御之臣矣海陵弒逆而大興國忽土阿里出虎爲之扼擥皆出于小底護衞之中熙宗固不知恤之也一日熙宗與近侍飲酒會夜稽

古殿火上欲往視都點檢辭不失引帝裾止之奏曰臣在
此陛下何患顛無親往熙宗謂辭不失被酒甚怒之明日
杖而出之已而思其忠復見召用海陵與唐括辯時時屏
人私語護衛特思察其非常海陵擠而殺之皇統末年羣
臣解體無尊君謹上之心而羣姦竊發僕御之臣不復有
如辭不失特思者矣綿之詩曰予曰有疏附予曰有先後
予曰有奔走予曰有禦侮嗚呼先後禦侮之臣豈可少哉
完顏元宜本名阿列一名移特輦本姓耶律氏父慎思天
輔七年宗望追遼主至天德慎思來降且言夏人以兵迎
遼主將渡河去宗望移書夏人諭以禍福夏人乃止賜慎

思姓完顏氏官至儀同三司元宜便騎射善擊毬皇統元
年充護衛累遷甌里本群牧使入爲武庫署令轉符寶郎
海陵篡立爲兵部尚書天德三年詔凡賜姓者皆復本姓
元宜復姓耶律氏歷順義昭義節度使復爲兵部尚書勸
農使海陵伐宋以本官領神武軍都總管以大名路騎兵
萬餘爲之前鋒渡淮拔昭關遇宋兵萬餘于柘皐力戰却
之至和州宋兵十萬來拒元宜麾軍力戰抵暮而罷宋人
乘夜襲營元宜擊走之黎明追及宋兵斬首數萬以功遷
銀青光祿大夫海陵增置浙西路都統制使元宜領之督
諸軍渡江佩金牌賜衣一襲是時世宗已即位于遼陽軍

中多懷去就海陵軍令慘急亟欲渡江衆欲亡歸決計於
元宜猛安唐括烏野曰前阻淮渡皆成擒矣比聞遼陽新
天子即位不若共行大事然後舉軍北還元宜曰待王祥
至謀之王祥者元宜子爲驍騎副都指揮使在別軍元宜
使人密召王祥既至遂約詰旦衛軍番代即行事元宜先
欺其衆曰有令爾輩皆去馬詰旦渡江衆皆懼乃以舉事
告之皆許諾十月乙未黎明元宜王祥與武勝軍都總管
徒單守素猛安唐括烏野謀克斡盧保婁薛温都長壽等
率衆犯御營海陵聞亂以爲宋兵奄至攬衣遽起箭入帳
中取視之愕然曰乃我兵也大慶山曰事急矣當出避之

海陵曰走將安往方取弓已中箭仆地延安少尹納合斡
魯補先刃之手足猶動遂縊殺之驍騎指揮使大磐整兵
來救王祥出語之曰無及矣大磐乃止軍士攘取行營服
用皆盡乃取大磐衣巾裹海陵尸焚之遂收尚書右丞李
通浙西路副統制郭安國監軍徒單永年近侍局使梁珫
副使大慶山皆殺之元宜行左領軍副大都督事使使者
殺皇太子光英于南京大軍北還大定二年春入見拜御
史大夫詔曰高楨爲御史大夫號爲正直頗涉煩碎臣下
衣冠不正亦被糾舉職事有大於此者爾宜勉之未幾拜
平章政事封冀國公賜玉帶甲第一區復賜姓完顏氏往

泰州路規措討契丹事元宜使忠勇校尉李榮招窩斡窩斡殺榮詔追贈榮進官四階五月上聞元宜將還遣使止之契丹已平元宜還朝奏請益諸群牧鎧甲詔從之每群牧益二十副元宜復請益臨潢戍軍士馬詔給馬六百匹久之罷爲東京留守乞還所賜甲第上從之賜以襲衣吐鶻廄馬海東青鶻未幾致仕薨于家上聞之遣使致祭賻贈甚厚大定十一年尚書省奏擬納合斡魯補除授上曰昔廢海陵此人首入弒之人臣之罪莫大於是豈可復加官使其世襲謀克姑聽仍舊大定十八年扎里海上言凡爲人臣能捍災禦侮有功者宜錄用之今弒海陵者以爲

有功賞以高爵非所以勸事君也宜削奪以爲人臣之戒臣在當時亦與其黨如正名定罪請自臣始上曰扎里海自請其罪以勸事君此亦人之所難遂以扎里海充趙王府祗候郎君元宜子習涅阿補大定二十五年爲符寶祗候乞依女直人例還官上曰賜姓一時之權宜令習涅阿補還本姓

論曰春秋書齊公子商人弒其君舍又曰齊人弒其君商人嗟乎弒舍者商人也弒商人者邴歜閻職也海陵弒熙宗完顏元宜弒海陵商人之弒也邴歜閻職去之海陵之弒也元宜歸于世宗邴閻賤役元宜都將也握君之親兵竊利以弒之其罪豈容誅乎世宗僅能不大用之而已扎里海猶殺人而自首者也在律殺人未聞准首免罪而又予賞者也況弒逆乎海陵弒五十三年復有胡沙虎之事

紇石烈執中本名胡沙虎阿踈裔孫也徙東平路猛安大定八年充皇太子護衛出職太子僕丞改鷹坊直長再遷鷹坊使拱衛直指揮使明昌四年使過阻居監酒官移刺保迎謁後時飲以酒酒味薄執中怒毆傷移刺保詔的決五十未幾遷右副點檢肆傲不奉職降肇州防禦使踰年遷興平軍節度使丁母憂起復歸德軍節度使改開遠軍兼西南路招討副使俄知大名府事承安二年召爲簽樞

密院事詔佐丞相襄征伐執中不欲行奏曰臣與襄有隙且殺臣矣上怒其言不遜事下有司既而赦之出爲永定軍節度使改西北路招討使復爲永定軍坐奪部軍馬解職泰和元年起知大興府事詔契丹人立功官賞恩同女直人許存養馬匹得充司吏譯人著爲令執中格詔不下上責之曰汝雖意在防閑而不知朝廷自有定格自今勿復如此煩碎生事也乃下詔行之涿州人魏廷實祖任兒舊爲靳文昭家放良天德三年編籍正户已三世矣文昭孫勍誣廷實爲奴及妄訴毆詈巡院鞫對無狀法當訴本貫勍訴于府執中使廷實納錢五百貫與勍廷實不從

還淶水執中徑遣鎖致廷實御史臺請移問執中轉奏御史臺不依制府未結斷令移推詔吏部侍郎李炳户部侍郎粘割合荅推問炳合荅奏御史臺理直詔乃切責執中御史中丞孟鑄奏彈執中貪殘專恣不奉法令釋罪之後累過不悛既蒙恩貸轉生跋扈如雄州詐認馬平州冒支俸破魏廷實家發其冢墓拜表不赴祈雨聚妓毆詈同僚擅令停職失師帥之體不稱京尹之任上曰執中麤人似有跋扈爾鑄對曰明天子在上豈容有跋扈之臣上意寤取閱奏章詔尚書省問之由是改武衛軍都指揮使平章政事僕散揆宣撫河南執中除山東東西路統軍使揆行

省汴京伐宋升諸道統軍司爲兵馬都統府執中爲山東兩路兵馬都統定海軍節度使完顏撒剌副之執中分兵駐金城朐山請益發東平路兵屯密沂寧海登萊以遏兵衝詔從之時泰和六年四月也五月宋兵犯金城執中遣廵檢使周奴以騎兵三百禦之會宋益兵轉趨沭陽謀克三合伏卒五十人葦竹中伺宋兵過突出擊之殺十數人追至縣城宋兵不敢出會周奴以兵入城宋兵踰城走三合已焚其舟合擊大破之斬首五百餘級殺宋統領李藻擒忠義軍將吕璋十月執中率兵二萬出清口宋以步騎萬餘列南岸戰艦百艘拒上流相持累日執中以舟兵二

千搏戰遏宋舟兵遣副統移剌古與涅率精騎四千自下流徑渡宋兵望騎兵登南岸水陸俱潰追斬及溺死者甚衆盡獲其戰艦及戰馬三百遂克淮陰進兵圍楚州還元帥左監軍執中縱兵虜掠上聞之杖其經歷官阿里不孫放還所掠未幾宋人請和詔罷兵除西南路招討使改西京留守大安元年授世襲謀克復知大興府事出知太原府復爲西京留守行樞密院兼安撫使以勁兵七千遇大兵戰于定安之北薄暮先以麾下遁去衆遂潰行次蔚州擅取官庫銀五千兩及衣幣諸物奪官民馬與從行私人入紫荆關杖殺淶水令至中都朝廷皆不問乃還右副元

帥權尚書左丞執中益無所忌憚自請步騎二萬屯宣德州與之三千令駐嬀川崇慶元年正月執中乞移屯南口或屯新莊移文尚書省曰大兵來必不能支一身不足惜三千兵爲可憂十二關建春萬寧宫且不保朝廷惡其言下有司按問詔數其十五罪罷歸田里明年復召至中都預議軍事左諫議大夫張行信上書曰胡沙虎專逞私意不循公道蔑省部以示强梁媚近臣以求稱譽骫法行事枉害平民行院山西出師無律不戰先退擅取官物杖殺縣令屯駐嬀川乞移内地其謀略槩可見矣欲使改易前非以收後効不亦難乎才誠可取雖在微賤皆當擢用何

必老舊始能立功一將之用安危所係惟朝廷加察天下幸甚丞相徒單鎰以爲不可用參知政事瓊跪奏其姦惡乃止執中善結近倖交口稱譽五月詔給留守半俸預議軍事張行信復諫曰伏聞以胡沙虎老臣欲起而用人之能否不在新舊彼向之敗朝廷既知之矣乃復用之無乃不可乎遂止上終以執中爲可用賜金牌權右副元帥將武衛軍五千人屯中都城北執中乃與其黨經歷官文繡局直長完顔醜奴提控宿直將軍蒲察六斤武衛軍鈐轄烏古論奪剌謀作亂是時

大元大兵在近上使奉職即軍中責執中止務馳獵不恤

軍事執中方飼鷂怒撲殺之遂妄稱知大興府徒單南平及其子刑部侍郎駙馬都尉沒烈謀反奉詔討之南平姻家福海別將兵屯於城北遣人以好語招之福海不知既至乃執之八月二十五日未五更分其軍爲三軍由章義門入自將一軍由通玄門入執中恐城中出兵來拒乃遣一騎先馳抵東華門大呼曰大軍至北關已接戰矣既而再遣一騎亦如之使徒單金壽召知大興府徒單南平南平不知行至廣陽門西富義坊馬上與執中相見執中手槍剌之墮馬下金壽斫殺之使烏古論奪剌召沒烈殺之符寶祗候鄯陽護衛十人長完顔石古乃聞亂遽召漢軍

五百人赴難與執中戰不勝皆死之執中至東華門使呼門者親軍百户冬兒五十户蒲察六斤皆不應許以世襲猛安三品職事官亦不應呼都點檢徒單渭河渭河即徒單鎬也渭河縋城出見執中執中命聚薪焚東華門立梯登城護衛斜烈乞兒親軍春山共掊鏁開門納執中執中入宮盡以其黨易宿衛自稱監國都元帥居大興府陳兵自衛急召都轉運使孫椿年取銀幣賞金壽奪剌及軍官軍士大興府與隸是夜召倡妓與親黨會飲明日以兵逼上出居衛邸誘左丞完顔綱至軍中即殺之執中意不可測丞相徒單鎰勸執中立宣宗執中然之是時莊獻太子

在中都執中以皇太子儀仗迎莊獻入居東宮召符寶郎徒單福壽取符寶陳於大興府露階上盜用御寶出制除完顔醜奴德州防禦使烏古論奪剌順天軍節度使蒲察六斤橫海軍節度使徒單金壽永定軍節度使雖除外官皆留之左右其餘除拜猶數十人同時有兩蒲察六斤其一守東華門不肯從亂者召禮部令史張好禮欲鑄監國元帥印好禮曰自古無異姓監國者乃止遣奉御完顔忽失來等三人護衛蒲鮮班底完顔醜奴等十人迎宣宗於彰德使宦者李思忠弑上於衛邸盡徹沿邊諸軍赴中都平州騎兵屯薊州以自重邊戍皆不守矣九月甲辰宣宗

即位拜執中太師尚書令都元帥監修國史封澤王授中都路和曾忽土世襲猛安以其弟同知河南府特末也爲都點檢兼侍衛親軍都指揮使子猪糞除濮王傅兵部侍郎都點檢徒單渭河爲御史中丞烏古論奪剌遥授知真定府事徒單金壽遥授知東平府事蒲察六斤遥授知平陽府事完顏醜奴同知河中府事權宿直將軍詔以烏古論誼居第賜執中儀鸞局給供張妻王賜紫結銀鐸車戊申執中侍朝宣宗賜之坐執中就坐不辭無何執中奏請降衛紹王爲庶人奏再上詔百官議于朝堂太子少傅奥屯忠孝侍讀學士蒲察思忠附執中議衆相視莫敢言獨

文學田廷芳奮然曰先朝素無失德尊號在禮不當削於是從之者禮部張敬甫諫議張信甫户部武文伯龐才卿石抹晉卿等二十四人宣宗曰譬諸問途百人曰東行是十人曰西行是行道之人果適東乎適西乎豈以百人十人爲是非哉既而曰朕徐思之數日詔降爲東海郡侯大元遊騎至高橋宰臣以聞宣宗使人問執中執中曰計畫已定矣既而讓宰執曰吾爲尚書令豈得不先與議而遽奏耶宰執遜謝而已提點近侍局慶山奴副使惟弼奉御惟康請除執中宣宗念援立功隱忍不許元帥右監軍术虎高琪屢戰不利執中戒之曰今日出兵果無功當以軍法從事矣高琪出戰復敗自度不免頗聞慶山奴諸人有謀十月辛亥高琪遂率所將紅軍入中都圍執中第執中聞變彎弓注矢外射不勝登後垣欲走衣絓墮而傷股軍士就斬之高琪持執中首詣闕待罪宣宗赦之以爲右副元帥執中之黨呼於衢路曰紅軍反矣殺之者有賞市人從之紅軍死者甚衆一軍皆恟恟宣宗遣近侍撫諭之詔有司量加賻贈衆乃稍安明日除特末也泰寧軍節度使烏古論奪剌真授知濟南府事徒單金壽真授知歸德府事蒲察六斤真授知平陽府事甲寅左諫議大夫張行信上封事曰春秋之法國君立不以道若嘗與諸侯盟會

即列爲諸侯東海在位已六年矣爲其臣者誰敢干之胡沙虎握兵入城躬行弑逆當是時惟鄯陽石古乃率衆赴援至于戰死論其忠烈在朝食祿者皆當愧之陛下始親萬機海内望化褒顯二人延及子孫庶幾少慰貞魂激天下之義氣宋徐羨之傅亮謝晦弑營陽王立文帝文帝誅之以江陵奉迎之誠免其妻子胡沙虎國之大賊世所共惡雖已死而罪名未正合暴其過惡宣布中外除名削爵緣坐其家然後爲快陛下若不忍援立之勞則依倣元嘉故事亦足以示懲戒宣宗乃下詔暴執中過惡削其官爵贈鄯陽石古乃加恩其子慶山奴惟弼惟康皆遷賞近侍

局自此用事矣

論曰金九主遇弒者三其逆謀者十人熙宗之弒惟大興國一人世宗聲其罪而磔之思陵之側徒單貞雖誅未聞暴其罪狀後以戚畹又復贈官追封餘秉德唐括辯等六人皆以他罪誅海陵之弒其首惡爲完顏元宜則令終焉衛紹王之弒曰胡沙虎不死於司敗之誅而死於高琪之手古所謂弒君之賊人得而討之者謂請于公上而致討焉如孔子之請討陳恒是也豈有如琪之擅殺而以爲功者乎金之政刑其亂若此國欲不亡其可得乎

傳第七十

列傳第七十一　金史百三十三

開府儀同三司上柱國錄軍國重事中書右丞相監修國史領經筵事都總裁臣脫脫奉

勑修

叛臣

張覺子僅言　耶律余睹　窩斡

古書畔與叛通畔之爲言界也左氏曰政猶農之有畔是也君臣上下之定分猶此疆彼界之截然違此向彼即爲叛矣善惡判於跬步禍患極於懷襄吁可畏哉作叛臣傳

張覺亦書作㲉平州義豐人也在遼第進士仕至遼興軍節度副使太祖定燕京時立愛以平州降當時宋人以海上之盟求燕京及西京地太祖以燕京涿易檀順景薊與之平州自入契丹別爲一軍故弗與而以平州爲南京覺爲留守既而聞覺有異志上遣使劉彥宗及斜鉢諭之詔曰平山一郡今爲南京節度使今爲留守恩亦厚矣或言汝等陰有異圖何爲當此農時輒相扇動非去危就安之計也其諭朕意太祖每收城邑往往徙其民以實京師民心多不安故時立愛因降表嘗言及之及以燕京與宋而遷其人獨以空城與之遷者道出平州故覺因之以作亂天輔七年五月左企弓虞仲文曹勇義康公弼赴廣寧過平州覺使人殺之于栗林下遂據南京叛入于宋宋人納

之太祖下詔諭南京官吏詔曰朕初駐蹕燕京嘉爾吏民率先降附故升府治以爲南京減徭役薄賦稅恩亦至矣何苦輒爲叛逆今欲進兵攻取時方農月不忍以一惡人而害及衆庶且遼國舉爲我有孤城自守終欲何爲今止坐首惡餘並釋之覺兵五萬屯潤州近郊欲脅遷來潤隰四州闍母自錦州往討之已敗覺兵欲乘勝攻南京時暑雨不可進退屯于海壖無何闍母再敗覺兵復與戰于兔耳山闍母大敗覺報捷于宋宋建平州爲泰寧軍以覺爲節度使張敦固等皆加徽猷閣待制以銀絹數萬犒軍宗望軍至南京城東覺兵大敗宵遁遂奔宋入于燕京宗望

以納叛責宋安撫司索張覺宣撫王安中匿之於甲仗庫紿曰無之宗望索愈急安中乃斬貌類覺者一人當之金人識之曰非覺也安中不得已引覺出數以罪覺罵宋人不容口遂殺覺函其首以與金人燕京降將及常勝軍皆泣下郭藥師自言曰若來索藥師當奈何自是降將卒皆解體及金人伐宋竟以納平州之叛爲執言云子僅言

僅言幼名元奴宗望攻下平山僅言在襁褓間里人劉承宣得之養於家其鄰韓夫人甚愛之年數歲因隨韓夫人得見貞懿皇后留之藩邸稍長侍世宗讀書遂使僅言主家事繩檢部曲一府憚之世宗留守東京海陵用兵江淮將士往往亡歸詣東京願推戴世宗爲天子僅言勸進世宗即位除內藏庫副使權發遣宮籍監事海陵死揚州僅言與禮部尚書烏居仁殿前左衛將軍阿虎帶御院通進劉珫發遣六宮百司圖書府藏在南京者還以本職提控尚食局轉少府監丞仍主內藏僅言能心計世宗倚任之凡宮室營造府庫出納行幸頓舍皆委之世宗嘗曰一經僅言無不愜朕意者六年提舉修內役事役夫掘地得白金匿之事覺法當死僅言責取其物與官釋其罪尋兼祗應司遷少府監提控宮籍監祗應司如故護作太寧宮引宮左流泉溉田歲獲稻萬斛十七年復提點內藏典領昭

德皇后山陵遷勸農使領諸職如故僅言雖舊臣出入左右然世宗終不假以權任二十一年尚書省奏宮苑司直長黎倫在職十六年請與遷敘上曰此朕之家臣質直人也今已老矣如勸農使張僅言亦朕舊臣純實頗解事凡朝廷議論內外除授未嘗得干預朕觀自古人君爲讒諂蒙蔽者多矣朕雖不及古人然近習險言未嘗入耳宰臣曰誠如聖訓此國家之福也世宗欲以爲橫海軍節度使而不可去左右遂止僅言始得疾猶扶杖視事疾亟詔太醫診視近侍問訊相屬及卒上深惜之遣官致祭賻銀五百兩重綵十端絹二百匹棺槨衣衾銀永歛物葬地皆官

給贈輔上將軍

耶律余睹遼宗室子也遼主近族父祖仕遼具載遼史初太祖起兵遼人來拒余睹請自効以功累遷金吾衛大將軍爲東路都統天輔元年與都統耶律馬哥軍于渾河銀朮哥希尹拒之余睹等不敢戰比銀朮哥等至馬哥余睹已遯去銀朮哥希尹坐稽緩太祖皆罰之所獲生口財畜入于官天輔二年龍化州人張應古等來降而余睹復取之遼以撻不野爲節度使未幾應古等逐撻不野自効太祖於國中以問遼主龍化州已經降附何爲問罪而殺其主者遼主訖以大盜羣起使余睹收之太祖已取臨潢府

賜詔余睹曰汝將兵在東路前後戰未嘗不敗今聞汝收合散亡以拒我師朕已於今月十五日克上京今將往取遼主矣汝若治兵一決勝負可指地期日相報若知不敵當率衆來降無貽後悔及太祖班師闍母等還至遼河方渡余睹來襲完顔背荅烏塔等殿力戰却之獲甲馬五百四天輔五年余睹送款于咸州路都統以所部來降乞援接于桑林渡都統司以聞詔曰余睹到日使與其官屬偕來餘衆處之便地無何余睹送上所受遼國宣誥及器甲旗幟等與將吏韓福奴阿八謝老太師奴蕭慶醜和尚高佛留蒲荅謝家奴五哥等來降余睹作書具言所以降之意大槩以謂遼主沉湎荒于遊畋不恤政事好佞人遠忠直淫刑咨賞政煩賦重民不聊生又言樞密使得里底本無材能但阿諛取容其子磨哥任以軍事又言文妃長子晉王素係人望宜爲儲副得里底以元妃諸子已所自出使晉王出繼文妃又言晉王與駙馬乙信謀復其樞密使來告余睹共定大計而所圖不成又言已粗吏軍事進策遼主得里底蔽之遼主亦不省察又曰大金疆土日闢余睹灼知天命遂自去年春與耶律慎思等定議約以今夏來降近聞得里底高十捏等欲發倉卒之際不及收合四遠但率傍近部族户三千車五千兩畜産數萬遼北軍都

統以兵追襲遂棄輜重轉戰至此所有官吏職位姓名人户畜産之數遣韓福奴具録以聞遂與其將吏來見上撫慰之遂賜坐班同宰相賜宴盡醉而罷上命余睹以舊官領所部且諭之曰若能爲國立功別當獎用自余睹降益知遼人虛實矣余睹在軍中屢乞侍妾及子太祖疑之詔咸州路都統司曰余睹家屬善監護之復詔曰余睹降時其民多強率而來者恐在邊生變宜徙之内地都統杲取中京余睹爲鄉導與希尹等招撫奚部奉聖州降其官吏皆遯去余睹舉前監酒李師夔爲節度使進士沈璋爲副使州吏裴贖爲觀察判官沈璋招集居民還業者三千餘

遷太常少卿父之耶律麻者告余睹吳十鐸剌結黨謀叛及其未發宜先收捕上召余睹從容謂之曰今聞汝謀叛誠然耶其各無隱若果去必須鞍馬甲冑器械之屬當悉付汝吾不食言若再被擒無祈免死欲留事我則無懷異志吾不汝疑余睹等戰慄不能對乃杖鐸剌七十餘皆不問天會三年大舉伐宋余睹爲元帥右都監宋兵四萬救太原余睹屋里海迎擊于汾河北擒其帥郝仲連張關索統制馬忠殺萬餘人宗翰伐宋余睹留西京天會十年余睹謀反雲內節度使耶律奴哥等告之余睹亡去其黨燕京統軍蕭高六伏誅蔚州節度使蕭特謀自殺邊部斬余

睹及其諸子函其首以獻耶律奴哥加守太保兼侍中趙公鑑劉儒信劉君輔等並授遙鎮節度使以賞之

移剌窩斡西北路契丹部族先從撒八爲亂受其僞署後殺撒八遂有其衆撒八者初爲招討司譯史正隆五年海陵徵諸道兵伐宋使牌印燥合楊葛盡徵西北路契丹丁壯契丹人曰西北路接近鄰國世世征伐相爲讎怨若男丁盡從軍彼以兵來則老弱必盡係累矣幸使者入朝言之燥合畏罪不敢言楊葛深念後西北有事得罪遂以憂死燥合復與牌印耶律娜尚書省令史沒荅涅合督起西北路兵契丹聞男丁當盡起於是撒八孛特補與部衆殺

招討使完顏沃側及燥合而執耶律娜沒荅涅合取招討司貯甲三千遂反議立豫王延禧子孫衆推都監老和尚爲招討使山後四群牧山前諸群牧皆應之迪斡群牧使徒單賽里耶魯瓦群牧使鶴壽等皆遇害語在鶴壽傳中五院司部人老和尚那也亦殺節度使术甲兀者以應撒八會寧八猛安牧馬于山後至迪謀魯賊盡奪其馬闊沙河千户十哥等與前招討使完顏麻潑殺烏古迪列招討使烏林荅蒲盧虎以所部趨西北路室魯部節度使阿厮列追擊敗之十哥與數騎遁去合于撒八咸平府謀克括里與所部自山後逃歸咸平少尹完顏余里野欲收捕括

里家屬括里與其黨招誘富家奴隸數日得衆二千遂攻陷韓州及柳河縣遂趨咸平余里野發兵迎擊之兵敗賊遂據咸平於是繕完器甲出府庫財物以募兵賊勢益張權曹家山猛安綽質集兵千餘扼千夜河賊不得東綽質兵敗括里遂犯濟州會宿直將軍孛术魯吳括剌徵兵于速頻路遇括里于信州與猛安烏延查剌兵二千擊敗括里括里收餘衆趨京是時世宗爲東京留守以兵四百人拒之賊至常安縣聞空中擊鼓聲如數千鼓者候見旌旗蔽野傳言留守以十萬兵至矣即引還亦以其衆合于撒八海陵使樞密使僕散忽土西京留守蕭懷忠將兵一萬

與右衛將軍蕭禿剌討平之禿剌與之相持數日連與戰皆無功而糧餉不繼禿剌退歸臨潢禿剌雖不能克敵而撒八自度大軍必相繼而至勢不可支謀歸于大石乃率衆沿龍駒河西出及僕散忽土蕭懷忠等兵至與禿剌合兵追至河上不及而還忽土懷忠禿剌坐逗遛不即追賊皆誅死北京留守蕭賾不能制其下殺降人而取其婦女亦坐誅於是白彥恭爲北面兵馬都統紇石烈志寧副之完顏毅英爲西北面兵馬都統西北路招討使唐括孛姑的副之以討撒八等撒八既西行而舊居山前者皆不欲往偶署六院節度使移剌窩斡兵官陳家殺撒八執老和

尚孛特補等至是窩斡始自爲都元帥陳家爲都監擁衆東還至臨潢府東南新羅寨世宗使移剌扎八前押軍謀克播斡前牌印麻駭利涉軍節度判官馬腦等招之扎八等見窩斡以上意諭之窩斡已約降已而復謂扎八曰若降爾能保我輩無事乎扎八曰我知招降耳其他豈能必哉扎八見窩斡兵衆彊車帳彌野意其可以有成因說之曰我之始來以汝輩不能有爲今觀兵勢彊盛如此汝等欲如群羊爲人所驅去乎將欲待天時乎若果有大志吾亦不復還矣賊將有前孛特本部族節度使逐斡者言昔谷神丞相賢能人也嘗說他日西北部族當有事今日正

合此語恐不可降也於是窩斡遂決意不復肯降矣扎八亦留賊中惟麻駭播斡還歸窩斡乃引兵攻臨潢府總管移室懣出城戰兵少被執賊遂圍臨潢衆至五萬正隆六年十二月己亥窩斡遂稱帝改元天正是時北面都統白彥敬副統紇石烈志寧在北京聞世宗即位以兵來歸世宗使元帥左都監吾扎忽同知北京留守事完顏骨只救臨潢晝夜兼行比至臨潢賊已解圍去攻泰州吾扎忽追及于宓歷兩軍已陣將戰押軍猛安契丹忽剌叔以所部兵應賊吾扎忽軍遂敗泰州節度使烏里雅率千餘騎與窩斡遇烏里雅兵復敗僅以數騎脫歸賊勢愈振城中震

駭莫敢出戰賊四面登城押軍猛安烏古孫阿里補率軍士數人各持刀以身率先循城擊賊力戰斫刈甚衆賊乃退走城賴以完泰州司吏顏盞蒲查奏捷除忠翊校尉賜銀五十兩重綵十端二年正月右副元帥完顏謀衍率諸軍北征窩斡二月壬戌詔曰應諸人若能於契丹賊中自拔歸者更不問元初首從及被威脅之由奴婢良人罪無輕重並行免放曾有官職及糾率人衆來歸者仍與官賞依本品量材敘使其同來人各從所願處收係有才能者亦與録用內外官員郎君群牧直撒百姓人家驅奴宮籍監人等並放爲良亦從所願處收係與免三年差役或能

捕殺首領而歸者准上施行仍驗勞績約量遷賞如捕獲窩斡者猛安加三品官授節度使謀克加四品官授防禦使庶人加五品官授刺史詔曰尚書省如節度防禦使捉獲窩斡者與世襲猛安刺史捉獲者與世襲謀克驅奴宮籍監人亦與庶人同復詔宰臣徧諭將士能捕殺窩斡者加特進授真定總管於是括里將犯韓州聞元帥兵至不戰遯去將轉趨懿宜州謀衍屯懿州慶雲縣及屯川州武平縣奏請糧運當遣人護送兵仗乞選精良者付之詔以南征逃還軍士就往屯戍如不足量于富家簽調就近地簽步軍給仗護送糧運詔平章政事移剌元宜往泰州規

措邊事前安遠大將軍斡里朶猛安七斤庶人阿里葛磨哥等自窩斡中來降斡里朶七斤加昭武大將軍阿里葛武義將軍磨哥忠勇校尉窩斡遂自泰州往攻濟州欲邀糧運元帥完顏謀衍與右監軍完顏福壽左都監吾扎忽合兵甲士萬三千人曷懶路總管徒單克寧廣寧尹僕散渾坦同知廣寧尹完顏巖雅肇州防禦使唐括烏也為左翼臨海節度使紇石烈志寧曷速館節度使神土懣同知北京留守完顏骨只淄州刺史尼厖古鈔兀為右翼至术虎崖盡委輜重士卒齎數日糧輕騎襲之乣梲群牧人契丹乣者與其弟孛迭挼剌皆棄家自賊中來降乣者謂謀

衍曰賊中馬肥健官軍馬疲弱此去賊八十里比遇賊馬已憊賊輜重去此不遠我攻之賊必救其巢穴賊至馬必疲我馬少得息所謂攻其所必救以逸待勞者也謀衍從之乘夜亟發會大風路暗不能辨遲明行三十里許與賊輜重相近整兵少憩窩斡趨濟州知大軍取其輜重乃還救遇于長濼既陣謀衍別設伏于左翼之側賊曷餘騎突出左翼伏兵之間徒單克寧射却之是日別部諸將與賊對者勝負未分相去五里許而立左翼萬户襄別與賊戰賊陣動襄麾軍乘之突出其後俱與大軍不相及襄以善射者二十騎率衆自賊後擊之賊不能支乘勢麾軍擊其

一偏賊遂却襄遂與大軍合而別部諸將皆至整陣力戰忽反風揚砂石賊陣亂官軍馳擊大破之追北十餘里斬獲甚衆詔以乣者為武義將軍孛迭昭信校尉挼剌忠翊校尉乣者除同知建州事未之官卒孛迭取家賊中遂被害上憫之後以挼剌為汝州都巡檢使窩斡率其衆西走謀衍追及之于霿𩆜河賊已濟毀其津口紇石烈志寧軍先至不克渡乃對岸為疑兵以夾谷清臣徒單海羅兩萬户於下流渡河值支港兩岸斗絶且濘淖命軍士束柳塡港而過追之數里得平地方食賊衆奄至志寧軍急整陣賊自南岡馳下衝陣者三志寧力戰流矢中左臂戰自若

大軍畢至左翼騎兵先與賊接賊據上風縱火乘煙擊官
軍官軍步兵亦至併力合戰凡十餘合軍士苦風煙皆植
立如癡會天降雨風止官軍奮擊大敗之徒單克寧追奔
十五里賊前阸溪澗不得亟渡多殺傷賊既渡官軍亦渡
少憩賊反旆來攻克寧以大軍不繼令軍士皆下馬射賊
賊引却而南克寧亦將引而北士未及騎馬賊復來衝突
官軍少却因渡澗北大軍至賊遂引去四月詔元帥府曰
應契丹賊人與大軍未戰已前投降者不得殺傷仍加安
撫敗走以後招誘來降者除奴婢准已虜爲定外親屬分
付圓聚仍官爲換贖窩斡既敗謀衍不復追討駐軍白濼

窩斡攻懿州不克遂殘破川州將遯于山西而北京亦不
邀擊之於是發驍騎軍二千曷懶路留屯京師軍三千號
柵二萬會寧濟州軍六千亦號二萬元帥左都監高忠建
總兵沃州刺史烏古論蒲查爲曷懶路押軍萬户邳州刺
史烏林荅剌撒爲濟州押軍萬户右驍騎副都指揮使爲
驍騎萬户祁州刺史宗寧爲會寧路押軍萬户右宣徽使
亨爲北京路都統吏部郎中完顏達吉爲副統會元帥府
討擊之詔使尚廏局副使蒲察蒲盧渾往懿州戒敕將帥
上曰朕委卿等討賊乃聞不就賊趨戰而駐兵閑緩經涉
累月雖曾追襲乃不由有水草之地以致馬疲弱不能百

里而還後雖破賊而縱諸軍刼掠數日後方追北霿䨴河
亦不乘勝輒復引還賊遂入涉近地北京懿州由此受兵
朕欲重譴汝等以方任兵事且圖後功當盡心一力毋得
似前怠弛上謂蒲盧渾曰卿若聞賊在近即當監督討伐
用命力戰者疏記以聞朕將約量遷賞無或承徇上官抑
有功濫署無功者善戢士卒勿縱虜掠以紇石烈志寧爲
元帥右監軍右監軍完顏福壽召還京師咸平路總管完
顏兀帶復舊職謀衍男斜哥在軍中多暴橫詔押歸本管
窩斡使所親招節度使移里堇窟域窟域執其使送官與
窩斡連戰有功遷宣武將軍賜銀五百兩衣二襲起運在

中都弓萬五千箭一百五十萬赴懿州平章政事移剌元
宜寧昌軍節度使宗叙入見詔使自中道却還軍中宣諭
元宜謀衍注意經略邊事師久無功尚書右丞僕散忠義
願効死力除邊患世宗嘉歎六月忠義拜平章政事兼右
副元帥宗叙爲兵部尚書各賜弓矢具鞍勒馬出内府金
銀十萬兩佐軍用詔曰軍中將士有犯除連職奏聞餘依
軍法約量決責有功者依格遷賞以大名尹宗尹爲河南
路統軍使河南路統軍都監蒲察世傑爲西北路副統賜
弓矢佩刀廏馬從忠義征行詔諭諸軍將士曰兵久駐邊
陲蠹費財用無成功百姓不得休息今命平章政事僕散

忠義兼右副元帥同心戮力以底戡定右副元帥謀衍罷爲同判大宗正事詔居庸關古北口譏察契丹姦細捕獲者加官賞萬户温迪罕阿曾帶以兵四千屯古北口薊州石門關等處各以五百人守之海陵末年阿曾帶爲猛安移剌娜爲牌印祗候起契丹部族兵被執至是挺身來降世宗以阿曾帶爲濟州押軍萬户移剌娜爲同知灤州事西南路招討使完顏思敬爲都統賜金牌一銀牌二西北路招討使唐括孛古底副之以兵五千往會燕子城舊戍軍視地形衝要或于狗濼屯駐遠斥候賊至即戰不以晝夜爲限詔思敬曰契丹賊敗必走山後可選新馬三千加

芻秣以備追襲僕散忠義至軍中是時窩斡西走花道衆尚八萬忠義高忠建軍與賊遇萬户查剌蒲查爲左翼宗亨統之宗寧剌撒爲右翼宗叙統之世傑亦在左翼中與賊夾河爲陣賊渡河以兵四萬餘先犯左翼軍查剌以六百騎奮擊敗之以四萬衆與右翼軍戰宗亨世傑七謀克指畫失宜陣亂敗于賊世傑挺身投于查剌軍中賊圍查剌軍查剌力戰宗叙以右翼軍來救賊乃去詔曰自契丹作逆有爲賊詿誤者不問如何從賊但能復業與免本罪如能率衆來附或能殺捕首領而降或執送賊所扇誘作亂之人皆與量加官爵朕念正隆南征猛安亡者招還被

戮已命其子孫襲其職爾等勿懲前事故懷遲疑賊軍今旣破散山後諸處皆命將士遏其逃路爾等雖欲不降終將安往若猶疑貳俱就焚滅悔無及矣窩斡自花道西走僕散忠義紇石烈志寧以大軍追及于裊嶺西陷泉明日賊軍三萬騎涉水而東大軍先據南岡左翼軍自岡爲陣迤邐而北步軍繼之右翼軍繼步軍北引而東作偃月陣步軍居中騎兵據其兩端使賊不見首尾是日大霧晦冥旣陣霧開少頃晴霽賊見左翼據南岡不敢擊擊右翼軍烏延查剌力戰賊稍却志寧與夾谷清臣烏林荅剌撒鐸剌合戰賊大敗將涉水去泥淖不得亟渡大軍逐北人馬

相蹂踐而死不可勝數陷泉皆平餘衆蹈藉而過或奔潰竄匿林莽間大軍踵擊之俘斬萬計生擒其弟偽六院司大王裊窩斡僅與數騎脫去鈔兀清臣追四十餘里不及斬千餘級獲車帳甚衆其母徐輦舉營自落括岡西走志寧追之盡獲輜重俘五萬餘人雜畜不可勝計偽節度使六及其部族皆降詔北京副統完顏達吉括本部馬規辦芻糧仍使達吉爲監戰官錄有功者聞奏詔選中都西京兩路新舊軍萬人備守禦以窩斡敗走恐或衝突也僕散忠義使使奏捷詔畧曰平章政事右副元帥忠義使使來奏大捷或被軍俘獲或自能來服或無所歸而投拜或將

全屬歸附或分領家族來降或嘗受僞命及自來曾與官軍鬬敵皆釋其罪其散亡人內除窩斡一身不以大小官員是何名色却來歸附者亦准釋放有能誅捕窩斡或於不從招納亡去人內誅捕以來及或能率衆於掌軍官及隨處官司投降者並給官賞各路撫納來者毋得輒加侵損無資給者不以是何路分隨有糧處安置仍官爲養濟窩斡收合散卒萬餘人遂入奚部以諸奚自益時時出兵寇速魯古淀古北口興化之間温迪罕阿魯帶守古北口與戰敗焉詔完顏謀衍蒲察烏里雅蒲察蒲盧渾以兵三千合舊屯兵五千擊之詔完顏思敬以所部兵入奚地會

大軍討窩斡賊黨霧松河猛安蒲速越遣人至帥府納降詔令擒捕窩斡許以官賞賊將降者甚衆其散走者聞詔書招降亦多降者其餘多疾疫而死無復鬬志窩斡自度勢窮乃謀自羊城道西京奔夏國大軍追之益急其衆復多亡去度不得西乃北走沙陀間詔尚書省凡脅從之家被俘掠遂致離散宜從改正將士往往藏匿其人有司檢括分付監軍志寧獲賊稍合住釋而弗殺縱還賊中使誘其親近捕窩斡以自効許以官賞九月庚子稍合住與神獨斡執窩斡詣右都監完顏思敬并獲其母徐輦及其妻子子婦弟姪盡收僞金銀牌印唐括孛古底獲前胡里改

節度使什温及其家屬西北路招討使李家奴獲僞樞密使逐斡等三十餘人復與猛安泥本婆果追僞監軍那也至天成縣那也乃降仍獲僞都元帥䰎哥及金牌一銀牌五志寧與清臣宗寧速哥等追餘黨至燕子城盡得其黨前至抹拔里達之地悉獲之逆黨遂平甲辰皇太子率百官上表賀乙巳詔天下辛亥完顏思敬獻俘于京師窩斡梟首于市磔其手足分懸諸京府其母徐輦及妻子皆戮之契丹降人皆拘其器仗貧不能自給者官爲養濟括里扎八率衆南走詔左宣徽使宗亨追及之扎八詐稱降宗亨信其言遂不與戰扎八紿之曰括里驚走願追之宗亨

縱扎八去益都猛安欲以所部追括里扎八宗亨恐分其功不聽而縱軍士取賊所棄資囊人畜而自有之括里扎八由是得亡去遂奔于宋宗亨降寧州刺史其後宋李世輔用括里扎八遂取宿州頗爲邊患神獨斡除同知安化軍節度使稍合住除同知震武軍節度使事大定六年點檢司奏親軍中有逆黨子弟請一切罷去詔曰身預逆黨者罷之餘勿問

贊曰金人以燕山與宋遂啓張覺跳梁之心覺豈爲宋者哉蓋欲乘時以微利耳耶律余睹從宗望追天祚曾不遺餘力功成驕溢自取誅滅咈哉正隆佳兵契丹作難傳曰

夫兵猶火也弗戢將自焚可不戒哉

列傳第七十一

金史一百三十四

列傳第七十二

開府儀同三司上柱國錄軍國重事前中書右丞相監修國史領經筵事都總裁臣脫脫奉修

外國上

西夏

夏國王李乾順其先曰托跋思恭唐僖宗時爲夏綏銀宥節度使與李茂貞李克用等破黃巢復京師賜姓李氏唐末天下大亂藩鎮連兵惟夏州未嘗爲唐患歷五代至宋傳數世至元昊始稱帝遼人以公主下嫁李氏世修朝貢不絕事具遼史天輔六年金破遼兵遼主走陰山夏將李良輔將兵三萬來救遼次天德境野谷斡魯婁室敗之于宜水追至野谷澗水暴至漂沒者不可勝計宗望至陰山以便宜與夏國議和其書曰奉詔有之夏王遼之自出不渝終始危難相救今茲巳舉遼國若能如事遼之日以効職貢當聽其來毋致疑貳若遼主至彼可令執送天會二年始奉誓表以事遼之禮稱藩請受割賜之地宗翰承制割下寨以北陰山以南乙室耶剌部吐祿濼之西以賜之天會二年乾順遣把里公亮等來上誓表曰臣乾順言今月十五日西南西北兩路都統遣左諫議大夫王介儒等齎牒奉宣若夏國追悔前非捕送遼主立盟上表仍依遼

國舊制及賜誓詔將來或有不虞交相救援者臣與遼國世通姻契名係藩臣輒爲援以啓端曾犯威而結釁既速違天之咎果罹敗績之憂蒙降德音以寬前罪仍賜土地用廣藩籬載惟含垢之恩常切戴天之望自今已後凡於歲時朝賀貢進表章使人往復等事一切永依臣事遼國舊例其契丹昏主今不在臣境至如奔竄到此不復存泊即當執獻若大朝知其所在以兵追捕無敢爲地及依前援助其或徵兵即當依應至如殊方異域朝覲天闕合經當國道路亦不阻節以上所叙數事臣誓固此誠傳嗣不變苟或有渝天地鑒察神明殛之禍及子孫不克享國所

謂西北西南兩路都統者宗翰也蓋宗望以太祖命與之通書而宗翰以便宜割地議和云太宗使王阿海楊天吉往賜誓詔曰維天會二年歲次甲辰閏三月戊寅朔皇帝賜誓詔於夏國王乾順先皇帝誕膺駿命肇啓鴻圖而卿國據夏臺境連遼右以効力於昏主致結釁於王師先皇帝以謂忠於所事務施恩而釋過迨眇躬之纂紹仰遺訓以遵行卿乃深念前非樂從內附飭使軺而奉貢効臣節以稱藩載錫寵光用彰優好所有割賜地土使聘禮節相爲援助等事一切恭依先朝制詔其依應徵兵所請宜允三辰在上朕豈食言苟或變渝亦如卿誓遠垂戒諭毋替

厥誠於是宋人與夏人俱受山西地宋人侵取之乾順遣使表謝賜誓詔并論宋所侵地詔曰省所上表具悉已命西南西北兩路都統府從宜定奪是時宗翰朝京師未還録夏國奏付權都統斡魯宋人侵略新受疆土及使人王阿海爭儀物事與夏通問以便宜決之初以山西九州與宋人而天德遠在一隅緩急不可及割以與夏後破宋都獲二帝乃畫陝西分界自麟府路洛陽溝東距黃河西岸西歷暖泉堡鄜延路米脂谷至累勝寨環慶路威邊寨過九星原至委布谷口涇原威川寨略古蕭關至北谷川秦鳳路通懷堡至古會州自此直距黃河依見今流行分熙

河路盡四邊以限封域復分陝西北鄙以易天德雲內以河爲界及婁室定陝西婆盧火率兵先取威戎城軍至威戎東與敵遇擊走之生致二人問之乃知爲夏將李遇取威戎也乃還其人而與李遇通問李遇軍威戎西蒲察軍威戎東而使使議事于婁室婁室報曰元帥府約束若兵近夏境則與夏人相爲掎角毋相侵犯李遇使人來曰夏國既以天德雲內歸大國大國許我陝西北鄙之地是以至此蒲察等遂旋軍睿宗既定陝西元帥府不欲以陝西北鄙與夏國詔曰卿等審處所宜從事天眷二年國王乾順薨子仁孝立遣使冊命加開府儀同三司上柱國皇統

元年請置榷場許之初王阿海等以太宗詔賜夏國乾順以契丹舊儀見使者阿海不肯曰契丹與夏國甥舅也故國王坐受使者以禮進今大金與夏國君臣也見大國使者當如儀爭數日不能決於是始起立受焉厥後不遣賜生日使至是始遣使賜之初慕洧以環州降及割陝西河南與宋人洧奔夏國夏人以爲山訛首領及撒离喝再定陝西洧思歸夏人知之遂族洧以表聞詔書責讓之及海陵弑熙宗遣使報諭至境上夏人問曰聖德皇帝何爲見廢不肯納朝廷乃使有司以廢立之故移文報之天德二年七月夏使御史中丞雜辣公濟等來賀如舊禮正隆

末伐宋宋人入秦隴夏亦乘隙攻取盪羌通峽九羊會川等城寨宋亦侵入夏境世宗即位夏人復以城寨來歸且乞兵復宋侵地詔書嘉奬仍遣吏部郎中完顏達吉不體究陝西利害邊吏奏夏人已歸城寨而所侵掠人口財畜尚未還請索之大定四年二月甲申夏遣其武功大夫紐卧文忠等賀萬春節入見附狀奏告略曰衆軍破蕩之時幸而免者十無一二繼以凍餒死亡其存幾何兼夏國與宋兵交人畜之被俘僇亦多連歲勤動士卒暴露勢皆朘削又坐爲宋人牽制使忠誠之節無繇自達中外咸知頗止約理索聽納臣言不勝下國之幸其後屢以爲請詔許

之久之其臣任得敬專國政欲分割夏國因賀大定八年正旦遣奏告使殿前太尉芭里昌祖等以仁孝章乞良醫爲得敬治疾詔保全郎王師道佩銀牌往焉詔師道曰如病勢不可療則勿治如可治期一月歸得敬疾有瘳遣謝恩使任得聰來得敬亦附表進禮物上曰得敬自有定分附表禮物皆不可受並却之初仁孝嗣位其臣屢作亂任得敬抗禦有功遂相夏國二十餘年陰蓄異志欲圖夏國誣殺宗親大臣其勢漸逼仁孝不能制大定十年乃分西南路及靈州囉龐嶺地與得敬自爲國且上表爲得敬求封世宗以問宰相尚書令李石等曰事繫彼國我何預焉

不如因而許之上曰有國之主豈肯無故分國與人此必權臣逼奪非夏王本意況夏國稱藩歲久一旦迫於賊臣朕爲四海主寧容此邪若彼不能自正則當以兵誅之不可許也乃却其貢物賜仁孝詔曰自我國家戡定中原懷柔西土始則畫疆於乃父繼而錫命於爾躬恩厚一方年垂三紀藩臣之禮既務踐修先業所傳亦當固守今茲請命事頗靡常未知措意之由來續當遣使以詢爾所有貢物已令發回得敬密通宋人求助宋以蠟丸書荅得敬夏人得之得敬始因求醫附表進禮物欲以嘗試世宗既不可行而求封又不可得仁孝乃謀誅之八月晦仁孝誅得

徽及其黨與上表謝并以所執宋人及蠟丸書來上其謝
表曰得徽初受分土之後曾遣使赴大朝代求封建蒙詔
書不爲俞納此朝廷憐愛之恩夏國不勝感戴夏國妄煩
朝廷冒求賊臣封建深虧禮節今既賊臣誅訖大朝不用
遣使詢問得徽所分之地與大朝熙秦路接境恐自分地
以來别有生事已根勘禁約乞朝廷亦行禁約十二年上
謂宰臣曰夏國以珠玉易我絲帛是以無用易我有用也
乃減罷保安蘭安榷場仁孝深念世宗恩厚十七年獻本
國所造百頭帳上曰夏國貢獻自有方物可却之仁孝再
以表上曰所進帳本非珍異使人亦已到邊若不蒙包納

則下國深誠無所展效四方鄰國以爲夏國不預大朝眷
愛之數將何所安乃許與正旦使同來先是尚書奏夏國
與陝西邊民私相越境盜竊財畜姦人託名榷場貿易得
以往來恐爲邊患使人入境與富商相易亦可禁止於是
復罷綏德榷場止存東勝環州而已仁孝表請復置蘭州
保安綏德榷場如舊并乞使人入界相易用物詔曰保安
蘭州地無絲枲惟綏德建關市以通貨財使副往來聽留
都亭貿易章宗即位詔曰夏使館内貿易且已明昌二年
復舊須之夏人肆牧於鎮戎之境邏卒逐之夏人執邏卒
而去邊將阿魯帶率兵詰之夏廂官吳明契信陵都卜祥

徐餘立等伏兵三千於澗中阿魯帶口中流矢而死取其
弓甲而去詔索殺阿魯帶者夏人處以徒刑詔索之不已
夏人乃殺明契等明昌四年仁孝薨子純佑嗣立承安二
年復置蘭州保安榷場承安六年純佑母病風求醫詔太
醫判官時德元及王利貞往仍賜御藥八月再賜醫藥泰
和六年三月仁孝弟仁友子安全廢純佑自立再閱月死
于廢所七月使純佑母羅氏爲表言純佑不能嗣守與大
臣定議立安全爲王遣使奏告夏使私問館伴官奏告事
詔許否館伴官曰此不當問也夏使曰明日當問諸客省
若又不答則升殿奏請上聞之使客省諭以許所祈之意

乃賜羅氏詔諭其意夏人復以羅氏表來乃封安全爲夏
國王大安三年安全薨族子遵頊立遵頊先以狀元及第
充大都督府主立在安全薨前一月衛紹王無實錄不知
其故然是時金兵敗績于會河堡夏人乘其兵敗侵略邊
境而通使如故崇慶元年三月攻葭州至寧元年六月攻
保安州貞祐元年十一月攻會州都統徒單醜兒擊走之
十二月陷涇州二年八月歸國人喬成齎夏國書大槩言
金邊吏侵略乞禁戢詔移文荅之宰臣言既非公牒令將
責問彼必飾詞徒爲虛文無益于事乃止未幾夏人攻慶
原延安積石州乃詔有司移文責問十一月蘭州譯人程

陳僧結夏人以州叛邊將敗其兵三千三年正月夏兵攻武延川宣宗曰此不足慮恐由他道入也既而聞邊吏侵夏境夏人乃攻環州詔治邊吏罪夏兵攻積石州都統姜伯通敗之夏兵入安鄉關都統曹記僧萬户忽三十郤之三月攻環州刺史烏古論延壽敗之于境上三月詔議伐夏陝西宣撫司奏往者夏人侵我環慶河蘭積石以兵應之悉皆遁去遽還巢穴蓋爲我備也今蘭州潰兵猶未集軍實多不完沿邊地寒春草始生未可芻牧兩界無煙火者三百餘里不宜輕舉從之四月詔河州提控曹記僧通遠軍節度使完顏狗兒討程陳僧夏人援之九月遂破西

關堡夏人復攻第五將城萬户楊再興擊走之詔陝西宣撫司及沿邊諸將降空名宣勑臨陣立功五品以下並聽遷授十月攻保安及延安都統完顏國家奴破之既而深入臨洮總管陀滿胡土門不能禦陝西宣撫副使完顏胡失來救臨洮大敗于渭源堡城破胡失來被執十一月夏兵敗于克戎寨復敗于熟羊寨宰相入賀宣宗曰此忠賢之力也夏兵進圍臨洮陀滿胡土門破之四年四月夏龍俄族總管汪三郎率衆來降進羊千口詔納之優給其直來遠鎮獲諜人言宋夏相結來攻詔陝西行省備之夏於來羌城界河起折橋元帥右都監完顏賽不焚之斬馘甚衆六月鄜延路奏夏人牒報用彼國光定年號詔封還其牒閏月慶陽總管慶山奴伐夏出環州陝西行省請中分其軍令慶山奴出第三將懷安寨環州刺史完顏胡魯出環州宣宗曰聞夏人移軍備其王城尚恐詐我勿墮其計中也提控完顏狗兒抵蘭州西關堡招得舊部曲九人掩擊夏兵于阿彌灣殺其將士百餘人八月左監軍烏古論慶壽敗夏兵于冦安堡右都監賽不擊走夏兵于結耶觜川復破之于車兒堡十一月提控石盞合喜楊斡烈解定西之圍十二月丙寅宣宗與皇太子議伐夏左監軍陀滿胡土門延安總管古里甲石倫攻鹽宥夏州慶陽總管慶

山奴知平凉府移剌荅不也攻威靈安會等州興定元年正月夏兵三萬自寧州還慶山奴以兵邀擊敗之詔河東行省胥鼎選兵三萬五千付陀滿胡土門伐夏鼎馳奏不可遂止語在鼎傳右都監完顏仲元請試兵西夏出其不意必獲全勝兵威既振國力益完詔下尚書省樞密院議夏人福山以俘户來降除同知澤州軍州事五月夏兵入大北岔都統紇石烈猪狗掩擊敗之宣宗欲與夏議和右都監慶山奴屯延安奏曰夏國決不肯和徒見欺耳既而獲諜者言遵項聞大金將約和戒諭將士無犯西鄙宰臣奏曰就令如此邊備亦不宜弛宣宗以爲然右都監完顏

閭山敗夏兵于黃鶴岔夏人圍羊狠寨都統党世昌與戰完顏狗兒遣都統夾谷瑞夜斫夏營遂觧其圍猶駐近地左都監白撒發定西銳兵龕谷副統包孝成緋翮翅軍合擊走之八月安定堡馬家平總押李公直敗夏兵三千九月都統羅世暉却夏兵于克戎寨興定二年三月右都監慶山奴奏夏人有乞和意保安綏德葭州得文報乞復互市以尋舊盟以臣觀之此出於遵頊非邊吏所敢專者朝廷不以為然五月夏人入葭州慶山奴破之于馬吉峰七月犯龕谷夾谷瑞趙防敗之追至質孤堡三年閏月夏人破通秦寨提控納合買住擊敗之自葭蘆川遁去華州元帥完顏合達出安寨堡至隆州敗其兵二千進攻隆州克其西南會暮乃還十二月詔有司移文夏國四年二月夏人犯鎮戎金師敗績夏人公移語不遜詔詞臣草牒折之四月夏兵犯邊元帥石盞合喜遇于鹿兒原提控烏古論世顯以偏師敗之都統王定復破其衆于新泉城元帥慶山奴攻宥州圍神堆府究其城士卒有登者援兵至擊走之斬首二千俘百餘人獲雜畜三千餘八月夏人陷會州刺史烏古論世顯降復犯龕谷夾谷瑞連戰敗之夏人乃去是月詔有司移文議和事竟不克夏人三萬自高峯鎮圍定西刺史愛申阿失剌提控烏古論長壽温敦永昌擊

走之九月夏人圍綏平寨安定堡未幾陷西寧州遂攻定西烏古論長壽擊却之乃襲鞏州石盞合喜逆戰一日十餘戰乃觧去五年正月詔樞密院議夏事奏曰夏人聚兵境上欲由會州入已遣行省白撒伏兵險要以待之鄜延元帥府伺便發兵以綴其後足以無慮二月寧遠軍節度使夾谷海壽破夏兵于搜嵬堡三月復取來羌城十月攻龕谷白撒連敗之元光元年正月夏人陷大通城復取之三月提控李師林敗夏兵于永木嶺八月攻寧安寨攻神林堡入質孤堡提控唐括昉敗之二年遵頊使其太子德任來伐德任諫曰彼兵勢尚強不若與之約和遵頊笑曰是非爾所知也彼失蘭州竟不能復何強之有德任固諫不從乞避太子位願為僧遵頊怒幽之靈州遣人代將會天旱不果是歲

大元兵問罪夏國延安慶原元帥府欲乘夏人之困擧伐之陜西行省白撒合達以爲不可乃止隴安軍節度使完顏阿隣日與將士宴飲不治軍事夏人乘之掠民五千餘口牛羊雜畜數萬而去自天會議和八十餘年與夏人未嘗有兵革之事及貞祐之初小有侵掠以至搆難十年不觧一勝一負精銳皆盡而兩國俱弊是歲遵頊傳位於子德旺正大元年和議成自稱兄弟之國三年二月遵頊死

七月德旺死嗣立者史失其名明年夏國亡先是夏使精方匭匣使王立之來聘未復命國已亡詔於京兆安置充宣差彈壓主管夏國降戶八年五月立之妻子三十餘口至環州詔以歸立之賜以幣帛立之上言先世本申州人乞不仕居申州詔如所請以本官居申州主管唐鄧申裕等處夏國降戶聽唐鄧總帥府節制給上田千畝牛具農作云

贊曰夏之立國舊矣其臣羅世昌譜敘世次稱元魏衰微居松州者因以舊姓爲托跋氏按唐書党項八部有托跋部自党項入居銀夏之間者號平夏部托跋思恭以破黃

巢功賜姓李氏兄弟相繼爲節度使居夏州在河南繼遷再立國元昊始大乃北渡河城興州而都之其地初有夏綏銀宥靈鹽等州其後遂取武威張掖酒泉燉煌郡地南界橫山東距西河土宜三種善水草宜畜牧所謂涼州畜牧甲天下者是也土堅腴水清冽風氣廣莫民俗彊梗尚氣重然諾敢戰鬬自漢唐以水利積穀食邊兵興州有漢唐二渠甘涼亦各有灌溉土境雖小能以富彊地勢然也五代之際朝興夕替制度禮樂盪爲灰燼唐節度使有鼓吹故夏國聲樂清厲頓挫猶有鼓吹之遺音焉然能崇尚儒術尊孔子以帝號其文章辭命有可觀者立國二百餘年抗衡遼金宋三國偭鄉無常視三國之勢強弱以爲異同焉故近代學者記西北地理往往皆臆度言之

聖神有作天下會于一驛道往來視爲東西州矣

列傳第七十二

開府儀同三司上柱國録軍國重事前中書右丞相監修國史領經筵事都總裁臣脫脫奉

勅修

外國下

高麗

高麗國王王楷其地鴨緑江以東曷懶路以南東南皆至于海自遼時歲時遣使修貢事具遼史唐初靺鞨有粟末黑水兩部皆臣屬于高麗唐滅高麗粟末保東牟山漸彊大號渤海姓大氏有文物禮樂至唐末稍衰自後不復有聞金伐遼渤海来歸蓋其遺裔也黑水靺鞨居古肅慎地

有山曰白山蓋長白山金國之所起焉女直雖舊屬高麗不復相通者久矣及金滅遼高麗以事遼舊禮稱臣于金初有醫者善治疾本高麗人不知其始自何而来亦不著其姓名居女直之完顔部穆宗時戚屬有疾此醫者診視之穆宗謂醫者曰汝能使此人病愈則吾遣人送汝歸汝鄉國醫者曰諾其人疾果愈穆宗乃以初約歸之乙離骨嶺僕散部胡石来勃堇居高麗女直之兩間穆宗使族人叟阿招之因使叟阿送醫者歸之高麗境上醫者歸至高麗因謂高麗人女直居黑水部者部族日彊兵益精悍年穀屢稔高麗王聞之乃通使于女直既而胡石来来歸遂率乙離骨嶺東諸部皆内附穆宗十年癸未阿疎自遼使其徒達紀来說曷懶甸人曷懶甸人執之穆宗以達紀送高麗謂高麗王曰前此爲亂於汝鄙者皆此輩也及破蕭海里使斡魯罕往高麗報捷高麗亦使使来賀未幾復使斜葛與斡魯罕往聘高麗王曰斜葛女直之族弟也其禮有加矣乃以一大銀盤爲謝厥後曷懶甸諸部盡欲来附高麗聞之不欲使来附恐近於己而不利也使人邀止之斜葛在高麗及往来曷懶道中具知其事遂使石適歡往納曷懶甸人未行而穆宗没康宗嗣遣石適歡以星顯統門之兵往至乙離骨嶺益募兵趨活涅水徇地曷懶甸收

叛亡七城高麗使人来告曰事有當議者曷懶甸官屬使斜勒詳穩治剌保詳穩往石適歡亦使盃魯往高麗執治剌保等而遣盃魯曰無與爾事於是五水之民皆附於高麗團練使附者十四人二年甲申高麗來攻石適歡大破之殺獲甚衆追入其境焚略其戍守而還四月高麗復来攻石適歡以五百人禦於闢登水復大破之追入闢登水逐其残衆踰境於是高麗王曰告邊釁者皆官屬祥丹傍都里昔畢罕輩也十四團練六路使人在高麗者皆歸之遣使来請和遂使斜葛經正疆界至乙離骨水曷懶甸活禰水留之兩月斜葛不能聽訟每一事輒至枝蔓民頗苦

之康宗名斜葛還而遣石適歡往石適歡立幙府于三潺水其當陰與高麗往來爲亂階者即正其罪餘無所問康宗以爲能四年丙戌高麗使使黑歡方石来賀嗣位康宗使盃魯報聘且尋前約取亡命之民高麗許之曰使使至境上受之康宗以爲信然使完顏部阿聒烏林荅部勝昆往境上受之康宗畋于馬紀嶺乙隻村以待之阿聒勝昆至境上高麗遣人殺之而出兵曷懶甸築九城康宗歸衆咸曰不可舉兵也恐遼人將以罪我太祖獨曰若不舉兵豈止失曷懶甸諸部皆非吾有也康宗以爲然乃使斡塞將兵伐之大破高麗兵六月高麗率衆来戰斡塞敗之進

圍其城七月高麗復請和康宗曰事若酌中則與之和高麗許歸亡入之民罷九城之戍復所侵故地遂與之和收國元年九月太祖已克黄龍府命加古撒喝攻保州保州近高麗遼侵高麗置保州至是命撒合取之久不下撒喝請濟師且言高麗王將遣使来太祖使納合烏蠢以百騎益之詔撒喝曰汝領偏師屢破重敵多所俘獲及聞胡沙數戰有功朕甚嘉之若保州未下但守邊戍吾已克黄龍府聞遼主且至俟破大敵復益汝兵所言高麗遣使事未知果否至則護送以来邊境之事慎之毋忽十一月係遼女直麻懣太彎等十五人皆降攻開州取之盡降保州諸

部女直太祖以撒喝爲保州路都統太祖已破走遼主軍撒喝破合主順化二城復請濟師攻保州使斡魯以甲士千人往二年閏月高麗遣使来賀捷且曰保州本吾舊地願以見還太祖謂使者曰爾其自取之詔撒喝烏蠢等曰若高麗来取保州益以胡剌古石顯等軍備之或欲合兵無得輒往但謹守邊戍及撒喝阿實賚等攻保州遼守將遁去而高麗兵已在城中既而高麗國王使蒲馬請保州詔諭高麗王曰保州近爾邊境聽爾自取今乃勤我師徒破敵城下且蒲馬止是口陳俟有表請即當別議天輔二年十二月詔諭高麗國王曰朕始興師伐遼已嘗布告賴

皇天助順屢敗敵兵北自上京南至于海其間京府州縣部族人民悉皆撫定今遣孛菫朮孛報諭仍賜馬一疋至可領也三年高麗增築長城三尺邊吏發兵止之弗從報曰修補舊城曷懶甸孛菫胡剌古習顯以聞詔曰毋得侵軼生事但慎固營壘廣布耳目而已四年咸州路都統司以兵分屯于保州畢里圍二城請益兵詔曰汝等分列屯戍以固封守甚善高麗累世臣事于遼或有交通可常遣人偵伺使習顯以獲遼國州郡諭高麗其國方誅亂者使謂習顯曰此與先父國王之書習顯就館凡誅戮官僚七十餘人即依舊禮接見而以表来賀并貢方物後以遼帝

亡入夏國報之高隨斜野奉使高麗至境上接待之禮不遜隨等不敢往太宗曰高麗世臣於遼當以事遼之禮事我而我國有新喪遼主未獲勿遽强之命高隨等還天會二年同知南路都統鶻實荅奏高麗納叛亡增邊備必有異圖詔曰凡有通問毋違常式或來侵略則整爾行列與之從事敢先犯彼者雖捷必罰詔闍母以甲士千人戍海島以備之四年國王王楷遣使奉表稱藩優詔荅之上使高伯淑烏至忠使高麗凡遣使往來當盡循遼舊仍取保州路及邊地人口在彼界者須盡數發還勑伯淑曰若一一聽從即以保州地賜之高伯淑至高麗王楷附表謝一依事遼舊制八年楷上表乞免索保州亡入邊戶是歲高麗十人捕魚大風飄其船抵海岸曷蘇館人獲之詔還其國既而晶上表請不索保州亡入高麗戶口太宗從之自是保州封域始定皇統二年詔加楷開府儀同三司上柱國六年楷薨子晛嗣立大定四年詔鴨綠江堡戍頗被侵越焚毀五年正月世宗因正旦使朝辭諭之曰邊境小小不虞爾主使然耶疆吏爲之耶若果疆吏爲之爾主亦當懲戒之也初高麗使者別有私進禮物以爲常是歲萬春節上以使者私進不應典禮詔罷之十年王晛弟翼陽公晧廢晛自立十月賜生日使大宗正丞紇至界上高麗邊

吏稱前王已讓位不肯受使者十一年三月王晧以讓國來奏告詔婆速路勿受有司移文詳問高麗告曰前王久病昏耄不治以母弟晧權攝國事上曰讓國大事也何以不先陳請詔有司再詳問高麗乃以王晛讓國表來大略稱先臣楷遺訓傳位於弟又言其子有罪不可立之意上疑之以問宰執丞相良弼奏曰此不可信晛止一子往年生孫嘗有表自陳生孫之喜一也晧嘗作亂晛囚之二也今晛不遣使晧乃遣使三也朝廷賜晛生日使晧不轉達於晛乃稱未敢奉受四也是晧篡兄誣請於天子安可忍也右丞孟浩曰當詢彼國士民果皆推服即當遣使封冊上曰封一國之君詢於民衆此與除拜猛安謀克何異乃卻其使者而以詔書詳問王晛吏部侍郎靖爲宣問王晛使晧實篡國囚晛於海島靖至高麗晧稱王晛已避位出居他所病加無損不能就位拜命往復險遠非使者所宜往靖竟不得見晛乃以詔授晧轉取晛表附奏其言與前表大槩相同靖還上問大臣皆曰晛表如此可遂封之丞相良弼平章政事守道曰待晧祈請未晚也十二月晧遣其禮部侍郎張翼明等請封十二年三月遂賜封冊晧生日在正月十九日是歲十二月將盡未及遣使有司請至來歲舉行焉十五年高麗西京留守趙位寵叛晧遣徐彥

寧等九十六人上表曰前王本非遜讓大將軍鄭沖夫郎將李義方實弑之臣位罷請以慈悲嶺以西至鴨緑江四十餘城内屬請兵助援上曰王晧已加封冊位寵輒敢稱兵爲亂且欲納土朕懷撫萬邦豈助叛臣爲虐詔執徐彦寧等送高麗頃之王晧定趙位寵之亂遣使奏謝自位寵之亂晧所遣生日回謝横賜回謝賀正旦進奉萬春節等使皆阻不通至是晧并奏之詔答其意其合遣人使令節次入朝十七年賀正旦禮物玉帶乃石似玉者有司請移問上曰彼小國無能識者誤以爲玉耳不必移問乃止十二月有司奏高麗下節押馬官順成例外將帶申三過界

上以使人所坐罪重但令發還本國而已二十三年晧母任氏薨晧乞免賜生日及賀謝等事詔從之章宗即位詔使至界上頗稽滯詔移問高麗遜謝明昌二年下節金挺回至平州撫寧縣歐死當驛人何添兒有司請凡人使往還乞量設兵衛參知政事張萬公曰可於宿頓之地巡護之上可其奏詔自今接送伴使副失關防者當坐故事賀正旦使十二月二十九日入見明昌六年十二月己卯立春詔於前二日丁丑入見云承安三年晧表自陳衰病以國讓其弟晫晫權國事是歲晧薨晫嗣立泰和四年正月乙丑朔高麗傔人以小佩刀劄禁廡下巡廊奉職見而糾之詔館伴官自今前期移文禁止是歲王晫薨子韺嗣立泰和七年正月是時用兵伐宋夏亦有故獨高麗遣正旦使詔不賜曲宴及天壽節夏高麗使者皆在有司奏大定初宋未請和夏高麗使者賜曲宴今請依大定故事詔從之至寧元年八月王韺薨嗣子未行起復九月宣宗即位邊吏奏高麗牒稱嗣子未起復不可以凶服迎吉詔又不可以草土名銜署表禮官議人臣不以私恩廢公義宜權用吉服迎詔署表用權國事名銜俟高麗告哀使至闕然後遣使致祭慰問及行封冊制可明年宣宗遷汴遼東道路不通興定三年遼東行省奏高麗復有奉表朝貢之意

宰臣奏可令行省受其表章其朝貢之禮俟他日徐議宣宗以爲然乃遣使撫諭高麗終以道路不通未遑迎迓詔行省且羈縻勿絶其好然自是不復通問矣

贊曰金人本出靺鞨之附于高麗者始通好爲鄰國既而爲君臣貞祐以後道路不通僅一再見而已入

聖朝猶子孫相傳自爲治故不復備論論其與金事相涉者焉

列傳第七十三

金國語解

今文尚書辭多奇澁蓋亦當世之方言也金史所載本國之語得諸重譯而可解者何可闕焉若其臣僚之小字或以賤或以疾猶有古人尚質之風不可文也國姓爲某漢姓爲某後魏孝文以來已有之矣存諸篇終以備考索

官稱

都勃極烈總治官名猶漢云冢宰

諳版勃極烈官之尊且貴者

國論勃極烈尊禮優崇得自由者

胡魯勃極烈統領官之稱

移賚勃極烈位第三曰移賚

阿買勃極烈治城邑者

乙室勃極烈迎迓之官

札失哈勃極烈守官署之稱

昃勃極烈陰陽之官

迭勃極烈倅貳之職

猛安千夫長 謀克百夫長也

諸糺詳穩邊戍之官

諸移里菫部落墟砦之首領詳穩移里菫本遼語金人因之而稍異同焉

禿里掌部落詞訟察非違者

烏魯古牧圉之官

斡里朶官府治事之所

人事

孛論出胚胎之名

阿胡迭長子 胥赧季也 蒲陽溫曰幼子

益都次第之通稱 第九曰烏也 十六曰女魯歡

按答海客之通稱

山只昆舍人也

散亦孛奇男子 撒答老人之稱也

什古乃瘠人 撒合輦黧黑之名

保活里侏儒 阿里孫貌不揚也

阿徒罕採薪之子

答不也耘田者

阿土古善採捕者 阿里喜圍獵也

拔里速角觝戲者

阿離合懣臂鷹鶻者

胡魯剌户長 阿合人奴也

兀术曰頭 粘罕心也 畏可牙文曰吾亦可

盤里合將指

三合人之靨也

牙吾塔瘍瘡　蒲剌都目赤而盲也

姤哥里叟疾

謾都訶癡騃之謂

謀良虎无賴之名皆不美之稱也

與人同受福曰忽都　以力助人曰阿息保

辭不失酒醒也　奴申和睦之義

訛出虎寬容之名也

賽里安樂　迪古乃來也　撒八迅速之義

烏古出方言曰再休猶言再不復也

凡事之先者曰石倫以物與人已然曰阿里白

吾里補畜積之名

習失猶人云常川也　凡市物已得曰兀帶取以名子

者猶言貨取如物然也

物象

兀典明星

阿鄰山　太神高也

山之上銳者曰哈丹　坡陀曰阿懶　大而峻曰斜魯

忒鄰海也　沙忽帶舟也

生鐵曰斡論　釜曰閘母　刃曰斜烈　婆盧火者槌

也

金曰按春　銀朮可珠也

布囊曰蒲盧渾　盆曰阿里虎　罐曰活女

烏烈草廩也　沙剌衣襟也

活臘胡色之赤者也

胡剌竈突

物類

桓端松　阿虎里松子　孰輦蓮也

活離罕羔　合喜犬子　訛古乃犬之有文者

斜哥貂鼠　蒲阿山雞　窩謀罕鳥卵也

姓氏

完顏漢姓曰王　烏古論曰商　乞石烈曰高

徒單曰杜　女奚烈曰郎　兀顏曰朱　蒲察曰李

顏盞曰張　溫迪罕曰溫　石抹曰蕭　奧屯曰曹

孛朮魯曰魯　移剌曰劉　斡勒曰石　納剌曰康

夾谷曰仝　裴滿曰麻　尼忙古曰魚　斡准曰趙

阿典曰雷　阿里侃曰何　溫敦曰空　吾魯曰惠

抹顏曰孟　都烈曰強　散荅曰駱　呵不哈曰田

烏林荅曰蔡　僕散曰林　朮虎曰董　古里甲曰汪

其後氏族或因人變易難以徧舉姑載其可知者云

金國語解終

列傳第七十三

金史一百三十五　十三

跋

此金史一百三十五卷皆元刊本其書法圓潤者爲元代初刻凡八十卷其餘字較瘦弱暨草刻拙劣者又黑闊口者皆元覆本凡五十五卷用以補配按武英殿本卷三十三暨初版卷七十六各闕一葉卷五十六末闕五行又卷十四第十七葉卷六十二第十九葉卷六十六第七葉卷一百一第六葉卷一百二十五第四葉各有闕文此均完好無損烏程施國祁金史詳校素號精審上列各條悉據元本訂補獨卷一百一第六葉一條漏未之及偶爾遺脫亦未可知然吾以爲施氏所見元本似猶在此數本之後何以證之施氏例言余先讀南本次校北本及

諸本又從吳門蔣槐堂借校元本其間各本皆譌者則曰某字當作某然卷二一遣宗斡止之句斡當作幹此正作幹卷五持环校句當作持杯珓此正作杯惟珓字仍誤卷七付烏古里石壘部蓄收句收當作牧此正作牧卷九王尉爲尚書右丞句尉當作蔚此正作蔚卷十二丙午詔策論進士句丙當作戊此正作戊卷十三清倉被兵民戶句倉當作滄此正作滄流華滿野句華當作莘此正作莘鎗轄石古乃于句鎗當作鈐此正作鈐張承旨家于本句于當作手此正作手卷十五敗夏人于質孤保句保當作堡此正作堡卷二十一益二百二十二句二十當作三十此正作三十卷二十五縣一百八句八當

作五此正作五斗山天齊淵句斗當作牛此正作牛顏袖店句袖當作神此正作神卷二十六浜德烏偷安邊句浜當作濱此乃作洪卷二十七於被災路分推排河耶句河當作何此正作何水勢之溢句之當作泛此正作泛卷二十八第一等內官句一當作二此正作二卷三十一皇帝洗手訖句洗當作帨此正作帨卷三十二各奉冊寶降幣句幣當作輅此正作輅各就西北褥位句西當作面此正作面卷三十四少稷於故處句稷當作移此正作移卷三十七昇冊寶床臣以出句臣當作匣此正作匣卷三十九太呂宮昌寧之曲句太當作大此正作大太簇角再奏句簇當作蔟此正作蔟卷四十二夾一

人句一當作二此正作二卷四十三駕赤驄六句驄當作騑此正作騑卷四十五其六賞主句賞當作償此正作償卷四十九北京宗錦之未鹽句未當作末此正作末歲獲銀三十六萬一千五百貫句銀當作錢此正作錢卷五十七毀舊主簿曆句主當作注此正作注卷五十八詔隨朝官承應人奉句奉當作俸此正作俸減修內司所後軍夫之半句後當作役此正作役卷六十宿直將軍溫敦幹喝句幹當作斡此正作斡卷六十一并以兄哯喪求封句喪當作病此乃作表卷六十六父胡八會句會當作魯此正作魯以族改充司屬司將軍句改當作次此正作次其寬明大體句大當作有此正作有三國

潘輔句三當作王潘當作藩此正作王藩卷六十九留守師句守當作京此正作京將兵往東京句東當作南此正作南卷七十破遼師千萬於鴨子河句千當作十此正作十從都統杲取中原句原當作京此正作京各隨所受地主句主當作土此正作土卷七十一斡魯征伐之句征當作往此正作往卷七十三卿等尚未信也句信當作仕此正作仕後張汝弼妻高陀韓獄起句韓當作斡此正作斡卷七十四其四月七日兩書句日當作月此正作月奔時那野賽剌臺寶連破宋援兵句時當作睹此正作睹卷七十五遣謀克辛斡持剌句持當作特此正作特卷七十六宗磐與斡魯宗翰宗幹魯爲之副句

下魯字當作皆此正作皆本名幹本句幹當作斡此正作斡卷七十七詔宗弼爲太子句子當作保此正作保卷八十九祈州刺史斜哥句祈當作祁此正作祁移剌因修遼史句因當作固此正作固卷九十十年改中都路都轉運使句十當作七此正作七卷九十六坐致宋敝句敝當作幣此正作幣字叔和句當作和叔此正作和叔卷九十八烏古孫乃屯句乃當作兀此正作兀卷一百一當不銜於旌賞句銜當作愆此正作愆卷一百三進攻西和洲句洲當作州此正作州卷一百四遙授彰德軍節度使句德當作國此正作國卷一百八二年十一月出爲彰化軍節度使句二當作三此正作三以遺衆託

安石句衆當作表此正作表卷一百十三合喜及楊幹烈等句幹當作榦此正作榦卷一百十四華附奏人耕稼已廢句人當作今此正作今卷一百十九因出入長大主家句長大當作大長此正作大長卷一百二十一使省撤句使當作被此正作被卷一百二十三本屬唐和迪剌部族句和當作括此正作括蘭州極陳僧等句極當作程此正作程卷一百二十六召爲官敎句官當作宮此正作宮大定三年句定當作安此正作安及知嘗師九疇句及當作乃此正作乃卷一百二十九以手劍鬣其口句鬣當作剺此正作剺卷一百三十二世家聲其罪句家當作宗此正作宗卷一百三十四暴淯以環州降暴淯當作慕淯此正作慕淯遣人伐將句伐當作代此正作代卷一百三十五此與先文國王之書句文當作父此正作父又例言各本互譌者以南本爲主則曰某字元作某是北作某是或云某字元作某非北作某非然卷十六西面節度使把古咬住句元作西西亦譌此乃作平西卷三十一後恐大豐句元作復恐大豐是此乃作復恐太豐卷四十三大圭長以尺壹寸句元作長尺一寸無以字是此乃作長尺二寸卷四十四彼方之人句彼元作被非此却作彼不作被卷五十一遂加以五品以上官句五元作王非此並不作王乃作王板木微損而五字筆勢尚存卷六十五獲甲矢萬餘句矢元作午非

此並不作午乃作二卷七十習室擢鋒力戰句擢元作惟非此並不作惟乃作推卷七十四文召敲仙詰問句召元作名非此却作召不作名又文當作聞聞下當加之字此却作聞惟無之字卷七十五進官汝州防禦使句汝元作女非此並不作女乃作安卷八十二本欲殺汝句殺元作授非此却作殺不作授卷八十八頃之世宗曰句頃元作須非此却作頃不作須上曰箠楚之下句上元作二非此却作上不作二卷九十擬彥潛大榮皆進士第一句大元作天非此却作大不作天卷九十七有治劇材句材元作林非此却作材不作林卷一百一足以取給句給元作絡非此却作給不作絡頃之完顏匡軍次白虎粒句頃元作須非此却作頃不作須又例言各本俱脫者則曰當加某字然卷五十六率捧案擊句此下當加執此原有執字又例言各本俱衍者則曰某字當削然卷七十札八詐稱降句稱字當削此原無稱字卷八十四與習泥烈僧行句僧字當削此原不作僧乃作偕由此觀之是施氏所見吳門蔣氏元本微特非原刊原印抑亦非初覆本矣書經翻刻必多錯誤卷一百三十二烏帶傳諸本皆以言本名三字綴於上唐括辯傳尾而以烏帶二字提行錢大昕廿二史攷異譏爲可笑之甚然若不見元刊初印本實不知其致誤之由元本每行二十二字烏帶傳第一行乃二十六字第二行乃二十

五字均顯有剜改痕迹是必刊刻之時誤以此傳與上唐括辯傳連綴爲一嗣覺其誤乃剜改提行而剜改之時又誤將言本名三字留於上行其下適空七字與本傳第一二行所增字數相合覆本已無剜改之迹然行字獨增亦尚可追其致誤之由若南北監本及殿本則行字均已改成一律遂泯然無縫矣雖元本訛字經後來諸本校正者不少然新舊相較諸本與元本終不可以同日語而元初刻本又遠勝於覆本初覆本又遠勝於他覆本諸本之誤除上文所指外可據是本以訂正而爲施氏所未見者尚復盈千累百殆難枚舉昔人言書貴初刻豈不信歟海鹽張元濟